第三册目録

商業法制總部

商業志 附鹽法

專賣法制部

明清分部

茶

論說

（明）楊士奇《東里別集》卷一《郊祀覃恩詔》　四川寶寧等府所屬茶課，其原額官茶，自洪熙元年以後，皆照洪武年間例辦納，價買民茶盡行罷免。若官倉見積茶數堪中換馬者，仍留支用，芽茶依當地時價作官吏俸錢支銷。其不堪換馬芽茶，明白具奏覆驗燒毁，免致堆積累民。

（明）王恕《王端毅奏議》卷二《南京户部・申明茶法奏狀》　陝西清吏司案呈卷，查應天府批驗茶引所、直隸常州府宜興縣張渚批驗茶引所、浙江杭州府批驗茶引所，節次關去茶引，自成化元年起至成化十年止，陸續共關過茶引五十八萬三千六百六十一道前去發賣，各處茶商照賣茶觔累催不見銷繳。查得本部先於景泰五年，爲因各處茶商人等，多將舊引影射私茶，不行銷繳，查照清理鹽法事例具奏，該户部依擬奏准，出榜曉諭，及行各處巡按巡鹽巡河巡江監察御史監收船料提督洪閘郎中等官禁治捜檢，各批驗所追繳退引等因，已經通行遵守外，今照前項退引，累催不繳，其故蓋因批驗所不置簿籍，附寫茶商姓名貫址。或不照茶商路引，聽其冒名開報。或將引由賣賫産茶地方，轉賣與人。如此欲得的確名籍行追繳引，難矣。况茶貨出山，經過官司，既不從公盤詰，又不依例批驗，縱有夾帶觔重，多是受財賣放，彼何畏憚而不停藏舊引影射私茶。又如南直隸常州府、廬州府、池州府、徽州府、浙江湖州府、嚴州府、衢州府、紹興府、江西南昌府、饒州府、南康府、九江府、吉安府、湖廣武昌府、寶慶府、長沙府、荆州府、四川成都府、保寧府、重慶府、夔州府、嘉定州、瀘州、雅州等處，俱係産茶地方，相去前項三批驗所遠者數千里，近亦不下數百里。若照引内條例，聽茶商徑赴産茶府州納課買引照茶，於人爲便理必樂從，誰肯不買引由，公犯茶禁。今却令茶商皆來此三所買引，路途窵遠，往返不便，欲其一二遵依不作前弊亦難矣。况批驗所退引，該與截角，今前項三所卻管賣引，不行批驗照退，名實不稱，有乖職掌。呈乞施行等因到部。臣等竊惟印造茶引、鹽引，禁治私茶、私鹽，係是太祖高皇帝舊制。今官不修職，民不守法，茶禁廢弛，一至於斯，若不申明禁約，非惟虧國家之課程，抑恐壞祖宗之制度。合無請給聖旨榜文，通行天下曉諭，今後園户賣茶，及茶商興販茶貨，造引給由，與夫批驗納課等項，務要俱遵引由内條例。數内惟買引一事，免其納錢，只照見行事例，每引一道納鈔一貫，中夾紙一張。仍令前項産茶府州斟酌所管地方，每歲可出茶貨若干，合用引由若干，預先具數差人赴本部關領前引回還收貯，出榜召商中買。仍要辯驗茶商路引，果無詐僞，即將其人姓名貫址附簿，將引給與。年終該府州各將賣過前引造册，就將收過紙鈔差人一同解繳本部鈔送該庫交收紙劄造引，仍具數領關次年合用引由。各批驗所如遇茶商經過，務依例逐一批驗，將引截角。如無夾帶，即便放行。若有夾帶，就連人茶挐送本處官司問理，年終將批驗過客商姓名貫址，并引數目及盤獲私茶起數緣由，造册申達所轄，轉繳本部查考。如有日前停藏舊引，未曾繳到者，榜文到日，限三箇月以裏，赴所在官司告繳，與免本罪。敢有不遵條件興販私茶者，許巡按巡鹽巡河巡江監察御史、監收船料、提督洪閘郎中等官，及各該軍衛有司守把關隘人員，挐問挑擔馱載，及引領牙行停藏之家，俱依律治罪。盤獲私茶，并盤車船頭畜等物，俱入官。如將引由照茶依例批驗截角賣畢，隨將赴往賣所在官司告繳，封送原引衙門通類解部查銷。若有過期不繳者，原領引衙門查報各該巡按監察御史按察司提問追繳。如此則職掌定而政務修，法令明而姦蠹息。

（明）陳子龍《明經世文編》卷一〇六《梁端肅公奏議・議處茶運疏梁材》　巡按陝西監察御史沈越、題據分巡關西道副使紀常、隴右道僉事江南，會呈蒙臣案驗，先據漢中府呈稱，本府所屬金州、西鄉、漢陰、石泉、紫陽五州縣，歲辦地畝課茶五萬三千一百九十斤，共裝一萬八百四十四篦。每年西安、漢中、臨洮、鞏昌、平涼、鳳翔六府，每府編茶夫一百

名，每名徵價二兩五錢，共該銀一千五百兩，内各除二十名夫價，存留府庫聽解私茶，其餘八百名夫價，各類解漢中府收貯。各州縣大户，解茶到府領銀，自行雇脚，運至茶司交收。但各年解過夫銀，本府所屬六百八十七兩，鳳翔府五百六十二兩，鞏昌府九十九兩五錢，平涼府七十五兩五錢，西安、臨洮二府全未徵解，每遇解茶不敷支給，屢經呈請，將茶法贓贖借支。嘉靖十四年，借過一千二百兩，嘉靖十五年，借過四百七十兩，嘉靖十六年，借過九百八十兩。見今嘉靖十七年分運茶急緊，缺少脚價，呈乞催解，或再量借支用等因。除已經批行陝西布政司通行嚴催外，今看得前項課茶，舊規自漢中府至徽州，過連雲棧，俱係遞運所轉行。徽州至鞏昌府中間經過駱駝巷，高橋伏羌寧遠，各地方偏僻，原無衙門，添設四茶運所官吏管領，通計一十一站，每處設茶夫一百名。鞏昌府至三茶司，復由遞運所三路分運計三十站，每處設茶夫三十名。其茶運所衙門，運茶日少，空閒日多，積習既久，夫役雇募重費不貲，官吏無爲，俸銀冗濫。嘉靖十四年，該監察御史劉希龍題准，將前茶運所官吏查革，茶夫止留六百名于西安等六府徵派除存留外，每歲該解銀一千二百兩，漢中府收貯。遇大户解到茶篦，往西寧者每篦一錢，洮河者每篦七分外，又各加添一分，以備風雨脚價支用，通不經由遞運所人役。爲照前項裁革官吏，減去茶夫，固是節省。但自議革之後，不期夫價累徵不完，致將茶法贓贖銀兩，逐年借支。其大户原領夫價，已是太多，復因路遠，輒科盤費，每名不下百十餘兩，本役中途延滯，逾歲不能完納，又復揭借私債，負累户族賠還，告擾追償，鄉民嗟怨。爲今之計，莫若酌量道路遠近照依商人運茶則例，依程定價，委官部運。自漢中府南鄭縣起，至略陽縣止，陸路三百里，每篦給銀一分二釐，共該銀一百三十兩一錢二分八釐。略陽縣至白水江路，一百二十里，一船可容千篦，給銀二釐，共該銀二十一兩六錢八分八釐。白水江下船陸路至徽州七十里，每篦給銀三釐，共該銀三十二兩五錢三分二釐。通前漢中府至徽州俱屬關南道地方。徽州至秦州陸路，每篦給銀一分，共該銀一百八兩四錢四分。秦州至鞏昌陸路，每篦給銀九釐，共該銀九十七兩五錢九分六釐。通前自徽州至鞏昌，俱屬隴右道地方。又查得私茶惟漢中府獨多，且經行道路，與前相同，每歲約用脚價六十兩支給，通計止該銀四百五十兩二錢一分足用。鞏昌府至茶司三路仍經遞運所轉發。況各所牛車人夫俱便，不必議添夫役。較之往年，每歲該節省夫銀一千五十兩。其前項存留聽解私茶銀兩，止是漢中府支取其餘各府俱未及用，約該存銀七百五十兩。若將前拖欠并存留未用者，通行徵完，該有三千餘兩可彀六年之用。合無行布政司，將茶夫六百名，暫免編僉，仍行各府嚴併拖欠，在西鳳漢者解漢中府，平臨鞏者解徽州，各收貯候運之時，俱差有職人員押解。先該漢中府領價，分巡關南道驗過，督發至徽州交割。次該徽州領價，分巡隴右道驗過，督發鞏昌府交割，鞏昌府照文驗發遞運所，轉運至三茶司交收，聽候易馬。候銀數支盡之年，止行南鄭縣并徽州編徵接續支用，不必徵派別府。如此，則運茶在官，不在于民，既無負累之弊，又有節省之多。況官運催督程期有限，雖欲遷延，勢有不能。其西鳳等府私茶，亦各通令該遞運所轉發，較之往歲，委實官民俱便，經久可行。等因。題奉聖旨，到部送司。案查先該巡按陝西監察御史劉希龍，題稱茶夫欲照舊例徵銀，存省截解收貯，量地雇役運茶，給與正貼脚價。及巡獲私茶，亦照例運納夫銀，有餘作正支銷，并茶運所衙門官吏似應裁革，各州縣驛遞茶夫不必僉派等因。該本部議擬，轉行接管巡茶御史再行查議，勘處具奏准議。今該前因，案呈到部，看得巡按陝西監察御史沈越題稱，漢中府課茶，先因茶運衙門官吏夫役冗濫，題奉欽依裁革。今經五年，不期徵解夫銀累有拖欠，大户領價浪費復多。且賫執官銀，自行雇運，官多人少，路遠力疲，經年不到，有悮易馬。要將各府原編茶夫價銀，通行免編，止將累年拖欠，并存留夫價，著落守巡官嚴行催解漢中府并徽州收貯。以後運茶，官爲雇脚部解，候支盡之年，止行南鄭縣并徽州，各照前數編徵，二州縣另項差銀，行布政司量爲改除。其解茶人員，就令關南隴右二道，選委部運一節，無非節財救弊之意，相應依擬。合候命下，轉行陝西接管巡茶御史，再加詳議。如果别無窒碍，徑自查照施行。

綜述

《明會典》卷三七《户部·課程·茶課》 國初招商中茶，上引五千斤，中引四千斤，下引三千斤。每七斤，蒸曬一篦，運至茶司，官商對

分，官茶易馬，商茶給賣。每上引，仍給附茶一百篦。中引，八十篦。下引，六十篦。名曰酬勞。經過地方，責令掌印官盤驗，佐貳官催運。若陝之漢中、川之夔保，私茶之禁甚嚴。凡中茶有引由，出茶地方有税，貯放有茶倉，巡茶有御史，分理有茶馬司、茶課司，驗茶有批驗所。【略】

凡引由。洪武初議定，官給茶引，付產茶府州縣。凡商人買茶，具數赴官，納錢給引，方許出境貨賣。每引照茶一百斤，茶不及引者，謂之畸零，別置由帖付之。仍量地遠近，定以程限，於經過地方執照。若茶無由引，及茶引相離者，聽人告捕。其有茶引不相當，或有餘茶者，並聽拏問。賣茶畢，即以原給引由，赴住賣官司告繳。該府州縣俱各委官一員管理。又定：一、凡茶引一道，納銅錢一千文，照茶一百斤。茶由一道，納銅錢六百文，照茶六十斤。諸人但犯私茶，與私鹽一體治罪。如將已批驗截角退引，入山影射照茶者，同私茶論。一、出園茶主，將茶賣與無引由客興販者，初犯笞三十，仍追原價没官。再犯笞五十，三犯杖八十，倍追原價没官。一、客商販到茶貨，經過批驗所，須要依例批驗。將引由截角，別無夾帶，方許放行。違越者，笞二十。一、僞造茶引者，處死。籍没當房家產。告捉人賞銀二十兩。

景泰五年，令將引由照茶，依例批驗截角。賣畢，隨赴住賣所在官司告繳，封送各該批驗所，類解本部查銷。若有過期不繳者，批驗茶引所，每季查出商名貫址、引由數目，開報合干上司，轉行各該巡按監察御史、按察司提問追繳。仍行各府州，查勘前項茶商原領未繳引由，照例送銷。其批驗茶引所，今後給散引由，務籍記茶商姓名籍貫、茶斤引數，每引由一道納鈔一貫，中夾紙一張送部，鈔送庫交收，紙存印引。

嘉靖二十一年，令凡商人報中四川茶引，茶法道取具年甲籍貫，並文引字號，一樣關帖六本，印鈐關送重夔等道，帖下各地方委官收掌。候各商至日，查審相同，如數驗放，秤盤番易。各將截角茶引類繳。各道查明，即轉關茶法道驗。如或繳到截角不及數，并盤放不及時者，悉聽茶法道舉正，依律查究。又議准：掣割餘茶，四川年例茶引五萬道，舊額黎雅一萬道，松潘二千道，腹裏三萬八千道。今加黎雅一萬道，松潘二千道，餘二萬六千道仍令腹裏照常報中。此外若有買食零茶，不及百斤者，分給由帖，照例收税，截角類繳。

凡徵課。

洪武初定：凡賣茶去處，赴宣課司依例三十分抽一分。芽茶葉茶，各驗價直納課。販茶不拘地方。

四年奏准：陝西漢中府金州、石泉、漢陰、平利、西鄉縣茶園，每十株，官取一分。其民所收茶，官給價買。無主者令守城軍士薅培，及時採取，以十分爲率，官取八分，軍收二分。每五十斤爲一包，二包爲一引，令有司收貯，於西蕃易馬。

五年，令四川產茶地方，照例每十株官取一分，徵茶二兩。其無主者，令人薅種，以十分爲率，官取八分，有司收貯。又令四川碉門永寧筠連諸處，所產剪刀麤葉茶，立局徵税。易換紅纓、氈衫、米、布、椒、蠟，以備官用。其民所收茶，照江南茶法，於所在官司給引販賣。

二十一年，令差人閘辦四川天全六蕃招討司茶課，以爲定額。

永樂十年，令四川安縣茶課折收鈔。

宣德四年，令免四川茶户徭役。又令四川保寧府巴縣官地茶，照民地例起科。

正統四年，革四川播州宣慰司茶倉。其茶折鈔，貯本司永豐倉。八年，令筠連高珙宜賓等縣茶課，每斤折鈔一貫，各於該縣徵收支用。

景泰二年，仍令筠連高珙三縣茶課，折辦本色，於本府倉收烏蒙軍民府茶課，運納於叙州府收。每斤折鈔一貫，准給各衛官軍俸糧。五年，令各處批驗茶引所，秤掣餘茶，年終類解該府，運赴本部，轉送光禄寺收用。

成化三年奏准：西寧洮河茶馬司，積多餘茶，年久濕爛，今後麤茶每百斤收銀五錢，芽茶三十五斤亦量收五錢。無銀收絲絹等項。俱解本省有司收候，以補收買茶課支用。五年，令陝西布政司將金州等處茶課，自成化六年爲始，仍收本色。其原折收銀布，候豐年收買茶斤，送各茶馬司收貯，以備易馬。

弘治八年，令四川布政司將所屬茶課，俱自弘治二年爲始，以後年分，各拖欠該徵之數，俱減輕。每芽茶一斤，徵銀一分五釐。葉茶一斤，止徵一分。

正德元年議准：勘處漢中所屬金州、西鄉、石泉、漢陰等處，舊額

歲辦茶課二萬六千八百餘斤，新收茶課二萬四千一百六十四斤，俱照數歲辦，永爲定例。十五年奏准：養龍坑長官司，每年應辦茶課三年一次，通計該茶三十三斤七兩二錢七分五釐，一併差人解納。

嘉靖十二年奏准：陝西金州、西鄉、石泉、漢陰、紫陽五州縣茶户，巡茶御史每十年一次清審，量爲增減均平茶課。十三年奏准：陝西金西等五州縣課茶，責令大户，徑解茶馬司交納。其經過州縣原設茶户二千餘名，止派百名徵銀以給大户脚價。

凡開中。

宣德十年題准：開中茶鹽，許於四川成都保寧等處官倉關支。官茶每百斤，與折耗茶十斤，自備脚力運赴甘州，支與淮浙官鹽八引。運赴西寧，與鹽六引。

正統元年，命罷運茶支鹽事例。

弘治三年，令陝西巡撫并布政司出榜召商報斤，給引赴巡茶御史處掛號，於産茶地方收買茶斤，運赴原定茶馬司。以十分爲率，六分聽其貨賣，四分驗收入官。七年，以陝西歲饑，開中茶二百萬斤，召商派撥缺糧倉分上納備賑。八年，令免易馬，止中茶四百萬斤，以資邊儲。十二年，停止糧茶事例。十四年，以榆林環慶固原糧餉缺乏，將洮河西寧發賣茶斤，量開四五百萬斤，召商上納價銀，類解邊倉，糴買糧料。十五年，令今後不許召商中茶。十七年，令召商收買茶五六十萬斤，依原擬給銀定限，聽其自買，自運至各該茶司，取實收查驗。仍委官於西寧河州二衛，發賣價銀，官庫收候給商。

嘉靖五年題准：四川所屬稅畝課茶，照舊徵收。商販貨賣茶至百斤以上，俱赴管茶官處報中引目一道。每年課程，十分收一。凡中芽茶，每引定價三錢。葉茶，每引定價二錢。俱令赴管茶官處報中，價銀赴司上納。其腹裏產茶地方，凡茶不上百斤，俱赴本州縣報數。每十斤，上銀一分，給票照賣，立限完繳。其無引無票，俱係私茶，入官問罪。十二年奏准：凡收放商茶，俱要辨驗真正，挨陳及新。如有求索那移等弊，查照律例舉行。十三年奏准：今後問茶之期，商人報中，每歲至八十萬斤而止，不許開中太濫，致壞茶法。二十六年，令陝西開中茶一百萬斤，召納緊要邊鎮，以備軍餉。

隆慶三年題准：四川歲額茶引，共該税銀一萬四千三百六十七兩，每年布政司差官，徑赴南京户部，請給引目，轉發該道，召商報中。上納税銀，該司貯庫，年終差官解部濟邊。五年議准：近年姦商假以附茶爲由，任意夾帶，恣情短販。甚至漢中盤過，有二三年不到茶司者，鞏昌招中，有十數年不銷原引者。今後招商引內註定，一年完者，厚賞；二年量賞；三年免究；四年問罪，仍抽附茶一半入官，五年問罪，附茶盡數入官，不准再報；六年以上，即係老引興販，照例問遣。其經過漢中、鞏昌，專責理刑推官，查照引內篦斤，著實盤驗。又定買茶中馬事宜。各商自備資本，執引前去各該衙門，比號相同，收買真細好茶。毋分黑黄正附，一例蒸曬。每篦重不過七斤。完日，原住買茶所在官司，催發起程，仍填註發行年月日期印鈐。運至漢中府，辨驗真假。黑黄斤篦，各另秤盤。經過罝口巡檢司、火鑽批驗所、鞏昌府，查驗篦數，稽考夾帶。蘇谿關遵照題准事例，每正茶一千斤，許照散茶一千五百斤。數外若有多餘，方准抽税。各照格填註、印鈐、截角，依限運赴洮岷參將，轉發洮州茶司，照例對分貯庫，取實收赴院銷繳。如有夾帶數多，僞造低假，正附篦斤不同，即從重問罪。夾帶與斤重者，入官。低假者，砍焚。引過五年之上不銷者，究問。又令甘州茶司，批照洮河西寧三茶司事例，定以六月開中，聽該道會同將領、撫調番族，依期前來。不拘兒騍扇馬，堪以騎徵者，方許中納。每年大約以八百匹爲止，務限兩月以裏通完。

萬曆十三年題准：陝西腹裏地方，西安等三府，因無官茶，私販横行。議行巡茶御史招商，印給引目，每引定爲一百斤，收買園户餘茶，運發漢中府，驗明發賣。每百斤，量抽三十斤入官。大約在西安，不過六萬斤。鳳翔、漢中，多各不過二萬斤。引內明坐地方，隨路截角。如無印記及越境者，以私茶論。

凡易馬。

洪武初，令陝西洮州、河州、西寧各該茶馬司收貯官茶，每三年二次，差在京官，選調邊軍，齎捧金牌信符，往附近番族，將運去茶易馬。原額牌四十一面，上號藏內府，下號降各番。篆文曰，皇帝聖旨。左曰：合當差發。右曰：不信者斬。洮州火把藏思囊日等族，牌六面，納馬三千五十匹。河州必理衛二州七站西番二十九族，牌二十一面，納馬七千七百五

匹。西寧曲先阿端罕東安定四衛，巴哇申中申藏等族，一十六面，納馬三千五十匹。先期於四川徵茶一百萬斤，官軍轉運各茶馬司。二十二年，定茶易馬，上等馬每匹一百二十斤，中等馬每匹七十斤，下等馬每匹五十斤。三十年，令四川成都、重慶、保寧三府及播州宣慰使司，各置茶倉貯茶，以待客商納米中買，及與西番易馬，各設官掌管。

永樂十四年，停止茶馬金牌。

洪熙元年，令四川保寧等府所屬，原額官茶，照例辦納，罷買民茶。若官倉見積茶堪中換馬者，仍留支用。芽茶依當地時價，作官吏俸給支銷。不堪換馬葉茶，具奏覆驗燒毀。

成化十五年，令陝西巡茶御史招蕃易馬，不拘年例，願來者聽。弘治三年，以各邊缺馬，令招商報茶。西寧、河州各四十萬斤，洮州二十萬斤，運赴原撥茶馬司。以茶百斤易上馬一匹，八十斤易中馬一匹。

正德十年，以每年招易，蕃人不辨秤衡，止訂篦中馬。篦大則官虧，小則商病。令酌爲中制，每一千斤，定三百三十篦。以六斤四兩爲准，作正茶三斤，篦繩三斤。

嘉靖二十六年，令洮州、河州、西寧各處軍民人等，凡遇招蕃易馬之時，但有將老弱不堪馬匹、冒頂蕃名，中納支茶。三匹以下，官軍調別處極邊衛所帶俸食糧差操。民并舍餘人等，發附近衛分充軍，止終本身。茶馬俱入官。醫獸通事土民人等，通同作弊者，枷號一箇月發落。若參守等官，自行冒中二匹以下者，參問降一級，調邊衛帶俸差操。縱容子弟軍伴人等，冒中二匹以下者，調邊衛帶俸。有贓者從重論，不知者照常發落。三匹以上及將茶斤展轉興販通蕃者，各照地方斤數，問擬發遣。其參守撫夷等官，不行通調遠蕃，坐索土人賄賂，聽其中馬者，參問，降一級，調邊衛帶俸差操。計贓犯該徒罪以上者，照例問發立功。索取蕃人財物者，照例發邊衛充軍。各該承委易馬文職官員，和同縱容者，一體參提究治罷黜。有贓者，從重論。失於覺察者，量情發落。

凡關運。

正統七年議准：夔州、保寧二府所屬茶，洪武間徑運至秦州。永樂間，將保寧茶課置倉收貯。今令夔州茶課，亦運赴保寧倉，一體令軍夫關運。八年奏准：金州芽茶一斤，收葉茶二斤，運西寧茶馬司收貯易馬。九年題准：起倩四川軍夫，給與口糧，將減半茶四十二萬一千五百三十斤，陸續運赴陝西接界褒城縣茶廠。又議准：將減運茶斤，陝西都司運三分半，布政司運六分半。除都司所屬延安等八衛，延安所屬葭州等六州縣，不起軍夫外，其餘有司軍衛，酌量起倩軍夫，給口糧有差，俱直抵褒城縣茶廠。

成化十九年，令四川保寧等府茶課，每歲運十萬斤，至陝西接界交收，轉運各茶司支用。

凡禁約。

洪武三十年詔：榜示通接西蕃經行關隘并偏僻處所，著撥官軍嚴謹把守巡視，但有將私茶出境，即拏解赴官治罪，不許受財放過。仍究何處官軍地方放過者，治以重罪。

永樂六年，令諭各關把關頭目軍士，務設法巡捕，不許透漏叚疋布絹私茶青紙出境。若有仍前私販，拏獲到官，將犯人與把關頭目，各凌遲處死。家遷化外，貨物入官。有能自首免罪。

景泰五年，令各處軍民人等，官民馬快等船并車輛頭匹挑擔馱載私茶者，各該官司盤獲，茶貨車船頭匹入官。引領牙行，及停藏之家，俱依律治罪。巡捕人員受財縱放者，一體究問。

天順二年奏准：凡蕃僧夾帶姦人并軍器私茶違禁等物，許沿途官司盤檢，茶貨等物入官，伴送夾帶人，送所在官司問罪。若蕃僧所至之處，各該衙門不即應付，縱容收買茶貨，及私受饋送，增改關文者，聽巡按御史、按察司官，體察究治。

成化七年，令禁進貢回回蕃僧人等，於在京及沿途收買私茶。十八年，令私茶有興販夾帶五百斤者，照見行私鹽例，押發充軍。

弘治元年奏准：凡軍衛有司，果無私茶，不許分派下人買納作數。三年，令今後進貢蕃僧，該賞食茶，給領勘合，行令四川布政司撥發有茶倉分，照數支放。不許於湖廣等處，收買私茶。違者，盡數入官。十七年，令四川撫按官，行碉門、黎州、雅州、建昌、松潘、夔州、保寧等處，各該兵備分巡，申明茶禁。利州衛選委指揮一員，專管巡茶。通江、巴縣、廣元、東鄉等處，就委巡捕官管理。各督應捕人等，把隘緝訪。軍民人等，敢有仍前私販，及該管官司不行用心捕獲，一體重治。

十八年題准：各處行茶地方，但有將私茶潛住邊境，興販交易，及在腹裏販賣與進貢回還夷人者，不拘斤數，事發并知情歇家牙保，俱問發南方煙瘴地面衛所，永遠充軍。其在西寧、甘肅、河州、洮州販賣者，一百斤以上，問發附近衛分充軍。三百斤以上，發邊衛永遠充軍。若在腹裏興販者，照例五百斤以上，押發附近衛分充軍，止終本身。不及前數者，俱依律擬斷腹裏，仍枷號一箇月。在邊方，枷號兩箇月。有力納米贖罪，無力解五百里之外擺站守哨。但有逃回，仍前興販者，事發，不拘多寡，問發附近衛分充軍。若軍官將官知情，縱容弟男子姪伴當興販，及守備把關巡捕官知情故縱者，事發參問，降一級原衛帶俸差操。有贓者，從重論。不知者，照常發落。若守備把關巡捕官，自出資本，興販私茶，但通蕃者，問發邊衛充軍。在西寧洮河甘肅地方發賣者，三百斤以上，發附近衛分充軍。不及數，及在腹裏發賣者，降一級，調邊衛帶俸差操。

嘉靖十四年題准：四川夔州、東鄉、保寧、利江一帶，附近陝西通茶地方，不論軍衛有司，凡事干茶法者，悉聽陝西巡茶御史管理。各該分巡兵備等官，務嚴禁私茶。按季將捉提人犯數目，開報查考。俱聽本官舉劾。

十五年題准：今後陝西三茶馬司積茶，止留二年之用。每年易馬，計該正茶外，分毫不許夾帶。又題准：今後凡遇行茶道路，如有興販蕃馬入境者，挐獲，馬匹入官，犯人以通蕃例論罪。

二十六年議准：各處茶商，有原無資本，混報茶批入山，通同園户蒸造假茶，及將驗過真茶盜賣，沿途采取草茶納官，各至五百斤以上者，商人園户及知情轉賣之人，民發附近衛分，軍發邊衛，各充軍，止終本身。茶價入官。不及前數者，依私鹽法論罪，仍枷號兩箇月發落。窩頓店户，知情者，從重論。至一千斤以上，本犯發極邊衛分永遠充軍，店户不問知與不知一體治罪。其官司開報茶引，令各商互相保結。中間若有前項之徒，聽其首發。通同妄保者，一併治罪。不知者，不坐。各處行茶地方，但有豪強茶徒，出本雇覓十人以上，挑販私茶者，事發審實，悉照弘治十八年題准事例問發。若挐獲雇覓之人，隱護首惡，及妄攀平人者，不分茶斤多少，問發煙瘴地面，在邊者永遠，在內者止終本身，各充軍。巡捕官兵，通同茶徒，賣放首惡，及挾詐良民者，事發，官參問，降一級。應捕人役，枷號兩箇月。有贓者，各從重論。三十一年議准：今後進貢蕃僧，凡有援例陳乞順買茶斤者，一切據法通行查革。其有該賞食茶，照例撥給回還。經過關隘，一一盤驗，如有夾帶私茶，不拘多寡，即没入官。仍將伴送人員通把，依律問罪。

凡折給。

正統六年奏准：甘肅倉所收茶，自宣德及正統元年以前者，按月准給陝西行都司并甘州左等衛所官員折俸布絹，每茶一斤折米一斗。自後所積茶多，悉照此例，挨陳折給。八年，令陝西甘肅倉所收茶，折支軍官俸給，每斤折米一斗五升。

景泰五年，令四川界首茶課司，於南京户部印給茶引，收貯在庫。遇有官軍折支俸糧茶課，給與引由執照，依例易賣。

弘治三年，令四川遞年拖欠茶斤，每芽茶一斤追銀二分，葉茶一斤追銀一分五釐，類解布政司，發松潘缺糧關堡，接濟官軍支用。

嘉靖二十五年，令將見在不堪易馬茶斤，減價三分之二。差好者，量估價二錢二分，次一錢八分。遇各軍支放折色月分，每軍量給一二篦，即於本軍應支折色銀内，照茶篦數目，扣銀在官，類解陝西行太僕寺貯庫，聽候買馬。

凡差官。

洪武三十年，令自三月至九月，每月差行人一員，於陝西河州、臨洮，四川碉門、黎雅等處，省諭把隘關口頭目，禁約私茶出境。

永樂十三年，差御史三員，巡督陝西茶馬。

景泰二年，令陝西四川二布政司，各委官巡視關隘，禁約私茶出境。暫罷差行人。四年，復差行人於陝西四川，禁約私茶。

成化三年，令差御史一員，於陝西巡茶，一年更代。七年，罷差行人四川巡茶，令按察司分巡官往來禁約。十一年，令取回陝西巡茶御史，仍差行人。十四年，仍差御史於陝西巡茶。

弘治九年，令經該茶馬司官吏，遇有考滿事故，申巡茶御史，委官盤點見數，方離職役。若有侵欺，及雖不侵欺，收置無法，致有損折原數者，依律究治追陪。十六年，令取回巡茶御史。凡一應茶法，悉聽督理馬政都御史兼理。十七年，令陝西每年於按察司揀憲臣一員，駐劄臨洮府，

巡禁私茶。一年滿日，擇一員交代。又將建昌、松潘、碉門、黎雅遠處，行撫按稽查。夔州、東鄉、保寧、利州附近陝西，聽督理馬政都御史帶管。

正德二年，仍設巡茶御史一員，請敕兼理馬政茶法二事。

嘉靖三十一年奏准：四川茶法，併入水利道兼理。令重夔兵備道，禁湖茶監收買。下川南安綿兵備道，監秤驗。建昌首潘兵備道，監蕃易。各該委官，悉聽茶法道選差。

（明）何喬遠《名山藏》卷五三《茶馬記》 西番，中國藩籬也。秦蜀産茶，茶性通利疏胸膈底滯之氣。西番人嗜乳酪，不得茶則困以病。彼以我茶生，我以彼馬用，唐宋以來皆行之，亦所以制西番而控北虜之一策也。

國初散處降夷，分其部落，隨地安置，而授之長。彼貢馬而我荅之茶，名爲差發，如田有賦，如身有傭。我體既尊，彼欲亦遂，其視前代交易互市不侔矣。其通道有二，一出陝西河州，一出四川碉門、黎雅等處。

洪武七年，置河州茶馬司，歲納馬七千四百五匹。十一年，置西寧茶馬司，歲納馬三千五百匹。又念邊吏縱放私茶，以致茶賤馬貴。又或有假朝旨，横索蕃馬，致蕃夷侮慢朝廷者。乃製金牌信符，命曹國公李景隆持入蕃，與爲要約，下號降諸蕃，上號藏内府，以爲契，三歲一遣官合符交易。金牌凡四十餘面，河州必里衛二州七站，西番二十九族，牌二十一面，納馬七千七百五十匹。西寧衛曲先阿端罕東安定四衛，巴哇申冲申藏等族，牌一十六面，納馬三千二百九十六匹。洮州衛火把藏思囊日等族，牌四面，納馬三千五十匹。其文曰：皇帝聖旨，合當差發。不信者斬。凡犯私茶者，與私鹽同罪。有以出境者，與關隘不譏者，並論死刑。民家畜茶，毋得過一月之用。茶户私鬻者，籍其園。園茶十株，官乩一焉。民間所收茶，官爲買之，無主者令軍士耨培官乩其入。五十斤爲一包，二包爲一引，有司者貯之。碉門永寧筠連諸處，播州之屬也，其茶皆高樹大葉，名剪刀葉，令立局徵税，易换紅纓、氈衫、米、布、椒、蠟，以備官用。其民所收茶，於所在官司驗引販賣，如江南法。二十一年，令闢辦天全六番招討司茶課。二十二年，定上馬一匹給茶一百二十斤，中馬七十斤，駒馬五十斤，下馬二十五斤。二十五年尚膳監太監而聶敕諭必里諸番於河州得馬萬三百四十餘匹，給茶三十餘萬斤。三十年，自嘉州改建西寧茶馬司。又令每歲三月至九月，差行人一員入陝西四川省諭禁約。又令四川成都、重慶、保寧三府，及桂州宣慰置茶倉。是年，駙馬都尉歐陽倫以販私茶論死。歐陽倫遣家人往來陝西販茶出番，皆倚勢放横。倫家人保尤縱暴，至蘭縣河橋捶巡簡司吏，吏不能堪，以聞。太祖賜倫死，以布政官不言，并保等俱坐誅。遣使賫璽書勞告者。三十一年，曹國公自西番還，用茶五十餘萬斤得馬一萬三千五百一十八匹。

永樂六年，建批驗茶引所。九年，建洮州茶馬司。十三年，遣御史三員，於陝西巡督增給茶數，視國初禁稍弛。洪熙元年，免民茶，以官倉所積芽茶准官吏俸鈔不堪者奏驗燒燬之。宣德四年，免茶户徭役。十年，令客商中鹽者，運茶於邊，給以准浙鹽引。而久之鹽商恃有文憑，販私茶易番馬，官課久滯，官茶坐賤。正統元年，禁罷之。十四年，以番人被北虜侵掠，遷徙内地，金牌散失，詔止金牌不給，聽番族以馬貢，復歲遣行人四員省諭巡察。成化三年，陝西巡撫都御史項忠以行人省諭巡察徒屬虚文，乞遣風力御史一員，周年更替，許就附近城垣與番人互市，茶久不堪者，量增馬匹。而番人不樂御史收馬，於是仍遣行人，兼令按察司官巡禁。十四年，兵部言按察司官巡禁不專，軍民得私興販，茶馬之利盡歸迤西守備等官，乞遣御史如故。番人中馬，聽其自來，無所招留，不以馬匹數少爲怠事，惟以巡獲私茶爲稱職，將番人争趨易馬無所待招。户部覆奏從之。弘治六年，陝西巡撫蕭禎以臨鞏平涼三府歲饑，請開中茶一百萬斤招商於三府官倉納糧備賑。然小人乘之射利夾帶興販，而官勢之家陰結近番私相交易，其法不久皆罷。十六年，罷巡茶御史，使督理馬政都御史兼之。

是時，爲都御史者楊一清，言臣受命督理茶馬，親詣西寧洮州等衛地方，撫調各族番夷，中納茶馬。各族番官指揮千百户鎮撫驛丞偕其國師禪師，各賫捧原降金牌信符而至。臣撫而諭之，責其比歲不輸納茶馬之罪，皆北向稽首，言我等久遵成約，顧近年並無金牌來調，第令歲一將馬换茶而已。若來調我，諸番敢違？臣於是知我祖宗謀略度越前代，而朝家之威伸於諸夷矣。臣念自金牌制廢，私販盛行，國家坐失茶馬之利，垂六十年。豈徒邊方缺馬騎征，將來遠夷既不仰給我茶，敢謂不涉中國，意外之憂或生，藩籬之固何托？臣始至陝西，審河州衛每年招番易馬，止臨近

川上陸族乞台撒刺，並歸德中左所西番達子二十七姑及腹衷老鴉乩藏等族熟番，調來中馬給茶。其黑章咂上下哈加阿剳爾朵工遠竹等族，遞年累撫，並不應命，又糾引番賊伏路搶殺過往官軍，因循已久。有言於臣，諸番輕蔑國法，莫若請調軍馬抵其巢穴，量剿一二，使之知畏。臣念興師動衆固未易，言禦戎上策，莫如自治。諸番雖不來中馬，而彼中未嘗一日無茶。既坐得茶，何求於我。且中國之人明知禁例，私販肆行於番夷乎何誅。臣乃申禁令嚴緝捕，根究株引，不少假借茶徒稍稍斂迹，茶價頓增。已而招調番人，遠近畢集，黑章咂朵工等族亦皆如期而至。乃知中國之茶真足以繫番人之心而制其命。誠使私茶商販一切禁絶，不一二年，番族無茶不撫，亦將自來，調之寧敢不至。因條陳五事。其一，請復金牌之制，厚給而賞勞之。其一，請顓巡禁之官，巡撫都御史得自擇按察司官員往來巡視。其一，請嚴私販之禁，言私茶律同私鹽，必五百斤方論罪，而犯者朋比出境，分而輕之，斤不足五百，即捉獲無罪可論。請但出百斤以上，即論如律。其一，請處茶園之禁，以爲國初民户稀闊茶園不多，是以額課亦少。今開墾日繁，栽種日盛，而茶課仍舊一無所增。即漢中府五州，金鄉、石泉、漢陰三縣，茶不待種，隨田而出，荒山茂林耕治熗灼之餘，莫不萌蘖。一家茶園，有歷三五日程不遍者，有百餘户佃種不周者。而數十户百餘户止賦一户之課而已，其與農夫終歲勤動尚恐不贍，又稱貸輸官者，難易不同。故漢中一府，歲課不及三萬，而商販私鬻至百餘萬，坐令姦頑官舍軍民收買通番。番人坐令不樂與官爲市，沮壞馬政，職此之繇。夫薄賦裕民美事也，加賦足用敗政也。然先王待農惟恐不厚，於商則征。今以天地自然之利，民得之易，官耴之輕，徒爲犯法者地，豈可無法以處耶。又，先年茶園亦有消乏未蒙除豁，新開茶園日新月盛，漫無考稽，致使一園一畦者課多，連山接隴者顧少。奸民既遂玩法之私，細民復有不均之嘆。請行委陝西布按二司官，履園而籍之，當除者除，當增者增。其一，請廣價茶之積。番人每三歲一次納馬，先期於四川保寧等府遣軍夫，約運價茶三百萬斤，赴陝西界，交與陝西軍夫轉運各茶馬司交收。户部請旨，於在京堂上官内點差二員，賫敕前往，會同陝西守鎮官員整理。此國初舊例也。後以邊方有事，供億浩繁，遂見停止。近年巡茶御史招番易馬，止憑漢中府歲辦課茶二萬六千二百餘斤，兼以巡獲私茶數亦不多。每年約用不過茶四五萬斤，以此易馬，多不過數百匹，又多不過千匹。補凑抑勒，往往良駑相參，招易未久，倒傷相繼。番人既病於價虧，軍士復不得實用。今邊方在在缺馬騎征，官帑有限收買不敷，月追歲併，士卒告困。近雖修舉監苑馬政，然方收買種馬孳牧求用於數年之後，欲濟目前當先茶馬，茶司無數萬之儲，縱然招致番馬，何所耴給。欲如舊例徵運四川課茶，川陝軍民兵荒創殘，邊儲飛輓猶自不堪，寧復能增此役。臣按洪武初禁茶園人家，除約量本家歲用外，餘者盡數官爲收買。今漢中府産茶州縣遞年所出茶斤百數十萬，官課歲用不過十之一二，其餘俱爲商販私鬻之資。商販停革，私茶嚴禁，則在山茶斤無從售賣，又恐茶園人户仰事俯育無所資藉，將不復葺理茶園，將來茶課亦虧。夫在茶司則病於不足，既無以副番人之望。在茶園則積於無用，又恐終失小民之業。臣今從宜量發官銀千五百七十餘兩，收買茶七萬八千八百二十斤，計易過兒扇騍馬九百餘匹，其利多於往時，但猶未免用官夫運送。若必廣爲收易，漢中鞏昌河西一帶人民不勝勞擾，又恐行之既久，官司處置乖方，虧價損民。念欲官民兩便，必須招商買運，給價相應。臣又招諭陝西等處商人買官茶五十萬斤，以備明年招番之用。每茶一千斤，用價銀二十五兩，連蒸曬裝篦雇脚等項，從寬共計價銀五十兩。令其自出資本，前去收買，自行運送各茶司交收，聽給價銀。夫官銀萬兩，買戰馬不過千匹，如前所擬，買茶二十萬斤，分別三等馬匹斟酌收買，可得馬幾三千匹。買一馬者將買三馬，給一軍者可給三軍。但所給茶價出自公家，歲歲支給，亦非可繼之道。若運到官茶，量將三分之一官爲發賣，以償商價，尤爲便益。合無聽臣督同布按二司官，出榜招諭通行山陝等處，數年之後官茶亦可不賣，不傷府庫之財，不失商民之業，而坐收茶馬之利，長久利便，宜無出此。户兵二部覆奏，金牌即未遽復，其他率從所請。一清復言私茶之禁，密於陝西，疏於四州。陝西茶法常越境販賣洮州衛所屬思曩日等族，與四川松藩軍民販茶，深入各族，易換馬牛。以此洮州番夷有茶，節年易馬，俱各生拗，不聽撫調。洮州私茶既多，則河州西寧遠近生熟番夷相傳販賣，俱從外境相通，難以禁絶。又四川沿邊一帶，俱與番境相鄰，私茶通行一年不知若干萬，徒爲茶馬之累。其虧中國之體，納外夷之侮，莫甚於此。乃知川陝皆當禁茶，祖宗成法誠不可易。户兵二部覆奏從之。一清兼領茶馬三年，所

得馬萬九千餘匹，處置茶斤，河州西寧俱三十餘萬，洮州一十五萬。從來貯茶易馬未有多若是者。皆出招商買運，不煩轉輸，雖未明復金牌之規，而實坐收茶馬之利。一清復上言，天下之事創作者必專而後成，交承者必守而無失。今規置粗定，禁令已行，分官代理，幸不廢墜。然歲復一歲，趨下之勢恐所不免，懼隳前功以貽後責。切惟馬政茶法事體相須，先年陜西行太僕寺苑馬寺馬政，俱該陜西廵撫兼管，而茶馬則廵茶御史主之。廵撫政務繁多，馬政一事實不經意，而茶司所易良駑莫究，騎操所給登耗不聞，本末始終茫不相攝，虚名無實，亦勢使然。頃設督理馬政之官兼總數事茶司之所易，即監苑之所牧，監苑之所牧即官軍之所給，非惟不相悖而反相爲用。故臣之不才，亦得稍效其愚。此後督理之官恐難復設，若令陜西廵撫帶管，不無蹈舊轍，莫若設廵茶御史一員，請敕兼理馬政茶法二事。陜西行太僕寺苑馬寺官員聽其提調約束。兵部議覆從之。十年，廵茶御史王汝舟，以每年招易番人不辨秤衡，但釘篦中馬。篦大則官虧其直，過小則商病其繁，乃酌爲中制每千斤定三百三十篦，以六斤四兩爲準，作正茶三斤篦繩一斤。

嘉靖三年，御史陳講以商茶低僞，欲悉徵黑茶，恐地産有限，乃第茶爲上中二等，三七爲則，印烙篦上，書商人姓名而考之。四年，命四川按察司僉事兼掌茶法，每歲赴南京請印引五萬道給商人報中，給引聽行貿易，納銀於官。買茶賞番買馬一於銀乎？耴之，其五萬道以二萬六千道爲腹引，以二萬四千道爲邊引。腹引行内地者也，邊引以貿易番夷者也。然腹地有茶，漢人或可無茶；邊地無茶，番夷必不可無茶，以是腹引常滯，私販轉多。二十五年，御史胡彦言，茶馬之設，固以濟邊，實用繫戎。每歲易馬給以真好，彼乃交手騰歡脱，或低假致令憎嫌，失信損威，皆此之故。歲復一歲，陳者愈陳，不得已而變賣燒燬之説興焉。變賣得矣，然豪右轉販，官商阻遏；燒燬似矣，然貪官污吏，虚捏侵欺。夫洮河西寧等處居民以畜牧爲生，非乳酪不食，猶番民也。第茶禁甚嚴，茶價騰踴，貧困之家鮮得其食。若將見在不堪易馬茶斤減價三分之二，約差好者量定差等，以散軍士折色月糧，即留折色之銀，類解陜西行太僕寺貯庫，以爲買馬之用，不願支領者聽，不尤愈於變賣雜糧乎。其濕爛茶斤易馬，既非所宜給軍，又拂其欲。若將三衛寄養茶馬人户量加分賞，以賑凋落，不尤愈於燒燬乎。以馬政之財還馬政之用，以地方之利資地方之生，亦通變宜民一策也。户部覆奏從之。二十八年，御史劉崙請復金牌之制，定勘合之規。族大馬蕃者給以金牌，族小馬少者給以勘合。三十年，諸番從總督尚書王以旂請，給如崙所陳以旂復以爲請，下兵部議。部覆，國初金牌信符其給其失已事可鑒也。番族變詐不常，北虜抄掠無已，脱給而再失，失而又給而又失之，如國體何？夫金牌給番，本爲納馬。番人納馬，意在得茶耳。嚴私販之禁，則番人不撫自順，雖不給金牌，馬可集也。若私販盛行，在我無以繫其心而制其命，雖給金牌，馬亦不至。今諸番告給，寧以勘合與之。詔如擬。

隆慶三年，四川廵撫都御史嚴清，請於嘉靖四年所給五萬道減爲三萬八千，以三萬道爲黎雅邊引，歲得税銀一萬四千三百餘兩，解京濟邊，而川茶從折色矣。郎曰：國家設四司一所以總茶課，聯西戎控北虜，三邊永利乎。蓋陜之漢中，川之夔保尤重矣。楊一清所至舉職不獨茶馬一事，胡彦所奏亦盡心焉。夫此邊境之茶也。其上供茶，天下貢額四千有奇，福建居二焉。建寧所貢有探春、先春、次春、紫筍及薦新等號，舊皆如宋故事，碾揉爲大小龍團，高皇帝盡罷之。詔諸處獨採茶芽進，復上供户五百家。已聞有司督徵嚴切，復聽民自進，則念民深矣。

（清）傅維鱗《明書》卷八二《食貨志·茶法》 初立茶法，令官給引，商人赴産茶處具數納錢請引，方出境貿易，每百斤輸錢二百。郡縣籍記姓名，以憑句稽。不及引者曰畸零，給由帖，無引者聽人告捕。各地方委官一員司其事。及天下大定，乃設茶馬司六，曰陜西，曰河州，曰洮州，曰西寧，曰甘州，曰四川碉門。其後陜西革諸關津要，置批驗茶引所，歲遣行人齎榜，於行茶所在懸示以肅禁。每三歲，遣官調選邊軍，齎金牌信符，差發附近邊族以納馬。而運茶於邊勞賞之，歲有常數。西番貢使許順帶茶，而有禁限。諸私茶之禁甚具。

洪武中，命曹國公李景隆行西番，與結約定令，實始製金牌信符杜奸僞。而駙馬都尉歐陽倫使西域，以冒禁即賜死不貸，法嚴而令行如此。初景隆以茶五十餘萬斤，得馬萬三千五百有奇，分給京衛騎士。設胡嗜乳酪氣滯，得茶疏利之，而邊境得馬團操爲武備，甚良策也。以重臣定茶法，彼其納馬，不曰易茶，而曰差發，如田有賦，身有庸，示職貢無可逃。國

酬以茶，不曰市馬，而曰勞賞，所以尊體統，亦最善。若招商法，則中茶上引五千斤，中引四千斤，下引三千斤。每七斤爲一篦，運至官司對分。官茶易馬，商茶給引貨，每上引仍給附茶一百篦，中引八十篦，下引六十篦，名曰酬勞。凡商茶，每百斤爲一引，輸官錢千文。其不及引者，納六百文，給由帖，帖六十斤，量地定程以賣，而禁私販與鹽法同。諸批驗截角退引，一准鹽法行律。以私茶出境者斬，關隘不覺察者處極刑。民間蓄茶，不得過一月之用。茶户私鬻，籍其園入官。敕兵部時賫諭川陝守邊衛所，仍遣西僧往返申飭之。其後以批驗所不詳茶商姓名貫址，聽冒名給引，得傳相販賣，故退引。累崔不繳爲影射，茶出山時，不從公盤詰，批驗所又不如法批驗，而夾帶者衆。又法，商人詣批驗所買引，而所獨在應天、常州、杭州，於產茶地分，遠者數千里，近不下數百里，道苦遠多費，而姓名貫址易爲欺。於是定例，聽茶商於產茶府州縣納課。已即將姓名貫址買引照茶，年終，該地方各以由造册，并收紙鈔解部，仍具數關領次年合用引由。各所遇商經過，照批驗截引角放行，有夾帶罪之。年終具驗過商引，及盤獲私茶，具册申合於上司繳部，而防私販之禁甚嚴。其天下貢茶，歲額止四千二十二斤，而福建二千三百五十斤。建寧所貢，有探春、先春、紫笋及舊新等號。每貢入，必碾揉爲大小龍團，高皇帝以勞民力也，命罷造，照諸處採芽以進，復上貢户五百家。已聞有司督徵嚴，復聽民自採進。三十年，詔曰：古者帝王馭世，必嚴華夷之辨者，蓋以戎翟之人，貪而無厭，苟不制之，則必侵侮而爲患。今西番自昔以馬入中國易茶，所謂貿遷也。邇因私茶出境，馬入甚嗇，於是彼馬日貴，茶日賤，而彼玩侮之心生矣。其峻禁私茶之出境者，朕豈爲利哉。制馭夷翟，不得不然也。後以茶易雜物而馬少，使蕃夷坐收其利，上怒，遣駙馬都尉諭蜀王椿嚴其禁。

永樂中，有司言諸蕃以馬易茶，例禁夾帶貨物。今往往以他物易中國布帛紙張，有司遵禁例，又慮杜絶遠人。上曰互市所以資國用，來遠人也。其聽之。三年，上謂兵部曰：聞番馬至，每予茶以低假，須榜諭邊吏，示以朝廷懷遠之意。儻如前，治以謬欺之罪。十一年，什都縣民言，十年間虧官茶十六萬有奇，乞折輸鈔。上曰：此因近歲役民伐木，防其採辦，又令納鈔，民何以堪。其蠲之。

宣德四年，上諭尚書郭敦曰：聞茶户多重以他役，悉免之。宋陳恕爲三司使，稍增茶課，當時非之。此事今在卿，歲額決不可增，虛耗則應減免，以寛民力。

成化中，陝西巡撫馬文升奏以陝西布政司庫貯茶課及雜物易銀，遣官於河南、湖廣市茶，運赴西寧等司收貯，市易番馬，俵給固原、甘凉諸衛官軍。詔可。

弘治三年，四川右布政使何鑑奏茶課浥爛，乞徵銀解部。先是四川歲徵茶數十萬易馬，後夷人悉由陝道，故茶課浥爛，官吏老不得代，乃徵銀。上從之。官民稱便。十六年，楊一清以景泰來茶政弛，番夷馬多不至，請復金牌信符。上言：臣考前代，自唐回紇入貢，已以馬易茶。宋熙寧間行之，所謂摘山之產，易厩之良，無害而有利，計之得者。我朝納馬，如田賦身庸，必不可闕，非虐使於番也。因納馬而酬茶，體尊名順，非互市交易之比也。且非獨以馬故也，蓋西番之爲中國藩籬，自漢武帝表河西列四郡，斷匈奴右臂，而漠南無王庭。今金城之西，綿亘數千里，北有狄，南有羌。狄終不敢越羌而南者，以羌爲世讐，恐議其後也。不然，則河洮、岷隴之區，能無戎馬之蹟乎。夫羌夷之人，本非孝子順孫，徒以資茶於我，絶之則死，故俛首服從。此制番控胡之上策，前代略之，而我朝獨得之。頃自金牌制廢，私販盛行，雖有巡茶之官，卒莫能止，坐失重利，垂六十年。豈徒邊方乏騎乘之用，將來遠夷無資於我，跳梁自肆，將生意外之憂，撤藩籬之固，甚非計也。請下所司申明舊制，昭示番族，使知朝廷修復信符，各供差發。其不受約束者，徵兵問罪，以警其餘。上俞行之。

嘉靖中，令凡茶課新陳錯出，以防積朽。復招商中茶，增至百萬，多壅滯。而御史潘一桂上言，宜歲止中五六十萬，商以百五十人爲率。又以松潘近洮河，私茶往往闌出與番夷通，宜停松潘引目，申嚴入番之禁。從之。

隆慶中，給事中何起鳴奏，四川巴州通江南原額茶課，徵收本色，民甚苦之，宜如舊例收折色。而御史李良臣議以爲甘州茶司之建，歲增馬六百匹。但四川徵茶，轉運勞擾，又有擄掠之虞，有冒中之奸，害多利少，未便。若改折，則原扣脚價賞勞諸費，可買得原馬，足抵甘州之數，民得

少甦。此官民兩利之道也。如謂番夷漸已納款，驟革互市，恐失其心。則甘州支賸之茶，請行招納三年，茶盡而止。從之。

萬曆十三年，令陝西腹裏因無官茶，私販孔多，議招商給引。每引百斤，運去漢中驗明，每百量抽三十斤入官。而截角私茶之律如舊法。其後法益疏，邊備弛廢，茶雖易，而馬皆疲羸不堪乘衝。

崇禎中，屢敕嚴核，而番馬入中國，往往多斃，而茶馬幾無益於國用矣。若遣官，洪武初，年差行人一員巡陝川，永樂十三年，易以御史三員。景泰中，差行人如故。成化三年，令差御史一員於陝西巡茶，一年代，後復行人。十四年，定爲御史矣。陝西茶課五萬一千三百有奇，四川課一十五萬八千八百有奇，各存其零爲彼處官費，折色三十三萬六千八百有奇，止徵銀四千七百餘兩。除存作番賞，而解作易馬銀止一千五百有奇。計天下茶鈔六十九萬七千八百三十四貫有奇。

（清）查繼佐《罪惟録》志卷二三《茶法志總論》　茶品不一，性與味各殊。以代古湯飲，不知始何時。觀古籍不供祭祀，不進賓嘉，然則茶飲並稱猶後世之言也。陸鴻漸爲作《經》，頗詳研製。降此法益善，而飲之義始完。獨異此種但宜中夏，如紅花之產，無出異域者，豈正色至味，偏方不預，而得天地中氣者爲特生之歟？顧各徼外來庭，不聞蘭出，獨西番諸族，似非此則病，不審古茶法未通之先，彼何以能長年及世？於是中國常供之外，以諸最下者易馬。按茶與香皆植產，分值口鼻，而烟亦植產，與香一類，乃不善鼻而善喉以下，適與茶仇，分任醉醒。而又奇香之出外域者種多，中國瀕海間有之，與烟之種，皆興洋外。乃烟可內移，香不可北活，豈迷智之物易染，而憩息之具難脩歟？中國法不令自迷，故禁烟厲。中國義不妨分醒，故市茶通。嗟乎，兩法乖而世運亦隨之以變矣。

（清）查繼佐《罪惟録》志卷二三《茶法志》　洪武四年，開馬市。五年，户部言：四川產巴茶四百七十七處，茶户三百十五，每茶十株，宜定制，官取其一，歲計得茶一萬九千二百八十斤，貯以易馬。上從之。遂於川陝立三茶馬司，曰洮州，曰河州，曰西寧。其轉運站有八，皆在秦、徽二州，蓋入三司之要路也。領金牌從事。上馬匹茶百二十斤，中匹七十斤，下匹五十斤。

二十四年，詔建寧茶內供，聽茶户採進，有司勿預。天下產茶處所各有定額，惟建寧茶品爲上。自後免龍團之製，竟□茶芽，勞民生弊者必究。

三十一年，置茶倉四所：成都、重慶、保寧及播州宣慰司。命四川藩司移文天全六番招討司，歲收茶課，仍入碉門茶課司，餘地方入四司收貯。增置陝西、洮州茶馬司。

永樂中，專敕御史理茶馬，兼巡督邊防。

宣德四年，免四川茶户徭役。時江安縣户茶八萬餘株，欠□千七百有餘，乞免雜辦。上曰：歲課決不可增，虛耗決宜寬減。

正統中，免金牌，遣行人四員督市。

成化後，專敕御史行。

隆慶中，以私茶僨馬交敝，改徵四川課茶折色，解苑馬等寺易馬種於蘭州，招商中茶。茶引之限，一年完者上賞，其二年量賞，三年免究，四年問罪，没入附茶一半，五年全没訖，六年引老問遣。其茶產漢中府，歲額以萬斤，每百斤加耗六斤。茶歲中率八萬斤，官取其半易馬，其納馬番□，洮州三十，河州四十二，西寧一十三。又新附山後歸德所生番一十一。

《明史》卷八〇《食貨志·茶法》　番人嗜乳酪，不得茶，則困以病。故唐、宋以來，行以茶易馬法，用制羌、戎，而明制尤密。有官茶，有商茶，皆貯邊易馬。官茶間徵課鈔，商茶輸課略如鹽制。

初，太祖令商人於產茶地買茶，納錢請引。引茶百斤，輸錢二百，不及引曰畸零，别置由帖給之。無由、引及茶引相離者，人得告捕。置茶局批驗所，稱較茶引不相當，即爲私茶。凡犯私茶者，與私鹽同罪。私茶出境，與關隘不譏者，並論死。後又定茶引一道，輸錢千，照茶百斤；茶由一道，輸錢六百，照茶六十斤。既，又令納鈔，每引由一道，納鈔一貫。**【略】**

太祖之禁私茶也，自三月至九月，月遣行人四員，巡視河州、臨洮、碉門、黎、雅。半年以內，遣二十四員，往來旁午。宣德十年，乃定三月一遣。自永樂時停止金牌信符，至是復給。未幾，番人爲北狄所侵掠，徙居內地，金牌散失。而茶司亦以茶少，止以漢中茶易馬，且不給金牌，聽

其以馬入貢而已。

（清）龍文彬《明會要》卷五五《食貨·茶法》 明制：有官茶、有商茶，皆貯邊易馬。官茶間徵課鈔。商茶輸課，略如鹽制。初，太祖令商人於產茶地買茶，納錢請引，引茶百斤，輸錢二百。不及引曰畸零，別置由貼給之。無由引及茶引相離者，人得告捕。置茶局批驗所，稱較茶引不相當，即爲私茶。凡犯私茶者，與私鹽同罪。《食貨志》。

洪武初，令賣茶之地，宜課司三十取一。户部言：陝西、四川茶宜十取其一，以易番馬。從之。於是諸產茶地設茶課司，定税額。設茶馬司於秦、洮、河、雅諸州，自碉門、黎雅抵朶甘、烏斯藏，行茶之地五千餘里。西方諸部落無不以馬售者。《三編》。

三十年，改設秦州茶馬司於西寧。敕右軍都督曰：近者，私茶出境，互市者少。馬日貴而茶日賤，啓番人玩侮之心。檄秦、蜀二府發都司官軍於松潘、碉門、黎雅、河州、臨洮及入西番關口外，巡禁私茶之出境者。《食貨志》。

永樂七年，申茶禁。洪武中，以茶易馬，上馬給茶八十斤，中、下以次減之。帝初年招徠遠人，遞增其數。至是，碉門茶馬司至用茶八萬餘斤，僅易馬七十四，且多瘦損。乃申嚴茶禁，增設茶馬司。後又特遣御史巡督。《三編》。

文彬按：《明史·兵志》：洪武中，聽西番納馬易茶。上馬茶百二十斤，中馬七十斤，下馬五十斤。證之《食貨志》、《明會典》皆同，與《三編》所載互異。蓋洪武五年置茶馬司，二十三年定茶馬例。《志》與《會典》所載，据二十三年例。《三編》据初制言之，本之《實録》。

先是，洪武末，置成都、重慶、保寧、播州茶倉四所，令商人納米中茶。宣德中，中茶者赴甘州、西寧而支鹽於淮、浙。商人持文憑，恣私販，官課數年不完。正統初，都御史羅亨信言其弊，乃罷運茶支鹽例，令官運如故。《通典》。

成化三年，命御史巡茶陝西。番人不樂御史，馬至日少。乃取回御史，仍遣行人，且令按察使巡察。已而巡察不專，兵部言其害。乃復遣御史一員，歲一更，著爲令。又以歲饑待振，復令商納粟中茶。

弘治十二年，御史王憲言：自中茶禁開，私茶莫遏，易馬不利。遂停中茶之制。

十六年，都御史楊一清兼理馬政，復議開中，言：召商買茶，官貿其三之一。每歲茶五六十斤萬斤，可得馬萬匹。帝從所請。

正德元年，一清又建議：商人不願領價者，以半與商令自賣。遂著爲例，永行焉。已上《食貨志》。

嘉靖十五年六月，巡茶御史劉良卿言：律例：私茶出境，與關隘失察者，竝凌遲處死。蓋西陲藩籬，莫切於諸番。番人恃茶以生，故嚴法以禁之，易馬以酬之，以制番人之死命，壯中國之藩籬，斷匈奴之右臂，非可以常法論也。洪武初例，民間蓄茶不得過一月之用。弘治中，召商中茶，或以備振，或以儲邊，然未嘗禁內地之民使不得食茶也。今減通番之罪止於充軍，禁內地之茶使不得食，又使商私課茶悉聚於三茶馬司。夫茶司與番爲鄰，私販易通，而禁復嚴於內郡，是毆民爲私販而授之資也。以故，大姦闌出而漏網，小民負升斗而罹法。今計三茶馬司所貯，洮河足三年，西寧足二年，而商私課茶又日益增，積久腐爛而無所用。茶法之弊如此。番地多馬而無所市，吾茶有禁而不得通，其勢必相求，而制之之機在我。今茶司居民竊易番馬以待商販，歲無虚日。及官易時而馬反耗矣。請敕三茶馬司，止留二年之用。每年易馬，當發若干正茶之外，分毫無得夾帶；令茶價踴貴。番人受制，良馬將不可勝用。且多開商茶，通行內地，官榷其半以備軍餉。而河、蘭、階、岷諸近番地禁賣如故，更重通番之刑，如律例。洮、岷、河責邊備道，臨洮、蘭州責隴右分巡，西寧責兵備，各選官防守。失察者以罷輭論。奏上，報可。於是茶法稍飭矣。《實録》。

三十六年，户部以全陝災震，邊餉告急，國用大絀，上言：先時，正額茶易馬之外，多開中以佐公家，有至五百萬斤者。近者御史劉良卿亦開百萬，後止開正額八十萬斤，并課茶、私茶通計僅九十餘萬。宜下巡茶御史議，召商多中。御史楊美益言：歲祲民貧，即正額尚多虧損，安有贏羨？今第宜守每年九十萬斤招番易馬之規。凡通內地以息私販，增開中以備振荒，番宜停罷，毋使與馬分利。户部以帑藏方匱，請如弘治六年例，易馬外仍開百萬斤，召納邊鎮，以備軍餉。詔從之。

萬曆二十九年，陝西巡按御史畢三才言：課茶徵輸，歲有定額。先

因茶多餘積，園户解納艱難，以此改折，令商人絶跡，五司茶空。請令漢中五州縣仍輸本色，每歲招商中五百引，可得馬萬一千九百餘匹。部議：西寧、河、洮、岷、甘、莊浪六茶司共易馬九千六百匹。著爲令。

明初，嚴禁私販。久而奸弊日生。洎乎末造，商人正引之外，多給賞由票，使得私行。番人上駟盡入姦商，茶司所市者乃其中下也。番得茶，叛服自由；而將吏又以私馬竄番馬，冒支上茶。茶法、馬政、邊防於是俱壞矣。

《大清律例》卷一三《户律·課程·私茶》 凡犯私茶者，同私鹽法論罪。如將已批驗截角退引入山影射，照出支茶者，以私茶論。截角凡經過官司一處，驗退將引紙截去一角，革重冒之弊也。

條例

一、官給茶引付産茶府州縣，凡商人買茶，具數赴官納銀給引，方許出境貨賣。每引照茶一百斤，茶不及引者，謂之畸零，别置由帖付之。量地遠近，定以程限，於經過地方執照。若茶無由引，及茶引相離者，聽人告捕。其有茶引不相當，或有餘茶者，並聽挐問。賣茶畢，即以原給由引赴住賣官司告繳。該府州縣俱各委官一員專理。

一、私茶有興販夾帶五百斤者，照見行私鹽例，押發充軍。

一、凡興販私茶潛住邊境與外國交易，及在腹裏販賣與來京回還外國人者，不拘斤數，連知情歇家牙保發烟瘴地面充軍。其在西寧甘肅河州洮州四川雅州販賣者，雖不入番一百斤以上，發附近；三百斤以上，發近邊。各充軍。不及前數者，依律擬斷，仍枷號兩個月。文武官員縱容弟男子姪家人軍伴人等興販，及守備把關巡捕等官知情故縱者，各降一級調用。失覺察者，照常發落。若守備把關巡捕等官，自行興販私茶通番者，發近邊。在西寧甘肅河洮雅州販賣至三百斤以上者，發附近，各充軍。

一、做造假茶五百斤以上者，本商并轉賣之人，俱問發附近地方充軍。若店户窩頓一千斤以上者，亦照例發遣。不及前數者，問罪，照常發落。

一、凡茶商赴楚買茶，應照《會典》每茶一千斤准帶附茶一百四十斤。今産茶地方官給發船票，開明該商引目茶數，不得另給印票收茶。其應行盤查之地方官，悉照引目及正附茶斤驗放，不許措勒留難。如於部引之外，有搭行印票，及附茶不依所定斤數多帶私茶者，即行查拿，照私鹽律治罪。查驗地方官故縱失察者，照失察私鹽例處分。至五司變賣茶斤，如有地僻引多壅滯不能行銷者，各商具呈該司詳報甘撫，行令往賣司分照數盤查，聽其發賣辦課。

《清朝文獻通考》卷三〇《徵榷考·榷茶》 順治二年，定陝西茶馬事例。先是，元年定與西番易馬，每茶一篦，重十觔。上馬給茶篦十二，中馬給九，下馬給七。至是，差御史轄五茶馬司。户部言：陝西召商茶以易番馬，向有照給金牌勘合之制。查前明詔諭，通接西番關隘處所，撥官軍巡守，不許私茶出境。凡進貢番僧應賞食茶，頒給勘合，行令四川布政司撥發庫茶，照數支放，不許於湖廣等處收買私茶。違者，盡數入官，仍將伴送人員治罪。此舊例之可行者。若金牌一項，係明初事例，永樂十四年已經停止。我朝定鼎，各番慕義馳貢，金牌可以不用，但以茶易馬，務須酌量價值，兩得其平，無失柔遠之義。從之。

三年，免茶馬增解額數。茶馬舊額一萬一千八十八匹，自故明崇禎三年增解二千匹，所增馬匹究竟年年虚額，無濟軍需。茶馬御史廖攀龍奏請永行蠲免。從之。

七年，定陝西茶引從部頒發例。巡視茶馬御史吴達疏言：陝西茶引，明季係茶馬御史自行印發，故引有大小之分，又有大引官商平分，小引納税三分入官，七分給商之例。今引從部發，俱應照大引例，官商平分，以爲中馬之用。報可。

康熙三十四年，敕遣專官管理茶馬事務。户部議覆刑科給事中裘元佩條奏，馬政事關緊要，洮岷諸處額茶三十餘萬篦，可中馬一萬匹，陳茶每年帶銷，又可中馬數萬匹。查茶觔中馬甚有裨益，應將額茶中得之馬，給營驛外，其餘馬每年交秋，將數千匹送至紅城口等處牧放。得旨：茶馬事關緊要，著遣專官管理。

三十五年，飭准打箭爐番人市茶貿易。四川巡撫于養志遵旨，會同烏斯藏喇嘛營官等，查勘打箭爐地界，奏番人藉茶度生，居處年久，且達賴喇嘛曾經啓奏准行，應仍准其貿易。理藩院議准。從之。

四十四年，停止巡視茶馬官員，歸甘肅巡撫兼管。先是，三十六年專差部員管理茶馬事務，至是年復歸巡撫兼管。因招中無幾，西寧等處所徵

茶篦停止易馬，將茶變價折銀充餉。至雍正九年奏准，五司復行中馬之法，每上馬一匹給茶十二篦，中馬一匹給茶九篦，下馬一匹給茶七篦。俟一年之後，計所收馬匹，即留甘省軍營之用，或馬數甚多，分撥河南、山西就近喂養。十年奏准：中馬之法，應見馬給茶。至十三年，仍復奏明停止。

五十八年，准理塘巴塘地方買運茶觔。議政大臣等議覆都統法喇疏言，蒙古地方及西藏人民，皆藉茶養生。松潘一路，茶價甚賤，青海一帶，積茶必多。應暫行禁止，俟其懇請時再酌定數目，令其買運。至打箭爐外，最近者爲裏塘，遣官招撫，令營官造具所管番寨户口清册，酌量定數，許其買運。巴塘以外，亦照此例。其打箭爐一路，當視番情之向背，分別通禁。應如所奏。從之。互見《市糴考》。

雍正八年，定川茶徵税例。奉諭旨：川茶皆論園論樹以定税額。夫茶樹有大小不同，園地有廣狹不一。若概以園樹之數爲額，未爲允當，應將茶税照觔兩收納，方得其平。著該撫詳議，經户部議准，四川撫臣憲德疏言，川省行茶原額新增，共邊腹土引八萬五千三百四十四張，納課銀四百二十四兩。計算每觔止納課銀四絲九忽零，實屬太輕。今該撫定以每觔一釐二毫五絲，令各商人在於茶價銀內扣存，即隨引税赴地方官照數完解，所議甚爲妥協。應令該撫將前項榷課銀一萬六千六十八兩，按年造入奏銷册內具題查核。再查陝西行茶例，定每引一道，運茶百觔，每茶一千觔，准帶附茶一百四十觔。如有夾帶，即以私茶論罪。今該撫請加耗茶一十四觔，如有多帶，照私鹽例治罪。地方官有故縱失察者，照失察私鹽例處分。仍令該撫將行茶商人姓名，並產茶州縣榷課細數，造册報部。得旨允行。

十年，准預頒四川省行茶引張，隨時給發。四川巡撫憲德疏稱，川省行茶原以部引爲憑，自應請引行運。但口外番彝貿易多寡，內地州縣無從查考。或見番客雲集，茶觔易售，方請增引。如必候部頒發，則番客已去，各商未免畏阻不前。請於額頒之外，預頒茶引五千張，收貯巡撫衙門，俟有請增州縣，一面題報，一面即將部引給發，下部議行。

乾隆六年，酌減四川松潘地方行茶邊引。户部議覆四川巡撫碩色奏請酌減松潘茶引一案。查川省松潘地方行茶邊引，原額一萬三千七百六張，已儘足行銷，原無茶引不敷買食之處。後因天全州土商濫請增給土引，以致積滯。經前撫臣楊馝題准改撥各州縣代爲分銷，維時成都等縣商人，因松潘修城之時，番民集聚傭工，茶觔易銷，定爲常額。是以成都縣撥銷土引六百張，彭縣八百一十一張，灌縣三千六百張，崇寧縣一百八十張，石泉縣一百六十二張，安縣二百六十四張，俱改照邊引納税，於松潘行銷。年來城工告竣，番民陸續回巢，茶觔漸至壅滯。應如所請，將成都等縣積引量減四千四十九張，併課税銀兩，一併照數開除。從之。

又准甘省官茶辦交本色。先是，甘省官茶因停止招中馬匹，節經該撫題明，將官茶改徵折色，陳茶定價發變。俟各司銷存至六十萬封上下，題徵本色。至是，護撫徐杞以各司銷存庫茶止九十二萬餘封，迨新茶辦運到甘，陳茶接續分銷，可存六十萬封上下，請仍令商人辦交本色。從之。

八年，豁免川省茶引未完銀兩。奉諭旨：前因川省松潘引多茶壅，故將天全州之積引改撥成都、彭、灌等縣行銷每年空繳引張，賠納税課，官商交累。乾隆六年，朕降旨開除成都、彭、灌三縣積引四千四十九張，并課税銀二千四百一十七兩二錢。從乾隆七年爲始，官商俱受其益。惟是乾隆七年以前之羨餘截角尚屬拖欠，成都、彭、灌二縣均有未完銀兩，川省茶商貲本微薄，無力復完舊項。朕心軫念，著將所有三縣舊欠，悉行豁免。

二十四年，准甘肅五司茶封搭放各營俸餉。户部覆准甘肅巡撫吳達善奏言，甘省交庫茶封日積，酌議設法銷售。經前任布政司明德酌請，每封或定價銀六錢，運赴甘省安三處變價。三年以來，僅銷茶一萬餘封，現在各司庫貯茶尚有一百四十餘萬封，宜亟爲籌畫。檢閲舊案，康熙三十七年，因甘司茶封無馬可中，貯庫年久，經督理茶馬事務內閣學士錢齊請，於五鎮俸餉馬乾之內銀七茶三搭給。今五司存貯茶封，自應照此辦理。惟是甘省滿漢各營每年需茶若干，難以懸揣。自乾隆二十五年春季起，令其按季自行酌定茶數，總以二三成搭支銀兩，在於司庫請領，即於附近五司處支給。從之。

二十五年，奏定洮河二司茶封歸甘莊二司辦理。户部議覆甘肅巡撫吳達善奏言，甘省茶課向爲中馬而設，故每年額引二萬七千二百九十六道，內分西司九千七百一十二道坐落西寧府，洮司三千三百道坐落岷州，河司

五千一百三十二道坐落河州，莊司五千一百五十二道坐落平番縣，甘司四千道坐落蘭州府。今中馬之例久停，在甘莊二司係各處衝衢，西河二司附近青海，常有銷售之路。惟洮司地處偏僻，土瘠民貧，故該司商銷茶觔，歷年俱告改別司售賣。惟交官茶封仍交洮庫，往往積至數十萬封，始請疏銷。臣查甘莊二司，地處衝衢，撥用收支，均屬近便。應如該撫所請，將洮司額頒茶引改歸甘莊兩司給商徵課，俟洮司庫貯茶封搭餉完日，即行裁汰。疏上，如議行。嗣於乾隆二十七年以河司雖附近青海、蒙古，而一切交易俱在西寧，從不一赴河州，其情形與洮司無異，亦行裁汰其額引五千道，併歸甘莊二司。

臣等謹按，李唐回紇入貢以馬易茶，宋熙寧、嘉泰間相繼行之，漸置茶馬之官。至故明齎金牌三衛收馬給茶，名曰差發。其制中廢。當時籌國者屢以爲言，然明政已弛，竟不能復也。我朝定鼎之初，差茶馬御史招商領引納課，所中馬匹，牡者給各邊兵，牝者發所司牧養孳息。順治十四年，以七監馬匹蕃庶，凡茶馬變價銀兩改解充餉。康熙三十二年，以蘭城無馬可中，將甘州司積貯茶篦銀七茶三，用充俸餉。蓋本朝牧地廣於前代，稍爲孳息，則已驪黄遍野，雲錦成羣。今則大宛西番盡爲內地，渥洼天馬皆櫪上之駒。中馬之制久停。是以甘肅茶封恒苦於霉變，或變折價銀，或以充俸餉。甘省五司已裁其二，尚存甘莊二司及西寧一司。頒引徵課，亦以留中馬之舊跡於不廢云。

二十七年，以茶觔積滯，籌畫疏銷。陝甘總督楊應琚，遵旨條議甘省五司官茶疏銷事宜。一、官茶應改徵折價也。按甘省庫貯官茶，向例如遇存積過多，改徵折色。如庫貯無幾，復請徵本色。今五司庫內自乾隆七年至二十四年，已存積至一百五十餘萬封，經前撫臣吳達善於二十四年奏准，每封作價三錢，搭放兵餉以來，當奉行之始，兵丁領獲茶封，尚有餘利。今行之二年有餘，已搭放過茶四十餘萬封，現在市肆官茶日多，非十年之久不能全數疏銷。且每年商人又增配茶二十四萬餘封，商茶既多，官茶自必益加壅滯。莫若將商人應交二成官茶五萬四千餘封，暫停交納，照例每封徵折價三錢，俟陳茶銷售將完，再行徵收本色。一、商茶應准其減配也。查甘省茶法，商人每引交茶五十觔，無論本折，即係額課。此外尚有充公銀三萬九千餘兩，亦係按年交納，無殊正供。至商人自賣茶封，每引止應配正茶五十觔，連附茶共配售三十餘萬封。該商等即以配售之茶完納前項應輸之課。經前撫臣吳達善奏准增配以紓商力，並無課項。第茶封既已加增，又有搭放兵餉之庫貯，官茶勢至愈積愈多，難免停本虧折。今酌中籌計，商人情願每引一道止配茶十五封，內應酌減無課茶一十五萬八千三百十六封，共止配茶四十萬九千四百四十封。至二成本色茶封，現既酌議改徵折價，自亦無庸配運。一、陳積茶封應召商減售也。查各司俱有陳積茶封，而洮司爲最多。該司地處偏僻，定議搭餉，計非數十年不能完。現在每封四錢發售，商民無利可獲，裹足不前。請仍照乾隆二十六年前撫臣明德原議，每封定價三錢，召商變賣。河西二司共存茶六十餘萬，爲數較多，亦准其一體照數售變。一、內地新疆應一體搭放也。查乾隆二十四年，前撫臣吳達善奏准，滿漢各營以茶封搭餉。至新疆地方，茶觔一項，向須取資內地。誠如聖諭，各處濟用自屬多多益善，今官茶以沿途站車輓運，毋庸腳費。其自肅州運至各處，將腳費攤入茶本之內，較之買自商賈，價值尚多減省。部議應如所請。從之。

二十九年，免追浙省行銷順天茶觔殘引。舊例，浙省行銷茶引，令各商過關輸税截角，統俟茶觔售完之日，將所執殘引交原發衙門送部查銷。嗣據閩浙總督楊廷璋奏報，浙省行銷口外等處引張，歷經收税截角，更由崇文門戳去中閒，實無影射情弊。請將口外殘引，免其繳部；內地殘引，即在行茶處所催繳。復據侍郎兼管順天府尹錢汝誠等奏稱，浙省乾隆二十三四等年，行銷順天茶引共一萬九千餘道，自淮浙省咨後，即經照例查追，迄今日久，大半多無著落。推原其故，實緣行茶與行鹽不同，商無一定，地任遷移，殘引多隨客散，查究無根，難以追繳。嗣後浙省行銷京城茶引，應令崇文門於戳去中閒時，即將所戳引心彙齊，送部查核。其殘引一體免追，以省擾累。從之。

三十七年，户部議前任總督阿爾泰奏，南川縣地方產茶盛茂，每年除配額引之外，尚有餘積。請自今始增茶腹引一百張，照例徵收課税。應如所請。從之。

三十八年，户部議四川總督劉秉恬等覆奏，請嗣後三雜谷等處土司買茶，以千觔爲率，使僅敷自食，不能私行轉售。從之。

（清）王慶雲《石渠餘紀》卷五《紀茶引》 國初召商茶與西番易

馬，上馬給茶十二篦，中馬九篦，下馬七篦，茶十斤爲一篦，十篦爲一引。所中馬牡者給邊兵，牝者付所司牧孳。順治十四年七監馬大蕃，以茶馬變價充餉。十六年從達賴喇嘛及干都台吉請，於北勝州以馬易茶。康熙中以蘭城無馬可中，將貯茶配充俸餉，每封抵銀三錢。巡視茶馬之員亦旋罷。五十八年廷臣議覆都統法喇疏言：蒙古及西番人民，皆藉茶養生。今松潘茶價甚賤，青海一路積茶必多，應暫行禁止，俟其懇請，再酌定數目，令其買運至裏塘、巴塘，令營官造具番寨户口，酌量定數，於打箭爐一路，視番情之向背，以爲通禁。蓋外番所不産而必需者，惟茶。操縱之，即可駕馭之。雍正八年定川茶徵税。初，論園論樹，至是乃計斤而略增其税。陝甘商銷茶引領交官茶十三萬餘篦，初以中馬，後乃折徵，於是有腹引、邊引、土引之分，以時增減。其額凡引行銷坐銷與戳截之法，會典皆載之。乾隆閒甘省五司茶封日積，乃搭放各營俸餉。洮河二司，地處偏僻，旋即裁汰。二十二年以哈密存茶七萬餘封，與哈薩克互市。二十七年總督楊應琚議官茶壅滯，將商人應交二成課茶折色，俟陳茶將完，再收本色，兼於新疆搭餉。凡茶引各省，有無多寡不等，直隸、奉天、山東、山西、河南、福建、兩廣無茶引，餘省或多或寡。納課輕重亦不同。有課、有税、有紙價，各省不同。浙江以茶課辦上用黄茶。自中馬既停，中國無所資於外番，誠能視其向背以爲通禁，則可以制其死命。又邊引之課無多，非鹽利上佐度支者比。籌國者不必言茶利，誠思所以用茶，則茶固國中之大利哉！

案茶課除江、浙額引由各關徵收，無定額，湖廣、江西課不過千餘兩。即甘肅、四川，號爲邊引，亦祇六七萬金而已。

《户部則例》卷三二《茶法·盤驗商茶》 一、凡商人買茶，按數赴官納銀給引，方許出境貨賣。于經過地方官，將引呈驗。若茶無由、引及茶、引相離者，聽人告捕。茶引不相當，或有餘茶者，并聽拿究。凡商人賣茶已畢，即以原給由、引赴住賣官司告繳。

一、江蘇省商販引茶行銷本省地面者，各屬于茶市後，將到境商茶查明。茶、引相符，驗對過關，墨記收引，截角送司繳部。其赴外省行銷引張徑聽各關司截驗，截驗已殘，無庸咨追。

一、安徽省商販引茶，各産茶州縣于茶春之時，印給茶牙循環號簿，令將茶商姓名、籍貫、引茶住賣處所一一注明，該州縣于本境要隘地方委員盤驗。每茶市畢，該茶牙將原發印簿呈縣造册，同原簿送司查覈。其行銷已殘引張，無論行在本省、行在外省，概免查繳。

一、江西省茶商販往湖廣引茶，該司收課給引後，知照九江關驗引、截角、鈐記引内，給赴行銷。該商次年請領新引時，照數呈繳，彙行解部。各屬小販就近行銷者，賣茶已畢，赴縣繳引，截角鈐記，呈司彙繳。

一、浙江省商販茶觔先由北新關驗數給單，次赴委員處交價領引，引價詳見本卷行茶税課條。次赴城中務大使批驗，仍由北新關驗引截角，聽往所指地方行銷。行殘之引，係行京師者，以崇文門截去中間爲驗；係行外省及蒙古地方者，以各關截送引角爲驗。已戳已截之殘引，均免追繳。

一、湖北省建始縣引茶行奉節縣者，建始縣于青岩地方設役稽查。行殘引張仍由該縣送司，彙同各屬坐銷殘引，按歲繳解。

一、湖南省坐銷茶引每年奏銷後，由各州縣解司彙繳。

一、甘肅省商販湖廣茶觔行西寧、甘州、莊浪三司地方者，陸運由陝州驗引，由潼關廳秤盤、截角，兼給由單，令運鞏昌；水運由襄陽府盤截引角，由興安、白河、紫陽等州縣驗引，由漢中府軍糧同知盤截引角，兼給由單，令運鞏昌。凡水陸彙抵鞏昌引茶，均由鞏昌茶廳盤驗、截角，聽赴拈定茶司地面交課行銷。交課之後，仍截一角彙繳。行西安、鳳翔、漢中、同州四府地方者，水陸盤查納課，均與三司事例同。抵各府行銷。行榆林府地方者，由襄陽府驗截引角，由綏德州查驗，由延榆綏道秤盤給銷。商販浙江茶觔，行寧夏府地方者，入陝境以後，由潼關廳盤驗行銷。神木同知官辦湖廣茶觔，行銷廳境者，由襄陽府驗截引角，轉運行銷。凡商銷、官銷，已殘茶引各于請領新引時附繳。

一、四川省商銷腹引，由經過各州縣盤驗、截角。商銷松潘廳引，茂州汶川縣盤驗、截角。商銷打箭爐邊引、土引，由榮經縣屬之小關山、天全縣屬之禁門關盤驗截角。行殘各引，均于奏銷時附繳。

一、雲南省麗江府引茶行中甸地方者，麗江府于所屬邱塘關、金沙江盤驗收税，殘引由中甸同知查繳。

一、貴州省仁懷縣引茶行永寧縣者，仁懷縣于所屬猿猴地方掛驗，由四川合江縣盤查，由叙永廳納税。行殘之引，仍由仁懷縣查繳。

《户部則例》卷三二《茶法·茶商禁令》 一、凡造作假茶售賣至伍

百觔以上，店主商頓至壹千觔以上者，各照列例計數科罪。

一、凡興販私茶潛與外國人交易，及在腹里地方賣給與自京回程外國人者，不拘觔數，本商及知情歇家、牙保各照列例科罪。其在甘肅西寧、河州、洮州、四川雅州私販，未經入番，數在壹百觔以上及叁百觔者，照列例計數科罪。

一、興販私茶，論如私鹽法。凡將批驗截角退引影射照茶者，即以私茶論。

一、江省茶商販運茶葉由江海關至山東、天津、奉天售賣者，准赴關納稅，由該管道員給予關牌、稅單放行，仍知照山東、天津、奉天等處于該商船到時，責令各口岸官員逐一查驗，相符准其銷售并于關牌內蓋用戳記，給令回繳。倘查出違例貨物，即行截拿治罪。如守口員弁私行縱放，一并嚴參懲辦。至該省販過茶貨，向由內河行走輸稅者，仍照舊嚴禁出洋，不准紊越。

一、閩、皖商人販茶赴粵銷售，只准由內河行走，永禁出洋販運。倘違例私出海口，一經拿獲，即將該商人治罪，茶葉入官，并將守口員弁嚴參懲治。其本管及經由地方失察之巡撫，一并議處。

一、甘省領引商人，責令總商稽查有無頂冒，造具確實籍貫，引數清冊，取具親供甘結，由蘭州道行文該原籍地方官查明詳覆，移知藩司衙門存案，毋許一人跨占兩籍，以杜弊混。

一、內地茶商出口以後，責成各城將軍、參贊、辦事、領隊各大臣轉飭坐卡官兵認真稽查。如有內地茶商潛通外夷情弊，即行查拿究辦，將茶入官，仍治以應得之罪，并將入官之茶以二成獎賞原拿官兵，仍予記功錄用。

《戶部則例》卷三二《茶法・行銷地面》 一、江蘇省茶引壹萬伍千道，由吳縣張渚巡檢司、荊溪縣湖漢巡檢司給商行銷引柒千道，由江寧茶引所大使給店坐銷引捌千道。其行銷地遠近，悉聽商便。

一、安徽省茶引捌萬柒千捌拾道，由潛山、太湖、歙縣、休寧、黟縣、宣城、寧國、太平、貴池、青陽、銅陵、建德、蕪湖、六安、霍山、廣德、建平十七州縣給商行銷，行銷地面仍聽商便。正、餘引同。

一、江西省茶引貳千玖百叁拾捌道，由徽商及本省州縣小販分別行銷。徽商引茶運售湖廣省，小販引茶運售各本籍州縣。

一、浙江省茶引壹拾肆萬道，由布政司委員給商。其引茶或行蒙古地方，或行內地省份，聽商報明行銷。

一、湖北省茶引貳百肆拾捌道，由建始縣給商照赴奉節縣行銷引壹拾捌道，由咸寧、嘉魚、蒲圻、崇陽、通城、興國、通山七州縣給園戶經紀坐銷引貳百叁拾道。

一、湖南省茶引貳百肆拾道，由善化、湘陰、瀏陽、湘潭、益陽、攸縣、安化、邵陽、新化、武岡、巴陵、平江、臨湘、武陵、桃源、龍陽、沅江十七州縣轉給行戶坐銷。

一、甘肅省茶引貳萬玖千伍百陸拾陸道，由西寧、莊浪、甘州三茶司發商銷引貳萬捌千壹百玖拾陸道，又，甘州茶司增添引捌百道；內由西安、鳳翔、漢中、同州四府商銷引壹百叁拾貳道，又，由榆林府改撥引玖百道。又，陝西延綏道、甘肅寧夏道發銷邊引伍百柒拾道。內寧夏府商銷引貳百柒拾道，靖邊、定邊二縣，陝西神木同知各銷引壹百道。

一、四川省茶引拾叁萬叁百零肆拾伍道，由本省各州縣并打箭爐、松潘廳行銷腹引壹萬伍千玖百零柒道，邊引玖萬貳千叁百貳拾柒道。又，天全州茶商由打箭爐行銷土引貳萬貳千壹百壹拾壹道。所領餘引值正引額外暢銷，即以抵行。

一、雲南省茶引叁千道，由麗江府給商赴鶴慶州，中甸番夷地方行銷。

一、貴州省茶引貳百伍拾道，由懷仁縣分里給商。赤水里載引壹百壹拾捌道，二郎里載引壹拾玖道，吼灘里載引壹拾伍道，小溪里載引伍拾捌道，土城里載引肆拾道，赴四川永寧縣行銷。

《戶部則例》卷三二《茶法・行茶稅課》 一、直隸、奉天、河南三省到境商茶，各由經過關口收稅，不科引課。

一、江蘇省行銷、坐銷茶引，按徵紙價外，聽商經關輸稅。配茶之始，不起徵課銀。

一、安徽省行銷茶引，按徵紙價外，聽商經關輸稅。配茶之始，不起徵課銀。歙縣茶牙歲納茶稅銀肆錢叁分貳釐，匯入地丁項下奏銷，不在引課款內。

一、江西省行銷茶引，按徵紙價外，每銷一引，徵茶課銀壹錢伍分，

共額徵茶課銀肆百肆拾兩零柒錢。行茶到關，仍行報税。瑞昌縣隨糧帶徵茶課米折正腳銀壹拾捌兩柒錢玖分有奇，德化縣歲于茶店徵收茶税正腳銀伍拾捌兩叁錢有奇，遇閏加徵銀肆兩捌錢玖分有奇，各隨地丁項下報解，不在按引徵額之内。

一、浙江省行銷茶引，給商買運，每道令交買引價銀壹錢，茶税由關報納，所交引價，官按每引扣解茶果并贏餘銀肆分貳釐捌毫，共歲解内務府銀陸千兩。又，三次共增餘引貳拾壹萬道，應交引價并扣茶果、贏餘等項銀兩，俱與正引同，惟餘引銷額無定其銀款，亦視銷數多寡，按年覈收報解。尚有每引價銀伍分柒釐貳毫爲恭辦黄茶及備解紙價、飯銀，并引館經費、茶箱、竹簍解費之用。内每引扣茶果、解費銀玖釐捌毫零，加平銀貳釐壹毫零。又，辦解黄茶價銀捌釐伍毫零，解費銀伍毫玖絲零。又，請引紙硃、飯銀叁釐陸毫零，加平雜費、路費銀肆釐叁毫零。又，引館經費銀玖釐壹毫零。又，茶箱、竹簍銀壹釐柒毫，其餘編號、飯銀每引柒毫，節省贏餘銀每引壹分陸釐肆毫零，俱按年同解費、經費、箱、簍等銀餘剩之數，一體八册報撥。凡歲解茶果等銀如少銷額引萬道，准免解銀肆百貳拾捌兩伍錢有奇，每增銷引萬道，加解贏餘銀壹千兩。

一、福建省武夷山茶，商人販運經過關口，照則輸税，在省不輸引課。

一、湖北省茶引除按徵紙價外，坐銷引貳百叁拾道，每引徵茶税銀壹兩；行銷引拾捌道，每引徵茶税銀貳錢伍分，徵茶課銀壹錢貳分伍釐，共額徵茶税、茶課銀貳百叁拾陸兩柒錢伍分。行茶到關，仍行報税。均州、荆門、鍾祥等州縣小販茶簍，由牙行按觔報税銀壹釐捌毫，統作落地税盡解，不在按引徵額之内。

一、湖南省坐銷茶引按徵紙價外，每銷一引，徵茶税銀壹兩，共額徵茶税銀貳百肆拾兩。

一、山東省牙帖茶税，濟南府額徵銀捌兩，歷城縣額徵銀壹兩肆錢，壽張縣額徵銀叁兩陸錢，濟寧州商茶到境，每細茶百觔抽税銀壹錢，粗茶百觔，抽税銀伍分，均作雜税彙解。

一、山西省到省商茶，每百觔收税銀貳錢，汾陽縣額徵茶税銀壹拾陸兩貳錢肆分，統作雜税報解。

一、甘肅省行銷茶引，按徵紙價外，西寧、莊浪、甘州三茶司承辦原額改撥等引貳萬捌千玖百玖拾陸道商行引茶，每引壹百觔内，應交官茶伍拾觔，以一本九折計算，嘉慶二十一年奏定，共額交一成本色茶壹萬肆千肆百玖拾捌篦，每篦兩封拾觔，共合拾肆萬肆千玖百捌拾觔。額交九成改折銀柒萬捌千貳百捌拾玖兩貳錢，又，寧夏道、延榆綏道額引伍百柒拾道，每道徵銀叁兩玖錢共額解茶價課銀貳千貳百貳拾叁兩，又，蘭州道，西、莊、甘三司，共應交養廉充公等銀肆萬貳千兩零。陝西省興安、漢中二府屬内西鄉縣園户茶課銀柒百柒拾玖兩柒錢陸分壹釐有奇，興安州園户茶課銀肆拾玖兩玖錢柒分捌釐有奇，漢陰縣園户茶課銀伍拾兩玖錢壹分壹釐有奇，紫陽縣園户茶課銀壹百貳拾柒兩叁錢肆分陸釐有奇，石泉縣園户茶課銀貳拾伍兩叁錢貳分捌釐有奇，每歲另款徵解，不在按引徵額之内。

一、四川省行銷茶引按徵紙價外，腹引、邊引、土引每道各徵茶課銀壹錢貳分伍釐，共額徵茶課銀壹萬貳千貳百玖拾叁兩壹錢貳分伍釐，腹引每道徵茶税銀貳錢伍分，邊引每道徵茶税銀肆錢柒分貳釐，土引每道徵茶税銀叁錢陸分壹釐，共額徵茶税銀伍萬伍千伍百叁拾柒兩壹錢陸分伍釐。餘引課税隨年報解。

一、廣東省樂昌縣歲徵園户茶税銀壹拾兩伍錢，長寧縣歲徵茶園墟税銀陸兩，統作雜税報解。

一、廣西省土販茶税照該省廠則徵收，分别廠税、茶税報解。

一、雲南省行銷茶引按徵紙價外，每引徵茶税銀叁錢貳分，共額徵茶税銀玖百陸拾兩。

一、貴州省行銷茶引按徵紙價外，赤水里徵課銀肆錢壹分叁釐，二郎里徵課銀貳錢叁分伍釐，叱灘里徵課銀捌分伍釐，小溪里徵課銀捌錢捌分捌毫，土城里徵課銀捌分，共額徵茶課銀壹兩陸錢玖分玖釐有奇，又，每引各徵税銀貳錢伍分，共額徵課税銀陸拾貳兩伍錢。

《户部則例》卷三二《茶法·額頒引目》 茶引鐫鑄銅板三塊，每十年提交寶泉局換鑄。刷引工料詳見雜支門。

江蘇等十省茶引，各限預年七月内委員到部請領，按年照額行銷，不准由該省給發代引印單，以杜流弊；如有遲延及壅積等情，該管官議處，商人懲治。直隸、奉天、山東、山西、河南、福建、廣東、廣西等省，不頒茶引。

安徽省額頒茶引捌萬柒千捌拾道，内原額茶引陸萬玖千玖百捌拾道，嘉慶三年入額茶引壹萬柒千壹百道。餘引貳萬肆千肆百道。内原餘引壹萬伍千壹百道，嘉慶十二、十六、十八等年陸續加增玖千叁百道。

江西省額頒茶引貳千玖百叁拾捌道，内原額茶引貳千陸百叁拾捌道，嘉慶三年入額茶引叁百道。

浙江省額頒茶引壹拾肆萬道，餘引貳拾壹萬道。餘引係嘉慶十六年、道光二十九年、咸豐二年三次增添。

湖北省額頒茶引貳百肆拾捌道。

湖南省額頒茶引貳百肆拾道。

甘肅省額頒茶引貳萬玖千伍百陸拾陸道。内原額茶引貳萬捌千柒百陸拾陸道，嘉慶十一年入額茶引捌百道。

四川省額頒茶引壹拾叁萬零叁百肆拾伍道，内原頒茶引壹拾壹萬肆千柒百肆拾捌道，嘉慶二、三等年陸續入額茶引貳萬肆千叁百零陸道。餘引伍千道。

雲南省額頒茶引叁千道。

貴州省額頒茶引貳百伍拾道。

江蘇省額頒茶引壹萬伍千道。

《户部則例》卷三二《茶法・備銷茶引》 一、浙江省額、餘兩項茶引不敷行銷，節年添頒備銷餘引數拾萬道不等。其徵收茶課及應交紙硃、飯食銀兩，按年解部交納。

《户部則例》卷三二《茶法・配茶額數》 商人行銷官引壹道照茶百觔，茶數不及引者官給由帖，以奇零引論。江蘇、安徽茶計擔，雲南茶計筒。仍各合百觔之數，此銷之引，不以此計。

甘肅省每引照茶壹百觔，内伍拾觔爲交官茶，伍拾觔爲商運茶。按每茶壹百觔，准附帶茶壹拾肆觔，聽商自賣。

四川省每引照茶壹百觔，准附帶耗茶壹拾肆觔。

《六部處分則例》卷二三《關市・稽察私茶》 一、茶商興販私茶，地方官故縱失察，均照興販私鹽出境例，分別議處。例載鹽法門。

一、凡興販私茶，潛往邊境，與外國交易，或在内地販與自京回國之外夷，及在甘肅西寧甘州河州洮州四川雅州販賣者，俱按律治罪。若專司查緝之文員縱容子弟家人興販者，降一級調用。私罪。失察者，降一級留任。公罪。其非專司查緝之員並無知情故縱情事者，免議。

一、私茶經過境内，如有實係因公出境之員，即於參案内據實聲明，□其免議。如州縣等官混行捏報者，降一級調用。私罪。該上司並未確查即爲請免者，罰俸一年。公罪。

《六部處分則例》卷二三《關市・赴北茶船准由海關出口》 道光元年五月二十八日，奉上諭：孫玉庭等奏查議海關茶船出口情形，請仍照例納税放行一摺。江省江海關向准茶葉出口運往北省銷售，嗣因防其載往閩廣，禁止販運。上年經該撫奏請弛禁，而給事中孫世昌又以事多流弊，請仍飭禁。兹據該督等詳查，江海關出口茶船，與閩廣浙省之船可以利涉深洋者不同，舵水人等又不能諳習南洋沙線，勢難偷越，自係實在情形。著照舊例，凡北赴山東天津奉天等處茶船，仍准其納税放行。其向由内河行走輸税者，照舊禁止出洋，不容紊越。該督等飭知管關道員認真稽察，凡遇商販出口船隻，查明給與關牌税單，行知所往口岸覈實查驗。如有攜帶違禁貨物，偷漏出洋之事，即行截拏治罪。若守口員弁私行縱放，一併嚴參懲辦，勿得視爲具文。欽此。

（清）王定安《求闕齋弟子記》卷三〇《吏治・茶課》 安徽産茶州縣定制，按年赴部分領茶引配運，自兵燹以後，商賈滯消，未請部引。左副都御史張芾，督辦皖南軍務，於咸豐七年設局捐釐。其捐款，查照籌餉事例，分案請獎。公接辦後，酌定章程，每引分出引銀、釐銀、捐銀三項，統歸軍餉撥用。其引銀、釐銀不予獎叙，捐銀一項則分案請獎。節經奏明，奉部核准，嗣因洋商、華商無從分別，又經署總督李鴻章比照落地税名目，統由業户牙棧繳清銀兩，領照售價。其收項仍照公原定數目。數年以來商民相安，軍需亦有裨益。兹録其章程於左。

徽、寧、池三府屬莊茶引捐釐章程十條

一、皖南設立茶引局，由皖南道督辦，由安慶牙釐總局綜理，省中派員駐局經管。所有引票捐票釐票，俱用三聯票式。本部堂刊發，牙釐總局移交皖南道，轉發徽、寧、池三府屬産茶縣分各商，成箱後在該縣報明請引，照繳引銀、捐銀、釐銀、公費銀，隨時填票給付。各地方官不得於三票之外，多取絲毫。所收銀兩，隨時解皖南道聽候撥用。各縣按月申報牙釐局皖南道茶引局查核。

一、茶引定以司馬秤，每觔合庫秤十六兩八錢，按十六兩八錢庫秤净茶壹百貳拾觔爲一引。箱皮不計，各商請引時，報明洋茶花色、箱數、箱内净茶觔兩，統計成引。報明後，該縣親身點箱抽查。如有偷漏，照釐金

章程，補交正項引銀、捐銀、釐銀、公費另加三倍議罰。如有重觔，一律照加照罰。罰款以二成充餉，以一成留卡給賞。

一、徽州向章定以每引收茶釐銀三錢、茶捐銀六錢、公費銀三分，此外運出徽境，逢卡抽釐。現在定章，仿照餉鹽章程，統歸辦茶之地一處完釐，應即核計加增每引定繳正項引銀三錢、公費銀三分、捐銀八錢、釐銀九錢五分，共應繳銀二兩零八分。如徽屬出江西之茶，應由景鎮饒州吴城湖口等卡經過，即不抽釐。寧池等屬出長江之茶，應由華陽鎮安慶大通荻港等卡，即不抽釐。但驗明釐票，查明箱數，一律放行。如箱數不符，照章加罰。該三處採辦洋茶，如不在以上各卡之内，不得持此票爲憑，應聽各卡抽釐。其應完内地子口半税，由該商照通商條約章程完納，概不在此數内。

一、皖南茶引局、省城牙釐局、及該縣承辦茶務，均需辦公經費，准就公費每引三分，釐金每引九錢五分之内，牙釐總局扣留二分，皖南道扣留二分，該縣扣留四分，作爲辛紅紙張書役飯食等費。

一、向章茶捐准其請奬，此次每引加捐二錢，共計八錢，仍悉照向章填給捐票，俟茶開運後，各商將捐照呈繳安慶牙釐總局，照籌餉例，一律核奬换給實收。

一、洋莊簍熟茶亦按照十六兩八錢庫秤一百二十觔成引，扣算所有茶引茶捐茶釐，均照章抽取。

一、小販袋裝毛茶，售與各洋莊，向不請引，亦無茶捐名目。經過附近各卡，應照十六兩八錢庫秤每一百二十觔抽釐錢一百文。其零星不及石者，應免抽釐，以恤小販。

一、茶釐概歸皖局抽收，江西經過各卡，由本部堂咨明江西撫部院，札行總局，轉飭各該卡驗票放行，不重抽釐抽捐。又婺源一縣現歸左撫部院設卡抽收，應一併咨明照辦，以歸畫一。其婺源茶所得引捐釐各項銀兩，由皖省糧臺另撥還左撫部院糧臺備抵。

一、向來内地客商販運行銷内地簍茶、箱茶，及建德向有西商採辦，北口茶不照此例，所有應完徽州茶引、茶捐、茶釐，應由皖南道查明舊章，並察看情形，酌議章程，詳候核奪。

一、核定章程應出示曉諭徽、寧、池三府屬商民，遵照並通飭經過江西安徽各釐卡照驗放行。

紀事

(明)清波逸叟《折獄明珠》卷三《判語摘釋·私茶》 唐興榷法，官爲貨殖之場。宋貼射條，民適貿知之便。故下以是與食相湏，而上藉此與鹽同利。今某欺官若戲，趨利如飴米糖。惟知苑囿利當與民同，豈識山林間從來有禁。寒凝烹雪，廣行北苑之春。破樹驚雷，惟鬻建溪之水。多端影射，百計貿遷。若裹貯私囊，圖回紇夷狄國名。價高之馬。編竹爲新焙，鬬芳團日鑄之龍。三百斤不報姓名，幾千包何查來歷？盧仝止渴，頃忘孟簡新芽。黨進烹巵，偶遇陶生風味。陶穀取雪水烹茶，謂党姬曰：党家有□然否？曰：但能錦帳中飲羊羔耳。事違國法，罪比私鹽。

(明)談遷《國榷》卷四《太祖洪武四年》 〔十二月〕庚寅，户部言：漢中之金州石泉漢陰平利西鄉產茶，採之十採其一，官園十採其八。每裹五十斤，二裹爲引，貯有司，易馬西番。從之。

(明)談遷《國榷》卷五《太祖洪武五年》 〔二月〕户部言：四川產茶四百七十七所，茶二百三十八萬六千九百四十三株，茶户三百十五。定制十採其一，計萬九千二百八十斤，易馬西番。從之。

(明)談遷《國榷》卷五《太祖洪武五年》 〔十二月〕乙未，設四川永寧茶局于界首鎮，雅州茶局于碉門，成都茶局于灌州安州筠連州。

(明)談遷《國榷》卷一三《成祖永樂元年》 〔五月〕戊戌，禁四川碉門黎雅河州臨洮等處私茶。

《明實録》辛丑年二月 丙午，議立茶法。時中書省議，以爲榷茶之法，歷代資之以充國用。今疆宇日廣，民物滋盛，商賈懋遷者衆，而茶法未行。惟興安等處舊有課額，其他產茶郡縣並宜立法徵之。其法：官給茶引，付諸產茶郡縣，凡商人買茶，具數赴官，納錢請引，方許出境貿易。每引茶百斤輸錢二百，郡縣籍記商人姓名，以憑勾稽。茶不及引者，謂之畸零，別置由帖付之。量地遠近，定其程限。由引不許相離，茶無由引及相離者，聽人告捕。而於寧安府及溧水州置茶局，批驗引由，稱較茶貨，茶引不相當而羨餘者，即爲私茶，並聽執問。商人賣茶畢，就以原給

由引赴所在官司投繳。如引不即繳，展轉影射者，論同私茶法。令府州縣委官一員掌其事。從之。

《明實録》**洪武五年二月** 户部言：四川産巴茶凡四百七十七處，茶二百三十八萬六千九百四十三株，茶户三百一十五。宜依定制，每茶十株，官取其一，徵茶二兩。無户茶園，令人薅種，以十分爲率，官取其八。歲計得茶萬九千二百十斤，令有司收貯，候西番易馬。從之。

《明實録》**洪武十三年三月** 戊戌，革户部印引局。其印造茶鹽引由契本，以照磨兼掌之。

《明實録》**正統十二年十二月** 丁丑，命嚴四川、陝西私茶之禁。有指補納官茶爲名而夾帶私茶者，執送所在法司究治，仍問經過關津官吏之罪。

《明實録》**景泰四年八月** 〔甲辰〕巡撫湖廣右都御史李實奏：四川董卜韓胡宣慰司番僧國師禪司剌麻進貢畢日，許帶食茶回還，因此貨買私茶至萬數千斤。其銅銀磁鐵等器用，沿途多用人船載至成都，陸路起夫扛臺。且如邛縣十里，名山縣二里，營經縣四里，雅州十里，其間半係僰夷土民，不慣肩挑多是背負，送運不全又令婦女扛擡。甚至四五百里之程，及其至日，誣以偷取茶物，逼令陪補。況嶺險峻人煙稀疎，日則野行，夜則荒宿，以彼蠻夷淫穢之俗，亂我華夏淳美之風。又經過驛站，重索酒食，稍有不從，輒用兵刃傷人，雖有伴送，千百户難於鈐束。邊民見其進貢得利，故將子孫學其言語，投作番僧通事混同進貢。請敕都察院禁約，今後私通番僧，貿易茶貨、銅、鐵、磁、錫器物，及將子孫投作番僧通士者，俱發口外充軍。四鄰不首，坐以違制之罪。其番僧十名以下，不必遣官，止令軍伴送，務必鈐束嚴切，不許似前生事擾人，違者治罪。如此，則外夷服化而絶放肆之爲，良善獲安而免凌虐之患。從之。

《明實録》**天順二年五月** 〔戊子〕命禮部移文四川布政司，今後烏思藏地方該賞食茶，於碉門茶馬司支給。仍行湖廣布按二司，如有番僧經過，不許官員軍民人等將茶私自賣與。沿途官司把隘去處，務要搜檢，若有夾帶私茶，通追入官，就將各犯依律問罪。從四川按察司僉事劉福奏請也。

《明實録》**嘉靖二十五年十一月** 丁卯，巡按陝西御史胡彦奏：洮河西寧三茶馬司，堆積年久，不堪易馬茶斤，作速估議，減價三分之二。如遇各軍支放折色月分，量給前茶，即于本軍應支銀内扣除在官願領官廳。其浥爛不堪給軍者，將三衛寄養茶馬人户，量加分賣，以資困窮。得旨：茶馬係西鄙重事，先朝榜禁甚嚴，何前年浥爛至十數萬計。經該官員俱當追究。但年遠人衆，姑從寬宥，減價易銀并分賞，俱允行，不爲例。仍令胡彦等悉心釐正宿獘，條畫良規以聞。

《明實録》**嘉靖三十一年三月** 壬辰，四川撫按官上茶政三事。一、茶法、水利原總屬一僉事統理，後益以驛傳，職守不專，以致奸弊日滋。請復舊規，改驛傳屬之協堂副使便。一、年例茶引五萬道，額派黎雅一萬，松潘二千，餘皆行之腹裏。今黎雅、松潘興敗浮于引目，而腹裏引目則常積于無用。請斷自今年分腹裏茶引于黎、松二所，各視其原數倍之。一、番僧入貢賞茶，宜給以勘合照支，仍令所過關隘嚴加盤驗，以革夾帶之弊。下户部覆可從之。

《明實録》**隆慶五年十二月** 〔乙卯〕陝西巡按御史褚鐵條議茶馬五事：一、甘州茶司倣洮河、西寧事例，每歲以六月開中，所中之馬，以八百匹爲率，不得用老弱充數。一、招商引内註定年限數額，委漢中府佐一員嚴加稽考。如有過期違限者，罪之。一、將原充甘鎮馬八百五匹，仍舊徵解。苑馬寺并催積欠茶課銀一併發苑孳牧。一、牧軍領馬，當均其搭配，遇有坐駒，不時籍記，以防侵匿。一、各處産馬之所，專責兵備道緝捕私販，以絶番商交通之路。從之。

《明實録》**萬曆二十三年二月** 丙午，户部題覆，陝西御史李楠議禁湖南茶引以絶夾帶，建紫陽茶坊以絶假茶事。按茶課易番中馬，其法甚善。乃奸商利湖南之賤，踰境私販，番族享私茶之利，無意納馬。而茶法馬政兩弊矣。今宜行巡茶御史召商報引，先爲曉諭，願報漢興保夔者准中，越境下湖南者通行禁止。至産茶州縣設立官店官牙，引商到店納課，茶户依估還商，牙保將前茶運赴紫陽茶坊告府盤驗，則夾帶絶矣。若乃商販僞茶日增，番族藉減馬，應如按臣議，擇紫陽輻輳地而建立茶坊一所，責成正官如法蒸曬，敢有擅攙假茶者，舉發重究，庶茶行馬足而番漢兼便矣。詔從之。

《明孝宗實訓》**卷三《馬政》** 弘治十五年十二月庚子，户兵二部覆

議監察御史王紹所奏禁商茶以通番馬事。謂洪武、永樂間茶馬之法，三年一次，官運保寧府等處茶於西寧等茶馬司易馬。後此例不行，仍取漢中等處民納茶及巡獲私充用，歲遣行人等官巡視，成化始專差監察御史。當時易馬歲以萬計，加之寺監所牧，足給邊用。近年以來十不及一，蓋緣私茶之禁不行，而召商報中之弊復有以啓之。請自今停開中之例，嚴私販之禁，仍以民間所納並巡獲私茶與番馬及時互市。陝西苑馬寺比年馬政廢弛，尤宜擇人整理，庶幾馬漸蕃盛，而邊方足用。

上曰：茶馬備邊重事，所差御史務用心巡理，足先年之數，此後勿再召商中茶。其苑馬寺牧馬事宜，兵部即議處來奏。

（清）查繼佐《罪惟録》紀卷一〇《孝宗紀》 弘治十八年乙丑春正月，帝召對煖閣，劉健等論鑄錢法、茶馬法諸弊，尤以鹽法奏討爲大弊。詔遵舊制。

（清）佚名《晚清洋務運動事類匯鈔・西商運茶案》 户部坐糧廳移，爲移覆事，准貴道移稱，蒙督憲批本道具稟，招商局輪船攬載西商運赴張家口茶葉，立具保單，發給運茶執照，限六個月到張家口彙送查銷。惟西商雖准免交天津復進口半税，仍須完內地各關卡税厘。並請行知各關照例徵税，嚴禁書役人等，不准索取浮費。其查驗時刻，亦照俄商定章，不得過一個時辰，以廣招徠。並候飭知沿途地方官不准封貼該商運茶車船駝隻，應差該商亦不得包攬船車駝隻，致干究罰等因，准此。當經本部劄飭通州官吏遵照辦理外，並出示曉諭各税口書役人等，嗣後商販茶葉到口，按照貴道所發執照運茶數目觔秤查驗相符，不得過一個時辰，照例收納税銀。不准於税項外索取浮費，以恤商情。並經出示曉諭通郡之公祥茶棧，張灣之豐源茶棧，俟西商運茶卸存該棧，毋得稍有刁難需索等弊。至該商運茶由通郡經過，是否即在此二處卸貨，抑或仍在别處棧房存卸之處，相應移請貴道傳問該商等究於何處存卸，望即移知過部，以便出示嚴禁，庶於商情稍示體恤。望速施行。須至移者。十月初奏。

爲移覆事，同治十二年十月初六日，准貴廳移開西商運赴張家口茶葉一事，當經札飭通州遵照並出示曉諭，各税口書役人等，不准於税項外索取浮費。以及曉諭通郡之公祥茶棧、張灣之豐源茶棧，俟西商運茶卸存該棧，毋得稍有刁難需索等弊。至該商運茶由通郡經過，是否即在此二處卸貨，抑或仍在别處棧房存卸，移請傳問該商等究於何處存卸，以便出示嚴禁等因，准此。查該商專運張家口茶葉到通卸棧，經貴廳出示曉諭，嚴禁刁難勒索，自係格外體恤。惟北河現已封凍，該商本年並無續來茶貨，應俟來年該商運茶抵通，如有被各項人等刁難之處，即由該商等就近稟請示禁以歸簡易。茲准前因，除傳諭商總知悉外，擬合備文移覆，爲此合移貴廳，請煩查照施行。

移東壩生糧廳

十月初九日

（清）佚名《晚清洋務運動事類匯鈔・西商運茶案》 爲咨覆事，同治十二年十月十八日，准貴道咨開本年九月二十六日云云施行等因，准此。查西商專運張家口茶葉，抵津以後，一切悉倣俄商章程。其未經抵津以前，應如何出具保結，及發給註銷保結之處，似應亦照俄商向章辦理。前准江漢關來咨，業經咨會在案。茲准前因，擬合咨覆，爲此合咨貴道，請煩查照辦理施行。咨江南海關監督蘇松太道沈。

十月二十一日

天津道咨文，爲咨會事，同治十二年十二月十九日，准江南海關蘇松太道沈咨開，本年十一月初九日准江漢關咨，招商局輪船裝運茶箱，悉照俄商運茶章程，應俟華商運茶出口，赴敝關完納正税，取具保單持赴貴關查驗，在於一年限內運赴天津，即給予准銷保結執照，由該商持回請銷保單，以免補完半税而符定章。咨關查照辦理見復等因到關，准此。除函致吉税務司照辦外，合就移會，爲此合移，請煩查照施行等因，准此。擬合咨會，爲此咨貴道，請煩查照施行。須至咨者。

十二年十二月三十日

（清）佚名《晚清洋務運動事類匯鈔・西商運茶案》 江南蘇松太道咨，爲咨請事。本年九月二十六日准江漢關咨，查俄商請領運照報單入山辦茶，到漢先完子口半税，出口照完正税，另具復進口半税保結。一年限內由滬轉運外國，由滬關給予請銷保結執照，呈繳敝關，核與原報觔數相符，未逾一年期限，即准註銷。或有短少之數，飭令補完復進口半税。至華商販運之茶，完繳本地厘金保工經費，向由內河行走。此敝關向辦俄商及各華商運茶報税之情形也。今華商阜源牲等所稟運茶到漢，完清厘金保

工經費後，完繳出口正税，改由招商局輪船運至天津轉運張家口。因恐成本太重，邀免半税，所稟亦屬實情，自應准其免繳半税。惟運赴天津關之後，應否仍照俄商章程，由敝關先令出具保結一，俟運至天津關，如在一年限内出口，准其發給註銷保結執照，以便該商持赴敝關請銷保結之處，除咨天津關部核覆外，相應咨煩酌核見覆等因到關，准此。查此案前准貴關咨會，即經移行在案。至華商運茶赴津，應否照俄商章程出具保結，應請貴關核覆辦理，合行移請，爲此合咨貴關請煩查核示復施行。須至咨者。

十月十八日

（清）佚名《晚清洋務運動事類匯鈔·西商運茶案》 稟爲税因免而益增，利必推而彌廣，乞恩俯如所請，轉詳給諭試辦事。竊商等向在漢鎮販茶爲業，各茶出口經關輸税，歷遵定章。年來軍需孔亟，奉抽厘金捐分中外，商别華洋。各貨轉運，華商經關，必遵抽納，洋商攬載，間免捐厘，輕重懸殊，趨避各異。所以近年漢口華商茶箱多有附入俄商名下以避厘捐，或由裏河岸道直運張家口以趨輕税，小民謀利，大體奚知。將華商之茶，恐全歸俄商經手，於關税厘捐固無起色，而中國茶利專歸外國，殊堪恨惜。邇聞上海設有輪船招商公局，各港分局攬載商等分屬華商，仰體大憲爲國利民勵精圖治之意，經集衆議，擬將向由陸運漢茶試辦，改歸招商局輪船從漢口運津，不得另趨别徑，以濟海運，而振華商。奈核計税厘成本較重，出售維艱，籌議再三，只得懇乞恩免天津新關半税，其餘關税厘金照章完繳。雖較由裏河岸道每箱成本尚多數錢，然轉運不至躭延，衆情亦胥允叶。惟改運輪船，事屬創始，必得殷實可靠字號以總其綱，庶能劃一。商等公同議舉祥發源號領諭承充商總，所有各號茶箱由漢口俱歸該號攬交商局輪船運津，别號不得攬載，以免攙越，而專責成。似此量爲變通，將見招徠日廣，税款日增，華商不致向隅，茶利專歸海運。商等顧維大局起見，謹詳列條款，繕摺粘呈，聯叩台階，伏乞俯准轉詳奏咨給諭試辦。甘棠永頌，闤闠沾恩，切赴大人台前恩准施行。

十二年八月初九日

批據聯稟，漢口茶商多附入俄商名下，將來華商之茶恐全歸俄商經手，所稟自係實在情形。惟查粘呈條款内有未明晰之處，該商等均未在津，無從傳詢。且該商等裝運茶箱，改由輪船運津，所有報關納税，一切事宜，江漢關向係如何辦理，殊難懸揣。該商等自應先赴江漢關監督衙門具稟，聽候核辦。至天津新關半税，應俟江漢關知照前來本道，再行援照俄商，准免天津復進口半税之案，據情詳請核辦。

八月十一日

（清）佚名《晚清洋務運動事類匯鈔·西商運茶案》 爲咨請會核事，同治十二年九月初四日，准貴關咨開，據茶商阜源牲等稟稱，竊商等向在漢鎮販茶爲業，各茶出口經關輸税，歷遵定章。年來軍需孔亟，奉抽厘金，捐分中外，商别華洋。各貨轉運，華商經關必遵抽納，洋商攬載間免捐厘，輕重懸殊，趨避各異。所以近年漢口華商茶箱多有附入俄商名下以避厘捐，或由裏河岸道直運張家口以趨輕税，小民謀利，大體奚知。將來華商之茶，恐全歸俄商經手，於關税厘捐固無起色，而中國茶利專歸外國，殊堪恨惜。邇聞上海設有輪船招商公局，各港分局攬載商等分屬華商，仰體大憲爲國利民勵精圖治之意，經集衆議，擬將向由陸運漢茶試辦改歸招商局輪船從漢口運津，不得另趨别徑，以濟海運，而振華商。奈核計税厘成本較重，出售維艱，籌議再三，只得懇乞恩免天津新關半税。其餘關税厘金，照章完繳。雖較由裏河岸道每箱成本尚多數錢，然轉運不致躭延，衆情亦胥允叶。惟改運輪船，事屬創始，必得殷寔可靠字號以總其綱，庶能劃一。商等公同議舉祥發源號領諭承充商總，所有各號茶箱由漢口俱歸該號攬交商局輪船運津，别號不得攬載，以免攙越而專責成。似此量爲變通。將見招徠日廣，税款日增，華商不致向隅，茶利專歸海運。商等顧維大局起見，謹詳列條款，繕摺粘呈，聯叩台階，伏乞俯准轉詳奏咨，給諭試辦。甘棠永頌，闤闠沾恩。切赴台前恩准施行等情。據此除稟。批據聯稟漢口茶商多附入俄商名下，將來華商之茶，恐全歸俄商經手，所稟自係寔在情形。惟查粘呈條款，内有未明晰之處，該商等均未在津，無從傳詢。且該商等裝運茶箱改由輪船運津，所有報關納税一切事宜，江漢關向係如何辦理，殊難懸揣。該商等自應先赴江漢關監督衙門具稟，聽候核辦。至天津新關半税，應俟江漢關知照前來本道再行援照俄商，准免天津復進口半税之案，據情詳請核辦外，擬合咨請查核見覆施行等因，准此。正擬咨覆，間適據該商等赴敝關具稟。竊維招攜懷遠，中外

固屬一家。而裕貨通商，華洋當同一體。商等向在漢鎮販茶爲業，各茶出口經關輪稅歷遵定章。前因軍需孔亟，奉抽厘金，捐分中外，商別華洋。各貨轉運，華商經關必遵抽納，洋商攬載間免捐厘，輕重既屬懸殊，趨避因以各異。至若茶由海運，華商遵於憲關繳納正半兩稅，係在滬津各處出售，固屬例所應輸。即徑抵張家口發沽半稅，難邀恩免。而俄商載茶雖認半稅，俟抵張家口後，仍將關票繳回，銷免半稅，是有半稅之名而無半稅之害。同是商茶，已判捐厘，又殊關稅，多寡更屬不均，本資彌虞缺累。所以近來漢口華商茶箱多有附入俄商名下以避重輸，或由裡河岸道直運張家口以趨輕稅，小民謀利，大體奚知。將來華商之茶恐全歸俄商經手，於關稅厘捐固無起色，而中國茶利轉爲外國所圖。目擊情形，殊堪恨惜。邇聞上海奉設輪船招商公局，各港分局攬載以便商人。仰見大憲爲國利民勵精圖治，商等踐居中土，何敢自外生成。經邀集衆議，擬將向由陸運漢茶，稟請試辦，改歸招商局輪船從漢口運津，轉運張家口。並公舉殷寔可靠之祥發源字號領諭承充商總，各號茶箱由漢口統歸該號經手攬交，以昭劃一，而杜規避，庶中國之輪船日盛，而外國之貿易日衰，茶利專歸中土，國課不致外攘，華商因之復振。惟核計稅厘較之俄商成本太重，賠累堪虞，再四思維，祇得懇乞各憲格外恩施，准華商所運漢茶，悉照俄商一律豁免半稅。其餘關稅厘金，照章完納。雖較由裡河岸道每箱成本尚多數錢，然轉運不至躭延，衆情亦胥允洽。經聯稟津海關道憲，蒙批飭赴憲轅稟候核辦知照，再行援案據情詳請等因。謹抄粘聯稟匍匐台階，伏乞俯念狼狽商情激於義奮，准將華商漢茶向由漢口運津至張家口出售之半稅，照俄商章程，一體免納。其產茶之處運至漢口厘金，及堡工經費，概照華商向章完繳，仰祈批示遵行，並懇移知津海關道憲，俾得詳請試辦，改由招商輪船運津，以維大局，以顧華商等情。據此查俄商請領運照報單入山辦茶，到漢先完子口半稅，出口照完正稅，另具復進口半稅保結。一年限內由滬轉運外國，由滬關給予請銷保結執照，呈繳敝關，核與原報斛數相符，未逾一年期限，即准註銷。或有短少之數，飭令補完復進口半稅。至華商販運之茶，完繳本地厘金堡工經費，向由內河行走。此敝關向辦俄商及各華商運茶報稅之情形也。今華商阜源牲等所稟，運茶到漢完清厘金堡工經費後，完繳出口正稅，改由招商局輪船運至天津，轉運張家口。因恐成本太重，邀免半稅。所稟亦屬實情，自應准其免繳半稅。惟運赴貴關之後，應否仍照俄商章程，由敝關先令出具保結，俟運至貴關，如在一年限內出口，准其發給註銷保結執照，以便該商持赴敝關請銷保結之處，除咨江海關部核覆外，相應咨會貴關，部請煩查，照酌核見覆施行。須至咨者。

九月二十日

（清）佚名《晚清洋務運動事類匯鈔・西商運茶案》　謹將擬請給諭試辦漢口各茶改由招商局輪船運津求乞變通辦理，以廣招徠，而增稅款，詳列條陳，呈請憲鑒核奪。

一、現在紅茶、老磚茶、帽盒茶，由裡河岸道直運張家口，紅茶每箱計繳關稅厘捐銀九錢七分六厘，三十六塊老磚茶每竹箱計繳關稅厘捐銀七錢三分三厘，六十四塊老磚茶每竹箱計繳關稅厘捐銀五錢二分五厘二毫，帽盒茶每串計繳關稅厘捐銀二錢一分二厘。若改由漢口輪船運津直至張家口，照現在章程，紅茶每箱計需繳正半關稅厘捐銀三兩一錢八分零二毫，三十六塊老磚茶每竹箱計需繳銀一兩四錢，六十四塊老磚茶每竹箱計需繳銀九錢八分八厘七毫，帽盒茶每串計需繳銀三錢五分九厘七毫。故近華商多有附入俄商名下，若不變通辦理，將來華商之茶必全歸俄商經手，於關稅厘捐固無起色，而中國茶利專歸俄商，殊爲恨惜。商等現在乞恩，悉照俄商在漢關按茶完納稅項，俾華洋一律均霑，以昭平允。

一、現擬領諭試辦，所有紅茶、老磚茶、帽盒茶改歸招商局輪船由漢口運津起運出口，求乞悉免天津新關半稅，以恤商情，而廣招徠。其天津老關稅厘捐，暨通州崇文門稅照章呈繳。

一、現擬領諭試運，所有華商茶箱，改由招商局輪船由漢口運津出口。與招商局輪船議定，由漢運津，每噸水腳價銀若干，專歸招商局輪船載運。即使外國輪船減低水腳噸位價銀，亦不准在外國輪船載運，以符定議。如招商局輪船實因有事未到漢口，或因貨物太多不能載運茶箱，抑在上海有事一時不能開赴天津，彼此周知允確，始准商人將茶附搭外國輪船運津，以免躭悞商本，而示體恤。

一、磚茶、帽盒茶請咨明江漢關道憲，飭照俄商每百斤完正稅銀六錢，俾商人照章上稅。

一、商人承領札諭試辦茶箱，改由輪船運津，原爲攬回華商茶利，專爲招商局輪船生理起見。即歸承領商人等專司辦理，别商不得混雜攬載，以昭信實，而免茶商畏縮不來。則中國之茶商自見返本歸源，而招商局之輪船日益增廣矣。

（清）佚名《晚清洋務運動事類匯鈔·西商運茶案》 稟欽差閣爵督憲敬稟者，竊查張家口茶葉一項，向爲中國華商大利。自俄商請領三聯執照，運茶赴恰，概免沿途税厘，迨後並免天津復進口半税，各茶商勢難與敵，生意俱形虧折，遂相率寄附俄商名下。因而俄商不費貲本坐享厚利，把持盤剥，無所不至。職道曾迭次勸諭各茶商設法挽回，自行運恰，漸收從前茶利。本年八月初九日，西幫茶商阜源甡統源成等公稟，該商等運往張家口茶葉，擬由招商局輪船裝運，請免天津復進口半税，其餘各關卡税厘仍照向章完納，以免寄附俄商名下。並議公舉天津祥發源字號，領諭承充商總，粘呈條款等情。復詳查職道到任後，九、十、十一等年，新關徵收茶葉復進口半税僅只四五六千兩不等，皆係在京師及本省銷售之茶。其運往張家口大宗茶箱，俱係俄商包運。若不設法變通，不但茶利盡歸俄商，亦於關税無少裨補。兹該商等請將專運張家口之茶，准免天津復進口半税，本係援照俄商之例。若不予免，勢必驅之盡附俄商名下，新關亦無此項半税可征，是兩失之矣。且同一運往張家口之茶，俄商則免，華商則征，亦未免偏枯。況僅止請免復進口半税，仍完內地各關卡税厘，是新關所免半税不過虚名，而內地各關卡税厘頓增，確有實濟於課款固屬有益。且可使中國茶商未附俄商者，稍獲微利，已附俄商者，漸改自運。奪俄商利權，復華商生計，於大局更爲有裨。至此項茶斤專歸招商局輪船裝載，以中國船運中國茶，相輔並行，一舉兩得，猶爲餘事。惟茶箱由輪船裝運，江漢關爲首經關口，該茶商自應先赴江漢關具稟，聽候核辦。前曾面稟憲台遵即批飭，該茶商赴漢關具稟，一面由職道備具文函，移咨江漢關查照，並札派候補同知林丞士志前往上海，訪查該茶商等所請有無窒碍，以便招致，等因。兹據林丞稟稱，查得該茶商所稟，俱係實情，並無蒙混取巧情弊。現在西幫茶葉已由漢關完清税餉，交招商局代爲運津，應如何格外體恤，以順商情而廣招徠之處，請酌奪轉稟等情。職道伏思，該商等茶貨現既在漢關交招商輪船裝運，是於漢關税項已無窒碍，且一經招致，該商迅即改圖，是不願寄名俄商，更有明證。若必待詳請轉咨核定，方准予免，則現在已經運津茶葉，自應照章仍收復進口半税。恐該商等此次稍有賠累，勢必相率畏疑，後雖招致，亦不復信，更難設法補救矣。職道再四思維，惟有此次西幫茶葉到關，即准援照俄商之例，免征復進口半税，方足取信商人。可否由職道札飭新關委員，並函致税司，俟西商運茶到關，由總商祥發源號先行立具實係運往張家口外銷售保單，即准免征半税放行，以示體恤。其餘無論何商，並無論何船，販運茶葉，如非專運張家口外銷售，概不准援照免征，以符定章。職道爲體恤商情，整頓茶税起見，是否有當，理合照録該西商等原稟條款。仰懇憲台批示，遵照實爲公便。肅此具稟，恭叩勳福，伏惟垂鑒。職道謹稟謹呈清摺一扣

九月初七日

欽差閣爵督憲李批，據稟已悉，招商局輪船運貨章程本係比照洋商一律辦法，該道以張家口外茶葉一項，向爲華商大利。自俄商准領執照，概免税厘，華商虧折，多寄附俄商名下。因勸各商設法挽回，自行運恰，漸收從前茶利。飭據委員前往滬漢各關，查明該茶商等已由漢關完清税餉，交招商局輪船運津，不願寄名俄商，僅准援照俄商之例免征復進口半税，仍照完內地各關卡税厘，是於課款大局甚有裨益。應如所請，分别辦理，以示體卹，而廣招徠。其餘無論何商，並無論何船，販運茶葉，如非專運張家口外銷售，概不准援免復進口半税。仰候咨請總理衙門查核備案，並咨南洋通商大臣、湖廣督部堂轉行江漢關知照此繳摺存。

九月初七日

酒

綜　述

《大明令·户令》　凡諸色人等踏造酒麯貨賣者，須要赴務投税，方許貨賣。違者，並依匿税科斷。其自行造酒家用者，麯貨不在投税之限。如賣酒之家自無麯貨者，須要收買曾經投税麯貨，造酒貨賣，依例辦納酒課。若係自行造麯者，其麯亦須赴務投税。

《續文獻通考》卷二一《征榷考·榷酤》　明太祖庚子歲二月，從中書省請，定征酒醋之税。

丙午歲二月，禁民種糯。

自初定金陵，即定禁酒令，至是又令曰：余自創業江左，十有二年，軍國之費科徵於民，效順輸賦固爲可喜。然竭力畎畝，所出有限，而取之過多，心甚憫焉。曩因民閒造酒，糜費米麥，故行禁酒之令。今春米麥價稍平頗，有益於民，然非塞其源而欲遏其流不可也。今歲農民毋種糯米，以塞造酒之源，欲使五穀豐積而價平，吾民得所養以樂其生，庶幾養民之實也。

洪武六年十一月，令太原勿復進葡萄酒。諭省臣曰：朕飲酒不多，太原歲進葡萄酒，自今令其勿進。國家以養民爲務，豈以口腹累人哉。又西番兆日之地，舊有造葡萄酒户三百五十家，至七年七月其酋長以所造酒來獻。又諭中書省曰：物非常有，而求之者，必有非常之害。昔元時造葡萄酒，使者相繼於途，勞民甚矣，豈宜效之。且朕性不喜飲，況中國自有秫米供釀，何用此以勞民。其卻之，使無復進。

十八年，命酒醋課折收金銀錢鈔。著爲令。

凡賣酒醋之家不納課程者，笞五十，酒醋一半入官。內以十分之三付告人充賞，務官攢攔自獲者，不賞。其造酒醋自用者，不在此限。

英宗正統七年，命各處酒課州縣收貯以備用。

臣等謹按，邱濬言明朝不立酒麴務，惟攤其課於税務中，而醋則自來無禁。唐宋來苛征酤斂，一切革之。又謂民閒酒肆報官納課，罷肆則已，未嘗如前代藉爲經費。然考《實録》及《會典》太祖初起已有徵酒醋之令，至十八年又折收金銀錢鈔，測酒醋未嘗無徵。英宗有收貯備用之命，則酒課亦未嘗不藉爲經費也。

景帝景泰二年，定酒麴每十塊收税鈔可錢鈔塌房鈔各三百四十文。

六年十二月，宛平知縣王紀言，歲歉民饑，宜加拯卹，請裁減酒醋麴局酒户。從之。

憲宗成化四年，命張家灣宣課司，并在京都税司，凡遇客商淮麴投税，每百分取二。令送光禄寺準塌房條税課鈔，每歲所送十五萬斤，如有餘，存留支用。凡諸色人踏送酒麴，須赴務投税，方許貨賣。違者，並依匿税科斷。其造酒家自用麴貨，不在此限。如賣酒家自無麴貨，須收買曾經投税麴貨造酒貨賣，依例辦納酒課。若自行造麴，亦須赴務投税。

《大學衍義補》曰天下造麴之處，惟淮安一府糜麥爲多，以石計者，毋慮百萬。淮安當南北之衝，綱運上下，商賈往來，必經於此。一年之閒，搬運於四方者，不可勝計。前代以國計，必不得已而取其利。今日無所利之請，敕有司嚴加禁約，凡民閒造麴器具，悉令拆毁。傭作者，勒令歸農。有犯與私鹽僞錢同科。使每歲存麥百餘萬石，以資民食，亦國家藏富於民之一法也。

世宗嘉靖二十六年，革甘肅原派店户流民酒屠油鋪等銀。

神宗萬厤四年，命張家灣宣課司解光禄寺麴塊，折收銀。

光禄寺卿胡執禮奏，抽分麴塊不堪醖釀。尚書王國光議，歲收之數，每斤折銀一分，解寺辦用。時抽分麴共一十五萬二千八百斤，內供應酒醋局一十萬八千八百斤，光禄寺四萬四千斤。此後酒醋局解本色，光禄寺折銀四千四百兩。又寧國府歲造酒瓶一十萬件，送南京光禄寺交納。

《清朝文獻通考》卷三〇《征榷考·榷酤》　康熙二十八年，飭禁盛京多造燒酒，糜費米糧。奉諭旨：近聞山海關外盛京等處，至今無雨，尚未播種。萬一不收，轉運維艱，朕心深爲憂慮。且聞彼處蒸造燒酒之人，將米糧糜費頗多。著户部侍郎賽弼漢前往奉天，會同將軍副都統侍郎等，嚴加禁止。旋以奉天府府尹王國安陛辭，復申諭之。

乾隆二年，除東安等六縣油酒税銀。長蘆鹽政兼管天津關税務準泰奏言：天津關税務，除各處口岸征收税銀外，更有離關窵遠之油酒税銀一

項。向例按季差役，給發印票，分往東安、武清、香河、永清、寶坻及寶坻新分之寧河縣各城鄉地方，挨查油酒鋪家。每鋪收錢，多寡不等。伏查東安等六縣，相距津關自八十里至一百四十里不等，所有油酒鋪家及本地居民，不比過關商販。且時歇時開，額無一定。該差持票遠出，勢必苛求勒索，擾累無窮，雖相沿日久，實屬陋例。請將天津關按季差役，分往東安等六縣，查收油酒税銀之處，永行停止。户部議准。得旨允行。

又酌定北五省燒鍋躧麴之禁。總理事務王大臣等奉上諭：禁止燒鍋一事，朕從前降有諭旨，因孫嘉淦條奏，復令王大臣九卿集議。續經兩議具奏，朕又降旨令其確議。今思禁止燒鍋，乃關係民生日用之事，督撫大臣所當悉心籌畫者。著交直隸、河南、山東、山西、陝西等省督撫具奏，仍下原議之王大臣等會議。尋議，民間私開燒鍋，耗費糧食，向經屢行禁止。我皇上廣詢博訪，察兩用中，令河北五省督撫各就地方民生日用之情形，據實陳奏。有請仍照舊例查禁者，有請宜寬於豐年而嚴於歉歲者，有請不必禁止者，有請永行嚴禁者有請嚴禁肆行躧麴興販者。實皆體民之情，因地之宜，以各抒所見也。伏查直隸總督疏内，以燒酒之禁宜嚴於歉收之年，稍寬於豐裕之歲。本地釀造與零星造麴者，毋庸禁止。其麥麴燒酒，概不許出境。如肆行躧麴興販者，應行嚴禁。并稱富商大賈之興販既絶，則本地之所銷自少。河南巡撫以行法宜因乎地，而立禁先清其源。豫省酒多自造，比户皆然，請免零星製麴之查禁，而廣收多躧販賣者，應行嚴禁。躧麴不行，燒鍋可以漸減。甘撫以甘省並非產酒之區，毋庸嚴禁。陝撫則以爲，陝省俗儉，民間祭祀慶弔等事，不得已而用酒。若禁燒酒而用黄酒，則專用米穀細糧，轉於民生未便。況臨邊地冷，兵民藉以禦寒，勢難概禁。惟躧麴開行遠販者，嚴加禁止。陝督則以爲燒鍋當禁，而不可以必禁。禁之所以節流，寬之所以去擾。惟歉年自宜禁令加嚴。其躧麴開行遠販者，宜嚴行禁止。山西巡撫以晋省燒鍋，可寬於豐年，應禁於歉歲，小民自宜遵守。至山東巡撫因本歲二麥偶旱，嚴禁燒鍋躧麴，竟有毀棄釀具者，有改業者，有自行出首者，亦已行之，著有明驗。臣等公同詳議，因地制宜者，國法之備。因時立法者，王政之經。《王制》有曰修其教，不易其俗。齊其政，不易其宜。謂凡居民服食器用之不能畫一也。燒鍋一事，各省之情形不同，所以各省之陳奏亦不能畫一，各就其土俗民情，熟籌詳酌，據實陳奏，自必確有所見。較之憑虚懸擬者，自爲親切。應照所請，即令各於本省因時制宜，實力奉行，以觀成效。至於躧麴一項，係燒酒盛行之源。躧麴多，則私燒必廣，有捐蓋藏。且富商巨賈肆行躧麴，廣收販運，易於查拿，不致滋擾。禁之以清其源，裨益甚大。各省督撫陳奏，衆論僉同，均無異説，亦應如該督撫所奏。凡富商巨賈，廣收麥石，肆行躧麴，大開燒鍋者，嚴行禁止。但該督撫等所請治罪之處，均未畫一。查違禁私燒者，向例俱照律杖一百。今將躧麴販運之處，嚴行禁止，如仍一體懲治，實不足以示儆。應將廣收麥石，肆行躧麴者，杖一百，枷號兩個月。其官員處分，應照吏部原議，失察之地方官，每一案降一級留任。失察至三案者，降三級，即行調用。官吏有賄縱等弊，照枉法律，計贓論罪。從之。

五年，禁畿輔燒鍋躧麴耗費糧食。御史齊軾奏稱，今秋收穫較往歲爲豐，畿輔盈寧，視外省爲更盛。惟是商賈雲集，嗜利多人，而麴蘖一端，耗糧最甚。雖禁令已經詳定，而農場多粟，必樂於聚財。倘奉行一有廢弛，則以酒居奇者必以糧覓利。竊見近日，京師九門每日酒車銜尾，而進市價甚賤，爲數年來所無，是必網利之富賈販酒者多，故其價大減。亦必附近之州縣私燒者衆，故車載日盛也。應請敕下近省督撫，轉飭所屬地方，恪遵定例，實力稽查。奉諭旨：齊軾所奏甚是。秋成豐稔之時，正宜講求民間儲蓄之計。著孫嘉淦轉飭所屬地方官，窮緝治罪，不得姑容。至於零星沽賣者，不必過爲深究。倘因降此旨，將二三無力小户查拿，以爲塞責之具，致使閭閻滋擾，而奸商巨販轉以納賄於官吏，而脱然事外，藐法公行，則州縣官之咎更不可逭。可傳諭直隸及隣近省分，一體遵行。

八年，敕免通州油酒等項征納額税。總督倉場侍郎覺羅吴拜奏，通州税務經前道祝兆熊任内以芝蔴麥子生豬，已按石按口報納額税。而磨油磨麪屠宰鋪户又納季鈔，似屬重複。其燒黄酒零綢故衣帽鋪，念係小本貿易經營餬口，將一切所征鋪户季鈔名色盡行革除，具詳前任直隸巡撫批行，勒石永禁。至雍正五年前任坐糧廳顧琮等，查明故衣零綢鋪户各税，照舊抽收。至乾隆七年，經現任坐糧廳恩特等檢查，部頒則例所載磨油鋪户每月報油四簍，每簍正税銀一錢五釐。通灣酒鋪户，上户每月税銀一錢五分，中户一錢，下户八分。通灣糖鋪户，上户每月税銀三錢，中户二錢，

下户一錢。仍令按款歸納。查通州税款内之油酒糖鋪各税，雖所抽數屬些微，但以部册開載之款，向來未經題奏，即行批禁，殊屬不合。奏請交部議覆。得旨：免其納税。

十四年，禁運販紅麴紅糟，并分别治罪輕重例。福建布政司永寧奏言：躧麴一項，久奉禁止，但麴原以麥製造，故直隸、山東、河南、江南等省産麥處所造麴者多。至於閩省種麥，原屬稀少，民間造酒不用麥麴而以米爲之，其名紅麴。蓋麴價較之米價頗昂，小民於秋收之際不知珍惜，每多製造紅麴，以圖厚利。訪得古田、屏南、永安、平和等邑，并汀、邵二府各屬縣是處俱有，歲耗甚多。又聞建安縣之南臺里地方，專以上號食米製造紅麴，凡造紅麴者又必先買紅糟方能造麴，歷來雖經飭禁，無如趨利之徒仍多不遵。請以是間零星自用者，免其查禁。如多爲製，造船裝運販者，概行禁止。如運販五百觔以内，及廣收米石製造運販一千觔以上者，分别治罪。紅麴變價入官，地方官失察賄縱，俱論如法。疏入，下部議行。

臣等謹按，《周書》有羣飲之戒，《周官》有幾酒之條，蓋以德將無醉，戒彼沈湎者流。而酒醪糜穀，則亦漢詔所諄諄也。自漢孝武榷酤以後，或占租以市酒，或列肆以取贏，或按月以納酒錢，或逐月以充市絹。甚者官自造酒，而禁民之私酤。吏主釀務，而課民以入直。至宋熙、寧年間，酒課歲額有至四十萬以上者。鬻樵雇薪抑配白納，或且有算畝起派反過正税，又其甚者矣。我朝本無榷酤之官，其天津六縣及通州酒税有司以聞即蒙恩免，惟念釀酒之家耗費米糧，禁北省躧麴燒鍋。集廷臣及外省督撫酌中定議，官不利其所入，而爲小民籌。蓋藏之計至詳且盡，因歲收之豐歉以爲禁約之寬嚴，因販麴之多少以爲論罪之輕重。蓋養民者，使其自養，愛穀者，去其害穀。猶是《周書》誥戒小子，及漢初羣飲罰金之遺意焉。

四十五年，户部議杭州織造徵瑞言，北新關收税舊例，每煙百觔税銀四錢六分，酒十罈約計二百觔税銀二分。今部頒則例，删併兩項，並每百觔税銀四錢均有窒礙。應如所奏，仍照舊例辦理。從之。

（清）王慶雲《石渠餘紀》卷五《紀酒禁》 康熙二十八年盛京旱，禁燒酒糜米穀。乾隆二年準泰奏：天津關按季差役往東安等六縣查税，油酒民居，不比過關商販，且額無一定，勢必苛求擾累。得旨永行停止。通州油酒雜税旋亦停罷。時議立北五省燒鍋躧麴禁令。各省督撫覆奏，大抵以開行興販者宜禁，而本地零星釀造宜寬；歉歲宜禁，而豐年宜寬。惟陝西省奏稱：秦俗本儉，民間祭祀慶弔，不得已而用酒，若禁燒酒，用黄酒專需細糧，轉於民生不便。且邊地兵民藉以御寒，勢難概禁。甘省則以本非産酒之區，毋庸設禁，乃令因地制宜，併定違禁律。五年御史齊軾以京師九門每日酒車銜尾，復請禁之。諭曰：豐稔之時，正宜講求儲蓄。著孫嘉淦飭屬窮緝，不得姑容。至於零星沽賣，不得過爲深究。倘將一二小户查拏塞責，致閭閻滋擾，而姦商巨賈轉以納賄，脱然事外，藐法公行，則地方官之罪，更不可逭。十四年福建布政司永寧請嚴販運紅麴紅糟之禁。夫酒禁，自古有之。漢以後，時榷之以爲利。我朝本無榷酤之官，修其禁令，爲民謹蓋藏而已矣。

其他

論說

（明）黄訓《名臣經濟録》卷一一《保治·題添鎮守推將官疏張瓚》

開取礦課以濟國用。臣先因大工缺少，工價銀兩具題，已該户部覆題，通行各該有礦地方行查，開取去後，止據薊州并山東沂州等處，解到礦銀不上二萬餘兩。已後各該地方官吏，不知有何觀望，不肯承當開收不見解報。及今節該有礦地方山場所産銀課，情願自備工食人匠開取，有四六分者，有平分者，具奏在部，不見會議，皆是各官狐疑猶豫之心深且長，而攄忠報國之心慢且薄。只知開納監生農民，賣官鬻爵，以爲已便，口說公言，心生荆棘，又被鼓惑，以此事無定議，十分難行。況各地方文官弄法，武官被人鈐制，不得似文武并用之時久矣。臣復思天下各處鎮守分守內臣，原係我成祖文皇帝命去鎮守十府，以防不虞，後至歷代以來，踵踵相因。至於嘉靖年來，不知是何人奏請皇上，節次因事取回不用。皇上再察所奏之人，公乎私乎，便見偏私不公之甚也。以致天下官吏貪汙虐害，下人不得聊生，蓋因皇上無心腹耳目之人在於天下也。且內官壞事難保必無，內中奉公守法者亦豈無之。只是比照文武衙門大小官員事例，要本衙門掌印官，公同推選平昔行止端莊，弓馬熟閑，年力精壯，知文識字者，列名上請。皇上親閱其能，任而用之。皇上再加嚴禁明旨，以誡守官之箴，有罪亦同文武官員之治罰。如此，誰無學好向上存心守法哉。切緣開礦舊例，原是鎮守內官兼管取用，就將開礦之事付之，則事體歸一。若地方文武官員推奸避事，或面是背非，作偷生事，左道害人者，亦許鎮守內臣指實劾奏。如此地方有保安之計，奸貪有斂跡之容矣。

（明）黄訓《名臣經濟録》卷三五《兵部·題覆應詔陳言馬政事馬文升》

查得弘治六年內，兵部題准差官勘處，得河南開封、彰德、衛輝等三府，陳州等一十七州縣，山東兖州、濟南、東昌等三府，所屬濟寧州等七十州縣，各論人丁，每五丁養兒馬一匹，每十丁養騍馬一匹。共該人丁四十三萬八千五百二十二丁，領養兒馬六千七百五匹，騍馬二萬六千八百二十匹。其直隸真定、保定、永平、順德、廣平、河間、大名等七府，所屬定州等九十二州縣，各論免糧地畝，每地五十畝養兒馬一匹，一百畝養騍馬一匹。共該免糧地七萬七千四十九頃五十一畝有零，領養兒馬一萬七百九十五匹，騍馬四萬三千一百八十匹。各照例，兩年筭駒一匹。其餘人户收候領養孳生馬駒。其順天府所屬覇州等二十七州縣，亦各論免糧地畝，領養各處解俵備用馬匹。

（明）黄訓《名臣經濟録》卷三六《兵部·陝西馬政一楊一清》正德二年，都御史楊一清疏，請查照先年事例，仍命御史巡茶兼理馬政。兵部議擬題，奉欽依，陝西一應馬政，都着巡茶御史兼管。務要着實舉行，不許如常怠玩。疏曰：孝宗皇帝采納廷議，專設風憲重臣督理馬政。臣猥以庸劣，適當任使。後因茶法馬政二事，命臣兼理。顧廢墜既久之事，更新興舉，事勢頗難。凡所規畫處置，皆遵行明命，盡臣之心，不敢有遺慮，竭臣之才，不敢有遺力。但念天下之事，創作者必專而後成，交承者必守而無失。臣受命之初，責任最專，易於集事。自兼巡撫以來，顧此失彼，已不如前。比者，復蒙皇上加任總制，經理邊方，責任重大。其於監牧茶馬之政，勢不能及。恐隳前功，以貽後責。臣切惟馬政茶法事體相須，先年兩寺馬政，巡撫兼管，而茶馬巡茶，御史主之。巡撫政事繁多，馬政實不經意。而茶司所易良駑莫究騎操，所給登耗不聞本末始終，茫不相攝，虛名無實，亦勢使然。頃設督理馬政之官，兼總數事。茶司之所易，即監苑之所牧。監苑之所牧，即官軍之所給。非惟不相悖，而反相爲用。故臣之不才，亦得稍效其愚。此後督理之官，恐難復設，若令巡撫帶管，不無仍蹈舊轍。莫若復巡茶之官，而兼理之爲便。如蒙仍設巡茶御史，務選年深老練，實心幹事之人，請敕兼理馬政茶法。行太僕寺、苑馬寺官員，專聽提調，約束各衙門，不必干預。庶幾事有定規，可大可久，爲益實多。

（明）黄訓《名臣經濟録》卷三六《兵部·陝西馬政二楊一清》正德元年，都御史楊一清，題准靈州大鹽池增課一萬五千引，小池增三萬引，新舊共五萬九千三百三十七引。每引納銀二錢五分，及收卧引銀一錢，共銀二萬七千六十餘兩。送固原、慶陽收貯買馬之用。及於鳳、漢二府相兼河東鹽課貨賣。疏曰：臣切惟陝西地方，皆防胡重鎮，軍務所急，

莫先於馬政。看得靈州大小鹽池所產鹽斤，與解池相類，不煩人力，取之無窮。舊例止是招商中納馬匹，分給邊鎮騎操。後因各邊交互相取，多寡不均，故有間年關領之例。又因中馬勢囑賄通，濫收不堪，馬匹不得實用，故有收價解邊之例。畢竟爲馬而設。後因放鹽弊多，奏添副使一員，職雖整飭兵備，實兼督理鹽法。近年以來，鹽馬之制遂廢。以此，總制尚書秦宏、苑馬司卿車霆，先後論奏，皆欲增廣。行擬副使燕忠、高崇熙等，親詣鹽池查勘，委有餘饒，常課之外，雖增十數倍，似亦可辦。合將大池增一萬五千引，小池增三萬引。每引止可納銀二錢五分，照鹽一車以六石爲則。外有多餘，依律製拳追問。運至固原、慶陽二鹽廠，所卸每引仍照舊收卧引銀一錢，通共每引該得銀三錢五分，每年該得銀二萬七千六十餘兩。此外，若有餘鹽，即依車霆所奏，就池招人納銀，與給引目，聽其發賣。倘遇旱澇，鹽生不及，或邊報緊急，鹽路不通，除舊額鹽課外，新增鹽課，明白除豁，不可膠於一定。歲歲取盈行鹽地方，許於鳳、漢二府通行，與河東之鹽相兼發賣，兩不礙阻。所收鹽引銀兩，俱送慶陽、固原官庫寄放，聽慶陽兵備兼理鹽法副使及固原兵備副使提督稽察。每季監理通判督同鹽課司，將給過引目、放過鹽數，造册開報臣查考。如遇各邊缺馬，聽臣斟酌通融，給發買馬支用，不必拘定間年之例。如此，則與茶馬大有裨矣。

（明）黄訓《名臣經濟録》卷三六《兵部·陝西馬政三何孟春》　兵部武選司郎中何孟春奏增靈州鹽課疏曰：靈州鹽課司大小鹽池，自祖宗以來，與茶法並爲各邊馬匹支用。近該總制邊務馬政都御史楊一清，於額外奏討鹽引，召商納銀，商賈雲集。近日買馬數目助益邊方寔多，其轉移區處之宜，臣不能悉。竊以向日馬少，引常有餘。今日引多，鹽不告乏。天地生財，本自無窮，顧人用之何如耳。臣過靈州花馬池，得聞二池之鹽，自來不費人力煎熬。夏秋晴暖，水凝而鎧，如雪如霜，隨取隨足。以今觀之，課仍舊額，傷於狹矣。又訪得鞏昌府漳西縣二縣，亦有鹽池額課。御史王愷，曾要兆河珉州折銀易馬。其河西鎮番衛鎮夷，所有鹽池而無額課。除鎮鹽池該驛公用外，鎮番境内外鹽池數多，獨無可資於官者乎？臣愚乞敕楊一清，即其已效，廣爲永圖。前項鹽池，若是計引重煩，不如增額爲便。即行計量近數年給引之數，斟酌時中之額，於雨晹旱潦之間，制多寡贏縮之節，大約可增至千萬。引鹽既定，可計課銀，每一百引可得銀二十五兩。商人不問客人土著，納銀二十五兩，得引百通，課引一年當不下二三萬兩。如遇各邊缺馬，給發買補。鞏昌鎮番地方鹽池，應否照此定奪？其餘河階狄道魚河等處土鹽，各加禁約，不許興販，致壞課程。敢有權門勢族攙越，依律治罪。庶國用益充，邊軍可無缺馬也。

（明）黄訓《名臣經濟録》卷三六《兵部·陝西馬政四徐蕃》　給事中徐蕃疏曰：臣等切惟威遠之策，莫先於修武備，而武備之修，莫要於蕃畜牧。臣見往者陝西茶法馬政，提督未有專員，孳牧或兼於都堂，茶課則委之御史。體統病於分合之靡常，弊端滋於交承之不一。今我皇上專命都御史一員，併付以茶馬之事，蓋欲盡復祖宗之良法，收監牧之實效。但恐舉於廢墜之後，非改絃易轍，終不足以成務，非權任專久，終不足以有爲。謹以馬政切要條爲五事，其一，併茶馬，以期實用。切見茶馬招易濟邊良策，但巡茶御史，止是一年。所定之馬解發於監苑者，雖有成數，而不及查其虧耗。所督茶課積貯於官司者，雖有定額，而不暇救其美惡。是非不肯用心，蓋緣職任不久耳。況先後交代，陞轉不常，稽考難行，事勢掣肘。伏望皇上念官多民擾，權分責輕，將巡茶御史暫且取回。而茶馬之事，併付本官整理。待其事有成效，不須大臣之日，仍差御史巡茶，照依清軍事例，三年一換，則久任成功矣。

（明）陳子龍《明經世文編》卷七二《丘文莊公文集·山澤之利禁開礦丘濬》　宋朝金銀銅鐵鉛錫之冶，總二百七十一，皆置吏主之。大率山澤之利有限，或暴發輒竭，或採取歲久，所得不償所費，而歲課不足，有司必責主者取盈。臣按宋朝坑冶所在如此之多，而元朝之坑冶，亦比今日加十數倍，何也？蓋天地生物，有生生不已者，穀粟桑麻之類是也。有與地土俱生者，金銀銅鐵之類是也。昔者聖王定爲取民之賦，有米粟之征，有布縷之征，而無有所謂金銀銅鐵之征者。豈不以山澤之利，與土地俱生，取之有窮，而生之者不繼乎。譬如山林之上，有草木焉，有土石焉，其間草木，取之者既盡，而生之者隨繼，故雖日日取之，歲歲取之，而不見其竭也。若夫山間之土石，掘而去之則深而成窪，舁而去之則空而留迹。是何也？其形一定故也。是以坑冶之利，在前代則多，在後代則少，循歷至於今日尤甚少焉。無足怪者。我朝坑冶之利比前代不及什之一

二，間或有之，隨取隨竭。曩者固已於浙之温處，閩之建福，開場置官，令內臣以守之，差憲臣以督之，然所得不償所費。如宋人所云者。今則多行革罷，而均其課於民賦之中矣。雖然今不徒不得其利，而往往又罹其害。蓋以山澤之利官取之則不足，民取之則有餘。今處州等山場雖閉，而其間尤不能無滲漏之微利遺焉。此不逞之徒，猶囊橐其間，以競利起亂也。爲今之計，宜於山場遺利之處，嚴守捕法，可築塞者築塞之，可柵塹者柵塹之，俾其不至聚衆爭奪，以貽一方生靈之害可也。

（明）陳子龍《陳忠裕公全集》卷四《採金議》　上谷督臣有此請，因共議之。

古則有餘今則不足，察其所以然者，非古之人有絶異之道，勢難易殊也。夫禹賦歷山，湯鑄莊山，周以卝人司金錫，若取之無難者。後之明君計士多矣，或爭于農，或爭于商，冶鐵鑄海禁及漁酒，吏民日鬭訟獄多有，利求而盡。何舍是無窮，而直爲此圪圪也。金玉之產，非似草木之歲更取之矣。即隨盡三季以後，天地何得不貧。雖時時殖，非有絶多，故雖貪者不爲也。乃以爲盜賊之利耳。夫椎理掘冢之徒，冒霜露、犯瘴毒、蹈崩壓，而不顧計無復之也。然而其罪足以死。上設重誅，此凜凜而已，可自爲利世未之有。今不審實，不計害，豈不可遏也，尚安用有所營哉。且試而爲之矣是何輕能即何得不用數萬人，其人何得非亡命輕俠。鑿地數百丈，雜沙石而鎔之，有無未可知，官吏工役器械廩食動資官府，是求一金，而數十金爲之費也。夫消已然之財，資鑿空之事；耗地藏之精，而聚輕姦，有何可欲也。利所原始，民心動摇，奸僞不召自至，何用力田，爲持斧而入山，何用商賈爲勞淺而金多，將使民惑而棄本。爾吏與共利乎。貨微而權分，上獨當其難，重禁以威制乎。是開利端而設民阱且勢不可施而力卒絀矣。既已失利而卒然杜之，民貪未止，猾聚難散，致有甲兵之禍必繇此也。且今中國耗甚用金與古不侔矣。自有金以來，未之或益也。然而鎔鑄器飾散于穿鑿，消于火薪，塗飾宮闕化爲烟塵，或屍含殉器錮塞地下。又有海客賈師沉没于鼉鰐之宮。至若貿易外夷，永嘉嗣往輦而去者，宋之歲幣，國家之款市，往而不返者也。奚啻千億是中國今日亡也，且百貨之情日益徵貴，凡今所號千金之家，其器用衣食將古百金不若也。夫以日少之金當日多之物，民何得不重困，國何得不貧然，我以爲不足患金者，非所獨用所繇制用之寄耳。今所少者布帛與穀，此民不務本，田疇不修，風俗淫靡，制度無等所繇來也。宜飭廢典重本業節財用敦教養，無論匪鑿山之爲勤也，又何必焚蜀江之錦抵荆揚之金，投隋侯之珠，毀于闐之玉。

《御選明臣奏議》卷三三《請罷礦税疏 沈鯉萬曆三十年**》**　臣頃以瞻仰至情疏請面見，伏蒙聖諭令候旨行。且勗以閣務繁重，宜與元輔同寅協恭。臣仰奉綸言，默自循省。皇上以腹心任臣，臣亦以腹心事主。則今日所謂協恭者，寧有外乎生所謂勿欺二字乎。蓋腹心之臣當言不言，與有言不盡固欺也。即掇拾微細，與過爲激切，亦欺也。臣內盟幽獨，仰體聖心，苟非懷社稷深憂，何敢爲激昂高論。雖諸臣累言而不聽，老臣或萬一之可回，故瀝血嘔心，進其愚説。

臣原籍河南，當東西南北輻輳之衝，四方民隱無不預聞。而頃者奉詔北來，所至皆觀風攷俗，悉其情狀，乃知當今時政最稱不便者，無如礦税一事。蓋採榷之始，皇上本以權宜濟乏，不欲重征。其分遣內臣，亦以區畫下情便于上達。乃內臣不能仰承德意，濫用羣小，布滿州閭，窮搜遠獵。而羣小之中又各有爪牙羽翼，虎噬狼吞，無端告訐，非刑拷訊，遂激爲臨清之變，武昌之變，蘇州之變，已煩皇上處分。而近日廣東、遼東、陝西、雲南尤復紛紛未已。臣竊觀天下之勢如沸鼎同煎，無一片安樂之地。貧富盡傾，農商交困，流離轉徙，賣子拋妻，哭泣道途，蕭條巷陌。雖使至愚之人，亦知如此景象必亂無疑。乃今市井奸民，猶復肆爲欺罔。皇上祇見其目前所入如此豐盈，寧知其私充囊橐十得八九。彼假公圖利，一旦事生，地方固豢豕自屠，獨使朝廷當百姓之怨耳。夫自古天下之亂階，皆始于民心之嗟怨，朘削愈甚，結怨愈深。譬之蓄火未然，乘風即熾。彼愁苦無聊之衆，何事不爲，而不及早安輯，潛消亂萌也。皇上豈將謂東征西討宣捷獻俘，神武赫赫，無復可慮乎。以臣愚計，則亂生不同？有逆而亂者，有憤而亂者。逆而亂者，如寧夏播州，彼先據不祥之名，而我爲仗義之伐，故人心用奮，天戈所指，當即芟滅。若憤而亂者，則所謂土裂瓦解者也。以四海之衆，而囂然皆怒，一倡萬和，雲合景從。朝廷之號令必不可行，官司之法度必不能制。兵于何出，餉于何資。蓋國家連歲興師，行齎居送，按丁增調，履畝加租，瘡痍未瘳，呻吟未息。更有徵

發，豈不速亂。在昔唐德宗時，税間架除陌錢，比涇原變起，百姓操白梃逐官吏，曰自今敢復税間架陌錢否。此今日懷亂之人心所必至也。衛懿公好鶴，鶴有乘軒者。將與狄戰，國人曰：君使鶴，鶴實有禄位，予焉能戰。此他日遭亂之人心所必至也。臣不勝杞憂，方今亂形雖成，禍機未發，必欲速弭大亂，莫先收拾人心。必欲收拾人心，莫先停止採榷，徵還中使，繫治棍徒，曠然與天下更新。此大聖作爲太平景象，海内人心所日籲天而求者也。上也即不然，而改畀撫按，代與征輸，則賦額即可無虧，窮民亦得蘇息。目前救弊，亦其次之，在皇上一轉移間耳。

夫財貨之聚，珍寶之玩，縱爲可欲，比之于四海萬邦，祖宗之所垂金甌大業，孰寡孰多。往時中使未至，則賦有常經，歲有恒積，夫孰非皇上之財也。而今則商旅不行，貨物不聚，私橐盡滿，公帑盡虚，朝取其三暮失其四，孰損孰益。礦額非取諸山澤，税額非得之貿易，皆有司加派于民，以包賠之也。有司既加之，而使者又攫之。加征者有數，攫取者無極。一林衆蒐，所餘幾何。割股實腹，詎能安飽。曰包曰賠，何以示復。若反是，而君不獨富，民不獨貧，上下相安，公私兩利，熙熙乎好義終事矣。孰利孰害。泉貨本流行不滯之物，有乘除之數。夫既拂民情而聚之，又不收民心而守之，一朝有變，瓊林大盈豈能不發。及今而止，猶國之財也。孰得孰失。臣老誖，誠不知國家大計。皇上試以今時之事，而徐察當世之人心。凡爲士爲農爲工爲商，與宦遊畿服内外者，無大無小，有不如臣所言者乎。即道路往來之人，室廬居處之衆，入而巷議，出而偶語者，有不如臣所言者乎。封疆之臣，介胄之士，或邊腹憂守憂戰者，有不如臣所言者乎。微獨是，即礦税内使，如浙江孫隆、湖廣杜茂者，彼皆不昧其本心，而稱賢者也。有不如臣所言者乎。夫以當今時勢，舉天下皆知之，而亦皆私慮之，其烏可以不寒心也，而猶可泄泄乎。雖然此諸臣餘唾也，臣何故又言之，蓋諸臣有言責而言者，憂在其耳目者也。有官守而言者，憂在其肢體者也。猶在外者也。臣腹心親密之臣也，則憂在内矣。惟在内，故分猷分念而媚茲一人者，其情爲獨切。惟情切，故凡可集衆思廣衆益，以宣其抑鬱，而効之主上者，自不得不詳，不必皆出諸臣口也。此前所謂勿欺之指也。惟皇上裁察。疏入，帝不納。

（清）林則徐《林則徐全集・奏摺卷・查勘礦廠情形試行開採摺道光二十九年二月二十日》 奏爲遵旨查勘滇省礦廠情形，請將舊廠覈實清釐，新礦試行開採，以期弊去利興，行之有效，恭摺奏祈聖鑒事：

竊准部咨：奉上諭：前因户部奏籌備庫款一摺，當派宗人府、大學士、軍機大臣會同妥議具奏。茲據另議章程五條，無非就自然之利斟酌損益，惟在該督撫等各就地方情形熟商妥議，立定章程具奏等因。欽此。臣等跪誦再三，仰見聖主裕國足民利用厚生之至意。伏查新定章程五條，内如河工、漕務，本爲滇省所無，鹽務則向有定章，並無懸引墮課，自應遵旨，無庸更易。至錢糧年清年款，各税儘收儘解，均無蒂欠。除將應造清册，飭屬依限據實造報，聽候稽查，以昭劃一外，計滇省所應辦者，首在開採一事，敢不詳慎籌維。

伏思有土有財，貨原惡其棄於地，因利而利，富仍使之藏於民，果能經理得宜，自可推行無弊。考之《周禮》：卝人掌金玉錫石之地。注云：卝之言礦也。其曰爲之厲禁以守者，爲未經開採言之也。曰：以時取之，物其地圖而授之，巡其禁令。此即明言開採之法，爲後世所仿而行焉者也，以時云者，註疏但釋其大意，今以臣等在滇所訪聞者證之，似指冬春水涸之時而言。蓋金爲水母，五金所産之硐，皆須戽水而後取礦。故辦銅例有水洩之費，銀礦亦然。夏秋礌硐多水，宣洩倍難，往往停歇。若水過多而無處可洩，則美礦被淹，亦成廢硐。乃悟以時二字，古人固早見及此也。物其地圖云者，亦如今之覓礦，先求山形豐厚，地脈堅結，草皮旺盛，引苗透露，乃可冀其成廠。滇中諺云：一山有礦，千山有引。引之初見者曰子櫰，漸而得有正櫰，乃可進山獲礦。礦形成片者謂之刷，礌硐寬廣者謂之堂，由成刷而成堂，始爲旺廠。若土石夾雜，則謂之鬆墘。旋開旋廢，易虧工本。甚至下開上壓，滇諺謂之蓋被，則非徒無益矣。故跴勘必須詳細。所謂物其地圖者，正以此耳。巡其禁令云者，誠以開採人多，須有彈治之法。如今之廠内各設課長、客長、硐長、爐頭、攃頭、鍋頭，皆所以約束礌户、尖户及爐丁、砂丁之類，又須多派書差巡練，以杜偷匿漏課，並禁奪底争尖。此皆巡其禁令之遺意。是開礦之舉，不獨歷代具有成法，而《周禮》早已明著爲經。況滇省跬步皆山，本無封禁，而小民趨利若騖，礦旺則不招自來，礦竭亦不驅自去，斷無盤踞廢硐，甘心虧本之理。其謂人衆難散，非真知礦廠情形者也。

滇人生計維艱，除耕種外，開採是其所習。近年因銅斤產薄，唯恐京運不敷，但有能覓子廠之人，廠員無不亟令試採。若輩行山望氣，日以爲常，於地力之衰旺盈虛，大都能知梗概，見有可圖之利，或以紅單而報苗引，或以僉呈而請山牌，當其朋集鳩貲，人人有所希冀，要之人事居其半，天事亦居其半。據本地人所言，開而能成，成而能久者，向實不可多得。然第就目前而論，如其地可聚千人者，必有能活千人之利，聚至數百人者，亦必有能活數百人之利，無利之處，人乃裹足。故凡各屬礦廠衰旺興閉，地方官皆不能隱瞞，惟設法經理之人，能使已閉復興，轉衰爲旺者，實難其選耳。

案查嘉慶十六年間，户部議覆雲南銀廠十六處抽收税課，以二萬六千五百五十兩零爲每年總額。准以此廠之有餘，補彼廠之不足，不必分廠覈算，務期總額無虧。如收不足數，著落分賠，遇有盈餘，儘數報解。迨嘉慶十九年，白沙一廠衰竭封閉，奉旨開除。此後定有課額者，共止十五廠，年應抽解課銀二萬四千一百一十四兩零，載在户部則例。其奏准儘收儘解之廠，則例所載，祇有用麟、太和、悉宜、白羊四處，嗣又據續報永北廳之東昇廠，東川府之硔山廠，新平縣之白達母廠。此內惟東昇一廠歷年出產較多，所抽課銀尚可以補各廠之缺。若硔山、白達母兩廠，則皆於鉛礦內抽取，殊不濟事。其已定課額之十五廠內，如南安州之石羊、土革，鎮雄州之銅廠坡，會澤縣之金牛，永平縣之三道溝，實皆歷年廢歇，因課額早定，不敢短絀，或以未成之子廠先行劃補，或由經管之有司自行賠解。檢查歷年奏銷册內，均與開化府、鶴慶州、永北廳之金廠四處，一同按額解課，總數並無虧短。除課金贏餘無多不計外，其報撥課銀，節年贏餘，自一二千兩至六七千兩不等。此臣等於未奉諭旨之先，因欲整飭廠務，即已分別查明之實在情形也。

茲蒙諭令，於所屬境內確切查勘，廣爲曉諭，酌量開採。自應先於舊廠之外，加意稽查。當飭藩司遴擇曉事委員，分路訪覓，諭以金銀皆可採取，不必拘定一格。即或有人互爭之地，前因滋事而未准開者，今不妨由官督辦，抑或草皮單薄之礦，前恐未成而不敢稟者，今不妨據實報聞。且仰繹訓諭諄諄，不准游移不辦。如果開採之後，弊多利少，亦准奏明停止等因。聖明俯體下情，如此開誠布公，官民更何所用其疑慮乎？况查滇省課金，或以牀計，或以票計，例定課額甚微，其課銀章程，本係一五抽收，民間採得十萬兩之銀，納課者僅一萬五千兩，可謂斂從其薄，於民誠有大益。將此明白開導，似民間皆已踴躍倍常。

當據委員會同臨安、普洱文武稟稱，查得他郎通判所轄坤勇箐地方，距城九十里，有土山數重，山頂全係碎砂，不能栽種，故無民居。前因土內產有金砂，遂有外來游民私挖淘洗，致相爭鬬，稟經前督臣委員會同他郎元江廳州前往查逐，該游民各即逃散，遂將該山封閉。但金砂仍不時湧現，挖淘較易，難免游民旋復潛來。如蒙奏明開採，雖豐嗇難以遽定，究足以裨公課而杜私爭。臣等隨復批飭各員親詣該山，勘明實在情形。旋據稟覆：山頂寬平周圍約七八里，掘土尺餘，即見細碎金砂，閃爍耀目。官員到山，游民先已躲避，勘有私硐四口。詢訪附近村人云，挖起金砂，取水屢淘，復以木板爲牀，竟日搖盪，一人之力，日可得金幾釐，多亦不出一分。又離該山數里有名爲三股擋及小凹子兩處，勘有草皮銀礦，微夾金砂，現亦有人偷挖，但未進山成硐等情。臣等當即批准，將此三處試行開採。但先前既因私挖致釀鬬爭，此次官爲督辦，亟應選擇殷實良善者作爲頭人，責令招募砂丁，逐層約束。前此偷挖滋事驅逐復來者，亦當訪拏究辦，以示懲儆。且必須先派員弁，多帶兵丁，始足以資彈壓。容臣等斟酌調遣，一俟佈置定局，再行縷析奏聞。

又據鎮沅直隸同知，暨文山、廣通兩縣先後稟稱：前因奉文廣覓銅廠，疊經示諭民人訪尋子廠呈報。嗣有鎮沅廳民羅梓鵬等，報有距城百餘里之興隆山麓，獲銀礦引苗。當令招丁試採，該廳時往履勘，其礦砂忽接忽跳，未能定準。如數月內堪以接採，擬即酌定課程。又文山縣民萬雲隴等，以距城一百八十里之白得牛寨地方出有礦苗，該民等已各出備油米，呈縣開採。經該縣報府委勘，山勢豐厚，惟四圍包欄不甚緊密，所出草皮塃礦，成色較低，兼以時有時無，不免旋作旋輟。請加察看，可否抽收銀課，儘收儘解。又廣通縣民李集之等，以象山地方，距城九十七里有礦可採，報經該縣准令試辦。嗣採得閂礦，所出無多，業經揞爐分汁，無如銀微色低，惟將所出黑鉛，藉作底母之用，尚須再行試準，量請抽課。各據實具稟前來。

臣等查該三廠開採，雖尚未見成效，然總須該地方官激勵廠民，奮勉

從事，不可任其半塗而廢。現已札令速將礦砂煎樣解驗，應抽課銀，先許儘收儘解，俟試辦一年，察定情形，再將抽解數目，入額清撥。至此外更令廣爲覓採，有苗即力求獲礦，有礦即務使成堂，如能採辦數多，應先遵照朝議，商給優獎，官請議叙，以期率作興事，感奮争先。

至舊額老廠，雖據逐細查訪，實係衰歇者多。然習於廠事者，必能明其消長之機，以籌修復之法，或拉龍扯水，或旁路抄尖，或配石分汁，如錘手背夫及揹爐下罩之人，所見既多，諒亦能知補救，即或需費工本，但能先難後獲，亦當設法爲之。倘實係硐產全枯，徒勞無益，則名是實非之廠，似應據實開除，即於儘收儘解各廠中奏明抵補。總須比較原定舊額無絀有贏，方爲覈實整頓之道，不得因廣採新山，而轉置舊廠於不問。

至於官辦民辦商辦，及如何統轄彈治稽查之處，仰蒙恩諭，不爲遥制，凡在官商士庶，無不感激倍深，自當按地方之情形，籌經久之善策。查辦廠先須備齊油米柴炭，資本甚鉅，原非一人之力所能獨開。官辦呼應雖靈，而在任久暫無常，恐交代葛藤滋甚。倘或因之虧空，參辦則有所藉口，籌補則益啓效尤。況地方官經管事多，安能親駐廠中，胼胝手足，勢必假手於幕丁胥役，弊竇愈多。似仍招集商民，聽其朋資夥辦，成則加獎，歇亦不追，則官有督率之權而無著賠之累，似可常行無弊。

臣等與在省司道及日久在滇之正佐各員，下逮商旅民人，無不虚衷採訪。竊以此次認真整頓，令在必行，所宜先定章程者，約有四事：

一曰寬鉛禁。查銀礦惟炸礦爲上，爲其塊頭净潔，出銀多而成色高。然廠中似此之礦，百不得一。其習見者，名爲大花銀礦、細花銀礦，其實皆鉛礦也。鉛礦百斤，煎鉛得半，即爲好礦。而好鉛十斤，入爐架罩，其上者得銀六七錢，次者僅二三錢。除抽課工費之外，只敷半本。其裹出鉛汁，名爲銪團，鉛浸灰内，名曰底母，皆可溜成黑鉛，以此售賣，始獲微利。滇省向因黑鉛攸關軍火，曾有此照私賣硝磺辦罪之案。故爐户所餘底銪皆爲棄物，虧本愈多。臣等查黑鉛一項，或錘造錫箔，或炒煉黄丹顔料，所用亦廣，原非僅爲製造鉛彈之需，律例内並無黑鉛不准通商之文。且貴州之柞子廠、四川之龍頭山黑鉛，均准售賣。滇省事同一律，如准將底銪出售，以補廠民成本之虧，庶不至於退歇。況售買底銪必有行店，其發運若干，令廠員驗明編號，填給照票，俟運至彼處，即將照票赴該地方衙門繳銷，既可杜其走私，於軍火無所妨礙，藉得霑有利益，於廠民實獲補苴。

一曰減浮費。查雲南各屬，無論五金之廠，皆有廠規。其頭人分爲七長。每開一廠，則七長商議立規，名目愈多，剥削愈甚。查歷辦章程，迤東各廠硐户賣礦，按所得礦價，每百兩官抽銀十五兩，謂之生課。迤西各廠，硐户賣礦不納課，惟按煎成銀數，每百兩抽銀十二三兩不等，謂之熟課。皆批解造報之正款，必不可少。此外有所謂撒散者，則頭人書役巡練之工食薪水出焉。有所謂火耗、馬腳、硐主、硐分、水分，以及西岳廟功德、合廠公費等名目，皆頭人所逐漸增添者，雖不能盡裁，亦必須大減。現在出示曉諭，務令痛删無益之規銀，以辦必需之油米，庶不至因累而散。

一曰嚴法令。查向來廠上之人，殷實良善者什之一，而獷悍詭譎者什之九。又廠中極興燒香結盟之習，故滇諺有云：無香不成廠。其分也争相雄長，其合也併力把持，恃衆欺民，漸而抗官藐法。是以有礦之地不獨官懼考成，並紳士居民亦皆懔然防範。今興利必先除害，非嚴不可。即如所用鐵器，除鎚鏨鍋鏟菜刀准帶外，一切鳥槍刀械，全應搜净，方許入廠。其駐廠彈壓之印委員弁，皆准設立枷杖等刑具，有犯先予枷責，或插耳箭游示，期於小懲大戒。若廠匪膽敢結黨，仇殺多命，鬧成巨案，或恃衆强姦盜刦，擾害平民，責令該府州廳縣會同營員立即兜拏務獲，審明詳定之後，請照現辦迤西匪類章程，就地請令正法，俾得觸目警心，庶可懲一儆百。

一曰杜詐僞。查礦廠向係朋開，其股份多寡不一，有領頭兼股者，亦有搭股分尖者，自必見有好礦而後合夥。滇省有一種詐僞之徒，慣以哄騙油米爲伎倆，於礦砂堆中擇其極好净塊，如俗名墨緑及硃砂、蕎麪之類，作爲樣礦示人，啗以重利，慫恿出貲，承攬既多，身先逃避。愚者以此受累，黠者以此詐財，良民不敢開採，多以此故。又廠上賣礦買礦之時，復有一種積蠹，插身説合，往往私抽釐頭，爲之裝蓋底面，顛倒好醜，爲貽害廠務之尤。兹先出示諭禁，嗣後訪獲此等匪徒，皆即加重懲辦，庶可除弊混而示勸懲矣。

臣等在滇未久，於礦廠情形本不諳習，仰荷聖慈委任，且蒙訓諭周

詳，謹就察訪實情，先籌大概，雖成效尚未能預必，而任事斷不敢畏難。此外續查利弊情形，總當據實直陳，以仰副宵旰疇咨於萬一。所有查勘籌辦緣由，是否有當，臣等謹合詞恭摺具奏，伏乞皇上聖鑒訓示。謹奏。

綜述

（明）王圻《續文獻通考》卷二七《征榷考・坑冶》　皇明國初取用諸課，皆因各處土產，若金有常例，礬鐵水銀銅錫有常額。至於銀礦珠池，間或差官暫取，隨即封閉看守，馴至今日，令更加嚴。

金銀課

成祖永樂十三年，差御史及郎中等官，至湖廣、貴州二布政司，提督委官於辰州、銅仁等處金銀場採辦金銀課。十九年，差御史、監生人等閘辦福建、浙江銀課。

宣宗宣德七年奏准：福建、浙江等處解納歲辦銀課，每年各處會合止解二次，各輪委官一員護送。

英宗正統三年，令罷閘辦銀課，封閉各處坑穴。其福建、浙江等處，軍民私煎銀礦，犯者處以極刑，家口遷化外。如有逃遁不服追問者，量調附近官軍勦捕。五年，令浙江、福建按察司，各委堂上官一員提督銀坑。若有聚衆偷穵者，調軍捕獲。首賊，梟首示衆。爲從及引誘通同有實跡者，連當房家小，發雲南邊衛充軍。九年奏准：浙江福建二布政司，各添設參議一員，專理巡礦，禁約偷採。令開福建、浙江有礦銀場，採辦銀課。十年，令浙江都司添設都指揮僉事一員，專管銀場。又令，差御史等官，於福建、浙江新舊坑場提督煎辦銀課。歲終，差官解京。如各場額數不敷，許於別坑有礦處煎補。或又不敷，具奏處置，不許泒民包納。又令浙江、福建提督銀場官吏，及諸坑首匠作，有稱課不及額，掊斂民財，及侵盜官銀者，皆治罪如律。該徒流者，浙江發福建，福建發浙江擺站。雜犯死罪者，浙江發福建，福建發浙江沿海邊衛充軍。

景皇帝景泰元年，令罷採辦浙江、福建等處銀課，取回閘辦官，令都、布、按三司巡礦官提調各該府縣護守坑場。

英宗天順二年，仍令開雲南、福建、浙江銀礦，各差内使一員，辦事官一員，照舊煎辦。令各鎮守太監提督。四年奏准：雲南都布按三司及衛所府州縣，凡雜犯死罪并徒流罪囚，審無力者，俱發新興等場充礦夫，採辦銀課。令差辦事官於四川會川衛密勒山銀場閘辦銀課，二年更代。五年，令雲南、福建、浙江閘辦銀課，止於本坑採礦煎辦。若礦脉微細，煎辦不及額數者，具實奏聞區處，不許科補。七年，詔封閉各處坑場，停止煎辦銀課，取回内外官員。

憲宗成化元年奏准：凡偷掘銀礦，不問軍民舍餘旗校人等，依律問罪，仍枷號三箇月發落。三年，令浙江、福建二處，仍各差内官一員，提督採辦銀課。四川、雲南二處，令鎮守内官提督採辦。又令，封閉四川密勒山銀場，至四年復開。六年，令偷掘銀礦，初犯照舊例枷號發落，仍發遼東衛分充軍。其有資給衣糧器具及走報事情者，照初犯例。八年，令福建、浙江有犯偷礦者，浙江發福建，福建發浙江沿海邊衛充軍。九年奏准：各處山場有新生礦脉者，從各鎮巡三司等官勘實開採，以補附近坑場賠納之數。十七年，令各處銀場礦脉微細，採辦不及者，量減銀課。十九年，添設雲南布政司參議一員，同按察司僉事管理銀課。二十年，詔各處閘辦銀課地方民力不堪者，量爲減免。

孝宗弘治二年，復令封閉四川密勒山銀場。五年，詔浙江福建等處，歲辦銀課累民賠納，所司踏勘明白，量爲除豁減免。仍將礦穴填塞，以弭弊端。令取回浙江、福建添設巡礦官員。十三年奏准：盜掘銀礦等項礦砂，但係山洞捉獲，曾經持杖拒捕者，不論人之多寡、礦之輕重，及聚衆至三十人以上，分礦至三十斤以上者，俱不分初犯、再犯，問發邊衛充軍。若不及數，又不拒捕，初犯枷號三箇月發落，再犯免其枷號，亦發邊衛充軍。其私家收藏、道路背負者，止理見獲，照常發落，不許巡捕人員逼令展轉攀指。違者，參究治罪。十五年，令雲南每年該徵差發銀八千八百九兩五分，定爲常例。自弘治十六年爲始，每年折買金一千兩，足色二分，九成色三分，八成色五分，與每年額辦金六十六兩六錢七分，并餘剩銀兩一同解部轉送承運庫交納。

武宗正德三年，令宜陽縣趙保山喚鄉窪洞口、永寧縣秋樹坡等洞口、盧氏縣高嘴兒等洞口、嵩縣馬槽山等洞口，俱照舊封閉。六年議准：雲

南銀場九處自正德七年以後，俱各封閉，銀課免辦。十年奏准：雲南銀場積年礦頭作弊攪亂礦場者，照打攪倉場事例，杖罪以下，於本場枷號一箇月發落。徒罪以上，與再犯杖罪以下，屬軍衛者，發邊衛；屬有司者，發附近，俱永遠充軍。職官有犯，奏請處治。十五年，令雲南銀礦新興場并新開處所，一體封閉，以後不許妄開。

世宗嘉靖七年題准：雲南年例金一千兩，遵照原行勘合，將每年該徵差發銀照依時佑兩平收買，真正成色金，每十兩爲一錠，於上鏨鑿官匠姓名，差委職役人員，并每年額辦金六十兩六錢七分，與剩銀兩及有贓罰金，各照原收成色，每二十兩爲一錠，一同解部。年例金、額辦金、并餘剩銀兩，轉送該庫，贓罰金送太倉，各上納。管解金兩人員給與長夫三名，起關應付，廩給馬匹。扛夫護兵，不許沿襲舊弊，加泒大户。其到京進納，各門并該管等官，敢有刁蹬留難需索分例者，俱聽本解指實陳奏。九年議准：蘭州等隘口，凡有渡黄河出境入境之人，或齎有礦砂及燒成銀兩，并窑礦器具者，不分人之多寡、礦之輕重，及初犯、再犯，或持杖拒捕者，俱照腹裏盗礦事例，問發邊衛充軍。若把隘官兵縱放者，官問調邊衛，軍問罪枷號發落。受財者，仍計贓坐罪。各守備官不行嚴謹提備，聽撫按官參究治罪。又題准：雲南年例金一千兩，并耗金十兩，自嘉靖九年爲始，每年於該徵差發銀動支六千六十兩收買解進。以後年分，永爲定規。十六年，山東巡按李松言，沂州寶山開礦七十八所，得白金一萬一千三百兩，宜將龍爬山、石井山以次開採。上責户部推諉，命撫按力任之。十九年，令四川建昌衛麻合村落娶迭迭二廠，并會川衛密勒山礦場，俱照舊封閉。又令，陝山甘州等處大黄山等礦洞，俱照舊封閉。四十五年，令浙江雲霧山場等處，嚴加封閉，不許勢豪規利啓釁。是年，先因礦寇鼓衆千人，大掠常山西安諸縣，攻衢州郡城，游騎馳入婺源刼庫。知縣李志學逃去，所司以失陷城池論死，故有是命。至隆慶庚午，志學以無城末減。

穆宗隆慶二年九月諭買貓睛琭寶石。科臣魏時亮言：貓睛無用物也，而一顆價至百金，孰非生靈之膏血乎。天下旱荒不言賑恤，胡虜方強不言防秋，而急急于珠寶之妄費，何乃倒置如此。上命罷之。至十二月復諭收買，時亮又上疏諫止，上切責之。二年，令浙江、直隸、江西各處礦山，通行查出立石刻諭嚴禁，仍將各關隘各經過處所，設兵防守。及三省礦防圖說，刊刻成書，分發各處遵守。是年十二月，尚衣監太監崔敏，以急缺年例黄金，奉旨嚴徵以進。科臣李巳劾敏假公用以充私槖，積財貨以奉私求，誤國欺君，速宜罷斥。不聽。

今上萬曆二十二年九月，户部奏開礦一事，係關重大，屢經諸臣建白未報者，無非慎之至也。臣等切惟，方今宇內徧罹灾沴，倭虜交訌，軍餉倍增，帑藏罣詘，民力窘困。本部屢求理財長策，雖經各衙門開款前來，中多窒碍難行。且臣等得之耳聞，不過遥度，該省撫按諸臣得之目覩，必有真見。容臣等移咨該省撫按，躬親踏勘，要見產礦處所礦面若干寬大，礦砂幾等高低，官司如何鈐制，角腦如何分轄，棍徒如何約束，奸細如何防範，四方奸頑如聞風沓至如何防禦，變或叵測羣衆生亂者如何解散，鎔煎之法遠近如何布置，獲礦之利官民如何處分。若果有利無害，獲利而又能弭害，則事在可行。如其有利亦有害，有害而利尤寡薄，則事在可已。逐一開款，星夜回奏，以便酌議。詔可其奏。尋以撫按諸臣玩視，奪俸二月。二十四年，府軍（后）〔後〕衛指揮王允中奏山東青州府沂水等州縣開礦，錦衣衛百户吴應麒奏山西平陽府夏縣等處開礦，龍虎衛指揮陳永壽等奏河南等處開礦，錦衣衛千户鄭一麟等奏開横嶺路礦洞。內承運庫太監王虎奏礦務利害，并採取便宜，其略謂：臣據所奏，准其民採，則官不知其淺深，盡墮奸民之貪局。若云官採，則民失其所倚，難保争奪之必無。爲今之計，宜招集平日盗礦慣熟煎銷居民，赦其已盗未發之罪，選其精壯能事之人，以富户若干，編爲礦頭，自備煤炭物料器具等項，以礦民十名編爲一隊，即令採取礦砂煎銷，定其成色以爲規則。庶三年之內，庫藏少充，國用少裨。不然徒延歲月，進解能幾何哉。金吾後衛千户余潤奏開淶水房山銀礦，奉旨：這圖本所開地面，着先差去的太監王虎會同部衛官，照圖一併開採。彭城衛百户李方春奏開永平銀礦，奉旨：這圖本所開地面，着先差去太監王忠會同該道，照圖開採。户科署科事給事中程紹疏略曰：按魯坤之疏曰，府縣官于臣宜有所轄，陳增之疏曰，一應事機聽臣便宜行事，且得舉刺，以示勸懲。夫自設官以來，司道轄府，府轄州縣。又特遣撫按督察其上下，而辨別其治行，典制昭然，載之令甲。未聞內官而轄有司，以有司而舉刺于內官者也。且有司，皇上臣工也。內

官，皇上之閹侍也。以皇上之臣工，而反屬于漫不相干之閹侍，則貂璫揚眉冠裳俯首，體統謂何。即曰礦務煩重，分理需人，自應移文撫按官轉行委用，誰不唯唯，而必欲便宜行事侵奪撫按官之職掌，此其意欲何爲哉。至欲專舉刺示勸懲，尤屬誕妄。蓋有司奉命，而知府知縣皆陛下授以民牧之寄者也。舉刺者問其操履之廉貪，治才之殿最，與百姓有無相安而已矣。使其人而誠賢也，即治礦不效，不失爲良吏。使其人而誠不肖也，即胼手胝足于礦洞之側，奴顔婢膝于内監之前，寧可蓋其穢跡，而儼然于賢守令上哉。臣察其意，不過欲操舉刺之權，以恐嚇外吏，然後惟其所欲無可誰何耳。伏望陛下大普離照之明，阻其狐假之路，庶國體不致凌替，士風不致摧殘矣。九月，羽林前衛千户陶壽等奏開房縣等礦，鎮撫司指揮袁友松等奏開山東文登縣礦洞。奉旨：着差去内官陳增一併開採。錦衣衛千户李綸奏開房山縣礦洞。山西巡撫魏允貞奏乞停開礦之役，其略曰：夫開礦利害，諸臣之言詳矣。大約武臣謂其有利，部臣科臣謂其無利而有害，利少而害多。陛下從其開者，而不從其罷者，豈以大臣言官皆不達國計，獨此武弁數員言可信耶。臣愚不知開礦利害，竊謂礦非自今日有，從天地開闢以來即有。不聞古聖帝明王曾開，亦不聞碩輔良臣曾請開。《大學》言生財，其大旨在務本□用，而以小人之使爲國家災害。蓋謂言利之臣不可用也。故堯舜投珠抵璧，成湯不殖貨利。夫古所寶者，常在善人，不在珠玉。陛下神聖，羣臣即無佐下風，然頻年以來，所貶而在遠者不計矣，所棄而在野者不計矣。臣不敢謂其人皆忠臣善士也，而亦豈無抱龍比之丹心，建王魏之讜言，裕董賈之良術，秉鄭崇之清德，堅釋之之守法者，在其内乎。百而有十，則所遺者十矣。十而有一，則所遺者一矣。且陛下亦安用開礦爲也。天下帑藏，陛下之帑藏，天下財賦，陛下之財賦。白米織疋則取諸吴越，羊絨則取諸秦潞，紬則取諸晋，金則取諸滇，扇則取諸蜀，磁器則取諸江西。太倉爲庫，太僕爲厩，光禄爲廚，何求不得，何欲不遂。而以開礦爲利乎。即大工肇興，而户、兵、工三部自足給之。其有不敷四方且開例矣，百官且開俸矣，必無借于礦也。又況今和氣未臻，歲徵多咎，中州之水未已而蝗繼之，關中之虜未已而旱繼之。山西連年三關雨則腹裡旱，秋禾成則夏苗枯，天鼓時鳴，地震不已，流星無度，虜儆日至。其小民嗜利而不憚爲盗，若天性然。今所言開礦者皆利臣也，無廉節遠識。所用開礦者，皆礦徒也，習於作奸亡命。以如是之臣，率如是之民，安保無事于異日。萬一套虜報忿于關中，山西之永寧汾州府河津縣隰州蒲州，近河去處，皆可慮也。況内地素少兵馬，當此時臣將西禦虜乎，東防礦乎。且地方之產有限，民之欲無窮。計開礦近不過終年止耳，遠不過二三年止耳，彼時差官已去，礦徒尤在，散之何所，給之何食。此輩豈能歸故里事農業者。臣愚不知所終矣。伏望陛下慨然下明詔，將倡議之人置諸法，即時停其役。如必以開礦爲足國裕民大計，請今年先開一方，以驗其利之有無多寡。如果有利，然後盡開。由河南而北直隸山東山西未晚也。倘陛下以諸武臣之言必可信，以臣愚闇書生不知大利，則乞罷臣歸，另差有心計善變通者使撫山西與閹人武弁言利之臣共事。臣愚幸甚。地方幸甚。【略】

銅鐵課

憲宗成化五年奏准：四川地方軍民偷採白銅者，爲首枷號一箇月，依律問罪。官軍原管事者帶俸，原帶俸者守哨。十七年，令封閉雲南路南州銅場，免徵銅課。其私販銅貨出境，本身處死，全家發烟瘴地面充軍。二十年，令雲南寧州等處軍民客商，有偷採銅礦私煎，及潛行販賣出境者，照路南州例究治。

武宗正德十四年，奏准：廣東鐵税置廠一所，於省城外就令廣東鹽課司正提舉專管鹽課，副提舉專管鐵課。凡一切事宜，聽巡鹽御史總理。其惠州、潮州、揭陽縣三處，及雷、瓊等處行鐵地方，但有走税夾帶漏報等項姦弊，俱照鹽法事例施行。

水銀課

景皇帝景泰三年，奏准：蠲除貴州思邛江長官司原額水銀課，其婺州縣板坑水銀場局水銀如舊。

孝宗弘治十八年，裁革板坑水銀場局大使等官，待後該徵之時，行本縣掌印官帶管。

（清）傅維鱗《明書》卷八二《食貨志・鑛採》 洪武初，近臣言山東舊有銀場可興舉者。上曰：銀場之弊，我深知之。利於官者少，而損於民者多。況今凋瘵之餘，豈可以此重勞民力。昔人有拔茶種桑，民獲其利者，汝豈不知。言者慚而退。十五年，有王德亨者，言階州有水銀及銀

坑，與青緑紫泥，願得兵取其地，以歸利於朝。上謂侍臣曰：盡力求利，商賈之所爲，開邊啓釁，帝王之大戒。此途一開，勞民傷財，爲害孔鉅。用兵争利，擾攘不休。此人第知趨利，不知釀禍，豈可聽也。命斥之。

二十年，有老校丁成言，陝西有銀礦，前代皆嘗採取，今宜興之，以佐國用。上曰：君子好義，小人好利。好義者以利民爲心，好利者以戕民爲務。凡言利者，皆戕民之賊也。昔聞故元豐城採金，其初歲額猶足取辦，經久消耗，一州之民，率受其害。蓋土地所産，有時而窮，歲課成額，徵取無已。有司貪爲己功而不言，朝廷縱有恤民之心而不能知，可爲大戒，豈宜效之。已而臨淄縣丞王基言：乞發山海之藏，以通寶路。上詰之曰：汝云發山海之藏，須人力乎，自發乎。況發之未必得，而勞人莫甚焉。昔唐太宗罪權萬紀，爲其言利而不進善者，汝是也。杖黜之。

永樂十年，河池縣民言，縣有銀礦，宜大發民採鍊。上曰：獻利以圖僥倖者小人也。國家所重在民，而不在於利。其斥之。

宣德中，上聞廣東番禺民有礦砂，煮之可得銀錫，命三司開驗，每砂百斤，得銀四錢鉛二十斤。因謂近臣曰：朕預料所得無幾。若果有餘，豈待今日。彼小人竊取以求毫末之利，無足怪，朕皆宥之。但命官填坑洞，使民免逐末之弊。後河南嵩縣官請於其地開銀礦，上命三司官集民丁發地，得砂四千餘斤，烹月餘，計用人力二千七百工，得黑鉛五十斤銀二兩。所得不償所費。上曰：小人獻利之言不可信。罷之。

正統三年，嚴採銀之禁。中年，各銀礦多盜發相鬬殺，御史孫毓、福建參政宋彰、浙江參政俞士悦各言開銀礦則利歸於上，而盜無所容。上敕二省三司議，福建復宜開。而浙江按察使軒輗上言：開場雖一時之利，然凡百器具皆出民間，恐有司横加科斂，搖人心，其患猶深。爲今之計，莫若擇官典守，嚴加禁捕，則盜息矣。朝廷是其言。已而給事中陳傅復以爲請，中官與言利之臣相附和，乃命户侍郎王質往經理，令福建歲課銀二萬一千有奇，浙江歲課銀四萬一千有奇。至於内外官屬供億之費，不啻數倍。厥後民困而盜亦衆。至十四年，大發兵戡定，民始安枕云。既而直隸、江西、河南、雲南皆開礦。後雲南總兵官左都督沐昂奏言：銀坑年遠坍塌，即今軍民缺食，用人採辦。有妨屯守，況所得不償所失。上聞之惻然，敕止之。

景泰三年，御史左鼎上言：閩、浙採銀，而豪猾貪利，互相殺奪。而鄧茂七、葉宗留之屬，乘勢作亂，致煩大軍芟除，而銀課之令，遂止不行。未幾，採如故。臣以爲瘡痍之民，甫能安業，恐求利未得，而害已隨之。乞停採礦，以免意外之虞。不聽。

成化四年，以福建副使何喬新奏免三之一。十年，以内費乏金，乃命開寶應等府、武陵等縣金場二十一所，淘煎以進。於是役民夫五十五萬有奇。而民之傷於蛇虎，死於大水者無算，僅得金三十五兩。撫按奏止。命以贓罰銀易金，以充上供。十一年，詔閉宜陽等衛礦洞。十八年，詔閉建昌礦洞。

弘治中，凡礦脈微細者，詔閉之，民困稍蘇。

正德十年，以神武衛千户王玉報銀礦不實，坐斬。

嘉靖元年，嚴盜礦之禁。

十五年，以武定侯勛言開薊州瀑水洞，遣内官及錦衣官督其事。時巡按山東御史李松言：沂州開礦七十八所，得白金一萬一千有奇。今礦脈將絶，請封閉。上怒。切責之。

十七年，開房山洞，及雲南大理府、河南宜陽諸洞。遂命錦衣千户范鏞等分勘天下有銀礦者報採之。

十八年，遣中官崔成等開浙江觀海衛礦。成劾參政曾存仁等奉行怠緩，皆逮赴京訊治。

十九年，以給事中曾鈞言採礦得不償失，乞停罷。詔可。

三十四年，復開四川、山東諸礦，乃遣制敕房辦事左通政王槐，及户部主事任之。賢、沈應乾分理煎採事務。時錦衣千户同天爵進礦銀獨多。上謂侍臣曰：昨玉旺谷之寶，大勝於昔，今可承天地之賜，如法取用，不可自誤。各處有未開之場，須查訪取用，以顯金玉露形經旨火上元風焉。户部疏稱頌。因言帝錫嘉祉，不當壅閉於無用之地，請宣示天爵，及各委官務實採取。其未開之所，仍嚴督撫按等官搜訪，以稱天地降祥，及聖王足國裕民之意。上大悦。

四十二年，定盜礦律。穆宗即位，詔撤礦使，封閉諸洞，嚴私採之禁。

萬歷中，諸内官導上封殖，遂命開採，言者交諫。而户部上言，以爲

方今宇內徧罹災沴，倭敵交訌，軍餉倍增，帑藏單詘，民力窘困。本部求濟時長策，雖經各衙門開列種種，中多窒凝難行，而請開採者甚衆。但其間利害不一，處置煩難。若果有利無害，則事在可行。其有利亦有害，或害多而利寡，則事在可已。使撫按酌議，詔可。以奏報遲奪各撫按官俸。厥後府軍後衛指揮王允中及指揮陳永壽等，千户鄭一麟等，奏開各處礦洞至百餘處。而太監王虎首督礦務，繼而王忠、陳增等數十員分督，驛騷遍天下。而太監魯坤請府縣官應屬所轄，陳增請便宜行事，且得舉刺，以示勸懲。户科給事中程紹諫，以爲夫自設官以來，司道轄府，府轄州縣。又特遣撫按督察其上下，而辨別其治行，典制昭然，未聞內官而轄有司，以有司而舉刺於內官者也。且有司，皇上之臣工也。內官，皇上之閹侍也。以皇上之臣工，而反屬於漫不相干之閹侍，則貂璫揚眉，冠裳俯首，體統謂何。即曰礦務煩重，分理需人，自應移文撫按，轉行委用，誰不聽從。而必欲便宜行事，侵奪撫按之職掌，此意欲何爲哉。至欲專舉刺，尤屬誕妄。蓋有司奉命爲民牧之寄，舉刺者問其操履之廉貪，治才之殿最。使其人誠賢，即治礦不效，不失爲良吏。使其人誠不肖也，即胼手胝足於礦洞之側，奴顏婢膝於內監之前，寧可蓋其穢迹，而駕乎賢守令上哉。臣察其意，不過欲操舉刺之權，以恐喝外吏，使莫可誰何耳。不報。繼而山西巡撫魏允中、給事中程紹、浙江巡撫劉元霖等切諫，以爲礦務宜罷。而河南巡撫姚思仁言尤痛切，以爲臣自入境以來，即巡行郡邑，問民疾苦。其間礦夫剝膚竭髓，裂股披肩，溺河縊樹之狀，皇上目不忍見，臣已親聞見之。變動生於眉睫，叛亂起於呼吸，大可慮者有八。一曰礦盗嘯聚召亂，二曰礦頭累極土崩，三曰礦夫殘害逃亡，四曰傭民糧缺噪呼，五曰礦洞遍開浪費，六曰礦砂銀少逼買，七曰民皆開礦失業，八曰奏官強横激變。夫礦兵之所取給，礦頭之所包賠，有司之所借補，驛遞之所應付，孰非皇上之財乎。礦頭以賠累死，礦夫以傾壓死，礦徒以争鬭死，平民以逼買死，孰非皇上之民乎。自開採逾八月，解不過四千，昔以根本重地荒歉，皇上發三萬金以全活之，今以微利及爲四千金而困苦之。恐變生肘腋，他日雖傾府庫之藏，竭天下之力，無濟於存亡矣。此臣拊心泣血而哀鳴於皇上之前也。不報。其時諸內官益横，所委無賴，召亡命，皆乘傳，天下大擾。而內官陳奉變激楚民，至於焚燒省會，殺傷多命。以富户爲礦頭，至窮困而死。如鄉紳富民墳墓，則指其下爲有礦，任情掘發。或小人報復私怨，誣告家主，誣告親朋，連及士紳，脅以參奏。於是官民困瘵，盗賊多有，遍滿山野。光宗即位，盡罷撤之。而崇禎末年，軍興匱乏，乃漸命撫按開採。每砂一斤煎不過二三分，得不償失。其事不行，抑以國之將亡，地亦愛寶耶。

（清）龍文彬《明會要》卷五七《食貨・坑冶》 金銀課：初，徐達下山東，近臣請開銀場。太祖謂銀場之弊，利於官者少，損於民者多，不可開。其後有請開陝州銀礦者，帝曰：土地所產，有時而窮。歲課成額，徵銀無已。言利之臣，皆戕民之賊也。臨淄丞乞發山海之藏以通寶路，帝黜之。《食貨志》。

永樂中，藺芳爲吉安知府。吉水民詣闕言：縣有銀礦。遣使覆視。父老遮芳訴曰：聞宋季嘗有言此者，卒以妄得罪。今皆樹藝地，安所得銀礦？芳詰告者，知其誣，奏上。帝曰：朕固知妄也。得寢。《宋禮傳》。

十三年，差御史及郎中等官至湖廣、貴州，於辰州、銅仁等處金、銀場，採辦金、銀課。

十九年，差御史、監生人等，開辦福建、浙江銀課。

英宗即位，令罷浙江、福建等處銀課。

正統十年，令開雲南、福建、浙江銀礦。已上王圻《考》。

浙、福之交，故多銀場。英宗初，詔封坑冶。福建參政宋彰、浙江參政俞士悦以盗礦日熾，言：開銀場，則利歸於上，而盗無所容。下三司議。浙江按察使軒輗奏曰：復開銀場，雖一時利。然凡百器用皆出民間，恐有司横加科，人心搖動，其患尤深。爲今之計，莫若擇官典守，嚴加禁捕，盗自衰息。朝廷是輗言，乃止。及礦盗葉宗留、陳鑑等肆行劫掠，給事中陳傅復請開礦。乃命侍郎王質往經理，定歲課福建銀二萬一千餘兩，浙江銀四萬一千餘兩。雖比宣德時減半，已十倍洪武時。自是供億紛繁，民困而盗益衆。《三編》。

景泰四年，浙江銀場既開，户部奏：福建、建寧與之相連，亦請併開。從之。後孫原貞奏：臣覆視各銀場，親臨各坑，見坑路深遠，礦脈細微，亦有堅石深泉之處，實難開煎。伏望仍前封閉。乃罷。同上。

天順七年，詔封閉各處坑場。

成化七年，令浙江、福建、四川、雲南採辦銀課。

九年，奏准：各處山場有新生礦脈者，從各鎮巡三司等官勘實開採。已上王圻《考》。

十年，户部檄所司開黑山金場。遼東巡撫彭誼奏：永樂中，太監王彦等開是山，督夫六千人，三閱月，止得金八兩。請罷之。遂止。《彭誼傳》。時命湖廣、寶慶等郡採金，歲役五十五萬人，死者無算，僅得金三十餘兩。撫臣劉敷奏請已之。《三編》。

弘治二年，令封閉四川密勒山銀場。王圻《考》。

十三年，雲南巡撫李士實言：雲南九銀場，四場礦脈久絶，乞免其課。報可。四川、山東礦穴，亦先後封閉。《食貨志》。

正德十五年，令雲南銀礦新興場并新開處所一律封閉。

嘉靖十九年，令四川建昌衛、會昌衛及陝西甘州等處大黄山礦洞，俱照舊封閉。已上王圻《考》。

三十四年十二月，開四川、山東銀礦。《實録》。

三十五年五月丁亥，遣左通政王槐採礦銀於玉旺峪。六月己丑，户部主事張芹進山東寶山諸礦金二百十七兩，銀二百兩有奇。上以爲少，命從實開取，嚴禁官民隱匿侵盗者。同上。

四十五年，令浙江雲霧山場等處，嚴加封閉。王圻《考》。

隆慶初，罷薊鎮開採。南中諸礦山亦勒石禁止。《食貨志》。

萬曆二十四年，營建兩宫。府軍前衛副千户仲春請開礦助大工。帝允之。自是，獻礦洞者踵至，無地不開。中使四出，皆給以關防，併偕原奏官往。礦脈微細無所得，勒民償之。而奸人假開採之名，乘勢横索民財。有司稍忤意，罪以阻撓。富家巨族則誣以盗礦。良田善宅則指爲下有礦脈。卒役圍捕，辱及婦女。其横暴如此。

二十八年，鳳陽巡撫李三才再疏陳礦税之害，言：陛下愛珠玉，民亦慕温飽。陛下愛子孫，民亦戀妻孥。奈何崇聚財賄，而使小民無朝夕之安？又言：近日章奏，凡及礦税，悉置不省。此宗社存亡所關，一旦衆畔土崩，小民皆爲敵國。陛下即黄金盈箱，明珠填屋，誰與守之？不報。已上《三編》。

光宗即位，以遺詔盡罷天下礦税。

崇禎九年十月丙申，命開銀、鐵、銅、鉛諸礦。已上《本紀》。

銅鐵課：明初，唯江西德興、鉛山有銅場。其後四川梁山、山西五臺、陝西寧羌、略陽及雲南皆採水銀、青、緑。太祖時，廉州巡檢言：州界西戎，有水銀坑冶及青、緑、紫泥。願得兵取其地。帝不許。

洪武六年，置江西、湖廣、山東、陝西、山西各鐵冶，凡十三所，歲輸鐵七百四十六萬餘斤。河南、四川亦有鐵冶。

十五年，廣平吏王允道請開磁州鐵冶。帝曰：朕聞治世無遺賢，不聞無遺利。今軍器不乏，若復設此，必重擾民。杖之，流海外。

十八年，罷各布政司鐵冶。末年，復盡開，令民得自採鍊，每三十分取其一。已上《食貨志》。

正統初，諭工部：軍器之鐵止取足於遵化收買。後復命虞衡司官主之。《春明夢餘録》。

成化十七年，令封閉雲南路南州銅坑。王圻《考》。

弘治十七年，廣東歸善縣請開鐵冶。有司課外索賂，因以致亂，旋復討平。

正德九年，軍士周達請開雲南諸銀礦，因及銅、錫、青、緑。詔可。遂次第開採。

十四年，廣州置鐵廠，以鹽課提舉領之。禁私販，如鹽例。

嘉靖三十四年，開建寧、延平諸府鐵冶。

嘉靖、隆、萬間，因鼓鑄屢開雲南諸處銅場，久之，所獲漸少。崇禎時，遂括古錢以供爐冶焉。已上《食貨志》。

《清朝文獻通考》卷三〇《征榷考・坑冶》　康熙十四年，定開採銅鉛之例。户部議准：凡各省産銅及黑白鉛處，如有本地人民具呈願採，該督撫即委官監管採取。至十八年，復定各省採得銅鉛，以十分内二分納官，八分聽民發賣。監管官准按觔數議叙。上官誅求逼勒者，從重議處。如有越境採取，及衙役擾民，俱治其罪。

臣等謹按，嗣後各廠之開閉，視山礦之旺衰。康熙年間，如奉天、浙、閩諸省，皆曾開採，續經停止。今則湖南雲貴川廣等處，並饒礦産，而滇之紅銅，黔楚之鉛，粤東之點錫，尤上供京局者也。大抵官税其十分之二，其四分則發價官收，其四分則聽其流通販運。或以一成抽課，其餘

盡數官買。或以三成抽課，其餘聽商自賣。或有官發工本招商承辦，又有竟歸官辦者。額有增減，價有重輕，要皆隨時以爲損益云。

十九年，定雲南鉛廠通商之例。詳見《市糴考》。

四十六年，定雲南礦税毋許加增。户部議，雲南金銀銅錫等礦廠税額，應令該撫據實查核加增。上諭大學士等曰：雲南礦税，一年徵銀八萬兩零，用撥兵餉，數亦不少。若又令加增，有不致累民乎。此所得錢糧即敷所用矣。本發還，著照題議結。

四十九年，以盛京部臣請，改採鉛地方飭部議處。工部議覆盛京工部侍郎席爾圖疏言，錦州採鉛請改於遼陽採取。得旨：採鉛事情，前因白爾克條奏，自遼陽州改往錦州大碑等處，今又因席爾圖所奏議仍在遼陽州採取。前所奏是，則今所奏非，今所奏是，則前所奏非。一切事務，該部當據理剖斷，分别是非定議。乃止據現在條奏，草率議准，殊爲不合。凡部院及督撫官員，更换一人，皆如此頻更舊例，貽悮必多。著嚴飭行。

五十一年，以四川撫臣能太摺奏諭示廷臣。奉諭旨：原任四川巡撫能太，曾具摺奏聞開礦，後又奏稱江中有銀，派官監視撈取，以爲兵餉。朕以此二事俱不可行，隨硃筆批發。朕乃人君，豈有令江中撈取銀兩之理。觀此二事，即知能太必貪。督撫提鎮奏摺一二次，可知其行事也。

五十二年奏准：久經開礦地方分别開採，其未經採者禁之。大學士九卿等議奏：開礦一事，除雲南督撫及湖廣、山西地方商人王綱明等，各雇本地民人開礦不議外，他省所有之礦，向未經開採者，仍嚴行禁止。其本地窮民現在開採者，地方官查明姓名記册，聽其自開。若别省之人往開，及本處殷實之民有霸佔者，即行重處。上曰：有礦地方，初開時即行禁止，乃可。若久經開採，貧民勉辦貲本争趨覓利，藉爲衣食之計，而忽然禁止，則已聚之民毫無所得，恐生事端。總之，天地間自然之利，當與民共之，不當以無用棄之。要在地方官處置得宜，不致生事耳。

雍正元年，停止黔省開採銅礦。貴州巡撫金世揚疏稱：黔省地處荒陬，銅觔原無出聚，間有一二礦廠，久經封閉，若令開採鼓鑄，無論工費浩大，一時難以獲效，且貴州漢苗雜處，每逢場事貿易，少則易鹽，多則賣銀。今使錢文，漢苗商賈俱非情願。若以配充兵餉，領運既難，流通無時。黔省用銀沿習已久，請照舊例停開。下部知之。

二年，兩廣總督孔毓珣奏，請於廣東開採以濟窮民。上諭廷臣會議，嗣奉諭旨：昔年粤省開礦聚集多人，以致盜賊漸起，隣郡戒嚴，是以永行封閉。夫養民之道惟在勸農務本，若皆舍本逐末，各省游手無賴之徒望風而至，豈能辨其姦良。況礦砂乃天地自然之利，非人力種植可得，焉保其生生不息。今日有利聚之甚易，他日利絶則散之甚難。爾等揆情度勢，必不致聚衆生事，庶幾可行。若招商開廠，設官收税，傳聞遠近，以致聚衆藏姦，則斷不可行也。

三年，以江西撫臣奏封禁山事宜。特旨訓示江西巡撫裴徫度遵旨摺奏，廣信府之封禁山，相傳産銅，舊名銅塘山。明代即經封禁。其中樹石充塞，荒榛極目，並無沃土可以資生，亦無頑民盤踞在内。此山開則擾累，封則安寧，歷有成案。康熙五十九年，沿山匪類擒獲之後，此山搜查二十餘日，並無藏匿。據實奏聞。得旨：當開則不得因循，當禁則不宜依違。但不存貪功圖利之心，實心爲地方興利除弊，何事不可爲也。在秉公相度時宜而酌定之。

五年，封禁雲南中甸銅礦，從總督鄂爾泰請也。

又以湖南撫臣奏請開礦，降旨訓示湖南巡撫布蘭泰疏奏，開礦事宜。奉諭旨：開採一事，目前不無小利，人聚衆多，爲害甚巨。從來礦徒，率皆五方匪類，烏合於深山窮谷之中，逐此末利。今聚之甚易，將來散之甚難也。至於利之在公在私，尚屬細事。爾果欲盡忠藎何必諄諄以利爲言。豈不聞有一利必有一害。爾當權其利與害之輕重大小而行之耳。

六年，賜安南國鉛廠山地四十里。安南國王黎維裪上疏陳謝，下部知之。

又准廣西地方開採礦砂。户部議覆廣西巡撫金鉷疏言，桂林府屬澇江等處各礦，請招募本地殷實商人，自備資本開採。所得礦砂，以三歸公，以七給商。其梧州府屬之芋莢山，産有金砂，請另委員辦理。再粤西貧瘠，銅器稀少，如開採得銅，並請價買，以供鼓鑄。均應如所請。從之。

九年，禁止廢鐵出洋。工部議覆刑部尚書勵廷儀疏言，天生五材，鐵居其一，用以備軍需而造器物，所係綦重。向例鐵貨不許私出外境，而廢鐵不在禁例。近聞射利之徒，專收廢鐵，鎔化運至近邊近海地方貨賣。此風漸不可長。請嗣後有將廢鐵潛出邊境及海洋貨賣者，照越販硝磺之律科

斷，以除姦弊。應如所請。從之。互見《市糴考》。

又禁洋船收買鐵鍋。廣東布政使楊永斌條奏，定例鐵器不許出境貨賣，而洋船私帶，禁止尤嚴。粤東所産鐵鍋，每連約重二十觔。查雍正七、八、九年夷船出口，每船所買鐵鍋少者一百連、二三百連不等，多者至五百連，併有至一千連者。計算每年出洋之鐵約一二萬觔，誠有關係，應請照廢鐵之例，一體嚴禁。違者，船户人等照例治罪。官役通同徇縱，照徇縱廢鐵例議處。嗣後令海關監督詳加稽察。至商船煮食器具，銅砂鍋俱屬可用，非必盡需鐵鍋。亦無不便外夷之處，於朝廷柔懷遠人之德意並無違礙。奉旨：鐵觔不許出洋，例有明禁，而廣東夷船，每年收買鐵鍋甚多，則與禁鐵出洋之功令不符矣。楊永斌所奏甚是。嗣後稽察禁止，及官員處分，商人船户治罪之處，悉照所請行。粤東既行查禁，則他省洋船出口之處，亦當一體遵行，永著爲例。嗣是十年以湖南産鐵，展轉運販，應給與印照，令沿途關隘查照放行。互見《市糴考》。

乾隆六年，准開滇省卑浙、塊澤二鉛廠，并試開東川者海地方鉛廠。户部覆准雲南巡撫張允隨奏稱，滇省存廠運局鉛觔，應預爲籌畫，請將曲靖府屬之卑浙、塊澤二廠，准其照舊開採。所出鉛觔，按例抽課。再，該署督奏稱，東川府所屬之者海地方，亦産有鉛礦，距東局路止二站，應令該署督張允隨，將前項鉛礦查明，作速採試。得旨：如議行。

七年，奏定川省銅鉛開採事宜。户部議覆四川巡撫碩色奏言，建昌道所屬之迤北沙溝紫古哵三銅廠，川東道所轄雲陽界連奉節縣之銅鉛礦廠，永寧道所轄長寧縣之茶山溝鉛廠，并無妨礙田園廬舍。取礦煎試，每礦一觔約可煎凈銅鉛三四兩不等，實屬旺盛。應准其開採，所出銅鉛，除抽課之外，商民所得銅鉛照例收買，以供鼓鑄。至開採礦廠，人衆事繁，若不委員專司經理，難免滋事透漏。應准其酌委佐雜幹員，分廠經管，專司抽課稽查約束。并於建昌、雲陽、長寧三處，各委官一員。一年期滿，於要隘處所不時巡查，并將各商煎出銅觔給票登記。如與抽課印簿不符，及私煎等弊，即將本商爐頭責革，另募殷商充補。再黑白鉛觔，俱係鼓鑄所需，長寧、雲陽等處，應准其招商開採，照例二八抽課，每年將細數按季造報，歲底具題。仍將廠名處所，預行造册送部，以備查核。得旨：如議行。

八年，定湖北湖南兩省礦廠開閉事宜。户部議覆前任湖廣總督孫嘉淦疏稱，原任左副都御史仲永檀條奏楚省出産銅鉛等礦一案。查楚省産礦之地頗多，而開有成效之處甚少。若不悉心籌畫，因地制宜，濫請開採，適滋擾累。今除湖南常寧縣屬之龍旺山礦廠，先曾刨試係黑鉛粗砂，且不敷工本，隨經封停在案。又沅陵、辰谿、永順、桑植等縣礦廠，并綏寧縣銅礦，會同縣金礦，宜章縣金礦，及湖北施南、興國、竹山等府州縣礦廠，或屬苗疆，或有妨田園廬墓，或産砂微細並無成效，無人承採，均應飭令地方官嚴加封禁。他如湖南之邵陽、武岡、慈利、安化、永定等州縣鐵礦，俱係各該居民農隙自刨，以供農器，間有産鐵旺盛之芷江縣，挑往隣邑售賣，應聽商民自便。至於郴桂二州礦廠，雖係銅鉛夾雜，然地方既非苗猺，又無妨礙，自應聽其開採，抽得税銅砂價鉛觔，並收買砂銅，於鼓鑄庫帑洵有裨益。應如所奏。疏上。從之。

九年，准粤東開採銅礦。兩廣總督那蘇圖等奏稱，粤東開採礦廠，自康熙三十八九年以來，議開議停，已非一次。第以錢文日少，民用日絀，鼓鑄一事，萬難緩待。粤東現有礦廠棄而不取，是猶坐守倉廩，而無術療饑，非計之得也。況粤東山多田少，應募工丁，斷非有田可耕、有地可種之農圃，是開採礦廠兼可爲撫養貧民之計，似宜將現在報出銅鉛各礦，先行試採。自廣州、肇慶二府起，由近至遠，以少及多，砂旺即開，砂弱即止，陸續酌量抽課。至於金銀二礦，民多競趨，恐轉於鼓鑄有礙，應請照舊封閉。凡銅礦内有夾帶銀屑，爲數甚微者，仍准開採抽課。下部議行。

十一年，定粤西銅廠加二抽課。户部覆准署廣西巡撫託庸奏，粤西開爐以來，銅觔每不能接濟。臣前奏請三分抽課，七分聽商自賣，仍於商本不敷。試辦八月，不能有濟，懇將商辦銅觔，仍照加二收課，餘銅每百觔給以十六兩二錢之價收買。應如所奏。從之。

十二年，以粤西礦廠飭委道員查核。廣西巡撫鄂昌奏，粤西一省，地居邊徼，向來額賦無多，所有各處礦廠，原爲湊充兵餉之用。雖各廠出砂之多寡，抽課之盈絀自有不同，而走漏侵隱之弊，所在不免。請令分守蒼梧道，及分巡左江右江二道員，將所轄各廠抽收課銀，就近稽查確核。從之。

十五年，開浙省温處兩郡採鐵之禁。户部議覆閩浙總督喀爾吉善疏

言，五金之產，爲天地自然之利。如果經理得人，設法開採，原足以便民生而資器用。第恐防閑不密，料理未周，每致紛擾滋事，是以向有查禁之例。浙省處州府屬之雲和等縣，前經撫臣常安奏請概行封禁，今據該督等奏稱，處州府屬之雲和、松陽、遂昌、青田四縣，並温州府屬之永嘉、平陽二縣，及附於平邑淘洗之泰順一縣，土瘠民貧，以採鐵爲恒業。封禁以後，陽奉陰違，徒起吏胥需索之弊。況雲和等七縣，俱係內地，與近海產鐵應行封禁之寧台等屬不同，歷來並無潛藏奸匪，透漏外洋等弊。應照該督等所請，仍弛其禁，照舊開採，以濟民生。所有各項稅課，亦應如所請，令地方官勘明分則起科，俟試行三年後，再爲酌中定額。從之。

十六年，定湖南郴桂二州礦廠事宜。湖南巡撫楊錫紱奏稱湖南省開採礦廠奏銷案內，所有礦夫採獲銅沙，以及黑白鉛砂，俱應納稅。惟黑鉛礦內銀鉛並產，康熙、雍正年間，銀氣旺盛，是以從前京商開挖時，報抽銀稅。後經封閉，迨至乾隆七年，原任巡撫許容奏請復開，以黑鉛砂內出銀無幾，不過滴汁成珠，止堪賞給爐户，請將銀稅改爲砂稅。現今銀氣復旺，自應隨時更正，以復銀稅之名。然不另立科條，誠恐砂稅、銀稅無以區別。嗣後除銅砂、白鉛砂及無銀氣之黑鉛所抽稅銀仍名砂稅，照舊辦理外，其有銀之黑砂，定爲銀稅，另立科條照例抽收，列入奏銷册內，以備稽考。又查郴桂二廠，礦夫採獲銅鉛礦砂賣與商人煎煉，每年砂稅共銀七八千兩。商人廠卡各處丁役辛工飯食等項，歲需三四千兩，以砂稅之半取給，已屬充裕。請自乾隆十六年起，抽收砂稅，每十分內先歸官稅五分，餘五分爲商人廠卡公費，既於商本無虧，又於課務有益。從之。

又增湖南收買鉛觔價值。户部議，各省分出產黑鉛，除貴州之外，惟湖南最稱旺盛。是以京局歲需鉛七十萬餘觔，前於黔省黑鉛短少不能辦解案內，臣部酌議題交湖南接辦。每百觔，照依康熙、雍正年間定價，以二兩八錢三釐報銷。節據湖南巡撫奏稱，工本不敷，部議黑鉛關係京局鼓鑄，必上不虧帑，下不病商，方可經久。黔省工本省而腳價多，湖南路近於黔，以節省之腳費抵不敷之工本，辦理自覺從容。應請嗣後湖南辦運，除課鉛儘數湊解，無庸給價外，其收買商鉛運京，比照從貴州辦運之數，每百觔定給腳銀四兩六錢，按年解運，照數支給。從之。

十七年，派專員董理郴桂二州礦廠事宜，加增收買餘銅價值。湖南巡撫范時綬奏言，楚省開採礦廠稅課攸關立法，稽查理宜嚴密。湖南郴桂二廠，據前撫楊錫紱於題請開採事宜案內，請於各處設卡巡防，令該二州爲監督，衡永郴桂道爲總理，經臣部覆准在案。茲復據稱，該二州駐劄州城離廠窵遠，不能親赴督查，轉委親友家人料理，舞弊營私，勢所不免。請遴委專員彈壓，凡一切領價報銷，及抽收稅課辦解銅鉛，具歸經手。一年期滿，新舊更替，造册題銷。並令該二州互相查察。及州同、州判隨從協辦，仍責成該道總理，是責任各有攸歸，防範更爲嚴密。應如所請辦理。至郴桂二廠所出銅觔，原議每煉銅百觔，除抽課二十觔外，餘銅八十觔給價九兩六錢收買。據該省巡撫，以定價不敷商本，採辦維難，請照前撫楊錫紱所奏，每餘銅八十觔給價銀十一兩二錢八分收買。部議以湖南產銅之區，祇宜量爲加增，請照粵省定例，每出銅百觔，除抽課二十觔外，餘銅八十觔給價銀十兩四錢，則採辦自必從容，不致有虧商本。應令該撫自題准之日爲始，照數支給報銷。從之。

二十三年，准湖南郴桂二州廠稅俱歸官辦。湖南巡撫富勒渾奏言，湖南省郴桂二州銅鉛礦廠，從前開採伊始，一切估色設卡等事，官役俱未諳悉，是以必須商辦。邇年以來，官役已經熟練，而稅課銅鉛較之從前有增無減，是商人力所難辦之事歸之廠員承辦，實力稽查，既有成效，於廠務自有裨益。應如所請。從之。

二十六年，准甘省暫開騷狐泉磺礦。大學士公傅恒等議覆陝甘總督楊應琚奏，請開採硫磺以資儲用。查磺觔爲營伍所必需，遇有缺乏，例得給批，赴產磺地方購買備用。若以本地開採之磺，供支各營操防之用，較之購自遠處，實多節省。茲訪得，騷狐泉磺礦自封閉後，礦砂旺盛，請照前例，責成蘭州府招商開採，自屬籌備營伍之要。應如所請辦理。至稱口外不產硫磺處所，應需火藥，現今行文咨調一節。查現今回部庫車等處，俱有磺礦，從用兵時曾經採取配用充裕，即伊犂及烏魯木齊一帶，當日準噶爾亦用鎗炮，又從何處購辦。可見口外原自不乏磺觔，應請交與各該處辦事大臣，留心體訪向來產磺處所，一體查明採購。或附近地方產有磺觔，亦可採取配藥運往，並可省內地辦運之煩，更爲便益。其現議騷狐泉開採事宜，應請交與該督委員妥辦，毋令滋事。從之。

二十九年，准四川屏山縣開採鐵礦。四川總督阿爾泰奏，屏山縣之李

村石堰鳳村，及利店茨藜桊丁等處産鐵，每礦砂十觔可煎得生鐵三觔，每歲計得生鐵三萬八千八百八十觔。請照例開採，十分抽二，變價撥充兵餉。户部議如所請。從之。

又准雲南通海縣開採黑鉛廠。雲南巡撫劉藻奏，通海縣逢里山廠産黑鉛，試採有效，請照例每百觔抽正課十觔，變價充餉。餘課十觔，以五觔充公，五觔爲官役廉食，所餘之鉛給價收買。户部議如所請。從之。

又准雲南彌勒州開採白鉛廠。雲南巡撫劉藻奏，彌勒州野豬畊廠産白鉛，試採有效，請照例每百觔抽正課十觔，餘課十觔，所餘之鉛給價收買，撥運廣西局鼓鑄。於錢法實有裨益。户部議如所請。從之。

三十年，准四川江油縣開採鐵礦。四川總督阿爾泰奏，江油縣木通溪和合硐等處産鐵，每礦砂一十五觔，可煎得生鐵四觔八兩，每歲得生鐵二萬九千一百六十觔。請照例開採，十分抽二，變價撥充兵餉。户部議如所請。從之。

又停止陝西華陰縣開採黑鉛。華陰縣之華陽川地方産黑鉛，自乾隆十三年題准開採，每年得鉛五六萬觔至十萬觔不等。自二十三年以後，得鉛日以減少，至二十八年分僅得四百觔。陝西撫臣奏請停止，户部議如所請。從之。

三十一年，准四川宜賓縣開採鐵礦。四川總督阿爾泰奏，宜賓縣濫壩等處産鐵，每礦砂十觔，煎得生鐵三觔，每歲計得生鐵九千七百二十觔，照例十分抽二，變價按年徵收，撥充兵餉。户部議如所請。從之。

又准貴州清平縣開採鉛礦。貴州巡撫方世儁奏，清平縣之永興寨産黑鉛礦砂，試採有效，請准其開採，照例抽課，每年可收課鉛一萬二三千觔。除支給各標營操演鉛觔外，尚有餘剩存貯撥用。户部議如所請。從之。

又准廣西融縣開採白鉛礦。廣西巡撫宋邦綏奏，融縣四頂山産白鉛礦砂，因無煤炭不能煎煉成鉛。而羅成縣冷峒山哂有煤路可以運往就煤煎煉，試採已有成效，請准其開採煎煉。照例每煉鉛百觔，抽正課二十觔，撒散三觔，造册報部稽核。户部議如所請。從之。

又酌定滇省開採礦廠事宜。詳見《錢幣考》。

三十七年諭：滇省各銅廠前因馬騾短少，柴米價昂，每銅百觔准暫加價銀六錢，俟軍務竣後停止。嗣後展限一二年，今念該省頻歲曾獲有秋，而米糧柴炭等價值仍未即能平減，著再加恩展限二年，俾各資本寬餘，踴躍開採。庶於銅務有裨，而廠民亦得以資寬裕，該撫仍留心體察，俟廠地物價一平，即行奏明停止。

紀事

（明）卜世昌《皇明通紀述遺》卷一〇 〔嘉靖十五年〕十二月，郭勛再疏言：採礦無損于民，有益于國。薊州西有瀑水礦洞，居人嘗竊發之。乞遣内官及錦衣官一員，奉敕往督。僉家業殷實者爲礦甲，熟知礦脉者爲礦夫。所獲礦銀三分爲官課，五分充顧辦費，二分歸之甲夫人等，用酬其勞。則彼此皆畢力于礦，而所獲自倍矣。户部言，前已責成撫按，不必別有推委，議下撫按行。

《明實録》洪武三十年三月 〔庚辰〕命户部申明牙儈朘剥商賈私成交易之禁。

《明實録》正統三年十二月 〔乙丑〕上諭行在都察院臣曰：比因開辦銀課擾民，已皆停罷，封閉各處坑穴，禁人煎採。近聞浙江、福建等處有等頑猾軍民，不遵法度，往往聚衆偷開坑穴私煎銀礦，以致互相争奪，殺人傷命。爾都察院即揭榜禁約。今後犯者即令該管官司拿問具奏，將犯人處以極刑，家遷化外。如有不服追究者，即調軍剿捕。

《明實録》成化六年十一月 戊戌，定擬河東鹽運司開中銀馬則例。每鹽一百引，中納上等馬一匹，八十引中等馬一匹。以延綏虜寇之警，各邊乏馬騎操也。

《明實録》弘治五年十二月 壬子，調監察御史竇祥爲四川萬縣知縣。先是，陝西漢中府茶課，歲解六七萬斤，多不過十一二萬斤，祥奉命巡茶，責府縣令多報藏販私茶者，各問擬徒杖等罪，令折茶納贖。又坐派巡捉積茶至二十八萬八千餘斤，視舊課不啻加倍，爲知府袁宏所奏，下巡撫都御史王宗彝勘實，言祥違例折罰。宏奏祥他事亦有不實，俱犯在革前，請兩宥之。上謂祥折罰違例，難居風憲，命貸宏，調祥外任。

《明實録》弘治十一年七月 己亥，兵部奏：大同宣府缺馬，近聞

北虜進貢多挾馬入邊私市，市者得之，皆以歸勢家，因取厚利，請敕兩鎮巡撫都御史嚴督所屬，凡有收胡馬者，報官買之，以給新募及無馬軍舍人等騎操。匿者，馬入官，仍坐以罪。從之。

《明實録》弘治十七年十一月　〔壬辰〕申嚴各邊官員包納糧草、興販馬匹之禁，從南京監察御史薄彦徽等奏也。

《明實録》弘治十七年十二月　庚申，督理陝西馬政都御史楊一清奏：陝西苑馬寺牧馬草場，近已清查，漸復其舊。但恐豪强之家，仍復墾種，私相買賣。請照衛所屯田營保草場事例，故違情重者，官調邊衛帶俸差操，旗舍軍民發邊衛充軍；情輕者，枷號一月。監苑馬官不糾舉者，亦罪之。仍著爲例，並給榜曉諭。從之。

《明實録》嘉靖三十五年六月　〔庚寅〕户部主事張芹進山東寶山諸山礦砂二百一十七兩，礦銀二百一十二兩有奇。上以爲少，命從實開取，及嚴禁官民隱匿侵盗者。其未之所，仍開奏取之。

《明實録》隆慶二年七月　〔甲戌〕巡按直隸御史孫代言，朝廷每歲發銀各邊，糴買糧草，其初止是招民出糴，兩平貿易，出納既明，法令且簡。後失此意，遂用商人，奸狡者視爲囊橐，殷富者畏如陷穽。安邊足儲之計，將爲擾民蠹財之術矣。其故始於價值之不敷，繼於出納之不明，而加以查盤之紛擾，由是官民不相信而倚辦于商人。其卒也，商人又不得而苦于官攢之需索。弊端叢起，法令滋繁，甚至一倉而盤之者數官，一人而罪之者數處。吏胥得以從中上下其手，而公私俱病矣。自今請立程限，每歲定以秋初發銀，秋中估價，有司自行與民平糴。十月之内，各如數完報，出納責之群倅，查盤屬之順天巡按御史，其有奸商黠火舞文玩法者，罪之。得旨允行。

《明實録》隆慶二年九月　〔丁巳〕巡青户科左給事中劉繼文等奏言，近例酒醋麵局商人兼辦，内官監寶鈔司稻草錢糧不勝重困，宜分其役爲二，使衆輕易舉。又商人三年一更，更不踰年輒派，事屬煩擾，宜令科道官每歲會審一次，貧無力者即更之。既更五年方許復僉，庶勞者得息。部覆從之。

《明實録》隆慶四年六月　庚申，工部覆大學士高拱所陳恤商事言：貧商困累，惟多給預支銀可以拯之。乞將年例錢糧辦納之數，以難易定其多寡，以遲速定其先後，多者預支十分之四，遞減至一分。半年以内全給，八年以外先給其半。詔可。

《明實録》隆慶六年正月　癸酉，雲南撫按官曹三暘等言，該省年例金二千兩，已苦難辦，今又加派三千兩，夷民騷然，莫知所出。請每金一兩，輸銀八兩召買京師中便。户部覆請，徵解年例如故，餘暫停止，候採進寶石年限完日別議。許之。

《明太宗寶訓》卷四《馬政》　洪武三十五年十二月丁卯，上問兵部尚書劉儁曰：今天下畜馬幾何？儁對曰：比年以兵興耗損，所存者二萬三千七百餘疋。

上曰：古人問國君之富，數馬以對。是馬於國爲最重。本朝置太僕專理馬政，各軍衛皆令孳牧。雖建文不君，耗損者多，然亦考牧無法。卿等宜循洪武故事，督所司用心孳牧，庶幾有蕃息之效。

《明太宗寶訓》卷四《武備》　永樂元年七月丙戌，上諭兵部臣曰：比聞民間馬價騰貴，蓋民不得私畜也。漢文景時，閭里有馬千百，爲群民有，亦國之有。其榜諭天下，聽軍民皆畜馬，官府勿禁。又曰：三五年後，庶幾馬漸蕃息。

《明英宗寶訓》卷三《馬政》　正統十四年六月庚戌，遣通政司右通政湯鼎、光禄寺寺丞張如宗往陝西、四川運茶買馬，賜敕諭之曰：陝西西寧等處，番族番民以馬易茶。特命爾等往四川，會同三司巡按官公同計議，就於保寧等府酌量運茶八十四萬三千六十斤至陝西界，官司收貯。仍往陝西會同三司巡按官計議，運至各茶馬司交收。完日隨即具奏，差官前去收馬。爾等務要公廉詳慎，同心協力，酌量人情，撫恤儧運。或有不便之事，具實奏聞區處。仍嚴禁管運茶課官吏人等，勿令假公營私，生事剥削，致軍民不安，自取罪愆。

《明憲宗寶訓》卷三《優遠人》　成化十一年七月庚申，遼東總兵官歐信等奏：朶顔等三衛虜酋乞開廣寧馬市，如舊例。兵部謂此虜爲北虜滿都魯所驅近邊，故求市易以濟其急耳。

上曰：馬市久罷不許。果彼爲北虜所迫，暫令於近邊三四百里外屯駐。虜退即還故地。

對外貿易法制部

秦漢分部

紀事

《史記》卷一一三《南越列傳》 高后時，有司請禁南越關市鐵器。佗曰：高帝立我，通使物，今高后聽讒臣，別異蠻夷，隔絶器物，此必長沙王計也，欲倚中國，擊滅南越而并王之，自爲功也。於是佗乃自尊號爲南越武帝，發兵攻長沙邊邑，敗數縣而去焉。

《史記》卷一一六《西南夷列傳》 及漢興，皆弃此國而開蜀故徼。巴蜀民或竊出商賈，取其筰馬、僰僮、髦牛，以此巴蜀殷富。【略】

及元狩元年，博望侯張騫使大夏來，言居大夏時見蜀布、邛竹、杖，使問所從來，曰從東南身毒國，可數千里，得蜀賈人市。

《史記》卷一一六《西南夷列傳》 建元六年，大行王恢擊東粤，東粤殺王郢以報。恢因兵威使番陽令唐蒙風曉南粤。南粤食蒙蜀枸醤，蒙問所從來，曰：道西北牂柯江，江廣數里，出番禺城下。蒙歸至長安，問蜀賈人，獨蜀出枸醤，多持竊出市夜郎。夜郎者，臨牂柯江，江廣百餘步，足以行船。南粤以財物役屬夜郎，西至桐師，然亦不能臣使也。

《史記》卷一二三《大宛列傳》 騫曰：臣在大夏時，見邛竹杖、蜀布。問曰：安得此？大夏國人曰：吾賈人往市之身毒。身毒在大夏東南可數千里。其俗土著，大與大夏同，而卑溼暑熱云。其人民乘象以戰。其國臨大水焉。以騫度之，大夏去漢萬二千里，居漢西南。今身毒國又居大夏東南數千里，有蜀物，此其去蜀不遠矣。今使大夏，從羌中，險，羌人惡之；少北，則爲匈奴所得；從蜀宜徑，又無寇。天子既聞大宛及大夏、安息之屬皆大國，多奇物，土著，頗與中國同業，而兵弱，貴漢財物；其北有大月氏、康居之屬，兵彊，可以賂遺設利朝也。且誠得而以義屬之，則廣地萬里，重九譯，致殊俗，威德徧於四海。天子欣然，以騫言爲然，乃令騫因蜀犍爲發閒使，四道並出：出駹，出冄，出徙，出邛、僰，皆各行一二千里。其北方閉氐、筰，南方閉嶲、昆明。昆明之屬無君長，善寇盜，輒殺略漢使，終莫得通。然聞其西可千餘里有乘象國，名曰滇越，而蜀賈姦出物者或至焉，於是漢以求大夏道始通滇國。初，漢欲通西南夷，費多，道不通，罷之。及張騫言可以通大夏，乃復事西南夷。【略】

自大宛以西至安息，國雖頗異言，然大同俗，相知言。其人皆深眼，多鬚髯，善市賈，爭分銖。俗貴女子，女子所言而丈夫乃決正。其地皆無絲漆，不知鑄錢器。及漢使亡卒降，教鑄作他兵器。得漢黃白金，輒以爲器，不用爲幣。

《漢書》卷二八下《地理志》 自合浦徐聞南入海，得大州，東西南北方千里，武帝元封元年略以爲儋耳、珠厓郡。民皆服布如單被，穿中央爲貫頭。男子耕農，種禾稻紵麻，女子桑蠶織績。亡馬與虎，民有五畜，山多麈麖。兵則矛、盾、刀，木弓弩，竹矢，或骨爲鏃。自初爲郡縣，吏卒中國人多侵陵之，故率數歲壹反。元帝時，遂罷棄之。

自日南障塞、徐聞、合浦船行可五月，有都元國；又船行可四月，有邑盧没國；又船行可二十餘日，有諶離國；步行可十餘日，有夫甘都盧國。自夫甘都盧國船行可二月餘，有黃支國，民俗略與珠厓相類。其州廣大，戶口多，多異物，自武帝以來皆獻見。有譯長，屬黃門，與應募者俱入海市明珠、璧流離、奇石異物，齎黃金雜繒而往。所至國皆稟食爲耦，蠻夷賈船，轉送致之。亦利交易，剽殺人。又苦逢風波溺死，不者數年來還。大珠至圍二寸以下。平帝元始中，王莽輔政，欲燿威德，厚遺黃支王，令遣使獻生犀牛。自黃支船行可八月，到皮宗；船行可（八）〔二〕月，到日南、象林界云。黃支之南，有已程不國，漢之譯使自此還矣。

《漢書》卷九五《南粤傳》 陸賈至，南粤王恐，乃頓首謝，願奉明詔，長爲藩臣，奉貢職。於是下令國中曰：吾聞兩雄不俱立，兩賢不並世。漢皇帝賢天子。自今以來，去帝制黃屋左纛。因爲書稱：蠻夷大長老夫臣佗昧死再拜上書皇帝陛下：老夫故粤吏也，高皇帝幸賜臣佗璽，

以爲南粵王，使爲外臣，時內貢職。孝惠皇帝即位，義不忍絶，所以賜老夫者厚甚。高后自臨用事，近細士，信讒臣，別異蠻夷，出令曰：毋予蠻夷外粵金鐵田器；馬牛羊即予，予牡，毋與牝。老夫處辟，馬牛羊齒已長，自以祭祀不脩，有死罪，使內史藩、中尉高、御史平凡三輩上書謝過，皆不反。又風聞老夫父母墳墓已壞削，兄弟宗族已誅論。吏相與議曰：今內不得振於漢，外亡以自高異。故更號爲帝，自帝其國，非敢有害於天下也。

《後漢書》卷八八《西域傳》 與安息、天竺交市於海中，利有十倍。其人質直，市無二價。穀食常賤，國用富饒。鄰國使到其界首者，乘驛詣王都，至則給以金錢。其王常欲通使於漢，而安息欲以漢繒綵與之交市，故遮閡不得自達。至桓帝延熹九年，大秦王安敦遣使自日南徼外獻象牙、犀角、瑇瑁，始乃一通焉。其所表貢，並無珍異，疑傳者過焉。【略】

論曰：西域風土之載，前古未聞也。漢世張騫懷致遠之略，班超奮封侯之志，終能立功西遐，羈服外域。自兵威之所肅服，財賂之所懷誘，莫不獻方奇，納愛質，露頂肘行，東向而朝天子。故設戊己之官，分任其事；建都護之帥，總領其權。先馴則賞籯金而賜龜綬，後服則繫頭顙而釁北闕。立屯田於膏腴之野，列郵置於要害之路。馳命走驛，不絶於時月；商胡販客，日款於塞下。其後甘英乃抵條支而歷安息，臨西海以望大秦，拒玉門、陽關者四萬餘里，靡不周盡焉。

《梁書》卷五四《諸夷傳·中天竺國》 漢桓帝延熹九年，大秦王安敦遣使自日南徼外來獻，漢世唯一通焉。其國人行賈，往往至扶南、日南、交趾，其南徼諸國人少有到大秦者。

魏晉南北朝分部

紀事

《三國志》卷一六《魏志・倉慈傳》〔倉慈字孝仁，淮南人也。〕又常日西域雜胡欲來貢獻，而諸豪族多逆斷絶；既與貿遷，欺詐侮易，多不得分明。胡常怨望，慈皆勞之。欲詣洛者，爲封過所，欲從郡還者，官爲平取，輒以府見物與共交市，使吏民護送道路，由是民夷翕然稱其德惠。數年卒官，吏民悲感如喪親戚，圖畫其形，思其遺像。及西域諸胡聞慈死，悉共會聚於戊己校尉及長吏治下發哀，或有以刀畫面，以明血誠，又爲立祠，遥共祠之。

《三國志》卷三〇《鮮卑傳》黄初二年，比能出諸魏人在鮮卑者五百餘家，還居代郡。明年，比能帥部落大人小子代郡烏丸修武盧等三千餘騎，驅牛馬七萬餘口交市，遣魏人千餘家居上谷。

《晉書》卷九七《大宛傳》善市賈，爭分銖之利，得中國金銀，輒爲器物，不用爲幣也。

《晉書》卷一二五《馮跋載記》庫莫奚虞出庫真率三千餘落請交市，獻馬千匹，許之，處之於營丘。

《宋書》卷九七《訶羅陁傳》西南夷訶羅陁國，元嘉七年，遣使奉表曰：【略】伏願聖王，遠垂覆護，并市易往反，不爲禁閉。若見哀念，願時遣還，令此諸國，不見輕侮，亦令大王名聲普聞，扶危救弱，正是今日。今遣二人，是臣同心，有所宣啓，誠實可信。願敕廣州時遣舶還，不令所在有所陵奪。願自今以後，賜年年奉使。今奉微物，願垂哀納。

《魏書》卷一八《元孚傳》〔孚陳便宜，表曰〕又貿遷起於上古，交易行於中世，漢與胡通，亦立關市。今北人阻飢，命懸溝壑，公給之外，必求市易，彼若願求，宜見聽許。

《魏書》卷一〇〇《契丹傳》顯祖時，使莫弗紇何辰奉獻，得班饗於諸國之末。歸而相謂，言國家之美，心皆忻慕，於是東北羣狄聞之，莫不思服。悉萬丹部、何大何部、伏弗郁部、羽陵部、日連部、匹絜部、黎部、吐六于部等，各以其名馬文皮入獻天府，遂求爲常。皆得交市於和龍、密雲之間，貢獻不絶。【略】後告饑，高祖矜之，聽其入關市糴。

《魏書》卷一〇〇《庫莫奚傳》後復款附，每求入塞，與民交易。世宗詔曰：庫莫奚去太和二十一年以前，與安營二州邊民參居，交易往來，並無疑貳。至二十二年叛逆以來，遂爾遠竄。今雖款附，猶在塞表，每請入塞與民交易。若抑而不許，乖其歸向之心；聽而不虞，或有萬一之警。不容依先任其交易，事宜限節，交市之日，州遣上佐監之。

《周書》卷三七《韓褒傳》十二年，除都督、西涼州刺史。【略】每西域商貨至，又先盡貧者市之。於是貧富漸均，户口殷實。

《周書》卷五〇《異域傳・突厥》其後曰土門，部落稍盛，始至塞上市繒絮，願通中國。

隋唐五代分部

論　説

（唐）陸贄《陸宣公文集》卷一八《論嶺南請於安南置市舶中使狀》

嶺南節度經略使奏：近日舶船多往安南市易，進奉事大，實懼闕供。臣今欲差判官就安南收市，望定一中使與臣使司勾當，庶免隱欺。希顔奉宣聖旨宜依者。

遠國商販，惟利是求，綏之斯來，擾之則去。廣州地當要會，俗號殷繁，交易之徒，素所奔湊。今忽舍近而趨遠，棄中而就偏，若非侵刻過深，則必招懷失所。曾無内訟之意，更興出位之思，玉毁櫝中，是將誰咎？珠飛境外，安可復追？《書》曰：不貴遠物，則遠人格。今既徇欲如此，宜其殊俗不歸。況又將蕩上心，請降中使，示貪風於天下，延賄道於朝廷，黷污清時，虧損聖化，法宜當責，事固難依。且嶺南、安南，莫非王土，中使外使，悉是王臣，若緣軍國所須，皆有令式恒制，人思奉職，孰敢闕供？豈必信嶺南而絶安南，重中使以輕外使，殊失推誠之體，又傷賤貨之風。望押不出。

（清）董誥《全唐文》卷一四〇《魏徵·諫遣使市馬疏》　今發使以立可汗爲名，可汗未定，即詣諸國市馬，彼必以爲意在市馬，不爲專立可汗。可汗得立，則不甚懷恩；不得立，則以爲深怨。諸蕃聞之，必不重中國。馬市既不可得，縱得馬亦還路無從。但使彼國安寧，則諸國之馬，不求自至矣。昔漢文帝有獻千里馬者，曰：吾吉行日三十，凶行日五十，鑾輿在前，屬車在後，吾獨乘千里馬，將安之乎？乃償其道路所費而返之。又光武有獻千里馬及寶劍者，以馬駕鼓車，劍以賜騎士。今陛下凡所施爲，皆邈於三王之上，柰何至此欲爲孝文光武之下乎？又魏文帝求市西域大珠，蘇則曰：若陛下惠及四海，則珠不求自至。求而得之，不足貴也。陛下縱不能慕漢文之高行，可不畏蘇則之言乎。

（清）董誥《全唐文》卷三九九《于儒卿·對越關判》　越度關，府欲科罪，稱告急切，不暇請公文。

因固作關，設險居國，豈伊征算？是隔夷夏。踰則歸法，理惟其常。越度人斯，初聞有告。棄繻抗志，無似終軍之游；辭謀遂行，且殊蘧瑗之出。彼則請給，寧異公文？足可坐視更籌，候雞鳴而容度；豈謂意凌霄漢，學梟飛而影移？行雖有由，越侵無狀，寘之於理，其誰不然？

（清）董誥《全唐文》卷七〇五《李德裕·請市蕃馬狀》　右，訪聞蕃、渾羊馬，多在渾河川，恐啓戎心，更來侵掠，回鶻未退，尤須備邊。朝廷比來所乏，最在戎馬，因此收市，深得事機。宜收壯馬，令入東關保無散失。臣等商量，望委劉沔誘諭蕃人，緣回鶻常有意劫奪，恐蕃人作主不得，應堪服衣甲壯馬。並與收市，其以太原見貯户部物充賞價。如市收得後，旋送樓煩監收管。諸道若有欠缺，即量賜與。如蒙允許，望付翰林賜劉沔詔處分。未審可否？

（清）董誥《全唐文》卷七〇五《李德裕·論太原及振武軍鎮及退渾党項等部落互市牛馬駱駝等狀》　右，緣回鶻新得馬價絹，訪聞塞上軍人及諸藩部落，苟利貨財，不惜駝馬，必恐充爲互市，招誘外蕃，豈惟資助虜兵，實亦減耗兵備。望詔劉沔、忠順、義忠、守志等，切加鈐鍵。如有違犯，並按軍令，馬及互市物納官。如有人糾告，便以所得物充賞。

（清）董誥《全唐文》卷八四八《曹允昇·請明商賈開驗奏》　近年關防商賈，不憑司門公驗。關禁之設，國有舊章。請諸司舉行之。

（清）董誥《全唐文》卷九八一《闕名·對熟羌市易判》　當州熟羌，十月來導江縣市易。按察使科彭州刺史罪。訴云並蠶崖外，不伏。

當州導江，山川雖間，貿絲抱布，來往是常。矧今赤羽開元，黄旗啓聖，布堯心於萬國，復禹迹於九州，書等同文，車無異軌，雖夷夏殊俗，而交易何妨？趙璧尚入秦庭，楚材猶歸晋用，使人志清天下，望重星軒。標鐵柱之嚴班，握金龍之使節，未聞從善，翻見求瑕。鳥隼爲旟，有虧於正直；鷹鸇逐雀，稍涉於煩苛。事不可詢，期乎勿用。

綜述

（宋）王欽若等《册府元龜》卷九九九《邦計部·互市》 隋煬帝時西域諸蕃多至張掖與中國交市，帝令吏部侍郎裴矩掌其事。

（唐）長孫無忌等《唐律疏議》卷八《衛禁·越度緣邊關塞》 諸越度緣邊關塞者，徒二年。共化外人私相交易，若取與者，一尺徒二年半，三疋加一等，十五疋加役流；

疏議曰：緣邊關塞，以隔華、夷。其有越度此關塞者，得徒二年。以馬越度，準上條減人二等，合徒一年。餘畜又減二等，杖九十。但以緣邊關塞，越罪故重。若從關門私度人、畜，各與餘關罪同。若共化外蕃人私相交易，謂市買博易，或取蕃人之物及將物與蕃人，計贓一尺徒二年半，三疋加一等，十五疋加役流。

私與禁兵器者，絞；共爲婚姻者，流二千里。未入、未成者，各減三等。即因使私有交易者，準盜論。

疏議曰：越度緣邊關塞，將禁兵器私與化外人者，絞。共爲婚姻者，流二千里。其化外人越度入境，與化內交易，得罪並與化內人越度、交易同，仍奏聽敕。出入國境，非公使者不合，故但云越度，不言私度。若私度交易，得罪皆同。未入者，謂禁兵器未入，減死三等，得徒二年半。未成者，謂婚姻未成，減流三等，得徒二年。因使者，謂因公使入蕃，蕃人因使入國。私有交易者，謂市買博易，各計贓，準盜論，罪止流三千里。若私與禁兵器及爲婚姻，律無別文，得罪並同越度、私與禁兵器、共爲婚姻之罪。又，準別格：諸蕃人所娶得漢婦女爲妻妾，並不得將還蕃內。又準《主客式》：蕃客入朝，於在路不得與客交雜，亦不得令客與人言語。州、縣官人若無事，亦不得與客相見。即是國內官人、百姓，不得與客交關。私作婚姻，同上法。如是蕃人入朝聽住之者，得娶妻妾，若將還蕃內，以違敕科之。

（唐）長孫無忌等《唐律疏議》卷八《衛禁·越州鎮戍等城垣》 諸越州、鎮、戍城及武庫垣，徒一年；縣城，杖九十；皆謂有門禁者。

疏議曰：諸州及鎮、戍之所，各自有城。若越城及武庫垣者，各合徒一年。越縣城，杖九十。縱無城垣，籬柵亦是。注云：皆謂有門禁者。其州、鎮、戍在城內安置，若不越城，直越州、鎮垣者，止同下文越官府廨垣之罪。

越官府廨垣及坊市垣籬者，杖七十。侵壞者，亦如之。從溝瀆內出入者，與越罪同。越而未過，減一等。餘條未過，準此。

疏議曰：官府者，百司之稱。所居之處，皆有廨垣。坊市者，謂京城及諸州、縣等坊市。其廨院或垣或籬，輒越過者，各杖七十。侵，謂侵地；壞，謂壞城及廨宇垣籬：亦各同越罪，故云亦如之。

注：從溝瀆內出入者，與越罪同。越而未過，減一等。餘條未過，準此。

疏議曰：溝瀆者，通水之渠。從此渠而入出，亦得越罪。越而未過，或在城及垣籬上，或在溝瀆中間，未得過者。從越州城以下，各得減一等。餘條未過準此者，謂越皇城、京城、宮殿垣及關、津應禁之處未過者，各得減罪一等。

即州、鎮、關、戍城及武庫等門，應閉忘誤不下鍵，若應開毀管鍵而開者，各杖八十；

疏議曰：州、鎮、關、戍城，武庫，各有禁門。應閉，皆須下鍵。其忘誤不下鍵，若應開毀管鍵而開者，各得杖八十。

錯下鍵及不由鑰而開者，杖六十。餘門，各減二等。

疏議曰：錯下鍵，謂管鍵不相當者。及不由鑰而開者，謂不用鑰而開。各杖六十。餘門，謂縣及坊、市之類，官有門禁者。若應閉忘誤不下鍵，應開毀管鍵而開，各杖六十；錯下鍵及不由鑰而開，各笞四十。故云餘門各減二等。

若擅開閉者，各加越罪二等；即城主無故開閉者，與越罪同；未得開閉者，各減已開閉一等。餘條未得開閉準此。

疏議曰：擅，謂非時而開閉者。州及鎮、戍、武庫門而有非時擅開閉者，加越罪二等，處徒二年。縣城以下，擅開閉者，並加越罪二等。城主無故開閉者，謂州、縣、鎮、戍等長官主執鑰者，不依法式開閉，與越罪同。其坊正、市令非時開閉坊、市門者，亦同城主之法。州、鎮、戍城門各徒一年，自縣城以下悉與越罪同。既云城主無故開閉，即是有故許

開。若有警急驛使及制敕事速，非時至州、縣者，城主驗實，亦得依法爲開。又依《監門式》：京城每夕分街立鋪，持更行夜。鼓聲絶，則禁人行；曉鼓聲動，即聽行。若公使齎文牒者，聽。其有婚嫁，亦聽。注云：須得縣牒。喪、病須相告赴，求訪醫藥，齎本坊文牒者，亦聽。其應聽行者，並得爲開坊、市門。若有警急及收掩，雖州、縣亦聽非時而開。未得開閉者，謂未通人行者爲未開，尚得人行者爲未閉，各減已開閉一等。餘條，謂宫殿門以下有門禁之類，未得開閉者，皆準此減一等。

（唐）吴兢《貞觀政要》卷九《安邊》 貞觀十四年，侯君集平高昌之後，太宗欲以其地爲州縣。魏徵曰：陛下初臨天下，高昌王先來朝謁，自後數有商胡數音朔。稱其遏絶貢獻，加之不禮大國詔使，去聲。遂使王誅載加。若罪止文泰，高昌王姓麴，名文泰。斯亦可矣。未若因撫其民而立其子。所謂伐罪吊民，威德被於遐外，爲國之善者也。今若利其土壤，以爲州縣，常須千餘人鎮守。數年一易。每來往交替，死者十有三四。遣辦衣資，離别親戚，十年之後，隴右空虚，陛下終不得高昌，撮穀尺布，以助中國，所謂散有用而事無用。臣未見其可。太宗不從，竟以其地置西州，仍以西州爲安西都護府，每歲調發千餘人，調，去聲。防遏其地。黄門侍郎褚遂良亦以爲不可。上疏曰：臣聞古者哲后臨朝，明王創業，必先華夏而後夷狄。廣諸德化，不事遐荒，是以周宣薄伐，至境而反。周宣王，名靖。《詩》曰：薄伐玁狁，至于太原，言逐出之而不窮追也。始皇遠塞，中國分離。秦始皇使蒙恬發兵三十萬人，收河南地爲四十四縣，築長城因地形，用制險塞。起臨洮至遼東，延袤萬餘里。陛下誅滅高昌，威加西域，收其鯨鯢，以爲州縣。然則王師初發之歲，河西供役之年，供，平聲。飛芻輓粟，十室九空，數郡蕭然，五年不復。陛下每歲遣千餘人，而遠事屯戍，終年離别，萬里思歸。去者資裝，自須營辦，既賣菽粟，傾其機杼。經途死亡，復在方外。兼遣罪人，增其防遏，所遣之内，復有逃亡。官司捕捉，爲國生事。爲，去聲。高昌塗路，沙磧千里，冬風冰冽，夏風如焚，行人遇之多死。《易》云，安不忘危，理不忘亂。設令平聲。張掖塵飛，酒泉烽舉，張掖，今爲甘州路。酒泉，今爲肅州路。隸甘肅。陛下豈能得高昌一人菽粟而及事乎。終須發隴右諸州，星馳電擊。由斯而言，此河西者，方於心腹。彼高昌者，他人手足。豈得糜費中華，以事無用。陛下平頡利於沙塞，滅吐渾於西海，突厥餘落，爲立可汗，吐渾遺萌，更樹君長。音掌。復立高昌，非無前例。此所謂有罪而誅之，既服而存之。宜擇高昌可立者，徵給首領，遣還本國，負戴洪恩，長爲藩翰。中國不擾，既富且寧，傳之子孫，以貽後代。疏奏。不納。至十六年，西突厥遣兵寇西州，太宗謂侍臣曰：朕聞西州有警急，雖不足爲害，然豈能無憂乎。往者初平高昌，魏徵、褚遂良勸朕立麴文泰子弟，依舊爲國，朕竟不用其計。今日方自悔責。昔漢高祖遭平城之圍，而賞婁敬。漢高帝欲擊匈奴，使婁敬使匈奴。還報曰，匈奴伏奇兵以争利，不可擊也。上怒曰：齊虜以口舌得官，廼今妄言，沮吾軍。械繫敬至廣武，遂至平城。匈奴果出奇兵，圍帝白登。七日，然後得解。還至廣武，赦敬曰：吾不用公言，以困平城。廼封敬千户，爲關内侯。袁紹敗於官渡，而誅田豐。漢獻帝時，曹操兵大破袁紹於官渡。紹與八百騎渡河，走至黎陽，衆稍復歸。或謂田豐曰：君必見重，豐曰：公今戰敗而歸，内患將發，吾不望生。紹謂逢紀曰：田别駕前諫止吾，吾慙之。紀曰：豐聞將軍之退，拊手大笑，喜其言之中也。袁紹遂殺豐。朕恒以此二事爲誡，寧得忘所言者乎。

（宋）王溥《唐會要》卷八六《關市》 天寶二年十月敕：如聞關已西諸國，興販往來不絶。雖託以求利，終交通外蕃。因循頗久，殊非穩便。自今已後，一切禁斷。仍委四鎮節度使，及路次所由郡縣，嚴加捉搦，不得更有往來。

（宋）王欽若等《册府元龜》卷九九九《外臣部·互市》 唐高祖武德八年，吐谷渾款承風戍各請互市，並許之。

玄宗開元二年九月，太常少卿姜晦上封，請以空名告身於六胡州市馬，率三十匹馬酬一游擊將軍。時厩馬尚少，深以爲然，遂命齎告身三百道往市焉。四年，奚使乞於西市貨易，許之。十五年，吐蕃與突厥小殺書，將計議同時入寇，小殺并獻其書。帝嘉其誠，引梅録啜宴於紫宸殿，厚加賞賚，仍許於朔方軍西受降城爲互市之所。

肅宗乾元中，回鶻仍歲來市，以馬一匹易絹四十疋，動至數萬馬。

代宗大歷八年，回鶻遣赤心領馬一萬疋來求市，帝以馬價出於租賦，不欲重困於民，命有司量入計許市六千疋。

德宗貞元三年十二月，初禁商賈以口馬器械於党項貨易。六年六月，回紇使移職伽達干歸蕃，賜馬價絹三十萬疋。八年七月，給回紇市馬絹七

萬疋。

憲宗元和十年八月，以絹十萬疋償回紇之馬直。十一月，吐蕃使款隴州塞請互市，許之。十二月，以絹九萬七千疋償回紇馬直。十一年二月，以内庫繒絹六萬疋，償回紇馬直。

穆宗長慶二年二月，以絹五萬疋賜回紇充馬價。四月，以絹二萬五千疋償回紇馬直。四月，又賜回紇馬價絹七萬疋。十二月，以絹八萬疋償回紇馬直。

文宗太和元年三月，内出絹二十六萬疋，賜回紇充馬價。六月，命中使以絹二十萬疋，付鴻臚寺，宣賜回紇，充馬價。五年六月，貶右龍武大將軍李甚爲宣州别駕。甚子貸回紇錢一萬一千四百貫不償，爲回紇所訴，故貶甚。因下詔曰：如聞頃來京城内衣冠子弟，及諸軍使，并商人百姓等，多有舉諸蕃客本錢歲月稍深，徵索不得，致蕃客停滯市易，不獲及時。方務撫安，須除舊弊，免令受屈，要與改更。自今以後，應諸色人宜除准敕互市外，並不得輒與蕃客錢物交關。委御史臺及京兆府切加捉搦。仍即作條件聞奏。其今日已前所欠負，委府縣速與徵理處分。

開成元年六月，淄青節度使奏，新羅渤海將到熟銅請不禁斷。是月，京兆府奏准建中元年十月六日敕，諸錦罽綾羅縠繡織成細紬絲布氂牛尾真珠銀銅鐵奴婢等，並不得與諸蕃互市。又准令式中國人不合私與外國人交通買賣，婚娶來往。又舉取蕃客錢以産業奴婢爲質者重請禁之。

（宋）宋敏求《唐大詔令集》卷一三〇《蕃夷·平亂·平党項德音》

冒法干紀，豈限於華夷。伐罪吊民，固資於典訓。朕端拱御寓，六年於兹，兢兢業業，不敢怠忽，常恐一物失所，羣心靡寧。旰食宵衣，思底於道。屬者以黨羌恣爲侵叛，尤苦農商。朕爲民父母，豈無憫惻。雖傷財害物，非朕躬之願，而禁暴定功，實武經之要。是以爰興師旅，龔行天討，而兇渠稔惡，稽曠歲時。師宿既勤，物力將絀。賴宗社儲祉，中外叶心。大搜妖巢，盪定關隴。誠殫財而凋力，亦暫費而永寧。今則軍功以成，制置將就，息民解甲，固在及時。捨罪緩刑，所宜布澤。南山党項，爲惡多年，化諭不悛，頗爲邊患。既興兵士，經歲討除。拒官軍者，悉就誅擒。懼法令者，皆從逃竄。大開湯網，已施去殺之仁。遠並堯時，寧限可封之屋。今聞殘寇，無所依歸，皆是王民，豈忘惻憫。其南山党項，已出山者，或聞迫於饑乏，猶行劫奪，平夏不容，無處居住。今委李福，且先遣蕃官，安存招誘，令就夏銀界内，指一空閑田地居住。所有從前掛涉惡跡者，今一切不問。唯再犯疆界，卻入山林，或不從指揮，即召募平夏党項精鋭者討逐，義不容捨。如能革心向化，願同平夏，即須輸誠獻款，跡效分明。撫馭之間，便同赤子。如有屈事，即任於本鎮投狀論理。仍各令本界遣了事軍將安存。平夏党項，素聞爲善。自旬月已來，發使安撫，尤見忠順，一如指揮，更不猖狂，各守生業。自兹必令永戴恩信，長被華風。或聞從前帥臣，多懷貪尅，部落好馬，悉被誅求，無故殺傷，致令怨恨。從今已後，必當精選清廉將帥，撫馭羌戎，明下詔條，漸令知委。靈鹽、夏州、邠寧、鄜坊四道官吏，自用兵已來，責辦公事，亦甚辛勤。軍將皆已得官，文吏未酬勞績。宜令每道揀選公勤有勞效官吏，具名銜聞奏。有官者與依資轉遷，無官差攝者，當與正官。仍具差攝年月申奏，直須公當，不得轉受囑託。如是將帥親情，亦須具言。四道百姓，徵斂不時，差役至多，疲瘵亦甚。或聞屋宇，被賊焚燒，至於桑麻，亦遭斫伐。生業既失，須加安存。宜各給復三年。其無屋可居，無田可耕者，委長吏量事接借，一一奏聞。仍須早設法招攜，速令歸復，勿令豪富便占産業爲主。自用兵已來，諸道應徵發之處，所有將健，或没於鋒刃，或存被瘡痍。雖經褒贈，及曾優卹，委本道更加存撫。或因廢疾，不任在公者，終身不停衣糧。如情願迴與子孫兄弟甥姪者，便與補替。應討伐党項，諸道在行營將士，已頒賞賜，候邊上制置司叙績，節級放還。仍委本道叙録，具名聞奏，當議甄獎。自用兵已來，京畿與鄜坊、邠寧兩道接界，及當路諸縣，差役繁併，物力凋殘。若無優矜，必難存立。其今年季夏税錢，及青苗錢，每貫量放三百文，其斛㪷量放一半。仍委京兆尹差官子細磨勘。其或雖在鄉村，不曾經供應者，不在準例放限，仍一一條件等第聞奏。如是分路處，就中更校偏併者，量加優卹，必使均平。其所放錢及斛㪷，委户部以實錢支填。仍令京兆府各下諸縣，散牓鄉村要路，曉示百姓，務令知委。用兵已來，城鎮曾遭陷没，官健百姓，因被殺傷。親戚既無，遺骸在野。委所在長吏，差人爲收拾，如法埋瘞，仍量事致祭。應有增修城鎮，添置堡戍，委所在將帥，擇其要害，絶彼窺覦，切務堅完，令可固守。邊上不許以兵器作部落博易。從前累有制敕，約勒非不丁寧。近年因循，都不遵守。自今已後，委所在關津鎮鋪，切加捉搦，不得輒有透漏。其犯者

推勘得實，所在便處極法。其所經過州縣關津鎮鋪，節級痛加懲責，義無容貸。其間或情涉隱欺，準所犯人處分。党項本是邊甿，只合州縣撫馭，致令一朝侵叛，由於處理乖方，既往不可加刑，從今必欲行法。自此後，邊上逐界皆已有制置把捉，如或更有羌寇侵盗，即是將帥依前貪求。當先加罪於本界邊將，然後翦逐寇賊。通商之法，自古明規。但使處處流行，自然不煩饋運。委邊鎮宜切招引商旅，盡使如歸。除禁斷兵器外，任以他物，於部落往來博易。應緣徵兵處，士馬皆效勤勞，亦已各有賞賜。其本道將帥，當續議量加酬獎。京畿及鄜坊、靈鹽、邠寧、夏州、並涇州、鳳翔、振武、天德等道，自用兵已來，人頗勞苦。今頒德澤，須及曲恩。應見禁囚徒，據罪遞減一等。唯官典犯枉法贓、及賊中持仗劫人、故殺人等，不在此限。如有積年逋賦，徵督不得者，長吏條流聞奏，準格律。大功已上親，及女婿外甥，不許連任。自用兵已來，諸道節將、及長吏，權且差親表主持公事。兵罷之後，理當不然。其三族内親，並不得令主兵權，及充要職。如是元在本軍，先充職掌者，亦須具名聞奏。自用兵已來，科配百姓，事取濟辦，多出權宜。今既罷兵，諸道節度防禦刺史及鎮使等，不得更依前妄有科配，仍令各具本管侵害百姓。事須釐革者，作條件聞奏。自党項擾亂已來，所在多被攻劫，白刃之下，必有孝子順孫、義夫節婦事跡可有稱者。委所在長吏察訪，優卹其家，仍具名聞奏，將加旌異。於戲。蠻夷猾夏，雖用於常刑，撫馭乖方，致興於薄伐，傷夷暴露，朕甚愧焉。是用覃恩，以慰勞瘁。布告中外，咸使聞知。

（宋）宋敏求《唐大詔令集》卷一〇八《政事・禁約・廢潼關以東緣河諸關不禁金銀綾綺詔》 遠至邇安，昔王令典。通財鬻貨，生民恒業。關梁之設，襟帶要衝。義止懲姦，無取苛暴。近代拾刻，禁禦滋彰。因山川之重阻，聚珍奇而不出。遂使商旅寢廢，行李稽留。上失博厚之恩，下畜無聊之怨。非所以綏安百姓，懷輯萬邦，化洽升平，克隆至治。朕君臨區宇，情深覆育，率土之內，靡隔幽遐。欲使公私往來，道路無壅，賝寶交易，中外匪殊。思改前弊，以清民俗。其潼關以東，緣河諸關，悉宜停廢。其金銀綾綺等雜物，依格不得出關者，並不須禁。武德九年八月。

（宋）王應麟《玉海》卷一八六《食貨・理財・唐市舶使》 傳：柳澤開元中，二月十二日。嶺南市舶使周慶立造奇器以進，澤上書曰：露臺無費，明君不忍，象箸非大，忠臣憤歎。王方慶廣州都督，南海舊有昆崙舶市外區珠琲，秋豪無所索。孔戣拜嶺南節度使，蕃舶泊步有下碇稅，始至有閱貨宴所餉犀琲，下及僕隸，戣禁止之。盧鈞節度嶺南海道商舶，始至異時帥府爭先往賤售其珍鈞一不取。貞元中，嶺南請於安南置市舶中使，陸贄奏曰：玉毀櫝中，是將誰咎。珠飛境外，安可復追。《書》曰不貴異物，則遠人格。豈必重中使輕外使。

（清）陸心源《唐文拾遺》卷一《高宗・定夷舶市物例敕》 南中有諸國舶，宜令所司每年四月以前預支應須市物，委本道長史，舶到十日內依數交付價值市了任百姓交易。其官市物送少府監簡擇進內。

（宋）王欽若等《册府元龜》卷九九九《外臣部・互市》 後唐莊宗同光三年八月，青州市到黑水蕃馬三十疋。

明宗天成二年八月，新州奏得契丹書乞置互市，翼日付中書宣示百官。

四年四月，敕沿邊置場買馬，不許蕃部直至闕下。帝自臨馭，欲來遠人，党項之衆競赴都下，賞賜酒食於禁庭，醉則連袂歌土風以出。凡將到馬，無駑良並云上進，國家雖約其價以給之，並計其館穀錫賚，每歲不下五六十萬貫，侍臣以爲耗蠹中華，無出於此，因止之。是年，散騎常侍蕭希甫條奏諸蕃貢馬稍多酬賞價倍，戎夷無厭，競思興販，請却於邊上置互市，只許首領入貢。

長興二年五月，青州奏黑水瓦兒部至登州賣馬。

三年七月，飛龍使奏回紇所賣馬瘦弱不堪估價。帝曰：遠夷交市不可輕阻，可以中等估之。

愍帝應順元年正月，雲州張温言契丹在州境互市。閏正月，雲州上言契丹至州界市易。

二月，雲州上言韃靼胡禄末族帳到州界市易。

末帝清泰元年七月，登州言高麗船一艘至岸管押將盧肵而下七十人入州市易。是月雲州言契丹首領述律梅里求互市。從之。

十月，青州言高麗遣人市易。

二年，北面總管言契丹遣人欲爲互市，其吐渾部族歸舊地。從之。

是年，雲州言總管報於州西北野固口與契丹互市。從之。

十二月，雲州沙彥珣奏十年前與契丹互市則例。

三年，雲州言契丹石禄牧部族近城市易。

晋少帝天福八年，西京奏契丹遣前青白軍使王從益到京出餘貨斛斗，宜破省錢收糴。是時，馮暉移鎮靈武河西羊馬所産易爲交易，朞年得馬五千疋而蕃部歸心，朝議患之。

周太祖廣順元年二月，命回紇來者一聽私便交易，官不禁詰。先是，回紇問歲入貢，每行李至闕，禁民不得於蕃人處市易寶貨，犯者有刑。太祖以爲不可，至是聽之。繇是玉之價直十損七八矣。

十月，涇州言招到蕃部野龍十九族有馬赴市私貨賣。

紀事

（唐）李肇《唐國史補》卷下　南海舶，外國船也。每歲至安南廣州，師子國舶最大，梯而上下數丈，皆積寶貨。至則本道奏報，郡邑爲之喧闐。有蕃長爲主領，市舶使籍其名物，納舶脚，禁珍異，蕃商有以欺詐入牢獄者。舶發之後，海路必養白鴿爲信。舶没，則鴿雖數千里，亦能歸也。

（宋）王溥《唐會要》卷八六《市》　開元二年閏三月敕：諸錦、綾、羅、縠、繡、織成紬絹絲、犛牛尾、真珠、金、鐵，並不得與諸蕃互市，及將入蕃。金鐵之物，亦不得將度西北諸關。

《新唐書》卷一八二《盧鈞傳》　擢嶺南節度使。海道南舶始至，異時帥府爭先往，賤售其珍，鈞一不取，時稱絜廉。專以清静治。蕃獠與華人錯居，相婚嫁，多占田營第舍，吏或橈之，則相挺爲亂，鈞下令蕃華不得通婚，禁名田産，闔部肅壹無敢犯。貞元後流放衣冠，其子姓窮弱不能自還者，爲營棺槥還葬，有疾若喪則經給醫藥、殯斂，孤女稚兒，爲立夫家，以奉稟資助，凡數百家。南方服其德，不懲而化。又除采金税。

（宋）司馬光《資治通鑑》卷一八八《唐紀・高祖武德三年》　是月，突厥遣阿史那揭多獻馬千匹於王世充，厥，九勿翻。揭，居謁翻。且求婚，世充以宗女妻之，妻，七細翻。并與之互市。

（宋）司馬光《資治通鑑》卷一九一《唐紀・高祖武德八年》　〔正月〕是月，突厥、吐谷渾各請互市，詔皆許之。厥，九勿翻。先是，中國喪亂，民乏耕牛，至是資於戎狄，雜畜被野。先，悉薦翻。喪，息浪翻。畜，許救翻。被，皮義翻。

（宋）司馬光《資治通鑑》卷二二四《唐紀・代宗大曆八年》　回紇自乾元以來，歲求和市，每一馬易四十縑，動至數萬匹，馬皆駑瘠無用；朝廷苦之，所市多不能盡其數，回紇待遣、繼至者常不絶於鴻臚。至是，上欲悦其意，命盡市之。秋，七月，辛丑，回紇辭歸，載賜遺及馬價，共用車千餘乘。遺，惟季翻。乘，承正翻。

（宋）司馬光《資治通鑑》卷二二四《唐紀・代宗大曆八年》　壬申，回紇復遣使者赤心以馬萬匹來求互市。復，扶又翻。

（宋）司馬光《資治通鑑》卷二三四《唐紀・德宗貞元八年》　嶺南節度使奏：近日海舶珍異，多就安南市易，欲遣判官就安南收市，乞命中使一人與俱。上欲從之。陸贄上言，以爲：遠國商販，惟利是求，緩之斯來，擾之則去。廣州素爲衆舶所湊，舶，音白。今忽改就安南，若非侵刻過深，則必招攜失所，攜，離也，言所以招攜離者失其道也。《左傳》，管仲曰：招攜以禮。曾不内訟，《論語》，孔子曰：吾未見能見其過而内自訟者也。《注》云：訟，猶責也，言人有過莫能自責。更蕩上心。《記・月令》：毋或作爲淫巧以蕩上心。《注》：蕩，謂動搖之也。況嶺南、安南，莫非王土，中使、外使，悉是王臣，豈必信嶺南而絶安南，重中使以輕外使。所奏望寢不行。

（宋）司馬光《資治通鑑》卷二三九《唐紀・憲宗元和十年》　己丑，吐蕃款隴州塞，請互市，許之。

（清）董誥《全唐文》卷九八一《闕名・對真臘國人市馬判》　真臘國人來，云於峰州市馬。御史科安南都護罪。訴云：爲相知捉搦陸路。不伏。

惟德動天，無遠不届。北極燭龍之國，屈膝稱臣；南窮火鼠之鄉，傾心向化。眷兹真臘，早挹淳風，自昔雷同，由來霧集。豈假鑄銅之力，無勞刻石之銘，所以來往邊州，市馬峰部。論其由緒，未乖從有之方；驗以逗留，豈爽求無之道？御史職惟激濁，志在揚清，疑彼姦非，欲嬰羅網。都護爲相知捉搦，先有稟承，濫投一面之科，寧杜三緘之口。向若邊烽變擾，論情不可免辜；今既市馬往來，據理難書厥罪。御史科結，

有謝於彈珠；都護有詞，無慚於辨璧，宜依薄訴，用叶通途。

《舊五代史》卷四〇《唐書·明宗紀》　詔沿邊置場買馬，不許蕃部直至闕下。先是，党項諸蕃凡將到馬，無駑良並云上進，國家雖約其價以給之，及計其館穀錫賚，所費不可勝紀。計司以爲耗蠹中華，遂止之。

《舊五代史》卷一一一《周書·太祖紀》〔廣順元年春二月丙午〕內出寶玉器及金銀結縷、寶裝牀几、飲食之具數十，碎之於殿庭。帝謂侍臣曰：凡爲帝王，安用此！仍詔所司，凡珍華悅目之物，不得入宮。先是，迴鶻間歲入貢，禁民不得與蕃人市易寶貨，至是一聽私便交易，官不禁詰。

（清）董誥《全唐文》卷一一〇《後唐明宗·禁京城人户侵越並許奏聞利便互買敕》　伊洛之都，皇王所宅，乃夷夏歸心之地，非農桑取利之田。當亂離而曾是荒涼，及開泰而競爲修葺，從來閑寂，多已駢闐。永安天邑之居，宜廣神州之制。宜令御史臺兩街使河南府專切依次第擘畫，曉示衆多，勿容侵越，或有利便，亦可臨時詳度奏聞。

（清）陸心源《唐文拾遺》卷九《後唐莊宗·覺察藩方私買衣甲敕》　如聞藩方入奏之人，多於京內私買衣甲，宜令總管司密加覺察。

宋遼金元分部

綜述

（宋）謝深甫等《慶元條法事類》卷二九《榷禁門・興販軍須》 諸色人

告獲將堪造軍器物入三路緣邊及河北、京東路緣海州界：杖罪，錢五十貫；徒罪，錢一百貫；流罪，錢一百五十貫。

獲以堪造軍器物賣與化外人者：告獲引領或知情停藏、負載人，減半。徒罪，錢二百貫；流罪，錢三百貫。

獲以熟鐵造成器物同。與外國使人或非使人交易者，告獲知情引領、停藏、負載人，減半。錢三百貫。

申明

隨敕申明

衛禁

紹興二十九年二月四日敕：私渡淮人並依軍法，其津發載渡及巡防人故縱，與同罪；失覺察，減一等。所有海商私自興販，及以給到他處公憑，假托風潮輒至北界，可並依私渡淮法施行。許諸色人告捕，本船貨物盡數充賞。發載渡及巡防人，並依上條。令緣海州縣嚴切禁止，監司帥臣常切覺察。如違，重置典憲。

隆興元年五月九日敕：立定下項：

一、鰾膠，漆，牛皮，筋角，弓弩竹木，槍桿，簳幹，箭鏃，箭頭，白臘，翎毛，皮韉，鞋皮底，生、熟鐵，羊、鹿、獐、麖，麂麑、兔、犬、馬皮，皆爲軍須之物。

一、契勘逐項物件，若不分所販州軍一例禁止，緣其間有係民間及州縣所用之物，欲除筋不許興販外，其餘名件不許販海及指往應緣邊州縣出賣外，許於所置買州縣具物件數目，於税場官司出給公據，指往近裏州縣

出賣。所經由税場照驗放行。若不經官司請給公據，又不依所指州軍出賣，并賣訖不毀公據，及買人不照公據收買者，各科杖一百，並許人告，支賞錢一百貫。其所賣物没官。雖有官司公據，若往次邊、緣邊州縣出賣者，並依後項所立罪賞施行。

一、今後興販軍須之物泛海，不以是何州縣捉獲，及其餘水陸路往次邊州軍捉獲者，徒二年，以物估價，及二貫加一等，過徒三年三貫加一等，徒罪皆配千里，流罪皆配遠惡州。若於極邊州軍捉獲者，徒三年，以物估價，及二貫加一等，徒罪皆配三千里，流罪皆配海外，十貫絞。已過界捉獲者，不以多寡，並依軍法定斷，仍並奏裁。許諸色人告捕。其知情引領、停藏、負擔、乘載之人，並減人犯罪一等，各依犯人配法。經由透漏州縣官吏、公人、兵級減犯人罪一等。以上並不以去官赦降原減。

一、今後告捕興販軍須之物往極邊并次邊及其餘州軍貨賣者，除盡給隨行物與告捕人充賞外，徒罪，命官轉一官，次邊，止減磨勘三年。其餘州軍，止減磨勘二年。諸色人錢一千貫，仍補進義副尉；次邊，止給賞錢。其餘處，賞錢給半。流罪，命官轉一官，仍減磨勘三年，次邊止轉一官。其餘處，止減磨勘三年。諸色人錢一千五百貫，仍補進義校尉；次邊，止給賞錢。其餘處，賞錢給半。死罪，命官轉兩官，仍減磨勘三年，諸色人錢二千貫，仍補承信郎。

一、知情停藏，同舡同行梢工、水手能告捕及人力、女使告首者，並與免罪，與依諸色人告捕支賞、補官。

乾道元年七月三日敕：今後客販沙魚皮過界，依販犬、馬皮等斷罪。

乾道四年四月二十八日敕：商旅販牛過淮并知情引領、停藏、負載之人迸透漏去處，賞罰並依鰾膠過淮已得指揮施行。

乾道六年七月二十八日尚書省批狀：興販軍須之物過界已有指揮斷罪推賞，並以犯人隨行財物充賞外，仍令緣邊州縣五家結爲一保，不得透漏違禁過界之物，監司守臣常切覺察。如有違戾去處，即仰按劾，申取朝廷指揮施行。

乾道八年十一月三日敕：沿江州縣管下海舡有乘載鯨膠并堪造軍器等物，經由僞界貿易奇貨，許同犯人於所到縣州等處陳首推賞。已有《隨敕申明》紹興二十九年二月四日、隆興元年五月九日指揮，劾該載嚴備

外，所有同犯人陳首，即與差官就舡抄劄所載貨物，無致隱漏，官司不得分毫巧作抽取，盡以充賞。有違戾者，即許超訴，仍將違戾官司重作施行。

乾道八年十二月二十九日敕：敕令所看詳，將硫黃、焰硝、海金砂、桐油並不許興販過淮博易及往極邊、次邊州縣。如有違犯，其斷罪追賞，並依興販軍須之物已降指揮施行。

本所看詳上件指揮，雖有淳熙十五年六月十八日樞密院批狀指揮，將桐油許從俠貨賣，唯不許過淮入海，緣續有紹熙二年二月二十五日聖旨指揮，今後遵依乾道八年十二月二十五日已降指揮施行。今聲説照用。

淳熙元年七月十日樞密院劄子：刑部看詳，沿江縣鎮買賣鰾膠牙人，止許賣與本處使用，若發客過江到淮上被獲，其知情牙人減犯人一等科罪施行。奉聖旨依。

紹熙五年三月二十七日樞密院劄子：樞密院奏，勘會廣東、西州軍有出産箭簳、魚膠、筋角去處，多有浙東西、福建路舡户違法自興販往極邊去處，理宜措置。奉聖旨，令廣東西、浙東西、福建路安撫、提刑司行下所部州軍，嚴行禁戢，無致違犯透漏。其舟舡輒過料角並坐興販次邊之罪。仍督責巡捕官司常切根緝，仰逐司月具有無透漏聞奏。餘依隆興元年五月九日已降條法指揮施行。

（宋）謝深甫等《慶元條法事類》卷二九《榷禁門・銅錢金銀出界》 淳熙元年五月十五日敕令所看詳：盱眙軍榷場發客，先令所委搜檢官就西門下搜檢，如無藏帶金、銀、銅、錢并違禁等物，方許通放。若經由搜檢之後，於本軍西門外未至淮河渡口搜獲，即係元意欲藏帶過界，比附《餘條未過減一等》斷遣。

（宋）謝深甫等《慶元條法事類》卷三六《庫務門・商税》 諸客人買抽解物貨於市舶司，請公憑引目，聽往他州賣。若小出引目匿物數者，依匿税法。【略】

諸外蕃進奉人賣物應税者，買人認納。

（宋）李心傳《建炎以來朝野雜記甲集》卷一五《財賦・市舶司本息》 市舶司者，祖宗時有之，未廣也。神宗時，始分閩、廣、浙三路，各置提舉官一員，本錢無慮千萬緡，海貨上供者山積。宣和後，悉歸應奉。建炎初，李伯紀爲相，省其事歸轉運司。明年夏，復閩、浙二司，賜度牒直三十萬緡爲博易本。元年七月己亥廢，二年五月丁未復。四年春，復置廣司。二月。紹興二年秋，廢閩司，七月甲子。尋併廣、浙提舉官皆罷。八月。已而，閩、廣復置。六年冬，福建市舶司言：自建炎二年至紹興四年，收息錢九十八萬緡。詔官其綱首。十二月乙巳。十四年，命蕃商之以香藥至者，十取其四。十七年，詔於沈香、豆蔻、龍腦之屬，號細香藥者，十取其一。至紹興末，三舶司抽分及和買，歲得息錢二百萬緡，隸版曹。然所謂乳香者，户部常以分數下諸路鬻之。郴州，當湖、湘窮處，程限頗急，宜章吏黄谷、射士李金數以此事受笞，不堪命。乾道元年春，因嘯聚峒民作亂，遂陷桂陽軍。上命劉恭甫爲帥，調鄂州兵討平之。蓋利之所在，害亦從生，此可爲理財者之戒。

《宋史》卷一八六《食貨志・互市舶法》 自漢初與南越通關市，而互市之制行焉。後漢通交易於烏桓、北單于、鮮卑，北魏立互市於南陲，隋、唐通貿易于西北。開元定令，載其條目，後唐亦然。而高麗、回鶻、黑水諸國，又各以風土所産與中國交易。

宋初，循周制，與江南通市。乾德二年，禁商旅毋得渡江，於建安、漢陽、蘄口置三榷署，通其交易；内外羣臣輒遣人往江、浙販易者，没入其貨。緣江百姓及煎鹽亭户，恣其樵漁，所造屨席之類，榷署給券，聽渡江販易。開寶三年，徙建安榷署於揚州。江南平，榷署雖存，止掌茶貨。四年，置市舶司于廣州，後又於杭、明州置司。凡大食、古邏、闍婆、占城、勃泥、麻逸、三佛齊諸蕃並通貨易，以金銀、緡錢、鉛錫、雜色帛、瓷器，市香藥、犀象、珊瑚、琥珀、珠琲、鑌鐵、鼊皮、瑇瑁、瑪瑙、車渠、水精、蕃布、烏樠、蘇木等物。

太宗時，置榷署于京師，詔諸蕃香藥寶貨至廣州、交阯、兩浙、泉州，非出官庫者，無得私相貿易。其後乃詔：自今惟珠貝、玳瑁、犀象、鑌鐵、鼊皮、珊瑚、瑪瑙、乳香禁榷外，他藥官市之餘，聽市於民。

雍熙中，遣内侍八人齎敕書金帛，分四路招致海南諸蕃。商人出海外蕃國販易者，令並詣兩浙市舶司請給官券，違者没入其寶貨。淳化二年，詔廣州市舶，除榷貨外，他貨之良者止市其半。大抵海舶至，十先征其一，價直酌蕃貨輕重而差給之，歲約獲五十餘萬斤、條、株、顆。太平興

國初，私與蕃國人貿易者，計直滿百錢以上論罪，十五貫以上黥面流海島，過此送闕下。淳化五年申其禁，至四貫以上徒一年，稍加至二十貫以上，黥面配本州爲役兵。【略】

熙寧五年，詔發運使薛向曰：東南之利，舶商居其一。比言者請置司泉州，其創法講求之。七年，令舶船遇風至諸州界，亟報所隸，送近地舶司榷賦分買；泉、福瀕海舟船未經賦買者，仍赴司勘驗。時廣州市舶虧歲課二十萬緡，或以爲市易司擾之，故海商不至，令提舉司究詰以聞。既而市易務呂邈入舶司闌取蕃商物，詔提舉司劾之。九年，集賢殿修撰程師孟請罷杭、明州市舶，諸舶皆隸廣州一司。令師孟與三司詳議之。是年，杭、明、廣三司市舶，收錢、糧、銀、香、藥等五十四萬一百七十三緡、匹、斤、兩、段、條、箇、顆、臍、隻、粒，支二十三萬八千五十六緡、匹、斤、兩、段、條、箇、顆、臍、隻、粒。

元豐二年，賈人入高麗，貲及五千緡者，明州籍其名，歲責保給引發船，無引者如盜販法。先是，禁人私販，然不能絕；至是，復通中國，故明立是法。

三年，中書言，廣州市舶已修定條約，宜選官推行。詔廣東以轉運使孫迥，廣西以陳倩，兩浙以副使周直孺，福建以判官王子京，罷廣東帥臣兼領。五年，廣西漕臣吴潛言：雷、化州與瓊島對境，而發船請引於廣州舶司，約五千里。乞令廣西瀕海郡縣，土著商人載米穀、牛酒、黄魚及非舶司賦取之物，免至廣州請引。詔孫迥詳度行之。

知密州范鍔言：板橋瀕海，東則二廣、福建、淮、浙，西則京東、河北、河東三路，商賈所聚，海舶之利顓於富家大姓。宜即本州置市舶司，板橋鎮置抽解務。六年，詔都轉運使吴居厚條析以聞。

元祐三年，鍔等復言：廣南、福建、淮、浙賈人，航海販物至京東、河北、河東等路，運載錢帛絲綿貿易，而象犀、乳香珍異之物，雖嘗禁榷，未免欺隱。若板橋市舶法行，則海外諸物積於府庫者，必倍於杭、明二州。使商舶通行，無冒禁罹刑之患，而上供之物，免道路風水之虞。乃置密州板橋市舶司。而前一年，亦增置市舶司於泉州。

賈人由海道往外蕃，令以物貨名數并所詣之地，報所在州召保，毋得參帶兵器或可造兵器及違禁之物，官給以券。擅乘船由海入界河及往高麗、新羅、登萊州境者，罪以徒，往北界者加等。

崇寧元年，復置杭、明市舶司，官吏如舊額。三年，令蕃商欲往他郡者，從舶司給券，毋雜禁物、姦人。初，廣南舶司言，海外蕃商至廣州貿易，聽其往還居止，而大食諸國商亦丐通入他州及京東販易，故有是詔。凡海舶欲至福建、兩浙販易者，廣南舶司給防船兵仗，如詣諸國法。廣南舶司鬻所市物貨，取息毋過二分。政和三年，詔如至道之法，凡知州、通判、官吏并舶司、使臣等，毋得市蕃商香藥、禁物。

宣和元年，秀州開修青龍江浦，舶船輻輳，請復置監官。先是，政和中，置務設官於華亭縣，後江浦湮塞，蕃舶鮮至，止令縣官兼掌。至是，復設官專領焉。四年，蕃國進奉物，如元豐法，令舶司即其地鬻之，毋發至京師，違者論罪。

契丹在太祖時，雖聽緣邊市易，而未有官署。太平興國二年，始令鎮、易、雄、霸、滄州各置榷務，輦香藥、犀象及茶與交易。後有范陽之師，罷不與通。雍熙三年，禁河北商民與之貿易。時累年興師，千里饋糧，居民疲乏，太宗亦頗有厭兵之意。端拱元年，詔曰：朕受命上穹，居尊中土，惟思禁暴，豈欲窮兵？至於幽薊之民，皆吾赤子，宜許邊疆互相市易。自今緣邊戍兵，不得輒恣侵略。未幾復禁，違者抵死，北界商旅輒入内地販易，所在捕斬之。淳化二年，令雄霸州、静戎軍、代州鴈門砦置榷署如舊制，所鬻物增蘇木，尋復罷。

咸平五年，契丹求復置署，朝議以其翻覆，不許。知雄州何承矩繼請，乃聽置於雄州；六年，罷。景德初，復通好，請商賈即新城貿易。詔北商齎物貨至境上則許之。二年，令雄霸州、安肅軍置三榷場，北商趨他路者，勿與爲市。遣都官員外郎孔揆等乘傳詣三榷場，與轉運使劉綜并所在長吏平互市物價，稍優其直予之。又於廣信軍置場，皆廷臣專掌，通判兼領焉。三年，詔民以書籍赴沿邊榷場博易者，非《九經》書疏悉禁之。凡官鬻物如舊，而增繒帛、漆器、秔糯，所入者有銀錢、布、羊馬、橐駝，歲獲四十餘萬。

天聖中，知雄州張昭遠請歲會入中金錢，仁宗曰：先朝置互市以通有無，非以計利。不許。終仁宗、英宗之世，契丹固守盟好，互市不絕。

熙寧八年，市易司請假奉宸庫象、犀、珠直總二十萬緡，於榷場貿

易，明年終償之。詔許。九年，立與化外人私貿易罪賞法。河北四榷場，自治平四年，其貨物專掌於三司之催轄司，而度支賞給案判官置簿督計之。至是，以私販者衆，故有是命。未幾，又禁私市硫黄、焰硝及以盧甘石入他界者，河東亦如之。元豐元年，復申賣書北界告捕之法。

西夏自景德四年，於保安軍置榷場，以繒帛、羅綺易駝馬、牛羊、玉、氈毯、甘草，以香藥、瓷漆器、薑桂等物易蜜蠟、麝臍、毛褐、羱羚角、硇砂、柴胡、蓯蓉、紅花、翎毛，非官市者聽與民交易，入貢至京者縱其爲市。

天聖中，陝西榷場二、并代路亦請置場和市，許之。及元昊反，即詔陝西、河東絶其互市，廢保安軍榷場；後又禁陝西並邊主兵官與屬羌交易。久之，元昊請臣，數遣使求復互市。慶曆六年，復爲置場于保安、鎮戎二軍。繼言驅馬羊至，無放牧之地，爲徙保安軍榷場于順寧砦。既而蕃商卒無至者。嘉祐初，西人侵耕屈野河地，知并州龐籍謂：非絶其互市，則内侵不已。且聞出兀臧訛龐之謀，若互市不通，其國必歸罪訛龐，年歲間，然後可與計議。從之。初，第禁陝西四路私與西人貿易，未幾，乃悉絶之。

治平四年，河東經略司言，西界乞通和市。自夏人攻慶州大順城，詔罷歲賜，嚴禁邊民無得私相貿易。至是，上章謝罪，乃復許之。後二年，令涇原熟户及河東、陝西邊民勿與通市。又二年，因回使議立和市，而私販不能止，遂申詔諸路禁絶。既而河東轉運司請罷吴堡，於寧星和市如舊。而麟州復奏夏人之請，乃令鬻銅、錫以市馬，而纖縞與急須之物皆禁。西北歲入馬，事具《兵志》。

楚、蜀、南粤之地，與蠻獠溪峒相接者，以及西州沿邊羌戎，皆聽與民通市。熙寧三年，王韶置市易司於秦鳳路古渭砦，六年，增置市易於蘭州。自後，於熙、河、蘭、湟、慶、渭、延等州，又各置折博務。湖北路及沅、錦、黔江口，蜀之黎、雅州皆置博易場。重和元年，燕瑛言交人服順久，毋令阻其貿易。初，廣西帥曾布請即欽、廉州各創驛，令交人就驛博買。至是，即用瑛兼廣西轉運副使，同王蕃計畫焉。

建炎四年三月，宣撫使張浚奏，大食國遣人進珠玉寶貝。上曰：大觀、宣和間，川茶不以博馬，惟市珠玉，故武備不修，遂致危弱如此。今復捐數十萬緡易無用之物，曷若惜財以養戰士乎？諭張浚勿受，量賜予以答之。六月，罷宜州歲市朱砂二萬兩。

紹興三年，邕州守臣言大理請入貢。上諭大臣，止令賣馬，不許其進貢。四年，詔川、陝即永興軍、威茂州置博易場；移廣西買馬司于邕管，歲捐金帛，倍酬其直。然言語不通，一聽譯者高下其手，吏得因緣爲姦。六年，大理國獻象及馬五百匹，詔償其馬直，卻象勿受，而賜書勞遣之。十二年，盱眙軍置榷場官監，與北商博易，淮西、京西、陝西榷場亦如之。十九年，罷國信所博易。二十六年，罷廉州貢珠，散蜑丁。蓋珠池之在廉州凡十餘，接交阯者水深百尺，而大珠生焉。蜑往採之，多爲交人所取，又爲大魚所害。至是，罷之。二十九年，存盱眙軍榷場，餘並罷。

乾道元年，襄陽鄧城鎮、壽春花靨鎮、光州光山縣中渡市皆置榷場，以守臣措置，通判提轄。五年，省提轄官。淳熙二年，臣僚言：溪峒緣邊州縣置博易場，官主之。七年，塞外諸戎販珠玉入黎州，官常邀市之。臣僚言其黷貨啓釁，非便，止合聽商賈、百姓收買。詔從之。

建炎元年，詔：市舶多以無用之物費國用，自今有博買篤耨香環、瑪瑙、猫兒眼睛之類，皆寘于法；惟宣賜臣僚象笏、犀帶，選可者輸送。胡人謂三百斤爲一婆蘭，凡舶舟最大者曰獨檣，載一千婆蘭。次者曰牛頭，比獨檣得三之一。又次曰木舶，曰料河，遞得三之一。

隆興二年，臣僚言：熙寧初，立市舶以通物貨。舊法抽解有定數，而取之不苛，輸税寬其期，而使之待價，懷遠之意實寓焉。邇來抽解既多，又迫使之輸，致貨滯而價減。擇其良者，如犀角、象齒十分抽二，又博買四分；珠十分抽一，又博買六分。舶户懼抽買數多，止販麄色雜貨。若象齒、珠犀比他貨至重，乞十分抽一，更不博買。

乾道二年，罷兩浙路提舉，以守倅及知縣、監官共事，轉運司提督之。三年，詔廣南、兩浙市舶司所發舟還，因風水不便、船破檣壞者，即不得抽解。七年，詔見任官以錢附綱首商旅過蕃買物者有罰，舶至除抽解和買，違法抑買者，許蕃商越訴，計贓罪之。

舊法，細色綱龍腦、珠之類，每一綱五千兩，其餘犀象、紫礦、乳檀香之類，爲麄色，每綱一萬斤。凡起一綱，遣衙前一名部送，支脚乘贍家錢一百餘緡。大觀以後，張大其數，象犀、紫礦皆作細色起發，以舊日一

綱分爲三十二綱，多費脚乘贍家錢三千餘貫。至于乾道七年，詔廣南起發麄色香藥物貨，每綱二萬斤，加耗六百斤，依舊支破水脚錢一千六百六十二貫有奇。淳熙二年，户部言：福建、廣南市舶司麄細物貨，並以五萬斤爲一全綱。

南渡，三路舶司歲入固不少，然金銀銅鐵，海舶飛運，所失良多，而銅錢之泄尤甚。法禁雖嚴，姦巧愈密，商人貪利而貿遷，黠吏受賕而縱釋，其弊卒不可禁。

（清）徐松《宋會要輯稿・食貨三六・榷易》 太祖乾德二年八月，原書天頭注云：二一作三。詔京師、建安、漢陽、蘄口並置榷場。

開寶三年八月，詔建安軍榷貨務：應博易自今客旅將到金、銀、錢、物等折博茶貨及諸般物色，並止於揚州納下，給付客旅博買色件數目憑由，令就建安軍請領，令監榷務、職方郎中邊珝赴揚州，與本州同共於城内起置榷貨務，其同監、殿直鄭光表即止在建安軍監當管勾務貨，原書天頭注云：務貨一作貨物。兼權知軍事，每有客旅折博，據數仰邊珝出給憑由，給付客旅將赴建安軍請領。仍仰鄭光表見本務公憑驗認（驗認）色數，便仰逐旋支給，不得邀難停滯商旅。

太宗太平興國二年正月，三司言：准敕，於沿江起置榷貨務，合行起定茶貨條禁，欲頒下諸州、府施行。從之。

三月，監在京出賣香藥場大理寺丞樂沖、著作佐郎陶邴言：乞禁止私貯香藥、犀牙。詔：自今禁買廣南、占城、三佛齊、大食國、交州、泉州、兩浙及諸蕃國所出香藥、犀牙，其餘諸州府土產藥物，即不得隨例禁斷。與限令取便貨賣，如限滿破貨未盡，並令於本處州府中賣入官；限滿不中賣，即逐處收捉勘罪，依新條斷遣。諸迴綱運並客旅見在香藥、犀牙，與限五十日，行鋪與限一百日，令取便貨賣，如限滿，破貨不盡，即令於逐處中賣入官。官中收買香藥、犀牙，價錢折支，仍不得支給金、銀、匹段，所折支物並價例，三司定奪支給。應犯私香藥、犀牙，據所犯物處時估價紐足陌錢，依定罪斷遣，所犯私香藥、犀牙並没官。如外國蕃客、公私人違犯，收禁勘罪奏裁，不得依新條例斷遣。應干配役人，並刺面配逐處重役，縱遇恩赦，如年限未滿，不在放免之限。應有犯者，令遂處勘鞫，當日內斷遣，不得淹延；禁繫婦人與免刺面，配本處針工充役，依所配年限滿日放。一千以下、百文已上，決臂杖十五；百文已下，逐處量事科斷；二千已上，決臂杖二十；四千已上，決臂杖十五，配役一年；六千已上，決脊杖十七，配役一年半；八千已上，決脊杖十八，配役二年；十千已上，決脊杖二十，配役三年；十五千已上至二十千，決脊杖二十，火刺面配沙門島；二十千已上，決脊杖二十，大刺面押來赴闕引見。應諸處進奉香藥、犀牙，即令於界首州軍納下，具數聞奏，其專人即賫表赴闕。先是，外國犀象、香藥充牣京師，置官以鬻之，因有司上言，故有是詔。

三年十一月，詔遷南劍州榷貨場於福州。

五年正月，命三司户部判官户部員外郎高凝祐、都大提點沿江諸處榷貨物右補闕梁裔提點諸處榷貨物。原書天頭注云：物一作務。

十一月，以兵部郎中許仲宣監大名府折博務。原書天頭注云：務一作物。

六年三月，差右贊善大夫王矩監青州榷貨務。

雍熙四年六月，詔：兩浙、漳、泉等州自來販舶商旅藏隱違禁香藥、原書天頭注云：舶一作泊。犀牙，懼罪未敢將出。與限陳首，官場收買。

淳化三年十月，以三司鹽鐵副使雷有終兼充江南諸路茶鹽制置使，左司諫張觀、監察御史薛映並充副使官。帝以收復江南、嶺外已來，茶、鹽之價不等，犯禁私販者多陷刑辟，故特委有終等就出鹽產茶之地取便制置，務要便於民而利於物也。

四年二月，詔在京榷貨務及諸道商旅等：（項）〔頃〕以向南州郡聲教未通，於沿江置立榷務，近聞積弊，多有邀難，抑配陳茶，虧損商客。今既混一，須議改更。已差使臣往彼就便指揮，其自來沿江榷務並令停廢，許客旅各就出茶處取便筭買新茶。兼已據地里遠近減下價錢，仍免放自江已南緣路商税，及令嚴切鈐轄出茶處場務，不得住滯及有乞覓。其禁榷茶鹽條例並筭買交引，一切依舊施行。如有客旅已入交引筭買舊榷場茶貨者，亦許客旅取便。先是，秘書丞劉式上言：榷務茶陳惡，商賈少利，歲課不登，望盡廢之，許商人輸錢京師，給券就茶山給以新茶，縣官減轉漕之直，而商賈獲利矣。帝從之，先遣雷有終等乘傳按視，因降此詔。

七月，詔：近以沿邊榷務積弊年深，特行停廢，俾出產之處就便開場。如聞商客多有疑惑，憚渡江之遙遠，阻常歲之經營。將允群情，須仍

舊貫。應緣江榷貨務並令依舊，其諸路茶鹽制置司令停廢，應茶貨並依舊例施行，般赴逐處。先是，上言者以茶法未便，累陳章奏，請廢緣江榷務，時亦有叶同其議者，帝勉而從之。制下之後，商人疑惑，物議稱其不便。改法方及半年，三司較比，虧數已多，遂復舊制。

至道元年八月，鹽鐵使陳恕、西京作坊使楊允恭等言：近准敕，沿江榷貨務茶一依元敕賣與客旅。所陳事件問難可否，從長議定。臣等商量，所欲通商過江取茶，元陳須是減落價例，客人方肯過江，及喚到商旅陳斌等衆稱：須得淳化四年減落價錢，方可過江筭買。以此相度，若減價則虧失官中課額，不減則商旅不願過江。且乞依舊般茶赴榷務出賣，免虧課利。詔曰：筦榷之權，制置已也，實公私之俱便，於出納以爲宜。近者劉式抗章，輒欲更改。及徧詢於商旅，則頗異於陳奏。況主計之司，以爲非便，審詳其理，利害昭然。宜遵守於舊規，庶允符於衆議。已令三司，茶貨依舊榷貨務出賣，其劉式所奏並不行。

二年十一月，江淮發運使楊允恭言：相度到自湖南至建安水陸諸州茶鹽利害，並進沿江地圖，乞下三司計其給本採摘、煎煉之外，所獲實錢都數。從之。

三年九月，詔西川峽路州軍：自今應收酒税、鹽諸般課利，並據合納課額，只令送納見錢，不得更折金、銀、匹帛。如官中闕用，即轉運司於合收買州軍，依本處見賣時價置場收買，仍取情願，不得抑勒及虧價錢。時川陝寇盗之後，議寬民力，故有是詔。

真宗咸平二年九月，江淮制置茶鹽度支員外郎王子輿言：江淮、兩浙賣茶鹽都收錢三百九十七萬餘貫，比高額增五十萬八千餘貫。

六年八月，以光禄寺丞王彬往沿江並淮南諸州軍提舉榷貨務茶場等處，原書地腳云：沿一作松。賜錢五十千。

景德二年二月，原書天頭注云：景德元年十月條移此。三司言：請募人於陝西入粟，鎮戎、保安、環、渭、延、原、慶州比河北定州等處；涇、原、原：按前已言及原州，二者當有一誤。儀、邠、秦、隴、鳳州比河北洛州等處；永興軍、鳳翔、河中、陝、府、同、華、解、乾、耀、丹、坊、虢、成、階州比河北懷州等處。從之。

三月二十四日，三司言：請令河北轉運司，有輸槁入官者，准《便糴粟麥例》給八分緡錢，二分象牙、香藥，其廣信、安肅、北平粟麥，悉以香藥博糴。時邊城頗乏兵食，有司請下轉運司經度之。帝曰：戎人出境，民初復業，若責成外計，不免役兵飛輓，何以堪之？因命祠部郎中樂和乘驛與轉運使同爲規畫。還，奏請以香藥博買，遂從其議，出内帑者香藥二十萬貫往彼供給。

五月二十一日，權三司使丁謂言：往者川峽諸屯兵調發資糧，頗爲煩擾，而積鹽甚多，因募商人輸粟平直價，價之以鹽。今儲廪漸充，請以鹽易綿帛。詔諸州軍糧及二年、近溪洞州及三年者，從其請。

八月，河東轉運司言：晋州折博務望罷專監官，止委通判監當，稍爲簡便。從之。

九月，三司請許商賈於河北、河東、陝西州軍依在京例納見錢、金、銀，每實錢五十五貫，給海州實錢茶百貫。從之。

十二月，監榷貨務供備庫副使安守忠等言：解鹽元許客人從本務入中金、銀、絲、原書天頭注云：絲一作綿。帛博買交引，就兩池請鹽，於南路唐、鄧等十二州軍通商地分貨賣。自因河北闕錢銀糧草，許客人只就彼入中，賫文抄赴京翻換省帖，下本務支給解鹽。又因陝西許客人〔入〕中糧草，取客從便算射茶、鹽交引，算解鹽者亦從本務翻換支給交引，赴兩池請鹽，並於南路破貨。自咸平三年六月禁斷青鹽，通放解鹽，於鄜、延等二十一州軍許客旅入中糧草興販，及許於南路唐、鄧等州貨賣。其逐州軍所入糧草又虚抬時估，重疊加饒，又卻支解鹽極多，以此隔絶客旅，在京全無入納金銀錢帛，虧損榷課。至六年十二月敕，依户部副使林特擘劃，商賈等筭射解鹽，於唐、鄧十二州軍貨賣，並令入納見錢，應副陝西諸州支用。至景德元年十月，再准敕：三司衆官定奪，其唐、鄧等十(一)〔三〕州軍南鹽，依西監等第價例，許客於逐州軍入納見錢、鋌、銀、實價糧草，直廢交引赴解州榷鹽院請領，直廢：疑有誤。更不入京翻换。其客旅將到未改法已前交引請領解鹽，每席並納錢一貫一百文足。所有客旅人户販買到鹽貨，但係見在未賣席數，並依慶州青鹽、唐鄧州白鹽例，每席量收歇駄商税錢一貫一百文足。本務勘會自此敕施行後，在京支筭解鹽交引至少，並無收納到金銀錢物。竊以唐、鄧等十二州軍解鹽課利，元許客於在京榷貨務入中金銀錢帛紐筭交引，就解州兩池榷鹽院請

鹽，往南地興販，所收錢物並供在京支用。累年已來，河北、陝西闕須，驟行改請，許客就彼入中，漸生欺弊，高立物價，重疊加抬，饒潤大過，是致遞年大段枉支卻鹽貨，不見實收得錢物，虧損官中課利。近歲更改，雖然許納錢銀實價入中糧草，亦未濟得闕下支贍。竊知陝西即今不闕見錢，給遣其唐、鄧等十二州軍南鹽，理合卻歸在京入中錢物，原書天頭批云：銀糧。添助支用。今欲乞卻許客人、鋪户依舊例，於在京榷貨務入中金銀、見錢、綾絹綿紬布等，依去年新定則例筭買交引，往解州取便於池場請領解鹽，依舊只於唐、鄧、金、商、均、房、襄、蔡、隨、郢、信、陽、光化等十二州軍通商地分破貨，即不得將帶過陝西州、軍。所是陝西諸州，是：疑當作有。軍入納錢糧草（草），依舊直赴兩池請鹽，只得於鄜、延、環、慶、丹、坊、乾、邠、涇、原、渭、儀、秦、隴、階、成、寧、鳳州、鳳翔、保安、鎮戎、永興軍、同、華、耀州等二十五州軍貨賣，亦不得載入南路唐、鄧等州軍侵奪南鹽課利。如此，則在西京與陝西各見得錢物支用。詔三司與定奪所同共詳定。請如守忠所奏施行，從之。

景德元年十月，原書天頭注云：此條移前景德二年上。定陝西州軍入中錢文則例，沿邊環、慶、延、渭、原州、鎮戎、保安軍七處，鹽一斤，價錢十二文足，一席率重二百二十斤，計錢二貫六百四十文；次遠儀、鄜州等二處，一斤價錢十四文足，一席計錢三貫八十文；又次遠邠、寧、涇州等三處，一斤價錢十六文足，一席計錢三貫五百二十文；近裏秦、坊、丹、乾、隴、鳳、階、成州、鳳翔等九處，一斤價錢十八文足，一席計錢三貫九百六十文；又近裏同、華、耀、虢、解州、河中府、永興、陝府等八處，一斤價錢二十六文足，一席計錢四貫四百文。

三年五月，香藥榷易院言：所賣第一等香，每斤元估錢四貫文，如入交引，即五千，今又令每斤增價百錢。所慮市易者少，有虧課額。帝謂王（卿）〔欽〕若曰：比來禁榷不許私販，有司累曾定價，所貴通商。況享神之外，別無所用。可令依舊，勿復增價。

七月二十日，三司鹽鐵副使林特、宫苑使劉承珪請罷比較茶法，仍乞不行酬賞。從之。國朝自乾興二年置榷茶務，諸州民有茶，除折税錢外，官悉市之。許民於東京輸金、銀、錢、帛，官給券就榷務以茶償之。後以西北用兵，又募商人入粟麥、材木於邊郡，給文券，謂之交引，許就沿江榷務自請射茶邊郡，所入直十五六千至二十千者，即給茶直百千，謂之加擡錢。然入粟、木者亦有不知茶利，至京多以交引鬻於茶，州百千裁得二十餘緡，謂之實錢。輦下坐賈逐蓄交引以射利，謂之交引鋉。歲月滋深，沿江榷務交引坌至，茶不充給，計歲入新茶，一二年不能償其數，其弊也如此。至是邊陲罷兵，儲峙豐積，言事者多云榷法非便，遂命特等議更其法。特等召茶商十數輩，犒以醪饌，講貫公私之利。乃謂依時價官收交引，每茶價及百千，人納實錢五十千，其見執交引至榷務，已得茶者量抽十之一，但三年併赴務買茶，即於正茶外兼還所抽，以平其價。行之一年，帝慮未盡其要，命樞密直學士李濬、劉綜、知雜御史王濟與三司同較其利害。時邊郡所入，時估實價不一，遂且以新法從事，而榷務納金帛，歲較其數已多於前，而上封者復言新法始行，又命比較，商旅眩惑，不敢以時貿易。及特等奏入，即令權罷比較焉。

三十日，帝曰：昨定奪司條制茶事，聞其過於嚴切，有傷園户，朕已示諭令知。園户採擷用功，須更得人手製造，茶既逐等第給價，入等者不可私賣，亦是入官。今一切須令本户造化，皆要精細，豈不傷園户耶？又傭力者衆，皆是貧民，既斥去無用，安知不聚爲寇盜？宜再與指揮，務令通濟。定奪司言：此事實所未知，今聞聖諭，方曉其事。

四年八月，三司鹽鐵副使、司封員外郎林特遷祠部郎中，皇城使、勝州刺史劉承珪進領昭州團練使，崇儀副使、江南都大制置茶鹽發運副使李溥遷西京作坊使，並以議茶法課程增益故也。

詔曰：茗榷之法，流弊浸深，流弊：原作抗弊，據《宋大詔令集》卷一八三改。釐改已來，利課豐羨。既規畫之斯定，歸職分以攸宜。其定奪司公事宜令三司行遣，不得輒有改更。輒：原作輙，據《宋大詔令集》卷一八三改。

大中祥符二年六月，三司林特等上《編成茶法貫條》。其序文已見茶雜録。

六年二月，三司言：河北州軍入中糧斛價，自前逐處隨意增長，全無約束。近委逐處都監、監押逐旬取市實價密申復，又令承受、使臣等每入見，必具隨物色實直進呈，由是便糴州軍不敢專輒增價。帝曰：平直物價，最爲要事。可令三司常依此提舉。

九月，詔：河北榷務入中布，其數至多，用爲博糴，亦所未便。自

今除北界博易依舊外，悉罷之。

七年二月，三司言：陝西入中糧斛交抄併多，富民折其價值，既賤市之，又復稽留，有害商旅，致入中艱阻，須有釐改，用革其弊。元定百千交抄官給九十千，今請依市人所買例，每百千有加抬者，官給十二千，無者官給十一千收市之。帝慮奪民之利，止令權宜行之，不得著爲定式。

八年六月，上封言：上封：疑當作上封者。商客將沿邊入中糧草交引赴京請錢，榷貨務須得交引鋪户爲保識，方許通下。其鋪户邀難客旅，減尅錢物，與本務公人請廢鋪户爲保，止令諸色人自賫通下。又沿邊所發客旅入中勘同案底，亦令直赴本務通下，監官當面開折，上簿拘管，候客旅將到交引請錢，晝時勘對合同支與。又請今後三司欲行改法，先須令本務將未給交引勘同案底申奏後，方令改法，仍告報客旅。應未改法日前其勘同案底已到務者，只依未改法時則例支給。又請約束入中糧草，州軍須管次日給表客旅交引訖，當日内發遞勘同案底赴榷貨務通下。詔御史中丞馮拯、翰林學士王曾同定奪利害條奏，仍〔令〕三司詳定以聞。

八月，詔曰：榷茗之規，著令已也，固計人之素定，非異端之可攻。載詳言事之人，時進單辭之説。始陳封奏，必煩述於事端；洎究指歸，多未詳於本末。自今群臣如有茶法便宜，當令顯拜封章，盡述條目，下有司詳議施行。況金轂細務，非軍國事機，自合歸於職司，非朕所宜親決。今後事有陳述，不得更乞留中，敢或故違，並當勘劾。

初，既變茶法，言事者以爲歲失課額，有害無利，且獨便大賈，而小商失據。或請别置官屬，專位其事。内臣藍繼宗等亦屢言其非便，帝以問輔臣。丁謂言：臣夙知利害，願得與議者辯之。及繼宗至，謂詢其始末，悉不能對。翌日以聞，因降是詔。

十一月，三司言：今與三部衆官定奪入中勘同案底，檢會河北、河東便納客旅錢物支還，已有元限十日行遣，其陝西入中糧草錢物，請定限五日支還行遣。每進奏院承受得交引遞角，令當日通下。如有違慢，各行勘斷其上交引條貫施行外，其：疑誤。有不便合改法者，請自合改事件並從三司體量改更，旋取朝旨。從之。

九年二月，内侍藍繼宗言：榷貨務去年得茶交引錢百五十餘萬，比新額虧十萬。丁謂奏曰：遞年及新額雖少，比未改法，則利倍矣。且言：自祥符已後，歲及二百萬以上，八年少二十餘萬者，以六年、七年各納過幾三百萬，以是八年稍少，今年正月比去年已盈三十萬貫。由是校之，非茶法不便也。

十月十五日，帝謂宰臣王旦曰：茶鹽之利，欲使國計不損，民心和悦。卿等宜熟思之。旦等曰：緣屬邦計，欲選差官與三司共定奪，臣等參詳可否。帝曰：可，仍具草明述恤民之意。翌日，下詔曰：朕思與蒸黔共登富壽，山澤之禁，雖有舊章，措置之宜，原書天頭注云：宜一作司。慮傷厚斂。將期惠物，無憚從寬。專命朝臣，僉謀邦靈計，使共詳於通制，庶俯洽於群心。宜差會常觀副使翰林學士李迪、給事中權御史中丞凌策與三司同共定奪，務要茶園、鹽亭户不至辛苦，客旅便於興販，百姓得好茶、鹽食用。仍送中書門下參詳以聞，詳以：原無，據《宋大詔令集》卷一八三、《宋會要》食貨三〇之五補。並令榷貨務告示客旅，應入中算射茶、鹽等，一依常例，常：原無，據《長編》卷八八補。將來不得别生名目，致有疑誤虧損。蓋欲濟人，固非言利。商旅等各安乃業，以佇於樂成。有司等無棄予言，免彰於掊克，必當經也，可遂遵行。

天禧元年二月二日，李迪等言：客田昌於舒州太湖算茶十二萬，計其羨數又踰七萬。請下江浙制置司問狀以聞。又請遣使秤較商茶之踰數者，計其半没官。從之。

五日，知秦州曹瑋言：本州商旅入中糧草交引，自來每一交引總虚實錢百千，鬻之得十二千，請於永興、鳳翔，官給錢市之。從之。

二十四日，帝曰：茶法行之已也，倘或難議改革，但於其中酌其尤不便於民者去之，傷於厚斂者改之，自餘如舊可也。又李迪等言陝西州、軍入中糧草文抄，自前官給錢十九千市之，今民間鬻之率止八九千，茶賈絶利。望官出錢三十萬貫市之，以九千爲率，原書天頭注云：率一作准。俟算茶結課，以數給還。從之。

四月六日，三司言：榷貨務入便錢物，取大中祥符七年收錢二百六十一萬餘貫立爲祖額，每年比較申奏。如有虧少，干係官吏等依條科罰。又在京馬料，欲許商客入中，每百千内五十千依在京折中斛斗例支還蒭、鹽交引，從商客之便算射，五十千即支與新例茶交引。並從之。

八日，定奪茶鹽所言：欲曉示客旅，如要海州新茶，依近定到入中

則例，每百千數內入見錢四十千，餘六十千許以金、銀、匹、帛、絲、綿等依時價筭買，更無加饒；或入一色見錢亦聽。從之。

二十七日，三司言：在京修造合支材木，令陝西出產州、軍斫買外，有十八萬九千二百餘條，欲令竹木務許客旅依時估入中，每貫加饒錢八十文，給與新例茶交引。從之。

五月八日，詔李溥乘傳還本任，據詳定所條奏事經度裁酌，如無妨礙，則施行訖奏；如事有未便，則從長規畫以聞。自是茶鹽法多如舊制。十七日，又詔：沿江榷務二分耗茶，特與依舊支。帝以詔面授李溥而諭之。

七月，定奪茶鹽所請罷買陝西芻糧文抄，別立久制，許客入中。從之。

九月九日，三司言：江、淮南、兩浙、荊湖南、北路州軍入錢及粟買末鹽，望依解鹽例給交引，付榷貨務，俟有商旅筭射鹽貨，便書填姓名，州軍給付。從之。

十三日，定奪茶鹽所言：近爲在京商旅將陝西入中過沿江茶鹽交引至京，少人收買，慮虧損商人，有誤邊備。望於永興、鳳翔、河中府三處給見錢收買環慶等十三處入中糧草文字。從之。

二年正月，三司言：在京折中倉入中斛斗，欲權住筭射江南等處末鹽交引，止令榷貨務入見錢，逐州軍支給鹽貨。從之。

閏四月，三司請令河北沿邊榷場增錢入中大方茶貨，依舊例給交抄。從之。

十一月，三司言：陝西入中芻糧，請依河北例，每斗束量增直計實錢給抄入京，以見錢買之。如願受茶貨交引，即依實錢數給之。令榷貨務並依時價納緡錢支茶，不得更用芻糧文抄貼納茶貨。詔每入百十增五千茶與之，百十：疑當作百千。餘從其請。

三年九月，三司李士衡言：京師每歲所用材木，舊令陝西州軍給錢配買，頗擾農民。請自今在京置場，許客入中，給以交引。從之，因詔前欠官中木植錢者並除放。

四年正月，屯田員外郎楊嶠請於秦州入中商賈芻糧，就川界給見錢。從之。

六月，三司言：六榷務積留茶貨，望令般運三百萬斤上京，五十萬斤赴海州，及將逐處榷務正茶且充耗茶給遣。且：原作見，原書天頭注云：見一作且，據改。帝令津般一百萬斤上京，所般五十萬斤赴海州，令制置司、轉運司與海州同定奪以聞，餘從其請。

五年五月，詔：（令）〔今〕夏麥秋禾登稔，河北、陝西邊儲務要廣蓄，其以內藏庫見錢五十萬貫付三司，止得樁留引收入中糧儲交引，留引：原書天頭注云：引一作別，疑是。自餘不得以錢充給。仍遣內殿崇班、閤門祗候李德明專領其事。

十月，審刑院詳議官、國子博士尚霖言：奉詔往陝西規畫入中芻糧，內有入中比元數遞年一倍已上者，望許監官書曆爲課。從之。

乾興元年十二月，仁宗即位未改元。三司言：准敕，詳定兵部員外郎范雍所言：陝西沿邊州軍入納見錢及茶鹽，卻出給解鹽交引，令客筭買。近點檢沿邊諸處入中下茶、鹽不少，頗亦出賣不行。兼所要見錢，亦可收簇課利及近裏那撥應副，原書天頭注云：簇一作發。訪聞若於沿邊入中下斛斗，出給交抄，令往解州請鹽，必大段有客入中。況兩池鹽數積壓極多，復又減省得京中買客交抄，甚爲利便。望下沿邊環、慶、鄜、延、渭州、鎮戎軍五處，並令盤筭斛斗與鹽數，饒借利息，招誘客旅入中。有司看詳：欲乞下陝府西轉運司曉示客旅，如願要請解州鹽貨，即據入中到斛斗，依在市見糴賣的實價例，依見錢體例紐筭，給與交引請領解鹽，只許依自來條貫通商地分貨賣。若或客旅願要上京請領見錢，即依元降敕命，每當實錢百貫文到京，支破見錢五貫文省收買；如不願請見錢，即支與七貫文茶交引。雍又言：沿邊州、軍每年合銷酒米數目，亦乞許客一依在市見糴賣價例入中細筭，細：疑當作紐。支與解鹽，才候得及年計數目，畫時住入。所貴不至每年將近裏州軍稅賦折變往彼，勞擾户民。省司看詳：欲乞下陝府西轉運司曉示，招誘客旅於沿邊涇、原、儀、渭、鄜、延、環、慶、秦州、保安、鎮戎軍入中造酒米數，取納下處州軍在市見糴賣的實買例，買：疑當作價。依見錢體例紐筭，給與交引，請領解鹽，只許依條通商地分貨賣，亦不得於不係沿邊州軍入中，請中雍所奏施行。原書天頭注云：中疑誤。按疑當作依。從之。

仁宗天聖元年正月，中書門下言：准內降聖旨：今知邊上諸處軍糧

錢帛支贍不足，此國家大事，卿等如何擘畫，或於中書、樞密院共差三人與李諮已下同定奪茶鹽礬稅條貫，從長施行。今欲令劉筠、周文質、王臻、薛貽廓與三司使副等先具取索前後茶鹽課利錢數自來有無增虧，開析聞奏，當議相度，别行差官定奪。從之。

二月，定奪所言：取索前後茶鹽課利，比附到增虧數目。詔樞密副使張士遜、參知政事呂夷簡、魯宗道與三司使副等同共詳定。定奪所奏：内河北州、軍入納糧草物色，自來作分數支還茶貨、香藥、象牙，即今街市例各大段減落價錢，除茶貨已别作條約外，有香藥、象牙緣在京榷貨務將河北交抄並依見錢出賣價例支還實錢，其大中祥符五年後至天禧二年客旅筭請出外，每百千街市賣得錢九十四千至八十二千已來，自後漸次減落。今每百千只得四十千，比自前並今來在市官賣價例較虧官近五十千。蓋河北入納糧草物色，近年以來，本處於實價上倍添虛錢，客人已獲厚利，是致將來給得交抄赴京，被興販人賤買下請卻官中實錢、香藥、象牙，兼將博買處、杭、明、廣州市舶司元破價例計筭，已見虧折官本，尚未言般運腳乘、監官公人等請受諸般支費。欲乞自今算請香藥、象牙者，每十斤爲則，令客旅於在京榷貨務入納見錢十千，共筭請二十千香藥、象牙，取便將於在京或外處州、軍販賣，仍仰榷貨務分明出給公據交付，及一面關牒商稅院，候客人將出外處破貨，即據數收納稅錢，出給公引放行。其河北舊抄自來貼納一分見錢，仍與免納。所有將河北先入納下糧草物色虛實錢筭請者，只得依自來合支色額等第價例支給，即不得卻依入納見錢體例筭射。從之。

三年八月，中書門下言：累據臣僚上言茶法未便，乞令客旅於邊上入納糧草支與交引，留得在京見錢，免致般運勞費。詔翰林侍講學士孫奭、夏竦同共詳定。既而上言，請同三司使范雍詳定。奭等言：看詳（峽）〔陝〕西沿邊便納糧草欲且依舊外，河北入納糧草將一色見錢改作三色香茶交引。詔奭等再詳定如何斷絶盡錢不至虧官，及改作三色有無妨礙，具經也利害聞奏。十一月二日，奭等言：再詳定到河北沿邊州、軍城寨便糴糧草，支與香茶、見錢、三色交引，委得也遠利便。其客旅於在京榷貨務入納錢物，筭請茶貨，欲於入納實錢内金銀物帛上等第卻與加饒。所有十三山場筭請茶貨，欲更不貼射，依舊於在京榷貨務及本處入納錢物筭射。及十三山場買茶，每年差使臣於山場秤盤，欲今後只委制置司鄰近差官。並從之。

十一月，權三司使范雍言：近據河北、陝西路轉運司狀：爲客旅知詳定茶法，疑慮别有改更，頓少入中。欲差干事朝臣一員計會逐路轉運副使沿邊催促計置，擘畫招誘。從之。

四年三月六日，三司言：陝府西轉運司勘會轄下秦州所入納糧草，取客穩便指射，赴永興、鳳翔、河中府及西川嘉、邛等州請領錢數。准益州轉運司牒：近就益州置官交子務，書放交子行用往諸處交易，其爲利。其：疑當作甚。當司相度轄下延、渭、環、慶州、鎮戎軍等五州軍最處極邊，長闕糧草。入中客旅上京請錢，難爲迴貨。兼榷貨務支卻官錢不少，欲乞許客旅於前項五州軍依秦州例入納糧草，於四川益州支給見錢或交子，取客穩便請領。候有入中並計置到糧草得及三年處，原書天頭注云：候一作侯。晝時住納。又據益州路轉運司狀：相度若依陝西轉運司前項擘劃事理，於益州支給見錢或交子，别無妨礙。若益州闕錢，當司亦自於轄下有錢處州軍支般，或支交子，經也委得穩當。又知渭州康繼英言：秦州每年入中到糧草萬數不少，只是招誘客旅，出給四川益州路交引，或令於嘉、邛等州取便請領鐵錢，雖虛實錢上量有利息，且不耗京師見錢，及不煩本路支撥錢帛。川中客旅將到羅帛、錦綺赴秦州貨賣，其秦州不惟增添商稅，更兼入中到糧草。今欲乞於本州如秦州例，若有入中客旅情願要西川交引，亦令本州雕板支給，每一交引上比附秦州更給虛錢五七百文已來，取便令於益州或嘉、邛等州請領鐵錢，所貴極邊易爲招誘客旅。若川中客旅既來，則本州内外糧草自然豐足，不廣費京師及本路錢物，又必然倍增商稅。省司今相度，渭州屯泊軍馬不少，支費糧草浩瀚，秦州頗同。今來康繼英所請，只許客旅於渭州一處入納糧草，如願要上京請領見錢，即便依天聖元年五月改法敕，命填鑿省降交引收附給付，客人賫執上京榷貨務請領見錢。若或願於川界請領鐵錢，即依未改法已前入中糧草支還體例，錢數依秦州入中例出給交抄，於四川益州或嘉、邛等州請領鐵錢及交子使用。如入納糧草及得三年已上支遣，即便住納，仍委陝府、益州轉運司相度經也事理申奏。從之。是年秋，三司言：益州路轉運司奏秦州客人入納糧草，乞下秦州權住入中。省司欲乞依環、慶等州例，限至二月終

權住入便秦州交抄。從之。

二十七日，詔同詳定計置司樞密院副使張士遜、參知政事呂夷簡、魯宗道各罰一月俸，樞密直學士劉筠已下各罰銅三十斤，前三司使、右諫議大夫李諮落樞密直學士，依舊知洪州，侍講學士孫奭以下及干繫官吏等並特放，三司勾覆官、勾獻依法決刺配沙門島，並爲改更茶法、計置糧草前後數目不同，事理失當，致貨利不行故也。

七月，西上閤門使、知雄州張昭遠言：請下轉運司，每至年終，將四榷場入中到見錢、銀、布、羊畜數目委官磨勘。中書言：先朝創置榷場，非獨利於貨易，原書天頭注云：易一作物。實欲南北往來，但無猜阻，乃綏懷遠俗之意也。綏：疑當作綏。今若逐年磨勘，恐乖事宜。帝曰：昭遠之奏，不可行也。

十月，三司言：准敕定奪陝府西轉運使王博文等奏：沿邊州軍客旅入納見錢請領解鹽，每席元納錢二貫六百四十文足，別貼納錢一貫文足，共三貫六百四十文足。自後雖量減錢數，今體量得客旅亦爲錢數高重，盤筭不著，少有入納糧草。況解州兩池鹽若不破官錢，欲乞下陝西轉運司相度沿邊州軍以近及遠，各於地里上定奪每蓆量減錢數，許客人入納糧草請領解鹽，所貴邊上存得博糴入中錢帛別作支用。又逐州並在邊遠客旅爲價高，少有入納糧草數，內環州、保安、鎮戎軍三處並是極邊，其鎮戎軍比環州、保安軍道路稍得平穩，是以乞將環州、保安軍道路嶮惡處量減價。若依今來減定逐年鹽價，必甚有客入中。三司相度，欲依所奏施行，其入中南鹽，即不得一例減落價錢。從之。環州去解州千一百二十五里，先已每蓆上減錢二百文，今欲更減錢百文足；鎮戎軍去解州千一百三十里，先已每蓆上減錢百四十文，今欲更減百六十文。已上二處係極邊州軍已經減落去處，今欲更減前項價例。保安軍係極邊，元未經減落，去解州千一百七十里，比環州里遠近、坡穀嶮阻頗同，今欲依環州例，於每蓆上量減錢四百四十文足；慶州去環州百八十五里，去解州九百三十里；渭州去鎮戎軍百四十里，去解州九百九十里；原州去鎮戎軍百七十里，去解州九百六十里；延州去保安軍百五十里，去解州九百九十里。已上四處係沿邊州軍未經減落處，今欲於每蓆止各量減錢二百四十文足。

十一月，三司言：據榷貨務申，准敕命：陝西州軍支給客人交到茶貨，每十千特添一千。乞依乾興元年敕支給茶貨，仍不加檯。從之。

五年五月，三司言：欲將自來入便准備糴買糧草錢加饒支還則例，令河北、河東、陝西軍監依例便將此見錢交引直於在京榷貨務依入納見錢筭買加饒則例，翻換交引文字往指射去處請領。忻州、憲州、嵐州、石州、寧化軍、岢嵐軍、火山軍、保德軍八處，每十千加支三百，每貫上到京剋下潤官錢五分；汾州、交城監、平定軍三處，每十千加支二百，每貫上到京剋下潤官錢五文；晉州、絳州、慈州、隰州、澤州、潞州、遼州、威勝軍八處，每十千加支百文，免剋潤官錢。

六年十月，三司言：望許客入中黃松材木與茶鹽交引。從之。

十二月二十三日，三司言：乞監雄、霸州榷貨官自今並令河北安撫司保舉殿直以上使臣充。從之。

七年閏二月二日，太常博士張夏言：河北沿邊水災州軍便糴糧草，原書天頭注云：便一作更。內三分香藥、象牙，請權給末鹽。詔付三三集議，三三：疑當作三司。遂請其三十千者於香藥象牙內減五千，原書天頭注云：遂一作闕。給以見錢。從之。

七月二十三日，詔河北州軍：自今廂、禁軍兵士與北客偷遞違禁物色並見錢及與勾當買賣捉獲者，內禁軍從違制定，定：疑當作論。廂軍從違制失斷遣，並刺面配廣南牢城收管。

十二月，三司言：准傳宣，陝西沿邊今歲稍熟，入中斛斗糧草累曾令將茶鹽折博入中，且留見錢在京，只將茶鹽招客入中。如少人入中，即添饒茶、鹽些小潤人。省司看詳元敕，蓋爲陝西沿邊州軍地居山險，道路阻隘，所要糧草難以斡運，是以擘畫依每斗束確的見賣價錢，許客入便糧草，給付客人交引，上京請領見錢。如恐客旅情願便換外處州軍見錢，或筭請茶貨、香藥、象牙、顆末鹽、白礬交引，亦取客人自便，將此見錢、交引直於在京榷貨務依入納見錢筭買加饒則〔例〕、招客納便見錢，准備諸雜支遣，即不得更作准備糴□糧草名目入便。其錢納赴軍資庫錢帛帳內管係，充備諸新支遣。令轉運司勘會每年合銷雜支見錢，除將諸色課利充備外，據的實所欠數預先抛降與逐州、軍、監招客入便，依下項支還則例指射請領，候客旅執抄到京，各隨路分支請去處取客穩便指射。所是合給交引內河東州軍依先降指揮，令逐州軍出給，仍依例印造書填給付外，其

河北、陝西州軍即從省司依例給印降付逐處書填入便，候客人賫抄到京，赴省投下，並令上供案正勾支還。如今後逐州、軍、監所要糴置糧草見錢，即依元降編敕，委自知州軍、（同）〔通〕判酌量一年合銷錢數，下撥狀於軍資庫支撥，便據請到錢數月日，並於本月糧草帳内正行收附。從之。河北沿邊凡十四州軍寨支納見錢，依等第加饒則例支還，更不剋納頭底潤官錢，到京於在京榷貨務一文支還一文見錢，定州、廣信軍、保州、北平寨四處，每十千加支七百；安肅軍、真定府二處，每十千加支六百；雄州、莫州、瀛州、順安軍、保定軍五處，每十千加支七百；乾寧軍、霸州、信安軍三處，每十千加支三百。陝西沿邊凡十一州、軍，入納見錢依等第加饒則例支還，更不剋納頭底潤官錢，到京於榷貨務一文支還一文見錢，環州一處，每十千加支一千；慶州、延州、渭州、保安軍、鎮戎軍五處；每十千加支七百；鄜州、原州、儀州三處，每十千加支五百；涇州、邠州二處，每十千加支三百。河東州、軍、監入納見錢，每十千依等第加饒則例翻換支還，在京及京東、京西向南州軍見錢，並州每十千加支三百，代州每十千加支四百，二處每貫上到京剋下潤官錢五文，依除外翻換支給京東西向南州軍見錢，麟府州依舊例，每十千加支七百，更不剋納頭底錢，並支在京榷貨務見錢，或情願筭請細絹匹段絲綿等，並依見賣實直價例支還，即不椿定錢數筭請。如恐客旅情願便換外處州軍見錢，或筭請茶貨、香藥、象牙、顆末鹽、白礬交引，亦取穩便，翻換交引文字往指射去處請領。若客人於本處中納糧草時願要茶貨，即於抄前批鑿，候到京，每價錢十千上更特添錢一千，兼許客旅賫逐州軍入納糧草文抄，直於解州筭請鹽貨。自來依此施行，已著輪序。況緣陝西沿邊州軍糧草最處大事，省司不敢遽行改更，慮恐客旅疑惑，不赴邊上中納糧草，別致闕。今具從初擘畫入便支還敕命及榷貨務並解州天聖六年一年支過見錢茶鹽諸般交引錢數開坐進呈。詔依元降指揮施行。

天聖元年五月敕：定奪所奏陝西沿邊州軍許客津般糧草赴倉場入納，乃以逐月逐旬每斗束榷的見賣價錢紐計貫百，權：疑當作確。等第加饒給付交引，到京一文支還一文見錢。如情願便換外處州軍見錢，或筭請茶貨香藥、象牙、顆末鹽、白礬交引，亦取客人穩便，於在京榷貨務依入納見錢筭買加饒則例，翻換交引文字往指射去處請。請字下疑脱領字。又八月敕：陝西沿邊州軍道路窄狹峻惡，即不同河北州軍水路地平，易爲般輦，令別定逐處入便糧草添饒錢數則例，令本路轉運司依此則例招誘客旅，津般夏秋色並隔新糧草赴倉場入納。環州一處，每十千支十二千六百；慶州一處，每十千支十二千二百；延、渭州、保安、鎮戎軍四處，每十千支十二千；鄜、原、儀州三處，每十千支十一千五百；涇、邠州二處，每十千支十一千。又四年八月敕：陝西便糴糧草，客人不願請領見錢，情願要請茶交引者，仰逐州軍於交引收附前面書寫，候到京，依入納見錢體例支還茶貨，每十千上特與添錢一千。又在京榷貨務及解州天聖六年正月一日至十二月終，支過陝西沿邊州軍便糴糧草見錢、茶鹽諸般交引錢二百四十七萬六千三百二十七貫二十六文，折納茶税錢九十三萬一千五百七貫九百九十二文。客人於在京榷貨務請過見錢百五十四萬四千八百十九貫三十四文，客人於在京榷貨務翻換請外州軍見錢並茶鹽交引及直於解州請領鹽貨七十四萬七千四百六十三貫四百文，客人於榷貨務翻換筭請過交引並折納茶税十六萬七千二百八十五貫七百文，茶交引三十萬七千四百七十五貫文，末鹽交引九萬四千三百八十八貫七百文，顆鹽交引十一萬一千六百六十五貫二百文，便換外州軍見錢六萬六千六百四十八貫八百文，充折茶税錢五十萬二千六百五十七貫一百文，客人於榷貨務筭請茶交引四十八萬八千五百十七貫二百文，陝西沿邊州軍客人情願筭請茶交引萬四千一百三十九貫九百文，客人納下糧草，給到本州三月後來文抄，原書天頭注云：抄一作字。支給茶交引二十九萬四千六百九十八貫五百三十四文，客人直於解州筭請過鹽七萬四千六百七十六席。

三月，詔：秦州據每年合要酒米麴麥，並許客旅入中，依自來本州入中軍糧白米小麥例紐筭，每交入納石斗錢數貫百，支與川界嘉、邛等州軍請見錢鐵錢。如或客旅願要筭請解鹽，即依近敕每斤作十八文足支還。

五月十六日，三司以京師營繕材木，仰給者衆，許商人入竹木受茶以易直。從之。

十一月，三司言：准□六年九月敕：按所闕字當是年號。許客旅於在京入中大豆三十萬碩，粟二十萬碩，已入中到大豆二十七萬七千餘碩，粟萬五千餘碩。後來爲粟豆價高，指揮住納。今秋豆粟價賤，勘會馬料粟豆

見在數無多，欲於在京折中倉許客人〔入〕中大豆三十萬碩，粟二十萬碩，一依舊例，除依時估價，例每斗上添饒錢十文紐筭價錢，每一百貫爲則，内七十貫筭請解州顆鹽，即依在京入納見錢體例，每七百文支一貫文引；三十貫支向南州軍末鹽，即鹽上更不減價，亦無加擡。所有上件末鹽三十貫文，更於榷貨務貼納見錢三十貫文，亦依本務納見錢體例，每貫上加擡錢八十文，共六十二貫四百文，給向南末鹽交引。仰折中倉招誘客人入納新好斛斗，書填客人姓名、斛斗數目、時旬價例並添饒錢數，附帳月分，出給合同收附開抄。内一本倉抄給付客人，令具狀聲説乞支物色名目去處，赴省投下；餘一本收附開狀，逐日上曆，具狀繳連實封，於三司開拆司投不，不：疑當作下。發斛斗司收領，依條限行遣，送勾院支還。如此關防，必不致虛僞，仍與充在京榷貨務課例。從之。

景祐三年五月十四日，詳定茶法所言：檢詳天聖元年舊制，商人皆自東京榷貨務納錢，買荊南海州榷貨務茶，每價錢百貫聽納實錢八十貫；如就本州榷貨務納錢者，每八十貫文增七貫，則荊南海州茶貨顯是人所願買。昨自天聖四年，許令陝西路將糧草價錢交抄直從本處批畫往彼筭買，遂致東京榷貨務更無見錢入納，隳墜舊法。今請舉行天聖舊制，卻令在京輸納見錢仍比天聖元年價量減數貫，以利商旅。其陝西商人入中糧草，並勒執抄赴京請領見錢，如願筭請茶貨、香藥之類，及換外州軍見錢不等，並聽商人從便，毋得更於抄内批畫去所。並從之。

十月十九日，詳定茶法所言：客旅自改新法，未納見錢筭請茶貨。乞下逐處，每舊交引百貫，令客人别買新例交引一百貫三説抄，筭請香藥、象牙，下榷貨務置簿拘管，供申三司。每百貫别買新例香藥、象牙，五十貫限半年筭買了絶。從之。

四年正月九日，命侍御史知雜姚仲孫同定茶法。詳定茶法所乞指揮榷貨務曉示客旅，今後對買茶貨，每百貫爲則，内六十貫見錢，四十貫許將金銀折納。鋪户、客人對買新例茶貨、香藥、象牙，今後並於元買分數内各減二分，其已對買、未對買茶，内五分錢香藥、象牙、茶貨，限半年筭買者，各展限三月送納。

康定元年二月二十一日，三司言：乞從京支乳香赴京東等路，委轉運司均分於部下州軍出賣，其錢候及數目，即部押上京，充榷貨務年額。及淮南、江浙所賣末鹽，乞委逐路轉運司選官計度於真州、楊州、漣水軍裝載，分往諸州出賣，其賣到錢，亦部押上京。從之。

慶〔歷〕〔曆〕五年七月十六日，知延州梁適言：保安軍榷場慮本軍泊諸處官員於場内博買物色，乞並以違制科罪。從之。

六年十二月四日，權三司使張方平言：定奪保安、鎮戎軍兩榷場，每年各博買羊一萬口、牛百頭。從之。

八年十二月，詔三司：河北沿邊州軍客人入糧草改行四説之法，每以一百千爲率，在京支見錢二十千，香藥、象牙十五千，在外支鹽十五千，茶四十千。初，權發遣三司鹽鐵判官董沔言：竊以今之天下，端拱、淳化之天下，今之稅賦不加耗於前。方端拱、淳化之時，太宗北伐燕薊，太：原作神，原書天頭注云：神疑誤。按此注是。據文中云端拱、淳化，則當爲太宗，據改。西討靈夏，以至真宗朝，二虜未和，用兵數十年，然猶帑藏充實，人民富庶，何以致其然哉？行三説入中之法爾。自西人擾邊，國用不足，民力大匱，得非廢三説之法也！語曰：變而不如前，易而多所敗者，不可不復也。請依舊行三説，以救財用困乏之弊。於是下三司議，而舊法每百千支見錢三十千，香藥、象牙三十千，茶引四十千，至是加以向南末鹽爲四説而行之。

皇祐三年二月，詔三司：河北沿邊州軍入中糧草，復行見錢之法。初，知定州韓琦及河北都轉運司皆言河北行四説、三説之法不便，下三司詳定新議。而乃言自慶〔歷〕〔曆〕八年，河北沿邊始廢見錢入中，而以茶、鹽、香藥、見錢作四説，近裏軍即依康定二年敕作三説，由是便糴州、軍例增糓價，所給交抄皆是爲富室賤價收蓄，轉取厚利，以致米斗七百，甚者千錢。沿邊所入至少，而京師償價倍多。自改法以來至皇祐二年，凡得糓二百二十八萬四千七百八十九碩，草五十六萬六千四百二十九束，而給錢一百九十五萬六千五百三十五貫，茶、鹽、香藥一千二百九十五萬三千八百二十一貫，緣茶、鹽、香藥民所資有限，且以榷貨務見課較之，即歲費不過五百萬貫，原書天頭注云：費一作計。民間既積壓不售，價日益損，而公私兩失之。其茶場交引舊法，賣百千者得錢六十五千，今止二十千；香一斤賣三千八百者，今止五六百；鹽一百八斤舊賣百千者，今止六十千。其利害灼然可見。請以河北沿邊州軍糧草從景祐三年敕，並

以見錢入便，便：原作使，原書天頭注云：使一作便。據改。其茶、鹽、香藥亦許如舊法筭買。朝廷既從其議，又以前用三説、四説，豪商大賈多蓄積以牟厚利，三司卒稽留爲姦，至是商旅賫抄至，更不用交引户保，直令榷貨務給錢，亦不關三司諸案，以絶其弊也。

至和元年六月二十七日，詔：雄州等處榷場薑、茶等，近來常是數少，應副不足。令三司應雄州等處榷場合用之物，計綱起發往彼，常令有備。

治平四年九月，神宗即位，未改元。三司言：勘會河北四榷場折博銀數比較，自前年分減少，切慮向去阻節北客，虧失課程。詔本路提刑李希逸與轉運司、沿邊安撫官員同共相度，具經也利害以聞。

十月六日，新知潭州燕度請於三司使廳置河北榷場物貨總轄司，河北四榷場所須物貨，令省司賞給，案取索定數授諸案施行。詔三司聽轄司專管勾，及令度支賞給，案判官置簿催驗。

神宗熙寧三年六月二十五日，三司言：相度到雄、霸州、安肅軍三榷場，乞將合支見錢降充北客盤纏等錢外，餘令筭臘茶行貨。如違，其監專、使臣等並依透漏違禁物貨條從違制分故失公私科罪。從之。

八年五月三十日，三司使章惇言：河北、京東鹽院失陷官錢甚多，諸路榷鹽，獨河北、京東不榷，官失歲課，其數不貲。乞差官同王子淵詣海場並出產小鹽州縣，與當職官吏並兩路轉運司相度利害以聞。從之。其後上批：三司、河北鹽法可速依舊，庶商人不致疑惑，虧損課額。如舊法有未便，即與河北、京東提舉鹽税司同相度，仍具去年鹽税錢數以聞。

九年五月二日，詔：熙州、岷州、通遠軍折博務，今後差本州通判或職官一員。

十月二十七日，中書門下言：據發運司榷到淮南東路合減買額鹽八十九萬六千二百四十三碩五斗九合二勺，欲依所乞施行。從之。

十年九月十六日，尚書屯田郎中、侍御史周尹提點湖北路刑獄。先是，尹上言：成都府路置場榷買諸州茶，盡以入官，最爲公私之害。初，李杞倡行敝法，奪民利未甚多，故爲患稍淺。及劉佐攘代其任，增息錢至倍，無他方術，惟割剥於下，而人不聊生矣。大抵在蜀則園户苦壓其斤兩，支錢侵其價直；在熙、秦則官價太高，而民間犯法不可禁止。又般運不逮，糜費步乘，堆積日也，風雨損爛，棄置道左，同於糞壤。兼所至不通客旅，惟資無賴小民結連群黨，持杖私販，虧失征税，茶司認虚額，又侵盗相繼，刑罰日滋，爲數千里之害，可爲深慮。臣頃在京師，傳聞其事，既未詳盡，安敢輕議？今受命入蜀，所至體問，乃知買茶爲害甚。有知彭州吕陶、知蜀州吴師孟等論奏可以參驗。往者杞、佐繼陳苛法，即信用其言，曾不略加參考。今議者條其刓蠹，原書天頭注云：其刓一作具刑。悉皆明白，未即采聽，何勇於興利而怯於除害乎？臣願敕有司速究榷茶之弊，俯徇衆論，寬西南之慮。又曰：竊詳朝廷之意，未欲遽罷榷者，原書榷字下有香字，又塗去，疑香字當爲茶字。又長編卷二八四作茶禁。必以西河路買馬年計，茶最爲急耳。但通商之後，舊來諸路茶税年額錢總二十九萬餘緡，諸：原脱，據《長編》卷二八四補。先已復故，即可委逐路轉運司一面管認赴西河路外，有見今管官茶，所在州縣堆積極多，足支數年買馬，自今商旅販秦、鳳、熙河路茶，必能接續有備。臣體問廢罷改革事，皆商旅所願，望速下本路逐處根究，臣之所陳有實，即乞罷榷茶之法，許通商買賣，以安遠方。尹還，未至都而有是命。

元豐五年五月二十一日，同提舉成都府等路茶場蒲宗閔言：成都府路產茶州縣及利州路興元府、洋州已有榷法，今相度巴州等產茶處，亦乞用榷法。從之。

七年十月十七日，福建路轉運副使王子京言：建州臘茶舊立榷法，商賈冒販利甚厚。自熙寧三年官積陳茶，遂聽通商，自此茶户售客之茶甚良，官中所得唯常茶，茶：原脱，據《長編》卷三四九補。税錢極微，南方遺利，無過於此。乞仍舊行榷法。建州歲出茶不下三百萬斤，南劍州亦出二十餘萬斤，欲盡買入官，度逐州軍民户多少及約鄰路民用之數計置，即官場賣，嚴立告賞，禁建州賣私末茶。乞借豐國監錢十萬緡爲本。從之，所乞均入諸路榷賣，書天頭注云：乞一作入。委轉運司官提舉，福建王子京，兩浙許懋，江東杜偉，江西朱彦博，廣東高鑄。

哲宗元祐三年二月十一日，詔：階州榷買所產石土鹽，每年雖頗有息，人不以爲便。可勿復定價榷買。先是，察訪永興等路常平免役李承之奏乞以階州福津、將利縣界出產土石等鹽可以置場榷買，定價出賣，至是，陝西制置解鹽司言以爲不便，故有是詔。【略】

徽宗政和七年三月二十四日，詔：訪聞湖北新邊辰、沅、靖州多出板木，自來客人興販，與傜人交易，争訟引惹，今後可令禁止。仰鼎澧路鈐轄與轉運兩司共指畫，字前疑脱同字。委官措置收買，赴鼎州置場出賣，許令客人出息就買。其息錢用贍邊鄙，逐旋具措置事狀申奏，即不得搔擾，抑勒生事。

宣和二年五月三十日，詔：今後捕獲権貨對折失覺察之數，並將該賞日已事發之數對行比折外理賞。

（清）徐松《宋會要輯稿·食貨三八·互市》 太祖乾德四年四月，詔：江北諸州縣鎮近聞自置権場禁人渡江以來，百姓不敢漁樵，又知江南仍歲飢饉。自今除商旅依舊禁止外，緣江百姓及諸監煎鹽亭户等，並許取便採捕，過江貿易。

景德二年正月，詔雄州：如北界商人齎物貨未互市者，且與交易，諭以自今宜令北界官司移牒，俟奏聞得報，乃敢互市。時契丹新城都監遣吏齎牒，請令商賈就新城貿易，雄州以聞故也。

二月三日，詔沿邊州軍：朝廷已令於雄、霸州、安肅軍三處置権場，與北界互市，慮其或就他處回易，即逐牒報云：已於三處置権場，輦致物貨。請告諭商旅居民詣其處交易。兼諭以朝旨，云他處不置貨幣，蓋慮民人商旅往來多歧，難於約束，或致增減物價，虧損鄰邦民庶之意。報訖，飛驛以聞。先是，北界累移牒緣邊州軍，云逐處已開権場，請許南、北商人往來交易，故有是詔。

十四日，帝曰：自北面通和，或有邊防機事及官吏能否，及北界往還報問，須得有才識者爲裁處之。往年開権場，常遣使臣二人往來提點。可依此建置，便付以其事。中書、樞密院可共擇二人以聞。

三月，令雄州勿得以錦綺、綾帛等付権場貿易。先是，帝曰：自來輦致錦綺等物在彼，蓋備持禮之用，慮其貿與北客。況戎狄無厭，若開其端，即求市無已，有所不及，即懷慊恨。故有是詔。仍令有司自今當輦錦綺等物赴雄州者，先以啓聞待報。

四月十九日，都官員外郎孔揆、供奉官閤門祗候張鋭同提點雄、霸州、安肅軍権場。

二十五日，知雄州、西上閤門使李允則言：契丹常禁止國中穀食無得出境，其民有冒禁來詣権場求市糴者，運司皆令以茶供博易，且所得至微，寔恐非便。詔罷之。

五月，詔雄州：契丹詣権場市易者，優其直以與之。

八月，命河北轉運使劉綜、都官員外郎提點雄州権場孔揆等與諸州軍長吏共平権場互市物價，以和好之始，務立永制。

三年九月，詔：民以書籍赴沿邊権場博易者，自非九經書疏，悉禁之，違者案罪，其書没官。

四年七月，鄜延鈐轄張崇貴言：得趙得明牒：准詔，於保安軍置権場，望許蕃民咸赴貿易市。從之。

十一月，河北沿邊安撫司言：定州軍城寨権場止接山路，往者北境嘗請開修此路，久則非便。況飛狐茭牙権場，以商旅罕至停廢，其軍城権場，亦請不置。從之。

大中祥符五年正月，帝謂王欽若等：前省瀛州言，有百姓二人緝逐到北界商旅齎貨到州貨賣，有違自來條約，其百姓即以此恐嚇北客，大段取卻錢物。因此可詔諭安撫司，今索取元恐哧人物，交付契丹界，仍令鈐轄不得令北界商賈潛赴近南州軍經商。

六月，廣南西路轉運司言：交州黎至忠乞發人船直趨邕州互市。帝曰：瀕海之民，常懼交州侵擾，前止令互市於廉州洎如洪鎮，蓋海隅有控扼之所。今若直趨內地，事頗非便。宜令本司謹守舊制。

閏十月，詔：河北権場所市食羊死於路者，無得抑市人鬻之。

八年八月，令沿邊権場巡守軍健並須用駐泊兵士，不得差本州軍人。初，內殿崇班王昭雍言：逐處権場悉差本州軍人，其間有與北界人户親故者，以互市爲名，期於権場，恐亦非便，請行條約。故有是命。

十一月，帝曰：臣寮言趙德明進奉人使中賣甘草、蓯蓉甚多，人數比常年亦倍，乞行止約，及告示不買。王旦等曰：斯皆無用之物，陛下以其遠來嗜利，早年令有司多與收買。若似此全無限量，縱其無厭，原書天頭注云：其一作實。亦恐其難爲止約。至如牽馬及諸色隨行人多邊臣，從初亦合曉諭，勿令大段放過。帝謂王欽若曰：可令鄜延路鈐轄體量裁損之。又謂旦等曰：此時且須與買，隨行人已到者，恐喧隘，即分擘安處之，勿令失所。

天禧元年三月，禁延州民與夏州牙將互市違禁物者。先是，言事者言夏州鬻馬於延州，所得價直悉市物歸，蕃商多違禁者，請載行條制故也。

【略】

仁宗天聖四年十月，河北沿邊安撫司言：乞今後所差河北監榷場使臣，乞下三司保明殿直已上有行止心力、諳會錢穀、累歷外任班行者充。從之。五年二月，中書門下言：北戎和好以來，發遣人使不絶，及雄州榷場商旅互市往來，因茲將帶皇朝以來臣寮著譔文集、印本傳布往彼，其中多有論説朝廷邊鄙機宜事，望行止絶。詔：自今並不得輒行雕印，如有合雕文集，仰於逐處投納一本附遞聞奏。候到，差官看詳，别無妨礙，降下許令刊板，方得雕印。如敢違犯，必行朝典，仍毁印板。及令沿邊州軍嚴切禁止，不得更令將帶上件文字出界。

慶（歷）〔曆〕五年九月，詔：河北、河東、陝西沿邊州軍有以堪造軍器物鬻於化外者，以私相交易律坐之，仍編管近裏州軍。

六年正月十八日，樞密院言：夏國近遣賀正旦人到闕，以錢銀博買物色，比前數多。欲令引伴鄭餘壽到界首，婉順諭以白承用等，今次博買物，以榷場未開，因茲應副。今後場中無者，必難應副，只於場中博易。從之。

皇祐四年十一月，詔宣徽使狄青：廣南吏民有與蠻人買賣博易者，斬訖以聞，仍徙其家嶺北。

嘉祐元年三月，詔：河北沿邊商人多與北客貿易禁物，其令安撫司設重賞以禁絶之。

二年二月，知並州龐籍言：西人侵耕屈野河地，本元藏訛龐之謀，若非禁絶市易，竊恐内侵不已。請權停陝西沿邊和市，使其國歸罪訛龐，則年歲間可與定議。詔禁陝西四路私與西人貨易者。

七年八月，開封府言：得知下溪州彭仕義原書天頭注云：仕一作任。言，乞與同誓二十州每歲入貢，於榷貨務便錢五百千下鼎州，原書天頭注云：務一作物。市諸物歸峒。從之。以上《國朝會要》。

治平四年八月十二日，神宗即位未改元。河東路經略司言：麟州申，西界乞通和市。勘會昨爲西界賊馬攻逼慶州大順成，尋勒住歲賜，令陝西四路、河東路經略司應沿邊有西界和市處，嚴切止絶，邊民不得將貨物私相交易。詔夏國已上表謝罪，及差人進奉，所有和市依舊放行。

神宗熙寧二年七月二十五日，涇原路經略使蔡挺言：乞朝廷嚴行禁止熟户與西人私相（傳）〔博〕買，仍乞差提點刑獄朝臣、武臣分路沿邊州軍按舉。路：疑誤。從之。

三年六月，三司言：相度雄、霸州、安肅軍三榷場乞將合支見錢除充北客盤纏等錢外，餘令筭臈茶行貨，如違，其監專、使臣等並依透漏違禁物貨條從違制並故失公私罪。從之。

四年十月十九日，詔：近雖令陝西、河東諸路止絶蕃漢百姓不得與西賊交易，訪聞止是去冬及今春出兵之際略能斷絶，自後肆意往來，所在無復禁止。昨於三月中，有大順城管下蕃部數持生絹、白布、雜色羅錦、被褥、臈茶等物至西界辣浪和市，復於地名黑山嶺與首領歲美泥咩、匕悖訛等交易，博過青鹽、乳香、羊貨不少。況近方令回使，議立和市，苟私販不絶，必無成就之理。及未通知之間，使賊有以窺測我意，深爲不便。可申明累降指揮，再下逐路經略司遵守施行。

五年九月一日，權三司使薛向言：延、秦、慶、渭等九州舊皆有折博務，召商人入芻糧、錢帛，償以解監，歲收緡錢一百六十六萬，而秦州當四十萬貫。今割秦之古渭寨以爲通遠軍，兼新城鎮洮軍皆未有折博務，故商旅未行。臣以爲並邊新造之地，宜有儲積，以待警急。願以其事下張詵、張穆之，使並置折博務，仍分十五萬與通遠，七萬與鎮洮。從之。

六年七月九日，梓州路提舉在京市易務言：河東漢蕃市易也廢，乞委轉運副使趙子幾經度。從之。

七年正月十七日，河東經略都轉運使言：同相度乞罷創置吴堡，其寧星和市依舊開通。從之。

八年二月二十五日，都提舉市易司言：乞借奉宸庫象牙、犀角、真珠直總二十萬緡於榷場交易，至明年終償見錢。從之。

九年二月十六日，河北西路轉運司言：北界甚有人户衷私興販，欲乞自今後應與化外人私相交易，若取與者並引領人皆配鄰州本城，情重者配千里，知情、般載人鄰州編管。許人告捕，每名賞錢五十千。係巡察官員、公人，仍與折未獲彊盗一名，原書天頭注云：與一作無。即犯人隨行並交易取與物過五十千者，盡給。因使交易，准此給賞。有透漏官司，及巡察

人杖一百；再透漏者，巡察官員奏裁。從之。

十年十月二十七日，客省言：於闐國進奉使羅阿廝難撒温等有乳香三萬一千餘斤，爲錢四萬四千餘貫，乞減價三千貫，賣於官庫。從之。

元豐二年三月二十二日，上批：西驛交市，舊法除賣於官庫外，餘悉聽與牙儈、原書天頭注云：悉一作息。市人交易。提舉市易司近奏，並令市易上界管認，一切禁其私市。聞戎人甚不樂。昨正旦使所須物，本務又不能盡有，不免責買於市肆。今會其贏數亦不多，宜令仍舊。

六月十七日，董氊貢奉大首領景青宜黨令支等辭，奉：原作奏，按《長編》卷二九八作奉，原書天頭注云：貢奏一作供奉。據改。上召諭曰：歸告董氊，今已許汝納欵，此後可數遣人來任便交易。

二十六日，廣南西路經略使曾布言：欽廉州宜各創驛安泊交易人，就驛置博易場，委州監押沿海巡檢兼管勾。從之。

六年七月十三日，經制熙河蘭會路邊防財用司言：乞於蘭州添置市易務，支撥錢本計置物貨，應接漢蕃人户交易，因以增助邊計。從之。

七年二月八日，知明州馬玿言：准朝旨，募商人於日本國市硫黄五十萬觔，乞每十萬觔爲一綱，募官員管押。從之。

七月二十九日，廣西經略安撫司乞於融州王口寨置博買務，通漢蕃互市，原書天頭注云：互一作交。乞度僧牒三十道爲本。從之。

哲宗元祐元年正月二十二日，左正言朱光庭言：累降指揮下陝西、河東路經略司，禁止邊人不得與夏國私相交易，訪聞私易殊無畏憚。詔將官及城寨使臣覺察，違者治之。

紹聖元年閏四月二十五日，三省、樞密院言：商賈於海道興販，並具人船物貨名數所詣處經州投狀往高麗者，財本必及三千萬貫，船不許過兩隻，仍限次年迴。召本土有物力户三人委保物貨，內毋得夾帶兵器。從之。以上《續國朝會要》。

高宗紹興十二年五月四日，户部言：近承指揮，於盱眙建置榷場博易，買南北物貨。爲和議已定，恐南北客人私自交易，引惹生事。今條具下項：一、淮西、京西令逐路總領錢糧官司、本路漕司、陝西令川陝宣撫司都轉運司同共相度議定置場去處，合用折博物貨，從本部量度申朝廷給降。一、南客難與北客私相博易，南客物貨並於逐路榷場令監官臨時酌度價直，每貫搭息不得過二分，盡數兑買入官，原書天頭注云：兑一作充。監官別行搭息，與北官博易施行。一、每場置主管官二員，乞從朝廷選差，內陝西一場主管官，原書天頭注云：場一作差。令宣撫司就近選差，仍令置場去處知、通兼提點，或知縣、縣丞兼行主管，監司每季檢察。詔依，仍令於逐路見在錢內先次支撥本錢，具支撥錢數申尚書省。

十一日，詔盱眙軍見措置榷場，令户部辟差一次。

十七日，左朝散大夫、直秘閣、知盱眙軍措置榷場沈該言：竊惟朝廷創置榷場，以通南北之貨，嚴津渡之禁，不許私相（買）〔貿〕易。然沿淮上下東自（楊）〔揚〕、楚，西際光、壽，無慮千餘里，其間窮僻無人之處，則私得以渡，水落石出之時，則淺可以涉，不惟有害榷場課利，亦恐寖起弊端。欲望嚴賜戒飭沿淮一帶州縣重立罪賞覺察禁止，庶幾內足以專課息之源，外足以固鄰國之好。詔令陳兗、吴序賓、胡紡嚴切禁止覺察。

二十二日，司農卿、總領淮東軍馬錢糧胡紡言：今承指揮，令淮西總領官與漕司於對境去處措置榷場，就行提領。其先准指揮，令紡覺察淮西私渡等事，更合取自朝廷指揮。勘會胡紡係見任司農卿，即非外任官司合覺察西路。詔胡紡依前後已降指揮嚴切覺察。

八月七日，户部狀：（如）〔知〕盱眙軍措置榷場沈該言：原書天頭注云：如疑如，當是。近來泗州並不放北客過來，竊慮南客聞知如此，未肯前來。今相度，欲日後遇有南客到場，令主管官斟量行貨，原書天頭注云：斟一作勘。將小客每十人互相委保，抄上姓名，據逐人所有物貨留一半在場，先給一半前去，止許過淮到泗州榷場博易。候博買到北貨回來，赴本場寄留，卻給放留一半，再押過博易了當，計往來南北貨物錢數，各重搭息錢入官。所有大客並依舊拘留在場，准備北客到來博易。其北客渡淮，依已降指揮，令渡口官司抄上姓名，押赴本場博易物貨，庶幾北岸亦肯放過北客。日後博易增羨，本部今措置，欲將實係一百貫以下物貨之人爲小客，如大商輒敢詭名分作小客過淮賣買，許保內及諸色告首，原書天頭注云：色一作司，疑是。以隨行物貨給付充賞，犯人依越渡黄河法斷罪。從之。

十九日，户部言：今來建置榷場，欲將歲終收息立定賞罰下項：主

管司兼主管同。任內至歲終，將本錢比較息錢，謂如本錢一萬貫，收息錢一千貫一分之類，本錢不滿萬餘貫，不推賞。增已下內選人比類施行。六分以上，減磨勘半年；七分以上，減磨勘一年；八分以上，減磨勘一年半；九分以上，減磨勘二年；一倍以上，減磨勘二年半。虧爲收息不及者。五分，展半年磨勘；四分，展一年磨勘；三分，展一年半磨勘；二分，展二年磨勘；一分，展二年半磨勘。虧五分至展二年半磨勘，此處展磨勘年數疑有誤，或所虧分數順序有誤。主管官兼主管同除依格賞外，如增及七分以上，如：原作加，原書天頭注云：加一作如，據改。支錢一百貫，每一分加五十貫，至二百貫止，並於息錢內支，仍共給。仍：疑誤。提點措置知、通除難以支賞錢外，如至歲終，依前項增息，比主管官格法遞加半年磨勘，加：疑當作減。如虧息，令總領錢糧官具因依申取指揮責罰施行。總領錢糧官及提領監司（侯）〔候〕歲終，令本司開具息錢增虧數目，從户部點對比較，取旨賞罰。從之。

十月六日，户部言：盱眙榷場將南客販到草末茶，止許與本場官折博，不得令南、北客相見博易茶貨。從之。

十二月二十日，户部言：主管淮東盱眙榷場曹泳劄子：客人於本場博買到北貨，從本場出給關子，從便前去貨賣，仍兑半税。原書天頭注云：兑一作免。其經由税務既收税後，更不契勘有無本場關引，及關引內同與不同，關：疑作闕。即便放行措置。欲將本場關引從提領司印給，排立字號，付本場置曆消破，旬具支破數目、客人姓名、物貨名件，申提領司照會點檢。儻或本場開具不同，及於關引內影帶數目，許經由税務徑申提領司根究，將本場官吏重賜行遣。如或經由州縣税務點檢得有客旅將帶北貨無本場關引，及關引內數目不同，不即根究，容縱放行，致有透漏，其税務官吏並乞依透漏私茶鹽法科罪。仍卻許本場覺察，庶幾有以關防。從之。

十四年正月二十九日，詔：北使所過州軍如要收買物色，令接引送伴所應副，即不得縱令百姓與北使私相交易。可立法禁止。

十五年十月二十八日，詔省邵州瀘溪寨博易場監官，令知寨兼行管干，從本路諸司請也。

十九年正月十一日，上謂宰執曰：國信所回易恐引惹生事，可降旨令罷。

二十一年十月十八日，詔：光州已置榷場，所有合行事件，並依盱眙軍榷場體例施行。

二十四年七月八日，詔復置黎州在城、雅州碉門、靈關兩寨三處博易場，委四川提舉茶馬司專一提舉。以本路諸司有請，從户部看詳也。

二十六年六月二十六日，詔：黎、雅州博易場見收買珠、犀、水銀、麝香並罷，已買者赴激賞庫送納。日後蕃蠻將到珠、犀等，並令民間依舊交易。

二十八年二月七日，詔沿海州軍（州）〔知〕、通依條不得博易，令監司常切覺察。以知欽州戴萬言：邕、欽、廉州與交趾接，自守倅以下所積俸餘，悉皆博易。故有是詔。

二十九年二月一日，盱眙軍言：據北界移文，唐、蔡、鄧、秦、鞏、洮州、鳳翔府等處榷場，只存留泗州榷場一處，每五日一次開場。詔盱眙軍榷場存留，餘並罷。【略】

十一月二十一日，權發遣黎州軍州事馮時行言：原書天頭注云：馮一作馬。到任便民事，內一項：本州係蕃蠻互市之地，所出犀角、真珠等物，官吏於蕃蠻兩行牙人收買，虧損價直。乞應干互市貨物，不許見任官收買，如有違犯，重寘典憲。詔依。以上《中興會要》。

孝宗隆興二年二月二十一日，詔令四州總領所措置樁辦錢一百萬貫，招誘商販乾薑、絹布、茶貨、絲、麻之類，增直收買。仍委宣撫司同本所措置於近邊置場，博易軍須等物應副支用，及約束州縣常切鈐束專欄，不得高喝税錢，務要優潤客人，廣行興販。中書門下言：西北必用之物，而本處所無，如乾薑、絹、布、茶貨、絲、麻之類，訪聞有商旅私相博易，不惟失陷税課，兼恐漏泄事宜。故有是命。

十二月十八日，詔盱眙軍依舊建置榷場。於是淮東安撫周淙、知盱眙軍胡昉言：紹興十二年創置榷場，降到本錢十六萬五千八百餘貫，係以香藥、雜物等紐計作本，今欲從朝廷斟量支降。舊制：總領兼提領官，知軍兼措置官，通判兼提點官，榷場置主管官二員、押發官二員，主管官係朝廷差注，押發官從措置官辟差。其客人販到物貨，令主管官斟量依市直估價通放過淮。每貫收息錢二百、牙錢二十、腳錢四文，牙錢以十分爲率，九分官收，一分均給牙人；其腳錢盡數支散腳户。舊制：客人自泗

州易到回貨，令盡數於場安頓，本軍選差監官一員看驗收稅，關報榷場出給關引付客人，賫執沿路稅場照驗，與免一半稅錢。如官司奉行違戾，許客旅陳訴，具申朝廷。其官吏請給，於本場收到息錢內支給，公吏並行重祿。舊制：以客人販薑貨、雜物至場博易，多至楚州北神鎮私渡過淮，遂行下瓜洲、楊州邵伯、高郵、寶應、楚州淮陰、龜山稅場，各置走歷二道，往來交傳至本場博易，每月終，分聽取索點檢結押。舊制：客人販物貨到本軍，赴稅務投納稅錢訖，給標子付客人收執，賫所販物貨上場博易。其南客所販物貨，到本軍先經稅務投稅，（投：原作援，原書天頭注云：援一作投，據改。）給關子收執前去。泗州榷場博易，每甲不得過十人，物貨不得過三百貫。應諸軍將校有官人及西北歸正人，並不許過淮。舊例每日一次發客至紹興，二十九年緣諸路廢罷榷場，止有本軍一處通放客旅，當時令五日一次，遇有過淮客人，具人數姓名赴措置司，每名請牌子並空名關子各一，赴本場批鑿貨物名件付客人收執，候過淮，從本渡拘收牌子赴軍回納。已上事件，今乞並依舊例施行。仍乞將榷場拘收茶引通貨錢，每引減免三貫，於榷貨務所納番引錢上添起。淮西州軍亦乞依此。如願過淮博易，經由榷場卻免再納本場翻引錢，正收通貨錢。（正：疑當作止。）盱眙知軍帶專一措置沿淮公事，務禁絶楚州北神鎮及濠州接界等處私渡之弊。詔户部先次支降見錢五萬貫，餘並從之。

乾道元年二月五日，詔忠翊郎劉度提轄淮南東路盱眙軍榷場，提轄官每月特支別給錢三十貫，添給錢二十貫，供給錢依州鈐轄例。申發奏狀，遞角徑入斥候，差進奏官承受。

三月十一日，詔隨州棗陽縣榷場移置於襄陽府鄧城鎮，其合置榷場官屬及給降物貨於本錢等，（原書天頭注云：二一作三。）照應舊例施行。於是權兵部尚書、湖北京西路制置使沈介言：今於鄧城鎮修置榷場，欲依舊令總領官司漕臣提領措置，依例支降本錢五萬貫，於湖南總領所支撥，令用博易物色匹帛香藥之類，從朝廷支降，付場博易。其餘合行事件，並依盱眙軍體例施行。從之。

四月七日，詔壽春府花靨鎮建置榷場。於是知壽春府吴超條具所行事件，並乞依盱眙軍榷場體例施行。從之。

二十五日，詔盱眙知軍可兼提轄榷場。

七月三日，淮南東路盱眙軍榷場言：據客人薛太販到沙魚皮二百二十五箇到場通貨，（於本錢等：此處疑有脱誤。）慮是違禁之物，元降指揮不曾該載。緣可以權裹馬鞍、裝飾刀劍，係堪造軍器之物，理宜禁止。詔：今後客人販沙魚皮過界，依販犬馬皮等斷罪，仍申明行下。

九月十五日，詔光州光山縣界中渡市建置榷場。於是知光州郭均申請：乞從朝廷支降本錢，或用虔布、木綿、象牙、玳瑁等物折計降下，内合置官吏及應干合行事件，乞下户部檢照盱眙軍榷場申請到指揮全文行下，以憑遵守。從之。

二十二日，詔：淮東總領所行下本場，依紹興十三年五月六日指揮，自今年六月一日至來年六月一日終，通揍一全年開具所收錢數比較施行。其餘榷場依此。以盱眙軍榷場申：自六月一日通放客旅，將來合行比較年額，緣興販之初，收息微細，乞至年終，殘零月分免比較，截自來年正月至年終立額，於次年月日比較。故有是詔。

二年四月二日，京西路轉運司申：近聞北界於唐州城南別置榷場一所，曾有板榜至棗陽軍界首招誘客旅，多有不經襄陽稅務，並鄧城榷場徑自棗陽軍界往唐州博易買賣。乞支撥本錢，就棗陽軍添置榷場一所。詔令户部相度，後不果行。

三年六月二日，詔盱眙軍改兼措置榷場，（盱眙軍：疑當作知盱眙軍。）通判改兼提轄榷場，自後守倅依此。

閏七月十二日，尚書度支郎中唐珣言：襄陽府榷場，每客人一名入北界交易，其北界先收錢一貫三伯，方聽入榷場，所將貨物又有稅錢，及宿食之用並須見錢。大約一人往彼交易，非將見錢三貫不可。歲月計之，走失見錢何可紀極。而北界商人未有一人過襄陽榷場者，聞於光州棗陽私相交易，每將貨來，多欲見錢，仍短其陌，意在招誘，嗜利犇凑者衆。今錢荒之甚，豈容闌出如此？乞委京西帥、漕司同共措置。從之。

五年九月四日，詔省罷盱眙軍榷場提轄官，餘路准此。

十月十七日，權發遣安豐軍張士元言：本軍管下花靨鎮榷場課額，全籍收納通貨錢，近年上司差人收買北物，多是般販南貨，各執文引，又與榷場通情，不依則例收納官錢，走失課額。及與客人搭帶貨物，州郡無從檢察。所買回貨，多紫草、紅花之類，實倚官引影占作弊。乞自今有官

司文引影占般販之人，許隨所在申審；如係近上官司，亦許申朝廷。仍行下安豐、盱眙軍、光州等處榷場遵守。從之。

八年十一月十四日，中書門下言：已降指揮，令淮南、京西安撫轉運司鈐束榷場客人，不得以銀過淮博易。聞沿邊州軍全不約束。詔行下沿邊守臣督責巡尉並榷場主管使臣等嚴行禁止。

九年二月七日，臣寮言：昨來朝廷曾差使臣般發檀香前去安豐軍，同本軍知軍措置博易絲絹。今乞將庫管檀香依昨來體例般發，委本軍措置。詔於左藏庫支給三分以上檀香三十斤，吏部差短使一員管押前去。

三月二日，知揚州王之奇言：准朝旨，令措置禁止北界博易銀、絹。聞泗州榷場廣將北絹低價易銀，客人以厚利多於江浙州軍，厚：原作原，原書天頭注云：原一作厚，據改。販銀從建康府界東陽過渡，至真州取小路徑至盱眙軍，過河博易，致鎮江府街市鋪户茶鹽客人闕銀請納鹽鈔、原書天頭注云：請一作送。茶引等。除已行下淮南沿江州軍將應干私渡取會依條禁止外，有江東、西、浙西、湖北州軍沿江私渡，亦乞嚴賜禁止。若並行官渡，則私販自絶。所有官渡乞更不令民間承買，仍選有心力使臣監渡，重立賞罰。詔逐路沿江州軍將應干官私渡見官監買樸去處，逐一開具申尚書省。

嘉定十年三月一日，原書天頭注云：此條應在後。臣僚言：沿海州縣如華亭、海鹽、青龍、顧逕與江陰、鎮江、通泰等處，姦民豪户廣收米斛販入諸蕃，每一海舟，所容不下一二千斛，或南或北，利獲數倍，穀價安得不昂？民食安得不乏？又況南北貿易之際，能保其不泄漏事體，以挺釁召變乎？乞下沿海州軍各敕所屬縣鎮籍定海舟，應有買販入蕃，先具名件經官給據，委官檢實，方得出海巡警。官司必看驗公憑，方許放行。如海商過蕃潛載係禁之物，許令徒黨告首，事涉重害者，以舟中之物與之充賞。至若米斛在舟，只許會計舟人期程公用，不得過數般販入蕃，庶幾姦民知所畏戢。從之。

紹熙五年四月十九日，原書天頭注云：此條應在前。户部言：盱眙軍申：淮河榷場發客，本軍專一關防透漏之弊，已措置給牌分地分不得互相踰越外，内主管官只合在大門下勾銷搜檢。緣當來係依安豐軍花靨鎮例，今尚仍前逾越地分，即與今來約束事體不同。本部照得安豐軍榷場係在管下，離軍約三十里，止有巡檢一員，別無官屬，搜檢之責，專在主管官。今來盱眙榷場係在城内，至渡口不及半里，搜檢既有職官兵官、監渡使臣，互相關防，無不備至，則安豐軍體例委難引用。從之。

（清）徐松《宋會要輯稿·刑法二·禁約》〔嘉定〕十一年四月四日，臣僚言：朝廷以浙左諸郡去歲小歉，民生艱食，權宜通變，從商販運米過江，救災恤民，不容不爾。夫何乘隙好利之徒，抵冒法禁，一離江岸，蕩無禁止，遵海而往，透入虜界者不一。邇者浙右如華亭、海鹽、江陰、顧逕等處，其爲漏泄米斛不可勝計。且天禍彼國，連年飢饉，猶且逞其兇暴，而吾之姦民趁利玩法以資盜糧，利害豈小！乞行下淮浙漕司及沿海州郡，各飭所屬措置關防。如獲到違戾之人，研窮勘鞫，處以軍法。其能告捕者，官司給賞之外，盡以所載之物與之。斷在必行，期以無犯。從之。

《續文獻通考》卷二六《市糴考》 遼太宗時，雄州高昌渤海立互市，以通南京西北諸部高麗之貨。

時女真以金、帛、布、蜜蠟、諸藥材，及鐵离，靺鞨于厥等部以蛤珠、青鼠、貂鼠、膠魚之皮、牛、羊、駝、馬毳、罽等物來易於遼者，道路繦屬。

《遼史·地理志》曰：上京南門之東有回鶻營，回鶻商販留居上京，置營居之。

會同二年五月，禁南京鬻牝羊出境。

聖宗統和十五年七月，禁吐谷渾別部鬻馬於宋。

二十三年，振武軍及保州並置榷場。

時北院大王耶律舒嚕以本部俸羊多闕，部人貧乏，請以羸老之羊及皮毛歲易南中之絹，彼此利之。

臣等謹按，是年即宋真宗景德二年也。先是，二十二年十二月，澶淵之役，彼此議和。至是年二月，復置榷場於振武軍。馬端臨《考》亦載景德初通好北戎，乃復於雄霸州安肅軍置三榷場，當亦在是時。

興宗重熙八年正月，禁朔州鬻羊於宋。

十一年六月，禁氈銀鬻入宋。

遼鄰國市易物。

熟女真國以金、帛、布、黄蠟、天南星、人參、白附子、松子、蜜等於邊上交易訖即歸本國。契丹商賈人等亦入其國交易。

烏舍國、阿里眉國、波斯嚕國等，歲以大馬、蛤珠、青鼠皮、貂皮、膠魚皮、蜜臘諸物販與北番仕便往來交易。

鐵离國阿異眉國以王馬、蛤珠、鷹鶻、青鼠、貂鼠等皮、膠魚皮等物交易。

靺鞨國以細鷹鶻、鹿、細白布、青鼠皮、銀鼠皮、大馬、膠魚皮等交易。

鐵离喜失牽國以羊馬牛駝皮毛之衣交易。

蒙古里國、于厥國、别古里國、達達國各以牛羊駝馬皮毳之物交易。

《金史》卷五〇《食貨志·榷場》 榷場，與敵國互市之所也。皆設場官，嚴厲禁，廣屋宇以通二國之貨，歲之所獲亦大有助於經用焉。

熙宗皇統二年五月，許宋人之請，遂各置於兩界。九月，命壽州、鄧州、鳳翔府等處皆置。海陵正隆四年正月，罷鳳翔府、唐、鄧、潁、蔡、鞏、洮等州并膠西縣所置者，而專置于泗州。尋伐宋，亦罷之。五年八月，命榷場起赴南京。

國初於西北招討司之燕子城、北羊城之間嘗置之，以易北方牧畜。世宗大定三年，市馬於夏國之榷場。四年，以尚書省奏，復置泗、壽、蔡、唐、鄧、潁、密、鳳翔、秦、鞏、洮諸場。七年，禁秦州場不得賣米麵、及羊豕之腊，并可作軍器之物入外界。

十七年二月，上謂宰臣曰：宋人喜生事背盟，或與大石交通，恐枉害生靈，不可不備。其陝西沿邊榷場可止留一處，餘悉罷之。令所司嚴察姦細。前此，以防姦細，罷西界蘭州、保安、綏德三榷場。二十一年正月，夏國王李仁孝上表乞復置，以保安、蘭州無所産，而且税少，惟於綏德爲要地，可復設互市，命省臣議之。宰臣以陝西隣西夏，邊民私越境盗竊，緣有榷場，故姦人得往來，擬東勝可依舊設，陝西者並罷之。上曰：東勝與陝西道路隔絶，貿易不通，其令環州置一場。尋於綏德州復置一場。

十二月，禁壽州榷場受分例。分例者，商人贄見場官之錢幣也。

章宗明昌二年七月，尚書省以泗州榷場自前關防不嚴，遂奏定從大定五年制，官爲增修舍屋，倍設闌禁，委場官及提控所拘榷，以提刑司舉察。惟東勝、净、慶州、來遠軍者仍舊，餘皆修完之。

泗州場，大定間，歲獲五萬三千四百六十七貫，承安元年，增爲十萬七千八百九十三貫六百五十三文。所須雜物，泗州場歲供進新茶千胯、荔支五百斤、圓眼五百斤、金橘六千斤、橄欖五百斤、芭蕉乾三百箇、蘇木千斤、温柑七千箇、橘子八千箇、沙糖三百斤、生薑六百斤、梔子九十稱，犀象丹砂之類不與焉。宋亦歲得課四萬三千貫。

秦州西子城場，大定間，歲獲三萬三千六百五十六貫，承安元年，歲獲十二萬二千九十九貫。承安二年，復置於保安、蘭州。

三年九月，行樞密院奏，斜出等告開榷場，擬於轄里尼要安置，許自今年十一月貿易。尋定制，隨路榷場若以見錢入外界，與外人交易者，徒五年，三斤以上死。

宋界諸場，以伐宋皆罷。泰和八年八月，以與宋和，宋人請如舊置之，遂復置於唐、鄧、壽、泗、息州及秦、鳳之地。

宣宗貞祐元年，秦州榷場爲宋人所焚。二年，陝西安撫副使烏古論兗州復開設之，歲所獲以十數萬計。

三年七月，議欲聽榷場互市用銀，而計數税之。上曰：如此，是公使銀入外界也。平章盡忠、權參知政事德升曰：賞賜之用莫如銀絹，而府庫不足以給之。互市雖有禁，而私易者自如。若税之，則斂不及民而用可足。平章高琪曰：小人敢犯，法不行爾，況許之乎。今軍未息，而産銀之地皆在外界，不禁則公私指日罄矣。上曰：當熟計之。興定元年，集賢諮議官吕鑑言：嘗監息州榷場，每場獲布數千匹，銀數百兩，兵興之後皆失之。【略】

和糴。熙宗皇統二年十月，燕、西、東京，河東，河北，山東，汴京等路秋熟，命有司增價和糴。

世宗大定二年，以正隆之後倉廩久匱，遣太子少師完顔守道等山東東、西路收糴軍糧，除户口歲食外，盡令納官，給其直。三年，謂宰臣曰：國家經費甚大，向令山東和糴，止得四十五萬餘石，未足爲備。自古有水旱，所以無患者，由蓄積多也。山東軍屯處須急爲二年之儲，若遇水旱則用賑濟。自餘宿兵之郡，亦須糴以足之。京師之用甚大，所須之

儲，其敕户部宜急爲計。

五年，責宰臣曰：朕謂積貯爲國本，當修倉廩以廣和糴。今聞外路官文具而已。卿等不留心，甚不稱委任之意。六年八月，敕有司，秋成之後，可於諸路廣糴，以備水旱。九年正月，諭宰臣曰：朕觀宋人虚誕，恐不能久遵誓約。其令將臣謹飭邊備，以戒不虞。去歲河南豐，宜令所在廣糴，以實倉廩。詔州縣和糴，毋得抑配百姓。十二年十二月，詔在都和糴以實倉廪，且使錢幣通流。又詔凡秋熟之郡，廣糴以備水旱。十六年五月，諭左丞相紇石烈良弼曰：西邊自來不備儲蓄，其令所在和糴，以備緩急。

十七年春，尚書省奏，先奉詔賑濟東京等路飢民，三路粟數不能給。上曰：朕嘗諭卿等，豐年廣糴以備凶歉。卿等皆言天下倉廩盈溢，今欲賑濟，乃云不給。自古帝王皆以蓄積爲國長計，朕之積粟豈欲獨用。即今不給，可於鄰道取之。自今多備，當以爲常。四月，尚書省奏，東京三路十二猛安尤闕食者，已賑之矣。尚有未賑者。詔遣官詣復州、曷蘇館路，檢視富家，蓄積有餘增直以糴。令近地居民就往受糧。

十八年四月，命泰州所管諸猛安、西北路招討司所管奚猛安，咸平府慶雲縣、霧鬆河等處遇豐年，多和糴。

章宗明昌四年七月，諭旨户部官，聞通州米粟甚賤，若以平價官糴之，何如？於是，有司奏，中都路去歲不熟，今其價稍減者，以商旅運販繼至故也。若即差官争糴，切恐市價騰踴，貧民愈病，請俟秋收日，依常平倉條理收糴。詔從之。

明昌五年五月，上曰：聞米價騰踴，今官運至者有餘，可減直以糶之。其明告民，不須貴價私糴也。

六年七月，敕宰臣曰：詔制内饑饉之地令減價糶之，而貧民無錢者何以得食，其議賑濟。省臣以爲，闕食州縣，一年則當賑貸，二年然後賑濟，如其民實無恒産者，雖應賑貸，亦請賑濟。上遂命間隔飢荒之地，可以辨錢收糴者減價糶之，貧乏無依者賑濟。

宣宗貞祐三年十月，命高汝礪糴於河南諸郡，令民輸輓入京，復命在京諸倉糴民輸之餘粟。侍御史黄擲奴申言：汝礪所糴足給歲支，民既於租賦之外轉輓而來，亦已勞矣。止將其餘以爲歸資，而又强取之，可乎。且糴此有日矣，而止得二百餘石，此何濟也。詔罷之。十二月，附近郡縣多糴於京師，穀價騰踴，遂禁其出境。

四年，河北行省侯摯言：河北人相食，觀、滄等州斗米銀十餘兩。伏見沿河諸津許販粟北渡，然每石官糴其八，商人無利，誰肯爲之。且河朔之民皆陛下赤子，既罹兵革，又坐視其死，臣恐弄兵之徒得以藉口而起也。願止其糴，縱民輸販爲便。詔從之。又制凡軍民客旅粟不於官糴處糶，而私販渡河者，杖百。沿河軍及譏察權豪家犯者，徒年、杖數並的決從重，以物没官。

上以河北州府錢多，其散失民間頗廣，命尚書省措畫之。省臣奏：已命山東、河北榷酤及濱、滄鹽司，以分數帶納矣。今河北艱食，販粟北渡者衆，宜權立法以遮糴之。擬於諸渡口南岸，選通練財貨官，先以金銀絲絹等博易商販之糧，轉之北岸，以迴易糴本，兼收見錢。不惟杜姦弊，亦使錢入京師。從之。

又上封事者言：比年以來屢艱食，雖由調度征斂之繁，亦兼幷之家有以奪之也。收則乘賤多糴，困急則以貸人，私立券質，名爲無利而實數倍。飢民惟恐不得，莫敢較者，故場功甫畢，官租未了，而囤已空矣。此富者益富，而貧者益貧者也。國朝立法，舉財物者月利不過三分，積久至倍則止，今或不期月而息三倍。願明敕有司，舉行舊法，豐熟之日增價和糴，則在公有益，而私無損矣。詔宰臣行之。是年，權河東南路宣撫副使烏古論慶壽言邀糴事。見《鹽志》下。

興定元年，上頗聞百姓以和糴太重，棄業者多，命宰臣加意焉。八月，以户部郎中楊貞權陝西行六部尚書，收給潼、陝軍馬之用，奏糴販糧濟河者之半，以寬民。從之。

六月，立和糴賞格。

《通制條格》卷一八《關市・下番》 至元二十五年八月，中書省御史臺呈：海北廣東道提刑按察司申，廣州官民於鄉村糴米伯碩阡碩至萬碩者，往往般運前去海外占城諸番出糶，營求厚利，擬合禁治。都省准呈。

《通制條格》卷一八《關市・市舶》 延祐元年七月十九日，欽奉聖旨節該：中書省奏：在前設立市舶，下番博易，非圖利國，本以便民。

比聞禁止以來，香貨、藥物銷用漸少，價直陡增，民用闕乏，乞開禁事。准奏，仰於廣東、泉州、慶元復立市舶提（與）〔舉〕司，杭州依舊設立市舶庫，專知市舶公事，直隸行省管領，諸人不得攙擾沮壞。所有法則開列於後：

一、金、銀、銅錢、鐵貨，男子婦女人口，絲綿、段疋、銷金綾羅、米糧、軍器，並不許下海私販諸番。違者，舶商、船主、綱首、事頭、火長，各決壹伯柒下，船物俱行没官。若有人首告得實，於没官物内壹半充賞。重者，從重論。發船之際，仰本道廉訪司嚴加體察。

一、抽分則例：粗貨拾伍分中抽貳分，細貨拾分中抽貳分，據舶商回帆，已經抽解訖物貨，市舶司並依舊例，於抽訖物貨内，以叁拾分爲率，抽要舶税壹分，通行結課，不許非理刁蹬舶商，取受錢物。違者，計贓，以枉法論罪。

一、諸王、駙馬、權豪勢要、僧、道、也里可温、荅失蠻諸色人等，下番博易到物貨，並仰依例抽解。如有隱匿，不行依理抽解，許諸人首告，取問是實，錢物没官，犯人決杖壹伯柒下，有官者罷職，仍於没官物内，壹半付首告人充賞。若有執把免抽聖旨、懿旨，仰行省、宣慰司、廉訪司就便拘收。

一、拘該市舶去處，行省官、宣慰司官、市舶司官，不得拘占舶船，梢帶錢物，下番買賣。如違，許諸人首告，取問是實，犯人決杖壹伯柒下，罷職不叙，錢物没官，没官物内，壹半付告人充賞。船主、事頭不舉首者同罪。

一、下番使臣，在前託以採取藥材，根買希罕寶貨，巧取名分，徒費廩給，今後並行禁止。果有必合遣使者，從中書省聞奏差遣，其餘諸衙門近侍人等，不得干預。朝廷若有宣索諸物，責令順便番船綱首，博易納官。

一、諸處舶商，每遇冬汛北風發舶，從舶商經所在舶司陳告，請領總司衙門元發公驗、公憑，並依在先舊行關防體例填付。舶商大船請公驗，柴水小船請公憑。願往番邦，明填所往是何國土經紀，不得詭寫管下洲、島別名，亦不許越過他國。至次年夏汛南風回帆，止赴元請給驗、憑發船舶司抽分，不許越投他處舶司。各處市舶司，如不係本司元發船隻，亦不得信從風水不便，巧説事故，一面抽分。違者決伍拾柒下，解見任；因而受財者，以枉法論。如本舶司依見定例抽解訖，從舶商發賣與般販客人，亦依舊例，就於所在舶司請給公遣，從便於各處州縣依例投税貨賣。如不於元指所往番邦經紀，轉投别國博易物貨，雖稱風水不便，並不憑准，船物盡行没官，舶商、船主、綱首、事頭、火長各杖壹伯柒下。若有告首者，於没官物内，壹半付告人充賞。

一、舶商請給公據，照舊例召保舶牙人，保明某人招集人伴幾名，下舶船收買物貨，往某處經紀。公驗開具本船財主某人，直庫某人，梢工某人，雜事等某人，部領等某人，碇手某人，（作）〔人〕伴某人，船隻力勝若干，檣高若干，船面闊若干，船身長若干。每大船壹隻止許帶柴水船壹隻，捌櫓船壹隻，餘上不得將帶。所給大小船公驗、公憑，各仰在船隨行。如有公驗或無公憑，及數外多餘將帶，即是私販，許諸人告（補）〔捕〕得實，犯人決壹伯柒下，船物俱没官，没官物内，壹半付告人充賞。所載柴水、捌櫓小船，於公憑内備細開寫，亦於公驗内該寫力勝若干，檣高若干，船面闊若干，船身長若干，召到物力户某人委保，及與某人結爲壹甲，互相作保。如將帶金銀違禁等物下海，或將姦細、歹人回舶，並元委保人及同結甲人一體坐罪。公驗後空紙捌張，行省用訖縫印於上。先行開寫販去貨物各各名件、觔重若干，仰綱首某人親行填寫。如到彼國博易物貨，亦仰綱首於空紙内，就於地頭，即時日逐批寫所博到物貨名件、色數，點秤抽分。如曾停泊他處，將販至物貨轉變、滲泄作弊，及抄填不盡，或因事敗露到官，即從漏舶法，決杖壹伯柒下，財物没官，保内人能自告首，將犯人名下物貨壹半充賞。如舶司官吏容庇，或覺察得因事發露到官，定將官吏斷罷不叙。所給公驗，行中書省置半印勘合文簿，立定字號，付綱首某人收執。前去某處經紀，須要遵依前項事理。所有公憑小船並照公驗一體施行。

一、海商不請驗憑，擅自發船，並許諸人告捕，舶商、船主、綱首、事頭、火長各杖壹伯柒下，船物俱行没官，於没官物内壹半付告人充賞。如已離舶司，即於沿路所在官司告捕，依上追斷給賞。

一、海商自番國及海南收販物貨到國，已赴市舶司抽分，而在船巧爲藏匿者，即係漏舶，並行没官。仍許人告首，依例於没官物内壹半充賞。

犯人決杖壹伯柒下。

一、舶商去來不定，多在海南州縣走泄細貨。仰籍定姓名，仍令海南海北廣東道沿海州縣鎮市地面軍民官司用心關防。如遇回舶船隻到岸，嚴切催趕起離，前赴市舶司抽分。如官吏知情容縱，決伍拾柒下；受賂者，計贓以枉法論罪。

一、市舶司招集舶商船隻，行省以下衙門不得差占，及有新造成舶船之家，並仰籍定數目，今後亦不得差占，有妨舶商興販經紀。其有運糧船隻，不得因而夾帶奪占，失悞海運。

一、各處市舶司，每年辦到舶貨，除合起解貴細之物外，據其餘物色必須變賣者，所委監抽官、監臨有司，隨即估計實直價錢，再令不干礙官司，委廉幹正官復估相同，別無虧官損民，將民間必用並不係急用物色，驗分數互相配答，須要一併通行發賣，作鈔解納。並不許見任官府、權豪勢要人等詭名請買。違者許諸人首告得實，將見獲物價盡數沒官，於沒官價內壹半付告人充賞，犯人決杖陸拾柒下。仍仰監察御史、肅政廉訪司嚴行體察。

一、番船、南船，請給公驗、公憑回帆，或有遭風、被劫事故，合經所在官司陳告，體問的實，移文市舶司，轉申總司衙門，再行合屬體覆。如委是遭風、被劫事故，方許銷落元給驗、憑字號，若妄稱遭風、被劫事故，私般物貨，欺謾官司，送所屬勘問是實，舶商、船主、綱首、事頭、火長，各決壹伯柒下，同船梢水人等各決柒拾柒下，船物盡行沒官。若有人首告，於沒官物內，壹半充賞。或有（公）〔沿〕途山嶼、灘岸停泊，（漏）〔汲〕水取柴，恐有梢碇、水手、搭客等人，乘時懷袖偷藏貴細物貨，上岸博易物件；或（著）〔有〕商舶之家回帆將到舶司，私用小船推送食米接應舶船，却行般取貴細物貨，不行抽解，即是滲泄，並聽諸人告捕，全行斷沒，犯人杖壹伯柒下，告捕人於沒官物內壹半充賞。仍仰沿海州縣，出榜曉諭嶼嶼等處鎮守軍官、巡尉人等，常切巡捉催趕船隻，隨即起離彼處，不許久停，直至年例停泊去處，劃時具申。各處市舶司差廉能官封堵坐押，赴元發市舶司，又行差官監般入庫，檢空船隻，搜檢在船人等懷空，方始放令上岸。如在番阻風住冬不還者，次年回帆，取問同船或同伴船隻人等是實，依例抽分。若是妄稱風水不便，轉折買賣，許諸人首告得實，舶商、船主、綱首、事頭、火長各決壹伯柒下，同船梢水人等，各決柒拾柒下，船物盡行沒官，於沒官物內，壹半付告人給賞。

一、海商所用兵器並銅鑼作具，隨舶泊處，具數申所屬依例寄庫，起舶（司）〔日〕給付。除外多餘將帶，同私販法。

一、海商每船募綱首、直庫、雜事、部領、梢工、碇手，各從便具名呈市舶司申給文憑。船請火印爲記，人結伍名爲保。

一、海商貿易物貨，以舶司給籍用印關防，具注名件觔數，綱首、雜事、部領、梢工書押，回日以物籍公驗納市舶司。

一、行省、市舶司官，每歲斟酌舶船回帆之時，本省預爲選差廉幹官員，比之肆月已裏，須到抽解處所，等待舶船到來，隨即依例封堵，挨次先後抽分。不得因而遲延，走泄物貨。其所差監抽官亦不得違期前去，停滯舶商人難。

一、定到舶法、抽分則例關防節目，仰行省、各處市舶司所在官員奉行謹守，不得減裂違犯。行御史臺、廉訪司常加體察，毋致因而看循廢弛。

一、番國遣使賫擎禮物赴闕朝見，仰具所賫物色，報本處市舶司秤盤檢驗，別無夾帶，開申行省移咨都省。如隱藏不報，或夾帶他人物貨，不與抽分者，並以漏舶論罪斷沒，仍於沒官物內，壹半付告人充賞。其舶船果有順帶南番人番物者，從本國地頭，於元給舶船公驗空紙內明白填付姓名並物貨名件觔重，至舶司照數依例抽解。番人回還本國，亦於所在番船公驗內附寫將去物貨，不許夾帶違法之物。如到番國，不復回程，却於元賫公驗空紙內開除，附寫緣故。若有一切違犯，並依前罪，止坐舶商、船主。

一、舶商下海開船之日，仰市舶司輪差正官壹員，親行檢視各各大小船內，有無違禁之物。如無夾帶，即時放令開洋，仍取本司檢視官重甘罷職結罪文狀。如將來有人告發，或因事發露，但有違禁之物，決杖捌拾柒下，解見任，降貳等。受財容縱者，以枉法論。却不得因而非理搔擾舶商。本道肅政廉訪司嚴加體察。

一、舶商、梢水人等落後家小，所在州縣常加優恤。

一、抽分、市舶關防節目，若有該載不盡合行事理，行省就便斟酌事

宜，從長施行。

《通制條格》卷二七《雜令·金銀》 至大四年四月二十六日，欽奉詔書內一款節該：權禁金銀，本以權衡鈔法，條令雖設，其價益增，民實弗便。自今權宜開禁，聽從買賣，其商賈收買下番者，依例科斷。欽此。

《元典章》卷二二《户部·課程·市舶·市舶則法二十三條》 至元三十年八月二十五日，福建行省准中書省咨：

至元二十八年八月二十六日奏過事內一件：南人燕參政説有：市舶司的勾當，哏是國家大得濟的勾當有。在先亡宋時分，海裏的百姓每船隻做買賣來呵，他每根底客人一般敬重看呵，咱每這田地裏無用的傘、摩合羅、磁器、家事、簾子這般與了，博換他每中用的物件來。近來忙兀臺、沙不丁等自己根尋利息上頭，船每來呵，教軍每看守着，將他每的船封了，好細財物選揀要了。爲這般奈何上頭，那壁的船隻不出來有，咱每這裏入去來的每些小來。爲那上頭，市舶司的勾當壞了有。如今亡宋時分理會的市舶司勾當的人每有也，委付着那的每市（的）〔舶〕司勾當，教整治呵，得濟有。留狀元也説來：市舶司的勾當，亡宋時分哏大得濟來，如今壞了有。那時分理會的市舶司勾當那箇根底問着行呵，大得濟有。麼道，説有。奏呵，是那般也者，那人每根底説話者。是呵，行者。麼道，聖旨了也。欽此。訪聞得留狀元稱舊知市舶人員李晞顔。移（淮）〔准〕江浙行省咨：根訪到前行大司農司丞李晞顔，報到亡宋抽分市舶則例，合設司存、關防情節備細，令行泉府司比照目今抽分則例，逐一議擬于後。及令知會市舶人李晞顔前去。咨請照驗事。准此。令李晞顔報到亡宋市舶則例，會集到各處行省官、行泉府司官并留狀元，及知市舶人李晞顔圓議，擬到下項事理。於至元三十年四月十三日，奏過事內：爲江南地面裏有的市舶司上頭，去年賽因囊加歹、狀元等題説：在先亡宋時分，市舶司的錢物多出辦來。自歸附之後，權豪富户每壞了市舶司的勾當，出辦的錢物，入官哏少有。道是呵，亡宋時分市舶司勾當裏行來的蠻子李晞顔小名的人，他根底教來商量呵，怎生。奏呵，那般者。聖旨了來。那人根底教來了，衆人與理會得的每一處商量來。如今合整治市舶司勾當的，有二十三件勾當，商量來。奏呵，那般者，行者。聖旨了也。欽此。都省今將合行逐項事理，開坐前去，咨請欽依禁治施行。

一、議得：市舶抽分則例，若依亡宋例抽解，切恐舶商生受。比及定奪以來，止依目今定例抽分，麁貨十五分中一分，細貨十分中一分。所據廣東、温州、澉浦、上海、慶元等處市舶司，舶商回帆，已經抽解訖物貨，並依泉州見行體例，從市舶司更於抽訖物貨內，以三十分爲率，抽要舶税錢一分，通行結課。般販客人，從便請給文遣，買到已抽經税物貨，於杭州等處貨賣，即於商税務內投税。憑所賫文遣數目，依例收税，驗至元二十九年杭州市舶司實抽辦物貨價錢，於杭州商税務課額上依數添加，作額恢辦。將杭州市舶司革罷，將元管錢帛等物，行泉府司明白交收爲主。爲此，於至元三十年四月十三日奏過事內一件：江南地面裏，泉州、上海、澉浦、温州、慶元、廣東、杭州七處市舶司有。這市舶司裏要抽分呵，麁貨十五分中要一分，細貨十分中要一分有。泉州市舶司裏這般抽分了的後頭，又三十分裏官要一分税來。然後不揀那地面裏賣去呵，又要税有。其餘市舶司裏，似泉州一般三十分要一分税的無有。如今其餘市舶司依泉州的體例裏要者。温州的市舶司併入慶元，杭州市舶司併入杭州税務裏的，怎生？商量來。奏呵，那般者。聖旨了也。

一、議得：拘該市舶去處行省、行泉府司、市舶司、權豪勢要之家，興販舶船不依體例抽分，恃勢隱瞞作弊。爲此，於至元三十年四月十三日奏過事內一件：行省官人每、行泉府司官人每、市舶司官人每不揀甚麼官人每、權豪富户每，自己的船隻裏做買賣去呵，依着百姓每的體例，與抽分者。私下隱藏着不與抽分呵，不揀是誰，首告出來呵，那錢物都斷没，做官的每根底重要了罪過，勾當裏教出去。於那斷没來的錢物內，三分中一分與首告人充賞呵，怎生？商量來。奏呵，是也，擬定那般者。聖旨了也。

一、議得：拘該市舶司去處行省官、行泉府司官、市舶司官，在先（生）〔往〕往勒令舶商户計捎帶錢本下番。回舶時，將貴細物貨賤估價錢准折，重取利息。及不依例抽解官課，又通同隱瞞，虧損公私。爲此，於至元三十年四月十三日奏過事內一件：行省官人每、行泉府司官人、市舶司官人每，百姓每的做買賣去的船裏，交捎帶着自己錢物去。回來呵，那錢物內不與官司抽分，私下要有。那船每也則他每占着，抽分全不

交與官有。今後這般百姓的船裏捎帶去的，禁治呵，怎生？不揀是誰，別了這言語，捎帶將錢物去呵，有人告呵，將那錢物斷没了，把他每重要了罪過，教勾當裏出去了。首告的人根底，斷没了的錢内三分中一分充賞與呵，怎生？商量來。奏呵，是也，那般者。聖旨了也。

一、議得：使臣并大小官吏軍民人等，因公往海外諸番勾當，皆是官司措辦氣力船隻前去，却有因而做買賣之人。今後回船之時，應有市舶物貨，並仰於市舶司照例抽分納官。如有進呈希罕貴細之物，亦仰經由市舶司見數，泉府司具呈行省，行省開坐，移咨中書省聞奏。仍仰今後應有過番使臣，却不得以進呈物貨爲名，隱瞞抽分。如違，並以漏舶治罪，物貨没官。爲此，於至元三十年四月十三日奏過事内一件：或是這裏差去的使臣每，那裏拜見上來的麽道，因着那般，夾帶着百姓每的錢物，不與官司抽分，那般行的多有。今後但那來的，依着百姓每的體例裏要抽分。若有拜見的物呵，那裏行泉府司裏、行省裏，明白這些箇物件拜見上去麽道，寫了數目，把那寫來的數目與將這裏來者。似在前一般不與抽分，背地裏隱藏上來的，有罪過者。商量〔來〕。奏呵，是也，那般者。聖旨了也。

一、議得：和尚、先生、也里可温、荅失蠻人口，多是夾帶俗人，過番買賣，影射避免抽分。今後和尚、先生、也里可温、荅失蠻人口等過番興販，如無執把聖旨許免抽分明文，仰市舶司依例抽分。如違，以漏舶論罪斷没。爲此，於至元三十年四月十三日奏過事内一件：和尚、先生、也里可温、荅失蠻每，但做買賣去呵，依着百姓每的體例裏與抽分者。商量來。奏呵，這的言語不曾了來那甚麽。擬定那般者。聖旨了也。

一、諸處市舶司舶商，每遇冬（訊）〔汛〕北風發時，從舶商經所舶司陳告，請領總司衙門元發下公（據）〔驗〕、公憑，並依在先舊行關防體例填付。舶商大船請公驗，柴水小船請公憑。願往番邦，明填所往是何國土經紀，不許越過他國。至次年夏（訊）〔汛〕南風回帆，止赴元請驗憑發船舶司抽分，不許越投他處舶司，各舶司亦不許互拈他處舶司舶商。如本處舶司依見定例抽税訖，從舶商發賣與般販客人，亦依舊例就於所在舶司請給公遣，從便於各處州縣依例投税貨賣。其元指所往番邦國土，如有不能得到所指去處，委因風水打往別國，就博到別國物貨。至回帆抽分時，取問同伴在船人等相同，別無虚誑，依例抽分。如中間詐妄，欺瞞官司，許諸人首告是實，依例斷没，告人給賞。

一、舶商請給公驗，依舊例召保舶牙人，保明（牙）〔某〕人，招集到人伴幾名下船收買物貨，往某處經紀。公驗開具本船財主某人、綱首某人、直庫某人、梢工某人、雜事等某人、部領等某人、人伴某人，船隻力勝若干、檣高若干、船面闊若干、船身長若干。每大船一隻止許帶小船一隻，名曰柴水船，合給公憑。如大小船所給公驗、公憑，各仰在船隨行。如有公驗或無公憑，即是私販，許諸人告捕，給賞斷罪。所載柴水船，於公憑内備細開寫，亦於公驗内該寫力勝若干、檣高若干、船面闊若干、船身長若干，（不）〔召〕到物力户某人委保，及與某人結爲一甲，互相作保。如將帶金銀違禁等物下海，并將奸細、歹人回舶，并元委保人及同甲人一體坐罪。公驗後空紙八張，泉府司用訖印信，於上先行開寫販去物貨各各名件、斤重若干，仰綱首某人親行填寫。如到彼國博易物貨，亦仰綱首於空紙内，就地頭即時日逐批寫所博到物貨名件、色數、斤重，至舶司以憑照數點秤抽分。如曾停泊他處，將販到物貨轉變滲泄作弊，及抄填不盡，或因事發露到官，即從漏舶法斷没。保（明）〔内〕人能自首告，將犯人名下物貨以三分之一給與充賞。如舶司官吏容庇，或覺察得知，或因事發露到官，定將官吏斷罷不敍。所給公驗，行泉府司置半印勘合文簿，立定字號，付綱主某人收執，前去某處經紀，須要遵依前項事理。所有公憑小船，並照公驗一體施行。

一、番船、南船請給公憑、公驗，回帆或有遭風、被劫事故，合經所在官司陳告。體問的實，移文市舶司，轉申總府衙門，再行合屬體覆。如委是遭風、被劫事故，方與消落元給憑、驗字號。若妄稱遭風等搬擲船貨，送所屬究問斷没施行。或有沿途山嶼灘嶼海岸停泊，汲水取柴，恐有稍碇、水手、搭客人等乘時懷袖偷藏貴細物貨，上岸博易物件；或有舶商之家，回帆將（市）〔到〕舶司，私用小船推送食米接應舶船，却行輒取貴細物貨，不行抽解，即是滲泄，並許諸人告捕，（餘）〔全〕行斷没，犯人杖一百七下，告捕人於没官物内三分之一給賞。仍行下沿海州縣，出榜曉諭嶼嶴等處，責在官吏、巡檢人等常切巡捉，催赶船隻，隨即起離彼處，不許久停。直至年例停泊如東門山等，具申各處市舶司〔差〕廉能

官封堵坐押，赴元發船市舶司，又行差官監搬上舶，檢空船隻，搜檢在船人等懷空，方始放令上岸。如在番阻風住冬不還者，次年回帆，取問同船或同伴船隻人等是實，依例抽分。若便妄稱風水不便，轉指買賣，許諸人首告，依例斷没，告人給賞。

一、海商不請驗憑，擅自發舶船，並許諸人告捕，犯人斷罪，船物没官，於没官物内以三分之一充賞，犯人一百七下。如已離舶司，即於沿（河）〔路〕所在官司告捕，依上追斷給賞。

一、海商所用兵器并銅鑼作具，隨住舶處具數申所屬，依例寄庫，起舶日給。

一、海商每船募綱首、直庫、雜事、部領、梢工、碇手，各從便具名呈市舶司申給文憑。船請（公）〔火〕印爲（託）〔記〕，人結五名爲保。

一、海商貿易物貨，以舶司給籍用印關防，具注名件斤數，綱首、雜事、部領、梢工書押，回日以物籍公驗納市舶司。

一、海商自番國及海南買販物貨到中國，雖赴市舶司抽分，而在船巧爲藏匿者，即係漏舶，（正）〔并〕行没官，仍許諸人告首，依例給賞，犯人斷罪。

一、金、銀、銅錢、鐵貨、男子婦女人口，並不許下海私販諸番（物）。如到番國，不復前來，亦於元賫去公驗空紙内明白開除，附寫緣故。若有一切違犯，止坐舶商船主。

一、市舶司招集舶商船隻，行省行下衙門無得差占。及有新造成舶船之家，本欲過番興販經紀，亦是抽收課程。並仰籍定數目，今後並不得將上項船隻差占，有妨舶商興販經紀，永爲定例，以示招徠安集之意。

一、各處市舶司每年辦到舶貨，除合起解貴細之物外，據其餘物色必須變賣者，附近杭州各司舶貨，每年不過當年十二月終起解，赴杭州行泉府司官庫交割。舶司畫時開數，具呈行省，令有司隨即估體時價，比至次年正月終須要估體完備，行省預爲選收。

一、見（令）〔今〕舶商去來不定，多在海南州縣走泄細貨。仰籍定姓名，仍令海南海北廣東道沿海州縣鎮市地面官司用心關防。如遇回舶船隻到岸，常切催赶起離，前赴市舶司抽分。如官吏知情受賄容縱，如或覺察得知，定是依條斷罪。

一、舶商、梢水人等，皆是趁辦官課之人，落後家小，合示優恤。所在州縣，並與除免雜役。

一、夾帶南番人將帶舶貨者，仰從本國地頭，於公驗空紙内明白備細填附姓名、物貨名件斤重，至市舶司照數依例抽税。如番人回還本國，亦於所坐番船公驗内附寫將去物貨，不致將帶違禁之物。仍差諳練錢穀廉幹正官，發賣其應賣物貨，將民間必用并不係急用物色，驗分數互相配荅，須要一併通行發賣，管限四月終了畢。並不許見任官府、權豪勢要人等詭名請買，違者許令諸人首告得實，將見獲物價盡數没官斷罪，於没官價内一半付告人充賞，仍令拘該肅政廉訪司體察。外，有泉府、廣東兩處市舶司相離杭州地里窵遠，依上差官，就彼一體發賣。

一、行省、行泉府司、市舶司官，每歲若至舶船回帆時月，預期前去抽解處所，以待舶船到來，依例封堵，檢次先後，隨時抽收，不得因而走透作弊。其監抽官員亦不得違期前去，停滯舶商人難。

一、舶商下海開船之際，合令市舶司輪差正官一員，於舶船開岸之日，親行檢視各各大小船内有無違禁之物。如無夾帶，即時開洋，仍取檢視官結罪文狀。如將來有人告發，或因事發露，但有違禁之物，及因而非理騷擾舶商、取受作弊者，檢視官並行斷罪。肅政廉訪司臨時體察。

一、抽分市舶關防節目，若有該載不盡合行事理，行省、行泉府司就便斟酌事宜，從長施行。

一、定到舶法抽分則例、關防節目，仰行省、行泉府司、各處市舶司所在官員奉行謹守，不得滅裂違犯。行御史臺、廉訪司常加體察，毋致因循廢弛。

《元史》卷九四《食貨志・市舶》 互市之法，自漢通南粤始，其後歷代皆嘗行之，至宋置市舶司于浙、廣之地，以通諸蕃貨易，則其制爲益詳矣。

元自世祖定江南，凡隣海諸郡與蕃國往還互易舶貨者，其貨以十分取一，粗者十五分取一，以市舶官主之。其發舶迴帆，必著其所至之地，驗其所易之物，給以公文，爲之期日，大抵皆因宋舊制而爲之法焉。於是至元十四年，立市舶司一於泉州，令忙古觪領之。立市舶司三於慶元、上海、澉浦，令福建安撫使楊發督之。每歲招集舶商，於蕃邦博易珠翠香貨

等物。及次年迴帆，依例抽解，然後聽其貨賣。

時客船自泉、福販土産之物者，其所徵亦與蕃貨等，上海市舶司提控王楠以爲言，於是定雙抽、單抽之制。雙抽者蕃貨也，單抽者土貨也。十九年，又用耿左丞言，以鈔易銅錢，令市舶司以錢易海外金珠貨物，仍聽舶户通販抽分。二十年，遂定抽分之法。是年十月，忙古䚟言，舶商皆以金銀易香木，於是下令禁之，唯鐵不禁。

二十一年，設市舶都轉運司於杭、泉二州，官自具船、給本，選人入蕃，貿易諸貨。其所獲之息，以十分爲率，官取其七，所易人得其三。凡權勢之家，皆不得用己錢入蕃爲賈，犯者罪之，仍籍其家産之半。其諸蕃客旅就官船賣買者，依例抽之。

二十二年，併福建市舶司入鹽運司，改曰都轉運司，領福建漳、泉鹽貨市舶。二十三年，禁海外博易者，毋用銅錢。二十五年，又禁廣州官民，毋得運米至占城諸蕃出（糶）〔糴〕。二十九年，命市舶驗貨抽分。是年十一月，中書省定抽分之數及漏税之法。凡商旅販泉、福等處已抽之物，於本省有市舶司之地賣者，細色於二十五分之中取一，粗色於三十分之中取一，免其輸税。其就市舶司買者，止於賣處收税，而不再抽。漏舶物貨，依例斷没。三十年，又定市舶抽分雜禁，凡二十（一）〔二〕條，條多不能盡載，擇其要者録焉。泉州、上海、澉浦、温州、廣東、杭州、慶元市舶司凡七所，獨泉州於抽分之外，又取三十分之一以爲税。自今諸處，悉依泉州例取之，仍以温州市舶司併入慶元，杭州市舶司併入税務。凡金銀銅鐵男女，並不許私販入蕃。行省行泉府司、市舶司官，每年於迴帆之時，皆前期至抽解之所，以待舶船之至，先封其堵，以次抽分，違期及作弊者罪之。

三十一年，成宗詔有司勿拘海舶，聽其自便。元貞元年，以舶船至岸，隱漏物貨者多，命就海中逆而閱之。二年，禁海商以細貨於馬八兒、唄喃、梵答剌亦納三蕃國交易，別出鈔五萬錠，令沙不丁等議規運之法。大德元年，罷行泉府司。二年，併澉浦、上海入慶元市舶提舉司，直隸中書省。是年，又置制用院。七年，以禁商下海罷之。至大元年，復立泉府院，整治市舶司事。二年，罷行泉府院，以市舶提舉司隸行省。四年，又罷之。延祐元年，復立市舶提舉司，仍禁人下蕃，官自發船貿易，迴帆之日，細物十分抽二，粗物十五分抽二。七年，以下蕃之人將絲銀細物易于外國，又併提舉司罷之。至治二年，復立泉州、慶元、廣東三處提舉司，申嚴市舶之禁。三年，聽海商貿易，歸徵其税。泰定元年，諸海舶至者，止令行省抽分。其大略如此。

若夫中買寶貨之制，泰定三年命省臣依累朝呈獻例給價。天曆元年，以其蠹耗國財，詔加禁止，凡中獻者以違制論云。

《元史》卷一〇四《刑法志・食貨》 諸市舶金銀銅錢鐵貨、男女人口、絲綿段匹、銷金綾羅、米糧軍器等，不得私販下海，違者舶商、船主、綱首、事頭、火長各杖一百七，船物没官，有首告者，以没官物内一半充賞，廉訪司常加糾察。諸市舶司於回帆物内，三十分抽税一分，輒以非理受財者，計贓，以枉法論。諸舶商、大船給公驗，小船給公憑，每大船一，帶柴水船、八櫓船各一，驗憑隨船而行。或有驗無憑，及數外夾帶，即同私販，犯人杖一百七，船物並没官，内一半付告人充賞。公驗内批寫物貨不實，及轉變滲泄作弊，同漏舶法，杖一百七，財物没官，舶司官吏容隱，斷罪不叙。諸番國遣使奉貢，仍具貢物，報市舶司稱驗，若有夾帶，不與抽分者，以漏舶論。諸海門鎮守軍官，輒與番邦回舶頭目等人，通情滲泄舶貨者，杖一百七，除名不叙。諸中賣寶貨，耗蠹國財者，禁之。諸雲南行使𧴪法，官司商賈輒以他𧴪入境者，禁之。

《續文獻通考》卷二六《市糴考・市舶互市》 元世祖中統元年四月，置互市於漣水軍，禁私商不得越境，犯者死。

七月，又立互市於潁州漣水光化軍。

臣等謹按，是年即宋理宗景定元年也。時賈似道當國，稱臣納幣，而帝以初立，内難未寧，故設爲互市，以通和好焉。

二年五月，申嚴沿邊軍民越境私商之禁，私販馬匹者死。

八月，宋私商七十五人入宿州，議置於法，詔宥之，還其貨聽榷場貿易。仍檄宋邊將還北人之留南者。

七月，於高麗鴨緑江西立互市。從巴爾斯岱爾請也。至次年正月，罷高麗互市，諸王塔齊爾請置之，不從。

三年三月，獲私商南界者四十餘人，命釋之。

十月，中書省奏與宋互市，庶止私商，及復逋民之陷於宋者且覘漣、

海二州，不允。

四年五月，以禮部尚書馬甲濟見兼領潁州光化互市。

至元元年正月，罷南邊互市。申嚴販馬越境私商之禁。五月，釋宋私商五十七人，給糧遣歸其國。二年三月，罷南北互市，括民間南貨，官給其直。九年十二月，遣宋議互市使者南歸。

十一年正月，立建都寧遠都護府兼領互市監。

十二年二月，議以中統鈔易宋交會，并發蔡州鹽貿易藥材。

十三年四月，敕南商貿易京師者毋禁。

十四年四月，置榷場於碉門黎州與吐番貿易。

是年，立泉州等處市舶司。

帝既定江南，凡鄰海諸郡與番國往還互易舶貨者，其貨以十分取一，粗者十五分取一，以市舶官主之。其發舶回帆，必著其所至之地，驗其所易之物，給以公文，爲之期日。大抵皆因宋舊制而爲之法。至是始立市舶司一於泉州，令孟古岱領之。立市舶司三於慶元上海澉浦，令福建安撫司楊發督之。每歲招集舶商於番邦博易珠翠香貨等物。及次年回帆，依例抽解，然後聽其貨賣。時客船自泉福販土產之物者，其所徵亦與番貨等。上海市舶提控王楫以爲言，於是定雙抽單抽之法。雙抽者番貨也，單抽者土貨也。

《元史·刑法志》曰諸舶商大船給公驗，小船給公憑，每大船一，帶柴水船、八櫓船各一，驗憑隨船而行。或有驗無憑，及數外夾帶，即同私販，犯人杖一百七，船物並没官，内一半付告人充賞。公驗内批寫貨物不實，及轉變滲泄作弊，同漏舶法。舶司官吏容隱，斷罪不叙。

十五年十一月，詔諭沿海官司通日本國人市舶。

是年八月，詔行中書省索多蒲壽庚等曰：諸番國列居東南島嶼者，皆有慕義之心，可因諸舶番人宣布朕意，誠能來朝，朕將寵禮之。其往來互市，各從所欲。至是復有是詔。至二十九年六月，日本來互市，風壞三舟，惟一舟達慶元路。十月至四明求互市，舟中甲仗皆具，恐有異圖。詔立都元帥府令哈喇岱將之，以防海道。

臣等謹按，《宋史·瀛國公紀》初蒲壽庚提舉泉州舶司，擅番舶利者三十年。景炎元年十一月，端宗欲入泉州詔撫壽庚，而壽庚有異志，及舟至泉，壽庚來謁，請駐蹕，張世傑不可。或勸世傑留壽庚，則凡海船不令自隨，世傑不從，縱之歸。既而舟不足，乃掠其舟，并没其貲。壽庚乃怒，殺諸宗室及士大夫與淮兵之在泉者。十二月，遂以城降元。又考《元世祖紀》至元十五年即宋景炎三年。三月，詔孟古岱索多蒲壽庚行中書省事於福州，鎮撫平海諸郡，故至八月復詔之如此。此蒲壽庚畔宋入元之始末也。

十八年九月，詔商賈市舶物貨已經泉州抽分者，諸處貿易止令輸税。

十九年，令以鈔易海外金珠貨物。用中書左丞耿仁言，以鈔易銅錢，令市舶司以錢易海外金珠貨物，仍聽舶户通販抽分。十月，泉州市舶司孟古岱言，舶商皆以金錢易香木，於是下令禁之，惟鐵不禁。

二十年六月，定市舶抽分例，舶貨精者取十之一，粗者取十之五。

二十一年，設市舶都轉運司於杭、泉二府。

官自具船給本選人入番貿易諸貨，其所獲之息以十分爲率，官取其七，所易人得其三。凡權勢之家皆不得用己錢入番爲賈，犯者罪之，仍藉其家產之半。其諸番客旅就官船買賣者，依例抽之。

九月，併市舶入鹽運司，立福建等處鹽課市舶都轉運司。

至二十二年正月，又詔立市舶都轉運司。六月又省市舶司，入轉運司。二十三年八月，以市舶司隸泉府司。十一月，改廣東轉運市舶提舉司爲鹽課市舶提舉司。十二月，復置泉州市舶提舉司。二十四年閏二月，改福建市舶都轉運司爲都轉運鹽使司。

臣等謹按，《食貨志》云二十二年併福建市舶司入于鹽運司，改曰都轉運使，領福建漳泉鹽貨市舶。考《元典章》又作二十三年三月合併市舶轉運司，俱與紀異。

罷禁海商。

二十三年正月，禁賚金銀銅錢越海互市。

二十四年四月，發新鈔十一萬六百錠，銀千五百九十三錠，金百兩，付江南各省與民互市。從江淮行省參政賓都請也。

二十五年，禁廣州官民毋得運米至占城諸番出糶。

四月，從行泉府司沙布鼎烏瑪喇請，置鎮撫海船千户所市舶提舉司。

二十六年正月，江淮行省平章沙木鼎請上市舶司歲輸珠四百斤、金三

千四百兩，詔貯之以待貧乏者。

閏十月，江西宣慰使胡頤孫援沙布鼎例請至元鈔千錠爲行泉府司歲輸珍異物爲息。從之。

二十八年六月，禁蒙古人往回回地爲商賈者。

二十九年閏六月，回回人和卓穆蘇售大珠，帝以無用卻之。

二十九年六月，禁兩浙廣東福建商賈航海者。

以征爪哇故，暫禁之，俟舟師已發後從其便。時伊克默色又招其瀕海諸國皆遣使者來附，亦以禁商泛海留京師。及三十一年十月，弛商禁，皆遣還其國。

十一月，命市舶驗貨抽分。

中書省定抽分之數及漏稅之法。凡商旅販泉福等處已抽之物于本省有市舶之地賣者，細色于二十五分之中取一，粗色三十分之中取一，免其輸稅。其就市舶司買者，止于賣處收稅，而不再抽，漏舶貨物依例斷沒。

三十年四月，定市舶抽分雜禁。

行大司農燕公楠、翰林學士承旨留夢炎言，泉州、上海、澉浦、温州、廣東、杭州、慶元市舶司凡七所。上海等皆十五取一，獨泉州三十分取一，自今諸處宜悉依泉州爲定制。從之。所以温州市舶司併入慶元，杭州市舶司併入稅務。凡金、銀、銅、鐵、男女並不許私販入番。行省行泉府司、市舶司官，每年於回帆之日，皆前期至抽解之所以待舶船之至，先封其堵，以次抽分。違期及作弊者罪之。

《刑法制》曰諸市舶金銀銅錢鐵貨、男女人口、絲棉段匹、銷金綾羅、米糧軍器等，不得私販下海，違者舶商、船主、綱首、事頭、火長各杖一百七，船物沒官，有首告者，以沒官物內一半充賞，廉訪司常加糾察。諸市舶司于回帆物內，三十分抽稅一分，輒以非理受財者，計贓，以枉法論。番國遣使奉貢，仍具貢物，報市舶司稱驗，若有夾帶，不與抽分者，以漏舶論。海門鎮守軍官，輒與番邦回舶頭目等人，通情滲泄舶貨者，杖一百七，除名不敘。

臣等謹按，《元典章》載是年八月所定市舶則法二十二條，除《元史・食貨》、《刑法》二志撮其大要外，一、權要富户興販舶船，恃勢欺隱，被人首告，斷沒治罪，即于錢物內以三分之一充賞。一、所司官員勒令舶商帶貨取利作弊者，被人首告，糾斷如前例。一、僧道伊嚕勒昆達實密過番興販，一例抽分。一、冬汛北風發時，請領公據、公憑，明填所往何處，不許越過他國。至次年夏汛南風回帆，止赴原舶司抽分，不許越投他處。一、大小船所領公驗公憑，各在船隨行，違者即是私販，許諸人告捕給賞斷罪。一、番船南船請給公驗公憑，或回帆有被風遭劫事故，須往官司陳驗得實，方許銷原給憑驗字號。如妄稱者，依例斷罪。一、海商自番國及海南買販物貨，雖赴市舶抽分，而在船巧爲藏匿者，即斷如漏舶。一、舶商稍水人等，趁辦課程，應優恤其家，所在有司除免雜役。一、舶商開船，市舶司輪差正官一員親行檢視，各無違帶之物，方許開洋併附載之。

九月，立海北海南博易提舉司稅依市舶司例。

三十一年，時成宗已即位。詔有司勿拘海舶，聽其自便。

成宗元貞元年閏四月，詔禁行省、行泉府司抽分市舶船貨，而同匿其珍細者。

又以舶船至岸，隱漏物貨者多，命就海中逆而閱之。

二年八月，禁舶商毋以金銀過海，諸使海外國者不得爲商。是年又禁海商以細貨于馬八兒、唄喃、梵答剌亦納三番國交易。別出鈔五萬錠，令沙木鼎等議規運法。

大德元年，罷行泉府司。

次年，併澉浦、上海入慶元市舶提舉司，直隸中書省。

二年，置制用院。

七年，以禁商下海罷之。

三年六月，申禁海商以人馬兵仗往諸番貿易。

七年二月，禁諸人毋以金銀絲線等物下蕃。

九年八月，商胡塔齊爾以寶貨來獻，以鈔六萬錠售其直。

十年四月，倭商有慶等抵慶元貿易，以金鎧甲爲獻，命江浙行省平章阿喇卜丹等備之。

武宗至大元年，復立泉府院整治市舶司事。

十一月，中書省言行泉院專以守寶貨爲任，宜禁私獻寶貨者。閏十一月，追回商虎符。次年罷行泉府院，以市舶提舉司隸行省。四年仁宗即

位又罷之。六月拘收泉府司元給諸商販璽書。

二年九月，詔海舶興販金銀銅錢綿絲布帛下海者禁之。

仁宗延祐元年，復立市舶提舉司。

仍禁人下番，官自發船貿易，回帆之日細物十分抽二，粗物十五分取二。

《元史·姦臣傳》曰延祐改元，特們德爾爲右丞相，奏往時使富民往諸番商販悉獲厚利，商者益衆，中國物輕，番貨反重。今請以江浙右丞曹立領其事，發舟十綱，給牒以在，歸則徵税如制，私往者没其貨。從之。

又《王克敬傳》曰克敬除江浙行省左右司都事，延祐四年往四明監倭人互市。先是，往監者懼外番人情叵測，必嚴兵自衛，如待大敵，克敬至，悉去之，撫之以恩，皆帖然無敢譁。

七年四月，時英宗已即位。罷市舶司禁賈人下番。

以下番之人將絲銀細物易于外國，因併提舉司罷之。

英宗至治二年三月，復置市舶提舉司於泉州、慶元、廣東三路，禁子女金銀絲綿下番。

三年，聽海商貿易，歸徵其税。

泰定帝泰定元年，令諸海舶至者止行省抽分。

文宗天曆元年，以中買寶貨蠹耗國財，詔加禁止。

中買寶貨之制，泰定三年命省臣依累朝呈獻例給價。是年，以蠹耗國財禁之。凡中獻者，以違制論。九月，中書左丞相拜布哈又言，回回人哈哈達自至治閒貸官鈔，違制别往番邦得寶貨無算，法當没官，而都爾蘇私其種人不許，今請籍其家。從之。

十一月，詔日本舶商至福建博易者，江浙行省選廉吏徵其税。

順帝元統二年十一月，中書省請發兩艅船下番爲皇后營利。

紀　事

（宋）李燾《續資治通鑑長編》太宗太平興國二年三月　契丹在太祖朝，雖聽沿邊互市，而未有官司。是月，始令鎮、易、雄、霸、滄州各置榷務，命常參官與内侍同掌，輦香藥、犀、象及茶，與相貿易。熊克《九朝通略》云：後有范陽之師，乃罷不與通。

（宋）李燾《續資治通鑑長編》真宗大中祥符五年正月　丁酉，瀛州言北境商人私以物至州貿鬻，爲州民恐嚇，即潛行厚賂而免。詔緣邊安撫使追取所賂，悉還北境，仍令徧諭彼民，有互市即赴榷場，無得潛至邊郡。

（宋）李燾《續資治通鑑長編》真宗大中祥符五年七月　詔河北商人與北境私相貿鬻，有所逋負，致被移牒辨理者，宜令緣邊安撫司趣使償之，自今仍禁其市易。

（宋）李燾《續資治通鑑長編》真宗大中祥符五年七月　邊臣言北境移牒，商旅違大朝禁法，買盧甘石至涿州，已依法行遣。

（宋）李燾《續資治通鑑長編》真宗大中祥符七年十一月　乙未，鄜延路鈐轄張繼能，言趙德明進奉人挾帶私物，規免市征，望行條約。上曰：戎人遠來，獲利無幾，第如舊制可也。

（宋）李燾《續資治通鑑長編》真宗大中祥符八年五月　詔西來回紇賫碙砂，係禁物，並釋其罪，以蕃部未知條約故也。

（宋）李燾《續資治通鑑長編》真宗大中祥符八年五月　己亥，詔：近禁銷金，慮北境人至榷場，未知條式，或賣違禁物，與近邊商旅貿易。宜令知雄州李允則以意諭北境，仍録所降詔付之。

（宋）李燾《續資治通鑑長編》真宗大中祥符八年五月　禁緣邊人收市夏州貢奉使所乘馬。

（宋）李燾《續資治通鑑長編》真宗天禧二年十一月　祕書丞朱正臣上言：前通判廣州，竊見蕃商多往交州貿市，賫到黎字及砂蠟錢至州，頗紊中國之法。望自今犯者决配牢城，隨行貨盡没入官。詔廣南轉運使洎廣州覆議。既而上言：本州海路與交州、占城相接，蕃商乘舟多爲海風所漂，因至外國，本非故往貨易。欲望自今賫到黎字、砂蠟等物，並没入官，其餘博易所得布帛，取三分之一，餘悉還之。所犯人以違制失論。詔可。

（宋）李燾《續資治通鑑長編》真宗天禧三年九月　乙卯，供備庫使侍其旭言：廣州多蕃漢大商，無城池郛郭，雖有海上巡檢，又往復不常，或有剽劫，則乏禦備。請徙廣、恩州海上巡檢一員，廨於廣州市舶亭南，

所冀便於防遏。從之。

（宋）李燾《續資治通鑑長編》真宗天禧三年十月　丁亥，詔：益、梓、利、夔州路緣邊夷人銅器，許於夷界用之，州縣勿責其違禁。其内地百姓賫入夷界鬻者，即論如法。先是，富順監言，始姑鎮夷人家有銅鼓，子孫傳秘，號爲右族，而朝法所禁。故有是詔。

（宋）李燾《續資治通鑑長編》仁宗天聖五年七月　丁未，禁停廢命官使臣過河西市牛馬。

（宋）李燾《續資治通鑑長編》仁宗景祐三年夏四月　辛亥，詔廣州海南番商毋得多市田宅，與華人雜處。

（宋）李燾《續資治通鑑長編》仁宗慶曆三年十一月　己丑，御史中丞王拱辰言：昨西人乞賣青鹽，如聞朝廷欲指定緣邊一兩州軍放行，臣尚恐以爲未便。且博易青鹽，雖自官中糴賣與民，然必開沿邊蕃户冒販之路。若止留官中日用，又歲月所費幾何？臣欲乞只於保安軍榷場博易青鹽，逐旋輦至鄜州；許客人如解鹽價請算，於關東地分出賣，毋得入陝西、河東。一則鹽法不壞，二則商賈見利，算者必多。商賈既行，更不須輦至鄜州，只令就保安軍請算，此亦濟權宜之策也。

（宋）李燾《續資治通鑑長編》仁宗慶曆三年十一月　諫官孫甫又言：竊見張子奭使夏州回，雖聞元昊欲稱臣，然歲乞賣青鹽十萬石，兼遣人回易京師及乞增歲給之數。如聞大臣議於緣邊置榷場，計賣鹽五七萬石及互市諸物。臣以謂西鹽五七萬石，其直不下錢十餘萬貫。況朝廷已許歲給之物二十萬，今又許賣鹽，則與遺北敵物數相當。北敵之勢，與中國抗，且因入寇澶淵，先帝息民爲心，故不惜歲給之厚。今元昊世爲藩臣，擁區區數州之地，非北敵比。一日無故叛命，因其復欲稱臣，便同北敵所賂之數，實恐他日爲患不細。且去歲北敵忽有割地之請，雖復繼盟，今又見厚給元昊，其貪欲之心得自已乎！況自德明之時，累乞放行青鹽，先帝以其亂法，不聽。及請之不已，命追德明弟入質而許之，是以彼必不從之事，以杜其意。蓋鹽，中國之大利，又西戎之鹽，味勝解池所出，而其產無窮。既開其禁，則流於民間，無以隄防矣。兼聞張子奭言，元昊國中頗甚窮蹙。就如其説，朝廷不必急和。且元昊拒命以來，雖屢敗王師，殺掠邊民，然起事之初，自當收拾人心，凡所得，逐時分給其衆，兵力雖勝，用度隨窘，此亦可信。當彼窘乏之際，尤宜以計困之，安得汲汲與和哉！議者不過以王師數戰不利，若與和，則邊用可省。然不慮北敵邀功，元昊畜計於後，有不可枝梧之勢。今西邊窺賊之勢已熟，將之能者漸出，而兵之精者可用。朝廷若減冗兵，罷不材之將，爲持久之計以待之，何患賊之不困也？古之爲天下者，見不可爲之勢而尚爲之，今日之勢，非不可爲，但顧目前之利而不爲爾。賣鹽之請，固不可許，望陛下與大臣審安危大計而決定之。

（宋）李燾《續資治通鑑長編》仁宗嘉祐元年閏三月　癸卯，詔河北緣邊商人，多與北客貿易禁物，其令安撫司設重賞以禁絶之。

（宋）李燾《續資治通鑑長編》神宗熙寧三年四月　詔：累戒河東、陝西諸路經略司，禁止邊民與西賊交市，頗聞禁令不行。自今有違者，經略司并干官吏劾罪重斷；能告捕者厚賞之。委轉運司覺察。

（宋）李燾《續資治通鑑長編》神宗熙寧三年五月　制置條例司言：諸路科買上供羊，民間供備幾倍。而河北榷場博買契丹羊歲數萬，路遠抵京則皆瘦惡耗死，屢更法不能止，公私歲費錢四十餘萬緡。近委著作佐郎程博文訪利害，博文募屠户，以產業抵當，召人保任，官豫給錢，以時日限口數斤重供羊，人多樂從，得以充足歲計。除供御膳及祠祭羊依舊別圈養棧外，仍更棧養羊常滿三千爲額，以備非常支用。從之。博文所裁省冗費凡十之四，人甚以爲便。先是進呈條例，上批曰：屠户情願本家宰殺亦聽一節可刪去。恐以死肉充故也。羊事條目極多，而上一閲遂見此，人莫不稱嘆。蓋上於天下所奏報利害，擿其精要類如此。朱本用《日録》刪改舊本，新本並從朱本，今亦從之。

（宋）李燾《續資治通鑑長編》神宗熙寧四年十月　庚午，手詔：近累降指揮，陝西、河東諸路止絶漢蕃民毋得與西人交市。聞去冬今春出兵之際，稍能斷絶，自後無復禁止。近方令迴使議立和市，苟私販不絶，必無成就之理；及未通和間，使敵有以窺測我意。可申明指揮下逐路經略司。

（宋）李燾《續資治通鑑長編》神宗熙寧五年四月　詔：諸蕃所進物，三司初估例不盡當價，必再估增價，然後支賜。及馬價亦如之。其自今于初估即定實價，并馬價亦以暗添錢就作添賜。

（宋）李燾《續資治通鑑長編》神宗熙寧七年四月　又詔：自今諸國進奉人到闕，更不差市易務上界官主賣買。

（宋）李燾《續資治通鑑長編》神宗元豐二年七月　經制熙河路邊防財用李憲言：盧甘、丁吳、于闐、西蕃，舊以麝香、水銀、硃砂、牛黄、真珠、生金、犀玉、珊瑚、茸褐、駞褐、三雅褐、花蘂布、兜羅綿、硇砂、阿魏、木香、安息香、黄連、氂牛尾、狨毛、羚羊角、竹牛角、紅緑皮交市，而博買牙人與蕃部私交易，由小路入秦州，避免商税打撲。乞詔秦熙河岷州、通遠軍五市易務，募博買牙人，引致蕃貨赴市易務中賣，如敢私市，許人告，每估錢一千，官給賞錢二千，如此則招來遠人，可以牢籠遺利，資助邊計。從之。朱本削去，新本從朱本。

（宋）李燾《續資治通鑑長編》神宗元豐四年七月　權發遣羣牧判官郭茂恂言：準詔以陝西博買蕃部馬并糧草，所用錢物不一，不如蕃部所欲，致所買數不多，欲專以茶博買馬，以綵帛博買糧穀，及以茶馬并爲一司，令臣具經久利害。臣竊聞昔時亦是以茶折馬價，雖兼用金帛等，亦從其便。自事局既分，近歲始專用銀絹及錢鈔等。況賣茶買馬，事實相須，令提舉買馬官通管茶場，實爲職務相濟。從之。仍以茂恂專提舉買馬監牧兼同提舉茶場，其雅州名山茶，令專用博馬，候年額馬數足，方許雜買。六年六月二十一日可考。本志云：自是蕃部馬至者稍衆。

（宋）李燾《續資治通鑑長編》神宗元豐六年十一月　知密州范鍔言：轄下板橋鎮隸高密縣，正居大海之濱，其人煙市井交易繁夥，商賈所聚，東則二廣、福建、淮、浙之人，西則京東、河北三路之衆，絡繹往來。然海商至者，類不過數月即謀還歸，而其物貨間有未售，則富家大姓往往乘其急而以賤價買之。在海商者十止得其四五之直，而富姓乃居積俟時，以邀倍稱之利。欲乞於本州置市舶司，於板橋鎮置抽解務，籠賈人專利之權，以歸之公上，其利有六：使商賈入粟塞下，以佐邊費，於本州請香藥、雜物與免路税，必有奔走應募者，一也；凡抽買犀角、象牙、乳香及諸寶貨，每歲上供者既無道塗勞費之役，又無舟行侵盜傾覆之弊，二也；抽解香藥、雜物，每遇大禮，内可以助京師，外可以助京東、河北數路賞給之費，三也；有餘則以時變易，不數月坐有倍稱之息，四也；商旅樂於負販，往來不絶，則京東、河北數路郡縣税額增倍，五也；海道既通，則諸蕃寶貨源源而來，每歲上供，必數倍於明、廣二州，六也。有是六利，而官無横費難集之功，庶可必行而無疑。況本州及四縣常平庫錢不下數十萬緡，乞借爲官本，限五年撥還。詔都轉運使吳居厚悉意斟酌，條析以聞。居厚言：其取予輕重之權，較然可見，於今無不可推行之理。欲稍出錢帛，議其取舍之便，考其贏縮之歸，仍上置榷易務，差官吏牙保法，請自七年三月推行。居厚又言：先準御前劄子，欲置板橋鎮榷易務，與蕃漢商賈交易，與明、廣州市舶實不相妨。復準朝旨，欲依范鍔奏請，置抽解務。如此，則牽制明、廣二州已成之法，非浙、廣、江、淮數路公私之便。海道至南蕃極遠，登、萊東北，密邇遼人，雖立透漏法，勢自不可拘攔；而板橋又非商賈輻湊之地，恐不可施行。元祐二年十月，行鍔言。

（宋）李燾《續資治通鑑長編》神宗元豐七年七月　丙寅，廣西經略安撫司乞於融州王口寨置轉買務，通漢、蕃交市，乞度僧牒三十爲本。從之。

（宋）李燾《續資治通鑑長編》神宗元豐八年七月　殿中侍御史劉次莊奏：伏見倉部起請，乞將賈青買到建茶五十斤，往河北出賣。今若運往河北出賣，不獨猾商乘影接迹，潛冒買販，而姦細之人亦必轉入敵界。敵既知其物之重輕，又復可以必致，則異時賜與，將不爲珍矣。伏望聖慈特賜止絶。詔措置河北糴便司糴本建茶，只令在京變轉。又奏：伏見府界提點范峋於祥符等縣許人買撲都宰殺猪羊及果子牛牙，勾當户部，見行舉問。及訪聞京西路轉運副使沈希顔，亦于本部置棚，拘攔人户，買賣牛馬，出納净利。近因陳向到任，方行改正。二吏掊克，妄有造立，無有條法。伏望委官根究詣實，重行黜降。詔府界令提舉司，京西路令提刑司，體量詣實聞奏。《政目》二十二日，詔體量府界提點司許人買撲宰殺猪羊并果子牛牙，及京西路轉運副使沈希顔拘攔人户，買賣牛馬，出納净利。據《密疏》，即劉次莊論列也。

（宋）李燾《續資治通鑑長編》哲宗元祐三年三月　户部狀：朝請郎、金部員外郎范鍔同京東路轉運司奏：準朝旨，前去京東路計會轉運司同共相度密州市舶，保明聞奏。詢訪得本鎮自來廣南、福建、淮、浙商旅乘海船販到香藥諸雜税物，乃至京東、河北、河東等路商客般運見錢、

絲綿、綾絹往來交易，買賣極爲繁盛。然海商之來，凡乳香、犀、象、珍寶之物，雖於法一切禁榷，緣小人逐利，梯山航海，巧計百端，必不能無欺隱透漏之弊。積弊既久，而嚴刑重賞所不能禁者，亦其勢然也。故上下議論，皆以爲與其禁榷，用倖隱匿，歸之於私室，莫若公然設法招誘，俾樂輸於官司，則公私兩便。試言其略：一者，板橋市舶之法，使他日就緒，則海外之物積於府庫者，必倍多於明、杭二州。何則？明、杭貿易止於一路，而板橋有西北數路商賈之交易，其絲綿、縑帛又蕃商所欲之貨，此南北之所以交馳而奔輳者，從可知矣。二者，商舶通行，既無冒禁枉陷刑辟之苦，而其貲財亦免有籍没窮悴之憂。非特此也，凡所至郡縣，場務課額必大增羡。三省每歲市舶抽買物貨及諸蕃珍寶應上供者，即無數千里道途輦運之費，江、淮風水沈溺之虞。其本鎮變轉有餘者，亦可以就便移撥於他路，擘畫發洩，或充折支賞給之用。凡此皆利源所出，莫非自然，無所侵擾，實爲經久百世之利。今相度板橋鎮委堪興置市舶司。户部勘當欲依范鍔等奏。從之，改板橋鎮爲膠西縣，軍額以臨海軍爲名。《實録》：密州板橋置市舶司，仍改鎮爲膠西縣，軍爲臨海軍。今以法册增入。泉、密市舶皆李常建請，常傳可考。

（宋）李燾《續資治通鑑長編》哲宗元祐五年十一月 己丑，刑部言：商賈許由海道往外蕃興販，并具入船物貨名數、所詣去處，申所在州，仍召本土有物力户三人委保不夾帶兵器，按《蘇軾集》引《元祐編敕》作：仍召本土有物力户三人，委保物貨内不夾帶兵器。若違禁以堪充造軍器物，并不越過所禁地分。州爲驗實，牒送願發舶州置簿鈔上，仍給公據聽行，回日許於合發舶州住舶，公據納市舶司。即不請公據而擅乘船自海道入界河及往高麗、新羅、登萊州界者，徒二年，五百里編管，往北界者，加二等，配一千里。並許人告捕，給船物半價充賞，原本作充實，今據《蘇軾奏議》改正。其餘在船人雖非船物主，並杖八十。即不請公據而未行者，徒一年，鄰州編管，賞減擅行之半。保人并減犯人三等。從之。《新》、《舊》并同，或可削。

（宋）李燾《續資治通鑑長編》哲宗元祐七年二月 詔商賈許往外蕃，不得輒帶書物送中國官。

（宋）葉適《葉適集·水心文集》卷一八《墓誌銘·朝議大夫知處州蔣公墓誌銘》 監明州市舶務。舶船至，即日抽掣，親自評量，隨龕細立盡，老僧束手。蕃客跪公前，昂其首，加手於額，拊地以謝。秀安僖王歎曰：天下安有如此好監官！諸司相謂，不旬月舉員畢。

（宋）李心傳《建炎以來繫年要録》紹興四年二月 乙巳，監察御史明橐言：昨李棫遣人入大理國買馬，於邊防有所未便。小必失陷官物，大則引惹邊釁。臣講究買馬之術有七，深入蠻國誘之，不惜其直，一也；原有繒綵鹽貨之本，二也；待以恩禮，三也；要約分明，四也；禁止官吏侵欺，五也；信賞必罰以督之，六也；馬悉歸朝，而後付於將帥，七也。七説若行，西南諸國所産自至。望下提刑司根究諸司鹽利剩錢，應付買馬，仍下提舉司詳前七説施行。從之。

（宋）李心傳《建炎以來繫年要録》紹興六年五月 詔廣西經略使胡舜陟與邕州守臣同提舉買馬，劉遠措置市戰馬。時都督行府言去歲所市馬弱不堪用。於是提舉官李預再貶秩，而更以其事付帥臣。先是右朝請郎李預爲提舉官，遣効用譚昂入大理國招馬。至是八年。去秋，大理國王段和譽遣清平官以馬五百及馴象隨昂入獻，至儂内州，預欲卻之，言於朝。乃命舜陟更切相度，如無它意，即措置收買。仍密爲防備，毋致引惹生事。會預代去，舜陟亦以聞，且請還馬直，卻馴象，賜敕書，即邕州勞遣其使。皆從之。李預以是月庚寅申到，舜陟以六月庚子申到，今牽聯書之。

（宋）李心傳《建炎以來繫年要録》紹興十二年五月 乙巳，軍器監主簿沈該直祕閣、知盱眙軍，措置榷場之法。商人貲百十以下者，十人爲保，留其貨之半在場。以其半赴泗州榷場博易。俟得北物，復易其半以往。大商悉拘之，以待北賈之來。兩邊商人，各處一廊，以貨呈主管官牙人，往來評議，毋得相見。每交易，千錢各收五釐息錢入官。其後又置場於光州棗陽、安豐軍花靨鎮。而金人亦於蔡、泗、唐、鄧、秦、鞏、洮州、鳳翔府置場。凡棗陽諸場，皆以盱眙爲準。收五釐息錢事，據紹興三十年五月十日户刑部狀，乃今年九月七日敕。故附於此，《日厤》無之。

（宋）李心傳《建炎以來繫年要録》紹興十五年四月 庚辰，左宣教郎新廣東提點刑獄公事黄應南，乞詔湖廣諸州勿縱省民私交溪洞，及令監司帥臣覺察所部，勿造事端，以起兵釁。秦檜言：近邊猺人與吾民互市，恐難抑絶。上曰：朕見往年西夏亦有互市，中間禁止。遂致用兵，可令

帥司相度。後不行。

（宋）李心傳《建炎以來繫年要録》紹興二十九年二月 丙戌朔，宰執進呈盱眙軍申繳北界泗州牒，奉尚書户部符。付下聖旨，廢罷密、壽等州榷場，只存留泗州一處。詔盱眙軍榷場存留，餘並罷。安豐棗陽軍。光州花靨鎮。時事出不意，南北商旅去物貨而逃者甚衆。既而無所得食，漸致抄掠，議者請嚴責州縣捕之。上不聽，命給之裹糧，各使歸業。久之遂定。熊克《小厤》云：詔沿邊榷場數多，致夾帶禁物，私相往來。可留泗州、盱眙軍兩處，餘悉罷之。按此乃泗州牒中所坐金詔之語，克誤也。金人又於泗州增榷場屋二百間，於是盱眙亦如之，仍創給渡淮木牌，增守卒焉。三月丙寅指揮，今並附此。

（宋）李心傳《建炎以來繫年要録》紹興二十九年九月 壬午，詔委官詳定閩、浙、廣三路市舶司條法，用御史臺主簿張闡請也。舊番商之以香藥至者，十取其四。十四年，詔旨即貴細者十取其一。十七年十一月詔：丁寇沉香龍腦皆十分抽一。闡前提舉兩浙市舶，還朝。爲上言：三舶司歲抽及和買，約可得二百萬緡。上謂輔臣曰：此皆在常賦之外，未知户部如何收支？可取見實數以聞。

《宋史》卷八《真宗紀》〔天禧元年六月〕乙酉，免大食國蕃客税之半。

《宋史》卷二九《高宗紀》〔紹興十一年十二月〕丁亥，立譏察海舶條法。

（明）陳邦瞻《宋史紀事本末》卷五三《復燕雲》〔政和元年〕冬十月，童貫以遼李良嗣來，命爲秘書丞，賜姓趙。燕人馬植，本遼大族，仕至光禄卿，行汚而内亂，不齒於人。童貫使遼，道盧溝，植夜見其侍史，自言有滅燕之策，因得見貫。貫與語，大奇之，載與俱歸，易姓名曰李良嗣，薦諸朝。植即獻策曰：女真恨遼人切骨，而天祚荒淫失道。本朝若自登、萊涉海，結好女真，與之相約攻遼，其國可圖也。議者謂：祖宗以來，雖有此道，以其地接諸蕃，禁商賈舟船不得行，百有餘年矣，一旦啓之，懼非中國之利。不聽。

（宋）李心傳《建炎以來繫年要録》紹興九年十二月 女真萬户呼沙呼北攻蒙古部，糧盡而還。蒙古追襲之，至上京之西北，大敗其衆於海

嶺。金主亶以其叔呼喇美爲招討使，提點夏國、塔坦兩國市場。塔坦者，金國之西北，其近漢地，謂之熟塔坦，食其粳稻。其遠者謂之生塔坦，止以射獵爲生，性勇悍，然地不生鐵，故矢簇但以骨爲之。遼人初置市場，與之回易，而鐵禁甚嚴。至金人，始弛其禁。又劉豫不用鐵錢，由是河東、陝西鐵錢，率自雲中貨於塔坦。塔坦得之，遂大作軍器焉。

《金史》卷六《世宗紀上》〔大定九年正月〕庚午，詔諸州縣和糴，毋得抑配百姓。

《金史》卷一二《章宗紀四》〔泰和五年六月丁酉〕更定鬻米麥入外界法。【略】

〔六年七月丙申〕詔禁賣馬入外境，但至界欲賣而爲所捕即論死。

明清分部

論説

（明）王世貞《弇州四部稿》卷一一四《文部・策五》 昔人云薦紳則守和親，介胄則言征伐，此大較也。今薦紳之所不察以爲非，而介胄之所深然而囁嚅不敢出口者，莫要於和戎。而其名與便莫善於市易。夫魏絳之所陳，與韓安國嚴尤諸君子之所論辨，遠弗備載矣。請以宋事明之。夫以太宗時言，則宋强而契丹弱，然無日不尋於兵，中國之敗衄以十數焉。堅者摧，鋭者折，至其甚不能庇天子乘輿之幄。以真宗時言，則宋弱而契丹强，然自澶淵一盟而南北之君臣與其民日拱手相樂於無事，聘問之使不絶。而宋之所以中契丹而飽其欲者，不過一郡數邑之資而已。宋不察而仍其術以待本我中國之元昊，而歲賂之也。夫是以棄銀夏而重困中國，是謂以弱志處强勢。又不察而矯之，結女直而攻素所通好之契丹也。又不察而又矯之，結蒙古而攻素所通好之女直也。又不能事女直與蒙古，兵搆而宋不社矣。是謂以强志處弱勢。然則宋之所謂失策者，不在於和，而在和之不終且厭棄武備也。夫用其和者於其戰者而國削，用其戰者於和者而國亡，其較亦可思已。今敵雖號强大鬬騎多，然其志不過欲得衣幣，次乃金錢而已，非必用尺一牘與中國講敵體也，非必欲册尊號稱兄弟結甥舅也。吾捐一郡數邑之税而付之忠實之邊吏，宣上命微賜其酋長以奇麗繒帛之服有差，而約勒士民，使與之互市不絶。夫棄無用之絲枲以易有用之戰馬，此其利甚巨。互市出於下，而天子不與焉，此其體甚尊，可以弭冠，可以減戍，可以乘郄而用間，可以乘暇而修武，此其謀甚慱。夫何憚於名而不爲也。或曰辛壬之間則有敗謀者，用而辱國焉，如之何其再也？曰：惡是何言也。藥石一也，有用之生人者，有用之殺人者，則非藥石之罪也。故議和出於富氏而治，出於秦氏而亂。議恢復出於岳氏而治，出於韓氏而亂。君子毋姑求之於其名以爲美而遽從之，以爲不美而遽廢之，求之於實可也。

（明）陳仁錫《皇明世法録》卷五六《邊防・薊遼奏議》 詔復開遼東馬市。巡撫遼東都御史陳鉞奏：永樂間遼東馬市三處，其一在開原城南關以待海西女直，其一在城東五里，其一在廣寧城皆以待朶顔三衛夷人。正統間因漏洩邊事，以罷其二。惟開原南關市獨存。近者朶顔屢請開市，朝廷不許，今朶顔窮迫潛結海西轉市于我。而海西藉彼馬力數犯我邊，甚爲非便。若許復開，則有以收朶顔之心，撤海西之黨，而中國并受其利。事下廷臣會議報可，仍下巡撫等官區畫事宜，嚴革開市私弊。【略】

以關市言之，遼東先年，因三衛内附，東夷效順，故於廣寧開原奏立馬市交易。當時虜酋輸款時以馬易鹽米，彼得食用之物，我得攻戰之具。近賊虜狡黠，不以堪用馬匹貨賣，持以入市者惟榛松貂鼠瘦弱牛馬而已，又有假此窺覘虛實者。中國罔利之徒與之結交，甚至竊賣兵器，洩漏軍情。雖有監市分守等官，勢不能禁。竊聞虜所易鍋鏵出關後盡毀碎融液，所得豆料專以飼馬，其志可知。又聞犯邊後，以所掠銅銃等物貨賣東西諸酋，以所掠男婦係纍至，詭言於三衛所得，邀其家屬贖取。官軍不惟不敢問，而且餽以酒食米鹽之類。借寇兵而資盜糧，孰甚於此。乞罷關市，以賞彼米鹽給賜貧軍，以餽彼酒食犒勞有功，必得其死力。如以設立既久不欲變更，亦當嚴飭鹽市等官，於夷人入關止許易賣鹽米，不得私賣鐵器豆料，舊例許五人十人共買鍋鏵一次，其進貢夷人回有買鍋鏵者，亦照此例。若虜賊以得人口器物不即投獻，仍變賣求贖者，許分守等官擒捕梟令。中國之人有交通夷人、盜賣軍器、漏洩事情者，依律處決，則下不失利，上不失威，而虜亦莫我測矣。以邊牆言之，遼東邊牆自山海關抵開原延亘二千餘里，河西一帶隨山起築，多用石砌，廣寧以東地勢平衍，止可版築。其初根基既薄窄，後之脩者，不過因舊而已。且沿邊墩臺，亦多栅塌，或兩處三處併在一臺，官軍無險可守，瞭望不及，虜騎之來，漫無阻隔，至有虜掠出境而官軍未知者。

（明）陳仁錫《皇明世法録》卷六五《邊防・宣大》 五年二月，總督尚書王崇古等奏，上虜酋乞封貢便宜，其略言今日之事，不當以馬市例論。嘉靖中俺酋擁衆，入犯薊鎮，執馬房内臣楊淮等脅以奏開馬市。先帝不允，而命咸寧侯仇鸞將兵撻伐。鸞出塞無功，懼虜復至，潛以金帛媚

虜，仍許請開市以逭己責。當是時，虜勢方張，開市之請非虜本心，繇逆鸞私謀，故不旋踵，而叛盟肆掠，爲患益甚。先帝震怒，始寘于辟，嚴爲之禁。明旨具在，臣等敢冒請以干大辟哉。顧今虜情實與□殊。虜連歲入犯，固多殺掠，乃虜所亡失亦略相當。又我兵出境搗巢趕馬，虜亦苦之，是虜固非昔之強也。屬者戴天朝歸孫之恩，既獻俘闕下，復約其弟侄並各部落誓永不犯邊。又非□□之擁兵壓境，挾我邊臣而坐索也。且聞虜欲圖瓦剌，蠶食西番，慮我軍議其後，故堅意內附以自固，其情可信。又虜使云，所請市非復請馬市，但許貢後容令貿易，如遼東開原廣寧互市之規。此國制待諸夷之常典，非昔馬市比。臣等以爲使先帝在，亦必俯從無拒也。且昨歲秋防報警，京城戒嚴至倡爲運甎聚灰塞門乘城之議，幾爲虜笑。今既納款內附，乃必欲定久要守尺寸，以幸百年之無事。異日有失，究首事之罪，是豈惟臣等所不能逆覩，即俺酋亦恐能保其身而不能保其弟侄，能要諸酋於目前而不能制諸酋于身後也。夫拒虜甚易，執先帝之禁旨，責虜詐之難信，可數言而決，虜必憤憤去。即以遣降之恩不犯宣大土蠻及三衛，必歲糾俺酋父子爲聲援以窺薊遼，則吉能子弟賓免諸酋，必爲蘭靖洮河之患。九邊騷動，財力困竭，雖智者無以善其後矣。若允虜封貢，各邊有數年之安，則可乘時脩備。虜設背盟，而以蓄養之財力從事戰守，不猶愈于終歲馳騖自救不暇者哉。

（明）陳子龍《明經世文編》卷一〇六《梁端肅公奏議·議茶馬事宜疏梁材》 巡按陝西監察御史劉良卿題，切照國家設立三茶馬司收茶易馬，雖所以供邊軍征戰之用，寔所以繫番人歸向之心。考之茶法，在《大明律》曰：凡販私茶者同私鹽法論罪。蓋行於腹裏地方者然也。至於通番禁例，在太祖高皇帝曰：私茶出境者斬。關隘不覺察者，處以極刑。太宗文皇帝曰：透漏私茶出境者，犯人與把關頭目俱各凌遲處死，家口遷化外。蓋行於邊方者然也。祖宗好生之德，不嗜殺人之心，而私茶通番，輒以極刑凌遲論罪，其意之所在可知已。蓋西邊之藩籬，莫切於諸番。諸番之飲食，莫切於吾茶。得之則生，不得則死。故嚴法以禁之，易馬以酬之。禁之而使彼有所畏，酬之而使彼有所慕，此所以制番人之死命，壯中國之藩籬，斷匈奴之右臂者，其所係誠重且大，而非可以尋常處之也。故在當時茶法通行，而無阻滯之患，番馬茂盛，歲至萬餘之多。又考之洪武初例，民間蓄茶不得過一月之用，嗣後至弘治年間，或召商中茶，以備賑濟，或招商中茶以備邊儲，然未嘗禁腹裏之民使不得食茶也。行之既久，此意浸失，減通番之罪，而止於充軍，禁內郡之茶，而無所於食。遂使奸人窃肆，私茶盛行。番人一至，既要厚賞，復索高價。歲易馬匹不過數千，甚至驕傲抗違，招之不至，括民間之馬以充數者，夫豈祖宗立法之意，果如是哉。

（明）陳子龍《明經世文編》卷二一四《承啓堂集·海上事宜議錢薇》 吾浙初設巡撫，或人問曰國家設官，恒有定制，何巡撫昔無而今有，朝進議而夕俞旨耶？海石子曰：是議非始於今也，嘉靖八年，有奏楊子宜設總督武臣，兩浙宜設巡撫文臣，其時已得旨，推舉才望謀勇文武大臣矣。後江淮開建督府，而浙撫獨寢，至今復舉行耳。

或曰：浙何爲而設巡撫也？海石子曰：爲海寇也。先朝無論，在嘉靖中，御史王化等，屢有海寇殺官之奏，其爲患久矣。海故有漳州賊、崇明賊，獨倭奴爲害最大。倭奴自漢靈帝，始通中華，至唐咸亨賀平高麗，稍習華音，惡其名不善更號日本。史載其日出處天子，致書日沒處天子，倔强如此。或曰：倭奴何以寇也？嘗考唐宋史，倭奴雄據海島，伏屬拘耶韓等國，凡百餘，尊倭爲大倭王。其地無良田可耕，漁海自給，又乘舟南北市糴。其土墳壚，有金玉而無陶冶，屋覆不以瓦，仰中國之潤土，爲陶爲竈。其嗜中國物，猶西番之嗜茶也，西番不得茶，必寇掠，倭奴亦假寇通商，始得所欲，否則沿海爲寇，勢所必至也。

或曰：吾嘗觀史，唐宋以來，但修貢而不聞寇抄，中國亦加優恤，不爲防禦。如漢賜以印綬，魏封親魏倭王，晋使都督百濟等六國，唐賜燕麟德殿，授使臣官左補闕或賜書籍佛經。自宋雍熙至嘉定，貢使不絕，時或失風，詔給常平米錢贍養，何嘗爲寇而防之哉。元初嘗入寇，世祖諭之不從，命范文虎等，率舟師十萬討之，盡沒五龍山下，終元世爲寇橫甚。何也？海石子曰：是有說也。唐宋以來，倭奴利吾華物，故修貢也勤。元爲海運，倭奴刼掠運舟，已滿其欲，奚借貢市乎。是宋以前，我執其利柄而彼求之，元之時，彼乘其利便而每爲我患。故寇不在唐宋而在元也。

或曰：國初以來百夷效順，何爲倭奴獨梗？海石子曰：洪武間，亦海運以濟北伐之師。永樂初，海運凡十有三舉以給遼東，惟我運於海，

故彼寇於海。丘瓊臺嘗言自宣德以來，倭患已少，惟運從内河，而寇無所利，此其所以少也。

或曰：吾聞倭之寇浙屢矣，故國初遣信國湯公，築登萊至浙，沿海蓋五十九城，而寇掠不撤，至後乃少。何也？海石子曰：此不足驗罷海運之故哉。永樂已前，屢寇不止，宣德而後，僅一寇耳，自後求貢不絶，蓋非貢則不能得所用之物，其意誠不在貢而在商也。

或曰：倭奴之貢，在洪武已遣僧奉表稱臣矣，此言宣德者誤也。海石子曰：吾非謂貢始宣德以後也。蓋永樂以前之貢，假貢以覘虚實，因爲寇也。宣德以後之貢，假貢以通商賈，非爲寇也。故洪武奉表之時，貢方入，已掠温州。其後或貢無表文，安置其使於川陜番寺，又嘗與胡惟庸交通謀不軌。祖訓云：日本雖朝貢，暗通奸臣，故絶之。是永樂以前之貢意在寇也。又侍郎楊守陳曰：倭夷變詐兇虐，時以刀扇小物，褻瀆天朝，矢見牟大利，不當與之通好。是宣德以後之貢意在商也，或人乃悟曰：倭本欲通貢，非利寇畧。徐文定亦詳言之矣。運於海倭假貢而爲寇，罷海運倭緣貢以求商。情較然伏商亦可通否乎？海石子曰：難言也。謂可通則祖訓嘗絶之矣，謂不通則洪武末年許令十年一貢。永樂初賜日本王印誥，許之通融，或二三年，或五六年入貢矣。且松江寧波，先曾各設市舶。市舶者，與夷舶市也。然則貢而商亦國制所許也。

或曰：胡兩市舶今無一耶？海石子曰：史言松江宋建市舶司，元有市船務，國朝爲市舶監，在瑁湖之北，後以官多民擾罷之，而並於四明市舶。四明者，寧波也。嘉靖二年，市舶内官陰爲瑞佐向道，是市舶首尾爲始禍，故四明市舶廢。

或曰：市舶廢，是不許其貢而商矣。海石子曰：嘉靖四年，敕給事中勘報倭情，已奉明命，許復洪武十年一貢之例矣，非終拒之也。且市舶之廢，非絶其來商，乃慮市舶之爲禍始也。使監舶得人，彼貢而商焉，互市而兩利焉，海儆消而夷禍息，非地方之福乎。況巡撫之設，誠非無意，將俾之迎遵國典，俯察時宜，杜其釁於無形耳。

或曰：嘗覽海經南自汀漳，北抵登萊，沿海之區，皆可駐舶，何必寧波？海石子曰：考之倭奴貢道，唐天寶以前，率由百濟新羅入山東境。自倭與新羅讎殺，乃不北而南，由明越州矣。又山川畧中，載永樂時所封壽安鎮國山，與四明相值春時東風便帆，直抵寧波境爲便，聞之海濱人云江淮未設總督，海商或由海門入建業，潛相貿易。今江上有操江中丞，巡江有兩御史，海口有總督，太倉有兵憲，彼勢自密，故必之寧波。今浙復專設巡撫，防範甚周，吾恐兩浙地，奥區僻徑，可通舶賈者，能保其不乘我無備而肆擾乎。蓋倭既仰籍華物，必資商爲利貢限十年彼不能待也。諺謂閏月風便舶至，非閏月風便，三年一閏，彼適來，正其候耳。況華人亦利其貨，交相覬覦，而時禁特嚴，則旁蹊曲徑，潛相勾引，勢在必然。姦人乃或從中梗之，官不達其利害，而摻治稍急。彼欲脱身以解，必至弄兵，沿海之憂方大耳。往年大同甘肅之變，皆措置失宜，以至潰決。正德中，兩河流賊，彼寧不畏死而甘禍哉。幾事不察，釀成大患。

或曰：似此，將何道而可？海石子曰：在自治耳。必也申明法紀，禁絶通番之人，杜塞勾引之路。若彼稱貢而來，縱不合十年之期，挈重貲涉溟濤，無復回之理。況内地所需，亦有必仰之物。昔韓昌黎送海州刺史，有曰海外之國，馭得其道，處中其情，則夷賈之貨，皆可爲中華用。而海上之患，亦可潛消。今日之計，在巡撫大臣，知我知彼，識其機宜，而善應之耳。況國家如天之覆，於外夷未嘗拒之。遼東朵顔諸衛，三年入貢，容其貿易。而西番如吐魯番等，來朝，得十日平市於京師。何獨東海之夷，必拒之耶？況祖訓絶之，謂其暗通奸臣，將圖不軌，今不設丞相，寧有惟庸之姦，如以市舶既革爲疑，則又非互市之故也。考之正德中，市舶内官，暗通宋素卿等，受寶賄以萬計，且内通劉瑾，欲勾外夷逞侮。而嘉靖中復激岔宗設，殺總督武臣，皆閹人之階禍耳。今聖明當陽，百僚奉法，何虞一醜夷之交市爲？

或曰：是固然矣，慮貴十全。今欲善圖其後，使彼不敢逞，而我無虞其害，何道致之？海石子曰：有二説焉。一論彼國不得各道争貢，一論海上近舶之家不得冒利啓釁是也。倭國有七道，道各統郡數十，倭王政令行，則不敢擅求貢。自原義植主國，幼冲無道，勢不能制，遂令各道强請勘合，争先求貢。及抵寧波，互相詆毁求勝，致屠戮釁開，而兵戈貽害。今當諭彼照先年各道輪貢，不得交争，違者照洪武事例，却其貢物。安置其使於川陜，則禍端可息矣。若彼沿海之姦，嗜利無紀，必投孰豪之家以爲奥主。始則誘賒舶貨，既而不償，又謬托貴勢，轉輾相蒙，激其憤

怒，必也嚴憲典輒擅通番之禁，督巡司下海捕緝之條。方番舶之至，必報官閱視，方得議估。既入其貨，立限以償，凡勢要之家，不得投託，務選謹厚之人，自顧家身者，乃得與之交易。則狡猾失勢，當自斂戢。如此則無永樂以前之患，且舶舡不許入港，令彼不得覘我虛實，市易之際，差官檢押，不得乘機虧負。如此。華夷各獲其利，釁何自生？

或曰：誠如所論，則不惟杜禍萌，且各受益。何也？限以十年之貢，既不拒夷人向義之心，而彼國亦不數數勞費。一利也。抑其爭貢之端，既以禮義治彼，又以尊嚴事我。二利也。仿國初市舶之意，而不絕其情，在我則以通夷方之百貨，在彼又以慰仰借之貪心。三利也。於是海石子曰然。

（明）陳子龍《明經世文編》卷二八〇《馮養虛集·通番舶議馮璋》

嘉靖三十年五月初六日，該都察院勘合二千六百八十五號，巡按福建字樣，勘議通海舶以資物資一件，給事中題要將廣東福建浙江三省，盡許開通番舶照常抽稅，以資國用。中間如果有益無害，亦要詳議酌處，事體停妥，使無後虞等，會議到道。但查福建地方，東濱大海，外控諸番，國初於腹裏軍衞之外，增置鎮永平東邊海四衞，玄鍾銅山陸鰲莆禧等，邊海一十三所，增築邊海城垣大小五十餘處，統兵十萬費糧百萬。于外又增烽火小埕南日浯嶼銅山五寨，玄鍾一澳，洪淡等四十四巡司。沿海設官，制度森密，無非所以重邊計而防後患也。又查《大明律》內一款，凡緣邊關塞，及腹裏地面，但有奸細走透消息、探聽事情者，盤獲到官，須要鞫問接引起謀之人，得實皆斬。經過去處守把之人，故縱隱匿者，與犯人同罪。又一款，凡將牛馬軍需鉄貨銅錢段疋紬絹絲緜，私出外境貨賣，及下海者，杖一百。物貨船車並入官。若將人口軍器出境，及下海者絞。因而走漏事情者斬。又《問刑條例》內一款，官員軍民人等，私將應禁軍器，賣與夷人圖利者，比依軍器出境，因而走泄事情者，律各斬爲首者，仍梟首示衆。又一款，官民人等，擅造二桅以上，違式大船，將帶違禁貨物下海，往番買賣，潛通海賊，同謀結聚，及爲嚮導劫掠者，正犯處以極刑，全家發邊遠充軍。其明刑敕法，禁諭森嚴，亦無非所以慮後患防未然也。今若貪顧目前，一旦開稅，華夷無限，山海路通，此往彼來，畧無禁阻。番人狡獪，兇悍難測，萬一乘機生事，擾亂地方，與祖宗建置軍衞，頒示律條，杜患防微之意甚不相同。職等叨居地方，利害所關，不敢輕議。又況本省四府，沿海地方二千餘里，汪洋無際，四散島嶼，盡可泊船，與荊州蕪湖江上關鎖去處不同。既稱通番之人，必是積年在海，強徒惡少，舍命輕生，眇視官法。貨船到岸，倘不赴官，四散灣泊，躲名匿稅，官府不免拘拏，因而拒捕傷人，又須調兵征勦，恐其利未得而害先至也。又如商販所來，不過胡椒蘇木等件，民間用之不多，食之有限，販來既盛，價值必輕，二三年後，商人無利勢將自息，徒有開稅之名，而未見開稅之利。所可預料者也。又有奸猾商人，將帶中土絲綿段布磁鉄貴貨到彼番國，不換貨物，止賣金銀。回還之時，將船燒燬，潛地逃歸，徒有開稅之名，而終無可稅之實。勢所難禁者也。其初番中，本無鹽硝火藥，亦無銃炮器具。後因中國之人接濟往來，私相教習，違犯嚴禁將帶出境，以濟番人之用。如佛郎機大銃鳥銃手銃，爲害最大。然猶懼有法網，交換未多，番人以爲難得。若今明開通稅之門，略同互市之法，火銃火藥，公然交易，得番人無用之物，濟番人有用之器，是持其柄而授之兵也。又見漳泉惡俗，童男幼女，抵當番貨，或受其直而徑與其人，而賺得其貨。或委身而甘爲贅壻，或連姻而藉以富家，番華交通，一至此甚。今若大開納稅之門，直啓交通之路，生人混淆，夷夏無別，其害將不可收也。又況泉漳風俗，嗜利通番，今雖重以充軍處死之條，尚猶結黨成風，造舡出海，私相貿易，恬無畏忌。設使寬立科條，明許通稅，頑民藉口勢宗擅權，出海者愈多，而私貿私易者，不過治以笞杖之罪而已。自此益無禁忌，恐其法壞于上，利歸于下，無補國計之分毫也。又查前朝舊規，如南宋末年，開稅交廣之間，然所獲止于牙料品香無用之物，無資中國之用。元人嗜利而終啓日本之禍，末年乃有張士誠方國珍海上之變。我國家方輿萬里，太平二百有年，聖明在上，廟堂謀猷，當爲聖子神孫，萬世宏遠不易之定計，不當爲一時之權宜，以貪小利。且夫洪武開基之初，首重海防，遷海島之居民，以絕其招引之釁；絕番夷之貢獻，以塞其往來之途。永樂以後，罷海運而開會通之河。宣德年間，弃南交而杜雷廉之道。至如高麗通貢，不許泛海于登萊。琉球來王，示必嚴兵于福海。此皆我聖祖列聖用意之深，而于今可以三思者也。又今防海人員，咸苦哨捕之役，百計謀脫，常思逃去。今見交通之法既立，疏怠之心漸生，武備不修，坐安歲月，而窮山絕島之

夷，聞風遠來，致生他變，不可阻遏。廢先朝世守之規，恐其一壞而難復，生後人無窮之釁，恐其既開而難塞。職等再三思惟，委于事體有碍，與浙江廣東所議，俱各相同。謹議。

（明）陳子龍《明經世文編》卷三一七《王鑒川文集・確議封貢事宜疏王崇古》　一議立互市，以利華夷。照得北虜散處漠北，人不耕織，地無他產，虜中鍋釜針線之日用，須藉中國鑄造，紬段絹布之色衣，惟恃搶掠。今既誓絶侵犯，故虜使於乞封之初，即求聽伊買賣充用，庶可永免盗竊，非謂求開馬市也。其買賣之規，查得弘治初年，北虜三貢交易，虜以金銀牛馬皮張馬尾等項，聽各鎮商販以叚絹布疋鍋釜等物，各於虜使入邊進貢之後，擇日令各枝虜酋各差一的當首領，統夷兵三百，駐劄邊外。各鎮各令本路副參等官，各統本枝精鋭官軍五百，駐劄市場。仍令各酋派定各枝夷種。交易日期，大率以一月爲期，聽挨次分日而至。虜執畜物先赴夷酋驗明，送赴市場估值定易，即時遣出。一起完又送一起，一枝完方許别枝。如以不堪老瘦牲畜，及不值價不堪用之物交易者，發回夷營，不准入市。其各鎮客商貨物，一時或不足交易者，聽行各道，於各城查發。務使客商有利，夷價無虧。嚴鋼鐵硝黄違禁之物，入市貪利發遣之禁，戒邊人出邊盗竊交通之防。每場互市完，將各客商發賣過貨物，及得獲夷價銀物，各道委官，逐日查明造册繳報撫鎮查考。如貢使既回，而交易未完，聽姑令駐邊旬日，務完同遣，以示要質。其客商易獲馬匹，如各營缺馬，聽從官印收，照原估值給價，於商勿容虧減。如官司不用，聽給執照與商，令其入關販賣，不許關津留難。及查得遼東開元馬市，凡夷馬商貨，各有税例，每年即以收獲銀充撫賞之用。聽臣行該鎮查明成例，量議起徵，以充撫賞。其各鎮市場，除陝西三邊，有先年原立場堡，聽各鎮督撫衙門詳定議請外，其大同應於左衛迤北威虜堡邊外，聽協守副總兵、該城兵備道經理。宣府應於萬全右衛張家口邊外，聽上西路參將，分守口北道經理。山西應於水泉營邊外，聽老營副總兵岢嵐兵備道經理。每年互市之期，沿邊各城堡官軍墩哨，各守信地，申嚴哨備，不許出邊私易虜馬，交通罔利。違犯者，許諸人訐發，拿赴軍門以軍法綑打枷號游營。搆惹邊患者，斬首狗衆。罷市之後，如有虜騎近邊求索騷擾者，不許容聽。查問各枝部落夷名據實開報撫鎮，聽行俺答及各酋長查究。但有賫到各酋首番文，許爲轉呈撫鎮，查明緣繇議處。如係乞討諸物，量議給發。如有變詐夷情，呈達軍門議行責問戒備。其各鎮一切昔呰媢虜通虜之夙弊，俱照臣近行嚴革，違犯者從重參究。庶虜中得衣食之急用，斯可永絶盗心，而客商歲得虜貨之利，將源源自至。防範既嚴，而通夷之夙弊可革，交易既廣，而不均之騷擾可免矣。

（明）陳子龍《明經世文編》卷三七三《張鳳盤文集・與王鑒川論貢市第八書張四維》　部議既得旨不允復留連數日，今晨始上，大要皆如舅議，唯貢使俱留邊。此亦極便。士大夫中無見識人多，異日或虜由居庸入犯，必競爲危言相射，若虜使絶不入，則嘵嘵者無所藉口矣。今早講筵中，内閣面奏，石老致詞，謂北虜請和，雖未可永保，但得一年，則有一年之便，臣等以爲當許。皇上荅云，卿等議處停當行，出而諸公俱欣欣相視，亦勝事也。此事今番大定矣。且免小人閑言，真是可喜，但甥頗有杞人之憂。今貢使有定額，錫封有定員，則禮部撫賞必有定則，即如昨因那吉賣馬得利，各帳物娘子，即紛紛來求討。將來之事，不可不謹慮預防杜其端釁也。互市雖以入貢爲期，或再本時，説大交易在入貢時。其時常虜衆或三五來市，驗有俺答把都真正番文，亦許隨便與市，如此方妙，庶可久行，且無他虞耳。前見老把都與黄酋書，似皆有輕中國意，練兵勵馬，時不可忽。虜之畔盟或五七年，或十數年不可期，而我之防之當如在旦夕，庶有備無患，且可先事而伐其謀也。

（明）陳子龍《明經世文編》卷三七三《張鳳盤文集・與王鑒川論貢市第九書張四維》　昨晨得三日書，並俺把二酋來文，知老酋久待，有不耐意，幸昨旨意早飯時即下矣。聖心爲此事甚切，前初二日部覆上時，令内使送至内閣傳旨云：此事重大，疏内語多不能詳覽，卿等可仔細區處，雖多費些賞賜也不妨。觀聖旨拳拳若此，而卿尹中絶無深誠念國者，真所謂獨使至尊憂社稷也。今日貢議之成，雖諸相贊翊斡旋，其實宸斷居多，可謂天幸。甥意可明以此意告虜，説滿朝公卿，因爾節年犯邊，都不肯許封貢。皇帝説爾等犯邊，已申飭中外整兵馬前來大閲，原要三五年間大行征伐。今爾等既知效順，果是真心，我爲天下主南北百姓，都一樣愛惜，可且依他，封他官爵，許他通市。若是日久恭順，自有重厚撫賞。若或變心，那時再征伐他不難。傳示各邊不要懈了邊備，使諸酋畏威感德，亦一

機也。昨部覆已擬如開元例，市用廣鍋，旋復中變。甥與諸老言鍋是虜中日用所急，恐求之不已，況廣鍋京中甚多，或他物聽民自用，唯鍋官買與爲市，禁民私市可也。吉能一枝既附老酋求封，恐不可獨遺，使虜缺望。而部議漫無定執，此須舅相視機宜，曲爲之處也。天氣漸熱，虜且過大青山避暑，不知塞上待市有多少人馬，各鎮須選集武勇，嚴謹封守，以示有備。俺荅討二十元寶一錠金，老酋之意，以趙全等換伊孫。今縛數逆，以此相抵也。況所縛諸逆皆瑣細不足枚數，如此板升萬衆竭中國之力不足致之矣，不如明示不用，則虜技窮矣。若送至反難處也。老把都頗有跳梁，此虜恃其兵力，不肯甘心不搶，以屬夷爲事端，或秋來欲糾土蠻侵薊耳，須善偵之。傳諭宣鎮諸將，無生釁隙，使得執以爲詞，候天祿再不遣至，亦可疑也。再待封貢後，看虜情的向，前疏陳常差二通夜在渠營中，渠肯容否把都情狀，亦須爲老酋一言，使之諭解。仍嚴禁史車二酋，勿使復作梗也。貢使留鎮城，只説内裏熱，恐伊不服水土生病，貢期向後須爲活便，方可久是。並廣鍋及諸未盡事宜，舅可急上一疏，以應明旨，悉心區畫，務求穩便可也。今通好之始，須預定規制，恐戎心無厭，後來肆其貪求，與之則費不貲，而財難繼，不與則棄前好，而生後怨矣。

（明）陳子龍《明經世文編》卷三七三《張鳳盤文集·與王鑒川論貢市第十書張四維》　封貢旨意既下，部咨聞已發行矣，求封通貢夷使，即須放入邊。但吉能之使，又煩區畫耳。側聞近因夷夏通好，右衛大同城中，都有夷人往來買貨，公明出入，此須爲禁止。凡夷使須有各酋真正番文，當官驗明，方許入城，方關防可施，不然反側之地，驕宗降虜，乘隙鼓煽，恐生他虞耳。又開市一節，衆議哄然，多謂不可。今雖處分已定，尚嘖嘖私議，固是見識短淺，亦因先年隨市隨搶，故多疑懼。今作事之始，最宜慎重，務求十分停妥，商夷兩便。如夷人不利，將決裂而去，不顧後來，或華人不利，將怨謗橫生，訛言且起矣。甥意虜馬來多，商貨必不能給，須官爲區畫。或將該領馬官軍預給以價，使入市收買，或預處物貨，以給虜求，務使夷遂所欲，民不知擾。但不可行鎮巡區處，鎮巡必行各道各參游，各道行之州縣，參游行之部伍，其勢必至於坐派。坐派一出，公差人役抑勒需索，侵隱誆騙之弊百孔而出，必概鎮人心騷動矣。此不可不預防也。但當三令五申，示以交易之利，臨市防範，須示以可恃，令之無恐。果夷遂所求，商得厚利，即不論來歲風聲一傳四外人必争赴矣。如此則異論可息，和議可久。俺酋似已歸心於舅，或終無它虞。黄把二酋，既得官號撫賞，又獲通市之利，必亦且顧戀，不輕易割舍。在我尤須時嚴修守，練簡卒伍，奮揚威略，先事以懾其心，杜其狂心與驕態。果行之數年，愈久而人愈趨之，如遼東開元將永爲中國利矣。

（明）陳子龍《明經世文編》卷三九三《王文端公文集·答部文川督府王家屏》　互市之權，我與虜共之者，一低一昂，勢居然也。惟彼方挾其重以要我，我怵於其挾而急與之講，則彼得勢而益昂矣。惟不有其挾，而亦不受其要，彼以急來，我以緩應，曠日持久，彼計滋窮，勢必自折。翁處卜酋得其術矣，來貢者進，不來者不强。馬好惡期先後，悉置不較。若是則我乃益緩，彼乃益急。宜其遷要挾之謀，爲就講之説也。卜酋既下，諸酋畢來，此所謂以拒之之法招之耳。且莊酋認罰，又已有端，套虜聯翩而下，功何偉也。顒佇顒佇。

（明）陳子龍《明經世文編》卷四〇〇《敬和堂集·疏通海禁疏許孚遠》　案照先准兵部咨爲申嚴海禁，并禦倭未盡事宜，以弭隱患事。內開凡有販番諸商，告給文引者，盡行禁絶。敢有故違者，照例處以極刑。官司有擅給文引者，指名參究等因。題奉聖旨是。著該撫按官嚴加禁緝，犯者依律究治。欽此。欽遵，備咨在卷。該臣入境以來，節據沿海商民紛紛告通海禁，臣奉欽依，不敢輕議，但慰諭遣還，聽候查處。隨據福建按察司巡視海道僉事余懋中呈，據海澄縣番商李福等，連名呈稱本縣僻處海濱田受鹹水，多荒少熟，民業全在舟販，賦役俯仰是資。往年海禁嚴絶，人民倡亂，幸蒙院道題請建縣通商，數十年來，餉足民安。近因倭寇朝鮮，廟堂防閑姦人接濟硝黄，通行各省禁絶商販，貽禍澄商，引船百餘隻，貨物億萬計，生路阻塞。商者傾家蕩產，傭者束手斷飧，闔地呻嗟，坐以待斃等情。

批據漳州府海防同知王應乾，呈稱查得漳屬龍溪、海澄二縣地臨濱海，半係斥鹵之區，多賴海市爲業。先年官司慮其勾引，曾一禁之，民靡所措，漸生邪謀，遂致煽亂，貽禍地方。迨隆慶年間，奉軍門塗右僉都御史議開禁例，題准通行，許販東西諸番。惟日本倭奴，素爲中國患者，仍舊禁絶。二十餘載，民生安樂，歲征稅餉二萬有奇。漳南兵食，藉以充

裕。近奉文禁絶番商，民心洶洶告擾，本職目擊時事，竊計其爲地方隱患者有四。夫沿海居民，憑藉海濱，易與爲亂。往者商舶之開，正以安反側杜亂萌也。廼今一禁，彼强悍之徒，俯仰無賴，勢必私通。繼以追捕，急則聚黨遁海，據險流突，如昔日之吳曾林何，變且中起。此其患一。

東西二洋，商人有因風濤不齊，壓冬未回者，其在呂宋尤多。漳人以彼爲市，父兄久住，子弟往返，見留呂宋者，蓋不下數千人，一旦舟楫不通，歸身無所，無論棄衆庶以資外夷。即如懷土之思既切，又焉保其不勾引而入寇也。此其患二。

邇者關白陰畜異謀，幸有商人陳申、朱均旺在番探知預報，盛爲之防，不至失事。今既絶通商之路，非惟商船不敢下水，即如宣諭哨探之船亦無繇得達。設或夷酋有圖不軌如關白者，胡由得而知之。此其患三。

漳南沿海一帶，守汛兵衆數千，年費糧賞五萬八千有奇，内二萬則取足於商税。若奉禁無徵，軍需缺乏，勢必重斂于民。民窮財盡，勢難取給。此其患四。

覩茲四患，身當其責者，安得不爲之思患預防哉。職以爲禁不便，復之便，急復之爲尤便。原禁絶之意，不過以硝黄之故。今欲革此弊端，必須嚴申禁約。每遇商舶將開，責取里鄰保結，委官盤驗，如有作姦犯科，置之重刑。其民間亦不許私相買賣，如是則釁端自杜矣。若緣此而禁絶商路，不幾於因噎而廢食乎。乞念邊海民生之重，詳請弛禁，復舊通商等因，到道轉呈到臣。

該臣會同巡按福建監察御史陳子貞，看得東南濱海之地，以販海爲生，其來已久，而閩爲甚。閩之福興泉漳，襟山帶海，田不足耕，非市舶無以助衣食。其民恬波濤而輕生死，亦其習使然，而漳爲甚。先是海禁未通，民業私販，吳越之豪，淵藪卵翼，横行諸夷，積有歲月。海波漸動，當事者嘗爲厲禁。然急之而盗興，盗興而倭入。嘉靖之季，其禍蔓延，攻略諸省，荼毒生靈，致煩文武大帥，殫耗財力，日尋干戈，歷十有餘年，而後克底定。於是隆慶初年，前任撫臣涂澤民，用鑒前轍，爲因勢利導之舉。請開市舶，易私販而爲公販，議止通東西二洋，不得往日本倭國，亦禁不得以硝黄銅鐵違禁之物，夾帶出海。奉旨允行，幾三十載。幸大盗不作，而海宇宴如。邇因倭犯朝鮮，聲言内犯，部臣用言者，議題請申嚴海禁，禁之誠是也，然民情趨利如水赴壑，決之甚易，塞之甚難。今使遠近豪黠，潛住海濱，日夜思逞。傭夫販子，千百爲羣，謀生無路，滃滃訛訛，其勢將有所叵測。而又有壓冬未回之船，有越販懼罪之夫。其在呂宋諸番者，不可以數計，豈能永棄骨肉，没身島夷。一旦内外勾連，煽亂海上，蕭牆之憂，真有不可勝言者。故臣等以爲通之便。無已則於通之之中，申禁之之法。日本例不得往，無論已。凡走東西二洋者，制其船隻之多寡，嚴其往來之程限，定其貿易之貨物，峻其夾帶之典刑。重官兵之督責，行保甲之連坐，慎出海之盤詰，禁番夷之留止，厚舉首之賞格，蠲反誣之罪累。然而市舶諸人，不恬然就約束而顧身家者，未之有也。臣又訪得是中同安海澄龍溪漳浦詔安等處姦徒，每年於四五月間告給文引，駕使鳥船，稱往福寧卸載北港捕魚，及販雞籠淡水者，往往私装鉛硝等貨，潛去倭國，徂秋及冬，或來春方回。亦有藉言潮惠廣高等處糴買糧食，徑從大洋入倭，無販番之名，有通倭之實。此皆所應嚴禁。然禁之當有法，而絶之則難行。何者。彼其貿易往來，糴穀他處，以有餘濟不足，皆小民生養所需不可因刖而廢屨者也。不若明開市舶之禁，收其權而歸之上，有所予而有所奪。則民之冒死越販者，固將不禁而自止。臣聞諸先民有言，市通則寇轉而爲商，市禁則商轉而爲寇，禁商猶易，禁寇實難。此誠不可不亟爲之慮。且使中國商貨通於暹羅、呂宋諸國，則諸國之情嘗聯屬於我，而日本之勢自孤。日本動静虚實亦因吾民往來諸國，偵得其情，可謂先事之備。又商船堅固數倍，兵船臨事可資調遣之用。商税二萬，不煩督責軍需，亦免撈括之勞。市舶一通，有此數利。不然，防一日本，而併棄諸國。絶商賈之利，啓寇盗之端。臣竊以爲計之過矣。臣又訪得鉛硝等貨，接濟倭夷，其途非一。在廣東香山澳佛郎機番裝販最多，又有姦商在長蘆興濟等處豫行匿載，取便過倭，竝宜一體設法嚴禁。若夷國之東甫寨，多産鉛硝，暹羅亦有之。倭奴每歲發船至交趾、呂宋地方買運而去，此又非禁令之所能及。然則接濟者不盡番舶，而番舶於通之之中寓禁之之法，豈得肆爲接濟乎。或者謂沿海商民，假之利權，往來番國，異日將有尾大不掉之患。夫使處置得宜，制禦有術，雖番夷不足慮，而况吾民。如其不然，事變無常，殆不知其所出。至虞倭奴一日狂逞恐遂歸咎市舶，則往事可鑒。昔犯浙直閩廣，近犯鮮遼，曾不係海禁之開塞，臣等又不必過爲規

避也。

（明）陳子龍《明經世文編》卷四三三《徐中丞奏疏·報取回吕宋囚商疏徐學聚》　議照吕宋通商一節，原因漳泉濱海居民，鮮有可耕之地，航海商漁，乃其生業，往往多至越販諸番，以窺厚利。一行嚴禁，輒便勾倭内訌。嘉靖季年，地方曾受蹂躪之慘，維時當事，議以吕宋素不爲中國患者，題奉欽依，許販東西二洋，華夷相安，亦有年矣。顧一旦屠戮逋商至萬計者，變出異常，法應討罪。但究其禍端，良由張嶷妄奏採榷，爲之厲階。及姦商前年殺其酋長，積怨蓄憾，有以激之，情似可原。矧提師渡海遠征，勝負難料，國體攸關，何敢輕率啓釁，以廑皇上南顧之憂。臣隨會檄傳諭佛郎機國酋長、吕宋部落知道，我高皇帝總一方夏，表則千古，禮樂威信，世守如一。迄我今上皇帝陛下，允奮天綱該覽八紘，北極沙漠，南及爾等，東南諸夷，所有之海，日照月臨，共成正朔。如日本諸島，犯我屬國，朝廷三遣吏兵，屠頹釜山，恢復朝鮮，還立其王，以守宗廟。鬼方楊酋，不畏王章，奪父賊弟棄妻擅殺其民。南徼吏士，驅兵進縛千里之國，夷宗翦土，鞠爲茂草，非爾等所耳而目之者乎。去年海外姦民張嶷，妄稱爾吕宋機易山有礦金可採，有司覆聞，皇帝以爲驚擾海邦，貽爾憂戚，遂付法曹斬之西市，傳首海上，以告姦宄。乃聞張嶷去後，爾吕宋部落，無故賊殺我漳泉商賈者至萬餘人。有司各愛其民，憤怒上請，欲假沿海將士加兵蕩滅，如播州例。且謂吕宋本一荒島，魑魅龍蛇之區，徒以我海邦小民，行貨轉販，外通各洋，市易諸夷，十數年來，致成大會。亦由我壓冬之民，教其耕藝，治其城舍，遂爲隩區，甲諸海國。此輩何負于爾，有何深仇，遂至戕殺萬人。蠻夷無行，負義如此，曷宜天誅。堅乞再三，皇帝以吕宋久相商賈，不殊吾民，不忍加誅。又海外爭鬬，未知禍首。又中國四民，商賈最賤，豈以賤民，興動兵革。又商賈中棄家游海，壓冬不回，父兄親戚，共所不齒，棄之無所可惜，兵之反以勞師。終不聽有司言，爰降旨特行令所在遣使傳諭爾等酋長部落，令咸改悔，畏天守善，其海外戕殺姑不窮治。爾等當思皇帝浩蕩之恩，中國仁義之大。張嶷一誑口，輒不憚梟示以謝爾等。爾等非木石，獨不思灑濯其心，以報中國乎。若前事訛傳，未有兵革，投款效順，商舶往來，交易如故。若果有嫌恨，已相讐殺，可將該島所有漳泉遺民子孫，追歛各夷劫去貨財賚送還郡，自此商船交易仍聽往來如故。其或聽信姦徒，煽惑執拗，貪保昏迷，不共恃遠，抗拒不聽賚還，即當斷絕海船，不得西行。仍聽諸吏兵同其家，願報讐者，一風張颿，千艘竝出，鄉音難辨，玉石俱焚。或復聽各貢市諸國二百年忠順者，許其部落驅兵合勦，即以吕宋賜爲市舶提舉。有司再請天怒，且及一旅僅頹釜山，播州白骨在望，能不噬臍。故茲檄諭主者施行等因去後，今據前因，除取回商民，批行該道查審明白，發令各家屬領回安插外，該臣會同巡按福建監察御史湯兆京，看得吕宋原禁商民併劫去財貨，遵照傳檄悉經放還。詳閱來文，詞甚恭謹，皆仰藉皇上之寵靈，得以保商民之生命，且不至煩兵費餉，坐令懷德畏威，實得柔遠固圉一策。即臣仰荷天語，責成至意，亦可少抒其萬一矣。

（清）藍鼎元《鹿州全集·論南洋事宜書》　南洋諸番不能爲害，宜大開禁網，聽民貿易，以海外之有餘補内地之不足，此豈容緩須臾哉！昔閩撫密陳，疑洋商賣船與番，或載米接濟異域，恐將來爲中國患，又慮洋船盗劫，請禁艘舶出洋，以省盗案。迂謭書生，坐井觀天之見，自謂經國遠猷以嘉謨入告我後，左矣。聖祖慮患殷深，恐萬一或如所言，因詢問九卿，下及閒散人等，蓋心疑其説之未必是，欲得熟悉海外情形者一言證之也。乃當時九卿既未身歷海外，無能熟悉；閒散人等又不能自達至尊，故此事始終莫言。而南洋之禁起焉，非聖祖意也。夫惟知海國情形乃可言弛張利害。海外諸番，星羅棋布。朝鮮附近神京，守禮法；東方之國，日本最爲强大；其外皆尾閭無他番；稍降則爲琉球，大小島嶼，斷續二千里，外皆萬水朝東，亦無他國。南洋番族最多，吕宋、噶囉吧爲大，文萊、蘇禄、麻六甲、丁機宜、啞齊、柔佛、馬承、吉裏問等數十國，皆渺小不堪，罔敢稍萌異念。安南占城，勢與兩粵相接。此外有柬埔寨，六坤、斜仔、大泥諸國，而暹羅爲西南之最。極西則紅毛西洋爲强悍莫敵之國，非諸番比矣。紅毛乃西島番統名，其中有英圭黎、干絲蠟、佛蘭西、荷蘭、大西洋、小西洋諸國，皆兇悍異常，其舟堅固不畏颶風，砲火，軍械精於中土，性情陰險叵測，到處窺覘，圖謀人國。統計天下海島諸番，惟紅毛、西洋、日本三者可慮耳。噶囉吧，本巫來由地方，緣與紅毛交易，遂被侵佔爲紅毛市舶之所。吕宋亦巫來由分族，緣習天主一教，亦被西洋占奪，爲西洋市舶之所。日本明時作亂，閩、廣、江、浙皆遭蹂躪，

至今數省人民，言倭寇者尚心痛首疾。南洋數十島番則自開闢以來，未嘗侵擾邊境，貽中國南顧之患，不過貨財貿易，通濟有無。今日本不禁，紅毛不禁，西洋天主教布滿天下，且以廣東、澳門爲彼盤踞聚族之區，而獨於柔順寡弱有利無害之南洋，必嚴禁而遏絶之，是亦不可以已乎。閩廣人稠地狹，田園不足於耕，望海謀生，十居五六。內地賤菲無足重輕之物，載至番境皆同珍貝。是以沿海居民，造作小巧技藝，以及女紅針黹，皆於洋船行銷，歲收諸島銀錢貨物百十萬入我中土，所關爲不細矣。南洋未禁之先，閩廣家給人足，游手無賴亦爲欲富所驅，盡入番島，鮮有在家飢寒竊劫爲非之患。既禁以後，百貨不通，民生日蹙，居者苦藝能之罔用，行者嘆致遠之無方，故有以四五千金所造之洋艘係維朽蠹於斷港荒岸之間，駕駛則大而無當，求價則沽而莫售，拆造易小，如削棟樑以爲杙，裂錦綉以爲縷，於心有所不甘；又冀日麗雲開，或有馳禁復通之候。一船之敝，廢中人數百家之產，其慘目傷心可勝道耶。沿海居民蕭索岑寂，窮困不聊之狀，皆因洋禁。其深知水性，慣熟船務之舵工水手，不能肩擔背負以博一朝之食，或走險海中，爲賊駕船，圖目前糊口之計。其游手無賴，更靡所之，群趨臺灣，或爲犯亂，辛丑臺寇陳福壽之流，其明效大驗也。天下利國利民之事，雖小必爲，妨民病國之事，雖微必去。今禁南洋，有害而無利，但能使沿海居民，富者貧，貧者困，驅工商爲游手，驅游手爲盜賊耳。閩地不生銀礦，皆需番錢，日久禁密，無以爲繼，必將取給於楮幣皮鈔，以爲泉府權宜之用，此其害匪甚微也。開南洋，有利而無害，外通貨財，內消姦宄，百萬生靈仰事俯畜之有資，各處鈔關且可多徵税課，以足民者裕國，其利甚爲不小。若夫賣船與番，載米接濟，被盜劫掠之疑，則從來無此事者也。內地造一洋船，大者七八千金，小者二三千金，能賣價值幾何。商家一船造起，便爲致富之業，欲世世傳之子孫，即他年厭倦不自出，尚歲收無窮之租賃，誰肯賣入。況番山材木，比內地更堅，商人每購而用之。如鼎嘛桅一條，在番不過一二百兩，至內地則直千金。番人造船比中國更固，中國數寸之板，彼用全木，數寸之釘，彼用尺餘，即以我船贈彼，尚非所樂，況令出重價以買耶。閩廣產米無多，福建不敷尤甚，每歲民食半藉臺灣，或佐之以江浙，南洋未禁之先，吕宋米時常至厦。番地出米最饒，原不待仰食中國。洋商皆有身家，誰自甘法網嘗試。而洋船所載貨物，一擔之位收船租銀四五兩，一擔位之米，所值幾何？舍其利而犯法，雖至愚者不爲也。歷來洋船，從無在洋被劫，蓋以劫船之盜，皆在海邊，出没島澳，離岸百十里，極遠止二三百里，以外則少舟行，遠出無益，且苦颶風驟起，無停泊安身之處。洋船一縱，不知其幾千里，船身既大，可任風波，非賊船所能偕行。若賊於海濱行劫，則上下浙廣商船已可取携不盡，何必洋船？即與洋船相遇，而賊船低小，倚之且若高樓非梯不能以上。一船之賊，多不過二三十人，洋船人數極少百餘，且不俟與賊力戰，但挽舵走，據上風，可壓賊船而溺之，何行劫之足慮？方今聖主當陽，九圍綏靜，凡有血氣，咸同一家，而獨於南洋弱小效順之諸番，禁不與通來往。內外臣工，或知而不言，殊非忠君愛國懷遠寧邇惠養黎元之道。草莽愚生所旁觀而竊嘆也。

（清）賀長齡《皇朝經世文編》卷二六《户政·理財·請開海禁疏慕天顔》

查得户部疏稱，需用錢糧甚多，今內外諸臣，有將米豆草束等項價值，題請加增者；有稱百姓困苦，題請蠲緩者；有稱百姓困苦，條奏賑救者。今江南等處灾荒，又見告矣。儻概議不準，恐民生不遂，有負皇上愛養斯民之至意。若竟從所請，則錢糧愈少，軍需不足，豈得不預行籌畫。在外督撫，身任地方，知之必悉。如何使百姓不致困苦，以足國用，有益兵餉之處，俱行陳奏等因具題。奉旨：九卿詹事科道會同確議具奏。欽此。

臣查生財之道，必致其源，而理財之法，當從其大。目前興師征討，四出靡寧。雖蜀道漸開，楚江咸順，而貔貅之衆，棋布星陳，資餉甚殷，所在告急。議節省則事款通裁，幾於節無可節矣。議捐輸則事例多案，幾於捐無可捐矣。然而軍馬之供億，每患不敷，度支之經營，尚苦莫措者，良由講求之術，徒循其末，而未深探其本也。蓋自庸調之制廢，而民力之輸納，無復本色之供。自兩税之法行，而國用之徵求，惟以金錢爲急。上下相尋，惟乏金之是患也久矣。然銀兩之所由生，其途二焉，一則礦礫之銀也，一則番舶之銀也。自開採既停，而坑冶不當復問矣。自遷海既嚴，而片帆不許出洋矣。生銀之兩途並絶。則今直省之所流轉者，止有現在之銀兩。凡官司所支計，商賈所貿市，人民所恃以變通，總不出此。而且消耗者去其一，堙没者去其一，埋藏製造者又去其一。銀日用而日虧，別無

補益之路。用既虧而愈急，終無生息之期。如是求財之裕，求用之舒，何異塞水之源而望其流之溢也。豈惟舒裕爲難，而匱詘之憂，日甚一日，將有不可勝言者矣。由今天下之勢，即使歲歲順成，在在豐稔，猶苦於穀賤傷農，點金無術。何況流亡迭見，灾歉頻仍，於此思窮變通久之道，不必求之天降地出，惟一破目前之成例，曰：開海禁而已矣。蓋礦礫之開，事繁而難成，工費而不可必。所取有限，所傷必多，其事未可驟論也。惟番舶之往來，以吾歲出之貨，而易其歲入之財，歲有所出，則於我毫無所損，而殖産交易，愈足以鼓藝業之勤。歲有所入，則在我日見其贏，而貨賄會通，立可以袪貧寡之患。銀兩既以充溢，課餉賴爲轉輸，數年之間，富强可以坐致。較之株守故局，議節議捐，其得失輕重，有不啻徑庭者矣。然而議此者，必謂海氛未靖，方事剿除，若一通洋，勢多扞格。則更請衡今昔事勢而言之，按故明海島諸國，並許朝貢，惟以倭夷獷悍，絕不使通。然而市舶之往來，於彼不廢，故有舶商匿貨之禁，原以專計泛海之船。行之累朝，深得其利。其後雖有倭患，原非兆於商舶也。再以本朝而言，閩海之餘孽未殄，而荷蘭、琉球等國之貢仍至也。粤地之風帆接閩，而暹羅、紅毛等國之貢自若也。貢船本外夷所來，猶且無礙，商船由内地所出，翻謂可虞。又事理之必不然者矣。猶記順治六七年間，彼時禁令未設，見市井貿易，咸有外國貨物，民間行使，多以外國銀錢。因而各省流行，所在皆有。自一禁海之後，而此等銀錢，絕迹不見一文。即此而言，是塞財源之明驗也。可知未禁之日，歲進若干之銀，既禁之後，歲減若干之利。揆此二十年來，所坐棄之金錢，不可以億萬計，真重可惜也。今則盛京直隸山東之海船，固聽其行矣。海洲雲臺之棄地，亦許復業矣。香山澳門之陸路，再準貿販矣。凡此廟謨之籌略，豈非見於海利之原可通融，而故弛其禁邪。今所請之開禁，亦即此意擴推之而已。惟是出海之途，各省有一定之口，稅賦之入，各口有一定之規。誠畫一其口岸之處，籍算其人船之數，嚴稽其違禁之貨，察懲其犯令之奸，而督率巡防，並資文武，統之以兼轄，責之以專汛，彈壓之以道官，總理之以郡佐。一切給票稽查抽分報納諸例，皆俟定議之日，可逐一妥酌舉行也。總之此事誠關重大，今之言者明知此禁之當開，乃瞻顧而不敢輕言。即言矣，議者亦明知此言之可行，又因循不敢決斷。則財終從何裕，而用終從何出乎。茲因需餉浩繁，民生困苦，上廑廟堂之憂，更煩院慮之切。再三籌計，展轉思維，以爲微利輕財，未足以補救今日。必當致財之源，生財之大，舍此開禁一法，更無良圖。抑臣更有請者，江南棄沙，雖已復業過半，尚有界外未復之洲，實則在大江口内，而不在外洋。遷民失業，更爲可憫。今若開禁，並可勘令復歸故土，墾種補課，又係生財之一端。而海船通商，所資在天下之大，百世之遠，寧僅江南一隅，足餉一時已哉。

（清）林則徐《林則徐全集・奏摺卷・籌議嚴禁鴉片章程摺附戒煙方道光十八年五月日》 奏爲遵旨籌議章程，恭摺覆奏，仰祈聖鑒事：

本年五月初二日准兵部火票遞到刑部咨開：道光十八年閏四月初十日上諭：黄爵滋奏請嚴塞漏卮以培國本一摺，著盛京、吉林、黑龍江將軍，直省各督撫，各抒所見，妥議章程，迅速具奏。摺併發。欽此。臣查原奏内稱：近來銀價遞增，每銀一兩易制錢一千六百有零，非耗銀於内地，實漏銀於外夷。自鴉片煙流入中國，其初不過紈絝子弟習爲浮靡，嗣後上自官府縉紳，下至工商優隸，以及婦女僧尼道士，隨在吸食。廣東每年漏銀漸至三千餘萬兩，合之各省，又數千萬兩。耗銀之多由於販煙之盛，販煙之盛由於食煙之衆，今欲加重罪名，必先重治吸食。請皇上嚴降諭旨，自今年某月日起至明年某月日止，准給一年限期。若一年以後仍然吸食，是不奉法之亂民，罪以死論等語。

臣伏思鴉片流毒於中國，紋銀潛耗於外洋，凡在臣工，誰不切齒，是以歷年條奏，不啻發言盈廷，而獨於吸食之人，未有請用大辟者。一則《大清律例》早有明條，近復將不供興販姓名者由杖加徒，已屬從重，若遂坐死罪，是與十惡無所區別，即於五刑恐未協中；一則以犯者太多，有不可勝誅之勢，若議刑過重，則弄法滋奸，恐訐告誣攀，賄縱索詐之風，因而愈熾。所以論死之説，私相擬議者未嘗乏人，而毅然上陳者獨有此奏。然流毒至於已甚，斷非常法之所能防，力挽頹波，非嚴蔑濟。茲蒙諭旨敕議，雖以臣之愚昧，敢不竭慮籌維。

竊謂治獄者固宜準情罪以持其平，而體國者尤宜審時勢而權所重。今鴉片之貽害於内地，如病人經絡之間久爲外邪纏擾，常藥既不足以勝病，則攻破之峻劑，亦有時不能不用也。夫鴉片非難於革癮，而難於革心，欲革玩法之心，安得不立怵心之法。況行法在一年以後，而議法在一年以

前，轉移之機正繫諸此。《書》所謂舊染污俗，咸與惟新，《傳》所謂火烈民畏，故鮮死焉者，似皆有合於大聖人辟以止辟之義，斷不至與苛法同日而語也。惟是吸煙之輩陷溺已深，志氣無不惰昏，今日安知來日。當夫嚴刑初設，雖亦魄悚魂驚，而轉思期限尚寬，姑俟臨時再斷，至期迫而又不能驟斷，則罹法者仍多，故臣謂轉移之機即在此一年中。必直省大小官員共矢一心，極力挽迴，間不容髮，期於必收成效，永絶澆風，而此法乃不爲贅設。兹謹就臣管見所及，擬具章程六條，爲我皇上敬陳之：

一、煙具先宜收繳凈盡，以絶饞根也。查吸煙之竹桿謂之槍，其槍頭裝煙點火之具，又須細泥燒成，名曰煙斗。凡新槍新斗皆不適口，且難過癮。必其素所習用之具，有煙油漬乎其中者，愈久而愈寶之，雖骨肉不輕以相讓。此外零星器具，不一而足，然尚可以他具代之，惟槍斗均難替代，而斗比槍尤不可離。遇無槍時，以習用之斗配别樣煙桿，猶或遷就一吸。若無斗即煙無裝處，而自不得不斷矣。今須責成州縣，盡力收繳槍斗，視其距海疆之遠近，與夫地方之衝僻，户口之繁約，民俗之華樸，由各大吏酌期定數，責以起獲，示以勸懲。除新槍新斗聽該州縣自行毁碎不必覈計外，凡漬油之槍斗，皆須包封，黏貼印花，彙册送省，該省大吏當堂公同啓封毁碎。無論此具或由搜獲，或由首繳，或由收覓，皆許覈作州縣功過之數。若地方繁庶而收繳寥寥者，立予撤參。如能格外多收，亦當分别奬勵。

一、此議定後，各省應即出示勸令自新，仍將一年之期劃分四限，遞加罪名，以免因循觀望也。查重典之設，原爲斷吸起見，果能人人斷吸，亦又何求？所謂以人治人，改而止也。各省奉文之後，應由大吏發給告示，徧行剴切曉諭，自奉文之日起，扣至三箇月爲初限，如吸煙之人，於限内改悔斷絶赴官投首者，請照習教人首明出教之例，准予免罪。然投首非空言也，必將家藏煙具幾副，餘煙若干，全行呈繳到官，出具改悔自新毫無藏匿甘結，加具族鄰保結，立案報查。如日後再犯，或被告發，或經訪聞，拘訊得實，加倍重辦。其二三四限之内投首者，雖不能概予免罪，似亦可酌量減輕。惟不投首者，一經發覺，即須加重。蓋四時成歲，三月成時，氣候不爲不久，果知畏法，儘可改圖；若仍悠忽遷延，再三自誤，揆以誅心之律，已非徒杖所可蔽辜。除初限以内拏獲者，仍照原例辦理外，其初限以外四限以内未首之犯，拏獲審實，似應按月遞加一等，至軍爲止。其中詳細條款，並先後投首如何減等，首後再犯如何懲辦之處，均請敕部覈議施行。似此由寬而嚴，由輕而重，不肖之徒如再不知悔懼，置諸死地，誠不足惜矣。

一、開館興販以及製造煙具各罪名，均應一體加重，並分别勸限繳具自首，以截其流也。查開館本係死罪，興販亦應遠戍，近因吸食者多互相包庇，以致被獲者轉少。今吸煙既擬重刑，若輩豈宜末減！應請一體加重，方昭平允。但澆俗已深，亦宜予以自新之路。請自奉文之日起，開館者勸限一月，將煙具煙土全繳到官，准將原罪量減。如係拏獲，照原例辦理。地方官於一月内辦出者，無論或繳或拏，均免從前失察處分。倘逾限拏獲，犯照新例加重，自獲之員減等議處。其興販之徒，路有遠近，或於新例尚未聞知，不能概限一月投首。應請酌限三箇月内，不拘行至何處，准赴所在有司衙門繳煙免罪。若逾限發覺，亦應論死。其繳到之煙土煙膏，眼同在城文武，加用桐油立時燒化，投灰江河。匿者與犯同罪。至製造煙具之人，近日愈夥，如煙槍固多用竹，亦間有削木爲之，大抵皆煙袋鋪所製。其槍頭則裹以金銀銅錫，槍口亦飾以金玉角牙。閩、粤間又有一種甘蔗槍，漆而飾之，尤爲若輩所重。其煙斗自廣東來者，以洋磁爲上；在内地製者，以宜興爲高。恐其屢燒易裂也，則亦包以銀錫，而發藍點翠各極其工；恐其屢吸易塞也，則又通以鐵條，而矛戟錐刀不一其狀。手藝之人喜其易售，奇技淫巧競相傳習，雖照例懲辦而製造如故。應請概限奉文一月内，將所製大小煙具全行繳官毁化免罪。並諭煙袋作坊、瓦器窰户以及金銀銅錫竹木牙漆各匠，互相稽查。如逾限不首及首後再製，俱照新例重辦。其裝成槍斗可用吸食者，即須論死。保甲知情不首，與犯同罪。

一、失察處分，宜先嚴於所近也。文武屬員有犯，該管上司於奉文三箇月内查明舉發者，均予免議。逾限失察者，分别議處。其本署戚友家丁，近在耳目之前，斷無不知，應勒限一箇月查明。若不能早令革除，又不肯據實舉發，即是有心庇匿，除犯者加重治罪外，應將庇匿之員即行革職。本署書差有犯，限三箇月内查明懲辦，逾限失察者，分别降調。

一、地保牌頭甲長，本有稽查奸宄之責，凡有煙土煙膏煙具，均應著

令查起也。挾讎訐告之風固難保其必無，但能起獲贓證，即有證據。且起一件即少一害，雖初行之時亦恐難免滋擾，然凡事不能全無一弊，若果吸煙者懼其滋擾而皆決意斷絶，正不爲無裨也。至開館之房主及該地方保甲，斷無不知之理，若不舉發，顯係包庇，應與正犯同罪，並將房屋入官。

一、審斷之法宜預講也。此議定後，除簡僻州縣犯者本少，即有一二無難隨時審辦外。若海疆商賈馬頭及通衢繁會之區，吸食者不可勝數。告發既多，地方有司日不暇給，即終日承審，而片刻放鬆則癮已過矣，委人代看則弊已作矣，是非問罪之難而定讞之難也。要知吸煙之虚實，原不在審而在熬，熬一人與熬數人數十人，其工夫一耳。且專熬一人容或有弊，多人同熬轉無可欺。譬如省會地方，擇一公所，彙提被控被拏之人，委正印以上候補者一員往審足矣，不必多員也。臨審時恐其帶藥過癮，則必先將身上按名嚴搜，即糕點亦須敲碎，然後點人封門，如考棚之坐號，各離尺許，不准往來。問官亦祇准帶一丁兩役，隨身伺候，不許擅離。自辰巳以至子丑，祇須静對，不必問供，而有癮之人情態已皆百出矣。其審係虚誣者，何員所審，即令何員出具切結，倘日後别經發覺，惟原審官是問。

以上六條，就臣愚昧之見，斟酌籌議。未知當否，理合繕摺具奏，伏乞皇上聖鑒訓示。

再，臣十餘年來目擊鴉片煙流毒無窮，心焉如擣，久經採訪各種醫方，配製藥料，於禁戒吸煙之時，即施藥以療之。就中歷試歷驗者，計有丸方兩種，飲方兩種。謹繕另單，恭呈御鑒。可否頒行各省，以資療治之處，伏候聖裁。謹奏。

（清）林則徐《林則徐全集·奏摺卷·錢票無甚關礙宜重禁喫煙以杜弊源片道光十八年八月日》 再，臣接准部咨：欽奉上諭：據寶興奏，近年銀價日昂，紋銀一兩易制錢一串六七百文之多，由於奸商所出錢票，註寫外兑字樣，誤轉磨兑，並無現錢，請嚴禁各錢鋪不准支吾磨兑，總以現錢交易，以防流弊等語。著步軍統領衙門、順天府、五城會議具奏，並著直省各督撫妥議章程，奏明辦理。欽此。

臣查錢票之流弊，在於行空票而無現錢，蓋兑銀之人本恐錢重難攜，每以用票爲便，而奸商即因以爲利。遇有不取錢而開票者，彼即啗以高價，希圖以紙易銀，愚民小利是貪，遂甘受其欺而不悟。迨其所開之票，積至盈千累百，並無實錢可支，則於暮夜關歇潛逃，兑銀者持票控追，終成無著。此奸商以票騙銀之積弊也。臣愚以爲弊固有之，治亦不難，但須飭具五家錢鋪連環保結，如有一家逋負，責令五家分賠，其小鋪五家互結，復由年久之大鋪及殷實之銀號加結送官，無結者不准開鋪，如違嚴究，並拘拏脱逃之鋪户，照誆騙財物例計贓從重科罪，自可以遏其流。但此弊祇係欺詐病民，而於國家度支大計殊無關礙。

蓋錢票之通行，業已多年，並非始於今日，即從前紋銀每兩兑錢一串之時，各鋪亦未嘗無票，何以銀不如是之貴？即謂近日奸商更爲詭猾，專以高價騙人，亦祇能每兩多許制錢數文及十數文爲止，豈能因用票之故，而將銀之僅可兑錢一串者忽擡至一串六七百文之多？恐必無是理也。且市儈之牟利，無論銀貴錢貴，出入皆可取盈，並非必待銀價甚昂然後獲利。設使此時定以限制，每兩祇許易錢一串，彼市儈何嘗不更樂從，不過兑銀之人喫虧更甚耳。若抑銀價而使之賤，遂謂已無漏卮，其可信乎？查近來紋銀之絀，凡錢糧鹽課關税一切支解，皆已極費經營，猶藉民間錢票通行，稍可濟民用之不足。若不許其用票，恐捉襟見肘之狀更有立至者矣。

夫銀之流通於天下，猶水之流行於地中，操舟者必較水之淺深，而陸行者未必過問；貿易者必探銀之消息，而當官者未必盡知。譬如閘河之水，一遇天旱，重重套板，以防滲漏，猶恐不足濟舟。若閉閘不嚴，任其外泄，而但責各船水手以挖淺，即使此段磨淺而過，尚能保前段之無阻乎？銀之短絀，何以異是。臣歷任所經，如蘇州之南濠，湖北之漢口，皆闤闠聚集之地，疊向行商鋪户暗訪密查，僉謂近來各種貨物銷路皆疲，凡二三十年以前某貨約有萬金交易者，今祇賸得半之數。問其一半售於何貨？則一言以蔽之，曰鴉片煙而已矣。此亦如行舟者驗閘河之水誌，而知閘外泄水之多，不得以現在行船尚未擱淺，而姑苟安於旦夕也。

臣竊思人生日用飲食所需，在富侈者，固不能定其準數，若以食貧之人，當中熟之歲，大約一人有銀四五分，即可過一日，若一日有銀一錢，則諸凡寬裕矣。吸鴉片者，每日除衣食外，至少亦需另費銀一錢。是每人每年即另費銀三十六兩，以户部歷年所奏，各直省民數計之，總不止於四

萬萬人，若一百分之中僅有一分之人吸食鴉片，則一年之漏卮即不止於萬萬兩，此可覈數而見者。況目下吸食之人，又何止百分中之一分乎？鴻臚寺卿黄爵滋原奏所云歲漏銀數千萬兩，尚係舉其極少之數而言耳。內地膏脂年年如此剥喪，豈堪設想？而吸食者方且呼朋引類，以誘人上癮爲能，陷溺愈深，愈無忌憚。儆玩心而回頹俗，是不得不嚴其法於吸食之人也。

或謂重辦開館興販之徒，鴉片自絶，不妨於吸食者稍從末減，似亦持平之論。而臣前議條款，請將開館興販一體加重，仍不敢寬吸食之條者，蓋以衙門中吸食最多，如幕友官親長隨書辦差役，嗜鴉片者十之八九，皆力能包庇販賣之人，若不從此嚴起，彼正欲賣煙者爲之源源接濟，安肯破獲以斷來路？是以開館應擬絞罪，律例早有明條，而歷年未聞絞過一人，辦過一案，幾使例同虚設，其爲包庇可知。即此時衆議之難齊，亦恐未必不由乎此也。吸食者果論死，則開館與興販即加至斬決梟示亦不爲過。若徒重於彼而輕於此，仍無益耳。譬之人家子弟在外游蕩，靡惡不爲，徒治引誘之人而不錮其子弟，彼有恃無恐，何在不敢復犯？故欲令行禁止，必以重治吸食爲先。且吸食罪名，如未奉旨敕議，雖現在止科徒杖，尚恐將來忽罷重刑。若既議而終不行，或略有加增，無關生死，彼吸食者皆知從此永無重法，孰有戒心？恐嗣後喫食愈多，則賣販之利愈厚，即冒死犯法亦必有人爲之。是專嚴開館興販之議，意在持平而藥不中病，依然未效之舊方已耳。諺云：刖足之市無業屨，僧寮之旁不鬻櫛，果無吸食，更何開館興販之有哉？

或謂罪名重則訛詐多，此論亦似。殊不思輕罪亦可訛詐，惟無罪乃無可訛詐。與其用常法而有名無實，訛詐正無了期，何如執重法而雷厲風行，吸食可以立斷，吸食既斷，訛詐者又安所施乎？

若恐斷不易斷，則目前之繳具已是明徵；若恐誅不勝誅，豈一年之限期猶難盡改，特視奉行者之果肯認真否耳。誠使中外一心，誓除此害，不惑於姑息，不視爲具文，將見人人滌慮洗心，懷刑畏罪，先時雖有論死之法，届期並無處死之人。即使届期竟不能無處死之人，而此後所保全之人且不可勝計，以視養癰貽患，又孰得而孰失焉？夫《舜典》有怙終賊刑之令，《周書》有羣飲拘殺之條，古聖王正惟不樂於用法，乃不能不嚴於立法。法之輕重，以弊之輕重爲衡，故曰刑罰世輕世重，蓋因時制宜，非得已也。當鴉片未盛行之時，吸食者不過害及其身，故杖徒已足蔽辜。迨流毒於天下，則爲害甚巨，法當從嚴。若猶泄泄視之，是使數十年後，中原幾無可以禦敵之兵，且無可以充餉之銀。興思及此，能無股慄！

夫財者，億兆養命之原，自當爲億兆惜之。果皆散在內地，何妨損上益下，藏富於民。無如漏向外洋，豈宜藉寇資盗，不亟爲計？臣才識淺陋，惟自念受恩深重，備職封圻，覩此利害切要關頭，竊恐築室道謀，一縱即不可復挽，不揣冒昧，謹再瀝忱附片密陳。伏乞聖鑒。謹奏。

（清）林則徐《林則徐全集·奏摺卷·覆議御史駱秉章條陳整飭洋務章程摺道光十九年十二月二十四日》 臣等承准軍機大臣字寄：欽奉上諭：御史駱秉章奏請整飭洋務以絶弊端一摺，所有慎選洋商，嚴禁孖氈，並夷人久住省館，三板夷船停泊省河，及內地洋銀應與紋銀一律嚴禁出洋之處，著林則徐、鄧廷楨、怡良，並傳諭豫堃，一體妥議章程具奏。欽此。臣等謹將原摺公同閲看，所列五條，皆夷人與漢奸勾通弊混之事，雖係從前積習，近時業已革除，仍恐舊弊復滋，整頓倍宜嚴緊。謹將辦過情形及現在立定章程，逐條分晰，敬爲我皇上陳之：

一、原摺慎選洋商以專責成一條，內稱試辦之商素非殷實，每向夷人借資營運，嗣後呈充新商，務須總散各商聯保互查等語。臣等溯查嘉慶十八年前任粤海關監督德慶奏准設立總商，綜理行務，嗣後選承新商，責令總散各商聯名保結，擇其身家殷實居心誠篤者，方准承充，立法本爲周密。惟因從前洋行十三家漸有倒歇，至道光九年僅存怡和等七行，前任監督延隆奏請變通招募新商，准其試辦一二年，即令一二商具保承充，將各商聯保之法停止。此後雖復十三行舊觀，而流品不無混雜，縱不至徑向夷人借本營運，而糾夥朋充之弊，實所難免，是以臣鄧廷楨於十七年八月內，察看情形，會同前任監督文祥，奏請將試辦之法革除，仍復總散各商聯保舊制，除遇十三行內有歇業者准其聯保承充外，不得無故添設一商。是原摺所指一二年試辦及一二商保充之弊，係在十七年以前，自奏准改立章程，即無借資朋充等弊。且彼時孥獲走私匪犯梁亞奇等案內，起有洋商羅福泰請託書信，臣鄧廷楨當將羅福泰革商辦罪，並因信內牽涉守備羅曉風，亦將守備革職示儆在案。今御史摺內所指之嚴興泰，亦即從前試辦之

商，其斥革監追，係因拖欠餉項，尚非有濫保夷船情事。又於十八年十月內拏獲帶送夷信、運販煙土之劉亞英等，訊係在義和夷行內充當管店，當問擬軍罪，咨部覈覆，亦非在潘人和行內搜獲鴉片。現在禁斷夷人夾帶煙土新例愈嚴，所有各洋行輪流保辦，尤必嚴切責成，如有夾帶分毫，不獨該夷商照新例懲辦，並保辦之洋商亦干斥革治罪，暎咭唎夷船不敢進口，職是之故。臣等仍時刻訪查，如洋商中向有朋充負欠不能誠篤殷實者，一經察出，輕則革退，重則辦罪，總須有犯即懲，庶幾咸知畏懼矣。

一、原摺嚴禁孖氈以防勾串一條，內稱孖氈自出資本與夷人交易，貨物出口則搭洋行代爲輸税，名曰搭報，遂有違禁售私，並出入夷樓，過付銀兩等弊。臣等查夷語有孖氈名目，音同馬占，即華言所謂買賣人也，不獨洋商工夥，該夷以此相稱，即一應交易貨物者流，該夷均呼爲孖氈，而漢奸即在其內。蓋粵洋通商年久，內地民人多與夷人相習，以致暗地勾通。臣等自查辦夷務以來，責令各洋行將所用司事管店人等，按月造具清册，送官查考。本年五月內訪有安昌行司事羅老本及其子羅坤，在該行另立祥記字號，於五六月間兩次將茶葉搭附該行，赴關報税，交便單渡船載往澳門，賣與西洋夷人，當將羅坤拏獲提究，併安昌行商容有光、渡夫葉保昌、葉永利，訊明雖係已經納税，但借名搭報，究屬不合，將羅坤擬以枷杖，容有光革退商名，葉永利渡船裁革，嚴飭各商嗣後不得容隱司事搭報，致干究辦。至各夷館所用工人以及看門人等，均責成買辦保雇，其買辦責成通事保充，而通事又責成洋商選擇，令其逐層擔保，仍由府縣查驗，給牌承充，如查有營私舞弊，悉惟擔保之人是問。如此嚴加鈐束，諒不致因緣爲奸。此外，私赴夷船代爲經手買賣，或私充買辦接濟食物各犯，均飭地方文武隨時拏究。前於十六年緝拏捐職千總之孖氈馮清，即馮亞求，訊擬軍罪。本年疊獲通夷各匪犯，內有情罪重大，如黃添花、鄧三娣、彭亞開、鐘亞二四犯，臣等於駐劄虎門時，先後審明，恭請王命正法。其餘各案發司督飭府縣，分別照例詳辦，節經具奏在案。至原摺所指之陳老眷、無鼻泳兩名，臣林則徐甫入粵境之時，開單札飭訪拏，該犯先已遠颺，當經南海縣將其所開雜貨店鋪查抄封閉，現仍懸賞購緝，務獲究辦。惟孖氈並無定數，沿海漁民蜑户動輒貪利忘生，惟有力拏嚴懲，不敢姑息養奸，以冀令行禁止。

一、原摺嚴禁夷人久住省館以絶弊源一條，內稱喳嚬、嚬吔等夷多年在省城夷館居住，潛行探聽，應請速爲驅逐等語。臣等查定例：夷商於銷貨歸本後，即應隨原船回國。自喳嚬、嚬吔盤踞省垣，把持洋務，百弊叢生，實爲罪魁惡首，先經臣鄧廷楨嚴行驅逐。該夷喳嚬已於十八年冬間回國，其嚬吔及賣煙奸夷吡啉咍等十六名，又經臣林則徐等於本年勒繳煙土後，盡數驅逐回國。現在停止暎國貿易，所有暎夷並不准一名住省。其咪唎㗆等各國正經貿易良夷，亦勒令遵照定例，於銷貨後依期回國，即間有行欠未清，止准酌留一二夷人住冬清釐，並於省館周圍地段安設柵欄，防閑出入，不准與內地民人私相交接。凡進省出省各國夷人，俱令委員逐日按名點驗，造册繳查，均不容其任意逗留，致滋弊混。

一、原摺禁止夷船停泊省河以防偷漏一條，內稱夷人製造三板，駕駛如飛，每船可載貨物二三萬斤，從前啤嘮啤裝載礮位進省，即用此項船隻，應一概驅逐等語。臣等查夷船停泊黄埔，向用西瓜扁艇剥貨入省，而夷人往來省、埔所坐三板，或係有艙，或係無艙，船身本小，不能載貨二三萬斤之多，從前啤嘮啤係用大船入埔，而省河防堵極嚴，遂致驚嚇破膽，出口即死，並無將三板運礮駛入之事。臣鄧廷楨前因三板來往向無定額，易滋影射，於十八年十一月內設立編號順字三板七隻，載運夷人往來省、澳，此外運貨各項三板，均不許駛入省河。現因停止暎夷貿易，恐其冒混進省，議將順字三板一律裁撤，另由粵海關發給咪唎㗆等國護照兩張，凡各國夷人進省及寄信往來，均令另雇民艇，持照赴各礮臺隘口驗明，方准內駛，是夷人三板既不准入省河，自不至有夾帶走私之弊。

一、原摺內地洋銀與紋銀一律嚴禁出洋一條，內稱近來夷人止帶禁物，並無另帶洋銀，及其出洋，不拘紋銀洋銀，任意攜帶，並托名某年某夷寄存，臨期載歸，此後應不准違例攜帶，並不准有代帶名目等語。臣等查紋銀出洋，經遞年遇案嚴辦之後，沿海奸徒較前大爲歛跡，至夷商買貨餘賸洋銀仍行攜帶回洋，向無限制。自嘉慶二十三年前督臣阮元酌議夷人帶來洋銀，置貨所賸，量准帶回三成，歷年以來，遂循其舊，曾於奏案內節次聲明。但既有准其帶回三成舊章，即難保無影射代帶情弊。現在臣等會同責令洋商，核明夷人帶來洋銀之數，務令以銀准貨，不使餘賸帶回。

查本年夷船載運入口洋銀，已經查驗者有二百七十三萬二千九百餘圓，其未驗者尚不在此數之內。是此時外來洋銀，實見旺盛。而廣東省城市上紋銀價值，每兩較前少兑大錢百餘文至二百文不等，似係禁止鴉片之成效。第夷情變幻多端，仍須嚴督洋商，於夷船出口時，切實查驗，以杜弊混。

（清）林則徐《林則徐全集・奏摺卷・覆議曾望顔條陳封關禁海事宜摺道光二十年三月二十六日》 奏爲遵旨悉心籌議，恭摺覆奏，仰祈聖鑒事：

竊臣等承准軍機大臣字寄：道光十九年十二月十一日奉上諭：本日據曾望顔奏，夷情反覆，請封關禁海，設法勦辦，以清弊源一摺，又另片奏澳夷互市貨物，亦請定以限制等語。著林則徐、怡良、關天培、郭繼昌，悉心妥議具奏，並傳諭豫堃知之。欽此。臣林則徐、臣怡良謹將鈔發原摺細加閱看，並傳知臣豫堃一體領閲。因關各國夷人事務，祇宜慎密商辦，未便遽事宣揚。復經函約臣關天培、臣郭繼昌於查閲營伍之便，過省面商。茲已詢謀僉同，謹將察看籌議情形，爲我皇上敬陳之。

查原奏以制夷要策首在封關，無論何國夷船概不准其互市，而禁絶茶葉大黄有以制伏其命，封關之後海禁宜嚴，應飭舟師將海盜勦捕盡絶，又禁大小民船概不准其出海，復募善泅之人，使駕火船乘風縱放，而以舟師繼之，能擒夷船即將貨物全數給賞，該夷未有不畏懼求我者，察其果能誠心悔罪，再行奏懇天恩，准其互市，仍將大黄茶葉毋許逾額多運，以爲箝制之法。所論甚切，所籌亦甚周。臣等查粤東二百年來，准令諸夷互市，原係推恩外服，普示懷柔，並非内地賴其食用之資，更非關榷利其抽分之税。況自上冬斷絶暎夷貿易以來，疊奉諭旨：區區税銀，何足計論！大哉謨訓，中外同欽。臣等有所秉承，更可遵循辦理，絶無所用其瞻顧，即將各外國在粤貿易一律停止，亦並不難，惟是細察情形，有尚須從長計議者。

竊以封關禁海之策，一以絶諸夷之生計，一以杜鴉片之來源，雖若確有把握，然專斷一國貿易，與概斷各國貿易，揆理度勢，迥不相同。蓋鴉片出産之地，皆在暎咭唎國所轄地方，從前例禁寬時，原不止暎夷販煙來粤，即别國夷船亦多以此爲利。而自上年繳清躉船煙土以後，業經奏奉恩旨，概免治罪，即未便追究前非。此後别國貨船，莫不遵具切結，層層查驗，並無夾帶鴉片，乃准進口開艙。惟暎咭唎貨船，聚泊尖沙嘴，不遵法度，是以將其驅逐，不准通商。今若忽立新章，將現未犯法之各國夷船與暎咭唎一同拒絶，是抗違者擯之，恭順者亦擯之，未免不分良莠，事出無名，設諸夷稟問何辜，臣等即礙難批示。且查暎咭唎在外國最稱强悍，諸夷中惟咪唎㗂及佛蘭西尚足與之抗衡，然亦忌且憚之，其他若荷蘭、大小吕宋、嗹國、喘國、單鷹、雙鷹、啿啵[口立]等國到粤貿易者，多仰暎夷鼻息。自暎夷貿易斷後，他國頗皆欣欣向榮，蓋逐利者喜彼絀而此贏，懷忿者謂此榮而彼辱，此中控馭之法，似可以夷治夷，使其相間相睽，以彼此之離心，各輸忱而内向。若概與之絶，則觖望之後，轉易聯成一氣，勾結圖私。《左傳》有云：彼則懼而協以謀我，故難間也。我天朝之馭諸夷，固非其比，要亦罰不及衆，仍宜示以大公。

且封關云者，爲斷鴉片也。若鴉片果因封關而斷，亦何憚而不爲。惟是大海茫茫，四通八達，鴉片斷與不斷，轉不在乎關之封與不封。即如上冬以來，已不准暎夷貿易，而臣等今春查訪外洋信息，知其將貨物載回夷埠，轉將煙土換至粤洋。并聞奸夷口出狂言，謂關以内法度雖嚴，關以外汪洋無際，通商則受管束而不能違禁，不通商則不受管束而正好賣煙。此種貪狡之心，實堪令人髮指。是以臣等近日更不得不於各海口倍加嚴拏，有一日而船煙並獲數起者。可見暎夷貨去煙來之言，轉非虚捏，不然以外洋風浪之惡，而暎夷仍不肯盡行開去，果何所圖？

若如原奏所云，大小民船概不准其出海，則又不能。緣廣東民人，以海面爲生者，尤倍於陸地，故有漁七耕三之説，又有三山六海之謡，若一概不准其出洋，其勢即不可以終日。至捕魚者祇許在附近海内，此説雖亦近情，然既許出洋，則風信靡常，遠近幾難自定，又孰能於洋面而阻之？即使責令水師查禁，而晝伏則夜動，東拏則西逃，亦莫可如何之事。臣林則徐上年刊立章程，責令口岸澳甲，編列船號，責以五船互保，又令於風帆兩面及船身兩旁，悉用大字書寫姓名，以及里居牌保，惟船數至於無算，至今尚未編完。繼又通行沿海縣營，如有夷船竄至該轄，無論内洋外洋，均將附近各船暫禁出口，必俟夷船遠遁，始許口内開船。其平時出入漁舟，逐一驗查，祇許帶一日之糧，不得多攜食物，若銀兩洋錢，尤不許

隨帶出口，庶可少除接濟購買之弊。

至大黄茶葉二物，固屬外夷要需。惟臣等歷查向來大黄出口，多者不過一千擔，緣每人所用無幾，隨身皆可收藏，且尚非必不可無之物，不值爲之厲禁。惟茶葉歷年所銷，自三十餘萬擔至五十餘萬擔不等，現在議立公所，酌中定制，不許各夷逾額多運，即爲箝制之方。然第一要義，尤在沿海各口查拏偷漏，若中路封關，操之過蹙，而東西各路得以偷販出洋，則正税徒虧而漏巵依然莫塞。是以制馭之道，惟貴平允不偏，始不至轉生他弊。若謂他國買回之後，難保不轉賣𠸄夷，此即内地行鋪互售，尚難家至日見，而况其在域外乎？要知𠸄夷平日廣收厚積，本有長袖善舞之名，其分賣他夷以牟餘利，乃該夷之慣技，今斷絶貿易之後，即使從他夷轉售一二，亦已忍垢蒙耻，多喫暗虧，譬如大賈殷商一旦僅開子店，寄人籬下，已覺難堪。惟操縱有方，備防無懈，則原奏所謂該夷當畏懼而求我者，將於是乎在矣。

至於備火船，練鄉勇，募善泅之人等事，則臣等自上年至今，皆經籌商辦理，惟待相機而動。即各山淡水，上年本已派弁守之，始則夷船以布帆兜接雨水，幾於不能救渴，繼而覓諸山麓，隨處汲取不窮，則已守不勝守，似毋庸議。

總之，馭夷宜剛柔互用，不必視之太重，亦未便視之太輕，與其涇渭不分，轉致無所忌憚，曷若薰蕕有别，俾皆就我範圍。而且用諸國以併拒𠸄夷，則有如踣鹿，若因𠸄夷而並絶諸國，則不啻驅魚。此際機宜，不敢不慎。况所杜絶者惟在鴉片，即原奏亦云凡有夾帶鴉片夷船，無論何國不准通商，則不帶鴉片者，仍皆准予通商，亦已明甚。彼各國夷人，原難保其始終不帶，若果查出夾帶，應即治以新例，不但絶其經商，如其無之，自不在峻拒之列也。

又另片請將澳門西洋貿易，定以限制。查上年臣林則徐先已會同前督臣鄧廷楨暨臣豫堃，節次商議及之，嗣經嚴定章程，諭令澳門同知轉飭西洋夷目遵照。即如茶葉一項，每歲連箱准給五十萬斤，仍以三年通融併計，以示酌中之道。其他分條列款，該夷均已遵行。本年正月，澳内容留𠸄夷，即暫停西洋貿易，迨其將𠸄夷驅出，仍即准令開艙，亦與原奏請議章程不謀而合。

至所請責令澳夷代𠸄夷保結一節，現既不准𠸄夷貿易，自可毋庸置議。

臣等彼此商酌，意見相同。謹合詞恭摺覆奏，伏乞皇上聖鑒訓示。

再，此摺係臣林則徐主稿，内有密陳夷情之處，謹請毋庸發鈔。合併聲明。謹奏。

（清）陳忠倚《皇朝經世文三編》卷三一《户政・通商八策許庭銓》

中國重農泰西重商，道光時海禁大開，泰西諸國連檣而至，其中若英若法若美若俄若德若奥皆大國也。然核稽歷年通商册，英必贏俄美必絀，至光緒十六年英贏銀至六千八十萬之多，而俄美等國各補入中國銀八九百萬，其故何歟？蓋俄美等國之心思才力雖未必有遜於英，而經營東方則以英人爲最早。英人自據印度之後，即設有東方貿易公司，故中國各口貿易之利，英獨得十之七八，而其餘各國僅能籠統共得其一二而已。又英人來貨以鴉片爲一大宗，鴉片出於印度，俄美不能種植以分其利，且與立條約均有不准販運洋藥明文，而於中國所産之絲茶則不能不運以歸，此英之所以贏，俄美之所以絀歟。然中國雖歲得八九百萬於俄美，而以贏補絀，尚歲有四千餘萬之多，苟不力爲整頓，將國日益困，民日益窮，江河日下，恐有不堪設想者。然風氣既開，而欲閉關謝客，使泰西諸國返旆改轅，其勢不能。故今日而欲塞漏巵，攬利權，立富强之基，不可以不振興爲要圖也。夫振興之術約計有八，試詳論之。

一、廣生業以裕其源也。泰西生財之道，礦學外有動物家言，有植物家言，中國以耕田爲一大政，而亦不若泰西植物之精。英國二百年内，攷究地學者日精，能令瘠土變肥。蓋各處之土雖一，其質實不能同。多沙之土名爲矽土，多石灰或白石粉之土名爲鈣土，生泥之土名爲鋁土。而植物學家林娜斯法又辨明生植物、暗生植物爲兩大類，又知明生植物有外長、内長之别，暗生植物或爲半微管質，或全爲聚泛體。夫西國植物必察土地之宜與各國之性，然後種植，故出産日多，商務日盛。中國地廣民稠甲於天下，陝甘、山東、山西、直隸、吉林、奉天、黑龍江等處曠土甚多，宜延西國精於植物學者，辨其地之燥濕、天之寒暑，因其所宜教民種植。不必五穀也，即果實瓜菜藥材之類皆可樹藝之。設有瘠土，宜參西法，用石膏爛草鳥糞等物培之以助土中生物質，則物産亦必甲於天下矣。至於山麓

藪菹不可種植之處，宜皆擴爲牧地，延西國之精於養動物者教民畜牧。蓋牛羊犬豕之屬既饒，歲歉則可濟民食，歲豐則可售諸他國而享其利。夫物産既富，則我之所需不必購求於外，而諸貨物自無不足之虞，且可以其所餘出售於人。古云地不愛寶，豈地之自貢其寶乎？蓋亦人力爲之也。

一、興商學以重其基也。天下事治得其人則無利不興，治不得人則無法非弊，不獨商務然也。而商務人才亦有不可少者。西國之於商人，其教之也有素，其視之也甚重，製一器則數年擅其利，謀一埠則國家助其力，是故工心計者莫不殫精馳思，逐什一於數萬里之外。邇者日本崛起海東，設商務學校，舉凡一切種植製造皆步武泰西故，雖蕞爾小邦有蒸然日上之勢。中國講求西學在日本之先，土地之大及人民之衆、物産之饒又遠過之，而商務無起色者，則以有治法無治人也。愚竊以爲，必欲國家多設藝學以教導天下，非惟無其資，亦且無其師。古人云善爲國者因其勢而利導之。爲今之計莫如使出洋大臣及中國所悉領事官，勸諭華人之在外者，如舊金山、澳大利亞、秘魯、日本以及南洋諸島，皆遣子弟就近學習。其能兼有外國之長，通達當世之務，則不次用之，即於生物植物製造礦務等學習有一技，亦許來華獻技。果其有功於國，有益於民，可用以奪西人之利，亦必與以執照，許以若干年獨食其利。不幸而有所匱乏，則出資財以輔助之，有所謀奪則出謀力以保護之。夫彼生長外洋習業既便，而又可獲大利於中國，有不踴躍而興者乎。風氣既開，然後設立各學校，則學者必多而商務可興矣。

一、精製造以投其好也。凡物適於用則人愛之，不適於用則人棄之。中國地大物博無所不有，而所造之物不能行於中國，中國之人愛之、嗜之，爭相購求者，則以物之適用不適用故也。蓋西人製造不拘一格，必因人之欲，隨俗之宜，而與爲變通。故愛之者衆而銷路暢。中國宜派精敏之士若干人，游歷歐美諸國，凡其國中所食之物、所用之器，一一攷其制度，求其製造之法。苟中國有是物料，亦可仿而爲之，則非惟可以塞彼之來，且可運往以分其利。如瓷器之精細堅緻，西人皆以中國爲最。今通商三十餘年不能爲出口一大宗，日本瓷質鬆脆，遠遜中國，而出口之數日增。且偏行於中國，亦以適用故也。中國苟能變通舊章，仿泰西各式，製爲杯盤器皿，以與交易，西人樂其適用，斷無不欲購之者。他如棉花羽毛之類，中國所有也，亦可織爲呢布。甘蔗、蘿蔔山芋之類，中國所有也，亦可煮之爲糖。葡萄蘋婆之類，中國所有也，亦可釀之爲酒。蓋投其所好以製一物，則一物之銷路暢，以製百物則百物之銷路均暢矣。

一、宜製洋土以塞其流也。鴉片之入中國爲害最鉅，爲漏巵亦最大。道光時林文忠公欲燒毀之遏絶之，其識甚卓，其志甚堅。然迄今五十餘年，嗜之者且徧天下，則其不能禁之也明矣。故有心世道者，默窺世運，俯察事勢，莫不幡然變計，以爲與其厲禁空懸使洋人擅售烟之利，不如教民栽植使中國奪産土之權。是故近數十年中國出土之地甚多，國家亦收土漿之捐，蓋已隱許民以種植矣。顧土漿之出歲增，而洋藥之入不見其減者何也？説者謂印度地近赤道，與中國氣候不同，故其性亦異而不知非也。鴉片爲罌粟子殼所放之汁，波斯國名爲阿非恩，亞喇伯謂之阿非烏末，歐洲各國謂之阿比由末。以土耳其所出爲上，印度次之。化學言家言其所含生物質有十一種，而各質内功力最大者爲莫爾非尼，其性能感動。然攷印度所産，所含莫爾非尼僅百分之五，土耳其所産中含莫爾非尼有多至百分之十四分有餘者，英法德等處所産中含莫爾非尼有多至百分之十六分至二十八分者。可知莫爾非尼之多並不關乎地氣之煖也。印土之所以濃於土漿者，意者由收漿製土之法有異耳。愚以爲中國不開種烟之禁則已，如欲種烟以奪西人之利，莫如選民間聰俊子弟，給其用度，遣往印度學製土之法。又用重價聘請印人之精於製土者來華教習，務使中國所出土漿無異洋藥而後已。則嗜之者何必舍土漿而愛洋藥哉。又爲嚴定章程，種於荒地者聽，種於熟田者罪不赦，則五穀無傷也。奉法納捐者聽，違法逃捐者罪不赦，則税銀無虧也。夫不傷五穀，不虧税銀，而銀泉流轉仍在中國，不致歲以數千萬流入外洋，則所奪英人之利豈淺鮮哉。

一、整絲茶以專其利也。中國出口貨以絲茶兩項爲最大，顧近來西洋之意大利、法國，東洋之日本，並皆出絲。英之印度、錫蘭以及日本，其茶葉亦日新月異而歲不同，中國之業茶絲者，大有愈趨愈下之勢。近數年來，富商大賈之虧折倒閉者不可數計，不知天下之利權無定，人之貨物精於我，則利爲人奪，我之貨物精於人，則利仍可以爲我專也。攷中國蠶力較各國爲大，中國蠶性較各國爲純。據法國格致家云查得中國各種蠶身内具克柏司格其病名爲伯撇靈，凡蠶及蛾繭與子均沾此病。且查各種蛾繭内

並有他病，如法拉斯利特其一耳。倘係西國之蠶染此病狀，斷難生子，即生子亦未必能成蠶。而中國送來之子竟能養出，且能挑得無病之蠶成蛾成子，可見中國之蠶其力較他國爲大。又近有英國醫士安多羅，驗得錫蘭印度之茶飲之易生疾病，中國茶則飲之無疾，可見中國之茶，其性較他國爲純。中國苟能用奥國養蠶公院之法以育蠶，用巴斯陡之法以防伯撇靈，則出絲必佳。苟能用印度機器以焙茶，不使有過焦不及之弊，則茶味必佳。安有絲茶之利遽爲外人所奪也哉。

一、廣販運以奪其權也。泰西各國自與中國通商，皆能涉重洋、歷風濤，運其所有以售於我，又能載我國貨物以歸其國。其出口進口之貨均無需乎他人代運者，攷各國商人航海輪船英國爲最多，其餘若法若德若美若日本，亦莫不設有公司輪船往來於中國各海口。中國近來風氣大開，二十年前已有招商局之設以分各洋行之利，然但能分內地販運之利而已，而於海外諸國之地仍缺如也。愚以爲宜推廣商局，添置輪船，以奪其載運之權。始則試之於南洋諸島，如檳榔嶼、新嘉坡、蘇門答臘等地，華人之經商於彼者甚衆，當必有利可獲。推諸日本之長崎橫濱，越南之西貢，英之印度錫蘭新金山，亦可相繼而往。又推而遠之，然後及於歐美兩洲各大國。彼民所欲，我能運之以往，則洋商無抑勒之權。彼國所有，我能載之以來，則洋商無居奇之柄。不獨此也，中國既有出洋輪船，則各國之海道必熟，沙線必明，其舵工水手即可備兩洋兵輪之選，商務之興猶小焉者也。

一、嚴禁令以作其氣也。西人經商資本皆鉅，其大者數千萬，其次數百萬，最少亦不下數十萬，此豈一人一家所能有哉。蓋亦股分爲之也。中國官長深知股分之利，數年前凡開礦等務，無不許人糾股措辦。顧任其事者鮮實心實力之人，或任意浮銷，或隱行吞没，而國恩寬厚未聞嚴懲一人以儆傚尤，是不啻民有向股之心而止之，民有入股之念而拒之也。愚以爲中國欲興商務，非廣集股分不可。欲集股分，非定浪費吞没之罪不可。查泰西經理公司之人，皆由股東保舉，設有虧空，即以其股本抵銷。中國宜略師其意，凡總辦以及司事除厚給薪水外，有任情揮霍吞没銀兩等事，一經告發，即以家產抵償。如無物可抵，照騙竊搶刦例嚴懲其罪。其有存心公正任事之後，著有成效者，或加以冠帶，或賜以珍物，以榮寵之，則股銀不至受虧矣。此亦輔翼公司之一法也。

一、嚴察識以杜其弊也。泰西重商，國家之貧富强弱皆係於商務之興衰。如出一貨而銷路不廣，製一器而購者寥落，國家必爲之設法防維，使商務大局不至因以敗壞。昔年印度國主因蠶業中衰，曾遣工頭一人入法國養蠶公院學習，可知外國於民務在在留心。惜印國蠶力本弱，未易挽回耳。中國官與商隔，凡商之所爲上皆聽之，而商人見小，不惟不肯求精，往往不顧大局，攙雜僞貨，以致銷貨日絀，商務大壞。中國如設立商務大臣，凡出口貨之漸減者，宜與精通商務之人推求其所以漸減之故，或因地力之漸薄，或因人力之不齊，或因奸商之以僞亂真、以賤充貴，而爲之施補救之術，立整頓之法，則中國所産之貨既可日精，即中國商務自可日有起色也。

（清）陳忠倚《皇朝經世文三編》卷三一《户政·救商十議柯來泰》

今之天下一通商之天下也，然所謂通者，不僅以貨物之有無相交易也，必彼有以來我有以往，始可謂之通也。中國自古重農而輕商，故視商務之盛衰漠然不加喜戚於其心。同治間創立招商局，以與洋商争江海之利，以爲中國轉貧爲富、轉弱爲强在此一舉。然限於一隅，未攬全局，焉能與環瀛各國並駕齊驅争雄海上。自中西互市以來，洋商之赢中國銀錢者動以億兆計，而英國商務尤爲諸國之冠。夫英之所以能旺盛者，以英之局廠商舶多於各國，而英尤擅鴉片之利，次則洋布羽呢煤鐵等物，亦莫盛於英。此諸國之所以不能争勝也。即以鴉片一宗而計之，每年銷數總在十萬箱之譜，可赢中國銀六十兆。以土苴易我金銀，其害更甚於日用各貨，此爲漏巵之最大者。久而不塞，將有竭澤而漁之慮。從前絲茶銷路暢旺，尚可抵敵。今則日疲一日，漸形塞滯。茶則有印度、錫蘭、日本出産漸多，香色俱美，洋茶日盛，華茶日衰。前次茶商英爲多，近數年惟俄商争購，稍可補救。不意今年華茶運至俄國，均有油氣，銷路不合，轉運至英，減價求售，折耗必多，恐明春俄商亦復裹足矣。查光緒七年，印茶出四十八兆磅，運英者四十五兆。印英相去較近，茶價雖昂，水脚較省，故英商多舍中而就印。幸而印錫均産紅茶，中國緑茶之利不致盡奪。然日本則多産緑茶，倘日茶盛行，中國之茶勢必窒塞不銷。俄商之所以踴躍，由俄無産茶之地，倘將來印俄鐵路聯落，則運費輕便，恐俄惟向印錫購採，而中國茶

務愈不可問矣。絲則有意大利、法蘭西、日本加意剔選繅製極精，已駸駸乎效中國之長，奪中國之利。核之海關總册銷數，雖不致大減，而商家歲歲虧耗，人人折閲，幾有一蹶不振之勢。光緒九年，日本因絲商生意不旺，農桑務省即設法整頓，頒發聯合章程，不十年蠶絲頓盛。查出洋絲數，同治八年衹七十三萬斤，光緒十四年驟增至四百六十八萬斤，商業日隆，利益頗厚，而中國絲業遂爲之傾擠。統稽中國商務，入口以洋藥洋布爲大宗，出口以絲茶爲大宗。絲茶爲中國自然之大利，疲輭若此，可不寒心。今欲挽回其大端有二。入口之貨紛至沓來，必思有以分之，出口之貨衰弱疲滯，必思有以疏之。但能以中國之貨足抵洋人之貨，出入不甚懸殊，即挽救得其要領矣。惟中國商情涣散，往往勝不相讓，敗不相救，各謀其私而甘授洋人以壟斷之利，數十年前後一轍，遂爲洋人窺見癥結，得以左之右之，操縱在手，而商務遂一敗而不可救、華商之受病在此，洋商之得利在此，此則非朝廷仿行洋法，特設專官統籌全局妥立章程不可。今略擬一綱十目，條列於左，特備採擇，獻芹負曝亦聊以效一得之愚焉耳。

一、商務宜設專官也。古有司市之官，所屬有市官，而司市爲之統。凡平價息争悉市官任之。漢唐以下，鹽鐵茶馬皆有專官，泰西風氣質直，猶近中國古制。如英有掌本國商賈事者，有掌印度公司事者，歐美各邦大都皆有商部之官，統馭商政令。中國亦宜略爲變通，創設商務官員，經理商賈製貨運貨出入交易，開拓市埠各事，而統之以通商大臣。此乃以今師古，非用夷變夏。如總理衙門亦昔無而今有，鹽運司亦專理鹽商事務。況目今地球萬國通商殆遍，其局面百倍於曩昔，而可以商務爲無足輕重歟。既有專官，則物産之盈虚，銷路之通塞，市情之衰旺，皆有所稽核。利當興則興之，弊當革則革之，竭力經營，十年之間，風氣必然大變。西國見我辦事合彼西法，自然不敢輕視。且商盛則國富，國富則兵强，此中消息關係極大，此乃振國之綱。若其條目，約有十端，縷陳於下。

一、鶯粟宜擇地栽種也。鴉片之流毒，雖婦孺知之。然烟瘴遍地，驟禁不得，則與其與洋人以專利，何如稍弛其禁，變通辦理，猶可杜塞漏卮。查五印度産烟之處，皆孟加拉國所轄，所産烟土盡數歸官攬辦，運至中華約六萬箱。另有印度内地所産由迷望出口約四萬箱，英收其税，銷售中國約有八九，英共獲税餉四千餘萬圓，而洋商之利不在其内。近來波斯亦擬栽種鶯粟，約全國四分之三，倘中國吸食漸多則銷路愈暢，其銀流出外洋難以計數。今既不能禁，惟有自種之一術，但須經官辦理，擇荒瘠之地教民墾種，示以限制，斷不至有碍穀産。倘能土藥多出一分，即洋藥杜塞一分，豈非補救之妙術乎。

一、洋布宜購機織造也。中土本係産棉之地，除蠶絲紬緞之外，布疋衣被天下。自洋布入口，貨美價廉，群相購用，遂被侵灌，内地窮民幾不能以自食。光緒七年，西報英國正月内洋布往上海者價值六十三萬八千八百十一磅，一月如此，一年可知。況更有别口别國之貨乎。夫耕織爲天下大利，乃盡爲所奪，民生焉得不匱。彼洋商賈中國棉花而猶能得利者，其貨皆以機器織造故，工省而利溥。今擬於海疆大埠開局自織，銷運内地，奪回洋人之利，還之中華。凡貨壅則價賤，彼見無利可獲，庶不致有喧賓奪主之虞矣。

一、宜設廠局製造雜貨也。洋人心計甚工，除洋布大宗之外，一切日用皆能體華人之心，仿華人之製。如藥材、顔料、瓶盎、針鈕、肥皂、燈燭、鐘表玩器，悉心講求，販運來華。雖僻陋市集，靡所不至。今中國宜於洋人所喜者，亦悉心製備，以擴銷路，而啓利源。如酒、蔗糖、加非、可可、磁器、紬緞、刻竹鏤牙，中華所擅長者，刻意精製，運往銷售，以覓外洋之利。如日本亦亞洲之國，近來仿造皮酒，勝於歐製，爲洋人所喜，安見華人智巧必出倭奴下耶。

一、宜盡地利培植物産也。洋人至中國購辦生料，運回國内加工製造，復販來華以求利益，可見中國物産富饒，皆可變易金銀。惟貨棄於地，則人事有所不盡，雖造物亦無可如何。今宜於山海水陸竭力搜採加工種植，如果實蔬菜，必選佳種滋培壅護，必令豐收。金鐵銅鉛，儘力開挖，置爐鎔煉，必求精足。推而至於皮革杞梓魚鮓肉脯，無不慎加選擇，精益求精，使土貨暢銷盛行，則出口多一分貨，即入口減一分利。惟在下之習尚全賴在上之轉移，及今振頓求艾可期。倘因循坐誤，則惟視財源之流出外洋束手坐困而已。

一、絲茶宜聯合一氣也。中國商貨以絲茶爲最鉅，其所以連年虧折者，以不能齊心協力耳。洋商則反能一氣聯絡，如茶市，英商照會俄商不許放價搶盤，俄商即允照辦理。今既知其受病之由，則必思所以救之之

方。救之何如，亦惟有聯絡之一法。華商資本既薄，又放膽多做揭借莊款爲息，制縛洋商，擡價則儘力多囤，一旦跌價則又急思脱手。又有奸商作僞攙雜，故授洋人以口實，任意挑剔，顛之倒之，一任洋人之所爲，播弄華商血本不竭不止，此皆華商心志不齊之故也。今宜於上海漢口各立公會，推一公正幹練之人爲會董，另選數人輔之，逢茶絲開市，嚴定劃一章程，各商皆遵守，不准輕本多積，不准跌盤賤售，不准增價購貨，不准攙雜作僞。違者罰之。中國但能於絲茶兩宗振頓得法，其餘各貨雖有蹉跌，不至牽動大局。而其源又在精製作，如絲則講求育蠶，必須仿巴斯陡揀擇無病蠶蛾方法。繅製茶則講求培植烘焙。苟能事事攷究，則物產精良，洋人自能出價願購，又何患不獲厚利也哉。

一、煤鐵宜盡力開採也。西人各國製造機器行駛舟車，惟煤鐵是賴。故講求礦務不遺餘力。嘗聞之西人云泰西大利在於開礦，而礦之中以煤爲最，何則？金銀諸礦雖貴，究非人人必需耳，其銷路反不若煤之廣遠。故論礦以煤爲上，鐵次之，鉛次之。比利時歐洲彈丸之地也，特設礦部，已開之礦數十處，每年售值數千萬金，而其國賴以不貧。中國十八省五金煤鐵蘊蓄徧地精華未洩，除開平基隆之煤礦、雲南之銅礦辦有成效，湖廣創辦鐵政外，各省未能興舉。今擬先設礦務學堂，聘師教習，精心攷察地理以立礦務之基，然後逐漸舉辦，俾中華之煤鐵取不竭而用不窮。近今各西國頗有煤鐵用罄之虞，中國則正方興未艾，除各廠局輪船需用外，可以運銷外國，亦國家大利之所在也。

一、宜設學堂以資肄習也。泰西各國皆有商務學堂，凡天文海道疆域物產，以及駕駛輪帆鈎稽帳目，一一皆童而習之，故長而遠涉行之若素。且一切工藝皆賴機器，非有師承焉能精進。中國製造悉本手工，非不拙樸耐用，未免費鉅工遲。況工藝之精者，由於化學，尤須明師指授。即耕種農夫亦有植物學及農學各項以資講貫，故土之瘠者能肥，物之瘦者能碩。日本自明治維新以來，往歐西學工藝者接踵於途，不數年其所製各物皆能仿佛西洋，運銷來華，均能獲利。我中國欲興商務，宜精製造，欲精製造宜立學堂。或選工商子弟往西洋各廠分門學習，藝成回華，可以傳習，此乃商務根苗，不可以不亟講也。

一、宜派委員以資偵探也。歐美商局君民一氣，以商養兵，以兵衛商，國家以商務爲命脉之所在，故竭力擴充，極立保護。其經營之道在先探商情，各國教士深入内地，不但傳教實爲商人耳目。即游歷各員，亦無非採訪人情物產，禀報國家，以便製備各貨合於所宜，並飭各口領事查報各路商務。如生料成物我賤彼貴，則運以去，彼賤我貴，則運以來。海關總册年年比較，如有阻滯，即改弦而更張之。各國商務所以蒸蒸日上也。中國亦宜仿而行之，或即飭游歷人員逐細查訪，或由駐使領事就近攷察，申報總理衙門暨通商大臣，以資核辦。或先令一二人運貨試銷合宜，然後以大幫斷之西國，於南洋各埠及我中華皆用此術，至今日遂如蒸釜之氣蓬勃不可遏抑也。

一、商貨宜自運也。西洋商局如此之大，皆非一人一家之財力所能爲，大都皆創立公司，故資雄而力厚。其獲利者無論已，即至虧本各股所失甚微，自能再振旗鼓。各公司皆自製輪船往來運載。今欲振興商務，非自運出洋不可。自運必先造船，造船必先立公司。庶使洋商捆載來華，華商亦捆載出洋，利權不致爲洋人獨操。今日之華商祇能運至口岸而止，如絲茶亦祇在上海漢口兩埠銷售，皆不能自運出洋。緣中土商務初興，如嬰兒之學步，倘國家不能護持，商人膽怯，恐受洋人之欺。故宜飭駐洋使臣與彼外部酌議妥協，重訂約章，查明各國税則，開棧立埠，并設保險公司，輔以兵輪，然後可興。商務既興，國勢亦振，惟籌畫經營頗不容易，然今日之商政將與地球相終始，卒不能畏難而退處，否則徒仰洋人之鼻息，而華商終無自伸之一日也。

一、税則宜改章也。設關徵税乃國家理財之大經，亦地球各國之通例也。泰西各國税額輕重出入懸殊，大抵出口之貨税從其輕，入口之貨税從其重。輕則土貨疏通可冀暢消，民財可以日阜。重則客貨漸少，無虞占奪，財源亦不外流。至烟酒等物，更重者，以其有損無益，無關日用也。嘗稽西洋税額有全免者，有值百抽二十者有，值百抽四十五十者，更有值百抽百者。輕重之間，悉寓權衡。中國税額較之西洋甚輕，烟酒等物且以食物免税，洋人獨得便宜。條約免税各物，註明洋人自用之物。今如洋酒吕宋烟香水洋皂璃琉器皿銷售華人江海津海兩關，前經申請均經赫德議駁，概行免税。幸而中國商貨鮮至西洋，否則軒輊太甚，殊欠平允。今擬屈改約之期，關税一節，宜執公法熟商酌改，雖税則載在條約，然並無不准改税之文。非彼此

擬一公平税則，即中國宜照西關辦理。若照英則值百抽二十，中國歲可溢銀三千餘萬。況條約有利益均沾之文，洋商既得便宜，豈可令華商獨至向隅。如此則國計民生均有裨益自在秉鈞者辦理何如耳。

（清）嚴復《嚴復集・〈原富〉按語》 按：凡約聯壟斷之事，皆於本業有大利，而於通國有大損。若總其全效，則貨棄於地者亦已多矣。且其事必絶外交而後可。使其國已弱，力不足以禁絶外交，而他人叩關求通，與爲互市之事，則貨之本可賤者，吾既以法使之成貴矣。而他人無此，則二國之貨，同輦入市，正如官私二鹽，並行民間，其勢非本國之業掃地無餘不止。是故壟斷之業，可行於自封之時，必不存於互通之事，灼灼然也。前此歐洲各國患其然也，於是立爲護商法。入口者，皆重賦税以困沮之。乃此法行，而各國皆病。洎斯密氏書出，英人首馳海禁，號曰無遮通商；亦名自由商法。而國中諸辜榷壟斷之爲，不期自廢。蕩然維新，平均爲競。此雖其智有足稱，然亦以英貨之通於他國者多，故樂用也。自此以還，民物各任自然，地産大出，百倍於前，國用日侈富矣。百姓樂成，乃益嘆斯密氏所持之論爲至當而不可易云。

（清）嚴復《嚴復集・〈原富〉按語》 又按：業聯之所以病國，在辜榷把持，使良楛無異也。使其立之約束，爲一地之公利，不許賈僞售欺，則亦未嘗無益也。今如閩之茶葉，人得爲賈，而小民怵於一昔之贏，往往羼雜穢惡，欺外商以邀厚利，貽害通業所不顧也。二十餘年來，印度茶葉大興，而閩之茶市，遂極蕭索。向使其地業茶大賈，會合爲聯，立規約，造商標，令茶之入市，雜僞者有罰，使賈茶之家，久而相□。則閩之茶品，固天下上上，足與印茶爲競有餘，未必不收已失之利也。

（清）王彦威《清季外交史料》卷九《鄂督翁同爵奏宜昌添開通商口岸應設税關監督摺》 兼署湖廣總督、湖北巡撫臣翁同爵奏，爲湖北宜昌添開通商口岸應設税關監督，請將荊宜施道移駐兼辦事。竊臣承准總理衙門咨北洋大臣奏在煙臺議結滇案一摺，又與英國威使會議條款一本內第三條，湖北之宜昌府准設添通商口岸，又沿江武穴等處准洋船停輪起下貨物，於光緒二年七月二十七日具奏。奉旨：著照所議辦理。欽此。欽遵。將原議條款刷印咨送行令飭屬遵辦。並督飭地方官會同總税務司將議添口岸應如何開辦各事宜，及沿江起卸貨物之處，應如何派員常川駐紮稽查，遵旨統限於半年內籌度妥協，奏明辦理，各等因。臣查添開通商口岸必須設關徵税，而設關首在派定監督，方足以資治理而專責成。初以宜昌與江漢關同在一省，擬援照福建、廣東等省海關監督兼轄通商子口辦法，將宜昌關務統歸江漢關道一手經理，不必另設監督，冀免糜費。繼思漢口距宜昌路程千里，相隔太遠，竊恐鞭長莫及。且宜郡初開碼頭，該處人民與洋商素未見慣，交涉事體必多，非令該管道員充當監督，難資鎮壓。荊宜施道向駐荊州，例應防護萬城大隄，而宜昌係其轄境，實有地方之責，自應循照漢黄德道改駐漢口成案，將荊宜施道移駐宜昌，兼充宜昌關監督，責成經徵洋税，辦理通商事宜，庶可呼應較靈。荊施相去甚近，所有原設荊州關税務及修防萬城大隄，仍可飭令該道就近妥慎辦理。查現任荊宜施道孫家穀老成練達，辦事謹慎，曾在總理衙門當差多年，熟悉洋務，堪以委充宜昌關監督。除先行檄委並飭令將移設衙署，及一切應辦事宜悉心妥籌詳議外，應請旨將湖北荊宜施道移駐宜昌府城，責成監督宜昌關税務及辦理通商事件，並請敕下禮部鑄造宜昌關監督銅質關防一顆，頒發來鄂，以便轉發鈐用而昭信守。理合會同南洋通商大臣、兩江總督臣沈葆楨恭摺由驛具奏。光緒三年正月初十日，奉旨：該衙門議奏。

綜述

（明）王圻《續文獻通考》卷三一《市糴考・市舶》 皇明吴淵穎論市舶，乃引辛毗對魏文帝之言，曰罷我互市，任彼貿易，中國免徼利之名，外夷知効順之實，計莫便於此。惟其商道不通，而利之所在，人必趨之，不免巧生計較，商轉而爲寇。商道既通，則寇復轉而爲商。彼其既犯國禁，思圖苟安，因啗引勢家惹起奸圖。按國初禁海之例，始因倭夷違諭而來，繼恨林賢巨燭之變，故欲閉絶之，非以通商之不便也。惟其不通商而止通貢，所以正德年間各道爭貢以規市利，在彼國則強請勘合，倭王遂不能制。在中國則有宗設宋素卿之禍，而漳寧惡少甘蹈負固而肆横行。推厥所原，各有行商之意，而終貽地方之害耳。

按祖訓曰：日本限山隔海，得其地不足以供給，得其民不足以使令，不許興兵致伐。然夷中百貨皆中國不可缺者，夷必欲售中國必欲得之，以

故祖訓雖嚴，而三市舶司如故。市舶初設太倉黄渡，尋改設于福建浙江廣東。七年罷。未幾復設。蓋東北夷有馬市，西夷有茶市，江南海夷有市舶，有市舶以通華夷之情，遷有無之利，減戍守之費。又以禁海賈，抑奸商，使利權在上，自罷市舶而利孔在下，奸豪外交内訌，海上無寧日矣。《大明律》凡泛海客商舶船，到岸即將貨物盡實報官抽分。若停塌沿港土商牙儈之家，不報者，杖。雖供報而不盡者，罪亦如之。物貨並入官。停藏之人同罪。告獲者，官給賞銀二十兩。

太祖洪武四年諭，福建行省占城海舶貨物皆免征，以示懷柔之意。

成祖永樂元年十月，西洋剌泥國回回哈只馬哈没奇等來朝，因附載胡椒與民互市，有司請徵其税。上曰：商税者，國家抑逐末之民，豈以爲利。今夷人慕義遠來，乃侵其利，所得幾何，而虧辱大體多矣。不聽。

英宗正統八年，也先阿魯骨貢馬互市，中官王振裁其馬價，也先遂大舉入掠大同宣府，振挾駕親征，遂致北狩。天順以後，互市遂絶。彼以貢馬爲名，邊將啖以厚利，羈縻而已。

憲宗成化十四年，令遼東馬市，許海西并朶顔三衛夷人賣買。開原每月初一日至初五日、十六日至二十日開二次，各夷止將馬匹并土産貨物赴彼處委官驗放入市，許賫有貨物者與彼兩平交易，不許通事交易人等將各夷欺負愚弄，虧少馬價，及偷盗貨物。亦不許撥置夷人，指以失物爲由，扶同詐騙財物分用。敢有擅放夷人入城，及縱容官軍人等無貨者任意入市，有貨者在内過宿，規取市利、透漏邊情，事發，俱發兩廣烟瘴地面充軍。遇赦不宥。十七年題准：廣寧開原二處俱開馬市，其通事三年一换。

世宗嘉靖二十六年，倭寇百艘久泊寧台，數千人登岸焚刼，巡撫朱紈訪知畓舶主大姓家畓貨皆以虚值轉鬻牟利，而值不時給，以是搆亂。乃嚴海禁毁餘艎，而請鐫暴貴官大姓戒諭之，不報。二十八年秋七月，朱紈又言長嶼諸澳大俠林恭等勾引夷舟作亂，而巨奸關通主匿牟利，因爲嚮道闌我海濱，宜正典刑。刑部覆奏，真僞未審，宜俟覈報。臺臣劾紈注措乖方，顓殺啓釁。上令紈還籍聽勘，而訊海防諸臣。時俺答入寇，京師震駭，仇鸞上言，北虜生齒日繁，毫髮仰給中國，周尚文不得已貨啖之，邊事稍寧。夫通貢固不可與其邊臣交通獲利，孰若詔許款塞互市，恩出于上乎。疏下兵部議聞。三十年，鸞密遣家丁時義結俺荅義子脱脱，使貢馬互市。俺酋利貨幣譯書送總督蘇佑，佑以聞鸞曰：永樂、成化中嘗設馬市於遼東，待海西女直及朶顔三衛。今虜求開馬市，留使爲質，縛叛示信似宜暫行。議入，帝問相嵩云：一年開二市亦宜，乃遣史道往大同理互市。兵部員外楊繼盛疏曰：今議開馬市其不可者有十，其謬有五。夫互市和議之美名也。和則上無以解列聖之耻，下無以洩百姓之怨，而忘天下之大義一。屢下命北伐，人思自奮，一旦講和，失天下之大信二。堂堂天朝與犬羊市，損國家之大威三。天下豪傑盡思決一死戰，一和而灰豪傑効用之志四。將士偷安懈天下經武之心五。宣大吏民勾引牽連，開邊方交通之徑六。天下歲荒民困人心思亂，國威日玩人思效尤，起百姓不靖之漸七。張武經年竟成虚言，長胡虜輕我之心八。我不能制彼而反爲所弄，墮胡虜狡猾之計九。互市不已我財日匱，忘天下根本之計十。或謂外開馬市而陰修武備。夫果欲修武，何藉於和犬羊無厭敗盟反掌耳。謬一。或謂我方乏馬，虜肯以良馬畀我乎，和果可必安事戰馬。謬二。或謂互市之後漸許通貢可爲永利，不知通貢徒手取利，不如互市之有值，且亦何暇計永久耶。謬三。或謂虜既和我當不失信，不知醜類日衆，安能盡厭其欲得。和者喜則失者必怒矣。謬四。或謂征討禍慘，互市費微，不知損國威養寇亂，壞天下大計者，其禍甚於戰。謬五。疏聞，帝以阻撓摇惑，謫狄道典史。三十一年，虜以市利薄，入寇大同。仇鸞倚通市不爲戍守備。大同總兵徐仁、巡撫何思，禁軍兵拒虜，諸將擁兵拒虜，獨指揮王恭戰死。代府饒陽王上狀，上逮徐仁等，褫其職，罷史道。制復言開馬市者死。著爲令。三十五年，倭寇大掠福建，浙直胡宗憲遣生員蔣洲胡可願使倭宣諭，還報倭夷志欲通貢市本兵力議不可，乃止。四十四年九月，巡撫浙江劉畿言，寧波故設市舶以通貿遷，屬以近海，奸民規利起釁，爰議裁革。今人情狃于近利，輒欲議復，不知沿海港多兵少，防範爲艱，此釁一開，島夷哨聚，禍不可測。市舶之議遂寢。

穆宗隆慶五年二月，兵部請以王崇古馬市八議下廷臣會議可否。從之。三月，兵部復請以崇古議俺荅王號，餘酋授都督指揮千户職銜歲貢期已過二月，聽於三四月後一行，以慰諸夷之望。互市之時，先定入市馬匹之數，以杜争端。其貢使不得至京，鐵鍋等物不得闌出。又言，套虜事體與宣大不同，宜令陝西督撫更議可否。上允行之。九月，宣大總督王崇古

報北虜互市事竣，大同得勝堡自五月二十八日至六月十四日，官市順義王俺荅部馬千三百七十匹，價一萬五百四十五兩，私市馬騾驢牛羊六千，撫賞費九百八十一兩。新平堡七月初三至十四日，官市黄台吉擺腰元慎部馬七百二十六匹，價四千二百五十三兩，私市馬贏牛羊三千，撫賞費五百六十一兩。宣府張家口堡六月十三至二十六日，官市昆都力哈永郡卜大成部馬千九百九十三匹，價萬五千二百七十七兩，私市馬贏牛羊四千撫賞千五百兩。市皆無擾。疏入，邊臣遷秩頒賞有差。

今上萬曆二十七年十一月，宣府巡撫王象乹奏事竣，鎮城張家口易買過酋把都白洪大永郡卜大成台吉等夷馬一萬七千六百六十三匹，用過貨價銀十一萬三千九十三兩八錢零，撫賞用過銀四萬四千六百九十五兩九錢零。該年仍有各虜酋未賣馬價，未領撫賞，約筭該留銀三萬三千七兩三錢零。如後各夷至市求討，照數補給。如不復討銀貨，聽挨年支用。實比原定市賞額數節省銀四萬六千二百有奇。二十八年六月，遼東巡撫李植奏，虜人挾市非誠，乞亟會議以決大計。其略謂，遼左馬市創設有年，諸撫賞貨物自二十二年以前共止費銀二千四百餘兩。至二十三年，委馬政官俞方策兼管，或聽夷酋重名詭名，或比舊例加倍，甚有增至三四倍者。二十四年增至四千五百餘兩，二十五年增至六千四百餘兩，二十六年前撫臣張思忠察其弊端，稽查裁抑，仍用過二千七百餘兩。虜反要挾宣大之賞，張思忠不勝其憤，具疏請革馬市，遂罷。此廣寧馬市因革之大略也。乂州木市自前撫臣李化龍題小歹青欲在乂州大康堡順河運木進邊賣買，李化龍酌量題請，許撫臣止酒食爲犒，行之三年無譁。後因將領多有短值勒措夷木者，夷人恨之焚木而去不復再來，木市遂罷。此乂州木市興廢之大較也。二市之設，皆一時羈縻之術，與宣大和款不同，順之則撫，叛之則罷，此夷方市，彼夷即搶，無歲無之。自二十二年至二十六年，犯石屯城，犯廣寧鎮開原靖安，犯乂州慶雲，犯兩河，犯瀋陽，犯東勝堡，犯中右，所損傷贛兵，四五年間未嘗不開市，未嘗不大搶。往事可徵矣。今三月二十日，賊五百餘騎從大鎮堡，二十一日四百餘騎從西平，四月初一日五百餘騎從黑莊巢等堡，各入犯。虜既背約，分搶且不休，何忠順之有，而欲與之市撫賞之耶。二十九年九月，延綏候代巡撫王見賓，奏套虜吉囊諸酋求通馬市。上命九卿科道會議。兵科給事中桂有根奏，在内遥度，莫若行新任巡撫計議。上允行之。十二月，户部覆薊遼總督萬世德奏夷人輸誠求撫，奉旨：朶彦各夷馬、木二市准開復，撫賞照二十三年例行，寧前木市亦聽便宜開復，仍督道將嚴脩戰守，不許從旁阻撓牽制，奴那二酋補進雙貢也。并准行。

按今之論禦寇者，一則曰市舶當開，一則曰市舶不當開。愚以爲皆非也。何也？貢舶與市舶一事也，分而言之則非矣。市舶與商舶二事也，合而言之則非矣。商舶與寇舶，初本二事，中變爲一，今復分爲二事，混而言之亦非矣。何言乎一也。凡外夷貢者，我朝皆設市舶司以領之。在廣東者專爲占城、暹邏諸番而設，在福建者專爲琉球而設，在浙江者專爲日本而設。其來也許帶方物，官設牙行與民貿易，謂之互市。是有貢舶即有互市，非入貢即不許其互市明矣。西番琉球從來未嘗寇邊，其通貢有不待言者。日本狡詐，叛服不常，故獨限其期爲十年，人爲二百，舟爲二隻。後雖寛假其數，而十年之期未始改也。今若單言市舶當開，而不論其是期非期，是貢非貢，則釐貢與互市爲二，不必俟貢而常可以來互市矣，紊祖宗之典章可乎哉。何言乎二也，貢舶者王法之所許，市舶之所司，乃貿易之公也。海商者王法之所不許，市舶之所不經，乃貿易之私也。日本原無商舶，商舶乃西洋原貢諸夷載貨，泊廣東之私澚，官税而貿易之。既而欲避抽税省陸運，福人導之，改泊海滄月港，浙人又導之改泊雙嶼。每歲夏季而來，望冬而去，可與貢舶相混乎。何言乎二而一，一而二也。海商常恐遇寇，海寇惟恐其不遇商，如陰陽晝夜判然相反。爲商者曷常有爲寇之念哉。自甲申歲凶雙嶼貨壅，而日本貢使適至，海商遂販貨以隨售，倩倭以自防，官司禁之弗得。西洋船原回私澚，東洋船遍布海洋，而向之商舶悉變而爲寇舶矣。然倭人有貧有富，有淑有慝。富者與福人潛通，改聚南澚，至今未已。日本夷商惟以銀置貨，非若西番之載貨交易也。福人利其值，希其抽税買尖底船至外海貼造而往渡之。雖驅之寇不欲也，此固無待於市舶之開，而其互市未嘗不行者也。貧者剽掠肆志，每歲犯邊，雖令其互市，彼固無貲也，亦不欲也。此非開市舶之所能止，而亦不當反錫之名目者也。故不知者謂倭寇之患起於市舶不開，市舶不開由於入貢不許。許其入貢，通其市舶，中外得利，寇志泯矣。其知者哂之，以爲不然。夫貢者夷王之所遣，有定期，有金葉勘合表文爲驗。使其來也以時，其驗也無僞，我國家

未嘗不許也。貢未嘗不許，則市舶未嘗不通，何開之有。使其來無定時，驗無左證，乃假入貢之名爲入寇之計，雖欲許得乎？貢既不可許，市舶獨可開乎。或謂日本國王號令不行山口豐後互相雄噬，金葉勘合燬於兵久矣。如責其期，拘其驗，則彼終無繇貢，而市舶終無繇開矣。須弘包荒之量，昭無外之仁可也。又不然。夫貢而無驗招寇之囮也，貢而無期弛備之階也。緩其期，稽其驗，隄防猶難，矧可頻貢而勿驗哉。大抵善施恩者，施之於威伸之後，則人知恩。今寇犯順數年，雖屢大捷，而禍猶未殄，倭未知畏也。此須肅清之後，俟其請罪求貢。或如永樂初擒斬對馬臺岐故事，夫然後許之，則撫下之仁、事上之義兩得之矣。

（明）徐學聚《國朝典彙》卷二〇〇《工部・市舶》 吴元年十二月，置市舶提舉司，以按察使陳寧爲提舉。

洪武初，設太倉黄渡市舶司，至今稱爲六國馬頭，尋以海夷黠勿令近京師，遂罷之。已復設於寧波、泉州、廣州。七年九月又罷，後乃復設。

永樂元年，命内臣齊喜提督廣東市舶。

三年九月，命於福建、浙江、廣東設市舶提舉司。詳朝貢。

正統四年，暹羅國船有風漂至廣東市舶，太監熊宣奏請徵其税，旨以宣妄攬事權，令回南京管事，以内官監太監畢真代之。

成化二十一年，廣東市舶司太監韋眷奏乞均徭餘户六十人添辦方物布政陳選奏近奉詔例宜悉停免。上諭户部從之。

嘉靖元年，給事中夏言上言倭禍起於市舶，禮部遂請罷市舶，而不知所當罷者市舶太監非市舶也。夷中百貨皆中國不可缺者，夷必欲售中國必欲得之，以故祖宗雖絶日本，而三市舶司不廢，蓋東夷有馬市，西夷有茶市，江南海夷有市舶，所以通華夷之情，遷有無之貨，收徵税之利，減戍守之費。又以禁海賈抑奸商，使利權在上，罷市舶而利孔在下，奸豪外交内訌，海上無寧日矣。

四十四年九月，浙江巡撫劉畿言，寧波舊額市舶司聽其貿易征其舶税，行之未幾，以近海奸民侵利啓釁，故議裁革。今人情狃一時之安，又比廣東事例議復開市舶以通海夷，不知浙江沿海港口多而兵船少，最難關防，此釁一開，則島夷嘯聚，其害有不可勝言者。上以爲然，事遂寢。

（明）陳仁錫《皇明世法録》卷七五《海政・私出外境及違禁下海》

凡將馬牛軍需鐵貨銅錢叚疋紬絹絲綿私出外境貨賣及下海者，杖一百。挑擔馱載之人，減一等。物貨船車竝入官。於内以十分爲率，三分付告人充賞。若將人口軍器出境及下海者，絞。因而走泄事情者，斬。其拘該官司及守把之人通同夾帶，或知而故縱者，與犯人同罪。失覺察者，減三等，罪止杖一百。軍兵又減一等。

洪武二十二年，令守禦邊塞官軍如有假公事出境交通，及私市易者，全家坐罪。

凡守把海防武職官員，有犯受通番土俗哪嗟報水分利金銀物貨等項，值銀百兩以上，名爲買港，許令船貨私入串通交易，貽害地方，及引惹番賊海寇出没戕殺居民，除真犯死罪外，其餘俱問受財枉法罪名，發邊衛永遠充軍。

凡夷人貢船到岸，未曾報官盤驗，先行接買番貨，及爲夷人收買違禁貨物者，俱發邊衛充軍。

凡沿海去處，下海船隻除有號票文引，許令出洋外，若姦豪勢要，及軍民人等，擅告二桅以上違式大船，將帶違禁貨物下海，前往番國買賣，潛通海賊同謀結聚，及爲嚮導劫掠良民者，正犯比照謀叛已行律處斬。仍梟首示衆，全家發邊衛充軍。其打造前項海船，賣與夷人圖利者，比照私將應禁軍器下海，因而走泄事情律，爲首者處斬，爲從者發邊衛充軍。若止將大船雇與下海之人，分取番貨，及雖不曾造有大船，但糾通下海之人，接買番貨，與探聽下海之人番貨物來私買，販賣蘇木胡椒至一千斤以上者，俱發邊衛充軍。番貨竝入官。其小民撑使單桅小船，給有執照，於海邊近處捕取魚蝦採打柴木者，巡捕官旗軍兵不許擾害。

私自販賣硫黄五十斤、焰硝一百斤以上者，問罪，硝黄入官。賣與外夷及邊海賊寇者，不拘多寡，比照私將軍器出境，因而走泄事情律，爲首者處斬，爲從者俱發邊衛充軍。若合成火藥賣與鹽徒者，亦問發邊衛充軍。兩隣知而不舉，各治以罪。

凡官員軍民人等，私將應禁軍器賣與進貢夷人圖利者，比依將軍器出境因而走泄事情者律，斬。爲從者，問發邊衛充軍。

凡沿海軍民，私往倭國貿易，將中國違制犯禁之物□獻倭王及頭目人等，爲首者比照謀叛已行律斬，仍梟首。爲從者俱發烟瘴地面充軍。

凡姦民希圖重利夥同私造海船，將紬絹等項貨物擅自下海，船頭上假冒勢宦牌額，前往倭國貿易者，哨守巡獲船貨盡行入官。爲首者用一百斤枷，枷號二個月，發烟瘴地面永遠充軍。爲從者枷號一箇月，俱發邊衛充軍。其造船工匠枷號一箇月，所得工錢坐贓論罪。

凡豪勢之家出本辦貨，附奸民下海，身雖不行，坐家分利者，亦發邊衛充軍。貨盡入官。

凡歇家窩頓奸商貨物，裝運下海者，比照竊盗主問罪，仍枷號二箇月，隣里知情與牙埠通同不行舉首，各問罪枷號一箇月發落。

凡關津港口巡哨官兵不行盤詰，縱放奸民通販倭國者，各以受財枉法從重究治。

凡福建浙江海船裝運貨物往來，俱着沙埕地方更换，如有違者，船貨盡行入官，比照越渡沿邊關塞律問罪。其普陀進香人船，俱要在本籍告引照身關津驗明方許放行。違者以私渡關津論。巡哨官兵不嚴行盤詰者，各與同罪。已上係刑部議覆新例，萬曆四十年六月題准。

（清）傅維鱗《明書》卷八三《食貨志・市舶》 按太祖祖訓曰：日本限山隔海，得其地不足以供給，得其民不足以使令，不許興兵致伐。然夷中百貨，皆中國不可缺，夷必欲售，中國必欲得之。故立三市舶司，設提舉官。初設於太倉黄渡，尋改設於福建、浙江、廣東而峻其禁。初以太倉爲六國馬頭，旋以近京師，恐生他變，遂徙之寧波諸處，而以按察司主其事。旋改提舉。洪武四年，諭福建行省，占城海舶貨物皆免徵，以示懷柔之意。永樂初，改命内官理之。其時西洋刺泥諸國來朝，附載番貨，司事者請徵其税。上曰：商税者，國家抑逐末之民。今遠夷慕義而來，不宜侵其利。所得幾何，而虧損大體耶。正統中，暹羅國船有風漂至廣東，市舶太監熊宣奏分其貨。上以其妄攬事權，罪之。嘉靖中，有倭變，禮部請罷市舶，給事中夏言上言，倭禍雖起於市舶，今欲罷之，不知所當罷者市舶太監，而非市舶也。祖訓詳明，雖久絶日本，而三市舶不廢，蓋東夷有馬市，西夷有茶市，江南海夷有市舶，所以通華夷之情，遷有無之貨，收徵税之利，減戍守之費。又以禁海賈，抑奸商，使利權在上。若罷之，則利孔在下，奸豪外内交訌，而上無寧日矣。遂不罷。先是寧波市久罷，至是議復開。浙江巡撫劉幾言，寧波通海夷，沿海港口多而兵船少，最難防禦。此釁一開，則島夷嘯聚，其害孔甚。事遂寢。明之外夷百貨俱備，無勤兵於遠。如古葡萄汗血駒之取，則無之焉。

《明史》卷八一《食貨志・市舶》 明初，東有馬市，西有茶市，皆以馭邊省戍守費。海外諸國入貢，許附載方物與中國貿易。因設市舶司，置提舉官以領之，所以通夷情，抑姦商，俾法禁有所施，因以消其釁隙也。洪武初，設於太倉黄渡，尋罷。復設於寧波、泉州、廣州。寧波通日本，泉州通琉球，廣州通占城、暹羅、西洋諸國。琉球、占城諸國皆恭順，任其時至入貢。惟日本叛服不常，故獨限其期爲十年，人數爲二百，舟爲二艘，以金葉勘合表文爲驗，以防詐僞侵軼。後市舶司暫罷，輒復嚴禁瀕海居民及守備將卒私通海外諸國。

《續文獻通考》卷二五《市糴考・市舶互市》 明制，内外軍民官司並不得指以和雇和買擾害於民。如果官司闕用之物，照依時直兩平收買。或客商中買物貨隨即給價，如減駁價值，及不即給價者，赴告上司以不應治罪。

凡民間市肆賣買貨物價值，須從州縣親民衙門按月從實申報上司，以憑置辦軍需等項照價收買。又各府州縣每月初旬取勘諸物時估，逐一覆實，依期開報，毋許高擡少估，虧官損民。上司收買一應物料，照依按月時估，兩平收買給價，毋致虧民，及縱吏胥舖甲剋落作弊。

（清）龍文彬《明會要》卷五七《食貨・市舶》 洪武四年，諭福建行省：占城海舶貨物皆免征，以示懷柔之意。王圻《考》。

七年正月，户部奏言：海外諸國入貢，許附載方物，與中土貿易。因設市舶司，置提舉官以領之。初設於太倉、黄波，尋罷。復設於寧波、泉州、廣州，以通日本、琉球及占城、暹羅、西洋諸國。上以日本叛服不常，獨限以十年之期。計通市一次，尋以海禁日嚴，恐瀕海居民及守備將卒私通取賂，并罷市舶司。《實録》。

永樂初，西洋刺泥國回回哈只馬哈没奇等來朝，附載胡椒與民互市。有司請徵其税。帝曰：商税者，國家抑逐末之民，豈以爲利？今夷人慕義遠來，乃侵其利。所得幾何，而虧辱大體多矣。不聽。

三年，以諸番貢使益多，乃置驛於福建、浙江、廣東三市舶司以館之。尋設交阯、雲南市舶提舉司，接西南諸國朝貢者。

嘉靖二年，日本使宗設、宋素卿分道入貢，互爭真僞。市舶中官賴恩納素卿賄，右素卿。宗設大掠寧波。給事中夏言言：倭患起於市舶。遂罷之。

二十八年，浙江巡撫朱紈言：長澳諸大使林恭等，句引夷舟作亂，而巨寇關通射利，因爲嚮導，躪我海濱，宜正典刑。部覆不允。而通番大猾，紈輒以便宜誅之。御史陳九德劾紈措置乖方，專殺啓釁。帝逮紈聽勘。紈既黜，姦徒益無所憚，外交內訌，釀成禍患。汪直、徐海、陳東、麻葉等起，而海上無寧日矣。已上《食貨志》。

四十四年九月，巡撫浙江劉畿言：寧波故設市舶以通貿遷，前以近海奸民規利啓釁，爰議裁革。今人情狃於近利，輒欲議復。不知沿海港多兵少，防範爲艱。此釁一開，島夷嘯聚，禍不可沿。市舶之議遂寢。王圻《考》。

隆慶四年，宣、大互市復開。

萬曆時，崔景榮巡撫寧夏。歲市費不貲，景榮議省之，在任三年，僅一市而已。其後延鎮吉能等挾款求補市，卒勿許，歲省金錢十餘萬。《崔景榮傳》。

（清）龍文彬《明會要》卷五七《食貨·馬市》 洪武二十四年，哈瑪爾諸開馬市於延安、綏安、平涼等衛。上曰：番人黠而多詐，互市之求，安知非藉以覘我。利其馬而不虞其害，所喪必多，宜勿聽。《西域傳》。哈瑪爾舊作哈梅里。

永樂四年三月甲午，設遼東馬市：一在開原南關以待海西，一在開原城東五里，一在廣寧，皆以待朵顏三衛。既而城東、廣寧皆廢，惟南關市獨存。

正統三年，因巡撫盧睿請，設大同馬市。十四年，額森貢馬互市，中官王振裁其馬價。額森大舉入寇，遂致土木之變。已上《食貨志》。

成化十四年，陳鉞撫遼東，復開三衛馬市，繼令入市開原，廣寧等處。《通典》。

十七年十月，申嚴遼東馬市禁例。《昭代典則》。

嘉靖三十年，以總兵仇鸞言，開馬市宣府、大同。兵部員外郎楊繼盛奏言十不可、五謬。《楊繼盛傳》。

三十一年，諳達以贏馬索厚直，弗予，輒大譁。大同市則寇宣府，宣府市則寇大同。甚者朝市暮寇，併贏馬掠之去。帝惡之，詔罷馬市。《三編》。

萬曆二十三年，開遼東義州木市。二十六年，從巡撫張思忠奏，罷之，遂並罷馬市。

三十九年，復開馬、木二市。後以爲常。已上《食貨志》。

《大清律例》卷一三《户律·課程·舶商匿貨》 凡泛海客商舶，大船。船到岸即將貨物盡實報官抽分。若停塌沿港土商牙儈之家不報者，杖一百。雖供報而不盡實，罪亦如之。不報與報不盡之。物貨並入官。停藏之人同罪。告獲者，官給賞銀二十兩。

《大清律例》卷二〇《兵律·關津·私越冒度關津》 凡無文引私度關津者，杖八十。若關不由門，津不由渡，別從間道而越度者，杖九十。若越度緣邊關塞者，杖一百徒三年。因而潛出交通外境者，絞監候。守把之人知而故縱者，同罪。至死減一等。失於盤詰者，官，各減三等，罪止杖一百。軍兵，又減一等，並罪坐直日者。若有文引，冒他人名度關津者，杖八十。家人相冒者，罪坐家長。守把之人，知情與同罪，不知者不坐。其將無引馬騾私度冒度關津者，杖六十。越度，杖七十。私度，謂人有引。馬騾無引冒度，謂馬騾冒他人引上馬騾毛色齒歲。越度，謂人由關津，馬騾不由關津而度。

條例

一、凡雇倩口內之人往口外種地，及砍木、燒炭者，户、工二部照例給票出口，回日仍察收。無票之人令各處察拿，若捏稱種地，及砍木、燒炭名色起票前往，而將票轉賣與人，及買者，一併拿送該部治罪。

一、凡民人無票私出口外者，杖一百、流二千里。緣邊關口，每季將出入人數造册，取具並無匪類出口印甘各結申報。倘守口官不驗明印票，及賄縱出入，該管官察出，即行詳報該管將軍、督撫、提鎮題參，交部嚴行治罪。若該管將軍、督撫、提鎮通同徇庇，不行查參，及稽查不嚴，以致匪類越境生事者，一併從重議處。

一、凡土官、土人，如有差遣公務，應赴外省者，呈明本管官，轉報督撫給咨，並知會所往省分督撫，令事竣勒限，毋許逗遛，仍知照本省督

撫。倘不請咨牌，私出外省，土官革職；土人照無引私度關津律，杖八十，遞回。如潛往外省生事爲匪，別經發覺，除實犯死罪外，徒罪以上俱照軍人私出外境擄掠不分首從發邊遠充軍律，遞回，照例枷責。同家口父母、兄弟、子姪，一并遷徙安插。其不行管束之該管官，及失於查報之外省地方官，均交部議處。

一、緣邊關口有熟識路徑姦徒引領游民私自偷越，或受賄引送夾帶違禁貨物之人出口者，除將偷越及夾帶本犯各照律分別治罪外，其引送之人，如審係僅圖微利並無別情者，照違制律，杖一百，加枷號一個月，交該管官嚴行管束。如偷越之人出口，別有姦謀，該犯明知引送，婪索多贓，照守把之人知情故縱律治罪。兵弁失於查拿，照例參處。

一、指引逃匪偷越出口之犯，如實係不知逃匪情由，僅止私行引送者，仍照違制律問擬外。若明知逃匪，故行引送者，照故縱律，與犯人同罪。至再犯、三犯者，各按本罪，以次遞加。得財故縱者，計贓從重論。

《清朝文獻通考》卷二七《征榷考・征商關市》〔乾隆八年〕又定暹羅國運米船隻，酌免船貨税銀有差。先是，乾隆七年，暹羅商人運米至閩，曾奉特旨免征船貨税銀。至是歲仍復帶米來閩貿易。上念外洋運米源源而來，其加恩之處自當著爲定例。自乾隆八年爲始，凡遇外洋運米閩粤等省貿易，帶米一萬石以上者，免其船貨税銀十分之五。帶米五千石以上者，免其船貨税銀十分之三。【略】

〔乾隆十二年〕敕內地人民往暹羅造船未載回米糧者，倍罰船税。大學士伯張廷玉等議覆福建巡撫陳大受奏，閩省赴暹羅買米造船運回請給印票，進口之日繳銷，仍另給牌照歸澳安插。蓋往暹羅造船，本爲買米而設，如或該商並無米石載回，只造船而歸者，應令倍罰船税示警。得旨允行。【略】

二十二年，更定浙江海關洋船税例。户部覆准閩浙總督喀爾吉善、兩廣總督楊應琚奏稱，設關分榷原以裕課通商，而因地制宜，亦須權衡公當。如外洋紅毛等國番船向俱收泊廣東，少至浙江，是以浙海關税則略而不詳。今自乾隆二十年以來，外洋番船收泊定海，舍粤就浙歲歲來寧，若不將比較則例更定章程必至私扣暗加，不特課額有虧，亦與番商無補。臣等悉心會商，將粤海關征收外洋船隻入口出口貨物現行徵税則例，及比例規例，併外洋船出口貨物估價科征各册，逐一查核。除比例一册，緣天下之物類繁多，税則未能備載，以此例彼比照征收原無軒輊。其規例一項，原係從前陋例，嗣經查出歸公征收報解。以上二項，浙海關循照征收均毋庸另議增減。惟正税一項，未便仍照粤海關科則一例征收，蓋向由浙江赴粤販買之貨，今就浙置買，税餉腳費俱各輕減，而外洋進口之貨分發蘇杭亦屬便易。該番商既比在奧貿易獲利加多，則浙海關之税則自應酌議加征。其中有貨物産自粤東，原無規避韶贛等關税課者，悉仍舊則，概不議加。正税之外仍照加一征耗。其粤海關估價一項，係將該商出口貨物估計價值，按貨本一兩征收銀四分九釐，名爲分頭。今應遵照辦理。但如湖絲、磁器、茶葉等各種貨物，現就浙江時值多與粤海關原例不符，似應按照時值增估更定。其中有時價相符者，仍循其舊。至船隻樑頭之丈尺及貨物進口出口之擔頭，悉照粤海關則例征收。奉諭旨：依議。此摺內所稱，若不更定章程，必致私扣暗加課額有虧，與商無補等語，尚未深悉更定税額本意。向來洋船俱由廣東收口經粤海關稽察征税，其浙省之寧波不過偶然一至。近來奸牙勾串漁利，洋船至寧波者甚多，將來番舶雲集，留住日久，將又成一粤省之澳門矣。於海疆重地，民風土俗，均有關係。是以更定章程視粤稍重，則洋商無所利而不來，以示限制，意並不在增税也。將此明白曉諭該督撫知之。

臣等謹按，舊例海舶貿易外洋者，給之照，以稽察出入。其出洋歸港，皆憑照爲信，因按其照税之。有藏匿奸匪私帶違禁之物者，論如法。良以外洋紅毛諸國番船向皆收泊粤東，國家張官置吏分駐營伍以資彈壓。凡定例所查禁者，嚴明約束，垂諸令甲，是以海口肅清，民不滋擾。至于浙省寧波，向非洋船聚泊之地，邇年奸牙市舶狃於税額之輕微，自乾隆二十年及二十一年，外洋夷船歲至定海轉運寧波。於是督撫大吏據浙關科則，比較粤海課額，更定征收。我皇上聖謨深遠，念海疆重地多一利端即增一弊藪，洋船歲至寧波，徑途日熟，勢將與粤省之澳門無異。而商舶頻仍，則有奸牙之勾串，吏胥之需索，及其易貨歸棹，則有絲粟之出洋，鐵器之渡海，日久弊生，難以盡杜。津會既成夷商叢雜之區，必須重爲經理。夫昌國、寧海、松門、澉浦皆浙省濱海之藩籬也，推而至於金山、乍浦、海門、崇明，又南省濱海之門户也。風濤出没，持貨賄以懋遷，既可

鶩趨寧波，亦可轉移他郡。利之所在，瑕釁易滋，聖天子所以經畫於未然，而杜其端於始事者，職此之由。蓋自章程更定以來，外洋市舶知違例紆道之無所利，不復收泊寧波，內無禁令之煩而夷艘自遠，無事巡查之密而海口敉寧。我皇上濬移密運之權，誠有握要于幾先者矣。【略】

〔乾隆〕二十四年奉諭：自來硫磺出入海口俱有例禁，原因磺觔係火藥所需，自不便令其私販。若奸商以內地硫磺偷載出洋，或外來洋船私買內地硫磺載歸者，必當實力盤詰治罪。乃定例于洋船進口時亦不許其私帶，殊屬無謂。海外硫磺運至內地，並無干礙，遇有壓艙所帶，自可隨時買備，於軍資亦屬有益，何必於洋舶初來多此一番詰禁乎。嗣後於海船出口時切實稽查，不許仍帶磺觔以防偷漏之弊，違者究治。其各省洋船入口禁止壓帶硫磺之例，概行停止。著爲令。

臣等謹按，軍資火藥最重磺觔，慮奸民私販徼利，自不得不嚴加譏察。故凡商船出口，及番船歸洋，與絲粟銅鐵同一例禁。其由海外運至內地者，向亦爲之嚴詰，不許其攜載入口，於市舶情形殊多未便。我皇上聖謨深遠，准其壓帶禁令，則弗使煩苛，商販則咸資利益。法良意美，斟酌盡善，防奸之道無不至，柔遠之政茂以加矣。

《清朝文獻通考》卷三三《市糴考·市舶互市》 臣等謹按宋以前互市之制其詳靡得而記，自宋開寶後始置市舶司，榷場博易場沿革詳略具載馬端臨考。至前明末代，抽税過重，防奸則疏，以致大啓海氛，公行抄劫，吳越瀕海州郡數被其害。臣等纂前五朝續考已備言之，我國家威德遠播，四裔咸賓，受命之初高麗琉球率先表貢，暨平臺灣，島夷失其故巢，懸命中國。聖祖皇帝因包荒而撫有之，歸化寖衆。東南舟楫之區，商漁樂業，鯨波不驚，沙鳥雲帆，目極無際。各島如吕宋、噶喇吧、日本、紅毛。紅毛之種數十，向所謂出没煙濤莫知其踪跡者，皆已按圖可指。就中佛朗西、荷蘭、暹羅等國矯首面內，不憚超數十更以來。其他小弱附景希光者，又不在此數。於是緣其職貢以通其貨賄，立之期會以均其勞逸，寬減税額以豐其生息，厚加賞賚以作其忠誠。而又核驗官符譏禁內匪，弛張互用，畏慕滋深。此今日市舶之所以盛也。若乃西北茶馬之市行之已久，強無凌弱，衆無暴寡，邊氓番族胥享其利，蓋百餘年於此矣。皇上綏懷萬方，廓清大幕，耕犂徧於寰中，泉布流於域外。大宛善馬弗求自徠，于闐良玉不脛而走，初非與爲市而得之者。近則准哈薩克之請開烏嚕木齊之市，先之以官辦，次之以招商。時地交宜，遠邇利賴。繼自今航浮索引，四瀛相望，大一統之閎規至是蔑以加矣。臣等謹如前目，隨事編排列於市門之次，用昭聖世大同之治焉。

順治二年，設張家口古北口章京。時命哈薩克哈駐張家口滿都布賚駐古北口，諭之曰：爾等駐防之地，凡外藩各蒙古來貿易者，俱令駐於邊口照常貿易，毋得阻抑。其喀爾喀部落來市馬者，令駐於口外，申報户部。

又定陝西以茶易馬之例。先是，元年定與西番易馬例，每茶一篦重十斤，上馬給茶篦十二，中馬給九，下馬給七。至是年差御史轄五茶馬司，户部言：陝西地方召商茶以易番馬，向有照給金牌勘合之制。備查前明詔諭，通接西番關隘處所撥官軍巡守不許私茶出境。凡進貢番僧應賞食茶頒給勘合，行令四川布政司撥發有茶之倉照數支放，不許於湖廣等處收買私茶。違者盡數入官，仍將伴送人員等依律問罪。此舊例所當遵行者。若金牌一項係明初事例，至永樂十四年已經停止。今我朝定鼎，各番慕義馳貢，金牌似不必用。但以茶易馬，務須酌量價值，兩得其平，無失柔遠之議。從之。康熙四十四年停止中馬。雍正九年奏准復行，十三年仍行停止。

三年，議令吐魯番貢使置買器物照舊例額數，禮部言：舊例吐魯番國進貢來使，於京師置買器物額數，每人茶五十斤，磁碗碟五十雙，銅錫壺五執，各色紗羅及緞共十五匹，絹三十匹，青白布三十匹，夏布三十匹，棉花三十斤，花毯二條，紙馬並各色紙共三百張，各色顔料五斤，糖菓薑每樣三十斤，藥材三十斤，烏梅三十斤，黑白礬共十斤，照此定例置買。其龍鳳黄紫各色之物及鞍轡弓箭刀不許置買。所應買諸物，兵馬司差役同通事監視買賣兩從其便。如盗買違禁之物，買賣並監視人役一併治罪。會同館許開市五日。自京起程後，牛羊犂鏵鐵鍋至臨洮府蘭州與本處軍民交易，亦買賣各從其便。仍令監視護送官兵加意謹防，送至關上。其至蘭州交易者亦不許置熟鐵及各項兵器，令照舊例交易。從之。

四年，議佛朗西國互市人禁止入省。户部議覆：兩廣總督佟養甲疏言：佛朗西國人寓居濠鏡澳，以攜來番貨與粤商互市，蓋已有年，後深入省會至於激變，遂行禁止。今督臣以通商裕國爲請，然前事可鑒，應仍

照前明崇禎十三年禁其入省之例，止令商人載貨下澳貿易。從之。

十二年，准荷蘭國貢使在館交易。禮部言：荷蘭國從未入貢，今重譯來朝，誠朝廷德化所致。念其道路險遠，准五年一貢，貢道由廣東入。至海上貿易，已經題明不准。應聽在館交易，照例嚴飭違禁等物。得旨：荷蘭國慕義輸誠，航海修貢，念其道路險遠，著八年一次來朝，以示體恤遠人之意。是年八月，其貢使歸國，特降敕諭賜其國王曰：惟爾荷蘭國墨投爲也甲必丹物馬綏掘，僻在西陲，海洋險遠。歷代以來，聲教不及，乃能緬懷德化，效慕尊親，擇爾貢使杯突高嚙惹諾皆色等赴闕來朝，虔修職貢，地逾萬里，懷忠抱義，朕甚嘉之。用是優加錫賚大蟒緞二匹，粧緞二匹，倭緞二匹，閃緞四匹，藍花緞四匹，青花緞四匹，藍素緞四匹，帽緞四匹，衣素緞四匹，綾十匹，紡絲十匹，羅十匹，銀三百兩，以報孚忱。至所請朝貢，出入貿易有無，雖灌輸貨貝利益商民，但念道里悠長，風波險阻，舟車跋涉，閱歷星霜，勞勩可憫。若朝貢頻數，猥煩多人，朕皆不忍。著八年一次來朝，員役不過百人，止令二十人到京。所攜貨物在館交易，不得於廣東海上私自貨賣。爾其體朕懷保之仁，恪恭藩服，慎乃常職，衹承寵命。

又准吐魯番貢使在館交易。諭吐魯番阿布都拉哈曰：朕膺兹大命，綏定萬方，凡所屬外國無不輸誠臣服來貢方物。爾吐魯番國早識時數，貢賦維謹，今又遣使入貢，誠篤之意實可嘉悦。念爾國遠隔山河跋涉不易，宜加賞賚用勸忠誠。特賜爾緞三百三十八匹，絹七百二十三匹。自此以後著五年一次來貢，入關不得過百人，不許攜帶婦女，進京止許三十人，餘留駐甘肅，俟進貢人歸時即令一齊出關，不得久留内地。至所帶貨物，許在京會同館照例貨市，無得沿路借端遷延騷擾。其進貢西馬四匹，蒙古馬十四外，不必多貢，用體朕優恤遠人之意。

十四年，遣官察審朝鮮國人私買硝藥。朝鮮國王之弟李淯回國隨行員役違禁擅買硝藥，行至鳳凰城爲城守章京搜獲。李淯不肯縛送私買之人，反爲哀求容隱。奉諭旨：遣内大臣阿魯哈、大學士額色黑、都察院左副都御史能圖、吏部左侍郎禪代往朝鮮同該國王察審議罪。

十五年，停止官員往朝鮮國貿易。諭禮部曰：朕撫御萬方，中外臣民皆同一視。朝鮮恭順有年，尤厪體恤。聞遣使該國多員，貿易滋擾，朕心殊爲不忍，嗣後凡有事差往使臣止用正副使各一員，務擇諳習禮儀、任事謹恪者。其八分人員隨往及貿易俱行停止，以昭朕字愛藩服至意。

十八年，達賴喇嘛及干都台吉請於北勝州互市以馬易茶。從之。

康熙二年，停止朝鮮國王開送貨物印文。凡外藩貨物有該國王印文開送者准其貿易。朝鮮陪臣下人應山等帶貂皮一百張，印文内並未開載，經禮部奏聞，得旨：免其議罪。交易貨物聽其隨便攜帶，至日報部於會同館交易。該王印文著停止。應禁之物回時令邊關官員詳細嚴察。

七年，議外國人貨物非貢期不准貿易。凡外國人非進貢方物之期來邊界處所貿易者，《會典》並未開載，惟康熙二年准荷蘭國貿易一次，康熙三年准暹羅國貿易一次，隨於康熙五年永行停止。至是兵部言：請嗣後非係貢期概不准其貿易。從之。

八年，以廣南國船貨仍給來使。先是，廣東都司劉世虎等駕舟巡海，遇風飄至廣南境内，廣南國王差趙文炳等送歸，并帶來貨物船隻，奉有確查議奏之旨。至是禮部議劉世虎等帶去之兵尚有十九名未回，應降二級。其趙文炳等雖奉廣南國印文差遣，而實係中國之人。或留或遣請旨定奪。現在禁海，其帶來之物不便貿易，應交送户部。得旨：廣南國差趙文炳等送劉世虎等歸粤，殊爲可嘉，著該督給以照驗遣歸廣南。船貨不必入官，仍給來使爲修理船隻之用。劉世虎等風飄是實，著免罪。

十八年，禁兵民販米出海。浙江沿海兵民販賣糧米，因内地利少出海利多，越界貿易，特遣户部郎中布詹等巡海。如將軍督撫提鎮所屬人員有犯禁者，令其不時訪緝杜絶以靖海氛。

二十二年，令厄魯特噶爾丹博碩克圖來使往張家口歸化城交易。上諭大學士等：近觀厄魯特噶爾丹博碩克圖來使較前漸多，每一次常至數百人。聞其沿途遇邊外游牧蒙古肆行擾害，外國之人若行痛懲，又恐失柔遠之意。彼處遣來人員當有定數，不可聽其意爲多寡。嗣後正使頭目酌量數人令進關口，其餘人等或令在張家口外或在歸化城交易事畢應即遣回。

又令馬喇等領庫帑於軍前市易。時阿達哈哈番馬喇等以茶布往征羅刹軍前市易，上諭：茶布不必攜往，可於户部支銀四千兩，量買諸物，馳驛抵彼，換取牛羊糧米以備軍需，勿得脅制民間各任其便。

二十三年，議浙江沿海地方聽百姓海上貿易。九卿等議覆：工部侍

郎金世鑑疏言：浙江沿海地方請照山東諸處見行之例，聽百姓以裝載五百石以下船隻往海上貿易捕魚，預行稟明，該地方官登記姓名，取具保結，給發印票，船頭烙號。其出入令防守海口官員驗明印票人數，至收稅之處交與該道計貨貴賤定稅輕重，按季造册報部。至海口官兵請於溫台二府戰船内各撥二十隻，平定臺灣所獲哨船撥八十隻，令其分泊防守巡邏，俱應如所請。從之。

又議暹羅國貢船貨物，准其於虎跳門貿易。暹羅國王言貢船到虎跳門，地方官阻滯日久，迨進至河下又將貨物入店封鎖，候部文到時方准貿易，每至毁壞。乞敕諭廣省，嗣後貢船到虎跳門具報之後即放入河下，俾貨物早得登岸貿易。又本國採辦器用，乞諭地方給照置辦。部議應如該國王所請。從之。

又詔開海禁。其硝磺軍器等物仍不准出洋。

内閣學士席柱陳奏福建、廣東兩省沿海居民情形，上曰：百姓樂於沿海居住，原因海上可以貿易捕魚。先因海寇故海禁不開，今海氛廓清更何所待。下九卿詹事科道議，尋議：今海外平定，臺灣澎湖設立官兵駐劄，直隸、山東、江南、浙江、福建、廣東各省先定海禁處分之例，應盡行停止。若有違禁將硝磺軍器等物私載出洋貿易者，仍照律處分。從之。

二十四年，嚴飭開洋貿易。滿漢人民議政王大臣等言：今海内一統寰宇寧謐，滿漢人民俱同一體，應令出洋貿易以彰富庶之治。得旨：開海貿易原欲令滿漢人民各遂生息，倘有無藉棍徒倚勢横行，借端生事，貽害地方，反爲不便。應嚴加禁飭，如有違法者，該督撫即指名題叅。

又免外國貢船抽稅。禮部議覆：福建總督王國安疏言外國貢船請抽稅令其貿易，應如所請。上以進貢船隻若行抽稅，殊失大體，悉免之。

又令朝鮮國照常貿易，朝鮮國王李焞言：國内牛多疫死，民失耕種，請暫停互市。禮部奏：李焞託言妄奏不合，應罰銀一萬兩。得旨：此事本當如議，但係外藩小國姑宥此一次，仍令照常貿易。

又酌減洋船丈抽之例。先是，二十三年特開海禁，令福建、廣東沿海民人許用五百石以下船隻出海貿易，地方官登記人數船頭烙號給發印票，防汛官驗放撥船巡哨。如有大船出洋夾帶禁物者，罪之。其海口内橋津舟車等物停止徵收，江浙二省亦照此例。至是，監督宜爾格圖言：粵東向有東西二洋，諸國來往交易，係市舶提舉司徵收貨稅。明隆慶五年以夷人報貨奸欺難於查驗，改定丈抽之例，按船大小以爲額稅，西洋船定爲九等。後因夷人屢請量減抽三分，東洋船定爲四等。國朝未禁海以前，洋船詣澳照例丈抽。但往日多載珍奇，今係雜貨，今昔殊異，十船不及一船，請於原減之外再減二分。東洋船亦照例行至江浙閩廣俱經開海，若不畫一恐啓外夷趨避之端，應照粵省量減。此等丈抽船隻裝載回國，或因風水不順飄至他省，查驗印票即便放行。其四省印烙船隻往外國貿易者，亦照此例。從之。

二十五年，禁止土司番蠻交界處販賣軍器禁物。兵部議覆：四川陝西總督禧佛疏言：川省地廣民稀，土司番蠻雜處，恐有私收軍器禁物及射利奸徒勾串賣給等弊，請嚴行禁止，定例處分。應如所請。嗣後土司番蠻交界處，有將軍器禁物販賣者，杖一百，發邊遠充軍。該管官知情故縱者，一例治罪。如失於覺察，州縣官并專汎武職，俱降四級調用。府道及兼轄武職官，俱降二級。該管總兵官降一級，督撫提督各罰俸一年。從之。

又定厄魯特各部落互市例。時厄魯特土哈爾台吉噶爾丹台吉等遣使互市，上諭理藩院：厄魯特部落如噶爾丹等四大台吉應令來京互市，其餘小台吉俱於張家口互市。著爲定例。

二十八年，准俄羅斯通行旅貿易。先是，領侍衛内大臣索額圖等與俄羅斯來使費要多羅額禮克謝議定分界事宜，至是遣官立碑於界，凡一切行旅有准令往來文票者，許其貿易，不禁。

又暫開寧夏等處互市。喀爾喀達爾漢親王諾内等言：扎薩克信順額爾克戴青善巴扎薩克丹津額爾德尼台吉等請於寧夏横城平羅等處准其貿易，理藩院議：此等地方向來並不令蒙古貿易，請行文總督提督詳議。上曰：信順額爾克戴青善巴等既稱寧夏等處地方，准其貿易甚有益於窮人，不必行文，且暫令貿易不爲例，俟來年再議。

三十三年，禁商人在外國造船私帶軍器。九卿會議：浙江巡撫張鵬翮疏言：定例出洋貿易船隻，地方官印烙給以票照，禁帶軍器出洋。乃有内地商人在外國打造船隻帶有軍器出入關口，既無印烙可據，又無照票可憑，地方官難以稽查，請一概禁止。至暗帶外國之人偷買犯禁之物者，

并嚴加治罪。應如所請。從之。

二十五年，令海洋商船往天津海口運米至奉天免其貨物雜費。内閣學士陶岱往奉天賑濟，并以天津海口運米至奉天事，請訓旨。上曰：從天津海口運米以新造船與商船轉運尚恐船少，應遣人往福建督撫處勸諭走洋商船使來貿易，至時用以運米，仍給以僱直。其裝載貨物但收正税，概免雜費。

又以大軍征噶爾丹，軍營貿易衆多。奉諭旨：隨軍貿易之人固不可少，若縱其貿易又至紊亂，應於某營相近即令某營之夸蘭大派出章京於一里外駐劄准其貿易，嚴禁諠譁火燭，并戒沽酒。倘貿易人不遵法禁，偷盜馬匹米糧者，亦即正法。帶往之人一併治罪。軍士或將米私售貿易之人，或強買搶奪者，定加重罪。又理藩院言：大兵經行蒙古地方，應令蒙古等沿途販賣駝馬牛羊等物。得旨：爾院可另設一營，其販賣駝馬牛羊人等即在爾營内貿易。大軍十六營中，每營派官一員專司貿易之事。如有指稱貿易行竊者，不分首從，梟首示衆。妻子家產藉没入官。

三十六年，准鄂爾多斯於定邊花馬池平羅城貿易。鄂爾多斯貝勒松阿喇布言：向准臣等於横城貿易，今乞於定邊花馬池平羅城三處令諸蒙古就近貿易。上命大學士、户部、兵部及理藩院會同議奏，尋議：應俱如所請。令貝勒松阿喇布等及地方官各自約束其人，勿致爲鬬。從之。

又准朝鮮國於中江地方貿易米糓。朝鮮國王李焞言：請於中江地方貿易米糧。奉諭旨：朕撫馭天下，内外視同一體。朝鮮國王世守東藩，盡職奉貢克效敬慎。今聞連歲荒歉百姓艱食，朕心深爲憫惻。今盛京積貯甚多，著照該國王所請，於中江地方令其貿易。是月，遣户部侍郎貝和諾往奉天督理朝鮮糴米事務。尋户部遵旨議言：奉天米石運至中江貿易，應令殷實誠信之人取具地方官印結前赴奉天領米輓運，照時價交盛京户部。所賣米不許過倉石二萬石。其朝鮮進貢來使有貿穀帶去者，聽。又鹽商張行等呈稱情願前往朝鮮貿易，應令將銀買倉米二萬石運往，俟朝鮮歲稔時停止。此時運往米石，令伊國將所產之物酌量兑換。從之。明年正月，遣吏部右侍郎陶岱將運往朝鮮米三萬石，以一萬石賞賚朝鮮國，以二萬石平糶。其商人貿易米二萬石交與户部侍郎貝和諾監視。尋朝鮮國王李焞奏：皇上創開海道，運米拯救東國以甦海澨之民，饑者以飽，流者以還。目前二麥熟稔，可以接濟八路生靈全活無算。下所司知之。【略】

臣等謹按：市之有海舶，有關市，有在館交易，皆以通商旅而柔遠人。糴之有截漕，有採運，有平糶，皆以籌積貯而裕民食。我聖祖仁皇帝特允朝鮮國王之請，運米穀於中江，濟艱鮮於八路，不特市易溥遍，而且賑糶兼行。天庚之澤無遠弗届，誠補助之極功，綏柔之曠典也。

三十九年，准哈密人於甘肅等處貿易，准鎮筸苗民互市。兵部議覆：湖廣總督郭琇等疏言：鎮筸紅苗撫勦事竣，其善後事宜，每月三日聽苗民互市限時集散。應如所請。從之。

四十一年，遣官偕喇嘛監督打箭爐貿易，喇嘛達木巴色爾濟、郎中舒圖、員外鐵圖等往打箭爐地方監督貿易。上諭之曰：爾等至彼即將奉差情由移文第巴，須文辭明悉，令彼速遣大喇嘛來監督貿易。倘若遲滯，將我等撤回，永遠不得貿易矣。其税銀不取於彼，就我國商人征之，不可專以税額爲事。若立意取盈，商賈不至，與禁止何異？此項錢糧不多，勿以此注念。又諭達木巴色爾濟曰：爾移文第巴，其辭須云爾等務遵旨行事，倘若有違，不但無益爾等，即我喇嘛亦無益處。達木巴色爾濟奏曰：倘第巴不將厄爾德尼濟農解至，則臣不令其人貿易。濟隆胡士克圖與青海人衆係我朝之人，令其照常貿易。上曰：俱令照常貿易。

四十六年，令出洋漁船照商船式改造。大學士馬齊等言：閩浙總督梁鼐請將出洋漁船照商船式樣改造雙桅，臣等遵旨詢問梁鼐，據稱飄洋者非兩桅船則不能行。且漁船人户所倚爲生者，非但捕魚而已，亦仗此裝載貨物以貿易也。若准其立雙桅裝載貨物甚便於民。得旨：如議行。

四十七年，禁商販米出洋。都察院僉都御史勞之辨言：江浙米價騰貴，皆由内地之米爲姦商販往外洋之故。請申飭海禁，暫撤海關，一概不許商船往來，庶私販絶而米價平。户部議：自康熙二十二年開設海關，海疆寧謐，商民兩益，不便禁止。至姦商私販，應令該督撫提鎮於江南崇明劉河、浙江乍浦定海各海口加兵巡察。除商人所帶食米外，如違禁裝載五十石以外販賣者，其米入官。文武官弁有私放者，即行叅處。得旨：如議，並著部院保舉賢能司官前往巡察。

五十三年，編刻商船、漁船、巡哨船字號，并船户人等各給腰牌。兵部議准：江蘇巡撫張伯行疏言，商船漁船與盜船一並在洋行走，難以識

辨，以致剽盜時作，商船被害。嗣後商船、漁船前後各刻商、漁字樣，兩傍刻某省某府某州縣第幾號商船、漁船，及船户某人。巡哨船隻亦刻某營第幾號哨船。商漁各船户舵工水手客商人等各給腰牌，刻明姓名年貌籍貫，庶巡哨官兵易於稽查。至漁船出洋時不許裝載米酒，進口時亦不許裝載貨物，違者嚴加治罪。從之。

五十五年，議給甘肅地方出口印票聽其貿易。議政大臣等議覆：尚書福寧安疏言：甘肅地方今年田禾茂盛，秋收可期，各處民人俱具呈欲往口外併哈密地方及駐兵之處貿易者一百四十餘起。請令地方官給與出口印票，以便前往。從之。

又議定：福建商船出洋往臺灣澎湖貿易者，臺厦兩汛撥哨船護送。

五十六年，禁止商船往南洋吕宋、噶喇吧等處貿易。酌定造船印烙結單，并船户商人食米額數。其賣船與外國及留在外國者立法究治。先是，五十五年上諭大學士等曰：朕訪聞海外有吕宋、噶喇吧兩處地方，噶喇吧乃紅毛國泊船之所，吕宋乃西洋泊船之所。彼處藏匿盜賊甚多，內地之民希圖獲利往往於船上載米帶去并賣船而回，甚至有留在彼處之人，不可不預爲措置也。復諭大學士九卿等曰：朕南巡過蘇州時見船廠，問及，咸云每年造船出海貿易者多至千餘，回來者不過十之五六，其餘悉賣在海外齎銀而歸。官造海船數十隻尚需數萬金，民間造船何如許之多。且有人條奏海船龍骨必用鐵梨笏木，此種不產於外國惟廣東有之。故商人射利偷賣，即加查訊，俱捏稱遭風打壞，此中情弊，速宜禁絶。海外有吕宋、噶喇吧等處常留漢人，自明代以來有之，此即海賊之藪也。官兵出哨或遇賊船四五隻，官兵船止一二隻，勢不能敵。舵工又不奮力向前，將領亦無可如何，不過尾追而已，何能勦滅邪？張伯行曾奏江浙之米多出海販賣，斯言未可盡信，然不可不爲預防。出海貿易海路或七八更，遠亦不過二十更，所帶之米適用而止，不應令其多帶。再東洋可使貿易，若南海商船不可令往，第當如紅毛等船聽其自來耳。且出南洋必從海壇經過，此處截留不放，豈能飛渡乎？又沿海礮臺足資防守，明代即有之，應令各地方設立。往年由福建運米廣東，所傭民船三四百隻，每隻約用三四十人，統計即數千人，聚集海上，不可不加意防範。臺灣之人時與吕宋人往來，亦須預爲措置。朕令廣州將軍管源忠、浙閩總督滿保、兩廣總督楊琳來京陛見，亦欲以此面諭之。爾等俟管源忠等到京後，會同詳議具奏。至是議：凡商船照舊令往東洋貿易外，其南洋吕宋、噶喇吧等處不許前往貿易。於南澳地方截住，令廣東福建沿海一帶水師各營巡查，違禁者治罪。其外國夾板船照舊准來貿易，令地方文武官嚴加防範。嗣後洋船初造時報明海關監督，地方官親驗印烙，取船户甘結。并將船隻丈尺，客商姓名、貨物往某處貿易，填給船單，令沿海口岸文武官照單嚴查，按月册報督撫存案。每日食米人各一升，并餘米一升，以防風阻。如有越額之米，查出入官，船户商人同罪。小船偷載米糧剥運大船者，治罪。如將船賣與外國者，造船與賣船之人皆立斬。所去之人留在外國，將知情同去之人枷號三月，該督行文外國將留下之人令其解回處斬。沿海文武官如遇私賣船隻、多帶米糧、偷越禁地等事，隱匿不報，從重治罪。從之。

五十七年，議定來往臺灣各船取具保結赴厦門盤驗，并嚴偷渡之禁。兵部覆准：浙閩總督覺羅滿保疏言：海洋大弊全在船隻混淆，商販偷運，應將客商責之保家，商船水手責之船户貨主，漁船水手責之澳甲同䑸，各取保結限定人數出入盤查，并嚴禁漁船不許裝載貨物，接渡人口。至各省往來之船雖新例各用兵船護送，其貪迅速者俱從各處直走外洋不由厦門出入。應飭行凡往臺灣之船必令到厦門盤驗，一體護送，由澎而臺。其從臺灣回者亦令盤驗護送，由澎到厦。凡往來臺灣之人，令地方官給照。單身游民無照者，不許偷渡。犯者，官兵民人分别治罪，船隻入官。如有哨船私載者，該管官一體參處。從之。

又議外國夷商聽照常貿易，令沿海官不時防衛。兵部議覆：兩廣總督楊琳疏言：據原任碣石總兵官陳昂條奏：臣詳察海上日本暹羅廣東噶喇吧吕宋諸國形勢，東海惟日本爲大，其次則琉球，西則暹羅爲最，東南番族最多如文萊等數十國盡皆小邦，惟噶喇吧、吕宋最強。噶喇吧爲紅毛市泊之所，吕宋爲西洋市泊之所。而紅毛一種奸宄莫測，其中有英圭黎干絲蠟和蘭西荷蘭大小西洋各國，名目雖殊，氣類則一。惟和蘭西一族兇狠異常，且澳門一種是其同派，熟悉廣省情形，請令督撫關差諸臣設法防備。或於未入港之先查取其火礮方許進口，或另設一所關束夷人，每年輪流貿易，不許多船並集。查外國夷商利與中國貿易，而夷商慴服有素，數十年來沿習相安，應聽其照常貿易，將該總兵所請查取火礮，另設一所關

東輪流貿易之處無庸議。請於夷船一到之時，令沿海文武官弁晝夜防衛，使其慴服無致失所。應如所請。從之。

又禁止澳門夷商帶內地人偷往別國貿易例，禁商船往南洋貿易。以兩廣總督楊琳言澳門夷船往南洋，及內地商船往安南不在禁例。如有澳門夷人夾帶中國之人并內地商人偷往別國貿易者，查出仍照例治罪。

又免增厦門關税。浙閩總督覺羅滿保疏言：各省商船往來臺灣，經臣題明必令到厦門盤驗護送。但查從前自臺灣往各省貿易者，俱從外洋直至停泊之處，赴本處海關輸税，至於中途經過之所不便一貨兩徵。嗣後各省商船遵例來厦就驗，除收泊厦港者照舊報税，如收泊江浙各省貿易者仍聽彼處海關報税。其中途經過之厦門關税，免其增添。從之。

五十八年，議定蒙古及西藏茶禁。議政王大臣等議覆：都統法喇疏言：蒙古地方及西藏人民皆藉茶養生。我皇上憫念青海與裏塘巴塘人衆非茶難以度日，將作何定數分晰禁止之處，令臣等詳議。臣等思唐古忒之人皆爲賊所迫脅難禁其養生之物，但松潘一路茶價甚賤，青海一帶積茶必多。應暫行嚴禁，俟其懇請時再酌定數目令其買運。至打箭爐外最近者爲裏塘，應遣官招撫令營官造具所管番寨户口清册，酌量定數許其買運。巴塘以外亦照此例，其打箭爐一路當視番情之向背分别通禁。應如所請。從之。

五十九年，又禁止出洋商船攜帶礮位軍器。

六十一年，詔暹羅國分運米石至福建、廣東、寧波等處販賣。

又大學士等奉諭：暹羅國人言其地米饒價賤，二三錢銀即可買稻米一石。朕諭以爾等米既甚多，可將三十萬石分運至福建、廣東、寧波等處販賣，彼若果能運至，於地方甚有裨益。此三十萬米係官運，不必收税。

雍正三年，准暹羅國運來米石照粤省時價發賣并免壓船貨税。廣東巡撫年希堯言：暹羅國王入貢稻種、果樹等物應令進獻，并運米來廣貨賣。得旨：暹羅國王不憚險遠進獻稻種、果樹等物，最爲恭順，殊屬可嘉，應加奬賚。其運來米石令地方官照粤省時價速行發賣，不許行户任意低昂。如賤買貴賣甚非朕體恤小國之意。嗣後且令暫停，俟有需米之處候旨遵行。其壓船隨帶貨物概免徵税。

三年，禁止各邊及邊外商人在出兵處販賣重價之物。諭兵部、理藩院曰：聞阿爾泰出兵處買賣人俱圖重利，將豬鵞雞鴨燒酒之類販運彼處，一豬價銀十數兩，小豬與鵞四五兩，雞鴨數兩，酒一斤亦數兩，必索重價方賣，因此官兵花費錢糧以致窮乏。出兵處官兵每月給有錢糧米石食用不爲不足，牛羊野獸之肉得食足矣，何必重價買貴物以恣口腹乎？爾部應將各邊與邊外人通行曉諭，除布帛茶烟應用等物許賣外，凡豬鵞燒酒等嚴行禁止。嗣後若有偷賣者，許出兵人等任其取用。又議令青海諸部落移於河州松藩西寧等處隨時貿易。議政王大臣等覆准：奮威將軍岳鍾琪疏言：大將軍年羹堯奏定前例青海與內地之人每年於二、八月貿易兩次，擇定納喇薩喇地方爲交易之所，經議政大臣議改四季交易已覺寬容。今查親王察罕丹津公拉扎卜等諸台吉部落居住黄河之東，切近河州去松潘亦不甚遠，向來原在河州松潘兩處貿易。今若令於納喇薩喇二處恐不足供黄河東西兩翼蒙古易賣，莫若仍令在河州松潘貿易終覺穩便。河州定於土門關附近之雙城堡，松潘定於黄勝關之西河口，此二處俱有城堡房屋，地方寬闊，水草俱好，利於互市，可爲永久。再查郡王額爾德尼額爾克托克托鼐郡王色布騰扎勒等諸台吉部落住牧黄河西邊，相近西寧，請將貿易之地移在西寧口外丹噶爾寺。至蒙古貿易全藉牲畜每在六月以後，請每年不定限期，仍聽不時貿易，則蒙古商販均獲利益矣。從之。

五年，議開閩省洋禁。兵部覆准：福建總督高其倬疏言：閩省福興漳泉汀五府地狹人稠，自平定臺灣以來生齒日增，本地所產不敷食用，惟開洋一途藉貿易之贏餘佐耕耘之不足，貧富均有裨益。從前暫議停止或慮盜米出洋，查外國皆產米之地不藉資於中國。且洋盜多在沿海直洋而商船皆在横洋，道路不同，又慮有逗漏消息之處。現今外國之船許至中國，廣東之船許至外國，彼來此往歷年守法安静。又慮有私販船料之事，外國船大，中國船小，所有板片桅柁不足資彼處之用。應復開洋禁以惠商民，并令出洋之船酌量帶米回閩，實爲便益。得旨：如議，并令該督詳立規條，嚴加防範。

又嚴飭閩粤守口官稽查洋船照票，其從前逗留外洋之人不准回籍。奉諭旨：昔年曾奉聖祖仁皇帝諭旨，海外噶喇吧乃紅毛國泊船之所，吕宋乃西洋泊船之所，彼處藏匿盜賊甚多，內地之民希圖獲利往往留在彼處，不可不預爲措置。隨經廷臣與閩廣督撫議，令內地之人留在外洋者附洋船

帶回，准行在案。此乃聖祖仁皇帝綏靖海疆且不忍令內地之民轉徙異地，實仁育義正之盛心也。但數年以來附洋船而回者甚少，朕思此輩多係不安本分之人，若聽其去來任意，伊等益無顧忌，輕去其鄉而飄流外國者益衆矣。嗣後應定限期，若逾限不回，是其人甘心流移外方無可憫惜，朕亦不許令其復回。如此則貿易欲歸之人不敢稽遲在外矣。將此交與高其倬楊文乾常賚悉心酌議，並如何定例年月之處一併詳議具奏。尋議：康熙五十六年定例，出洋貿易人民三年之內准其回籍，其五十六年以後私去者不得徇縱入口，久已遵行在案。又現往外洋之船或去來人數不符，或年貌互異者，即係頂替私回，應嚴飭守口官於洋船回時點對照票細加稽查。如有情弊，將船户與汛口官員分別治罪。至閩粵洋船出入總在厦門虎門守泊，嗣後別處口岸概行嚴禁。得旨：康熙五十六年定例之時隨據福建等省奏報回籍者幾及二千餘人，是出洋之人皆已陸續返棹，而存留彼地者皆甘心異域。及五十六年以後違禁私越者也方令洋禁。新開禁約，不可不嚴，以免內地民人貪冒飄流之漸。其從前逗留外洋之人不准回籍。餘依議。

又以朝鮮國人逋負內地商銀六萬餘兩，奉諭旨：前商人胡嘉佩等虧空帑銀開出朝鮮國人賒欠銀六萬餘兩以抵公項，朕恐胡嘉佩等開報不實累及外國，令行文詢問。並令內地貿易之人與朝鮮欠賬之人在中江地方質對明白，使不得互相推諉以息擾累。今據盛京禮部奏朝鮮國王李昤咨文，朕見其辭甚支離意多巧飾，據此則該國人欠銀之處顯然矣。本應照議政所議，令中外之人質對明白，按數追還。朕思當日朝鮮國已故國王李焞才幹優長政令嚴肅，深蒙聖祖仁皇帝眷注嘉奬。李焞曾將伊國負欠之人正法，想見其辦事之明。向聞李昤柔懦無能權移於下，觀此咨文推託牽強之語必其陪臣所爲，非該國王口氣，蓋因不得自主之所致。似此清查積欠之事，該國王必不能辦理。今若以不能辦理之事委之，甚非朕柔遠之意。此案不必質對，其國人應還之銀著從寬免追。此朕加恩於外藩並非疏法於內地也。

六年，准暹羅國商人運載米石貨物在厦門發賣免其納稅。禮部議覆：福建巡撫常賚疏言：暹羅國王誠心嚮化，遣該國商人運載米石貨物直達厦門，請聽其在厦發賣，照例徵稅，委員監督。嗣後暹羅運米商船來至福建、廣東、浙江者請照此一體遵行。應如所請。得旨：依議。米穀不必上稅。著爲例。

又定洋船出入海口期限，并酌帶米石貨物之數，從福建總督高其倬請也。每年出口船隻令於四月內造報，入口船隻於九月內造報。如入口之船有番賑未清不便即回者，准俟來年六七月間回港。有遭風飄泊他省者，准取具該地方官印結齎回。有舟行被溺無憑查據者，飭取飄回餘人或鄰船客商等確供詳核。倘故意遲延并徇私揑報，分別究處。每船所帶米石，暹羅大船三百石，中船二百石；噶喇吧大船二百五十石，中船二百石；吕宋等處大船二百石，中船一百石；埬仔等處中船各一百石，如有偷漏，以接濟外洋例論罪。油釘樓蔴等物准其量帶，仍注明數目以憑查驗。

七年，准浙江洋船視福建例與南洋貿易。兵部議准：浙江總督李衛疏言：內地商民船隻向例禁止出洋，嗣因閩省産米不敷食用，令與南洋貿易。查浙江洋面接連閩省，恐奸商冒險前往，而沿途洋汛以非閩船反失稽查。請照閩省准其一體貿易。得旨：允行。

又定苗疆貿易例。户部議定：湖南地方民人往苗土貿易者，令將所置何物、行户何人、運往何處預報明地方官，給與印照，知會塘汛，驗照放行。不得夾帶違禁之物。如有官吏兵役借端需索者，一併查究。其苗人至民地貿易，於苗疆分界之地設立市場，一月以三日爲期互相交易，不得越界出入，該州縣派佐貳官監視。

又許暹羅國貢使購買駝馬并動用內庫銀給以價值。至十一月，該國貢使復以採置京弓銅線上請。奉旨：著採買賞給。

又禁私販硝磺。諭內閣：私販硝磺禁約甚嚴。聞湖廣永順之耶里等處與川省連界素産焰硝，土人以煎熬爲業，外省小販多以布鹽雜物零星换易。運至梅樹地方而私販者即於此僱船裝載分往各處發賣，以致附近苗人得以偷買私製火藥。此皆州縣有司疏忽怠玩之故。著四川湖廣督撫等轉飭地方官嚴行查禁，犯者按律治罪。若地方官仍玩忽疏縱，即題參議處。

九年，禁止洋船販賣鐵鍋。先是，本年二月工部議准：刑部尚書勵廷儀疏請：凡有將廢鐵潛出邊境及海洋貨賣者，照越販硝磺之律科斷。至是廣東布政使楊永斌言：定例鐵器不許出境貨賣，而洋船私帶禁止尤嚴。粵東所産鐵鍋每連約重二十斤，查雍正七、八、九年造報夷船出口册內，每船所買鐵鍋少者自一百連至二、三百連不等，多者買至五百連併有

至一千連者。計算每年出洋之鐵約一、二萬斤，誠有關係。應請照廢鐵例一體嚴禁，違者該商船户人等照廢鐵出洋例治罪，官役通同徇縱，亦照徇縱廢鐵例議處。凡遇洋船出口，仍交與海關監督一體稽查。至商船煮食器具，銅鍋砂鍋俱屬可用，非必盡需鐵鍋，亦無不便外夷之處。得旨：鐵斤不許出洋，例有明禁，而廣東夷船每年收買鐵鍋甚多，則與禁鐵出洋之功令不符矣。楊永斌所奏甚是。嗣後稽察禁止。及官員處分，商人船户治罪之處，悉照所請行。粵東既行查禁，則他省洋船出口之處亦當一體遵行。永著爲例。

十年，以湖南產鐵議禁運販出洋。奉諭旨：楚南山嶺重複，產鐵之處甚廣，採取最易。凡農民耕鑿器具，窮黎之衣食，皆取資於此。歷年飭禁而刨挖難以杜絶，但廢鐵出洋例有嚴禁。楚南地方產鐵既多，外來射利商販每於就近設爐錘鍊裝船運赴湖北漢口發賣。或由漢口轉運兩江遞販以致出洋，不得不立法查察以防其漸。著湖廣督撫會同悉心妥議，本地應否准其刨挖，關口如何嚴行稽查，務期民用有資而弊端可杜，庶公私兩有裨益。尋議：設爐開採處所飭令地方官止許僱覓土著良民協同保鄰户首，出具並無隱匿奸商匪類印甘各結，詳齎存案，不許招集外來之人，并嚴禁土苗，不許裝運出境交易貨賣。其本省商販在各屬產鐵處所收買轉運者，令該商將鐵斤數目、販賣地方逐一呈明，該地方官驗明給與印照，沿途經過關津隘口驗照放行。如有照外夾帶私鐵，據實報究。從之。

又令外藩置買軍器分別辦理。理藩院奉諭：著行文外藩扎薩克，伊等有來京置買軍器者，若所買數少或係常物，該部即發給部照令其出口。若所買軍器甚多，著該部請旨再令置買。

十三年，議東省豆船出口給票查驗。户部覆准：兩江總督趙宏恩、河東總督王士俊、山東巡撫岳濬等會奏：米糧出洋例禁甚重，惟東省青白二豆素資江省民食，因内河路遠必由海運不在禁例。但船隻出進須加查閲，令兩省地方官互給印票照驗以杜偷買夾帶等弊。因議定：東省海口各州縣衛設立兩聯印票，查明客商姓名、船隻字號、梁頭丈尺、豆石數目、出口月日逐一填註，一存本署一給商船。海運到江由大關上税者聽海關驗票，相符即填到口日期，蓋用關印，仍交商進口。回東時將票繳銷。在劉河收口者，海關另立豆船進口印票發到口岸，俟船進口收税即驗填進口日期印票並將東省來票截角同交商船，亦俟回東統繳。其江省商船在東買豆回江，亦令東省給票，俟到江將票存關口一月，彙移東省核銷。如無印票，即照販米出洋例究治。仍令東省州縣每月將驗過票號造册咨送江省，江省關口亦按月將驗過到江票號豆數造册申齎東省。如有匿票偷賣等弊，立即根拿懲處。各地方官及關口員役不得藉端需索，違者查參。

又令寧夏市口貨賣鐵器給票查驗，從陝西總督劉於義請也。寧夏鎮屬之平羅、横城、花馬池三處市口，凡蒙古人等每月入口貨買鐵器者令該扎薩克預報夷情衙門給以印票，填明件數斤兩，每逢開市之期監視營員驗明印票方許置買。其民人貨買鐵器不得私入集場，亦令營員驗票當官交易。仍將原票彙繳夷情衙門查核。

又詔許吕宋以穀易麥，令有司照時價均平糶糴。福建提督王郡言：吕宋國以麥收歉薄附洋船載索二千石、銀二千兩、海參七百斤來廈賣銀糴麥，多則三千石，少則二千石。臣查五穀出洋，律有明禁。可否准其以穀易麥，候欽定。得旨：朕統御寰區，内外皆爲一體。吕宋雖隔重洋，朕心並無歧視。著該督撫提督等轉飭有司，按照穀麥時價均平糶糴，不許内地之人抑勒欺詐，俾番船載麥回國以濟其用，并將朕旨傳諭來商知之。

乾隆元年暹羅國請買銅斤，命賞給八百斤。禮部言：暹羅國昭丕雅大庫呈稱伊國造福送寺需用銅斤，奉禁之後無從採辦，懇請准其赴粵採買。查銅斤關係鼓鑄，禁止出洋，定例已久。今若准其採買，恐日後奸商藉此爲由，越境滋弊，應毋庸議。得旨：暹羅遠處海洋，抒誠納款。採買銅斤一項，該國王稱係造福送寺之用，部議照例禁止，不許令其採買，固是。今特加恩賞給八百斤，後不爲例。

又令洋船交易抽税按照舊例。奉諭旨：朕聞外洋紅毛夾板船到廣時泊於黄埔地方，起其所帶砲位然後交易，俟交易事竣再行給還。至輸税之法，每船按樑頭徵銀二千兩左右，再照則抽其貨物之税，此向例也。乃近來夷人所帶砲位聽其安放船中，而於額税之外將伊所攜置貨現銀另抽一分之税名曰繳送，亦與舊例不符。朕思從前既有起砲之例，此時何得改易？至於加添繳送，尤非朕嘉惠遠人之意。著該督查照舊例按數裁減，並將朕旨宣諭各夷人知之。

又准山西省口外聽民攜帶日用鐵器。巡撫石麟言：熟鐵爲軍器所資，

邊口與外夷相接，是以廢鐵鐵貨潛出邊境及海洋貨賣者例禁綦嚴。第查晉省沿邊關口東係出至察哈爾，西係出至土默特。今察哈爾地方現已設立豐州、寧朔二衛，鎮寧、懷遠二所，百姓挈眷居住，備弁徵收地糧。土默特地方設有歸化城同知等官，自開殺虎口迄今數十年，商賈農工趨負貿易內地民人難以數計，近又築城招墾，將來駐防官兵相聚益衆。此二處口外雖地屬邊徼，而較之別部落情形迥異。內地民人遷居在外，炊爨必用鐵鍋，耕種必用鐵器，建蓋房屋以及一切日用什物有非鐵不可者。仰懇聖恩，將晉省沿邊殺虎口一帶關隘嗣後，除鳥鎗、腰刀等項及鐵條、鐵塊、廢鐵可造軍器者仍嚴禁外，其餘民間一切需鐵之日用什器聽民攜帶出口，但不許在該地方私行改造軍器。責成該衛所各官及歸化城同知實力稽查，如有違犯仍照例治罪。則民用既便而禁令亦昭矣。從之。

二年，命朝鮮仍循舊例，在中江地方與兵丁交易。先是，八旗臺站官兵歲於二、八月間往中江與朝鮮國人交易，相沿已久。元年十二月，上以旗人等有看守巡查之責，停其前往，令內地商民赴彼貿易。即著中江稅官查察。至是，禮部奏該國王咨請仍照舊例遵行。得旨：朕前因臺站官兵每年二八月間攜帶貨物前往中江與朝鮮國貿易，兵丁既不諳貿易之事且不無需索擾累，誠恐遠人到邊守候羈遲，殊多未便，是以降旨令內地商民前往均平交易。內地商民即指附近臺站之百姓而言，並非於京師關內另有派遣，此朕體恤遠人之意也。今該國王既請仍如舊制，著照所請。可傳諭該國王知之。

又定外國被風船隻撫恤例。本年夏秋間有小琉球國、中山國裝載粟米、棉花船二隻，遭風飄至浙江定海象山地方。經大學士嵇曾筠等查明人數，資給衣糧，交還貨物，並修整船隻器具，咨赴閩省附伴歸國。奉諭旨：沿海地方嗣後如有似此被風飄泊之人船，着該督撫率同有司加意撫恤，動用存公銀兩賞給衣糧，修理舟楫，并將貨物查還遣歸本國。永著爲例。

五年，以資助遭風商船諭獎朝鮮。莆田縣民人陳協順自置商船行至山東洋面遭颶風飄流至朝鮮國楸子島。島民扶救，該國王給以薪米衣服，又爲修整船隻，加給食米三十石，俾得回籍。福建巡撫王士任以聞，得旨：中國商民出洋遭風，朝鮮國王加意資助，俾獲安全，甚屬可嘉。著該部行文嘉獎之。

七年，免暹羅國商船貨稅十分之三。福建將軍兼管閩海關事務新柱奏報：本年七月內有暹羅國商人方永利一船載米四千三百石零，又蔡文浩一船載米三千八百石零，并各帶有蘇木鉛錫等貨，先後進口。查該番船所載米石皆不足五千之數，所有船貨稅銀未便援例寬免。得旨：該番等航海運米遠來，慕義可嘉，雖運米不足五千之數，著免船貨稅銀十分之三，以示優恤。

八年，定外洋帶米商船蠲免貨稅之例。奉諭旨：上年九月間暹羅商人運米至閩，朕曾降旨免徵船貨稅銀。聞今歲仍復帶米來閩貿易，似此源源而來，其加恩之處自當著爲定例。著自乾隆八年爲始，嗣後凡遇外洋貨船來閩粵等省貿易帶米一萬石以上者，免其船貨稅銀十分之五，五千石以上者免十分之三。其米聽照市價公平發糶。若民間米多不需糶買，即著官爲收買以補常社等倉，或散給沿海各標營兵糧之用。俾外洋商人得沾實惠，不致有糶賣之艱。該部即行文該督撫將軍，并宣諭該國王知之。

十三年，福建巡撫陳大受言：閩商赴暹羅國買米，該國木料甚賤，應請聽其造船運回給照查驗。從之。

十八年，議定商船赴暹羅國買米之例。先是，十六年奉諭旨：朕閱潘思榘摺內稱本年六月內收入廈口暹羅商船一隻，買回米四千石等語。閩浙各處現在需米孔殷，若官爲辦理，豈不於民食更有裨益。但慮官辦或致外人多疑，或聞內地官爲購覓即乘勢居奇，多方揹勒，必致價值日益昂貴，并使商船來往亦不能隨便攜帶。著傳諭喀爾吉善潘思榘令其會同酌量，若無此慮，可於暹羅等國產米之處官爲購運。或先行試買，看其嗣後可以源源接濟，不致啓番人揹勒之弊，抑或應仍聽商人陸續運帶。一一詳籌奏聞。尋總督喀爾吉善等言：該國地土廣不過百餘里，户口無幾，每年餘米有無、多寡並無一定。官赴採買，番情趨利如騖，難免居奇昂價，止宜聽商自行買運，尚可資其緩急。官爲購運未便舉行。得旨：俞允。至是喀爾吉善復言：暹羅地方近年雖有商船帶回米石，於民食不無裨濟，但欲採買補倉勢須委員領帑前往買運。若向商船招買過洋之米，止可隨到隨糶，不能日久貯倉。今復加籌酌，與其官買補倉，不如仍聽商販帶運，隨其多寡，皆足有濟民食。從之。嗣是乾隆十九年以後，該督等將節年南

洋回厦各商船入口帶運米石奏請就厦糶賣，分散漳泉二郡接濟民食，并運米之商人酌量議叙。經部議行，令照依時價出糶，仍不時巡察，勿使奸民囤積射利有妨民食。凡内地商民有自備資本領照赴暹羅等國運米回閩，糶濟數至二千石以上者，按數分别生監民人賞給職銜頂帶。

二十二年，議定甘省口外哈薩克交易事例。先是，本年十月將軍兆惠富德等言：阿布賚請將馬匹赴烏嚕木齊貿易，經大學士等議以烏嚕木齊路程窵遠商販稀少難以聚集，且初次辦理未能熟悉夷情，莫若官爲經理，俟試行一、二年後定有章程再行招商承辦。至是，陝甘總督黄廷桂言：烏嚕木齊距内地窵遠，脚費浩繁，重於貨本。查烏嚕木齊與吐魯番相近，此地運貨既便，又有屯種官兵彈壓照料，不須多派，交易之處似應於吐魯番爲妥。再明歲交易止換馬匹，哈薩克人等遠來所帶如有駱駝牛羊亦係軍營需用，請一體收買。其應需緞匹，内府撥解絲色精良，而官辦之後仍須招商，恐成色略減。現請於陝甘採買各色緞二三千匹已足敷用。至茶封則哈密現存茶七萬八千餘封，爲數頗多，布疋則巴里坤現存自哈密購買之雜色梭布三百對，京莊布一千七百匹，即可運往。選委道員同知各一員，并派副將酌帶備弁挑派兵丁一百名押運。如有小本經紀，願隨前往，各聽其便。下軍機大臣議。尋議准：烏嚕木齊距巴里坤雖遠，而以哈薩克之至烏嚕木齊計之則又不啻數倍。前據阿布賚所請，業經奉旨酌定准其在該處貿易，似不應又行更易地方，以失信於遠人。且臣等原議原因烏嚕木齊商販難至，是以暫令官辦。即云運費倍於貨本，原可按其運費加定價值。況哈薩克越在荒服而吐魯番近接邊陲，建有城堡屯田，較之烏嚕木齊之地方空闊可以隨處開列市集者不同。若令貿易夷人往來於吐魯番，恐吐魯番回民或有私相交易等事，未免轉致滋擾。應照原議，仍在烏嚕木齊貿易，用昭大信。至於收換馬匹專爲軍營備用，如騸馬之外或有隨帶騍馬亦可酌量准收。至駝牛二項，哈薩克出產本少，或有隨帶羊隻等畜足供軍需者自應一體收買。其餘疲瘦牲畜及一切雜貨雖不應准其貿易，但念夷人攜帶遠來或量爲減價收留，以示節制。緞匹一項應如所奏辦理。茶封布匹尤係哈薩克人衆必需之物，自應即於現存内酌量運往。餘均應如所奏行。惟是明歲係哈薩克夷人初次貿易，雖不必過於遷就致使將來援以爲例，但一應價值交易之際必宜仰體皇上柔遠之恩，示以公平，俾遐荒夷衆咸知天朝大體，畏服感悦，方爲妥協。應交該督轉飭派往之道協各員善爲經理。尋黄廷桂覆奏：道員范清洪、同知范清曠二人向曾承辦軍需，其餘貿易之事自必有熟練可委之人，仰請欽定一員俾之帶領舊時商夥先期來肅。臣將交易各事宜與之講論明白，屆期前往承辦，較之素不曉習經紀之員實屬有益。惟是烏嚕木齊相距遥遠，如哈薩克貿易人等先期已至，而我處貨物未到，則遠人有守候之累。若我處貨物先到，而哈薩克或愆其期，亦不免稽延時日，致滋糜費。並請敕下將軍兆惠富德，曉示哈薩克，將明秋何日起程，約於何時可至烏嚕木齊先行通知咨會到臣，以便依期齊至，兩無守候，更爲妥協。下軍機大臣議。尋議：此次貿易各事宜，誠非熟諳經紀者不能辦理，應如所請，將范清洪等於甘肅現任内調補一員，令其酌帶熟練人員前往，至所請交將軍兆惠曉示該夷先行咨會以便依期齊至等語。查哈薩克初次貿易原與從前貿易者不同。前既定以貿易之期，該夷程途窵遠難以再令行文曉示，應令該督一面咨詢將軍兆惠酌量計算程期先行知會，一面辦運貨物，總在七月初間齊赴該處。如果彼此如期齊至，固可即爲交易，即哈薩克因路遠稍遲，數日諒亦不致久費守候。議入，從之。嗣於二十三年三月黄廷桂言：本年七月内哈薩克在烏嚕木齊交易事宜，臣遵照廷議，一切先爲備辦。其陝省辦解緞三（十）〔千〕匹，業將二千匹運赴巴里坤收貯。惟巴里坤現存布匹恐爲數尚少，亦經酌量在甘凉肅辦解梭布三百對、京莊布一千五百匹陸續運往收貯備用。茲侍衛努三遵旨自軍營回京抵肅，臣思努三前在軍營於哈薩克情形最爲熟悉，因將交易事宜詳悉詢問。據稱哈薩克各部人皆散處，凡有調遣會合之事俱各隨所願不能派定，將來貿易人數或多或寡難以預定。内地茶葉一項非其所好不必備往，即粧蟒緞匹等類遠運來甘脚價繁重，雖伊等心愛之物，宜酌量配搭，不可專用過多致爲成例。惟各色姑絨褐子毡片毯子印花布等物夷地所無，購運亦易，若攙搭換易似爲至便。再伊處女人皆以白布纏頭，用處最多，似宜寬裕備辦等語。臣查烏嚕木齊道路遥遠，需用之物若臨時備辦即緩不濟急。姑絨褐子毡片係西寧蘭州等處出產，臣擬分飭該布政司將此三項各辦一二千匹，再辦毯子五百條，印花布三百對，添辦京莊白布一千匹，以各屬所車徐徐運送到肅，雇車轉運赴巴里坤收貯。屆期一併馱運前往，以備交易。從之。

二十四年，以商人舊例禁往蒙古各部落貿易。奉諭旨：向來前往蒙古部落貿易商人由部領給照票稽核放行，懋遷有無，彼此均爲便利。近因貨市日久，不無争競生事，是以議令禁止。殊不知商販等前往烏里雅蘇台等處亦必由該部落經過，若中途一切貨物抑令不得通融易换，未免因噎廢食。嗣後凡有領票前赴貿易人等，所過喀爾喀各旗仍照舊隨便交易，俾内地及各部落商貨流通以裨生業。其一切稽察彈壓地方官及各扎薩克留心妥協經理，毋任巧詐奸商逗遛盤踞以滋事端。

又兩廣總督李侍堯言：外洋夷船絲禁請以乾隆庚辰年爲始，其本年各夷商已買絲貨准其載運出口。從之。

又議定防範夷商規條，從兩廣總督李侍堯請也。外洋夷船向係五六月收泊九十月歸國，即間有因事住冬亦在澳門寄住。乃近來多有藉稱貨物未銷潛留省會，難免勾結生事。嗣後夷船至粤賣貨後，令其依期回國。即有行欠未清，亦令在澳門居住，將貨物交行代售，下年順搭歸國。再夷商等既依期歸棹，其一切銷貨歸價責成殷實行商公平速售按期歸楚，不得任意拖欠。即有零星貨物未經銷完，伊等交易年久自不無一年通融搭銷帶還之處。但能信實相安彼此不致苦累，原可無庸繩以官法。若不肖行商知其勢難久待，或有意揹留壓滯者，按律處治。其夷商有因行貨未清情願暫留澳門居住者，聽其自便。一、歷來夷商至廣俱寓歇行商館内，近來嗜利之徒多將房屋改造華麗，招誘夷商，圖得厚租，任聽漢奸出入，以致私行交易，走漏税餉，無弊不作。嗣後非開洋行之家概不許寓歇，其買賣貨物必令行商經手方許交易。如有故縱夷商以致作弊者，分别究擬。一、向來夷商到粤貿易祇許將帶來貨物售賣，置買别貨回國，其一應禁止出洋之貨概不得私行販運。近來内地行店民人多有借夷商資本貿販，冀沾餘潤，以致滋事。嗣後倘有違禁借貸勾結者，照交結外國借貸誆騙財物例問擬。所借之銀查追入官。至夷商所帶番廝人等足供役使，原不得多僱内地民人。此後除設立通事買辦外，如民人貪財受僱，聽其指使服役者，應交地方官飭諭。通事行商實力嚴查禁止。一、夷商購買貨物分遣多人前往江浙等省，不時僱覓千里馬往來探聽貨價低昂，以致内地奸商往來交結。嗣後有似此者即將代爲覓僱及遞送之人一并嚴拿究治。一、夷船進口之後收泊黄埔地方，每船夷稍多至百餘名或二百名，均應防範。向例酌撥廣州協標外委帶兵搭寮防守，但外委職分卑微不足以資彈壓。嗣後於督標候補守備内酌撥一員督同稽查，并令於附近之新塘營酌撥槳船一隻，與該處原設左翼中營槳船會同稽察巡邏彈壓，俟洋船出口即行撤回。

二十五年，議定銅船准帶紬緞數目。先是絲斤出洋經大學士等議准御史李兆鵬條奏禁止，尋江蘇巡撫陳宏謀言：採辦洋銅向係置辦紬緞絲斤并糖藥等貨前往日本易銅，回棹分解各省以供鼓鑄。今絲斤已禁，若將紬緞一概禁止，所帶粗貨不敷易銅。請將紬緞紵絹等准其買辦。尋部議：令將該商等額辦洋銅共需銅本若干，應需酌搭紬緞若干，裝載船隻若干，并經由何口出洋，何地輸税，查明具奏再議。至是議定該商每年共辦銅二百萬斤，需銅本銀三十八萬四千餘兩。除雜費并置買藥材糖貨外應於每船配搭紬緞三十三捲，分裝十六船，每捲照向例計重一百二十斤，毋許浮多。每船三十三捲計額，船十六隻，應攜帶五百二十八捲。責成浙江之乍浦江南之上海二處官員照例秤驗，輸税出口辦銅供鑄。仍彼此隨時知會以杜重複影射，并將糖藥紬緞各數出口日及所收税銀一面呈報該管上司轉詳報部，并令該撫轉飭實力稽查。如有夾帶偷越及守口官員通同徇隱情弊，即行嚴參治罪。

二十六年，議准哈薩克等處貿易緞匹酌量顔色辦解，并緞綾等項寬爲預備。先是，哈薩克等處貿易緞匹，經部議准各色緞匹飭令三處織造分股匀作兩年辦解。至是，陝甘總督楊應琚言：伊犁阿克蘇等處咨取貿易紬緞内惟綾紬需用紅緑藍月白真紫等色，其緞匹一項，回人惟喜青藍大紅醬色古銅茶色樱色駝色米色庫灰油緑等色。其月白、粉紅、桃紅、小紅、黄緑之緞俱不易换。所有乾隆二十六年應辦緞匹請行令織造悉照所開顔色辦解。再伊犁咨取之紅素倭緞青素倭緞白紡絲白串紬及阿克蘇咨取之紅緑藍月白真紫花綾等項，現俱行文西安購買。但各處需用甚多，應寬爲預備，請於二十六年帶辦紅素青素倭緞各二百五十匹，白紡絲白串紬各一千匹，紅緑藍月白真紫花綾共五百匹，計共三千匹，同應辦解緞匹一併解送來肅。部議應如所請。從之。

臣等謹按：甘肅口外新疆自闢展、庫車、阿克蘇、烏什、和闐、葉爾羌、喀什噶爾等處均有市集交易。謹據乾隆二十七年甘肅布政使造册開報大略附載於左。

關展向無市集，近日或用貨物易換，或用銀錢糴買米麪，因時貴賤無定價。所用斗每一斗合京斗二斗，秤一斤十六兩。

庫車城中有買賣街，往來客商並各處回民交易。

阿克蘇凡買賣貿易俱七日一集，城市鄉村男婦咸集彼此以有易無。近亦有用銀交易者，如米糧牛羊布匹等物。各鄉村運至本城買賣，設有牙行名達勒拉勒，其稅十分抽一。如本城人運至各城界上買賣，亦憑經紀而不征其稅。别有密圖瓦里伯克專管買賣田産諸務。如回部各城至外番貨買物件無稅無定期，攜至本城方起稅，有巴濟吉爾伯克管理。

烏什每七日在城中空處設集貿易一次，城鄉男婦俱入集場以馬牛羊雞等畜及布匹衣服糧石菜蔬一切雜物彼此交易。

葉爾羌以稻麥、大麥、高粱、豆黍并絹布馬牛驢羊等物定價交市。

和闐以麥蕎麥高粱黍并絹布馬牛驢羊等物定價交市。諸物雜糧及馬畜俱用錢買，馬畜俱由葉爾羌喀什噶爾販賣。

喀什噶爾之市名曰巴雜爾，七日爲期，各村男婦聚其貨物相交易，無經紀牙行。其糧則麥粺高粱糜黍，其貨則牛馬驢羊布匹，價亦因時增減。其糧之多寡以查拉克計數，查拉克者內地十斤也。貨之貴賤以大小長短爲衡，如瓜果蔬菜草束柴薪之屬均倣此交易。其錢名曰普爾，五十之數爲一騰格，折銀一兩。後定爲滿百普爾，以銅爲之。其制小而厚，中無方孔，一面鑄回字一面鑄準噶爾字。乾隆二十四年大功告成，於葉爾羌設局開爐銷其普爾改鑄制錢，以十萬騰格爲度，現在回民以普爾向葉爾羌城易制錢，新舊兼用，越數年普爾銷盡則回地所用悉爲國朝之制錢矣。互見《錢幣考》。又喀什噶爾俗以織布爲業，常以布與布嚕特安集延霍罕等處貿易馬牛驢羊諸畜。

二十七年，准暎咭唎夷商配買絲斤。奉諭旨蘇昌等奏暎咭唎夷商咱嚂等以絲斤禁止出洋，夷貨艱於成造，籲懇代奏酌量准其配買情詞迫切一摺。前因出洋絲斤過多，內地市值翔踴，是以申明限制，俾裕官民織紝。然自禁止出洋以來並未見絲斤價平，亦猶朕施恩特免米豆稅而米豆仍然價踴也。此蓋由於生齒日繁，物價不得不貴。有司恪守成規不敢通融調劑，致遠夷生計無資，亦堪軫念。著照該督等所請，循照東洋辦銅商船搭配細緞之例，每船准其配買土絲五千斤、二蠶湖絲三千斤，以示加惠外洋至意。其頭蠶湖絲及紬綾緞匹仍禁止如舊，不得影射取戾。

又命開奉天海禁并定給票互查之例。奉諭旨：奉天直隸海船往來運販米豆雜糧向有例禁，今夏近京一帶雨水過多市價未免稍昂，而奉屬連年豐稔，若令商販流通，於小民生計甚有裨益。著暫開海禁一年，俟明歲秋收後再行停止。至商販船隻出入應行驗票稽查。其由京往奉省者令於步軍統領衙門給票，由奉省來京者於奉天將軍衙門給票，各州縣往奉省者於直隸總督衙門給票，庶彼此察核有憑，可杜冒濫諸弊。著直隸總督奉天將軍府尹會同酌定章程妥協經理。尋直隸總督方觀承議言：直隸商民往奉省者俱由天津出口，應將印票發交天津縣，查明船户鄉貫姓名，編立字號，填入票內給該商收執，並取具不致偷漏出洋互保各結存案。該商前赴奉省將印票呈驗地方官，報明所買糧石數目，由將軍衙門給發回票，於回棹之日天津縣查其數目將回票仍送奉天將軍衙門查核。奉天將軍社圖肯等議言：奉天商民往直隸者由將軍衙門預頒印票給發海口州縣確查糧石數目、船隻字號、商人船户姓名籍貫，開載票內，並取具不致偷漏出洋互保各結存案。該商運至直省呈報州縣確查相符即聽出糶，仍將原票送回查核。其由京城來奉省者，令該商將步軍統領衙門所領印票呈驗該地方官與直省來奉者一體辦理。俱從之。

二十八年，准東省豆船照運往江南之例由海販運浙江。先是，山東青白二豆聽商由海運赴江南發賣以濟民食，至是閩浙總督楊廷璋言：浙省惟有奉天豆石聽商人由海運到發賣，至東省素產豆石未有運浙之例。但江省之上海劉河與浙省之寧波各海口同屬內地，准其運江亦可准其運浙。況奉天豆石運浙止赴寧郡進口，在鄞發賣未能遍及他郡，各商從內河赴江買運路途迂迴脚價增重常慮缺乏。請令東省豆石照運赴江南例聽商由海販運來浙以資接濟，所有商船進口如運寧波府者，則由鎮海關直抵鄞港，如運杭州嘉興府者，則由乍浦收口；如運台州府者，則由海門汛收口；如運溫州府者，則由東關汛收口。令東省發給聯票，將商客船户年貌籍貫、船隻字號、梁頭丈尺、豆石數目、出口月日逐一填註。船到浙時該口驗明人船即於票內填明到口日期，蓋用關口印信，報明存案，交商進口賣畢回東呈送原給衙門驗銷。如海道風信靡常改收浙省别口，亦即於該口將商人所攜印票驗填截角，聲叙改收别口緣由，回東呈繳。仍令東省每月將給過豆

船票號造册咨浙，浙省亦按月將到口驗過票號豆數造册移咨東省。并飭守口員弁實力稽查，毋致米麥雜糧夾帶偷漏。從之。

又准琉球國配買絲斤。琉球國中山王尚穆奏請市買絲絹以飾冠服，部議：該國王奏内並無請買定數，恐啓奸商影射之弊，應不准行。得旨：琉球國疏請配買絲斤，部臣議駁，自屬遵循例禁。第念該國爲海澨遠藩，織紝無資，不足以供章服，據奏情詞懇切，著加恩照暎咭唎國例准其歲買土絲五千斤、二蠶湖絲三千斤，用示加惠外洋至意，餘悉飭禁如舊。所有稽查各關口岸及出入地方仍加意核查，以杜影射。

二十九年，准咖喇吧等國夷商配買絲斤。兩廣總督蘇昌等言：粤省本港船户林長發等呈稱：咖喇吧暹羅港口安南嗎哌叮嘰呶舊港柬埔寨等處，各國夷民呈懇配買絲斤細緞，請令每船酌帶土絲一千斤、二蠶湖絲六百斤，細緞八折扣算。疏下部議，尋議：内地絲斤外洋勢所必需，而海外銅斤可資内地應用，應照商船採辦銅斤之例准其配買絲斤細緞隨帶出洋易銅。既使海外屬國同沐皇仁而於内地鼓鑄亦有裨益。其酌定數目并立法稽查之處行令該督等詳議，具奏到日再議。從之。

又弛絲斤出洋之禁，并定江浙閩廣各省商船配絲數目。先是，奉諭旨：據尹繼善等奏覆議弛洋禁絲斤以便民情一摺，前因内地絲斤細緞等物價值漸昂，經御史李兆鵬等先後條奏請定出洋之禁以裕民用，乃行之日久而内地絲價仍未見減，且有更貴者。可見生齒繁衍取多用宏，蓋物情自然之勢，非盡關出洋之故。曾降旨江浙閩廣各督撫令其各就該省情形悉心體察，將應否即行開禁之處詳悉妥議具奏。今尹繼善等籌酌定議，奏請弛禁，而莊有恭並稱前撫浙時體察杭嘉湖三府民情亦以絲斤弛禁爲便等語。江浙之情形如此則餘省亦可概見。蓋緣出洋絲斤本係土絲及二三蠶麤糙之絲，非腹地細緞必須精好物料可比，徒立出洋之禁則江浙所產麤絲轉不得利，是無益於外洋而更有損於民計，又何如照舊弛禁以天下之物供天下之用尤爲通商便民乎？況所產麤絲既不准出洋，勢不得不充雜於頭蠶好絲之内一體售賣，於民間組織尤多未便。且暎咭唎、咖喇吧等國先後以織紝不供懇請賣給貨買，俱已特旨准其酌帶配用，是外洋諸國取給於蠶絲者正復不少，亦宜一視同仁，曲爲體恤。現在新絲將届收成，所有出洋絲斤即著弛禁，仍遵照舊例行。其中各省情形或微有不同，應作何酌定章程及設法稽查之處俟各該督撫奏齊時該部詳悉妥議具奏。尋議：採辦洋銅之官商范清洪、額商楊裕和等每年出東洋額船十六隻，應請每船准配二三蠶糙絲一千二百斤，按照細緞舊額每一百二十斤抵細緞一捲扣算。如願照舊攜帶細緞者亦聽其便，其非辦銅商船仍不得援例夾帶。其由江蘇省往閩粤安南等處商船，每船攜帶糙絲准以三百斤爲限，不得逾額多帶。閩浙二省商船每船准配土絲一千斤、二蠶麤絲一千斤，其細緞紗羅及絲綿等項照舊禁止。至粤省外洋商船較他省爲多，其配往各洋絲斤亦較他省加廣，請令每船於舊准帶絲八千斤外再准加帶麤絲二千斤，連尺頭總以一萬斤爲率，其頭蠶湖絲緞匹等項仍嚴行查禁，不得影射夾帶滋弊。從之。

四十九年，多羅質郡王等議覆：尚書福康安、兩廣總督舒常會奏：洋行代監督及本省督撫備辦物件墊補價值，積弊相沿不可不嚴行查禁。嗣後督撫及監督俱不准令洋行備辦物件，並嚴禁地方官如有向洋行買物短發價值者即指名嚴參。至鐘表等物備驗時刻，聖意本視爲無足重輕，此後督撫監督等自效悃忱購買鐘表等物，督撫准其每年呈進一次，監督准其於正貢内備辦，俱令照時發價，毋許復有墊補之事。一經發覺即從重治罪。查各省地方官令行商代辦物件短發價值例禁綦嚴，粤省洋行因獲利獨厚，遂有代督撫監督墊補價值之事，而督撫監督等以出自商人情願遂致積習相沿。自應如所奏嚴行查禁。至鐘表雖產自外洋聚集粤東，原非拘定每次必應呈進。況督撫監督等身受渥恩，即備物抒悃所費亦屬無多，豈得藉詞復令商人墊價代購。應如所奏，俱令照時給價。一經發覺，從重治罪。但商賈唯利是圖，或恃有清查嚴禁恩旨，遂任意開值居奇，亦不得不防其漸。如該督撫等土貢内購買洋貨，若有暗中故增價值及藉詞勒措情事，一經查出亦即嚴行究治。又稱洋行商人潘文嚴等情願將洋貨内如鐘表等類可以呈進者每年備辦，籲懇監督代爲呈進。查該商等仰荷聖明體恤清查弊端、感激格外恩施，情願備物籲懇監督呈進，自屬該商等心殷頂戴之意。惟是伊等不過微末商人，豈得越分呈進貢物？即經此次清查之後，將來該商等獲利倍多亦應藏富於民，俾商力益資寬裕。所有該尚書等所奏洋商備物、監督代爲呈進之處，無庸議。又稱行商銷售貨物宜隨時稽察，每恐富商倚恃資厚居奇把持疲乏之行拖欠價本，因循日久難保無壟斷之弊。查夷商投行，每向本厚者託銷，原圖先墊價值不致拖欠。但恐洋行本厚者可以倚恃

把持居奇昂貴，本乏者勢必勉強受貨漸致拖欠。查户部先於乾隆四十五年議奏，洋商顏時英等借欠夷人銀兩案内，其買賣貨物令各行商公同照時定價代銷。至夷商之有無勾串、評價之是否公平，已飭令該督嚴加查察在案。今該尚書等稱令各行每年照依時價公平交易，自應如所奏辦理，仍令該督並監督不時查察以杜弊端。又稱洋珠寶石珊瑚等物報税者均係細小不堪，自係夷商夾帶大件進口，奸滑鋪户先於洋面截買希圖漏税分肥。查粤海關商税則例，如各色珍珠寶石抽税本屬無多，而仍不免偷漏之弊者，總緣内地奸商以此等物件本無定價易於居奇，遂哄誘夷人不令報明，希圖多得價值。甚而迎至洋面勾通藏匿，以致偷漏日多，自應設法稽查以昭慎重。但此等物件易於隨身攜帶，非逐加搜檢難免透漏。而搜查過嚴又非體恤夷商之道，更恐不肖胥役長隨藉端滋事，亦不得不防其漸。其如何辦理妥協之處，應令新任總督等悉心籌酌，隨時調劑，以期永久無弊。得旨：留京辦事王大臣議覆：福康安舒常等籌酌粤省洋行事宜内稱，該督撫及監督等土貢内購買洋貨鐘表等物，務令洋行各商公同定價。又洋行貨内珍珠寶石等項抽税易于偷漏，應令新任總督監督等悉心籌酌以期永久無弊等語。國家撫馭外洋不貴異物，每歲番民與内地洋行交易貨物俾沾利益，原所以體恤商夷。至洋貨内鐘表等項不過備驗時刻，向來粤海關原有官買之例，而廣東督撫監督等往往於土貢内亦有呈進者。今内務府造辦處皆所優爲，更無事外洋購覓，既經查明自應嚴諭裁禁。嗣後督撫等於鐘表一項永不准再行呈進。至珍珠寶石等項原無需用之處，向來粤海關抽税亦屬無多。況此等物件本難定價易至居奇，且便于攜帶藏匿，難保無偷漏分肥。否則過於吹求，若設法嚴禁，逐項搜查，實屬不成事體。現在京師及各處關隘商税則例内本無此項税課，不如聽商人等自行交易免其收税，則諸弊悉清，更無庸多爲防範。嗣後粤海關珍珠寶石概不准征收税課。著爲令。

臣等謹按：中外商民本同一體，聖朝仁恩覃洽，舉凡通商旅柔遠人之道莫不詳盡靡遺，所由慕義嚮風爭先恐後。互市之設，百數十年來如一日，猶復時厪皇上聖懷，體恤周至。既裁禁進呈洋行鐘表以昭不貴異物之風，復因洋珠寶石價易居奇，若設法稽查亦恐藉端滋擾。大哉王言：聽商人等自行交易免其收税，則諸弊悉清。誠優恤番民至計，溥利賴於無窮也。

（清）佚名《治浙成規》卷三《沿海商漁船隻給照稽查》 浙江等處承宣布政使司爲欽奉上諭事：嘉慶八年五月十八日奉總督部堂玉批，本司詳覆，商漁各船照票分别核驗，年終造册請咨詳候批示，刊入《治浙成規》，通行各屬遵照緣由。奉批。查商船出口帶領砲械者，鑄造需時，先將照票詳送驗明，加戳發給，固照新例辦理，但本部堂衙門駐劄閩省，往返稍稽時日，所有此項出口照票，應歸該司加戳蓋印掛發，仍即分晰照造細册，隨時專案詳送，以免稽延而誤風汛。如遇本部堂駐劄浙省之時，仍即詳送本部堂衙門驗掛，以符例案。所給照票於回棹年滿時，分别詳繳本部堂衙門銷案，以杜影射。其不領砲械商漁等船，如詳於領照時即將照根詳送本部堂核驗註册。並往販外洋各船出入口岸及商船頂賣遭風損壞，自應照例隨時通詳，如仍匿不詳報，即將該地方官及守口員弁查參，并提玩承究懲。仰即通飭沿海各廳州縣遵照，并移各營一體知照。仍即叙具妥詳請咨展限繳。又於本年八月十六日奉總督部堂玉批本司呈詳，浙省沿海各州縣給照出海商漁船隻奉部咨行，年終由司彙册詳咨。查各該州縣甫奉定例，尚未將照票照根呈詳核驗，有無舛錯，無案可稽，據册彙造請咨殊非核實辦公之道。詳請咨明大部請展至嘉慶八年爲始，照例查辦等緣由。奉批。仰候咨明兵工二部查照。至浙省商漁船隻向無定額，微與江省情形不同。其餘稽驗照票，核戳掛發，並將照根送驗註册。如有置造頂買遭風擊碎船隻，及往販外番出入口岸，悉應遵照部行及本部堂前次批示章程。該司再行申明例案，切實通飭沿海各屬實力辦理，並於年終彙册詳咨。倘敢仍前違例匿混，造册遲延，即將該廳州縣及守口員弁分别列揭詳參，并將玩承提省究處，毋稍寬貸繳各等因。奉此。遵即移行沿海各府廳州縣遵照去後，兹據鄞縣知縣郭文誌詳稱，配帶砲械商船，除領縣照之外，向奉本司另頒印照飭發轉給，一面詳報兩院憲察考。今奉飭商船領帶砲械，先將照票詳司驗明，加戳蓋印。如督憲駐劄浙江省，仍送督憲衙門驗戳，是否只給縣照，抑係仍領司照，未奉明示。倘須仍領司照，可否於領發時，即於照内加蓋戳記，其船照毋庸詳送蓋印，仍遵新例申送照根查驗，以歸畫一。又查卑縣商漁大小各船，給發船照，向止設簿登記，並無設有照根。今奉檄飭不領砲械之商漁等船領照時，將照根詳送核驗註册等因，自應遵辦。但照根式樣未奉頒發，無可遵循，應否用聯單兩紙，一送督憲核驗，

一存縣備查，詳請示遵等情到司。據此，該本司查得浙省給照出海船隻，前奉憲准部咨年終彙造總册，送部查核，若僅據報彙册咨送，難期核實，設有遺漏别經查出，諸多未便。先經本司議詳，請將領帶砲械商船照票鑄造需時，送司轉呈憲臺驗明，加戳蓋印掛發。其不領砲械之商漁等船，領照時，造具清册檢同照根呈送轉詳核驗註册等情。奉批。商船出口領帶砲械者，鑄造需時，先將照票詳送驗明，加戳給發，固照新例辦理，但本部堂衙門駐劄閩省，往返稍稽時日，所有此項出口照票，應歸該司驗明加戳蓋印，仍造細册專案詳送，以免稽延。如憲臺駐劄浙省，仍即詳送掛驗，以符例案。其不領砲械商漁等船，如詳於領照時，即將照根詳送核驗註册等因，通飭遵辦在案。所有配帶砲械司照，向係由司給發轉給，一面詳報兩院憲查核，自應循舊辦理外，其船照一項應遵新例，并詳定章程，於船照内填明船舵水手姓名年貌箕斗樑頭丈尺，并配帶砲械數目，造具細册，一并送司轉呈憲臺驗戳。如逢憲臺駐劄閩省，即由本司驗明加戳蓋印給發，以昭慎重。未便以給有砲械印照，不將船照送驗，致滋疏漏。至不領砲械商漁大小各船，據該縣申稱，由縣給發船照，向止設簿登記，並無設有照根，無憑稽核。本司備查各縣船照參差不一，即如仁和縣僅送舊照作代照根，會稽縣係將照根申送，平湖餘姚縣滷船改商給照並無照根申送，殊未畫一，難以稽核。自應俯如該縣所請，頒用兩聯船照式樣，通飭各廳州縣，按船隻之多寡自應刊刷預備送司掛號登記。即於兩聯之中、字號之上蓋用司印，飭發存儲。遇有船户請照，責令該廳州縣隨時加謹查驗，登註船舵水手年貌、箕斗，鈐用縣印截給。其截存照根，亦即隨時造册送司核對，按月彙報。如有濫給船照，爲匪滋事，照例參處。如此辦理，既不輾轉需時羈留商旅，而本司衙門得有稽考，年終彙册咨部，可無遺漏之虞矣。擬合詳明照式同送，伏候憲臺察核批示，以便通飭遵照。爲此，備由呈乞照詳施行。嘉慶八年九月二十六日，奉總督部堂玉批，如詳頒式通飭沿海各廳州縣一體遵照，實力查辦，倘有遺漏，仍聽無照船隻通盗爲匪滋事，即行嚴參提究，以重海防。所有一切商漁各船，前據該司詳請本部堂咨部展限，以八年爲始造報請咨，務須上緊嚴催，由司彙核依限趕辦，呈送核咨繳照式并發。

（清）佚名《治浙成規》卷三《浙江省查禁運米出洋章程》

浙江等處承宣布政使司、浙江等處提刑按察使司、浙江分巡杭嘉湖海防道、浙江分巡寧紹台海防道、浙江分巡温處海防道爲咨會事。嘉慶十四年九月十六日奉巡撫部院蔣牌開嘉慶十四年九月初七日准江南河院吴咨前事等因，到本部院，行司查照粘鈔來文事理，即將咨會覆奏。江蘇上海關禁以杜米石偷漏，並浙江海寧州之長安鎮地方亦係向來偷販出洋之藪，近年亦未必竟能禁絶一摺。奉到硃批上諭緣由，即便會同臬司移行海口員弁暨海寧州嚴密稽查，如有奸商串通胥役、巡兵透漏濟匪情弊，立即嚴拏究辦。守口員弁兵役倘敢得規縱放，並即一併參辦。仍將如何稽查之處，妥議詳奪，并飭海寧州即行詳悉稟覆，毋違計粘鈔等因，奉經移行查辦在案。又於嘉慶十四年十一月十一日奉總督部堂方札開本年九月二十四日准江南河道部堂吴咨本年八月二十四日奉上諭：穆奏澍雨頻霑田禾暢茂情形，及閱單開糧價而淮安海州竟貴至四兩七八錢之多，該省本年雨水霑渥，收成不致歉薄，又未興辦大工，鄰省亦無客商販運，何以米價有增無減，幾與從前陝甘用兵時價值相同。顯係食米多出外洋，是以内地米少價昂。此皆鐵、汪在任時因循玩忽，於海口透漏米石一事不能嚴密斷絶所致。著阿、蔣實力整頓，認真查禁。正在降旨間，適據吴覆奏查禁米石出洋一事，並稱浙江海寧州之長安壩地方亦係偷販出洋之藪，未能盡絶等語。昨因浙江米貴已降旨諭令阮嚴查接濟，所有江蘇各海口，務當嚴密偵訪，如有透漏情弊，即據實參辦。將此傳諭知之。欽此。恭録咨會查照。欽遵。等因，到本部堂，承准此。查各省海氛未靖，屢奉諭旨嚴禁透漏米石等項不容稍有鬆懈，所有浙省寧波、台州、温州各口岸，業經調任督部堂阿會同前任撫部院阮定立章程，調派文武員弁帶領兵役在於各海口常川駐防，專拏接濟，邇年以來頗有成效。乃海寧州長安壩地方係偷販米石出洋之藪，該管地方文武圖避處分，總未稟報。本部堂聞長安壩地方係各處販米客商往來雲集之所，該處不肖員弁兵役，得受陋規，任聽奸民囤積米石，每於夜静裝載數十船運至乍浦，放洋接濟盗匪，似此大夥偷漏，非特有妨民食，而接濟洋匪所關尤鉅。本部堂甫經蒞任且駐劄閩省，離浙較遠，誠恐所聞尚未真切，海寧係杭州府所屬地方，離省甚近，該司等自必見聞較確，何以竟不查禁？兹承准前因，合亟飭查札司即便會同臬司，遵照查明長安壩地方偷漏米石情形，據實先行密覆。一面遴委幹員，改裝易服，前赴該處并乍

浦口兩處嚴密查訪，務將縱放不肖員弁兵役及囤積偷運奸民察出一二名，立拏解省從嚴究辦，以示懲儆。一面揭出弊端，頒發大張告示，分發海寧、乍浦二處，剴切曉諭，必須大加整頓，以期米價日就平減，盜源日就肅清。案關米穀偷運出洋，有妨通省民食，萬勿稍存消弭之見，切囑特囑各等因，奉此。該本司道等會查得浙省查禁運米出洋歷久，派委千把弁兵於各海口分段巡查。上年復蒙前憲奏明，分別緊要、次要，添派副參都守丞倅佐雜帶兵駐劄專拏濟匪奸民，立法已極周詳，如果實力奉行，盜匪口食無資，自必日就窮蹙，何致未能盡絶，或有奸商違禁多帶，或漁船夾帶出口在所不免。疊奉諭旨飭禁，並蒙撫憲憲臺暨本司廣蔣於到任後，又經出示通頒嚴禁在案。茲復經江省奏及浙江海寧州之長安鎮地方亦係偷販出洋之藪，未能盡絶，奉飭嚴密稽察，並將如何稽查之處妥議詳奪，並奉憲臺督憲札飭前因，本司道等謹將原辦章程，參以現在情形，分晰酌擬數條，恭呈憲鑒。

一、長安米石來蹤去路，應立法稽查，運米河道應添設巡員也。查杭州府屬之海寧州長安鎮爲米商聚集之區，其米來自外江廬州運漕、合肥及内江、吴江、溧陽、平望等處，向據海寧州摺報有案。迨到長安之後，販往何處，向未分晰具報，本屬疏漏，應請飭令海寧州將所到長安之米，責成長安各牙行設簿登明某日某處到米若干，賣與某縣某姓某字號客若干，販往何處糶賣。由州設立三聯印票，一存州備案，一送司查考，一給牙行轉給買米之人收執，沿途查驗放行。並令駐劄長安之州判就近稽查，按五日彙報一次，俟米石到地，將印票交牙行彙齊，按五日繳縣一次，該州亦按五日一次送司比對，並於米袋上標明店號。倘有袋係借賃者，責令牙行於行簿暨印票註明某客共米若干袋，内本字號若干袋，借賃某字號若干袋。米船上亦編明某處米船，倘有長安賣數與買客到地米數袋數不符，即行查究。並飭該州縣於給票繳票時，統令各牙行彙領彙繳，毋許書役經手，反啓藉端需索，以致客販裹足不前，有妨民食。再查長安鎮有小河三道，一名小橋頭，一名楊家渡，一名聖帝殿，係通錢江之下流。防有偷漏之處，已於上年檄飭杭州府海寧州東防同知、海防守備嚴行稽查。又赭山、蜀山、南沙係赭山巡檢所轄，常有米商買米下塘過撥運赴南沙售賣。向設運米單桅小撥船五隻，僅堪擺渡，不能出海。每遇鋪户來寧買米，必須親赴赭山司衙門具領印照，載明每照只准五十石，由石塘頭過渡先赴州署投驗後，往米行購米，該行按照發米，海寧州仍給護照爲據，如果實力奉行，似無出洋之弊。但該處米鋪販去之米，每鋪各約有若干，未有報案。該米鋪賣與赭山、蜀山、南沙一帶居民，是否不致偷漏，應請飭令赭山巡檢嚴密巡查，將該處米鋪販去之米及賣出之米，按五日一次摺報。並令各米鋪聯環互保，出具不致偷漏甘結，通送查考。仍嚴禁藉端滋擾。又每屆秋冬，有寧波象山、定海一種小釣船販載山茹帶養進口沿海，投行售賣，經海鹽縣之黄道關驗明船照放行，賣畢開船出口向係責成該地塘汛員弁巡查，應再重申例禁，嚴飭實力查辦，並於小橋頭、楊家渡、聖帝殿三處添派佐雜一員，往來巡查。黄道關添派佐雜一員會同汛弁查緝，以昭周密。

一、浙米來路應於江浙交界處互相稽查也。查浙省米石係由江南之震澤縣平望鎮入浙，欲嚴去路先清來路。應請移知江省，將運浙米船飭令震澤縣在於平望鎮地方，每日查明確數，按旬申報咨浙，一面徑移販往之地方官知照。但若照江省來咨，竟令米船停泊平望，俟探明浙省米價再行開放，尚有難行之處。查兩浙地方全賴上江商販接濟，勢難緩待，且恐啓平望牙行擅利把持，以致商販裹足不前，則於民食大有關礙。向來入浙之米，大概俱赴長安鎮糶賣，應令震澤縣責成平望牙行隨時查放，每行給發印簿一本，令將每日來米若干，運往長安鎮者若干，分赴某縣某鎮某市某行消賣者若干，查明米袋字號逐日登簿，按五日一次摺報江省地方官移關浙省販往之處，而浙省長安鎮暨各縣運到之米，亦按五日一報，由藩司衙門將各縣報到之數，與江省咨浙之數再行比對，互相查察，此層層稽核似可杜偷漏越販之弊。現已另詳撫憲臺核咨。

一、乍浦海口應添設巡員以資協緝也。查乍浦海口稽查偷漏夾帶米石麥麪等項，向係責成嘉興府海防同知暨乍浦營汛弁互相稽察，按季取造册結，通送各憲查考。頻年以來雖未有報獲之案，但乍浦海口通達大洋，誠如憲札，或有奸民囤積米石，每於夜静裝載船隻運至乍浦，放洋接濟，在所不免。應再重申例禁，嚴飭乍防同知汛弁嚴禁米鋪居民不許囤積，並添委佐雜一員，駐劄乍浦海口，晝夜梭巡以資協緝。

一、各屬海口支流汊港及聚米販米之區，均應添設巡員以資防守也。

查寧、台、温三府所屬洋程二千餘里，海口繁多，業於上年奉前憲奏明，分别緊要次要，派委文武員弁帶兵駐劄巡查，星羅碁布已極周詳。他如紹興府屬之蕭山縣、錢江口岸山陰縣、三江閘口會稽縣、曹娥江口上虞縣、瀝海所餘姚縣、臨山衛寧波府屬之奉化縣、湖頭渡口慈谿縣、觀海衛向爲内地未設巡員，第恐奸商漁户巧爲詭計，於偏僻冷静處潛爲販運，在所不免。應請各添委佐雜一員專責巡查。又如山陰之柯橋、蕭山之臨浦、鄞縣之甬東皆係聚米市鎮，餘姚之江橋係客米西來要路，應責成各該縣計其客米所入，核其販糶所出，究其裝運所往，查明確數分晰造册，旬日一報，仍由縣移會受買處所，查照是否相符，互相參考，則顆粒皆歸著落。倘有船艅詭秘，立即截拏究辦，仍即責成各該管巡檢協同查辦。至温州府屬離省窵遠，路隔重山，不能販運外省米穀，毋慮其入，只慮其出。查平陽縣之江南地方産米較多，向有客米販至温郡接濟民食，每於經由瑞安境内被該處奸民增價截買，私用小船販至瑞安縣之東山九里，永嘉縣之蒲州狀元橋等處囤賣，難免偷漏之弊。查平陽米石赴郡必由瑞安之南鋪起岸過飛雲渡，應派委佐雜一員在飛雲渡并東山梅頭等口認真稽查，不許奸商截留。其陸路肩販責成地保啚長旗埠人等一體稽查，毋許私向海塗稍可攏船之處行走，致有疎漏。

一、兵船到地買米應由縣驗放也。查緝匪兵船到境有須就地購買食米，向係移縣驗放。近來縣中接到文移往往米已運去，其數目之多寡已無從稽核，難保無奸牙影射夾帶情弊。應請咨移提鎮轉飭舟師，於所到地方應須買米若干，務先移會府縣，飭牙分買，由縣驗明米數裝運放行，不得先自買運。仍照例兵船停泊何縣海口，即在何縣採買，不得船泊彼縣買於此縣，致難稽察以滋越販之弊。

一、漁船配買食米宜嚴加查察也。查沿海貧民半以捕魚爲業，除各埠小船朝出暮歸，例不配米外，其餘領照漁船出洋採捕，總以汛畢爲期。向例舵水一名日配食米一升，多或兩月，少或一月，計程授米，俱於單内註明，毋許升合浮帶，立法本屬嚴密。近查漁船食米往往串通牙户，多配浮帶，而汛口員弁亦不認真查察，任其多裝，難免偷漏。應再重申例禁，嚴飭汛口員弁查明牌内舵水幾名，單内配米若干，據實細驗數目相符，方准出口。倘有浮帶即行截留解究，並治奸牙偷漏，旗埠賄縱之罪。仍通飭沿海各縣凡有配給漁船食米者，一體造册並出具不致夾帶多裝切實印結，按月通送查考。倘有疏縱擾累，均嚴參究辦。

一、巡查員弁兵役應嚴定賞罰以示勸懲也。查立法固貴周詳，奉行必須實力。欲員弁兵役之實力奉行，是在信賞必罰。從前之議記功過，均屬外辦，難免觀望。今籌定章程，嗣後各營縣及委員有能拏獲偷漏濟匪人犯，罪應絞決四名以上者，照拏獲洋盜三名以上例，隨案奏請送部引見。不及四名及軍流以下罪名，亦隨案咨部議叙，候補人員仍按名另予記功。絞罪人犯每一名記功一次，軍流人犯每二名記功一次，遇記功者准其拔委。兵役民人拏獲者，即將所獲米石船隻器物全行給賞，仍按所獲贓罪之輕重、人數之多寡，由縣營分别另行獎賞。各屬拏獲洋匪即窮究該匪船由何處洋面竄駛，係何處奸民接濟，由何處出口，俟臬司復勘屬實，將失察之該管營縣及委員立即分别解任撤回，隨案請旨交部嚴加議處。訊係得賄故縱者，照例參革，以枉法計贓治罪仍從重，先在各口岸枷號示衆。倘有貪功邀賞，挾嫌誣拏，株累無辜，仍照例反坐。如此明定賞罰，庶各知懲勸可收實效。

以上各條，謹就本司道等管見所及，或尚有未盡事宜，已飭各府查議，統俟查覆到日，如有可采之處，另行續詳，以期偷漏永絶，洋匪自滅。仰副憲臺綏靖海疆之至意。緣奉飭議，擬合開具各海口原派員弁并現在添派巡員清摺，會同具詳，是否有當，伏候憲臺察核批示祗遵。再金衢嚴道所屬並無海口，故不會銜，寧紹台道未經來省，不及會印，合併聲明。除詳撫督憲外，爲此，備由呈乞照詳施行。

嘉慶十四年十一月十七日奉巡撫部院蔣批：如詳移行，轉飭遵照。餘已悉，並候督部堂批示，録報。繳摺存。嘉慶十五年正月初七日奉總督部堂方批：如詳移行，實力遵辦，毋得以具文塞責。至新派五府查明之佐雜内，何處擬派何員前往駐守稽查，并寧台温三府屬海口，原派大小武職各員弁並即查明分晰開具銜名清摺，呈送備查。仍候撫部院批示，繳摺存。

（清）梁廷枏《粤海關志》卷一七《禁令·商販禁令》　一、客商漏税，照律治罪。貨物一半入官。若所漏之税爲數無多，分别議罰，免其究治。粤海關核計正税在五錢以上者，加罰一倍；一兩以上者，加罰兩

倍；二兩以上者，加罰三倍；三兩以上者，加罰四倍；四兩以上者，加罰五倍；五兩以上者，將貨物一半入官充公，一半補稅。如走漏免單擔雜等貨，核計銀數在五錢以下者，止令完納正數。若在五錢以上者，均加罰一倍。

一、海船到岸，即將貨物盡實報官抽分。若停歇不報，及雖報而不盡不實者，分別治罪。貨物入官。

一、凡商賈到關，先取官置號單備開貨物，憑官弔引，照貨起稅。如到關不弔引者，同匿稅法。

一、各項商人出洋，地方官查明真實姓名、住居地方，及往何洋貿易，取具里鄰甘結與印照，守口官弁驗准放行，仍載入稽考簿內。其從外洋販貨進口者，亦必詳查人貨，訊明經由何洋，概行注册。

一、出洋小本商民，因風信届期不能回籍請照，在廣東者呈明南海縣。該縣取具行户船主保結，給與印照，行知該地方官備案。回日仍赴原衙門銷照。其舵水貨客，有在番地帳目不清，及别項事故者，原給照衙門取具鄰船客商水手甘結，移行地方官存案，回日呈明繳銷。

右漏匿之禁。

康熙二十四年議准：番船貿易完日，外國人員一併遣還，不許久留內地。

右逗遛之禁。

康熙二十四年議准：貿易番船回國，除一應禁物外，不許搭帶內地人口及潛運造船大木、鐵釘、油麻等物。

康熙五十七年議准：澳門夷人夾帶中國之人，并內地商人偷往别國貿易者，查出之日，照例治罪。

雍正三年議准：附居廣東澳門之西洋人，所有出洋商船，每年出口時將照赴沿海該管營汛掛號。守口官弁將船號人數姓名逐一驗明，申報督撫存案。如出口夾帶違禁貨物，並將中國之人偷載出洋，守口官弁狥情疎縱者，革職。至入口之時，亦將船號人數姓名逐一驗明，申報督撫存案。除頭目遇有事故，由該國發來更换者，准其更换外，其無故前來者，不許夾帶人口，及容留居住。若稽察不到，將守口及地方該管各官，照失察例議處。又覆准：西洋人附居澳門，如有夾帶違禁貨物，并中國之人偷載出洋者，地方官照諱盜例革職。

右人口船料之禁。

康熙二十三年，詔開海禁。其硝磺軍器等物仍不准出洋。其時內閣學士席柱奏福建廣東沿海居民情形，諭曰：百姓樂於沿海居住，原因海上可以貿易捕魚。先因海寇故，海禁不開。今海氛廓清，更何所待。下九卿詹事科道議，尋議准：今海外平定，臺灣澎湖設立官兵駐劄，直隸、山東、江南、浙江、福建、廣東各省先定海禁處分之例，應盡行停止。若有違禁將硝磺軍器等物私載出洋貿易者，仍照處分其罪。

康熙二十四年議准：兵器向來禁止，不准帶往賣給外國。但商人來往大洋，若無防身軍器，恐被刼掠。嗣後內地貿易商民所帶火礮軍器等項，應照船隻大小人數多寡，該督酌量定數。起程時令海上收稅官員及防海口官員查照數目，准其帶往。回時仍照原數查驗。

康熙五十九年，禁止出洋商船攜帶礮位軍器。

乾隆三十四年二月，聖諭：向來硫磺出入海口，俱係例禁。原因磺斤係火藥所需，自不便令其私販。若姦商以內地硝磺偷運出洋，或外來洋船私買內地硫磺載歸者，必當實力盤詰治罪。乃定例於洋船進口時亦不許其私帶，殊屬無謂。海外硫磺運至內地，並無干礙，遇有壓艙所帶自可隨時收買備用，於軍資亦屬有益，何必於洋船初來多此一番詰禁乎。嗣後惟於海船出口時切實稽查，不許仍帶磺斤，以防偷漏之弊。違者照例究治。其各省洋船入口禁止壓帶硫磺之例，概行停止。著爲例。

乾隆五十六年四月，聖諭：福康安等奏稽查礮位酌定章程一摺，內稱各國來廣貿易洋船向有攜帶礮位刀鎗等項，由粵海關監督，於該船出入虎門時查驗開報，例准隨帶外，其本省商船領照出口，無論遠赴夷地，及赴各省貿易，均由守口文武員弁驗照放行，不准攜帶礮位等語。已於摺內批示矣。商船出洋攜帶礮位，原爲洋面禦盜之用，不特各國來廣貿易商船未便禁止，即內地出口商船概行不准攜帶礮位，倘遇海面匪船行刼，臨時不能抵禦，豈有轉令束手待斃之理？況在洋行刼者，不獨內地匪徒。想各國夷匪，亦有糾約爲盜，攜帶鎗礮出没海洋，爲行旅之害。而內地出洋商船內轉無礮位抵禦，該商等即不保護貨物亦各愛惜身命。若拘泥禁止，何以衛商旅而禦盜刼。著福康安等即飭海口文武員弁，祗須於商船出洋

時將礮位稽查點驗後，仍准其攜帶，不可因噎廢食也。

嘉慶元年四月，聖諭：硝磺火藥例干嚴禁，近來海洋盜匪每遇商船即放礮爲號。海洋非出硝磺之地，此等硝磺若非奸徒偷賣，盜匪又從何購覓？是欲杜私販透漏情弊，必先於出產地方嚴行查禁。著傳諭各該督撫，飭令地方官嚴行查察，於官爲給照採辦之外，毋許絲毫私售，使奸徒不能販運偷賣，而盜匪即無從接濟。該督撫等務當飭屬嚴禁，毋得日久生懈。

嘉慶十一年八月，聖諭：吳熊光等奏查明粵東硝磺情形籌辦透漏一摺，據稱粵省產磺各廠煎解年久時逾缺乏，查有夷船壓艙鹹沙一項亦可煎硝，曾經辦理有案。且洋船壓帶硫磺，例准收買壓艙鹹沙，較之倭磺更多，若收買不盡，尤易透漏，似應倣照辦理。應請俟夷船進口時，即將壓艙鹹沙及所帶磺斤，一并飭商認買，俟二項充足，可備一二年之用，將磺廠封閉，硝廠亦一并暫停採煎等語。硝磺二項例禁綦嚴，豈容稍有透漏。今盜船火藥甚多，自應設法嚴防杜其接濟。吳熊光等請於進口洋船隨時詳驗，將壓艙鹹沙及所帶磺斤查明飭商認買，以濟營用，兼以杜透漏之弊，亦是一法。著如所奏辦理。但盜船之接濟其途甚多，總須在海口地方查察嚴密，方免透漏。如營汛兵丁即有將火藥賣給盜船之事，前經節次降旨，令於濱海各處嚴密稽查水米火藥等項出洋濟匪，該督等仍當諄飭各營縣實力奉行，方可以杜盜源而靖洋面，勿任稍涉疏懈爲要。

右軍器火藥之禁

內地銀兩毋許夷船偷運出洋，責令地方文武會督各口員弁丁役實力稽查。如有洋商人等將官銀私運夷船出洋，及洋商找給夷商貨價攙用官銀者，查出無論銀數多寡，盡行充公，仍照私運例治罪。倘有洋行小夥不法匪徒，將官銀偷載小艇，暗運出口，著責成大關總巡，並佛山虎門等處關口員弁巡船及巡洋舟師地方文武，派撥巡船，於各夷船將次回國時嚴密巡查。遇有私載官銀，立即拏解，究明官銀來歷，照例懲治。倘由洋行中發出，將該商加等治罪。

夷商來粵貿易，以貨易貨，不能價適相符。倘遇數行洋商找給夷商銀兩，先令同赴粵海關監督衙門聯名出具並無攙和官銀甘結，再行找給夷人。收銀後倘經員役查出官銀，即將找付官銀之行商嚴行治罪，並將聯名出結之行商一體治罪。

雍正八年，禁西洋海舶毋得販黃金出洋。又題准：嗣後有黃金販賣出洋者，照鐵貨銅錢等物私出外境下海律治罪。其監督守口文武官弁受賄故縱，與犯人同罪。失察者，照例參處。

乾隆九年，大學士伯鄂爾泰、張廷玉奏言：福建道監察御史范廷楷奏稱：聞得內地姦商私帶制錢往海外各洋與諸番交易，用數十文可易番銀一圓，獲利最重。迨返舶之時，或帶番餅，或買洋貨，致制錢透漏，散布彼地。現今百千島嶼星羅碁布，無不行使制錢者。又聞閩廣江浙，凡出口洋船無不夾帶制錢。查例載私賣制錢下海者，杖一百。海禁定例，凡商船往來，官給照票並開貨單一紙。今若將商船有無夾帶制錢，點驗貨單之時一體盤明，原無煩擾。仰請皇上諄切飭諭沿海各省督撫提鎮等，訪拏姦商，從重究治。別經發覺，將該督撫等加以處分。奉旨：依議。

嘉慶十九年聖諭：據蘇楞額奏嚴禁海洋私運一摺，據稱近年以來，夷商賄運洋行商人，藉護回夷兵盤費爲名，每年將內地銀兩偷運出洋至百數十萬之多。該夷商已將內地足色銀兩私運出洋，復將低潮洋錢運進，任意欺矇商賈，以致內地銀兩漸形短絀，請旨飭禁等語。夷商交易原令彼此以貨物相准，俾中外通易有無，以便民用。若將內地銀兩每年偷運出洋百數十萬，歲積月累，於國計民生均有關繫。著蔣攸銛、祥紹查明每歲夷商等偷運足色銀兩實有若干，應如何酌定章程，嚴密禁止，會同妥議具奏。

總督蔣攸銛奏言：臣遵即會同粵海關監督祥紹傳洋商伍敦元、盧棣榮等，嚴切究問。當據稟稱，紋銀出洋，節經歷任監督示禁，夷商來粵貿易，向係以貨換貨，彼此准定互易。如有應找不敷尾數，皆用洋錢，每圓以七錢二分結算，兩無加補，實無偷運紋銀出洋情事。復取各種洋錢煎試比較足色，均在九成上下，不致過於低潮。弔查洋商貿易出入貨簿，嘉慶十七年進口貨價一千二百七萬餘兩，出口貨價一千五百一十餘萬兩；十八年進口貨價一千二百六十三萬餘兩，出口貨價一千二百九十三萬餘兩。則所稱祇有找回洋錢之語尚屬可信。至於洋錢進口，民間以其使用簡便，頗覺流通。每年夷船帶來洋錢或二三百萬圓，或四五百萬（員）〔圓〕，亦有數十萬圓不等。現在市價每圓換制錢七百二三十文，若至浙江、江蘇等省可值制錢八百數十文。江浙商民販貨來粵銷售後，間有徑帶回洋錢者，此條該處洋錢市價昂貴，非由夷人擡價欺矇，合無仰懇天恩俯順輿情，免其飭

禁，仍准照常行使，以安夷商，而便民用。奉旨：依議。

道光二年二月，掌貴州道監察御史黄中模奏言：竊查定例，廣東洋商與夷人交易祇用貨物不准用銀，立法之意至爲深遠。嘉慶十四年間，因有銀兩偷漏出洋之弊，奉旨飭查，經總督百齡會同粵海關監督常顯奏明申禁在案，乃近因各省市肆銀價愈昂，錢價愈賤，小民完糧納課均需以錢易銀，其虧折咸以爲苦。臣細加探訪，實因廣東洋面偷漏依然如故，以致内地銀兩漸少，其價日增。至偷漏之由，係因廣東民間喜用洋錢，其風漸行於江浙等省，於是洋商私用紋銀收買洋錢，與江浙茶客交易，作價反高於紋銀。其洋船出口，雖經兩廣總督設有員弁巡查，無如查弊之人，即作弊之人，率多貪得陋規私行縱放。廣東省城多有姦徒與海口員弁素相交結、包送貨船出洋，是以肆無忌憚。此在洋商方自以爲得計，殊不知洋錢鎔化僅得七八成低銀，洋商與夷人兑换則皆十足紋銀，而作價反低於洋錢，暗中虧折殊甚。況天地之生財只有此數，外洋日見其多，内地日見其少。其紋銀一經出洋，即屬去而不返，久之内地紋銀缺少，並不能以洋錢完糧納課，所關於民生者誠非淺鮮。臣伏思洋商既用紋銀向夷人收買洋錢，即不免用銀收買洋貨，實屬違例病民。即使各省茶客有需買洋錢，洋商理應仍用貨物向夷人收買轉售，斷不可私用紋銀。應請旨飭令廣東督撫暨海關監督嚴行查禁，並密拏包送洋船之姦徒，有犯必懲。若海口巡查之員有能拏獲出洋銀兩者，立加重賞。如查有縱放之員，即行參革治罪，庶幾偷漏之風可戢。臣更聞邇來鴉片煙流傳甚廣，耗財傷生，莫此爲甚，相應請旨通飭各省關隘一體查拏。如係何處拏獲，即應究明於何處行走，所有各關縱放員弁，加以嚴議。如此則人人自顧考成，或不致得錢賣放之弊，而鴉片煙之源可絶，内地民生永裕矣。奉上諭：御史黄中模奏請嚴禁海洋偷漏銀兩一節，所奏甚是。定例廣東洋商與夷人交易，祇用貨物收買轉貿不准用銀，立法甚爲周備。近因民間喜用洋錢，洋商用銀向其收買，致與江浙等省茶客交易作價甚高，並或用銀收買洋貨，實屬違例病民，不可不嚴行查禁。著廣東督撫暨海關監督派委員認真巡查出口洋船，不准偷漏銀兩。仍不時查察，如有縱放之員，即行參革治罪。至洋商與外夷勾通販賣鴉片煙，重爲風俗之害，皆由海關利其重税，隱忍不發，以致流傳甚廣。著該督撫密訪海關監督有無收受黑煙重税，據實奏聞。並通飭各省關隘，一體嚴密查拏。如係何處拏獲即應究明於何處行走，所有各關縱放員弁即參辦示懲。倘該督撫訪察不力，或瞻狥不奏，別經發覺，立即加之懲處，務期洋船出入積弊革除，以清關隘而裕民生。

道光十三年四月，上諭：前因給事中孫蘭枝奏江浙錢賤銀昂商民交困，除弊各款，當經降旨交陶澍等悉心籌議。茲據陶澍、林則徐酌籌利民除弊事宜，分晰具奏。所稱洋錢平價民間折耗滋多，惟當設法以截其流一條，洋錢行用内地，非自近年，勢難驟禁，當從民便之中示以限制，其價不得浮於紋銀，庶不致愈行愈廣。至請改鑄銀錢，大變成法，不成事體。且洋錢方禁止不暇，豈有内地亦鑄之理耶。所稱鴉片煙進口潛易紋銀爲害最甚，該督等務當委飭關津營縣，於洋船未經進口以前嚴加巡邏，務絶其勾串之源。如有偷漏，一經查出，即將謀利姦商得規兵役加倍重懲，法在必行，方可除弊。所稱紋銀出洋，請明定例禁一條，刑部律例祇有黄金銅鐵出洋治罪明文，於紋銀未經議及。著刑部酌定具奏，纂入則例頒行。

是年十月，刑部議奏，言福建道監察御史黄爵滋奏稱，紋銀出洋有禁，而洋銀無禁，意以洋銀本來自外洋不妨轉用出去，而不知内地實積有仿鑄洋錢之弊。今日内地之洋銀即内地之紋銀也，應請敕下各省督撫實力稽查，凡有仿鑄洋銀之犯，即照私鑄銅錢科罪。至刑部新定黄金出洋治罪專條，僅仿照偷運米穀出洋例，似未允協等語。臣部議得，懲創固貴從嚴，而情罪必期適當。白銀出洋，從前原無治罪專條，前於奉旨交議時，經臣等查黄金、白銀與米穀絲斤之類，均係内地物産，其偷運黄金白銀出洋與偷運米穀絲斤出洋情事相同，是以即照米穀絲斤出洋另立治罪專條。仰蒙允准，通行各省在案。所請應毋庸議。奉上諭：前據御史黄爵滋奏紋銀應並禁出洋，杜絶仿鑄，從重科罪一摺，當交刑部妥議具奏。茲據刑部將仿鑄洋錢明定治罪科條具奏，著照所議辦理。其禁止洋錢出洋交易事宜是否可行，著沿海各督撫體察情形，妥議章程，酌核具奏等因。欽此。嗣經總督盧坤會同奏言，伏查洋銀一項，來自夷船，内地因其計枚定價，不必較銀色之高低。又無需秤分兩之輕重，遠行服賈便於攜帶，是以東南沿海各省市廛通行。而粤東爲夷人貿易之所，行用尤廣，大商小販無不以洋銀交易，海口出入向不查禁。御史黄爵滋因内地每有仿造洋銀，即與紋銀無異。奏准將洋銀一併禁止出洋，原爲慎重海防起見。臣等詳加體察，

並傳洋商伍紹榮等查詢，粵省洋銀出洋，有內地商賈攜帶者，有外洋夷船攜帶者。在內地商賈，或由別省載貨來售。或由粵省攜貨往販，多係航海，往還貨本盈千累萬。其中固多貿遷貨物，而有時無貨可販，或貨少本多，即挾貲而歸，或攜本往別省置貨制錢，既難多帶金銀出洋，又干例禁，勢不能因商賈攜有洋銀即禁其不由海洋行走。此內地商賈來往不能無出海之洋銀也。至夷船載運洋銀來粵，係備買貨找價之需，所帶洋銀多寡不定。其置買內地貨物或多或少，亦聽其自便。如進口貨多出口貨少，該夷船所帶洋銀即有餘剩，勢不能禁其不仍帶回。即內地洋商與夷人交易，除以茶葉、大黄、湖絲細緞等物易換洋貨之外，價值如有不敷，既不便强令夷人添置貨物，又不准官銀交兑，向以番銀找給，歷經奏明有案。既以番銀找給夷人，即不能禁其不載運回帆。此外洋夷人來往不能無出海之洋銀也。是禁止洋銀出洋，於廣東夷商均有窒礙，且恐因禁止洋銀而轉致金銀偷漏，更於海防非宜。至內地仿造番銀，名爲土板，其銀色成本原未必輕於外洋，而經紀交易向不行用。即間有攙入洋銀行使者，亦必挑出發換，不特不能行之夷人，即內地商賈亦不行使，更不必因此爲紋銀出洋之慮。所有廣東省洋銀出入海口，應仍照舊章辦理，免其查禁。謹合詞恭摺具奏。奉旨：依議。

右金銀制錢之禁。

乾隆十四年，浙江巡撫方觀承奏言：竊照雍正五年准開南洋海禁以來，商民俱得攜帶內地貨物前往貿易，紅黄銅與銅器皆不在例禁之內。緣南洋地不產銅，商民販往税輕而利重，故販者日多。查閱税簿，每年赴南洋貨買之大小銅器常至千百餘件，黄紅銅一二萬斤不等。伏思滇銅、洋銅竭力採辦，恒不敷各省鼓鑄之用，而民間日用必需之器具，又皆仰給於此。今各處錢價昂貴，民用維艱，實緣銅不充盈，豈容復任肆販外洋。相應請旨飭部通行查禁，嚴立科條，犯者分別究治，將銅貨入官，並定關汛文武員弁失察故縱處分。奉部議准。

右銅之禁。

內地商人私行夾帶不成器皿之鐵，至五十斤者，將鐵入官；百斤以上者，照例治罪。

雍正七年二月，工部議准：刑部尚書勵廷儀疏：請凡有將廢鐵潛入邊境及海洋販賣者，一百斤以下杖一百徒三年，一百斤以上發邊衛充軍。若賣與外國，及明知海寇賣與者，絞監候。沿口近邊關隘官弁，有徇私故縱，該管上司題參。

雍正九年十二月，聖諭：據廣東布政使楊永斌奏稱：鐵器一項，所關綦重，不許出境貨賣，律有明條。粵東出產鐵鍋，凡洋船貨賣歷來禁止。乃夷船出口所買鐵鍋，有自一百連至二三百連，甚至五百連者、一千連者。查鐵鍋一連約重二十斤，如一船帶至五百連千連，即無慮一二萬斤，計算每年出洋之鐵爲數甚多，誠有關係。嗣後請照廢鐵之例，一體嚴禁。違者，該商船户人等，即照例治罪。官役通同狥縱，亦照徇縱廢鐵例議處。凡遇洋船出口，仍交與海關監督一體稽察。至於商船每日煮食之鍋，應照舊置用，官役不得藉端勒索滋擾。如此則外洋之鐵不致日積日多，於防姦杜弊之道似有裨益。至煮食器具，銅鍋、砂鍋俱屬可用，非必盡需鐵鍋，亦無不便外夷之處，於朝廷柔懷遠人之德意原無違礙等語。鐵斤不許出洋，例有明禁，而廣東夷船每年收買鐵鍋甚多，則與禁鐵出洋之功令不符矣。楊永斌所奏甚是。嗣後稽察禁止。及官員處分，商人船户治罪之處，悉照所請行。倘地方官弁視爲具文，奉行不力，經朕訪聞，或別經發覺，定行從重議處。粵東既行查禁，則他省洋船出口之處亦當一體遵行。著該部通行曉諭。著爲例。

右鐵之禁。

嘉慶十二年十二月初七日，聖諭：朕聞粵海關每年出口白鉛爲數甚多，白鉛一項，因不能製造彈丸無關軍火之用，向未立出洋明禁，但係鼓鑄必需之物，近年各直省錢局鉛斤日形短少，自係販運出洋日多一日之故，不可不定以限制，以防流弊。著傳諭常顯，即將粵海關每年出口白鉛查明數目，大加裁減，或竟可不令販運出洋，奏明設禁停止亦無不可。該監督務須體察利弊輕重，會同總督酌定章程，不可貪圖小利，因循滋患也。將此傳諭知之。欽此。嗣於次年正月，監督常顯奏言：查白鉛一項，每年出洋數目多寡不齊，向不查禁，亦無限制。今欽奉諭旨，咨會督臣查明十年以內出洋細數內，至少年分七十餘萬斤，至多年分三百三十餘萬斤，其餘年分一二百萬斤不等。關例載明照倭鉛例，每百斤收正税銀三錢，加以耗擔歸公等款，共收銀五錢六分七釐，每年收白鉛税銀約計四五

千兩至一萬數千兩不等。伏思白鉛一項出洋由來已久，雖徵税有限，實爲夷人歲需之貨。今若一旦禁止，不許出洋，在遠夷無知，不免心生疑慮，似不足以昭體卹而示懷柔。但白鉛爲內地鼓鑄必須之物，誠如聖諭不可不定以限制，應請嗣後夷船回貨置買白鉛，每年通計各船先以最少年分七十萬斤爲率。查白鉛向於廣東佛山鎮地方憑洋商收買，陸續運省報驗，然後賣與夷人出洋，嚴密稽查，不許額外多帶。如此酌定章程，在夷人雖少帶白鉛，仍得以照舊貿易，而內地鼓鑄需用白鉛亦不虞短少，似於錢局夷情兩有裨益。報聞。

嘉慶十七年，廣東布政司曾燠移奉兩廣總督蔣攸銛，行據西洋國使攝理澳夷事務喟嚬嚸嚦吃㗎咘嚨哆吐哩嘁嚇稟稱，白鉛一項爲夷人所需，向聽澳夷均同別貨一律就近澳門自免鋪商採買。自奉定例，每年白鉛限以七十萬斤出洋爲率，澳夷離省隔涉，素不與洋商交易，未知購運盡被外洋夷船儘額買去，澳鉛連年缺買，大小西洋各埠需用維艱。是以於嘉慶十四五年，疊經通稟分撥額鉛三十萬斤歸澳船買運，批令自投洋商均勻撥買。如無洋商多方遏抑，至今未蒙撥買，據此查出洋白鉛。欽奉諭旨，飭令定以限制，以防流弊。久經奏明，每年以買運七十萬斤爲限，不容稍有溢漏。經前總督咨准粵海關監督咨覆，查澳門夷船每年征收税餉不過數萬餘兩，尚不及黃埔十分之一。今請以征收税餉多寡定勻撥白鉛斤數，每年勻撥七萬斤，令澳夷自投洋商買運。如此辦理，既與原奏相符，亦不致澳夷向隅。本司等伏查西洋澳夷，恭順天朝百數十載，所納税餉積算已多。況澳門夷船現亦不少，今僅撥給十分之一，未免偏枯。應照七十萬斤之數，撥給澳門夷船十分之二，計白鉛一十四萬斤。其澳夷所稱免投洋商自赴收買，恐滋弊端，應請照粵海關來咨，飭令洋商每年扣出十四萬斤，以備澳夷承買。

道光十二年七月，户部遵旨議奏，內閣抄出兩廣總督李鴻賓、巡撫朱桂楨、粵海關監督中祥等會奏外夷各國均已產鉛，無須來粵販運，請將報部出洋白鉛定額暫行停止。應如所奏，即將前定出洋額數裁停，以歸覈實。奉旨：粵東濱臨大海，通洋水道甚多，現在白鉛停止出洋，誠恐日久疎於防範，以致奸商販運，復有偷漏營私等弊。著該督等嚴飭關津要隘地方各隨時認真巡查，遇有私販鉛斤，即照違例分別嚴辦。仍於年終取具關廠各官並無出洋白鉛切實印結送部查覈，並酌定稽查章程報部覈辦，以垂永久而杜流弊。

右白鉛之禁。

（清）梁廷枏《粵海關志》卷一八《禁令·商販禁令》 康熙四十七年，都察院僉都御史勞之辨奏言：江浙米價騰貴，皆由內地之米爲奸商販往外洋之故，請申飭海禁，暫撤海關，一概不許商船往來。户部議准：自康熙二十二年開設海疆，商民兩益，不便禁止。至奸商私販，應令該督撫提鎮，於江南崇明劉河浙江乍浦定海各口，派兵巡察。除商人所帶食米外，如違禁裝載五十石以外販賣者，其米入官。文武官弁有私放者，即行參處。

雍正六年，福建巡撫高其倬奏准，定出口船隻所帶米石，暹羅大船三百石，中船二百石；噶喇巴大船二百五十石，中船二百石；呂宋等船，大船二百石，中船一百石；埗仔等處，中船各一百石。如有偷漏，以接濟外洋例論罪。

雍正八年題准：採捕漁船夾帶米穀，皆由私牙代置囤户豫積小船搬運停泊游移之故。嗣後米牙必擇身家殷實，取鄰甲同行保結。如串商代買，本人並濫保者，一例治罪。其海口居民多行囤積私糶者，鄰甲舉首免罪，止究本人。容隱發覺，並行連坐。外來船均令進口停泊，其各澳小船，令地方官按數查明，編號入册，取具互結。令各營縣汛口官弁兵役實力稽查。如有盤出私米及首報者，准其賞給十分之三。在洋拏獲者，給半，餘入官充公。仍飭巡查兵役，不得將海口居民食米指稱私積詐害。違者，按律治罪。

乾隆二年議准：嗣後如有奸徒偷運米穀接濟外洋者，照出洋船隻多帶米糧接濟外洋例，擬絞立決。其希圖厚利，但將米穀偷運出口販賣，並無接濟奸匪情弊者，計算米一百石以上、穀二百石以上，照將鐵貨潛出海洋貨賣一百斤以上例，發邊衛充軍。米一百石以下、穀二百石以下，照越渡關津例杖一百徒三年。至米不及十石、穀不及二十石，照違制律杖一百，仍枷號一箇月示警。

又議准：沿海地方內商出洋暨洋商入市，每船覈計人口及往返程期，每人糴米日以升半爲率，毋許逾限。

又覆准：偷運麥豆雜糧出洋者，照偷運米穀之例科斷。

右米之禁。

嘉慶二十二年，總督蔣攸銛奏稱：福建之武彝茶及由安徽入浙江之松羅茶，爲西洋夷人必需之物，而各夷中又惟暎咭唎銷售更多。從前商人悉由江西內地販運來粤，近因洋面平靖，希圖迅速，漸改爲海運。溯查嘉慶十八年始有海運，進口之茶七十六萬四千七百九十餘斤，至二十一年竟有六百七十二萬三千九十餘斤，所增之數已不啻十倍。茶葉爲夷人生命所關，實爲控制之要道，今若任聽商人慣由海運，難保無奸商串通黠夷，於海中偏僻島嶼隨處寄椗，私相買賣。又起運之時，裝綑堅密，多至盈千累萬，設有夾帶違禁之物，亦無從覺察。應請敕下閩浙安徽各督撫嚴行查禁，並出示曉諭產茶之區，及各海口，自嘉慶二十三年爲始，概令仍歸內河過山販運以收控馭之益。奉聖諭：閩皖商人販運武彝、松羅茶赴粤省銷售，向由內河行走，自嘉慶十八年漸由海道販運，近則日益增多。洋面遼闊，漫無稽查，難保不夾帶違禁貨物私行售賣。從前該二省巡撫並不查禁，殊屬疎懈。念其事屬已往，姑免深究。嗣後著福建、安徽及經由入粤之浙江三省巡撫，嚴飭所屬，廣爲出示曉諭，所有販茶赴粤之商人，俱仍照舊例，令由內河過嶺行走，永禁出洋販運。儻有違禁私出海口者，一經拏獲，將該商人治罪，並將茶葉入官。若不實力禁止，仍聽私運出洋，別經發覺，查明係由何處海口偷漏，除將守口員弁嚴參外，並將該巡撫懲處不貸。漏稅事小，通夷事大，不可不實心實力杜絕弊端也。

右茶之禁。

乾隆五十四年，總督福康安遵旨查禁大黃出洋，取有各國大班依結酌定章程，奏言：伏查粤東地處海疆多通洋面，若大黃任其出洋，勢必輾轉入於俄羅斯國內，自應亟爲設法查禁。但民間療疾在所必需，防範過嚴又恐商販裹足，以致內地藥材短缺，誠如聖諭不可因噎廢食。查大黃出產川陝二省，商人運販到粤，於省城佛山兩處售賣，每年約二十餘萬斤。其賣與洋行各國夷人約十餘萬斤，內地各府州地方亦約銷十餘萬斤，至外洋各國與俄羅斯海道一水可通，難保無偷漏之事。但各國療疾亦所必需，似未便竟行禁絕。其西洋各國，應照琉球之例，每年每國販買亦不得過五百斤。飭令省城洋行及澳門商人，將售買大黃數目及賣與何國夷人，分晰列册呈繳南海、香山二縣，一面通詳，一面移行守口文武員弁按察稽查。至暹羅一國與粤東向不通貿易，大黃一項，嗣後應行禁止。惟遇該國進貢之年，貢船回國時，每次准其買帶五百斤，俾資療疾。其安南一國，亦應照琉球之例，每次貢使回國購帶五百斤，即以本年阮光顯等回國爲始。報聞。

乾隆五十七年，户部咨稱，署兩廣總督郭世勳、粤海關監督盛住奏稱，暎咭唎、咪唎㗳等國夷商啜唎呾等稱説，恭聞天朝現准俄羅斯開關通市貨物內大黃一項，實係各國治病要藥，懇請照從前仍准各夷商買運，免其限以五百斤定數。其出產海龍等項皮張，亦懇准攜帶進口，起貯省城售賣。並請嗣後內港出海船隻一律免禁，所有應徵税銀，仍飭照例輸納。奉硃批：如所請行。

右大黃之禁。

乾隆二十四年議准：各省絲斤紬緞，違例出洋，分別治罪。將船隻貨物入官，失察之文武各官議處。

乾隆二十七年聖諭：蘇昌等奏，暎咭唎夷商啪噸等，以絲斤禁止出洋，夷貨艱於成造，籲懇代奏，酌量准其配買，情詞迫切一摺。前因出洋絲斤過多，內地市值翔踴，是以申明限制，俾裕官民織紝。然自禁止出洋以來，並未見絲斤價平，亦猶朕施恩特免米荳税，而米荳仍然價踴也。此蓋由生齒日繁，物價不得不貴。有司恪守成規，不敢通融調劑，致遠夷生計無資，亦堪軫念。著照該督等所請，循照東洋辦銅商船搭配紬緞之例，每船准其配買土絲五千斤，二蠶湖絲三千斤，以示加惠外洋至意。其頭蠶湖絲及紬綾緞疋仍禁止如舊，不得影射取戾。

乾隆二十九年，總督蘇昌會奏言：粤省本港船户林長發等呈稱：噶喇巴暹羅港口，安南嗎哌叮嘰呶舊港，柬埔寨等處，各國夷民呈懇配買絲斤紬緞，請令每船酌帶土絲一千斤，二蠶湖絲六百斤，紬緞八折扣算。疏下部議。尋議：內地絲斤，外洋勢所必需，而海外銅斤可資內地。應照商船採辦銅斤之例，准其配買絲斤紬緞，隨帶出洋易銅，既使海外屬國同沐皇仁，而於內地鼓鑄亦有裨益。其酌定數目，並立法稽查之處，行令該督等詳議具奏到日再議。嗣奉諭旨：據尹繼善等奏，覆議弛洋禁絲斤以便民情一摺。前因內地絲斤紬緞等物價值漸昂，經御史李兆鵬等先後條

奏，請定出洋之禁，以裕民用。乃行之日久，而內地絲價仍未見減，且有更貴者。可見生齒繁衍，取多用宏，蓋物情自然之勢，非盡關出洋之故。曾降旨江浙閩廣各督撫，令其各就該省情形悉心體察，將應否即行開禁之處詳悉妥議具奏。今尹繼善等籌酌定議，奏請弛禁，而莊有恭並稱前撫浙時，體察杭嘉湖三府民情，亦以絲斤弛禁爲便等語。江浙之情形如此，則餘省亦可概見。蓋緣出洋絲斤本係土絲及二三蠶粗糙之絲，非腹地紬緞必須精好物料可比。徒立出洋之禁，則江浙所產粗絲轉不得利，是無益於外洋而更有損於民計。又何如照舊弛禁，以天下之物供天下之用，尤爲通商便民乎？況所產麤絲既不准出洋，勢不得不充雜於頭蠶好絲之內一體售賣，於民間粗織尤多未便。且暎咭唎、噶喇巴等國，先後以織絍不供，懇請賣給貨買，俱已特旨准其酌帶配用。是外洋諸國取給於蠶絲者正復不少，亦宜一視同仁，曲爲體卹。現在新絲將届收成，所有出洋絲斤即著弛禁，仍遵照舊例行。其各省情形或微有不同，應作何酌定章程，及設法稽查之處，俟各該督撫奏齊時，該部詳悉妥議具奏。尋議：採辦洋銅之官商范清洪、額商楊裕和等，每年出東洋額船十六隻，應請每船准配二三蠶糙絲一千二百斤，按照紬緞舊額每一百二十斤抵紬緞一捲扣算。如願照舊攜帶紬緞者，亦聽其便。其非辦銅商船，仍不得援例夾帶。其由江蘇省往閩粵安南等處商船，每船攜帶糙絲准以三百斤爲限，不得逾額多帶。閩浙二省商船，每船准配土絲一千斤，二蠶粗絲一千斤。其紬緞紗羅及絲綿等項，照舊禁止。至粵省外洋商船較他省爲多，其配往各洋絲斤出洋售賣者，按年分覈算其數目，亦較他省加廣。請令每船於舊准帶絲八千斤外，再准加帶麤絲二千斤，連尺頭總以一萬斤爲率。其頭蠶湖絲緞匹等項，仍嚴行查禁，不得影射夾帶滋弊。

右絲斤紬緞之禁。

外國來使不得私買違制服色、兵器、史書、一統志、地里圖，及凡違禁之物。伴送人員亦不得將違禁貨物私相貿易，違者俱按律治罪。

右書史之禁。

乾隆四十三年四月，聖諭：李侍堯奏前在粵省時，見近年外洋腳船進口全載綿花，頗爲行商之累，因與監督德魁嚴行飭禁。嗣後倘再混裝綿花入口，不許交易，定將原船押逐。初不知緬地多產綿花，今到滇後聞緬匪之宴共羊翁等處爲洋船收泊交易之所，是緬地綿花悉從海道帶運，似滇省閉關禁市，有名無實等語。所陳切中緬匪情弊，著傳諭楊景素會同李質穎德魁，於海口嚴行查禁。如有裝載綿花船隻，概不許其進口。務實力奉行，勿以空言塞責。仍不時留心訪察，如有胥役等受賄私放者，立即重治其罪。

右綿花之禁。

嘉慶十二年十月，御史鄭士超奏粵東吏治廢弛，奉聖諭：摺內條奏鴉片煙一項，不遵例禁，私販私銷，起由閩粵延及各省以至京城內外，應請嚴密查拏等語。此雖屬事之小者，然於地方風俗殊有關繫。該省並不實力查禁，可見積習因循，毫無整頓。著即一律嚴拏，按法懲治。責並令粵海關監督，於洋船過口時，稽查杜絕，毋許偷漏干咎。

嘉慶十六年三月，湖北巡撫錢楷奏請飭禁外洋鴉片煙。奉聖諭：著責成各處海關監督嚴加禁遏，並交廣東、福建、浙江、江蘇沿海各督撫認真查察。嗣後海船有夾帶鴉片煙者，立行查拏，按律懲辦。如委員胥吏有賣放情弊，均予量懲。倘竟透入內地貨賣，一經發覺，著窮究來從何處，買自何人，不得以買自不識姓名商船搪塞朦混。當將失察賣放之監督及委員人等一併懲辦。

嘉慶十八年六月奉聖諭：自鴉片煙流入內地，深爲風俗人心之害。從前市井無賴之徒私藏服食，乃近日侍衛官員等頗有食之者，甚屬可惡。沉湎荒淫，自趨死路，大有關係，深惑人心，不可不嚴行飭禁。著刑部定立科條，凡商販售賣鴉片者應作何治罪，侍衛官員等買食者應議以何等罪名，軍民人等買食者應議以何等罪名，區別輕重，奏定後通行頒示，俾羣知警戒，以挽澆風。欽此。嗣經刑部奏言：臣部審辦買食鴉片煙之案，因例無正條，俱照違制律杖一百，法輕易犯，實不足以示懲儆。自應欽遵諭旨，分別官民，嚴立科條，俾昭炯戒。再內地鴉片煙未能净絶，皆由各海關查察疎懈所致。政貴清源，應請敕交沿海各督撫及海關監督，遇有海船進口，認真搜查，有犯必懲。奉旨：刑部議奏侍衛官員買食鴉片煙，著革職杖一百枷號兩箇月，軍民人等杖一百枷號一箇月，均著照所議辦理。近日侍衛官員中，朕風聞即有違禁買食者，始因事未發覺免其查究。若不知悛改，將來或經舉發，即照新例懲辦，不能寬貸。再太監供役內

廷，聞亦有買食者，其情節尤爲可惡。著總管內務府大臣先通行曉諭，如有違禁故犯者，立行查拏，枷號兩箇月，發往黑龍江給該處官員爲奴。至鴉片煙一項，由外洋流入內地，蠱惑人心戕害生命，其禍與鴆毒無異。奸商嗜利販運，陷溺多人，皆由各處海關私縱偷越。前曾降旨，各省海關監督等嚴行查禁，乃數年來迄未遏此。並聞各海關竟有私徵鴉片煙税銀者，是竟導奸民以販鬻之路，無怪乎流毒愈熾也。著再嚴飭廣東、福建、浙江、江蘇等省沿海各關，如查有奸民私販鴉片煙冒禁過關，一經拏獲，將鴉片煙拋棄入海，奸商按律治罪。倘各關監督等陽奉陰違，私收税課，著該督撫實力查參，將該監督先行革職，由驛具奏。朕必從重懲治。其各處輾轉運販之徒，並著五城順天府步軍統領衙門，及各直省督撫等，一體嚴查，按律究辦。

嘉慶十九年五月初四日，聖諭：本日崇祿等奏，盤獲廣東貢生盧贇跟隨僕人張四，攜帶鴉片煙一案，已交刑部審辦矣。鴉片煙其性至爲毒烈，服之者皆邪慝之人，恣意妄爲，無所不至，久之氣血耗竭，必且促其壽命，實與自餌鴆毒無異。輾轉流傳，最爲人心風俗之害。其來由於番舶先至廣東，進關後以漸販各省。若粵海關各口查禁認真，不許絲毫透入內地，則外夷商人皆知中國厲禁之物不能售賣獲利自必不復攜帶。如仍有違禁私與中國商民交易者，查出按例治罪，杜其來源，較之內地紛紛查拏，實爲事半功倍。再天主教絶滅倫理，乃異端爲害之尤者。此在西洋人自習其教，原可置之不問，若傳習內地民人，不止大干例禁爲國家之隱憂，貽害最大，比白蓮教爲尤甚。豈可不思深慮遠乎？蔣攸銛等廣爲刊示曉諭該處沿海商民，並來粵交易之西洋人等，一體知悉。如中國民人有私習天主教者，地方官立即訪拏，從重治罪。其西洋人誘惑內地商民者，一經究出拏獲，一體治罪，斷不寬貸。務各凜遵例禁，以熄邪說而正人心。將此諭令知之。

嘉慶二十年三月，總督蔣攸銛會同粵海關監督祥紹奏言：粵東州縣瀕海者十居六七，而香山縣屬澳門地方，爲西洋夷人賃居之所，向來西洋夷船赴粵東販貨回澳，並不經關查驗，即將貨物運貯澳地，俟賣貨時方行報驗納税，難保無夾帶違禁貨物之事。臣等與海關監督臣祥紹，熟商鴉片煙雖來自外夷，其販賣實由漢奸。如果漢奸畏法，則鴉片煙豈能不脛而走。惟流弊已非一日，或地方文武畏從前失察處分，瞻顧因循，勢所難免。應請嗣後西洋貨船到澳時，先行查驗，並明立賞罰。凡拏獲鴉片煙之文武委員等職，應計其獲煙斤數給予議叙。倘地方官及管關委員，並守口員弁，膽敢得受陋規，徇情故縱，立即特參拏問。兵役人等挾嫌誣拏，即治以誣良之罪。似此酌定條規，庶各知有懲勸，而查禁益昭慎密矣。奉聖諭：鴉片煙一項流毒甚熾，多由夷船夾帶而來，嗣後西洋貨船至澳門時，自應按船查驗，杜絶來源。至粵省行銷鴉片，積弊已久，地方官皆有失察處分。恐伊等瞻顧因循，查拏不力，嗣後有拏獲鴉片煙之案，除查明地方委員等有得規故縱情事，應嚴參辦理外，其僅止失察者，竟當概行寬免處分。至所請拏獲興販煙斤，自二百斤至五十斤以上，分別紀録加級及送部引見。軍民人等拏獲獎賞，以及誣良治罪之處，俱著照該督等所請行。

道光元年十月，總督阮元、粵海關監督達三會奏言：臣訪得鴉片煙來路大端有三：一係大西洋，一係暎咭唎，一係咪唎堅。大西洋住居澳門，每於赴本國置貨，及赴別國貿易之時，回帆夾帶鴉片回粵偷銷。暎咭唎鴉片，訪係水手人等私置。其公司船主尚不敢自帶。獨咪唎堅因少國王鈐束，竟係船主自帶鴉片來粵。嘉慶二十年欽奉聖諭：如一船帶有鴉片，即將此一船貨物全行駁回，不准貿易，原船即逐回本國等因。此誠正本清源之辦法，惟向來臣與監督衙門傳諭各國大班事件俱發交洋行商人轉爲傳諭，欽遵辦理。葢洋商與夷人最爲切近，夷船私帶鴉片即能瞞臣等之耳目，斷不能瞞該商之耳目。如果該商等不徇情面，遇有夷船夾帶，即稟明遵旨駁回船貨，不與貿易。且於鴉片未來之前先期告誡，曉以利害，夷人數萬里而來，豈敢因夾帶違禁物件，自斷茶葉等項正經買賣。如此官商同心合力辦理，可冀此風漸息。迺頻年以來，從未見洋商稟辦一船。洋商內伍敦元，係總商居首之人，各國夷情亦爲最熟。今與衆商通同徇隱，殊爲可惡。相應請旨，將伍敦元所得議叙三品頂戴摘去，責令率同衆洋商力爲杜絶，以爲不實力稽查者戒。奉上諭：鴉片流傳內地，最爲人心風俗之害。夷船私販偷銷，例有明禁，該洋商伍敦元並不隨時稟辦，與衆商通同徇隱，情弊顯然。著將伍敦元所得議叙三品頂戴即行摘去，以示懲儆。仍責令率同衆商實力稽察。如果經理得宜，鴉片漸次杜絶，再行奏請賞還頂戴。倘仍前疲玩，或通同舞弊，即分別從重治罪。

道光二年十二月初八日，上諭御史尹佩棻奏請嚴禁私食鴉片煙，據稱鴉片煙之來福建、浙江、江南通海口地方，俱有私帶，總以來自廣東者爲最。一由於地方官不認真查拏，或差一二武弁巡查，徒爲該弁肥囊之計。一由於粵海關之包稅洋船一到，即有包攬上稅者將煙雇載漁船先行寄頓，然後查船。且聞鴉片非數換不賣，獨海巡兵丁不惜減價賣給，居心尤爲可惡等語。鴉片流行內地，大爲風俗人心之害。民間私販私食久干例禁，節經降旨嚴飭稽查，而此風未盡革除。總由海口守巡員弁賣放偷漏，以至蔓延滋甚。著阮元、達三於通海各口岸地方，並關津渡口，無論官船民載，逐一認真查拏，毋任員弁稍有捏飾。倘查有奸民以多金包攬上稅，及私運夾帶進口等弊，立即從嚴懲辦，以除積蠹。總在有犯必懲，慎勿日久生懈，仍歸具文也。

道光三年八月，吏部、兵部會奏言：溯查嘉慶一十年欽奉聖諭，嗣後有拏獲鴉片煙之案，除得規故縱嚴參辦理外，其僅止失察者，竟當概行寬免處分。欽此。是以吏兵二部例內祇有嚴參賄縱之例，並無議處失察之條。茲臣等公同酌議，應請嗣後如有洋船夾帶鴉片煙進口，並奸民私種罌粟煎熬煙膏開設煙館，文職地方官及巡查委員，如能自行拏獲究辦，免其議處。武職該管地方官失察處分，亦請照文職畫一辦理。奉旨：據吏兵二部奏請，酌定失察鴉片煙條例。鴉片煙一項，流毒甚熾，總由地方官查拏不力所致。向來地方官祇有嚴參賄縱之例，並無失察之條。且止查禁海口洋船，而於民間私熬煙斤未經議及，條例尚未周備。嗣後如有洋船夾帶鴉片煙進口，並奸民私種罌粟，煎熬煙膏，開設煙館，文職地方官及巡查委員如能自行拏獲究辦，免其議處。其有得規故縱者，仍照舊例革職。若止係失於覺察，按其煙斤多寡，一百斤以上者，該管文職罰俸一年。一千斤以上者，降一級調用。武職失察處分，亦照文職畫一辦理。其文武官拏獲煙斤議叙均著照舊例行。

道光十一年二月，上諭：前據給事中邵正笏奏，近年內地姦民種賣鴉片煙，大夥小販到處分銷，地方官並不實力查禁，當經降旨嚴飭各省督撫確切查明懲辦。並將如何嚴禁之處妥議章程具奏。茲據阿勒清阿奏，查明山西省尚無栽種鴉片煙地方，惟太谷、平遥、介休各縣民人多在廣東及南省等處貿易日久沾染，頗有嗜食之人。此煙既非晉省所產，則係來自外方，自應責成各該地方官認真查拏，使販者無從託足，則食者不禁而自絕。著通諭各直省督撫，嚴飭所屬，如有姦民種作鴉片煙，隨時拏獲究辦。並飭令各關口，及州縣文武各員，嚴行查禁。如有姦商夾帶偷漏，一經拏獲，即當究明來歷，將偷漏之關口暨失察之地方官，一併交部議處。如後任及他人拏獲，亦著將前任失於查拏之員交部議處。該地方官並不實力查拏，及胥役人等有得規故縱情弊，著該督撫嚴參究辦。並令地方官按季稟報查覈，責成該管道府於年終出具所屬並無種賣鴉片煙切實印結，報明該督撫，每年具奏一次，毋得日久視爲具文，致干重咎。

是年五月，兵科給事中劉光三條奏，請酌加買食鴉片煙罪名，復經部議，軍民買食杖一百枷號兩月，仍令指出販賣之人查拏。如有容隱，將食煙人坐以販賣爲從例，杖一百、徒三年。職官及在官人役加等治罪。仍令督撫及道府州縣官，出具署內並無買食甘結，年終彙奏。刑部又奏言：據兩江總督陶澍等奏，鴉片煙土惟嚴立科條、重懲姦犯，先絕其源，販者無從託足，則食者不禁而自絕。查外來興販，多由洋船夾帶，蘇省各海口關口，有爲洋船之所必經者，稽查尤關緊要。臣等迭經移咨各關監督，並嚴飭各關道實力查拏，又經嚴飭各處守口員弁一體認真查察，竊思煙土不能即食，必待熬汁而後成。販土可以瞞保甲於不知，而熬煙則必爲街坊所先覺，稽查較易。請嗣後熬煙人犯即照製造賭具例，首犯問擬。奉旨：依議。

是年七月，上諭：李鴻賓等奏查禁鴉片煙章程一摺，鴉片煙來自外洋，內地奸民近有將罌粟花栽種熬膏售賣漁利，前已屢降諭旨，通飭各直省督撫，各就地方情形妥議章程嚴行查禁。茲據李鴻賓等奏，粵省惟潮州府屬間有種植罌粟花之事，已飭地方官隨時剷拔以杜萌櫱，正恐潮州府屬之外栽種者亦復不少。至夷商夾帶入口，奸民輾轉販賣，廣東一省向爲尤甚，若不杜絕來源，以凈根株，是以內地有用之財易外洋害人之物。流毒方來，伊於何底。該督撫等嚴飭所屬州縣，如有奸民偷種私賣等事，責令保甲人等首報勘明，將地入官，並拘犯，即照販賣鴉片煙例治罪。並將徇隱之地保鄉約，及族長人等，分別枷責。兵役得規包庇，從重懲辦。各州縣因公下鄉及編查保甲之便，隨時認真察訪，按季申報。該管道府即委員分往覆查，於年終出具所屬甘結詳報。該督撫每年終具奏一次。至外洋夾

帶煙泥進口販售，尤當設法查拏重究，務使弊端永絶，方爲正本清源之道。不可有名無實，日久視爲具文，至干重咎。

道光十四年，總督盧坤、巡撫祁𡊮、監督彭年會奏言：奉諭旨飭令查明鴉片煙延入内地之由，爲拔本塞源之計。查近年鴉片行銷日盛，皆由土棍駕駛快艇透漏，節經咨行舟師，將在洋停泊夷船隨時催令開行，並嚴禁民船蛋艇與夷船交易接濟，并嚴拏走私土棍，先後經各員弁在洋用鎗礮擊沉快艇不少。復據香山協迭次拏獲與夷船交易民人，及走私快蟹艇隻人船，並起獲煙土業將辦理情形奏蒙聖鑒在案。欽奉前因，查夷船來粤，多在零丁外洋及磨刀洋面寄泊。各該處均爲貿易商船進口出口必由之地，寄泊夷船有即時開行者，亦有稱因探聽貨物行市及守風修桅延逗者。該處遠在外洋，離省數百里，何船躉載鴉片，巡洋兵船亦不能搜查確實，未便於衆船聚泊之時遽用礮火轟擊，致失天朝懷柔之義。其躉船一項，常年在洋，惟有於各國商船回帆以後，查明如有在洋躉私船隻，即調集水師大加兵威嚴行驅逐。第鴉片雖係夷船載來，若無内地匪徒勾串販運，該夷人即有私貨，亦從何行銷？可見夷人全藉土販表裏爲姦，則嚴拿走私尤爲扼要。現在飭令香山協派撥巡船二隻，在於夷船灣泊洋面常川巡查，一切買賣食物民蛋船隻均不許攏近夷船，私相交易，以杜接濟。遇有土棍駕駛快艇向夷船興販鴉片，及私買呢羽等貨，即時查拏解究。並責成内河營縣派撥巡船，在於各海口，及一切通海港汊，分定段落，晝夜輪流巡緝。遇有奸販偷越進出，即行拏解。各關口一體實力嚴查，官弁量予鼓勵，兵役酌給獎賞。如員弁疏於巡緝，或兵役得規故縱，除兵役照例治罪外，將該管官從嚴參辦。仍飭地方官訪拏開設窑口土棍查鈔嚴辦。並飭洋商傳諭暎咭唎夷商，互相查察。如有一船偷漏税貨，即將衆船不准貿易，使其彼此自相稽察防閑更爲周密。又片奏，鴉片之害屢經周咨博採，有謂應仍照昔年舊章，准其販運入關加征税銀，以貨易貨，使夷人不能以無税之私貨售賣紋銀者。有謂應弛内地栽種罌粟之禁，使吸煙者買食土膏，夷人不能專利，紋銀仍在内地轉運，不致出洋者。其説均不無所見，然與禁令有違，窒礙難行。更有謂内地所得不償所失，不若從此閉關，停止外夷貿易，不知夷人在粤貿易已閲二百餘年，且亦不止暎咭唎一國，萬無閉關之理。臣等受恩深重，固不敢畏葸苟安養癰貽患，亦不敢徒設侈言不顧全局，悉心籌畫，與其鋌而走險各處蔓延，不若暫爲羈縻嚴加約束，亦不致越駛他省，再行徐圖禁絶，至偷漏税貨。重在各口嚴查不在躉船之有無也。奉上諭：廣東夷船私帶鴉片，多在外洋售賣，即有内地匪徒勾串販運，經盧坤等嚴飭舟師將在洋停泊夷船隨時催令開行，並禁民船蛋艇與夷船交易，嚴拏走私土棍各等情。但洋面衆船聚集之時，難分玉石，惟有於各國商船回帆以後，查明如有在洋躉私船隻，即調集水師大加兵威，嚴行驅逐。仍飭令該管將弁，派撥巡船二隻，在夷船灣泊洋面常川巡緝。一切民蜑艇隻均不許攏近夷船私相交易，以杜接濟。倘有土棍駕駛快艇向夷船興販鴉片，及私買鴉片貨物，即查拏解究，從重治罪。並責成内河營縣派撥巡海，在各海口及一切通海港汊分定段落，晝夜輪流巡緝。如有奸販偷越進出，即行拏解。各關口一體實力嚴查，無論外海内河，拏獲走私漏税人贓船艇，即照例奏請分别獎勵。倘員弁踈於查緝，或兵役得規故縱，除兵役照例治罪外，將該管官從嚴參辦。仍飭地方官訪拏開設窑口土棍查鈔嚴懲，如不認真辦理，别經發覺，從重參處。並令洋商傳諭暎咭唎夷商互相查察，如有一船偷漏，即將衆船一概不准貿易，使其彼此自相稽察防閑更爲周密。盧坤等遇有此等案情，有犯必懲，不准姑息，更不可日久生懈，視爲具文。又另片奏，夷情爲利息是圖，其私販已久，必不甘心舍棄。或伺官兵撤後復來，或窮蹙竄駛他省等語。該督等務當嚴加約束，外則巡以舟師，内則謹防海口，使不致行銷無忌，亦不致駛越他省，總須相機妥辦，嚴行禁絶，方爲不負委任。

（清）梁廷枏《粤海關志》卷二六《夷商》　臣謹案，明初置互市，其番舶之來，泊無定所，率擇濱海地之灣環者爲澳。若新寧則有廣海望峒，東莞則有虎頭門、屯門、雞棲，香山則有浪白濠鏡，皆置守澳官。嘉靖之末，諸澳盡廢，而濠鏡亦非中國有，推原其故，番人之得市於濠鏡也，自黄慶始也。番人之得居於濠鏡也，自汪柏始也。史言吏其士者，皆畏懼莫敢詰，甚有利其寶貨，佯禁而陰許之者。總督戴燿在事十三年養成其患，明政不綱，流毒一至於此。然而佛郎機始據之，旋爲西洋所攘奪。西洋繼有之，又不免爲暎咭唎所窺伺。夷人之性惟利是圖，以犬羊之桀驁成蠻，觸之爭競，故自乾隆年間暎咭唎屢至澳門呈遞夷稟，實非敢有意滋事，不過艷羡西洋之坐享厚利，希冀效尤。而我列聖天威震疊，燭照幾

先，我皇上又申命疆臣，嚴行約束，即於澳夷，亦每事防範，誠以地方安危繫乎市易，而市易利害在於夷商杜漸防微之道，固不可不詳且慎也。故以暎咭唎交涉澳門之事，及歷次所議澳夷條約謹著於篇。【略】

順治四年，户部議覆兩廣總督佟養甲疏言，佛郎機國人寓居濠鏡澳，以攜來番貨與粤南互市蓋已有年，後深入省會至於激變，遂行禁止。今督臣以通商裕國爲請，然前事可鑒，應仍照前明崇禎十三年禁其入省之例，止令商人載貨下澳貿易。得旨准行。

乾隆八年十月，刑部奏言：議得兩廣總督策楞等奏稱，澳門地方係民番雜處之地，八年十月十八日民人陳輝千被夷人晏些盧用小刀戳傷身死。據縣稟據夷目稟稱，番人附居澳境凡有干犯法紀俱在澳地處治，百年以來從不交犯收禁。今晏些盧傷死陳輝千，自應仰遵天朝法度擬罪抵償，但一經交出收監，違犯本國禁令，闔澳夷目均干重辦，懇請仍照例按法處治。臣等伏查澳門一區夷人寄居垂二百年，中間聚集番男婦女不下三四千人，均係該國夷王分派夷目管束。番人有罪，夷目俱照夷法處治，惟民番交涉事件罪在番人者，地方官每因其係屬教門不肯交人出澳，事難題達，皆不稟不詳。即或通報上司，亦必移易情節改重作輕，冀倖外結省事，以故歷查案卷從無澳夷殺死民人抵償之案。今若徑行搜拿，追出監禁，恐致夷情疑懼，别生事端。倘聽其收管，又慮日久潛逃。臣等公同酌覈，此等事件似應俯順夷情，速結爲便，隨飭司檄委該府督同該縣前往妥辦。各夷目遂自行限日，將兇犯晏些盧於本月初三日用繩勒斃。臣等查化外之人有犯原與內地不同，若照例解勘成招夷情實有不願。且兇犯不肯交出，地方官應有處分，若不明定條例，誠恐顧惜考成，易起姑息養姦之弊。可否仰邀聖恩特降諭旨，嗣後澳夷商人有罪當絞斬，而夷情願即爲抵償者，該縣於相驗之時訊明確切，由司覈明詳報督撫，再加覆覈，一面批飭地方官同夷目將犯人依法辦理，庶上申國法，下順夷情，重案不致稽延，而澳夷桀驁不馴之性亦可漸次遷改。尋經刑部奏准，澳夷殺人罪應斬絞，令該縣同夷目依法辦理，免其交禁。奉旨：依議。

乾隆四十五年，刑部奏言：廣東巡撫李侍堯奏稱：乾隆二十五年議准：內地行店有向夷人違禁借貸勾結者，照交結外國詐騙財物例問擬。所借之銀查追入官。自申明例禁後二十年來，各國夷商交易年清年款，從無拖欠夷商之事。詎上年九月有暎咭唎國土名吱叮喇吵船一隻，船主名噋嚌順帶港脚鬼子番稟一封，內稱廣東行商欠夷人銀兩甚多，求著行商還回。當傳諭各國夷商大班傳詢，據稱本國王吩咐不許放債，有違天朝禁令，二十年來俱是年清年楚，並無私相借貸之事。或我國港脚不肖鬼子，攜帶番銀來廣偷放私債亦未可定。隨據大班等報開放債鬼子共十一人，泰和行顔時瑛欠夷人本利番錢一百三十五萬四千餘圓，裕源行商張天球欠夷人本利番錢四十三萬八千餘圓，行據張天球供實止欠夷人銀十餘萬兩，夷人將利銀一併作本換票收執，疊滾加息二十餘年，是以積至如許之多。查夷人違禁放債，又復重利滾息，自應照例追銀入官。但放債在二十五年例禁之先，仰體皇上綏柔遠人至意，按其原本照例加一倍息追還。將顔時瑛、張天球革去原捐職銜，依例交結外國詐騙財物發邊遠充軍，所有貲財房屋交地方官悉行查明估變，除扣繳應完餉銀外，俱付夷人收領。併將辦理緣由剴切曉諭該大班，令其寄信轉知該國王嚴飭港脚鬼子，嗣後不許違禁放債。如再有犯，即追銀入官，驅逐回國。奉旨：依議。

嘉慶四年十一月，總督吉慶奏言：竊查各外夷來粤貿易船隻，惟暎咭唎船大貨多，今據暎咭唎兵船總兵嘐嚹吔稟稱，本國與咈囒哂、吕宋二處有隙，貨船來粤回國恐被攔截搶奪，是以國王派有兵船三隻來往護送，船內糧麪已乏，懇求准買糧以資口食等情。臣即派中軍參將唐光茂等傳諭該國總兵，爾等皆遠涉重洋護貨來廣，自應仰體大皇帝懷柔遠人德意，按口計食，准買口糧。惟查向定章程，商船准其進口在黃地方，兵船則在澳門外洋灣泊，不許擅入。爾等自應遵照向辦章程灣泊，明白曉諭，該夷人等俱各欣感。臣會同監督臣佶山，揀派明白洋商照料，並飭令海口礮臺鎮静彈壓，不動聲色，嚴密防範。仍催該國貨船趕緊起卸買置貨物，隨同兵船依限開行回國。

嘉慶七年，暎咭唎國有兵船數隻停泊雞頸洋面，逗遛數月，經總督吉慶驅逐始去。

嘉慶十三年九月，暎咭唎國兵頭嘟嚕喱託言咈囒哂滋事藉保護西洋人爲名，帶兵七百名進入澳門，占據東望洋娘媽閣伽思蘭三處礮臺。奉聖諭：吴熊光等奏暎咭唎國夷兵擅入澳門一事，暎咭唎國夷人藉稱大西洋國地方被咈囒哂占踞，該國因與大西洋鄰好，恐西洋人之在澳門者被咈囒

哂斯阻貿易，輒派夷目帶領兵船前來幫護，所言全不可信。而且斷無此理。現在先後到船九隻，皆帶有礮械火藥等物，竟敢灣泊香山縣屬雞頸洋面。並有夷兵三百名，公然登岸住居澳門三巴寺龍嵩廟分守東西礮臺，實屬桀驁可惡。該督等現將該國夷船停止開艙，派員剴切曉諭，俟夷兵退出澳門方准起貨。並稱該夷人若再延挨，即封禁進澳水路，絕其糧食。所辦尚是。但究竟如何嚴切曉諭，及現在作何準備之處全未奏及，所辦太輭。邊疆重地，外夷敢心存覬覦，飾詞嘗試，不可稍示以弱。此時如該國兵船業經退出澳門則已，如尚未退出，吳熊光即著遴派曉事文武大員前往澳門嚴加詰責，以天朝禁令綦嚴，不容稍有越犯。大西洋與咈囒哂彼此搆釁，自相爭殺，原屬外夷情事之常，中國並不過問。即如近年緬甸、暹羅二國互相讐殺，節經敂關求援，大皇帝一視同仁毫無偏向。至於中國外藩自有一定疆界，試思中國兵船從無遠涉外洋，向爾國地方屯劄之事，而爾國兵船輒敢駛進澳門，登岸居住，冒昧以極。若云因恐咈囒哂欺侮西洋，前來幫護，殊不知西洋夷人既在中國地方居住，咈囒哂焉敢前來侵奪，以致冒犯天朝。即使咈囒哂果有此事，天朝法令具在，斷不能稍有姑容，必當立調勁兵大加勦殺，申明海禁，又何必爾國派兵前來代爲防護？若云洋匪未浄，欲思效力天朝，尤屬無謂。海洋盜匪屢經勦辦，不過東竄西逃，既經兵船四路擒拏，不日即可殲盡餘孽，又何藉爾國兵力乎？看來竟係爾國夷人見西洋人在澳門貿易，趁其微弱之時意圖占住，大干天朝厲禁矣。爾國臣事天朝，平素遣使進貢尚稱恭順，乃此次無知冒犯，實出情理之外，本當即行拏究，姑先明白曉諭。爾若自知悚懼，即速撤兵開帆，不敢片刻逗遛，尚可曲恕爾罪，仍准爾國貿易。若再有延挨不遵法度，則不但目前停止開艙，一面即當封禁進澳水路，絕爾糧食。並當調集大兵前來圍捕，爾等後悔無及。如此逐層曉諭，義正詞嚴，該夷人自當畏懼凜遵。吳熊光等仍當密速調派得力將弁統領水陸官兵整頓預備，設該夷人一有不遵，竟當統兵勦辦，不可畏葸姑息，庶足以伸國威而清海澨。此於邊務夷情大有關係，該督撫不此之慮，而唯鰓鰓於數十萬稅銀往復籌計，其於防備機宜全未辦及。吳熊光、孫玉庭均懦弱不知大體，且吳熊光充當軍機章京有年，曾經擢用軍機大臣，尤不應如此憒憒。吳熊光、孫玉庭著傳旨嚴行申飭，伊等此次來摺僅由馬上飛遞，亦屬遲緩。此旨著由五百里發往，著吳熊光等即速遵照辦理，並傳諭常顯知之。

又奉聖諭：前因暎咭唎國夷兵擅入澳門，吳熊光等所辦懦弱，當經降旨嚴飭。並令軍機大臣將奏到暎咭唎國所遞原稟繙譯進呈，朕詳加披閱，稟內所叙之詞多不恭順。如所稱該國王多派戰船兵丁赴中國海面，若咈囒哂國人來至澳門，預備防堵等語，殊不成話。該國王既知爲中國海面，即不應派兵擅入。況咈囒哂國夷人並未來至澳門，何得藉詞越進？天朝兵精糧足，即使外藩部落或敢桀驁思逞，不難聲罪致討。若蠻觸相爭，敂關求救，天朝一視同仁，亦斷無偏護，何須該國王豫籌防堵耶？又稱咈囒哂係各國仇人，該國王派兵作敵，以期保護中國、博勒都雅、暎咭唎三國買賣等語，尤屬謬妄。試思天朝臣服中外夷夏咸賓，蕞爾夷邦，何得與中國並論。又稱天朝海面盜案甚多，商販被刦，該國王派備兵船情願效力勦捕等語，竟係意存輕視。現在海洋水師兵船樓織巡緝沿海各口岸，斷絕接濟，盜匪日形窮蹙，豈轉待外夷相助？種種藉詞背謬，於邊務夷情大有關係。該督接閱夷稟，早當驅逐駁飭，乃止以停止開艙封禁進澳水路，絕其糧食虛言，由尋常馬遞入告。且該督等具奏後，該國夷船曾否退去，亦未據續行馳報。吳熊光不應如此糊塗懈怠，實出意想之外。試思邊防重地，任令外夷帶兵闌入，占據礮臺，視爲無關緊要，不知有何事大於此事者。該督等接奉此旨，即著將夷船現在情形如何密飭籌備之處，速行奏聞，無論退去未退去即由五百里具奏。

是月二十八日，聖諭：吳熊光覆奏暎咭唎夷船尚在澳門延挨觀望情形一摺，所奏仍係一片空言，並未設法驅逐，殊屬遲緩。外夷擅入內地，分占東西礮臺，地方緊要事務孰有大於此者。吳熊光身任封疆重寄，接據稟報，早應馳赴該處躬親籌辦，乃任其登岸住守兩月有餘，船隻人數日益增多，竟如入無人之境。及接奉嚴旨，尚不即時親往督辦，僅止委員前往。又未將派委何員，如何飭諭之處，詳晰聲叙，所稱統兵勦辦之語，亦未將該夷人設不肯退出即從何路進兵一一部署周妥。而摺內尚稱早爲籌備果爾則節次奏報之摺，何以未將籌辦之法詳細奏及耶？且據稱夷人一經登岸，則毫無伎倆。又稱恐其挺而走險，竄入沿海地方掠食滋擾，顯係自相矛盾。看來吳熊光平日因循廢弛，祇知養尊處優，全不以海疆爲重，大負委任矣。吳熊光著傳旨嚴行申飭，先降爲二品頂戴，拔去花翎，仍交部

嚴加議處，用示薄懲。現已另降諭旨，令永保速赴澳門相機專辦，即與欽差無異。吳熊光接奉此旨，仍著速赴澳門親身驅逐。如能於永保未到之先，將夷人速行驅逐，尚可稍贖前罪。倘永保到時，或夷人尚未退去，竟需酌調兵力，吳熊光不得有意阻撓，致令掣肘。將此由五百里諭令知之。仍著將夷人是否退去情形，速行覆奏，以慰廑注。

其年十一月，聖諭：昨據吳熊光等奏，暎咭唎夷兵全數退出澳門一摺，此次該國夷人自七月來至澳門住守數月有餘，夷情叵測，必有所爲而來，何以又無故而去？且所稱見聖諭嚴明，兵威壯盛，業已不敢抗違之語，所見係何諭旨，所派係屬何兵，並未一一聲叙。況夷稟尚未呈遞，吳熊光輒稱夷船風信一過即不能開行。如果切實懇求，即准其開艙，俾夷情不致遲留等語，竟欲以開艙見好於夷人，豈非示之以弱乎。外洋來至內地貿易，輸納稅課，原因其恪守藩服，用示懷柔，並非利其財貨。若沾沾以征榷爲重，無怪該夷人肆意居奇，意存輕視也。永保馳抵粵東即會同韓對詳查暎咭唎夷船因何擅入內地，自七月至今呈遞夷稟幾次，吳熊光如何批示，所稱水陸兩途嚴密布置官兵所派係屬何兵，節次奏稱派員剴切曉諭並聖諭嚴明之語，所見係何諭旨，所派係屬何員，因何全行退出，有無豫准開艙貿易之事，逐一奏聞。倘永保到彼後，吳熊光等業已准令開艙，即當查明因何允准，是否係該國夷人具稟懇求，抑吳熊光先行准令開艙，該夷人始行退去之處，一併據實具奏，不可稍有隱飾。

嘉慶十四年二月，聖諭：韓對奏查閱澳門夷民安堵並酌籌控制事宜一摺。澳門地面西洋人舊設礮臺六座，其自伽思蘭礮臺至西望洋礮臺迤南沿海一帶，本有石坎，因形勢低矮，上年暎咭唎夷兵即由此爬越登岸。今擬加築女牆一道，增高四五尺，共長二百餘丈。經韓對查閱指示該夷民目等歡欣願辦，應即令其尅期興工，俾資防護。

其年四月聖諭：百齡奏俟本年暎咭唎國貨船到時，先期偵探各情形，所見甚是。該國夷人素性強橫奸詐，雖現據夷商喇咈所稟夷兵不敢再來之語，亦未可深信。上年該夷兵來澳時，吳熊光等不立行查辦，即失之於寬，此時自應濟之以猛。著傳諭百齡，於本年該國貨船到時，先期留心偵探。如再敢多帶夷兵，欲圖進口，即行調集官兵相機堵勦。倘止係貿易船隻，並投遞謝罪哀懇稟件，亦應飭令停泊港外。該督一面奏聞，候朕降旨遵行。又聖諭：各省封疆大吏守土是其專責，遇有關涉外夷之事，尤當立時親往勘辦，務臻妥協，方爲無忝厥職。前次吳熊光在兩廣總督任內，暎咭唎國商船帶兵入澳，占踞東望洋娘媽閣伽思蘭三處礮臺，雖內係西洋商人防守所設，但現在中國地面，即與闌入內境無異。吳熊光身任封圻，其咎竟無可辭。本日據百齡查奏，上年七月二十一二等日，該夷兵船來至雞頸洋面，八月初二日抵澳上岸，占據西洋礮臺，地方文武節次稟報，吳熊光批令照常防範。至二十六日，見該夷不退，諭令封艙，復經游擊祁世和、香山縣彭昭麟等請兵堵逐，吳熊光亦俱批以鎮靜，不可張皇。彼時香山縣有澳內居民四散，澳民乏食之稟，吳熊光總未親往查辦。該夷兵見無准備，將兵船三隻駛進虎門停泊黃埔，吳熊光因於九月初四日具奏，始派兵防範，並令碣石鎮總兵黃飛鵬管帶師船，在省河一帶灣泊。至二十三日，該夷兵又駕坐三板艇船，由黃埔至省城外十三行停住，求見總督懇請代奏在澳寓住。吳熊光總未見面，祇令其回黃埔候旨，並飭禁買辦火食。該夷兵慌急駕船行至十三行裝取火食，官兵喝阻不理，黃飛鵬開礮轟斃夷兵一名，帶傷三名，該夷兵即行退回。至十月初奉到諭旨：吳熊光僅檄調各標兵丁在黃埔澳門駐劄防守，並未攻擊。至十六日恭宣諭旨，夷人當即畏懼，願撤兵復求開艙，吳熊光諭令全行退去始准貿易，該夷兵陸續退至外洋等語。暎咭唎夷船帶兵入澳，藉名保護西洋，陰圖占地謀利，情殊詭譎，即應立時驅逐。況此次該夷兵遇官兵開礮，並不敢稍有抗拒。及奉有嚴飭諭旨，亦即畏懼開帆遠去，是該夷兵尚知震懾天威，無他伎倆。設吳熊光於該夷兵登岸之初，即親往彈壓，曉以大義，一面調兵防守，該夷兵自知所畏懼，即行退出，庶足宣示國威。吳熊光於此等要事，遲至月餘始行具奏，既未親往查辦，該夷目兵求見又祇派員往諭，並不面詢斥逐。雖開艙在夷兵既退之後，而許其開艙究在夷兵未退之先。是奏報既屬遲延，辦理又行畏葸。且屢次夷人具稟，乃吳熊光批示並轟斃夷兵等事並未入奏，亦屬含糊。吳熊光由軍機章京蒙皇考高宗純皇帝不次超擢，用至軍機大臣，復經朕簡歷任三省總督，非新進不曉事者可比。乃種種錯謬，實屬辜負委任。吳熊光前已革職，著拿問交軍機大臣會同刑部審訊定擬具奏。至孫玉庭前在廣東巡撫時，並不將前後情形據實陳奏，又不會同吳熊光迅速妥辦，軟弱無能，豈可復勝巡撫之任？孫玉庭著革職回籍。

是年八月，總督百齡奏言暎咭唎祖家貨船到粤，歷係帶進虎門灣泊黄埔等候開艙貿易，因上年有該國夷兵入澳之事，當飭澳門同知虎門守口員弁香山縣偵探。本年該國祖家船到粤，如果貨船以外，仍照向年止帶護貨兵船二三隻，均令停泊外洋，仍俟該夷具有謝罪稟件，即當奏請諭旨遵辦。兹據該夷商大班喇咈等呈稱，本年祖家貨船十有六隻，將次到粤，再四哀懇先爲具奏，冀得早進黄埔免致久泊外洋，有風濤之險。並賫呈該夷漢字稟各一件。奉聖諭：上年該國夷兵冒昧入澳，曾經降旨，令該督察看該國夷人如果畏罪感恩，俟其貨船到日，奏明請旨定奪。今伊祖家船十六隻，將次到粤，夷商等所具稟函，以涉險遠貿悔罪乞請爲詞尚屬恭順，著准其照常貿易。惟該夷人所帶兵船，原以外洋遼闊自備不虞。若貨船既抵内地，焉用防範，著該督嚴切諭禁？令其將兵船留泊外洋，恪遵功令爲要。

嘉慶十五年十一月，總督百齡等會奏，言暎咭唎國大班喇咈以洋商鄭崇謙等負欠過多。輒行私給資本，串同民人吴亞成代理行務，實屬違例多事，未便任其久留内地，覬覦壟斷。現在暎咭唎祖家公司貨船陸續到粤，該國因喇咈連年承辦貿易事務不妥，有違天朝功令，已另派新大班啵唧不日來粤更换，應俟該大班啵唧到粤，即飭令將喇咈驅逐回國，毋許逗遛，以杜弊竇。

嘉慶十九年十一月，聖諭：朕聞本年八九月間，有暎咭唎護貨兵船違例闖入虎門，又有暎咭唎夷人哃嘡㖔前於該國入貢時，曾隨入京師，年幼狡黠，回國時將沿途山川形勢俱一一繪成圖册，到粤後不回本國，留住澳門，已二十年，通曉漢語。定例澳門所住夷人，不准進省。哃嘡㖔在粤既久，夷人來粤者大率聽其教誘，日久恐致滋生事端。著蔣攸銛等查明哃嘡㖔有無教唆勾通款蹟，如查有實據，或遷徙安置，奏明妥辦。又聖諭：蔣攸銛等奏密陳夷商貿易情形，及酌籌整飭洋行事宜一摺，所奏俱是。粤省地方瀕海，向准各國夷船前來貿易。該夷商遠涉重洋，懋遷有無，實天朝體恤之恩。然懷柔之中，仍應隱寓防閑之意。近來暎咭唎國護貨兵船不遵定制，停泊外洋，竟敢駛至虎門。其詭譎情形，甚爲叵測。蔣攸銛示以兵威，派員詰責，該大班始遞稟謝罪。此後不可不嚴申禁令。該夷船所販貨物全藉内地銷售，如呢羽鐘表等物，中華儘可不需，而茶葉土絲在彼國斷不可少。倘一經停止貿易，則其生計立窮。《書》云不寶遠物，則遠人格。該督等當深明此意，謹守定制，内固藩籬，不可使外夷輕視。嗣後所有各國護貨兵船，仍遵舊制，不許駛近内洋，貨船出口亦不許逗遛。如敢闌入禁地，即嚴加驅逐。倘敢抗拒，即行施放鎗礮，懾以兵威，使知畏懼。所有該督等，請嚴禁民人私爲夷人服役，及洋行不得搭蓋夷式房屋，鋪户不得用夷字店號。及清查商欠，不得濫保身家淺薄之人承充洋商。並不准内地民人私往夷館之處。均照所議行。

嘉慶二十一年七月，總督蔣攸銛示暎咭唎夷人從前稟求指一闊野地方行走閑散以免生病，曾准於每月初三、十八兩日，令赴關報明，派人帶赴海幢寺陳家花園内，聽其游散，以示體恤。但日落即須歸館，不准在園過夜。並責成行商嚴加管束，不許水手人等隨往嘈雜滋生事端。兹查近年已無陳家花園，各夷人每有前赴花地游散之事，從前原定每月兩次准該夷人出外閒游，兹酌定於每月初八、十八、二十八日三次，每次十名，人數無多，隨帶通事易於約束，添以次數，則夷人可以輪替前往，於俯順體恤之中，仍寓稽查防閑之意。准其前赴海幢寺花地閒游散，解夷人每次不准過十人以外，著令通事赴經過行後西礮臺各口報明帶同前往，限於日落時仍赴各口報明回館，不准飲酒滋事，亦不得在外過夜。如不照所定日期、名數，或私行給與酒食，一經查出，定將行商通事從重究治，夷人即不准再去閒游。其洋貨店鋪人等，如敢私與夷人潛赴花地閒游，並引誘勾結作弊，軍民人等無故阻攔滋事，並干嚴究。

（清）梁廷枏《粤海關志》卷二七《夷商》　道光二年，澳門衆夷逐其番差兵頭。西洋住澳夷人向由該國設番差兵頭等官。番差者，轄番衆，如内地文員；兵頭者，轄番兵，如内地武員。是年番差兵頭虧缺庫項，夷人逐之，而自立番差兵頭。小西洋總管官聞之，遣巡船一，夷兵水梢二百餘人，以牌照至澳查辦。澳門夷衆言，兵頭雖派自小西洋，而番差則派自大西洋，去年已稟國王不願受小西洋牌照，巡船船主及舊番差訴於總督、將軍、監督。尋議夷人自行查辦之事，内地本可不過問，但小西洋不應派兵來粤，飭文武令其事竣開行。

道光八年，十三行夷樓前面臨河處所，有公司馬頭，向係停泊公司三

板船隻及夷人貨物上落之處，因與新荳欄馬頭毗連，舊築圍牆一道，以防民夷混雜。夷人因河身淤淺，改挪向前改築，未行稟明粵海關衙門及地方官聽候批准，經總督李鴻賓曉示。

道光九年，監督延豐咨稱，嘆咭唎夷館前面西邊添築圍牆，先經廣州府督同南海縣勘明尚與河道無碍，請免拆毀。至東南二面，不許再行圍築，豎立碑禁在案。

道光十年二月，據洋商伍受昌等稟稱：前據嘆咭唎國大班盼師等欲於東南二面添築圍牆，東邊木板易石，俾上落貨物得免無虞，當奉批斥，著即傳諭該夷等恪遵禁令，不得妄生覬覦。詎於本月初九日初更時候，忽有黃埔該國公司夷船三隻、水手一百餘名上省，該夷商督令將公司館前鋪地木板拆去，將靖遠街口海旁餘泥連夜搬運，填平所拆木板低窪之處。商等立即會同前去向該夷曉諭阻止，該夷商等強硬不服等因。查公司館係洋商建造，給與夷人來省暫住之所。該夷人貿易事竣，仍應回澳門居住，其館前餘地不與夷人相干，何得率衆黑夜偷填，違犯禁令。札委廣州協廣州府刻即傳集洋商逐一勘明，將該夷填土挑挖净盡，俾地勢仍舊。該夷等如敢抗阻，即遵照新奉諭旨，將該夷等嚴行驅逐。

是年，廣州將軍慶保會奏言：查各國夷人航海來粵貿易，每年春夏皆寓居澳門，至秋冬間因出進貨物均在省城洋行交兑，即移駐省中夷館。其隨帶番婦，向只准居住夷船，乾（降）〔隆〕十六年始准寄居澳門，仍不准攜帶進省。各處番夷就省投行交易，原無准帶婦女到省之例。乾隆十六年閏五月十二日夜，有荷蘭國夷船咾嗹乘三板帶有番婦一名、番女二名，上至瑞豐行居住，經飭令該夷即將番婦寓居澳門，俟開船時帶領回國。迨乾隆三十四年，有嘆咭唎國夷商啡嘔私帶番婦來省居住，經將該番婦押往澳門出示嚴禁。三十四年以後，傳聞間有私攜番婦來省，或潛住數日無人知覺旋即回澳門，此則無案可稽。本年春間，訪有番婦到省潛住之事，現在嘆咭唎國大班盼師復攜帶番婦來至省城到公司夷館居住。又該夷商由船登岸坐轎進館，經臣李鴻賓諭飭，洋商即將番婦驅令回澳，並飾嗣後夷商進館不許乘坐肩輿，務遵舊制，毋得稍違。該大班等因聞外間訛言有派兵圍逐夷商番婦之説，心懷疑畏，通信黃埔灣泊各夷船，令水手百餘人乘夜將礮位數座，及鳥鎗等件，收藏小船艙內偷運省城夷館。臣即飭令洋商通事等，嚴詰該夷私運礮座等物至館，其意何居？據稱實因聞得即日派兵將夷人番婦一併攆逐，一時惶懼情急將船上隨帶防身鎗礮夜間運來，實不知礮位不准攜帶之物。復查該夷等乘坐三板小船上省下澳，向准其攜帶鳥鎗二三桿，以防盜賊，固屬不禁。若船上礮位，歷來不准移至省館，當經嚴飭，該夷速將礮位、鳥鎗刻即運回本船，水手人等速歸黃埔，夷人遵將礮位攜歸，番婦遣回澳門。

其年十二月，洋商伍受昌、盧文錦、潘紹光等稟稱，向來各國夷船來廣貿易，皆係各備貲本，自行買賣，惟嘆咭唎國向設有公班衙發船來粵貿易，名爲公司船，設立大二三班等，在粵管理貿易事務。該國來粵夷商水梢，及所屬港腳等國來粵夷商水梢，均由大班管束，是以事有專責，歷久相安。茲該大班等忽聲稱本國設立公班衙定有年期，計至道光十三年以後即已期滿散局，嗣後無公司船來粵貿易，將來本國有船來粵亦係散商，與港腳船無異。查該國專以貿易爲務，公司既散，則事不相統攝，該夷梢等素性不馴，若無管束之人，萬一有違犯功令之事，雖斥責究辦，究於公事無裨。應請諭飭大班嗎咍呼及早寄信回國，轉知該國王。倘若將來公班散局，仍否設立大班到粵管理？該國及港腳各夷商來粵貿易，船隻既多人數不少，倘有違犯天朝功令，究竟責問何人？轉盼該公司即屆散局之期，務令該國預爲籌協等語。經監督中祥批斥，該夷來粵貿易自雍正十二年，其該國設立公班衙及公司大班名目已見於乾隆十五年該夷稟牘，距今八十年之久，中間並未聞有公班衙散局之説。是否該夷商貿易居奇，故爲聳聽，殊難憑信。惟所稟預爲公事起見，現已准總督部堂咨諭令該商等傳諭大班寄信回國。如果公司散局，仍應酌派曉事大班來粵總理貿易。

道光十一年三月十六日，上諭：李鴻賓等奏申明防範外夷舊章，並酌議變通增減以便遵守一摺。嘆咭唎夷商前次因求減輸規銀，延不進口，上年又有私帶番婦住館，偷運鎗礮至省城等事，旋即自知悔悟，不致始終抗違。唯夷情詭譎，必須嚴申禁令，以重防閑。舊定章程，今昔情形不同，亦有因時異宜之處。該督等酌量增減，俾共相遵守。並責令員弁兵役實力巡防，行商通事認真稽察，以資控馭。所有酌議八條，著照所議辦理。該夷商前次屢違禁令，因自知悔悟，從寬免其懲辦。但必須責令遵守舊章，豈得再有違犯。若任其日增倨傲，玩視法度，恣意抗違，漸至益形

驕縱，莫敢誰何，尚復成何事體。該督等嚴內地之成規，杜外夷之滋事，總當於撫馭綏來之中，不失天朝體制，方爲妥善。倘辦理不能妥協，將來該夷商輒敢再違禁令，致生事端，惟該督等是問。勿謂誥誡之不早也。

是年四月，南海縣稟稱，據洋商伍受昌等稟稱，本月初一日撫憲會同關憲親臨嘆咭唎夷館，諭令將館前西邊道光七年所築牆一度計長一十一丈六尺，東邊木板一度計長一十一丈六尺，南便海邊馬頭木柵欄一度計闊一十一丈，又館前淤積餘地一段，悉照丈尺掘毀。茲商等遵諭，於本月初二日僱覓工匠興工，將該夷館前西邊道光七年所築牆一度計長一十一丈六尺，東邊木板一度計長一十一丈六尺，南邊馬頭上柵欄計闊一十一丈，淤積餘地，照西邊牆一十一丈六尺闊一十一丈，連馬頭石塊、西邊牆腳石塊、東邊木板腳石塊，已於本月初十日一并遵限掘毀完訖，理合稟報等情到縣。據此理合據情通稟察覈。

其年六月，監督中祥咨稱，據洋商伍受昌等稟，嘆咭唎公司夷館前舊有地一段，東西建有圍牆，南邊海旁原有石砌坡岸，上設疎木柵欄一道以防鼠竊，夷人起落貨物俱由於此。本年四月，奉憲臺會同撫憲親臨面諭，將西邊七年所築之牆及東邊木板、南邊坡岸柵欄，連淤積地段一并掘毀，面奉撫憲諭，將新築之處掘至舊日基址，其舊基址馬頭上應砌回坡岸，以便夷人起下貨物。准於舊日馬頭上仍用石塊砌築坡岸，照舊立疎木柵欄一道，以防鼠竊，用符體制而肅觀瞻。

是月，奉上諭：前因有人陳奏廣東貿易夷人日增桀驁嘆咭唎動違禁令各款，曾經降旨交朱桂楨逐款嚴密訪察，據實具奏。茲據該撫查明，上年嘆咭唎國大班啷嘍頓回國，二班吩吶充大班，即將眷口婦人帶至省城夷館，並坐小轎登岸進館，故行違例。又心疑官兵要用礮轟擊，並將船上所用礮械潛運至館，自爲保護，經該督李鴻賓會同將軍慶保等派兵防範，該夷人等始知畏懼，潛將礮械運回，婦女亦均陸續搬回，皆係吩吶主使所致。其延不開艙一節，該國夷商并各國夷商亦皆歸怨，因所帶羽毛大呢等物不能即時起卸，致經潮濕半多虫蛀，虧折本錢，該國王已將其撤回懲治。近所換之大班囉啪咂人尚恭順，一切買賣俱屬安静。現在嚴飭彈壓稽查，使不敢再違禁令，已往之事不復苛求。至新砌臨水馬頭，較舊日馬頭寬出十餘丈，實屬違例，旋經該撫親往查看飭令拆毀净盡，一律如舊，該夷亦並無違抗。並據該撫查詢，夷人只知求利，不過受人唆使，曾經該督將私送綠呢小轎之謝五嚴辦。至地方官與夷商貿易貨物向無交涉，尚無苛虐情弊。惟通事買辦引水各項人等，良莠不齊，難保不勾引串唆匪徒，練習快蟹船隻，爲夷人運私偷稅。兵役朋比爲姦，自應挐辦。嗣後該督等總當隨時稽查，妥爲防範，並著水師員弁會同州縣認真巡緝。如有快蟹船隻走私漏稅者，立即查挐究辦，毋得稍涉疏懈。【略】

〔道光十二年〕是年七月初二日，上諭：據訥爾經額奏，六月十八日有嘆咭唎夷船復駛至山東洋面，並刊刻通商事略説二紙，大意以粵省買賣不公，希冀另圖貿易爲言。該夷人情殊可惡，已經訥爾經額嚴飭將弁在彼彈壓，不許居民私相交易，一俟南風稍息，即督押南駛驅出東境。因思該國夷人向例止准在廣東貿易，立法綦嚴，乃該夷明知故違，且以廣東買賣不公爲詞，是否廣東洋商貿易不能公平，抑或夷商另有他故藉端狡詐，著李鴻賓等體察情形，據實具奏。至該夷船駛入內地，必先由廣東洋面經過，如果水師員弁實力巡堵，何致令其北駛？至一經攔入內洋，則洋面遼闊，阻截較難，即多派兵船驅逐截回，或致別生事端，實屬不成政體。著李鴻賓等妥籌防堵章程，並曉諭該夷人，以天朝定制，該國夷船止准在廣東貿易，不准任意駛入內洋就地銷貨，俾該夷恪遵定例是爲正辦。並飭李增階率水師將弁兵丁認真巡邏，隨時稽查。倘有北駛夷船，力行截回。如再有攔入沿海內洋，惟該督等是問。其能當此重咎耶？尋經總督盧坤會同監督中祥奏言：查自道光十年奏准酌減夷船規費，該夷商等感激皇上深恩，無不遵照關税則例，踴躍輸納。每歲嘆咭唎到粵夷船二十餘隻，情形極爲綏順。其咪唎堅港腳各國夷商來粵貿易者，均無異詞，該洋商與夷商交易並無不公之處。其駛至閩浙山東胡嗄咪甲唎等船，詢據該洋商及夷商大班等均稱不知有此船名，且稱該大班在粵遠離本國數萬里，是否該夷船因江浙山東等省洋貨價值比粵加昂，圖獲重利，假揑船名，違例四竄，實難懸揣其由，該國何路駛往山東亦無從悉知。惟嘆咭唎夷船例不許駛往別省收泊貿易，無論其如何牟利販私，總應立定章程，毋令任意遠颺，方得控制之術。

其年十月二十五日，上諭：據國祥等奏，佐領徐士斌等稟報，十月初二日在城隍島遥見西南海面有嘆咭唎夷船一隻，行駛甚速，當即駕駛戰

船跟踪追逐等語。噗咭唎夷船前由福建、浙江、江蘇、山東等省外洋游奕，又駛至朝鮮國，被該國王驅逐，不與貿易，今復由朝鮮國駛至盛京。該夷行踪詭譎，隨處逗遛，殊爲可惡。現據國祥等責成佐領管帶弁兵，尾追該夷船，押令出境，與隣省巡查各官明白交替。著琦善、陶澍、程祖洛、鍾祥、林則徐、富呢、楊阿、魏元烺等嚴飭沿途州縣及水師營弁管帶兵丁駕駛船隻，於該夷船過境立即驅逐，不許令其停泊登岸，將貨物與民人交易，致令滋生事端。至米糧，尤不許沿海居民私行賣給接濟。該夷船一抵廣東，即著盧坤、朱桂楨、中祥等，嚴詰該夷船各省游奕是何意見，並諭以天朝制度，爾國只應在廣東貿易，不准私越各省。嗣後務須遵守定制，不得有違。即飭該國大班管束，飭令迅速回國。將此各諭令知之。

道光十四年三月，總督盧坤咨粤海關監督中祥稱，噗咭唎國公司散局，事關外夷商船在内地貿易重務，課税攸關，總不可散而無稽。其該國公司散局之故，該商等應向該大班詳細詢明，並應熟籌妥議具稟，相應咨會，一體飭諭該商逐一查明移覆察覈，以便會奏。旋於四月准覆稱，據該大班稱，本國埋造公班衙定有年期，今期已滿，不能復埋。將來散商船隻來粤貿易詳細章程尚未得知，並聞得本國有夷官來粤等語。五月會同奏。奉諭旨：即飭洋商，令該夷商寄信回國，另派曉事大班前來管理貿易事宜，以符舊制。

是年八月初六日，總督盧坤會同粤海關監督中祥奏言，噗咭唎國貿易公司道光十三年期滿散局，經諭大班寄信回國，酌派曉事大班來粤總理貿易。十四年六月，有該國兵船載送夷目嗶嘮啤一名來粤，稱係查理貿易事務。兵船停泊外洋，該夷目换船至省外夷館居住，不肯接見洋商，旋赴城外呈致臣盧坤書信。封面用平行款式，妄寫大噗國字樣。當飭廣州協副將韓肇慶諭以天朝制度，疆吏從不與外夷通達書信，復摘叙歷次奏定夷人貿易條款，諭飭洋商傳諭開導。前後四次，旋據該商稟覆，該夷目不遵傳諭，聲言伊係夷官監督，非大班人等可比，以後一切事件應與各衙門文移往來，不能照舊由洋商傳諭，伊亦不能具稟祇用文書交官轉遞，堅執不移，請即停止該國買賣。臣當將本應封艙，因體邱散商衆人暫從寬緩緣由批飭再行曉諭，該夷目若罔聞知。并據報噗咭唎國復來兵船一隻，與前來兵船同在虎門口外九洲沙瀝洋面停泊，復經咨行加緊防堵，並嚴禁商漁艇隻攏近接濟，隨飭委員前往面加查詢，該夷目不肯令通事轉傳言語無憑曉諭。臣等會同熟商，惟有照例封艙，將噗咭唎買賣暫行停止。再粤海關近年征收夷船商税，噗咭唎國約計銀五六十萬兩，在帑藏原無關毫末，而國用爲重，亦不敢不通盤籌畫。惟夷情貪得無厭，愈示含容，則愈形傲睨。現在外洋私販鴉片夷船日多，正在設法整頓，又來此謬妄之夷目。該國以貿易爲生，衆商紛紛載貨前來，急於銷售載貨回國，斷不肯輕擲貲本守候悮時。各散商見嗶嘮啤屢次違抗，心多不服，現據在海關稟求開艙，必不任聽回執，自悮營生。且内地大黄、茶葉、磁器、絲斤爲該國必需之物，溯查嘉慶十三年及道光九年，因該夷人滋事封艙，旋據籲請復開，此該國不能不與中華交易之明証。該夷人除礮火以外，一無長技，現已商同將軍臣哈豐阿等，派撥弁兵，在省城内外分設堆卡，加意巡防。澳門一帶，亦密派員弁水陸分投布置鎮静防範不至疎虞，亦斷不敢稍涉張皇肇衅釀事。仍飭該府縣訪查漢奸，嚴拏懲辦。至外夷貿易係洋商專責，今夷目嗶嘮啤來粤，該商等既不先行稟報節飭傳諭，又一無能爲，殊屬玩忽。仍查明有無情弊，嚴參究處。奉上諭：噗咭唎國夷人素性兇狡，與中華不通文移，惟化外蠢愚未諳禁例，自應先行開導，令該商等傳諭飭遵。兹該夷目既執拗頑梗，不遵法度，自當照例封艙，稍示懲儆，俾知畏懼。如該夷目及早改悔，照常恭順懇求貿易，即准奏請開艙。祇期以情理之真誠化犬羊之桀驁，但能無傷大體即無庸過事苛求。倘該夷人自恃船堅礮利，陰蓄詭謀，不聽約束，犬羊之性急則反噬，則驅逐出省，不能不示以兵威。其省城内外，及澳門一帶大嶼山礮臺等處，務須密派弁兵加意巡邏，不動聲色鎮静防範。至外夷在内地通市，如能照常安静，自當一視同仁，曲加體恤。況天朝嘉惠海隅，並不以區區商税爲重，該國貿易百數十年，諸事均有舊章，豈能以該夷目一人之執謬，絶商舶之往來。總當通盤籌畫設法整頓，自未便任聽該夷目固執，致各散商紛紛向隅。務隨時察看情形，酌量辦理，固不可於國體有防，稍事遷就，亦不准令邊夷啓衅，稍涉張皇。至該夷目膽敢抗違，有無内地漢奸暗中唆使，必應嚴飭該府縣密速訪拏，從重懲辦。其外夷貿易，係洋商專責。兹該夷目來粤，該商等既不先行稟報，節飭傳諭又無一能爲，殊屬玩忽。著該督等查明有無情弊，嚴參究辦。其現在籌備防範各處，該督等當約束弁兵，密飭稽查防守，以備不虞。不准

輕啓衅端，致煩兵力。俟察看夷情安靜，即行撤回，仍將辦理情形隨時據實具奏，毋稍含混。

其年九月初二日，上諭：前據盧坤等奏暎咭唎國夷情謬妄，當經降旨令盧坤等鎮靜防範，倘該夷目陰蓄詭謀，不聽約束，即行驅逐出省，示以兵威。本日又據哈豐阿等由四百里馳奏，八月初五日有夷人巡船二隻，乘風闖入內河，該處礮臺放礮攻擊攔截，夷船膽敢抗拒施放連環大礮回擊，現經左都統帶左司協領海明楊承震二員，水師旂營佐領二員，驍騎校四員，兵三百五十名，於八月初十日駕船前往□德隘口，會同綠營將弁實力防堵等語。此次暎咭唎夷人啤嘮啤自稱夷目，來粵查理貿易事宜，不領紅照，擅自來省，率遞書函，既經盧坤等傳諭封艙，停其貿易，自應悔悟恭順俯首認罪，何以膽敢闖入內河？我兵放礮攔截，該夷船竟敢放礮回擊。彼此有無損傷，迨經帶兵防堵該夷船現在停泊何處？且盧坤既與該將軍等面商，撥派水師兵船妥爲堵禦，何以此次摺內盧坤等並不會銜？外夷准令通商，本係天朝體恤。暎咭唎夷人犬羊性成，心懷叵測，由來已久。此次夷船僅有二隻，夷人亦不過四百，若不乘此加以威懾，俾知畏懼，將來釀成巨患，重勞兵力，尚復成何事體。著盧坤暨該將軍等，悉心會商，通盤籌畫，倍加留意防範，切勿輕視。既不可稍事遷就致滋後患，亦不可過涉張皇肇啓邊衅。盧坤等接奉此旨，即著迅速查明，並將現辦情形由四百里據實覆奏。又奉上諭：本日據盧坤等由驛馳奏暎咭唎兵船闖入內河調兵驅逐一摺，此次暎咭唎夷目啤嘮啤來粵貿易不遵法度，該夷兵船二隻，番梢共三百數十人寄泊外洋。經該督於六月間即咨會水師提督李增階派委參將高宜勇前往海口防範，並檄行提標將弁督飭礮臺嚴密看守，迨該督等照例封艙以後，又復咨令防堵，勿任夷船進口，乃竟疎於防禦，致該夷兵船於八月初五日乘水漲發闌進海口。各礮臺弁兵開礮轟擊，該夷船放礮回拒，隨於初九日駛至離省六十里之黃埔河面停泊。現經該督等調派水師嚴行驅逐，廣東水師提督中軍參將高宜勇於六月間即經往海口堵禦，輒任該夷兵船駛入內河已屬疎玩。復據稱夷船乘潮駛風阻擋不及，更難保非有心掩（飭）〔飾〕。高宜勇著先革職枷號海口示衆，仍著該督查明，如有玩縱掩飾情弊即行從嚴參辦。再降諭旨，所有守臺怠玩各弁既經派人接替，俱著先行枷號，各礮臺示儆。仍查明疎縱情形，一併嚴參。水師提督李增階，海防是其專責，乃該夷船闌駛入口徑行越過各礮臺，守臺各弁兵丁於兩隻夷船不能擊退，殊堪痛恨。看來各礮臺俱係虛設，武備廢弛一至如是。該提督平日所司何事？李增階現因病請假，亦斷不堪起用，著先行革職，事定後再降諭旨。兩廣總督盧坤既稱六月間咨商防堵，並非措手不及事出意外可比，自應遴派得力將弁嚴行備禦，何致任令該夷船駛入內河不能防阻。是該督無謀無勇，咎無可辭，有損國威，深負委任。盧坤著革去太子少保銜，拔去雙眼花翎，先行革職，暫留兩廣總督之任戴罪督辦。如果辦理迅速，諸臻妥協，尚可稍從末減。倘因循貽悞，致滋後患，定當以軍法從事決不寬貸。凜之慎之。又奉上諭：據該督等奏稱，調用大船十二隻，每隻用大石塊十萬斤橫沈水內，用粗大錨纜繫椗，復用木排在水面阻塞，堵其入省水路。並調集提標大師船二隻，督標大小師船六隻，及新會順德各營縣內河巡船二十餘隻，配備兵械嚴密巡防。又調撥督標兵丁三百名，撫標兵丁三百名，提標兵丁七百名，府縣壯丁三百名，整備槍礮，在兩岸陸路防備。其大黃滘支河派委參將盧必沅帶領巡船二十餘隻在彼攔截，並用大木排堵塞河面。又於對河建設木閘，委都司洪發科率領督標精鋭兵五百名，水師兵一百名，運帶擡礮及劈山威遠大礮。以一百五十名防守礮臺，以三百五十名紮營策應等情。盧坤恐澳夷西洋人爲暎咭唎夷人所惑，飭委副將秦裕昌會同文員曉諭布置，並一體防範，不致疎虞。該西洋夷人極爲恭順感激，情願自行防守，極應如此辦理。又另片奏，此時前路兩處全行堵塞，後路亦在長洲岡地方購備大石，派永靖營兵丁三百名，令游擊玉祿管帶防守，一俟碣石等處師船駛入，即將大石堵塞河內，該夷船即無出路。並預備大小船百數十隻，暗藏硝磺柴草引火之物，爲火攻之計等語。暎咭唎夷人桀驁性成，心懷叵測，自來已久。此次夷船僅有二隻，番梢亦不過三四百人，果能絶其進出之路，阱獸釜魚何難頃刻掃蕩。惟該夷目啤嘮啤既稱來粵貿易，何以一經封艙，狡焉思逞，竟敢闌入內河放礮回拒，殊出情理之外，恐尚有別項船隻遥爲接應，必須確切查明，通盤籌計。該督等接奉此旨，即悉心會商，妥速辦理。如該夷目一經懲創，計窮力蹩，俯首引罪，尚可寬其一綫，即飭洋商曉以利害，責其擅進兵船擅用礮火，並詰以因何來省之故。倘仍執迷不悟，頑抗如前，該督等即請戎行，相機驅勦，務令該夷目震懾天威悔悟恭順。該督等倘仍

前玩愒，釀成巨患，朕惟知執法從事，斷不能倖邀寬典也。凛之慎之。【略】

道光十五年十二月，署總督巡撫祁貢會奏言：據洋商伍紹榮等轉據嘆咭唎夷商覃義理稟，夷人來粤貿易，所有書信必須往來傳遞，逆風難行。今有港脚煙船能行逆風，並無帆檣止有煙管，船內燒火煙氣由管通出，船旁兩邊各駕車輪，煙動輪轉，行駛甚速。欲行進省遞信，恐沿途礮臺關口疑慮驅逐，信達轉稟，飭行知照等情。臣查外夷貨船進至黄埔收泊，其護貨兵船及别項船隻止准在外洋寄椗，不准擅入海口。查該夷人此項煙船曾於道光十年駛至外洋旋經回國，今欲將煙船進省送信，惟夷情狡黠，且詭異不經之船未便准其入口。諭飭師船在洋防範，十一月十三日該船往内洋行駛，礮臺將號礮點放始行駛出，至今尚未開行。奉上諭：外夷遞送書信，向有章程，自應循照辦理，何可以詭異不經之船擅入海口？乃嘆夷素性詭詐，雖現據查明煙船並無滋事情形，惟既已飭禁不准進口，乃仍欲駛入内洋，實屬藐法。著鄧廷楨等嚴飭各營縣及虎門各礮臺，隨時查察，嚴行禁阻防範。並諭飭澳門西洋夷目，派撥夷兵在南灣一帶巡查，勿任煙船水手人等登岸滋事。仍即驅逐開行回國，毋令久泊外洋。倘該夷人不遵法度，竟肆桀驁，立即懾之以威，俾知儆懼。該督等務當熟籌妥辦，循照舊章，不得稍有疎懈。將此諭知鄧廷楨、祁𡊮、關天培，並新任粤海關監督文祥知之。

道光十六年十二月，總督鄧廷楨奏言，本年十一月内接據嘆夷義律由澳門傳稟内稱，准本國公書特派遠職來粤總管本國商賈水梢，乞准赴省等情。經委員馳赴澳門查問，據稱義律即嘩咂係嘆咭唎四等職，於道光十四年秋間到澳經引水具報有案。該夷住澳兩載，承辦嘆咭唎商船回國船牌簽字，現因公司未復並無大班，奉該國王命一等大臣信知派伊管理商梢事務，不管貿易，若有商梢滋事唯伊是問等語。訪之澳夷及各國夷商僉稱該夷人極安静，並無别故等情，雖覈與向派大班不符，但名異實同。總之以夷馭夷，不許别有干預，似可量爲變通。查照從前大班章程，准其至省照料。現令該夷暫居澳門，聽候據情入奏。如蒙恩准，再行咨令粤海關監督給領紅牌進省。奉上諭：據鄧廷楨奏稱，嘆咭唎國公司散局以後大班不來，上年十一月内該國特派遠職來粤，總管本國前來貿易之商賈水梢等語。該國來船絡繹，自應鈐束得人，以期綏静。今該夷既領有公書文憑，派令經管商梢事務，雖與向派大班名目不同，其爲鈐束則一。著准其依照從前大班來粤章程至省照料，並飭令粤海關監督給領紅牌進省，以後住澳住省一切遵照舊章，不准逾期逗遛，致開盤踞之漸。該督等正可藉此責成該夷小心，不准干預滋事。仍應密飭該管文武及洋商等隨時認真防察。倘該夷越分妄爲，或有勾結漢奸營私骫法情事，立即驅逐回國，以絶弊源。

道光十八年六月，嘆咭唎兵船二隻駛至虎門外龍穴寄椗，經總督鄧廷楨會同水師提督關天培密爲設備，遣官諭以禁例，並示兵威，旋即駛去。

《兵部處分則例》緑營卷一二《關禁·私給出邊關印票》 一、關口以内武職官員違例私給印票出邊口者，革職。私罪。若給出外國接壤邊口印票者，革職提問。私罪。

《兵部處分則例》緑營卷一二《關禁·雲南臨安開化二府設立關口》

一、雲南臨安開化二府所屬土司均通外境，於要隘處所設立關口，專派員弁駐劄巡查。如有疎漏一名者，守口官罰俸一年。公罪。二名，降一級留任。公罪。三名，降一級調用。公罪。五名以上，降三級調用。公罪。十名以上，革職。公罪。

《兵部處分則例》緑營卷一二《關禁·無票出口》 一、凡邊關隘口緑營守口官員，若民人並無用印文票，及有文票人數浮多失察偷渡一二名者，降一級留任。公罪。三四名者，降一級調用。公罪。五名以上，降二級調用。公罪。十名以上，降三級調用。公罪。放出私販人口者，革職。私罪。受賄縱放者，革職治罪。私罪。若夾帶違禁貨物徇縱放出者，按其所帶之物分别治罪。私罪。如失察盗犯逃犯偷渡一名者，降一級留任。公罪。二名，降一級調用。公罪。三名以上，降二級調用。公罪。五名以上，降三級調用。公罪。十名以上，革職。公罪。如該管官拏獲及半者，免議。或該管官拏獲未能及半，及别處拏獲破案者，將未獲名數減等議處。如有隱匿不報者，照諱盗例，革職。私罪。

一、出口之人帶有印票，該管官不即驗票放行，稽遲勒措者，降二級調用。私罪。至驗票兵丁有需索等弊者，該管官如實係失察，照在官人役犯贓例議處。十兩以上者，降一級留任。公罪。十兩以下者，罰俸一年。公罪。

一、張家口獨石口凡出入人等，均令守口旗員驗票盤查，如有失察違禁等物責在旗員，營員免其處分。

《兵部處分則例》八旗卷三六《巡洋·隱匿洋貨》　一、巡哨官員將拏獲在洋貨物隱匿不報者，革職提問。私罪。

（清）王慶雲《石渠餘紀》卷六《紀邊外互市》　我朝撫定華夷，東自朝鮮，北自內外蒙古以達俄羅斯，西自青海、衛藏、新疆及哈薩克，莫不職貢通市。自天命開基即與朝鮮互市，順治閒，以遣使多人滋擾，定遣正副使二人以往。康熙閒，其國請停互市，不允。恭讀《御製海運賑濟朝鮮記》：康熙三十六年，朝鮮國王李焞奏比歲荐饑，八路流殍，籲懇中江開市貿穀，朕立允其請。次年二月，命部臣於天津截漕水陸運米三萬石，內加賚者一萬石。朝鮮舉國凋瘵盡起，中江者，朝鮮互市處也。若蒙古貿易，亦各定地。國初令喀爾喀於張家口、古北口貿易。康熙閒，令厄魯特於張家口、歸化城貿易，惟噶爾丹四大台吉得入市京師。自索額圖與俄羅斯定界，二十八年乃立界碑，遂通市易。三十六年，令鄂爾多斯於定邊花馬池貿易。此皆北邊之互市也。若新疆，則順治初即定吐魯番貢使市物之數。康熙閒，准哈密互市。乾隆二十二年，令甘肅口外與哈薩克交易馬駝牛羊，爲軍營之用。自天山左右咸入版圖，南北各城皆有市集，或貨物互易，或錢銀糴買，七日一集，十分抽一以爲常。於藏遣官偕喇嘛監督打箭爐貿易，康熙三十九年。於青海則河州、松潘、西寧隨時貿易。雍正三年。惟違禁之物均不得闌出各邊。若夫軍前之有市易，康熙閒，發帑於征羅刹軍前，市易牛羊糧米。三十五年，大軍征噶爾丹，斥軍市於一里外，令各營夸蘭大嚴司約束，其市駝馬軍資者別爲一營。雍正三年，聞阿爾泰軍營一豬之價十餘金，他物稱是以耗費錢糧，嚴飭禁止。偷賣者許出兵人取用無禁。雖金鼓倥偬，逐利者未嘗不至，尤宜嚴申軍令云。

（清）王慶雲《石渠餘紀》卷六《紀市舶》　順治四年，總督佟養甲奏：佛郎西國人居濠鏡澳，互市有年，後深入省會激變，遂行禁止。請復通商裕國。案是時廣東初平，佟養甲招降海上四姓賊，而海賊馬元生等衆數萬內犯討平之。明閣部陳子壯、尚書張家玉復起兵犯廣州，佟養甲奏請移大同兵五千防剿。部議徵順治三年額銀四分之一給軍，養甲以粵省連遭寇掠奏，緩之。時軍餉告匱，故爲此請。部議前事可鑑，止令在澳貿易。八年，廣東都司劉世虎巡海遇風至廣南，其王差中國人趙文炳送歸。時方嚴海禁，特恩慰諭文炳還國，船貨免其入官。十二年，荷蘭入貢，降敕獎賚，定八年一次來朝，員役毋過百人，令二十人到京，貨物在館交易，不得於廣東海上私賣。康熙初，議定外國非貢期不得貿易。時僅准荷蘭、暹羅各一次。五年停止。二十三年，准暹羅貢船於虎跳門市易。時海外平定，臺、澎設兵，乃開各省海禁，聽民貿易，商船五百石以下者烙號給票，驗放出洋。惟大船及夾帶軍器、硝磺諸禁物者，辠之。免各國貢船納稅。二十四年，監督宜爾格圖言：粵東向有東西二洋諸國貿易，市舶司收稅。明隆慶五年，定丈抽之制，按船大小爲額，西洋船九等，東洋四等。國朝因之。但往日多載珍奇，今係雜貨，請減其稅。從之。三十三年，禁商人在外國造船，并暗帶外國人入口。旋又令漁船改造雙桅，以便裝載。編刻商漁哨船字號，以便稽查。蓋肅海洋必先清船政，即內地臺、澎來往之船，亦令於厦門盤驗。非收泊者免重税。五十五年，上聞南洋葛刺巴爲紅毛泊船之所，吕宋爲西洋泊船之所，兩處藏匿盜賊，內地之人載米而去，賣船而歸。甚有留在彼處者，不可不預爲措置。時上南巡過蘇州，問船廠，咸云每年造船出海貿易，多至千餘，回來者不過十之五六。又訪聞海船桅木產自中土，龍骨必用廣東鐵梨笏木，海外無此，偷賣者詭稱遭風，乃飭禁商船往南洋貿易，於海壇南澳截留。凡賣船與外國者斬，所留外國之人，行文令其解回。又諭以明代即立沿海礮臺，應令地方官設立。又諭：海外如西洋等國，千百年後中國必受其累。國家承平日久，務須安不忘危。時島夷馴擾，海澨晏如。仁廟防患未然如此。然南洋以產米足濟內地，其禁不久旋開。五十七年，原任碣石總兵陳昂條陳海上諸國形勢，陳昂，福建同安人，習海道。康熙壬戌隨靖海侯施琅平澎湖。又奉施將軍令出入東西洋，訪鄭氏遺黨，凡五載。叙功再遷至碣石總兵，擢廣東副都統。子倫炯號資齋，著《海國聞見録》。略曰：東海惟日本爲大，其次琉球；西則暹羅爲最；東南番族甚多，如文萊等數十，皆小邦。惟葛刺巴、吕宋最强。葛刺巴本紅毛市泊之所，紅毛姦宄莫測，其中有英圭黎、即英吉利。干絲蠟、和蘭西、即佛郎西。荷蘭。大小西洋各國，名目雖殊，氣類則一，和蘭西兇悍異常，澳門係其同種，熟悉廣省情形。請令督撫、關差大臣設法防備，或於未入港之先，查取火礮，方許進口；或另設一所，關東夷人，每年輪流貿易，不許多船並集。昂親見島夷狡險情形，所

陳皆衣裲要策。時總督楊琳以夷商慴服有素，數十年沿習相安，應聽照常貿易，該總兵所請查取火礮，另所關束，輪流貿易之處，毋庸議，與部議合，事竟寢。時禁澳門夷商帶内地人他往。又議定從前出洋貿易人民，三年之内准其回籍。其定例以後私去者，不得徇縱入口。於是各省奏報回籍者二千餘人。至雍正三年，復申其禁，以定例後逗留外國之人，甘心異域，不准回籍。六年，又定洋船出入期限，並所帶米石貨物之數。乾隆元年，暹羅請采買銅斤，不准，特賞銅八百斤，以資其用。是年，諭紅毛夾板船向於黄埔起礮。事竣，給還每船桉樑頭約徵銀二千兩，再抽貨税。近來礮置船中，額税外又將現銀抽分，名曰繳送。飭革如舊，並宣諭各夷人知之。二年，浙江撫卹小琉球難夷。令嗣後外國被風飄泊人船，各省加意撫卹，賞給衣糧，修理船隻，遣歸本國。著爲例。旋朝鮮亦資送遭風商船歸，諭獎之。二十一年，以紅毛等國歲至定海，督臣喀爾吉善奏：番商獲利加多，請增其税。諭曰：近歲洋船至寧波者甚多，將來番舶雲集，留住日久，將又成一粤省之澳門，於海疆、土俗、民風均有關係。是以更定章程，視粤稍重，則無所利而不來，意不在增賦也。蓋非我族類，其心必異，利之所在，瑕釁易滋。聖慮周詳如此！二十四年，總督李侍堯奏防範夷商規條，略云：夷船向係五六月收泊，九十月歸國。閒有因事住冬，止在澳門寄住。近多潛留省會，藉稱貨物未銷，句結生事，應禁之。至貨物應令行商公平速售歸價，依期歸國。有行貨未清，願留澳門者，聽其自便。又以近來嗜利之徒將房屋改造華麗，誘圖厚租。漢姦出入，無弊不作。嗣後，非洋行不許寓歇。一禁内地民人借夷商貲本貿易，并不許雇役内地多人；一禁遣人分往江、浙等省探聽物價，致姦商句結。并從之。先是御史李兆鵬以内地絲貴，請禁出洋。二十五年，巡撫陳宏謀請采辦洋銅船隻准帶綢緞。二十七年，總督蘇昌請准英吉利夷商伯蘭之請，配買絲斤。次年，准琉球照英夷例配帶。嗣又請准加剌巴、暹羅港口、安南、馬辰、丁幾奴、舊港、柬埔寨等國配帶。部議絲爲外洋所必需，而銅可供鼓鑄，應酌定數目，隨帶出洋易銅。於是弛絲禁。諭曰：禁止絲斤出洋以來，絲價未減。可見生齒繁衍，取多用宏，物情自然之勢，非盡關出洋之故。今尹繼善、莊有恭並稱民情以弛禁爲便，著弛其禁。時各省商船配帶自數百斤至千餘斤，惟粤省洋商每船帶至萬斤，蓋絲亦外洋所不產而必需之物，與茶葉、大黄等。四十九年，禁洋行代官辦物墊價，免其呈進鐘表，令與夷商公平交易，不得把持拖欠。時議粤海關珍珠、寶石税例，得旨：珍珠、寶石，向來抽税無多，況此物本無定價，易至居奇。且便於藏匿偷漏。若過事吹求，實不成事體。不如免其收税，則諸弊肅清，毋庸多爲防範。著爲令。

（清）王慶雲《石渠餘紀》卷六《紀海舶米糧》　市舶之設，利一而害十。所謂利者，非課税之謂，米糧是也。康熙初，即禁江、浙販米出洋。四十七年，僉都御史勞之辨請撤海關，一概不許商船往來，以絶私販。然海禁已開，不可驟止。部議第令各海口稽查食米外，多帶至五十石以上者入官。六十一年，暹羅國人言，地饒稻米，一石直銀二三錢。諭令販運三十萬石於閩、粤、寧波，免其税。雍正二年，米至粤，得旨：暹羅國王不憚險遠，進獻稻種、果樹，恭順可嘉。令地方官照時價發買，特免壓船貨税。其後至各省免米税如例。時以閩浙產米不敷，弛南洋之禁令，民得往貿易。十三年，吕宋麥收歉薄，載穀至閩易麥，提督王郡以聞。許之。乾隆八年定外洋運米貿易者，萬石以上免貨税十之五，五千石以上免十之三。時運三四千石者亦得邀免。並諭以若民閒米多，即官爲收買，以補常社各倉，或散給兵糧，俾洋商得沾實惠，並宣諭該國王知之。十三年，令商人暹羅買米，得造船運回。巡撫陳大受言該國木料甚賤。十六年，以購運洋米官商孰便詢疆臣，督臣喀爾吉善奏：暹羅土地廣不過百餘里，產米並無一定，官赴采買，難免居奇。十八年，復言過洋之米不能日久貯倉，不如聽商采買，隨其多寡，皆足有濟民食。次年，定運米二千石以上分別議叙之例，蓋海濱斥鹵開禁之後，商漁生聚日蕃，往往待哺於賈舶。兹故於市舶之外别爲篇。

《户部則例》卷四一《關税·查禁夷船夾帶鴉片煙》　一、夷船來粤貿易，停泊黄埔，即令夷商寫立并無夾帶鴉片字據，交洋行保商加結，復由洋商輪查無異，方准開艙起貨。如有夾帶鴉片，即將該夷船稟請驅逐出口，永遠不准來粤貿易。倘有任命夷人夾帶鴉片入口，查出，即將該洋商照例治罪，守口員弁、丁役扶同隱漏，從重究治，并飭巡洋船師及地方文武派撥巡船，于夷船來粤灣泊時，嚴密巡查。如有民船攏近夷船代運鴉片及違禁貨物，立即拿解究辦。至夷船進口，仍飭沿途守口員弁逐一嚴查。

倘有鴉片等物，即時飛稟查辦。如稍隱匿，從重懲處。

《六部處分則例》卷二三《關市·隱匿船稅》 一、海洋採捕船隻應徵稅銀者，州縣官隱匿一隻，罰俸六個月。六隻以上，罰俸一年。十一隻以上，降一級留任。十六隻以上，降一級調用。二十一隻以上，降二級調用。二十六隻以上，降三級調用。三十一隻以上者，革職。俱私罪。仍將所隱船稅著落照數賠補。

《六部處分則例》卷二三《關市·姦徒搶奪閧鬧》 一、地方姦徒有搶奪鹽店及閧鬧場竈等事，文武員弁即行協拏，究出主使同夥。能獲犯過半兼獲首犯者，免其處分。如不能獲犯，與獲不及半，照盜案例題參議處，限年緝拏。限滿不獲，亦照盜案例處分。如獲犯過半，未獲首犯，亦照盜首不獲例參處，限緝。例俱載盜賊門。儻平時既無約束，臨事不即擒拏，有意姑息，致長刁風，將該管員弁革職。私罪。各犯交與接任官，照案緝拏。該管道府州廳不行揭報，照失察給照販私例，降一級留任，再罰俸一年。公罪。

《六部處分則例》卷二三《關市·家人霸佔關津》 一、旗下家人領本生理，或將伊主之銀借與民人，霸佔要地關津，不令客商貿易，倚勢欺凌者，若係內務府包衣下人，將該管官革職。公罪。係宗室王以下公以上家人，將其主交宗人府議處。其管理家務官俱革職。公罪。係民公侯伯大臣官員之家人，其主亦革職。公罪。該管地方官失於查拏者，革職。兼轄官降一級調用，統轄官罰俸一年。俱公罪。至霸佔關津，事發差官稽查，若有心徇隱不據實申報者，亦革職。私罪。

《六部處分則例》卷二三《關市·搜查私參》 一、山海關等處搜獲參鬚參末，並細小歪斜珠子及斤兩無多者，無庸議叙外，如該管官於一年內有搜獲人參至二十斤，珠子至四兩者，紀録一次。人參至四十斤，珠子至八兩者，紀録二次。人參至六十斤，珠子至十二兩者，紀録三次。人參至八十斤，珠子至十六兩者，加一級。再有多獲，照數遞加。若該管官搜查不力，以致私帶過關者，降三級調用。公罪。明知故縱者，革職。私罪。受賄賣放者，計贓以枉法論。至威遠堡等處搜查不力，以致偷過邊門者，將看守邊門之文職降三級調用，稽查沿臺邊柵之武職降一級留任，再罰俸一年。俱公罪。偷過邊柵者，將巡查邊柵之武職降三級調用，看守邊門之文職降一級留任，再罰俸一年。俱公罪。其各處水溝守口官失於查察，均分別專管、兼管照此議處。

一、嘉慶十五年八月十四日，奉旨：每年奉天巡查海口僅由將軍府尹派員前往，恐仍不免疎漏，著該將軍奏明派盛京侍郎一員，帶領協領一二員，前往緝查。如拏獲私參，即著該侍郎具奏。將參斤解京，並將該侍郎及協領等一併議叙。其山東海口專令登州鎮總兵巡緝，亦尚未周，著添派登萊青道會同稽查。如拏獲私參上岸，即報明山東巡撫具奏，參斤解京，將該鎮道議叙。並將派查之盛京侍郎協領等併議處，餘均照所議行。欽此。

一、□私參多由海口前往山東登州上岸銷售，應由該將軍每年奏請欽派盛京侍郎一員帶員前往查緝。並責成該地方官，於商人上船之時，查驗蹤蹟，留心盤詰。如經登州海口查出私參，訊明由奉天何處出口，即將巡察之侍郎等官及該地方官一併參處。

《六部處分則例》卷二三《關市·夷船通市定界》 一、外夷商船通市貿易，應於何處停泊，均有一定界限。其或乘風駛進，不及於定界地方泊船，輒請在內地起卸貨物，該省督撫及該關監督不即駁令退回原界，率准其進關起卸，並聽其開船回國者，俱照不應重杖八十公罪律，降二級留任。公罪。

（清）葛士濬《皇朝經世文續編》卷一〇七《洋務·邦交·中俄天津和約十二條咸豐八年五月》 第一條

大清國大皇帝大俄羅斯國自專主，今將從前和好之道復立和約，嗣後兩國臣民不相殘害，不相侵奪，永遠保護，以固和好。

第二條

議將從前使臣進京之例酌要更正，嗣後兩國不必由薩那特衙門及理藩院行文，由俄國總理各國事務大臣，或逕行大清之軍機大臣或特派之大學士往來照會，俱按平等。設有緊要公文，遣使臣親送到京，交禮部轉達軍機處。至俄國之全機大臣與大清之大學士及沿海之督撫，往來照會，均按平等。兩國封疆大臣及駐紮官員往來照會亦按平等。俄國酌定駐紮中華海口之全權大臣與中國地方大員及京師大臣，往來照會，均照從前各外國總例辦理。遇有要事，俄國使臣或由恰克圖進京故道，或由就近海口，預日

行文，以便進京商辦。使臣及隨從人等迅速順路行走，沿途及京師公館派人妥爲預備。以上費用均由俄國經理，中國毋庸預備。

第三條

此後除兩國旱路於從前所定邊疆通商外，今議准由海路之上海、寧波、福州府、厦門、廣州府、臺灣、瓊州府等七處海口通商。若别國再有在沿海增添口岸，准俄國一律照辦。

第四條

嗣後陸路前定通商處所商人數目及所帶貨物並本銀多寡，不必示以限制。海路通商章程，將所帶貨物呈單備查。抛錨寄椗，一律給價，照定例上納税課等事，俄國商船均照外國與中華通商總例辦理。如帶有違禁貨物，即將該商船所有貨物概行查抄入官。

第五條

俄國在中國通商海口設立領事官，爲查各海口駐紮商船居住規矩，再派兵船在彼停泊以資護持。領事官與地方官有事相會並行文之例，蓋天主堂住房並收存貨物房間，俄國與中國會議置買地畝及領事官責任應辦之事，皆照中國與外國所立通商總例辦理。

第六條

俄國兵商船隻，如有在中國沿海地方損壞者，地方官立將被難之人及載物船隻救護。所救護之人及所有物件，盡力設法送至附近俄國通商海口，或與俄國素好國之領事官所駐紮海口，或順便咨送到邊。其救護之公費，均由俄國賠還。俄國兵貨船隻在中國沿海地方遇有修理損壞，及取甜水買食物者，准近中國附近未開之海口按市價公平買取，該地方官不可攔阻。

第七條

通商處所，俄國與中國所屬之人若有事故，中國官員須與俄國領事官員或與代辦俄國事務之人會同辦理。

第八條

天主教原爲行善，嗣後中國於安分傳教之人當一體矜恤保護，不可欺侮凌虐，亦不可於安分之人禁其傳習。若俄國人有由通商處所進内地傳教者，領事官與内地沿邊地方官按照定額查驗執照，果係良民即行畫押放行，以便稽查。

第九條

中國與俄國將從前未經定明邊界，由兩國派出信任大員秉公查勘，務將邊界清理補入此次和約之内。邊界既定之後，登入地册，繪爲地圖，立定憑據，俾兩國永無此疆彼界之争。

第十條

俄國人習學中國滿漢文義居住京城者，酌改先時定限，不拘年分，如有事故立即呈明行文本國，核准後隨辦事官員逕回本國，再派人來京接替。所有駐京俄國之人，一切費用統由俄國付給，中國毋庸出此項費用。駐京之人及恰克圖或各海口往來京城送遞公文各項人等路費，亦由俄國付給。中國地方官於伊等往來之時，程途一切事務要妥速辦理。

第十一條

爲整理俄國與中國往來行文及京城駐居俄國人之事宜，京城、恰克圖二處遇有來往公文，均由臺站迅速行走，以半月爲限，不得遲延躭悞，信函一併附寄。再運送應用物件，每届三個月一次，一年之間分爲四次，照指明地方投遞，勿致舛錯。所有驛站費用由俄國同中國各出一半以免偏枯。

第十二條

日後大清國若有重待外國通商等事，凡有利益之處，毋庸再議，即與俄國一律辦理施行。

以上十二條，自此次議定後，將所定和約繕寫二分，大清國大皇帝裁定大俄羅斯國大皇帝裁定之後，將諭旨定立和書，限一年之内兩國互交，永遠遵守，兩無違背。今將兩國和書用俄羅斯並清漢字體鈔寫，專以清文爲主，由兩國欽差大臣手書花押，鈐用印信换交可也。

（清）葛士濬《皇朝經世文續編》卷一〇七《洋務·邦交·中俄續增條約十五則咸豐十年十月》 第四條

此約第一條所定交界各處，准許兩國所屬之人隨便交易，並不納税。各處邊界官員護助商人按理貿易，其《愛琿和約》第二條之事，此次重復申明。

第五條

俄國商人除在恰克圖貿易外，其由恰克圖照舊到京經過之庫倫張家口地方，如有零星貨物，亦准行銷。庫倫准設領事官一員，酌帶數人，自行蓋房一所，在彼照料。其地基及房間若干，並餧養牲畜之地，應由庫倫辦事大臣酌核辦理。

中國商人願往俄羅斯國內地行商亦可。俄羅斯國商人不拘年限往中國通商之區，一處往來人數通共不得過二百人，俱須本國邊界官員給與路引，內寫明商人頭目名字，帶領人多少，前往某處貿易，並買賣所需及食物牲口等項。所有路費由該商人自備。

第六條

試行貿易喀什噶爾與伊犁塔爾巴哈台一律辦理。在喀什噶爾，中國給與可蓋房屋建造堆房聖堂等地，以便俄羅斯商人居住，並給與設立墳塋之地，並照伊犁塔爾巴哈台給與空曠之地一塊，以便牧放牲畜。以上應給各地數目，應行文喀什噶爾大臣酌核辦理。其俄國商人在喀什噶爾貿易物件，如被卡外之人進卡搶奪，中國一概不管。

第七條

俄羅斯國商人，及中國商人至通商之處，准其隨便買賣，該處官員不必攔阻。兩國商人亦准其隨意往市肆鋪商零發買賣互換貨物，或交現錢或因相信賒帳俱可。居住兩國通商日期，亦隨該商人之便，不必定限。

第八條

俄羅斯國商人在中國，中國商人在俄羅斯國，俱仗兩國扶持。

俄羅斯國可以在通商之處設立領事官等，以便管理商人，並預防含混爭端。除伊犁塔爾巴哈台二處外，即在喀什噶爾庫倫設立領事官。中國若欲在俄羅斯京城或別處設立領事官，亦聽中國之便。兩國領事官各居本國所蓋房屋，如願租典通商處居人之房，亦任從其便，不必攔阻。

兩國領事官及該地方官相交行文，俱照《天津和約》第二條平行，凡兩國商人遇有一切事件，兩國官員商辦。倘有犯罪之人，照《天津和約》第七條各按本國法律治罪。

兩國商人遇有發賣及賒欠含混相争大小事故，聽其自行擇人調處。俄國領事官與中國地方官止可幫同和解，其賒欠帳目不能代賠。

兩國商人在通商之處，准其預定貨物代典鋪房等事，寫立字據，報知領事官處及該地方官署，遇有不按字據辦理之人，領事官及該地方官令其照依字據辦理。其不關買賣，若係争訟之小事，領事官及該地方官會同查辦，各治所屬之人之罪。

俄羅斯國人私住中國人家，或逃往中國內地，中國官員照依領事官行文查找送回。中國人在俄羅斯國內地，或私往或逃往，該地方官亦當照此辦理。若有殺人、搶奪、重傷、謀殺、故燒房屋等重案，查明係俄羅斯國人犯者，將該犯送交本國按律治罪，係中國人犯者，或在犯事地方，或在別處，俱聽中國按律治罪。遇有大小案件，領事官與地方官各辦各國之人，不可彼此妄拿存留查治。

第九條

現在買賣比前較大，且又新立交界，所以早年在尼布楚、恰克圖等處所立和約及歷年補續諸條，情形多有不同。兩國交界官員往來行文查辦所起争端時勢亦不相合，所以從前一切和約有應更改之處，應另立新條如左。

向來僅止庫倫辦事大臣，與恰克圖固畢爾那托爾，及西悉畢爾總督與伊犁將軍往來行文辦理邊界之事。自今此外擬增阿穆爾省及東海濱省固畢爾那托爾，遇有邊界事件，與黑龍江及吉林將軍往來行文。

恰克圖之事由恰克圖邊界廓米薩爾與恰克圖部員往來行文，俱按此約第八條規模。

該將軍總督等往來行文，俱按天津第二條和約彼此平等，且所行之文若非應辦者一概不管。

遇有邊界緊要之事，由東悉畢爾總督行文軍機處或理藩院辦理。

【略】

第十四條

日後如所定陸路通商之事內，設有彼此不便之處，由東悉畢爾總督會同中國邊界大臣酌商，仍遵此次議定章程辦理，不得節外生枝。至天津所定和約第十二條，亦應照舊，勿再更張。

（清）葛士濬《皇朝經世文續編》卷一〇七《洋務·邦交·中法通商新約十九條光緒十二年三月**》** 第一款

一、兩國議定按照新約第五款，現今指定兩處，一在保勝以上某處，

一在諒山以北某處。中國在此設關通商，允許法國即在此兩處設立領事官。該法國領事官應得權利，即照中國待最優之國領事官無異。現在條款畫押時，兩國勘界大臣尚未定議其諒山以北應開通商處所，本年内應由中國與法國駐華大臣互商擇定。至保勝以上應開通商處所，亦俟兩國勘界定後再行商訂。

第二款

中國可在河内海防二處設立領事官，隨後與法國商酌在北圻他處各大城鎮派領事官駐紮。至法國待此等領事官，並該領事官應得權利，即照法國待最優之國領事官無異。其所辦公事應與法國所派保護之大員商辦。

第三款

一、兩國議定於彼此派領事官前來駐紮時所住公館，由兩國地方官相幫照拂。至法國商民前來中國邊界通商處所，均照咸豐八年五月十七日《中法條約》第七、第十、十一、十二等款辦理。越南人到中國邊界通商處所，中國亦一體優待。

第四款

一、越南各地方聽中國人置地建屋開設行棧，其身家財産俱得保護安穩，決不刻待拘束，與最優待西國人一律，不得有異。中國官商所寄往來公文書信電報經過法國郵政電報各局一律遞送，並不阻止。中國待法國人亦照此一律優待。

第五款

一、待法國人及法國保護之人與别國居住北圻人等，欲過界入中國者，法國查係體面之人，即請中國邊界官員發給護照，准其執持前往，回日將照繳銷。每遇領照之人，如必應路過土司苗蠻地方，應先在照上寫明該處無中國官不能保護。至有中國内地人民欲從陸路由中國入越南者，應由中國官查係體面之人，請法國官發給護照，一如法國人入中國邊界辦法。至彼此所給護照皆只爲游歷而用，不准作買賣貨物免税憑據。凡有人民未領護照而過邊界者，其在中國則聽中國地方官扣留，其在北圻，則聽法國官員扣留。彼此即交各本國官員酌量情形審辦，至僑居越南之中國人民由北圻回中國者，只由中國官自發憑單，准其過界。若邊界通商處所法國人等有出外游歷者，地在五十里内毋庸請照。

第六款

凡進口之貨，由法國商民及法國保護之人運至邊界通商處所，已納進口税者，即可照善後章程第七款及各海關通行運洋貨處入内地税單定章，准入中國内地銷賣。凡各項洋貨進雲南廣西某兩處邊關者，於到關時即將貨色件數及運貨人姓名報明，由關派人查驗屬實，按照中國通商海關税則減五分之一收納正税，各税則未載，即按估價值百抽五徵收正税。須俟正税完清後方准起棧過載出售。如該商願將洋貨運入内地，須再報關，照通商各海關税則收納内地子口税，不得援減五分之一之正税折半，徵收此項子口税完清後，由關發給税單，准其持往所指之地方售賣。凡遇關卡不重徵。倘無税單運入内地者，應照土貨之例，逢關納税，遇卡抽釐。

第七款

凡法國商民及法國保護之人赴中國内地各處購買土貨，運至邊界通商處所出口入北圻者，均可照善後章程第七款運貨出口之例辦理。凡各項土貨運出雲南、廣西某兩處通商處所，於到關時即將貨色件數及運貨人姓名報明，由關派人查驗屬實。如係該商先領三聯單自赴内地採買，並未完過内地税釐者，應照中國通商各海關税則先徵内地子口税，再照中國通商海關税則減三分之一徵收出口正税。如税則未載，即按估價值百抽五徵收正税，方准起棧過載販運出關。倘該商人内地購買土貨並未領有三聯單者，所過内地關卡仍應照完税釐，由關卡發給單票爲據。其抵關時驗有内地税釐單票，始准免子口税。凡法商進出雲南廣西兩邊關運貨之車輛牲口，中國商民進出北圻運貨之車輛牲口，彼此一體免收鈔銀。其進關路通舟楫之處，彼此可照各海關例收納船鈔。以上第六第七二款，兩國議明，日後倘有他國在中國西南各陸路邊界通商另有互訂税則，法國亦可一體辦理。

第八款

洋貨到此邊關已完進口正税後，復因不賣轉往彼邊關者，如在三十六個月限内，驗明原貨並未拆動抽换，則此邊關將已收之正税發給免單，准其持往彼邊關以抵應繳之税。或發給存銀票准於三年内留抵下次應繳本關之税，不發還現銀。若將此洋貨轉入中國通商各口，應照各海關洋貨進口例，另收正税，不准以此項邊關存票免單作抵，亦不准以此項邊關已完之税單作抵，以免轇轕。至已完内地子口税，仍照各口向章，概不准發給存

票免單。

第九款

土貨已在此邊關完過子口稅，出口正稅，復轉往彼邊關售賣者，到彼邊關後，只照原納正稅之數收取進口半稅。但須照各口定章，不准洋商販入內地，倘將此土貨轉入通商各海口，應概照各海關洋貨進口稅則一律辦理，另徵正稅。倘入內地仍完子口稅，如有土貨出中國海口進越南海口，復往中國邊界入關，應照洋貨一律徵收正稅。倘入內地，仍完子口稅。

第十款

進出口之貨到中國邊關即請查驗，不得逾十八個時辰。如逾期不報，每日罰銀五十兩，惟此罰銀至多不得過二百兩。凡過關報貨時，若心存欺詐，以多報少，冀減應納稅項，查有確據，即將貨物全罰入官。若無該關監督准單，私自過關起卸，繞路拆賣，及一切有心偷漏等弊，亦將貨物全罰入官。凡有商人報關請辦內地稅單心存欺詐，或捏報貨物各色件數，並所出所往之區不符者，亦將貨物全罰入官。至如何審辦，應照同治七年閏四月初八日章程辦理。其罰令入官之貨，如商人願將原貨作價交官，准其與中國官按照原貨估價交官，亦可至中國沿邊一帶。凡有嚴防偷漏之法，皆由中國相度機宜隨時便宜設法辦理。其中法以及越南船艇上下水道，每過彼此邊關之時，倘有單貨不符等弊，可無庸卸貨登岸，只由關遣差上船查驗。

第十一款

中國土貨由陸路入北圻者，照法關稅則完納進口稅。若係出口，一概免稅。日後法國在北圻另定稅則章程，隨時知照中國。倘北圻境內將來另定越南數種土貨製造及金銀□□等稅，中國若有此等貨運入北圻，亦應照徵。

第十二款

凡運土貨由中國此邊關路過北圻中國彼邊關者，或由兩邊關運出越南海口仍回中國者，其過北圻時應照法關稅則完納過境稅，均不得過貨值百抽二。至此項貨物於出中國後，應由法國邊關查驗，給發貨單，詳開貨物名色件數，並所往之處等語。該商人執此貨單，每遇法官索驗，即應沿途或抵海口後呈閱。但此項土貨運入北圻後，應先納進口正稅，以防偷漏。即由法關給發單照以便抵海口或至邊界時呈驗，並由法關在原納進口正稅內扣去過境稅銀，仍將餘銀給還，則該商人即將前次已領收稅單呈繳註銷。惟此項土貨運過北圻，既係新章，倘該商報法關時心存欺，捏詐報貨物各色件數，並所出所往之處不符，查有確據者，即將貨罰入官。其罰令入官之貨，如商人願將原貨作價交官，准與法國官按照原貨估價交官亦可。至中國土貨出各海關運入越南海口過北圻進邊關者，其在越南境內亦應照以上過境稅則一律辦理。

第十三款

凡有金銀及外國各等銀錢、麪粟、米粉、砂穀、米麪餅、熟肉、熟菜、牛奶酥、牛油、蜜餞、外國衣服、金銀首飾、攙銀器、香水、鹹炭、柴薪、外國蠟燭、煙絲煙葉、外國酒、家用雜物、船用雜物、行李、紙張、筆墨、氈毯、鐵刀利器、外國自用藥料、玻璃器皿，以上各物進出口，由中國邊關驗明確係外國所產，洋人自用，數目無多，准給免稅單放行。倘不報驗，不請免稅單，私自起運者，照走私例罰辦。至若運往內地，除金銀外國銀錢行李三項仍無庸議外，其餘各貨即係洋人自用數目無多，皆按稅則，每貨值百兩完納內地子口稅銀二兩五錢。凡中國人出入北圻邊關者，隨身所帶銀錢行李衣服首飾紙張筆墨書籍，及自用家伙食物法，越關一概免稅。至中國領事官所運用自各貨亦一律免稅。

第十四款

兩國議明洋藥、土藥均不准由北圻與雲南廣東廣西之陸路邊界販運買賣。

第十五款

米穀等糧不准販運出中國邊關。如係進關，准其免稅。至火藥彈子、大小槍礮、硝磺、青白鉛，一切軍器食鹽，及各項有壞人心風俗之物，均不准販運進關。違者，即查拏全罰入官。其軍火各項，如由中國官自行採辦，或由商人持奉准買明文，須由關查驗明確方准進關。日後可由中國大員先商法國領事官，准將兵器軍火過北圻運進邊界，則法國關全行免稅。至一切兵器軍火及各項有壞人心風俗之物，亦不准販運進北圻。

第十六款

中國商民僑居越南，所有命案賦稅詞訟等件，均與法國相待最優之國

之商民無異其在邊關通商處所，華人與法人越人詞訟案件，歸中法官員會審。至法國人及法國保護之人在通商處所，如有犯大小等罪，應查照咸豐八年條約第三十八、九等款，一律辦理。

第十七款

中國邊界某某通商處所，倘有中國人民，照中國律例，無論犯何罪名逃入法國界或法國保護人民寓所或商船隱匿者，地方官照會領事官查明罪由，即設法拘送中國官審辦。至中國人民因犯法逃往越南，由中國照會法國領事官訪查嚴拏，查明實係罪犯交出，照法國與別國所訂互交逃犯之約最優章程辦理。其法國人民及法國保護之人犯法被告，逃往中國者，法國官照會中國官查明實係罪犯，設法拘送交出，法國官審辦，彼此不得稍有庇匿。

第十八款

此次所訂陸路通商各款，如有未詳備者，應查照中國通商各海關章程與現在遵行條約相符者辦理。倘再有未訂之事，應由兩國官員請示各本國，於以上各款將來如須續修，即照新約第八款所載換約後十年之期再行商訂。

第十九款

此次會議通商條款，俟兩國批准後應在中國、法國及越南頒行週知，一體遵守。仍於畫押之後多至一年爲期，在中國京都互換。

（清）顔世清《約章成案匯覽》甲篇卷二《條約·中英續議通商行船條約十六款光緒二十八年》 第一款

向來發給存票曾有延擱，推原其故係由此等存票由監督經理，而監督又與海關相隔遥遠。現議定，從今以後所有存票悉歸海關發給，自商人稟請之日起，如查係應領者於二十一日之内發給此等存票可用以抵出入口貨税，惟不得用以抵納子口半税。至洋貨入口後三年之内再運出外洋，其存票可由該貨入口納税之海關銀號領取現銀，不得減扣。儻請發存票之人欲圖混騙，一經海關查出，須罰銀，照其所圖騙之數，不得逾五倍，或將其貨入官。

第二款

中國允願設法立定國家一律之國幣，即以此定爲合例之國幣。將來中英兩國人民應在中國境内遵用以完納各項税課及付一切用款。

第三款

中國允許凡民船載貨由香港往來廣東省内各通商口岸所納之税連釐金合算不得少於海關征收輪船所載相同貨物之税數。

第四款

中國人民曾已出資鉅數購買他國公司之股票，雖衆人悉知，究竟華民如此購買股票是否合例之處尚未明定，故中國現將華民或已購買或將來購買他國公司股票均須認爲合例。凡同一公司願入股購票者，各有本分當守，自宜彼此一律不得稍有歧異。中國又允遇有華民購買公司股分者，應將該人民購買股分之舉即作爲已允遵守該公司訂定章程并願按英國公堂解釋該章程辦法之據。儻不遵辦致被公司控告，中國公堂應即飭令買股分之華民遵守該章程，當與英國公堂飭令買股分之英民相等無異，不得另有苛求。英國允英民如購中國公司股票其當守本分與華民之有股分者相同，并訂明以上所開各節，凡曾經呈控公堂而已經不予准理之案與是款無涉。

第五款

中國允於兩年内除去廣東珠江人工所造阻礙行船之件，又允准將廣州口岸泊船處整頓以便船隻裝載貨物。既整頓之後，允爲設法，隨時保持其工程歸海關辦理，而經費由華英兩國商人照卸裝貨物抽捐充用。至應抽若干，歸該商等與海關議定。

中國本知宜昌至重慶一帶水道宜加整頓以便輪船行駛，又深知整頓工費浩大且關繫四川兩湖地方百姓，所以彼此訂定，未能整頓以前應准輪船業主聽候海關核准後自行出資安設拖拉過灘利便之件。其所安設利便之件，無論民船輪船均可任便聽用，仍須遵照海關議定章程辦理。但所設之件不得阻礙水道，或阻礙民船暢行。其標示記號之臺塔及指示水槽之標記，由海關酌度何時何地相宜備設，將來如有可行條陳整頓水道，及利於行船而無害於地方百姓，且不費國家之款，中國應和平酌核。

第六款

中國允准在通商口岸多設關棧以便屯積洋貨及拆包改裝等事，俟出棧時始完税課。凡英國官員請將某英商之棧改爲關棧，應由該口海關查明實係謹慎堅固保無偷漏税項之虞，始准所請。該棧須遵海關訂定關棧專章輸

納規費。至此項規費應納若干，按棧離關遠近，屯何貨物，并工作早晚酌情核定，惟所定之章應實於稅務商情兩有裨益。

第七款

英國本有保護華商貿易牌號，以防英國人民違犯跡近假冒之弊。中國現亦應允保護英商貿易牌號，以防中國人民違犯跡近假冒之弊，由南北洋大臣在各管轄境內設立牌號註册局所一處，派歸海關管理其事。各商到局輸納，秉公規費，即將貿易牌號呈明註册，不得藉給他人使用，致生假冒等弊。

第八款

中國認悉在出產處於轉運時，及在運到處，紛紛征抽貨釐以及别項貨捐，難免阻礙貨物不能流通，勢必傷害貿易之利。是以允願除第八節所載之銷場税外，盡裁此項籌餉之法。英國允許英商運進之洋貨，及運出之土貨，除照當時税則應納正税外加完一税以爲補償。

中英兩國彼此訂明，所有釐卡及征抽行貨他捐各關卡局所，裁撤後不得改名，或藉詞將此項關卡復行設立。進口洋貨所加抽之税不得過於中國與各國光緒二十七年七月二十五日即西曆一千九百零一年九月七號簽押之和議條約所定之進口正税一倍半之數。此項進口正税及添加之税一經完清，其洋貨無論在華人之手，或在洋商之手亦無論原件或分裝，均得全免重征各項税捐以及查驗或留難情事。至出口土貨所納税之總數不得逾值百抽七五之數。

中英兩國心存以上所言之宗旨故允願辦法如下：

第一節　中國允將十八省及東三省陸路鐵路及水道向設各釐卡及抽類似釐捐之關卡概予裁撤，於約款照行之時不得復設，惟在沿江沿海通商口岸并內地之水道陸路或邊界現有各常關不在此例。

第二節　英國允願洋貨於進口時除按光緒二十七年所訂和約內載進口貨税增至切實值百抽五外，再加一額外税，照和約所定之税加一倍半之數以抵裁撤釐金子口税及洋貨各項税捐并酬此款所載各項整頓之事，惟不得有礙第三節常關、第五節土藥、第六節鹽觔、第八節各項土貨抽收銷場税之權。

凡經陸路邊界運入中國十八省及東三省之貨，與從海道運入中國之貨，一律征收此項加税。

第三節　現在所有之常關，無論在通商口岸沿海沿江及內地水道陸路與邊界，凡載在《工》、《户部則例》、《大清會典》者均可仍舊存留，惟須開列清單，註明地址，照送存查。其有海關而無常關，及沿海沿邊非通商口岸之各處，均可添設常關。將來如新開通商口岸應設海關者，常關亦可一併安設。至內地舊有各常關地址，或有應由某處移至某處以合貿易情形，可隨時酌改，照會英國。

國家更正清單但不得逾舊有額數。

凡民帆各船出入通商口岸，裝載之貨所納税項不得少於輪船裝載同類之貨所納進口正税以及加税之總數。土貨在於內地，由此處運彼處，自產處起運到內地第一常關，應照海關税則征收第七節所載之出口加税，給予憑單，載明貨色、件數、觔兩及指運之處，并所征税數。自完納加税之日起，限期至少一年，持此單據，無論經內地何關，均不得再征税項，及查驗留難阻滯。該土貨若運至通商口岸租界以外之處銷售，即應納第八節所載之銷場税。如運至通商口岸轉販出口，該口税關應將單據驗明，准抵應加之出口税。

凡民船民艇及車輛，除應抽公道輕捐定爲每年若干按時征收外，不再另有抽捐，惟現在所抽船鈔船料不在此列。

第四節　洋藥現在併征之税釐，仍照現行各約章所載辦理，以後應將該釐金作爲加税。

第五節　英國本無意干預中國征抽土藥税項之權，惟須聲明征收此項土藥税項之辦法，不得於他項貨物稍有躭延留難，亦不得藉詞征收别項捐費。中國可在各省水陸邊界要隘仍留舊設之土藥税所，凡所有應繳各種税捐在於該所作一次交納，即算在該省之內，應納各項税捐均已完清，且每塊黏貼印花以爲完税之據。各該局所可覓用巡勇警察以防偷漏，惟不得設有卡攔或别項阻礙之具。至此項土藥局所警察巡勇不得於他項貨物有所躭延留難，亦不得藉詞征收别貨税項，并須將所留各局所地址即行開單照送存查。

第六節　鹽釐名目須改爲鹽税，可按現征之釐金數目及别項征捐加入課税之內。此項税課或在產鹽地方抽收，或在銷鹽省分進境後第一局抽

收，并可任便設立各項鹽報驗公所。凡船隻按照鹽引運載鹽者，須在該公所停船候驗蓋戳放行，但不得征收釐金或過路貨捐，亦不得建築各項卡攔阻礙之具。

第七節　中國可以將現在出口税則從新修改，以值百切實抽五之例爲準，凡能改者即當定爲各該貨按色應完税銀幾何。惟如欲加抽，須先六箇月預行通知方可。現行税則有逾估價值百抽五之數者，亦須裁減無逾。又因裁撤釐金及各項貨捐之故，所有土貨販運出洋，或由通商此口轉運通商彼口，除出口正税外，可於出口時加抽出口正税之一半以爲抵補。至於絲觔一項，無論手繅或機器繅，所征出口正税之總數不得逾估價按色值百抽五之數。此税並可在絲觔所過之第一內地常關征抽一半，惟須按照第三節所載辦法給以單據，該單據即可抵納出口正税一半之數。若蠶繭經過常關，則須免抽各項之税。其在中國內銷不出洋之絲觔，仍按第八節須納銷場税。

第八節　中國既裁撤釐捐以及向有內地征抽洋貨及出洋土貨別項貨捐，實於進款大有所失。今進口洋貨、出洋土貨，及由此口至彼口往來土貨所加之税冀可酌補，惟內地土貨釐金進款之所失仍須設法籌補。是以彼此訂明，中國可任便向不出洋之土貨征抽一銷場税，但祇可於銷售之處征抽，不得於貨物轉運之時征抽。中國承認征抽此項銷場税之辦法，不得稍於運來之洋貨或運往外洋之土貨有所妨礙。凡貨物既屬洋貨，一經海關驗放之後，即須免一切税課及留難阻滯之事。凡洋貨與土貨相類者，完納進口正税及所加之税後，該口海關若據貨主請領，即應逐包發給該貨已經完清各該税項之憑單，免致在內地有爭執之虞。凡民船運至通商口岸之土貨將在本地稍售者，無論貨主是何國之人，祇應報明常關，以便征抽銷場税。

此項銷場税數之多寡可任由中國自定，視貨物種類斟酌，即視該貨若係民生日用所必需者則可減抽，若非民生日用所必需及僅止富貴家所用貴重之物則可加抽，惟同類之貨無論是民船帆船或輪船裝載者，均須一律征收。但此項銷場税應按照第三節所載，不得在租界內征收。

第九節　凡洋商在中國通商口岸或華商在中國各處用機器紡成之棉紗及製成之棉布，須完一出廠税，其數係倍於光緒二十七年議和條約所載之進口正税。惟各該機器廠所用之棉花，若係外洋運來者，應將已完進口正税全數及進口加税三分之二發還所用者。若係土產棉花，須將已征之各税及銷場税全數一併發還。凡以上所指華洋各商在中國用機器紡織之紗布，既完出廠税後，所有出口正税、出口加税，復進口半税，以及銷場税，概行豁免。此項出廠税須由海關征收。凡別項貨物與洋貨相同者，若洋商在通商口岸或華商在中國各處用機器造成者，亦須按照以上章程辦法辦理。惟湖北之漢陽大冶鐵廠，及中國國家現有免税各廠，以及嗣後設立之製造局船澳等廠所出之物件不在此款所言出廠税之列。

第十節　由每省督撫自行在海關人員中選定一人或數人商明總税務司由該督撫派充每省監察常關銷場税、鹽務、土藥征收事宜。該員等須實力監察，如有不合例之需索留難，一經監察之員稟報，該省督撫即行將弊端除去。

第十一節　凡照此款有不合例之需索及留難情事，一經商人告發，即由中國派員一名，會同英國官員一名及海關人員一名，彼此職位相等，查辦其事。如經一多半人員查出實有留難受虧確情，即由最近通商口岸海關在加税項下撥款賠還，舞弊之員應由該省大吏從嚴參辦開去其缺。儻查出實係被誣，原告商人應罰還查辦一切費用。

英國駐京大臣如得有憑據，致信該關等有不合例之需索或留難情事，應得照請中國查察。

第十二節　中國允願將下列各地開爲通商口岸，與江寧天津各條約所開之口岸無異。即湖南之長沙、四川之萬縣、安徽之安慶、廣東之惠州及江門。

凡各國人在各該通商口岸居住者，須遵守該處工部局及巡捕章程，與居住各該處之華民無異，非得華官允准，不能在該通商口岸之界內自設工部局及巡捕。此第八款若不施行，則不得索開以上所列之處作爲通商口岸，惟江門一處另載於第十款內，不在此列。

第十三節　按下列第十四節所載明者，若能照辦，則此款辦法應自西曆一千九百零四年正月初一日舉行，届時將所有釐卡須盡行裁撤，凡征收約內禁止税項之人員亦均須辭差。

第十四節　凡在中國應享優待均沾之國，亦須與中國立約，允照英國

所定英商完納加增各税，並所許各項事宜，中國方能允照此條所載各節辦理。

凡各國與中國或以前或以後立定條約，内有優待均沾之款者，亦須一律允立此約。又各國不得明要求中國或暗要求中國給以政治利權，或給以獨占之商務利權以爲允願此條之基礎，英國方能允照此條所載各節辦理。

第十五節　儻各國與中國立定條約内有利益均沾之款者，若在西曆一千九百零四年正月初一日以前尚未允按英國在於此款所許各節辦理，須俟各國允許照辦始可將此款舉行。

第十六節　此款所載裁撤釐金及内地各項貨捐，一經議定批准，即應明降諭旨用謄黄布告於衆，言明向有釐金全撤，向有釐卡全裁，至常關及内地各項貨捐貨税除按此款所載抽收外，餘須盡行裁除。所降上諭亦須載明，如有背此約文詞意之員，即責成該省大吏從嚴懲辦，開去其缺。

第九款

中國因知振興礦務於國有益，且應招徠華洋資本興辦礦業，故允自簽押此約之日起，於一年内自行將英國印度連他國現行礦務章程迅速認真考究採擇。其中所有與中國相宜者，將中國現行之礦務章程從新改修妥定，以期一面於中國主權毫無妨礙，於中國利權有益無損，一面於招致外洋資財無礙，且比較諸國通行章程於礦商亦不致有虧。凡於此項礦務新章頒行後始准開礦者，均須照新章辦理。

第十款

茲因光緒二十四年所訂中國内港行輪章程准特在通商口岸註册之華洋各項輪船行駛貿易，又因是年六月八日先後所訂此項章程間有未便，是以彼此訂明，應將此章從新修改附載此約。惟此章程應按照遵行，直至日後彼此允願更改爲止。

又彼此議定將江門開爲通商口岸，除光緒二十三年正月初三日中英兩國畫押緬甸條約之專款所准英輪前往西江之停泊處所外，茲將廣東省内之白土口羅定口都城作爲暫行停泊上下客貨之處，按照長江停泊章程辦理。並將容奇、馬寧、九江、古勞、永安、後瀝、禄步、悦城、陸都、封川等十處作爲上下搭客之處。

第十一款

英國茲允禁止莫啡鴉任便販運來華，中國亦須應允凡英國領有執照之醫生如運莫啡鴉進口，應在本國領事署内出具立切結實爲自用或爲某醫院專用。且遇有英國藥鋪如亦在本國領事署内出具切結聲明，非有西國醫生藥單不得出售，並云即有此項藥單亦僅以些須小數出售。至各該醫生等如運莫啡鴉進口，應照税則納税後請領海關專單，方准起岸放行。儻不遵照所具切結辦理，一經本國領事查出，以後不准再運。凡英人販運莫啡鴉進口，有未領專單者，應將其貨充公。惟須由有約各國應允照行，乃可舉辦。惟未舉辦以前，遇有莫啡鴉業已落船者，不在此例。中國亦允禁止中國鋪户製煉莫啡鴉以杜其患。

第十二款

中國深欲整頓本國律例以期與各西國律例改同一律，英國允願盡力協助以成此舉，一俟查悉中國律例情形及其審斷辦法及一切相關事宜皆臻妥善，英國即允棄其治外法權。

第十三款

中國之意教事必須詳細商酌，以免從前嫌釁滋事將來復萌。儻中國與各國派員會查此事，盡力妥籌辦法，英國允願派員會同查議，盡力籌策，以期民教永遠相安。

第十四款

咸豐八年商定條約通商章程第五款内載，凡米穀等糧英商欲運往中國通商别口，則照銅錢一律辦理，出口時照依税則納税等因。茲彼此應允，若在某處無論因何事故，如有饑荒之虞，中國若先於二十一日前出示禁止米穀等糧，由該處出口各商自當遵辦。儻船隻爲專租載運穀米而來，若在奉禁期前，或甫届禁期到埠，尚未裝完已買定之米穀者，仍可准於禁期七日内一律裝完出口。惟米穀禁期之内，應於示内聲明漕米、軍米不在禁列。如運出口者，須先載明數目若干。但此項米穀雖在不禁之列，而應於海關册簿逐日登記進出若干，除此之外其餘他項米穀一概不准轉運出口。其禁止米穀，以及禁内應運之漕米、軍米數目，並限滿弛禁各告示均須由該省巡撫自行出示。儻於既禁之後，如准無論何項米穀載運出口，則應視該禁業已廢弛，若欲再行禁止，則須另行出示。自示之後以四十二日爲限方可照辦。至米穀等糧仍不准運出外國。

第十五款

此次新定税則，日後彼此兩國若欲修改，以十年爲限，期滿須於六箇月之内先行知照酌量更改。若彼此未於期前聲明修改，則税課仍照前章完納，復俟十年再行改修。以後均照此限辦理。嗣後中國若於他國所産或所造貨物，如有給以税則利益之處，則英國所産或所造相同貨物，無論由何人運來進口者，亦應一律均沾此項利益。彼此兩國向定條約，若未由現定條約或廢或改，則應仍舊遵守。

第十六款

此次商定條約漢、英各文詳細校對，惟嗣後如有文詞辯論之處，應以英文作爲正義。本約立定，由兩國特派大臣，在中國江蘇省之上海，將約之漢、英文各二分，先行畫押蓋印，恭候兩國御筆批准，在於中國京城一年限内會晤互换，以昭信守。

大清國欽差大臣工部尚書吕海寰

欽差大臣太子少保工部左侍郎盛宣懷

大英國欽差大臣五印度二等寶星總理印度事務大臣政務處副堂馬凱

光緒二十八年八月初四日

西曆一千九百二年九月五號

訂於上海

（清）顔世清《約章成案匯覽》甲篇卷三《條約·中法續議印花布加長納税章程咸豐十一年》　大法國欽差大臣布爲照會事。日前接奉本國總理各國事務衙門大學士札文内開，接准工農貿易部大學士咨文，以阿里薩西亞省織布行公會稟稱，現今本國與中國在天津設立和約税則進口布疋花幔類内載，印花布寬不過七十八桑的邁當，長不過二十七邁當零四十三桑的邁當，每疋七分應納税項條款。惟本省及普本國並不織如此狹窄之布，若必遵行該税則條款，則本國商人必不能將印花布運入中國販賣。或將織布器具改易，必致濫費，仍無益處。且彼時英美國販賣棉布商人並無同行敵手之商，恐於中國無益。況只有此印花布係極精緻之物，中國向來喜用，故我國商人可以帶赴中國售賣，得獲微利。而中國與本國相處愈久交易愈多，不但無碍，且似兩面更有益處。故本會稟懇大部轉請設法託駐紮中國京都全權大臣向中國總理各國事務衙門大臣商議，倚靠本國與大清國和好及兩國交易之益，請煩將該税則印花布條款改爲每疋寬至八十六桑的邁當，長自四十至五十五邁當爲例。本公會及本國各織布行莫不同深感賴等語。相應咨行總理各國衙門查辦。本衙門准此，應行札知貴大臣竭力商辦等語。本大臣奉此，應即照會貴親王請煩查照可否辦理。且此事若不改易條款，則本國商人定不能運印花布進入中國，似於税項有虧，故本大臣望貴親王允許改易並不准推諉，實係兩面均有利益。再貴親王屢以真誠友誼相待，此事仍望設法辦理，則益徵睦好之誼矣。爲此照會貴親王，請煩查照施行。須至照會者。欽差大臣總理各國事務衙門爲照復事。據貴大臣照會内稱，天津議定税則内載印花布寬不過七十八桑的邁當，長不過二十七邁當零四十三桑的邁當，每疋應納税項七分，惟本國並不織如此狹窄之布，請煩將該税則印花布條款改爲每疋寬至八十六桑的邁當，長自四十至五十五邁當爲例，等因前來。本爵查原定税則本不能更改，惟印花布一款，既據照會内稱，貴國並不織此狹窄之布，是當日議定税則時尚未十分明晰。但查貴國之印花布疋核與原定税則所載寬已加增八十桑的邁當，長更加增幾及一倍。若照原定七分，恐不足以洽他國之商情。若照原定税則按數加增，每疋應加税至一錢五分。因念兩國既經和好，不妨格外讓情，止增長税不增寬税，改爲每疋共納税銀一錢二分。貴國印花布疋須照此次所議寬長永爲定式，不得再行少許減長加寬，以免將來再有辯論。本爵實因兩國和好，是以俯順商情，庶貴國印花布易於流通。相應知照貴大臣。嗣後遇有進口印花布，務須照此次所議，寬至八十六桑的邁當，長自四十至五十五邁當爲例，每疋納税銀一錢二分。此外各款税則仍不能再行更改，希貴大臣轉飭各口領事官，查照遵奉可也。須至照復者。

咸豐十一年八月　日

（清）顔世清《約章成案匯覽》甲篇卷三《條約·中法更定商船完納船鈔章程同治四年》　凡船按照第二十款，進口出二日之外與未開艙卸貨之先即將船鈔全完。按照例式，凡船在一百五十噸以上者，每噸納鈔銀四錢；不及一百五十噸者，每噸納鈔銀一錢。凡船隻出口欲往中國議定通商他口，並往來安南國内法國所轄埠頭與附近之日本碼頭，該船主稟明海關監督發給專照，自是日起以四個月爲期。如係前赴議定通商各口，俱無庸另納船鈔以免重輸。如在四個月之外，另納船鈔一次。所有大法國三板

等小船，無論有篷無篷，均照一百五十噸以下之例，每噸輸鈔銀一錢，每四個月納鈔一次。其大法國商人僱賃中國船艇，亦按四個月納鈔一次。以上係更定第二十二款，其原舊第二十二款不輸船鈔等字樣作爲廢紙。

同治四年八月　日

（清）顏世清《約章成案匯覽》甲篇卷三《條約・中德續約十款光緒六年》　第一款

一、中國允除在湖北宜昌、安徽蕪湖、浙江温州、廣東北海前已添開通商口岸並沿江安徽之大通安慶、江西之湖口、湖廣之武穴陸溪口沙市等處前已作爲上下客貨之處外，現又允江蘇吴淞口一處，德國船隻暫准停泊上下客商貨物，一切由江海關道等自行妥議章程辦理。

一、德國允中國如有與他國之益，彼此立有如何施行專章。德國既欲援他國之益使其人民同霑，亦允於所議專章一體遵守。其咸豐十一年七月二十八日所立條約内第四十款特爲言明，仍遵其舊。嗣後中國所有施於他國及他國人民各益，德國人民如欲照第四十款之意一體均霑，則亦應於彼此訂明專章一律遵守。

第二款

一、中國允德國船隻已在中國完納船鈔者，如往中國通商各口，或往各國口岸，在四箇月限内，均不重征。再德國夾板在中國口岸停泊十四日以外者，則自第十五日起即於應交正數船鈔減半。

一、德國允凡德國各處，准各國領事官駐紮者，中國亦可派員駐紮，按照待各國官員最優之禮相待。

第三款

一、中國允凡中國通商各口，由該監督等酌量情形，如係衆洋商情願無礙地方者，該監督等妥議章程自行設立關棧。

一、德國允德國船隻進中國通商各口，其貨物清單須將貨色件數開明，内有舛錯處，准於十二時限内改正。禮拜節期不計。儻有漏報捏報之事，除將該貨物充公外，仍應罰該船主。惟所罰之數不得過五百兩。

第四款

一、中國允凡德國商人裝運中國土煤出通商各口者，應完出口正税銀兩，定爲每噸三錢。並允如有某口前定不及三錢者，將來仍照不及三錢之數征收。

一、德國允凡無照冒充各項船隻引水者，即應議罰。惟所罰之數，每次不得過一百兩，並允妥速會定約束水手章程。

第五款

一、中國允凡德國船隻或在通商各口内口外受損，應行修理者，准由該口海關查明日期扣算該船應完之鈔項。

一、德國允中國商民自備各項船隻不准張掛德國旗號，德國船隻亦不准張掛中國旗號。

第六款

一、中國允凡德國損壞船隻，有在中國通商各口内拆賣該船各料者，准其不另徵進口税銀。惟起岸時，仍須照各貨一律赴關請領起貨准單爲憑。

一、德國允德國人等，如有未領領事所發中國地方官蓋印執照，赴中國内地游歷者，准該地方官將其人解交附近領事官管束外，仍應議罰。惟所罰之數不得過三百兩。

第七款

一、中國允凡德商船廠應用雜物，准其免税，由總税務司將應行免税進口各物名目頒發清册曉諭。

一、德國允凡德國人等運洋貨入内地，及入内地游歷所領單照，自發給之日起，均以十三箇月爲限。均照中國月日計算。

（清）顏世清《約章成案匯覽》甲篇卷三《條約・中法續議商務專條十款光緒十三年》　第一款

除今約所改之款外，光緒十二年三月二十二日在天津所定之和約换約後仍即逐款切實施行。

第二款

按照光緒十二年三月二十二日所定和約第一款，兩國指定通商處所，廣西則開龍州，雲南則開蒙自，緣因蠻耗係保勝至蒙自水道必由之處，所以中國允開該處通商與龍州蒙自無異。又允法國任派在蒙自法國領事官屬下一員在蠻耗駐紮。

第三款

現因中國北圻來往商務必須設法作速振興，所有光緒十二年三月二十二日和約第六七款內所訂税則，今暫行改定。凡由北圻入中國滇粤通商處所之洋貨，即按照中國通商海關税則減十分之三收納正税。其出口至北圻之中國土貨，即按照中國通商海關税則減十分之四收納正税。

第四款

中國土貨按照光緒十二年三月二十二日和約十一款第一節完納進口税後，過北圻到越南海口者，除中國之外，如係前往他國，則出口之時應照法越税則納出口之税。

第五款

中國允准中國土藥由陸路邊界出口入北圻，此土藥應完納出口正税銀貳拾兩一担，即一百觔。法國人及法國保護之人只能在龍州、蒙自、蠻耗三處可以購買。此項土藥中國商人所應納內地釐金等費亦不過貳拾兩一担即一百觔。之數。中國商人由內地運土藥者，將此土藥交與所買之人時即與收釐憑單。而所買土藥之人完納出口税時，將憑單到關呈驗繳銷。再此項土藥不許由陸路邊界通商海口再入中國作爲復進口之物。

第六款

除兵船及運載兵丁軍械之船外，所有法國及北圻船隻從諒山至高平，復由高平至諒山，經過龍州至高平並高平至龍州之河，此三河一名松吉江，一名高平河。此項船隻每次路過，即每噸納鈔銀五分，惟船內所載貨物一概免税。運入中國貨物可用此二河，其貨物並可用旱路及諒山至龍州之官道，俟中國在邊界設關之時，此項經過陸路之貨物在龍州必須完税後方准銷售。

第七款

日後若中國因中國南境西南境之事與最優待之友國立定通商交涉之和約條款章程等類，所有無論何等益處，及所有通商利益施於該友國，此等約一施行，則法國無庸再議，無不一體照辦。

第八款

右各條經會同商定後，大清國欽派王大臣及大法民主國欽派大臣將此約條款原文譯出漢字畫押用印二分。

第九款

此次續約並光緒十二年三月二十二日通商和約，經兩國欽差王大臣互換後，此續約與該通商和約並載一體施行。

第十款

此約現由大清國大皇帝批准，及大法民主國大伯理璽天德批准後，即在中國京城互换。

光緒十三年五月初六日

西曆一千八百八十七年六月二十六日

（清）顔世清《約章成案匯覽》甲篇卷五《條約・中德會訂青島設關章程光緒三十年》 一、茲因德政府允中國在膠州界內之青島地方設關徵税，是以現定本關應有發給內河行輪專照之權。凡有輪船准其駛赴內港來往一切規條，總應按光緒二十四年五月七月前後所定之內港行輪章程，並光緒二十八年八月補續章程駛行，尤應按以後彼此訂明之各項專章辦理。

一、凡有輪船欲在內港行駛，無論華洋船隻，該船主應持有本國所發之牌照，另具一函附呈海關税務司處收存換領關牌。此項關牌以一年爲限，繳回海關註銷，換領新牌。其牌費初次應納關平銀十兩，厥後每年換領新牌納費二兩，並應每四箇月納鈔一次。

一、此項輪船准在青島水面隨意行駛，或照章由青島赴內地各處，並由該內地處駛回青島。或由青島駛赴內地，轉過通商他口，至內地駛回青島，並准報明內地關卡，逢關納税遇卡抽釐，即可在沿途此次所經貿易各埠上下客貨。但非奉中國政府允准，不得由此不通商口岸之內地至彼不通商口岸之內地專行往來。若有此項所經貿易各埠駛至通商他口之船，該船主即須報關，按該口岸華洋各項章程辦理。

一、此項輪船出入青島時，該船主總須報關請領各單，將出口入口貨物之艙口單呈驗，並須聲明欲往內地何處，歸時亦須報明已到某處，仍須照例完納税鈔。至洋藥一項及其餘約禁貨物，不准運入亦不准運出。儻査該船有裝運洋藥及違禁貨物情事，可將該貨入官，並罰該船洋銀五百元。若再犯即將關牌撤銷，亦不予以關牌上所有一切利益。

一、此項輪船總應代中國運送郵袋不收運費，該關郵政司應辦一切事宜，或自行辦理，或會同德國郵員議辦亦無不可。

一、凡有防範偷漏事宜，德國自可襄辦。其巡緝洋藥走私，及別項違

禁貨物，尤應襄助辦理。至郵政按章推廣一切德國允以格外相助不加阻攔。

光緒三十年三月初二日總稅務司赫德與德國駐京大臣穆默在京畫押。

（清）顏世清《約章成案匯覽》甲篇卷六《條約・中國瑞典哪威條約三十三款道光二十七年》酌定貿易章程

第一款

一、嗣後大清與瑞典國、哪威國等及三國民人，無論在何地方均應互相友愛真誠和好，共保萬萬年太平無事。

第二款

一、瑞典國哪威國等來中國貿易之民人所納出口、入口貨物之稅餉俱照現定例冊，不得多於各國，一切規費全行革除。如有海關胥役需索，中國照例治罪。儻中國日後欲將稅例更變，須與瑞典國哪威國等領事等官議允。如另有利益及於各國，瑞典國哪威國等民人應一體均沾，用昭平允。

第三款

一、嗣後瑞典國哪威國等民人，俱准其挈帶家眷赴廣州、福州、廈門、寧波、上海共五港口居住貿易。其五港口之船隻裝載貨物互相往來，俱聽其便。但五港口外不得有一船駛入別港擅自游弋，又不得與沿海奸民私相交易。如有違犯此條禁令者，應按現定條例，將船隻貨物俱歸中國入官。

第四款

一、瑞典國哪威國等民人既准赴五港口貿易，應須各設領事等官管理本國民人事宜。中國地方官應加款接，遇有交涉事件，或公文往來，或會晤面商，務須兩得其平。如地方官有欺藐該領事各官等情，准該領事等將委曲申訴中國大憲秉公查辦。但該領事等官亦不得率意任性，致與中國官民動多牴牾。

第五款

一、瑞典國哪威國等民人在五港口貿易，除中國例禁不准攜帶進口出口貨物外，其餘各項貨物均准其由本國或別國販運進口售賣，並准其將中國貨物販運出口赴本國或別國售賣。均照現定條例納餉，不得另有別項規費。

第六款

一、凡瑞典國哪威國等船隻赴五港口貿易者，均由領事等官查驗船牌報明海關，按所載噸數輸納船鈔，計所載貨物在一百五十噸以上者，每噸納鈔銀五錢，不及一百五十噸者，每噸納鈔銀壹錢。所有以前丈量及各項規費全行裁革。或有船隻進口已在本港海關納完鈔銀，因貨未全銷復載往別口轉售者，領事等官報明海關，於該船出口時將鈔已完納之處在紅牌內註明，並行文別口海關查照，俟該船進別口時，止納貨稅，不輸船鈔，以免重徵。

第七款

一、凡瑞典國哪威國等民人在各港口以本國三板等船附搭客商運帶行李書信及例不納稅之零星食物者，其船隻均不須輸納船鈔外，若載有貨物即應按不及一百五十噸之數，每噸納銀一錢。若僱用內地艇隻，不在按噸納鈔之例。

第八款

一、凡瑞典國哪威國等民人貿易船隻進口，准其自僱引水，赴關隘處所報明帶進，俟稅鈔全完仍令引水隨時帶出。其僱覓跟隨買辦，及延請通事書手，僱用內地艇隻搬運貨物附載客商，或添僱工匠廝役水手人等，均屬事所必需，例所不禁，應各聽其便。所有工價若干，由該商民等自行定議，或由各領事官酌辦，中國地方官勿庸經理。

第九款

一、瑞典國哪威國等貿易船隻到口，一經引水帶進，即由海關酌派妥役隨船管押。該役或搭坐商船或自僱艇隻隨同行走，均聽其便。其所需食用，由海關按日給銀，不得需索商船絲毫規費。違者計贓科罪。

第十款

一、瑞典國哪威國等商船進口，或船主或貨主或代辦商人，限二日之內將船牌貨單等件呈遞本國領事等官存貯。該領事即將船名、人名，及所載噸數、貨色詳細開明照會海關，方准領取牌照開艙起貨。儻有未領牌照之先擅行起貨者，即罰洋銀五百大圓，並將擅行卸運之貨一概歸中國入官。或有商船進口，止起一分貨物者，按其所起一分之貨輸納稅餉。未起之貨，均准其載往別口售賣。儻有進口並未開艙即欲他往者，限二日內即

行出口，不得停留，亦不徵收税餉船鈔，均俟到别口發售時再行照例輸納。儻進口貨船已逾二日之限，即須輸納船鈔，仍由海關填發紅牌知照别口以免重徵。

第十一款

一、喘唺國哪嘁國等商船販貨進口出口，均將起貨下貨日期呈報領事等官，由領事等官轉報海關，届期派委官役眼同該船主、貨主或代辦商人等，秉公將貨物驗明，以便按例征税。若内有估價定税之貨，或因議價高下不等，除皮多寡不齊，致有辯論不能了結者，限該商於即日内稟報領事官，俾得通知海關會商酌奪。若稟報稽遲，即不爲准理。

第十二款

一、喘唺國哪嘁國等各口領事官處，應由中國海關發給丈尺秤碼各一副，以備丈量長短權衡輕重之用，即照粵海關部頒之式蓋戳鐫字五口一律以免參差滋弊。

第十三款

一、喘唺國哪嘁國等商船進口後，於領牌起貨時應即將船鈔交清。其進口貨物於起貨時完税，出口貨物於下貨時完税，統俟税鈔全完，海關給發紅單，由領事官驗明再行發還船牌，准該商船出口回國。其完納税銀由中國官設銀號代納，或以紋銀納餉，或以洋銀折交，均照現定章程辦理。其進口貨物，由中國商人轉販地内者，經過各關均照舊例納税，不得另有加增。

第十四款

一、喘唺國哪嘁國等商船停泊口内，不准互相剥貨。儻有必須剥過别船者，由該商呈報領事官，報明海關委員查驗明確，方准剥運。儻不稟明候驗，輒行剥運者，即將其剥運之貨一併歸中國入官。

第十五款

一、各國通商舊例歸廣州官設洋行經理，現經議定，將洋行名目裁撤，所有喘唺國哪嘁國等民人販貨進口出口，均准其自與中國商民任便交易，不加限制，以杜包攬把持之弊。

第十六款

一、中國商人遇有拖欠喘唺國哪嘁國等人債項，或誆騙財物，聽喘唺國哪嘁國等人自向討取，不能官爲保償。若控告到官，中國地方官接到領事官照會即應秉公查明催追還欠。儻欠債之人實已身亡産絶，誆騙之犯實已逃匿無蹤，喘唺國哪嘁國等人不得執洋行代賠之舊例呈請著賠。若喘唺國哪嘁國等人有拖欠誆騙華商財物之事，仿照此例辦理。領事官亦不保償。

第十七款

一、喘唺國哪嘁國等民人在五港口貿易，或久居或暫住，均准其租賃民房或租地自行建樓，並設立醫館、禮拜堂及殯塟之處，必須由中國地方官會同領事等官體察民情，擇定地基，聽喘唺國哪嘁國等人與内民公平議定租息。内民不得抬價勒措，遠人不許強租硬佔，務須各出情願，以昭公允。儻墳墓或被中國民人毁掘，中國地方官嚴拏，照例治罪。其喘唺國哪嘁國等人泊船寄居處所，商民水手人等止准在近地行走，不准遠赴内地鄉村任意閒游，尤不得赴市鎮私行貿易。應由五港口地方官各就民情地勢，與領事官議定界址，不許踰越，以期永久彼此相安。

第十八款

一、准喘唺國哪嘁國等官民延請中國各方士民人等教習各方語音，並幫辦文墨事件。不論所延請者係何等樣人，中國地方官民等均不得稍有阻撓陷害等情，並准其採買中國各項書籍。

第十九款

一、嗣後喘唺國哪嘁國等民人在中國安分貿易，與中國民人互相友愛，地方官自必時加保護，令其身家全安。並查禁匪徒，不得欺凌騷擾。儻有内地不法匪徒逞兇放火焚燒洋樓，掠奪財物，領事官速即報明地方官派撥兵役彈壓查拏，併將焚搶匪徒按例嚴辦。

第二十款

一、喘唺國哪嘁國等民人運貨進口，既經納清税餉，儻有欲將已卸之貨運往别口售賣者，稟明領事官，轉報海關檢查貨税底簿相符，委員驗明實係原包原貨並無拆動抽换情弊，即將某貨若干擔，已完税若干之處，填入牌照，發該商收執，一面行文别口海關查照，俟該船進口查驗符合，即准開艙出售，免其重納税餉。若有影射夾帶情事，經海關查出，罰貨入官。

第二十一款

一、嗣後中國民人與嗹㖊國哪嘁國等民人有爭鬭詞訟交涉事件，中國民人由中國地方官捉拏審訊，照中國例治罪。嗹㖊國哪嘁國等民人，由領事等官捉拏審訊，照本國例治罪。但須兩得其平，秉公斷結，不得各存偏護，致啓爭端。

第二十二款

一、嗹㖊國哪嘁國等現與中國訂明和好，五處港口聽其船隻往來貿易。儻日後另有別國與中國不和，中國止應禁阻不和之國不准來五口交易，其嗹㖊國哪嘁國等人自往別國貿易或販運其國之貨物前來五口，中國應認明嗹㖊國哪嘁國等旗號便准入港。惟嗹㖊國哪嘁國等商船不得私帶別國一兵進口，及聽受別國商人賄囑，換給旗號，代爲運貨入口貿易。儻有犯此禁令，聽中國查出拏辦。

第二十三款

一、每屆中國年終分駐五港口各領事官，應將嗹㖊國哪嘁國等一年出入口船隻貨物數目及估定價值，詳細開報各本省總督，轉咨户部以憑查驗。

第二十四款

一、嗹㖊國哪嘁國等民人因有要事向中國地方官辯訴，先稟明領事等官查明稟内字句明順事在情理者，即爲轉行地方官查辦。中國商民因有要事向領事等官辯訴，先稟明地方官查明稟内字句明順事在情理者，即爲轉行領事等官查辦。儻遇有中國人與嗹㖊國哪嘁國等人因事相争，不能以和平調處者，即須三國官員察明公議察奪。

第二十五款

一、嗹㖊國哪嘁國等民人在中國各港口自因財產涉訟，由本國領事等官訊明辦理。若嗹㖊國哪嘁國等民人在中國與別國貿易之人因事争論者，應聽兩造查照各本國所立條約辦理。中國官員均不得過問。

第二十六款

一、嗹㖊國哪嘁國等貿易船隻進中國五港口灣泊，仍歸各領事等官督同船主人等經管，中國無從統轄。儻遇有外洋別國凌害嗹㖊國哪嘁國等貿易民人，中國不能代爲報復。若嗹㖊國哪嘁國等商船在中國所轄内洋被盜搶刼者，中國地方文武官一經聞報即須嚴拏強盜照例治罪。起獲原贓無論多少，均交近地領事等官全付本人收回。但中國地廣人稠，萬一正盜不能緝獲，或有盜無贓及起贓不全，中國地方官例有處分，不能賠還贓物。

第二十七款

一、嗹㖊國哪嘁國等貿易船隻，若在中國洋面遭風觸礁擱淺遇盜，致有損壞，沿海地方官查知即應設法拯救，酌加撫恤，俾得駛至本港口修整，一切採買米糧汲取淡水，均不得稍爲禁阻。如該商船在外洋損壞，漂至中國沿海地方者，經官查明，亦應一體撫恤，妥爲辦理。

第二十八款

一、嗹㖊國哪嘁國等民人貿易船隻財物在中國五港口者，地方官均不得強取威脅。如封船公用等事，應聽其安生貿易，免致苦累。

第二十九款

一、嗹㖊國哪嘁國等民人間有在船上不安本分，離船逃走至内地避匿者，中國地方官即派役拏送領事等官治罪。若有中國犯法民人逃至嗹㖊國哪嘁國等人寓館及商船潛匿者，中國地方官查出即行文領事等官捉拏送回。均不得稍有庇匿。至嗹㖊國哪嘁國等商民水手人等，均歸領事官隨時稽查約束。儻三國人有倚強滋事，輕用火器傷人致釀鬭殺重案，三國官員均應執法嚴辦，不得稍有偏徇，致令衆心不服。

第三十款

一、嗣後中國大臣與嗹㖊國哪嘁國等大臣公文往來，應照平行之禮用照會字樣，領事等官與中國地方官公文往來，亦用照會字樣，申報大憲用申陳字樣。若平民稟報官憲，仍用稟呈字樣。均不得欺藐不恭，有傷公誼。至三國均不得互相徵索禮物。

第三十一款

一、嗹㖊國哪嘁國等日後或有國書遞達中國朝廷者，應由中國辦理外國事務之欽差大臣，或兩廣閩浙兩江總督等大臣，將原書代奏。

第三十二款

一、嗣後嗹㖊國哪嘁國等如有兵船巡查貿易，至中國各港口者，其兵

船之水師提督及水師大員，與中國該處港口之文武大憲，均以平行之禮相待，以示和好之誼。該船如有採買食物、汲取淡水等項，中國均不得禁阻。如或兵船損壞，亦准修補。

（清）顏世清《約章成案匯覽》甲篇卷七《條約・中比通商章程九款同治四年》　第一款

一、乙丑年新定税則，凡有貨物僅載進口税則未載出口税則者，遇有出口皆應照進口税則。納税或有僅載出口税則未載進口税則者，遇有進口亦皆照出口税則納税。儻有貨物名目進出口税則均未賅載，又不在免税之列者，應覈估時價照值百抽五例徵税。

第二款

一、凡有金銀、外國各等銀錢、麵粟、米粉、砂穀、米麵餅、熟肉、熟菜、牛奶酥、牛油、蜜餞、外國衣服、金銀首飾、攙銀器、香水、鹹、炭、柴薪、外國蠟燭、外國煙絲煙葉、外國酒、家用雜物、船用雜物、行李、紙張筆墨、氈毯、鐵刀利器、外國自用藥料、玻璃器皿，以上各物進出口通商各口皆准免税。除金銀、外國銀錢、行李毋庸議外，其餘該船裝載無論淺滿，雖無別貨，亦應完納船鈔。儻運往內地，除前三項仍毋庸議外，其餘各貨皆每百兩之物完納税銀二兩五錢。

第三款

一、凡有違禁貨物，如火藥、大小彈子、礮位、大小鳥鎗，並一切軍器等類，及內地食鹽，以上各物概屬違禁，不准販運進出口。

第四款

一、凡有税則內所算輕重長短，中國一担即係一百斤者，以比國一百三十三磅零三分之一爲准。中國一丈即十尺者，以比國一百四十一因制爲准。中國一尺即比國十四因制又十分因制之一。比國十二因制爲一幅地，三幅地爲一碼，四碼欠三因制即合中國一丈，均以此爲例。

第五款

一、洋藥准其進口，議定每百斤納税銀三十兩。惟比商止准在口銷賣，一經離口即屬中國貨物，祇准華商運入內地，比國商人不得護送。即條約第十條所載比民持照前往內地通商，並三十三條所載內地關税之例與洋藥無涉，其如何徵税，聽憑中國辦理。嗣後遇修改税則，仍不得按照別貨定税。又銅錢不准運出外國，惟通商各口准其以此口運至彼口，照現定章程遵行，該商赴關報明數目若干，運往何口。或令本商及同商二人聯名具呈保單，抑或聽監督飭令另交結實信據，方准給照。別口監督於執照上注明收到字樣，加蓋印信。從給照之日起，限六箇月繳回驗銷。若過期不繳銷執照，即按其錢貨原本照數罰繳入官。其進出口均免納税，至船載無論淺滿均納船鈔。又凡米穀等糧，不拘內外土產，不分何處進口者，皆不准運出外國。惟比商欲運往中華通商別口，則照銅錢一律辦理。出口時照依税則納税，其進口無庸納税，至船載無論淺滿均遵納船鈔。又硝磺白鉛均爲軍前要物，應由華官自行採辦，或由華商特奉准買明文方准起貨。該關未能查明該商實奉准買，定不發單起貨。此三項止准比國商人於通商海口銷售，不准帶入長江並各內港，亦不准代華商護送。除在各海口外，即係華民貨物，與比商無涉。以上洋藥、銅錢、米穀、硝磺、白鉛等項，止准照新章買賣，敢違此例，所運貨物全罰入官。

第六款

一、本約第二十四條所載比船進口限十二時報領事官知照，並照第二十五條所載，比國貨船進口並未開艙欲行他往，限二十四時之內出口即不准收船鈔。以上二條無論先後，總以該船進口界限時刻起算，以免參差爭論。至各口界限並上下貨物之地均由海關妥爲定界，既要便商，更不得有礙收税。知會領事官曉諭本屬商民遵辦。

第七款

一、比國商民運入內地各貨，該商應將該貨名目若干，原裝何船進口，應往內地何處各緣由報關查驗確實，照納內地税項，該關發給內地税單。該商應向沿途各子口呈單照驗，蓋戳放行，無論遠近均不重徵。至運貨出口之例，凡比商在內地置貨到第一子口驗貨，由送貨之人開單註明貨物若干，應在何口卸貨，呈交該子口存留發給執照，准其前往路上各子口查驗蓋戳，至最後子口先赴出口海關報完內地税項，方許過卡，俟下船出口時再完出口之税。若進出有違此例，及業經報明指赴何口，沿途私賣者，各貨均罰入官。儻有匿單少報等情，將單內同類之貨全數入官。所運各貨如無內地納税實據，應由海關飭令完清內地關税，始行發單下貨出口，以杜隱漏。

第八款

一、本約第十條所載比民持照前往內地通商一款，現議京都不在通商之列。

第九款

一、通商各口收税如何嚴防偷漏，自應由中國設法辦理條約業已載明外，現定各口畫一辦理，以期妥善。至長江如何嚴防偷漏之處，俟通商後察看情形，任憑中國設法籌辦。

以上所定税則章程，兩國各大臣等親筆畫押，蓋用關防，以昭信實。

同治四年九月十四日

西曆一千八百六十五年十一月初二日

（清）顏世清《約章成案匯覽》甲篇卷七《條約·中義通商章程九款同治五年》 第一款

一、此次新定税則，凡有貨物僅載進口税則未載出口税則者，遇有出口皆應照進口税則納税。或有僅載出口税則，未載進口税則者，遇有進口亦皆照出口税則納税。儻有貨物名目進出口税則均未賅載，又不在免税之例者，應核估時價照值百抽五例徵税。

第二款

一、凡有金銀、外國各等銀錢、麪粟、米粉、砂穀、米麪餅、熟肉、熟菜、牛奶酥、牛油、蜜餞、外國衣服、金銀首飾、攙銀器、香水、鹹、炭、柴薪、外國蠟燭、外國煙絲煙葉、外國酒、家用雜物、船用雜物、行李、紙張、筆墨、氈毯、鐵刀利器、外國自用藥料、玻璃器皿，以上各物進出口通商各口皆准免税。除金銀、外國銀錢、行李毋庸議外，其餘該船裝載無論淺滿，雖無別貨，亦應完納船鈔。儻運往內地，除前三項仍毋庸議外，其餘各貨皆每百兩之物完納税銀二兩五錢。

第三款

一、凡有違禁貨物，如火藥、大小彈子、礮位、大小鳥鎗，並一切軍器等類，及內地食鹽，以上各物概屬違禁，不准販運進出口。

第四款

一、凡有税則內所算輕重長短，中國一擔即係一百斤者，以義國六十吉羅葛棱麽零四百五十三葛棱麽爲准。中國一丈即十尺者，以義國三邁當零五十五桑的邁當爲准。中國一尺即義國三百五十八密理邁當。均以此爲例。

第五款

一、洋藥准其進口，議定每百斤納税銀三十兩，惟義國只准在口銷賣，一經離口即屬中國貨物，祇准華商運入內地，義國商人不得護送。即條約第九條所載義民持照前往內地通商，並二十七條所載內地關税之例與洋藥無涉，其如何徵税聽憑中國辦理。嗣後遇修改税則，仍不得按照別貨定税。又銅錢不准運出外國，惟通商各口准其以此口運至彼口，照現定章程遵行，該商赴關報明數目若干，運往何口，或令本商及同商二人聯名具呈保單，抑或聽監督飭令另交結實信據方准給照。別口監督於執照注明收到字樣加蓋印信，從給照之日起限六箇月繳回驗銷。若過期不繳銷執照，即按其錢貨原本照數罰繳入官，其進出口均免納税。至船載無論淺滿均納船鈔。又凡米穀等糧不拘內外土產，不分何處進口者，皆不准運出外國。惟義商欲運往中華通商別口，則照銅錢一律辦理。出口時照依税則納税，其進口毋庸納税。至船載無論淺滿均遵納船鈔。又硝磺白鉛均爲軍前要物，應由華官自行採辦，或由華商特奉准買明文，方准起貨。該關未能查明該商實奉准買，定不發單起貨。此三項止准義國商人於通商海口銷售，不准帶入長江並各內港，亦不准代華商護送。除在各海口外，即係華民貨物，與義商無涉。以上洋藥、銅錢、米穀、硝磺、白鉛等項，只准照新章買賣。敢違此例，所運貨物全罰入官。

第六款

一、本約第三十六條所載義船進口限十二時報領事官知照，並照第二十九條所載義國貨船進口，並未開艙欲行他往，限二十四時之內出口，即不徵收船鈔。以上二條，無論先後，總以該船進口界限時刻起算，以免參差爭論。至各口界限並上下貨物之地，均由海關妥爲定界，既要便商，更不得有礙收税。知會領事官曉諭本屬商民遵辦。

第七款

一、義國商民運入內地各貨，該商應將該貨名目若干，原裝何船，進口應往內地何處各緣由報關查驗確實照納內地税項，該關發給內地税單，該商應向沿途各子口呈單照驗蓋戳放行，無論遠近均不重徵。至運貨出口

之例，凡義商在內地置貨到第一子口驗貨，由送貨之人開單註明貨物若干，應在何口卸貨，呈交該子口存留發給執照，准其前往路上各子口查驗蓋戳，至最後子口先赴出口海關報完內地稅項方許過卡，俟下船出口時再完出口之稅。若進出有違此例，及業經報明指赴何口沿途私賣者，各貨均罰入官。儻有匿單少報等情，將單內同類之貨全數入官。所運各貨如無內地納稅實據，應由海關飭令完清內地關稅，始行發單下貨出口，以杜隱漏。

第八款

一、本約第九條所載義民持照前往內地通商一款，現議京都不在通商之列。

第九款

一、通商各口收稅如何嚴防偷漏，自應由中國設法辦理條約業已載明外，現定各口畫一辦理以期妥善。至長江如何嚴防偷漏之處，俟通商後察看情形，任憑中國設法籌辦。

（清）顏世清《約章成案匯覽》甲篇卷八《條約・中奧通商章程九款同治八年》 第一款

一、此次新定稅則，凡有貨物僅載進口稅則，未載出口稅則者，遇有出口皆應照進口稅則納稅。或有僅載出口稅則，未載進口稅則者，遇有進口亦皆照出口稅則納稅。儻有貨物名目進出口稅則均未賅載，又不在免稅之列者，應核估時價照值百抽五例征稅。

第二款

一、凡有金銀、外國各等銀錢、麵粟、米粉、砂穀、米麵餅、熟肉、熟菜、牛奶酥、牛油、蜜餞、外國衣服、金銀首飾、攙銀器、香水、碱、炭、柴薪、外國蠟燭、外國煙絲煙葉、外國酒、家用雜物、船用雜物、行李、紙張、筆墨、氈毯、鐵刀利器、外國自用藥料、玻璃器皿，以上各物進出口通商各口皆准免稅。除金銀、外國銀錢、行李毋庸議外，其餘該船裝載無論淺滿，雖無別貨，亦應完納船鈔。儻運往內地，除前三項仍毋庸議外，其餘各貨皆每百兩之物完納稅銀二兩五錢。

第三款

一、凡有違禁貨物，如火藥、大小彈子、礮位、大小鳥鎗，並一切軍器等類，及內地食鹽，以上各物概屬違禁，不准販運進出口。

第四款

一、凡有稅則內所算輕重長短，中國一擔即係一百觔者，以奧斯馬加國一百二十唪呔二十七嚹呔一咕嚝呔八唿呔即法國六十吉羅葛棱麼零四百五十三葛棱麼是爲中國一百觔。中國一丈即十尺者，以粵斯馬加國十一呋嘶二咋哩零九分即法國三邁當零五十五桑的邁當是爲中國一丈。中國一尺即粵斯馬加國十三因制零五分，即法國三百五十五蜜理邁當，照此爲例。

第五款

一、向來洋藥、銅錢、米穀、硝磺、白鉛等物例皆不准通商，現定稍寬其禁，聽商遵行納稅貿易。洋藥准其進口，議定每百觔納稅銀三十兩，惟該商止准在口銷賣，一經離口即屬中國貨物，衹准華商運入內地，外國商人不得護送，即條約第八條所載粵民持照前往內地通商並二十八條所載內地關稅之例與洋藥無涉，其如何征稅，聽憑中國辦理。嗣後遇修改稅則，仍不得按照別貨定稅。又銅錢不准運出外國，惟通商中國各口准其以此口運至彼口，照現定章程遵行，該商赴關報明數目若干，運往何口，或令本商及同商二人聯名具呈保單，抑或聽監督飭令另交結實信據方准給照。別口監督於執照上註明收到字樣，加蓋印信，從給照之日起限六箇月繳回驗銷。若過期不繳銷執照，即按其錢貨原本照數罰繳入官。其進出口均免納稅。至船載無論淺滿均納船鈔。又凡米穀等糧，不拘內外土產，不分何處進口者，皆不准運出外國。惟粵商欲運往中華通商別口，則照銅錢一律辦理。出口時照依稅則納稅，其進口無庸納稅。至船載無論淺滿均遵納船鈔。又硝磺、白鉛均爲軍前要物，應由華官自行採辦進口，或由華商特奉准買明文方准進口。該關未能查明該商實奉准買，定不發單起貨。此三項止准粵國商人於通商海口銷售，不准帶入長江並各內港，亦不准代華商護送。除在各海口外，即係華民貨物，與粵商無涉。以上洋藥、銅錢、米穀、硝磺、白鉛等項，止准照新章買賣，敢違此例，所運貨物全罰入官。

第六款

一、奧斯馬加國第十六條所載粵船進口，限一日報領事官知照，並照第二十四條所載粵國貨船進口，並未開艙欲行他往，限二日之內出口，即

不征收船鈔。以上二條無論先後，總以該船進口界限時刻起算，以免參差爭論。至各口界限並上下貨物之地，均由海關妥爲定界，既要便商，更不得有礙收稅。知會領事官曉諭本屬商民遵辦。

第七款

一、條約第二十八條所載內地稅餉之議，現定出入稅則總以照納一半爲斷，惟第二款所載免稅各貨，除金銀、外國銀錢、行李三項毋庸議外，其餘海口免稅各物，若進內地，仍照每值百兩完稅銀二兩五錢。此外運入內地各貨，該商應將該貨名目若干，原裝何船，進口應往內地何處各緣由報關查驗確實，照納內地稅項。該關發給內地稅單，該商應向沿途各子口呈單照驗蓋戳放行，無論遠近均不重徵。至運貨出口之例，凡粵商在內地置貨到第一子口驗貨，由送貨之人開單註明貨物若干，應在何口卸貨，呈交該子口存留發給執照，准其前往路上各子口查驗蓋戳，至最後子口，先赴出口海關報完內地稅項方許過卡，俟下船出口時再完出口之稅。若進出有違此例，及業經報明指赴何口沿途私賣者，各貨均罰入官。儻有匿單少報等情，將單內同類之貨全數入官，所運各貨如無內地納稅實據，應由海關飭令完清內地關稅，始行發單下貨出口，以杜隱漏。

第八款

一、粵國條約第八條所載粵民持照前往內地通商一款，現議京都不在通商之列。

第九款

一、通商各口收稅如何嚴防偷漏，自應由中國設法辦理，條約業已載明。然現已議明各口畫一辦理，是由總理外國通商事宜大臣或隨時親詣巡歷，或委員代辦，任憑總理大臣邀請粵人幫辦稅務，並嚴查漏稅，判定口界，派人指泊船隻，及分設浮樁號船塔表望樓等事，毋庸粵斯馬加國官指薦干預。其浮樁偷漏之處，中國設法籌辦。

（清）顔世清《約章成案匯覽》甲篇卷九《條約·中墨條約二十款光緒二十五年》　第六款

中國人民准赴墨國各處地方往來運貨貿易與別國人民一律無異，墨國人民准赴別國人民所至之中國通商口岸往來運貨貿易。嗣後兩國如有給與他國利益之處，係出於甘讓立有互相酬報專條者，彼此均須將互相酬報之專條一體遵守，或互訂專章，方准同霑所給他國之利益。

第七款

兩國人民及商船，凡在此國通商口岸，即應遵照此國與各國現在合例通行商務章程，或日後續議新章一律辦理。

第八款

中國土產及製造各物運入墨國，或墨國土產及製造各物運入中國，彼此征進口稅，不得較相待最優之國之同樣物產現在或將來所征之稅稍有區別或有加增。各物出口征稅亦照此辦理，兩國彼此通商。若非通商各別國一律照辦，無論進口出口貨物，不得稍有禁止，或立限制。惟中國遇有辦理人畜疫禁或隄防損害豐收，或爲軍務起見，則不在此例。

第九款

兩國兵船准赴別國兵船所至口岸，彼此接待與相待最優之國無異。購買食物、煙煤、甜水，以及行船必需之件，修理船隻，各聽其便。該兵船進口出口一切稅鈔概不輸納。墨國兵船管駕官中國地方大官與之平行相待。

第十款

此國人民寓居彼國境內，不得勒令充當水師陸師義勇等役，亦不得勒令出資捐免，亦不得以軍需等名目勒借強派。惟遇有按產抽捐之事，此國人民在彼國置有產業，則照彼國人民一律辦理。所有船隻器具各項貨物，以及家用什物均不得強令捐出，以供軍務等用，須先訂價議妥方可。

第十一款

兩國商船准在彼此現在或將來開准通商各口與外洋往來貿易，但不准在一國之內各口岸往來載貨貿易，蓋於本國之地往返各口運貨乃本國子民獨享之利也。如此國將此例施於別國，則彼國商民自應一律均霑，但須妥立互相酬報專條方可照行。此國商船出入灣泊彼國各口，其應輸關稅船鈔，燈樓入口帶水疫禁救生救貨，以及國家地方抽收各費，不得較抽別國船隻稍有殊異或有加增。此次立約所言各口即指現在及將來准設貨物進出通商之口岸，彼此均以海岸去地三力克每力克合中國十里。爲水界，以退潮時爲準。界內由本國將稅關章程切實施行，並設法巡緝，以杜走私漏稅。兩國船隻遇有天災，在彼此沿海地方收口者，該處官員須設法相助。所有

未遭失險之貨物，如不出售，准免納稅。此項遇險船隻均與別國遇險船隻一律相待。

（清）顔世清《約章成案匯覽》甲篇卷一〇《條約・修改長江通商章程十款光緒二十四年》 第一款

前同治元年修改長江統共章程內所有之要義既經併入現在刪修之新章，所有舊章暨長江各口同類之分章一概作爲廢紙。

第二款

凡有約各國之商船，准在後列之通商各口往來貿易，即鎮江、南京、蕪湖、九江、漢口、沙市、宜昌、重慶八處，並准按另訂之專章，在後列之不通商口岸起下貨物，即安徽之大通、安慶，江西之湖口，湖廣之陸溪口武穴等處。除以上所列各處外，其餘長江沿途各處不准私自起下貨物，如違此例，即照條約所載沿海私作貿易之條辦理。惟搭客暨隨帶之行李，准於往常搭船之處上下。此處現時即係兩江之江陰、宜興，湖廣之黄子崗、黄州等處。但行李內不得夾帶應稅之物，違者即將行李充公。此條內續添江南通州之蘆涇港、泰興縣之天星橋，湖北荊河口又名荊河腦及新隄，均係往常停船搭客處所，向不起卸貨物。

第三款

凡在長江貿易之商船現分爲三項，一爲由鎮江上江暫作貿易之出海大洋船，一爲由長江此口赴長江彼口，或由上海赴長江各口常川貿易之江輪船，一爲划艇鈎船及華式船隻。以上三項船隻即照條約之例及各該口之分章辦理。

第四款論大洋船

凡大洋船入江，若不過鎮江貿易者，即在鎮江辦理照沿海各關之例無異。惟此項大洋船若過鎮江上江貿易者，即作爲第三條所謂之長江貿易第一項船。此項商船無論係輪船、夾板船，均應由船主將船牌呈交上海或吴淞或鎮江之領事官。如無領事官，即呈交稅務司查收。稅務司一接到船牌，或領事官行文，即立發江照一紙，載明船名、國旗、噸數及裝何項貨物，並攜帶何項保護軍械等情，名爲長江專照。該船即可持赴上江行駛，無論抵何口，所有進出報關暨起下貨物完納稅鈔一切事宜，俱照沿海各口辦法一律無異。俟回發江照之口岸時即鎮江、上海、吴淞等處，須將長江專照繳銷，由關查明稅鈔完清各事均照章辦妥，即發給紅單准該船領回船牌出海。

第五款論江輪船

凡願在長江常川貿易之輪船，可將船牌呈交上海領事官，如無領事官即呈交江海關稅務司查收。稅務司一接收船牌或領事官行文，即發給江照一紙，載明船名、國旗、噸數，及攜帶保護軍械等情，名爲江輪專照。其照即以本年爲限，須每年在上海換領一次。如該船不在漢口以下貿易，即在漢口換領。如不在宜昌以下貿易，即在宜昌換領。此項有江輪專照之輪船，所有進口出口起下貨物完納稅鈔等事，均應按照各該口之關章辦理。至於船鈔一項，應在發給江輪專照之口岸即上海或漢口或宜昌等關完納。此項輪船如有違長江口岸章程，首次即照沿海各口罰辦之例辦理；二次即將江照撤銷，不准過鎮江上江貿易。若無江輪專照之輪船過鎮江上江者，即照第四條所載大洋船之例辦理。

第六款論有江輪專照船隻之貨物

前長江統共章程所指船隻裝運貨物，應將出口正稅復進口半稅同時完納之理既屬撤廢，嗣後凡有江輪專照之船，俱應按沿海通商各口辦法納稅。即出口稅應於下貨以先在裝貨之口完納，其進口稅或復進口稅應於放貨以先在起貨之口完納。至裝貨撥貨卸貨等事，均應按照沿海各口章程，先爲報關呈驗，請領准單辦理，與沿海通商各口辦法一律無異。凡進口起卸茶葉者，該貨主無須完納復進口稅銀，特准按數另具復進口稅之保結，俟該茶葉呈有十二箇月限內復運出口之據，即將保結註銷。如此項復出口茶葉再進他口，設如由漢口復出口，復進上海口岸者，應於復進之口令其再具復進口稅之保結，俟限內再復出口時註銷，以此類推。

第七款論划艇鈎船華式船隻等類

一、划艇等船如係洋商之船，持有本國之船牌，懸掛本國之旗號，若欲過鎮江上江貿易者，應於領事官或稅務司處請領長江專照，所有呈報海關起下貨物完納稅鈔等事，俱照有船照之大洋船一律辦理。

一、鈎船等如係洋商之船，但無本國之船牌，即無懸掛國旗之理，均應於本口稅務司處請領關牌。所有呈報海關起下貨物完納稅鈔等事，俱照划艇等船辦法辦理。

一、凡由洋商僱用之華式船隻，祇准裝載實係洋商自置之貨，由通商此口赴通商彼口，須於稅務司處請領專牌，由該洋商出具切結，載明該船所裝確係洋商之物，實係運往某口，在彼完納稅項等情。儻該船不按照辦理，即該貨非運某口在彼完稅等事，該關稅務司嗣後即可不發此項專牌交該商執領。此項船隻所有呈報海關起下貨物完納稅鈔等事，俱照划艇釣船等辦法辦理。

第八款論總單

凡長江專照之大洋船，江輪專照之江輪船，以及划艇釣船，並洋商僱用之華式船隻等項，均應於出口之關請領總單，俟抵他口，應將總單呈交該關方准卸貨。若進口時所卸之貨不及總單所載之數，應爲該船主是問。

第九款論雜項章程

凡在長江貿易之商船，如遇巡船及他項關船，若索閱船牌江照等項，務須呈驗。若該船並無前項所開應有之牌照等件，即照條約所載沿海各處私作貿易之例辦理。江關並可將其艙門封閉，亦可派關役押送。其有長江專照之第一項船，若中途經過之口並不起下貨物，即無須在該口停船候驗牌照。

第十款論長江各關暨各口岸分章

長江貿易之船，現既有修改頒發之新章訓示遵行，故舊有之章即屬不符，即應由各該關即上海、鎮江、南京、蕪湖、九江、漢口、沙市、宜昌、重慶等關。籌備新章，俾得遵訂分章與新章相輔而行，頒示宣布。一則可期便利商情，一則得以照約嚴防偷漏矣。以上章程嗣後如有窒礙之處，可隨時酌量更改，以歸妥善。

定於光緒二十五年二月二十一日開辦

（清）顏世清《約章成案匯覽》甲篇卷一〇《條約·長江通商收稅章程五款咸豐十一年》　第一款

洋商由上海運洋貨進長江，須在上海將進口正稅完納，俟到長江各口後一經離口，自入內地販運。如無長江各關稅單者，逢關納稅過卡抽釐，遇有外國商人欲在長江各關請入內地之稅單，即令該商於運貨過卡之先，照約在該關完一子口稅，方准發給稅單不再另徵。

第二款

洋商由上海運土貨進長江，其該貨應在上海交本地出口之正稅，並先完長江復進口之增稅，俟到長江各口後，一經離口販運，無論洋商華商，均逢關納稅過卡抽釐。

第三款

洋商由上海運別口所來之土貨，已在別口交過出口稅，並在上海交過復進口稅，如再出口往長江，毋庸再在上海納出口稅，並長江復進口之稅。俟到長江各口後，一經離口販運，無論洋商華商，均逢關納稅過卡抽釐。

第四款

洋商如在長江口岸自入內地買土貨，或本商自去，或用本國人，或用內地人均可。惟必須先向海關請領買貨報單，單內註明該貨某日到某子口，應運通商某口，實屬本商土貨，自必納完半稅等詞。並於單內填註本商姓名，或本行字號爲憑。此等報單，通商各口海關自行備辦，俟准領事官咨請發給並無使費。

第五款

洋商由長江口岸運土貨回上海，若係洋商由內地自販之貨已在江口完一子稅，即有過卡實據可憑，如在本江口所買之貨即係已由內地人交過各內地稅，則在長江下貨時均不必在長江各口完稅。俟到上海進口時交長江出口之正稅，並先將一半稅存在銀號。如在三箇月限內出口運往外國，確係原包原貨並無拆動抽換情形，即將所存之銀交還。如在上海銷賣，或逾限未出口，即將所存一半稅入賑作爲復進口之稅。或限內出口有拆動抽換情形，除將一半稅入賑外，仍另納出口之正稅。

以上通商各口通共章程五款，除長江應收進出口正稅及復進口半稅均在上海完納，與別海口不同。餘如洋商入內地賣洋貨買土貨，復進口入內地銷賣，以及土貨復進口報明不日出洋各項存銀納稅領單請照一切辦法，南北各海口均照長江一律辦理。

（清）顏世清《約章成案匯覽》甲篇卷一〇《條約·長江通商章程七款同治元年》　第一款

凡有英商之船在長江貿易者，只准在鎮江、九江、漢口三處貿易，沿途不准私自起下貨物。如違此例，由該關即將各該船貨均可入官。長江出

口土貨在以上三關出口，以及無免單之進口洋貨，未完半税之進口土貨，到以上三關進口，均由各該江關查驗自行徵收税餉，按照條約已開通商各口辦理一切事宜。

第二款

凡有英商之船在長江貿易者，現議分爲兩項，其一由鎮江上江暫做長江買賣之大洋船，以及各項划艇風篷船隻；其二由上海入江常做長江買賣之内江輪船。以上兩項船隻在河口貿易，均照條約及該口章程辦理。如帶軍器火藥等件，應於上江時先將數目報明該關，由關在所給上江之照單内註明件數，查驗放行。之後查出該船私加其數，抑或在長江私將軍器火藥出賣該船均可入官。凡來往各船，如遇中國之巡查輪船欲行查驗，立即呈明船牌各件查驗放行。

第三款

大洋船之例，凡有英商之大洋船以及划艇風篷等項船隻抵鎮江時，如在鎮江貿易，即在鎮江徵收税鈔。若由鎮江再行上江前往九江、漢口等處者，須由船主將船牌呈交鎮江領事官查收，並將艙口單呈鎮江關查驗，俟由領事官行文來關，方由關發給護照一紙，名爲鎮江護照。内註明該船帶用兵器、鎗礮、刀藥等件若干，水手多寡，並押載噸數，以及國號，由關任便將船艙封固，派差押送前往上江。該船抵九江，或上江或下江，須由船主將其護照呈關查驗。該船在九江、漢口起下貨物所有納税一切事宜，均照該口章程辦理，俟回鎮江須將護照繳關註銷，由關查明税鈔完清各事均妥，方發給紅單，准領回船牌。開船出海下江時，由關任便隨時派差押送至狼山。凡有船在鎮江以上，若該船無鎮江護照，並無中國之牌照者，由關查出即將該船入官。

第四款

内江輪船之例，凡有英商之輪船自上海常做長江買賣者，應准將船牌呈交上海領事官留署，由領事官轉請江海關發給輪船江照一紙。該江照以六箇月爲限期，凡有此江照者，即可照内江輪船之例起下貨物完納税餉。凡有江照之輪船抵鎮江、九江，無論上江下江，須將江照呈關查驗。嗣後有江照之輪船須在鎮江、九江、漢口輪流完納船鈔。輪船上江下江，皆由各該關任便隨時派差坐船同往押送。凡有江照之輪船，若有違背各口章程之事，除首次照例罰辦外，下次再違即由關自行將該船江照作爲廢紙，以後不准該船過鎮江上江。無江照之輪船抵鎮江者，若過鎮江上江，須照第三款大洋船划艇風篷等項船隻之例辦理。

第五款

凡有江照之輪船裝載土貨，須由該商在裝貨口先將正半兩税一併完清方准裝貨。俟該貨抵上海，若在三箇月限内復出口前往外國，應由該商赴江海關請領執照作爲該貨已往外國之實據。將執照呈交江漢、九江、鎮江。關則可將該商所納復進口半税發給存票，以抵日後應完之税。但欲往外國之貨抵上海之時亦應報明。凡有此等輪船裝載别船所發之貨，該貨在未撥之先，須照起貨之例完納税餉，由關查明各進口税完清方准撥貨。

第六款

凡有洋商僱用内地船隻運貨者，除按照條約納税外，仍令其照辛酉年暫定章程之例，呈具保單請領執照。該船到關仍照内地船例完納船料。如單貨不符，照保單内註明之銀數罰辦，俟江面肅清即行停止。

第七款

凡大洋船、輪船，及領有英國船牌之划艇風篷，並洋商僱用内地運貨等船，由出口之關給發總單。至所遇通商之口，如起卸貨物，即由該船至將其總單呈關查驗方准起貨。

以上各章程日後如有滯礙難行之處，應隨時核議，以歸妥善。

同治元年九月日

（清）顔世清《約章成案匯覽》乙篇卷八上《章程・開埠門・總署咨沿江六處試辦章程光緒　年》爲咨行事，案查煙臺條款第三款内載，沿江安徽之大通、安慶，江西之湖口，湖廣之武穴、陸溪口、沙市等處，均係内地處所，並非通商口岸。按長江統共章程應不准洋商私自起下貨物，今議通融辦理，輪船暫准停泊上下客商貨物皆用民船起卸，仿照内地定章辦理。除洋貨半税單照章查驗免釐，其有報單之土貨祇准上船不准卸賣外，其餘應完税釐由地方官自行一律妥辦，外國商民不准在該處居住開設行棧等語。所載不過是大概辦法，現將詳細章程十二款開列於後，相應咨行查照可也。須至咨者。

右咨各省

一、條款所載輪船字樣並非出洋輪船乃指江輪船而言。

一、條款所載民船字樣並非各項船隻乃指該六處由卡挂號准作撥船編列字號而言。

一、六處除領有稅單之洋貨，並領有報單運照之土貨驗明單貨相符，洋貨即准其裝船或起岸放行，土貨即准裝船前赴所報出口海關，該六處均不另徵稅釐外，其餘無單照各貨均照後開章程辦理。

一、由六處裝船運往六處起岸之貨，先完裝船處釐金，報明由此處運往彼處並不過關者，如自大通赴安慶，自陸溪赴沙市。無庸完稅；其須過一關者，如自大通、安慶至武穴，自武穴至陸溪、沙市。自到該關照完正稅，此兩項均應將此去途中所經釐卡由裝船處釐局核明共有幾卡，即照所完釐數令其再完幾倍，以補應完之釐。其須經過兩關者，俟到第一關照完正半兩稅，應由裝船處釐局將此處所經第一關以前第二關以後共有釐卡幾所，照所完釐數令其再完幾倍，以補應完之釐。如大通、安慶運至沙市、陸溪口起岸，由沙市、陸溪口運至大通安慶起岸，中間一關以後二關以前釐卡准其免補。若祇過一關及不過關者，不得援免。

謹按，註釋内云中間一關以後二關以前釐卡准其免補者，如自大通、安慶裝船運至沙市、陸溪口起岸，沿途應經九江、漢口兩關裝船處釐卡，當核明由大通、安慶至九江關止共有釐卡幾處，復由漢口關起至沙市陸溪口止共有釐卡幾處，一併算明，即照本口所完釐數，令其再完幾倍。中間由九江關起至漢口關止，所經釐卡免其核繳，俟抵九江關時完納正半兩稅。由沙市陸溪口裝船至大通安慶者，亦照此辦理。若路經一關者，所經該關前後共有幾卡，均在裝貨之口核明照繳，到關時仍完一正稅，不能藉口已納關稅邀免過關以後釐金也。

一、由六處裝船運往長江各關暨上海關起岸之貨，先完裝船處釐金，報明運赴何關，俟到第一關照完正半兩稅，應由裝船處將此去所經第一關以前共有釐卡幾所，即照所完釐數，令其再完幾倍，以補應完之釐。如所報起岸之關即係第一關，如自大通、安慶至九江關，自武穴至江漢關，自陸溪口、沙市至宜昌關。到關只完正稅，不完半稅。

一、由上海關暨長江各關裝船運往六處起岸之貨，除先在該關照完正半兩稅或只完正稅，如自蕪湖關報運大通，是僅經一關，只完正稅。如自鎮江關報運大通，是所經兩關，應完正半兩稅。其經三四關者，亦只完正半兩稅一次而止。以上正半各稅均在裝船之關照完。報裝輪船指赴某處並領收稅單到起岸處呈驗外，應於起岸處照完該處釐金，並由該釐局核明所經末尾一關以後共有釐卡幾所，即照所完釐數令其再完幾倍以補應完之釐。如所經僅只裝載一關，即以該關爲末尾之關。

一、凡裝船處收釐，均須填發收釐單，交該商於到關及起岸處呈驗。如該貨須到關完稅，該裝船處釐局均應另寫總釐單封好交與船主送到所經第一關稅務司查收，一面由該商持收釐單赴關呈驗，完稅該關另給收稅單並將所呈收釐單加戳給還，俾到起岸處再行呈驗。倘六處裝船之貨到關及起岸處，該商竟無完釐完稅各單呈驗者，該貨入官。其有以遠報近希圖偷漏者，查出罰辦。倘在不准停輪之處私行上下貨物者，該貨入官，該輪船照章查辦。

一、六處内湖口一處應行另立完稅專章，惟因湖口情形現在尚未查明，其餘五處應照現議之章先行試辦。湖口一處須俟查明再議。

一、六處抽收釐金本與稅則無涉，向就貨價每百抽二，各按本處時價核收。其收銀驗貨秤碼應與各關一律，均不得稍有高下。

一、六處自沙市以至大通，沿江抽收來往貨船釐卡，查有沙市、北河口、鸚鵡洲、樊口、武穴以上湖北五卡。二套口、以上江西二卡。華陽、安慶、大通以上安徽三卡。共爲九卡。該六處應各將沿江釐卡按上下游遠近次序懸牌寫明備查。其應補釐金即在六處之間不逾大通以東、沙市以西，並使各商知悉。

一、六處裝船之貨必須聽候查驗完清釐金，將貨由官碼頭挂號撥船上輪船。六處起岸之貨，由挂號撥船向輪船撥出送到官碼頭，聽候查驗辦理。倘有私用未曾挂號之民船送貨撥貨者，該貨入官，船户提究。

一、六處所收釐金應分别各還各卡，定其彙解，以清款項。所有釐金細數及貨物觔件，應由各該處委員按七日造具清册，並按外國月分造具總册，分别送呈本省稅關及駐紮江漢關巡查六處副稅務司查核，以便按結詳報。

以上各款均擬試辦一年，如有未盡事宜，及或有窒礙之處，隨後相機酌改以期妥善。查本年五月二十一日係泰西七月初一日，即爲第六十八結

之始。若此章可以暫爲試行，擬即從此日開辦。

（清）顔世清《約章成案匯覽》乙篇卷八上《章程・開埠門・重定長江通商各關通行章程光緒二十五年》　查長江通商統共章程現經一律修改，舊用之章一概作廢，則沿江各口向設之專章遵行之辦法自必窒礙難行，必須重爲訂定，以便各該關遵守，與長江新章相輔而行。茲將各關應用通行之章，酌定條款，自西歷一千八百九十九年四月初一日即光緒二十五年二月二十一日作爲長江新章開辦之期。其各該口通行之章亦應届期一律開辦。今將所定條款開列於後。謹按此章係與修改長江通商章程相輔而行。

通行雜項章程

一、船隻停泊定界。凡船隻進口，務遵理船廳指定之處，照章停泊。其本口停船之界開後，由各口酌情自定註明。其進口時尚未停泊以前一切撥船舢板等小艇均不准駛傍該船。

一、撥船定章。凡各口撥船，應在新關挂號，並須用漢、英兩項字將號數於船上大書明顯。

一、起卸定章。凡船隻起卸貨物，或上下壓載之石鐵等件，均須有准單。如查出並無准單，私行起卸上下者，即應查拏入官。其領有准單者，由日出至日落均可任便起卸上下。此外或於夜間或禮拜日暨照章封關之期，若無專單，均不准起卸上下。

一、船滿退回貨物之章。凡欲下船之貨已經領有准單，因船載已滿復行退回，必須報關候驗方准起去。

一、進出口貨物分時起卸報關領單之章。凡船隻在口，除領有江照之船外，其他船隻均須俟進口之貨起清方准下出口之貨。至進口貨内若有洋藥，則必須起存關棧。若有軍器等件，未領新關之軍器專照，不准擅起。又進口之貨其置貨原單内未將水腳保險等費開列明晰，可由關按該單貨價再加一成核算值百抽五之税數。惟此單亦可不認爲市價，由關自行估值核税。又若有貨物在宜昌報明逕赴上海，該貨到漢口過載時赴關報明即可，由關備一百貨過載總單給發收執。其由上海逕運宜昌之貨，至漢口時亦可一律辦理。凡請起貨准單者，在報關時須將所有之免税單暨完税憑單等件同時呈請驗明方准給單。

一、出口貨物定章。凡欲出口之各貨，須先由貨商開單，將貨色、件數、觔兩、價值，暨箱包號數逐件用華、英文開明報關，並將現欲出口之貨運赴海關碼頭請驗。或因該貨繁重難於盤赴碼頭，可由該商呈請派人前往商棧或躉船内查驗。然此非定章，必須由税務司酌情特准，方能往驗。驗畢，其船棧均可由關封固。惟無論在何處驗貨，必須該貨與原報之單相符，隨由關發給驗單，令該商持赴銀號完納出口税銀，俟掣取號收呈關核驗後方能發給准單下船。其未經領有准單以先所報之貨斷不准任便移動。

一、江海關徵收税課新章。從前長江各關徵税另有專章，與沿海口岸辦法不同，是以江海關向章均係輔助各江關向辦之事。現在長江章程既經修改，所有沿江各口華洋進出各貨報關完税各事，改爲與沿海各口一律辦理。土貨出口即完納出口正税，進口暨復進口各貨均在所進之口分别完納正半各税，則江海向章必須删改，俾與長江新章融洽。茲將改訂之江海關專章四條開列於後：

一、各貨由長江口運至上海，先須開單報關呈請查驗。若係土貨執有收税單者，則只徵其復進口半税。如無出口收税單者，即令該商於半税之外繳存一出口正税。若係洋貨到口，並未執有免照，則令該商完納進口正税。至各貨由長江口運至上海，或復出上海口運往外洋，或復進他口轉運外洋，向有寄回原出江關之單據收回預存之半税。嗣後即無預存之税，此單據即歸無用。

二、凡有土貨由上海運長江各口者，先須報關完納出口正税，由關發給收税單，俟該貨到指運之長江口，應即報關呈單照驗再完復進口半税。

三、凡土貨已進上海口，欲復出口載往長江各口者，可報關請領復進口半税之存票，即由關將已完正税憑單一併發給，俟到長江口時，仍須報關照完半税，按照土貨進口復報往各海口一律辦理。凡洋貨已進上海口復欲運往長江各口者，均可隨時報關請領免税單，或請領進口正税之存票。若領有存票，該貨到長江口時仍須報完進口正税，按照洋貨復出口運赴各海口一律辦理。各商報關時，均用江海關向來復出口報單式樣，並將欲領免税單或欲領存票之處於報單分晰註明。

四、凡過載之貨，若係由長江運來之土貨，須於原口原報單内預爲註明至上海過載撥往某口字樣，方准照常過載，否則該貨到上海時即可由關開驗徵税。若係由外洋進口之貨欲由上海過載别船運往長江各口者，該商

報關時亦須照向來上海呈報撥貨單式樣開呈。若有在他口報往上海之貨，或未到上海以前或已到上海以後，欲改行過載運往別口，亦應照向用撥貨單式樣呈關，否則可由關開驗徵税。至洋土各貨在上海過載，應以進口五日爲限，必於限內報關請領撥貨准單過載清完。違者該貨歸於進口貨類，照章徵税。惟各貨過載時雖在限內，若海關欲行開驗，亦可任聽盤查。

一、復進口茶葉半税准立保結之章。凡茶葉裝於江照輪船復運進口者，無庸立在該口完納半税，准由貨主照數立具保結。若於一年限內實將該貨復運出口呈有單據，即將原結註銷。倘逾期未運出口，應由該關按照保結補收復進口税。若所運茶葉限內復出此口再進彼口，此口註銷原結，彼口應令該商再立保結。亦須於一年限内復運出口，再行註銷。以此類推，至貨主呈請銷結，應於茶葉已運出口七日限内報關呈明註銷。

出海船隻之辦法

一、鎮江關現定辦法，抵鎮之船有按照各海口之章辦理復行出口者，並有按照長江章程辦理駛往上江者。凡大洋船以及划艇等船與未領江照之輪船，到鎮江口，須由該國領事官報明鎮江關，並由該船主將進口艙單船鈔執照貨物總單一併呈關，即由關發給開艙准單。若該口無本國領事官者，該船主除將艙單鈔貨等總單執照呈關外，應將該船船牌等件暫存關內請領起下貨物各准單。俟各貨起下清完，遵納各項税鈔，呈到出口貨物艙單，即由關發給紅單領回船牌等件，均與沿海各口一律無異。凡船駛到鎮江起下貨物畢，欲過鎮江駛進長江他口者，應將下貨艙單呈關請領赴某口之總單及紅單各件，由領事官代爲請領長江專照，即由關將該船艙口封閉。若該船牌照原存在關，即由該船主自行請領長江專照前往，方准出口駛往上江。若該船或於領事署或於關內已存有在上海或吴淞原領之長江專照，應即由關查核蓋戳發還，無庸再發本關專照。凡在鎮江領取長江專照者，該船駛回鎮江時，應將該照在鎮關繳銷，並將各江關所發之紅單及出口艙單等件一併呈請，查核無誤，方能發給末後紅單，赴領事官處領回船牌。凡在上海、吴淞請領長江專照者，亦須照鎮江關辦法，分別在淞滬等關領繳一律辦理。

一、上江各關通行辦法。凡船隻領有長江專照者，於進江口時須將該照存於本國領事官處，由領事官代爲報明本關，並由船主將艙單總單暨船鈔執照等件送關查核。無領事官者，其長江專照暨前項單照等件，即由船主呈關查核。請領開艙准單後，隨由各貨主將其貨色件數斤重價值號數等情，用華、英文開列報單呈關請領起貨准單，即將該貨或卸入本關掛號之撥船直赴本關碼頭候驗，或卸入曾具保結之撥船囤積商棧躉船內呈請派人往驗。俟由關驗明後，領取驗單完清税銀，方能發給放行單，任便移動各貨。下貨者照前開下貨通行之單辦理。

一、長江各關紅單辦法。凡船隻進長江各口起下貨物完納税鈔畢，應將出口艙單於下午三點鐘以前呈關查核無誤，領取紅單，即可領回長江專照展輪出口。其艙口均聽該關封閉，並派關役附搭該船押送以防流弊。所謂紅單者，並非准令出口之件，只係該關所發税鈔完清之據。船主執持此單，即可請領事官給還船牌等件，至某船欲往某口係領事官註明者，與新關無涉。此係紅單要義，特爲揭明。

江照輪船辦法

一、來往長江輪船定章。凡輪船領有江照專行來往長江者，於進各江口時務將該照呈關查核。

一、江照輪船運進貨物辦法。凡領有江照之輪船由他口運貨至長江口者，須將他口所領總單與船主畫押之艙單，暨船鈔執照等件，呈關查核，方准開艙，隨由各貨主將其貨色、件數、斤重、價值等情開單報關，請領起貨准單，候驗發給驗單，完納税餉，呈交號收，方給放行單，任便移動，與他項船隻一律辦理。倘驗貨時查出該貨多於總單，或艙單內所載之數即將溢出之數入官。若總單內開列之貨有未起出之件，即按總單載有之數向該船主追賠應完税銀。凡在江照之輪船進口時，擬將船貨撥入掛號撥船，或躉船棧房內，聽候貨主照章取貨，則准照本關專章辦理。

一、江照輪船下貨辦法。凡有江照之輪船，下貨時須先報關候驗。驗畢完納税銀，請領准單，方准下貨，按照他船辦法一律無異。

一、江照輪船領取紅單辦法。凡有江照之輪船並不起下貨物者，可由關查核該照後交還出口；其起下貨物者，應俟起下清完，即將出口艙單呈關查核，由關發給總單，發還江照暨船鈔執照等件後即准出口。

划艇釣船並洋商雇用之民船辦法

一、洋商自置或雇用船隻辦法。凡沿海沿江划艇民船等由洋商或自置

或雇用者，均應按照光緒二十四年修改之長江通商章程一律辦理。各船務須停泊於各口指定處所，報關起下貨物，完納稅鈔，與出海之長江專照船一律無異。洋商僱用民船，除將自置之貨由此通商口運至彼通商口外，不准另作別用。該商並應赴關立具保結，請領專牌等件備查。

一、小輪辦法。凡小輪船應一律赴關挂號領牌。其初次領牌，須納牌費銀十兩。至每年更換新牌之時，均納銀二兩。

另款

一、辦公時刻及投遞文函定章，各新關除禮拜日照章封關日外，每日由午前十點鐘開關至午後四點鐘閉關，所有本日欲行出口之船，其呈遞艙單、請領下貨准單等事應在三點鐘以前赴關辦理以免延誤。至投遞各項公文信函，必須寫明呈交各該稅務司收開，庶無錯誤。

一、以上辦法倘日後查有窒礙之處，可隨時酌量刪改增添，以歸妥善。

（清）顏世清《約章成案匯覽》乙篇卷一一上《章程・通商門貿易類・東撫袁奏陳山東商務局試辦章程摺光緒二十七年》 奏爲創設東省商務局，以培生計而維利權，謹將擬定試辦章程繕單具陳，恭摺仰祈聖鑒事。竊維富國裕民之道，農工商務三者實相爲表裏。中國農學工藝向少講求，而自各口互市以來風氣開通，人漸知注意商務，各省亦間有商務局之設。然卒難與西商頡頏者，則以官商勢隔，上下情睽，倡導之術不宏，而扶持維護之責未盡也。考泰西各國商稅綦鉅，故待商亦甚優。各埠均設商會，國都設總商會，以爵紳爲之領袖，其權足與議院相抗。並特設商務部專理其事，其經商他國者則爲置領事以統轄之，駐兵艦以保衛之。有大利害，則領事以達於公使，而爭諸其所經商之國，務饜其慾而後已。故商人有恃無恐，貿易盛而國以商強。論者至以商戰目之，非虛語也。中國商人力薄貲微，智短慮淺，官吏復輕爲市儈，斥爲末民。平時則聽其自爲懋遷，遇事輒不免多方抑勒，故良商畏避官吏幾如虎狼，自保弗暇奚暇謀遠。而奸商則恃無防察，作僞挾詐影射誑騙，甚至依附洋商走私漏稅，弊端百出。官吏轉無如之何，坐使洋商專利華商受困。若不亟圖整頓，恐中國市面將益重江河日下之憂。臣於本年三月間應詔陳言，曾請振興商務。第東省民智未啓，聞見拘墟，商賈之自安猥退者多，官紳之留心提倡者少。今欲設法整飭，因勢利導，必須專設一局以爲挈領提綱之所。分立商會，公舉董事，以討論夫利病而聯合其聲氣。其局員務痛除官場積習，其董事務熟悉商業情形，要使官與商可呼吸相通，商與商可臂指相使。有弊則易以革，有利則易以興，有限於財力權力者則爲之扶掖以助成之，有受人抑制陵轢者爲之糾察而保護之，庶民皆知商之可爲商，皆知業之易保。從此風會日闢，智識日增，闤闠日興，貨賄日阜。內之而生計不憂終窘，外之而利權不盡旁傾，其關係於大局蓋誠非淺鮮也。臣現於省城創設商務總局，擬定章程發局試辦，並籌辦官銀號銀圓附入其中。惟是事體繁難，必得明大體而有實心之員方足勝任。查有奏調來東之試用道唐紹儀，洞諳交涉，練達商情，心地篤誠才識卓越，堪以派令總局務以專責成。並遴委本省在籍富紳二品銜江蘇候補道孟繼笙，及分省試用道蕭應椿會同辦理，以資聯絡。其章程未盡事宜，容臣督同該局員等，隨時察看情形斟酌損益，以期逐漸擴充。謹先將擬定試辦章程繕具清單，恭呈御覽。除咨部查照立案外，所有創設東省商務局緣由，理合恭摺具奏。伏乞皇太后皇上聖鑒訓示。謹奏。

（清）顏世清《約章成案匯覽》乙篇卷一一下《成案・通商門貿易類・直督李奏創設公司赴英貿易摺光緒　年》 奏爲招集華商創設公司專赴西洋貿易以立富強之基恭摺仰祈聖鑒事。竊查光緒六年十月，祭酒王先謙奏請令商船出洋片內聲明，船政大臣黎兆棠前議創立宏遠公司運貨出洋，請咨商舉行湊集商股作速開辦。欽奉寄諭：目下情形能否，及此將來如何漸次開拓興辦，著妥籌具奏等因。旋經臣等先後復陳，擬暫就招商局現有輪船酌量試辦，逐漸推廣。並緘屬黎兆棠請其勸諭粵商設法倡導。茲准黎兆棠咨，據廣東職員梁雲漢、劉紹宗、梁紹剛等稟稱，泰西以商立國，商務之盛衰即國勢強弱所由判。凡有益商務者，必竭全力以圖之。年來日本步趨泰西，亦四出通商以爲利國利民之本。中國地大物博，商務爲四洲之冠，洋人視爲利藪紛至沓來，有可以從中圖利者鮮不多方要挾，實由彼來而我不往也。即有到金山古巴秘魯等處者，亦僅貧民傭工，並無殷商前往，似未足以立富強盛業。現已招集殷商湊成鉅款名曰肇興公司，擬往英國倫敦貿易，以爲中國開拓商務之倡。該員梁雲漢在粵東總理，劉紹宗、梁紹剛往倫敦管事，不領公帑，不准洋商附股，一切進出口貨完稅章程請

照洋商一律辦理，以昭平允。惟事屬創始，必須官爲維持。請由通商大臣給諭前往，並轉咨中國駐英大臣隨時主張，俾得與各國在英商人一體優待等情請奏前來。竊維西洋富強之策，商務與船政互相表裏，以兵船之力衛商船，必先以商船之税養兵船，則整頓通商尤爲急務。邇者各國商船争赴中國，計每歲進出口貨價約銀二萬萬兩，以外洋商所逐什一之利已不下數千萬兩，以十年計之，則數萬萬兩，此皆中國之利有往而無來者也。故當商務未興之前各國原可閉關自治，逮風氣大開既不能拒之使不來，惟有自擴利源，勸令華商出洋貿易，庶土貨可暢銷，洋商可少至，而中國利權亦可逐漸收回。前此招商局輪船嘗往新嘉坡、小吕宋、越南等埠攬載，近年和衆美富等船分駛夏威仁國之檀香山、美國之舊金山載運客貨，究止小試其端，尚未厚集其力。英國倫敦爲地球内通商第一都會，並無華商前往。黎兆棠志在匡時，久有創立公司之議，盡心提倡，力爲其難。現既粗定規模，自當因勢利導，期於必成。惟草創之初，能否獲利尚無把握，祗有官商上下合力維持，以期漸推漸廣。所有該公司出進口貨物在中國通商各口者，應准照洋商一律辦理。其出洋後沿途及抵倫敦一切貿易章程，應得與各國在彼商貨一律辦理。臣等擬即咨商駐英大臣曾紀澤隨時設法主持保護，俾該商等遇事有所稟承。並給諭與該公司，仿照泰西通例五年之内只准各處華商附股，不准另行開設字號，免致互相傾跌貽誤大局。除俟開辦後各口分處設棧，及未盡事宜隨時酌核咨行查照外，所有招集華商創設公司前往英國倫敦貿易緣由，謹會同南洋通商大臣劉坤一、船政大臣黎兆棠合詞恭摺具陳，伏乞皇太后皇上聖鑒訓示。謹奏。

（清）顏世清《約章成案匯覽》乙篇卷一一下《成案·通商門 貿易類》

·粤督李附奏設立商務局片 光緒二十六年 再臣欽奉恩命考察商務自以鼓舞華商開通海外諸埠爲入手要義，茲查廣東地接南洋，中外輻輳，工藝精巧，惟山多田少人户蕃衍土產米穀不敷民食，每賴安南、暹邏洋米及鎮江蕪湖米商源源接濟。而香山增城所產絲苗銀黏等項上色細米，轉以運出外洋舊金山等埠爲粤民食用。以貴易賤以少易多，因而惠濟貧民養育黎庶，是以欲振商務必先力顧民天，欲厚民生必先整飭米政。現擬廣東省城開設商務總局，即委廣東布政使丁體常、按察使吴引孫總理局務，先將各埠運入之米查勘豐歉以劑價值之平次，核轉輪以節舟車之費。又招集米商分設棧店，以時糴糶，酌中定價，嚴禁居奇壟斷。而運出之米仍照前督臣張之洞奏定之案，每年以五十萬石爲額，每石抽徵出口經費洋銀一圓，准商棧領照承運，仍派九龍、拱北兩關税務司認真稽徵以杜弊混。米政既舉，然後將絲茶百貨器用服物等事逐件推行，務期土貨外銷，利權漸挽。惟是振興商務事緒紛繁，兩司政務孔殷祗能舉其大綱，勢難詳其條目。查有奉旨交臣差遣道員劉學詢，籍隸本省，熟悉商情，又已革候補道王存善，仕粤多年，精明幹練，情形亦熟，均堪派令會辦局務，俾專責成。所有粤省擬設商務總局籌辦大概情形，並派員經理局務緣由，理合附片陳明，伏乞聖鑒。謹奏。光緒二十六年三月二十七日奉硃批：著照所請。欽此。

（清）顏世清《約章成案匯覽》乙篇卷一一下《成案·通商門 貿易類》

·烏里雅蘇台將軍連奏請設中俄通商局摺 光緒二十八年 奏爲參酌時勢擬請設立中俄通商事務局，揀員承辦以專責成而維邊局，恭摺仰祈聖鑒事。竊維邊疆之要，首在睦鄰。凡一切事機自應因時制宜，謀爲久安之計。查烏里雅蘇台地處極邊與俄接壤，形勢孤懸頭頭是道，貿易俄商絡繹不絶，當此重訂和好之際，邊局益不能不慎，鄰睦更不可不修。設商局而理商務，實爲睦鄰保邊第一要義。溯查從前俄商來城貿易者朝來夕去交涉事少，暫歸理藩院兼辦。今則俄商在烏多設舖所，常年與蒙民交易。兼以烏梁海連界俄屬之烏蘇河套並恰克圖均設有俄官，與蒙古諸部落近在咫尺，中無隔閡，以致喀爾四盟無一旗無貿易之俄商。其所貿易者，專以牛皮獺皮子皮牛隻爲大宗，每年由三札兩盟以貨換買駝絨羊毛進烏城者不下三四百萬觔。其由各盟旗經運俄法者爲數尤鉅。故近日交涉事繁，較昔不啻倍增什蓰。此時即派專員承辦猶恐有拮据不遑之勢，若仍以理藩院兼辦，實屬顧慮難周。設有貽誤，非惟有失鄰睦，實與邊局關係匪輕。奴才等熟籌再四，擬仿照科塔兩處成案，在烏城街中市設立中俄通商事務局，擬設承辦章京主事職銜一員，額外筆帖式二員，專司其事，庶責有專歸而無貽誤。查烏城辦公向來事浮於人，此次設局辦商又關係交涉，應委各員非久歷邑疆通達洋務蒙文者不克勝其任。設承辦章京一缺，擬由綏遠城擇其曾在西北路邊經過通商事務諳習洋情之員，指調來烏委用，以資熟手，而期得力。其筆帖式二員，即擬由在營旗員内挑選補用。至各員等升階保

案暨應支鹽糧加增等款，按照烏城額設主事職銜筆帖式等員之例一體辦理。惟烏城設立商務係屬創始，且俄官往來似應稍加優待，擬月給辦公心紅柴燭紙筆等項銀四十二兩。字識四名，以備書寫一切。招募巡兵十六名，以資巡查，備蒙俄交易偶有口角即便前往彈壓，勿令釀成事端。每名擬月給津貼四兩。至中俄交涉，必須曉俄蒙繙語者，添募通事二名方不誤事。月支口分，每名按照六兩發給。核計一年所需連閏不過二千二百餘兩。惟當此多事之秋，庫款支絀，奴才等亦應共體時艱變通辦理，所有該員等應支各款暫由烏城常年各項六分減平項下核發，仍歸入常年經費造報，不令稍有浮冒，庶免部籌之難。如蒙俞允，擬按照科布多由奴才刊刻木質關防一顆，文曰辦中俄通商事務關防，報部開用，以昭信守。其餘一切設局開辦暨支發各項銀糧日期限，並調員承辦各情形，俟奉旨後再行酌覈奏咨辦理。除咨呈政務處查照外，所有參酌時勢擬請設立中俄通商事務局揀員承辦以專責成而維邊局緣由是否有當，理合恭摺具陳，伏乞皇太后皇上聖鑒訓示。遵行。謹奏。光緒二十八年　月　日奉硃批：著照所請該衙門知道片併發。欽此。

（清）顏世清《約章成案匯覽》乙篇卷一一下《成案・通商門貿易類・東撫周奏東鹽運銷海參崴招商試辦摺光緒二十九年》　奏爲東鹽運銷海參崴等處，招商暫行試辦，以期推廣利源，恭摺具奏，仰祈聖鑒事。竊臣於光緒二十八年十二月承准外務部咨開海參崴免徵華貨之稅。華商若能廣運貨物赴崴銷售，正可推廣利源，鈔録駐劄海參崴辦理商務交涉委員李家鏊條陳，行令出示曉諭商人週知遵辦等因。查李家鏊所陳第二十七條，大意謂海參崴附近向不產鹽，係由廣東香港等處運崴，鹽劣價昂，不如東鹽質美色白。俄國官員顧念民艱，前曾向該員商請總理各國事務衙門設法通融運崴銷售，與其任奸商私運，不妨量予通融，領票承運，化私爲官，庶私運出口之弊不禁自絶等語。當經檄飭商務局司道出示曉諭，並酌派商人前赴海參崴乘便至哈爾賓查察一次，實有私鹽販運來往無常。查登州府屬沿海地方灘鹽極多，以陸地道遠運艱難入內地，向有私販出口禁不勝禁，自應化私爲官以杜流弊。因即招集商股在於山東沿海一帶購買灘鹽，僱用輪船裝赴海參崴試銷。稟經臣檄飭籌款局發給執照，飭東海關先免出口稅一次，其內地課稅暫免三次，以示體恤。並告駐煙俄國領事官知照旋准，該領事官復稱東鹽進海參崴口一概免稅，維時東商到崴適值他處來鹽甚多，跌價争售，以致東鹽獲利甚薄。惟東鹽色味較美，商民喜食者多，尚不虧本。近來山東沿海居民歲往海參崴做工者不少，東民慣食東鹽，銷路尚不甚滯。如果經理得法，或者不至虧折。現已接續試運，並酌帶山東土貨察看試銷。其哈爾賓一埠，近來户口日繁，據商人集議，亦擬酌量運售以期逐漸推廣。究竟能否常川運銷，是否合算，現在尚無把握，惟有隨時察看再定行止。臣維鹽觔出口事屬創舉，應納稅課並無成例可循，海關例應稽查，不便一概免稅。臣與司道悉心商酌，擬自東鹽第二次出口起，酌照土貨出口例，按本地灘價值百抽五繳稅，以裕國課。其內地課稅暫免三次，後再行酌辦。此舉重在推廣商務，兼杜海口私販，並爲接濟該埠民食起見。倘日後該埠毋須此項鹽觔進口，或别有窒礙之處，即行停止。現在甫經試辦，運銷無多，稅收無幾，暫不計及課稅。其哈爾賓一埠能否仿照運銷，容臣督飭商務局隨時察酌辦理。據商務局司道會同鹽運使英瑞詳請具奏前來，除咨呈外務部商部，並咨户部查照外，理合恭摺具奏。伏乞皇太后皇上聖鑒，敕部核議施行。謹奏。

（清）顏世清《約章成案匯覽》乙篇卷一一下《成案・通商門貿易類・護贛撫柯奏開辦景德鎮瓷器公司以振工藝而保利權摺光緒二十九年》　奏爲開辦景德鎮瓷器公司，派員經理，以振工藝而保利權，恭摺仰祈聖鑒事。竊照江西浮梁縣之景德鎮製造瓷器已歷數朝，曩年售價約值五百萬金，近乃愈趨愈下，歲不及半，論者以爲製法不精稅釐太重之故。臣初亦信以爲然，自來豫章悉心考察，乃知此項製作實勝列邦。其選料也，則合數處之土以成坯，故其質堅而其聲清越。其上釉也，則取各省之物而配色，故其光澤而其彩鮮明。又復講求大候，考驗天時，備極精微，遂成絶藝。其創始者實深通化學之理，至今分門授受各不相師，非若他技之淺而易明也。始由朝鮮學製，漸達東西各洋，詫爲環寶，經營仿造乃克有成，較之華瓷終有未逮。往者該鎮工匠曾赴東瀛見其詣力未深爽然若失，即外洋各國亦以爲弗如也。至於徵榷，則稅重而釐輕。江西瓷釐不及原價十分之一，而洋關納稅則權其輕重，别其精粗，辨其花色，幾逾十倍，故商人辦運皆取道內地繞越海關，獨與他貨異轍。然中國之銷數日絀，而外洋之浸灌日多，揆厥所由，實緣窰廠貲本未充不能與之相競。蓋該鎮自軍興以

後元氣未復，又一熸於火再淪於水，資產久已蕩然，勉力支持益多苟簡。運商復從而盤剝，時當其阨，則倍息亦所甘心，於是年復一年利日以微貨日以窳。其行銷內地者，即通都大邑亦少精緻之品，迄無人維持而補救之，遂一蹶而不可復振。然而工匠之精能者至今實未嘗乏也。臣嘗見肆中陳設珍玩，於尊罍鼎彝之屬，及宋元舊製皆有仿作佳者，幾可亂真。因購洋式大小盤匜，今之照樣製成，實無稍遜而堅韌或且過之。惜窯户恐不易售，不肯舍舊謀新。上年乃招集紳商議創公司，久之亦無應者，良由此事固無人知，即知之亦不能悉，遂不免望而卻步。經臣周諮博訪，查有湖北候補道孫廷林，器識宏通，辦事精審，自其先世皆承辦御窑廠事務，工匠商賈信服尤深。當即電調來江，與之考究一切事宜，悉能洞中竅要。其於此事確有心得，而精核罕有其倫。即經委辦瓷器公司，籌撥銀十萬兩以爲之創，餘由該道自行集股。據稱已得五萬金，於三月間在該鎮建設窑廠，招集工人，專造洋式瓷器，必精必良，約計秋間即可出貨。當預備各色，敬謹進呈。所有章程，均循商例，應完釐税，一律抽收，且不敢援專利之條，致爲商人所疑沮也。臣查外人游歷江西，於該鎮無不迂道往觀，多購粗瓷歸貽親友，偶得佳製則懸之座隅，珍爲秘玩。日本且歲購白坯回國，加以繪飾，轉運西洋。蓋西洋富人所用器物，以手製者爲良，非以機器所製爲珍重也。近年洋商屢思來此設廠製造，而奸商或挾外人之勢冀免税釐，歷經臣隨宜拒絶，儻再不圖變計，將並此區區利權不能自保。矧該鎮聚工匠數十萬人，性情獷悍，或致别滋事端，隱憂尤大。今既設立公司，精求新製，以後當可大開風氣，廣濬利源，與其振興他項工藝收效難期，不若因其固有者而擴充之，爲事半而功倍也。該鎮銀根緊逼，百物騰貴，此次並分設官銀錢號以利轉輸，此外通商惠工之政，自應隨時察看情形，藉資補助。是否有當，除咨外務部督辦政務處、户部外，合將江西創設瓷器公司緣由，會同南洋通商大臣、兩江總督臣魏光燾，恭摺具陳，伏乞皇太后、皇上聖鑒訓示。謹奏。

（清）顏世清《約章成案匯覽》乙篇卷一一下《成案・通商門貿易類・**外務部照會英商不得在内地製造樟腦文**光緒三十年》　爲照復事，光緒二十九年十二月二十五日，接准來照，以本國駐福州領事官詳報，近來阻撓英商永昌行買腦三案均有日本人在内。其英商受虧之處已向該省大吏請賠，並將與閩省洋務總局往來文件送請查閲。本大臣閲厦門道所送領事官腦局章程，有日本公司將洋銀二十萬圓借與所謂官腦局，不取利息，延聘日本技師會同中國名爲督辦者承辦其事，該日本技師先行捐繳中國公費銀十萬圓等情。是日本技師獨得包攬貿易利權，本國政府何能允認，英商所受之虧，地方官必有補償之責。請電行該省，嗣後英商在内地購腦不得再行攔阻，英商已受之虧即行補償等因。本部正在電行閩省總督查明聲復，適據閩督來電，以英商不守約章，輒遣行夥於内地私行設竈製造，一經拏獲，領事轉爲袒護索賠等情。電請照商英國駐京大臣按約禁阻。前來本部查洋商在中國内地向不准製造土貨，今據閩督查覆，拏獲腦務三案均係英商在内地私行設竈製造，地方官照章扣留，並非於持單購運之貨概行攔阻，未便令其補償。至日人阻撓一節，閩省前聘日本技師本係專管熬腦，並未責令緝私，已由本部電達閩督查復。又蘇俊一案，前經厦門道通融釋放已由本部照復貴大臣在案。本年正月初二日，准閩督咨稱上年五月間蘇俊尚在官局供役，以誣告搶案被罰，六月間又私自違禁設竈熬腦，發覺被獲訊明證供確鑿，情急求庇英商，由英領事照稱係太古行夥，既請通融釋放，復爲索賠。已飭厦門道速將此案妥爲議結，嗣後如有奸徒假冒洋商牌號設竈私熬，仍應查明拏辦等語。除將永昌行買腦被扣三案咨行閩督飭屬與英領事妥議外，相應照會貴大臣查照可也，須至照會者。

右照會英公使。

（清）顏世清《約章成案匯覽》乙篇卷一一下《成案・通商門貿易類・**外務部咨茶葉運往美國須切實整頓辦法文**光緒二十九年》　爲咨行事，光緒二十九年三月十五日，據駐美代辦使事參贊沈桐函稱華茶來美自西正月一號起一概免税，中國茶商可望日有起色。然向來華茶入美由廣州、上海兩處辦運居多。五年前伍大臣初至時，茶税未重，華茶來美者多，屢經税關查驗，茶葉香味不純，中多攙雜，致被扣留，商人紛紛呈控。當時爲保商起見，不能不極力駁論，其後詳加訪詢，乃知商人作僞，或以劣茶充作名品，或以影射假冒牌號，一經發覆無可置辭。甚至懲羹吹齏，波及同業，因一累百，商本大虧。誠恐此後茶税雖免，儻愚民無知，仍蹈前轍，有礙商務，實非淺鮮。欲革其弊，應由内地産茶辦茶等處地方官傳知各商，剴切勸導，並飭集衆公議，立定行規。如有包攙僞飾假冒字號，從嚴

科罰，不准徇私。並於出口處由商人自立公所，隨時抽驗，務期精良不雜，獲利必豐。此外應如何機器焙製以求合宜，論磅製載以歸劃一，酌立公棧以濟轉運，自相保險以收利權，則在各行隨時體察情形妥籌辦法，不必官爲經理，等因前來。查中國出口土貨，茶爲大宗，美既免税，自應嚴禁攙雜以期暢銷。業於正月二十六日咨行南洋大臣轉咨産茶省分遵照在案。兹復據該參贊函稱各節洵爲整頓茶務切要辦法，除再咨行南洋大臣分咨産茶各省督撫轉飭各屬暨各關分别曉諭商人一體遵照辦理，並將議定章程隨時呈明咨部備案外，相應咨行貴大臣查照可也。須至咨者。

右咨北洋大臣。

（清）顔世清《約章成案匯覽》乙篇卷一一下《成案・通商門貿易類》

・外務部咨商民前往韓國不得在通商界外貿易文光緒三十年附清單

爲咨行事，光緒三十年六月初八日准駐韓許大臣咨稱中韓兩國水陸密邇路路可通，從前僑寓商工本已隨處皆有，自定約通使以來，隣近各省無業小民不知今昔情形，仍由沿邊沿海現設領事駐所較遠地方紛紛闌入内地，既與條約不合，而散漫零星，稽查約束均難徧及。游匪積棍游行其間行强逞兇，動滋事端。查韓國通商各口有已設領事者，有歸就近領事兼管者，有現在尚無領事者，有已允通商未設海關者。該商民等在此等地方貿易傭作儘足以資生計，何必狃於故常致違定約。兹謹開列清單，咨請行文奉天、直隸、山東等沿海各省通飭所屬，申明條約，曉諭商民。嗣後來韓衹可在單開各處居住貿易，其游歷内地當遵條約第八款，不得不領牌照私入内地坐肆買賣，並嚴禁匪類來韓。庶來源稍清，而清釐稽查較易辦理等因。本部查中韓條約第四款第四節，兩國商民在兩國口岸通商界限外不得租地賃屋開棧，違者將地段房棧入官，按原價加倍施罰。又第八款，中國民人准領護照前往韓國内地游歷通商，但不准坐肆買賣，違者將所有貨物入官，按原價加倍施罰各等語。兹准該出使大臣咨稱，前因自係爲慎重交涉消弭事端起見，相應照録原咨所開口岸清單咨行貴督將撫軍，查照通飭所屬，曉諭商民遵照可也。須至咨者。右咨各省。

（清）顔世清《約章成案匯覽》乙篇卷一一下《成案・通商門貿易類》

・商部咨商律内載華公司附搭洋服並非准洋商在内地設廠文光緒三十年

爲咨行事，光緒三十年二月二十二日准兩江總督咨稱，近年洋商與華商合股在中國内地營業者，惟路礦兩事，其設廠製造之利久爲洋商垂涎所未得，亦即爲保護華商生計之要。前年會議英約，英使馬凱即以此再三要求，經劉前大臣等堅持力拒，始得於英約第八款第九節載明洋商用機器製造衹能在通商口岸。然約内載有明條，洋商尚有勾串華商，妄圖内地設廠或藉借資本意圖虧蝕管業者，今查公司商律五十七條所載，原係按照英約第四款購買股票辦法。惟該約第八款内，既載有洋商用機器製造衹能在於通商口岸，則兩事同載一約，前後參觀，内地華商所設公司不應附股，其義自見。今商律内僅論附股，深慮洋商朦串各省一時不及領會，一經開端即難堅拒，不可不杜其漸。可否由貴部核明條約，申明商律五十七條意義，咨行各省一體備查，以免誤會。除將商律照刊分發外，相應咨復，希即酌核施行，等因前來。查公司律第五十七條，一則曰，中國人設立公司，則凡洋商勾串華商，妄圖内地設廠藉詞借款等弊，各該地方官即應詳查呈報，不容稍涉含混致蹈覆轍。再則曰，外國人有附股者，此無論英約第四款意義相合，即歷稽各約款華商公司無不准洋商入股之專條，則公司律不得不顧計及此，而著爲此條。三則曰，即作爲允許遵守中國商律及公司條例，是於不能禁阻洋股之中爲挽回主權之計，律意顯然，本部實深切致意。現在訂章定律莫不力求審慎，按奏定路礦章程内，均載有華洋合股，洋股不得過於華股之數，又不准以土地抵借洋款各條。蓋深恐權因股重而倒持，地以借款而削弱，特明定界限以範之。至英約第八款第九節，於機器製造一層，隱以口岸二字爲内地之對鏡。當時議約既難明著内地不得製造數字，則目前定律豈能顯言内地公司不能附股。況此節下文專注在廠税，而公司律五十七條專注在中國人公司以力保主權，則與英約所載不相干涉，即合觀詞意亦兩無觸背。律取隱括，體例所限，礙難如約文之可著邊際。嗣後如有洋商希圖内地設廠，自應據約章以爲斷。若華公司附搭洋股，自應執定律以爲衡。即在洋商亦斷不能援律文所載以爲准。其在内地設廠之據是在各將軍督撫達權濟變，操縱有方，就約文律意而會其通，庶幾主權可保。相應咨明貴大臣，希即分别查照辦理，并轉行各省可也。須至咨者。

右咨南北洋。

（清）顔世清《約章成案匯覽》乙篇卷一一下《成案・通商門貿易類》

·署閩督李咨遵查日商在內地包攬漁利各節乞商日使確定分籍專條文光緒二十九年》　爲咨呈事，據福建洋務局詳奉憲行，本年七月初八日承准外務部咨復，光緒二十九年閏五月十四日接准咨稱，據福建洋務局詳稱，日本洋商來閩貿易有入內地開行售賣土貨，請照游歷，干預地方公事。甚且臺民入籍日本，未改服飾，亦請護照游歷，購運貨物不完釐金，兼有僧人設所傳教包攬詞訟等事。前經摘叙各案並擬商辦節略，詳奉前督咨明總理衙門並出使日本大臣在案。邇來日商在內地包攬漁利藉教干預層見迭出，不特臺灣土著藉照妄爲，即閩省內地居民皆可報入臺藉，請領護照，隨地經商。亟應照録前擬節略，並增叙新舊各案，請咨外務部暨出使日本大臣妥商辦法等語。六月初九日又准咨稱，據福建洋務局詳稱，前擬商辦各節尤以區分籍貫爲目前急要之圖。因先照商領事請其於印給護照查明分別停發，俟彼此商定章程再行辦理。該領事輒復藉詞曉瀆，理合彙録照會及奉行原文請再咨部查照妥籌商辦等語，希即彙同前咨核辦等因前來。查洋務局所擬節略內如臺民已隸日籍，仍穿華服，即不能給照保護一節，臺民既隸日本，照約應得保護，未便以是否改易服色強爲區分。如果該民藉照攬運貨物，不完釐稅，自可隨時執約禁阻。且臺地外屬本非得已，若如局員所擬，既入洋籍即應改服式並令專住口岸，原有在內地之房屋田產不得管理，似非朝廷愛護僑氓一視同仁之意。惟其中作奸犯科之徒，恃洋籍爲護符，藐法抗官，亦實爲地方隱患，自應分別辦理。現日本商約正在開議，能否會商該國分別良莠酌定限制載入商約之處，本部業經摘録，前因咨行商約大臣酌核辦理。

又船隻宜加分別一節，前因閩省有日本商船金順益違約入內地一案，准福州將軍來咨，據福州口稅務司擬訂日本商船應改別船式之辦法，當經本部照會日本駐京使臣，嗣准該使復稱按臺灣船籍規則，船桅須以赤色彩鉛包裹，船釘有船名板，船梁上記用執照號頭及石數，與中國船易於辨識等語。業經本部於本年四月二十六日咨復在案，該局於保護稽查事宜應即查照此案辦理。

至於日商在未通商口岸私設行店包攬稅釐，藉游歷護照到內地干預他事，及傳教僧人包攬詞訟各節，凡係有違條約之事，儘可由該局員隨時照請領事禁止。但使據約辨論，勿於約外苛求，彼自無從曉舌。即如游歷護照一事，該領事照復所稱，臺民游歷通商出口，由臺灣督撫給照爲憑，到地時領事署驗明存案，再給與入內地護照。如有中國人攜帶護照查係確實冒混，自應由中國按律究辦等語。彼已切實聲明，即應憑此設法稽察。此等交涉細事，洋務各省分所常有，領事有商辦商涉之責，應由局員或地方官逕向領事商結，未便概由本部照會使臣，轉多争執。如果使臣來部曉瀆，再當力持辯駁，相應咨復轉飭遵照可也，等因。飭局即速遵照辦理，毋違等因。奉此遵查。

船隻請加分別一節，前於日本商船金順益私入內地買賣案內已奉行准外務部咨准日本內田使臣照稱按照臺灣船籍規則與中國船式易於辨識等因，抄案行局。業經移行飭屬認真稽查，分別保護，自應查照辦理。至日商在內地包攬漁利，藉教干預各節，迭經據約辯論，仍復接踵效尤，勢難禁阻。現既奉飭由外商結容，俟起有專案再行商辦，以省紛紜。

唯是分別華洋籍貫一端，實爲近今急要之務。服式能否改易，尚屬末節。倘竟准入洋籍之華民仍舊居住內地管理產業，不特有礙大局，實與條約不符。中國自立約互市以來，內地雜居外人無此權利。華民既入洋籍，理當視等洋人，既享條約優待之章，應遵條約限制之例。第就日本一國而論，中日通商行船條約第四款，載明日本臣民准帶家屬在中國通商口岸居住，是則通商口岸之外其不准挈眷居住可知。又載通商口岸及外國人居住地界之內准其賃買房屋租地起造，是則通商口岸及外國人居住地界之外其不准置產管業可知。況中國通商數十年從無治理外人之例，是以中日條約載明日本在中國之人民財產應歸日本派員管轄，日本人在中國被控犯法應依日本法律懲辦，均有明文。一旦博愛護籍民之名，遽開內地雜居之禁。是籍民財產所在之處即日本國權所在之處，籍民居住所到之處即日本法律所到之處。如有籍民在內地互相争控，按照該約第二十款，均應由彼訊斷，中國官不能過問。如有罪犯逃匿在內地籍民房屋，按照該約第二十四款亦應照請交辦，中國官不得逕自查拏。柯柄倒持，尚復何事可辦？該籍民等平居則耕田鑿井儕伍華民，有事則援約抗官逍遥法外。誠恐不及十年，而內地田產民人無一不託名外籍，國家何所施其治理，官吏何所用其政權？積重所趨，豈堪設想。且徧查成案，外人唯教士准在內地傳教，仍不准置買私產。即至建堂購地，猶必認屬本處公業，均已迭奉通行，何

可於籍民而獨寬其例。上年議辦商約之際，英使馬凱因礦務新章，准聽洋商承辦，據爲外人可入內地雜居貿易之證。甫經外務部嚴詞駁禁，此時更不宜稍示通融，致爲他國藉口。總之一人無分隸兩國之理，籍民既屬洋人，應令遵守條約。倘可視爲中國百姓，亦當服我治權，此外別無辦法。現在福州一口以日籍爲最多，其中約分兩類。一係向住臺灣，讓地時未及遷居界外，照約視爲日屬之人。一係閩省百姓，讓地後續行混入臺籍，且有從未到臺之人。其向住臺灣者，事後來閩經商尚鮮內地置產之舉。其續入臺籍者，全係族居內地，不過借爲護符。而究之條約所關，無論該籍民是否向住臺灣，抑係續入臺籍，既已同歸外屬，均當視等洋人。不惟作奸犯科之徒亟應嚴定限制，即其人未經顯犯法紀，而既隸外籍，亦未便任違約章。雖蒙外務部摘録前因，咨請商約大臣酌核辦理。惟現聞日本續約業經定議，應仍詳請轉咨外務部迅再綜核條約，認明華洋應享權限，會商日本使臣確定分籍專條，通行遵辦，務使華民一入彼籍，即照洋人辦法，只准照約專住通商口岸，所有原在中國內地之房屋田產悉應變賣遷徙。倘敢混延管理，由中國查實入官。其或犯法被控在先，逃亡入籍在後者，一到中國界內仍應按照兩國交犯約款，送由中國自行訊辦，不得視爲日民。遇有籍民請照游歷，應由該管領事官查取該國國家所給入籍確據，隨照附送中國官察核，始予保護。並應按照西國辦法，凡非體面安分之人，一概不准給照，以省事端。再福州籍民現只日本一國，若廈門口內漳泉一帶，則英法日斯各國所在皆然。大都全係內地華民，本身既未出洋亦未領有外國國家入籍憑據，一遇控爭詞訟，只須前赴本口領事處，略花小費數圓，便可報入洋籍，使地方官不能訊辦，不敢差傳，尤屬不成事體。應請咨明商約大臣按前擬分籍辦法與各國一律妥訂約款，嚴加區別。並不准由領事任意收籍，俾便考查，大局幸甚。詳請察核迅賜分咨妥籌商辦等情，到本署部堂，據此除批示，並分咨外，相應咨呈。爲此咨呈貴部，謹請察照希即妥籌商辦，復閩飭遵施行。須至咨呈者。

右咨外務部。

（清）顔世清《約章成案匯覽》乙篇卷一三下《成案・通商門・總署咨中國商民往俄界琿春須地方官給照領事加印文光緒六年》 爲咨行事，光緒六年三月十六日准咨，據江海關道劉稟稱，俄領事所稱，華人自上海乘船至琿春須華官發照，領事蓋印等因。詢據新關税務司赫政復稱，琿春河之西有琿春城，是琿春本係中國所管，原在內地，並非海口，至運春或暉春乃係海口。其地在琿春河東北，相離二度，約四百餘里。按照條約，該地本屬俄人所管，是以運往之貨均照運往外國一律辦理，華商皆託洋商報關。是由滬往暉春之船均係前赴俄國運春海口，與中國內地之琿春實係兩地。如暉春則無報貨運往等由。伏查運春、暉春既皆海口，係俄國所管，非中國所屬之琿春內地。現在華人前往俄國運春，地方官請中國官給照，由駐滬俄領事簽名蓋印，持往查驗，無照不令上岸，諒爲稽查華人，嚴防匪徒起見。應否照辦，咨請核復前來。查三月初八日准北洋大臣咨，據俄國韋領事函稱，現接本國署理欽差凱文開本國所屬距暉春不遠之拉提窪斯叨克地方，時有中國各處附船到彼，特飭領事稟請轉行煙臺天津地方官，儻有華民欲往該處，必須先請地方官發給執照等因。查該領事所稱，暉春不遠地方似即係吉林迤東琿春河口及海參崴一帶，除分劄津海、東海、山海關道查核妥辦外，咨會查照等因。又准吉林將軍咨，據寧古塔副都統呈報與俄國官議立華人往海參崴起票章程並抄俄官照會章程三條前來。本衙門查俄領事所稱，凡中國人乘船往俄界者須地方官給照，雖措詞互異大致相同。既據北洋大臣吉林將軍分飭照辦，並據將運春、暉春地名飭查明確，所有發照事宜，自應由貴大臣轉飭各海關道一律查照辦理。除咨復北洋大臣並吉林將軍外，相應抄録吉林來文暨俄官照會條款咨行查照。須至咨者。

右咨各省

附録吉林將軍等來文

爲呈報事，案查光緒五年十二月間，准寧古塔副都統咨報，據署琿春協領瑚圖禮呈報，俄國廓米薩爾照會內稱，現經海參崴地方管理總商衙門引定中國人民起換票照章程三條。凡中國人赴往海參崴一帶地方漁採者，須由各國地方官分別良莠取具妥保發給票照，至海參崴管商衙門更換俄票儻若無票之人即係莠民，以便拏送琿春發落等語。查其擬定起票章程三條，凡中國人民有赴俄界海參崴漁採者，須由各地方官取保發給票照至彼，由俄所設管商衙門查驗更換俄照。第二條內，中國人民若無地方官，即該處所住孔孫官之票，不准前往一語。惟孔孫官係何官？劄飭該協領

與通事詢悉明白再行咨報等情。當即咨行查詢明白，迅速具復。據副都統查明，所云孔孫官即各國領事官條内所言之事，詢據俄廓米薩爾亦謂事須減議，始定擬，凡赴海參崴俄界者，必須琿春領票並巖杵河廓米薩爾處添註俄字，俄印票用俄國原紙以杜假充之弊。如此辦理，可以清盜匪而免枉拏等情。互相給照存查。現接到俄照，一面備文呈報，一面購買俄紙印發票式發給俄官，即曉示海漁商賈人等一體遵行，合將來照抄録粘單呈報總理衙門查核。

第一條，中國民人發給印票者，務須有海參崴居住民人承保方准。中國屬界民人一年内由該處請領印票，由海參崴管商衙門報明更换俄照。

第二條，中國各内地居住各國之孔孫官即傳知烏蘇里邊界官廓米薩爾，儻中國民人如無該國地方官，即駐紮孔孫官票照赴海參崴者船主不准載過。

第三條，嗣後凡過一年後，本處照定第一條章程，如有無票者，或由陸路來者，拏獲解送琿春。由船經過者，亦由船送回。

（清）顔世清《約章成案匯覽》乙篇卷一三下《成案·通商門·外務部劄總税務司江漢關擬發西人赴内地專單應轉飭各口照辦文光緒二十九年》

爲劄行事，光緒二十九年二月十二日，據總税務司申稱，據江漢關税務司申呈，向來泰西教士及旅客人等攜帶自用物件由通商口岸赴内地照章由監督發給護照，現按新約，除旅客行李等項外，其餘從前免税各物均應徵税，未便照前發給護照。惟應行納税之物，或於本口完領子口税單，其未領子口單者即在沿途關卡照納税釐。凡屬免税之件，若無把握，一入内地恐多阻滯，遂商同監督刊印專單由監督蓋印名曰西人前赴内地專單，並由本關按期將存根送由監督備查等情。此項專單通商别口應否照辦，抑或只用子口税單即將免税之件於子口單上詳爲註明，究以何者爲適宜申請核復等因，並將單式附送前來本部查。此項專單既經該關道與税務司會定，所擬辦法均屬妥善，通商别口自應仿照辦理以期畫一。相應劄行總税務司，轉飭各口税務司會商，關道一律照辦，并申復本部備案可也。須至劄者。

（清）顔世清《約章成案匯覽》乙篇卷一三下《成案·通商門·外務部咨北洋大臣津關道所擬護照收費章程刷印通行一律照辦文光緒三十年》

爲咨行事。光緒三十年六月十二日准北洋大臣文稱，據津海關道稟稱，津關歷年所發單照約數萬張，從前華洋各商皆呈交單照各費以充辦公紙墨等項之需。自二十八年收復以來，除由德税司於上年西曆五月分起代收三聯單費外，其餘尚未舉辦。計職關所發洋商子口單每年約二萬餘張，此項關單無論出入内地一概免徵税釐，該洋商獲益無窮，應無爲難不繳情事。又查職關所發護照，如華商運糧米入口以及華洋各商運送現銀蘇袋等項，暨官員人等搭附輪船來往各埠口岸，近來如洋商運送食物前往東三省各處，以上所發護照每年約一萬餘張不等。現擬令洋商所領之三聯單、子口單兩項，每張收單費銀一兩。其華洋各商以及官員人等所領護照，每張收照費銀三兩。其因公請照者，不在此例。至洋人游歷護照應否按照此例辦理，擬請外務部核定遵辦，并令各關仿照辦理。並飭總税司分飭各關税務司一體照辦。所收費銀隨時存儲關庫，以八成聽候撥用，以二成留充各關署專辦。此項經費之用等情，除批示外應請查核示復等因。當經本部復以三聯單、子口單兩項，於該商沾有利益計單酌收費銀一兩，事屬可行。另候通咨辦理。至護照一項，凡來往口岸者經由税務司簽字照驗放行亦爲便益之事，即酌收照費原無不可。但如運米運銀等項尚有限制，儻官員人等因定有照費，得以任便請領，保無有假冒情事藉以夾帶私貨，其弊不可不防。且洋商運送東三省食物，請照概令出費。能否遵行，亦應預爲籌及。除洋人游歷護照礙難一律收費應毋庸議外，應轉飭津海關道，將如何分别給發護照，並酌收照費之處再行詳復，以憑核定去後。兹准覆稱，准咨劄道遵照詳細具復，據該道稟稱，遵查職關護照一項名色繁多，除洋人游歷護照遵飭無庸置議外，所有各項護照謹分别酌擬辦法，開具清摺呈核，請轉咨核復示遵，並行知總税務司通飭遵照職道擬奉文後即行開辦等情。除批示外，請查核示復飭遵等因，前來。本部查該關道殫心籌畫，有裨度支，所擬護照收費章程尚屬妥協，自應通行各關，於所領子口單、三聯單，暨護照計張收費，一律照辦。除東三省運送食物護照一項，暫時作爲津關專章。並各關所收單照費銀如何分成報解另行通咨外，相應刷印護照收費章程咨行。

貴大臣查照轉飭各關道遵照辦理可也。須至咨者。

（清）顔世清《約章成案匯覽》乙篇卷一八上《章程·通商門·總署咨洋商躲避收口船鈔分别徵免章程文同治九年》

爲咨行事，同治九年九

月十三日布國公使函稱，布國條約第三十一款內載，布國及德意志各國商船，遇有破爛及別緣故急須進口躲避者，無論何口均可進去，不用完納船鈔等語。現在本國與法國交戰，本國商船恐在海中被法軍所獲有躲入中國口內者，其在該口內躲避並非所願，即與條約所載遇有別項緣故急須躲避進口者相同，應請不納該商船鈔。祈迅爲行知總稅務司，轉飭各口海關，遇有此項商船躲避進口者，即按約不得收納該商船鈔等因，到本衙門，劄行總稅務司，將此事應如何辦理之處即日具文申覆，以憑核辦在案。茲據總稅務司申稱，查布約第二十款內開商船進口，逾二日之限，即須全數納鈔等語。是凡有布商船隻在口內逾二日之限者，應須納鈔。惟其中船隻有從外國而來者，有回外國而去者，又有在沿海通商口岸貿易來往者，各有不同。其從外國所來之船，係進口一次納一次鈔。其沿海來往之船，係每四箇月按專章納鈔一次，查第二十三款內開，納鈔後監督發給執照，開明船鈔完納。倘該船駛往別口，即於進口時將照送驗，遂按照第二十一款自領執照之日起，以及四箇月止，毋庸再輸船鈔以免重複等語。是照第二十一款自領照之日起核之，各該船或進口時納鈔，或出口時納鈔，事皆一樣，並無出入。至商船進口躲避一節，凡因躲避進口者自非作買賣之船可比，布約第三十一款有進口躲避者不用納鈔等語，是實因躲避而非爲買賣進口者自應照約免其納鈔。但其中船隻不同，有執別口所發專照而進口者，有無專照而進口者。有專照者係常在通商口岸貿易之船，應照四箇月之例辦理。無專照者，係從外國來或回外國去之船，應酌情辦理。其有專照進口躲避之船，若日後得復出口毋庸躲避可以仍往他處照舊作買賣者，其出口時四箇月之限已滿，則於其復出口仍作買賣之日似應照四箇月之例再徵其鈔。其無專照進口者，是不在通商各口貿易，非從外國來即回外國去之船躲避口內不起貨不下貨者，於其復出口時自應免其完納船鈔。惟此各項船隻既因躲避而進口，應即由該口領事官行文知照海關報明一切，以便稽查等因前來。正在核辦閒復接布公使函稱，凡德意志商船因躲避進口者即無須納鈔。至於有專照常在通商口岸貿易之船因躲避進口者，即俟其復出口作買賣時，可將其在口內躲避不作買賣時日除去，仍按其照內四箇月之例接算辦理等語。復經本衙門劄行總稅務司，將此事扣除不作買賣時日與現議有無不符之處查明申覆。刻又據總稅務司覆稱，布國商船由領事官知照海關查明實係因躲避進口者，其躲避已過之後，或在口內作買賣或復出口駛往他處，應扣除該船躲避日期，仍按四箇月之例接算辦理。其扣除不作買賣時日與現議並無不符之處等因，除由本衙門函覆布公使轉飭各口領事官曉諭各洋商遵照，並劄總稅務司分飭各口稅務司照辦外，相應咨行。須至咨者。

右咨三口

（清）顔世清《約章成案匯覽》乙篇卷一八上《章程·通商門·總署咨洋商船鈔分別徵免現擬通行章程文同治九年附章程》 爲咨行事，查所有洋商船鈔分別徵免一案，前於十月間曾經咨達署三口大臣，洋商船隻收口躲避，應將不作買賣時日除去，仍按其四箇月之例接算辦理，轉飭海關等因各在案。查船鈔一項，條約載明有沿海遭風或因他故躲避，准其免納船鈔等語，尚未定有分別徵免章程，辦理恐致兩歧。各國條約雖間有不同，約內既有一體均沾明文，各商船亦應一律徵免。現有新擬通行各口章程二條，已由本衙門通行照會有約各國公使，並劄知總稅務司轉飭各口稅務司外，相應抄録章程二條，咨行轉飭各海關一體照辦可也。須至咨者。

右咨沿海各省

附録章程

一、凡有商船收口躲避者，其進口時須由領事官行文知照海關，並將其末後出口單送關查閱以資稽查。

一、凡有商船由領事官知照係收口躲避者，該船須遵守該口一切章程，由關擇定停泊處所，不致與別項貿易船隻日行事宜有所窒礙，並隨時派差看守。倘係從外國來者，亟應按約免徵船鈔放行。倘係從通商別口執有四箇月專照者，則計在口內躲避日期應扣除核算，由該關註明專照放行。惟該船除應修理准照章起貨暫時存棧外，其餘各船若係空船進口，仍須空船出口，若係裝貨出口，仍須原船原貨出口。凡有收口後在本口起卸貨物或零裝貨物販運出口者，自應照約完納船鈔，仍由該關查明有無專照進口，按躲避日期核算辦理。

（清）顔世清《約章成案匯覽》乙篇卷一八上《章程·通商門·總署咨核定各項船鈔分別徵免章程文同治九年附章程》 爲咨行事，前因船鈔分別辦理一事經本衙門擬定章程二條，照會各國，並咨行查照在案。今據總

税務司赫德申稱，竊查洋商船隻完納鈔課，原應畫一辦理，始爲允協。惟其間應徵應免各事，非但各國條約本有不同，即善後所添章程亦多零星未能齊楚。且有隨時更改因時制宜修補文件，以致條款重複，章程紛雜，擬議不一，其勢實難一律遵行。兹將條約章程、善後條款，並往來文件詳加核對，復以各口情形各關辦法細加比較，總分諸各條核存備各款，作成各關徵免洋商船鈔章程十一款，彙定清單，即煩核奪轉飭遵行，以免紛歧而歸畫一，等因前來。當經本衙門詳加查核似尚周妥，除照會各國公使並劄知總税務司轉飭遵照外，相應抄録章程十一條，咨行轉飭各關一體照辦可也。須至咨者。

右咨沿海各省

附録章程節録

一、洋商船隻應納鈔課，一百五十噸以上每噸納鈔銀四錢，一百五十噸正及一百五十噸以下每噸納鈔銀一錢。惟各國噸數拉司數大小多寡不同，而各關以英噸爲准則，應照泰西一千八百六十五年在噶拉所立之核算清單辦理。兹列於左。

粤國噸數乘以八十二除以一百其數爲英噸。

法國噸數乘以一百除以一百與英噸同。

意國噸數乘以八十九除以一百其數爲英噸。

土耳其國噸數乘以一百除以六千一百五十三其數爲英噸。

布國拉司乘以一百十五除以一百其數爲英噸。

俄國噸數、拉司乘以一百零八、一百八十九除以一百其數爲英噸。

美國噸數乘以一百除以一百與英噸同。

比國噸數、拉司乘以九十五、一百八十一除以一百其數爲英噸。

伯磊門拉司乘以一百八十九除以一百其數爲英噸。

丹國噸數、拉司乘以一百零二、一百九十六除以一百其數爲英噸。

日國噸數乘以一百除以一百與英噸同。

希國噸數乘以七十六除以一百其數爲英噸。

昂布耳拉司乘以二百二十五除以一百其數爲英噸。

漢諾威噸數、拉司乘以九十八、二百二十五除以一百其數爲英噸。

荷蘭國噸數、拉司乘以八十九、一百七十五除以一百其數爲英噸。

律伯克拉司乘以一百八十九除以一百其數爲英噸。

模令布爾額噸數、拉司乘以一百零九、二百四十九除以一百其數爲英噸。

挪爾爲國噸數、拉司乘以九十八、二百零八除以一百其數爲英噸。

阿爾敦布爾額拉司乘以一百五十除以一百其數爲英噸。

合一國噸數乘以一百除以一百與英噸同，若係噶拉基羅乘以一百除以四百八十二，若辦拉基羅乘以一百除以三百零一。

瑞國噸數、拉司乘以一百零二、一百九十除以一百其數爲英噸。

（清）顔世清《約章成案匯覽》乙篇卷一八上《章程・通商門・總署咨續定各項船鈔分别徵免章程文光緒八年附章程》　爲咨行事，查洋商船隻完納鈔課一事，前於同治九年閏十月間據赫總税司申稱，船鈔徵免各事原應畫一辦理，始爲允協。惟其間應徵應免等項，非但各國條約本有不同，即善後所添章程亦多零星未能齊楚。且有隨時更改因時制宜修補文件，以致條款重複，章程紛雜，擬議不一，其勢實難一律遵行。特將條約章程善後條約，並往來文件詳加核對，復以各口情形各關辦法細較各款，作成各關徵免洋商船鈔章程十一條，請爲施行等因。當經本衙門照會各國，並抄録咨行貴處，查照在案。兹復據赫總税司申稱，同治九年距今歷有年所，既各處不無增擬之端，各國值修約之時其間亦有不同之款鉅細章程諸多紛歧，宜歸畫一。兹復綜核徵免各事，追繼前轍，更擬定九條，與各國原議之約復修之款，並貴衙門敬允駐京大臣數條，以及各關現辦之情形一一相符，呈請查核施行，等因前來。經本衙門查核，各條殊爲賅備。除照會各國大臣並劄知總税務司轉飭遵照外，相應刊刷章程九條，咨行轉飭各關一體照辦可也。須至咨者。

右咨南北洋

附録章程

一、何船應納鈔也。凡兵船以及引水游歷等船不輸船鈔外，所有夾板火輪商船與拖船躉船並艇隻剥船等項，除後列從權免鈔時不計外，均須照此章程所註噸數限期輸鈔。

一、何時應納鈔也。凡商船進口二日限滿均應納鈔，若在限内開艙起貨下貨，除銀錢不計外，或上下客人至二十名之多者即須納鈔。

一、憑何納鈔也。凡商船一百五十噸以上，每噸納鈔銀四錢，一百五

十噸正及一百五十噸以下每噸納鈔銀一錢。

一、噸鈔專照之例也。凡商船完清鈔後，於請領出口紅單之日，由關發給船鈔之專照，自是日起以四箇月爲限。若該船在限內復進通商口岸，將照呈驗，則免復徵船鈔，俟限滿復行納鈔，於此後之第一次請領紅單之日換發新照，自該日起以四箇月爲限。後皆以此類推。

一、何故免鈔也。兵船以及引水游歷等船外，所有應納鈔之船，如出有實在事故並恪遵免鈔專章即准免納。茲將實在事故三條類列於後。一係商民自用船隻，若運帶客人行李書信食物以及例不納税之物，約准毋庸完鈔。一係商船進口，若祗有起下銀錢、行李及上下客人不滿二十名之事，如在二日限內復出口者，約准毋庸完鈔。一係商船進口，由領事官知會海關，或因收口躲避，或因受傷進口修理，或因煤不敷用進口添增，該船按照關指處所停泊，遵守關章，並無上下貨物客人之事，空船進口仍係空船出口，或裝貨進口仍係原船原貨出口。倘因修理須暫行起貨存棧者，准赴關請領專單，俟修理完竣仍將所起之貨裝載原船出口者。此等船隻，均行一律照免納鈔。又此等船隻執有船鈔專照者，其辦法七條亦列於後。一、船隻收口躲避准，將在口日期多少於專照內註明照數展限。一、船隻進口修理，並未上下貨客，或係本因修理進口俟完竣後復有上下貨客等事，或係本爲交易進口嗣後有修理之事，均應核計在口修理實至多少日，在專照內註明照數展限。一、船隻如以收口躲避及進口修理飾詞偷漏者，即照該船圖免鈔之數加倍議罰。一、凡船非因躲避修理等事進口，在二日限內復出口，而並無上下貨客事者，所有之船鈔專照若在口時限滿，無庸在此口復徵船鈔。俟抵他口完鈔後，於請領紅單之日，再發新照辦理。一、凡船進口非因躲避修理等事，在二日限內復出口者，所有之船鈔專照如未至限滿，自無免納展限之事。一、凡船進口並無船鈔專照，雖不起下貨物而卸搭客人至二十名之多均須納鈔。一、凡船進口出口，各艙口單內須將所載之金銀、所搭之客人數目情形註明。如銀若干箱計值關平銀若干兩，金若干箱計值關平銀若干兩，洋銀若干箱計值關平銀若干兩。以及客人上等艙若干名，下等艙若干名，艙面若干名，一一明晰登註。

一、夾板船展限之例也。凡夾板船在口內停泊出十四日以外者，則自第十五日起共核若干日，按一半扣算，將其船鈔專照展限。其請領紅單之日不計。

一、公司輪船試辦專章也。凡有各國撥動公款約僱公司輪船，按洋曆月內之七日分期，逢訂日寄送公私文信。從外國赴中國自中國回外國者，其船完鈔後所領之專照可毋庸作爲某船完鈔之據，係准作爲嗣後四箇月限內逢訂日按次接替寄信船出口免鈔之件。如此辦理，月內第一期之專照應作爲後此二三四箇月內第一期按次出口輪船免鈔之據。是月內祗有一隻船按訂期出口，四箇月內該公司祗應納鈔一次。月內有兩隻船按訂期出口應納鈔兩次有四隻船出口應納鈔四次，類推辦理。凡有該公司另項輪船出口並非抵額設等船之用者，不在此例。仍應按某船進口某船完鈔辦理。此條係專爲上海一口所立，並屬試辦再議之章。

一、洋商僱華船鈔例也。凡有洋商僱用內地船隻在長江一帶運貨者，該船在口仍照內地船隻應納船料。若在沿海通商各口來往者，其船即應按照洋船納鈔之例，一律赴關輸納。

一、量船辦法也。凡有船隻欲度量其噸數者，均准赴關請派人度量，按照海關向辦之法度量。其噸之總數，係照英國管理商船章程第一條量算。於所得總數內欲求除净下存應納鈔課之實數，係照通商海關，比擇該章內之專條並美國所訂應扣除與船身相連上艙以上所設房屋之專章辦理。其量船時已經該關派人外，若仍須另覓人會同度量者，其會同量船之費應由該船商按照通行之例自備。

（清）顔世清《約章成案匯覽》乙篇卷一八下《成案·通商門·總署咨完納船鈔照外國日月計算文同治二年》 爲咨行事，五月初二日准英國照會內稱，通商各口交納鈔課一節，每年納鈔三次之意，原因泰西月建並無加閏年年不同之異，各國商人既易明曉，所有原定條約以及通商章程內載月分之議無不按照外國月建爲准。納鈔一節亦歸此例，希即通行各關，飭令一律遵辦，等因前來。本衙門查英國商船交納鈔課，按四箇月納鈔一次，應否按照外國日月計算，條約內並未載有明文。唯通商各關扣繳二成，條約內載明以英月三箇月爲一結，是扣款一項既照外國月建核算，則交納鈔課一節自可准其亦照外國月建核算。除照覆英國外，相應咨行。須至咨者。

右咨沿海各省

（清）顏世清《約章成案匯覽》乙篇卷一八下《成案·通商門·總署咨遭風船隻收口躲避卸貨售賣應照章納鈔文同治十一年》爲咨行事，同治十一年八月初六日准咨，據東海關稟署本關税務司赫照會，七月初九日據寶興洋行稟，有布國嘜西士夾板船由牛莊裝豆運往廈門，行至海洋猝遇大風，船被傷損所載豆担多有著水淹濕，現收煙臺口躲避修理，並將濕壞之豆擇出售賣，其未濕之豆仍擬裝赴廈門，稟請按照躲避修理免納船鈔之條辦理，等情前來。本税務司查同治九年間奉到總税務司行文，轉奉總署通飭十一條章程内開，商船躲避修理免納船鈔一條，載明空船進口仍須空船出口，若裝貨進口仍須原船原貨出口，倘在躲避之口裝卸貨物自應照章納鈔等語。今查該夾板船在海遇風，如係修理，仍應照躲避之條免納船鈔。惟該船在本口售賣水濕壞豆，雖所賣之豆勢出必不得已，與尋常裝卸貨物不同，然係在本口售賣貨物。是否應令納鈔，本税務司未便擅專，除申請總税務司裁奪示遵外，理合照會，即請按照前情詳悉酌奪並希照復，則不惟此次辦理有章，將來若遇此等事件亦可照依成案辦理，實爲公便等情到關。詳請示遵等情。查章程内商船躲避修理免納船鈔一條，載明空船進口仍須空船出口，若裝貨進口仍須原船原貨出口，倘在躲避之口裝卸貨物自應照章納鈔等語，語意極爲明晰。據詳布國夾板船在海洋遇風躲入煙臺修理船隻，如僅只修理並未裝卸貨物，自應照躲避修理之議免其納鈔。今該船因豆被水濕，恐將其全船豆貨併致腐爛，即在本口將濕豆卸售。雖係情形出於萬不得已，而照約辦理，既已卸貨售賣即不得謂之原貨。且條約載明裝卸貨物并未有添裝字樣，即事衡情自與裝卸貨物照章納税之條相符，應不能免其納鈔。況章程内所定躲避修理而復於後申明躲避之口裝卸貨物，自應照章納鈔，用意極爲周詳。蓋船僅遭風不壞則躲避不必修理，若躲避修理則船之遭風損壞可知，船損壞則裝載貨物必不能不壞，貨物既壞則裝卸勢所必有。乃定章不以其裝卸而免其納鈔，豈不知船貨損壞情非得已，而必令其於卸貨亦應照章納鈔者，可以杜漸防微預除弊混，俾人確有遵守不致歧異。自應照章辦理，斷斷不可違逾。所有布國船隻躲避修理，將水濕之豆卸售，仍應令照章分別妥辦，以符定約而免弊混，等因前來。本衙門查前定船鈔章程十一條内載，凡有商船收口躲避者，除應修理方准照章起貨存棧外，其餘空船進口仍須空船出口，若裝貨進口仍須原船原貨出口。凡有收口後在本口起卸貨物或零裝貨物販運出口，應照約納鈔等語。該夾板船在煙臺口將水濕豆石售賣，即係卸貨。復查德國條約第十九款内載，進口貨物遇有損壞，應核損壞多寡，按價減税。倘彼此理論不定，則按照十六款所載按價抽税之例辦理等語。是貨物損壞既未准其免税，豈能免其納鈔？該夾板船所賣豆石若干，仍裝出口若干，及該船收税若干，均未將數目叙明。除劄總税務司轉飭查明，並將如何分別辦理之處妥議申復再由本衙門核辦外，相應咨復。須至咨者。

右咨北洋

（清）顏世清《約章成案匯覽》乙篇卷一八下《成案·通商門·總署咨洋商僱用華船分別納鈔文同治十三年》爲咨行事，前據總税務司申稱，英、德兩商運貨進口均用華船裝貨，一願常關完税，一用新關完税，彼此互異。並稱華船有涉於通商者，有四項歸新關完税，一係洋商洋船，一係洋商僱用華船，一係華商來往外國如香港澳門等處華船，一係通商各口新添華商火輪夾板等項洋船。凡非通商口岸華商，不准前往外國。凡通商口岸准往外國華船，均須請領新關牌照。至華船應完船鈔，德國商人加羅威治並未照納，德國領事以完鈔章程係法國之事與德國無涉等語，申請酌復前來。本衙門當經咨行轉飭各關監督核議，並劄復總税務司在案。茲准將核議各緣由先行咨送本衙門查核等因。查通商各口各項船隻内，洋商洋船本係照約歸新關完税，新添華商火輪夾板等項洋船，現在招商船局已定章程歸新關完税。以上兩項船隻往來通商各口，自應均歸新關完税。其華商往來外國，如香港澳門等處華船一項，現據南洋大臣咨稱，江浙閩粤各海關此項船隻已有地方官給領執照，若必令赴新關請領照牌不無窒礙。

貴大臣咨稱，南洋沿海各處華船赴香港、安南、琉球、暹羅、新加坡、小吕宋等處貿易者，領有地方官牌照，應准通行出口入口常關納税，總税務司申呈等語，實於華商生計常關税額俱多窒礙。是總税務司所稱華商往來外國華船應歸新關完税，並由新關請領牌照一節，既經查明窒礙難行，應毋庸議。所有華商前赴外國貿易，華船無論是否通商口岸之船，但有地方官給領牌照即准前往貿易，應完税項統歸常關完納。其洋商僱用華船一項，查英約第十四款，往來卸貨下貨任從英商僱船剥運，不論各項船隻，倘有走私漏税，查出照例懲辦。又第三十一款，英商在各口自用艇

隻，倘帶例應免税之貨，每四箇月一次納鈔。又長江通商統共章程第六條，洋商僱用内地船隻按照條約納鈔各等語。總税務司以此項船隻沿海衹有納鈔明文，沿江本有納税明文，可引長江之章作證。南洋大臣咨稱，洋商僱用華船通商各口無論暫僱常僱，所用何船，均應歸新關完税以昭畫一。

貴大臣咨稱，洋商僱用華船有請單不請單之分。請單者，照新關定章完税。不請單者，照華商例，逢關納税遇卡抽釐。查洋商運貨，進通商各口，完正税後，運入内地完過子口半税者，領有新關税單爲憑。洋商在通商各口報明入内地置買運回外國之土貨領有新關報單爲憑，回至最後子口，先赴新關完納子口半税方准過卡。其未領有税單報單者，均照華船沿途逢關納税遇卡抽釐。今洋商僱用華船運貨納税，除長江通商三口仍照統共章程條款辦理外，洋商如在通商各口僱用華船運洋貨入内地，及入内地置買回國土貨，無論僱用何項華船，亦無論常僱暫僱，自應以有無税單報單爲憑，分别完納税釐。其領有税單、報單僱用之華船，該船倘有走私漏税情事，一經查出，應令該監督照例懲辦以杜弊端。除由本衙門劄行總税務司轉飭各關税務司遵照外，相應咨行即飭各關監督一體遵照。至洋商僱用華船運貨，英國條約本有四箇月一次納鈔明文，法國更定條約第二十二款，本衙門亦已通行各關遵辦。且德國條約第四十款載明日後如將噸税無論何國施行改變，一經通行，德意志通商税務公會各國商民等一體遵照毋庸再議條款。兹德國領事以完鈔章程與德國無涉，未免強辯，應由南洋大臣轉飭粤海關監督照會該領事，照約辦理，毋任違背可也。須至咨者。

右咨北洋

（清）顔世清《約章成案匯覽》乙篇卷一九上《章程・通商門・總署咨核定出口土貨折動改裝章程文同治四年附章程》　爲咨行事，前准上海大臣將江海關道應寶時與新關税務司日意格參酌赫總税務司所議土貨改裝章程四條，並單式等件，咨請核辦。當經本衙門劄交赫總税司詳細核覆去後，兹於同治四年十一月三十日據該總税務司申稱，遵查所議章程四條及准改單式詳細周妥均屬可行。惟既有罰貨入官之條，此案應請行文各國大臣轉飭該口各領事遵辦，等因申覆前來。除由本衙門照會各國大臣外，相應抄録章程四條並單式一紙，咨行查照。須至咨者。

附録章程

一、洋商凡有土貨，於復進口時，先由該商報明係日後復出口之貨，給單起卸。倘因包箱式樣不合，必須改裝者，該商赴關報明，派人眼同查驗。所請改裝者，如實係本關進口原貨並無情弊方准給發准單，派撥扦子手赴行監視拆改。若在一年限内復出口時，該商檢同改裝准單，赴關報明係某日由某處進口，某日請單改裝之貨。如原來二包改作一包者，即以原驗二包之斤重爲準。如原來一箱改作數箱者，即以原驗一箱之斤重爲準。斤重相符，准作爲原貨出口，毋庸再納出口正税，並將暫存半税照章給還存票，或給執照飭回原口註銷保結。所有給票給照總在原定原貨出口一年限内給發。倘該商報明出口時改裝之貨，斤重比前溢出，即非進口原貨。除所完半税不准給還，並保結不准註銷外，仍令照完出口正税，以昭核實而杜影射。

一、凡有商人將復進口土貨並未稟明本關給發准單，私自拆包改裝，一經查出，除將所存半税入賬，俟日後復出口，仍令另完一出口正税。

一、凡商人私自拆改包件内載他物，或已請准單，於改裝時抽换别貨，混以原貨出口報關請下船准單時被關抽驗查出，立將所報復出口之貨全行入官。

一、領有改裝准單之貨，將來出口時如係全數運出本關，即將原單收回，於給發長江半税執照内將該貨改裝件數原係若干件一併註明。如未全數運出，即將現在運出改裝若干件原係若干件批明單内，仍還該商收執。本關於給發執照内亦將現運出之改裝若干件，係在原數某某件内若干件之所改注明，以備原口稽查。所有該商繳還改裝准單由關按月送署註銷。

（清）顔世清《約章成案匯覽》乙篇卷一九下《成案・通商門・總署咨改運貨物務須單貨相符當時呈驗執照文咸豐十一年》　爲咨覆事，兹准咨呈近日各國商人載運貨物來津，其有免單者往往照與貨相離無從查驗等因。又准咨呈粤海各關所發英商免單内有華國華商字樣實屬錯謬，已劄飭該監督查明更正外，其由别口運來貨物，查條約四十五款載英國民人運貨進口既經納清税課者，凡遇改運别口售賣須稟明領事官轉報監督官委員驗明實係原包原貨，查與底簿相符並未拆動抽换，即照數填入牌照收執。俟進口時查驗符合，即准開艙出售，免

其重納稅課。如查有影射夾帶情事罰貨入官等語。近日各國貨船進口並不將執照當時報明呈驗，甚至遲至數月方將執照呈繳，以至數月無從查核。且單貨數目亦有不符之處，易啓影射偷漏之弊。並與條約不符，相應咨行查照，務須與署總稅司赫德費士來悉心商酌，設法稽查。該署總稅務司向來辦事可靠，自不致稍存偏護，遇事推諉。倘查有照貨不符，及免單後到者，即應按照條約罰貨入官以杜諸弊。所有原呈執照仍行發回以憑辦理可也。須至咨者。

右咨三口

（清）顔世清《約章成案匯覽》乙篇卷一九下《成案·通商門·總署咨改運單貨相離照貨收稅發給收據他關所完之稅仍給存票文同治元年》

爲咨覆事，茲准咨稱三月二十一日有公易行商人改運洋標布五十包，並密妥士行由嗎達安未釐這故庇難那二船載來貨物均係單貨相離，本關已飭照貨納稅，發給收稅執照，令本商向原口請換存票，並希轉咨江海關，嗣後遇有改口貨物，查驗相符，即日發給免單，以符定制，等因前來。本衙門查洋商改口貨物，必須單貨相隨方能稽查周密。若單與貨離，自應照貨收稅以示限制。除照咨辦理通商大臣薛轉飭遵照外，相應咨覆。

又咨同治元年九月初三日，准署總稅司赫呈稱，查春間英國駐紮天津孟領事出示飭令各商遵照，以凡有貨物進口，若進口時未帶有免稅等單，則須完納稅餉。若據該商赴關稟報其進口稅已在彼口完清，即由津關除令其再行納稅外，另發給收稅單一件，該商收執，以便日後向彼口之關取回前次所交之銀兩等情去後，查疊有已在彼口完清進口稅之貨到天津而未帶有免單，即由津關令其納稅並發給收稅單以憑取回銀兩。惟彼口因無總理衙門明文，至今不肯發還所收之銀兩，以致各該商喫虧，理合呈請由總理衙門行文通商大臣薛轉行飭，令各該關，凡有各商如執津關所發此等收稅單向關稟請領回銀兩，即由該關立刻發給存單以抵日後應完之稅，實爲公便，等因前來。本衙門查天津關進口洋貨及復進口土貨，若進口時該商未曾帶有別口完稅實據，該關自應分別征收進口稅銀。如實係上海等處改運之貨而免單，到在該貨進口之後，津關業已收其進口稅銀，自應發給收稅執照，飭令該商將原領免單帶回原口請換存票。茲據該署總稅司呈請行文薛大臣轉飭各該關，凡洋貨執持津關所發之此項收稅單，向關稟請領回已發免單銀兩，即由該關立刻換給存票，以抵日後應完之稅。所請自應准行。應由薛大臣轉飭所轄各關一律查照辦理，相應咨行。須至咨者。

右咨三口

（清）顔世清《約章成案匯覽》乙篇卷一九下《成案·通商門·總署咨完復進口半稅土貨限内出口准給存票不還現銀文同治二年》

爲咨行事，查土貨復進口半稅，咸豐十一年本衙門所定通共章程第五款内開，洋商由長江口岸運土貨回上海，若係洋商由内地自販之貨已在長江完一子稅，即有過卡實據可憑。如在本江口所買之貨，即係已由他人交過各内地稅，則在長江下貨時均不必在長江各口完稅，俟到上海進口時交長江出口之正稅，並先將一半稅存在銀號。如在三個月限内出口運往外國，確係原包原貨並無拆動抽換情形，即將所存之銀交還。如在上海銷賣或逾限未出口，即將所存一半稅入賬作爲復進口之稅。或限内出口有拆動抽換情形，除將一半稅入賬外，仍另納出口之正稅等語。又同治元年本衙門更定長江通商統共章程第五條内開，凡有江照之輪船裝載土貨，須由該商在裝貨口先將正半兩稅一併完清方准裝貨。俟該貨抵上海，若在三箇月限内復出口前往外國，應由該商赴江海關請領執照作爲該貨已往外國之實據，執照呈交江漢、九江、鎮江關則可。將該商所納復進口半稅發給存票，以抵日後應完之稅，但欲往外國之貨抵上海之時亦應報明等語。是長江章程既經更定，所有復進口土貨半稅，如該貨實在限内出洋，應行發給存票，不應再還現銀。況現在復進口土貨出洋限期業已改爲一年，如在一年限内出口，經該關查驗實係原包原貨並未拆動抽換，其件數斤兩俱與原報之數相符，應將所完半稅查照長江統共章程填發存票給該商收領，以抵本關後稅。無論何口均應一律辦理。除劄行李總稅務司轉飭各口稅務司查照外，相應咨行轉飭各關，自奉文之日起所有收過洋商復進口土貨半稅，如在一年限内出口，均應一律填給存票，不得再還現銀。相應咨照辦理可也。須至咨者。

右咨南洋

（清）顔世清《約章成案匯覽》乙篇卷一九下《成案·通商門·總署咨洋煤進口改運請給存票文光緒三年》

爲咨行事，案查洋煤進口稅銀請給存票一事，本年五月間准咨，據江海關稟報各情，本衙門以此事未據赫總稅司申呈並未核准有案，先行咨復，並劄令總稅務司查明聲復，據稱，

凡已完正税之洋煤復行下船不問自用出售一概發給存票等因。本衙門旋即轉行貴大臣飭查核復，現准復稱，據江海關稟，向來洋貨進口完税後復將該貨運往外國，准將前完進口税銀給還存票。其改運中國通商别口者，或請免照或請存票，聽商自便。倘未請免照之貨運抵通商他口，則須在他口照則完納，則此口請領存票者他口仍行納税。查船用洋煤向准免税，各洋煤進口完税後復於限内裝船出口運往外國，則前完進口税銀請給存票。倘運往通商别口，未在進口之關請領免照，則别關亦必照則收税，是出售之煤無虞漏税滋弊。赫總税司所議不問自用出售，一經裝船轉運概准給還存票，尚與税課無虧，似可照議辦理。惟須飭令總税務司通飭各口税務司，如遇洋煤到口起岸，並無中國通商各關收税免照呈驗者，一律收税以昭核實，等因。本衙門查核江海關道所稱係照約章辦理，尚爲周到，除劄行赫總税司轉飭遵辦外，相應咨行轉飭各關查照辦理可也。須至咨者。

右咨北南洋

（清）顔世清《約章成案匯覽》乙篇卷二一上《章程·通商門內地商務類·外務部札江漢關變通三聯單章程等件飭查閲聲復文光緒二十九年附章程》 爲劄行事，光緒二十九年三月二十九日，准湖北巡撫咨稱，據江漢關道詳稱，查漢口洋商赴内地採辦土貨請領三聯運照報單，從前每年不過數起爲數尚少，近來請領此項單照者日多一日。雖係查照光緒二十二年五月二十一日總理衙門奏准土貨報單，應准華商請領案内所引鎮江關現行章程取結辦理，然各條款内有宜於鎮江而不便於漢口者。如所運之貨色名目彼關設有禁限，貨物抵口應存出口正税兩倍半，各領事均以於漢口商情不便，請予酌改，自應體察漢鎮情形，參以鎮江關原定章程，量爲變通，分别辦理，期於税課商情兩無窒礙。現經職道與署職關税務司斌爾欽悉心商酌，議定章程十二條，以保税課而杜弊端。擬請作爲暫行試辦，除將前項章程刊刷華洋文，照會各國領事官轉飭各商人遵照，並分别咨行外，相應具文詳請查核，咨送外務部查核立案等情。本兼署部堂據此咨請貴部查核立案施行，並附呈三聯報單運照式樣暨華洋文暫行章程各一紙，等因前來。查所擬章程自係爲便商保課起見，應否即作爲該關試行章程，相應將原送三聯報單等件劄行總税務司查閲聲復，以憑核辦，並將原件繳還可也。須至劄者。

右劄總税務司。

附總税司申覆。

爲申復事，奉到四月初四日鈞劄，内開以准湖北巡撫咨稱，據江漢關道詳稱，查漢口洋商赴内地採辦土貨請領三聯運照報單，從前每年不過數起爲數尚少，近年請領此項單照者日多一日，各領事均以於漢口商情不便，請予酌改，自應體察情形，參以鎮江關原定章程，量爲變通，分别辦理。現與税務司斌爾欽悉心商酌，議定章程十二條，以保税課而杜弊端。擬請暫行試辦，詳請查核咨送立案等情。據此咨請外務部查核施行，並附呈漢口三聯報單運照式樣，暨華洋文暫行章程各一紙，等因前來。查所擬章程自係爲便商保課起見，應否即作爲該關試行章程，相應將原送三聯報單等件劄行查閲聲復以憑核辦，並將原件繳還等因。奉此，查鎮江關原定章程雖甚妥協，本爲鎮江一關而設，並無令他口援照之意。今漢口既經量爲變通，擬定章程十二條，自係查酌地方情形，因利乘便起見，各章亦甚妥洽。如果各國領事官均願照辦，地方官亦覺合宜，即無不可遵照辦理之處。現奉前因，除將原件繳還外，理合備文申復鑒查可也。須至申呈者。

江漢關擬洋商赴内地採運土貨暫行章程十二條。

第一條　各洋商欲請三聯報單，前赴内地購運各種土貨來漢者，應在税務司處領取刊給之切結。其切結内聲明該商並所請足以承保之殷實保人二人願遵照現定章程辦理。如有不遵此章之處，即照所請報單内載貨數、該完正税若干，情願繳完六倍歸中國入官，並在切結内加具切實承認。如該商不照切結遵辦，即聽監督將該貨扣留，按照應完各税及加繳銀數提貨變價，補足清楚，方將餘貨及餘銀發給領回。倘各項完繳未清，雖該貨與他人别有銀錢糾葛等事，不得先儘他人等語。由該商將此切結在領事處畫押，經領事蓋印後，即持呈税務司，轉請監督，將三聯單送由税務司，給與該商領執此切結。至該貨到漢報運出口之日，止作爲保不違章之據。如該貨不運出口，即照下第六條辦理完訖始准核銷。

第二條　凡請領三聯單購辦土貨者，須自所請單内填註之日起，限六箇月内將單貨運到單内註明之第一子口，否則該單即作爲廢紙。並須迅速繳呈税務司，轉送監督查銷，倘逾理應呈繳之期不行呈繳，監督即不准發該商續請之單。如有人持逾限廢單仍往購運土貨，即將該貨全行入官。其

三聯所運之貨，在第一子口將報單倒换運照，運至最近江漢關之子口。

第三條　該商購買土貨，如不能足單内所註之多，則於運到第一子口時立向委員報明情形，由委員在運照内填註所購土貨之實在數目，並稟報監督，該商亦必飛速稟報税務司。若所運土貨多過單内所註之數，即將多出之貨入官。

第四條　凡請三聯報單所買土貨，自倒换運照之日起限六箇月内須到江漢關最近之子口。如逾限不到，即照切結所開銀數呈繳入官。惟該貨沿途或爲關卡及地方各項員弁扣留，或遇有人力難施之事，或遭不測如水災、賊匪等類，以致限内不能將貨運到最近江漢關之子口者，該商須將躭悞情形立即就近報明地方官，並稟請税務司轉達監督酌量情節改寬限期，並免繳切結内所言銀兩，免照下第八條將所請發之單照停止繳銷。若再逾所展之限，貨不到口，則該商仍須照結罰辦，仍照第八條辦理。

第五條　該貨到江漢關最近之子口，須由該商開具貨色件數、觔重清單，稟報税務司，並將運照呈繳。即照章完納子口税，由税務司發給准單，准令該貨過卡隨即送至江漢關碼頭。或報單内報明經税務司核准之驗貨所查驗單貨相符，方准將該貨起存商棧。

第六條　該土貨自到漢口之日起，限六箇月内出口，或直運外國，或運往別口轉出外國。

一、如逾限不報出口，即照該貨應完出口正税銀數加兩倍半呈繳，始准免其出口，並將第一條所言之切結核銷。

二、如該貨出口直運外國，則該商納一出口正税，此外即無餘事，即將第一條所言之切結核銷。

三、如將該貨報運別口，若上海等處，再行轉赴外國，則該商除完一出口正税外，須再暫存一出口正税，始將第一條所言之切結核銷。當其出赴別口之時，由税務司填一該貨憑單，送至所赴之海關，俟該關將此單寄回時查閱單内所註。若該貨自到該口之日起，於六箇月内運出外國，即將所暫存之一出口正税給還。若該貨自到該口之日起，至六箇月期滿尚未運出外國，即將所暫存之一出口正税入官，不再給還。

第七條　該商若欲將該土貨改裝者，應遵關章辦理，並由税務司所派關員眼同查驗明確方准改裝。

第八條　凡商人有違此章，並不肯呈繳切結内所註明之銀數者，即由領事官按照國律追繳。當未繳之先，所有該商續請之報單即停止不給。其已領一切之報單，並聽監督一併查銷，運照亦飭令繳還。

第九條　原請三聯報單之洋商如欲歇業，或遷移他處，須將已請未用之報單全行呈還税務司轉送監督核銷。倘彼時有業經購買土貨之單，其貨尚未到漢，或已到漢存棧尚未出口，或已運別口尚未報運外國者，如該貨改歸別商，須由接受之商自行呈具切結聲明，情願仍照原具切結未清各節遵行。

第十條　除有第九條情事外，凡商人所請三聯報單並運照不准改歸別商。

第十一條　該土貨到漢以後，如有損壞等情，該商即須赴税務司處呈明。由税務司派員查驗實在損壞若干，估價應減若干，照完出口税銀。倘該商因貨損壞不願裝運出口，即照核減之出口正税銀數呈繳兩倍半始准免其出口，並將切結核銷。

第十二條　江漢關所有現在最近之子口開後：一在劉家廟鐵路車站之側，一在大智門外鐵路車站之側，一在南關，一在橋口。

（清）顏世清《約章成案匯覽》乙篇卷二一下《成案·通商門内地商務類·總署咨洋商入内地買土貨赴關請領報單文咸豐十一年》　爲咨行事。照得洋商入内地賣洋貨應有子口税，其子口税應在海關所設總卡徵收。凡洋商運洋貨到卡，應令先交子口税，即正税一半，完清後發給税單方准過卡，過卡後無論運往何處免其重徵。又洋商入内地買土貨應有子口税，其買定土貨後應在首經之第一子口開單呈明，發給運照付洋商交路上各子口查驗蓋戳放行，至最後子口報完子口税方許過卡下船。此係按照條約辦理。所有運洋貨入内地之税單，運土貨往海口之運照，本衙門與總税務司酌定式樣二張，相應咨行轉飭浙江粵閩各口一律遵辦。再本衙門風聞近日内地商人頗有冒稱洋商抗不交納税釐，並於買土貨後沿途銷售任意偷漏税餉，各關口無從稽查，殊於内地税課有礙。是以現與英國卜大臣議定，凡洋商入内地買土貨，或本商自去，或使用本國人，或用内地人，均聽其便。惟必須向關請領買土貨報單，單内註明該貨某日到某子口，應運至通商某口，實屬本商土貨，自必完納半税等詞。並於單内註明本商姓名或本

行字號爲憑。此等報單通商各口海關自行備辦，俟准領事官咨請發給並無使費現已列入通商章程內，應令各口查照辦理。本衙門給予赫税務司劄文令其妥擬三聯報單式樣，其應如何酌擬之處業已詳細聲明，令其妥擬後發給各口一律照辦。並聲復本衙門查照。此樣報單專爲杜絶沿途私賣而設，倘經各關卡查出該貨與單照内數目不符，或非單内指定海口，即可知其沿途私賣，除將貨物照例納税外，仍將該商交關議罰。爲此咨行轉飭遵照須至咨者。

右咨南洋。

（清）顏世清《約章成案匯覽》乙篇卷二一下《成案・通商門内地商務類・總署咨洋商不准在内地設立行棧文同治元年》 爲咨行事。准英國駐京大臣覆稱，英商欲在内地售貨無不准行，惟欲開設行棧僅可在通商各口，不准在内地設立等因。嗣後各處地方倘有洋商在内地城鎮設行者，皆宜一律倣照辦理。惟洋商入内地買賣貨物原爲條約所不禁，但不准設立行棧。各地方官毋得因有不許設行之事，遂誤認爲不許洋商入内地售貨，概爲攔阻，以致與條約不符。相應咨行查照可也。須至咨者。

右咨南洋。

（清）顏世清《約章成案匯覽》乙篇卷二一下《成案・通商門内地商務類・總署咨游歷通商執照不得抵作入内地買賣單照文同治二年》 爲咨行事。查英國條約第九款内載英國民人准聽持照前往内地游歷通商，執照由領事官發給，由地方官蓋印等語。本衙門前因游歷通商四字易涉牽混，曾咨行凡洋商並不買賣貨物專入内地游歷者，執照内衹須註明游歷字樣，不必再寫通商字樣等因在案。兹英國以游歷執照不應删去通商二字，迭次照會本衙門照約核辦。查條約第九款，游歷二字之下既有通商二字，相應咨行通商各省分，嗣後各國游歷執照如列有通商二字者，領事官送請地方官蓋印准其印給，仍令飭令隨時繳回查銷。至洋商入内地買土貨，應仍以運照及三聯報單爲憑，賣洋貨仍應以税單爲憑。凡涉買賣之事，均不得以游歷通商執照抵作入内地買賣單照。如洋商入内地買賣，其不領税單運照以及三聯單者，應行逢關納税遇卡抽釐，相應一併咨行轉飭各口遵照分别辦理可也。須至咨者。

右咨三口。

（清）顏世清《約章成案匯覽》乙篇卷二一下《成案・通商門内地商務類・總署咨洋商入内地買土貨應由通商口岸進口出口文同治十一年》 爲咨行事。案查美國密領事在津海關請領報單派人往錦州買煤一事，前經本衙門分别在何處進口出口，咨行查照辦理在案。兹復准盛京將軍咨稱，據錦州府呈稱准錦州協領衙門移文内開，據天橋廠卡倫官禀稱，本月初七日進來衛船六隻，隨有該船司事人林錫蕃赴卡持報單，稱伊由天津僱船十二隻來錦州口採買煙煤以備美國使用。職即遵前劄設法開導，令其照依條約仍赴牛口裝運。伊持有天津道鈐印三聯單一紙，各海口均應採買，不遵開導，職即派兵訪詢，已將煙煤運至海口春雨棧堆積裝運。查驗三聯單内並未載有差派何人前往何處採買字樣。再查前劄美國所派係夏蔭富之名，今報林錫蕃姓名，與前劄互異不符，可否准其裝運之處，職未敢擅便。本衙門查洋商由通商口入内地買土貨，應到出口海關之第一子口先赴出口海關報完半税，俟貨運至海關下船出口時，再完出口之正税。如運往通商口岸再交復進口税。兹美國密領事派人往錦州買煤，不由通商之牛莊海口進出口，乃僱用華船持執天津所發三聯報單，欲由天橋廠裝運。查天橋廠並非通商口岸，在彼裝運，則此項煤觔應完之内地子税及出口正税在於何處交納。且密領事前請領報單時稱派夏蔭富前往，現在持單赴卡之人又報稱林錫蕃姓名，亦屬不符。此案美國欲往錦州買煤領有報單，若由牛莊裝運出口則應照洋商入内地買土貨之章，飭令完交正子兩税。若僱用華船由天橋廠裝運，則所買煤觔只可照華船買貨納税及交納各税規費之例辦理，不得以領有報單即欲援洋商入内地買土貨之章照辦，以免弊混。相應咨會轉行遵照辦理可也。須至咨者。

右咨北洋。

（清）顏世清《約章成案匯覽》乙篇卷二一下《成案・通商門内地商務類・總署咨准洋商進口完税後沿途賣貨繳單文光緒二十四年》 爲咨行事。前於光緒二十三年十一月二十四等日准德國海使先後照稱洋商進口貨物准否沿途售賣爲中外通商關係綦重，請飭各該口岸管内地税務地方官進口貨物沿途售賣不得阻礙等語，當經本衙門劄行總税務司詳籌辦法。兹於本年正月初三日據總税務司申稱，查通商章程善後條約第七款，載明運入内地各貨，該商應將該貨名目若干，原裝何船，擬往内地何處各緣由報關

查驗確實，照納內地關稅，該關發給稅單。該商應向沿途各子口呈驗蓋戳放行，勿論遠近均不重徵。若進出有違此例者，各貨均罰入官。倘有匿單報少等情，將單內同類之貨全數入官等語。條約既載有各貨須報明應往內地何處字樣，可知海關所發之內地稅單既係自通商口岸至內地某處運貨之單，沿途免其重徵。此單應在沿途各子口呈驗蓋戳放行，其報運之處勿論遠近照章均不重徵。其章內又載若進出違例，各貨均罰入官之語。以上各節可見當時立約之員並未念及沿途售賣之事，只係定立稅單發商執持，隨其所運之貨由通商口岸至內地某處沿途免其重徵而已。條約章程如此，凡進口貨物領有稅單者，自通商口岸至內地某處准免重徵，俟抵單內所指之地此單即應撤銷。該貨既繳稅單，此後與無稅單之貨無異，即應按內地章程辦理。以上即約章之義意，亦係稅關向來之辦法。今奉鈞劄，以德國海大臣照稱前因，自應妥籌辦法。擬請嗣後凡進口貨物執有稅單者，自通商口岸運赴單內所指之處概免重徵。一到該處，稅單即應繳銷。若所運貨物在沿途售賣，其全行賣盡者即將稅單在附近之子口繳銷。倘未全賣，其餘之貨經過第一子口，該商應報明在何處售賣何貨若干，由關卡在稅單上註明蓋戳放行。凡有各口之第一子口即應嚴飭，不得接收已由本卡蓋戳之稅單復用運貨過卡。倘查有商人執持已經蓋戳之稅單呈驗者，將單內所載之貨全行入官。以上所擬之章似足以保重稅課，且准沿途售賣，亦可扶持商人之益，等因前來。本衙門查洋商所領三聯單運貨進口，照章須到單內所指之地始准銷售。今海大臣照請嗣後進口貨應准沿途售賣一節，係爲商務起見。中國顧念邦交，但使於商務有益而於釐捐無損，自當斟酌辦理。現據總稅務司所議章程尚屬可行，除本衙門照復德海使並各國駐京大臣外，相應咨行貴撫查照轉飭各該關道釐局，嗣後如洋商運貨進口，如在沿途銷售，即照此次所定新章辦理，以保釐課而維商務可也。須至咨者。

右咨各省。

（清）顏世清《約章成案匯覽》乙篇卷二一下《成案·通商門內地商務類·外務部咨洋商領有津海關稅司執照入內地運貨免再重徵文光緒二十七年》爲咨行事。光緒二十七年八月初七日據總稅務司呈稱，查洋商入內地購辦土貨，運銷洋貨，應領之土貨報單、洋貨稅單，約章向准在新關請領前往。現在天津亂後雖未復元，而洋商則已遣人按約入內地販運各項貨物，惟該商等所持執照係由各該國領事官發給，并非領自新關。總稅務司聞此已專飭津海關稅務司轉告各商，凡有入內地運貨者，可到新關報明貨色，請領各照完納各稅，一面於執照上加蓋稅務司戳記爲憑等因。恐內地各關卡不識津關稅務司戳記，或致有留難重徵之事，是以備文申請，轉飭直隸與鄰近各省地方官，遇有商人持執津海關稅務司所發之土貨報單、洋貨稅單等件，應認爲遵章之據立刻放行，免其重徵爲要，等因前來。相應咨行貴大臣查照，轉飭各關卡遇有洋商執持蓋有津海關稅務司戳記之土貨報單洋貨稅單等件，應即立刻放行，免其重徵可也。須至咨者。

右咨行崇文門監督、河南巡撫、陝西巡撫、山東巡撫、山西巡撫。

（清）顏世清《約章成案匯覽》乙篇卷二一下《成案·通商門內地商務類·外務部咨德商在張家口開設行棧可以准行文光緒二十八年》爲咨行事。光緒二十八年九月十二日准咨稱，通商條約祇有准俄商在張家口貿易開設行棧之條，今有德商石梅子欲在口內開設行棧駐口貿易，應如何之處，請查核等語。本部查通商條約雖祇有准俄商在張家口開設行棧之語，然亦無限制各國洋商不准駐口貿易明文。且各洋商隨時由津分派華人赴口攬辦貨物往來貿易久已准行。現值開通商務之際，如德商在口開設行棧別無窒礙情形，應可通融照准。相應咨行貴都統酌核辦理。仍聲復本部可也。須至咨者。

右咨察哈爾都統。

（清）顏世清《約章成案匯覽》乙篇卷二一下《成案·通商門內地商務類·外務部咨俄商在張家口請地蓋房查無妨礙即可照准文光緒二十八年》

爲咨復事。俄民擬在張家口建造鋪房行棧一事，前准咨稱，俄駐庫總領事來咨，以張家口俄商日多，請於口外劄蘭壩附近之滿濟布勒克境內給地蓋房以便住人堆貨等情，劄飭會查明確繪圖貼說呈查核示遵等因。本部當以張家口准俄民建造舖房行棧載在條約，俄領事請指地段如果確無妨礙自可准其居住。惟該處是否官地抑係民間私產，有無轇轕，應妥核辦，仍將辦理情形聲復等因，咨復在案。茲准咨稱承准咨開遵即劄飭察汗托羅蓋軍台參領遵照文內事理，即將該台所屬滿濟布勒克地段是否官地，抑係民間私產，有無轇轕之處赶緊據實詳細查明詳報以憑轉呈等因，劄飭去後。茲據該參領綳蘇克那木濟勒報稱，據俄羅斯人等訴稱，此處地段我們未經開

墾，僅建蓋房屋收存茶箱暫住啓運等語。參領等查核現在此地內並無民產，尚無轇轕情形，理合馳報祈備查辦，等因前來。查該參領詳報俄商所指地段並無民產尚無轇轕，理合據情呈覆，謹請查核飭遵等因。本部查該處俄商所指地段既經查明並無民產及轇轕不清情事，自應按照條約准其建造舖房行棧以資居住，相應咨行貴都統查照核辦可也。須至咨者。

右咨察哈爾都統。

（清）顔世清《約章成案匯覽》乙篇卷二一下《成案・通商門內地商務類・總署照會英使洋商入內地買土貨由領事官咨請海關發給報單文同治二年》 爲照復事。查游歷與通商執照貴大臣均欲由地方官蓋印，日內自必行文各該口一體照辦。來文所稱英商貨物欲運入內地既無該關稅單，運過第一子口又無准其前往執照，該商所有貨物全罰入官一節自應照辦。又來文內稱英商持照前往內地置買貨物不必向監督請領稅單一語，查與本爵咸豐十一年與貴大臣所定章程不符。緣是年九月初六日曾據貴大臣照會內稱，凡英商欲運土貨，令其於呈報單註明本商允承納內地半稅，並書明本商姓名，本行字號爲憑等語，業經本爵劄知各口監督照辦在案。是英商入內地置買貨物應先在海關請領報單，不能以游歷執照藉端牽混。既已議定通商各口報單由領事官咨請海關發給，倘該商僅有游歷通商執照，領事官並不咨請海關報單，則是領事官顯違所定章程。將來該商所置貨物若經地方官盤詰或由抽取釐金躭延時日，其所耗資本短獲利息虛費盤川，應惟領事官是問，亦惟領事官代爲賠償，相應照復，須至照會者。

右照復英公使。

（清）顔世清《約章成案匯覽》乙篇卷二一下《成案・通商門內地商務類・三口大臣咨津關運內地洋貨照章改發稅單文同治三年》 爲咨呈事。准貴衙門咨，據南洋大臣薛咨稱，內地徵收子稅運到稅單報單即令分咨各關一體遵照辦理，並咨送三口轉行照辦等因。查俄商在張家口東壩通州陸路通商，間有在張家口販買土貨運出天津海口之事，所有稽徵一切自應查照各國總例辦理。除由本衙門將各口通共章程五條並大概辦法開單咨行崇文門東壩委員並張家口坐糧廳各監督外，相應再將運照稅單報單通行遵照等因。查津海新關洋商進口洋貨，或完正稅或有免單，驗明將貨起卸後運赴內地銷售，均係報完子口半稅由津海新關發給憑照運赴內地不再完稅。所領憑照本係查照條約辦理，業已行用兩年。今因南洋各口將進口運入內地洋貨均係給予稅單並將式樣送由總理衙門咨行照辦，自應改用稅單以歸畫一。除將津海新關所用憑照停止，即於本年四月初四日起改用稅單。至報單運照因無洋人入內地採買土貨向未用過，昨俄國報買駝毛始發兩張。現在稅單報單運照各式樣暨通共章程五條同一切辦法分別抄單咨行分送外，理合將改用稅單添用報單運照緣由咨覆貴衙門請煩查照可也。須至咨者。

右咨呈總署。

（清）顔世清《約章成案匯覽》乙篇卷二一下《成案・通商門內地商務類・奉天將軍咨洋商入內地買土貨如無海關報單即照華商辦理文光緒二年》 爲咨會事。光緒二年四月初十日准錦州副都統咨開，據錦州協領德音泰等呈稱，本年三月二十六日有口外小船六隻抵口內，有洋人克來的登岸僱車裝運煤炸並未報明，職等聞知立即差派兵役攔阻，訊其有無執照。茲據該洋人聲稱，伊於年前預先買妥窑商吴錦堂炸子二十餘萬觔在海口堆存，今請領英國執照前來裝運。驗明照內僅稱條約第九款洋人行入內地游歷，各地方官一體保衛，毋得凌虐等語，並未聲明買裝煤炸。查前於同治十一年九月，據天橋廠卡倫官稟稱，進來衛船六隻隨有該船司事人林錫蕃赴卡持報單，稱伊由天津僱船十二隻來錦州採買煙煤以備美國使用等情。當經詳蒙接准總理衙門咨開，查美國密領事派人往錦州買煤不由通商之牛莊海口進出，仍僱用華船持執天津所發三聯報單欲由天橋廠裝運。查天橋廠並非通商口岸，惟領有報單，若由牛莊裝運出口，則應照洋商入內地買土貨之章飭令完交正子兩稅。若僱用華船由天橋廠裝運，則所買煤觔只可照華船買貨納稅及交納各項規費之例辦理，不得以領有報單即欲援洋商入內地買土貨之章辦理以免弊混等因，咨行飭遵在案。今洋人克來的隨來小船六隻抵口登岸裝運煤炸，查其僅有洋人行入內地游歷護照即行裝運，其中難保非內地船户勾結洋人違禁販運，自應聽候核示辦理以符成約。前來查前於同治十一年間准總理衙門咨通共章程第四款，內載洋商入內地買土貨必須先向海關請領土貨之報單，內註明該貨某日到某子口，應運通商某口，方與章程相符。今來咨內稱據錦州協領呈報，有洋人克來的乘小船六隻抵口登岸裝運煤炸索照查驗，僅呈出游歷內地執照，並非洋商入內地買

土貨之報單，核與條約不符，應令照華商運土貨例完納稅項准其出口以符成約。除咨復飭遵外，相應咨會可也。須至咨者。

右咨北洋。

（清）顏世清《約章成案匯覽》乙篇卷二一下《成案・通商門內地商務類・**北洋大臣李咨洋商入內地運貨須由津關刷單蓋印交稅務司加戳填發文**光緒二十七年》　爲咨明事。據津海關道黄建筦稟稱，竊職道於八月二十五日奉憲台劄開，八月十二日准外務部咨開，光緒二十七年八月初七日據總稅務司呈稱，查洋商入內地購辦土貨運銷洋貨，應領之土貨報單洋貨稅單約章，向准在新關請領前往。現在天津亂後雖未復元，而洋商則已有遣人按約入內地販運各項貨物。惟該商等所持執照係由各該國領事官發給並非領自新關，總稅務司聞此已轉飭津海關稅務司轉告各商，凡有入內地運貨者可到新關報明貨色請領各照完納各稅，一面於執照上加蓋稅司戳記爲憑等由。因恐內地各關卡不識津關稅務司戳記，或致有留難重徵之事，是以備文申請轉飭直隸與鄰近各省地方官，遇有商人執持津海關稅務司所發之土貨報單洋貨稅單等件，應認爲遵章之據，立刻放行免其重徵爲要，等因前來。相應咨行查照轉飭各關卡，遇有洋商執持蓋有津海關稅務司戳記之土貨報單洋貨稅單等件，應即立刻放行，免其重徵可也，等因。准此。查昨據赫總稅務司申呈，業經劄飭該道分移天津大名釐局一體遵辦在案。茲准前因劄道查照分移一體遵辦等因，奉此職道伏查向章，洋商入內地置買土貨，須將所買貨色及指赴地名報明領事官函致關道填給蓋印三聯報單送還領事轉給持往採辦，一面由關道先爲咨行該管關卡或地方官，俟該商報明將貨買齊即行換給運照，俾該商前往路上各子口呈驗蓋戳放行，俟到出口海關照完子口半稅，此向來洋商入內地購辦土貨請領土貨報單之辦法也。又洋商運洋貨入內地銷售，須將所運貨色及指赴地名報明領事官函致關道填給蓋印洋貨稅單，惟須將子口半稅先行完清方准持單運往，以便沿途查驗蓋戳放行不再重徵，此向來洋商運洋貨入內地銷售請領洋貨稅單之辦法也。茲奉前因，當此津郡尚未收復，此項報單稅單現由新關稅務司給發，本屬妥善，自應照辦。查此項報單向來請領後即由關道逐單先爲咨行各處該管關卡或地方官，以便單到不致阻難，否則恐於商務有礙。職道一再酌核所有土貨報單，擬請仍由職道照舊刷備若干張蓋用印信送交新關稅務司收存，俟洋商請領時即由稅司將商人字號貨色地名填註單內加蓋戳記給發，一面隨時函知職道以便照案先爲備文咨行，俾該商前往採買不致有所阻礙。至洋貨稅單亦由職道照刷蓋印送交稅務司加戳填發，仍隨時函知職道，俾便查考。總之此項報單稅單均爲洋商購貨運貨所需，如此量爲變通，非特與向來辦法不背，且單內蓋有關道印信，沿途均可暢行，於該洋商尤屬大有裨益。一俟津關收復，再行與津關稅司察核辦理。所有奉劄擬議洋商應領土貨報單洋貨稅單，擬由職道刷備蓋印，再行送交稅務司加戳填發各緣由，是否有當理合稟請查核批示祇遵。如蒙允准，並乞咨明外務部鑒照及知照總稅務司轉飭津關稅務司查照辦理，實爲公便等情到本閣爵大臣，據此除批准外，相應咨明貴部請煩查照。須至咨者。

（清）顏世清《約章成案匯覽》乙篇卷二三上《章程・行船門・**華商購造船隻章程**同治六年》　一、凡有華商欲置夾板等船，應赴本口監督衙內稟明，由監督詳查本人實屬華民並無假借等弊，即發買船准單，內將華商姓名、籍貫註明，發該商執領，前赴新關，由稅務司挂號在准單空白內照填英文，發還該商承買。倘買船後復經查出假借等情，即將該船入官。

一、凡領准單者，遇有合式船隻，先應由稅務司派人前往查明實係能出海堪用之船，俟議明價值，帶同賣主赴該國領事官衙門將准單呈驗，由該領事查明並無假冒借名等弊，即准立據將船契畫押蓋印發交華商收領。其原領外國船牌，由領事官立即查銷。

一、凡領船契者，應赴新關由稅務司查驗挂號，將該船寬闊若干、噸數若干，及本船式樣詳細開單，請由監督將牌照填註，送回照填英文，發給華商收執，一面飭繳牌費銀三百兩。

一、凡領牌照船隻，其船名須在船尾大書並將牌照之號數用漢洋文字書明船頭兩旁，日後不得私自更改。

一、領牌後若有遺失，該商即赴關報明補領。倘非在原口遺失，仍須按情稟報，並請先發暫用憑據，俟回原口將暫用之據赴關呈繳補請牌照。如遇有遭風失火等情，均應赴關報明。或止將牌照救出，亦應呈繳，不得隱匿干咎。

一、凡領牌照之船，須將噸數若干，並牌照號數於船中桅上刻明。

一、凡買船契應填價值，倘船內有抵押未清之項，乃客商平常私事與

官無涉。

一、日後擬將該船改樣式，該商應將所改之處開單赴關稟明，請於原牌內添註，由原口改註底簿。

一、凡船應以一百分爲算，如一人之船牌註明一百分，歸某人。若數人有分，即按股分計算。

一、凡船倘係會館置買，請領准單船牌等件，應由會館首事料理。

一、凡華商日後欲將船隻轉賣，倘係賣與外國人，須赴關報明，將船牌呈繳，由原領之關查銷。倘賣與別華商，應帶同買主赴監督衙門稟明核准，寫立賣契一面，將原牌繳回換領新牌。仍用原號原名。赴新關挂號，請由稅務司填註英文。

一、凡華商如有情願自造夾板等項船隻，亦應一律先赴監督衙門請發造船准單，赴關填註英文。俟船造畢，由稅務司派人勘量開具清單，照請發給牌照。

一、凡有華商夾板等船請領牌照者，准赴外國貿易，並准在中國通商各口來往，不得私赴沿海別口，亦不得任意進泊內地湖河各口，致有碰壞船隻。

一、凡船進口時須將船牌等件呈存稅務司，出口時領回。至何處泊船，如何起下貨物，請領准單、呈具報單，一切事宜均照洋船定例辦理。

一、凡船所裝貨物均照洋商稅則納稅，其船鈔照納。

一、凡結底應由各口稅務司將此項船隻完稅若干分款開列，由總稅司轉報。

一、華商買用此等船隻，所用管船夥長應用華人，以期易知中國各項法度，方可爲一船之主。

一、凡有外國人受僱充艄工者，須先將本國考驗可充艄工之據，呈由稅務司驗明，俟僱定後，即由稅務司將該艄工係何國人何姓名並受僱月日註明船牌。如日後更換，宜將辭工之日添註。

一、凡艄工須照洋船規矩在船記事簿內按日註明經過之事。

一、凡華商夾板等船，須立水手名單，內將各水手姓名、籍貫、年歲、工銀註明。倘僱有外國人充當水手，須帶赴領事官或稅務司畫押受僱。

一、船出口之後，如水手人等有不法者，即由艄工將其捆押，俟進口交稅務司轉送監督或領事官分別辦理。

一、凡有華商買用夾板等船，未遵以上各章，應由監督會同稅務司先將船扣留，按情罰辦。

一、凡華民夾板等船違犯洋商船隻，應遵條約載明各章，即由監督會同稅務司酌量將此船一體罰辦。

一、凡有起下貨物違犯該關章程，即由監督會同稅務司酌定，或將貨入官或將該商議罰。

謹按此項章程前於同治五年原擬二十六款，嗣於六年十一月內總署來文將第一、第六兩款刪去，僅存二十四條，通飭遵行。

（清）顔世清《約章成案匯覽》乙篇卷二三上《章程・行船門・浙海關輪船往來寧滬章程》　第一款

凡商人欲派輪船來往寧滬須先報明稅務司。

第二款

凡輪船進口停泊後，將船牌及進口貨物總單送關，至出口時開送出口貨物總單。查核相符，即給完清稅項紅單，並發還船牌，准其出口。該船既領有本關紅單，即毋庸再往領事衙門領單。該船所裝貨物，均應詳細開載總單，以憑將來原貨出口便於稽查。

第三款

凡輪船已經進口，須俟本關巡丁到船後方准起貨及搭客起卸行李等事。

第四款

凡輪船進口，業經本關巡丁到船，准將貨物卸入駁船不得擅開，須俟該商人來關請領准單，再將該駁船開往。

第五款

凡輪船由鎮江經過，遇有客商上下該輪船，必應在本關卡房碼頭對面暫爲停止以便稽查。如有貨物裝卸，須先專領本關准單。

第六款

以上各條如有輪船故違，即將以上章程概不准照行，另照和約罰辦。

（清）顔世清《約章成案匯覽》乙篇卷二三上《章程・行船門・廈門

關輪船進出起客章程》 第一款

一、該輪船到厦門，俟總扦手到船查驗行李後方准起客。

第二款

一、該輪船應將未滿限期噸鈔執照呈遞總扦手，俟將船名某口某月發給某日期滿登記號簿方准出口。

第三款

一、該輪船進口仍應由其國領事官按章報關，即照常行香港往來輪船發給紅牌辦理。

第四款

一、該輪船如按以上章程進出，每次應將費用洋銀三元呈繳總扦手，交關查收。

第五款

以上各章係由總税務司暫行擬定，如有窒礙之處隨時刪改撤銷。

（清）顏世清《約章成案匯覽》乙篇卷二三上《章程·行船門·粵海關更定輪船往來港澳章程同治十三年》 一、凡通商各國輪船，由香港、澳門永遠往來省城貿易者，須將船牌呈繳該國領事官存署內領事官照會粵海關發給輪船香澳執照一紙。自發日起，以六箇月爲期，凡有此照者，則可照後開章程起下貨物完納税餉。

一、凡香澳輪船往省，自香港開行者，至汲水門左右海關設立巡卡地方，澳門開行者，至九洲左右海關設立巡卡地方，均須等候扦子手巡丁上船。

一、凡香澳輪船之管艙人，務須會同扦子手用收貨簿預謄艙口單。如商客有貨物來報，管艙收貨簿內應隨時報明登記。

一、凡香澳輪船所載貨物已寫明艙口單，該扦子手即查驗各搭客行李。所有行李內應税物件，該客須自行開展，聽候當面報明扦子手查驗。如無應税物件，已驗給放行戳者，俟該船抵省即可隨時起岸。

一、凡搭客先報行李內有隨帶應税物件，該扦子手驗明即出驗單，俟船抵埠，該客上關交税後放行，可隨時起岸。

一、凡香澳輪船所載搭客行李，如扦子手於所起行李內查有違禁漏税物件，該客如不願自行開查，即由扦子手將該物件扣留送關。該客如逾一日之限不到開驗即由關上開驗。倘查有違禁應税之物，即將扣留之件全行入官。

一、凡香澳輪船所有搭客行李於查驗後該扦子手復將該船全行搜查，倘查有貨物藏匿本關將該貨物入官。按同治六年所定客船行李章程，扣留之貨全行入官外，仍將該客議罰，與此小異。

一、凡香澳輪船所載貨物已列艙口單，於輪船抵省城黄浦可將貨物搬入撥艇。該撥艇不得牽延妄駛，即將原貨直運本關碼頭查驗。倘該艇有違成章，將艇貨一並入官。

一、凡香澳輪船所載貨物於撥艇運來本關查驗時，該商務將其貨號記、觔兩、件數、丈尺、價值逐一註明具報查驗完納税餉放行。

以上香澳輪船進口章程。

一、凡香澳輪船所有貨物出口，將該貨運至本關碼頭具報號記、觔兩、件數、丈尺、價值等項，註明查驗，本關發給若干税銀之單並准單。該客一面完納税餉下船，該撥艇不得牽延妄駛，將該貨直運赴船。倘該艇有違成章，將貨艇一並入官。

一、凡香澳輪船所載貨物必待出口税餉完清方准開行。

一、凡香澳輪船出口時，倘有貨物税餉尚未清完，如該輪船公司自行出具保單或該船主代具保單，註明將税銀在本關次日辦公之日內完清，本關查核定奪方准開行。

一、凡香澳輪船所載出口搭客行李內有應税物件，務須開具報單來本關聽候驗貨完税。

一、凡香澳輪船出口，於開行後該船管艙人會同扦子手繕清艙口單，與進口時一律辦法。倘在輪船查出有貨物並無准單，或在客人行李查有藏匿應税及違禁貨物，將貨物行李概行入官。

一、凡香澳輪船出口時，該扦子手將貨物行李查驗，復將該船全行搜查。倘有藏匿應税貨物，查拏入官。

一、凡香澳輪船往香港者行至汲水門上下，往澳門者行至九洲上下，均須等候扦子手巡丁下船。

一、凡香澳輪船如有本船工人水手走私偷漏，或在工人水手管用之處查有藏匿貨物，該扦子手即述知船主，該船主將其人送交領事官扣留會商

辦理。

一、凡香澳輪船附搭華洋商民如敢違章走私偷漏，該扦子手即述知船主，該船主將其人送交領事官會商辦理。

一、凡香澳輪船只准在省城黄浦二處地方起下貨物，不得沿途任便起卸。

一、凡香澳輪船倘違以上各章程，船主並船均應按照條約，船主議罰。若重犯或再犯，會同領事官即將該船所領香澳准照追繳註銷。

一、凡以上各章均係按照天津條約第四十六款所定。

以上香澳輪船出口章程。

謹按此件係同治十三年經粵海關監督與康稅司商定，復經英領事照覆，並由粵海關咨呈總署核准。

（清）顔世清《約章成案匯覽》乙篇卷二三上《章程・行船門・廣州口船隻停泊起下貨物章程光緒三十年》 一、船隻停泊界限。省城泊船之界，其南界由綏靖礮台之中心對正東起至對正西止，其西界由五層樓對南偏西六十六度，起横河而過至大坦尾之兩邊止，其東界由天字碼頭正南對至河南軍功廠止。黄浦泊船之界，一由第三沙灘之峯西北對至六步滘之東小崗爲東界或稱下界。又由土瓜之南沙峯對至北邊一涌滘，又由新洲頭東邊直至大河之北岸爲西界或稱上界。

二、停泊須聽指示。凡船隻駛入泊界，應聽由指泊吏到船指示妥當之處方可停泊。

三、定有泊處輪船。凡常川來往省河輪船及沿海各輪船均有預先指定泊處者，抵界之後即可逕至該處停泊，無庸聽候指泊吏指引。

四、裝有炸物仿例。凡常川來往省河輪船及沿海各輪船，倘載有爆炸危險及引火之物不得入界，應照第十三、十四並二十一等款章程辦理。

五、移泊須有准單。凡船隻停泊之處須聽理船廳指示，除已奉有海關准放紅單之船可即開行外，其餘凡未奉有理船廳特發准單之船均不得擅行移泊，亦不准私自離開出界。

六、泊處須請指示。凡既泊定之船，有欲移泊他處，或船尚未到預請泊處，均須由船主大副及引水人赴理船廳報請指示。

七、夜間懸掛燈盞。凡船隻均應按照各國所已訂定免相碰撞須用燈盞章程，一律如法懸掛爲要。

八、禁支船傍横桿。凡兵船傍邊支出之横桿惟白晝准用，一至日落至次日日出之時務必收進，其餘各項船隻一概不准支用。

九、留心錨鍊繩索。凡船所用錨鍊必須時常整理，如逢每月初一、十五等日尤爲緊要。

十、移泊必須速拴。凡欲移泊之船，其由此至彼，或浮樁或碼頭或他船，須先用繩索拴住以便拉攏。但爲時須速，以免躭誤來往行船。

十一、靠輪小船限制。凡駁艇以及相類之各項小船靠攏輪船不准過多，而其所繫之纜亦不准有礙行船之路。

十二、禁止開放鎗礮。凡商輪未經領有理船廳特發准單，不准在泊界内開放鎗礮。

十三、裝炸藥船泊界。凡商船進口裝有炸裂及特製炸藥各物料，不論多寡，應當如何起卸即聽海關指示遵行。此等船隻須在前桅上懸掛紅旗，若在省城則當停泊綏靖礮台之下，若在黄浦則離下界三里之外方准停泊。再各船如有在本口内裝載前項炸物者，俱照此款辦理。

十四、裝有軍火仿例。凡商船駛進本口，倘船内裝有危險之物，如藥彈或數逾一百磅之火藥，或船上自備鎗子在二萬粒以上，或其鎗子之内所裝火藥數共重逾一百磅等類，並或商船之已在該處而欲裝前項軍火出口者，應如何防備停泊，均應照第十三款辦理。

十五、裝卸炸物時限。凡商船必先奉有特發准單，方准於日落以後日未出以前接載，或起卸爆炸危險或引火之物。

十六、炸物駁艇定式。凡用駁艇起卸第十三、十四兩款所列之炸裂等物，該駁艇之艙必須有蓋可掩，或須蓋有艙面之房庶可將各炸物分別封存在内。不得在無遮蓋之處隨便安放。

十七、炸物駁艇懸旗。凡無論何項駁艇，如裝有炸裂危險或引火之物在本口河面行駛，必須在前桅頂或易於瞭見之處懸掛紅旗，該旗至少六尺長四尺闊。倘船上並無桅杆，應由該船自備與艙面或艙面之房艙高出十二尺之木杆一根以便懸旗。

十八、炸物駁艇限制。凡駁有炸裂危險各物之駁艇等船，俱不准在口内各處傍攏，必須逕赴泊處，不得遲延。

十九、禁止吸煙炊爨。凡駁艇傍攏載有炸物船隻之時，該駁艇之舵工水手人等均不准有吸煙炊爨等事。至駁艇上既已裝有前項炸物，更須一律照行以免貽禍。

二十、特准屯儲炸物。凡各項炸物，非領有本關特給准單，不准在口內兩岸地方暨其附近各處擅自屯儲。

二十一、油船疫船界限。凡商船裝有引火之物，如石油或備造汽燈所用之鈣到本口者，應由理船廳隨時另限一處指令停泊，須俟該貨均已起卸淨盡，方可移向別處。至此等船隻在省城口內另派之處，即在鳳凰崗礮台與綏靖礮台之中。在黃浦另泊之處，即在下界以外。將來倘有更改，再行諭知。凡裝有引火物料之船一進本口，即須懸掛本船有引火物料之號旗，並於白晝時常懸掛。凡船隻抵口，如果染有瘟疫，須在本口下界以下停泊，頭桅上務懸黃色旗號。倘未領有理船廳特發准單，船上人等概不准擅行上下。

二十二、建造須先呈報。凡商人欲於口內停泊躉船，或西瓜扁艇，或打樁入水，或蓋搭篷廠，或侵佔河道，須先繪圖貼說呈報來關，再由該管官員或華官或領事官察核批准方能舉行。

二十三、禁止棄物入水。凡船隻在本口內者，不准將壓載重物以及煤渣炭屑攛搓等類亂棄入水。

二十四、船須留人照料。凡商船停在泊界，船上水手人等須由該船主酌留彀用人數，以備不時整理錨鍊等事。

二十五、須收支出桅杆。凡商船入界停泊後，須將船頭支出之桅杆即行收進。至既收之後，仍在界內，倘非奉理船廳特准，不得再行支出。

二十六、設樁須先報勘。凡商人欲在口內建設浮樁或常置錨鍊，須先報明理船廳察勘地方，及所安該樁之錨鍊是否妥當。如准設之後，若遇無船繫纜之時，務於夜間在樁上安燈一盞以便燃點。

二十七、浮樁應歸廳管。凡泊界內所有浮樁均歸理船廳管理，倘查有所設之處實於來往船隻有礙，或因須讓留餘步，應由理船廳隨時酌量諭令移開。如有不服或躭延等情，該廳即可代移。其費當仍由樁主認償。

二十八、船焚應急報警。凡界內有船失慎，則該船以及前後所泊之船急應鳴鐘告警。如係白晝，該船并當扯掛通語旗中之本船被焚旗號。如值夜間，急將桅上所掛明燈時常扯上扯下，一面飛報本關，不得遲延。

二十九、不准擅放汽號。凡在口內之船，除照各國所訂免碰章程應放汽號俾人警備外，不准無故或因別事將此項汽號並汽笙等類擅自放用。

三十、船隻應遵專條。凡大小輪船之在口內行駛者，務宜各打緩輪留心慢走，以免船後湧起波浪激撞一切小船，致有損傷。各該船所裝貨物或岸上之物，凡輪船鼓輪行駛之時，無論何項船隻，非奉特准均不得向該船傍攏。駁艇執照由理船廳編列號數發給該艇收執，不得轉給別人。此等執照以一年爲期，每年西曆四月必須呈請續發。凡發給執照或續發執照，本關俱不取分文。凡駁艇非起下貨物之時，不准在輪船傍邊停泊。煤渣船執照亦由理船廳給發。

三十一、違章即當究辦。凡各船載有以上第十三、第十四條章程內所列之轟炸危險各貨物，如逾限定數目擅進界內，即由理船廳指示在界內應泊之處。該船亟應遵命前往，違者立將開艙起貨下貨各准單並出口紅單暫停准發。如各船有不遵理船廳指示停泊處所，擅停他處，以致違犯第二、第五條章程者，亦可將開艙起貨下貨各准單並出口紅單暫停准發，俟遵章停泊後即行發給各單。再除第十三、第十四條及第二、第五條已定辦法外，倘有船主違犯其餘各條，即由該管領事官或由該管官員查辦。至駁船並各小艇有違章者，即由應管官員將該船東家究辦。

三十二、改章須先商允。凡現訂各款章程，將來如有更改之處，須先經各國領事官允諾方可頒行。

謹按，以上章程由粵海關稅務司與各國領事議定，呈明兩廣總督轉咨外務部核准，於光緒三十年照會各國駐使，通飭洋商一體遵照。

（清）李鴻章《中堂交下擬稿·擬訂日本議約條規》 大清國與大日本國向敦睦誼，歷久弗渝，茲議立通商章程，俾兩國商民往來貿易均獲裨益。是以大清國欽派某官某，大日本國欽派某官某，各遵所奉敕旨，公同會議訂立條規，俟兩國御筆批准，一體遵守，永遠勿替。所有議定各款開列於左。

第一條

一、嗣後大清國、大日本國倍敦睦誼與天襄無窮，即兩國所屬邦土亦各以禮相待，不得稍有侵越，俾獲永久安全。

第二條

一、兩國既經通商，彼此均可派秉權大臣並攜帶眷屬隨員駐劄京師，或長行居住或隨時往來通商各口，所有費用均係自備。其租賃地基房屋作爲大臣等公館，並行李往來及沿海專差送文等事，均一律妥爲照料。

第三條

一、中國准通商各口：

上海口，隸江蘇松江府上海縣。

寧波口，隸浙江寧波府鄞縣。

廣州口，隸廣東廣州府南海縣。

厦門口，隸福建泉州府厦門廳。

天津口，隸直隸天津府天津縣。

以上五口准日本國商民往來居住通商。

日本國准通商各口：

横濱，東海道武藏州神奈川縣管轄。

神户，北陸道兵庫縣管轄。

大阪，畿內攝津州大阪府管轄。

長崎，西海道肥前州長寄縣管轄。

築地，東海道武藏州東京府管轄，現稱開市場。

以上五口准中國商民往來居住通商。

第四條

一、兩國通商各口彼此均可設理事官，約束己國商民。凡交涉財産詞訟案件，皆歸審理，各按本國律例核辦。兩國商民彼此互相控訴，俱用禀呈，惟理事官應先爲勸息使不成訟。如或不能，即行照會地方官會同公平訊斷。其竊盗逋欠等案，兩國地方官祇能查拏追辦，不能代償。

第五條

一、兩國官位均有定品，如彼此品位相等，會晤文移均用平行之禮。位卑者與長官相見則行客禮，遇有公務則照會品位相等之官轉申，無須逕達。如相拜會，則各用官位名帖。凡兩國官員初到通商各口辦事，須將印文送驗，以杜假冒。

第六條

一、兩國官民准在議定通商各口租賃地基，須由地方官查勘無礙民居墳墓方向，詢明業户情願出租，方可公平議價立契，由地方官蓋印交執，不得私租強租。其內地及不通商之處，不得租地造屋開設行棧。至現准通商各口租定地基後蓋造房屋，或作居住或開行棧，地方官可以隨時往看。不准設立砲台，以及一切武備，亦不得收藏軍火致有火患。

第七條

一、兩國官商在准通商各口，均准雇用本地民人服役工作管理貿易等事。如有犯案，准由各地方官查拏訊辦，雇主不得庇護。並由雇主隨時約束，勿任倚勢欺人，尤不可聽信妄言致生事端。違者將雇主議罰。

第八條

一、兩國通商各口貿易人民，倘有未經設立理事官駐劄管轄處所，即歸該地方官約束照料。或有犯事，一體查拏，一面將所犯案情知照駐劄附近別口之理事官按律科斷。

第九條

一、兩國人民理應各守法度共保睦誼，如有此國人民在彼國聚衆滋擾，數在十人以外，及誘結通謀彼國人民作害地方情事，或由彼國逕行緝拏，或由此國隨時查捕，審實即按律懲辦。其有情罪重大律應正法者，即在犯事地方處決。如有勾結本地強徒，爲盗爲匪，或潛入內地搶刼擄掠放火殺人拒捕者，均准格殺勿論。如拏獲到案在通商口岸者，地方官會同理事官審辦。如在內地，即由地方官審實，在犯事地方按律懲辦。仍將案情知照該管理事官備查。

第十條

一、兩國人民如犯己國例禁或隱匿兩國公署商船行棧及越境潛逃兩國內地各處者，一經己國官查明，照會理事官，即應設法查拏送交，沿途給予衣食不可凌虐，彼此均不得庇縱。

第十一條

一、兩國商民在通商各口彼此往來，各宜友愛，不得攜帶刀械。違者議罰，刀械入官。兩國商民身家悉由己國理事官管束，不准改換衣冠入籍考試，致滋冒混。

第十二條

一、兩國政事禁令各有異同，其政事應聽己國自主，彼此均不得代謀干預強請開辦更改。所有通商口岸居住各商民，不准誘惑土人稍有違犯。凡文藝語言各可派人互相學習，但不得入籍考試。如中國人住居日本通商各口，不得即作日本國屬民，日本人住居中國通商各口亦不得即作中國屬民，均仍聽兩國理事官各自管束，並不准改換衣冠以免冒混滋事。

第十三條

一、兩國兵船往來通商各口係爲保護己國商民起見，凡沿海不准通商之處以及內地河湖支港，概不准駛入。違者截留議罰。在船兵勇水手嚴加約束，不准攜帶刀械登岸滋事。商船水手亦同。如有違犯，准地方官查拏，會同理事官懲辦，刀械入官。倘一船之中有兩三人不帶刀械登岸游玩買物者，船主各給腰牌佩帶，以便稽查。

第十四條

一、兩國通商各口商船雲集，凡泊船必覓寬闊處所以免碰撞生事。倘別國與日本國不睦，或至爭戰，別國與日本國均不得在中國所轄洋面及通商口岸爭鬬奪貨刼人。中國與別國不睦，亦均不得在日本國管轄洋面及通商口岸有爭奪之事。

第十五條

一、兩國商民在通商各口欲往內地游歷，中國以周行六十里爲界限，日本以周行十里爲界限，均准兩國商民前往游歷。所有程里均自通商埠頭計起，如越此界限，拏送該管理事官懲罰。

第十六條

一、兩國商船遭風收口，均由該處地方官照料，送交理事官安置。或在洋面被刼，亦由該地方官設法嚴緝，起獲贓物送交理事官給還原主。倘未能緝獲贓犯，均各照例處分，不能代償。如有此船碰損彼船者，查明斷賠，地方官亦不代償。

第十七條

一、兩國商船進出通商各口上下貨物報關納税等事，現經另訂税則關章彼此遵守，秤碼丈尺公同較準，完税銀色隨地照各關定章輸納，不得異議。

第十八條

一、兩國船隻如到不准通商口岸私作買賣，准該處地方官查拏，即將船貨一併入官。仍知照該管理事官查核。

第十九條

一、兩國各口收税官員，凡有嚴防偷漏之法，隨時相度機宜設法辦理各商皆應遵行。

第二十條

一、兩國來往公文均以漢文爲憑，如用洋文必須附以繙譯漢文，俾易通曉。

（清）李鴻章《日本國清約全案備稿》 大清國大日本國向敦睦誼歷久弗渝，茲議立通商章程，俾兩國商民往來貿易均獲裨益，是以大清國欽派特簡某官某，大日本國欽派特簡某官某，各遵所奉敕旨，公同會議訂立條規，俟御筆批准，一體遵守，永遠弗替。所有議定各款開列於左。

第一條

一、嗣後大清國、大日本國倍敦睦誼與天壤無窮。

第二條

一、兩國所屬邦土嗣後均宜篤念前好以禮相待，不可稍有侵越，俾獲安全。

第三條

一、兩國既經通商，彼此均可酌派秉權大臣並攜帶眷屬隨員駐劄京師，或長行居住或隨時往來，所有費用均係自備。其租賃地基房屋作爲大臣等公館，並行李往來及沿海專差送文等事，均一律妥爲照料。

第四條

一、中國准開通商各口：

上海口、隸江蘇松江府上海縣。

鎮江口、隸江蘇鎮江府丹徒縣。

寧波口、隸浙江寧波府鄞縣。

九江口、隸江西九江府德化縣。

漢口鎮、隸湖北漢陽府漢陽縣。

天津口、隸直隸天津府天津縣。

牛莊口、隸奉天府海城縣。

芝罘口、隸山東登州府福山縣。
廣州口、隸廣東廣州府南海縣。
汕頭口、隸廣東潮州府潮陽縣。
瓊州口、隸廣東瓊州府瓊山縣。
福州口、隸福建福州府閩縣。
厦門口、隸福建泉州府厦門廳。
臺灣口、隸福建臺灣府臺灣縣。
淡水口、隸福建臺灣府淡水廳。

以上十五口准作日本商民往來住居通商之地。

一、日本國准同通商各口：

橫濱、東海道武藏州神奈川縣管轄。
箱館、北海道渡島州開拓使管轄。
大阪、畿內攝津州大阪府管轄。
新瀉、北陸道越後州新瀉縣管轄。
神户、同上。兵庫縣管轄。
夷港、同上。佐渡州佐渡縣管轄，附於新瀉。
長崎、西海道肥前州長寄縣管轄。
築地、東海道武藏州東京府管轄，現稱開市場。

以上八口准作中國商民往來住居通商之地。

第五條

一、兩國通商各口彼此均可設理事官約束本國商民，並辦理交涉事件。中國理事官與日本四品官員平行，日本理事官與中國道府平行。其餘品位同者，會晤文移均用平行之禮。

第六條

一、兩國理事官在通商各口均准雇用本處民人服役，各宜隨時約束責令循分守法，不得偏聽服役人等私言致生事端。

第七條

一、兩國理事官駐通商各口地方，凡本國商民交涉財産詞訟案件皆歸審理，各按本律核辦。至兩國商民彼此互相控訴，俱用稟呈，惟理事官應先爲勸息，使不成訟。如或不能，即行照會公平訊斷。其竊盜逋欠等案，兩國地方官只能比追不能代償。

第八條

一、兩國各口人民倘無本國官員駐劄管轄，均可由地方官約束照料。或有犯案，一如本國人民，按照地方本律科斷。至管束之經費即向該商民設法籌款，惟不得勒派苛斂。

第九條

一、兩國人民理應各守法度共保睦誼，如有此國人民在彼國聚衆滋擾，數在十名以外，及誘結通謀彼國人民作害地方情事，或由彼國徑行緝拏，或由此國隨時查捕，審實即照各本律就地正法。

第十條

一、兩國人民有犯本國律例，或隱匿公署商船及越境潛逃兩國內地各處者，一經本國官查明照會即應設法查拿送交，彼此均不得徇庇袒縱。

第十一條

一、兩國禁令各有異同，商民互相往來居住，理宜隨地一律遵守，不得誘惑土人稍有違犯。

第十二條

一、兩國商民在通商各口欲往內地游歷，中國以周行八十里爲界限，日本以周行十里爲界限，當中國之八十里。均准兩國商民前往游歷。所有程里均自通商埠頭計起，如越此界限一體照罰墨斯哥銀一百元，再犯者重罰二百五十元。

第十三條

一、兩國商船遭風收口均由該處地方官照料，交本國官安置。或在洋面被刼，亦由該地方官設法嚴緝，起獲贓物送交本國官給還原主。倘未能緝獲贓犯，均照本例處分，不能代償。

第十四條

一、兩國商船進出各口上下貨物完納税課，轉運別口及夾帶走私，一切應行罰没等事，悉照兩國各口舊定章程辦理，不得稍有異議。

第十五條

一、兩國税則各按各口舊章辦理，毋庸重訂刊刻以歸簡易。

第十六條

一、兩國税項應各按各口舊章收納，其成色秤兩亦隨地照章輸交以期便商。

第十七條

一、兩國船隻如到不准通商口岸私作買賣，或在准通商各口岸販運違禁貨物，均將船貨一併入官。

第十八條

一、兩國往來公文均以漢字爲憑。如用本國文字如滿蒙文、日本文之類。均須副以繙譯漢文，以便易於通曉。仍不能以本國文字爲主。

（清）佚名《晚清洋務運動事類匯鈔·通商章程》 第一款

一、兩國商船往來通商各口，須在己國海關及地方官衙門領取船牌，註明樑頭丈尺噸數船名，及舵水姓名年歲籍貫，加蓋印信，以便持赴理事官處及各海關查驗。如無船牌，不准往來。倘船牌損失，准其呈明海關給發護照回籍補領。

第二款

一、兩國商船進通商各口，海關即派員弁丁役看守，或在商船或在關艇隨便居住。其需用經費由關支發，不得向商船稍有需索，違者按律追辦。

第三款

一、兩國商船進通商各口，限一日内該船主將船牌艙口單交理事官，即於次日通知海關，並將船名及押載噸數裝何貨物之處開單同送，以便海關查驗。如過二日限期，以進口之時算起，歷十二時爲一日，禮拜日不計。尚未報關，每日罰船主銀五十兩，所罰之數不得逾二百兩之外。至艙口單内須將所載貨物詳細開明，如有漏報揑報之貨，查出入官，船主罰銀五百兩。倘有悞報，即在遞單之日改正，免議。逾限不改，每日罰銀二十兩，所罰之數不得過一百兩之外。如該口未設理事官，准船主將船牌艙單自赴海關呈驗，照章辦理。

第四款

一、兩國商船進口除所載貨物開單報關外，另將船上自用各物及應行免税各物開一清單送關驗免。倘賣與人，仍照税則完納。若將應税貨物混入免税單内，希圖隱漏，察出將貨入官。

第五款

一、海關接到理事官知照後，即發開艙單。倘船主未領開艙單，擅行卸貨，罰銀五百兩，並將所卸貨物入官。商船上貨下貨須先領海關准單，如違即將貨物入官。如撥貨，亦先由海關發給准單方准動撥，違者貨亦入官。

第六款

一、兩國商船輸税期候進口貨于起載時出口貨於落貨時，各行按納，一經完清税餉，海關發給紅單，理事官接到紅單即給船牌准其出口。

第七款

一、兩國商民在通商各口撥運貨物，聽其自雇夫船給發雇價，官不經理亦不限定何船何夫攬運。倘有走私漏税，海關查出，照章辦理。如船户挑夫有偷竊盜賣逃走等弊，即由地方官查拏追辦。

第八款

一、兩國商人完税，以净貨實數爲準，將皮色除算。至色皮輕重，由關抽秤一二件，餘則類推。如有受潮損壞貨物，不能按則完税者，估價抽收，每值百兩收税銀五兩。

第九款

一、中國商船貨物進日本通商各口，應照日本海關税則完納。日本商船貨物進中國通商各口，應照中國海關税則完納。

第十款

一、兩國貨物如有税則未經賅載者，由海關按照市價估計，每值價百兩收税銀五兩。若貨主不肯照海關所估之價售賣，應聽其便，仍令照海關所估之價完税。

第十一款

一、兩國通商各口界限並上下貨物之地，均由海關妥爲定界，既須便商，更不得有碍收税。至中國京都日本西京皆不在通商之列。

前件仿照西洋章程開列，惟聞日本國有東京西京之分，現在東京已爲通商之口，西京則係彼國君主駐劄之所，是以指明日本西京，仍請于會議時詢明酌定是否伏候鈞裁。

第十二款

一、中國商貨進日本國通商各口，在海關完清税餉後，任憑日本國人轉運日本内地各處銷售，逢關納税遇卡抽釐，中國人不准擅自運入日本國内地。其日本國商貨進中國通商各口，在海關完清税餉後，亦任憑中國人轉運中國内地各處售賣，逢關納税遇卡抽釐，日本人不得擅自運入中國内地。違者，貨均入官，並將該商交理事官懲辦。

前件查西洋貨物准洋商運入中國内地，洋商在海關完納半税領有内地税單後，沿途照驗放行，内地捐税概不完納。海關所收半税爲數無幾，内地大宗釐捐得以免納，因而奸滑華商賄串洋商出名領單，偷漏内地捐税，弊端百出。此時日本通商，若照西洋辦法，亦准日本人運入中國内地，流弊無窮。日本與英國所立條約第十六條開載，英貨進口任憑日本人轉運日本内地，不加捐税及内地捐等語。其爲日本内地不准西洋人運貨前往已可概見，所有不加捐税一節，西人恐捐數過重貨銷遲滯，是以議立。然貨既由日本人運入日本内地，即使日本加捐，其捐款出自日本屬民，與別國無干，未便阻止，是以加逢關納税遇卡捐釐字樣，以期兩國一律，彼可允行。雖與西洋約章稍異，若日本果能就我範圍，於中國内地税捐不無裨益。是否伏候鈞裁。

第十三款

一、中國商民准在日本通商各口購買日本土産及別國貨物，報關查驗完税裝運出口，中國人不准自赴日本内地買運貨物。日本人准在中國通商各口購中國土産及別國貨物報關查驗完税裝運出口，日本人亦不准自赴中國内地買運貨物。如有私入各内地自行買貨者，貨均入官，並將該商交理事官懲辦。

前件查西洋條約，中國土貨准洋商領四聯報單前往購買，運至海關完一内地子口半税，爲數不多，其内地沿途關卡免納税釐，洋商頗獲利益。日本與英國所立條約第十四款，載有英人可在日本各口買日本無例禁之貨，完税出口。其爲日本内地不准英人自往買貨，已可概見。日本與英法美荷四國續議通商章程第五款，又有日本各色土産由内地運至通商口，沿途不得征收捐税。若有修理水陸道路之例，亦當一律照捐等語。此必西洋人恐捐重貨貴，因而議及。今日本與中國所立章程係兩國一律而行，與西洋情形不同，是以擬立此條，以期中國内地釐税稍有裨益。是否伏候鈞裁。

第十四款

一、貨物進口完税後如欲改運通商別口售賣，報由海關驗明實係原色原貨並未拆動抽換，即給收税執照，持往別口海關查驗相符，准其出售，免再納税。若有影射抽換夾帶情事，貨罰入官。倘運往他國售賣者，報明海關驗實，發給收税存票一紙，准抵別貨應完税銀。

第十五款

一、日本國商船進中國通商各口應納船鈔。凡船在一百五十噸以上者，每噸納鈔銀四錢，一百五十噸以下者，每噸納鈔銀一錢。由海關給照以四個月爲期，如在四個月限内進出中國通商各口，無庸另納船鈔。四個月限滿，仍應照納。倘船進通商各口並未開艙欲行他往者，限二日之内出口不收船鈔。如逾二日之限，即須全數輸納。至中國商船進日本國通商各口，如須照納船鈔一律辦理。此外，船隻進出口時均無別項規費。

前件查日本與英國所立通商章程第六款，載明英船至日本各口，不輸船鈔但完例捐。嗣與英法美荷四國續議通商章程第三款又載，前章第六款各款例捐現已删去等語。此時是否改納船鈔無從查悉，應請於會議時詳細詢明再行酌定是否伏候鈞裁。

第十六款

一、兩國商船經過通商各口，買辦船上應用雜物，以及遇險暫時進口躲避並不貿易者，船内所載之貨無須報關。倘有交易照章開報完税。如船應修理貨須過撥入棧者，報關查驗給單起岸，俟船修竣，原貨裝運出口免其納税。若起棧後就地發賣，仍應照章納税。

第十七款

一、兩國商船如有裝運私貨者，除將私貨全數查抄入官外，船隻驅逐出口，不准在通商各口貿易。

第十八款

一、兩國海關罰款及船貨入官者，各歸各關收辦。

第十九款

一、兩國兵船進出通商各口無須報關候驗，船上所用雜物均准免税。如起岸發賣，即由買主照章完税。

第二十款

一、兩國應設官棧以備儲貨，所有官棧章程當由兩國酌定。如貨物入棧後，貨主領貨出賣，必須交清棧租。

第二十一款

一、兩國所産米麥糧食各不准販運出口。若船上水手搭客自需，約計數目報明海關給照，准其買食存船備用。

第二十二款

一、登州牛莊兩處荳石荳餅，日本商船不得前往裝載。如在通商别口買運者，照則納税，准其出口。

前件查咸豐年間中國與英法美所立和約載有此條，迨後弛禁，洋船往登州牛莊裝運餅荳不少，有運至中國南洋各口銷售者，亦有逕運東洋者。同治二年丹國條約，四年比國條約，均已將此條刪去。第上海沙船向係專運餅豆自洋船北駛，沙船之利俱爲所奪，以致號商虧本沙船日少，將來海運漕糧恐有無船承運之慮，不得不設法挽救。如登州牛莊餅豆再准日本船往運，則沙船生計益絀，是以擬立此條。將來日本能否允行尚不可必，請于會議時再行酌定是否，伏候鈞裁。

第二十三款

一、日本人在中國通商此口買貨運至中國通商彼口售賣者，應在此口完一正税並在彼口完一半税。即正税之一半。倘中國逕運日本者，則於出口時完一正税免納半税，抵日本國後再在日本海關完税。如在通商口内收買别國商人已完進口税之貨轉運出口，仍應照完出口税，不得串通别國商人以原貨出口報關。如違，即照漏税例將貨入官。中國人在日本國各口貿易一律照辦。

前件查西洋貨物進中國通商各口完税後，如原貨運往外國，將所收進口税給還存票，此係向章。西洋人每有將東洋之貨運滬報關完税，迨至出口運往香港或外洋仍請將税銀給還滬關。有收税之名而無其實。即西洋貨物到滬完税後運往東洋，西人亦以原貨出口請還税銀。又香港來貨向作洋貨報關完税，迨運東洋銷售，西人亦以原貨運往外洋請還税銀，滬關收税亦屬有名無實。香港來者不盡外洋貨物，將中國土産混充洋貨者不少，弊端甚重，是以擬立此條，是否伏候鈞裁。

第二十四款

一、硝磺、白鉛均爲軍前要物，應由中國官自行採辦，或商人奉中國官准買明文方准進中國通商各口。如有私販，查拏入官。日本商人亦不得在中國通商各口將中國硝磺白鉛私運出口。

第二十五款

凡有違禁貨物，如火藥、大小彈子、砲位、大小鳥鎗，并一切軍器等類概屬違禁，非官爲採買奉有明文，均不准販運進出口。

第二十六款

一、兩國銅錢各不准販運進出口，如有商人私販，查拏入官。中國内地食鹽不准日本人販運，日本國鹽觔亦不准運入中國售賣。

第二十七款

一、中國税則如有僅載進口税則未載出口税則者，遇有出口皆應照進口税則納税。或有僅載出口税則未載進口税則者，遇有進口亦皆照出口税則納税。

第二十八款

一、此次新定税則並通商各款，日後兩國再欲重修，以十年爲期，每届期滿須於六個月之前彼此先行知照公同妥議更改。若未曾先期聲明，則税課仍照前章完納，復俟十年期滿再行議改。

再查西洋人在長江三關通商曾奉另訂章程，如日本人亦需前往長江貿易應請參酌另立長江定章，理合陳明。

《大清國大日本國通商章程》 第一款

修好條規即經載明兩國沿海各口岸准聽商民來往貿易，茲特將指定各口臚列於左：

中國准通商各口：

上海口、隸江蘇松江府上海縣。

鎮江口、隸江蘇鎮江府丹徒縣。

寧波口、隸浙江寧波府鄞縣。

九江口、隸江西九江府德化縣。

漢口鎮、隸湖北漢陽府漢陽縣。

天津口、隸直隸天津府天津縣。

牛莊口、隸奉天海城縣。
芝罘口、隸山東登州府福山縣。
廣州口、隸廣東廣州府南海縣。
汕頭口、隸廣東潮州府潮陽縣。
瓊州口、隸廣東瓊州府瓊山縣。
福州口、隸福建福州府閩縣。
厦門口、隸福建泉州府厦門廳。
臺灣口、隸福建臺灣府臺灣縣。
淡水口。隸福建臺灣府淡水廳。

日本國准通商各口：

橫濱、東海道武藏州神奈川縣管轄。
箱館、北海道渡島州開拓使管轄。
大阪、畿内攝津州大阪府管轄。
神户、同上。兵庫縣管轄。
新潟、北陸道越後州新潟縣管轄。
夷港、同上。佐渡州佐渡縣管轄，附於新潟。
長崎、西海道肥前州長崎縣管轄。
築地。東海道武藏州東京府管轄，現稱開市場。

第二款

兩國官民准在議定通商各口租賃地基，各隨其地成規照辦，總須由地方官查勘無礙民居墳墓方向，詢明業户情願出租，方可公平議價立契，由地方官蓋印交執。不得私租強租。其内地及不通商口岸不得租地蓋屋。至現准通商各口租定地基後蓋造房屋，或作居住或開行棧，地方官可以隨時往勘。

第三款

兩國商船往來通商各口須在己國海關及地方官衙門領取船牌，註明樑頭丈尺噸數船名，及舵水姓名年歲籍貫，加蓋印信，以便持赴理事官處及各海關查驗。如無船牌，不准往來。倘船牌損失，准其呈明海關發給護照，回籍補領。

第四款

兩國商船進通商各口，海關即派員弁丁役看守，或在商船或在關艇隨便居住，其需用經費由關支發，不得向商船稍有需索。違者按律追辦。

第五款

兩國商船進通商各口，限一日内該船主將船牌艙口單交理事官，即於次日通知海關，並將船名及押載噸數裝何貨物之處開單同送，以便海關查驗。如過二日限期，除日曜日不計，以進口之時算起，歷十二時爲一日。尚未報關，在中國每日罰船主銀五十兩，所罰之數不得逾二百兩之外。在日本國每日罰船主洋銀六十元。至艙口單内須將所載貨物詳細開明，如查有漏報揑報之貨，在中國將貨入官並罰船主銀五百兩，在日本國漏報者罰如貨税之數，揑報者罰貨主洋銀一百二十五元。倘有誤報，即在遞單之日改正免議。逾限不改，在中國每日罰銀二十兩，所罰之數不得過一百兩之外；在日本國罰洋銀十五元。如該口未設理事官，准船主將船牌艙口單自赴海關呈驗照章辦理。

第六款

兩國商船進口，除所載貨物開單報關外，另將船上自用各物及應行免税各物開一清單送關驗免。倘賣與人，仍照税則完納。若將應税貨物混入免税單内，希圖隱漏，查出將貨入官。

第七款

海關接到理事官知照後即發開艙單，倘船主未領開艙單擅行卸貨，在中國罰銀五百兩並將所卸貨物入官，在日本國將所卸貨物入官。商船上貨下貨須先領海關准單，如違即將貨物入官。至撥貨亦先由海關發給准單方准動撥，違者在中國將貨物入官，在日本國罰洋銀六十元。

第八款

兩國商船輸税期候進口貨於起載時出口貨於落貨時各行按納，一經完清税項，海關發給紅單，理事官接到紅單即發船牌准其出口。

第九款

兩國商民在通商各口撥運貨物，聽其自雇夫船給發雇價，官不經理亦不限定何船何夫攬運。倘有走私漏税，海關查出照章辦理。

第十款

兩國商人完税，以浄貨實數爲准，將皮色除算。至包皮輕重，由關抽

秤一二件，餘則類推。如有受潮損壞貨物不能按則完納者，估價抽收，每值百兩收税銀五兩。

第十一款

中國商船貨物進日本通商各口應照日本海關税則完納，日本商船貨物進中國通商各口應照中國海關税則完納。至兩國各口海關已經較准秤碼丈尺並完税銀色，彼此商民均應隨地遵照舊章辦理，不得稍有異議。

第十二款

兩國貨物如有税則未經賅載者，由海關按照市價估計，每值價百兩收税銀五兩。若貨主不肯照海關所估之價售賣，應聽其便，仍令照海關所估之價完税。

第十三款

兩國通商各口界限並上下貨物之地均由海關妥爲定界，既須便商更不得有礙收税。至官民游歷，均照兩國通行舊章辦理，惟請領執照應責成理事官查明實係安分之人方可發給，免致滋生事端。

第十四款

中國商貨進日本國通商各口，在海關完清税項後，中國人不准運入日本國內地。其日本國商貨進中國通商各口，在海關完清税項後，任憑中國人轉運中國內地各處售賣，逢關納税遇卡抽釐，日本人不准運入中國內地。違者貨均入官，並將該商交理事官懲辦。

第十五款

兩國商民准在彼此通商各口購買各土産及別國貨物報關查驗完税裝運出口，不准赴各內地置買貨物。如有入各內地自行買貨者，貨均入官並將該商交理事官懲辦。以上兩款係因兩國各有指定口岸，故須明定限制。

第十六款

貨物進口完税後，如欲改運通商別口售賣，報由海關驗明實係原包原貨並未拆動抽换，即給收税執照持往別口海關查驗相符，准其出售，免再納税。若有影射抽换夾帶情事，貨罰入官。

第十七款

日本國商船進中國通商各口應納船鈔，凡船在一百五十噸以上者每噸納鈔銀四錢，一百五十噸以下者每噸納鈔銀一錢。由海關給照，以四箇月爲期。如在四箇月限內進出中國通商各口，無庸另納船鈔。四個月限滿，仍應照納。倘船進通商各口並未開艙欲行他往者，限二日之內出口，不收船鈔。如逾二日之限，即須全數輸納。此外均無別項規費。至中國商船進日本國通商各口，無庸完納船鈔，只納規費，每進口十五元出口七元。

第十八款

兩國商船經過通商各口買辦船上應用雜物，以及遇險暫時進口躲避並不貿易者，船內所載之貨無須報官。倘有交易照章開報完税。如船應修理，貨須過撥入棧者，報關查驗給單起岸，俟船修竣，原貨裝運出口免其納税。若起棧後就地發賣，仍應照章納税。

第十九款

兩國商船如有裝運私貨者，在中國除將私貨全數查抄入官外，船隻驅逐出口，不准在通商各口貿易。在日本國將私貨入官。

第二十款

兩國兵船進出通商各口無須報關候驗，船上所用雜物均准免税。如起岸發賣仍應報明照章完税。

第二十（二）〔一〕款

兩國通商口岸若欲設立官棧以備儲貨，所有官棧章程當由兩國自行酌定，惟貨物初行入棧均應暫免納税。至銷售時必須完清税項棧租，方准領出。倘欲照章轉運別口，只交棧租，亦免納税。

第二十二款

兩國所產米麥糧食，除照章轉運別口外，各不准販運出洋。若船上水手搭客自需，約計數目報明海關給照，准其買存船備用。

第二十三款

登州牛莊兩處荳石荳餅，日本商船不得前往裝載。如在通商別口買運者，照則納税，准其出口。

第二十四款

硝磺、白鉛均爲軍前要物，應由中國官自行採辦，或日本商人奉中國官准買明文，方准進中國通商各口。如有私販，查拏入官，按律懲辦。日本商人亦不得在中國通商各口將中國硝磺、白鉛私運出口，違者將貨入官，仍按本律懲辦。

第二十五款

凡係違禁貨物，如火藥、大小彈子、礮位、大小鳥鎗並一切軍器等類，及中國口外馬匹，有關軍政等物，概應禁止，兩國商人均不准販運進出口。違者，將貨入官，仍各按本律懲辦。

第二十六款

兩國銅錢，除照章轉運別口外，各不准販運出洋。如有商人私販，查拏入官。中國內地食鹽不准日本人販運，日本鹽觔亦不准運入中國售賣。違者，均各按律罰辦。

第二十七款

兩國船隻如到不准通商口岸私作買賣，准該處地方官查拏。在中國即將船貨一併入官，在日本國貨物入官，罰洋銀一千元，仍知照該管理事官存案。

第二十八款

兩國稅則如有僅載進口稅則未載出口稅則者，遇有出口皆應照進口稅則納稅。或有僅載出口稅則未載進口稅則者，遇有進口亦皆照出口稅則納稅。

第二十九款

兩國商船遭風收口，均由該處地方官照料送交理事官安置。或在洋面被刼，亦由該地方官設法嚴緝。起獲贓物送交理事官給還原主。倘未能緝獲贓犯，均各照例處分，不能代償。

第三十款

兩國各口收稅官員，凡有嚴防偷漏之法，隨時察看情形設法辦理。各商皆應遵行。

第三十一款

兩國商民在通商各口，如彼此海關章程嗣後有變通之處，由理事官詳請駐京大臣隨時照會商辦。

第三十二款

兩國現定章程嗣後若彼此皆願重修，應自互換之年起至十年爲限，可先行知照會商酌改。

第三十三款

兩國現定通商章程及海關稅則，應與修好條規一體信守無渝，爲此兩國欽差全權大臣畫押鈐印，即日遵行。

同治拾年辛未柒月　貳拾玖日

明治肆年辛未柒月　貳拾玖日

明治五年十一月十九日

上諭曰：前閱大藏卿伊達宗城適清國議立兩國修好條規通商章程等，所定各條款已予允准，永遠執行，愈敦友誼。着外務大臣副島種臣畫押，俟交換後，將該約內必須遵行各件布告全國府縣大官等一體遵照辦理。欽此。

神武天皇即位紀元二千五百三十三年

明治六年三月九日

外務大臣副島種臣

（清）李鴻章《修英約案（副本）・總理各國事務衙門核覆節略一紙》

去年十二月初八日接准貴大臣論擬節略一紙，再四細讀，具見貴大臣惠愛英商厚益加厚之至意，惟於本爵體卹華商及保護洋商之深意至計尚未盡悉，試言其略。

查前定稅則，洋商運貨入內地銷售，及在內地買貨欲運出口，除納海關正稅外，皆僅納一子稅，即不重征，較之華商逢關納稅合計總數輕重已甚懸殊。加以近年各省設卡抽厘，華商倍形苦累。其厘卡所以不能遽行裁撤者，寔緣前此各省用兵軍餉皆從此出，明知累商不得不然。現在各省雖已平定，惟辦理善後事宜及地方公事仍賴此項。所以然者，前此用兵省分俱蒙我大皇帝軫念民艱，豁免數年錢糧，故至今地丁尚多未開征也。若軍務一律肅清，國帑漸次充足，我大皇帝惠商利民，早將厘捐停止不忍稍累商民矣。此係萬不得已之舉，久爲中外商民所共諒，想亦貴大臣所深悉也。

貴大臣謂兩年以來洋商多有虧損，誠屬寔在情形。如果因地方不按照條約，致令洋商受累，或有多征稅銀等事，一經指出案據本爵查明確係地方違約，必立即飭令償還，斷不准其稍有違背。今推原洋商虧損之故，寔因口岸愈多則用度益費，而中國買賣只有此數，不能頓增數倍。所以從前僅止粵海一口，其時中國收稅甚重關役雜費甚多，而洋商獲利自甚厚。今

則稅項甚輕，雜費俱無，而洋商勢必漸受虧損。所以然者，天下財貨合之則見多，分之則見少，此一定不易之理也。譬如兩人居家，同一進項，此則丁口甚少諸事勤儉，自然日見興旺；彼則食指甚繁，又好鋪張，勢必立見消亡。其理甚淺顯不待智者而後知也。或謂洋商虧累半由內地厘捐所致，以爲洋貨賣與華商，因沿路抽厘成本加重，華商不肯多出買價，遂以厘捐爲碍洋商銷貨之路； 土貨買自華商，因到處抽捐，成本加貴，不肯稍減賣價，遂以厘捐爲碍洋商置貨之路。不知此係商人議論價值時泛常門面語，不足爲據。其寔內地即無厘捐，華商亦欲獨專其利，賣洋貨未必即肯加價，買土貨未必即肯減價。即使土貨肯減價，而各洋行同置此貨即同出此價，亦未必獨獲其利。獨至洋貨，則斷不能增價。所以然者，無論各項洋貨俱不及從前真寔。即仍如從前貨好，亦斷不能暢銷。緣從前洋貨初到中國，人人視爲新奇，多欲重價購覓。今則遍地皆是，人人視爲泛常，必須減價方可售賣。倘再高抬價值，勢必無人販買，所謂物以罕而見珍，此人之恒情，亦中外商人所共知。況貿易之盛衰不在貨物之貴賤，有貴買貴賣而不獲利者，有賤買賤賣而獲大利者，即有賤買賤賣而不獲利者，有貴買貴賣而獲大利者。總之商人置貨成本所關必須科算，與自用不同，斷不能貴買賤賣。即或成本加重，亦仍於價值增高，其寔用物之民暗中喫虧，彼仍有利可圖，是厘卡之設名爲抽自華商寔則捐自華民，於中外商情均無損也。至於華商之生計，寔半爲洋商所奪，何也？商人圖利必趕行情，洋商資本較大稅項較輕又販運甚速，華商資本多半不能如洋商之大，又逢關納稅遇卡抽厘節節阻滯不利遄行。故同一貿易，一則稅輕運速，一則稅重運遲。華商生計安得不暗爲洋商所奪乎。或謂洋商亦多雇覓華民，似於華民生計亦無甚碍，不知我操利權而分潤於人，與人操利權而分潤於我，其勢不可同日而語，其理不待煩言。而解事貴兩面籌思，理宜一律平允。本王大臣去年十月間，准通商大臣曾轉據各關道詳商人紛紛聯名呈稱，竊商人等逐末營生，向不敢干預公事，惟自各口及內地准洋人通商後，商等餬口之計儘爲洋商所佔，現在饑寒交迫苦累不堪，懇請變通辦理，以救億萬生靈。伏查泰西各國通例均只准在海口通商，從無准入內地之事。緣各自主之國均有保護其民財產之權，外人不得入其內地，奪其民利也。中國自准長江通商以來，數千里之地只見洋船來往甚夥，而華船不及十分之三。長江本中國貿易最盛之區，今儘被洋商暗爲佔去，且又准洋商前往內地置貨，是商等各路生意俱爲所佔。況商等逢關納稅本較洋商稅項甚重，加以近年各處抽收厘捐以致愈形困苦。商等雖係愚氓，不明大義，亦知抽厘濟餉爲朝廷爲不得已之舉。自商等祖父以來食毛踐土二百餘年，目覩時艱，自當力圖報效，豈敢遽請裁減。惟聞轉瞬即届修約之期，籲懇大人咨呈總理衙門照會各國駐京大臣，將長江通商及內地置貨等事概行收回以蘇商困。即欲優待洋商，仍准長江貿易。亦請將內地置貨一層商酌刪改，留商等一線之路，救中國無數之人。商等亦知中外方敦和好，不應遽有此請。但素聞各國駐京大臣皆秉公明理，曲體下情。中國既優待洋商各國大臣，亦必不忍苛待華商。況僅止收回內地通商一層，此外不敢多請，亦與泰西各國通例符合，似不爲難也。爲此哀哀上叩，等因前來。本王大臣查該商等呈訴受困緣由，俱係寔情，若不將此事照會貴大臣商改，深恐內地失業貧民急而生變，萬一有如從前粵海情事，無論罪難加衆力難賠償，即治以應得罪名亦於洋商無補，殊非保護遠人之道。然欲徑將此事照會貴大臣商改，又明知貴大臣心存惠愛，方欲設法體卹洋商，而此事又諒非洋商所願，貴大臣自必十分爲難，亦非敦篤友誼之道。況去年我大皇帝遣使赴各國通問，寔欲與各國和好日敦以免稍有不協之處。若本王大臣遽徇衆商之請自我先行商辦此事，是不能仰體兩國愈敦和好諭旨，並彼此厚益加厚之意，尤屬非是。以故遲之數月再四思維，既不肯稍損洋商貿易，又不願使貴大臣過於爲難，只好仍令我華商暫行照舊苦累，將來再行設法將厘卡或減或撤，稍蘇其困而已。此本王大臣體卹華商保護洋商，敦友誼而固邦交之苦心，所日夜籌思而出者也。茲閱貴大臣論擬節略內有條約毋庸修治等語，與本王大臣所見適相吻合。至於欲行商酌五條，其中有尚可通融者，有寔多窒礙者，特分晰條答開列於後。

一、凡有商人欲將洋貨運入內地售賣，於未動身之先，令其在所進之口完納半稅。其經過關卡，無論何項稅餉，一概免征。洋商欲運內地貨出口，內地一切稅餉不能令其完納，俟到所出之口完納半稅。此二款半稅經海關征收，俟至所定之結隨時分解省庫備用。查此條若將凡有商人四字改爲凡有洋商，並俟到所出之口六字改爲俟到最後子口，即可照辦。

一、條約所定之稅則內有貨物十餘種定稅較重，既於貿易有虧，亦於

國帑無益，擬行重新刪改。查此條所稱貨物定税有較重者，然亦有較輕者，尚可彼此商酌增減。

一、凡有洋商將其自有或洋貨或内地貨出入内地者，無論篷槳篙櫓等船以及火輪小河船，准其隨意駕用在内地往來。用船之先在海關報明領票，並出具甘結以防弊端。查此條窒碍甚多，前經照會有案，希再詳細查閱。

一、長江之内自鎮江起至漢口止，由海關揀選碼頭數處，以便洋船在彼停泊並上下貨物。查此條似無益於洋商。若必欲揀選碼頭，應由中國指定。

一、如在海口洋商欲行呈請設立官棧，於貨物納税之前先將貨物送入官棧，俟完税以後將貨物交本商領回亦可准其設立。查此條與洋商頗爲有益，尚可商酌辦理。

以上各條貴大臣欲中國相讓以期中外商民無不獲利，洵屬美意。如果無大妨碍，本王大臣亦甚願一概相讓，以期彼此兩全其美。無如其中有萬難之處，曾經與貴大臣屢次面談，非筆墨所能罄盡，貴大臣久已洞悉。想貴大臣忠恕存心，亦必不肯強人以所難也。陳欽擬。

再查第一條初看似不甚緊要，細思方知其詭譎。將洋商改作商人字樣，則華商販運洋貨，關税厘捐皆歸烏有。將將最後之口改作所出之口，則洋商販運土貨若非出口並無半税可征。是一二字之出入，即爲大局所關係。然彼意在朦混，故我假作糊塗以留面商地步。若遽行揭破，恐彼又別生狡計矣。陳欽又呈。

（清）李鴻章《修英約案（副本）·照録新修條約》 第一款

一、中國允凡與通商各國所定條約章程内有益於各國者，英國商民亦得一體均霑。英國允凡英國商民欲援中國與各國所定條約章程之益一體均霑，即應照中國與各國所定條約章程之款一體遵守。

第二款

一、中國允凡通商各口，英國均可派領事官駐紮。英國允凡英國及英國屬地各口，中國均可派官駐紮。彼此均照待各國官員最優之禮相待。

第三款

一、英國允進口之洋布大呢洋絨之類，於進口時正子兩税一併完納。中國允該進口正子併完之三類洋貨，在通商口岸省分均免重徵。

第四款

一、英國允英商照章領照赴内地置土貨運赴海口，沿途逢關納税遇卡抽厘。中國允此項土貨如係出口運往外國者，一年之内准將沿途所納税厘與子口半税銀數比較其多餘者照數發還。若報明出口復進口多則無庸給還。

第五款

一、英國允香港運來之貨，若寔係中國出產，則與洋貨有別，該貨入内地時須照各項土貨之例逢關納税遇卡抽厘。中國允英商運土貨前往香港，按照往通商各口之例，一體發給出口正税之憑據，俾於復進口時照例完納復進口半税。

第六款

一、英國議開温州口岸通商，中國照允。中國議將前約所載之瓊州口岸作爲罷論，英國亦照允。

第七款

一、中國允英國商船每四個月只征船鈔一次。英國允凡英船進口無論作運貨之船，或作堆棧之船，或作躉船，或自備中國式樣之船，均須按期照例納鈔。

第八款

一、英國允英商船隻出口須報明前往何處，並將出口貨單呈關備驗。中國允倘有英商揑報貨物，應罰之銀総在五百兩内，按情定罰。

第九款

一、英國允凡應辦罰款者，監督或税務司可與領事官會訊。中國允凡貨物應罰入官者，領事官可與監督税務司會訊。又議由兩國會同商定通商律例。

第十款

一、中國允充當引水者均給執照爲憑，英國允凡無照冒充引水者按章懲辦。又允聲明舊約妥速會定約束水手章程。

第十一款

一、中國允凡進口洋貨復行出口回國者，若在三個月之内出口，所領

存票准其持票換領現銀。英國允洋貨進口後於三十六個月限外始行出口者，勿庸發給存票。

第十二款

一、英國允加征進口洋藥稅銀。中國允英商領照入內地，准其自備中國式樣之篷槳篙櫓各船照章前往。又准通商口岸酌量情形設立關棧。又准由九江關監督自備輪船一隻，在鄱陽湖口一帶拖帶英商乘坐中國式樣之船。又准將長江茶葉出口保單一層能否停止先爲試行。又准由南省通商大臣酌定兩三處開採煤觔。又准將南省各口出口土煤減稅。

第十三款

一、英國允加徵出口絲觔稅銀。中國允蕪湖江口作爲通商口岸。又准外國所產糧食於進口後復行出口回國者，免征出口稅銀。又准船廠所用雜物，免征進口稅銀。又准將英商家用雜物、船用雜物再行詳開名目，免征進口稅銀。又准將進口之洋煤鳥糞免稅，進口之時辰表、白胡椒、黑胡椒、馬口鐵、木料均准減稅。

第十四款

一、中國允由通商各關各將本關銀色明定章程。英國允凡英國商民所領入內地各項執照以一年爲期，期滿須繳。

第十五款

一、現修條款有未改舊章者，仍遵舊約辦理。其已改爲新章者，即照新約辦理。

第十六款

一、今將以上增修之條約章程改易稅則各款既定，理應恭俟兩國御筆批准遵行。彼此兩國特派大臣在大清京師會晤，互交現兩國欽差大臣先爲親筆畫押蓋用關防以昭信守照録新修條約善後章程。

現將新修條約再行酌定章程，俾得申明以昭周備。所有後開各章程，兩國官民應與條約一同遵守。爲此兩國大臣蓋印畫押以昭信寔。

第一款

一、進口洋貨，如洋布大呢洋絨等貨，約准進口時正半兩稅一併在關完納，日後欲將前項洋貨運入通商省分售賣，均免重徵。若英商自往，仍須照章請領護照。若雇華人代往，或賣與華商轉運，均不必再請運洋貨入內地執照，即可任便沿途售賣。經過關卡概不重徵。惟該關卡仍須照例查驗，以防有夾帶別貨，販運違禁貨物等弊。又進口洋貨，除前款載明正子並交之三類洋貨外，其別項洋貨進口正稅業經照章完納，若運入內地照舊章完納半稅。請有運洋貨入內地執照者沿途查驗放行，概不重征。若未請有完過半稅執照者，仍逢關納稅遇卡抽厘，華洋商人一律辦理。又華英各商運前款載明正子並交之三類洋貨赴通商省分者，若另帶別項洋貨並無完過半稅執照，其別項洋貨應逢關納稅遇卡抽厘。若無完過半稅執照之別項洋貨經過關卡匿不報明，或攙雜土貨影射，查出均將同類之貨全數入官。又華英各商欲將前款載明正子並交之三類洋貨，於正子並交後運至不通商省分售賣者，應赴海關請領運洋貨入內地之執照，註明指赴何處，途中經過關卡照章查驗概不重徵。倘非照內所開貨物或有多出之貨，均將該貨入官，俟到指定之某處後，其照即作爲廢紙，其貨與各該處土貨無異，應照各該處章程或納稅或抽厘均無不可。

第二款

一、入內地買土貨，或英商自往或雇用華人代往，均須預先照章在海關請領空白報單。其在內地置貨未運到本關以前，沿途所經關卡應與華民一體完納稅厘，由該關卡將所收稅厘數目註寫報單之上，印用戳記，付該商收執。報單內所載之土貨，沿途不得私賣，違即照章罰辦。

又英商自內地運土貨到最後子口，該商應赴該口稅務司處報明遵驗，將報單呈關存查。倘十二個月內原土貨運往外國，香港不在其內。除照納出口正稅外，其應交之半稅准將該貨交過沿途稅厘扣算。少則飭該商補足，多則由該關給還。如報明出口復進口多則無庸給還。

第三款

一、凡洋貨進口完稅後，如欲運往外國，寔係原色原貨亦無拆動抽換，核計該貨進口之日到該貨裝載出口船之日在三十六個月限內，准其照章請領存票以抵該關別稅，船鈔銀不在內。逾限不准。如該洋貨距進口之日在三個月限內即行運往外國者，其所領存票准其赴本關銀號換取現銀，逾限不准。至土貨復進口後再行運往別口，該商請領存票仍照一年限期辦理，逾限不准。

第四款

一、英商出入內地所領各項單照，自給領之日起以十二個月爲限，過期即作爲廢紙。仍應令該商將廢照於所限十二個月後再限一個月呈繳本關核銷，倘逾限不繳即不准其再行請領。

第五款

一、通商口岸如可設立關棧，即由該關監督會同総税務司酌量情形妥議章程辦理。倘有碍難設立之處亦可不設。

第六款

一、九江關監督自備輪船一隻，專在鄱陽湖口一帶拖帶英商乘坐中國式樣之船前赴九江關口。其拖帶經費，該商按照拖帶船隻定例呈繳該關查收。

第七款

一、凡英商請照入內地賣洋貨，或請領報單入內地置土貨，或入內地賣復進口之土貨，均可自備中國樣式篷漿篙櫓之船，照章前往。該商在內地可以暫賃客店或暫租民房堆放貨物，均不得張挂行名招牌。該商領報單入內地所置之土貨，不得即在內地售賣。所租華人店房，如該華人有應完納之各官項，英國不得包庇，該處商民亦不准滋擾。現經刊刻告示，發各省轉交地方官張貼曉諭。至英商自備入內地之中國式樣船隻，均須由税務司發給該船關旂並執照一紙，由監督加蓋印信以憑稽查。其往來內地須張挂該關所給之旂號，遵照該關之專章。如無印照而揑造關旂，或另挂別項洋行旂號，或有照而另挂外國旂號者，即係假冒，均將該船貨一併入官。

第八款

一、南省句容、樂平、雞籠三處產煤處所，由南省通商大臣查看該處情形自行派員試辦。其應否僱用洋人幫工及租買機器，一切悉憑通商大臣主政，挖出之煤華洋商人均可買用。

第九款

一、英商家用雜物、船用雜物從前條約本有載明免税各件，今再將該英商家用船用雜物由総税務司分別開明附後以免牽混。若運入內地售賣，仍照舊章完納税餉。

計開

第十款

一、英商船廠所用雜物寔係修理船隻者，進口時查驗確寔，准其免税。若製造新船，仍將該新船照值百抽五例完税。至開船廠者，必先赴關領照，並具保結。結內所註明各節悉由該關議酌辦。至應行免税之物，由總税務司核定名目以免牽混。

計開

（清）李鴻章《修英約案（副本）・録新聞譯載英商公稟》 英商再覆尚書稟云，接到貴部答我商人論及更換和約之劄內云，英商見所立和約甚不滿意，而朝廷不以爲怪。茲衆商已將朝廷大意伏繹，又恪遵貴部之命，聯函再論此事云。

一、朝廷論和約第一款之意與我商人合，故議著中國或刪或改，我商人聞之甚爲喜悅。自我商等奉稟之後，聞香港商人聚會謂罷開瓊州港口一款，甚不合宜。而欽差阿禮閣謂待回國將此意奏知朝廷然後再爲商議，與中國朝廷會議再開。我商等備聞此説亦甚如願，則此和約必寄往北京會議，或添或改方能定立。故今求朝廷將我商等所論再次尋繹，節取其長，將有益之款添入，有礙之款刪除，勿辜負從前和約所得之好處也。

二、論及中國加增出口絲税一款，在貴部則謂所加增者不過將《天津和約》税項較平，所以朝廷不能相拒，是貴部之意謂照《天津和約》中國宜於絲項出口照價徵五釐之税，因今照舊徵收則絲税太輕，非向日立約本意，故准中國更換加增絲税也。我商等深服貴部辯論，但前和約所謂照五折徵税者，非獨指絲一項而言，各貨均如是也。我商等之意則以爲中外兩朝廷，如各擇一出口之貨加增税項以爲己利者，則顯屬非公平矣。如云將税則較平，則各貨均宜較平。如前稟所云茶税即應一例照式大爲減少，以今茶價而論所徵之税，不獨五釐已增至一分二釐半矣。若謂絲價昂貴照舊徵税，中國歉於所應得者十四萬磅，今則茶價甚平照舊徵税，中國過於所得者五十萬磅矣。故我商等謂該欽差准此一款，是有乖附託保護本國貿易之任也。

三、照貴部所答我等所云內地絲税一款，我等謂立定一實税則，以免沿途徵收非有傷於敵體也。如貴部以法國而説，在我等則以爲若英國朝廷與法國朝廷商議立定一實若干之税則，可以免沿途浮收。即如在中國入口先納此税斯在十分公平也。如地方官員再行徵收，則此十分不合矣。至云

及領牌一款，在貴部則以中國販絲者領牌與前者英國販茶者領牌爲比。然在英國業茶之家，每年領牌只費十一個司令零六個半邊呢，在中國領牌則論賣貨之多寡爲抽。如南潯絲客每年或賣百包或千包，則每年應納五百磅或五千磅矣。此乃中國官員見我等既免內地之税，故生此領牌之法也。故不得謂此款可助其准行，蓋此顯係無信實華人一見無益必□法以暗背和約也。

四、所云內地之半税，在我等則謂此款大有害於英人之在中國貿易者，在貴部及本國欽差則謂我等商人錯會《天津和約》第二十八款爲英人貨物一納半税，入內地沿途俱可免税。在我等再次尋思此款，確係一納半税既有執照，沿途俱可免抽矣。蓋和約云內地出口貨遇頭一卡納税，入口遇頭一港納税，納畢則出執照，故所至內地皆不用納税。前者立《天津和約》欽差大臣額爾金致書於當時總理衙門則云，今達上和約一紙，其和約第二十八款云出入口貨照正税復納半税後俱可免税。在該欽差曾云，我國貿易興隆皆重賴此款云云。以此而説所納半税即係內地浮收各税，即在該欽差之意亦以爲納此半税即頂替內地各税。今朝廷之意實於此最緊要之款不符，故我商等意見極有未明也。

五、《天津和約》立此半税原由人納與不納，今則成例必納，且分有通商無通商省分矣。現今在通商省分則不用執照，且既納此項以後不用再納此前《天津和約》所定者也。今竟有所經縣分仍用再納者，故商等甚不滿意。茲貴部來函不獨不能除去商等之不滿意，且將成實商等之不滿意也。今此税項顯屬地方官，貴部前云中國即欲力行此款，亦有所不□即中國能守，英國朝廷亦不欲中國力行此款。今我等納了許多税項仍未見得回少許利益，又何以謂之利益哉？今求再設一法，務可令中國遵守。前者中國已經失信，吾國駐劄中國官員無不知之。而朝廷云中國不久自能踐信，著令中國官員不行浮收，此論亦甚無憑據。

六、論及無通商省分，則新和約於貿易大爲有礙，蓋不獨到頭一卡納税即沿途步步亦當納也。今若依新和約，則我等貨物到中國竟有中國一半地方係任地方官浮收者，是從前所得有益之款盡歸烏有。故我等終不能易此論也。蓋照新和約內字意，顯係我英國貨物一任中國官員立意加抽矣。歷任駐紮中國欽差及阿禮閣皆云浮收之款乃第一要緊之事，故我等主意亦力陳此款之不合也。緣此新和約實乃未經參訂漫議立者，豈知我國疋頭貿易一經失足，則無復有著足處矣。

七、領事於香港一款，貴部云此款乃中國要事，因香港乃通商港口也，我等十分未明何以將香港謂之通商港口。香港乃英國屬地，乃無納税之港，故我等悉依前稟之意，謂准此款與中國即極無智慧，蓋非但不能使兩國友愛，且招搖香港居民以啓争端也。雖有由內地走私漏税入內地者，然亦由華官不能覺察所致，萬不意貴部竟云中國應立領事官於港以司理税務也。

八、不准入內地居住及不准輪船入內地，貴部於此二款竟不題及，是亦極無智慧，且使吾等失色。中國人甚喜輪船，蓋喜其附貨搭客快便。若不准此款，則是阻滯貿易，不宜載入和約也。

九、貴部云和約諸款，若有試用不合，則朝廷將爲隨時更換。但貴部須知出入口貨物每年所與中國税項過於舊時者六十萬磅零，半税二十萬磅不在此內也。若日後方行議改，中意似爲有意損刻於彼必力行相拒矣。

十、貴部云中外人心不同，西人在中國貿易而亦有悦此和約者。然在中國各處及香港上海商人聚會謂此新和約不合，貴部亦已知之矣。且並我等具稟之人亦無一人謂此和約相宜者也。

十一、求貴部不可將此和約遽爲准立，俟徐爲參訂，務求英國與中國互相有益之款方可妥立也。

（清）李鴻章《修英約案（副本）・録新聞英商請派使臣來華察看稟》

英國與中國交好非别國可比，蓋其所重者在貿易也。英國貿易之款乃富強所從出也，爲國本之所繫焉。其貿易之項如疋頭、鴉片等動以百千萬計，稍有滯機，則其出口生業日蹙，入口税項日絀。英國著意籌算者，必以是爲首務也。現英國商人及織造人等聯稟下議院，欲請立一大員來中國查察兩國交好有無缺陷之款。其稟曰：我國今與中國交好，即與地球上人數三停之一交接，其事甚重，允當抒誠款洽。本國與中國所立和約於一千八百七十年已到更換之期矣，本國駐札中國欽差，前經與中國大員妥議就一約，後緣本國商人及在中國商人於此約力爲訾議，故朝廷不允此約也。觀於此約及凡與中國交涉之事，所有在中國各港商人傳教人，並我輩所聞領事官等，皆與駐札北京欽差意見不合也。前兩三年屢在臺灣治府、

汕頭、楊州、天津往往鬧事，攻擊西人性命物產，以致今日西商各懷疑意，常恐有再行鬧事之舉。今吾等屢行奮勉，加廣與中國貿易，減輕中國物產之税。然以中國民數之衆，地方之廣，貿易之盛，地寳之多，而論則吾國出口疋頭物產生理固覺其少也。現在本國官員商人傳教人等，多有遍歷華夏者，其所知事款多屬有益於朝廷，可資採訪。今欲與中國交好貿易有加無已，故擬請貴議院揀選人員查察中國交好貿易之款。一、查北京欽使果有益於英商否，並每年宜使欽差移住各港辦理通商交涉事務否。二、宜否請中國皇帝以與國之禮數接納我國欽差，以免中國虚誣者謂吾國係其陪臣屬土。三、查自辛酉年以後所生之事，係因本國朝廷凡事以中國朝廷爲主，以致生事否。並查攻擊西人係屬大凡，抑係獨屬一等人也。四、查凡有背約毁壞物產，一經訴知中國朝廷有如何賠補。並查威林臣被殺之案，曾捉獲兇手置之典刑否。如其未獲，則並查曾經稟請中國朝廷嚴行緝捕否。五、查上海麥領事所辦楊州之事可能妥貼，並經辦之後該處人心如何。及查臺灣領事劫臣所辦之事如何結局，並因何斥革該領事之職。六、查現以忍耐相待中國，凡英商之在中國者，其因事稟訴較前增減何如。七、查英國朝廷是否命英國使臣勿勸中國用西人機器技藝，並有掣肘西人少與中國往來。八、查中國曾否依約將船鈔之項修整河道以便船隻往來。九、查華人是否有意不欲與西人交易。十、查中國所植出鴉片幾何，及有礙印度鴉片生意，並查鴉片税餉幾何。十一、查中國朝廷有否謂英商背約該款，若有則並查其後來如何結局。十二、查傳教人有礙本國與中國貿易交好否。十三、查本國總理外國事務衙門並使臣所辦中國事務確妥當否，並有格外留心於領事信息，及别樣有益於交好事務信否。十四、查可設一大員親赴中國考究中外交涉事務，將其意見奏復朝廷否。伏願貴院揀選人員查察本國與中國交好貿易之款，俾中外交好如礪山帶河云。

（清）李鴻章《修英約案（副本）・請調九江道辦理修約擬底》 查英國修約一事，本衙門久知難以妥協，是以先期請旨，飭下督撫大臣各抒所見，集思廣益。復因各關情形不能盡悉，奏調南北洋委員來京幫同辦理，迨七年冬間復奏請飭在京王大臣公同會議。誠以事關重大，本衙門不敢稍存意見率行定議。嗣往返辯論相持二年之久，始議定新約若干款。亦知其中不無流弊，故一切詳細辦法本衙門不敢遽定，函知外間預爲籌畫，以期於新修約内不致牽混愈滋弊竇。今九江關景道逐款指駁侃侃不撓，洵爲膽識兼優，有如此才定可挽回時事，深恨本衙門失於物色。貴撫亦不及早薦舉也。該道以國計民生引爲己任，迥異乎俗吏之所爲。本衙門寔深紉佩閱來文，使蚩蚩之氓睊睊作慝，亦復何顔等語，尤愧見不及此，汗顔無地。欲剖白一二則近於文過飾非，欲不復置辯又恐將來外間誤會新約不善辦理。致如來文所云，數百萬餉銀盡消磨於子税之中，並奪民生計使之激變，將不崇朝等語，則是本衙門職爲厲階，不敢當此重咎，再四思維無計可施。兹幸新約雖定，該國屢次新聞紙俱稱洋商求其國主不行批准等情，難保該國不徇所請，將來勢必更有一番舌戰尚可藉此補救。惟本衙門現苦無人諮詢，又未便再調前次修約委員，該道抱負非凡正宜及時自效，上紓宵旰之憂下慰閭閻之望。爲此諄懇貴撫揀員暫署九江關篆務札飭該道來本衙門相助爲理，寔爲生民之大幸。諒貴撫相知有素，必能代操左券，該道志存匡濟，亦必不托故推諉。不日該國即有回文，該道必須刻即北上。將來如辦理妥善，本衙門必奏請優加懋賞，否亦不加譴責，仍令回任。本衙門具有天良既不能自行辦理妥善，有人能挽回補救寔所深願，斷不聽淺見小人從旁掣肘，致該道不得盡其才。此層斷可無慮。惟近世有一等人只圖一己名利，不顧國家緩急，私橐稍有不利便假託正論簧鼓愚民，壹若胸藏奇策恨不見用，故作旁觀歎息以抒積忿者。迨局中爲將伯之呼，則又心畏其難，亟思引退，反藉口當局之汲引誣爲傾陷，以遂其自便之私。似此懷詐釣名，殊非朝廷臣子，想該道必深唾罵不以人齒之矣。

（清）李鴻章《修英約案（副本）・新修税則》 進口

珠邊時辰表每對仍照舊則征銀四兩五錢。

時辰表金者每對征銀一兩，銀者每對征銀五錢。

白胡椒每百斤減爲四錢。

黑胡椒每百斤減爲二錢。

馬口鐵每百斤減爲二錢。

外國所產粮食進口後復運往他處，免其納税，但須照章領單，不准私自起下。

洋煤、鳥糞並各項免税之物一體領單，不准私自起下。

木料准其酌減税銀，俟派員前往上海，妥議核辦。

洋藥仍照舊定專條辦理，惟進口税每百斤改征税銀五十兩。

出口

湖絲土絲各種絲經每百斤改征稅銀二十兩。

四川黄絲每百斤改征稅銀十兩。

土煤除天津登州牛莊三口仍照前定稅則納稅外，其餘通商各口每百斤減爲五厘。

（清）李鴻章《修英約案（副本）・照録給英使阿禮國照會同治八年九月十九日互換》 爲照會事，案查增修條約第十六款內載，恭俟兩國御筆批准遵行，特派大臣在大清京師會晤互交等語。現在兩國大臣已先爲親筆畫押，所有日後在京互交應行開辦之時，原應即遵辦理。惟事關通商大局，仍應先行議明，除兩國彼此互相情願照辦各條外，其餘各條均俟有約各國將凡得其益則守其章一節允准後再爲照辦施行。現在彼此又允各將此次增修條約知會有約各國一體照行，以免開辦無期之虞，而防一事兩歧之患。至第三條所拟洋貨三類正子兩稅，並交通商省分概不重征一節，現經訂明，將牛莊一口暫時不載此例之內，俟日後再議，方可一律辦理。至第六、第十三兩條內載將温州、蕪湖兩口作爲通商口岸一節，現經訂明俟日後開辦後方准英商來往居住。其取益防損各節，均照其餘各通商口岸無異。至第十款引水各節，現經訂明，凡屬中國海面、江面，中國有自主之權。有例行各事者，並通商口岸所訂附近水面之章程，由英國曉示英商、英船一體恪守。則中國將沿海沿江口岸應行辦理之明燈、望樓、塔表、浮樁，並差派巡役及防護水路各節，皆爲陸續在於船鈔項下撥用經費辦理，均由總稅務司將各節所用銀數附載稅册，以便共見共聞。除由兩國大臣將增修條約畫押蓋印外，合將另議訂明各節同日照會貴大臣存案備查施行可也。

（清）李鴻章《修英約案（副本）・照録給法美俄布日國公使照會同治八年九月日發》 爲照會事，案查咸豐八年五月間所定英國條約內載，此次新定稅則並通商各款，日後彼此再欲重修，以十年爲限，期滿於六個月之前先行知照，酌量更改各等語。今英國阿大臣於同治六年十二月備具修約節略請會商酌改，經本衙門逐款商酌，計自同治六年十二月初八日起至同治八年九月十九日，彼此議定新修條約十六款、章程十款、稅則十餘條，於九月十九日彼此畫押蓋印在案。除俟將詳細條約章程稅則隨後知照外，合將英國修約彼此畫押蓋印緣由先行知照貴大臣查照可也。須至照會者。

（清）李鴻章《修英約案（副本）・代擬總署奏預籌英約善後事宜摺稿》 奏爲預籌英約善後事宜，恭摺仰祈聖鑒事。同治八年九月十九日，臣衙門具奏辦理英國修約事宜，現已定議一摺，並照録條款章程稅則恭呈御覽。是日臣等即與英國使臣阿禮國在署先行公同畫押蓋用關防，並將日後如何開辦及另議各節，彼此互相照會，以爲憑據。阿禮國即不日出京回國矣。伏查從前各國條約所最難措手者，惟中國如有恩施利益各國一體均霑等語。數年來遇事互相牽引，十分掣肘。此次修約爲各國倡始，若不將此節辨明予以限制，則一國利益各國均霑，此國章程彼國不守，其弊曷可勝言。因督飭派辦章京設法與之辨論，將彼此所允逐款配匀明示各國，以欲得此款之益即當遵此款之章，不得仍前只揀利益藉口均霑。其間如第一、第二、第七、第八、第九、第十四各款，中國所允或係舊約本有，或係向來辦法，並非新允之事，不過重言申明，藉示均平之義。獨於第十二、十三洋藥絲斤加稅兩款下將中國現允各條層層開列，蓋以各國通商志在謀利，必加稅以難之，使知外國若有要求中國即增稅項，庶可杜將來洋商覬覦之心。其實現允各條久爲各國所力爭，不允不休。即不加稅勢亦難再阻止，非真欲以彼易此也。昨據上海咨送新聞紙內稱，各洋商會議以洋藥湖絲加稅太重，欲求該國君主作主等語。是此二款將來能否遵照尚未可知。如果該國不肯照行，則中國所允亦不開辦更爲有辭。第此係洋商私自議論，該國未必聽從。況新約互換並無限期，所有應辦一切事宜自當預爲籌畫，以期周密。現由臣衙門將善後辦法粗舉大概，函致南北通商大臣，悉心妥籌，俾其早爲佈置以免臨時周章。至進口大宗洋貨，正子併交，新章亦於稅項不無裨益。第恐洋商勾串華商，將此項洋貨冒名華商私行運進不通商各口，則正子一併偷漏，殊於帑項有礙。相應請旨，飭下户部，將如何防範之處預行妥定章程，俟新約開辦時，通行知照各口地方官一體遵照方爲妥善。其將來洋藥湖絲所加稅銀，亦應請飭户部另款存儲，以備不時之需。無論內外何項，概不得奏請動撥，庶積久可成巨款矣。謹照録互換照會恭呈御覽，所有預籌英約善後事宜緣由，理合繕摺具陳。伏乞皇太后、皇上聖鑒。謹奏。

（清）李鴻章《修英約案（副本）・照録新聞紙三月中旬》 英國做

中國生意商人爲華英新修條約具稟本國通商大臣，將稟內計開二十款，本館録出以達和好。

第一款、本國有生意在中國各商奉令齊集酌議新約事務，今將《天津和約》新修各款逐一研究，並各人意見所及之處一併呈覽。

第二款、查一千八百五十八年及一千八百六十年後附條款載明，每十年後税則及通商條款應擬重修云云。此等條款原爲日後生意開展門路通暢，設有未便可以更正，是以駐京公使於未届修約之前，查探住中國英商各人意見，倘有未妥以期更易。嗣各口英商各將此十年以來閲歷見識詳細稟覆，滿擬公使必能更易妥善，豈料並無着落。所修各款較《天津和約》尚欠妥妙，如不趕緊辦妥，商等意見，寧可全依舊約不必修換。又思將確寔道理指明，國家必能采擇，故於洋今年正月十三日齊集酌議，繕就各款呈請核奪。

第三款、所修新約中國已有些利益恩典英國，商等敢不拜嘉。但此等恩典中國寔以微利换本國厚利，故不能不逐款核其輕重厚薄，務知恩典之益如何限止。

第四款、所擬蕪湖、温州兩口名爲新增兩口，卻以海南對易，究寔只得一口。將來貿易衰旺未可預卜，如果興旺，中外共之，豈英國獨享其利。惟英商前在各通商口買地業已喫虧，今新開口子，人人猶以前車之鑒未必遽往置買地基。兼之中國絲茶兩産亦非一定要到新口銷售，而英國土産恐此兩處銷售仍不及就近之寧波、九江。若因此添設領事公館及一切經費，更覺難以彌補。

第五款、中國向以洋人到一處通商，無論生意好否就算多得一處之益。若公使以理相商，更令生意不得流通。查通商後附章程第七款正是此意。試思我國多得一口通商，在國家務須設領事官及公館一切經費，在商人必須買地起造房屋行棧，先用許多重本。而中國且欲限定地界，洋人勢必受勒買貴價之苦。若果生意好固不必説，否則家業變賣又受勒賣賤價之苦。此各通商口一樣弊端，最好中國准英商隨處經商無所拘禁，商人便可打算生意做到某處始到某處租中國人房屋，似此可省許多所費，更兼中國免設海關，英國免設領事，遇有交涉事件就附近之海關領事辦理。中國果係好意相待事必好辦，設立章程亦較容易。

第六款、所擬設官棧房一事，想洋商未必人人要辦，大約要望設官棧之人係以商人棧房照官棧一樣辦法方有商人寄放貨物。若官棧統歸中國官設立，是商人既要完官棧租錢，自己棧房卻又空着，想商人未必願意遵辦。又保險行亦不肯保官棧，中國准此一事以有利可取，所以樂得答應。

第七款、其餘所得之益無須逐一計明，惟其中仍有不妥處。如一向原准英屬乘中國船時常入内地，《天津和約》第九款准英屬執護照在内地游歷及貿易，並准僱人僱船。又第十二款准在各口子及别處買地皮起造房屋、棧房、禮拜堂、塚地等事。又第十四款准無論何處均可僱船僱夫。今新條款卻禁止輪船並不准用本國旗號，且限租房屋棧房，只許短期。又加至洋商在内地不能設招牌及行名。又造船物料，《天津和約》本載定進口免税，今卻分别限以修船之料免税。如此設立，將來必致難以分辯。至所擬減税各貨，如時辰鏢胡椒水頭等，此即減税每年不過三千五百磅銀，又洋煤所免之税，每年不過三千二百磅銀，合共所減不過六千七百磅銀而已。惟中國煤准開卻有益處，但未卜係頂好煤與否。洋米《天津和約》本係進口免税，今擬如欲再出口免税。此明係贅論，進口既免税，何必再提明出口免税。想從前洋米出口税不知被海關收去多少。

第八款、所查新條款如上各款即以爲係英商之益，今再將本國喫虧各款試爲比較。

第九款、洋藥加税每年約該銀四十萬磅，此項原係英屬印度土産姑且勿論。試言中國出口大宗土産，如湖絲一貨，向來每擔税銀十兩，自内地運至口子，每擔捐銀五兩，合共每擔捐銀十五兩，照算每一磅絲約該英國銀九别立。今税捐擬至加倍，是每磅絲該英國銀一式令六别立，商人何以能堪？此絲原係生貨並未成就物件，如此加税寔不值得。數年前有一次湖絲出産稀罕，價極昂貴，歐洲凡業絲者莫不喫虧。況今加税加捐，其價不更貴乎。據稱湖絲所以加税，緣從前之税尚不滿每百抽五之例。但現在絲價本貴，再加税寔喫不住。從前絲價便宜，税定十兩，已近每百抽五之例。況刻下歐洲絲蠶損傷，如不損傷絲價自然復照從前，猶可謂從前所定之税太輕，應該加增。然執是説也，茶葉之税已經太多，以現在之價按算每百將近十二分五。若秉公論，自應擬減。查現在中國税務，湖絲每擔加銀十兩，每年共加銀十四萬磅，内地子口捐每年加銀七萬磅，是湖絲一件

中國每年加收銀二十一萬磅，英國則喫虧銀二十一萬磅。

第十款、以上所論但論新舊條款加湖絲之税，若論湖絲之內地捐寔多過税則。前數年費士來税務司，報湖絲自內地運到□□，每綑計子口捐銀多至三十餘兩，核算每擔捐銀三十□兩五錢。當時洋商設法避此重税，因向海關領子口免捐單，每擔該費用銀五兩。地方官知洋商避捐，然莫若之何，復設法捐絲業華商。其法凡業絲華商應領給牙釐牌，每綑絲該納牙釐捐二十六圓，又每綑土絲經華商之手該納牙釐捐二十六圓，似此何以堪得。然洋商一向生意被中國官捐去大都如此。故上海洋商局嘗云，譬如英國捐英商之法國酒，以爲只捐本國酒商並非捐及法國。又如法國捐做英國布生意之法國商，以爲只捐法國人並非捐英國布。此等道理争説得去。

第十一款、本國商民極要緊生意，係條款內載明棉毛麻等貨，凡入中國必須完清税則正款及子口釐捐，不得如前只完税則，要入內地始完子口釐捐。如此層業已先完子口捐，倘可隨便通至十八省，是於商人大有方便之處，理應感激。但其中曲折太多，又無的確憑據，恐在通商口分之內就難保無加捐阻滯之弊。

第十二款、新條款只載進口貨完過子口捐，可免執護照進通商省分免捐。但通商章程內載，如此等出通商省分則由地方官收捐。查新約所定，中國通商省分連蕪湖在內計共九省，其餘九省英國之貨不能任意前往。照前《天津和約》第二十八款內載，如英國貨物要入內地只須先完每百抽二分半之例，似此執有憑據，內地可隨便進去免用加捐。今新條款正與舊條款相反，查舊條款，地方官每致失約，致令英商不能執得准定最好，我英國只須遵舊條款，請中國恪守不違，何必容其違背。

第十三款、凡洋商運貨至中國，於進口時先完子口捐，雖是通商省分亦難保無加捐之事。商人等自此十年以來身親閲歷，是以不能不慮。查中國內地市鎮全靠黄河揚子江兩水道，及各支河統討。其地之廣約有五十萬方邁，人民多至萬萬之數。從前英國藝產只算在中國邊界銷售而已，內地人民因洋貨貴價又兼重捐皆不得用。商人只望中國內地拘禁稍鬆，洋貨自可遍至發售。又中國官捐此洋貨之例，並非京城作主，皆省分大員及地方官任意設立，全無一定之例，其爲商人之害甚矣。欲去此害，是以《天津和約》設有第二十八之款，所有不能照行者計有三事：一、通商口完過子口捐，而內地子口仍要加捐。一、凡洋貨經過華人之手免捐單就不肯給發。一、輪船進內地前有洋商由輪船進去，生意甚屬得手，旋被中國官禁阻。現新定進口之洋貨，每百先完二分半，名則裁免內地捐，寔則無確據。上海洋商局當經稟公使謂加此二分半明明被中國佔便宜，而英商所費更重。此意見本國商人亦大略相同。今幸國家查訪商人意見，故膽敢直陳一切不妥之處。細思中國前已違約，難道不可再違。即使果欲裁去內地捐，而各省大員亦必堅執不從。緣各省大員專靠此項捐款出息，而所得俸禄甚薄故也。若國家能請到中國皇上具保，斷無違此免捐條款商人自應遵照。然中國一向專在紙上空答應商人，所以視今約未必勝於前約。

第十四款、前論商人先完子口捐，欲中國貨物可流通內地，又恐不免所費更重。查中國以前有等省分捐款甚輕，若天津各處，雖近都城，貨捐甚輕。今有新約先完二分半子口捐，天津能不照樣舉行。又盛京向來無捐，今中國皇上雖恩典二分半之例，牛莊無須照辦。然細思並無確據，能保永遠不照辦否？查加二分半子口捐，每年中國便加收銀十七萬磅。總而言之，照此新約我英國每年只省銀六千七百磅，而不知喫虧銀七十九萬磅矣。即除去洋約之款，尚須喫虧三十八萬磅。此照新約而英商無益之明証也。

第十五款、所擬船鈔一事原無關緊要，新約所收不過加收頓船棧船之鈔而已，所嫌者每年須完三次。如係五百噸之船隻，每年應完二百磅銀，亦不爲輕。

第十六款、所擬商人漏税一事，第九條款內載明，監督或税務司會同領事審辦。查監督與領事同品固無可議，若税務司品級不及領事，又係洋人，而寔無本國王家封賞官職，以英屬之事歸其辦理殊未得體。但新例較舊例好些，舊例只有監督自辦，今雖好卻只能會審不能判斷。充公一事此事極關緊要，若照此辦理，亦有些不便。

第十七款、新章第十一款內，存票一事准洋人取領現銀，不似從前扣抵可稱甚便。如限於進口三個月爲期，未免太促。然既答應至三年，又何妨不拘時候皆得取領更□。

第十八款、所擬准中國派領事，此不過兩國和好照公往來而已。但中國若照行，恐大有不便。中國所欲派領事者，不過爲有華人居地方，如香

港、新加坡、新金山及格耳達等處，在英屬地官員未肯受中國領事任意施爲。即如香港英官，但聞中國有派領事風聲已經十分着急，恐將來事多掣肘。其寔中國領事來住香港或英屬別地，眼見華人未受保護之益，先受刻剥之苦。因該華人雖居住英屬地而各有室家在中國，中國領事便有把握。若派住香港，不過爲查辦華商漏税，只望英官先與中國領事説明不得多管別事可矣。若由其照條約而行香港生意大受其害。

第十九款、結局一層大要事係擬此新修條約，須候各國一律批准，方能舉行。細查凡有一國所得利益別國皆得均沾，所以每逢設立或修新約，太西各國務必將洋生意漸漸在中國開展流通。今英國因得有些小利益，就要去了穩定之例，因此自爲之事務要由別國答應，但修約之人寔錯了主意，此次英國所修條款皆係英國自主，下次別國所修之約自然由別國自主。如該別國素與英國不甚相善，而湖絲生理諸國卻大有關係，茶葉生意彼卻無涉。當着該國與中國商酌，全免去湖絲之税，將茶葉之税增至加倍，該國自然得其免税之絲。倘英國欲跟其免税，中國人必争曰新約第一款載明爾欲跟絲免税應跟茶葉加倍，俺若不跟那時湖絲生意全被該國奪去。又如該別國在中國無生意可做，只欲在中國有些體面威勢，該國公然與中國立約，約中請准陛見中國皇上一事，卻將入内地入長江等事删去。我英國内地長江生意甚大，安能跟該國删去？將欲不跟，又恐不能得其利益。且該國與中國和睦揚揚得意，我國那時就失威風了。再如中國大員隨便邀一小國先與立約，卻將凡於洋人有益之事盡數裁去，又以無甚益於該小國之事與之，那時我國安能受人如此擺布。所以認真起來，爲此項事日後不獨與中國不睦，且與太西別國更加不妙。

第二十款、商人所論之事，寔見得英國所得不如所失。英國與中國通商非止一日，凡事皆爲各國之首，並未自顧得利，尚且與別國同沾。今乃以從前明明有得之益，致令失去，大爲可惜。若堅執勿失即與人同沾，豈不更妙？以前一切議論敢請王家主政之人加意三思。如欲面商，請訂日期，届期自應趨侍左右恭聽至諭。萬一各事均不能更張，即照天津舊條約而行，惟力請中國信守，更覺妥妙。

查此次修約，英使送來多款乃係彼欲要求利益，初非我欲藉此挽回，力拒其請既不能，竟允其請又不可，則新約固不得不與之定。顧使其定則易，使其廢則難。使其定而仍廢，而彼當日又不能不與我定則尤難。今觀英商此禀，竟將我處用意和盤托出爲之一讀一擊節，不料中國官尚嘵嘵眥議，抑何其見不逮洋人也噫。子敬記。

《洋務檔案》卷一—三《比利時國條約四款》　大清大皇帝、大比利時國大君主永結和好，因比利時國向在中華廣州海口通商，道光二十五年又經前兩廣總督耆、前廣東巡撫程、前粤海關監督文奏准頒發五口貿易章程一體通商在案，是以現在可立條約，永遠信守，從此友誼更加敦睦。今大清大皇帝欽差頭品頂戴辦理通商事務便宜行事全權大臣薛、比利時國大君主欽差男爵便宜行事全權大臣包，將奉便宜行事全權大臣之大清國上諭、比國上諭，互相較閲，俱屬妥當，現在會商條約開列於左。

第一款

一、通商各口必須由比（時）〔利〕時本國派委領事官住紮，或托有約各國住紮該口之領事官代管，會同中國地方官辦事。如該口無比利時國領事官及代管之領事官，則比利時國商民未便前往貿易。其領事官不得以商人充當。

第二款

一、通商各口必須由比利時本國派委領事官住紮。

第二款

一、比利時國商民應准在中國通商各口照有約各國一體貿易。

第三款

一、比利時國商民前來中國通商各口貿易，其應完税鈔與商民違約示罰，及查辦人犯欠債各情，均照有和約各國章程辦理。

第四款

一、本約立定後俟御筆批准蓋用國寶，定於十八個月期内大清國大臣、比國大臣在上海互换，永遠遵守。

御批覽　六月二十三日

《洋務檔案》卷一—三《議定西洋國通商條款》　第一款

大清國大皇帝、西洋國大君主及兩國商民照舊永遠敦篤友誼，兩國商民人等彼此僑居皆全獲保身家。

第二款

一、從前大清國與大洋國來往交涉所有前廣東之澳門彼此執政商辦各事，無論何時何處，或刻或寫或兩面口訂之規例，現在既已新定和約章程，由兩國便宜行事全權大臣公同妥定畫押鈐印，將來此爲憑，彼此均應遵照新章辦理。

第三款

一、大西洋國總督澳門大臣均是大君主欽差使臣，如有緊要事件可以隨時進大清國京師，每年不過一次。除現在大清國大皇帝允准各國欽差住京外，若嗣後再有另准秉權大臣長住京師，大西洋國公使若遇方便亦可照行。

第四款

將來兩國所派秉權大臣於君主彼此無不按照情理相待，所有身家公所及各往來書信公文等件全皆不得強動。

第五款

兩國公使所有費用各由本國自備。大清國大皇帝願派欽差進大西洋國里斯玻亞京師僑居，無不各按品級以禮相待，照西洋各國所派欽差無異。

第六款

大西洋國官員有公文照會大清國官員，均用大西洋國樣書寫，並繙譯大清國字樣連配送。至於此次所定各款章程，亦應漢繙字同寫，公同較對無訛，各以其國字爲憑。

第七款

將來兩國官員辦公人等，因公往來，各隨名位高下准用平行之理。大西洋國大憲與大清國無論京外大憲，公文往來俱用照會。大西洋國二等官員與大清國省中大憲公文往來用申陳。大清國大憲用扎行兩國平等官員照相並之札。其商人及無爵者，彼此赴訴俱用稟呈。大西國人每有赴訴地方官，其稟函皆由領事官轉遞。領事官即將稟內情詞查核適理妥當隨即轉遞，否則更正，或即發還。大清國人有稟赴，領事官亦先投地方一體辦理。

第八款

一、大西洋國大君主仍憑設等官在中國通商之各口地方辦理商人貿易事務，並稽查遵照章程。中國地方官於該領事等官均應以禮接待，文移來往均用平行。凡領事官署領事官與道員同品，副領事官署副領事及繙譯官與知府同品。其權職均與別大國領事等官無異。至所派之員必須西洋真正職官，不得派商人作領事官，一面又兼貿易。但不拘各口西國若未便設立領正領事官，暫令別國領事官料理，大清國亦聽其便。

第九款

一、大清國大皇帝、大西洋國大君主願照彼此和好之誼定例，凡兩國民人無論中國西國，每處每事永遠皆友睦之國相待。大西洋國大君主現即諭令澳門官員實心出力幫同防備該處，或有損害大清國各種情弊，必須時時加意籌辦。仍由大清國大皇帝任憑，仍設立官員駐紮澳門辦理通商貿易務，並稽查遵守章程。但此等官員應係或旂或漢四五品人員，其職任事權得以自由之處，均與法英美諸國領事等官住紮澳門香港等處各員辦理自己公務、懸掛本國旂號無異。

第十款

廣州、潮州汕頭、厦門、福州、寧波、上海、天津、牛莊、鎮江揚子江、九江、漢口、瓊州海南、台灣、登州、淡水各等口地方大西洋國商民家眷等，皆准居住來往貿易工作平安無碍船貨隨時往來常川不輟。

第十一款

一、大西洋國商民任便覓致諸色華庶勸執分工藝，大清國官毫無限制禁阻。

第十二款

大西洋國商人運貨赴各處通商貿易單照等件，均照各國章程由各關監督發給。其並不攜帶貨物之民人專爲持住內地游歷執照，領事官發給，由地方官蓋印。經過地方如飭交出執照，應可隨時呈驗無訛放行。雇船人裝運行李貨物不得攔阻，如其無照其中或有訛誤，以及有不法情事，就近送交領事官懲辦，沿途止可拘禁不可淩虐。如通商各口有出外游玩者，地在百里期在三五日內，毋庸請照。惟水手船上人等不在此例，應由地方官會同領事官另定章程妥爲彈壓，惟於江寧等處有賊處所俟城池克復之後再行給照。

第十三款

大西洋國商民在通商各口地方租地蓋屋，設立棧房、禮拜堂、醫院、

墳基，均按民價公平定議照給，不得互相勒措。至於內地各處並非通商口岸均議定不得設立行棧，以防華商影射之弊。

第十四款

游行往來卸貨下貨，任從大西洋國商人自雇小船剥運，不論各項艇隻價銀兩若干，聽大西洋國人與船户自議，不必官爲經理，亦不得限定船數並何船攬載之挑夫包攬運送。儻有走私漏情弊出，該犯自應照例懲辦。

第十五款

大西洋國屬民相涉案件，不論人產皆歸大西洋國官查辦。

第十六款

大清國人有欺陵擾害大西洋國人者，由大西洋國官員知照大清國地方自行懲辦。大西洋人有欺陵擾害大清國人者，亦由大清國官知照大西洋官一體懲辦。兩國交涉事件彼此均須會同公平審斷，不得意存袒護以昭允當。

第十七款

凡大西洋國民人控告大清國民人事件，應先赴領事官衙門投禀，領事官即當查明根由先行勸息，使不成訟。大清國民人有赴領官告大西洋國民人者，領事官亦一體勸息，間有不能勸息者，亦由大清國地方官與領事官會同審辦公平訊斷。

第十八款

大西洋國民人大清官憲自必時加保護，令其身家全安。如遭欺陵擾害及有不法匪徒放火焚燒房屋或搶掠者，地方官立即設法派撥兵役彈壓查追，並將焚搶匪徒按例嚴辦。

第十九款

大西洋國船隻在大清國轄下海洋有被搶盜搶刦者，地方官一經聞報即應設法查追拏辦，所有追得賍物交領事官給還原主。

第二十款

大西洋國船隻有在大清國沿海地方碰壞閣棧或遭風收口，地方查知即設法妥爲照料護送，交就近領事官查收以昭睦誼。

第二十一款

大清國民人因犯法逃在澳門或潛在大西洋船中者，大清國官照會大西洋國官訪查嚴拏，查明實係罪犯交出通商各口。儻有大清國犯罪民人潛匿大西洋國房屋，一經大清國官員照會，領事官即行交出，不得隱匿袒庇。

第二十二款

大清國人有欠大西洋人債務不償或潛行逃避者，大清國官務須認真查拿。如果係帳據確鑿力能賠繳者，務須盡數追繳秉公辦理。大西洋國人有欠大清國人債務不償或前行逃避者，大西洋國官亦一體照約辦理，彼此不得狗私袒庇。

第二十三款

大西洋國商船應納鈔課，各按船牌可載若干頓，而約一百五十頓以上每頓納鈔銀四錢，一百五十頓及一百五十頓以下每頓納鈔銀一錢。既納鈔後，監督官給發執照開明船隻完納。

第二十四款

大西洋國商起卸貨物納税，俱照咸豐八年各國税則爲額，總不能較他國有彼免此輸之別，以昭平允而免偏枯。

第二十五款

一、輸税期後，進口貨於起載時，出口於落貨時，各行按納。

第二十六款

此次新定税則並通商各款，日後彼此兩國再欲重修，以十年爲限，期滿須於六箇月之前先行知照酌量更改。若彼此未曾先期聲明更改，則税課仍照前章完納，復俟十年再行更改。以後均照此限此式辦理永行弗替。

第二十七款

大西洋國船主一進商各口，欲將貨物在該口但卸幾分即卸多寡照數納税，其餘貨物欲帶往別口卸貨者，税銀亦在別口輸納。

第二十八款

大西洋國貨物在通商不論何口既已按例輸納進口正税，儻欲自入內地販運者，應照各國新定章程辦理。其在內地買土貨販運出口，或前赴長江各口或欲運外國，亦俱照定新章程辦理。大清國各關書役人等，如有不遵條例詐取規費者，由大清國照例完治。儻有多收税餉，查明實係誤收者，由大清國隨時酌辦。

第二十九款

凡船隻出口欲往通商他口，並澳門地方該船主稟明海關監督發給專照，自是日起以四箇月爲期，如係前赴通商各口俱毋庸另納船鈔以免重輸。

第三十款

一、大西洋國貨船進口並未開艙欲行他往者，限二日之內出口即不徵收船鈔，儻逾二日之限，即須全數輸納。此外船隻出進口時並無應交費項。凡船進口一到之時，即應報明，以備查核。如於二日時刻漏報，照例罰辦。

第三十一款

大西洋國商人在各口自用艇隻運帶客人行李書信食物，及例不納稅之物，毋庸完鈔。儻帶例應完稅之物，則每四箇月一次納稅，每頓一錢。

第三十二款

一、通商各口分設浮樁號船塔表望樓，由領官與地方會同酌視建造。

第三十三款

一、稅顆銀兩由大西洋國商人交官設銀號，或紋銀或洋錢，按照道光二十三年在廣東所定各樣成色交納。

第三十四款

一、秤碼丈尺均照粵海關部頒定式，由各監督在各口送交領事官以昭畫一。

第三十五款

大西洋國船隻欲進各口，聽其雇覓引水之人完清稅務之後亦可雇覓引水之人帶其出口。

第三十六款

大西洋國船隻甫臨近口監督官派委員丁役看守，或在西洋船或在本艇，隨便居住。其需用經費由關支給。惟於船主並該管船商處不得私受毫厘。儻有收受，查出分別所取之數多寡懲治。

第三十七款

大西洋國船隻進口，限一日該船主將船艙口單各件交領事官，於次日通知監督官。並將船名及押載頓數裝何貨之處，照會監督官以憑查驗。如過限期該船主並未報明領事官，每日罰銀五十兩。惟所罰之數總不得逾二百兩以外。至其艙口單內須將所載貨物詳細開明，如有漏報揑報者，船主應罰銀五百兩。儻係筆誤，即在遞貨單之日改正者，可不罰銀。

第三十八款

一、監督官接到領事官照細照會後即發開艙單。儻船主未領開艙單據行下貨，即罰銀五百兩，並將所下貨物全行入官。

第三十九款

大西洋國商人上貨下貨，總須先領監督官准單，如違即將貨物一併入官。

第四十款

一、各船不准私行撥貨者，必須先由監督官處發給准單方准動撥。違者，即將該貨全行入官。

第四十一款

一、各船完清稅餉之後方准撥給紅單，領事官接到紅單始行發回船牌等件，准其出口。

第四十二款

一、稅別所載按價若干抽稅若干，儻海關驗貨人役與大西洋國商人不能平定其價，即須各邀客人二三人前來驗貨。客商內有願出價銀若干買此貨者，即以所出最高之價爲此貨價式，免致收稅不公。

第四十三款

凡納稅實按斤兩秤計，先除包皮粉飾等料，以淨貨輕重爲準。至有連皮過秤除皮核算之貨，即若茶葉一項，儻海關人役與大西洋商人意見不同，即於每百箱內聽關役揀出若干箱，大西洋商人亦若干箱。先以一箱連皮過秤得若干斤，再秤其皮得若干，除皮算之即可得每箱實在斤數。其餘貨物，凡係有包皮者，均可准此類推。儻再理論不明，大西洋國商人赴領事官報知情節，由領事官通知監督官商量酌辦。惟必於此日稟報，遲則不爲辦理。此項尚未論定之貨，監督官暫緩填簿，免至後難更易，須俟秉公斷明晰再爲登填。

第四十四款

大西洋國貨物如因受潮濕以致價低減者，應行按照減稅。儻大西洋國商人與關吏理論價值未定，則按照價抽收條內之法置辦。

第四十五款

大西洋國商人運貨進口既經納清税顆者，凡欲改運別口售賣，須禀明領事官，轉報監督官委員驗明實係原包貨物，查與底簿相符，並未拆定抽換，即照數填入單照發給該商收執。一面行文別口海關查照，仍俟該船進口查驗符合，即准開艙出售，免其重納税顆。如查有影射夾帶情事，或罰入官。至或欲將該貨運出外國，亦應一律聲禀海關監督驗明發給存票一紙，不論他日出口之貨均可持作已納税餉之據，至於外國所產糧食，大西洋國船裝載進口未經起卸仍欲運赴他處，無禁阻。

第四十六款

大清國各口收税官員，凡有嚴防偷漏之法，均應相度機宜，隨時便宜設法辦理以杜弊端。

第四十七款

大西洋國船隻獨在約內准開通商各口貿易，如到別處沿海地方私自買賣即將船隻一併入官。

第四十八款

大西洋國商船查有涉走私，該貨無類價值全數查抄入官外，俟該商船帳目清後亦可嚴行驅除，不准在口貿易。

第四十九款

一、約內所指大西洋國商民罰款及船貨入官皆應歸大清國收辦。

第五十款

大西洋國師船別無他意，或因捕盗駛入大清國，無論何口，一切買取食物甜水修理船隻，地方官妥爲照料。船上水師各官與大清國官員平行相待。

第五十一款

所有米糧各樣食物、槍砲火藥火器等件，及一切貨物，大西洋國商人並船不得私行販運赴有賊處所接濟賊匪。違者一經查出，將船貨全行入官。其違例之商人，仍交大西洋國照各國例嚴行懲辦。

第五十二款

大清國所有准與各國有利益之事，大西洋國亦一律照辦。至各國如有與大清國有利益之事，大西洋國亦要出力行辦以昭睦誼。

第五十三款

既經和好，儻有一事二國大臣各執一理彼此辯論，未免近於争執，不得清釋。今議定如日後大清國與大西洋國儻有各執己見辯論不清之事，任其各爲約請同和約之別國大臣從中剖斷。若請來之二位大臣意見不同，二國再爲另請他國大臣决意定斷。

第五十四款

所有議定以上章程，兩國大臣定期畫押用印，自是年起約計限以二年，俟大清國大皇帝大西洋國大君主彼此批准，即在天津互换。經互换後，中國即將此章程徧行各省大憲一體照行，兩國大臣仍畫押用印爲據。

七月十六日。

《洋務檔案》卷一—三《長江各口通商暫訂章程》　恭親王等又奏：

查從前五口通商，洋人販運土貨僅止將茶葉、大黄運出外國，今則洋商每將南北土貨於通商口岸往來販買，不獨隱奪華商生計，且於各關税餉有虧。查此項復進口之土貨條約税則内均無何辦理明文，如不議添復進口税，將來洋商以販運土貨爲得計，必至内地商人無可營生。是以臣等前與英法公使極力相争，凡土貨出口如欲運往他口，雖已完過出口税銀，不能照洋貨發給免重徵單。其復進口時，如交一正税，准扣二成，如交一半税不扣二成。照會法英國去後，旋撥復稱去貨復進口應交半税，毋庸歸二成等語，而於交過半税後應否再徵亦未議及。現與議定土貨復進口交過半税後只准在口售買，若運入内地銷售，仍照内地例逢關納遇税遇卡抽釐，如此庶足保奏華商生計，而内地各關亦不致有虞缺額。長江各口通商暫訂章程。

第一款

外國各船隻欲過鎮江口上大江者，由上海領事官處請領江照，由領事轉請上海海關。此江照准往漢口爲止，只係上海海關可發。俟查明該船應約進出各税，連船應約進納完方可給照。其照由上海海關送與領事官轉給該船船主，即由領事官將其船牌留署，俟該船回日，將原照送繳領事官轉送海關，然後領回船牌。

第二款

凡商來往長江，准帶應用兵器以爲保衛之資。其兵器數目聽上海海關

按度情理酌定發給軍器執照，載明礮槍刀藥等件若干，准其照數數往。由海關將此軍器執照送與領事官，由領事官發給該船船主，俟該船回上海之日將執照內所開原帶礮槍刀藥等件按數帶回。如有用去者，即將如何用處報明。如該船帶回軍器火藥缺少執照所開數目，又不能將如何用處並無弊端報明，或查出該船在長江不論何處私將器械火藥各等類出賣，或多帶軍器與照內數目不符者，即將江照撤回，不准該船在長貿易江貿易。

第三款

一、該船由上海起程上長江之時，聽憑上海海關隨意派員或丁役等不過一二人一同駕鈔往鎮江，該船主不得阻止，並將所取派員役照料安置坐落之處，其經費一切由關支給。該船自上海至鎮江一帶地方均不准貿易，如有私自買賣係違《天津和約》第四十七款章程，可照約內所議處辦。

第四款

各船到鎮江必先在該處灣泊，並報明領事官鎮江關方准過口。該船一到鎮江即收江照、軍器執照、上海海關紅單、船上除水手外所帶商客等人名數單共四件，親遞領事官查照。如湘即刻前往，由領事官得以上四件轉送鎮江關查明，聽官派員役上船查看。如無應取銀物又無應留事故，由關上海原發江照、軍械執照兩件給送船主，另發鎮江紅單一件方准開行。該船在鎮江，如逾一日之限不即前往，則由船主報領事官照會海關，並起貨下貨一切等事均必遵照《天津和約》第三十七辦理。仍由船主將艙口單所帶商客等人名數單稟遞領事官，由領事官將該船江照、軍器執照留署，俟鎮江開發紅單時始將此二照給還船主方准前往。如有船隻未照章程請領江照、軍器執照、鎮江紅單三件，私約行往長江，即係違《天津和約》第四十七款，可照此款妥辦。

第五款

各船到九江、漢口，限一日之內由船主將江照、軍器執照、鎮江紅單、艙口單並船上商客等人名數單共五件，遞交領事官查收留署。俟出口之時仍將出口艙口單及所帶出口商客等人名數單遞交領事官，由領事官將江照、軍器執照、鎮江紅單三件發還船主。其鎮江紅單內由領事官註明何日遞交、何日給還字樣，如船隻直過九江不灣泊者，則無庸報到。如過該要不起下貨，免將艙口單遞交領事官。

第六款

各船隻下長江時，一到鎮江，必在該口灣泊，報明領事官。鎮江關一切事宜均照以上第四款，由鎮江進口上長江章程一律辦理。仍聽鎮江關隨意派員或丁役不過一二人駕同前往上，由該船主遵照以上第三款，一切照料只准該船直往上海，均不許在沿途各處停候交易。

第七款

凡船隻遵照此章程在長江來往貿易，其應納稅餉照以上第一、第四、第六各款辦理，則《天津和約》第三、八、十八、三十九、四十四一十四款章程與彼無涉，准其在九江、漢口任意起貨下貨，不用請給准單，不用隨納稅餉，俟回上海遵照前章辦理。

第八款

船隻在長江各口遞領事官艙口單內必註明所帶各貨件數，按貨開明，或斤兩或長短或價值分別列明。

第九款

一、洋商欲運油蔴、鋼鐵、米糧、麪食、木植、銅錢，須赴關報明數目若干，運往某口，請給執照。先由該商呈具保單聲明必將貨物送至某口，聽某口海關查驗該貨數目相符，均經起卸，即由某口海關將執照畫押蓋印，限三月內徼回。儻逾三月之期而執照未將送回，按其錢貨原本照數罰繳入官外，將該船江照撤回，不准在長江貿易。以上各節均於保單內註明，至請給執照爲係向在中華設洋行之人，准其自行呈具保單，若非向設洋行之人，則同妥商二人聯名呈具保單。以上各貨除鋼錢不納稅外，餘均照則納稅。

第十款

一、洋商買雇內地船隻裝貨上下長江，奏請該口領事官咨會該關發給內地船照。先由該商呈具保單聲明必將該船及貨物至某口海關，聽海關查驗船貨相符均經起卸，即由某口海關將執照畫押蓋印，限二月內繳回。倘二月之期而執照未將送回，按其船價值罰處入官。至所請船照如係向在中華設洋行之人，准其自行呈具保單，如非向設洋行之人，則同妥商二人聯名具保單。其內地船應徵税料應由各口自向內地商辦理。

第十一款

凡船隻有違前款章程，不論何款，將江照撤回，不准在長江貿易。亦可將違章之船送回上海，可另併治以違法犯條約之咎。又如遇人因事故將該船主禀告各口領事官，由領事官將該船留在口內，俟將所告之事查明辦結，完結之後方准開行。

第十二款

以上暫訂各章程，如遇各口收稅情形有滯礙難行處，應由兩國大臣隨行會同覈設以歸妥善。

《大清法規大全・民政部》卷首《諭旨》　上諭：禁煙一事，乃今日自強實政，教養大端，於衛生、足民、興地利、塞漏卮各節皆有極大關係，萬國屬目，贊助同殷。特是禁吸禁種及籌款抵補洋土藥稅釐三事相爲表裏，倘一端辦理不力，則其二端不免牽制觀望，恐限滿仍難收效。比年以來雖疊經禁煙大臣暨各省督撫將沾染嗜好各官查驗參處，然玩違欺飾者仍復實繁有徒。至各省種煙地畝，初定章程本限十年遞減，嗣據雲南、四川、山西、直隸、黑龍江等省奏請，該省於一年內全行禁種，任事頗屬奮往，惟究竟各省禁種是否一律認真，地方官能否於禁種鴉片之外，勸種有益衣食各項植物，俾令小民樂從。至此項稅釐關繫軍餉大宗，近據度支部奏請酌加各省鹽價以爲抵補，此項稅釐之策當經允行。惟鹽斤加價合計逾四五百萬，不敷尚多。朝廷求治維殷，既憤國民積弱之難振，復慮友邦期望之難副，言念及此，宵旰憂焦。特此再行申諭，禁吸一事，文武職官責之禁煙大臣及京外各衙門長官務須認真糾察，不得徇情避怨。各營兵夫各學堂師生，責之該管長官，尤須立即嚴行禁絕。至於商民人等，責之民政部暨各省督撫順天府尹及管理地方之將軍都統等，亦須多訪良方，設局施藥，勵其廉恥，酌采東西各國辦法，設法減癮，由少而無，期於比户可封而後已。其禁種一事，亦責之各省督撫順天府尹及管理地方之將軍都統等酌量本省情形，督飭所屬認真禁拔，相其土宜改莠爲良，定當考其成績優予獎擢，並由民政部查核。其抵補稅釐一事，責之度支部悉心擘畫。此時籌款誠艱，要當權其利害輕重，多方籌集，迅速舉行。各省督撫如有抵補良策，亦着奏陳備采，俾查禁者不至瞻顧進款，因循寡效。國家財用雖絀，豈恃此釀酒漏脯以救飢渴，而不爲吾民除此巨害耶。似此各分權限，各專責成，不得互相推諉，務須各盡乃職，相助爲理，以弼成朝廷利用厚生之盛治。京外各衙門接奉此旨後，各將該衙門如何辦法，自行切實覆奏。欽此。宣統元年二月二十四日

《大清法規大全・外交部》卷五《開埠・度支部等奏核覆通州天生港設埠辦法摺光緒三十四年》　奏爲遵旨核覆通州天生港設埠辦法恭摺仰祈聖鑒事。竊兩江總督端方奏：通州天生港口岸修築躉船碼頭各工程用款，由官商分別籌認，擬在江海關常稅項下撥還商墊一片。光緒三十三年十月十六日奉硃批，該部知道。欽此。欽遵。由軍機處鈔交到部。原奏內稱，通州天生港係在江海鈔關轄境，部議以天生港一處應祇作爲起下貨物之口岸，不必預籌開埠通商，所設分關即作爲江海鈔關之分卡。至關埠兩項工程約需銀十萬兩，息借大達輪步公司款項以爲設關築埠之用，應准照辦，等因。當經分行遵辦，並委員駐工稽核。茲據江海關道瑞澂詳稱，疊商稅務司妥訂關章，一面將碼頭江岸如何辦理，派理船廳與公司商定，自上年丙午十月開工至今工程大半告成。現據該公司總理翰林院修撰張謇開送各工用款清摺，聲稱已辦之工，如躉船兩號，鐵浮箭船兩隻，木跳兩座，共用庫平銀八萬七百四十八兩一錢，請劃歸大達公司自行籌認，其石駁岸碼頭馬路等工程，暨員司薪資一切開辦經費，又應辦未辦之工，如建築關房驗貨場各一所，及隄內開港一道，造橋二道，統需庫平銀十萬六千九百三十四兩三錢，均須由官籌認。現在商墊竭蹶，請迅賜籌款撥還等情。查躉船鐵浮箭船木跳等項，該公司請劃歸商認，係與奏案相符。其歸官認還各款雖較原估溢支銀六千餘兩，實因員司薪費雜支等項，原估皆所未及。至公司墊用一切工料，應歸官認之款，照案須在天生港收稅項下陸續提還。惟此項息借商款議定周年八釐，照公司借墊十萬六千餘兩核算，歲需息銀八千四百餘兩，還本愈遲則耗息愈多，不如俟全工告竣，自明年戊申起，統在江海關常稅項下照數先行撥還，似屬官商兩便。至該港分卡章程，現據稅務司請照大通等六處章程辦理，毋須另訂，以免歧誤，詳請核辦，除飭該關道督飭將全工趕緊告竣，仍會商稅務司將該分卡章程，復加體察，應否斟酌損益妥議禀辦外，謹附片具陳等語。臣等伏查上年兩江總督奏請開天生港爲起下貨物之不通商口岸，並隸江海鈔關轄理，就大達公司現有躉船兩號接造碼頭所有設關築埠費用。業據聲明委員勘估約需銀十萬兩，由該公司息借興辦，息借周年八釐，在每年官收稅項照數撥還，當經外務

部會同臣部議准奏覆有案。今據該督奏陳，該港自上年十月開工至今工程大半告成，除躉船鐵浮箭船木跳等項銀八萬七百四十八兩一錢，剔歸該公司自行籌認外，其石駁岸碼頭馬路等工程暨員司薪資一切開辦經費，又應辦未辦之工，如建築關房驗貨場及隄內開港造橋，統需銀十萬六千九百三十四兩三錢，請由官認還，核與原案辦法尚無不符。惟此項由官認還之款，較之原估銀數實溢支銀六千九百三十四兩三錢，雖據聲稱，實因員司薪費雜支等項爲原估所未及，或亦實臣部核銷款項，當以細册爲據。如將來全工告竣，造銷到部，核計所支款項毫無可准其照銷。至原奏請將官認各款俟全工告竣，自明年起在江海關常税項下照數撥還一節，係爲藉紓商力，節省息款起見，自應准如所奏。自明年起，由江海關常税先撥還銀十萬兩，其溢支之六千九百餘兩，俟造報到日，經臣部核銷後再行酌予撥還。擬請飭下該督，轉飭江海關道督令該公司迅將應辦未辦之工尅期蕆事，並即詳細造具銷册，送部核銷。其天生港每年所收税項，應令該關道於江海關常税奏銷案內，另款開報。現在如秦王島關所收常税亦係另款開報，附入天津關常税案內奏銷，自當仿照秦王島關辦理，以便稽核。又原奏請將該港分卡章程照大通等六處章程，應否損益，令該關道會商税務司妥議稟辦一節。税務處查天生港開埠前由外務部會同户部奏准，作爲起下貨物之不通商口岸，當經臣處以該處係在江海鈔關轄境，並經奏准作爲江海鈔關分卡，所有辦事收税及派員經理一切章程咨行南洋大臣飭令該關道悉心妥議，申由臣處核覆，再行照辦在案。此次奏稱照大通等六處章程應否損益，令該關道會商税務司妥議稟辦等語，應由兩江總督飭該關道就近會商，税務司從速妥議，仍咨由臣處核覆，以昭慎重外，所有遵旨核覆通州天生港設埠辦法，謹恭摺具陳。伏乞皇太后皇上聖鑒，謹奏。請旨。奉旨：依議。欽此。

《大清法規大全·外交部》卷五《開埠·北洋大臣袁等會奏濟南自開商埠先擬開辦章程摺光緒三十一年》

奏爲濟南城外自開商埠，謹先擬開辦章程，繕單恭摺會陳仰祈聖鑒事。竊照山東濟南城外暨附近濰縣周村兩處，前經臣世凱會同正任撫臣周馥奏請自開商埠，並陳明應辦事宜，俟議准後再由臣等飭議章程奏咨開辦，等因。欽奉硃批：外務部議奏。欽此。旋准部咨，以濟南城外既爲膠濟津鎮兩鐵路交接之區，地勢扼要，商貨轉運自屬便利，所請自開通商口岸核與成案相符。其濰縣、周村均爲膠濟鐵路必經之道，應一併開通商埠，議覆照准。奉旨：依議。欽此。欽遵。咨行前來。伏查濟南等處自開商埠，與約開各埠不同，且爲陸路通衢亦與江海口岸有別。經臣世凱與正任撫臣周馥及臣廷幹先後往復籌商，擬就濟南西關外膠濟鐵路迤南，東起十王殿，西至北大槐樹，南沿長清大道，北以鐵路爲限，計東西不足五里南北約可二里共地四千餘畝，作爲華洋公共通商之埠，准有約各國在該處設立照料商務之官員，准各國商民任便往來租地設棧，與華商一體居住貿易。其商埠定界以外，所有城廂附近各處仍照內地章程，不准洋商租賃房屋開設行棧。至商埠界內應設之工程巡警暨審理詞訟等事，本係地方應有之責，擬均歸濟東泰武臨道就近監督。開埠之始，首重招徠，議將税關暫緩設立，所需各項經費先由華官自行籌備，應抽之房鋪車輛等捐，查看情形照各埠通例依次舉辦。現就濟南省城設立商埠總局，遴員分別經理，臣等公同商酌，謹先擬濟南商埠開辦章程辦理繕具清單，恭呈御覽。至章程內應辦各事，仍須照訂詳細專章，俾資遵守。其濰縣周村兩處開設分埠，擬即參仿濟南章程辦理。除由臣等督飭印委各員隨時擇要興辦，暨咨外務部查照外，所有濟南商埠先擬開辦章程緣由，謹合詞恭摺具奏。伏乞皇太后皇上聖鑒訓示。謹奏。

光緒三十一年正月二十二日具奏

附録濟南商埠開辦章程九條

一、定界。查濟南城外開設商埠必須畫定一區，以免牽連內地。現擬在西關膠濟鐵路迤南，東起十王殿，西至北大槐樹，南沿長清大道，北以鐵路爲限。計東西不足五里，南北約可二里，共地四千餘畝，作爲華洋公共通商之埠，准有約各國在該處設立照料商務之官員，准各國商民任便往來，租地設棧，與華商一體居住貿易。其商埠定界以外，所有城廂內外以及附近各處，仍照內地章程，洋商不得租賃房屋開設行棧。

二、租地。商埠界址既定，所有界內之地，凡官地民地應先查勘丈明，劃分地段，酌定價目等第。其民房田畝俟用時由官購買轉租，中外商民管業，以免彼此居奇抑勒之弊。一面出示地主租户不得私相授受。凡租户擬租何地，須先照章赴工程局掛號，庶分先後而杜争端。租地詳細章程另訂。

三、設官。商埠既開，招徠宜廣，中外雜處，交涉必繁，須有專官主持其事。擬由濟東泰武臨道就近監督。所有商埠應辦之事約分三項，一爲工程局，專管築路建廨及一切修造之事。一爲巡警局，專司巡查街道並稽查偷漏等事。詳細章程另訂。一爲發審局，專理中外一切詞訟之事。應均歸濟東泰武臨道派委員司分別辦理。惟埠務繁雜，擬再派一熟諳交涉大員住局會辦，亦可由北洋大臣山東巡撫酌派洋員幫同經理。

四、建造。查商埠内築馬路，修溝渠，建衙署，設押所，立市場，開井泉，種樹木，均須次第籌辦。房屋先求整潔，道路必須坦平，擬先將界内地址，分別測定，陸續籌款，分極要、次要、又次要，次第興辦。

五、税捐。濟南城外爲陸路商埠，與各口岸情形不同，設立税關章程俟日後察看情形隨時酌量訂辦。所有馬路巡捕路燈洒掃需用各項經費，先由華官自行籌備，應抽之房鋪、大小車輛各項之捐，查看情形照各埠通例依次抽收，届時華洋各商一體遵照。

六、經費。商埠甫闢，諸務俱興，大宗用款約分二項：一、開辦經費，如購買地畝舉辦工程，約略計之，爲數甚鉅。一、常年經費，商埠辦事人員薪公差巡工食及一切因公雜項，均應先行奏撥專款，隨時撙節動支。

七、禁令。商埠界内不准搭蓋草房暨存儲火藥炸藥，無故施放大小洋槍，非在官弁兵身帶利器及一切與衆人衛生有礙等事，違則各照本國律例懲辦。惟設有工程須用炸藥等物，先須由官核准，仍不准久存在埠。

八、郵電。商埠既闢，信息必須靈通，郵政電報電話即德律風均是中國主權，應一併設立，並嚴立限制，不得由外人開設。

九、分埠。查濰縣周村兩處已奏明俱作通商分埠，一切章程參仿濟南城外商埠辦理。以上九條僅具大綱，所有章程内應辦各事當分定詳細章程以便遵守。此外未盡事宜及應因地制宜之處，隨時續議辦理。

謹按，光緒二十二年前所開商埠，皆由外人要求爰將關章另列爲一類，而刪去文牘之無用者。若自開各埠實與本國利權大有關係，故悉數編入。若長沙埠雖爲英約所載，然不啻自開，故亦録於文牘内而附誌數語於此，以資稽考。

《大清法規大全・外交部》卷六《口岸税則・外務部照會英使英商不得在内地製造樟腦文光緒三十年》　光緒二十九年十二月二十五日接准來照，以本國駐福州領事官詳報，近來阻撓英商永昌行買腦三案，均有日本人在内，其英商受虧之處，已向該省大吏請賠，並將與閩省洋務總局往來文件送請查閲。本大臣閲厦門道所送領事官腦局章程，有日本公司將洋銀二十萬圓借與所謂官腦局不取利息，延聘日本技師會同中國名爲督辦者承辦其事，該日本技師先行捐繳中國公費銀十萬圓等情。是日本技師獨得包攬貿易利權，本國政府何能允認，英商所受之虧，地方官必有補償之責。請電行該省，嗣後英商在内地購腦不得再行攔阻，英商已受之虧即行補償，等因。本部正在電行閩省總督查明聲覆，適據閩督來電，以英商不守約章，輒遣行夥於内地私行設竈製造，一經拿獲，領事轉爲袒護索賠，等情，電請照商英國駐京大臣，按約禁阻，前來。本部查洋商在中國内地向不准製造土貨，今據閩督查覆拏獲腦務三案，均係英商在内地私行設竈製造，地方官照章扣留，並非於持單購運之貨概行攔阻，未便令其補償。至日人阻撓一節，閩省前聘日本技師本係專管熬腦，並未責令緝私，已由本部電達閩督查覆。又蘇俊一案前經厦門道通融釋放，已由本部照覆貴大臣在案。本年正月初二日准閩督咨稱，上年五月間，蘇俊尚在官局供役，以誣告搶案被罰，六月間又私自違禁設竈熬腦，發覺被獲，訊明證供確鑿，情急求庇英商，由英領事照稱係太古行夥既請通融釋放，復爲索賠，已飭厦門道速將此案妥爲議結。嗣後如有奸徒假冒洋商牌號，設竈私熬，仍應查明拏辦，等語。除將永昌行買腦被扣三案，咨行閩督飭屬與英領事妥議外，相應照會貴大臣查照可也。

《大清法規大全・外交部》卷六《口岸税則・外務部咨北洋洋商入内地買貨驗明單貨相符方給運照文光緒三十一年二月》　光緒三十一年二月初八日，據張家口監督呈稱：查得各洋商呈遞津海關道所發三聯報單，採買土貨，换領運照，往往有貨物並不在口僅憑報單所載貨數换領運照，以致無從驗貨，核與章程不符。誠恐日久弊生，有礙條規，呈請轉行飭知各洋商，嗣後在張家口採買土貨换領運照，務將該貨報驗明確，單貨相隨，以符約章。勿得貨不在口，僅憑報單所載貨數换領運照，俾免舛錯而昭慎重，等因。本部查洋商入内地採買土貨，憑報單换領運照，必應驗明單貨是否相符。如該監督所稱單貨往往相離，無從查驗，實屬有違定章。除札

覆該監督，飭令嗣後必須驗明單貨相符，方准換給運照外，相應咨行貴大臣查照轉飭津海關道曉諭各洋商遵照可也。

《大清法規大全·外交部》卷六《口岸税則·外務部照會英使通商口岸不能包括城池洋貨運入長沙貿易應先劃清口岸地界即可定税釐權限文光緒三十一年三月》　光緒三十一年三月十六日接准來照，因有英商貝納賜運貨入長沙城，釐局索捐一事，貴大臣謂長沙自開通商以來，彼處地方官於通商口岸四字之意顯有誤會。前欲禁止英商在界外置地，後以府城不歸通商口岸之内，皆該處地方官有意阻撓英商照約權利。今於貝納賜運貨入城，勒索釐捐，其意視長沙城仍爲内地，與通商口岸無涉。請電知湘撫，曉諭該處釐局，以長沙城歸在通商口岸之内，且洋貨除由通商口岸運入内地而未請領三聯單者，方可抽收釐捐，等語。本部查洋貨運入長沙城應否抽收釐捐，自以該城是否歸入通商口岸界内爲斷。惟此事湖南巡撫與貴國領事官至今尚未議妥，未便遽令免抽釐捐，照約係允將該處開爲通商口岸。論口岸二字之義，不能包括城池在内。且中國官民不甚願洋商在通商口岸界外置地，亦自有不得已之苦衷，即係因中國無治外法權之故。若照中英商約第十二款，收回治外法權之後，華洋雜居無復窒礙，自不至再有此等争執之事。今爲長沙一口岸計，深願貴大臣轉飭駐長沙領事官與湖南巡撫和平商議，先劃清通商口岸之地界，即可定明釐金徵免之權限。除轉電湖南巡撫外，相應照覆貴大臣查照可也。

《大清法規大全·外交部》卷六《口岸税則·外務部咨南洋各商持子口税單運洋貨往沿海不通商口岸難阻各情文光緒三十一年三月十四日》　光緒三十一年二月二十七日准浙江巡撫咨稱：浙海關扣留英商麥邊洋行運貨一案，飭據浙海關覆稱，洋貨入内地税單另戳載明商人請領税單照完半税，運入内地不得出入海口。今麥邊洋行由滬運貨至紹，所領係内地子口單，該商不從内地行運，輒從海道繞越直進隔省沿海子口，實屬違約。並據委員調查，江海關原單係將另戳所載不得出入海口字樣塗抹，加蓋出吴淞口紅戳各等情，咨請南洋大臣轉飭江海關查覆。旋准南洋大臣咨據江海關詳稱：洋貨運内地請給子口半税單，由吴淞口出海行運，實係光緒二十四年德商咪吔、美商美孚報載浙江舟山火油之案創始，係奉總理衙門飭，據總税務司查覆核與煙臺續增中英條約不背，核准照辦。迨後各商援案請領半税單出吴淞口，運洋貨往浙江寧紹等處，不能不照案給發，等因。查内地税單載有不得出入海口字樣，單式至今並未更改，但煙臺條約既有沿海即内地之語，且江海關向係援案通融辦理，現在亦難驟復舊章。惟無論如何總須定有劃一辦法，究竟華洋各商持内地税單運洋貨入内地，是否應照原單另戳所載不准出入海口，或可援照舟山成案及煙臺條約准其由海道行運，應請核示，等因。當經本部劄飭總税務司察議去後，兹據總税務司申稱：查歷辦向章，沿海分通商口岸與不通商口岸，洋船駛至不通商口岸貿易者，應即照約拏獲充公。嗣因煙臺續約有沿海不通商口岸即爲内地之語意，近有輪船行駛内港之章程，而洋商船貨至内地沿海時，仍係按照向章查明辦理。所謂查明辦理者，以貨而論，至内地沿海時只驗其有無税單，有單者自係完過進口正税暨子口半税，照約放行。無單者即須逢關納税，遇卡抽釐。以船而論，至内地沿海時，只驗其有無内港牌照，有牌照者照内港章程放行，無牌照者按向遵之約充公。應請通行各省各關申明各例章，並飭將單式另行更正，等語前來。本部查煙臺條約第三端，既載有沿海各處不通商口岸皆屬内地之語，照此講解内地二字則各商持子口税單運洋貨往沿海各處，自難禁阻，應飭各關卡驗明有無税單及該船有無内港牌照分别辦理。其税單内向載明不得出入海口字樣，嗣後亦須另行更正，不得草率塗抹，俾免疑阻。應將不得出入海口一句，改爲不得運至非單内所指地方，以符約章。相應咨行貴大臣查照，轉飭沿海各屬暨各海關監督遵照辦理可也。

《大清法規大全·外交部》卷六《口岸税則·税務處新定槍枝子彈進口章程十條光緒三十三年　月》　一、凡中國軍營以及官局購運槍枝子彈，須由各該管將軍督撫先將定購名色件數由某處入口、運抵某處電知陸軍部，由陸軍部核准後，一面電復該將軍督撫發給護照，一面知照本處分别扎知各該關監督，及轉飭總税務司札知各該關税務司，驗明護照及所運件數相符，方准起岸。仍將進口日期申復本處，轉咨陸軍部查照。

一、凡洋商欲運營中作樣槍枝子彈，須由定購槍枝之中國軍營或官家局所先行知照該關監督，請給准運護照，俟貨到日憑照報關後，方能起貨。每次只准報運樣槍一枝、子彈一千顆。

一、凡外洋商人附船來華，行李内如帶有防身手槍，每人只准攜帶一

枝，其子彈不得逾一百顆。於進口時應報明關差查明放行。倘漏報查出，即行扣留入官。其向在中國居住者，欲購置打獵及防身槍枝子彈，須於進口之前，先請本國領事照會監督請發准運護照，俟貨到日憑照報關後，方准起貨。每人祗准報運一次，獵槍一枝，子彈不得逾五百顆，手槍一枝，子彈不得逾二百顆。

一、凡各國體面官員附船來華，行李內所帶之槍枝、子彈，並駐華洋官報運入口專爲防身打獵之用者，其報關請照一切應照商人辦法辦理。惟所帶所報之數目，較商人限制數目，如果有逾限，應由各國領事將實在確數照會監督，由監督核准，亦可通融辦理。

一、凡領事照會監督請發准運護照，如監督查明有不便發照之處，可照復領事不允發給。

一、凡外洋官商所運防身打獵槍彈，係專指散子鳥槍並懷身短式手槍而言，其餘他項營用槍枝子彈，必須爲中國軍營官局作樣或購置，有確實憑照經關道認可者方准進口。其洋人運來自用者，不得以此影射。

一、各口每次運進槍枝子彈，應由監督及稅務司將報運人姓名、國籍及進口日期、槍枝件數詳細登册，並所收稅項若干，逐一註明。其有中國軍營或官局購運者，亦應將某營、某局所購之貨，及由某省將軍督撫發給護照次數、件數登明册內，年底呈送本處查核。各口稅務司所造之册仍由總稅務司轉申。

一、凡營用槍枝子彈非爲軍營官局定購者，仍須照約一概不准入口。

一、凡准運進口如第二、第三、第四條之槍枝子彈，均按值百抽五征稅。

一、凡外洋官商購運防身打獵槍枝子彈，其貨如須在滬轉船寄至購主所住之口岸者，須由駐滬領事照會海關，聲明購主姓名並所運件數，方准轉船。俟貨轉運到口，仍由購主請該口領事向關道請發進口護照呈關查驗，完稅放行。

按此章程係因前次津海關道議定進口槍枝子彈辦法條款，其第二、第三兩條，長沙關指稱礙難照辦，故由稅務處將津海關道前擬辦法條款作廢，另定此新章十條通行各關遵照辦理。

《大清法規大全・外交部》卷七《免稅・外務部咨南洋中茶入美免稅應禁華商攙雜劣茶文光緒二十九年　月　日》　光緒二十九年正月十八日，接准駐美代辦使事沈參贊桐上年十一月十二日來函內稱：美議院已於本月初三日開議，開院日各國使臣咸集，美總統條諭應議事宜中，有入口稅則一條，言貨物爲別國所有我國所無者，或爲我國所有別國所無者，宜立彼此免稅之約，以利民用。查中國茶葉每年入美爲數孔多，近來美稅加重，銷流較滯。現美國麥麵入中國口岸概免抽稅，中國之茶入美國口岸亦應免稅方爲公平。前經伍大臣將此議向美外部抗說，外部答允可以商議，惟須議院詢謀僉同，方能定局。今議院已開，當即重申前說，已將中國茶葉之稅自本年十二月初三日起即西歷一千九百零三年正月一號全行免抽，等語。經本部電詢現在是否舉辦，據復茶稅全免。乞飭各關嚴禁攙雜劣茶出口，各等因。查華茶行銷外洋近甚疲滯，美既免稅自應嚴禁攙雜劣茶，以期暢銷。相應咨行貴大臣查照，轉咨產茶省分飭知各關嚴示該商人一體遵照，可也。

《籌辦夷務始末（咸豐朝）》卷五《伊犁塔爾巴哈台兩處通商章程》

大清國總統伊犁等處將軍、參贊大臣、俄囉斯國使臣公同會議《伊犁塔爾巴哈台兩處通商各章程》，開列於後：

一、兩國議定通商之後，各諭屬下人等，安静交易，以敦和好。

一、兩邊商人互相交易，雖係自定價值，不能不爲之設官照管。中國由伊犁營務處派員；俄囉斯國專派管貿易之匡蘇勒官照管。遇有兩邊商人之事，各自秉公辦理。

一、通商原爲兩國和好，彼此兩不抽稅。

一、俄囉斯商人前來貿易，由該頭人帶領到中國伊犁博羅霍吉爾卡倫、塔爾巴哈台烏占卡倫，必須有俄囉斯國執照，呈坐卡官照驗。由坐卡官將人數及貨物數目聲明轉報，派撥官兵沿卡照料護送，彼此不得互相刁難。

一、俄囉斯國商人往來，均由議定卡倫按站行走，以便沿卡官兵照護。

一、俄囉斯商人在中國伊犁博羅霍吉爾卡倫外、塔爾巴哈台烏占卡倫外行走，儻有夷匪搶奪等事，中國概不經管；自入卡倫及在貿易亭居住，所有帶來貨物，係在該商人房內收存，各自小心經管，其駝馬牲畜在灘牧

放，各自留心看守。儻有丟去，立即報知中國官員，兩邊官員公同察看來去蹤跡。如在中國所屬民人莊院，或將行竊之人立即拏獲，儘數搜出實在原竊贓物給還外，並將行竊之人嚴行懲辦。

一、兩邊商人遇有爭鬬小事，即著兩邊管貿易官員究辦；儻遇人命重案，即照恰克圖之例辦理。

一、俄囉斯商人每年前來貿易，定於清明後入卡，冬至即停止。儻於定限之內其貨物尚未賣完，聽該商人在此居住售賣，完竣時，由俄囉斯管貿易官飭令旋回。其往來貨物駝馱，如不敷二十匹頭，不准其往來行走。至匡蘇勒官員或商人遇有事故，專派人出卡，每月祇准兩次，以免沿卡官兵照護之累。

一、俄囉斯商人前來，在貿易亭居住，自有俄囉斯管貿易官管束。兩國商人交易之事，自行往來貿易。如俄囉斯商人前往街市，必有俄囉斯管貿易官給與執照，方准前往，不得任意出外；如無執照者，即送俄囉斯（管）貿易官究辦。

一、兩邊爲匪逃逸人犯，彼此均不准容留，務須嚴行查拏，互相送交究辦。

一、俄囉斯商人前來，必有騎馱牲畜，即在指定伊犁河沿一帶自行看牧。其塔爾巴哈台亦在指定有草地方牧放。不得踐踏田苗墳墓，儻有違犯者，即交俄囉斯管貿易官究辦。

一、兩國商人交易，不准互相賒欠，儻有不遵定議致有拖欠者，雖經告官，不爲准理。

一、俄囉斯商人前來貿易，存貨住人，必需房屋。即在伊犁、塔爾巴哈台貿易亭就近，由中國指定一區，令俄囉斯商人自行蓋造，以便住人存貨。

一、俄囉斯商人依俄囉斯館之教，在自住房內禮拜天主，聽其自便。

一、俄囉斯商人有在伊犁、塔爾巴哈台病故者，即在伊犁、塔爾巴哈台城外，指給曠地一區，令其埋葬。

一、俄囉斯商人帶來羊隻，每十隻內官買二隻，每羊一隻給布一匹。其餘一切貨物，均在貿易亭聽兩國商人自行定價，概不由官經管。

一、兩國彼此遇有往來尋常事件行文時，中國用伊犁將軍所屬營務處圖記；俄囉斯國用管兩邊大臣所屬營務處圖記。

一、此次議定一切章程，互相給與憑文，中國繕寫清字四張，鈐用伊犁將軍印信；俄囉斯國繕寫俄囉斯字四張，用使臣圖記。中國伊犁將軍衙門、俄囉斯使臣各收存一紙永遠遵行外，其餘各二分，咨送理藩院、薩納特衙門，互相鈐用印信，彼此咨換，各收存一分。

以上中國伊犁將軍、參贊大臣、俄囉斯國使臣議定章程，各鈐印畫押收存。

紀事

（明）何棟如《皇祖四大法》卷四《治法》〔洪武四年十二月〕乙未，上諭大都督府臣曰：朕以海道可通外邦，故嘗禁其往來。近聞福建興化衛指揮李興、李春，私遣人出海行賈。則濱海軍衛，豈無如彼所爲者乎？苟不禁戒，則人皆惑利而陷於刑憲矣。爾其遣人諭之，有犯者，論如律。

（明）卜世昌《皇明通紀述遺》卷一一〔嘉靖二十五年〕四月，倭寇浙東。自罷市舶，凡番貨至，輒賒與奸商。久之，奸商欺負，多者萬金，少不下千金。轉展不肯償，乃投貴官家。久之，貴官家又欺負，不肯償，貪戾甚於奸商。番人泊近島，遣人坐索，久之，竟不肯償。番人乏食，出沒海上爲盜。貴官家欲其亟去，輒以危言撼官府云：番人據近島殺掠人，奈何不出一兵備倭，當如是耶？及官府出兵，輒齎糧漏師，好語啗番人。利他日貨至，且復賒我。如是者久之，番人大恨諸貴官家，言：我貨本倭王物，爾價不我償，我何以復倭王？不掠爾金寶，殺爾，倭必殺我。盤據海洋不肯去。近年寵賂公行，上下相蒙，官邪政亂，小民迫於貪酷，苦於徭賦，困於饑寒，相率入海從倭。凶徒、逸囚、罷吏、黠僧及衣冠失職、書生不得志、羣不逞者，皆爲倭奸細，爲之鄉導。人情忿恨不可堪忍。弱者圖飽煖旦夕，強者奮臂欲洩其怒。於是，汪忤瘋、徐必欺、毛醢瘋之徒，皆我華人，金寇龍袍，稱王海島。攻城掠邑，刦庫縱囚。遇文武官，發憤斫殺，即伏地叩頭乞餘生。不聽，而其妻子、宗族、田廬、金穀，公然富厚，莫敢誰何，浙東大壞。至是，以朱紈爲浙江巡撫

都御史，兼領福興泉漳，治兵捕賊。紈任怨任勞，嚴禁閩浙諸通番者。時福建海道副使林喬、都司盧鏜，捕獲通番九十餘人，紈欲禁止令行，遣旗牌督决于演武場，一時通番稍息。而諸達官家以失利大譁，詆誣惑亂視聽，遂改紈爲巡視。未幾言官論劾，即訊，甘心煆煉。紈憤悶卒，喬、鏜皆論死下獄。自是華夷羣盜，唾手肆起，益無忌憚矣。

（明）卜世昌《皇明通紀述遺》卷一一　壬子嘉靖三十一年正月，大同自尚書史道回京，虜欲以牛羊易穀豆者，候命不得，遂分散爲盜。去歲十一月間，大入邊三次，搶擄人畜甚衆，邊官遣人責問，俺答則謾應曰：中國甚嚴，民間豈無寇竊。我自不入犯，不能禁部下之不盜也。及十二月，求市山西。不應則復叩大同，欲市于大沙溝。御史李逢時謂，詔禁非時開市。叱去，逮諸通事于獄。

（明）談遷《國榷》卷五《太祖洪武七年》　〔十一月〕置慶遠裕民司于思恩縣。專買溪峒之馬。

（明）談遷《國榷》卷六《太祖洪武八年》　〔五月〕戊辰，內使趙成往河州，以綾綺羅帛茶市馬。

談遷曰：此中人奉使之始。初閹禁甚嚴，不令識書。有言及時政，立斥之。其河州之命何也。可奉使，亦可鎮守監軍採榷封貢矣。天下之患，嘗發于所不及料。聖祖既料之，亦未堅持其終也。

丘濬曰：自唐以來，中國馬不足，往往與戎狄互市，然多費財用而實無益于用。宋南渡以後，失中原宜馬之地，而所資以爲戰騎者，求于西南夷。蓋有不得已焉。今世全得中原之地，凡西北高寒之所，宜馬之地，皆爲吾之所有。苟制置得宜，牧養有道，典掌得人，又何患于無馬乎？患無其人耳。

（明）談遷《國榷》卷六《太祖洪武九年》　〔八月〕增給廣東馬價。初市民馬，多轉買蠻境以應。

（明）談遷《國榷》卷七《太祖洪武十六年》　〔正月〕辛酉，敕松州衛指揮僉事耿忠賦西番民馬，三十户輸一。

（明）談遷《國榷》卷八《太祖洪武二十年》　〔四月〕禁番使以麻鐵出境。

（明）談遷《國榷》卷九《太祖洪武二十一年》　〔二月〕仍聽四川人採茶通羌。

（明）談遷《國榷》卷九《太祖洪武二十三年》　〔正月〕詔高麗人在遼東貿遷者勿禁。

（明）談遷《國榷》卷一〇《太祖洪武二十六年》　〔十一月〕詔朝鮮人止隔河互市，毋入境。

（明）談遷《國榷》卷一〇《太祖洪武三十年》　〔二月〕丁酉，以朵甘烏思藏長河西等番以馬易茶，令發四川官軍于松潘碉門黎雅河州臨洮各關隘巡徼，禁私販。

（明）談遷《國榷》卷一〇《太祖洪武三十年》　〔三月〕癸亥，遣駙馬都尉謝達諭蜀王椿曰：制夷狄之道，當賤其所有，貴其所無。秦蜀茶自碉門黎雅抵朵甘烏思藏五千餘里，皆不可無。前代重之，非以專利也。我國家榷茶，本次易馬。今惟易紅纓等物，蓋因邊吏不譏，私販出境，茶爲夷賤。夫使番夷坐收其利，而馬入中國少，豈所以制之哉。其諭布政司嚴禁焉。

（明）談遷《國榷》卷一〇《太祖洪武三十年》　〔四月〕戊子，市馬西番。

（明）談遷《國榷》卷一〇《太祖洪武三十年》　〔四月〕申禁海外互市。

（明）談遷《國榷》卷一三《成祖永樂三年》　〔三月〕定遼東互市馬價。上上馬絹八匹，布十二匹。上馬絹布半之。中馬絹三布五。下馬絹二布四。駒絹一布三。

（明）談遷《國榷》卷一四《成祖永樂四年》　〔三月〕甲午，設開原廣寧馬市。

（明）談遷《國榷》卷一四《成祖永樂七年》　〔正月〕辛亥，嚴邊關茶禁。國初番人上馬給茶八十斤，中馬六十斤，下馬四十斤。及上遞增其數，碉門茶馬司用茶八萬三千五十斤，止易蠃馬七十匹，故嚴之。

《明實録》洪武元年四月　〔壬戌〕湖廣、四川、雲南、廣西所隸宣慰使楊昇等並西北諸夷各遣入朝貢馬及方物。上以其遠至，且舊所定馬直薄，命禮部第馬之高下增給之。上馬每匹鈔千貫，中馬八百貫，下馬五百貫。

《明實録》洪武三年二月　罷太倉黄渡市舶司，凡番舶至太倉者，令軍衛有司同封，籍其數，送京師。

《明實録》洪武四年十二月〔乙未〕上諭大都督府臣曰：朕以海道可通外邦，故嘗禁其往來。近聞福建興化衛指揮李興、李春私遣人出海行賈，則濱海軍衛豈無如彼所爲者乎？苟不禁戒，則人皆惑利而陷於刑憲矣。爾其遣人諭之，有犯者論如律。

《明實録》洪武四年十二月〔庚寅〕户部言：陝西漢中府金州、石泉、漢陰、平利、西鄉縣諸處茶園共四十五頃七十二畝，茶八十六萬四千五十八株。每十株官取其一，民所收茶，官給直買之。無户茶園以漢中府守城軍士薅培，及時采取，以十分爲率，官取其八，軍收其二。每五十斤爲一包，二包爲一引，令有司收貯，令於西番易馬。從之。

《明實録》洪武八年五月〔戊辰〕遣内使趙成往河州市馬。初，上以西番素産馬，其所用泉貨與中國異，自更錢幣，馬之至者益少，至是，乃命成以羅、綺、綾、帛並巴茶往市之。仍命河州守將善加撫循，以通互市。馬稍來集，率厚其值償之。成又宣諭德意。自是番酋感悦，相率詣闕謝恩，而山後歸德等州西番諸部落皆以馬來售矣。

《明實録》洪武十三年十月〔甲戌〕罷四川白渡、納溪二鹽馬司及阜民司，仍以白渡、納溪之鹽易棉布遣使之西羌市馬。

《明實録》洪武十四年冬十月　己巳，禁瀕海決私通海外諸國。

《明實録》洪武十五年十二月〔辛丑〕兵部奏市馬之數：秦、河、洮三州茶馬司及慶遠、裕民司市馬五百八十五匹；廣東、四川二布政使司市馬五百六十五匹。

《明實録》洪武十六年正月〔辛酉〕敕諭松州衛指揮僉事耿忠曰：西番之民歸附已久而未嘗責其貢賦。聞其地多馬，宜計其地之多寡以出賦。如三千户則三户共出馬一匹，四千户則四户共出馬一匹，定爲土賦。庶使其知尊君、親上、奉朝廷之禮也。

《明實録》洪武十六年八月　壬午，兵部奏定永寧茶馬司以茶易馬之價宜如河州茶馬司例，凡上馬每疋給茶四十斤，中馬三十斤，下馬二十斤。從之。

《明實録》洪武十七年春正月　丁巳，命有司，凡海外諸國入貢有附私物者，悉蠲其税。

《明實録》洪武十九年二月〔己丑〕命神策衛指揮同知許英領校卒七百餘，賫白金二萬二千六百五十兩往烏撒等處市馬。得馬七百五十五匹。

《明實録》洪武二十年四月　禁番使毋得以麻鐵出境。仍命揭榜海上，使咸知之。

《明實録》洪武二十年六月　四川雅州碉門茶馬司一十六萬三千六百斤，易駝馬騾駒百七十餘匹。

《明實録》洪武二十一年二月〔庚申〕四川天全六番招討司副詔討楊卜藏言：本司茶户常以茶與西番蠻人貿易毛纓、茜等物，商旅往來鬻販，每歲課額所收一萬四千餘貫。近者茶株取勘在京，所收之茶，復給官價買之，收貯官庫以備易馬。由是商旅不行，課額遂虧，多令應役之人陪納，不便。乞差人從實開辦。從之。

《明實録》洪武二十一年二月〔壬戌〕四川布政使司奏：川中産茶，曩者西番許羌以毛布毛纓之類相與貿易，以故歲課不虧。近者朝廷頒定課額，官自立倉收貯，專用市馬。民不敢私採。每歲課程，民皆賠納。請仍令民間採摘，與羌人交易。如此則非惟民得其便，抑且官課不虧。詔從之。

《明實録》洪武二十二年六月〔丙寅〕四川巖州衛奏：每歲長河西等處番商以馬於雅州茶司易茶，其路由本衛經黎州始達茶馬司。茶馬司定價每中馬一匹給茶一千八百斤，命於碉門茶課司支給。不惟番商往復路遠，實且給茶太多。今宜量減馬價。宜置茶馬司於岩州，將碉門茶課司所貯茶運至於此。馬至，則験馬之高下，以茶給之。詔茶馬司仍舊。惟定其價：上馬一匹，與茶一百二十斤；中馬七十斤；駒馬五十斤。番商有不願者，聽。

《明實録》洪武二十三年冬十月〔乙酉〕詔户部申嚴交通外番之禁。上以中國金銀銅錢、段匹、兵器等物，自前代以來不許出番。今兩廣、浙江、福建愚民無知，往往交通外番，私易貨物，故嚴禁之。沿海軍民官司縱令相交易者，悉治以罪。

《明實録》洪武二十六年十二月　命右軍都督府榜諭河州等處，禁民

毋鬻官馬。先是，朝廷以言者謂陝西各處軍民往往有過河販鬻馬匹，既遣使往甘肅、西涼、西寧印烙係官之馬，宜俾關吏禁絶過河私販之弊，既又有言西人所賴此畜牧爲生，舊常以馬過河鬻售，今既禁遏之，恐妨其生計。上然其言。乃命右軍都督府給榜諭守關者，今後止禁官印馬匹不許私自販鬻，其西番之人自己馬無印者及牛羊雜畜之類，不問多寡，一聽渡河售易，關吏阻者罪之。

《明實録》洪武二十七年春正月　甲寅，禁民間用番香、番貨。先是，上以海外諸夷多詐絶，其往來唯琉球、真臘、暹羅許入貢，而緣海之人往往私下諸番貿易香貨，因誘蠻夷爲盗。命禮部嚴禁絶之，敢有私下諸番互市者，必寘之重法。凡番香番貨皆不許販鬻，其見有者限以三月銷盡，民間禱祀止用松栢楓桃諸香，違者罪之。其兩廣所産香木，聽土人自用，亦不許越嶺貨賣，蓋慮其雜市番香，故併及之。

《明實録》洪武三十年二月　〔丁酉〕敕右軍都督府曰：古者帝王馭世必嚴夷夏之辨者，蓋以戎狄之人貪而無厭，苟不制之，則必侵侮而爲邊患矣。今朵甘、烏思藏、長河西一帶西番自昔以馬入中國易茶，所謂懋遷有無者也。邇因私茶出境，馬之入互市者少，於是彼馬日貴，中國之茶日賤，而彼玩侮之心漸生矣。爾右軍即移文秦、蜀二府長史司，啓王發都司官軍於松潘、碉門、黎、雅、河州、臨洮及入西番關口巡禁私茶之出境者。朕豈爲利哉？制馭夷狄不得不然也。

《明實録》洪武三十年三月　〔壬午〕敕兵部曰：巴茶自國初征收，累年與西番易馬。近因私茶出境致茶賤馬貴，不獨國課有虧，殆使戎羌放肆生侮慢之心，蓋由守邊者不能禦防，或濫交無度，縱放私茶，或假朝廷爲名，横科馬匹，以致番人悖信。朝廷初不知此，但謂西番不順，豈知邊吏有以激之。故嘗命曹國公李景隆賫金牌勘合，直抵西番以傳朕命，令各番酋領受，俾爲符契以絶姦欺。尚恐邊衛將士巡防不嚴，私茶出境，爾兵部備傳朕意，諭邊守者知之。於是兵部具禁約事宜遣人賫諭川陝守邊衛所，仍遣僧管著藏卜等往西番申諭之。

《明實録》洪武三十年三月　〔癸亥〕遣駙馬都尉謝達往諭蜀王椿曰：秦蜀之茶，自碉門雅黎抵朵甘烏思藏五千餘里皆用之，其地之人不可一日無此。邇因邊吏稽察不嚴，以致私販出境，爲夷人所賤。夫物有至薄而用之則重者，茶是也。始於唐而盛於宋，至宋而其利溥矣。前代非以此專利，蓋制戎狄之道，當賤其所有而貴其所無耳。我國家榷茶，本資易馬以備國用，今惟易紅纓雜物，使番夷坐收其利，而馬入中國者少，豈所以制夷狄哉！爾其諭布政司、都司嚴爲防禁，無致失利。

《明實録》洪武三十年四月　〔乙酉〕申禁人民無得擅出海與外國互市。

《明實録》洪武三十年六月　〔己酉〕駙馬都尉歐陽倫坐販私茶事覺賜死。初，上命秦、蜀歲收巴茶聽西番商人以馬易之，中國頗獲其利。其後商旅多有私自販鬻，至爲夷人所賤，馬價遂高。乃下令嚴禁之，有以巴茶私出境者置以重法。倫嘗遣家人往來陝西販茶出境貨鬻，依勢横暴，所在不勝其擾。雖藩閫大臣，皆畏威奉順，略不敢違。時四月，農方耕耨，倫適在陝西，令布政使司移文所屬起車載茶往河州。倫家人有周保者，尤縱暴，所至驅迫有司，索車五十輛，至蘭縣河橋巡檢司，捶辱其吏，吏不能堪，以其事聞。上大怒，以布政使司官不言，並倫賜死，保等皆坐誅，茶貨没入於官。以河橋吏能不避權貴，遣使賫敕嘉勞之。

《明實録》洪武三十年八月　〔丁酉〕蘭州奏：朵甘、烏思藏使臣以私茶出境，守關者執之，請置於法。上曰：禁令以防關吏及販鬻者，其遠人將以自用，一時冒禁，勿論。

《明實録》洪武三十一年二月　曹國公李景隆還自西番。先是，上命景隆賫金符往西番以茶易馬，凡用茶五十餘萬斤，得馬一萬三千五百一十八匹。至是還，命分給京衛騎士操養。

《明實録》洪武三十五年九月　〔壬辰〕陝西行都司奏：回回可古思於寧夏市馬，請官市之，以資邊用。上從之，命有司償其直。上馬每匹給絹四匹，布六匹；中馬絹三匹，布五匹；下馬絹二匹，布四匹；駒絹一匹，布三匹。軍民私市者禁之。

《明實録》永樂元年八月　〔丁巳〕上以海外番國朝貢之使附帶貨物前來交易者須有官專主之，遂令吏部依洪武初制，於浙江、福建、廣東設市舶提舉司，隸布政司。每司置提舉一員，從五品；副提舉二員，從六品；吏目一員，從九品。

《明實録》永樂元年九月　〔己亥〕禮部尚書李至剛奏：日本國遣

使入貢，已至寧波府。凡番使入中國，不得私載兵器刀槊之類鬻於民，具有禁令。宜令有司會檢，番舶中有兵器刀槊之類，籍封送京師。上曰：外夷向慕中國，來修朝貢，危蹈海波，跋涉萬里，道路既遠，資費亦多，其各有賫，以助給路費，亦人情也，豈當一切拘之禁令！至剛復奏：刀槊之類在民間不許私有，則亦無所鬻，惟當籍封送官。上曰：無所鬻則官爲準中國之直市之，毋拘法禁以失朝廷寬大之意，且阻遠人歸慕之心。

《明實録》永樂元年十月〔甲子〕敕甘肅總兵官左都督宋晟曰：知哈密安克帖木兒遣人貢馬，爾已差人送京。其頭目所貢者，可選善馬送來，餘皆以給軍士。然須分別等第以聞，庶可計直給賞。蓋厚往薄來，柔遠之道。凡進貢回回有馬欲賣者，聽於陝西從便交易，須約束軍民勿侵擾之。

《明實録》永樂元年十一月〔癸巳〕哈密安克帖木兒遣使臣馬哈木沙渾都思等來朝貢馬百九十匹。先是，上遣使臣亦卜剌金等賫詔往哈密撫諭，且許其以馬入中國市易。至是，來朝貢馬，其市易馬四千七百四十匹，上命悉官償其直，選良者十匹入御馬監，餘以給守邊騎士。

《明實録》永樂元年十一月 兀良哈頭目哈兒兀歹遣其部屬脱忽思等二百三十八人來朝貢馬。命禮部賜鈔幣襲衣並償其馬直，上馬每匹鈔五十錠，中馬四十錠，下馬三十錠，每匹仍與彩幣表裏一。

《明實録》永樂二年三月〔丙寅〕安定衛指揮朵兒只速等來朝自陳願納差發馬五百匹，命河州指揮僉事康壽往受之。壽言：必裏罕東等衛所納馬，其直皆河州軍民運茶與之，今安定衛遥遠，運茶甚艱，請給布絹爲便。上曰：諸番市馬皆用茶，已著爲令。今安定衛來朝之初，自願納馬，其意可嘉，姑以絹布給之，後仍以茶爲直。於是上馬給絹三匹，布二匹；中馬絹一匹，布二匹；下馬絹一匹，布一匹。

《明實録》永樂二年四月〔己丑〕指揮蕭上都等自兀良哈還。韃靼頭目脱兒火察哈兒兀歹等二百九十四人隨上都等來朝貢馬【略】脱兒火察言有馬八百餘匹留北京，願易衣物。命北京行後軍都督府及太僕寺第其馬之高下給價償之。

《明實録》永樂三年二月 四川布政司言：諸番以馬易茶者，例禁夾帶私茶、布帛、青紙等物出關。今番商往往以馬易茶及以他貨易布帛，有司遵禁例又慮杜絶遠人。上曰：邊關立互市，所以資國用來遠人也。其聽之。

《明實録》永樂三年三月〔癸卯〕上謂兵部曰：福餘衛指揮使喃不花等奏其部屬欲來貨馬，計兩月始達京師。今天氣向熱，虜人畏夏，可遣人往遼東諭保定侯孟善，令就廣寧開原擇水草便處立市，俟馬至，官給其直即遣歸。

《明實録》永樂三年三月 遼東都司奏兀良哈等處韃靼以馬至遼東互市，命兵部定其直：上上等每馬絹八匹，布十二匹；上等每馬絹四匹布六匹；中等馬絹三匹，布五匹；下等每馬絹二匹，布四匹；駒絹一匹，布三匹。

《明實録》永樂三年十二月〔乙酉〕上謂兵部臣曰：河州、洮州、西寧諸處與西番易馬，朝廷本推誠撫納遠人，皆與好茶。聞近時守邊頭目人等多用惡謬茶欺之，甚者侵損其財物。彼雖淳厚，不肯陳告，然心未必能平。來年其遣金牌信符給西番爲驗，使比對相同，即納馬如洪武中例，不可後期。仍榜諭邊地官民以朝廷懷遠之意，今後馬至必與好茶，若復欺之，令巡按監察御史採察以聞。

《明實録》永樂四年三月〔甲午〕設遼東開原、廣寧馬市二所。初，外夷以馬鬻於邊，命有司善價易之。至是來者衆，故設二市，命千户答納失里等主之。

《明實録》永樂四年四月〔庚辰〕錦衣衛奏：民有與外國使人交通者，宜執付法司治如律。上問其實。對曰：以氈衫市之，而與之言甚久。上曰：釋之。錦衣衛復言：氈衫市之雖微，交通於法難宥。上曰：立法以禁姦，過輕則民慢；用法在體情，過重則民急。彼小人治生，富則以錢易物，貧則以物易錢，交議價值，豈一言可決？彼何知國法，其釋之。既而上謂侍臣曰：兹事若忽於聽察，則愚民以一氈衫而獲罪矣。

《明實録》永樂四年八月〔壬子〕甘肅總兵官西寧侯宋晟曰：西北番國及諸部落之人有來互市者，多則遣十餘人，少則二三人入朝，朕親撫諭之，使其歸國宣佈恩命。

《明實録》永樂四年十二月〔甲寅〕兀良哈等處告饑，願以馬易米。命所司議其直。遂定上馬每匹米十五石，絹三匹；次上馬米十二石，

絹二匹；中馬米十石，絹二匹；下馬米八石，絹一匹；駒米五石，布一匹。

《明實録》永樂五年二月〔己丑〕敕鎮守遼東保侯孟善曰：緣邊韃靼、女真野人來朝及互市者，悉聽其便，但禁戢士卒勿擾之。

《明實録》永樂五年四月〔戊戌〕敕甘肅總兵官西寧侯宋晟曰：朝廷禁約下人私通外夷，不爲不嚴。比年回回來經商者，涼州諸處軍士多潛送出境，又有留居别失八里；哈喇、火州等處，漏泄邊務者，此邊將之不嚴也。已别遣監察御史核治。自今宜嚴禁約。蓋因哈喇、火州等處使者來言其事，故戒飭之。

《明實録》永樂六年三月〔壬戌〕敕甘肅總兵官都督何福曰：凡回回、韃靼來鬻馬者，若三五百匹，止令鬻於甘州、涼州，如及千匹，則聽於黄河迤西蘭州、寧夏等處交易，勿令過河。凡來進馬者，令人帶乘馬一匹，路費馬一匹，俟至京，餘馬準例給價。

《明實録》永樂七年正月〔辛亥〕命户部嚴邊關茶禁。先是洪武中以茶易馬，上馬給茶八十斤，中馬六十斤，下馬四十斤。永樂初，上懷柔遠夷，遞增其數，由是市馬者多而茶禁少弛。碉門茶馬司用茶八萬三千五十斤，止易馬七十匹，又多瘦損，故有是命。

《明實録》永樂七年四月〔丁亥〕敕甘肅總兵官左都督何福曰：中國羅綺，舊制禁出境。邇者朝貢使臣及往來市易之人，往往有私出者，更嚴禁約。若稱朝廷賞賜，亦爲驗實，方許放出。

《明實録》永樂十五年十一月〔乙卯〕敕遼東總兵官都督劉江曰：爾奏欲更議馬直，已見體國之心。況今年遼東薄收，正宜樽節以舒用。今更定其價：上上馬每匹米五石，絹布各五匹；上馬米四石，絹布各四匹；中馬米三石，絹布各三匹；下馬米二石，絹布各二匹；駒米一石，布二匹。其他有可以實邊儲者，當悉心計慮，以副朕倚托之重。

《明實録》永樂十六年九月〔戊申〕上諭行在兵部臣曰：近遼東緣邊官軍多出境市馬以擾夷人，其禁戢之。今後非奉朝廷文書而私出境者，處以重刑。其守臣不嚴管束者論罪如律。若安樂、自在等州女直野人、韃靼欲出境交易，不在此例。

《明實録》永樂十九年夏四月〔乙巳，詔曰〕永樂十九年四月初八日奉天等三殿災，朕懷兢懼，莫究所由【略】今詔告中外，凡有不便於民及諸不急之務者悉皆停止，用蘇困弊，仰答天心，所有事宜條示於後：【略】一、往諸番國寶舡及迤西、迤北等處買馬等項暫行停止。

《明實録》永樂二十二年十二月〔丁未〕禮科給事中黄驥言：西域使客多是賈胡，假進貢之名，藉有司之力以營其私。其中又有貧無依者，往往投爲從人，或貸他人馬來貢。既名貢使，得織驛傳，所貢之物勞人運至。自甘肅抵京師，每驛所給酒食、芻豆之費不少。比至京師，又給賞及予物，直其獲利數倍。以此，胡人慕利，往來道路，貢無虚月。緣路軍民遞送，一里不下三四十人。俟候於官累月經時，妨廢農務，莫斯爲甚。比其回，悉以所得貿易貨物以歸，緣路有司出車載運，多者至百餘輛。男丁不足，役及婦女。所至之所，勢如風火，叱辱驛官，鞭撻民夫，官民以爲朝廷方招懷遠人，無敢與較，其爲騷擾不可勝言！乞敕陝西行都司：除哈密忠順王及亦力把里、撒馬兒罕番王遣使朝貢，許令送赴京來，不過一二十人，正副使給驛馬，餘以驛騾。庶幾陝西一路之人可少蘇息！臣又竊見西域所産，不過馬及硇沙、梧桐、碱之類，惟馬國家所需，餘無裨於國。乞自今有貢馬者，令就甘肅給軍士，餘一切勿受，聽其與民買賣，以省官府之費。上嘉納之，以其奏示禮部尚書吕震，曰：驥嘗奉使西域，故其具悉西事。卿，陝西人，有不悉耶？爲大臣當存國體恤民，無侵削本根。驥所言，皆從之。

《明實録》宣德元年六月〔癸亥〕敕守甘肅都督王貴曰：比聞外夷以羊馬來與軍民爲市，爾宜戒飭下人，必準時直，不可抑買。財者人之心，若虧其直，則阻向慕之意。宜嚴加約束，違者罪之。

《明實録》宣德元年十一月〔庚子〕上御右順門諭行在禮部尚書胡濙曰：昨日御馬監言，西番國師剌麻所進馬各有高下，賞賜亦宜分等第。此言亦可採。若高下同價，彼將謂朝廷混然無别，所進下者固喜，高者心必不平。卿等宜斟酌適中。於是禮部定議：中馬一，給鈔二百五十錠，紵絲一匹；下馬一，鈔二百錠，紵絲一匹；下下馬一，鈔八十錠，紵絲一匹；有疾瘦小不堪者，每一馬鈔六十錠，絹二匹。

《明實録》宣德三年五月 亦力把里使臣打剌罕、馬黑麻等以馬來鬻，有司定價中馬每匹鈔三千貫，下馬每匹二千五百貫，下下馬每匹二千

貫，騾駒一千貫。請於陝西行都司官鈔内給與。從之。

《明實録》宣德六年四月　上聞並海居民有私下番貿易及出境與夷人交通者，命行在都察院揭榜禁戢。

《明實録》宣德八年七月〔己未〕命行在都察院嚴私通番國之禁。上諭右都御史顧佐等曰：私通外夷，已有禁例。近歲官員軍民不知遵守，往往私造海舟，假朝廷幹辦爲名，擅自下番，擾害外夷。或引誘爲寇。比者已有擒獲，各置重罪。爾宜申明前禁榜諭緣海軍民，有犯者許諸人首告，得實者給犯人家資之半。知而不告及軍衛有司之弗禁者，一體治罪。

《明實録》宣德九年十月　行在兵部奏：朝廷於廣寧、開原等處立馬市，置官主之，以便外夷交易，無敢侵擾之者。凡馬到市，官買之，餘聽諸人爲市。近聞小人或以酒食衣服等物邀于中途，或詐張事勢，巧爲誘脅，甚沮遠人向化之心，請揭榜禁約。從之。

《明實録》宣德十年四月　減差行人，禁約私茶。先是西番來茶馬司以馬易茶，朝廷得馬甚衆。久之有私販茶者，得馬過少，乃每歲四月至九月，月差行人四員分往四川、陝西隘口省諭，勿令縱販私茶出境，半年之間，計差官二十四員，往來絡繹不絶。至是行在户部奏，凡三越月差官一次，庶免沿途供費。從之。

《明實録》正統十三年二月〔辛酉〕陝西洮州茶馬司奏：本司額收四川官茶，三年一次，易買番馬三千匹，然有未完者。蓋由近年鄰近府衛軍民興販私茶者多，是以産茶處所競以細茶貨賣，而以粗茶復納官。價既不倫，粗茶復非番人所好，所買不完，職此之故。事下户部，請行鎮守陝西右都御史王文等官禁約，及行四川布政司嚴督所屬，務征細茶運納。從之。

《明實録》景泰五年七月〔壬子〕命都察院出榜禁約各布政司，外夷經過處所，務要嚴加體察，不許官員軍民，鋪店之家私與交易物貨夾帶回還，及通同衛所多索車扛人夫，違者全家發海南衛分充軍。其該用人夫車輛以十分爲率，軍衛三分，有司七分，永爲定例。

《明實録》景泰五年七月〔甲午〕提督宣府軍務右僉都御史李秉言：初，迤北貢使入境，非應禁軍器，聽與沿途居民交易。其至宣府大同，飲食草芻之屬，往往皆自貨於市，歲以爲常。近者乃嚴禁之軍民私與接語，及違法交易者全家謫戍海南，故虜使每至邊市，軍民輒斂避。臣以爲昔當待之以寬，今遽太嚴，恐起猜疑之心，失柔遠之道，乞弛其禁。從之。

《明實録》成化七年五月〔戊寅〕兵部奏：巡撫陝西都御史馬文升所陳收茶易馬事，深切邊務，宜從所議。行令陝西布政司將庫貯茶課易賣折色銀及綿花等物並官銀共三千兩，遣官領送河南、湖廣市茶，運赴西寧等茶馬司收貯。移交巡茶官同守備、分巡官市易番馬，俵給甘涼操備並固原、靖虜、慶陽等衛缺馬官騎操，仍行甘肅、寧夏、延綏總兵、巡撫等官核實缺馬官數目，亦如前例行之。詔可。

《明實録》成化八年五月〔辛亥〕停免陝西、山西馬市。先是御馬監太監錢喜以隨朝馬並披甲馬少，奏行陝西、山西、遼東買補。至是巡撫陝西都御史馬文升言：陝西已買馬二百七十八匹，費公帑銀五千五百兩有奇。今虜賊擾邊，公私匱乏，乞暫停免。事下兵部，復以爲宜。有旨特免陝西、山西，而遼東仍舊。

《明實録》成化九年十月〔辛酉〕户部議巡按陝西監察御史范瑛奏茶馬事：一、粗茶不堪易馬，欲行四川並漢中府，今後收課必須細茶，或將粗者二斤折收一斤，庶得馬用。一、照原差行人禁茶事例，仍敕御史一員巡禁私茶，松潘各番買馬及提督各該州縣歲辦茶課。一、漢中等府州縣宜專委官一員，各選粗壯餘丁一百名，專一統領巡茶。如此則私茶不得出境而番馬争趨以易矣。疏入，詔御史免差，止令巡撫巡按官並行人嚴禁之。

《明實録》成化十年七月〔辛未〕巡撫甘肅右副都御史朱英奏：陝西、甘肅、西寧附近邊方各處山口密邇西番，往年番人與我軍民貿易，彼此相安。近年邊臣多使人劫誘到營，折閲物價，以賤易貴，致使番簇銜忿，甚至引刀自刎，殊失懷柔之道，切恐貽患將來。乞降旨榜禁。自後番人到境，止令都司委官量帶人馬關防接引，令與兩平交易，違者俱發充軍。其委官阿徇不舉或通同嚮利者，具奏執問。事下禮部，覆奏，從之。

《明實録》成化十二年十一月〔癸亥〕命行人伴送東北諸夷入貢者出境，并禁其市軍器。兵部右侍郎馬文升言：比年朝鮮陪臣，及建州、海西、朶顔三衛夷人入貢，軍民人等輒以弓材箭鏃，與凡鐵器，私相貿

易，誠非中國之利。乞下所司禁約，且以行人帶領通事伴送沿途防禁之。事下禮部請差行人，著爲例。兵部請榜諭京師，并諸邊軍民，違者謫戍邊遠。會同館及沿邊伴送官吏人等，有縱之者，概治其罪。若夷人挾帶出關，事覺拘入官，給還原直，仍追究所鬻之人。從之。

《明實録》成化十二年十一月 〔壬寅〕泰寧等衛遣都指揮亦吉歹等三百人入貢，兵部聞其與北虜講和，請令錦衣衛官校密防閑之。凡所賫馬物，止許於夷館中與我軍民和買，不許以銅鐵筋角私相貿易，因而漏泄機事。違者執問處治。又言：北虜自去年入貢之後，久無消息，宜令通事詹昇譯審此夷。近報北虜事情，何以與遼東邊報有異？仍諭令貢還務守邊疆，以答國恩，不可陰懷携貳。詔可。

《明實録》成化十三年八月 〔戊午〕巡撫遼東右副都御史陳鉞奏：女直及朵顔三衛夷人進貢，爲私買違禁器物出關，故添差行人防送。但自山海東抵遼東一千餘里，驛站應付艱難。今後建州海西夷人，還乞如舊例，止差通事爲便，仍預差行人一員，同分巡僉事於開原、撫順等關搜驗放出。如有違禁器物，即追究所從來，通行參問。事下禮部覆奏。從之。

《明實録》成化十三年十一月 乙亥，詔許朝鮮國市弓角。朝鮮國王李娎，以朝廷禁外國互市銅鐵弓角等物，奏言：小邦北連野人，南隣島倭，五兵之用，俱不可缺；而弓材所需牛角，仰於上國。竊惟高皇帝時，嘗賜小邦火藥火砲，待遇異於諸藩。今望特許收買弓角，不與胡人一例禁約爲幸。兵部言：朝鮮奉正朔，謹朝貢，恪守臣節，與諸夷不同，若一切禁止，恐失効順之心。宜許以互市而限其數。上以朝鮮奏乞懇切，每歲許買弓角五十，不許過多。

《明實録》成化十四年三月 〔丙戌〕詔復開遼東廣寧等處馬市。巡撫遼東都御史陳越奏：永樂間遼東設馬市三處：其一在開原城南關，以待海西女直，其一在城東五里，其一在廣寧城，皆以待朵顔三衛夷人。正統間因漏泄邊事，已罷其二，惟開原南關市獨存。近者朵顔屢請開市，朝廷不許。今朵顔窮迫，潜結海西，轉市於我。而海西借彼馬力，數犯我邊，甚爲非便。若許復開，則有以收朵顔之心，撤海西之黨，而中國並受其利。事下廷臣會議，報可。仍下巡撫等官區畫事宜，嚴革私弊，命巡按御史覺察之。

《明實録》成化十七年冬十月 〔癸卯〕賜海外諸國及西域番王敕。先是，外夷朝貢者於所過驛傳需索無厭。至是，禮部奏請因其使回降敕諭其國王。敕曰：日者海外諸國並西域番王等遣使臣朝貢，沿途多索船馬、夾帶貨物、裝載私鹽、收買人口、酗酒逞兇、騷擾驛遞，非違禮法，事非一端。所經官司，累章陳奏。欲依國法治之，則念其遠人；欲不治之，則中國人被其虐害。今特降敕開諭，繼今以後，王遣使臣，必選曉知大體、謹守禮法者，量帶傔從，嚴加戒飭，小心安分，勿作非爲，以盡奉使之禮，以申納款之忱。俾奉使者得以保全，供應者得免煩擾，豈不彼此兩全哉！

《明實録》成化十七年十月 〔己酉〕嚴遼東馬市之禁。先是，陳鉞爲都御史巡撫遼東，奏開馬市於開原、廣寧二處，朵顔諸夷每月兩市。後通事劉海、姚安稍侵牟之，諸夷懷怨，寇廣寧，不復來市。至是，鉞爲兵部尚書，懼罪及己，乃奏言：初立馬市，非資外夷馬以爲中國之用，蓋以結朵顔之心，撤海西之黨。今宜申嚴禁例，每爲市，令參將及布、按司官一人監之，有侵刻者重罪之。庶無激變之患。詔可，仍令巡按御史治劉海、姚安之罪以聞。

《明實録》弘治三年二月 己亥，太傅兼太子太師、英國公張懋，陳禁革處置夷情事宜，謂：京城原設兩會同館，各有東西前後九照厢房，專以止宿各處夷使及王府公差、内外官員。但北館有宴廳，後堂以爲待宴之所；而南館無之，每賜宴止在東、西照房分待，褊迫不稱。乞敕工部，將近日拆卸永昌等寺木料改造宴廳於南館，仍葺兩館頹壞墻屋。至設宴之日，該宴者諭令依次序坐，未該預宴者勿令近前混擾。又各處使臣，多習巧詐，往往交通館夫及市人，不待禮部開市之期，預將違禁貨物私賣。近哈密等國夷人帶來玉石等貨，又爲姦人賒賣，久不還價。夷人延住經年，或出外飲酒爲非，通事累促起程，亦被撥置奏害。雖有榜禁，漫不知畏。乞敕禮部，申嚴禁約，令緝事官校訪捕。如弊在通事及館夫人等，則治以重罪；如弊在夷人，亦宜没入違禁貨物，俾知懲戒。又永樂間創立四夷館，内分八館，俱取諳曉番字語言教師，並選各國子弟同國子監年幼監生送館習學，各授官職，以通各國夷情；後亦取在京官民子弟教習成效，授職辦事。比來各館缺官，既無教師訓誨，又無子弟學習。提督官曾以爲

言，未得處分。乞敕禮部，查例舉行。禮部覆奏，俱從之。

《明實録》弘治三年五月　〔丁丑〕監察御史武清言：今夷人進貢獅子、駝、馬，計其所直，亦爲不多；而道路糜費，不可勝言。到京賞賚，千有餘兩。蓋其心不過圖利，非實有尊事朝廷之意也。陛下奈何以有用之財，易無用之獸？以小民所出之脂膏，而蹈此番夷之口乎？宜明敕所司，將獅子等獸阻回，量加賞賜，以酬其勞。則於柔遠人之道，亦爲得矣。命所司知之。

《明實録》弘治六年三月　〔丁丑〕兩廣總督都御史閔珪奏：廣東沿海地方多私通番舶，絡繹不絶。不待比號，先行貨賣。備倭官軍爲張勢，越次申報，有司供億，糜費不資，事宜禁止。況夷情譎詐，恐有意外之虞。宜照原定各番來貢年限事例揭榜懷遠驛，令其依期來貢。凡番舶抵岸，備倭官軍押赴布政司，比對勘合相同，貢期不違，方與轉呈提督市舶太監及巡按等官具奏起送，如有違礙，捕獲送問。下禮部議：據珪所奏，則病番舶之多，爲有司之供頓苦。據本部所見，則自弘治元年以來，番舶自廣東入貢者，惟占城、暹羅各一次。意者私舶以禁馳而轉多，番舶以禁嚴而不至。今欲揭榜禁約，無乃益沮向化之心，而反資私舶之利。今後番舶至廣，審無違礙，即以禮館待，速與聞奏。如有違礙即阻回，而治交通者罪。送迎有節，則諸番咸有所勸而偕來，私舶復有所懲而不敢至，柔遠足國之道，於是乎在。

《明實録》弘治六年十一月　〔乙卯〕南京錦衣衛指揮使王鋭言：近年以來，刑官多恣意用刑，獄囚每淹禁致死。無干之逮繫者，不與決遣，隸人之羅織者，不爲禁治。無籍之徒謀充獄卒，積年爲害，刑官或喜其便利，托爲腹心，姦弊皆由此出。又有貪利之徒，治巨艦出海與夷人交易，以私貨爲官物，沿途影射。今後商貨下海者，請即以私通外國之罪罪之。都察院覆奏，從之。

《明實録》弘治十二年九月　〔丁丑〕兵部復奏巡按遼東監察御史羅賢所言：廣寧、開原、撫順三馬市每遇夷人持馬、貂諸物來市，被鎮守等官及勢家縱令頭目僕從減價賤市，十償三四。夷人受其挫勒折閲積久，懷怨殊深，往往犯邊，多坐此故。請自今馬市在廣寧者委按察司分巡官，在開原者委安樂州知州，在撫順者委備御官。仍申明舊例禁約，敢襲前弊者，捕送巡撫巡按等官究治。計贓至二百貫以上者，頭目僕從人等發極邊衛分充軍，職官調別邊各衛帶俸，遇赦不宥。若因而激變夷人，致引邊釁，從重論。干礙鎮守等官，奏劾按問。從之。

《明實録》弘治十二年十二月　〔乙卯〕巡按陝西監察御史王憲言：國家於河州等處設茶馬司收茶以易番馬，大得制御之道。比來撫臣建議從權開中糧茶，遂令私茶難禁而易馬不利，今關輔歲稍稔而糧茶未見其益，只見其弊。請自今停糧茶之例，異時或有兵荒，當更圖之。户部覆議，上曰：茶糧既有誤易馬，其暫停之。

《明實録》弘治十五年五月　〔戊子〕禮部覆奏户科給事中王盖所言重賞典事，謂各處夷人入貢例賜彩段、衣服等物，近年官庫工匠作弊多端，或尺寸短少，或製造窄小，夷人怨恨，頗有後言。請移文所司：凡進納彩段務令足數，成造衣服務令依式，違者治罪。從之。

《明實録》弘治十五年十二月　〔己亥〕户兵二部覆議監察御史王紹所奏禁商茶以通番馬事。謂洪武永樂間茶馬之法，三年一次，官運保寧府等處茶於西寧等茶馬司易馬。後此例不行，仍取漢中等處民納茶及巡獲私茶充用，歲遣行人等官巡視。成化初，始專差監察御史。當時易馬歲以萬計，加之寺、監所收，足給邊用。近年以來，十不足二，蓋緣私茶之禁不行，而召商報中之弊復有以啓之。請自今停開中之例，嚴私販之禁。仍以民間所納並巡獲私茶與番馬及時互市。陝西苑馬寺比年馬政廢馳，尤宜擇人整理。庶幾馬漸蕃盛而邊方足用。上曰：茶馬備邊重事，所差御史務用心巡理，足先年之數，此後勿再召商中茶。其苑馬寺收馬事宜兵部即議處來奏。

《明實録》正德五年秋七月　壬午，廣東市舶司太監畢真奏：舊例，泛海諸船俱市舶司專理。邇者，許鎮巡及三司官兼管。乞如舊便。禮部議：市舶職司進貢方物，其泛海客商及風泊番船非敕書所載，例不當預奏入。詔如熊宣舊例行。宣，先任市舶太監也，常以不預滿剌加等國番船抽分，奏請兼理，爲禮部所劾而罷。劉瑾私真，謬以爲例云。

《明實録》正德十六年秋七月　〔己未〕禮部覆御史王佩條陳節貢獻事言：四夷進貢國有常期，頃漸多違越，或到處輒止州縣驛遞，騷然煩費，宜申明禁例令出入不得過時。上是其議。

《明實録》嘉靖二年三月〔辛未〕户部上言：因家令番夷馬，酬之以茶，名曰差發，非中國果無良馬而欲市之番夷也，亦以番夷中國藩籬，故以是羈縻之耳。自金牌制廢，私販盛行，各番不中馬而自得茶，邊吏不能禁，顧私委所屬抽税馬。且販者不由天全六番故道，私開小路徑通嗒葛，而松、茂、黎、雅私商尤多。自是茶禁日馳，馬政日壞，而邊方日多事矣。今宜嚴禁私茶。陝西責之巡茶御史，四川、湖廣責之守巡兵備。一切市茶，未賣者驗引，已賣者繳引截角。凡引俱南京户部印發，郡縣無得擅印。痛革私税，一歸於批驗茶引所茶課司。其總鎮守備家人頭目豪販者，撫按論劾無赦。仍以《大明會典》及律例所載申明榜示。從之。

《明實録》嘉靖三年四月〔壬寅〕刑部覆御史王以旗議：福建濱海居民每因夷人進貢，交通誘引，貽患地方。今宜嚴定律例，凡番夷貢船，官未報視而先迎販私貨者，如私販蘇木、胡椒千斤以上例。交結番夷互市稱貸，給財構釁及教誘爲亂者，如川、廣、雲、貴、陝西例。私代番夷收買禁物者，如會同館内外軍民例。攬造違式海船私鬻番夷者，如私將應禁軍器出境因而泄一律、各論罪。怙惡不悛者，並徙其家。第前所引例，已足盡法，徙家太重，請勿連坐。仍通行浙江、廣東一體榜諭。從之。

《明實録》嘉靖九年冬十月〔辛酉〕給事中王希文言：廣東地控夷邦，而暹羅、占城、琉球、爪哇、渤泥五國貢獻，道經東莞，我祖宗立法，來有定期，舟有定數，比對符驗相同，乃爲伴送附搭貨物，官給鈔買，載在《祖訓》可考也。洪武間，以其多帶行商，險行詭詐，絶不許貢。至正德間，佛朗機匿名混進，流毒省城，副使汪鋐并力驅逐，僅乃絶之。今未逾數年，撫按以折俸缺貨，遂議開復。祖宗數年難沮之虜，幸爾掃除，守臣百戰之功，一朝盡棄，不無可惜，即無論爲害地方，但以堂堂天朝，受此輕瀆之貢，治之不武，不治損威，無一可者。【略】疏下，都察院覆：請自今諸國進貢，宜令依期而至，比對勘驗，收其番貨抽分，交易如舊。【略】得旨，如議行。

《明實録》嘉靖十一年四月〔丁亥〕陝西巡按御史郭圻言：西寧洮河三茶馬司積茶至二十九萬一千五百一十五篦，散塊私茶亦十餘萬斤，徽、階二州、西安等衛積貯尤多。宜令兵備邊備等官不拘年例之數，設法多易馬匹，以備征戰。事下兵部議覆：延綏用兵，需馬爲急，宜趣如御史言行。報可。

《明實録》嘉靖十二年二月〔癸巳〕令申凡外夷進貢方物，邊臣驗上其籍，禮部按籍收進給賞。其籍所不載，例準自行貿易。貢事既竣，即有餘貨，責令帶歸；願入官者，部爲奏聞給鈔。正德末，黠夷猾胥交關罔利，乃有貿易餘貨令市駔評價，官酬絹、紗之例。是歲土魯番夷使馬黑麻虎力奶翁、天方國夷使火者阿力克等以其積餘玉石、銼刀等物固求準貢物給賞，瀆奏再四，禮部乃以正德年例爲請，許之。西域夷使多胡賈，每入輒挾重資與中國市。邊吏利其賄，侵索多端，類取償於朝，一或不當其值，則咆咻不止，虎力奶翁等皆黠悍，既習知中國情，又憾邊關之掊克也，纍纍訴其狀於部，不爲問。鎮守甘肅太監陳浩者，當夷使入，命家人王洪索名馬、玉石諸物甚夥。至是乃翁等遇洪通達，遂執詣部以實其訴。於是奏事關大體，須大有處分可服遠人心。上乃敕遣法司、錦衣衛官、給事中各一員，係王洪與夷使詣甘肅同總督官並巡按御史勘之。

《明實録》嘉靖十三年六月〔乙卯〕户部覆陝西巡按御史劉希龍條奏茶馬四事：一、處茶運以省浮費。言自漢中至茶司，沿途驛遞設有茶夫，歲用銀二萬餘兩，課少費多，宜從裁省。惟照舊例徵銀，量地遠近給領，解户聽其自雇，歲不過千金而足。一、約開中以便召易。言往年關中，商茶歲終六十萬斤，今增至百數十萬斤。官茶阻滯，番馬不來，規制漸壞。宜定爲格，每歲召商報中，限以八十萬斤，除對半給商，其在官者，歲以三十萬引易馬，餘悉積貯以備緩急。一、出陳茶以清庫藏。言陳茶腐浥，不堪食用者，宜悉捐棄，以省稱盤，絶抵换之弊。一、給月糧以恤牧軍。言苑馬寺牧軍有數年不得關糧者，衣食不充，難責芻牧。宜加優恤，將應給糧令與操軍一躰關支。議上，俱從之。

《明實録》嘉靖十五年六月〔乙未〕巡茶御史劉良卿言：陝西設立三茶馬司收茶易馬，雖以供邊軍征戰之用，實以係番夷歸向之心。考之律例，私茶出境與關隘失察者並凌遲論死，一何重也。蓋西邊藩籬莫切諸番，番人恃茶以爲生，故嚴法以禁之，易馬以酬之。禁之使有所畏，酬之使有所慕，此以制番人之死命，壯中國之藩籬，斷匈奴之右臂，非可以常法概視也。洪武初例民間蓄茶不得過一月之用。弘治中召商中茶，或以備

賑，或以儲邊，然未嘗禁内地之民使不得食茶也。今減通番之罪止於充軍，禁内郡之茶使不得食，又使商私課茶悉聚於三茶馬司。夫茶司與番爲鄰，私販易通，而禁復嚴於内郡，是驅民爲販而授之資也。以故大姦闌出而漏網，小民負升斗而罹法，豈當人情乎？今計三茶司所貯每歲易馬之茶，洮河可足三年，西寧可足兩年，而商私課茶又日益增，積久腐爛而無所用。茶法之弊如此。番地多馬而無所市，吾茶有禁而不得通，其勢必相求，而制之之機在我。今茶司居民竊易番馬以待商販，歲無虚日，及官易時而馬反耗矣。歲所易馬，領軍未至，率寄各衛軍餘養之。彼貧且不能自給。何有於馬？況損失復責其賠償哉！監苑牧馬所以供軍，軍養數多，不能收拾，放之山野，遂不可羈靮。馬既不可用，及操軍倒死，例有椿朋地畝銀買補。銀數不足，復累各軍賠辦。且槽下倒死賠辦可也，若追賊倒死而亦使之賠辦乎？甘肅一鎮歲領馬千九百，榆林、寧夏各千，洮州衛二百，各鎮衛所不論倒死有無多寡，歲概給馬四千餘匹，漫無稽考，冒領之弊豈謂盡無？馬政之弊如此。臣謹條上六事：一、量積邊境之茶以防私通。三茶馬司止留二年之用，每年易馬計該若干，正茶之外，分毫毋得夾帶。令茶價涌貴，番人受制，良馬將不可勝用。二、通行内郡之茶以息私販。多開商茶，通行内郡。除盤驗解司外，其餘量派各府，而官榷其半，以時定直。商茶給商自賣，不得出所屬州縣境。官茶及所獲私茶分散鋪行賣之，其價銀計除養馬解茶費外，餘開撫院以備軍儲。而河、蘭、階、岷諸近番地禁賣如故。三、重通番之刑以杜輕玩。河、岷、洮責之邊備道，臨洮、蘭州責隴右分巡，西寧責兵備。各選官防守懸法如律例，失察參劾以罷軟論。四、嚴販馬之禁以便招易。分責各道察捕私販馬者，論如通番。五、公養茶馬以蘇貧困。三茶馬司各擇閒空地立廠畜草料，委官督同醫獸牧養，毋累貧軍。六、審處牧馬以便操牧。苑馬寺所牧馬歲一清查，籍其齒力堪用者，俟操軍倒死給領。係征戰者，全給抵補；係槽下者，給馬一匹，仍追償，都指揮七兩，指揮六兩，千百户、鎮撫五兩，旗軍四兩。走失被盜各加一兩，而免征椿銀。仍歲籍所倒死馬，以備稽考。下户、兵二部，覆可。獨立牧廠、變椿銀二事似涉紛更。詔如部議。

《明實録》嘉靖二十三年八月　初，直隸閩浙並海諸郡奸民往往冒禁入海，越境迴易以規利。官民追賊至海上，會奸民林昱等舟五十餘艘，前後至松門海洋等處，因與官兵拒敵，多少殺傷。尋執之，驗其舟所載，皆違禁物。指揮楊淮等遂以擒賊報。後審之爲姦商，然多拷斃獄中。按臣論其拒敵者四人罪，餘以越度邊關，謫發戍邊。上謂海賊私駕巨舟，通市番貨，以致殺人數多，貽害地方，何乃止擬重刑四人？即以監故者抵罪。法度寬弛，將來必致多事。其遣給事中及法司官各一人，會所在按臣逮各犯，備加審鞫，奏請處分。事干職官，俱俟事寧奏奪。

《明實録》嘉靖二十四年四月〔辛酉〕日本國自己亥入貢，辛丑還國，逮甲辰三歲耳。復遣使來貢，以其不及期，不許，督令還國。而各夷嗜中國財物相貿易，延歲餘不肯去。至是巡按浙江御史高節請治沿海巡視備倭等官故縱之罪，因奏禁豪姦以絶交通，專邊儲以便事體，禁扣除以飭營伍，重委任以專住扎四事。下所司議覆，得旨允行。

《明實録》嘉靖二十六年十月〔壬戌〕巡按陝西御史胡彦疏陳茶馬事宜：一、禁冒中。洮河、西寧等處專以不堪馬匹冒頂番名中納，或參游等官自中並縱容其子孫冒中，及將茶斤展轉興販通番，俱當嚴行禁革，違者從重問擬。一、申例禁。弘治年間都御史楊一清所議從重處置邊務，及御史劉良卿議禁異省私茶，陳講議令茶徒指攀首惡，張涣議禁假茶各奏，準事例甚嚴，宜刊佈遵守。疏下刑部同户、兵二部議，謂冒中之禁宜如一清、良卿所條畫，各照地方斤數問擬發遣。乃講與涣之奏則猶有可議者，今後宜令巡捕官兵捕獲茶犯，審有首惡者辨驗實迹，方許呈所司詰治。或隱護首惡及妄指平人者，不分茶斤多寡，并發烟瘴地面充軍。如巡捕官軍通同賣放，勒令多攀良民者官降一級，應捕人役枷號兩月，有贓者從重治罪。驗有假茶五百斤以上者，商人園户悉照前例發遣，擅將驗過官茶及知情受寄接賣者各從重論，茶價俱入官。官司失於緝捕者各論如律。議入，從之。

《明實録》嘉靖二十九年十二月　辛酉，兵部言：太僕寺寄養馬近以虜患發京營各邊，存者止六千匹，請將本寺三十年春秋二季馬併作一運，及借三十一年分馬作三十年二運，其南直隸原當總運者亦併徵二年分爲二運解寺。又陝西、遼東地方良馬所産，請令各關暫弛馬禁，許商民得以貿易。從之。

《明實録》嘉靖三十年四月　丙戌，開馬市于大同鎮羌堡，虜酋俺答

與其子脱脱等部落夷衆共易馬二千七百餘匹。市竣遣虜質虎剌記等四人出邊，加給延綏幕軍餉銀二萬四千兩有奇，寧夏抽捕新軍餉銀二萬三千四百兩，延綏挑選家丁通事餉銀九千三百兩，俱歲以爲例。

《明實録》嘉靖三十五年三月 〔癸酉〕舊制陝西洮河茶馬歲易以四千八百爲額，以四千一百匹分給延綏、寧夏、甘肅三鎮，以七百匹發苑馬寺，令各苑與孳牧兒騸馬一同牧養，專給固原。後以邊事日亟，延寧二鎮缺馬，間以孳牧補給。去歲總督衙門移檄該寺，令以馬五百給延綏，五百給寧夏，一千七百給固原，歲爲例。于是寺臣告不敷。巡茶御史楊美益請量減前數，酌爲適中可久之制。本寺孳牧馬每歲準俵二千匹，以一千五百匹專給固原，以五百匹及洮河茶馬輪給延寧。如苑馬不及二千之數，聽巡按御史論治。其每年所徵，虧倒銀兩，歲終責令寺臣具籍呈之御史。收買馬匹，以杜二牝八爲則，以蕃孳育。部覆報可。

《明實録》嘉靖三十五年十二月 〔癸卯〕尚書趙文華條陳防海事宜六事：一、馳海禁。謂：濱海細民，本借采捕爲生，後緣海禁過嚴，以致資生無策，相煽從盜。宜令督撫等官止禁通番大船，其餘各聽海道官編成排甲，稽察出入，照舊采捕【略】疏入。下所司覆議。俱從之。

《明實録》嘉靖三十六年十月 戊戌，陝西巡茶御史梁汝魁疏陳茶馬積弊：一、四川夔保一帶茶法宜增入，敕内聽其帶管巡禁，止許陝西官商收買。其建昌松潘碉門黎雅等處行四川撫按官嚴加防捕，不得通番私販。一、茶法項下并苑寺贖觸動宜趨時糴買穀粟以備賑濟，不得别項支銷。一、徽州之北設火鑽批驗所，盤掣不便，宜改於白水江總會之區，仍隸徽州，就近管轄。户部議覆，從之。

《明實録》嘉靖三十七年二月 甲午，兵部覆御史梁汝魁條陳馬政。一、陝西苑馬寺二監七苑官，宜視有司例科，歲登其孳牧之數，候六年類奏，以頻黜陟。一、國家茶馬之禁，禁闌出與番市者耳，非禁民之相市也。而有司不察，而悉禁之，故茶商不來。乞明示民商得相買賣，每馬一匹，官税銀三錢，以寓稽察之意，不惟惠民，且因可以資國。報可。

《明實録》嘉靖四十一年三月 〔戊戌〕增設茶馬司於甘州適中之地，令其多方招商中茶招番易馬，仍以四川保寧茶課全徵本色助之。從巡按御史鮑承蔭議也。

《明實録》嘉靖四十二年十二月 〔己酉〕禁止通海遼船。先是因巡遼東饑，暫許通登、萊糴穀。既而遼商利海道之便，私載貨物往來。山東守臣恐海禁漸馳，或有後患，疏請禁止。從之。

《明實録》嘉靖四十三年三月 〔戊申〕兵部覆御史潘一桂條陳茶馬事。一、陝西孳畜繁庶，而法不許轉販關東，故民無所仰給，生計甚窘，宜少弛其禁。一、各衛椿朋地畝銀兩，姦弊滋生，宜悉行清查以便買馬。一、往者依馬舊制，在固原則調馬就軍，牧人有守候之苦；在延寧則調軍就馬，邊卒有奔走之勞。宜爲畫一之令，每歲以五月、十一月俱赴平涼對俵便。一、召商中茶近增至百萬滯矣，止宜歲中五六十萬，招商以百五十人爲率。一、松潘與洮河近，故私茶往往關出與番夷通，宜停松潘引目，申嚴入番之禁令。撫按議之，報可。

《明實録》萬曆四年二月 巡按陝西御史傅元順條陳茶、馬事宜：一、撫番族以安地方。謂：洮西熟番古陸阿爾答等國初受敕中納茶馬，與西腦生番下沙麻兒等原不同謀，不得一概大征，有妨招中。一、留茶篦以戒不虞。謂：番人以茶爲命，每歲中馬六千有奇。中國恃以制番。近議與西海丙兔開市，即以招番餘茶易虜馬，將使番人仰給於虜，彼此勢合，貽患匪細。宜照虜市惟易緞絹布糧等物，茶篦仍留招番。一、定期限以信遵守。謂：每年招番中馬日期，洮州茶司定以五月，河州、甘州二茶司定以六月，西寧茶司定以七月，番市告竣而後虜酋赴市。庶經過中馬，番族可保無虞。不然恐致騷擾。俱於貢市有裨。從之。

《明實録》萬曆五年九月 〔己未〕俺答投書甘肅軍門，乞開茶市。巡按陝西御史李時成言：番以茶爲命，若虜得藉以制番，番必轉而從虜，貽患匪細。部覆：茶市豈容輕許。但虜王既稱迎佛僧寺必須用茶，難以終拒。宜行該鎮，如虜王請以馬易茶，直以官茶無多，原以招番納馬正支，天朝自有法制，誰敢於市？惟量給百數十，以示朝廷賞賚厚待之恩。上是其議。

《明實録》萬曆六年十一月 〔辛亥〕兵部題：國初於閩、廣、兩浙設三市舶，不徒督理貢事，亦以牽制市權，意固深遠。尋以浙江多故，旋設旋罷，惟閩、廣二舶尚存。而廣南番船，直達省下，禁令易行。福建市舶，專隸福州，爲琉球入貢一關白之。而航海商販盡由漳、泉，止於道

府告給引文爲據。此皆沿海居民，富者出資，貧者出力，懋遷居利，積久弊滋，緣爲姦盜者已非一日。今總督凌雲翼議將下番船舶一一由海道掛號，驗其丈尺，審其貨物，當出海回籍之候。俱欲照數盤驗，不許夾帶違禁貨物。巡撫福建劉思問一謂漳州澳船須令赴官告給船由文引，並將貨物登記；二謂泉、漳商船無可辨查，要行該有司將大小船隻編刻字號，每船十隻，立一甲長，給文爲驗；三謂沿海居民，間有通賊接濟，宜立保甲，互相稽查，如一家接濟，則九家報官，敢有容隱，則九家連坐，其中保長另行重處；四謂南日山寨新移吉了巡司之旁，道里不均，應接不及，須移置平海衛南哨澳地方，以便策應。臣竊見近日劇賊林道乾、林鳳等逋逃島外，尚漏天誅。更有黠猾豪富托名服賈，勾通引誘，僞造引文，收買禁物，借寇兵而賫盜糧，爲嚮導而聽賊用，誠有如督撫二臣所言者。伏乞敕下閩廣該地方官查照前議斟酌進行。得旨：海禁事宜，着該省撫按官會議停當具奏。

《明實録》萬曆十六年八月〔甲辰〕兵部題覆甘肅總督郜光先、巡撫曹子登劾參將馬應時驅回互市回夷增賞媚虜，已經處分并議虜酋爾。失革之馬委宜明載市冊以杜隱漏，此後市馬各照原額。虜搶貢夷如在嘉峪關外，聽其自行追賠，入關疎虞方查參將領。奉旨是。

《明實録》萬曆十六年九月　户部覆巡茶御史鍾化民題：川、陝以茶易馬，此馭虜之一策。而私茶出關之禁不嚴則姦宄易生，宜分任責成在陝者漢中府所屬關南道臣督之，府佐一人專駐魚渡壩查理，在川者保寧府所屬州北道臣督之，府佐一人專駐鷄猴壩查理。各立哨官，率州縣官兵爲防守緝捕之政。於茶生之候尤嚴，官收者別有司存以稽出入，爲市虜之用。其園户餘茶行所在官司給票引與官商貿易，其無票引者論如鹽法抵罪。第督之在道臣，而守法則二府佐實司紀綱焉，悉聽巡茶核治。上從之。

《明實録》萬曆十七年四月〔丙申〕福建巡撫周寀言：漳州沿海居民往販各番，大者勾引倭夷，窺伺沿海；小者導引各番，劫掠商船。今列爲二款：一、定限船之法。查海禁原議給引以五十張爲率，每國限船二三隻。今照原禁，勢所不能，宜爲定限。如東洋吕宋一國水路稍近，今酌量以十六隻，其餘大率准此。以後商販告標造船，應往某國者，海防官查明，數外不準打造。一、薄税銀之征。商餉規則，每貨值一兩者税銀二分，又西洋船闊一尺税銀六兩，東洋船闊一尺税銀四兩二錢，既税其貨，又税其船，無乃苛乎？除船税照舊，其貨物以現在時價裒益劑量。兵部覆東西二洋各限船四十四隻。

《明實録》萬曆十七年六月〔丙戌〕山西巡按沈子木言：本鎮互市應用緞匹、梭布、水獺、狐皮等物，發價銀四萬餘兩委官往各省收買。在湖廣其弊制於牙行，在蘇杭其弊制於委官。以後欲將皮張行湖廣撫臣臨期定價收買，緞布行應天浙江撫臣先期審定機户織造。從之。

《明實録》萬曆十七年十一月　壬子，發太僕寺銀二萬兩于寧夏充十八年互市。

《明實録》萬曆二十三年二月〔丙午〕户部題覆陝西道御史李楠議禁湖南茶引以絶夾帶、建紫陽茶坊以絶假茶事。按茶課易番中馬，其法甚善。乃姦商利湖南之賤，逾境私販，番族享私茶之利，無意納馬，而茶法、馬政兩弊矣。今宜行巡茶御史召商報引，先爲曉諭，願報漢、興、保、夔者，準中，越境下湖南者通行禁止。至産茶州縣設立官店官牙，引商到店納課，茶户依估還商，牙保將前茶運赴紫陽茶坊告府盤驗，則夾帶絶矣。若乃商販僞茶日增，番族藉口減馬，應如按臣議，擇紫陽輻輳地面建立茶坊一所，責成正官如法蒸曬。敢有擅攙假茶者，舉發重究。庶茶行馬足而番漢兩便矣。從之。

《明實録》萬曆二十五年三月〔甲辰〕陝西有茶市，先是，御史李楠議禁湖茶，謂：自湖茶行後，各商利於夾帶，短販得以盛行，甚至漢中、保寧僅止一二十引，茶户欲辦本課，往往私販出邊。番族利私茶之賤，因而不肯納馬，此湖茶之有礙於漢川也。又湖南多假茶，食之則刺口破腹，番族因此不來納馬。此湖茶之便於番族也。至是，御史徐僑請仍行湖茶，謂：漢川茶少而值高，湖南茶多而值平，又漢中、保寧不盡産茶，而西紫通已僅足小引食用。湖茶之行，原與漢中無妨。漢茶味甘，煎熬易薄，湖茶味苦，酥酪相宜。湖茶之行於番，情亦便。然湖茶可行而假者不可不禁：一、塞假茶之源，在於寶慶、新化互置號單，比對數目，付商收買，委廉能官於諸商起運時盤驗。一、清假茶之流，在於紫陽茶坊，令府縣官一員親驗真正方許發口。疏下户部，部覆：折衷二議，以漢茶爲

主，湖茶佐之，各商中引先給漢川，完日方給湖南。如漢引不足，聽於湖引内處補。報可。

《明實録》萬曆二十九年二月　〔壬申〕户部覆陝西巡按畢三才條議茶馬五事：一、復課茶以充國計。課茶徵輸歲有定額，先因茶多餘積，園户解納艱難以此改折，今商絶跡五司茶空，將漢中府西鄉等五州縣課茶議覆本色，此後折色本色仍解量議行。一、轄郡邑以便責成。欲依巡鹽巡倉事例，將湖廣寶慶府屬產茶州縣與商茶經繇地方增入敕書，與川陝一體舉劾。一、多招引以裕茶本。有引則有茶，有茶則有馬，每歲中馬一萬一千九百餘匹，大約用茶四百餘引，乞每歲招商報滿五百引，歲爲定例。一、清額地以贍芻牧。欲查弘治年間都御史楊一清丈出荒田一千二萬八千餘頃，撥給七監見在馬。一、優茶商以寓鼓舞。命依議行。

《明實録》萬曆三十四年四月　〔丙寅〕陝西巡按御史史學選言：國家重茶馬之利，特敕憲臣專董其事，要使姦人不得潛通番馬，而番馬不得潛販出境，故私茶私馬爲禁並嚴。而今馬禁之敝日甚，則馬税一節爲厲階也。查得民間馬匹買賣俱領票納税，有上中下不等，此項初無定額，而不肖有司登報什一侵漁什九，不論民間孳生换易，見無税票即指稱私馬入官積猾。捕役私販通番者重賄以免，而民間不出境之馬及捕獲抵塞，視設禁之初意蕩然矣。乞將民間馬禁悉行釐革，其大慶商雒綏德馬販出没關隘，悉聽茶臣設法盤究，庶積害除而地方得以蘇息。奉旨：茶馬御史嚴禁通番自其職掌，至於民間孳牧買賣原與無干，何得一概禁約因而科税，以致有司借充私橐，胥役因緣爲姦，小民畏懼誰敢喂養，邊備騎操何從取給？今後著巡按御史嚴行禁革，邊者指名參治，其餘依擬。

《明實録》萬曆四十年十二月　〔庚寅〕兵部題：販海之禁，屢經申飭，不意猶如李文美等公行無忌，迹其盤驗雖非通倭之貨，但脱逃可疑，應行原籍衙門拘審。仍通行所屬沿海軍衛有司，禁戢軍民不許私出大洋興販通倭，致啓釁端。從之。

《明實録》萬曆四十一年十月　〔乙酉〕浙江嘉興縣民陳仰川、杭州蕭府楊志學等百餘人潛通日本貿易財利，爲劉總練楊國江所獲，巡按直隸御史薛貞覈狀以聞。因請申飭越販之禁：一、巨海風浪惟雙桅沙船可恃無恐。自嘉靖年被倭後嚴禁寸板不許下海。後因鹽課失額，稍容濱竈小船樵捕補課。今直隸浙江勢豪之家私造雙桅沙船，伺風越販，宜盡數查出，不許違禁出海，則通倭無具，私販者無所施其計矣。一、江南與浙之定海、楚門、石塘、石浦、馬墓等處，江北之通州、如皋、泰州、海門等處互相往來，是在一體禁戢，使浙江之船不得越定海而抵直隸，江北之船不得越江北而走浙江，則通倭無路而鄰國不至爲壑矣。下部議可，從之。

《明實録》天啓五年四月　〔戊寅〕福建巡撫南居益題：海上之民以海爲田，大者爲商賈販於東西洋，官爲給引，軍國且半資之，法所不禁。烏知商艘之不之倭而之於別國也。其次則捕魚，舴艋不可以數計，雖曰禁其雙桅巨艦，編甲連坐，不許出洋遠涉，而東番諸島乃其從來采捕之所，操之急則謂斷絶生路，有挺而走險耳。聞閩越、三吴之人，住於倭島者不知幾千百家，與倭婚媾長子孫，名曰唐市。此數千百家之宗族姻識潛與之通者，實繁有徒。其往來之船名曰唐船，大都載漢物以市於倭，而結連萑苻，出没澤中，官兵不得過而問焉。即兩汛戒嚴，間有緝獲，而窮海鯨窟，焉能盡殲？**【略】**疏下兵部。

《明英宗寶訓》卷二《戒將臣》　〔正統八年十二月〕戊戌，敕宣府大同獨石等處總兵官永寧伯譚廣等曰：今歲瓦剌使臣行李中多有盔甲刀箭及諸違禁鐵器，詢其所以，皆大同宣府一路貪利之徒私與貿易者，小人交通外夷，誅之誠不爲過。然屢敕爾等禁約，今乃復，爾號令不嚴可知。其自今申明禁令，徧諭多人，有踵前非者一體治罪。

（清）查繼佐《罪惟録》紀卷九《憲宗紀》　〔天順八年十二月〕始定朋合折買馬匹法，行天下。

《明史》卷一八《世宗紀》　〔嘉靖〕三十年春三月壬辰，開馬市於宣府、大同，兵部侍郎史道經理之。**【略】**〔三十一年九月〕癸卯，罷各邊馬市。

《明史》卷二一《神宗紀》　〔萬曆三十五年六月〕閏月辛巳，復河套諸部貢市。

《明史》卷二二七《鍾化民傳》　出視陝西茶馬，言：邊塞土寒，獨畜馬爲業。今慮其闌出爲厲禁，於是民間孳息與境内貿易俱廢，公私緩急亦無所資。請聽踰境販鬻，特不得入番中。又囊寧夏乏餉，歲發萬金易米二萬七千石，後所司乾没，濫征之民。請以墾田粟補之，永停徵派。俱

報可。

《明史》卷二六五《王家彦傳》 先是，隆慶間太僕種馬額存十二萬五千，邊馬至二十六萬。言者以民間最苦養馬，所納馬又不足用，議馬徵銀十兩，加草料銀二兩，歲可得銀百四十四萬兩。中樞楊博持不可，詔折其半，而馬政始變。萬曆九年議盡行改折，南寺歲徵銀二十二萬，北寺五十一萬，銀入冏寺而馬政日弛。家彦極陳其弊，請改國初種馬及西番茶馬之制。又班軍舊額十六萬，後減至七萬，至是止二萬有奇，更有建議盡徵行糧、月糧，免其番上者。家彦時巡京營，力陳不可，且請免其工役，盡歸行伍。帝皆褒納其言。遵化鐵冶久廢，奸民請開之，家彦言有害無利。復有請開化雲霧山以興屯者，亦以家彦言而止。

（清）龍文彬《明會要》卷六二《兵·茶馬》〔嘉靖〕四十三年，題准：每年開茶止五六十萬斤，商人以一百五十名爲上，勒限買茶報中。

隆慶四年，議准：各茶易中馬，除年例馬數外，儘調番族好馬通融招易，毋拘定數以病商番。

（清）龍文彬《明會要》卷七五《方域·街市》〔萬曆〕四十三年五月，御史劉廷元請禁内市，以消隱禍。因諭：内地每月三市，初四、十四、二十四日。相沿年久，以濟需用，事不可缺。但不許持挾銅鐵鋒利弓矢等物入市。違者必懲。

《清實録》康熙五十六年正月 庚辰，兵部等衙門遵旨，會同陛見來京之廣東將軍管源忠、福建浙江總督覺羅滿保、廣東廣西總督楊琳議覆：凡商船照舊東洋貿易外，其南洋吕宋、噶囉吧等處，不許商船前往貿易，於南澳等地方截住。令廣東、福建沿海一帶水師各營巡查。違禁者，嚴拏治罪。其外國夾板船照舊准來貿易，令地方文武官嚴加防範。嗣後洋船初造時，報明海關監督地方官親驗印烙，取船户甘結，并將船隻丈尺、客商姓名、貨物往某處貿易，填給船單，令沿海口岸文武官照單嚴查，按月册報督撫存案。每日各人准帶食米一升并餘米一升以防風阻。如有越額之米，查出入官。船户、商人一并治罪。至於小船偷載米糧，剥運大船者，嚴拏治罪。如將船賣與外國者，造船與賣船之人皆立斬。所去之人留在外國，將知情同去之人枷號三月。該督行文外國，將留下之人令其解回立斬。沿海文武官如遇私賣船隻、多帶米糧、偷越禁地等事，隱匿不報，從重治罪。并行文山東、江南、浙江將軍督撫提鎮，各嚴行禁止。從之。

《清實録》雍正九年十二月〔癸巳〕廣東布政使楊永斌條奏，定例鐵器不許出禁貨賣，而洋船私帶，禁止尤嚴。粤東所産鐵鍋，每連約重二十觔。查雍正七、八、九年，夷船出口，每船所買鐵鍋，少者自一百連二三百連不等，多者至五百連，併有至一千連者。計算每年出洋之鐵約一二萬觔，誠有關係。應請照廢鐵之例，一體嚴禁。違者船户人等照例治罪。官役通同徇縱，照徇縱廢鐵例議處。嗣後令海關監督詳加稽察。至商船煮食器具，銅鍋砂鍋俱屬可用，非必盡需鐵鍋，亦無不便外夷之處，於朝廷柔懷遠人之德意竝無違礙。得旨：鐵觔不許出洋，例有明禁。而廣東夷船每年收買鐵鍋甚多，則與禁鐵出洋之功令不符矣。楊永斌所奏甚是。嗣後稽察禁止。及官員處分、商人船户治罪之處，悉照所請行。粤東既行查禁，則他省洋船出口之處，亦當一體遵行。永著爲例。

《清實録》雍正十三年六月〔壬辰〕福建提督王郡摺奏，吕宋國以麥收歉薄，今附洋船載穀二千石，銀二千兩，海參七百觔，來厦賣銀糴麥，多則三千石，少則二千石。臣查五穀不許出洋，律有明禁。今吕宋以穀易麥，臣與督臣撫臣現在商酌，請旨欽定。得旨：朕統御寰區，内外皆爲一體。吕宋雖隔重洋，朕心竝無岐視。國家之所以嚴禁五穀，不許出洋者，乃杜姦商匪類私販私載暗生事端之弊。若該國偶然缺少米糧，以實情奏聞於朕，朕尚酌量豐餘以濟之。今吕宋以麥收歉薄，載穀易麥，更爲情理之當從者。著該督撫等轉飭有司，按照穀麥時價，均平糶糴，不許内地之人抑勒欺詐。俾番船載麥回國，以濟其用。竝將朕旨傳諭來商知之。

《清實録》乾隆十三年十月〔乙未〕工部等部議准：閩浙總督喀爾吉善等奏稱，閩省營伍需用鉛，向係往楚採辦。今楚省鉛價倍昂，官價不敷。查南洋回棹商船，向有黑鉛運厦發賣。請照官價抽買四萬五千餘觔，以供歲需。倘遇閩省配鑄洋銅需用黑鉛之年，亦一併向商抽買。從之。

《清實録》乾隆十四年四月〔辛卯〕又諭：上年浙江巡撫方觀承奏，偷運麥豆出洋，請照偷運米穀之例，分別治罪。經部議准通行。昨據閩浙總督喀爾吉善等奏，閩省商販豆麥，必由海口轉入内河。若因嚴禁出洋，概行攔阻，則商販不前，應請籌酌流通之法等語。今日又據奉天將軍

阿蘭泰等奏，盛京地宜黄豆，向來所屬餘存之豆，儘商販運。今若一體禁止，則不能流通，商民均無裨益，請仍照舊例辦理等語。可見方觀承前此之奏，外省不能一概遵行。嚴禁米穀出洋，原以杜嗜利之徒，偷運外洋，接濟奸匪。若出口入口，均係内地，自宜彼此流通，豈可因噎廢食，膠柱鼓瑟。惟在地方大吏，毋令陽奉陰違，致滋弊竇。其如何立法稽查，著該部一并妥協定議具奏。尋議：查閩省販運麥豆，必由本港駛出海口，須立法稽查。應如該督等所奏，嗣後麥豆雜糧，到關輸税時，填注發賣地方，令守口官驗單加戳放行。入口時，守口官暨税館查驗相符准賣。若出口遲久不到，入口並無糧石，除著落行鋪追拘，并知照原籍地方官嚴拏里鄰訊究。又奉省黄豆，應如該將軍等所奏，各省到奉大船准帶二百石，小船准帶一百石。查照該省稽察海運米辦理。倘額外多帶，並夾帶米穀，照例分別治罪。歉收隨時禁止。得旨：依議速行。【略】

户部等部議覆：浙江巡撫方觀承奏稱南洋地不産銅。現查浙海關出洋紅黄銅貨。以準江南、廣東、福建各海口所出，每年不下十餘萬觔，積年所耗實多。應如所請。嗣後一應銅器銅觔，俱嚴禁出洋，不許携售。并將各海口通禁。如圖利私販，爲首者照奸民潛將鐵貨出洋貨賣例，百觔以下者，杖一百徒三年，百觔以上者，發邊衛充軍。爲從及船户減等。貨物船隻入官。其不行搜查之關汛文武官弁，均照出洋漁船夾帶硝磺等物，將汛口官員革職例革職。若止失察者，照内地商人貿易外國偷帶禁物，守口官不行查出例，降一級調用。從之。

《清實録》乾隆四十四年五月 〔丙午〕又諭：昨俄羅斯薩納特衙門，將舊設固畢爾納托爾瑪玉爾，俱皆徹回。另行更换。嗣因恭順籲懇，准照舊開通交易。該衙門撰擬回文，發與博清額。博清額接到此文，即遣人送往。因念從前停止恰克圖貿易時，並停止黑龍江交易，今既准恰克圖貿易，黑龍江亦應一體開通。著行知傅玉遵辦。並傳諭博清額等，將俄羅斯薩納特衙門接到咨文，如何咨覆，并何時開通貿易，著即奏聞。

《清實録》乾隆四十五年五月 〔乙酉〕永昌普洱所屬地方，均與外夷接壤。前因綢絲針紙諸物，爲夷人所必需，是以議設關隘，嚴禁諸貨物出口。自應於駐兵處所以外扼要之處，嚴立隘口，派委專員，實力稽查，方爲妥協。若關口設在内地，而關外尚有所屬駐兵，及廳州如實力嚴禁，豈彼處官兵人民竟能置絲綢針紙於不用。如禁之不嚴，又何必設此關隘，所謂有名無實。著傳諭福康安，即查明騰越、龍陵及磨黑等地方以外，銅壁鐵壁等關以内，擇沿途扼要處所，設立關口派委妥幹員弁實力查察。務使應禁之物毫無透漏。其應於何處設關之處，著即繪圖貼説，詳晰具奏。

《清實録》乾隆五十八年十月 〔庚午〕又諭曰：魁倫奏琉球國貢船到關，照例免税一摺。該國進貢船隻到關，所帶貨物自應照例免税。但貢船於八月初一、三、十等日，先後進江，迄今業逾兩月。其貨物俱已查明，經魁倫具奏。該督撫具奏之摺，何以至今未到。浦霖有一奏，亦未明晰。至該國所遣使臣，係屬年例進貢。現距年節兩月有餘，爲期尚寬。著傳諭伍拉納等，即飭伴送之員，按程從容行走。並咨會沿途各省，一體遵照。祇須於封篆前，届時照例到京，以便與年班各外藩同與宴賚也。

《清實録》道光二十五年七月 辛未，諭軍機大臣等，據耆英等奏，丹麻爾國呈請設立領事，發給通商章程税則等語。丹麻爾國，既係向來通商之黄旗國，貿易最久，並未間斷。現請設立領事，發給章程税則，係爲安分貿易起見，事屬可行。著即准其設立領事，經理一切。並頒給通商章程、貨物税則，俾有遵守。該督等務即轉飭該領事，於該國商人妥爲約束，毋得稍有販私漏税情事，致滋弊端。將此諭知耆英、黄恩彤，並傳諭文豐知之。

《清實録》同治四年二月 〔甲午〕諭内閣：沈桂芬奏請嚴禁種植罌粟等語，三農畎畝服勞，以生九穀，自宜專務稼穡，藉爲仰事俯育之資。乃近年以來，山西人民多以種植罌粟爲業，始而山坡地角，偶爾試裁。繼且沃壤腴田，種植殆遍，遂致産米愈少，糧價增昂。設遇收成歉薄之年，民間儲蓄毫無，奚由得食。著沈桂芬即行刊刻告示，將種植罌粟嚴行禁止。並著各直省督撫通飭所屬一律嚴禁。俾小民服田力穡，共慶有秋。庶豐年有倉箱之積，歉歲無匱乏之虞，於國計民生均有裨益。將此通諭知之。

《清實録》同治四年閏五月 辛巳，諭軍機大臣等，總理各國事務衙門奏，據總税務司赫德呈稱，番禺縣第四號巡船，有漏税洋藥二百餘個。經粵海關扦手頭目鮑朗查拏，並起獲番禺縣旗幟、燈籠軍營礮火等件，又差票二紙，其爲該縣巡船無疑。平日走私，諒不止此一次，該縣何得毫無

覺察。難保無知情故縱，從中漁利情弊。著瑞麟、郭嵩燾、師曾訪查確實，迅將此案人犯全行拏獲。將洋藥船隻，照例入官。並查取番禺縣職名，照案參處，以清弊竇。原摺著鈔給閱看。

《清實録》同治七年六月 戊午，諭軍機大臣等，御史郭從矩奏，請飭晋省撫藩嚴禁種植罌粟花一摺。前據鄭敦謹奏請開種罌粟花禁，經部議駁。現據郭從矩奏稱，該撫與藩司胡大任，派員向各州縣徵收罌粟花税，使風俗民生兩受其害等語。晋省土瘠民稠，多種一畝罌粟即少生一畝之穀。若竟開禁聽民種植，殊於民食大有妨礙。著鄭敦謹懔遵歷次禁煙諭旨辦理，免滋將來流弊。該御史籍隸本省，見聞較確，摺内所陳委員勸辦收税各節，著鄭敦謹查明據實具奏。原摺著鈔給閲看。將此諭令知之。

《清實録》光緒三年六月 乙巳，兩廣總督劉坤一等奏，廣東府屬北海地方添開通商口岸。據總税務司赫德呈報，已調派税務司速赴新任，會同地方官商辦。旋據廉州府知府冒澄、署合浦縣知縣謝鏡澄，會同税務委員祁兆熙，禀稱北海新關，已於本年二月十九日開辦。通商以後，商民安堵，地方静謐。報聞。

《清實録》光緒三年八月 〔己未〕又諭：郭嵩燾奏，續陳禁止鴉片煙應行事宜一摺。前據郭嵩燾等奏，鴉片煙爲害中國，請飭禁止。當諭令各省將軍督撫等，酌度辦理。並有旨諭知該侍郎等。兹覽該侍郎所奏，未經接奉前旨。著再行鈔録一分寄往，即著郭嵩燾懔遵辦理。原摺留中。

《清實録》光緒三年九月 〔丁丑〕先是，出使美國大臣兵部左侍郎郭嵩燾奏，各口通商事宜，應纂成《通商則例》一書。並請設新加坡領事，暨派員赴萬國監牢。會下總理各國事務衙門議。至是奏，纂修《通商則例》一書，齊中外之律例，爲交涉之準繩，在今日實爲要務。擬咨行出使大臣，廣譯各國律例彙寄，並咨行南北洋大臣，一體纂輯彙送，以便派員剸一纂訂成書。至新加坡應設領事官，遴委道員胡璇澤承充。應如所請辦理。其派員赴萬國監牢會一節，查瑞典國無駐京使臣，今由該國駐英之員，照會出使大臣，派員與會，與歷辦成案不符，請毋庸議。均從之。

《明清以來蘇州社會史碑刻集·太倉州奉憲取締海埠以安海商碑》

江南直隸太倉州正堂記大功三次宋爲再叩通詳勒禁事。卷照乾隆十六年九月初十日，奉監督江南海關兼管銅務分巡蘇松太兵備道加三級記録五次申批：據山東商人范利吉、許復興、張增茂、王中和，江南商人劉天益、吴德源、潘玉成、許恒和等呈爲除姦節費仁政安商事，詞稱：瀏河一口爲南北通津。商等往來貿易，皆係自舡，或附載親友，商艘居多，間有雇寫他舡，亦與熟識舡主交易，相信相孚，無欺無弊者六十餘年。並無牙行、地棍恣意分肥，亦無海埠横徵剥削。不意忽有游棍江三和、許永裕、張永吉、馬合順等呈縣創設海埠，勒索牙用，復私舉吴縣游民馬琮培、毛硯偉充當。不惟江三和等，劉河數十字號内無此姓名，即馬琮培亦屬子虚。又有趙永昌具呈撫、藩二憲，批行查議。伏思内河舡户身家既難可必，水手亦無稽考，是以設立埠頭，以專責成。至於商舡，皆係身家殷實良民，取有地鄰甘保各結，舵工、水手年貌、住址，俱有着落，更有關縣牌照，訊守盤查，立法已極周詳，何需海埠再有稽查。商等冒險經營，□應上完税課，下還水脚，豈容節外抽收。據要每兩三分，然塵積足岳，盡屬商膏，實難堪命。環叩俯憫商情，除姦節費，俾衆商安業，等情。批州查報，等因。查。先據鎮洋縣詳設海埠，奉欽命江南江蘇等處十一府州承宣布政使司布政使加四級記録二十一次郭批開：海舡必須身家殷實，取具地鄰保結，方準編烙給照，呈明海關，給牌駕駛。非同内河舡兵，隨處攬載，漫無稽查者比。且聞歷來商客舡□，自行憑行雇載，任從客便，相安已久。今增設舡埠，轉恐有壟斷居奇、滋擾不便之處。事關創始，必須詳慎，未便遽行，率增滋擾累。仰太倉州據實確查妥議，另詳察奪，等因。由州行縣。集訊止據範利吉等投案供辦增設海埠累商之弊，其江三和等匿不到案叙供。詳覆到州。當經本州檢查，各省商人航海貿易已非一日，向無逃載盗賣之事，且出口商舡俱屬身家殷實，而舵水人等俱有年、貌、籍貫，各有保人，由縣結報，始準給照駕駛。而出入海口，又係層層盤詰。誠如藩憲鈞批：非同内河舡隼，隨處攬載，漫無稽查者比。況現在瀏河各商之内並無江三和等字號，臨審又不出質，而趙永昌等亦屢提不到，皆係捏冒可知。本州以爲，與其創增海埠，先有行費而未見有安良杜弊，曷若仍循舊例，各聽商人自相交易之□得也。具由詳。奉本使司批示：如詳飭遵。在案。嗣復據范利吉等詞稱：海埠之設，擢發難書。仰蒙犀燭姦棍，柔懷遠賈，核譯請禁，共逐出途之願，惟是刀頭吮蜜，不少跖徒，現會墨迹未干，棍又上控。撫憲行縣。叙案詳覆。蒙批：據詳已

悉。但將來日久案塵，必致禍根復萌，有辜深仁，仍使梯航被累。伏查里書等役，蠹課病民，均奉勒碑垂禁，永示章程。海埠事同一轍，伏懇伏憐商害，恩賜通詳，循例勒碑示禁。庶鐵案不磨，丹書永樹，姦宄無從生禍，異商咸願樂郊，萬祀常新，千秋永戴，等情。復經本州核查此案，先經調任鎮洋□令查提審訊，當據劉河衆商咸稱，設立海埠，不甘抽用。而三和等匿不出資。據縣即將商供叙明，具詳銷案。本州復核情形，實在不應創增，轉請仍循其舊，以安商業。已蒙藩憲批示，如詳飭遵。乃三和等，縣審則匿不到官，迨至詳銷之後，則又摭拾浮詞，上瀆憲聰，明係姦徒，希圖擾累，日後保無故智復萌？既據該商等具呈前情，應請準其勒石永禁，俾絶姦徒復生覬覦之心。事關裕課恤商，理合叙案。詳祈俯鑒商情，准予勒禁，等由。奉特授江南分巡蘇松太兵備道按察使司副使加三級記録五次申批：仰候兩院憲批示飭遵暨藩司海關衙門批示。奉監督江南海關兼管銅務分巡蘇松太兵備道加三級記録三次申批：既據通詳，仰候督撫二憲暨藩司、巡道衙門批示遵行，録報。繳。奉欽命江南江蘇等處十一府州承宣布政使加四次記録二十一次郭批：仰候各院憲暨各道批示，録報。繳。奉兵部右侍郎兼都察院右副都御史總理糧儲提督軍務巡撫江寧等處地方莊批：仰布政司轉飭，如詳勒石永禁，仍候督部堂批示。繳。奉太子太保兵部尚書總督江南江蘇部堂加二級記録四十次又軍功加一級記録二次尹批：仰蘇州布政司照議飭禁，取碑摹送查，仍候撫部院批示。繳。各等因。奉此，合行勒石永禁。爲此示。仰劉河口各省貿易舡商人等知悉：嗣後仍聽循照往例，自相識之人雇寫裝載，貿易輸稅，永不許姦徒游棍藉詞創增海埠，希圖扣收牙用射利，累商滋事，各宜永久遵行。須至碑者。

乾隆十七年十二月　日。

度量衡法制部

先秦分部

綜　述

《春秋左傳·昭公三年》〔晏子曰〕齊舊四量，豆、區、釜、鍾。四升爲豆，各自其四，以登於釜，釜十則鍾。

《周禮注疏》卷一四《地官司徒·司市》凡萬民之期于市者，辟布者、量度者、刑戮者，各於其地之叙。期，謂欲賣買期決於市也。量度者，若今處斗斛及丈尺也。故書辟爲辭。鄭司農云：辭布，辭訟泉物者也。玄謂辟布，市之羣吏考實諸泉入及有遺忘。

疏：凡萬至之叙。釋曰：云凡萬民之期于市，有此已下三事，有辟布者、度量者、刑戮者。各於其地之叙，則諸物行肆之所也。註期謂至遺志。釋曰：云期決於市也者，謂人各自爲期限，使了市事於市也。云若今處斗斛及丈尺者，謂斗斛處置於米粟之肆，處置丈尺於絹布之肆。案：前註量，豆、區、斗、斛，此中不云豆、區，前註廣解量名，此略云市所用，故註不同。案《律歷志》，度量衡皆起於黄鍾之律，故彼云：以子穀秬黍中者，一黍一分，九十黍黄鍾之長，則一黍爲一分，十黍爲寸，十寸爲尺，十尺爲丈，十丈爲引，五度審矣。又云：子穀秬黍中者，十二百黍，其實一籥，十籥爲合，十合爲升，十升爲斗，十斗爲斛，五量審矣。先鄭從故書辟布爲辭訟之布。後鄭不從，而爲羣吏考實諸泉入者。若辭訟之布，當歸其本王，何得各有地之叙乎？明不得爲辭訟之布也。云考實諸泉入者，辟，法也。謂民將物來於肆賣者，肆長各考量物數，得實，税入於市之泉府。知民將物來於市有税者，案下文云國凶荒，市無征，明不凶荒有征矣。其實者則宜置於地之叙，欺者没入官，是其法也。云及有遺忘者，謂羣吏考實泉之處有遺忘者，便歸令本主識認之。下文得貨賄六畜之等，是依列肆失者，與此文別也。

《周禮注疏》卷一五《地官司徒·質人》掌稽市之書契，同其度量，壹其淳制，巡而攷之，犯禁者舉而罰之。

（宋）王應麟《玉海》卷八《律曆·度·少皞氏度量》《左傳·昭十七年》少皞五雉爲五工正，利器用，正度量，夷民者也。通歷少昊用度量作樂器。

（宋）王應麟《玉海》卷八《律曆·度·舜度》《書》：舜典同律度量衡。

（宋）王應麟《玉海》卷八《律曆·度·周尺》《記·王制》古者以周尺八尺爲步，今以周尺六尺四寸爲步。古者百畝，當今東田百四十六畝三十步，古者百里當今百二十一里六十步四尺二寸二分。鄭氏注：周尺之數未詳聞也。案禮制，周猶以十寸爲尺。蓋六國時多變亂法度。或言周尺八寸，則步更爲八八六十四寸。以此計之，古者百畝當今百五十六畝二十五步。古者百里當今百二十五里。正義：古者八寸爲尺，周尺八尺爲步，則一步有六尺四寸。周尺六尺四寸爲步，則一步有五十二寸。李氏曰：按《史記》秦始以六尺爲步。此言古者即秦也。司馬法以六尺爲步。《説文》長八寸謂之咫，周尺也。《禮》璧羡以起度。《大戴禮·主言篇》孔子曰：布指知寸，布手知尺，舒肘知尋，十尋而索。百步而堵，三百步而里，千步而井，三井而句烈，三句烈而距。五十里而封，百里而有都。陳祥道曰：先王制法，近取諸身，遠取諸物。指尺黍尺一也。周之法十寸八寸皆爲尺。《考工記》於案言十有二寸，於鎮圭言尺有二寸。此十寸尺也。《説文》：《王制》所云此八寸尺也，舜以五歲同度量，周十有一歲同度量，此步尺所以一而得其正也。後世之尺，或以黍，或以忽，或以指。然黍有小大，絲有鉅細，指有長短。此步尺所以異也。周公頒度量，出以內宰，掌以司市，以合方氏一之，以質人行之同之。其同民心出治道如此。古之度在樂則起於黄鍾，在禮則起於璧羨。何休云：側手爲膚，案指爲寸。《月令》日夜分同度。呂大臨《考古圖》有玉尺樣乃周尺之寸。

（宋）王應麟《玉海》卷八《律曆·量衡·黄帝五量》《家語·五帝德篇》黄帝治五氣，設五量，權衡升斛尺丈里步十百。撫萬民，度四方，

垂衣裳作爲黼黻，治民以順天地之紀。《大戴禮》同。《呂氏春秋》黃帝使伶倫作黃鍾之律，因律以爲量。

（宋）王應麟《玉海》卷八《律曆・量衡・禹制量》 《周語》伯禹釐改制量，比類百則。《書》關石和鈞，王府則有。《史》天下皆宗禹之明度數聲樂。《越絶書》禹循守會稽，審銓衡，平斗斛。《吴越春秋》禹調權衡，平斗斛，造井示民，以爲法度。

（宋）王應麟《玉海》卷八《律曆・量衡・周嘉量　數器　齊四量》 《考工記》栗氏栗，堅也。爲量，鬴深尺，内方尺而圜其外，其實一鬴。鬴，六斗四升也。鬴十則鍾，方尺積千寸，於今粟米法少二升八十一分升之二十二。其臀一寸，其實一豆，其耳三寸，其實一升，重一鈞，其聲中黄鍾之宫，概而不税。其銘曰：時文思索，允臻其極，嘉量既成，以觀四國，永啓厥後，茲器維則。内宰佐后立市，出其度量淳制。司市掌市之度量，以量度成賈而徵儥，合方氏同其數器，壹其度量。行人十一歲同度量，同數器。注：度，丈尺。量，斗區釜。數器，銓衡也。質人同其度量，壹其淳制。玉人璧羨度尺，好三寸以爲度。駔琮五寸，宗后以爲權。駔琮七寸，鼻寸有半寸，天子以爲權。角人以度量受之，掌葛以權度量受之。典同度數齊量。量人凡祭祀脯燔之數量。輪人量其藪以黍，以眡其同，權之以眡其輕重之侔。《論語》武王謹權量，審法度，明堂位。周公頒度量。《周語》單穆公曰：先王制鐘，大不出鈞，重不過石，律度量衡於是乎生。注生於黄鍾。《左傳・昭二年》晏子曰：齊舊四量，豆、區、釜、鍾。四升爲豆，各自其四，以登於釜。釜十則鍾。《晉志》以筭術考之，古斛之積，凡一千五百六十二寸半，方尺而圓其外。減傍一釐八毫，其徑一尺四寸一分四毫七秒一忽有奇，而深尺即古斛之制也。范鎮言周鬴重一鈞，漢鬴重二鈞，尺有長短故也。《春秋正義》近世以來，或輕或重，魏齊斗稱於古二而爲一，周隋斗稱於古三而爲一。

（清）顧炎武《日知録》卷一〇《斗斛丈尺》 古帝王之於權量，其於天下，則五歲巡狩而一正之，《虞書》同律度量衡是也。其於國中，則每歲而再正之，《禮記・月令》日夜分則同度量、鈞衡石、角斗甬、正權概是也。故關石和鈞，大禹以之興夏；謹權量，審法度，而武王以之造周。原註：洪武初，命三日一次較勘斛斗稱尺。故關石和鈞，大禹以之興夏。謹權量，審法度，而武王以之造周。今北方之量，鄉異而邑不同，至有以五斗爲一斗者，一哄之市，兩斗並行。至其土地，有以二百四十步爲畝者，有以三百六十步爲畝者，有以七百二十步爲畝者。原註：《大名府志》有以一千二百步爲一畝者。其步弓有以五尺爲步，有以六尺、七尺、八尺爲步。此之謂工不信度者也。趙氏曰：《晉書》摯虞論樂，謂今尺長於古尺幾及半寸，樂府用之，故律吕不合。將作大匠陳勰掘得古尺，尚書奏，今尺長於古尺，宜以古爲正。是晉時尺度已長於古，亦尚不至三寸。程大昌演繁露謂，唐尺一尺比六朝一尺二寸。沈存中《筆談》謂，古尺二寸五分，當今一寸八分。周祈名義考謂，周尺才得今六寸六分。《稗史》謂，宋司馬侑刻布尺，比周尺一尺三寸五分。邱瓊山謂，周尺比今鈔尺六寸四分。王棠謂，明鈔尺與今裁尺相近。夫法不一則民巧生。有王者起，同權量而正經界，其先務矣。《後漢書》，建武十五年，詔下州郡，簡核墾田頃畝及户口年紀。河南尹張仍及諸郡守十餘人，坐度田不實，下獄死。而《隋書》趙煚爲冀州刺史，爲銅斗鐵尺，置之於肆，百姓便之。上聞，令頒之天下，以爲常法。儻亦可行於今日者乎？

（清）顧炎武《日知録》卷一一《權量》 三代以來，權量之制，自隋文帝一變。杜氏《通典》言，六朝量三升當今一升，稱三兩當今一兩，尺一尺二寸當今一尺。原註：今謂即時。錢氏曰：六典所謂大斗、大兩、大尺也。《左傳》定公八年正義曰，魏齊斗稱於古二而爲一，周隋斗稱於古三而爲一。《隋書・律曆志》言，梁陳依古斗，齊以古升五升爲一斗，周以玉升一升當官斗一升三合四勺，開皇以古斗三升爲一升，大業初依復古斗。梁陳依古稱，齊以古稱一斤八兩爲一斤。沈氏曰：案《通典》，梁武帝五銖錢，實重四銖三參二黍，其百奉則重一斤二兩。齊文襄五銖錢，實重五銖，計一百文重一斤四兩二十銖。較其多寡重輕，兩相符合，則齊與梁並依古稱也。而或以爲於古二而爲一，或以爲以古稱一斤八兩爲一斤，豈稱他物之稱多異於錢稱耶？周玉稱四兩當古稱四兩半，開皇以古稱三斤爲一斤，大業初依復古稱。令考之傳記，如孟子以舉百鈞爲有力人，三十斤爲鈞，百鈞則三千斤。《晉書・成帝紀》，令諸郡舉力人能舉千五百斤以上者。《史記・秦始皇紀》，金人十二，重各千石，置宮廷中。百二十斤爲石，千石則十二萬斤。《漢舊儀》祭天，養牛五歲，至二千斤。《晉書》南陽王保傳，自稱重八百斤。不應若此之重。《考工記》曰，爵一升，觚三升。原註：《儀禮》特牲饋食禮注，

觚二升。獻以爵而酬以觚，一獻而三酬，則一豆矣。《禮記》宗廟之祭，貴者獻以爵，賤者獻以散。尊者舉觶，卑者舉角。五獻之尊，門外缶，門內壺，君尊瓦甒注，凡觴一升曰爵，二升曰觚，三升曰觶，四升曰角，壺大一石，瓦甒五斗。《詩》曰，我姑酌彼金垂。毛説，人君以黄金飾尊，大一碩，每食四簋。正義，簋，瓦器，容斗二升。不應若此之巨。《周禮》舍人，喪紀共飯米。注，飯，所以實口。君用粱，大夫用稷，士用稻，皆四升。《管子》，凡食鹽之數，一月丈夫五升少半，婦人三升少半，嬰兒二升少半。《史記·廉頗傳》，一飯斗米。《漢書·食貨志》，食人月一石半。楊氏曰：《十六國春秋》前秦紀有三人食一石穀者。明江國公後吴鐵舍，食面六十斤。《趙充國傳》，以一馬自佗，負三十日食，爲米二斛四斗，麥八斛。《匈奴傳》，計一人三百日食，用糒十八斛。不應若此之多！《史記·河渠書》，可令畝十石。嵇康《養生論》，夫田種者，一畝十斛，謂之良田。《晉書·傅玄傳》，白田收至十餘斛，水田至數十斛。今之收穫最多亦不及此數。靈樞經，人食一日中五升。既夕禮，朝一溢米，莫一溢米。注，二十兩曰溢，爲米一升二十四分升之一。《晉書·宣帝紀》，問諸葛公食可幾何？對曰，三四升。會稽王道子傳，國用虚竭，自司徒以下，日廩七升。本皆言少，而反得多。是知古之權量比之於今，大抵皆三而當一也。《史記·孔子世家》，孔子居魯，奉粟六萬。索隱曰，當是六萬斗。正義曰，六萬小斗，當今二千石也。比唐人所言三而當一之驗。蓋自三代以後，取民無制，權量之屬，每代遞增。至魏孝文太和十九年，詔改長尺大斗，依周禮制度，班之天下。原註：《魏書·張普惠傳》，神龜中，上疏言，高祖廢大斗，去長尺，改重稱，所以愛萬姓，從薄賦，故海內之人歌舞以供其賦，奔走以役其勤。天子信於上，億兆樂於下。自茲以降，漸漸長闊，百姓嗟怨，聞於朝野。隋煬帝大業三年四月壬辰，改度量權衡並依古式。雖有此制，竟不能復古。至唐時，猶有大斗小斗，大兩小兩之名，而後代則不復言矣。沈氏曰：《齊民要術》注云，其言一石，當今二斗七升。本草注，李杲曰，古云三兩即今之一兩，云二兩即今之六錢半也。時珍曰，古一升即今之二合半也。

《山堂考索》，斛之爲制，方尺而深尺。班志乃云其中容十斗，蓋古用之斗小。

歐陽公《集古録》有谷口銅甬，始元四年左馮翊造，其銘曰，谷口銅甬容十斗，重四十斤。以今權量校之，容三斗，重十五斤。斗則三而有餘，斤則三而不足。呂氏《考古圖》漢好畤官廚鼎刻曰，重九斤一兩。今重三斤六兩，今六兩當漢之一斤。又曰，軹家釜三斗弱，軹家甑三斗一升。當漢之一石，大抵是三而當一也。

古以二十四銖爲兩。五銖錢十枚，計重二兩二銖。今稱得十枚，當今之一兩弱。沈氏曰：依後五銖錢一條，此一兩弱當作七錢弱，傳寫誤也。又《漢書·王莽傳》言，天鳳元年，改作貨布，長二寸五分，廣一寸，首長八分有奇，廣八分，其圜好徑二分半，足枝長八分，間廣二分。其文右曰貨，左曰布，重二十五銖。頃富平民掊地，得貨布一罌。所謂長二寸五分者，今鈔尺之一寸六分有奇。廣一寸者，今之六分有半。八分者，今之五分。而二十五銖者，今稱得百分兩之四十二。原註：俗云四錢二分。沈氏曰：貨布亦有重至四錢八分者，用行等稱。行等即米平，比布政司等每兩輕二分三厘。又曰：《唐會要》云，開元通寶錢，徑八分。杜氏《通典》云，開通元寶錢，每十錢重一兩。是則今代之大於古者，量爲最，權次之，度又次之矣。

《晉書·摯虞傳》，將作大匠陳勰，掘地得古尺。尚書奏，今尺長於古尺，宜以古爲正。潘岳以爲習用已久，不宜復改。虞駁曰，昔聖人有以見天下之賾，而擬其形容，象物製器，以存時用。故參天兩地，以正算數之紀。依律計分，以定長短之度。其作之也有則，故用之也有征。考步兩儀，則天地無所隱其情。准正三辰，則懸象無所容其謬。施之金石，則音韻和諧。措之規矩，則器用合宜。一本不差，而萬物皆正。及其差也，事皆反是。今尺長於古尺幾於半寸，樂府用之，律呂不合。史官用之，曆象失占。醫署用之，孔穴乖錯。此三者，度量之所由生，得失之所取徵，皆絓閡而不得通，故宜改今而從古也。唐虞之制，同律度量衡。仲尼之訓，謹權審度。今兩尺併用，不可謂之同。知失而行，不可謂之謹。不同不謹，是謂謬法，非所以軌物垂則，示人之極。凡物有多而易改，亦有少而難變。有改而致煩，亦有變而之簡。度量是人所常用，而長短非人所戀惜，是多而易改者也。正失於得，反邪於正，一時之變，永世無二，是變而之簡者也。憲章成式，不失其舊物。季末苟合之制，異端雜亂之用，宜以時厘改，貞夫一者也。臣以爲宜如所奏。沈氏曰：《宋史·律曆志》云，周顯德中，王樸始依周法，以矩黍校正尺度，長九寸，虛徑三分，爲黄鍾之管，作律准

以宣其聲。宋乾德中，太祖以雅樂聲高，詔有司重加考正。時判太常寺和峴言，西京銅望臬尺寸可校古法。即今司天台影表銅臬下石尺是也。及以樸所定尺比校，短於石尺四分，則聲樂之高蓋由於此。況影表測於天地，則管律可以準繩。乃令依古法以造新尺，並黄鍾九寸之管，命工人校其聲，果下於樸所定管一律。又内出上黨羊頭山秬黍，累尺校律，亦相符合。遂下尚書省集官詳定，衆議僉同。由是重造十二律管，自此雅音和暢。又云，宋既平定四方，凡新邦悉頒度量於其境，其僞俗尺度逾於法制者去之。乾德中，又禁民間造者，由是尺度之制盡復古焉。又云，太祖受禪，詔有司精考古式，作爲嘉量，以頒天下。其後定西蜀，平嶺南，復江表，泉浙納土，并汾歸命。凡四方斗斛不中式者皆去之，嘉量之器悉復升平之制焉。

（清）顧炎武《日知録》卷一一《大斗大兩》 《漢書·貨殖傳》，黍千大斗。師古曰，大斗者，異於量米粟之斗也。是漢時已有大斗，但用之量粗貨耳。

《唐六典》，凡度，以北方秬黍中者一黍之廣爲分，十分爲寸，十寸爲尺，一尺二寸爲大尺，十尺爲丈。凡量，以秬黍中者容一千二百黍爲龠，二龠爲合，十合爲升，十升爲斗，三斗爲大斗。錢氏曰：據《隋書·律曆志》，開皇以古斗三升爲一升，古稱三斤爲一斤。則大斗大兩始於隋開皇間，唐初沿而不改耳。十斗爲斛。凡權衡，以秬黍中者百黍之重爲銖。原註：應劭曰，十黍爲絫，十絫爲銖。二十四銖爲兩，三兩爲大兩，十六兩爲斤。凡積秬黍爲度量權衡者，調鍾律，測晷景，合湯藥及冠冕之制則用之，内外官司悉用大者。按唐時權量是古今小大並行，太史、太常、太醫用古，原註：杜氏《通典》云，貞觀中，張文收鑄銅斛、稱、尺，以今常用度量校之，尺當六之五，衡量皆三之一。《舊唐書·代宗紀》，大曆十年八月，太常寺奏，諸州府所用斗稱，當寺給銅斗稱，州府依樣製造而行。從之。《通典》載諸郡土貢，上黨郡貢人參三百小兩，高平郡貢白石英五十小兩，濟陽郡貢阿膠二百小斤，鹿角膠三十小斤，臨封郡貢石斛十小斤，南陵郡貢石斛十小斤，同陵郡貢石斛二十小斤。此則貢物中亦有用小斤小兩者，然皆湯藥之用。他有司皆用今。久則其今者通行，而古者廢矣。

宋沈括《筆談》曰，予受詔考鍾律及鑄渾儀，求秦漢以來度量，計六斗當今之一斗七升九合，稱三斤當今十三兩。是宋時權量又大於唐也。沈氏曰：閻百詩云，古量甚小，其數可考者，大約漢二斗七升當今五升四合。然則古之五才當今之一也。又日曰：漢權有重四斤者，實當今十三兩弱。彤以司等親較之。趙氏曰：《筆談》又云，漢之一斛當今二斗七升，百二十斤爲石，當今三十二斤。可見漢時斗稱之制已大於古。

《元史》言，至元二十年，頒行宋文思院小口斛。又言，世祖取江南，命輸米者止用宋斛，以宋一石當今七斗故也。是則元之斛又大於宋也。

（清）孫星衍《尚書今古文注疏》卷一《堯典下》 協時月正日，同律度量衡，注：史遷協作合。馬融曰：律，法也。鄭康成曰：協正四時之月數及日名，備有失誤。其節氣晦朔，恐諸侯有不同，故因巡狩而合正之。同陰律吕陽律也。度，丈尺。量，斗斛。衡，斤兩也。稱上曰衡。協一作叶。疏：史公協爲合者，經文協和萬邦。《史記》作合和萬國。《漢書·五行志》注：應劭云：叶，合也。《説文》云叶、叶即協古字。馬注見《釋文》。云律，法也。《釋詁》文。鄭注見《史記集解》及《通典·吉禮巡守》，又見《釋文》。《史記集解》、《文選·六代論注》云：月數，謂閏月正四時。日名，謂甲乙之類也。云備有失誤者，失閏則四時乖誤。云同陰律吕陽律者，《史記集解》引作同音律，蓋有脱字，此據《釋文》。《周禮》：太師掌六律六同，以合陰陽之聲。陽聲：黄鍾、大簇、姑洗、蕤賓、夷則、無射。陰聲：大吕、應鐘、南吕、函鐘、小吕、夾鐘。又：典同掌六律六同之和，以辨天地四方之律。以銅爲管。竹，陽也。銅，陰也。各順其性。注云：律，述氣者也。同，助陽宣氣，與之同，皆以銅爲之。是律爲陽，同爲陰也。《漢書·律志曆》云：律十有二，陽六爲律，陰六爲吕。是六同又名六吕，故云同陰律吕陽律。云度，丈尺者，《律曆志》云：度者，分、寸、丈、尺、引也，所以度長短也。本起黄鐘之長，以子穀秬黍中者，一黍之廣，度之九十分，黄鐘之長。一爲一分，十分爲寸，十寸爲尺，十尺爲丈，十丈爲引，而五度審矣。云量斗斛者，《律曆志》云：量者，龠、合、升、斗、斛也，所以量多少也。本起於黄鐘之龠，用度數審其容，以子穀秬黍中者千有二百實其龠，以井水準其概。十龠爲合，十合爲升，十升爲斗，十斗爲斛，而五量嘉矣。云衡，斤兩者，《律曆志》云：衡權者，權，重也，衡所以任權而均物平輕重也。本起於黄鐘之重，一龠容千二百黍，重十二銖。兩之爲兩，二十四銖爲兩。十六兩爲斤，三十斤爲鈞，四鈞爲石。忖爲十八，《易》十有八變之象也。《漢志》前又云：《虞書》曰乃同律度量衡，所以齊遠近，立民信也。協，《白虎通·巡狩篇》及漢永和二年詔引經皆作叶。

（清）劉寶楠《論語正義》卷二三《堯曰》 謹權量，審法度，修廢官，四方之政行焉。正義曰：《漢書·律曆志》：虞書乃同律度量衡，所以齊遠近、立民信也。自伏羲畫八卦，由數起，至黄帝、堯、舜而大備。三代稽古，法度章焉。周衰官失，孔子陳後王之法曰：謹權量，審法度，修廢官，舉逸民，四方之政行矣。據《志》此文，是謹權量云云以下，皆孔子語。故何休《公羊·昭三十二年》注

引此節文，冠以孔子曰。【略】《考工記·弓人》注：審猶定也。成氏蓉鏡《經史駢枝》曰：法度與權量，相對爲文，當爲二事。法謂十二律，度謂五度也。《舜典》：同律度量衡。馬融注：律，法也。量衡即《論語》之權量，則律度亦即《論語》之法度矣。《漢書·律曆志》引《虞書》及《論語》此文，又云：元始中，羲和劉歆等言之最詳：一曰備數，二曰和聲，三曰審度，四曰嘉量，五曰權衡。聲者，宫、商、角、徵、羽也。五聲之本，生於黄鐘之律。十有二律，即法也。案：成説是也。律者，聲之所出。聲正而後數可明，數明而後萬物可正，故黄鐘爲萬物根本也。度者，《漢志》云分、寸、尺、丈、引也。謹審之本，在於正律。故《漢志》引劉歆曰：五聲之本，生於黄鐘之律。九寸爲宫，或損或益，以定商、角、徵、羽。九六相生，陰陽之應也。又云：度本起黄鐘之長。以子穀秬黍中者，一黍之廣，度之九十分，黄鐘之長。一爲一分，十分爲寸，十寸爲尺，十尺爲丈，十丈爲引，而五度審矣。量本起于黄鐘之龠，用度數審其容，以子穀秬黍中者千有二百實其龠，以井水準其概。十龠爲合，十合爲升，十升爲斗，十斗爲斛，而五量嘉矣。權本起于黄鍾之重。一龠容千二百黍，重十二銖，兩之爲兩。二十四銖爲兩，十六兩爲斤，三十斤爲鈞，四鈞爲石，而五權謹矣。包氏慎言《温故録》：《漢志》引此文云云，顔氏不解，修廢官者，意蓋以官即職此權量法度者。《志》上云周衰官失，孔子陳後王之法，下乃引《論語》，明繼周而起者，惟修此數官爲急耳。《志》下又引劉歆《鐘律篇》分叙權、量、法、度云：權者，所以稱物平施，知輕重也。職在大行人，鴻臚掌之。量者，所以量以多少也。職在太倉，大司農掌之。度者，所以度長短也。職在内官，廷尉掌之。以修廢官爲修此數官，故劉氏每叙一事，而結云某職在某官，某官掌之。案：包説是也。據成君義，法訓律，當據《志》補云：聲所以作樂者，職在大樂，太常掌之。昔舜一歲四巡守，皆同律度量衡。《月令》春秋分，皆同度量，正權概。《周官·太行人》：十有一歲，同度量，同數器。蓋奸民貿易，積久弊生，古帝王特設專官以審察之。其官歷代皆未廢，至周衰而或失耳。趙氏佑《温故録》或有職而無其官，或有官而不舉其職，皆曰廢是也。四方之政行焉，謂凡所以治四方者，其政皆舉而行之也。

秦漢分部

綜　述

（唐）杜佑《通典》卷一四四《樂・權量》　《虞書》曰：乃同律度量衡。三代式遵斯制。秦滅學之後，紛綸莫定。《漢書》曰：夫推歷生律制器，規圓矩方，權重衡平，準繩嘉量，探賾索隱，鉤深致遠，莫不用焉。度長短者不失毫釐，量多少者不失圭撮，權輕重者不失黍絫。紀於一，協於十，長於百，大於千，衍於萬，其法在算術。宣於天下，小學是則。職在太史，羲和掌之。度者，分、寸、尺、丈、引也，所以度長短也。本起黃鍾之長。以子穀秬黍中者，子，北方。北方黑，謂黑黍也。一黍之廣，度之九十分，黃鍾之長。黃鍾，九寸。一爲一分，十分爲寸，十寸爲尺，十尺爲丈，十丈爲引，而五度審矣。量者，龠、合、升、斗、斛也，所以量多少也。本起於黃鍾之龠，用度數審其容，以子穀秬黍中者千有二百實其龠，以井水準其概。十龠爲合，十合爲升，十升爲斗，十斗爲斛，而五量嘉矣。權者，銖、兩、斤、鈞、石也，所以稱物平施，知輕重也。本起於黃鍾之重。一龠容千二百黍，重十二銖，兩之爲兩。二十四銖爲兩，十六兩爲斤，三十斤爲鈞，四鈞爲石。權與物鈞而生衡，衡運生規，規圓生矩，矩方生繩，繩直生準，準正則平衡而鈞權矣。是謂五則也。位於北方，太陰爲智，爲水，水曰潤下，智者謀，謀而深，故爲權，北方之義也。大小有准，輕重有數，各應其象，五權謹矣。

（宋）王應麟《玉海》卷八《律曆・度・漢五度　漢官尺》　《志》度者，分、寸、尺、丈、引，所以度長短，本起於黃鍾之長。以子穀秬黍中者，一黍之廣，度之九十分，黃鍾之長。一爲一分，十分爲寸，積十而登，以至於引，而五度審矣。其法用銅。度者別於分，忖於寸，蒦音約。於尺，張於丈，信於引。職在內官廷尉掌之。張蒼定章程注云丈尺之法。《隋志》漢官尺黃鍾容黍九百三十九。房庶說見上。

（宋）王應麟《玉海》卷八《律曆・度・漢嘉量　五量　銅量　漢斛銘　銅甬》　《律志》一曰備數，二曰和聲，三曰審度，四曰嘉量，五曰權衡。量本起於黃鍾之龠，用度數審其容，以子穀秬黍中者千二百實其龠，以井水準其概。合龠爲合，二龠也。胡瑗《新樂圖》曰今文誤作十。《唐六典》二龠爲合。十合爲升，十升爲斗，十斗爲斛，而五量嘉矣。其法用銅，方尺而圓其外，旁有庣焉。庣，吐雕反，謂不滿之處也。其上爲斛，其下爲斗，左耳爲升，右耳爲合龠。其狀似爵，以縻爵禄。上三下二，參天兩地，圜而函方，左一右二，陰陽之象也。其圜象規，其重二鈞，備氣物之數。聲中黃鍾，君制器之象也。注：鄭氏曰今尚方有王莽時銅斛，制盡與此同。量躍於龠，合於合，登於升，聚於斗，角於斛。職在太倉，大司農掌之。凡律度量衡用銅者，所以同天下，齊風俗也。銅爲物，之至精介然有常，有似士君子之行。《隋志》漢十斗爲斛，方尺圓其外，旁有庣焉。其斛銘曰：律嘉量斛，方尺圓其外，庣旁九釐五毫，冪百六十二寸，深尺，積一千六百二十寸，容十斗。祖沖之考劉歆庣旁少一釐四毫有奇。歆數術不精所致也，范鎮按：今斛方尺深一尺六寸二分，此斛之非是也。《易》氏曰周用指尺八寸，漢用黍尺十寸，方尺深尺同而有長短之差。《晉志》魏景元四年，劉徽注《九章》云：王莽時劉歆斛尺弱於今尺四分五釐，比魏尺其斛深九寸五分五釐。魏斛大尺長，莽斛小尺短。石勒造建德殿，得圓石銘曰：律權石重四鈞，有新氏造。是莽時物也。嘉祐中，劉敞守長安，得谷口銅甬銘，其一始元四年，其一甘露元年，左馮翊府造，《金石録》有漢巴官鐵量銘曰：永平七年景紀中五年九月，詔曰：法令度量，所以禁暴止邪也。張蒼定章程注云：斗斛之平法第五倫領長安市，平銓衡。正斗斛。

（宋）王應麟《玉海》卷八《律曆・度・漢五權　五則法品　百工程品》　《志》衡所以任權均物平輕重也。其在天佐助旋機，斟酌建指，以齊七政。故曰玉衡權者，銖、兩、斤、鈞、石也。所以稱物平施知輕重也。本起於黃鍾之重。一龠容千二百黍，重十二銖，兩之爲兩。二十四銖爲兩，十六兩爲斤，三十斤爲鈞，四鈞爲石。五權之制，以義立之，以物鈞之。始於銖，兩於兩，明於斤，均於鈞，終於石，五權謹矣。權與物鈞

而生衡，衡運生規，規圜生矩，矩方生繩，繩直生準，準正則平衡而鈞權矣，是爲五則。百工繇焉，以定法式。輔弼執玉，以翼天子。《詩》曰：秉國之鈞，咸有五象。其義一也。以陰陽言之，冬權夏衡，秋矩春規。中央爲繩。五則揆物，有輕重、圜方、平直、陰陽之義，四方、四時之體，五常、五行之象。厥法有品，各順其方，而應其行。職在大行，鴻臚掌之。大陰，北，冬水，知謀。權。大陽，南，夏火，禮齊。衡。少陰，西，秋金，義方。矩。少陽，東，春木，仁生。規。中央四季土，信誠。繩。魏相曰：太昊乘震，執規，司春。炎帝乘離，執衡，司夏。少昊乘兑，執矩，司秋。顓頊乘坎，執權，司冬。黄帝乘坤艮，執繩，司下土。《呂氏春秋・仲春》日夜分則同度量，鈞衡石，角斗桶，正權概。仲秋日夜分，則一度量，平權衡，正鈞石，齊升甬。《漢書》白煒象平考量以銓。量斗斛銓權衡也。

《張蒼傳》若百工，天下作程品。注：如淳曰：百工爲器物皆有尺寸斤兩斛斗輕重之宜。師古曰：百工程品皆取則也。《紀》張蒼定章程。注：程者，權衡丈尺斗斛之平法。《史記自序》漢既初定，文理未明，蒼爲主計整齊度量序律曆。詳見《律令》。

《說文》程品也，十髮爲程，十程爲分，十分爲寸，稱銓也。春分而禾生，日夏至，晷景可度，禾有秒，秋分而秒定。律數十二秒而當一分，十分而寸其以爲重，十二粟爲一分，十二分爲一銖。故諸程品皆從禾。

（元）馬端臨《文獻通考》卷一三三《樂考・度量衡》

《漢志》：度者，分、寸、尺、丈、引也，所以度長短也。本起黄鍾之長。以子穀秬黍中者，孟康曰：子北方，北方黑，謂黑黍也。師古曰：此説非也。子穀，猶言穀子耳。秬黍即黑黍，無取北方爲號也。中者不大不小也。言取黑黍穀子大、小、中者，率爲分、寸也。秬音鉅。一黍之廣，度之九十分，黄鍾之長。一爲一分，十分爲寸，十寸爲尺，十尺爲丈，十丈爲引，而五度審矣。其法用銅，高一寸，廣二寸，長一丈，而分、寸、尺、丈存焉。用竹爲引，高一分，廣六分。長十丈，其方法矩，高廣之數，陰陽之象也。孟康曰：高一分，廣六分。一爲陽，六爲陰也。分者，自三微而成著，可分別也。寸者，忖也。尺者，蒦也。師古曰：蒦音約。丈者，張也。引者，信也。師古曰：信讀曰伸，言其長。夫度者，別於分，忖於寸，蒦於尺，張於丈，信於引。引者，信天下也。職在內官，師古曰：內官，署名也。《百官表》云內官長丞，初屬少府，中屬主爵，後屬宗正。廷尉掌之。師古曰：法度所起，故屬廷尉也。量者，龠、合、升、斗、斛也。師古曰：龠音籥。合音閤。所以量多少也。師古曰：量音力張反。本起於黄鍾之龠，用度數審其容。師古曰：因度以生量也。其容，謂其中所容受之多少也。以子穀秬黍中者千有二百實其龠，以井水準其概。孟康曰：概欲其直，故以水平之。井水清，清則平也。師古曰：概所以概平斗斛之上者也。音工代反，又音工內反。十龠爲合，十合爲升，十升爲斗，十斗爲斛，而五量嘉矣。師古曰：嘉，善也。其法用銅，方尺而圜其外，旁有庣焉。鄭氏曰：庣音條桑之條，庣，過也。算方一尺，所受一斛，過九氂五毫，然後成斛。今尚方有王莽時銅斛，制盡與此同。師古曰：庣，不滿之處也。音土彫反。其上爲斛，其下爲斗，孟康曰：其上謂仰斛也，其下謂覆斛之底，受一斗。左耳爲升，右耳爲合，龠其狀似爵，以縻爵禄。晋灼曰：縻，散也。上三下二，參天兩地，圜而函方，左一右二，陰陽之象也。其圜象規，其重二鈞，備氣物之數，合萬有一千五百二十。孟康曰：三十斤爲鈞，鈞萬一千五百二十銖。聲中黄鍾，始於黄鍾而反覆焉。孟康曰：反斛聲中黄鍾，覆斛亦中黄鍾之宫，宫爲君也。臣瓚曰：仰覆受一斛，覆底受一斗，故曰反覆焉。師古曰：覆音方目反。君制器之象也。龠者，黄鍾律之實也，躍微動氣而生物也。合者，合龠之量也。升者，登合之量也。斗者，聚升之量也。斛者，角斗平多少之量也。夫量者，躍於龠，合於合，登於升，聚於斗，角於斛也。職在太倉，大司農掌之。師古曰：米粟之量，故在太倉也。衡權者：衡，平也；權，重也。衡所以任權而鈞物平輕重也。其道如底。師古曰：底，平也，謂以底石厲物令平齊也。底音指。以見準之正，繩之直，左旋見規，右折見矩。其在天也，佐助璇璣，斟酌建指，以齊七政。師古曰：七政，日、月、正星也。故曰玉衡。《論語》曰：立則見其參於前，孟康曰：權、衡、量，三等爲參。在輿則見其倚於衡也。又曰：齊之以禮，此衡在前居南方之義也。權者，銖、兩、斤、鈞、石也，所以稱物平施，知輕重也。本起於黄鍾之重。一龠容千二百黍，重十二銖，兩之爲兩。二十四銖爲兩，十六兩爲斤，三十斤爲鈞，四鈞爲石。忖爲十八，《易》十有八變之象也。孟康曰：忖，度也，度其義有十八也。黄鍾、龠、銖、兩、鈞、斤、石凡七，與下十一象爲十八也。張晏曰：象《易》三揲蓍而成一爻十八變具六爻而成卦。五權之制，以義立之，以物鈞之，

其餘小大之差，以輕重爲宜。圜而環之，令之肉倍好者。孟康曰：謂爲錘之形如鐶也。如淳曰：體爲肉，孔爲好。師古曰：錘者，秤之權也，音直垂反，又音直睡反。周旋無端，終而復始，無窮已也。銖者，物繇忽微始，至於成著，可殊異也。師古曰：繇讀與由同。由，從也。兩者，兩黄鍾律之重也。李奇曰：黄鍾之管重十二銖，兩之二得二十四。二十四銖而成兩者，二十四氣之象也。斤者，明也，三百八十四銖，《易》工篇之爻，陰陽變動之象也。十六兩成斤者，四時乘四方之象也。鈞者均也，陽施其氣，陰化其物，皆得其成就平均也。權與物均，重萬一千五百二十銖，當萬物之象也。四百八十兩者，六旬行八節之象也。孟康曰：六甲爲六旬，一歲有八節，六甲周行成歲，以六乘八節得之。三十斤成鈞者，一月之象也。石者，大也，權之大者也。始於銖，兩於兩，明於斤，均於鈞，終於石，物終石大也。四鈞爲石者，四時之象也。重百二十斤者，十二月之象也。終於十二辰而復於子，黄鍾之象也。孟康曰：數始於銖，終於石。石重百二十斤，象十二月。銖之重本取於子。律，黄鍾一龠容千二百黍，爲十二銖，故曰復於子黄鍾之象也。千九百二十兩者，陰陽之數也。三百八十四爻，五行之象也。四萬六千八十銖者，萬一千五百二十物歷四時之象也。而歲功成就，五權謹矣。權與物鈞而生衡，孟康曰：謂錘與物鈞，所秤適停則衡平。衡運生規，規圜生矩，矩方生繩，繩直生準。韋昭曰：立準以望繩，以水爲平。準正則平衡而鈞權矣，是爲五則。規者，所以規圜器械，令得其類也。矩者，矩方器械，令不失其形也。規矩相須，陰陽位序，圜方乃成。準者，所以揆平取正也；繩者，上下端直，經緯四通也。準繩連體，權衡合德，百工繇焉，以定法式。師古曰：繇讀與由同。由，用也。輔弼執玉，以翼天子。師（曰）〔古〕曰：翼，助也。《詩》云：尹氏太師，秉國之鈞，四方是維，天子是毗，俾民不迷。師古曰：《小雅·節南山》之詩，言尹氏居太師之官，執持國之權量，維制四方，輔翼天子，使下無迷惑也。咸有五象，其義一也。職在大衡，鴻臚掌之。平均曲直，齊一遠近，故在鴻臚。

紀事

《史記》卷六《秦始皇本紀》〔二十六年〕一法度衡石丈尺。車同軌。書同文字。

（漢）荀悦《前漢紀》卷一四〔漢武帝太初元年〕度者，分、寸、尺、丈、引也，所以度長短也。本起於黄鍾之長，以秬黍之中者一黍廣度之九十分，黄鍾之長。一黍爲一分，十分爲一寸，十寸爲尺，十尺爲丈，十丈爲一引，而五度審矣。職在内官，廷尉掌之。量者，籥、合、升、斗、斛也，所以量多少。本起黄鍾之籥，以秬黍之中者千有二百實爲一籥。十籥爲合，十合爲升，十升爲斗，十斗爲斛，而五量爲嘉矣。籥者興也，合者合也，升者登也，斗者聚也，斛者角也。職在太倉，大司農掌之。權衡者，所以平輕重，銖、兩、斤、鈞、石也。本起黄鍾之重。籥容千有二百黍，重十二銖。二十四銖爲兩，十六兩爲斤，三十斤爲鈞，四鈞爲石。銖者，從微至見，可殊異也。兩者，兩鍾之重也。二十四氣爲象。十六兩爲斤，斤者，明也，三百八十四銖，爲《易》二篇之文，陰陽變動之象。十六兩爲斤，斤者四時乘四方之象也。鈞者以平均物也，三十斤，一月之象也。石者，大也，權之大者也。四鈞，四時之象也。重一百二十斤，十二月之象也。而五權備矣。物與權均而生衡，衡運而生規，規圓而生矩，矩方而生繩，繩直而生物定矣。是謂五則，君臣用焉以定國禮，百工由焉以爲法式，職在鴻臚，鴻臚掌之。夫推曆生律制器，權衡規矩，準繩度量，探頤索隱，鈎深致遠，莫不用焉。

雜録

（北齊）顔之推《顔氏家訓》卷六《書證》《史記·始皇本紀》：二十八年，丞相隗林、丞相王綰等，議於海上。諸本皆作山林之林。開皇二年五月，長安民掘得秦時鐵稱權，旁有銅塗鐫銘二所。其一所曰：廿六年，皇帝盡并兼天下諸侯，黔首大安，立號爲皇帝，乃詔丞相狀、綰，灋度量劓不壹歉疑者，皆明壹之。凡四十字。其一所曰：元年，制詔丞

相斯、去疾，灋度量，盡始皇帝爲之。皆□刻辭焉。今襲號而刻辭不稱始皇帝，其於久遠也，如後嗣爲之者，不稱成功盛德，刻此詔□左，使毋疑。凡五十八字，一字磨滅，見有五十七字，了了分明。其書兼爲古隸。余被敕寫讀之，與内史令李德林對，見此稱權，今在官庫；其丞相狀字，乃爲狀貌之狀，爿旁作犬；則知俗作隗林，非也，當爲隗狀耳。

魏晉南北朝分部

綜述

（宋）王應麟《玉海》卷八《律曆・量衡・魏斛》　《通典》，魏初杜夔造斛，即《周禮》嘉量也。《晉志》，魏景元四年，劉徽注《九章・商功》曰：當今大司農斛，圓徑一尺三寸五分五釐，深一尺，積一千四百四十一寸十分寸之一。王莽銅斛，於今尺爲深九寸五分五釐，徑一尺三寸六分八釐七毫。魏斛大尺長，莽斛小尺短。

（宋）王應麟《玉海》卷八《律曆・度・晉古尺　新度　銅律呂　周玉尺　銅尺　周玉律鐘磬　漢建武銅尺　銅尺銘》　《晉・律志》泰始九年，中書監荀勗校大樂摠章鼓吹八音不和，始知後漢至魏，尺長於古四分有餘。乃部佐著作郎劉恭依《周禮》制尺，所謂古尺也。依古尺更鑄銅律吕，以調聲韻。《樂志》亦引《宋志》云依《周禮》更積黍起度，以鑄新律。以尺量古器，與本銘尺寸無差。汲郡發六國時魏襄王冢，得周玉律及鐘、磬，與新律聲韻闇同。時郡國或得漢故鐘，吹律合之皆應。勗銘其尺曰：晉泰始十年，中書考古器，揆校今尺，長四分半。所校古法有七品：一姑洗玉律，二小吕玉律，三西京銅望臬，四金錯望臬，五銅斛，六古錢，七建武銅尺。姑洗微强，西京望臬微弱，其餘皆與此尺同。銘八十二字。此尺者勗新尺也，今尺者杜夔尺也。勗造新鐘律，與古器諧韻，時人稱其精密。唯散騎侍郎阮咸譏其聲高。阮咸妙達八音，論者謂之神，解咸譏勗律聲高不近中和，以其異己，出咸爲始平相，必古今尺有長短所致也。武帝以勗律與周漢器合，故施用之。後始平掘地得古銅尺，歲久欲腐，不知出何代，果長勗尺四分，時人服咸之妙，而莫能厝意焉。《隋志》晉前尺黄鍾容黍八百八粒。史臣案：勗於千載之外，推百代之法，度數既宜，聲韻又契，可謂切密，信而有徵也。而時人寡識，據無聞之一尺，忽周漢之兩器，雷同臧否，何其謬哉。世説稱有田父於野地中得周時玉尺，便是天下正尺，荀勗試以校己所治金石絲竹，皆短校一黍。又，漢章帝時，零陵文學史奚景於泠道舜祠下得玉律，度以爲尺，相傳謂之漢官尺。以校荀勗尺，勗尺短四分，漢官、始平兩尺，長短度同。又，杜夔所用調律尺，比勗新尺，得一尺四分七釐。魏景元四年，劉徽注《九章》云：王莽時劉歆斛尺弱於今尺四分五釐，比魏尺其斛深九寸五分五釐，即荀勗所謂今尺長四分半是也。元帝後，江東所用尺，比荀勗尺一尺六分二釐。趙劉曜光初四年鑄渾儀，八年鑄土圭，其尺比荀尺一尺五分。荀勗新尺惟以調音律，至於人間未甚流布，故江左及劉曜儀表，並與魏尺略相準。《律志》又云：泰始十年，光禄大夫勗造新度，更鑄《律吕樂志》。泰始九年，光禄大夫勗始制古尺，作新律吕，以調聲韻，仍以張華等所制高文陳諸下管。《穆天子傳序》以臣勗前所考定古尺度甚簡。《裴頠傳》勗之修律度也，檢得古尺短世所用四分有餘。頠上言宜改度量，太醫權衡不見省。元康中。《摯虞傳》陳勰爲將作大匠。掘地得古尺，尚書奏今尺長於古尺，宜以古爲正。潘岳以爲不宜改，虞駁曰：今尺長於古尺幾於半寸，樂府用之，律吕不合；史官用之，歷象失占；醫局用之，孔六乖錯。宜如所奏。詳見後。《隋・律曆志》。《審度篇》。尺度有十五等，一周尺，荀勗依《周禮》制。二晉田父玉尺。三梁表尺。四漢官尺，始平掘地得之。六晉後尺。《漢志》王莽時劉歆銅斛尺，後漢建武銅尺，晉泰始十年荀勗律尺爲晉前尺。祖冲之所傳銅尺銘曰：晉泰始十年，雷次宗、何胤之作《鍾律圖》，所載古尺與此銘同。王隱《晉書》武帝泰始元年，中書監荀勗上。元魏太和十九年，定銅尺，詔以一黍之廣定爲分。命高閭以黍裁寸。六月戊午，改用長尺大斗，其法依《漢志》永平中公孫崇造樂尺，以十二黍爲寸。劉芳非之，更以十黍爲寸。梁武帝《鍾律緯》稱主衣相承有周時銅尺一枚、古玉律八枚，吴人掘地得銀尺，上有刻文。

（宋）王應麟《玉海》卷八《律曆・度・梁新尺》　今制以爲尺長今新尺四分三釐，短俗間尺二分。又得祖冲所傳銅尺其銘曰：晉泰始十年，中書考古器，揆今尺云云。主衣云從上相承，有周時銅尺一枚，古玉律八枚，尺不復存。夾鍾玉琯有昔題刻：迺制爲尺，以相參驗。長祖冲尺校半分，今爲鐘者莫能取齊，律管之妙罕有能知，京房準法傳而莫曉。今以新尺證分毫，製爲四器，名之爲通。

（清）朱銘盤《南朝梁會要・曆數・權衡》　梁依古稱。齊以古稱一

斤八兩爲一斤。《隋書·律曆志上》。

武帝有天下，正權衡。《儒林傳序》。

（清）朱銘盤《南朝梁會要·曆數·嘉量》　梁依古。齊以古升一斗五升爲一斗。《隋書·律曆志上》。

武帝有天下，改斗曆。《儒林傳序》。

（清）朱銘盤《南朝梁會要·曆數·尺》　梁法尺，實比晉前尺一尺七釐。《隋書·律曆志上》。下同。

梁法尺，黃鍾容八百二十八。

梁表尺，黃鍾三：其一容九百二十五，其一容九百一十，其一容一千一百二十。

梁表、鐵尺律黃鍾副别者，其長短及口空之圍徑並同，而容黍或多或少，皆是作者旁庣其腹，使有盈虛。

梁朝俗間尺。長於梁法尺六分三釐，於劉曜渾儀尺二分，實比晉前尺一尺七分一釐。梁武《鍾律緯》云：宋武平中原，送渾天儀土圭，云是張衡所作。驗渾儀銘題，是光初四年鑄，土圭是光初八年作。並是劉曜所制，非張衡也。制以爲尺，長今新尺四分三釐，短俗間尺二分。新尺謂梁法尺也。

（宋）王應麟《玉海》卷八《律曆·度·後魏銅尺》　《魏志》大和中詔中書監高閭修正音律，十八年表曰，公孫崇自作《鍾磬志議》二卷，器數爲備。景明四年，并州獲古銅權，詔付崇以爲鍾律之準。永平中，崇更造新尺，以一黍之長，累爲寸法。太常卿劉芳受詔修樂，以秬黍中者一黍之廣即爲一分，而中尉元匡以一黍之廣度黍二縫以取一分，久未能決。太和十九年，《通鑑》是年六月戊午，改用長尺大斗，其法依《漢志》爲之。高祖詔以一黍之廣，用成分體，九十黍之長，以定銅尺。有司奏從前詔，而芳尺同高祖所制，遂典修金石。《通鑑》公孫崇造樂尺，以十二黍爲寸，劉芳非之，更以十黍爲寸。張普惠上疏曰：高祖廢大斗，去長尺，改重稱，以愛民薄賦。

（宋）王應麟《玉海》卷八《律曆·量衡·後周玉升銘　銅升　銅律度　玉斗》　《隋志》，後周玉升銘曰：保定元年，歲在重光，月旅蕤賓，晉國之有司，修繕倉廩。獲古玉升，形制典正，若古之嘉量。太師晉公以聞，敕納于天府。《北史》，保定元年五月丙午，晉公護獲玉斗以獻。暨五年，歲在叶治，皇帝乃詔稽準繩，考灰律，不失圭撮，不差絫黍。遂鎔金寫之，用頒天下。五年乙酉冬十月詔，改制銅律度爲銅升，頒天下。天和二年丁亥正月戊子，十五日。校定，移地官府爲式。此銅升之銘也。後周得玉斗，據斗造律，兼制權量，亦不合周漢制度。建德六年八月壬寅，議權衡度量，頒於天下。

（宋）王應麟《玉海》卷八《律曆·量衡·後周玉稱》　《隋志》，後周玉斗，并副金錯銅斗及建德六年金錯題銅斗實同，以秬黍定量，以玉稱權之，一升之實，皆重六斤十三兩。周玉稱四兩，當古稱四兩半。衡以任權，鈞物在天，曰玉衡。

紀事

（宋）司馬光《資治通鑑》卷一四七《梁紀·武帝天監十三年》　魏以前定州刺史楊津爲華州刺史，華，户化翻。津，椿之弟也。先是，官受調絹，尺度特長，任事因緣，共相進退，先，悉薦翻。調，徒吊翻；下同。任事，謂任調絹之事者也。任，音壬。因緣，謂因緣爲姦。進退，謂有賂者則進而爲長，無賂者則退而爲短。百姓苦之。津令悉依公尺，其輸物尤善者，賜以杯酒；所輸少劣，亦爲受之，少，詩沼翻。爲，于僞翻。但無酒以示耻。於是人競相勸，官調更勝舊日。

《北齊書》卷二《神武帝紀》　八月丁亥，神武請均斗尺，班於天下。

隋唐五代分部

綜述

（唐）**長孫無忌等《唐律疏議》卷二六《雜律・私作斛斗秤度》** 諸私作斛斗秤度不平，而在市執用者，笞五十；因有增減者，計所增減，準盜論。

疏議曰：依令：斛斗秤度等，所司每年量校，印署充用。其有私家自作，致有不平，而在市執用者，笞五十；因有增減贓重者，計所增減，準盜論。

即用斛斗秤度出入官物而不平，令有增減者，坐贓論；入己者，以盜論。其在市用斛斗秤度雖平，而不經官司印者，笞四十。

疏議曰：即用斛斗秤度出入官物，增減不平，計所增減，坐贓論。入己者，以盜論，因其增減，得物入己，以盜論，除、免、倍贓依上例。其在市用斛斗秤度雖平，謂校勘訖，而不經官司印者，笞四十。

（唐）**長孫無忌等《唐律疏議》卷二六《雜律・校斛斗秤度不平》** 諸校斛斗秤度不平，杖七十。監校者不覺，減一等；知情，與同罪。

疏議曰：校斛斗秤度，依《關市令》：每年八月，詣太府寺平校，不在京者，詣所在州縣平校，並印署，然後聽用。其校法，《雜令》：量，以北方秬黍中者，容一千二百爲龠，十龠爲合，十合爲升，十升爲斗，三斗爲大斗一斗，十斗爲斛。秤權衡，以秬黍中者，百黍之重爲銖，二十四銖爲兩，三兩爲大兩一兩，十六兩爲斤。度，以秬黍中者，一黍之廣爲分，十分爲寸，十寸爲尺，一尺二寸爲大尺一尺，十尺爲丈。有校勘不平者，杖七十。監校官司不覺，減校者罪一等，合杖六十；知情，與同罪。

（唐）**李林甫等《唐六典》卷三《尚書户部・金部郎中》** 金部郎中一人，從五品上；漢置尚書郎四人，其一人主財帛委輸，蓋金部郎曹之任也。歷魏、晉、宋、齊、後魏、北齊並有金部郎中，梁、陳、隋爲侍郎，煬帝但曰郎，皇朝因之。武德三年加中字。龍朔二年改爲司珍大夫，咸亨元年復故。員外郎一人，從六品上；隋開皇六年置，煬帝改曰承務郎，皇朝爲員外郎。龍朔、咸亨隨曹改復。主事三人，從九品上。金部郎中、員外郎掌庫藏出納之節，金寶財貨之用，權衡度量之制，皆總其文籍而頒其節制。凡度以北方秬黍中者一黍之廣爲分，十分爲寸，十寸爲尺，一尺二寸爲大尺，十尺爲丈。凡量以秬黍中者容一千二百爲龠，二龠爲合，十合爲升，十升爲斗，三斗爲大斗，十斗爲斛。凡權衡以秬黍中者百黍之重爲銖，二十四銖爲兩，三兩爲大兩，十六兩爲斤。凡積秬黍爲度、量、權衡者，調鍾律，測晷景，合湯藥及冠冕之制則用之；內、外官司悉用大者。凡庫藏出納皆行文傍，季終而會之。若承命出給，則於中書省覆而行之。百司應請月俸，則符、牒到，所由皆遞覆而行之。

（唐）**李林甫等《唐六典》卷二〇《太府寺・卿》** 太府寺：卿一人，從三品；《周禮》天官有太府下大夫、上士、下士，掌九貢、九賦、九功之貳，以受其貨賄之入，頒其貨於受藏之府，頒其賄於受用之府。凡官府、都鄙之吏及執事者，受財用焉。則今太府之任也。秦、漢已下不置其官，其職並於司農、少府。梁天監七年始置太府卿，班第十三，掌金帛、府帑，統左右藏令、上庫丞、太市、南市、北市令，關津亦皆屬焉。陳因之，品第三。後魏太和中，始改少府爲太府卿，品第三。北齊因之。後周有太府中大夫，又有計部中大夫。隋太府寺卿一人，正三品，統左藏、左內右三尚方、司染、右藏、黄藏、掌冶、甄官等署，各置令、丞。至煬帝，分太府寺置少府監，管三尚方及司染、掌冶等署，而太府寺管左右藏及兩市、平準等署焉。大業四年降爲從三品，皇朝因之。至龍朔二年改爲外府正卿，咸亨元年復故。光宅元年改爲司府寺，神龍初復舊。少卿二人，從四品上。後魏孝文帝改少府爲太府，置少卿一人，第四品上。北齊因之。隋煬帝加至二人，降爲從四品。皇朝減一人，貞觀中復置二人。龍朔、咸亨、光宅、神龍並隨寺改復。太府卿之職，掌邦國財貨之政令，總京都四市、平準、左右藏、常平八署之官屬，舉其綱目，修其職務；少卿爲之貳。以二法平物：一曰度量，度謂分、寸、尺、丈，量謂合、升、斗、斛。二曰權衡。權，重也；衡，平也。金銀之屬謂之寶，錢帛之屬謂之貨。絹曰匹，布曰端，綿曰屯，絲曰絇，麻曰綟，金銀曰鋌，錢曰貫。凡四方之貢賦，百官之俸秩，謹其出納，而爲之節制焉。諸州庸、調及折租等物應送京者，並貯左藏；其雜送物並貯右藏。庸、調初至京日，録狀奏聞。每旬一

奏納數。

凡絹、布出有方土，類有精粗。絹分爲八等，布分爲九等，所以遷有無，和利用也。宋、亳之絹，復州之紵，宣、潤、沔之火麻，黄州之貲，並第一等。鄭、汴、曹、懷之絹，常州之紵，舒、蘄、黄、岳、荊之火麻，廬、和、晉、泗之貲，並第二等。滑、衛、陳、魏、相、冀、德、海、泗、濮、徐、兗、貝、博之絹，楊、湖、沔之紵，徐、楚、廬、壽之火麻，絳、楚、滁之貲，並第三等。滄、瀛、齊、許、豫、仙、棣、鄆、深、莫、洺、邢、恒、定、趙之絹，蘇、越、杭、蘄、廬之紵，澧、朗、潭之火麻，澤、潞、沁之貲，並第四等。潁、淄、青、沂、密、壽、幽、易、申、光、安、唐、隨、黄之絹，衢、饒、洪、婺之紵，京兆、太原、汾之貲，並第五等。通、益、彭、蜀、梓、漢、劍、遂、簡、綿、襄、褒、鄧之絹，郢、江之紵，褒、洋、同、岐之貲，並第六等。資、眉、邛、雅、嘉、陵、閬、普、壁、集、龍、果、洋、渠之絹，台、括、撫、睦、歙、虔、吉、温之紵，唐、慈、坊、寧之貲，並第七等。通、巴、蓬、金、均、開、合、興、利、泉、建、閩之絹，泉、建、閩、袁之紵，登、萊、鄧之貲，並第八等。金、均、合之貲，並第九等。

凡供祀昊天上帝幣以蒼，配帝亦如之；皇地祇幣以黄，配帝亦如之。祀大明幣以青；夜明幣以白；神州幣以黄；太社、太稷之幣皆以玄，后稷亦如之；先農幣以青；先蠶幣以玄。蜡祭神農幣以赤，伊祁氏幣以玄。祀五方帝、五帝、五官、内官、中官、外官、五星、二十八宿及衆星、嶽、鎮、海、瀆、山、林、川、澤、丘、陵、墳、衍等之幣皆以其方色。祈告宗廟之幣及孔宣父、齊太公皆以白。凡幣皆長一丈八尺。【略】

凡官私斗、秤、度尺，每年八月詣寺校印署，無或差繆，然後聽用之。《禮記·月令》云：仲春、仲秋，日夜分，則同度量，平權衡，正鈞石，角斗甬。

録事掌受事發辰。

《舊唐書》卷四三《職官志》〔金部〕郎中、員外郎之職，掌判天下庫藏錢帛出納之事，頒其節制，而司其簿領。凡度，以北方秬黍中者一黍之廣爲分，十分爲寸，十寸爲尺，一尺二寸爲大尺，十尺爲丈。凡量，以秬黍中者容一千二百爲龠，二龠爲合，十合爲升，十升爲斗，三斗爲大斗，十斗爲斛。凡權衡，以秬黍中者百黍之重爲銖，二十四銖爲兩，三兩爲大兩，十六兩爲斤。凡積秬黍爲度量權衡，調鐘律，測晷景，合湯藥及冠冕之制用之。内外官私，悉用大者。凡庫藏出納，皆行文牓，季終會之。若承命出納，則於中書、門下省覆而行之。百司應請月俸，符牒到，所由皆遞覆而行之，乃置木契，與應出物之司相合。凡官私互市，物數有制。凡縑帛之類，有長短、廣狹、端疋、屯綟之差。凡賜十段，其率絹三疋，布三端，綿三屯。若雜綵十段，則絲布二疋，紬二疋，綾二疋，縵四疋。若賜蕃客錦綵，率十段則錦一張，綾二疋，縵三疋，綿四屯。凡遣使覆囚，則給時服。若諸使經二年不還，亦如之。凡時服稱一具者，全給之。一副者，減給之。正冬之會，稱束帛有差者，皆賜絹，五品已上五疋，六品已下三疋，命婦視其夫、子。

《舊唐書》卷四八《食貨志》 凡權衡度量之制：度，以北方秬黍中者一黍之廣爲分，十分爲寸，十寸爲尺，十尺爲丈。量，以秬黍中者容一千二百爲龠，二龠爲合，十合爲升，十升爲斗，三升爲大升，三斗爲大斗，十大斗爲斛。權衡，以秬黍中者百黍之重爲銖，二十四銖爲兩，三兩爲大兩，十六兩爲斤。調鐘律，測晷景，合湯藥及冠冕，制用小升小兩，自餘公私用大升大兩。又山東諸州，以一尺二寸爲大尺，人間行用之。其量制，公私又不用龠，合内之分，則有抄撮之細。

天寶九載二月，敕：車軸長七尺二寸，麵三斤四兩，鹽斗，量除陌錢每貫二十文。

先是，開元八年正月，敕：頃者以庸調無憑，好惡須準，故遣作樣以頒諸州，令其好不得過精，惡不得至濫，任土作貢，防源斯在。而諸州送物，作巧生端，苟欲副於斤兩，遂則加其丈尺，至有五丈爲疋者，理甚不然。闊一尺八寸，長四丈，同文共軌，其事久行，立樣之時，亦載此數。若求兩而加尺，甚暮四而朝三。宜令所司簡閲，有踰於比年常例，丈尺過多，奏聞。

（宋）王溥《唐會要》卷六六《太府寺》 武德八年九月敕，諸州斗秤，經太府較之。

開元九年敕格：權衡度量，并函腳雜令：諸度，以北方秬黍中者一黍之廣爲分，十分爲寸，十寸爲尺，三尺爲大尺。諸量，以秬黍中者容一千二百粒爲龠，十龠爲合，十合爲升，十升爲斗，三斗爲大斗，十斗爲斛；諸權衡、以秬黍中者百黍之重爲銖，二十四銖爲兩，三兩爲大兩，十六兩爲斤。諸積秬黍爲度量權衡者，調鍾律，測晷景，合湯藥，及冕服制用之外，官私悉用大者。京諸司及諸州，各給秤尺，及五尺度斗升合等

樣。皆銅爲之。《關市令》，諸官私斗尺秤度，每年八月，詣金部太府寺平較。不在京者，詣所在州縣平較，並印署，然後聽用。【略】

天寶九載二月十四日敕：自今以後，麫皆以三斤四兩爲斗，鹽並勒斗量。其車軸長七尺二寸，除陌錢每貫二十文，餘麫等同。

大歷十年三月二十二日敕：自今以後，應付行用斗、秤、尺、度，准式取太府寺較印，然後行用。至十一年十月十八日，太府少卿韋光輔奏稱：今以上黨羊頭山黍，依《漢書・律歷志》較兩市時用斗，每斗小較八合三勺七撮，今所用秤，每斤小較一兩八銖一分六黍。今請改造銅斗、斛、尺、秤等行用。制曰：可。至十二年二月二十九日敕：公私所用舊斗、秤，行用已久，宜依舊。其新較斗、秤宜停。

太和五年八月，太府奏：斗秤舊印，本是真書。近日以來，假僞轉甚。今請省寺各撰新印，改篆文。敕旨：宜依。

六年四月敕：金部所奏條流，諸州府斗秤等，諸州皆有太府寺先頒下銅升斗及秤，見在每年較勘合守成規。今若忽重條流，又須別有徵斂，無益於事，徒爲擾人。宜並仍舊。但令所在長吏，切加點檢，不得致有差殊。

（宋）王溥《唐會要》卷八三《租税》 開元八年正月二十日敕：頃者，以庸調無憑，好惡須準。故遣作樣，以頒諸州。令其好不得過精，惡不得至濫。任土作貢，防源斯在。而諸州送物，作巧生端。苟欲副於斤兩，遂則加其丈尺，至有五丈爲匹者。理甚不然。闊一尺八寸，長四丈，同文共軌，其事久行。立樣之時，亦載此數。若求兩而加尺，甚暮四而朝三。宜令所司簡閲。有踰於比年常例，丈尺過多，奏聞。

（宋）王應麟《玉海》卷八《律曆・量衡・唐太府二法》 《六典》《志》金部掌權衡度量之制，《志》作數。太府卿掌以二法平物，一曰度量，分、寸、丈、尺、合、升、斗、斛。二曰權衡。凡官私斗秤尺，每年八月詣寺平校，開元九年敕格。無或差繆，然後用之。《月令》仲春、仲秋日夜分平權衡同度量。《會要》武德八年九月，敕諸州斗秤京大府較之。大和五年八月，大府奏斗秤新印改篆文，以舊印真書多僞也。大曆十年三月二十二日敕：斗秤尺度準式取大府較印，然後行用。《樂志》聲無形而樂有器，古之作樂者懼器失而聲亡，多爲之法以著之。故始求聲者以律，而造律者以黍。一黍之廣積爲分寸，一黍之多積爲龠合，一黍之量積爲銖兩，此造律之本也。爲長短、多少、輕重之法著於度量權衡三物，亦有時而敝。又總其法著於數，使其分、寸、龠、合、銖、兩皆起於黄鍾，使得律者可以制度量衡，因度量衡亦可以制律。不幸皆亡，則推法數而制之，四者既同而聲必至，聲至而後樂可作矣。《官志》太府主簿平權衡度量，歲以八月印書，然後用之諸市，令丞掌度量。《六典》京都諸市令以二物平市秤以格斗以概。《隋志》開皇以古斗三升爲一升，古稱三斤爲一斤。大業中復古斗稱。三年四月壬辰，改度量權衡並依古式。隋趙贇通爲冀州刺史，爲銅斗鐵尺置於肆，百姓便之。

（宋）王應麟《玉海》卷八《律曆・量衡・唐銅斛 嘉量》 《通鑑》武德八年九月癸卯，初令太府檢校諸州權量。

《通典》貞觀中張文收鑄斗、秤、尺、升、合咸得其數，詔以其副藏於樂局。至武延秀爲太常卿，以爲奇翫，以律與古玉尺、玉斗、升、合獻焉。開元十七年，將考宗廟樂，有司請出之。敕惟以銅律付太常，而亡其九管。今正聲有銅律三百五十六，銅斛二，銅秤二，銅甌十四。斛左右與臂耳皆正方，積十而登，以至於斛。銘云：大唐貞觀十年，歲次玄枵，月旅應鍾，依新令累黍尺，定律校龠，成茲嘉量，與古玉斗相符，同律度量衡。協律郎張文收奉敕修定。秤盤銘云：大唐貞觀秤，同律度量衡。匣上有朱漆題秤尺二字，尺亡，其跡猶存。以今常用度量校之，尺當六之五，衡皆三之一。一斛，一稱，是文收總章年所造。《舊紀》大曆十年八月，大府寺奏：諸州府所用斗秤，當寺給銅斗秤，州府依樣製造而行。柳仲郢爲京兆尹，置權量於東西京，使貿易用之，禁私製者。《會要》大曆十一年十月十八日，大府少卿韋光輔奏請改造銅斗斛尺秤等行用。十二年二月廿九日，敕依舊制。敬括《嘉量賦》窮微於子穀之數，酌憲於黄鍾之音。姚崇《執秤誡》云衡天下之平也，君子執之以平其心。夫衡在天以齊七政，在人以均萬物。稱物平施，爲政以公，毫釐不差，輕重必得，是執秤衡之理也。聖人爲衡四方取則，志守公平，體兼正直，存信去詐，以公滅私，無偏無黨，君子似之。

紀事

（宋）李昉等《文苑英华》卷五三一《商賈傭賃門·斗秤判》 太府寺去秋追三市斗秤踰月不送寺，以市司違時，徵銅四斤，丞梅福訴云九月上旬平校畢。

對

太府官惟度量務切權衡，驗寶貝之充盈，察泉貨之輕重，校量斗秤，甲令有時，事屬司存，不當踰月，瞻言稽緩，湏寘科條。梅福跡淪下列，志追前古，蹔輟九江之仙，來從三市之任。詞有所屈，恐獲戾於錙銖。道或可遵，豈論愆於圭撮。薄言未息，紛紜一作紛紜猶多。宜躬五聽之情，方按三章之律。

（宋）李昉等《文苑英华》卷五三一《商賈傭賃門·權衡判》 景造權衡，以百黍之重爲一銖，以三兩爲一大兩。所由科違令。訴云：調律。仰正斷。

對

景職此權衡，性諧鍾律，八音由茲遂播，五聲從此克諧。掌類羲和，主同尹氏，錙銖無失於毫末，斤兩匪差於黍累。顓頊火正，虞典銅衡。苟有罪一作非。宜，誠合科結。況三兩爲一大兩，未爽於通規；百黍以爲一銖，頗合於古制。將科違令，事乃近於深文；訴以非辜，理亦宜從告免。

（宋）李昉等《文苑英华》卷五三一《商賈傭賃門·度判》 内官以竹爲引，高廣之數法陰陽。宗正以爲不中度，請科之。辭稱事所宜也，非故無實。

對

律曆攸司，丈尺有準，度必慎於圭撮，高一作廣。寧失於分寸？苟昧斯義，則非其人。惟此内官，聰於宗正。權量法度，無黍累之差；墨丈尋常，豈毫釐之謬。允酌故實，克循前典，既法陰陽之數，固因銅竹之宜。科之則非，訴者爲是。

《新唐書》卷一六三《柳公綽傳》 置權量於東西市，使貿易用之，禁私製者。

宋遼金元分部

論説

（元）王惲《秋澗先生大全文集》卷八六《烏臺筆補・論均平秤尺斛斗事狀》 《書》云：同律度量衡，帝舜所以資治也。今民間升斗秤尺，有出入之異，往年雖有禁令，有司滅裂，竟莫曾行。今後合無製造法物，官爲印烙，頒降州縣，一體施行。

（明）丘濬《大學衍義補》卷九五《治國平天下之要・備規制・權量之謹》 宋太祖詔有司精考古式作爲嘉量以頒天下。凡四方斗斛不中度不中式者皆去之，又詔有司按前代舊式作新權衡以頒天下，禁私造者。太宗淳化三年詔曰：《書》云同律度量衡，所以建國經而立民極也。國家萬邦咸乂，九賦是均。顧出納於有司繫權衡之定式。如聞秬黍之制或差毫釐，錘鉤爲姦害及黎庶，宜令詳定稱法，著爲通規。

臣按宋太祖太宗皆起自民間，熟知官府出納之弊，故其在位首以謹權量爲務。史謂比用大稱如百斤者，皆懸鉤於架，植鐶於衡。或偃手或抑按，則輕重之際殊爲懸絶。於是更鑄新式，悉繇絫黍而齊其斤石，不可得而增損也。又令每用大稱，必懸以絲繩，既置其物則却立以視，不可得而抑按。繇是觀之，可見古昔好治之君，莫不愛民。其愛民也，凡官吏可藉以害民者，無不預爲之禁革。則雖一毫之物，不使過取於民。彼其具文移著律例，約束非不備，刑罰非不嚴，然利之所在，人惟見利而不見害，往往法外以巧取，依法以爲姦。孰若每事皆立爲一法，如宋人之於權衡，必齊其斤石不可得而增損。又俾操執者却立以視，而不得按抑。噫！使凡事事皆準此以立爲之法，則官吏無所容其姦，而小民不至罹其害矣。

綜述

（宋）竇儀《宋刑統》卷二六《雜律・校斗秤不平》 諸校斛斗秤度不平，杖七十。監校者不覺，減一等，知情與同罪。

疏議曰：校斛斗秤度，依《關市令》，每年八月詣太府寺平校，不在京者，詣所在州縣官校，並印署，然後聽用。其校法，《雜令》，量以北方秬黍中者容一千二百爲龠，十龠爲合，十合爲升，十升爲斗，三斗爲大斗一斗，十斗爲斛。秤權衡以秬黍中者百黍之重爲銖，二十四銖爲兩，三兩爲大兩一兩，十六兩爲斤。度以秬黍中者一黍之廣爲分，十分爲寸，十寸爲尺，一尺二寸爲大尺一尺，十尺爲丈。有校勘不平者，杖七十。監校官司不覺，減校者罪一等，合杖六十。知情與同罪。

諸私作斛斗秤度不平，而在市執用者，笞五十，因有增減者，計所增減准盜論。即用斛斗秤度出入官物而不平，令有增減者，坐贓論，入己者以盜論。其在市用斛斗秤度雖平，而不經官司印者，笞四十。

疏：諸私作斛斗秤度不平，而在市執用者，笞五十，因有增減者，計所增減准盜論。

議曰：依令，斛斗秤度等，所司每年量校，印署充用。其有私家自作，致有不平，而在市執用者，笞五十。因有增減，贓重者，計所增減准盜論。

又云，即用斛斗秤度出入官物而不平，令有增減者，坐贓論，入己者以盜論。其在市用斛斗秤度雖平，而不經官司印者，笞四十。議曰：即用斛斗秤度出入官物，增減不平，計所增減坐贓論。入己者以盜論，因其增減得物入己，以盜論，除免、倍贓依上例。其在市用斛斗秤度雖平，謂校勘訖而不經官司印者，笞四十。

（宋）佚名《宋大詔令集》卷一九八《政事・禁約・罷廣南大斗詔開寶四年七月丙申》 朕已平遠俗，式示優恩，既混車書，宜均度量，廣南僞命日使大斗受納租税者，罷之。

（宋）謝深甫等《慶元條法事類》卷三〇《財用門・關市令》 諸賣斛斗升合稱等尺錢，轉運司留功料之直外，以五分上供，餘給本司。

（宋）王應麟《玉海》卷八《律曆・度・景祐黍尺 四等尺 樂尺 景表尺 大府尺 漢錢尺 王朴律準尺》 景祐二年，李照改大樂。以京縣秬黍累尺鑄鍾，聲高。更以太府布帛尺爲法。又以潞州黍累之尺成，與

太府尺合。三年三月丙申，翰學馮元等上秬黍新尺。詔以尺別爲鍾磬各一架。六月丙寅，鄧保信上所制樂尺并龠，言其法本《漢志》，可合律度量衡。詔馮元、聶冠卿、宋祁同較定。七月己亥，命翰學丁度、知制誥胥偃、司諫高若訥、韓琦同詳定黍尺鍾律。八月甲戌，琦言阮逸之用方分，保信之用長黍，質之典據，悉無所聞。逸爰造律，圍徑乖古。保信新尺，長廣未合。請下有司記二家律法及所造管鍾磬權量存而未行，詔度等速詳定。九月丁亥，度等言詳定保信、逸爰所造黍尺律管，權量鍾磬。保信用圓黍，逸等用大黍累之。尺既有差，難以定鍾磬。《漢志》積分之法爲近，然逸等以大黍累尺，小黍實龠，自戾本法。保信以長爲分，雖合後魏公孫崇所説，然當時已不施用。前代皆以一黍之廣爲分，唯崇以長累爲寸。臣等以王朴律準爲率，則太府寺鐵尺比律準尺長三寸二分強；景表尺長四分；保信尺長一寸九分強；逸等尺長七分強。詔度等以太府寺四等尺比校詳定可行用者以聞。然論者謂漢制本起黄鍾之長。云云。然則尺生於黄鍾也。晋隋以來，諸儒之議乃先制尺爲律，至有縱黍横黍之别，而容受不能合。由《漢志》脱起積一千二百黍之八字，度等不能是正。壬辰推恩逸爰遣之。十月丁卯，十九日。度等言奉詔校四等尺，古之制尺非特累黍，必求古雅之器以參校之。晋泰始十年，荀公魯以古物七品校尺度。《隋志》載前代尺度十有五等，然皆以晋之前尺爲本。以其與周尺、劉歆銅斛尺、建武銅尺相合也。臣以爲古物有分寸，明著史籍，唯有錢法。今司天監景表尺，和峴所謂西京銅望臬者，洛都舊物也。荀公魯所用西京銅望臬，蓋西漢之物。和峴謂洛陽爲西京，乃唐東都耳。五代不聞測景，此即唐尺。今以貨布錯刀貨泉大泉等校之，則景表尺長六分有奇，略合宋氏周隋之尺。是銅斛與貨布等尺寸，灼然可用矣。今必求尺度之中，當依漢錢分寸。若以爲太祖詔和峴等用景表尺修金石稽合唐制，以示詒謀。則可且依景表舊尺，俟妙達鍾律者攷正。其王朴律準尺比漢錢尺長二分有奇，比景表尺短四分。既前代未嘗施用，復經太祖朝更改，逸爰、保信并照所用太府寺等尺，其制彌長，去古彌遠。又逸進《周禮》度量法，議欲先鑄嘉量，其説疏舛。謹再定景表尺一，及以漢錢校定尺二。丙一陷古泉貨十，并大泉錯刀貨布貨泉總十七枚上之。四品參校分寸正同。詔度等以錢尺、景表尺各造律管，比驗逸爰及太常新舊鍾磬音韻高下以聞。度等言律管非臣素習。乃罷之。

《會要》云：度等言取保信、逸爰所造黍尺二參校分寸不合。

司天監景表尺。比晋前尺長六分三釐，與晋後尺同。與宋氏鐵尺、樂尺、渾儀尺、後周鐵尺並同。慶曆七年八月丙寅，觀郊廟祭器，以景表尺較其制度。王朴律準尺。比晋前尺長二分一釐，比梁表尺短一釐。三司布帛尺。比周尺一尺三寸五分。馮元言古者横黍度寸，今以縱亂横，其法非是。上因出横黍新尺示羣臣，比縱尺差二寸一分而弱。以校衡斗皆不讎。

（宋）王應麟《玉海》卷八《律曆・度・皇祐十五等古尺》

《隋志》：禹以身爲度。《禮記》：布手爲尺。《周官》：璧羨起度。鄭司農云璧徑尺。《易緯通卦驗》：十馬尾爲一分。《淮南子》：十二粟而當一寸。《説苑》：一粟爲一分。《孫子算術》：十釐爲分。此皆起度之源。《漢志》起黄鍾之長，以黍度之。今略諸代尺度一十五等，并異同之説如左：

一、周尺：《漢志》劉歆銅斛尺、後漢建武銅尺、晋泰始十年荀勉律尺爲晋前尺、祖沖之所傳銅尺；今以此尺爲本，以校諸代尺。

二、晋田父玉尺、梁法尺；比晋前尺一尺七釐。此兩尺長短近同。

三、梁表尺；比晋前尺一尺二分二釐一毫有奇。蕭吉云：出司馬法，即祖常所造銅圭、景表，大業用之調律。

四、漢官尺，比晋前尺一尺三分七毫。晋始平得古銅尺；兩尺長短近同。

五、魏尺；杜夔所用調律，比晋前尺一尺四分七釐。

六、晋後尺；比晋前尺一尺六分二釐。江東所用。

七、後魏前尺；比晋前尺一尺二寸七釐。

八、中尺；比晋前尺一尺二寸一分一釐。

九、後尺；比晋前尺一尺二寸八分一釐。後周市尺，比玉尺一尺九分三釐。或傳梁時誌公作。周朝行用，及開皇初著令以爲官尺，百司用之。開皇官尺；即鐵尺一尺二寸。後魏初及東西分國，後周未用玉尺之前雜用之。

十、東魏後尺；比晋前尺一尺五寸八毫。此元延明累黍用半周之廣爲尺，齊因而用之。

十一、蔡邕銅籥尺，相承有銅籥，一以銀錯題其銘曰：籥，黄鍾之宫，長九寸、空圍九分，容秬黍一千二百粒，稱重十二銖，兩之爲一合。三分損益，轉生十二律。祖孝孫云：相承傳是蔡邕銅籥。後周玉尺；比晋前尺一尺一寸五分八釐。保定中，詔盧景宣等累黍造尺不定，後脩倉掘地得古玉斗，以爲正器。據斗造律度量衡，用此尺改元尺和。其律黄鍾與蔡邕古籥同。

十二、宋氏尺，比晋前尺一尺六分四釐。錢樂之渾天儀尺，後周鐵尺，開皇初調鍾律尺及平陳後調鍾律水尺；宋代人間所用，傳入梁陳，以制樂律。與晋後尺、梁俗尺、劉曜渾儀尺略相近。周建德六年，以此同律度量頒天下。牛弘曰：今之鐵尺，蘇綽所造，與宋尺同。即以調律均田。周漢古錢，大小有合，宋氏渾儀尺度。《漢志》云：黄金方寸，其重一斤。今鑄金校驗，鐵尺爲近。至於玉尺累黍以廣爲長，恐不可用。晋梁尺短，律聲必高急。臣謂用鐵尺爲便。宣帝時議，祖孝孫云：平陳後廢周玉尺律，用此鐵尺律，以一尺二寸即爲市尺。

十三、開皇十年萬寶常所造律吕水尺；比晋前尺一尺一寸八分六釐。今大樂庫及内出銅律一部是寶常所造，名水尺律。

十四、雜尺，趙劉曜渾天儀土圭尺；長於梁法尺四分三釐，比晋前尺一尺五分。

十五、梁朝俗間尺。長於梁法尺六分三釐，於劉曜渾儀尺二分，比晋前尺一尺七分一釐。

《實録》高若訥傳：皇祐中詔累黍定尺，以制鍾律。争論連年不決。若訥以漢貨泉度一寸，依《隋書》定尺十五種上之。藏於太常寺，《長編》載於景祐三年云云。宋祁獨以周尺爲木，以攷諸尺。陳襄集載十五尺。同《隋志》。

皇祐二年閏十一月丁卯，十四日。置局祕閣詳定大樂。庚午，十七。翰學承旨王堯臣等請借參政高若訥所校古尺十五等。從之。三年二月己丑，詔諸道漕臣訪民間有藏古尺律者上之。四年六月乙酉，范鎮上書曰：周尺有八寸、十寸之别。璧羨之制長十寸，廣八寸，同謂之度尺。今以百黍爲尺，不起於黄鍾，非是。累黍爲尺，始失於《隋書》。房庶謂以尺生律，不合古法。五年四月二十六日，乙未。知制誥王洙言鎛鍾特磬制度，欲以皇祐中黍尺爲法，鑄大吕應鍾鍾磬各一。景祐二年乙亥九月十二日，依新黍定律尺，每十黍爲一寸。景祐三年丙子，詔臣逸、臣爰準古法累秬黍以興尺度監鑄造臣保信。皇祐二年閏十一月，用烏圓小黍之廣累百滿尺。其二云中黍之廣，大黍之廣。四年十一月，大樂所造新定中黍連三鐵尺。三年五月，大樂所造太府寺鐵尺。五年五月，大樂所奉詔以景表尺均通爲皇祐中黍尺。又載胡、阮二家所定十二律尺四清律尺分寸之異。《陳襄集》。近歲，司馬備刻周尺、漢劉歆尺、晋前尺，蓋文正公光舊物也。景祐二年四月八日，李照言：太府寺石記云宫尺每寸十黍。臣以今黍十二方盈一寸，欲更造官尺律管一。景祐中，韓琦、丁度累黍尺二。其一亦與周尺相近。比周尺一尺三分五釐。元豐元年，制樂所定銅木尺度。黄鍾籥尺一條長九十黍。

（宋）王應麟《玉海》卷八《律曆・度・紹興牙尺　大樂尺圖　皇祐中黍尺》　紹興十六年五月十八日，給事中段拂等言，禮器局準降下景鍾制度，大晟樂書，并金字牙尺二十八量，及太常少卿李周等所立碑刻太樂尺圖本付局參照，欲依樂書制度，以皇祐二年大樂中黍尺爲準。從之。後禮部頒祭祀儀式書到造禮器尺，比周尺一尺三寸二分。三十二年七月十一日，工部言尊號玉寶四寸九分厚一寸二分，用皇祐中黍尺。後周聶崇義三禮圖玉瑞玉器之屬，造指尺、璧羨以規之。冠冕鼎俎之屬，設黍尺、嘉量以度之。

（宋）王應麟《玉海》卷八《律曆・量衡・建隆新量衡　嘉量》　太祖受命之初，受藏吏歲輸金幣，權衡失準。建隆元年八月丙戌，十九日。有司請造新量衡以頒天下。詔精考古制，按前代舊式作之，禁私造者。《紀》云，頒新量衡於天下。按此乃新造，未頒也。一本云作爲嘉量，以示天下。其後平江南蜀嶺，凡斛斗不中法者去之，以嘉量爲定制。元年夏五月乙巳，首擇廷臣王仲而下八人分掌京廪。明年春二月己卯，賜節度符彦卿粟以愧之。自是斛量始平民情咸悦。乾德元年七月戊午，頒于潭澧等州。開寶四年七月丙申，以嶺南用大斗，詔均同度量。每石納耗二升。太宗興國二年七月十一日，庚午。以受藏吏捶鉤爲姦，詔敢有欺度量取羨餘者誅之。熙寧四年十二月十一日，詔以大府寺所掌量衡屬文思院。紹聖四年十一月，增損衡量及私製有禁。命漕臣置局製之。政和二年八月，詔量權衡以大晟樂尺爲度。三年十月，令文思院下界造新權衡度量。紹興元年四月十三日，詔工部以省倉升斗令文思院校定，頒其式于諸州。二年二月七日，命權務製百隻頒諸路，禁用私量。十月二十九日，命文思院造升斗秤尺鬻之。先以法式頒諸路，漕司依以製造，分給州縣。七年三月十九日，製五斗斛，頒諸路。二十五年四月四日，製一石斛頒之，以革倉庚之敝。二十九年十一月二十四日，詔租斗止於百合，禁豪民用大斗。三十二年九月，事寢不行，各隨鄉例。

（宋）王應麟《玉海》卷八《律曆・量衡・淳化權衡新式　大府寺銅式》　《實録》淳化三年三月癸卯，詔曰：《書》云同律度量衡，所以建國經，立民極也。國家底慎財賦，校量耗登，既府庫之充盈，須權衡之平允。秬黍之制。或差毫釐。捶鉤爲姦，害及黎獻。宜詳定秤法，著爲通

規。事下有司。內藏庫使劉承珪、劉蒙正言：大府寺銅式，自一錢至十五斤，凡五十一，輕重無準。府藏歲受黃金必自毫氂計之，式自錢始則傷於重。權衡法以十黍爲絫，十絫爲銖，二十四銖爲兩。度之法起於忽，十忽爲絲，至十氂爲分。每分爲二絫四黍，以開元通寶錢肉好周郭均者校之。十分爲一錢，積十錢爲一兩。凡一錢爲十萬忽。自一錢至半錢，作秤以校之差，擇得錢二千四百。并以絲、忽、毫、氂、銖、絫之準奏御上。詔三司重校，定以御書淳化三體錢二千四百磨令與開元通寶錢輕重等。付有司以爲定制。仍命別鑄新式，頒行天下。《志》云，遂尋究本末，別製法物。

（宋）王應麟《玉海》卷八《律曆・量衡・景德權衡新式 銅式 新定權衡法》 《志》景德中承珪重加參定，而權衡之制，益備其法。權衡之法起於黍，度之法起於忽。取《漢志》子穀秬黍爲則，廣十黍以爲寸，從其大樂之尺，就成二術，因度尺而求氂，自積黍而取絫，以御書真草行三體淳化錢，較定實重二銖四絫爲一錢者，凡一錢爲十萬忽。以二千四百得十有五斤爲一秤之則。其則用銅而鏤文以識其輕重。新法既成，并以絲、忽、毫、氂、銖、絫之準奏御。詔以新式留禁中，復鑄銅式。以三體錢二千四百暨新式三十有三銅牌二十授於太府。又置新式於內府外府頒于四方，凡十有一副。詔三司使重校定，以御書淳化錢磨令與開元通寶錢輕重等付有司，中外以爲便。《會要》景德二年八月丙戌，詔承珪所定權衡法附編敕，而不頒下。《紀》景德二年八月丙戌，有司上新定權衡法。《實録》景德元年三月丁酉，宮苑使劉承珪言《會要》四年五月。先監內藏庫凡權衡皆虧欠。遂上奏先朝別製法物，自端拱元年至淳化三年校定畢功，其重定秤法皆上稟先帝睿謀參以古法請。知制誥趙安仁撰《權衡新式序》仍付所司。從之。王曉爲記，以述其事。祥符五年八月辛丑，幸內藏庫觀所立聖製銘。因閱新製權衡法物。六年四月壬午，承珪言先奉詔以權衡之法刊石爲記，請州郡及庫務各賜石記一本。從之。《承珪傳》云取秬黍以定尺，積黃鍾以成度，由度而立權衡法。

趙安仁序曰：權衡之法，先王所以平物一民也。《漢志》其事甚詳。分職鴻臚，所以同四方也。著式太府，所以均九府也。太宗憲章三五，制作禮樂。端拱元祺詔有司謹權衡之法，蓋有虞氏同律度量衡之義也。執事者稟睿謀立新法。乃考黃鐘之律，因大樂之尺自黍絫至鈞石，本舊制也。別絲忽之狀，立毫氂之準成絫銖至斤兩，發新意也。粤淳化三載，上言新法成，詔以新式留禁中，命與計臣同詣太府，取秤四十舊式六十以新式校之。乃見舊式所謂一斤而輕者有十，謂五斤而重者有一。新式由黍絫而齊，鈞石不可增損也。先帝嘉之。是年夏六月，乃更鑄銅式，即以御書淳化三體錢二千四百，暨新式三十有三，附牌二十授於太府。又置新式於內府、外府，復頒于四方凡十有一副。自下詔至頒行凡六年。由是惟金三品，厥篚纖纊，出納之吝，吏不能欺，聖人一天下之志，是之謂矣。《論語》言爲政之術，先之以謹權量，以道寓器，以器明道，天下得以因器會道，所謂謹權量四方之政行焉。

（宋）王應麟《玉海》卷八《律曆・量衡・景祐權量律度式 周漢量法 樂斗 御製歷代度量衡篇》 《會要》景祐二年五月二十五日，李照上造成今古權量律度式凡新尺、律、龠、合、升、斗、秤共七物。尺準太府寺尺，以起分寸；爲方龠廣九分，長一寸，高七分，積六百三十分。其黃鐘律管，橫實七分、高實九十分，亦計六百三十分。樂合方寸四分，高一寸。樂升廣二寸八分，長三寸，高二寸七分。樂斗廣六寸、長七寸、高五寸四分。總計三百六十方龠，以應乾坤二策之數。樂秤以一合水之重爲一兩，一升水之重爲一斤，一斗水之重爲一秤。又造《漢書》升、合二枚，《周禮》升、豆二枚。臣以新律、龠、合、升、斗比校周漢舊制，今欲以塗金熟銅鑄造新定律、龠、合、升、斗及別以木造周漢升、合、豆、升四等，以備聖覽。從之。照以太府尺寸爲本，作量法木式四等，而所容受不合累黍之數。又以太府尺寸作周漢量法木式各二寸，欲通己說。亦不能合。且《漢志》云合龠爲合，謂二十四銖。而照誤云十龠，識者譏之。錢希白《南部新書》亦誤。先是，二月照請依神瞽律法，鑄編鍾一虡，使度量權衡協和。四月丁巳，詔製玉律，請取秬黍葭莩。照累黍尺成律鑄鍾審之，其聲猶高。更用大府布帛尺爲法，下太常四律。又自爲律管之法，以九十黍之量爲二千四百二十星，爲十二管定法。又鑄銅爲龠、合、升、斗四物，率三百三十黍爲黃鍾之容。合三倍於龠，升十三倍於合，斗十倍於升。既改造定法，又鑄之，容受差大，更增六龠爲合，十合爲升，十升爲斗，銘曰樂斗。及潞州上秬黍，擇大黍縱累之，以考長短。尺成，與太府尺合，法愈堅定。

三年九月十一日，丙戌阮逸言：臣造鍾磬，皆稟馮元、宋祁。臣獨執《周禮》，嘉量聲中黄鍾之法，及《國語》鈞鍾絃準之制，皆抑而不用。竊觀御製《樂髓新經·歷代度量衡篇》言《隋書》依《漢志》黍尺制管，或不容千二百，或不啻九寸之長。此則明班《志》以後，歷代無聞符合者，惟蔡邕銅龠尺本得於《周禮》遺範。故《明堂月令章句》云：鍾以容受斤兩輕重爲法，管以大小長短爲法。皆率千二百黍以爲本也。《御製新經》又引《禮記》布手爲尺，《白虎通》八寸爲尺，《説文》八寸爲咫同尺等法。今議者不知鍾有鈞、石量衡之制。唐張文收定樂，亦鑄銅甌。臣欲更鑄嘉量。逸進《周禮》度量法。議欲先鑄嘉量，然後取尺度權衡。十月丁卯，丁度等詳定，言其踈舛不可用。九月丁亥，詳定黍尺鍾律。丁度等言量器分寸既不合古，則權衡之法不可獨用。詔罷之。壬辰，推恩逸爰以遣之，秋官正楚衍等算龠合升斗，皆不相合。阮逸、胡瑗參《周禮》、《漢志》歷代至聖朝《天聖令》文量法，制皇祐龠、合、升、斗，以太府量校之。二升九合一龠弱，得太府升一升；以二斗九升五合，得太府一斗。皇祐四年二月庚寅，房庶上律吕旋相圖。初，庶以律尺龠進呈。云云。

（宋）王應麟《玉海》卷八《律曆·量衡·元豐銅量》　元祐三年閏十二月，范鎮上新樂楊傑撰《樂議》七篇議量，曰：臣元豐議樂時，見鎮所造銅量，斛在上、斗在下，左耳爲升、右耳上爲合下爲龠，上三下二，與漢制符。漢制曰，聲中黄鍾。叩鎮之量，聲不合黄鍾。但以黄鍾之鍾，參考量聲，則知中否。先是，鎮言胡瑗龠皆方制，非似爵也。房庶之龠，圓徑九分、深十分。瑗用方分，庶用圓分算之。鎮鑄周鬴漢斛，司馬光謂《考工記》非經見，劉歆不足法。

（宋）王應麟《玉海》卷八《律曆·量衡·淳熙三器圖義》　程迥譔《重校三器圖義》，叙曰：天地肇判，陰陽攸分。六位時成，萬物形著。是故體有長短，所以起度也；受有多寡，所以生量也；物有輕重，所以用權也。是器也皆準之上黨羊頭山之秬黍焉。以之測幽隱之情，達精微之理，推三光之運，則不失其度。通八音之變，則可召其和。以辨上下，則有品；以分隆殺，則有節。凡朝廷出治，生民日用，未有頃刻不資焉者也。歷攷往古，如虞舜垂重華之典，周公作太平之書，孔子欲行政於四方，孟軻用揆叙於萬類。舍是則何以哉？嘗見有司頒禮，既繆誤而莫知；先儒談經，亦闕略而未講。於是采歷代之制，考載籍之文，而述度量衡三器圖義焉。楊子雲曰：大器其猶規矩準繩，以其先定而後應也。淳熙十年閏十一月丁酉序。

（清）徐松《宋會要輯稿·食貨六九·宋量》　太祖建隆元年八月，松按：《玉海》作丙戌十九日。有司請造新量、衡，以放天下。從之。松按：《玉海》乾德元年七月戊午放於潭、澧等州。

開寶四年七月，松按：《玉海》作丙申。廣南轉運使王明奏：廣南諸州舊使大斛受納斛斗，以官斛較量，每石多八十。詔：已平遠俗，已：原脱，據同書食貨七〇之三補。方示寬恩。既混一於車書，宜均同於度量。自今所納税物，並用官斗，每石只納一石二升。内以二千與倉書充爵鼠耗。

太宗太平興國二年七月十一日，松按：《玉海》作庚午。詔：權、衡之設，厥有常制。出納之吝，謂之有司。儻求羨餘，必恣掊克。苟視成而不戒，豈爲天下守財之道焉？應左藏庫及諸庫所受諸州上供均輸金銀、絲帛及他物，天頭原批：帛，一作綿。監臨官當謹視秤者，無得欺而多取，俾上計吏受其弊。是今敢有欺度量而取餘羨，其秤者及守藏吏皆斬，監臨官亦重致其罪。先是，諸州吏護送官物於京師，藏吏卒垂鈎爲奸，故外州吏多負官物，至於破産不能償，太宗知其事故，下詔禁之。

淳化三年三月癸卯，詔曰：《書》云：協時、月、正、日，同律、度、量、衡。所以建國經而立民極也。國家底慎財賦，較量耗登。既府庫之充盈，須權衡之平允。如聞秬黍之制，或差毫氂，垂鈎爲奸，天頭原批：垂：松按：《玉海》引《實録》作捶。害及黎獻。宜令詳定秤法，著爲通規。既而監内藏庫崇儀使劉蒙正、劉丞珪言：太府寺舊銅式自一錢至一十斤，天頭原批：一十斤，《玉海》作十五斤。凡五十一，輕重無准。外府歲受黄金，必自毫氂計之，式自錢始，則傷於重。遂尋究本末，別製法物。至景德中，承珪重加參定，而權衡之制益爲精備。其法蓋取《漢志》子穀秬黍爲則，廣十黍以爲寸，從其大樂之尺，秬黍，黑黍也；樂尺，自黄鍾之管而生也。謂以秬黍中者爲分寸，輕重之制也。就成二術，二術，謂以尺、黍而求氂、絫。因度尺而求氂，度者，丈、尺之總名，謂因樂尺之源起於黍而成於寸，折寸爲分，折分爲氂，折氂爲毫，折毫爲絲，折絲爲忽，則十忽爲絲，十絲爲毫，十毫爲氂，十氂爲分，十分爲寸，十寸爲尺，十尺爲丈。自積黍而取絫，從積黍而取絫，則十黍

爲絫十黍爲絫：原脱，據《文獻通考》卷一三三《樂六》、《宋史》卷六八《律曆一》補。十絫爲銖，二十四銖爲兩，絫、銖皆銅爲之。以釐、絫造一錢半及一兩等二秤，各懸三毫，以星准之。等一錢半者，以取一秤之法。其衡合樂尺一尺二寸，重一錢，錘重六分，盤重五分。初毫星准半錢，至稍總一錢半，折成五五分，分列十釐；第一毫等半錢，當五十釐，若一十五斤秤等五斤也。中毫至稍一錢，折成十分，列十釐；末毫至稍半錢，折成五分，列十釐。等一兩者，亦爲一秤之則。其衡合樂尺一尺四寸，重一錢半，錘重六錢，盤重四錢。初毫至稍，布二十四銖，銖下別出一星，星等五絫；每銖之下，復出一星，等五絫，則四十八星等二百四十絫，計二千四百絫爲一兩。中毫至稍五錢，布十二銖，銖列五星，星等二絫；布十二銖爲五錢之數，則一銖等十絫，都等一百二十絫爲半兩。末毫稍六銖，銖列十星，星等一絫。每星等一絫，都等六十絫爲二錢半。以御書真、草、行三體淳化錢較定，實重二銖四絫爲一錢者，以二千四百得十有五斤爲一秤之則。其法，初以積黍爲准，然後以分而推忽，爲定數之端。故忽、絲、毫、釐、黍、絫、銖各定一錢之則。謂皆定一錢之則。然後制取等秤也。忽萬爲分，以一萬忽爲一分則，以十萬忽定爲一錢之則，忽者，吐絲爲忽；分者，始微而著，言可分別也。絲則千，一千絲爲一分，一萬絲定爲一錢之則。毫則伯，一百毫爲一分，以千毫定爲一錢之則。毫者，毫毛也，自忽、絲、毫三者皆斷驥尾爲之。釐則十，一十釐爲一分，以一百釐定爲一錢之則。釐者，犛牛尾毛也，曳赤金成絲以爲之。轉以十倍倍之，則爲一錢。轉以十倍，謂自一萬忽至十萬忽之類定爲則也。黍以二千四百枚爲兩，一龠容千二百黍爲十二銖，則以二千四百黍定爲一兩之則。兩者，兩龠爲兩也。絫以二百四十，謂二百四十絫定爲一兩之則。銖以二十四，轉相因成，十絫爲銖，則以二百四十絫定成二十四銖爲一兩之則。銖者，言殊異也。遂成其秤。秤合黍數，則一錢半者，計三百六十黍之重。列爲五分，則每分計二十四黍。又每分折爲一十釐，則每釐計二黍十分黍之四。以十釐分二十四黍，則每釐先得二黍。餘四黍都分成四十分，則一釐又得四分，是每釐得二黍十分黍之四。每四毫一絲六忽有差爲一黍，則釐、黍之數極矣。一兩者，合二十四銖爲二千四百黍之重。每百黍爲銖，每下原衍一分字，據《文獻通考》卷一三三《樂六》、《宋史》卷六八《律曆一》删。十黍爲絫，二銖四絫爲錢，二絫四黍爲分。一絫二黍重五釐，六黍重二釐五毫，三黍重一釐二毫五絲，則黍、絫之數成矣。其則，用銅而鏤文，以識其輕重。新法既成，詔以新式留禁中，取太府舊秤四十、舊式六十，以新式較之，乃見舊式所謂一斤而輕者有十，謂五斤而重者有一。式既若是，權衡可知矣。又比用大秤如百斤者，者：原無，據《文獻通考》卷一三三《樂六》、《宋史》卷六八《律曆一》補。皆垂鈎於架，植鐶於衡，鐶或偃仆，手或抑按，則輕重之際，殊爲遼絶。至是，更鑄新式，悉由黍、絫而齊其斤、石，不可得而增損也。又令每用大秤，必懸以絲繩。必懸：原作爲顯，據《文獻通考》卷一三三《樂六》、《宋史》卷六八《律曆一》改。既置其物，則卻立以視，不可得而抑按。復鑄銅式，以御書淳化三體錢二千四百，暨新式三有三、銅牌二十授於太府。又置新式於内府、外府，復頒於四方，凡有十有一副。詔三司使重校定，以御書淳化三體錢二千四百，磨令與開元通寶錢輕重等，付有司。先是，守藏吏受天下歲輸金幣，而太府權衡舊式失准，得因之爲奸，故諸道主者坐逋負而破産者甚衆。又守藏更代，有校計争訟，動必數載。至是，新制既定，奸弊無所措，中外以爲便。

真宗景德二年八月，詔劉承珪所定權衡法附《編敕》，而不頒下。

四年五月，劉承珪言：先監内藏庫日，受納諸道州、府、軍、監上供金銀，凡係秤盤，例皆少剩，蓋由定秤差異，是致有害公私。嘗以聞奏，尋令較量秤則。自端拱元年起首，至淳化三年功畢，遂詔别鑄法物，付太府寺頒行。其重定秤法，皆上稟睿謨，兼參以古法，顯有依據，永息弊欺。切慮言之無文，行之不遠，今請知制誥趙安仁撰成序一首，繕寫以聞，乞降付所司，以備檢閲。從之。

大中祥符二年五月，三司請下太府寺造一斤及五斤秤，便市肆使用。從之。

六年四月，劉承珪言：先奉詔旨，以天下權衡之法不一，令詳定及刊石爲記槧。請令所司檢會諸道有銅碼法物州郡，並在京庫務，各賜石記一本。從之。

神宗熙寧四年十二月十一日，天頭批：後九頁景祐二年一條，移神宗熙寧前。詔以太府寺所管斗秤歸文思院。

哲宗紹興四年十一月十六日，户部言：輒增損衡量若私造賣者，各杖一百，徇於市三日。許人告，每人賞錢有差。令轉運司所在置局製造，

送所在商税務鬻賣。

徽宗大觀四年二月九日，議禮局劄子：臣等伏覩陛下度律均鍾，更造雅樂，施之天下，爲萬世法。至於禮器，尚仍舊制，未聞有所改作。禮樂，有國之大本，而其末起於度數。度數得則權量正，法度一而民不疑。今禮樂異制，不相取法，非所以一民也。臣等欲乞明詔有司，取新定樂律之度審校禮器，有不合者，悉行改正，以副制作之意。詔：律、度、量、衡，先王之制不相襲，而歷代亦不同。今以身爲度，起律作樂，則於禮制。宜依所奏。四月十一日，翰林學士張閣等奏：更制新尺既已用，而未施之四方。欲乞將指尺頒降天下。其應干長短、闊狹之數，並依舊。其有不同者，以今尺計定，即於公、私別無增損。詔令工部依樣先造一千條，取旨頒降。少府監奏：上件樂尺一千尺，内一百條烏木花星，餘一百條紫荊木，並依樣製造，未審如何頒降各若干，付是何去處。詔烏木花星尺一百條進納，餘尺頒賜在京侍從官以上，及有司庫務、外路諸司及有庫監各一條，仍令所屬依樣製造行用。如無紫荊木，以別木代之。

二十四日，朝奉郎、試給事中蔡薿奏：臣聞虞舜五載一巡狩，則必同律、度、量、衡；成王制禮作樂，頒度、量而天下大服。然則度、量、權、衡之致謹者，聖人所以行四方之政也。恭惟陛下與神爲謀，以身爲度，因帝指之尺，以起鍾律之制，奏之郊廟，八音克諧，而天地之和應矣。臣尚願頒指尺於天下，以同五度、五量、五權之法。區區之愚，以今日所用度之長短，知量之多寡，權之輕重，非將有所增損也，特因仍其舊，悉使考協於新尺之度數，而定爲永法，修成一代之典，昭示無窮。乞詔有司討論施行。詔依，令議禮局討論申尚書省。

政和元年五月六日，尚書省言：已造樂尺，頒賜在京侍從官以上及官司庫務、外路諸司、州府軍監。欲令諸路轉運司依樣製造，降付管下諸州，（遂）〔逐〕州製造，分給屬縣。自今年七月一日爲始，舊尺並毀棄。從之。

二年八月十九日，工部尚書、兼詳定重修敕令、權開封尹李孝撚等奏：契勘度、量、權、衡，出於一體。舊條以積絫爲數，修立成文。今來大晟樂尺係以帝指爲數，昨已奉聖旨頒行天下，其量、權、衡雖據大晟府稱皆出於度，緣至今未曾頒用。本所欲擬舊條修立，即度、數、數：疑當作量。權、衡不出於一，欲依樂尺修立。又緣既未頒行，未敢立法。欲乞詳酌，先將量、權、衡之式頒之天下，仍降付本所，以憑遵依，修立成條。詔量、權、衡以大晟府尺爲度，餘依奏。

九月十三日，工部尚書、兼詳定重修權衡敕令、權開封尹李孝撚奏：看詳度、量、權、衡出於一體，内度雖已得旨頒大晟新尺行用，緣依政和元年四月十二日敕，應干長短、廣狹之數，並無增損。其諸條内尺寸，止合依上條用大晟新尺紐定。謂如帛長四十二尺、闊二尺五分爲疋，以新尺計長四十二尺七寸五分、闊二尺一寸三分五釐之五爲疋，即是一尺四分一釐三分釐之二爲一尺。又如天武等杖五尺八分，以新尺計一尺四分一釐三分釐之二之類。如得允當，欲作申明隨敕行下。即不銷逐條展計外，有度、量、權、衡，今候頒到新式，續具修定。從之。

三年十月二十一日，提舉荊湖北路常平張動奏：竊見諸路皆於會府作院製造等、秤，給付州縣出賣，往往輕重不等。欲望責在諸路漕臣常切檢察，須管依法式製造，無令有輕重之異。奉聖旨，令尚書省措置，勘會民間所用斗、升、秤、等、尺，依條係諸路轉運司於所在州置務製造，係：原作後，據同書食貨四一之三二改。送諸路出賣，除留功料之直外，以五分上供，餘給本司。並近降朝旨，依尺製造新尺，頒降諸路，依樣造新尺出賣，其舊尺更不行用。及斗、秤、升、等子亦有朝旨令文思院依新尺樣製，並依見行法式製造。在京並府界諸縣合出賣之數，所有外路只降樣前去，仍令多數製造出賣。訪聞所屬並不遵依條令及所承朝旨，廣行製造出賣，其餘官司往往未曾依新樣製換易，及民間見用斗、升、秤、尺、等子多是私造私用，與舊官造法物混雜行使，無以分別，並自頒降新法樣製後來，未聞有出賣之數，不唯於度、量、權、衡樣製不一，兼於合收出賣價錢暗有虧失。欲令文思院、諸路轉運司各自今來指揮到日，立便約度，依元降朝旨合造斗、升、秤、等、尺數目，限一季廣行製造，除官司應用之數自合給換外，依條分送所屬出賣，應副民間使用。應舊有斗、升、秤、尺、等，並限半年盡數首納，不得隱留。如出限，許人告首，除犯人依條斷罪外，每名支賞錢二十貫，仍先具措置施行次第申尚書省。詔並依。

四年九月二十六日，文思院下界奏：契勘本院見奉行聖旨指揮，別置斗秤一作。除已申請到乞收造□秤行人和雇製造等畫一遵依施行外，今

續條具到下項：一、契勘新法斗秤見依朝旨，限一季廣行製造，降樣付諸路轉運司及商税院出賣，今來即未有行使期限。欲乞在京及外路並自政和五年正月一日奉行。一、契勘鐵鍋、法物並合改造，頒降在京官司及天下州軍。今來萬數浩大，即難以齊寫造較定應副。今欲乞先次料造法物一百副，除在京緊切給納庫務逐急製造交付外，其餘官司及諸路州軍，並許令將見在舊法物赴院送納，請換兑支新法物行使。所有今來先造一百副合用銅數，於本院剗帳管取般銅，並無見在，委是見闕，乞下户部計置應副。一、契勘新造斗、秤，朝旨降樣付諸路轉運司製造出賣，所有造到斗、秤，合用團條、火印，亦合降給。今欲寫造火印三百副，逐旋頒降付諸路轉運司。從之。

五年二月三日，少府監言：文思院下界造新降權、衡、度、量，今承朝旨權住製造。竊慮合且依舊樣製造，送商税院出賣，候降到許造新樣，即行住罷。又奉詔限一月製造皇太子出（閣）〔閤〕合用秤，及賜食院合造斗、秤，續承降到大晟新法斗、秤，製造頒降間，承尚書省劄子，權、衡、度、量權住製造，即無卻行製造太府寺斗、秤之文。是致造作前項緊急生活應副未得。乞下院且依太府法製造。詔並權依舊製造，餘依。

宣和七年十二月十三日，尚書省言：左司員外郎閻孝悦奏：臣聞嘉量之制，具在方册，而愚民無知，趨利冒禁，奸弊百出，自爲高下，至於割移規模，增加裝具，害法蠹民，莫此爲甚。欲望聖慈明詔上方，詔：原作昭，據同書食貨四一之三四改。鑄銅爲式，頒之天下，以正私僞。庶使童子適市，莫之敢欺，以比隆二帝三王之盛，豈不韙歟！尚書省措置，參酌擬修下條：諸增減斗、升、秤、尺、等，若私造私用及販賣者，各杖一百。增減私造，仍五百里編管；私用及販賣，並令衆三日以上，許人告。巡察人知而不糾，杖八十。告獲斗、升、秤、等、尺私用及販賣，錢二十貫；增減若私造，錢五十貫。從之。

高宗紹興元年四月十三日，月：原脱，據同書食貨六九之一五補。詔工部官一員，將省倉見使升、斗，令文思院重别較定訖，降樣下諸州官司行使。

二年二月七日，詔榷貨務取省倉見用官斗□，依樣製造一百隻赴户部，頒降諸路，不得别置私量行使。先是，省倉斗斛增大於諸路，而州郡斗量差小於省倉，出納之際，例各折閲，綱官等有負欠繫獄、破家竭産之苦。至是，倉部員外郎成大亨有請，故降是詔。

十月二十九日，詔：户部支錢五百貫，令文思院依臨安府秤斗務造成省樣升、斗、秤、尺、等子，依條出賣，其錢循還作本。仍先次製造樣制法則，頒降諸路漕司，依式製造，分給州縣貨易行使。其民間見行使私置升、斗、秤、尺、等子，候官中出賣日並行禁止。如或違犯，並依條施行。

四年三月二十五日，兩浙運判孫逸言：乞下文思院，於見出賣斛内那撥工料製造斗樣一百五十隻，給降付兩浙轉運司，分給州縣行使，仍將不堪斗從本司毁棄。從之。

七年三月十九日，詔：文思院依省樣製造五斗斛，頒降諸路轉運司並行在倉場各一隻。其本路州軍，令轉運司〔依〕樣製造，降下所轄州、軍、縣、鎮及應給納官司行使。以倉場交納之弊，從臣僚請也。

十六年十一月十日，詔兩浙轉運司：昨緣措置經界，令逐州軍出賣升、斗、秤、尺。今多是州縣科抑，或令人户白納，顯屬搔擾。如有見今白納數目，仰日下蠲放。其未賣數如非情願，並不得依前科抑。如違，許人越訴。

二十二年二月二十七日，右承議郎、利州西路安撫使司主管書寫機宜文字吴援言：商賈細民私置秤、斗，州縣雖有著令，然私相轉用，天頭原批：轉，一作傳。習以爲常。至有百里之間，輕重多寡不同。望下有司申嚴法令，置造刊鑄字號，量立價錢，許人請買。非官給者，重行責罰。從之。

二十五年四月四日，詔令文思院製造一石斛，較定明用火印，工部頒降諸路轉運司，依省降樣製造用印，付所轄府、州、軍、監、縣、鎮受納行使。如有違戾，按劾施行。從知蘄州高世史請也。

紹興三十二年七月二十三日，孝宗即位，未改元。〔詔〕紹興二十九年十一月二十四日已降指揮：諸州縣應干租斗，止於百合，如過百合以上，並赴所屬毁棄。佃户租契，並仰仍舊，不得擅自增加租課。又蒙委臨安府置局做造百合斗，官雕印記出賣，並給與買斗人户。今檢坐紹興格式，或有私造升斗增減者，賞錢五十貫，杖一百斷罪。上件指揮於民間實爲良

法。今來有產之家與糴米牙人，妄稱已降官斗止係臨安府使用。竊詳元降指揮用百合官斗，緣爲豪民私造大斗交量租米，侵害小民，所以臣僚上言，户部檢坐紹興二十九年十一月二十四日已降下指揮，造百合斗行下，不得用鄉原體例，仍曉諭州縣。先是，秀州嘉興縣民沈彦章等進狀：伏備知紹興府會稽縣陸之望陳請百合租斗事理，再行敷奏製造，衡改户部勘當因依，不許用鄉原私弊僞造大斗交量租課。自後亦不曾有指揮令用省斗折還。今來農田人户被豪家輒用省斗准折租米，被害非輕，致有流移失所。伏望特降睿旨，禁止省斗多折交量，人户並糴糶米牙人遵依施行。故有是詔。

九月二十八日，户部言：臣僚劄子：契勘民間田租各有鄉原等則不同，有以八十合、九十合爲斗者，有以百五十合至百九十合爲斗者，蓋地有肥瘠之異，故租之多寡、賦之輕重、價之低昂係焉，此經也不可易者也。昨因陸之望挾偏見之私，乞以百合斗從官給賣，凡佃户納租，每畝不得過一石，每斗不得過百合，雖多至百九十合，亦盡行鐫減。户部及州縣亦知其不可行，尋即報罷。近有司用前指揮，再行陳乞，户部復檢舉行下。殊不知民間買田之初，必計租定價。若用百九十合爲斗者，其價必倍，官雖重税，業主自皆樂輸。斗器雖大，佃户亦安受而不辭。今一旦無故損去其半，而二税、物力、和買、役錢之類如初，若中人之產量入以爲出者，是卒歲之計奪其半矣。今乞行下州縣，各隨鄉原元立規例，每斗以百合爲之等則，如元約以百九十合爲斗，即每畝作一石九斗，元約以八十合爲斗，即每畝作八斗之類。將陸之望所乞更不施行，及改正户部鏤板行下指揮，實經久可行之例。下部看詳。本部欲依今來所乞，各隨鄉原元立文約租數，及久來鄉原所用斗器數目交量，更不增減。如租户不伏，許令退佃。所有陸之望申請並今年七月二十三日用百合斗交量指揮，更不施行。其官司已賣百合斗，更不行使。令户部日下鏤板行下，自今降指揮日爲始，仍於鄉村曉諭。詔從之。

（清）徐松《宋會要輯稿·食貨六九·景祐權量律度式》 景祐二年五月二十五日，李照上《造成今古權量律度式》：凡新尺、律、龠、合、升、斗、秤，共七物。尺準太府寺尺，以起分寸；爲方龠廣九分，長一寸，高七分，積六百三十分；其黃鍾律管，橫實七分，高實九十分，亦計六百三十分；樂合方寸四分，高一寸；樂升廣二寸八分，長三寸，高二寸七分；樂斗廣六寸，長七寸，高五寸四分，總計三百六十方龠，以應乾坤二策之數；樂秤以一合水之重爲一兩，一升水之重爲一斤，一斗水之重爲一秤。又造《漢書》升、合二枚，《周禮》升、豆二枚。臣以新律、龠、合、升、斗比校周、漢舊制，今欲以塗金熟銅鑄造新定律、龠、合、升、斗，及别以木造周、漢（升）〔龠〕、合、豆、升四等，以備聖覽。從之。照以太府尺寸爲本，作量法木式四等，而所容受不合累黍之數。又以太府尺寸作周、漢量法木式各二寸，欲通已說，亦不能合。且《漢志》云合龠爲合，謂二十四銖。而照誤云十龠，識者譏之。錢希白《南部新書》亦誤。先是，二月，照請依神瞽律法鑄編鐘一虡，使度、量、權、衡協和。四月丁巳，詔製玉律，請取秬黍葭莩。照累黍尺成律鑄鐘審之，其聲猶高。更用太府布帛尺爲法，下太常四律，又自爲律管之法，以九十黍之量爲二千四百二十星，爲十二管定法，又鑄銅爲龠、合、升、斗四物，率三百三十黍爲黃鍾之容，合三倍於龠，升十三倍於合，斗十倍於升。既改造定法，又鑄之，容受差大，更增六龠爲合，十合爲升，十升爲斗，銘曰樂斗。及潞州上秬黍，擇大黍縱絫之，以考長短。尺成，與太府尺合，法愈堅定。

政和二年八月，詔量、權、衡以大晟樂尺爲度。

三年十月，令文思院下界造新權、衡、度、量。

紹興元年四月十三日，詔工部以省倉升、斗令文思院校定，頒其式於諸州。

二年二月七日，命榷務製百隻頒諸路，禁用私量。

十月二十九日，命文思院造升、斗、秤、尺鬻之。

《元典章》卷五七《刑部·諸禁·雜禁·禁私斛斗秤尺》 至元二十三年，行中書省准中書省咨：

擬議到事内一件：照得先爲各路行鋪之家行用度尺升斗等秤俱不如法，劄付合屬，照依係官見行用法物，同樣製造，差官較勘均平，一體封裹印烙，定立本價，發下隨路，遍歷行使，立限拘收舊使斛槩升斗尺秤。若有不遵違犯之人，嚴行禁治，及劄付御史臺糾察。外，今體知各路官司雖承官降式樣，終不曾製造完備。有行户人等，恣意私造使用，或出入斛

斗秤度不（仝）〔同〕，以致物價低昂，深恐不便。都省議得：遍行各路，文字到限六十日，令各路總管府驗所轄司縣街市民間合用斛斗秤度，照依省部元降樣製成造。委本路管民達魯花赤長官較勘相同，印烙訖，發下各處，公私一體行用。常切關防較勘，毋令似前作弊抵换。據合該工物，照依在先體例，官爲借用，各驗關降數目，卻令撥還。即將不依法式斛斗秤度，隨即拘收入官毁壞。仍令本處達魯花赤長官不妨本職，常切用心提調。如限外違犯之人捉拿到官，斷決五十七下。（正）〔止〕坐見發之家。親民司縣正官禁治不嚴，初犯罰俸一月，再犯各決二十七下，三犯别議。親民州（部）〔郡〕與司縣同。仍標注過名，任滿於解由内明白開寫，以憑定奪。外據路〔府〕州達魯花赤、長官不爲用心提調，致有違犯，初犯罰俸二十日，再犯取招别議定罪。

《元典章》卷五七《刑部·諸禁·雜禁·斛斗秤尺牙人》 皇慶元年七月，袁州路奉江西行省劄付：

吉安路申：本路河岸市井行鋪之家，多有私造斛斗秤尺，俱不依法。又有違禁使用亡宋但有鑾桶，大小不同。除依樣成造斛斗秤尺給散，及革去私牙外，乞照詳。得此。檢會先准中書省咨：爲各路行鋪之家行用度尺升斗等秤俱不如法，劄付合屬，照依係官見行用法物，同樣製造，差官較勘均平，一體〔釘〕〔封〕裹印烙，定立本價，發下隨路，遍歷行使，立限拘收舊使斛檻升斗秤尺。若有不遵違犯之人，嚴行究治。今體知得各路官司雖承官降式樣，終不曾製造完備。有行户人等恣意私造使用，或出入斛斗秤度不同，以致物價低昂，深爲不便。都省議得：遍行各路，文字到限六十日，令各路總管府驗所轄州縣街市民間合用斛（牙）〔斗〕秤度，照依省部元降樣製成造。委本（處）〔路〕管民達魯花赤〔長官〕較勘相同，印烙訖，發下各處，公私一體行用。常切關防較勘，毋令似前作弊抵换。合該工物，照依〔在〕先體例，官爲借用，各驗關降數目，隨令撥還。即將不依法式斛斗秤度，拘收入官毁壞。仍令本處達魯花赤〔長官〕不妨本職，用心提調。如限外違犯之人捉拿到官，決五十七下，止坐見發之家。親民司縣正官禁治不嚴，初犯罰俸一月，再犯各決二十七下，三犯别議，親民州郡與司縣同，仍標注過名，任滿於解由内開寫，以憑定奪。外據路府州（縣）達魯花赤長官不爲用心提調，致有違犯，初犯罰俸二十日，再犯，取招别議定罪。

紀事

（宋）范鎮《東齋記事》卷二 漢斛之法，方尺而圓其外。庣旁九釐五毫，其實十㪷，積百六十二萬分二千龠之實也。不言深而言方者，無分寸之别也。圓其外者，亦相生之數也。其上爲斛，其下爲㪷；左耳爲升，右耳爲合。云耳者謂升，合如耳形附於斛之左右也。今胡瑗之升合皆方制之，而斛方一尺，深一尺六寸二分，是以方分置算而然也。龠其狀似爵者，謂圓如爵也。今之龠方一寸，深八分一釐，亦以方分置算也。上三下二者，謂斛在上，并升合爲三也；斗在下，并龠爲二也。圓而函方斛之形也，上下皆然也。今上以圓函方下爲方㪷而已，左一右二者，升在上而左，合在上，龠在下，而俱右也。今合龠俱在上而龠俯，自聶崇義失之於前，而胡瑗、阮逸踵之於後也。夫鬴斛非是，而欲考正黄鍾，安可得也。

（宋）李燾《續資治通鑑長編》太祖建隆元年八月 丙戌，詔有司案前代舊式作新權衡以頒天下，禁私造者。十九日，《本紀》即云頒新量衡于天下。按此但新造，未頒也。今從本志。

（宋）李燾《續資治通鑑長編》太祖乾德元年七月 戊午，頒量衡于澧、朗諸州，懲割據厚斂之弊也。

（宋）李燾《續資治通鑑長編》太宗淳化三年五月 詔有司詳定秤法，别爲新式頒行之。先是，守藏吏受天下歲輸金帛，而太府寺權衡舊式，輕重失準，吏因爲姦，上計者坐逋負破産者甚衆。又守藏吏更代，校計爭訟，動涉數載。及是，監内藏庫劉承珪等推究本末，改造法制，中外咸以爲便。承珪宦者，山陽人也。

（宋）李燾《續資治通鑑長編》真宗大中祥符二年五月 三司請令太府寺造一斤及五百斤秤，以便民用，從之。始令商税院於太府寺請斗秤升尺出賣。

（宋）李燾《續資治通鑑長編》仁宗景祐三年九月 丁亥，詳定黍尺鐘律丁度等言：鄧保信所製尺，用上黨秬黍圓者，一黍之長，累百而成。又律管一，據尺裁九十黍之長，空徑三分，圍九分，容秬黍千二百，遂用

黍長爲分，再累成尺。校保信尺律不同，其龠合升斗深闊，推以算法，類皆差舛，不合周、漢量法。阮逸、胡瑗所製，亦上黨秬黍中者，累廣求尺，製黃鐘之律。今用再累成尺，比逸、瑗所製，又復不同。至於律管，龠、合、升、斗、斛、豆、區、鬴，亦率類是。蓋黍有圓長大小，而保信所用者圓黍，又首尾相銜。逸等止用大者，故再考之即不同。尺既有差，故難以定鐘磬。謹詳古今之制，自晋至隋，累黍之法，但求尺裁管，不以權量參校，故歷代黃鐘之管，容黍之數不同。惟後周掘地得古玉斗，據斗造律，兼制權量，亦不同周、漢制度。故《漢志》有備數、和聲、審度、嘉量、權衡之説，悉起於黃鐘。今欲器數之制參伍無失，則班《志》積分之法爲近。逸等以大黍累尺，小黍實龠，自戾本法。保信黍尺以長爲分，雖合後魏公孫崇説，然當時已不施用。況保信今尺以圓黍累之，及首尾相銜，又與實龠之黍再累成尺不同。其器量分寸既不合古，即權衡之法不可獨用。詔悉罷之。

又詔度等詳定太府寺并保信、逸、瑗所制四尺。度等言：尺度之興，尚矣。《周官》璧羨以起度，廣徑八寸，袤一寸。《禮記》布手爲尺。《淮南子》十二粟爲寸。《孫子》十釐爲分，十分爲寸。雖存異説，莫可適從。《漢志》，元始中，召天下通知鐘律者百餘人，使劉歆典領之。是時，周滅二百餘年，古之律度，當有存者。以歆之博貫藝文，曉達曆算，有所制作，宜不凡近。其審度之法云：一黍之廣爲分，十分爲寸，十寸爲尺。先儒訓解經籍，多引以爲義，歷世祖襲，著之定令。然而歲有豐儉，地有磽肥，就令一歲之中，一境之內，取黍校驗，亦復不齊。是蓋天之生物，理難均一，古之立法，存其大概爾。故前代制尺，非特累黍，必求古雅之器以參校焉。晋泰始十年，荀公曾等校定尺度，以調鐘律，是爲晋之前尺。公曾等以古物七品勘之：一曰姑洗玉律，二曰小呂玉律，三曰西京銅望臬，四曰金錯望臬，五曰銅斛，六曰古錢，七曰建武銅尺。當時以公曾尺揆校古器，與本銘尺寸無差，前史稱其用意精密。《隋志》所載諸代尺度十有五等，然以晋之前尺爲本，以其與姬周之尺、劉歆銅斛尺、建武銅尺相合。竊惟周、漢二代，享年永久，聖賢制作，可取則焉。而隋氏鑄毀金石，典正之物，罕復存者。

夫古物之有分寸，明著史籍，可以酬驗者，惟有法錢而已。周之圜法，歷載曠遠，莫得而詳。秦之半兩，實重八銖。漢初四銖，其文亦曰半兩。孝武之世，始行五銖。下洎隋朝，多以五銖爲號。既歷年代，尺度屢改，故大小輕重，鮮有同者。惟劉歆制銅斛之世，所鑄錯刀并大泉五十，王莽天鳳元年改鑄貨布、貨泉之類，不聞後世復有鑄者。臣等檢詳《漢志》、《通典》、《唐六典》云：大泉五十，重十二銖，徑一寸二分。錯刀環如大泉，身形如刀，長二寸。貨布重二十五銖，長二寸五分，廣一寸；首長八分有奇，廣八分；足枝長八分，間廣二分，圜好徑二分半。貨泉重五銖，徑一寸。今以大泉、錯刀、貨布、貨泉四物相參校，分寸正同。或有大小輕重，與本志微差者，蓋當時盜鑄既多，不必皆中法度。但當校其首足、肉好，長廣分寸皆合正史者用之，則銅斛之尺，從而可知矣。況經籍制度皆起周世，如劉歆術業之博，祖沖之算數之妙，荀公曾之詳密，既合周尺，則最爲可法。兼詳隋牛里仁等議，稱後周太祖敕蘇綽造鐵尺與銅尺，以調鐘律，以均田度地。唐祖孝孫云隋平陳之後，廢周玉尺，用此鐵尺律，然比晋前尺長六分四釐。今司天監景表尺，和峴所謂西京銅望臬者，蓋以其洛都舊物也。公曾所用西京銅望臬者，蓋西漢之物。和峴謂洛陽西京乃唐都爾。今以貨布、錯刀、貨泉、大泉等校之，則景表尺長六分有奇，略合宋、周、隋之尺。由此論之，銅斛與貨布等尺寸，昭然可驗。

有唐享國三百年，其制作法度，雖未逮周、漢，然亦可謂治安之世矣。今朝廷必求尺度之中，當依漢錢分寸。若以爲太祖膺圖受禪，創制垂法，嘗詔和峴等用景表尺典修金石，七十年間，薦之郊廟，稽合唐制，以示詒謀，則可且依景表舊尺，俟有妙達鐘律之學者，俾考正之，以從周、漢之制。王朴律準尺，比漢錢尺寸長二分有奇，比景表尺短四分，既前代未嘗施用，復經太祖朝更易；其逸、瑗、保信及照所用太府寺尺，其制彌長，去古彌遠。又逸進《周禮》度量法議，欲先鑄嘉量，然後取尺度、權衡，其説疏舛，不可依用。謹考舊文，再造景表尺一，校漢錢尺二，并大泉、錯刀、貨布、貨泉總十七枚上進。

詔度等以錢尺、景表尺各造律管，比驗逸、瑗并太常新舊鐘磬，考定音之高下以聞。度等言：前承詔考太府等四尺，定可用者，止按典故及以《漢志》古錢分寸參校景表尺，略合宋、周、隋之尺，謂宜準景表尺施用。今被旨造律管，驗音高下，非素所習，乞別詔曉音者，總領較定。

詔乃罷之，而高若訥卒用漢貨泉度一寸，依《隋書》定尺十五種上之，藏於太常寺：一，周尺，與《漢志》劉歆銅斛尺、後漢建武中銅尺、晉尺同；二，晉田父玉尺，與梁法同，比晉前尺爲一尺七釐；三，梁表尺，比晉前尺爲一尺二分二釐一毫有奇；四，漢官尺，比晉前尺爲一尺三分七毫；五，魏尺，杜夔之所用也，比晉前尺爲一尺四分七釐；六，晉後尺，晉江東用之，比前尺爲一尺六分二釐；七，魏前尺，比晉前尺爲一尺二寸七釐；八，中尺，比晉前尺爲一尺二寸一分一釐；九，後尺，同隋開皇尺、周市尺，比晉前尺爲一尺二寸八分一釐；十，東魏後尺，比晉前尺爲一尺三寸八毫；十一，蔡邕銅龠尺、後周玉尺，比晉前尺爲一尺一寸五分八釐；十二，宋氏尺，與錢樂之渾天儀尺、後周鐵尺同，比晉前尺爲一尺六分四釐；十三，太府寺鐵尺，制大樂所新造尺也；十四，雜尺，劉曜渾儀土圭尺也，比晉前尺爲一尺五分；十五，梁朝俗尺，比晉前尺爲一尺七分一釐。太常所掌，又有後周王朴律準尺，比晉尺長二分一釐，比梁表尺短一釐；有司天監景表尺，比晉前尺長六分三釐，同晉後尺；有中黍尺，亦制樂所新造也。此要用本志聯書，度等詳定四尺，乃十月丁卯，高若訥上十五種尺又不在今年，今且附見。《實録》又云：丁度等以王朴律準爲率，則太府寺鐵尺比律尺長三寸二分強，景表尺長四分，鄧保信尺長一寸九分強，阮逸等尺長七分強。詔度等以太府寺第四等尺比較詳定可以行用者以聞。然論者謂《漢志》分、寸、尺、丈、引，本起黄鐘之長。以子穀秬黍中者，一黍之起積一千二百黍之廣，度之九十分，黄鐘之長。一爲一分，十分爲寸，十寸爲尺，十尺爲丈，十丈爲引。然則尺生於黄鐘也，晉、隋以來，諸儒之議，乃先制尺而爲律，至有縱黍、横黍之别，而容受不能合，故其説皆置而不用。所以然者，由《漢志》脱文起積一千二百黍之八字，今逸等所陳，乃古人棄而不用之説。度等又泥於《漢書》脱文，卒不能是正之。此《實録》，蓋范鎮所修，故專主房庶議，今移見皇祐三年。

（宋）李燾《續資治通鑑長編》哲宗紹聖四年十一月　户部言：輒增損衡量若私造賣者，各杖一百，徇於市三日。許人告，每人賞錢有差。令轉運司所在置局製造，送所在商税務鬻賣。舊特詳，今從新。

（宋）留正《皇宋中興兩朝聖政》卷一一《高宗皇帝·頒降㪷斛》

〔紹興二年二月〕己巳，詔権貨務依臨安府様製造斛㪷百隻，降之諸路。倉部員外郎成大亨言：紹興府斛㪷增大，出給之際，例各折閲，興獄滋多。惟臨安㪷斛均平，公私兩便，故有是旨。

（宋）李心傳《建炎以來繫年要録》紹興二十五年四月　庚辰，右朝請大夫高世史知蘄州還。論：監司用白狀借支役卒衣糧，或家僮冒籍，或詭名虛請，爲蠹不細。乞申嚴禁止。又論：倉場受納，惟只用斗，可以輕重其手。至有二石以上，而纔足輸一石者。乞改用斛。又論：朝廷近者以兩淮之田，募民開墾。而立租之額稍重，每畝不下數斗。故民或難之。欲乞明降指揮，只以二税經令承佃，自然開墾日廣。詔立令户部措置。既而户部乞令文思院造一石斛斗，用火印降下諸路轉運司，依式製造，付所轄州縣。及應受納官司行使。違者案劾。從之。户部申請，在六月癸巳。

《宋史》卷三三〇《孫瑜傳》　孫瑜字叔禮，博平人。以父任爲將作監主簿，賈昌朝薦爲崇文檢討、同知禮院、開封府判官。

使契丹，適西討捷書至，館伴要入賀，啖以厚餉。瑜辭以奉使有指，不肯賀。加祕閣校理、兩浙轉運使。入辭，仁宗訪其家世，謂曰：卿孫奭子邪？奭，大儒也，久以道輔朕。因面賜金紫。

先是，郡縣倉庾以斗斛大小爲姦，瑜奏均其制，黜吏之亡狀者，民大喜。有言其變新器非便，下遷知曹州。尋有言瑜所作量法均一誠便者，乃還其元資。

（明）陳邦瞻《宋史紀事本末》卷一〇〇《蒙古立國之制》　楚材又請立衡量，立鈔法，定均輸，庶政略備，民少蘇息。

（清）畢沅《續資治通鑑》卷一《宋紀·太祖》〔建隆元年八月〕丙戌，作新權衡，頒於天下，禁私造者。考異：李燾曰：十九日，《本紀》即云頒新量衡于天下。按此但新造，未頒也。今從《本志》。

明清分部

論説

（明）丘濬《大學衍義補》卷九五《治國平天下之要·備規制·權量之謹》

《舜典》：同律度量衡。

孔穎達曰：律者候氣之管，而度量衡三者法制皆出於律。度有丈、尺，量有斛、斗，衡有斤、兩，皆取法於律。

蔡沈曰：律謂十二律，六爲律、六爲吕，凡十二管，皆徑三分有奇，空圍九分，而黄鐘之長九寸。既以之制樂而節聲音，又以之審度而度長短，則九十分黄鐘之長，一爲一分，十分爲寸，十寸爲尺，十尺爲丈，十丈爲引；以之審量而量多少，則黄鐘之管，其容子穀秬黍中者一千二百以爲龠，而十當作合龠爲合，十合爲升，十升爲斗，十斗爲斛；以之平衡而權輕重，則黄鐘之龠所容千二百黍，其重十二銖，兩龠則二十四銖爲兩，十六兩爲斤，三十斤爲鈞，四鈞爲石，此黄鐘所以爲萬事根本，諸侯之國其有不一者則審而同之也。

臣按：律者候氣之管，所以作樂者也，而度量衡用以度長短、量多寡、稱輕重，所用與律不同，而帝世巡守所至，同律而必及於度量衡，何哉？蓋以度量衡皆受法於律，於此審之，三者之法制皆與律同。斯爲同矣。誠以是三物者，其分寸、龠合、銖兩皆起於黄鐘，而與候氣之律同出於一。按律固可以制度量衡，而考度量衡亦可以制律，此聖人制律而及度量衡之本意也。然聖人不徒因律而作樂，而用之於郊廟、朝廷之上，而又頒之於下，使天下之人用之以爲造作、出納、交易之則焉。其作於上也有常制，其頒於下也有定法，苟下之所用者與上之所頒者不同，則上取於下者當短者或長、當少者或多、當輕者或重，下輸於上者當長者或短、當多者或少、當重者或輕，下虧於民，上損於官，操執者有增減之弊，交易者有欺詐之害，監守出納者有侵尅賠償之患，其所關係蓋亦不小也。是雖唐虞之世民淳俗厚，帝王爲治尚不之遺，而況後世民僞日滋之時乎？乞敕所司，每正歲申明舊制，自朝廷始，先校在官之尺量、斗斛、權衡，使凡收受民間租税器物不許過則。又於凡市場交易之處懸掛則樣以爲民式，在内京尹及五城兵馬司官、在外府州縣官，每月一次校勘。憲臣出巡所至，必令所司具式呈驗，公私所用有不如式者，坐其所司及所造、所用之人。是亦王政之一端也。

《五子之歌》曰：明明我祖，禹也。萬邦之君。有典有則，貽遺也。厥子孫。關通也。石和平也。鈞，王府則有。

蔡沈曰：典則，治世之典章法度也。百二十斤爲石，三十斤爲鈞，鈞與石，五權之最重者也。關通以見彼此通同，無折閲之意；和平以見人情兩平，無乖争之意。言禹以明明之德君臨天下，典則法度所以貽後世者如此，至於鈞石之設，所以一天下之輕重而立民信者，王府亦有之，其爲子孫後世慮，可謂詳且遠矣。

臣按：聖人本律作器以一天下者，非止一鈞石也，而五子所歌舉大禹所貽之典則，止言鈞石而不及其他，何哉？先儒謂法度之制始於權，權與物鈞而生衡，衡運生規，規圓生矩，矩方生繩，繩直生準，是權衡者又法度之所出也，故以鈞石言之。嗟夫，萬物之輕重取信於權衡，五權之輕重歸極於鈞石，是雖一器之設而與太宰所掌之六典、八則同爲祖宗之所敷遺，承主器而出治者，烏可荒墜先祖之緒哉？

《周禮》：内宰，凡建國，佐后立市，陳其貨賄，出其度量。合方氏掌達天下之道路，同其數器，壹其度量。大行人，王之所以撫邦國諸侯者，十有一歲同度量、同數器。

臣按：三代盛時所以制度量以定長短多寡，以取信於天下者，非但王府則有，凡諸侯之國、道路之間莫不有焉。天子時巡則自用以一侯國之制，非時巡之歲則又設官以一市井道路之制焉。是以當是之時，一器之設、一物之用莫不合於王度而無有異同，否則，非但不可行且有罪也。此天下所以一統也歟。

典瑞，璧羨以起度。玉人，璧羨度尺、好璧孔也。三寸，以爲度。鄭玄曰：羨者不圓之貌，蓋廣徑八寸、袤八尺以起度。

蔡元定曰：按《爾雅》肉倍好謂之璧。羨，延也。此璧本圜，徑九

寸、好三寸、肉六寸，而裁其兩旁各半寸以益上下也。其好三寸所以爲璧也，裁其兩旁以益上下所以爲羨也，袤十寸、廣八寸所以爲度尺也。以爲度者，以爲長短之度也，則周家十寸、八寸皆爲尺矣。陳氏言以十寸之尺起度，則十尺爲丈、十丈爲引；以八寸之尺起度，則八尺爲尋、倍尋爲常。

王昭禹曰：夫度在禮則起於璧羨，在樂則起於黃鐘之長，先王以爲度之不存則禮樂之文熄，故作璧羨使天下有考焉。

臣按：班固《漢志》度之九十分，黃鐘之長。一爲一分，十分爲寸，十寸爲尺，十尺爲丈，十丈爲引，《孫子算術》蠶所吐絲爲忽，十忽爲一絲，十絲爲一毫，十毫爲一釐，十釐爲一分，十分爲一寸，十寸爲一尺，十尺爲一丈，則尺固當以十寸爲正。矧天地之數生於一而成於十，十者天地之足數也，以是爲度以定萬物之長短，豈非一定之理、中正之道哉？璧羨既起十以爲丈引，又起八以爲尋常，則非一定矣。設欲用八去其十之二，是則八也又何用別爲之制哉？臣愚以爲璧羨雖古人之制，然宜於古而未必宜於今也。請凡今世所用之尺，壹以人身爲則。謹考許慎《說文》寸，十分也。人手却一寸動□謂之寸口，十分爲寸則十寸爲尺也。宜敕有司考定古法，凡寸以中人手爲準，鑄銅爲式以頒行天下，凡所謂八寸、六寸之尺雖古有其制，皆不得行焉，則用度者有定準、製造者有成法矣。或曰人之手有短長、體有肥瘠，烏可據以爲定哉？曰自古制度者或以參黍、或以絲忽，地之生黍豈皆無大小，蠶之吐絲豈皆無粗細，何獨致疑於人身哉？且身則人人有之，隨在而在，擬寸以指、擬尺以手，雖不中不遠矣。

㮚氏爲量。改煎煉也。金錫則不耗。不復減耗。不耗然後權之，權之然後準水平。之，準之然後量量以黍。之，量之以爲鬴。容六斗四升。深尺、內方尺而圜其外，其實一鬴；其臀一寸，其實一豆；四寸爲豆。其耳三寸，其實一升；兩龠爲合，四合爲升。重一鈞，三十斤。其聲中黃鐘之宮。概所以爲平。而不稅，不征其稅。其銘曰：時是也。文文德之君。思索，思索以求其理。允臻其極，嘉量既成，以觀四國，永啓厥後，兹器維則。

王昭禹曰：量之爲器，內方而外圜，則天地之象也；其臀一寸，其耳三寸，則陰陽奇耦之義也；其重一鈞，則權衡之法寓焉；其聲中黃鐘，則律呂之法寓焉。夫黃鐘爲律之本，而宮爲五聲之綱，量之所制，其本起於黃鐘之龠，其成也，聲又復中於黃鐘之宮，豈非以天下之法於此乎出，而五則之法於此乎成歟？非特此也，宮於五行爲土、於五常爲信，則以量爲法則之主，且以立信於天下也。惟其立信於天下，故與天下爲公平而不敢私焉。

鄭敬仲曰：量之爲物，其粗則寓於規矩法度之末，而其妙極於天下之精微，蓋出於時文之思索而歸諸大中至正之道，民所取中而茈者也，雖童子適市莫之或欺矣。出之以內宰，掌之以司市，一之以合方氏，同之以行人，凡以觀四國也。舜之巡守所以同度量，而孔子亦曰謹權量，四方之政行焉。《五子之歌》曰明明我祖，萬邦之君。有典有則，貽厥子孫。關石和鈞，王府則有，所謂永啓厥後，兹器維則者也。

臣按：先儒謂㮚之爲義，有堅栗難渝之義，使四方觀之以爲則，萬世守之以爲法，以立天下之信，無敢渝焉。所以名工謂之㮚氏也。夫三代之量以金錫爲之，外圜而內方以象天地，後世則改用木而內外皆方，失古意矣。古昔先王所以垂典則於子孫，以示四方、信後世者，既有所謂大經大法，而於器物之製作又皆各有成法焉。然又恐其歲久而易壞也，又必鎔煉金錫而鑄爲之器，權其輕重之劑、準其高下之等，既精既堅，無餘無欠，刻爲銘文以爲世則，置之王府之中，以示天下之式，以垂後世之範，使其是遵是用，不敢有所渝易焉。以此爲防，末代乃有以公量收、私量貸，以暗收人心、潛移國祚如齊陳氏者，然後知古先哲王於巡守之時必同度量衡，於行政之初必審權量，非故爲是屑屑也，其爲慮一何遠哉！

《王制》：古者以周尺八尺爲步，今以周尺六尺四寸爲步。古者百畝，當今東田即《詩》言南東其畝也。百四十六畝三十步。古者百里，當今百二十一里六十步四尺二寸二分。

陳澔曰：古者八寸爲尺，以周尺八尺爲步，則一步有六尺四寸，今以周尺六尺四寸爲步，則一步有五尺一寸二分，是今步比古步每步剩出一尺二寸八分。以此計之，則古者百畝當今東田百五十六畝二十五步一寸六分十分寸之四，與此百四十六畝三十步不相應，里亦做此推之。

臣按：孟子言仁政必自經界始，所謂經界者，治地分田，經畫其溝塗、封植之界也，後世田不井授，凡古之溝塗、封植之界限盡廢。所以經

界者，不過步其遠近、量其廣狹、分其界至，以計其頃畝之數焉耳。然欲計之而無所以經畫之尺度，可乎？大江以北地多平原廣野，若欲步算固亦無難，惟江南之地多山林險隘，溪澗阻隔，乃欲一一經畫之使無遺憾，豈非難事哉？古人丈量之法書史不載，惟《王制》僅有此文，然止言古今尺步、畝里之數而不具其丈量之法。今世量田用所謂步弓者，不知果古法否？然傳用非一日，未必無所自也。是法也施於寬廣平衍之地固無不可，惟於地勢傾側、紆曲、尖邪之處，其折量紐算爲難，小民不人人曉也，是以任事之人易於作弊。宋南渡初，李椿年言經界不正十害，首行於平江，然後推及於諸郡，當時亦以爲便。惟閩之汀、漳、泉三郡未及行。朱子知漳州言於朝，力主行之，然竟沮於言者。或曰宋人經界之法可行否歟？曰何不可之有，使天下藩服、郡縣皆得人如李椿年、朱熹、鄭昭叔，斯行矣。雖然猶未也，苟非大臣有定見，得君之專以主之於上，豈能不搖於群議而終於必行哉？

《月令》：仲春之月，日夜分，則同度量，鈞平也。衡稱上曰衡。石，百二十斤。角校也。斗甬，正權稱錘。概。執以平量者。

仲秋之月，日夜分，則同度量、平權衡，正鈞三十斤。石、角斗甬。

鄭玄曰：因晝夜等而平當平也，同、角、正皆所以平之也。

吴澂曰：衡下但言石，於五者之中舉其至重者言也。上曰量，下又曰斗甬者，先總言其器，後言其名也。權者衡之用，概者量之用，唯度既不析其名又不言其用者，度自用，無爲之用者也。

臣按：古先聖王，凡有施爲必順天道，是以春秋二仲之月，晝夜各五十刻，於是乎平等，故於此二時審察度量權衡，以驗其同異，或過而長或過而短、或過於多或過於少、或過於重或過於輕，皆有以正而均之，使之皆適於平焉。後世事不師古，無復順時之政，雖有度量權衡之制，一頒之後聽民自爲，無復審察校量之令，故有累數十年而不經意者矣，況一歲而再舉乎？民僞所以日滋，國政所以不平，此亦其一事也。

《論語》：謹權量，四方之政行焉。

饒魯曰：謹權量，是平其在官之權衡、斗斛，使無過取於民。關石和鈞，王府則有，固是要通乎官民，然民間權量關係尚淺，最是官府與民交涉，便易得加增取盈，今之苗斛皆然，當紂之時必是取民過制，所以武王於此不容不謹。

臣按：饒魯謂民間權量關係尚淺，最是官府與民交涉，便易得加增取盈，今之苗斛皆然。嗚呼，豈但一苗斛哉？苗斛之弊比其他爲多爾。凡官府收民貢賦，其米麥之類則用斗斛，布帛之類則用丈尺，金銀之類則用權衡。三者之中丈尺爲害較淺，惟斗斛之取盈積少成多，權衡之按抑以重爲輕，民之受害往往積倍蓰以至於千萬，多至破家鬻產，以淪於死亡，用是人不聊生而禍亂以作。武王繼商辛壞亂之後，即以謹權量爲行仁政之始，言權量而不言度，非遺之也，而所謹尤在於斯焉。謂之謹者，其必丁寧慎重、反覆詳審而不敢輕忽也歟。

《前漢律志》：度者，分、寸、尺、丈、引也，所以度長短也。本起黄鐘之長，以子谷秬黍黑色者。中不大不小。者，一黍之廣，度之九十分，黄鐘之長。一爲一分，十分爲寸，十寸爲尺，十尺爲丈，十丈爲引，而五度審矣。夫度者，別於分，忖於寸，蒦音約。於尺，張於丈，信於引。引者信天下也，職在内官，廷尉掌之。

臣按：以上言度。五度之義，分者可分列也，寸者忖也，尺者蒦也，丈者張也，引者信也。

量者，龠、合、升、斗、斛也，所以量多少也。本起於黄鐘之龠，用度數審其容，因度以生量審其中所容多少。以子谷秬黍中者千有二百實其龠，以井水準其概。合龠爲合，十合爲升，十升爲斗，十斗爲斛，而五量嘉善也。矣。夫量者，躍於龠，合於合，登於升，聚於斗，角於斛也。職在太倉，大司農掌之。

臣按：以上言量。五量之義，龠者躍也，躍微動氣而生物也，合音閤。者，合龠之量也，升者登也，斗者聚也，斛者角斗，平多少之量也。

權者，銖、兩、斤、鈞、石也，所以稱物平施，知輕重也。本起於黄鐘之重，一龠容千二百黍，重十二銖，兩之爲兩。二十四銖爲兩，十六兩爲斤，三十斤爲鈞，四鈞爲石，而五權謹矣。始於銖，兩於兩，明於斤，均於鈞，終於石。

臣按：以上言權。五權之義，銖者殊也，物絲忽微始至於成著可殊異也，兩者兩黄鐘律之重也，斤者明也，鈞者均也，石者大也。

凡律度量衡用銅者，名自名也，所以同天下、齊風俗也。銅爲物之至

精，不爲燥濕寒暑變其節，不爲風雨暴露改其形，介然有常，有似於士君子之行，是以用銅也。用竹爲引者，事之宜也。

臣按：五度之法，高一寸、廣二寸、長一丈，而分、寸、尺、丈存焉，惟引則用竹，蓋引長十丈、高一分、廣六分，長而難以收藏，故用竹篾爲之爲宜也。五量之法用銅，方尺而圜其外，旁有庣不滿之處。焉，其上爲斛，其下爲斗，左耳爲升，右耳爲合龠，其狀似爵。夫班《志》於度量二者皆言其所以製造之質，或用銅或用竹，獨於權衡略焉，乃於下文總言度量衡用銅者，意者權衡亦用銅歟？後世於度量二者用木爲之度，間有用銅者，而斗斛之制用銅鮮矣。權之爲器非若度量，雖有長短、大小之不同而各自爲用，惟權之一器則兼衡與準而參用之，所以爲之質者亦各不同，準必以繩，權必以銅，而衡則以木若銅爲之也，後世一惟用木耳。臣請詔有司考校古今之制，鑄銅爲度量權衡之式，藏在户部，頒行天下藩服、郡縣，凡民間有所鑄造必依官式，刻其成造歲月、匠作姓名，赴官校勘印烙，方許行使。

秦始皇二十六年，一衡石、丈尺。

吕祖謙曰：自商君爲政，平斗甬、權衡、丈尺，其制變於古矣，至是並天下一之，皆令如秦制也。然此乃帝王初政之常，秦猶沿而行之，至於後世則鮮或舉之矣。

臣按：秦事不師古，至爲無道，而猶知以一衡石、丈尺爲先務，況其不爲秦者乎？然吕祖謙作《大事記》，於始皇平六國之初書曰一衡石丈尺，而其解題則云：自商君爲政，平斗甬、權衡、丈尺。意其所書之石非鈞石之石也，後世以斛爲石其始此歟？

宋太祖詔有司精考古式，作爲嘉量，以頒天下，凡四方斗斛不中度、不中式者皆去之。又詔有司，按前代舊式作新權衡以頒天下，禁私造者。

太宗淳化三年，詔曰：《書》云同律度量衡，所以建國經而立民極也。國家萬邦咸乂，九賦是均，顧出納於有司，繫權衡之定式，如聞秬黍之制或差毫釐，錘鈞爲姦害及黎庶，宜令詳定稱法，著爲通規。

臣按：宋太祖、太宗皆起自民間，熟知官府出納之弊，故其在位首以謹權量爲務。史謂比用大稱如百斤者皆懸鈎於架、植環於衡，或偃手或抑按，則輕重之際殊爲懸絶，於是更鑄新式，悉繇絫黍而齊其斤石，不可得而增損也。又令每用大稱必懸以絲繩，既置其物則却立以視，不可得而抑按。繇是觀之，可見古昔好治之君莫不愛民。其愛民也，凡官吏可藉以害民者無不預爲之禁革，則雖一毫之物不使過取於民。彼其具文移著、律例約束非不備，刑罰非不嚴，然利之所在，人惟見利而不見害，往往法外以巧取，依法以爲姦。孰若每事皆立爲一法，如宋人之於權衡，必齊其斤石不可得而增損，又俾操執者却立以視而不得按抑。噫，使凡事皆准此以立爲之法，則官吏無所容其姦而小民不至罹其害矣。

程頤曰：爲政須要有綱紀文章，謹權審量、讀法平價皆不可闕。

朱熹曰：所謂文章者，便是文飾那謹權審量、讀法平價之類耳。

臣按：程子謂爲政須要有綱紀文章，謹權審量皆不可闕，朱子謂文章便是文飾那謹權審量之類，然但言文章而不及綱紀。臣竊以謂，權而謹之，量而審之，使其長短適平、多寡酌中，固是文飾之意，然於操執之時或鈎錘之轉移、衡尾之按抑，收放之際或斛面之加淋、旁庣之摇撼，則是無綱紀矣。是知聖人爲治，無一善之徒行，無一法之徒立，一器之設雖小也而必正其制度，一物之用雖微也而必防其病弊，惟恐一事之或失其宜，一民之或被其害，此所以鉅細精粗無不畢舉，上下四方無不均平也歟。

以上權量之謹。臣按：舜巡守同律度量衡，而此止云權量而不及度者，蓋《論語》叙武王之行政止言謹權量，朱子注《孟子》引程子之言亦止言謹權審量而不及度，意者權量之用比度爲切歟，不然則舉二以包其一也。

綜述

《大明令·户令》 凡斛、斗、秤、尺，司農司照依中書省原降鐵斗、鐵升較定則樣製造，發直隸府、州及呈中書省，將發行省依樣製造，較勘相同，發下所屬府、州。各府正官提調依法製造較勘，付與各州、縣倉庫收支行用。其牙行市鋪之家，須要赴官印烙，鄉村人民所用斛、斗、秤、尺，與官降相同，許令行使。

《正德明會典》卷一三五《刑部·私造斛斗秤尺》 凡私造斛、斗、秤、尺不平在市行使，及將官降斛、斗、秤、尺作弊增減者，杖六十，工

匠同罪。若官降不如法者，杖七十。提調官失於校勘者，減一等。知情與同罪。其在市行使斛、斗、秤、尺雖平，而不經官司校勘印烙者，笞四十。若倉庫官吏私自增減官降斛斗秤尺收支官物而不平者，杖一百，以所增減物計贓，重者坐贓論。因而得物入己者，以監守自盗論，工匠杖八十。監臨官知而不舉者，與犯人同罪。失覺察者，減三等，罪止杖一百。

《明會典》卷三七《户部·權量》 洪武元年，令兵馬司并管市司，二日一次較勘街市斛斗秤尺。并依時估，定其物價。在外府州各城門兵馬，一體兼領市司。二年，令凡斛斗秤尺，司農司照依中書省原降鐵斗鐵升較定則樣製造，發直隸府州及呈中書省，轉發行省，依樣製造。較勘相同，發下所屬府州。各府正官提調依法製造。較勘付與各州縣倉庫收支行用。其牙行市鋪之家，須要赴官印烙。鄉村人民所用斛斗秤尺，與官降相同，許令行使。二十六年定：凡天下官民人等，行使斛斗秤尺，已有一定法則，頒行各司府州縣收掌。務要如式成造，較勘相同，印烙給降民間行使。其在京倉庫等處合用斛斗秤尺等項，本部較勘印烙發行。宣德七年，令重鑄鐵斛，每倉發與一隻，永爲法則，較勘行使。正統元年，令各布政司府州縣倉分，歲收糧五十萬石。及折收倉庫，歲收布絹等物十萬疋以上者，工部各給鐵斛一張，銅尺木尺各一把。景泰二年，令工部成造等秤、天平各四十副，頒給户部及在外收支衙門，掌管用使。其所屬衙門許依式成造應用。成化五年，以新舊鐵斛大小不一，仍令工部照依洪武年間鐵斛式樣重新鑄造，發江南、江北、山東、河南兑糧去處。令各處兑糧官員依式置造木斛，送漕運衙門較勘印烙，給發交兑，以爲永久定規。十五年，令鑄鐵斛，頒給江西、湖廣二布政司，及各兑糧水次并支糧倉分，較造木斛，印烙收用。其鐵斛仍識以成化十五年奏准鑄成永爲法則十三字，及監鑄官員匠作姓名於上。又令京城内外并順天府所屬地方，凡諸色貨物行人依式置造平等斛斗秤尺天平等件，赴官較勘印烙，方許行使。違者如律治罪。兩鄰知情，扶同隱匿，互相借用者，事發一體究治。正德元年議准：工部行寶源局，如法製造好銅法子一樣三十二副，每副大小二十箇，俱鑿正德元年寶源局造字號，送部印封。發浙江等布政司，及各運司并南直隸府州，各依式樣支給官錢，一體改造。頒降用使。九年議准：吏部揀選諳曉書算吏役四名，填註户部陝西清吏司，支科二名專管坐撥糧斛註銷青册，金科二名專管鹽法。後役滿之日，將文卷簿籍交代明白，方許更替。嘉靖二年議准：京通二倉合用糧斛，坐糧員外郎將鐵鑄樣斛較勘修改相同，火印烙記發倉。仍前二張送漕運衙門收貯。以後新斛，俱依鐵斛并較定斛樣成造。八年，令順天府將官較秤斛印烙給送監收科道官各一副。凡解户到部，即領票關給秤斛，預先秤量包封。候進納報完，監局各衙門會同照樣較收，以革姦弊。又令工部寶源局，如式鑄造大小銅法子，給發内外各衙門。二十七年題准：行各倉場，照依原降鐵斛置造斛斗。仍置官秤較量平準。一併送巡撫及管糧郎中主事，烙記發用。如有私造斛秤，通商作弊，各該管通判不行覺察，一體究罪。其宣府一鎮，往時收用市斛放用倉斛合行查革。以後收入放出，俱以倉斛爲準。

（清）查繼佐《罪惟録》志卷三一《數志》 凡分、寸、尺、丈、引，名曰五度。天以三百六十，地以捌拾，一是爲度始。

古以百升爲一斛，是即後世所爲一石也。嗣改五斗爲一斛，取其輕而易舉，實古斛之半也。按米一石重百二十斤，正合四鈞爲一石之説。然各處多寡不同，楚中尤浮常額。

兩足平移十二步，准是五弓，蓋一步准二尺五寸也。凡八百六十四步，合三百六十弓，准二百十六丈，足是爲一里。

畝法古今不同，《漢書》鹽鐵議曰：古以百步，漢以二百四十步爲畝。明俗語：横十五，豎十六，一畝足。蓋以十五乘十六，正合二百四十之數，如漢法。若古百步，以明弓准之，當四分彊耳。古一夫百畝，當明四十一畝也。

《家語》云：布手知尺，布指知寸，舒肱知尋。蓋用手拇指距中指一乂爲尺，兩臂横長剛八尺爲尋。中指中節有二紋，准上紋爲寸。後世營造尺准下紋，不行始于何時。總之，以古准今，每尺當今之七寸七分耳，然亦其大略也。人身長短與兩臂横衡適合，是人生四方，不差分毫，長短殊則指臂皆殊，何足爲准？程子言：十尺當今五尺五寸弱。然則文王十尺，止五尺五寸，湯又降之，是最短，不足異矣，應以七寸七分爲准。顧裁縫尺較營造尺多二寸，至江以北，或竟多營造尺六寸許，亦各處不同。

明官斛制，本於宋相賈似道。元至元間，中丞崔彧上言遵行，口狹而底闊，傾倒無滯，遂歷代用之。

相傳國初刑部尚書開濟，以册書易於增改，遂以一二等數，加添筆畫，爲壹、貳、叁、肆、伍、陸、柒、捌、玖、拾、佰、阡、萬，京省通行。或曰，此法始于宋邊實云。逆瑾用事，賄賂通行，諱一千爲一干，一萬爲一方。至于江南衙門胥役，每折十爲一，常以十錢爲率。

（清）龍文彬《明會要》卷五七《食貨·市易》　洪武元年，令兵馬司并管市司，二日一次校勘街市斛、斗、秤、尺，并依時估定其物價，在外府州各城兵馬，一體兼理市司。王圻《考》。

二年，令：凡内外軍民官司，並不得指以和雇、和買擾害於民。如果官司缺用之物，照依時直，兩平收買。《通典》。又令：凡斛、斗、秤、尺，司農司照依中書省原降鐵斗、鐵升較定式製造，頒行各司府州縣。《會典》。既又令：宫禁中市物，視時估率加十錢。《食貨志》。又令：天下府州縣各鎮市不許有官牙、私牙，一切客商貨物投税之後，聽從發賣。敢有稱係官牙、私牙，許拏獲赴京，遷徙化外。

《大清律例》卷一五《户律·市廛·私造斛斗秤尺》　凡私造斛斗秤尺不平在市行使，及將官降斛斗秤尺作弊增減者，杖六十，工匠同罪。若官降不如法者，官吏工匠杖七十。提調官失於較勘者，減原置官吏工匠罪一等，知情與同罪。

其在市行使斛斗秤尺雖平，而不經官司較勘印烙者，即係私造，笞四十。

若倉庫官吏私自增減官降斛斗秤尺收支官物而不平納以所增，出以所減。者，杖一百。以所增減物計贓重於杖一百者，坐贓論。因而得所增減之物入己者，以監守自盜論。併贓不分首從，查律科斷。工匠杖八十。監臨官知而不舉者，與犯人同罪。失覺察，減三等，罪止杖一百。

（清）楊錫紱《漕運則例纂》卷八《收漕斛斗》　一、各省徵收漕糧，應遵照部頒鐵斛公平收兑。康熙四十四年奉旨復行鑄造鐵斛斗升底面一律平準頒發，各省一律遵行。

一、收漕制斛口大邊闊易于滋弊，乾隆八年，户部議准改用小口。令工部照原存祖斛較準，另鑄鐵斛十一張，一存户部，其餘頒發倉場總漕及有漕各省糧道各一張。轉飭各屬一體遵用，毋得參差互異。

一、江南蘇松等府，乾隆二十三年户部議准，各州縣俱鑄給鐵斛一張以作樣斛。所需價值，即于各屬存留漕費錢糧項下動用。其各州縣每年應造木斛，春間預行辦料晒乾，八月成造，送糧道較驗，發回各屬收用。至各屬收漕木斛，除損壞者，次年另製外，其堅固者不許另造。仍將原斛送道較驗加烙某年復驗字樣。嗣後如有將木斛不先預辦，致有參差及敲動形跡，並板木未乾等弊，督撫即據實題參。

一、官員解送舊斛遲延，及破損遺失者，罰俸六個月。議單舊本。

一、州縣收漕，或置斛不用，雖數十石百石概以斗量，又不用平木板刷多用尖斗，更有暗開斛角密寬斗面者。乾隆二十五年奏准：應行令總漕並該督撫等加意嚴查實心釐剔，如有前項情弊，將該州縣等立即指名參奏，並將未經察出之該管道府等一併參處。如不行參奏，別經發覺，將該上司嚴加議處。

《工部則例》卷二八《雜料·禁用私斛斗升》　一、各直省所用木斛，俱用部頒鐵斛較准烙印方准量用。斗升亦遵照部頒鐵斗鐵升程式。如有不遵定制，擅用私斛斗升等弊，由地方官一體嚴禁。

《工部則例》卷二八《雜料·較秤祖砝》　一、頒發各處行取官秤，用庫存祖砝六塊。每塊重五十斤，由派出較秤司員率領匠役帶往顔料庫，會同户部派出司員暨委員三面眼同較准頒發。事竣，仍將祖砝運回儲庫。

《工部則例》卷二八《雜料·换鑄砝碼》　一、各省部頒正副砝碼，如果正砝年久磨輕，即將副砝兑收兑放，將不符之正砝送部詳較换鑄。如副砝亦因年久磨輕，再行報部换鑄，不得將正副兩砝一同請换。

《工部則例》卷二八《雜料·砝碼戥秤》　一、各省藩司鹽政關差等處所需砝碼咨取到部，令匠照式鑄造。仍會同户部按依祖砝較准，頒發應用。

一、各衙門工所應需戥秤，由部令秤匠造辦，照例覈給價值。

《回疆則例》卷六《權量》　一、回俗以内地重十斤爲一察喇克，八察喇克爲一噶勒布爾，即内地八十斤之數，八噶勒布爾爲一帕特瑪，即内地六百四十斤之數。以權准量，凡重一帕特瑪者，合内地倉斛四石五斗，一噶勒布爾合内地五斗六升三合五勺，一察喇克合内地七升三勺一撮二抄。

《回疆則例》卷六《每一帕特瑪改抵五石三斗》　一、乾隆二十五年，一帕特瑪不止四石五斗，改定一帕特瑪合内地倉斛五石三斗重，一噶勒布爾及一察喇克者，准此增算。

（清）王慶雲《石渠餘紀》卷四《丈量》　田地有欺隱，而後有丈量。而丈量實不足以察欺隱，徒滋擾焉。順治十一年定丈量規制頒部。弓廣一步，縱二百四十步爲畝。方廣十五步，縱十六步。地籍不清者丈之，荒熟相雜者丈之。十五年定田畝與萬曆賦役全書同者，免丈。行之數年，未有成效。後改爲令民自首。乾隆十五年申弓尺盈縮之禁。時各省之弓自三尺二三寸至七尺五寸，其畝自二百六十弓至六百九十弓不等。部議以經年久遠，驟難更張，令報部存案而已。

《大清會典事例（光緒朝）》卷一八〇《户部・權量尺秤　法馬　升斗斛》　尺秤。順治十五年題准：各關量船秤貨，務使秤尺準足，不得任意輕重長短。

康熙元年題准：直省尺斗戥秤，均照部頒前式畫一遵行。違制者究處。

乾隆五十七年議准：小販赴河東買鹽，與坐商自相交易，毫無憑準，易起爭端。應令仿照舊式，由河東道印烙，另製官秤三杆，給發中東西三場斗級收執。凡商販交易，以此秤爲準，原秤存庫備較。

道光三十年奏准：奉天省添設官秤二十四杆。

同治十三年奏准：奉天省添設官秤五杆。

法馬。順治十一年諭：徵收錢糧，各督撫嚴飭有司，務遵部頒較定法馬，有私自增加者，不時稽查。十七年覆准：凡起解錢糧，令管解官面驗部頒法馬，左右分兑以杜私弊。

康熙元年題准：較準新造法馬，通行内外衙門遵用。

雍正五年奉旨：福建總督奏稱，布政使司庫止有部頒法馬一副，彈兑紛繁，將銅日久消磨，分數漸輕，以致各屬收解錢糧輕重不等。請將部法一樣頒給二副，一副存庫，一副應用，循環繳换。朕思部中所頒法馬乃輕重合宜之式樣，與頒發鐵斛事同一例，各省布政使司領到，自然照式較準，不失毫釐，製成法馬，日日彈用。並令各屬地方畫一遵守。其或有出納之際加重減輕者，皆當嚴察參處，此乃經常之道。豈有錢糧總匯之布政使司，出入繁多，專以部法一副日日彈用，以致銅質消磨輕重失實之理。且部中循環更换，亦不勝其煩。著通行各省，儻有如閩省常用將銅磨輕，與原頒分兩不符者，即行咨部更换。十一年議准：法馬由部審定輕重，工部鑄造，各布政使司遣官赴領，户部司官與工部司官面加詳較將正副法馬封交赴領官齎回，各布政使將部頒副法馬收存，行用正法馬。如正法馬年久，與副法馬輕重不符，即用副法馬彈兑，以正法馬送部换鑄。虚捏不符者，交部議處。部頒法馬由一分至九分，一錢至九錢，一兩至十兩，二十兩、三十兩、五十兩、一百兩、二百兩、三百兩、五百兩，正副各一副。又議准：各布政使司錢糧解部者，將部頒法馬封交解官齎部，庫官將庫存原法馬較準合一，然後兑收。如有短少，將解官參處勒追。儻將法馬私行□鑄者，按律治罪。或庫官故爲輕重任意勒索，亦查明嚴參。又議准：各省布政使將州縣鑄造正副法馬與部頒法馬較準，呈巡撫驗明發回州縣，錢糧解司時，將副法馬印封齎司，較對兑收。如有故爲輕重，任意勒索者，即行題參。又議准：各處雜項銀，均以市平交納，每千兩較庫平少三十六兩，應照依庫平折算兑收。十二年奏准：八旗收發銀，照户部庫平製造法馬分給，其各佐領下亦照庫平設立準戥以發兵餉。

乾隆四十一年議准：直省各營發餉法馬，由督撫提鎮布政司會較鐫記，飭發行用，以杜輕平。五十二年覆准：各省司道鹽政關差等處，請領部頒正副法馬，儻正法馬日久不符，將不符之正法馬委員送部换鑄，以副法馬彈兑。不得將正副法馬一同請换。

嘉慶十年奉旨：據緼布奏平兑撥解盛京銀兩並無短缺情形一摺。此項部庫廣儲司兑發銀兩，富俊等因不知部庫每銀千兩，例扣平餘銀二兩及盛京銀庫法馬每銀千兩，較部庫廣儲司加重二兩，是以疑有短缺。並誤認此項銀兩作爲永遠存貯，礙難交代，奏請派員平兑，尚係爲慎重帑項起見。現經緼布等彈兑覈算，並無短缺，所有此項銀兩，即交該將軍等留爲支放兵餉之用，毋庸入於永遠存貯項下。至法馬分兩原應輕重一律，平兑方無舛錯。今盛京銀庫法馬，較部庫法馬，每千兩重至二兩。且聞吉林、黑龍江法馬較盛京尤重。似此參差不齊，於出納句稽，殊有關繫。所有盛京、黑龍江、吉林等處法馬，著即撤回工部查銷。該部另將較準法馬頒給，以歸畫一。

道光十五年諭：八旗月支錢糧，例應較準法馬，彈兑平允，毋許絲毫短少。嗣後各該旗錢糧，應如何支領彈兑之處，著户部堂官管理户部三庫事務大臣八旗都統會同妥議章程具奏。欽此。遵旨奏定：工部趕製一千兩大平一架，四百兩小平二架。查照户部祖法式樣，一律鑄造頒發。八旗都統派委參領會同庫官並户部司員較準，交與户部印庫。每月放餉時，監放官會同鑲黄、正黄二旗參佐領到庫，將平法領出分置庫門以外，南北門以内。八旗參領等，按應領銀數抽查數分，親身較兑。果皆足數，具結領回。如有短少，會同稽查御史及監放官，三面兑准，責令補足。仍將庫官參處。錢糧放竣其法馬仍須加封，應令開放東四旗兵餉，由鑲黄旗起，輪流攜帶印花。西四旗兵餉，由正黄旗起，輪流攜帶印花。俟抽查完竣，將法馬封固，仍由監放官送回印庫。下月開放錢糧，該章京驗明印花，再行領出。二十四年，管理三庫事務衙門奏，收兑各直省地丁正賦錢糧，惟直隸所解旗租元寶，平準色足，應即以直隸旗租元寶作爲法馬。奉旨：所奏作爲法馬之直隸元寶，著多備數十箇，作成記號，以憑兑收。每遇應以元寶兑收之款，先以法馬將銀法眼同覈對後，再行兑收。

升斗斛。順治五年，定户部較準斛式，照式造成，發坐糧廳收糧。又定：工部鑄鐵斛二張，一存户部，一發倉場侍郎。再造木斛十二張，頒發各省。十二年題准：較準倉斛容積之數，鑄造鐵斛，存户部備式，頒發倉場侍郎、漕運總督、直省布政使司各一。布政使照式轉發糧道各倉官，較準收糧。

康熙六年覆准：徵收漕糧，務遵順治十二年部頒鐵斛。如年久口面凹損，即請重鑄新斛頒發，仍將舊斛送部。如有參差互異苦累軍民者，將經管官指參。解送舊斛遲延，及破損遺失者議處。四十三年諭：朕見直隸各省民間所用戥秤，雖輕重稍殊，尚不甚相懸絶。惟斗斛大小迥然各别，不獨各省不同，即一縣之内市城鄉村亦不相等。此皆牙儈評價之人希圖牟利之所致也。又升斗面寬底窄，若稍尖量即致浮多，若稍平量即致虧額，弊端易生。職此之故，於民閒甚屬未便。嗣後直省斗斛大小作何畫一，其升斗式樣底面一律平準，以杜弊端。至盛京金石金斗關東斗，亦應一併畫一。著九卿詹事科道詳議具奏。欽此。遵旨議定：直省府州縣市廛鎮店馬頭鄉村民人所用之斛，均令照户部原頒鐵斛之式，其升斗亦照户部倉斗倉升式樣，底面一律平準。盛京金石、金斗、關東斗，皆停其使用。鑄造鐵斗三十，鐵升三十，發盛京户部、順天府、五城、倉場、直隸各省巡撫，令轉發寧古塔黑龍江等處，及各布政使司糧道府州縣倉官，通行曉諭地方民人，一例遵行。四十五年覆准：陝西徵收糧米，支放兵餉，均用永豐倉斗，較之部頒斗斛，每石浮多三斗。應令照依舊斗之數，以部斗收支，停用舊斗。

雍正八年題准：各糧道樣斛，原與部頒鐵斛較準飭發。但用木板製造，日久朽敝，不無參差。亦照布政使司之例，將部頒鐵斛頒發各糧道永遠遵行。

乾隆八年議准：嗣後有漕各省兑收漕糧，及漕艘抵通起卸，並京通各倉收放米石，俱一律遵用新頒小口斛式，毋得參差互異，以昭畫一。九年，高宗純皇帝得東漢嘉量圓形，較其度數，中今太蔟，又考唐張文收作嘉量方形，乃仿其遺制，用今律度，御製嘉量方圓各一，範銅塗金，掌之工部，陳之殿廷。其上爲斛，其下爲斗，左耳爲升，右耳爲合龠。其重二鈞，聲中黄鍾之宫。【略】

三十一年議准：各倉所用木斛，放米之日，每晚封存廒内，次早驗封給發。通倉由倉場侍郎查驗，京倉由都統御史查驗，務使木斛與鐵斛相準。稍有贏絀，隨時修整。

道光三十年奏准：奉天省添設官斗七百八十七面。

同治二年奏准奉天省添設官斗一百五十八面。十三年奏准：奉天省添設官斗七十七面。

（清）趙爾豐《川邊奏牘·制發官斗官秤飭令告示文光緒三十四年十月十三日**》**

爲出曉諭事：照得中國量衡，原有斗秤爲憑，秤以庫平十六兩爲一斤，一兩爲十錢，一錢爲十分，一分爲十釐。斗以十勺爲合，十合爲升，十升爲斗，十斗爲石，内地漢民，無不知之，各處一律。惟關外蠻民不知，所用之蠻秤錢兩不分，且無標準，而斗則稱爲克，並不知升合，又不以石計，只有所謂批者，其大小並不一律，或十餘批爲一克，二十餘批爲一克不等。似此紛歧，收納粗糧，易於弊混。茲有本大臣定制斗秤各一，發交地方官作爲官斗官秤，無論收發糧物，均以官斗照平斗量之，不準高入平出。爾百姓可以雇匠前往地方官處仿照官斗官秤大小，各制一

張，即由地方官驗明判定年月，交爾百姓携回應用，納糧之時，即照平斗較量，送繳官倉。如有委員兵役人等，用高斗收糧，大秤收物，準爾百姓等向本大臣行轅呈控，必爲爾等作主。爾百姓等仍須照升合之制，按十合爲升，十升爲斗，秤以一斤爲十六兩，一兩爲十錢，一錢爲十分，雇匠制定升合斤兩，務使各處一律，以免大小不齊。合即出示曉諭，爲此仰各縣軍民人等，一體知悉。無論收糧發糧，各宜遵諭辦理，如敢有違，本大臣必從重治罪，決不姑寬。切切特示，右諭通知。

（清）趙爾豐《川邊奏牘·札打箭爐廳頒發統一度量衡三十四年十月二十六日**》**爲札發事：照得本大臣去年準部咨考查權量衡度，擬將來各省劃一辦法一案，川省各州縣，均一律調查齊備，諮報在案。惟該廳暨關外漢夷雜處，權量衡度，不惟名目與內地不同，即大小輕重長短亦異，當此開辦之初，若不定明劃一之制，將來不免混雜不齊。茲本大臣擬定權衡之制，即照庫平爲定量制，則照每斗三十斤，爲定度制則照營造尺爲準，視由省製購庫平秤十把，前來交發。茲將一二號兩把發給該廳及中渡兩處應用，以後軍米及民間用秤，即照此一律製備，度量亦照所定考查辦理，漸次推廣。合即札發，爲此札仰該廳即便遵照辦理，將第一號留用，以第二號轉發中渡委員收用，作爲官秤，切切特札。計發庫平秤二把，右仰打箭爐廳准此。

紀事

《明實録》成化十五年五月〔丙辰朔〕命添鑄鐵斛給散所司爲式。先是，總督漕運總兵都御史等官奏：運糧官軍告言有司糧里長交兑糧米，多用小斛，不依原領印烙木斛，少米凡六七合。而糧里長又告稱，官軍印烙木斛，較之本處鐵斛，多米至五六合。今宜於山東、河南、浙江、江西、湖廣五布政司，應天蘇松等十三府，及徐州、瓜淮二水次兑糧處所，京通天津薊州四收糧倉，淮安、徐州、臨清、德州四支糧倉，并兩總督漕運十二把總官共四十三處，各給一鐵斛，就令漕運官軍措置工料，如成化六年所降式鑄之。送户部較勘相同，給發各處倉分，依式置造印烙本斛應用。敢有私造木斛大小不同者，皆治以罪。事下户部議，以爲前此鐵斛，俱依式鑄造，豈有大小不一？但有未及降到處。今擬京通二倉，及江南北、山東、河南四處，已有旨不必另鑄。其餘合如所請，鑄造給降，每斛識以成化十五年奏准鑄成永爲法則十三字，及監鑄官員，匠作姓名。較定送部，仍取京倉舊斛重較，令漕運官順帶給發較造印烙木斛收用。疏上，從之。

《明太宗寶訓》卷五《宥過》永樂二年二月戊寅，大理寺臣奏：市民以小秤交易者，請論違例律。上問工部臣曰：小秤之禁已申明否？對曰：文移諸司矣。曰：榜諭於市否？對曰：未。上曰：官府雖有令，民固未悉知之。民知令則不犯令，不從則加刑。不令而行之，不仁。其釋之。

《常熟福山港口設立公秤剔弊安商碑》江南蘇州府常熟縣正堂加五級紀録三次趙，爲奉示懇詳立碑永久事。乾隆十三年四月十三日，據通州民曹武周、袁天成等具呈前事。內稱：福山海港前係營船，裝貨交卸，俱用公秤。自營船歸民，江駁船户不遵公秤，挨立幫次。客貨到港，不由客主，硬裝偷竊。前奉上道憲訪拿究處，積習略除，旋復模熾。前歲，胡遵儀、張宗□等稟州設立公秤七把，詳明前任道奉批，據詳印烙公秤，給發州境□□收税港口，並移常、昭、江陰三縣，一體遵行，□屬剔弊安商之善政，仰候諭飭該口守差遵照稽查，仍候給示嚴飭。繳。隨移前縣案下並昭文、江陰二縣，蒙將公秤差發各港。詎船户刁頑，公秤不遵，幫次仍立，偷竊益甚。胡殿英等於去年十一月，呈稟道憲批送三縣嚴禁偷竊，妥詳公秤是否客商有守候不便之處，具詳候核，蒙給示曉諭。切念始有公秤，船商所安。繼無公秤，弊端百出。公請立秤，隨秤隨卸，隨卸隨行，並無守候不便之處。立碑永久，善考不朽。爲此稟叩電情詳覆給示碑禁，永久安商等情。據此。卷查此案於乾隆十一年八月，準直隸通州牒送公秤到縣，當經前任張示曉江駁船户人等，嗣後棉花到港，遵照公秤交代，不許强拉硬裝，偷竊貨物，取具遵依呈遞。據此。經查明詳覆督江南海關分巡蘇松太兵備道傅，奉批：仰侯江陰縣覆到，匯核飭遵在案。茲奉本道憲牌開：據江陰縣奉查通州民胡殿英等具呈公秤一案，詳請可否嗣後客貨到港，僱載仍用公秤，稱□於包上，記明輕重數目，勒石港口，永遠遵守。庶船户不得□□偷竊，而異鄉孤客得免苦累。等情。據此。爲查此

案，先經前管關托，據胡殿英等呈控福山等港，不遵公秤，行據該縣詳復，公秤商船兩便，永久可行。等情。當批仰侯匯核飭遵在卷。今據江邑詳覆前情，除批如詳勒石永遵外，合亟飭遵一體勒石。等因。到縣。奉此。相應勒石，一體遵行，須至碑者。乾隆十三年閏七月　日。

知縣趙天爵、縣丞劉元成、典史徐步雲、經承陸永祚。

賦役法制總部

財政管理法制部

先秦分部

綜述

《周禮注疏》卷二《天官冢宰·大宰》〔大宰之職〕以八則治都鄙：一曰祭祀，以馭其神；二曰灋則，以馭其官；三曰廢置，以馭其吏；四曰禄位，以馭其士；五曰賦貢，以馭其用；六曰禮俗，以馭其民；七曰刑賞，以馭其威；八曰田役，以馭其衆。都之所居曰鄙。則，亦法也。典、法、則，所用異，異其名也。都鄙，公卿大夫之采邑，王子弟所食邑，周、召、毛、聃、畢、原之屬在畿内者。祭祀，其先君、社稷、五祀。法則，其官之制度。廢猶退也，退其不能者，舉賢而置之。禄，若今月奉也。位，爵次也。賦，口率出泉也。貢，功也，九職之功所税也。禮祀，昏姻、喪紀舊所行也。鄭司農云：士謂學士。賦貢，于云：賦，上之所求於下；貢，下之所納於上。

疏：四曰禄位，以馭其士者，士謂學士。學士有賢行、學業，則詔之以爵位、禄賞，亦是敺之於善也。五曰賦貢，以馭其用者，采地之民，口率出泉爲賦，有井田之法，一夫之田，税入於官，官得之，節財用，亦是使人入善，故云以馭其用也。【略】八曰田役，以馭其衆者，謂采地之中，得田獵使役於民，皆當不奪農時，使人入善，故云以馭其衆也。據此文，則卿大夫得田獵。而《春秋左氏傳》鄭大夫豐卷請田，子産不許者，彼常田之外，臨祭取鮮，唯人君耳，大夫唯得常田。故《禮》云大夫不掩羣，亦是常田。豐卷亦僭取鮮，故子産云唯君用鮮，明大夫不合也。註都之至學士。釋曰：上言邦國，則諸經有邦國別言之者，故解爲大曰邦、小曰國。此采地云都鄙，諸文無或言都，或言鄙別號，故鄭云都之所居曰鄙。《大司徒》云：凡造都鄙，鄭云：其界曰都；鄙，所居也。《春秋傳》曰遷鄭焉而鄙留，是鄙所居不遷也。云則亦法也。典、法、則，所用異，異其名也者，謂典法則三者相訓，其義既同。但邦國，言典官府言法，都鄙言則，是所用處異，故別言之，其實義通也。云都鄙，公卿大夫之采邑者，《載師職》云：家邑任稍地，則大夫之采也；小都任縣地，則六卿之采也；大都任畺地，則三公之采也。云王子弟所食邑者，親王子、母弟與公同處而百里，次疏者與六卿同處而五十里，次疏者與大夫同處二十五里。案《禮記·禮運》云：天子有田以處其子孫。鄭註《中庸》云：同姓雖恩不同，義必同也。尊重其禄位，所以貴之，不必授以官守。然則王子、母弟雖食采也，未必別有官，有官則依公卿大夫食邑，不假別言也。云周、召、毛、聃、畢、原之屬者，《僖二十四年左傳》，召穆公云：管、蔡、郕、霍、魯、衛、毛、聃、郜、雍、曹、滕、畢、原、豐、郇，文之昭也。邘、晋、應、韓，武之穆也。今鄭直云周、召、毛、聃、畢、原之屬在畿内者，其餘或在畿外，故不盡言也。引之者，證王子弟有采邑也。云祭祀其先君、社稷、五祀者，案《孝經·大夫章》不云社稷，則諸侯卿大夫也。若王子母弟及三公稱諸侯者，五廟、五祀、三社、三稷，故云祀先君、社稷、五祀也。云法則，其官之制度者，謂宫室、車旗、衣服之等，皆不得僭也。云禄，若今月奉也者，古者禄皆月別給之，漢之月奉亦月給之，故云若今月奉也。云位，爵次也者，言朝位者，皆依爵之尊卑爲次，則經云位據立，故云爵次也。云賦，口率出泉也者，下文九職、九賦，職賦相繼而言，故知賦即九賦，口率出泉也。云貢，功也，九職之功者，亦約下文言。九賦上言九職，九職任之，九賦斂之，是以《大府》云九賦、九功。九功即九職之功，故鄭於此以貢爲功，是九職之功出税也。云禮俗，昏姻喪紀者，《曲禮》云：君子行禮，不求變俗。若不醴，醮用酒，是其一隅也。云鄭司農云，士謂學士者，經云禄位以馭其士，使進受禄位，故知士，學士也。

《周禮注疏》卷三《天官冢宰·小宰》小宰之職，掌建邦之宫刑，以治王宫之政令，凡宫之糾禁。掌邦之六典、八灋、八則之貳，以逆邦國、都鄙、官府之治。逆，迎受之。鄭司農云：貳，副也。執邦之九貢、九賦、九式之貳，以均財節邦用。

疏：釋曰：此三者，並大宰所掌者，以其冢宰制國用，九貢、九賦斂財賄，九式用之事之大者，故小宰副貳之。然大宰有九職，小宰不貳之

者，以其九職云任萬民，《小宰》若云貳，謂任使亦貳之，故不言。其實九職任之，使之出貢，用之，則小宰亦貳之，九貢中兼之矣。以其九職亦有九貢故也。以均財節邦用者，以九式並舊有法式多，少不得增減，故云均節也。

以官府之六叙正羣吏：一曰以叙正其位，二曰以叙進其治，三曰以叙作其事，四曰以叙制其食，五曰以叙受其會，六曰以叙聽其情。叙，秩次也，謂先尊後卑也。治，功狀也。食，禄之多少。情，争訟之辭。争，争鬭之争。

疏：四曰以叙制其食者，謂制禄依爵命授之，亦先尊後卑也。五曰以叙受其會者，謂歲終進會計文書，受之，亦先尊後卑也。

《周禮注疏》卷三《天官冢宰・小宰》 以官府之六聯合邦治：一曰祭祀之聯事，二曰賓客之聯事，三曰喪荒之聯事，四曰軍旅之聯事，五曰田役之聯事，六曰斂弛之聯事。凡小事皆有聯。鄭司農云：大祭祀，大宰贊玉幣，司徒奉牛牲，宗伯視滌濯、涖玉鬯，省牲鑊，奉玉齍，司馬羞魚牲、奉馬牲，司寇奉明水火；大喪，大宰贊贈玉、含玉，司徒帥六鄉之衆庶屬其六紼，宗伯爲上相，司馬平士大夫，司寇前王，此所謂官聯。杜子春引讀爲施。玄謂荒政弛力役，及國中貴者、賢者、服公事者、老者、疾者皆舍，不以力役之事。奉牲者，其司空奉豕與。

疏：六曰斂弛之聯事者，並大宰任九職、九貢、九賦，司徒制貢，小司徒令貢賦，若通數小官，則多矣。云凡小事皆有聯者，謂《司關》云掌國貨之節，以聯門市之類是也。

《周禮注疏》卷三《天官冢宰・小宰》 釋曰：司農雖解祭祀及大喪二事，皆不言司空，司空亡故也。大祭祀，唯大宰尊，不奉牲，宗伯不言奉雞，司馬直言奉馬，不兼言奉羊，司寇不言奉犬，皆略不言可知。杜子春引讀爲施者，若依施，施是施惠，事不必連若，爲弛則，則於事廣矣。故後鄭不從之。玄謂荒政弛力役者，此經二曰喪荒，荒謂年穀不熟。《大司徒》有荒政十二，其中四曰弛力。弛力役謂《廩人》歲不能人二釜，則令移民就穀，是時弛力役也。《鄉大夫》云國中貴者，謂有官爵者；賢者，謂有德行者；服公事者，謂若庶人在官者；老，謂國中六十者；疾者，謂癈疾不堪役者；皆舍，不以力役之事也。

《周禮注疏》卷三《天官冢宰・小宰》 以官府之八成經邦治：一曰聽政役以比居，二曰聽師田以簡稽，三曰聽閭里以版圖，四曰聽稱責以傅別，五曰聽禄位以禮命，六曰聽取予以書契，七曰聽賣買以質劑，八曰聽出入以要會。鄭司農云：政謂軍政也。役謂發兵起徒役也。比居謂伍藉也。比地爲伍，因内政寄軍令，以伍藉發軍起役者，平而無遺脱也。簡稽士卒、兵器、簿書。簡猶閲也。稽猶計也，合也。合計其士之卒伍，閲其兵器，爲之要簿也。故《遂人職》曰稽其人民，簡其兵器。《國語》曰：黄池之會，吴陳其兵，皆官師擁鐸拱稽。版，户藉。圖，地圖也。聽人訟地者，以版圖決之。《司書職》曰邦中之版，土地之圖。稱責，謂貸予。傅別，謂券書也。聽訟責者，以券書決之。傅，傅著約束於文書。別，別爲兩，兩家各得一也。禮命，謂九賜也。書契，符書也。質劑，謂市中平賈，今時月平是也。要會，謂計最之簿書，月計曰要，歲計曰會，故《宰夫職》曰歲終，則令羣吏正歲會；月終，則令正月要。傅別，故書作傅辨，鄭大夫讀爲符別，杜子春讀爲傅別。玄謂政謂賦也。凡其字或作政，或作正，或作征，以多言之宜從征，如《孟子》交征利云。傅別，謂爲大手書於一札，中字別之。書契，謂出予受入之凡要。凡簿書之最目，獄訟之要辭，皆曰契。《春秋傳》曰王叔氏不能舉其契。質劑，謂兩書一札，同而別之，長曰質，短曰劑。傅別質劑，皆今之券書也，事異，異其名耳。禮命，禮之九命之差等。

疏：釋曰：以官府之中有八事，皆是舊法成事品式，依時而行之，將此八者，經紀國之治政，故云經邦治也。一曰聽政役以比居者，八事皆聽者，舊事争訟當斷之也。政謂賦税，役謂使役，民有争賦税使役，則以地比居者共聽之。二曰聽師田以簡稽者，稽，計也。簡，閲也。謂師出征伐及田獵，恐有違法，則當閲其兵器與人，並筭足否。三曰聽閭里以版圖者，在六鄉則二十五家爲閭，在六遂則二十五家爲里。閭里之中有争訟，則以户籍之版、土地之圖聽決之。四曰聽稱責以傅別者，稱責，謂舉責生子，彼此俱爲稱意，故爲稱責，於官於民，俱是稱也。争此責者，則以傅別券書決之。五曰聽禄位以禮命者，謂聽時以禮命之其人策書之本，有人争禄之多少，位之前後，則以禮命文書聽之也。六曰聽取予以書契者，此謂於官直貸不出子者，故云取予。若争此取予者，則以書契券書聽之。七曰聽賣買以質劑者，質劑謂券書。有人争市事者，則以質劑聽之。八曰聽出入以要會者，歲計曰會，月計曰要。此出入者，正是官内自用物。有人争此官物者，則以要會簿書聽之。

（宋）吕祖謙《歷代制度詳説》卷三《賦役・制度》 口賦：《太

宰》以九賦斂財賄，一曰邦中之賦，二曰四郊之賦，三曰邦甸之賦，四曰家削之賦，五曰邦縣之賦，六曰邦都之賦，七曰關市之賦，八曰山澤之賦，九曰幣餘之賦。《天官》財，泉穀也。賦，口率出泉也。今之算泉，民或謂之賦。鄉大夫以歲時登其夫家之衆寡，辨其可任者，國中自七尺以及六十，野自六尺以及六十有五，皆征之。《遂師》之職亦云以征其財征，皆謂此賦也。邦中，在城郭者。四郊去國百里，邦甸二百里，家削三百里，邦縣四百里，邦都五百里。此平民也。關市、山澤謂占會百物，幣餘謂占賣國中之斥幣，皆末作當增賦者，若今賈人倍筭矣。自邦中以至幣餘，各入其所有穀物，以當賦泉之數。每處爲一書，所待異也。

（宋）王應麟《玉海》卷一八二《食貨・漕運》　三代之前，漕運之法不備。《禹貢》州末繫河，先儒以爲運道至於青達濟、揚達泗、荆止於南河、雍止於西河。此正裴耀卿節級轉輸之法。先王賦藏天下自都達境。《周禮・遺人》凡師役掌道路之委積。《委人》軍旅共委積薪芻。積倉于豳，峙糧于申，會蒐之備，取于衛而無轉輸之勞。唯職内待邦之移用，注謂轉運。《均人》掌牛馬車輦力政，注以爲轉委積之屬。《黍苗》詩曰我任我輦，我車我牛。箋云：召伯營謝轉餫之役。《廩人》有師役之事治其糧食，注有行道止居之異，而他未之見。秦輸粟于晉，自雍及絳，曰汎舟之役。從渭水運入河汾。吴城邗溝通江淮，於邗江築城穿溝，東北通射陽湖，西北至末口入淮，通糧道也。齊師之出，陳鄭共糧。晉軍楚地，食其館穀。荀首如齊，宣伯餫之。晏子對齊，景公謂師行而糧食，勞者弗息。蘇秦曰：秦攻楚則韓絶其糧道。張儀曰：秦西有巴蜀，方船積粟起於汶山，循江而下，至郢三千餘里。舫江載卒，一舫載五千人與三月之糧，下水而浮，一日行三百餘里。

秦漢而下，漕法始詳。秦章邯築甬道而輸粟，趙充國奏大司農所轉穀至者足支萬人一歲食，傾不虞之用，以贍一隅。後將軍征西羌，張敞言隴西以北、安定以西，吏民並給轉輸，田事頗廢。永光二年秋，馮奉世擊羌，對善用兵者，役不再興，糧不三載，往者再三發輔，曠日煩費。于定國云前擊朱厓，卒士轉輸，費用三萬萬餘。建始四年，河決，遣謁者二人發河南以東漕船五百艘，徙民避水。《溝洫志》。

（宋）王應麟《玉海》卷一八五《食貨・會計・禹會計》　《史記》禹會諸侯江南計功，命曰會稽。會計也。《張衡傳》注：《吴越春秋》曰禹登茅山，大會計理國之道，更名其山曰會稽。

（宋）王應麟《玉海》卷一八五《食貨・會計・周司會》　《禮》天官司會，中大夫二人，下大夫四人，上士八人，中士十六人。注：計官之長若今尚書。

掌典法則書契版圖之貳聽其會計，以參互攷日成，謂司書之要貳與職内之入職歲之出。以月要攷月成，以歲會攷歲成。

司書上士二人，中士四人。凡上之用，財用必攷于司會。三歲大計，羣吏之治事成則入要貳。

職歲掌賦出以待會計而攷之，以式法贊逆會。注，助司會鉤攷羣吏之計。

職幣以式法贊會事，太宰歲終令百官各正其治，受其會。

《小宰》六叙，五曰以叙受其會。《八成》八曰聽出入以要會，月終受羣吏之要。主每月之小計。

贊冢宰受歲會，歲終令羣吏致事。齎歲盡文書，若今上計。

《宰夫》八職，一曰正掌官法以治要。若歲計也。二曰師掌官成以治凡。若月計也。三曰司掌官法以治目。若今日計也。歲終令羣吏正歲會，月終正月要，旬終正日成。

宫正月終會稍食，歲終會行事。

膳夫、外府、司裘、庖人、掌皮、典絲、典枲，歲終則會。

大府歲終會貨賄入出。

酒正日入其成，月入其要，小宰聽之，歲終則會。

内宰歲終則會稍食，會内宫之財用。《天官》言歲終則會者凡十一，唯王及后、世子之膳禽，王及后之飲酒，服王之裘與皮事不會。《王制》司會以歲之成質于天子，冢宰齊戒受質。

大司徒以土會之法辨五地物生。以土計貢税之法。

小司徒歲終攷屬官之治成而誅賞。治事之計。令羣吏正要會而致事。

鄉大夫歲終令六鄉之吏會政致事。

州長、黨正、族師、遂大夫、鄙師，歲終會政。

縣正既役，則稽功會事而誅賞。

泉府歲終會其出入而納其餘。

舍人歲終會計其政。

巾車歲終則會車之出入。

占人歲終則計其占之中否。

大司馬受其要。

大司寇盟書，司會受其貳藏之。

小司寇命其屬入會。

司民民數，司會貳之。

士師歲終則令正要會。司馬於要則受之，士師於要則任之。

《管子》曰：歲一言者，君也。時省者，相也。月稽者，官也。

易氏曰：冢宰，天官之長也。歲終受歲會，而無月要之文。小宰，天官之貳也。月終受月要，而無日成之文。宰夫，天官之攷也。旬終正日成，而無參互之文。三官各舉其一，而司會乃攷其全，會之欲其詳也。歲會以統月要，月要以統日成。

日有成日攷之也，宰夫受之。月有要月攷之也，宰夫令之而小宰受之。歲有會歲攷之也，小宰贊之而大宰受之。考績設官，其序如此。

尊者總其綱，卑者舉其目。

（宋）王應麟《玉海》卷一八五《食貨·會計·周九式》 《禮》

太宰以九式均節財用，祭祀、賓客、喪荒、羞服、工事、幣帛、芻秣、匪頒、好用注，式謂用財之節度。

小宰執九式之貳以均財節邦用。

司會以九式之法均節財用。

司書掌九職、九正、九事，以周知入出百物，叙其財，受其幣，注九事謂九式，鉤考財幣所給及其餘見爲之簿書，疏九式言用財九事所爲之事，其理一也。

宰夫以式法掌祭祀之戒，具薦羞。

酒正以式法授酒材，以酒式誅賞。

大府凡頒財以式法授之。注此九賦之財給九式者。

凡式貢之餘財以共玩好之用，注謂先給九式及弔用足府庫而有餘財乃可以共玩好。

職幣以式法斂幣。

職歲以式法出財。

掌皮以式法頒皮革。

委人以式法共祭祀之薪蒸木材，注故事之多少也。

廩人掌九穀之數以待國之匪頒賙賜稍食，注賙賜謂王所賜予給好用之式。

舍人以法掌其出入歲終會計其政。

典婦功常婦式之法，注法其用財舊數。

（宋）王應麟《玉海》卷一八五《食貨·會計·周計簿》 《禮》

大司徒歲終則令教官正治而致事，注上其計簿。

士師歲終則令正要會，注定計簿。

小司徒大比則受邦國之比要，注要謂其簿。

天府治中，注謂其簿書之要。《天官》司書受其幣，職內執其總，皆簿書也。

小宰八成聽師田以簡稽，聽出入以要會，注稽猶計也，計其士之卒伍，閱其兵器，爲之要簿。要會謂計最之簿書。月計曰要，歲計曰會。疏云計吏其使人，計簿其文書也。

《魯語》收攟而烝納要也，注因祭社以納五穀之要。

秦漢分部

綜述

《史記》卷五六《陳丞相世家》　居頃之，孝文皇帝既益明習國家事，朝而問右丞相勃曰：天下一歲決獄幾何。勃謝曰：不知。問：天下一歲錢穀出入幾何。勃又謝不知，汗出沾背，愧不能對。於是上亦問左丞相平。平曰：有主者。上曰：主者謂誰。平曰：陛下郎問決獄，責廷尉；問錢穀，責治粟内史。

《史記》卷一一《孝景本紀》〔中六年四月〕更命廷尉爲大理，將作少府爲將作大匠，主爵中尉爲都尉，長信詹事爲長信少府，將行爲大長秋，大行爲行人，奉常爲太常，典客爲大行，治粟内史爲大農。裴駰集解引《漢書·百官表》曰：治粟内史，秦官，掌穀貨也。以大内爲二千石，裴駰集解引韋昭曰：大内，京師府藏。置左右内官，屬大内。司馬貞索隱：主天子之私財物曰少内。少内屬大内也。

《漢書》卷一九上《百官公卿表上》　治粟内史，秦官，掌穀貨，有兩丞。景帝後元年更名大農令，武帝太初元年更名大司農。屬官有太倉、均輸、平準、都内、籍田五令丞，顔師古注引孟康曰：均輸，謂諸當所有輸於官者，皆令輸其地土所饒，平其所在時賈，官更於佗處賣之，輸者既便，而官有利也。斡官、鐵市兩長丞。顔師古注引如淳曰：斡音筦，或作幹。斡，主也，主均輸之事，所謂斡鹽鐵而榷酒酤也。晋灼曰：此竹箭幹之官長也。均輸自有令。師古曰：如説近是也。縱作幹讀，當以幹持財貨之事耳，非謂箭幹也。又郡國諸倉農監、都水六十五官長丞皆屬焉。騪粟都尉，顔師古注引服虔曰：騪音搜狩之搜。搜，索也。武帝軍官，不常置。王莽改大司農曰羲和，後更爲納言。初，斡官屬少府，中屬主爵，後屬大司農。

《漢書》卷一九上《百官公卿表上》　將作少府，秦官，掌治宫室，有兩丞、左右中候。景帝中六年更名將作大匠。屬官有石庫、東園主章、左右前後中校七令丞，顔師古注引如淳曰：章謂大材也。舊將作大匠主材吏名章曹掾。師古曰：今所謂木鍾者，蓋章聲之轉耳。東園主章掌大材，以供東園大匠也。又主章長丞。師古曰：掌凡大木也。武帝太初元年更名東園主章爲木工。成帝陽朔三年省中候及左右前後中校五丞。

《漢書》卷七七《毋將隆傳》　哀帝即位，以高第入爲京兆尹，遷執金吾。時侍中董賢方貴，上使中黄門發武庫兵，前後十輩，送董賢及上乳母王阿舍。隆奏言：武庫兵器，天下公用，國家武備，繕治造作，皆度大司農錢。顔師古注引蘇林曰：用度皆出大司農。大司農錢自乘輿不以給共養，共養勞賜，壹出少府。蓋不以本臧給末用，不以民力共浮費，師古曰：共讀曰供。别公私，示正路也。古者諸侯方伯得顓征伐，乃賜斧鉞。漢家邊吏，職在距寇，亦賜武庫兵，皆任其事然後蒙之。春秋之誼，家不臧甲，所以抑臣威，損私力也。今賢等便僻弄臣，私恩微妾，而以天下公用給其私門，契國威器共其家備。民力分於弄臣，武兵設於微妾，建立非宜，以廣驕僭，非所以示四方也。孔子曰：奚取於三家之堂。臣請收還武庫。上不説。師古曰：説讀曰悦。

《漢書》卷九九中《王莽傳中》〔天鳳二年〕莽自見前顓權以得漢政，故務自攬衆事，有司受成苟免。師古曰：莽事事自決，成熟乃以付吏，吏苟免罪責而已。諸寶物名、帑藏、錢穀官，皆宦者領之；吏民上封事書，宦官左右開發，尚書不得知。

《後漢書》志二六《百官志》　大司農，卿一人，中二千石。本注曰：掌諸錢穀金帛諸貨幣。郡國四時上月旦見錢穀簿，其逋未畢，各具别之。邊郡諸官請調度者，皆爲報給，損多益寡，取相給足。李賢注引《漢(書)〔官〕》曰：員吏百六十四人，其十八人四科，九人斗食，十六人二百石，文學二十人百石，二十五人佐，七十五人學事，一人官醫。丞一人，比千石。部丞一人，六百石。本注曰：部丞主帑藏。李賢注引《古今注》曰：建初七年七月，爲大司農置丞一人，秩千石，别主帑藏，則部丞應是而秩不同。應劭《漢官秩》亦云二千石。

太倉令一人，六百石。本注曰：主受郡國傳漕穀。李賢注引《漢官》曰：員吏九十九人。丞一人。

平準令一人，六百石。本注曰：掌知物賈，主練染，作采色。李賢注

引《漢官》曰：員吏百九十人。丞一人。

導官令一人，六百石。本注曰：主舂御米，及作乾糒。導，擇也。李賢注引《漢官》曰：員吏百一十二人。丞一人。

右屬大司農。本注曰：郡國鹽官、鐵官本屬司農，中興皆屬郡縣。李賢注引《魏志》曰：曹公置典農中郎將，秩二千石。典農都尉，秩六百石，或四百石。典農校尉，秩比二千石。所主如中郎。部分别而少，爲校尉丞。又有廪犧令，六百石，掌祭祀犧牲鴈鶩之屬。李賢注引《漢官》曰：丞一人，三百石。員吏四十人，其十一人斗食，十七人佐，七人學事，五人守學事，皆河南屬縣給吏者。及雒陽市長、李賢注引《漢官》曰：市長一人，秩四百石。丞一人，二百石，明法補。員吏三十六人，十三人百石嗇夫，十一人斗食，十二人佐。又有槩櫂丞，三百石，别治中水官，主水渠，在馬市東，有員吏六人。滎陽敖倉官，中興皆屬河南尹。餘均輸等皆省。李賢注：均輸者，《前書》孟康注曰：謂諸當所有輸於官者，皆令輸其土地所饒，平其所在時賈，官更於他處賣之。輸者既便，而官有利。《鹽鐵論》：大夫曰：往者郡國諸侯，各以其物貢輸，往來煩雜，物多苦惡，或不償其費，故郡置輸官以相給運，而便遠方之貢，故曰均輸。開委府于京師，以籠貨物，賤則買，貴則賣，是以縣官不失實，商賈無所利，故曰平準。準平則民不失職，均輸則民不劬勞，故平準、均輸，所以平萬物而便百姓也。文學曰：古之賦稅於民也，因其所工，不求所拙。農人納其穫，工女效其織。今釋其所有，責其所無，百姓賤賣貨物以便上求。閒者郡國或令民作布絮，吏留難與之爲市。吏之所入非獨齊、陶之縑，蜀、漢之布也，亦民閒之所爲耳。行姦賣平，農民重苦，必苦女工藕稅，未見輸之均也。縣官猥發，闔門擅市，即萬民並收。並收則物騰躍，騰躍則商賈利。自市則吏容姦，豪吏富商，積貨儲物，以待其急，輕賈姦吏，收以取貴，未見準之平也。蓋古之均輸，所以齊勞逸而便貢輸，非以爲利而賈萬物也。王隆《小學・漢官篇》曰：調均報度，輸漕委輸。胡廣注曰：邊郡諸官請調者，皆爲調均報給之也。以水通輸曰漕。委，積也。郡國所積聚金帛貨賄，隨時輸送諸司農，曰委輸，以供國用。《前書》又有都内籍田令、丞，斡官、鐵市兩長、丞，郡國諸倉農監六十五官長、丞，皆屬之。

《後漢書》志二七《百官志》 武庫令一人，六百石。本注曰：主兵器。丞一人。

《後漢書》志二七《百官志》 將作大匠一人，二千石。李賢注引蔡質《漢儀》曰：位次河南尹，光武中元二年省，謁者領之，章帝建初元年復置。本注曰：承秦，曰將作少府，景帝改爲將作大匠。掌修作宗廟、路寢、宮室、陵園木土之功，并樹桐梓之類列于道側。李賢注引《漢官篇》曰：樹栗、漆、梓、桐，胡廣曰：古者列樹以表道，並以爲林囿。四者皆木名，治宮室並主之。《毛詩傳》曰：椅，梓屬也。陸（機）〔璣〕《草木疏》曰：梓實桐皮曰椅，今民云梧桐是也。梓，今人所謂梓楸者是也。丞一人，六百石。

左校令一人，六百石。本注曰：掌左工徒。丞一人。安帝復也。

右校令一人，六百石。本注曰：掌右工徒。丞一人。安帝復也。

右屬將作大匠。李賢注引《前書》曰屬官又有左、右中候，（右）〔石〕庫、東園主章、左右前後中校七令丞，成帝省。

《後漢書》志二八《百官志》 每縣、邑、道，大者置令一人，千石；其次置長，四百石；小者置長，三百石；侯國之相，秩次亦如之。李賢注引應劭《漢官》曰：《前書・百官表》云，萬户以上爲令，萬户以下爲長。三邊始孝武皇帝所開，縣户數百而或爲令。荊揚江南七郡，唯有臨湘、南昌、吴三令爾。及南陽穰中，土沃民稠，四五萬户而爲長。桓帝時，以（江）〔汝〕南陽安爲女公主邑，改號爲令，主薨復其故。若此爲繫其本。俗説令長以水土爲之，及秩高下，皆無明文。班固通儒，述一代之書，斯近其真。本注曰：皆掌治民，顯善勸義，禁姦罰惡，理訟平賊，恤民時務，秋冬集課，上計於所屬郡國。李賢注引胡廣曰：秋冬歲盡，各計縣户口墾田，錢穀入出，盜賊多少，上其集簿。丞尉以下，歲詣郡，課校其功。功多尤爲最者，於廷尉勞勉之，以勸其後。負多尤爲殿者，於後曹别責，以糾怠慢也。諸對辭窮尤困，收主者，掾史關白太守，使取法。丞尉縛責，以明下轉相督敕，爲民除害也。明帝詔書不得僇辱黄綬，以别小人吏也。

《後漢書》志二八《百官志》 鄉置有秩、三老、游徼。本注曰：有秩，郡所署，秩百石，李賢注引《風俗通》曰：嗇者，省也。夫，賦也。言消息百姓，均其役賦。掌一鄉人；其鄉小者，縣置嗇夫一人。皆主知民善惡，爲役先後，知民貧富，爲賦多少，平其差品。

又其郡有鹽官、鐵官、工官、都水官者，隨事廣狹置令、長及丞，秩次皆如縣、道，無分士，給均本吏。本注曰：凡郡縣出鹽多者置鹽官，主鹽稅。出鐵多者置鐵官，主鼓鑄。有工多者置工官，主工稅物。有水池及魚利多者置水官，主平水收漁稅。在所諸縣均差吏更給之，置吏隨事，不具縣員。

（宋）王應麟《玉海》卷一八五《食貨・會計・漢甘泉明堂受計》

《帝紀》：武帝元光五年八月，詔吏民有明世務習聖術者，令與計偕。師

古注：計者，上計簿使也。郡國每歲遣詣京師上之。

元封五年三月，至泰山。甲子，祠高祖明堂，因朝諸侯王、列侯，受郡國計。太初元年祠后土，春還受計于甘泉。注：受郡國所上計簿，若今之諸州計帳。

天漢三年三月，會泰山，祀明堂，因受計。太始四年三月，會泰山。壬午，祀明堂，因受計。武帝一受計于帝都，三受計于方嶽。

宣帝黄龍元年二月，詔曰：方今天下少事而民多貧，盗賊不止，其咎安在，上計簿具文而已。御史察計簿疑非實者，按之。

《列傳》：張蒼高祖六年爲計相，後更以列侯主計。蒼自秦時爲柱下御史，明習天下圖書計籍，令以列侯居相府，領主郡國上計者。

石慶元封四年上報曰：間者河水滔陸，惟吏多私征求無已，故爲流民法以禁重賦，今流民愈多，計文不改。

司馬談爲太史公，注如淳曰：《漢儀》注：天下計書先上太史公，副上丞相云。

嚴助爲會稽太守，上書願奉三年計最。注：如淳曰：舊法當使丞奉歲計，今助自欲入奉之。晋灼曰：最，凡要也。

朱買臣随上計吏詣闕上書，注：郡國丞、長吏，與計吏俱送計也。

貢禹言：武帝時，郡國擇便巧史書習於計簿、能欺上府者，以爲若職。

匡衡封僮之安樂鄉。屬臨淮郡。

建始元年，郡乃定國界，上計簿更定圖，言丞相府集曹掾陸賜以爲舉計，令郡實之。師古注：舉發上計之簿。

司隸校尉駿奏：衡位三公，輔國政，領計簿，知郡實，正國界，計簿已定而背法制，專地以自益，賜猥舉郡計亂減縣界附益大臣。

文翁爲蜀守，選小吏遣受業博士省少府用度，買刀布蜀物賫，計吏以遺博士。《循吏》。

王成爲膠東相，卒官後，詔使丞相御史同郡國上計長吏、守丞以政令得失，或對言前膠東相成僞自增加，以蒙顯賞。

黄霸爲丞相，張敞奏霸曰：丞相請與中二千石博士雜問郡國上計長吏、守丞，爲民興利除害，成大化。條其對。有耕者讓畔，男女異路，道不拾遺，及舉孝子正婦者。臣恐各爲私教，澆淳散樸，有名亡實，宜令貴臣明飭長吏、守丞，天子使侍中臨飭上計吏，如敞指意。

《後·光武紀》：建武十四年夏四月，越嶲人任貴自稱太守遣使奉計。注：若今計帳。傳云長貴遣使上三年計。

《張堪傳》：光武召見諸郡計吏，問風土及前後守令能否，蜀郡計掾樊顯進曰：張堪昔在蜀，仁以惠下云云。拜顯魚復長。

《周禮》疏：漢時八月案比而造籍書，周以三年大比，未知定用何月。

（宋）王應麟《玉海》卷一八五《食貨·會計·漢上計律》 《周禮·典路》鄭注云：漢朝上計律，陳屬車於庭。疏云：漢朝集使上計會之法。

小宰歲終令羣吏致事注云：若今上計也。

衛宏《漢舊儀》朝會上計律常以正月旦受羣臣朝賀，天下郡國奉計最貢獻。歲終遣吏上計，正月旦天子幸德陽殿臨軒受賀，而計吏皆在列。

《表》：元狩二年上谷太守郝賢坐計謾免。師古曰：計簿欺謾。

《説苑》晏子治東阿三年，明上計。

《新序》魏文侯東陽上計錢布十倍。

《左傳》臧會爲賈正計於季氏。注：逸計簿。

齊五官之計。

秦昭王拜王稽河東守，三歲不上計。漢郡守上計，蓋秦制也。

（宋）王應麟《玉海》卷一八五《食貨·會計·漢郡國上計》 《後·百官志》：大鴻臚郡國上計屬焉，刺史初歲盡詣京都奏事，中興但因計吏。郡國常以春行縣勸民農桑，振救乏絶。秋冬遣無害吏案訊諸囚，平其罪法，論課殿最。歲盡遣吏上計。注：盧植禮注曰：計斷九月，因秦以十月爲正故。令長秋冬集課上計於所屬郡國。胡廣曰：秋冬歲盡，各計縣户口墾田錢穀入出，盗賊多少，上其集簿。丞尉以下歲詣郡課校最殿。《百官志》注又載：《漢舊儀》曰元壽二年以丞相爲大司徒，郡國守長吏上計事竟，遣公出庭，上親問百姓所疾苦記室掾史一人大音讀敕曰云云。

和紀永元十四年初復郡國上計補郎官。注：舊制，使郡丞奉歲計。

《列傳》：陸康守廬江遣計吏奉貢。

度尚爲郡上計吏拜郎中。

罷參以被奏稱疾不得會上計掾，廣漢、段恭因會上疏。

楊秉桓帝時郡國計吏多留拜爲郎秉上言計吏無復留拜者。

皇甫規舉上計掾。

公孫瓚舉上計吏。

趙壹光和元年舉郡上計到京師，時司徒袁逢受計，計吏數百人皆拜伏庭中，莫敢仰視，壹獨長揖，逢延置上坐，因問西方事。

劉翊舉上計掾。

建安中，劉劭爲計吏詣許。

巴郡板楯叛，問益州計吏考以征討方畧，漢中上計程包對。云云。《南蠻》。

建武十四年卭穀王長貴。光武紀作任貴。遣使上三年計授越嶲太守。《西南夷》。

《三輔決録》注：竇叔高以明經爲郡上計吏，朝會數百人云。

《周禮》注若今計文書斷於九月。《小行人》注。今時詔書或曰齎計吏。《掌皮》注。疏云：漢時考使謂之計吏。疏：漢之朝集使謂之上計吏，上一年計會文書及功狀。小宰疏。【略】

《左傳》戎朝于周，發幣于公卿。注：如今計獻詣公府卿寺。疏曰：晉時諸州年終遣會計之吏獻物於天子。

（宋）王應麟《玉海》卷一八五《食貨·會計·漢郡國錢穀簿》

《後志》：大司農郡國四時上月旦見錢穀簿。

《陳平傳》：文帝朝而問右丞相勃天下錢穀一歲出入幾何，勃謝不知，左丞相平曰問錢穀責治粟内史。

《黄霸傳》：領郡錢穀計簿書正，以廉稱。

《周禮》注：禄田亦有給公家之賦貢，若今時侯國有司農少府錢穀。《司勳》注。

公侯伯子男必足其國禮俗祭祀之用乃貢，其餘若今度支經用，餘爲司農穀矣。《大司徒》注。

桓譚《新論》：漢百姓賦斂一歲爲四十餘萬萬，吏俸用其半，餘二十萬萬藏於都内爲禁錢。少府所領園地作務八十三萬萬，以給宮室供養諸賞賜。

魏晉南北朝分部

綜　述

《三國志》卷四《魏志・陳留王奂傳》〔咸熙元年〕是歲，罷屯田官以均政役，諸典農皆爲太守，都尉皆爲令長。

《三國志》卷九《魏志・曹爽傳》　桓範字元則，世爲冠族。【略】正始中拜大司農。範前在臺閣，號爲曉事，及爲司農，又以清省稱。【略】及宣王起兵，閉城門，以範爲曉事，乃指召之，欲使領中領軍。範欲應召，而其子諫之，以車駕在外，不如南出。範疑有頃，兒又促之。範欲去而司農丞吏皆止範。範不從，乃突出至平昌城門，城門已閉。門候司蕃，故範舉吏也，範呼之，舉手中版以示之，矯曰：有詔召我，卿促開門。蕃欲求見詔書，範呵之，言卿非我故吏邪，何以敢爾。乃開之。範出城，顧謂蕃曰：太傅圖逆，卿從我去。蕃徒行不能及，遂避側。範南見爽，勸爽兄弟以天子詣許昌，徵四方以自輔。爽疑，羲又無言。範自謂羲曰：事昭然，卿用讀書何爲邪。於今日卿等門户倒矣。俱不言。範又謂羲曰：卿別營近在闕南，洛陽典農治在城外，呼召如意。今詣許昌，不過中宿，許昌別庫，足相被假；所憂當在穀食，而大司農印章在我身。羲兄弟默然不從。

《三國志》卷六四《吴志・諸葛恪傳》　恪之才捷，皆此類也。權甚異之，欲試以事，令守節度。節度掌軍糧穀，文書繁猥，非其好也。裴松之注引《江表傳》曰：權爲吴王，初置節度官，使典掌軍糧，非漢制也。初用侍中偏將軍徐詳，詳死，將用恪。諸葛亮聞恪代詳，書與陸遜曰：家兄年老，而恪性疎，今使典主糧穀，糧穀軍之要最，僕雖在遠，竊用不安。足下特爲啓至尊轉之。遜以白權，即轉恪領兵。

《晉書》卷一《宣帝紀》〔黄初〕五年，天子南巡，觀兵吴疆。帝留鎮許昌，改封向鄉侯，轉撫軍、假節，領兵五千，加給事中、録尚書事。

《晉書》卷一《宣帝紀》　六年，天子復大興舟師征吴，復命帝居守，内鎮百姓，外供軍資。臨行，詔曰：吾深以後事爲念，故以委卿。曹參雖有戰功，而蕭何爲重。使吾無西顧之憂，不亦可乎。

《晉書》卷二四《職官志》　列曹尚書，案尚書本漢承秦置，及武帝游宴後庭，始用宦者主中書，以司馬遷爲之，中間遂罷其官，以爲中書之職。【略】後漢光武以三公曹主歲盡考課諸州郡事，改常侍曹爲吏部曹，主選舉祠祀事，民曹主繕修功作鹽池園苑事，客曹主護駕羌胡朝賀事，二千石曹主辭訟事，中都官曹主水火盜賊事，合爲六曹。并令僕二人，謂之八座。尚書雖有曹名，不以爲號。靈帝以侍中梁鵠爲選部尚書，於此始見曹名。

及魏改選部爲吏部，主選部事，又有左民、客曹、五兵、度支，凡五曹尚書、二僕射、一令爲八座。

及晉置吏部、三公、客曹、駕部、屯田、度支六曹，而無五兵。咸寧二年，省駕部尚書。四年，省一僕射，又置駕部尚書。太康中，有吏部、殿中及五兵、田曹、度支、左民爲六曹尚書，又無駕部、三公、客曹。惠帝世又有右民尚書，止於六曹，不知此時省何曹也。及渡江，有吏部、祠部、五兵、左民、度支五尚書。及魏改選部爲吏部，主選部事，又有左民、客曹、五兵、度支，凡五曹尚書、二僕射、一令爲八座。

及晉置吏部、三公、客曹、駕部、屯田、度支六曹，而無五兵。咸寧二年，省駕部尚書。四年，省一僕射，又置駕部尚書。太康中，有吏部、殿中及五兵、田曹、度支、左民爲六曹尚書，又無駕部、三公、客曹。惠帝世又有右民尚書，止於六曹，不知此時省何曹也。及渡江，有吏部、祠部、五兵、左民、度支五尚書。

《晉書》卷二四《職官志》〔晉尚書〕右丞掌臺内庫藏廬舍，凡諸器用之物，及廩振人租布，刑獄兵器，督録遠道文書章表奏事。

《晉書》卷二四《職官志》　尚書郎，西漢舊置四人，以分掌尚書。其一人主匈奴單于營部，一人主羌夷吏民，一人主户口墾田，一人主財帛委輸。【略】至魏，尚書郎有殿中、吏部、駕部、金部、虞曹、比部、南主客、祠部、度支、庫部、農部、水部、儀曹、三公、倉部、民曹、二千

石、中兵、外兵、都兵、別兵、考功、定課，凡二十三郎。青龍二年，尚書陳矯奏置都官、騎兵，合凡二十五郎。每一郎缺，白試諸孝廉能結文案者五人，謹封奏其姓名以補之。及晉受命，武帝罷農部、定課，置直事、殿中、祠部、儀曹、吏部、三公、比部、金部、倉部、度支、都官、二千石、左民、右民、虞曹、屯田、起部、水部、左右主客、駕部、車部、庫部、左右中兵、左右外兵、別兵、都兵、騎兵、左右士、北主客、南主客，爲三十四曹郎。後又置運曹，凡三十五曹，置郎二十三人，更相統攝。及江左，無直事、右民、屯田、車部、別兵、都兵、騎兵、左右士、運曹十曹郎。康穆以後，又無虞曹、二千石二郎，但有殿中、祠部、吏部、儀曹、三公、比部、金部、倉部、度支、都官、左民、起部、水部、主客、駕部、庫部、中兵、外兵十八曹郎。後又省主客、起部、水部，餘十五曹云。

《晉書》卷二四《職官志》　光禄勳，統武賁中郎將、羽林郎將、冗從僕射、羽林左監、五官左右中郎將、東園匠、太官、御府、守宫、黄門、掖庭、清商、華林園、暴室等令。哀帝興寧二年，省光禄勳，并司徒。孝武寧康元年復置。

衛尉，統武庫、公車、衛士、諸冶等令，左右都候，南北東西督（治）〔冶〕掾。及渡江，省衛尉。

太僕，統典農、典虞都尉，典虞丞，左右中典牧都尉，車府典牧，乘黄廄、驊騮廄、龍馬廄等令。典牧又別置羊牧丞。太僕，自元帝渡江之後或省或置。

《晉書》卷二四《職官志》　大司農，統太倉、籍田、導官三令，襄國都水長，東西南北部護漕掾。及渡江，哀帝省并都水，孝武復置。

少府，統材官校尉，中左右三尚方、中黄左右藏、左校、甄官、平準、奚官等令，左校坊、鄴中黄左右藏、油官等丞。及渡江，哀帝省并丹楊尹，孝武復置。自渡江唯置一尚方，又省御府。

將作大匠，有事則置，無事則罷。

《晉書》卷三四《杜預傳》　是時朝廷皆以預明於籌略，會匈奴帥劉猛舉兵反，自并州西及河東、平陽，詔預以散侯定計省闥，俄拜度支尚書。預乃奏立藉田，建安邊，論處軍國之要。又作人排新器，興常平倉，定穀價，較鹽運，制課調，内以利國外以救邊者五十餘條，皆納焉。

《晉書》卷三七《安平獻王孚傳》　初，魏文帝置度支尚書，專掌軍國支計，朝議以征討未息，動須節量。及明帝嗣位，欲用孚，問左右曰：有兄風不。答云：似兄。天子曰：吾得司馬懿二人，復何憂哉。轉爲度支尚書。

《晉書》卷六八《紀瞻傳》　及帝踐位，拜侍中，轉尚書，上疏諫諍，多所匡益，帝甚嘉其忠烈。會久疾，不堪朝請，上疏曰：【略】臣之職掌，户口租税，國之所重。方今六合波盪，人未安居，始被大化，百度草創，發卒轉運，皆須人力。以臣平強，兼以晨夜，尚不及事，今俟命漏刻，而當久停機職，使王事有廢。若朝廷以之廣恩，則憂責日重；以之序官，則官廢事弊；須臣差，則臣日月衰退。今以天慈，使官曠事滯，臣受偏私之宥，於大望亦有虧損。今萬國革面，賢俊比跡，而當虚停好爵，不以縻賢，以臣穢病之餘，妨官固職，誠非古今黜進之急。惟陛下割不已之仁，賜以敝帷，隕仆之日，得以藉尸；時銓俊乂，使官修事舉，臣免罪戮，死生厚幸。因以疾免。

《晉書》卷九八《桓温傳》　及石季龍死，温欲率衆北征，先上疏求朝廷議水陸之宜，久不報。時知朝廷杖殷浩等以抗己，温甚忿之，然素知浩，弗之憚也。以國無他釁，遂得相持彌年，雖有君臣之跡，亦相羈縻而已，八州士衆資調，殆不爲國家用。

《宋書》卷三九《百官志》　〔晉〕太尉府置掾、屬二十四人，西曹主府史署用事，東曹主二千石長吏遷除事，户曹主民户祠祀農桑事，奏曹主奏議事，辭曹主辭訟事，法曹主郵驛科程事，尉曹主卒徒轉運事，賊曹主盜賊事，決曹主罪法事，兵曹主兵事，金曹主貨幣鹽鐵事，倉曹主倉穀事，黄閤主簿省録衆事。御屬一人，令史二十二人。御屬主爲公御，令史則有閤下、記室、門下令史，其餘史闕。案掾、屬二十四人，自東西曹凡十二曹，然則曹各置掾、屬一人，合二十四人也。

《宋書》卷三九《百官志》　晉元帝爲鎮東大將軍及丞相，置從事中郎，無定員，分掌諸曹，有録事中郎、度支中郎、三兵中郎。其參軍則有諮議參軍二人，主諷議事，晉江左初置，因軍諮祭酒也。宋高祖爲〔相，止置〕諮議參軍，無定員。今諸曹則有録事、記室、户曹、倉曹、中直

兵、外兵、騎兵、長流賊曹、刑獄賊曹、城局賊曹、法曹、田曹、水曹、鎧曹、車曹、士曹、集、右户、墨曹，凡十八曹參軍。參軍不署曹者，無定員。江左初，晉元帝鎮東丞相府有録事、記室、東曹、西曹、度支、户曹、法曹、金曹、倉曹、理曹、中兵、外兵、騎兵、典兵、兵曹、賊曹、運曹、禁防、典賓、鎧曹、田曹、士曹、騎士、車曹參軍。其東曹、西曹、度支、金曹、理曹、典兵、兵曹、賊曹、運曹、禁防、典賓、鎧曹、田曹、士曹、騎士、車曹參軍。其東曹、西曹、度支、金曹、理〔曹〕、典兵、兵曹、賊曹、運曹、禁防、典賓、騎士、車曹凡十三曹，今闕所餘十二曹也。

《宋書》卷三九《百官志》　大司農，一人。丞一人。掌九穀六畜之供膳羞者。舜攝帝位，命棄爲后稷，即其任也。周則爲太府，秦治粟内史，漢景帝後元年，更名大農令，武帝太初元年，更名曰大司農。晉哀帝末，省并都水，孝武世復置。漢世丞二人，魏以來一人。

太倉令，一人。丞一人。秦官也。晉江左以來，又有東倉、石頭倉丞各一人。

《宋書》卷三九《百官志》　左尚方令、丞各一人。右尚方令、丞各一人。並掌造軍器。秦官也，漢因之。於周則爲玉府。晉江右有中尚方、左尚方、右尚方，江左以來，唯一尚方。宋高祖踐阼，以相府〔作〕部配臺，謂之左尚方，而本署謂之右尚方焉。又以相府細作配臺，即其名置令一人，丞二人，隸門下。世祖大明中，改曰御府，置令一人，丞一人。御府，二漢世典官婢作褻衣服補浣之事，魏、晉猶置其職，江左乃省焉。後廢帝初，省御府，置中署，隸右尚方。漢東京太僕屬官有考工令，主兵器弓弩刀鎧之屬，成則傳執金吾入武庫，及〔主〕織綬諸雜工。尚方令唯主作御刀綬劍諸玩好器物而已。然則考工令如今尚方，尚方令如今中署矣。

東冶令，一人。丞一人。南冶令，一人。丞一人。漢有鐵官，晉置令，掌工徒鼓鑄，隸衛尉。江左以來，省衛尉，度隸少府。宋世雖置衛尉，冶隸少府如故。江南諸郡縣有鐵者或置冶令，或置丞，多是吴所置。

《宋書》卷三九《百官志》　將作大匠，一人。丞一人。掌土木之役。秦世置將作少府，漢因之。景帝中六年，更名將作大匠。光武〔建武中元〕二年省，以謁者領之。章帝建初元年復置。晉氏以來，有事則置，無則省。【略】

光武分二千石曹爲二，又分客曹爲南主客曹、北主客曹，改常侍曹爲吏曹，凡六尚書。減二丞，唯置左右二丞而已。應劭《漢官》云：尚書令、左丞，總領綱紀，無所不統。僕射、右丞，掌禀假錢穀。三公尚書二人，掌天下歲盡集課；吏曹掌選舉、齋祠；二千石曹掌水、火、盜賊、詞訟、罪法；客曹掌羌、胡朝會，法駕出，護駕；民曹掌繕治、功作、鹽池、苑囿。吏曹任要，多得超遷。則漢末曹名及職司又與光武時異也。

晉初有吏部、三公、客曹、駕部、屯田、度支六曹尚書。武帝咸寧二年，省駕部尚書，四年又置。太康中，有吏部、殿中、五兵、田曹、度支、左民六尚書。

《宋書》卷三九《百官志》　尚書令，任總機衡；僕射、尚書，分領諸曹。左僕射領殿中、主客二曹；吏部尚書領吏部、删定、三公、比部四曹；祠部尚書領祠部、儀曹二曹；度支尚書領度支、金部、倉部、起部四曹；左民尚書領左民、駕部二曹；都官尚書領都官、水部、庫部、功（部）〔論〕（7）四曹；五兵尚書領中兵、外兵二曹。昔有騎兵、別兵、都兵，故謂之五兵也。五尚書、二僕射、一令，謂之八坐。若營宗廟宮室，則置起部尚書，事畢省。

漢成帝之置四尚書也，無置郎之文。漢儀，尚書郎四人，一人主匈奴單于營部，一人主羌夷吏民，一人主户口墾田，一人主財帛委輸。【略】尚書郎入直，官供青縑白綾被，或以綿緤爲之。給帷帳、氈褥、通中枕，太官供食物，湯官供餅餌及五孰果實之屬，給尚書伯使一人，女侍二人，皆選端正妖麗，執香爐，護衣服，奏事明光殿。殿以胡粉塗壁，畫古賢烈士。以丹朱色地，謂之丹墀。尚書郎口含雞舌香，以其奏事答對，欲使氣息芬芳也。奏事則與黄門侍郎對揖。黄門侍郎稱已聞，乃出。天子所服五時衣以賜尚書令僕，而丞、郎月賜赤管大筆一雙，隃麋墨一丸。

魏世有殿中、吏部、駕部、金部、虞曹、比部、南主客、祠部、度支、庫部、農部、水部、儀曹、三公、倉部、民曹、二千石、中兵、外兵、別兵、都兵、考功、定科，凡二十三郎。青龍二年有軍事，尚書令陳矯奏置都官、騎兵二曹郎，合爲二十五曹。晉西朝則直事、殿中、祠部、

儀曹、吏部、三公、比部、金部、倉部、度支、都官、二千石、左民、右民、虞曹、屯田、起部、水部、左主客、右主客、駕部、車部、庫部、左中兵、右中兵、左外兵、右外兵、別兵、都兵、騎兵、左士、右士、北主客、南主客爲三十四曹郎；後又置運曹，凡三十五曹。晉江左初，無直事、右民、屯田、車部、別兵、都兵、騎兵、左士、右士、運曹十曹郎，而主客、中外兵各置一郎而已，所餘十七曹也。康、穆以來，又無虞曹、二千石二郎，猶有殿中、祠部、吏部、儀曹、三公、比部、金部、倉部、度支、都官、左民、起部、水部、主客、駕部、庫部、中兵、外兵十八曹郎。後又省主客、起部、水部，餘十五曹。宋高祖初，加置騎兵、主客、起部、水部四曹郎，合爲十九曹。太祖元嘉十年，又省儀曹、主客、比部、騎部四曹郎。十一年，又並置。十八年，增删定曹郎，次在左民曹上，蓋魏世之定科郎也。三十年，又置功論郎，次都官之下，在删定之上。太宗世，省騎兵。今凡二十曹郎。以三公、比部主法制。度支主算。支，派也。度，景也。都官主軍事刑獄。其餘曹所掌，各如其名。【略】

《宋書》卷三九《百官志》 武庫令，一人。掌軍器。秦官。至二漢，屬執金吾。晉初罷執金吾，至今隸尚書庫部。

《宋書》卷五一《劉義慶傳》 在京尹九年，出爲使持節、都督荊雍益寧梁南北秦七州諸軍〔事〕、平西將軍、荊州刺史。荊州居上流之重，地廣兵強，資實兵甲，居朝廷之半，故高祖使諸子居之。

（北魏）酈道元《水經注·沁水注》 野王典農中郎將臣孚言：臣被明詔，興河内水利。臣既到，檢行沁水，源出銅鞮山，屈曲周回，水道九百里。自太行以西，王屋以東，層岩高峻，天時霖雨，衆穀走水，小石漂迸，水門朽敗，稻田泛濫，歲功不成。臣輒案行，去堰五裏以外，方石可得數萬餘枚，臣以爲累方石爲門，若天暘旱，增堰進水；若天霖雨，陂澤充溢，則塞防斷水，空渠衍滂，足以成河。雲雨由人，經國之謀。暫勞永逸，聖王所許。願陛下特出臣表，敕大司農府給人工，勿使稽延，以贊時要，臣孚言。

《南齊書》卷一六《百官志》 大司農。

府置丞一人。領官如左：

太倉令一人，丞一人。

導官令一人，丞一人。

藉田令一人，丞一人。

少府。

府置丞一人。領官如左：

左右尚方令各一人，丞一人。

鍛署丞一人。永明三年省，四年復置。

御府令一人，丞一人。

東冶令一人，丞一人。

南冶令一人，丞一人。

平准令一人，丞一人。

上林令一人，丞一人。亦屬尚書殿中曹。

度支尚書。

領度支、金部、倉部、起部四曹。

左民尚書。

領左民、駕部二曹。

都官尚書。

領都官、水部、庫部、功論四曹。

《南齊書》卷一六《百官志》 右丞一人。

掌兵士百工補役死叛考代年老疾病解遣，其内外諸庫藏穀帛，刑辠創業諍訟，田地船乘，稟拘兵工死叛，考剔討補，差分百役，兵器諸營署人領，州郡租布，（人）民户移徙州郡縣併帖，城邑民户割屬，刺史二千石令長〔丞〕尉被收及免贈，文武諸犯削官事。

《南齊書》卷四〇《竟陵文宣王子良傳》 昇明三年，爲使持節、都督會稽東陽臨海永嘉新安五郡、輔國將軍、會稽太守。宋世元嘉中，皆責成郡縣；孝武徵求急速，以郡縣遲緩，始遣臺使，自此公役勞擾。太祖踐阼，子良陳之曰：

前臺使督逋切調，恒聞相望於道。及臣至郡，亦殊不疎。凡此輩使人，既非詳慎懃順，或貪險崎嶇，要求此役。朝辭禁門，情態即異；暮宿村縣，威福便行。但令朱鼓裁完，鈹槊微具，顧眄左右，叱咤自專。擿宗斷族，排輕斥重，脅遏津埭，恐喝傳郵。破崗水逆，商旅半引，逼令到

下，先過己船。浙江風猛，公私畏渡，脱舫在前，驅令俱發。呵蹙行民，固其常理。侮折守宰，出變無窮。既瞻郭望境，便飛下嚴符，但稱行臺，未顯所督。先訶彊寺，却攝羣曹，開亭正□，便振荊革。其次絳標寸紙，一日數至；徵村切里，俄刻十催。四鄉所召，莫辨枉直，孩老士庶，具令付獄。或尺布之逋，曲以當匹；百錢餘稅，且增爲千。或誑應質作尚方，寄繫東冶，萬姓駭迫飫，即許附申〔赦〕格；明日禮輕貨薄，便復不入恩科。筐貢微闕，（總）〔箠〕撻肆情，風塵毀謗，隨忿而發。及其□蒜轉積，鵝栗漸盈，遠則分鬻他境，近則託貿吏民。反請郡邑，助民（由）〔申〕緩，回刺言臺，推信在所。如聞頃者令長守牧，離此每實，非復近歲。愚謂凡諸檢課，宜停遣使，密畿州郡，則指賜敕〔令〕，遥外鎮宰，明下條源，既各奉別旨，人競自罄。雖復臺使盈湊，會取正屬所〔辦〕，徒相疑債，反更淹懈。

凡預衣冠，荷恩盛世，多以闇緩貽僁，少爲欺猾入罪。若類以宰牧乖政，則觸事難委，不容課逋上綱，偏覺非才。但賒促差降，各限一期。如乃事速應緩，自依違糾坐之。坐之〔之〕科，不必須重，但令必行，期在可肅。且兩裝之船，充擬千緒；三坊寡役，呼訂萬計。每一事之發，彌晨方辨，粗計近遠，率遣一部，職散人領，無減二十，舟船所資，皆復稱是。長江萬里，費固倍之。較略一年，脱得省者，息船優役，寔爲不少。兼折姦減竊，遠近暫安。

《南齊書》卷五六《吕文度傳》　時茹法亮掌雜驅使簿，及宣通密敕；吕文顯掌穀帛事；其餘舍人無別任。虎賁中郎將潘敞掌監功作。

《陳書》卷一六《謝岐傳》　高祖引岐參預機密，以爲兼尚書右丞。時軍旅屢興，糧儲多闕，岐所在幹理，深被知遇。永定元年，爲給事黄門侍郎、中書舍人，兼右丞如故。

《陳書》卷二一《蕭引傳》　引性抗直，不事權貴，左右近臣，無所造請，高宗每欲遷用，輒爲用事者所裁。及吕梁覆師，戎儲空匱，乃轉引爲庫部侍郎，掌知營造弓弩矟箭等事。引在職一年，而器械充牣。

《南史》卷四四《巴陵王子倫傳》　先是高帝、武帝爲諸王置典籤帥，一方之事，悉以委之。每至覲接，輒留心顧問，刺史行事之美惡，係於典籤之口，莫不折節推奉，恒慮弗及，於是威行州部，權重蕃君。【略】南海王子罕戍琅邪，欲暫游東堂，典籤姜秀不許而止。還泣謂母曰：兒欲移五步亦不得，與囚何異。秀後輒取子罕屐織飲器等供其兒昏，武帝知之，鞭二百，繫尚方，然而擅命不改。邵陵王子貞嘗求熊白，厨人答典籤不在，不敢與。西陽王子明欲送書參侍讀鮑僎病，典籤吴脩之不許，曰：應諮行事。乃止。言行舉動，不得自專，徵衣求食，必須諮訪。

永明中，巴東王子響殺行事劉寅等，武帝聞之，謂羣臣曰：子響遂反。戴僧静大言曰：諸王都自應反，豈唯巴東。武帝問其故，答曰：天王無罪，而一時被囚，取一挺藕，一杯漿，皆諮籤帥，不在則竟日忍渴。諸州唯聞有籤帥，不聞有刺史。

《南史》卷七七《茹法亮傳》　時有綦母珍之，居舍人之任，凡所論薦，事無不允。內外要職及郡丞尉，皆論價而後施行。貨賄交至，旬月之間，累至千金。帝給珍之宅，宅邊又有空宅，從即併取，輒令材官營作，不關詔旨。材官將軍細作丞相語云：寧拒至尊敕，不可違舍人命。

（宋）王欽若等《册府元龜》卷四五七《臺省部·總序》　〔北齊〕尚書省置令僕射、吏部、殿中、祠部、五兵、都官、度支等六尚書。【略】左丞掌吏部、考功、主爵、殿中、儀曹、三公、祠部、度支、主客、左右中兵、左右外兵、都官二千石、度支左右户十七曹，並彈劾見事。又主管轄臺中有違失者，兼駁之。右丞掌駕部、虞曹、屯田、起部、都兵、比部、水部、膳部、倉部、金部、庫部十一曹，亦管轄臺中。又主凡諸用度雜物、脂燈、筆墨、幃帳，惟不彈糾，餘悉與左同。【略】殿中掌駕行、百官留守名帳、宮殿禁衛、供御衣食等事。【略】駕部掌車輿、牛馬、廐牧等事。祠部統五曹。祠部掌祠祀、醫藥、死喪賜等事。主客掌諸番雜客等事。虞部掌地圖、山川遠近、園囿、田獵諸膳雜味等事。屯田掌籍田、諸州屯田等事。起部掌諸興造工匠等事。【略】度支統六曹。度支掌計會，凡軍國損益事役糧廩等事。倉部掌諸倉帳出入等事。左户掌天下計稼户籍等事。右户掌天下公私田宅、租調等事。金部掌權衡度量、內外諸庫藏、文帳等事。庫部掌凡是械杖器用所需等事。

（宋）李昉等《太平御覽》卷二一七《職官部·度支尚書》　《晋起居注》曰：咸寧五年詔曰：一年不收，使公私俱匱，不唯天時，乃人事有不盡也。故總要者，正在度支尚書也。其以散騎常侍、中書令張華爲度

支尚書。

（宋）王應麟《玉海》卷一八五《食貨·會計·漢郡國上計》 晋武帝泰始五年正月癸巳，申戒郡國計吏、守相、令長務盡地利，禁游食商販。

《王渾傳》：帝訪王渾元會問郡國計吏方俗之宜，渾曰：舊三朝元會計吏詣軒下，侍中讀詔，計吏跪受之。察其答對，以覿計吏人才之實。

【略】

《北史·蘇綽傳》：牧守令長非通六條及計帳者不得居官。

隋唐五代分部

論説

（唐）陸贄《陸宣公文集》卷一八《論宣令除裴延齡度支使狀》

右：緣班宏喪亡，臣今日面取進止，今當此選，總有四人。杜佑、盧徵、李衡、李巽，並曾掌判財賦，各有績用可稱，資望人才，亦堪獎任。聖旨以淮南未可移動，盧徵又近改官，令臣擇一人與江西追取李衡者。

臣以支計之司，當今所切，常須銜制黠吏，不可斯須闕人，待追李衡，數月方到，或恐綱條弛紊，錢物隱欺。李巽近追到城，請授給事中，且令權判，若處理稱職，便除户部侍郎，如材不相當，則待李衡到，別商量處分，既免曠廢於事，又得閱試其能。兩人之中，必有可取。陛下累稱穩便，許依所奏施行。臣又退更詳思，以爲無易於此。

希顔適宣進止，李巽知度支恐未相當，且空與給事中。朕更思量，司農少卿裴延齡，甚公清有才，宜令判度支。便進擬狀來，其李衡亦從追取者。

伏以周制六官，實司理本。冢宰制國用，量入爲出；司徒掌邦賦，敷教恤人。今之度支，兼此二柄。準平萬貨，均節百司，有無懋遷，豐敗相補，利害關黎元之性命，費省繫財物之盈虚。加以饋餉邊軍，資給禁旅，刻丞則生患，寬假則容姦。若非其人，不可輕授。裴延齡僻戾而好動，躁妄而多言，遂非不悛，堅僞無耻，豈獨有識深鄙，兼爲流俗所嗤。頃列班行，已塵清貫，更居要重，必斁大猷。是將取笑四方，貽殃兆庶。尸禄之責，固宜及於微臣；知人之明，亦恐傷於聖鑒。伏願重循前議，俯察愚誠，更於四人之中選擇，取其尤者，庶諧僉屬，不紊朝經。延齡妄誕小人，任之交駭物聽。臣雖熟知不可，猶慮所見未周。趙憬眼疾漸瘳，後日即合假滿，待其朝謁，乞更參詳。去邪勿疑，天下幸甚。謹奏。

（唐）白居易《白居易集》卷五八《奏狀·論和糴狀今年和糴折糴利害事宜》

右，臣伏見有司，以今年豐熟，請令畿内及諸處和糴，令收賤穀，以利農人。以臣所觀，有害無利。何者？凡曰和糴，則官出錢，人出穀，兩和商量，然後交易也。比來和糴，事則不然：但令府縣散配户人，促立程限，嚴加徵催；苟有稽遲，則被追捉，迫蹙鞭撻，甚於税賦。號爲和糴，其實害人。儻依前而行，臣故曰有害無利也。今若有司出錢，開場自糴，比於時價，稍有優饒；利之誘人，人必情願。且本請和糴，只圖利人；人若有利，自然願來。利害之間，可以此辯。今若除前之弊，行此之便，是真得和糴利人之道也。二端取捨，伏惟聖旨裁之。必不得已，則不如折糴。折糴者，折青苗税錢，使納斛斗，免令賤糴，別納見錢：在於農人，亦甚爲利。况度支比來所支和糴價錢，多是雜色匹段。百姓又須轉賣，然後將納税錢。至於給付不免侵偷，貨易不免折損：所失過本，其弊可知。今若量折税錢，使納斛斗，既無賤糴麥粟之費，又無轉賣匹段之勞：利歸於人，美歸於上。則折糴之便，豈不昭然？由是而論，則配户不如開場，和糴不如折糴，亦甚明矣。臣久處村閭，曾爲和糴之户，親被迫蹙，實不堪命。臣近爲畿尉，曾領和糴之司，親自鞭撻，所不忍覩。臣頃者常欲疏此人病，聞于天聽；疏遠賤微，無由上達。今幸擢居禁職，列在諫官，苟有他聞，猶合陳獻；况備諳此事，深知此弊；臣若緘默，隱而不言，不唯上辜聖恩，實亦内負夙願。猶慮愚誠不至，聖鑒未迴；即望試令左右可親信者一人，潛問鄉村百姓，和糴之與折糴，孰利而孰害乎？則知臣言不敢苟耳。或慮陛下以敕命已下，難於移改。以臣所見，事又不然。夫聖人之舉事也，唯務便人，唯求利物；若損益相半，則不必遷移；若利害相懸，則事須追改。不獨於此，其他亦然。伏望宸衷，審賜詳察。謹具奏聞。謹奏。

（唐）白居易《白居易集》卷六三《策林·立制度節財用，均貧富，禁兼并，止盗賊，起廉讓》

問：夫地之利有限也，人之欲無窮也；以有限奉無窮，則必地財耗於僭奢，人力屈於嗜欲。故不足者爲奸爲盗，有餘者爲驕爲濫。今欲使食力相充，財欲相稱，貴賤別而禮讓作，貧富均而廉耻行。作爲何方，可至於此？

臣聞：天有時，地有利，人有欲。能以三者與天下共者，仁也，聖也。仁聖之本，在乎制度而已。夫制度者，先王所以下均地財，中立人

極，上法天道也。且天之生萬物也，長之以風雨，成之以寒燠；聖人之牧萬人也，活之以衣食，濟之以器用。若風雨淫，寒燠甚，則反傷乎物之生焉。若衣食奢，器用費，則反傷乎人之生焉。故作四時八節，所以時寒燠，節風雨，不使之過差爲沴也。聖人制五等十倫，所以倫衣食，等器用，不使之踰越爲害也。此所謂法天而立極者也。然則地之生財有常力，人之用財有常數；若羨於上，則耗於下也；有餘於此，則不足於彼也。是以地力人財，皆待制度而均也；尊卑貴賤，皆待制度而別也。大凡爵祿之外，其田宅棟宇、車馬僕御、器服飲食之制，暨乎賓婚祠葬之度，自上而下，皆有數焉。若不節之以數，用之以倫，則必地力屈於僭奢，人財消於嗜欲。而貧困凍餒，奸邪盜賊，盡生於此矣。聖王知其然，故天下奢則示之以儉，天下儉則示之以禮。俾乎貴賤區別，貧富適宜；上下無羨耗之差，財力無消屈之弊。而富安温飽、廉耻禮讓，盡生於此矣。然則制度者，出於君而加於臣，行於人而化於天下也。是以君人者，莫不唯欲是防，唯度是守。守之不固，則外物攻之。故居處不守其度，則峻宇崇臺攻之；飲食不守其度，則殊滋異味攻之；衣服不守其度，則奇文詭製攻之；視聽不守其度，則奸聲豔色攻之；喜怒不守其度，則僭賞淫刑攻之；玩好不守其度，則妨行之貨、蕩心之器攻之；獻納不守其度，則讒諂之言、聚斂之計攻之；道術不守其度，則不死之方、無生之法攻之。夫然，則安得不內固其守，甚於城池焉；外防其攻，甚於寇戎焉。將在乎寢食起居，必思其度；思而不已，則其下化之。《詩》曰：儀刑文王，萬邦作孚。此之謂矣。

（唐）白居易《白居易集》卷六三《策林・議罷漕運可否》 問：秦居上腴，利號近蜀；然都畿所理，征賦不充；故歲漕山東穀四百萬斛，用給京師。其間水旱不時，賑貸貧乏。今議者罷運穀而收脚價，糴户粟而折税錢；但未知利於彼乎？而害於此乎？

臣聞：議者將欲罷漕運於江淮，請和糴於關輔，以省其費，以便於人。臣愚以爲救一時之弊則可也；若以爲長久之法，則不知其可也。何者？方今自淮以南，逾年旱歉；自洛而西，仍歲豐稔。彼人困於艱食，此穀賤於傷農。困則難於發租，賤則易於乞糴。斯則不便於彼，而無害於此矣。此臣所謂救一時之弊則可也。若舉而爲法，循以爲常；臣雖至愚，知其不可。何者？夫都畿者，四方所湊也，萬人所會也，六軍所聚也。雖利稱近蜀之饒，猶未能足其用；雖田有上腴之利，猶不得充其費。況可日削其穀，月朘其食乎？故國家歲漕東南之粟以給焉，時發中都之廪以賑焉；所以贍關中之人，均下之食，而古今不易之制也。然則用捨利害，可明徵矣。夫賫斂糴之資，省漕運之費，非無利也；蓋利小而害大矣，故久而不勝其害。輓光淮之租，贍關輔之食，非無害也；蓋害小而利大矣，故久而不勝其利。大凡事之大害者，不能無小利也；事之大利者，不能無小害也。蓋恤小害則大害不去，愛小利則大利不成也。古之明王，所以能興利除害者非他，蓋棄小而取大耳。今若恤汎舟之役，忘移穀之用，是知小計而不知大會矣。此臣所謂若以爲長久之法，則不知其可也。

（唐）白居易《白居易集》卷六三《策林・平百貨之價陳斂散之法，請禁銷錢爲器》 問：今田疇不加闢，而菽粟之估日輕；桑麻不加植，而布帛之價日賤。是以射時利者，賤收而日富；勤力穡者，輕用而日貧。夫然，豈殖貨斂散之節，失其宜耶？將泉布輕重之權，不得其要也？

臣聞：穀帛者，生於農也；器用者，化於工也；財物者，通於商也；錢刀者，操於君也。君操其一，以節其三；三者和鈞，非錢不可也。夫錢刀重則穀帛輕，穀帛輕則農桑困。故散錢以斂之，則下無棄穀遺帛矣。穀帛貴則財物賤，財物賤則工商勞。故散穀以收之，則下無廢財棄物也。斂散得其節，輕重便於時，則百貨之價自平，四人之利咸遂；雖有聖智，未有易此而能理者也。方今關輔之間，仍歲大稔，此誠國家散錢斂穀，防儉備凶之時也。時不可失，伏惟陛下惜之！臣又見：今人之弊者，〔由錢刀重於穀帛也。所以重者〕，由銅利貴於錢刀也。何者？夫官家採銅鑄錢，成一錢，破數錢之費也；私家銷錢爲器，破一錢，成數錢之利也。鑄者有程，銷者無限；雖官家之歲鑄，豈能勝私家之日銷乎？此所以天下之錢日減而日重矣。今國家行挾銅之律，執鑄器之禁，使器無用銅。銅〔既〕無利也，則錢不復銷矣。此實當今權節重輕之要也。

（唐）元稹《元稹集》卷三九《狀・浙東論罷進海味狀》 浙江東道都團練觀察處置等使當管明州，每年進淡菜一石五斗、海蚶一石五斗。每十里置遞夫二十四人。

右件海味等，起自元和四年，每年每色令進五斗。至元和九年，因一縣令獻表上論，準詔停進，仍令所在勒回人夫，當處放散。至元和十五年，伏奉聖旨，却令供進，至今每年每色各進一石五斗。臣昨之任，行至泗州，已見排比遞夫。及到鎮詢問，至十一月二十日方合起進，每十里置遞夫二十四人。明州去京四千餘里，約計排夫九千六百餘人。假如州縣只先期十日追集，猶計用夫九萬六千餘功，方得前件海味到京。臣伏見元和十四年，先皇帝特詔荆南，令貢荔枝。陛下即位後，以其遠物勞人，只令一度進送，充獻景靈，自此停進，當時書之史策，以爲美談。去年江淮旱儉，陛下又降德音，令有司於旨條之内，減省常貢。斯皆陛下遠法堯舜，近法太宗，減膳卹災，愛人惜費之大德也。況淡菜等味不登於俎豆，名不載於方書，海物鹹腥，增痰損肺，俗稱補益，蓋是方言。每年常役九萬餘人，竊恐有乖陛下罷荔枝減常貢之盛意，蓋守土之臣不敢備論之過也。臣別受恩私，合盡愚懇，此事又是臣當道所進，不敢不言。如蒙聖慈特賜允許，伏乞賜臣等手詔勒停，仍乞準元和九年敕旨，宣下度支鹽鐵，所在勒回，實冀海隅蒼生，同霑聖澤。謹録奏聞，伏候敕旨。

中書門下牒：牒浙東觀察使

當道每年供進淡菜一石五斗、海蚶一石五斗。

牒：奉敕：如聞浙東所進淡菜、海蚶等，道途稍遠，勞役至多，起今已後，並宜停進。其今年合進者，如已發在路，亦宜所在勒回。牒至，准敕故牒。

（唐）元稹《元稹集》卷四五《制誥·授王播刑部尚書諸道鹽鐵轉運等使制》 敕：漢諸儒議鹽鐵者百輩，終莫能罷。以其均口賦利，則貴賤盡征於王府矣。而國家歲漕關東之粟帛，以實京師，亦重事也。并是兩者，非才勿居。劍南西川節度副大使、知節度事、中散大夫、檢校户部尚書兼成都尹、御史大夫、賜紫金魚袋王播：昔我憲宗章武皇帝梟琳於夏，擒闢於蜀，縛錡於吴，而又繼之以元濟師道之役。十五年間，盡煩費矣。然而資用饒，而人不加賦，朕甚異焉。謀及耆艾，以求其故，皆曰：蜀帥播是時司筦榷者八年，忠而能勤，善於其職。先皇帝咨訪委遇，用之不疑。下竭其才，而上專其任也。是用徵自益部，授之刑曹，復以舊務煩之，式所以藉爾奉力之熟耳。於戲！知人則哲，憲考能之。顧茲不明，敢有貳事。爾其追奉先眷，佐予冲人，忠盡始終，以服休命。可守刑部尚書、充諸道鹽鐵轉運等使，散官、勳如故。

綜述

（唐）長孫無忌等《唐律疏議》卷一五《廐庫·輸課物齎財市糴充》 諸應輸課物，而輒齎財貨，詣所輸處市糴充者，杖一百。將領主司知情，與同罪。

疏議曰：應輸送課物者，皆須從出課物之所，運送輸納之處。若輒齎財貨，詣所輸處市糴充者，杖一百。將領主司若知齎物於送納之所市糴情，與輸人同罪。縱一人糴輸，亦得此罪。

（唐）長孫無忌等《唐律疏議》卷一五《廐庫·輸給給受留難》 諸有所輸及出給，而受給之官無故留難，不受不給者，一日笞五十，三日加一等，罪止徒一年。門司留難者，亦準此。若請輸後至，主司不依次第，先給先受者，笞四十。

疏議曰：有應輸官之物及官物應出給與人，而受物出給之官無故留難，不受不給者一日笞五十，三日加一等，罪止徒一年。而受給門司留難者，亦準受給官司之法，故云亦準此。若請輸後至，官司不依次第先受給及請輸前至，後給受者，笞四十。

（唐）長孫無忌等《唐律疏議》卷一五《廐庫·出納官物有違》 諸出納官物，給受有違者，計所欠剩，坐贓論。之類。

疏議曰：監主官物，或受或給，而有違法者，謂稱量之物，出納須平，若重受輕出，即有餘剩；及當出陳而出新，應受上物而受下物，此即爲欠。須計欠、剩之價，準坐贓科罪。其有輕受重出及應出新而出陳，應受上物而受中物，得罪與上文並同，故云之類。

其物未應出給而出給者，罪亦如之。官物還充官用而違者，笞四十。其主司知有欠剩不言者，坐贓論減二等。

疏議曰：其物未應出給者，依令：應給禄者，春秋二時分給。未至給時而給者，亦依前坐贓科罪。若給官物還充官用，有違者，笞四十。其主司知有欠剩，而不舉言者，計所欠剩，坐贓論減二等。

（唐）吴兢《貞觀政要》卷八《貢賦》 貞觀二年，太宗謂朝集使曰：使，去聲。唐制，諸州奉貢物入京者謂之朝集使。任土作貢，布在前典。當州所產，則充庭實。當，去聲。比聞者督刺史，比，音鼻。邀射聲名，厥土所賦，或嫌其不善，踰意外求，更相倣効，更，平聲。遂以成俗，極爲勞擾。宜改此弊，不得更然。

（唐）劉肅《大唐新語》卷四《政體》 高宗朝，司農寺欲以冬藏餘菜出賣與百姓，以墨敕示僕射蘇良嗣，良嗣判之曰：昔公儀相魯，猶拔去園葵，況臨御萬乘，而賣鬻蔬菜。事遂不行。

（唐）劉肅《大唐新語》卷四《政體》 開元九年，左拾遺劉彤上表論鹽鐵曰：臣聞漢武帝爲政，厩馬三十萬，後宮數萬人，外討戎夷，內興宮室，殫費之甚，實百當今，然而財無不足者，何也？豈非古取山澤，而今取貧人哉！取山澤，則公利厚而人歸於農；取貧人，則公利薄而人去其業。故先王之作法也，山澤有官，虞衡有職，輕重有術，禁發有時，一則專農，二則饒富，濟人盛事也。臣實謂當今宜行之。夫煮海爲鹽，採山鑄錢，伐木爲室者，豐餘之輩也；寒而無衣，饑而無食，傭賃自資者，窮苦之流也。若能山海厚利，奪豐餘之人；薄斂輕傜，免窮苦之子。所謂損有餘益不足，帝王之道不可謂然。文多不盡載。

（唐）劉肅《大唐新語》卷九《從善》 韋悰爲右丞，勾當司農木橦七十價，百姓四十價，奏其隱没。太宗切責有司，召大理卿孫伏伽亟書司農罪，伏伽奏曰：司農無罪。太宗駭而問之，伏伽曰：只爲官木橦貴，所以百姓者賤。向使官木橦賤，百姓無由賤。但見司農識大體，不知其過也。太宗深賞之，顧謂韋悰曰：卿識用欲逮伏伽遠矣！

（唐）李林甫等《唐六典》卷三《尚書户部·户部尚書》 凡賦役之制有四：一曰租，二曰調，三曰役，四曰雜徭。役務從減省，遂減諸司色役一十二萬二百九十四。課户每丁租粟二石；其調隨鄉土所產綾、絹、絁各二丈，布加五分之一，輸綾、絹、絁者綿三兩，輸布者麻三斤，皆書印焉。若當户不成匹、端、屯、綟者，皆隨近合成。其調麻每年支料有餘，折一斤納粟一斗。凡丁歲役二旬，有閏之年加二日。無事則收其庸，每日三尺；布加五分之一。有事而加役者，旬有五日免其調，三旬則租、調俱免。通正役並不得過五十日。凡庸、調之物，仲秋而斂之，季秋發於州。租則准州土收穫早晚，量事而斂之，仲冬起輸，孟春而納畢；江南諸州從水路運送之處，若冬月水淺上埭難者，四月已後運送。本州納者，季冬而畢。凡諸國蕃胡內附者，亦定爲九等，四等已上爲上户，七等已上爲次户，八等已下爲下户；上户丁稅銀錢十文，次户五文，下户免之。附貫經二年已上者，上户丁輸羊二口，次户一口，下户三户共一口。無羊之處，準白羊估折納輕貨。若有征行，令自備鞍馬，過三十日已上者，免當年輸羊。凡內附後所生子，即同百姓，不得爲蕃户也。凡嶺南諸州稅米者，上户一石二斗，次户八斗，下户六斗；若夷、獠之户，皆從半輸。輕稅諸州、高麗、百濟應差征鎮者，並令免課、役。凡天下諸州稅錢各有準常，三年一大稅，其率一百五十萬貫；每年一小稅，其率四十萬貫，以供軍國傳驛及郵遞之用。每年又別稅八十萬貫，以供外官之月料及公廨之用。凡水、旱、蟲、霜爲災害，則有分數：十分損四已上，免租；損六已上，免租、調；損七已上，課、役俱免。若桑、麻損盡者，各免調。若已役、已輸者，聽免其來年。凡丁新附于籍帳者，春附則課、役並徵，夏附則免課從役，秋附則課、役俱免。其詐冒、隱避以免課、役，不限附之早晚，皆徵之。凡丁户皆有優復蠲免之制。諸皇宗籍屬宗正者及諸親，五品已上父祖、兄弟、子孫，及諸色雜有職掌人。若孝子、順孫、義夫、節婦志行聞於鄉閭者，州縣申省奏聞，表其門閭，同籍悉免課役；有精誠致應者，則加優賞焉。

凡京畿充奉陵縣及諸陵墓及廟邑户，各有差降焉。橋陵盡以奉先；獻陵以三原，昭陵以醴泉，乾陵以奉天，定陵以富平，各三千户。若獻祖、懿祖二陵，各置灑掃三十人；興寧、永康二陵各置一百人，恭陵亦如之。隱太子及章懷、懿德、節愍、惠莊、惠文、惠宣等七陵各置三十人，諸親王墓各置十人，諸公主墓各置五人。周文帝、隋文帝陵各置二十人，周、隋諸帝陵各置十人。皆取側近下户充，仍分作四番上下。凡內外職事官葬者，一品給營墓夫一百人，以二十人爲差，至五品二十人。人別役十日。凡太山天齊王置守廟三百户，亳州玄元皇帝廟置三十户。其亳州户每户營田十畝，以充祠祭等用。

凡京司文武職事官皆有防閤，一品九十六人，二品七十二人，三品三十八人，四品三十二人，五品二十四人；六品給庶僕十二人，七品八人，八品三人，九品二人。公主邑士八十人，郡主六十人，縣主四十人，特封

縣主三十四人。京官任兩職者，從多給。凡州縣官僚皆有白直，二品四十人，三品三十二人，四品二十四人，五品十六人，六品十人，七品七人，七品佐官六人。八品五人，九品四人。凡州縣官及在外監官皆有執衣以爲驅使，二品十八人，三品十五人，四品十二人，五品九人，六品、七品各六人，八品、九品各三人。執衣並以中男充。凡諸親王府屬並給士力，其品數如白直。其防閤、庶僕、白直、士力納課者，每年不過二千五百，執衣不過一千文。凡州、縣有公廨白直及雜職，其數見州、縣中。兩番上下；執衣，三番上下。邊州無白直、執衣者，取比州充。凡有功之臣賜實封者，皆以課户充準户數，州、縣與國官、邑官執帳其收其租、調，各準配租調遠近，州、縣官司收其脚直，然後付國、邑官司；其丁亦準此，入國、邑者，收其庸。凡食封皆傳于子孫。隨其男數爲分，承嫡者加與一分。若子亡者，即男承父分；寡妻無男，承夫分。若非承嫡房，至玄孫即不在分限，其封物總入承嫡房，一依上法爲分。其非承嫡房，每至玄孫，準前停。其應得分房無男，有女在室者，準當房分得數與半；女雖多，更不加。雖有男，其姑、姊、妹在室者，亦三分減男之二。若公主食實封，則公主薨乃停。凡庶人年八十及篤疾，給侍丁一人；九十，給二人；百歲，三人。皆先盡子孫，次取近親，次取輕色丁。凡親王入朝皆給車牛、駄馬。車牛六十乘，駄馬一百匹。若太妃同來，加車牛十乘、馬二十匹。別敕追入，給馬六十匹。內外百官家口應合遞送者，皆給人力、車牛。一品手力三十人，車七乘，馬十匹，驢十五頭；二品手力二十四人，車五乘，馬六匹，驢十頭；三品手力二十人，車四乘，馬四匹，驢六頭；四品、五品手力十二人，車二乘，馬三匹，驢四頭；六品、七品手力八人，車一乘，馬二匹，驢三頭；八品、九品手力五人，車一乘，馬一匹，驢二頭。若別敕給遞者，三分加一。家口少者，不要滿此數。無車牛處，以馬、驢代。

凡天下朝集使皆令都督、刺史及上佐更爲之；若邊要州都督、刺史及諸州水旱成分，則佗官代焉。皆以十月二十五日至于京都，十一月一日户部引見訖，於尚書省與羣官禮見，然後集于考堂，應考績之事。元日，陳其貢篚於殿庭。凡京都諸縣令，每季一朝。

（唐）李林甫等《唐六典》卷三《尚書户部·度支郎中》 度支郎中一人，從五品上；主事二人，從九品上。度支郎中、員外郎掌支度國用、租賦少多之數，物産豐約之宜，水陸道路之利，每歲計其所出而支其所用。開元二十二年敕，諸司繁冗，及年支色役，費用既廣，姦僞日滋。宜令中書門下與諸司長官量事停減冗官及色役、年支、雜物等，總六十五萬八千一百九十八，官吏稍簡而費用省矣。凡物之精者與地之近者以供御，謂支納司農、太府、將作、少府等物。物之固者與地之遠者以供軍，謂支納邊軍及諸都督、都護府。皆料其遠近、時月、衆寡、好惡，而統其務焉。凡陸行之程：馬日七十里，步及驢五十里，車三十里。水行之程：舟之重者，泝河日三十里，江四十里，餘水四十五里；空舟泝河四十里，江五十里，餘水六十里。沿流之舟則輕重同制，河日一百五十里，江一百里，餘水七十里。其三硤、砥柱之類，不拘此限。若遇風、水淺不得行者，即於隨近官司申牒驗記，聽折半功。轉運、徵斂、送納，皆準程而節其遲速。凡和市、糴皆量其貴賤，均天下之貨，以利於人。凡金銀、寶貨、綾羅之屬，皆折庸、調以造焉。凡天下舟車水陸載運皆具爲腳直，輕重、貴賤、平易、險澀，而爲之制。

凡天下邊軍皆有支度之使以計軍資、糧仗之用，每歲所費，皆申度支而會計之，以《長行旨》爲準。

（唐）李林甫等《唐六典》卷六《尚書刑部·比部郎中》 比部郎中一人，從五品上；魏氏置，曆晉、宋、齊、後魏、北齊皆有郎中。後周天官府有計部中大夫，蓋其任也。梁、陳、隋並爲侍郎，煬帝曰比部郎。自晉、宋、齊、梁、陳皆吏部尚書領比部，後魏、北齊及隋則都官尚書領之，皇朝因焉。武德三年加中字。龍朔二年改爲司計大夫，咸亨元年復故。員外郎一人，從六品上；隋置員外郎，煬帝曰承務郎，武德三年改爲員外郎。龍朔、咸亨隨曹改復。主事四人，從九品上。比部郎中、員外郎掌句諸司百寮俸料、公廨、贓贖、調斂、徒役課程、逋懸數物，以周知內外之經費而總勾之。凡內官料俸以品第高下爲差，外官以州、縣、府之上、中、下爲差。凡稅天下户錢以充州、縣官月料，皆分公廨本錢之利。羈縻州所補漢官，給以當土之物。關、監之官，以品第爲差，其給以年支輕貨。鎮、軍司馬、判官俸禄同京官。鎮戍之官，以鎮戍上、中、下爲差。上鎮將給仗身四人，中、下鎮將，上鎮副各三人，中、下鎮副各二人，倉曹、兵曹、戍主、副各一人。其仗身十五日一替，收資六百四十文。凡京司有別借食本，中書、門下、集賢殿書院各借本一千貫，尚書省都司、吏部、户部、禮部、兵部、刑部、工部、御史臺、左、右春坊、鴻臚寺、秘書省、國子監、四方館、弘文館各百貫，皆五分收利，以爲食本。諸司亦有之，其數則少。每季一申省，諸州歲終而申省，比部總句覆之。凡倉庫出內，營造傭市，丁

匠功程，贓贖賦斂，勳賞賜與，軍資器仗，和糴屯收。亦句覆之。其在京給用則月一申之；在外，二千里內季一申之，二千里外兩季一申之，五千里外終歲一申之。凡質舉之利，收子不得踰五分，出息、債過其倍。若回利充本，官不理。

（唐）**李林甫等《唐六典》卷六《尚書刑部·司門郎中》** 司門郎中一人，從五品上；《周禮》大司徒屬官有司門下大夫，掌授管鍵，以啓閉國門。後周依《周官》。隋開皇初置司門侍郎，煬帝曰司門郎，皇朝因之。武德三年加中字。龍朔二年改曰司門大夫，咸亨元年復故。員外郎一人，從六品上；《周禮》有司門上士，後周有小司門上士，隋置司門員外郎，煬帝改曰承務郎，武德三年改曰員外郎。龍朔、咸亨隨曹改復。主事二人，從九品上。司門郎中、員外郎掌天下諸門及關出入往來之籍賦，而審其政。凡關二十有六，而爲上、中、下之差。京城四面關有驛道者爲上關，上關六：京兆府藍田關，華州潼關，同州蒲津關，岐州散關，隴州大震關，原州隴山關。餘關有驛道及四面關無驛道者爲中關，中關一十三：京兆府子午、駱谷、庫谷，同州龍門，會州會寧，原州木峽，石州孟門，嵐州合河，雅州邛萊，彭州蠶崖，安西鐵門，興州興城，華州渭津也。他皆爲下關焉。下關七：梁州甘亭、百牢，河州鳳林，利州石門，延州永和，綿州松嶺，龍州涪水。所以限中外，隔華夷，設險作固，閑邪正暴者也。凡關呵而不征，司貨賄之出入。其犯禁者，舉其貨，罰其人。古，書帛爲繻，刻木爲契，二物通爲之傳。傳，如今過所。凡度關者，先經本部本司請過所，在京，則省給之；在外，州給之。雖非所部，有來文者，所在給之。若私度關及越度，至越所而不度，不應度關而給過所，若冒名請過所與人及不應受而受者，若家人相冒及所司無故稽留，若領人、兵度關而別人妄隨之，若齎禁物私度及越度緣邊關，其罪各有差。

（唐）**李林甫等《唐六典》卷二〇《太府寺·常平署》** 常平署：令一人，從七品下，丞二人，從八品下；監事五人，從九品下。常平令掌平糴倉儲之事；丞爲之貳。凡歲豐穰，穀賤，人有餘，則糴之；歲饑饉，穀貴，人不足，則糶之，與正、義倉帳具其本利同申。凡出納、禁令如左藏之職焉。

（唐）**李林甫等《唐六典》卷二七《太子僕寺·廄牧署》** 廄牧署：令一人，從八品下；漢詹事屬官有太子廄長、丞。後漢太子少傅屬官有太子廄長一人，秩四百石，主車馬。魏、晉因之。《齊職儀》云：東宮屬官有內廄局、外廄局。梁、陳因之。後魏有太子廄長，從九品上。隋太子僕寺統廄牧署令、丞，皇朝因之。丞二人，從九品下。漢有太子廄丞，自後闕文。齊置太子內廄、外廄丞各一人，梁、陳因之。北齊有太子廄牧署丞、車輿局丞。隋太子僕寺統廄牧丞二人，皇朝因之。廄牧署令、丞掌車馬、閑廄、牧畜之事。凡皇太子將備禮而出，則率典乘先期調習輅馬，率駕士駕馭車乘。及出，則進輅或軺車於西閤門外，南向以候皇太子之升。禮畢，皇太子降輅，則自西閤之外以輅及軺歸於署。其隴右羣牧隸於東宮者，皆受其政令焉。

（唐）**張鷟《龍筋鳳髓判》卷一《工部》** 工部一條《周禮·冬官》其屬有考工，掌百工之事，至隋立工部尚書，唐因之。

工部員外郎趙務支蒲陝布供漁陽軍，幽易絹入京，百姓訴不便。務款布是麤物，將以供軍，絹是細物，合貯官庫。

趙務鳴鶴登朝，《易》鳴鶴在陰，其子和之。《漢書叙傳》賈生矯矯，弱冠登朝。含雞伏奏，注見《考工篇》。轉箸之敏，未見稱奇，《西京雜記》曹元理明算術，陳廣漢有二囷米，元理轉食箸計之，不差圭合。聚米之能，無聞播美。《後漢書》馬援聚米爲山谷，光武謂：虜在吾目中矣。張倉之善算國用，詎肯留情；《漢書》張倉爲計相善算，故令主郡國上計。馮勤之巧計軍儲，何曾介意。《後漢書》馮勤八歲善計。注：善計，善算術也。迴長作短，異趙達之精心；《吴志》趙達周思精密，治九宫，一算之數，無不中效。變近成遥，殊顧譚之屈指。《吴志》顧譚爲節度，每省中書未嘗下，籌徒屈指，心計盡發。疑謬。蒲陝之布，卻入漁陽，幽易之縑，《廣韻》縑，絹也。反歸關隴。同北轅之適越，釋氏《十門辨惑論》北轅適越，相去不亦漸遥哉。是猶適越者，指沙漠而遵途。類東走之望秦。《淮南子》狂者東走，逐者亦東走，東走則同，所以東走則異。人之情乎，緊則無也。《左傳》緊我獨無。注：緊與抑，同語詞也。《邱遲與陳伯之書》將軍獨無情哉。細絹稱以納庫，麤布貯以充軍，非直運者苦勞，抑亦兵家買怨。宣從削黜，韋孟《諷諫詩》：輕此削黜。以肅愚頑。

（唐）**杜佑《通典》卷一一《食貨·鬻爵》** 大唐至德二年七月，宣諭使侍御史鄭叔清奏：承前諸使下召納錢物，多給空名告身，雖假以官，賞其忠義，猶未盡才能。今皆量文武才藝，兼情願穩便，據條格擬同申奏聞，便寫告身。諸道士、女道士、僧、尼如納錢，請準敕迴授餘人，并情願還俗，授官勳邑號等，亦聽。如無人迴授及不願還俗者，準法不合畜奴婢、田宅、資財，既助國納錢，不可更拘常格。其所有資財能率十分納三

分助國，餘七分並任終身自蔭，身歿之後，亦任迴與近親。又準敕，納錢百千文，與明經出身，如曾受業，粗通帖策，修身慎行，鄉曲所知者，量減二十千文。如先經舉送，到省落第，灼然有憑，帖策不甚寥落者，減五十千文。若粗識文字者，準元敕處分。未曾讀學，不識文字者，加三十千。應授職事官并勳階邑號及贈官等，有合蔭子孫者，如户内兼蔭丁中三人以上免課役者，加一百千文。每加一丁中，累加三十千文。其商賈，準令所在收税，如能據所有資財十分納四助軍者，便與終身優復。如於敕條外有悉以家產助國，嘉其竭誠，待以非次。如先出身及官資，並量資歷好惡，各據本條格例，節級優加擬授。如七十以上情願授致仕官者，每色内量十分減二分錢。時屬幽寇内侮，天下多虞，軍用不充，權爲此制，尋即停罷。

《舊唐書》卷一一《代宗紀》〔代宗永泰四年春正月〕戊子，敕有司定王公士庶每户税錢，分上、中、下三等。

《舊唐書》卷一四《順宗紀》〔順宗貞元二十一年〕甲子，御丹鳳樓，大赦天下。諸道除正敕率税外，諸色榷税並宜禁斷；除上供外，不得別有進奉。百姓九十已上，賜米二石，絹兩匹，版授上佐、縣君，仍令本部長吏就家存問；百歲已上，賜米五石，絹二匹，綿一屯，羊酒，版授下州刺史、郡君。【略】

六月丙申詔二十一年十月已前百姓所欠諸色課利、租賦、錢帛，共五十二萬六千八百四十一貫、石、匹、束，並宜除免。

《舊唐書》卷一六《憲宗紀》〔憲宗元和十五年五月〕癸卯，詔：以國用不足，應天下兩税、鹽利、榷酒、税茶及户部闕官、除陌等錢，兼諸道雜榷税等，應合送上都及留州、留使、諸道支用、諸司使職掌人課料等錢，並每貫除舊墊陌外，量抽五十文。仍委本道、本司、本使據數逐季收計。其諸道錢使差綱部送付度支收管，待國用稍充，即依舊制。其京百司俸料，文官已抽修國學，不可重有抽取；武官所給校薄，亦不在抽取之限。【略】

〔六月〕壬辰，詔：帝王所重者國體，所切者人情。苟得其體，必臻於大和；如失其情，是由於小利。況設官求理，頒禄責功，教既有常，寧宜就減。近以每歲經費，量入數少，外官俸料，據數收貫。朕再三思度，終所未安。今則歲屬豐登，兵方偃息，自宜克己以足用，何得剥下以爲謀。臨軒載懷，實所增愧。其今年五月敕應給用錢每貫抽五十文，都計一百五十萬貫，宜併停抽。【略】

八月庚午朔。辛未，兵部尚書楊於陵總百僚錢貨輕重之議，取天下兩税、榷酒、鹽利等，悉以布帛任土所產物充税，並不徵見錢，則物漸重，錢漸輕，農人見免賤賣匹段。請中書門下、御史臺諸司官長重議施行。從之。

《舊唐書》卷一九上《懿宗紀》〔咸通八年〕九月丁酉，延資庫使曹確奏：

户部每年合送當使三月、九月兩限絹二十一萬四千一百匹，錢萬貫，自大中八年已後，至咸通四年，積欠一百五十萬五千七百餘貫匹。前使杜悰申奏，請起咸通五年正月以後，於諸道州府場監院合送户部八十文除陌錢内，割十五文當使收管，以填積欠。續據户部牒稱，州府除陌錢有折色零碎，請起咸通五年所合送延資庫錢絹，逐年兩限須足，其除陌十五文，當司仍舊收管。前使夏侯孜具事由申奏，且請依户部論請期限。其咸通五年錢絹，户部已送納。自六年至八年，其錢絹依前不旋送納，又積欠三十六萬五千五百七貫匹者。伏以所置延資庫，初以備邊爲名，至大中三年始改今號。若財貨不充，則名額虛設。當制置之時，所令三司逐年分減送當使收管。元敕只有錢數，但令本司減割送庫，不定色目。以此因循，漸隳舊制，年月既久，積欠漸多。既無計以徵收，乃指色以取濟，稍稱備邊名號，得遵元敕指揮。乃割户部除陌八十文内十五文收管，及户部請逐年送庫，須且稟從。今既積欠又多，終慮不及期限。臣今酌量諸道州府場監院合送户部錢絹内分配，令勒留下合送延資庫數目，令本處別爲綱運，與户部綱同送上都，直納延資庫，則户部免有逋懸，不至累年積欠。從之。

《舊唐書》卷四八《食貨志》元和十五年八月，中書門下奏：伏準今年閏正月十七日敕，令百僚議錢貨輕重者。今據羣官楊於陵等議，伏請天下兩税榷鹽酒利等，悉以布帛絲綿，任土所產物充税，並不徵見錢，則物漸重，錢漸輕，農人見免賤賣匹帛者。伏以羣臣所議，事皆至當，深利公私。請商量付度支，據諸州府應徵兩税，供上都及留州留使舊額，起元和十六年已後，並改配端匹斤兩之物爲税額，如大曆已前租庸課調，不計錢，令其折納。使人知定制，供辦有常。仍約元和十五年徵納布帛等估

價。其舊納虛估物，與依虛估物迴計，如舊納實估物并見錢，即於端疋斤兩上量加估價迴計。變法在長其物價，價長則永利公私，初雖微有加饒，法行即當就實，比舊給用，固利而不害。仍作條件處置，編入旨符。其鹽利酒利，本以榷率計錢，有殊兩税之名，不可除去錢額。中有令納見錢者，亦請令折納時估疋段。上既不專以錢爲税，人得以所產輸官，錢貨必均其重輕，隴畝自廣於蠶織，便時惠下，庶得其宜。其土乏絲麻，或地連邊塞，風俗更異，賦入不同，亦請商量委所司裁酌，隨便宜處置。詔從之。

大和四年五月，劍南西川宣撫使、諫議大夫崔戎奏：準詔旨制置西川事條。今與郭釗商量，兩税錢數内三分，二分納見錢，一分折納疋段，每二貫加饒百姓五百文，計一十三萬四千二百四十三貫文。依此曉諭百姓訖。經賊州縣，準詔三分減放一分，計減錢六萬七千六百二十貫文。不經賊處，先徵見錢，今三分一分折納雜物，計優饒百姓一十三萬貫。舊有税薑芋之類，每畝至七八百，徵斂不時，今併省税名，盡依諸處爲四限等第，先給户帖，餘一切名目勒停。

《舊唐書》卷四九《食貨志》　武德八年十二月，水部郎中姜行本請於隴州開五節堰，引水通運，許之。

永徽元年，薛大鼎爲滄州刺史，界内有無棣河，隋末填廢。大鼎奏開之，引魚鹽於海。百姓歌之曰：新河得通舟楫利，直達滄海魚鹽至。昔日徒行今聘駟，美哉薛公德滂被！

咸亨三年，關中飢，監察御史王師順奏請運晉、絳州倉粟以贍之，上委以運職。河、渭之間，舟楫相繼，會于渭南，自師順始之也。

大足元年六月，於東都立德坊南穿新潭，安置諸州租船。

神龍三年，滄州刺史姜師度於薊州之北，漲水爲溝，以備奚、契丹之寇。又約舊渠，傍海穿漕，號爲平虜渠，以避海難運糧。

開元二年，河南尹李傑奏，汴州東有梁公堰，年久堰破，江淮漕運不通。發汴、鄭丁夫以濬之，省功速就，公私深以爲利。

十五年正月，令將作大匠范安及檢行鄭州河口斗門。先是，洛陽人劉宗器上言，請塞汜水舊汴河口，於下流滎澤界開梁公堰，置斗門，以通淮、汴，擢拜左衛率府胄曹。至是，新漕塞，行舟不通，貶宗器焉。安及遂發河南府、懷、鄭、汴、滑三萬人疏決開舊河口，旬日而畢。

十八年，宣州刺史裴耀卿上便宜事條曰：江南户口稍廣，倉庫所資，惟出租庸，更無征防。緣水陸遥遠，轉運艱辛，功力雖勞，倉儲不益。竊見每州所送租及庸調等，本州正二月上道，至揚州入斗門，即逢水淺，已有阻礙，須留一月已上。至四月已後，始渡淮入汴，多屬汴河乾淺，又般運停留，至六七月始至河口，即逢黄河水漲，不得入河。又須停一兩月，待河水小，始得上河。入洛即漕路乾淺，船艘隘鬧，般載停滯，備極艱辛。計從江南至東都，停滯日多，得行日少，糧食既皆不足，欠折因此而生。又江南百姓不習河水，皆轉雇河師水手，更爲損費。伏見國家舊法，往代成規，擇制便宜，以垂長久。河口元置武牢倉，江南船不入黄河，即於倉内便貯。鞏縣置洛口倉，從黄河不入漕洛，即於倉内安置。爰及河陽倉、柏崖倉、太原倉、永豐倉、渭南倉，節級取便，例皆如此。水通則隨近運轉，不通即且納在倉，不滯遠船，不憂久耗，比於曠年長運，利便一倍有餘。今若且置武牢、洛口等倉，江南船至河口，即却還本州，更得其船充運。并取所減脚錢，更運江淮變造義倉，每年剩得一二百萬石。即望數年之外，倉廩轉加。其江淮義倉，下濕不堪久貯，若無船可運，三兩年色變，即給貸費散，公私無益。疏奏不省。

至二十一年，耀卿爲京兆尹，京師雨水害稼，穀價踊貴，玄宗以問耀卿，奏稱：昔貞觀、永徽之際，禄廩未廣，每歲轉運，不過二十萬石便足。今國用漸廣，漕運數倍，猶不能支。從都至陝，河路艱險，既用陸運，無由廣致。若能兼河漕，變陸爲水，則所支有餘，動盈萬計。且江南租船，候水始進，吴人不便漕輓，由是所在停留，日月既淹，遂生竊盗。臣望於河口置一倉，納江東租米，便放船歸。從河口即分入河、洛，官自雇船載運。三門之東，置一倉。三門既水險，即於河岸開山，車運十數里。三門之西，又置一倉，每運至倉，即般下貯納。水通即運，水細便止。自太原倉泝河，更無停留，所省鉅萬。前漢都關中，年月稍久，及隋亦在京師，緣河皆有舊倉，所以國用常贍。上深然其言。

至二十二年八月，置河陰縣及河陰倉、河西柏崖倉、三門東集津倉、三門西鹽倉。開三門山十八里，以避湍險。自江淮而泝鴻溝，悉納河陰倉。自河陰送納含嘉倉，又送納太原倉，謂之北運。自太原倉浮于渭，以

實關中。上大悦。尋以耀卿爲黄門侍郎、同中書門下平章事，充江淮、河南轉運都使；以鄭州刺史崔希逸、河南少尹蕭炅爲副。凡三年，運七百萬石，省陸運之傭四十萬貫。舊制，東都含嘉倉積江淮之米，載以大輿而西，至于陝三百里，率兩斛計傭錢千，此耀卿所省之數也。明年，耀卿拜侍中，而蕭炅代焉。二十五年，運米一百萬石。

二十九年，陜郡太守李齊物，鑿三門山以通運，闢三門巔，踰巖險之地，俾負索引艦，升于安流，自齊物始也。

天寶三載，韋堅代蕭炅，以滻水作廣運潭於望春樓之東，而藏舟焉。是年，楊釗以殿中侍御史爲水陸運使，以代韋堅。先是，米至京師，或砂礫糠粃，雜乎其間。開元初，詔使揚擲而較其虚實，揚擲之名，自此始也。

十四載八月，詔水陸運宜停一年。

天寶以來，楊國忠、王鉷皆兼重使以權天下。肅宗初，第五琦始以錢穀得見。請於江、淮分置租庸使，市輕貨以救軍食，遂拜監察御史，爲之使。乾元元年，加度支郎中，尋兼中丞，爲鹽鐵使。於是始大鹽法，就山海井竈，收榷其鹽，立監院官吏。其舊業户洎浮人欲以鹽爲業者，免其雜役，隸鹽鐵使。常户自租庸外無横賦，人不益税，而國用以饒。明年，琦以户部侍郎同平章事，詔兵部侍郎吕諲代之。

寶應元年五月，元載以中書侍郎代吕諲。是時淮、河阻兵，飛輓路絶，鹽鐵租賦，皆泝漢而上。以侍御史穆寧爲河南道轉運租庸鹽鐵使，尋加户部員外，遷鄂州刺史，以總東南貢賦。是時朝議以寇盗未戢，關東漕運，宜有倚辦，遂以通州刺史劉晏爲户部侍郎、京兆尹、度支鹽鐵轉運使。鹽鐵兼漕運，自晏始也。二年，拜吏部尚書、同平章事，依前充使。晏始以鹽利爲漕傭，自江淮至渭橋，率十萬斛傭七千緡，補綱吏督之。不發丁男，不勞郡縣，蓋自古未之有也。自此歲運米數千萬石，自淮北列置巡院，搜擇能吏以主之，廣牢盆以來商賈。凡所制置，皆自晏始。廣德二年正月，復以第五琦專判度支鑄錢鹽鐵事。而晏以檢校户部尚書爲河南及江淮已來轉運使，及與河南副元帥計會開决汴河。永泰二年，晏爲東道轉運常平鑄錢鹽鐵使，琦爲關内、河東、劍南三川轉運常平鑄錢鹽鐵使。大曆五年，詔停關内、河東、三川轉運常平鹽鐵使，自此晏與户部侍郎韓滉分領關内、河東、山、劍租庸青苗使。至十四年，天下財賦，皆以晏掌之。

建中初，宰相楊炎用事，尤惡劉晏，炎乃奪其權。詔曰：朕以征税多門，郡邑凋耗，聽于羣議，思有變更，將致時雍，宜遵古制。其江淮米準旨轉運入京者，及諸軍糧儲，宜令庫部郎中崔河圖權領之。今年夏税以前，諸道財賦多輸京者，及鹽鐵財貨，委江州刺史包佶權領之。天下錢穀，皆歸金部、倉部，委中書門下簡兩司郎官，準格式條理。尋貶晏爲忠州刺史。晏既罷黜，天下錢穀歸尚書省。既而出納無所統，乃復置使領之。

其年三月，以韓洄爲户部侍郎，判度支；金部郎中杜佑權勾當江淮水陸運使。炎尋殺晏于忠州。自兵興已來，凶荒相屬，京師米斛萬錢，官廚無兼時之食，百姓在畿甸者，拔穀挼穗，以供禁軍。洎晏掌國計，復江淮轉運之制，歲入米數十萬斛以濟關中。代第五琦領鹽務，其法益密。初年入錢六十萬，季年則十倍其初。大曆末，通天下之財，而計其所入，總一千二百萬貫，而鹽利過半。李靈耀之亂，河南皆爲盗據，不奉法制，賦税不上供，州縣益減。晏以羨餘相補，人不加賦，所入仍舊，議者稱之。其相與商榷財用之術者，必一時之選，故晏没後二十年，韓洄、元琇、裴腆、包佶、盧貞、李衡相繼分掌財賦，出晏門下。屬吏在千里外，奉教如目前。四方水旱，及軍府纖芥，莫不先知焉。

其年詔曰：天下山澤之利，當歸王者，宜總榷鹽鐵使。

三年，以包佶爲左庶子、汴東水陸運鹽鐵租庸使，崔縱爲右庶子、汴西水陸運鹽鐵租庸使。

四年，度支侍郎趙贊議常平事，竹木茶漆盡税之。茶之有税，肇於此矣。

貞元元年，元琇以御史大夫爲鹽鐵水陸運使。其年七月，以尚書右僕射韓滉統之。滉殁，宰相竇參代之。

五年十二月，度支轉運鹽鐵奏：比年自揚子運米，皆分配緣路觀察使差長綱發遣，運路既遠，實謂勞人。今請當使諸院，自差綱節級般運，以救邊食。從之。

八年，詔：東南兩税財賦，自河南、江淮、嶺南、山南東道至于渭

橋，以户部侍郎張滂主之；河東、劍南、山南西道，以户部尚書度支使班宏主之。今户部所領三川鹽鐵轉運，自此始也。其後宏、滂互有短長，宰相趙憬、陸贄以其事上聞，由是遵大曆故事，如劉晏、韓滉所分焉。

九年，張滂奏立税茶法。自後裴延齡專判度支，與鹽鐵益殊塗而理矣。

十年，潤州刺史王緯代之，理于朱方。數年而李錡代之，鹽院津堰，改張侵剥，不知紀極。私路小堰，厚斂行人，多自錡始。時鹽鐵轉運有上都留後，以副使潘孟陽主之。王叔文權傾朝野，亦以鹽鐵副使兼學士爲留後。

順宗即位，有司重奏鹽法，以杜佑判鹽鐵轉運使，理於揚州。元和二年三月，以李巽代之。先是，李錡判使，天下榷酤漕運，由其操割，專事貢獻，牢其寵渥。中朝柄事者悉以利積於私室，而國用日耗。巽既爲鹽鐵使，大正其事。其堰埭先隸浙西觀察使者，悉歸之；因循權置者，盡罷之；增置河陰敖倉，置桂陽監，鑄平陽銅山爲錢。又奏：江淮、河南、峽内、兗鄆、嶺南鹽法監院，去年收鹽價緡錢七百二十七萬，比舊法張其估一千七百八十餘萬，非實數也。今請以其數，除貢之外，付度支收其數。鹽鐵使貢鹽利繫度支，自此始也。又以程异爲揚子留後。四月五日，巽卒。自榷筦之興，惟劉晏得其術，而巽次之。然初年之利，類晏之季年，季年之利，則三倍於晏矣。舊制，每歲運江淮米五十萬斛，至河陰留十萬，四十萬送渭倉。晏殁，久不登其數，惟巽秉使三載，無升斗之闕焉。六月，以河東節度使李鄘代之。

五年，李鄘爲淮南節度使，以宣州觀察使盧坦代之。

六年，坦奏，每年江淮運米四十萬石到渭橋，近日欠闕太半，請旋收糴，遞年貯備。從之。坦改户部侍郎，以京兆尹王播代之。播遂奏：元和五年，江淮、河南、嶺南、峽中、兗鄆等鹽利錢六百九十八萬貫。比量改法已前舊鹽利，時價四倍虚估，即此錢爲一千七百四十餘萬貫矣，請付度支收管。從之。

其年詔曰：兩税之法，悉委郡國，初極便人。但緣約法之時，不定物估。今度支鹽鐵，泉貨是司，各有分巡，置於都會。爰命帖職，周視四方，簡而易從，庶叶權便。政有所弊，事有所宜，皆得舉聞，副我憂寄。以揚子鹽鐵留後爲江淮已南兩税使，江陵留後爲荆衡漢沔東界、彭蠡已南兩税使，度支山南西道分巡院官充三川兩税使。峽内煎鹽五監先屬鹽鐵使，今宜割屬度支，便委山南西道兩税使兼知糶賣。峽内鹽屬度支，自此始也。

七年，王播奏去年鹽利除割峽内鹽，收錢六百八十五萬，從實估也。又奏，商人於户部、度支、鹽鐵三司飛錢，謂之便换。

八年，以崔倰爲揚子留後、淮嶺已來兩税使；崔祝爲江陵留後，爲荆南已來兩税使。

十三年正月，播又奏，以軍興之時，財用是切。頃者劉晏領使，皆自按置租庸，至於州縣否臧，錢穀利病之物，虚實皆得而知。今臣守務在城，不得自往。請令臣副使程异出巡江淮，其州府上供錢穀，一切勘問。從之。閏五月，异至江淮，得錢一百八十五萬貫以進。其年，以播守禮部尚書，以衛尉卿程异代之。十四年，异卒，以刑部侍郎柳公綽代之。

長慶初，王播復代公綽。四年，王涯以戶部侍郎代播。敬宗初，播復以鹽鐵使爲揚州節度使。文宗即位，入覲，以宰相判使。其後，王涯復判二使，表請使茶山之人移植根本，舊有貯積，皆使焚棄。天下怨之。九年，涯以事誅，而令狐楚以户部尚書右僕射主之，以是年茶法大壞，奏請付州縣而入其租于户部，人人悦焉。

開成元年，李石以中書侍郎判收茶法，復貞元之制也。

三年，以户部尚書同平章事楊嗣復主之，多革前監院之陳事。

開成三年至大中壬申，凡一十五年，多任以元臣，以集其務。崔珙自刑部尚書拜，杜悰以淮南節度領之，既而皆踐公台。薛元賞、李執方、盧弘正、馬植、敬晦五人，於九年之中，相踵理之，植亦自是居相位。

大中五年二月，以户部侍郎裴休爲鹽鐵轉運使。明年八月，以本官平章事，依前判使。始者，漕米歲四十萬斛，其能至渭倉者，十不三四。漕吏狡蠹，敗溺百端，官舟之沉，多者歲至七十餘隻。緣河姦犯，大紊晏法。休使僚屬按之，委河次縣令董之。自江津達渭，以四十萬斛之傭，計緡二十八萬，悉使歸諸漕吏。巡院胥吏，無得侵牟。舉之爲法，凡十事，奏之。六年五月，又立税茶之法，凡十二條，陳奏，上大悦。詔曰：裴休興利除害，深見奉公。盡可其奏。由是三歲漕米至渭濱，積一百二十萬

斛，無升合沉棄焉。

武德元年九月四日，置社倉。其月二十二日詔曰：特建農圃，本督耕耘，思俾齊民，既康且富。鍾庾之量，冀同水火。宜置常平監官，以均天下之貨。市肆騰踊，則減價而出；田穡豐羡，則增糴而收。庶使公私俱濟，家給人足，抑止兼并，宣通壅滯。至五年十二月，廢常平監官。

貞觀二年四月，尚書左丞戴胄上言曰：水旱凶災，前聖之所不免。國無九年儲畜，禮經之所明誡。今喪亂之後，户口凋殘，每歲納租，未實倉廪。隨時出給，纔供當年，若有凶災，將何賑卹？故隋開皇立制，天下之人，節級輸粟，多爲社倉，終於文皇，得無饑饉。及大業中年，國用不足，並貸社倉之物，以充官費，故至末塗，無以支給。今請自王公已下，爰及衆庶，計所墾田稼穡頃畝，至秋熟，準其見在苗以理勸課，盡令出粟。稻麥之鄉，亦同此税。各納所在，爲立義倉。若年穀不登，百姓飢饉，當所州縣，隨便取給。太宗曰：既爲百姓預作儲貯，官爲舉掌，以備凶年，非朕所須，横生賦斂。利人之事，深是可嘉。宜下所司，議立條制。户部尚書韓仲良奏：王公已下墾田，畝納二升。其粟麥粳稻之屬，各依土地。貯之州縣，以備凶年。可之。自是天下州縣，始置義倉，每有飢饉，則開倉賑給。以至高宗、則天，數十年間，義倉不許雜用。其後公私窘迫，漸貸義倉支用。自中宗神龍之後，天下義倉費用向盡。

高宗永徽二年六月，敕：義倉據地收税，實是勞煩。宜令率户出粟，上上户五石，餘各有差。

六年，京東西二市置常平倉。明慶二年十二月，京常平倉置常平署官員。

開元二年九月，敕：天下諸州，今年稍熟，穀價全賤，或慮傷農。常平之法，行之自古，宜令諸州加時價三兩錢糴，不得抑斂。仍交相付領，勿許懸欠。蠶麥時熟，穀米必貴，即令減價出糶。豆穀等堪貯者，熟亦準此。以時出入，務在利人。其常平所須錢物，宜令所司支料奏聞。

四年五月二十一日，詔：諸州縣義倉，本備飢年賑給。近年已來，每三年一度，以百姓義倉糙米，遠赴京納，仍勒百姓私出脚錢。自今已後，更不得義倉變造。

七年六月，敕：關内、隴右、河南、河北五道，及荆、揚、襄、夔、綿、益、彭、蜀、漢、劍、茂等州，並置常平倉。其本上州三千貫，中州二千貫，下州一千貫。

十六年十月，敕：自今歲普熟，穀價至賤，必恐傷農。加錢收糴，以實倉廪，縱逢水旱，不慮阻飢，公私之間，或亦爲便。宜令所在以常平本錢及當處物，各於時價上量加三錢，百姓有糶易者，爲收糴。事須兩和，不得限數。配糴訖，具所用錢物及所糴物數，申所司。仍令上佐一人專勾當。

天寶六載三月，太府少卿張瑄奏：準四載五月并五載三月敕節文，至貴時賤價出糶，賤時加價收糴。若百姓未辦錢物者，任準開元二十年七月敕，量事賒糶，至粟麥熟時徵納。臣使司商量，且糶舊糴新，不同别用。其賒糶者，至納錢日若粟麥雜種等時價甚賤，恐更迴易艱辛，請加價便與折納。

廣德二年正月，第五琦奏：每州常平倉及庫使司，商量置本錢，隨當處米物時價，賤則加價收糴，貴則減價糶賣。

建中元年七月，敕：夫常平者，常使穀價如一，大豐不爲之減，大儉不爲之加，雖遇災荒，人無菜色。自今已後，忽米價貴時，宜量出官米十萬石，麥十萬石，每日量付兩市行人下價糶貨。

三年九月，户部侍郎趙贊上言曰：伏以舊制，置倉儲粟，名曰常平。軍興已來，此事闕廢，或因凶荒流散，餓死相食者，不可勝紀。古者平準之法，使萬室之邑，必有萬鍾之藏，千室之邑，必有千鍾之藏，春以奉耕，夏以奉耘，雖有大賈富家，不得豪奪吾人者，蓋謂能行輕重之法也。自陛下登極以來，許京城兩市置常平，官糴鹽米，雖經頻年少雨，米價未騰貴，此乃即目明驗，實要推而廣之。當軍興之時，與承平或異，事須兼儲布帛，以備時須。臣今商量，請於兩都并江陵、成都、揚、汴、蘇、洪等州府，各置常平，輕重本錢，上至百萬貫，下至數十萬貫，隨其所宜，量定多少。唯貯斛斗疋段絲麻等，候物貴則下價出賣，物賤則加價收糴，權其輕重，以利疲人。從之。贊於是條奏諸道津要都會之所，皆置吏，閲商人財貨。計錢每貫税二十，天下所出竹、木、茶、漆，皆十一税之，以充常平本。時國用稍廣，常賦不足，所税亦隨時而盡，終不能爲常平本。

貞元八年十月，敕：諸軍鎮和糴貯備，共三十三萬石，價之外，更

量與優饒。其粟及麻，據米數準折虚價，直委度支，以停江淮運脚錢充，並支綾絹絁綿，勿令折估。所糶粟等，委本道節度使監軍同勾當別貯，非承特敕，不得給用。

十四年六月，詔以米價稍貴，令度支出官米十萬石，於兩街賤糶。其年九月，以歲飢，出太倉粟三十萬石出糶。是歲冬，河南府穀貴人流，令以含嘉倉粟七萬石出糶。十五年二月，以久旱歲飢，出太倉粟十八萬石，於諸縣賤糶。

元和元年正月，制：歲時有豐歉，穀價有重輕，將備水旱之虞，在權聚斂之術。應天下州府每年所税地子數内，宜十分取二分，均充常平倉及義倉，仍各逐穩便收貯，以時出糶，務在救人，賑貸所宜，速奏。

六年二月，制：如聞京畿之内，舊穀已盡，宿麥未登，宜以常平、義倉粟二十四萬石貸借百姓。諸道州府有乏少糧種處，亦委所在官長，用常平、義倉米借貸。淮南、浙西、宣歙等道，元和二年四月賑貸，並且停徵，容至豐年，然後填納。

九年四月，詔出太倉粟七十萬石，開六場糶之，并賑貸外縣百姓。至秋熟徵納，便於外縣收貯，以防水旱。

十二年四月，詔出粟二十五萬石，分兩街降估出糶。其年九月，詔諸道應遭水州府，河中、澤潞、河東、幽州、江陵府等管内，及鄭、滑、滄、景、易、定、陳、許、晉、隰、蘇、襄、復、台、越、唐、隨、鄧等州人户，宜令本州厚加優恤。仍各以當處義倉斛斗，據所損多少，量事賑給。

十三年正月，户部侍郎孟簡奏：天下州府常平、義倉等斛斗，請準舊例減估出糶，但以石數奏申，有司更不收管，州縣得專達以利百姓。從之。

長慶四年二月，敕出太倉陳粟三十萬石，於兩街出糶。其年三月制曰：義倉之制，其來日久。近歲所在盜用没入，致使小有水旱，生人坐委溝壑。永言其弊，職此之由。宜令諸州録事參軍，專主勾當。苟爲長吏迫制，即許驛表上聞。考滿之日，户部差官交割。如無欠負，與減一選。如欠少者，量加一選。欠數過多，户部奏聞，節級科處。大和四年八月，敕：今年秋稼似熟，宜於關内七州府及鳳翔府和糴一百萬石。

大中六年四月，户部奏：諸州府常平、義倉斛斗，本防水旱，賑貸百姓。其有災沴州府地遠，申奏往復，已至流亡。自今已後，諸道遭災旱，請委所在長吏，差清強官審勘，如實有水旱處，便任先從貧下不支濟户給貸。從之。

建中四年六月，户部侍郎趙贊請置大田：天下田計其頃畝，官收十分之一。擇其上腴，樹桑環之，曰公桑。自王公至于匹庶，差借其力，得穀絲以給國用。詔從其説。贊熟計之，自以爲非便，皆寢不下。復請行常平税茶之法。又以軍須迫蹙，常平利不時集，乃請税屋間架、算除陌錢。間架法：凡屋兩架爲一間，屋有貴賤，約價三等，上價間出錢二千，中價一千，下價五百。所由吏秉算執籌，入人之廬舍而計其數。衣冠士族，或貧無他財，獨守故業，坐多屋出算者，動數十萬，人不勝其苦。凡没一間者，杖六十，告者賞錢五十貫，取於其家。除陌法：天下公私給與貨易，率一貫舊算二十，益加算爲五十。給與他物或兩换者，約錢爲率算之。市牙各給印紙，人有買賣，隨自署記，翌日合算之。有自貿易不用市牙者，驗其私簿，無私簿者，投狀自集。其有隱錢百者没入，二千杖六十，告者賞十千，取其家資。法既行，而主人市牙得專其柄，率多隱盜。公家所入，曾不得半，而怨讟之聲，囂然滿於天下。至興元二年正月一日赦，悉停罷。

貞元九年正月，初税茶。先是，諸道鹽鐵使張滂奏曰：伏以去歲水災，詔令減税。今之國用，須有供儲。伏請於出茶州縣，及茶山外商人要路，委所由定三等時估，每十税一，充所放兩税。其明年以後所得税，外貯之。若諸州遭水旱，賦税不辦，以此代之。詔可之，仍委滂具處置條奏。自此每歲得錢四十萬貫。然税無虚歲，遭水旱處亦未嘗以錢拯贍。

大和七年，御史臺奏：伏準大和三年十一月十八日赦文，天下除兩税外，不得妄有科配，其擅加雜榷率，一切宜停，令御史臺嚴加察訪者。臣昨因嶺南道擅置竹練場，税法至重，害人頗深。伏請起今已後，應諸道自大和三年準赦文所停兩税外科配雜榷率等復却置者，仰敕至後十日内，具却置事由聞奏，仍申臺司。每有出使郎官御史，便令嚴加察訪，苟有此色，本判官重加懲責，長吏奏聽進止。從之。

九年十二月，左僕射令狐楚奏新置榷茶使額：伏以江淮間數年以來，

水旱疾疫，凋傷頗甚，愁歎未平。今夏及秋，稍較豐稔。方須惠恤，各使安存。昨者忽奏榷茶，實爲蠹政。蓋是王涯破滅將至，怨怒合歸。豈有令百姓移茶樹就官場中栽，摘茶葉於官場中造，有同兒戲，不近人情。方有恩權，無敢沮議，朝班相顧而失色，道路以目而吞聲。今宗社降靈，姦兇盡戮，聖明垂佑，黎庶各安。微臣伏蒙天恩，兼授使務，官銜之內，猶帶此名，俯仰若驚，夙宵知愧。伏乞特迴聖聽，下鑒愚誠，速委宰臣，除此使額。緣國家之用或闕，山澤之利有遺，許臣條流，續具奏聞。採造欲及，妨廢爲虞。前月二十一日内殿奏對之次，鄭覃與臣同陳論訖。伏望聖慈早賜處分，一依舊法，不用新條。惟納榷之時，須節級加價，商人轉擡，必較稍貴，即是錢出萬國，利歸有司，既無害茶商，又不擾茶户，上以彰陛下愛人之德，下以竭微臣憂國之心，遠近傳聞，必當咸悦。詔可之。先是，鹽鐵使王涯表請使茶山之人，移植根本，舊有貯積，皆使焚棄，天下怨之。及是楚主之，故奏罷焉。

開成二年十二月，武寧軍節度使薛元賞奏：泗口税場，應是經過衣冠商客金銀、羊馬、斛斗、見錢、茶鹽、綾絹等，一物已上並税。今商量，其雜税並請停絶。詔許之。

大中六年正月，鹽鐵轉運使裴休奏：諸道節度、觀察使，置店停上茶商，每斤收搨地錢，并税經過商人，頗乖法理。今請釐革橫税，以通舟船，商旅既安，課利自厚。今又正税茶商，多被私販茶人侵奪其利。今請強幹官吏，先於出茶山口，及廬、壽、淮南界内，布置把捉，曉諭招收，量加半税，給陳首帖子，令其所在公行，從此通流，更無苛奪。所冀招恤窮困，下絶姦欺，使私販者免犯法之憂，正税者無失利之歎。欲尋究根本，須舉綱條。敕旨依奏。其年四月，淮南及天平軍節度使并浙西觀察使，皆奏軍用困竭，伏乞且賜依舊税茶。敕旨：裴休條流茶法，事極精詳，制置之初，理須畫一，並宜準今年正月二十六日敕處分。

建中三年，初榷酒，天下悉令官釀。斛收直三千，米雖賤，不得減二千。委州縣綜領。醨薄私釀，罪有差。以京師王者都，特免其榷。

元和六年六月，京兆府奏：榷酒錢除出正酒户外，一切隨兩税青苗據貫均率。從之。

會昌六年九月敕：揚州等八道州府，置榷麴，并置官店沽酒，代百姓納榷酒錢，并充資助軍用，各有榷許限，揚州、陳許、汴州、襄州、河東五處榷麴，浙西、浙東、鄂岳三處置官沽酒。如聞禁止私酤，過於嚴酷，一人違犯，連累數家，閭里之間，不免咨怨。宜從今以後，如有人私沽酒及置私麴者，但許罪止一身，并所由容縱，任據罪處分。鄉井之内，如不知情，並不得追擾。其所犯之人，任用重典，兼不得没入家産。

《舊唐書》卷七四《馬周傳》 往者貞觀之初，率土霜儉，一匹絹纔得一斗米，而天下帖然。百姓知陛下甚愛憐之，故人人自安，曾無謗讟。自五六年來，頻歲豐稔，一匹絹得粟十餘石，而百姓皆以爲陛下不憂憐之，咸有怨言。又今所營爲者，頗多不急之務故也。自古以來，國之興亡，不由積畜多少，唯在百姓苦樂。且以近事驗之，隋家貯洛口倉，而李密因之；東都積布帛，而世充據之；西京府庫，亦爲國家之用，至今未盡。向使洛口、東都無粟帛，則世充、李密未能必聚大衆。但貯積者固是有國之常事，要當人有餘力而後收之，豈人勞而強斂之，更以資寇，積之無益也。然儉以息人，貞觀之初，陛下已躬爲之，故今行之不難也。爲之一日，則天下知之，式歌且舞矣。若人既勞矣而用之不息，倘中國被水旱之災，邊方有風塵之患，狂狡因之以竊發，則有不可測之事，非徒聖躬旰食晏寢而已。古語云：動人以行不以言，應天以實不以文。以陛下之明，誠欲勵精爲政，不煩遠采上古之術，但及貞觀之初，則天下幸甚。

《舊唐書》卷一〇五《王鉷傳》 〔玄宗〕時右相李林甫怙權用事，志謀不利於東儲，以除不附己者，而鉷有吏幹，倚之轉深，以爲己用。既爲户口色役使，時有敕給百姓一年復。鉷即奏徵其脚錢，廣張其數，又市輕貨，乃甚於不放。輸納物者有浸漬，折估皆下本郡徵納。又敕本郡高户爲租庸脚士，皆破其家産，彌年不了。恣行割剥，以媚於時，人用嗟怨。古制，天子六宫，皆有品秩高下，其俸物因有等差。唐法沿於周、隋，妃嬪宫官，位有尊卑，亦隨其品而給授，以供衣服鉛粉之費，以奉於宸極。玄宗在位多載，妃御承恩多賞賜，不欲頻於左右藏取之。鉷探旨意，歲進錢寶百億萬，便貯於内庫，以恣主恩錫賚。鉷云：此是常年額外物，非征税物。玄宗以爲鉷有富國之術，利於王用，益厚待之。丁嫡母憂，起復舊職，使如故。

《舊唐書》卷一二三《第五琦傳》 第五琦，京兆長安人。少孤，事

兄華，敬順過人。及長，有吏才，以富國強兵之術自任。天寶初，事韋堅，堅敗貶官。累至須江丞，時太守賀蘭進明甚重之。會安禄山反，進明遷北海郡太守，奏琦爲録事參軍。禄山已陷河間、信都等五郡，進明未有戰功，玄宗大怒，遣中使封刀促之，曰：收地不得，即斬進明之首。進明惶懼，莫知所出，琦乃勸令厚以財帛募勇敢士，出奇力戰，遂收所陷之郡。令琦奏事，至蜀中，琦得謁見，奏言：方今之急在兵，兵之強弱在賦，賦之所出，江淮居多。若假臣職任，使濟軍須，臣能使賞給之資，不勞聖慮。玄宗大喜，即日拜監察御史，勾當江淮租庸使。尋拜殿中侍御史。尋加山南等五道度支使，促辦應卒，事無違闕。遷司金郎中、兼御史中丞，使如故。於是創立鹽法，就山海井竈收榷其鹽，官置吏出糶。其舊業户并浮人願爲業者，免其雜徭，隸鹽鐵使，盜煑私市罪有差。百姓除租庸外，無得横賦，人不益税而上用以饒。遷户部侍郎、兼御史中丞，專判度支，領河南等道支度都勾當轉運租庸鹽鐵鑄錢、司農太府出納、山南東西江西淮南館驛等使。

乾元二年，以本官加同中書門下平章事。初，琦以國用未足，幣重貨輕，乃請鑄乾元重寶錢，以一當十行用之。及作相，又請更鑄重輪乾元錢，一當五十，與乾元錢及開元通寶錢三品並行。既而穀價騰貴，餓殣死亡，枕藉道路，又盜鑄争起，中外皆以琦變法之弊，封奏日聞。乾元二年十月，貶忠州長史，既在道，有告琦受人黄金二百兩者，遣御史劉期光追按之。琦對曰：二百兩金十三斤重，忝爲宰相，不可自持。若其付受有憑，即請準法科罪。期光以爲此是琦伏罪也，遽奏之，請除名，配流夷州，馳驛發遣，仍差綱領送至彼。

《舊唐書》卷一三〇《崔造傳》 〔德宗時〕造久從事江外，嫉錢穀諸使罔上之弊，乃奏天下兩税錢物，委本道觀察使、本州刺史選官典部送上都；諸道水陸運使及度支、巡院、江淮轉運使等並停；其度支、鹽鐵，委尚書省本司判；其尚書省六職，令宰臣分判。乃以户部侍郎元琇判諸道鹽鐵、榷酒等事；户部侍郎吉中孚判度支及諸道兩税事；宰臣齊映判兵部承旨及雜事；宰臣李勉判刑部；宰臣劉滋判吏部、禮部；造判户部、工部。又以歲飢，浙江東西道入運米每年七十五萬石，今更令兩税折納米一百萬石，委兩浙節度使韓滉運送一百萬石至東渭橋；其淮南濠壽旨米、洪潭屯米，委淮南節度使杜亞運送二十萬石至東渭橋。諸道有鹽鐵處，依舊置巡院勾當；河陰見在米及諸道先付度支、巡院般運在路錢物，委度支依前勾當，其未離本道者，分付觀察使發遣，仍委中書門下年終類例諸道課最聞奏。

《舊唐書》卷一三五《李實傳》 貞元十九年，爲京兆尹，卿及兼官如故。尋封嗣道王。自爲京尹，恃寵強愎，不顧文法，人皆側目。二十年春夏旱，關中大歉，實爲政猛暴，方務聚斂進奉，以固恩顧，百姓所訴，一不介意。因入對，德宗問人疾苦，實奏曰：今年雖旱，穀田甚好。由是租税皆不免，人窮無告，乃徹屋瓦木，賣麥苗以供賦斂。優人成輔端因戲作語，爲秦民艱苦之狀云：秦地城池二百年，何期如此賤田園，一頃麥苗伍石米，三間堂屋二千錢。凡如此語有數十篇。實聞之怒，言輔端誹謗國政，德宗遽令決殺。當時言者曰：瞽誦箴諫，取其詼諧以託諷諫，優伶舊事也。設謗木，採芻蕘，本欲達下情，存諷議，輔端不可加罪。德宗亦深悔，京師無不切齒以怒實。【略】

二十一年，有詔蠲畿内逋租，實違詔徵之，百姓大困，官吏多遭笞罰，剥割掊斂，聚錢三十萬貫，胥吏或犯者，即按之。有乞丐絲髮固死，無者，且曰死亦不屈，亦杖殺之。京師貴賤同苦其暴虐。順宗在諒闇逾月，實斃人於府者十數，遂議逐之，乃貶通州長史。制出，市人皆袖瓦石投其首；實知之，由月營門自苑西出，人人相賀。後遇赦量移虢州，在道卒。

《舊唐書》卷一四八《李吉甫傳》 〔憲宗〕五年冬，裴垍病免。明年正月，授吉甫金紫光禄大夫、中書侍郎、平章事、集賢殿大學士、監修國史、上柱國、趙國公。及再入相，請減省職員并諸色出身胥吏等，及量定中外官俸料，時以爲當。京城諸僧有以莊磑免税者，吉甫奏曰：錢米所徵，素有定額，寬緇徒有餘之力，配貧下無告之民，必不可許。憲宗乃止。又請歸普潤軍於涇原。

七年，京兆尹元義方奏：永昌公主準禮令起祠堂，請其制度。初貞元中，義陽、義章二公主咸於墓所造祠堂一百二十間，費錢數萬；及永昌之制，上令義方減舊制之半。吉甫奏曰：伏以永昌公主，稚年夭枉，舉代同悲，況於聖情，固所鍾念。然陛下猶減制造之半，示折衷之規，昭

儉訓人，實越今古。臣以祠堂之設，禮典無文，德宗皇帝恩出一時，事因習俗，當時人間不無竊議。昔漢章帝時，欲爲光武原陵、明帝顯節陵各起邑屋，東平王蒼上疏言其不可。東平王即光武之愛子，明帝之愛弟。賢王之心，豈惜費於父兄哉！誠以非禮之事，人君所當慎也。今者，依義陽公主起祠堂，臣恐不如量置墓户，以充守奉。翌日，上謂吉甫曰：卿昨所奏罷祠堂事，深愜朕心。朕初疑其冗費，緣未知故實，是以量減。覽卿所陳，方知無據。然朕不欲破二十户百姓，當揀官户委之。吉甫拜賀。上曰：卿，此豈是難事。有關朕身，不便於時者，苟聞之則改，此豈足多耶！卿但勤匡正，無謂朕不能行也。

《舊唐書》卷一四九《歸融傳》 融，進士擢第，自監察拾遺入省，拜工部員外郎，遷考功員外。六年，轉工部郎中，充翰林學士。八年，正拜舍人。九年，轉户部侍郎。開成元年，兼御史中丞。湖南觀察使盧周仁違敕進羨餘錢十萬貫。融奏曰：天下一家，何非君土？中外財賦，皆陛下府庫也。周仁輒陳小利，妄設異端，言南方火災，恐成灰燼，進於京國，姑徇私誠。入財貨以希恩，待朝廷而何淺。臣恐天下放效，以羨餘爲名，因緣刻剥，生人受弊。周仁請行重責，以例列藩。其所進錢，請還湖南，代貧下租稅。詔周仁所進於河陰院收貯，以備水旱。金部員外郎韓益判度支案，子弟受人賂三千餘貫，半是擬贓。上問融曰：韓益所犯與盧元中、姚康孰甚？對曰：元中與康枉破官錢三萬餘貫，益所取受人事，比之殊輕。乃貶梧州司户。

《舊唐書》卷一六四《王播傳》 播至淮南，屬歲旱儉，人相啖食，課最不充，設法掊斂，比屋嗟怨。【略】

時揚州城内官河水淺，遇旱即滯漕船，乃奏自城南閶門西七里港開河向東，屈曲取禪智寺橋通舊官河，開鑿稍深，舟航易濟，所開長一十九里，其工役料度，不破省錢，當使方圓自備，而漕運不阻。後政賴之。

《舊唐書》卷一七二《李石傳》 開成元年，改元，大赦。石等商量節文，放京畿一年租稅，及正、至、端午進奉，並停三年，其錢代充百姓紐配錢。諸道除藥物、口味、茶菓外，不得進獻。諸司宣索製造，並停三年。赦後，紫宸宣對，鄭覃曰：陛下改元御殿，全放京畿一年租稅，又停天下節鎮進奉。恩澤所該，實當要切。近年赦令，皆不及此。上曰：朕務行其實，不欲崇長空文。石對曰：赦書須内置一本，陛下時省覽之。十道黜陟使發日，付與公事根本，令與長吏詳擇施行，方盡利害之要。石以從前德音雖降，人君不能守，姦吏從而違之，故有内置之奏以諷之。

尋加中書侍郎、集賢殿大學士，領鹽鐵轉運使。上御紫宸論政曰：爲國之道，致治甚難。石對曰：朝廷法令行則易。臣聞文王陟降在上，陛下推赤誠，上達于天，何憂不治？上又曰：治亂由人邪正，由時運耶？鄭覃對曰：由聖帝，由忠臣，是由人也。石曰：亦由時運。九廟聖靈，鍾德於陛下，時也；陛下行己之道，則是由人。而前代帝王甚有德者，當亂離無奈何之際，又安得不推運耶？帝曰：卿言是也。

《舊唐書》卷一九〇下《文苑傳・唐扶》 扶字雲翔，元和五年進士登第，累佐使府。入朝爲監察御史，出爲刺史。大和初，入朝爲屯田郎中。五年，充山南道宣撫使，至鄧州，奏：内鄉縣行市、黄澗兩場倉督鄧琬等，先主掌湖南、江西運到糙米，至淅川縣於荒野中囤貯，除支用外，六千九百四十五石，裛爛成灰塵。度支牒徵元掌所由，自貞元二十年，鄧琬父子兄弟至玄孫，相承禁繫二十八年，前後禁死九人。今琬孫及玄孫見在枷禁者。敕曰：如聞鹽鐵、度支兩使，此類極多。其鄧琬等四人，資産全已賣納，禁繫三代，瘐死獄中，實傷和氣。鄧琬等並疏放。天下州府監院如有此類，不得禁經三年已上。速便疏理以聞。物議嘉扶有宣撫之才。俄轉司勳郎中。八年，充弘文館學士，判院事。九年，轉職方郎中，權知中書舍人事。開成初，正拜舍人，踰月，授福州刺史、御史中丞、福建團練觀察使。四年十一月，卒于鎮。

扶佐幕立事，登朝有名，及廉問甌、閩，政事不治。身殁之後，僕妾争財，詣闕論訴，法司按劾，其家財十萬貫，歸於二妾。又嘗枉殺部人，爲其家所訴。行己前後不類，時論非之。

（宋）王溥《唐會要》卷二六《待制官》 大曆十四年六月八日，門下侍郎崔祐甫奏：伏以先天二年，令羣臣直日待制，以備顧問。自今已後，准元敕文官一品以下，更直待制。待奏事官盡退，然後趨出，便于兩廊賜食，待進止，至酉時後放。陛下閒暇之際，時有召問，庶或上裨聖政。奉敕：宜依。其待制官，每日未時放歸。至建中二年五月二日敕：宜令中書門下兩省，分置待制官三十員。仍于見任前資及同正兼試九品已

上官中，簡擇文學理道、兵鋒法度優深者，具名聞奏。度支據品秩，量給俸錢。并置本收利供廚料。所須幹力、什器、廳宇等，并計料處分。左拾遺史館修撰沈既濟上疏論之曰：伏以陛下今日之理，患在官煩，不患員少，患在不問，不患無人。且中書門下尚書官，自常侍、諫議、補闕、拾遺總四十員，及常參待制之官，日有兩人，皆備顧問，亦不少矣。中有二十一員，尚闕人未充。他司缺職。累倍其數。陛下若謂見官非才，不足以議，則當選求能者，以待其人。若欲廣務聰明，畢收淹滯，則當擇其可者，先補缺員。則朝無曠官，俸不徒費。且夫置錢息利，是有司權宜，非陛下經理之法。今官三十員，皆給俸錢。幹力、廚料、什器、建造庭宇，約計一月，不減百萬。以他司息利準之，當以錢二千萬爲之本，方獲百萬之利。若均本配人，當復除二百户。反復計之，所損滋甚。當今關輔大病，皆爲百司息錢。傷人破產，積于府縣。實思改革，以正其源。又臣常計天下財賦耗斁之大者，唯二事焉。最多者兵資，次多者官俸。其餘雜費，十不當二事之一。所以黎人重困，杼軸猶空。方期緝熙，必藉裁减。豈俾閑官，復爲冗食。藉舊而置，猶可苟也。若之何加焉。疏奏，從之。

（宋）王溥《唐會要》卷二七《行幸》 貞元三年十二月，上獵于新店，幸野人趙光奇家。問曰：百姓樂乎？對曰：不樂。上曰：仍歲頗稔，何不樂乎？對曰：蓋由陛下詔令不信于人，所以然也。前詔云：于兩税之外，悉無他徭。今非兩税，而誅求者殆過之。後詔云：和糴于百姓，曾不識一錢而强取之。始云所糴粟麥，納于道次；今則遣致于京西。破產奉役，不能支也。百姓愁苦如此，何有于樂乎？雖頻降優恤之詔，而有司多不奉之。亦恐陛下深在九重，未之知也。上感異之，因詔復除其家。

（宋）王溥《唐會要》卷二九《節日》 八年正月詔：在京宗室，每年三節，宜集百官列宴會。若大選集，賜錢一百千；非大選集，錢三分減一。又詔：三節宴集，先已賜諸衛將軍錢。其率府已下，可賜錢百千。

（宋）王溥《唐會要》卷二九《追賞》 開元十八年正月二十九日敕百官不須入朝，聽尋勝游宴，衛尉供帳，太常奏集，光禄造食。自宰臣及供奉官、嗣王、郡王、諸司長官、少卿、少監、少尹、左右丞、侍郎、郎官，御史、朝集史，皆會焉。因下制曰：自春末以來，每至假日，百司及朝集使，任追游賞。至十九年二月八日，敕至春末以來，每至假日，宜準去年正月二十九日敕：賜錢造食，任逐游賞。至二十年二月十九日，許百僚于城東官亭尋勝。因置檢校尋勝使，以厚其事。至二十五年正月七日赦文，朝廷無事，天下大和。百司每旬節休假，竝不須親職事，任追勝爲樂。至天寶十載正月十七日敕：自今以後，非惟旬及節假，百官等曹務無事之後，任追游宴樂。至十四年三月一日，許常參官分日入朝，尋勝宴樂。二十二年六月敕：自今以後，宜聽五日一辰，盡其歡宴，餘兩日但休假而已。任用當處公廨，不得別更科率，兼有宰殺採捕等。天寶八載正月敕：今朝廷無事，思與百辟同兹宴賞。其中書門下，及百官等，共賜絹二萬匹。其外官取當處官物，量郡大小，及官人多少，節級分賜。至春末以來，每旬日休假，任各追勝爲樂。

（宋）王溥《唐會要》卷二九《追賞》 四年九月二日敕：正月晦日、三月三日、九月九日、前件三節日，宜任文武百僚，擇地追賞爲樂。每節，宰相以下及常參官，共賜錢五百貫；翰林學士，共賜一百貫；左右神威、神策、龍武等三軍，共賜一百貫；金吾、英武、威遠及諸衛將軍，共賜二百貫；各省諸道奏事官，共賜一百貫。委度支每節前五日，准此數支付。仍從本年九月九日起給。永爲定制。

（宋）王溥《唐會要》卷五九《尚書省諸司·度支使》 乾元元年，第五琦除度支郎中，河南五道度支使。五年十二月，吕諲除兵部侍郎，同中書門下平章事，充句當度支使。上元元年五月，劉晏除户部侍郎，句當度支使。元年建子月，元載除户部侍郎，句當度支使。

貞元元年二月，韓滉加度支使。五年二月，竇參同中書門下平章事，充度支使，八年三月停。

建中元年五月十七日，度支奏，諸色錢物，及鹽井利等，伏緣財賦，新有釐革，支計闕供，在臣職司，夙夜憂負。今後望指揮諸州，若不承度支文牒，輒有借使，及擅租賃迴換，本州府録事參軍，本縣令專知官，並請同入己枉法贓科罪，庶物無乾隱，事有條流。其應合徵收諸色錢物所由官，有違程限，致闕軍須，請停給禄料。敕旨，依奏。其年八月，宰相楊炎論奏曰：夫財賦，邦國之大本，生人之喉命，天下治亂輕重，皆由焉，

是以前代歷選重臣主之，猶懼不集，往往覆敗，大計一失，則天下搖矣，先朝權制，內臣領其職，以五尺宦豎，操邦國之本，豐儉盈虛，雖大臣不得知，無以計天下利害。臣愚待罪宰輔，陛下至德，惟民是恤，參校蠹弊，無斯之甚，請出之以歸有司，然後可以議政。上然之，詔令後財賦，皆歸在藏庫，一用舊式，每歲量進三五十萬入大盈，而度支先以全數聞奏。初，國家舊制，天下財賦，皆納於左藏庫，而太府四時以聞奏，尚書比部覆其出入，上下相轄，無甚失誤。及第五琦爲度支鹽鐵使，時京師多豪將，求取無節，琦不能禁，乃悉以租賦進入大盈內庫，以中人主之意，天子以取給爲便，故不復出，是以天下公賦，爲人君私積，有司不得窺其多少，國用不能計其贏縮。迨二十年，中官以冗名持簿書領其事者三百人，皆奉給其閒，連結根固，不可動。及炎作相，片言復之，中外稱美焉。

貞元初，度支杜佑，讓錢穀之務，引李巽自代，先是，度支以制用惜費，漸權百司之職，廣置吏員，繁而難理，佑始奏營繕歸之將作，木炭歸之司農，染練歸之少府，綱條頗整，公議多之。

二年十二月，度支奏，請於京城及畿縣行榷酒法，每斗榷一百五十文，其酒户並蠲免雜役，從之。

永貞元年八月，度支使奏，當司別貯庫，往年裴延齡領使務，始奏置之，只將正庫物，減充別貯，唯是虛言，更無實益，又創置官典守等，不免加彼料糧，伏請併入正庫，庶事且費省，從之。

元和十四年六月，判度支皇甫鎛奏，諸道州府監院，每年送上都兩稅榷酒鹽利支放米價等疋段，加估定數，從之。給事中崔植抗論，以爲用兵歲久，百姓凋弊，往者雖估逾其實，不可復追，疏奏不從。

長慶二年三月，以鴻臚卿判度支張平叔爲户部侍郎，依前判度支，時幽鎮行營諸軍，以出境仰給度支者，十五萬餘人。魏博滄景之師，皆壓賊境而壘，亦籍兵數徵。計司所給，自河北置供軍院，其布帛衣賜，往往不至供軍院，遽爲諸軍強見驅奪，懸師前鬬者反無支給，其饋餉主吏，由此得罪者，前後相次，平叔知國用空乏，遂以邪計，得司邦賦。至是又寵之地卿，然竟無術以救其闕，驟塵顯級，人皆罪之。未幾，又上言度支所管榷鹽舊法，爲弊年深，臣今官中自糶鹽法，可以富國強兵，勸農積貨，疏其利害十八條，詔下其奏，令公卿議之，中書舍人韋處厚抗論不可，以平叔條制不周，經畫未盡，以爲利者反害，以爲簡者至煩，乃即其條目，隨以設難，事多不載。末云，臣竊以古人云，利不百，不變法，功不十，不易器，改更之事，自古所難。臣於平叔無讎，所陳者非挾情，所議者歸利害，唯聖主獨斷歸於至公，然強人之所不能，事必不立，禁人之所必犯，法必不行。臣嘗爲開州刺史，當時被鹽監吏人，橫擾官政，亦欲鹽歸州縣，總領其權，常試研求，事有不可。蓋以設法施行，須徇風俗，或東州便，即西州害，或南州易，即北州難。且據山南一道明之，興元巡管，不用見錢，山谷貧人，隨土交易，布帛既少，食物隨時，市鹽者或一斤麻，或一兩絲，或蠟或漆，或魚或雞，瑣細叢雜，皆因所便，今逼之布帛，則俗且不堪其弊，官中貨之以易絹，則勞而無功，伏惟聖慮裁擇。時平叔輕巧恃恩，自謂言無不允，及處厚駁奏，上賢之，稱善，令示平叔，詞屈，其法遂罷。

會昌六年十一月，刑部尚書判度支崔元式奏，諸道所出次弱綾絹紗等，宜令禁斷，其舊織並不得行使，仍令所在官中收納，如更織造，買賣同罪。

咸通八年十月，户部判度支崔彦昭奏，當司應收管江淮諸道州府今年已前兩稅榷酒諸色屬省錢。准舊例，逐年商人投狀便換，自南蠻用兵以來，置供軍使，當司在諸州府場院錢，猶有商人便換，賚省司便換文牒，至本州府請領，皆被諸州府稱准供軍使指揮占留，以此商人疑惑，乃致當司支用不充。乞下諸道州府場監院，依限送納，及給還商人，不得託稱占留。從之。

（宋）王溥《唐會要》卷五九《尚書省諸司·別官判度支》 開元二十二年九月，蕭炅除太府少卿，知度支事。二十三年八月，李元祐除太府少卿，知度支事。天寶七載，楊釗除給事中，兼御史中丞，權判度支，貞元八年三月，户部尚書班宏，加專判度支。其年七月，司農少卿裴延齡，加權判度支。十二年三月，改爲户部尚書，判度支。九月，蘇弁除度支郎中，兼御史中丞，副知度支。貞元已前，他官來判者甚衆，自後多以尚書侍郎主之，別官兼者希矣。故事，度支按，郎中判入，員外判出，侍郎總統押案而已，官銜不言事判度支，開元以後，時事多故，遂有他官來判

者，或尚書侍郎專判，乃曰度支使，或曰判度支使，或曰知度支事，或曰句當度支使，雖名稱不同，其事一也。建中初，欲使天下錢穀，皆歸金部倉部，終亦不行。

（宋）王溥《唐會要》卷五九《尚書省諸司・度支郎中》　隋爲度支郎。武德初，加中字。龍朔二年，改爲司度大夫。咸亨元年，復爲度支郎中。

（宋）王溥《唐會要》卷五九《尚書省諸司・度支員外郎》　開元二十四年三月六日，户部尚書同中書門下三品李林甫奏，租庸丁防，和糴雜支，春綵税草諸色旨符，承前每年一造，據州府及諸司計，紙當五十餘萬張，仍差百司抄寫，事甚勞煩，條目既多，計檢難遍，緣無定額，支税不常，亦因此涉情，兼長奸僞。臣今與採訪使朝集使商量，有不穩便於人，非當土所出者，隨事沿革，務使允便，即望人知定準，政必有常，編成五卷以爲常行旨符，省司每年但據應支物數，進書頒行，每州不過一兩紙，仍附驛送。敕旨，依。

貞元十二年九月，以倉庫郎中判度支案蘇弁，授度支郎中副知度支事，仍命立於正郎之首，有副知之號，自弁始也。

元和三年十月，度支使鄭元奏，當司判案郎官，先有六員，今請用四員爲定，從之。

四年十一月，加度支判案郎官一員。

長慶三年十二月，度支奏，主客員外郎判度支案白行簡，前以當司判案郎官刑部郎中韋詞，近差使京西句當和糴，遂請白行簡判案，今韋詞卻回，其白行簡合歸本司，伏以判案郎官，比有六人，近或止四員，伏請更置郎官一員判案，留白行簡充，敕旨，依奏。

（宋）王溥《唐會要》卷五九《尚書省諸司・鑄錢使》　開元二十五年二月，監察御史羅文信，充諸道鑄錢使。天寶三載九月，楊慎矜除御史中丞，充鑄錢使。四載十一月，度支郎中楊釗，充諸道鑄錢使。上元元年五月，劉晏除户部侍郎，充句當鑄錢使。其年五月二十五日，殿中監李輔國，加京畿鑄錢使。寶應元年六月二十八日，劉晏又除户部侍郎，充句當鑄錢使。廣德二年正月，第五琦除户部侍郎，充諸道鑄錢使。其年六月三日，禮部尚書除兼御史大夫李峴，充江南西道句當鑄錢使。永泰元年正月十三日，劉晏充東都淮南浙東西湖南山南東道鑄錢使，第五琦充京畿關内河東劍南山南西道鑄錢使。大歷四年三月，劉晏除吏部尚書，充東都河東淮南山南東道鑄錢使，五年三月二十六日停。

（宋）王溥《唐會要》卷五九《尚書省諸司・出納使》　開元二十六年九月，侍御史楊慎矜，充太府出納使。天寶二年六月，殿中侍御史張瑄，充太府出納使。四載八月，殿中侍御史楊釗，充司農出納錢物使。六載三月，楊慎矜改户部侍郎，充兩京含嘉倉出納使。其載，楊釗替充兩京含嘉倉出納使。乾元元年，度支郎中第五琦，充兩京司農太府出納使。

（宋）王溥《唐會要》卷五九《尚書省諸司・比部郎中》　隋爲比部郎，唐因之。武德三年，加中字。龍朔二年，改爲司計大夫。咸亨元年，復爲比部郎中。

（宋）王溥《唐會要》卷五九《尚書省諸司・比部員外郎》　建中元年四月，比部狀稱，天下諸州及軍府赴句帳等格，每日諸色句徵，令所由長官録事參軍，本判官，據案狀子細句會，其一年句獲數，及句當名品，申比部。一千里已下，正月到，二千里已下，二月到，餘盡三月到盡，省司檢勘，續下州知，都至六月内結，數關度支，便入其年支用，旨下之後，限當年十二月三日内納足者，諸軍支使亦准此。又准大歷十二年六月十五日敕，諸州府請委當道觀察判官一人，每年專按覆訖，准限比部者，自去年以來，諸州多有不到，今請其不到州府，委黜陟使同觀察使計會句當，發遣申省，庶皆齊一，法得必行，敕旨，依奏。

貞元八年閏十二月十七日，尚書右丞盧邁奏，伏詳比部所句諸州，不更句諸縣，唯京兆府河南府，既句府並句縣，伏以縣司文案，既已申府，府縣並句，事恐重煩，其京兆府河南府，請同諸州，不句縣案，敕旨，依。

十一年正月制，令比部復舊敕句京兆留府税租。

長慶元年六月，比部奏，准制，諸道年終句帳，宜依承前敕例，如聞近日刺史留州數內，妄有減削，非理破使者，委觀察使風聞按舉，必重加科貶，以誡削減者，其諸州府，仍請各委録事參軍，每年據留州定額錢物數，破使去處，及支使外餘剩見在錢物，各具色目，分明造帳，依格限申比部，准常限，每限五月三十日都結奏。旨下之後，更送户部，若違限及

隱漏不申，録事參軍及本判官，並牒吏部使闕，敕旨，宜從。

太和四年九月，比部奏，准太和三年十一月十八日赦文，天下州府兩税，占留支用有定額，其殘欠羡餘錢物，並合明立條件，散下諸州府者，伏以德澤宏深，優裕郡國，申明舊敕，曉示新規，使其政有準繩，法無差繆，實天下幸甚。又諸州應有城郭，及公廨屋宇，器械舟車什物等，合建立修理，須創制添換。又當州或屬將校所由，有巡檢非違，追捕盜賊，須行賞勸，合給程糧者。又當州或百姓貧窮，納税不逮，須矜放要添貨額者。又當州遇年穀豐熟，要收糴貯，備以防災歉者，敕旨，宜依。

（宋）王溥《唐會要》卷五九《尚書省諸司·虞部郎中》 隋爲虞部郎。武德三年，加中字。龍朔二年，改司虞大夫。咸亨元年，復爲虞部郎中。

（宋）王溥《唐會要》卷五九《尚書省諸司·虞部員外郎》 大歷十四年八月，虞部奏，准式，山澤之利，公私共之者，比來除長春宮所收，占悋甚多，望令關内州府審勘頃畝，先均給貧下百姓，據厚薄節給輕税五分之一，徵納訖，市輕貨送上都，如所由輒有隱漏，及收管不盡，並請准條科罪，敕旨，依奏。

（宋）王溥《唐會要》卷六四《史館下》 其年閏十月，集賢殿大學士中書侍郎平章事武元衡奏。以廚料欠少，更請本錢一千貫文，收利充用。置捉錢四人。其所置請用直官。及寫御書各兩員，每員捉錢二百五十貫文。爲定額。即免額外置人。敕旨：已配捉錢人，宜至年滿准舊例處分。其闕便停，不得更補。餘依奏。

（宋）王溥《唐會要》卷六九《刺史下》 其年十二月，中書門下奏：諸州刺史，仰到任後一季以來，尋訪凋瘵之由，搜求疾苦之本。兩季以後，可以周知。伏以古之報政，備在典章。後代因循，曾無實效。今請觀察使刺史到任一年，即悉具釐革制置諸色公事，逐件分析聞奏，并申中書門下。視其所司，真僞自分，才能可辨。事有可行者，著爲令典，使久遵守。既欲責其潔己，須令俸禄少充。以厚薄不同，等級無制，致使俸薄者無人願去，禄厚者終日爭先。應中下州司馬，與軍事俸料，共不滿一百千者，請添至一百千。其上中州不滿一百五十千者，請添至百五十千。其雄望州不滿二百千者，請添二百千。其先過者，仍舊。並於軍事雜錢中，方圓置本收利充給。如别帶使額者，並依舊。不在添限。其無明文，額外徵求；或送故迎新，廣爲率斂；或因徵發頓近，横有破除，皆是貧户出錢，惟使姦人得計。其他侵擾，色目至多。不問公私，一切禁斷。

（宋）王溥《唐會要》卷七九《諸使下》 其年四月敕：如聞朝臣出使外藩，皆有遺賂。是修敬上之心。或少或多，號爲人事。從前如此，率爲常例。今邊上受命撫戎，類須發使。若每使許循舊例，則十方竟至困窮。如事前不與繩檢，又使臣難爲辭拒。其出使朝廷邊上，一物以上，並不得受領。卻到京後，方鎮亦不得輒寄附。

（宋）王溥《唐會要》卷七九《諸使下》 六年十二月，中書門下奏：應諸道節度使、觀察、團練使、防禦、經略等使，所請俸料、職田禄粟，時服雜給、並諸色人事用度等，先奉聖旨，令條流奏來者。伏以藩鎮之任，寄切分憂；一方慘舒，繫在長吏。近者，所在軍府，多稱窮空。因緣增添，費用滋廣。不遵往例，唯徇人情。物力既困于公家，誅斂終歸于百姓。稍能釐革，裨益實多。置使之初，必有定額。歲月深遠，或多改更。望令諸道帥臣及長吏，各詢訪事例，檢尋簿書。其間苟踰舊規，及有新置，並宜除去。務在至公。于軍府州鎮經營利綱等項，相承既久，併絶則難。相害于人，亦宜禁止。奉敕：宜依。

（宋）王溥《唐會要》卷八三《租税上》 舊制，凡賦役之制有四：一曰租，二曰調，三曰役，四曰雜徭。開元二十三年敕，以爲今天下無事，百姓徭役，務從減省，遂減諸司色役一十二萬二百九十四人。

武德二年二月十四日制，每丁租二石，絹二丈，綿三兩，自茲以外，不得横有調斂。

七年三月二十九日，始定均田賦税，凡天下丁男，給田一頃；篤疾廢疾，給四十畝；寡妻妾，三十畝；若爲户者，加二十畝；所授之田，十分之二分爲世業，餘以爲口分，世業之田，身死則承户者授之，口分則收入官，更以給人。每丁歲入粟二石，調則隨鄉土所產，綾絹絁各二丈，布加五分之一。輸綾絹絁者，兼調綿三兩；輸布者，麻三觔。凡丁，歲役二旬，若不役，則收其傭，每日三尺，有事而加役者，旬有五日，免其調，三旬則租調俱免，通正役不過五十日。若夷獠之户，皆從半税。凡水旱蟲傷爲災，十分損四已上，免租；損六已上，免調；損七已上，課役

俱免。

貞觀十一年，侍御史馬周上疏曰：自古明王聖主，雖因人設教，寬猛隨時，而大要惟以節儉於身，恩加於人，二者是務。今百姓承喪亂之後，比于隋時，纔十分之一，而供官徭役，道路相繼，兄去弟還，首尾不絶，春秋冬夏，略無休時。陛下雖每有恩詔，令其減省，而有司作既不廢，自然須人，徒行文書，役之如故。臣每訪問，四五年來，百姓頗有嗟怨之言，以爲陛下不存養之。今京師及益州諸處，營造供奉器物，並諸王之服飾，議者皆不以心儉。陛下少處人間，知百姓辛苦，前代成敗，目所親見，而猶如此，而皇太於生長深宮，不更外事，萬歲之後，固聖心所當憂也。凡修政教，當修之於可修之時，若事變一起，而後悔之，則無益也。故人主每見前代之亡，則知其政教之所由喪，而皆不知其身之失，是以殷紂笑夏桀之亡，而幽厲亦笑殷紂之滅。京房云，後之視今，亦猶今之視古，此言不可不誡也。往者，貞觀之初，率土荒儉，一匹絹纔得一斗粟，而天下帖然。百姓知陛下憂憐之，故人人自安，曾無怨讟，自五六年來，頻歲豐稔，一匹絹得粟十餘石，百姓皆以爲陛下不憂憐之，咸有怨言，以今所營爲者，頗多不急之務故也。自古已來，國之興亡，不由蓄積多少，唯在百姓苦樂。且以近事驗之，隋室貯洛口倉，而李密因之；東都積布帛，而王世充據之；西京府庫，亦爲國家之用，至今未盡。向使洛口東都無粟帛，則王世充、李密，未必能聚大衆。但積貯者，固是有國之常事，要當人有餘力，而後收之，豈人勞而强斂之，更以資寇，積之無益也。然儉以息人，貞觀之初，陛下以躬爲之，故今行之不難也。若人既勞矣，而用之不息，倘中國被水旱之災，邊方有風塵之警，狂狡因之以竊發，則有不可測之事矣。以陛下之明誠，欲勵精爲政，不煩遠求上古之術，但返貞觀之初，則天下幸甚。

永淳元年，太常博士裴守真上表曰：夫穀帛者，非造化不育，非人力不成，一夫之耕，纔兼數口，一婦之織，不贍一家。賦調所資，軍國之急，煩徭細役，並出其中。黠吏因公以貪求，豪强恃私而逼掠，以此取濟，民無以堪。又以征戍闊遠，土木興作，丁匠疲於往來，餉饋勞於轉運，微有水旱，道路遑遑，豈不以課税殷繁，素無儲積故也。夫大府積天下之財，而國用有缺；少府聚天下之伎，而造作不息；司農治天下之粟，而倉庾不充；太僕掌天下之馬，而中厩不足。此數司者，役人有萬數，費損無限極，調廣人竭，用多獻少，奸僞由此而生，黎庶緣斯而苦，此有國之大患也。

開元八年正月二十日敕：頃者，以庸調無憑，好惡須準，故遣作樣，以頒諸州，令其好不得過精，惡不得至濫，任土作貢，防源斯在，而諸州送物，作巧生端，苟欲副於斤兩，遂則加其丈尺，至有五丈爲匹者，理甚不然，闊一尺八寸，長四丈，同文共軌，其事久行，立樣之時，亦載此數。若求兩而加尺，甚暮四而朝三，宜令所司簡閲，有踰于比年常例，丈尺過多，奏聞。

十六年七月敕：諸州租及地税等，宜令州縣長吏專勾當，依限徵納訖，具所納數，及徵官名品申省。如徵納違限，及檢覆不實，所由官並先與替，仍准法科懲。

二十二年五月十三日敕：定户之時，百姓非商户，郭外居宅，及每丁一牛，不得將入貨財數，其雜匠及幕士，並諸色同類有番役，合免征行者，一户之内，四丁已上，任此色役，不得過兩人，三丁已上，不得過一人。

其年七月十八日敕：自今已後，京兆府關内諸州，應徵庸調及資課，並限十月三日畢至。天寶三載二月二十五日赦文，每載庸調，八月徵收，農功未畢，恐難濟辦，自今已後，延至九月三十日爲限。

二十五年三月三日敕：關輔庸調，所税非少，既寡蠶桑，皆資菽粟，常賤糶貴買，損費逾深，又江淮苦變造之勞，河路增轉輸之弊，每計其運腳，數倍加錢。今歲屬和平，庶物穰賤，南畝有十千之獲，京師同水火之饒，均其餘以減遠費，順其便使農無傷。自今已後，關内諸州庸調資課，並宜准時價變粟取米，送至京，逐要支用。其路遠處，不可運送者，宜所在收貯，便充隨近軍糧。其河南河北，有不通水利，宜折租造絹，以代關中調課，所司仍明爲條件，稱朕意焉。

二十九年二月十二日敕：自今已後，應緣納物，或有濫惡者，更不徵折估，但明爲殿最，責在所由者，請准二十七年二月七日敕，起請條析處分。

天寶元年正月一日赦文：如聞百姓之内，有户高丁多，苟爲規避，

父母現在，乃別籍異居，宜令州縣勘會。其一家之中，有十丁已上者，放兩丁征行賦役，五丁已上者放一丁，即令同籍共居，以敦風教。其侍丁孝假，與免差科。

九載十二月敕：自今已後，天下兩税，其諸色輸納官典，受一錢已上，並同枉法贓論，官人先解見任，典正等先决四十，委採訪使巡察，若不能舉按者，採訪使別有處分。

廣德元年七月十一日制：一户之中，有三丁，放一丁，庸調地税依舊。

大歷四年正月十八日敕：天下及王公已下，自今已後，宜准度支長行旨條，每年税錢，上上户四千文，上中户三千五百文，上下户三千文，中上户二千五百文，中中户二千文，中下户一千五百文，下上户一千文，下中户七百文，下下户五百文。其現任官一品，准上上户税，九品准下下户税，餘品並准依此户等税。若一户數處任官，亦每處依品納税；其内外官，仍據正員及占額内闕者税；其試及同正員文武官，不在税限；其百姓有邸店行鋪及爐冶，應准式合加本户二等税者，依此税數勘責徵納；其寄莊户，准舊例從八等户税，寄住户從九等户税，比類百姓，事恐不均，宜各遞加一等税；其諸色浮客及權時寄住户等，無問有官無官，亦所在爲兩等收税；稍殷有者，准八等户税，餘准九等户税，如數處有莊田，亦每處納税；諸道將士莊田，既緣防禦勤勞，不可同百姓例，並一切從九等輸税。

八年正月二十五日敕：青苗地額錢，天下每畝率十五文，以京師煩劇，先加至三十文。自今已後，宜准諸州每畝十五文。

十四年五月，内莊宅使奏：州府没入之田，有租萬四千餘斛，官中主之爲冗費。上令分給所在，以爲軍儲。

建中元年正月五日赦文：宜委黜陟使與觀察使及刺史轉運所由，計百姓及客户，約丁産，定等第，均率作，年支兩税，如當處土風不便，更立一限，其比來徵科色目，一切停罷，至二月十一日起請條請，令黜陟觀察使及州縣長官，據舊徵税數，及人户土客定等第錢數多少，爲夏秋兩税。其鰥寡惸獨不支濟者，准制放免，其丁租庸調，並入兩税，州縣常存丁額，准式申報，其應科斛斗，請據大歷十四年見佃青苗地額均税，夏税六月内納畢，秋税十一月内納畢，其黜陟使每道定税訖，具當州府應税都數，及徵納期限，並支留合送等錢物斛斗，分析聞奏，並報度支，金部，倉部，比部。其月，大赦天下，遣黜陟使觀風俗，仍與觀察使刺史計人産等級爲兩税法，此外斂者，以枉法論。

其年八月，宰相楊炎上疏奏曰：國家初定令式，有租賦庸調之法，至開元中，元宗修道德，以寬仁爲治本，故不爲版籍之書，人户寖溢，隄防不禁，丁口轉死，非舊名矣，田畝移换，非舊額矣，貧富升降，非舊第矣，户部徒以空文，總其故書，蓋非得當時之實。舊制，人丁戍邊者，蠲其租庸，六歲免歸，元宗方事夷狄，戍者多死不返，邊將怙寵而諱敗，不以死申，故其貫籍之名不除。至天寶中，王鉷爲户口使，方務聚斂，以丁籍且存，則丁身焉往，是隱課而不出耳。遂按舊籍，計除六年之外，積徵其家三十年租庸，天下之人，苦而無告，則租庸之法，弊久矣，迨至德之後，天下兵起，始以兵役，因之飢癘，徵求運輸，百役並作，人户凋耗，版圖空虚，軍國之用，仰給于度支轉運二使，四方大鎮，又自給於節度團練，使賦斂之司，增數而莫相統攝。於是綱目大壞，朝廷不能覆諸使，諸使不能覆諸州。四方貢獻，悉入内庫，權臣猾吏，緣以爲奸。或公託進獻，私爲贓盗者，動以萬計，有重兵處，皆厚自奉養，正賦所入無幾，吏之職名，隨人署置，俸給厚薄，由其增損，故科斂之名凡數百，廢者不削，重者不去，新舊仍積，不知其涯，百姓受命而供之，旬輸月送，無有休息，吏因其苛，蠶食於人。凡富人多丁，率爲官爲僧，以色役免，貧人無所入，則丁存，故課免於上，而賦增於下，是以天下殘瘁，蕩爲浮人，鄉居地著者，百不四五，如是者迨三十年，炎遂請作兩税法，以一其名，曰：凡百役之費，一錢之斂，先度其數，而賦於人，量出以制入，户無土客，以見居爲簿，人無丁中，以貧富爲差，不居處而行商者，在所州縣税三十之一，度所取與居者均，使無僥倖，居人之税，秋夏兩徵之，俗有不便者，正之，其租庸雜徭，悉省而丁額不廢，申報出入，如舊式，其田畝之税，率以大歷十四年墾田之數爲准，而均徵之，夏税無過六月，秋税無過十一月，逾歲之後，有户增而税减輕，及人散而失均者，進退長吏，而以度支總統之，德宗善而行之。

三年五月，初加税。時淮南節度使陳少游，請于當道兩税錢，每一千

加税二百，度支因請諸道悉如之。

貞元二年正月詔：天下兩税錢，委本州揀擇官典送上都，其應定色目程限腳價錢物，委度支條流聞奏。

四年正月一日赦文：其京兆府今年已後，准當府每年敕額，應合給用錢物斛斗及草者，宜便於兩税内比諸州府例剋留，免其重疊請受，餘送納度支，其河南府亦宜准此。

八年四月，劍南西川觀察使韋皋奏，請加税什二，以增給官吏，從之。

十二年十月，虢州刺史崔衍奏：所部多是山田，且當郵傳衝要，屬歲不稔，頗有流離，舊額賦租，特乞蠲減。臣伏見比來諸州，論百姓間事，患在長吏因循，不爲申請，不患陛下不優恤；患在申請不指實，不患朝廷不矜放。有以不言受譴者，未有以言得罪者。陛下授臣以疲民，臣用不敢迴顧。苟求自安，敢罄狂聲，上瀆聰聽，辭理切直，爲時所稱。

元和四年十二月，度支奏，諸州府應供上都兩税匹段，及留使留州錢物等，自元和四年已後，據州縣官正料錢，數内一半，任依省估例徵納見錢支給，仍先以都下兩税户合納見錢充。如不足，即於當州兩税錢内，據貫均配支給，其餘留使留州雜給用錢，即合委本州府並依送省輕貨中，估折納匹段充。如本户税錢校少，不成端匹者，任折納絲綿充數。如舊例徵納雜物斛斗支用者，即任准舊例處分，應帶節度觀察使州府，合送上都兩税錢，既須差綱發遣，其留使錢，又配管内諸州供送，事頗重疊，其諸道留使錢，各委節度觀察使，先以本州舊額留使及送上都兩税錢充，如不足，即於管内諸州兩税錢内，據貫均配，其諸州舊額供使錢，即隨夏税日限收，送上都度支收入，次年旨符，便爲定制。伏以諸道兩税，徵斂不常，閭井之間，頗聞困弊。臣今類會如前，敕旨，自今已後，送省及留使匹段，不得剥徵折估錢，其供軍醬菜等價直，合以留州使錢充者，亦令見錢匹段均納，仍具每州每使合納見錢數，及州縣官俸料内一半見錢數，同分析聞奏，仍使編入今年旨條，以爲常制，餘依。先是，方鎮皆以實估斂于人，虛估聞於上，宰相裴垍俾有司奏請釐革，今受其賜。

五年正月，度支奏：諸州府見錢，准敕宜於管内州據都徵錢數，逐貫均配，其先不徵見錢州郡，不在分配限，都配定一州見錢數，任刺史看百姓穩便處置，其敕文不加減者，即准州府所申爲定額，如于敕額見錢外，輒擅配一錢，及納物不依送省中估，刺史縣令録事參軍，請與節級科貶。

六年二月制：編户之征，既有藝極，字甿之要，當恤有無，苟徵斂之不時，則困弊之無日。近緣諸州送使錢物，迴充上供，合送使司，又立程限，所以每至歲首，給用無資，不免量抽夏税，新陳未接，營辦尤難，委觀察使且以供軍錢，方圓借使，輒不得量抽百姓，夏貢有差，先乎任土，周幣殊等，實在便民。近日所徵布帛，並先定物樣，一例作中估受納，精粗不等，退換者多，轉將貨賣，皆致損折，其諸道留使留州錢數内絹帛等，但得有用處，隨其高下約中估物價優饒與納，則私無棄物，官靡逋財，其所納見錢，仍許五分之中，量徵二分，餘三分兼納實估匹段。先是，天下百姓輸賦于府，一曰上供，二曰送使，三曰留州。自建中初定税，時貨重錢輕，是後貨輕錢重，齊人所出，固已倍其初征矣，其留州送使，所在長吏，又降省估使就實估，以自封殖，而重賦於人，及裴垍爲相，奏請天下留州送使物，一切令依省估，其所在觀察使，仍以其涖之郡租賦自給，若不足，然後許徵于支郡，其諸州送使額，悉變爲上供，故疲民稍息肩。

其年六月，令京兆府，其兩税宜以粟麥絲絹等折納。

十一年六月，京兆府奏：今年諸縣夏税，折納綾絹絁紬絲綿等，並請依本縣時價，祇定上中二等，每匹加饒二百文，綿每兩加饒二十文，其下等物，不在納限，小户本錢不足，任納絲綿斛㪷，須是本户，如非本户，輒合集錢買成匹段代納者，所由決十五，枷項令衆。敕旨，依奏。

十四年二月敕，如聞諸道州府長吏等，或有本任得替後，遂於當處買百姓莊園舍宅，或因替代情弊，便破定正額兩税，不出差科，今後有此色，並勒依元額爲定。

（宋）王溥《唐會要》卷八四《租税下》 元和十五年八月，中書門下奏：伏準今年閏正月十七日敕，令百僚議錢貨輕重者，今據羣官户部尚書楊於陵等，伏請天下兩税榷鹽酒利等，悉以布帛絲綿，任土所産物充税，並不徵見錢，則物漸重，錢漸輕，農人見免賤賣匹帛者。伏以羣官所議，事皆至當，深利公私，請商量付度支：據諸州府應徵兩税，供上都

及留州留使舊額。起元和十年以後，並改配端匹觔兩之物爲税額。如大歷以前租庸課調，不計錢，令其折納，使人知定制，供辦有常，仍約元和十五年徵納布帛等估價，其有舊納虛估物，與依虛估物迴計如舊納實估物，並見錢，即於端匹斤兩上，量加估價迴計，變法在長其物價，價長則永利公私，初雖微有加饒，法行即當就實，比舊給用，固利而不害，仍作條件處置，編入旨符，其鹽利酒利，本以榷率計錢，有殊兩税之名，不可除去錢額，但舊額中有令納見錢者，亦請令折納時估匹段，官既不專以錢爲税，人得以所產用輸，則錢貨必均其輕重，隴畝自廣于蠶織，便時惠下，庶得其宜，其土乏絲麻，或地連邊塞，風俗既異，賦入不同，請商量委所司裁酌，隨便宜處置。敕旨，宜依。

太和二年二月，興元尹王涯奏：興元府南鄭兩税錢額素高，每年徵科，例多懸欠，今請於管内四州均攤，代納二千五百貫文，配蓬州七百五十貫，集州七百五十貫，通州五百貫，巴州五百貫，敕旨，宜付所司。四年五月敕，劍南西川宣撫使諫議大夫崔戎奏，准詔旨制置西川事條，今與郭釗商量，兩税錢數内三分，二分納見錢，一分折納匹段，每二貫加饒百姓五百文，計一十三萬四千二百四十三貫文，依此曉諭百姓訖。經賊州縣，准詔三分減放一分，計減錢六萬七千六百二十貫文。不經賊處，先徵見錢令三分，一分折納雜物，計優饒百姓一十三萬。舊有税薑芋之類，每畝至七八百，徵斂不時，今併省税名，盡依諸處爲四限等第，先給户帖，餘一切名目敕停，敕旨，宜依。

六年，天平軍奏：請起元和七年，歲供兩税榷酒等錢十五萬貫，粟五萬石。自元和末，收復李師道十二州，朝廷不安反側，征賦所入，盡留贍軍，至是方歸王府。

開成二年二月敕節文，諸州府或遇水旱，有欠税額，合供錢物斛㪷，伏請委州縣長官，設法招攜，及召户承佃，其錢陸續填納。年終後，具歸復填補錢物數聞奏，並報度支，其刺史縣令得替，須代替人交割，仍須分明具見在土客户，交付後人，不得遞相推注，申破税錢，其所招之口，不得將當處大户，劈爲小户，别有配率。

四年十月，中書門下奏：准開成元年三月十日敕，宜令兩税州府，各於見任官中，揀擇清強長定綱，往來送，五萬至十萬爲一綱，綱官考滿，本州便與依資奏改，通計十年往來，優成與依資選，遷當處令録長馬如本州官資望無相當者，許優成奏他處官者，伏以諸道有上供兩税錢物者，大小計百餘處。舊例差州縣官充綱，亦不聞過有敗闕，若依敕以長定綱爲名，則命官不以才能，賦禄難憑僦運，況江淮財賦大州，每年差綱十餘輩，若令長定，則官員長占於此流。若祇取數人，綱運當虧其大半，臣等商量，長定綱起來年已後勒停，臣又准開成元年已前旨條，州縣官充綱送輕貨四萬已上，無欠少，不逾程限者，書上考，十萬減選一，其餘優獎，猶以稍輕，送二萬至五萬，依舊書上考，五萬至七萬，與減一選，七萬至十萬，減兩選，十萬至十五萬，減三選。如一度充綱，優勞未足，考秩之内，情願再差者，旨條先有約絶，此後望令開許。如年少及材質不當，但令准舊例，以課料資陪，不必一例依次差遣，其餘並望准前旨條處分，敕旨，宜依。

其年十二月，邕管經略使唐宏實，當管上供兩税錢一千四百七十三貫文，其見錢每年附廣州綱送納，敕，邕管兩税錢八百餘千，自令輸納，頗甚艱弊，宜委嶺南西道觀察使，每年與受領過易輕貨，附綱送省，其蹤運腳錢，仍令于放數内抽折。

會昌元年正月制：租斂有常，王制斯具，徵率無藝，齊民何依，内外諸州府百姓，所種田苗，率税斛㪷，素有定額，如聞近年長吏，不守法制，分外徵求，致使力農之夫，轉加困弊，亦有每年差官巡檢，勞擾頗深。自今已後，州縣每縣所徵科斛㪷，一切依額爲定，不得隨年檢責。數外如有荒閑陂澤山原，百姓有人力，能墾闢耕種，州縣不得輒問所收苗子，五年不在税限，五年之外，依例收税。於一鄉之中，先填貧户欠闕，如無欠闕，即均減衆户合徵斛㪷，但令不失元額，不得隨田加税，仍委本道觀察使每年秋成之時，具管内墾闢田地頃畝，及合徵上供留州若使斛㪷數，分析聞奏。如所奏數外，有隱納人户斛㪷，刺史已下，並節級重加懲貶，觀察使奏聽進止，仍令出使郎官御史，及度支鹽鐵知院官，訪察聞奏。

大中二年正月制：諸州府縣等納税，祇合先差優長户車牛，近者多是權要及富豪之家，悉請留縣輸納，致使單貧之人，卻須僱腳搬載。從今已後，其留縣並須先饒貧下，不支濟户，如有違越，節級官吏，量加

科殿。

四年正月制，其天下諸州府百姓，兩稅之外，輒不許分外更有差率，已頻申飭，尚恐因循，宜委御史臺切加糾察，其諸道州府應所徵兩稅匹段等物，並留州使錢物，納匹段虚實估價，及見錢，從前皆有定制，如聞近日或有於虚估匹段數内，徵實估物，及其間分數，亦不盡依敕條，宜委長吏，切加遵守，如有違越，必議科繩，本判官專知官當重懲責，又青苗兩稅，本繫田土，地既屬人，稅合隨去，從前赦令，累有申明，豪富之家，尚不恭守，皆是承其急切，私勒契書，自今已後，勒州縣切加覺察，如有此色，須議痛懲，其地仍便勒還本主，更不在論理價值之限。

六年三月敕，先賜鄭光鄠縣及雲陽縣莊各一所，府縣所有兩稅及差科色役，並特宜放者，中書門下奏，伏以鄭光是陛下元舅，寵待固合異等，然而據地出稅，天下皆同，隨户雜徭，久已成例，將務致治，實爲本根。近日陛下屢發德音，欲使中外畫一。凡在士庶，無不仰戴聖慈。今獨忽免鄭光莊田，則似稍乖前意。況征賦所入，經費有常，差使不均，怨嗟斯起，事雖至微，繫體則大。臣等備位台司，每承誡勵，苟有管見，合具啓陳，謹録奏聞，伏聽敕旨。奉批答，省所奏具悉，朕以鄭光元舅之尊，貴欲優異，令免征稅，初不細思，卿等列位股肱，每存匡益，事無大小，必竭公忠。況親戚之間，人所難議，苟非愛我，豈進嘉言，庶事能盡如斯，天下何憂不治，有始有卒，當共守之，省覽再三，良增慰悦，所奏宜體朕懷。

（宋）王溥《唐會要》卷八七《轉運鹽鐵總叙》 皇朝自武德永徽以後，姜行本，薛大鼎，褚朗，皆以漕運上言，然未能通濟。其後監察御史王師順，運晋絳之粟，於河渭之間，增置渭橋倉，自師順始也。

開元二年，河南尹李傑爲水運使，大興漕事。

十八年，宣州刺史裴耀卿上言：請依舊法，敖倉於河口立輸場以受米，置河陰縣，及河陰，柏崖，集津三門倉，鑿崖開山，以車運數十里，積於太原倉，以利漕運。上從之，拜耀卿江淮轉運使。仍以鄭州刺史崔希逸，河南少尹蕭炅爲之副，轉運鹽鐵之有副使，自此始也。耀卿主之三年，凡運六七百石，省陸運之傭三千萬。舊制，東都含嘉倉，積江淮之米，載以大輿，運而西至於陝，三百里率兩斛計傭錢千，此耀卿所省之數也。明年，耀卿拜侍中，而蕭炅代焉。二十五年，運米一百萬石。二十九年，陝郡太守李齊物，鑿三門山以通運，闢三門巔，踰巖險之地，俾負索引艦，昇於安流，自齊物始也。

天寶二載，韋堅代蕭炅，以滻水作廣運潭於望春之東，而藏舟焉。是年，楊釗以殿中侍御史爲水陸運使，以代韋堅。先是，米至京師，或砂礫糠粃，雜乎其間。開元初，詔使揚擲而較其虚實，揚擲之名，自此始也。

十四載八月詔，水陸運宜停一年，天寶以來，楊國忠、王鉷皆兼重使，以權天下，故轉運之事，自耀卿以降，罕有聞者。

肅宗初，第五琦始以錢穀得見，請於江淮分置租庸使，市輕貨以濟軍食，遂拜監察御史，爲之使。乾元元年，加度支郎中，尋兼中丞，爲鹽鐵使，於是始立鹽鐵法，就山海井竈，收榷其鹽，立監院官吏，其舊業户洎浮人，欲以鹽爲業者，免其雜徭，隸鹽鐵使，盜煮私鹽，罪有差，亭户自租庸以外，無得横賦，人不益稅，而國用以饒。明年，琦以户部侍郎同平章事，詔兵部侍郎吕諲代之。

寶應元年五月，元載以中書侍郎代吕諲。是時，淮河阻兵，飛輓路絶，鹽鐵租賦，皆泝漢而上，以侍御史穆寧爲河南道轉運租庸鹽鐵使，尋加户部員外，遷鄂州刺㩁，以總東南貢賦。是時，朝議以寇盜未戢，關東漕運，宜有倚辦，遂以通州刺史劉晏爲户部侍郎京兆尹度支鹽鐵轉運使，鹽鐵兼漕運，自晏始也。二年，拜吏部尚書同平章事，依前充使。晏始以鹽利爲漕傭，自江淮至渭橋，率十萬斛傭七千緡，補綱吏督之，不發丁男，不勞郡縣，蓋自古未之有也，至今爲法。晏既至江淮，以書遺元載曰，浮於淮泗，達於汴，入於河，西經底柱硤石少華，楚帆越客，直抵建章長樂，此安社稷之奇業也。晏賓於東朝，猶有官謗，公終始故舊，不信流言。則賈誼復召宣室，宏羊重興功利，敢不悉力以答所知，驅馬陝郊，見三門渠津遺跡，到河陰鞏洛，見宇文愷立梁公堰，分河入渠，及李傑新堤故事，飾像河廟，凜然如生，步步探討，知昔人用心，則潭衡桂陽，必多積穀，可以淪波挂席，西指長安，三秦之人，待此而飽六軍之衆，待此而强天子無憂，都人胥悦，四方旅拒者，可以破膽，三河流離者，於茲請命。公輔明主，爲富民侯，此今之切務，不可失也。僕願湔洗瑕穢，一罄愚誠，以副公之心，且晏勤于官，不辭水火，然運之利與運之病，各有四

五焉。晏自尹京，入爲計相，共五年矣，京師三輔百姓，唯苦税畝傷多。若使每年得江湖二三十萬石，即徭賦頓減，歌舞皇澤，其利一也。東都殘毁，百無一存，若米運流通，則饑民皆附，村落邑廛，從此滋多，受命之日，引海陵之倉，衣食鞏洛，是計之得者，其利二也。諸侯有在邊者，諸戎有侵敗王略者，或聞三江五湖，陳陳紅粒，雲帆桂檝，輸納帝鄉，可以震耀夷夏，其利三也。自古帝王之盛，皆雲書同文，車同軌，日月所照，莫不率俾，今舟車既通，商賈來往，百貨雜集，航海梯山，聖神光耀，漸及貞觀永徽之盛，其利四也。所可疑者，函陜凋殘，東周尤甚，過宜陽熊耳，至武牢成臯，五百里中，編户千餘而已。人煙蕭條，獸游鬼哭，輿必脱輻，牛必羸角，棧車輓輅，亦不易求。今於無人之境，興勞人之運，故難就矣，其病一也。汴流渾渾，不脩則澱，頃因寇難，曾未疏決，澤滅水岸石隳，役夫需於沙津，吏旋於淤濘，千里洄上，罔水行舟，其病二也。東垣底柱，澠池二陵，北河運處，五六百里，戍卒久絶，奪攘奸宄，窟穴囊橐，夾河爲藪，豺狼狺狺，舟行所經，寇亦能往，其病三也。東自淮陰，西臨蒲阪，亘三千里，屯戍相望，中軍皆鼎司元侯，賤卒亦儀同青紫，每云食半菽，又云無挾纊，輓漕所至，船到便留，即非單車使，折簡書，所能制矣，其病四也。是願畢其思慮，奔走之，惟中書詳其利病，裁成之。晏見一水不通，願荷鍤先往；見一粒不運，願負米先趨。焦心苦形，期報明主，丹誠未剋，漕引多虞，屏營中流，掩泣獻狀，自此每歲運米數十萬石，自江淮北，列置巡院，搜擇能吏以主之，廣牢盆以來商賈，凡所制置，皆自晏始。

廣德二年正月，復以第五琦專判度支鑄錢鹽鐵事，而晏以檢校户部尚書，爲河南及江淮以來轉運使，及與河南副元帥計會開決汴河水。永泰二年，晏爲東道轉運常平鑄錢鹽鐵使，琦爲關内河東劍南三川轉運常平鑄錢鹽鐵使。大歷五年，詔停關内河東三川轉運常平鹽鐵使，自此晏與户部侍郎韓滉，分領關内河東山南劍南租庸青苗使。至十四年，天下財賦，皆以晏掌之。

建中元年，詔曰：朕以征税多門，郡邑凋耗，聽於群議，思有變更，將致時雍，宜遵古訓，其江淮米，凖旨轉運入京者，及諸軍糧儲，宜令庫部郎中崔河圖權領之。今年夏税以前，諸道財賦多輸京師者，及鹽鐵財貨，委江州刺史包佶權領之。天下錢穀，皆歸金部倉部，委中書門下簡兩司郎官，凖格式條理。尋貶晏爲忠州刺史，晏既罷黜，天下錢穀，歸尚書省，既而出納無所統，乃復置使領之。是年三月，以韓洄爲户部侍郎，判度支，金部郎中杜佑，權勾當江淮水陸運使，行劉晏韓滉舊制。先是，晏爲宰臣楊炎所惡，貶忠州刺史，尋殺於忠州。兵興以來，凶荒相屬，京師斗斛萬錢，官廚無兼時之食，百姓在畿甸者，拔穀挼穗，以供禁軍，洎晏既遺元載書，陳轉税米利病，歲入米數十萬斛，以濟關中，代第五琦鹽務，法益精密，初年入錢六十萬，季年則十倍其初，大歷末，通天下之財，而計其所入，總一千二百萬貫，而鹽利過半，李靈耀之亂，河南節度使據土不奉法，賦税不上供，州縣益減，晏以羨餘相補，人不加賦，所入仍舊，議者稱之。其商確商榷財用之術者，必一時之選，故晏没後二十餘年，韓洄、元琇、裴腆、包佶、盧貞、李衡，相繼分掌財賦，皆晏門下。其晏部吏在千里外，奉教如目前，四方水旱，及軍府纖芥，莫不先知焉。其年詔曰，天下山澤之利，當歸王者，宜總隸鹽鐵使。三年，以包佶爲左庶子，汴東水陸運鹽鐵租庸使，崔縱爲右庶子，汴西水陸運鹽鐵租庸使。四年，度支侍郎趙贊議常平事，竹木茶漆盡税。茶之有税，肇於此矣。

貞元元年，元琇以御史大夫爲鹽鐵水陸運使。其年七月，以尚書右僕射韓滉統之，滉没，宰相竇參代之。

五年十二月，度支轉運鹽鐵奏：比年自揚子運米，皆分配緣路觀察使，差長綱發遣，運路既遠，實爲勞民，今請當使諸院，自差綱節級搬運，以救邊食，從之。

八年詔，東南兩税財賦，自河南江淮嶺南山南東道至渭橋，以户部侍郎張滂主之，河東劍南山南西道，以户部尚書度支使班宏主之。今户部所領三川鹽鐵轉運，自此始也。其後宏滂互有短長，宰相趙憬陸贄，以其事上聞，由是遵大歷故事，如劉晏韓滉所分焉。

九年，張滂奏立税茶法。郡國有茶山，及商賈以茶爲利者，委院司分置諸場，立三等時估爲價，爲什一之税。是歲得緡四十一萬，茶之有税，自滂始也。自後裴延齡專判度支，與鹽鐵益殊塗而理矣。十年，潤州刺史王緯代之，理于朱方，數年而李錡代之，鹽院津堰，供張侵剥，不知紀極，私路小堰，厚斂行人，多是錡始，時鹽鐵轉運有上都留後，以副使潘

孟陽主之，王叔文權傾朝野，亦以鹽鐵副使兼學士爲留後，故鹽鐵副使之俸，至今獨優。順宗即位，有司重奏鹽法，以杜佑判度支鹽鐵轉運使，治於揚州。

元和二年三月，以李巽代之。先是，李錡判使，天下榷酤漕運，由其操割，專事貢獻，牢其寵渥，中朝秉事者，悉以利交，鹽鐵之利，積於私室，而國用日耗，巽既爲鹽鐵使，大正其事，其堰埭先隸浙西觀察使者，悉歸之，因循權置者，盡罷之。增置河陰敖倉，置桂陽監，鑄平陽銅山爲錢。又奏江淮河南峽内兖鄆嶺南鹽法監院，去年收鹽價緡錢七百二十七萬，比舊法張其估二千七百八十餘萬，非實數也，今請以其數除爲煮鹽之外，付度支收其數，鹽鐵使煮鹽，利繫度支，自此始也。又以程异爲揚子留後。四年四月五日，巽卒。自榷筦之興，唯劉晏得其術，而巽次之，然初年之利，類晏之季年，季年之利，則三倍於晏矣。舊制，每歲運江淮米五十萬斛，至河陰留十萬，四十萬送渭倉，晏殁，久不登其數，惟巽掌使三載，無升斗之缺焉。六月，以河東節度使李鄘代之。五年，鄘爲淮南節度使，以宣州觀察使盧坦代之。六年，坦奏，每年江淮運糙米四十萬石到渭橋，近日欠闕大半，請旋收糴，遞年貯備，從之。坦改户部侍郎，以京兆尹王播代之，播遂奏。

元和五年，江淮河南嶺南峽中兖鄆等鹽利錢六百九十八萬貫，比量改法已前舊鹽利時價，四倍虚估，即此錢當爲千七百四十餘萬貫矣，請付度支收管，從之。其年詔曰，兩税法悉委郡國，初極便人，但緣約法之時，不定物估，今度支鹽鐵，泉貨是司，各有分巡，置於都會，爰命帖職，周視四方，簡而易從，庶叶權便，政有所弊，事有所宜，皆得舉聞，副我憂寄，以揚子鹽鐵留後爲江淮已南兩税使，江陵留後爲荆衡漢沔東界彭蠡南及日南兩税使度支，山南西道分巡院官充三川兩税使，峽内煎鹽五監，先屬鹽鐵使，今宜割屬度支，便委山南西道兩税使兼知糶賣，峽内鹽屬度支，自此始也。

七年，王播奏：去年鹽利，除割峽内井鹽，收錢六百八十五萬，從實估也，又奏，商人於户部度支鹽鐵三司飛錢，謂之便换。

八年，以崔倰爲揚子留後，淮嶺已東兩税使，崔祝爲江陵留後，荆南已東南兩税使。

十三年，播又奏：以軍興之時，財用是切，頃者，劉晏領使，皆自案租庸，至於州縣否臧，錢穀利病之物，虚實皆得而知。今臣守務在城，不得自往，請令臣副使程异出巡江淮，具州府上供錢穀，一切勘問。從之。閏五月，异至江淮，得錢一百八十五萬貫以進。其年，以播守禮部尚書，以衛尉卿程异代之。明年，异以本官兼御史大夫平章事。

十四年，异卒，以刑部侍郎柳公綽代之。長慶初，王播復代公綽。四年，王涯以户部侍郎代播，復以鹽鐵使爲揚州節度使。文宗即位入覲，以宰相判使。其後王涯復判二使，表請使茶山之人，移樹官場，舊有貯積，皆使焚棄，天下怨之。九年，以事誅，而令狐楚以户部尚書右僕射主之，以是年茶法大壞，奏請付州縣，而入其租於户部，人人悦焉。

開成元年，李石以中書侍郎判收茶法，復貞元之制也。

三年，以户部尚書同平章事楊嗣復主之，多革錢穀監院之陳事。至大中壬申，凡十五年，多任元臣，以集其務，崔珙自刑部尚書拜，杜悰以淮南節度使領之，既而皆踐公台，薛元賞、李執方、盧宏正、馬植、敬暉五人，於九年之中，相踵理之，植亦自是居相位。

大中五年二月，以户部侍郎裴休爲鹽鐵轉運使。明年八月，以本官平章事，依前判使。始者，漕米歲四十萬斛，其能至渭倉者，十不三四。漕吏狡蠹，敗溺百端，官舟之沈，多者歲至七十餘隻，緣河奸犯，大紊晏法，休使寮屬按之，委河次縣令董之。自江津達渭，以四十萬斛之傭，計緡二十八萬，悉使歸諸漕吏，巡院胥吏，無得侵牟，與之爲法，凡十事奏之，六年五月，又立税茶之法，凡十二條，陳奏，上大悦，詔曰，裴休興利除害，深見奉公，盡可其奏，由是三歲漕米至渭濱，積一百二十萬斛，無升合沈棄焉。

十年，裴休出鎮澤潞，尋以柳仲郢、夏侯孜、杜悰迭判之，至咸通五年，南蠻攻安南府，連歲用兵，饋輓不集，詔江淮鹽鐵巡院和僱舟船，運淮南浙西道米至安南。乾符中，又以崔彦昭王凝判之。二年，凝以所補吏生賦改官，復命裴坦判之，高駢爲潤州節度，移鎮淮南，亦就判使務。

中和元年，黄巢犯闕，車駕出狩興元府，又以蕭遘韋昭度判之，及命侍中王鐸爲行營都統，率諸道之兵，收復京城，慮調發不時，乃以昭度兼供運使。至光啓中，所在征鎮，自擅兵賦，皆不上供，歲時但貢奉而已。

由是江淮轉運路絶，國命所能制者，唯河西山南劍南嶺南西道。洎宦官田令孜自蜀中扈從，召募新軍，號左右神策，共四十四部，並南衙官屬僅萬餘，三司轉無調發之所。舊日兩池榷鹽税課鹽鐵使，特置鹽官，以總其事。自亂離之後，河東節度使王重榮兼領榷務，歲出課鹽三千車以進。至是令孜以軍食闕供，乃舉廣明故事，請以兩池榷務歸之鹽鐵。詔下，重榮上章論訴，竟不能奪。天復中，朱全忠兼鎮河中，兩池鹽課，始加至五十車。自大順年後，又以孔緯、杜讓能、崔昭緯、嗣薛王知柔、徐彦若、韓建、崔允、裴樞、柳璨，相次判之。

（宋）王溥《唐會要》卷八八《鹽鐵》 開元元年十二月，河中尹姜師度以安邑鹽池漸涸，開拓疏决水道，置爲鹽屯，公私大收其利。其年十一月五日，左拾遺劉彤論鹽鐵上表曰，臣聞漢孝武爲政，厩馬三十萬，後宫數萬人，外討戎夷，内興宫室，殫費之甚什百當今，然而古費多而貨有餘，今用少而財不足者，何也？豈非古取山澤，而今取貧民哉！取山澤，則公利厚而人歸于農，取貧民，則公利薄而人去其業。故先王之作法也，山海有官，虞衡有職，輕重有術，禁發有時，一則專農，二則饒國，濟民盛事也，臣實爲當今宜之。夫煮海爲鹽，採山鑄錢，伐木爲室，豐餘之輩也；寒而無衣，飢而無食，傭賃自資者，窮苦之流也。若能收山海厚利，奪豐餘之人，蠲調斂重徭，免窮苦之子，所謂損有餘而益不足，帝王之道，可不謂然乎？然臣願陛下詔鹽鐵木等官，各收其利，貿遷于人，則不及數年，府有餘儲矣，然後下寬大之令，蠲窮獨之徭，可以惠群生，可以柔荒服，雖戎狄降服，堯湯水旱，無足虞也。奉天適變，惟在陛下行之，上令宰臣議其可否，咸以鹽鐵之利，甚益國用，遂令將作大匠姜師度，户部侍郎强循，俱攝御史中丞，與諸道按察使，檢校海内鹽鐵之課，至十年八月十日敕，諸州所造鹽鐵，每年合有官課，比令使人勾當，除此更無别求，在外不細委知，如聞稍有侵剋，宜令本州刺史上佐一人檢校，依令式收税。如有落帳欺没，仍委按察糾覺奏聞，其姜師度除蒲州鹽池以外，自餘處更不須巡檢。

貞元十六年十二月，史牟奏：澤潞鄭等州，多食末鹽，請一切禁斷。從之。

二十一年二月，停鹽鐵使月進舊錢，總悉入正庫，以助經費，而主此務者，稍以時市珍玩時新物充進獻以求恩澤，其後益甚，歲進錢物，謂之羡餘，而經入益少。及貞元末，遂月獻焉，謂之月進，及是而罷。

元和二年九月，給事中穆質，請州府鹽鐵巡院應决私鹽死囚，請州縣同監，免有冤濫，從之。

四年十二月，御史中丞李夷簡奏：諸州使有兩税外，雜榷率及違敕不法事，請諸道鹽鐵轉運度支，巡院察訪，狀報臺司，以憑聞奏。從之。

五年五月，度支奏：鄜坊邠寧涇原諸軍將士，請同當處百姓例，食烏白兩池鹽。從之。

六年閏十二月，户部侍郎判度支盧坦奏：河中兩池顆鹽，敕文祇許於京畿鳳翔、陝虢、河中澤、潞、河南、許、汝等十五州界内糶貨，比來因循，兼越興元府及洋州、興、鳳、文、成等六州，臣移牒勘責，得山南西道觀察使報，其果閬兩州鹽，本土户人及巴南諸郡市糶，又供當軍士馬，尚有懸欠，若兼數州，自然闕絶，又得興元府諸耆老狀申訴，臣今商量，河中鹽請放入六州界糶貨。從之。

十年七月，度支皇甫鎛奏，加陝西内四監，劍南東西兩川山南西道鹽估，以利供軍，從之。

十三年，鹽鐵使程异奏：應諸州府先請置茶鹽店收税，伏準今年正月一日赦文，其諸道州府，因用兵以來，或慮有權置職名，及擅加科配，事非常制，一切禁斷者，伏以榷税茶鹽，本資財賦，贍濟軍鎮，蓋是從權，兵罷自合便停，事久實爲重斂，其諸道先所置店及收諸色錢物等，雖非擅加，且異常制，伏請准敕文勒停。從之。

十四年三月，鄆青兗三州各置榷鹽院。

十五年閏正月，鹽鐵使柳公綽奏：當使諸鹽院場官，及專知納給，並吏人等有罪犯合給罪者，比來推問，祇罪本犯所由，其監臨主守，都無科處，伏請從今後，舉名例律，每有官吏犯贓，監臨主守同罪，及不能覺察者，並請准條科處，所冀貪吏革心。從之。

其年九月，改河北税鹽使爲榷鹽使。

長慶元年三月敕：河朔初平，人希德澤，且務寬泰，使之獲安，其河北榷鹽法宜權停，仍令度支與鎮冀魏博等道節度審察商量，如能約計課利錢數都收管，每年據數付榷鹽院，亦任穩便。自天寶末，兵興以來，河

北鹽法，羈縻而已。暨元和中，用皇甫鎛奏，置稅鹽院，同江淮兩池榷利，人苦犯禁，戎鎮亦頻上訴，故有是命。

其月，鹽鐵使王播奏：揚州白沙兩處納榷場，請依舊爲院，又奏請諸鹽院糶鹽，付商人，請每斗加五十文，通舊二百文價，諸道處煎鹽場，停置小鋪糶鹽，每斗加二十文，通舊一百九十文價。又奏，應管煎鹽户及鹽商，並諸鹽院停場官吏所由等，前後制敕，除兩税外，不許差役追擾，今請更有違越者，縣令奏聞貶黜，刺史罰一季俸錢，再犯者，奏聽進止。並從之。

二年三月，王播爲淮南節度使，兼領鹽鐵轉運，播請攜鹽鐵印赴鎮，上都院請别給賜，從之。

其年五月敕：兵革初寧，實資榷筦，閭閻重困，則可蠲除，如聞淄青兖鄆三道，往年糶鹽價錢，近收七十萬貫，軍資給費，優贍有餘，自鹽鐵使收管已來，軍府頓絶其利，遂使經行陳者，有停糧之怨，服隴畝者，興加税之嗟，雖縣官受利，而郡府益空，俾人獲安寧，我能節用，其鹽鐵使先於淄青兖鄆等道管內置小鋪糶鹽，及巡院納榷，起長慶二年五月一日以後，一切並停，仍委薛平馬總曹華約校比年節度使自收管，充軍府，州縣逐急用度，及均減管內貧下百姓兩税錢數，兼委節度觀察使，至年終，各具糶鹽所得錢，並減放貧下税數聞奏。

四年五月敕，東都江陵鹽鐵轉運留後，並改爲知院者，從鹽鐵使王涯請也。

太和二年七月敕：潼關以東度支分巡院，宜併入鹽鐵江淮河陰留後院。

開成元年閏五月七日，鹽鐵使奏：應犯鹽人，準貞元十九年太和四年已前敕條，一石已上者，止於决脊杖二十，徵納罰錢足，於太和四年八月二十已後，前鹽鐵使奏，二石以上者，所犯人處死，其居停並將舡容載受故擔鹽等人，並準犯鹽條問處分，近日决殺人轉多，榷課不加舊。今請卻依貞元舊條，其犯鹽一石以上至二石者，請决脊杖二十，補充當據捉鹽所由待捉得犯鹽人日放，如犯三石已上者，即是囊槖奸人，背違法禁，請决訖待瘡損錮身，牒送西北邊諸州府效力，仍每季多具人數及所配去處申奏，挾持軍器，與所由捍敵，方就擒者，即請準舊條，同光火賊例處分。從之。

二年十月敕：鹽鐵户部度支三使下監院官，皆郎官，御史爲之，使雖更改官，不得移替，如顯有曠敗，即具事以聞。

五年九月敕，税茶法，起來年，卻付鹽鐵使收管。

（宋）王溥《唐會要》卷九〇《閉糴》 開元二年閏二月十八日敕，年歲不稔，有無須通，所在州縣，不得閉糴，各令當處長吏檢校。

上元元年九月敕，先緣諸道閉糴，頻有處分，如聞所在米粟，尚未流通，宜令諸節度觀察使，各將管內捉搦，不得輒令閉糴。

大曆十一年六月十三日敕，自今以後，所在一切不得閉糴，及隔絶榷税。

貞元九年正月詔，諸州府不得輒有閉糴。

太和三年九月敕，河南河北諸道，頻年水患，重加兵役，農耕多廢，粒食未豐。比令使臣分路賑恤，冀其有濟，得接秋成。今諸道穀尚未減賤，而徐泗管內，又遭水潦。如聞江淮諸郡，所在豐稔，困於甚賤，不但傷農，州縣長吏，苟思自便，潛設條約，不令出界。雖無明榜，以避詔條，而商旅不通，米價懸異，致令水旱之處，種植無資。宜令御史臺揀擇御史一人，於河南巡察。但每道每州界首，物價不等，米商不行，即是潛有約勒，不必更待文榜爲驗，便具事狀，及本界刺史縣令觀察判官名銜聞奏。河南通商之後，淮南諸郡，米價漸起，展轉連接之處，直至江西、湖南、荆襄以東，並須約勒。依此舉勘聞奏，仍各委觀察使審詳前後敕條，與御史相知，切加訪察，不得稍有容隱。

咸通七年十月二十三日，御史臺奏：今後如有所在閉糴者，長吏必加貶降，本判官録事參軍並停見任，書下考，仍勒州縣各以版榜寫録此條，懸示百姓。每道委觀察判官，每州委録事參軍勾當，逐月具申閉糴事由申臺。從之。

（宋）王溥《唐會要》卷九〇《和糴》 證聖元年三月二十一日敕，州縣軍司府官等，不得輒取和糴物，亦不得遣人替名代取。

興元元年閏十月詔，江淮之間，連歲豐稔，迫於供賦，頗亦傷農，收其有餘，濟彼不足，宜令度支於淮南浙江東西道加價和糴三五十萬石，差官般運，於諸處減價出糶，貴從權便，以利於民。

貞元二年九月，度支奏：京兆、河南、河中、同、華、陝、虢、晋、絳、鄜、坊、丹、延等州府，夏秋兩税青苗等錢物，悉折糴粟麥，所在儲積，以備軍食，京兆府兼給錢收糴，每斗於時估外，更加錢納於太倉。詔可之。

其年十一月，度支奏：請於京兆府折明年夏税錢二十二萬四千貫文，又請度支給錢，添成四十萬貫，令京兆府今年内收糴粟麥五十萬石，以備軍倉。詔從之。

四年八月詔：京兆府於時價外，加估和糴，差清強官先給價直，然後貯納，續令所司，自般運，載至太倉，並差御史分路訪察，有違敕文，令長以下，當重科貶。先是，京畿和糴，多被抑配，或物估踰於時價，或先斂而後給直，追集停擁，百姓苦之，及聞是詔，莫不歡忻樂輸焉。

元和七年七月，户部侍郎判度支盧坦奏：今冬諸州和糴貯粟，澤潞四十萬石，鄭滑易定各一十五萬石，夏州八萬石，河陽一十萬石，太原二十萬石，以今秋豐稔，必資蓄備，其澤潞易定鄭滑河陽，委本道差判官和糴，各於時價每斗加十文，所冀民知勸農，國有常備。從之。

長慶元年二月敕：春農方興，種植是切，其京北京西和糴使宜勒停，先是，度支以邊儲無備，請置和糴使，經年無效，徒擾邊民，故罷之。

四年八月，詔於關内及關外，折糴和糴粟一百五十萬石，用備飢歉，其和糴價，以户部錢充，收貯，尋常不得支用。

寶歷元年八月，敕以兩京河西大稔，委度支和糴二百萬斛，以備災沴。

大中六年五月敕，自收關隴，便討黨項，邊境生民，皆失活業，連屬艱食，遂不寧居，兼軍儲未得殷豐，切在多方贍助，今年京畿及西北邊，稍似時熟，即京畿人家，競搬運斛㪷入城，收爲蓄積，致使邊塞粟麥，依前踴貴，兼省司和糴，亦頗艱難，其弊至深，須有釐革，其京西北今年夏秋斛斗，一切禁斷，不得令入京畿兩界。

其年六月敕，近斷京兆斛㪷入京，如聞百姓多端以麥造麪入城貨易，所費亦多，切宜所在嚴加覺察，不得容許。

（宋）王溥《唐會要》卷九〇《緣封雜記》 貞觀二十三年九月八日敕，諸王並宜食一千户封，霍王元軌常使國令徵封，令自請依諸國賦，貿易取利。元軌曰：汝爲國令，當正吾失，反説吾以利耶。

神龍二年七月十四日制：功臣段志元、屈突通、蕭瑀、李靖、秦叔寶、長孫順德、劉宏基、宇文士及、錢九隴、程知節、龐卿惲、竇悰、苑君璋、李子和、張平高、張公謹、梁恪仁、安修仁、秦行師、獨孤卿雲、蘇定方、李安遠、鄭仁泰、杜君綽、李孟嘗等二十五家，所食實封，並依舊給。

其年十一月一日敕：皇太子在藩府日，所食衛府封物，每年便納東宫，給事中盧燦駁奏曰，伏以皇太子處繼明之重，當主鬯之尊，歲時限用，自可有司供擬。又據《周禮》，諸司應財器，歲終則會，唯王及太子不會，此則儲蓄之費，咸與王同。今與列國諸侯齊衡食封，豈所謂憲章古昔，垂法將來者也，上納其言，十一月五日敕停。

景龍二年九月敕：諸色應食實封，一定以後，不得輒有移改。三年敕，應食封邑者，一百四十餘家，應出封户凡五十四州，皆天下膏腴物產。其安樂、太平公主封，又取富户，不在損免限。百姓著封户者，甚於征行。十一月，河南巡院監察御史宋務光上疏曰：臣聞分珪列土，各有方位，通邑大都，不以封錫。前猷未遠，古義亦深。自頃命侯，稍殊舊式，莫居墝瘠，專擇雄奥。徐州貢土，方色已乖，寢邱辭封，讓德不嗣。且滑州者，國之近甸，密邇帝畿，地出縑紈，人多趨附，所以列縣惟七，分封有五，王賦少于侯租，入家倍于輸國，求諸既往，實所未聞。每科封丁，有甚征藝，因而失業，莫返其居，此土風俗，逃者舊少，頃日波散，良緣封多。伏願稍減封户，散配餘州，下息疲甿，上尊古制，則公侯不失于采地，流民得還於故鄉。諸州封户，亦望準此。又徵封使者，往來相繼，既勞傳驛，甚擾公私，請附租庸，每年送納，望停封使，以静下人，仍編入新格，庶爲永例。又聞五等崇榮，百王盛典，自非荆茅懿戚，寇鄧鴻勳，無以誓彼山河，酬其爵土。近者封建，頗緣恩澤，功無横草，人已分茅，遂使沃壤名藩，多入侯國，邑收家税，半於天府，經費不足，蓋亦有由。竊見武德之初，建侯故事，於時天室新定，王業開創，佐命如雲，謀臣如雨，然而封者，不過十數人。今禮樂承平，邦家繼世，有象賢舊德之裔，無野戰攻城之勤，至於命封，不合全廣，論功謝於前業，食邑多於往時，既減邊儲，實虧國用。伏惟酌宗周之前訓，咨武德之舊章，地匪宗

盟，勳殊社稷，不宜加於實邑，自可寵以虚名，如此則庶績其凝，彝倫攸叙。臣忝當廉問，備採風謡，見此不安，豈敢自默，知必被封家所疾，顧嘗以報國爲心，乞擇愚言，訪諸朝宰，秋毫有益，夕死無憂。兵部尚書韋嗣立上疏曰，臣竊見食封之家，其數甚衆，昨聞户部云，用六十餘萬丁，一丁兩疋，計一百二十萬疋以上，臣頃在太府，知每年庸調，絹數多不過百萬，少則七八十萬以來，比諸封家，所入全少。臣聞自古封茅土，列山河，皆須業著經綸，功申草昧，然後配宗廟之享，承帶礪之恩。往者皇運之初，功臣共定天下，當食封纔祇三二十家，今以恩澤受封，至百十四家以上。國家租賦，大半私門，私門資用有餘，國家支計不足。有餘則或致奢僭，不足則坐致憂危，制國之方，豈謂爲得。封户之物，諸家是徵，或是官典，或是奴僕，多挾勢騁威，凌蔑州縣。凡是封户，不勝侵漁，若户不滿丁，物送太府，封家但於右藏請受，不得輒自徵催，則不免侵漁，人冀蘇息。

唐隆元年六月十三日敕：安國相王、鎮國太平公主，宜各食一州全封，其州公主自簡。

太極元年正月制，皇太子妃王氏，預聞祕策，潛圖義舉，父仁皎食實封三百户。

開元三年五月敕：封家總合送入京，其中有别敕許人就領者，待州徵足，然後一時分付，徵未足間，封家人不得輒到出封州，亦不得因有舉放，違者禁身聞奏。

四年三月十八日，宰臣奏對：諸國請自始封至曾孫者，其封户三分減一。制可之。

十年十一月敕：中書門下，宜共食實封三百户，自我禮賢，爲百世法，其年，加永穆公主封一千户。初，永穆等各分五百户，左右以爲太薄。上曰：百姓租賦者，非吾有也，斯皆宗廟社稷，蒼生是爲爾，邊隅戰士，出萬死不顧一生，所賞賜纔不過一二十疋，此輩何功於人，頓食厚封，約之使知儉嗇，不亦可乎。左右以長公主皆二千户，請與比。上曰：吾嘗讀《後漢書》，見明帝曰：朕子不敢望先帝，車服皆下之。未嘗不廢卷歎息，汝柰何欲令此輩望長公主乎？左右不敢復言。至是，公主等車服殆不給，故加焉。自後公主皆封一千户，遂成其例。至乾元元年三月一日，諸公主宜各給五百户，郡主縣主據元賜户數三分各給二分，並以宣、越、明、衢、婺等州給。

十一年五月十日敕：請諸食實封，並以丁爲限，不須一分入官，其物仍令出封州隨庸調送入京，其腳以租腳錢充，並於太府寺納，然後準給封家。

其年九月十二日敕：親王公主等封物，宜隨官庸調，隨駕所在，送至京都賜坊，令封家就坊請受，餘食封家，不在此限，仍令御史一人，及太府寺官檢校分付，使給了牒。

二十二年九月敕：諸王公以下食封薨，子孫應承襲者，除喪後十分減二，仍具所食户數奏聞；無後者，百日後除，諸名山大川及畿内縣，並不封。

天寶六載三月六日，户部奏：諸道請食封人，準長行旨，三百户已下，户部給符就州請受；三百户已上，附庸使送兩京太府寺賜坊給付者，今緣就州請受，有損於人。今三百户以下，尚許彼請，公私之間，未免侵擾，望一切送至兩京，就此給付，即公私省便，侵損無由。又準户部式節文，諸食封人身歿以後，所得封物，隨其男數爲分，承嫡者加一分，至元孫即不在分限，其封總入承嫡房，一依上法爲分者，若如此，則元孫諸物，比於嫡男，計數之間，多校數倍，舉輕明重，理實未通。望請至元孫以下，準元孫直下一房，許依令式，餘並請停，唯享祭一分，百世不易，自然争競永息，勳庸無替。

永泰二年正月十六日敕：自今已後，子孫襲實封，宜減半，永爲常式。至三月十八日敕，應請封家，三分給二分，待兵革稍寧，即當全給。

大歷十一年九月二十四日敕：諸公主封物，公主薨後，三年不須停。

興元元年正月敕，諸軍諸道諸使應付奉天及進收京城將士等，或百戰摧敵，或萬里勤王，扞國全城，驅除大憝，濟危難者其節著，復社稷者其業榮，我圖爾功，特加彝典，錫名酬賦，永世無窮，宜並賜名奉天定難功臣。其有食實封者，子孫相繼，世世不絶。

貞元二年五月，故尚父汾陽王子儀，實封二千户，宜準式減半，餘以分襲。曖可襲代國公，通前襲三百户，晞可襲二百五十户，曙可襲二百五十户，暎可襲二百二十五户。

七年三月，户部奏：伏以周漢故事，有功即加地，有罪即奪國，既明賞罰，方申沮勸。其犯除名以上罪，有實封，準法合除。比來因循，兼不申舉，自今以後，應實封人，或人緣罪犯，其尚書省及本軍本使本貫奏狀，請令並標實封户數，本配州名同奏，敕下户部，以爲憑據。其犯徒罪，三分望奪一分，流罪奪一半，除名以上罪，即準法悉除，並以本犯條論，不在減贖之限，其奉特敕貶謫，驗制詞内所犯無正條者，伏請準流罪奪一半。敕旨，依奏。

其年十一月敕：諸公主每年各給封物七百端疋屯，依舊例，春秋兩限支給，諸郡主每季各賜錢一百貫文，縣主每季各賜錢七十貫文。

八年八月，户部奏：準貞元七年三月二十日敕節文，比來食實封人，多不依令式，皆身歿之後，子孫自申請傳襲，伏請自今以後，并今日以前，應食實封人，并一年内，準式具合襲子孫官品年名，并母氏嫡庶，於本貫陳牒。如無本貫，即於食封人本任本使申牒，如合襲人有罪疾及身死者，亦限一周年内申牒，請立以次合襲人，仍具家口陳牒。請附籍帳，本貫勘責當家及親近。如實是嫡長，即與責保，準式附貫，然後申省，到後即取文武職事三品正員一人充保。敕旨，宜依。

二十一年七月六日敕：應食實封，其節度使宜令百户給八百端疋，若是絹，兼給綿六百兩，伏以食封本因賞功，封之多少，視功之厚薄，不以官位散要，别置等差，其節度使兼宰相，準貞元二十年以前舊例處分，從之。

元和五年六月，户部侍郎判度支李夷簡奏：應給食實封官。自貞元十三年以後，節度使宰相，每百户給八百端疋，若是絹，更給綿六百兩，節度使不兼宰相，每百户給四百端疋，軍使及金吾諸衛將軍大將軍，每百户給三百五十端疋。

（宋）王溥《唐會要》卷九〇《内外官禄》 武德元年十二月，因隋制，文武官給禄，正一品，七百石；從一品，六百石；正二品，五百石；從二品，四百六十石；正三品，四百石；從三品，三百六十石；正四品，三百石；從四品，二百六十石；正五品，二百石；從五品，一百六十石；正六品，一百石；從六品，九十石；正七品，八十石；從七品，七十石；正八品，六十石；從八品，五十石；正九品，四十石；從九品，三十石，並每年給。

貞觀二年二月二十日詔：官人得上考，給一季禄。至三年正月十一日，官得上下考，亦給。其年六月詔官人出使，皆廩其妻子。至十二月詔，外官新任，多有匱乏，準品計日給糧。

八年，中書舍人高季輔上表曰：仕以應務，亦以代耕。外官卑品，猶未得禄，既離鄉井，理必貧煎，但妻子之戀，賢知猶累其懷，飢寒之切，夷惠罕全其行。爲政之道，期于易從，若不恤其匱乏，唯欲勵其清儉，凡在末品，中庸者多，正恐巡察歲出，輶軒繼軌，不能肅其侵漁，何以求其政術。今户口漸殷，廩倉已實，斟量給禄，使得養親，然後督以嚴科，責其報效，則庶官畢力，物議斯允。

永徽元年八月詔：文武五品以上，解官充待者，宜準致仕人例，給半禄。

光宅元年十月二十日敕：諸内外官禄料賜會，二事已上，皆據上日給。新授官未上，所司及承敕使差充使者，禄料并考第，一事已上，並不在與限，如别敕應差使者，京官以敕出日，外官以敕符到日，爲上日。若新授外仍直諸司者，上日同京官。即舊人應替，先别敕定名，充使未迴，兩應給而無正課料者，以當處官料充，職田據新人上日爲斷，不别給舊人。因使應别給者，經一季雖未了，不在給限。其制敕授官，雖敕符先到，未上者，舊人無犯，不在停限。

天寶二年十一月十六日敕：京官兼太守等官，俸料兩給者，宜停其外官，太守兼京官，除準式。親王帶京官、外任官、副大將軍、副使、知軍及正事京官兼内外官知政事，據文合兼給者，餘並從一處給，任逐穩便。

十四載八月敕：在京文武九品以上正員官，既親於職務，可謂勤心。自今以後，每月給俸食雜用防閤庶僕等，宜十分爲率，加二分，其同正員官，加一分，仍永爲常式。

至德二載四月敕：天下郡府及縣官禄，白直品子等課，從今年正月一日以後，並量給一半，事平之後，當續支還。

貞元七年十二月敕：郡主婿授檢校四品京官，户部每月給料錢三十貫文，度支給禄粟一百二十石，縣主婿檢校五品京官，户部每月給料錢一

十貫文，度支給禄米一百石。

大中三年九月敕：秦州刺史禄粟，每月給五十一石，原州威州刺史禄粟，每月各給四十一石。

（宋）王溥《唐會要》卷九一《内外官料錢上》　武德已後，國家倉庫猶虚，應京官料錢，並給公廨本，令當司令史番官迴易給利，計官員多少分給。

貞觀十二年二月，諫議大夫褚遂良上疏曰：爲政之本，在于擇人，不正其源，遂差千里。漢家以明經拜職，或四科辟召，必擇器任使，量才命官。然則市井子孫，不居官吏，大唐制令，憲章古昔，商賈之人，亦不居官位。陛下近許諸司令史，捉公廨本錢，諸司取此色人，號爲捉錢令史，不簡性識，寧論書藝，但令身能估販，家足貲財，録牒吏部，使即依補。大率人捉五十貫已下，四十貫已上，任居市肆，恣其販易，每月納利四千，一年凡輸五萬，送利不違，年滿受職。然有國家者，嘗笑漢代賣官，今開此路，頗類於彼。在京七十餘司，大率司引九人，更一二載後，年別即有六百餘人輸利受職。伏惟陛下治致昇平，任賢爲政，或文學高第，或諸州進士，皆策同片玉，經若懸河，奉先聖之格言，慕昔賢之廉耻，拔十取五，量能授官，然犯禁違公，輒罹刑法。況乎捉錢令史，主於估販，志意分毫之末，耳目廛肆之間，輸錢於官，以獲品秩，荏苒年歲，陛下能不使用之乎。此人習以性成，慣於求利，苟得無耻，莫蹈廉隅。使其居職，從何而可。將來之弊，宜絶本源。臣每周游人間，爲國視聽，京司寮庶，爰及外官，異口同詞，皆言不便。伏願敕朝臣遣其詳議。上納之，其月二十三日，敕並停。改置胥士七千人，以諸州上户充，准防閤例，輸課二年一替，計官員多少分給之。

二十一年二月七日，令在京諸司，依舊置公廨，給錢充本，置令史府史胥士等，迴易取利，以充官人俸。

永徽元年四月二日，廢京官諸司捉錢庶僕胥士，其官人俸料，以諸州租脚價充。

麟德二年八月十九日詔，文武五品已上，同武職班給仗身，以掌閑幕士充之。咸亨元年四月十二日，停給。

乾封元年八月十二日，詔京文武官應給防閤庶僕俸料，始依職事品，其課及賜，各依本品。

儀鳳三年八月二日詔，廪食爲費，同資於上農，歲俸所頒，並課於編户，因地出賦，則沃瘠未均，據丁收物，則勞逸不等，俾之富教，其可得乎，永念于斯，載懷釐創。如文武内外官應給俸料課錢，及公廨料度封户租調等，遠近不均，貴賤有異，輸納簡選，事甚艱難，運送脚錢，損費實廣，公廨出舉迴易，典吏因此侵漁，撫字之方，豈合如此。宜令王公已下，百姓已上，率口出錢，以充防閤庶僕、胥士白直，折衝府仗身，並封户内官人俸食等料。既依户次，貧富有殊，載詳職務，繁簡不類，率錢給用，須有等差，宜具條例，並各逐便。

光宅元年九月，以京官八品九品俸料薄，諸八品每年給庶僕三人，九品二人。

長壽三年三月，豆盧欽望請輟京官九品以上兩月俸物，以助軍。左拾遺王永禮奏曰：陛下富有四海，足以儲畜軍國之用，何藉貧京官九品俸，而令欽望欺奪之，臣切不取。欽望執曰：秦漢皆有税算，以贍軍，永禮不識大體，妄有爭議。永禮曰：秦皇漢武税天下，使空虚以事邊，奈何使聖朝倣習也，不知欽望此言，是識大體耶？遂寢不行。

開元六年七月，秘書少監崔沔議州縣官月料錢狀曰：養賢之禄，國用尤先，取之齊民，未爲剥下，何用立本息利，法商求資。皇運之初，務革其弊，託本取利，以繩富家，固乃一切權宜，諒非經通彝典。頃以州縣典吏，并捉官錢，收利數多，破産者衆，散諸編户，本少利輕，民用不休，時以爲便，付本收利，患及於民，然則議國事者，亦當憂人爲謀，恤下立計，天下州縣，積數既多，大抵皆然，爲害不少。且五千之本，七分生利，一年所輸，四千二百，兼算勞費，不啻五千，在於平民，已爲重賦。富户既免其徭，貧户則受其弊，傷民刻下，俱在其中。未若大率群官，通計衆户，據官定料，均户出資，常年發賦之時，每丁量加升尺，以近及遠，損有兼無，合而籌之，所增蓋少，時則不擾，簡而易從。庶乎流亡漸歸，倉庫稍實，則當咸出正賦，罷所新加，天下坦然，十一而税，上下各足，其不遠乎。

十年正月二十一日，令有司收天下公廨錢，其官人料，以萬户税錢充，每月準舊分利數給。至二十二日敕，王公以下，視品官參佐及京官五

品已上，每月別給仗身職員錢，悉停。

十六年十一月十五日敕：文武百官俸料錢所給物，宜依時價給。

十八年九月四日，御史大夫李朝隱奏，請籍民一年税錢充本，依舊令高户典正等捉，隨月收利，供官人料錢。

二十二年四月十四日敕：京官兼外州都督刺史大都督府長史俸料，並宜兩給。至天寶二年十一月十六日敕，京官兼太守等官俸料兩給者，宜停。其外官太守兼京官，準式。親王帶京官、任外官、副大將軍、副大使、知軍及知使事，京官兼外官知使事，據文合兼給者，仍任逐穩便，餘並從一處給。

二十四年六月二十三日敕：百官料錢，宜合爲一色，都以月俸爲名，各據本官，隨月給付。其貯粟宜令入禄數同申，應合減折及申請時限，並依常式。

一品：三十一千，月俸八千，食料一千八百，防閤二十千，雜用一千二百文。

二品：二十四千，月俸六千，食料一千五百，防閤十五千，雜用一千文。

三品：十七千，月俸五千，食料一千一百，防閤十千，雜用九百文。

四品：一十一千八百六十七文，月俸四千五百，食料七百，防閤六千六百文，雜用六百文。

五品：九千二百，月俸三千，食料六百，防閤五千，雜用五百文。

六品：五千三百，月俸二千三百，食料四百，庶僕二千二百，雜用四百文。

七品：四千五百，月俸一千七百五十，食料三百五十，庶僕一千六百，雜用三百五十文。

八品：二千四百七十五文，月俸一千三百，食料三百，庶僕六百二十五文，雜用二百五十文。

九品：一千九百一十七文，月俸一千五十文，食料二百五十，庶僕四百一十七文，雜用二百文。

天寶三載十三日敕：郡縣闕，職錢送納太府寺。自今已後，納當郡，充員外官料錢，不足，即取正官料錢分，若無員外官，當郡分。

五載三月二十日敕：郡縣官人及公廨白直，天下約計一載破十萬丁已上，一丁每月輸錢二百八文，每至月初，當處徵納，送縣來往，數日功程，在於百姓，尤是重役，其郡縣白直，計數多少，請用料錢，加税充用，其應差丁充白直，望請並停，一免百姓艱辛，二省國家丁壯。

十四載八月四日詔，文武九品以上官員，既親職務，可謂勤心。自今已後，每月給俸食料雜用防閤庶僕等，宜十分率加二分，其同正員官，加一分，仍永爲常式。至德二年已後，内外官並不給料錢，郡府縣官給半禄。

乾元元年，外官給半料，與職田，京官不給料，仍敕度支使量閑劇，分給手力課，員外官一切無料。至二年九月五日詔，京官無俸料，桂玉之費，將何以堪，官取絳州新錢，給冬季料，即仰所由申請，計會支給，且艱難之際，國家是同。頃者，急在軍戎，所以久虧禄俸，眷言憂恤，常愧於懷，今甫及授衣，略爲賙給，庶資時要，宜悉朕懷。

大歷十二年四月二十八日，度支奏：加給京百司文武官及京兆府縣官每月料錢等，具件如後。

太師、太傅、太保、太尉、司徒、司空、侍中、中書令，每月各一百二十貫文。中書門下侍郎，各一百貫文。東宫三太、左右僕射，各八十貫文。東宫三少，各七十貫文。六尚書、御史大夫、太常卿，各六十貫文。常侍、宗正卿、太子詹事、國子祭酒，各五十貫文。左右丞及諸司侍郎、給事中、中書舍人、御史中丞、太子賓客、殿中監、祕書監、司農等，卿，將作等監，各四十五貫文。太子左右庶子、太常少卿，各四十貫文。諫議、諸司少府少監，各三十五貫文。國子司業、内侍、東宫三卿，各三十貫文，郎中、侍御史、司天監、少詹事、諸王傅、國子博士、諭德、中允、中舍、殿中、祕書、太常、宗正丞，各二十五貫文。殿中侍御史、著作郎、大理正、都水使者、總監、内常侍、給事中，各二十貫文。員外郎、通事起居舍人、王府長史，各十八貫文。監察御史、臺主簿、補闕、王府司馬、司天少監、太子典内、太常博士、主簿、宗正主簿、門下録事、中書主簿，各十五貫文。拾遺、司議、太子文學、祕書、著作佐郎、國子太學、四門、廣文等博士、大理司直、詹事府丞、及諸寺監丞、謁者監、中書門下主事，各十二貫文。洗馬、贊善、諸寺監主簿、詹事府司直，各十貫文。評事，各八貫文。諸校正，各六

貫文。諸奉御、九成宮總監、諸王諮議、及諸陵令，各九貫二百文。城門、符寶、國子助教、六局郎、王府掾屬、太常侍醫、文學録事參軍、主簿、記室諸衛及六軍長史、兩市令、諸副總監、武庫署令、太公廟令，各五貫三百文。太子通事舍人、東宮寺丞、太學廣文助教、内坊丞諸直長、内寺伯、千牛衛及諸率府長史、諸陵丞、諸陵署諸王府判司、司竹温泉監、尚書都事、都水及諸總監丞、司天臺丞、太子侍醫、諸司上局署令、及王府國令、苑四面副監、公主邑司令，各四貫一百一十六文。國子四門助教、律醫學博士、協律郎、内謁者、諸衛六軍左右衛率府等衛佐、諸王府參軍、大農、都省、兵、吏、禮、考功主事、春坊録事、司竹副監、諸司中局署令、都水主簿、諸司上局署丞、及監廟邑司丞、司天臺靈臺郎、保章、挈壺正、太醫署針醫監、尚藥局司醫，各四千百七十五文。太祝、奉禮、省中諸行主事、門下典儀、御史臺、殿中、秘書、内侍省、春坊、詹事府主事、諸寺監、諸衛六軍諸司録事、諸司中局署丞、及大理獄丞、諸司府監録事、諸率府録事、殿中省醫佐、食醫奉輦、司庫、司廩、奉乘、鴻臚寺掌客、司儀、太僕寺主乘、内坊典直、司天臺司辰、司歷、監候、内侍省宮教博士、東宮三寺主簿、太常太樂鼓吹丞、醫正、按摩、咒禁、卜筮博士、及針醫、卜助教、國子書算博士、及助教、諸王府國子丞尉、諸總監主簿，各一千九百一十七文。武官左右金吾衛大將軍，各四十五貫文。六軍大將軍、左右金吾將軍，各四十貫文。諸衛大將軍、六軍將軍，各三十貫文。諸衛將軍，各二十五貫文。諸衛及六軍中郎、諸率府率副率，各一十一千五百六十七文。諸衛及六軍郎將、諸王府典軍、副典軍，各九千二百文。諸衛及六軍司陛千牛、及左右備身，各五千三百文。諸衛及六軍中候、太子千牛，各四千一百一十六文。諸衛及六軍司戈、太子備身，各二千四百七十五文。諸衛及六軍執戟及長上，各一千九百一十七文。京兆及諸府尹，各八十貫文。少尹、兩縣令，各五十貫文。奉先、昭應、醴泉等縣令、司録，各四十五貫文。畿令，各四十貫文。判司、兩縣丞，各三十五貫文。兩縣簿、尉、奉先等縣丞，各三十貫文。奉先等主簿、尉諸畿令，各二十五貫文。畿簿、尉，各二十貫文。參軍、文學博士、録事，各一十貫文。應給百司正員文武官月料錢外，官員准式例合支給料錢如後。

檢校官同中書門下平章事，每月一百一十貫文，准大歷十二年六月七日敕，檢校官同中書門下平章事並同正官例，就一高處給。殿中省進馬，准開元十七年五月十四日敕置，每人准一月納料錢一千九百一十七文。僕寺進馬、與殿中進馬同、内侍省，每月四十五貫文。省監，與諸少監同。度支奏，歲約加一十五萬六千貫文，准舊給都當二十六萬貫文以來，伏望准數，起六月一日給付。敕旨，依，仍令所司，起五月一日支給。至六月七日，户部侍郎判度支韓滉奏，准今年四月二十八日恩敕，加給京文武官九品已上正員官月俸，其同中書門下平章事，不帶正官，敕内無額，應檢校官同中書門下平章事，並請同正官例，就一高處給。敕旨，依。至建中三年閏正月四日，中書門下奏，文武百官每月料錢一百貫以上者，三分減一；八十貫已上者，五分減一；六十貫已上者，七分減一；四十貫已上者，十分減一；三十貫以下者，不減，待兵革寧後，豐年無事，即准常式處分，仍舊給。

其年五月，中書門下奏：得蘇州刺史兼御史大夫知臺事李涵，東都河南江淮山南等道轉運使，吏部尚書兼御史大夫劉晏，户部侍郎專判度支韓滉等狀，釐革諸道觀察使團練使，及判官料錢，觀察使，令兼使，不在加給限。每月除刺史正俸料外，每使每月請給一百貫文，雜給准時價不得過五十貫文。都團練副使，每月料錢八十貫文，雜給准時價，不得過三十貫文。觀察判官，與都團練判官同。每月料錢五十貫文，支使每月料錢四十貫文。推官每月料錢三十貫文，巡官准觀察推官例。已上每員，每月雜給，准時估不得過二十貫文。如州縣見任官充者，月料雜給減半。刺史知軍事，每人除正俸外，請給七十貫文，如帶別使，不在加限，雜給准時估不得過三十貫文，州縣給料。其大都督府長史，准七府尹例。左右司馬，准上州別駕例，支給料錢。刺史，八十貫文。別駕，五十五貫文。長史、司馬，各五十貫。録事參軍，四十貫。判司，三十貫。參軍、博士，各一十五貫。録事、市令等，各一十三貫。縣令，四十貫。丞，三十貫。簿、尉，各二十貫。右謹具條件如前，其舊准令月俸雜料紙筆執衣白直，但納資課等色，并在此數内，其七府准四月二十八日敕文不該者，並請依京兆府例處分。其中州中縣已下，三分減一分，其額内釐務，比正官減半。其州縣官除差充推官巡官及司馬掌軍事外，如更別帶職，亦不在加給限。敕旨，宜依。

十四年正月，宰臣常衮與楊綰同掌樞務，道不同。先是，百官俸料寡薄，綰與衮奏請加之，時滉判度支，衮與滉各騁私懷，所加俸料，厚薄多

由己。時諸少列，各定月俸料爲三十五千，滉怒司業張參，惟止給三十千，衮惡少詹事趙甚，遂給二十五千。又太子洗馬視司經局長官，文學爲之貳，衮有親戚任文學者，給十二千，而給洗馬十千，其輕重任情，不通時政，多如此類。

興元元年十二月詔，京百官及畿内官俸料，准元數支給。自巡幸奉天，轉運路阻絶，百官俸料，或至闕絶，至是全給。從之。

貞元二年敕，左右金吾及十六衛將軍，自天寶艱難以後，雖衛兵廢缺，而品秩本高，宜增禄秩，以示優崇，並宜加給料錢，及隨身幹力糧課等，其十六衛各置上將軍一人，秩從一品，左右金吾上將軍俸料，並同六軍統軍，諸衛上將軍，次于統軍，所司條件聞奏。

一十六員諸衛上將軍，左右衛本料各六十千，加糧賜等。每月各糧米六斗，鹽七合五勺，手力七人，資十千五文，私馬五匹，草三百束，料九石七斗五升，隨身十五人，糧米九石，鹽一斗一升三合五勺，春衣布一十五端，絹三十疋，冬衣袍紬一十五疋，絹三十疋，綿三十屯。二員左右金吾上將軍、左右金吾衛，並准上，一十二員左右武衛等，本料五十五千，加糧料等，每月手力五人，資六千五百文，私馬四匹，草三百三十二束，料六石六斗，隨身一十三人，糧米七石八斗，春衣布十三端，絹二十四疋，冬衣袍紬十三疋，絹二十六疋，綿二十四屯。一十六員諸衛大將軍，左右衛左右金吾衛，本料四十千五百，續加。准上，隨衣一人，隨物隨人減料。左右武衛等雜衛，本料三十六千文，續加。每月手力各四人，資二千文，私馬三匹，草一百六十束，料四石九斗五升，隨身十八人，糧米六石，春衣布一十端，絹三十疋，冬衣袍紬十疋，絹三十四疋，綿二十七屯。三十員諸衛將軍，左右衛左右金吾衛，本料三十六千，續加。准上。左右武衛等雜衛，本料二十千，續加。每月手力各三人，資四千五百文，私馬兩匹，草一百一十束，料三石三斗，隨身八人，糧米四石八斗，春衣布八端，絹十六疋，冬衣袍紬八疋，絹十六疋，綿十六屯。六員統軍，本料各六十五千，續加。春冬衣一付，每月糧米六斗，鹽七合五勺，私馬五匹，草糧隨金吾同金吾隨身，餘准諸衛上將軍。六員大將軍，本料六十千文，續加。並准諸衛大將軍。六軍將軍，本料三十千文，續加。准左武等雜衛將軍。射生神策大將軍，本料三十六千文，續加。私馬五匹，草料准上，隨身十四人，七人給衣，不給料，七人給糧米四石三斗，鹽一斗五升，春衣布十四端，絹二十八疋，鞋十四兩，冬衣袍紬十四疋，絹二十八疋，綿二十八屯。射生神策將軍，本料三十千文，續加。私馬三匹，草料准上，隨身十二人，六人給衣不給糧，六人全給，糧米三石六斗，鹽九升，春衣布十二端，絹二十四疋，鞋十二兩，冬衣袍紬十二疋，絹二十四疋，綿二十四屯。

三年六月，中書侍郎同平章事李泌奏，加百官俸料，各具品秩，以定月俸，隨曹署閑劇，加置手力資課雜給等，議者稱之。

四年，中書門下奏，京文武及京兆府縣官，總三千七十七員，據元給及新加，每月當錢五萬一千四百四貫六百十七文，一年都當六十一萬六千八百五十五貫四百四文。舊額三十四萬八千五百貫四百文，新加二十六萬八千三百五十五貫四文。文官一千八百九十員，三太。各二百貫文。三公，各一百八十貫文。侍中、中書令各一百六十貫文。中書門下侍郎、左右僕射、太子三太，各一百三十貫文。六尚書、御史大夫、太子三少，各一百貫文。常侍、太常、宗正卿、京兆尹，各九十貫文。左右丞、諸司侍郎、給事舍人、御史中丞、太子賓客、詹事、國子祭酒、諸卿監、内侍監，各八十貫文。諫議、庶子、太常、宗正少卿，各七十貫文。司業、少詹事、諸少卿、少監、内侍，各六十五貫文。諭德、諸曹郎中、東宫三卿，各五十貫文。員外郎、起居舍人、侍御史、王府長史、著作郎、太子中舍、中允、國子博士、太常、宗正、殿中、祕書等丞、大理正、都水使者、京都總監、内常侍，各四十貫文。補闕、殿中侍御史、通事舍人，各三十五貫文。拾遺、監察、司天少監、王府司馬、贊善、洗馬、奉御陵令、内給事、典内、太常博士、司舍、太常、宗正、御史臺主簿、中書主書、門下録事，各三十貫文。太子文學、祕書郎、著作佐郎、城門、符寶郎、大學、廣文、四門博士、大理司直、大理、詹事諸寺監丞、内謁者監、中書門下主事，各二十五貫文。評事、國子助教、王府諮議、及司天正、宫正六局郎、諸衛六軍長史、諸寺及詹事主事、詹事司直、太子通事舍人、東宫三寺丞、太子文學、廣文助教、千牛衛及率府長史、七品陵丞、都水丞、諸直長，各二十貫文。四門助教、協律郎、諸衛及六軍衛佐、校書、正字、奉禮、大税尚書都事、九成宫總監，各十六貫文。諸寺監、内侍省、詹事府、司天臺録事主事，各八貫文。王府掾屬、録事參軍、主簿、侍御醫、兩市令、中書武庫署令、武成王廟令、司天丞，各十貫文。内坊丞、内寺主、王府判司、王府國令、諸司上局署令、太子侍醫、公伯邑司、總監丞、司竹温泉監、七品陵廟令、司天臺主簿，各六貫文。律學博士、内謁者、王府參軍、諸司中局署令、王府大農

諸司上局署丞、邑司丞、司天靈臺郎保章、挈壺正、京苑四面監、太常醫博士、及監醫、八品陵廟令、尚藥局司醫、司竹温泉監丞，各四貫文。諸司中局署丞、大理獄丞、鴻臚掌客、諸司府監作監事計官屬佐食醫，各二貫文。尚輦、太僕主乘、僕寺典乘、軍衛率府、親勳翊府兵曹、典膳兩令、司天臺司辰、司歷、監候、内坊典直、内侍省宫教博士、太常寺樂正、及醫卜正、九品陵廟丞、苑四面監丞、王府國丞尉、按摩、呪禁、卜筮博士、及針醫助教、諸總監主簿、國子書算及律助教，各一千文。武官八百五十六員，七十二員四品，各十七千三百五十文。一百三十六員五品，各一十千八百文。九十六員六品，各七千九百五十文。九十八員七品各六千一百七十四文。一百三十六員八品各三千七百十二文。五百五十八員九品，各二千八百七十五文。並雜給校簿每貫加五百文支給，京兆府縣官，唯兩縣簿尉加五千文，餘並同大歷十二年四月二十八日敕。右中書門下准去年十一月二十八日敕，京官宜加料錢，准敕商量，謹條件如前，敕旨，依。

十年二月，詔應文武朝官有薨卒者，自今已後，其月俸料宜皆全給，仍更准本官一月俸錢，以爲賻贈。若諸司三品已上官，及尚書省四品官，仍令有司舉舊令聞奏，行弔祭之禮，務從優備。初，左庶子雷咸，以是月朔卒，有司以故事計其月俸，以月數給之，上聞之，故有是命。

十五年十二月詔，今年十月三日，權減諸道諸州刺史判軍事料，及專知勾當官加手力課，并減州縣官手力，門倉庫獄囚子驛館廨宇等錢，宜一切卻仍舊。初，獻計者言收諸道軍事錢，及手力資課等，當得百數十萬貫，可以助軍，于頔時判度支，又贊成之。及算計大數，止于三十萬貫，而數中更有耗折雜破，纔得十餘萬貫，輿論甚以爲不便。韋皋、張建封又相次奏，言所得甚微，所失體大，又因此人心頗不安，故命復古也。

元和六年閏十二月敕，河東、河中、鳳翔、易定四道，州縣久破，俸給至微，吏曹注官，將同比遠，在於治體，切要均融，宜以户部錢五萬五千貫文，充加四道州縣官課。

七年五月，加賜澤、潞、磁、邢、洺五州府縣官料錢二萬貫文，其年十二月，以麟、坊、邠三州官吏，近邊俸薄，各加賜其料錢。

其年，中書門下奏，國家舊章，依品制俸。官一品，月俸三十千，其餘職田禄米，大約不過千石。自一品以下，多少可知。艱難以來，網禁漸弛，於是增置使額，厚請俸錢。故大歷中，權臣月俸有至九千貫者，列郡刺史無大小，給皆千貫。常袞爲相，始立限約。至李泌又量其閑劇，隨事增加，時謂通濟，理難減削，然有名存職廢，額去俸存，閑劇之間，厚薄頓異，將爲定式，須立常規。制從之，乃命給事中段平仲，中書舍人韋貫之，兵部侍郎許孟容，户部侍郎李絳等，詳定減省。從之。

十二年四月敕，京百官俸料，從五月以後，並宜給見錢。其數内一半充給，元估疋段者，即據時估實數，迴給見錢。

其年十一月敕，工部尚書邢士美，以疾未任赴京，宜就東都將息，疾損日赴任，其料錢准上官例，令有司支給。

十三年六月，以德、棣、滄、景四州，頃遭水潦，給復一年，遂定四州官吏俸錢料，刺史每月一百五十千，望緊上縣令，每月四十千，餘有差。

十四年四月，重定淮西州縣俸禄，以蔡州爲緊，刺史月俸一百八十千，申光二州爲中，刺史月俸一百五十千，長史已下有差。

十五年六月，敕曰，朕聞帝王所重者國體，所切者人情，苟得其體，必臻于太和，如失其情，是由於小利。況設官求理，頒禄責功，既有常規，寧宜就減。近者以每歲經費，量入不充，外官俸料，據數抽貫。朕再三思度，終所未安，念彼遐方，或從卑官，一家所給，三載言歸，在公當甘於廉潔，受禄又苦于減剋，待我庶吏，豈其然乎。雖憂國之誠，固須贍助，而恤人之慮，將起怨咨。必若水旱爲虞，干戈未戢，事非獲已，人亦何辭。今則幸遇豐登，又方寧謐，九州之内，永絶妖氛，三邊之上，冀除烽警，自宜剋己以足用，安可剥下而爲謀。臨軒載懷，實所增愧，其度支所準五月二日敕，應給用錢，每貫抽五十文，都計一百五十萬貫文，並宜停抽。初，宰相以國用不足，故權請抽減課官，及言事者累陳表章，以爲非便，故復下此詔以罷之。

（宋）王溥《唐會要》卷九二《内外官料錢下》

長慶元年二月敕，司徒兼中書令韓宏，疾未全平，尚須在假將息，其俸料宜從敕下日，便令所司支給。

四年五月敕，近日訪聞京城米價稍貴，須有通變，以公濟私，宜令户部應給百官俸料，其中一半合給段疋者，迴給官中所糶粟，每斗折錢五十

文，其段疋委别貯，至冬糴粟填納太倉，時人以爲甚便。

太和四年七月敕，吏部奏，應比遠道州縣官課料，請令依元額料計支給，不得更有欠折。敕旨，依奏。

其年七月敕，應外任官帶一品正官京職，縱不知政事，且依俸料，宜付所司，並令兼給。

七年一月，户部侍郎庾敬休奏：應文武九品已上，每月料錢，一半合給段疋絲綿等，伏以自冬涉春，久無雨雪，米價少貴，人心未安。自德音放免逋懸，賑恤貧民，中外群庶，已感皇慈。至於衣冠之家，素乏儲蓄，朝夕取給，猶足爲憂。以臣愚見，若令百官料錢内，一半停給段疋絲綿等，迴給太倉粟，每斗計七十文，在衆庶必見懽康，于公家無所虧減，待至麥熟，米價稍賤，即依前卻給段疋等，酌于事理，庶叶變通。敕旨，宜依。

八年八月，劍南東川觀察使楊嗣復奏：管内普、合、渝三州刺史元請料錢，每月各四十五貫，請各添至六十貫。敕旨，依奏。

九年六月敕，宰相俸料，宜依元和十四年以前舊例，並給見錢。

開成二年八月，户部侍郎李珏奏：京諸司六品以下官，請假往外府，違假不到，本官停給料錢。敕旨，違限停俸料，餘依準令式。

四年三月敕，侍講學士兼太子少師王起，宜兼給料錢。

五年三月，中書門下奏：準今年二月八日赦節文，應京諸司勒留官，令本處剋留手力雜給錢與攝官者，臣等檢詳諸道正官，料錢絶少，雜給手力則多，今正官勒留，亦管公事，俸入多少，事未得中。臣等商議，其料錢雜給等錢，望每貫割留二百文與攝官，其職田禄米，全還正官。從之。

會昌元年，中書門下奏，河東隴州、鄜、坊、邠州等道比遠官，加給課料。河東等道，或興王舊邦，或陪京近地，州縣之職，人合樂爲，祗緣俸課寡薄，官同比遠，伏準元和六年閏十二月十二日及元和七年十二月二十日敕，河東、鳳翔、鄜坊、邠州，易定等道，令户部加給課料錢，共六萬二千五百貫文，吏曹出得平流官數百員，時議以爲至當。自後訪聞户部所給零碎，兼不及時，觀察使以其虚折，皆别將破用，徒有加給，不及官人，近地好官，依前比遠。臣等商議，伏望今日以後，令户部以實物仍及時支遣，諸道並委觀察判官專判此案，隨月加給官人，不得别將破用，如有違越，觀察判官遠貶，觀察使奏取進止。選人官成後，皆於城中舉債，到任填還，致其貪求，罔不由此，其今年河東、隴西、鄜、坊、邠州新授比遠官等，望許連狀相保，户部各借兩月之數，加給料錢，至支給時剋下，所冀初官到任，不滯息債，衣食稍足，可責清廉。從之。

（宋）王溥《唐會要》卷九二《内外官職田》 武德元年十二月制，内外官各給職分田，京官一品十二頃，二品十頃，三品九頃，四品七頃，五品六頃，六品四頃，七品三頃五十畝，八品二頃五十畝，九品二頃。雍州及外州官，二品十二頃，三品十頃，四品八頃，五品七頃，六品五頃，七品四頃，八品三頃，九品二頃五十畝。

貞觀十一年三月敕，内外官職田，恐侵百姓，先令官收，慮其禄薄家貧，所以别給地子。去歲緣有水旱，遂令總停。兹聞卑官頗難支濟，事須優恤，使得自資，宜準元敕，給其地子。

景龍四年三月，敕旨頒行天下，凡屬文武官員五品以下，各加田五畝，五品以上，各加田四畝。

開元十年正月，命有司收内外官職田，以給逃還貧民户，其職田以正倉粟畝二升給之。

其年六月敕，所置職田，本非古法，爰自近制，是以因循，事有變通，應須删改，其内外官所給職田地子，從今年九月以後，並宜停給。

十八年三月敕，京官職田，將令準令給受，復用舊制。

十九年四月敕，天下諸州縣，并府鎮戍官等職田頃畝籍帳，仍依允租價對定，無過六斗，地不毛者，畝給二斗。

二十九年二月敕，外官職田，委所司準例倉中受納，納畢一時分付，縣官亦準此。

其年三月敕，京畿地狹，民户殷繁，計丁給田，尚猶不足，兼充百官苗子，固難周濟，其諸司官令分在都者，宜令所司，具作定額，計應受職田，並於都畿給付。其應退地，委採訪使與本州長官給貧下百姓，其應給職田，亦委採訪使與所由長官勘會同給，仍永爲常式。

天寶元年六月敕，如聞河東河北官人職田，既納地租，仍收桑課，田樹兼税，民何以堪。自今以後，官人及公廨職田有桑，一切不得更徵絲課。

十二載十月敕，兩京百官職田，承前佃民自送，道路或遠，勞費頗多。自今已後，其職田去城五十里内者，依舊令佃民自送入城，自餘限十月内便於所管州縣并腳價貯納，其腳價五十里外，每斗各徵二文，一百里外不過三文，並令百官差本司請受。

上元元年十月敕，京官職田，準式並令佃民輸送至京。

廣德二年十月，宰臣等奏，減百司職田租之半，以助軍糧。從之。

大歷二年正月詔，京兆府及畿縣官職田，宜令準外州府縣官例，三分取一分。至十月，減京官職田，一分充軍糧，二分給本官。

十四年八月敕，内外文武官職田，及公廨田，準式，州縣每年六月三十日勘造白簿申省，與諸司文解勘會。至十月三十日徵收，給付本官。近來不守常規，多不申報。給付之際，先付清望要官，其閒慢卑官，即被延引不付。自今以後，準式各令送付本官。又準式，職田黄籍，每三年一造，自天寶九載以後，更不造籍，宜各委州縣，每年差專知官巡覆，仍造簿依限申交所司，不得隱漏，及妄破蒿荒，如有違犯，專知官及本典，準法科罰。

貞元四年八月敕，準田令，永業田，職事官從一品，郡王，各五十頃；國公若職事官正二品，各四十頃；郡公若職事官從二品，各三十五頃；縣公若職事官從三品，各二十頃；侯若職事官正四品，各十四頃；伯若職事官從四品，各十一頃。

十四年六月，判度支于頔請收百官闕職田，以贍軍須。從之。

元和六年八月詔，百官職田，其數甚廣，今緣水潦，諸處道路不通，宜令所在貯錢，充度支支用，百官卻令據數於太倉請受。

十三年三月詔：百司職田，多少不均，爲弊日久，宜令每司各收職田草粟等數，自長官以下，據多少人作等差，除留闕官外分給。

長慶元年七月敕，百司職田，在京畿諸縣者，訪聞本地多被所由侵隱，抑令貧户佃食蒿荒，百姓流亡，半在於此，宜委京兆府勘會均配，務使公平。

其年十月敕，司兼中書令合屬内官，各依舊外，再加田五畝，七品以下仍舊。

寶歷元年四月制：京百司田散在畿内諸縣，舊制配地出子，歲月已深，佃户至有流亡，官曹多領虚數。今欲據額均入，地盤萬户，供輸百司，盡得隨税出子，逐畝平攤，比量舊制，孰爲允便，宜委京兆府與屯田審勘計會，條流聞奏。

開成二年五月，判國子祭酒事門下侍郎平章事鄭覃奏：太學新置五經博士各一人，屯田素無職田，請依王府官品秩例，賜以禄粟，從之。

會昌六年十月，京兆府奏：諸縣徵納京百司官秩職田斛斗等，伏請從今已後，卻準會昌元年已前舊例，上司官斛斗，勒民户使自送納，所冀輸納簡便，百官各得本分職田，縣司所由，無因隱欺者，並從之。

大中元年十月，屯田奏：應内外官請職田，陸田限三月三十日，水田限四月三十日，麥田限九月三十日，已前上者，入後人，已後上者，入前人。伏以令式之中，並不該閏月，每遇閏月，交替者即公牒紛紜，有司即無定條，莫知所守。伏以公田給使，須準期程，時限未明，實恐遺闕。今請至前件月，遇閏即以十五日爲定式，十五日以前上者，入後人，已後上者，入前人。據今條，其元闕職田，並限六月三十日，春麥限三月三十日，宿麥限十二月三十日，已前上者入新人，已後上者，並入舊人。今亦請至前件月，遇閏即以十五日爲定式，所冀給受有制，永無訴論，敕曰，五歲再閏，固在不刊，二稔職田，須有定制。自此已後，宜依屯田所奏，永爲常式。

（宋）王溥《唐會要》卷九三《諸司諸色本錢上》　武德元年十二月，置公廨本錢，以諸州令史主之，號捉錢令史。每司九人，補於吏部，所主纔五萬錢以下，市肆販易，月納息錢四千文，歲滿授官。

貞觀元年，京師及州縣，皆有公廨田，以供公私之費。其後以用度不足，京官有俸賜而已，諸司置公廨本錢，以番官貿易取息，計員多少爲月料。

十一年，罷諸司公廨本錢，以天下上户七千人爲胥士，視防閤制，而收其課，計官多少而給之。

十二年，復置公廨本錢，諫議大夫褚遂良上疏：言七十餘司，更一二歲，捉錢令史六百餘人受職。太學高第，諸州進士，拔十取五，猶有犯禁罹法者，況廛肆之人，苟得無耻，不可使其居職。太宗乃罷捉錢令史，復給百官俸。又令文武職事三品以上，給親事帳内，以六品七品子爲親

事，以八品九品子爲帳内，歲納錢千五百，謂之品子課錢。凡捉錢品子，無違負者，滿二百日，本屬以簿附朝集使，上於考功兵部，滿十歲，量文武授官。

十八年，以京兆府岐、同、華、邠、坊州隙地陂澤可墾者，復給京官職田。

二十一年二月，令在京諸司依舊置公廨本錢，捉以令史府史胥士等，令迴易納利，以充官人俸。至永徽元年，廢之，以天下租腳直爲京官俸料。其後又薄斂一歲稅，以高户主之，月收息給俸。尋顯以稅錢給之，總十五萬二千七百三十緡。

光宅元年，秘書少監崔沔請計户均出，每丁加升尺，所增蓋少，流亡漸復，倉庫充實，然後取於正賦，罷新加者。至開元十年，中書舍人張嘉貞，又陳其不便，遂罷天下公廨本錢，復稅户以給百官，籍内外職田。

開元十八年，御史大夫李朝隱奏：請籍百姓一年稅錢充本，依舊令高户及典正等捉，隨月收利，將供官人料錢，並取情願自捉，不得令州縣牽捉。

其年，復給京官職田，州縣籍一歲稅錢爲本，以高下捉之，月收贏以給外官，復置天下公廨本錢，收贏十之六。

天寶元年，員外郎給料，天下白直，歲役丁十萬，有詔罷之，計數加稅以供用，人皆以爲便。自開元後，置使甚衆，每使各給雜錢。

至德二年七月，宣諭使侍御史鄭叔清奏：承前諸使下召納錢物，多給空名告身，雖假以官，賞其忠義，猶未盡才能，今皆量文武才藝，兼情願穩便，據條格議，同申奏聞。

乾元元年敕，長安、萬年兩縣，各備錢一萬貫，每月收利，以充和雇。時祠祭及蕃夷賜宴別設，皆長安、萬年人吏主辦。二縣置本錢，配納質債户收息，以供費，諸使捉錢者，給牒免徭役。有罪府縣不敢劾治，民間有不取本錢，立虛契，子孫相承爲之。

寶應元年敕，諸色本錢，比來將放與人，或府縣自取，及貧人將捉，非惟積利不納，亦且兼本破除，今請一切不得與官人及窮百姓并貧典吏，揀擇當處殷富幹了者三五人，均使翻轉迴易，仍放其諸色差遣，庶符永存官物，又冀免破家。

大歷六年三月敕，軍器公廨本錢三千貫文，放在人上，取利充使以下食料紙筆，宜於數内收一千貫文，别納店鋪課錢，添公廨收利雜用。

貞元元年四月，禮部尚書李齊運奏：當司本錢至少，廚食闕絶，請準秘書省大理寺例，取户部闕職官錢二千貫文，充本收利，以助公廚，可之。

其年九月八日敕，自今後，應徵息利本錢，除主保逃亡轉徵鄰近者放免，餘並準舊徵收，其所欠錢，仍任各取當司闕官職田，量事糶貨，充填本數，并已後所舉，不得過二十貫。

十二年，御史中丞王顏奏：簡勘足數十王廚，二十貫文。十六王宅，三百九十二貫八百二十五文。門下省，三千九百七十貫四十文。中書省，五千九百九十八貫文。集賢院，四千四百六十八貫八百文。崇元館，五百貫文。宏文館，七百二十六貫二百文。太清宫，一千貫文。史館，一千三百一十貫四百文。尚書都省，一萬二百一十五貫二百三十八文。吏部尚書銓，三千一百八十二貫二十文。東銓，二千四百四十五貫三百一十文。西銓，二千四百三十三貫六百六十一文。南曹，五百八十貫文。甲庫，二百八十四貫六十五文。功狀院，二千五百貫文。流外銓，三百貫文。急晝，五百貫文。主事，五百貫文。白院，五千六百二十三貫文。考功，一千五百二十六貫一百九十五文。司勳，二百二十八貫文。兵部，六千五百二十貫五百五十二文。户部，六千貫五百五十六文。工倉部，四百二十七貫三百三十文。刑部，六十貫文。禮部，三千五百二十八貫五百三十七文。工部，四千三百二十貫九百五十九文。御史臺，一萬八千五百九十一貫文。東都御史臺，五百貫文。西京觀察使，五千四十六貫八百五文。三衛使，五百貫文。軍器使，二千一百九十一貫一百三十文。監食使，七十四貫五十文。秘書省，四千七十貫文。殿中省，二百三十八貫五百文。太常寺，一萬四千二百五十四貫八百文。太常禮院，一千七百貫文。光禄寺，一百五十六貫文。衛尉寺，一千二百四貫八百七文。宗正寺，一千八百八十四貫文。大理寺，五千九十二貫八百文。大僕寺，三千貫文。鴻臚寺，六千六百五貫一百二十九文。司農寺，五千六百五貫二百八十二文。太倉諸色供，七百八十七貫四百二十四文。太府寺，二千二百八十一貫六百三文。左藏庫將作監，七百貫文。少府監，六百七十八貫七百文。中尚，七百七十貫文。國子監，三千三百八十二貫三百六十文。詹事府，一千七百一十六貫七百三十二文。家令寺，七百八十七貫九百文。僕寺，四百貫文。左春坊，一百八十四貫六百文。右春坊，

二百八十貫文。崇文館，八百一十貫文。司天臺，二百八十貫文。皇城留守，一千二百三十四貫八百文。右金吾衛，九千貫文。右金吾引駕仗，三千三百六十九貫文。右街使，一千八百六十貫八百三十文。左金吾衛，九千九貫五百文。左金吾引駕仗，六千一百二十貫文。左街使，三千九百十六貫三百八十文。總監，三千貫文。京兆府，四萬八千八百八十九貫二百二十四文。京兆府御遞院，二千五百貫文。

二十一年正月制：百官及在城諸使息利本錢，徵放多年，積成深弊，宜委中書門下與所司商量其利害，條件以聞，不得擅有禁錢，務令通濟。

其年七月中書門下奏，敕釐革京百司息利本錢，應徵近親，及重攤保，并遠年逃亡等，今年四月十七日敕，本利并放訖，其本事須借錢添填，都計二萬五千九百四十三貫六百九十九文，伏以百司本錢，久無疏理，年歲深遠，亡失頗多，食料既虧，公務則廢，事須添借，令可支持，伏望聖恩，許令準數支給，仍請以左藏庫度支除陌錢充。敕旨，宜依。

（宋）王溥《唐會要》卷九三《諸司諸色本錢下》 元和二年六月，中書門下上言：聖政維新，事必歸本，疏理五坊户色役，令府縣卻收，萬民欣喜，恩出望外，臣等敢不釐革舊弊，率先有司。其兩省納課陪廚户及捉錢人，總一百二十四人，望令歸府縣色役。敕旨，從之。

六年四月，御史臺奏：諸使應有捉利錢户，請同臺省例，如有過犯差遣，並任府縣處置。從之。

其年五月，御史中丞柳公綽奏：請諸司諸使應有捉利錢户，其本司本使給户人牒身，稱準放免雜差遣夫役等，如有過犯，請牒送本司本使科責，府縣不得擅有決罰，仍永爲常式者。臣昨因奉進止，追勘閑厩使下利錢户割耳進狀，劉嘉和訴，被所由分外科配等事由。因勘責劉嘉和所執牒身，所引敕文，檢敕不獲，牒閑厩使勘敕下年月日，又稱遠年文案失落。今據閑厩使利錢案，一使之下已有利錢户八百餘人，訪聞諸使，並同此例，户免夫役者，通計數千家。況犯罪之人，又常僥倖，所稱捉利錢户，先亦不得本錢，百姓利其牒身，情願虛立保契，文牒一定，子孫相承。至如劉嘉和情願充利錢户事由，緣與人毆鬬，打人頭破時，便於閑厩使情願納利錢，得牒身免府縣科決，實亦不得本錢，已具推問奏聞訖，伏奉進止。今臣具條流奏聞者，今請諸司諸使所管官錢户，並依臺省舉本納利人例，諸司諸使更不得妄有準敕給牒身免差遣夫役，及有過犯，許作府縣處分，如官典有違，請必科處，使及長官，奏聽進止。其先給牒者，並仰本司本使收毀，入後在人户處收毀不盡，其官典必有科責，其捉錢户原不得本錢者，亦任使不納利，庶得州府不失丁夫，姦人免有僥倖。敕旨，宜依。

九年十一月，户部奏：準八月十五日敕，諸司食利本錢，出放已久，散失頗多，各委本司勘會，其合徵錢數，便充食錢，若數少不充，以除陌五文錢，量其所欠，添本出放者，令準敕各牒諸司勘會，得報，據秘書省等三十二司牒，應管食利本錢物五萬三千九百五十二貫九百五十五文。各隨司被逃亡散失，見在徵數額，與元置不同，今但據元置數額而已。秘書省，三千三百八十四貫五百文。太常寺，六千七百二十二貫六百六文。光禄寺，一千二百九十九貫六十四文。宗正寺，一百十七貫九十五文。衛尉寺，一千二百五十貫九百文。太僕寺，一千九貫五百文。大理寺，五千九百二十四貫七百四十文。鴻臚寺，二千六百六十貫文。司農寺，二千七百三十五貫七百七十文。太府寺，一千五百八貫九百文。殿中省，九百九十貫五百五十文。詹事府，一千一百九十一貫三百七十七文。國子監，二千六百四十四貫二百五十文。少府監，一千三百三十四貫七百三十一文。將作監，一千六百十七貫文。左春坊，一千三百八貫七百七文。右春坊，一千貫文。司天臺，三百八十貫文。家令司，一千八百一十貫七百文。太僕寺，四百三十六貫六百五十文。總監，二千六百七十二貫文。左藏庫，六百二十貫文。尚食局，三百三十八貫文。尚舍局，三百七十四貫三百文。尚輦局，一百貫文。太倉，二千四百十五貫六百八十一文。内中局，六百三十六貫二百文。萬年縣，三千四百貫六百文。長安縣，二千七百四十五貫四百三十三文。左衛，五百四十貫文。左司禦帥府，二百一十貫文。右司禦帥府，一百貫文。敕，宜委御史臺仔細簡勘，具合徵放錢數，及量諸司閒劇人目，加減條流奏聞。

其年十二月敕，比緣諸司食利錢，出舉歲深，爲弊頗甚，已有釐革，別給食錢。其御史臺奏：所勘責秘書省等三十二司食利本錢數内，有重攤轉保，稱甚困窮者，據所欠本利並放，其本户中納利，如有十倍已上者，既緣輸利歲久，理亦可矜，量准前本利並放，其納經五倍已上，從今年十二月以前，應有欠利並放，起元和十年正月已後，準前計利徵收。其餘人户等，計其倍數，納利非多，不可一例矜放，宜並委本司準前徵納，

其諸司所徵到錢，自今以後，仍於五分之中，常抽一分，留添官本，各勒本司以後相承收管，其諸司應見徵納，及續舉放所收利錢，並準今年八月十五日敕，充添修司廨宇什物，及令史驅使官廚料等用，仍委御史臺勾當。每常至年終，勘會處分。其諸司除疏理外，見在本錢，據額更不得破用。如有欠失，即便勒主掌官典所由等，據數填賠。其中書門下兩省，及尚書省御史臺，應有食利錢外，亦便令準此條流處分。

十年正月，御史臺奏：秘書省等三十二司，除疏理外，見在食利本錢，應見徵納及續舉放，所收利錢，準敕並充添修當司廨宇什物，及令史驅使官廚料等用，準元和九年十二月二十九日敕，仍委御史臺勾當。每至年終，勘會處分，及諸司疏理外，見在本錢，據額不得破用。如有欠失，即便勒主掌官典所由等填陪者，其諸司食利本錢疏理外，合徵收者，請改案額爲元和十年新收置公廨本錢，應緣添修廨宇什物，及令史府史等廚並用，勒本司據見在户名錢數，各置案歷，三官通押，逐委造帳，印訖入案，仍不得侵用本錢。至年終勘會，欠少本利官典，諸節級準法處分，庶官錢免至散失，年額既定，勾當有憑。敕旨，宜依。

十一年八月敕，京城百司諸軍諸使，及諸道應差所由，并召人捉本錢。右御史中丞崔從奏：前件捉錢人等，比緣皆以私錢添雜官本，所防耗折，裨補官利。近日訪聞商販富人，投身要司，依託官本，廣求私利，可徵索者，自充家產，或逋欠者，證是官錢，非理逼迫，爲弊非一。今請許捉錢户添放私本，不得過官本錢，勘責有賸，並請没官。從之。

其年九月，東都御史臺奏：當臺食利本錢，從貞元十一年至元和十一年，息利十倍以上者，二十五户，從貞元十六年至元和十一年，息利七倍以上者，一百五十六户，從貞元二十年至元和十一年，息利四倍以上者，一百六十八户。伏見去年京畿諸司本錢，並條流甄免，其東都未蒙該及者，竊以淮寇未平，供饋尚切，人力少疲，衣食屢空，及納息利年深，正身既没，子孫又盡，移徵親族旁支，無支族，散徵諸保人，保人逃死，或所由代納，縱倪旄孤獨，仰無所依，立限踰年，虛繫錢數，公食屢闕，民户不堪，伏乞天恩，同京諸司例，特甄減裁下。敕旨，從奏。

十二年正月，門下省奏：應管食利本錢，總三千四百九十八貫三百二十一文，宰相已下至主録等食利三百七十八貫三百四十餘文，直省院本錢，準建中三年四月十五日敕，以留院入錢置本。中書省奏，當省食利本錢，共五千貫文，宰相以下官至主録等食利錢一千貫，直省院食利本錢，準建中二年四月敕，當院自斂置本。準元和九年十二月九日敕，令勘會疏理，其見在合徵錢，準敕合充添修當司廨宇什物，其省院本錢，緣是當院自斂置本，請便充本添廚等用。敕旨，依奏。

十四年十月，御史中丞蕭俛奏：應諸司諸軍諸使公廨諸色本利錢等，伏緣臣當司及秘書省等三十二司利錢，伏準本年七月十三日赦文，至十倍者，本利並放，展轉攤保，至五倍者，本利並放。緣前件諸司諸使諸軍利錢，節文並不該及，其中有納利百姓，見臣稱訴納，利已至十倍者，未蒙一例處分，求臣上達天聽，臣已面陳奏訖，伏以南北諸司，事體無異，納利百姓，皆陛下赤子，若恩澤均及，則雨露無偏，伏望聖慈，特賜放免。敕旨，從奏。

十五年二月詔：內外百官食利錢十倍至五倍以上，節級放免，仍每經十年，即內外百司各賜錢一萬貫充本，據司大小，公事閒劇，及當司貧富，作等第給付。

其年八月，賜教坊錢五千貫，充本以收息利。

長慶元年三月敕，添給諸司本錢，準元和十五年五月十一日敕，內外百司，準二月五日赦文，宜共賜錢一萬貫文，以户部錢充，仍令御史臺據司額大小，公事閒劇，爲等第均配。

三年十一月，賜內園本錢一萬貫，軍器使三千貫。

其年十二月，賜五坊使錢五千貫，賜威遠鎮一千貫，以爲食利。

太和元年十二月，殿中省奏：尚食局新舊本錢，總九百八十貫文，伏以尚食貧虛，更無羨餘添給，伏乞聖慈，更賜添本錢二千貫文，許臣別條流方圓諸色改換，收利支用，庶得不失公事。敕旨，賜本錢一千貫文，以户部五文抽貫錢充。

七年八月敕，中書門下省所將本錢，與諸色人給驅使官文牒，於江淮諸道經紀，每年納利，並無元額許置。如聞納利殊少，影射至多，宜並勒停，兩省先給文牒，仍盡追收。其去年所減人數，雖挾名尚執兩省文牒，亦宜收訖聞奏，以後不承正敕，不在更置之限。

開成三年七月敕，尚書省自長慶三年賜本錢後，歲月滋久，散失頗

多，或息利數重，經恩放免，或民户逋欠，無處徵收，如聞尚書丞郎官入省日，每事闕供，須議添助，除舊賜本錢徵利收，及吏部告身錢外，宜每月共賜一百貫文，委户部逐月支付，其本錢任準前收利添充給用，仍委都省納勒舊本，及新添錢量多少均配，逐行分析聞奏。

四年六月，上禦紫宸殿，宰臣李珏奏：堂廚食利錢一千五百貫文，供宰相香油蠟燭，捉錢官三十人，頗擾百姓。今勘文書堂頭，共有一千餘貫，所收利亦無幾。臣欲總收此錢，用自不盡，假令十年之後，更無此錢，直令户部供給亦得，兩省亦有此錢，臣亦欲商量，共有三百餘人，在外求利，米鹽細碎，非國體所宜。上曰，太細碎。楊嗣復曰，百司食利，實爲煩碎，自貞觀以後，留此弊法，臣等即條流聞奏，乃奏宰臣置廚捉錢官並勒停，其錢並本錢追收，勒堂後驅使官置庫收掌破用，量入計費十年用盡後，即據所須，奏聽進止。敕旨，宜依。

會昌元年正月敕節文，每有過客衣冠，皆求應接行李，苟不供給，必致怨尤，刺史縣令，但取虛名，不惜百姓，宜委本道觀察使條流，量縣大小，及道路要僻，各置本錢，逐月收利，或觀察使前任臺省官，不乘館驛者，許量事供給，其錢便以留州留使錢充。每至年終，由觀察使，如妄破官錢，依前科配，並同入己贓論，仍委出使御史糾察以聞。

其年四月，河南府奏：當府食利本錢，出舉與人。敕旨，河南府所置本錢，用有名額，既無別賜，所闕則多，宜令改正名額，依舊收利充用。

其年六月，河中，晋，絳，慈，隰等州觀察使孫簡奏，準赦書節文，量縣大小，各置本錢，逐月四分收利，供給不乘驛前觀察使刺史前任臺省官等，晋，慈、隰三州，各置本錢訖。得絳州申，稱無錢置本，令使司量貸錢二百貫充置本，以當州合送使錢充。敕旨，宜依，仍付所司。

是月，户部奏：準正月九日敕文，放免諸司食利錢，每年別賜錢二萬貫文，充諸司公用。今準長慶三年十二月九日敕，賜諸司食利本錢，共八萬四千五百貫文，四分收利，一年秪當四萬九百九十二貫文。今請落下，徵錢驅使官二百文課，並更請於合給錢内四分中落一分，均攤分配，所得新賜錢，均給東都臺省等一十四司，雖落下一分錢，緣置驅使官員，於人户上徵錢，皆被延引，雖有四分收利之名，而無三分得利之實。今請每月合得利錢數外，更添至三百貫文，内侍省據自司報，牒稱省内公用稍廣，利錢比於諸司最多，今請於合得錢外，亦添至三百貫文。兵部吏部尚書等銓一十一司，緣有舊本錢，準敕放免，又有公事，今請每月共與一百五十貫文。臣今於新賜外，更請添賜上件錢，所費不廣，所利至多，則内外諸司，永得優足，伏望聖恩，允臣所奏。敕旨，宜依。

二年正月敕：去年赦書所放食利，祇是外百司食錢，令户部共賜錢訖。若先假以食利爲先，將充公用者，並不在放免。如聞内諸司息利錢，皆以食利爲名，百姓因此，亦求蠲免，宜各委所司，不在放免之限。

（宋）李昉等《文苑英華》卷五三三《告糴判》 得甲爲郡一年不升告糴於鄰州，觀察使讓其無備，云百姓有積則公賦不足。

對　李淑

救災恤鄰，古之令典；有備無患，邦之善謀。甲宣彼六條，克念勤恤；施其五教，務彼樂輸。而天災流行，實害嘉穀；井税不給，職司其憂。告糴於鄰，庶擬泛舟之役；有年而蘊，曷資禄稟之用。一作爲。況今寰宇初泰，黔黎再寧。惟彼萊田，尚多荒隴。畝畆之獲，每憂於家給；什一之税，咸資於國儲。或委積之闕然，乃凶歉而無備。觀察援今習古，恐謬是非；郡守通變隨時，何妨損益。捨而勿讓，咸一作愚謂合宜。

（宋）李昉等《文苑英華》卷五四九《不奠其禄判》 得主司納錢不奠其禄，致令不可覆校。

對

正其歲會，《禮》有明文，録而書之。物合定數，莫不登於天府；計以月成，諒比要之可遵。將奠禄而爲隼憑，茲出納乃絶姦欺。苟或差遺，自貽乾没。韞玉在櫝，宜勤夙夜之心；刀布如泉，何忽隄防之禁。覆校斯闕，罪累非輕。忝曰主司，殊爲曠職。但三尺之法，期閲實以定刑；九兩之官，闕連事而同坐必。若甲乙俱犯，上下相蒙，規攘竊以故違，自胥徒而共議物又全曠，情實難容。如其數則非多，訊之爲誤，有納處而可驗，恕不逮而須矜。請紓辨璧之疑，方寘鈞金之罰。

（宋）宋敏求《唐大詔令集》卷一一一《政事·平糴·命諸道平糴敕》 敕四海之内，方叶大寧，西戎無厭，獨阻王命，不可忘戰，尚勞事邊。朕頃以兵革之後，軍國空耗，躬率節儉，務勸農桑，上玄儲休，仍歲

大稔，益用多愧，不知其然。雖屬此人和，近於家給，而邊穀未實，戎備猶虛，因其天時，思致豐積，將設平糴，以之餽軍。然以中都所供，內府不足，粗充常入之數，豈濟倍餘之收。其在方面藎臣，成茲大計，共佐公家之急，以資塞下之儲。應諸道每歲皆有防秋兵馬，其淮南四千人，浙西三千人，魏博四千人，昭義二千人，成德三千人，山南東道三千人，荆南二千人，湖南三千人，山南西道二千人，劍南西川三千人，劍南東川三千人，鄂岳一千五百人，宣歙三千人，福建一千五百人，其嶺南、江南、浙西、浙東等，亦合準例，恐路遠往來增費，各委本道節度觀察都團練等使，每年取當使諸色雜錢，及迴易利潤贓贖等錢物，每人計二十千文，每道各據所配防秋人數多少，都計錢數，市輕貨送上都左藏庫貯納，充別敕和糴用，並不得剋當軍將士衣糧充數，仍以秋收送畢。

（宋）宋敏求《唐大詔令集》卷一三〇《蕃夷·平亂·收復河湟德音》 自昔皇王之有國也，何嘗不文以守成，武以集事，參諸二柄，歸于大寧。朕猥荷丕圖，思弘景業，憂勤戚惕，四載于茲。每念河湟土疆，綿亘遐闊，天寶末，犬戎乘我多難，無力御奸，遂縱腥羶，不遠京邑，事更十葉，時近百年。進士試能，靡不竭其長策；朝廷下議，皆亦宣其直詞。盡以不生邊事爲本圖，且守舊地爲明理。荏苒于是，收復無由。今者天地儲祥，祖宗垂祐，左衽輸款，邊壘連降，刷耻建功，所謀必剋。實賴樞衡妙筭，將帥雄稜，副玄元不爭之文，絕漢武遠征之悔，甌脱頓空於內地，斥堠全據於新封，莫大之休，指期而就。況將士等櫛沐風雨，暴露郊原，披荆榛而刁斗夜嚴，逐豺狼而穹廬曉破。動皆如意，古無與京，念此誠勤，宜加寵賞。涇源宜賜絹六萬疋，靈武宜賜絹五萬疋，鳳翔、邠寧、宜各賜絹四萬疋，並以户部產業物充，仍待季榮、叔明、李玭、君緒、各回戈至鎮，度支差脚支送。四道立功將士，具名銜聞奏，當議甄訓，其秦威原三州，并七關側近，訪聞田土肥沃，水草豐美，如百姓能耕墾種蒔，五年內不加税賦，五年後已量定户籍，便任爲永業。其京城有犯事合流役囚徒，自今已後，一切配十處收管，温池鹽利，可贍邊陲，委度支制置聞奏，鳳翔、邠寧、靈武、涇原、四道長吏，能各於鎮守處，遣官健耕墾營田，即度支給賜牛粮種子，每年量得斛㪷多少，便充軍粮，亦不限約定數。三州七關，鎮守官健，每人給衣粮兩分，一分依常年例支給，一分度支加給，仍二年一替換，其家口，委長吏切加安存，官健有莊田户籍者，仰州縣放免差役。秦州至隴州以來，道路要置堡柵，與秦州應接，李玭與劉皋即便度計聞奏。如商旅往來，興販貨物，任擇利潤，一切聽從，關鎮不得邀詰。其官健父兄子弟，通傳家信，關司並亦不得邀詰阻滯。如要墾闢種田，依百姓例處分，三州七關，如少器械，長吏與量據所申聞奏，由除刺史關鎮使後，三五月內，差人巡檢，如有脩築部署，課績尤深，并訓練有序者，其刺史關鎮使，雖新除官爵，亦更與超升，其官健節級更與優賞。山南西道、劍南、山川邊界，有没蕃州縣，量力收復，其兵士，委本道差遣，如要錢物接借，亦具聞奏。三州七關，創置戍卒，且要務静，如有羌戎，潛來博易，輒不得容納，委刺史切加禁斷，或有投降吐蕃，至邊上收取，本道令長吏奏取進止。嗚呼！七關要害，三郡膏腴，候館之殘址可尋，唐人之遺風尚在。追懷往事，良用興嗟。夫取不在廣，貴保其金湯；得必有時，詎計於遲速。今則便務修築，不進干戈，必使足食足兵，有備無患，載洽亭育之道，永致生靈之安，中外臣寮，宜體朕意。

《新唐書》卷五《玄宗紀》〔開元九年二月丁亥〕免天下七年以前逋負。

《新唐書》卷五一《食貨志》 永泰二年，分天下財賦、鑄錢、常平、轉運、鹽鐵，置二使。東都畿內、河南、淮南、江東西、湖南、荆南、山南東道，以轉運使劉晏領之；京畿、關內、河東、劍南、山南西道，以京兆尹、判度支第五琦領之。

《新唐書》卷五二《食貨志》 順宗即位，乃罷宫市使及鹽鐵使月進。憲宗又罷除官受代進奉及諸道兩税外榷率；分天下之賦以爲三，一曰上供，二曰送使，三曰留州。宰相裴垍又令諸道節度、觀察調費取於所治州，不足則取於屬州，而屬州送使之餘與其上供者，皆輸度支。

《新唐書》卷五三《食貨志》 初，揚州疏太子港、陳登塘，凡三十四陂，以益漕河，輒復堙塞。淮南節度使杜亞乃濬渠蜀岡，疏句城湖、愛敬陂，起隄貫城，以通大舟。河益庫，水下走淮，夏則舟不得前。節度使李吉甫築平津堰，以泄有餘，防不足，漕流遂通。然漕益少，江淮米至渭橋者纔二十萬斛。諸道鹽鐵、轉運使盧坦糴以備一歲之費，省冗職八十員。自江以南，補署皆剸屬院監，而漕米亡耗於路頗多。刑部侍郎王播代

坦，建議米至渭橋五百石亡五十石者死。其後判度支皇甫鏄議萬斛亡三百斛者償之，千七百斛者流塞下，過者死；盜十斛者流，三十斛者死。而覆船敗輓，至者不得十之四五。部吏舟人相挾爲姦，榜笞號苦之聲聞于道路，禁錮連歲，赦下而獄死者不可勝數。其後貸死刑，流天德五城，人不畏法，運米至者十亡七八。鹽鐵、轉運使柳公綽請如王播議加重刑。大和初，歲旱河涸，掊沙而進，米多耗，抵死甚衆，不待覆奏。

奏、漢時故漕興成堰，東達永豐倉，咸陽縣令韓遼請疏之，自咸陽抵潼關三百里，可以罷車輓之勞。宰相李固言以爲非時，文宗曰：苟利於人，陰陽拘忌，非朕所顧也。議遂決。堰成，罷輓車之牛以供農耕，關中賴其利。

故事，州縣官充綱，送輕貨四萬，書上考。開成初，爲長定綱，州擇清彊官送兩稅，至十萬遷一官，往來十年者授縣令。江淮錢積河陰，轉輸歲費十七萬餘緡，行綱多以盜抵死。判度支王彦威置縣遞羣畜萬三千三百乘，使路傍民養以取傭，日役一驛，省費甚博。而宰相亦以長定綱命官不以材，江淮大州，歲授官者十餘人，乃罷長定綱，送五萬者書上考，七萬者減一選，五十萬減三選而已。及户部侍郎裴休爲使，以河瀕縣令董漕事，自江達渭，運米四十萬石。居三歲，米至渭橋百二十萬石。

凡漕達于京師而足國用者，大略如此。其他州、縣、方鎮，漕以自資，或兵所征行，轉運以給一時之用者，皆不足紀。

《新唐書》卷一四九《劉晏傳》　晏既被誣，而舊吏推明其功。陳諫以爲管、蕭之亞，著論紀其詳，大略以開元、天寶間天下户千萬，至德後殘於大兵，饑疫相仍，十耗其九，至晏充使，户不二百萬。晏通計天下經費，謹察州縣災害，蠲除振救，不使流離死亡。初，州縣取富人督漕輓，謂之船頭；主郵遞，謂之捉驛；税外横取，謂之白著。人不堪命，皆去爲盜賊。上元、寶應間，如袁晁、陳莊、方清、許欽等亂江淮，十餘年乃定。晏始以官船漕，而吏主驛事，罷無名之斂，正鹽官法，以裨用度。起廣德二年，盡建中元年，黜陟使實天下户，收三百餘萬。王者愛人，不在賜與，當使之耕耘織紝，常歲平斂之，荒年蠲救之，大率歲增十之一。而晏尤能時其緩急而先後之。每州縣荒歉有端，則計官所贏，先令曰：蠲某物，貸某户。民未及困，而奏報已行矣。議者或譏晏不直賑救，而多賤出以濟民者，則又不然。善治病者，不使至危憊；善救災者，勿使至賑給。故賑給少則不足活人，活人多則闕國用，國用闕則復重斂矣；又賑給近僥幸，吏下爲姦，彊得之多，弱得之少，雖刀鋸在前不可禁。以爲二害。災沴之鄉，所乏糧耳，它產尚在，賤以出之，易其雜貨，因人之力，轉於豐處，或官自用，則國計不覂；多出菽粟，恣之糶運，散入村閭，下户力農，不能詣市，轉相沾逮，自免阻飢，不待令驅。以爲二勝。晏又以常平法，豐則貴取，饑則賤與，率諸州米嘗儲三百萬斛。豈所謂有功於國者邪！

《新唐書》卷一六四《歸融傳》　初，户部員外郎盧元中、左司員外郎判户部案姚康受平糴官奏季元絹六千匹，貸乾没錢八千萬，俱貶嶺南尉。數年，金部員外郎韓益判度支，子弟受賕三百萬，未入者半。帝問融：益所犯與盧元中、姚康孰甚？對曰：元中等枉失庫錢，益所坐子弟受賄，事異法輕。故益止貶梧州參軍。

《新唐書》卷一六五《權德輿傳》　〔貞元〕十九年，大旱，德輿因是上陳闕政曰：陛下齋心減膳，閔惻元元，告于宗廟，禱諸天地，一物可祈，必致其禮，一士有請，必聽其言，憂人之心可謂至已。臣聞銷天災者脩政術，感人心者流惠澤，和氣洽，則祥應至矣。畿甸之内，大率赤地而無所望，轉徙之人，斃踣道路，慮種麥時，種不得下。宜詔在所裁留經用，以種貸民。今茲租賦及宿逋遠貸，一切蠲除。設不蠲除，亦無可斂之理，不如先事圖之，則恩歸於上。去十四年夏旱，吏趣常賦，至縣令爲民毆辱者，不可不察。又言：漕運本濟關中，若轉東都以西緣道倉廩，悉入京師，督江、淮所輸以備常數，然後約太倉一歲計，斥其餘者以糴于民，則時價不踊而蓄藏者出矣。又言：大曆中，一縑直錢四千，今止八百，税入如舊，則出於民者五倍其初。四方鋭於上獻，爲國掊怨，廣軍實之求，而兵有虛籍，剥取多方，雖有心計巧曆，能商功利，其於割股啖口，困人均也。又言：比經紬放者，自謂技拭無期，坐爲匪人，以動和氣。而冬薦官踰三年未受命，衣食既空，溘然就斃，此亦窮人之一端也。近陛下洗宥紬放者，或起爲二千石，其徒更相勉，知牽復可望。惟因而弘之，使人人自效。帝頗采用之。

《新唐書》卷一六九《裴垍傳》　先是，天下賦法有三：曰上供，

曰送使，曰留州。建中初，釐定常賦，而物重錢輕。其後輕重相反，民輸率一倍其初，而所在以留州、送使之入，捨公估，更實私直以自潤，故賦益苛，齊民重困。洎奏禁之，一以公估準物，觀察使得用所治州租調，至不足，乃取支郡以贍，故送使之財悉爲上供。自是起淮、江而南，民少息矣。

《新唐書》卷一八〇《李德裕傳》　舊制，歲杪運内粟贍黎、巂州，起嘉、眉，道陽山江，而達大度，乃分餉諸戍。常以盛夏至，地苦瘴毒，輦夫多死。德裕命轉邛、雅粟，以十月爲漕始，先夏而至，以佐陽山之運，饋者不涉炎月，遠民乃安。

（宋）高承《事物紀原》卷一《常平》　漢宣帝時數豐稔，耿壽昌奏諸邊郡以穀賤時增價糴入，貴則減價糶出，名曰常平。此其始也。《宋朝會要》曰：淳化三年六月，京畿大穰，物價至賤，遣使于京城四門置場，增價糴，令造倉貯之，名曰常平；歲歉，減價以糶，用賑貧民。景德三年正月，上封者請諸路皆置。

（宋）高承《事物紀原》卷一《官米》　《宋朝會要》曰：天禧元年三月，以京十四場糶米，令每場日加至五百石。今諸倉糶米，疑起自此。

（宋）高承《事物紀原》卷一《官炭》　又曰：大中祥符五年十二月六日，帝謂王旦曰：民間乏炭，秤二百文。令三司出炭四十萬，減價鬻與貧民，非惟抑高價，且濟人民。六年遂置場收置，以備濟民。

（宋）高承《事物紀原》卷五《度支》　《通典》曰：漢張蒼善算，以列侯主計，領郡國上計者，殆今度支之任也。魏文帝始置度支尚書，唐以爲子司。

（宋）洪遵《翰苑群書》卷一《李肇翰林志》　凡學士無定員，皆以他官充。下自校書郎，上及諸曹尚書皆爲之所入。與班行絶跡，不拘本司，不繫朝謁。常參官二周爲滿歲，則遷知制誥。一周歲爲遷官，則奏就本司判記。上月日北省官宰相送，南省官給舍丞郎送上。興元元年敕翰林學士朝服序班，宜准諸司官知制誥例。凡初遷者，中書門下召令右銀臺門候旨。其日入院試制書，答共三首，詩一首。自張仲素後加賦一首。試畢封進。可者翌日受宣乃定。事下中書門下，於麟德殿候對。本院賜宴，營幕使宿設帳幕圖褥，尚食供饌，酒坊使供美酒。是爲敕設。序立拜恩訖，候就宴。又賜衣一副，絹三十疋。飛龍司借馬一疋旬日，人進文一軸，内庫給青綺錦被、青綺方褡、青綾單帕、漆通中枕、銅鏡、漆奩、象篦大小象梳、漆箱、銅挲羅、銅觜椀、紫絲履、白布手巾、畫木架、牀鑪、銅案、席氈褥之類畢備。内諸司供膳飲之物，主膳四人掌之。内園官一户、三人以供使令。其所乘馬送迎於掰仗門内，横門之西。度支月給手力資四人，人錢三千五百。四品已上加一人。每歲内賜春服物三十疋，暑服三千疋，綵七屯。寒食節料物三十疋，酒飴杏酪粥屑飲啖。清明火二社蒸餵，端午衣一副，金花銀器一事，百索一軸，青團鏤竹大扇一柄，角糭三服粆蜜。重陽酒餹糕粉。冬至歲酒兔、野雞。其餘時果新茗瓜新歷是爲經制。直日就頒授，下直就第賜之。凡内宴坐次，宰相坐居一品班之上，别賜酒食珍果。與宰相同賜帛二十疋，金花銀器一事。貞元四年，敕晦日、上巳、重陽三節，百寮宴樂。翰林學士每節則錢一百千。其日奏選勝而會賜酒脯茶果。明年廢晦日，置中和節，宴樂如之。非凶年、旱歲、兵革，則每歲爲常。

（宋）王應麟《玉海》卷一七九《食貨·貢賦·唐停歲貢　省貢獻》

紀：永徽六年十一月戊子，停諸州貢珠。儀鳳三年十月丙申，停劍南隴右歲貢。開耀元年正月己亥，省諸方貢獻。開元二年七月乙未，焚錦鏽珠玉于前殿。戊戌，禁乘珠玉、廢織錦坊。大曆十四年閏五月丙子，德宗罷諸州府及新羅渤海貢鷹鷂。戊寅，罷山南貢枇杷，江南甘橘非供宗廟者。辛巳，罷邕府歲貢奴婢。癸未，罷劍南貢生春酒。丙戌，罷獻祥瑞貢器，以金銀飾者還之。六月己亥，減乘輿服御。己未，罷揚州路貢鏡、幽州貢麝。十月戊午，罷九成宫貢立獸炭，襄州蔗蒻工。元和四年閏月己酉，禁刺史境内榷。率諸道旨條外進獻。大中九年七月庚申，罷淮南宣歙浙西冬至、元日常貢，以代下户租稅。順宗罷鹽鐵使月進。

（宋）王應麟《玉海》卷一七九《食貨·貢賦·唐十道貢賦》　《六典》：户部郎中：凡天下十道，任土所出而爲貢賦之差。《志》云掌户口、土田、賦役、貢獻。舊額貢獻多非土物，開元二十五年敕令中書門下對朝集使隨便條革以爲定凖。關輔寡蠶，詔納米粟。其河南河北非通漕州皆調絹。大府卿，絹分爲八等，布分爲九等。貞元元年十二月户部奏：貢物至者，州府一百五十六。

《地理志》：太宗因山川形便，分天下爲十道。一曰關内道，厥賦絹綿布麻厥貢毛羽、革角、布席、弓刀。二曰河南道，厥賦絹絁綿布，厥貢絲布、葛席、埏埴、盎缶。三曰河東道，厥賦布繭厥貢布席、豹尾、熊皮、鵰羽。《六典》有墨纻、石英、麝、參。四曰河北道，厥賦絲絹，厥貢羅綾、紬紗、鳳翮、葦席。五曰山南道，厥賦金絲纻漆。《六典》有鐵、麝、穀、綾。六曰隴右道，厥賦布麻，厥貢金屑、礪石、鳥獸、革角。七曰淮南道，厥賦絹絁綿布，厥貢絲布纻葛。《六典》揚州真青銅鏡。八曰江南道，厥賦麻纻，厥貢金銀、紗綾、蕉葛、綿綀、鮫革、藤紙、丹沙。九曰劍南道，厥賦絹綿葛纻，厥貢金布、絲葛、羅綾、綿紬、羚角、犛尾。十曰嶺南道，厥賦蕉纻、落麻，厥貢金銀、孔翠尾、象綵、藤竹布。

《百官志》度支掌天下租賦物產豐約之宜，水陸道涂之利，歲計所出而支調之以近及遠。太府卿，凡四方貢賦，百官俸秩，謹其出納，賦物任土所出，定精麤之差。丞四人，元日冬至以方物陳于庭者受而進之。元和十二年十二月淮西申、光、蔡等州貢物，户部奏以元日陳於樂垂之南，用示中外。左藏令掌天下賦調，卿及御史監閲。

《張廷珪傳》景龍中詔河南北兩道蠶產所宜，雖水旱得以蠶折免。廷珪謂：「股肱走集，安可殫其力，願依貞觀、永徽故事，準令折免。」詔可。

《崔衍傳》遷宣歙池觀察使，宣歙舊貢金錫凡十八品，皆倍直市于它州，衍蠲革之。

《通典》按令文諸郡貢獻皆盡當土所出，準絹爲價，多不過五十匹，並以官物充市，所貢至薄，其物易供。

（宋）王應麟《玉海》卷一七九《食貨・貢賦・唐平賦書》　《文粹》：李翺《平賦書序》云人皆知重斂之可以得財，不知輕斂之得財愈多，取可行於當時者爲平賦書，而什一之法存焉凡。爲天下者眂千里之都，爲千里之都者眂百里之州，爲百里之州者起於百里之田。

（宋）王應麟《玉海》卷一八二《食貨・漕運・唐轉運使　發運使》

《志》開元二十一年，拜裴耀卿黄門侍郎同平章事，兼江淮都轉運使，以鄭州刺史崔希逸、河南少尹蕭景爲副使。二十五年，希逸爲河南陝運使。二十九年，韋堅兼水陸運使。肅宗末年，劉晏兼度支轉運鹽鐵鑄錢使。及楊炎爲，相罷晏轉運使，復歸度支。凡江淮漕米以庫部郎中崔河圖主之。趙贊又以錢貨出淮迂緩，分置汴州東西水陸運兩税鹽鐵使，以度支總大綱。貞元初，二年正月壬寅。崔造爲相，疾錢穀諸使頗利，乃奏諸道觀察刺史選官部送兩税至京師，廢諸道水陸轉運使及江淮轉運使，增江淮之運，浙江東西歲運米七十五萬石，復以兩税易米百萬石，江西、湖南、鄂岳、福建、嶺南米亦百二十萬石。詔浙江節度韓滉、淮南杜亞運至東西渭橋倉。滉方領轉運，奏國漕不可改，復以爲江淮轉運使。侍中裴耀卿充江淮轉運使，轉運置使，始於此。自開元迄于天祐，凡爲轉運使者四十八人。自裴耀卿至柳璨。若裴耀卿、韋堅、第五琦、劉晏、杜佑、韓滉、李巽、裴休，此其著名者也。河南水陸運使開元二年閏二月李傑爲之，後有畢建、李齊物、齊抗。元和六年十月停陝州水陸運使。先天二年十月，李傑爲刺史，始充使。《李傑傳》先天中，進陝州刺史水陸發運使，置使自傑始。自後刺史常帶使。天寶十載五月，崔無詖爲太守，不帶水陸運使，以度支使楊國忠爲之。十二載正月，崔無詖爲使，國忠爲都使。貞元十三年于頔兼之，元和六年十月停。

建中三年八月丁未，分置汴東西水陸運兩税鹽鐵使。十二月二十日，包吉崔縱爲之。貞元二年正月，諸道水陸運使並停。

裴耀卿爲轉運使，命崔希逸、蕭景爲之副。轉運有副使，自此始。肅宗初，第五琦請於江淮分置租庸使，市輕貨以救軍食。寶應元年六月乙亥，劉晏爲度支鹽鐵轉運使，鹽鐵兼轉運，自晏始。詳見後。建中元年詔天下錢穀皆歸金、倉部，既而出入無統。三月癸巳，以韓洄判度支，杜佑爲水陸轉運使，行劉晏、韓滉舊制。

傳：韓滉貞元元年加江淮轉運使，元琇判度支，以關輔旱請運江南租米，西給京師。帝委滉專督之。琇請自江至揚子以北自主之。二月甲戌，元琇爲陝州水陸運使。江淮運米大至，上嘉滉功。十二月丁巳，以滉兼度支諸道鹽鐵轉運等使。第五琦見肅宗彭原言兵賦所出江淮爲淵，請悉東南寶貨飛餉函洛，拜江淮租庸使遷轉運。乾元九年三月。人不益賦而用饒。廣德二年永泰元年復爲使。劉晏度支兼侍御史領江淮租庸事，分置諸道租庸使，簡臺閣士掌之，出納委士人，吏惟行文書。晏辟置皆用材顯，循其法亦能富國。盧坦表韓重華爲代北水運使，開廢田列壁二十益兵三千人，歲收粟二十萬石。蔣沇領渭橋出納使。德宗以鄭元鈞爲靈夏運糧使，轉米峙塞下。

《通鑑》廣明元年二月高駢奏改揚子院爲發運使。發運有使始於唐先天中李傑，而改揚子院爲使則廣明初也。

唐漕運有三節，江淮、江南、陝西，最重者京口。

（宋）王應麟《玉海》卷一八二《食貨・漕運・唐劉晏漕運》

《通鑑》：廣德二年三月己酉晏爲河南江淮轉運使，議開汴水。庚戌，命晏與諸道節度使均節賦役，聽從便宜，行畢以聞。大曆元年正月丙戌，晏爲轉運、常平、鑄錢、鹽鐵等使，與第五琦分理天下財賦。

傳：代宗擢晏領東都河南江淮轉運使，時大兵後，京師米斗千錢，甸農挼穗以輸，晏自按行浮淮泗達汴入河右，循底柱硤石觀三門遺跡，至河陰鞏洛見宇文愷梁公堰厮河爲通濟渠，視李傑新隄，盡得利病，移書元載，陳利害各四，盡以漕事委晏，故得盡其才。歲輸始至，天子大悦，遣衛士以鼓吹迓東渭橋，馳使勞曰：卿，朕酇侯也。凡歲致四十萬斛，關中雖水旱物不翔貴。晏以常平法豐則貴取，饑則賤與，率諸州米常儲三百萬斛。初，州縣取富人督漕輓，晏始以官船漕，陳諫以爲管蕭之亞，贊言晏操天下贏貲佐軍興，斂不及民而用度足，唐中偾而振，晏有勞焉。

《志》：肅宗末年淮運阻，晏兼使江淮粟帛，繇襄漢越商於以輸京師。代宗廣德二年，以晏顓領轉運，凡漕事皆決焉。晏即鹽利顧役分吏督之。自江淮至渭橋率十萬斛，役七千緡。隨江汴河渭所宜，故時繇潤州陸運至揚州斗米費錢十九，晏命囊米而載以舟，減錢十五，繇揚州距河陰斗米費錢百二十，晏爲歇艎支江船二千艘，每船受千斛，十船爲綱，每綱三百人，篙工五十人，自揚州遣將部送至河陰上三門，號上門填闕船，米斗減錢九十，調巴蜀襄漢麻枲竹篠爲綯挽舟，以朽索腐材代薪，物無棄者，未十年人人習河險，江船不入汴，汴船不入河，河船不入渭，江南之運積揚州，汴河之運積河陰，河船之運積渭口，渭船之運入太倉，歲轉粟百一十萬石，無升斗溺者。又分官吏主丹陽湖禁引溉，河漕不涸。大曆八年，以關內豐穰減漕十萬石，度支和糴以優農。晏自天寶末掌出納、監歲運、知左右藏，主財穀三十餘年。及楊炎爲相，罷晏轉運使，復歸度支，凡江淮漕米以庫部郎中崔河圖主之。晏於揚子院置十船場以官主之。

《會要》：晏遺元載書，運之利病各有四：得江湖米二三十萬石則徭役減，一利也；米運流通則饑人附，二利也；雲帆桂檝，輸納帝鄉，可以震耀夷夏，三利也；舟車既通，百貨雜集，四利也。所可疑者，武牢成皋人烟蕭條，一病也；千里泗上，罔水行舟，二病也；奪攘姦宄，夾河爲藪，三病也；淮陰蒲坡，屯戍相望，船至便留，非單車使折簡書所能制，四病也。晏見一水不通，願荷臿先往，見一粒不運，願負米而趨，自此歲運米數十萬石。晏之任事，起廣德二年，迄建中元年，凡二十餘年，官雖數遷，職未嘗易。

（宋）王應麟《玉海》卷一八二《食貨・漕運・唐李巽裴休漕運　新法十條》

《會要》：舊制每歲運江淮米五十萬斛至河陰留十萬，四十萬送渭倉，晏没不登數，李巽秉使三載，無升斗缺。《志》自劉晏後，江淮米至渭橋浸減，至李巽復多。巽以元和二年三月爲鹽鐵轉運使。太中五年二月，裴休爲轉運使，明年八月爲相。依前判使始者溺米歲四十萬斛，其能至漕倉者十不三四，官舟之沈至七十餘，休使僚屬按之，委縣令董之，自江津達渭以四十萬斛之庸計緡二十八萬，悉使歸之漕吏，爲法凡十事，奏之。由是三歲漕米至渭濱積百二十萬斛，無升合沉弃焉。

《裴休傳》大和後，歲漕江淮米四十萬斛，至渭河倉者纔十三，休乃命在所令長兼董漕，著新法十條，居三年，粟至渭倉者百二十萬斛。

（宋）王應麟《玉海》卷一八五《食貨・會計・唐大和國計》

《志・職官類》韋處厚《大和國計》二十卷。以理財制用爲國之本，撰以獻。

（宋）王應麟《玉海》卷一八五《食貨・會計・唐占額供軍二圖》

《王彦威傳》：在開成初一本云二年。爲户部侍郎判度支，嘗見文宗顯奏曰：百口家知有歲計，軍用一切可不謹耶。臣自典計司，按見管錢糧文簿，皆量入爲出，軍國所用，隨色占費，終歲無毫氂差，因上占額圖。又言，至德訖元和之初，天下觀察十，節度者二十有九，防禦者四，經略者三，大都通邑皆有兵，凡八十餘萬。長慶籍户三百五十萬，而兵乃九十九萬，率三户資一兵。今舉天下之人歲三千五百萬，上供者三之一又三之二，則衣賜仰給焉。自留州送使外，餘四十萬衆皆仰給度支，又爲供軍圖上之。彦威雖自謂捷捉姦冒，著定其費，於利害無益也。

《藝文志・職官類》王彦威《占額圖》一卷。《舊紀》開成二年正月庚寅，進《供軍圖》。

《食貨志》穆宗置南北供軍院而行營軍十五萬不能抗兩鎮萬餘之衆，

饋運不能給，帛粟未至，諸軍或彊奪於道。長慶二年三月，張平叔爲户侍，依前判度支。時幽鎮行營仰給度支者十五餘萬人，自河北置供軍院，布帛衣賜不至供軍院，遽爲諸軍彊奪。《王遂傳》遷西北供軍使。一本云元和十三年七月，王遂爲淄青行營供軍使。《裴識傳》王師討劉稹，爲供軍使。咸通八年十月，度支奏自南蠻用兵，置供軍使。

（宋）王應麟《玉海》卷一八六《食貨·理財·唐廣關輔糴》《食貨志》貞觀開元後，邊上西舉高昌、龜茲、焉耆、小勃律，北抵薛延陀故地，緣邊數十州，戍重兵營田，及地租不足以供軍，於是初有和糴，牛仙客爲相，開元二十五年九月戊子。有彭果者獻策廣關輔之糴，京師糧廪益羨，自是玄宗不復幸東都。天寶中歲，以錢六十萬緡賦諸道，和糴斗增三錢，每歲短遞輸京倉者百餘萬斛，米賤則少府加估而糴，貴則減價而糶。八年，關内、河東、河西、隴右和糴。一百十三萬九千五百三十石。貞元初，吐蕃劫盟，諸道兵十七萬戍邊，關中爲吐蕃蹂躪者二十年矣。北至河曲，人户無幾，諸道戍兵月給粟十七萬斛，皆糴於關中。宰相陸贄以關中穀賤請和糴，可至百餘萬斛，計諸縣船車至太倉穀價四十餘，米價七十，則一年和糴之數當轉運之二年，一斗轉運之次當和糴之五斗，減轉運以實邊，存轉運以備時。《通鑑》：貞元八年九月減江淮運迷，令京兆邊鎮和糴。要之，江淮米至河陰者罷八十萬斛，河陰米至太原倉者罷五十萬，太原米至渭橋者罷二十萬，以所減米糴江淮水菑州縣，斗減時五十以救之，京城東渭橋之糴，計增時三十以利農，以江淮糴米及減運直市帛送上都，帝乃命度支增估糴粟三十萬斛，然不能盡用贄議。贄奏：晁錯論安邊之策，要在積穀充國，建破羌之説，務在屯田。憲宗初，有司以歲豐請畿内和糴。

《會要》：天聖元年三月二十一日敕，州縣不得輒取和糴物。興元元年閏十月，詔度支於淮浙加價和糴三十五萬石，減價出糶。貞元四年八月，詔京兆加估和糴，先給直所司自運。長慶元年三月戊申，以春農方興，停京北京西和糴使。先是，度支以邊儲無備，請置使。實易直表置和糴儲備使，擇郎中爲之。四年八月，詔關内外折糴和糴一百五十萬石。寶曆元年八月，詔兩京河西和糴二百萬斛。趙充國曰：金城湟中穀斛八錢，吾謂耿中丞糴三百萬斛，羌人不敢動矣。中丞請糴百萬斛，乃得四十萬斛耳。

《列傳》：鄭覃擢諫議大夫，憲宗取五中官爲和糴使，覃奏罷之。

杜佑建中初爲和糴使。

羅珦遷京兆尹，請減平糴半以當賦充之。《歸融傳》有平糴官。

《官志》比部掌句會，内外賦斂，經費俸禄，及和糴屯收所入。

平糴之令，始於李悝，耿壽昌開常平之法，至齊晋不能廢。晋武帝欲立平糴法，見《常平倉》。後魏定和糴之制，北齊築富人之倉，隋置監唐置東西市之糴，其法一也。宋建隆開，始因河内之稔，修邊糴之事。至淳化而天下之糴大備。

（宋）王應麟《玉海》卷一八六《食貨·理財·唐陸贄均節財賦六條》貞元十年五月，贄奏請均節財賦。凡六條：一論兩税之弊，二請兩税以布帛爲額，不計錢數；三論長吏以增户加税闢田爲課績，四論税銀迫促；五請以税茶錢置義倉以備水旱；六論兼并之家私斂重於公税。

（元）馬端臨《文獻通考》卷一九《征榷考·雜征斂》唐高宗龍朔三年，減百官一月俸，賦雍、同等十五州民錢作蓬萊宫。

唐肅宗即位時，兩京陷没，民物耗弊，乃遣御史鄭叔清等籍江淮富商右族貲畜，什收其二，謂之率貸。諸道亦税商賈以贍軍，錢一千者有税。

德宗時，朱滔、王武俊、田悦背叛，國用不給，陳京請借富商錢。度支杜佑以爲軍費纔支數月，幸得商錢五百萬緡，可支半歲。乃以户部侍郎趙贊判度支，代佑行借錢令，約罷兵乃償之。搜督甚峻，民有自經者，家若被盜。然總京師豪人田宅奴婢之估，纔得八十萬緡。又取僦匱納質錢及粟麥糶於市者，四取其一，長安爲罷市，遮邀宰相哭訴。乃以錢不及百緡，粟麥不及五十斛者免，而所獲纔二百萬緡。

時軍用不給，乃税間架、算除陌。其法：屋二架爲間，上間錢二千，中間一千，下間五百。吏執筆握算，入人家計其數，或有宅屋多而無他資者，出錢動數百緡。敢匿一間，杖六十，告者賞錢五萬。除陌法者，公私給與及買賣，每緡官留五十錢；舊算三十，今加爲五十；給他物及相貿易者，約錢爲率算之。市牙各給印紙，人有買賣，隨日署記，翌日合算之。有自貿易不用市牙者，給其私簿，無簿者投狀自集。其有隱錢百者没入，二千杖六十，告者賞十千，出犯人家。法既行，而主人、市牙得專其柄，率多隱盜，公家所入不能半，而怨讟滿天下。

舊制，諸道軍出境，則仰給度支。時討賊兵在外者衆，上優恤士卒，

每出境，加給酒肉，本道糧仍給其家，一人兼三人之給。故將士利之，各出軍纔逾境而止。月費錢百三十餘萬緡，常賦不能給，趙贊乃奏行二法，愁怨之聲，盈於遠近。及涇原兵反，大呼長安市中曰：不奪爾商户僦質，不税爾間架、除陌矣。於是間架、除陌、竹、木、茶、漆、鐵之税皆罷。

致堂胡氏曰：當是時，天下税户三百八萬五千餘，户税穀二百一十五萬七千餘斛，而籍兵七十六萬七千餘人，是税户四、穀斛三而養一兵，他用不預焉。被甲荷戈者既不常飽，量入以爲出，國非其國矣。

今按：德宗之横斂，諉曰軍興乏用也。然瓊林、大盈之積，特不過假軍興之名，而厚賦以實私藏。是以餉賜稍不如意，反使涇原驕横之卒，得藉口以爲作亂之階。然則平時刻剥生民而姑息軍卒，竟何益哉！

唐貞觀初，京司及州縣皆有公廨田，供公私之費。其後以用度不足，京官有俸賜而已。諸司置公廨本錢，以番官貿易取息，計員多少爲月料。

十二年，罷諸司公廨本錢，以天下上户七千人爲胥士，視防閤制而收其課，計官多少而給之。

十五年，復置公廨本錢，以諸司令史主之，號捉錢令史。每司九人，補於吏部，所主纔五萬錢以下，市肆販易，月納息錢四千，歲滿受官。諫議大夫褚遂良上疏言：七十餘司，更一二載，捉錢令史六百餘人受職。太學高第，諸州進士，拔十取五，猶有犯禁罹法者，況廛肆之人，苟得無耻，不可使其居職。太宗乃罷捉錢令史，復給京官職田。

開元十八年，御史大夫李朝隱奏請藉百姓一年税錢充本，依舊令高户及典正等捉，隨月收利，將供官人料錢，並取情願自捉，不得令州縣牽挽。

乾元元年，敕長安、萬年兩縣各備錢一萬貫，每月收利，以充和顧。

時祠祭及蕃夷賜宴、别設，皆長安、萬年人吏主辦，二縣置本錢，配納質積户收息以供費。諸使捉錢者，給牒免徭役，有罪，府縣不敢劾治。民間有不取本錢，立虚契，子孫相承爲之。嘗有毆人破首，詣閑厩使納利錢，受牒貸罪。御史中丞柳公綽奏諸司捉錢户，府縣得捕役，給牒者毁之。自是，不得錢者不納利矣。

寶應元年敕：諸色本錢，比來將放與人，或府縣自取，及貧人將捉，非唯積利不納，亦且兼本破除。今請一切不得與官人及窮百姓并貧典吏，揀擇當處殷富幹了者三五人，均使翻轉回易，仍放其諸色差遣，庶得永存官物，又冀免破人家。

貞元元年敕：自今後應徵息利本錢，除主保逃亡轉徵鄰近者放免，餘並準舊徵收。其所欠錢，仍任各取當司闕官職田，量事糶貨，充填本數。

元和二年，宰臣上言：聖政惟新，事必歸本，疏理五坊户色役，令府縣却收，萬人欣喜，恩出望外。臣等輒釐革舊弊，率先有司，其兩省納課陪廚户及捉錢人，總一百二十四人，望令歸府縣色役。從之。

元和十一年，御史中丞崔從奏：捉錢人等比緣皆以私錢添雜官本，所防耗折，裨補官吏。近日訪聞商販富人投身要司，依託官本，廣求私利，可徵索者自充家業，成逋欠者證是官錢，非理逼迫，爲弊非一。今請許捉錢户添放私本，不得過官本錢，勘責有剩，並請没官。

十四年，御史中丞蕭俛奏：諸司、諸軍、諸使公廨諸色本利錢等，伏緣臣當司及秘書省等三十二司利錢，準赦文，至十倍者，本利並放，輾轉攤保；至五倍者，本利並放。緣前件諸司、諸使、諸軍利錢，節文並不該及，其中有納利百姓，見臣稱訴納利已至十倍者，未蒙一例處分，求臣上達天聽。伏以南北諸司事體無異，納利百姓皆陛下赤子，若恩澤均及，則雨露無偏，乞特賜準赦放免。

會昌元年正月赦節文：每有過客衣冠，皆求應接行李，苟不供給，必致怨尤。刺史、縣令但取虚名，不惜百姓，夫畜皆配民户，酒食科率所由。蠹政害人，莫斯爲甚。宜爲本道觀察使條流，量縣大小及道路要僻，各置本錢，逐月收利。或前觀察使前任臺省官不乘館驛者，許量事供給，其錢便以留州留使錢充，每至季終申觀察使。如妄破官錢，依前科配，並同入己贓論，仍委出使御史糾察以聞。

按：捉錢之事，惟唐有之。蓋以供諸司公用之費。雖曰官出本錢，令其營運納息，非鑿空之横斂，及其久也，民利非假官之勢，則不請本錢，白納利息；官利於取民之財，則所徵利息數倍本錢，而其爲無藝甚矣。故述其事附之《雜征斂》之後。

（元）馬端臨《文獻通考》卷二三《國用考・歷代國用》 隋文帝開皇時，百姓承平漸久，雖遭水旱，而户口歲增，諸州調物，每歲河南自潼

關，河北自蒲阪，至於京師，相屬於道，晝夜不絕數月。帝又躬行節儉，益寬徭賦，平江表，師還，賜物甚廣，其餘出師命賞，莫不優崇。十二年，有司上言庫藏皆滿，帝曰：朕既薄賦於人，又大經賜用，何得爾也？對曰：用處常出，納處常入，略計每年賜用至數百萬段，曾無減損。乃更開左藏之院，構屋以受之。詔曰：既富而教，方知廉恥，寧積於人，無藏府庫。乃蠲河北、河東今年田租，三分減一，兵減半，功調全免。煬帝即位，户口益多，府庫盈溢，乃除婦人及奴婢、部曲之課。其後征伐巡游不忘，租賦之入益減，百姓怨叛，以至於亡。

按：古今稱國計之富者莫如隋，然考之史傳，則未見其有以爲富國之術也。蓋周之時，酒有榷，鹽池、鹽井有禁，入市有税，至開皇三年而並罷之。夫酒榷、鹽鐵、市征，乃後世以爲關於邦財之大者，而隋一無所取，則所仰賦税而已。然開皇三年調絹一疋者減爲二丈，役丁十二番者減爲三十日，則行蘇威之言也。繼而開皇九年以江表初平，給復十年，自餘諸州並免當年租税。十年，以宇内無事，益寬徭賦，百姓年五十者輸庸停放。十二年，詔河北、河東今年田租三分減一，兵減半，功調全免，則其於賦税復闊略如此。然文帝受禪之初，即營新都徙居之，繼而平陳，又繼而討江南、嶺表之反側者，則此十餘年之間，營繕征伐未嘗廢也。史稱帝於賞賜有功，並無所愛，平陳凱旋，因行慶賞，自門外夾道列布帛之積，達於南郭，以次頒給，所費三百餘萬段，則又未嘗嗇於用財也。夫既非苛賦斂以取財，且時有征役以糜財，而賞賜復不吝財，則宜用度之空匱也，而何以殷富如此？史求其説而不可得，則以爲帝躬履儉約，六宫服澣濯之衣，乘輿供御有故敝者，隨令補用，非燕享不過一肉，有司嘗以布袋貯乾薑，以氈袋進香，皆以爲費用，大加譴責。嗚呼！夫然後知《大易》所謂節以制度，不傷財，不害民，《孟子》所謂賢君必恭儉禮下，取於民有制者，信利國之良規，而非迂闊之談也。漢、隋二文帝皆以恭履朴儉富其國，漢文師黄老，隋文任法律，而所行暗合聖賢如此。後之談孔孟而行管商者，乃曰苟善理財，雖以天下自奉可也，而其黨遂倡爲豐亨豫大，惟王不會之説，飾六藝，文姦言，以誤人國家，至其富國強兵之效，則不逮隋遠甚，豈不繆哉！

唐貞觀時，馬周上疏曰：隋室貯洛口倉，而李密因之；東都積布帛，而王世充據之；西京府庫亦爲國家之用，至今未盡。向使洛口、東都無粟帛，則王世充、李密未能聚大衆。但貯積固有司之常事，要當人有餘力而後收之，若人勞而强斂之，更以資寇，積之無益也。

唐天寶以來，海内富實，天下歲入之物，租錢二百餘萬緡，粟千九百八十餘萬斛，庸、調絹七百四十萬疋，綿百八十餘萬屯，布千三十五萬餘端。天子驕於佚樂而用不知節，大抵用物之數，常過於所入，於是錢穀之臣始事朘削。太府卿楊崇禮句剥分銖，有欠折漬損者，州縣督送，歷年不止。其子慎矜專知太府，次子慎名知京倉，亦以苛刻結主恩。王鉷爲户口色役，使歲進錢百億萬緡，非租庸正額者，積百寶大盈庫，以供天子燕私。及安禄山反，楊國忠以爲正庫物不可以給士，遣御史崔衆至太原納錢度僧尼、道士，旬日得萬緡而已。自兩京陷没，民物耗弊，肅宗即位，籍江淮富商訾見《訾算門》，時第五琦以錢穀得見，請於江淮置租庸使。明年，宰相裴冕以天下用度不足，諸道得召人納錢，給空名告身，授官勳邑號，度道士、僧尼不可勝計；納錢百千，賜明經出身；商賈助軍者，給復。

故事，天下財賦歸左藏，而太府以時上其數，尚書比部覆其出入。時京師豪將假取不能禁，第五琦爲度支鹽鐵使，請皆歸大盈庫，供天子給賜，主以中官。自是天下之財爲人君私藏，有司不得程其多少。

楊炎既相德宗，上言曰：財賦，邦國大本，生人之喉命，天下治亂輕重係焉。先朝權制，以中人領其職，五尺宦豎操邦之柄，豐儉盈虚雖大臣不得知，無以計天下利害。臣請出之，以歸有司，度宫中給費一歲幾何，量數奉入，不敢闕。帝從之，乃詔歲中裁取以入大盈庫，度支具數先聞。

初，轉運使掌外，度支使掌内。永泰二年，分天下財賦、鑄錢、常平、轉運、鹽鐵，置二使。東都、畿内、河南、淮南、江東西、湖南、荆南、山南東道，以轉運使劉晏領之；京畿、關内、河南、劍南、山南西道，以京兆尹、判度支第五琦領之。及琦貶，以户部侍郎、判度支韓滉與晏分治。時回紇有助收西京功，代宗厚遇，與爲婚，歲送馬十萬疋，酬以縑帛百餘萬疋，而中國財竭，歲負馬價。魚朝恩、元載擅權，帝誅朝恩，復與載貳，君臣猜間不協，邊計兵食置而不議者幾十年。諸鎮擅地，結爲

表里，日治兵繕壘，天子不能繩其法，專留意祠禱，焚幣玉，寫浮屠書，度支稟賜僧巫，歲鉅萬計。時朝多留事，經歲不能遣，置客省以居，上封事不足采者，蕃夷貢獻未報及失職未叙者，食度支數千百人。德宗即位，用宰相崔祐甫，拘客省者出之，食度支者遣之，歲省費萬計。

自至德以後，天下兵起，因以饑厲，百役並興，人户凋耗，版圖空虛。軍國之用，仰給於度支、轉運使，四方征鎮又自給於節度、都團練使。賦斂之司數四，莫相統攝，綱目大壞，朝廷不能覆諸使，諸使不能覆諸州。四方貢獻，悉入內庫，權臣巧吏因得旁緣，公託進獻，私爲贓盜，動萬萬計。河南、山東、荆襄、劍南重兵處，皆厚自奉養，王賦所入無幾。科斂凡數百名，廢者不削，重者不去，新舊仍積，不知其涯。百姓竭膏血，鬻親愛，旬輸月送，無有休息。吏因其苛，蠶食於人，富者得免，貧者丁存，故課免於上，而賦增於下。楊炎爲相，乃請爲兩税法以均之，自此吏不能容奸，權歸朝廷。詳見《田賦門》。

初，德宗居奉天，儲蓄空窘，嘗遣卒視賊，以苦寒乞襦，不能致，剔親王帶金而鬻之。朱泚既平，乃屬意聚斂，常賦之外，進奉不息，劍南西川節度使韋皋有日進，江西觀察使李兼有月進，他如杜亞、劉贊、王緯、李錡皆徼射恩澤，以常賦入貢，名爲羨餘，至代易又有進奉。户部錢物，所在州府及巡院皆得擅留，或矯密旨加斂，或減刻吏禄，或販鬻蔬果，往往私自入，所進纔什二三，無敢問者。刺史及幕僚至以進奉得遷官。繼而裴延齡用事，益爲天子積私財，生民重困，又爲宫市見《征榷門》。

朱泚僭位長安，既據府庫之富，不愛金帛以悦將士，公卿家屬在城者皆給月俸，神策及六軍從車駕及哥舒曜、李晟者皆給其衣糧。加以繕完器械，日費甚廣。及長安平，府庫尚有餘蓄，見者皆追怨有司之横斂焉。

裴延齡領度支，奏：左藏庫司多有失落，近因檢閲使置簿書，乃於糞土之中得銀十三萬兩，其疋段雜貨百萬有餘，此皆已棄之物，即是羨餘，悉應移入雜庫，以供別敕支用。太府少卿韋少華不伏，抗表稱此皆每月申奏見在之物，請加推驗。執政請令三司詳覆，上不許，亦不罪少華。

司馬温公有言：天之生財止有此數，不在民則在官，譬如雨澤，夏潦則秋旱。善哉言也。後世多欲之君、聚斂之臣，苛征横斂，民力不堪而無所從出，於是外則擅留常賦以爲進奉，內則妄指見存以爲羨餘，直不過上下之間自相欺蔽耳。德宗借軍興用度不足之名，而行間架、陌錢諸色無藝之征斂，乃復不能稍豐涇原軍士之稟餉，以致奉天之難，至委其厚藏以遺朱泚。泚平而府庫尚盈，人皆追怨横斂，而帝方懲奉天儲蓄空窘，益務聚蓄，不知所以致難之由非因乏財，蓋知聚而不知散，乃怨府也。不明之君可與言哉？

憲宗時，分天下之賦以爲三：一曰上供，二曰送使，三曰留州。宰相裴垍又令諸道觀察、節度調費取於所治州，不足則取於屬州，而屬州送使之餘與其上供者皆輸度支。時因德宗府庫之積，天子頗務儉約。及劉闢、李錡平，貲藏皆入內庫。方鎮于頔、王鍔進獻甚厚，帝受之，李絳言其非宜，帝喟然曰：誠知非至德事，然兩河中夏貢賦之地，朝覲久廢，河、湟陷没，烽候列於郊甸，方刷祖宗之耻，不忍重斂於人也。然不知進獻之取於人重矣。其後，皇甫鎛、王遂、李翛、程异用事，益務聚斂，諸道貢獻尤甚。

會昌末，置備邊庫，收度支、户部、鹽鐵錢物。宣宗更號延資庫。初以度支郎中判之，至是以屬宰相，其任益重。户部歲送錢帛二十萬，度支鹽、鐵送者三十萬，諸道進奉助軍錢皆輸焉。

元和中，供歲賦者，浙西、浙東、宣歙、淮南、江西、鄂岳、福建、湖南八道，户百四十四萬，比天寶四之一，兵食於官者八十三萬，加天寶三之一，通以二户養一兵。京西北、河北以屯兵廣，無上供。至長慶，户三百三十五萬，而兵九十九萬，率三户以奉一兵。至武宗即位，户二百一十一萬四千九百六十。會昌末，户增至四百九十五萬五千一百五十一。宣宗既復河、湟，天下兩税、榷酒茶鹽，歲錢入九百二十二萬緡，歲之常費率少三百餘萬，有司遠取後年乃濟，及郡盜起，諸鎮不復上計云。

李吉甫爲《元和國計簿》及《中書奏疏》，以天下郡邑户口財賦之入，較吏禄、兵稟、商賈、僧道之數，大率以二户而資一兵，以三農而養七游手。

後唐莊宗既滅梁，宦官勸帝分天下財賦爲內、外府，州縣上供者入外府，充給費；方鎮貢獻者入內府，充宴游及給賜左右。於是外府常虛竭無餘，而內府山積，及有司辦郊祀，乏勞軍錢。郭崇韜頗受藩鎮饋遺，或諫之，崇韜曰：吾位兼將相，禄賜巨萬，豈藉外財？但僞梁之世，賄賂

成風，今河南藩鎮皆梁舊臣，主上之仇讎也，若拒其意，能無懼乎？吾特爲國家藏之私室耳。至是，首獻勞軍錢十萬緡，因言於上曰：臣已傾家所有，以助大禮。願陛下亦出内府之財，以賜有司。上默然久之，曰：吾晉陽自有儲蓄，可令租庸輦取以相助。於是取李繼韜私第金帛數十萬以益之。繼韜時以誅死。軍士皆不滿望，始怨恨有離心矣。

潞王之發鳳翔也，許軍士以入洛人賞錢百緡。既至，閱府庫實金帛不過三萬疋、兩，而賞軍之費應用五十萬緡，乃率京城民財，數日僅得數萬緡。執政請據屋爲率，無問士庶，自居及僦者預借五月僦直，百方斂民財，僅得六萬。帝怒，下軍巡使獄晝夜督責，囚繫滿獄，貧者至自經死，而軍士游市肆皆有驕色。時竭左藏舊物及諸道貢獻，乃至太后、太妃器服簪珥皆出之，才及二十萬緡。帝患之，李專美言於帝曰：竊思自長興之季，賞賚亟行，卒以是驕。繼以山陵及出師，帑藏遂涸。雖有無窮之財，終不能滿驕卒之心，故陛下拱手於危困之中而得天下。夫國之存亡，不專係於厚賞，亦在修法度、立紀綱。陛下苟不改覆車之轍，臣恐徒困百姓，存亡未可知也。今財力盡於此矣，宜據所有均給之，何必踐初言乎？帝以爲然。軍士無厭，猶怨望。

（清）董誥《全唐文》卷五〇《德宗·令天下錢穀歸尚書省詔》 朕以征税多門，郡邑凋耗，聽於羣議，思有變更。將制時雍，宜遵古制。其江淮米準旨轉運入京者，及諸軍糧儲。宜令庫部郎中崔河圖權領之。今年夏税以前，諸道財賦多輸京者，及鹽鐵財貨，委江州刺史包佶權領之。天下錢穀，皆歸金部、倉部，委中書門下簡兩司郎官，準格式調理。

（清）董誥《全唐文》卷五一《德宗·賜百官錢詔》 百辟卿士，實惟股肱，頃屬艱虞，損家殉節，累經寇難，靡不困窮。洎復上京，薦遭歉歲，官俸既薄，公田不收，外虧導從之儀，内懷凍餒之戚。朝列尚爾，蒸人何堪，軫於深衷，良用愧惻。應文武常參官等，宜共賜錢七萬貫，委度支據班秩職事，及所損職田多少，量等級從今至明年四月以來，隨月支給，凡厥多士，宜悉朕懷。

（清）董誥《全唐文》卷五一《德宗·增置金吾十六衛料錢糧課詔》 左右金吾及十六衛將軍，故事皆擇勳臣，出鎮方隅，入居侍從。自天寶艱難之後，衛兵雖然廢闕，將軍品秩尤高。此誠文武勳臣出入轉遷之地，宜增禄秩，以示優崇，並宜加給料錢，及隨身糧課。仍舉故事，置武班朝參。其廊下食亦宜加給。其十六衛各置上將軍一人，秩從二品。左右金吾上將軍俸料，次於六統軍支給。欲求致理，必藉兼才，文武遞遷，不全限隔。自今内外文武缺官，於文武班中量才望相參叙用。仍依故事，於本衛量置衛兵。所司條件以聞。

（清）董誥《全唐文》卷五三《德宗·出官米平糶詔》 訪聞蒸庶之間，米價稍貴，念兹貧乏，每用憂懷，苟利於人，所宜通濟。今令度支出官米十萬石，於街市東西各五萬石，每斗賤較時價，糶與百姓。

（清）董誥《全唐文》卷五四《德宗·行常平法敕》 夫常平者，常使穀價如一。大豐不爲之減，大儉不爲之加，雖遇災荒，人無菜色。自今已後，忽米價貴時，宜量出官米十萬石，麥十萬石，每日量付兩市行人下價糶貨。

（清）董誥《全唐文》卷六〇《憲宗·令定州入粟助邊詔》 入粟助邊，古今通制。如聞定州側近，秋稼多登。屬以軍府虚貧，未任收糴，將設權宜之制，以成儲畜之資。念切救人，不同常例。有人能於定州納粟五百石，放同承優出身，仍減三選聽集。納粟一千石者，使授解褐官，有官者依資授官。納粟二千石者，超兩資授官。如先有出身及官情願減選者，每納三百石以減一選。

（清）董誥《全唐文》卷六〇《憲宗·令百官職田權充度支詔》 百官職田，其數甚廣。今緣水潦諸處，道路不通，宜令所在貯錢，充度支支用。百官卻令據數，於太倉請受。

（清）董誥《全唐文》卷六一《憲宗·内外支錢抽貫備軍需敕》 寇賊未平，國用兹廣，若加賦斂，重困黎元，行權取濟。自今已後，應内外支用錢，宜每貫除墊陌外，量抽五十文，仍於本道本使據數逐季收計，其諸道錢，便差綱部送副度支收管，隨貯納以備軍需，賊平後則依常例。

（清）董誥《全唐文》卷六一《憲宗·罷諸道節度使兼支度營田使詔》 事關軍旅，並屬節制，務係州縣，悉歸廉察，二使所領，實曰管轄，諸道支度營田，承前各置使，自艱虞以後，名制因循，方鎮除授之時，或有兼帶此職，遂令綱目，所在各殊。今日務修舊章，思一法度，去煩就理，衆心爲宜，唯别敕置營田處置使，且令仍舊，其忠武、鳳翔、武

寧、魏博、山南、東道、横海、邠寧、義成、河陽等道支度營田使及淮南度支，近已停省，其餘諸道，並準此處分。

（清）董誥《全唐文》卷七二《文宗·卹災詔》 朕嗣纂聖圖，覆育生類，兢業寅畏，上承天休。而陰陽失和，膏澤愆候，害我稼穡，災於黔黎。有過在予，敢忘咎責，是用避殿徹樂，減膳省刑，思惕慮以覃思，庶薦誠而致雨。時澤未降已來，朕當避正殿，減供膳，太常教坊聲樂，權停閲習，飛龍厩馬，量減食粟。其百司官署廚饌，亦且權減。陰陽鬱堙，蘩繫傷害，有紊和氣，是乖燮調。今放出宫人一千人。其諸道今年合進鷹犬，宜數内停減一百頭聯，在五坊者，宜減放一百頭聯。京城囚徒，慮有冤滯，已委疏决，務從寬降，宜令鄭覃、令狐楚速具條疏聞奏。内外諸司，先有修造，稍非急切者，並宜停省。公卿百僚，及戚里舊將相之家，如有僭侈踰制，委御史臺糾察聞奏。諸州府長吏及縣令，有貪縱苛暴者，委御史臺訪察聞奏。名山大川及能興雲致雨者，各委長吏精誠祈禱。於戲！朕受天眷佑，爲人父母，暵旱作沴，焦勞匪寧。徧祀山川，靡愛珪璧，菲食罪己，緩獄消災。載深勤雨之心，冀警納隍之戒，凡百士庶，宜諒予懷。

（清）董誥《全唐文》卷七四《文宗·雨雪賑濟百姓敕》 敕：朕聞天聽自我人聽，天視自我人視。朕之菲德，涉道未明，不能調序四時，導迎和氣。乃自去冬以來，踰月雨雪，寒氣尤甚，頗傷天和。念兹庶甿，或罹凍餒，無所假貸，莫能自存。宵寢載懷，旰食興嘆，怵惕苦厲，在余之辜，思宏惠澤，以順時令。其天下犯死罪已下，除官吏犯贓及故殺人者，餘並特降從流，流罪已下，遞降一等。應京兆府諸縣，宜令以常平義倉斛斗量事賑卹，仍先從貧下户起給。其京城内鰥寡孤獨不能自濟，瘖聾跛躄窮無告者，亦委京兆尹兩縣令量加賑卹訖，具數聞奏，躬自省閲，務令均贍。其諸道雨雪過多處，亦委所在長吏量事優卹。於戲！天生蒸人，君以牧之，朕憂勤政經，思致於理。言念赤子，視之如傷，天或儆予，示此陰沴，撫躬夕惕，余甚悼焉。布告遐邇，明悉朕意。

（清）董誥《全唐文》卷七四《文宗·禁私請賞設錢物敕》 諸道如有兵革水旱，州府殘破，及不存濟，爲遠近所知者，除朝廷特有借賜外，輒不得自請賞設錢物。又諸道戎帥除替後，倉庫便屬後人，賞設三軍，須待新使。近日皆有留别賞給，自行私惠，頗紊朝章。向後諸道節度觀察使除替後，並須待新使賞設，不得更有留别。

（清）董誥《全唐文》卷五二六《趙贊·常平倉議》 伏以舊制置倉儲粟，名曰常平。軍興以來，此事闕廢，因循未舉，垂三十年。其間或因凶荒流散，餓死相食者，不可勝紀。古者平準之法，使萬室之邑，必有萬鍾之藏；千室之邑，必有千鍾之藏。春以奉耕，夏以奉耘。雖有大賈富家，不得豪奪吾人者，蓋謂能行輕重之法也。自陛下登極以來，許京城兩市置常平，官糴鹽米，雖經頻年少雨，米價不復騰貴，此乃即日明驗，實要推而廣之。當軍興之時，與承平或異，事須兼儲布帛，以備時須。臣今商量，請於兩郡，并江陵、成都、揚、汴、蘇、洪等州府，各置常平輕重本錢，上至百萬貫，下至數十萬貫，隨其所宜，量定多少，惟置斛斗疋段絲麻等。候物貴則下價出賣，物賤則加價收糴，權其輕重，以利疲人。並請諸道津要都會之所，皆置吏閲商人財貨，計錢每貫税二十文。天下所出竹木茶漆，皆十一税之，以充常平本。

（清）董誥《全唐文》卷五四四《李貽孫·請和糴奏》 今年冬，諸州和糴貯備粟，澤潞四十萬石，鄭滑、易定一十五萬石，河陽一十萬石，太原二十萬石，靈武七萬石，夏州八萬石，振武、豐州、鹽州各五萬石，凡一百六十萬石。以今秋豐稔，必資蓄備。其澤潞、易定、鄭滑、河陽，委本道差判官和糴，各於時價每斗加十文，所冀人知勸農，國有常備。

（清）董誥《全唐文》卷六二〇《劉禹錫·謝恩放先貸斛斗表》 臣某言：臣奉五月二十九日敕牒，據度支所奏諸道節度、觀察使及州府借便省司錢物斛斗等數内，當州欠三萬六千二十三貫石，並放免者。殊私忽降，逋債滌除。藩方永安，遐邇咸悦。臣某誠歡誠喜，頓首頓首。伏以關輔之間，頻年歉旱。田租既須矜放，公用又不支持。承前長吏，例有借便，以救一時之急，皆成積欠之名。既未支填，常懷憂懼。聖恩周洽，洞見物情。爰命有司，使之條奏。去其舊弊，衆已獲安；嚴立新規，人知所措。臣悋居官次，不獲拜舞闕庭。臣無任抃躍屏營之至。

（清）董誥《全唐文》卷六四五《李絳·論户部闕官斛㪷疏》 今天下州縣，皆有户部闕官俸料職田，禄粟見在，計有三百餘萬石。舊例便牒諸道監院，准時價糶貨，市綾絹送納户部。巡院官少有公心，皆申報估

價，至賤三分無一，未爲姦欺。及依來牒令糴，皆是觀察、刺史、院官所由等賤價糴將，貧弱百姓惠都不收，市輕價皆貴破官錢。計度所糴斛㪷迴市輕貨，比及到京輸納之時，損折姦欺，十無七八。枉破官物，利入姦人，無益於公，有害於理。臣伏見自陛下嗣位以來，遇江淮饑歉，三度恩敇。賑貸百姓斛㪷，多至一百萬石，少至七十萬石。本道饑儉無米，皆賜江西、湖南等道米。江淮諸道百姓，差使於江西、湖南般運，往返數千里，五六箇月舟船方到。百姓殍殕相望，轉徙溝壑。蓋緣道路遐遠，不救急切也。今天下户部闕官斛㪷，伏請便令所在州縣收貯，如是觀察州即令觀察判官一人專知判，諸州即録事參軍專知判。如有遷轉改易，分明交付後人。如交割之時，妄有情故，虚受物數，便懲責承受專知官。如似損壞，即仰於當處州使公用卻迴，取當年新斛㪷。詔書朝到，斛㪷暮給，救倒懸之甚急，免般運之艱難，副聖慈憂恤之仁，免饑人殭殕之苦。若貯貸之外，斛㪷甚多，便減價糶，務救百姓艱歉也。

（清）董誥《全唐文》卷六五一《元稹·當州供左神策郃陽鎮軍田粟二千石》　右：自置軍鎮日，伏准敇令百姓蒿荒田地一百頃，給充軍田，並緣田地零碎，軍司佃用不得，遂令縣司每畝出粟二斗，其粟并是一縣百姓税上加配，偏當重斂，事實不均，臣今已於七縣應税地上，量事配率，自此亦冀均平。

（清）董誥《全唐文》卷六五一《元稹·當州朝邑等縣三代納夏陽韓城兩縣率錢》　右：准元和十三年敇，緣夏陽韓城兩縣殘破，量減逃户率税，每年攤配朝邑澄城郃陽三縣代納錢六百七十九貫九百二十一文，斛㪷三千一百五十二碩一斗三升三合，草九千九束，零並不計，臣今因令百姓自通田地，落下兩縣蒿荒之外，並據見定頃畝一例徵率，自然兩縣已減元額税地，請更不令三縣代納差科。

（清）董誥《全唐文》卷六五一《元稹·載軍糧》　右件軍糧，伏據中書、門下奏稱，若并糴貯，恐事平之後，無支用處。且今收糴來年春季糧料，今據邢、洺、魏、博等州和糴，已合支得累月，即前件糧，亦合得春水路般載。以前兩件車，准敇並令和雇。今據度支河陰匹段十乘估價，召雇一乘不得，令府司還是據户科配。況河南府耕牛素少，昨因軍過宰殺，及充遞車，已無大半。今若更發四千餘車，約計用牛一萬二千頭，假令估價並得實錢，百姓悉皆願去，亦須草木盡化爲牛，然後可充給頭數。今假令府司排户差遣，十分發得一二，即來歲春必當盡廢，百姓見坐流亡。河南府既然，即鄭、滑、河陽，亦是小處，假使凶竪即擒伏，恐饑荒薦至。萬一尚稽天討，不知何以供求？稹忝在官司，備知利害，伏以事非職任，不敢上言。仰荷陶甄，冀裨萬一。無任冒昧狂愚之至，伏聽詳察處分。謹録狀上。

（清）董誥《全唐文》卷六九三《元錫·奏加嶺南州縣官課料錢狀》　右，伏以前件州縣，或星布海壖或雲絶荒外，首領强黠，人户傷殘，撫御緝綏，尤藉材幹。刺史、縣令，皆非正員，使司相承，一例差攝，貞廉者懇不願去，貪求者苟務狥私。臣自到州，深知其弊，必若責之以理，莫若加給料錢。今具分折如前，并不破上供錢物。輒陳管見，務在遠圖，伏乞天恩，允臣所請。

（清）董誥《全唐文》卷七四九《杜牧·趙元方除户部和糴巡官、陳洙除長安縣尉、王巖除右金吾使判官等制》　敇：攝户部巡官宣德郎試秘書省校書郎兼殿中侍郎御史趙元方等各爲長才，自有知己，地官平糴，專豐耗發斂之任，京尉坐曹決事，得操豪猾，交戟之內，贊佐衛臣，言於仕進，皆曰得路，勉思報效，無累所舉，並可依前件。

（清）董誥《全唐文》卷九六四《闕名·請禁諸州借使度支錢物奏建中元年五月度支》　諸色錢物及鹽井利等，伏緣財賦新有釐革，支計闕供，在臣職司，夙夜憂負。今後望指揮諸州，若不承度支文牒，輒有借使，及擅租賃迴換。本州府録事參軍本縣令專知官，並請同入己枉法贓科罪，庶物無乾隱，事有條流，其應合徵收諸色錢物，所由官有違程限，致闕軍須，請停給禄料。

（清）董誥《全唐文》卷九六四《闕名·禁額外徵錢奏元和五年正月度支》　諸州府見錢，准敇宜於管内州據都徵錢數逐貫均配，其先不見錢州郡，不在分配限，都配定一州見錢數，任刺史著百姓隱便處置，其敇文不加減者，即准州府所申爲定額，如於敇額見錢外，輒擅配一錢，及納物不依送省中估，刺史縣令録事參軍，請與節級科貶。

（清）董誥《全唐文》卷九六五《闕名·請定錢數出入條制奏元和十三年十月中書門下》　户部度支鹽鐵三司錢物，皆繫國用，至於給納，事合

分明，比來因循，都不剖析，歲終會司，無以準繩，蓋緣根本未有綱條，所以名數易爲盈縮，伏請起自今以後，每年終各令其本司，每年正月一日至十二月三十日，所入錢數及所用數，分爲兩狀入來年二月内聞奏，併牒中書門下，其錢如用不盡，須具言用外餘若干見在，如用盡及侵用來年錢，并收闕，並須一一具言，其鹽鐵使所收議列具一年都收數，并已支用及送到左藏庫欠錢數，其所欠亦具監院額，緣其事欠未送到，户部出納，亦約此爲例，條制既定，亦絶隱欠，如可施行，望爲常典。

（清）董誥《全唐文》卷九六五《闕名・議錢貨輕重奏元和十五年八月中書門下》 伏准今年閏正月十七日敕，令百寮議錢貨輕重者。今據羣官楊於陵等議：伏請天下兩税榷鹽酒利等，悉以布帛絲緜任土所産物充税，並不徵見錢，則物漸重，錢漸輕，農人且免賤賣匹帛者。伏以羣臣所議，事皆至當，深刊公私。請商量付度支，據諸州府應徵兩税供上都及留州留使舊額，起元和十六年已後，並改配端匹斤兩之物爲税額，如大歷已前租庸課調，不計錢，令其折納。使人知定制，供辦有常。仍約元和十五年徵納布帛等估價。其舊納虚估物與依虚估物迴計，如舊納實估物并見錢，即於端匹斤兩上量加估價迴計。變法在長其物價，價長則永利公私，初雖微有加饒，法行即當就實。比舊給用，固利而不害。仍作條件處置，編入旨符。其鹽利酒利，本以榷率計錢，有殊兩税之名，不可除去錢額。但舊額中有令納見錢者，亦請令折納時估匹段。上既不專以錢爲税，人得以所産輸官，錢貨必均其重輕，隴畝自廣於蠶織，便時惠下，庶得其宜。其土乏絲麻，或地連邊塞，風俗更異，賦入不同，亦請商量，委所司裁酌，隨便宜處置。

（清）董誥《全唐文》卷九六五《闕名・請令諸道年終勾帳奏長慶元年六月比部》 准制：諸道年終勾帳，宜依承前敕例。如聞近日刺史留州數内，妄有減削非理破使者。委觀察使聞風按舉，必重加科貶，以誡削減者。其諸州府仍請各委録事參軍，每年據留州定額錢物數破使去處及支使外，餘剩見在錢物，各具色目，分明造帳，依格限申，比部准常限，每限五月三十日都結奏。旨下之後，更送户部。若違限及隱漏不申，録事參軍及本判官並牒吏部使。闕

（清）董誥《全唐文》卷九六七《闕名・請貴糴便農奏開成元年一月度支》 每年供諸司并畿内諸鎮軍糧等，計粟麥一百六十餘萬石，約以錢九十六萬六千餘貫糴之。畿内百姓每年納兩税見錢五十萬貫，約以粟麥二百餘萬石糴之。是度支糴以六十，而百姓糶以二十五。農人賤糶，利歸商徒。度支貴糴，賄行黔吏。今請以度支貴糴錢五十萬貫送京兆府，充百姓一年兩税。勸二十三縣代緡輸粟八十萬石。小麥二十萬石，充度支諸色軍糧，則開成三年以後，似每歲放百姓一半税錢，又省度支錢一十萬貫。勸農減費，物理昭然。仍請百姓廣開田畝，更不加税，行之有節，富庶可期。

（清）董誥《全唐文》卷九六七《闕名・請量留料錢奏開成五年五月》 准今年二月八日赦節文，應諸色勾留官，令尅下手力雜給等，與本道州府，充攝官課料。無本司起請者。臣等詳檢諸道官員，俸料不一，或正官料錢絶少，雜給雜料過多。若准赦文，手力紙筆並令尅下，則正官勾留，亦領公事，所請俸料，不如攝官。既未得中，亦恐難守。本司既無起請，中書門下須與條流。

臣等商量，應諸色勾留官正料及手力課雜職課雜給雜料紙筆等錢，望各委本州都計錢數，每貫尅二百文，充攝官俸料。其職田禄粟米，望令全還正官，不在計入諸色錢數之限。臣等又以諸州長馬，本是散員，判司薄尉，或須假攝。其所尅留錢，望委州司酌量閒劇差署，均融多少支給，亦不要各占本色錢數。及填滿闕員，仍令每至歲終，分析申報户部。

（宋）王溥《五代會要》卷二七《漕運》 後唐同光三年閏十二月，吏部尚書李琪上疏曰：臣伏思漢文帝時，欲人務農，乃募人入粟，得拜爵及贖罪，景帝亦如之。後漢安帝時，水旱不足，三公奏請富人入粟，得對關内侯及公卿已下散官，本朝乾元中亦曾如此。今陛下縱不欲入粟授官，願降明敕下諸道，合差百姓轉般之處，有能出力運官物到京者，五百石已上，白身授一初任州縣官。有官者依資次遷授，次選者便與放選。千石已上至萬石者，不拘文武，顯示賞酬，免令方春農人流散。此亦轉倉贍軍之一術也。敕：李琪所論召募轉倉斛斗與官行賞，委租庸司下諸州府，有應募者奏聞施行。

長興二年五月三日敕：應沿河船般倉，依北面轉運司船般倉例，每一石於數内與正銷破二升。

四年三月三日，三司奏：洛河水運自洛口至京，往來牽船下卸，皆是水運牙官，每人管定四十石。今洛岸至倉門稍遠，牙官運轉艱難，近日例多逃走。今欲於沿河北岸，別鑿一灣，引船直至倉門下卸，其工欲於諸軍傔人內差借。從之。尋命捧聖衛指揮使朱洪實鑿開河灣，至贍國倉門。

周顯德二年正月，上謂待臣曰：轉輸之物，向來皆給斗耗，自晉、漢以來，不與支破。倉廩所納新物，尚破省耗，況水路所般，豈無損失，今後每石宜與耗一斗。

四年四月，詔疏下汴水一派，北入于五丈河，又東北達於濟。自是濟、魯之舟楫，皆至京師。

（宋）王溥《五代會要》卷二七《閉糴》 後唐同光三年閏十二月十九日敕：今歲自京已東，水潦爲患，物價騰湧，人户多於西京收糴斛斗。近聞京西諸道州府，逐道州府，逐道皆有税錢，逐不通行，乃同閉糴。宜令宣下京西諸道州府，凡收糴斗，不得輒有税率，及經過水陸關防鎮縣，妄有邀難。

周廣順元年四月敕：天災流行，分野代有，苟或閉糴，豈是愛人？宜令沿淮渡口鎮浦，不得止淮南人糴易。

三年七月，敕沿淮諸州，點檢淮南人所糴量倉，如是以驢騾爲馱，及負擔過，即放過，不得以舟車輦運過淮。先是，淮南大旱，井泉涸竭，太祖愍之，命許博糴。至是聞吴人收糴入官，以備軍倉，詔止輦運過者。

（宋）王溥《五代會要》卷二七《諸色料錢上》 梁開平三年正月，詔曰：禄俸所以養賢而勵奉公也，朕今肇建，諸色已畢，郊禋職貢至多，費用差少，其百官俸料，委左藏庫依前例全給。

後唐同光三年二月十九日，租庸院奏：

新定四京及諸道副使、判官已下俸料，請降敕各下逐處支遣，兼除所置副使、判官、掌書記、推官外，如本處更妄稱簡署官員，即勒本道節度使自備請給，不得正破係省錢物。諸道藩鎮，請衹置節度使、副、節度觀察判官、掌書記、推官共五員。節度副使料錢每月四十千，依除實數廚料米一石、麪二石内價錢三千；蒿六十束、柴三十束、春服絹一十五疋、冬服絹一十五疋、綿三十兩、私馬二匹草料。節度觀察判官料錢每月三十千，依除實數錢廚料米六斗、麪一石六斗内價錢二千；蒿四十束、柴二十束、春服絹一十二疋、冬服絹一十二疋、綿二十五兩、私馬一匹草料。節度掌書記料錢每月二十五千，依除實數錢廚料米六斗、麪一石二斗内價錢一千五百；蒿三十束、柴一十五束、春服絹一十疋、冬服絹一十疋、綿二十兩、私馬一匹草料。節度推官料錢每月一十五千，依除實數錢廚料米六斗、麪一石二斗内價錢一千五百；蒿三十束、柴一十五束、春服絹一十疋、冬服絹一十疋、綿二十兩、私馬一匹草料。

留守兼判六軍，請置副使、判官、推官三員。副使依節度副使例，判官依觀察判官例，推官依諸道官例。留守不判六軍，請置判官、推官二員。判官依節度觀察判官例，推官依諸道推官例。四京府請衹置推官一員，如已有判官，即不置推官，其請受准留守推官例，其料錢准百官例折支。所有廚料時服等，即給本色。

右奉敕：宜令諸道節鎮，依舊更置觀察支使一員，其俸料春冬衣賜，仍准掌書記例支遣，餘依租庸院所奏。

（宋）王溥《五代會要》卷二八《諸色料錢下》 後唐同光三年二月十五日，租庸院奏：

諸道州縣官并防禦團練副使、判官等俸料，各據逐處具到事例、文帳内點檢舊來支遣則例，錢數不等，所給折支物色，又加錢數不定，難爲勘會。今除東京管内州縣官見支手支課錢且依舊外，其三京并諸州，於舊日支遣錢婁等第，重定則例，兼切循本朝事禮。防禦團練副使、判官外，其餘推巡已下職員，皆是本處自要辟請圓融，月俸贍給，亦乞依舊規繩，省司更不支給錢物，謹具如後：

防禦團練副使、判官，副使逐月料錢三十千貫；判官逐月二十千貫

刺史州元兼副使，有者請廢。其軍事判官所有月俸，亦是刺史己俸内支贍。三京少尹支料錢，逐月三十千貫。

赤縣，令每月正授支料錢二十五千貫，考滿并攝比正官支一半；主簿每月正授支料錢一十二千貫，考滿并攝比正官支一半。

畿縣，令每月正授支料錢二十千貫，考滿并攝比正官支一半；主簿每月支料錢一十千貫，考滿并攝比正官支一半。司録參軍每月正授支料錢一十三千貫，考滿并差攝比正官支一半；諸曹判司官每月正授支料錢一十二千貫，考滿并差攝比正官支一半；文學每月正授支料錢五千貫，考

滿并差攝比正官支一半；參軍每月正授支料錢五千貫，考滿并差攝比正官支一半。諸州府録事參軍，各依逐州上縣令支；州判司各依逐州上縣主簿支。

一萬户已上縣，令每月正授支料錢二十三千貫，考滿并差攝比正官支一半；主簿每月正授支料錢一十二千五百貫，考滿并差攝比正官支一半。

九千户已上縣，令每月正授支料錢二十二千貫，考滿并差攝比正官支一半；主簿每月正授支料錢一十二千貫，考滿并差攝比正官支一半。

八千户已上縣，令每月正授支二十一千貫，考滿并差攝比正官支一半；主簿每月正授支一十一千五百貫，考滿并差攝比正官支一半。

七千户已上縣，令每月正授支二十千貫，考滿并差攝比正官支一半；主簿每月正授支一十一千貫，考滿并差攝比正官支一半。

六千户已上縣，令每月正授支一十九千貫，考滿并差攝比正官支一半；主簿每月正授支一十千五百貫，考滿并差攝比正官支一半。

五千户已上縣，令每月正授支一十八千貫，考滿并差攝比正官支一半；主簿每月正授支一十千貫，考滿并差攝比正官支一半。

四千户已上縣，令每月正授支一十七千貫，考滿并差攝比正官支一半；主簿每月正授支九千五百貫，考滿并差攝比正官支一半。

三千户已上縣，令每月正授支一十六千貫，考滿并差攝比正官支一半；主簿每月正授支九千貫，考滿并差攝比正官支一半。

二千五百户已上縣，令每月正授支一十五千貫，考滿并差攝比正官支一半；主簿每月正授支八千五百貫，考滿并差攝比正官支一半。

二千户已上縣，令每月正授支一十四千貫，考滿并差攝比正官支一半；主簿每月正授支八千貫，考滿并差攝比正官支一半。

一千五百户已上縣，令每月正授支一十三千貫，考滿并差攝比正官支一半；主簿每月正授支七千五百貫，考滿并差攝比正官支一半。

一千户已上縣，令每月正授支一十二千貫，考滿并差攝比正官支一半；主簿每月正授支七千貫，考滿并差攝比正官支一半。

五百户已上縣，令每月正授支一十一千貫，考滿并差攝比正官支一半；主簿每月正授支六千五百貫，考滿并差攝比正官支一半。

五百户已下縣，令每月正授支一十一千貫，考滿并差攝比正官支一半；主簿每月正授支六千貫，考滿并差攝比正官支一半。

右租庸使奏重定料錢則例如前。如諸道舊有取田處，今後不得占留開破，並依百姓例輸税。

奉敕：宜依。

長興二年閏五月，起居郎曹琛奏：文武兩班，或請假歸寧，或卧疾未損，才注班簿，便住料錢。伏乞特降敕命者。敕：今後文武官請准式歸寧假及病疾者，並許支給本官料錢。其月二十四日敕：諸道行軍司馬、副使、判官已下賓寮等，考滿未有替人，宜令並全支俸料，元不在省司給俸者，不在此例。

清泰元年七月敕：洋王從璋、涇王從敏，每月各給料錢一百千，米、麥各五十石，傔人衣糧各五十分，馬五十匹草粟。二王自方鎮入朝，留洛陽私第，故有是給賜。

二年十月，將作監丞、襲對介國公宇文頲奏：蒙恩襲對除官，無襲爵俸給。詔：特給本官俸。

晋天福六年二月敕：諸衛上將軍逐月加俸錢二萬。

漢乾祐三年七月十六日敕節文：諸道州府令録、判官、主簿，宜令等第支與俸户，逐户每月納錢五百，與除二税外，免放諸雜差遣，不得更種職田。所定俸户，於中等無色役人户内置，不得差令當直及赴衙參。如有闕額及不逮，明申州府差填，不得衷私替换，若是令録、判司、主簿，除本分人數外，剩占俸户及令當直手力，更納料錢，並許百姓陳告。其陳告人與免户下諸雜差徭，所犯人追毁告身，更加力役。如令佐、録事、參軍内有員闕，州府差攝，亦依例支與俸錢。差攝曹官，不得一例供破。定例如後：三千户已上縣，令逐月一十二千，主簿六千，二千户已上至三千户已下縣，令九千，主簿五千；二千户已下縣，令六千，主簿四千。録事、參軍、判司，依本部内户口取最多縣分例支破。其録事、參軍依縣令例，判司依主簿例。

周廣順元年四月敕：牧守之任，委遇非輕，分憂之務既同，制禄之數宜等。自前有富庶之郡，請給則優；或邊遠之州，俸料素薄。以至遷除之際，擬議亦難，既論資序之高卑，又患禄秩之升降，宜分多益寡，均利同恩，冀無黨偏，以勸勋效。今重定則例：諸州防禦使料錢二百千，

禄粟一百石，食鹽五石，馬十四草粟，元隨三十人衣糧。團練使料錢一百五十千，禄粟七十石，食鹽五石，馬十四草粟，元隨三十人衣糧。刺史料錢一百千，禄粟五十石，食鹽五石，馬五匹草料，元隨二十人衣糧。仍取今年五月一日後到任者，依前定例支，其已前在任者，所請如故。

顯德五年十二月，中書奏：

諸道州府縣官及軍事判官，一例逐月各據逐處主户等第，依下項則例所定料錢及米麥等，取顯德六年三月一日後起支，其俸户並停廢。

一萬户已上縣，令逐月料錢二十千，米麥共五石；主簿料錢一十二千，米麥共三石。七千户已上縣，令逐月料錢一十八千，米麥共五石；主簿料錢一十千，米麥共三石。五千户已上縣，令逐月料錢一十五千，米麥共四石；主簿料錢八千，米麥共三石。三千户已上縣，令逐月料錢一十二千，米麥共四石；主簿料錢七千，米麥共三石。不滿三千户縣，令逐月料錢一十千，米麥共三石；主簿料錢六千，米麥共二石。

五萬户已上州，司録事參軍及兩京司録，每月料錢二十千，米麥共五石；司户、司法每月料錢一十千，米麥共三石。三萬户已上州，司録事參軍每月料錢一十八千，米麥共五石；司户、司法每月料錢八千，米麥共三石。一萬户已上州，司録事參軍每月料錢一十五千，米麥共四石；司户、司法每月料錢七千，米麥共三石。五千户已上州，司録事參軍每月料錢一十二千，米麥共四石；司户、司法每月料錢六千，米麥共二石。不滿五千户州，司録事參軍每月料錢一十千，米麥共三石；司户、司法每月料錢五千，米麥共二石。諸司軍事判官，一例每月料錢一十千，米麥共三石。

右諸州府、京百司、内諸司、州縣官、課户、莊户、俸户、柴炭紙筆户等，望令本州及檢田使臣依前項指揮，勒歸州縣，候施行畢，具户數奏聞。仍差本州判官精細點數後，差使臣覆視，及有人論訴稱有漏落，抵罪在本州判官及干係官典。如今後更有人户願充此等户者，便仰本州勒充軍户，配本州牢城執役。

後之。

六年十二月詔：諸道州府攝官，起今後支給本所諸官俸錢之半。

（宋）王欽若等《册府元龜》卷九三《帝王部·赦宥》 後唐明宗長興元年二月乙卯，郊祀畢，還御五鳳樓，宣制曰：【略】

宜改天成五年爲長興元年，可大赦天下，應諸道見禁囚徒十惡五逆、光火劫舍、屠牛、官典犯贓、僞行印信、合造毒藥外，罪無輕重，已發覺、未發覺，已結正、未結正，咸赦除之。其天成四年十二月終已前，諸道州府人户應有殘欠税物、蠶鹽食鹽、乾擢濕擢既係積年之欠，俄逢作解之恩，竝與免放。諸州府營田户部院應欠租課房店利潤逃移人户、死損牛畜，或先遭剽劫，及水澇處，欠負斛㪷無所徵填，已收納到家産財物，其餘所欠竝與蠲除。所在倉場積年損壞，使臣盤覆欠折尤多，其主持專知官等據通收到産業物色外，亦與放免。應諸道商税課利，撲斷錢額去處，除納外，年多蹙欠，枷禁徵收，既無抵當，竝可放免。諸道採造材木欠數，定州材木錢及閿鄉船務遺火所司，累行催促，無可填納，亦與放免。先南北兩軍前倉場持主損爛欠折及江河轉運抛失舟船竝斛㪷茭稈錢諸鎮欠少，過軍准被粮草等，據主持人見在家業勒收納外，餘放所欠。天成元年二月諸州般納到上供庫秤盤積欠物色，并遭兵火燒劫，及耀州前後身死刺史界分欠省庫錢物，劫勒州司官吏陪填者，竝特放免。天成二年終諸色人於西川省庫内借過錢，竝省司先差人收買羊馬欠折死損，無填還，及天成二年終已前，諸道銅銀鐵冶，銀錫水錫坑窟應欠課利，兼木炭農具等場欠負，亦與放免。諸州府或經水旱灾沴，恐人户闕欠餧粮，方值春時，誠宜賑恤，宜令逐處取去年納到新好屬省斛㪷，各加賑貸，候秋收日徵納完數。應天下府州合徵秋夏苗税，土地節氣，各有早晚，訪聞州縣官於省限前預先徵促，致百姓主持送納博買供輸，既不利其生民，今特議其改革。已令所司更展期限輔相之榮，必資德望公侯之貴。蓋選賢能，欲展徽猷，貴在彰顯，内外羣臣，職位帶平章事兼侍中中書令與改鄉名里號，欲通和氣，必在申冤，將設公方實資，奬善州縣官僚能雪冤獄活人生命者，許非時選。【略】

應有諸色私債納利已經一倍者，只許徵本年外欠數竝放納利已經兩倍者，本利竝放。昭宗太祖莊宗時或有犯罪籍没人，若有子孫在者，竝許識認上祖墳塋主祭莊田已係官及有主承佃，不在識認之限，河陽管内人户每畝上舊徵橋道錢五文，今後竝放。不徵諸道州府人户每畝上元徵麴錢五文，今特放二文，只徵三文。敢以赦文前事告者，以其罪罪之。赦書有不

該者，所司各具條例聞奏。夫施令覃恩，比期及物，苟有壅滯，曷浣焦勞，如聞近年赦書所在，不廣宣布，爲人臣者豈若是乎。其在輔弼公卿，藩侯郡守，各轉忠力，副朕憂勤，共致治平，永躋仁壽，仍令御史臺嚴加訪察，無縱稽留，赦書日行五百里，告諭天下，咸使聞知。

紀事

（宋）司馬光《資治通鑑》卷一八九《唐紀・高祖武德四年》 幽州大饑，高開道許以粟賑之。賑，津忍翻。李藝遣老弱詣開道就食，開道皆厚遇之。藝喜，於是發民三千人，車數百乘，驢馬千餘匹往受粟，開道悉留之，告絶於藝，復稱燕王，賑，津忍翻。乘，繩證翻。復，扶又翻，又音如字。燕，因肩翻。北連突厥，南與劉黑闥相結，引兵攻易州不克，大掠而去。又遣其將謝稜詐降於藝，請兵援接，藝出兵應之。將至懷戎，《舊志》：北燕州懷戎縣，後漢上谷之潘縣也，北齊改爲懷戎，媯水經其中，州所治也，貞觀八年，改北燕州爲媯州。稜襲擊破之。開道與突厥連兵數人爲寇，厥，九勿翻。數，所角翻。恒、定、幽、易咸被其患。恒，户登翻。被，皮義翻。

（宋）司馬光《資治通鑑》卷一九六《唐紀・太宗貞觀十六年》 甲辰，詔自今皇太子出用庫物，所司勿爲限制。於是太子發取無度，左庶子張玄素上書，以爲：周武帝平定山東，隋文帝混一江南。勤儉愛民，皆爲令主；有子不肖，卒亡宗祀。謂天元及煬帝也。卒，子恤翻。聖上以殿下親則父子，事兼家國，所應用物不爲節限，恩旨未踰六旬，用物已過七萬，驕奢之極，孰云過此！況宫臣正士，未嘗在側；羣邪淫巧，昵近深宫。在外瞻仰，已有此失；居中隱密，寧可勝計！昵，尼質翻。近，其靳翻。勝，音升。苦藥利病，苦言利行，因張良之言而品節之。伏惟居安思危，日慎一日。太子惡其書，惡，烏路翻。令户奴伺玄素早朝，户奴、官奴，掌守門户。伺，相吏翻。朝，直遥翻。密以大馬箠擊之，幾斃。箠，止蘂翻。幾，居希翻，又音祁。

（宋）司馬光《資治通鑑》卷二〇四《唐紀・則天后天授元年》 制天下武氏咸蠲課役。

（宋）司馬光《資治通鑑》卷二〇九《唐紀・中宗景龍二年》 丁亥，蕭至忠上疏，以爲：恩倖者止可富之金帛，食以粱肉，上，時掌翻。疏，所去翻。食，讀曰飤，祥吏翻。不可以公器爲私用。今列位已廣，冗員倍之，干求未厭，日月增數，陛下降不貲之澤，近戚有無涯之請，賣官利己，鬻法徇私。臺寺之内，朱紫盈滿，忽事則不存職務，恃勢則公違憲章，徒忝官曹，無益時政。上雖嘉其意，意不能用。

（宋）司馬光《資治通鑑》卷二〇九《唐紀・中宗景龍三年》 是歲，關中饑，米斗百錢。運山東、江、淮穀輸京師，牛死什八九。羣臣多請車駕復幸東都，韋后家本杜陵，不樂東遷，乃使巫覡彭君卿等説上云：今歲不利東行。後復有言者，復，扶又翻。樂，音洛。覡，刑狄翻。説，輸芮翻。上怒曰：豈有逐糧天子邪！乃止。

（宋）司馬光《資治通鑑》卷二一二《唐紀・玄宗開元六年》 唐初，州縣官俸，皆令富户掌錢，出息以給之；息至倍稱，多破産者。唐初，在京諸司官及天下官置分廨本錢，以典史主之，收贏十之七，富户幸免徭役，貧者破産甚衆。稱，音尺證翻。秘書少監崔沔上言，請計州縣官所得俸，於百姓常賦之外，微有所加以給之。時沔請計户均出，每丁加升尺給之。從之。

（宋）司馬光《資治通鑑》卷二一二《唐紀・玄宗開元十年》 癸亥，命有司收公廨錢，以税錢充百官俸。武德元年，制京司及州縣官各給公廨田，課其管種，以供公私之費。又有公廨園、公廨地，皆收其税以給百官。廨，古隘翻。俸，方用翻。

乙丑，收職田。唐文武官有職分田，一品十二頃，二品十頃，三品九頃，四品七頃，五品六頃，六品四頃，七品三頃五十畝，八品二頃五十畝，九品二頃，皆給百里内之地。諸州都督、都護、親五府官，二品十二頃，三品十頃，四品八頃，五品七頃，六品五頃，七品四頃，八品三頃，九品二頃五十畝。鎮，戍、關、津、嶽、瀆官，五品五頃，六品三頃五十畝，七品三頃，八品二頃，九品一頃五十畝。貞觀十年，以職田侵漁百姓，詔給逃還貧户，視職田多少，每畝給粟二斗，謂之地租；尋以水旱復罷之。畝率給倉粟二斗。

（宋）司馬光《資治通鑑》卷二一二《唐紀・玄宗開元十二年》 融乘驛周流天下，事無大小，諸州先牒上勸農使，上，時掌翻。後申中書；省司亦待融扩指撝，然後處決。省司，謂尚書都省左、右司主者也。處，昌呂翻。時上將大攘四夷，急於用度，州縣畏融，多張虚數，凡得客户八十餘萬，田亦稱是。融獻策括籍外羨田逃户，自占者給復五年，每丁税錢千五百。

州縣希旨，以正田爲羨，編户爲客。稱，尺證翻。歲終，增緡錢數百萬，緡，眉巾翻。悉進入宮；由是有寵。議者多言煩擾，不利百姓，上亦令集百寮於尚書省議之。公卿已下，畏融恩勢，不敢立異。惟户部侍郎楊瑒獨抗議，以爲：括客免税，不利居人；徵籍外田税，使百姓困弊，所得不補所失。

（宋）司馬光《資治通鑑》卷二一二《唐紀・玄宗開元十三年》　春二月庚申，以御史中丞宇文融兼户部侍郎，制以所得客户税錢均充所在常平倉本，又委使司與州縣議作勸農社，使司，勸農使司也。使，疏吏翻。使貧富相恤，耕耘以時。

（宋）司馬光《資治通鑑》卷二二三《唐紀・代宗大曆二年》　秋，七月，庚子，税天下青苗錢以給百官俸。乾元以來，天下用兵，京師百寮，俸錢減耗。上即位，推恩庶寮，下議公卿，或言税畝有苗者，公私咸濟。乃分遣憲官税天下地青苗錢，充百司課料。宋白曰：大曆五年五月，詔京兆府應徵青苗、地頭錢等，承前青苗錢，每畝徵十五文，地頭錢，每畝徵二十五文，自今已後，宜一切以青苗錢爲名。

（宋）司馬光《資治通鑑》卷二二四《唐紀・代宗大曆六年》　是歲，以尚書右丞韓滉爲户部侍郎、判度支。自兵興以來，所在賦斂無度，尚，辰羊翻。度，徒洛翻。斂，力贍翻。倉庫出入無法，國用虚耗。滉爲人廉勤，精於簿領，作賦斂出入之法，滉，呼廣翻。御上嚴急，吏不敢欺；亦值連歲豐穰，邊境無寇，自是倉庫蓄積始充。滉，休之子也。韓休，開元中爲相，有直聲，而滉以強幹聞。

（宋）司馬光《資治通鑑》卷二二四《唐紀・代宗永泰元年》　丙戌，以户部尚書劉晏爲都畿、河南、淮南、江南、湖南、荆南、山南東道轉運、常平、鑄錢、鹽鐵等使，侍郎第五琦爲京畿、關内、河東、劍南、山南西道轉運等使，分理天下財賦。

（宋）司馬光《資治通鑑》卷二二五《唐紀・代宗大曆十四年》　初，代宗之世，事多留滯，四夷使者及四方奏計，或連歲不遣，乃於右銀壹門使，疏吏翻。右銀壹門，在東内宮城西面。又北，則九仙門。置客省以處之；處，昌呂翻。及上書言事、章，十二行本事下有孟浪者三字；乙十一行本同；退齊校同。失職未叙，亦置其中，動經十歲。常有數百人，并部曲、畜產動以千計，度支廩給，其費甚廣。度，徒洛翻。上悉命疏理，拘者出之，事竟者遣之，當叙者任之，歲省穀萬九千二百斛。

（宋）司馬光《資治通鑑》卷二二六《唐紀・德宗建中元年》　楊炎罷度支、轉運使，度，徒洛翻。命金部、倉部代之。既而省職久廢，謂尚書省諸司失其職已久。耳目不相接，莫能振舉，天下錢穀無所總領。癸巳，復以諫議大夫韓洄爲户部侍郎、判度支，以金部郎中萬年杜佑權江、淮水陸轉運使，皆如舊制。復，扶又翻，或如字。諸杜居城南，時號城南韋、杜，去天尺五。户貫則萬年。

（宋）司馬光《資治通鑑》卷二二六《唐紀・德宗建中元年》　大曆以前，賦斂出納俸給皆無法，長吏得專之；重以元、王秉政，貨賂公行，斂，力贍翻。長，知兩翻。俸，扶用翻。元、王，謂元載、王縉也。天下不按贓吏者殆二十年。《考異》曰：《建中實録》云三十年，蓋字之誤也。惟江西觀察使路嗣恭按虔州刺史源敷翰，流之。上以宣歙觀察使薛邕，文雅舊臣，徵爲左丞；邕去宣州，盗隱官物以巨萬計，殿中侍郎史員寓發之。時以宣、歙二州依山而扼江、湖之要，分置觀察使。使，疏吏翻。嗣，祥吏翻。歙，音攝。員，音運，姓也。冬，十月，己亥，貶連山尉。連山縣，屬連州，晋武帝分桂陽立廣惠縣，隋改爲廣澤，仁壽元年，改爲連山縣，避太子廣諱也。於是州縣始畏朝典，不敢放縱。

（宋）司馬光《資治通鑑》卷二二七《唐紀・德宗建中三年》　時兩河用兵，月費百餘萬緡，緡，眉巾翻。府庫不支數月。太常博士韋都賓、陳京建議，以爲：貨利所聚，皆在富商，請括富商錢，出萬緡者，借其餘以供軍。計天下不過借一二千商，則數年之用足矣。上從之。甲子，詔借商人錢，令度支條上。度，徒洛翻。上，時掌翻。判度支杜佑大索長安中商賈所有貨，意其不實，輒加搒捶，人不勝苦，有縊死者，索，山客翻。賈，音古。搒，音彭。捶，止橤翻。勝，音升。縊，於賜翻，又於計翻。長安囂然如被寇盗。囂，五羔翻，又許驕翻。被，皮義翻。計所得纔八十餘萬緡。又括僦櫃質錢，民間以物質錢，異時贖出，於母錢之外復還子錢，謂之僦櫃。僦，即就翻。凡蓄積錢帛粟麥者，皆借四分之一，封其櫃窖；蓄錢帛者以櫃，積粟麥者以窖。窖，古教翻。百姓爲之罷市，爲，于僞翻。相帥遮宰相馬自訴，以千萬數。帥，讀曰率。盧杞始慰諭之，勢不可遏，乃疾驅自他道歸。計并借商所得，

纔二百萬緡，《考異》曰：《實録》：借商，統計田宅、奴婢等估，纔餘八萬貫。今從《舊·盧杞傳》。《杞傳》又曰：杜佑計京師帑廩，不支數月，且得五百萬貫，可支半歲用，則兵濟矣。於是户部侍郎判度支趙贊與韋都賓等謀行括借，約罷兵後以公錢還。敕既下，京兆少尹韋貞督責頗峻，長安尉薛苹荷校乘車，搜人財貨，計富户田宅奴婢等，估纔及入十八萬貫。又借僦匱質錢，共纔及二百萬貫。今從《實録》。人已竭矣。京，叔明之五世孫也。陳叔明，陳宣帝子，封宜都王。

（宋）司馬光《資治通鑑》卷二二七《唐紀·德宗建中三年》八月，丁未，置河章，十二行本河作汴；乙十一行本同；孔本同；退齋校同；熊校同。東、西、水陸運、兩税、鹽鐵使二人，度支總其大要而已。汴，皮變翻。度，徒洛翻。

（宋）司馬光《資治通鑑》卷二二八《唐紀·德宗建中四年》庚戌，初行税間架、除陌錢法。時河東、澤潞、河陽、朔方四軍屯魏縣，神策、永平、宣武、淮南、浙西、荆南、江泗、沔鄂、湖南、黔中、劍南、嶺南諸軍環淮寧之境。江，謂江南西道，泗當作西。黔，音琴。環，音宦。舊制，諸道軍出境，皆仰給度支；仰，牛向翻。上優恤士卒，每出境，加給酒肉，本道糧仍給其家，一人兼三人之給，故將士利之。各出軍纔逾境而止，《書》有之；威克厥愛，允濟；愛克厥威，允罔功。德宗蓋未知此者。月費錢百三十餘萬緡，常賦不能供。判度支趙贊乃奏行二法：二法，即所謂税間架及除陌錢也。所謂税間架者，每屋兩架爲間，上屋税錢二千，中税千，下税五百，吏執筆握算，入人室廬計其數。史炤曰：算，所以籌算也。其法用竹，徑一分，長六寸，二百七十一枚而成。六觚爲一握。或有宅屋多而無他資者，出錢動數百緡。敢匿一間，杖六十，賞告者錢五十緡。所謂除陌錢者，公私給與及賣買，每緡官留五十錢，給他物及相貿易者，約錢爲率。貿，音茂。敢隱錢百，杖六十，罰錢二千，賞告者錢十緡，其賞錢皆出坐事之家。於是愁怨之聲，盈於遠近。

（宋）司馬光《資治通鑑》卷二三一《唐紀·德宗興元元年》泌退，遂上章，請以百口保滉。他日，上謂泌曰：卿竟上章，已爲卿留中。爲，于僞翻。雖知卿與滉親舊，豈不得自愛其身乎！對曰：臣豈肯私於親舊以負陛下！顧滉實異心，臣之上章，以爲朝廷，非爲身也。上曰：如何其爲朝廷？爲，于僞翻；下同。對曰：今天下旱、蝗，關中米斗千錢，倉廩耗竭，而江東豐稔。願陛下早下臣章，下，户稼翻；下同。以解朝衆之惑，面諭韓皐使之歸覲，歸覲者，歸覲省父母也。令滉感激無自疑之心，速運糧儲，豈非爲朝廷邪！上曰：善！朕深諭之矣。即下泌章，令韓皐謁告歸覲，面賜緋衣，諭以卿父比有謗言，比，毗至翻。朕今知其所以，釋然不復信矣。復，扶又翻。因言：關中乏糧，歸語卿父，語，牛倨翻。宜速致之。皐至潤州，滉感悦流涕，即日，自臨水濱發米百萬斛，聽皐留五日即還朝。皐别其母，啼聲聞於外；聞，音問。滉怒，召出，撻之，自送至江上，冒風濤而遣之。既而陳少游聞滉貢米，亦貢二十萬斛。陳少游時鎮淮南。上謂李泌曰：韓滉乃能化陳少游貢米矣！對曰：豈惟少游，諸道將争入貢矣！

（宋）司馬光《資治通鑑》卷二三二《唐紀·德宗貞元二年》崔造改錢穀法，事多不集。諸使之職，行之已久，中外安之。諸使，謂鹽鐵、轉運諸使也。元琇既失職，謂解判鹽鐵而爲右丞也。琇，音秀。造憂懼成疾，不視事。既而江、淮運米大至，上嘉韓滉之功，十二月，丁巳，以滉兼度支、諸道鹽鐵、轉運等使；造所條奏皆改之。是年正月，崔造爲相，改錢穀法及罷諸使。今更從舊。

（宋）司馬光《資治通鑑》卷二三三《唐紀·德宗貞元三年》自興元以來，是歲最爲豐稔，米斗直錢百五十、粟八十，詔所在和糴。

（宋）司馬光《資治通鑑》卷二三四《唐紀·德宗貞元八年》初，竇參爲度支轉運使，度，徒洛翻。使，疏吏翻。班宏副之。參許宏，俟一歲以使職歸之，歲餘，參無歸意；宏怒。司農少卿張滂，宏所薦也，少，始照翻。滂，普郎翻。參欲使滂分主江、淮鹽鐵，宏不可；滂知之，亦怨宏。及參爲上所疏，乃讓度支使於宏，又不欲利權專歸於宏，乃薦滂於上；章：乙十六行本上下有以宏判度支五字；乙十一行本同；孔本同；退齋校同。以滂爲户部侍郎、鹽鐵轉運使，仍隸於宏以悦之。

（宋）司馬光《資治通鑑》卷二三四《唐紀·德宗貞元八年》陸贄上言，以邊儲不贍，由措置失當，當，丁浪翻。蓄斂乖宜其略曰：所謂措置失當者，戍卒不隸於守臣，守臣不總於元帥。至有一城之將，一旅之兵，各降中使監臨，監，古銜翻。皆承别詔委任。分鎮亙千里之地，莫相率從；緣邊列十萬之師，不設謀生。每有寇至，方從中覆，比蒙徵發赴援，

比，必利翻。及也。寇已獲勝罷歸。吐蕃之比中國，衆寡不敵，工拙不侔，然而彼攻有餘，我守不足。蓋彼之號令由將，而我之節制在朝，將，即亮翻。朝，直遥翻。彼之兵衆合并而我之部分離析故也。分，扶問翻。所謂蓄斂乖宜者，陛下頃設就軍、和糴之法以省運，制與人加倍之價以勸農，此令初行，人皆悦慕。此李泌所行之法也，事見〔二百三十二〕卷〔貞元〕二年。而有司競爲苟且，專事纖嗇，歲稔則不時斂藏，艱食則抑使收糴。遂使豪家、貪吏，反操利權，斂，力驗翻。操，七刀翻。賤取於人以俟公私之乏。又有勢要、近親、羈游之士，委賤糴於軍城，取高價於京邑，又多支絺紵充直。絺，五之翻。紵，直吕翻。窮邊寒不可衣，鬻無所售，上既無信於下，下亦以僞應之，度支物估轉高，度，徒洛翻。估，音古，價也。軍城穀價轉貴。度支以苟售滯貨爲功利，軍城章，乙十六行本城作司；乙十一行本同；孔本同。以所得加價爲羨餘。羨，弋線翻。雖設巡院，轉成囊橐。元和四年十二月十二日，敕：遠處州使，率情違法，臺司由盡知。轉運使、度支悉有巡院，委以訪察當道使司及州縣，有兩税外榷率及違格敕文法等事狀報臺司。蓋劉晏始置巡院，自江、淮以來達于河、渭，其後遂及緣邊諸道亦置之。至有空申簿帳，僞指囷倉，囷，區倫翻。囷倉，皆以藏穀；圓曰囷，方曰倉。計其數則億萬有餘，考其實則百十不足。

（宋）司馬光《資治通鑑》卷二三四《唐紀·德宗貞元八年》　張滂請鹽鐵舊簿於班宏，宏不與。滂與宏共擇巡院官，莫有合者，闕官甚多。滂言於上曰：如此，職事必廢，臣罪無所逃。丙午，上命宏、滂分掌天下財賦，如大曆故事。大曆元年，命第五琦、劉晏分理天下財賦，事見二百二十四卷。

（宋）司馬光《資治通鑑》卷二三四《唐紀·德宗貞元九年》　虜每入寇，將帥遞相推倚，帥，所類翻。推，吐雷翻。無敢誰何，虚張賊勢上聞，則曰兵少不敵。朝廷莫之省察，朝，直遥翻。省，悉影翻。唯務徵發益師，無裨備禦之功，重增供億之弊。重，直用翻。閭井日耗，徵求日繁，以編户傾家、破產之資，兼有司榷鹽、税酒之利，榷，古岳翻。總其所入，歲以事邊。可謂財匱於兵衆矣。此三失也。

（宋）司馬光《資治通鑑》卷二三四《唐紀·德宗貞元九年》　癸卯，户部侍郎裴延齡奏：自判度支以來，檢責諸州欠負錢八百餘萬緡，收諸州抽貫錢三百萬緡，呈様物三十餘萬緡，請別置欠負耗賸季庫以掌之，耗，虧減也。賸，贏餘也。賸，以證翻。又食證翻。三月爲一季。凡三月終，則入物于庫，故謂之季庫。染練物則別置月庫以掌之。每月入物，故謂之月庫。詔從之。欠負皆貧人無可償，徒存其數者，抽貫錢給用隨盡，呈様、染練皆左藏正物。藏，徂浪翻。延齡徙置別庫，虚張名數以惑上。上信之，以爲能富國而寵之，於實無所增也，於實者，於其實也。虚費吏人簿書而已。

（宋）司馬光《資治通鑑》卷二三五《唐紀·德宗貞元十二年》

初，上以奉天窘乏，故還宫以來，尤專意聚斂。斂，力贍翻；下同。藩鎮多以進奉市恩，皆云税外方圓，折則成方，轉則成圓，言於常税之外，別自轉折，以致貨財也。亦云用度羨餘，其實或割留常賦，或增斂百姓，或減刻利章：乙十六行本利作吏；乙十一行本同。禄，或販鬻蔬果，往往私自入，所進纔什一二。李兼在江西有月進，韋皋在西川有日進。其後常州刺史濟源裴肅以進奉遷浙東觀察使，刺史進奉自肅始。濟，子禮翻。及劉贊卒，判官嚴綬掌留務，竭府庫以進奉，徵爲刑部員外郎，幕僚進奉自綬始。綬，蜀人也。史不能審其郡縣，故止云蜀人。

（宋）司馬光《資治通鑑》卷二三七《唐紀·德宗元和元年》　杜佑請解財賦之職，仍舉兵部侍郎、度支使、鹽鐵轉運副使李巽自代。丁未，加佑司徒，罷其鹽鐵轉運使，以巽爲度支、鹽鐵轉運使。自劉晏之後，居財賦之職者，莫能繼之。巽掌使一年，掌使，言掌使職也。使，疏吏翻。征課所入，類晏之多，明年過之，又一年加一百八十萬緡。然則李巽勝劉晏乎！曰：不如也。晏猶有遺利在民，巽則盡取之也。

（宋）司馬光《資治通鑑》卷二三八《唐紀·憲宗元和元年》　六月，丁卯，李吉甫奏：自秦至隋十有三代，吉甫所謂十三代，以秦、漢、魏、晉、宋、齊、梁、陳、北魏、北齊、周、隋爲數也。設官之多，無如國家者。天寶以後，中原宿兵，見在可計者八十餘萬，見，賢遍翻。其餘爲商賈、僧、道不服田畝者什有五六，賈，音古。是常以三分勞筋苦骨之人奉七分待衣坐食之輩也。今内外官以税錢給俸者不下萬員，天下〔千〕三進餘縣，或以一縣之在地而爲州，一鄉之民而爲縣者甚衆，請敕有司詳定廢置，吏員可省者省之，州縣可併者併之。入仕之塗可減者減之。又，國家舊章，依品制俸，官一品月俸錢三十緡；永徽之制，一品月俸八千。開元二十四年，

令百官防閤庶僕俸食雜用，以月給之，總稱月俸，一品爲錢三萬一千。職田禄米不過千斛。唐初給一品職田六千頃、禄七百石。艱難以來，增置使額，厚給俸錢，自兵興後，權臣增領諸使，月給厚俸，比開元制禄數倍。大曆中，權臣月俸至九千緡，州無大小，刺史皆千緡。新志云，權臣月俸有至九十萬者，刺史亦至十萬，即此數也。常衮爲相，始立限約，事見二百二十五卷代宗大曆十二年。李泌又量其閒劇，隨事增加，事見二百三十三卷德宗貞元四年。量，音良；下同。時謂通濟，理難減削。然猶有名存職廢，或額去俸存，閒劇之間，厚薄頓異。請敕有司詳考俸料、雜給，量定以聞。按常衮爲相，增京官正員及諸道觀察使、都團練使、副使以下料錢。李泌爲相，又增百官及畿内官月俸，復置手力資課歲給錢。左、右衛上將軍以下又有六雜給：一曰糧米，二曰鹽，三曰私馬，四曰手力，五曰隨身，六曰春、冬服。私馬則有芻豆，手力則有資錢，隨身則有糧、米、鹽，春、冬服則有布、絹、絁、紬、綿。射生、神策大將軍增以鞋。州縣官有手力、雜給錢。李吉甫請就加詳校而量定之也。於是命給事中段平仲、中書舍人韋貫之、兵部侍郎許孟容、户部侍郎李絳同詳定。

（宋）司馬光《資治通鑑》卷二三八《唐紀・憲宗元和五年》 宦官惡李絳在翰林，惡，烏路翻。以爲户部侍郎，判本司。判本司者，判户部職事。唐自中世以後，户部侍郎或判度支，故以判户部爲判本司，此二十四司之司也。上問：章：甲十一行本問下有絳字；乙十一行本同；退齋校同。故事，户部侍郎皆進羨餘，羨，弋線翻。卿獨無進，何也？對曰：守土之官，厚斂於人以市私恩，天下猶共非之；況户部所掌，皆陛下府庫之物，給納有籍，安得羨餘！若自左藏輸之内藏斂，力贍翻。藏，徂浪翻。以爲地奉，是猶東庫移之西庫，臣不敢踵此弊也。自玄宗時，王鉷歲進錢以供天子燕私，至裴延齡而其弊極矣。上嘉其直，益重之。

（宋）司馬光《資治通鑑》卷二四〇《唐紀・憲宗元和十二年》 遣鹽鐵副章：甲十一行本副上有轉運二字；乙十一行本同。使程异督財賦於江、淮。

（宋）司馬光《資治通鑑》卷二五三《唐紀・德宗廣明元年》 度支以用度不足，奏借富衣及胡商貨財；敕借其半。鹽鐵轉運使高駢上言：天下盜賊蜂起，皆出於飢寒，獨富户、胡商未耳。乃止。

《舊五代史》卷三〇《唐書・莊宗紀》〔同光元年冬十月己丑，御崇元殿。制曰：〕理國之道，莫若安民；勸課之規，宜從薄賦。庶遂息肩之望，冀諧鼓腹之謠。應諸道户口，並宜罷其差役，各務營農。所係殘欠賦税，及諸務懸欠積年課利，及公私債負等，其汴州城内，自收復日已前，並不在徵理之限；其諸道，自壬午年十二月已前，並放。北京及河北先以祆祲未平，配買征馬，如有未請却官本錢，及買馬不迨者，可放免。應有本朝宗屬及内外文武臣僚，被朱氏無辜屠害者，並可追贈。如有子孫及本身逃難於諸處漂寓者，並令所在尋訪，津置赴闕。義夫節婦，孝子順孫，旌表門閭，量加賑給。或鰥寡惸獨，無所告者，仰所在各議拯救。民年過八十者，免一子從征。其有先投過僞庭將校官吏等，一切不問云。

《舊五代史》卷三一《唐書・莊宗紀》〔同光三年春正月〕戊戌，詔：起今後特恩授官及侍衛諸軍將校、内諸司等官，其告身官給，舊例朱膠錢、臺省禮錢並停，其餘合徵臺省禮錢，比舊數五分中許徵一分，特恩者不徵。兵、吏部兩司逐月各支錢四十貫文，充吏人食直。少府監鑄錢造印文，今後不得徵納銅炭價直，其料物官給。【略】

二月甲子朔，詔：興唐府管内有百姓隨絲鹽錢，每兩與減五十文。案：五代會要作每兩與減放五文。逐年所俵蠶鹽，每斗與減五十文。小菉豆税，每畝與減放三升。都城内所徵税絲，永與除放。

《舊五代史》卷三四《唐書・莊宗紀》 同光四年春正月戊午朔，帝不受朝賀。契丹寇渤海。壬戌，壬戌，原本作丙戌，據上文爲戊午朔，下文有癸亥、甲子，不得先叙丙戌。《歐陽史》作壬戌，降死罪以下囚。今改正。影庫本粘籤。詔以去歲災沴，物價騰踊，自今月三日後避正殿，減膳撤樂，以答天譴。應去年遭水災州縣，秋夏税賦並與放免。自壬午年已前所欠殘税，及諸色課利，已有敕命放免者，尚聞所在却有徵收，宜令租庸司切準前敕處分。應京畿内人户，有停貯斛斗者，並令減價出糶，如不遵行，當令檢括。西川王衍父子及僞署將相官吏，除已行刑憲外，一切釋放。天下禁囚，除十惡五逆、官典犯贓、屠牛毀錢、放火劫舍、持刃殺人，準律常赦不原外，應合抵極刑者，遞降一等。其餘罪犯悉與減降。逃背軍健，並放逐便。

《舊五代史》卷三六《唐書・明宗紀》〔天成元年秋七月〕辛巳，以捧聖嚴衛左廂馬步軍都指揮使李從璋領饒州刺史，充大内皇城使。中書

門下奏：條制，檢校官各納尚書省禮錢，舊例太師、太尉納四十千，後減落至二十千；太傅、太保元納三十千，減至十五千；司徒、司空元納二十千，減至一十千；僕射、尚書元納一十五千，減至七千；員外、郎中元納一十千，今納三千四百者。詔曰：會府華資，皇朝寵秩，凡霑新命，各納禮錢。爰自近年，多隳舊制，遂致紀綱之地，遽成廢墜之司。況累條流，就從減省，方當提舉，宜振規繩。但緣其間，翊衛勳庸，藩宣將佐，自軍功而遷陟，示恩澤以獎酬，須議從權，不在其例。其餘自不帶平章事節度使及防禦、團練、刺史、使府副使、行軍已下，三司職掌監務官，州縣官，凡關此例，並可徵納。其檢校官自員外郎至僕射，祇初轉一任納錢，若不改呼，不在徵納。仍委尚書省部司專切檢舉，置曆逐月具數申中書門下。中書門下，原百本脱書字，今據文增入。影庫本粘籤。

《舊五代史》卷三七《唐書・明宗紀》〔天成元年十二月〕戊戌，詔嚴禁鑞錢。案洪遵《泉志》引宋白《續通典》云：天成元年十二月，敕中外所使銅錢内鐵鑞錢即宜毁棄，不得行使。《舊五代史考異》。【略】

丙午，中書門下奏：故事，藩鎮節度、觀察使帶平章事，於都堂上事刊石記壁，合納禮錢三千貫，以充中書及兩省公使。今欲各納禮錢五百千，於中書立石亭子，鎸勒宰臣使相官氏、授上年月，餘充修葺中書及兩省公署部堂什物。從之。

《舊五代史》卷三八《唐書・明宗紀》〔天成二年三月〕丙辰，宰臣判三司任圜奏：諸道藩府，請依天復三年已前許貢綾絹金銀，隨其土産折進馬之直。又請選孳生馬，分置監牧。並從之。案《五代會要》：任圜奏：三京留守、諸道節度觀察、諸州防禦使、刺史，每年應聖節及正、至等節貢奉，或討伐勝捷，各進獻馬。伏見本朝舊事，雖以獻馬爲名，多將綾絹金銀折充馬價，蓋跋涉之際，護養稍難，因此羣方俱爲定制。自今後伏乞除蕃部進駝馬外，諸州所進馬，許依天復三年已前事例，隨其土産折進價直，冀貢輸之稍易，又誠敬之獲申。兼欲于諸處揀孳生馬，準舊制分置監牧，仍委三司使別具制置奏聞。《舊五代史考異》。【略】

丁卯，詔：所在府縣糾察殺牛賣肉，犯者準條科斷。其自死牛即許貨賣，肉斤不得過五錢，鄉村民家死牛，但報本村所由，準例輸皮入官。癸酉，以户部郎中、知制誥盧詹爲中書舍人。盧詹，原本作盧處，今據列傳改正。影庫本粘籤。

《舊五代史》卷四一《唐書・明宗紀》〔長興元年八月甲午〕以前許州節度使張延朗爲檢校太傅、行兵部尚書，充三司使。三司之有使額，自延朗始也。初，中書覆奏，授延朗諸道鹽鐵轉運等使，兼判户部度支事。奏入，宣旨曰：會計之司，國朝重事，將總成其事額，俾專委於近臣，貴便一時，何循往例，兼移内職，可示新規。張延朗可充三司使，班在宣徽使下。案《宋史・職官志》：三司使在宣徽使後，蓋仍後唐之制。《舊五代史考異》。

《舊五代史》卷四一《唐書・明宗紀》〔長興元年六月甲午〕禁在京百司影射州縣税户。

《舊五代史》卷四一《唐書・明宗紀》〔長興元年冬十月癸巳〕詔：凡賻贈布帛，言段不言端匹，段者二丈也，宜令三司依此給付。

《舊五代史》卷六九《唐書・王正言傳》時孔謙爲租庸副使，常畏張憲挺特，不欲其領使，乃白郭崇韜留憲于魏州，請宰相豆盧革判租庸。未幾，復以盧質代之。孔謙白云：錢穀重務，宰相事多，簿籍留滯。又云：盧質判二日，便借官錢，皆不可任。意謂崇韜必令己代其任，時物議未允而止，謙沮喪久之。李紹宏曰：邦計國本，時號怨府，非張憲不稱職。即日徵之。孔謙、段佪白崇韜曰：邦計雖重，在侍中眼前，但得一人爲使即可。魏博六州户口，天下之半，王正言操守有餘，智力不足，若朝廷任使，庶幾與人共事，若專制方隅，未見其可。張憲才器兼濟，宜以委之。崇韜即奏憲留守魏州，徵王正言爲租庸使。正言在職，主諾而已，權柄出于孔謙。正言不耐繁浩，簿領縱横，觸事遺忘，物論以爲不可，即以孔謙代之，正言守禮部尚書。

《舊五代史》卷六九《唐書・孟鵠傳》孟鵠，魏州人。莊宗初定魏博，選幹吏以計兵賦，以鵠爲度支孔目官。明宗時，爲邢洺節度使，每曲意承迎，明宗甚德之。及孔謙專典軍賦，徵督苛急，明宗嘗切齒。及即位，鵠自租庸勾官擢爲客省副使、案：《北夢瑣言》作三司勾押官。《舊五代史考異》。樞密承旨，遷三司副使，出爲相州刺史。會范延光再遷樞密，乃徵鵠爲三司使。初，鵠有計畫之能，及專掌邦賦，操刺依違，名譽頓減。期年發疾，求外任，仍授許州節度使，謝恩退。帝目送之，顧謂侍臣曰：孟鵠掌三司幾年，得至方鎮？范延光奏曰：鵠于同光世已爲三司勾官，

天成初爲三司副使，出刺相州，入判三司又二年。帝曰：鵠以幹事，遽至方鎮，爭不勉旃。鵠與延光俱魏人，厚相結託，暨延光掌樞務，援引判三司，又致節鉞，明宗知之，故以此言譏之。到任未周歲卒。贈太傅。《永樂大典》卷一萬三千一百六十。

《舊五代史》卷六九《唐書·張延朗傳》 張延朗，《張延朗傳》，《永樂大典》原本有刪節，今就散見各韻者得二條，排比前後，以存梗概。影庫本粘籤。汴州開封人也。事梁，以租庸吏爲鄆州糧料使。明宗克鄆州，得延朗，復以爲糧料使，後徙鎮宣武、成德，以爲元從孔目官。長興元年，始置三司使，拜延朗特進、工部尚書，充諸道鹽鐵轉運等使，兼判户部度支事，詔以延朗充三司使。《永樂大典》卷六千三百五十一。

末帝即位，授禮部尚書，兼中書侍郎、平章事、判三司。延朗再上表辭曰：

臣濫承雨露，擢處鈞衡，兼叨選部之銜，仍掌計司之重。況中省文章之地，洪鑪陶鑄之門，臣自揣量，何以當處。是以繼陳章表，疊貢情誠，乞請睿恩，免貽朝論。豈謂御批累降，聖旨不移，決以此官，委臣非器，所以強收涕泗，勉遏怔忪，重思事上之門，細料盡忠之路。竊以位高則危至，寵極則謗生，君臣莫保于初終，分義難防于毀譽。臣若保茲重任，忘彼至公，徇情而以免是非，偷安而以固富貴，則内欺心腑，外負聖朝，何以報君父之大恩，望子孫之延慶。臣若但行王道，唯守國章，任人必取當才，決事須依正理，確違形勢，堅塞倖門，則可以振舉弘綱，彌縫大化，助陛下含容之澤，彰國家至理之風，然而讒邪者必起憾詞，憎嫉者寧無謗議。或慮至尊未悉，羣謗難明，不更拔本尋源，便俟甘瑕受玷，臣心可忍，臣耻可消。只恐山林草澤之人，稱量聖制；冠履軒裳之士，輕慢朝廷。

臣又以國計一司，掌其經費，利權二務，職在捃收。將欲養四海之貧民，無過薄賦；贍六軍之勁士，又藉豐儲。利害相隨，取與難酌，若使罄山採木，竭澤求魚，竭澤，原本作渴懌，今據《册府元龜》改正。影庫本粘籤。則地官之教化不行，國本之傷殘益甚，取怨黔首，是黷皇風。況諸道所徵賦租，雖多數額，時逢水旱，或遇蟲霜，其間則有減無添，所在又申逃係欠。乃至軍儲官俸，常汲汲于供須；夏稅秋租，每懸懸于繼續。況今内外倉庫，多是罄空；遠近生民，或聞饑歉。伏見朝廷尚添軍額，更益師徒，非時之博糴難爲，異日之區分轉大。竊慮年支有闕，國計可憂。望陛下節例外之破除，放諸項以儉省，不添冗食，且止新兵，務急去繁，以寬經費，減奢從儉，漸俟豐盈，則屈者知恩，叛者從化，弭兵有日，富俗可期。

臣又聞治民尚清，爲政務易，易則煩苛並去，清則偏黨無施，若擇其良牧，委在正人，則境内蒸黎，必獲蘇息，官中倉庫，亦絶侵欺。伏望誡見在之處官，無乖撫俗；擇將來之蒞事，更審求賢。儻一一得人，則農無所苦；人人致理，則國復何憂。但奉公善政者，不惜重酬，昧理無功者，勿頒厚俸，益彰有道，兼絶徇情。伏望陛下，念臣布露之前言，閔臣驚憂于後患，察臣愚直，杜彼讒邪，臣即但副天心，不防人口，庶幾萬一，仰答聖明。

末帝優詔答之，召于便殿，謂之曰：卿所論奏，深中時病，形之切言，頗救朕失。國計事重，日得商量，無勞過慮也。延朗不得已而承命。

延朗有心計，善理繁劇。晉高祖在太原，朝廷猜忌，不欲令有積聚，係官財貨留使之外，延朗悉遣取之，晉高祖深銜其事。及晉陽起兵，末帝議親征，然亦采浮論，不能果決，延朗獨排衆議，請末帝北行，識者韙之。晉高祖入洛，送臺獄以誅之。其後以選求計使，難得其人，甚追悔焉。《永樂大典》卷一萬七千九百一十。

《舊五代史》卷七三《唐書·孔謙傳》 孔謙，案：《通鑑》作魏州人。《舊五代史考異》。莊宗同光初，爲租庸副使。謙本州之幹吏，上自天祐十二年，帝平定魏博，會計皆委制置。謙能曲事權要，效其才力，帝委以泉貨之務，設法箕斂，七八年間，軍儲獲濟。及帝即位于鄴城，謙已當爲租庸使，物議以謙雖有經營濟贍之勞，然人地尚卑，不欲驟總重任。樞密使郭崇韜舉魏博觀察判官張憲爲租庸使，判官下，原本有闕文，考《歐陽史》係判官張憲，今增入。影庫本粘籤。以謙爲副，謙悒然不樂者久之。

帝既平梁汴，謙徑自魏州馳之行在，因謂崇韜曰：魏都重地，須大臣彈壓，以謙籌之，非張憲不可。崇韜以爲忠告，即奏憲爲鄴都副留守，乃命宰臣豆盧革專判租庸。謙彌失望，乃尋革過失。時革以手書便省庫錢數十萬，謙以手書示崇韜，微諷聞於革。革懼，上表請崇韜專其事，崇韜

亦辭避。帝問：當委何人爲可？崇韜曰：孔謙雖久掌貨泉，然物議未當居大任，以臣所見，却委張憲爲便。帝促徵之。憲性精辨，爲趨時者所忌，人不祐之。謙乘間訴于豆盧革曰：租庸錢穀，悉在眼前，委一小吏可辦。鄴都本根之地，不可輕付于人。興唐尹王正言無裨益之才，徒有獨行，詔書既徵張憲，復以何人爲代？豆盧革言于崇韜，崇韜曰：鄴都分司列職，皆主上舊人，委王正言何慮不辦？革曰：俱是失也，設不獲已，以正言掌租庸，取書于大臣，或可辦矣，若付之方面，必敗人事。謙以正言非德非動，懦而易制，曰：此議爲便。然非己志。尋掎正言之失，泣訴于崇韜，厚賂閹伶，以求進用，人知奸諂，沮之，乃上章請退。帝怒其規避，將置于法，樂人景進于帝前解喻而止。王正言風病恍惚，不能綜三司事，景進屢言于帝，乃以正言守禮部尚書，以謙爲租庸使。《册府元龜》卷九百二十四。

謙以國用不足，奏：諸道判官員數過多，請只置節度、觀察、判官、書記、支使、推官各一員，留守置判官各一員，三京府置判官、推官，餘並罷俸錢。又奏：百官俸錢雖多，折支非實，請減半數，皆支實錢。並從之。未幾，半年俸復從虚折。《永樂大典》卷四千六百七十九。案：《孔謙傳》，《永樂大典》僅存一條，今録《册府元龜》以存梗概。案以下原闕。《北夢瑣言》云：明宗即位，誅租庸使孔謙等。孔謙者，魏州孔目，莊宗圖霸，以供饋兵食，謙有力焉。既爲租庸使。曲事嬖倖，奪宰相權，專以聚斂爲意，剥削爲端，以犯衆怒伏誅。《舊五代史考異》。

《舊五代史》卷七九《晋書・高祖紀》〔天福五年春正月丁卯朔〕降德音：應天福三年終，公私債欠，一切除放。

《舊五代史》卷七九《晋書・高祖紀》〔天福六年正月〕戊辰，詔：應諸州無屬州錢處，今後冬至、寒食、端午、天和節及諸色謝賀，不得進貢。

《舊五代史》卷七九《晋書・高祖紀》〔天福六年二月〕甲午，詔：諸衛上將軍月俸舊三十千，令增至五十千。

《舊五代史》卷七九《晋書・高祖紀》〔天福六年三月癸酉詔：〕天福四年終已前，百姓所欠夏秋租税，一切除放。

《舊五代史》卷八二《晋書・少帝紀》〔天福八年九月〕諸州郡括借到軍食，以籍來上，吏民有隱落者，並處極法。

《舊五代史》卷八三《晋書・少帝紀》開運元年秋七月辛未朔，帝御崇元殿，大赦天下，改天福九年爲開運元年。河北諸州，曾經契丹蹂踐處，與免今年秋税。諸軍將士等第各賜優給。諸州率借錢帛，赦書到日，晝時罷徵，出一千貫已上者與免科徭，一萬貫已上者與授本州上佐云。

《舊五代史》卷一〇三《漢書・隱帝紀》〔乾祐三年秋七月〕辛巳，三司使奏：州縣令録佐官，請據户籍多少，量定俸户：縣三千户已上，令月十千，主簿八千；二千户已上，令月八千，主簿五千；二千户已下，令月六千，主簿四千。每户月出錢五百，並以管内中等户充。録事參軍、判司俸錢，視州界令佐，取其多者給之，其俸户與免縣司差役。從之。

《舊五代史》卷一〇四《漢書・后妃傳》高祖建義於太原，欲行頒賚於軍士，以公帑不足，議率井邑，助成其事。后聞而諫曰：自晋高祖建義，及國家興運，雖出於天意，亦土地人民福力同致耳，未能惠其衆而欲奪其財，非新天子衈隱之理也。今後宫所積，宜悉以散之，設使不厚，人無怨言。高祖改容曰：敬聞命矣。逐停斂貸之議，後傾内府以助之，中外聞者，無不感悦。

《舊五代史》卷一一〇《周書・太祖紀》〔廣順元年春正月丁卯，制曰：〕應天下州縣，所欠乾祐元年、二年已前夏秋殘税及沿徵物色，并三年夏税諸色殘欠，並與除放。澶州已來，官路兩邊共二十里内，并乾祐三年殘税欠税，並與除放。應河北沿邊州縣，自去年九月後來，曾經契丹蹂踐處，其人户應欠乾祐三年終已前積年殘欠諸色税物，並與除放。應係三司主持錢穀敗闕場院官取乾祐元年終已前徵納外，灼然無抵當者，委三司分析聞奏。天下倉場、庫務，宜令節度使專切鈐轄，掌納官吏一依省條指揮，不得别納斗餘、秤耗，舊來所進羡餘物色，今後一切停罷。

應乘與服御之物，不得過爲華飾，宫闈器用，務朴素，大官常膳，一切減損。諸道所進奉，以助軍國之費，其珍巧纖華及奇禽異獸鷹犬之類，不得輒有獻貢，諸無用之物，不急之務，並宜停罷。

《舊五代史》卷一一一《周書・太祖紀》〔廣順元年夏四月〕丙辰，詔曰：牧守之任，委遇非輕，分憂之務既同，制禄之數宜等。自前

有富庶之郡，請給則優；或邊遠之州，俸料素薄。以至遷除之際，擬議亦難，既論資叙之高低，又患禄秩之升降。所宜分多益寡，均利同恩，冀無黨偏，以勸勳效。今定諸防禦使料錢二百貫，禄粟一百石，食鹽五石，馬十匹草粟，元隨三十人衣糧；團練使一百五十貫，禄粟七十石，鹽五石，馬十匹，元隨三十人；刺史一百貫，禄粟五十石，鹽五石，馬五匹，元隨二十人云。

《舊五代史》卷一一二《周書·太祖紀》〔廣順二年三月〕庚辰，詔：西京莊宅司、内侍省、宫苑司、内園等四司，所管諸巡繫税户二千五百並還府縣。其廣德、昇平二宫並停廢。應行從諸莊園林、亭殿、房舍、什物課利，宜令逐司依舊收管。

《舊五代史》卷一一三《周書·太祖紀》〔廣順三年五月〕丁亥，新授青州節度使常思在宋州日出放得絲四萬一千四百兩，請徵入官。詔宋州給還人户契券，其絲不徵。

《舊五代史》卷一一四《周書·世宗紀》〔顯德元年夏四月丁巳〕遣右僕射、平章事、判三司李穀赴河東城下，計度軍儲。詔河東城下諸將，招撫户口，禁止侵掠，只令徵納當年租税，及募民入粟五百斛、草五百圍者賜出身，千斛、千圍者授州縣官。

《舊五代史》卷一一九《周書·世宗紀》〔顯德六年二月〕乙酉，詔諸道應差攝官各支半俸。

《舊五代史》卷一四六《食貨志》 周顯德二年正月，世宗謂侍臣曰：轉輸之物，向來皆給斗耗，自晋、漢已來，不與支破。倉廩所納新物，尚除省耗，況水路所般，豈無損折，起今後每石宜與耗一斗。

(宋)路振《九國志》卷七《後蜀臣傳·張業》 昶襲位，改武信軍節度使同平章事。是歲，昶殺判六軍事李仁罕。業，仁罕之甥也。昶慮其爲變，詔歸本道。未幾召入，依舊同平章事，兼判度支。新收徵税，多爲主吏乾没。業作盗税法，犯者十倍征之，吏民不堪其命。業多視事私第中，宰相之門，被桎梏者常滿。昶知之，遽除十倍之法。

《新五代史》卷二六《唐臣傳·張延朗》 長興元年拜三司使。唐制：户部度支以本司郎中、侍郎判其事，而有鹽鐵轉運使。其後用兵，以國計爲重，遂以宰相領其職。乾符已後，天下喪亂，國用愈空，始置租庸使，用兵無常，隨時調斂，兵罷則止。梁興，始置租庸使，領天下錢穀，廢鹽鐵、户部、度支之官。莊宗滅梁，因而不改。明宗入立，誅租庸使孔謙而廢其使職，以大臣一人判户部、度支、鹽鐵，號曰判三司。延朗因請置三司使，事下中書。中書用唐故事，拜延朗特進、工部尚書，充諸道鹽鐵轉運等使，兼判户部度支事。詔以延朗充三司使，班在宣徽使下。三司置使，自此始。

《新五代史》卷二六《唐臣傳·孔謙》 莊宗初即位，推恩天下，除百姓田租，放諸場務課利欠負者，謙悉違詔督理。故事：觀察使所治屬州事，皆不得專達，上所賦調，亦下觀察使行之。而謙直以租庸帖調發諸州，不關觀察，觀察使交章論理，以謂：制敕不下支郡，刺史不專奏功事，唐制也。租庸直貼，沿僞梁之弊，不可爲法。今唐運中興，願還舊制。詔從其請，而謙不奉詔，卒行直貼。又請減百官俸錢，省罷節度觀察判官、推官等員數。以至鄣塞天下山谷徑路，禁止行人，以收商旅征算；遣大程官放豬羊柴炭，占庇人户；更制括田竿尺；盡率州使公廨錢。由是天下皆怨苦之。

明宗立，下詔暴謙罪，斬于洛市，籍没其家。遂罷租庸使額分鹽鐵、度支、户部爲三司。

《新五代史》卷五五《雜傳·劉昫》 昫性察，而嫉三司蠹敝尤甚，乃句計文符，覈其虚實，殘租積負悉蠲除之。

《新五代史》卷五六《雜傳·盧質》 廢帝入立，有司獻籍數甚少，廢帝暴怒。自諸鎮至刺史，皆進錢帛助國用，猶不足，三司使王玫請率民財以佐用。乃使質與玫等共議配率，而貧富不均，怨訟並起，囚繫滿獄。六七日間，所得不滿十萬。廢帝患之，乃命質等借民屋課五月，由是民大咨怨。

《新五代史》卷六六《楚世家·馬殷》 乃自京師至襄、唐、郢、復等州置邸務以賣茶，其利十倍。〔高〕郁又諷殷鑄鉛鐵錢，以十當銅錢一。又令民自造茶以通商旅，而收其算，歲入萬計。由是地大力完，數邀封爵。

(清)吴任臣《十國春秋》卷五《吴·高勗傳》 高勗，舒城人。太祖起淮南，辟掌書記。時軍興事繁，用度不足，太祖欲以茶鹽易民布帛，

勗諫曰：兵火之餘，十室九空，又漁利以困之，將復離叛。不若盡我所有，易鄰道所無，足以給軍。選賢守，令勸課家桑，數年之間，倉庫自實。太祖以其言爲然，悉從之。

（清）吴任臣《十國春秋》卷一六《南唐·元宗紀》〔保大元年春三月己卯朔〕蠲民逋負租税，賜鰥寡孤獨粟帛。

宋遼金元分部

論　説

（宋）司馬光《司馬温公文集》卷三七《乞罷條例司常平使疏熙寧三年二月二十日上》　臣蒙聖恩除樞密副使，屢遣陳承禮等趣臣就職。德澤汪洋，天降地厚，非臣隕身糜骨所能報稱。然臣竊惟陛下所以用臣之意，蓋察臣狂直，庶幾有補於國家。臣所以事陛下之心，亦不過竭其愚衷，以裨聖德之萬一。若陛下徒以禄位榮臣，而不取其言，則是以天官私非其人。臣徒以禄位自榮，而不能救生民之患，則是盗竊朝廷名器以私其一身。誠恐上累陛下之至公，下喪微臣之素守。此臣所以屢違詔命，不敢祇受者也。臣伏見陛下天縱英明，厲精求治，思得嘉謀，以新美天下。而建畫之臣，不能仰副聖意，思慮未熟，講議未精，徒見目前之小利，不顧永久之大害。憂政事之不治，不能輔陛下修祖宗之令典，乃更變亂先王之正刑；患財利之不足，不能勸陛下以恭儉節用，乃更遣聚斂之臣誅剥齊民。設官則以冗增冗，立法則以苛益苛，使四海危駭，百姓騷然。猶且堅執而行之，不肯自以爲非也。臣先曾上疏，言不當設制置三司條例司。又言天下之事，當委之轉運使知州知縣，不當别遣使者擾亂其間。又嘗因經筵侍坐，言散青苗錢不便。自後朝廷更遣使者四十餘人，分行天下，以提舉句當常平廣惠倉相度差役農田水利爲名，其實專使之散青苗錢。臣竊自疑智識淺短，不足以知天下變通之務。又疑因臣之言，激怒建畫之臣。使行之更力。由是閉口不敢復言。今行之纔數月，中外鼎沸，皆以散青苗錢爲不便。然後臣乃敢發口復言。彼言青苗錢不便者，大率但知所遣使者，或年少位卑，倚勢作威，陵轢州縣，騷擾百姓。止論今日之害耳。臣所憂者，乃在十年之後，非今日也。夫民之所以有貧富者，由其材性愚智不同，富者智識差長，憂深思遠。寧勞筋苦骨，惡衣菲食，終不肯取債於人。故其家常有贏餘，而不至狼狽也。貧者呰窳偷生，不爲遠慮，一醉日富，無復贏餘。急則取債於人。積不能償，至於鬻妻賣子，凍餒填溝壑，而不知自悔也。是以富者常借貸貧民以自饒，而貧者常假貸富民以自存。雖苦樂不均，然猶彼此相資，以保其生。今縣官乃自出息錢，以春秋貸民。民之富者皆不願取，貧者乃欲得之。提舉官欲以多散爲功，故不問民之貧富，各隨户等抑配與之。富者與債仍多，貧者與債差少。多者至十五緡，少者不減千錢。州縣官吏恐以逋欠爲負，必令貧富相兼，共爲保甲。仍以富者爲之魁首。貧者得錢，隨手皆盡。將來粟麥小有不登，二税且不能輸，況於息錢？因不能償，吏督之急，則散而之四方。富者不去，則獨償數家所負。力竭不逮，則官必爲之倚閣。春債未畢，秋債復來，歷年寖深，債負益重。或值凶年，則流轉死亡。幸而豐稔，則州縣之吏併催積年所負之積。是使百姓無有豐凶，長無蘇息之期也。貧者既盡，富者亦貧。臣恐十年之外，富者無幾何矣！富者既盡，若不幸國家有邊隅之警，興師動衆，凡粟帛軍須之費，將從誰取之？臣不知今者天下所散青苗錢凡幾千萬緡。若民力既竭，加以水旱之災，州縣之吏果有仁心受民者，安得不爲之請於朝廷，乞因郊赦而除之？朝廷自祖宗以來以仁政養民，豈可視其流亡轉死而必責其所負？其勢不得不從請者之言也。然則官錢幾千萬緡，已放散而不返矣！官錢既放散，而百姓又困竭，但使閭胥里長於收督之際，有乞取之資，此可以謂之善計乎？且常平倉者，乃三代聖王之遺法，非獨李悝、耿壽昌能爲之也！穀賤不傷農，穀貴不傷民。民賴其食而官收其利，法之善者，無過於此。比來所以墮廢者，由官吏不得人，非法之失也。今聞條例司盡以常平倉錢爲青苗錢，又以其穀换轉運司錢。是欲盡壞常平，專行青苗也。國家每遇凶年，供軍食自不能足用，固無羡餘以濟饑民，所賴者止有常平倉錢穀耳。今一旦盡作青苗錢散之，向去若有豐年，將以何錢平糴？若有凶年，將以何穀賙贍乎？臣竊聞先帝嘗出内藏庫錢一百萬緡，助天下常平倉作糴本，前日天下常平倉錢穀共約一千餘萬貫石。今無故盡散之，他日若思常平之法，復欲收聚，何時得及此數乎？臣以謂散青苗錢之害猶小，而壞常平倉之害尤大也！今國家每有大費，三司所不能供者，陛下輒取内藏庫物以給之。彼内藏庫者，乃祖宗累世之所蓄聚，以備軍旅非常之用也！使其物常如泉源流出於庫，無有窮竭之時則可矣，若本皆斂之於民以實之，則有時而空矣。昔漢文帝欲作靈臺，

召匠計之，直百金。上曰：百金，中人十家之産也！吾何以臺爲。太宗時，兗王嘗作假山，召僚屬置酒觀之。翊善姚坦獨俛首不視。王強使視之，坦曰：坦惟見血山耳，不見假山。王驚問其故。坦曰：坦在田舍時，見州縣督税。里胥臨門，捕人父子兄弟送縣笞撻，血流滿身。愁苦之聽，不可忍聞。此假山皆民租賦所爲，非血山而何？是時上亦自爲假山。聞之，遽命毀之。今陛下令薛向於江淮爲貿易，以三百萬緡畀之。又散青苗錢數千萬緡。其餘五十萬三十萬者，固不足數爾。其爲露臺假山之費，不亦多乎？陛下聰明仁儉，固不減於漢文帝及太宗，然而視棄財物如糞土者，蓋未知其所從來，皆出於生民之膏血耳！陛下若終信條例司所言，推而行之，不肯變更，以循舊貫。十年之外，富室既盡，常平已壞，帑藏又空。不幸有方二三千里之水旱，餓殍滿野，加以西北侵犯邊境，羽書猝至，戎車塞路，攻戰不已，轉餉不休。當是之時，民之羸者不轉死溝壑，壯者不聚爲盜賊，將何之矣？秦之陳勝吳廣，漢之赤眉黃巾，唐之黃巢，皆窮民之所爲也！大勢既去，雖有智者不能善其後矣。臣竊惟太祖宗躬擐甲冑，櫛風沐雨，跋履山川，蒙犯矢石，以爲子孫成光明盛大之業，如此其美也。陛下試取臣所進歷年圖觀之。自周末以來至於國初一千三百六十有二年，其間亂離板蕩則固多矣，至於中外無事，不見兵革百有餘年，如國朝之盛者，豈易得乎？此臣所以尤爲陛下痛惜者也！《書》曰：民不静，亦惟在王宮邦君室。臣竊觀方今荒服親附，邊鄙不聳，五穀和熟，盜賊稀簡，是宜爲天下和樂無事之時。而中外恟恟，人不自安者，無他故也，正由朝廷有制置三司條例司，諸路有提舉句當常平廣惠使者，争獻謀畫，各矜智巧，更變祖宗法度，侵奪細民常産，掊斂財利以希恩寵。非獨此青苗一事而已！至於欲計畝率錢，顧人充役，决汴水以種稻，及澆溉民田，及欲洩三十六陂水募人耕佃，若此之類，不可悉數。道路之人共所非笑，而條例司自以爲高奇之策，書以授常平使者，必欲行之。天下恐其興作之不已，皆如青苗爲害於民也。故小大遑遑，不敢自安。苟不罷廢此局，則生民必無休息之期矣。陛下誠能昭然覺悟，采納臣言。置制置三司條例司，及追還諸路提舉句當平廣惠倉使者。其官員並送收本錢與合入差遣。青苗錢已散者，令州縣候豐熟日催收本錢，更不取利。未散者毋得更散。其常平倉錢穀依舊封樁，令提點刑獄司管句，則太平之業依然復故矣。茲事明如白黑，易如反掌。陛下何憚而不爲也？如此臣雖盡納官爵，但得爲太平之民，以終餘年，其幸多矣！苟言不足采，陛下雖引而寘諸二府，徒使天下指臣爲貪榮冒寵之人，未審陛下將何所用之。不勝惓惓狂愚之誠，惟聖明裁處。臣光昧死再拜上疏。

（宋）王得臣《麈史》卷上《利疚》 安州在唐隷淮南，入本朝屬荆湖北路，景祐間忽入京西，民間既禁海鹽而食解鹽，以輦販之遠，頗病淡食。方是時，西鄙用師，官科橐駝、黄牛，皆非山川所出而俗所未嘗用者，於是人情厭苦不安。康定初，左丞范雍自延安謫守，乃會常入之課，以錢五萬緡歲輸京西漕司，復還安州於湖北，朝廷從之。民既德公，多立生祠。然歲課僅足以支費，而京西之輸是增賦也。已而有司不勝其困，議者不燭本末，或欲欠爲京西以紓目前之急。此非體恤民情之論也。予向爲京西漕屬，見架閣得割安州爲京西元旨，止以京西缺財用爲言，蓋出於一時苟簡之請，而聽之者亦未嘗圖久計。其歲輸錢率附漕舟轉江入汴，然後至京西；又發運司計兵稍等費，凡受一萬五千緡，而京西所得纔三萬五千耳。抑累歲未嘗得之。切嘗籌之，郡則王土也，人則王民也，何嘗有彼此之限？初以五萬緡是買路分爾，已爲繆舉，爲今計，莫若曠然蠲之，則京西無受虛利，而湖北當蒙實惠也。

（宋）程顥 程頤《二程集・河南程氏文集》卷一一《行狀、墓誌、祭文・明道先生行狀》 河東財賦窘迫，官所科買，歲爲民患。雖至賤之物，至官取之，則其價翔踴，多者至數十倍。先生常度所需，使富家預儲，定其價而出之。富室不失倍息，而鄉民所費，比常歲十不過二三。民税常移近邊，載往則道遠，就糴則價高。先生擇富民之可任者，預使購粟邊郡，所費大省，民力用紓。縣庫有雜納錢數百千，常借以補助民力。部使者至，則告之曰：此錢令自用而不敢私，請一切不問。使者屢更，無不從者。先時民憚差役，役及則互相糾訴，鄉鄰遂爲仇讎。先生盡知民産厚薄，第其先後，按籍而命之，無有辭者。

（宋）黎靖德《朱子語類》卷一一一《朱子・論民》 今世産賦百弊。砧基簿，只是人户私本；在官中本，天下更無一處有。税賦本末，更無可稽尋處。義剛。

朋友言，某官失了税簿。先生曰：此豈可失了！此是根本。無這箇

後，如何稽考？所以《周官》建官，便皆要那史，所謂史，便是掌管那簿底。義剛。

（宋）黎靖德《朱子語類》卷一二八《本朝・法制》　所在上供銀，皆分配諸縣。獨建寧因吳公路作憲，算就鹽綱上納。雖是算在綱上，中間作舊科數，諸縣甚者至科民間買納。後沈公雅來，却檢會前時行下指揮，遂罷買上供銀。道夫。

（宋）汪應辰《文定集》卷一《應詔言弭災防盜事》　何謂卹民力，臣聞國之所恃以爲本者，民也。民之所恃以爲命者，財也。取于民者過制，則民失所以爲命矣。臣竊考之，古今財賦所入，名色猥衆，未有如今日之甚者。昔漢至武帝，始有鹽鐵榷酤之法。唐至德宗，始有兩税榷茶之法。當時議者紛然，以爲民害，後世既已兼而用之矣。蓋唐之初，其取于民者，曰租、曰庸調。天寶以後，軍旅數起，凡非法賦斂，如急備、供軍、折估、宣索、進奏之類，後皆收入兩税，以爲常賦，今之税是也。則賦斂之重，至於兩税極矣，不可以有加矣。所謂茶税者，其初所得，僅四十萬緡而已，亦甚非今日比也。今江浙州縣財賦名色，臣之可得而見者，曰經制、曰總制、曰糴本、曰僧道免丁、曰州郡寬剩、曰大軍月樁、曰和買折帛、名爲不取于民，而其實陰奪民利，名爲漕司移用，而其實責辦于州縣，名爲州郡之餘，而其實不足，名爲與之以本錢，而其實無有。陛下試詔有司，以此數者，校之往昔，其所增加，又不知幾倍也。至于州郡空虚，諸所誅求，又有未易數者。如春冬軍衣錢，昔之出于官庫者，今則斂之民矣，軍器物料，昔之和市者，今則不復與之直矣。茶引所以通商，今則買用不售，亦等級而使之輸錢也，雖有廉平之吏，違冒法禁而不暇恤，雖有嚴明之監司，知州縣之無可奈何而不復問，況又有臣所不能盡見者。陛下以此推之，則今日之民力蓋可知矣。夫取于民者如此其多，則宜其財聚于上，而不可勝用矣，而户部之用度，乃常患其不足，其故何哉？此中外之所以疑焉而不得其説也。臣竊以爲國計之重、民事之煩、要須通知其本末源流，然後可以爲之制節。唐元和間，宰相李吉甫始爲國計簿，本朝景德、皇祐、治平、元祐，皆嘗爲會計録，元豐間又爲中書備對，今宜依倣其書爲紹興會計録，使天下財賦之出入，皆可得而究見，然後取祖宗之時，出入之數，以相參較，其浮冗之費，有溢于舊者，必求其所以然之故，合衆人之議，酌時勢之宜，可罷者罷之，可減者減之，視其所省者幾何，然後財賦之所入，其害民之甚者，可以次第而議矣，如經制、總制、未能遽罷，勿拘以一定之額可也，如和買、折帛、未能遽罷，裁損其倍取之價可也，觸類而推，不一而足，庶幾困敝之民，猶可以少蘇。不然，則日削月朘，未知其所終極，陛下雖惻怛于上，降丁寧之詔，立煩悉之法，初無益于民病也。

（宋）李燾《續資治通鑑長編》仁宗景祐元年閏六月　絳又言：内藏庫歲受鑄錢百餘萬緡，而歲給左藏庫及三年一郊，度歲出九十萬緡，所餘無幾。請以天下所鑄錢，盡入三司十年，責以移用，使聚穀實邊，而茶鹽香礬之利悉歸京師，與夫滯積大盈，利害遠矣。又邇來用物滋侈，賜予過制，禁中須索，去年計爲緡錢四十五萬，自今春至四月，已僅二十萬。比詔裁節費用，而有司移文，但求咸平、景德簿書，簿書不存則無所措置。臣以爲不若推近及遠，遞考歲用而裁節之，不必咸平、景德爲準也。又言：號令數變則虧體，利害偏聽則惑聰。請者務欲各行，而守者患於不一。請罷内降，凡詔令皆由中書、樞密院，然後施行。

（宋）李心傳《建炎以來繫年要録》紹興五年十一月　顯謨閣待制兩浙都轉運使李迨言：陛下深明治體，加意所重，既遴外臺之選，復行銓量之令。宜乎綱紀肅然也。柰何諸路監司，尚有不副委任之意者。此無他，銓量之令雖行，而督責之方未至也。夫監司，所以振舉綱紀者、法令也。近年以來，循習積弊，不守法令者久矣。差權官有專法也，或違法而徇情求，補人吏有定額也，或溢額而養浮冗，破兵級有著令也，或廢令而供私役。以至公使錢踰歲賜之數。頭子錢非合支窠名，虚費妄用，姦蠹百出，有不可勝言。人皆知法令所不當爲也，而監司公然爲之。其循習積弊不守法令如此，豈能爲陛下振舉綱紀乎？昔者薛宣爲御史中丞，嘗論部刺史不循守條職。蓋漢御史府，有大夫爲其長，有中丞爲其屬。執法殿中，外總部刺史。臣愚欲望陛下略倣漢制，委臺臣分察諸路監司差官補吏，占破兵級。支用公使頭子錢等事。今日以前，先令改正；今日以後，許令糾劾以聞。其有違法被黜，甚者仍令吏部籍記姓名，永不除授監司差遣。庶執按察之權者，皆務先自治而後治人，綱紀無不振舉矣。其於治體，非小補也。詔御史臺常切覺察。迨又言：祖宗以來，宅都大梁。歲

漕東南六百餘萬斛。而陸路之民，莫知運動之方，且無飛之擾。蓋所運者舟，所役者兵卒故也。今者駐蹕浙右，大兵乘江，諸路漕運。地里不若中都之遠，而公私苦之，何也？蓋以所用舟船，大半取辦於民間。往往鑿船沈工，以避其役。至於抱認折欠，監錮填納，爲患非一。此衆所其知也。伏見江、浙路如温、明、虔、吉州等處，凡祖宗以來，所置造船場，今官吏具在，皆坐縻廩禄，略不舉職。蓋緣逐州近將合支錢物材料工匠等，轉易他用。欲乞特降處分，委逐州守臣，措置物料，拘收兵匠，隨宜打造仍官自裝籠須管，依年限數足。如錢物闕少，許取撥本處轉運司移用錢，相兼支用，逐旋團結。募兵卒主挽，使臣管押。依自來押綱條例支破請給，每綱以十分爲率，量留力勝一分，裝載私物。除不得運禁物榷貨外，免收力勝。所謂本綱官物，不容少欠。如違，勒令備償。庶幾害不及民，可以漸復漕運舊制。詔工部措置。

（宋）李心傳《建炎以來繫年要録》紹興七年五月　賜龍圖閣直學士四川都轉運使李迨詔書獎諭，以其能裁抑冗濫。以寬民力故也。先是，詔迨以每歲收支之數，具旁通驛奏。去年八月丙午降旨。既而迨言：本司案牘簿籍，並皆不全。紹興四年所收錢物，計三千三百四十二萬餘緡，比所支計闕五十一萬餘緡；五年收三千六十萬餘緡，比所支計闕一千萬餘緡。皆以宣撫司攢剩錢，及次年所收登帶通那應副。六年未見收數，支計三千二百七十六萬餘緡。今年所收計三千六百六十七萬餘緡，比所支計闕一百六十一萬餘緡。紹興五年，鹽酒息錢最增，然以支數增多，終是應副不足，是致六年大段窘迫。頓增起之數，後來已難繼；侵用過之數，後來又難補。逐月拖欠大軍折估及梓夔路糴本、水腳。計司坐此取怒大將，實非其罪也！然今來七年帳内收數，係是額管約收之數，遞年有虧無增。其支數係是按例實支之數。遞年有添無減。若將來取數稍虧，支數稍添，則不待來年，便有闕少。自來遇歲計有闕，即添支錢引補助支遣。紹興四年添印五百七十六萬道，五年添印二百萬道，六年添印六百萬道。成都運司及大使各半。見今泛料太多，引價減落。本司緣此不增添印。去秋畫旨，上供及該税不盡諸窠名錢，並許拘收通融應副，除封樁禁軍闕額等錢五項折計錢引七十萬道已指數科撥外，細數見去年九月庚辰。見準户部符催督總制司錢，大使司拘收提刑司常平司錢物，充稱提錢，並與本司通融取撥指揮相妨。既不敢添印錢引，又別無窠名錢物可以補足所闕錢計。宣府司但責應辦，大使司乃責以蠲減，勢相矛盾，尤難措置。即今歲計見憂不足。設若將來緩急調發，歲計之外別有支費，委是無從辦集，切慮必致誤事。兼歲收錢物，因有上供、進奉、土貢、三路綱坑冶課利等窠名錢物，共計一千五百九十九萬，係四川舊額所管歲入之數，其勸諭激賞增敷役錢、助軍頭子錢、免支移米腳錢、秋税上出納地理腳錢、鹽酒增息錢等課名錢物，共計錢二千六十八萬，係軍興後來所增歲入之數。今比舊額，已增過倍。取於民者，可謂重矣！若計司不卹，更增賦斂，民力困竭，事有難測。此亦朝廷所當深慮矣！臣嘗竊讀《劉晏傳》，見史臣稱晏理財，謂亞管、蕭。是時天下歲入緡錢千二百萬，而筦榷居其半。今四川區區一隅之地，榷鹽榷酒，歲入一千九十一萬，過於劉晏所榷之數多矣！并諸窠名錢已三倍劉晏歲入之數。於大軍歲計闕一百六十一萬。彼以一千二百萬貫贍六師恢復中原而有餘，今以三千六百萬貫贍一軍屯駐川、陜而不足。然則拖欠折估、糴本、水腳之類，豈計司之罪乎？議者皆謂軍中支費冗濫。臣初亦疑之。近因檢察。乃得其實。且如折估錢一項，每年計錢引一千三百一十七萬。以上件折估錢十貫折米一百石爲率，約計米一百六十八萬。今每年應副正色米九十七萬，七十九萬係水運，八萬石係就納，九萬九千石係就糴。通估錢所折米共二百六十五萬，本司不見得宣撫司即今官兵實數，止有紹興六年朝廷遣使取會到諸頭項官兵共計六萬八千四百四十九人，決無一年用二百六十五萬石米之理！其折估錢不止是官兵坐倉折估灼然無疑。據諸處糧審院供到折估錢名色，除官兵各有身分料錢，已係隨折估錢過勘外，官員有驛料折估錢廚料禄粟米贍家錢、供給錢、月犒錢、旬設錢、支糧錢、添支絹錢，軍兵有坐倉折估錢，攛搶又貼射錢、添支食錢、鹽米紙筆錢、草估錢，共十四項。但緣官員有驛料折估，軍兵有坐倉折估，故特以折估錢總之。又有諸帥諸將公使錢、人吏作匠請給錢，並係於按月折估錢内應副。是致此一項已用劉晏歲入之數。應副不足。此議者所以謂其支費泛濫也！又諸頭項官兵數内，官員一萬七千七員，軍兵五萬七百四十九人。宣撫司上項官員數内，有入隊有不入隊兩等。近據閬州本司僉廳具到閬州屯駐官兵一萬七千九百三十一人，其官員内有不入隊使臣三百三十人，軍兵内有不入隊敢勇效用義兵弓箭手共五千八百七十八人。訪聞不入隊人數，除輜重大頭合

破數目不多外，餘盡是繫名冗占之人。所有諸州屯駐官兵去處，本司近備坐攢具旁通朝廷，累行會問，並不報應。未見的確不入隊人數。官員之數，比軍兵之數，約計六分之一。軍兵請給錢，比官員請給，不及十分之一。即是冗濫在官員，不在軍兵。去年宣撫司屢以拖欠軍兵折估錢聞之朝廷，趙開亦緣此而罷，然臣契勘本司去年應副折估錢，逐月差官劃刷。但緣萬數浩瀚。不能如期起發了足。若宣撫司將撥到錢先支軍兵，次支使臣，後支將官雖有拖欠，必不闕事。蓋自將官以上，每月請俸大段優厚故也。然欲脅持計司，則須以拖欠軍兵坐倉折估爲辭，此乃宣撫司屬官爲主將所畫之策，朝廷不可不知也。臣近到軍前，經由綿、劍、利州、大安軍、興州，皆屬屯駐軍馬去處。間有軍兵陳訴拖欠折估錢。至於衣賜，則所在皆有支散不盡數目。糧食亦有探支過一兩月、或一兩旬者。足見軍前衣糧寬剩也。然計司雖知冗濫，力不能裁節；雖知寬剩，亦未敢除減。但旦夕憂懼歲計不足，此朝廷不可不知也！蜀人所苦於折估錢，猶未爲甚。其所甚者，糴買般運也！蓋緣糴買不科敷則不能集事。苟科敷則不能無擾。般運事稍緩，則般户獨受其弊。或稍急，則税户皆被其害。紹興四年六年兩次支移陸運至軍前次，捐人夫甚多，勞費猶不足道也！欲省漕運，莫如屯田。近因興元府、洋州守臣修築堤堰，特旨奬諭。蜀人皆知德意在此。然臣會問屯田等事，皆不報。止有紹興六年朝廷遣使取會到陝西路屯田頃畝共六十莊，計田八百五十四頃七十九畝。當時已種七分以上。今年耕種既徧，又有增墾頃畝不少。漢中之地，自古沃野，訪聞屯田盡係膏腴。且據前項頃畝會計，每畝除出種糧，止以三石爲率，約收二十五萬餘石。若將一半椿充自來不係水運應副去處歲計米，一半對減川路糴買般發歲計米，亦可少寬民力。兼臣近體問得利路興元府、洋州、陝西路岷州夏麥大熟，皆可就糴。除興元府、洋州已委利路轉運副使句光祖措置就糴五十萬石外，岷州、緣宣撫司屬官異議，措置未得。若屬官肯於岷州就糴二十萬石，兼用營田所收一半之數十二萬石，三項共計五十七萬石，每年水運應副閬、利州以東歲計米五十八萬石，願得此三項，歲計足矣。可以盡數蠲免川路糴買般運，此乃卹民之實惠，守邊之良策，朝廷所當留意者也！不知務此，但責應辦，今之所入，三倍劉晏，而猶不足。雖晏復生，亦不能辦。況如臣者，豈敢望晏之萬一？能保其不敗事？誅責計臣，雖不足道，然四州生靈休戚所繫，朝廷所宜動念也！裁節冗濫，措置糴買，臣累有奏陳，未準回降指揮。今輒復陳本末，是皆臣之職事也！不敢隱默，苟避譴訶。伏望聖慈特賜睿察。迨此疏闕全蜀大計。故止削去錢物奇零數目外，並全載之。不得其本月日。且因奬諭詔書附見奏中言累準朝旨，不許添印泛料，又言近因梁、洋守臣修築堤堰，特降奬諭，又言裁節冗濫，累有奏陳，未準回降。梁、洋奬諭事，已見此月十七日戊寅。不許添印泛料指揮，在此月二十八日己丑。以事攷之，迨此奏必在今年六月以後，未被受今此奬諭詔書之前。當求他書攷其本日。

（宋）李心傳《建炎以來繫年要録》紹興九年三月　江淮等路經制判官霍蠡言：臣聞自三司之法壞，而户部雖掌經費不復稽財用之出人久矣。軍興以來，上自朝廷下至州縣，案籍焚毀，綱目散亡。老胥猾吏出没其間，而掌邦記者但以調度不足爲憂，苛刻隱欺之患不暇復省。故一有調度，舉以其數責之漕司，漕責之州，州責之縣，縣責之民。民不勝其求，不得不爲巧避之術。於是詭名寄産分户匿税之弊，百端紛起。今將檢察其實，固非督其逋負，收其羨餘，爲刻剥之務，亦將計其所取於民者幾何，有當取、有不當取者，從而是正之。覈其上供於朝廷，供億于大軍，及諸司之所支撥、州縣之所當用者各幾何。有當用、有不當用者，亦從而是正之。使其所取有常，所用有數，復於朝廷、達於萬民，皆可通知，以爲經久之制。尚慮不知者謂今設官之意，檢察之名，徒爲聚歛之政，願昭諸路監司州縣，使明知陛下設官理財，將爲足國安民之計，悉力而奉行之。詔下諸路監司照會。

《宋史》卷三〇〇《俞獻卿傳》　除殿中侍御史，爲三司鹽鐵判官。上言：天下穀帛日益耗，物價日益高，欲民力之不屈，不可得也。今天下穀帛之直，比祥符初增數倍矣。人皆謂稻苗未立而和糴，桑葉未吐而和買。自荆湖、江、淮間，民愁無聊，轉運使務刻剥以增其數，歲益一歲。又非時調率營造，一切費用，皆出於民，是以物價積高，而民力積困也。陛下誠以景德中西、北二邊通好最盛之時一歲之用較之。天禧五年，凡官吏之要冗，財用之盈縮，力役之多寡，賊盗之增減，較然可知其利害也。況自天禧以來，日侈一日，又甚于前。夫卮不盈者漏在下，木不茂者蠹在內。陛下宜知其有損於彼，無益於此，與公卿大臣，朝夕圖議而救正之。帝納其言，爲罷諸宮觀兵衛，又命官除無名之費以鉅萬計。

（元）程鉅夫《雪樓集》卷一〇《奏議存稿・民間利病・江南諸色課程多虛額妄增宜與蠲減》　江南茶、鹽、酒、醋等税，近來節次增添，比附初歸附時十倍以上。今又逐季增添。正緣一等管課程官，虛添課額以諂上司，其實利則大概入己，虛額則長掛欠籍。姑以酒課言之，自前日有司陡增酒課，每米一石收息鈔票十兩，而江南糯米及所用麴糵等工本通僅七兩，以七兩工本而官先收十兩和息，寧有此理？所以杭州、建康城裏酒價，不半月間每瓶驟增起二佰文，其他可類推也。前來欽奉聖旨：諸色課程從實恢辦。既許從實，豈可虛增？除節次累增課額實數，及有續次虛增數目，特與查照，並行蠲減，從實恢辦，庶將來不致陷失歲課，亦不致重困民力。

（元）蘇天爵《滋溪文稿》卷二六《乞免饑民夏税》　天生烝民，爲國之本；地生百穀，爲民之財。國非民罔興，民非財罔聚。故《書》有本固邦寧之旨，《易》有聚人曰財之文。我國家興隆百年，子育兆姓，雖賦税專征于郡縣，而恩澤常出于朝廷。爰自去歲以來，不幸天災時見，或值旱乾，或遇霖雨，河水泛溢，年穀不登。以致江浙、遼陽行省，山東、河北諸郡，元元之民，饑寒日甚。始則質屋典田，既不能濟，甚則鬻妻賣子，價直幾何。朝廷雖嘗賑恤，數日又復一空，朝飡樹皮，墓食野菜，飢腸暫充，形容已槁。父子不能相顧，弟兄寧得同居。壯者散爲盜賊，弱者死于途路。聞之亦爲寒心，見者孰不隕涕。殆兹春夏之交，將爲蠶麥可望，蟲已損其桑柘，蝗又食其青苗。夏麥既已不收，秋田猶未下種。天災若此，民窮奈何。衣食尚且不充，賦税何由而出。誠恐州縣官吏，但知依期征索，箠楚既施，瘡痍益甚。夫民惟國之赤子，財者本以養民，宜從朝廷早賜聞奏，驗彼災傷去所，曾經賑濟之家，合納夏税，量與蠲免。庶幾實惠普洽困窮，銷愁怨之苦爲歡悦之心，和氣既充，陰陽自順，四時協序，百穀用成。黎民雍熙，天下幸甚。

（明）楊士奇《歷代名臣奏議》卷二五九《賦役》　天麟又上薄差税策曰：臣聞晁氏云：三王計安天下，莫不本於人情。人情莫不欲壽，三王生之而不傷；人情莫不欲富，三王厚之而不困；人情莫不欲安，三王扶之而不危；人情莫不欲逸，三王節其力而不盡也。今國家灼知此道，爰究時宜，既立斤絲、貫鈔、包銀、丁石之法，又立賦税三十而一之例。然而公廩無彌年之積，私家無備急之儲，皆以郡縣不均之所致也。承平之時，烟火萬里，境壤相接，雞犬相聞。或人樂游遨，或慘慘劬勞，或棲遲偃仰，或力役鞅掌。富者奢侈而自富，貧者因窮而愈貧。臣謂不急救之，行無及矣。古者什一之法，關市譏而不征，澤梁無禁。夏后氏立貢法，而義士猶以爲不及助徹；管夷吾取關市之征五十而一，後人謂之霸道。蓋國法有經，而但當平立，民財有而不可輕奪也。方今賦税三十而取一，外有關市之征，及酒、醋、鹽、茶、金、漆、竹、樹、銀、銅、錫、鍇、山場、湖濼、海舶、江鄉，竭萬物而榷之，窮利源而課之，國家亦已富矣。古者什而取一，其實止什一也；方今三十而取一，比古者其實什五也。夫國家之用有八：一曰宫禁之資，二曰宴好之將，三曰賞賜之頒，四曰俸禄之給，五曰軍旅之糧，六曰工役之費，七曰凶荒之用，八曰芻秣之具，於此八者之中，軍旅之糧量爲浩大。幸從臣言，偃兵戈而不動，廣屯田而自贍，亦不須多用民之糧矣。其宫禁、宴好、俸禄、芻秣，已有供之者焉，其餘節其所用而用之，亦豈多須哉！臣又以鹽者民之日用，增其課利而人不之苦也。伏望陛下降彌天之厚福，顧下土之微民，旁布玉音，允符嘉會，凡天下農民自屯田隨處並興之後，例除租税之半；凡天下民户自鹽課約量增添之後，例除差税之半。於是幸從臣先所獻萬言策内均差税之法，昭諭郡縣而均定之，用爲成式。若然，則廓造化之洪恩，振内外之喜氣，獲神祇之陰祐，發太平之祥徵，民安而社稷自安，民富而社稷自富矣。

綜　述

（宋）謝深甫等《慶元條法事類》卷三〇《財用門・上供》敕令格式申明》　敕

厩庫敕

諸上供錢物應收而不收，或舊收多而新收少，若應封樁起發而全不封樁起發，或已封樁而輒支兑若虛作限内裝收，及虛申綱解並應支還入使請庫務錢過三日不支還者，官吏各徒二年。內應封樁起發而拖欠致取勘後政官者，不以去官赦降失減，人吏不在並計之限。即雖封樁起發而限滿不足，杖一百，

過限六十日以上加一等。

諸應截用上供錢，謂非陳請而朝旨許支者。和糴斛斗，拋買金銀物帛等，輒虛擡價直，於合用錢數外大作扣留樁占，妄行拘截，或所截外餘數不即起發，並依起發上供錢違限法。

諸州縣鎮場務收到無額上供錢物，解納違限，杖八十。若輒侵借本條重者自從重。及供申隱漏增減不實者，各徒二年。

諸州縣鎮場務季申通判廳無額上供錢物帳狀，違限者各杖八十，即通判廳審覆供申提點刑獄司，違限者徒二年，本司點磨申尚書户部，違限准此。

諸上供錢物，雖請降特旨截留供兑支撥，聽被受官司執奏不行。如違期不奏及支撥官司，各徒二年。元陳請截撥官司准此。

諸起發上京錢物，管押人侵盜移易入己者，不以自首原免。

諸上供錢物承詔令蠲免者。轉運司晝時除豁其數，如違，杖一百。

諸轉運司除諸州依格上供數外移用錢物，侵過本州有額上供所餘三分之一者，徒二年。

諸轉運司欠年額上供錢物而以未起便封樁數規免，違限虛作已樁發及隱漏不實者，徒二年。

諸沿流處受本路或別路上供錢物應申而不申者，杖一百。起發違限者准此，過六十日加一等。

諸上供內藏庫物，有行濫若色額低次而起發者，杖一百，已交裝而漬汚及二分，管押人准此，能於三十日內償所虧錢及半者，免罪。

諸剗刷大禮上供錢物、官刷下錢物。其所委起發官無故不起發者，杖一百，即虛申綱解者，加一等。

諸大禮差官剗刷上供物而所屬州被受取索供報隱漏不實及違滯者，官吏杖一百，若已認數而輒支用者，依擅支借封樁錢物法。

諸尚書户部泛買之物輒支無額上供錢者，他司輒用同。依擅支借封樁錢物法。

諸上供內藏庫錢物過限不足，杖一百，輒充他用者，依擅支借封樁錢物法。

諸糴上供米價錢輒借兑及支用者，依擅支借封樁錢物法。

雜敕

諸起發上供錢物，應用人船及所須之物，官司不與起發三十日前計置足備者，杖一百。

諸被發運司差點等截點數上供錢綱，若有欠而點不以實者，減犯人三等罪，止杖一百。

令

場務令

諸縣鎮場務應本月內收趁到無額上供錢物，並於次月五日在州場務，旬納於次旬一日。盡數解納，所委通判樁管。

諸州縣鎮場務所收無額上供物錢，每季具帳，限次季孟月五日以前供申通判廳，本廳限孟月終審覆，申提點刑獄司，本司限十日點磨保明，申尚書户部。

賞令

諸吏人驅磨點檢出收到無額上供錢物供申數日不實而侵隱移易，別作窠名收係若支使者，州及八千貫，提點刑獄司一萬五千貫以上，累滿者同。並奏裁。

倉庫令

諸州無額上供錢物，提點刑獄司選通判或職官一員點檢，盡數入季帳，如限催發。每半年具無漏並有無違限未起發數，保明申尚書户部。

諸上供錢物狀，逐州次年正月中旬依式攢送磨勘司、審計院，各限五日磨審訖申轉運司覆驗，限三月終繳申尚書户部。

諸沿流處受本路或別路上供錢物。受訖申轉運發運司、尚書户部。每季終據所受敷附載或團併，限次季孟月發絶。若無可務附或團併不成，展至季終，又附併不行。限三十日作急切官物起發，州責通判催發訖，限十日具一季內所受錢物名數、來處並到發月日、管押人綱梢姓名申所屬。

諸上供內藏庫錢物，提點刑獄司拘催，以字號計綱，具年分，綢絹每匹具應折錢數。赴本庫納，不得與他庫物交雜裝發，限次年十月終納畢。

諸內藏庫年額綢絹折納到見錢於要便處樁管，轉運、提點刑獄司每季具數報庫及尚書户部。其封樁處及轉運司承榷貨務，報入便不盡或年內無人納便，即計綱起發。

諸州上供錢物，納左藏東西庫、内藏庫，榷貨務所得朱鈔封。尚書户部元給印樣有不同者。申户部。

諸錢以堪好及無病色非當二者上供，管押人再揀數若不足或有私濫者，每一文，本庫元揀數人罰錢一百文入官。

諸上供錢綱，附載、附綱同。差官監交，取押綱人並綱梢承認堪上供足狀，干繫官吏繳申本州，州於解綱狀内開具保明，申尚書本部。

諸州每半年總具州界起發上供附載、附綱皆是。官物數、月日、押綱人、綱梢姓名。限次月實封申尚書本部。

諸上供物改赴他處納者，所屬納訖具附帳數申尚書本部。

諸被受特旨截撥上供錢物，謂奉聖旨或經執奏再得旨者。所截官司當日具指揮全文及已截綱分錢物名數，報起發州及所起路分轉運司，無額錢物報提點刑獄司。仍申尚書户部。

諸上供物，謂起發發限者。約守凍前不可到者，聽春季起發，其陸路常程納，冬寒亦聽住運。

諸軍納到回殘物，擇堪好者附綱上京，依物可充招軍例物者，聽留支用。不堪者，估價具數申尚書户部。

諸起發上京錢物公文，具名色數目，仍指定卸納倉庫。

諸官監酒務虧本者，召人承買，其所收課額除撥充漕計外，餘五分令提點刑獄司拘收封樁，每季具帳申尚書省，仍每上下半年團併起發上供。上限八月，下限次年二月，起發盡絶。地里遠及不係沿流處，即變易輕賫物。不係沿流處，即報諸司兑上沿流處團併。

諸起發上供真珠，排立字號，計定斤兩顆數，仍逐把綫頭當官封印。

諸上供穀，州委通判，不拘界分揀選充換堪好者裝發，非在州者別差官。

諸起發上供穀，集綱衆定驗，堪好即交裝。若發熱者，倉司併工攤騰，復州，仍取綱衆驗狀，繳申發運、輦運或撥發司。若至納處驗得陳次不任支遣者，本綱已請工錢口食，勒元裝處干繫官吏專斗均備。

諸起發上供穀，定樣赴發運、輦運、撥發司及遞樣上京者，上供物遞樣同。遞鋪差節級監傳，巡轄使臣並州縣若巡察官司點檢催發，送合屬處照驗卸納。

諸大禮錢，金銀物帛同。監司於前一年專委逐州通判，不許別差官。將合起之數照前郊窠名剗刷實數起發，限次年七月以前赴左藏庫送納。如虧前郊之數或致稽違。監司按劾。

關市令

諸賣斛、斗、升、合、稱等尺錢，轉運司留功料之直外，以五分上供，餘給本司。

輦運令

諸上供金銀並以上色起發，内銀銷成鋌，大鋌五十兩，小鋌二十二兩。畸零湊數者聽。如無上色去處，許用山澤。仍分明鐫鑿銀數，排立字號、官吏職位姓名，用木匣封鎖，於綱解内開説色額、鋌段、數目、字號。

格

賞格

諸色人

吏人驅磨點檢出收到無額上供錢物供申數目不實，而侵隱移易別作窠名收係若支使者：諸州，三千貫，累滿者同，提點刑獄司依此。提點刑獄司，六千貫，轉一資。

式

倉庫式

起發上京供年額錢物狀

某州

今具某年分應給合起上供年額等錢物名件歸着下項年額：

錢

某名色錢若干。買物，即開説買到是何物色，若干，仍具價例，依此開。若干起發上京：若干；具元管押人姓名，開説附在京某庫務何年月帳收附。若干；具某年月日差某色人管押、未得在京庫務收附朱鈔。若干團併起發；具某年月日差某色人管押、赴本路州或別路卸納。若干支還客人便錢；具准某年月日、某處某字號公據支還客人某姓名便錢。若干截留借兑移用；具元准某年月日、某處指揮或本處直收使名日，合至某年月日却合依舊或却撥還。如限滿，開已未還數目、事因。若干拖欠未起發上京。具見如何樁管事因。如無。即開説無。

餘名色錢依此開。

金銀、綢絹、絲綿之類依錢開。內客便錢不用。

罷拋科或減科物色，

某物若干，准某年月日、某處指揮罷科或減科，具元減罷事因、見供數，計價錢若干，縻費錢若干。其價錢依前項年額錢開。餘物依此開。

審計院勘同繫書如常式。

磨勘司勘同繫書如常式。

右件狀如前，所供前項並是詣實，委無漏落差互增減不實。如後衮同，干繫官吏甘俟朝典。謹具申尚書金部。謹狀

年月　日依常式

無額上供錢物狀

某州

今具本州轄下倉庫供到某年某季無額上供錢物如後：

舊管，錢若干，物若干，

今收，錢若干，某色若干，餘色准此；

餘物依錢。

支，無支，亦聲說。錢若干：若干兑便支用；具事因，內支還便錢，仍具准某年月日、某處某字號公據支過客某姓名便錢。若干起發；具元管押人姓名、所押錢數、附在京某庫、某年月帳收。或勾收來到，亦略只見根催行遣次第。若干團併起發；具某年月日、差某人管押赴某州團併。若干截留借兑支用。具准某年月日，某處指揮或某處直行支使事因。餘物依此。

見在，錢若干，餘物依錢。

審磨依常式。

右件狀如前，所供是實。如有隱落不實，甘俟朝典。謹具申某處。

謹狀

年月　日依常式

倉庫每季申州仿此。其倉庫收到錢物，後來般送折會赴別會再收者，後來收處更不作收數供申。如酒務收到添酒錢，般送折會赴軍資庫再收，祇以酒務元收作數，其軍資庫更不作收數之類。餘准此。

諸路轉運等司稽考上供錢物簿

某路某司

今具本路某年分合認年額上供錢物如後：

錢若干，某名色若干，逐色各具數，每州准此。餘物依錢開。

某州每州依此。

錢若干：某名色若干；餘色依此。若干差某人姓名管押上京，於某年月日起離；用朱寫銷注，餘准此。若干差某人姓名發送別路某州，於某月日起離；若干支還某客姓名。執到在京榷貨務某年月日某字號公據；若干准朝旨或省部指揮作某色支使或依格令變買物，各計名數價例，差某色人姓名管押往某處，於某月日起離。餘物依錢開。

右置簿訖。

年月　日依常式

申明

隨敕申明

厩庫

紹興三年十月十八日尚書省批狀：州縣起發上京錢物，管押人侵盜移易入己，不以自首原免。今來車駕駐蹕臨安府，自合引用上條不以自首原免斷罪。

紹興二十八年十一月四日敕：今後應諸路州軍起發上供等錢物赴行在，內有經過建康、鎮江府總領所，就行拘截或兑換輕賫綱運。如係專承朝廷指揮，許令兑截交納訖別無欠損違程，與計元指送納去處地里，依格法推賞。其不徹地里水脚錢，令兑截官司依舊拘收入官。

紹興二十九年五月二十六日敕：遇客人入納兑便錢，左藏庫專一置籍，開坐正錢並優潤及所餘脚剩錢各若干，於所給朱鈔上用印，聲説正錢、優潤錢數並約束事件，令諸路州軍候客人賫到兑便朱鈔干照，將正錢與優潤錢並日下支給。若元椿窠名錢數不足，即以別色官錢湊支。如不即支給及公吏合干人邀阻減剋乞覓，許客人越訴，犯人從徒二年科斷。

乾道六年四月四日都省劄子：户部申，契勘諸路州軍上供錢，許客人便兑，每貫支優潤錢。竊慮諸州艱得係省官錢貼支，兼舊法亦無許支優潤錢數。欲乞自今後更不支破。劄付户部依所申施行。

慶元二年九月二十一日敕：應州郡納上供會子，並要用本州州印，官左帑、內藏庫綱運到日，會子上不用本州州印，主管者無得交收。

旁照法

名例敕

諸稱不以赦降原減，除緣奸細事或傳習妖教、托幻變之術及故決、盜決江河堤堰已決外，餘犯若遇非次赦或再遇大禮赦者，聽從原免。

厩庫敕

諸擅支借封樁錢物，徒二年。

名例申明

紹興六年九月二十三日尚書省劄子：遇非次赦或再遇大禮赦，既不以赦降原減罪許行原免，所有犯不以去官之罪亦合原免。

本所看詳上件指揮，在法：不以赦降原減者，遇非次赦或再遇大禮赦許行原免，所有犯不以去官之罪亦合原免。竊慮州軍未盡通曉，引用差誤，今編入隨敕申明照用。

（宋）謝深甫等《慶元條法事類》卷三〇《財用門・經總制敕令格式申明》 敕

厩庫敕

諸州縣鎮場務收到經總制錢物解納違限，杖八十，若輒侵借本條重者自從重。及供申隱漏增減不實者，各徒二年。

諸經總制錢起發違限並供申帳狀隱漏者，各徒二年。

諸經總制錢虧額，謂如額錢二十萬貫，收趁不及二十萬貫之類。以賞格對行責罰，請如賞格減磨勘二年，即展磨勘二年之类。虧及二分以上仍奏裁。

諸州縣鎮場務季申通判廳《經總制錢物帳狀》，違限者各杖八十，即通判廳審覆供申提點刑獄司，違限者徒二年，本司點磨申尚書户部，違限准此。

令

場務令

諸縣鎮場務應本月內收趁到經總制錢物，並於次月五日在州場務，旬納於次旬一日。盡數解納，所委通判樁管。

諸經總制錢物，知、通專一拘收，縣委令、丞，無丞處委主簿。仍令通判無通判處委簽判。就軍資庫別置庫眼，選差曹職官一員，躬親出納。通判常切點檢，郡守每月一次驅磨，逐季於次季孟月二十五日以前盡數起發。提點刑獄司拘催檢察。如州縣違限虧欠，並行按劾。

諸經總錢物，提點刑獄司每月抽摘諸州分隸曆點勘，有無隱漏增減不實，保明申尚書户部。

諸州縣鎮場務所收經總制錢物，每季具帳，限次季孟月五日以前供申通判廳，本廳限孟月終審覆申提點刑獄司，本司限十日點磨保明申尚書户部。

諸經總制錢如遇災傷年分，謂檢放及五分以上者。知、通免比較。不理賞罰。

賞令

諸知、通考內所收經總制錢及額應賞者，候任滿，委提點刑獄司取見任內逐考所收錢物別無拖欠、起發違限，録連朱鈔，保明申尚書省，下户部推賞，內通判兩員處分受。

諸經總制錢物。提點刑獄司官屬每歲拘催管屬州軍，依額數足，各減磨勘一年，如虧額，對行責罰。

諸州經總制錢帳狀，通判供申違限，知、通每歲合得賞格，不在陳乞之限。

諸保明應在賞，若將經總制無額並市舶貨等錢物凑數者，更不理賞。

倉庫令

諸經總制錢，非專降指揮定窠名，不許拘截取撥。

格

賞格

命官

知、通考內收經制錢及額無拖欠違限：謂如額錢二十萬貫，收及二十萬貫已上，方合推賞。二十萬貫以上，減磨勘二年；一十五萬貫以上，減磨勘一年半；一十萬貫以上，減磨勘一年；五萬貫以上，減磨勘半年；一萬貫以上，減磨勘一季；一萬貫以下，陞一年名次。

知、通考內收總制錢及額無拖欠違限：謂如額錢二十萬貫，收及二十萬貫已上方合推賞。二十萬貫以上，減磨勘一年；一十五萬貫以上，減磨勘三季；一十萬貫以上，減磨勘半年；五萬貫以上，減磨勘一季；一萬貫以上，陞半年名次；一萬貫以下，陞一季名次。

式

場務式

提點刑獄司申起發收支經制錢物帳

某路提點刑獄司

今供申本路諸州軍某年某季應干收支經制錢物文帳，本司攢類到下項須至供申者：

一諸州軍數。

某州，

一收：

經制錢若干。諸色頭子錢若干。省司諸色曆内應出納過錢物，共計錢若干，每一貫文省，合收舊經制錢一十文省，量添激賞錢一十文足，分撥漕司錢五文五釐省，本季内收到錢若干。舊經制頭子錢收到若干。税賦輸納收到錢若干。錢若干貫百，收到錢若干。物價錢若干，收到錢若干。米若干，每石價錢若干，收到錢若干。絹綢、大小麥之類並依此開。官員諸色人請錢若干，收到錢若干。官員請米若干，每石價錢若干，收到錢若干。官員請麥若干，每石價錢若干，收到錢若干。官員請絹若干，每匹價錢若干，收到錢若干。官員請綿若干，每兩價錢若干，收到錢若干。官員請職田錢米，收到錢若干。内職田若有係常平田土，即於常平頭子錢開説。錢若干貫百，收到錢若干。米若干，每石價錢若干，收到錢若干。應雜出納過錢物計錢若干，本季内收到錢若干。謂酒税、樓店務及其餘倉、場、庫務應干出納錢物皆是。錢若干貫百，收到錢若干。物計價錢若干，收到錢若干。米若干，每石價錢若干，收到錢若干，絹綢、大小麥之類並依此開，更有合收名色依此開。

激賞頭子錢若干足，展省錢若干。五分五釐省頭子錢若干。以上兩項並依舊經制錢逐名色開。

常平司諸色曆内應出納過錢物共計錢若干，每一貫文省，合收經制錢六文五分省，激賞錢一十文足，本季内收到錢若干。經制頭子錢若干。租課出納收錢若干。錢若干貫百，收到錢若干。物計價錢若干，收到錢若干。米若干，每石價錢若干。收到錢若干，絹綢、大小麥之類依此開。役人請過錢若干，收到錢若干。應干出納過常平錢物名色並依此開。

激賞頭子錢若干足，展省錢若干，並依前項名色開。

諸色添酒錢。本季内賣過上下等煮暴酒共若干，收到錢若干。上等酒若干，每升合收下項，本季内共收到錢若干。提點刑獄司一分錢八文足，計錢若干足，展省錢若干。轉運司一分錢八文足，計錢若干足，展省錢若干。提點刑獄司一半錢十文足，計錢若干足，展省錢若干。王祠部錢幾文足，計錢若干足，展省錢若干。元降指揮係添錢一文至三文，係江、淮、荊、浙州軍。發運司造船錢幾文足，計錢若干足，展省錢若干。無額上供錢幾文足，計錢若干足。展省錢若干。提舉司錢幾文足，計錢若干足，展省錢若干。學事司錢幾文足，計錢若干足，展省錢若干。提點刑獄司添酒錢幾文足，計錢若干足，展省錢若干。舊經制錢幾文足，計錢若干足，展省錢若干。更有該載不盡合收窠名錢數，亦依此開。下等酒若干，每升合收下項，本季内共收到錢若干。提點刑獄司一分錢六文足，計錢若干足，展省錢若干。轉運司一分錢六文足，計錢若干足，展省錢若干。提點刑獄司一半錢五文足，計錢若干足，展省錢若干。王祠部錢幾文足，計錢若干足，展省錢若干。元降指揮係添錢一文至三文。發運司造船錢幾文足，計錢若干足，展省錢若干。次色酒每升添二文。無額上供錢幾文足，計錢若干足，展省錢若干。提舉司錢幾文足，計錢若干足，展省錢若干。學事司錢幾文足，計錢若干足，展省錢若干。提點刑獄司添酒錢幾文足，計錢若干足。展省錢若干。舊經制錢幾文足，計錢若干足，展省錢若干。更有該載不盡合收窠名錢數，亦依此開。

二分本柄酒。轉運司寄造一分五釐酒。加耗籌酒。出剩酒。已上四色係南浙州軍有收，並依諸色添酒錢項目開説。

平准務四分息錢，本季内出賣過物，價錢若干，每貫收到息錢若干，六分充本外合收到若干。

樓店務係省房廊增添三分錢，本州所管房廊一季内所收錢若干，合添三分錢，收到若干。

增添三分白地錢，本州所管白地一季内所收錢若干，合添三分錢，收到若干。

户絶、市易、坊場並舊法衙前等欠鹽折產屋宇增收三分賃錢，本州所管逐色屋宇一季内所收錢若干，合添三分錢，收到若干。

暴酒賣糟錢，本季内賣過若干斤數，每斤添錢幾文，合收到錢若干。

人户典賣田宅增收牙税錢，本季内人户典賣田宅計價錢若干。每貫合收錢二十七文足，收到錢若干足，展省錢若干。如上件錢改併作别窠名，即分明聲説已改正並作是何窠名起發。

更有該載未盡窠名錢數，亦依此開。

一已支：

某州，

起發數：經制錢若干，若干係某窠名錢，已差甚姓名人管押赴某處送納，於某月日離岸前去。餘數依此開。

截使數：經制錢若干，若干係某窠名錢，依某年月日某處指揮充如何支用。如係應副他司，即聲説係差某甚姓名人管押赴甚處送納，於某月日離岸送納。餘數依此開。

其餘州軍並依此開。

一本司今攢具到諸州軍一路都數，並依前項式開。

右件狀在前，本司所供前項收支經制錢物文帳即無隱漏，今保明詣實，謹具申尚書户部。謹狀

年月日依常式

提點刑獄司申起發收支總制錢物帳

某路提點刑獄司

今供申本路諸州軍某年某季應干收支總制錢物文帳，本司攢類到下項，須至申聞者：

一諸州軍數。

某州，

一收：

錢若干。

勘合朱墨錢若干，幾户，係成貫石匹兩，納錢若干。幾户，係不成貫石匹兩，納錢計若干。

省司頭子錢，本季諸色用内應出納過錢物，共計錢若干，每一貫收錢七文省，今收到錢若干。

税賦輸納收到錢若干。錢若干貫百，收到錢若干。物計價錢若干，收到錢若干。米若干，每石價錢若干，收到錢若干。綢絹、大小麥之類並依此開。官員諸色人請錢若干，收到錢若干。官員請米若干，每石價錢若干，收到錢若干。官員請麥，每石價錢若干，收到錢若干。官員請衣賜，收到錢若干。絹若干，每匹價錢若干，收到錢若干；綿若干，每兩價錢若干，收到錢若干。官員請職田錢米，收到錢若干。内職田若有常平司田土，即於常平頭子錢開說。錢若干貫百，收到錢若干；米若干，每石價錢若干，收到錢若干

應雜出納錢物，計錢若干，本季内收到錢若干，謂酒税、樓店務及其餘倉、場、庫務應出納錢物皆是。錢若干貫百，收到錢若干；物計價錢若干，收到錢若干。米若干，每石價錢若干，收到錢若干。綢絹、大小麥之類並依此開。更有合收名色依此開。常平司頭子錢，本季諸色曆内應出納過錢物共計錢若干，每一貫文省，收錢一十七文，今收錢若干。租課出納收到錢若干。錢若干貫百，收到錢若干；物計價錢若干，收到錢若干。米若干，每石價錢若干，收到錢若干。綢絹、大小麥之類依此開。役人請過錢若干，收到錢若干。應干出納常平錢物，其餘名色並依此開。

二税畸零剩數折納錢，今年納畢，簿未結計，剩納到錢若干，本季收到錢若干；未催發錢若干。謂如夏季帳，即聲説除春季已收錢若干外，本季收到若干，未催錢若干。其秋、冬季亦依此聲説。

黄運副上下等添酒錢，本季内賣過酒若干，每斤收錢五文，計收到錢若干足，展省錢若干。内二分本柄等四色係兩浙州軍有收。正額酒若干，收到錢若干。二分本柄酒若干，收到錢若干。加耗篘酒若干，收到錢若干。出剩酒若干，收到錢若干。轉運司一分五釐酒若干，收到錢若干。

增添七分商税錢，今年合趁額錢若干，本季收到錢若干；未收趁錢若干。謂如夏季帳内，即聲説除春季已收錢若干外，本季收到錢若干，未收趁若干，其秋季亦依此聲説。所是冬季自合收趁額足。

添納租課錢，今年夏秋兩料合拘催人户，合納錢若干，本季收到錢若干；未催發錢若干。謂如夏季帳，即聲説除春季已收錢若干外，本季收到錢若干，未催錢若干，其秋季亦依此聲説。所是冬季自合起發數足。

得産人勘合錢，本季内人户典買田宅，計價錢若干，每一貫省，合收錢一十文足，計收錢若干。

五分契税錢，本季内人户典買田宅，計價錢若干，每一貫文省，收錢一百文省，除五分州用外，合收錢五十文省，充總制錢，計收到錢若干。

七分契税錢，人户自首典買田宅，計價錢若干，本季收到錢若干。

出賣係官田舍價錢，本州並管下縣分賣過田屋若干，計價錢若干，本季内收到錢若干；未催發錢若干。謂如夏季帳，即聲説除春季已收錢若干外，本季收到錢若干，未催發若干。其秋、冬季帳亦依此聲説。

人户出賣田宅，業主見存，典主户絶，許令收贖。並業主身亡，典主貼買價錢等，本季内收到錢若干，業主某人收贖過原典田宅價錢若干；典主某人就買已典田宅貼納到價錢，若不願買或賣與别人，計價錢若干，除還原典錢若干外，合發錢若干。

隨宜增添煮酒錢，本季内賣過酒若干，每升收錢一十文足，計收到錢若干。内兩浙州軍有收。

增添蠟蒸酒錢，本季内賣過酒若干，每升收錢五文足，計收錢若干。内兩浙州軍有收。

椿還舊欠發運司代發斛㪷錢，本季收到錢若干。本季内賣過酒若干，錢若干，合收椿二分錢若干。内有合收椿一分或五釐路分，即聲説一分錢或五釐錢若干。本季内收到商税錢若干，合收椿二分錢若干。内有合收椿一分或五釐路分，即聲説一分錢或五釐錢若干。

免役一分寬剩錢，今年合敷出一分錢若干，本季内收到錢若干；未催發錢若干。謂如夏季帳，即聲説除春季已收錢若干外，本季收到錢若干；未催發錢若干。其秋季亦依此聲説，所是冬季自合起發數足。

耆户長雇錢，以今年應用錢數敷到錢計若干，本季内收到錢若干；未催發錢若干。謂如夏季帳，即聲説除春季已收錢若干外，本季收到錢若干，未催發錢若干，其秋季亦依此聲説，所是冬季自合起發數足。

壯丁雇錢，以今年應用錢數敷到錢計若干，本季内收到若干；未催發錢若干。謂如夏季帳，即聲説除春季已收錢若干外，本季收到錢若干，未催發錢若干，其秋季亦依此聲説，所是冬季自合起發數足。

抵當四分息錢，本季内人户收贖過錢計錢若干，每貫合收息錢若干，本季内收到錢若干。

官户役錢不減半，民户增三分錢，共收到錢若干。

官户不減半役錢若干，本季收到錢若干；未催發錢若干。謂如夏季帳，即聲説除春季已收錢若干外，本季收到錢若干，未催發錢若干，其秋季亦依此聲説，所是冬季合行起發數足。

民户額役錢若干，量增三分錢計若干，本季收到錢若干；未催發錢若干。謂如夏季帳，即聲説除春季已收錢若干外，本季收到錢若干，來催發錢若干，其秋季亦依此聲説，所是冬季合行起發數足。

鹽别納錢，本季内客人請過鹽幾斤，每斤納錢一分文足，收到錢若干，除充官吏請給錢若干外，合發錢若干。

鹽袋息錢，本季收到錢若干，除充官吏請給錢若干外，合發錢若干。鹽布袋計若干，每袋收錢一百文省，計錢若干。席袋計若干，每袋收錢五十文省，計錢若干。

秤茶增收頭子錢，每斤收錢一文足，本季内秤茶幾斤，收到錢若干足，展省錢若干。

茶秤息錢，每引收錢一百文省，本季内計幾引，收到錢若干。

茶頭子錢，每引收錢八文省，本季内計幾引，收到錢若干，除支官吏食錢若干外，合發錢若干。

茶甕零錢，每引收二文省，本季内計幾引，收到錢若干。

茶竹蠟油單靨面錢，每引收錢二十文省，計幾引，收到錢若干。

茶秤頭錢，每引收錢五百二十文省，本季内計幾引，收到錢若干，除支官吏食錢外，合發錢若干。

茶土產回税錢，每引收錢五百八十七文省，計幾引，收到錢若干。

茶别納錢，每引收錢一百三十文省，本季内計幾引，收到錢若干。

違限公據力勝税錢，本季内收到錢若干。某人賫到算請茶鹽鈔引、金銀見錢公據，已違所給日限，合納税錢若干。某人賫到算請茶鹽鈔引、金銀見錢公據，即不係經由去處，合納税錢若干。

出賣没官税茶價錢，本季内出賣過捉到私茶若干，每斤價錢若干，共收到錢若干。

茶翻引貼納錢，每引收錢二貫文省，本季内計幾引，收到錢若干，

没官有引正茶價錢，本季内賣過没納到客人有引約程不到茶若干，每斤價錢若干，共收到錢若干。

督府添酒錢，本季内賣過酒若干，每升合分撥錢六文足，計收到若干。内煮酒有收上件窠名錢，所是轉運司一分五釐加耗籌酒，係兩浙軍州有收。其逐色添酒錢，並合赴行在椿管，御前激賞庫交納。正額酒若干，收到錢若干。轉運司一分五釐酒若干，收到錢若干。加耗籌酒若干，收到錢若干。出剩酒若干，收到錢若干。

常平司七分錢。

人户典買田宅等於赦限内陳首投税印契税錢。

應有該載未盡名色錢數亦依此開。

物並依前項開。

支：

起發錢數，錢若干，若干係甚處窠名錢，已差甚姓名人管押赴某處送納，於某月日離岸前去。餘數依此開。物依前開。

截使數，錢若干，若干係某窠名錢，如何支用。餘依此開。物依前開。餘州軍並依此開。

一本司今攢具到諸軍州一路都數，並依前項式開。

右件狀如前，本司所供前項收支總制司錢物並是詣實。謹具申尚書户部。謹狀

年月　日依常式

申明

随敕申明

户婚

建炎三年十月二十三日尚書省劄子節文：臣僚上言經制之法，其始建議於陳亨伯。其法斂之於細，不害於民，如添酒賣糟錢出於人之自然，官吏俸錢除頭子錢百分取一，印契錢出於兼並之家，無傷於下户，所補不細，所有權添酒錢、量添賣糟錢、人户典賣田宅增添牙税錢、官吏等請錢頭子錢並樓店務增添三分房錢共五項，欲令東南八路州軍收充經制錢，别置簿曆拘管，委逐路提刑司兼領，逐州變轉輕賫限逐季起赴行在送納。如州縣稍有隱漏擅便支使，起發違限，並依上供法科罪。提刑司失拘催與同罪。奉聖旨並依。

紹興十年七月三日尚書省劄子：户部侍郎張澄等劄子，檢會今年六月二十七日敕節文：臣僚劄子奏，典賣田宅契税，本部印榜降下州縣，令逐處曉諭。收到税錢以十分爲率，三分本州支用，七分作總制起發，欲乞指揮逐路委漕臣一員專一檢察拘催，仍逐州委通判主管。奉聖旨並依。

紹興十二年十二月七日敕節文：人户典賣田宅交易，如係足錢，每貫收一百文足，除三十五文充經制錢餘一半州用，一半作總制錢。及人户自首典賣田宅違限投納牙契倍税錢，三分州用，七分總制錢。

乾道七年七月二十八日敕：户部狀，條具下項，奉聖旨：依。

一人户請買契紙，欲乞依舊令，逐州通判印給，立料例，以千字文爲號，每季給下屬，縣委丞收掌，聽人户請買。仰逐州每季具給下契紙數目，申提刑司照會，仍從本司取索屬縣賣過契紙，收到牙契税錢數目驅磨檢察。若稍有不盡不實，官吏並以違制論科罪，不以赦降原減。

一契勘人户合納牙契税錢，今取到臨安府狀，人户每交易一十貫納正税錢一貫，除六百七十五文充經總制錢外，有三百二十五文充本州之數。今來若盡行取撥上供，竊慮有妨州用，今欲令將本州所得錢三百二十五文數内存留一半充州用，其餘一半錢入總制錢帳，每季作一項起發。

厩庫

紹興十一年十二月十日敕：監司州縣輒將經總制錢擅行應副兑借、拘截取撥、侵支互用者，所委官並當職及取撥官並先次降兩官放罷，人吏徒二年，各不以去官赦降原減。仍令提刑司檢察按劾施行。

紹興五年四月十六日敕節文：總制司狀，諸路州縣出納係省錢物所收頭子錢，依節次所降指揮條法，每貫共許收錢二十三文省，内一十文省作經制起發上供，餘一十三文並充本路州縣並漕司支用。今稽考得州郡見各收納不一，今相度欲令諸路州縣雜税出納錢物，於每貫見收頭子錢上量行增添，共作二十三文足，物以實價紐計，一體收納。其所收錢除漕司並州軍舊來合得一十三文省外，餘數盡行併入合起經制窠名帳内，依限計置赴行在補助軍須支用。如州縣舊例所收多處自從多收。奉聖旨依總制司所申。

紹興十年七月二十四日敕：户部勘當，欲下諸路轉運、常平司行下所管州縣，於見出納錢物每貫添收錢一十文足，物以實價紐計貫百，一體收納。別置赤曆收係，州委通判，縣委縣丞，無丞處委主簿，拘收作經

制，每季起發赴行在左藏庫送納，專充激賞支用。奉聖旨依户部勘當到事理施行。

紹興十一年十月十五日敕：户部措置諸路雜税出納錢物，每貫所收頭子錢内，漕司、州軍合得支使錢一十三文省。内一十一文五釐，漕司拘收，一文九分五釐，州軍支使。除節次增添量行拘收，諸路轉運司將應收到頭子錢每貫合得錢一十三文，分撥六文省充轉運司起綱縻費等用，一文九分五釐省充州軍支使，餘五文五釐省委通判點檢拘收，通作經制錢起發。如輒敢隱漏侵欺不實，或别置曆巧作名目分撥，並依經制法斷罪。奉聖旨：依户部措置到事理施行。

紹興十五年十二月十六日尚書省批下户部申：浙西提刑司申，契勘本司每歲合用行遣紙劄筆墨朱紅、官吏冬炭之類，費用不一，不敢申告朝廷支降。契勘經總制錢，元降指揮專委本司兼領，督責所屬，依限起發，其罪賞並依本司，官任責非輕。乞將轉運司見拘收前項續添經總制窠名，合得頭子錢六文，盡數歸提刑司應副支遣。本部契勘上件窠名錢係漕司應副起綱縻費，即難以全行分撥。今相度欲將上件頭子錢内除五文五分，令轉運司拘收，應副起綱縻費用外，餘五分撥付提刑司拘收，應副支用。後批送户部，依所申施行。

乾道元年十月十二日敕：州縣出納錢物，每貫收頭子錢四十三文省，自今降指揮到日，每貫添收錢一十三文省，充經總制錢。委通判拘收入帳，通舊錢七文，共二十文。仍將今來所添錢數令作一項，每季發納左藏西庫。

紹興十二年十二月十四日敕：户部狀，諸州掌行經制無額錢人吏，今欲滿三年爲界，候界滿，從提刑司取索通判廳界内應催發過管屬縣鎮場務等處收支錢物，逐一驅考點磨，别無失收、借兑、支用，並起發供申帳供委無違限及截使錢數，依得元承指揮亦無擅行截用應副隱漏之數，即令提刑司開項覆實説保明申部，行下所屬，照應本處人吏資級條法名目上與轉一資。奉聖旨：依。

紹興十三年三月八日敕：户部狀，總制錢物比之經制無額窠名尤多，緣無拘收總制錢物職級手分許以三年爲界明文，今欲依經制無額錢已降指揮，以三年爲界，候界滿無失收錢數及起發無違限，許與轉一資。奉聖旨：依。

紹興十六年五月二十八日敕節文：户部契勘諸路經總制無額錢物，已降指揮，專委通判檢察造帳，申提刑司驅磨，攢類都帳申部。如隱落及起發違慢，並從徒二年科罪。近年州縣場務侵隱及於納給之際作弊減數，虚轉文曆，其通判、提刑司止循舊例攢申，顯見徒爲文具。依前陷失財，許理合措置，除人吏依已降指揮外，欲乞令諸路提刑司每歲開具點磨到逐州軍各有無隱落失陷分數、通判並提刑司官職位姓名、合展減磨勘，申部覆實賞罰。庶有激勸不致失陷財賦。奉聖旨：依。

一諸州通判每季收支經總制無額錢物隱落失陷，謂應分撥而不分撥，應收而不收之類。不滿一分展磨勘一年，一分以上展磨勘二年，一分五釐以上展磨勘三年，二分以上展磨勘四年。

一諸路提刑司官内檢法、幹辦官仍各先次分定州軍。點磨出州縣隱落失陷錢物，欲與通判對行賞罰。謂通判應展磨勘一年者，提刑司官減一年磨勘之類。如不能用心檢察改正，亦依通判分數責罰。

一諸路提刑司申到帳狀，如本部委官點磨得有隱落失陷錢物，提刑司不能檢察改正者，欲與通判、提刑司官對行賞罰。謂如通判、提刑司官應展一年磨勘者，所委官減一年磨勘之類。

紹興二十六年九月十二日敕：諸路州軍所收經總制無額錢物，專委提刑司催督檢察驅磨，依限開具磨出一歲本路州軍侵隱失收錢物分數、通判並提刑司官職位姓名、管幹日月、合展減磨勘供申。如違限不行驅磨，開具供申及隱漏不實，即依供申帳狀違限斷罪施行。

紹興十一年五月十七日尚書省批狀：户部申，勘會諸路州軍合拘收起發諸色添酒錢，諸路提刑司供申本部帳狀若不開具夾細窠名，竊慮因而隱漏，難以稽考。今立起發經制添酒錢狀式：某路提刑司，今具某年季經制無額錢物下項，經制錢、經制添酒錢若干；元額經制權增添酒錢若干；諸司添酒錢撥入經制若干；發運司創增造船添酒錢若干；提刑司無額上供添酒錢若干；提舉常平司量添酒錢若干；提舉茶事司贍學添酒錢若干；提刑司一分添酒錢若干；提刑司一半添酒錢若干；轉運司一分添酒錢若干；王祠部添酒錢若干；轉運司一分五釐錢若干；轉運司

出剩酒錢若干；轉運司等酒錢若干；二分本柄酒錢若干。應該載未盡並名色不同去處依前開具，餘經制窠名錢依舊式，無額錢物依舊色。右前項所收錢物即無隱漏，謹具申尚書户部。謹狀。年月日依常式。伏望詳酌下諸路提刑司，於帳狀内並依今來體式開具。後批送户部，依所申施行。

淳熙六年六月七日敕：州縣經總制無額錢，遇閏月只合以本月酒稅課利及支遣等收到頭子錢，比常年多得之數，委提刑司驅磨分隸，盡數起發，其歲有定額如二稅、免丁錢之類所收經總制及無額錢與免衮同增帶。奉聖旨：依。

旁照法

廄庫敕

諸上供錢物應封樁起發而全不封樁起發，或已封樁而輒支兑若虛作限内裝發者，官吏各徒二年。内應封樁起發而拖欠致取勘後政官者，仍不以去官赦降失減，人吏不在併計之限。即雖封樁起發而限滿不足，杖一百，過限六十日以上，加一等。

諸收支官物不即書曆及別置私曆者，各徒二年。

名例敕

諸稱不以赦降原減，除緣奸細事或傳習妖教、托幻變之術及故決、盜決江河堤堰已決外，餘犯若遇非次赦或再遇大禮赦者，聽從原免。

名例申明

紹興六年九月二十三日尚書省劄子：遇非次赦或再遇大禮赦，既不以赦降原減罪許行原免，所有犯不以去官之罪亦合原免。

本所看詳上件指揮，在法：不以赦降原減者，遇非次赦或再遇大禮赦許行原免，所有犯不以去官之罪亦合原免。竊慮州軍未盡通曉，引用差誤，今編入隨敕申明照用。

（宋）謝深甫等《慶元條法事類》卷三〇《財用門・錢會中半申明》

申明

隨敕申明

廄庫

乾道六年閏五月九日敕：諸路總領、監司、州軍受納解發錢貫，須是會子、見錢各半。仍令總領、監司歲終具奏本司今歲受納過州軍錢貫若干，會子若干，見錢若干。諸州軍亦具奏今歲解發過某司錢貫若干，會子若干，見錢若干，並各依實聲說，不得虛裝會子之數。日後違戾，以違制論。

乾道七年六月十八日敕：訪聞民間輸納，抑令全納見錢而州郡於屬縣解發官錢亦不肯依分數行用，今後並依分數行使，如敢邀難，許經朝省越訴，以違制論。如官吏以民間納到錢賤價收買會子規利，並與計贓。今後監司遇有本司所收錢依立定分數交收，不得輒收一色見錢。仍約束州縣，常切遵守，如違，按劾聞奏。若監司違戾及失覺察致有越訴，先次取旨，重作施行。

乾道七年六月二十九日敕：州縣入納官物。許民户於官鈔上分明聲說所納某色官錢，計若干，内見錢若干，會子若干。仍令監司、州縣置曆分明抄上所收錢、會各若干分數，以備不時差官前去抽摘點檢。

乾道八年三月十三日三省、樞密院劄子：户部奏乞不係屯軍去處，起發折帛錢。九分見錢一分會子，其屯駐軍馬去處，以錢、會中半交收，亦以中半發納省部，庶得會子流轉，不致軍入折閱。奉聖旨：依。

乾道九年正月一十九日敕。措置下項：

一諸路州縣應民旅輸納稅賦，諸色官錢並用，錢、會中半送納。如受納官司違戾，許納入越訴，當職官以違制論，公吏邀阻乞覓，並行編配。提刑、轉運司常切覺察，若監司失行舉覺，取旨行遣。

一州縣起發上供等錢，除合起輕資外，亦許用錢、會中半解發。

一監司守臣並州縣鎮寨將應干官吏俸給，並以錢、會中半支遣，本處糧、審院每月於曆内分明開說合支見錢若干，會子若干，所屬庫分照旁支給。仍令本路監司點檢，置曆開具所支錢、會數目，結押，每月繳申户部驅磨。如監司容情隱庇，令御史臺覺察。

一州縣場務等處交收民旅會子，其間雖有破損，但有貫百錢數可照，並仰交收，不得阻節。所有納下破損會子，却作上供等錢解發。

一官私買賣交易，並聽從便。不拘錢、會分數。

淳熙元年五月二十日尚書省批狀：民户客旅輸納稅賦官錢，其間有零細湊不及官會之數，即仰從便行使。

（宋）謝深甫等《慶元條法事類》卷三一《財用門・封樁敕令式申明》

敕

廄庫敕

諸禁軍闕額請給封樁違限者，杖六十，三日加一等，罪止杖一百。轉運司有犯，仍具奏聽旨。

諸被點差檢已、未封樁禁軍闕額錢物而保明申提點刑獄司不實，及本司驗實輒有容庇者，各杖一百，應差官點檢而不差者，杖六十。

諸朝廷封樁錢物輒奏乞支借，及准朝旨支借而不報所屬監司並撥往別州樁管而次帳不收入者，各杖一百。

諸禁軍闕額封樁錢物，官司輒陳請支借並給之者，徒二年。

諸擅支借封樁錢物，謂朝廷及尚書户部並禁軍闕額者。徒二年，及雖應支借而於今有違各已費用者，不以覺察去官赦降原減，未斷而還足者，奏裁。

諸禁軍闕額封樁錢物應附綱而遇綱不附，若應計綱起發而過數不計綱起發，及不先具物數申樞密院者，杖八十。

諸禁軍闕額請給，應撥還提點刑獄司及本司應還別司或應勾收，各過三十日不撥還、勾收者，徒二年。

户婚敕

諸職田收到租課應充朝廷封樁錢物，不依限申提點刑獄司檢察拘收者，杖八十，未拘收封樁而輒支借者，加二等。

職制敕

諸供朝廷封樁錢物帳禁軍闕額請給帳同。及承取索回報而隱漏增減不實者，各徒二年，不依式若名數交互，杖八十。

諸供朝廷封樁錢物及禁軍闕額請給帳稽程者，一日杖八十，三日加一等，罪止徒二年。供申收附違限者，各減二等。

令

倉庫令

諸禁軍於額有闕者，其請給，次月内封樁。馬草料及傔人衣糧非。闕本色，申轉運司封樁，於有處次季内數足。其折支無本色，依實直樁見錢。提點刑獄司拘催，歲終具帳，次年春季申樞密院。

諸官監酒務虧本者，召人承買，其所收課額除撥充漕計外，餘五分令提點刑獄司拘收封樁，每季具帳申尚書省，仍每上下半年團並起發上供。上限八月，下限次年二月起發盡絶。地里遠及不係沿流處，即變易輕賫物。不係沿流處，即報諸司兑上沿流處團併。

諸封樁穀糴兑到錢應計置本色者，如數封樁。即因失糴兑而致損敗或糴不及元價者，計所虧，官吏均備。

諸軍無家屬因差出逃亡，開閣到請給，提點刑獄司拘收封樁。

諸路軍馬差赴陝西、河東路，應封樁請給，若本路創添禁軍並權駐泊軍馬，轉運司當辦者，以應辦數於封樁内除之。

諸提點刑獄司應封樁錢物，於軍資庫省倉別敖庫封樁，本處監專主管。

諸朝廷封樁並禁軍闕額封樁錢物，提點刑獄司每半年差官點檢已、未封樁數，比對州縣元申同衮，保明申本司驗實，申樞密院及尚書省。

諸内藏庫年額綢絹折納到見錢，於要便處樁管。轉運、提點刑獄司每季具數報庫及尚書户部，其封樁處及轉運司承権貨務報入便不盡，或年内無人納便，即計綱起發。

諸歲收絲綿綢絹至年終支用不盡，並封樁，具數申尚書省，仍估中價，以坊場錢兑買起發上供。

諸州應出賣預買絹者，以諸司朝廷封樁錢依價兑撥，起發上供。朝廷封樁錢不足，以常平未用錢逐急兑撥樁管，候有封樁錢據數撥還。

諸借封樁錢給散預買物帛若俵糴穀，其頭子錢支費有餘者，元借給官司封樁。

諸朝廷及尚書户部封樁錢物，唯軍興所須，急闕不可待報者，許支借。仍具事因、錢數申所屬，給限撥還。若兑充緣邊急用已於別處樁定錢物，或召人入便可省運送之費而無妨闕者，申禀尚書省及本部。

諸禁軍闕額封樁錢物，如朝旨支借訖，提點刑獄司具朝旨及名數申樞密院。額外人兵請給，聽於已封樁到錢物内支，訖，申樞密院。

諸應支封樁禁軍闕額錢物而不足者，聽於泛差出陝西、河東路軍馬請受内支借，候封樁到撥還。物應借兑者，具名數、撥還日限報提點刑獄司提舉、常平司錢物非。及被借官司，注籍催撥勾銷。有支用不盡者，拘收回納，每半年具元借事因、已未還數申所屬，注籍點檢。朝廷封樁錢物申尚

書省。

諸禁軍闕額封樁物，提點刑獄司計會轉運司通融折兑見錢，若無用者，依市價糶賣，穀糶不行，依年次支換。本州轉易輕貨，無可轉易物，即具數申轉運司從便處兑易。附綱上京，無，即計綱起發。納左藏庫。差赴陝西、河東路軍馬應封樁者准此。先具附發物數、管押人職位、姓名，次具納訖年月日、交付與左藏庫是何人收領。文狀入急遞中樞密院。

諸受朝廷給降收買物色錢物，撥兑支借朝廷封樁錢物同。各限一日申尚書省。

諸朝廷封樁錢物，提點刑獄司以時兑留新物，本處無者，所部通融撥兑。其非三路或非要便處，無可兑及無支用並不堪留者，並轉易錢封樁。若別司准朝旨支借，給訖報本司。

諸封樁物歲久，當職官相驗以新物兑易。糧草依年次。若色額不同，申尚書本部。

諸朝廷封樁錢物無所隸官司者，委提點刑獄司主管，每季具帳申尚書省，仍檢察，他司不得侵用。

諸封樁禁軍闕額請給季帳，逐州取索攢造，限次季孟月申到提點刑獄司，本司於仲月申樞密院。州委通判，提點刑獄司委屬官舉催。

諸朝廷封樁錢物季帳，逐州取索攢造，限次季孟月申尚書省及所轄官司。逐司仍限仲月申尚書省。州委職官，逐司委屬官各一員主管及專差吏人主行。

諸封樁禁軍闕額請給，糧、審院每季置册，開具勘審過某指揮闕、某色人數、逐等則例合樁衣糧色數，賞給朔服等並准此。州取索點檢，具實申樞密院。

諸倉庫封樁禁軍闕額請給，各別置曆，請本屬州縣印，月以闕狀録軍分指揮、錢物名數。他處寄樁者，即申州縣，牒取樁管年分月日收附，本倉庫照帳及旁銷收。

諸封樁禁軍闕額請給，所屬每季隨帳別具一路及逐州見在數目申，剩狀申中書門下省。如有支用借兑，即時別申。

職制令

諸承受取索朝廷封樁錢物及禁軍闕額請給文書，再會問供析未圓事節同。限二日回報，須展限者，當職官量給，不得過三日。

輦運令

諸州起發封樁禁軍闕額請受錢物，先次具所起發物數名件、月日、管押人職次姓名，申樞密院及關牒左藏庫。

田令

諸職田係省員廢併或無應受之官，即充朝廷封樁錢物。

諸職田收到租課應充朝廷封樁錢物者，州限十日具數申提點刑獄司，檢察拘收。

式

倉庫式

朝廷封樁錢物帳

某路某司應有朝廷封樁錢物處，並用此式。

今具某年某季終某色窠名朝廷封樁錢物名件如後：

一元准某年月日朝旨云云。其元許封樁名目事因並續降朝旨之類。

一收，

錢若干：前帳見在若干。今帳收若干，無即不開。餘並依此。若干係某年月日朝旨支降到作某支用，係某人管押到。如有未到數目，即聲説未到數目因依。若干係某處撥還到，元依是何年月日指揮，借支若干已還外，未還若干，有無撥還月限。若干何收窠名錢數，仍開具有無未拘收數目因依。若干係某年月日朝旨，借兑到某路某官司窠名錢數，有無未撥到數目。餘有合收錢依前開。

穀若干：前帳見在若干。今帳收若干，係糴買等兑買到別司物數，合開逐色數目，其糴價已在支項内聲説。

餘物依前開。

一支。

錢若干：正支，若干係某年月日朝旨，支撥與某處作某支用，係某人管押前去，關到某處收附，於某年季某色帳收附訖。如收附未到，次帳立項聲説。若干收糴、兑糴到別司穀，各開説糴到數目，逐色價例。若干收買到物色名件，逐色價錢，已、未買數。餘有合支錢依前開。借支，前帳借支未還到數目，若干依某年月日朝旨，都借若干與某處，作某支用，

有無撥還日限，還外，有若干未還。餘依此。今帳借支，若干依某年月日朝旨，借與某處作某支用，某年月日某人取撥前去，有無撥還日限。餘依此。

餘物依前開。

一實管見在，

錢若干，若干在某州某庫樁管。餘依此。

餘物依前開；

某州依前項開。

餘州依此。

右件狀如前，所供前項封樁錢物數目並是詣實。如有隱漏增減不實，應干官吏甘俟朝典，謹具申尚書省。謹狀

年月　日依常式

封樁禁軍闕額請給帳

某處

今具某年某季終應管封樁禁軍闕額請給帳：有應免之色，即云除某物准某年月日朝旨免樁外，具下項。

一元准某年月日朝旨云云。因元許樁名目事因並續降朝旨之類。

一舊管：錢若干，餘色准前。

一新收：錢若干，餘色准前。

正收，本季闕額若干人，合封樁下項：錢若干，若干別州寄樁，即取已樁管取附，具述某處某年季帳內取管。如有未准收附者，仍作未樁管依下項分立拘銷。若干已樁管。具某處年季附帳；依前項開説。若干未樁管，已申牒某處季寄樁，兼於未樁管項內收立訖。餘色准前。

某月闕若干人，馬軍，某軍額第幾指揮，若干人。將下仍具某路第幾將。將校若干人。隨闕開職名逐等人數，節級准此。節級若干人。長行若干人。餘軍額指揮准前。步軍依馬軍開。次月准前。寄樁某處某年季月請給，錢若干。餘色准前。某處撥還到，先依某年月日朝旨，借充禁用下項，元於某年某季帳內借出在未樁管項內，今帳銷落，借，朝旨同者類爲一項，餘收支應在未樁管，有朝旨及官司指揮同者准此。錢若干。餘色准前。

轉收，糶賣到穀及餘物等錢若干。價例錢收已於支項開坐。轉易、兑易物價准此。轉易到下項：謂應將見錢於本處所産或轉運司兑撥到輕貨、文鈔、公據之類。某物若干。餘色准前。拆兑到錢若干。謂應將封樁物兑到轉運司見錢。本州撥到還某處借過錢若干，准某年月日某司指揮，先依某年月日朝旨，許借若干，充某用，元於某處某年季帳內借出人數，今還上件。餘色准前。謂借還指揮不同者。若內有同者，即云某指揮，已在前項開坐。餘收支應在未樁管准此。

別州般到別庫務般兑到准此。錢若干，某處某人押到，某色錢，准某年月日某處指揮，應副某用。若依條合納本處或轉般寄收兑便，亦各具述。餘色准前。

借到泛差出陝西、河東路軍馬請受錢若干，准某年月日某處指揮，爲合支本色封樁，充某用，其錢不足，於泛差出陝西、河東路軍馬請受錢內借充。餘色准前。

某處某人納到某年月日交押錢物，往某處納外少欠錢若干。餘色准前。

應收該説不盡名色，仿前項開至。支破應在未樁管准此。

一支破：錢若干。餘色准前。

實支：

請給，諸軍額外人共計若干旁，准某年月日朝旨，許支連旁在前，計錢若干。餘色准前。餘計旁支者。准前。

還客人入便錢若干，據某姓名執到某年月日、某處、某字號公據。並准遞牒合同各計若干道，連粘在前。有加饒者，與正錢各項開立。

撥還泛差陝西、河東路軍馬請受錢若干，先准某年月日某處指揮，爲合支本色封樁錢充某用，其錢不足。借支過泛差出陝西、河東路軍馬請受錢若干，今撥還上件，赴某處某年某色帳內收附。餘色准前。

脚剩錢若干，具支般錢物名數、至某處地里、斤重、水路雇價條例、許支憑由，連粘在前。轉支：

穀及餘物等糶賣，各開斗匹色件價例錢，計若干色，在新收項內兑易與官司，即具述司存；兑與他司而未收價錢。即説准某年月日某司指揮，兑與某處作某支用，付某人赴某處交納，附某年某色帳，收訖合還價錢已入未樁管項內。應借合還本色来到者，准此收立。

錢若干，轉易到下項，已入新收項内。物價、貨，開價例；文鈔及公據，具錢數，有加饒者亦開立。某物若干。餘色准前。

上京，某物若干，某人押赴某庫附某年帳季收樁。應稱收樁者，謂於封樁禁軍闕額請給帳内收附。若無本色帳處，即取彼處主管樞密院封樁錢物帳内指定某色帳收附。餘稱收樁者准此。如押人少欠，據鈔牒納數銷破，將已納見欠開項销落。内少欠。仍聲説於未樁管項内收互訖。餘欠准此。

餘色准前。

應副別州，謂充本色封樁錢物支用。錢若干，某人押赴某處應副某用，附某年季帳收樁。餘色准前。

借支：錢若干，准某年月日朝旨，借支與某司某用，有撥還期限，仍具述。未樁管項准此。付某人押赴某處，附某年季月某色帳收。如未准收附，即入應在項；已准收附，即於未樁管項開立。

應在，

新收，各具名數、未破事因。錢若干。餘色准前。錢若干，付某人押赴某處某用。餘色准前。

開破，錢若干。餘色准前。錢若干，聲説開破事因，附某處某年季月某色帳收或憑由除破。餘色准前，

見管，謂應未破名色准新收開，唯冬季令供。

未樁管，謂支與別州充本色封樁數及寄樁而未准收附。應借支合還，押人侵欠之類皆入此項。錢若干，某人押赴某處，應副本色封樁某用。略具未准封樁收附行遣、催取月日次第。其借支合還、侵欠合理准此。候取到封樁帳。頭連粘於此，聲説收樁年季銷破。若干，准某年月日朝旨，借支與某司某用，付某人押赴某處。候還到，即具述已於收項開坐訖，於此銷落。若干某年月分料錢，或春冬衣隨衣錢申牒某處寄樁。候得已樁收附，即具述某處某年季帳内收樁，於此銷落訖後項見在内開立。若干某年季帳内支錢，付某人押赴某處。納外致欠事因，據某處催理納到。據數見述已於收項開坐，於此銷落。若有餘欠，納到外樁催。餘色准前。

一見在：

錢若干，若干本州。若有寄樁別州數，即用此。後項同。若干寄樁。某州若干。餘州准前。若干在本州。若本州數有在別州寄樁，即用此。後項同。若干在某州。

餘色准前。

右件狀如前，謹具申提點刑獄司。謹狀

年月　日依常式

提點刑獄司據帳將應到照應點磨訖拆還本處，據帳攢造都狀。繳申樞密院者仿此。内撥還錢物，止類每窠數目。應糴賣、轉易、兑易、別州般到、實支、轉支、借支、見管、見在，唯計總數。其押人姓名、樁收附帳、立帳催索行遣月日之類，都狀更不重具。

封樁禁軍闕額請給審考帳册

某路提點刑獄司

今具某年某月一日至某月終，某季本路封樁禁軍闕額請給審考帳册下項，須至申上者：

舊管，本季終樁收等實見在都數。錢若干。内有寄樁者仍立項，節具因依。次項物並後項新收、見在項各准此。物各開逐色若干。

新收，謂本季終應封樁到數，如有轉收撥還到錢物，並於此項開説。錢若干。若干係轉收或撥還之類，若干係封樁到物准此。物各開逐色若干。

一馬軍若干指揮：某指揮額管若干人，將校若干，開具逐色職名、人數合請則例。謂每錢糧月逐季衣賜、賞給、朔服之類。如未係並請衣賞等季分，則不具。以後逐項將校、兵級、將兵准此。兵級若干人。開逐色人數，合請則例。某月分闕若干人，將校若干，開逐色職名人數。兵級若干人，開逐色人數。計合封樁錢若干，物各開逐色若干。某月分闕若干人；某月分闕若干人。以上兩月各依前開具。

一步軍依馬軍開具。

一寄樁。

一轉收。

一撥還。

以上各開逐色錢物若干，元降指揮因依。

支使並送納上京等，謂本季終。各開逐色錢物若干，元降指揮因依。

實管見在，謂本季終見在實數。開逐色錢物若干。

右件狀如前，所供並是詣實。如後衰同，甘伏朝典。謹具申樞密院。

謹狀

年月　日依常式

倉庫封樁提點刑獄司錢物都曆

某月

封樁禁軍闕額請給錢，餘色錢隨本色曆各具數。舊管若干，無，即注無。餘開項無者准此。收若干，支若干，見在若干。

以上都計錢。餘物每色仿此，都計物逐色止一色一曆者，更不都計。

舊管若干，收若干，支若干，見在若干。

封樁禁軍闕額請給絹。依錢具數，餘物准此。

年月　日依常式

給賜式

封樁禁軍闕額請給旁

某處某軍額第幾指揮將下仍具係某路第幾將。

今請本指揮元額兵員共若干人，某年月分料錢或月糧、春冬衣、某色縠帛。共若干。兩色以上即各具數。

若干人見管合請，如出軍及畸零差出權閣回納收破之類，並依舊例，其逃亡人數即於闕額項内對行收破。招填准此。將校若干人，具所請則例。舊例不開者依舊，節級、長行准此。節級若干人。長行若干人。以上計請錢或某色縠帛。若干。兩色以上同旁者，仍開項，並如常式。

若干人見闕合封樁，以元額豁出逐等見管人外，自此以下名數，將闕狀相照與曆合同。將校若干人，具所請則例。節級、長行准此。節級若干人。長行若干人。以上計請。依見管項。若別州寄樁，即批注合某處寄樁，別申牒取索收附。

右件如前。

年月　日依常式幫書勘審。

隨本指揮曆幫書勘審。闕狀准此。

封樁禁軍闕額請給闕狀

某處某軍額第幾指揮將下仍具係某路第幾將。

今具本指揮某年某月分額内見闕兵員若干，封樁料錢或月糧、春冬衣賜。下項：

開將校節級的實職名、長行逐等人數所請則例，以上計封樁錢或某色縠帛。若干，闕本倉庫者，止具所主物數，提點刑獄司狀全開。逐色下批注倉庫界分。若係別州寄樁，即具述合某處寄樁，乞申牒取索收附。

右件狀如前，謹具申聞。謹狀

年月　日依常式。仍准旁、幫書勘審。闕倉庫者，審計院隨旁封付；申提點刑獄司者，送將司、兵馬司會類，所轄共若干指揮，計闕若干人，都封樁到請給名數繳送。

申明

隨敕申明

厩庫

乾道元年二月七日敕：今後將合起發封樁廂、禁軍闕額請給等特免起發，其闕額措置招填須管敷額，仍旬具招到人數申樞密院。

乾道元年八月四日尚書省批狀，州軍元起發封樁軍共闕額錢物，依常平法，不得輒行移用。依已降指揮旬具招填到人數申樞密院。如有違戾，許提刑司按劾。

旁照法

名例敕

諸稱不以赦降原減，除緣奸細事或傳習妖教、托幻變之術及故決、盜決江河堤堰已決外，餘犯若遇非次赦或再遇大禮赦者，聽從原免。

名例申明

紹興六年九月二十三日尚書省劄子：遇非次赦或再遇大禮赦，既不以赦降原減罪許行原免，所有犯不以去官之罪亦合原免。

本所看詳上件指揮，在法：不以赦降原減者。遇非次赦或再遇大禮赦許行原免，所有犯不以去官之罪亦合原免。竊慮州軍未盡通曉，引用差誤，今編入隨敕申明照用。

（宋）謝深甫等《慶元條法事類》卷三二《財用門・應在敕令格式申明》

敕

職制敕

諸掌應在司官任内開破，不及七分降一年名次，不及六分展磨勘一年，幕職官殿一年參選。不及五分展磨勘二年。幕職官殿一年參選，仍降半年名次。吏人界内開破，不及七分杖八十，每少一分加一等，罪止杖一百，仍

勒停。以上並以救前之數通計。

諸州已支官物，合關應在司而違限，若本司承關不上簿者，各杖八十，因失舉催致失陷官物，加二等，許人告。有情弊罪輕者，徒二年。

諸納畢官物，出給公憑，收附文鈔及入遞違限者，干繫吏人論如官文書稽程律，三十日，杖一百，六十日，簽書官杖六十。即鈔及收附到州下應在司違限者，罪亦如之。

詐僞敕

諸應在司官吏以憑由收附重疊銷破官物者，坐贓論減二等，規求入私者，依監主詐欺法，罪至死者，奏裁。

令

倉庫令

諸轉運司收支應在、見在錢物，三年一會□□□□□各具非泛收支或朝省諸處借用並蠲除欠閣數，限半年造都狀，連元案檢送提點刑獄司，限百日驅磨保明繳奏。

諸州應在司，通判一員掌之，如無通判處，差職官一員。仍選吏人主行。三年爲一界。應已支官物合候收附文鈔者，所支倉庫限一日具管押人姓名、物數、卸納去處報司，本司限當日注籍拘催勾銷。仍每月一次取索倉庫月内起過錢物窠名、數目與應在簿照對點檢，所掌官任滿，吏人界滿，本州審驗年月日開破錢帛金銀、鹽穀貫石匹兩，餘物估價計錢。應罰者勘劾，應賞者保明申轉運司。命官，轉運司保明中尚書本部。若官不滿任，吏不滿界，謂遷改事故已離任者，若本任未滿，但將所管應在司職事交與別員者非。但掌及半年者，依任滿界法比類賞罰。

諸應在司官吏應賞罰者，前官前界未開破物亦計爲數，五年以上物倍計理賞。謂以一貫當二貫之類。即支遣官物未至結絶時限，及起發官物未得收附文鈔，計程違限未滿三十日者，不在計數之限。

諸監司以所轄應在之物注籍，檢察催收，季一舉行。

輦運令

諸起發官物，籍記物數及管押人姓名、責到交卸處限及具所准官司指揮年月狀，轉般者，並具元來去處、般到年月日。書實日連粘入遞，先報所屬，上京物屬尚書户部者，其綱分以千字文爲號，於狀内聲説。所屬不受納官司注籍，候交納訖限三日給公憑，限五日給收附。舊出鈔者同。雖有取會，共不得過十日，入遞起發，官司得收附，限三日行下應在司銷破。若計程過限而收附不到，在京申所屬，在外申牒所屬監司究治。如失究治致官物失陷者，干繫人均備。

賞令

諸保明應在賞，若將經總制無額並市舶貨等錢物湊數者，更不理賞。

格

賞格

命官

任内開破應在司官物者：

五十萬，及八分四釐；三十萬，八分六釐；二十萬，八分八釐；一十萬，九分二釐；五萬，九分六釐，陞半年名次。

五十萬，及八分七釐；三十萬，八分九釐；二十萬，九分一釐；一十萬，九分五釐，免試。

五十萬，及九分；三十萬，九分二釐；二十萬，九分四釐，減磨勘二年。

諸色人

吏人界内開破應在司官物者：

五十萬，及八分四釐；三十萬，八分六釐；二十萬，八分八釐；一十萬，九分二釐；五萬，九分六釐，錢二十貫。

五十萬，及八分七釐；三十萬，八分九釐；二十萬，九分一釐；一十萬，九分五釐，錢四十貫。

五十萬，及九分；三十萬，九分二釐；二十萬，九分四釐，轉一資不願轉資者，錢六十貫。

告獲諸州官物已支應關應在司而違限，若本司承關不上簿因而失行舉催致失隱官物者，每納及一分，給三釐。

式

賞式

保明開破應在官物酬賞狀

某路轉運司

據某州申，據某官姓名狀，在任開破應在官物陳乞酬賞，今勘會下項：

一某官某年月日幹辦至某年月替罷，任内有無因應在司事經責罰事件。雖該原免勿論或別因事替移，亦開具。

一本官任内通管應在官物，係某年分某窠名，共若干名件。

一前官交割到名件若干。

一本任拘收到名件若干

一本官自到任主管至替罷，拘催開破畢名件共計若干，係某年分某窠名。以上元管名件共若干，任内開破若干，計若干分釐或並開破畢。五年外物應倍計理賞亦開說。

一有無支遣未至結絶條限及起發官物未得收附文鈔、計程違限未滿三十日數目在内，今來本官係理幾年爲任，開破過幾年外官物，及有無在假差出事故月日、差到權官開破過並任外數目。

一審計院、磨勘司審磨並同官吏姓名。

一本司吏人等已如何給賞。各詳具之。

一檢准令格云。

右件狀如前，勘會某官在任元管應在司物計若干，拘催開破計及若干分釐，或並開破畢，應倍理亦各開。准令格該某酬賞，本司保明並是詣實。

謹具申尚書户部。謹狀

年月　日依常式

申明

隨敕申明

厩庫

紹熙四年八月二十一日尚書省批下吏、户部申：吏部看詳，乞下諸路轉運司，今後保明應在酬賞，不許將不係上供贍軍窠名錢物並經總制等已理賞數目衮同妄亂保明，須管於交界日令前後官將界内實已起發錢物具毋漏落結罪文狀申吏部司勛，注籍照會。户部看詳，乞下諸路轉運司，如今後保明諸州軍通判陳乞任内開破應在錢物酬賞，須管遵依條格保明，不得將不係上供贍軍窠名錢及將經總制無額賫田錢並市舶物貨等錢物衮同湊數，陳乞推賞。點檢得仍前扶合妄亂保明人吏，從條施行。後批從看詳到事理施行。

（宋）謝深甫等《慶元條法事類》卷三二《財用門·點磨隱陷敕令格申明》

敕

職制敕

諸因點磨取索到縣鎮倉庫收支錢物簿曆，鈔旁之類同。違限不送還者，杖七十，三日加一等，罪止徒二年。餘文書依官文書稽程律。

諸承提點刑獄司輪取諸軍請給旁曆、轉運司及州縣等處買物文憑之類點磨而違限不供送者，杖八十，一日加一等，三十日以上若折挨移改事節有所規避者，徒二年。其提點刑獄司應取而不取，應點磨而不點磨，各故爲隱庇者，與同罪。

諸隱落及失陷錢物，干繫人知而不舉，與犯人同罪，罪止徒二年，許人告。

厩庫敕

諸州縣鎮場務季申收到經總制並無額上供錢物輒侵借，本條重者自從重。及供申隱漏增減不實者，各徒二年。

諸州縣鎮場務季申通判廳經總制及無額上供錢物帳狀，違限者各杖八十，即通判廳審覆供申提點刑獄司違限者，徒二年，本司點磨申尚書户部，違限准此。

諸經總制錢供申帳狀隱漏者，徒二年。

諸州及提點刑獄司供申尚書户部僧道免丁錢帳狀隱漏不實者，各徒二年。

諸轉運司欠年額上供錢物而已未起便封樁數規免違限，虛作已樁發及隱漏不實者，徒二年。

諸移運錢物起發交納審磨回報違限，及批書行程於令有違者，各杖一百。

諸州驅磨勘會官物不申本州長吏而直追人及受而違者，各杖一百。

諸官物交界訖，帳曆無故違限不送磨勘司，一日杖六十，三日加一等。磨勘不如法致失陷者，論如主守不覺盜律，各罪止杖一百。

諸官物有欺弊而致失陷者，謂已經官司點檢不覺者，如縣應施行已經州；州應施行已經監司，或已經別官司之類。若錢物見在，止是文字差誤者非，餘條稱失陷

准此。不以赦降原減。

户婚敕

諸於税租簿帳有欺弊者，謂於錢物數故隱漏增減移易或虚銷簿籍者。餘條官物稱有欺弊准此。不分首從，計物之直，累而不倍。不滿五百文杖一百，五百文徒一年，五百文加一等，三貫皆配本城，五貫皆配本州，許人告。書手雖杖罪，勒停。其私名人有欺弊，正名知情與同罪，各不以赦降原減。當職官吏失覺察，杖八十，犯人應配者，杖一百，仍奏裁。曾自覺察，犯人罪等或重者，除其罪。

諸磨勘税租簿，未見欺弊輒追本縣公人或故爲隱漏者，徒二年，有虧失審磨不出者，杖一百。即州縣發送鈔簿並磨勘官違限，及未畢交與後官，若後官輒交承者，並准此，

諸州審磨税租簿吏人故爲隱漏者，徒二年，有虧失審磨不出，杖一百。即因而受乞者，論如吏人、鄉書手攬納税租受乞財物法。

諸州審磨並磨勘税租簿，官有欺弊審磨不出者，論如税租簿有欺弊當職官失覺察法。

賊盗敕

諸官司因被强盗輒毁匿簿籍欺隱官物，以自盗論加一等，贓輕者，徒一年。

詐僞敕

諸公人主管物給納備償除放之類而與經歷，或所轄干繫人撰造事端故爲隱落失陷，欲以分賞者，已、未得同。計隱落失陷數，論如吏人於本案官物文書增減取官物法，仍許人告。

令

職制令

諸縣收支錢物曆，令、丞通簽，其縣丞所管財賦，知縣檢察。

諸提點刑獄司每半年輪取所部三州諸軍請給旁曆、轉運司及州縣買物文憑之類點磨，有稽違、不還價及不支給或雖支而不足若不當價者，並奏劾。

諸監司守臣滿替及罷任，並開具見管錢物實數，移文後政或以次官交割，仍申尚書户部、御史臺置籍。其後政或以次官限一月内保明前政有無妄作名色、虚破錢物，及將交到實數申本部、御史臺稽考。

諸倉庫館驛及寄收官物，每季知州或通判，外縣鎮寨，通判或差點檢，不得委州縣官因出取索點檢及互差倉庫監官。各以未注官物有無損惡欠剩，及季點官名銜於籍内仍申本州。朝廷封樁錢物申所轄官司。州類聚申尚書本部。

諸按察及季點官點檢官物，止據見管帳曆，不得令别供帳狀及約收出剩。

倉庫令

諸因點磨取索到縣鎮倉庫收支錢物簿曆鈔旁之類同。或餘文書，並限十日用畢送還。元有日限者，依本法。

諸提點刑獄司取索轉運司及州縣旁曆、文憑之類點磨者，限五日供送。若妨用，聽録報。

諸州無額上供錢物，提點刑獄司選通判或職官一員點檢，盡數入季帳，如限催發，每半年具無漏並有無違限未起發數，保明申尚書户部。

諸上供錢物狀，逐州次年正月初旬依式攢送磨勘司、審計院，各限五日磨審訖申轉運司覆驗，限三月終繳申尚書户部。

諸官物應驅磨勘會者，止以帳檢文書爲據。如主守已替，文書不明應追人者，申本州長吏審度行下。

諸移運錢物起發，一千貫以下，限一日，每一千貫加一日，並於所差人行程内批書般至所上處交納日限，並依此納訖，限當日入馬遞報元支處，仍具附歷名色、收附申所屬，限二日審磨報元支錢物處。

諸倉庫監專應替並差官監交，仍置交曆四本，分新舊官及本州、轉運司爲照。物多難交者，具事因申本州審度，聽新界抽摘點檢。

諸官物交界訖，本州限十日取帳曆應干文書送磨勘司，限三十日驅磨畢送庫架閣。仍保明申州，給公憑，後須照用者，止録公憑報，不得勾人。即磨勘不如法致失陷者，元主守人及磨勘吏人均備。磨勘之官於吏人總數内備一分，雖會恩去官，猶備如法。

場務令

諸州縣鎮場務所收經總制及無額上供錢物，每季具帳限次季孟月五日以前供申通判廳，本廳限十日點磨保明申提點刑獄司，本司限十日點磨保明

申尚書户部。

賦役令

諸州僧、道免丁錢，上半年限至八月終，下半年限至次年二月終起發，赴左藏庫送納，仍於限内開具等第人數、所收數目帳狀供申提點刑獄司及尚書户部。提點刑獄司供申尚書户部帳狀，上半年以九月終，下半年以次年三月終。

文書令

諸帳及簿曆錢物有差失誤漏之類，先取干照文書改正，有欺弊者，聽追人。

諸根磨出合納官錢物，候催納到官，經所屬審覆保明，方許推賞。

諸公人驅磨點檢出隱落失陷並錢物給賞外，依格應轉資而餘數又及一倍以上者，所屬保明申尚書省。

諸告及驅磨點檢出隱落錢物未得者，減半給賞，仍止於犯人追理。

諸驅磨點檢隱落及失陷錢物未明因而別差人驅磨，或後人承行結絶始見隱落失陷者，以所得賞均給。

諸告及驅磨點檢出隱落及失陷錢物應推賞者，州縣委提點刑獄司限十日覆定訖賞之。發運、監司，提點鑄錢、解鹽司之類人吏，委鄰路。提點刑獄司准此。仍申尚書户部檢察。

諸告及驅磨點檢出隱落並失陷錢物應賞者，以所納物准價，仍依數借支。即犯人應勿追或追而不足者，干繫人均備。

諸吏人驅磨點檢出收到無額上供錢物供申數目不實而侵隱移易，別作窠名收係若支使者，州及八千貫，提點刑獄司一萬五千貫以上，累滿者同。並奏裁。

諸州吏人審磨出夏秋税租簿内有差錯走失、隱落失陷税租者，依磨勘納畢鈔簿推賞。

格

賞格

命官

磨勘覆磨出税租簿内虧失：本年虧失累及二百五十貫，隱陷舊額致久遠虧失累及一百貫，免試；本年虧失累及五百貫，隱陷舊額致久遠虧失累及二百貫，減磨勘一年；於税租簿帳有欺弊而犯人應配，當職官能自舉劾者，免試。

諸色人

告隱落失陷錢物未明，官司因而差人驅磨出每納一分，給一釐半告及驅磨人各給一半。

告及驅磨點檢出隱落並失陷錢物，每納一分，給三釐。

公人驅磨點檢出隱落並失陷錢物給賞外，隱落未得及失陷無欺弊，各以二貫當一貫。縣累及三百貫，州累及五百貫，監司累及一千五百貫，三省、樞密院、尚書六曹、御史臺、寺、監累及三千貫，轉一資。

告獲公人主官物給納、備償、除放之類而與經歷，或所轄干繫人撰造事端故爲隱落失陷欲以分賞，准應給賞，本法以理到錢物借支者，亦聽借錢。全給。

吏人驅磨點檢出收到無額上供錢物供申數目不實而侵隱移易，別作窠名收係若支使者：諸州，三千貫，累滿者同。提點刑獄司依此。提點刑獄司，六千貫，轉一資。

磨勘覆磨出税租簿内虧失，本年虧失者，准所虧失錢物數，全給，累及五百貫，仍轉一資；隱陷舊額久遠虧失者，准所失錢物數，倍給，累及二百貫，仍轉一資。

告獲税租簿帳有欺弊者：杖罪，錢一十貫；徒一年，錢二十貫，每一等加一十貫；流二千里，錢七十貫，每一等加一十貫。計所直數多者，准數倍給。三百貫止。

申明

随敕申明

職制

淳熙四年九月二日敕：監司巡歷，不得科差鄉民充夫，依條計日支給人吏券食。仍令諸州常平主管官，歲終將諸司公吏借請批券支過常平等錢，別帳申繳户部，委官驅磨。其有過數，取予及違戾者，並重置典憲。

淳熙十六年十二月十九日敕：淳熙九年正月指揮，守臣任滿得替日，將應有錢物交付後政或以次官訖申省部，置籍稽考，新到任人，限一月内將交割到數目從實具申。如此，則財計之盈虚可以周知，得爲之通融；

人才之能否可以參考，得爲之陞黜。應外路總領所於得替日，將應有錢物亦從淳熙九年正月指揮施行。

淳熙十六年十一月四日樞密院劄子：奉聖旨，令三衙江上帥臣，每遇到任，將應管軍器錢物具數申樞密院，其見管軍器不得擅行改造，移舊作新，巧作名色支破官錢。如委有損壞，隨即修補，毋得有虧元數。

慶元二年五月二十六日敕：臣僚上言，所在官司遇有替移，以見存錢物之數交與承替之人，亦以其所交錢物之數申之朝省稽考。比年以來，承替之人雖上之朝省，而朝省失於稽考。如諸總領交承，令總領所自今後具數申御史臺，置籍稽考，其下政人須管結罪保明前政有無妄作名色、虛破錢物，其見交到之數實與不實，供申朝省及御史臺，令御史臺覺察。

旁照法

户婚敕

諸州縣吏人鄉書手攬納税租而受乞物者，加受乞監臨罪三等。杖罪鄰州編管，徒以上配本州。

賊盜敕

諸竊盜得財杖六十，四百文杖七十，四百文加一等，二貫徒一年，二貫加一等，過徒三年三貫加一等，二十貫配本州。

諸監臨主守自盜財物，罪至流，配本州，謂非除免者。三十五匹，絞。

詐僞敕

諸吏人於本案官物文書有所增減以取官物者，加凡人一等。

名例敕

諸稱不以赦降原減，除緣奸細事或傳習妖教、托幻變之術及故決、盜決江河堤堰已決外，餘犯若遇非次赦或再遇大禮赦者，聽從原免。（宋）謝深甫等《慶元條法事類》卷三二《財用門·理欠敕令格式》

敕

厩庫敕

諸欠應磨勘均分及闕理欠司無故違限者，一日杖一百，五日加一等，罪止徒二年。

諸欠官物不即報所屬根催者，杖八十。違法借支與人應追收而不追收者，准此。

諸欠官物，謂在理欠司者。季納不及二分，笞五十，每季加一等。

諸管押官物有欠及損污，於納處理償而限滿不足者，十貫以上至四十貫，笞四十，十貫加一等，罪止杖一百。

諸欠官物而隱寄財産，填欠數外者非。坐贓論，罪止杖一百，許人告。

諸州縣理欠，各以所管月日每季通計，一萬貫以上，非見錢者，約估價續收者，爲次季數。催納不及四分，主管官罰十直，吏人杖六十，職級減二等；不及三分，各加一等，州知通、縣令罰十直；不及二分，又各加一等。

以上每年通計，不及一萬貫者，各減一等；不及五千貫，又各減一等。

諸他司借過錢物應還而不檢舉拘收者，杖六十。

諸場務監官虧欠課利已請添支應剋除而不剋除者，所屬並請人各以違制論。

諸不應銷破請給並欠負合剋納而糧料院漏上簿或失剋者，吏人杖一百，即雖上簿剋納而不銷注及審計司點檢不實，各減二等。以上職級杖六十，其受贓不應編管及會赦者，並勒停。即漏上或失剋，赦後三十日外不改正者，笞五十，十貫以上，杖六十，職級遞減一等。

諸官物有欺弊而致失陷者，謂已經官司點檢不覺者，如縣應施行已經州；州應施行已經司，或已經別官司之類。若錢物見在止是文字差誤者非。餘條稱失陷，准此。不以赦降原減。

諸受納官物有揀退不即給還，若布帛之類輒損污或用油墨印者，杖八十，許人户越訴。

諸納畢他處官物不於次帳收附者，元納專典及州吏人杖七十，當職官罰俸一月；三十日各加一等，專典及州吏罪止杖一百，仍勒停，職級降一資；過百日，職級亦勒停，當職官杖六十。

諸上供内藏庫物有行濫若色額低次而起發者，杖一百，已交裝而漬污及二分，管押人准此。能於三十日内償所虧錢及半者，免罪。

諸官物安置不如法，暴凉不以時致損敗者，以專副爲首，監管爲第二從，簽書官爲第三從，通判、知州爲第四從。事有所由，以所由爲首。積草不如法者，積匠與專副同等。庫敖場子之類專防守者，減專副三等，罪止杖一百。即鹽因滷瀝，及糧草三年外因陳浥焦稍致耗折者，償而不坐。

諸糟酵積留過二年致損敗者，減安置不如法罪五等。

諸酒麯雖損敗不虧正數者，不坐。

諸買納官物有巧僞濕惡，或正數有虧，元買納公人理欠限滿償不足者，勒停，永不收叙。

諸請給，糧審院失點檢致誤支錢物者，各杖八十，累及五百貫，杖一百，命官降半年名次，吏人勒停；一千貫以上，命官降一年名次，吏人仍永不收叙。不許諸處收係。

諸房園課利以遞年比較，如有虧欠，監專公人依課例場務法。吏人同專副。

諸課利場務年終比較祖額，監專公人管兩務以上，若州縣鎮寨常職官，各隨所部場務，並通比。虧二釐，酒匠攔頭之類同。笞五十，專副減一等，並聽贖，滿五釐各加一等，監官罰俸半月，每一分又各加一等，至三分五釐止；添差者，減正官二等，令佐、都監、添差都監減正都監二等。寨主減監官一等，知州、緣邊者免。通判、職官、曹官又減一等。不滿二釐，次年併計科罰。

諸課利場務虧額不滿全年者，以祖額對月通比，減全年法一等，不及半年免比，若因災傷限内全免，而不及者准此。

雜敕

諸負債違契不償，罪止杖一百。

諸估抵當財産致虧官者，徒二年，並賣買給納及估計官物各有情弊致虧官者，並許人告。

令

理欠令

諸欠官物，尚書刑部得諸州附欠帳符轉運司者，本司注籍訖申本部，仍以附帳、欠帳對籍銷注。

諸欠官物，尚書刑部符下，未附欠帳而已納者，本州具數及所附帳目申本部，即已送理欠司者，具數附帳准此。

諸欠官物有欺弊者，盡估財産償納，不足，以保人財産均償，又不足，關理欠司，抵保不足而差主持官物者，元差干繫人與保人均備。又不足，保奏除放。

諸州官物有欠已送理欠司者，以本司收管欠負月於帳内開析，轉運司帳司驗帳，對批結絶。

諸管押官物有欠及損污，疋帛堪變染，不及一分者，免。估剥一分以上，免一分。計所虧欠，估納處價，給限監理，仍據已納數給公憑，以鈔付遞，報裝發處，無可納者，斷訖送本處或本貫理納。

諸官物有欠損若已交受者，止理後人。

諸房園課利虧欠者，勒本界干繫人認催。

諸以財産借賃與人充抵當有欠折者，勾收填納，價錢不理。

諸官司賣買給納，及估計官物若抵當財産應理虧官錢者，遇赦不放。

諸雇債人主持官物有欺弊者，盡犯人財産償，不足，即催理正身。

諸主持人欠官物致估納産業者，元無欺弊，聽以産業所收子利償，納足給還，或貼納所欠數收贖。欠人願納課利，自任佃者聽。過十年不足或不收贖，依因欠負應納田宅法。欠人有欺弊，保人産業准上文。

諸抵保人主持官物而保人於主持人未欠官物以前身故者，即取問保人本家有分人願與不願抵保，如不願，即别召人抵保。

諸同居主持官物有欠，謂同供抵當者。雖已分居並納均。有欺弊者，先理犯人己分，不足者均備。

諸管押官物而裹角布帛損破者，計所虧，估納處價，五貫以下免納，過五貫者，别計數理半，其陸路至納處二千里外，全免。

諸官司寄納人户錢物而有損失者，並干繫人備償。

諸官物損敗應除破者，保明申尚書本部，不應除破而擅除破者，干繫人均備。

諸監主及吏人故縱人盗官物，而犯人償不足者，勒均備。

諸官物誤支失收者，干繫人均備五分，餘追理請納人。即誤支與命官或監司下諸軍公人者，請人全納。亡殁及不可追究或無可納若誤與兵級，諸軍大禮賞給同。並干繫人均備。誤支請給。經赦不除放。折支物，每貫備錢七分。

諸折支而以金銀實貨、新布帛絲綿及堪充諸軍賞給物充者，並追納。已費用者，於干繫人理實直上價，以應折支物給還。

諸欠，限三十日磨勘均認，以見欠日爲始。無欺弊者，限三十日催納，

若不足，限五日關理欠司。納未及二分，止關八分，其二分自監催。即遇赦放，止催赦前應納數，其赦後者，保明申監司驗實以聞。未關理欠司，遇赦放准此。未曾監催，非違限者，保明申尚書本部。五季限滿未足，先估納財產，次剋請受，不足，勒保人限三十日填納。如未足，納元抵當，又不足，雖在赦前數，亦停催，准上法保奏除放。其財產赦前失拘收者，仍拘收，依元限償納。若磨勘及關理欠司，雖有故違限，止據元應關日爲起催季限。

諸欠無欺弊，限滿應拘收欠人、保人財產而失行拘收因致典賣倒塌費用之類，而無可備償或不足者，勒失行干繫人均備。

諸欠無欺弊而身死者，除放，有欺弊應配及身死而財產已竭者准此。

諸欠應干繫人備償者，庫、稱、揀、掏斗子之類同。三人以下，均備二分；四人，一分五釐；每二人加五釐，過四分者，每十人加五釐，至八分止，餘並專副均備。應均備者，雖未均定，亦除已分之數。

諸欠應關理欠司，具有無欺弊、所斷刑名，本司注籍。

諸欠應開理欠司者，仍關審計院注籍，候理欠帳對籍勾銷。倉庫所欠，仍以本界帳對欠收落。

諸欠科納、和買、結糴、賒借之類應納而本户災傷，放税五分，第二等以上七分者，其納限聽量展，應納罰錢者，免納。即急切要用及已展限而再遇災傷者，申尚書本部。

諸欠若通水運以穀折納者，每斗准實直價，細免加五文，粗色加三文，元欠穀者非。

諸欠金銀錢帛糧草及軍須，並理本色，餘估輸納處實直上價納。若在京估價與輸納處不同者，從多納，雖應理本色而不可備或非出產者准此。其穀願依倉例折納或納實直上價者聽。

諸欠人納盡家資，已經官釋放後别置到財產者，不在陳告之限。

諸欠應剋折請給者，於券曆内開元欠、已剋、見剋、見欠欠數，仍結都數。有都曆者每名開具本。倉庫具剋數並附帳月申州磨審，狀首開元估官物及剋折物價，申轉運司，隨身剋折者，所至倉庫依此申州，繳報所屬。至足日，理欠司報所屬。

諸請給應剋納者，糧料院置籍，即時録數隨納。

諸請給不該銷破者，寄禄官若大小使臣以請給每月通剋五分，未有添給者，剋料錢三分。

諸承直郎以下預借料錢而身亡者，未納之數勿理。

諸使已請賜而停行者，復納。已造衣物，聽納衣物。已行五百里免半，一千里或身亡者全免。命官未達前所而以罪追還者，不在免限。

諸州縣理欠官，轉運司於逐州縣不許差出官内各選差一員，幹辦吏人，三年一替，州委通判，縣委令提轄。

諸州理欠司已納見欠，歲終轉運司比較，以應該賞罰者奏，應賞罰者，仍連伏狀。

諸理欠，在州及倚郭縣於理欠司，外縣於本縣，各置籍具注所欠，用印，縣用州印。計所欠，十分，均五季催理，對鈔勾銷。外縣每旬具已納、見欠名數並納處收附申理欠司銷磨籍。

諸理欠，不得收禁，其正身老疾者，聽監以次家人，應均備而已分足者先放。

諸理欠闕錢輸官者，聽以金銀、布帛、糧草，依市價折納。

諸欠兩處以上官物者，所屬差人同催，各隨所欠分數均納。有抵當者，據元供數亦各隨限滿先後拘收。

諸官物差互致少剩而色件相類者，聽准折。即所剩價少於所欠者，理所少。

諸省符立限理納裝籠屋子錢，出限者，本處估賣財產，納足日具元上供年分色額附便綱送納，仍申尚書刑部。剋納請給者准此。

諸欠，赦降指定除放，謂無可償納者。侵盗官物若冒佃官田宅令人出納净利之類納及五分，冒佃户絶田宅令人出納净利並冒佃官田宅之類及四分，侵盗，勒保人均備；若冒佃户絶田宅並隱陷税租之類及三分，並聽放。赦後通納及者，餘數亦放。

諸欠，遇赦應放而轉運司承省曹行下名數體式者，限一季勘會，放訖申尚書本部，不該放者准此申。

諸欠，償納已足或應除放者，理欠司保明申所屬磨審，十公憑若應有取會照證者，以公憑赴所在官司録報。

諸命官下班祗應、副尉欠非侵欺者，依限磨助理納，若不足者，送元

欠處，理欠司仍報差注官司，三百貫以上，全以財產請受折納；不滿三百貫，月剋請受五分。三百貫以上，通納及三分，不滿三百貫，二分，再報差注所屬，又二年無可納者，月剋請受二分。遇赦應除放者，通理及四分聽准赦。

諸糓支畢或應交併而不以時申舉，若有欠遇赦應除放者，以支畢或應交併日分季限催納。

諸應在官物，經赦應除者，所屬監司除訖以開，仍申尚書刑部。

倉庫令

諸雜物及竹園若欠負帳每五年，夏秋税管額帳每三年，一供全帳；餘年有收支或開閣者，供剩帳，無，即供單狀。

諸州於他處般請官物，交納畢，於次帳收附申所屬。若色件交互或欠，亦具注之，仍即究治。內欠限滿不足者，送理欠司。

諸官物交界訖，本州限十日取帳曆、應干文書送磨勘司，限三十日驅磨畢送庫架閣。仍保明申州，給公憑，後須照用者，止録公憑報，不得勾人。即磨勘不如法致失陷者，元主守人及磨勘吏人均備，磨勘之官於吏人總數內備一分，雖會恩去官，猶備如法。

諸買納官物畢委官定驗，糓及絲綿委稱量官。如巧僞濕惡，巧僞，謂帛有粉藥，糓有砂土、糠粃，鹽有硝，金有銀，銀有銅、鉛之類；濕惡，謂浥潤腐爛，帛紕疏、輕怯短狹、漬污，糓陳次粗弱細碎之類。餘條稱巧僞濕惡，准此。及正數不足，估剥所虧錢，勒元買納人依理欠分數限六十日盡估賣財產備償，不足，勒保人，亦限六十日填納，又不足，關理欠司。

場務令

諸官監酒務，監專同立界主管若遇欠折，監官均備一分，餘欠，依干繫人專副均備法。

諸糟酵依年次賣，一年破耗五釐，過二年應地卑濕處一年。下文稱二年，准此。賣不行者，其價聽減。若見在數約二年未盡者，雖未及二年，價亦聽減。因積留致損敗者，除之，並申轉運司差官驗實，減除訖申尚書户部。即專副交所前界糟酵除堪好外，實有不堪者，勒前界管認依數陪填。

諸酒務事有未便，聽轉運司議定利害聞奏。酒、麯損敗少欠，計所虧功料之價，干繫人均償。麯，願償本物者，於造時備功料，就院造。損敗係剩數者免償。其損敗物差官同監官定驗，毀棄訖保明申轉運司。

諸鹽酒務監專替畢交官物有欠而無欺弊者，以元管數計價，據欠數依比較課利虧欠法，若總數萬貫以上欠一分者，雖不及萬貫而欠千貫者同。監官申尚書省。

給賜令

諸外任請給，遇替移者，本州限五日驅磨，有無分移或應剋納不該銷破錢物數及住給月日，各批書，以身分曆給付。有欠物，仍具本處實直價。不經批者，所至勿勘給，承直郎以下，仍批印紙，有欠者，到任剋納如法。

諸承直郎以下借料錢者，州承尚書户部符置籍録數，每月剋納五分，候足批書印紙。如不到任或未足離任，具數申尚書户部，移任者，報所移州，仍批書印紙。

關市令

諸負債違契不償，官爲理索，欠者逃亡，保人代償，各不得留禁。即欠在五年外或違法取利，及高擡賣價若元借糓米而令准折價錢者，各不得受理。其收質者，過限不贖，聽從私約。

田令

諸欠及均備官物應納田宅入官者，估價折立租課，召人認税佃賃，限十年內聽以所收子利細填欠數，足日給還元產。如願以別錢贖者亦聽。限滿，依没官財產法。其應賣而無人承買者，亦聽贖。官有增修，計價貼納。因主持官物欠折致估納者，仍依本條。

斷獄令

諸應理官物，准直，五十匹以上百日，三十匹以上五十日，二十匹以上三十日，不滿二十匹二十日。

格

賞格

命官

州縣理欠官，各隨所管月日每年通計所理，逐年開納及理五分。

二年：五千貫以上，減磨勘半年；一萬貫以上，減磨勘一年。

三年：五千貫以上，減磨勘一年；一萬貫以上，減磨勘二年。

諸色人

州縣理欠吏人各隨所管月日每年通計所理，納及五分，三年者：

一萬貫以上，轉一資。

五千貫以上，指射差遣一次。

告獲欠官物隱寄財產，以所隱寄給三分之一。

告獲賣買及給納及估計官物並抵當財產有情弊虧官，以所虧錢全給。三百貫止。

式

理欠式

欠帳

某州

今供某年欠帳：

一舊管，已在今帳見欠項內開具。

一新收，錢若干，若干准某處關到某色人某姓名，欠某名目。餘人依此。餘色依此。

一開破，催納到錢若干，於某處送納，附某年某帳若干，某色人，某姓名，欠某名目，餘人依此。餘色依此。

除破，錢若干，某色人，某姓名，欠某名目，准某年月日某處指揮，除破事因。餘人依此。餘色依此。

關與別處錢若干，某色人、某姓名，欠某名目，關某處事因，附某年某帳。餘人依此。餘色依此。

一見欠，舊管謂除今帳催納到及除破關與別處錢物外，實欠數。錢若干，某色人、某姓名，欠某名目，納外見欠若干，餘人依此，餘色依此。

今帳。依舊管開。

以上該說欠名者，如水火損失，侵盜少欠，或係保人攤認之類，略說事因，不須繁多。右件狀如前，今攢造到某年欠帳一道，謹具申轉運司。謹狀

年月　日依常式

遇赦保明放欠狀

某州

准某年月日冬祀赦文，餘赦各言其名。云云，今勘會到合除放欠人如後：

一某倉庫、某人姓名界，某年月日幹辦受納買納、交併、兑換之類各隨事言之。某色、某物若干，應盤之物，仍云某年月日買納畢，差某官姓名盤量，有無收到出剩。某年月日起支或出賣，至某年月日支賣過若干，少欠若干，因交併支畢或點檢見欠亦同，其少欠之由各隨狀言。某年月日送磨勘司根磨，至某年月日根磨得別無欺弊，不曾送，則云不曾送磨勘司。有欺弊者，仍具注情狀。某年月日付某處勘斷，略注罪狀、所斷刑名。不曾勘斷，則具不曾勘斷事因。下文稱勘斷處並准此。某年月日送理欠司，合以某年月日爲見欠，除磨勘三十日及催納三十日並送理欠司五日限，合自某年月日起立季限，有欺弊，則不除催納等日限。今分到合理合放數。在五季限外，則云今來在五季限外已盡估納欠人財產備償，不足及剋請受無或不足，則云已勒保人依限填納；不足，則云已估納保人元抵當。其有欺弊，則云已盡估納欠人或保人財產。若係元抵保不足而差主持官物者，則云已勒元差干繫人與保人均備外，委是備償不足。

專副若干人，認若干分。一名姓名，若干，若二人以上，各具姓名及合納合放數。若干赦前合納，或於理合放，仍具已、未納數，云今來亦合除放。若干赦後合放。

干繫或保人名下攤理若干。無，即不開。一名某色人，姓名，若干。餘准專副例。

庫、稱若干人，攤理若干分。揀、掏、斗、級之類同。一名姓名。餘准專副例。

一某職次姓名，某年月日差管押某色綱，某年月日某處交裝某物若干，於某處卸納，至某年月日到某處，少欠若干，各注少欠事因，或遭風水沉失，則云某年月日至某處地名沉失，某月日時申某處，蒙差某官姓名定驗得沉失事同，及取到全綱地分某人等保明。委是別無欺弊，於某年月日某處勘斷。自餘准倉庫專副，綱梢等准庫、稱例。

一某縣鄉村姓名，某年月日冒佃某色田宅或隱陷某色稅租，至某年月日事發，各具冒佃或隱陷情狀及事發之由。合自某年夏或秋追納，計若干料，每料應理之物各別總計。於某年月日某處勘斷。餘准倉庫專副例。

右件狀如前，州司今保到前件欠官物某人等委是依得赦文合該除放，謹具申某司，伏候指揮。

年月　日依常式

餘欠名數不同者，並仿此保明，本屬監司驗實，於限内仿此奏聞。應申尚書本部或在京所屬者，亦仿此。

賞式

保明理欠官催納分數酬賞狀

某司

據某州申，據某官姓名狀，先主管理欠司催納過錢物，陳乞酬賞，今勘會下項：

一某官某年月日到任，幹辦至某年月日替罷，或别因事替移，即開説事因。在任計若干年。有零年月日亦具説。

一本州元管諸色人欠錢物都計若干，計成見錢共若干，合分爲五季催理，每季合催理、每季合催納若干，每年合催納若干。

一本官自某年月日至某年月日終，催納過若干，以元闕欠數若干，計催納過若干分，各已收附本年某名目帳説。

一餘年准此開。

一審計院、磨勘司審磨並同，官吏姓名。此項用朱書。餘式准此。

一本司典級若干人，已如何給賞。各詳具之。

一檢准令格云云。

右件狀如前，勘會某官主管理欠司計若干年，共催納過錢物若干，每年季納及若干分，准令格該某酬賞，本司保明並是詣實。謹具申尚書某部。謹狀

年月　日依常式

旁照法

名例敕

諸稱分者，以十分爲率，稱釐者，以一分爲十釐。

諸罰俸者，以半月，罰直者，以十直爲一等，不在官蔭減等之例。

諸稱不以赦降原減，除緣奸細事或傳習妖教、托幻變之術及故決、盜決江河堤堰已決外，餘犯若遇非次赦或再遇大禮赦者，聽從原免。

（宋）謝深甫等《慶元條法事類》卷三二《財用門·鼓鑄敕令格式》

敕

擅興敕

諸鑄錢抑勒於功限外鼓鑄及令夜作者，以違制論。

厩庫敕

諸鑄錢虧額，依課利場務虧欠法，因闕功料致虧者，除其數，即揀退錢滿一釐，監官衝替。額外增鑄應保奏者，聽折免。

（宋）李心傳《建炎以來朝野雜記甲集》卷三《典禮·奉使出疆賞賚》 自紹興以來，朝廷每遣使，往北境賀生辰正旦，使副及三節人從往還，皆遷一官資，上中節各十人，下節三十人，並不許白身，使賜裝錢千緡，副賜八百緡，銀帛各二百匹兩，上節銀帛共三十，中節二十五，下節一十五，三節人俸外，日給五百錢，探請俸二月，十八年，詔錢賞各減半，若非泛遣使，則如舊。

（宋）李心傳《建炎以來朝野雜記甲集》卷八《雜事·鄭亨仲欲併掌利權》 建炎中，張魏公爲宣撫處置使，節制川陜京湖十三路，便宜黜陟。魏公既罷，其後去便宜，猶於兵民財無所不總，故其權常重。若財賦舊以都轉運使領之，然大抵皆隸宣撫司，紹興中，秦會之既與鄭亨仲有間，十五年十一月，始命趙侍郎不弃以太府少卿爲四川宣撫司總領官，蓋陰奪其柄，亨仲不悟也，趙入疆移文，宣撫司用平牒，亨仲見之愕而怒，久之始悟其不隸己也。十八年宣撫司罷，又改爲總領四川財賦錢糧，蓋自爲一司，迄今不改。然自辛巳用兵後，凡文臣執政官爲宣撫使，則總領官用申狀、受約束，武臣爲宣撫使，則抗禮平牒焉。

（宋）李心傳《建炎以來朝野雜記甲集》卷一一《官制·發運使》 發運使祖宗盛時有之，置司真州，歲漕江湖粟六百萬斛，以贍中都。渡江後，江湖寇盜多，發運司第職糴買而已。紹興二年正月，遂罷發運司，以其錢帛赴行在。八年，起居舍人句龍如淵建言，户部非生財之地，請置諸路水陸度支轉運等使，置司蘇杭，户部侍郎李彌遜因請復置發運司，別給糴本錢數百萬緡，廣行儲積，分毫不得取供近用，以待恢復之須。徽猷閣待制程邁爲江、淮、荆、浙、閩、廣經制發運使，專掌糴事。邁入辭，上疏言，唐劉晏爲九使，財賦悉歸于一，國朝始分爲二，而三司使居中，發

運使居外，相爲表裏。今租庸分於轉運司，常平分於提舉司，鹽鐵分於茶鹽司，以至鼓鑄則有坑冶司，平準則有市易司，總之以户部，而發運使，徒有其名。固辭不行，上不許。已而右諫議大夫李誼請令檢察營田市易等事，俾總六路而制其盈虚，亦不行。第令和糴而已。其冬，李泰發秉政，以爲虚縻廩禄，請罷發運，而復常平，九年正月，遂廢發運使，以户部侍郎梁汝嘉爲經制使。乾道六年，虞丞相當國三月，奏復發運司，以户部侍郎史正志爲淮、浙、京湖、淮廣、福建等路都大發運使。朝論不以爲宜，汪聖錫、黄通老二尚書言之尤力，執政皆不之聽，然正志實無能爲，但峻督諸司州郡多取羨財而已。其年十二月，正志以奏課誕謾貶，乃復廢發運使焉。

（宋）李心傳《建炎以來朝野雜記甲集》卷一一《官制·經制使》

經制使者，宣和間陳亨伯資政始，以大漕兼之，亨伯創比較酒務及以公家出納錢量取其贏，以佐用度。其後翁端朝中丞繼爲之。紹興初，與發運俱罷。九年正月，復置，以户部侍郎梁汝嘉爲使，司農少卿霍蠡爲判官，以檢察内外失陷銀物、舉催未到綱運、措置糴買、總領常平爲職。未幾，曾諫議統言其無益而多費，遂省之。十三年八月，上諭大臣曰，今漕司各掌一路，有無不能相通，可倣發運置都轉運使一員。通掌諸路糶糴，選從官中曉財穀者爲之，上雖有是言，然亦不克久也。紹興中，又有總制司，以執政官領其事。先是，經制司既廢，諸路貢賦，或不時至，五年閏二月，孟富文以參知政事提領措置財用，富文請以總制司爲名，許之，其職略視經制司。七月，富文罷，詔沈忠敏與求權領。六年三月，忠敏罷政，詔總制司官候除，執政日取旨，既而不除。後二年，乃復置經制發運使。凡二司金穀本末，語在財賦事中。建炎初，又以馬忠爲河北經制使，王璦、傅亮爲河東經制副使，名雖同，然實掌兵事云。

（宋）李心傳《建炎以來朝野雜記甲集》卷一一《官制·都轉運使》

都轉運使，渡江後惟四川有之，明受元年三月，始以黄右司概爲四川水陸制置發運使，置司遂寧府，未行而反正，遂除兵部侍郎。明年，張魏公出使川陝，遂以趙應祥爲隋軍轉運使，專一總領財賦，應祥言總領財賦，於四路漕計，或不相關，當正其名，使知有所統屬，張公是之。紹興六年冬，遂除應祥都轉運使，後又置副使或判官。十五年省都轉運使，以其事歸宣撫司，用鄭亨仲請也。其年十月，汪侍御渤言制軍給食，通而爲一，雖密院户部不得而專，於是復置總領矣。紹興二年十月，嘗置江湖等九路都轉運使，置司湖州。未幾，即廢之。

（宋）李心傳《建炎以來朝野雜記甲集》卷一一《官制·總領諸路財賦》

總領財賦，古無其名，靖康末，高宗以大元帥駐軍濟州，命隋軍轉運使梁揚祖總領措置財用，然未以名官也。建炎末，張魏公用趙應祥總領四川財賦，始置所繫銜，總領之官自此始。其後大軍在江上，間遣版曹或太府司農卿少調其錢糧，皆暫以總領爲名，而四川改置都轉運司，故總領又廢。紹興十一年，諸將既罷兵，乃置三總領，以朝臣爲之，皆帶專一報發御前軍馬文字，蓋又使之與聞軍政，不獨職饋餉而已。凡鎮江諸軍錢糧，隸淮東總領，治鎮江。建康池州諸軍錢糧，隸淮西總領，治建康。鄂州荆南江州諸軍錢糧，隸湖廣總領，治鄂州。其位在轉運副使之上。十五年，復置四川總領，治利州，天下凡四總領矣。乾道七年，併淮東總領所入淮西，以有發運使故也，未幾復舊。然東南三總領皆仰朝廷科撥，獨四川總領專制利源，即有軍興，朝廷亦不問，故趙應祥榷鹽酒，而王瞻叔括白契，以佐軍需云。

（宋）李心傳《建炎以來朝野雜記甲集》卷一一《官制·館職爲總領》

諸路總領故事，皆帶在内金穀官，若太府司農卿少丞户部，列曹郎中員外郎之類，淳熙中，趙温叔用宇文郎中子震爲淮東總領，時宇文尚爲館職，以未歷郡，不可除郎，乃命以著作郎兼權金部郎官爲之，以館職領錢糧，非舊典也，當時皆不以爲是。

（宋）李心傳《建炎以來朝野雜記甲集》卷一一《官制·提點鑄錢》

提點坑冶鑄錢公事，自咸平初有之，渡江後，屢罷屢復，語在財賦事中。乾道六年，併其事於發運司，發運司罷，遂復之，淳熙五年，又加都大二字於提點之上，以倣川秦茶馬。後又置提點江淮鐵冶鑄錢，公事以淮西漕臣兼之。

（宋）李心傳《建炎以來朝野雜記甲集》卷一一《官制·武臣提刑》

武臣提刑，祖宗以來有之，後罷去。建炎元年，以盗賊未衰，復之，然但管捉殺而已。四年又罷之，乾道六年五月，復置諸路各一員，皆選公廉曉習法令民事之人。如無聽聞大臣，乞依故事加同字，不從。於是武憲横

於四方，至有六曹尚書典藩而被按者，淳熙末，上知其不便，遂不復除，今止除朝臣一員而已。

（宋）李心傳《建炎以來朝野雜記甲集》卷一一《官制·提舉常平茶鹽》 提舉常平官，自熙寧初置，元祐紹聖間罷復不常。建炎元年五月，復罷，二年八月復諸道常平官，還其糴本，自青苗錢不散外，常平免役之政皆掌之。九年，置經制司，改常平官爲經制某路幹辦常平等公事。未幾，經制司罷，復爲常平官。久之，復置提舉，東南以茶鹽司兼領，四川以提刑司兼領，仍別置官吏，及歲舉陞改員，然常平錢皆取以贍軍，今特掌義倉及水利役法賑濟等事而已，無復平糴之政矣。

（宋）李心傳《建炎以來朝野雜記甲集》卷一一《官制·安撫使》 安撫使舊號帥臣，祖宗時，惟陝西河東北三路及益廣桂有之。建炎初，李伯紀建言諸道皆帶安撫使，而廣東西仍舊制，加經略二字，其制今存，然兵事皆屬都統，民政皆屬諸司，安撫使特虛名而已。又有管内安撫者，自軍興以來有之，蓋諸將在邊，假使名以爲重，事定亦廢。今金均黎楚等數州，以極邊得存，又有廣西安撫都監、邕州守臣兼帶，瓊管安撫都監、瓊州守臣兼帶，外此則俱不帶云。

（宋）李心傳《建炎以來朝野雜記甲集》卷一一《官制·馬步軍都總管》 馬步軍都總管，祖宗時大帥職也，舊名都部署，避英宗諱改之，三路帥臣得兼事權甚重，以武臣爲之副。今江浙淮廣荆湖利路帥臣，皆帶都總管，但存虛名，而其副特以處貴游外戚及離軍之人，無可蠹之務，蓋以厚禄優之，非復祖宗之制矣。

（宋）李心傳《建炎以來朝野雜記甲集》卷一四《財賦·國初至紹熙天下歲收數》 國朝混一之初，天下歲入緡錢千六百餘萬，太宗皇帝以爲極盛兩倍唐室矣。天禧之末，所入又增至二千六百五十餘萬緡。嘉祐間，又增至三千六百八十餘萬緡。其後月增歲廣，至熙豐間，合苗役税易等錢，所入乃至六千餘萬。元祐之初，除其苛急，歲入尚四千八百餘萬。渡江之初，東南歲入不滿千萬。逮淳熙末，遂增六千五百三十餘萬焉。今東南歲入之數，獨上供錢二百萬緡，此祖宗正賦也。其六百六十餘萬緡，號經制，蓋吕元直在户部時復之。七百八十餘萬緡，號總制，蓋孟富文秉政時創之。四百餘萬緡，號月樁錢，蓋朱藏一當國時取之。自經制以下錢皆增賦也，合茶鹽、酒算、坑冶、榷貨、糴本和買之入，又四千四百九十餘萬緡，宜民力之困矣。

（宋）李心傳《建炎以來朝野雜記甲集》卷一四《財賦·兩浙歲入數》 祖宗盛時，兩浙歲入錢三百三十餘萬緡，而鹽茶酒税十居其八，郡國支計，皆在其間，時以爲承錢氏横斂之政，故賦入視他路已厚。淳熙末，兩浙歲輸左内藏庫錢至千二百萬緡，浙東四百二十八萬，浙西七百五十餘萬。而茶鹽之利，隸于朝廷者不與焉。

（宋）李心傳《建炎以來朝野雜記甲集》卷一四《財賦·東南折帛錢》 東南折帛錢者，張本于建炎，而加重于紹興。祖宗時，民户夏秋輸錢米而已，未以絹折也。咸平三年，度支計殿前諸軍及府界諸色人，春冬衣應用布帛數百萬，始令諸路漕司於管下出産物帛，諸州軍于夏秋税錢物力科折，輦運上京，自此始以夏秋錢米科折綿絹，而于夏科輸之。聞諸父老，川陝四路，大抵以税錢三百文，折絹料一匹，此咸平間實直也。又有所謂和買絹者，大中祥符九年，内帑災，發鏹下三司預市紬絹，是時青齊間絹直八百，紬六百，官給錢率增二百，民甚便之，自後稍行之四方。寶元後，西邊用兵，國用頗屈，于是改給鹽七分，錢三分，至崇寧三年改鈔法，則鹽不復支，而所謂三分本錢，州縣亦無從出矣。建炎三年，苗劉作亂，兩浙轉運副使王琮言，本路上供和買紬絹，每歲爲一百十七萬餘匹，乞令民户每匹折納錢二千，朱藏一爲相，許之，東南折帛錢，蓋自此始。三月壬辰。紹興二年，秦檜爲相，吕元直督軍于外，户部請諸路上供絲帛並半折錢，如兩浙例，又許之。三年五月甲申。是時行都月費錢百餘萬緡，財無所從出。四年，梁汝嘉在户部，乃令民輸帛者，匹納錢四千或六千，紬以十分爲率，二分折四千，八分折六千。絹以十分爲率，折納五分，其二分折四千，三分折六千。折帛錢自此愈重，十一月甲午。九年，復河南，赦遂減折帛錢匹千千，正月丙戌。其後又增之。十七年，始詔兩浙絹紬每匹減作七千，和買六千五百，綿每兩四百，江東紬絹每匹六千，綿每兩三百。時東南諸路，歲起紬三十九萬匹，浙東上供八萬，淮衣福衣八千，浙西上供九萬二千，淮衣萬六千，江東上供九萬，淮衣福衣三萬七千，江西上供五萬二千，淮衣福衣一萬五千，湖北上供三百，皆有奇。絹二百六十六萬匹，浙東上供四十三萬八千，淮衣福衣五萬三千，天申大禮八千，浙西上供三十八萬一千，淮衣福衣十三萬八千，天申大禮萬

四，江東上供四十萬六千，淮衣福衣十三萬九千，天申大禮八千，江西上供三十萬五千，淮衣福衣六萬七千，天申大禮八千，已上皆有奇，淮東天申大禮四萬九百五十，淮西天申大禮三千七百，湖南天申大禮四百，廣東天申大禮四千六百，廣西天申大禮六千五百。綾羅絁三萬餘匹，浙西綾八千七百，婺州羅二萬，湖南平絁三千。其淮衣、福衣、及天申大禮，與綾羅紬，總五十二萬匹有奇，皆起正色，其他絹紬二百五十六萬餘匹，約折錢一千七百餘萬緡，而綿不與焉。

（宋）李心傳《建炎以來朝野雜記甲集》卷一四《財賦・兩川畸零絹估錢》

兩川畸零絹估錢者，本三路綱也。方承平時，東西兩川，每歲于二稅及和買畸零絹內，起正色絹三十萬匹，應副陝西京西河東支遣，謂之三路綱運。建炎三年，張魏公出使川陝，改理估錢以給軍食，西川每匹至爲錢十一千，東川每匹十千，紹興二十五年，鍾世明奉詔裕民每匹減一千，七月丙辰。二十七年，蕭德起爲帥，又減一千，三月甲申。其後節次減免，今猶輸七千，或七千有半。紹熙末，楊侍郎輔總計，又權減一千，至今爲例，兩路見額理絹估錢二百餘萬，實理錢一百七十餘萬云。

（宋）李心傳《建炎以來朝野雜記甲集》卷一五《財賦・常平苗役之制耆户長雇錢》

常平苗役之政，自熙寧始，建炎初，遂罷之，其二年冬呂元直、葉少蘊、張達明、孫仲益、在從班奉詔討論常平法，元直等以爲此法不宜廢，如免役坊場亦可行，惟青苗市易當罷，上曰青苗斂散，永勿施行，遂置諸路主管官，追還糴本。紹興八年冬，李泰發參政復爲上言常平法，本於漢耿壽昌，豈可以王安石而廢之。九年，遂復提舉官，使掌其政，然自軍興後，常平窠名，往往撥以贍軍，無復如曩時之封樁矣。免役錢自熙寧以來已有寬剩之數。建炎元年，既增射士，六月乙亥。議者恐費不給。明年夏，乃詔官户役錢，勿復減半，而民户役錢，概增三分。五月庚戌。三年，復減之。七月己丑。其後命撥已增錢赴行在。紹興五年三月癸未。紹興二十九年，又用趙直閣善養議，詔品官子孫名田，減父祖之半，餘同編户差役，其詭名寄產皆併之。三月丁丑。乾道二年，李侍郎若水，復請令官户全納役錢。二月辛未。上初不可，既而卒行。其年六月。耆户長雇錢者，舊以免役錢給之。建炎四年，廣西漕司請罷户長，而用熙豐法，每三十户，遂料輪甲頭催租。八月辛卯。紹興初，遂盡取其庸錢隸提刑司，元年五月戊午。既而言者以差甲頭不便者五，乃不復行，而耆户長雇錢，因不復給。五年，詔其錢分季起發赴行在，正月壬戌。後遂爲總制窠名焉。

（宋）李心傳《建炎以來朝野雜記甲集》卷一五《財賦・總制錢》

總制錢者，紹興初，孟富文參政所創也。五年春，高宗在平江，命富文提領措置財用，富文請以總制司爲名，專察内外官司隱漏遺欠，從之。閏二月己丑。於是首增頭子錢爲三十文，四月己未。其十五文充經制窠名，七文充總制窠名，六文提、轉、兩司，二文公使支用。既又請收耆户長庸錢，抵當四分息錢，轉運司移用錢，勘合朱墨錢，常平司七分錢，四月癸亥。人户合零就整二稅錢，免役一分寬剩錢，官户不減半，民户增三分役錢，四月辛未。常平司五文頭子錢，八月己酉。並令諸州通判、諸路提刑，催充總制，至十一年，浙東一路，收總制錢一百八十九萬緡，諸路準此。乾道元年十月，又增頭子錢每貫十三文充總制。是時户部歲人視其出，闕七百萬緡，故有增頭子錢，及官户不減半役錢之令，蓋補經費也。時虞并甫當國，有趙沓者獻言所在吏禄，皆除頭子錢，而在京百官獨否，除之，歲可得七十萬，并父命都司計之，僅二十四萬緡，以其不多而止，時六年四月也。至嘉泰初，除四川外，東南諸州，額理經制錢七百八十餘萬。

（宋）李心傳《建炎以來朝野雜記甲集》卷一五《財賦・經總制錢額》

經、總、制錢，舊法守貳通掌，而隸提刑司，李朝正爲户部侍郎，建言始屬通判，一歲所入，至一千一百二十萬緡，其後復命知、通、同掌，無歲不虧，于是議者，乃復請委通判，事既行，諸道因請以紹興十九年所入爲準，時汪明遠爲侍御史，上疏言財賦所出，當究源流，是年經界初行，民輸隱漏之税，蓋是適然當取十年閒酌中之數爲額，上可之。然今東南諸路經總制錢，歲收千四百四十餘萬緡，又多于朝正在户部之額三百萬矣。乾道初，孝宗嘗諭洪景伯丞相曰，祖宗時財賦，無經總制錢，朕他時用度有餘，即令民閒免輸納，然其所入浩大，迄不容免也，舊廣西經總制銀，皆隨税均取于民，民甚以爲患。紹興二十六年二月，高宗用知雷州趙伯樫言，下詔禁止云。十六年專用通判，後五年，知通同掌。

（宋）李心傳《建炎以來朝野雜記甲集》卷一五《財賦・四川經總制錢》

四川經、總、制錢，額理五百四十餘萬緡，其一百三十一萬緡贍軍，一百三十四萬緡應副湖廣總領所，一百六十九萬緡上供六萬餘緡諸郡支用。光宗受禪，蠲湖廣三年錢四百餘萬緡對減鹽酒重額錢，即此錢也。

然四路憲司，歲撥湖廣錢，實止六十萬緡，故減放之令，後三年乃下，而每歲所減通總司抱認，亦纔九十萬緡，迄今遂爲永例。

（宋）李心傳《建炎以來朝野雜記甲集》卷一五《財賦・月椿錢》

月椿錢者，自紹興二年冬始，是時淮南宣撫使韓世忠，駐軍建康，宰相呂元直，朱藏一共議，令江東漕臣月椿錢十萬緡，以酒稅、上供、經制等錢應副。其後江浙湖南皆有之，雖命以上供、經制、係省、封椿等錢充其數，然所椿不能給十之一二，故郡邑多横賦于民。如江南之科罰，湖南之麴引，在上者迄無以禁之，大爲東南之患。紹興三年，李泰發秉政，爲上言月椿錢害民，而江東西尤甚，請損之，遂命諸路漕臣均定，如窠名不足，取旨，自朝廷給降，不得一毫及民，二月甲子。然不能大有所減。十七年，朝廷既罷兵，又命監司、郡守，將寬剩撥錢充月椿，以寬民力。八月己未。其後遂減江東西月椿錢二十七萬七千緡有奇。九月乙亥，減徽信州各五萬有奇，宣州五萬，撫州二萬五千，江州一萬，筠州南康各六千，臨江軍四千，建昌軍二千，皆有奇。十八年冬，上又諭秦會之，日昨己減月椿錢，要當盡罷，會之即諭版曹李仲求，以經制錢贍軍，然月椿錢卒不能罷。乾道中，始減廣德軍月椿錢千八百緡。淳熙初，又減桂陽軍萬二千緡。光宗登極，以月椿有敷額，大重去處，令臺諫侍從，同户部長貳，詳悉措畫聞奏，當議斟酌施行，以寬民力。其年用吏部尚書顔師魯等奏，再減江浙諸郡月椿錢十六萬五千緡有奇。袁州減二萬五千，常州減二萬，吉州減萬七千，隆興府、饒州，各減萬五千，信州減一萬，撫州減七千，贛州減六千七百五十二，江池州廣德臨江建昌軍各減六千，湖州減五千，徽州、南康軍，各減四千，興國軍減三千，筠州、南安軍各減二千。今東南月椿錢，歲爲緡錢猶三百九十餘萬。又有版帳錢者，軍興後，諸邑皆有之，而浙中爲尤甚。紹熙元年夏，議者請令監司州郡，寬屬縣無名之取，以紓民力，時朝請郎四明劉俁，守岳陽，會四縣版帳之額，爲二萬一千餘緡，而無窠名者，萬一千餘緡，乃與提刑丁端叔、漕判薛象先議取，凡無名者盡蠲之，舉一郡而言，則其餘可知矣。又其餘郡，未減者今猶存。

（宋）李心傳《建炎以來朝野雜記甲集》卷一五《財賦・折估錢》

折估錢者，始自紹興初，張德遠爲川陝宣撫使，日供給關外大軍之名也。蓋諸軍月支正色米之外，又有折支估錢者，故以此名之。其後衣賜犒賞，供給芻豢之屬，通以折估爲名，而其數浸廣矣。

鹽折估者，取三路鹽引税錢，而供此折色也。酒折估者，取四路場務坊店酒息錢，而供此折色也。故又以折估名之。大凡一歲折估之入，凡七百一十餘萬緡，其出一千二十八萬餘緡，蓋以糴本、經、總諸色窠名助其費，而糴買糧絹，與夫般運之費八百七十萬餘緡不與焉。諸雜費約九十萬緡，又不與焉。大抵蜀中之折估，與江浙之月椿，皆以贍軍得名，其事相類，但折估猶有鹽酒爲之窠名，而月椿乃白著横科，尤爲無藝。爲今之計，要當加蜀中之法，以鹽茶錢贍軍，則月椿斯可免矣。

（宋）李心傳《建炎以來朝野雜記甲集》卷一五《財賦・田四廂錢》

田四廂錢者，始自紹興十二年春，以右護軍統制田晟所部人馬隸馬司。明年，有旨令四川歲撥總制錢一百七十三萬餘緡，綢絹四萬七千餘匹，綿五萬四千餘兩，赴鄂州，十四年二月戊戌。蓋此錢本供晟軍費故也。二十九年，軍事將興，乃以其五十萬緡還四川應副，增招軍兵歲計。六月壬辰，還二十二萬，七月庚戌，又增之益路二十萬，利梓夔路通減五萬。淳熙末，又以其餘緡，對減四川鹽酒重額，十六年四月己巳。語在經總制錢事中。

（宋）李心傳《建炎以來朝野雜記甲集》卷一五《財賦・行在諸軍馬草》

行在諸軍馬草，每年計三百六十萬束，每束户部降本錢百文，下浙漕司，于諸州收買。其十六萬緡，以榷貨務見錢關子，二十萬緡以也故窠名錢科降。紹興三十一年，殿前司既獻酒坊六十五户，部因請以其净息錢三十六萬緡，專充馬草本錢，而以遞年合降本錢，收糴馬料，從之。四月辛未。大抵馬草料錢，約計七十餘萬。

（宋）李心傳《建炎以來朝野雜記甲集》卷一五《財賦・關上諸軍馬料》

關上諸軍馬料，舊于沿流諸州和糴，然實以等第分科爲率，紹興五年，馮震武傳之總計，始自置場糴買，歲用大麥二十五萬一千一百四十斛。明年夏，請權免和糴馬料一年，許之。今西邊有積料十二餘萬斛，蓋備軍興，非歲計所常用。

（宋）李心傳《建炎以來朝野雜記甲集》卷一五《財賦・都下馬料》

都下馬料，舊以其數和糴于民。紹興二十七年冬，言者謂江浙間，沙田蘆場，爲人冒占，歲失官課至多。明年春，詔遣户部郎中莫濟子齊，同三路漕臣按視，將以其租，爲馬料之費。二十八年正月癸未。時葉審言爲御史，

上言陛下初欲免歲糴馬料，爲國便民，然三路遼遠，使者豈能盡行，必有強增其數以希進者，于有力之家，初無加損，而害及貧民，慮致逃移，坐失税額，因極論之。始浙漕趙清獻，議欲盡行沙田入官，隨其肥瘠高下，輕立租課，就令見佃火客耕種，如有形勢之家，尚敢占吝，具名取旨。事既行，二十七年十二月乙未。而或不以爲便，乃令見占人，且行管佃，凈認租課，故審言論之。尋詔第三等以下户，更不一例根括，二十八年二月癸丑。後數月，又詔淮東人户，檢尋契要，未備，可限半年。五月庚午。俄特與放免，五月丁丑。後月餘，復命并浙西江東官户千畝，民户二千畝以下放免，餘并依元旨增租，六月甲寅。時福建江海之濱，亦有新出沙田，户部聞之，遽下常平司出賣，而殿院任信儒以爲此皆民間自備錢本興修，數年之間，償費未足，望少寬之，乃止。二十九年五月甲寅。其後淮東、浙西、江東三路沙田蘆場之藉，總二百八十萬畝有奇，凡爲沙田，則起催小麥米絲，沙地則起催豆麥絲麻，蘆場則起催柴蕟見錢，民間以爲擾，訴訟不絶，方務德滋守京口，五疏論之。孝宗問大臣，此事或以爲可取，或以爲可損。陳魯公曰，君子小人，各從其類，小人樂于生事，不惜爲國斂怨，君子務存大體，惟恐有傷仁政，此所以不同。上曰然，乃詔沙田蘆場指揮，更不施行。三十二年冬也，十二月庚戌得旨。乾道元年秋，幹辦皇城司梁俊彦復獻議，乞以官民請買之田立税，請佃之田立租，乃詔淮東西紹頌張津、楊倓，同三路漕臣措置，而俊彦總治之。葉子昂秉政，深不以爲然，而弗能止也。俊彦等乞沙田折納米，沙地及蘆場，並紐折見錢，從之。七月丙寅，置措置官田所。九月丙子，申請折納錢米。六年春，始立税租數目，自一分至三分，己業沙田所得花利，每米一石，于十分内，以一分立租，蘆場花利，紐錢一貫，于十分内，以一分五釐立租，其租佃沙田，即立租二分，蘆場立租三分，二月己酉也。凡爲錢六十萬七千七十餘緡，詔並赴南庫送納。七月癸未。八月秋，言者以爲向來措置之初，止爲有力之家，侵耕冒占，而奉行之際，乃并人户、租產、口業、一概打量，加立新租數倍，致人户有逃移者，乃詔己業蘆場草地所納賦税，并減五釐，租田與減一分。七月甲戌。先是創提領官田所，至是併歸户部焉。

（宋）李心傳《建炎以來朝野雜記甲集》卷一五《財賦·四川軍糧數》 四川軍糧，歲用一百五十六萬餘斛，其十三萬餘斛歲收，二分税子，二萬九千斛，興元府、興、洋、階、成、利、鳳、西和州營田租十萬餘斛。一百三十七萬斛糴買，關内，七十八萬石，關外，六十萬餘石。然糧道既遠，水運頗勞。紹興六年春，吴涪王爲宣撫副使，命將取秦州，必欲從陸運，趙應祥爲大漕，執不可，吴迄自爲之。兩川調夫，運米十五萬斛至利州，率費四十餘千而致一斛。其冬，吴復欲從陸運，召諸路轉運使，持户籍至軍中，邵澤民權宣撫副使，獨曰：今春驅梁洋遺民，負糧至秦州，餓死十八九，豈可再也，且宣司已取蜀民運脚錢百五十萬，其忍復使陸運乎。既上疏，立以便宜止之，卒行水運。自後席大光、胡承公、相繼入蜀，率以水運爲可行，于是總領所委官就糴于沿流諸郡，然民間不免受弊，而糧亦不足。十八年，符行中，爲總領，用其屬官李景孚之策，景孚，字紹祖，開封人，遵勖之後，貪酷吏也，終于直祕閣知夔州。就興、利、閬州置場，聽客市賣，由是盡革前弊，米運充足。三十一年，金人入侵，王瞻叔調利路夫六萬七千人，自魚關負糧至鳳州，人持七斗米，興元二萬夫，巴蓬利各四千夫，文龍成各千五百夫，階州二千夫。舊民夫裹糧自備，至是始給之。自魚關至鳳州百八十里，往來六日程，日給米二升。然民間一夫之費，猶數十千，又多道死者。乾道初，汪聖錫帥蜀，請優恤之，漕司奏人給三千，應用度牒八百，上命以二千予之。二年正月甲子。乾道中，虞雍公自宣撫使還朝爲右僕射，上問兩邊積糧之數，虞公奏臣離蜀時，近八十萬斛。乾道五年春。當紹興初，關外四郡，多不耕之田，故多徙諸軍于内郡以就糧，如守邊之兵，必就食于内郡之水運，其後四十年間，耕墾遍野，粒米狼戾，有司不時措置就糴，至辛巳用兵，王之望調利路丁夫運米，一夫之費，至七八十千，民力告竭，又丁夫多死于道者。臣始至宣司，即邊地措置和糴，不惟省内郡水運，而邊頭漸有儲蓄矣。亦聞王炎委孫叔豹增糴，王公明以樞密使，代爲宣撫。但近日移兵戍黑谷等處，食者既衆，或一不熟，仰食此米，必無贏餘，一日邊事起，當有辛巳調夫之患。上曰然，卿宜將此意，諭王炎，令廣作措置。其後至淳熙中，西邊乃有積糧一百二十餘萬斛云，在魚關、階、成、西和、鳳、興、洋、利、金州、興元府、大安軍十一處貯之。自符行中于利、閬、等州置糴場，募商人載兩川米入中，其在閬州者，泛嘉陵而上至利州，又自利州運至魚關，官不勝其費，又多亡失者。紹興末，楊嗣勳總計，始用屬官井研陳厚議，廢閬州糴場，令商人徑至利州及魚關，仍優其直，公私

便之。

（宋）李心傳《建炎以來朝野雜記甲集》卷一五《財賦·東南軍儲數》東南軍儲，始仰給于江湖轉漕。紹興元年，以寇盜多，貢賦不繼，始命户部降本錢，下江、浙、湖南，和糴米以助軍儲。所謂本錢者，或以官告，或以度牒，或以鈔引，類多不售，而出納之際，吏緣爲奸，人情大擾。五年，上在臨安，又命廣東漕臣，市米至閩中，復募客舟赴行在。十一年夏，始分行在省倉爲三界，界每百五十萬斛。凡民户白苗米，南倉受之，以廩宗室百官爲上界，次苗米北倉受之，以給衛士及五軍爲中界，糙米東倉受之，以給諸軍爲下界。六月癸酉。十八年，户部奏免和糴，而命三總領所，置場糴之，上大喜。閏八月庚申。舊制二浙江、湖，歲當發米四百六十九萬斛，二浙一百五十萬，江東九十三萬，江西一百二十六萬，湖南六十五萬，湖北三十五萬。至是所欠一百萬斛有奇，乃詔臨安平江府，及淮東西、湖廣三計司，歲糴米百二十萬斛，浙西七十六萬斛，行在省倉，上界六萬石，中界五萬石，下界二十五萬石，三界外，臨安府行在省倉場二十萬石，平江如之。淮西十六萬五千，湖廣淮東皆十五萬，十八年閏八月甲子。二十八年秋，户部遂請二浙江湖米榷，以見發三百六十七萬斛爲準數，從之。比祖額，二浙欠三十萬，江東三十萬，江西六萬，湖南十萬，湖北二十五萬，九月壬申降旨。時二浙，以三十五萬斛折錢，蓋綱米及糴場，歲收四百五十二萬斛也，舊川廣荆湖，歲自運河漕綱至京庾，每有淺阻之患，三十年夏，議者以建康之鄧步、銀林，自江達湖，止遵陸二十里，請于其地，置轉般倉，上命江東漕臣，相度爲之，四月壬申。然卒不果。或謂經由湖中，恐有飄失之患，故但行運河云。

（宋）李心傳《建炎以來朝野雜記甲集》卷一五《財賦·祠部度牒》祠部度牒，治平四年冬，始鬻之，《長編》云，始于熙寧元年秋，蓋誤。熙寧之直，爲百二十千，渡江後，增至二百千，其後民間賤之，止直三十千而已。紹興初，李仲永初入朝見上，爲上言今歲鬻度牒萬，是失萬農也，積而累之，農幾盡矣，非生財之道，上納其言。十二年，既罷兵，遂不復鬻。五月丙午。久之，復以其絶產，隸郡國養士，二十一年九月戊午。時王元龜尚書爲國子司業，復請放行，上諭大臣曰，大費殊未曉朕意，人多以鬻度牒爲利，亦以延人主壽爲言，朕爲人主，但當事合天心，而仁及生民，自當享國長久，如高齊、蕭梁奉佛，皆無益也。僧徒不耕而食，不蠶而衣，無父子君臣之禮，以死生禍福，恐無知之民，蠹教傷民，莫此爲甚，豈宜廣也。輔臣皆稱善，然諸路僧尼，猶有二十餘萬人，道士女冠萬餘人。二十六年三月甲午。明年，遂詔換給不盡度牒，皆歸禮部。二十七年八月辛亥。三十一年春，朝廷聞金亮欲敗盟，始放度牒，增直爲五百千，二月戊午。其後所放滋益多。隆興初，詔減爲三百千，因出度牒二萬，鬻于江、浙、湖南、福建，計直六百萬緡，期以一季，州縣皆抑以予民，民大以爲擾。二年二月。周元持御史言于上，乃損爲二百五十千，三月癸巳。自辛巳調兵以後，九年之間，官鬻度牒至十二萬道有奇，孝宗知之，乃降詔權行住賣，時乾道五年冬矣。十二月庚寅。明年春，遂增爲四百千，六年正月甲子。淳熙初，又增五十千，四年十月戊辰。明年夏，詔四川度牒，每道估川錢引八百千，五年六月丁丑。尋詔東南度牒，如紹興之舊。九年五月辛未。紹興三年，中書門下言亡僧道度牒，申繳絶少，顯有弊倖，乃又增其直爲八百千。閏二月甲寅。自淳熙後，四川總領所，歲得度牒六百六十一道，以補還酒課觸減之數，三年六月甲申降旨。而東南諸路，委都司官給賣，歲亦不下二千三百有奇。以三十年計之，是失十萬農也。然僧道士有金錢，而度牒不可得，故蜀中度牒，官直千引，而民間至千六百引云。今總所對減酒課度牒，僧徒已輸錢至嘉泰十五年。今方嘉泰二年。頃朱晦翁爲浙東提舉，遇饑歲，亦請度牒于朝，以備糴濟，蓋自紹興以來，已爲緩急所仰，不可復廢矣。度牒初以黄紙，紹興五年易以絹，七年又易以綾。

（宋）李心傳《建炎以來朝野雜記甲集》卷一七《財賦·四川總領所》四川總領所贍軍錢并金帛，以紹興休兵之初計之，一歲大約費二千六百六十五萬緡，其五百五十六萬緡酒課，今減爲四百一十餘萬。三百七十五萬緡鹽課，今減爲三百餘萬。四百餘萬緡糴本，二稅上科。一百四萬緡茶司錢，四百四十四萬，遞年實發此數。二百三十一萬緡經、總制司錢，語在經總制錢事中。九十萬緡錢引兑界貼頭錢，語在兑界事中。二十四萬緡三路稱提錢，語在其事中。十萬緡西河州鹽錢，始趙應祥之爲大漕也。紹興五年，四川收錢物，總三千三百四十二萬緡，而所出多五十二萬緡。歲支三千三百九十四萬餘緡。吴武安一軍，費緡錢一千九百九十五萬。明年，收錢減二百八十萬緡，出錢增六百六十六萬緡，以宣撫司趲剩錢補其闕，一年缺九百四十

六萬緡。而武安軍需增緡錢三百八十萬，凡二千三百七十五萬。應祥既積與武安不叶，遂丐免。七年，李子及代爲都轉運使，是歲本司所入，視六年增六百七萬緡，凡三千六百六十七萬。所出減二百三十一萬緡。凡二千八百二十九萬。以入較出，猶虧一百六十二萬緡。八年，子及上疏，言本司應副軍前正色折估米，共二百六十五萬斛有奇，而宣司兵籍以紹興六年考之，止有六萬八千餘人，決無費米若干斛之理。每兵約費三十八斛有奇，是日食斗米也。蓋宣司兵官，視軍士居十之二，官員一萬七千七百餘員，兵士五萬七百四十九人。皆繫名冗占之人，而官員請給，十倍於諸兵，計司安得不困。時武安亦劾子及饋餉不繼。子及遂坐免。十二年，朝廷既罷兵，鄭亨仲爲宣撫副使右護軍，歲計猶缺錢七百七十八萬緡。明年，詔增印錢引四百萬。十六年以後，始節次寬減重賦至七百萬緡。十八年，亨仲召歸，而宣總所樁積錢至五千餘萬，當此之時，蜀中號爲優裕，休兵之力也。辛巳用兵，諸將增招至十萬六千人，增馬五千匹，而茶馬等司，歲輸又多所負，由是總領所，歲闕至六百四十萬緡。乾道四年二月丙申，有旨，四川宣撫使，集四路漕臣于利州，以財賦之入，對立養兵之額，於是宣撫虞雍公，澄覈兵籍，去其老弱者近萬人，諸軍開落詭籍者二千人，定立軍額爲九萬七千有奇，又頗取四漕歲剩錢以益之。至淳熙間，軍籍視武安時增三之一，歲用視武安時減三之一焉，蓋自乾道再和，軍中大請受人益少，由是計司稍有羨財，每遇減放鹽酒絹布激賞之屬，計司所抱，多至數十萬緡，少亦不下二十萬緡，實此錢也。紹興二年至慶元三年，楊少卿輔抱鹽酒錢三十萬緡，畸零絹估錢二十八萬緡，權少卿安節，抱布估錢三十萬緡，激費絹二十萬緡，只此六年間計司已抱一百八十萬緡矣。今議者猶謂四川總領所多有餘羡，其實不然。

東南三總領所掌利權，皆有定數，然軍旅饑饉，則告乞于朝，惟四川在遠，錢幣又不通，故無事之際，計臣得以擅取予之權，而一遇軍興，朝廷亦不問。自建炎軍興，趙應祥榷鹽酒之課，折絹布之估，科激賞之費，倍羅本之輸，商賈農民，征率殆盡，辛巳之役，王瞻叔無以爲計，遂大括白契以贍軍，朝廷知其擾民，而不容止也，自應祥、瞻叔、爲善理財後，近歲趙德老、楊嗣勳、權少卿、相繼總賦，皆以減放爲急，蜀人幸之。德老嘗減鹽酒折估錢，一月凡七十萬緡。然今計司所取錢，猶有無藝者，如淳熙六年，蠲免鹽酒重課，而所減虛額錢，至今遇閏月則不減，謂之加閏，通不過二萬緡，又如諸縣并契錢，自王瞻叔以來，每捐之以助省計，而王德和悉拘入計所，通不盈十萬緡，此皆失於瑣碎者也，謂宜捐其無藝而善藏其餘，無事則以予民，有事則以給餉，庶乎其可爾。

（宋）李心傳《建炎以來朝野雜記甲集》卷一七《財賦·淮東西湖廣總領所》

淮東西、湖廣三總領所，自休兵後，朝廷科撥諸州縣財賦及榷貨等錢與之，淮西歲費錢七百萬緡，米七十萬石，張魏公爲都督，增神勁軍二萬，歲益費一百萬緡，湯丞相以爲言，故後亦廢，然爲總領者，但能拘收出納而已，固非能以通融取予之術行乎其間也。至乾道中，淮西歲費已增爲一千一百餘萬緡，而米猶如故，淮東總領所歲費爲錢七百萬緡，米七十萬石，而諸郡及鹽司所輸之緡，多愆期者。每月五十八萬緡，內浙鹽司三十萬，平江，鎮江府，及常州，共十五萬，江西九郡，共十三萬。湖廣總領所，歲費爲錢九百六十餘萬緡，米九十萬石，諸路所輸，率亦常負十分之三，然合三總領所支，僅當四川一年之數。蓋川中糴買，歲爲八百三十餘萬緡，而三總領收正色米故也。凡三總領所，歲用户部經常錢九百萬緡，而榷貨所支不預，湖廣始發三合同關子。乾道中，以關子折閱，詔歲增撥四川錢帛爲三百萬緡補之。錢一百七十萬緡，紬絹絲緜在外。淳熙末，盡捐之，以損四川鹽酒重課，而內府償焉，朝廷既以歲額撥錢，遂爲定數。近歲軍中大請受人漸少，由是年支之外，計司稍有贏餘，有司疑朝廷惡其優，多掩蔽所餘，不盡載於成册，往往妄稱趲積，以爲己功。紹熙末，內藏庫下淮東總領所取撥羡財。明年二月，葉正則言，此錢當存留以備緩急，請詔有司，自今除每歲收支外，並將有管實在之數，開具成册，使朝廷通知有餘不足之數，其非緣軍前事，毋得輒支移起發，欲以佗用雖有中旨，許執奏不行，俟儲積果多，朝廷經制既立，然後議窠名之重輕，考撥定之數目，寬減州縣，還以予民，從之。惟四川總領所，自建炎以後，專掌利權，不從中覆，故得以守其職業焉。

（宋）李心傳《建炎以來朝野雜記甲集》卷一七《財賦·國用司》

國用司者，孝宗始置，語在官制中，然於國用，未有所制也。乾道三年春，蔣子禮初秉政，因謝新除，留身奏事，爲上言，方今費財，最甚莫如養兵，近陳敏減汰二千人，戚方減汰四千人，大約一兵，每月減二十千，汰兵固爲良策，然今之軍士，類多有官，若與之外任，既不廢券錢，又加

供給，大抵離軍使臣，每員月費四十餘千，券錢三十六千，供給五千。臨安一府八十員，歲費錢二萬六千緡。以此推之，諸道可知。雖減之於內，而增之於外，未見其得。上曰，若是則減汰全無益。子禮曰，豈惟無益而已。今減六千人則必招填六千人，是倍費也。臣契勘在内諸軍，每月逃亡事故，常不下四百人，若權住招一年半，内外可暗省二百八十萬緡，異時財用有餘，更招少壯者練習之，不惟省費，又可兵精。上以爲然，子禮由此驟相，然識者謂此策暫行可也，若利其闕額而爲之，是反蹈宣政之覆轍矣。是日，二月壬申。子禮奏事退，御筆自今宮禁内人、併百官、三司、將校、軍兵諸人，每月五日，國用房開具前月支過上五項，請給數目人數開具進呈，自此月爲始。外路軍馬，降式下諸路總領所，逐月開具并非泛支用之數以聞，永爲定式云，其後廢國用房，而版曹進册如故。

（宋）李心傳《建炎以來朝野雜記甲集》卷一七《財賦·修内司》

修内司者，掌宮禁營繕。渡江後，浙漕及京府共爲之。紹興末，趙侍郎子潚爲浙漕，奏免修繕，以其事歸修内司，歲輸緡錢二十萬，後減五萬緡。乾道初，有司請悉除免，上曰，如宗廟有損動處，安得不修，乃再減緡錢五萬，然修内司逐時於左藏庫，闕跋錢物猶不少，今文歷赴比部驅磨者，不過釜若干具，鍪鑊若干柄而已，一錢尺帛，並不掛歷，故户部亦無得而稽考焉。

（宋）李心傳《建炎以來朝野雜記甲集》卷一七《財賦·合同憑由司》

合同憑由司者，宮禁所由取索也，歲取金銀錢帛，率以百萬計，版曹但照數除破耳。雖有歲終比部驅磨之令，然郎官第赴内東門司，終日巍座，而數璫與數媪，自爲會計，郎官不得預，事畢則卷牘尾示之，俾書名而已，紹熙二年春，議者以爲濫予横賜，無以撙節，請自今内諸司所給賜、所營造、所取索，悉從有司定爲中制，惟正之供，濫恩横例，皆釐正之。詔葉叔羽、趙德老、何自然同稽考，正月辛未。其後亦不果裁節焉。

（宋）李心傳《建炎以來朝野雜記甲集》卷一七《財賦·三司户部沿革》

國朝承五季之舊，置三司使，以掌天下利權，宰相不與。王荆公爲政，始取財利之柄，歸于中書。元豐官制户部尚書、左曹侍郎各一員，掌經賦，右曹侍郎一員，掌常平、苗、役、坊場、山澤之令，由是版曹，但能經畫中都百官諸軍廩給而止。建炎初，以軍興國用不給，始命張誠伯以同知樞密院事提領措置户部財用。黄道周潛厚以京祠副之，其後孟富文庾、沈忠敏與求，皆以執政繼領利權，由是少給，然所取大率出於經制之外焉。自罷總制司，牒曹但掌經費，歲入僅五千緡，出亦稱是。一有不足，即告于朝，或遇軍興，則除禁帑應付外，版曹但能預借民間坊場净利四百萬緡，紹興三十一年十月癸酉。或利賣度牒六百萬緡而已。隆興二年二月。乾道初，孝宗嘗計户部歲入之數，較之歲用，但闕三百萬緡。元年十二月丁亥。時會子初行，李侍郎若川，因請增印二百萬緡，二年二月。然上半年尚闕五十萬，上命左藏南庫以銀會中半與之。三月壬辰。自是版曹歲借南庫錢百餘萬緡，因以爲例。淳熙中，韓子師爲户書，始免例借。自後皆守其規約焉。先是，上以諸路財賦，收支浩繁，令兩侍郎分路管認。乾道六年正月乙酉。淳熙十年，王宣子爲户部尚書，始請于次年四月，將諸道監司守倅所起上供錢，比較以定賞罰，許之。八月甲午。其後減展磨勘年有差，由是罕有遺欠者，迄今遂爲定制。

（宋）李心傳《建炎以來朝野雜記甲集》卷一七《財賦·渡江後郊賞數》

渡江後郊賞，建炎二年，用錢二十萬緡，金三百七十兩，銀十九萬兩，帛六十萬匹，絲緜八十萬兩，皆有奇。紹興元年，越州、明堂、内外諸軍犒賜，凡百六十萬緡。四年，建康明堂，增至二百五十九萬緡，宿衛、神武、右軍、守軍、七萬二千八百餘人共支二百三十一萬，每人率爲十三千有奇。劉韓岳王四軍，十二萬一千六百餘人，共支二十八萬，每人率爲二千有奇。而方州不與，其後日有增益。二十八年，冬祀，上自立賞格，命有司行之，是歲賜賚金緡視前郊減半，蓋自宮禁、百官、宗戚、閹宦，下至醫、祝、胥、皁，人人有之，不可復廢矣。

（宋）李心傳《建炎以來朝野雜記甲集》卷一七《財賦·國初至紹興中都吏禄兵廩》

祖宗時，中都吏禄兵廩之費，全歲不過百五十萬緡。元豐閒，月支三十六萬，宣和崇侈無度，然后月支百二十萬。渡江之初，連年用兵，然猶月支不過八十萬。至淳熙末，朝廷無事，乃月支百二十萬，而非泛所支，及金銀綢絹不與焉。以孝宗恭儉撙節，而支費擬於宣和，則紹興休兵以後，百司宮禁，循習承平舊弊，日益月增，而未能裁削故也。

（宋）李心傳《建炎以來朝野雜記甲集》卷一八《兵馬·黎雅土丁》

黎雅土丁者，集沿邊農人火甲户爲之，蓋唐雄邊子弟之遺法，舊無行陳

軍伍，但以甲頭總之。祖宗以來，弛酒禁免征役，凡優恤之者，無所不用，其至黎州，自乾道七年，邊釁之後，始置寨，將押隊旗頭之類，略爲軍制。每歲農隙時，官給口食，教之武事。舊制凡千人，淳熙三年，祿粹父直閣爲守，請倍其數，又以等級籍其少壯者，月給以錢。九年春，言者乞下黎州，別立優卹土丁之目，守臣龔總始奏以五十二人爲一隊，每邊二十隊，計千四十三邊，共三千一百二十人，置教場四十九所。是時三邊土丁之籍，實爲五千一百二十六人，而東南邊，防托邛川。一千七百八十七，西南邊，防托吐蕃青羌等侯。一千三百九十一，正西邊，防托五部落。一千九百四十。凡上等一千五百九十九人，歲費錢三萬八千三百七十六緡，每人月給二千，歲總四萬一千五百七十緡，遇閏年量加。而戍兵不與，議者謂土丁粗有軍律統紀，且熟知夷人情僞地形險阻，其實可用爲鄉導，守邊境。言者乃乞將黎雅二州，依利路義士法措置，劉丞相爲制置使，遣屬官馮傳之往二州共議，各州選二千人，上等六百，爲點集之丁，月給錢三千五百，次等千四百，爲居守之丁，月給錢千，兩郡歲錢共八百萬七千六百緡，而教閱之費不與焉。時淳熙十年，以十二年冬，劉公又奏，乞增黎州次丁八百，雅州次丁五百，上以其費廣難之，嘉定土丁者，惟峨嵋犍爲二縣有焉，自淳熙來，峨嵋八寨之籍，一千四百八十，犍爲五寨之籍，二百七十，官既無以給之，而又多爲寨官所尅剥。紹興十三年，有言鑄錢轄司者，謂宜教試而優恤之，時方諱兵，迄不能用也。威茂州亦有土丁，各州二百，威州之丁，月給米三斗，驍捷可用，夷人亦畏之，茂州之丁半市人，無用給，半有爲夷人庸耕者，蓋二郡皆半入夷腹中，無省地。茂州每合教，則土丁悉從夷人假衣甲器械以爲用，事已復歸，殊爲文具。

（宋）李心傳《建炎以來朝野雜記甲集》卷一八《兵馬·淮南萬弩手》

淮南萬弩手者，經始紹興季年。始朝廷命籍民爲兵，淮南乃選丁壯，欲涅其面，民駭而逃。杜莘老爲殿中侍御史，爲上言，敵未至，而先毆吾民，非計，請令民兵止聽郡縣官節制，征役無出鄉，從之，淮民乃定。張魏公再起，又增招之，後亦廢弛。乾道五年冬，上命措置兩淮官田，徐子寅領其事，復以神勁軍爲名，於是淮東之籍，千四百，淮西之籍，千六百。始議淮南即真州置寨，子寅奏，每路可各增爲二千，但聚而養之，則不便。上問其故，子寅曰，今人給錢米，歲用約二十五萬緡，每人日支錢三百，米三升。招集之費，又須五萬緡，激犒射親之費，亦如之。異時財用不給，未免放散，則失信於民。如淮西封疆闊遠，聚而教之，民尤不以爲便。上曰，財非所惜，擾則勿行。子寅因請即鄉社教閱，從之，時六年春矣。明年夏，淮西帥臣趙善俊因奏，乞復取所散神勁軍一千八百三十一人赴廬州，仍舊軍額，每八月下旬聚教，二月上旬放散，亦後之。此即魏公所招萬弩手効用。乾道元年，放令歸耕。時萬弩手之家，已有旨，損三百畝稅賦矣。乾道三年冬，淮西帥胡防奏請。至是復令與民兵一體教閱焉。民兵者，於山水寨保伍中取之，三丁籍一，亦名義兵，歲以農隙聚教，官給口糧，自十月教至正月終，散人日給錢百，米二升。乾道四年冬所剏也。七年秋，又詔本名丁錢，皆蠲之。八年冬，論者以其擾民，止命教一月而罷。淳熙初，上又命子寅往淮東措置，子寅上其數，山水寨民兵凡二萬六千九百人，萬弩手凡一千四百四十五。明年秋，遂命淮西提舉常平茶鹽，張宗元與子寅分路提督。宗元奏，每郡以士豪見任官一員統轄，月增給人三十千，諸郡自十月下旬爲始，赴帥司教閱二月，淮西五郡，凡費錢十六萬緡，米三萬餘石，淮東亦倣此。惟光、黄、濠、楚、安豐、盱眙七郡，則但就本州教閱，其犒設錢減半焉。宗元者，安豐人，與子寅皆敢爲誕謾，時又有許子中、胡與可二人，亦以耕屯之策見用，淮人爲之語曰，徐協恭、許子中、胡元功、三人鼎足説脱空，協恭、元功，子寅與可之字也，《實録》，乾道六年正月戊辰，詔徐子寅措置官田，招集人兵，委有勞効，除駕部員外郎。四月丁未，詔徐子寅差知高郵軍。五月丁巳，右朝奉新知高郵軍徐子寅收集泰州，依舊往來措置兩淮官田。閏五月丙戌，詔徐子寅收集流移墾田四萬五千二百餘畝，委有勞效，除直祕閣。臣寮上言，子寅所招人兵，統齊無術，嘗駭觀聽，所奏墾田，未經覈實，望寢新命，從之。六月庚午，司農寺丞措置淮西鑄錢，許子中進對，奏條具到鼓鑄畫一。上曰，當一從卿言。癸酉進呈畫一，並從之。尋又令子中兼措置興國軍。甲戌子寅朝，上曰，更且勉強。七月辛巳，詔胡與可知和州。九月庚寅，子寅知舒州。十月戊午，子寅職事修舉，除直祕閣，在拜郊前二十日，此即三人鼎足時也。久之，上亦厭其事，自淳熙七年以後，並令在家習武舉以聞，遂命守令官按閱之，不復聚教矣。

（宋）李心傳《建炎以來朝野雜記甲集》卷一八《兵馬·荆鄂義勇民兵》

荆鄂義勇民兵者，紹興末所創也。金兵過江淮日，詔淮漢等郡籍民爲兵，時續修撰爵守荆南，乃請籍民爲義勇，其法取於主户之雙丁每十户

爲甲，五甲爲團，甲團皆有長，又擇邑豪爲總，首歲於農隙，教以武事，而官給其糧。至乾道間，舉七縣之籍，主客佃户凡四萬二千餘户，計十萬餘丁，除當差役人外，得義勇八千四百十九人，王公明爲帥，奏言調集團教之際，使之自備食用，必不能辦，乞截留本府苗米萬四千石，漕司應副錢二萬緡，仍從都統司假甲三千，弓矢旗幟，官爲造給，從之，時四年春矣，六年春，帥臣劉共甫又條上，京西湖北兩路兵民事，乞爲義勇者，並免科役及身丁四等户，仍免充保正長五等户，又免三分税役，每七十五人爲一隊，遇教閲日，以營屯田之穀供其費，奏可。仍以甲萬副予之。三千副，四川宣撫司撥到二千副，朝廷已支京西五千副，令鄂州都統司於退下舊甲内應副。淳熙初，張欽夫爲帥，益修其政，義勇增多至萬五百人，分爲五軍，軍分五部。欽夫殁，教閲遂弛。後四年，趙温叔爲帥，復舉行之，又增收三千三百人，通舊爲萬三千八百餘人，時十一年冬矣。當鬵初籍義勇時，武昌令薛季宣亦求得故陝西河北弓箭手保甲法，五家爲保，二保爲甲，六甲爲隊，據地形利便則爲總，不限以鄉總首領焉，諸總皆有射圃，而旗幟亦隨總，而别其色，至今猶存。紹熙四年冬，王謙仲爲安撫使，奏乞本路有義勇州縣，以知州兼提舉、縣令兼軍正，從之。時鄂州七縣，主客户六萬六千六百三十二，口三十一萬四千八百九十四，而民兵之籍，總爲萬五千二百有一人，是荆鄂二郡，率四五家有一人爲兵也。荆門軍民兵之籍，舊爲三千四百人，或號義勇，或號彊壯。乾道元年冬，守臣程逖代還，乞蠲其役使，朝廷悉令放散，及馮忠嘉爲守，會朝廷復修義勇之政，忠嘉乃因舊籍增補三百人，又籍户馬四百，爲馬軍，分六隊，孝宗大喜，詔總領所歲以馬料千石給之，而擢忠嘉直祕閣，時七年春也。岳州義勇之籍四千四百九十九人，以紹興初計之，四邑保伍，凡九百三十五甲，計二萬八千五百九十三人，是亦五家出一兵也，是時湖北諸郡皆有之，而信陽軍有義勇，又有義士，惟灃州石門慈利二邑未嘗救籍。紹興末，王正功爲守，始併籍焉，章德茂帥湖北，又乞義勇之應差保正長者，以家業錢多寡爲限，限外之數，與官編户輪流科差，從之。忠嘉，汝州人，用民兵事，遂除淮南轉運判官，專一教閲淮西保甲。鬵，澤州人，子耆，慶元中爲成都府路轉運判官。季宣，字士龍，温州人，父徽言，紹興初，嘗爲右史，其父子皆有名當世。

（宋）李心傳《建炎以來朝野雜記甲集》卷一八《兵馬·三衙沿江諸軍取馬數》　舊川秦市馬，赴密院多道斃者。紹興二十四年冬，始命撥秦馬，付三衙，命小校往取之。三司取馬，再歲一往返，用精甲四千四百人，州縣頗憚其費。二十七年秋，又詔川馬不赴行在，分隸江上諸軍，鎮江建康荆鄂軍各七百五十，江池軍各五百，殿前司二千五百，馬步司各千，而以川馬之良者二百進御，紹興十九年春所定也。

（宋）李心傳《建炎以來朝野雜記甲集》卷一八《兵馬·關外軍馬錢糧數》　興州、興元府、金州，三都統司兵，本曲端、吴玠、關師古之徒，關西部曲也。端死，師古繼叛，其部曲皆爲玠所有，王庶劉子羽繼，在興元招召流散，粗成軍伍。子羽罷，玠并將之，其後盧立之爲宣副，尚有兵三萬餘。立之死，亦爲玠所併合，是三者爲兵共七萬人。玠死，胡丞公命其弟璘以二萬人守興州，楊政以二萬人守興元，郭浩以八千人守金州，而玠之中部選鋒二萬人分屯仙人關裏外，其後璘又得之。故三大將之兵，惟興州偏重者，此也。自休兵後，三大將之兵就糧分屯十七郡，興、成、階、鳳、文、龍、利、閬、金、洋、綿、房、西和州、太安軍、興元、隆慶、潼州府。至乾道末，有名籍者，凡九萬七千三百三十八人，馬一萬三千一百四十二匹，都統制至准備將，共二百八十人，歲用錢一千七十八萬七千一百二十四緡，通糴糧爲緡，凡二千三百八十五萬有奇。帛羅絹綾紬布。六十一萬八千七百七十疋，糧一百五十八萬七千六百七十三斛八斗，料二十五萬一千一百四十斛。此淳熙中數。

（宋）李心傳《建炎以來朝野雜記甲集》卷一八《兵馬·綱馬水陸路》　凡川秦綱馬，皆遵陸路。乾道初，吴信王璘爲宣撫使，始議以馬綱勞費，又均房一帶，類歷峻嶺亂石之間，馬傷其蹄，道斃者多，請以舟載馬而東，元年五月丙寅。上命夔路，造舟與之。張直父帥夔力言其不可，以爲每綱三舟，舟安馬十八匹。用稍火一百二十人，每船稍工三十四人，水手六人。自夔至歸，往返半月程，下程水三日，上水回十二日。雇食錢九百緡，每人雇錢二百，食日錢三百。以歲額一百三十五綱計之，度用錢十三萬一千五百緡，而起蓋馬驛及一行官兵批支草料不與焉。一州如此，其餘十州可以類推。又每郡且約造十五綱之舟，循環津載，凡爲三萬五千緡，每舟費八百緡。而一舟十五綱往返，勢必腐敗，來歲又當改作。況十郡之舟，應用

水手萬二千人，每舟以千二百人，循環往來津載，方不積厭。每州批支，二日計料二千八百二十石，每匹日支大麥八升。粟草四十五萬七千五百斤，每匹日支十三斤。自利至峽十一州，歲費約二百萬緡，又且出產不敷，決難樁辦，大臣進呈，九月丁卯。上曰，第令造舟與璘，他日有損壞者，軍自修，其他皆吴璘自辦，其事遂行。汪聖錫時在成都亦言其不便，不聽。始議馬舟至鄂州登，遵陸，樞密汪明遠乞令諸軍以馬舟泛大江而下。上曰，大江風濤或作，即數日不可行，自鄂州遵陸可也，元年十一月辛酉。未幾，璘條上馬綱畫一，復以芻秣等事，委茶司及沿流諸郡，明遠以爲不可，是月辛未。而又請修歸峽棧道。宰相洪景伯曰，歸峽道路陿峻，人猶不可行，馬豈可行也，乃命至荆南遵陸，十二月庚寅。於是璘已俾三衙取馬軍士，貼船而東。上聞之，諭大臣曰，如此即空舟，如何得回，遂更命璘措置。三年二月庚辰。璘奏，已出本司錢七萬五千緡，付合州造馬船二百，每隻約物料人工食費四百五十貫錢引。約三船，可載一綱，五百料船，可載十匹，七百料船，可載二十五匹。自利州至峽州，計二十八程。利至閬，閬至果，果至合，皆三日可到，今各計四日程。合至恭，恭至涪，涪至忠，忠至萬，萬至夔，皆一日或一日半可到，今各計兩日程，夔至歸，歸至峽，各計三日程。每五十綱，日支料二百石，通計五千六百石，已支錢一萬二千二百緡，果州已上，每石兩貫，合州已下，每石一貫五百，今並支兩貫。五十綱，募稍火八百人，每綱稍火，二舟八人。益以牽馬人一千二百五十人，每綱二十五人。及遂州所差回舡軍兵二百五十人，每綱五人。除軍兵外，稍火雇錢爲二萬緡，利閬果夔工各二貫，火兒半之，谷恭涪忠歸五州稍工各二貫五百文，火兒工一萬五貫五百文。如今所發來五十綱西馬，比陸路無死損阻滯，川馬亦依此撥發，奏可。二月丁亥。於是大臣因爲上言，恐璘亦疑水路未盡善，上未以爲然。明年春，夔路轉運司主管文字潼川任續至行在，上言，今造舟以畢工役，遂事山程灘險，利害相當，在所不論，惟欲撥陸路之芻秣，以免沿流之煩費，輟四路之軍兵，以免篙梢之追擾。四路廂禁軍，數目不少，若各輟五千依傍沿流十郡充水軍，其衣糧令元來處科撥，馬綱行，則迎送舟船，馬綱住，則訓練水戰，莫此爲便。上大善之，下制置司撥廂禁軍共三千五百人，如所請。三月甲子。時真父已去，王龜齡代之，與漕臣查元章皆力論擾人，而不聽也。有知歸州周允升者，傳會璘說，言本郡舟舡草料皆已辦集，即擢爲夔路轉運判官，而任續者，亦除知涪州，又易恭州，使行其說，峽江湍險，軍士素不諳習，一遇灘磧，人馬覆溺，於是驅沿流之民，爲之操舟，所賚衣糧，皆遭刦奪，所過雞犬爲之一空。未幾璘薨，虞并父代爲宣撫使，奏言水路至荆南二千餘里，一旦隔風，行舡不得，或至三五日，馬失餽飼，乞自金州舟行五驛，至净口，遵陸行至均州，上從之。三年十月庚子。後月餘，言者又奏馬綱所至，騷擾江村，而商販米斛之舟，尤被其毒，況水路馬數較之陸行，在亡相若，而於羅場，大有妨礙，乃詔川路馬船，日下廢罷，十一月己巳。蓋自璘建請之後，利夔兩路，沿江餘郡之被其害者三載，而後得免云。

（宋）李心傳《建炎以來朝野雜記甲集》卷一八《兵馬·四川廂禁民兵數》　四川廂軍二萬九百七十二人，禁軍二萬七千九百九十二人，土兵一千八百三十六人，已上係官軍。義士二萬六百五十二人，興元府與洋州，大安軍。保勝，金。忠勝，文。忠勇軍，階成西和鳳。弓箭手，西和階。良家子，共六千三百九十九人，已上係民兵。保甲五萬五千一百七十人，關外四州。凡民兵優恤之制，義士忠勝軍免家業錢，一百五十千至二百千止，一千雙名，則更免五十千。忠勇軍則階州免家業錢，馬軍二百三十千，步軍一百七十千。成州免稅賦，馬軍二頃半，步軍二頃。西和鳳州皆免租，馬軍六石九斗八升，步軍五石三斗六升。其更戍，則月給糧，人七斗有半，惟忠勇軍更戍。保勝軍亦免家業，自千至三五千。弓箭手則給官田，馬軍二頃半，步軍二頃。此其大較也，大率四屬大軍，廂禁軍、民兵、保甲總二十三萬三百六十四人，仰給縣官者，十四萬餘人，此乾道之籍也，淳熙以後，土丁亦有仰給者，別出於後，成都禁軍，謂飛山軍驕懦最甚。紹興末，王時亭爲制帥，取會四川禁軍之籍，二萬九千餘人，除利、夔兩路禁軍分戍沿邊城塞外，東西路一萬九千人，内揀到五千五百七十三人，謂之威強將兵。時吴璘兵少，遂調此四千人往仙人關捍禦，三十二年秋也，事平，復罷。

（宋）李心傳《建炎以來朝野雜記甲集》卷一八《兵馬·興元良家子》　紹興良家子者，紹興四年，吴玠爲宣撫副使時所刱也。其始招兩河關陝流寓及陣亡兵將子弟、驍勇雄健、不能自存者，爲之月給，比強弓手五十人爲一隊，帥守郭浩、楊政竝以備中軍使喚。休兵後，其數寖微。乾道六年，王能甫爲帥，始復招之，凡人才及五尺二寸、弓力及九斗，通百

將傳習、將條練弓馬者，廼選有官人省司，月給米麥各一石，帥司緡錢十五千，無官人緡錢減三之一，依義士專法，隸安撫司，御前統兵官不得預，能甫召去，王公明以宣撫使治興元，以爲良家子舊屬帳前，抽還宣撫使。淳熙初，宣撫司廢，復歸安撫司，其籍可二百人，歲費錢二萬四千緡，米麥四千八百石，而實無所用，但爲安撫使執牙旗從物而已，安撫司財賦迫急，乃奏與都統司中分清酒務之息以贍之，然酒息錢，實備它用，無所損益，乞罷鹽店，而以良家子隸都統司，從之。五年二月八日庚子降旨。紹興末，虞并甫爲川陝宣諭使，又嘗於襄陽招來汝、蔡、唐、鄧之人，爲御前忠義効用。三十二年三月十六日壬子降旨。得二百八十餘人，吴璘爲四川宣撫使，以德順連兵官軍寡弱，又取御筆於關外四州簽丁，不以主客户，每三丁以上取一，五丁以上取二，並刺充御前中軍勇敢，三十二年十二月十三日乙巳施行。令下，人皆驚擾，會有詔棄德順，遂罷之。又私置鹽店六所，及收諸津渡鹽税以給焉。紹熙末，楊嗣勛申嚴鹽法，奏言本府自有義士廂禁軍，良家子之事，亦蜀□民兵者，雖不成軍，姑附于此。

（宋）李心傳《建炎以來朝野雜記甲集》卷一八《兵馬・龍州寨子弓箭手》 龍州寨子弓箭手者，熙豐閒所團結也，分戍漁溪、濁水、乾坡三寨，共一千六百十三人，蓋推排附近有物力税户爲之，每夫月給錢一千，三寨仍撥往十六鋪防捍，月一替，而文州亦有鄉兵義士，分守關隘，即有緩急，土豪得以拘集焉。

（宋）李心傳《建炎以來朝野雜記甲集》卷一八《兵馬・夔路義軍》

夔路義軍者，紹興末，邊事有萌，帥守李師顔於蘷州三縣保甲中選置立七資職，次分上下軍名色團結，上軍免家業二百緡，下軍半之。始議摘諸州禁軍晃子西時守梁山，爲言夔萬山鄉之民，勇壯伉健，過於正軍，乃捐租賦以募之，元額三千四百餘人，李既去，遂爲文具。慶元中母丘恪厚卿爲帥，請于朝，選其壯者以二千人爲額，人免家業三百緡，本户不敷，則許免及親戚，凡百料敷，盡與蠲除，仍涅其臂，以防逃匿之弊，巫山縣亦二千人，雲安五百人，皆以縣令爲軍正。獨奉節之兵，春秋同大軍合教，有弩手有弓箭手，而槍手居多焉，蓋蘷路自恭涪忠萬四州外，皆有義軍，每州或數千人，此外又有施黔勇敢及思珍遵義田楊等族，家丁皆驍健可用，然但能出入上下於溪谷林薄之閒耳，所恃者偏架木弩及藥矢之類，非正兵之比。

（宋）李心傳《建炎以來朝野雜記乙集》卷一三《官制・國用司參計官》 國用司參計官者，開禧二年始置。乾道間，孝宗嘗命輔臣兼制國用，然無官屬，但於三省户房，置國用司而已。胄侂將用兵，既復故事，始以侍從一員兼參計官，卿監一員兼同參計官，募人陳遺利，又索諸路諸司州縣歲帳而取其餘，非乾道設官之意矣。然是時，四川州縣諸司，皆不以實報，惟江浙諸州頗遭掊取之害。侂胄誅，亦廢。

（宋）李心傳《建炎以來朝野雜記乙集》卷一三《官制・四提轄》

四提轄，謂榷貨務都茶場、雜買務雜賣場、文思院、左藏東西庫是也，榷貨務場，掌鹺茗、香礬、鈔引之政令。紹興初，沿宣政舊例，置提領官，率以故省吏爲之，後乃改用士人，行在、建康、鎮江三務場，歲入凡二千四百萬緡，建康一千二百萬，行在八百萬，鎮江四百萬。皆以都司提領，不係户部之經費，而在建康、鎮江者，分屬總領所焉。開禧末，以總所侵用儲積錢，始令徑隸提領官，不屬總所。買務賣場，蓋唐宫市之遺制，近制凡宫禁月料、朝省紙劄、文思院之制造、和劑局之修合，皆所取給焉。至若斥左帑封樁之幣，與編估打奪，則賣場掌之。紹興六年，始置提轄官總其事，文思院掌金銀犀玉工巧之制，綵繪裝鈿之飾，若輿輦法物器皿之用，監官分上下兩界，而轄官兼總之。左藏東庫，以儲幣帛絁紬之屬，其歲入率百四十萬端，西庫以儲金銀錢券絲纊之屬，其錢券歲入率二千萬緡，宫禁百司禁旅三衙禄賜，皆取給焉。監官凡五人，分帑而治，而轄官一人總之。紹興間，擇丞若簿之隸於計曹者兼領之，乾道七年四月始專置，先是四轄官外補則爲州，内遷則寺監丞簿，亦有徑爲雜監司，或入三館者，乾道八年十二月，榷貨王秬除福建市舶左藏，王揖除九路鑄錢司。淳熙七年三月，熊子復自文思除校書郎。近歲人望稍輕，往往更遷六院官，或出爲添倅，非曩日之比矣。

（宋）李心傳《建炎以來朝野雜記乙集》卷一六《財賦・孫大雅獻拘催上供錢物格》 乾道初，有孫大雅者，知秀州，以發姦擿伏，除直祕閣，未踰月，大雅又奏書一編，凡四卷，名曰《州郡拘催上供錢物格》，大略言本郡上供，歲爲六十八萬四千緡有奇，其窠名有九，有歲入者有季入者，有月入者，臣皆釐爲月入，即以所置之籍，於次月之旦考其未足者

催焉，且加討於其吏，而次月補矣，由是而有拖欠者，臣則未之見也，此即漢之大司農，掌諸錢穀、金帛、貨幣，郡國四時所上月旦，見錢穀簿，其逋未畢，各具別之之意。臣所領郡，元年上供錢六十八萬緡，已並入於大農，更無拖欠，敢昧死以獻。二年正月癸酉也，奏入，詔孫大雅奏漢上計之法，朕謂可行於今，令侍從臺諫，參攷古制進呈，會殿中侍御史張之綱以憂去，而右司諫汪絹補外，於是監察御史張敦實、劉貢言，漢雖有郡國上計之制，而武帝五十餘年之間，一受計於帝都，三受計於方嶽，或以三月，或以十二月，至宣帝黄龍詔書，有云上計簿，文具而已，則在西漢，已不能無弊矣，況今能盡革其僞乎？光武中興，歲在正月旦，臨軒受賀，而屬郡計吏皆在列，言屬郡計吏，則遠者多。方在東漢，未必皆至，況今日川廣之遠，其能使如期畢至乎，莫若歲終，令户部盡取天下州郡一歲之計，已足未足、虧少虧多之數，依常平收支户口租税之例，並皆造册，正月進呈丞相，選一人考覈，而明其殿最。事下户部，權户部侍郎曾懷，言諸路州軍，遠近不一，若取會齊，是儹造亦恐後時，乞令各州具合發上供錢帛糧斛數目，歲終造册，正月遣人投進，仍立式行下，從之。其年三月丁未也，識者謂臺臣所奏，可謂仁言，若上計之法果行，則公私急迫久矣，壽皇卒不施用，蓋以此夫。

（宋）李心傳《建炎以來朝野雜記乙集》卷一六《財賦·四川宣總司抗衡》 四川計司舊屬宣撫司節制，鄭亨仲在蜀久，秦會之惡其專，始命趙德夫以少卿爲之。自是二司抗衡，開禧用兵，程松、吴曦，並爲宣撫，韓侂胄急於成功，遂有節制財賦指揮，且許按劾，於是計司拱手，及安觀文爲宣撫，薦陳逢孺總賦，逢孺事之甚謹，時蜀計空虚，而軍費日夥，宣司爲之移屯減戍，運粟括財，計司實賴其力，後以兑引事，稍有違言，逢孺不敢劾也，王少監釜子益，代陳總計，先請於朝，尚書省勘會，軍政財賦，各專任責，權臣前隆節制財賦指揮，合行釐正，於是二司始悟，未數月二人交章論劾，乃移子益湖廣總領焉，王子益之總計也，制置大使司奏乞減三路兵籍，以八萬一千人爲額，有闕乞招填，然兵籍舊爲八萬九千人，曦亂後僅存七萬餘人，雖云減額八千，若盡招填，實增萬人矣，會朝廷泛行下三衙江上及四川諸軍，覆實詭填虚額，遂止。

（宋）李心傳《建炎以來朝野雜記乙集》卷一六《財賦·四川宣撫司科對糴米》 丁卯冬十二月，宣撫司檄東西路漕司，各糴米二十萬斛，夔路漕司十萬斛，制置司抱認於成都府糴十萬斛，並遣官運送至沔州。制司屬官見之，皆忿曰：我北司也，乃爲若市米耶。楊端明曰：理不可拒，第徐爲之圖可耳。時宣撫司方科民户對糴米，乃報以抱認六萬斛，其半本府坐倉，其半九縣對糴。既而楊公召歸，事亦遂已。對糴米者，紹興初有之，休兵後罷去，蓋每民户下有税產一石，則科糴一石，故謂之對糴焉。

（宋）李心傳《建炎以來朝野雜記乙集》卷一六《財賦·慶元會計録》 慶元會計録者，始用殿中侍御史姚愈建請，命金部郎中趙師炳户部郎官楊文炳編集，三年三月書成。

（宋）李心傳《建炎以來朝野雜記乙集》卷一六《財賦·龔實之點磨三總所錢物》 錢良臣以太府少卿爲淮東總領，龔實之秉政，聞户部歲撥淮東贍軍錢六百九十萬緡，而本所藏用六百十五萬緡而已，因奏遣户部員外郎馬大同、著作佐郎何萬、軍器少監耿延年、分往昇、潤、鄂、三總司、點磨錢物，時淳熙三年九月壬子也。會良臣以歲用不足言於朝，乞借撥，實之奏令所委官，一就驅磨，而近習者，恐賕賄事覺，極力救之，實之不顧。十二月，萬奏總所侵盗大軍錢糧，累數十萬，實之奏下其事於有司。次日，御批令具析既又改爲契勘，俄中旨令良臣赴闕奏事。明年正月，除起居郎。六月，除中書舍人。又明年四月，除給事中。六月，除簽書樞密院事。其爲舍人，實之去位纔十二日也，英州之禍，預有力焉。延年時已遷將作監，萬遷著作郎，坐實之黨罷去。延六月丙戌罷，萬六月甲午罷。蓋延年嘗言湖廣總所錢物，有別庫別歷所收，已行改正，故與萬並遷，而大同無所舉覺，二人既黜之兩月，大同乃自密院檢討文字遷右司員外郎，翺翔累年，然後補外，蓋三總司苞苴賄賂，根株盤結，其來已久，非一日故也。

（宋）李心傳《建炎以來朝野雜記乙集》卷一七《兵馬·王德和郭杲争軍中闕額人請給》 四川大軍，獨武興爲多，自乾道休兵之後，而將佐多闕員，計司因其闕員，遂不復放行請給。至紹興中，吴武穆挺爲帥，楊嗣勳總計，吴挺屢以爲言，嗣勳但以俟商量答之，及再請，則以本所乏用，必更俟措畫爲詞，每一書往返，則閲數月，久之，乃遣屬官一員，往軍中面議，自始差至還司時，又已半歲，戎司亦遣其官屬來報聘，卒不得

要領而歸，相持久之，遂已。及王德和總賦，遂移文詰難，欲除其額數，郭大尉杲言於朝，德和卒坐此罷。先是關外諸軍，廩賜既薄，惟馬軍中所請馬料，每石估值七千，而麥每石止值四千而已，於是軍士反資馬料之贏以自給，故軍中有馬養人之論。德和曰，馬所食者料耳，未嘗食錢也，吾詎知其他耶，以正色給之，由是戍卒莫能給，俱相率叛去。未幾，陳日華代德和，軍士悉復其故云。

（宋）李心傳《建炎以來朝野雜記乙集》卷一七《兵馬·李伯和放散忠義民兵》 自開禧用師淮襄之閒，忠義民兵，有名籍於官者甚衆，合錢米計之，歲用約有六十緡而養一兵，其視正軍之費無幾矣，嘉定再和首議，遣邱宗卿爲江淮制置大使，先已汰雄淮軍五六萬，然民兵未盡去也。何自然繼之，次第散遣。二年四月戊辰，自然言本司近放散廬濠州忠義二萬五百八十六人，各令歸業，雖所費爲錢三十二萬七千餘緡，米六千餘石，每歲卻省錢二百十三萬餘緡，米一十一萬三千餘石，人人望闕謝恩，歡呼而去。有田之人，預於江南經營牛種，其無田者，多入城市開張店業，此乃本司幹辦公事徐翦，體國任事之力，望賜推賞。詔翦特遷一歲，權知濠州事，其年六月辛卯。京湖制置大使李伯和，亦言昨有創招軍額團結忠義，自休兵之後，依舊支請，縻費廩給，已經分委官屬，前往放散開落共計二萬六千二百一十三人，詔獎諭之。未幾沿淮賊盜，剽劫滋起，言者乃謂此皆前日放散之人，則所謂歡呼而去者，殆樂去而爲盜耳，請罷翦攝郡，追所遷官，七月癸巳，從之。是時所在揀汰民兵，既無所歸，後多散而爲盜，伯和命每郡擇其豪首一人，授以兵官，使之彈壓，由是其黨帖然，江淮川蜀諸司所措置，皆莫之及也。

（宋）李心傳《建炎以來朝野雜記乙集》卷一七《兵馬·黎州揀土丁義勇》 黎州揀土丁義勇，皆淳熙閒所創。揀丁者，係土丁之有籍者也，在乾道通團結至五千一百三十有五人。淳熙八年，守臣龔總，被旨措置，擇其上者三千一百二十人，以雄邊義勇爲名，分東南、西南、正西、三邊，邊千四十人，使之閱習武藝，守把邊面。九年正月，得旨本州措置。未幾，言者乞黎雅二郡土丁，依利路義勇士格法措置，詔二郡各選二千人，留丞相爲制置使，乞於黎州增八百人，雅州增四百人。奏入不許，淳熙十二年二月二十六日。自是係籍之丁頓減矣。其始立法也，上丁六百人，月給錢三千五百，次丁一千四百，月給錢一千，其後上丁不及百人，而請給亦不時得。嘉定三年，守臣何德彥既至官，乃核實丁籍，擇其少壯者千四百四十人爲揀丁，正西邊八百四十人，東南邊六百人。每十人爲甲，十甲爲隊，選有物力才幹爲鄉里所推者統之。又取其餘四千二十九人，謂之衍丁。東南邊二千一百一十一人，西南邊二百五十四人，正西邊一千六百六十四人。若有邊事，則揀丁任防捍之責，衍丁守護鄉井。土義勇者，劉丞相所創也，淳熙十二年二月二十六得旨。不加刺涅，募土人爲之，凡二百人，人每月給錢七引，自制置司支降。至紹熙閒，鄱陽王聞禮爲守，始命涅臂，如成都西義勇之法。德彥至官，又增招二百人，月增米三斗，錢通舊爲八引，稍減更戍之兵，而邊備亦飭矣。

（宋）李心傳《建炎以來朝野雜記乙集》卷一七《兵馬·黎雅嘉定土丁廩給》 成都路南邊，黎、雅、嘉定三郡，皆有土丁，更審上寨，守把邊地，多者數千人。淳熙中，留丞相帥蜀，議者奏取黎、雅二州民兵，依利路義士法措置，乃與總領財賦馮憲廷式共議，遣本司幹辦公事馮震武傅之，往二州籍之，州選二千人，分上次等上等六百爲點集之丁，依諸州軍弓手例，月給錢三千五百次等一千四百爲居守之丁，依龍州弓箭手例，月給錢二千二百，皆以五十人爲一隊，擇有物力材幹者爲一隊長，月給各倍之，教頭以下差減。每一隊教頭一名，月增支千五百，隊司一名，急腳一名，月各增支五百。備居守者，遇冬就鄉教閱五日，備點集者，月教於鄉，冬則從守臣，點集者教閱，毋過半月，官爲給賞，上等八斗弓，二石五斗弩，遇團結仍給口糧，計月給及教閱除戒之費。凡爲錢十萬引，上等月給五萬四百引，次等月給三萬六百引，教閱賞給修治器械等，共約一萬引。茶馬司出三萬，制置司、總領所各二萬，提刑司、轉運司、暨黎州各半之，奏可。時淳熙之九年也，未幾，提刑梁總，以匱乏告，遂損其三之二，自淳熙十四年以後，減作三千引。開禧末，高吟師既叛，楊端明爲安撫使，復遣兵馬鈐轄，劉忠亮權安撫司，幹辦公事李嘉木，更選雅州三縣，并邊實居之。丁以遠近爲率，分三等，每季分給，凡把截將士，上丁三千三十二，中丁千四百四十三，歲用錢三萬六千一百六十四引，米四千石，五里內把截將十人，十里內二人，二十里內一人，每季給米一石，錢三引，五里內上丁一千六百七人，每五里內把截將十人，十里內二人，二十里內一人，每人季給錢三引，中丁七百四十五人，并十

里内上丁五百五人，每人季給二引，十里内中丁三百四十人，二十里内上丁九百二十人，每人季給一引，二十里内中丁二百八十四人，每人季給一引。自黎雅土丁，創支月給，團結教習，往往就緒，而嘉定土丁五千餘人，則未有以給之也，利店之役，李季允爲提刑，乃白制置大使司，欲如軍兵衣賜例，給以匹布，計其直爲一萬二千引，大使司命取之帥、漕、府、憲四司。自嘉定五年爲始，安撫提刑轉運司、嘉定府，各司，歲認三千引。其後漕臣趙師嵒，應副一年，帥臣黄伯庸，未嘗應副也。會虚恨蠻入塞，提刑楊伯昌，乃於犍爲、峨眉、二邑土丁中，擇其少壯者二千人，團結教閲，援黎雅末等土丁例，月支食錢一引，歲爲二萬四千引，大使司給其半，就以多悦、胡心、井鹽息與之。又命帥、漕、憲，三司均給其半，舊提刑司有備邊四十萬，開禧末，宣撫副使遣屬官根括餘羨盡取之。其後季允自崇慶改除，攜其羨緡，及本司所措置，積成十萬，安邊司結局大使司，奏取其四之一以賞軍，及是所存，纔七萬餘緡，而不得擅用，伯昌以爲請事下户部，户部乞下制置司契勘實在，乃令安撫等司，解撥應付，毋令缺誤。嘉定七年六月丁巳，從之。自是三郡土丁，月廩始均一矣，凡嘉定土丁之目，峨眉縣七寨，揀中一千人，中鎮寨五百五十人，東蠻溪口寨、黄茆平寨、銅山寨、每寨各百人，羅忽寨、東蠻溪寨、涇口寨、昆林寨、五十人。犍爲縣十二堡寨，揀中亦千人，平戎新堡一百四十五人，平戎舊堡一百人，利店、榮丁、賴因、休川四寨，各百人，威寧寨九十人，籠鳩堡六十人，籠蓬堡五十四人，永開堡白崖寨各五十人，三賴研四十六人。皆提刑印給公據，分四十隊，每隊五十人，置教頭、旗頭、隊司各一人，隊丁四十七人官給旗幟，隊爲一號。又創教場二十四，在峨眉者十一，中鎮寨場教八隊，銅山寨、東蠻溪口寨、教場各二隊、黄茆平寨、昆林寨、東蠻溪寨、涇口寨、羅忽寨、及中鎮寨之峯子溪、月峯山、黄茆平寨之堋材場，各教一隊。在犍爲者十三，平戎舊堡、新堡、榮丁、賴因、休川、威寧寨場各二隊，利店、白崖寨、籠蓬、永開、籠鳩堡、利店北寨，三賴斫、場各一隊。選官軍精技藝者，教之，從其俗用木弓、木弩長槍、蠻牌，自十月爲始，日令赴教場，三八日上寨合教，春秋大閲。每縣各摘數百人上府，同官軍教閲，往來之費，官爲計給，提刑親臨按試，其藝出衆者，優加犒賞，遷補名目。歲冬十月，人給布袍一事，月給食錢一千，平居各隸本寨，寨將如一寨有警，諸寨點集應之，所集人丁，臨時聽部轄官節制。始伯昌團結土丁，或者議其無益，及後教成，可用者居半焉。

（宋）李心傳《建炎以來朝野雜記乙集》卷一七《兵馬·邱宗卿創淮西武定軍》 始淮南兩漕司，招輯邊民，號鎮淮軍，多至十餘萬人，日給錢米，悉視效用，所費甚廣，既不點涅，漫無統紀。久之，廩給不繼，公私剽劫。嘉定改元，邱宗卿復爲江淮大使，朝廷慮鎮淮或生他變，遣宗正丞褚叔度奉使措置，且就令商度宗卿，乃先隨雄淮所屯，分隸逐州守臣節制。尋奏以淮東人數少，領帥漕任責揀汰，除願歸農外，僅存八千，餘人刺其半充效用，以補鎮江大軍數，及武鋒軍闕額，淮西人頗衆，合六萬餘人，乃委制司屬官陳師文，同漕臣張穎揀刺二萬六千餘人，充御前武定軍，分爲六軍，各置統制，身是月省錢二十八萬緡，米三萬四千餘石，而武定亦成軍伍，淮西頗賴其力焉。

（宋）程大昌《考古編》卷七《發運司》 祖宗朝，歲漕東南米六百萬石，支京師一歲之用。故自真至泗，置倉七所，轉相灌注。由江達淮，由淮達汴，而於真州置發運司以總之。真雖川、廣、荆、襄、江、淮、閩、浙水陸之衝。然初時置使之意，不專爲漕事。蓋有灌水旱制低昂之策，存乎其間。若不使之該總諸路，則有無不肯相通，運動不行，故既分道，各有漕臣。而又總置發運之司，是其置官本意也。於是京師歲計，止用六百萬石。而發運司所儲，常有一千二百石，別有糴米，可以糴一千二百萬石。又在此七倉儲米之外，每歲之春，撥發見米上供。至九月間，不待秋苗起催，而其年歲計六百萬石，已達中都矣。此六百萬石已足給用，而見粟猶有六百萬。是嗣歲上供，更有指準。設有水旱災傷，蠲租折額，亦未至乏供。則又以糴米之千二百萬者，轉於他郡。糴賤而饒，積既有餘，遂可斟量諸郡豐凶，而制其取予。如其年兩浙歉，江東西豐，即糴諸江東西以充浙額，却以江東西賤價，而責輸於浙。浙既比本土得輸賤價，而江東西粒米狼戾，又可貿易成錢，不至甚賤傷農，所謂兩利而交贍之美者也。至蔡京用事，刱置直達綱。江船徑達於淮，而上泝於汴，轉般倉由此遂廢。因此向來糴米之可支兩歲者，任資妄用，其後又取直達船供花石綱之用，餘者方以運糧。自此不獨規模盡廢，而儲蓄掃地矣。乾道戊子，六部會食，版曹陳巖叟侍郎言之。陳、晉公恕之後也，宜知本末。

（宋）王應麟《玉海》卷一七九《食貨·貢賦·景德定土貢》 四年

閏五月戊辰，詔曰：任土貢輸，雖存舊典，經途遐邈，亦念重勞。三司所定劍、隴等三十九州軍所貢土物，並從蠲減。夔、賀等二十七州軍，悉罷所貢。每歲正旦，止具表以聞。明道二年六月戊午，減天下歲貢物。治平四年四月二十四日，神宗詔罷諸道貢土物。

（宋）王應麟《玉海》卷一八五《食貨·會計·熙寧三司　會計司》

熙寧七年十月庚辰，詔三司置會計司，以宰臣韓絳提舉。先是，絳奏三司總天下財賦，其出入之數，並無總要考校盈虛之法。欲選官置司，以户口稅賦場務坑冶河渡房園之類租額年課，及一路錢穀出入之數，歲校增虧，以能否爲黜陟。三司使章厚亦言財賦帳籍汗漫，無以察耗登之數，請刪修爲策，校增虧，考能否。故有是命。

（宋）王應麟《玉海》卷一八五《食貨·會計·元豐議經費》　元豐三年十一月二十一日壬子，曾鞏議經費曰：景德户七百三十萬，墾田一百七十萬頃；皇祐户一千九十萬，墾田二百十五萬頃；治平户一千二百七十萬，墾田四百三十萬頃。天下歲入，皇祐、治平皆一億萬以上，歲費亦一億萬以上。景德官一萬餘員，皇祐二萬餘員，治平并幕職州縣官三千三百餘員總二萬四千員，景德郊費六百萬，皇祐一千二百萬，治平一千三百萬。以二者校之，官之衆一倍於景德，郊之費亦一倍於景德。七年十二月十六日，詔朝廷封樁錢物，令尚書省歲終具旁通册進入。

（宋）王應麟《玉海》卷一八五《食貨·會計·紹興會計録》　紹興五年，殿中侍御史張絢言：周制國用之法，在用地小大，視年之豐耗，量入以爲出。漢祖定天下之本，在於得秦圖籍，周知四方盈虛強弱之實。是知國之財用，必得節制之法。節財之要，必資會計之書。所以察其登耗，量其多寡，參酌損益，因時制宜，故用度有常而民力不困也。國家景德、皇祐皆有會計録，至治平、熙寧閒亦有此書。其後蘇轍又倣其法作《元祐會計録》，雖書未及上，其大略亦可觀。皆所以總括巨細，網羅出納，凡天下賦入與官吏養兵之數，章條各立，支費有限。謹視其書，上下遵守，此作會計録之本意也。國家比年以來財賦浸虛，用度滋廣。正宜括歲入之厚薄，計歲出之多寡，分其品目，別其名色，總貫旁通，載之圖册。揆考之閒，如運諸掌，斯可以裁減浮費，增益邦賦，今日之先務也。伏望明詔大臣，選委詳練財賦之官，俾倣景德、皇祐等書，撰進成録。自紹興元年止四年爲率，以每歲所入之數列之於前，卻以今歲計之，除預借、已支費外，總計見今歲入實有之數，合計若干，復以日下至歲終，凡官吏之費，養兵之費及應于合用錢物通計若干，名曰《紹興會計録》。量入爲出，既可以見有無之實；絶長補短，斯可以制裁損之宜。庶幾國用有節云。閏二月己酉，詔户部撰集《紹興會計録》。其後户部第具去歲收支數以聞而已。四月戊申，户部奏出入之數，以爲皇祐、治平會計天下財賦，當時取會，動經歲月，方可成録。故但具去年出入之數。

國朝時，令季冬之月，命有司造計籍。注云，《周禮》小宰，聽出入以要會。鄭司農曰：要會，謂計日取之簿書，日計月要，歲計月會。故宰夫之職，曰歲終則令羣吏正歲會，月終則令正月要。《禮記》：冢宰制國用，必以歲之抄。《唐六典》：度支掌判天下財賦多少，數物産豐約之宜，水陸道路之利。每歲計其所出，而支其所用。淳化中，詔三司諸道歲計所入，悉具數總計司置籍録之。其諸路歲終所收財賦，置籍出納亦如之。景德中，令三司每歲較天下税帳耗登以聞。紹興戊午之歲，光堯嘗以六策詢于宰執，觀當時大臣所對，財用出入之數可見。宣和初，國家月費九十五萬。紹興三年，月費一百六十萬。今以紹興初爲率，通一歲計之，國家定費計一千五百二十萬。此皆當時大臣所對。財用所出之數也。宣和初榷貨所入，淮南鹽利二千四百五萬，兩浙鹽利計七百八萬。今淮浙路所入之鹽利，通一歲計之共三千二百萬，此當時大臣所對財用所入之數也。夫以淮、浙鹽利一節，自足以當國家支費之數。此外又有諸路之賦，所入不知其幾倍矣。三十年十二月二十一日，户侍錢端禮言以紹興二十九年一歲之用，編類成册。詔户部條具均節聞奏。

（宋）王應麟《玉海》卷一八五《食貨·會計·乾道會計録》　乾道元年十一月十七日，執政進呈户部每歲收支總數。十八日復呈細數。六年五月丁丑，詔依皇祐、元祐、紹興，作會計録。從發運史正志之請也。七月二十八日，詔户侍王佐造簿籍。淳熙六年十二月丁未，臣僚請爲會計隸。上曰：向者欲爲此録。緣取民太重，色目太多，若遽蠲則妨經費，須他日恢復之後，乃可盡除之。十三年九月己未，詔輔臣以每月財賦册進呈，欲知豐耗。淳熙十年八月，輔臣奏封樁庫錢及三千萬餘緡，及奏内外樁積緡錢四千七百餘萬。十三年庫中所儲金至八十萬兩，銀一百八十六萬

餘兩。下庫見緡常五六百萬。先是，六年四月，左藏封樁庫言緡錢五百三十萬。

（宋）王應麟《玉海》卷一八五《食貨·會計·乾道度支都籍　參考上計録》 乾道四年六月，度支郎趙不前言：今一歲内外支用之數，大概五千五百萬緡有奇。賦入，分隸於户部之五司，支用悉經度支臣置爲都籍會計窠名，總爲揭貼，請付本曹。自茲歲一易之。先是，二年正月癸亥，十八日。知秀州孫大雅奏書四卷名曰《州郡拘催上供錢物格》。奏入，詔大雅奏漢上計之法可行於今，令侍從臺諫參考古制。御史張端實、劉貢言：漢上計之制，不能無敝。今日能盡革其僞乎？在東漢則遠方未必皆至，今川廣能如期而至乎？莫若歲終令户部造册進呈，選一人考覈而明其殿最。户侍曾懷請立式行下，從之。其年三月丁未也。先是户部有上、中、末限之格法，有月、旬、五日之期會，歲終以常平、收支、户口、租税造册進呈，而州郡窠目尚略。

隆興元年三月，議節浮費。置局於户部。於是省官吏員，減貴戚俸。

（宋）王應麟《玉海》卷一八五《食貨·會計·紹熙會計録》 紹熙元年五月甲戌，置《紹熙會計録》。命户書葉翥等爲之。仍自宫掖，始以慶曆、隆興爲法，從户侍趙彦逾之請也。二年正月辛未、丁丑，兩降旨後，亦未聞有所減。

紹熙三年，吏部郎陳傅良奏，自建隆至景德四十五年，南征北伐，未嘗無事，而金銀錢帛糧草雜物七千一百四十八萬，計在州郡不會。祥符元年三月，始奏立諸道上供歲額。熙寧新法增額一倍。崇寧重修上供格，頒之天下。率一路之增至十數倍。熙寧有令項封椿，元豐有無額上供，迄今爲額。宣和經制、紹興總制，月椿取之悉，而民困極矣。

（宋）王應麟《玉海》卷一八五《食貨·會計·慶元會計録》 慶元二年三月，用殿中侍御史姚愈建請，命金部郎中趙師炳、户部郎中楊文炳編集，以會計司爲名。三年三月書成。六月十九日，户部言以紹熙元年至慶元元年，左藏庫諸倉并總領所出納增損，及十二路州軍窠名錢，參究源流登耗，爲慶元中外會計録。分五十八册。已進呈，復條具撙節之數上之。宫掖出入之數，令内侍自稽考。九月，議者言裁抑當先宫禁。詔侍從臺諫兩省集議。吏書許及之等請内庭裁約中制，立爲定額。從之。嘉泰元年九月，臣僚言户部歲入約一千八百餘萬，支數僅亦相當。姚愈言熙豐閒月支三十六萬，宣和末用二百二十萬。渡江之初，連年用兵，月支猶不過八十萬。比年月支百二十萬。大略官俸居十之一，吏禄十之二，兵廪十之七。

（宋）王應麟《玉海》卷一八五《食貨·會計·端平會計録》 元年，唐制總制邦用度支，是司出納貨財，太府攸職。凡是太府出納，皆稟度支文符。太府依符以奉行，度支憑按以勘覆，互相關鍵，用絶姦欺。出納之數，每旬申聞。見在之數，每月計奏。皆經度支勘覆。又有御史監臨。陸贄奏議。舊制，天下財賦皆入左藏庫。而太府四時以數聞。尚書比部覆出納。《楊炎傳》。國朝三司有帳案，内自府庫外至州縣歲會月計以上。三司自治平二年至熙寧二年十一月凡四年，而未鉤考帳已踰十有二萬，錢帛芻粟積其虧損不可勝計，遂置提舉帳司領之。元豐官制，行釐其事歸比部參掌，鉤考中外帳籍之事。《周官》宰夫所謂乘其財用之出入者也。轉運司常以計帳申省。三司鉤考無法，至道初置行帳司，以會財用之數。命邊肅主之。

葉適云王安石大挈利柄，封椿之錢所在充滿。紹聖元符閒拓地進築，而斂不及民。熙豐舊人矜伐其美。然陳瓘譏切曾布以爲轉天下之積，耗之西邊，邦本自此撥矣。於是蔡京變茶鹽法，括地竇走商賈所得五千萬，内窮奢侈，外熾兵革。宣和之後，方臘甫平，理傷殘之地，則七色始立。燕雲乍復，急新邊之用而免夫又興。自是以來，羽檄交警，增取之目，大者十數，而東南之賦，遂以八千萬緡爲額焉。

祖宗時，歲百五十萬。元豐月三十六萬。宣和月百二十萬。渡江之後月八十萬。休兵之後，循習承平舊典，費擬宣和。淳熙末，月支百二十萬緡。

（宋）王應麟《玉海》卷一八五《食貨·會計·至道三司著籍》 元年五月壬子，上召三司孔目官李溥等二十七人，問以計司錢穀之務。溥等盡言其利病，願得條對。許之。送中書令宰相假以顔色令剖析。寇準曰：先有司之義也。己未，溥等條上三司利害七十一事。中書參校其四十四事可行。一本云四十二事。遂著于籍。其十九事令陳恕等議定而後行之。

金耀門文書庫藏三司帳籍。元豐有六曹架閣庫。紹興三年建庫。十五年置官四員。嘉定八年七月，三省亦置。

（宋）王應麟《玉海》卷一八五《食貨·會計·慶曆會計録》 書目

二卷。慶曆三年三司具在京出納，及十九路錢帛芻糧之數。景德中，鹽課收三百五十五萬緡。慶曆五年，七百十五萬緡。景德中，商税收四百五十萬緡。慶曆五年，收一千九百七十五萬。景德中，酒課收四百二十八萬緡。慶曆五年，收一千七百一十萬。慶曆元年八月戊子，詔御藥院内東門司取先帝時及灭聖初帳籍，比較近年内中用度增損之數以聞。

六年七月甲申，三司使王拱辰言太祖時兵十二萬，太宗時十八萬，章聖時四十萬。今遂倍之。三司雖總大計，而事實在外。乙酉，乃詔大名、并州、永興帥臣兼本路計置糧草事。

（宋）王應麟《玉海》卷一八五《食貨·會計·皇祐會計録》 書目，田況撰，六卷，每卷别爲題辭。皇祐二年，田況爲三司使，約《景德會計録》，以今財賦所入多於景德，其歲所出又多於所入。因撰《皇祐會計録》，略依丁謂所述，集成六卷：一、户賦；二、課入；三、經費；四、儲運；五、隸賜；六、雜記。其出入之數，取一年最中者爲準。如謂所録郡縣疆理，復以宫館祠宇附焉，此皆不取。至於糧芻運餽，國之大計，特爲儲運一篇補其缺。上嘉之。況爲三司使，金穀利害纖悉備舉。議者謂三司使自陳恕。李士衡之後，惟況稱職。崔伯易曰：以皇祐之書較景德之録，雖增田三十四萬餘頃，反減賦七十一萬餘斛。

皇祐二年正月壬子，命學士承旨王堯臣、都知王守忠、右司諫陳升之與三司較天下每歲財賦出入之數以聞。四年正月，堯臣等較慶曆，皇祐總四年天下財賦出入，凡金幣絲纊薪芻之類，皆在其數，參相耗登。皇祐元年入一億二千六百二十五萬一千九百六十四，而所出無餘。爲書七卷。丙辰上之。詔送三司，取一歲中數以爲定式。二月癸未，命中丞王舉正與三司同詳定冗費。至和元年八月丙申，知諫院范鎮言願詔大臣考求祖宗朝逮天聖中官吏與兵及天下賦人之數，而斟酌裁節之。嘉祐三年十一月癸酉，命學士韓絳等詳定減省冗費。十二月乙巳，詔三司每歲上天下歲賦之數，自今三歲會其盈虧以聞。六年諫官司馬光言民既困而倉廩府庫又虚。爲今之術，在隨材用人而久任之，在養其本原而徐取之；在減損浮冗而省用之。願復置總計，使之官使宰相領之。凡天下金帛錢穀隸於三司，如内藏奉宸庫之類，總計使皆統之。昔舜舉八愷，使主后土，奏庶艱食，懋遷有無，地平天成，九功惟叙。《周禮》冢宰以九職九賦九式九貢之法治財用。唐制以宰相領鹽鐵度支户部。國初亦以宰相都提舉三司水陸發運等使。則錢穀皆宰相之職也。李德裕曰人君不以聚貨制用之臣處將相弼諧之任，則姦邪無所容。俞獻卿言巵不盈者漏在下，木不茂者蠹在内。

（宋）王應麟《玉海》卷一八五《食貨·會計·治平會計録》 治平四年九月五日庚辰，神宗已立。三司使韓絳上《治平會計録》六卷。詔奬諭。内外歲入一億一千餘萬，出一億萬二千餘萬，諸路積一億萬，而京師不與。時兵數少損，隸籍者猶百十六萬。而宗室吏員，視皇祐亡慮增十之三。《志》：蔡襄《治平會計録》六卷。

（宋）王應麟《玉海》卷一八五《食貨·會計·治平經費節要》 書目八卷，治平中編，具經常出入之數，分三秩。上秩户口賦税，中秩應奉上供，下秩諸色經費。

寶元二年，宋祁言去三冗，節三費，專備西北之屯。

（宋）王應麟《玉海》卷一八五《食貨·會計·元祐會計録》 元祐元年四月十八日，左正言朱光庭請置局取户部天下一歲出入，與三年郊費，四夷歲賜，凡百經費會計可省者省之。量入爲出，著爲令式。詔户部相度。二年七月户部言三司即今户部之職自景德皇祐治平熙寧並修會計録、事目類分，出納具見宜復講修，以備觀覽。詔可。三年閏十二月庚戌，户部尚書韓忠彦，侍郎蘇轍、韓宗道等言編成《元祐會計録》，大抵一歲天下所收錢穀金帛等物，未足以支一歲之出。欲取費用，詳加裁節。多不傷財，少不害事。詔浮費並行裁省。忠彦等請仰法寶元慶曆，節用裕民。自宫禁始前後裁減浮費約及二十餘萬貫。《李常傳》有《元祐會計録》三十卷。蘇轍《元祐會計録》叙曰：景德、皇祐、治平、熙寧四書，網羅一時出内之計，首尾八十餘年。凡計會之實，取元豐之八年。其别有五：一曰收支；二曰民賦；三曰課入；四曰儲運；五曰經費。五者既具，著之以見在，列之以通表。若内藏右曹之積，天下封樁之實，非昔三司所領。不入會計，將著之他書。蘇轍熙寧三年三月，奏謂去三冗。

（宋）王應麟《玉海》卷一八五《食貨·會計·宣和兩浙會計總録》

七年八月十七日，兩浙運副程昌弼奏漕司以計度經費爲職，臣分别科目，使多寡出入盈虚登耗之數，可指諸掌。請詔臣編纂宣和兩浙會計總録，頒之郡縣。從之。

靖國元年，右司員外郎陳瓘進《國用須知》。言廣恩惠以收人心，有益之事也；因邊費而壞成法，無益之舉也。已往之費不可追究，未然之費所宜會計。大觀中，河北漕臣任諒著《河北根本録》，凡户口升降、官吏增損與一歲出納奇贏之數，皆披籍可見。

（宋）王應麟《玉海》卷一八六《食貨・理財・乾道制國用使》 乾道二年十二月辛酉，詔宰相兼制國用使；參政同知國用事。以三省户房國用司爲名。庶幾上下同德，永底阜康。三年二月庚申，詔國用司具宫禁百官三司將校軍人月支數及泛用造册以進，永爲定式。五年二月戊申，二十一日。罷制國用司，併歸户房。八年，正丞相官名。四月，詔丞相事無不統，其兼制國用與參政更不入銜。嘉泰四年十二月五日，詔右丞相兼國用使，參政同知國用事，侍從卿監爲參計同參計官，參考内外財賦所入，經費所出，會計而總覈之。

周以冢宰制國用，質歲成。漢以丞相調軍食，唐以宰相兼度支。元和二年八月辛酉，宰相武元衡兼判户部事。開寶五年十一月庚辰，命參政薛居正兼提點三司。吕餘慶。天聖元年，詔三路軍儲出山澤之利，移用不足，二府大臣其經度之。遂置計置司。司馬光請以宰相領總計之職。

（宋）王應麟《玉海》卷一八六《食貨・理財・建炎提舉户部財用》

建炎元年六月壬午，户書張慤同知密院李綱請以版曹事委之。七月二十五日，命慤兼提舉措置户部財用。十二月，日曆九月丁未。户書黄潛厚爲延康殿學士提舉醴泉觀同提舉措置。紹興五年閏二月丁卯，二十二日。詔足食足兵，今日先務。户書章誼專功措置財用，參政孟庾提領。己巳，庚乞以總制司爲名。七月己卯，沈與求以參政兼措置財用。孟庾以提領措置財用爲名。與求止云兼權措置。三十二年四月己巳，吴芾言大農之財，一歲所入幾五千萬。而内藏激賞不與焉。會其多寡比景德全盛時十增其四。地不足而賦加多。建炎三年三月，尚書左丞葉夢得除資政殿學士提舉中太一宫兼侍讀提舉户部財用。夢得辭不拜。嘉熙四年五月，與權以端明殿學士提舉萬壽觀提領户部財用。兼侍讀。

紹興末始造楮。乾道四年，造成第一界。纔一千萬耳。至七年，行第二界。即置局收第一界。自是率以爲常。淳熙六年，始疊用第六、第七兩界，其四千八百餘萬。其後又以第八界收换第六界。兩界之數，增至十二百餘萬。自是每界增至四千萬。兩界並行，止八千萬。開禧用十一、十二兩界，調度不給，又出十三界併行。遂增至十四千萬。嘉定初出十四、十五界其八千萬，以收三界。以一易二。嘉熙中，四十一千萬有奇。孝宗用錢端禮策，用會子先積見錢以爲之母，所出不過二千萬。三年一界，必與收易。紹興間印出寖多。其後每當兑界，輒復展年。至開禧，累界之數凡一億萬餘，過隆興元額幾五倍矣。

（宋）王應麟《玉海》卷一八六《食貨・理財・至和便糴》 建隆元年正月丁未，詔河北歲豐穀賤，命使置場增價以糴。至道二年八月，以歲豐，糴於江、浙、淮。三年五月，詔三司市糴。咸平六年九月，出内府綾錦糴於河北。景德元年九月，出内府銀糴於天雄。祥符五年五月，又出内帑緡錢命三司博糴。先是，三年九月罷江淮和糴。九年正月行陝西平糴。天禧元年十一月減河北便糴。天聖元年七月十七日，命朝臣往河北沿邊提舉便糴。六年十一月，京西穀斗十錢，命三司市糴。至和二年，薛向言河北糴法之弊：歲費錢五百萬，得百六十萬斛。才直二百萬緡。十一月己未，詔向提舉便糴。治平元年八月十六日罷之。以屬漕臣。元祐元年五月一日，李常請復置。紹聖四年四月罷。元豐七年八月十六日，給户部右曹錢六千萬充陝西邊糴。乾道元年正月二十日，農少張宗元言輦下供餽歲用糧一百五十餘萬石，二浙苗米不過八十餘萬，七十萬皆仰收糴。紹興十八年閏八月甲子命臨安平江府淮東西湖北三總領歲糴米百二十萬石胡奇。先是，八年四月庚申初置户部糴場於臨安。

（宋）王應麟《玉海》卷一八六《食貨・理財・天聖節浮費》

《紀》：天聖元年正月癸未，命官同三司議節浮費。丁亥，命官較茶、鹽、礬税歲入登耗以聞。二月庚申，命張士遜、吕夷簡、魯宗道議茶、鹽法。三月甲申，詔比者營造土木多内侍傳宣，不關有司，工費無節。自今先由三司度實用，然後給之。明道二年四月壬子，詔内外毋得進獻以祈恩澤。寶元二年五月癸卯，命近臣同三司詳定節省浮費。六月壬戌，詔曰：自乘輿服御及宫□所須，宜如前詔和，國從簡約。若吏兵禄□毋得裁減。慶曆二年四月戊寅，命御史中丞諫官同三司較景德以來用度，罷其不急者。五月壬子，減皇后及宗室婦郊賜之半。乙丑，罷左藏庫月進錢。三年正月辛巳，詔輔臣議蠲減天下差徭賦斂。七年三月癸未，詔求寬恤民力之

事，聽官吏驛置以聞，上其副於轉運利害明白者，轉運顓行之。皇祐二年正月壬子，命近臣同三司較天下財賦出入之數。五年五月戊申，詔轉運使毋得掊刻百姓取羨餘以助三司。嘉祐三年九月癸酉，議罷榷茶法。十月癸亥，除河北鹽錢。十一月癸酉，議減冗費。十二月乙巳，詔三司歲上天下稅賦之數，三歲一會虧贏以聞。四年二月己巳，罷榷茶。三月戊戌，命近臣同三司減定民間科率。五年四月丙戌，命近臣同三司議均稅。六月乙亥，遣官分行天下訪寬恤民力事。《志》：天聖初命三司及中丞劉均等，取景德一歲用度，較天禧所出，省其不急者。寶元中，賈昌朝言省不急用度，命密學張若谷、諫議任中師、司諫韓琦議省冗費。琦言：當自掖庭始，取賜予支費之數，裁爲中制。詔内侍省裁定。有司不與。西兵久不解，財用益屈，詔内侍以先帝時及天聖初籍，較近歲禁中用度增損外，則命中丞賈昌朝、諫官田況、張方平，同三司議省冗費。内出詔書減皇后至宗室婦郊祠所賜之半，著爲式。公卿近臣以次減。時王堯臣爲三司使，取陝西、河北、河東三路未用兵前及用兵後歲出入財用之數會計以聞。至和中，諫官范鎮上疏：令中書主民，樞密院主兵，三司主財各不相知。財已匱而樞密院益兵不已；民已困而三司取財不已。願使中書、樞密通知兵民財利大計，與三司量其出入，制爲國用財，民力少寬。嘉祐三年，樞副張昪請罷民間科率及營造不急之物。於是置減省司於三司。命學士韓絳、陳升之御史吕景初總其事。多所裁省。景祐元年程琳上疏，河北歲費芻糧千二十萬，其賦入支十之三；陝西歲費千五百萬，其賦入支十之五。餘悉仰給京師。范鎮奏疏備契丹莫若寬河北、河東之民；備靈夏莫若寬關、陝之民；備雲南莫若寬兩川、湖、嶺之民；備天下莫若寬天下之民。民力寬則知自愛。知自愛，雖有外厄，人人可用爲兵。用人人自愛之兵以禦外，虞何往而不克。司馬光言：爲今之術，在隨才用人，而久任之。養其本原而徐取之。減損浮冗而省用之。

（宋）王應麟《玉海》卷一八六《食貨・理財・宋朝三司使　淳化總計使　熙寧會計司會計式》　度支使始於唐乾元元年第五琦，鹽鐵使亦始於琦。國初沿後唐制，後唐長興元年，張延明請置三司使，就命延明，班宣徽使之下。併户部爲三司使，凡二十四案吏千餘人。建隆元年八月李崇矩爲使。乾德四年正月定考課之法。興國增判官之員。興國元年十二月丁巳，始置副使。以賈琰爲之。八年三月癸亥，分三司各置使。淳化四年五月戊申，并爲一使。魏羽判三司，判官六員。十月庚午，置二使，分領左右計。魏羽、董儼。閏十月己酉，置總計使。陳恕爲之。判左右計事，左右計使分判十道事。分天下爲十道：曰河南、河北、河東、關西、劍南、淮南、江南東、西、兩浙、廣南道。東京爲左計，西京爲右計。各置判官領之。五年七月，詔給御前印紙考課，以別能否。五年十二月辛丑，三司復各置使。罷十道左右計始及張延德張鑑領之。兩京十道復歸三部，三使各領一司。局分相違，簿書交錯，綱條失序，言論盈庭。咸平六年六月丁亥，復合爲一使。以命寇準。復置副。天聖九年正月癸未，命中丞劉子儀等與三司議裁減冗費。寶元二年五月癸卯，詔張若谷等減省冗費。慶曆二年四月戊寅，命賈昌朝等省浮費。嘉祐三年十一月癸酉，置減省司。學士韓絳及陳升之、吕景初等領之。五年五月丁酉，置寬恤民力司。六月乙亥，遣官往諸路訪寬恤事。六年八月乙卯，命知諫院楊畋詳定寬恤民力事。遣使四出。自是州縣力役多所裁損。凡省二萬三千六百二十三人。先是，詔條奏衙前之役爲害者。治平元年十二月，擇三司尤繁要者五員，用資淺人久任而責效。熙寧三年八月二十八日，命王珪等編修三司令式。十二月庚辰，宰臣王安石提舉。七年三月八日，三司敕式成四百卷。十月十六日己卯，詔三司置會計司。以宰臣韓絳提舉。初，絳奏三司總天下財賦，其出入之數並無總要考校盈虛之法。三司使亦請删修爲策歲校增虧。故有是命。八年六月二十三日，提舉三司會計司上一州一路會計式。九月十一日丁卯，絳奏罷會計司。元豐五年改官制。四月二十三日，以三司使安燾爲户部尚書。左右曹其屬有三。曰度支、金部、倉部。凡官十有三：左曹分案五，設吏四十，右曹分案五，設吏五十有六。

唐劉晏爲九使，財賦悉歸於一。宋朝始分爲二，而三司使居中，發運使居外，相爲表裏。祖宗外置轉運司以漕一路之賦，内置三司使以總於下之財。神宗始分天下之財以爲二司。轉運司獨用民常賦與州縣酒稅之課，其餘財利悉收於常平司掌其發斂。儲之以待非常之用。罷三司而爲户部，轉運之財則左曹隸焉。常平之財則右曹隸焉。

開寶六年八月乙巳，令諸州舊屬公使錢物盡數係省，毋得妄有支費。以留州錢物盡數係省，始於此。淳化五年十二月二十一日，初置諸州應在司具元管新收已支見在錢物申省。熙寧五年十月九日，專置司驅磨天下帳

籍，繼以旁通目子而天下無遺利。而公使錢始立定額。

《宋史》卷一七一《職官志》　太平興國元年詔曰：耕織之家，農桑爲本，奉户月輸緡錢，蠶茲細民，不易營置，罷天下奉户。其本官奉錢，並給以官物，令貨鬻及七分，仍依顯德五年十二月詔，增給米麥。

《宋史》卷一七五《食貨志·布帛》　宋承前代之制，調絹、紬、布、絲、綿以供軍須，又就所產折科、和市。其織麗之物，則在京有綾錦院，西京、真定、青益梓州場院主織錦綺、鹿胎、透背，江寧府、潤州有織羅務，梓州有綾綺場，亳州市縐紗，大名府織縐縠，青、齊、鄆、濮、淄、濰、沂、密、登、萊、衡、永、全州市平絁。東京榷貨務歲入中平羅、小綾各萬匹，以供服用及歲時賜與。諸州折科、和市，皆無常數，唯内庫所須，則有司下其數供足。自周顯德中，令公私織造並須幅廣二尺五分，民所輸絹匹重十二兩，疎薄短狹、塗粉入藥者禁之；河北諸州軍重十兩，各長四十二尺。宋因其舊。

開寶三年，令天下諸州凡絲、綿、紬、絹、麻布等物，所在約支二年之用，不得廣科市以煩民。初，蓬州請以租絲配民織綾，給其工直，太祖不許。太宗太平興國中，停湖州織綾務。女工五十八人悉縱之。詔川峽市買場、織造院，自今非供軍布帛，其錦綺、鹿胎、透背、六銖、欹正、龜殼等段匹，不須買織，民間有織賣者勿禁。馬元方爲三司判官，建言：方春乏絶時，預給庫錢貸民，至夏秋令輸絹於官。大中祥符三年，河北轉運使李士衡又言：本路歲給諸軍帛七十萬，民間罕有緡錢，常預假於豪民，出倍稱之息，至期則輸賦之外，先償逋欠，以是工機之利愈薄。請預給帛錢，俾及時輸送，則民獲利而官亦足用。詔優予其直。自是諸路亦如之。或蠶事不登，許以大小麥折納，仍免倉耗及頭子錢。

天聖中，詔減兩蜀歲輸錦綺、鹿胎、透背、欹正之半，罷作綾花紗。明道中，又減兩蜀歲輸錦綺、綾羅、透背、花紗三之二，命改織紬、絹以助軍。景祐初，遂詔罷輸錦背、繡背、遍地密花透背段，自掖庭以及閭巷皆禁用。其後歲輒增益梓路紅錦、鹿胎，慶曆四年復減半。既而又減梓路歲輸絹三之一，紅錦、鹿胎半之。先是，咸平初，廣南西路轉運使陳堯叟言：準詔課植桑棗，嶺外唯產苧麻，許令折數，仍聽織布赴官場博市，匹爲錢百五十至二百。至是，三司請以布償芻直，登、萊端布爲錢千三百六十，沂布千一百，仁宗以取直過厚，命差減其數。自西邊用兵，軍須紬絹，多出益、梓、利三路，歲增所輸之數；兵罷，其費乃減。嘉祐三年，始詔寬三路所輸數。治平中，歲織十五萬三千五百餘匹。

神宗即位，京師米有餘蓄，命發運司損和糴數五十萬石，市金帛上京，儲之榷貨務，備三路軍須。京東轉運司請以錢三十萬二千二百貫給貸於民，令次年輸絹，匹爲錢千，隨夏稅初限督之。詔運其錢于河北，聽商人入中。

熙寧三年，御史程顥言：京東轉運司和買紬絹，增數抑配，率千錢課絹一匹，其後和買并稅絹，匹皆輸錢千五百。時王廣淵爲轉運使，謂和買如舊，無抑配。顥言其迎合朝廷意。王安石謂廣淵在京東盡力以赴事功，不宜罪以迎合。乃詔所給内帑别額紬絹錢五十萬緡，收其本儲之北京，息歸之内帑。右正言李常亦言：廣淵以陳汝羲所進羨餘錢五十萬緡，隨和買絹錢分配，於常稅折科放買外，更取二十五萬緡，請以顥言付有司。定州安撫司又言：轉運司配紬、絹、綿、布於州鎮軍砦等坊郭户，易錢數多，乞憫其災傷，又居極邊，特蠲損之。詔提刑司别估，民不願市，令官自賣，已給而抑配者正之。自王安石秉政，專以取息爲富國之務，故當時言利小人如王廣淵輩，假和買紬絹之名，配以錢而取其五分之息，其刻又甚於青苗。然安石右廣淵，顥、常言卒不行。二月，詔移巴蜀羨財，市布帛儲於陝西以備邊，省蜀人輸送及中都漕輓之費。

七年，兩浙察訪沈括言：本路歲上供帛九十八萬，民苦備償，而發運司復以移用財貨爲名，增預買紬絹十二萬。詔罷其所增之數。八年，韓琦奏倚閣預買紬絹等，雖稍豐稔，猶當五七歲帶輸。安石以爲不然，言於神宗曰：預買紬絹，祖宗以來未嘗倚閣，往歲李稷有請，因從之。近方鎮監司爭以寬恤爲事，不計有無，異日國用闕，當復刻剥於民爾。元豐以來，諸路預買紬絹，許假封樁錢或坊場錢，少者數萬緡，多者至數十萬緡。其假提舉司寬剩錢者，又或令以絹帛入常平庫，俟轉運司以價錢易取。三年，京東轉運司請增預買數三十萬，即本路移易，從之。四年，遣李元輔變運川峽四路司農物帛。中書言：物帛至陝西，擇省樣不合者貿易，糴糧儲於邊，期以一年畢。五年，户部上其數凡八百十六萬一千七百八十匹兩，三百四十六萬二千緡有奇。

紹聖元年，兩浙絲蠶薄收，和買并税紬絹，令四等下户輸錢，易左帑紬絹；又令轉運司以所輸錢市金銀，遇蠶絲多，兼市紗、羅、紬、絹上供。元符元年，雄州榷場輸布不如樣，監司通判貶秩、展磨勘年有差；令損其直，後似此者勿受。

尚書省言：民多願請預買錢，宜視歲例增給，來歲市紬絹計綱赴京。左司員外郎陳瓘言：預買之息，重於常平數倍，人皆以爲苦，何謂願請？今復創增，雖名濟乏，實聚斂之術。提點京東刑獄程堂亦言：京東、河北災民流未復，今轉運司東西路歲額無慮二百萬匹兩，又於例外增買，請罷之。乃詔諸路提舉司勿更給錢，俟蠶麥多，選官置場。崇寧中，諸路預買，令所産州縣鄉民及城郭户並準貲力高下差等均給。川峽路取元豐數最多一年爲額，舊不給者如故。

江西和買紬絹歲五十萬匹，舊以錢、鹽三七分預給。自鹽鈔法行，不復給鹽，令轉運司盡給以錢，而卒無有，逮今五年，循以爲常，民重傷困。大觀初，詔假本路諸司封樁錢及鄰路所掌封樁鹽各十萬緡給之。其後提舉常平張根復言：本路和買，未嘗給錢，請盡給一歲蠶鹽，許轉運司移運或民户至場自請。而江西十郡和買數多，法一匹給鹽二十斤，比錢九百，歲預於十二月前給之。轉運司得鹽不足，更下發運司會積歲所負給償。

尚書省言大觀庫物帛不足，令兩浙、京東、淮南、江東西、成都、梓州、福建路市羅、綾、紗一千至三萬匹各有差。二年，又令京東、淮南、兩浙市絹帛五萬及三萬匹，並輸大觀庫；又四川各二萬，輸元豐庫。江東西如四川之數，輸崇寧庫。而州縣和買，有以鹽一席折錢六千，令民至期輸紬絹六匹，又前期督促，致多逃徙，詔遞加其罪。坊郭户預買有家至四五百匹，興仁府萬延嗣户業錢十四萬二千緡，歲均千餘匹，乃令減半均之。

兩浙和買并税紬絹布帛，頭子錢外，又收市例錢四十，例外約增數萬緡，以分給人吏。政和初，詔罷市例錢。諸路紬絹布帛比價高數倍。而給直猶用舊法，言者請稍增之，度支以元豐例定，沮抑不行，令如期給散而已。江東和買，弊如江西，比年纔給二百，轉運司又以重十三兩爲則，不及則，準絲價補納以錢，兩率二百有餘。宣和三年，詔提刑司釐正以聞。

先是，成都、河北預買，官户許減半，四年，令舊嘗全科者如舊。既又以兩浙多官户，令預買通敷。七年冬，郊祀，河北、京東和買科取物帛絲綿等數並免，以供奉物給降，其所蠲貸，幾數百萬。初，預買紬絹務優直以利民，然猶未免煩民，後或令民折輸錢，或物重而價輕，民力寖困，其終也，官不給直，而賦取益甚矣。十二月，詔令轉運司各會一路之數，分下州縣經畫，不以錢以他物、不以正月以他月給者，並論以違制。然有司鮮能承順焉。靖康元年，命轉運司以常平錢前一季預備，如正月之期給之，毋貸以他物而損其數。京東州縣勿以逃移户舊數科著業人，仍先除其數，俟流民歸業均敷。餘路亦如之。

建炎三年春，高宗初至杭州，朱勝非爲相。兩浙轉運副使王琮言：本路上供、和買、夏税紬絹，歲爲匹一百一十七萬七千八百，每匹折輸錢二千以助用。詔許之。東南折帛錢自此始。五月，詔每歲預買綿絹，令登時給其直。又詔江、浙和預買絹減四分之一，仍給見錢，違者寘之法。紹興元年，初賦鼎州和買折帛錢六萬緡，以贍蔡兵。以兩浙夏税及和買紬絹一百六十餘萬匹，半令輸錢，匹二千。二年，以諸路上供絲、帛並半折錢如兩浙例，江、淮、閩、廣、荆湖折帛錢自此始。時江、浙、湖北、夔路歲額紬三十九萬匹，江南、川、廣、湖南、兩浙絹二百七十三萬匹，東川、湖南綾羅絁七萬匹，西川、廣西布七十七萬匹，成都綿綺千八百餘匹，皆有奇。

三年三月，以兩浙和買物帛，下户艱於得錢，聽以七分輸正色，三分折見緡。初，洪州和買，八分輸正色，二分折省錢，匹三千。四年，帥臣胡世將請以三分匹折六千省。又言絹直踴貴，請匹增爲五千足。户部定爲六千足。殿中侍御史張致遠言：江西殘破之餘，和預買絹請折輸錢，朝廷從之，是欲少寬民力。匹輸錢五千省，比舊直已增其半，較之兩浙時直，匹多一千五百，户部又令折六貫文足，是欲乘民之急而倍其斂也。物不常貴，則絹有時而易辦；錢額既定，則價無時而可減。於是詔江西和買絹匹折輸錢六千省，願輸正色者聽。是冬，初令江、浙民户悉輸折帛錢。當是時，行都月費錢百餘萬緡，重以征戍之費，令民輸紬者全折，輸絹者半折，匹五千二百省。折帛錢由此愈重。

九年正月，復河南，減折帛錢匹一千，未幾又增之。十七年，減折帛

錢：江南匹爲六千，兩浙七千，和買六千五百；綿，江南兩爲三百，兩浙四百。二十年，詔：廣西折布錢因張浚增至兩倍以上，今減作一貫文折輸。二十九年，中書省奏：江、浙四路所起折帛錢，地里遥遠，宜就近儲之。詔除徽、處、廣德舊折輕貨，餘州當折銀者輸錢，願輸銀者聽，浙西提刑司、三總領所主之。先是，江、浙路折帛錢歲爲錢五百七十三萬餘緡，並輸行都，至是，始外儲之以備軍用。

乾道四年，減兩浙、江東西路乾道五年夏税、和買折帛錢之半。六年，知徽州郟升卿代還，奏：州自五代時陶雅守郡，妄增民賦，至今二百餘年，比鄰境諸縣之税獨重數倍，而雜錢之税科折尤重，請賜蠲免。九年，詔徽州額外創科雜錢一萬二千一百八十餘緡，及元認江東、兩浙運司諸處絹一萬六千六百餘匹，並蠲之。

紹熙五年，詔兩浙、江東西和買紬絹折帛錢太重，可自來年匹減錢一貫五百文，三年後别聽旨。所減之錢，令内藏、封樁兩庫撥還。

慶元元年，户部侍郎袁説友言臨安、餘杭二縣和買科取之弊：乞將餘杭縣經界元科之額配以絹數，不分等則，以二十四貫定敷一匹，衮科而下，足額而止，捐其餘以惠末産之民。如此則吏不得而制民，民無資於詭户，救弊之良策也。説友又奏：貫頭均科之法行，則縣邑無由多取，鄉司無所走弄，而詭挾者不能以幸免，是以姦民頑吏立爲異論以摇之。詔令集議。二年，吏部尚書葉翥等議請如帥漕所奏推行之，詔可。

建炎元年，知越州翟汝文奏：浙東和預買絹歲九十七萬六千匹，而越乃六十萬五百匹，以一路計之，當十之三。望將三等以上户減半，四等以下户權罷。尋以杭之和買絹偏重，均十二萬匹於兩浙。乾道九年，祕書郎趙粹中言：兩浙和買，莫重於紹興，而會稽爲最重。緣田薄税重，詭名隱寄，多分子户。自經界後至乾道五年，累經推排，減落物力，走失愈重，民力困竭。若據畝均輸，可絶詭户之弊。淳熙八年，詔兩淮漕臣吴琚與帥臣張子顔措置。子顔等言：勢家豪民分析版籍以自託於下户，是不可不抑。然弊必有原，謂如浙東七州，和買凡二十八萬一千七百三十有八；温州本無科額，合台、明、衢、處、婺之數，不滿一十三萬，而紹興一郡獨當一十四萬六千九百三十有八，則是以一郡視五郡之輸而又贏一萬有奇，此重額之弊也。又如賃牛物力，以其有資民用，不忍科配；酒坊、鹽亭户，以其嘗趁官課，難令再敷；至於坍江落海之田，壤地漂没；僧道寺觀之産，或奉詔蠲免；而省額未除，不免陰配民户，此暗科之弊也。二弊相乘，民不堪命，於是規避之心生，而詭户之患起。舊例物力三十八貫五百爲第四等，降一文以下即爲第五等，爲詭户者志於規避，往往止就二三十貫之間立爲砧基。今若自有産有丁係真五等依舊不科，其有産無丁之户，將實管田産錢一十五貫以上並科和買，其一十五貫以下則存而不敷，庶幾僞五等不可逃，真五等不受困。於是詔：紹興府欑宫田園、諸寺觀、延祥莊并租牛耕牛合蠲和買，並於省額除之；坊場、鹽亭户見敷和買物力，及坍江田、放生池合減租税物力，並覈實取旨。

十一年，臣僚言兩浙、江東西四路和買不均之弊，送户部，給舍等官詳議。鄭丙、丘崈議，畝頭均科之説至公至平，詔施行之。十六年，知紹興府王希吕言：均敷和買，曩者亟於集事，不暇覈實，一切以爲詭户而科之，於是物力自百文以上皆不免於和買，貧民始不勝其困。乞將創科和買二萬五十七匹有奇盡放，則民被實惠矣。於是詔下户和買二萬五十餘匹住催一年，又減元額四萬四千匹有奇；均敷一節，令知紹興府洪邁從長施行。紹熙元年，邁定其法上之，詔依所措置推行，於是紹興貧民下户稍寬矣。

《宋史》卷一七五《食貨志·和糴》 宋歲漕以廣軍儲、實京邑。河北、河東、陝西三路及内郡，又自糴買，以息邊民飛輓之勞，其名不一。建隆初，河北連歲大稔，命使置場增價市糴，自是率以爲常。咸平中，嘗出内府綾、羅、錦、綺計直緡錢百八十萬、銀三十萬兩，付河北轉運使糴粟實邊。繼而詔：凡邊州積穀可給三歲即止。大中祥符初，三路歲豐，仍令增糴廣蓄，靡限常數。後又時出内庫緡錢，或數十萬，或百萬，别遣官經畫市糴，中等户以下免之。

初，河東既下，減其租賦。有司言其地沃民勤，頗多積穀，請每歲和市，隨常賦輸送，其直多折色給之。京東西、陝西、河北闕兵食，州縣括民家所積糧市之，謂之推置；取上户版籍，酌所輸租而均糴之，謂之對糴，皆非常制。麟、府州以轉餉道遠，遣常參官就置場和糴。河北又募商人輸芻粟於邊，以要券取鹽及緡錢、香藥、寶貨於京師或東南州軍，陝西則受鹽於兩池，謂之入中。陝西糴穀，又歲預給青苗錢，天聖以來，罷不

復給，然發内藏金帛以助糴者，前後不可勝數。寶元中，出内庫珠直緡錢三十萬，付三司售之，收其直以助邊費。歐陽脩奉使河東還，言：河東禁並邊地不許人耕，而私糴北界粟麥爲兵儲，最爲大患。遂詔岢嵐、火山軍閑田並邊壕十里外者聽人耕，然竟無益邊備，歲糴如故。大抵入中利厚而商賈趨之，罷三路入中，悉以見錢和糴，縣官之費省矣。

熙寧五年，詔以銀絹各二十萬賜河東經略安撫司，聽人賒買，收本息封椿備邊。自是三路封椿，所給甚廣，或取之三司，或取之市易務，或取之他路轉運司，或賜常平錢，或鬻爵、給度牒，而出内藏錢帛不與焉。

七年，以岷州入中者寡，令三司具東南及西鹽鈔法經久通行利病以聞。知熙州王韶建議：依沿邊和糴例，以一分見緡、九分西鈔，別約價，募入中者。凡邊郡入中有闕，則多出京鈔或饒益誘之，以紓用度。是歲，河東並邊大稔，詔都轉運使李師中與劉庠廣糴，積五年之蓄。復命輔臣議，更以陝西並塞芻糧之法，令轉運司增舊糴三分，以所糴虧羨爲賞罰，仍遣吏按視。而陝西和糴，或以錢、茶、銀、紬、絹糴於弓箭手。

八年，河東察訪使李承之言：太原路二税外有和糴糧草，官雖量予錢、布，而所得細微，民無所濟，遇歲凶不蠲，最爲弊法。繼而知太原韓絳復請和糴於元數省三分，罷支錢、布，乞精選才臣講求利害。詔委陳安石。元豐元年，安石奏：河東十三州二税，以石計凡三十九萬二千有餘，而和糴數八十二萬四千有餘，所以歲凶仍輸者，以税輕、軍儲不可闕故也。舊支錢、布相半，數既奇零，以鈔貿易，略不收半，公家實費，百姓乃得虚名。欲自今罷支糴錢，歲以其錢令並邊州郡和市封椿，即歲災以填所蠲數，年豐則三歲一免其輸。朝廷以爲然，始詔河東歲給和糴錢八萬餘緡並罷，以其錢付漕司，如安石議。因用安石爲河東轉運使。其後經略使呂惠卿復請別議立法，除河外三州理爲邊郡宜免，餘十一州可概均糴。下有司議，以歲和糴見數十分之，裁其二，用八分爲額，隨户色高下裁定，毋更給錢；歲災同秋税蠲放，以轉運司應給錢補之，災不及五分，聽以久例支移。遂易和糴之名爲助軍糧草。

元豐四年，以度支副使蹇周輔兼措置河北糴便司。明年，詔以開封府界、諸路闕額禁軍及淮、浙、福建等路剩鹽息錢，並輸糴便司爲本。令瀛、定、澶等州各置倉。凡封椿，三司毋關預，委周輔專其任，司農寺市易、淤田、水利等司所計置封椿糧草並歸之。六年，詔提點河北西路王子淵兼同措置。未幾，手詔周輔：今河朔豐成，宜廣收糴。是歲，大名東、西濟勝二倉，定州衍積、實盈二倉與瀛之州倉皆成，周輔召拜户部侍郎，以左司郎中吳雍代之。明年，雍言河北倉廩皆充實，見儲糧料總千一百七十六萬石。詔賜同措置王子淵三品服。宣和中，罷畿内和糴。

自熙寧以來，和糴、入中之外，又有坐倉、博糴、結糴、俵糴、兑糴、寄糴、括糴、勸糴、均糴等名。其曰坐倉：熙寧二年，令諸軍餘糧願糴入官者，計價支錢，復儲其米於倉。王珪奏曰：外郡用錢四十可致斗米於京師，今京師乏錢，反用錢百坐倉糴斗米，此極非計。司馬光曰：坐倉之法，蓋因小郡乏米而庫有餘錢，故反就軍人糴米以給次月之糧，出於一時急計耳。今京師有七年之儲，而府庫無錢，更糴軍人之米，使積久陳腐，其爲利害非臣所知。呂惠卿曰：今坐倉得米百萬石，則減東南歲漕百萬石，轉易爲錢以供京師，何患無錢？光曰：臣聞江、淮之南，民間乏錢，謂之錢荒。而土宜秔稻，彼人食之不盡。若官不糴取以供京師，則無所發泄，必甚賤傷農矣。且民有米而官不用米，民無錢而官必使之出錢，豈通財利民之道乎？不從。明年，又慮元價賤，神、龍衛及諸司每石等第增錢收糴，仍聽行於河北、河東、陝西諸路。元符以後，有低價抑糴之弊，詔禁止之。

其曰博糴：熙寧七年，詔河北轉運、提舉司置場，以常平及省倉歲用餘糧，減直聽民以絲、綿、綾、絹增價博買，俟秋成博糴。崇寧五年，又詔陝西錢重物輕，委轉運司措置，以銀、絹、絲、紬之類博糴斛斗，以平物價。

其曰結糴：熙寧八年，劉佐體量川茶，因便結糴熙河路軍儲，得七萬餘石，詔運給焉。未幾，商人王震言：結糴多散官或浮浪之人，有經年方輸者。詔措置熙河財用孫迥究治以聞。迥奏總管王君萬負熙、河兩州結糴錢十四萬六百三十餘緡、銀三百餘兩。乃遣蔡確馳往本路劾之，君萬及高遵裕皆坐借結糴違法市易，降黜有差。崇寧初，蔡京行於陝西，盡括民財以充數。五年，以星變講修闕政，罷陝西、河東結糴、對糴。

其曰俵糴：熙寧八年，令中書計運米百萬石費約三十七萬緡，帝怪其多。王安石因言：俵糴非特省六七十萬緡歲漕之費，且河北入中之價，

權之在我，遇斗斛貴住糴，即百姓米無所糶，自然價損，非惟實邊，亦免傷農。乃詔歲以末鹽錢鈔、在京粳米六十萬貫石，付都提舉市易司貿易。度民田入多寡，預給錢物，秋成於澶州、北京及緣邊入米麥粟封樁。即物價踴，權止入中，聽糴便司兑用，須歲豐補償。紹聖三年，吕大忠之言，召農民相保，豫貸官錢之半，循税限催科，餘錢至夏秋用時價隨所輸貼納。崇寧中，蔡京令坊郭、鄉村以等第給錢，俟收，以時價入粟，邊郡弓箭手、青唐蕃部皆然。用俵多寡爲官吏賞罰。

其曰兑糴：熙寧九年，詔淮南常平司於麥熟州郡及時兑糴。元祐二年，嘗以麥熟下諸路廣糴，詔後價若與本相當，即許變轉兑糴。

其曰寄糴：元豐二年，糴便糧草王子淵論綱舟利害，因言：商人入中，歲小不登，必邀厚價，故設内郡寄糴之法，以權輕重。七年，詔河北瀛、定二州所糴數以鉅萬，而散於諸郡寄糴，恐緩急不相及，不若致商人自運。李南公、王子淵俱言：寄糴法行已久，且近都倉，緩急運致非難。於是寄糴卒不罷。

其曰括糴：元符元年，涇原經略使章楶請並邊糴買，豫榜諭民，毋得與公家争糴，即官儲有乏，括索贏糧之家，量存其所用，盡糴入官。

其曰勸糴、均糴：政和元年，童貫宣撫陝西議行之。鄜延經略使錢即言：勸糴非可以久行。均糴先入其斛斗乃給其直，於有斛斗之家未有害也。坊郭之人，素無斛斗，必須外糴，轉有煩費。疏奏，坐貶。時又詔河北、河東倣陝西均糴，知定州王漢之坐沮格奪職罷。未幾，遂立均糴法。三年，以歲稔，諸路推行均糴。五年，言者謂：均糴法嚴，然已糴而不償其直，或不度州縣之力，敷數過多，有一户而糴數百石者。乃詔諸路毋輒均糴。既而州縣以和糴爲名，低裁其價，轉運司程督愈峻，科率倍於均糴，詔約止之。宣和三年，方臘平，兩浙亦量官户輕重均糴。明年，荆湖南、北均糴，以家業爲差。勸糴之法，其後寖及於新邊鄯廓州、積石軍，蕃部患之。

自熙寧以來，王韶開熙河，章惇營溪洞，沈起、劉彝啓交阯之隙，韓存寶、林廣窮乞弟之役，費用科調益繁。陝西宿兵既多，元豐四年，六路大舉西討，軍費最甚於他路。帝先慮科役擾民，令趙卨廉問，頗得其事。又以糧餉羸惡，欲械斬河東、涇原漕臣，以厲其餘，卒以師興役衆，鮮克辦給。又李稷爲鄜延漕臣督運，詔許斬知州以下乏軍興者，民苦摺運，多散走，所殺至數千人，道斃者不在焉。於是文彦博奏言：關陝人户，昨經調發，不遺餘力，死亡之餘，疲瘵已甚。爲今之計，正當勞來將士，安撫百姓，全其瘡痍，使得蘇息。明年，優詔嘉答。初，西師無功，議者慮朝廷再舉，自是，帝大感悟，申飭邊臣固境息兵，關中以蘇。

哲宗即位，諸老大臣維持初政，益務綏静，邊郡類無調發，第令諸路廣糴以備蓄積，及詔陝西、麟府州計五歲之糧而已。紹聖初，乃詔河北鎮、定、瀛州糴十年之儲，餘州七年。其後陝西諸路又連歲興師，及進築鄯、湟等州，費資糧不可勝計。元符二年，涇原經略使章楶諫曰：伏見興師以來，陝西府庫倉廩儲蓄，内外一空，前後資貸内藏金帛，不知其幾千萬數。即今所在糧草盡乏，漕臣計無所出，文移指空而已。今者，正休兵息民、清心省事之時，唯深察臣言，裁决斯事。若更詢主議大臣，竊恐專務興師，上誤聖聽。主議大臣，指章惇也。時内藏空乏，陝西諸路以軍賞銀絹數寡，請給於内藏庫，詔以絹五十萬匹予之。帝謂近臣曰：内庫絹才百萬，已輟其半矣。

蔡京用事，復務拓土，勸徽宗招納青唐，用王厚經置，費錢億萬，用大兵凡再，始克之，而湟州戍兵費錢一千二十四萬九千餘緡。五年，熙河蘭湟運使洪中孚言：本道青稞畝收五石，粒當大麥之三。異時人糧給精米，馬料給青稞，率皆八折，不惟人馬之食自足，而價亦相當。今邊臣不燭事情，精米、青稞與糙米、大麥一例抵斗給散，即公有一分之耗，私有一分之贏。會計一路歲費斛斗一百八十萬、雜色五十萬外，青稞一百三十萬，抵斗歲費二十六萬石，石三十緡，計七百八十萬。帝慮其米仍羸，將士或有饑色，乃命九折。明年，復令計斗給散，竟罷九折。又於陝西建四都倉：平夏城曰裕財，鎮戎軍曰裕國，通峽砦曰裕民，西安州曰裕邊。自夏人叛命，諸路皆謀進築，陝以西保甲皆運糧。後童貫又自將兵築靖夏、制戎、伏羌等城，窮討深入，凡六七年。至宣和末，饋餉空乏，鄜延至不能支旬月。時邊臣争務開邊，夔、峽、嶺南不毛之地，草創郡邑，調取於民，費出於縣官，不可勝計。最後有燕山之役，雄、霸等州倉廩皆竭，兵士饑忿，有擲瓦石擊守貳、刃將官者。燕山郭藥師所將常勝一軍，計口給錢廩，月費米三十萬石、錢一百萬緡。河北之民力不能給，於是免

夫之議興。

初，黃河歲調夫修築埽岸，其不即役者輸免夫錢。熙、豐間，淮南科黃河夫，夫錢十千，富户有及六十夫者，劉誼蓋嘗論之。及元祐中，呂大防等主回河之議，力役既大，因配夫出錢。大觀中，修滑州魚池埽，始盡令輸錢。帝謂事易集而民不煩，乃詔凡河隄合調春夫，盡輸免夫之直，定爲永法。及是，王黼建議，乃下詔曰：大兵之後，非假諸路民力，其克有濟？諭民國事所當竭力，天下並輸免夫錢，夫二十千，淮、浙、江、湖、嶺、蜀夫三十千。凡得一千七百餘萬緡，河北羣盗因是大起。

南渡，三邊饋餉，糴事所不容已。紹興間，於江、浙、湖南博糴，多者給官告，少者給度牒，或以鈔引，類多不售，而吏緣爲姦，人情大擾。於是減其價以誘積粟之家，初不拘於官、編之户。凡降金銀錢帛而州縣阻節不即還者，官吏並徒二年。廣東轉運判官周綱糴米十五萬石，無擾及無陳腐，撫州守臣劉汝翼餉兵不匱，及勸誘賑糶流離，皆轉一官。七年以饒州之糴石取耗四斗，罪其郡守。自是和糴者計剩科罪。十三年，荆湖歲稔，米斗六七錢，乃就糴以寬江、浙之民。十八年，免和糴，命三總領所置場糴之。舊制：兩浙、江、湖歲當發米四百六十九萬斛，兩浙一百五十萬，江東九十三萬，江西百二十六萬，湖南六十五萬，湖北三十五萬。至是，欠百萬斛有奇。乃詔臨安、平江府及淮東西、湖廣三計司，歲糴米百二十萬斛：浙西凡糴七十六萬，淮西十六萬五千，湖廣、淮東皆十五萬。二十八年，除二浙以三十五萬斛折錢，諸路綱米及糴場歲收四百五十二萬斛。二十九年，糴二百三十萬石以備振貸，石降錢二千，以關子、茶引及銀充其數。

孝宗乾道三年秋，江、浙、淮、閩淫雨，詔州縣以本錢坐倉收糴，毋强配於民。四年，糴本給會子及錢銀，石錢二貫五百文。淳熙三年，詔廣西運司，糴錢以歲豐歉市直高下增減給之。

寶慶三年，監察御史汪剛中言：和糴之弊，其來非一日矣，欲得其要而革之，非禁科抑不可。夫禁科抑，莫如增米價，此已試而有驗者，望飭所司奉行。有旨從之。紹定元年，錫銀、會、度牒於湖廣總所，令和糴米七十萬石餉軍。五年，臣僚言：若將民間合輸緡錢使輸斛斗，免令賤糶輸錢，在農人亦甚有利，此廣糴之良法也。從之。開慶元年，沿江制置司招糴米五十萬石，湖南安撫司糴米五十萬石，兩浙轉運司五十萬石，湖淮、浙發運司二百萬石，江東提舉司三十萬石，江西轉運司五十萬石，湖南轉運司二十萬石，太平州一十萬石，淮安州三十萬石，高郵軍五十萬石，漣水軍一十萬石，廬州一十萬石，並視時以一色會子發下收糴，以供軍餉。

咸淳六年，都省言：咸淳五年和糴米，除浙西永遠住糴及四川制司就糴二十萬石椿充軍餉外，京湖制司，湖南、江西、廣西共糴一百四十八萬石，凡遇和糴年分皆然。

《宋史》卷一七八《食貨志・振恤》 京師舊置東、西福田院，以廩老疾孤窮丐者，其後給錢粟者纔二十四人。英宗命增置南、北福田院，并東、西各廣官舍，日廩三百人。歲出内藏錢五百萬給其費，後易以泗州施利錢，增爲八百萬。又詔：州縣長吏遇大雨雪，蠲僦舍錢三日，歲毋過九日，著爲令。熙寧二年，京師雪寒，詔：老幼貧疾無依丐者，聽於四福田院額外給錢收養，至春稍暖則止。九年，知太原韓絳言：在法，諸老疾自十一月一日州給米豆，至次年三月終。河東地寒，乞自十月一日起支，至次年二月終止；如有餘，即至三月終。從之。凡鰥、寡、孤、獨、癃老、疾廢、貧乏不能自存應居養者，以户絶屋居之；無，則居以官屋，以户絶財產充其費，不限月。依乞丐法給米豆；不足，則給以常平息錢。崇寧初，蔡京當國，置居養院、安濟坊。給常平米，厚至數倍。差官卒充使令，置火頭，具飲膳，給以衲衣絮被。州縣奉行過當，或具帷帳，雇乳母、女使，縻費無藝，不免率斂，貧者樂而富者擾矣。

三年，又置漏澤園。初，神宗詔：開封府界僧寺旅寄棺柩，貧不能葬，令畿縣各度官不毛地三五頃，聽人安厝，命僧主之。葬及三千人以上，度僧一人，三年與紫衣；有紫衣，與師號，更使領事三年，願復領者聽之。至是，蔡京推廣爲園，置籍，瘞人並深三尺，毋令暴露，監司巡歷檢察。安濟坊亦募僧主之，三年醫愈千人，賜紫衣、祠部牒各一道。醫者人給手曆，以書所治痊失，歲終考其數爲殿最。諸城、砦、鎮、市户及千以上有知監者，依各縣增置居養院、安濟坊、漏澤園。道路遇寒僵仆之人及無衣丐者，許送近便居養院，給錢米救濟。孤貧小兒可教者，令入小學聽讀，其衣襴於常平頭子錢内給造，仍免入齋之用。遺棄小兒，雇人乳

養，仍聽宮觀、寺院養爲童行。宣和二年，詔：居養、安濟、漏澤可參考元豐舊法，裁立中制。應居養人日給秔米或粟米一升，錢十文省，十一月至正月加柴炭，五文省，小兒減半。安濟坊錢米依居養法，醫藥如舊制。漏澤園除葬埋依見行條法外，應資給若齋醮等事悉罷。

《宋史》卷一七九《食貨志·會計》 宋貨財之制，多因於唐。自天寶以後，天下多事，户口凋耗，租税日削，法既變而用不給，故興利者進，而征斂名額繁矣。方鎮握重兵，皆留財賦自贍，其上供殊鮮。五代疆境偪蹙，藩鎮益彊，率令部曲主場、院，其屬三司者，補大吏以臨之，輸額之外亦私有焉。

太祖周知其弊，及受命，務恢遠略，修建法程，示之以漸。建隆中，牧守來朝，猶不貢奉以助軍實。乾德三年，始詔諸州支度經費外，凡金帛悉送闕下，毋或占留。時藩郡有闕，稍命文臣權知所在場務，或遣京朝官廷臣監臨。於是外權始削，而利歸公上，條禁文簿漸爲精密。諸州通判官到任，皆須躬閲帳籍所列官物，吏不得以售其姦。主庫吏三年一易。市征、地課、鹽麴之類，通判官、兵馬都監、縣令等並親臨之，見月籍供三司，秩滿較其殿最，欺隱者寘於法，募告者，賞錢三十萬。而小民求財報怨，訴訟煩擾，未幾，除募告之禁。

先是，茶鹽榷酤課額少者，募豪民主之。民多增額求利，歲更荒儉，商旅不行，至虧常課，乃籍其貲産以償。太宗始詔以開寶八年爲額，既又慮其未均，乃遣使分詣諸州，同長吏裁定。凡左藏及諸庫受納諸州上供均輸金銀、絲帛暨他物，令監臨官謹視之。欺而多取，主稱、藏吏皆斬，監臨官亦重寘其罪。罷三司大將及軍將主諸州榷課，命使臣分掌。掌務官吏虧課當罰，長吏以下分等連坐。雍熙二年，令三司勾院糾本部陷失官錢，及百千賞以十之一，至五千貫者遷其職。

淳化元年詔曰：周設司會之職，以一歲爲準；漢制上計之法，以三年爲期。所以詳知國用之盈虚，大行羣吏之誅賞，斯乃舊典，其可廢乎？三司自今每歲具見管金銀、錢帛、軍儲等簿以聞。四年，改三司爲總計司，左右大計分掌十道財賦。令京東西南北各以五十州爲率，每州軍歲計金銀、錢、繒帛、芻粟等費，逐路關報總計司，總計司置簿，左右計使通計置裁給，餘州亦如之。未幾，復爲三部。

宋聚兵京師，外州無留財，天下支用悉出三司，故其費寖多。太宗孜孜庶務，或親爲裁決。有司嘗言油衣、帟幕損破者數萬段，帝令煮之，染以雜色，制旗幟數千。調退材給窰務爲薪，俾擇其可用者造什物數千事。其愛民惜費類此。

真宗嗣位，詔三司經度茶、鹽、酒税以充歲用，勿增賦斂以困黎元。是時條禁愈密，較課以祖額前界遞年相參。景德初，榷務連歲增羨，三司即取多收者爲額，帝慮或致掊克，詔凡增額比奏。上封者言：諸路歲課增羨，知州、通判皆書曆爲課最，有虧者則無罰。乃令諸路茶、鹽、酒税及諸場務，自今總一歲之課，合爲一，以額較之。有虧則計分數，知州、通判減監官一等科罰，州司典吏減專典一等論，大臣及武臣知州軍者止罰通判以下。

至道末，天下總入緡錢二千二百二十四萬五千八百。三歲一親祀郊丘，計緡錢常五百餘萬，大半以金銀、綾綺、絁紬平其直給之。天禧末，上供惟錢帛增多，餘以移用頗減舊數，而天下總入一萬五千八十五萬一百，出一萬二千六百七十七萬五千二百，而贏數不預焉。景德郊祀七百餘萬，東封八百餘萬，祀汾陰、上寶册又增二十萬。丁謂爲三司使，著景德會計録以獻，林特領使，亦繼爲之。凡舉大禮，有司皆籍當時所費以聞，必優詔獎之。

初，吴、蜀、江南、荆湖、南粤皆號富强，相繼降附，太祖、太宗因其蓄藏，守以恭儉簡易。天下生齒尚寡，而養兵未甚蕃，任官未甚冗，佛老之徒未甚熾，外無金繒之遺，百姓亦各安其生，不爲巧僞放侈，故上下給足，府庫羨溢。承平既久，户口歲增，兵籍益廣，吏員益衆。佛老、外國耗蠹中土，縣官之費數倍於昔，百姓亦稍縱侈，而上下始困於財矣。

仁宗承之，經費寖廣。天聖初，首命有司取景德一歲用度，較天禧所出，省其不急者。自祥符天書一出，齋醮糜費甚衆，京城之内，一夕數處，至是，始大裁損，京師營造，多内侍傳旨呼索，費無藝極。帝與太后知其弊，詔自今營造所須，先下三司度功費然後給。又減内外宫觀清衞卒及工匠，分隸諸軍、八作司。舊殿直已上，雖幼未任朝謁，遇乾元、長寧節皆賜服，至是亦罷給。故事，上尊號、謚號，隨册寶物並用黄金。帝曰：先帝、太后用黄金，若朕所御，止用塗金。時洞真宮、壽寧觀相繼

災，宰相張知白請罷不急營造，以答天戒。及滑州塞決河，御史知雜王嚴復以爲言。既而玉清昭應宮災，遂詔論中外，不復繕修。自是道家之奉有節，土木之費省矣。

帝天資恭儉，尤務約己以先天下，有司言利者，多擯不取。聞民之有疾苦，雖厚利，舍之無所愛。貢獻珍異，故事有者，或罷之。山林、川澤、陂池之利，久與民共者，屢敕有司毋輒禁止。至於州縣征取苛細，蠲減蓋不可勝數。

至寶元中，陝西用兵，調度百出，縣官之費益廣。天章閣侍講賈昌朝言：臣嘗治畿邑，邑有禁兵三千，而留萬户賦輸，僅能取足，郊祀慶賞，乃出自内府，計江、淮歲運粮六百餘萬石，以一歲之入，僅能充期月之用，三分二在軍旅，一在冗食，先所蓄聚，不盈數載。天下久無事，而財不藏於國，又不在民，儻有水旱軍戎之急，計將安出？於是議省冗費。右司諫韓琦言：省費當自掖庭始。請詔三司取先朝及近歲賜予支費之數，裁爲中制，無名者一切罷之。乃令入内内侍省、御藥院、内東門司裁定，有司不預焉。

議者或欲損吏兵奉賜。帝謂：禄廪皆有定制，毋遽變更以搖人心。尹洙在陝西，請爲鬻爵之法，亦不果行。其後西兵久不解，財用益屈，内出詔書：減皇后至宗室婦郊祠半賜，著爲式；皇后、嬪御進奉乾元節回賜物皆減半，宗室、外命婦回賜權罷。於是皇后、嬪御各上奉錢五月以助軍費，宗室刺史已上，亦納公使錢之半。荆王元儼盡納公使錢，詔給其半，後以元儼叔父，全給如故。帝亦命罷左藏庫月進錢一千二百緡。公卿、近臣以次減郊祠所賜銀絹，舊四千、三千者損一千，千損三百，三百損百，百損二十，皆著爲式。

三司使王堯臣取陝西、河北、河東三路未用兵及用兵後歲出入財用之數，會計以聞。寶元元年未用兵，三路出入錢帛糧草：陝西入一千九百七十八萬，出二千一百五十一萬；河北入二千一十四萬，出一千八百二十三萬；河東入一千三十八萬，出八百五十九萬。用兵後，陝西入三千三百九十萬，出三千三百六十三萬，蓋視河東、北尤劇，以兵屯陝西特多故也。又計京師出入金帛：寶元元年，入一千九百五十萬，出二千一百八十五萬，是歲郊祠，故出入之數視常歲爲多；慶曆二年，入二千九百二十九萬，出二千六百一十七萬，而奇數皆不預焉。

會元昊請臣，朝廷亦已厭兵，屈意撫納，歲賜繒、茶增至二十五萬，而契丹邀割地，復增歲遺至五十萬，自是歲費彌有所加。西兵既罷，而調用無所減，乃下詔切責邊臣及轉運司趣議裁節，稍徙戍兵還内地。命三司户部副使包拯行河北，與邊臣、轉運司議罷省冗官，汰軍士之不任役者。詔翰林學士承旨王堯臣等較近歲天下財賦出入之數，相參耗登。皇祐元年，入一億二千六百二十五萬一千九百六十四，而所出無餘。堯臣等爲書七卷上之，送三司，取一歲中數以爲定式。初，真宗時，内外兵九十一萬二千，宗室、吏員受禄者九千七百八十五。寶元以後，募兵益廣，宗室蕃衍，吏員歲增。至是，兵一百二十五萬九千，宗室、吏員受禄者萬五千四百四十三，禄廪奉賜從而增廣。又景德中，祀南郊，内外賞賚金帛、緡錢總六百一萬。至是，饗明堂，增至一千二百餘萬，故用度不得不屈。

至和中，諫官范鎮上疏曰：陛下每遇水旱之災，必露立仰天，痛自刻責，而吏不稱職，陛下憂勤于上，人民愁嘆于下。今歲無麥，朝廷爲放税免役及發倉廪拯貸，存恤之恩不爲不至。然人民流離，父母妻子不相保者，平居無事時，不少寬其力役，輕其租賦；歲大熟，民不得終歲之飽；及有小歉，雖加重放，已不及事。此無他，重斂之政在前也。國家自陝西用兵以來，賦役煩重。及近年，轉運使復於常賦外進羨錢以助南郊，其餘無名斂率不可勝計。

又言：古者冢宰制國用，今中書主民，樞密主兵，三司主財，各不相知。故財已匱而樞密院益兵不已，民已困而三司取財不已。中書視民之困，而不知使樞密減兵、三司寬財者，制國用之職不在中書也。願使中書、樞密通知兵民財利大計，與三司量其出入，制爲國用，則天下民力庶幾少寬。然自天聖以來，帝以經費爲慮，屢命官裁節，而有司不能承上之意，卒無所建明。

治平中，兵數少損，隸籍者猶百十六萬二千，宗室、吏員視皇祐無慮增十之三。英宗以勤儉自飭，然享國日淺，於經紀法度所未暇焉。治平二年，内外入一億一千六百十三萬八千四百五，出一億二千三十四萬三千一百七十四，非常出者又一千一百五十二萬一千二百七十八。是歲，諸路積一億六千二十九萬二千九十三，而京師不預焉。

神宗嗣位，尤先理財。熙寧初，命翰林學士司馬光等置局看詳裁減國用制度，仍取慶曆二年數，比今支費不同者，開析以聞。後數日，光登對言：國用不足，在用度大奢，賞賜不節，宗室繁多，官職冗濫，軍旅不精。必須陛下與兩府大臣及三司官吏，深思救弊之術，磨以歲月，庶幾有效，非愚臣一朝一夕所能裁減。帝遂罷裁減局，但下三司共析。

王安石執政，議置三司條例司，講修錢穀之法。帝因論措置之宜，言：今財賦非不多，但用不節，何由給足？宮中一私身之奉有及八十千者，嫁一公主至費七十萬緡，沈貴妃料錢月八百緡。聞太宗時宮人惟繫皂紬襜，元德皇后嘗用金線緣襜，太宗怒其奢。仁宗初定公主奉料，以問獻穆，再三始言初僅得五貫爾，異時中宮月有止七百錢者。時天下承平，帝方經略四夷，故每以財用不給爲憂。日與大臣講求其故，命官考三司簿籍，商量經久廢置之宜，凡一歲用度及郊祀大費，皆編著定式。

有司請造龍圖、天章閣覆闌檻青氈四百九十。帝謂：禁中諸殿闌檻率故弊，不必覆也。既而幷延福宮覆檻氈罷之。後吕嘉問復建議省儀鸞司供禁中綵帛。是歲，詔內外勿給土木工作，非兩宮、倉廩、武庫，皆罷省。三年，儀鸞司闕氈三千，三司請命河東製之。帝曰：牛羊司積毛數萬斤，皆同糞壤，三司不取於此，而欲勤遠民乎？全州歲貢班竹簾，簡州歲貢綿紬，安州市紅花萬斤，梓州市碌二千斤，帝皆以道遠擾民，亟命停罷。

制置司言：諸路科買上供羊，民費錢幾倍，而河北榷場博買契丹羊歲數萬，路遠，抵京皆瘦惡耗死，公私費錢四十餘萬緡。詔著作佐郎程博文訪利害。博文募民有保任者，以產爲抵，官預給錢，約期限、口數、斤重以輸。民多樂從，歲計充足。凡供御膳及祀祭與泛用者，皆別其牢棧，以三千爲額，所裁省冗費十之四。其後，又用吕嘉問、劉永淵之言，治竈藏冰，以省工費。

帝嘗患增置官司費財。王安石謂增置官司，所以省費。帝曰：古者什一而稅，今取財百端。安石謂古非特什一而已。帝又以倉吏給軍食，多侵盜，詔足其概量，嚴立諸倉丐取法。中書因請增諸倉主典、役人禄至一萬八千九百緡，且盡增選人之禄，均其多寡。令、錄增至十五千；司理至簿、尉，防團軍監推、判官增至十二千。其後又增中書、審官東西、三班院、樞密院、三司、吏部流內銓、南曹、開封府吏禄，受財者以倉法論。安石蓋欲盡禄天下之吏，帝以役法未就，緩其議。三司上新增吏禄數：京師歲增四十一萬三千四百餘緡，監司、諸州六十八萬九千八百餘緡。時主新法者皆謂吏禄既厚，則人知自重，不敢冒法，可以省刑。然良吏實寡，賕取如故，往往陷重辟，議者不以爲善。

初，陝西用兵，凡費緡錢七百餘萬。帝以問王安石，安石曰：楚建中考沈起簿書，計一道半歲費錢銀紬絹千二百萬貫、匹、兩。帝因欲知陝西歲用錢穀、金帛及增虧凡數，乃詔薛向條上。王安石以爲擾，力請罷之，止詔三司帳司會計熙寧六年天下財用出入之數以聞。

韓絳既相，建言：三司總天下財賦，請選官置司，以天下户口、人丁、稅賦、場務、坑冶、河渡、房園之類租額年課，及一路錢穀出入之數，去其重複，歲比較增虧、廢置及羨餘、橫費。計贏闕之處，使有無相通，而以任職能否爲黜陟，則國計大綱可以省察。三司使章惇亦以爲言，乃詔置三司會計司，以絳提舉。其後一州一路會計式成，上之，餘未就緒，未幾遂罷。元豐官制既行，三司所掌職務散於六曹、諸寺監。元祐初，司馬光言：今户部尚書，舊三司使之任，左曹隸尚書，右曹不隸焉。天下之財分而爲二，視彼有餘，視此不足，不得移用。宜令尚書兼領左右曹，侍郎分職而治，舊三司所掌錢穀財用事，有散於五曹及諸寺、監者，並歸户部。遂詔尚書省立法。

有司請以府界、諸路在京庫務及常平等文帳悉歸户部。初，熙寧五年，患天下文帳之繁，命曾布刪定法式。布因請選吏於三司顓爲一司，帳司之置始此。至元豐三年，首尾七八年，所設官吏僅六百人，費錢三十九萬緡，而勾磨出失陷錢止萬緡。朝廷知其無益，遂罷帳司，使州郡應上省帳皆歸轉運司，惟錢帛、糧草、酒麴、商稅等別爲計帳上户部。至是，令户部盡收諸路文帳。蘇轍時爲諫官，謂徒益紛紛，請如舊爲便。不行。

三年，户部尚書韓忠彦、侍郎蘇轍、韓宗道言：文武百官、宗室之蕃，一倍皇祐，四倍景德，班行、選人、胥吏率皆增益，而兩稅、征榷、山澤之利，與舊無以相過。治平、熙寧之間，因時立政，凡改官者自三歲而爲四歲，任子者自一歲一人而爲三歲一人、自三歲一人而爲六歲一人，宗室自袒免以上漸殺恩禮，此則今日之成法。乞檢會寶元、慶曆、嘉祐故

事，置司選官共議。詔户部取應干財用，除諸班諸軍料錢、衣賜、賞給、特支如舊外，餘費並裁省。又詔：方將裁損入流，以清取士之路。命今後遇聖節、大禮、生辰，太皇太后、皇太后、皇太妃所得恩澤，並四分減一。於是上自宗室貴近，下至官曹胥吏，旁及宫室械器，皆命裁損。久之，事未就。議者謂裁減浮費所細碎苛急，甚損國體。於是已議未行者一切寢之。後乃詔：元祐裁損除授正任以下奉禄，失朝廷優禮，見條悉除之，循元豐舊制。

元豐鈎考隱漏官錢，督及一分者賞三釐。自元祐改法，賞薄而吏怠，遂復其舊。時議裁損吏禄，隸省、曹、寺、監者，止以元豐三年錢數爲額，而吏三省者，凡兼領因事别給并舊請並罷。劉摯遂乞悉罷創增吏禄，詔韓維等究度，然不果罷。其後有司計中都吏禄，歲費緡錢三十二萬，詔以坊場税錢給之。於是吏禄之冗濫者，率多革去矣。然三省吏猶有人受三奉而不改者，故孫升、傅堯俞皆以爲言。至紹聖、元符，務反元祐之政，下至六曹吏，亦詔皆給見緡，如元豐之制。

先是，既罷導洛、堆垜等局，又罷熙河蘭會經制財用司，减放市易欠負及積欠租輸，選官體量茶鹽之法。使者之刻剥害民，如吴居厚、吕孝廉、王子京、李琮，内臣之生事斂怨，如李憲、宋用臣等，皆相繼正其罪。既而稍復講修財利。李清臣因白帝，今中外錢穀艱窘，户部給百官奉，常無數月之備。章惇遂以財用匱乏，專指爲司馬光、吕公著、吕大防、蘇轍諸人之罪。左司諫翟思亦奏疏詆：元祐以理財爲諱，利入名額類多廢罷，督責之法不加於在職之臣，財利既多散失，且借貸百出，而熙、豐餘積，用之幾盡。方今内外財用，月計歲會，所入不足給所出。願下諸路會元祐以前所儲金穀及異時財利名額、歲入經數，著爲成式。

建中靖國元年，詔諸路轉運司以歲入財用置都籍，定諸州祖額，且計一路凡數；即有贏縮，書其籍。崇寧元年，又令：歲以錢穀出入名數報提刑司保驗，以上户部；户部歲條諸路轉運使財賦虧贏，以行賞罰。諸路無額錢物，立式下提刑司，括三年外未發數，期以一季聞奏。二年，官吏違負上供錢物，以分數爲科罪之等，不及九分者罪以徒，多者更加之。歲首則列次年之數，聞於漕司，考實申部。又以督限未嚴，更一季爲一月。然國之經費，往往不給。

五年，詔省罷官局，命户部侍郎許幾專切提舉措置。裁罷開封府重禄通引官客司并街道司額外兵士，及罷在京料次錢三十八處。

大觀三年，罷諸路州軍見貢六尚局供奉物名件四百四十餘，存者才十一二，減數十二，停貢六，户部侍郎范坦言：户部歲入有限，支用無窮，一歲之入，僅了三季，餘仰朝廷應付。今歲支遣，較之去年又費百萬。有詔鐫減財賦，命御史中丞張克公與吴居厚、許幾等置局論議。克公抗言：官冗者汰，奉厚者減，今官較之元祐已多十倍，國用安得不乏。乞將節度使下至遥郡刺史，除軍功轉授者，各減奉半，然後閑慢局務、工伎末作，亦宜減省。自貴及賤，自近及遠，行之公當，人自無詞。時論韙之。

時諸路轉運司類以乏告，詔户部編次一歲財用出納之數，諸路州縣各爲都籍，以待考較；工部金、銀、銅、鉛、水銀、朱砂等，亦嚴帳籍之法；令諸路各條三十年以還一歲出入及泛用之數。初，比部掌勾稽天下文帳，吏習婾惰，自崇寧至政和，稽違積數凡二千六百七十有餘。於是申敕六曹，以拘督一歲多寡爲寺、監賞罰。

政和七年，命户部參稽熙、豐及今財用有餘不足之數，又立旁通格，令諸路漕司各條元豐、紹聖、崇寧、政和一歲財用出入多寡來上。淮南漕臣張根言：天下之費，莫大於土木之功。其次如人臣賜第，一第無慮數十萬緡，稍增雄麗，非百萬不可。佐命如趙普，定策如韓琦，不聞峻宇雕牆，僭擬宫省，奈何剥民膚髓，爲厮役之奉乎？其次如田產、房廊，雖不若賜第之多，然日削月朘，所在無幾。又如金帛以供一時之好賜，有不可已者，而亦不可不節。至如賜帶，其直雖不過數百緡，然天下金寶靡費日久，夫豈易得？今乃賚及僕隸，使混淆公卿間，貴賤、賢不肖，莫之辨也。如以爲左右趨走之人，不欲其墨綬，當别爲制度，以示等威。疏奏，不省。

重和初，罷講畫經費局。有司議勾收白地，禁榷鐵貨，方田增税，榷酤增價，量收醋息，河北添折税米等。俄慮騷擾，悉罷之，併焚其條約。未幾，又置裕民局，命蔡京提舉，徐處仁詳定。京大不悦，尋亦罷。宣和元年，以左藏庫虧没一百七十九萬有奇，乃别造都籍，催轄司、太府寺、左藏庫互相鈎考，以絶姦弊。

帝初即位，思節冗費，中都吏重複增給及泛濫員額，並詔裁損。後苑

嘗計增葺殿宇，計用金箔五十六萬七千。帝曰：用金爲箔，以飾土木，一壞不可復收，甚亡謂也。令内侍省罰請者。及蔡京爲相，增修財利之政，務以侈靡惑人主，動以《周官》惟王不會爲説，每及前朝惜財省費者，必以爲陋。至於土木營造，率欲度前規而侈後觀。元豐改官制，在京官司供給之數，皆併爲職錢，視嘉祐、治平時賦禄優矣。京更增供給、食料等錢，於是宰執皆然。京既罷相，帝惡其變亂法度，將盡更革。命户部侍郎許幾裁損浮費及百官濫禄，悉循元豐之舊，宰執亦聽辭所增奉。京不便，與其黨倡言：減奉非治世事。司馬光請聽宰臣辭南郊給賜，神宗卒不允，且增選人及庶人在官者之奉。帝以繼述爲事，當奉承神宗。由是官吏奉給並仍舊，而宰執亦增如故。初，宰執堂食亦皆有常數。至是，品目猥多，有公使、泛支之别，臺、省、寺、監又增廚錢。侍御史毛注嘗奏論之，不行。蔡京復得政，言者遂以裁損禄廩爲幾罪，幾坐奪職。

于時天下久平，吏員冗溢，節度使至八十餘員，留後、觀察下及遥郡刺史多至數千員，學士、待制中外百五十員。京又專用豐亨豫大之説，諛悦帝意，始廣茶利，歲以一百萬緡進御，以京城所主之。其後又有應奉司、御前生活所、營繕所、蘇杭造作局、御前人船所，其名雜出，大率争以奇侈爲功。歲運花石綱，一石之費，民間至用三十萬緡。姦吏旁緣，牟取無藝，民不勝弊。用度日繁，左藏庫異時月費緡錢三十六萬，至是，衍爲一百二十萬。

又三省、密院吏員猥雜，有官至中大夫，一身而兼十餘奉，故當時議者有奉入超越從班，品秩幾於執政之言。又增置兼局，禮制、明堂，詳定國朝會要、九域圖志、一司敕令之類，職秩繁委，廩給無度。侍御史黄葆光論其弊，帝善之而未行；俄而詔云當豐亨豫大之時，爲衰亂減損之計，自是罕敢言者。然吏禄泛冒已極，以史院言之，供檢吏三省幾千人。蔡京又動以筆帖於榷貨務支賞給，有一紙至萬緡者。京所侵私，以千萬計，朝論喧然。乃詔三省、樞密院吏額用元豐法，其歲賜悉裁之，時翕然以爲快。臣僚上言：諸州遇天寧節，除公使外，别給係省錢，充錫宴之用。獨諸路監司許支逐司錢物，一筵之饌，有及數百千者，浮侈相誇，無有藝極。自是詔：遇天寧節宴，舊應給錢者，發運、監司每司不得過三百貫，餘每司不得過二百貫，以上舊給數少者，止依舊。

自崇寧以來，言利之臣殆析秋毫，沿汴州縣創增鎮柵以牟税利。官賣石炭增二十餘場，而天下市易務，炭皆官自賣。名品瑣碎，則有四脚鋪牀、榨磨、水磨、廟圖、淘沙金等錢，不得而盡記也。宣和以後，王黼專主應奉，掊剥横賦，以羨爲功。嶺南、川蜀農民陂罰錢，罷學制學事司贍學錢，皆歸應奉司。所入雖多，國用日匱。

六年，尚書左丞宇文粹中言：

近歲南伐蠻獠，北贍幽燕，關陝、綿、茂邊事日起，山東、河北寇盜竊發。賦斂歲入有限，支梧繁夥，一切取足於民。陝西上户多棄産而居京師，河東富人多棄産而入川蜀。河北衣被天下，而蠶織皆廢；山東頻遭大水，而耕稼失時。他路取辦目前，不務存恤。穀麥未登，已先俵糴；歲賦已納，復理欠負。託應奉而買珍異奇寶，欠民積者一路至數十萬計；假上供而織文繡錦綺，役工女者一郡至百餘人。

陛下勤恤民隱，詔令數下，悉爲虚文。民不聊生，不惟寇盜繁滋，竊恐災異數起。祖宗之時，國計所仰，皆有實數。有額上供四百萬，無額上供二百萬，京師商税、店宅務、抵當所諸處雜收錢一百餘萬。三司以七百萬之入，供一年之費，而儲其餘以待不測之用。又有解池鹽鈔、晉礬、市舶遺利，内贍京師，外實邊鄙，間遇水旱，隨以振濟，蓋量入爲出，沛然有餘。近年諸局務、應奉等司截撥上供，而繁富路分一歲所入，亦不敷額。然創置書局者比職事官之數爲多，檢計修造者比實用之物增倍，其他妄耗百出，不可勝數。若非痛行裁減，慮智者無以善其後。

久之，乃詔蔡攸等就尚書省置講議財利司，除茶法已有定制，餘並講究條上。攸請：内侍職掌，事干宫禁，應裁省者，委童貫取旨。時貫以廣陽郡王領右府故也。於是不急之務，無名之費，悉議裁省。帝亦自罷諸路應奉官吏，省六尚歲貢。

七年，詔諸路帥臣、監司各條所部當裁省凡目以聞。後苑書藝局等月省十九萬緡，歲可省二百二十萬。應奉司所管諸色窠名錢數内：兩浙路鈔旁定帖息錢，湖、常、温、秀州無額上供錢，淮南路添酒錢等，並行截節，更不充應奉支用。十二月，詔曰：比年寬大之詔數下，裁省之令屢行。有司便文而實惠不至，蓋緣任用非人，興作事端，蠹耗邦財。假享上之名，濟營私之欲，漁奪百姓，無所不至。朕夙夜痛悼，思有以撫循慰安

之。應茶鹽立額結絶。應奉司兩浙諸路置局及花石綱等，諸路非泛上供拋降物色，延福宮西城所租課，內外修造諸處採斫木植、製造局所，並罷。諸局及西城所見管錢物並付有司，其拘收到百姓地土，並給還舊佃人。減掖庭用度，減侍從官以上月廩，及罷諸兼局，以上並令有司據所得數撥充諸路糴本，及椿充募兵賞軍之用。應齋醮道場，除舊法合有外，並罷道官及撥賜宮觀等房錢、田土之類。六尚，並依祖宗法。罷大晟府，罷教樂所，罷教坊額外人。罷行幸局，罷採石所，罷待詔額外人。罷都茶場，依舊歸朝廷。河坊非危急泛科、免夫錢並罷。

是時天下財用歲入，有御前錢物、朝廷錢物、户部錢物，其措置裒斂，取索支用，各不相知。天下財賦多爲禁中私財，上溢下漏，而民重困。言者請令户部周知大數，而不失盈虛緩急之宜。上至宮禁所須，下逮吏卒廩餼，一切付之有司，格以法度，示天下以至公。詔可。户部尚書聶山亦請以熙、豐後增置添給，如額外醫官、內中諸閣分位次主管文字等使臣、福源靈應諸觀清衛卒、后妃戚里及文武臣僚之家母妻封國太夫人郡太夫人等請給，幷添給食料、茶湯等錢四十萬八千九百餘緡，凡熙、豐無法該載者罷之。

靖康元年，詔曰：朕託於兆庶之上，永念民惟邦本，思所以閔恤安定之。乃者，減乘輿服御，放宮女，罷苑囿，焚玩好之物，務以率先天下；減冗官，澄濫賞，汰貪吏，爲民除害。方詔減上供收買之額，蠲有司煩苛之令，輕刑薄賦，務安元元，而田里之間，愁痛未蘇，儻不蠲革，何以靖民！今詣酌庶言，疏剔衆弊，舉其綱目，以授四方。詔到，監司、郡守其悉力奉行；應民所疾苦，不在此詔，許推類聞奏。於是凡當時苛刻煩細、一切不便於民者皆罷。

高宗建炎元年，詔：諸路無額上供錢，依舊法，更不立額。三年二月，減婺州上供額羅二萬八千匹，著爲定制。閏八月，減福建、廣南路歲買上供銀三分之一。紹興二年，罷鎮江府御服羅，省錢七萬緡，助劉光世軍。四年二月，詔：諸路州縣天申節禮物，並置場和買，毋得抑配於民。十有一月，免淮南州軍大禮絹。五年，以四川上供錢帛依舊留以贍軍。十一年，始命四川上供羅復輸內藏，其後綾、紗、絹悉如之。四路天申節大禮絹及上供紬、綾、錦、綺，共九萬五千八百匹。

淳熙五年，湖北漕臣劉焞言：鄂、岳、漢陽自紹興九年所收賦財，十分爲率，儲一分充上供始，十三年年增二分。鄂州元儲一分，錢一萬九千五百七十緡，今已增至一十二萬九千餘緡；岳州五千八百餘緡，今增至四萬二千一百餘緡；漢陽三千七百緡，今增至二萬二千三百餘緡。民力凋弊，無所從出。於是以見增錢數立額，已後權免遞增。詔夔州路九州百姓科買上供金、銀、絹，自淳熙六年爲始盡免。十六年，蠲兩淮州軍合發上供諸窠名錢物，極邊全免，次邊展免一年。

紹定元年，江、浙諸州軍折輸上供物帛錢數，除合起輕貨，並用錢、會中半；路不通水，願以銀折輸者聽，兩不過三貫三百文。兩浙、江東共四百一十三萬八千六百一十二貫有奇，並輸送左藏西庫。

咸淳六年，都省言：南渡以來，諸路上供數重，自嘉定至嘉熙，起截之數雖減，而州縣猶以大數拘催，害及百姓。有旨：自咸淳七年爲始，銀、錢、關、會用咸淳三年起截中數拘催，紬、絹、絲、綿、綾、羅用咸淳二年起截中數拘催。錢、關、會子二千四百九十五萬八千七百四十八貫，銀一十六萬九千六百四十三兩，紬四萬一千四百三十八匹，絹七十三萬七千八百六十匹，絲九萬五千三百三十三兩，綿一百五萬七千九百二十五兩，綾五千一百七十九匹，羅七千三百五十五匹，户部徧牒諸路，視今所減定額起催。

所謂經總制錢者，宣和末，陳亨伯以發運兼經制使，因以爲名。建炎二年，高宗在揚州，四方貢賦不以期至，户部尚書呂頤浩、翰林學士葉夢得等言：亨伯以東南用兵，嘗設經制司，取量添酒錢及增一分税錢，頭子、賣契等錢，斂之於細，而積之甚衆。及爲河北轉運使，又行於京東西、河北路，一歲得錢近二百萬緡，所補不細。今若行於諸路州軍，歲入無慮數百萬計，邊事未寧，苟不出此，緩急必致暴斂。與其斂於倉卒，曷若積於細微。於是以添酒錢、添賣糟錢、典賣田宅增牙税錢、官員等請給頭子錢、樓店務增三分房錢，令兩浙、江東西、荆湖南北、福建、二廣收充經制錢，以憲臣領之，通判斂之，季終輸送。紹興五年，參政孟庾提領措置財用，請以總制司爲名，又因經制之額增析而爲總制錢，而總制錢自此始矣。財用司言：諸路州縣出納係省錢所收頭子錢，貫收錢二十三文省，內一十文省作經制起發上供，餘一十三文充本路郡縣幷漕司用。今欲

令諸路州縣雜税出納錢貫收頭子錢上，量增作二十三文足。除漕司及州舊合得一十三文省，餘盡入經制窠名帳内，起發助軍。江西提舉司言：常平錢物，舊法貫收頭子錢五文足。今當依諸色錢例，增作二十三文足，除五文依舊法支用，餘增到錢與經制司別作窠名輸送。

九年，諫議大夫曾統上疏言：經制使本户部之職，更置一司，無益於事。如創供給酒庫，亦是陰奪省司之利。若謂監司、郡縣違法廢令，別建此司按之，則又不然。夫朝廷置監司以轄州郡，立省部以轄監司，祖宗制也。税賦失實，當問轉運司；常平錢穀失陷，當問提舉司。若使經制司能事事檢察，則雖户部版曹，亦可廢矣。且自置司以來，漕司之移用，憲司之贓罰，監司之妄支，固未嘗少革其弊。罷之便。疏奏，不省。十六年，以諸路歲取經總制錢，本路提刑幷檢法幹辦官拘催，歲終通紐以課殿最。二十一年，以守、倅同檢察。二十九年，詔專以通判主之。

乾道元年，詔：諸路州縣出納，貫添收錢一十三文省，充經總制錢，以所增錢別輸左藏西庫，補助經費。自是經總制錢每千收五十六文矣。然遇兵凶，亦時有蠲免。三年，復以守、倅共掌之。

淳熙十六年，光宗即位，減江東西、福建、淮東、浙西經總制錢一十七萬一千緡。紹熙二年，詔平江府合發經總制錢歲減二萬緡。嘉定十七年，詔蠲嘉定十五年終以前所虧錢數。端平三年，詔：諸路州軍因災傷檢放苗米，毋收經總制頭子、勘合朱墨等錢；自今已放苗米，隨苗帶納錢並與除放。

所謂月樁錢者，始於紹興之二年。時韓世忠駐軍建康，宰相吕頤浩、朱勝非議令江東漕臣月樁發大軍錢十萬緡，以朝廷上供經制及漕司移用等錢供億。當時漕司不量州軍之力，一例均科，既有偏重之弊，上供經制，無額添酒錢幷浄利錢，贍軍酒息錢，常平錢，及諸司封樁不封樁、係省不係省錢，皆是朝廷窠名也。於是郡縣横斂，銖積絲累，江東、西之害尤甚。十七年，詔州郡以寬剩錢充月樁，以寬民力，遂減江東、西之錢二十七萬七千緡有奇。

又有所謂板帳錢者，亦軍興後所創也。如輸米則增收耗剩，交錢帛則多收縻費，幸富人之犯法而重其罰，恣胥吏之受賕而課其入，索盜贓則不償失主，檢財産則不及卑幼，亡僧、絶户不俟覈實而入官，逃產、廢田不與消除而抑納，他如此類，不可偏舉。州縣之吏固知其非法，然以版帳錢額太重，雖欲不横取於民，不可得已。

凡貨財不領於有司者，則有内藏庫，蓋天子之別藏也。縣官有鉅費，左藏之積不足給，則發内藏佐之。宋初，諸州貢賦皆輸左藏庫，及取荆湖，定巴蜀，平嶺南、江南，諸國珍寶、金帛盡入内府。初，太祖以帑藏盈溢，又於講武殿後別爲内庫，嘗謂：軍旅、饑饉當預爲之備，不可臨事厚斂於民。

太宗嗣位，漳泉、吴越相次獻地，又下太原，儲積益厚，分左藏庫爲内藏庫，令内藏庫使翟裔等於左藏庫擇上綾羅等物別造帳籍，月申樞密院；改講武殿後庫爲景福殿庫，俾隸内藏。其後迺令揀納諸州上供物，具月帳於内東門進入，外庭不得預其事。帝因謂左右曰：此蓋慮司計之臣不能節約，異時用度有闕，復賦率於民，朕不以此自供嗜好也。

自乾德、開寶以來，用兵及水旱振給、慶澤賜賚、有司計度之所闕者，必籍其數以貸於内藏，候課賦有餘，即償之。淳化後二十五年間，歲貸百萬，有至三百萬者。累歲不能償，則除其籍。

景德四年，又以新衣庫爲内藏西庫。初，劉承珪嘗掌庫，經制多其所置，又推究置庫以來出納，造都帳及須知，屢加賞焉。真宗再臨幸，作銘刻石。大中祥符五年，重修庫屋，增廣其地。既而又以香藥庫、儀鸞司屋益之，分爲四庫：金銀一庫，珠玉、香藥一庫，錦帛一庫，錢一庫。金銀、珠寶有十色，錢有新舊二色，錦帛十三色，香藥七色。天禧二年，又出内藏緡錢二百萬給三司。

天聖以後，兵師、水旱費無常數，三歲一賚軍士，出錢百萬緡，紬絹百萬匹，銀三十萬兩，錦綺、鹿胎、透背、綾羅紗縠合五十萬匹，以佐三司。又歲入饒、池、江、建新鑄緡錢一百七萬，而斥舊蓄緡錢六十萬於左藏庫，率以爲常。異時三司用度不足，必請貸於内藏，輒得之，其名爲貸，實罕能償。景祐中，内藏庫主者言：歲斥緡錢六十萬助三司，自天禧三年始。計明道二年距今纔四年，而所貸錢帛九百一十七萬。在太宗時三司所貸甚衆，久不能償，至慶曆中，詔悉蠲之。蓋内藏歲入金帛，皇祐中，二百六十五萬七千一十一；治平一百九十三萬三千五百五十四。其出以助經費，前後不可勝數，至於儲積贏縮，則有司莫得詳焉。

神宗臨御之初，詔立歲輸内藏錢帛之額，視慶曆上供爲數。嘗謂輔臣

曰：比閲内藏庫籍，文具而已，財貨出入，初無關防。舊以龍腦、珍珠鬻於榷貨務，數年不輸直，亦不鈎考。嘗聞太宗時内藏財庫，每千計用一牙錢記之。凡名物不同，所用錢色亦異，他人莫能曉，匣而置之御閣，以參驗帳籍中定數。晚年，出其錢示真宗曰：善保此足矣。今守藏内臣，皆不曉帳籍關防之法。即命幹當御藥李舜舉領其事。繼詔諸路金銀輸内藏庫者，歲以帳上三司拘催。元豐以來，又詔諸路金帛、緡錢輸内庫者，委提點刑獄司督趣，若三司、發運司擅留者，坐之。起發坊場錢勿寄市易務，直赴内藏庫寄帳封樁。當輸内庫金帛、緡錢，踰期或他用者，如擅用封樁錢法。

初，藝祖嘗欲積縑帛二百萬易敵人首，又别儲於景福殿。元豐初，乃更景福殿庫名，自製詩以揭之曰：五季失圖，玁狁孔熾，藝祖造邦，思有懲艾，爰設内府，基以募士，曾孫保之，敢忘厥志。一字一庫以號之，凡三十二庫。後積羨贏爲二十庫，又揭詩曰：每虔夕惕心，妄意遵遺業，顧予不武姿，何日成戎捷。

元祐元年，監察御史上官均言：自新官制，蓋有意合理財之局總于一司，故以金部右曹主行内藏受納，而奉宸内藏庫受納又隸太府寺。然按其所領，不過關通所入名數，爲之拘催而已，支用多寡，不得轉質。總領之者，止中官數十人，彼惟知謹扃鑰、塗窗牖，以爲固密爾，又安能鈎考其出入多少，與夫所蓄之數哉？宜因官制之意，令户部、太府寺，於内藏諸庫皆得檢察。明年，詔内藏庫物聽以多寡相除。置庫百餘年，至是始編閲云。

崇寧元年，詔：祖宗置内藏庫貯經費餘財，所以募士威敵，振乏固本，皆有成法。比歲官司懈弛，侵蠹耗減，務在協力遵守，無令偏廢。於是命倉部郎中丘括行諸路驅磨。三年，中書奏：熙寧之制，江南諸路金銀課利並輸内帑。元祐中，户部尚書李常於中以三分助轉運司，致内帑漸以虧減。乃詔諸路新舊坑冶所收課利金銀並輸内帑，如熙寧之舊。後又入於大觀東庫。尋命仍舊以七分輸内帑，餘給轉運司。宣和六年，申截留、借兑内帑錢物之制。

時又有元豐庫，則雜儲諸司羨餘錢。諸道榷酤場，舊以酧衙前之陪備官費者，熙寧役法行，乃聽民增直以售，取其價給衙前。久之，坊場錢益多，司農請歲發百萬緡輸中都。元豐三年，遂於司農寺南作元豐庫貯之，以待非常之用。

元祐元年，右司諫蘇轍論河北保甲之害，因言：元豐及内庫財物山委，皆先帝多方蓄藏，以備緩急。若積而不用，與東漢西園錢，唐之瓊林、大盈二庫何異？願以三十萬緡募保甲爲軍。尋用其議。元祐三年，改封樁錢物庫爲元祐庫。未幾，分元豐庫爲元豐南、北庫。數月，以北庫爲司空吕公著廨，封樁并附南庫仍舊。元豐六年，詔歲以内藏庫緡錢五十萬樁元豐庫，補助軍費。崇寧以後，諸路封樁禁軍闕額給三路外，與常平、坊場、免役、紬絹、貼輸東北鹽錢，及鬻賣在官田屋錢，應前收樁管封樁權添酒錢、侵占房廊白地錢、公使庫遺利等錢，並輸元豐庫。别又置大觀庫，制同元豐，但分東西之别。最後，建宣和庫，有泉貨、幣餘、服御、玉食、器貢等名，蓋蔡絛欲效王黼以應奉司貢獻要寵，事不足紀。

靖康元年，詔諸路公使庫及神霄宫金銀器皿，所在盡輸元豐庫。户部尚書聶山輒取元豐庫北珠，宰相吴敏白帝，言：朝廷有元豐、大觀庫，猶陛下有内藏庫。朝廷有闕用，需於内藏，必得旨然後敢取，户部豈可擅取朝廷庫務物哉？若人人得擅取庫物，則綱紀亂矣。欽宗然之。

南渡，内藏諸庫貨財之數雖不及前，然兵興用乏，亦時取以爲助。其籍帳之詳莫得而考，則以後宋史多闕云。

《遼史》卷五九《食貨志》 契丹舊俗，其富以馬，其强以兵。縱馬於野，弛兵於民。有事而戰，彍騎介夫，卯命辰集。馬逐水草，人仰湩酪，挽强射生，以給日用，糗糧芻茭，道在是矣。以是制勝，所向無前。及其有國，内建宗廟朝廷，外置郡縣牧守，制度日增，經費日廣，上下相師，服御浸盛，而食貨之用斯爲急矣。於是五京及長春、遼西、平州置鹽鐵、轉運、度支、錢帛諸司，以掌出納。其制數差等雖不可悉，而大要散見舊史。若農穀、租賦、鹽鐵、貿易、坑冶、泉幣、羣牧，逐類採摭，緝而爲篇，以存一代食貨之略。

初，皇祖勻德實爲大迭烈府夷離堇，喜稼穡，善畜牧，相地利以教民耕。仲父述瀾爲于越，飭國人樹桑麻，習組織。太祖平諸弟之亂，弭兵輕賦，專意於農。嘗以户口滋繁，糺轄疎遠，分北大濃兀爲二部，程以樹藝，諸部效之。

太宗會同初，將東獵，三剋奏減輜重，疾趨北山取物，以備國用，無害農務。尋詔有司勸農桑，教紡績。以烏古之地水草豐美，命甌昆石烈居之，益以海勒水之善地爲農田。三年，詔以諧里河、臚朐河近地，賜南院歐堇突呂、乙斯勃、北院温納河剌三石烈人，以事耕種。八年，駐蹕赤山，宴從臣，問軍國要務。左右對曰：軍國之務，愛民爲本。民富則兵足，兵足則國強。上深然之。是年，詔徵諸道兵，仍戒敢有傷禾稼者以軍法論。

應曆間，雲州進嘉禾，時謂重農所召。保寧七年，漢有宋兵，使來乞糧，詔賜粟二十萬斛助之。非經費有餘，其能若是？

聖宗乾亨五年詔曰：五稼不登，開帑藏而代民税；螟蝗爲災，罷徭役以恤饑貧。統和三年，帝嘗過藁城，見乙室奧隗部下婦人迪輦等黍過熟未穫，遣人助刈。太師韓德讓言，兵後逋民棄業，禾稼棲畝，募人穫之，以半給穫者。政事令室昉亦言，山西諸州給軍興，民力凋敝，田穀多躪於邊兵，請復今年租。六年，霜旱，災民饑，詔三司，舊以税錢折粟，估價不實，其增以利民。又徙吉避寨居民三百户于檀、順、薊三州，擇沃壤，給牛、種穀。十三年，詔諸道置義倉。歲秋，社民隨所穫，户出粟庤倉，社司籍其目。歲儉，發以振民。十五年，詔免南京舊欠義倉粟，仍禁諸軍官非時畋牧妨農。開泰元年，詔曰：朕惟百姓徭役煩重，則多給工價；年穀不登，發倉以貸；田園蕪廢者，則給牛、種以助之。太平初幸燕，燕民以年豐進土產珍異。上禮高年，惠鰥寡，賜酺連日。九年，燕地饑，户部副使王嘉請造船，募習海漕者，移遼東粟餉燕，議者稱道險不便而寢。

興宗即位，遣使閲諸道禾稼。是年，通括户口，詔曰：朕於早歲，習知稼穡。力辦者廣務耕耘，罕聞輸納；家食者全虧種植，多至流亡。宜通檢括，普遂均平。禁諸職官不得擅造酒糜穀；有婚祭者，有司給文字始聽。

道宗初年，西北雨穀三十里，春州斗粟六錢。時西蕃多叛，上欲爲守禦計，命耶律唐古督耕稼以給西軍。唐古率衆田臚朐河側，歲登上熟。移屯鎮州，凡十四稔，積粟數十萬斛，每斗不過數錢。以馬人望前爲南京度支判官，公私兼裕，檢括户口，用法平恕，乃遷中京度支使。視事半歲，積粟十五萬斛，擢左散騎常侍。遼之農穀至是爲盛。而東京如咸、信、蘇、復、辰、海、同、銀、烏、遂、春、泰等五十餘城内，沿邊諸州，各有和糴倉，依祖宗法，出陳易新，許民自願假貸，收息二分。所在無慮二三十萬碩，雖累兵興，未嘗用乏。迨天慶間，金兵大入，盡爲所有。會天祚播遷，耶律敵烈等逼立梁王雅里，令羣牧人户運鹽濼倉粟，人户侵耗，議籍其產以償。雅里自定其直：粟一車一羊，三車一牛，五車一馬，八車一駝。從者曰：今一羊易粟二斗，尚不可得，此直太輕。雅里曰：民有則我有。若令盡償，衆何以堪？事雖無及，然使天未絶遼，斯言亦足以收人心矣。

夫賦税之制，自太祖任韓延徽，始制國用。太宗籍五京户丁以定賦税，户丁之數無所於考。聖宗乾亨間，以上京云爲户訾具實饒，善避徭役，遺害貧民，遂勒各户，凡子錢到本，悉送歸官，與民均差。統和中，耶律昭言，西北之衆，每歲農時，一夫偵候，一夫治公田，二夫給糺官之役。當時沿邊各置屯田戍兵，易田積穀以給軍餉。故太平七年詔，諸屯田在官斛粟不得擅貸，在屯者力耕公田，不輸税賦，此公田制也。餘民應募，或治閑田，或治私田，則計畝出粟以賦公上。統和十五年，募民耕灤河曠地，十年始租，此在官閑田制也。又詔山前後未納税户，並於密雲、燕樂兩縣，占田置業入税，此私田制也。各部大臣從上征伐，俘掠人户，自置郛郭，爲頭下軍州。凡市井之賦，各歸頭下，惟酒税赴納上京，此分頭下軍州賦爲二等也。先是，遼東新附地不榷酤，而鹽麴之禁亦弛。馮延休、韓紹勳相繼商利，欲與燕地平山例加繩約，其民病之，遂起大延琳之亂。連年詔復其租，民始安靖。南京歲納三司鹽鐵錢折絹，大同歲納三司税錢折粟。開遠軍故事，民歲輸税，斗粟折五錢，耶律抹只守郡，表請折六錢，亦皆利民善政也。

《遼史》卷六〇《食貨志》

征商之法，則自太祖置羊城于炭山北，起榷務以通諸道市易。太宗得燕，置南京，城北有市，百物山偫，命有司治其征；餘四京及它州縣貨產懋遷之地，置亦如之。東平郡城中置看樓，分南、北市，禺中交易市北，午漏下交易市南。雄州、高昌、渤海亦立互市，以通南宋、西北諸部、高麗之貨，故女直以金、帛、布、蜜、蠟諸藥材及鐵離、靺鞨、于厥等部以蛤珠、青鼠、貂鼠、膠魚之皮、牛羊駝馬、

毳罽等物，來易於遼者，道路繈屬。聖宗統和初燕京留守司言，民艱食，請弛居庸關税，以通山西糴易。又令有司諭諸行宫，布帛短狹不中尺度者，不鬻於市。明年，詔以南、北府市場人少，宜率當部車百乘赴集。開奇峰路以通易州貿易。二十三年，振武軍及保州並置榷場。時北院大王耶律室魯以俸羊多闕，部人貧乏，請以羸老之羊及皮毛易南中之絹，上下爲便。至天祚之亂，賦斂既重，交易法壞，財日匱而民日困矣。

鹽筴之法，則自太祖以所得漢民數多，即八部中分古漢城别爲一部治之。城在炭山南，有鹽池之利，即後魏滑鹽縣也，八部皆取食之。及征幽、薊還，次于鶴剌濼，命取鹽給軍。自後濼中鹽益多，上下足用。會同初，太宗有大造於晋，晋獻十六州地，而瀛、莫在焉，始得河間煮海之利，置榷鹽院於香河縣，於是燕、雲迤北暫食滄鹽。一時産鹽之地如渤海、鎮城、海陽、豐州、陽洛城、廣濟湖等處，五京計司各以其地領之。其煎取之制，歲出之額，不可得而詳矣。

坑冶，則自太祖始併室韋，其地産銅、鐵、金、銀，其人善作銅、鐵器。又有曷朮部者多鐵；曷朮，國語鐵也。部置三冶：曰柳濕河，曰三黜古斯，曰手山。神册初，平渤海，得廣州，本渤海鐵利府，改曰鐵利州，地亦多鐵。東平縣本漢襄平縣故地，産鐵礦，置採煉者三百户，隨賦供納。以諸坑冶多在國東，故東京置户部司，長春州置錢帛司。太祖征幽、薊，師還，次山麓，得銀、鐵礦，命置冶。聖宗太平間，於潢河北陰山及遼河之源，各得金、銀礦，興冶採煉。自此以訖天祚，國家皆賴其利。

鼓鑄之法，先代撒剌的爲夷離菫，以土産多銅，始造錢幣。太祖其子，襲而用之，遂致富强，以開帝業。太宗置五冶太師，以總四方錢鐵。石敬瑭又獻沿邊所積錢，以備軍實。景宗以舊錢不足於用，始鑄乾亨新錢，錢用流布。聖宗鑿大安山，取劉守光所藏錢，散諸五計司，兼鑄太平錢，新舊互用。由是國家之錢，演迤域中。所以統和出内藏錢，賜南京諸軍司。開泰中，詔諸道，貧乏百姓，有典質男女，計傭價日以十文；折盡，還父母。每歲春秋，以官錢宴饗將士，錢不勝多，故東京所鑄至清寧中始用。是時，詔禁諸路不得貨銅鐵，以防私鑄，又禁銅鐵賣入回鶻，法益嚴矣。道宗之世，錢有四等：曰咸雍，曰大康，曰大安，曰壽隆，皆因改元易名。其肉好、銖數亦無所考。第詔楊遵勗徵户部司逋户舊錢，得四十餘萬繈，拜樞密直學士；劉伸爲户部使，歲入羡餘錢三十萬繈，擢南院樞密使；其以災沴，出錢以振貧乏及諸宫分邊戍人户。是時，雖未有貫朽不可較之積，亦可謂富矣。至其末年，經費浩穰，鼓鑄仍舊，國用不給。雖以海雲佛寺千萬之助，受而不拒，尋禁民錢不得出境。天祚之世，更鑄乾統、天慶二等新錢，而上下窮困，府庫無餘積。

始太祖爲迭烈府夷離菫也，懲遥輦氏單弱，於是撫諸部，明賞罰，不妄征討，因民之利而利之，羣牧蓄息，上下給足。及即位，伐河東，下代北郡縣，獲牛、羊、駝、馬十餘萬。樞密使耶律斜軫討女直，復獲馬二十餘萬，分牧水草便地，數歲所增不勝算。當時，括富人馬，不加多，賜大、小鶻軍萬餘疋，不加少，蓋畜牧有法然也。咸雍五年，蕭陶隗爲馬羣太保，上書猶言羣牧名存實亡，上下相欺，宜括實數以爲定籍。厥後東丹國歲貢千疋，女直萬疋，直不古等國萬疋，阻卜及吾獨婉、惕德各二萬疋，西夏、室韋各三百疋，越里篤、剖阿里、奥里米、蒲奴里、鐵驪等諸部三百疋；仍禁朔州路羊馬入宋，吐渾、党項馬鬻于夏。以故羣牧滋繁，數至百有餘萬，諸司牧官以次進階。自太祖及興宗垂二百年，羣牧之盛如一日。天祚初年，馬猶有數萬羣，每羣不下千疋。祖宗舊制，常選南征馬數萬疋，牧于雄、霸、清、滄間，以備燕、雲緩急；復選數萬，給四時游畋；餘則分地以牧。法至善也。至末年，累與金戰，番漢戰馬損十六七，雖增價數倍，竟無所買，乃冒法買官馬從軍。諸羣牧私賣日多，畋獵亦不足用，遂爲金所敗。棄衆播遷，以訖于亡。松漠以北舊馬，皆爲大石林牙所有。

遼之食貨其可見者如是耳。至於鄰國歲幣，諸屬國歲貢土宜，雖累朝軍國經費多所仰給，然非本國所出，况名數已見本紀，兹不復載。

夫冀北宜馬，海濱宜鹽，無以議爲。遼地半沙磧，三時多寒，春秋耕穫及其時，黍稌高下因其地，蓋不得與中土同矣。然而遼自初年，農穀充羡，振饑恤難，用不少靳，旁及鄰國，沛然有餘，果何道而致其利歟？此無他，勸課得人，規措有法故也。

世之論錢幣者，恒患其重滯之難致，鼓鑄之弗給也，於是楮幣權宜之法興焉。西北之通舟楫，比之東南，十纔一二。遼之方盛，貨泉流衍，國

用以殷，給戍賞征，賜與億萬，未聞有所謂楮幣也，又何道而致其便歟？此無他，舊儲新鑄，並聽民用故也。

孟子曰：周于利者，凶年不能殺。人力苟至，一夫猶足以勝時災，況爲國乎。以是知善謀國者，有道以制天時、地利之宜，無往而不遂其志。食莫大於穀，貨莫大於錢，特志二者，以表遼初用事之臣，亦善裕其國者矣。

《金史》卷四六《食貨志》　官田曰租，私田曰税。租税之外算其田園屋舍車馬牛羊樹藝之數，及其藏鏹多寡，徵錢曰物力。物力之徵，上自公卿大夫，下逮民庶，無苟免者。近臣出使外國，歸必增物力錢，以其受饋遺也。猛安謀克户又有所謂牛頭税者，宰臣有納此税，庭陛間諮及其增減，則州縣徵求於小民蓋可知矣。故物力之外又有鋪馬、軍須、輸庸、司吏、河夫、桑皮故紙等錢，名目瑣細，不可殫述。其爲户有數等，有課役户、不課役户、本户、雜户、正户、監户、官户、奴婢户、二税户。有司始以三年一籍，後變爲通檢，又爲推排。凡户隸州縣者，與隸猛安謀克，其輸納高下又各不同。

法之初行，唯恐不密，言事者謂其厲民，即命罷之。罷之未久，會計者告用乏，又即舉行。其罷也志以便民，而民未見德。其行也志以足用，而用不加饒。一時君臣節用之言不絕告誡。嘗自計其國用，數亦浩瀚，若足支歷年者，郡縣稍遇歲侵，又遽不足，竟莫詰其故焉。

《金史》卷四六《食貨志·通檢推排》　通檢，即《周禮·大司徒》三年一大比，各登其鄉之衆寡、六畜、車輦，辨物行徵之制也。金自國初占籍之後，至大定四年，承正隆師旅之餘，民之貧富變更，賦役不均。世宗下詔曰：粵自國初，有司常行大比，于今四十年矣。正隆時，兵役並興，調發無度，富者今貧不能自存，版籍所無者今爲富室而猶幸免。是用遣信臣泰寧軍節度使張弘信等十三人，分路通檢天下物力而差定之，以革前弊，俾元元無不均之嘆，以稱朕意。凡規措條理，命尚書省畫一以行。又命凡監户事産，除官所撥賜之外，餘凡置到百姓有税田宅，皆在通檢之數。時諸使往往以苛酷多得物力爲功，弘信檢山東州縣尤爲酷暴，棣州防禦使完顔永元面責之曰：朝廷以正隆後差調不均，故命使者均之。今乃殘暴，妄加民産業數倍，一有來申訴者，則血肉淋離，甚者即殞杖下，此何理也。弘信不能對，故惟棣州稍平。

五年，有司奏諸路通檢不均，詔再以户口多寡、貧富輕重，適中定之。既而，又定通檢地土等第税法。十五年九月，上以天下物力，自通檢以來十餘年，貧富變易，賦調輕重不均，遣濟南尹梁肅等二十六人，分路推排。

二十年四月，上謂宰臣曰：猛安謀克户，富貧差發不均，皆自謀克内科之，暗者惟胥吏之言是從，輕重不一。自窩斡叛後，貧富反復，今當籍其夾户，推其家貲，儻有軍役庶可均也。詔集百官議，右丞相克寧、平章政事安禮、樞密副使宗尹言：女直人除猛安謀克僕從差使，餘無差役。今不推奴婢孳畜、地土數目，止驗産業科差爲便。左丞相守道等言：止驗財産，多寡分爲四等，置籍以科差，庶得均也。左丞通、右丞道、都點檢襄言：括其奴婢之數，則貧富自見，緩急有事科差，與一例科差者不同。請俟農隙，拘括地土牛具之數，各以所見上聞。上曰：一謀克户之貧富，謀克豈不知。一猛安所領八謀克，一例科差。設如一謀克内，有奴婢二三百口者，有奴婢一二人者，科差與同，豈得平均。正隆興兵時，朕之奴婢萬數，孳畜數千，而不差一人一馬，豈可謂平。朕於庶事未嘗專行，與卿謀之。往年散置契丹户，安禮極言恐擾動，朕決行之，果得安業。安禮雖盡忠，未審長策。其從左丞通等所見，拘括推排之。十二月，上謂宰臣曰：猛安謀克多新强舊弱，差役不均，其令推排，當自中都路始。至二十二年八月，始詔令集耆老，推貧富，驗土地牛具奴婢之數，分爲上中下三等。以同知大興府事完顔烏里也先推中都路，續遣户部主事按帶等十四人與外官同分路推排。九月，詔毋令富者匿隱畜産，貧户或有不敢養馬者。昔海陵時，拘括馬畜，絕無等級，富者倖免，貧者盡拘入官，大爲不均。今並覈實貧富造籍，有急即按籍取之，庶幾無不均之弊。張汝弼、梁肅奏：天下民户通檢既定，設有産物移易，自應隨業輸納。至於浮財，須有增耗，貧者自貧，富者自富，似不必屢推排也。上曰：宰執家多有新富者，故皆不願也。肅對曰：如臣者，能推排中都物力。臣以嘗爲南使，先自添物力錢至六十餘貫，視其他奉使無如臣多者。但小民無知，法出姦生，數動搖則易駭。如唐、宋及遼時，或三二十年不測通比則有之。頻歲推排，似爲難爾。

二十六年，復以李晏等分路推排。二十七年，奏晏等所定物力之數，上曰：朕以元推天下物力錢三百五萬餘貫，除三百萬貫外，令減五萬餘貫。今減不及數，復續收二萬餘貫，即是實二萬貫爾，而曰續收，何也？對曰：此謂舊脱漏而今首出者，及民地舊無力耕種，而今耕種者也。上曰：通檢舊數，止於視其營運息耗，與房地多寡，而加減之。彼人賣地，此人買之，皆舊數也。至如營運，此强則彼弱，强者增之，弱者減之而已。且物力之數蓋是定差役之法，其大數不在多寡也。朕恐實有營運富家所當出者，反分與貧者爾。

章宗大定二十九年六月，命爲國信使之副者，免增物力。又命農民如有積粟，毋充物力。錢慳之郡，所納錢貨則許折粟帛。九月，以曹州河溢，遣馬百禄等推排遭墊溺州縣之貧乏者。明昌元年四月，刑部郎中路伯達等言，民地已納税，又通定物力，比之浮財所出差役，是爲重併也。遂詳酌民地定物力，減十之二。尚書户部言，中都等路被水，詔委官推排，比舊減錢五千六百餘貫。明昌三年八月，敕尚書省百姓當豐稔之時不務積貯，一遇凶儉輒有阻飢，何法可使民重穀而多積也。宰臣對曰：二十九年，已詔農民能積粟免充物力。明昌初，命民之物力與地土通推者，亦減十分之二，此固其術也。

承安元年，尚書省奏，是年九月當推排，以有故不克。詔以冬已深，比事畢恐妨農作，乃權止之。二年冬十月，敕令議通檢，宰臣奏曰：大定二十七年通檢後，距今已十年，舊户貧弱者衆，儻遲更定，恐致流亡。遂定制，已典賣物業，止隨物推收，析户異居者許令别籍，户絶及困弱者減免，新强者詳審增之，止當從實，不必敷足元數。邊城被寇之地，皆不必推排。於是，令吏部尚書賈執剛、吏部侍郎高汝礪先推排在都兩警巡院，示爲諸路法。每路差官一員，命提刑司官一員副之。三年九月，奏十三路籍定推排物力錢二百五十八萬六千七百二貫四百九十文，舊額三百二萬二千七百十八貫九百二十二文，以貧乏除免六十三萬八千一百一十一貫。除上京、北京、西京路無新强增者，餘路計收二十萬二千九十五貫。

泰和二年閏十二月，上以推排時，既問人户浮財物力，而又勘當比次，期迫事繁，難得其實，敕尚書省，定人户物力隨時推收法，令自今典賣事産者隨業推收，别置標簿，臨時止拘浮財物力以增減之。泰和四年十二月，上以職官仕於遠方，其家物力有應除而不除者，遂定典賣實業逐時推收，若無浮財營運，應除免者，令本家陳告，集坊村人户推唱，驗實免之。造籍後如無人告，一月内以本官文牒推唱，定標附于籍。五年，以西京、北京邊地常罹兵荒，遣使推排之。舊大定二十六年所定三十五萬三千餘貫，遂減爲二十八萬七千餘貫。

五年六月，簽南京按察司事李革言：近制，令人户推收物力，置簿標題，至通推時，止增新强，銷舊弱，庶得其實。今有司奉行滅裂，恐臨時冗併，卒難詳審，可定期限，立罪以督之。遂令自今年十一月一日，令人户告詣推收標附，至次年二月一日畢，違期不言者坐罪。且令諸處税務，具税訖房地，每半月具數申報所屬，違者坐以怠慢輕事之罪。仍敕物力既隨業，通推時止令定浮財。

八年九月，以吏部尚書賈守謙、知濟南府事蒲察張家奴、莒州刺史完顔百嘉、南京路轉運使宋元吉等十三員，分路同本路按察司官一員，推排諸路。上召至香閣，親諭之曰：朕選卿等隨路推排，除推收外，其新强消乏户，雖集衆推唱，然消乏者勿銷不盡，如一户物力元三百貫，今蠲免二百五十貫猶有未當者。新强勿添盡，量存其力，如一户可添三百貫，而止添二百貫之類。卿等各宜盡心，一推之後十年利害所關，苟不副所任，罪當不輕也。

《金史》卷四七《食貨志·租賦》 租賦。金制，官地輸租，私田輸税。租之制不傳。大率分田之等爲九而差次之，夏税畝取三合，秋税畝取五升，又納秸一束，束十有五斤。夏税六月止八月，秋税十月止十二月，爲初、中、末三限，州三百里外，紓其期一月。屯田户佃官地者，有司移猛安謀克督之。泰和五年，章宗諭宰臣曰：十月民穫未畢，遽令納税可乎。改秋税限十一月爲初。中都、西京、北京、上京、遼東、臨潢、陝西地寒，稼穡遲熟，夏税限以七月爲初。凡輸送粟麥，三百里外石減五升，以上每三百里遞減五升。粟折秸百稱者，百里内減三稱，二百里減五稱，不及三百里減八稱，三百里及輸本色稾草，各減十稱。

計民田園、邸舍、車乘、牧畜、種植之資，藏鏹之數，徵錢有差，謂之物力錢。遇差科，必按版籍，先及富者，勢均則以丁多寡定甲乙。有横科，則視物力，循大至小均科。其或不可分摘者，率以次户濟之。凡民之

物力，所居之宅不預。猛安謀克户、監户、官户所居外，自置民田宅，則預其數。墓田、學田，租税、物力皆免。

民愬水旱應免者，河南、山東、河東、大名、京兆、鳳翔、彰德部内支郡，夏田四月，秋田七月，餘路夏以五月，秋以八月，水田則通以八月爲限，遇閏月則展期半月，限外愬者不理。非時之災則無限。損十之八者全免，七分免所損之數，六分則全徵。桑被災不能蠶，則免絲綿絹税。諸路雨雪及禾稼收穫之數，月以捷步申户部。

凡叙使品官之家，並免雜役，驗物力所當輸者，止出雇錢。進納補官未至廕子孫、及凡有出身者、（謂司吏譯人等。）出職帶官叙當身者，雜班叙使五品以下、及正品承應已帶散官未出職者，子孫與其同居兄弟，下逮終場舉人、係籍學生、醫學生，皆免一身之役。三代同居，已旌門則免差發，三年後免雜役。

太宗天會元年，敕有司輕徭賦，勸稼穡。十年，以遼人士庶之族賦役等差不一，詔有司命悉均之。熙宗天眷五年十二月，詔免民户殘欠租税。皇統三年，蠲民税之未足者。世宗大定二年五月，謂宰臣曰：凡有徭役，均科强户，不得抑配貧民。有言以用度不足，奏預借河北東西路、中都租税，上以國用雖乏，民力尤艱，遂不允。三年，以歲歉，詔免二年租税。又詔曰：朕比以元帥府從宜行事，今聞河南、陝西、山東、北京以東、及北邊州郡，調發甚多，而省部又與他州一例征取賦役，是重擾也。可憑元帥府已取者例，蠲除之。五年，命有司，凡罹蝗旱水溢之地，蠲其賦税。六年，以河北、山東水，免其租。

八年十月，彰德軍節度使高昌福上書言税租甚重，上諭翰林學士張景仁曰：今租税法比近代甚輕，而以爲重，何也？景仁曰：今之税斂殊輕，非税斂則國用何從而出。

二年二月，尚書省奏，天下倉廩貯粟二千七十九萬餘石。上曰：朕聞國無九年之蓄則國非其國，朕是以括天下之田以均其賦，歲取九百萬石，自經費七百萬石外，二百萬石又爲水旱之所蠲免及賑貸之用，餘纔百萬石而已。朕廣蓄積，備飢饉也。小民以爲税重，小臣沽民譽，亦多議之，蓋不慮國家緩急之備也。

十二年正月，以水旱免中都、西京、南京、河北、河東、山東、陝西去年租税。十三年，謂宰臣曰：民間科差，計所免已過半矣。慮小民不能詳知，吏緣爲姦，仍舊徵取，其令所在揭牓諭之。十月，敕州縣官不盡力催督税租，以致逋懸者，可止其俸，使之徵足，然後給之。十六年正月，詔免去年被水旱路分租税。十七年，上問宰臣曰：遼東賦税舊六萬餘石，通檢後幾二十萬。六萬時何以仰給，二十萬後所積幾何？户部契勘，謂先以官吏數少故能給，今官吏兵卒及孤老數多，以此費大。上曰：當察其實，毋令妄費也。十七年三月，詔免河北、山東、陝西、河東、西京、遼東等十路去年被旱蝗租税。十八年正月，免中都、河北、河東、山東、河南、陝西等路前年被災租税。十九年秋，中都、西京、河北、山東、河東、陝西以水旱傷民田十三萬七千七百餘頃，詔蠲其租。二十年三月，以中都、西京、河北、山東、河東、陝西路前歲被災，詔免其租税。以户部尚書曹望之之言，詔減鄜延及河東南路税五十二萬餘石，增河北西路税八萬八千石。又詔諸税粟非關邊要之地者，除當儲數外，聽民從便折納。二十一年九月，以中都水災，免租。前時近官路百姓以牛夫充遞運者，復於它處未嘗就役之家徵錢償之。

二十三年，宗州民王仲規告乞徵還所役牛夫錢，省臣以奏，上曰：此既就役，復徵錢於彼，前雖如此行之，復恐所給錢未必能到本户，是兩不便也。不若止計所役，免租税及鋪馬錢爲便。其預計實數以聞。若和雇價直亦須裁定也。有司上其數，歲約給六萬四千餘貫，計折粟八萬六千餘石。上復命，自今役牛夫之家，以去道三十里内居者充役。

二十六年，軍民地罹水旱之災者，二十一萬頃免税凡四十九萬餘石。

二十七年六月，免中都、河北等路嘗被河決水災軍民租税。十一月，詔河水泛溢，農田被災者，與免差税一年。懷、衞、孟、鄭四州塞河勞役，并免今年差税。章宗大定二十九年，赦民租十之一。河東南北路則量減之。尚書省奏，兩路田多峻阪，磽瘠者往往再歲一易，若不以地等級蠲除，則有不均。遂敕以赦書特免一分外，中田復減一分，下田減二分。

舊制，夏、秋税納麥、粟、草三色，以各處所須之物不一，户部復令以諸所用物折納。上封事者言其不可，户部謂如此則諸路所須之物要當和市，轉擾民矣。遂命太府監，應折納之物爲衹承宫禁者，治黄河薪芻增直二錢折納，如黄河岸所用木石固非土產，乃令所屬計置，而罷它應折

納者。

明昌元年四月，上封事者乞薄民之租稅，恐廩粟積久腐敗。省臣奏曰：臣等議，大定十八年户部尚書曹望之奏，河東及鄜延兩路稅頗重，遂減五十二萬餘石。去年赦十之一，而河東瘠地又減之。今以歲入度支所餘無幾，萬一有水旱之災，既蠲免其所入，復出粟以賑之，非有備不可。若復欲減，將何以待之。如慮腐敗，令諸路以時曝晾，毋令致壞，違者論如律。制可。十一月，尚書省奏，河南荒閑官地，許人計丁請佃，願仍爲官者免租八年，願爲己業者免稅三年。詔從之。

明昌二年二月，敕自今民有訴水旱災傷者，即委官按視其實，申所屬州府，移報提刑司，同所屬檢畢，始令翻耕。三年六月，有司言河州災傷，闕食之民猶有未輸租者，詔蠲之。九月，以山東、河北三路被災，其權閣之租及借貸之粟，令俟歲豐日續徵。上如秋山，免圍場經過人户今歲夏秋租稅之半。

四年冬十月，上行幸，諭旨尚書省曰：海壖石城等縣，地瘠民困，所種惟黍稗而已。及賦於官，必以易粟輸之。或令止課所産，或依河東路減稅，至還京當定議以聞。五年，敕免河決被災之民秋租。

泰和四年四月，以久旱下詔責躬，免所旱州縣今年夏稅。九月，陳言者謂河間、滄州逃户，物力錢至數千貫，而其差發，有司止取辦於見户，民不能堪矣。詔令按察司，除地土物力命隨其業，而權止其浮財物力。五年正月，詔有司，自泰和三年嘗所行幸至三次者，被科之民特免半年租稅。

八年五月，以宋謀和，詔天下，免河南、山東、陝西六路今年夏稅，河東、河北、大名等五路半之。八月，詔諸路農民請佃荒田者，與免租賦三年，作己業者一年，自首冒佃、及請佃黄河退灘地者，不在免例。

宣宗貞祐三年十月，御史田迥秀言：方今軍國所需，一切責之河南。有司不惜民力，徵調太急，促其期限，痛其棰楚。民既罄其所有而不足，遂使奔走傍求於它境，力竭財殫，相踵散亡，禁之不能止也。乞自今凡科徵必先期告之，不急者皆罷，庶民力寬而逋者可復。詔行之。十二月，詔免逃户租稅。

四年三月，免陝西逃户租。五月，山東行省僕散安貞言：泗州被災，道殣相望，所食者草根木皮而已。而邳州戍兵數萬，急徵重役，悉出三縣。官吏酷暴，擅括宿藏，以應一切之命。民皆逋竄，又别遣進納閑官以相迫督。皆怙勢營私，實到官者纔十之一，而徒使國家有厚斂之名。乞命信臣革此弊以安百姓。詔從之。

興定元年二月，免中京、嵩、汝等逋租十六萬石。

四年，御史中丞完顔伯嘉奏，亳州大水，計當免租三十萬石，而三司官不以實報，止免十萬而已。詔命治三司官虚妄之罪。七月，以河南大水，下詔免租勸種，且命參知政事李復亨爲宣慰使，中丞完顔伯嘉副之。十月，以久雨，令寬民輸稅之限。十一月，上曰：聞百姓多逃，而逋賦皆抑配見户，人何以堪。軍儲既足，宜悉除免。今又添軍須錢太多，亡者詎肯復業乎。遂命行部官閲實免之，已代納者給以恩例，或除它役，仍減桑皮故紙錢四之一。三年，令逃户復業者但輸本租，餘差役一切皆免。能代耕者，免如復户。有司失信擅科者，以違制論。

四年十二月，鎮南軍節度使温迪罕思敬上書言：今民輸稅，其法大抵有三，上户輸遠倉，中户次之，下户最近。然近者不下百里，遠者數百里，道路之費倍于所輸，而雨雪有稽違之責，遇賊有死傷之患。不若止輸本郡，令有司檢算倉之所積，稱屯兵之數，使就食之。若有不足，則增斂于民，民計所斂不及道里之費，將忻然從之矣。

五年十月，上諭宰臣曰：比欲民多種麥，故令所在官貸易麥種。今聞實不貸與，而虚立案簿，反收其數以補不足之租。其遣使究治。

元光元年，上聞向者有司以徵稅租之急，民不待熟而刈之，以應限。今麥將熟矣，其諭州縣，有犯者以慢軍儲治罪。九月，權立職官有田不納租罪。京南司農卿李蹊言：按齊民要術，麥晚種則粒小而不實，故必八月種之。今南路當輸秋稅百四十餘萬石，草四百五十餘萬束，皆以八月爲終限。若輸遠倉及泥淖，往返不下二十日，使民不暇趨時，是妨來歲之食也。乞寬徵斂之限，使先盡力於二麥。朝廷不從。

元光二年，宰臣奏：去歲正月京師見糧纔六十餘萬石，今三倍矣，計國用頗足，而民間租稅徵之不絶，恐貧民無所輸而逋亡也。遂以中旨遍諭止之。

《金史》卷四七《食貨志·牛具稅》 牛頭稅即牛具稅，猛安謀克部

女直户所輸之税也。其制每耒牛三頭爲一具，限民口二十五受田四頃四畝有奇，歲輸粟大約不過一石，官民占田無過四十具。天會三年，太宗以歲稔，官無儲積無以備飢饉，詔令一耒賦粟一石，每謀克別爲一廩貯之。四年，詔内地諸路，每牛一具賦粟五斗，爲定制。

世宗大定元年，詔諸猛安不經遷移者，徵牛具税粟，就命謀克監其倉，虧損則坐之。十二年，尚書省奏：唐古部民舊同猛安謀克定税，其後改同州縣，履畝立税，頗以爲重，遂命從舊制。

二十年，定功授世襲謀克，許以親族從行，當給以地者，除牛九具以下全給，十具以上四十具以下者，則於官豪之家量撥地六具與之。

二十一年，世宗謂宰臣曰：前時一歲所收可支三年，比聞今歲山西豐稔，所穫可支三年。此間地一歲所穫不能支半歲，而又牛頭税粟，每牛一頭止令各輸三斗，又多逋懸，此皆遞互隱匿所致，當令盡實輸之。

二十三年，有司奏其事，世宗謂左丞完顏襄曰：卿家舊止七具，今定爲四十具。朕始令卿等議此，而卿皆不欲，蓋各顧其私爾。是後限民口二十五，算牛一具。七月，尚書省復奏其事，上慮版籍歲久貧富不同，猛安謀克又皆年少，不練時事，一旦軍興，按籍徵之必有不均之患。乃令驗實推排，閲其户口、畜産之數，其以上京二十二路來上。八月，尚書省奏，推排定猛安謀克户口、田畝、牛具之數。猛安二百二，謀克千八百七十八，户六十一萬五千六百二十四，口六百一十五萬八千六百三十六，内正口四百八十一萬二千六百六十九，奴婢口一百三十四萬五千九百六十七，田一百六十九萬三百八十頃有奇，牛具三十八萬四千七百七十一。在都宗室將軍司，户一百七十，口二萬八千七百九十，内正口九百八十二，奴婢口二萬七千八百八，田三千六百八十三頃七十五畝有奇，牛具三百四。迭剌、唐古二部五乣，户五千五百八十五，口一十三萬七千五百四十四，内正口十一萬九千四百六十三，奴婢口一萬八千八十一，田四萬六千二十四頃一十七畝，牛具五千六十六。後二十六年，尚書省奏併徵牛頭税粟，上曰：積壓五年，一見併徵，民何以堪。其令民隨年輸納，被災者蠲之，貸者俟豐年徵還。

《通制條格》卷二《户令·非法賦斂》　大德八年三月，中書省御史臺呈：脱脱大王位下管領諸路本投下都總管府敬奉令旨，親管户計内每年科徵年銷錢中統鈔貳伯定，作本府官吏俸錢，祗待使臣飲食。不見曾無經由中書省定奪。送兵部檢會到至元二年三月欽奉聖旨諭中書省去歲與諸王共議定條畫内一款節該：依哈罕皇帝、先帝聖旨，據各投下分到民户，除五户絲外，不揀甚麼差發，不教科要。欽此。參詳所在人户，俱係國家赤子，焉有彼此之分。近年以來各投下官員恃頑不同常調，但凡所須物色悉皆科撥本管人户。擬合遍行照會，今後一切横科錢物，並行禁止，勿令椿配。如違，從監察御史、廉訪司追問。其投下若有必然合用物色，經由中書省定奪。都省准呈。

《通制條格》卷一五《厩牧·抽分羊馬》　大德七年十月，中書省户部呈：宣徽院經歷司呈，照得各處隘口抽分羊馬人員，年例柒捌月間，欽賫元受聖旨，各該鋪馬馳驛前去拘該地面抽分，限拾月已裏赴都送納，各人飲食已有定例外，據常川取要飲食分（倒）〔例〕長行馬疋草料，州縣搭蓋棚圈，別無許准文憑。本部參詳：抽分羊馬人員每歲擾動州縣，苦虐人民。今後擬合令宣徽院定立法度，嚴切拘鈐，至抽分時月，各給印押差劄，明白開寫所委官吏姓名，並不得多餘將引帶行人員長行馬疋，定立回還限次，欽賫元領聖旨，經由通政院倒給鋪馬分例前去，須要同本處管民正官眼同依例抽分羊馬牛隻，隨即用印烙記，趁好水草牧放。如抽分了畢，各取管民官司印署保結公文，明白開寫抽分到數目、村莊、物主、花名、毛皮、齒歲，申覆本院，仍令有司量差人夫牽趕至前路官司，相沿交換已委官押領，依限赴都交納。沿路儻有倒死，亦取所在官司明白公文，將皮貨等起解赴院。中間若有違法不公，欺隱作弊，宜從本道廉訪司嚴加體察。其餘一切搭蓋棚圈並常川馬匹草料飲食等物，不須應付，庶革擾民欺誑之弊。都省准呈。

至大四年閏七月，中書省奏：在先北口等處抽分羊馬牛隻的人，依體例抽分了不全納的上頭，教俺差好人抽分者，麼道聖旨有來。如今木八剌沙、許也速歹兒、張伯顏等叁起賫擎着聖旨，百姓每根底抽分羊口，哏教百姓每生受有，麼道，禮部官人每備着大同路文書俺根底與了文書有。俺商量來，湯羊裏並客人每根底其餘勾當裏，每年多支持羊口有。在先年分裏壹貳年北口等處委着人仔細抽分時，比不曾計較的年分哏多抽分得來有，外路裏羊哏多有，麼道知道的人說有。又這裏差去的，抽分了大的，

教小的抵换，要了肥的，教瘦的抵换，多抽分了少報數目的也有，麼道聽得有。比附的上頭，這裏不差人，教各去有的路府州縣達魯花赤長官提調着，休教百姓生受。取見羊口數目，依已定的體例，教抽分羊口，附近有的只教納羊，遠的回易作鈔教納。各處行省所管地面也依這例教行，提調的人每不教百姓生受。比在先多抽分的羊呵，驗數目等第與賞的或與名分的。俺定例呵，怎生？依這般教各處牧民官提調呵，聖旨裏臺裏行將文書去，作弊的人每根底，教監察御史、廉訪司官體察出來，要罪過呵，怎生？商量來，奏呵，那般者，麼道聖旨了也。欽此。

皇慶元年五月，中書省奏：在先年分抽分頭疋羊口，宣徽院委人抽分來，去年爲他每委付來的人每作弊的一般有，麼道省官每奏了。試驗一年，教監察御史、廉訪司體察者，麼道聖旨有呵，俺委付人教抽分來。去年抽分到的比宣徽院前年抽分到的數目，多抽分出壹萬餘口羊，貳伯餘疋馬，壹伯餘隻牛。又城子裏抽分到的頭疋羊口，回易作鈔解納將來的鈔定，也比他每管的時分數目多餘出五千餘定鈔來有。自前是宣徽院家管的勾當來，如今迤北蒙古百姓每各千户並各處口子裏教他每委人抽分者，城子裏不教他每委人，依去年例教本處官司就便提調抽分，宣徽院裏納者，省部裏報數目呵，怎生？商量來。奏呵，那般者。麼道聖旨了也。欽此。

《通制條格》卷一五《厩牧・冒支官錢糧》　至大四年七月，中書省刑部呈：議得今後凡發各處合喂馬疋，宜令度支監仔細用心分揀，行移合屬須要文字，馬疋到槽，至日驗數放支。中間但有冒濫不應之數，着落喂馬人員追陪斷罪。當該官吏有失照略，量事輕重決罰，都省准擬。

《通制條格》卷一五《厩牧・大印子馬疋》　延祐元年五月，中書省刑部尚乘寺關：延祐元年四月二十五日本寺官奏，大印子阿塔思馬，每年這裏住夏的各衙門官人每多做不闌奚馬騎着有。今後上位可憐見呵，再有大印馬疋呵，教尚乘寺裏拘收了將得上都來呵，怎生？奏呵，奉聖旨：那般者。麼道聖旨了也。欽此。

《通制條格》卷一六《田令・逃移財産》　至元十年七月，中書省户部呈：議得在逃人户抛下地土事産，擬合召諸色户計種佃，依鄉原例子出納租課，毋令親民官吏權豪之家射佃。都省准呈。

大德十一年五月二十二日，欽奉詔書内一款：各處逃移户計復業者，元抛事産隨即給付，免差税叁年。未復業者，有司具實申報，開除各該差税，毋令見户包納。

《通制條格》卷一七《賦役・濫設頭目》　至元七年四月，尚書省御史臺呈：河北河南道按察司申，諸處州縣各管村分，以遠就近，併爲壹鄉，或爲壹保，設立鄉頭、里正、保頭，節級以下，更有所設鄉司人員，催趁差發，投下本縣文字一切勾當，據各户合着差發，計構本縣官吏減免分數，或雖立户名，科着絲料、包銀、税糧，却令所管村分人户代納，每年秋夏兩次於人户處取斂年常物斛，或别作名稱，托散聚斂。如此侵擾，以其久在縣衙，與官吏上下慣通，易爲作弊。都省議得：仰遍行各路嚴切禁治，司縣、鄉司、里正人等須管不致似前冒濫多設，作弊擾民違錯，仍取准行文狀。

《通制條格》卷三〇《營繕・岳祠》　至元二十九年三月，中書省御史臺呈：近爲東嶽廟宇荒廢不曾修理，合從朝省選差年高有德清潔道士主管祠事，仍與本處官司一同收管每歲香錢公支使用，其餘汚濫道衆悉皆遣退。行據集賢院備道教所呈，除差廉幹道官充提點及將不應道士遣退外，據香錢一節，累奉聖旨節該，令本廟住持提點道官管領，就用增修廟宇。

《元典章》卷二《聖政・勸農桑》　至元七年二月，欽奉皇帝聖旨，宣諭諸路府州司縣達魯花赤、管軍官、管民官、諸投下官員、軍民諸色人等：

近爲勸課農桑，已嘗遍諭諸路牧民之官與提刑按察司講究到先後合行事理，再命中書省、尚書省參酌衆議，取其便民者，定立條目。特設司農司，勸課農桑，興舉水利。凡滋養栽種者，皆附而行焉。仍分布勸農官及知水利人員，巡行勸課，舉察勤惰。委所在親民長官不妨本職，常爲提點。年終通考農事成否，本管上司類申司農司及户部照驗。任滿之日，於解由内明注此年農桑勤惰，赴部照勘，以爲殿最。提刑按察司更爲體察，期於敦本抑末，功效必成。

至元三十一年四月，欽奉詔書内一款：

國用民財，皆本於農。所在官司，欽奉先皇帝累降聖旨，歲時勸課。當耕作時，不急之役一切停罷，無致妨農。公吏人等非必須差遣者，不得

輒令下鄉。仍禁約軍馬不以是何諸色人等，毋得縱放頭疋，食踐損壞桑果田禾，違者斷罪倍還。

大德七年三月初三日，欽奉奉使宣撫詔書內一款：

農桑衣食之本，比聞勸農官司率多廢弛，仰依已降條畫，常加勸課，期於有成。

大德十年五月十八日，欽奉整治恤民詔書內一款：

農桑，衣食之源，經費從出，責任管民勸課，廉訪司提調。近年往往懈弛，殊失布本裕民之意。仰照依累降條畫，依時勸課，游惰者懲戒。路府州縣不急之役，毋得妨奪農功。

大德十一年十二月，欽奉至大改元詔書內一款：

農桑者，國家經賦之源，生民衣食之本。世祖皇帝以來，累降詔條，誡論勸課，而有司奉行不至，加之軍馬營寨飛放圍獵，喂養馬駝人等縱放頭疋，食踐田禾，損壞樹木，以致農桑隳廢。今後路府州縣達魯花赤、長官常切禁約，若有違犯之人，斷罪陪償，各管頭目有失鈐束，具以名聞。仍依時勸課，務要實效，大司農司年終考其殿最，以憑黜陟。孝悌力田之人，有司申明，量加旌賞；游隳廢弛者，就便懲戒。肅政廉訪司並行糾治。

至大二年九月，欽奉改尚書省詔書內一款：

農桑天下之本，比歲游民逐末，害本寖繁。宜令所司依時用心勸課，毋得事虛文。力田農夫，常切存恤。農務未停，不得妄有差擾，以奪其時。違者重治。

至大四年三月十八日，登寶位詔書內一款：

農桑衣食之本，仰提調官司申明累降條畫，諄切勸課，務要田疇開闢，桑果增盛，乃爲實效。諸官豪勢要，經過軍馬，及昔寶赤、探馬赤喂養馬駝人等，索取飲食草料，縱放頭疋食踐田禾桑果者，所在官司斷罪陪償。仍仰監察御史、肅政廉訪司常切糾察，考其殿最，以憑黜（降）〔陟〕。

延祐四年閏正月，欽奉建儲詔書內一款：農桑衣食之本，公私歲計出焉。比聞各處農事，正官失於勸課，致有荒廢，甚失重本之意。今後仰各處勸農正官嚴切敦勸，務要耕種以時，田疇開闢，桑棗茂盛。廉訪司所至之處，考其勤墮而舉劾之。

《元典章》卷二《聖政・撫軍士》　庚申年四月初六日，欽奉詔書內一款節該：

大軍每年征進，行者有暴露之苦，居者負輸挽之勞，加之管軍頭目不知存恤，橫泛科斂，以致軍前、家中搔擾不安，朕甚憫焉。今後禁約諸路管軍頭目人等，凡事一新，毋得循習舊弊。若有軍前曾立功勞者，速行遷賞，例從優厚。至於撫綏安養，使大軍皆得休息者，朝廷別有區處。

中統元年五月，欽奉詔書內一款節該：

凡征進軍人臨陣而亡者、被傷而死者，其家屬理當優恤。仰各管頭目用心照管，無致生受。仍仰各路宣撫司取會見數，量給衣糧，優恤其家。

至元三十一年四月，詔書內一款：

屯戍征進軍人，久服勞苦，仰管軍官、管奧魯官撫養軍人，奧魯不得妄行科配。衣糧例應請給者，隨時支給，無（至）〔致〕尅除。其臨陣而亡、被病而死者，尤當哀憫。例應存恤一年者，存恤二年；應存恤半年者，存恤一年。貧難單弱，不能起遣者，從樞密院定奪優恤。

大德元年二月，欽奉大德改元詔書內一款節該：

正軍、貼戶貧富強弱不均者，除常例外，各給布絹一疋。所在長官常切省視。奉行不至，廉訪司糾彈。

大德三年正月，欽奉詔書內一款：

陣亡軍戶，除依例優恤外，若有人力單弱、委實貧乏無力者，官給衣糧養濟。

大德三年三月初三日，詔書內一款：

遠方陣亡軍人，比之常例，更與存恤一年。

大德十一年五月，欽奉詔書內一款：

北方軍官、軍人連年征戍勞苦，仰樞密院定奪，有功者遷賞，貧難者賑給，戰歿病亡者存恤其家。其餘軍人利病，別行條具，特加優恤。仍禁約管軍官、奧魯官吏，毋得非理科擾。

大德十一年十二月，欽奉至大改元詔書內一款：

蒙古、探馬赤諸翼軍人，四方征戍，多負勞苦，加以管軍官員、奧魯官司非理侵漁，消乏者衆。各翼漢軍，若有貧難，已告到官，即與存恤。

續有陳言，保勘明白，一體施行。應管軍官舉放本管軍人錢物，詔書到日，盡行倚免。典（買）〔賣〕親屬，悉聽圓聚，價不追還。和林、甘肅、雲南、四川、福建、兩廣、海北海南、左右兩江鎮守新附軍人，除常例外，今歲量賜衣裝。遠方交換軍官、軍人，往還行糧依例應副。患病者，官給醫藥；死者，官爲埋瘞。各處正官親臨提調，毋致失所。違者，監察御史、廉訪司嚴加糾察。餘合整治事理，樞密院續議奉行。

至大四年三月十八日，欽奉登寶位詔書内一款：

近設康禮軍衛，起遣各路存恤軍人伍千直沽屯田，消乏之餘，重經此擾。今康禮已令罷散，上項屯軍悉聽放還，依舊存恤。其餘各處軍人陣亡、病死者，常例存恤外，各加一年。雲南、兩廣、汀、漳、泉州鎮守新附、漢軍，每名給布一疋。

延祐四年閏正月初十日，欽奉建儲詔書内一款：

探馬赤軍人征進勞苦，河南江北經理自實出田土，合該税糧，權行倚閣。若有續産，依例納税。腹裏軍站，限田四頃外，延祐四年合納税糧，與免五分。

延祐七年三月，欽奉登寶位詔書内一款：

遠近諸軍，征行戍守，經歲勞苦，實可憫憐。其陣亡之家，常例存恤限外，更展一年。本管翼衛及奥魯等官，毋得非理科斂，違法放債，勒要重息。監察御史、肅政廉訪司常（加）〔切〕體究。

延祐七年十一月，欽奉至治改元詔書内一款：

諸奕軍人，終歲勞苦，加以管軍官、奥魯官司非理侵漁，消乏者衆。漢軍貧難，已告到官者，仰樞密院從新分揀，合並存恤。管軍官放錢，違例多要利息及翻倒文契者，詔書到日，盡行倚閣。和林、甘肅、雲南、四川、福建、廣海鎮守新附、漢軍，除常例外，每名給布一匹。病者，官給醫藥。死者，給燒埋中統鈔二十五兩，拘該州、縣憑准管軍官印署公文，於本處課程錢内隨即支付，候有同鄉軍人回還，就將骸骨送至其家。違者，監察御史、肅政廉訪司嚴加糾察。其餘合整治事理，仰樞密院續議舉行。

《元典章》卷三《聖政·均賦役》 庚申年四月初六日，欽奉詔書内一款：

爰自包銀之法行，積弊到今，民力愈困，朝廷立制，本欲利民而反害民，非法之弊，乃人弊之也。加之濫官污吏夤緣侵漁，科斂則務求羨餘，輸納則暗加折耗，以致淫刑虐政，暴斂急徵，使農夫不得安於田里者，爲害非一，吾民安得不重困耶？舊弊苟不悉除，新政安能有立。今後應科歛差發，斟酌民力，務要均平，期于安静，與吾民共享有生之樂而已。欽此。

中統元年五月，中書省奏准宣撫司條款内一件：

科放差發文字，止依一次盡數科訖，府科於州，州科於縣，縣科於民，並同此例。分作三限送納，其三限寬期展日，務要民户紓緩，容易迭辦，不可促逼人難。

至元十三年二月，欽奉歸附安民詔書内一款：

體知得歸附州城官吏，依殘宋擅自科取差發。今後非奉朝省明文，不得搔擾科斂百姓。

至元十九年十月，欽奉聖旨條畫内一款：

應管軍民人匠諸色户計，官吏人等，今後毋得將所管户計私自役使影占。非奉上司明文，不得率斂錢物入己使用。雖有明文，不得因而荅帶私取。擅科及荅帶者，與取受同罪，照依已降條畫科斷。欽此。

至元二十八年六月，中書省奏准《至元新格》：諸科差税，皆司縣正官監視人吏置局科攤，務要均平，不致偏重。據科定數目，依例出給花名印押由帖，仍於村坊各置粉壁，使民通知。其比上年元科分數有增損不同者，須稱元因，明立案驗，（准）〔以〕備照勘。

又一款：

差科户役，先富強後貧弱，貧富等者，先多丁後少丁，開具花户姓名，自上而下置簿挨次。遇有差役，皆須正官當面點定該當人數，出給印押文引，驗數勾差，無致公吏、里正人等放富差貧，那移作弊。其差科簿仍須長官封收，長官差故，次官封收。

又一款：

差科皆用印押公文，其口傳言語科斂者，不得應副。違者，所取雖公，並須治罪。

大德十二年二月初八日，欽奉聖旨：

中書省官人每奏，國家應辦支持浩大，所用之物，必須百姓每根底和雇和買應辦有。自來不以是何投下軍、匠、站等諸色户計，一體均當有來。次後間，諸王、公主、駙馬各投下軍、站、人、匠、打捕、鷹房權要等户，倚氣力不肯依體例應當和雇和買雜泛差役的上頭，薛禪皇帝、完澤篤皇帝行聖旨：除上都、大都其間有的站赤自備首思有，又哈剌張、和林、甘州、海北、海南、福建等處，除邊遠田地裏出征軍人每外，其餘外不以是何户，與民一體均當者。麽道，聖旨交行有。如今大都并腹裏路分、江南等處諸王、公主、駙馬各投下官人每，各自護回影占百姓，及權豪勢要人等沮壞元立定來的體例，交奏啓過聖旨、懿旨、令旨與了麽道，不當和雇和買、雜泛差役的多有。衆人叶力合辦的差發根底，若只教大數裏軍、站、民户教應當呵，偏負辦不得生受有。可憐見呵，依着在先行來的聖旨體例裏，一體均當呵，怎生？麽道，奏呵，如今依着在先行來的聖旨體例裏，除大都、上都其間有的自備首思的站赤，除邊遠田地裏出征軍人外，諸王、公主、駙馬不以是何投下軍、站、民、匠、打捕、鷹房怯憐口、厨子、控鶴人等諸色人户，與大數目當差的軍、站、民户，一體均當者。在先教奏的，執把着行的聖旨、懿旨、令旨與了的人每，依着這聖旨體例行者。今後，不以是何人等，休交奏者。這般宣諭了呵，不當和雇和買、雜泛差役的，隱藏百姓的，隱藏的人，沮壞大體例交奏的人，奏的人，有罪過者。監察每、廉訪司官人每常切用心體察者。管民官吏人等因着這般宣諭了麽道，百姓每根底和雇和買、雜泛差役偏負多椿呵，有罪過者。道來。

聖旨。羊兒年十二月十一日，大都有時分寫來。

至大四年三月十八日，欽奉登寶位詔書内一款：

民間和雇和買一切雜泛差役，除邊遠軍人，并大都至上都自備首思站户外，其餘各驗丁産，先儘富實，次及下户。諸投下不以是何户計，與民一體均當。應有執把，除差聖旨、懿旨、令旨，〔所在官司〕就便拘收。

延祐三年十月十九日，中書省：

奏過事内一件：但凡一切和雇和買、雜泛差役，除邊遠出征軍人并除上都、大都其間自備首思站赤外，其餘各投下不以是何人等，與民一體均當者。麽道，皇帝登寶位詔書裏行了來，自世祖皇帝時分也這般行來。

近間中政院、殊祥院、拱衛司等各衙門官人每，將他每所管户計并控鶴等，休交當和雇和買者。麽道，俺根裏，與了文書有。俺商量來：和雇和買、一切雜泛差役，衆人不叶力當呵，只交當差的百姓每當呵，勾當也成就不得，百姓每越生受去也。依詔書體例，除邊遠軍人，上都、大都其間自備首思站赤外，其餘諸王、駙馬并各衙門官人每奏了，不交當行了文字的，不以是何人等，都交一體均當呵，怎生？奏呵，那般者。麽道，聖旨了也。欽此。都省咨請欽依施行。准此，仰欽依施行。

延祐五年十一月十一日，中書省奏奉聖旨節該：

今後依着累次行來的聖旨，民間但是和雇和買，里正、主首雜泛差役，除邊遠軍人，大都至上都其間自備首思站户，諸處寺觀，南方，自亡宋以前，腹裏，雲南，自元貞元年爲格，舊有常住并上位撥賜田土除差外，據邊遠軍人元籍去處，各有贍軍産業，那裏既已優免了。這軍官、軍人并僧道人等續置了百姓每的當差田地，及財賦總管府承佃附餘地土，并與其餘軍、站、民、匠、醫、儒、竈户、運糧舡户、各枝兒不以是何户計，都交隨産一例均當呵，怎生？奉聖旨，那般者。麽道，聖旨了也。

延祐七年十一月，欽奉至治改元詔書内一款：

均平賦役，乃民政之要。今後但凡科着和雇、和買、里正、主首一切雜泛差役，除邊遠出征軍人及自備首思站赤外，不以是何户計，與民一體均當。諸位下、諸衙門及權豪勢要人家，敢有似前影蔽占悋者，以違制論罪。州、縣正官，用心綜理，驗其物力，從公推排，明置文簿，務使高下得宜，民無偏負。廉訪分司所至之處，嚴行照刷，違者究問。在先若有免役聖旨、懿旨，并行革撥。

《元典章》卷三《聖政·復租賦》 至元二十年□月□日，欽奉聖旨節該：

江淮百姓生受。至元二十年合徵租稅，以十分爲率，減免二分。

至元二十二年二月，欽奉聖旨内一款：

京師，天下之本，一切供給，皆出民力，比之外路州郡，實爲偏重。近年有司奏請，打量地畝，增收子粒，百姓被擾尤甚。今後將大都一路軍民等户合納地稅，盡行除免。

至元三十一年□月，欽奉詔書内一款：

諸色户計秋糧，已減三分，其江淮以南至元三十一年夏稅，特免一年。已納官者，准充下年數目。

大德元年十月，欽奉聖旨：

中書省奏，隨處水旱等災，損害田禾，疫氣漸染，人多死亡。今降聖旨，被災人户合納稅糧，損及五分上者，全行倚免。有災例不該免，以十分爲率，量減三分。其餘去處，普免二分。病死之家，或至老幼單弱，别無得力之人，並免三年賦役。貧窮不能自存者，官爲養濟。江南新科夏稅，今年盡行倚免。已納在官者，准算來歲夏稅。

大德七年三月，設立奉使宣撫詔書内一款：

内郡，大德六年被災闕食，曾經賑濟人户，其大德七年差發、稅糧，盡行蠲免。

又一款：

荆湖，川蜀州郡，拘該供給八番軍儲去處，夏稅、秋糧，荆湖，與免三分之二，川蜀與免四分之一。

大德八年□月，欽奉詔書内一款，去歲地震，平陽、太原兩路災重去處，係官投下一切差發、稅糧，自大德八年爲始，與免三年。隆興、延安兩路，與免二年。上都、大同、懷孟、衛輝、彰德、真定、河南、安西等處，被災人户，亦免二年。

又一款：

大都、保定、河南路分，連年水災，田禾不收，人民缺食生受，别行賑濟外，保定、河間兩路，大德八年係官投下一切差發、係官稅糧，並行蠲免。

大德九年六月，欽奉詔書内一款：大都、上都、隆興，供給繁重，其大德九年差發、稅糧，並與除免。腹裏路分，各免包銀、俸鈔。江淮以南諸處，佃種官田租稅，均免二分。

大德十一年五月□日，欽奉登寶位詔書内一款：上都、大都、隆興三路，比年供給繁重，自大德十一年爲始，百姓差稅，全免三年。其餘路分民户差發，免一年，稅糧十分中與免三分。軍、站、工匠、鹽場、鐵冶諸色等户合納丁地稅糧，亦免三分。江南路分，今年夏稅免五分，秋稅免三分，已納到官者，准下年數。

大德十一年八月，欽奉命相詔書内一款：

尚念大江以北，百姓供給繁勞，若包銀、俸鈔，雖行之已久，而輸納者實爲偏重，自大德十一年爲始，除免。

至大元年七月，欽奉命相詔書内一款：江南、江北，水旱饑荒去處，已嘗遣使分道賑恤。去歲今春曾經賑濟人户，至大元年差發、夏稅，並行蠲免。

至大元年十一月，欽奉建中都宫闕詔書節文：惟是開（元）〔寧〕一路及宣、德、雲州之民，供給繁浩。其傜賦，除前詔已蠲三年外，更復一年。

至大二年二月，欽奉上尊号詔書内一款：被災曾經賑濟百姓，至大二年，腹裏差稅，江淮夏稅，並行蠲免。

至大三年十月十八日，欽奉上尊号詔書内一款：

（至大四年）〔大都、上都〕中都，比之他郡，供給繁擾，與免至大三年秋稅。其餘去處被災人口，曾經體覆，依上蠲免。已徵在主典手者，准下年數。

至大四年正月，欽奉祀南郊詔書内一款：

至大四年，腹裏百姓合納包銀，全行蠲免。江南夏稅，與免三分。

至大四年四月，欽奉廢罷銅錢詔書内一款：

大都、上都、隆興，輦轂經幸，供給浩繁，應百姓合納差稅，自至大四年爲始，並免三年。

延祐元年正月，欽奉改元詔書内一款：

京師，天下之本，比之諸路，供給繁重。上都、大都合納差稅，自延祐元年，蠲免二年。

又一款：

被災去處，皇慶二年曾經賑濟人户，延祐元年差發、稅糧，盡行蠲免。

延祐二年十一月二十七日，欽奉詔赦内一款：

大都、上都、興和三路，供給繁重。合該差稅，自延祐三年爲始，與免三年。其餘路分，延祐三年腹裏絲料，十分中與免二分。軍、站户計，限地四頃外，餘有畝合納稅糧，十分中減免三分。江淮夏稅，十分中減

免三分。

又一款：

河南、江浙、江西三省，經理自實出隱漏官民田土，合該租税，自延祐三年爲始，與免三年。河南行省地面，經值灾傷，延祐二年，若有未納之數，亦行免徵。

又一款：

江西、福建，因值賊人蔡五九、李社長作亂曾被殘害百姓，合該夏税、秋糧，自延祐二年爲始，與免二年。若已納到官者，准下年數。

延祐四年閏正月，欽奉建儲詔書内一款：

大都、上都、興和三路，比之他郡，供給繁重，合該差税，前詔已嘗蠲免。近因阿撒罕叛亂，百姓被擾，除陝西州縣及寧夏路、河中府、東勝、雲内、豐州，延祐四年差發、税糧，十分中並免五分，其餘諸郡，腹裏絲料、江淮夏税，普免三分。

又條：

軍、站，限地四頃外，地税與免五分。

延祐七年三月，欽奉登寳位詔書内一款：恤灾拯民，國有令典，應腹裏路分被灾去處，曾經賑濟者，據延祐七年合該絲（綿）〔線〕，十分爲率，擬免五分。其餘諸郡絲（綿）〔線〕，并江淮夏税，並免三分。

延祐七年十一月，欽奉至治改元詔書内一款：國家經費，皆出於民。近年以來，水旱相仍，艱食者衆。其至治元年丁地税糧，十分爲率，普免二分。合該包銀，除兩廣、海北、海南權宜倚閣。其餘去處，減免五分。

又一款：

大都、上都、興和三路，供輸繁重，自至治元年爲始，合着差税，全免三年。腹裏被灾人户，曾經廉訪司體覆者，下年絲料，與免三分。燕南、山東、汴梁、歸德、汝寧灾傷地面，應有河泊，無問係官投下，並仰開禁，聽民採取。若有元委抽分頭目人等，截日革去。

《元典章》卷三《聖政·減私租》 至元二十年十月，欽奉詔書内一款節該：

至元二十年合該租税，十分中減免二分。所減米糧，仰地主却於佃户處依數除豁，無得收要。

至元二十二年二月，欽奉詔書内一款：

江南有地土之家，召募佃客，所取租課重於公税數倍，以致貧民缺食者甚衆。今擬將田主所取佃客租課，以十分爲率，減免二分。

至元三十一年十月初五日，奏過事内一件：

皇帝登寳位時分行詔書呵，漢兒、蠻子百姓每的今年納的税糧，十分中免三分者。説來。如今杭州省官人每，與將文書來。蠻子百姓每，不似漢兒百姓每，富户每有田地，其餘他百姓每無田地、種着富户每的田地，養和喉嗉係，更納租税有。如今税糧免三分呵，免了地主每的有，地主却問佃户全要呵，於窮百姓每無益有。在前，先皇帝江南免二分地税時分，也道已免了的二分，地主每都休傳問佃户每要者。道來。如今依那體例裏，佃户每的三分也不交要呵，怎生。説將來有。奏呵，有體例，休交要者。聖旨了也。

大德八年月，欽奉詔書内一款：

江南，佃户承種諸人田土，私租太重，以致小民窮困。自大德八年，以十分爲率，普減二分，永爲定例。比及收成，佃户不給，各主接濟，毋致失所。借過貸糧，豐年逐旋歸還，田主無以巧計多取租數。違者治罪。

《元典章》卷三《聖政·薄税斂》 至元三十一年四月，欽奉詔書内一款：

諸處酒税等課，已有定額商税，三十分取一，毋得多取。若於額上辦出增餘，額自作額，增自作增，仍禁諸人撲買。

至大四年三月十八日，欽奉詔書内一款：

商税課程，已有定制，尚書併增爲額，又立增酬殿年之令，苟非峻剥吾民，彼將焉取？今後，恢辦並遵舊制，法外多取，及欺盗入己者，監察御史、肅政廉訪司，依例究治。增酬之令，即仰革撥。

延祐七年十一月，欽奉至治改元詔書内一款：諸色課程，已有定額，商税三十分取一，不得多取，已有定制，今有司考較，於正額、增餘之外，又求羨餘，苟非多取於民，彼將焉出。仰將延祐七年實辦到官數目爲定額，已後辦出增餘，增自作增，額自作額。

《元典章》卷三《聖政·救灾荒》 至元二十八年，尚書省奏奉聖旨條畫内一款：

每社立義倉，社長主之。如遇豐年收成去處，各家驗口數，每口留粟一斗。若無粟，抵斗存留雜色物料，以備歉歲，就給各人，自行食用，官司並不得拘檢、借貸、動支，經過軍馬亦不得強行取要。社長明置文曆，如欲聚集收頓，或各家頓放，聽從民便。社長與社户從長商議，如法收貯，須要不致損壞。如遇天災凶歲不收去處，或本社内有不收之家，不在存留之限。

至元二十八年三月，欽奉詔書内一款：

義倉舊例，豐年畜其有餘，歉歲補其不足。前年使民運赴河倉，有失設置義倉初意。今後照依元行法度收貯，以備饑歲，官司不得拘檢。

《至元新格》内一款：諸義倉，本使百姓豐年貯蓄，歉歲食用，此已驗良法。其社長照依元行，當復修舉官司敢有拘檢煩擾者，從肅政廉訪司糾彈。

又一款：

諸遇災傷缺食，或能不恡己物，勸率富有之家，協同周濟困窮，不致失所者，從本處官司，保申上司，申部呈省。

大德七年三月，欽奉設立奉使宣撫詔書内一款：

被灾去處，有好義之家，能出己財周給貧乏者，具實以聞，量加旌用。

大德十一年，御史臺咨該：

〔來咨：〕照得監察御史呈：據各道廉訪司申，江南諸處，連年水旱相仍，米糧湧貴，見建康路米價騰湧。奈何官倉無糧，及無客旅販到米糧，是致貧民奪借米穀，致傷人命。若不救濟，利害非輕。所有本臺五月終見在賍鈔四千餘定，添助救濟。專差令史梅鼎馳驛，賚咨計稟，希咨回示。准此。照得先准咨文條陳荒事内，勸率富户出米賑濟飢民，驗數立賞，權宜禁酒，開禁山場、河泊，聽民採捕，量爲救民急務。備呈都省去訖。又照得，先欽奉聖旨節該：江浙、江西、湖廣等處，被灾百姓缺食，差官與行省、行臺官，欽依賑恤。所據見咨，建康路無糧支散，將本臺見在賍罰鈔定接續救濟，宜准所擬。其餘路分飢民，卒無錢糧賑濟，若將各道廉訪司見在賍罰鈔定，從省、臺已差去官員，斟酌不能自存人户，支撥先行救濟，移咨上都御史臺，會議奏啓。去後，大德十一年八月十七日，有本臺官奏過事内一件：江南行臺裏，孛羅罕的孩兒伯都小名侍御來説有：江南田禾不收的上頭，百姓每哏忍飢有。可憐見呵，江南行臺裏，并所轄的十道廉訪司，如今有的賍罰錢，忍飢的百姓根底，從下分揀着交與呵，怎生？奏呵，奉聖旨：那般者。與者。欽此。

今附大德十一年□月，湖廣行省准中書省咨：

江西行省咨：南康路申：本路達魯花赤闞：切照本路今春以來，雨雪連綿，冰凍沍結，二麥無收，米穀艱糴。秋夏之間，亢陽不雨，虫旱相仍，田産所收，僅及分數。五穀不登，百物皆貴。税家無蓄積之米，細民有饑饉之憂。山城小郡，産米有限。餘靠荆、湘、淮、浙米穀通相接濟。比聞所在官司妄分彼我，禁止米穀毋令出境。所當聽從民便，許令客旅通行興販，庶幾米穀周流，荒稔通濟。得此，除已移咨湖廣、江浙、河南行省，并下合屬，聽從商民便益外，更乞行移，禁治施行。准此，都省咨請，行移合屬施行。

《元典章》卷三《聖政·貸逋欠》 大德九年二月，欽奉詔書内一款：

在前年分，百姓拖欠差税、課程，並行蠲免。

大德十一年五月，欽奉登寶位詔書内一款：雲南、八番、田、楊地面，連年調度軍馬，供給繁勞，各處差發免一年，積年逋欠並與除免。

又一款：

官吏人等，侵欺濫用係官錢糧，可徵者徵，無可徵者，將奴婢、財産准折入官。若有不敷，並從釋免。失陷短少者，體覆明白，不須追理。其民間一切逋欠，盡行蠲免。

至大二年正月，欽奉上尊號詔書内一款：

至大二年正月以前，民間逋欠差税、課程等錢，並行蠲免。

至大二年九月，一款：見流移類。

至大三年十月十八日，欽奉上皇太后尊號詔書内一款：

至大二年以前，民間負欠差税、課程，並行蠲免。

至大四年正月，欽奉祀南郊詔書内一款：

至大四年正月初五日以前，應民間逋欠係官錢糧，並行免徵。其侵欺盗用，失陷短少，已有文案者，亦行除免。

延祐元年正月，欽奉改元詔書內一款：

百姓欠負係官錢糧，延祐元年正月二十日以前，並行除免。

延祐二年三月，欽奉加皇太后尊號詔書節文：

可自延祐二年四月初一日以前應百姓拖欠差發、錢糧、課程，盡行蠲免。官吏失陷，短少係官錢糧，無可徵者，體問是實，亦與免放。

延祐二年十一月二十七日，欽奉詔赦內一款：

民間拖欠差發、稅糧，其在延祐二年正月以前者，並行除免。

又一款：

官吏人等侵欺盜用係官錢糧，除奴婢、財產，准折入官外，不敷之數，並行免徵。失陷短少，全行除免。

延祐四年閏正月，欽奉建儲詔書內一款：

諸人侵盜失陷減駁拖欠，應合追陪係官錢糧，其在延祐四年正月初十日大赦以前，已有文案者，盡行免徵。已徵主典之手，不在此限。

延祐七年三月，欽奉登寶位詔書內一款：

差發租稅，民之常賦，貧乏逋欠，在所宜矜。其延祐七年以前，徵理未足之數，並行蠲免。已徵入主典之手者，不在蠲免之限。

延祐七年十一月，欽奉至治改元詔書內一款：

諸人侵欺盜用失陷短少減駁合追係官錢糧，如在延祐七年三月十一日詔書已前，已有追理文案者，先將奴婢、財產盡數准折入官，不敷之數，體覆明白，並從釋免。若有不盡不實，從監察御史、肅政廉訪司體察。已徵入主典之手者，不在此限。

《元典章》卷三《聖政・惠鰥寡》 庚申年四月，欽奉世祖皇帝登寶位詔書內一款：

鰥寡孤獨不能自存者，所在官司於官倉內，優加賑卹。

至元十三年二月，欽奉收復江南詔書內一款：鰥寡孤獨不能自存之人，仰所在官司量加優贍。

至元十九年，欽奉聖旨內一款：

鰥寡孤獨、老弱殘疾不能自存之人，照依中統元年已降詔書，仰所在官司支糧養濟，仍令每處創立養濟院一所，有官房者，就用官房，無官房者，〔官〕爲起蓋，專一收養上項窮民，仍委本處正官一員主管。應收養

而不收養，不應收養而收養者，仰御史臺、按察司計點究治。

至元二十一年十一月二十八日，中書省：

奏過事一款：老弱殘疾教化的行踏有，見呵，歹的一般有。交官司與他每衣糧，不交亂行，交路官一員專一提調呵，怎生？奏奉聖旨：那般者。

大德三年正月，欽奉詔書內一款：

鰥寡孤獨，貧民之可憐者，仰所在官司常加存視，除常例衣糧請給外，慮或不足，仰中書省約量添給。

中書省議得：除常例給衣糧等，今擬自大德三年正月爲始，每名添中統鈔一兩。如遇天壽聖節，每名支給中統鈔二兩，永爲定例。

大德四年十月，欽奉詔書內一款：

孤老幼疾不能自存者，每名給中統鈔二兩。其常例合給衣糧，在處長官時加存問，毋致失所。

大德七年三月，欽奉設立奉使宣撫詔書內一款：

鰥寡孤獨，除常例養濟外，人給中統鈔一十兩。

大德九年二月，欽奉寬恩恤民詔書內一款：鰥寡孤獨不能自存之人，常例養濟外，每人給中統鈔一十兩，仍仰所在官司常加省問，毋致失所。

大德十一年五月，欽奉登寶位詔書內一款節該：

鰥寡孤獨不能自存者，常加存問，合得衣糧依期支付。病者官給醫藥，毋令失所。

至大二年二月，欽奉上尊號詔書內一款：

鰥寡孤獨，不能自存者，除常例外，所在官司，於係官錢內，每名，給中統鈔一十五兩。

至大二年九月，欽奉改立尚書省詔書內一款：

鰥寡孤獨，前詔屢行優恤，所在官司，用心提調，時其衣食，毋致失所。

至大四年三月十八日，欽奉登寶位詔書內一款：鰥寡孤獨廢疾無養者，除常例外，每人給至元鈔伍貫。

延祐二年十一月，欽奉詔赦內一款：

鰥寡孤獨不能自存之人，除常例官給衣糧外，每名各給中統鈔一十

兩。本管官司常加存恤，毋致失所。

延祐四年閏正月，欽奉建儲詔書内一款：

鰥寡孤獨不能自存，除常例外，每人給中統鈔十貫，有司存恤，毋致失所。

《元典章》卷三《聖政・賜老者》　至元二十八年，欽奉詔書内一款：

老人，年八十以上，與免一子雜泛，使之侍養。欽此。

大德九年二月，欽奉寬恩恤民詔書内一款：

老者年八十以上，許存侍丁一名，九十以上，存侍丁二名，並免〔本身〕雜役。

大德九年六月，欽奉立皇太子詔内一款：

年八十以上，賜帛一疋，九十以上者二疋。

至大四年三月十八日，欽奉登寶位詔書内一款：

發政施仁，國有令典，凡年各九十以上者，人賜絹二疋，八十以上者一疋。

《元典章》卷三《聖政・賑飢貧》　至元十三年二月，欽奉收復江南詔書内一款：

所在州郡山林、河泊出産，除巨木、花果外，鰕魚、菱芡、柴薪等物，權免徵税，許令貧民從便採取，貨賣賑濟。

大德五年八月，欽奉詔書内一款：

各處風水灾重去處，今歲差發，税糧，並行除免。貧破缺食之家，計口賑濟，乏絶尤甚者，另加優給。其餘灾傷，亦仰委官省視存恤。

大德七年三月，欽奉設立奉使宣撫詔書内一款：

河南山場、河泊，截日開禁，聽飢民從便採取。

大德八年□月□日，欽奉詔書内一款：

禁斷野物地面，除上都、大同、山北等處，大都週回百里，其餘禁斷去處，并山場、河泊，依舊例並行開禁一年，聽從民便採捕。其漢兒人毋得因而執把弓箭，二十人之上不許聚衆圍獵。各處管民官司提調，廉訪司常加體察，違者治罪。

大德九年六月□日，欽奉立皇太子詔書内一款：

諸處百姓，有貧乏不能自存者，中書省其議賑濟，毋致失所。

大德十年□月，欽奉詔書内一款：

被灾去處，闕食人户，已嘗賑濟。其本處山場、河泊，今歲課程權且停罷，聽貧民從便採取，有力之家不得攙奪。

大德十一年□月，欽奉至大改元詔書内一款：

近年以來，水旱相仍，缺食者衆。諸禁捕野物地面，除上都、大同、隆興三路外，大都周圍各禁五百里，其餘禁斷處所，及應有山場、河泊、蘆場，詔書到日，並行開禁一年，聽民從使採捕。諸投下及僧、道、權勢之家占據抽分去處，亦仰革罷。漢兒人等不得因而執把弓箭，聚衆圍獵。管民官司用心鈐束，廉訪司嚴行體察。

至大二年二月，欽奉上尊號詔書内一款：

去年降詔賑恤，禁捕野物地面，除上都、中都、大同三路，於大都周圍各禁五百里，其餘開禁一年。至大二年，依前再開禁一年，除天鵝、鵁鶄外，聽從民使採捕，漢人不得因而執把弓箭，聚衆圍獵。管民官用心鈐束，廉訪司嚴加體察。

又一款：

諸位下、各投下，及僧、道、權勢之家，占據山場、河泊、關津、橋梁，并諸人撲認牙例，諸名色抽分等錢，詔書到日，盡行革罷，違者嚴行革斷。監察御史、廉訪司常加體察。

至大二年九月十四日，奏過事内一件：

官人每根底放鷹犬分撥與的山場，禁治着，不交百姓每採打柴薪，以致柴薪價錢貴了。麼道，奏呵，奉聖旨：如今不揀是誰，權豪勢要，休禁者。禁治人每，有咱知識的，奏者。不知識的，恁尚書省官人每，依體例要罪過者。交百姓每打柴薪者。欽此。

《元典章》卷三《聖政・恤流民》　至元二十二年二月，欽奉詔書内一款：

隨民户，或困於公役，或逼於私債，逃竄失業，諒非得已。今後如有復業者，將元抛事産盡行給付。仍免一切拖欠差税。若有私債，權從倚閣，三年之後，依數歸還。

大德七年三月，欽奉設立奉使宣撫詔書内一款：

饑民流移他所，仰所在官司，多方存恤，從便居住。如貧窮不能自存者，量與賑給口糧，毋致失所。

大德九年二月，欽奉詔書内一款：

往年流民趁食他鄉，不能還業者，所在官司，常加優恤。有官田願種者，從便給之，並免差税五年。

大德十年五月十八日，欽奉詔書内一款：

逃移户計，違棄鄉井，蓋非得已。仰本管官司，用心招誘復業者，民户，保免差税三年，軍、站、人匠等户，存恤三年。其元抛事産，隨即給付，有昏賴據占者，斷罪。

大德十一年五月，欽奉詔書内一款：

各處逃移户計復業者，元抛事産，隨即給付，免差税三年，未復業者，有司具實申報，開除合該差税，毋令見户包納。

大德十一年十二月，欽奉詔書内一款：

人户流移，蓋不得已，所在官司，凡有差役，勿與本管户計一體科徵。其元籍官司用心招誘，所抛事産毋令它人侵占。若有租賃錢物，官爲收貯，候復業日給付。所據迤北續來蒙古人户，和林行省分揀接濟。

至大二年二月□日，欽奉上尊號詔書内一款：

諸處流移人民，仰所在官司，詳加檢視，流民所至之處，隨給係官房舍，并勸諭土居之家、寺觀、廟宇，權與安存。其不能自存者，計口贍濟，還鄉者，量給行糧。據元抛事産、租賃錢物，官爲知數，復業日給付。未經賑濟去處，從中書省定奪。

又一款：

諸處流移户計合納差税，勿令見户包納，靠損百姓，前詔累嘗及之。今仰管民官用心招誘，依例存恤，果有年深不能復業者，及不知下落，立限具報，倚免差税，無得似前包納。監察御史、廉訪司，嚴加體察。

至大二年九月，欽奉改尚書省詔書内一款：

各處人民，饑荒轉徙，疾疫死亡，雖令有司賑恤，而實惠未徧。今歲收成，如轉徙復業者，有司用心存恤，元抛事産依數給還，在官一切逋欠，並行蠲免，仍除差税三年。田野死亡，遺骸暴露，官爲收拾，於係官地内埋瘞。

延祐元年正月，欽奉延祐改元詔書内一款：

流民所至去處，有司常加存恤，毋致失所。願務農者，驗各家人力，官爲給田耕種。不能自存者，接濟口糧。如有復業，並免三年差役，元抛事産盡皆給付。

又一款：

逃户差税，已嘗戒飭毋令見在人户包納。慮有司奉行不至，仰照依累降條畫，務在必行，毋蹈前弊。

延祐七年十一月，欽奉至治改元詔書内一款：

百姓流移，蓋非得已如欲復業者，所在官司官給行糧。應有在前拖欠差發、課程，並行倚閣。元抛事産，全行給付，仍免差税三年。其腹裏百姓，因值灾傷，典賣兒女，聽依元價收贖。

《元典章》卷六《臺綱·體察·察司體察等例》〔至元六年〕隨路官員諸色人等，但犯私鹽、酒麴及阻壞鈔法，各處官司禁斷不嚴，仰提刑按察司糾察，其巡鹽官吏、弓手人等，所到之處依理巡察，若非理行者，亦行糾察。

《元典章》卷六《臺綱·體察·察司合察事理》〔至元二十五年〕應係合察事理，照依已降條畫，按察司官體察得實，躬親究問，不得轉委書史、書吏奏差。據追問到錢物，應給主者，隨即面視給主，合還官者，發付合屬官司各取明白收管，毋得寄留。其應没官錢物，牒發所在官司，於官庫封收，半年一次赴臺解納。

《元典章》卷六《臺綱·體察·寺家灾傷體覆》 延祐四年閏正月，中書省劄付：

户部呈：崇祥院關：正月十四日本院官野訥院使等奏過事内一件：平江、鎮江兩處提舉司管著的寺家常住地，每年申報水旱灾傷，爲是廉訪司不曾體覆，俺難准信有。今後若有水旱灾傷、有司檢踏了，交廉訪司體覆呵，怎生？奏呵，奉聖旨：那般者。欽此。除外，備呈，劄付御史臺欽依施行，都省照會，欽依施行。

《元典章》卷六《臺綱·體察·拯濟灾傷》 延祐四年四月初四日，御史臺：奏過事内一件：南臺文字裏説將來：腹裏百姓，爲饑荒的上頭流移的，來江南隆興、袁州、建康、太平、寧國等路分裏，千百成羣，

搔擾百姓，搶奪錢物，鬬打相爭，傷死流民男女九人。俺商量來：不早拯治呵，似這般以後越聚的多了呵，不便當有。俺呈與省家，設法拯治呵，怎生？奏呵，那般者。麼道，聖旨了也，欽此。

《元典章》卷一六《户部・雜例・禁治久食分例》　延祐二年正月，江南行臺准御史臺咨：承奉中書省劄付：

來呈：備監察御史呈：（余）〔榆〕林驛申：奉兵部别里哥該：有宣徽院節次差委和尚、買得用等一十一起一十七人到驛抽分羊馬，日給鋪馬，關支分例。驗得輕賫聖旨，南口白羊等處抽分羊馬。各人輒赴本驛住頓，趁食分例，半年才行住罷。累申兵部，未蒙明降，追回元食首思給付本站，各人罪犯就便懲戒。其餘站赤有似此人數，擬合一體禁治相應。具呈照詳。得此，送據兵部呈，行據宣徽院經歷司呈：奉本院劄付：照得都省承奉聖旨節該：抽分頭匹羊口，自前是宣徽院管來。如今迤北蒙古百姓每，各千户并各處口子裏，交他每委人抽分者。城子裏交本處官司就便提調抽分者，欽此。委令和尚等充南北口等處抽分羊馬官勾當，不見充定置司去處，各人不應於（余）〔榆〕林驛置司、貪飲食首思、常行坐鋪馬一節，合從兵部體例定奪。具呈照詳。得此。照得欽奉詔書内一款節該：延祐元年正月二十二日已前，除謀反大逆、謀殺祖父母、父母、妻妾殺夫、奴婢殺主、故殺致命、但犯強盗、僞造寶鈔及官吏取受、侵盗係官錢糧不在原免，其餘一切罪犯，已未發覺，並從釋免。欽此。本部議得，宣徽院所差抽分羊馬官和尚、買得用各人，止於所替南北口等處抽分羊馬速奉，却於榆林驛置司聚集，常川騎坐鋪馬，支請分例。係延祐元年正月二十二日已前事理，似難追給。今後抽分羊馬官即從都省劄付，宣徽院嚴加分揀，撙節應差人數，欽依聖旨事意，於南北口等處趁時依例抽分羊馬，毋致似前於榆林驛聚集，坐食首思，長騎鋪馬，搔擾站赤違錯。切恐其餘站赤，行省所轄去處，如有似此人數，擬一體禁治相應。開坐具呈照詳。得此。都省已劄付宣徽院，移咨各省，依上施行。

《元典章》卷二二《户部・課程・恢辦課程條畫》　中統二年六月，欽奉皇帝聖旨，道與各路宣撫司并達魯花赤、管民官、課税所官、不以是何投下軍民諸色人等：隨路恢辦宣課，已有先朝累降聖旨條畫，禁斷私鹽酒醋麴貨、匿税，若有違犯，嚴行斷罪。今因舊制，再立明條，庶使吾民各知所避。欽此。

一、諸犯私鹽者，科徒二年，決杖七十，財産〔一半〕没官。決訖，發下鹽司帶鐐居役，滿日疏放。若有告捕得獲，於没官物内一半充賞。如獲犯界鹽貨，減犯私鹽罪一等。仍委自州府長官提調禁治私鹽罪。如禁治不嚴，致有私鹽并犯界鹽貨生發，初犯笞四十，再犯杖八十，三犯已上開具呈省，聞奏定罪。若獲犯人，依上給賞。如有鹽司監臨官與竈户私賣鹽者，同私鹽法科斷。

一、今後諸鹽場遇有買納及支客鹽，無致留難。不受不給，或勘合號簿、批鑿引鈔違限者，並徒二年。若不依次第，先給後受，及秤盤不平者，徒二年。如客商買到官鹽、并官司綱運船車經由河道，其關津渡口橋梁妄稱事故邀阻者，陳告得實，杖一百。因而乞取財物者，徒二年。官司故縱者，與同罪。失覺察者，的決笞五十。如有遮當客旅，拘買取利者，徒二年，鹽付本主，買價没官，仍禁治隨處官民，無得將舊來運鹽河道開決河水澆溉稻田，以致水淺，澀滯鹽船，有誤恢辦課程，依上治罪。

一、不以是何投下，雖有拘撮船隻文字，如無許令拘撮客旅運鹽綱船，諸人不得應副。

一、隨處河邊，若有舊來釘立樁橛，仰當該沿河官司委官，將帶深知河道水手夫役人等，檢踏得見，盡行拔出。若已後不行拔出樁橛，因而損壞船隻，據鹽本一切損失之物，當處官司陪償，將管民正官約量的決。

一、經過客旅買賣回回通事諸色人等，不得將鹽司巡鹽弓手騎坐馬疋、販鹽車船頭疋奪要走遞，因而停滯客旅，虧兑鹽課。如有違犯之人，聽於所在官司陳告，開具姓名，申省聞奏。

一、煎鹽燒鹽草，每年常有野火燒延，靠損草地，及有破伐柴薪之人，以致失誤用度。仰鄰接管民正官，專一關防禁治。但犯，決八十，因致闕用者，奏取敕裁。

一、諸犯私酒麵貨者，取問得實，科徒二年，決七十，財産一半没官，於没官物内一半付告人充賞。

一、諸犯匿税者，所犯物貨一半没官，於没官物内一半付告人充賞。但犯，笞五十，入門不吊引者，同匿税法科斷。

一、隨州府司縣應立酒務辦課去處，無得將别行醞造到祗應，使客醋

酒沽賣，仍委自酒務官關防體究，如是因而沽賣，便同私酒法科斷施行。

一、諸局院人匠鷹房打捕并軍人奧魯諸色人等，犯私賣酒醋鹽麵貨、匿税，遇所在捕捉，却行聚衆打奪。今後達魯花赤、管民官、管軍官并各管頭目與犯人同罪，打奪因而致死傷者，各從重施行。

一、達達民户，鹽場裏要鹽時分，各自斟酌喫多少呵，要者。分外多要，隨處住各田地裏夾帶私鹽貨賣呵，依已前體例裏，當按打奚罪過者。仍仰把隘人員嚴切巡察，若因而夾帶私鹽貨賣，把隘官與犯人同罪。

一、如有處分不盡事理，仰各路宣撫司比附舊例，從長施行。

《元典章》卷二二《户部·課程·江南諸色課程》至元十三年十月，行中書省：

會驗欽奉聖旨條畫節該：茶鹽酒醋商税、金銀鐵冶（行）〔竹〕貨湖泊大小課程，從實恢辦等事。欽此。已經行下各道宣慰使司，欽奉聖旨，設立院務，恢辦課程。去後，爲各處不曾申到，及不用心恢辦，擬令本路達魯花赤、總管不妨本職，專一提點，照依坐去事理，常切用心窮究推辦，根挨本處殘宋辦課次第，炊盪石斗文曆，照勘舊額數目，比之今日見辦課程到官數目，須要逐月增羨，依期比附羨餘申報，仍先取委官對□□行文状，呈省施行。

一、酒醋課程，須酌量居民多寡，然後鳌勒各官置赤曆，開寫每月炊盪漿米石斗，可用麵貨斤重，造到清酒味醇薄，發賣價直，除工本外每月實辦息錢鈔，每石可留息若干。當日晚具單状，於已委定提調官處呈照。十日一次呈押赤曆，每月一次打勘辦到課程，不過次月初五日呈省。據辦到課程數目，每月解赴宣慰司，每季差官起運赴省交納施行。

一、商税各處若不關防，中間作弊百般，欺隱課程。今擬除府城門外吊引，入城赴務投税，附曆收課外，據在先雜税，於税務門内置局，亦吊引税。今發下千字文號貼，仰令當該攢典人於上將税物貨先行從實抄寫數目，亦依號附曆給發，摽寫某物該税鈔若干，令税物人賫把號貼，赴務投税，仰税官將吊到號貼當面收受合該税錢附歷監收准備，日晚依號照勘，收計施行。毋得再令攔頭人等虚擡高價，口喝税錢，刁蹬百姓。仍仰已委官常切用心提調，每日具報（草）〔單〕状，十日一次呈押赤曆，每月不過次月初五日呈省，亦與酒課一就解省。

一、各處在城管下縣鎮各立院務去處，除宣慰司、總管府照依已行差設務官管辦外，省府合擬差提領都監前去，仰本司行下各路已委官提調，用心拘鈐，権辦到課程，每月一次，就便驗本處户計多寡比較，若有增羨，遷官給賞，如有恢辦不前，或不爲用心勾當，以致課程虧少去處，仰已委官將省府并宣慰司、總管府差去務官就便取招，約量決罰。所犯侵欺盜詐者，斷罪罷役。仍每月具権辦到課程，比較增羨虧兑去處，依月申限次，許令申省，亦申宣慰司，類攢申報施行。

一、各道申到月辦課程，省府亦驗各處户計多寡，再行比較得本處户計數多辦到課程數少，務官人等税物刁蹬百姓，及酒味淡薄，雖不侵欺，亦仰禁治。已委提調官，亦取有失鈐束〔招伏〕，如恢辦向前，課程額羨，年終考較定有功者，聞奏。有過者，黜降。

一、體知得隨處多有勢要之家，設立酒庫，恃勢少認辦到課額，恣意多造醅酒發賣。辦到息錢，除認納定官錢外，餘上盡行入己，實是侵襯官課。仰截日盡行罷去，止委總管府選差人員造酒，依例從實辦課。據罷訖酒庫應有見在米麵、漿米、酒醋、浸清酒并一切什物，官爲拘收作本。合該價錢，官吏保結，申省定奪，支撥施行。

一、各處應據辦到諸色課程，仰各道宣慰司并各路總管府，非奉省府明文，不得動支，亦不得移易、借貸、借俸鈔等。如有動支去處，定勒判署官吏陪償治罪。

一、照得欽奉聖旨條畫節該：犯私鹽酒麵貨者，科徒二年，決杖七十，財産一半没官。決訖，發下鹽司帶鐐居役，滿日疏放。若有告捕得獲，於没官〔物〕内一半充賞。欽此。已經行下各處禁治。外，仰提調官常切用心禁約體察，如有違犯，告捕到官，欽奉聖旨事理，就便取招斷没施行。

一、照得欽奉聖旨條畫節該：匿税者，其匿税之物一半没官，〔没官〕物内一半付元告人充賞。外，犯人仍笞五十。入門不吊引者，同匿税法科斷。欽此。已經行下各處，依上施行。外，提點官常切用心巡緝，無致匿税。如違犯者，欽奉聖旨事理，就便科斷施行。

一、金銀鐵冶竹貨湖泊大小課程，除兩淮湖泊課程權且倚免外，其餘課程，仰已委提點官，欽奉聖旨事意，用心恢辦，仍每月具辦到數目

申省。

《元典章》卷二二《户部・課程・運司合行事理》 至元十三年正月，中書户部：

承奉中書省劄付：據東平等路轉運使蔡德潤等連名呈該，乞依先立轉運司給降條畫，及隸中書省等事。都省區處，定下項事理，就便行移合屬，依上施行。

一、本司乞依先立運司給降條畫事理。前件，議得：仰本司欽依給降聖旨，照依累降聖旨條畫施行。

一、都轉運使司合無直隸中書省事。前件，議得：如有不係本司所管衙門沮壞攪擾辦課，令本司申部直呈省。外，其餘辦課等事理，並聽申部。

一、呈要各路增添户計事。前件，議得：省會於户部照勘者。

一、行鋪之家收下鐵貨并農器等生活，合無收買事。前件，議得：仰轉運使司令各處鋪户之家，將見在鐵器生活須管立限發賣了畢，限外依市價，都轉運司收買。

一、都轉運使司置立去處廨宇，除舊有外，無者從本司踏逐官房，令本路差撥人匠修完，并合用儀從公物一體應副事。前件，議得：若本司到置司去處，照依前運司聚會去處置司，儀從公物應副交割。

一、都轉運司乞依按察司一體迎接聖旨宣詔事理。前件，議得：准呈。

一、都轉運使司令史、奏差、譯史、典吏、收銀庫官、知印、祇侯人、曳剌等，從本司踏逐。前件，議得：本司擬設書吏，并奏差、通事、譯史人等，依上許令本司踏逐，不作過犯相應人等充。收銀庫官、各院務辦課人等，除省部依例差設外，本司止設相副一員，依上選差相應不作過犯之人。

一、各運司合關鋪馬劄子、差使牌面，乞斟酌定奪事。前件，議得：各處運司所轄去處寬闊，若不給付，難以責備。除濟南等路、河間等路都轉運使司已有元給牌面不須，止給馬一疋、劄子二道外，據其餘都轉運司，各給差使銀牌二面、馬五疋劄子，内二疋一道，一疋三道，依上出給施行。

一、隨路管民官任滿，乞令於本司取給解由申部，有無增虧、私鹽等生發文解。

一、前件，議得：除增虧外，餘准所呈。

一、各運司官依驗課額，以十分爲率，若增一分，遷官一等。三分者，遷官二等。五分以上，別加遷賞。前件，議得：候年終考較見數，至日依條定奪。

一、各運司合用紙（扎）〔劄〕印色，乞定奪事。前件，議得：照依前運司體例施行。

一、本司官吏合得公田俸給，乞定奪事。前件，議得：公田申部，照例定奪。外，俸給另行定奪。

一、本司管領數處，必須摘委司官行司，并差委催課幹事人員，亦合依按察司一體，馳驛支給分例。前件，議得：若本司官騎坐鋪馬，依例應副，餘者別無定奪。

一、各司運判改從五品，依按察司例給降宣命金牌事。

一、前件，議得：別無定奪。

一、都堂議得：各路人匠内，除軍器監成造軍器，少府監、金玉人匠總管府監收，護國仁王寺總管府、異樣總管府等管人匠，依舊充元管官司管領催辦，其餘常課造作人匠，仰都轉運使司催辦，管領詞訟，其餘一切横造，令總管府管領。

《元典章》卷二二《户部・課程・辦課合行事理》 至元二十年六月，福建行省准中書省咨：

三月十二日奏：去年馬兒年課程，大都夏裏到來時分，交蒙古人監辦委付來，那額外六七千定增餘出來。其餘路分比上來者，雖有增餘出來呵，不曾多增出來。在先阿合馬根底，并他總領孩兒每底根底、又其餘官人每根底，與肚皮有來。每一個院務裏六、七、八個人行來，那底每都有分兒來。這賊每的在先喫了的，如今依體例合納者。如今俺商量得，隨路官員交差兩人提調課程，體例交那每成就，俺也教好行踏課程錢定額者。商量來底呵，奉聖旨：事意的勾當，您識者。欽此。今據中興、灤州、真定、太原等處諸人入状陳獻至元二十年課程，比之上年正額，增餘之外有及數倍者，顯見隨路俱有似此增羨。都省逐一區處于後，咨請照驗依上

施行。

一、今歲各路合辦課額，今差官，同各路提點官一同照依至元十九年諸色課程辦到正額、增餘數目，并在前年分除正額外一切侵欺糜費額、多收少納隱没錢數，參議明白，從新定立至元二十年合辦額數，須要增餘，盡實結附到官。

一、於本路見職官内，公選廉幹官二員充提點官，一同依上定立今歲課額。責使常切用心提調，不限日數，點差好人赴務輪番榷辦。

一、各路點差榷辦人員，如有榷出增餘與衆特異者，許差去官體探得實，保明呈省，擬于本等之上，量加陞遷。如無前資之人，亦行定奪委用。

一、齹勒管課人員，止依舊例三十分取一，不得高估所税物價，多收税錢及自來不税之物，不得因而妄要收税。

一、民間若有門（儺）〔攤〕課程，止依至元十九年徵收，不得分毫添荅，非理椿配。

一、將已定諸色課程額數，就取本路依式完簽甘結認狀呈省，但有增餘，須要盡實到官。

一、路府州縣鄉村鎮店見界院務官，若有怠慢不稱職者，行省所委人員，呈省替罷，本路差設人員，本路别選好人交换。

一、管課官若有侵欺瞞落官課者，監收取招，追徵正贓，照依聖旨條畫施行。

一、在前年分管課官典侵使附餘錢數，體察得實，亦仰就便追問。

一、隨路見辦諸色課程，比附增虧，開坐各各備細數目，自今年正月爲始，每月一次，不過次月（十）〔初〕五日申報本省。仍將院務官每季小考，年終大比，視其增虧，以爲黜陟。如有違期不申及雖申不完去處，首領官初犯罰俸一月。再犯的決一十七下，當該人吏的決二十七下，三犯本路正官取招呈省。每季不過次季仲月十五日以裏，咨報都省。若是違期不到，定將首領官、令史究治。

一、累奉聖旨，增羨者遷賞，虧兑者陪償黜降。除欽依外，自來終不曾定立陞降賞罰格例，能否無以懲勸，貪廉無以分别。又兼近年管課者惟以貨賄求陞，無復以實獲進者，以致課程隱没，不得盡實到官，甚所以失理財用之道。已經劄付户部、吏部，一同照勘各路見辦諸色課程正額、增餘數目，分爲等級，添取前代院務監當驗籌數官之遺制，准以今日所宜定立考較增虧法度，與夫陞降賞罰格例，隨議頒降。

《元典章》卷二二《户部・課程・至元新格》十一款。諸錢穀之計，其各處行省每歲須一檢較。凡理財之法或有未盡，蠹財之弊或有未去，生財之道或有未行，逐一議擬咨省。户部該管去處，准此。

諸院務課程，當該上司常須設法關防，每月體度。若課額輕省而所增分數不及者，隨即窮問，仍委廉幹正官監辦。行省、户部，凡在所屬路分，每季通行比較，須要盡實到官，不致欺隱。

諸茶鹽課程，已有成法。其行省、户部檢會元降條例，凡近年官吏違犯禁條、營謀私利、侵損官課、阻礙商人者，逐一出榜，嚴行禁治，仍須選差廉幹人員不時暗行體察，務要茶鹽通行，公私便利。

諸場鹽袋，皆判官監裝，須要斤重均平，無有餘欠。運使以下分轉檢較，仍於袋上書寫監裝檢較職位姓名，以千字文爲號，如法編垜。凡欲商客支請，驗其先後，從上給付。行省、户部差官不測體驗，但有荅帶餘鹽，或剋除斤重，及支給失次、刁蹬鹽商者，隨即追問是實，各依所犯輕重理罪，仍聽察官糾彈。

諸竈户中鹽到場，皆須隨時兩平收納，不得留難。其合給工本，運官一員監臨給付。若鹽司官吏因而有所剋減，或以他物移易准折者，計其多少論罪，仍勒陪償。每給工本時，肅政廉訪司差人暗行體察。

諸場積垜未椿鹽數，須於高阜水潦不能侵犯去處，如法安置，仍委運官時至點檢。若積垜不如法、防備不盡心以致損敗者，並勒陪償。

諸院務官，大者不過三員，其攢攔、合干人等，依驗所辦課額斟酌存設，多者罷去，無使冗濫，侵削百姓，盜食官錢。

諸轉運司并提點官吏，凡於管下院務取借錢物者，以盜論。與者，其罪同。即應税之物，不經依例抽分，使訖税印者，亦如之。

諸鹽司凡承告報私鹽，皆須指定煎藏處所，詳審明白，計會所在官司同共搜捉。非承告報，其巡鹽人員止許依例用心巡捕，不得妄入人家搜捉。

諸捉獲私鹽酒麵，取問是實，依條追没。其所犯情由并追到錢物，皆

須明立案驗，另附文曆，每月開申合屬上司。

諸鹽法，並須見錢賣引，必價鈔入庫，鹽袋出場，方始結課。其運司官如每事盡心，能使鹽額有餘、官吏守法、商賈通便、課程增多者，聞奏陞賞。

《元典章》卷二二《户部・課程・常課・刷卷追到錢於課程内收》 至元十九年六月，行中書省准中書省咨：

先爲按察司要刷運司文卷上奏奉聖旨，打算了。後頭覷面皮呵，那其間裏他每察呵，怎生？這般奏呵，奉聖旨：那般者。如今俺尋思得：運司是錢帛底衙門，已前御史臺索刷卷，使狡猾不肯交刷。爲這上頭，添得賊多了。如今與老的每商量來：今後，交按察司刷出來的錢，是偷下的課程，難同贓罰，交按察司解與御史臺，呈解赴省，合在課程錢裏頭一處收着呵，宜的一般。奏呵，那般行者。聖旨了也。欽此。

《元典章》卷二二《户部・課程・常課・課程每季累報》 至元二十年五月，福建行省准中書省咨：來咨：季報比附課程增虧收支、見在登荅數目，本省所轄窵遠，不能依期回報。都省照得先爲中原路分課程，俱令按月申報。每季小考，年終大比，所據行省所轄路分，亦和一體比較移咨。今據見咨，地里遥遠，不能依期咨報。都省議得：每季驗實辦到官課程，比附增虧總數，照依已行，每季咨報。外據登荅備細數目，擬候年終，通類咨報。咨請照驗施行。

《元典章》卷二二《户部・課程・常課・用中統至元鈔納課》 至元二十八年八月，江西行省准中書省咨：

至元二十八年六月二十日奏過事内一件：桑哥等尚書省官人每，不揀甚麽差發課程、諸色錢物收呵，不要中統鈔，收至元鈔呵，怎生？麽道，奏呵，那般者。麽道，聖旨了來。俺商量得，若不要中統鈔，則要至元鈔呵，百姓每生受有。休交少了額數。中統、至元鈔相衮着收呵，怎生？商量來。麽道，奏呵，不要中統鈔的言語，做賊的見識那無？麽道，聖旨了呵，哈散參議奏：根脚裏三年的其間裏，要將中統鈔收拾了，麽道的上頭，那般行來，别没甚麽見識來。麽道，奏呵，别無窒礙呵，依着您的言語，從百姓便當收要者。麽道，聖旨了也。欽此。

《元典章》卷二二《户部・課程・常課・民官管課程事》 御史臺咨，中書省劄付：

至元二十八年九月十八日，奏奉聖旨節該：茶運司只管茶，鹽運司只管鹽，其餘酒醋税課的勾當，新年爲始，依在先體例裏，交路官人每管者。欽此。

《元典章》卷二二《户部・課程・常課・提調課程》 大德八年五月二十二日，江西行省：

近據瑞州路申：經歷王從仕言：本省院務課程若依江浙行省例，路、府并直屬行省、宣慰司州郡達魯花〔赤〕、長官親臨提調，革去司、縣侵擾之弊相應。乞照詳。得此，移准都省咨該：先准江浙、河南行省咨，亦爲此事。送户部議擬得，宜准所言，令路、府并直屬宣慰司州郡達魯花赤、長官提調，已咨各省照會去訖。今准前因，都省議得，即係一體。咨請依上施行。

《元典章》卷二二《户部・課程・常課・監辦課程》 皇慶元年二月初十日，中書省：

奏過事内一件：初立課程額數，斟酌當時價值立了來。如今比在前物價增了數倍。務官只依舊額辦課程的上頭，俺教兵部劉郎中這宣課提舉司裏監辦呵，三個月其間，增餘了八千餘定鈔有。據這般呵，務官百姓每根底依例要了，不盡實到官的一般有。如今這裏的俺差人監辦，各處行省裏并各路府州縣裏與將文書去，交提調官差委好人監辦呵，怎生？奏呵，那般者。麽道，聖旨了也。欽此。都省咨請照驗。令提調官斟酌課程有增去處，從公選委見任職官，廉幹用心監辦，務要盡實到官，却不得因而高擡物價，多取擾民違錯。

《元典章》卷二二《户部・課程・契本・就印契本》 至元二十年十一月，福建行省准中書省咨：

照得各處行省所轄路分周歲合用辦課契本，年例户部行下各處，和買紙劄印造，發去辦課。緣大都相去地遠，不惟遲到，恐誤使用，抑亦多費脚力。除四川、甘肅、中興行省，陝西宣慰司所轄去處用度不多，依舊户部印造發遣外，據江南四處行省所管地面合用契本，合擬就彼和買紙劄工墨印造。今將鑄造到契本銅板一面、户部契本銅印一顆封面隨此發去，咨請照驗。據年例合用契本數目，就委彼處見任職官能幹相應人員，不妨本

職，兼管監視印造，發下合屬行用，依例辦課。務要多方鈐束，無致中間因而作弊。仍令本省掌司郎中專一用心，常切提調，纔候印造了畢。據銅板、印信，令掌司郎中封收，如有差故，以次首領官封收。若是板昏，除契板從本省倒鑄外，户部契本朱印預爲咨來鑄造，隨即發去倒换。今歲印發訖契本，開坐各路府州司縣備細數目，同實用過紙劄工墨價錢，隨季報課程，另行咨來。至年終辦到鈔數，通行起納施行，先咨收管回示。

《元典章》卷二二《户部・課程・契本・體察不便契本》　至元二十一年五月，行御史臺准御史臺咨該：

據燕南河北道按察司申：察知真定路税務提領八合兀丁不使契本，盜税文契，欺隱課程。擬合遍行省諭，今後如無契本，務官、攢典同偷税斷罪，買主約量科決。若官司察知，其錢没官。如此，似望革去前弊。乞照詳事。呈奉中書省劄付：議得：不給契本，偷落税錢，罪在務司，難議科決買主。仰行下各道按察司，依例體察施行。

《元典章》卷二二《户部・課程・契本・税契用契本雜税鄉下主首具數納課》　至元二十二年正月，福建行省該：

據福州路申：准提刑按察司牒該：准分司牒：巡按行歷地面，體問得各處務官，將從來不合收税名項收要税錢。如牛、豬生子犢要税，池魚，苧麻園要税，其網羅名色甚多，難盡枚舉。門攤赤曆上多不具報。聚落去處，另有醉户、酒户，驗醖石斗收要課程。諸色人匠，驗名色緊慢，亦常定額。其契税又多不用上司元降契本，止辦務官契尾。更有連數契作一契押者，其弊甚多。卑職以爲：各處院務，除府、路在城收雜税契者，常爲比較，無致多收税錢，則物價不增，細民易活。縣、鄉有門攤者，可委廉幹縣官〔省會〕錢務吊下主首人等，自行供具各該月課門攤等税見數，將不合收税名項，出榜罷去。外，認定門攤？與日收税，撮算比附，每月額辦。若數過□陪者，量爲減免定額，令各縣出給印押，常行關子，不許務官已後增添。所據雜税，照當時月權辦，市井買賣，却行斟酌從輕定額，以優務官養廉，與契税各務置曆附轉，每月解課。如此，似望益官便民。仰照驗，行移福州路，就申省府、行御史臺照驗施行。憲臺議得：務官辦課增餘，合依都省定例支俸。餘事合行定奪，請備申省府。省府照得，先爲本省所轄地面，依山瀕海、炎瘴之地，難同近裏路分一體收税。已將不合收税名項，於至元十九年十二月二十二日，出榜行下各路，權且倚免去訖。今據見申，省府今逐一區處于後，及將榜文一道隨此發去。仰收管，於人煙輳集去處張〔卦〕〔掛〕，行下合屬，依上禁治施行。

一、不合税：

書畫、槁薦、掃箒、草鞋、條箒、磚瓦、諸色燈、柴炭、哈蜊、鐵線、銅線、苧綿、草索、胭脂、麻線、石巨、蛤粉、麵貨、蓮蓬、菱芡、諸般菜、山藥、竹筍、蝌、苔脯、紫菜、糯米、蝦、鱉、黄螺、蠣房、蟣蟶、烏賊。

牛、馬、驢、騾、羊、鷄、鴨、鵝生子犢，不係貨賣者。

其餘該載不盡不合收税，并人家自用不係貨賣之物。

一、合禁約

一、各處院務，除府〔、路〕在城止收雜税者外，鄉下門攤赤曆上多不具報。及聚落去處，另有醉户、酒户，驗石斗收課，諸色人匠名定額，可委廉幹官省會各務吊下主首人户，自行供具各門攤月〔課〕等税，〔具〕〔見〕數事。

一、各務契税，又多不用上司元降契本，只粘務官契尾，更有連數契作一契押事。

前件，仰各路行下合屬，禁約務官人等，今後應有交關文契，赴務投税，須要依例粘連契本，方許印押。如有似前違犯，體察得實，定將務官人等痛行究治施行。

《元典章》卷二二《户部・課程・契本・關防税用契本》　先奉湖廣等處行省劄付内坐到條畫内一款：

契鈔官給契本，如諸人典賣田宅、人口、頭疋、舟船、物業應立契據者，驗立契上實直價錢，依例收辦正税。外，將本用印關防，每本實鈔一錢。無契本者，便同偷税究治。承此。至元二十二年五月内，又准中書省咨，議得：今後應報諸人典賣田宅、人口、頭疋所立文契，赴務投税，隨即粘連契本，給付買主，每本收實鈔三錢。承此。至元二十五年，行尚書省劄付：准尚書省咨：户部呈：隨路已未關撥契本數目，擬合令各處照勘合關契本，差官前來關撥，仍牽勒提點正官常切用心關防。若有商税文契，依例收税，隨用省部契本印押訖，分付各主收執。如是依前不用

契本，有人首捉，因事發露到官，買主同匿税科斷，當該院務官依條追斷，提點正官取招定罪黜降。具呈照詳。都省合行移咨，依上施行。

《元典章》卷二二《户部·課程·契本·契本每本至元鈔三錢》 皇慶元年二月，江西行省准中書省咨：

來咨：契本價錢，擬合照依舊制，每道改中統鈔三錢。准此。送户部議得：買賣田宅、人口、頭疋，即非貧民所作，俱係有力富庶之家。近年奏准，更張鹽法，每引添訖中統鈔三十五兩，即今遵守，契本必用紙張顔料之物，改收至元鈔三錢，明開另項解納，不在增酬之數。今各處咨禀，合依舊制，似難別議擬。以此參詳，擬合遍行合屬，每道收取契本錢至元鈔三錢，另項解納相應。都省咨請依上施行。

《元典章》卷二二《户部·課程·匿税·入門不吊引者同匿税》 至元四年八月，平章政事制國用使司：

據來申該，在城税務使趙仁，於七月初四日因臨汾縣吴村收斂月税，於汾河岸東捉獲樊城等漏税。責得樊城、楊伴哥、宋添味等三人招伏：俱（責）〔賫〕已前年分起税舊引，影占般馱白頭布一百二十四疋、椒二百斤、牛皮六張。外，楊僧、楊和、樊、張九住等四人状稱，見馱白頭布二百三十九疋，系洪（源）〔洞〕縣務税訖錢數，到今年七月初三日，起税引三紙，逐人等欲往山東貨賣。除將布疋等封收，并將犯人召保知在聽候，乞明降事。制府公議得，自來入門不吊引者，同漏税科斷。今據樊城等七人搬馳布疋，經由汾河東岸欲往山東。彼中不曾貨賣，豈有在城務捉拿漏税之理。相度，合下仰照驗，將前項見收樊城等布疋、牛皮、椒等，盡數分付，逐人收管。今後除在城税并村分散辦外，有市集作買賣去處，即仰各路，依（列）〔例〕收税，無得違錯。

《元典章》卷二二《户部·課程·匿税·匿税房院二十年收税》 至元八年七月，尚書户部：

據大都路來申，王伯成首告石抹德匿税房院文契。擬到石抹德亡父捏斜廉訪於壬子年間作財錢准到，經今二十餘年。檢會得即係格前事理，若依匿税斷没，多實年深。合無收税結課，乞明降事。省部准申，仰照驗施行。

《元典章》卷二二《户部·課程·匿税·隱匿商税罪例》 至元二十五年三月，欽奉聖旨條畫内一款：匿税者，其匿税之物一半没官，於没官物内一半付告人充賞。外，犯人笞五十。其回回通事并使官銀買賣人等，入門不吊引者，同匿税法。欽此。

《元典章》卷二二《户部·課程·匿税·匿税提調官司斷》 大德四年七月□日，江西行省：

據瑞州路申：在城商税務〔申〕拿獲屠户王六、劉三扛擡活猪，不從瑞陽門吊引投税事。將各人依例議斷外，今後如遇諸人陳告匿税物貨，取問明白，合無令本務就便行遣。乞明降事。移准中書省咨，送户部照擬得，自來所設院務，專一辦課。捉獲諸人匿税，合令各務取問明白，解赴提調官司，依例追斷相應。咨請照驗，依上施行。

《元典章》卷二二《户部·課程·匿税·軍人孫真匿税》 大德七年六月十八日，江西行省劄付：近據龍興路申：軍人孫真等將匿税北生絹一十九疋，賣與段子鋪常四，未曾交鈔，捉解到官。若比客人興販一例斷没，誠恐軍人生受。乞照詳。得此。移咨都省，回咨該：送户部：照得大德四年五月十五日承奉中書省劄付：近據御史臺呈：楊仁義等状首：王富不曾經税絲貨發賣。捉拿，要訖本人絲二百二十二兩。問得状招，係來大都當軍盤纏。就問得樞密院令史李安貞稱，軍人將到盤纏絲絹等物，自來不曾納税。合令行下部分照擬通例相應。户部議得：楊仁義告軍人王富匿税絲貨，既已招伏明白，依例追斷。今後軍人賫到絲絹等物貨賣，依例納税。都省議得：今後軍人賫到盤纏絹疋等物，入門並須吊引。若貨賣者，依例納税。仰依上施行。今承見奉，本部議得：軍人孫真等匿税絹疋，雖無營利之意，終是有違體例，既已招伏明白，擬合依條追斷相應。具呈照詳。都省咨請依上施行。

《元典章》卷二二《户部·課程·匿税·軍户匿税》 至元十七年，河間路總管府：

備録事司申：貼軍户李全告，本府務官甄提領等，將本家織到正軍田大布絹，強作漏税奪訖事。申奉到樞密院劄付該：移准制國用使司回咨：除已行下河間路轉運司，從實勘當上項貼軍布絹，如是貼軍户李全家織造，不須收税，給付元主收管。若轉於他人處得到布絹，准折價錢交割軍頭，依例收税辦課。仰依上施行。

《元典章》卷二二《户部・課程・免税・賃房租不合理税》　至元七年七月，尚書户部：據中都路申，康祥於至元六年三月二十三日，於梁善信處借訖鈔五十兩。每月出利錢一兩。同日，梁善信却於康祥處賃到房三間半，見行住坐，除准折外，却貼與康祥鈔一兩二錢。府司看詳，賃房租錢事理，其間生倖，匿税不無。若便作漏税斷没，誠恐未應。乞明降事。省部照得抄連到各人所立借錢、賃房文契，至甚明白，不合作漏税體例斷没。仰照驗施行。

《元典章》卷二二《户部・課程・免税・無重納起税例》　至元八年七月，尚書户部：

據都提舉漕運司申：照得見於通州起蓋倉敖二百間，合用木植數多，以差陸章等前去蔚州等處和買。據各官狀申，依應於蔚州依例起税了當。令人抵到檀州州門，有管税木場官每三十分抽一分。欲行抵去通州蓋敖造作，其在都税務又要起税遮當，不令前去。切緣關支官錢所買木植，節次税訖，並不曾折伐别作交易。若便再税，委是重併。省部相度，既是蔚州依例起税，又到檀州門外，管税木場官已經抽分。前去通州起蓋官倉，别無重納起税體例。仰行下合屬，毋得遮當，重復收税違錯。

《元典章》卷二二《户部・課程・免税・農器不得收税》　至元八年八月，尚書户部：

據中都等處民匠打捕鷹房鐵冶總管府申該：王明狀告：鑄到中都路分農器犁耳，搬載前來貨賣。至河西務碼頭卸賣，要納訖税錢鈔。又於七月二十一日，先令焦大押運犁耳七百，而經由施仁門入城内。吊引處要訖鈔四錢五分，税務内要訖七兩四錢。申乞照驗事。省部照得，至元八年二月内，承奉尚書省劄付，御史臺呈，爲本部准大名路備録事司申：崔良弼等四名狀告：自來但有鑄鐲農器犁鏵等物，並不投税。有税使司，不容分説，便要收税公事。省府送法司檢會得舊例：蠶織、農器，及布帛不成端匹，灾傷流民物貨，並不在收税之限。爲此，呈奉到都堂鈞旨：送本部，一體施行。

《元典章》卷二二《户部・課程・免税・借絲還綃不税》　至元八年，尚書户部：

來申：李和於本家借訖，自行抽搔到絲一百兩，却還朱齊驢出舉絲一百兩、絹一十疋。理同交易，合行依例投税。今趙長留首告。據所獲絹疋，官司不合受理，難作匿税科斷。今據見申，合下，仰照驗施行。

《元典章》卷二二《户部・課程・免税・自用物毋收税》　至元二十八年，江西行省禁治擾民榜内一款節（丈）〔文〕，各處院務，有自來不曾收税物件，及莊農鷄、猪、牛、羊等各家畜養自用不賣之物，毋得收税擾民。如違痛斷。本管轉運司官、提調官有失鈐束，亦行連坐。

《元典章》卷二二《户部・課程・免税・禁重收果木税例》　元貞二年正月，福建行省：

體知各院務將菓木生、熟二次，并地税一次，如此三次取要錢物，刁蹬百姓，重併生受。省府出榜，發下合屬，於湊集處張掛，省諭務官人等，須要欽依已降聖旨事意，三十分中取一，毋得重併收取税錢違錯。

《元典章》卷二二《户部・課程・免税・倒死牛肉不須税》　至元七年八月，司農司：

據冠州申：社長工偉等告：社户内有倒死牛隻，除牛皮官爲拘收外，牛肉俵散社衆人，却令補助。今有務官須要赴務投税。乞明降事。本司得此，備呈奉到尚書省劄付該：省府相度，既是俵散社衆食用，却令補助，不係買賣，不須納税。合下，仰照驗施行。

《元典章》卷二二《户部・課程・免税・站馬不納税錢》　大德五年八月，通政院准本院同簽孫奉政咨：

平江路姑蘇馬站户吴紹宗告：大德五年四月内，用中統鈔八定補買黄騸馬一疋入站。走遞間，被在城税司收要税錢中統鈔一十三兩六錢六分，非理取要訖分例中統鈔二兩三錢七分，乞追給施行。得此，追照平江路文卷内：至元二十一年六月十三日承奉浙西宣慰司劄付：嘉興路申：陳九二告在前收買馬疋，即係官司馬疋，不收税錢。申乞定奪。府司得此。照得至元十二年五月内，河南宣慰司承中書户部關該：曹州申：本州和買站馬，近有斷事官也里真賫奉中書省劄付該：據馬契，止於本處務内，分付各站頭目收執。外據〔楚〕丘縣狀申該：據站户郭代等告，鄰封歸德府等處走遞馬疋，俱各不税馬契。得此：於正月十八日申覆省部，呈奉中書省判送，批奉都堂鈞旨：送本部，行下曹州官司，站馬依例税契，不須出納税錢。外據歸德府等路站馬，就關宣慰司一體施行。奉

此。今據陳九二狀告，收買站馬乞免税錢事理，仰行下合屬，依例施行。奉此。當日行下姑蘇馬站。今後應有站户買到馬疋，仰各路關報税司報税訖，在站應役，却不得妄於站户處取要税鈔。并下在城税司，依奉劄付内事理，不得取要税錢。照到如此。今據見告，令平江路行下合屬，依例施行。

《元典章》卷二二《户部・課程・免税・折收物色難議收税》　至大四年閏七月，袁州路奉江西行省劄付：近爲至大三年税糧，建昌路申：折收到木綿布七千疋，收點到税錢至元鈔一十四定。吉州路申：除萬安縣收到税錢至元鈔二定二十兩二錢六分七厘外，據永豐縣等處，係民間税糧折收物色，不曾收受。申乞照詳。得此。照得至大元年准中書省咨：來咨考較大德十年錢糧，照勘到正辦錢帛數目，擬到倚免定奪事故租錢等項事理。送户部：照得課程增餘項下，另行開寫税糧折收木綿布税。參詳，如已後若有民間税糧内折收物色，難議收税。咨請照驗。准此。除遵依外，據吉州、建昌二路不應收到税錢，欲便取問，係欽奉詔赦以前事理，又係各户畸零錢數。若擬回付給主，已行正收作數在官。爲此，移准中書省咨：送户部呈：議得：買賣納税，已有定例。所擬民間差税内折收物色，再行收税，擾民不便。若擬追回，行省既已正收作數，別難議擬。合咨本省，今後嚴加禁約，毋得似前擾民違錯。得此。都省咨請依上施行。

《元典章》卷二四《户部・租税・納税・種田納税》　中統五年正月，中書省〔奏准節該〕：

奏：已前成吉思皇帝時，不以是何諸色人等，但種田者，依例出納地税。外據僧、道、也里可温、荅失蠻，種田出納地税，買賣出納商税，其餘差役蠲免有來。在後合罕皇帝聖旨裏，也教這般行來。自貴由皇帝至今，僧、道、也里可温、荅失蠻地税商税不曾出納，合無依舊徵納事。准奏。今仰中書省照依成吉思皇帝聖旨體例，僧、道、也里可温、荅失蠻、儒人種田者，出納地税白地每畝三升，水地每畝五升。買賣出納商税。據〔不〕該納丁税，蒙古、回回、河西、漢兒并人匠，及不以是何投下諸色人等，官豪勢要之家，但種田者，依上徵納地税外，蒙古、漢兒軍站户計減半送納，仍免遠倉。仰行下領中書左右部兼諸路都轉運司，隨路宣慰司，一體施行。

《元典章》卷二四《户部・租税・納税・下户帶納者聽》　《至元新格》内一款：諸税石，嚴禁官吏、勢要人等不得結攬。若近下户計去倉地遠，願出脚錢就令近民帶納者，聽。其總部税官斟酌各處地里，定立先後（還）〔運〕次，約以點集處所，覷得別無輕賫攬納之數，令分部官管押入倉，依數交納，得訖朱鈔，即日發還。惟總部官直須州縣納盡，方許還職。

《元典章》卷二四《户部・租税・納税・科添二分税糧》　延祐七年月□日，江西行省准中書省咨：延祐七年四月二十一日，也先帖木兒怯薛第二日，馬家瓮納鉢裏，火兒赤房子内有時分，速古兒赤定住、昔寶赤買驢、怯列馬赤站班、必闍赤也里牙、給事中也滅劫歹等有來。帖木〔迭〕兒太師右丞相、哈散丞相、拜住平章、趙平章、木八剌右丞、張左丞、怯烈郎中等奏：即目爲養濟多百姓，拯治軍人氣力，錢糧不敷的上頭，別有甚規劃，如聖旨根底奏過。俺與樞密院、御史臺、翰林、集賢院衆人商量了幾件勾當奏有。一件，腹裏漢兒百姓當（差）着軍站、喂養馬駝、和雇和買一切雜泛差役，更納包銀絲線税糧，差（役）〔發〕好生重有。亡宋收附了四十餘年也，有田的納地税，做買賣納商税，除這的外別無差發，比漢兒百姓輕有。更田多富户每，一年有收三二十萬石租子的，占着三二千户佃户，不納係官差發，他每佃户身上要的租子重，納的官糧輕。這裏取些小呵，中也者。待驗田畝上添科呵，田地有高低，納糧底則例有三二十等，不均匀一般。除福建、兩廣外，其餘兩浙、江東、江西、湖南、湖北、兩淮、荆湖這幾處，驗着納糧民田見科糧數，一斗上添荅二升。這般商量來。奏呵，奉聖旨：依着恁衆人商量來的行者。又奏：這勾當行的其間，行省官提調着，休教動摇。御史臺監察御史、肅政廉訪司添力成就者。若路府州縣官吏人等作弊，放富差貧，取要錢物，交百姓生受的有呵，要了罪過，罷了它每勾當，教監察、廉訪司官體察呵，怎生？奏呵，奉聖旨，那般者。欽此。都省除已劄付御史臺欽依施行外，咨請欽依施行，仍委本省首領官提調科徵，依期送納。果有不通舟楫去處，照依本處開倉時估折收價鈔，將元科添荅糧數開咨，先具委定提調官職名同管不違誤，依准咨來，毋得因而動摇違錯。

《元典章》卷二四《户部・租税・投下税・投下税糧許折鈔》 至元二十年八月，行省准中書省咨：

六月初七日奏過事内一件：奏：去年江南的户計，哥哥兄弟、公主駙馬每根底各分撥與來的城子裏，除糧課程外，其餘差發不着有。既各投下分撥與了民户多少，阿合探馬兒不與呵，不宜的一般。俺斟酌了奏呵，怎生？那般者。聖旨有來。如今俺商量來，如今不着差發，其間却科取阿合探馬兒，不宜。每一萬户，一年這裏咱每與一百定鈔，替頭裏却江南於係官合納的糧内，斟酌要鈔呵，怎生？奏呵，奉聖旨：那般者。既與了民户呵，却不與阿合探馬兒呵，濟甚事？雖那般呵，他每根底分明説將去者，這裏必闍赤每根前説與，也交理會者。爲江南民户未定上，不揀甚麽差發未曾科取。如今係官錢内，一萬户阿合探馬兒且與一百定鈔者。已後定體了呵，那時分恁要者。各投下説將去。欽此。都省除已依驗各投下撥定户計合該鈔數，行下萬億庫先行放支外，咨請行下合屬，依上於元撥定各投下人户今歲合納係官税糧内，驗所撥户數，合該實鈔，照依彼中米價，扣算石斗，折收實鈔，甲解本省發來。餘上糧數，依理徵收施行。

《元典章》卷二四《户部・租税・軍兵税・弓手户免差税》 中統五年八月，欽奉聖旨内一款節該：隨處州府驛路，設置巡馬及馬步弓手，於本路不以是何投下當差户計，及軍、站、人匠、打捕鷹房、斡脱、窑冶諸色人户計内每一百户内，取中户一名充役，與免本户合着差發。其當（差）户推到合該差發數目，却於九十九户内均攤。若有失盜，勒令當該弓手，立定三限盤捉。欽此。

又

大德七年八月二十五日，江西行省准中書省咨：

御史臺呈，准行臺咨：監察御史呈：切謂弓手税糧，例應人户包納。爲緣文案不明，司縣官吏、里正、主首人等高下其手，各路止是一概帶徵，其中奸弊甚多。人户不知各路實免糧數，設令多包，無憑折證，民甚苦之。愚見合令各路通照出本路額設弓手幾名，每户應免糧若干，一路通免糧若干，本路所管各縣户計合徵糧若干，總包若干，卷内開出花户姓名、糧數多少，通行均包。每正糧若干，合包若干，驗實均包，（其）〔某〕户合包若干，明立案驗。當該首領官吏子細照勘均平無差，行下各縣，出給催糧由帖，付納糧人户依數供輸，每年明榜市曹，咸使通知。廉訪司照刷文卷時，分點一、二户，將由帖比對。但有争差，將（合）〔各〕路首領官吏，嚴（與）〔行〕治罪，似爲便益。呈乞照詳。得此。咨請照詳。准此。本臺具呈照詳施行。得此。都省准呈，咨請依上施行。

《元典章》卷二四《户部・租税・軍兵税・鋪兵户免科糧》 至元二十二年十二月，江西行省：

來申：鋪兵走遞文字，據合科税糧，乞明降。省府議得：江南歸附百姓，遇有地之家，周歲驗地徵收税糧。外，無地浮居小户，别無合着差役。若將前項已差鋪兵止免雜泛，全徵税石，似爲重併生受。今擬三石之下丁多户内差撥，全免各户差役。據各户合該税糧，依弓手例，却令衆户均納，須要不失元額。每鋪照依元行，止設六名，鋪兵五名，鋪司一名，常川在鋪走遞。若見設鋪兵内已有相應户計，止令依舊當役，毋得一概動摇，餘無田産浮居小户，依例差補替换施行。

《元典章》卷二四《户部・租税・軍兵税・公使人糧衆户均納》 至元二十二年十一月，江淮行省：

爲府州司縣合設祗候公使人等，移准都省咨文，定到體例。本省議得：擬於苗米一石五斗之下、一石之上户内差設。所據各户合該税石，依例令概管合納苗米衆户均納，須要不失元額。仰依上施行。

《元典章》卷二六《户部・科役・和買・出産和買諸物》 至元二十一年，行中書省准中書省咨：據刺奴、脱脱等言，便益事内一件：禹别九州，隨山濬川，任土作貢。古人立法取賦，必因其土地所生、風氣所宜，以爲之也。今日和買，不隨其所有，而强取其所無，和買諸物不分皂白，一例施行，分文價鈔並不支給。生民受苦，典家賣産，鬻子雇妻，多方尋買，以供官司。而出産之處，爲見上司和買甚物他處所無，此處所有，於是高擡價鈔，民户唯知應當官司和買，不敢與較，惟命是聽。如此受苦，不可勝言。欲望明降旨揮，今後應有和買，祇於出産去處，明立榜文，隨時收取，不得於州郡無處生事害人，天下幸甚。送禮部議得，所言可採。移咨行省，行下合屬，勿令於無處和買，若遇和買，當面給價，仍遍行合屬，依上施行。

《元典章》卷二六《户部·科役·和買·至元新格》　諸年例支持物件，用時有緩急，備時有難易。其當該官吏，凡合置備之數，各須以時點校，預爲舉呈，毋得急闕，公私不便。

諸和買物，須驗出産停蓄去處，分俵均買。其官吏不得先以賤直拘收，揹勒人户多添價錢轉買送納。違者痛行斷罪，計其餘價，依數追還。

諸和買，須於收物處榜示見買物色、各該價錢，物既到官，鈔即給主，仍須正官監臨置簿。凡收物支價，開寫某人納到某物多少，支訖價錢若干，就令物主於上畫字。其監臨之官仍以印牌關防，以備檢勘。

《元典章》卷二六《户部·科役·和買·體察和買諸物》　二件。至元二十九年，江西行省准中書省咨：

來咨：於課程地税内折收木綿白布，已後年例必須收納。目今各處申到時價不等，若令各各官司遞互體覆，緣前項木綿布疋，處處折收，慮恐各處官吏扶同作弊，不肯從實折估，以致虧官損民。又兼廉訪司分守各路，專一體察公事。和買折收之物若依在先體例，令本路保結，移文廉訪司體問相應，抄連牒文申省，然後准算，免致多破官錢，事難追改，似望官民兩便，咨請照驗事。都省議得，凡有和買折收物色，本路官司估到實直，從合屬宣慰司差官體覆。若有不實，所在廉訪司官依例體察。咨請依上施行。

《元典章》卷二六《户部·科役·和買·和買諸物估體完備方許支價》　大德元年閏十二月，中書省：

户部呈：准工部備山東宣慰司關：益都路沂、莒二州并臨朐縣元貞元年成造皮衣，所估皮價，與鄰封、膠州等處價多，實是虧官。又廣平路元貞元年差發内，帶染絹疋所用物料，其倚廓永年縣與在城録事司不同，本路並不窮問虛實，各隨高價，朦朧放支。若便取問，緣係大德元年二月二十七日以前事理。除將各路見申物價准擬除破外，今後各處合報諸物時估，司縣正官親行估體實價，開申府、路，（請）〔摘〕委文資正官、首領官通行比較，〔務要相應〕開具體覆、照勘官員姓名，依期申部，勿蹈前弊，徒有争懸。凡遇和買諸物，即令拘該官司估體完備，正官比照時估無差，方許支價。如後照勘，或因事發露，却有冒濫者，着落估體、照勘官吏追陪，以革前弊。都省准呈，咨請照驗施行。

《元典章》卷二六《户部·科役·和買·和買諸物對物估體支價》

至大三年五月，行臺准御史臺咨：

奉尚書省劄付：户部呈：照勘歲用諸物支持年例，預爲措置會計，至至大二年周歲已支并約支各物色，比附得敷與不敷支持，議擬到至大三年合計置疋帛木綿等物，開具照詳。得此。照得在前計置諸物，倒破官錢收買，憑准路府州縣保結到實直價錢，一一放支給主。其所在官司不詳上司恤民之意，一概椿配諸色人民，以高作低，以好作歹，刁蹬抑勒鈔兩。州縣官司風聞和買諸物，暗令所占佃户，或段疋，或絹布，督逼各户織造，將百姓所納之物百般疏駁，須要將己物添價就買送納。并其餘和買諸物，亦皆恃賴官勢，賤買貴賣，損民取利，及將價錢中間剋除好鈔，移易昏鈔，不得實徵到民。至如和買和雇遞運脚價，打角物色折收諸物，亦皆作弊。所有今歲和買，計置物色，科派到行省、腹裏下項路分各該數目，擬合令路府州縣見在爲長正官色目、漢兒各一員，親對物主，令牙行人相視堪中之物，照依街市實直兩平收買。如本管府州司縣別無屯塌可買，將物估體實直，於上中户計開張門面之家收買，須要隨即支價。所用價錢，於本處不以是何係官錢内放支，須要收買堪中之物，打角完備，差官管解等事。今將各處計置和買物色，開坐前去，都省仰體察施行。承此。

數内：江西省木綿八萬疋，雙線、單線四萬疋，照依年例科派，先儘本省至大三年額定已定税糧認〔納〕，依例折收。外有不敷數目，摘委本省官、首領官、拘該路分廉幹正官、首領官，不妨本職提調，就於本省管下不以是何係官錢内，驗出産之處，對物估體支價，收買夾密寬闊堪中支持木綿數足，兩頭條印關防打角，分作運次，差官管押，限至大三年九月終赴都納足。先具委定正官首領官職名，同管不違誤執結文狀，并税糧内折收和買木綿數足，先行咨來，毋致擾民。除已移咨本省，依上施行。

《元典章》卷二六《户部·科役·和糴·和糴相接乏糧》　中書省：至元二十二年二月十九日奏過事内一款節該：自今歲秋成爲始，乘其時直價錢，將有糧最多之家，官用錢本兩平收糴。謂如收租一萬石之上者，三分中官糴一分，三萬石之上者，官糴一半，五萬石之上者，三分中官糴二分，官倉收貯。次年比及新陳相接之糧價貴，官爲開倉減價糶賣。欽此。

《元典章》卷二六《户部・科役・物價・月申諸物價直》　中統五年八月，欽奉詔書内一款：

雨澤分數，諸物價以鈔爲則，每月一次申部。

《元典章》卷二六《户部・科役・物價・和買照依市價》　至元二十年，湖廣等處行中書省：

爲起運諸物脚力價錢比腹裏路分争懸，未有定例，移准中書省咨：照得至元九年十月初六日欽奉詔書條畫内一款節該：和雇、和買、和糴，並依市價，不以是何户計，照依行例應當，官司隨即支價，毋得逗留刁蹬。大小官吏、權豪勢要之家，不許因緣結攬，以營私利，違者治罪。欽此。咨請欽依施行。

《元典章》卷二六《户部・科役・物價・至元新格》　諸街市貨物，皆令行人每月一平其直。其比前申有甚增減者，各須稱説增減緣由，自司縣申府州，由本路申户部，並要體度是實，保結申報。凡年例必於本處和買之物，如遇物多價少，可以趁賤收買者，即具其直，另狀飛申。

《元典章》卷二六《户部・科役・脚價・水路和雇脚價》　平章政事制國用使司：

照得隨路罷訖步站，止見官爲和雇脚力。除旱路已有定體外，據水路自來不一。除合破數目外，再令都水監、提舉漕運司驗河水通快淺澀去處，照依目今運糧體例，從實定到每物一百斤，自起程至下卸處所合該地里、所該脚價。仰今後凡有起運官物，須管照依坐去分例，和雇船隻搬運前來。仍仰隨路於月申内驗次日類報，再不得似前亂破官錢違錯。

方里馬頭運至：　楊村下卸，水路一千四百四十五里，每物一百斤該脚價鈔一錢一分六釐。河西務下卸，水路一千六百一十五里，每物一百斤該脚價鈔一錢五分一釐。李二寺下卸，水路一千七百四十五里，每物一百斤該脚價一錢七分七釐。通州下卸，水路一千七百七十里，每物一百斤該脚價鈔一錢八分三釐。

舊縣馬頭運至：　楊村下卸，水路一千三百四十五里，每物一百斤該脚價鈔一錢。河西務下卸，水路一千五百一十五里，每物一百斤該脚價鈔一錢四分。李二寺下卸，水路一千六百七十五里，每物一百斤該脚價鈔一錢六分六釐。通州下卸，水路一千六百七十五里，每物一百斤該脚價鈔一錢七分二釐。

秦家渡運至：　楊村下卸，水路一千三百里，每物一百斤該脚價鈔一錢四厘。河西務下卸，水路一千五百里，每物一百斤該脚價鈔一錢三分八釐。李二寺下卸，水路一千六百三十里，每物一百斤該脚價鈔一錢六分四釐。通州下卸，水路一千六百六十里，每物一百斤該脚價鈔一錢七分。

《元典章》卷二六《户部・科役・脚價・添荅脚力價錢》　至元十五年，中書兵部符文：　奉中書省判送：

户部呈：　奉省判：兵部呈：（洛滋）〔洺磁〕路備永年縣申：和雇脚力遞運諸物，每千斤百里，脚價鈔一兩三錢。今有車户告，即目物料湧貴，乞依真定例添荅事。本部議得：比年隨路田禾不收，草料湧貴，若止依舊例和雇，百姓委是生受。參詳，擬合照依真定例，平地千斤百里一兩三錢，加五添荅一兩九錢五分，山路亦依上分數添支。奉都堂鈞旨，送户部。照得，參詳見搬諸物，若依兵部已擬，依真定例加五添荅，如草料減價，依舊例。呈奉都堂鈞旨，依上施行。

《元典章》卷二六《户部・科役・脚價・遞運官物開寫斤重》　至元二十二年十月，行省准中書省咨：

據兵部呈：　准南京等路宣慰司關：　據河南等路申：　年終考較出事内一項，承奉上司文字，凡有載運官物車輛，多該寫鋪車、站車。照得除迤北有站車路分易爲應副，迤南無站車路分，必須和雇差（發）〔撥〕，其押運官物，皆自行執把前路文字，多無坐到斤重，亦無和雇差撥語句，一到下處，便要依伊所説斤重應副脚力。或令就支與見載車輛脚價，少不如意，當該人員即被毆打。又不知押運者果何官員，不敢盤點，中間或有多支官錢，亦不知會。又照得迤北站車俱係輕便漢車，最負輕者止能運載一千斤。迤南行走大車，每輛可載數千餘斤，其押運官到迤南和雇車輛路分，亦要依站車數目應副，實是生受。府司今後凡有遞運官物車輛，比至車行，先行前路文字，明坐斤重，毋令押運官自行執把文字上該寫。除〔迤〕北有站車去處應副站車，迤南無站車路分，或令差撥，明白開寫，使前路先知預備，免致押運官毆打耻辱官府，冒説斤重，多支官錢。所載物件，亦合令各處照依坐去斤重應副車輛。當司參詳，若依河南府路申，似爲明白，各處官司亦易應副。本部參詳，如准本司所擬，似爲便益。都

省准呈，仰依上施行。

《元典章》卷二六《户部・科役・脚價・雇船脚力鈔數》 至元二十三年，湖南道宣慰司：

奉行中書省劄付：爲遞運軍人出征什物等，每千斤百里，支脚價鈔三錢七分。〔文〕〔又〕奉省劄：發下文榜一道，爲和雇船隻脚價，每千斤百里上水一兩，下水減半等事。承此。據各處申：船户委是不敷盤纏，多有棄船在逃，有誤軍情大事。若依接運思明州糧斛定到脚價，千斤百里放支鈔四兩一錢一分，驗程支給，似爲船户樂便。得此。具呈行省劄付：來呈：見運軍器脚價比照運糧價例，擬除耗米價鈔外，每〔百斤千里〕〔千斤百里〕支鈔二兩一錢外。據照依市價餘一兩五錢等，候按察司體覆相應，至日定奪施行。

《元典章》卷二六《户部・科役・脚價・至元新格》 五款。諸和雇脚力，皆儘行車之家，少則聽於其餘近上有車户内和雇，仍須置簿，輪轉〔立〕〔有〕法，無致司吏、里正、公使人等那攢作弊。

《元典章》卷二六《户部・科役・脚價・運糧脚價錢數》 至元三十一年正月，湖廣行省：

爲起運真州糧一十五萬石事，移准江西行省咨：先爲年例攢運真州米糧，依舊例，每石下水百里，支鈔三分，船户揭用不敷。本省議得，每米一石，量添三分，通作六分。移准中書省咨該：更爲定奪體覆相應，准擬施行。准此。劄付鄂州路等處體覆相應，依上添支去訖。又照得至元二十九年淮東米糧五萬石，三十年起運真州糧二十萬石，亦依前項脚力體例放支了當。今據見呈，除已移咨中書省照驗定奪外，照驗實運糧數扣算合支脚錢，先支一半付船户關領施行。

《元典章》卷二六《户部・科役・脚價・添支水旱脚價》 大德五年十二月，江浙行省准中書省咨：

兵部呈：奉省判：本部呈：伯顔簽省言擾民不便事内一件：東平路起運諸物，元定千斤百里中統鈔一十兩，草料湧貴，官吏脚價不敷。目今街下雇脚，千斤百里該鈔一十七兩，若依街下脚價中統鈔一十七兩雇覓，不致擾民。曹州申：今後千斤百里脚價，例量添一倍。〔汀州〕〔河間〕路申：如蒙照依街市兩平和雇相應。河南行省咨：河南府申：和雇脚力，元定千斤百里山路一十二兩，平川一十兩。近年諸物湧貴，其得脚價不敷，合無照依目今各路車杖實該價錢預爲支發，兩平和雇，似不擾民。至元二十九年蘄黄運糧，下水千斤百里脚價中統鈔六錢，别無上水定例。議得：上水比下水增倍，作一兩二錢，旱脚價鈔亦合比元定之上量添加五。本部議得：山路脚錢一十二兩，平川一十兩，雖是在先已定通例，却緣比年諸物湧貴，遞運頻數，止循舊例，實是虧民。參詳，除大都至上都并五臺脚價外，其餘諸路，今後應有遞運諸物水脚價錢，比附行省所擬，上水添〔作〕一兩，下水止依舊例六錢，旱脚山路作一十五兩，平川一十二兩，於不以是何錢内隨即放支相應。奉都堂鈞旨，連送兵部照勘明白，議擬通例連呈。奉此。照得至元二十五年四月，本部與户部講究定各路應起運諸物，千斤百里，平川支中統鈔一十兩，山路一十二兩，水路六錢。又於大都路倒除水脚卷内照得，千斤百里下水支鈔七錢，上水八錢。爲不見幾年分定例，行據大都路備通州申：官雇水脚，於大德三年爲江西省鈔本和雇到水脚（雇）〔價〕例，係蒙省委倒除官定擬到上水八錢，下水七錢，到今依此例和雇。外據私雇水脚，即與官雇例同。旱路平川和雇脚價鈔二十兩，山路和雇駝運五臺鐵貨，擬支鈔三十六兩，開申〔乞〕照驗。及照元貞二年六月，承奉中書省劄付：江浙行省備杭州路申：約量定擬裏河千斤百里支中統鈔六錢，外江上水七錢，下水六錢。移咨（中書省劄付）〔本省更爲〕可否相應，依上施行。又照得大德四年七月二十九日承奉中書省劄付：本部呈：高唐州申：近運官物，差撥百（里）〔姓〕車牛生受。（呈）都省議得：起運官物，已有定立程限。今後各處行省應起運諸物，趁河水通流，分運起離。若遇河水結凍地面，官司將緊用細物秤盤實有斤重，官爲兩平和雇快便脚力，直至前路總管府交割。合該脚價，於本路不以是何係官錢内即便應副〔等〕事。除外，仰遍行合屬，依上施行。奉此。除遵依外，今奉前因，本部議得：遞運脚力若從諸路兩平和雇，先行放支脚價，慮恐各路爲無定例，冒破官錢，將來倒除，倘有爭懸，各言彼處體例如此，似難關防。以此參詳，除大都至上都并五臺脚價外，其餘路分，比附各處所擬千斤百里，中統鈔爲則，量添旱脚山路作一十五兩，平川一十二兩，江南、腹裏河道水脚上水作八錢，下水七錢，淮江黄河上水一兩，下水七錢。驗實有斤重，於不以是何

官錢内即便放支，和雇遞運相應。具呈照詳。得此。都省議得，除下水脚價擬依舊例六錢外，餘准部擬。咨請依上施行。

《元典章》卷二七《户部·錢債·斡脱錢·行運斡脱錢事》　至元二十年三月十八日，（呈）中書省咨：

撒里蠻、愛薛兩箇省裏傳奉聖旨：斡脱每底勾當，爲您的言語是上麽道，交罷了行來。如今尋思呵，這斡脱每的言語似是的一般有。在先成吉思皇帝時分至今行有來。如今若他每底聖旨拘收了呵，却與着，未曾拘收底，休要者。若有防送，交百姓生受行底，明白説者。欽此。

《元典章》卷二七《户部·錢債·斡脱錢·為追斡脱錢事》　至元二十九年十月，御史臺咨，承奉中書省劄付：泉府司呈：

七月二十四日，本司少卿趙奉直賫擎御寶聖旨前來赴中書省開讀節該：如今過得的每，明有顯跡斡脱每，若有呵，與者。別個失散了的無保人的每，休要者。做頭口與來的斡脱每，真個被不拜户要了呵，委實窮暴無氣力呵，休陪者。要了錢的斡脱每，委實窮暴生受呵，休要者。富的本錢休要，交納利者。窮的若有呵，他的本錢交納者。又秃兒減、磨絲裏兒、青鼠等，依著斡脱每的體例裏，但得的利息納者。道來。欽此。

《元典章》卷二七《户部·錢債·斡脱錢·斡脱錢為民者倚閣》　大德二年八月二十日，江西行省：

近有蒙古文字譯，阿（吉只）〔只吉〕大王令旨：蠻子田地裏屬俺的斡脱錢，本錢、利錢不納有。這瞻速丁、馬合謀爲頭使臣，女孩兒、小厮、用着的物，俺根底出來的時分，駞馱斟酌着，鋪馬他每根底與着。交出來的，您省官每識者。麽道，您根底委付將去也。敬此。照得先欽奉聖旨節該：諸王、駙馬并投下奏告隨路官員人等欠少錢債。照得先帝聖旨：如有爲民借了，雖寫作梯己文契，仰照勘端的爲差發支使，有備細文憑，亦在倚閣之數。仰諸王投下取索錢債人員，須管於宣撫司與欠債人當面照得委是己身錢債，（另）〔別〕無異詞，依一本一利歸還，毋得徑直於州縣將欠債官民人等一面強行拖拽人口頭疋，准折財産，搔擾不安。如違，定行治罪。又先欽奉聖旨節該：江南平定之後，悉爲吾民，今十有八年，尚聞營利之徒以人爲貨。今後南北往來販人客旅，並行禁止。欽此。已經劄付合屬去處，欽奉聖旨事意，毋得縱令收買良民違錯。欠少斡脱錢債人等，依例施行。外，據轉送孩兒、媳婦一節，即係以人爲貨事理。移准都省咨該：請欽依聖旨事意施行。

《元典章》卷二七《户部·錢債·斡脱錢·斡脱每休約當》　大德五年六月，欽奉聖旨：

泉府司官人每奏：斡脱每裏，多有勾當裏行的營運錢的人每，行運聖旨，交各處買賣裏去呵，各路官人每，聖旨裏他每的名字不是。麽道，約當，哏生受有。麽道，奏來。如今那般賫擎聖旨行的斡脱每的官人每處，顯驗的文書將着行呵，將他每的人等根底休約當者。麽道來。既是這般宣諭了呵，約當的路官不怕那?。斡脱每根底也首會者，不干自己人每根底，休夾帶者。夾帶的斡脱每，有罪過者。聖旨俺的。

《元典章》卷二七《户部·錢債·斡脱錢·追斡脱錢擾民》　大德六年十月，江浙行省准中書省咨二道：

〔來咨〕：有扎忽兒真妃子、念木烈大王位下差來使臣晏只哥歹等，欽賫聖旨，追徵斡脱錢物。本省照得，晏只哥歹等追徵本位下錢物，不曾經由中書省，亦無坐到元借斡脱錢人户花名、錢數，止坐到元借斡脱錢人不魯罕丁、法合魯丁、孟林三名，信從各人轉指諸人借欠錢數，展轉攀指一百四十餘户追徵，因而擾民不便。除已行下杭州路，行移使臣晏只哥歹等着落元借斡脱錢人不魯罕丁追徵外，若不移咨，本官係位下差來人員，誠恐迴還異詞妄説。今後凡有投下追徵斡脱官錢，開坐欠少户計村莊、姓名、數目，具呈都省，轉咨行省，行下拘該官（同）〔司〕徵理，官民兩便。請希咨回示。都省合行移咨，請照驗，照依元坐取斡脱錢各人姓名依理追徵，毋致信從勾擾違錯。

《元典章》卷三四《兵部·軍役·軍糧·軍人休與韲菜錢》　尚書省：

至元二十四年九月二十日奏過事内一件：欽察每、阿速每、貴由赤每、新附軍每根底，又諸色人匠根底，鹽菜錢麽道索有。去年爲不曾收田禾上頭，今年差發都免了來，俺商量得：每月家與鹽糧，又有韲菜錢與呵，重了去也。休與呵，怎生？道來。奏呵，是有，休與者，麽道，聖旨了也。欽此。

《元典章》卷三六《兵部·驛站·使臣·出使筵會事理》　大德十年

六月，湖廣行省准中書省咨：

刑部呈：奉省判，御史臺呈：監察御史呈：備河間運司書吏嚴士元狀首：大德八年四月二十九日，户部楊司計爲催起京敖鹽引，蒙本司郭運使等會，立帖子，於陳案牘處借到中統鈔七十五兩，買到羊一口，馬妳子、餅酪，及令王三姐等歌唱筵會了當。責得楊元狀招：不合依隨高經歷等，前去黄伯善花園内，食用訖郭運使等熟羊一口、馬妳子等物，及樂妓婦女歌唱筵會罪犯是實，本臺看詳：司計楊元所招罪犯，宜令合干部分定擬。外據運使郭浩等，合從省臺已委官一就取問，通行議擬相應，呈奉中書省劄付，送刑部議得：凡出使人員，於所至之處，若是彼無營求免避之事，此無徇私欺公之實，賓主飲食宴樂，即古今内外通理。參詳：今次取到司計楊元、運使郭浩等招狀詞因，難議坐罪。都省准擬，仰依上施行。奉此。照得出使人員，已有日給定例，年終兵部依例照算。訪聞朝廷使臣並省院臺部諸内外衙門一切出使人等，所到郡縣，除日常例外，官吏懼其威勢，私結情好，自下馬送路，曰游賞，鋪張筵會，所費甚多。用過錢物，既不出官吏已身，又不敢明破官錢，止是詭名作弊，多端移易。非取之官，即取之民，習以成風，公私並困。今後諸出使官吏，除正祇應分例外，並不得預本處官吏宴會，其本處官吏並不得邀請。許提刑按察司體察，如有違犯之人，計贓定罪，設宴及赴宴之人一體科斷，使臣府民間並免侵漁非爲小補。行下合屬體察去訖。又奏得至元三十一年七月初四日本臺奏過事内一件：在前世祖皇帝聖旨裏，不揀甚麽勾當裏差出底使臣每，到外頭非理騷擾各處官司，因事取受錢物，更有多喫祇應，没體例，交百姓生受底，交俺體察來。近間開讀聖旨詔赦差出去底使臣每，更不揀甚麽大小勾當裏使出去底人每，到外頭城子裏官人每根底要肚皮，〔多〕喫祇應。那官人每推著梯己俸錢麽道，就裏動支官錢，科斂百姓，這般行的也有。如今皇帝登寶位，這般使見識、做賊説謊底人每根底不整治呵，大勾當怎生行得？百姓每怎生不〔交〕生受底？如今俺似這般聞奏過各道〔裏〕行文書禁了呵，似這般犯着底人每體察出來呵，重底聞奏了，要罪過，輕底俺每就斷呵，怎生？麽道，奏呵，那般者。聖旨了也。欽此。又奏過一件，近年以來，裏頭、外頭不揀那箇大小衙門裏做筵席，官人、令史俸錢裏頭尅除着出，麽道，〔除〕〔推〕著他每俸錢，却於官錢裏頭借要了底也有，祗應裏要了底也有，他每俸錢裏出來底也有。爲那上頭，養活不得，無怕懼，無羞耻，罪過裏入去的多有。如今中書省、樞密院，不揀那個衙門官人每筵席呵，自氣力裏做筵席者。他每管着底以下衙門官俸錢根底，不交尅除要呵，怎生？麽道，監察每這般説有俺商量來，監察每言事是有更但凡尋道子求仕的人每並所屬官吏每根底説與者。麽道〔，聖旨了也。欽此〕欽遵外，今據前因，本臺看詳：楊元職居户部司計，催起所屬運司鹽（貨）引，因事飲用本司官吏筵會，有違例禁，罪過原免，難同賓主宴樂古今通禮。若以爲例，使出使人員傚倣，侵漁官府，誠爲未便。本部議得：御史臺檢會到奏准聖旨事意，擬合欽依禁治外，所言出使人員不得預本處官吏宴會，設宴、赴宴之人科斷事理，今來參詳：凡出使人員於所至之處，如親戚故舊、禮應往返之人，賓主宴樂，理難斷絶。其餘不應飲用官吏筵會，侵漁官府，禁治相應。具呈照詳。都省准擬，請依上禁治施行。

《元典章》卷三六《兵部·驛站·鋪馬·納鷹鶻鋪馬》 大德八年四月十三日，欽奉皇上聖旨：

中書省官人每奏：近年有各處不係摺摸納鷹人户，因爲已身勾當，指納鷹爲名，收買鷹鶻，騎坐鋪馬，取要分例，納倒不堪鷹速。將這人每禁斷的聖旨交行呵，怎生？麽道，奏來。今後，大數目裏的，並諸王、駙馬根脚裏摺摸鷹鶻的人户，已有定例，只依那體例裏，交送納來者。除這的外，不揀誰，因爲已身勾當使見識，休送納來者。咱每根底堪中覷的好鷹鶻有，行省、管城子的官人每相驗者，委實好鷹鶻有呵，他每根底顯驗的文書與者，斟酌與鋪馬，交送來者。道來。這般宣諭了。因自己的勾當，行省官人每、管城子的官人根底不交覷了，自意差人的，並送鷹鶻來的，有罪過者。欽此。

《元典章》卷四七《刑部·諸贓·侵盗·接攬税糧事理》 大德十年十一月御史臺咨：奉中書省劄付：

來呈：山東廉訪司申：（意）〔章〕丘縣人户朱戍告大德九年十月十七日，本管岳百户指稱點糧爲名，於人户李二等處齊斂鈔兩，及有該着税糧又行攬要輕賫中統鈔四百八十八兩五錢入已不公。取訖招伏。本臺看詳：即係爲例事理，具呈照詳。送刑部議到主首岳全等各罪名，都省

逐一區處前去，仰依上施行。

一、刑部議得：主首岳全所招，除輕罪外，不合大德九年十月十七日，於人户朱二等七户處接攬訖税糧一十六石三斗五升，輕賫中統鈔四百五十三兩，内止與訖里正張世安鈔三百六十兩赴倉糴納税糧外，克落九十三兩入己罪犯。若依先奉條畫定罪，緣與倉官通同接受輕賫飛鈔情犯不同，量擬斷決三十七下，元尅落鈔兩没官相應。前件，都省議得：依准部擬。

《元典章》卷四七《刑部·諸贓·侵使·縣官侵使課鈔》　至元二十八年十一月，御史臺承奉中書省劄付：

來呈：山南湖北道提刑按察司，察知江陵縣達魯花赤忽察忽思於本縣收到酒課内移借鈔三定使用，及縣尹宋鼎不行追理。取到忽察忽思等一干人招伏。呈乞照詳。送刑部議得：忽察忽思、宋鼎所招罪犯，合行斷罰。外據干連人典史張國寧等所招，合從按察司就便約量歸斷。都省議擬于後。

正犯人達魯花赤忽察忽思狀招：不合於至元二十三年六月二十五日，爲買房屋，令本家湖二，於李押牢見收本縣徵到酒課錢内，借訖鈔三定。又招：在後買房不成，自合隨即還官，不合經隔三箇月餘，知得察知，私下回還李押牢收管罪犯。招伏是實。前件，議得：忽察忽思所招，不合借用官錢罪犯，依准部擬，量決一十七下，依前勾當，標注私罪過名。

干犯人縣尹宋鼎狀招：既是司吏符應於鼎處説知宣差於官錢内借訖鈔三定，自合隨即追徵。不合因爲江水泛漲防水，不曾管問追理。招伏是實。部擬：罰俸半月，標注公罪過名。前件，議得：縣尹宋鼎所招，雖知達魯花赤忽察忽思借使官錢，緣忽察忽思係同僚長官，兼宋鼎因爲隄防江水泛漲公事相妨，不曾管問，量情似難責罰。

典史張國寧、司吏符應、鄉司鄧明德等各招伏罪犯。前件，議得：依准部擬，從本臺行下按察司，就便施行。

《元典章》卷四七《刑部·諸贓·侵使·路官侵使課鈔》　至元二十九年四月，中書省據御史臺呈：

西蜀四川道廉訪司狀申：察知成都路總管姚傳祖、同知菊龍回等，侵使課鈔，及四川轉運司二十八年合辦課程不足，又豐濟庫官人等，將茶鹽課鈔侵使移易等事。於至元二十九年三月二十一日奏過事内一件，這帖木兒，成都府廉訪司官人有。那裏底官人每無體例底，察知來説有：姚總管小名底人，官庫裏要了錢。麽道，奏呵，您怎生道來？短説者。麽道，聖旨有呵，回奏：省官每無體例覷面皮來底説有。俺商量底，姚總管根底罷了，他底替頭裏別交委付人。同知底勾當，比及明白以來，停職合問有。省官人每覷面皮來底、課程錢不辦底，别個勾當每，都交這省裏差人去，俺那裏去了底監察每一處，他每根底交問去。回來呵，他每罪過，那時分一發説呵，怎生？麽道，奏呵，那般者。問去者。麽道，聖旨了也。欽此。

《元典章》卷四七《刑部·諸贓·侵使·路官借使官物》　至元二十九年二月，行臺准御史臺咨：

據江西湖東道按察司簽事也先帖木兒呈：巡按至臨江路，體問得本路提調錢糧官總管姚文龍各項移借官錢等事。取訖備細招伏，移牒本道，申履行臺照詳外，誠恐本官令親人赴上妄行陳告，不知在此事情，合先將各各所招移借事目開呈，乞照驗事。得此。移准行臺咨：於至元二十八年十一月二十日，奏過事内一件：行臺官人每與將文書來：江西臨江路總管姚文龍小名的人，與了六件招。於官庫内借出鈔一千四百四十五定、絲三百斤。更管着底縣裏，科歛了鈔九十一定一十三兩五錢。這錢都追了也。俺商量得：與偷官錢一般，他根底斷七十七下，永不叙用。更他伴當岑忠小名的同知招伏了二件，於官庫内借出鈔一百五十二定。他根底斷五十七下，永不叙用呵，怎生？奏呵，那般者。麽道，聖旨了也。

《元典章》卷四七《刑部·諸贓·侵使·税官侵使課程》　大德七年六月初九日，御史臺承奉中書省劄付：

刑部呈：准吏部關：武昌路税務大使孫桂等，欺隱侵使增餘課程四定二十五兩。廉訪司以不枉法，三十七下，解見任，别行求仕。本部議得：孫桂等節次侵使中統鈔四定三十三〔八〕兩内，廉訪司元徵四項鈔四定二十五兩，今次續照出一項與董詢納課支用鈔一十三兩，計折至元鈔四十七兩六錢，即係枉法。每人該至元鈔一十五兩八錢六分，去零，係一十貫以上，依例合決五十七下，解見任，期年之後降先職一等。廉訪司依不枉法例斷罪，别無定奪。所據各人職役，擬合比例，期年之後降叙相

應。具呈。都省准呈，仰照驗施行。

《元典章》卷四八《刑部・諸贓・回錢・知人欲告回錢》 延祐二年二月江南行臺准御史臺咨：

承奉中書省劄付：來呈：備監察御史呈：廣寧路同知耶律哈剌孫取受行使僞鈔人石抹君寶至元鈔六十貫，閭陽縣主簿李榮亦取受訖本人至元鈔一十貫，聞知欲告，回付過錢人傳改驢收管。取訖招伏，罪經釋免。送刑部議得：諸官吏及有出身人等，因事受財，未發而自首及回付者，當許自新，准首原罪。其知人欲告，回主及有自首，蓋因事不獲已，即非悔過，合依已擬減罪二等科斷。罪既經斷，似難復任。合准御史臺所言，解見任，別行求仕。如蒙准呈，照會相應。都省准擬，依上施行。

《元典章》卷四八《刑部・諸贓・過錢・禁治過度錢物》 中書省：

至元十九年十二月初一日奏，如今斷底勾當，斷底哏長了有，與肚皮勾當有三件：一件，有勾當底人將着錢物，轉托他人過度有，過度錢物的人，不令管公事人知，將元與錢物昧落，却於元與錢物人處説稱與了也。一件，有勾當底人將着錢物，轉托他人過度有。過度錢人於管公事人處説知有。管公事人道：那錢則你根底放者。候事了呵，我要。一件，有勾當底人，爲管公事底人不要人錢上，故意將錢物與一個人將着，做過度一般，將管公事人贓謀底，也有。如今這般底人每，事發時分，錢誰的房子裏出來呵，只問那人並與錢人根底要罪過（着）〔者〕，這般要罪呵，其（問）〔間〕過度錢行踏人每也無去也，麽道，奏呵，奉聖旨：是有。那般交行者。欽此。

《元典章》卷四八《刑部・諸贓・過錢・僧人過錢察司就問》 大德十年十月，行臺准御史臺咨：

浙西道廉訪司申：僧人陳告軍民官吏不公，及百姓因事告論，中間貪婪者巧生奸計，結搆一等不奉釋教僧人，經手接受過付錢物。事敗，若與僧司一同追問，所置司在窵遠，必是虚調文移，事干取受，如從臺察隨即勾問，不惟革去前弊，亦使早得結絶。係爲例事理，呈奉中書省劄付：送刑部議得：若准御史臺所擬相應。然係合行聞奏事理，仰就便施行。移准御史臺咨：大德十年六月二十三日，本臺官奏過事内一件：江南行臺官人每文書（見）〔裏〕説將來：勾當裏行的官吏，問人要肚皮，干礙着和尚每過付見證呵，事發之後，爲是和尚麽道，約會他本管的頭目問呵，於事有窒，不能結絶有。麽道俺商量來：要錢的人這般使見識，教和尚每過付錢物。和尚每自己的道子裏不行，官吏每的見識裏過錢行呵，和尚每的勾當裏不同有。他每的別勾當裏不干預，似這般過錢的和尚每有呵，不交約會和尚（麽）〔每〕的頭目，則交監察、廉訪司就便依例取問呵，怎生？又在前這勾當也聞奏上位來。要錢的人每見識有。如今和尚、先生每根底，這勾當裏休犯者。麽道，行文書禁約呵，怎生？奏呵，奉聖旨：那般者。欽此。

《元典章》卷四八《刑部・諸贓・過錢・過錢尅落入己》 延祐三年四月，行臺劄付：

近據王允中告到：前充杭州路司吏。爲仁和縣民户范賓興告允中接受本人退狀中統鈔四定，過付一般司吏鮑居敬，數内尅落訖二定入己。在後遷充平江路，事發，蒙浙西道取招伏，擬斷不敘。切照允中止是過付，比例告乞施行。得此。移准御史臺咨：呈奉中書省劄付：送刑部議得：王允中所招，前充杭州路司吏時，於至大四年七月二十二日，將范賓興行求與本路司吏鮑居敬中統鈔四定内，尅落二定入己。終非因事取受，罪遇原免，合依已擬，令本人別行求仕相應。具呈照詳。都省准擬。

《元典章》卷五四《刑部・雜犯・擅科・民官影占民户》 至元九年御史臺：

提刑按察司申：察到太原路平晋縣隱藏闌當等一十一户，取到本縣官吏招伏。呈奉中書省劄付該：送户部議得：達魯花赤押里正、縣尹孫義所招罪犯，各擬罰俸一月。主簿趙克讓所招，擬罰半月。司吏郭瑞所招罪犯，擬將本人笞四十七下，依舊勾當。都省准擬。除外，仰行下各道提刑按察司，更爲體察施行。

又

至元二十年，御史臺咨：據河北河南道提刑按察司申：察知鄭州〔達魯〕花赤、管城縣官，將軍民户耿順等占破，令各户供送柴草、粟麥等事。取到各官招伏。呈奉中書省劄付：送刑部議得：如不係格後，擬決下項杖數，仍解見任，期年降先職一等叙用。承此。咨請如有占破户計，用心體究施行。

鄭州達魯花赤紐憐，係蒙古人氏。狀招：占破軍民人户耿順，除免雜泛夫役，令各户供送訖小麥二十七石一斗、粟一十九石八斗、白米五升、大麥一石、稻穀一石、大紙一千五十張、柴四百五十個、草七百七十個罪犯。決二十七下。

管城縣縣尹李濟狀招：占破張順等一十五户，供送訖小麥六石六斗、粟六石、白米一石、黑豆一石、草六百三十個、粉一裹、斜皮一箇，及科與軍户計置鈔造曆日紙罪犯。決二十七下。

又

至元三十年，御史臺咨：據山東廉訪司申：益都路軍户王讓告：本司達魯花赤忙兀歹隱占張螺子等三户，每月供送油三斤、柴三驢、菜二筐。照依逐月時估，追到中統鈔一百三十八兩三錢三分，先行給付各户收訖。取到本官招伏是實。得此。本臺議得：忙兀歹所招，決擬三十七下，解見任，别行求仕。除外，咨請行下合屬禁約，常切體察施行。

《元典章》卷五六《刑部・闌遺・孛蘭奚・孛蘭奚鷹犬》 大德六年□月，御史臺咨：承奉中書省劄付：

准蒙古文字該譯：中書省官人每根底，答失蠻，塔剌海言語：年時奏了，孛蘭奚鷹鶻、狗隻拘收呵，怎生？奏呵，拘收者。麽道，聖旨有呵，行文字來。限内不曾送納將來有。如今，十月十五日，孛蘭奚鷹鶻、狗隻，交送納將來這裏者。這般説與了。不送納來，後頭事發，或有人首告呵，依先御寶聖旨裏有的，他每省的也者。這般行文字，孛蘭奚鷹鶻、狗隻，限内不送納呵，後頭首告的人有呵，俺上位奏也者。准此，照得先欽奉聖旨節該：孛蘭奚鷹犬，迷兒火者、不荅失里兩箇根底不交收拾，背地裏飛放的打三十七下，斷没一半者。欽此。

《元典章》卷六〇《工部・役使・祗候人・差官起解錢帛等物》 大德十一年正月江浙行省：

照得諸路户口衆多要，錢糧浩大，刑名詞訟事務至繁，牧民之官不可使之曠闕。近年以來，凡起錢帛及諸物，無問大小輕重，差親民正官，其官廉正自守，無以計囑，頻受差遣者有之；同僚不協，各植私黨，設計差出者有之；或避繁難，或幹己事，自求差出者有之。是皆徇私忘公，豈以牧民爲念？不惟妨悞官事，又且虚負站船分例，深爲未便。省府議得：各處每遇起解諸項錢物、合燒昏鈔、常課段疋、軍器雜造，元定限期皆不過次季孟月十五日以裏到省。今後數項通作一運，於（事）員多去處，從公差官一員總行起解。其餘事非急切，無得作亂差委。長官、捕盗官非奉省府明文，尤不得擅自差遣。違者，當該官吏並行決罰。合下仰照驗，依上施行，仍具依准呈省。

《元典章新集至治條例・國典・詔令・至治改元詔》 延祐七年十（一）〔二〕月初（二）〔一〕日，上天眷命，皇帝聖旨：朕祗遹貽謀，獲承丕緒，念付託之惟重，顧繼述之敢忘。爰以延祐七年十（一）〔二〕月初（二）〔一〕日，被服衮冕，恭謝于太廟。既大禮之告成，宜普天之均慶。屬兹踰歲，用易紀元，于以導天地之至和，于以法《春秋》之謹始。可改延祐八年爲至治元年，所有便民事宜，條列於後。

一、國家經費，皆出於民。近年以來，水旱相仍，艱食者衆。其至治元年丁地税糧，十分爲率，天下普免二分。合該包銀，除兩廣、海南，權宜倚閣，其餘去處，減免五分。

一、大都、上都、興和三路，供輸繁重，自至治元年爲始，合着差税，全免三年。腹裏被灾人户，曾經廉訪司體覆者，下年絲料與免三分。燕南、山東、汴梁、歸德、汝寧灾傷地面，應有河泊，無問係官、投下，並仰開禁，聽民採取。若有元委抽分頭目人等，截日革去。

一、諸人侵欺盗用失陷短少減駁合追係官錢糧，如在延祐七年三月十一日詔書已前，已有追理文案者，先將奴婢財産盡數准折入官，不敷之數，體覆明白，並從釋免。若有不盡不實，從監察御史、肅政廉訪司體察。已徵入主典之手者，不在此限。

一、回回、漢人、南人典（賣）〔買〕到蒙古子女爲軀者，詔書到日，分付所在官司，應付口糧，收養聽候，具數開申中書省定奪。

一、百姓流移，蓋非得已。如欲復業者，所在官司官給行糧。應有在前拖欠差發、課程，並行倚閣。元抛事産，全行給付，仍免差税三年。其腹裏百姓因值灾傷，典賣兒女，聽依元價收贖。

一、諸奕軍人，征戍勞苦，加以管軍官、奥魯官司非理侵漁，消乏者衆。漢軍貧難，已告到官者，仰樞密院從實分揀，合併存恤。管軍官放錢，違例多要利息及翻倒文契者，詔書到日，盡行倚閣。和林、甘肅、雲

南、四川、福建、廣海鎮守新附、漢軍，除常例外，每名給布一疋。病者，官給醫藥。死者，給燒埋中統鈔二十五兩，拘該州、縣憑准管軍官印署公文，於本處課程錢内隨即支付，候有同鄉軍人回還，就將骸骨送至其家。違者，監察御史、肅政廉訪司嚴加糾察。其餘合整治事理，仰樞密院續議舉行。

一、站赤消乏，蓋用差使頻併，今後諸衙門并諸王、公主、駙馬各枝兒，常加撙節，如有必合差人馳驛幹辦公事，斟酌應付，務從省減。一切關防約束事理，悉從舊制，脱脱禾孫用心盤詰，違者隨申本道廉訪司，究問。通政院給馬之際，若有不應差人，及多餘濫給鋪馬者，嚴行斷罪。

一、煎鹽、煉鐵、運糧舡户，較之其它，尤爲勞苦。户下合該雜泛差役，自至治元年爲始，優免三年。其腹裏煽辦鐵課，既敷支用，下年權且住煽，以舒民力。

一、經過軍馬營帳，圍獵飛放昔寶赤、八兒赤并喂養馬駝人等，如無部省部明文，並不得於百姓處取要草料、酒食等物，縱令頭疋損壞田禾樹株。如違，所在官司就便追斷，重者申聞。若有司不爲理問，監察御史、肅政廉訪司並行糾治。

一、雲南、四川、福建、廣海之任官員，已有給驛定例。到任之後，不幸病故，抛下家屬無力出還，窮困遠方，誠可哀憫。仰所在官司取勘見數，應付元去鋪馬車舡，仍給行糧，遞送還家。如有典賣親屬人口，並聽完聚，價不追還。永爲定式。

一、諸色課程，各已有定額，商税三十分取一，不得多取，已有定制。今有司考較，於正額、增餘之外，又求羨餘，苟非多取於民，彼將焉出？仰將延祐七年實辦到官數目爲定額，已後辦出增餘，增自作增，額自作額。

一、均平賦役，乃民政之要。今後但凡科着和雇和買、里正主首一切雜泛差役，除邊遠出征軍人及自備首思站赤外，不以是何户計，與民一體均當。諸位下、諸衙門各枝兒頭目及權豪勢要人等，敢有似前影蔽占恡者，以違制論罪。州、縣正官用心綜理，驗其物力，從公推排，明置文簿，務使高下得宜，民無偏負。廉訪分司所至之處，嚴行照刷，違者究問。在前若有免役聖旨、懿旨，並行革撥。

一、天下之大，機務惟繁，博采輿言，庶能周悉。自今諸内外七品以上官，有偉畫長策，可以濟世安民者，實封呈省。如其可用，優加旌擢，諸人陳言，並依舊例。

一、守令賢否，民之休戚所係，必得其人，乃能宣化。比者舉劾殿最，掌任臺察。今徒知黜貪而不知揚善，殊失懲勸之道。今後從監察御史、肅政廉訪司官，於常選人中每員歲舉可任守令者二人，並須指陳廉能實跡。色目官初舉，漢官覆察；漢官初舉，色目官覆察。限次年三月以裏，申臺呈省，籍其姓名，以備擢用。既用之後，驗其政績成敗，與元舉官同示賞罰。違期不舉，罪亦及之。

一、比歲設立科舉，以取人才，尚慮高尚之士晦跡丘園，無從可致。各處其有隱居行義、才德高邁、深明治道、不求聞達者，所在長官具姓名行實，牒報本道肅政廉訪司覆察相同，申臺呈省，聞奏録用。

一、封贈之制，本以激勸臣下。比因泛請者衆，遂致中輟。今命中書省從新設法，議擬舉行，毋致冗濫。

於戲！奉先思孝，式昭報本之誠；發政施仁，聿廣錫民之福。咨爾有衆，體予至懷！故茲詔示，想宜知悉。

《元典章新集至治條例・吏部・官制・職官・長官首領官提調錢糧造作》

至治二年袁州路抄到。至元二十四年六月，奉江西行省劄付：准尚書省咨該：會驗前省各界，自中統元年至今，多有未納虧欠錢糧等物。除已照勘另行聞奏外，自立尚書省爲始，合辦納差發、課程、税糧等錢物，若不從新委官提調，切恐依前拖欠，深爲未便。都省移咨，委自各道宣慰司官、轉運司官、各處達魯花赤、長官，并掌司首領官，常切提調，如長官有故，以次正官依上提調。將應合納差發、税糧、金銀鐵冶、茶鹽、鷹隼、皮貨諸色課程，及造作、和買諸物，須要照依原定限次，赴所指倉庫送納數足。仍將收支、見在錢糧數目，每月一次明白結轉赤曆，及開申行省，每季類咨都省。仍令上項已委路官時復點勘倉庫見在，如中間但有短少或拖欠不納錢糧之人，枷項號令，依條追斷。若已委官不爲用心提調關防，取招擬罪咨來。如行省、宣慰司官提調不嚴，定須聞奏施行。若有任滿官員，界内實合納錢糧却有拖欠數目，無礙給由。如有看循，故行給與解由者，定勒陪納拖欠錢糧，更行究治施行。准此。

仰施。

《元典章新集至治條例・户部・錢糧・關收・萬億庫收堪中支持鈔》

至治元年二月□日，江西行省准中書省咨：户部呈：萬億寶源庫申：奉符文：奉省判：爲甘肅和糴價中統鈔二十萬定，令本庫揀擇料鈔起運。承此。於應有諸名項并寄庫鈔内揀擇起運，又行起運二十萬定。爲此，照得本庫先收各行省、鹽運司并諸路諸名項鈔内，多有與街市行使鈔樣一體，不堪支持。今兩淮鹽運司解到中統鈔一百五十餘萬定内，已起上都八十萬定，又撥換起運和林五十萬定。今於見收諸名項鈔内，選起甘肅二十萬定。若不申覆，誠恐各處依前將課程并諸名項錢，不行委官監臨提調收受，依前起解不堪支持鈔定前來卑庫，難以支持。申乞施行。得此。本部議得：萬億寶源庫申：各處行省與鹽運司、諸路解到諸名項鈔定，多與街市行使一體鈔樣，不堪支持。蓋是各處提調正官不爲用心親臨監收，以致如此。參詳：今後各處凡收課程諸名項鈔定，須要提調正官親臨監收堪中支持無昏爛鈔定，赴都交納相應。具呈照詳。得此，咨請依上施行。

《元典章新集至治條例・户部・錢糧・侵盜・教授直學侵使學糧》

延祐三年十一月□日，江西廉訪司奉行臺劄：准御史臺咨：

來咨：湖北廉訪司申：慈利州儒學教授張子仁、直學史直諒等，權官醫學正鄧濟等，侵用訖本學延祐元年學糧，及取受訖學佃户郝再海等鈔定。取訖招伏，除醫學正鄧濟斷訖外，所據張子仁侵使係官錢糧，依十二章不枉法例，決杖八十七下，恐涉太重。如將張子仁量決四十七下，解見任，别行求仕，直學史直諒、司吏黄嗣先，決三十七下，革去，伏慮未當。咨請照詳。准此。呈奉中書省劄付：送據刑部呈：照得元貞元年三月十二日，承奉中書省劄付：御史臺呈：程夢符告提舉陳臧侵使學糧，取到招詞，欽遇詔赦，送本部議擬得：儒學提舉陳臧所招，除輕罪外，止據不合將至元二十九年上半年本司合該紙劄錢、稻穀一百石支要入己，又將理問所給付到元追本司侵使南陽書院贍學錢鈔二十三定，并肅英發等處元收管錢鈔七定四兩五錢，計中統鈔三十定四兩五錢入己，即係枉法，已是贓滿，罪經原免，擬合依例罷職，除名不叙，標附過名。都省准呈，仰依例標附施行。奉此。又照得延祐二年十一月二十七日，欽遇詔赦，除欽遵外，奉此。本部議得：各處廟學錢糧，供給師生廪膳、朔望春秋祭祀。其主領教官人等，往往恣意冒濫支破，侵盜入己，雖有禁條，别無定例。若依枉法不叙，難同係官倉庫錢糧。如解見任别叙，是又大啓倖門，助滋奸弊。以此參詳：慈利州儒學教授張子仁所招，不合與直學史直諒等，節次將本學錢糧通同冒破，侵使入己罪犯，合依行御史臺所擬，除輕罪外，止據一節不合將支用未盡錢糧中統折至元鈔五十貫侵使入己爲重，依不枉法例，二十貫以上至五十貫，五十七下，殿三年，注邊遠一任。罪輕釋免，擬合依上殿叙。外據直學史直諒等，革去不叙相應。具呈照詳。都省仰依上施行。

《元典章新集至治條例・户部・錢糧・侵盜・延祐七年革後稟到錢糧》　延祐七年八月□日，江西廉訪司奉〔行〕臺劄：准御史臺咨：奉中書省劄付：

來呈延祐七年三月十一日革後稟例，送刑部照擬到下項事理。都省准呈，仰依上施行。

一、關出倉庫合給散軍匠等口糧、物料錢、衣裝，窮暴〔錢〕、竈户工本，和買物價，和雇脚錢，并官降百姓出過首思、馬疋草料等錢，其侵借剋落、冒名支給事發到官已承伏者，罪遇原免，錢物合無徵納給散？未承伏者，合無追給？刑部照得延祐四年二月十二日呈准中書省劄付：已關出倉庫應合給散軍匠口糧、物料錢、衣裝，窮暴〔錢〕、竈户工本，和買物價，和雇脚錢，并官降百姓出過首思、馬疋草料等錢，官吏人等冒名支請，全未給散者，既係已出倉庫合給散百姓錢物，難同係官正數，擬合追徵給散。中間剋落之數，已有承伏者追徵給主，未承伏者欽依革撥。已經照會。今承見奉，本部議得：上項事理，合依前例一體施行相應。

一、各站支持，頭目人等查照出各年不應虚揑使臣起數，經過作宿，以從作正，冒支過首思、米麵等錢物，追徵之際，欽遇詔赦免罪，合無着落追理？未經查照者，未審合無挨照接站理算追徵，唯復止將革後數目照刷？刑部議得：各站官降支持錢物、祗應，頭目人等虚揑使臣起數，及經過作宿，以從作正，冒支首思、米麵等物，既是係官錢糧，已未承伏，俱合查照追理相應。

一、諸局院頭目剋落織造段疋、絲料價錢，罪經原免，合無追理？

刑部議得：諸局院頭目剋落織造段疋、絲料價錢，既是係官錢物，擬合欽依追問徵理相應。

一、諸官吏人等，延祐七年三月十一日已前冒破、多估、欺隱、剋落入己係官錢物，合無依例追問？刑部議得：延祐七年三月十一日已前官吏人等冒破、多估、欺隱、剋落入己係官錢物，比之短少，情犯尤重。既是係官之數，已未承伏，俱各欽依追問徵理斷罪相應。

又

至治元年九月□日，福建廉訪司奉江南行臺劄付：

近據來申：爲稟通例事，移准御史臺咨：開到各項事理，已經遍行去訖云云，見贓賄例。

一、諸人告發倉官人等結攬輕賫、飛走官糧，革前承伏，已、未徵贓，或對證未有招伏，不見合無追斷？前件，照得延祐七年三月十一日欽遇詔赦節該：侵盜、短少係官錢糧不赦外。欽此。又照得延祐七年十二月初一日，欽奉詔書内一款：諸人侵詐盜用，云云，至已徵入主典之手者，不在此限。欽此。今承見奉，本部議得：諸人告發倉官人等結攬輕賫、飛走官糧，擬合欽依詔書事意施行。

《元典章新集至治條例·刑部·雜例·延祐七年革後稟到通例》延祐七年八月□日，江西廉訪司奉行臺劄付：准御史臺咨：奉中書省劄付：

延祐七年三月十一日，欽奉詔赦。除欽遵外，參詳：諸人言告官吏人等取受不公等事，合定通例。具呈照詳。送據刑部照擬到合行事理，都省仰依上施行。

一、諸人言告官吏人等取受不公，已有招伏，罪經釋免，未追給没贓物并自首未納之數，合無追徵、黜降？刑部照得延祐四年二月十二日准中書省劄付：官吏人等取受不公，已有招伏，罪經釋免，未追給没贓物并自首未納之數，擬合追徵。未有招伏者，欽依革撥。已經照會，今承見奉，本部議得：上項事理，合依前例一體施行相應。

一、諸人（告言）〔言告〕，官吏人等取受不公，犯在延祐七年三月十一日以前，發在以後，詔書未到，取訖招伏，追贓之際，罪經釋免。職役并未追贓物合無追徵，黜降殿叙？刑部照得延祐四年二月十二日呈准中書省劄付：御史臺呈，云，至大四年，犯在格前一款。已經照會。今承見奉，本部議得：上項事理，合依前例一體施行相應。

一、諸人言告官吏人等取受錢物，衆證明白，避罪在逃，罪經釋免，合無依例追徵、殿叙？刑部照得，延祐四年二月十二日呈准中書省劄付：照得大德五年正月十一日御史臺奏過事内一件，云，至大四年照出避罪在逃例。已經照會，今承見奉，本部議得：官吏人等取受錢物在逃，合同獄成。罪經釋免，依例罷職殿叙。其未招贓物，格前既無取到招伏，擬合免徵相應。

一、諸官吏因差管押官物，取要納物人等起發等錢，事發取訖招伏，追贓到官，罪經原免，職役未審合無黜降？刑部（議）〔照〕得延祐四年五月十七日呈准中書省劄付：官吏因差管押官物，取要納物人起發等錢，已招明白，追贓到官，罪遇原免。所據職役，驗事輕重依例議擬相應。已經照會。今承見奉，本部議得：上項事理，合依前例一體施行相應。

一、局院站赤百户頭目、里正、主首、牙行人等，因而取要錢物，取訖招伏，斷罪追贓，累經釋免，後奉通例，革前已有招伏者依例追徵，行移有司追解，杖限徵納，别無折挫，體覆是實，數年不能結絶。似此之類，合無免徵？刑部照得延祐四年五月十七日，呈准中書省劄付：本部先呈准中書〔省〕劄付，本部元呈：官吏人等取受不公，已有招伏，罪經釋免，依例黜降。未追給没贓物并自首未納之數，擬合追徵。未有招伏者，欽依革撥。都省准擬。奉此。本部議得：合依前例，一體施行。如委無折（折）挫，體覆是實，免徵相應。已經照會。今承見奉，本部議得：上項事理，合依前例一體施行相應。

一、官吏人等於所管户内減價買物，取訖招伏，元買物貨已行銷用，欽奉詔赦遇革，合無比依前例，照依市價，虧欠之數追給？刑部照得延祐四年五月十七日呈准中書省劄付：官吏人等於所管户内減價買物，已有招伏者，罪經釋免，虧欠價錢依數追給。未招伏者，欽依革撥，原價難議没官。已經照會。今承見奉，本部議得：上項事理，合依前例一體施行相應。

一、諸被彈劾贓污、不公不法、不勝職任官吏，章已到臺，并各道廉

訪司照勘未經回文，合無荅報完備，比例標附解降？刑部照得延祐四年五月十七日呈准中書省劄付：先呈准中書省劄付：被彈贓汚、不公不法、不勝職任官吏，罪經釋免，擬合依上照勘明白，至日依例定擬。已經照會，今承見奉，本部議得：上項事理，合依前例一體施行相應。

一、各站提領、頭目，將官降本站支持首思錢本關支出庫，給散中間，指以營幹在站公事，將上項鈔定不行給散人户，於上下官府關節破使。自首到官，指出受錢官吏。勾問間，欽遇詔赦，欽依革撥。元告錢物，合無着落告人追徵給散？刑部議得：各站提領、頭目，將官降支持錢物指以營幹在站公事，不行給散人户，恣意剋除，於上下官府破使，首告到官，指出受錢官吏，未經勾問，欽遇革撥。所指元告錢物，既擬自首到官，難議追徵，擬合革撥相應。

一、官吏人等因事取受錢物，聞知欲告，回付本主，出首到官，取訖招伏，議罪之際，欽遇釋免。外據職役，例解見任，别行求仕。如犯贓多事枉，其罪例減二等釋免，所有職役，合無依枉法定例不叙或黜降殿叙？唯復止依前例，解任求仕？刑部照得延祐四年五月十七日，呈准中書省劄付：照得延祐元年閏三月初五日承奉中書省劄付：本部元呈，云，知人欲告通例。已經照會，今承見奉，本部議得，上項事理，合依前例一體施行相應。

一、軍官因公齊斂盤纏，犯在延祐七年三月十一日以前，取訖招伏，罪經釋免。據職役并已招未追贓鈔，未審合無追徵黜降？刑部照得延祐四年五月十七日，呈准中書省劄付：軍官因公齊斂盤纏，革前取訖招伏，罪經釋免，已招贓物擬合追徵，職役照例議擬。已經照會，今承見奉，本部議得：上項事理，所犯不一。已招贓鈔，合依前例追徵外，據職役，量事輕重，比例定擬相應。

又

至治元年九月□日，福建廉訪司奉江南行臺劄付：

近據來申，爲稟通例事。移准御史臺咨，開到各項事理，已經遍行去訖。外據未准回報事件，節次移咨御史臺照詳。去後，今准咨該：呈奉中書省劄付：送據刑部呈：照勘到各項事理，本部逐一議擬，開呈照詳。得此。准呈。都省今開前去，合下，仰照驗施行。

一、官吏人等革前取受，已經追斷，前赴上司稱冤，行移照勘，取問未完，合無革撥，惟復别有區處？前件，照得，延祐七年五月十二日承奉中書省劄付：御史臺呈：奉中書省劄付：延祐七年二月十三日啓：帖木迭兒太師右丞相、阿散丞相等衆省官商量了，教啓有。一件：内外被枉斷來麽道，俺根底稱冤，告的多有。辦大勾當其間，相耽悮了去也。似這般稱冤的人每，教臺裏告者麽道，去年開讀了聖旨有來。將他每告來的狀子，與將臺裏去，今後若有告的人呵，教臺裏告呵，怎生？啓呵，奉令旨：那般者。敬此。都省除外，敬依施行。奉此。於延祐七年四月初四日，本臺官帖木兒不花大夫、咬住侍御、佟侍御、納赫樞治書、帖木哥殿中等奏：薛禪皇帝以來累朝皇帝聖旨：稱冤的人有呵，御史臺裏告者。外頭有的，行臺裏告者。麽道，被問來的官吏每稱冤呵，將他每元斷的是的，合分揀有。省部家一概定擬，革前稱冤的，但是曾行移文字照勘，其間遇赦呵，便教還職者。麽道，行來的上頭，做賊説謊的人每厮做學着，要肚皮的緣故，是這般有。爲那般上頭，曾經斷罷了的人每，不問遠年近年，都來稱冤，好生紊亂紀綱法度有。革前稱冤的，果有冤抑呵，照勘明白分揀，無冤抑的，依着已結正了的行。俺先皇帝根底奏了，交做體例，與了省家文書來。昨前告省的十二紙稱冤的狀子，他每上位根底奏了。分付將來，教俺分揀者。今後告的人有呵，御史臺裏告者。麽道，與將文書來有。如今，俺依着已了聖旨分揀着，合教行臺裏、各道廉訪司裏、省部裏照勘，行文書有。省家又與將四紙告省稱冤的狀子來。與體例不厮似有。將那狀子退與元告的人每。今後赦前不曾陳告受理的，交分揀呵，與大勾當好窒礙有。似那般的，合革罷了〔体〕〔休〕問。赦後稱冤的有呵，依着在前體例裏，交臺裏告，分揀也者。别了的人每根底，要罪過。這般做體例交行的，上位識者。奏呵，奉聖旨：那般者。赦前的問者。赦後稱冤的，依着在先體例問者。這裏有的，臺裏告者。外頭有的，行臺裏告者。行臺裏告了不受狀子呵，您根底告者。麽道，聖旨了也。欽此。具呈照詳，欽依施行。得此。都省合下，仰照驗欽依施行。承此。今承見奉，本部議得：官吏人等革前取受已經追斷稱冤事理，擬合欽依中書省、御史臺奏奉聖旨事意施行相應。

一、官吏取受已招未納之贓，累徵家私消乏，無可折納，及有犯人身

死，家屬貧窮，體勘是實，合無免徵？前件，照得大德三年七月二十日承奉中書省判送，御史臺呈：追問得安寧州通事何祐，因事取受䝱二伯三十五索。除已追外，有未追五十索，本人身故，家貧無可折納。看詳：官吏已招枉法不枉法未納錢物，既已身死，合無追徵？乞照詳。送本部：照得大德三年四月二十九日承奉中書省劄付：本部元呈：奉省判：御史臺呈：鎮守杭州千户衆家奴，於軍户處托散布疋，齊斂錢鈔。又於大德三年，爲頭要訖高楊等鈔，不令應當軍役。追問，欽遇詔恩。除衆家奴空名代軍依例追問外，據已招未納不枉法齊斂錢物，不見合無追徵。呈乞照詳。送本部照擬得：千户衆家奴已招不枉法齊斂錢物，欽遇詔恩，擬合欽依革撥。得此。都省議得：衆家奴齊斂錢物，既已承伏，罪經釋免，擬合追徵。除外，合下，仰照驗施行。承此。除外，今承見奉，本人身死，例合追徵。既家貧無可折納，合令合屬照勘，委無折剉，免徵相應。都省准擬，除外，合下，仰照驗，照會施行。承此。今承見奉，本部議得：官吏取受，已招未納之贓，既是累徵家私消乏，無可折挫，及犯人身死，家屬貧窮，合從所屬官司體勘是實，免徵相應。

一、各處院務財賦諸衙門，除正課外，欺隱附餘課鈔，事發到官，未審比同係官錢糧，合無追問？前件，照得，大德八年七月，承奉中書省劄付該，隨處院務湖泊辦課人員，欺隱合辦正課，依枉法論罪。侵使增餘錢數，如依不枉法例定擬，似爲平允。都省議得：院務湖泊辦課人員，侵使增餘額外錢數，既是難同枉法，臨事詳情輕重論罪。餘准所擬施行。又照得延祐七年五月二十日御史臺呈：諸人告言官吏人等取受不公云云。承此。已經遍行照會。今承見奉，本部議得：院務財賦諸衙門官吏，正課已行辦足，欺隱附餘課鈔，終非係官正數。如犯在延祐七年三月十一日已前，取訖招伏者依例追徵，未有招伏，欽依革撥相應。

一、官吏生辰節朔、嫁娶筵會，受要司屬部民人等饋送羊酒錢物，科斂不公，及買物少價，革前取訖招伏，職役合無解任殿叙？前件，照得延祐元年三月二十九日呈准中書省劄付：來呈：奉省判：御史臺呈數内一項：諸人告言官吏人等生辰節朔、嫁娶筵會等事，受要司屬部民人等饋送羊酒錢物，及科斂不公，不係因事取受，合無追斷？本部議得：官吏生辰節朔、嫁娶筵會，受要司屬部民人等饋送羊酒錢物，及科斂不公，事有因緣，難同真犯取受，擬合欽依革撥。依准部擬。承此。已經遍行，照會了當。又照得大德六年承奉中書省判送：本部呈：泰安州長清縣尹張仲英，任内吴顯等告論不公，解由内開寫狀招六項。臺擬：張仲英係是提調課程正官，節次令人賫鈔，遍歷所屬税務辦課人等處，減價勒買絲絹，數内受要訖閣都監絹五疋并元價鈔一定。罪經釋免，擬合解見任，別行求仕。本部議得：縣尹張仲英所犯，除輕罪外，止據本官用錢於閣都監處買絹，在後收訖元價鈔一定，又要訖絹五疋。雖非因事取受，終是違例，又係提調正官不應於治下院務内受要絹疋。若准別行求仕，恐起僥倖之門，已久爲例，未便。參詳：張仲英所要閣都監絹五疋，該中統鈔一定五兩，折至元鈔一十貫，依不枉法例，二十貫以下三十七下。罪經釋免，依例殿三年，別叙相應。具呈照詳。今據見呈，蒙都堂議得：張仲英所犯，即非因事取受，合准御史臺所擬，連送刑部，依上施行。奉此。今承見奉，本部議得：官吏生辰節朔、嫁娶筵會，受要司屬部民人等饋送羊酒，科斂錢物，合准前例革撥。外據買物少價，革前取訖招伏者，依例解任別叙相應。

一、斷罷官吏冒收職田俸給，罪〔經〕釋免，合無追徵還官？前件，照得，延祐七年五月二十日呈奉中書省劄付：本部議得：延祐七年三月十一日以前，官吏人等冒破多估欺隱克落入己係官之數，已未承伏，俱合欽依追問徵理，斷罪相應。承此。已經遍行照會了當。今承見奉，本部議得：斷罷官吏冒收係官職田俸給，罪經釋免，合依前例，追徵還官相應。

一、諸衙門濫設人等取受，或百姓過付克落錢物，革前已有承伏，或犯在革前招在革後，罪經釋免，未納贓錢合無追徵？前件，照得延祐七年五月二十日呈准中書省劄付：本部呈：照得延祐四年二月十二日呈准中書省劄付：御史臺呈：官吏人等，取受不公，犯在〔革前〕，革後已有招伏，追贓之際，欽遇詔赦，罪經釋免，所〔擬〕〔據〕職役并未追贓物，自首未納之數，合無一體追徵，黜降殿叙？終無明白通例。具呈照詳。本部議得：官吏人等格前取受錢物，格後雖有取到招伏，難擬黜降殿叙。其未追贓物及自首未納之數，欽依革撥。都省除外，仰依上施行。承此。已經遍行照會。今承見奉，本部議得：上項事理，合依前例一體

施行相應。承此。今承見奉，本部議得：諸衙門濫設人等取受，或百姓過付克落錢物，革前已有承伏，罪經釋免，未納贓物合依上例追徵。外據犯在革前，招在革後，依例革撥相應。

一、屯鎮軍人月支口糧，其掌管錢糧人吏除合支正數外多計米數，支糧官司又不子細查筭，朦朧勘合下倉，支出官糧，關請司吏將多支米數，冒關入己。比之侵盜，雖是不同，緣革後事發取到招伏，冒關糧數已追到官，所犯合無原免？前件，照得延祐七年五月二十日呈准中書省劄付：本部議得：延祐七年三月十一日已前，官吏人等冒破多估欺隱克落入己係官之數，已、未承伏，俱合欽依追問徵理，斷罪相應。承此。已經遍行照會了當。（人）〔又〕照得，延祐七年十二月初一日欽奉詔書内一款節該：諸人侵欺盜用失陷短少減駁合追係官錢糧，如在延祐七年三月十一日詔書以前，已有追理文案者，先將奴婢、財産盡數准折入官，不敷之數體覆明白，並從釋免。若有不盡不實，從監察御史、肅政廉訪司體察。已徵入主典之手者，不在此限。欽此。今承見奉，本部議得：上項冒關糧數，既已追徵到官，所犯擬合（徵）〔欽〕依詔書事意施行。

一、延祐七年三月十一日已前，諸人首告漏舶事理，犯人罪經釋免，已招未納滲泄舶貨，并知情販賣轉賣多得價錢，未審合無追徵，依例給没？未事發者，合無受理追問？前件，照得延祐七年十月十六日承奉中書省劄付：本部議得：私賣漏舶物貨舶商人等，私發番船，滲泄舶貨，已招并自首未納鈔數、贓物，既是延祐七年三月十一日詔赦以前已有文案事理，招在革後，未納贓物俱合欽依免徵。都省准擬，照會了當。今承見奉，本部議得：上項事理，合依前例一體施行相應。

《元史》卷九三《食貨志・科差》 科差之名有二：曰絲料，曰包銀。其法各驗其户之上下而科焉。絲料之法，太宗丙申年始行之。每二户出絲一斤，並隨路絲線、顔色輸于官；五户出絲一斤，并隨路絲線、顔色輸于本位。包銀之法，憲宗乙卯年始定之。初漢民科納包銀六兩，至是止徵四兩，二兩輸銀，二兩折收絲絹、顔色等物。逮及世祖，而其制益詳。

中統元年，立十路宣撫司，定户籍科差條例。然其户大抵不一，有元管户、交參户、漏籍户、協濟户。於諸户之中，又有絲銀全科户、減半科户、止納絲户、止納鈔户；外有攤絲户、儲也速解兒所管納絲户、復業户，并漸成丁户。户既不等，數亦不同。元管户内，絲銀全科係官户，每户輸係官絲一斤六兩四錢、包銀四兩，全科係官五户絲户，每户輸係官絲一斤、五户絲六兩四錢，包銀之數與係官户同，減半科户，每户輸係官絲八兩、五户絲三兩二錢、包銀二兩，止納係官絲户，若上都、隆興、西京等路十户十斤者，每户輸一斤，大都以南等路十户十四斤者，每户輸一斤六兩四錢，止納係官五户絲户，每户輸係官絲一斤、五户絲六兩四錢。交參户内，絲銀户每户輸係官絲一斤六兩四錢、包銀四兩。漏籍户内，止納絲户每户輸絲之數，與交參絲銀户同；止納鈔户，初年科包銀一兩五錢，次年遞增五錢，增至四兩，併科絲料。協濟户内，絲銀户每户輸係官絲十兩二錢、包銀四兩；止納絲户，每户輸係官絲之數，與絲銀户同。攤絲户，每户科攤絲四斤。儲也速解兒所管户，每户科細絲，其數與攤絲同。復業户并漸成丁户，初年免科，第二年減半，第三年全科，與舊户等。然絲料、包銀之外，又有俸鈔之科，其法亦以户之高下爲等，全科户輸一兩，減半户輸五錢。於是以合科之數，作大門攤，分爲三限輸納。被灾之地，聽輸他物折焉，其物各以時估爲則。凡儒士及軍、站、僧、道等户皆不與。

二年，復定科差之期，絲料限八月，包銀初限八月，中限十月，末限十二月。三年，又命絲料無過七月，包銀無過九月。及平江南，其制益廣。至元二十八年，以《至元新格》定科差法，諸差税皆司縣正官監視人吏置局均科。諸夫役皆先富強，後貧弱；貧富等者，先多丁，後少丁。

成宗大德六年，又命止輸絲户每户科俸鈔中統鈔一兩，包銀户每户科二錢五分，攤絲户每户科攤絲五斤八兩，絲料限八月，包銀、俸鈔限九月，布限十月。大率因世祖之舊而增損云。

《元史》卷九三《食貨志・税糧》 元之取民，大率以唐爲法。其取於内郡得，曰丁税，曰地税，此做唐之租庸調也。取於江南者，曰秋税，曰夏税，此做唐之兩税也。

丁税、地税之法，自太宗始行之。初，太宗每户科粟二石，後又以兵食不足，增爲四石。至丙申年，乃定科徵之法，令諸路驗民户成丁之數，每丁歲科粟一石，驅丁五升，新户丁驅各半之，老幼不與。其間有耕種

者，或驗其牛具之數，或驗其土地之等徵焉。丁税少而地税多者納地税，地税少而丁税多者納丁税。工匠僧道驗地，官吏商賈驗丁。虚配不實者杖七十，徒二年。仍命歲書其數册，由課税所申省以聞，違者各杖一百。逮及世祖，申明舊制，於是輸納之期、收受之式、關防之禁、會計之法，莫不備焉。

中統二年，遠倉之糧，命止於沿河近倉輸納，每石帶收脚錢中統鈔三錢，或民户赴河倉輸納者，每石折輸輕賫中統鈔七錢。五年，詔僧、道、也里可温、答失蠻、儒人凡種田者，白地每畝輸税三升，水地每畝五升。軍、站户除地四頃免税，餘悉徵之。至元三年，詔寫户種田他所者，其丁税於附籍之郡驗丁而科，地税於種田之所驗地而取。漫散之户逃於河南等路者，依見居民户納税。八年，又定西夏中興路、西寧州、兀剌海三處之税，其數與前僧道同。

十七年，遂命户部大定諸例：全科户丁税，每丁粟三石，驅丁粟一石，地税每畝粟三升。減半科户丁税，每丁粟一石。新收交參户，第一年五斗，第三年一石二斗五升，第四年一石五斗，第五年一石七斗五升，第六年入丁税。協濟户丁税，每丁粟一石，地税每畝三升。隨路近倉輸粟，遠倉每粟一石，折納輕賫鈔二兩。富户輸遠倉，下户輸近倉，郡縣各差正官一員部之，每石帶納鼠耗三升，分例四升。凡糧到倉，以時收受，出給朱鈔。權勢之徒結攬税石者罪之，仍令倍輸其數。倉官、攢典、斗脚人等飛鈔作弊者，並置諸法。輸納之期，分爲三限：初限十月，中限十一月，末限十二月。違者，初犯笞四十，再犯杖八十。成宗大德六年，申明税糧條例，復定上都、河間輸納之期。上都，初限次年五月，中限六月，末限七月。河間，初限九月，中限十月，末限十一月。

秋税、夏税之法，行於江南。初，世祖平宋時，除江東、浙西，其餘獨徵秋税而已。至元十九年，用姚元之請，命江南税糧依宋舊例，折輸綿絹雜物。是年二月，又用耿左丞言，令輸米三之一，餘並入鈔以折焉。以七百萬錠爲率，歲得羨鈔十四萬錠。其輸米者，止用宋斗斛，蓋以宋一石當今七斗故也。二十八年，又命江淮寺觀田，宋舊有者免租，續置者輸税，其法亦可謂寬矣。

成宗元貞二年，始定徵江南夏税之制。於是秋税止命輸租，夏税則輸木綿布絹絲綿等物。其所輸之數，視糧以爲差。糧一石者輸鈔自三貫、二貫、一貫，或一貫五百文、一貫七百文。輸三貫者，若江浙江省婺州等路、江西省龍興等路是已。輸二貫者，若福建省泉州等五路已。輸一貫五百文者，若江浙省紹興路、福建省漳州等五路是已。皆因其地利之宜，人民之衆，酌其中數而取之。其折輸之物，各隨時估之高下以爲直，獨湖廣則異於是。初，阿里海牙克湖廣時，罷宋夏税，依中原例，改科門攤，每户一貫二錢，蓋視夏税增鈔五萬餘錠矣。大德二年，宣慰張國紀又請科夏税，於是湖湘重罹其害。俄詔罷之。三年，又改門攤爲夏税而併徵之。每石計三貫四錢之上，視江浙、江西爲差重云。其在官之田，許民佃種輸租。江北、兩淮等處荒閑之地，第三年始輸。大德四年，又以地廣人稀更優一年，令第四年納税。凡官田，夏税皆不科。

泰定之初，又有所謂助役糧者。其法命江南民户有田一頃以上者，於所輸税外，每頃量出助役之田，具書于册，里正以次掌之，歲收其入，以助充役之費。凡寺觀田，除宋舊額，其餘亦驗其多寡令出助役焉。民賴以不困，因并著于此云。

紀事

（宋）錢若水《太宗皇帝實録》卷四三《雍熙五年二月》 己亥，詔免瀛州部民租調三年、傜役五年，以其再遭犬戎蹂躪故也。

（宋）李攸《宋朝事實》卷一五《財用》 仁宗寶元二年，陝西用兵，輔臣議節浮費，有議減百官，及軍班等俸賜者。上曰：朕所欲去者，乘輿服御，至于宫掖奢侈奇巧，無名之費，不急之用爾。國家當擇人以任職，至于俸賜，自有定制，何用紛紛裁減，以駭中外乎？可下詔申諭之。六月壬戌，詔曰：朕猥奉鴻業，深惟永圖，恭己愛人，勵精求治，欲素樸形于天下，風化始于朝廷，專命近臣，議去浮費。爰自乘輿之所御，以至宫掖之所須，盡屏紛華，□敦簡儉，若夫設官置吏，分總事聯，經武制軍，參處營衛，惟其廩稍之給，具載等差之常，務從定規，無或過議，其文武百官，及軍班等俸賜，宜令詳定所，不得輒行裁減，故茲詔示，想宜知悉。

嘉祐四年正月丁亥，詔三司：以天下廣惠倉隸司農，逐州選幕職曹官各一人專監，每歲十月，别差官檢視。老弱病疾，不能自給之人，籍定姓名，自次月一日結米一升，幼者半升，每三日一給，至明年二月止。有餘積，量諸縣大小，而均給之。六月，詔諸路轉運司，鄰路鄰州，災傷而輒閉糴者，以違制坐之。初，諫官吴及，言春秋之時，諸侯相傾，竊地專封，固不以天下生靈爲憂，然猶同盟之國，有救患分災之義也，凡外災則不書。莊公十一年，書宋大水，昭公十八年，書宋衛陳鄭災，然則皆外災也，所以書者，是亦承告之辭，而患難相恤之謂也。又莊公二十八年，臧孫辰告糴于齊，魯記之，又以鬯圭玉磬，如齊告糴，曰：不腆先君之敝器，敢告滯積，以舒職事。齊人歸其玉，而與之糴。僖公十五年，晋侯及秦伯戰于韓，獲晋侯。傳云：晋饑，秦輸之粟，秦饑，晋閉之糴，故秦伯伐晋，諸侯無書獲之例，而經書曰獲晋侯，貶絶之也。戰國之世，王道不絶如綫，一有閉糴，而春秋誅之。陛下恩施動植，視人如傷，然州郡之間，官司各專其民，擅造閉糴之令，一路饑，則鄰路爲之閉糴，一郡饑，則鄰郡爲之閉糴矣。二千石以上，所宜同國休戚，而班布主恩，坐視流離，又甚于春秋之時，豈聖朝所以子育兆民之意哉，故下是詔。

英宗嘉祐八年十二月庚寅，詔京師老疾孤窮丐者，雖有東西福田院，給錢米者，才二十四人。可即寶勝壽聖禪院，置南北福田院，并東西各蓋屋五十間，所養各以三百人爲額，歲出内藏錢五千貫給之。

始益州豪民十餘萬户，連保作交子，每年與官中出夏秋倉盤量人夫，及出修麋棗堰，丁夫物料，諸豪以時聚首，同用一色紙印造，印文用屋木人物，鋪户押字，各自隱密題號，朱墨間錯，以爲私記。書填貫，不限多少，收入人户見錢，便給交子，無遠近行用，動及萬百貫，街市交易，如將交子，要取見錢，每貫割落三十文爲利。每歲絲蠶米麥將熟，又印交子一兩番，捷如鑄錢，收買蓄積，廣置邸店屋宇園田寶貨，亦有詐僞者，興行詞訟不少，或人户衆，來要錢，聚頭取索印，關閉門户不出，以至聚衆争鬧，官爲差官攔約，每一貫，多只得七八百，侵欺貧民。知府事諫議大夫寇瑊奏，臣到任，誘勸交子户王昌懿等，令收閉交子鋪，封印卓，更不書放。直至今年春，方始支還人上錢了當。其餘外縣，有交子户，並皆訴納，將印卓毀棄訖，乞下益州，今後民間，更不得似日前置交子鋪。奉聖旨，令轉運使張若谷，知益州薛田，同共定奪，奏稱川界用鐵錢，小錢每十貫，重六十五斤，折大錢一貫，重十二斤，街市買賣，至三五貫文，即難以攜持，自來交子之法，久爲民便，今街市並無交子行用，合是交子之法，歸于官中。臣等相度，欲于益州，就係官廨宇，保差京朝官别置一務，選差專副曹司，揀掐子逐日侵早人務，委本州同判，專一提轄，其交子，一依自來百姓出給者闊狹大小，仍使本州銅印印記，若民間僞造，許人陳告，支小錢五百貫，犯人決訖，配銅錢界，奉敕令梓路提刑王繼明，與薛田、張若谷同定奪聞，奏稱自住交子後，來市肆經營買賣寥索，今若廢私交子，官中置造，甚爲穩便，仍乞鑄益州交子務銅印一面，降下益州，付本務行使，仍使益州觀察使印記，仍起置簿歷，逐道交子，上書出錢數，自一貫至十貫文，合用印過上簿，封押，逐旋納監官處收掌，候有人户，將到見錢，不拘大小鐵錢，依例準折，交納置庫收鎖，據合同字號，給付人户，取便行使。每小鐵錢一貫文，依例剋下三十文入官，其回納交子，逐旋毁抹合同簿歷。天聖元年十一月二十八日到本府，至二年二月二十日起首書旋，一週年，共書放第一界，三百八十八萬四千六百貫。景祐三年，置監官二員輪宿。皇祐三年二月三日，三司使田况奏：自天聖元年，薛田擘劃，興置益州交子，至今累有臣僚，講求利害，乞行廢罷，然以行用既久，卒難改更，兼自秦州，兩次借卻交子六十萬貫，並無見錢樁管，只是虚行刷印，發往秦州，入中糧草，今來散在民間，轉用艱阻，已是壞卻元法，爲弊至深，轉運司雖收積餘錢撥還，更五七年，未得了當，卻勒第十三界，書造交子，兑换行用，憑虚無信，一至于此，乞今後更不許秦州借支，奉聖旨依奏。熙寧元年，轉運司奏，逐界交子，十分内，紐定六分，書造一貫文，四分書造五百文，重輕相權，易爲流轉，奉聖旨依行。

蘇轍《元祐會計録序》曰：臣聞漢祖入關，蕭何收秦圖籍，周知四方盈虚强弱之實，漢祖賴之，以并天下。丙吉爲相，匈奴嘗入雲中代郡，吉使東曹攷按邊瑣，條其兵食之有無，與將吏之才否，逡巡進對，指揮遂定。由此觀之，古之人，所以運籌帷幄之中，制勝千里之外者，圖籍之功也。蓋事之在官，必見于書，其始無不具者，獨患多而易忘，久而易滅。數十歲之後，人亡而書散，其不可攷者多矣。唐李吉甫，始簿録元和國

計，并包巨細，無所不具。國朝三司使丁謂等因之，爲景德、皇祐、治平、熙寧四書，網羅一時出納之計，首尾八十餘年，本末相授，有司得以居今而知昔，參酌同異，因時施宜，此前人作書之本意也。臣以不佞，待罪地官，上承元豐之餘業，親覩二聖之新政，時事之變易，財賦之登耗，可得而言也。謹按，藝祖皇帝，創業之始，海内分裂，租賦之人，不能半今世，然而宗室尚鮮，諸王不過數人，仕者寡少，自朝廷郡縣，皆不能備官，士卒精練，常以少克衆，用此三者，故能奮于不足之中，而綽然常若有餘，及其列國款附，琛貢相屬于道，府庫充塞，創景福内庫以蓄金幣，爲殄虜之策。太宗因之，克平太原，真宗繼之，懷服契丹，二患既弭，天下安樂，日登富庶。故咸平景德之間，號稱太平，羣臣稱頌功德，不知所以裁之者，于是請封泰山，祀汾陰，禮亳社，屬車所至，費以鉅萬，而上清昭應，崇禧景靈之宫，相繼而起，累世之積，糜耗多矣。其後昭應之災，臣下復以營繕爲言，大臣力争，章獻感悟，沛然遂與天下休息。仁宗仁聖，清心省事，以幸天下，然而民物蕃庶，未復其舊，而夏賊竊發，邊久無備，遂命益兵以應敵，急征以養兵，雖間出内藏之積，以求紓民，而四方騷然，民不安其居矣。其後西戎既平，而已益之兵，遂不復汰，加以宗子蕃衍，充牣宫邸，官吏冗積，員溢于位，財之不贍，爲日久矣。英宗嗣位，慨然有捄弊之意，羣臣竦觀，幾見日新之政，而大業未遂。神考嗣世，忿流弊之委積，閔財力之傷耗，覽政之初，爲强兵富國之計，有司奉承，違失本旨，始爲青苗助役，以病農民，繼爲市易鹽鐵，以困商賈，利孔百出，不專于三司，于是經入竭于上，民力屈于下。繼以南征交阯，西討拓跋用兵之費，一日千金，雖内帑别藏，時有以助之，而國亦憊矣。今二聖臨御，方恭默無爲，求民之疾苦而療之，令之不便，無不釋去，民亦少休矣，而西夏不賓，水旱繼作，凡國之用度，大率多于前世。當此之時，而不思所以濟之，豈不殆哉。臣歷觀前世，持盈守成，艱于創業之君，蓋盈之必溢，而成之必毁，物理之至，有不可逃者，盈成之間，非有德者不安，非有法者不久。昔秦隋之盛，非無法也，内建百官，外列郡縣，至于漢唐，因而行之，卒不能改，然皆二世而亡，何者？無德以爲安也。漢文帝恭儉寡欲，專務以德化民，民富而國治，後世莫及，然身没之後，七國作難，幾于亂亡。晋武帝削平吴蜀，任賢使能，容受直言，有明主之風，然而亡不旋踵，子弟内叛，羌胡外亂，遂以失國。此二帝者，皆無法以爲久也。今二聖之治，安而静，仁而恕，德積於世，秦隋之憂，臣無所措心矣，然而空匱之極，法度不立，雖無漢晋强臣敵國之患，而數年之後，國用曠竭，臣恐未可安枕而卧也。故臣願得終言之，凡會計之實，取元豐之八年，而其爲别有五：一曰收支，二曰民賦，三曰課入，四曰饋運，五曰經費，五者既具，然後著之以見在，列之以通表，而天下之大計，可以畫地而談也。若夫内藏右曹之積，與天下封樁之實，非昔三司所領，則不入會計，將著之他書，以備覽觀焉。

蘇轍《民賦序》曰：古之民政，有不可復者三焉，自祖宗以來，論事者嘗以爲言，而爲政者嘗試其事矣。然爲之愈詳，而民愈擾，事之愈力，而功愈難，其故何哉？古者隱兵于農，無事則耕，有事則戰，安平之世，無廩給之費，征伐之際，得勤力之士，此儒者之所嘆息而言也。然而熙寧之初，爲保甲之令，民始嫁母贅子，斷壞支體，以求免丁。及其既成，子弟挾縣官之勢，以邀其父兄，擅弓矢之技，以暴其鄉鄰，至今河朔京東之盗，皆保甲之餘也。其後元豐之中，爲保馬之法，使民計産養馬，畜馬者衆，馬不可得，民至持金帛買馬于江淮，小不中度，輒斥不用，郡縣歲時閲視，可否權在醫駔，民不堪命。民兵之害，乃至于此，此所謂不可復者一也。《周官》泉府之制，凡民之貸者，以國服爲之息，貸而求息，三代之政，有不然者矣，《詩》曰：倬彼甫田，歲取十千，我取其陳，食我農人，自古有年。而孟子亦云，春省耕而補不足，秋省斂而助不給，蓋有是道矣，而未必有常數，亦未必有常息也。至于熙寧青苗之法，凡主客户得相保任，而貸其息，歲取十二，出入之際，吏緣爲姦，請納之勞，民費自倍，凡自官而及私者，率取二而得一。自私而入公者，率輸十而得五，錢積于上，布帛米粟，賤不可售，歲暮寒苦，吏卒在門，民號無告，二十年之間，民無貧富，家産盡耗，此所謂不可復者二也。古者治民，必周知其夫家田畝六畜器械之數，未有不知其數，而能制其貧富者也，未有不能制其貧富，而能得其心者也。故三代之君，開井田，畫溝洫，謹步畝，嚴版圖，因口之衆寡以授田，因田之厚薄以制賦，經界既定，仁政自成。下及隋唐，風流已遠，然其授民田，有口分永業，皆取之于官。其斂民財，有租庸調，皆計之于口。其後世亂法壞，變爲兩税，户

無主客，以見居爲簿，人無丁中，以貧富爲差。田之在民，其漸由此。貿易之際，不可復知，貧者急于售田，則田少而税多，富者利于避役，則田多而税少，僥倖一興，税役皆弊，故丁謂之記景德，田況之記皇祐，皆以均税爲言矣。然嘉祐中，薛向、孫琳始議方田，量步畝，審肥瘠，以定賦税之入。熙寧中，吕惠卿復建手實，抉私隱，崇告訐，以實貧富之等。元豐中，李琮追究逃絶，均虚數，虐編户，以補失陷之税，此三者，皆爲國斂怨，所得不補所失，事不旋踵而罷，此所謂不可復者三也。故臣愚以謂，爲國者當務實而已，不求其名，誠使民盡力耕田，賦輸以養兵，終身無復征戍之勞，而朝廷招募勇力強狡之民，教之戰陣以衛良民，二者各得其利，亦何所不可哉。富民之家，取有餘以貸不足，雖有倍稱之息，而子本之債，官不爲理，償進之日，布縷菽粟，雞豚狗彘，百物皆售，州縣晏然，處曲直之斷，而民自相養，蓋亦足矣。至于田賦厚薄多寡之異，雖小有不齊，而安静不擾，民樂其業，賦以時入，所失無幾，因其交易，而質其欺隱，繩之以法，亦足以禁其太甚。昔宇文融，括諸道客户，州縣觀望，虚張其數，以實户爲客，雖得户八十萬餘，歲得錢數百萬緡，而百姓困弊，實召天寶之亂，均税之害，何以異此，凡此三者，皆儒者平昔之所稱頌，以爲先王遺法，用之足以致太平者也。然數十年以來，屢試而屢敗，足以爲後世好名者之戒矣。惟嘉祐以前，百役在民，衙前大者主倉庫，躬饋運，小者治燕饗，職迎送，破家之禍，易于反掌，至于州縣役人，皆貪官暴吏之所誅求，仰以爲生者，先帝深究其病，鬻坊場以募衙前，均役錢以雇諸役，使民得闔門治生，而吏不敢苛問。有司奉行，不得其當，坊場求數倍之價，役錢取寬剩之積，而民始困躓不堪其生矣，今二聖鑒觀前事，知其得失之實，既盡去保甲、青苗、均税，至于役法，舉差雇之中，惟便民者取之，郡縣奉承，雖未即能盡，而天下之民知天子之愛我矣，故臣于民賦之篇，備論其得失，俾後有攷焉。

（宋）留正《皇宋中興兩朝聖政》卷九《高宗皇帝・上供折納》

〔紹興元年四月〕壬午，詔江浙諸路上供紬絹，半折見緡三千，仍易輕賫赴行在。

（宋）留正《皇宋中興兩朝聖政》卷一四《高宗皇帝・創月椿錢》

〔紹興三年六月〕自吕頤浩、朱勝非並相，以軍用不足，創取江、浙、湖南。諸路大軍月椿錢，以上供經制，係省封椿等窠名充其數。茶、鹽、錢，蓋不得用，所椿不能給十之一二。故郡邑多横賦於民，大爲東南之患。今江、浙月椿錢，蓋自紹興二年始。

（宋）留正《皇宋中興兩朝聖政》卷五三《孝宗皇帝・詔守臣躬視水災》

〔淳熙元年七月〕甲辰，詔：沿江被水之家，令守臣胡與可躬親巡門相視。既而相視到被水貧乏之家六百三十有八。詔令左藏南庫，每家支錢五貫文。仍許於沿江白地二百畝内依元來丈尺指射蓋屋居止。量入白地租錢。

（宋）留正《皇宋中興兩朝聖政》卷五七《孝宗皇帝・免夔路科買金銀》

〔淳熙六年正月〕四川制置胡元質、夔路運判韓㬇奏：夔路之民爲最窮，而諸州科買上供金銀絹三色，民力重困。所有大寧監鹽課，委有增羨。臣今與總領所及本路轉運司公共措置，已將鹽課趲剩之錢，買金銀發納總領所及茶馬司，盡蠲免九州民間歲買之弊外，有餘剩錢若干，可以盡免今年夔路諸州一年合科民間買絹之數。餘錢又可與民間，每歲貼助其費，民力可以少蘇。上曰：監司郡守興利除害，實惠及民。要當如此。並從之。趙雄奏：夔路之民最貧，韓㬇爲漕臣，措置此錢以免科擾，宣力甚多。上曰：不可不旌賞。尋加㬇直秘閣。

（宋）留正《皇宋中興兩朝聖政》卷六一《孝宗皇帝・賑江東西水災》

〔淳熙十一年五月〕乙卯，詔令江東提舉司行下建康府太平州、寧國府池州饒州、廣德軍、南康軍建昌縣，各多支常平錢米，將被水人户優加存恤。務要實惠及民，毋致失所。

（宋）留正《皇宋中興兩朝聖政》卷六一《孝宗皇帝・賑諸州水旱》

〔淳熙十一年七月〕是月，以泉福州興化軍饑，諸州水，興元府旱，並命賑之。

（宋）留正《皇宋中興兩朝聖政》卷六一《孝宗皇帝・蠲放豐儲倉米》

〔淳熙十一年十一月〕戊子，知婺州洪邁言本州淳熙八年旱歉，支降豐儲倉米五萬石賑糶。内二千一百餘石，係攬載船梢盤剥折欠，已納到六千餘貫外，净欠錢一千九百餘貫，約米五百三十餘石。乞照紹興府體例蠲放。從之。

（宋）留正《皇宋中興兩朝聖政》卷六二《孝宗皇帝・蠲會稽蘭溪借

貸》〔淳熙十二年八月〕丙子，詔浙東提舉具到淳熙十年旱傷，紹興府會稽縣下户借貸官米四百三十餘石，特蠲放。

九月甲申，詔婺州蘭溪第四、第五等人户，淳熙八年内借過常平錢收買稻種，見欠四千九百六十餘貫，可並蠲放。

（宋）留正《皇宋中興兩朝聖政》卷六三《孝宗皇帝・不許折納上供米》〔淳熙十三年〕九月庚午，進呈户部勘當到江西安撫等，乞將上供米折納價錢。上曰：誰爲此説？食與貨自不同。本是納米，今教納錢，不可。

（宋）熊克《中興小紀》卷七　宿泗等州都大捉殺使李成奏：所統軍衆，天寒無衣。今艱難之際，府庫不充。欲望量賜支絹，以激戰士。癸亥，詔户部輟二萬匹賜之。己巳。詔：朕累下寬恤之詔，而迫於經費，未能悉如所懷。今聞東南和預買絹，其弊尤甚。可下江浙減四之一，以寬民力，仍俵見錢違寘之法。

（宋）熊克《中興小紀》卷八　中書門下奏行在仰食者衆，廩粟不豐。今秋成可期，宜及時儲蓄。乃詔委諸路漕臣，廣東令褚宗諤糴十五萬石，福建令魯詹糴十萬石，各運至漳、泉、福州。仍以所部年額上供爲本錢。詹，嘉興人也。己亥，又詔宋輝糴之浙西，給銀十萬兩，度牒直十萬緡，運至華亭縣。徐康國糴之浙東，又給銀十萬兩，屬郡錢非茶鹽及朝廷寄樁者如經制折帛贍學之類，皆許爲糴本。衢、婺運至越州。越、温、台皆即其地儲之。諸統兵官非有制書而妄取，及所在州妄發與之者，皆從軍法。

（宋）熊克《中興小紀》卷一三　初，鎮江府有織羅，歲貢御服花羅數千匹。兵興罷貢，至是内藏庫舉行。守臣胡世將奏：民力凋弊，無所從出。有司劾世將違旨，府寮皆懼。世將曰：某以身任，諸公無憂。戊寅，詔罷之。上曰：軍興匱乏，豈可以御服之物爲先，且省七萬緡，以助劉光世軍也。

（宋）熊克《中興小紀》卷一四　金人之由褒、斜谷而去也，宣撫處置使司遣軍追擊，俘女真二千口。至是張浚奏捷。時副使王似纔至，而朝廷未之知也。上曰：賴敵自退，兩蜀無虞。左僕射吕頤浩曰：臣深以爲憂。今強敵自敗，皆下聖德所致，所有張浚取旨。上曰：可速其來。仍督王似廬法原之任。庚寅，曲赦川陝。令吴玠速上將士功狀。既而法原亦至，仍置司於閬州。於是總領四川財賦趙開、白似等求罷。且言自改脩茶鹽酒已壞之法，歲有常息。起建炎己酉至紹興癸丑，其收一千五百餘萬緡。兼陝西茶馱及陝西造銅錢引紐計川錢又八百三十餘萬緡。惟是官吏營私，惡其不便於己，共興謗讟以爲擾。今老矣，恐誤國事。似等知軍食方急，不可以無聞。乃疏乞因任。詔從之。自川陝屯兵一歲之用，可計者糧一百六十餘萬石，而對糴居其半。錢三千餘萬緡。而鹽酒税亦半之。此其大略也。此據鄭剛中送人序。

（宋）熊克《中興小紀》卷一五　時言者欲罷都轉運司。於是度支郎中侯懋等言：自發運司罷後，上供錢物頓失，遂改爲都漕。蓋緣以辦上供爲事。今罷此，亦可省吏之費。第諸路漕臣，又以上供移用。他時復置，即非朝廷舉措。矧自置司一歲間已增八十餘萬貫矣！第漕臣不得自便，故同忌嫉。以此見存廢利害甚明。庚子，詔從之。上以雨暘不時，又蘇湖地震，甲辰，詔中外之臣，令極言無隱。先是，諸州有積年所欠禁軍闕錢，已委逐路憲司起發。上復恐不便於民，遂諭宰執，令速蠲放。繼又手詔三省樞密院行之。大指慮有追呼禁繫。蓋以不忍人之心，行不忍人之政。至是上又曰：紹興元年以後，合樁之數，亦未須起。欲與諸路招軍令填足舊數也。

（宋）熊克《中興小紀》卷二〇　時湖北岳飛軍初置總領錢糧。戊子，詔户部郎官霍蠡爲之，於鄂州置司。初，飛一軍每月費錢三十九萬緡，歲計四百六十萬緡餘。至是前蠡申飛軍中每歲統制統領將官使臣三百五十餘員，多請過一十四萬餘緡；軍兵八十餘人，多請過一千三百餘緡。總計一十四萬餘緡。於是左正言李誼言：蠡職在出納，理當究心。然慮點檢苛細。若行改正，卻合支券錢六萬餘貫，纔省九萬緡而已。望令依舊勘支，務存大體，以副陛下優恤將士之意。蠡，武進人，端友子。誼，南昌人也。

（宋）熊克《中興小紀》卷二〇　時四川都轉運使趙開，復與制置使席益議不協，開以舊宣撫司贍軍財賦，不許他司移用。又言益截都轉運司錢，於閬利州糴米非是。又言應副宣撫使吴玠軍需，紹興四年總爲錢一千九百五十餘萬緡。五年，又增四百二十萬有奇。今蜀中公私俱困，事急可

憂。又言軍務惟錢糧最大，欲自都督府制其調發，庶無妄動枉費，以損威勢。而將兵所給，皆宜覈實，朝廷知開難與益玠共事。是月，趙開赴闕。既而益奏行轉般摺運之法雖甚利，而玠與益相疑。上下觀望，終不果行焉。

（宋）熊克《中興小紀》卷二一　先是諸路贍大軍錢，令轉運司於經制、榷酤、征商等數内，逐月樁辦。因號月樁錢。然所樁不能什之二三。餘州縣之吏臨時措畫，錙銖而積，僅能充數。一月未畢，而後月之期已迫。戊辰，户部郎官霍蠡言：月樁錢病民最甚。乞詔守臣具所樁窠名幾何，與臨時措置者若爲而辦，朝廷召諸路漕臣稟決其可否而罷行之。又江西、湖南認發岳飛軍月樁錢，亦令俱申省。

（宋）熊克《中興小紀》卷二一　上殿官趙子琇，頗知蜀中事宜。因言：今四川財貨茶鹽榷酤，與夫常賦之外，可以供公上者，經度措置，固已曲盡，在今日無復理財之策。惟有惜財之術爾，願下明詔。使主兵者念民力之易殫，凡不急支用；當有以蠲裁。典計者知戍兵之久勞，凡經費之須，務有以贍給。則兩司相通，恤民贍軍，同濟國事。丙辰，詔劄與宣撫副使吳玠、及都轉運使李迨。

（宋）熊克《中興小紀》卷二二　先是，起居郎永康樓炤言：唐重理財之職，故宰相兼鹽鐵轉運使。今若使宰相兼有司之職，則不可。若參唐制，使户部長貳兼領諸路漕權，何不可之有。蓋内則總大計之出入，外則制諸路之盈虛，以時巡行。如劉晏自案租庸，則事皆親覩，何者可行，何者可罷，斷然無復疑矣。上從之。戊子，乃詔户部長貳時輪一員出案，以攷州縣財賦。

（宋）熊克《中興小紀》卷二四　是月，四川謀帥。上問刑部侍郎胡交修，廷臣孰可將者？交修曰：臣從子世將可用。時世將爲兵部侍郎兼直學士院。遂除樞密直學士、四川安撫制置使，兼知成都府。自重兵聚關外以守蜀。而餉道險阻。漕舟出嘉陵江，春夏漲而多覆，秋冬涸而多膠。紹興初刱行陸運。調成都、潼川、利州三路夫十萬，縣官部送。徼賞争先，倍道而馳。晝夜不息，十斃三四。至是交修言：養兵所以保蜀也！民不堪命，則腹心先潰，尚何保蜀之云。臣愚欲三月以後，九月以前，第存守關正兵，餘悉就糧他州。如此則給守關者水運有餘，分戍者陸運可免。上乃命學士院述交修意，詔宣撫使吳玠行之。既而世將至蜀。玠以軍無見糧，奏請踵至。世將被旨，約玠於利州會議。異時制置使以文臣多事邊幅，而玠起行伍，不十年爲宣撫，故莫肯相下，誠意不通。初水運泝江千餘里，半年始達。率以七十五斛而致一斛。至是世將與玠反覆共論，玠亦曉然知利害所在，乃復前大帥席益轉般摺運之法。軍儲少充，公私爲便。

（宋）熊克《中興小紀》卷二六　初諸路月樁各有窠名。其後多爲漕司占留，遂不免敷民。甲子，宰執請均於諸路不得偏重。上曰：若所發窠名錢不足自合從朝廷給降，不得一毫及民。朕欲養兵，全藉民力。若百姓失業，則流爲盜矣。上知月樁之害，每每宣諭，憂形於色，此臣下所當奉承也。

（宋）熊克《中興小紀》卷二六　時經制發運司䊪糴米四十萬斛，言者以謂：舊發運使總六路財賦而餉中都。兵興以來，既無轉輸，但以糴事委之。自朝廷給本錢，無慮五六百萬緡。又諸路常平，既使香鹽司兼領，又別差主管官，有司莫知適從。今欲將發運使並常平主管官罷之。丁酉，詔去發運二字。命户部長貳一員兼領。仍別置副使或判官一員，不時巡按諸路。其常平官並改充經制某路幹辦官。尋以户部侍郎梁汝嘉，兼江、淮、荆、浙、閩、廣經制使。司農卿霍蠡，爲判官。先是鹽法屢變，其課寖虧，自汝嘉貳版曹，課乃復登。

（宋）熊克《中興小紀》卷二六　川陝宣撫使吳玠，改爲四川宣撫使初玠軍中所用激賞錢每歲下四川都轉運司應副一百八十萬緡。至是玠言：今不廢兵，乞省其半。詔獎之。詔李誼作。上謂宰執曰：河南新復，宜命守臣專拊遺民，勸農桑，各因其地以食，因其人以守。不可移東南之財力，虛内以事外也。於是秦檜等竊嘆上規模素定，皆萬世之計。非臣下所能及。既而東京副留守郭伸荀請兵及糧。上曰：朕今日和議，蓋欲消兵，使百姓安業。留守司豈用多兵？但三二千人，彈壓内寇足矣。錢糧亦祇據所入贍之。豈可虛内以事外耶？朕見前朝開邊，如陝西燕山，曾不得尺帛斗粟，而府庫已竭。此可爲戒矣！仲荀乞兵糧在二月一日，今聯書之。

（宋）熊克《中興小紀》卷二七　初，右諫議大夫曾統言：經制本户部之職，更置一司無益，乞罷之。上曰：經制一司，須經久方見利害。

今纔半歲，難遽責以近效。若實無益，雖亟罷可也。至是，言者又以經制司所創官吏。種種横費，較其所入，未必能補。如創酒庫，亦是陰奪省司之利。况所總之事，皆户部本職。有經制，則户部亦可廢矣。詔付户部具經制司，察州縣所陷錢物。并催未到綱運。緣路分闊遠，未見速效。今若依舊分隸諸司，則經制可罷。其庫欲併歸贍軍庫。丙子，乃罷經制司。其諸路幹辦官依舊爲主管常平官。

（宋）熊克《中興小紀》卷三二　知臨安府沈該乞展兩淮起税之限。庚戌，上謂宰執曰：財賦須知取予之道。如知取之爲取不知予之爲取，非久利也。淮南民若盡歸業，則其利甚廣也。甲寅，三省擬右朝奉大夫唐遵除淮南漕。別無事只不生事便了。秦檜曰：今天下無事，第恐庸人擾之。又曰：若無庸人擾之，天下自治。案此條《繫年要録》作癸丑。秦檜奏以右朝請大夫韓沃知廬州。上曰：淮南今已寧静。只不生事爲善。檜曰：今天下無事，第恐庸人擾之。不然，天下未有不治。文較完備。惟日與人名不同。未詳孰是。

（宋）熊克《中興小紀》卷三二　自建炎初，省諸路提舉常平官，併其職於提刑司。次年，朝議復置，且討論其非，書成未頒，而上南渡，繼而言者，謂常平之法不可行，遂寢。中閒常平之職，常隸發運司，亦隸經制司。已而復隸提刑司，至是王鐵言，常平之司，錢穀斂散，宜專使領之，乞復置諸路提舉官。己亥，詔以諸路提舉茶鹽官，爲提舉茶鹽常平公事。川廣以憲臣兼領。

（宋）熊克《中興小紀》卷三三　是月，户部具到諸路月椿錢。以緡計者，江東信州五萬四千；徽州五萬八千；宣州四萬九千；江西吉州六千七百，撫州二萬五千，江州一萬一千；筠州六千九百；建昌軍二千三百；臨江軍四千六百，南安軍六千六百。上曰：科斂之煩，富者猶不能堪，下户何所從出？若計諸州羨餘，以減月椿錢，誠寬民力。秦檜曰：指揮之下，百姓想皆歡欣鼓舞。上曰：朕備嘗艱難，知細民闕乏，雖百錢亦不易得，故尋常不欲妄費。或有餘財，即命椿留以待緩急，庶幾臨時不至失措。

（宋）熊克《中興小紀》卷三六　丙申，詔諸路差牽拘人並給錢米。違者在内御史臺，在外轉運司，彈劾之。是年，行在建康鎮江三榷貨務都茶場，共收二千六十六萬餘緡。荆南府人口，舊數十萬。寇亂以來，幾無人迹，紹蠲口賦以安集之，然十未還一二。先是議者希朝廷意，謂流民歸復，可使稍輸什二而歲增之。吏不能供，顧無敢言者。至是積逋二十餘萬緡，他負亦數十萬。户部侍郎曹泳責償甚急，曰：不且有譴。時秦檜晚年，怒不可測。而泳乃其黨，凶焰赫然。帥臣孫汝翼，懼。欲賦於民以塞責。通判范如圭力勸止之。汝翼，晉陵人也。

（宋）熊克《中興小紀》卷三七　時敷文閣直學士蕭振，再爲四川帥。上念屬民久困供億，詔振與總領四川財賦湯允恭、提舉茶馬李潤、東西漕臣許尹、王之望同措置，俾實惠及民，可以經久。尹，鄱陽陽人；之望穀城人也。至是，之望獨奏乞減四川上供之半以裕民。辛卯，上謂宰執曰：須見得四川每年出入之數，常賦幾何。案《繫年要録》此下有横斂幾何句。軍儲所須與無名之費多少？朕不惜減以裕民，爲諸司未有定議。遽先如此，萬一闕乏，何以善後？之望有愛民之志，但臨事不審，率爾有請。湯思退曰：四川財賦，誠如聖訓。可趣蕭振等條上。上曰：甚善。時起居郎趙逵亦奏：四川在萬里外，其取民之塗有二：如激賞絹之類，官以民所當納者揭於通衢，上下共知，此明告之而取之也。激賞錢之類，總領以若干數下之州縣。必陽戒之曰：無損歲計，無傷民力。若然，則須官吏自備而後可。官吏不能自備，其勢不得不暗增有額之數，私應無名之索，此陰取而不告者也。是故取激賞等錢，民不悟也。罷激賞錢，民不與也臣願詔振等凡總司錢物，必分爲二。曰：此上下通知者，其不通知。當根其所自出而放之，然後吏不能沮而惠徧逮矣。既而振等會議於成都，奏請歲蠲東西路，對糴米十六萬石，夔路激賞絹五萬疋、減絹估錢二十八萬有奇。

（宋）熊克《中興小紀》卷三七　十一月，禮部侍郎辛次膺，請考每歲財賦出入之數，以廣儲蓄。甲戌，上謂宰執曰：此誠今日急務。然止有三説：生財、理財、節財是也。比年生財之道，講求略盡。唯理財多緣官司失職，致有拖欠。使州縣得人，必不至此。若節財則用莫大於給軍，既有定額，無可裁損。今但當撙節，不可妄費。夫理財得人，又能撙節如此，數年蓄積，自有餘矣。沈該等曰：誠如聖訓。

（宋）熊克《中興小紀》卷三八　壬申，户部言：兩浙江湖，歲認發米以石計者。兩浙一百五十萬，除三十五萬，折錢一百一十萬緡，今發

八十五萬；江東九十三萬，今發八十五萬；江西一百二十六萬，今發九十七萬；湖南六十五萬，今發五十五萬；湖北三十五萬，今發三十萬。欲且依減下之數，以憑科降。詔依限發足。

（宋）熊克《中興小紀》卷四〇　上念出戍官兵之勞，特捐内帑錢七萬緡，分犒其家。殿中侍御史杜莘老言：諸軍負回易子錢甚夥，例償以月廩。不先除此弊，緡出禁帑，入將帥私室矣。上悟。既又聞諸營勘請回易處仍舊尅除，或非理斂索。丙寅，詔悉禁止，違者重寘之法，士皆歡舞拜賜。

（宋）江少虞《宋朝事實類苑》卷二一《官政治績・上供軍糧》　國初，江淮湖浙《澠録》作湘。上供軍糧，歲無定數。景德中，發運使李溥奏，乞立年額，乃詔歲以六百萬斛《澠録》作石。爲定，有災即《澠録》有申字。乞減數，至今以爲常。

（宋）莊季裕《雞肋編》卷中　蔡襄爲三司使，以嘉祐七年明堂支費數爲準，每遇大禮，依附封樁，仍乞遣朝臣諸路剗發錢帛，至今行之。其支賜度錢九十六萬二千餘貫，銀三十五萬四千六百三十餘兩，絹一百二十萬八百餘匹，紬四十萬一百餘匹，金六千七百七十兩。第二等生衣物計錢四十五萬貫，錦、綾、羅、鹿胎、透背等計錢九萬九千八百餘貫，絲三十八萬八行兩，緜一百四十二萬八千餘兩。

（宋）李燾《續資治通鑑長編》太祖乾德元年正月　是月，詔無得追縣吏會州。五代以來，收税畢，州符追縣吏，謂之會州。縣吏厚斂於里胥，以賂州吏，里胥復率於民，民甚苦之也。此據本志在此年此月。

（宋）李燾《續資治通鑑長編》太祖乾德三年三月　自唐天寶以來，方鎮屯重兵，多以賦入自贍，名曰留使、留州，其上供殊鮮。五代方鎮益彊，率令部曲主場院，厚斂以自利。其屬三司者，補大吏臨之，輸額之外輒入己，或私納貨賂，名曰貢奉，用冀恩賞。上始即位，猶循常制，牧守來朝，皆有貢奉。及趙普爲相，勸上革去其弊。是月，申命諸州，度支經費外，凡金帛以助軍實，悉送都下，無得占留。去年已有此詔，故此云申命。時方鎮闕守帥，稍命文臣權知，所在場院，間遣京朝官廷臣監臨，又置轉運使通判，爲之條禁，文簿漸爲精密，由是利歸公上而外權削矣。

（宋）李燾《續資治通鑑長編》太祖乾德四年四月　是月，詔曰：出納之吝，謂之有司。儻規致於羨餘，必深務於掊克。知光化軍張全操全操，未見。上言：三司令諸處場院主吏，有羨餘粟及萬石、芻五萬束以上者，上其名，請行賞典。此苟非倍納民租，私減軍食，亦何以致之？宜追寢其事，勿復頒行。除官所定耗外，嚴加禁之。食貨志載此詔於乾德四年四月，不得其日。張全操，江東人。再見興國二年二月，疑即此全操也。

（宋）李燾《續資治通鑑長編》太宗太平興國二年三月　香藥庫使高唐張遜建議，請置榷易局，大出官庫香藥、寶貨，稍增其價，許商人入金帛買之，歲可得錢五十萬貫，以濟國用，使外國物有所泄。上然之，一歲中果得三十萬貫。自是歲有增羨，卒至五十萬貫。熊克《九朝通畧》：仍令非出官庫者無得私相易。

（宋）李燾《續資治通鑑長編》真宗咸平四年四月　壬午，詔：三司自今收掌簿書，無使亡失。其天下錢穀大數，每年比較，於次年條奏。先是，詔取天下民籍，户部不知其數，及考其盈虚，又稱亡失簿書，故申警之。仍令取天下户口見數置籍校定以聞。

（宋）李燾《續資治通鑑長編》真宗景德二年五月　癸酉，詔：天下榷利者，弗許增羨爲額。

（宋）李燾《續資治通鑑長編》真宗大中祥符三年閏二月　己未，河北轉運使李士衡言：本路諸軍，歲給帛七十萬。當春時，民多匱乏，常假貸於豪右，方納税租，又償逋負，以故工機之利愈薄。請官預給帛錢，俾及期輸送，民既獲利，官亦足用。詔從之，仍令優與其直。其後，遂推其法於天下。咸平二年五月丁酉，馬元方事與此相關，已在彼詳注。

（宋）李燾《續資治通鑑長編》真宗大中祥符九年五月　淮南、江、浙、荆湖制置發運使李溥以歲滿再任。溥自言江、淮歲入茶，視舊額增五百七十餘萬斤。又言漕舟舊以使臣或軍大將，人掌一綱，多侵盗。自溥併三綱爲一，以三人共主之，使更相伺察。是年初，運米一百二十五萬石，才失二百石云。

（宋）李燾《續資治通鑑長編》仁宗天聖元年七月　壬午，命知制誥張師德、侍御史知雜事蔡齊詳定三司鬮納司應在名物及放天下欠負。應在者名物，雖著於籍而實未嘗入官也。時上封事者言真宗初嘗遣使江、浙鬮放逋欠，因以即位赦恩而命師德等。自是更赦命官除欠負，遂爲例。

（宋）李燾《續資治通鑑長編》仁宗天聖元年八月　丙午，命侍御史知雜事姜遵同放天下欠負。

（宋）李燾《續資治通鑑長編》仁宗天聖元年十一月　凡賦入，州縣有籍，歲一置，謂之穿行簿，以待歲中催科。閏年別置，謂之實行簿，以藏有司。或言實行簿無用，而率民錢爲擾。戊申，罷之。

（宋）李燾《續資治通鑑長編》仁宗天聖六年二月　癸巳，命知制誥徐奭、龍圖閣待制孔道輔除放三月欠負。

（宋）李燾《續資治通鑑長編》仁宗天聖九年四月　辛巳，三司請在京榷貨務入末鹽鐵歲以百八十萬三千緡、建州市茶歲以五十萬斤、真州轉搬茶倉歲以二百五十綱爲定額。詔建州茶減五萬斤，餘從之。

（宋）李燾《續資治通鑑長編》仁宗天聖六年二月　癸亥，命右諫議大夫任中師同定放天下欠負。

（宋）李燾《續資治通鑑長編》仁宗寶元元年秋七月　丁酉，詳定茶法所張觀等請入錢京師，以售真州等四務十三場茶。直十萬者，又視景祐三年數損之，爲錢六萬七千。入中河北願售茶者又損一千，而詔又第損二千。於是入錢京師止爲錢六萬五千，入中河北爲錢六萬四千而已。

（宋）李燾《續資治通鑑長編》仁宗慶曆七年五月　己亥，命翰林學士楊察除放天下欠負。

（宋）李燾《續資治通鑑長編》仁宗慶曆八年三月　庚申，命翰林學士錢明逸詳定赦前天下欠負。

（宋）李燾《續資治通鑑長編》仁宗慶曆八年十二月　丙子，詔三司，河北沿邊州軍客人入中糧草，改行四税之法。每以一百貫爲率，在京支錢三十貫，香藥、象牙十五貫；在外支鹽十貫，茶四十貫。案總四項不足一百貫之數，疑有脱字。

初，榷發遣鹽鐵判官董沔言：竊以今之天下，亦端拱、淳化之天下，今之賦税，不加耗於前。方端拱、淳化時，祖宗北伐燕、薊，西討靈、夏，以至真宗朝，二邊未和，用兵數十年，然猶帑藏充實，人民富庶，何以至其然哉，行三税入中之法爾。自西人擾邊，國用不足，民力大匱，得非廢三税之法耶！語曰：變而不如前，易而多所敗者，不可不復也。請依舊行三税以救財用困乏之弊。乃下三司議，因言：自見錢法行，京師之錢，入少出多。慶曆七年，榷貨務緡錢入百十九萬，出二百七十六萬。以此較之，恐無以贍給，請如沔議。舊法，每一百貫支見錢三十貫，香藥、象牙三十貫，茶引四十貫。至是加以南末鹽爲四税而行之。沔，平陰人也。按康定元年，河北入中已積用三税法。慶曆二年，又復用康定元年法，而董沔乃建議如此，當考。皇祐二年正月並載慶曆二年事，不復別書康定元年事，則具之年末矣，皇祐三年二月方書。

（宋）李燾《續資治通鑑長編》仁宗皇祐二年十一月　戊子，命權御史中丞郭勸、天章閣待制知諫院包拯，放天下欠負。

（宋）李燾《續資治通鑑長編》仁宗皇祐三年二月　己亥，詔三司，河北入中糧草復行見錢法。

初，四税法止行於並邊諸州，而內地諸州，有司蓋未嘗請，即以康定元年詔書從事。自是三税、四税二法並行於河北。未幾，茶法復壞，芻粟之入，大約虛估居十之八。米斗七百，甚者千錢。券至京師，爲南商所抑，茶每直十萬，止售錢三千，富人乘時收畜，轉取厚利。三司患之，請行貼買之法，每券直十萬，比市售三千，倍爲六千。又入錢四萬四千，貼爲五萬，給茶直十萬，詔又損錢一萬，然亦不足以平其直。久之，券比售錢三千者，才得二千，往往不售，北商無利，入中者寡，公私大弊。知定州韓琦及河北都轉運司皆以爲言，下三司議，三司奏：自改法至今，凡得穀二百八十八萬餘石，芻五十六萬餘圍，而費緡錢一百五十五萬有奇，茶、鹽、香、藥又爲緡錢一千二百九十五萬有奇。茶、鹽、香、藥，民用有限，榷貨務歲課不過五百萬緡，今散於民間者既多，所在積而不售，故券直亦從而賤。茶直十萬，舊售錢六萬五千，今止二千。至香一斤，舊售錢三千八百，今止五百，公私兩失其利，請復見錢法。可之，仍一用景祐三年約束。又懼好事者之横議也，庚子，下詔曰：朕惟古之善爲國者，使變通不倦而公私相足。比者食貨法壞，芻粟價益倍，縣官之費日長，商賈不行，豪富之家，乘時牟利，本末相横，吏緣爲姦，故詔近臣考決大議令利害曉白。尚慮輕肆之人，仍舞空言，幸搖其端。夫利百而法乃變，令下而議不起，然後民聽不眩而憲度行焉。自今有依前事而議者，並須究知厥理，審可施用。若其事已上而驗問無狀者，寘之重罰。此並據《食貨志》第三卷，與《實録》、《會要》小異，今但從志。大抵《食貨志》第三卷叙茶法，第四

卷叙鹽法，兩法或不相關，往往重出。茶法貼買，即鹽法對貼也。鹽法對貼已具皇祐二年正月，嘉祐元年閏三月辛丑，又下詔戒妄陳濟邊之策，詞意與此不異，不知何也？自慶曆八年十二月初用董沔言，行四税法，至是復行見錢法，蓋不滿三年。《志》云不十年間，恐誤，今改云未幾。

初，用鹽鐵判官董沔議，河北便糴，沿邊行三税法，内郡行四税法，國子博士、監榷貨務薛向言：祖宗之法，塞下入粟，三司出茶、鹽、香藥、象牙、雜物稱其直，號三税法。内郡則轉運司以常賦充。今改用四税，是歲常倍出中都錢，而茶、鹽、香藥、象牙之物出多而用有極，則價賤而不售，官私兩失其利。尋下其議，而議者共主沔議。向又作編年書，述祖宗以來河北三税及見錢利害。書奏，不報。不三歲，榷貨務積交引錢七百萬貫，未有以償，而山場榷務茶、江淮鹽、中都香藥等物，富商争以財算，而三邊之糴不行。朝廷始命王堯臣等詳定，向爲檢閲文字。乃黜沔補外郡，而復見錢法。且委向置場，支榷貨務積交引錢以救其弊。詔擢向大藩。此據范育所爲《薛向行狀》及吕大防墓銘并向附傳。王堯臣等詳定，見皇祐二年正月。薛向用見錢和糴，在嘉祐元年十月。

（宋）李燾《續資治通鑑長編》仁宗皇祐五年四月 命陝西轉運使李參按《宋史·食貨志》作李恭。專制置解鹽，代范祥也。

時參爲陝西轉運使，閲五年矣。慶曆八年九月，參自西京徙。自軍興以來，諸路經略司多貸三司錢以佐軍，謂之隨軍錢，軍罷仍貸。參權慶州，鈎考得所貸八萬緡，悉償之，遂奏廢其庫。又，戍兵多而食苦不足，參視民闕乏，時令自隱度穀麥之入，預貸以官錢，穀麥熟則償，謂之青苗錢。數年，兵食常有餘。其後青苗法蓋取諸此。朝廷患入中法歲費增廣，參請飛錢於邊郡以平估糴，權罷入中。比參之去，省榷貨錢以千萬計。參以至和元年二月自陝西改江淮發運。三事並附見。

（宋）李燾《續資治通鑑長編》仁宗皇祐五年十一月 戊子，翰林學士曾公亮、御史中丞孫抃，放今年天下欠負。

（宋）李燾《續資治通鑑長編》仁宗至和二年十一月 初，虞部郎中薛向言河北糴法之弊，以爲：被邊十四州，悉仰食度支，歲費錢五百萬緡，得米粟百六十萬斛，其實才直二百萬緡爾，而歲常虚費三百萬緡，入於商賈蓄販之家。今既用見錢實價，革去三百萬虚加之弊矣，然必有以佐之，則其法可行。故邊穀貴，則糴澶、魏粟，漕黄、御河以給邊；新陳未交，則散糴減價以救民乏；軍食有餘，則坐倉收糴以待不足。使見錢行而三利舉，則河北之穀不可勝食矣。於是詔置河北都大提舉便糴糧草及催遣黄、御河綱運公事。己未，以向爲之。

（宋）李燾《續資治通鑑長編》仁宗嘉祐三年十一月 癸酉，命翰林學士韓絳、諫官陳旭、御史吕景初同三司詳定省減冗費。初，樞密副使張昪請罷民間科率及營造不急之務，其諸場庫務物之闕供者，令所在以官錢收市之。于是置省減司于三司，自是多所裁損云。多所裁損，據本志。

（宋）李燾《續資治通鑑長編》仁宗嘉祐四年十一月 丙申，翰林學士王珪、御史中丞韓絳、同知諫院范師道同詳定除放欠負。蘇軾上蔡襄書云：往年韓中丞詳定放欠，以爲赦書所放，必察其家業蕩盡，以至于干繫保人。亦無孑遺可償者，又當計赦後月日，以爲放數。如此則所及甚少，不稱天子一切寬貸之意。自今苟無所隱欺者，一切除免，不問其他。此事當考。

（宋）李燾《續資治通鑑長編》神宗熙寧三年十一月 參知政事王安石等言：

據梓州路轉運司奏：本路多以小小官物爲名，起發綱運，枉破衙前重難分數。如戎州近年起發牛筋、角三綱，載送官員至荆南，共載年筋四十有五斤，角九十對，差兵稍五十有五人，借過紬、絹、布一百餘疋，綿三百餘兩，大錢二十四貫有奇，糧米一百四十八石有奇。瀘州發牛筋、角八綱，所載物及借請錢、糧等，其數多少，大略與戎州相去無幾。而又所差兵士，借請錢、糧、綿、絹，動經一年以上或一年半不還。緣路請過錢、糧，尚不在此數。所差衙前，押牛皮綱又最爲第一等重難。今來已將昌、普等七州軍所綱筋、角納，止附搭成都府下水綱船至荆南。及梓、遂等七州軍，貯以櫻籠，差遞鋪兵擔至鳳州交割，更不别差船綱，見今亦無積壓未發數目。及團併陸路綱運，共減一百三十六綱，並減定本路諸州軍監遠近接送知州、通判、簽判衙前，及減罷押綱隨送得替員衙前，共二百八十三人；及省諸州軍監縣差役公人共五百一人。兼點檢梓州等處，自來公使厨庫衙前陪費錢物，最爲侵刻。内遂州每年綱運重難三千一百餘分，公使厨庫乃占二千七百分；梓州有在州酒場，兩鹽井，第一等優輕，皆以理折勾當公使厨庫重難分數，而差以次場務充管勾綱運；及果、榮、

戎、瀘等州，衙前苦於公厨之類陪費，若不更改，即今後投名衙前，各不願充役。乞行裁減，及差官重定諸州衙規事。

檢會近累詔諸路監司提舉官，相度差役利害，各未見條上。其前項事竝是久來於公私爲害，而監司或以因循背公養譽爲事，不肯悉心營職，除去宿弊。今梓州路轉運司獨能上體陛下憂恤百姓之意，率先諸路奏承詔旨，講求上件利害，公忠之實，宜被旌賞。乞特加奬諭；其所減衙前及綱運，並差官重定衙規事，仍乞依所奏施行。所有公使厨庫陪備冗費合行裁節約束事件，并據本司狀稱：「見不住催促諸州軍相度農田水利、差役條件，如綱運及州縣役人更有可以團併、裁減，兼省併鄉邑，合行減放役人，別具聞奏。竝乞下本路速相度畫一條上；内減省州縣役人，更下本司相度保明，經久有無妨闕。其減省役人、團併綱運及裁減公使厨庫非理陪費，仍下諸路竝依此及詳朝廷累降指揮，速具合裁定事件聞奏。

於是詔曰：夫天下之役，常困吾民，至使罹飢寒而不能以自存，豈朕爲父母之意哉。吾詔書數下，欲寬其役，而事未興，是吏奉吾詔不勤而察民未深也。今梓州路獨能興民之利而去其害，欲加之賞，朕何愛焉。觀執政之用心，於朕豈有異乎？其轉運使韓璹等，已降敕書奬諭，仍各賜帛二百，餘竝依所奏施行。璹，汲人也。元祐二年有傳。《新》、《舊紀》竝載此詔。知開封府韓維奏曰：府衙前減重難，計錢十八萬一千餘緡，昔出於民，今悉得省，人以爲便。復下詔奬之。韓維事在九月乙丑。

（宋）李燾《續資治通鑑長編》神宗熙寧四年四月 丁卯，侍御史知雜事鄧綰言：知亳州富弼責蒙城官吏散常平錢穀，妄追縣吏重笞之；又遣人持小札下諸縣，令未得依提舉司牒施行。本州簽判、管勾官徐公衮以書諭諸縣，使勿奉行詔令。乞盡理根治。詔送亳州推勘院，其富弼止令案後收坐以聞。綰又言：乞下諸路提舉官，凡行移青苗文字，止以貸助糧種、錢穀爲名。不行。朱史以不施行刪去，新本謂綰乞改青苗文字，是自知此法爲非，復存之，今從新本。

富弼言：

臣已三奏乞獨坐臣重責，特賜矜貸其餘官吏，兼第三奏乞於青苗事上但違犯不以輕重，臣亦合一面招認。近又聞勘院推究職官見行移文牒，往來數次，臣竊觀朝廷力行支散青苗錢斛，必謂有利於天下。然以臣所聞，四方羣議此事害多利少，故臣愚意不願支散。又緣忝爲長吏，不欲明明廢格新法，將來合散夏料之時，即指揮州司依例舉行，又恐諸縣便行支散，遂勘會得管勾錢斛官徐公衮、權觀察支使石夷庚各曾往諸縣季點，徧識知縣、縣令，臣因令密與書題，不得支散，兼令丁寧說，向若妄亂廣行支俵，將來人户逃移，帶卻官本錢斛，縣司上下公人必着攤賠。兼徐公衮、石夷庚竝曾執覆，若如此恐致不便，臣即時叱去，二人既不敢違臣指揮，各曾因書傳臣之意諭與諸縣，遂亦不敢支俵。昨來不散青苗錢斛，其罪決不在他人，而臣專主其事，情狀甚明，所以臣累奏，乞獨坐重責正爲此也。以臣今此招伏罪犯，并累奏事理，竝乞降下推院，令照會取勘。竊念臣本意，卻欲粗存事體，若明行指揮州縣不得支散，即顯格朝廷新法，若便依法盡令支散，即恐向去催督不前，必致逃移卻貧下人户，又使縣司上下公人枉遭攤賠，破壞家業，兩皆不便。所以臣及期舉行條法者，冀免廢格之名，復密諭縣官不令俵散者，是不欲使貧民逃竄，及不致縣司公人填賠家業，似兩得便。今朝廷盡理根究，臣亦須至盡理申陳，蓋事不獲已也。

臣今且說青苗一事，天下之人不以賢不肖皆知爲害愈久愈深，只是朝廷不知，此亦無可奈何。況自初行法，内外大小臣僚及被逐者臺諫官論説不一，曲盡弊病。又聞後來弊病轉多，臣以老病昏塞，不能一一條上，但乞聖慈檢聚前後臣僚理會青苗文字，集百官定議，便見利害。臣如此略具辨明者，只爲因朝廷根勘，故難隱默，即非強自文飾，苟求免過。所有今來本州不敢散青苗錢斛，並是臣獨見，情願當嚴譴，雖死無悔。其餘徐公衮以下州縣官吏，只有不合隨順臣指揮愆過，即望聖慈察其情理，別無深切，特與矜恕。此章當刪取，汪應辰云此章恐當存之，今悉具載。

（宋）李燾《續資治通鑑長編》神宗熙寧四年十一月 詔蠲天下見欠貸糧，總計米一百六十六萬八千五百石有奇，錢十一萬七千四百緡有奇。上以諸路民欠貸糧積日已久，歲催索無已時，故盡蠲之。百姓聞詔，莫不稱慶。《舊紀》書甲申詔天下因飢貸糧其蠲之，《新紀》不書。《食貨志》第四卷：負縣官之物者，悉總於理欠司。以官物輸他司或中都，雖著於籍，而無已入官符契者，則總於應在司。凡赦令下，則命御史、兩制官同三司除欠負，其蠲除率百萬緡以上。熙寧四年，祀明堂，命侍御史知雜鄧綰偕三司理欠司詳定天下逋欠會赦當除者，其十

一月，上以天下民負貸糧積日已久，斂索無已，命悉蠲之。凡釋貸糧米一百六十六萬八千五百石有奇，錢十一萬七千四百緡有奇。詳定放欠，《實録》例書，獨鄧綰未見月日，或《實録》偶脱此也。

（宋）李燾《續資治通鑑長編》神宗熙寧七年三月　權三司使曾布、判司農寺吕惠卿言：臣等出使河北，看詳邊儲，仰給便糴，自來措置無術，胥吏專斗，厚取賄賂，而又官闕見錢及時收糴。若朝廷借以一年糴本，明給吏禄，繩以重法，其糴官亦以所糴石斗次第給賞，於事爲便。乞與本路當職官司詳定條約以聞。從之。

（宋）李燾《續資治通鑑長編》神宗熙寧七年三月　上又患置官多費用，安石曰：凡創置官，皆須度可以省費興治乃創置，如將作監即但用諸置局處食錢，已足養創置官，而所省諸費固不勝數。如帳司即一歲磨勘出隱陷官物，少亦數倍，其他置官類此，豈得爲冗。上曰：即如此，何故財用不足？若言兵多，則今日兵比慶曆中爲極少。安石曰：陛下必欲財用足，須理財，若理財，即須斷而不惑，不爲左右小人異論所移，乃可以有爲。上曰：古者什一而税足矣，今取財百端，不可爲少。安石曰：古非特什一之税而已，市有泉府之官，山林、川澤有虞衡之官，其斂布，總布、質布、廛布之類甚衆。關市有征，而貨有不由關者，舉其貨，罰其人。古之取財，亦豈但什一而已。今之税，亦非重於先王之時，但不均，又兼并爲患耳。陳瓘論曰：神考曰：古者什一而税足矣。安石對曰：古非特什一而已。其對如此，爲必須理財故也。必須理財，乃熙寧元年語也，爲政七年，尚守此語！而神考反復折難，稽什一之法，以百姓不足爲慮，以取民百端爲戒。臣著之，以見神考愛民之本意，而又於理財論其本末。

（宋）李燾《續資治通鑑長編》神宗熙寧七年七月　司農寺言：五等丁産簿，舊憑書手及耆、户長供通，隱漏不實，檢用無據。今《熙寧編敕》但删去舊條，不立新制，即於造簿反無文可守，甚爲未便。承前建議，惟使民自供手實，許人糾告之法，最爲詳密，貧富無所隱，誠造簿之良法。詔送提舉編修司農寺條例司。建議者前曲陽尉吕和卿，惠卿弟也。八年十月二十三日，罷手實。吕惠卿誌吕和卿墓云：君之爲曲陽尉，會朝廷初行免役法，他州縣皆莫能推行，君首以曲陽户等之高下，役事之輕重，第爲數等以應令。定帥李肅之深善之，未及行，以憂去。服除，復考太祖朝通檢籍并令文。所謂手實者，參之以《周官》大比之法，成書以上，欲以均天下之役錢。會余以參知政事領司農寺，事始推行焉。宰相韓絳力請賞擢君，而君意深不欲，余爲力辭於上，乃不果賞。其後異論參差，事雖寢而諸路州縣用以造簿者十已八九，而役錢卒賴以均。太祖朝通檢簿，當考。吕惠卿提舉編條例，在六月乙未。《食貨志》載和卿獻議，今附七月末。

（宋）李燾《續資治通鑑長編》神宗熙寧七年十月　詔三司置會計司，以宰相韓絳提舉。先是，絳奏：三司總天下財賦，其出入之數並無總要、考校盈虚之法。欲選官置司，以天下户口、人丁、税賦及場務、坑冶、河渡、房園之類租額年課及一路錢穀出入之數，去其重複注籍，歲比較增虧及其廢置錢物、羨餘、横費等數。或收多，則尋究因依，以當職之官能否爲黜陟；若支不足，或有羨餘，理當推移，使有無相濟，如此則國計大綱，朝廷可以省察，議論正事，足寬民力。仍乞臣絳提舉。而三司使章惇亦言：天下財賦，帳籍汗漫，無以察其耗登之數，請選置才士，删修爲策，每年校其增虧，以考驗諸路當職之官能否，得以升黜。故有是命。《絳傳》云：繼王安石之後，請置局中書，勾考用度，以均節邦計。滯留多不決，數月，以疾辭。新、舊《録》並同，當考。八年九月庚午，罷會計司。

（宋）李燾《續資治通鑑長編》神宗熙寧八年六月　癸丑，提舉三司會計司上《一州一路會計式》，餘天下會計候在京諸司庫務帳足編次，從之。以惠州阜民監折二錢十萬緡，借廣州市易務爲本錢。從都提舉市易司請也，仍限三年撥還。

（宋）李燾《續資治通鑑長編》神宗熙寧十年二月　本路經賊坊郭、鄉村户，及避賊失業者，并被殺土丁之家，去年已放税者，更放，今年并二税、役錢已免兩料者，更免兩料。應經賊殺戮之家，見存丁口，孤貧不能自存者，所在州軍日給口食米：十五歲以上一升半，以下一升，五歲以下半升，至二十歲止。應募弓箭手、民兵、義勇、土丁效用軍前者，今日以前諸欠負並除放。

（宋）李燾《續資治通鑑長編》神宗元豐元年八月　詔：三司令諸路轉運司勘會所轄州軍，熙寧十年以前三年收支，應見在錢物，除開雜及理欠物更不條具，其泛收泛支，或諸處支借出入，并蠲放欠閣，各令開析，限半年攢結成都狀，送提點刑獄司驅磨保明，上中書點檢。有不實，科徒二年罪，不理去官，仍并治保明官吏；如驅磨出增隱錢物，並當等第酬賞。自今三年一供，著爲令。以中書言諸路財賦，歲入歲支，轉運司

多不盡心，惟稱闕乏，宜有會計出入之法，以察增耗，以知有餘不足之處也。

（宋）**李燾《續資治通鑑長編》神宗元豐三年五月**　三司言：糧綱少欠折會，請受聽借兩月，行之歲久，減免深刑，便於綱運。近爲錢綱少欠，於法未有明文，乞依糧綱折會法，令再相度，既借兩月請受，慮贍養不足，别至欺弊，欲改兩月爲四月，各半分折填。從之。

（宋）**李燾《續資治通鑑長編》神宗元豐三年閏九月**　詔中書，以司農寺京東西、淮、浙、江淮福建路常平并坊場積剩錢相度，具可起發數，委提舉司依《元豐敕》召人兑便，計置物貨上京。其附五路處，即轉致五路要切州軍。

（宋）**李燾《續資治通鑑長編》神宗元豐八年四月**　中書省勘會諸路官得替或已授别任，因監司奏乞勒留在前任及發遣赴舊任與見任官同催欠負者，今來赦書指揮，百姓欠負者，例各蠲減。詔並令放罷，内有見在任及發遣而本任未有新授官者，並許還本任。《編録》册八年四月六日聖旨。

（宋）**李燾《續資治通鑑長編》神宗元豐八年九月**　尚書省言：汴河堤岸司所管房廊、水磨、茶場及京城所管房廊，歲入錢數，除代還免行錢，指定合支數外，並充户部左曹年計支用。按在京諸色行户，總六千四百有奇免輸差官中祇應，一年共出緡錢四萬三千三百有奇。數内約支二萬六千九百有奇充和雇諸色行人祇應等錢外，餘一萬六千四百有奇，榷貨務送納，準備户部取撥，充還支過吏禄錢。其在京免行錢，盡行放罷。自來以免行錢充吏禄食及料錢等，並以所撥汴河堤岸司及京城所房廊錢内給，其諸色行人自來差付官中祇應人數，下開封府，並依舊條。從之。《政目》九月十四日云：在京諸行共六千四百餘户免輪應，一年共出錢四萬三千餘貫，内二萬六千餘貫雇人祇應外，一萬六千餘貫納官。並罷。即此月四日所行也。

（宋）**李燾《續資治通鑑長編》哲宗元祐元年四月**　户部左司郎中張汝賢言：竊聞熙寧初廟堂之議，始以國用不足，大講理財之法，其後利入浸廣，費用隨增，非復曩時之比也。今既有所改爲，則自兹以往，課入當復有限，調度之費，不可無節。欲乞諸路轉運司，會計自熙寧以前歲入幾何？歲用幾何？朝廷常供之外，非泛所須者，歲亦幾何？熙寧以後歲入幾何？歲用幾何？朝廷非泛所須者，歲亦幾何？仍具出某事之費，因某法而有，今某法既改，則某費可罷。要以省不急之用，量入爲出，則無異時不足之患。從之。《舊録》云：先帝理財節用，汝賢附會以爲不急之用，欲省之。《新録》辨曰：會計熙寧歲用廣狹，較之元祐出納，應省者省之，乃是遵神考理財節用之意，以爲附會，非也。自先帝理財至欲省之删去十九字。

（宋）**李燾《續資治通鑑長編》哲宗元祐元年四月**　河北西路提點刑獄司言：準朝旨，提舉官積蓄錢穀財物，盡樁作常平倉錢物，即不言衝改五路封樁移兑。朝旨，户部按三路令諸常平、免役、場務錢穀，以剩數兑往帥臣所在及邊要州封樁。看詳逐色錢，既有上項朝旨，即無剩數移兑。詔前件令文，更不施行。

（宋）**李燾《續資治通鑑長編》哲宗元祐元年六月**　蘇軾言：乞應坊場、河渡、免役、量添酒等錢，並用支酬衙前，召募綱運，官吏接送僱人及應緣衙前役人諸般支使。如本州不足，即申本路于别州移用；如本路不足，即申户部于别路移用。其有餘去處，不得爲見有餘錢，額外支破。其不足去處，亦不得爲見不足，將合召募人卻行差撥。從之。

（宋）**李燾《續資治通鑑長編》哲宗元祐二年八月**　江、淮等路發運副使路昌衡言：糧綱到京欠折，緣元豐六年指揮不分輕重發遣，向下結斷，顯爲寬縱，致近年侵盗愈多。請今後少欠並依元條，在京及卸納處折會結斷，杖已下即發赴泗州及裝發處。從之。《新》無。

（宋）**李燾《續資治通鑑長編》哲宗元祐六年二月**　壬寅，江、淮、荆等路發轉運司言：請博易糴買綱運斛㪷并糶賣人，並許人告捕斷罪外，每獲不及一石，賞錢三貫，一石五貫，每石加五貫，至五十貫止。從之。

（宋）**李燾《續資治通鑑長編》哲宗元祐六年三月**　江、淮、荆、浙等路發運使晁端彦奏請：應汴河糧綱，每歲如搬運八千石已上或不滿八千石，拋欠滿四百石，押綱人差替，綱官勒充重役；滿六百石，軍大將、殿侍差替，使臣衝替外，各展二年磨勘。若行一運已上，不以運數，將一年般過斛斗都數以八千石爲一運，每八千石遞加一百二十石。準此，若加外有剩，不及八千石，即以一千石上當欠一十五石會計，其千石已下零數更不收使。如至住運，不限斛斗數。但拋欠通及一千五百石，除該差替、衝替外，更展三年磨勘。其初運但有拋欠，仍無故稽程至罪止者，亦行差替、重役。從之。

（宋）李燾《續資治通鑑長編》哲宗元祐六年八月　戶部言：應江、湖、浙、淮六路沿流州縣巡檢催綱，據本司官如一任內捕到博易糴糧綱斛斗公事，將透漏不覺察折除外，獲徒罪三次以上，或杖罪六次以上，即發運司保明申奏，與減一年磨勘。若有透漏不覺察，將捕到件數比折外，通計赦前如有火數，展一年磨勘。從之。《新》無。

（宋）李燾《續資治通鑑長編》哲宗元祐七年九月　詔自今虧欠糯米、油、麻綱運，如收糴不足，即據本綱所欠多少數目，將干繫人請受依糧綱少欠條，先次借半年，內半分請給糶賣拘收。見今令排岸司差人監糶。送納不足，並依糧綱少欠條，仍至三釐止。三釐外計贓，以盜論。《新》無。

（宋）李燾《續資治通鑑長編》哲宗元符元年三月　戶部言請：押綱人押荊湖南路鹽糧綱，已受省部赴身除，程限三十日到轉運司公參。如無故違限，論如之官限滿不赴律，違限月日，仍不理磨勘。從之。

（宋）李燾《續資治通鑑長編》哲宗元符元年三月　尚書省戶部奏請應州、縣當行人吏攬納常平、免役等錢物受贓，乞依重祿公人因職事受乞財物法斷罪，其鄉書手若攬納有贓犯，即乞依近降紹聖常平免役因納受乞錢物法施行。從之。《新》削。

（宋）李燾《續資治通鑑長編》哲宗元符元年六月　乙未，戶、刑部言：糴買糧草監門官以新綀帛、香藥鈔入納到斛斗，通理爲糴數賞罰。自客人陳狀，限三日內納畢，給與交鈔。乃具元陳狀，并納訖及給鈔月日，申尚書戶部點檢。若本場監官等無故留難，或須令改充和糴者，並杖一百，委提刑司點檢覺察。從之。《新》削。

（宋）李燾《續資治通鑑長編》高宗紹興十三年六月　戊戌，吏部員外郎周執羔，請戒諸臨司巡按檢視簿書，凡財用之出入無簿書押者，必按以不職之罪，又乞命帥臣區別條目，下諸路州軍廣行搜訪徽宗御製，皆從之。

（宋）李心傳《建炎以來繫年要錄》建炎元年三月　金報曰：自來所取金帛，皆係犒賞軍兵之所急用。雖不能足數，亦且期大半。今楚國肇造，本固則安。慮因根括之急，重困斯民。已議損止。邦昌令尚書省榜諭。

（宋）李心傳《建炎以來繫年要錄》建炎元年三月　留守司以軍前劄子復須金銀元數。遂分下二十三坊。每坊金四十四萬五千兩，銀二百八十一萬四千一百五十兩，表緞八萬四千三百一十六匹。下戶金亦不減百，銀不減千，表緞亦百餘。細民但發笑，亦不憂。曰：金人以立主事，恐民不服，先以此脅之耳。已而果然。徐夢莘《北盟會編》載開封府敷配金銀事，在此月壬寅。與《實錄》不同。夢莘所《編》又云：先是城陷之初，金人索在京戶口數。開封府張大其事，報以七百萬戶人。今以人戶等第敷配。故雖細民下戶，亦不下金三十鋌，銀二百鋌，表緞五百匹。督令日下送納。士庶知所配無規，但相與戲謔而已。

（宋）李心傳《建炎以來繫年要錄》建炎元年七月　同知樞密院事張愨言：戶部財用，惟東南歲運，最爲大計。自治平、嘉祐歲以前，輸發運使一員在真州催督江浙等路糧運，一員在泗州催促自真州至京糧運。自姦臣誤國，變祖宗轉般倉良法以來，每歲失陷糧斛，不可勝計。望依舊法，責發司官分認逐季地分，各行檢察催促。從之。

（宋）李心傳《建炎以來繫年要錄》建炎元年八月　江西安撫大使朱勝非言：自正月領事至今，所降軍儲，漕司未嘗發到斗升顆粒。又六月中給降鹽鈔七萬緡，其資次乃在同時降下一百萬緡之後，未知算清當在何時？詔委漕臣張匯濟其軍食。匯，河南人也。勝非又別疏論安撫大使名甚重，而無錢糧及兵，實不及一小邑，然勝非受命踰年，遷延不進。逮張俊班師，始入城視事，論者咎之。

（宋）李心傳《建炎以來繫年要錄》建炎三年三月　初命尚書右司員外郎黃槩爲直龍圖閣四川水陸制置發運使，專一總轄上供錢物，置司遂寧府，以四川名使始此，至是槩發行在。槩此除，《日曆》不載。王綱中《續成都記》云：建炎三年三月，黃槩除四川都轉運使，而無其日。馮檝《臨安錄》云：十五日，黃槩起發赴四川都轉運。故且附此，當求他書參考。

（宋）李心傳《建炎以來繫年要錄》建炎三年七月　中書舍人董逌充徽猷閣待制。逌爲宗正少卿，官省而罷。旋入西掖，至是纔踰月也。逌，益都人，初見建炎元年三月。今年五月戊子除江東提刑。其除舍人，《日曆》、《題名》皆失之。知樞密院事御營副使宣撫處置使張浚以親兵千五百人騎三百發行在，此據紹興三年九月乙亥浚奏到隨行兵數修入。賜度僧牒二萬、紫衣師號五千爲軍費。此據紹興四年九月趙鼎乙添賜度牒狀增入。度牒二萬道，此時爲直二百二十

萬緡。朱勝非《閒居録》云：浚出使，賜錢百五十萬緡。與此不同。當考。上賜川、陝官吏軍民詔曰：朕嗣承大統，遭時多故，夙夜以思，未知攸濟。正賴中外有位，悉力自效，共拯傾危。今遣知樞密院事張浚往諭密旨，黜陟之典，得以便宜施行。卿等其念祖宗積累之勤，勉人臣忠義之節，以身徇國，無貽名教之羞；同德一心，共建隆興之業。當有茂賞以答殊勳。自王𤩽、謝亮之歸，朝廷聞鄜、延經略使典端欲斬王庶，疑其有反心。乃以御營使司提舉一行事務召端。端疑不行。權陝西轉運判官張彬勸端，端不聽。議者喧言端反，端無以自明。至是浚入辭，以百口明端不反。時明州觀察使劉錫，親衛大夫明州觀察使趙哲皆在浚軍。浚辟集英殿修撰知秦州劉子羽參議軍事，尚書考功員外郎傅雱、兵部員外郎馮康國主管機宜文字，武功大夫忠州防禦使王彦爲前軍統制。彦將八字軍以從，太學博士何洋、閤門祇候甄援等俱從行。康國將行，往辭臺諫。趙鼎謂之曰：元樞新立大功。出當川、陝半天下之責，自邊事外悉當奏稟。蓋大臣在外，忌權大重也。是日，浚軍行，屯雨花台。時東京米升四五千。留守杜充既還朝，副留守郭仲荀以敵逼京畿，糧儲告竭，遂率餘兵赴行在。充先行。至江寧鎮與浚遇，屏人語，久之而別。

（宋）李心傳《建炎以來繫年要録》建炎三年八月 丙寅，上謂輔臣曰：國用匱乏，政以所費處多。吕熙浩曰：用兵費財，最號不貲。故漢文常不言兵而天下富。上曰：用兵與營造，最費國用。深可戒也。《中興聖政》臣留正等曰：漢武帝好事四裔，内侈宫室，剥民之膚極矣。及盜賊蜂起，乃始封宰相以富民侯。顧奚益哉。太上皇帝以用兵營造爲蠹財之戒，其有鑒於斯乎？然臣嘗竊議之：二者爲財用之蠹雖均，宫室之奉，所當深戒。師旅之興，有出於不得已者。文帝惜露臺百金之費，而乃講武於上林，聚兵於廣武，豈靳營造而輕於用兵哉？蓋應敵之備，不得不然也。太上皇帝在位三紀，臺榭苑囿，無所營繕。内帑所積甚富。及金人南侵，饋餉賞犒之費，盡出於此。而民不知。《易》曰：節以制度。不傷財，不害民，而後知聖慮無一日不在斯民也。

（宋）李心傳《建炎以來繫年要録》建炎三年閏八月 乙酉，詔諸路復置提舉常平官指揮勿行。用殿中侍御史趙鼎疏也。鼎之疏曰：臣聞漢昭元年，罷榷酤均輸之法。唐順宗即位，罷月進羨餘之資。如拯溺救焚，惟恐其不及。所以固邦本於不拔，延世祚於無窮。恭惟陛下即位之元年，即降指揮，罷常平官吏，蠲免常平錢穀。詔下之日，無遠無近，鼓無歡呼，仰戴惟新之政。而去歲之冬初復有指揮，置提舉官，根刷諸司侵支，催理民間舊欠。諸司侵支，固豈入己，非軍期犒賞，則月給錢糧。副使撥還，亦非己出。奪彼與此，有何利害。民間舊欠，所在皆然。非逃亡人民，則庸胥猾户迫令輸納，號令不行，良善之氓，例遭抑配。開猾使衣食之源，遺平民椎剥之苦。人心駭愕，物論紛紜。使陛下重失人心，特在此舉。繼聞有旨委從官詳議。渡江之後，未即施行。而遠方官司，奉承不暇。修飾廨舍，召置吏人，供帳什物之資，增給禄廩之費，不知其幾何也。近據監察御史林之平申福州一州已使過錢三萬餘貫。則其餘州縣，計不減此。提舉官差與不差，提舉司置與不置，元無明降指揮，徒使四方奉行違戾。竊惟斂散本非良法，知取債之利，而不知還債之害，前言固已曲盡於人情，而今乃督責於既已放免之後。其爲嗟怨，豈特還債之比耶？臣願陛下明降睿旨，一依建炎元年指揮，罷提舉常平官吏放見錢穀，仍令追理耗用樁充錢本，復舊平糴之法。不惟陛下卹民之詔不爲空言，而使斯民復見祖宗之政矣。疏奏，從之。

（宋）李心傳《建炎以來繫年要録》建炎三年閏八月 戊戌，言者奏：祖宗以來，遣將出師，統制官掌兵，轉運使措置錢糧應副軍兵，各不相統攝。使掌錢糧官得以修舉職事，檢察妄費，愛惜財用。如錢糧闕乏，據統制官申朝廷治其罪。自嘉祐、熙寧以來，莫不如此。近日將帥，殊不思祖宗以來曹、潘下江南，王全斌下蜀，彼皆一時英傑名將，亦皆守此法。乃因統兵，脅持州縣。或至驅掠官員，輕侮典憲。漸不可長。又如劉光世雖係御營副使，若句差人馬，即合用劄子付逐處州縣；若與監司行移，只合用文牒往還。今乃輒行劄子下淮南監司及發運副使，顯見不當。伏望睿慈，申敕諸將，遵依祖宗法度施行。從之。諸將用劄子行移事，紹興二年閏四月癸卯、四年六月己卯所書可參考。

（宋）李心傳《建炎以來繫年要録》建炎四年三月 丁卯，右文殿修撰廣東轉運副使趙億言：本路地瘠民貧，倉廪皆竭。乞宗室自遥郡刺史以上，俸給、人從並減半。從之。時大宗正司避敵自虔州移廣州，故億以爲請。紹興八年四月庚申，臣僚上言新知袁州江少虞爲廣州通判。會大宗正言以南班宗室避盜遷於嶺外，少虞身爲倅貳，爲見敵兵渡江，附會運副葉宗諤，沮辱皇族，不支請給。乃反鼓唱廣人，興起保甲，白晝操戈，謀害宗屬。一日殺宗司親事官四人，

尸填通衢，一城驚惶，幾至生變。賴鈐轄范寥喻以順逆，罷歸保甲，始得無事。今附見此，當求他書參考。

（宋）李心傳《建炎以來繫年要録》建炎四年九月　己未，上曰：昨韓世忠進一馬，高五尺一寸。云非人臣所敢乘。朕答以九重之中，未嘗出入，何所用之？卿可自留，以爲戰備。時世忠妻和國夫人梁氏言積俸未支。三省奏：近惟隆祐皇太后殿下所積供奉物計直供支，潘賢妃勘請已不給。上曰：將帥朕所委用，當厚卹其家。可特予之。餘人毋得援例。熊克《小麻》：世忠妻和國夫人未支積俸，詔以隆祐太后殿下貢物給之。他不得援例。既而賢妃位亦乞勘請，不允。克所書差誤。蓋三省所奏以爲隆祐所積供奉物，當知賢妃既不勘請，則梁氏不應陳乞。克乃誤以爲以隆祐殿物賜世忠妻也。隆祐供奉物，八月戊戌御藥院奏令供納本色真珠物帛等，並定價錢於左藏庫供支。依奏。此事見《日麻》。克實差互。

（宋）李心傳《建炎以來繫年要録》建炎四年九月　丙寅，賜劉光世銀帛二萬匹兩，爲渡江賞軍之費。先是光世麾下有言光世將提兵過江，而幕客沮之，其意遂緩。簽書樞密院事趙鼎聞之，以書抵光世曰：參謀諸公，久在幕府，必能裨贊聰明，共享富貴。固不可輕舉妄動，重貽朝廷之憂，亦安忍坐視不救，滋長賊勢，留無窮之患。上聞之曰：諭諸將當如此。

（宋）李心傳《建炎以來繫年要録》建炎四年十月　壬午，遣内侍李省往桂陽監，尋訪新除江西安撫大使朱勝非之任。賜本路上供經制等錢三十萬緡；米十五萬斛；銀帛五千匹兩；甲五百副；度牒五百道，爲軍中之費。仍命建武軍節度使楊惟忠以所統軍隸之，然自度牒外，錢米銀帛衣甲之類，皆取於本路諸司諸州，徒得其名而已。

（宋）李心傳《建炎以來繫年要録》建炎四年十二月　詔度支員外郎韓球速往饒州。所過州縣錢糧，盡數劃刷別項樁管。應松江綱船不以空重，並令赴饒州岸下擺泊。先是李回、富直柔共議移蹕饒、信間以討李成，乃遣球往饒、信州樁積錢糧。凡江、湖、川、廣所輸上供，悉儲二郡。中書舍人胡交修曰：郡盜猖獗。天子自將，勝之不武，不勝貽天下笑。此將帥之責，何足以辱王師？中書舍人洪擬亦言舍四通八達之郡，而趨偏方下邑。道里僻遠，非所以示恢復；形勢卑陋，不足以堅守禦；水導壅隔，非漕挽之便；輕棄二浙，失責海之利。力上疏争之。球璜之弟也。時上自海道還，内批取金以百計，絹以千計，銀錢以萬計。人言藉以爲費。交修曰：予以馭其富，人主之柄也！即有賜，第詔有司奉行。毋示人以私。上欣納。熊克《小麻》：以擬爲起居郎。案《日麻》，擬今年八月除中書舍人。克誤也。

（宋）李心傳《建炎以來繫年要録》建炎六年三月　是日，罷括金銀。時邦昌致書二帥懇其事。其書曰：邦昌聞之，先聖云何以守位曰仁，何以理財曰義。人君之於天下，惟以百姓爲本。百姓之不存，則社稷無以固其重，人君不能保其尊。又况創業造始之君，惟務施德布惠，收天下之心。然後作爲事業，固其根本。由漢、唐以來，率由此道。後世子孫，終必賴之。皆百代不易之理也。邦昌材質庸繆，道義無聞。仰荷大金皇帝天造洪恩，遽令軍民官吏推戴，册命畀以南王，使主斯民，以爲屏翰，以事大國。方夙夜祗懼無以報稱，思臨士民，坐視困苦，莫之拯救，痛傷肺腑，殞身無門。見今京都百姓，自來前皇帝朝以根括金銀數次，雖有藏匿，官吏搜索，悉皆罄盡。今又蒙元帥科降。數目浩大，難以充足。雖軍前遣人搜檢，亦無所得。百姓嗷嗷，憂疾餓死者日以萬計。復懼根括金銀，數不能足。重念大金皇帝，以邦昌主斯民，而從政之初，民心離散，怨謗交興。邦昌恐以此主國，必致傾仆，惟元帥慈恩洪溥，智燭高明，曲照物情，俯加矜恤，止絶再降金銀數目。庶使億兆生靈保全性命，不陷顛危。邦昌所圖，竊冀其安，仰副大金皇帝建立屏藩之德。邦昌不勝哀懇惶懼之至。

（宋）李心傳《建炎以來繫年要録》紹興元年三月　〔紹興元年〕三月戊戌朔，詔海州淮陽軍兵馬鈐轄李進彦、武義大夫耿進各以所部舟師，聽吕頤浩節制，尋並以爲江東安撫大使司統制官。進以此月丙午除。進彦以乙犯除。自駐蹕南京以來，軍士日給食錢，比數十日一犒設。前是水軍統制官崔增以其衆萬有千二百人降於吕頤浩，頤浩始用舊法，案月支糧及料錢，於是增一軍月費錢四萬四百緡，米七千五百斛。視五軍所給，月省萬五千餘緡。據史，頤浩以是日奏到。

（宋）李心傳《建炎以來繫年要録》紹興元年十二月　丁丑，手詔略曰：比緣國難，盜起未息者。蓋姦贓之吏無卹民意，及煩王師，而軍需不免又取於民。因循展轉，日甚一日。欲民不盜，不可得也。可將建炎三年以前積欠，除刑勢户及公人外，一切蠲除。如州縣不奉詔，及監司迫脅州縣巧作催科者，並除名。令御史臺糾察，多出黃榜曉諭。又詔三省備坐祖宗朝真決贓吏舊制，鏤板行下。自今有犯，依法行遣。仍籍没家財。上

以軍興民困，吏緣爲姦，故盜賊蜂起，乃下此詔焉。朱勝非《秀水閒居録》云：范宗尹爲相踰年，南宋沈與求論其過惡二十事，而贓墨居其四焉。於是罷相宮祠。彈疏既傳，無不駭愕。繼有詔旨：官吏犯贓，依祖宗舊典誅戮。仍籍其家。因宗尹也。案：宗尹罷相，非因與求論列，前已辨之。此詔恐非因宗尹，特勝非惡之之辭。今不取。

（宋）李心傳《建炎以來繫年要録》紹興二年五月 户部請諸路上供絲帛並半折錢三千，如兩浙例。兩浙折帛，已見建炎三年三月壬辰。許之。是時江、浙、湖北、夔路歲額綢三十九萬匹，浙東路，上供八萬，淮福衣八千；浙西上供九萬二千，淮福衣六千；江東上供九萬八千，淮福衣二萬七千；江西上供五萬二千，淮福衣萬五千，湖北上供三百；夔路，上供三百；已上皆有奇。江西、川、廣、湖南、兩浙絹二百七十三萬匹。浙東上供絹四十三萬六千，淮福衣五萬三千，天申大禮八千；浙西上供三十八萬一千，淮福衣十三萬八千天申大禮八千；江東上供四十萬六千，淮福衣十三萬九千，天申大禮八千；江西上供三十萬五千，淮福衣六萬七千，天申大禮八千。以上四路皆有奇。淮東天申大禮四千九百五十；淮西大禮三千七百；湖南天申大禮四百；廣東天申大禮四千六百；廣西天申大禮六千五百；西川天申大禮萬三千；東川上供萬一千，天申大禮萬六百；夔路上供二萬二千，天申大禮七千；利路天申大禮八千三百四川宣撫司截三路剛三十萬匹，又科激賞絹三十三萬匹，皆不隸户部。

東川、兩浙、湖南綾羅絁七萬匹，東川綾二萬六千三百；浙西八千七百，西川七千八百；浙東四千六百，皆有奇。婺州羅二萬，湖南絁三口。成都府錦綺千八百餘匹段，皆有奇。江、淮、閩、廣、荆、湖折帛錢，蓋自此始。川絹川布已見建炎四年乙未。東南絹三年十月庚寅。廣布五年末。可參考。

（宋）李心傳《建炎以來繫年要録》紹興二年六月 丙午，遣殿中侍御史江濟尚書度支員外郎胡蒙點檢劉光世軍中將士告帖，具每月合請錢糧實數以聞。時都督吕頤浩至鎮江，而軍中告乏。頤浩言：光世軍月費錢二十二萬緡，除取撥鎮江一郡財賦外，朝廷已應副其半。望令臺部堂各一員考究，如有闕數，乞盡行支降。如無闕數，亦乞行下光世照會。故有是旨。熊克《小厯》，載此事殊失本旨。蓋頤浩疑光世軍中詭名冒請者多。錢糧初不乏，非謂少錢而乞朝廷應副也。今依元奏删潤附入。

（宋）李心傳《建炎以來繫年要録》紹興二年九月 戊寅，罷鎮江府織御服羅。上諭輔臣：方軍興，有司匱乏。豈可以朕服御之物爲先。且省七萬緡助劉光世軍費也。熊克《小厯》，初鎮江府有歲貢御服花羅數千匹。兵興罷貢。至是内藏庫舉行。守臣胡世將奏民力凋弊，無所從出。有旨劾世將違旨。府僚皆懼。世將曰：某以身任，諸公無憂。戊寅，詔罷。《日厯》，紹興二年九月五日鎮江府狀，本府未經兵火以前，歲貢花平羅六千三百餘匹。建炎三年，前知府葉焕申明朝廷省罷。近於今年六月八日承省札，據内藏庫申；獲聖旨，織造起發。自本府殘破之後，賦入不多。約用本錢七萬餘貫。乞展限來年起發。户部勘當所乞難行，劄本府速行計置。今來委是無錢起發。得旨，令依限起發。二十一日進呈。上謂輔臣曰：鎮江府織造御服花羅可罷。當軍興之際，有司匱乏。豈可以朕服御之物爲先。且省七萬緡以助劉光世軍也。案：此時光世以浙西安撫大使兼知鎮江府。明年四月，光世移淮南宣撫，始以世將代守鎮江。其實紹興三年再舉行而世將有請，坐是削官。事見四年三月己未。克實誤也。

（宋）李心傳《建炎以來繫年要録》紹興三年六月 乙巳，左朝奉郎監尚書六部門孫藎轉對，言：自靖康軍興以來，議和好則忘備禦之方；言拒敵則絶通和之議。閲時既久，屢失事機，天下至今憤痛。屬者再遣樞臣，銜命出疆。臣恐和戎之議未成，防狄之備遂弛。敵情不測，事當過慮。望密戒邊臣，中申嚴戒律，詔付沿邊守帥。初，韓世忠之軍建康也，詔江東漕臣月給錢十萬緡，以酒税上供經制等錢應副。至是劉光世移屯，又增月樁錢五萬六千緡。轉運判官直祕閣劉景直等告之於朝，詔通融應副。自吕頤浩、朱勝非並相，以軍用不足，創取江、浙、湖南諸路大軍月樁錢，以上供經制係省封樁等窠名充其數。茶鹽錢蓋不得用，所樁不能給十之一二。故郡邑多横賦於民，大爲東南之患。今江浙月樁錢，蓋自紹興二十三年始。月樁錢，諸書不見事始。《日厯》，十七年八月，上諭秦檜：卿未還朝，朱勝非等創起月樁。案史，檜以去年八月免，勝非代之。五月，勝非丁憂。七月，起復。明年九月，罷。起月樁，未知的在何時。以事考之，當是今年四月除二宣撫時。今因江東漕司申明附此，或可移附四月。

（宋）李心傳《建炎以來繫年要録》紹興三年七月 庚午，詔無職田選人及親民小使臣，並月給茶湯錢十千，職田少者通計增給。先是御筆增選人小使臣俸以養廉，輔臣進呈。上諭以今飲食衣帛之直，比宣和不啻三倍。衣食不給，而責以廉節，難矣。雖變舊法，以權一時之宜。户部尚書黄叔敖言：文武官料錢各有格法，不可獨增選人小使臣。乞令提刑司均州縣職田於一路通融應副，無職田及職田少者增支。從之。

（宋）李心傳《建炎以來繫年要録》紹興三年十一月 癸亥，詔諸路上供錢物令户部歲終舉劾稽違侵隱去處，申朝廷取旨責罰。時左司諫唐煇論：比年以來，責小官之法則密，縱大吏之法則疏。監司郡守失職者，未嘗明正典刑。臣請言其一二。兩浙諸郡合樁上供糴本錢一百五十七萬餘緡，今糴買正其時，方行催促。儻更違限，必失準擬。此郡守不職也。前此諸路上供稽違拖欠，至於遣官四出。其閒有侵欺妄用者，朝廷知之，不聞究治。此轉運不職也。虔、饒兩司，自紹興元年至今，起發過錢十二萬餘緡，而費用三十五萬餘緡。無益有損，此提點鑄錢不職也。臣竊謂省部總天下之務，財用必有所統屬。宜不虚設不職，但聽諸路自至耶，亦當舉劾鈎放，謹其稽違侵隱耶。欲望嚴賜誡敕，一歲之間，省部稽諸路之勤惰，上之朝廷，明爲勤勞之賞，重爲曠弛之罰。庶幾稍知自效。故有是旨。

（宋）李心傳《建炎以來繫年要録》紹興四年正月 庚辰，尚書省言：今歲係大禮年分，已降旨令諸路憲臣依例剗刷上供錢物起發，限七月以前到行在。尚慮漕臣不用心催督，及樁辦州軍占吝，乞令户部置籍拘催，至八月比較欠多去處，具憲漕及當職官申省取旨責罷。從之。

（宋）李心傳《建炎以來繫年要録》紹興四年九月 詔賜川陝、荆襄都督府度牒二萬道，紫衣師號各二千五百道。趙鼎之出使也，乞度牒等如張浚例，朱勝非難之。鼎請不已，然後許焉。鼎又乞隨軍金帶二十條，絹三萬匹，米一萬石。詔米以江西上供之數，絹以權貨務金銀折之。鼎乞金帶及米，在八月戊申。乞支絹，在此月戊申。鼎將行，上疏曰：陛下建炎中遣張浚出使川陝，國勢百倍於今。浚有補天浴日之功，陛下有山河之誓。君臣相信，古今無二。而終致物議，以被竄逐。夫喪師失地，浚則有之。然未必如言者之甚也。大抵專黜陟之典，受不御之權，則小人不安其分，謂爵賞可以苟求。一不如意，更生觖望。是時蜀士，至於醵金募人詣闕訟之，無爲有，何以自明？故有志之士，欲爲國立事者，每以浚爲戒。且浚有罪，臺諫論之可也。人主誅之，亦無憾也。今乃下至草澤行伍，凡有求於浚而不得者，人人投牒，醜詆及其母妻。甚者指爲跋扈，抑何甚哉？今臣無浚之功，當此重責，去朝廷遠，恐好惡是非，行復紛紛於聰明之下矣！伏望睿鑒憫臣孤忠，使得展布四體，少寬陛下西顧之憂。鼎又言：臣隨行兵除王進外，取於密院及諸處纔二千人。而強壯者曾無數百。又錢帛合依張浚例，初乞錢百萬，止得五十萬，度牒二萬，止得三千，再乞得萬八千；又乞，始足元數。臣日侍宸扆，所陳已艱難如此，況在萬里之外？惟望睿斷，不爲羣議所移，臣實萬幸。朱勝非《秀水閒居録》云：紹興四年，趙鼎除知樞密院事，充川陝宣撫處置使。時勝非起居住，已累章乞持餘服。鼎窺宰席甚急，被命殊不樂。申請數十條皆不可行，如趙軍錢物須七百萬緡之類。勝非參告進呈，指此二項言：昔聞玉音，趙鼎出使，如張浚故事。浚自建康赴蜀，朝廷給錢一百五十萬緡。今鼎所須三倍以上。今歲郊恩，所費不貲。上曰：柰何？勝非曰：欲支三百萬緡，半出朝廷，已如浚數。半令所部諸路漕司應副。上可之。既退，鼎詬怒云：令我作乞兒入蜀耶？案：鼎所得度牒二萬道，每道直二百千，止共得四百萬緡。通紫衣師號爲《秀水録》不合。若以初乞所得錢牒計之，止爲一百一十萬緡，亦與三百萬緡半出朝廷之説不同。此勝非相所行，其自記不應有誤。更須詳考。

（宋）李心傳《建炎以來繫年要録》紹興四年十月 詔犒設隨駕諸軍一次。時堂吏以下，亦援泛海舊例，各支犒設錢。有至數十千者。及侍御史魏矼自江上還，奏言：自臨安至平江四日耳！乘舟順流，有何勞苦？雖曰激賞庫支，其實户部係省錢也。乃命除三省機速房三省户房外，皆剋還焉！矼奏請在十一月壬子。淮東宣撫使韓世忠奏準金部員外郎張成憲公文，支給本軍大禮賞。本司未敢幫請，乞依張俊下官兵禮例支給。許之。舊例，俊與楊沂中内二軍賞給三十千，世忠與劉光世、王躞、岳飛外軍人給二千有奇而已。至是俊出爲宣撫使，故世忠援以爲言。初，朝廷命成憲應副世忠軍錢糧。成憲言職事別無相干，乞用公牒往來。奏可。自是總領錢糧官率用此例。《日厤》，此月二十九日甲辰復置宗正丞等指揮。非本年事。蓋重疊差誤。

（宋）李心傳《建炎以來繫年要録》紹興四年十月 乙卯，趙鼎等進呈，乞將韓世忠等奏報蕃僞人馬犯承、楚等事，劄付奉使大金魏良臣，往軍前商議，早行約束。上曰：和議蓋非得已。儻得淮南兩路百姓安業，即内帑物帛，自可了其歲幣，不須更動户部財賦。朕宫中並無用度，凡内帑所有，專以養兵而已。沈與求曰：陛下爲愛惜生靈之故，至捐内帑以充歲幣，此盛德事也。

（宋）李心傳《建炎以來繫年要録》紹興四年十一月 庚戌，詔承、楚、泰州水寨民兵，並與十年租税科役久，仍撥米贍之。時承州水寨首領

徐康、潘通等，遣兵邀擊金兵，俘女真數十。既命以官，尋又賜米萬石。是月甲寅，撥江陰軍米三千石赴水寨。乙卯，又撥三千石。十二月丁亥，又撥四千石。今併書之。《中興聖政》趙鼎曰：陛下德澤如此，人心益以固，國祚益以長矣。〔臣留正等〕曰：兩淮水寨之民，正猶陝西之弓箭手，河朔之保甲，福建之槍杖手也。無事則力田以自贍，有事則固壘以相保。縣官拊之得其術，使之因利乘便，亦可以助官軍犄角之勢。曩者金人入犯，水寨之臣，頗能邀擊其游騎，而自衞其聚落。及敵既退，太上皇帝矜其忠而振恤之，德至渥也。或聞當時淮上有司不能奉行太上之旨，至招其小過，而責償官帑之所失，以是苦之。故甲申之警，皆棄其寨柵，載其器具，漂流於江之南者久之。此有司之罪也。韓愈有言：賊接界連村落，百姓悉有兵器。小小俘卻，皆能自防。識賊深淺，護惜鄉里，自備衣糧，共相保聚。賊平之後，易使爲農。今日水寨，正與此無異。帥守部使者，安可不遵太上皇帝之旨，而勞來安集之哉。

（宋）李心傳《建炎以來繫年要録》紹興四年十一月 右司諫趙霈請命有司條具一歲錢穀出入之數，裁節浮費。上曰：此疏極關治體，過防秋便可施行。趙松年曰：使論事之臣每如此，何患不能協濟中興？正恐敵騎既退，國家暫安，虛文細務，又復出矣！上曰：趙鼎記此，可爲戒。《中興聖政》，臣留正等曰：唐李吉甫始部録元和國計，著爲成書，本朝因之。丁謂著《景德會計録》，田況著《皇祐會録》，蔡襄著《治平會計録》，蘇轍著《元祐會計録》，皆所以總括國計，杜失謾，制豐秏，量入爲出也。太上皇帝因諫臣之言以謂此疏極關治體，惜當時未有能推行之者。神聖嗣興，以恭儉先天下。比命計臣置版籍，以總四方之賦，計其入，則盡矣。量入以爲出，則會計之書，不可以不作也。願詔諸儒踵成之。

（宋）李心傳《建炎以來繫年要録》紹興五年正月 詔户部支金一千兩付樞密院激賞庫，充激犒使用。朱勝非《秀水閒居録》紹興四年，趙鼎以元樞爲川陝荊襄都督。須錢七百萬緡。有旨半與之。兩浙運司臨安府又取二十萬緡。行有日矣，會鼎拜相，使事即罷，不復差官。鼎爲姦利，效尤京黼，因淮上用兵，遂以三百萬緡入三省激賞庫。自是得事進獻。因以侵漁。内結諸宦，外交諸將。養交持禄，首尾五年。御史謝祖信論鼎過惡數章，内一事云，盜官錢八十七萬緡。蓋此錢也。案《日麻》，今年二月二十一日乙未左僕射趙鼎等奏，蒙恩除都督諸路軍馬，有合奏請事。一川、陝、荊襄都督府事務在府官吏兵將官物等，合併歸本府。有旨依奏。據此與勝非所云差不同。當是浚罷都督，鼎再相，而始併督府錢物入激賞庫耳。今附此，更須參考。

（宋）李心傳《建炎以來繫年要録》紹興五年閏二月 壬申，上謂輔臣曰：昨范温帶來京東民兵，比效用請給春秋特支衣絹一匹。昨日中軍引見，頗有藍縷者，朕出内帑絹二千匹賜之。趙鼎等曰：陛下内帑縑帛之數；非承平比，每推以賜將士，此盛德也。上曰：朕宫中未嘗妄費，雖内帑所有不多，專用以激犒將士而已。

（宋）李心傳《建炎以來繫年要録》紹興五年閏二月 乙酉，詔户部措置撰集《紹興會計録》。用殿中侍御史張絢奏也。絢言：國朝有《景德會計録》，又有《皇祐會計録》。至治平、熙寧閒，皆有此書。其後蘇轍又倣其法作《元祐會計録》。雖書未及上，其大略亦有可觀。皆所以總括巨細，網羅出納。凡天下賦入之數，官吏之數，養兵之數，修章各立，支費有限。謹視其書，上下遵守。此作《會計録》之本意也。臣伏見朝廷數年以來，財賦寖虛，用度滋廣。廟堂責之户部，户部責之漕臣，漕臣責之州，州責之縣，縣責之民而止。民力既困，膏血將竭，則如之何？正宜盡括歲入之厚薄，因計歲出之多寡，分其品目，列其名色，總貫旁通，載之圖册。揆考之閒，如運諸掌。斯可以裁減浮費，增益邦財。官之冗者，可罷則罷之；吏之冗者，可省則省之，兵之冗者，可汰則汰之。然則會計之書，在今日艱難之時，尤爲先務也！伏望明詔大臣，選委詳練財賦之官，俾倣景德、皇祐等書，撰集成隸。且自紹興元年至四年爲率，以每歲所出入之數，列之於前，卻以今歲計之。除預借已支費外，總計見今歲入實有之數，合計若干。復自日下至歲終，凡官吏之費，養兵之費，及應干合用錢物通計若干，名曰《紹興會計録》。量入爲出，即可以見有無之實。絶長補短，斯可以制裁損之宜。上以備乙夜之覽觀，下以del有司之出納。庶幾國用有制，斂不及民。故有是命。其後户部第具去歲收支數以聞而已。

（宋）李心傳《建炎以來繫年要録》紹興五年四月 辛未，詔諸縣歲賦奇零剩數委通判點檢折納價錢別項椿管，專充上供。諸路免役寬剩錢，除二廣、福建、江東、西已令起發赴行在，浙西應副大軍，其浙東、湖南、北剩錢，亦令起發赴行在。用總制司請也。時獻議者以爲州縣之間，夏秋二税自祖宗時自有定額。緣人户析居異財，絹綿有零至一寸一錢者，亦收一尺一兩；米有零至一勺一杪者，亦收一升之類。自大宋有天下，垂二百年。民之析户者至多，而合零就整之數，若此類者不可勝計。官中

催科，每及正額而止。所謂合零就整者，盡入猾胥之家。欲望行下諸州，將人户所需奇零之物，各以一鄉細計數目。總爲一簿。逐年專委通判任責追催，應副軍興。而所入當不可勝計。又逐年役錢，依法每年合椿留二分，充寬剩令。乞悉以應副軍興。別立一庫，非有朝廷文字取索，不得輒自支遣。庶幾年歲之間，蓄積有餘，可以應用。故有是旨。二廣等路先取役錢指揮，未見月日。當考。

（宋）**李心傳《建炎以來繫年要録》紹興五年四月**　辛未，詔諸縣歲賦奇零剩數委通判點檢，折納價錢別項椿管，專充上供諸路免役寬剩錢。除二廣、福建、江東、西已令起發赴行在，浙西應副大軍，其浙東、湖南、北剩錢，亦令起發赴行在。用總制司請也。時獻議者以爲州縣之間，夏秋二税，自祖宗時自有定額。緣人户析居異財，絹綿有零至一寸一錢者，亦收一尺一兩；米有零至一勺一杪者，亦收一升之類。自大宋有天下垂二百年，民之析户者至多。而合零就整之數，若此類者不可勝計。官中催科每及正額而止，所謂合零就整者盡入猾胥之家。欲望行下諸州，將人户所需奇零之物，各以一鄉細計數目，總爲一簿。逐年專委通判，任責追催，應副軍興，而所入當不可勝計。又逐年役錢，依法每年合椿留二分充寬剩。今乞悉以應副軍興。別立一庫，非有朝廷文字取索，不得輒自支遣。庶幾年歲之間，蓄積有餘，可以應用。故有是旨。二廣等路先取役錢指揮。未見月日，當考。

（宋）**李心傳《建炎以來繫年要録》紹興五年四月**　左司員外郎王俣言：兩浙額斛，責在漕司者凡一百五十萬石。兩浙糴本，責在州郡者凡一百五十餘萬緡。每歲極力椿發，率皆不過三之二。其虚數常自若也。糴本之數，皆知其不可足。爲漕司者，終不肯力請於朝，爲之少損額斛之數，皆知其不可足。爲户部者，終不肯力請於朝，爲之少捐。終歲之間文移相屬，常負不足之責，而終無毫髪之益。使其緩急必欲如數而止，則剥膚椎體，必有深害於民。望令户部取漕司額斛，及州郡糴本，五年中最多之數，增令就整，立爲定額。漕司以年終，州郡以四季，責使椿發。如愆期不足，當職官吏重寘典憲。亦中興善政核實之一端也。詔令總制司措置。

（宋）**李心傳《建炎以來繫年要録》紹興五年五月**　都督行府言：今日之急，莫先財賦。若案籍可考，則無容失陷。自兵火後來，成法廢弛。州縣凡有移用，漕司不能盡察；漕司凡有支使，户部不能盡知。因致州縣肆爲侵隱，失陷前物，爲害不細。欲諸路收支見在錢物，今後分上下半年，縣具數申州，州類具同本州之數申漕司。如係常平茶鹽司并提刑司錢物，即依此申所隸置籍。本司總一路之數，作旁通開具奏聞，付之户部。考察登耗。仍詔守臣通判，今後歲終及替罷，并開具管下諸縣并一州收支見在數目，申尚書省。其初到任，即具截日見在依此供申送部，亦行置籍，以備移用。庶幾稍革陷失之弊。詔户部依此行下。

（宋）**李心傳《建炎以來繫年要録》紹興五年九月**　丁亥，都督行府言契勘屯駐軍馬，比去歲其數過倍。費用浩瀚，皆自行在措置應副。比嘗置司講究，近畫旨並罷。即裏外軍國之費，除茶鹽課入外，止仰上供錢物資助，不容少有違欠。而當職官往往循習積弊，罕肯留心。居常則緩催理以沽名譽，急闕則太擇擾以資吏姦。理合嚴行戒飭。詔户部開坐州軍應干上供錢物糧斛綢絹絲綿等，合起發赴行在名色數目。鏤板徧下。監司州郡，通知當職官，各仰身體今來訓誡之意，當思國步艱虞，屯兵衆廣，用度增多，恪守條令，悉心措置，專意收簇，如期起發，資助軍國大計。監司常切檢點催督，户部每限類聚每路每州有無拖欠，開具以聞。如尚敢違慢，或循情縱弛，即依條劾罪，當議重加懲責，以爲官吏不恤國事之誡。監司户部失覺察，御史臺得以彈奏。

（宋）**李心傳《建炎以來繫年要録》紹興五年十一月**　壬辰，殿中侍御史王縉言：竊見去年冬間，總理財計之臣，以贍養大兵急闕。建議預借坊場一界凈利錢。朝廷不得已而從之。宣州諸邑，又催當限錢，類皆句集禁繫。豈有既已預借，又當限之錢。不惟重併苛擾，實害坊場之法。望令提舉司究實按治。從之。

（宋）**李心傳《建炎以來繫年要録》紹興五年十一月**　丙戌，詔荆、襄、川、陝，見宿大兵，措置事宜，委任至重。雖已除席益制置大使，而調發節制，隸在督府。可令張浚往視師，仍詔諭諸路。議者謂梁、洋沃壤數百里，環以崇山，南控蜀，北拒秦，東阻金、房，西拒興、鳳。可以戰，可以守。今兩川之民，往往逃趨蜀中，未敢復業。墾闢既少，多屯兵則糧不足以贍衆，少屯兵則勢不足以拒敵。宜以文臣爲統帥，分宣撫司兵

駐焉。而以良將統之。遇防秋則就食綿、閬。如此則兵可以備援，而民得安業。詔宣撫副使邵溥、吳玠擇二郡守臣相度。初，玠苦軍儲不繼，於興元、洋、鳳、成、岷五郡治官莊屯田。又調戍兵治褒城廢堰。民知灌溉可恃，皆願歸業。詔書嘉奬。別路漕臣郭大中言於玠曰：漢中歲得營田粟萬斛，而民不敢復業。若使民日爲耕，則所得數，什百於此矣！玠用其言，歲入果多。而玠復欲陸運。召諸路轉運使持户籍至軍中。溥曰：今春驅梁、洋遺民負糧至秦州，餓死十八九，豈可再也？且宣司已取蜀民運脚錢百五十萬，其忍復使陸運乎？既上疏，立以便宜止之！卒行水運。大中亦白玠曰：利路幸小熟，請以本司緡錢就糴。徐責兩路僦船之直以償。玠從之。大中又患水運亡失，以策誘賈販。省費十之五。邵溥、郭大中事，皆不得其日。因論者言梁、洋事，遂牽聯書之。吳玠奬諭詔書，在十二月丙午。是歲也，四川收錢物總三千六十餘萬緡，支四千六十餘萬緡。以宣撫司遺剩錢補其闕。而玠一軍所費爲二千三百七十萬緡。

（宋）李心傳《建炎以來繫年要録》紹興五年十二月　權户部侍郎王俣言：兵革未息，屯戍方興。大計所入，充軍須者十居八九。此國用所以常乏，當講究長策，細大不遺，斯爲盡善。庶幾日增月積，漸至富實。臣愚見略陳五事：一曰去冗食之兵；二曰損有餘之禄；三曰收隱漏之賦；四曰補銷毁之寶；五曰修平準之法。臣聞兵貴精不貴多。兵多而不精，則冗食者衆。冗食者衆，則勇怯不分。勇怯不分，則戰無必勝。是冗食之兵，不唯徒費糧餉，乃取敗之道。故治軍之法，戰兵之外，車御火長牧人工匠之屬，皆有定數。舍是則爲冗食。今日財用所出，盡於養兵。然其閒未嘗入隊，不堪披甲者，甚多有之。竭民力以養無用之人，非計也。不如委任將帥，盡加澄汰，付之漕臣，籍荒閑之田，計口分受。官爲借貸，給與牛種，使之墾闢。仍且與減半支給錢糧。俟秋熟之時，便罷請給。一歲之後，量立租課。且以萬人爲率，每歲所減米十餘萬石，錢四十餘萬緡，絹布五萬餘匹。況又有租課所入哉。儲此以養戰士，非小補也。欲艱難以來，流品猥衆，進用殊常。而制禄之數，一循舊法，理宜不給。欲乞應内外文武官俸給等以緡計者，自百千以上，每千減半。有兼職者通計，並候事平日依舊。如此則裁損雖衆，不及小官。恕而易行，夫復何患？自軍興以來，十年於兹。財用所出，大則資之民力，其次則資之商賈，無不自竭以奉其上。唯是釋家者流，一毫不取。邑以千計，郡以萬計，不稼不穡，坐食吾民。其隱漏税賦，暗損國計，不知其幾何也！臣謂宜酌古今之意，權急緩之宜，使之輸米贍軍。人歲五㪷，依税限送納。凡居禪坊及西北流寓者，特與蠲免。於以少舒民力，不爲過也。自艱難以來，饒、虔兩司鼓鑄遂虧。而江、浙之民。巧僞有素，銷毁錢寶，習以成風。其最甚者，如建康之句容，浙西之蘇、湖，浙東之蠡越。鼓鑄器用，供給四方，無有紀極。計一兩所費不過十數錢，器成之日，即市百金。姦民競利，靡所不鑄。一歲之閒，計所銷毁，無慮數十萬緡。兩司所鑄，未必稱是。加以流入僞境，不知幾何。乞明詔有司申嚴銅禁，屏絶私匠。自今以始，悉論如律。除公私不可闕之物，立定名色，許人存留，及以後官鑄出賣外，其餘一兩以上，嚴立罪賞，並令納官，量給銅價。令分撥赴錢監額外鼓鑄。國家平昔無事之時，在京則有平準務，在外則有平貨務。邊計之餘，内裨國用，無慮二十萬緡。其效固已可見。況今日師旅方興，用度日廣。欲乞先於行在置平準務，次及諸路要會去處。各置平貨務，以廣利源，誠非小補。俟其就緒，置使領之。此五事者，儻有可採，乞令有司講究條畫。排斥浮議，斷以必行。

（宋）李心傳《建炎以來繫年要録》紹興六年二月　荆湖南路轉運判官權安撫司公事薛弼言：近以朝廷催趣應副岳飛月椿錢九萬貫，并撥上供米十萬石往鄂州。又撥四等折錢餘米應副岳飛，又撥二萬石應副荆南王彦，又撥一萬石應副鼎州。臣愚兼管潭州，備見帥漕兩司虚實。本路因旱甚民流，檢放之餘，通不及三分。税米内仍有五等下户折錢之數，委無可以支給。本路大軍并將兵，自十一月折半支錢，尚自拖欠一月及口食等米，無可指準。逐旋守等諸縣催趣殘零，放不盡税，㪷升支散，惴惴有旦暮之憂。今來十二月，積陰雨雪不止。自下旬雪霰交作，閒有雷電。冰凝不解，深厚及尺。州城内外，饑凍僵仆，不可勝數。除用度牒招募僧行，隨即瘞埋，旬日之閒，閱實剃度僧行不少。自仲冬闕食，城内白晝剽劫，城外十室九空。盗賊迫於饑窮，十數爲羣，持杖剽奪行旅舟船，道路幾於阻絶。除散遣緝捕官，晝於巡察，遇有發露，隨即擒獲，斬决流配，殆無虚日。近方少戢，流移漸歸，墾治田畝，遭此凍雪，餓死者枕籍道路。雖自席益在任，分置三場，給粥以濟，近日數目加增，至市里居民，逐軍營

婦，不憚愧耻，與乞丐隨逐仰給。觀此災沴，正宜倍加賑恤，以副陛下仁民愛物之意。況本路州縣，累經敵馬，殘壞尤甚。遺黎九死之餘，去歲一年，備兼五大、大兵、大火、大旱、大饑、大雪。若通融一路所有，極力救濟，或恐不能延及秋熟。蓋去麥熟尚四月，禾熟尚七月。若更撥錢九萬，及撥米應副四處，非惟上供已無可支移，其錢亦何由辦足。定見州縣剥膚搥髓，百姓愈不聊生。臣昨嘗以帥司激賞有備，屢乞責辦，相兼應副湖南軍馬。及席益移鎮，罄竭所有；祇了迎新送故之費。今帥漕兩司空虛，無一月之儲，而大軍諸兵，有拖欠之積。萬一雨雪不止，移運不繼，饑寒並至，或生他虞。雖誅責臣身，無救於事。亦知朝廷費廣，不敢別覬支降。惟望特降睿旨，將應副諸處錢米，速賜蠲免。詔弼將節次降到米斛，疾速措置賑濟。仍具去年上供苗米正色，及折錢實數，申尚書省。著此以見湖南事宜，兼自來監司所奏災傷，未有如此之詳者。故全載之。

（宋）李心傳《建炎以來繫年要録》紹興六年六月　侍御史周祕言：臣近見川陝宣撫司屢以糧運不繼聞於朝廷，而四川總制財用趙開亦稱所運糧斛盡已起發。臣不知其孰是也。今漕司之所較者，惟船運之費而已。且以成都一路言之，自水運至軍前，用錢四貫三百可致米一石。若使稅户自陸路搬運，則每石所用三倍於水運之直。若值農時，民間雇人搬運，則其所用又三倍於稅户自運之費。水運稍遠，其行雖遲，而所費至少。陸運稍近，其行雖速，而所費至多。宣撫司欲其速至，則必以陸運爲便。總制官欲其省費，則必以水運爲便。此大將之所以有言，而漕臣之所以自辯也！臣以爲大將爲陛下統率大兵，則軍食闕絶固其所當慮；漕臣爲陛下臨治一路，則民力凋瘵亦其所當惜。然就利害而熟計之，不有百姓則何以養兵；不節所費則何以活百姓。今既設漕臣，使專饋運，則但當責錢糧之辦足，不當問搬運之遲速。但當前告以期限，不當取之於倉猝。協濟國事，在此而已。欲望聖慈特命川陝宣撫司預計一年之費，分爲四限。令總制財用官常於一季前應辦。其水陸搬運悉從民便。庶不誤於軍期。亦稍寬於民力。詔制置大使席益相度聞奏。

（宋）李心傳《建炎以來繫年要録》紹興六年八月　癸卯，徽猷閣直學士兩浙都轉運使李迨進職四等，爲四川都轉運使。都大提舉茶馬，賜銀帛三百匹兩。令臨安府差從卒百人，自襄、郢便道星夜之任。徽猷閣待制四川都轉運使趙開俟迨至，將本司財賦文籍交割訖赴行在所。先是開復與制置大使席益不和，抗疏乞將舊來宣撫司年計應副軍期，但干錢物，竝不許他司分擘支用。又指陳大使司截都運司錢，就果、閬、利州糴米非是。又言，應副吴玠軍須，紹興四年總爲錢一千九百五十五萬七千餘緡；五年，視四年又增四百二十萬五千餘緡。蜀今公私俱困，四向無所取給，事屬危急，實甚可憂。乞許以茶馬司奏計一赴行在，庶得盡所欲言。又言，軍務惟錢糧最爲要切，欲乞自都督府節制其調發，則無輕舉妄動，枉費錢糧，虧損威勢；自都督府節制其用度，則將兵請給，皆可覈實裁處，量入爲出，公私無由困弊。即今公私俱困弊，無所措手矣。朝論悉言開與玠、益不可共事。故有是命。

（宋）李心傳《建炎以來繫年要録》紹興六年八月　權户部侍郎王俣言：近年以來諸路監司被受朝省指揮，翫習太甚，恬不爲意。且以事干財用者言之，有坐待措置而踰年不報者，移用錢數是也。有逐季比較而全年不開具者，住賣錢數是也。有責令椿管而二年不具數者，上供錢物是也。有許令蠲減而二年不覈實者，逃閣之數是也。至於稅場增分，酒務立額，擅使獻納錢，拋失綱運米，如此之類，不可殫數。雖省部舉催，他司究治，鄰路取勘，終無結絶。大抵或欲欺隱錢物，或欲庇護官司，或欲遷延歲月，或出於懈慢，或出於無術。故頑者付之以不報，黠者雖報而不盡。其視符命，蓋蔑如也。欲望明詔大臣，應諸路監司廢弛、鹵莽、乖謬、出限、違欠等事，令六曹類聚申尚書省，委官看詳。擇其尤甚者，顯責一二。其餘嚴立之期。尚或稽違，必罰無赦。庶幾少儆外服，以稱陛下孜孜圖治之意。詔如所奏，每季類聚申尚書省，委左右司看詳，將稽滯最多去處，取旨重行黜責。

（宋）李心傳《建炎以來繫年要録》紹興七年四月　丙辰，都官員外郎馮康國面對，論曩者金、豫相挺，連年寇蜀，吴玠據險得利，全蜀賴之。玠之功績，不可誣也。然蜀地狹民貧，山險道隘。紹興四年秋，陸運始行，役夫飢餓疾病相仍，斃於道者三之一。蜀民至今痛之。自後歲頃不登，斗米二千，死者枕藉。去年冬，是役復興，更名支移。計其所運一石，民間費七十千。逃亡死損，又未論也。有爲救蜀之説者曰，省冗官，節浮費，裁損軍中請給，亦庶幾矣。夫冗官浮費，固當節省，而軍中請

給，易搖軍心，未易輕議。臣觀蜀中之弊，患在糧運不繼，而折支太優。嘉陵江險，灘磧相望，夏苦漲流之失，冬阻淺澁之患。終歲水運，終不能給。是以時起陸運之役，兼軍前將佐，俸給優厚，類皆正色，米斛價高，銀絹價平。既闕正米，不免折支。每以低價銀絹，估折高價之米。所以歲費浩大，錢糧兩不給也。若遣官委曲，諭玠三月以後，九月以前，除關外防扼合用軍馬數目外，其餘將兵，移屯内郡歇泊就糧。且以二萬人爲率。兼選仁厚牧守分治梁、洋兩郡。招集流散。二年之後。耕鑿就緒。可贍戍卒萬人。歲又省蜀中二十萬斛之運。誠如此行，於吴玠軍中無損，於全蜀生靈稍寬。保蜀善道之策，無易於此。伏惟陛下財察。丁巳，詔送都督府。既而祕書省正字兼權左司郎官孫道夫轉對，上諭曰：召自遠方者，朕必詢民間疾病。至如職事官轉對，既以朝廷闕失訪之。誠欲追法祖宗，不特舉行故事爲文具而已也。卿蜀人，宜熟知蜀中利害。水運與陸運孰便？道夫奏水運遲而省費，陸運速而勞民。向宣撫司初由水運，每石取民錢十千。後以其緩，起兩川夫十數萬人陸運，每石費五十餘千。利害可見。上曰：水運既便，自當行之。

（宋）李心傳《建炎以來繫年要録》紹興七年七月 戊辰，起居郎樓炤言：竊見國家暴兵露師之日久，有財匱之憂。近者妄陳財用四事，雖蒙開納，有司終不能小有損益者，必主計之司，未嘗親見其本末也。竊攷唐故事：宰相領鹽鐵轉運使，而同時在位者，或判户部，或兼度支。臣愚以謂使宰相兼有司之事則不可，若參倣唐制，使户部長、貳兼領諸路漕權，何不可之有？若户部兼領諸路漕權，内則總大計之出入，外則制諸道之盈虚。以時巡行，如劉晏自按租庸，以知州縣錢穀利病。而事之本末，皆身親而目覩之，何者可行，何者可罷，斷然無復疑。伏望聖慈下臣之説，詔大臣講究之。詔三省相度措置。是月戊子施行。炤又請令行在侍從官，各舉通判資序，或嘗任監察御史以上，可以任監司郡守者一二人，皆具已試之狀，保任以聞。朝廷籍記姓名，遇闕除授。後有不如所舉，則正繆舉之罪。詔如所奏，仍令中書門下省置籍。

（宋）李心傳《建炎以來繫年要録》紹興七年七月 尚書省言：州縣財賦，率多妄用，亦或失取。緣此上供虧欠，漕計不足。詔户部逐時輪那長貳一員，出外巡按，其奉行詔令違戾等事，按劾以聞。州縣財賦利病，並攷究以實措置，使各條具聞奏。餘聽一面行訖具申朝廷，合行事依本等奉使格法；初用樓炤請也。

（宋）李心傳《建炎以來繫年要録》紹興八年十一月 左朝奉郎張廣爲祕書省著作佐郎。廣，德興人，知廣德軍，以薦者得召見。論當今之法，其未便者有二，皆前日言利之臣，不究本末，急近效而昧遠圖。所得營田、贍軍酒庫是也。今營田悉藉於官還定之，民執空契，坐視故土而不得復。户部轉運司閣失賦税，號爲逃閣者？不知每歲幾何？其視營田，誰得誰失？此營田之未便者也！諸州承認大軍月椿之費，常苦不繼。朝廷置贍軍酒庫，本以佐之。今但許取撥一分而已！積日既久，利源侵奪。此贍軍酒庫之未便者也！若謂未可遽罷，則莫若許歸業之民，漸認故土，而取榷酤所入之贏，盡以佐諸州月椿之數，則得矣。事下户工部。後不行。廣疏以是月甲申行下。

（宋）李心傳《建炎以來繫年要録》紹興八年十二月 辛未，參知政事李光言：諸路月椿，最爲民間重害。而江東、西爲甚。元降指揮，許取撥應於上供封椿。諸司并州縣等，不以有無拘礙上供經制酒税課利及漕司移用等錢椿辦，如此州縣尚自應辦不足。今江西路漕司，往往將移用等錢，於逐州主管司專委通判拘收，不許取撥，致民不堪命。欲下諸路應月椿錢許將諸色錢椿辦。如有餘，方許漕司拘收。庶幾隴畝之民，不致失業。光又奏今日急務，莫切於理財之政。有避其名而因失其實者，有無其實而徒存其名者，未易概舉。姑論其大者二事。常平之法，本出於漢耿壽昌。今州縣錢穀，有屬常平司者，名色非一。悉總於户部右曹。今乃以王安石之故而廢之。既使香鹽司兼領，又別差主管官一員。而有司莫知適從，錢穀因致失陷。發運使本以總六路財計，以漕輓中都饋餉爲職。兵興以來，既無轉輸，今乃以糴買事委之。其本錢無慮五六百萬緡，皆從期廷給降。此國用所以益窘也。望罷常平主管官，依舊令香鹽司兼領。罷發運司，其糴買經制等事，令户部侍郎專領。庶幾名正而事成，官省而職舉。秦檜進呈。上曰：月椿事，朕數爲趙鼎言之，鼎不以爲意。常平司當復置。三省可條具取旨。

（宋）李心傳《建炎以來繫年要録》紹興九年二月 甲子，秦檜等進呈江湖、兩浙每月椿發大軍錢各有窠名，但多爲漕司占留，遂不免敷及百

姓。乞將逐州軍均定，不得偏重。上曰：若所發窠名不足，自合從朝廷給降，不得一毫及民。朕欲養兵，全藉民力。若百姓失足，則流爲盜賊矣。檜退而批旨；第命諸路漕司，以州縣大小，重別斟量均定，務令適中。仍俟月椿錢足，方許應副他用而已。

（宋）李心傳《建炎以來繫年要録》紹興九年五月　右諫議大夫曾統言：今縣官歲入僅足以支出，國計可謂急矣。有司既不知養財之術，又不知節制之度，豈不殆哉！且以去冬及春以來遣使之費言之，命韓肖胄報聘金國，又命王倫交割地界，遣方廷實宣諭三京河南，命郭仲荀守東都，遣周聿、郭浩宣諭陝西，遣士㒟張燾祇謁陵寢，又命樓炤至永興等路宣布德意，凡此七使所攜官吏兵民。不知其浩費當幾何？竊聞熙寧命宰相韓絳宣諭陝西，才費十八萬緡，時論沸騰，以爲大咎。今一使之出，已數倍於昔。合而計之，不知其幾何矣！雖事有出於不得已者，而援引體例，皆非舊比。臣願檢照國朝舊遣使命則例，裁定其要，使前有所稽，後爲可繼。庶幾可以及遠。從之。

（宋）李心傳《建炎以來繫年要録》紹興九年九月　庚寅，罷經制司。其諸路常平事，令提刑兼領。始用曾統奏也。常平法起於西漢，歲豐則斂，歉則散。後世講之尤詳。秋成則斂，春饑則散。可以平物價，抑兼并，人有接食，官無折閱。法至良也。熙寧初，王安石修水土之政，與筦榷之利，置提舉官，以常平司爲名。當時所行新法，如免役、坊場、河渡、青苗、市易、方田、水利，皆俾提領，遂爲民患。議者不察，但云常平法可廢。建炎初遂盡罷提舉官。時諸路苗役羨錢，各不下百數十萬緡。朝廷草剏，多取諸此。次年，吕頤浩等言常平法不可廢。其附益之者，如坊場、免役等可行，青苗、市易等可罷。有詔委頤浩等説議。已成書矣。會南渡，未及行。已而言者概斥提舉官不可復，前議遂寢。其後或隸提鹽司，或隸發運司，或隸經制司，終無定論。而兵火焚蕩，户部及州縣案籍皆廢，財賦多失矣。

（宋）李心傳《建炎以來繫年要録》紹興十年六月　壬戌，詔敵入侵犯河南，已決策用兵。所宜經理財用，以贍軍旅。帥守諸司，自當體國，協濟大計。可將應見管錢物，量留經費外，盡數起發。有能率先應辦，當加褒擢。如隱占不實，必置於法。並謂在官錢物，不得因緣擾民。朱勝非《秀水閑居録》。紹興十年，秦檜爲相，下令云：奉兵擊敵，須備犒賞，計畝率錢，徧天下五等貧民，無得免者。所斂號激賞，而兵未嘗舉，百姓無以爲怒。與此指揮全不同。詳見今年九月辛酉并注。

（宋）李心傳《建炎以來繫年要録》紹興十一年正月　〔紹興十有一年。〕歲次辛酉。金熙宗亶皇統元年。春正月按是月辛丑朔。壬寅，右文殿修撰提舉江州太平觀趙開卒，年七十六。自金人犯陝、蜀。開職饋餉者十年，軍用得以毋乏，一時賴之。開既黜，主計之臣率三四易。於開條畫，毫髮無敢變易者，人偉其能。然議者咎開竭澤而漁，使後來者無所施其智巧。凡茶鹽榷酤，激賞零畸，絹布之征，遂爲西蜀常賦。故雖累減經放，而害終不去焉。

（宋）李心傳《建炎以來繫年要録》紹興十一年五月　戊申，樞密使韓世忠言：自提兵以來，有回易利息，及收簇趲積軍須見在錢一百萬貫，排垜楚州軍前。軍中耕種并椿管米九十萬石，見在楚州封椿。及鎮江府、揚、楚、真州、高郵縣、江口、瓜州鎮正賜公使回易激賞等酒庫一十五，合行進納，望下所屬交收。詔嘉獎。

（宋）李心傳《建炎以來繫年要録》紹興十一年九月　癸卯，命軍器少監鮑琚往鄂州根括宣撫司錢物。先是，湖北轉運判官汪叔詹以書白秦檜言：岳飛頃於鄂渚置酒庫，日售數百緡；襄陽置通貨場，利復不貲。自飛罷，未有所付。乞令副都統制張憲主之。庶杜欺蔽。前二日，詔都統制王貴與憲同掌。上謂檜：聞飛軍中有錢二千萬緡。昨遣人問之，飛對所有之數，蓋十之九。人言固不妄也。今遣琚往。縱不能盡，若得其半，亦不少矣！又歲計所入，供軍之餘，小約亦數百萬緡，比之頭會箕斂，不知幾多。民力何以辦此？檜曰：軍興以來，間有取於民者，皆非得已。今無横賦，而上朝夕軫念，益務稍廣儲蓄，以備緩急，不待取於民而自足耳。叙詹，婺源人也。熊克《小厤》，時有上殿官鮑琚頗疏通，上因命琚往軍前根括錢物，歲入幾何，諸路月椿以贍本軍，有名無實而斂於民者幾何。當議省之。按琚紹興九年十二月除軍器監丞。去年四月，遷少監。克謂之上殿官，蓋不審也。考之《日厤》，琚是行，專爲根括岳飛軍中見在錢物。詳見十二年三月庚戌。

（宋）李心傳《建炎以來繫年要録》紹興十二年三月　尚書右司員外郎鮑琚總領鄂州大軍錢糧，先是琚奏岳飛軍中利源，鄂州并公使、激賞、

備邊、回易十四庫，歲收息錢一百十六萬五千餘緡，鄂州關引、典庫房錢、營田、雜收錢，襄陽府酒庫房錢、博易場，共收錢四十一萬五千餘緡；營田稻穀十八萬餘石。詔以鄂州七酒庫隸田師中爲軍需，每年收息錢共五十八萬餘緡。餘令總領所樁收，準備朝廷不時支遣。其屯田仍委師中措置應副。

（宋）李心傳《建炎以來繫年要録》紹興十二年四月　辛巳，江南東路轉運使王喚等獻本司銀錢十萬緡兩，以助奉迎兩宮之費。詔令户部樁收，專充奉迎支用。上曰：若常賦之外，不取於民，庶幾副朕愛民之意。朕在宮中服食器用，惟務節儉，不敢分毫妄費。常戒左右曰：此中視錢物不知艱難。民雖一錢，亦不易出。周公作無逸戒成王，惟在知小民之艱難。朕不敢忘也。自是四方率皆獻助矣。福州程邁獻銀二萬兩。洪州李迨獻錢五萬緡。江東大帥葉夢得獻三萬緡。又浙漕黄敦書張匯降詔奬諭，池州陳桷轉官，所獻未見數。

（宋）李心傳《建炎以來繫年要録》紹興十三年六月　吏部員外郎周執羔轉對。乞戒諸監司巡案檢視簿書：凡財用之出入，無簿書押者，必案以不職之罪。又乞命帥臣區別條目，下諸路州軍，廣行搜訪徽宗御製。皆從之。臣謹案，秦檜再當國柄，十有八年。自定和策勳之後，士大夫無有敢少違其意者。故一時輪對臣僚，但毛舉細務以應詔旨。如紹興二十七年六月黄中所論，及上諭大臣之辭，蓋可見也。故自今年以後，至紹興二十五年十月己卯以前，職事面對奏劄，見於施行者，共二百二十四事。皆撮其大略書之。其閒則亦有及民閒利害者，蓋自可以考其人也。

（宋）李心傳《建炎以來繫年要録》紹興十三年六月　戊子，倉部員外郎王循友言：國家平昔漕發江、淮、荆、浙六路之粟二百六十餘萬。和糴之數，又在其外。而近歲上供之數纔三百八十餘萬。除淮南、湖北彫殘最甚蠲放之外，兩浙號爲膏腴沃衍，粒米充羨，初無不耕之土，而較之舊額，亦虧五十萬石。此蓋税籍欺隱，豪強巨室，詭名挾户，多端以害之也。比者兩浙漕臣建議欲正經界，朝廷從而行之。若使盡究隱田，庶幾供輸可足舊額。欲望訓敕諸路漕臣，各令根檢税籍之失。上謂輔臣曰：所論可行。蓋農桑衣食之本。然須有所勸懲，勿爲具文。

（宋）李心傳《建炎以來繫年要録》紹興十三年八月　己酉，上與宰執論糴買事，因曰：今漕司各管一路，有無不能相通。宜倣舊來發運，置都轉運使一員，通管諸路。米賤處糴，米貴處糶，如此則有濟，公私皆利。可於從官中選通曉錢穀者付之。秦檜言：劉晏能權萬貨低昂，使天下無甚貴賤，而物常平。上曰：漢唐以來，所可稱者，晏一人而已。自來多恥言財利，不知國家之所急。孟子言，無政事，財用不足，此豈小事也。

（宋）李心傳《建炎以來繫年要録》紹興十四年二月　戊戌，初令四川都轉運司歲撥總制錢一百七十三萬餘緡，市輕齎竝細絹四萬七千餘匹，綿四千五萬餘匹。赴鄂州總領司樁管，自去秋以右護軍統制田晟所部隸馬司，故取其贍軍錢帛，至今蜀中號田四廂錢。是歲，四川始取稱提錢四十餘萬緡，以備軍費。詳見十八年四月乙酉。

（宋）李心傳《建炎以來繫年要録》紹興十五年七月　戊午，詔廬光州上供錢米展一年，用轉運司請也。上曰：人皆知取之爲取，而不知予之爲取。若稍與展免，俟其家給人足，税斂自然易辦。淮南平時，一路上供内藏紬絹九十萬匹有奇，至紹興末年，纔八千匹爾。故迪功郎楊世永贈右承務郎，官一子，以前任端溪尉死於盜也。

（宋）李心傳《建炎以來繫年要録》紹興十五年七月　己巳，秦檜進呈免放四川轉運司因贍軍借用常平錢十三萬緡。檜言：近來户部歲計稍足，蓋緣休兵，朝廷又無妄用故也。上曰：休兵以來，上下漸覺富貴。大抵治道貴清浄，人君不生事，則天下自然受福。檜曰：舜無爲而治，陛下得之矣。

（宋）李心傳《建炎以來繫年要録》紹興十八年五月　乙丑，詔歲以成都、潼川府、利州路稱提錢十萬緡，對減四路激犒錢三分之一。初，鄭剛中改四川宣副之歲，始命三路茶鹽酒課，及租佃官田應輸錢引者，每千別輸三十錢爲鑄本，又得其贏十八萬緡有奇，至是以備軍貲。三足稱提錢，凡四十三萬七千緡。鑄錢本二十四萬七千緡，外餘十八萬四千六百九十道二百九十一文入帳，此據總領所裁賦册。

（宋）李心傳《建炎以來繫年要録》紹興十八年閏八月　庚申，秦檜奏兩國通和，農民安業，墾田漸廣，户部財賦粗足支用。乞免江、浙、湖南今年和糴。和糴事初見元年辛未。上大喜曰：朕身在河朔，見民以爲苦。

朝廷所借本錢，州縣往往移用，不以時給。縱有給處，又爲吏多端乞取，十不得一二。今幸時和歲豐，軍儲粗足，朕豈已而不已也。《中興聖政》，史臣曰：漢孝宣、光武生長民閒，其知民疾苦，宜也。高宗以諸王總戎河朔，周知民閒纖細利害。雖即位二十□年，猶能歷歷及之，此明王之所難也。

（宋）李心傳《建炎以來繫年要録》紹興十八年閏八月　甲子，遂命臨安、平江府、淮東、西、湖北三總領所，歲糴米百二十萬石有奇，用户部請也。浙西凡糴七十六萬石，行在省倉三界三十五萬五千，臨安、平江府場各二十萬；淮西總領所十六萬五千，湖北、淮東皆十五萬石。時行在歲支凡三百三十六萬石有奇，而浙江、荆湖上供米綱才三百萬石，故糴之。三總領所舊不立額，及是比仿行下。

（宋）李心傳《建炎以來繫年要録》紹興二十二年三月　己酉，殿中侍御史林大鼐言：比糴馬穀，以香引錢爲糴本。既爲有司互用，民亦不敢躭望。第輸納溢所抛之數太多，如江陰小壘視苗抛降苗不及七萬石，漕司抛下馬料，才三萬三千石。計今所輸之數。不啻十萬石。如湖州産茶諸縣各有園户，祖宗朝竝無茶税。州縣舊來立歲額，每畝輸三斤，已自非法。比年官司又於額外抑配園户茶引、僧人茶鈔。武康一縣，園户買茶引，每畝出鈔三百文足，僧人買茶鈔，每名出錢三貫六百文足。而元額自若也。江陰、武康皆王畿之内，所聞如此，則嶺海之外，弊將若何？一有訴於縣，縣利其經費而不顧，訴於州，州受縣之羸餘而不問，至訴之監司省部，又爲州縣沈擱不行。萬一窮治其事，不過以爲事循前例，當時剏例作俑者，官已離任，吏以徙死，罪責不我及焉！故州縣得以安而行之。欲望降詔申敕，自約束後，將剏意循例者究治同坐。庶幾美意實惠，同浹於民。上曰：此須是守令得人。秦檜曰：陛下今日中興，内外無事，所乏者循吏爾。上曰：然，守令非人，不可不治。若置而不問，則全無忌憚矣！　上又曰：錢穀大計，亦要户部得人。朕觀徽宗朝，户部之職，多自發運轉運使擢用。蓋以經歷民事，諳練財賦故也。大鼐所奏，其令户部行下，據實數收糴馬料，不得踰額。賣茶不得抑配。餘從之。

（宋）李心傳《建炎以來繫年要録》紹興二十三年十一月　甲戌，權禮部侍郎辛次膺言：竊考邦國之大計，今諸路歲入行在朝之數，加以茶鹽所入，數目實多。使有以理財，而其入無欠；有以節財，而其出有節。則豈特財用充足，蓋將儲蓄沛然有餘矣。而近年以來拖欠數多，内外支遣，歲歲增添。是其入未能無欠，而其出未能有節也。願詔左右司同户部，取朝廷一歲中出入之數，其入數拖欠失陷者，嚴立譴罰。其出數則更加裁酌。立爲定數，不得增添。然後於所入中撥錢若干，以待其出。又取若干專一收樁，以爲積蓄之數，無故不得支用。仍令諸路轉運司，歲終具移用過錢物，及見在數，申尚書省。庶内外各知節約。上曰：此誠今日急務。然止有三説，生財、理財、節財是也。比年生財之道，講求略盡。唯理財多因官司失職，致有拖欠。使州縣得人，必不至此。若節財，則用莫大於給軍。既有定額，無從裁省。今但當撙節，不可妄費。遂命吏部侍郎康伯、户部侍郎王俁、大理少卿陳章同措置。

（宋）李心傳《建炎以來繫年要録》紹興二十三年閏十二月　丙午，秦檜進呈權户部侍郎徐宗説狀：契勘上供諸色窠名錢物，在法不得支兑移用。若輒擅侵支，各有專一斷罪條法指揮。比年以來，州軍往往冒法，輕費妄用，卻將上供錢物侵借。監司略不檢察案治。緣即目内外百色，支費浩瀚，全藉州軍恪意經理。若不申嚴法禁，竊恐日後轉致侵損省計。欲乞檢坐行下諸路監司，常切覺察。若有違戾侵借，除依法斷罪外，乞今後更不差注知州軍差遣。若後官任内合撥窠名錢物別無拖欠，能措置補還前官擅支錢物，每及一萬貫以上，與減一年磨勘，至五年止。庶幾罪賞必行，不致侵蠹財賦。從之。熊克《小厤》，紹興二十二年十二月丁巳，時監司守臣，不輸常賦，專以進奇羨相尚。太府卿徐宗説攝貳班曹，乃言：今後當令先補常賦所逋，仍乞以賦入殿最行賞罰。詔從之。上諭宗説曰：版曹久匱，卿所論甚當。是日，以宗説權户部侍郎。此蓋因葛立方撰宗説墓誌所書也。立方又稱宗説請於朝，俾嗣進者先補常賦，於是儲廩益充，而斂不及民。及陛對，上諭之曰：版曹久匱，此卿所論甚當，真計臣也。遂除權户部侍郎。以《日厤》考之，宗説建陳此事，在版曹已踰年。蓋立方遷就抆拭之，而克不詳考。且《日厤》稱户部狀云云，蓋此事宗説上申尚書省，非奏牘也。誌所云獻羨事，未知宗説果能此否。當求他書參考之。

（宋）李心傳《建炎以來繫年要録》紹興二十四年正月　户部言：諸州上供經總制等錢，在法雖許置輕齎起發。緣價直比之行在，往往高貴，欲將諸路州軍不通水路去處，每貫帖支客人兑便優潤錢三十文。卻於州縣從來起綱合破縻費腳賸錢内支給，庶幾公私兩便。從之。

（宋）李心傳《建炎以來繫年要録》紹興二十五年七月　丙辰，宰執

進呈户部狀，準都省批，送下四川安撫司制置使符行中、四川總領湯允恭、户部員外郎鍾世明，申行中等同共取索得四路州縣，委是供輸太重，除節次承指揮減免外，見理之數尚多，理合減免。及將累年積欠難以催理錢物，酌度減放，委得不妨軍食，寬裕民力，欲並依所乞。先是茶馬司歲剩錢二百萬緡，宣撫司已取撥四十萬緡赴總領所贍軍，而成都、潼川府、夔州路廂軍闕額錢七萬九千緡，皆已人帳。成都路，六萬一千八百四十四緡。潼川路，一萬七百六十一緡。夔州路，六千三百二十四緡。事俱已見十七年九月己巳。至是世明乞歲增撥茶司剩錢七十三萬緡，利路廂軍闕額錢十萬緡，又以三路稱提錢八萬緡益之。稱提錢已見十八年五月乙丑，今復以七萬九千四百八十三緡有奇悉與之。遂減兩川絹估錢匹一緡，凡二十萬緡。時西路每匹估十千有半，東路估十千。又減潼川府秋税脚錢四萬緡，利路税斛脚錢十二萬緡，舊十三萬餘斛，每斛錢引千四百緡，已減三萬緡，今又減。兩川米脚錢四十萬緡，元理百五十萬，累減至今，尚存三十五萬。鹽酒重額錢七十四萬緡，激賞絹九千餘匹。十六年十二月戊戌，宣司已減二萬匹，今再減外，餘三十萬匹。自絹估錢已下，所減合一百六十餘萬緡。皆勿復取。又蠲州縣逋欠錢二百九十二萬緡。係紹興十九年至二十三年拖欠折估糴米等錢。始，世明之使閩也，已見二十二年三月丁巳。凡所建白，皆不以聞，而第申尚書。其使蜀亦然。上頗咎之。然嘉其廉謹，遂以爲直祕閣兩浙路轉運副使。按《日厤》及四川財賦册參修，上咎世明，據今年十一月庚午聖語附入。絹估錢，二十六年八月辛卯。茶司錢，三十年三月戊戌所書可參攷。右奉議郎兩浙路轉運判官黄然爲江南東路提點刑獄公事，然爲畿漕纔數月，秦檜以其不勝任，遽命鍾世明代之。曹泳主然，故復得職司。

（宋）李心傳《建炎以來繫年要録》紹興二十五年九月　癸丑，權户部侍郎曹泳言：江、淮、荆、湖、廣、福九路上供錢物糧斛，依條發運司注籍稽考催促。自罷司之後，別無總轄拘考，緣鑄錢司職事簡少。欲望就委兼管拘催驅考九路上供錢物糧斛，每歲以諸路漕司催發。及一路州軍起發數目，比較申取朝廷指揮。從之。時新除鑄錢官王彦傳本泳辟客，故其所陳如此。

（宋）李心傳《建炎以來繫年要録》紹興二十五年十二月　右司員外郎兼權户部侍郎鍾世明言：契勘天下財賦，窠名不一。有歸之朝廷者，有歸之户部者，要之均濟國家之用而已。故朝廷之與户部，事實一體。户部闕乏，朝廷未嘗不應副也。比年以來，朝廷每月支降養食錢三十萬緡，又於數内尅還給關子錢。而户部窠名錢物，又有爲朝廷拘收支用者，户部所得無幾。欲望特降睿旨，令户部條具自來支使錢物窠名，撥歸户部，每月以實闕錢申朝廷取旨。貼降，又言：江、浙等路，有絶户、没官等田宅，紹興二十年内，節次著指揮撥赴常平司措置。其閒州縣官吏，往往應副形勢有力之家，量力租課佃賃。不惟暗失官課，而州縣又緣此失去二税歲計之用。乞將上件田宅，盡行出賣。令户部參照條具申朝廷取旨。並從之。

（宋）李心傳《建炎以來繫年要録》紹興二十六年三月　直徽猷閣兩浙轉運副使張匯言：州郡歲額諸色上供錢物，皆所以供朝廷經常之用。而近年以來，各徇私意。將合發窠名，侵移名色，以充羨餘。因致積累拖欠，暗損賦入。臣伏睹近制，灼見前者獻助之弊，已行禁止。切慮積習之久，未能頓革，望委守貳。將諸色上供錢物，並遵窠名，不得仍前侵移。或有違戾，令逐路漕臣按劾。從之。

（宋）李心傳《建炎以來繫年要録》紹興二十六年五月　庚申，户部尚書韓通言：諸路州軍上供米，漕司催發違限。且以去年之數稽考，未起發者迨今三分之二，而江東西尤多。計以支降三總領歲終所用軍食，及今秋苗米數外，實管上供苗米二百四十萬石，皆有所納縻費水脚錢。若失時搬撥，則新陳相因，致有隱没之弊。望令户部，於歲計之餘，支撥付建康、鎮江兩總領，各一百萬石，催督漕司般發。以半年足辦，居常以新易陳。或值水旱，則補助軍食，取撥賑濟。遇有闕數，則復行補撥。從之。

（宋）李心傳《建炎以來繫年要録》紹興二十六年八月　左朝散大夫景篪言：四川絹直一匹不及五千而官估取十千，他物之估率皆稱是。去歲裕民所蠲減絹直，不過作九行而已。臣嘗計會四川總領司物帛估錢之數，無慮六百萬緡。今若蠲其虚估之數，亦不過爲緡錢三百許萬耳。況昨降聖旨，已禁止餘財奇貨，其數可以補之。若有司尚以歲計爲解，如前所蠲瑣碎條目。復其一二，亦無甚害。或但上等仍舊，盡蠲二等以下户，亦實惠也。詔户部看詳來上。後一日，宰執進呈次，上曰：景篪所論，須量與減損。若第令看詳，雖行下數十次何益？莫若使令總領所契勘合蠲

減數目具申朝廷，庶幾民受實惠。朕自即位以來，如土木玩好，邊事錫予，未嘗一有妄用，凡以爲民而已。既而户部言難以遥度，乞令總領所量行裁減，于昨來所取歲剩錢内通融應付，從之。明年三月己丑減放。

（宋）李心傳《建炎以來繫年要録》紹興二十六年八月　己丑，詔蠲建康府紹興二年以後至二十年終積欠内庫折帛錢二百三十三萬餘緡，絹二十萬七千餘匹。以守臣寶文閣學士張燾建言：累放以來，積年拖欠，歲久無所從出，上特恩也。按累降指揮，放欠至紹興二十二年。而今燾所請乃紹興二年至二十年所欠，不知何以獨不減也。

（宋）李心傳《建炎以來繫年要録》紹興二十六年八月　右朝奉大夫新知秀州向伯奮言：臣嘗觀一州一路之間，無不以財用爲先，催科之急，民大受弊。望特委近臣，取諸路州軍每年用度出入之數，稽其失陷，革其妄用，有餘者取之，不足者稍蠲以予之。以入制出，皆使粗給。倘有敢非理擾民者，重置於法。則斯民受無窮之賜。詔户部看詳申省。其後本部言欲委諸路轉運司行下所部州軍，遵依見行條法，常切鈐束，不得非法科擾，及取見行州軍財賦。每年支收出入實數，稽考有無侵欺失陷，輕費妄用，開具供申省部審實參酌施行。從之。

（宋）李心傳《建炎以來繫年要録》紹興二十六年八月　户部郎中總領湖廣江西京西財賦軍馬錢糧逢汝霖入辭。論常賦欠少留滯，遂至總領所借用封樁，失緩急枝梧之策。望特降處分，今後諸路監司州縣合應付大軍錢物，如樁辦有欠少，起發有稽違，委總領所於逐歲比較，將最稽違最欠少一兩處，按劾奏聞，乞賜施行。庶爲慢吏之戒。從之。汝霖又言：州縣受納税米，取耗唯恐不多。乃將在倉米斛出糶，收其價直，以資妄用。望特降處分，應係省米斛，不得擅糶。如委因闕乏事須出糶，即具因依申轉運司待報施行。仍令覆實申户部照會，詔本部申嚴行下。

（宋）李心傳《建炎以來繫年要録》紹興二十六年八月　辛巳，詔滁州合起上供錢權以六分爲額。先是，淮南轉運副使蔣璨奉詔保明楚州、盱眙軍並免起税十年。報可。今年五月丙辰得旨。至是，璨又言：滁州見今已起上供八分，委實無所從出。乞與蠲免十年。而户部言本州每年合發錢並已起足，顯見財賦可以應辦。今來所乞難行。及進呈，乃有是命。孫覿撰蔣璨墓誌云：公在淮南，奏言二淮薦經兵火，公私埽地。滁小州，尤爲窮陋，獨有上供錢尚著版藉中，户部移文督責無虚月。積二十年，終不得一錢，徒費紙劄。且有詔蠲之。案此所云，與《日厤》全不同。案户部狀，則滁州自紹興二十三年方起上供，至此纔四年。乃云積二十一年不得一錢。又其誤矣。

（宋）李心傳《建炎以來繫年要録》紹興二十七年九月　詔淮南、京西、湖北路州軍，自紹興十四年至二十七年合起内藏庫紬絹錢帛，可竝與蠲免。日後合起發數，令逐路提刑轉運司官親巡所部，度量事力，開具的實合發納分數以聞。自來年始。先是，諸路久逋内藏庫，紹興甲子以後，合發上供錢帛。上欲悉與蠲之。以諭宰執。沈該等言：昨蒙聖諭，仰見陛下恭儉愛人。苟有可以寬民，雖内帑數百萬不惜，天下幸甚。上曰：昔唐元宗有云：朕雖瘠，天下肥矣！大哉王言。此所以致開元之治也！朕有取焉。朕約於奉己，内帑未嘗妄費一金。邊郡所欠固多，然户口未復，責輸實難，可悉與蠲免。

（宋）李心傳《建炎以來繫年要録》紹興二十七年十一月　資政殿學士知婺州張綱言：本州如興元年以後，合納内庫綾羅及折帛錢積欠數目，皆人户殘欠之數。經涉歲月，實難追催。望許依已得指揮，將二十二年以前見欠數目，竝與除放。庶使七邑之民，少寬追擾。

（宋）李心傳《建炎以來繫年要録》紹興二十八年五月　初，成都府錢引務三歲一兑界。而新舊之際，有損失不至者，號爲水火不到錢，率十萬緡，總領所轉運司屢争之。權禮部侍郎孫道夫因請以爲稱提本錢，詔茶馬司點檢。既而總領所言，此錢係科撥入帳應副贍軍之數。若樁充本錢，慮於大軍歲計有虧。詔仍舊。後旨在明年正月己巳，今併書之。

（宋）李心傳《建炎以來繫年要録》紹興二十八年六月　辛丑，詔户部科降兩浙轉運司收糴馬料錢，令以的實窠名支破。時行在及鎮江府歲用大軍馬料八十餘萬，行在六十五萬鎮江府十六萬二千。其四十三萬石，以營田夏税兑糴，及轉運司管認。餘三十八萬石，本司置場收買，而户部降本錢四十四萬緡予之。轉運副使李邦獻等言：所降本錢，内有未可指擬錢十二萬緡，故有是旨。

（宋）李心傳《建炎以來繫年要録》紹興二十九年三月　丙子，詔諸路州縣紹興二十七年以前積欠官錢三百九十七萬餘緡，及四等以下户係官所欠，皆除之。宰執奏擬詔意。上曰：輕徭薄賦，所以息盗，歲之水旱，

所不能免。儻不寬恤，而惟務催科，有司又從而加以刑罰，豈使民不爲盜之意，故治天下當以愛民爲本。

（宋）李心傳《建炎以來繫年要録》紹興二十九年五月　己未，上與宰執論儲蓄事。上曰：比緣河流淺澁，綱運稽緩已支内帑錢五百萬緡，以佐調度。朕自息兵講好，二十年所積，豈以自奉，蓋欲備不時之需，免臨時科取重擾民耳。可令户部計每歲經常之費，量入爲出，而善藏其餘，自非饑饉師旅，勿得妄動。

（宋）李心傳《建炎以來繫年要録》紹興二十九年五月　中書門下省奏江浙四路所起折帛錢，地里遥遠，欲就近樁管，以備軍用。臨安府、嚴州、廣德軍二百五萬八千餘緡，並起赴行在。平江府、湖、秀州四十八萬三千餘緡，並起赴平江府。鎮江府、常、徽、處州八十二萬七千餘緡，並起赴鎮務場。建康府、宣、信、洪、筠、袁、撫州一百十九萬四千餘緡，並起赴建康務場。池、饒、太平州、南康軍六十四萬八千餘緡，並起赴池州大軍庫。江、吉州、臨江、建昌、興國軍四十七萬九千餘緡，並起赴鄂州總領所。詔除徽、處州、廣德軍舊折輕齎外，餘州當折銀者，並發見緡。願起者聽。自行在外，令浙西提刑司三總領所認數拘催，置庫樁管，俟旨支撥。毋得移用。先是兩路折帛錢歲爲五百七十三萬餘緡，並輸行都。至是始外儲之，以備軍用。

（宋）李心傳《建炎以來繫年要録》紹興二十九年七月　庚戌，詔撥四川經總制并田晟錢糧錢八十四萬緡，應付四川增招軍兵歲計。成都路二十萬潼川十萬，利路十五萬，夔路五萬。此據四川財賦册。明年八月甲寅所書可參考。時統領官司農少卿許尹言增招兵校萬人，歲幣錢糧二百四十萬引。乞將每年應付田晟窠名錢盡行截撥。户部奏田晟窠名錢帛係指擬應付江上軍衣，難以盡行截留。外有二分錢引三十四萬緡，係買發川布赴行在，别無支使。欲令總領所取撥，并令就截合赴行在經總制錢五十萬緡，通已得旨於田晟錢糧内撥五十萬緡。共一百三十四萬緡，應付支遣。從之。

（宋）李心傳《建炎以來繫年要録》紹興二十九年八月　户部言：兩浙、江湖諸路歲認發米四百六十九萬石有奇，今實發四百五十三萬石。兩浙一百五十萬，除三直五萬折錢一百一十萬緡，今發八十五萬；江東九十三萬，今發八十五萬；江西一百二十六萬，今發九十七萬；湖南六十五萬，今發五十五萬；湖北三十五萬，今發一十萬。且欲依減下之數，以憑科降，照依限數足。熊克《小厤》，載此法於去年九月壬申，蓋差一年。

（宋）李心傳《建炎以來繫年要録》紹興二十九年十二月　初，三省樞密院激賞庫及諸書局歲用錢三十八萬五千餘緡，銀六千餘兩。而絹不與焉。御史中丞朱倬指爲永費。又言，諸路圭租，歲收二十三萬斛有奇，錢帛絲麻枲漆雜物不與。州縣有過給者。倬上此議，在四月辛亥，時爲侍御史。上命倬與臺諫給舍議之。中書舍人洪遵等奏減給賞等錢二十萬緡。舊堂廚萬五千緡，東廚萬二千緡，玉牒所歲用二萬四千緡，《日厤》：敕令所、國史院各二萬餘緡，尚書省犒設萬三千緡，中書省七千緡，密院九千緡。今皆捐其數，二十二年七月壬戌又減。又請州縣圭租如格則止。壬申，從之。

（宋）李心傳《建炎以來繫年要録》紹興三十年正月　癸卯，户部奏科撥諸路上供米斛。鄂州大軍歲用米四十五萬餘石，係於永、全、郴、邵、道、衡、潭、鄂、鼎州科撥。荆南府大軍歲用約米九萬六千石，係於德安、荆南府、澧、純、復、潭州、荆門、漢陽軍科撥。池州大軍歲用米十四萬四千石，係於吉、信州、南安軍科撥。建康府大軍歲用米五十五萬餘石，係於吉、撫、饒州、建昌軍科撥。鎮江府大軍歲用米六十萬石，係於洪、江、池、宣、太平州、臨江、興國、南康、廣德軍科撥。行在合用米一百十二萬石，就用兩浙米外，係於建康府、太平、宣州科撥。其宣州見屯殿前司牧馬，一歲約用米并折納馬料共三萬石，係於本州科撥，並令逐路轉運使收樁起發。時内外諸軍歲費米三百萬斛，而四川不與焉。先是魏安行爲户部員外郎，請度地里遠近而均撥之，故有是命。内有州府地里遠近不同處，仰轉運司開具申省。

（宋）李心傳《建炎以來繫年要録》紹興三十年正月　户部郎中總領湖廣財賦彭合言：荆南府新招效用六千兵，又馬軍司遣戍兵千二百人。歲當用錢六十五萬緡，米七萬三千餘石，乞科撥。户部言：所招效用，見止有三千人，難以全行科降。乞將江西茶引錢二十萬緡，廣東合起赴行在鈔鹽錢十萬緡，湖南北京經制錢十萬緡，湖南上供米五萬石，應副本所支遣。從之。

（宋）李心傳《建炎以來繫年要録》紹興三十年四月　庚戌，户部言：左藏西庫見在錢銀，止可支至明日，約至月終，闕錢一百二十六萬

餘緡。乞下榷貨務場，於入納到茶鹽并椿管錢銀內，預借百司諸軍七月八月分券食錢，同日後到來綱運應付支遣從之。《日厤》四月二日庚戌，户部左藏西庫錢銀止可約支四月三日終。今刪潤附此。百司諸軍券食錢，每月朝廷於務場應副三十七萬緡，狀稱近已預借到六月，未知預借起於何年。當考。

（宋）李心傳《建炎以來繫年要録》紹興三十年十二月　乙丑，權户部侍郎錢端禮言：比年以來，國家財賦經費浩瀚。陛下躬行節儉，宜乎府庫充溢，而日見匱乏。靜惟其弊，必有所緣。且國無三年之蓄，古人所憂，況以月會日計者也。臣私憂過計，以有限之數，不可應無窮之用。謹按紹興二十九年一歲之費，編類成册進呈，望詔三省樞密院臺諫兩省侍從，同户部公共商榷。究其弊原，直書無隱。然後條陳取旨，斟酌均節，使可施行，實當今之急務。詔户部條具以聞。

（宋）李心傳《建炎以來繫年要録》紹興三十一年十一月　總領四川財賦王之望言：四川自今調發諸頭項軍馬十餘萬衆，與金兵對壘，已經八九十日。用度浩瀚。其累年樁積，并朝廷前後撥降錢物，準備應副，已經欠闕。而支費名色，增創愈多。深恐有誤大計。之望到任一年，雖報警急，並不曾申奏乞分文錢物。蓋以東南用度至廣，粗懷體國之心，若稍能了辦，實不忍更有干請。今勢不得已，合控告朝廷。謹分項條畫收支見在并闕少數目，及前此用兵獲降指揮利害曲折，申尚書省。伏乞特賜體念，速降指揮。之望此申，不得其月日。以狀中所云對壘八九十日考之當在此月下旬。故且附月末，或可移附此月二十九日丁酉申明白契劄子之前。先是朝廷以軍興，出度牒五千道，賜本所爲軍費。至是又以四路上供錢五十萬緡與之。降度牒、撥上供此並據隆興元年之望辨白契劄子所云修入。《日厤》無之。當考其月日。

（宋）李心傳《建炎以來繫年要録》紹興三十二年正月　太府少卿總領四川財賦王之望言：昨準指揮，再下本所令應付吳拱襄陽官兵錢糧。竊惟四川之地，褊隘險絶。財賦所出，不比江、浙，而於饋餉爲尤難。古今稱善用蜀者，無如諸葛亮。亮得南中六郡，軍資饒富。又一絲一粟，不入中原。以今準之，事力不侔。亮兵前後四出，其衆不滿五萬。或由祁山，或由散關，或由斜谷，近止數百里，遠不踰三數月。木牛流馬轉輸之巧，猶每苦糧食之不繼。今蜀中大軍十餘萬，與金相持於散關一百三十餘日，則兵比亮衆爲多。右取秦、隴、洮、蘭，左取陜、華、商、虢，皆仰供億，則地比亮境爲廣。又夔州萬人防扼，亦係本所應副。視亮用蜀之費，不啻數倍。若更令越三千里船運糧草，饋襄陽之戍，區區巴蜀，何以勝任？古所謂千里饋糧者，亦不過旬月計耳。若錢糧草料，三千里外按月責辦，豈能免於闕誤？契勘蜀中屯軍，分隸一十八處，其潼川、興元府、綿、劍、文、龍、渠、金、洋、階、成、西和、鳳州合用糧料，本所每年科支本錢，就逐州夏秋糴買應付。其利、閬、兩川邊、嘉陵，係招誘客販收糴支遣。唯魚關，興州、大安軍三處合用糧料，本所於利、閬州糴買數內運三十四萬前去。水路只五六百里，約用船腳錢引七十萬道。所有馬草，只於屯駐州軍收到税草内應付。而四川當無事之時，已不堪其勞費。今吳四廂官兵，一歲當用錢糧草料春冬衣賜物帛，細算錢引，計一百二萬四千五百餘道。上件軍兵，朝廷已限一季招填。本所自無此一項闕額衣糧。若更本色前去襄陽，當用水陸腳錢四百三十餘萬道。比之應副興州、魚關、大安軍所費當六七倍，雖竭四川公私之力，亦恐難以應辦。欲望免行科撥，下湖廣總所照應施行。從之。

（宋）李心傳《建炎以來繫年要録》紹興三十二年三月　太府卿總領四川財賦兼權提舉秦鳳等路買馬監牧公事王之望遺宰執書言：見今三帥分頭征討，官軍義士與招降之衆，已十二萬人。前此用兵，無如今日。犒賜激賞糴博糧草之費。已一千餘萬引。自休兵以來二十年間，纖微積累之數，及累次朝廷支降錢物，皆已費用，所存無幾耳。今不知計而向去事勢，未有休息之期。戰勝則有重賞，納降則有大費，皆不可預計。本所若常無數百萬以準備應付，緩急何以枝梧？曉夕憂惶，未知攸濟。茲者朝廷遣腹心近臣宣諭川陜，專委以招軍買馬，此誠國家武備所急。然皆在四川安危大計，與總領所用兵循常非泛一切調度之外。虞尚書元初申畫所降指揮，並不仰給本所。朝廷聰明，灼知本所别無錢物可以支撥，故出內庫金，給降度牒以供其用。及宣諭使到此，費用益廣。與向來遥度事體不同。故凡指揮本所事，間或出乎元初畫降之外。兩司職任，各是逼迫，雖互相昭悉，而皆有不得已者。想宣諭接續，再有申明，而本所未曾承受。總領、茶馬，本是兩大司，平時所費，恐自不貲。今兩司所費，又多於平時數倍，而欲以總所平時所有，供兩司數倍之用？況宣諭使司招軍買馬，又在其外，而所費尤不可算乎？以前總領兼領茶馬，是欲那取摧收之資，

以濟軍用。今來之望權秦司，卻是暗侵總所財物，以供買馬。當此軍興調餉之際，以一司所有，供三大司非泛之用，其將何以應給？許總領任內以新招軍合添衣糧請於朝廷，於茶馬司撥錢四十萬引應付。是時之望權四川茶馬，今之望爲總計，要將總領所錢物應付兩司買馬，相去只在一年之間，所費十倍之廣，不應取予如此之相反也。若將來本所用度闕乏，誤國大計，將誰任其咎者？已累具誠懇，控告廟堂，乞改授一宮觀差遣。伏望別選才能，委以濟辦，依之望所乞，早賜陶鎔，庶免有誤公事。

（宋）李心傳《建炎以來繫年要録》紹興三十二年四月　是日，總領四川財賦王之望得虞允文檄，論對撥糴本事。之望以其須索漸廣，乃爲書遺宰執，言舊宣撫司所管右護軍，共八萬五千四百餘人。見今所管御前諸軍，計九萬五千六百餘人，比舊已多一萬二百餘人。又當時有田晟一軍五千七百餘人在蜀，後來兵往東南，本所依舊管認衣糧，計一百二十餘萬引。兵雖減而費不減，於見今九萬五千六百人外，更養此五千七百餘人。後來節次蒙截留，只得八十四萬餘道。本所見養之軍，比舊經常歲計正破衣糧軍，計多一萬五千九百人。以前用兵，舊宣撫司除贍軍歲入外，更有激賞、降賜、稱提、營田四庫錢物，僅一千餘萬緡，專充犒賞。又有未減放民間科敷錢引，及截留供取撥茶馬諸司應干錢物斛斗。該税不盡窠名，不以有無拘礙，並許拘收，通融應付，仍以便宜行事，賦外窠取。又節次添印錢引一千四百萬道，及兩次準朝廷降到度牒一萬一千四百一十四道，方粗了辦。自休兵後來，更無宣撫司四庫錢物。又節次裕民，減放過錢引一千九十餘萬道，又無拘截朝廷物運，又不得諸司錢物，又不泛濫增印錢引，其所降度牒，比前數少，又發賣未盡。可見今日事體，與前時用兵，大段不同。之望爲東南調度至廣，不忍數干叩朝廷，而民力凋弊。詔旨每務寬恤，亦不敢輒有科敷。只是悉心盡瘁，多方擘畫。如去歲贍軍糴本增二三百萬引，近日理會出限田契錢，可得二百餘萬引。前此於階、成、西和、鳳州就糴糧料，並諸處坐倉比搬運之費，省得百十萬引。如此之類，錙銖積累，以充用度。傳聞過當，便謂豐盈。添支者並無給降，減省者別無樁管。小小增入，指爲寬剩；創新支破，不問有無。如此則總領一司，豈復可爲？假令見今總所果能經畫，致有盈餘，亦合候邊事寧息，具數申稟朝廷，以聽取撥。不應供饋方急，逐事拘刷，使之窘束。更無以準備緩急，官吏橫身抗拒諸將，節省得見存財賦，及其辛苦措置纖毫之入，反供他邑別用，而本所依舊任闕乏之責。盡心之吏，豈不解體？若本所自用兵來，依承舊例，不行撙節，多耗錢物，結將帥之人情，及用度不足，橫斂百姓，以伐四川根本，朝廷何以加罪？至其急闕，未免更行應付。豈復有樁留以待他用者？之望移書允文，乞會問宣撫司，如果有上件減省到錢，則見今本所庫中所有，自可遣官拘占，不必問本所之可否。允文不從。自川陝軍興，朝廷給官告，截上供，出度牒總爲錢六百餘萬緡。度牒五十道，計二萬緡。官告錢二百五十萬緡，上供錢五十萬緡。之望又督責諸州所起贍軍錢物，比遞歲增四百萬緡。田契錢亦四百萬緡。二項皆約此時所入之數，至之望替時，又增一百二十八萬九千餘緡。雖所入未齊，而大數可見矣。之望嘗爲允文所薦，及議軍儲，二人始有隙。

（宋）李心傳《建炎以來繫年要録》紹興三十二年七月　判建康府張浚奏：臣而奉聖訓，令措置收糴米斛。今來江、浙豐稔，宜趣時措置。其糴本乞從御前支降，詔納庫支降銀三十萬兩。臣留正等曰：預備之道，有國之所宜先。漢文帝時，休養生息，寖富實矣。賈誼則曰：不幸有方二三千里之旱，國胡以相恤？卒然有急，數千百萬之衆，國胡以餽之？壽皇嗣政之初，任大臣以北方之寄，論使市糴，以廣儲蓄，不用大農之錢，而出少府之藏，約以愛民，聖慮深遠矣。

（宋）李心傳《建炎以來繫年要録》紹興三十二年七月　癸亥，殿中侍御史張震奏：四川有名無實之錢，遞相積壓。州縣各據本年分所收錢物，具鈔赴總領所送納。而總領所即據其已前年分所欠之數，批改鈔旁，理作舊欠，則舊欠雖足，而新欠仍在。恭覩登極赦文，積年未納之前，截自紹興三十年以前，並與除放，甚大惠也。應州縣納總領所鈔旁，若以改批作三十年以前所欠，並聽執用元鈔，作本年分改正豁除。從之。

（宋）李心傳《建炎以來繫年要録》紹興三十二年七月　壬戌，詔將來聖節，諸路監司州軍應合進金銀錢絹等，緣天申聖節已行進奉，合進之數，權與蠲免。臣留正等曰：聖人之德莫大乎仁孝。孝故不以天下儉其親，仁故必欲損上以益下。壽皇之初覆位也，致孝於親，以天下養，四方進奉，同於祝堯。至於會慶誕節，預下明詔以止之，示不專於天下自奉焉。孝以事親，仁以厚下，一舉而二者兼，聖人之德，亙古鮮儷。雖舜之爲法於天下，可傳於後世，亦何加此。

（宋）王栐《燕翼詒謀録》卷五《并水路發運使》　皇朝初下江南，

置水路、陸路發運二使，運江南之粟以贍京師。其後以陸路不便，悉從水路。雍熙四年四月己亥，詔合水路、陸路發運爲一路，以王繼昇掌之，董儼爲同掌，自此迄于宣和不改。

（宋）陸游《老學庵筆記》卷六　蜀老言：紹興初，漕粟嘉陵，以餉邊。每一斛至軍中，計其費爲七十五斛。席大光、胡承公爲帥，始議轉般摺運，於是費十減六七。向非二公，蜀已大困矣。故至今蜀人謂承公爲湖州鏡。

（宋）王應麟《玉海》卷一八五《食貨・會計・咸平占額圖》　咸平三年十一月壬午，鹽鐵使陳恕上占額圖。五年四月，詔三司每年比較天下錢穀數，於次年條奏。

《宋史》卷三《太祖紀》〔開寶七年八月〕戊戌，殿中丞趙象坐擅稅，除名。

《宋史》卷七《真宗紀》〔大中祥符元年〕秋七月丙寅，詔：諸州市上供物，非土地所宜者罷之。

《宋史》卷一〇《仁宗紀》〔景祐二年冬十月〕丁卯，詔諸路歲輸緡錢福建、二廣易以銀，江東以帛。

《宋史》卷一二《仁宗紀》〔皇祐二年春正月〕壬子，命近臣同三司較天下財賦出入之數。

《宋史》卷一五《神宗紀》〔熙寧七年二月〕癸未，詔三司歲會天下財用出入之數以聞。

《宋史》卷二六《高宗紀》〔建炎四年三月〕丁未，命發運司説諭兩浙富民助米，以備巡幸。

《宋史》卷二七《高宗紀》〔紹興二年閏四月〕丁未，賜福建宣撫司賞軍錢十萬緡。

《宋史》卷二八《高宗紀》〔紹興五年夏四月〕辛未，以諸路稅賦畸零增收錢專充上供。

《宋史》卷二九《高宗紀》〔紹興九年八月壬戌〕蠲成都、潼川路歲輸對糴等米五十四萬石、水運錢七十九萬緡。

《宋史》卷三〇《高宗紀》〔紹興十三年九月〕戊寅，蠲淮南逋欠坊場錢及上供帛。

《宋史》卷三〇《高宗紀》〔紹興十四年二月〕癸巳，蠲江、浙諸路逋欠錢帛。

《宋史》卷三〇《高宗紀》〔紹興十四年二月〕戊戌，初命四川都轉運司歲撥總制司錢百七十三萬緡，市紬絹綿輸于鄂州總領所。

《宋史》卷三〇《高宗紀》〔紹興十四年〕三月乙卯，蠲江、浙、京、湖積欠上供錢米。

《宋史》卷三〇《高宗紀》〔紹興十五年冬十月〕癸巳，蠲安豐軍上供錢米二年。

《宋史》卷三一《高宗紀》〔紹興二十六年〕十一月甲戌，命吏部侍郎陳康伯、户部侍郎王俁稽考國用歲中出納之數。

《宋史》卷三一《高宗紀》〔紹興二十七年九月戊寅〕蠲淮南、京西、湖北積欠内藏錢帛。

《宋史》卷三一《高宗紀》〔紹興二十九年二月〕丁酉，蠲四川折估糴本積欠錢三百四十萬緡。

《宋史》卷三一《高宗紀》〔紹興二十九年二月〕壬辰，除臨安府歲供修内司錢三萬六千緡。

《宋史》卷三一《高宗紀》〔紹興二十九年三月〕丙子，除州縣積欠錢三百九十七萬緡有奇及中下户所欠入官錢物。

《宋史》卷三一《高宗紀》〔紹興二十九年五月〕己未，椿頓江、浙四路折帛錢于三總領所及浙西提刑司，以備軍用。

《宋史》卷三一《高宗紀》〔紹興二十九年閏六月〕丁巳，命江、湖、浙西五漕司增價糴米二百二十萬石赴沿江十郡，自荆至常州，以備振貸。

《宋史》卷三一《高宗紀》〔紹興二十九年秋七月〕庚戌，以四川經、總制及田晟錢糧錢共百三十四萬緡充增招軍校費。

《宋史》卷三一《高宗紀》〔紹興三十年六月〕辛未，以江西廣東湖南折帛、經總制錢合六十萬緡，江西米六萬石充江州軍費。後益以四川利路經總制、江西茶引合二十萬緡。

《宋史》卷三一《高宗紀》〔紹興二十九年十二月〕壬申，減三省、樞密院激賞庫及諸書局歲用錢二十萬緡，鼎州程昌寓所增蔡州官兵衣

糧錢四之一，西和州官賣鹽直之半，蔣州上供經、總制司無額錢如之。

《宋史》卷三二《高宗紀》〔紹興三十一年夏四月〕壬申，權減荆南上供錢銀絹絲米之半，用招填禁軍。

《宋史》卷三二《高宗紀》〔紹興三十一年八月〕丙午，蠲諸路逋欠經總制錢、江浙等路上供米。

《宋史》卷三四《高宗紀》〔乾道六年〕夏四月辛巳朔，罷鑄錢司歸發運司。併淮東總領所歸淮西總領所。以敷文閣直學士張震知成都府，充本路安撫使。乙未，賜發運使史正志緡錢二百萬爲均輸、和糴之用。吏部尚書汪應辰三上疏論發運司。

《宋史》卷三四《高宗紀》〔乾道七年二月〕庚申，罷會子庫，仍賜户部内藏南庫緡錢二百萬、銀九十萬兩以增給官兵之奉。甲子，詔寺觀毋免税役。

《宋史》卷三五《高宗紀》〔淳熙八年八月〕戊辰，言者請自今歉歲蠲減，經費有虧，令户部據實以聞，毋得督趣已蠲閣之數。從之。罷諸路補葺經界簿籍。

《宋史》卷三一一《吕公弼傳》　公弼字寶臣。賜進士出身，積遷直史館、河北轉運使。自寶元、慶曆以來，宿師備邊。既西北撤警，而將屯如故，民疲餽餉。公弼始通御河，漕粟實塞下；冶鐵以助經費；移近邊屯兵就食京東；增城卒，給板築；蠲冗賦及民逋數百萬。

《宋史》卷三一一《龐籍傳》　又建言：頻歲灾異，天久不雨。宫中費用奢靡，出納不嚴，須索煩多，有司無從鉤校虚實。臣竊謂凡乘輿所費，宫中所用，宜務加裁抑，取則先帝，修德弭灾之道也。今宿兵西鄙，將士力戰，弗獲功賞；而内官、醫官、樂官，無功勞，享豐賜，天下指目，謂之三官。願少裁損。無厚賚予，專勵戰功，寇不足平也。

《宋史》卷三一一《吕夷簡傳》　自仁宗初立，太后臨朝十餘年，天下晏然，夷簡之力爲多。其後元昊反，四方久不用兵，師出數敗；契丹乘之，遣使求關南地。頗賴夷簡計畫，選一時名臣報使契丹、經略西夏，二邊以寧。然建募萬勝軍，雜市井小人，浮脆不任戰鬭。用宗室補環衛官，驟增奉賜，又加遺契丹歲繒金二十萬，當時不深計之，其後費大而不可止。

《宋史》卷三一四《范仲淹傳》　延州諸砦多失守，仲淹自請行，遷户部郎中兼知延州。先是，詔分邊兵：總管領萬人，鈐轄領五千人，都監領三千人。寇至禦之，則官卑者先出。仲淹曰：將不擇人，以官爲先後，取敗之道也。於是大閲州兵，得萬八千人，分爲六，各將三千人，分部教之，量賊衆寡，使更出禦賊。時塞門、承平諸砦既廢，用种世衡策，城青澗以據賊衝，大興營田，且聽民得互市，以通有無。又以民遠輸勞苦，請建鄜城爲軍，以河中、同、華中下户税租就輸之。春夏徙兵就食，可省糴十之三，他所減不與。

《宋史》卷三二七《王安石傳》　青苗法者，以常平糴本作青苗錢，散與人户，令出息二分，春散秋斂。均輸法者，以發運之職改爲均輸，假以錢貨，凡上供之物，皆得徙貴就賤，用近易遠，預知在京倉庫所當辦者，得以便宜蓄買。保甲之法，籍鄉村之民，二丁取一，十家爲保，保丁皆授以弓弩，教之戰陣。免役之法，據家貲高下，各令出錢雇人充役，下至單丁、女户，本來無役者，亦一概輸錢，謂之助役錢。市易之法，聽人賒貸縣官財貨，以田宅或金帛爲抵當，出息十分之二，過期不輸，息外每月更加罰錢百分之二。保馬之法，凡五路義保願養馬者，户一匹，以監牧見馬給之，或官與其直，使自市，歲一閲其肥瘠，死病者補償。方田之法，以東、西、南、北各千步，當四十一頃六十六畝一百六十步爲一方，歲以九月，令、佐分地計量，驗地土肥瘠，定其色號，分爲五等，以地之等，均定税數。又有免行錢者，約京師百物諸行利入厚薄，皆令納錢，與免行户祗應。自是四方争言農田水利，古陂廢堰，悉務興復。又令民封狀增價以買坊場，又增茶鹽之額，又設措置河北糴便司，廣積粮穀于臨流州縣，以備饋運。由是賦斂愈重，而天下騷然矣。

《宋史》卷三二八《安燾傳》　以老避位，帝將寵以觀文殿大學士，有間之者曰：是宰相恩典也。但以學士知河南。將行，上疏曰：自紹聖、元符以來，用事之臣，持紹述之名，誑惑君父，上則固寵位而快恩讐，下則希進用而肆朋附。彼自爲謀則善矣，未嘗有毫髮爲公家計者也。夫聽言之道，必以其事觀之。臣不敢高談遠引，獨以神考之事切於今者爲證。熙寧、元豐之間，中外府庫，無不充衍，小邑所積錢米，亦不減二十萬。紹聖以還，傾竭以供邊費，使軍無見粮，吏無月俸，公私虚耗，未有

甚於此時，而反謂紹述，豈不爲厚誣哉！願陛下監之，勿使飾偏辭而爲身謀者復得行其說。

《宋史》卷三二八《蒲宗孟傳》　時三司新置提舉帳司官，禄豐地要，人人欲得之。執政上其員，帝命與宗孟。命察訪荆湖兩路，奏罷辰、沅役錢及湖南丁賦，遠人賴之。吕惠卿制手實法，然猶許灾傷五分以上不預。宗孟言：民以手實上其家之物産而官爲注籍，以正百年無用不明之版圖而均齊其力役，天下良法也。然灾傷五分不預焉。臣以爲使民自供，初無所擾，何待豐歲？願詔有司，勿以豐凶弛張其法。從之，民於是益病矣。

《宋史》卷三二八《薛向傳》　神宗知向材，以爲江、浙、荆、淮發運使。綱舟歷歲久，篙工利於盗貨，嘗假風水沉溺以滅迹。向募客舟分載，以相督察。官舟有定數，多爲主者冒占，悉奪畀屬州，諸運皆詣本曹受遣；以地有美惡，利有重輕，爲立等式，用所漕物爲誅賞。遷天章閣待制。環慶有疆事，帝以向習知地形，召詣中書。舊制，發運使上計毋得出入，唯止都門達章奏。至是，弛其禁。

《宋史》卷三二八《薛向傳》　又論河北糴法之弊，以爲：度支歲費錢緡五百萬，所得半直，其贏皆入賈販家。今當有以權之，遇穀貴，則官糴於澶、魏，載以給邊；新陳未交，則散糴價以救民乏；軍食有餘，則坐倉收之。此策一行，穀將不可勝食矣。朝廷是向計，始置便糴司於大名，以向爲提點刑獄兼其事。武彊有盗殺人而逸，尉捕平民抑使承，向覆其冤，脱六囚於死。

入爲開封度支判官，權陝西轉運副使、制置解鹽。鹽足支十年，而歲調畦夫數千，向奏損其數。兼提舉買馬，監牧沙苑養馬，歲得駒三百，而費錢四千萬，占田千頃。向請斥閑田予民，收租入以市之。乃置場於原、渭，以羨鹽之直市馬，於是馬一歲至萬匹。

（明）陳邦瞻《宋史紀事本末》卷二《收兵權》　乾德三年三月，初置諸路轉運使。自唐天寶以來，藩鎮屯重兵，租税所入，皆以自贍，名曰留使、留州，其上供者甚少。五代藩鎮益強，率令部曲主場務，厚斂以入己，而輸貢有數。帝素知其弊。趙普乞命諸州度支經費外，凡金帛悉送汴都，無得占留。每藩鎮帥缺，即令文臣權知所在場務。凡一路之財，置轉運使掌之，雖節度、防禦、團練、觀察諸使及刺史，皆不預簽書金穀，於是財利盡歸於上矣。【略】

帝既定計盡收諸宿將兵柄而削藩鎮權，尤注意命將分部守邊，具得要領。以趙贊屯延州，姚内斌守慶州，董遵誨屯環州，王彦昇守原州，馮繼業鎮靈武，以備西夏；李漢超屯關南，馬仁瑀守瀛州，韓令坤鎮常（州）〔山〕，賀惟忠守易州，何繼筠領（隶）〔棣〕州以拒北狄；又以郭進控西山，武守琪戍晉州，李謙溥守隰州，李繼勳鎮昭義，以禦太原。其家族在京師者，撫之甚厚。郡中筦榷之利悉與之。恣其圖回貿易，免所過征税。令召募驍勇以爲爪牙。凡軍中事，許從便宜。每來朝，必召對，命坐，賜以飲食，錫賚殊異。由是邊臣皆富於財，得以養募死士，使爲間諜，洞知蕃情。每入寇，必能先知預爲備，設伏掩擊，多致克捷。自此累年無西北之虞，得以盡力東南，取荆、湖、川、廣、吴、楚之地。

（明）陳邦瞻《宋史紀事本末》卷七《太祖建隆以來諸政》　太祖建隆元年春正月乙卯，遣使分賑諸州。【略】

三年秋七月己巳，詔曰：吏員猥多，難以求治，俸禄鮮薄，未可責廉，與其冗員而重費，不若省官而益俸。諸州縣宜以户口爲率，差減其員，舊俸月增給五千。

（明）陳邦瞻《宋史紀事本末》卷二〇《咸平諸臣言時務》　真宗咸平元年春正月，翰林學士王禹偁上疏言五事：【略】二曰：減冗兵，併冗吏，使山澤之饒稍流於下。當乾道、開寶之時，土地未廣，財賦未豐，然而擊河東，備北鄙，國用未足，兵威亦強，其義安在？由所畜之兵鋭而不衆，所用之將專而不疑故也。自後盡取東南數國，又平河東，土地、財賦可謂廣且豐矣，而兵威不振，國用轉急，其義安在？由所畜之兵冗而不盡鋭，所用之將衆而不自專故也。臣愚以爲，宜經制兵賦如開寶中，則可高枕而治矣。且開寶中設官至少，臣本魯人，占籍濟上，未及第時，一州止有刺史一人、司户一人，當時未嘗闕事。自後有團練推官一人。太平興國中，增置通判、副使、判官、推官，而監酒榷税算又增四員，曹官之外更益司理。問其租税，減於曩日也；問其人民，逃於昔時也。一州既爾，天下可知。冗吏耗於上，冗兵耗於下，此所以盡取山澤之利而不能足也。夫山澤之利與民共之，自漢以來，取爲國用，不可棄也，然亦不可

盡也。只如茶法，從古無税，唐元和中，以用兵齊、蔡，始税茶，《唐史》稱是歲得錢四十萬貫，今則數百萬矣，民何以堪！臣故曰：減冗兵，併冗吏，使山澤之饒稍流於下者，此也。【略】四曰：沙汰僧尼，使疲民無耗。夫古者惟有四民，兵不在其數，蓋古者并田之法，農即兵也。自秦以來，戰士不服農業，是四民之外，又生一民，故農益困，然執干戈衛社稷，理不可去。漢明之後，佛法流入中國，度人修寺，歷代增加，不蠶而衣，不耕而食，是五民之外，又益一而爲六矣。假使天下有萬僧，日食米一升，歲用絹一匹，是至儉也，猶月費三千斛，歲用萬縑，何况五七萬輩哉！不曰民蠹，得乎？臣愚以爲，國家度人衆矣，造寺多矣，計其費耗，何啻億萬！先朝不豫，捨施又多，佛如有靈，豈不蒙福？事佛無效，斷可知矣！願陛下深鑒治本，亟行沙汰。如以嗣位之初，未欲驚駭此輩，且可以二十載不度人修寺，使自銷鑠，亦救弊之一端也。

（明）陳邦瞻《宋史紀事本末》卷三〇《夏元昊拒命》 十二月癸未，出内藏絹一萬，助糴邊儲。

（宋）陳邦瞻《宋史紀事本末》卷三七《王安石變法》 仁宗嘉祐五年五月己酉，召王安石爲三司度支判官。安石，臨川人，好讀書，善屬文。曾鞏攜其所撰以示歐陽修，修爲之延譽；擢進士上第，授淮南判官。故事，秩滿，許獻文求試館職，安石獨不求試，調知鄞縣。起隄堰，决陂塘，爲水陸之利。貸穀與民，出息以償，俾新陳相易，邑人便之。尋通判舒州。文彦博薦安石恬退，乞不次進用，以激奔競之風。召試館職，不就。歐陽修薦爲諫官，安石以祖母年高辭。修以其須禄養，復言於朝，用爲羣牧判官，又辭。懇求外補，知常州，移提點江（西）〔東〕刑獄。與周敦頤相遇，語連日夜，安石退而精思，至忘寢食。先是，館閣之命屢下，安石輒辭不起，士大夫謂其無意於世，恨不識其面；朝廷每欲授之美官，唯患其不就也。及是，爲度支判官，聞者莫不喜悦。安石果於自用，於是上萬言書，大要以爲：今天下之財力日以困窮，風俗日以衰壞，患在不知法度，不法先王之政故也。法先王之政者，法其意而已。法其意，則吾所改易更革不至乎傾駭天下之耳目，囂天下之口，而固已合先王之政矣。因天下之力以生天下之財，取天下之財以供天下之費。自古治世，未嘗以財不足爲患也，患在治財無其道耳。在位之人才既不足用，而閭巷草野之間亦少可用之才，社稷之託，封疆之守，陛下其能久以天幸爲常，而無一旦之憂乎！願監苟且因循之弊，明詔大臣，爲之以漸，期合於當世之變。臣之所稱，流俗之所不講，而議者以爲迂闊而熟爛者也。上覽而置之。

呂祖謙曰：安石變法之藴，亦略見於此書。特其學不用於嘉祐，而盡用於熙寧，世道升降之機，蓋有在也。【略】

〔熙寧元年〕冬十一月，郊。執政以河朔旱傷，國用不足，乞南郊勿賜金帛。詔學士議。司馬光曰：救災節用，當自貴近始，可聽也。王安石曰：常衮辭堂饌，時以爲衮自知不能，當辭職，不當辭禄。且國用不足者，以未得善理財者故也。光曰：善理財者，不過頭會箕斂耳。安石曰：不然，善理財者，不加賦而國用足。光曰：天下安有此理？天地所生財貨百物，不在民，則在官，彼設法奪民，其害乃甚於加賦。此蓋桑弘羊欺武帝之言，司馬遷書之以見其不明耳。争議不已。帝曰：朕意與光同，然姑以不允答之。會安石草制，引常衮事責兩府，兩府不敢復辭。【略】

〔二年二月春〕甲子，議行新法，王安石言：周置泉府之官，以榷制兼併，均濟貧乏，變通天下之財，後世唯桑弘羊、劉晏麤合此意。學者不能推明先王法意，更以爲人主不當與民争利。今欲理財，則當修泉府之法，以收利權。帝納其説。安石乃復言：人才難得，亦難知。今使十人理財，其中容有一二敗事，則異論乘之而起。堯與羣臣共擇一人治水，尚不能無敗事，况所擇而使非一人，豈能無失！要當計利害多少，不爲異論所惑。帝曰：有一人敗事而遂廢所圖，此所以少成事也。乃立制置三司條例司，掌經畫邦計，議變舊法，以通天下之利，命陳升之、王安石領其事。初，泉人呂惠卿，自真州推官秩滿入都，與安石論經義多合，遂定交。因言於帝曰：惠卿之賢，雖前世儒者未易比也。學先王之道而能用者，獨惠卿而已。遂以惠卿及蘇轍並爲檢詳文字，事無大小，安石必與惠卿謀之。凡所建請章奏，多惠卿筆也。又以章惇爲三司條例官，曾布檢正中書五房公事。凡有奏請，朝臣以爲不便者，布必上疏條析，以堅帝意，便專任安石，以威脅衆，俾毋敢言。由是安石信任布，亟於惠卿。而農

田、水利、青苗、均輸、保甲、免役、市易、保馬、方田諸役，相繼並興，號爲新法，頒行天下。安石與劉恕友善，欲引寘三司條例，恕以不習金穀爲辭，且曰：天子方屬公以大政，宜恢張堯、舜之道以佐明主，不應以利爲先。安石曰：利以和義，善用之，堯、舜之道也。時争新法，廟堂諸大臣議論多不協，安石曰：公輩坐不讀書耳。趙抃曰：君言失矣，皋、夔、稷、契之時，何書可讀？安石不應。

夏四月丁巳，從三司條例司之請，遣劉彝、謝卿材、侯叔獻、程顥、盧秉、王汝翼、曾伉、王廣廉八人行諸路，察農田、水利、賦役。蘇轍言：役人之不可用鄉户，猶官吏之不可不用士人也。有田以爲生，故無逃亡之憂，朴魯而少詐，故無欺謾之患。今乃舍此不用，竊恐掌財者必有盜用之姦，捕盜者必有竄逸之弊。唐楊炎爲兩税，取大歷十四年應當賦斂之數以定兩税之額，則租調與庸既兼之矣。今兩税如舊，奈何復取庸錢！且品官之家復役已久，蓋古者國子俊造，將用其才者，皆復其身；胥史賤吏，既用於官者，皆復其家。聖人舊法，良有深意，奈何至於官户而又將役之耶！不聽。

（明）陳邦瞻《宋史紀事本末》卷三七《王安石變法》〔熙寧二年秋七月〕辛巳，立淮、浙、江、湖六路均輸法。條例司言：諸路上供，歲有常數，年豐可以多致而不能贏餘，年歉難於供億而不敢不足，遠方有倍蓰之輸，中都有半價之鬻，徒使富商大賈乘公私之急，以擅輕重斂散之權。今江、浙、荆、淮發運使實總六路賦入，宜假以錢貨，資其用度，凡上供之物，皆得徙貴就賤，因近易遠，預知在京倉庫所當辦者，得以便宜蓄買，而制其有無。庶幾國用可足，民財不匱。詔以發運使薛向領均輸平準，專行於六路，賜内藏錢五百萬緡，上供米三百萬石。時議者慮其爲擾，多言非便，帝不聽。薛向既董其事，乃請設置官屬，從之。蘇轍言：今先設官置吏，簿書廩禄，爲費已厚，非良不售，非賄不行，是官買之價，比民必貴，及其賣也，弊復如前。此錢一出，恐不可復。縱使其間薄有所獲，而征商之額所損必多矣。帝方惑於王安石，不納其言。然均輸法亦迄不能就。

八月，罷知諫院范純仁。純仁奏言：王安石變祖宗法度，掊克財利，民心不寧。《書》曰：怨豈在明，不見是圖。願陛下圖不見之怨。帝曰：何謂不見之怨？對曰：杜牧所謂不敢言而敢怒者是也。帝曰：卿善論事宜，爲朕條陳古今治亂可爲監戒者。遂作《尚書解》以進，曰：其言皆堯、舜、禹、湯、文、武之事也。治天下無以易此。願深究而力行之！帝切於求治，多延見疏逖小臣，咨訪闕失。純仁言：小人之言，聽之若可采，行之必有累。蓋知小忘大，貪近昧遠，願加深察！及薛向行均輸法於六路，純仁言：臣嘗親奉德音，欲修先王補助之政，今乃效桑弘羊行均輸之法，而使小人掊克生靈，斂怨基禍。安石以富國强兵之術啓迪上心，欲求近功，忘其舊學，尚法令則稱商鞅，言財利則背孟軻，鄙老成爲因循，棄公論爲流俗，異己者爲不肖，合意者爲賢人。劉琦、錢顗等一言，便蒙降黜。在廷之臣方大半趨附，陛下又從而驅之，其將何所不至！道遠者理當馴致，事大者不可速成，人才不可急求，積弊不可頓革；儻欲事功急就，必爲憸佞所乘。宜速還言者而退安石，答中外之望。留章不下，純仁力求去，不許。未幾，罷諫職，改判國子監。純仁去意愈確，安石使諭之曰：毋輕去，已議除知制誥矣。純仁曰：此言何爲至於我哉！言不用，萬鍾非所顧也。遂録所上章申中書。安石大怒，乞加重貶，帝曰：彼無罪，姑與一善地。命知河中府，尋徙成都轉運使。以新法不便，戒州縣未得遽行。安石怒其沮格，以事左遷，知和州。

（明）陳邦瞻《宋史紀事本末》卷三七《王安石變法》〔熙寧二年〕九月丁卯，行青苗法。初，陝西轉運使李參以部内多戍兵而糧儲不足，令民自隱度麥粟之贏，先貸以錢，俟穀熟還官，號青苗錢。經數年，廩有餘糧。至是，條例司請：以諸路常平、廣惠倉錢穀，依陝西青苗錢例，民願預借者給之，令出息二分，隨夏、秋税輸納，願輸錢者從其便。如遇災傷，許展至豐熟日納。非惟足以待凶荒之患，民既受貸，則兼并之家不得乘新陳不接以邀倍息。又常平、廣惠之物，收藏積滯，必待年儉物貴，然後出糶，所及者不過城市游手之人。今通一路有無，貴發賤斂，以廣蓄積，平物價，使農人有以赴時趨事，而兼并不得乘其急。凡此皆以爲民，而公家無所利其入，是亦先王散惠興利，以爲耕斂補助之意也。欲量諸路錢穀多寡，分遣官提舉，每州選通判幕職官一員，典幹轉移出納。仍先自河北、京東、淮南三路施行，俟有緒，推之諸路。詔曰：可。乃出内庫緡錢百萬，糴河北常平粟，而常平、廣惠倉之法遂變爲青苗矣。

初，王安石既與呂惠卿議定，出示蘇轍等，曰：此青苗法也，有不便，以告勿疑。轍曰：以錢貸民，本以救民，然出納之際，吏緣爲姦，雖有法不能禁。錢入民手，雖良民不免妄用；及其納錢，雖富民不免踰限。如此則恐鞭笞必用，州縣之事煩矣。唐劉晏掌國計，未嘗有所假貸，而四方豐凶貴賤，知之未嘗逾時。有賤必糴，有貴必糶，以此四方無甚貴甚賤之病。今此法見在，而患不修，公誠能有意於民，舉而行之，則晏之功可立俟也。安石曰：君言誠有理，當徐思之。由是逾月不言青苗。會京東轉運使王廣淵言：春農事興，而民苦乏，兼并之家得以乘急要利。乞留本道錢帛五十萬，貸之貧民，歲可獲息二十五萬。從之。其事與青苗法合，安石始以爲可用，召廣淵至京師，與之議，於是決意行焉。【略】

帝嘗御邇英閣聽講，光講曹參代蕭何。帝曰：漢常守蕭何之法不變，可乎？光對曰：寧獨漢也，使三代之君守禹、湯、文、武之法，雖至今存可也。漢武取高帝約束紛更之，盜賊半天下。元帝改孝宣之政，漢業遂衰。由此言之，祖宗之法不可變也。惠卿言：先王之法，有一年一變者，正月始和，布法象魏是也；有五年一變者，巡守考制度是也；有三十年一變者，刑罰世輕世重是也。光言非是，其意以風朝廷耳。帝問光，光對曰：布法象魏，布舊法也。諸侯變禮易樂者，王巡狩則誅之，不自變也。刑，新國用輕典，亂國用重典，是爲世輕世重也，非變也。且治天下譬如居室，敝則修之，非大壞不更造也。公卿、侍從皆在此，願陛下問之。三司使掌天下財，不才而黜之可也，不可使執政侵其事。今爲制置三司條例司，何也？宰相以道德佐人主，安用例？苟用例，則胥吏矣。今爲看詳中書條例司，何也？惠卿辭塞，乃以他語抵光。帝曰：相與論是非耳，何至是！光又言青苗之弊曰：平民舉錢出息尚能蠶食下户至饑寒流離，況縣官督責之威乎！惠卿曰：青苗法，願利與，不願不強也。光曰：愚民知取債之利，不知還債之害，非獨縣官不強，富民亦不強也。太宗平河東，立糴法，時斗米十錢，民樂與官爲市。其後物貴而和糴不解，遂爲河東世世患。臣恐異日之青苗，亦猶是也。帝曰：陝西行之久，民不爲病。光曰：臣，陝西人也，見其病，不見其利。朝廷初不許，有司尚能以病民，況法許之乎！

（明）陳邦瞻《宋史紀事本末》卷三七《王安石變法》

〔熙寧二年十一月〕置諸路提舉官。條便司上言：民間多願借貸青苗錢，乞遍下諸路轉運司施行。仍詔諸路各置提舉二員，管當一員，掌行青苗、免役、農田、水利，諸路凡四十一人。提舉官既置，往往迎合王安石意，務以多散爲功，富民不願取，貧者乃欲得之，即令隨户等高下品配，又令貧富相兼，十人爲保首。王廣淵在京東，一等户給十五千，等而下之，至五等，猶給一千，民間喧然，以爲不便。廣淵入奏，謂民皆歡呼感德。諫官李常、御史程顥論廣淵抑配掊克，迎朝廷旨意，以困百姓。會河北轉運使劉庠不散青苗錢奏適至，安石曰：廣淵力主新法而遭劾，劉庠欲壞新法而不問。舉事如此，安得人無向背？由是常、顥之言皆不行。

閏月，遣官提舉諸路常平、廣惠倉，兼管勾農田水利、差役事。

三年二月己酉，河北安撫使韓琦上疏曰：臣準散青苗詔書，務在惠小民，不使兼并乘急以要倍息，而公家無所利其入。今所立條約，乃自鄉户一等而下皆立借錢貫數，三等以上更許增借。且鄉户上等并坊郭有物業者，乃從來兼併之家。今令借錢一千，納一千三百，是官自放錢取息，與初詔相違。又條約雖禁抑勒，然不抑散則上户必不願請，下户雖或願請，請時甚易，納時甚難，將來必有督索同保均陪之患。陛下躬行節儉以化天下，自然國用不乏，何必使興利之臣紛紛四出，以致遠邇之疑哉！乞罷諸路提舉官，第委提點刑獄依常平舊法施行。帝袖其疏以示執政，曰：琦真忠臣，雖在外，不忘王室。朕始謂可以利民，不意乃害民如此。且坊郭安得青苗，而使者亦強與之。王安石勃然進曰：苟從其所欲，雖坊郭何害！因難琦奏曰：如桑弘羊籠天下貨財，以奉人主私用，乃可謂興利之臣。〔今陛下修常平法所以助民，至於收息，亦周公遺法，抑兼並，振貧弱，非所以佐私欲，安可謂興利之臣〕乎！帝終以琦説爲疑，安石遂稱疾不出。【略】

及安石稱疾不出，帝乃以光爲樞密副使，光辭曰：陛下所以用臣，蓋察其狂直，庶有補於國家。若徒以禄位榮之，而不取其言，是以天官私非其人也。臣徒以禄位自榮，而不能救生民之患，是盜竊名器以私其身也。陛下誠能罷制置條例司，追還提舉官，不行青苗、助役法，雖不用臣，臣受賜多矣。青苗之散，使者恐其逋負，必令貧富相保，貧者無可償則散而之四方，富者不能去，必責使代償。十年之外，貧者既盡，富者亦

貧。常平又廢，加之以師旅，因之以饑饉，民之羸者必委死溝壑，壯者必聚而爲盜賊，此事之必至者也。【略】

乙酉，韓琦以論青苗不見聽，上疏請解河北安撫使，止領大名府路。王安石欲沮琦，即從之。

（明）陳邦瞻《宋史紀事本末》卷三七《王安石變法》〔熙寧三年〕三月，貶知審官院孫覺知廣德軍。帝初即位，覺爲右正言，以言事忤帝意，罷去。王安石早與覺善，將援以爲助，自知通州召還，累改知審官院。時，呂惠卿用事，帝問於覺，覺對曰：惠卿辯而有才，過於人數等，特以爲利之故，屈身安石。安石不悟，臣竊以爲憂。帝曰：朕亦疑之。青苗法行，首議者謂：《周官》泉府，民之貸者至輸息二十而五，國事之財用取具焉。覺條奏其妄曰：成周賒貸，特以備民之緩急，不可徒與也，故以國服爲之息。然國服之息，説者不明，鄭康成釋經，乃引王莽計羸受息無過歲什一爲據，不應周公取息重於莽時。況國用專取具於泉府，則冢宰九賦將安用邪？聖世宜講求先王之法，不當取疑文虚説以圖治。安石覽之怒，始有逐覺意。會曾公亮言：畿縣散青苗錢，有追呼抑配之擾。安石遣覺行視虚實，覺言：民實不願與官相交，望賜寢罷。遂坐奉詔反覆，貶知廣德軍。

程顥上疏曰：臣近累上言，乞罷預俵青苗錢利息及汰去提舉官事，朝夕以覬，未蒙施行。臣竊謂明者見於未形，智者防於未亂，況今日事理，顯白易知，若不因機亟決，持之愈堅，必貽後悔。悔而後改，則爲害已多。蓋安危之本在乎人情，治亂之機繫乎事始，衆心睽乖則有言不信，萬邦協和則所爲必成，固不可以威力取強，言語必勝，而近日所聞，尤爲未便。伏見制置條例司疏駁大臣之奏，奉劾不奉行之官，徒使中外物情愈致驚駭。是乃舉一偏而盡沮公議，因小事而先失衆心，權其輕重，未見其可。臣竊謂陛下固已燭見事體，究知是非，在聖心非吝改張，由柄臣尚持固必，是致輿情大鬱，衆論益讙，若欲遂行，必難終濟。伏望陛下奮神明之威斷，審成敗之先機，與其遂一失而廢百爲，孰若沛大恩而新衆志！外汰使人之擾，亟推去息之仁。況糶糴之法兼行，則儲蓄之資自廣，在朝廷未失於舉措，使議論何名而沸騰？伏乞簡會臣所上言，早賜施行，則天下幸甚！

夏四月戊辰，貶御史中丞呂公著。時，青苗法行，公著上疏曰：自古有爲之君，未有失人心而能圖治，亦未有脅之以威，勝之以辯，而能得人心者也。昔日之所謂賢者，今皆以此舉爲非，而主議者一切詆爲流俗浮論，豈昔皆賢而今皆不肖乎！王安石怒其深切。會帝使公著舉呂惠卿爲御史，公著曰：惠卿固有才，然姦邪不可用。帝以語安石，安石益怒，遂誣公著言韓琦欲因人心，如趙鞅興晉陽之甲，以逐君側之惡。於是貶公著知潁州，且命知制誥宋敏求草制，明著罪狀。敏求不從，但言敷陳失實。安石怒，命陳升之改其語，行之。

己卯，趙抃罷。安石持新法益堅，抃大悔恨，上疏言：制置條例司建使者四十餘輩，騷動天下。安石強辯自用，詆公論爲流俗，違衆罔民，順非文過。近者，臺諫、侍從多以言不聽而去，司馬光除樞密不肯拜。且事有輕重，體有大小。財利於事爲輕，而民心得失爲重；青苗使者於體爲小，而禁近耳目之臣用舍爲大。今去重而取輕，失大而得小，懼非宗廟社稷之福也。奏入，懇求去位，乃出知杭州。

以韓絳參知政事。侍御史陳襄言：王安石參預大政，首爲興利之謀，先與知樞密院事陳升之同領條例司，未幾升之用是爲相，而絳繼之，曾未數月，遂預政事，則是中書大臣皆以利進。乞罷絳新命，而求道德經術之賢以處之，庶不害於王政而足以全大臣之節矣。不報。

癸未，以李定爲監察御史裏行，罷知制誥宋敏求、蘇頌、李大臨。定少受學於王安石，舉進士，爲秀州判官，孫覺薦之朝，召至京師。李常見之，問曰：君從南方來，民謂青苗法如何？定曰：民便之，無不喜者。常曰：舉朝方共爭是事，君勿爲此言。定即往白安石，且曰：定但知據實以言，不知京師乃不許。安石大喜，立薦對。帝問青苗事，定曰：民甚便之。於是諸言新法不便者，帝皆不聽。【略】

〔李〕常上言：均輸、青苗，斂散取息，傅會經義，何異王莽猥析《周官》，片言以流毒天下！安石遣所親密諭意，常不爲止。又言：州縣散常平錢，實不出本，勒民出息。帝詰安石，安石請令常具官吏主名，常以非諫官體，不奏詔。【略】

五月癸巳，詔並邊州郡毋給青苗錢。

甲辰，詔罷制置三司條例，歸中書，以呂惠卿兼判司農寺。先是，言

者皆請罷條例司。帝問安石：可併入中書否？安石言：修條例未畢，且臣與韓絳共領是司，每請間奏事，今絳在密院，未可併，請緩之。至是，絳入中書，乃降詔以其事還中書。又以手札諭安石，凡修條例掾屬，悉授以官，青苗、免役、農田水利等法，付司農寺，命呂惠卿掌之。

（明）陳邦瞻《宋史紀事本末》卷三七《王安石變法》〔熙寧〕四年三月辛卯，詔察奉行新法不職者。陳留知縣姜潛到官纔數月，青苗令下，潛即榜於縣門，又移之鄉村，各三日。無人至，遂撤榜付吏，曰：民不願矣。即移疾去。山陰知縣陳舜俞上書，極論新法，謫監南康軍鹽酒税。至是，復上書言：青苗法實便，初迷不知爾。識者笑之。

（明）陳邦瞻《宋史紀事本末》卷三七《王安石變法》〔熙寧四年四月〕出直史館蘇軾通判杭州。軾自直史館議貢舉與帝合，即日召見，問方今政令得失。軾對曰：陛下天縱文武，不患不明，不患不勤，不患不斷；但患求治太急，聽言太廣，進人太鋭。願鎮以安静，待物之來，然後應之。帝竦然曰：卿三言，朕當熟思之。凡在館閣，皆當爲朕深思治亂，無有所隱。軾退言於同列，王安石不悦，命軾權開封府推官，將困之以事。軾決斷精敏，聲聞益遠。嘗以新法不便，上疏極論，且曰：臣之所言者，三言而已，願陛下結人心，厚風俗，存紀綱。人主所恃者，人心也，自古及今，未有和易同衆而不安，剛果自用而不危者。祖宗以來，治財用者，不過三司。今陛下又創制置三司條例司，使六七少年日夜講求於内，使者四十餘輩分得營幹於外，以萬乘之主而言利，以天子之宰而治財，君臣宵旰，幾一年矣，而富國之功茫如捕風，徒聞内帑出數百萬緡，祠部度五千人耳。以此爲術，人皆知其難也。汴水濁流，自生民以來，不以種稻，今欲陂而清之，萬頃之稻，必用千頃之陂，一歲一淤，三歲而滿矣。陛下使相視地形，所在鑿空，訪尋水利，隄防一開，水失故道，雖食議者之肉，何補於民！自古役人必用鄉户，今徒聞江、浙之間數郡雇役，而欲措之天下。自楊炎爲兩税，租調與庸既兼之矣，奈何復欲取庸！青苗放錢，自昔有禁，今陛下始立成法，每歲常行，雖云不許抑配，而數世之後，暴君汚吏，陛下能保之乎？昔漢武以財力匱竭，用桑弘羊之説，買賤賣貴，謂之均輸，於時商賈不行，盜賊滋熾，幾至於亂。臣願陛下結人心者此也。國家之所以存亡者，在道德之淺深，不在乎强與弱；歷數之所以長短者，在風俗之厚薄，不在乎富與貧。臣願陛下務崇道德而厚風俗，不願陛下急於有功而貪富强。仁祖持法至寬，用人有序，務專掩覆過失，未嘗輕改舊章。考其成功，則曰未至；言乎用兵，則十出而九敗；言乎府庫，則僅足而無餘。徒以德澤在人，風俗知義，故升遐之日，天下歸仁。議者見末年吏多因循，事不振舉，乃欲矯之以苛察，濟之以智能，招來新進勇鋭之人，以圖一切速成之效。未享其利，澆風已成，欲望風俗之厚，豈可得哉！臣願陛下厚風俗者此也。祖宗委任臺諫，未嘗罪一言者，縱有薄責，旋即超升，許以風聞，而無官長，言及乘輿則天子改容，事關廊廟則宰相待罪，臺諫固未必皆賢，所言亦未必皆是，然須養其鋭氣，而借之重權者，將以折姦臣之萌也。臣聞長老之談，皆謂臺諫所言，常隨天下公議。今者物論沸騰，怨讟交至，公議所在，亦知之矣。臣恐自兹以往，習慣成風，盡爲執政私人，以致人主孤立，紀綱一廢，何事不生！臣願陛下存紀綱者此也。【略】

〔秋七月〕劉摯爲安石所器，拜監察御史裏行，入見帝，面賜褒諭，因問：卿從學王安石邪？安石極稱卿器識。對曰：臣東北人，少孤獨學，不識安石也。退而上疏曰：君子、小人之分，在義利而已。小人希賞之志每在事先，奉公之心每在私後。陛下有勸農之意，今變而爲煩擾；陛下有均役之意，今倚以爲聚斂。天下有喜於敢爲，有樂於無事，彼以此爲流俗，此以彼爲亂常，畏義者以進取爲可耻，嗜利者以守道爲無能，此風浸成，漢、唐黨禍必起矣。因陳率錢助役十害。會楊繪又論提刑趙子幾怒知東明縣賈蕃不禁遏縣民，使訟助役事，摭以他故，下蕃於獄而自鞫之，是希安石意指。又言助役之難行者有五。劉摯亦論趙子幾摭賈蕃，是欲鉗天下之口，乞按其罪。於是安石大怒，使知諫院張璪取繪、摯所論助役十害、五難行之事，作《十難》以詰之。璪辭不爲，曾布請爲之，既作《十難》，且劾楊繪、劉摯欺誕懷向背。詔下其疏於繪、摯，使各言狀。繪録前後四奏以自辯。摯奮然曰：爲人臣，豈可壓於權勢，使天子不知利害之實！即條對所難，以伸其説曰：助役斂錢之法，有大臣及御史主之於内，有大臣親黨爲監司、提舉官行之於諸路，其勢甚易矣。然曠日彌年，終未有定論者，爲不順乎民心也。臣待罪言責，采士民之説以聞，職也。今乃遽令分析，交口相直，無乃辱陛下耳目之任哉！所謂向

背，則臣所向者義，所背者利，所向者君父，所背者權臣。願以臣章并司農奏宣示百官，考定當否。不報。明日復上疏曰：陛下夙夜勵精，以親庶政，天下未致於安且治者，誰致之邪？陛下注意以望太平，而自以太平爲己任，得君專政者是也。二三年間，開闔摇動，舉天下之内，無一民一物得安其所者。其議財，則市井屠販之人皆召至政事堂；其征利，則下至歷日而官自鬻之，推此以往，不可究言。輕用名器，淆混賢否。忠厚老成者擯之爲無能，俠少儇辯者取之爲可用，守道憂國者謂之爲流俗，敗常害民者謂之爲通變。凡政府謀議經畫，除用進退，獨與一掾屬曾布者論定，然後落筆，同列預聞，反在其後，故奔走乞丐之人，布門如市。今西夏之款未入，反側之兵未安，三邊瘡痍，流潰未定，河北大旱，諸路大水，民勞財乏，縣官減耗，聖上憂勤念治之時，而政事如此，皆大臣誤陛下，而大臣所用者誤大臣也。疏奏，安石欲竄摯嶺外，帝不許，詔貶繪知鄭州，謫摯監衡州鹽倉，璪亦落職。遣訪察使遍行諸路，促成役書。

（明）陳邦瞻《宋史紀事本末》卷三七《王安石變法》〔熙寧四年〕冬十月，以鮮于侁爲利州轉運副使。初，詔監司各定所部助役錢數，利州路轉運使李瑜欲定四十萬，侁時爲判官，争之曰：利州民貧地瘠，半此可矣。瑜不從，遂各爲奏。時諸路役書皆未就，帝是侁議，諭司農曾布，使頒以爲式，因黜瑜而擢侁副使兼提舉常平。【略】

既爲副使，部民不請青苗錢，安石遣使詰之，侁曰：青苗之法，願取則與，民自不願，豈能強之哉！

（明）陳邦瞻《宋史紀事本末》卷三七《王安石變法》〔熙寧〕七年夏四月癸酉，權罷新法。自去歲秋七月不雨，以至於是月，帝憂形於色，嗟歎懇惻，欲盡罷法度之不善者。王安石曰：水旱常數，堯、湯所不免。陛下即位以來，累年豐稔，今旱暵雖久，但當修人事以應之。帝曰：朕所以恐懼者，正爲人事之未修爾。今取免行錢太重，人情咨怨，自近臣以至后族，無不言其害者。馮京曰：臣亦聞之。安石曰：士大夫不逞者以京爲歸，故京獨聞此言，臣未之聞也。初，光州司法參軍鄭俠爲安石所奬拔，感其知己，思欲盡忠。及滿秩入京，安石問以所聞，俠曰：青苗、免役、保甲、市易數事，與邊鄙用兵，在俠心不能無區區也。安石不答。至是，俠監安上門。會歲饑，征斂苛急，東北流民，每風沙霾曀，扶攜塞道，羸疾愁苦，身無完衣，或茹木實草根，至身披鎖械，而負瓦揭木，賣以償官，累累不絶。乃繪所見爲圖，及疏言時政之失，詣閤門，不納；遂假稱（祕）〔密〕急，發馬遞上之。其略曰：陛下南征北伐，皆以勝捷之勢作圖來上，並無一人以天下憂苦、父母妻子不相保、遷移困頓、遑遑不給之狀爲圖而獻者。臣謹按安上門逐日所見，繪成一圖，百不及一，但經聖覽，亦可流涕，況於千萬里之外哉！陛下觀臣之圖，行臣之言，十日不雨，即乞斬臣宣德門外，以正欺君之罪。疏奏，帝反覆觀圖，長吁數四，袖以入内。是夕，寢不能寐。翌日，遂命開封體放免行錢，三司察市易，司農發常平倉，三（衛）〔衙〕具熙、河所用兵，諸路上民物流散之故，青苗、免役權息追呼，方田、保甲並罷，凡十有八事，民間讙呼相賀。是日，果大雨，遠近沾洽。甲戌，輔臣入賀雨，帝出俠圖及疏示輔臣，問王安石曰：識俠否？安石曰：嘗從臣學。因上章求去，外間始知所行之由。羣姦切齒，遂以俠付御史獄，治其擅發馬遞罪。吕惠卿、鄧綰言於帝曰：陛下數年忘寢與食，成此美政，天下方被其賜，一旦用狂夫之言，罷廢殆盡，豈不惜哉！相與環泣於帝前。於是新法一切如故，惟方田暫罷。

（明）陳邦瞻《宋史紀事本末》卷三七《王安石變法》〔熙寧七年〕冬十月庚辰，置三司會計司。初，帝嘗患增置官司費財，王安石謂：增置官司，所以省費。帝曰：古者什一而税，今取財百端。安石謂：古非特什一而已。安石又欲盡禄天下之吏，帝未之許，而三司上新增吏禄，歲至緡錢百十一萬有奇。主新法者皆謂，吏禄既厚則人知自重，不敢冒法，可以省刑。然良吏實寡，賕取如故，往往陷大辟，議者不以爲善。詔三司帳司會計是歲天下財用出入之數以聞，令宰相提舉其事。至是，韓絳請選官置司，以天下户口、人丁、税賦、場務、坑冶、河渡、房園之類租額、年課及一路錢穀出入之數，去其重複，歲比較增虧，廢置及羨餘、横費，計羸闕之處，使有無相通，而以任職能否爲黜陟，則國計大綱可以省察。三司使章惇亦以爲言。乃詔置三司會計司，以絳提舉。

（明）陳邦瞻《宋史紀事本末》卷三七《王安石變法》〔熙寧九年〕冬十月丙午，王安石罷。【略】

以吴充、王珪同平章事。充子安持雖娶王安石女，而充心不善安石所

爲，數爲帝言新法不便。帝察充中立無與。及安石罷，遂相之。充欲有所變革，乞召還司馬光、吕公著、韓維、蘇頌，及薦舉孫覺、李常、程顥等數十人。光自洛貽書充曰：自新法之行，中外洶洶。民困於煩苛，迫於誅斂，愁怨流離，轉死溝壑，日夜引領，冀朝廷覺悟，一變敝法。今日救天下之急，當罷青苗、免役、保甲、市易，而息征伐之謀。欲去此五者，必先别利害，開言路，以悟人主之心。今病雖已深，猶未至膏肓，失今不治，遂爲痼疾矣。充不能用。

（明）陳邦瞻《宋史紀事本末》卷四三《元祐更化》〔元豐八年十一月〕以鮮于侁爲京東轉運使。熙寧末侁已嘗爲是官，至是，吴居厚貶，復用之。司馬光語人曰：今復以子駿爲轉運使，誠非所宜。然朝廷欲救東土之弊，非子駿不可。此一路福星也。安得百子駿布在天下乎！

（明）陳邦瞻《宋史紀事本末》卷四三《元祐更化》〔元祐元年三月〕光居政府，凡王安石、吕惠卿所建新法剗革略盡。或謂光曰：熙、豐舊臣多憸巧小人，他日有以父子之義間上，則禍作矣。光正色曰：天若祚宋，必無此事。於是天下釋然曰：此先帝本意也。衛尉丞畢仲游與光書曰：昔安石以興作之説動先帝，而患財不足也，故凡政之可得民財者無不用。蓋散青苗、置市易、斂役錢、變鹽法者事也，而欲興作，患不足者，情也。苟未能杜其興作之情，而徒欲禁其散斂變置之法，是以百説而百不行。今遂廢青苗、罷市易、蠲役錢、去鹽法，凡號爲利而傷民者，一掃而更之，則向來用事於新法者必不喜矣。不喜之人必不但曰不可廢罷蠲去，必操不足之情，言不足之事，以動上意。雖致石而使聽之，猶將動也。如是，則廢罷蠲去者皆可復行矣。可不預治哉！爲今之策，當大舉天下之計，深明出入之數，以諸路所積之錢粟一歸地官，使經費可支二十年之用，數年之間又將十倍於今日。使天子曉然知天下之餘於財也，則不足之論不得陳於前，然後所論新法者，始可永罷而不可復矣。昔安石之居位也，中外莫非其人，故其法能行。今欲救前日之弊，而左右侍從、職司使者，十有七八皆安石之徒，雖起二三舊臣，用六七君子，然累百之中存其十數，烏在其勢之可爲也。勢未可爲而欲爲之，則青苗雖廢將復散，况未廢乎？市易雖罷且復置，况未罷乎？役錢、鹽法，亦莫不然。以此救前日之敝，如人久病而少間，其父子、兄弟喜見顔色而未敢賀者，以其病之猶在也。光得書聳然，亦竟不爲之慮。

（明）陳邦瞻《宋史紀事本末》卷四三《元祐更化》〔元祐元年〕六月甲辰，貶吕惠卿爲建寧軍節度副使，建州安置。中書舍人蘇軾草其制曰：惠卿以斗筲之才，穿窬之智，諂事宰輔，同升廟堂。樂禍貪功，好兵喜殺，以聚斂爲仁義，以法律爲《詩》、《書》。首建青苗，次行助役，均輸之政，自同商賈，手實之禍，下及雞豚，苟可蠹國害民，率皆攘臂稱首。先皇帝求賢如不及，從善若轉圜，始以帝堯之仁，姑試伯鯀，終焉孔子之聖，不信宰予。尚寬兩觀之誅，薄示三苗之竄。天下傳誦稱快焉。

（明）陳邦瞻《宋史紀事本末》卷四三《元祐更化》〔元祐元年〕八月辛卯，詔復常平舊法，罷青苗錢。司馬光以疾在告，范純仁以國用不足，請再立常平錢穀給斂出息之法，限正月以散及一半爲額，民間絲麥豐熟，隨夏税先納所輸之半，願半納者，止出息一分。臺諫劉摯、上官均、王覿、蘇轍交章論其非，光謂：先朝散青苗，本爲利民，並取情願；後提舉官速要見功，務求多散。今禁抑配，則無害也。中書舍人蘇軾録黄，奏曰：熙寧之法未嘗不禁抑配，而其爲害至此。民家量入爲出，雖貧亦足；若令分外得錢，則費用自廣。今若許人情願，則未免設法罔民，使快一時非理之用，而不慮後日催納之患，非良法也。會臺諫王巖叟、朱光庭、王覿等交章乞罷青苗，光大悟，力疾請對。太后從之，詔：常平錢穀止令州縣依舊法趁時糴糶，青苗錢更不支俵，除舊欠二分之息，元支本錢，驗見欠多少，分料次隨二税輸納。

（明）陳邦瞻《宋史紀事本末》卷四六《紹述》〔紹聖元年〕三月，策進士於集英殿，李清臣發策曰：今復詞賦之選而士不知勸，罷常平之官而農不加富，可差可募之説雜而役法病，或東或北之論異而河患滋，賜土以柔遠也而羌夷之患未弭，弛利以便民也而商賈之路不通。夫可則因，否則革，惟當之爲貴，聖人亦何有（心）〔必〕焉！其意蓋紬元祐之政也。蘇轍諫曰：伏見策題力詆近歲行事，有紹復熙寧、元豐之意。臣謂先帝設施，蓋有百世不可改者，元祐以來，上下奉行，未嘗失墜。至於事或失當，何世無之？父作於前，子救於後，前後相濟，此則聖人之孝也。漢武帝外事四夷，内興宫室，財用匱竭，於是修鹽鐵、榷酤、均輸之政，民不堪命，幾至大亂。昭帝委任霍光，罷去煩苛，漢室乃定。光

武，顯宗以察爲明，以讖决事，上下恐懼，人懷不安。章帝深鑒其失，代之寬厚愷悌之政，後世稱焉。本朝真宗天書，章獻臨御，攬大臣之議，藏之梓宫。及仁宗聽政，絶口不言。英宗濮議，朝廷洶洶者數年，先帝寢之，遂以安静。夫以漢昭、章之賢，與吾仁宗、神宗之聖，豈其薄於孝敬而輕事變易也哉！陛下若輕變九年已行之事，擢任累歲不用之人，懷私忿而以先帝爲詞，大事去矣！

（明）陳邦瞻《宋史紀事本末》卷四九《蔡京擅國》〔崇寧四年三月〕竄知慶州曾孝序於嶺南。初，孝序察訪湖北，過闕。蔡京畏孝序見帝言舒亶事，密遣客以美官啖之，孝序不從。又與京論講議司事，曰：天下之財貴於通流，取民膏血以聚京師，恐非太平法。京銜之，遂出知慶州。至是，京行結糴，俵糴之法，盡括民財充數，孝序上疏曰：民力殫矣，一有逃移，誰與守邦！京益怒，遣御史宋聖寵劾其私事，追逮其家人，鍛鍊無所得，但言約日出師，幾誤軍期，除名，竄嶺表。

（明）陳邦瞻《宋史紀事本末》卷四九《蔡京擅國》〔崇寧五年正月〕丁未，太白晝見。赦除黨人一切之禁，權罷方田之法及諸州歲貢供奉物。【略】

二月丙寅，蔡京罷。京懷奸植黨，威福在其手，託紹述之名，紛更法制，貶斥羣賢，增修財利之政，務以侈靡惑人主，動以《周官》惟王不會爲説，每及前朝惜財省費者，必以爲陋，至於土木營造，率欲度前規而侈後觀。時天下久平，吏員冗濫，節度使至八十餘員，留後、觀察下及遥郡刺史多至數千員，學士、待制中外百五十員，置應奉司，御前生活所，營繕所，蘇、杭造作局，其名雜出，大率爭以奇巧爲功，而花石綱之害爲尤甚。至是因彗星見，帝悟其奸，凡所建置，一切罷之，而免京爲中太一宫使，留京師。言者論不已，中丞吴執中言於帝曰：進退大臣，當全體貌。帝爲京下詔戒飭，言者乃已。【略】

三月丙申，詔：星變已消，罷求直言。尋復方田諸法及諸州歲貢供奉物。

（明）陳邦瞻《宋史紀事本末》卷四九《蔡京擅國》大觀元年春正月甲午，以蔡京爲尚書左僕射兼門下侍郎。壬寅，吴居厚罷。壬子，以何執中爲中書侍郎，鄧洵武、梁子美爲尚書左、右丞。子美初爲河北〔都〕轉運使，傾漕計以奉上，至〔損〕〔捐〕（據宋史二八五梁子美傳補並改）緡錢三萬市北珠以進，由是諸路漕臣效尤，爭進羨餘矣。北珠出於女真，子美市於遼。遼嗜其利，虐女真，捕海東青以求珠，女真深怨之，而子美用是顯。

（明）陳邦瞻《宋史紀事本末》卷四九《蔡京擅國》〔政和元年八月〕丁巳，張商英罷。商英爲政持平，改蔡京所鑄當十大錢爲當三，以平泉貨；復轉般倉，以罷直達；行鹽鈔法，以通商旅；蠲横斂，以寬民力。勸帝節華侈，息土木，抑僥倖。帝嚴憚之，嘗葺升平樓，戒主者遇丞相導騎至，必匿名匠樓下，時稱商英忠直。然意廣才疎，凡所當爲，先於公座誦言，故不便者得預爲計。初，何執中與蔡京同相，凡營立皆預議。至是，惡商英出己上，與鄭居中日夜醞織其短。先使言者論其門下客唐庚，竄知惠州。時方技郭天信有寵於上，商英因與往來，事覺，居中因諷中丞張克公併論之。遂罷政，出知河南府。

（明）陳邦瞻《宋史紀事本末》卷六八《張浚經略關陝》〔建炎三年十月〕辛丑，張浚以趙開爲隨軍轉運使，專總四川財賦。開見浚曰：蜀之民力盡矣，錙銖不可加，獨榷貨尚存贏餘，而貪猾認爲己有，共相隱匿。惟不恤怨詈，斷而敢行，庶可救一時之急。浚鋭意興復，委任不疑。於是大變酒法，即舊撲買坊場所，置隔釀，設官主之。麴與釀具，官悉自買，聽釀户各以米赴官場自釀，斛輸錢三十，頭子錢二十二；其釀之多寡，惟錢是視，不限數也。又於秦州置錢引務，興州鼓鑄銅錢，官賣銀絹，聽民以錢引或銅錢買之。凡民錢當入官者，並聽用引折納，官支出亦如之，民以爲便。時浚荷重寄，旬犒月賞，期得士死力，費用不貲，盡取辦於開。開悉智慮於食貨，算無遺策，雖支賞不可計，而資財常有餘。

（明）陳邦瞻《宋史紀事本末》卷六九《吴玠兄弟保蜀》〔紹興〕六年八月癸卯，四川都轉運使趙開罷。時，吴玠爲宣撫副使，專治戰守，於財計不問盈虚，一切以軍期趣辦於開，數以餽餉不繼訴於朝；開亦自劾老憊，求去。朝廷爲之交解，乃以席益爲制置大使，位宣撫副使上，州、軍兵馬並隸大使司，邊防重事仍令宣撫司處置。益至四川，頗侵用軍期錢，開復訴於朝，又數增錢引，而軍計猶不給。朝廷以開、益不協，乃召開赴行在，而以李迨代之。自金人犯陝、蜀，開職餽餉，軍用無乏。其

後計臣屢易，於開經畫無敢變更，然茶鹽榷酤、奇零絹帛之征遂爲蜀常賦，則開所作俑也。益尋以母喪亦去。帝問胡交修：孰可守蜀者？交修以從子世將對，遂以世將爲四川安撫制置使。

九年春正月己亥，以吴玠爲四川宣撫使。玠與金人對壘且十年，常苦遠餉勞民，屢汰冗員，節浮費，益治屯田。帝以玠功高，因和議成，授玠開府儀同三司、四川宣撫使，陝西、階、成等州皆聽節制。

（明）陳邦瞻《宋史紀事本末》卷一〇〇《蒙古立國之制》〔嘉熙〕三年十二月，蒙古以奥都剌合蠻提領諸路課税。初，耶律楚材定課税銀額，每歲五十萬兩。及河南降，户口滋息，增至一百一十萬兩。至是，回回奥都剌合蠻請以二百二十萬兩撲買之，楚材持不可，曰：雖取五百萬亦可得，不過嚴設法禁，陰奪民利耳。反覆爭論，聲色俱厲。蒙古主曰：爾欲搏鬬耶？楚材力不能奪，乃太息曰：民之困窮，將自此始矣！

（清）徐松《宋會要輯稿・食貨六九・版籍》 慶元元年二月七日，臣僚言財賦，源流所繫在圖籍。倘圖籍之不明，則財用之不足。此必然之理也。伏自經界之久，打量圖帳，一皆散慢。遞年税籍，又復走弄。所以州縣日益匱乏，莫知所措。雖欲稽考，猝難搜索。乞申嚴行下應經界以來打量圖帳，與夫逐年鄉司税籍，並行拘置官府，以候檢核。民間或有隱匿，併與鄉司同坐侵移之罪，不以赦降原減。從之。

（清）徐松《宋會要輯稿・食貨七〇・鈔旁定帖雜録》〔紹興十五年四月〕二十三日，知臨安府張澄奉詔條具受納税賦不銷簿籍等事，下户部看詳。勘會依法輸納官物，用四鈔：縣鈔付縣；户鈔給人户；監鈔付監官，住鈔留本司。及税租鈔，倉庫封送縣。令佐即日監勒，分授鄉司書手各置歷。當官收上日，别爲號計數。以五日通轉。每受鈔，即時注入。當職官對簿押訖封印置櫃收掌，并納官物毁失縣鈔者，以監住鈔銷鑿，若不以監住鈔銷鑿，輒取户鈔或追人户赴官呈驗者，各杖一百。因而受乞財物，加本罪一等。今欲下臨安府約束縣分及受納官司，常切遵守見行條法，及下諸路轉運司遍牒州縣，准此仍令常切點檢覺察施行。詔並從之。

《遼史》卷四《太宗紀》 〔會同二年〕閏月癸未，乙室大王坐賦調不均，以木劍背撻而釋之；并罷南、北府民上供，及宰相、節度諸賦役非舊制者。

《遼史》卷一〇《聖宗紀》 〔統和三年〕三月乙巳朔，樞密奏契丹諸役户多困乏，請以富户代之。上因閲諸部籍，涅剌、烏隈二部户少而役重，并量免之。

《遼史》卷一一《聖宗紀》 〔統和四年十月〕戊午，以南院大王留寧言，復南院部民今年租賦。

《遼史》卷一三《聖宗紀》 〔統和十二年春正月甲寅〕詔復行在五十里内租。

《遼史》卷一三《聖宗紀》 〔統和十二年〕二月甲申，免南京被水户租賦。

《遼史》卷一三《聖宗紀》 〔統和十二年二月〕甲午，免諸部歲輸羊及關征。

《遼史》卷一三《聖宗紀》 〔統和十二年十月〕乙巳，詔定均税法。

《遼史》卷一三《聖宗紀》 〔統和十三年六月〕丁丑，詔減前歲括田租賦。

《遼史》卷一三《聖宗紀》 〔統和十四年正月〕丁巳，蠲三京及諸州税賦。

《遼史》卷一三《聖宗紀》 〔統和十五年正月〕乙未，免流民税。

《遼史》卷一三《聖宗紀》 〔統和十五年三月〕戊辰，募民耕灤州荒地，免其租賦十年。

《遼史》卷一四《聖宗紀》 〔統和十九年〕十二月庚辰，免南京、平州租税。

《遼史》卷一九《興宗紀》 〔重熙十年〕秋七月壬戌，詔諸職官私取官物者，以正盜論。

《遼史》卷二〇《興宗紀》 〔重熙十七年〕八月丙戌，復南京貧户租税。

《遼史》卷二三《道宗紀》 〔咸雍八年〕十一月庚戌，免祖州税。

《遼史》卷二三《道宗紀》 〔咸雍九年〕十一月戊午，詔行幸之地免租一年。

《遼史》卷二四《道宗紀》〔大康五年十一月〕癸未，復南京流民差役三年，被火之家免租稅一年。

《遼史》卷二四《道宗紀》〔大康六年十一月〕五月壬申，免平州復業民租賦一年。

《遼史》卷二四《道宗紀》〔大康六年十二月〕庚午，免西京流民租賦一年。甲戌，減民賦。

《遼史》卷二五《道宗紀》〔大安四年正月〕庚午，免上京逋逃及貧户稅賦。

《遼史》卷二五《道宗紀》〔大安十年四月〕己巳，除玉田、密雲流民租賦一年。

《遼史》卷八二《耶律隆運傳》〔統和四年〕上言：山西四州數被兵，加以歲饑，宜輕稅賦以來流民，從之。

（宋）宇文懋昭《大金國志》卷上 大定四年時宋隆興二年也。正月，詔造《總計録》，大略云：正隆失德，土木、征伐相繼而起，有司出納動千萬計，浩瀚連年，莫會其數。臨急空乏，惟有取之于民。自今除每歲收支外，竝將見管實在之數開具成册，使朝廷通知有餘、不足之數，且以革去吏姦，候儲積果多，然後議寬名之重輕，攷撥定〔之〕數目，寬減州縣，優（輕）〔恤〕疲民。

（宋）宇文懋昭《大金國志》卷下 稅賦無常，隨用度多寡而斂之。與契丹言語不通，而無文字，賦斂科發，刻箭爲號，事急者三刻之。

《金史》卷三《太宗紀》〔天會二年正月〕癸亥，以東京比歲不登，詔減田租、市租之半。

《金史》卷六《世宗紀》〔大定二年三月〕乙巳，免南京正隆丁夫貸役錢。

《金史》卷六《世宗紀》〔大定五年正月〕辛未，詔中外。復命有司，旱、蝗、水溢之處，與免租賦。

《金史》卷七《世宗紀》〔大定十二年正月〕丙申，以水旱，免中都、西京、南京、河北、河東、山東、陝西去年租稅。

《金史》卷七《世宗紀》〔大定十四年二月〕戊寅，詔免去年被水旱百姓租稅。

《金史》卷九《章宗紀》〔大定二十九年〕秋七月辛酉，減民地稅十之一，河東南、北路十之二，下田十之三。

《金史》卷九《章宗紀》〔明昌元年〕十二月壬午，免獵地今年稅。

（元）蘇天爵《元文類》卷二一《災年免租稅》〔至元〕二年，移守大名。【略】是歲，大水没廬舍且盡，租稅無從出，王輒免之。計相以專擅罪王，王請入見上前曰：臣以爲朝廷儲小倉，不若儲大倉，非擅免也。上曰：何説也？王曰：歲以水不收，而必責之民，府倉雖實而民死亡盡，明年租將安出？活其民使均足於家，歲取之有恒，非陛下府庫乎？此所謂大倉也。上曰：知體，其勿問。

《元史》卷二《太宗紀》（太宗）二年，正月，定諸路課程，酒課驗實息十取一，雜稅三十取一。

《元史》卷八《世祖紀》〔至元十年三月〕免民代輸簽軍户絲銀，及伐木夫户賦稅。負前朝官錢不能償者，毋徵。主守失陷官錢者，杖而釋之。陣亡軍及營繕工匠無丁產者，量加廩給。

《元史》卷一二《世祖紀》大都田土，竝令輸稅；甘州新括田土，畝輸租三升。

（清）孫承澤《元朝典故編年考》卷一《計户定賦》（太宗）八年，初括中原民户定賦稅。時羣臣共欲以丁爲户，耶律楚材以爲不可，衆皆曰：我朝及西域諸國，莫不以丁爲户，豈可捨大朝之法而從亡國之政耶。楚材曰：自古有中原者，未嘗以丁爲户，若果行之，可輸一年之賦，隨即逃散矣。楚材又定賦稅，每二户出絲一斤，以供官用；五户出絲一斤，以與受賜貴戚功臣之家。上田每畝稅三升半，中田三升，下田二升半；水田畝五升，商稅三十分之一，鹽每銀一兩四十斤。己上以爲永額。朝臣皆謂太輕，楚材曰：將來必有以利進者，以爲重矣。

（清）孫承澤《元朝典故編年考》卷一《賦稅隨民》憲宗初，徵賦用銀，民甚苦之。張晋亨言：五方土產各異，隨其產以爲賦，則民便而易足，必責輸銀，雖破之產有不能辦。上是之，乃聽民以所產輸納，遂爲定制。

（清）畢沅《續資治通鑑》卷一九七《元紀・武宗》〔至大三年正

月〕乙未，定稅課法。諸色課程，並繫大德十一年考校，定舊額、元增總爲正額，折至元鈔作數。自至大三年爲始，餘止以十分爲率，增及三分以上爲下酬，五分以上爲中酬，七分以上爲上酬，增及九分爲最，不及三分爲殿。所設資品官員，以二周歲爲滿。

明清分部

論説

《明太祖文集》卷七《諭天下有司》　前者奸臣亂法，事覺伏誅。初，將以爲中書御史台朕用非人，是致上干五星紊度，下戾地氣而節候乖常，既以明彰法律，掃除奸臣，想天下諸師有職掌者，必人各精審其事，與朕共治，升平安，黔黎樂，雍熙於市鄉。故於二月初一日發丹符出驗四方，令有司將連年秋、夏税糧課程從實具陳無隱，以奏目來聞，不以文繁，敕諭分明，必各各職掌者以忠誠來聞。去逾月而使者歸，有司官間有發忠義之心者，即以排年總目來奏，以致歡动朕之衷情。其餘各各有司，皆以舞文弄法，窺探朝政，不將自洪武初遞年諸色錢糧歲歲開收之數報來，故犯憲章。

今再差人各抵所在，務要縣不通州，州不通府，府不通布政司，即將自洪武某年本郡入藉當年直至洪武十二年諸各項錢糧、金銀、匹帛，盡數報來。當該佐二官首領官各一員，吏一名，與賫符者一同赴京面奏。仍着落本色鄉村耆宿，舉力士當二十四五者二名，前來充校尉。若所官到任，毋習前非。如敕奉行。

（明）丘濬《大學衍義補》卷一五《治國平天下之要・固邦本・寬民之力》　《節》之彖曰：節以制度，不傷財，不害民。

程頤曰：聖人立制度以爲節，故能不傷財害民。人欲之無窮也。苟非節以制度，則侈肆至於傷財害民矣。

臣按：此《節》卦之彖。節之爲言有限而止也，爲卦下兑上坎，澤上有水，其容有限，故爲節。聖人體節之義，則立爲制度。量入爲出，無過取，無泛用。寧損己而益人，不厲民以適己，則必不至於傷財，不傷財，則不至於害民矣。

（明）楊廷和《楊文忠三録》卷二《請節省供應疏》　題爲節省供應事。臣等切惟理財之道，固必損于上而後益於下。人臣之分，尤在先其事而後其食。今天下財用日竭，所在倉庫空虛。朝廷之日用雖有常例，而每苦於浮費之難繼。府縣之歲辦雖有定額，而每苦於積欠之難完。是以在京諸司，屢以缺用上聞，催徵下督。若必如數解納，則民生益至窮困。臣等猥蒙任使，職在輔導，恨無濟時之策，每懷竊禄之慚。爲今之計，惟力行節儉，盡去浮冗，而後國用可足，民力少寬。且如臣等日食廚料，已爲甚多。近以纂修，倍加支給。日用之外，尚有餘剩。蓋該寺止據舊例，以爲當然不欲裁減。而臣等自揣功不稱禄，心實不安。況聞牲口價銀拖欠幾及數萬。若復因仍冒昧貪取苟得，豈先事後食之義哉？伏願聖明俯察愚悃，特諭所司，將臣等及翰林春坊五品以上官員日給酒飯減去十分之五。俟財用充裕之日，別爲議處。惟不失國家待士之禮，庶可免臣等饕餮之譏。且一事之省，必有一事之益，一分之寬，必受一分之賜，未可以爲所減不多，而無補于時也。更望上自宫闈，達于監局，凡百冗費，痛加裁抑。古人有言：所省者一即吾之一，所省者二即吾之二。數年之後，積少成多，轉貧而爲富不難矣。臣等無任激切懇悃之至。嘉靖元年二月。

（明）蕭良榦《拙齋十議・漕運議》　按國家定鼎燕京，軍國之儲仰給漕運。或者謂我朝運法民輸其粟，賦而不運；軍輸其力，運而不賦。法至善矣。兩京並峙，而臨淮居其中，爲四方走集之地，所謂天下之脊也。祖宗建置，令文武重臣開府於此，統領十二萬之衆，彈壓於淮揚徐沛之間。洪謨睿慮，豈淺見所能窺測哉？使當事臣工能慎守成規，任韜鈐者有拊循訓練之方，司城社者有急期趨事之績，斯足食足兵，億萬年無疆之業也。逮於法久弊生，催徵怠玩，弱愞疲兵，綺紈債將，沿途侵索，百孔千瘡。正統以來，浸淫及於正德之年。監收濫竽於中貴，債帥縷結於權門，官鏹偏於私囊，糠粃雜於倉庾，運法之弊，於斯爲極矣。世廟御宇載肅乾綱，歷年積弊，振刷幾盡。頻年建明之臣殫思竭慮，法網亦幾於太密，然所注措不出祖宗範圍之外。或者謂江河所覩，軍資士氣未見涣然若國初之盛者，則非法之罪矣。惟夫黄河之性，遷徙不常。自開會通至今，南潰北決不啻五六，至於勞民耗國。深謀遠慮之士時有意外之虞，或考膠萊之蹟，或議廣洋之故，要皆不得已而然耳。嘗閲漕志，尚書廖紀有言，省府涣散，動延歲月，文語移往返，祇以廢閣飽蠹。監徵之權，不可不重

也。民之膏脂，聚於一艘，千里濟涉，波濤沖擊，司造慎無惜小費。按藉拘係，更番無期，瑣尾仳離，誠可哀痛。善撫者所宜盡心。湫底墊閣，則凍阻寄囤百弊所由生。司泉湖閘座者當善蓄導時啓閉，是有益於漕務之大者。故掇於條議之下，俟司議者裁監焉。

（明）呂坤《實政録》卷四《民務・歛解邊餉》 爲起解錢糧事。照得大户解銀司府，换批零星，既覺瑣碎，在道不免疎虞。且轉解三關，宣大臨期仍用委官，是一番事體，兩次繁勞。又欺慢有司，空文起解；奸頑大户，弊種多端。或官銀到手，興販侵欺，或起解踰年，猶不銷號，或假稱應解衙門，遲收重壓；或自己將銀偷盜，誣賴店家；或拐帶官銀在逃，竟難尋覓。查得直隸、山東向來歛解，官民兩稱便宜。先據太原府何知府條陳首稱，歛解最爲良法，已經通行，去後若不立爲規則，不惟窒碍不便，亦難經久常行。近據布政司列爲八款，大都已詳，中間恐有未盡事宜，本院最爲推廣。仍發該司刊刻成書，收銀衙門先送一册，每道府州縣各給一册，委官歛解之日該道再給一册。各令查照施行，毋得違錯取究。

近奉題准事例，各州縣官不許拆封，賢者自知避嫌矣。但收頭須於二門之外坐櫃徵收，掌印官嚴禁收頭。每日偶唤花户以問所收之重輕。收頭每日開總數，以驗所收之多寡，州縣每半月一報道府以酌起解之緩急。如使大户多壓，里老侵收，小民受害，畧不經心，有司雖無羡餘入己，而法令可知矣。定以才力註下考。

一、各櫃至五百兩以上，收頭禀官，自唤銀匠傾銷，每錠務足五十兩二錢，不許零星添搭。白面細紋，不許焦心黑色，仍鑿造收頭、銀匠姓名，兩數，送赴掌印官，當堂同庫役秤驗明白，收頭自己封鎖收寄庫中。但有不足色數者，歛官不許濫收，掌印官逼收者參提重處。

一、近來州縣收糧，開倉既遲，完期又晚，每至踰年，尚不報解。今後開倉照依律限，本年錢糧報完不許過十二月。即有難完州縣，亦照從來完數，年終爲止。如有踰年尚追舊糧、半月無銀報數者，雖係廉慈道府，先以才力不及註考。

一、零收千兩不下二三千封，縱使毫釐不加，積少成多，羡餘亦不下十五、二十兩。每五十兩重二錢，銀匠、炭火、工食、銀色折耗再費一錢，總來每千兩只重六兩耳。收頭人等有何包賠，但有揹稱以上名色，每錢重收一釐者，許花户鳴鑼聲冤，以憑拏問。

一、布政司先將州縣佐貳首領及衛首領等官行該府州縣，擇其年力精壯、才識敏捷、操持無議、舉動有威者，報名該道。布政司轉報本院。待有應解銀兩，聽該道差撥銷批。回任之日該道仍查無過者，呈請給奬，三奬者准薦。

一、凡係一道錢糧，將一道應委官員不分府州，俱要一條鞭輪流差撥。仍用格眼簿一册，差過官員即填簿内格中，周而復始。但有營求規避者，該道即行戒飭，差撥不平者，許本官告辯，以憑查改。如有不得已之情兩願借差者，須據兩官呈告公文方准借撥，後即還補。其概省公事，如京運解册等項，另於司府首領輪差，無得偏累一道。

一、本院預發號牌每道十張，以備歛解官員據支廪給口糧之用。但餘三張者，該道呈請再發。至於起解官銀出境多不應付，該道即發白牌一面，註定護送兵快夫役數目，過太原者本院换牌；如值出巡之日，布政司换牌，不得仍用該道原牌，前途致有艱阻。

一、歛解官先要順路，如北解者自南而北，不許枉道。所歛銀兩既入鞘中，該州縣即差的當兵快照數撥夫扛擡，仍催鄉夫護送，跟從委官至前路州縣交與委官收明，仍取委官原無損失手筆結狀。其銀至所在州縣，即撥兵夫日夜巡邏看護公館。倘有不虞，印捕官與委官一體坐罪，仍令均賠。

一、遠解官銀一次不得過四萬兩，應歛州縣相去不得過五百里，所至地方一處不得過三日。違者，所在掌印官以刁難論。

一、歛解官自離任之日爲始，每日支廪給銀一錢，跟隨四人每日支口糧銀共一錢二分，所在官員代爲填格。此外不許刁難下程，需索飯食。各州縣亦不許指稱下程酒席，科派收頭。違者查究。

一、解官出門不許坐轎，所過地方給與馬六匹、皂隸六名，至各州縣照官尊卑相見，不許指稱委官，妄自尊大。兑銀之日在州縣堂上者，畧分賓主；有公館者，止諭職官，如州縣刁難作踐委官，及委官分外難爲州縣官者，訪出，各從公議處毋悔。

一、每鞘銀不過千兩，該州縣查照應解之數做就木鞘若干，鐵箍務要堅厚，其封條每鞘委官二條、州縣官二條，粘貼牢固，以防作弊。

一、委官所過地方需索財物，折乾夫役，縱容手下凌虐鞘夫，騷擾地方，果有贓私，許被害指實陳告。若兵夫人等既不聽從拘管却又肆行誣賴者，審明申呈所在上官，除應得罪名外，仍加責枷號，如所在上官縱容不受理者，訪知參究。

一、委官押解錢糧，干係最重。出境之後更須萬倍留心，不許夜行，不許宿店，不許醉飲，不許交游。其公館處所不問疎宓民以州縣城堡文武官員撥夫二十名夜巡，仍將夫名遞送委官處所，以便查考。倘所在官慢不經心、致有外盜，除本官聽參外，其銀仍責全賠；若外無隙竇、銀自內失者，罪坐委官，不許妄行誣騙。

一、見行事例解官每千兩給盤纏銀一錢五分。但解官責重身勞，似宜從厚，今定每千兩俱給盤纏銀二錢。

一、秤兑銀兩不許經吏胥之手。任解官人役與收頭自行敲和，庶免嫌疑。

（明）清波逸叟《折獄明珠》卷三《判語摘釋·冒支官粮》 徹田爲粮，养生是務。用人使力，足食爲先。故李牧代鴈門，日屠牛而饗士。吴起爲漢將，親褁粮以給軍。分有應支，法难故冒。令□濫充頭目，妄拓姓名。不思官粮非蚕食之資，乃視公廪爲侵漁之地。弱者空囊而退，八口無一口之需，強者唱筹而前，一人兼兩人之惠。鳥入湯羅，咸其自取。車逢禹泣，大禹下車知罪人。亦所难容。通計私莊，准同竊盗。

（明）孫旬《皇明疏鈔》卷二五《弼違·乞恩裁省以安民生疏蕭廪》

恭惟皇上，道本生知，聖由天縱。自居潛邸，而仁孝之德敷聞九有；及登大寶，而寬恤之詔屢被多方。內則裁省光禄諸費，外則停止織造諸工。今四海之內，稍有生全之望。孰非陛下五年之間力持節省之賜也？邇以上用乏絨，差官陝西織造。一時人心竊謂：明詔方新，何爲復有此舉。臣則以爲，聖性克儉，所以復有此舉，必是十分缺乏，不得不然。想所織造亦不過百千餘匹，取足一時之用而止也。近據司府報監官開數，各色袍服，凡三萬二千二百四十匹套。而撫按諸臣會計，諸物料價七十五萬餘金。其他進貢之盤費，匠作之工賞，機張之修整，監官之供需，傔從之廪糧，尚不及計。要之雖百萬未已也。一時急緊，議將各正項錢糧數萬，那移應用。待以去冬無雪今春無雨。入夏以來，通省亢旱。臣謹行如臨蘭等處，正係出辦絨線地方，而一望赤也。黄河以西，則又冰雹連天。生計既窮，民心轉棘。至有一家三人而駢首自縊者，言之殊爲痛心。欲請賑則帑藏皆空，欲請蠲則供輸難措。臣日夕思之，中心如焚，唯恐外患內憂之相繼挺作也。而況當此繁重之大工，計其所費，雖加泒一年之賦役，尚未可辦也。而謂艱疲灾傷之民，其能堪之乎？夫人情困苦則呼天，疾痛則呼父母。其心豈不知嚴父母而畏天？其情誠迫，其心自不能已也。今陝西之民，可謂困苦痛疾之極矣。其引領陛下，而呼天呼父母者，亦孔亟矣。自非秋後泒徵，漸次措辦。臣日行邊陲，雖未與議，而一聞此報，深爲震駭。夫上用誠不可缺，則織造似不可已。而數至累萬，不已太繁。織造既不可已，則工料必不可無，而費至百萬，不已太重？然使民力可供，則上用惟急，亦何足恤也。但陝西一省，僅有八府。其五府皆在窮荒，套虜番夷歲行搶掠。三府雖居腹裏，而山寇礦盗，時常竊發。民生憔悴，貿易多以牲芻。市井蕭條，居止多依窯洞。錢糧逋負，倉庫空虛。內供四藩禄糧，而宗儀積欠者，幾下餘萬。至於官師頻年缺俸又其次也。外供四鎮軍需而老家軍不得請給者，凡二三年；至於冬衣布花，屢歲未頒又其次也。重聖慈俯念民瘼，將前項織造大賜減省。則臣知民力必將不支，而大工亦將何時而可竟也？且臣聞陝西羊絨與羅叚迥異。其織造必視天時，非若羅叚之可常織。其收貯僅可一二歲，非若羅叚之可常收。若使多織而久藏之，或致蛀壞，是又可惜也。如蒙天恩敕下工部會同該監，將所開數目酌量緊等，行令監官織造。其稍可緩者，俯賜裁省。數目少則易完，物料少則易辦。而又加派少則艱疾灾傷之民，亦尚易供，而不至驚駭逃移。且監官亦自易處而不至遲久留滯。陛下休養之恩，同符父母。而陝西生成之感，永戴天地者，寧有窮乎？民生乂安，聖德彰顯。此又愚臣一念，憂民愛君，所以不避斧鉞而拳拳言之者也。臣干冒天威。

（明）孫旬《皇明疏鈔》卷二六《釐正·奉旨查明銀兩疏劉最》 先該臣劾奏太監崔文，以左道蠱惑聖心，糜費內帑銀兩，千户陶淳不法等事，奉聖旨：是。該衙門知道。續該刑部題覆。奉聖旨：是。崔文已有旨了。饒他。昨該太監崔文奏，爲再乞天恩，陳情辭任，辯明屈抑，以弭後患等事。奉聖旨：爾端謹老成，操持有年，小心廉静，方切任用，不准辭。宜照舊用心辦事。銀兩着劉宬查明了來説。該衙門知道。欽此。臣

聞命驚惶，莫知所措，切思當文首事之時，已經科道官不次論劾。屢蒙優容，齋醮未息，中外傳言，咸謂近來不用光禄寺供應，乃於内帑支取銀兩，侵費頗多。臣思内帑之財，乃祖宗累朝之所蓄積，以待不虞之備。豈爲左道之資？况今天變屢形，兵荒叠見。正當重惜財用，以厚民生。豈宜妄作無益，陰耗國費？此實朝野之同憤，豈臣一人之私聞？事關安危，豈容緘默？是以輒陳愚悃，奏請追究，臣之職也。聖恩浩蕩，特從寬宥。臣謂崔文宜感恩悔罪，不敢復以邪謀私術誤陛下矣。詎意旬月之後，復有此奏。要令臣逐一查筭欺侵内帑銀兩數目。夫内帑銀數屬之内府，惟司禮監得以稽之。雖户部爲國司計，尚不能考其出入盈縮之數。今欲令臣查明，不過假難稽之事以掩覆已過，投可乘之隙以搆會臣罪耳。夫聖明納諫之時，崔文復敢恣肆巧辯，以箝制言官。臣謂此風實不可長。且被劾之人皆得强辯反噬，則言官無可劾之人。所指之事皆欲清查左證，則言官無敢指之事。巧於障蔽者，自此得以遂其奸。讐於報復者，孰不盡用其計。是豈祖宗設言官之本意？亦豈陛下弘納言之偉度哉？但崔文之情罪，自有公論。而臣之所劾，實出傳聞。惟是崔文方切陛下委任。而臣不知忌諱，直辭糾劾，不能無罪。乞將臣罷出，以洩崔文之忿，臣實幸甚。臣干冒天威，無任隕越，俯伏待罪之至。

（明）孫旬《皇明疏鈔》卷三八《財用·弘遠慮責實效以蹟富强疏潘潢》　先該刑科右給事中張秉壺題内一款，約財用以裕邊費。該本部議得，國家財賦國計總於户部，營繕總於工部。太僕光禄各有司存。謹於每歲終會計，成録進覽。萬幾之暇，睿照少加，分憂懷義之臣，撙節自不容已。一曰歲徵，一曰歲收，一曰歲支，一曰歲儲。總數會其略，散數註其詳，大率一年以歲徵爲定額。如歲收少於歲徵，則拖欠可查。歲支多於歲徵，則撙節可計。歲收比歲徵加多，則查交納某年某項錢糧。歲支比歲徵較少，則計本年餘剩若干。收支既明，歲儲虚實自見。即爲次年歲派實徵通融節縮之計，由是財用可節，邊費自紓，誠我皇上中興太平之一助也。本部尚書夏等具題，奉聖旨：准議。欽此。已經通行欽遵訖。今照嘉靖二十八年錢糧，出入已有成數，擬合會計進呈案呈到部。臣等謹按嘉靖二十八年錢糧出入之數，大約太倉歲徵該銀二百一十二萬五千三百五十五兩。及查本年歲入，實收銀二百九十五萬七千一百一十六兩。雖稍多於歲徵，緣係節年解欠及括取開納事例等銀，原非歲額經常之數。及查本年歲支通銀四百一十二萬二千七百二十七兩，乃比歲徵數加一倍。盖因連年戍邊募軍防秋折放馬料商價諸費，不次增添。若非□意哀益，將來年分或不可支。又如京通倉糧歲運三百七十萬石，先年常有八年之蓄，本年官軍工匠月糧歲支二百八十餘萬，京通積蓄僅于五年。其餘雜料糧草等項用多不節，亦可類考。臣等聞昔周官歲獻民數穀數。説者以爲此周文武成康致太平之要務，而歲抄五穀皆入，然後制國用。蘇軾亦謂：此萬世之計。蓋有餘則蠲逋負除租税，不足則裁浮費去冗食。自朝著以及百司庶府，莫不以節用愛人爲心，而其足用善物與凡失物辟名者，各有誅賞。太宰職之，是以上下各足，本固邦寧。今在官在民，止有此數而遠近紛然，求討不已。此由不知一時出納之計，登耗之原，故不能相與量入以爲出也。臣等遵奉欽依查照原擬，謹録會計進呈御覽。欲候命下本部備行。在京各衙門并各督撫巡按等官，將今嘉靖二十九年一應財用通融均節，去煩就約，準昔善今。庶幾漸復國初十分餘三之舊，以仰合古三十年之通制國用致太平，爲國家億萬世無疆之計。若内承運等各該庫監所領，自來不入會計，今合内外庫藏倉場會計，繕寫裝潢成册，隨疏上進。伏望聖明萬幾之暇，俯賜留神。國家幸甚。臣等幸甚。

（明）宋應星《野議·民財議》　普天之下，民窮財盡四字，蹙額轉相告語。夫財者，天生地宜，而人功運旋而出者也。天下未嘗生，乃言乏。其謂九邊爲中國之壑，而奴虜又爲九邊之壑，此指白金一物而言耳。

財之爲言，乃通指百貨，非專言阿堵也。今天下何嘗少白金哉！所少者，田之五穀、山林之木、牆下之桑、洿池之魚耳。有饒數物者於此，白鏹黄金可以疾呼而至，腰纏簇盛而來貿者，必相踵也。今天下生齒所聚者，惟三吴、八閩，則人浮於土，土無曠荒。其他經行日中，彌望二三十里，而無寸木之陰可以休息者，舉目皆是。生人有不困，流寇有不熾者？所以至此者，蚩蚩之民何罪焉！

凡愚民之所視效者，官有嚴令而遵之。世家大族、顯貴聞人，有至教唱率而聽從之。百年以來，守令視其□□爲傳舍，全副精神盡在饋送邀譽，調繁内轉。邇來軍興急迫之秋，又分其精神，大半拮據，催征參罰，以便考成。知畎畝山林之間，窮檐蔀屋之下，爲何如景象者！富貴聞人，

全副精神只在延師教子，聯綿科第，美宮室，飾廚傳；家人子弟，出其稱貸母錢，剥削耕耘蠶織之輩，新穀新絲，簿帳先期而入橐，遑恤其他。用是，蚩蚩之民，目見勤苦耕桑，而饑寒不免，以爲此無益之事也。擇業無可爲生，始見寇而思歸之。從此天下財源，遂至於蕭索之盡；而天下寇盜，遂至於繁衍之極矣。

說者曰：富家借貸不行，隱民無取食焉。夫天賦生人手足，心計糊口，千方有餘，稱貸無路，則功勞奮激而出。因有稱貸助成慵懶，甚至左手貸來，右手沽酒市肉，而饘糜且無望焉。即令田畝有收，績蠶有緒，既有稱貸重息，轉眄輸入富家；銍鎌筐箔未藏，定中業已懸罄。積壓兩載，勢必子母皆不能償，富者始閉其稱貸而絶交焉。其時計無復之，有不從亂如歸也？夫子母稱貸，朘削釀亂如此，而當世建言之人，無片語及之者何也？蓋凡力可建言之人，其家未必免此舉也。材木不加於山，魚鹽蜃蛤不加於水，五穀不加於田疇，而終日割削右舍左鄰以肥己，兵火之至，今而得反之。尚何言哉！

（明）陳子龍《明經世文編》卷七八《青谿漫藁·會議倪岳》 申明舊例，照得先該南京總督粮儲，右都御史周瑄奏稱，南京無籍軍民人等，稱爲跟子名色。迎接納粮人等，跟送歇家，哄誘銀兩，買囑官攢人等，通同作弊。犯該滿貫，徒罪以上，就于該倉場前枷號三個月。滿日照包攬坑陷納户事例，發邊遠充軍等因。具奏該户部會議得前件跟子歇家，滿貫徒流以上，枷號一個月，常例發落。節該奉憲宗皇帝聖旨，禁革誆騙，這件還准他每說。欽此欽奉詔書，已將前項新行條例革罷。近該南京總督粮儲右副都御史王軾具奏申明，户部擬議，前項跟子歇家，滿貫徒罪已上，仍照前例枷號三個月，連當房家小，發邊遠充軍。職官有犯，奏請定奪。奉聖旨是。欽此。臣等看得事體貴合人情，法令在得中道。各司府州縣納户初到南京，不能熟知道路，未免尋人指引。別無官房住歇，未免尋討歇家。此人情所不能無者。查得見行事例，攬納之人，坑陷納户、及打攬倉場、虚出通關者，止問充軍，不曾枷號。今跟子歇家，止是晒晾馳載羅買等項，多取工錢價直。比之攬納作弊，輕重不同。既枷號三月又發遣充軍，法令似乎過中。以致近年納户，往往倉前露卧，人家不容安歇，一入歇家。輒被恐嚇，受害多端。近該法司問擬，又皆拘執前例或連引情輕人犯，俱問枷號充軍遠近稱寃有傷和氣。合無今後南京法司如遇跟子歇家有犯，指稱官吏名色誆騙財物，滿貫，與坑陷納户限外不完，及通同官攢虚出通關者，俱照原擬事例問罪充軍，免其枷號。若止因晒晾馳載羅買等項，多取工錢價直財物。至滿貫者，枷號一個月，與不滿貫者，俱依律問罪，照依常例發落。如此則刑罰平，而和氣應矣。

（明）陳子龍《明經世文編》卷八五《韓忠定公奏疏·為追冒濫以正國法事韓文》 臣惟異端之害，而佛老爲尤甚。洪範之政，而食貨所當先。是以古昔帝王，於佛老之徒，必深惡而痛絶之。惟恐其蠹吾財，妨吾治也。如往年繼曉鄧常恩輩假以方術爲名，惑亂聖聰，虚耗國資。我孝宗皇帝即位之初，洞察其姦，明正典刑，財産没官。以故姦回懾伏，邪佞斂跡，口者妖道陳應循，番僧那卜堅參等，本以市井小人，左道進用，夤緣名號，冒濫錫賞，託建齋醮，規取官錢。數年以來，不可勝計。仰惟皇上德並乾剛，明同離照，遵先帝之成憲，新繼體之宏規，將真人高士大國師國師等職事封號，既已查革，印誥玉帶，又復追奪，嚴出入之禁，峻引誘之法。即今朝野歡呼，軍民慶幸，皆以爲堯舜文武之聖，復見于今日矣。臣竊謂朝廷之名器，固所當慎。而庫藏之金帛，亦所當惜。今革奪之典雖行，而給没之命未下。使彼優游飽煖之域，逍遥輦轂之下。揆法論情，似不可貸。況前項内帑之珍蓄，皆閭閻小民之脂膏。必須嚴加追治，庶幾痛快人心。臣職司邦計，庫藏之事，亦當與知。乞敕都察院，會同司禮監，吊查内府金銀出入簿籍。但係節年賞賜過。一應金銀財帛等物，俱各照數追出，仍進内承運庫收貯，以備緩急支用。并將各犯係道流者，俱發回原籍還俗爲民。係番僧者，俱遞回原寺，永遠閑住，以後再不許夤緣來京，希求進用。如此則國法正而妖邪不得以倖進，賚典公而帑藏不至于虚耗矣。

（明）陳子龍《明經世文編》卷一〇〇《李康惠奏疏·定經制以裕國用疏李承勳》 夫量入以爲出，是謂仁政。量出以爲入，是謂虐政。既不量入爲出。又不量出爲入，雜然而牧，泛然而用，是謂無政。考成周之制，以四分制國用，每歲用三存一，以備凶荒。故三十年之通，則國有九年之積。漢之時則有計相，唐之時則有判度支，宋之時則有判三司，皆所以會有無而制國用也。近年以來，户部雖有會計之虚名，而無量入爲出之

實政。臣愚謂當因其名而舉其實。通查一歲天下稅糧所入，總計若干，經國之費，總用若干，首兩京、次各邊、各省、直隸各府，每歲所入所出，俱查有的數，分爲二目，倣《周禮》用三以足一歲之用，存一以備不測之虞。萬一所出多於所入，則會九卿於堂上科道官各查凡百費用。有約於昔而浮於今日，必考昔之所以約者，請而復之。又考今之所以浮者，請而約之。至于裒多益寡之道，撥此補彼，又在臨時通融議定，務使所出不踰于入之數。通將出入總數攢造黄册一本進呈以備御覽。然時有盈虚，事有因革。每十歲一會而損益之，此十年一會之大綱也。若歲有豐凶，事有多少。每歲十一月户部會奏各官，通查某處灾傷蠲免若干，某處用兵該用若干，則以各茶鹽商稅之所入者，補足錢糧正額，以備軍國正支，其餘雜用一切不得糜費。漢毋將隆所謂大司農錢自乘輿不以給供養。蓋不以本藏給末用，不以民力供浮費，别公私示正路也。經制一定，取之有經，用之有義，而財恒足矣。

（明）陳子龍《明經世文編》卷一九〇《毛給諫文集・言庫藏積弊疏毛憲》 一、嚴督輸運，竊照各處錢糧，輸運有期，違限有法，固至密也。但近來官民，視爲泛常。往往過期，動經數年。蓋由狡猾之徒，謀充解户，或支價銀而侵尅肥家，或關物料而貿易生利。催科竭力於小民，欺匿利歸於私室。及該部勘合，督併上解，又多輕賫至京。買辦不敷，復謀寄庫，潛行逃回，積歲累月，竟不完結。上司文移拘促，至有花費已盡。而復累及貧民賠納者，上妨經費，下蠹困窮，其罪可勝言哉。臣愚以爲宜令該部申明法例，轉行各司府縣，今後務僉殷實大户，點解之日，依期嚴促。仍差在官有職人員押解完納，毋得縱容延捱，利己害人。其或過期年遠，悉照律例送問。併罪原經官吏，及有原批本色而復賫價聽賃攬頭包辦者，罪亦如之。寄庫錢糧，亦必單物相隨，方許照進。庶無欺延之弊。

（明）陳子龍《明經世文編》卷二五二《趙恭襄文集・題為務陳邊務以俾安攘事趙炳然》 一、節浮費，以經財用。臣惟治邊之道，莫要於理財。理財之法，莫先於節用。夫生之者有時，而靡之亡度。諸邊財力，何得不屈。臣等訪得先年烽塵不作。農業以時。三邊之内，俱爲屯地。鹽行挽輸，各省歲運又皆本色。内無擺邊之耗，外無征調之需。當時諸臣，身先節儉，故府庫贏餘，可供十歲。邇年以來，醜虜族繁，侵凌頻數。邊地荒壞，農作輒每違時。沿邊增量，召募漸廣，調集戍守，供億歲多。加之當事諸臣，間不體國，一切用度，恣意虛糜。柴燭調和，歲過千兩。宴會紙劄，更加幾倍。官員遷轉，折給車夫。公差往來，濫與路費，多者或至數百金，少者不下十餘兩。其他賞犒，莫可數計。因而那移軍需，律之以法，俱非入己之贓，裁之以義，盡是不經之費。臣等雖嘗切齒，徒爲寒心。伏乞敕下該部議行，各鎮巡撫管糧等官，各要撙節供應，厚給士卒。除引米課程，聊是公用，不致廢禮外。比中一應錢糧，查照舊規，正支正用。如養廉餘地等項，歸之月糧。椿朋秋青等項，歸之馬匹。尖丁料銀等項，歸之局造。小腳蓆布等項，歸之倉厫，仍要彼此崇尚節儉，身先士卒。倘有仍前肆行那用，雖系支銷，得以法論。如此則公私有贏餘之積，士卒和而蓄儲可裕矣。

（明）陳子龍《明經世文編》卷二九八《馬恭敏公奏疏・國用不足乞集衆會議疏講求國用馬森》 臣查祖宗舊制：河淮以南以四百萬供京師，河淮以北以八百萬供邊境。一歲一入，足以供一歲之用。邊境固未嘗求助於京師，京師亦不煩摎括於天下。後因邊庭多事，支費漸繁，一變而有客兵之年例，再變而有主兵之年例。然其初止三五十萬耳。邇來漸增至二百三十餘萬。屯田十亏其七八，鹽法十折其四五。民運十逋其二三，悉以年例補之。在各邊則士馬不加於昔，而所廢幾倍於先。在太倉則輸納不益於前，而所出幾倍於舊。如是則邊境安得不告急，而京師安得不告匱。加以改元詔蠲其半，故今日缺乏視昔歲尤甚焉。昨本部兩疏議處，已爲筭及錙銖。然東收西括，不過爲目前之計。而於國之大體，民之元氣，未暇深慮。乃今復蒙明旨，責令臣等，悉心措處，敢不益殫心力，仰紓宵旰之憂。但今時詘計窮，臣等聞見有限。宜秉此朝覲之期，廣集衆思。令各陳所見，采酌施行。

（明）陳子龍《明經世文編》卷四〇七《蕭司農奏疏・敬陳末議以備采擇以裨治安疏蕭彥》 竊惟天下無不弊之法，而貴有救弊之方。因其弊而調停之，則事不至於大弊，而民可相安，天下所以長治無虞。率是道也。恭惟聖明御極，百度一新。海隅蒼生，舉喁喁焉，思見德化之成矣。惟是一二事宜當調停者。臣等職掌所關，不敢不具列以聞，而皇上試垂聽焉。一曰積穀，夫積穀備荒，豈非常策，而言者往往稱不便甚，豈誠不便

哉。臣以爲有兩端焉，有罪則有贖，有贖則有穀。自戍而上，例申詳撫按。曰撫按之贖也。徒而上例申詳司道，曰司道之贖也。有司不得作數，則有司自理惟杖而下耳。而杖而下者幾何哉。又郡與州縣，非分土也。訟而贖者，州縣之民也。灾而賑者，亦其民也。而近議者曰，郡自有倉厫。自有詞訟，令積穀有差。即杖而下訟於郡者，又屬之郡已，而州縣所自理幾何哉。於是有刻意推求，以無力爲有力者。於是有多方科罰。借民資以遺己責者矣。雖有賢者，亦所不免，雖有嚴禁，不能猝止。其勢然也。夫立法初議，豈其若是。而開載未明，奉行過當。即今造册奏繳。若福建一省，各自爲項，兩不相蒙。其他或含餬支吾，不合原式。臣以謂州縣積穀制也，郡積穀非制也，是可更也。撫按贓罰解京者無論已。其二人備賑者，與司道所詳行而存留者。并有司自理通筭可也。一轉移間，而有司者可措手矣。即按成數而查覈之降罰如令，造報如式，奚辭哉。此積穀所當議也。二曰商税。夫商税做古關市之意，以佐國用，胡可已也。顧法愈詳，税愈重。視國初異矣。他姑無論，即如河西務大小貨船船户有船料矣。商人又有船銀，進店有商税矣，出店又有正税。張家灣發買貨物，河西務有四外正條船矣，到灣又有商税。百里之内，轄者三官，一貨之來，榷者數税。所利幾何而可堪此。夫船料舊也，條船果舊乎。出店進店可重税乎。而不落店家徑赴京賣者，彼且未常進店也。一體徵收何名乎。此萬曆八年該司郎中之議，而今因之者，約所增三萬有奇而商困矣。商困則物騰貴而民困矣。獨柰何不一蘇之爲商民計也。淮安四税下及腳抽，真同商賈。議者以爲權宜之術，不可已矣。然不可漸減耶。而日用米穀進出店二税，如河西布疋，通州油簍類者，又不可蘇耶。至於儀真之税，既非祖制，亦無重獲。曩言官之疏詳矣。乃以該地方執稱軍餉之充，爲數幾何，不可議罷耶。諸如此類，難以枚舉。此商税所當議也。三曰催科。夫催科有緩急，錢糧有完欠。三年查參，所以警人心，足國用之大權也。查得嘉靖三十一年，未完五分以上者，住俸督催。三十四年未完四分者，降俸矣。三十七年未完三分者住俸矣。隆慶五年，則完不及八分者住俸，又議帶徵矣。萬曆元年，因之愈議愈增，豈爲不重。而萬曆四年，部臣建議，加八分爲九分，又將未完宿負帶徵二分併筭，則是一年而完十分以上者。有司者憚於降罰，而敲朴隨之。民力不能勝，而逃亡隨之。此不謂竭澤而漁乎。且撫按每年有查參矣。該部三年總參，而又視之舊而加焉，毋乃過乎。臣以爲查參不可已也。如九分之議，則不宜復筭帶徵。如帶徵之議，則不宜加至九分。所謂寬一分，受一分之賜者也。或曰今例若是嚴也，而猶有怠於徵者。如其寬之若何。臣曰不然，今例九分止耳。而有司以全完報者，比比皆是。如其可完，有司者肯以其身爲百姓爭升斗耶。即寬之何損。此催科所當議也。【略】

五曰：邊儲。臣觀邊儲之匱，未有甚於榆鎮者。孤懸絶塞，四望不毛。十萬之衆，拱手而仰給縣官。即今灾荒幾不可支。米珠薪桂，從來久矣。在朝廷歲增一歲，支持爲難，在該鎮日窘一日，束手無策。間常議復本色，而千里餽糧。既非内地所堪，亦嘗復議河運。而操舟險峻，又非北人所習者。謂宜備用客本，多建倉厫。西則於定邊饒陽等處，收寧夏之餘粮。南則於綏德、葭州等處，收興臨、保德之餘粮。彼有餘則加價而糴之，此不足則加斗而散之。要以備以時之乏，而不恃爲正餉焉。是或一道也。果行之則儲蓄有素，即甚凶荒，豈至廪廪若是哉。綏、葭等處臣不及知，臣彦曩閱定邊，則去歲四月也。當其時，該鎮銀一錢，米七升有奇，至定邊相去四日程耳，銀一錢，即得米二斗有奇。由一歲而他歲可知矣。該鎮撫臣及管粮分司，皆主前議。而分司官宜料理有次第矣。今豈年荒故中輟耶。請仍行該鎮從長計畫，廟堂則責成而主持之，百世之利也。豈獨利榆鎮而已。寧夏饒於田而怠於耕。問之，曰粮賤無所用之。誠有所用之，而人争力田塞下實矣。此邊儲所當議也。其他利弊，臣等不及聞者尚多也。臣又惟事無全利，亦無全害。無全非，亦無全是。宜於此，或不宜於彼。宜於今，或不宜於後。天下事，以天下之心處之而已。邇年以來，政誠近苛，然其初亦曷嘗不爲天下哉。而持之以一切之法，奉行者濟之以承望。扶同之見，如省官則羣然應曰某官可省。今請復者即請省者也。如鑄錢則羣然應曰某地疏通。今議罷者即議行者也。如丈量部議曰粮不失額者免丈，而各地方初議免丈者不少也。自有紀録之旨，而人生羡心。自有切責真順按臣之旨，而人生畏心。羣然應曰，某多丈地若干，某減泒粮若干。今稱不便者，即稱便者也。德意不宣於下。疾若不聞於上。言不由衷，事不當實，大率類此。待其既弊而調停之，晚矣。

（明）陳子龍《明經世文編》卷四一一《趙司農奏議・題國用匱乏有

由疏趙世卿》　蓋國家錢糧、征收有額，曰稅糧、曰馬艸、曰農桑、曰鹽鈔者，爲正課，各運司者爲鹽課，各鈔關者爲關課，稅契贖鍰者商魚茶屯折富户等項爲雜課，内除徑解邊鎮外，大約三百七十餘萬兩。此外則開納樽省軍興搜括等銀，爲非時額外之課，大約五六十萬不等。合此數項，方足四百餘萬之數，以當一歲之出。年來權宜開採之命一下，各處撫按司道有司，皆仰體皇上不忍加派小民之意，遂將一切雜課，如每年山東之香商等稅，一萬五千五百餘兩；福建之屯折等銀，三萬四千八百餘兩；南直隸徽寧等府之稅契銀，六萬兩；江西之商稅鹽課等銀，二萬六千七百餘兩改歸内使。而臣部之雜課失矣。其間雜課不敷，誅求無藝，百姓不得不以應征之銀錢，暫免箠楚。有司不得不以見完之正稅，量爲那移爲上官者，亦諒其愛民，萬不得已之衷而曲爲彌縫。以致三年之間，省直拖欠一百九十九萬有奇，而臣部之正課亏矣。山東運司，每年分割去銀一萬五千餘兩；兩淮運司，別立超單八萬引；而臣部之鹽課壅矣。原額關課三十三萬五千餘兩，二十五年新增銀八萬二千兩。今則行旅蕭條，商賈裹足，止解完二十六萬二千餘兩，而臣部之關課奪矣。高淮開納中書，李敬開援揮使，而臣部事例之課分矣。關中軍興撙省等銀，每年七萬餘兩，盡抵礦稅，各省援請，而臣部額外之課虚矣。他如南直隸蘇州等十八府州，自萬曆十四年起，至二十九年止，袍價軍餉造船等項，借過本部銀三十八萬七千六百餘兩。浙江自十四年起，至二十九年止，袍價借過本部銀三十三萬八千五百餘兩；陝西羊絨協濟，自十三年起，至三十年止，共用銀一十四萬二千五百餘兩；四川議留陝西濟邊銀，自二十五年起，至二十九年止，俱于太倉補發過銀一十五萬兩；雲南自十二年起，至三十年止，每年題留提舉司解京課銀共五十七萬兩；而臣部之逋課又如此其多矣。國家利源，止此數項，而在在握以中官。天下錢糧，止此額數而處處自爲那抵。當此之際，欲開利孔，則無可復開；欲急催征，則勢難再急。譬如縛手而求持，縶足而求走也。抑已難矣。而年來征哱之費，用過銀一百餘萬兩。兩次征倭之費，用過銀五百九十五萬四千餘兩。征播之費，用過銀一百二十二萬七千餘兩。鋪宫典禮之費，用過銀三百六十萬餘兩。節年添進買辦，其用過銀五百餘萬兩。入者如彼，出者如此，即全盛之世，所不能堪。而況今日乎。老庫將窮，京糧告竭，太倉無過歲之支，漕運有目前之阻。九塞之兵，動言鼓譟，徐穎一帶，近有揭竿。從古以來，未有公私匱竭，如今日之窮者。皇上聰明絶世，事事周知，試察臣茲所條，有一字欺妄否？臣部職守既奪既分，臣尚別可措手否？夫頫斂與惟正，其需孰急，此盈則彼虚，其數甚明。皇上誠穆然深思，毅然立斷，遠者臣不敢望，第猶行十年前之政事而臣部得循十年前之職守。臣所以待天下入者猶夫故也，即所以備皇上出者猶夫故也。内釋匱乏之憂，外彌叵測之變，是在皇上一轉移間耳。不則朘剥侵漁，民害已極，支撐展轉，臣計已窮，臣之要領固不足言，而皇上之金甌大寶，臣亦不知其所修也。

（明）陳子龍《明經世文編》卷四三八《張給諫集·國計民生交絀敬伸末議以仰裨萬一疏張棟》　臣惟國家建都西北，而財賦取必於東南。碎則千金之家，所居雖在城市，而其生計，全賴乎膏腴之產。野有良田，歲有厚入。以所入當所出，而充然足於用，不見其乏。迨手出日浮，入日編用不足而朝夕營計，務在取盈，率以告困。蓋愈乏愈急，愈急愈乏，勢所必至無足異也。天下猶一家，而東南則富家之美產，是爲衣食之源。謂當積日累月，徐收其利，不當取盈於一旦，以犯竭澤而漁之戒。非不欲取盈也，民貧甚矣。其目前之不足，正以養其有餘於將來。陶朱公侯時轉物，不過如此。頃歲已來，庫藏已竭，杼軸其空而逋賦益積，未有完期。蓋臣詰士，憂國憂民，亦嘗探極根本。悉意陳言，意在甦東南之困，而言之未必行，行之未必果。然則坐視其困而已乎。臣東南產也，謹摘其一二，斷乎可行，行之而斷乎。有益於民生國計者，請下户部，虚心詳議。毋泥拘攣，務使國用漸舒，民財不匱，上下其胥賴哉。

計開

一曰覈荒田。臣按東南軍濕，濱江沿海，拋荒田地，無歲無之。各府縣册載荒糧，有多至二三萬石者。每年以宗人府緩征各項補之。奸竇易生，虚冒日衆。且歲報荒數，不思議補日積一日，何有窮期。正宜及今查覈要，見某縣荒田實在若干，每圖每圩某號查明四至，果係坍江坍海原無影射，方准除糧。即查本縣曾報有開墾新田若干，總計開墾升斗之糧若干，以抵實荒應除之糧。有無足數，即使不足，寧可均攤於平米之上。毋得立有荒糧，全折名色以致千頭萬緒莫能究詰。蓋既爲荒糧，自當開豁。而每石又折銀伍錢，未必加輕，徒滋奸弊。説者以爲銀可侵漁而米難隱

匿，是積胥之所利而小民之大累也。誠然乎哉，故荒田不覈，則荒田終無所歸而逋賦將與日俱積勢也。此荒田之所當議者也。

二曰寬改折。臣按東南糧則，照畝起科，大率本折各居其半，而復有所謂改折者何也。祇因凶歲，籽粒無收，而歲輸有額難於盡免。故以本色改折色，於取民之中，而寓恤民之意。何者議者以爲正米一石，原有耗米四斗，合之爲一石四斗。則雖折色此錢亦不爲重爲知此耗米四斗。本係運軍之所得，初非入之於官者也。捐運軍之所得者以惠空民，正所爲不費之惠。奈之何必欲斂而入之官耶。若曰有免即當有補，此慮其虧正數耳。今正米一石，正折銀五錢則以銀抵米。原不虧一石之數，又何以補爲哉。故議改折而欲重之於五錢之上者，舛也。此改折之當議者也。

三曰解白糧。臣按國家歲派白良正額二十萬石有奇。我聖祖定鼎金陵，東南數郡，近在輦轂之下，故用民運。今東南去京師不啻三四千里，每白糧一石，有白耗米三斗加二春辦。該米二斗六升，又夫船米八斗，內本色四斗，折色四斗。該銀四錢又車腳銀四錢，是白糧一石，費用米九斗六升。又銀六錢而後得達京師，且有泛濫，有漂没而鈔關，又有舡稅。臨清又有帶輒河西務，又有剥淺。諸如此費，更不可計。既達京師，已離苦海，而鋪墊之費，歲歲加增，有多至加七者。是朝廷所得不過正米一石而小民所費幾及數石矣。臣以爲宜照漕糧事例，即令旗軍帶稍本船，每舡以十分爲裁漕糧九分，帶白糧一分。諸凡加耗板蓆等費，比之漕糧，寧過于厚。而舡稅帶輒剥淺等項，一不累之。運到之日，有責成巡倉御史，或另設科道官，親自監收。毋致抑勒，以害貧軍。則小民既得免北運之累，即旗軍亦何累而不樂以耶。此白糧之當議者也。

四曰審徭役。臣按條鞭之法雖概行於東南而行之稱善者，則莫過於江右。臣先任新建縣知縣，已親行之而親見其宜民者也。乃若浙直地方，民非不行，實未嘗行。何以證之，夫條鞭之稱善，正以其征銀在官。凡百用費，皆取於官銀。民間自本户糧差之外，别無徭役。自完本户糧差之外，别無差使。吏胥無所用其苛求，而民相安於無擾耳。今既云行此法矣，胡復有均徭之審耶。解户收頭修衙修舡下種酒席，其害不可枚舉。請言其詳。蓋錢糧既征在官，則以官收，亦以官解宜也。何爲而又僉大户，一領一納庫吏皆得上下其手。解户甘心賠折而不敢言，甚至有發與空批。先令完納而後聽其索補於小民者，此解户之所以稱累也。征收錢糧，除用櫃頭，其害不待言矣。即如派定各區，每名收銀千兩則收完其責，亦完宜也。何故必責之以管解，所收之銀，未經解盡。收頭之責終於未完，庫吏因而爲奸。受賄多者，首先發解。否則有侯至十年而不得完者。此收頭之所以稱累也。修衙修舡，既有征銀在官矣。即當責之工房吏書管理可也。今乃仍點大户，官銀不足，傾家賠償。而該吏人等，猶且從之索賄。不得則以冒破稟官究責以致浮費之數反倍于賠補之數。夫焉得不稱累。下程酒席，亦既額有官銀矣。即當責之禮房吏書買辦可也。今廼仍用里甲，賠費不貲蕩產以事。而該吏人等，亦且因之爲利。不得則以苟簡稟官罰治，以致官用其一，而吏反用其二，又焉得不稱累。抑且有奉上取資贖鍰，無以應其求，而亦派辦於徭户矣。其間貧不能勝此役者，每名量田數多寡，又派空役銀入官公用。不知原編公用銀兩作何支銷，大都皆爲吏書所乾没。有司者未必能一一而查之耳。此徭役之當議者也。

（明）陳子龍《明經世文編補遺》卷一《責成重臣及時經略邊務疏李棠》

一曰理財，國之大計，財用爲急。今欲修邊則有用工之費，足兵則有召募之費，足食則有屯墾之費。其在軍則有月糧之費，有行糧之費，有軍賞之費。其有虜則又有入貢之費，有撫賞之費，有補市之費。必皆支動於官而不可取辦軍，仰給於内而未能遽行於外，則户工二部於茲不可不講也。天之生財，止有此數，國之所入，亦止有此數。而請發無窮，一或告乏，何以繼之。臣請户部會計開納事例，銀兩若干，前後抄没財產銀兩若干，及天下各項征解錢糧兩若干。以若干存留京用，以若干專候邊用，工部會計開河修河並各項營繕錢糧，正支若干未支若干。以若干相應存留，以備邊用。不急之工，一切暫停。南京兵部、收積地租草場各項銀兩若干，俱應查存。不許冒濫支借，以備邊用。太僕寺馬價，不許借支，以備召軍買馬之需。仍將各處查盤錢糧，已未解到數月，通行查催各省供邊錢糧已未支完數目，通行查明。請差各該科臣會同該部，實心體國，一一料理，的確應期裕用，務求邊費可繼。二三年後事，有成功以漸而舒，先勞後逸。伏望陛下節用惜財，以儉德先天下，留有限之財，濟邊務之急。固祖宗之疆宇，保生民於熙皡。是大慶也，此理財之議也。

《明太祖寶訓》卷三《理財》　洪武十四年正月丁未，近臣有言：

國家當理財以紓國用者，言之頗悉。

太祖曰：天地生財以養民，故爲君者當以養民爲務。夫節浮費，薄税斂，猶恐損人。沉重爲徵斂，其誰不怨咨也。？近臣復言：自天子至於庶人，未有不儲待而能爲國家者。

太祖曰：人君制財與庶人不同。庶人爲一家之計，則積財於一家。人君爲天下之主，當貯財於天下，豈可塞民之養，而陰奪其利乎？昔漢武帝用東廓咸陽孔僅之徒爲聚斂之臣，剥民取利，海内苦之。宋神宗用王安石理財，小人競進，天下騷然。此可爲戒。於是言者愧悚，自是無敢以財利言者。

《明太祖寶訓》卷三《理財》〔丙午四月己未〕太祖謂太史令劉基，起居注王禕曰：兵戈未靖，四方凋瘵，軍旅之需，一出於民。吾欲紓其力，奈何？基對曰：今用師之日，必資財用，出民所供，未可紓也。

太祖曰：我謂紓民之力，在均節用，必也制其常賦乎？國家愛養生民，正猶保抱赤子，惟恐傷之。苟無常制，惟掊斂以朘其膏脂。雖有慈父，不能收愛子之心。今日之計，當定賦以節用，則民力可以不困；崇本而杜末，則國計可以恒舒。基對曰：臣愚所不及。此上下兼足之道，仁政之本也。

《明太祖寶訓》卷四《仁政》〔洪武十八年三月壬戌〕太祖諭户部臣曰：善爲政者賦民而民不困，役同而民不勞，故民力紓，財用足。今天下有司，能用心於賦役，使民不至於勞困，則民豈有不足、田野豈有不安、争訟豈有不息、官府豈有不清？如此，則民豈有不受其福者乎？民既受福，爲官長者亦得以享其福矣。近來有司不以民爲心，動即殃民。殃民者，禍亦隨之。苟能憂民之貧而慮民之困。使民得以厚其生，此可謂善爲政者。爾等勉之。

《明宣宗寶訓》卷二《謹財用》〔宣德二年七月壬子〕上視朝罷，因語侍臣曰：隋文帝時，户口繁殖，財賦充足，自漢以來皆莫能及。議者以在當時必有良法。後世因其享國不永，故無取焉，此未必然。夫法，存乎人。理財，國之大務。若漢唐初間立法，未嘗不善。至其子孫。或恃富厚，遂力役頻興，費用無度，天下不能不凋敝。若隋文克勤政事，自奉儉薄，足至富庶，豈徒以其法哉？秦法多非先王之制，後世猶有存者，亦未嘗計其享國長久也。大抵人君恭儉，國家無事，則生齒日繁。生齒繁則財賦自然充足。又曰：天下富庶，致理之本。民物凋耗，兆亂之階。使煬帝不縱其奢慾，能謹守隋文之業，安得遽至敗亡哉？

（清）孫承澤《天府廣記》卷一三《户部·會計》 嘉靖中，户部尚書潘潢疏言：國家財賦國計總地户部，謹於每歲終會計成録進覽。一曰歲徵，一曰歲收，一曰歲支，一曰歲儲。總數會其略，散數註其詳。大率一年以歲徵爲定額，如歲收少於歲徵，則拖欠可查，歲支多於歲徵，則撙節可計。歲收比歲徵加多，則查交納某年某項錢糧，歲支比歲徵較少，則計本年餘剩若干。收支既明，歲儲虚實自見，即爲次年歲派實徵通融節縮之計。由是財用可節，邊費自紓，誠我皇上中興太平之一助也。

萬曆五年，大學士張居正疏言：伏蒙發下票擬章奏内有户部進呈御覽揭帖一本。臣等看得國家財賦正供之數，總計一歲輸之太倉銀庫者，不過四百三十餘萬兩，而細至吏承納班僧道度牒等項毫釐絲忽皆在其中矣。嘉隆之間，海内虚耗，公私貯蓄殊可寒心。自皇上臨御以來，躬行儉德，核實考成，有司催徵以時，逋負者少，姦貪犯贓之人嚴擯不貸。加以北虜款貢，邊費省減，又適有天幸，歲比豐登，故得倉庫貯積稍有贏餘。然閭閻之間已不勝其誅求之擾矣。今查萬曆五年歲入四百三十五萬九千四百餘兩，而六年所入僅三百五十五萬九千八百餘兩，是比舊少進八十餘萬兩矣。五年歲出三百四十九萬四千二百餘兩，而六年所出乃至三百八十八萬八千四百餘兩，是比舊多用四十萬餘矣。問之該部云，因各處奏留蠲免數多，及節年追贓人犯財産已盡，無可完納，故入數頓少。又兩次奉旨取用及湊補金花拖欠銀兩計三十餘萬，皆額外之需，故出數反多也。夫古者王制以歲終制國用，量入以爲出，計三年所入必積有一年之餘，而後可以待非常之事，無匱乏之虞。乃今一歲所出反多於所入，如此年復一年，舊積者日漸消磨，新收者日漸短少，目前支持已覺費力，脱一旦有四方水旱之灾，疆埸意外之變，何以給之？此皆事之不可知而勢之所必至者也。此時欲取之於官，則倉廩所在皆虚，無可措取；欲取之於民，則百姓膏血已竭，難以復支，而民窮勢蹙，計乃無聊，天下之患有不可勝諱者。此臣等所深憂也。夫天地生財止有此數，設法巧取，不能增多，惟加意撙節，

則其用自足。伏望將該部所進揭帖置之座隅，時賜省覽，總計內外用度一切無益之費可省者省之，無功之賞可罷者罷之，務使歲入之數常多於所出，以漸復祖宗之舊，庶國用可裕而民力亦賴以少寬也。

（清）孫承澤《天府廣記》卷一三《户部·本計》　崇禎二年，給事中吴執御疏言：理財必本經術，臣静觀今日國勢民情，無如理財爲急。今諸臣爲苟且之計者，無不謂此時多事，勢不得不出於權宜。臣耳目孤陋，不能遠引唐虞三代，請舉祖宗朝多事者一折之，可乎？臣考永樂初年，承廢弛之後，府庫空虚，一時賜賚功臣，大封親藩，而又招集諸儒，編輯大典，未幾而有安南之役，有營建京兆宫殿之役，費以萬萬計，而户臣夏原吉殫力經營，未嘗告乏。豈今日之多事有踰是乎？今諸臣爲權宜之説者，又無不謂此時民窮財盡，勢不得不出於苟且。臣竊謂天下之民未嘗窮，而天下之財未嘗盡也。惟夫主計者自爲窮之盡之之計，剜肉醫瘡，去皮附毛，今比屋脊脊嗷嗷，府事之所以日虚，泉流之所以日竭也。臣聞之仲尼，曰生財，曰節用，此兩言者，已略盡理財大端矣。屯政鹽法，生財之大者，諸臣業已言之，皇上業已行之，臣故無容贅。臣考祖宗時有曾泉者，爲汜水縣典史也，涖事後勤督農事，稽女工，時歷鄉村，率民墾荒田以恢穀麥，伐林木以贍財貨，無牛具無紡織具者，皆設處借之，行之三年，官有積貯，民無貧乏，以其羨餘造船以備儹運。夫官至典史微矣，殫心殷阜，有殷阜之效，如自典史以上何官不可倣此以自效乎？陳壽之之巡撫延綏也，開邊耕耘，架梁採木，不期月省費二十七萬。葉盛之巡撫宣府也，修復官牛官田之法，墾田積糧，以其餘歲補戰馬一千八百餘匹，修屯堡七百餘所。此兩臣者，治兵非不稱雄，而其理財又如此。凡爲巡撫者，若邊若腹，獨不可倣此以自効乎？至劉大夏之治淮鳳，民饑，奏裁光禄供辦也，歲省費銀錢八十餘萬。趙璜因正德中歲派料價過濫，遂取弘治前成例而裁之也，所省歲費亦不下數萬。夫國家之經費有限，而漏卮影没漸生其中，主計者苟留心撙節，此二者非其標的乎？故計臣當大宏經術以急濟時艱爲生爲節，務與諸臣實求所以補救之方。臣愚謂大約以固本厚基爲至計，以酌虚劑盈爲權宜。臣知九州之大，四海之廣，皆環拱以作皇上外府，定無有憂不足者矣。若夫加派捐助搜括者，竊不能無議焉。近畿保河六府之加也，臣觀太祖高皇帝開基建業，鎮江寧國諸府爲京師翼郡，故履行蠲恤。其曰子孫百世何可忘江左之民？蓋注意邦畿如此其重哉！保河六府又奕世爲皇上拱神京者也。其地多沙磧，原與南土不同。矧年來多故，哀鴻之歎，十室而九空。此二十二萬餘者，加之原無益於山岳，減之又何捐於涓埃哉？其餘直省皇上與計臣預定年限，庶百姓知息肩有期，而幽遐之歡聲雷動矣。至捐助搜括二者，尤難爲訓。夫臣子媚茲有心，一芹一曝皆思上獻，則捐助何獨爲非？臣竊謂人臣但能奉公守法，約己裕民，而以區區爲忠愛，臣恐不教之偷者鮮矣。搜括原有款項，豈爲横取？臣竊謂郡縣之間當留有餘以防不足，矧正賦未完，搜括先到，此果足以療度支之饑否？臣考洪武三年户部請論蘇州守臣逋税罪，高皇帝云：蘇州債欠兩年，民困可知，若逮其官，必責之民，民畏刑罰，必傾貲以輸官，如是而欲其生遂不可得矣。又聞朱英總兩廣，府藏頗充，有勸以羨餘進者。英曰：王者藏富於郡縣，苟羨餘一進，他日餉餽奚從取給？盛世君臣無一念不爲斯民計，亦無一念不爲先事計，此真可作今日良藥。矧皇上懲貪禁墨之令無日不下，而有司不肖或借捐括以爲辭，倘賜罷之，諸凡郡縣誰敢不洗腸濯胃以自干斧鉞乎？今天下邊腹多虞，臣亦具知，但以天地財源無一不出於民，故理財自理民始，民裕而財自阜，財阜而賦自足。不然，皇上試問諸臣今秦晋間何以不責其輸正賦，且欲請賑請餉，了無屬饜之日乎？

崇禎三年，御史吴履中論加派疏：近者議增加派矣。皇上惓惓於以賦加民困爲念，至仁也。即向來急催科，嚴參罰，開事例，裁額款，皆不得已而爲之。臣下遂以其心力全用於此，百姓遂以皇上所急專在乎此，而德意幾不見於天下矣。國家歲入計一千四百六十餘萬，而遼餉五百萬不與焉。捐助罰贖事例等項鹽課税額所增，復不下數百萬，而尚不足，則安能於天下之外再得一天下之物力以取其盈乎？臣謂財之生數至此已極，自有兵事以來，取諸民者已溢於制，而魏忠賢搜括之術復無所不至，以至今日，真皮骨俱盡之時，不惟加派不可行，而催科更當緩；不惟開之苦於無術，而節之尤病其失經。如青衿優免，歲不過十數銖，然培養士氣，賴此一綫，而併去之，何以爲勸士之藉？皂快工食，猶官之有禄，乃以養廉而併裁之，彼安能裹糧奉公而不至横視百姓也？凡爲此者，皆權宜苟且之計，非盛世所宜有。臣意此時非中國得志之秋，雖衛霍將兵，未能窮

追遠討，以倖成功。但宜爲固守計，蓄積糧草，訓練士卒，伺察邊情，嚴烽火，整器械，謹斥堠以備之，兵精則不必務多，餉省則不憂財匱。昔勾踐之治吴曰十年生聚，十年教訓。皇上春秋鼎盛，如日方昇，長駕遠馭，久道成治。何必計旦夕之功，竭天下之力，以事一隅？萬一民窮財盡，外患未寧，内盜蜂起，何以處之？莫若甦息民力，固結人心，以爲久安長治之圖，進取恢復之本。此兵事民生有强弱枯榮勢，未必非天心所軫結，以翼皇上憬惺者也。

（清）查繼佐《罪惟録》志卷三二《外志·洪武逸紀》 洪武十四年，上諭近臣曰：人主儲財，與百姓不同。庶人藏富于家，天子藏富於天下。遂以漢武、宋仁爲戒，且曰：百姓不足，君孰與足？孔子言之矣。古計臣如桑弘羊、楊炎，自謂能工理財之術，殊不知取財有限，而傷民無窮。

綜述

《大明令·户令》 凡各處解納一應官物，除緞疋必須經手局官頭目管解外，據軍需布貨等物，本處民人，止令送物到縣。如物數多，本縣限七日内辨驗交收在官。隨即省會人户回家。毋得生事刁蹬。官府應辦夫力，差有職役人員管解至本府。各府亦依前限，驗收轉解赴行省。其行省差有職役人員，一同各府解物人通行數解赴都省。所據各處官司，置立勘合文簿，凡遇解物應合差夫，并撥船隻驗物多寡，書填名數差遣，並不差撥原納物里長人户送納。違者，俱以不應論罪。

《明會典》卷一七《户部·田土》 洪武元年，令水旱去處不拘時限，從實踏勘。實災，税糧即與蠲免。

成化十九年奏准，鳳陽等府被災，秋田糧以十分爲率，減免三分。其餘七分，除存留外，起運者照江南折銀則例，每石徵銀二錢五分送太倉銀庫，另項收貯備邊。以後事體相類者，俱照此例。

弘治三年議准，災傷應免糧草事例，全災者免七分，九分者免六分，八分者免五分，七分者免四分，六分者免三分，五分者免二分，四分者免一分。止於存留内除豁，不許將起運之數一概混免。若起運不足，通融撥補。

十七年議准，蘇、松災傷，起運不前，暫將一年在京各衙門官員月糧米每石折銀八錢，該在南京本色禄俸每石照舊折銀七錢。其南京各衙門官員俸糧，每月除米一石折銀八錢；其餘并南京各衛倉糧，俱每石折銀七錢。漕運糧米折銀二十萬石，每石兑運七錢，改兑六錢，各解交納。

十六年題准，今後凡遇地方夏秋災傷，遵照勘災體例，定擬成災應免分數。先儘存留，次及起運。其起運不敷之數，聽撫按官將各司府州縣官庫銀兩錢帛等項通融處補，及聽折納輕齎。存留不足之數，從宜區處。不許徵迫小民，有孤實惠。【略】

萬曆十二年議准，以後地方災傷，撫按從實勘奏。不論有田無田之民，通行議恤。如有田者免其税糧，無糧免者免其丁口鹽鈔。務使貧富一體並蒙蠲恤。

《明會典》卷二四《户部·會計》 天下糧草等項，國初命有司按季開報。後以季報太繁，令每歲會計存留起運申報上司，轉達户部，俱從户部定奪。事例詳後。

洪武二十六年定，凡所在有司倉廪儲積糧斛，除存留彼處衛所三年官軍俸糧外，務要會計周歲關支數目分豁見在若干、不敷若干、餘剩若干，每歲開報合干上司轉達户部定奪施行。仍將次年實在糧米及該收該用之數，一體分豁舊管、新收、開除、實在開報。

宣德七年，令浙江布政司等處，遞年實徵文册并繳到開豁錢糧勘合等項，内有埋没并重復者，查追；革後者，追究。奏請定奪。

八年，令各布政司、都司并直隸府州衛所，歲報税糧等項文册。查理明白，各造總册，差該吏親齎，俱限年終到部。遠限及數目不清者，先將差來吏送問，經該官吏通行查問。

正統三年奏准，各處歲報錢糧文册，貴州都司、陝西行都司限五月終；廣東、廣西、雲南都司限六月終到部。

景泰六年，令廣東布政司并所屬府州縣實徵并歲用總册照舊年終造報，其歲支錢糧、年終倉庫錢帛、及户口總册，俱限次年八月終到部。

成化二年，令各邊巡撫督令司、府、州、縣、衛所每年二次將各倉米數實在若干、每月官軍人等、該放若干，約彀幾年支用造册開報。其册上

半年限七月，下半年限次年正月以裏送部。妄報官吏，各查參究治。

弘治三年奏准，各處軍衛有司預備倉糧文册，俱限年終造完，次年二月以裏到部。違者照律問罪。

正德五年，令各邊鎮巡管糧等官放支錢糧，每三箇月一次開數具奏。另具揭帖送户、兵二部查考。年終照舊通行造册。

八年，令各邊邊儲各照地里遠近，遼東、宣府、大同、延綏、寧夏每季終，甘肅每半年終，將一鎮各項錢糧不分本折色，開具舊管新收實在總數，造册差人具奏。其各項册揭通行革去。本部立簿定擬格式印鈐，遼東、宣府、大同發與郎中，延綏、寧夏與各都御史。依式填寫，并置空白文簿付差來人役一同繳部，查算印給。該季報者，每季終，限三箇月；該半年報者，每半年終，限六箇月。各以裏到部。如違限及數目不明，或有那移浪費情弊，先將差來人役送問，管糧郎中都御史及布按二司經該管糧等官參奏。

嘉靖七年，令巡撫官嚴督所屬，點僉大户，拘之公所，每日將收過錢糧登記印信文簿。完日選佐貳官部解。

十九年題准，今後司府起解兩京各部各邊一應錢糧俱赴巡撫衙門掛號，定限回銷。每年兩次奏報，上半年七月終，下半年正月終。備將坐派硃語并各項錢糧數目、官解人等姓名、領解月日，開立前件，奏行各部查考。内有已完取獲批單者，陸續注銷。違限未到，仍行撫按官，追併家屬批單獲日疎放。若有侵欺花費未完，行提正犯到官查照律例，從重問擬，變産追陪發落。

二十二年題准，户部遵依先朝故事録上國計：每歲終會計王府禄米、公侯禄米、百官俸廪，沿邊腹裏，軍士月糧及漕運本色、折色、已徵、未徵，天下財賦出入各數目，開具便覽，揭帖進呈。

三十八年，令薊、密、昌、易四鎮照陝、遼、宣大事例，會計該鎮主客兵馬，一年合用糧料本折及每年本處屯糧、各處民運，并交運漕糧，見在倉庫足幾月支用實數，及尚該買補之數各若干，會奏。

《明會典》卷二七《户部·會計·漕運》 洪熙元年，令運軍除正糧外，附載自己什物，官司毋得阻當。

天順三年題准，淮、徐、臨、德、濟、寧、通州等處藥局官給藥餌，遇官軍患病，隨即調治。

成化元年奏准，各處運糧旗軍附帶土宜物貨，河西務、張家灣等處，免其税課。八年題准，被凍官軍給與口糧，每軍三斗。去德州迤南者，給一箇月，天津迄北者，給兩箇月。明年上運，將該年口糧照數扣除還官。九年奏准，官軍盤剥費用正糧不敷，總督等官出給印信文憑，付把總官，於太倉折草等項銀内借與完納，下年照數送還。

弘治五年，令運糧官旗借貸，係三年以前者盡革罷，近年者，止照律出息。果有窮困，衛所缺少脚價者，許於太倉量借銀兩完納，下年送還。

十五年題准，附帶土宜不得過十石。

正德六年，令運軍果有餘米，准令置買隨船弓箭鎗刀等件支銷，仍行漕司俟船回過淮查點。

十一年題准，在運官軍身故，寄歸遺骸，官給銀三兩，軍給二兩，仍存卹二年。本軍應支月糧羨餘通行給與。

嘉靖三十九年題准，工部抽分廠凡遇糧船，除土宜四十石外，許驗客貨。如無，放行，不許立掛號名色以誤期限。

隆慶二年題准，糧銀無欠，完掣通關，就將本總本幫給軍羨餘銀，分給把總二十兩，指揮十兩，千户六兩，百户四兩，餘仍給軍，以資回南。

萬曆七年題准，每船許帶土宜六十石，多者盡數入官。如遇淺起剥，自備脚價，先將土宜起盡；舟再難行，方許動給官銀。敢有破冒，照例參治。

八年題准，領運等官，應給盤纏，但經以贓私不法參論者，盡行停給。完報違限三月以上，而過淮先期，依期與完糧不違限而過淮後期，及淮北例不過淮，而完糧違限三月以上，各給一半。過淮後期、完糧違限三月以上，給與三分之一。完糧違限五月以上，不論過淮先期，盡行停給。運軍應得羨餘，姑准給與。其停扣銀兩，俱類解太倉。

十二年議准，運軍中途病故，預支安家月糧，俱免還官，仍優卹二年。其遺下行糧，給本船旗軍，以充雇募。免下年扣除。若中途脱逃者，獲日問罪，仍追安家月糧還官。又議准，運軍土宜監兑糧儲等官，水次先行搜檢；督押司道，及府佐官員沿途稽查。經過儀真，聽儹運御史盤詰；淮安、天津聽理刑主事，兵備道盤詰。六十石之外，俱行入官。前途經盤官員狥情賣法，一併參治；其餘衙門俱免投文盤詰。

宣德二年，令運糧軍船，工部及諸衙門不許撥載他物，致悮儹運。

成化六年，令提督漕運等官，嚴加巡察。若有運糧官軍沿途糶賣糧米者，就便拏問。及行京通等處。管糧巡倉等官，禁約各倉隣近之家，不許收買糧米囤放，賣與運糧官軍。有犯拏問，并把總各衛所該管官員一體治罪。

十年，令漕運軍人許帶土產換易柴鹽，每船不得過十石。違者盤檢入官。

二十一年題准，管運指揮等官有借債至一千兩以上者，革去冠帶；五千兩者住俸；一萬兩者降一級，不許管軍管事。

弘治三年奏准，各處兑過糧米，務照原兑樣米上納。若官軍人等將原兑好米沿途糶賣，卻糴陳碎，及插和沙土、糠粃、麤穀等項抵數者，驗出將各該指揮等官參送。旗軍徑送刑部。查照侵盜邊糧事例問擬。仍换好米上納。

十二年奏准，把總等官縱容旗軍，花費脚價，及私下還債，以監守自盜論罪。立功滿日，帶俸差操。債主以盜官物論罪。勢家官員，奏請發落；家人伴當，發廣西烟瘴衛分充軍。

十三年，令運糧衛所各置文簿一扇。凡兑過糧數，并脚米多寡，一應盤費使用，及侵欺債負等項，逐一附寫。事完之日，送漕運衙門查究。又奏准，官軍漕運將正耗糧米照數交兑，不許折收輕齎，及中途糶賣。違者，軍餘欠十石、小旗欠五十石、總旗欠一百石以上者，俱問發邊衛哨瞭。百户欠三百石、千户欠五百石、指揮欠一千石、把總都指揮等官欠三千石以上，俱問發原衛帶俸差操。若總欠數多，總督漕運總兵等官，另行奏請定奪。原賣官糧責付領運交納，所得價銀入官。凡勢豪舉放私債，交通運糧官挾勢復拏官軍縛打凌辱，强將官粮准還私債者，問罪屬軍衛者，發邊衛充軍；屬有司者，發口外爲民。運糧官，參究治罪。凡漕運船隻除運軍自帶土宜貨物外，若附帶客商勢要人等、酒、麪、糯米、花草、竹木、板片、器皿、貨物者，將本船運軍并附載人員，參問發落，貨物入官。其把總等官有犯，降一級，回衛帶俸差操。民運船不在此例。凡楊村、蔡村、河西務等處如有用强攔截民運糧船在家，包雇車輛，逼勒多出脚錢者，問追給主，仍發邊衛充軍。

十七年題准，把總等官敢有指稱打點債送、計船科取，許被害旗軍具告漕司提問。如將己物稍派各船希圖覔利，或攬客商貨物取其雇值，或寄裝在京勢豪人等土產，負累旗軍出陪脚價，亦許首告，所在官司，照例盡數入官。

正德十五年議准，運糧官員到灣之時脚價不敷，許赴漕運官處告理。如有私自借債累軍償還者，漕運衙門徑自防察，從實參奏。

又議准，凡將尚堪撑駕運船捏作損壞，通同盜賣，得價脱逃，及勢豪强奪拆卸者，監陪完日，查照盜賣錢糧事例問罪。

嘉靖六年議准，管運官旗人等上納糧米驗與原樣米不同者，官候糧完類參行各巡按御史提問。旗軍過淮之日，漕運都御史提問。又議准，運糧入倉，不許門官歇家伴當光棍人等，揩留糧袋、索要銀錢，緝事衙門訪出，照依打攬倉場事例，問擬發遣。

七年，令漕運衙門各總衛所，不許尅取行糧輕齎等項，及置辦酒、米、段、疋、紗羅并各土宜饋送，交通賄賂，事發拏問重治。

八年議准，司府州縣管糧官各於水次，同兑運官將成化十五年原頒永爲法則字様鐵斛，與依式成造印記木斛較量相同，就便交納。如有將私造大斛大斗用强交兑者，監兑官及撫按官依律照例拏問。又議准，遮洋船由海道經涉梁城守禦千户所、寶抵縣、皇莊白龍港、新舊倉、龍王堂一帶地方居民、弓兵、官校人等，敢有在於河路張布罾網，阻礙船隻及稱盤詰，因而集衆搶奪財物者，撫按衙門及鄰近管糧、管河郎中主事等官拏問。搶奪財物滿貫以上者，兇犯枷號一箇月，照例發落。又議准，經把紀把閘壩及光棍指稱勢要名目，詐騙漕運軍船財物，或刻關防私記，號爲條子錢等項名色，横行索取，或在車營等處，包攬起剥，因而勒措、加增脚價者，巡倉御史、管倉員外及所在官司究問。照例從重議擬，奏請發落。

又議准，官軍通同無籍光棍盜賣軍船，各從重追問。監陪原船完日，問罪發落。

又議准，把總指揮千百户等官索要運軍常例銀兩及科索至十兩以上者，問罪降一級；二十兩以上者，降二級；三十兩以上者，降三級；四十兩以上者，降三級，發原衛帶俸差操，再不推用；至五十兩以上者，

問發邊衛充軍。跟官書算人等科索軍士銀物侵欺入己至十兩以上者，問發永遠充軍。

又議准，侵盗在官糧米至四十石、銀二十兩、錢帛等物值銀二十兩者，俱問罪發邊衛永遠充軍；糧至百石、銀至百兩以上者，斬。

又議准，京倉軍民運糧到日，聽其自行雇覓各倉囤基囤放糧米，不許抽錢以爲伴當、官攢斗級常例，亦不許運官旗軍饋送土宜。若小脚歇家，營求在官指稱公用爲由索取囤基等項財物及别項求索情弊，於本倉門首枷號一箇月，滿日送法司依律問擬。軍發邊衛充軍，民發口外爲民，干礙内外官員，奏請定奪。

又議准，領運官員如有侵扣運軍月糧行糧、多索船料等項銀兩者，查出贓私，俱照監守自盗事例，問擬發落。又議准，運糧官軍人等，犯罪經提三次，不到官問理，皆准原供贓罪，行令該衛追贓，完日仍申巡按御史，各照前例擬罪發落。

又議准，運官違限，内總督并内監督衙門，有擅科一甎、罰銀一錢者，聽户部與提督御史指實參究。

十三年奏准，今後運軍脱逃，分别次數，初逃一次者照常發落，二次者枷號一箇月方許收運食糧，三次者照依操軍事例，俱調衛。

又議准，把總都指揮指揮等官如遇漕運衙門差委查盤，止許催儹該管衛所船隻，不許營求别差以圖賄賂，亦不許假以該管衛所借債爲由，令其買賣，負累軍士遲悮糧運。違者，聽總提督衙門并巡倉巡河御史等官參奏拏問。

二十年議准，今後進倉糧米仍令運官照舊摯斛，進完報曬。若有臨倉掛欠，照數陪補治罪。不許守門官軍人等假以合子米爲由，狥情故違，一概擾害。

二十二年議准，今後司府州縣受理軍民詞訟，干礙運糧官軍，如係强盗人命重情，備行知會漕司委官拘問；其餘贓私小事，將原詞抄行漕運衙門，照例候交糧完日，發理刑主事問理，不許徑自拘繫。

萬曆九年題准，備行各監兑官及兼理漕糧御史將該兑糧米眼同州縣官并運官看驗明白交兑，取具有司結狀；運官領狀備將緊要數目字樣用印鈐蓋。各一樣四本，一存監兑委官，一送漕運衙門，一送户部，一送總督衙門，案候收糧。如米色與結狀不同，即係官旗插和。若有司縱容糧長將爛米搪塞，不肯從實結報，各從重參究。

十二年議准，軍旗有欲呈告運官不法事情者，許候糧運過淮并完糧回南之日，赴漕司告理。如赴别衙門挾告詐財者，聽把總官就拏送問。犯該徒罪以上，調發邊衛充軍，另拘户丁補伍。

又議准，凡漕運官軍敢有水次折乾及中途糶賣，以致抵壩起欠及臨倉掛欠者，即係侵欺。除正犯查照律例問擬外，其餘官旗仍各總計名下欠數，總小旗欠一百石，問發哨瞭，百户鎮撫欠二百五十石、千户欠五百石，指揮及千户等官全幫領運者欠一千石，把總欠三千石，俱問罪降一級，發原衛所帶俸差操。有能臨時設法買補完足，止作折賣正犯，各官旗免罪。其雖不係侵盗，但有虧折，俱照前例擬斷。若總欠數多及麤惡不堪至三萬石以上，總督總兵等官另行奏請定奪。

又議准，漕運把總指揮千百户等官索要運軍常例，及指以供辦等費爲由科索并扣除行月糧與船料等項，值銀三十兩以上者，問罪立功，五年滿日降一級帶俸差操；如未及三十兩者，止照常科斷。其跟官書算人等指稱使用、科索軍人財物入己者，計贓論罪。如至二十兩以上，發邊衛充軍。

又議准，衛所官完糧後備造支銷數目呈報稽考。若有造報不明及侵欺靠損情弊，許運軍指實首告。各查照律例從重問擬。把總官失于覺察，參問治罪。

又題准，凡漕運錢糧，有侵盗銀三百兩、糧六百石以上，俱照侵盗本律，仍作真犯死罪。係監守盗者，斬；係常人盗者，絞。

《明會典》卷二七《户部·會計·漕規》　宣德十年題准，各處起運京倉大小米麥，先封乾圓潔净樣米，送部轉發各倉，收候運糧至口比對相同，方許收納。

弘治十三年議准，各處兑運衙門解送樣米，山東、直隸限三月以裏，江北、直隸、鳳陽等處限五月以裏，南京并江南等處限六月以裏，浙江、湖廣、江西限七月以裏到部。如有故違遲誤，先將差來人役送問，承行并管糧官吏，行各該巡按御史一體究治。

萬曆四年議准，各處樣米，山東、河南限正月，江北直隸限二月，江

南直隸限三月，浙江、湖廣限四月。各分頭幫解送總督衙門，收候運糧到日，轉發各倉比對。

《明會典》卷二七《户部·會計·漕規》　正統七年，令漕運官軍，若一衛有數船遭風漂流者，委官覈實，全衛改撥於通州及天津倉上納。

天順八年，令官軍運糧或遭風水不測損壞船糧，若在百里内者，務要府州縣正官，在百里外者，許所在有印信官司勘實，結申總兵等官處。如有詐妄，罪坐原勘官，糧米仍依原定分數交納。

成化十二年，敕總兵官、各衛所，果有遭風，所在官司驗實。打撈濕米就令該管指揮等官。分派各船食用，抵换原帶食米上倉，不許故意單幫在後。凡漂流補除腳價，俱要當年完足，若延至下年者，管運衛所官員通行住俸，糧完方許關支；管運官旗，雖經補完，仍照例查送法司問罪。

十六年，令遮洋船運糧薊州者，如遇風水漂流，照淺河船例該撥補數。

弘治二年奏准，漕運糧遭風漂流者，勘實具奏，將兑運京倉，減除通倉上納。如漂流十石，減除一百石，每石省腳價米一斗，以補漂流之數。正糧照例加耗，所省米兩平收受。若通倉缺廒，仍令赴京倉上納。每漂流一百二十石，免曬一千石，亦兩平收受。每石計省曬折米五升并耗米七升，共一斗二升，以補漂流之數。前項米石俱不挨陳，先行放支。

三年，令漂流糧米萬石以上，都御史總兵官俱聽科道糾劾，户部具奏定奪。千石以上，提問把總官。千石以下，提問本管官旗。各該巡撫遇本境漂失數多者，照漕司事例參究。

嘉靖八年議准，沿途遇風損壞船隻、漂流糧米，許赴所在官司陳告，掌印官親詣漂流處所，勘實具奏，仍候本部轉行巡按御史覈勘明白，方與除豁。如有乘機侵盜、扶同勘報，就將漕運官軍并有司官吏通行參送法司問罪，俱發邊衛充軍。

二十二年議准，今後過洪閘遇風淺等項，船存糧漂者，審果不係官軍侵盜費用，就將該幫官旗應給羨餘銀兩給與該總把總官領發，損失官旗責限買米上納，或買不便，就將前銀每石扣銀七錢，徑解各該倉庫收支，折糧應用。如該幫官旗羨餘銀數不足損失米價，將該衛該總運内扣除，務要當年補足原數。如扣除餘剩，照舊給軍。

三十九年題准：運官漂流糧米許將本衛羨餘銀，相兼處補，聽候補還。若至二年之外仍不處補，即行查解太倉。查解之後，雖有應補掛欠，俱不准與處豁。假捏漂流及别衛者，不許混告輳補。

四十四年題准：小患漂流，止以二百石爲率，該總勘結呈報准行。若出二百石外，仍照大患漂流事例具奏勘明，方與准處。

隆慶二年題准，輕齎銀兩驗後總計某總下、某衛、某幫、大患漂流若干、免曬減除等項，補過若干、小患漂流若干，本船腳費等項應補若干。其各不敷，小患先儘本幫、次及本衛，大患先及本幫本衛、次及本總；如數足于本幫、同衛别幫者，照常給軍；數足於本衛、同總别衛者，照常給軍；如遇非常大患，扣及概總均派各衛所，數足亦照常給軍。

六年題准，把總等官原運糧二萬石，漂去一千石以上，或二千石漂去一百石以上，降一級。如原運糧一萬石，漂去一千石以上，或二千石漂去一百石以上，降二級。俱於祖職上實降，不得復職。若能自補完，不費别軍處補者，免罪。

萬曆元年議准，凡官旗漂流船糧，即赴所在督押司道陳告。當日委官親勘具奏，收糧之日減除免曬處補；若未經奏到，雖有執照，即係假捏，不得一概混支，其起欠掛欠明係侵欺，與漂欠不同，不得妄援前例。

六年題准，如遇漂流在楊子江者，先赴催儹把總處具告，一面赴督押司道官處告委有司。相去一百里者，限二日；一百里外者，限四日。勘實呈漕司，即與具奏除豁。如有違限扶捏等弊，即將勘官參問。官旗分别捏報漂欠、虚數多寡，問擬重罪。其河道漂流者，責令本幫補納，不敷，量動概幫潤米攤補。不得一概奏豁。

十二年議准：漕運官軍，如有水次折乾，沿途盗賣，自度糧米短少，故將船放失漂流；及雖係漂流，損失不多，乘機侵匿，捏作全數，賄囑有司官吏，扶同奏勘者，前後幫船及地方居民，有能覺察告首督運官司查實，給賞輕齎銀十兩。官軍不分贓數多少，俱照例發邊衛永遠充軍，有司官吏從重問擬，仍行原衛所，將失事之人家産變賣抵償，不許輕扣别軍月糧，以長姦惡。前後幫船知而不舉，一體連坐，仍於正犯所欠錢糧内責令幫賠十分之三。

又議准，漂流糧米三千石以上，提問把總官不及數者，止提問本管

官旗。

又議准，漕運把總、指揮、千户等官如有漂流數多，把總三千石，指揮及千户等官全幫領運者一千石，千户五百石，百户、鎮撫二百五十石，俱問罪，於見在職級上降一級。有能自備銀兩，不費別軍羨餘，當年處補完足者，免其問降。若願隨下年糧運補完，亦准復職，止完一半，准復一級；三年內儘數補完，亦准復原職。

《明會典》卷二七《户部・會計・漕規》 成化八年，令運糧至京倉，北直隸并河南、山東衛所，限五月初一日；南直隸并鳳陽等衛所，限七月初一日；若過江支兑者，限八月初一日；浙江、江西、湖廣都司衛所，限九月初一日，其把總都指揮及千百户等官違二十日以上，住俸待罪償運。若連三年違限者，遞降一級。二年不違限者，獎勵；三年者，旌擢。俱奏請定奪。

正德十四年，令京通二倉坐糧員外，并薊州管糧郎中，將各總衛所運官違限久近查明送部，行各巡按。自把總以下通提到官，查係限外三箇月上完糧者，問罪住俸半年；五箇月上完糧者，問罪住俸一年，各照舊領運。若至次年二月終不完及一年以上不赴運者，俱問罪降二級，回籍閒住。

嘉靖二年，令部倉查各官到部完納月日。比先早一月者，指揮等官行原官司量加犒勞。以後三次俱早一月，准於實職上陞一級。【略】三十七年題准，上倉期限比舊例俱移前一月。四月初者限三月，五月初者限四月，六月初者限五月，七月初者限六月。違者總巡衙門分別參究、罰俸、降級。若南京併江南直隸各衛所，兑江浙二省糧米，江北衛所兑江南各府糧米，領運官違限查照二省并江南事例參治。

《明會典》卷二七《户部・會計・漕規》 弘治十二年奏准，把總官所管運船俱以十分爲率。若有一半以上違限，寄放德州等處，不到倉者，令漕運都御史提問，降一級，納米完日照舊管運；一半以下者，參來提問。

嘉靖二年題准，運官故違期限，寄囤守凍把總至三千石、指揮至二千石、千户至一千石、百户至五千石者，每一次降一級。若所寄不及石數者，照常發落。旗甲不服催儹、在途延捱者，發邊衛充軍，仍于本户勾補；民運委官提問。

《明會典》卷二七《户部・會計・漕規》 正德二年題准，江西二總，每船旗軍十名，例支行糧三十石。中途逃故者，止扣安家月糧，所遺行糧，准給與旗軍，以償雇募。

十五年議准，今後各衛運軍行糧，務與正糧一時兑支完足。如無糧者就支府庫官銀，每石五錢折算，仍報漕運并該巡撫衙門查考。過期未完，查參究問。

嘉靖三年，令各該監兑官員，督放軍旗行糧，務要各船旗甲親領，不許冒名代支。如各總衛所領運官軍有侵扣運軍月糧行糧，并聽被害旗軍具告，照例參奏。

又議准，運軍行糧，除遮洋一總，每船額該旗軍一十二名外，其浙江等一十一總衛所，每正糧三十石七斗二合扣軍一名。查各運正糧若干，照數支與，如有數外多開者，即便革去。

十七年議准，今後運軍月糧，各該撫按官。先將應徵存留糧斛依期徵給，如徵有不及，或災傷停免，聽各倉庫別項錢糧預行通融處給。不許刁蹬留難。其行糧例該本處關支者，雖派别省兑運，仍舊在於本處。若兑本省原議水次者，俱要預期徵完同正糧併兑，不許先儘正糧，將行糧落後。

四十四年題准，官軍行糧，例該本處。雖派別省兑運，仍舊本處。如徵收不齊，江、浙、湖廣每石折銀五錢；揚州等衛該鳳、淮二倉支給者，每石折銀四錢。許於庫貯別項銀兩借支補還。違誤者俱聽漕司照例參究。如一月不給者，掌印、管糧官各住俸半年；二月不給者，各住俸一年半；三月不給者，各降二級；半年之上不給者從重議處。

萬曆二年題准，以後漕運衙門，給發南京各衛全單，先期咨送南京户部照單扣算行糧，另給紙牌，連原單發與運官，前赴兑糧水次支領。及行各巡撫責令府州縣，南糧耗米蓆竹驢腳等項通作正數給軍。仍將給過行糧數目并衛所官軍姓名，冊報南京户部查考。

《明會典》卷二七《户部・會計・漕規》 正德五年，令漕運衙門以漕運水程日數列爲圖格，給與各幫官員收掌。逐日將行止地方填注一格，同原給幫票送部查考，事完送漕運衙門查繳。無故違悞，運官住俸問罪。

嘉靖八年議准，江北官軍兑本府州縣糧者，限十二月裏過淮。南京、

江南、直隸官軍兑應天等府州縣糧者，限正月以裏過淮。湖廣、浙江、江西三總官軍兑本省糧者，限三月以裏過淮。山東、北直隸二總官軍兑本處糧者，限正月以裏完報。遮洋官軍兑山東、河南糧者，限三月以裏。違者，聽儹運官參治。

又議准，淮徐等五倉收糧部官，遇糧船到彼，定與水程，令齎到前路部官處照限查考。

萬曆二年題准，舊例湖廣、江西、浙江三總，限三月過淮者，多與黄水相值，今定限二月過淮。如違，查久近分別治罪。

《明會典》卷二七《户部・會計・漕規》 正德十四年題准，把總官掛欠糧一萬石以上或銀二千兩以上，於違限上各遞降一級；每糧一萬石或銀二千兩，各加一等。指揮以下，掛欠糧一千石以上或銀五百兩以上，亦俱於違限上各遞降一級；每糧一千石或銀五百兩，各加一等。把總指揮千户降至總旗而止，百户降至小旗而止。掛欠不及數者照常論罪。候下次能補完，許復原職。以十分爲率，完能五分以上者，准復原降一級；三年内全完者，亦准復原職；若延至三年外全不完者，終身不准，後子孫亦止于降級上承襲。

隆慶四年題准，掛欠官旗有先期逃回者，移文漕司并各巡按嚴限提解。監追完日，仍照棄撇船糧逃回例問擬發遣。

六年題准，運官欠糧千石以上，旗甲百石以上，參送法司。不及數者，嚴限比併。完有次第，押發漕司追併。其在逃者，運官四百石以上，旗甲五十石以上，嚴提來京送法司監追問擬。若旗甲欠不及數，輒棄在逃，許令運官即時呈部行漕司提問。

萬曆二年題准，掛欠官員果故絶，無人承襲，將原欠糧銀除豁免追。以後把總官任内如分毫顆粒掛欠，縱陞遷不許離任；敢有朦朧赴任者，參提革任問罪監追。

十二年議准，運糧官旗掛欠數多，把總名下三千石或銀一千五百兩以上，指揮名下及千户等官全幫領運者一千石銀五百兩以上，千户五百石銀二百五十兩以上，百户鎮撫等官二百五十石，銀一百二十兩以上，各遞降一級。每一倍，加一等。有能當年補完者，通免降級；如下年補完及三年内全完者，准奏復原職。其一應提問官旗各省及直隸江南衛分，行各該巡按御史、南京并江北衛分，行漕運衙門，各就近提問，以便完結。

《明會典》卷二七《户部・會計・腳耗輕齎》 國初民運無腳耗等項。至宣德間，令民糧兑與軍運，成化間將徐、淮、臨、德四倉支運亦改兑軍，皆給路費，始各有耗米。兑運米俱一平一尖收受，故有尖米、耗尖米。除隨船給運外，餘折銀，謂之輕齎備運軍盤剥費用。改兑無尖米，以耗米二升折銀，謂之折易輕齎。費不足，則於兑運輕齎内支貼。後通惠河成，省腳價，始立減扣法。扣留者以備修理通惠河閘，量減者以寛民力。

《明會典》卷二七《户部・會計・漕規》 〔成化〕二十一年，令各司府州縣正官并守巡管糧等官，將原會兑軍糧米徵完，俱限十二月以裏，運赴原定水次倉交兑。不完者，各管糧官住俸。次年正月不完者，革去冠帶，經該官吏、管糧委官，俱挐問，管兑官亦照例革去冠帶住俸。若民糧已到，領兑官軍來遲，或刁蹬者，領兑官一體候兑完日參問。

〔嘉靖〕十四年題准，一應兑軍改兑秋糧，務在及時徵派，依例開倉，如限運赴水次聽候交兑。若正月終，有司無糧、軍衛無船者，府州縣掌印、管糧官，領運指揮，千百户、行巡按提問，各住俸半年。二月終無糧無船者，各提問、住俸一年；其船糧不到之數俱以三分之一爲限；仍先各革去冠帶，待罪催攢。若三月終船糧不到，各提問降二級。四月終糧船不到，不分多寡，連布政司、掌印管糧官、領運把總通行提問，各降二級，文職起送吏部別用，軍職發回原衛帶俸差操。

又題准，五月終船糧不到水次者，併參衛所掌印官。

四十三年題准，兑運漕糧務要遵照例限。十月開倉徵收，十二月完足。聽候官軍一到即與開兑。如過限無糧者，許領運官旗具呈監兑主事，先行從重參究。

隆慶四年題准，漕糧定限十月開倉，十二月終，兑完開幫。如十二月終有司無糧、軍衛無船，糧道與府州縣掌印、管糧官及領運把總、指揮、千百户住俸半年。違正月終限者，各住俸一年；違二月終限者，各降二級；布政司、掌印官降一級。

《明會典》卷二七《户部・會計・漕運》 國朝自永樂定都於北，軍國之需皆仰給東南，漕運之法日益詳備。諸凡事例禁令具列於後。

洪武五年，命率舟師海運以餉遼，歲七十萬石。

永樂元年，令於淮安用船可載三百石以上者，運糧入淮河、沙河至陳州潁岐口跌坡下；用淺船可載二百石以上者，運至跌坡上。別以大船載入黄河至八柳樹等處，令河南車夫運赴衛河轉輸北京。

二年，令海運糧到直沽，用三板划船裝運至通州等處交卸，海船回還。又以水路閣淺遲悮，令於小直沽起蓋蘆囤二百八座，約收糧一十萬四千石；河西務起蓋倉囤一百六十間，約收糧一十四萬五千石，轉運北京。

三年，令總督糧儲官於天津城北造露囤一千四百所。

五年，令山東布政司量起夫車，將濟南府并濟寧州倉糧送德州倉，候衛河船接運。

六年，令海運船運糧八十萬石於京師，其會通河、衛河以淺河船相兼轉運。

八年，令湖廣、江西、浙江三處倉糧，除本處支用，其餘糧本部差官督各該司府起運。

十二年，令湖廣造淺船二千隻，歲於淮安倉支糧運赴北京。其舊納太倉糧悉改納淮安倉收貯。

又令北京、山東、山西、河南、中都、直隸徐州等衛，俱選官軍運糧。此漕運之始。

十三年，濬復會通河。奏罷海運。令浙江、嘉、湖、杭與直隸、蘇、松、常、鎮等府秋糧除存留并起運南京及供給内府等項外，其餘盡撥運赴淮安倉。揚州、鳳陽、淮安三府秋糧内每歲定撥六十萬石；徐州并山東兖州府秋糧内每歲定撥三十萬石；俱運赴濟寧倉。以淺河船三千隻支淮安糧運至濟寧，二千隻支濟寧糧運赴通州倉，每歲通運四次。其天津并通州等衛官軍於通州接運至北京。

又令，浙江都司并直隸衛分官軍於淮安運糧至徐州置倉收囤，京衛官軍於徐州運糧至德州置倉收囤，山東、河南都司官軍於德州運糧至通州交收。

十六年，令浙江、湖廣、江西布政司并直隸蘇、松、常、鎮等府税糧坐派二百五十萬石，令糧里自備船隻運赴通州河西務等處上倉。

二十一年奏准，每歲漕運以兩運赴京倉，一運赴通州倉交收。

宣德二年，令浙江、江西、湖廣并直隸蘇、松等府起運淮安、徐州倉糧撥民自運赴通州倉。其運糧軍士於淮安、南京倉支運。

四年，仍令江西、湖廣、浙江民運糧一百五十萬石貯淮安倉，蘇、松、寧國、池州、廬州、廣德民運糧二百七十四萬石貯徐州倉，應天、鎮江、常州、太平、淮安、揚州、鳳陽及滁、和二州民運糧二百二十萬石貯臨清倉，令官軍支運山東、河南、北直隸府州縣糧徑赴北京，其儹運軍船，量地遠近與糧多寡，如淮安上糧民船十抽其一，徐州十三抽一，臨清十五抽一，給與官軍兼舊船運載赴京。

五年，令河南南陽、懷慶、汝寧三府糧運於臨清倉，開封、彰德、衛輝三府糧運於德州倉交收。

又令江南民糧兑撥附近衛所官軍運載至京。此兑運之始。

六年奏准，浙江、江西、湖廣、蘇、松、常、鎮、太平等府僉撥民丁，及軍多衛所添撥軍士，與見運軍士通二十四萬分兩班更替儹運。

七年議准，民運多失農月，及官軍空船往還艱苦，著例民糧加耗腳各於附近水次兑與軍運。

九年，令官軍運糧五百萬石，以三分爲率，通州倉收二分，京倉收一分。各該兑軍處布政司委堂上官二員、按察司一員總理。

正統元年，令民運糧至瓜、淮，就令揚州、淮安府衛委官并該倉官攢見數交兑。

六年，令各衛兑軍民糧兑完就出通關，如路途窵遠衛所，于本都司出給通關、填給勘合。

九年，令各處民糧每歲該起運京師之數，先儘本都司衛所兑運，其不盡者布政司坐撥各府州縣輸流運送於淮安、徐州、臨清、德州等倉交收。

十三年，令兑軍糧料於東安等門并五府六部都察院等衙門，及京倉收六分、通州倉收四分。支軍糧料於淮安、徐州、臨清、德州等倉關支，於通州倉收，遮洋船運；於東店倉收十萬石，林南倉收五萬石。

又奏准，各處原坐兑軍京糧或有灾傷免徵者，許於原坐徐州、淮安、南京該納糧改撥轉兑。

十四年，令運糧旗軍留京操練，明年糧改委有司官督糧里人等上納。

又令蘇州府委官督糧里及殷實大户人等自運京儲。退回旗軍操守。

天順三年議准，兑運糧米不許以一州縣分作三四衛，亦不許一衛分作

三四州縣，以近派遠、以遠派近。

成化六年奏罷蘇、松等府民運糧，仍舊軍運。

八年，定歲運米四百萬石。歲額至是始定。

又以揚州河道乾淺、恐遲糧運，奏准募車支運通州倉糧以完京倉之數，待糧船到日，將該運京糧照數補還通倉。

十一年，罷民運淮、徐、臨、德等倉糧，令軍船徑赴水次領兑，運送京、通二倉交納。此改兑之始。

二十年奏准，河道淺阻、糧運遲滯，運到京者悉免曬颺，每石加耗米四升；未到者，令在京各衛所官軍人等於通州、張家灣等處地方臨倉預支三箇月，每石加腳價米三升，河西務七升，其所兑糧每石兑運該收耗米五升、并免曬颺米四升，俱作正數支放。如無本色者，每斗折銀五分送太倉庫，其兑支未盡者俱送通州倉上納。

二十三年，令改造遮洋運船爲淺船，從新河儹運，其運糧并人夫亦照淺船例均派，每船旗軍十名。

正德元年奏准，遮洋總下額運糧三十萬石，内改兑糧六萬石、免徵本色，每石折銀六錢解太倉銀庫交收。

三年，以廬州府原起解鳳陽倉米二萬五千石，山路崎嶇，不通漕運，令照舊於鳳陽倉上納。

九年議准，山東坐運德州倉小麥，不拘有災無災，俱每石折收銀六錢。

十六年奏准，各處原派臨清倉民運糧七萬六百石，今後照數徵完就於各水次聽漕運衙門撥到軍船交兑，不必民運到倉。

嘉靖五年，令以顯衛原運湖廣正糧二萬三千九百三十四石七斗折銀解赴太倉收納，船隻派與無船衛分撑駕。

六年奏准，開濬通惠河，修理閘座、築堤、立壩造船盤剥，以便糧運。每年二月户部請敕給赴通倉坐糧員外，會同巡倉御史督理。

八年議准，儹運郎中遇河道水淺，阻礙船隻，就便起集挑淺隄溜，及各泉源挑濬等項夫役，併力疏通。如工程浩大，設法起夫協同管河管閘等官整理。

十一年題准，遮洋額運薊州倉本色米一十萬石内，將四萬石，每石連耗徵價銀九錢，與本色相兼放支。太平寨燕河營等窵遠去處官軍，每石折銀六錢五分，扣除銀兩通融支放。

十二年議准安陸衛改郎都御史，并武職大臣各一員，催督糧運，各部郎中員外，分投整理。

宣德二年，差侍郎五員，都御史一員，催督浙、直等府軍民糧運。

四年題准，差侍郎都御史少卿郎中等官儹運。

十年，令漕運總兵官八月赴京會議，次年運事。

正統十一年題差主事一員，往各司府等處提督交兑。

景泰元年，設淮安漕運都御史兼理通州至儀真一帶河道。

五年，令河南、山東布按二司官督理兑運。

天順元年令總兵官兼理河道。

又題准添參將一員，協同督運。

又令各處監兑民糧司府州官，每歲承委後，先行本部知會，徑赴總督漕運官處比較。

二年題准，設漕運理刑主事。

成化八年議准，差在京各衙門堂上官一員，催儹糧儲。

二十一年，令每年户部差官一員，於山東、河南、南京户部差官四員，於浙江、江西、湖廣、南直隸地方督同各司府州縣正官，并管糧官徵兑。

弘治二年議准，每歲於户部郎中、員外郎、主事内推選一員領敕催儹運船。

三年，取回各處監兑主事等官，止令各該管糧官監兑。

七年，令兩京户部仍差主事等官于湖廣、江西、浙江、山東、河南及南直隸各府，催督監兑民糧。

十二年，令監兑儹運官將各衛所掌印并運糧官賢否，遞年開送漕運都御史總兵官，三年彙送，以憑考察。

十三年題准，各省守巡道直隸各府佐貳官，督理糧運。

十五年題准，行天津等處管糧部官，但遇糧船到彼，即各照地方，接連嚴限催儹。

正德六年題准，照例于左右侍郎内差一員儹運。

七年題准，改委户部屬官四員分往南直隸、浙江、江西、湖廣地方監兑。

十一年題准，監兑官兑完起程，交接明白，仍回原兑水次整理下年糧運，候交代回京。

十五年題准，天津兵備副使帶管白河漕運。

嘉靖四十四年題准，淮南直隸、浙江、江西、湖廣等處監兑官，各給關防一顆。

隆慶三年題准，兩浙巡鹽御史兼督浙江杭、嘉、湖三府，直隸蘇、松、常鎮四府漕務，革監兑官。

四年題准，漕船起行都御史坐鎮淮安參將移駐瓜儀，總兵駐徐州各分經理催督船糧。又題准，給儹運把總關防。又議准，南京巡屯御史兼督應天、太平、寧國、安慶、池州五府及廣德州糧務。

五年題准，差御史儹運。

又題准裁革參將設參政一員，每年正月移駐瓜儀，經理糧船過閘過壩，管押到京。

又令兩淮巡鹽御史兼督廬、鳳、淮、揚四府及滁徐和三州糧務。

六年議准，徽、寧、池、太兵備兼管糧務。

又題准，給儹運郎中關防。

萬曆五年題准，仍差主事一員，往蘇、松、常鎮監兑。

六年，停差儹運郎中。

又令南京二總各衛運官，俱與軍政僉書更番領運。責成掌印官先期料理，仍差南京兵部主事一員，專管選補軍旗事務。

九年，復差主事一員，往浙江監兑。

十二年，令兩浙巡鹽御史仍帶管漕糧，止行文督催，免其押送鎮江。

承天衛，其原運江西改兑糧七千五百二十八石三斗。轉行江西布政司，自嘉靖十四年爲始，均派所屬府縣照例每石連蓆耗共折銀六錢，差官協解太倉銀庫交收。

又奏准，輕齎銀兩各州縣徑自差人隨同運船押解赴淮，聽漕運衙門驗封交付運官隨幫前進，不必解府類總，展轉稽延。

十九年，又以荆州左衛改顯陵衛，題准原運湖廣正糧一萬三千八百石、江西正糧八千石，每石連蓆耗折銀七錢解赴太倉交納。

隆慶元年題准，漕糧四百萬石，内除薊州三十萬石係原議外，其嘉靖十一年以後顯陵、承天二衛免運，改折江西糧石，仍改復本色。

二十九年以後，因北虜侵犯，改薊州班軍行糧及昌、密二鎮糧餉俱改正輸納京通二倉，以復歲收原額三百七十萬之數。

萬曆元年題准，江南多兑運，江北多改兑。令移吴浙船於江北，南京船料難處，江浙輕齎有餘。令改南京船於江浙，江西有過湖七升，浙江有修船六升，令均派一半。兑運有輕齎帶納，改兑無輕齎。令宻貼相均。仍以疲衛附于劇縣，令稍相資，以重幫定於本省親臨管束。

《明會典》卷二八《户部·會計·京糧》　天下税糧草料應解京庫倉場者，數見起運，皆因糧徵派，總謂之京糧。其本折間行，官解商納，歷年事例不一，具載于後。

凡派納本色，洪武間令於蘇、常等府秋糧内派辦，内府光禄寺等衙門合用熟粳糯米、芝麻、黄豆等項及五府首領官吏并九卿等衙門官吏俸米，各撥定數目，運赴各衙門倉内收支。

成化七年，令山東并北直隸司府，以後年分起運在京内外倉場糧草，俱以照例徵收本色解納，不許折收輕齎銀兩。若地方僻遠不便者，量爲斟酌時價折收，於近京有收去處買納，不許在京收買。

弘治十八年奏准，宛平、大興二縣夏税秋糧馬草，係起運者，照舊坐派在京倉場各馬房上納，係存留者，就於本縣預備倉上納。

正德七年奏准，今後各項解京糧料，務徵本色，責令原僉解户親自管解，不許折收價銀及容人包納。若不係出產去處原該折價買納者，批文内明開原價數目。若京價時貴，暫令儘數買納或與收價，仍開已未納數目給文回原籍官司添價補納。

嘉靖三年，令内官監收受白熟糯米并粳米，每正糧一石加耗一斗，不許分外多收。巡視光禄寺科道等官帶管訪察，如有軍餘脚子内使内官人等，勒要財物、多收侵尅等弊，聽各官拏問參奏。

九年題准，内承運等庫并各監局見積餘米，足勾三年支用，不拘有閏無閏，每年再減派一萬二千餘石。浣衣局米多人少，量留粳米五十石，餘聽本部查給附近京衛官軍月糧。

奏准直隸蘇、松、常三府起運內官監白熟細米每石耗米二斗五升，車脚銀四錢，船脚銀六錢，白熟粳米，每石耗米二斗八升，車脚銀三錢五分，船錢糙米四斗，貼夫糙米四斗七升。供用庫酒醋麪局白糧米，每石耗米車脚銀船錢俱同，惟貼夫糙米五斗。光禄寺白糧米每石耗米二斗五升；宗人府并五府六部都察院神樂觀等衙門，本色糙米每石耗米四斗五升；中府禄糙糧每石耗米六斗五升；俱車脚銀四錢，船錢糙米四斗，貼夫糙米五斗。浙江、杭、嘉、湖三府，俱照此派納，不許違例加增。

十二年議准，浙江嘉、湖、直隸、蘇、松等府解納白熟粳米，照今司禮監查過各監局見在供事內官長隨內使火者浄軍人等，實該用米數目，均派徵納。其正德年間加增之數，均匀遞減，改回存留并金花等銀以惠小民。

十四年題准，今後山東派納太常寺神樂觀歲用小麥、芝麻、黄豆，照數徵銀解部，聽寺領回分給。

又題准光禄寺上用白熟細米，照舊每石加耗一斗；內官監、供用庫、酒醋麪局、光禄寺、內府各衙門并府部等衙門白熟粳糯米，每石止加耗五升。有多徵及將粗惡上納，查參究治。

凡改解折色，洪武間令各處官田糧折收鈔絹金銀綿苧布、及夏税農桑絲折絹，俱解京庫收支。

正統元年，令浙江、江西、湖廣三布政司，直隸蘇、松等府縣，該起運南京糧米願納折色者，折納布絹銀兩，廣東、廣西、福建三布政司折色税糧布疋願納銀兩者，俱米麥一石折銀二錢五分，解京折給軍官俸糧。二年，令各處解到秋糧折銀赴部，出給長單關填勘合，送內府承運庫收貯。

七年，令南直隸各府州縣，夏税農桑絹疋願納折色者，每疋折銀五錢，解京准作軍官俸糧。

又令廣西布政司，土官衙門不通河道去處歲徵糧米，折收銀兩通類解京。

八年，令廣東、福建二布政司查勘各處倉糧，扣算常存本處官軍俸糧三年，沿海衛五年，餘剩之數每米一石折銀二錢五分，解京發各邊折給俸糧及糴糧備用。

九年，令廣西布政司各府州縣税糧自正統十年以後，每歲以四萬石折銀兩解京，其餘存留本處備用。

景泰五年，令山東折徵起運京庫綿花每十斤准米一石。

天順二年，令湖廣長沙府田糧自景泰七年爲始，實徵內每歲以二十萬石折徵綿布二十萬疋，一半解京庫交納，一半存本司府備用。

弘治十七年，令蘇州、松江、常州三府闊白綿布以十分爲率，除六分仍解本色，暫將四分每疋折銀三錢五分，解部轉發太倉收貯。如遇官員折俸及賞賜軍士冬衣不敷，照例每疋給銀二錢五分自行買用，積餘銀兩候解邊之用。

十八年議准，河南、山東、北直隸起運京儲小麥，每石連耗徵銀七錢，大麥每石連耗徵銀四錢，解部收貯。每秋選委的當官員會同巡倉御史召商定立斗頭羅買，分派各倉上納，完日照數給領價銀。或遇米賤時月，就將前銀照依時價折放在京各項官軍月糧等項，積餘作正支銷。

正德四年奏准，山東濟南府新城縣原起運紫荆關新城倉、及原坐德州倉改撥京倉各粟米，每石折銀九錢，新城倉收候糴買，京倉者送太倉銀庫。收候米賤，折作官軍月糧。

嘉靖十三年題准，河南起運派剩各馬房倉粟米黑豆，每石折銀五錢，共折銀五萬一千四百九十六兩一錢二分。內扣留三萬兩分給王府并各衛所官軍禄俸月糧，餘仍解部以備支用。

《明會典》卷二八《户部・會計・京糧》 景泰四年，令各處糧夫運頭於各倉納完，通關俱送户部驗過，給付委官總領回繳，方許管事。

成化十三年奏准，兩京農桑夏税絹疋不及五十疋以上者，俱送該府掌印官看驗堪中，兩頭盡處俱用色絲間道填寫提調官吏糧里姓名，用印鈐記。總給府批各另計開州縣絹數類解交納，總取無欠長單備照。

弘治三年，令各司府州縣夏税農桑絹疋，務織造緊密厚重，雙經雙緯。除兩頭色絲長二尺外，浄織鈔尺長三丈二尺，闊二尺。每五十疋作一束印封。通寫看驗常印正官於上，責差額設官員通押，經收糧長大户人等，赴部交納。

七年議准，通行各處撫按官行令各該所屬司府州縣，凡有解納一應錢糧，不拘本折色，當官驗收，定與脚價，付應解之人解納。不許容令勢豪狡猾之徒營求項解，以致侵欺抵換。違者，經該官吏人等通併參奏拏問。

十五年議准，各司府起運京邊税糧，三千石以上，州縣全設者差佐貳官，裁減者差首領官各一員部運；直隸府州并布政司所屬府，仍差通判、判官以上官各一員分管部運；布政司照舊堂上官一員總督。不及三千石者，革去州縣委官，錢糧責付該府州委官帶管。

正德九年議准，各府州縣部運官起運京倉糧草，俱令大户於近京地方收買本色，雇脚運赴原定倉場上納。不許交價於攬頭以致勒掯作弊。

十一年，令各處一應錢糧，俱要點差殷實大户解納，不許市井姦民并考滿吏役人等承攬，違者從重擬。

十四年，令各處起運税糧馬草，及帶部布絹、花絨、麥鈔折銀，顔料、廚料，户口鹽鈔等錢糧，總部部運官員山東、河南、并北直隸順天府俱限本年十一月，南直隸限本年十二月，浙江、江西、湖廣限次年正月，廣東、福建限次年三月以裏到部。違者依律參問。

嘉靖元年，令内府監庫，凡解納錢糧驗看真正，俱限十日之内完納。違者，聽巡視科道官參究。四年，令各處坐派解京糧草等項價銀，務要查訪京價高低，定擬徵解。到京之日，部運官隨時酌處，扣有餘補不足。每月將扣補過數目開報户部，事完造册，赴部查對。若有羡餘，要見下落方許掣批回任。本部各該監收官員仍嚴加訪察，申明曉諭。不許歇家車户人等通同高擡時價，靠損小民。違者從重究治。

萬曆元年，令凡遇起解一應錢糧，除陰醫武職義民等官，不許濫委。原係民解者，務選殷實大户；原係官解者，務選府州縣廉幹佐貳官員，酌量地理定立期限前來，仍一面將錢糧數目及起程批限月日，先行開報户部。待投之到部，除係侵欺興販放債者，參送法司照律從重問擬、及違限未久者，照常送問外，北直隸順天府違限二個月，保定等七府違限四個月，南直隸江北各府、山東、河南、山西、陝西違限六個月，南直隸江南各府、浙江、江西、湖廣違限九個月，福建、廣東、廣西、四川、雲、貴違限一年者，候送納錢糧完日。係職官參送吏部，降一級調用；係解户照常問罪，仍送本部門首枷號二個月發落。若已經送納三個月不完者，勒限追比，完日參送法司究問。即錢糧全完，照例官擬降調、大户枷號。如有物料麤惡、揀退換補，不係官解作弊者，本部移文彼處官司查究；官解羈候，暫免參送。其在外司府，務要照限，嚴比批單。如過限，即拏家屬監比，不得姑息。在京在外，但有攬納情弊，無分官解棍徒，本部指名參送法司，俱以侵欺問罪。如有司仍前虚文起解及催徵後期，故將批文倒坐年月致累官解者，許各官解赴部稟首，以憑參究。

《明會典》卷二八《户部・會計・邊糧》　永樂十七年，以口外糧料數少，令於京倉支撥，選取營造次撥旗軍儹運。其擺堡運糧，及坐堡管堡官除軍職外，仍於吏部聽選方面府州縣官内，選取一百員差用，以文職大臣把總管運。

十九年，以宣府等處缺糧，令法司囚人運糧贖罪。雜犯死罪十石，流罪八石，徒罪六石，杖罪四石，笞罪二石。

宣德六年，令五軍操備并彭城永清左右三衛旗軍，擺堡儹運糧料一十萬石，赴獨石等處，差武職一員把總提督。

正統十二年，令每歲運銀十萬兩，于遼東糴買糧料。又令每歲運銀十五萬兩於宣府糴買糧料。

景泰三年，令五軍等營撥軍七萬，運糧七萬石於懷來，每人給脚銀三錢。

嘉靖四十五年，令宣大山西除民屯鹽引外，每年主兵發銀一十二萬兩，客兵一十三萬五千兩。薊州鎮主兵、馬太二路，共銀五萬六千三十八兩，永平鎮燕石二路，共銀四萬八千六百七十二兩，密雲鎮主兵，共銀三萬三千九百二十四兩，昌平鎮，銀一萬兩。又令各鎮除民屯鹽引外，每年延綏主兵、發舊例銀一十九萬五千七十九兩九錢八分，新增料銀二萬二千一百八十五兩二錢三分；客兵八萬兩。寧夏主兵二萬五千兩，客兵二萬兩；甘肅主兵二萬二千九百二十二兩八錢一分；固原主兵銀五萬兩。以後各視此爲準。

隆慶元年議准，昌平鎮主客兵該銀一萬兩。永安鞏華四營軍士防秋三個月，月糧銀該一萬六千二百兩，增入會計之數。

三年，令四川撫按贓罰并税契開納事例，黎雅茶税鹽課魚課等銀通共一十萬四百三十五兩二錢零，應該起解太倉改解陝西延、寧、甘、固四鎮。將太倉遞年應發年例銀兩，照數扣留。又令陝西撫按巡茶衙門，每年贓罰與布政司開納事例銀兩俱聽存留，轉解延綏鎮，准作本部應發年例。

六年議准，行陝西各撫按，將本年二限應解贓罰銀兩，查係甘肅巡按者解

蘭州，山西撫按者解三關，宣大遼東巡按者各解本鎮。河東巡鹽者在陝西解延綏，在山西解三關。各管糧衙門交收，以抵各鎮下年應發年例之數，通候年終具數報部，扣算年例。萬曆五年題准，貴州撫按贓罰銀兩，存留本處軍門，抵作新添標兵軍餉之用。

《明會典》卷二八《户部·會計·邊糧》 弘治十三年題准，凡各邊召商上納糧草，若内外勢要官豪家人。開立詭名、占窩轉賣取利者，俱問發邊衛充軍。干礙勢豪，參究治罪。

十七年議准，黑谷關曹家寨有警，關糧不便，就彼召買米豆，收貯本營見空官屋，委千百户一員掌管，遇警支用。若過三年支未盡數，放與本營及附近軍馬。另行照數改撥，每三年一次以陳易新。

正德六年議定，陝西起運各邊糧草照依時價解銀糴買上納。每州縣各委佐貳官或首領一員管押，每府佐貳官一員總理。

嘉靖十五年題准，各邊年例鹽銀，每年正月以裏查照常數奏差官解送該鎮交割，乘時召買本色糧料分發緊要城堡倉分收貯，永爲定規。

隆慶六年，令各鎮管糧郎中等官，以後撥送赴邊援例員役投劄到日，各照彼中時估責令自行買納米豆。如該鎮米多豆少，亦准令查照時估買豆上納。查果倉口窵遠、轉運艱難，即於時估中酌量計算，以資脚費，完日即出實收付繳。務查緊要缺糧倉口，管糧官親自定撥。

《明會典》卷二八《户部·會計·邊糧》 弘治十五年，令各邊除庫藏銀兩有添註註銷事例外，各該巡撫衙門及有自行處置鹽利、冠帶、贓罰、紙米等項銀兩，就委各該守巡官管理出納，附寫卷簿，用印鈐蓋。只許軍門賞功修城器械等用，不許别項花費。三年一次，差科道官查盤。

正德九年議准，腹裏錢糧到邊，預行守土領軍官員開報，多則五日一次，少則十日一次。量撥軍馬護送。違者參究治罪。錢糧既收，弔取通關填給；未全完者，陸續給與印信實收或倉鈔執照。【略】

〔嘉靖二十一年〕又令，宣大管糧郎中及各巡撫，凡遇召買一應鹽引，并銀易主客兵糧料草束斗頭斤重足色，收受明白，開列總撒文簿及内外廒。經各路各倉按季註銷，仍照定擬秋成開報。延至次年二月不完者，管糧通判住俸，六月終不完者，管糧通判革去冠帶管事，守巡道住俸督催，中間拖欠數多、至誤緊急軍餉者，管糧通判起送赴部，降級調川。【略】

隆慶四年，令各鎮郎中主事揭帖册籍所報，俱要於實在内明載發商銀總若干買米豆草束若干、有無完欠細數。凡各官任内，如有拖欠，雖陞遷不許離任，免至彼此推諉。

五年，令永平、薊州、密雲、昌平兵備道協同管糧郎中主事，將各鎮主客兵馬數目、覈實細開應支錢糧、年終將放過數目，造册送部查考。其解到漕糧并援例米石俱編立字號，另廒收貯，以備日後支放。

又令，薊鎮各兵備新製長單，分發各將領填註，應給主兵行糧料草，及軍馬支過數目，繳該管兵備道，類繳查盤御史，歲終查覈。有濫支者，從重難究。其督撫官於防秋畢日，將主兵行糧另立款目具奏，并將任内查過冒濫、催過民屯所積本折銀米，開註各官項下。其積銀米數目多者，該部查照邊功論叙。

六年，令户部將應發各鎮銀兩，管銀庫官先將銀五百兩眼同解銀委官，秤兑平準，該庫印封，即作法馬，併付解官。其應發銀兩，解官自行敲對，將號簿内明開某鞘輕重、有珠無珠、中錠若干兩，送部驗封，用部印鈐蓋，令解官齎赴該鎮。各鎮郎中主事，如遇解到前項銀兩，先驗明白，即以銀爲法馬，逐鞘秤兑。查對發去號簿相同，方許出給實收。中間若有輕假，即將原銀寄庫，將解銀委官留住，據實參奏，以憑查覆重處。若該鎮仍照常抽鞘驗兑、及原不足數朦朧出給實收，以虧商虧軍，户部參治，仍責令管糧郎中等官陪償。

（明）王鏊《王文恪公筆記·財賦之數》 今天下歲徵税糧，凡三千六百三十二萬一千餘石，内三百二十萬九千石，折銀八十一萬四千餘兩。户口、商税除折米外，并船料鈔折銀可得四十三萬九千餘爾。各礦銀課，歲辦一十五萬一千餘兩，鹽場歲賣折鹽銀常不下數千萬兩。如此而歲用猶云不足，何也？祖宗時歲用頗省，以黄蠟一事計之，歲用不過三萬斤，正統末四萬斤，景泰、天順間加至八萬五千斤，成化十一年後遂加至十二萬，其餘可推也。

（明）王鏊《王文恪公筆記·財用之數》 每年入數，凡各處税糧折徵，共二百三萬餘兩，雲南解閘辦三萬餘兩，各鈔關船料四萬餘兩，馬草折徵二十三萬餘兩，鹽課折銀二十餘萬兩，以上共二百四十二萬。

（明）王鏊《王文恪公筆記·每年出數》 送内庫預備成造等項十餘萬兩，或二十萬兩，給散軍官俸銀三十五萬餘兩，宣府、大同、遼東、陝西年例共四十萬兩。若遇有聲息緊急，各處奏討加添，每處多則四五十萬，少則二三十萬兩。軍官折俸每年三十三萬五千五百餘兩，聖旦、千秋等節用二十九萬七千八百餘兩，親王、王妃、公主及上用及天下王府銀盆、水罐、儀仗等項共十三萬七千五百餘兩，大約一歲用二百餘萬兩。今歲議進入三百萬兩。以上正統二年户部奏上數目。

（明）王鏊《王文恪公筆記·天下糧數》 蘇州歲運軍糧六十五萬石，加耗過壩，每石七斗九升，不過壩，每石六斗六升。外金花銀十七萬兩，折米六十八萬石。鳳陽、南京不在數，存留在蘇歲止七萬。福建歲九萬一千兩，江西歲二十五萬，湖廣折銀十萬兩，兑軍二十五萬石，雲南五萬，河南漕運三十萬，浙江六十萬。

（明）王圻《續文獻通考》卷二九《征榷考·課鈔事例》 凡府州縣税課司局河泊所。歲辦商税魚課，并引由契本等項課程已有定額，其辦課衙門所辦錢鈔金銀布絹等物，不動原封。年終具印信文解，明白分豁，存留起解數目。解赴所管州縣，其州縣轉解於府，府解布政司，布政司通類委官起解。於次年三月以裏到京本部，將解到金銀錢鈔布絹等物，不動原封。照依來文，分豁明白。劄付該庫交收，出給印信長單及具手本關領，勘合回部，照數填寫。責付原解官收執，將所解物件同原領長單并勘合於内府各門照進，且如銅錢布疋，赴甲字庫交納，鈔錠廣惠庫交納，金銀絹疋承運庫交納。其勘合既於各門照進，該庫收訖，就於長單後批寫實收數目，用印鈐蓋。仍付原解官齎赴本部，告繳立案，附卷備照。仍令該部主事聽於原解官差批内，將實收過數目批迴。候進課畢日，將已解并存用課數通行。比對原額，如有虧欠，照依所虧數目具本奏聞類行各司府州縣着落辦課衙門，經該官吏人等追理，足備差人解赴京庫交納。凡十三布政司並直隸府州遇有起解税粮折收金銀錢鈔并贓罰物件應進内府收納者，其行移次第皆倣此。

（明）王圻《續文獻通考》卷三六《國用考》 凡工部四司錢糧，嘉靖六年奏准：每三年奏請差科道官各一員，會同工部堂上官一員，清查原派并已解已支。未支見在數目，明白分別舊管新收，開除實在。備造黄册一本，進繳各收青册一本。備照郎中等官員，遇有陞選及吏役滿日，一應經手錢糧案卷本部委司，務公同清查明白，方許離任起送。如有不明、侵欺等項奸弊，聽部參究。

（明）王圻《續文獻通考》卷三七《國用考·漕運》 孝宗弘治八年奏准：各處兑運糧，每歲布按二司及直隸府州縣管糧官督屬征收。年終赴運水次，候正月交兑。初違限一年二年者，附過還職。連違限三年者，以罷軟起送吏部。其各該分巡分守管糧官員，以十分爲率，五分不完者，亦照此例。管運官照府州縣例，把總官照分巡分守例。連違限三年，聽漕運衙門黜退，不許管軍管事。

（明）王圻《續文獻通考》卷三七《國用考·漕運》 世宗嘉靖八年議准：司府州縣管糧官，各於水次同兑運官。將成化十五年原頒降永爲法則字樣，鐵斛與依式成造印記，木斛較量相同，就便交兑。如有將私造大斛用強交兑者，監兑官及撫按官依律照例拿問。又議准，把總、指揮、千百户等官索要運軍常例銀兩，科索至十兩以上者問罪，降一級。二十兩以上者降二級。四十兩以上者降三級，發原衛帶俸差操，再不准用。至五十兩以上者問罪發邊遠充軍，跟官書筭人等科索軍士銀兩，侵欺入己至十兩以上者，問發永遠充軍。

（明）王圻《續文獻通考》卷三九《國用考·漕運》 嘉靖八年議准通行：各該巡按嚴督各該司府州縣衛所各將年例軍民料價預爲派徵，務在上年九月以裏給發。若徵收未完，聽將貯庫別項官銀借給，候完補還。如十二月終不完給者，府州縣衛所收料官住俸。正月終不完者，府州縣衛所各掌印官住俸，收料官革去冠帶，首領官吏提解漕運衙門問罪。四月終不完給者，都布二司并府州縣衛所各掌印并催科收料官一體參奏提問。府州縣衛所官降級，文職送吏部別用，軍職發回原衛帶俸差操。中間若有侵那等項情弊，從重究問。

（明）王圻《續文獻通考》卷四一《國用考·賑恤》 憲宗成化二年奏准：今後若有侵欺賑濟銀糧或將官銀假以煎銷均散爲名，却插和銅鉛給與貧民者，一體解京發落。

（明）陳仁錫《皇明世法録》卷五四《漕政·徵兑運納》 宣德十年題准：各處起運京倉米粟，先將樣米送部，轉發各倉收候運糧至日比對相同，方許收納。

正統六年題准：兌運糧米若水次臨近領兌官具收過州縣糧數開報，本衛所用印出給通關。如相離窵遠，開報附近衛所，或府州縣用印出給，俱付部糧人員齎回該州縣依例收繳。

天順六年題准：一州一縣，止許與一衛交兌。兌支不盡，方許兌與別衛。分派水次，不許將一州一縣分作三四衛，亦不許將一衛分作三四州縣，及以遠派近，以近派遠。

成化十二年題准：京通二倉糧運至日，各倉囤基俱聽囤放糧米。若小腳歇家，指稱公用，索取囤基等項財物，及別項求索情弊，許被害人赴總督巡倉等衙門陳告。審實，於本倉門首枷號一箇月，滿日徑送法司問擬。軍發邊衛充軍，民發口外爲民。干礙内外官員，奏請定奪。

正德五年，令漕運衙門，以漕運水程日數列爲圖格，給與各幫官收掌。逐日將行止地方填註一格，同原給幫票送部查考。事完送漕運衙門查繳。無故違悞，運官住俸問罪。

又題准：運官故違限期，寄囤守凍，把總至三千石，指揮二千石、千户一千石，百户五百石以上，每一次降一級。若所寄不及數者，俱止照常例發落。旗甲不服催儧，在途遷延者，發邊衛充軍。

嘉靖八年議准：淮、徐等五倉收糧部官遇糧船到彼，定與水程，令齎到前路部官處，照限查考。

十二年議准：湖廣糧俱赴蘄州、漢口、城陵磯三處水次交兌。後將城陵磯兌糧改併漢口。近復題改漢口水次於金沙洲陳公套，蘄州仍舊。

十六年題准：江西吴城水次原兌糧改進賢水次交兌。

又題准：各處糧斛，務照原解樣米，兩平交兌。各監兌主事及直隸兼理御史，以後兌糧，必令曬揚乾潔，不許徒議加增。過淮之日，漕司責令各總查將所屬衛所，兌過漕糧，有無粗惡，甘結投遞，以專責成。仍嚴行各該把總及運官稽查旗軍，沿途不許侵費，買插糠粃，抵灣起米，聽本部委官查有米色粗惡者，即將違犯官旗參呈總督衙門，照單例參送法司，從重問發。仍盡法曬揚，責令換補，該總亦聽查究。

三十四年題准：天薊一倉管糧官，遇該總衛所領到總督等衙門限票至日，即督官旗及官攢人等嚴限進倉，曬揚收受。十日内務要完出通關。若十日後不完，開具所由申部。若係倉官勒索稽遲，即便提問計贓從重擬罪，若係運官短少米數及有別項情弊，即便指實參送究問。

四十年題准：各年徵收勢豪大户，敢有不行運赴官倉逼軍私兌者，比照不納秋糧事例，問擬充軍。如掌印管糧官不即申達區處，縱容遲悞，一百石以上者提問罰俸，一年二百石以上者提問降二級；三百石以上者比照罷軟事例罷黜。

本年并隆慶三等年題准：漕糧兌運上納京倉，改兌上納通倉。如改兌不敷，仍撥兌運以足通倉三分之一。支運漂流，俱撥通倉扣作額數。若灾傷改折，京通二倉各照數遞減。

隆慶二年題准：照成化五年題准：永爲法則字樣錽斛添鑄二十六張。每總各領二張，齎赴水次，與有司管糧官較准木斛開兌。如有私造大斛大斗用強多兌者，許有司具呈監兌衙門，依律拏問。

又題准：京通倉收放糧米成造木斛三年一次漕運衙門，將真正木料照數分給幫船順帶到京，送東官廳交收。遇應造年分，呈總督衙門，照依欽降錽斛式樣成造，較印停當，發倉應用。

三年題准：有司徵兌，大縣限船到十日，小縣限船到五日各兌完開行，監兌官務要於十月初旬親歷各水次，稽查船糧遲速不許駐劄一處，若奸頑糧長故意延緩，將本糧長押同旗甲過洪入閘，糧無漂流，方許放回。若有漂流，責與官旗均賠，仍解漕司問罪。

四年題准：每年漕糧俱限十月開倉，十二月終完兌開幫。如十二月終有司無糧、軍衛無船，督糧司道及府州縣掌印管糧官并領運把總指揮千百户各罰俸半年，過正月者，各罰俸一年，過二月者各降二級。布政司掌印官降一級，三月終不過淮者，督押司道等官及領運把總以下各降一級，四月終不過洪者，一體參究。

又題准：昌密二鎮漕糧，户部委主事一員會同通倉兩鎮郎中主事分投督率委官搬運，禁革侵盗插和。通倉郎中仍將應得脚價付與分運主事，親散車户船户。糧斛到倉，限日收受。各照京通二倉則例，總計尖耗兩平收納，其額耗七升内除一升作耗，餘米六升作正支銷。每次交納，各要填給日期，送部查考。收米進倉，即各先給完呈，令旗軍回南。止留運官一員，候掣通關。

六年題准：各府州縣掌印管糧官，徵辦漕糧違限不完，捏報推諉，

聽漕司參奏，照例降級住俸。其住俸日期，不准實歷。候補完三年實俸，方許申明漕司，起送考滿。朦朧庇護者參治，干礙方面官，特本參黜。

又題准：各處漕糧，除舟楫通行地便者，照舊本色赴水次倉廒聽兑。其餘山谷深遠去處，許糧户賫銀徑赴水次收買，照例交兑。

萬曆元年題准：官軍兑糧，江北各府州縣，限十二月以裏過淮，應天、蘇松等府縣限正月以裏過淮，湖廣、江西浙江限二月過淮，山東、河南限正月盡數開幫。如有違限，聽儹運等官查照久近，分别參究治罪。

又題准：京通倉官攢經收糧米坐支不盡，剩有千石上下者，盤併别厫，交與見年代放，即日起送。若希圖守支俸糧籌架，延捱過一年者，送問革職革役。

二年題准：江北、南京等衛所派兑江南糧米，船到水次，止許一鎮一綱隨運官赴倉領兑。其餘軍士俱在本船看守，不許一人私自登岸。敢有故違及沿途一切違犯漕規，聽糧儲兵備等官拏解漕運衙門，徑以軍法重治。如糧里遲悞插和誣賴抵飾，亦聽從重究罪。有司故縱，一體參究。

六年題准：運薊密昌平各鎮邊糧改限五月初一日完納。

七年題准：收糧限期不論有無閏月，定以十月開倉。

又題准：各處樣米，俱要將本土所産米粟曬揚乾圓潔凈，每州縣各取四升，用二袋裝盛，印封付本。幫運官解送總督衙門驗發該倉，比對收糧。

一、水次各州縣糧長自行交兑，居民不許包攬。違者聽監兑拏問。

一、水次倉廒用楞木席板鋪墊，不許用糠粃等物，致滋插和。交兑時或有司故縱糧長攙和粗惡，計毆官軍，運官容令旗軍勒索加增、分外生事，俱聽監兑官拏問參究。

一、漕糧進倉，敢有官攢把門歇家、通同攔阻乘機盜竊及謀利分用、耽悞交納者，聽巡倉御史坐糧監收官拏問重治。

一、各倉收糧委官照例分别兑運改兑等項名色，加耗一尖一平收受，尖則不許淋漓踢斛，平則止許刮鋏爲度。不得多增斛面。苦累官旗，亦不得沽寬厚之名，少收斛面。

本年因蘇松米色不類，本部查參蘇松益兑主事陳宣。奉聖旨陳宣奉敕監兑，徇情容私，姑照才力不及例降一級，調外任。今後漕糧收完之日，着總督倉場官及巡倉御史通查各總有攔惡攙和等弊。除運官照例追賠問罪外，其監兑并督糧參政有司官查各責任所在，分别參奏。如粗惡不堪至三萬石以上，將總督漕運等官一併參來究治。其餘依擬行。

又覆准：各處監兑官務將所屬漕糧米色，眼同各該州縣掌印官并運官看驗明白。必要乾細潔凈，不許黑粃濕浥。取具有司結狀、運官領狀，備將緊要數目字樣用印鈐蓋，各處一樣四本。一存監兑委官，一送漕運衙門，一送本部，一送總督衙門，案候收糧查驗。

十四年議得歸德衛淺船七十七隻，始於成化年間，因徐泗二衛灾疲缺軍，暫撥代運，原非正差。彼時尚有屯外餘地少資幫貼。至嘉靖四十二年清丈地土，將前餘地悉歸有司，運軍困苦，勢難久累。酌派於山東總下臨清、濟寧、徐州、徐州左、德州、德州左、平山七衛，舊例減存運軍内分攤領駕，該衛減去運軍名糧，照常支解淮庫聽備修船，以補各衛出運旗軍應扣辦料之數。永爲遵守本部覆准行。

十五年覆准：自萬曆十五年爲始，將原派浙東浙西總下寧波、處州、衢州、杭前、杭右、嚴州六衛所原運淮揚二府兑改正糧四萬九千四百七十四石三升，軍船一百五十隻，俱改回本省照數撥運，其錦衣總下廣龍、江右、豹韜左三衛原兑浙糧軍船照數改運蘇州府吳江、嘉定二縣漕糧。淮大、揚州二總下泗州、滁州、興化三衛所原兑蘇糧軍船，今改回本處，淮揚二府各照數領運。其泗州等衛所原運蘇州糧米，每石有過江耗米六升折銀三分，聽有司徵給錦衣總下廣洋等三衛領用。其廣洋等三衛原兑浙糧亦有過江銀三分，仍令該省照糧徵完隨同輕賫解淮補給泗州、滁州、興化三衛所修船支用。永爲遵守。

十七年覆准：凡有灾傷地方，除撫按二臣俱全各照舊報勘外，如撫臣偶缺，按臣即許代報，如按臣偶缺，原有别差御史者，撫臣一面具題、一面移交司道呈詳各御史，先行督勘，如無别差御史者，撫臣即爲代勘。其有灾傷重大、議及漕糧改折者，務在八月之前到京聽部題行漕司遵派，庶事無失九月填單之期。永爲遵守。

又覆准：劄行臨德二倉主事將二倉預備米共收足五十萬石，餘者具數呈部，移盜運衙門。將湖廣江浙遠省漕糧照數摘撥徐淮二倉上納。就便派撥軍船往臨德二倉支運，以足漕糧四百萬石之數。其徐淮二倉亦候積至

五十萬石以後輪流出陳，庶免腐浥，永爲遵守。

又覆准：京通各倉監督等官，如遇幫船抵灣，即與起運進倉。嚴督官攢人等速行曬揚收受，完畢即出通關赴繳，不計刁蹬留難，仍計投文以至完納，如無別故，出一月之外，不給通關者，聽倉場衙門從重查究。

二十四年題准：各省直額辦漕糧，如遇秋災議題改折，務在七月具題，以便坐派，如題議後期，及臨時題改者，俱立案免覆。

二十五年覆准：各倉監督官收受糧斛，每石明加尖米四升二合，俱用平斛收受。

二十七年，御史李光輝題稱軍船由瓜洲出閘，涉百四十里長江之險，今查原兑水次離泰州四十里，亦有小河剥運可通，合改于泰州出兑。儻港河淺隘，務令撈濬通利，于領兑甚便。

又題：九江雖屬直隸，而衛治則列在江西界中。頻年撥兑寧國、池州、安慶三府屬南陵、建德、青陽、銅陵、望江等縣糧米，百爾艱難。合將新安衛給船隻歲撥六十二隻派兑寧池等府，九江衛原兑寧池等府船隻改兑江西，各互換領兑。俱覆准行。

（明）陳仁錫《皇明世法録》卷五五《漕政・官軍糧鈔》 嘉靖十七年題准：運軍月糧，各該撫按官先將應徵存留糧斛依期徵給。如徵不及，或災傷停免，聽各倉庫别項錢糧通融處給，不許刁蹬留難。其行糧例該本處關支者，雖派别省兑運，仍舊本處支給。若原議水次隨支者，俱要預期徵完，同正糧併兑，不許先儘正糧，將行糧落後。

四十四年題准：運軍行糧，例該本處關支者，雖派别省兑運，仍舊本處支給。如徵收不齊，浙江、江西每石徵銀五錢，江北楊州等衛原係蘇州四府起運、鳳淮兩倉支給者，每石徵銀四錢。官軍一到，即與支給。如徵收不及，將在庫别項銀兩借支補還。俱以文書到日爲始，一月不給者，掌印管糧官各罰俸半年；二月不給者，各罰俸一年；三月不給者，各降二級，半年之上不給者，從重擬處。

萬曆十一年題准：凡運軍中餘病故，預支安家月糧俱免還官，仍優恤二年。其遺下行糧，給本船旗軍，以充雇募，免下年扣除。若途中脱逃者，獲日問罪，仍追安家月糧還官。

十六年覆准：，移咨南京户、兵二部，將水軍左等三十四衛減存船隻有妻正軍每月量給月糧五斗，無妻正軍每月量給三斗，有妻餘丁每月量給三斗五升，無妻餘丁每月量給二斗。俱准免其辦料聽候新運。以後年分如遇減存，俱照此例遵行。

四十一年題准：，申飭各該有司，凡旗軍行月糧等銀務鑿碎包封，唱名親領。不許運官代領，致令扣除。一切領運沿河到京各文武衙門，無論官職崇卑。但有需索常例，及縱役剥軍者，許旗軍到京日揭造部院，以憑從重參處。即各部院吏書不得庇護。

（明）陳仁錫《皇明世法録》卷五五《漕政・漂流掛欠》 四年題准：掛欠漕糧除奏到漂流外，運官千石以上、旗甲百石以上，即參送法司監追，移文漕司，另行僉補。不及數者，嚴限比併。完有次第，押發漕司追處。其逃回者，運官四百石以上、旗甲五十石以上，俱屬情罪深重，提解來京，送法司查照侵欺，並棄撇船糧事例，問擬監追。

六年題准：把總等官，原運糧二萬石漂去一千石以上，或二千石漂去一百石以上，降一級。如原運糧一萬石漂去一千石以上，或一千石漂去一百石以上，降二級。俱在祖職上實降，不得復職。若能自補完，不費别軍處補者，免罪。

又題准：完糧運官本衛雖有舊欠，不係經手，准給通關。若能代補舊欠一千石以上，一體旌賞。新運官帶解完補舊欠糧銀，巡撫坐名報部。其不即完納及掛欠者，除照例追問外，仍質留新運通關。

萬曆元年題准：凡遇奏到漂流糧船，照例減除免曬處補不敷，方許動支給軍羨餘。仍候本部轉行巡按御史，嚴加查勘。若有假捏情弊，即行原籍變産追完前銀，照侵欺事例擬罪，若未經奏到，雖有印信執照，不許混支。其臨倉掛欠，明係侵欺與漂欠不同，不得妄援前例。

一、幫内原無漂流掛欠者，即將應給羨餘照例唱名給散。若漂流數少，扣補完足，儘其所剩給軍。後到凍阻者，縱無掛欠，不准支給。

三年題准：各總下積欠糧銀，運官漕司撫按轉行各糧儲道查果故絶無從追併者，准與奏豁。如有子孫已經襲替，照例責限三年完報。若過限全不完者，仍從降例。終身不准復職，子孫亦止於降級上承襲，原欠糧銀免追。其見在各官已經問降者，立限嚴追。未經提問者，查照原參提問追併，年終完不及數，糧儲等官從實參究。若不行查參，聽本部該科糾舉。

又題准：各把總官務將新運糧銀，年完一年。任内如分毫顆粒掛欠，縱遇陞遷，不許離任。敢有朦朧赴任者，革任監追。遠年舊欠，悉免查比。其原給未完文簿，遵照舊例填註完欠，赴部例倒換稽查。中間有能完及分數者，移咨漕司，照例獎賞。

一、運船小有損失，找撈濕米，運官即分派各船食用，抵換原帶食米上倉。

六年題准：如遇漂流在楊子江者，先赴催儹把總處具告，一面赴督押司道官處告，委有司相去一百里者限二日，一百里外者限四日。勘實呈漕司，即與具奏除豁。如有違限扶捏等弊，即將勘官參問。官旗分別捏報漂欠虛數多寡，問擬重罪。其河道漂流者，責令本幫補納，不敷，量動概幫潤米攤補，不得一概奏豁。

（清）龍文彬《明會要》卷三一《職官·户部尚書侍郎》 正德元年，户部尚書韓文奏：祖宗之朝，財賦有定制，費出亦有常經。如：天下歲辦京庫銀兩共一百四十九萬，歲用僅該九十餘萬。漕運糧斛共三百七十萬石，歲支僅該三百餘萬。其他光禄寺廚役、内府顔料等項，大率類此。所謂以十之七爲經費，而儲其三，以備兵荒支用者也。近年以來，官兵吏匠，冗食日增。水旱災傷，逋負日甚。加以土木迭興，齋醮繼起。勳戚貴近，賞賚不貲。宴樂游賞，費出無算。若不急爲裁節，年復一年，噬臍何及？合無敕令户部，約祖宗以來歲賦之數，查正統以前歲用之則，酌爲中制，永示遵守。《明臣奏議》。

（清）龍文彬《明會要》卷三一《職官·户部尚書侍郎》 隆慶元年四月，户部尚書葛守禮奏言：畿輔、山東流移日衆，以有司變法亂常，起科太重，徵派不均。且河南、北，山東、西，土地磽瘠。正供尚不能給，復重之傜役。工匠及富商、大賈皆以無田免役，而農夫獨受其困。此所謂舛也。乞正田賦之規，罷科差之法。五月，奏定國計簿式，頒行天下。自嘉靖三十六年以後，完欠、起解、追徵之數，及貧民不能輸納、備録簿中。自府、州、縣達布政，送户部稽考，以清隱漏、那移、侵欺之弊。又以户部專理財賦，必周知天下倉庫盈虛，然後可節慎調劑。祖宗時，令天下歲以文册報部。乃請遣御史分行天下董其事。《守禮傳》。

（清）王慶雲《石渠餘紀》卷三《直省出入歲餘表》

	道光二十五年	道光二十六年	道光二十七年	道光二十八年	道光二十九年
歲入	四千六十一萬二千三百八十兩有奇	三千九百二十二萬二千六百三十兩四分二釐	三千九百三十八萬七千三百十六兩一七一分六釐	三千七百九十四萬九千三兩八錢二分七釐	三千七百萬十九兩四分一釐
歲出	三千八百八十一萬五千八百九十一兩有奇	三千六百二十八萬七千百五十九兩有奇	三千五百五十八萬四千四百六十七兩有奇	三千五百八十八萬九千八百七十二兩有奇	三千六百四十四萬三千九百九兩九錢二分三釐

蓋聞户部山西司奏銷紅册爲一歲國用出入總匯之本，從而借觀。惟直省地丁有額徵蠲緩未完實徵之數，若鹽課，若關税，皆祇載實徵而不載額徵。若河工，若甘餉，皆祇載撥解而不及實銷，蓋山西司受諸司之成，諸司未嘗以全案移會，則鹽關之歲額，工餉之歲銷，山西司莫由而詳。且紅册祇載直省，而京師内外支銷，各有典司，不相侵越。戊甲正月取《會典》所列地丁鹽課關税之正供歲額，與京師直省之經費歲支，附於紅册出入之數。排比爲表，以備檢閲。咸豐二年壬子承乏户部奉旨會壽軍餉，北檔房綜近年歲出歲入及例外用度，彙爲總册，命男傳璨鈔附前表，且免散失。行當向各司散鈔實銷各款，附載方爲完備。咸豐三年癸丑正月鐙窗識。

（清）王慶雲《石渠餘紀》卷三《紀會計》 臣嘗讀故大學士臣張玉書所紀順治間錢糧數目，竊歎我朝受故明一懸磬之天下，與前代創業之主憑藉勝朝財粟者不同。及覩休養撙節，不一二傳，帑藏漸饒裕矣。而蠲貸之費，軍旅之費，隄防之費，若與時會相乘而起，是殆盈虛消息，天運固然者與？謹案：開國之初，首除三餉，歲入不足，乃議節用。順治七年以兵餉缺額，從户部言裁併監司等官。詳《官制》。酌汰無用兵丁，凡衙門已裁及錢糧不多者，俱歸併户部管理。時惟禮、工二部太常、光禄、太僕三寺，及國子監原管錢糧仍舊。十年議裁折錢糧以充國用。於是裁登萊、宣府兩巡撫；裁督撫家人口糧，各衙門書役工食；裁州縣供應上司銀兩，酌收在京鋪税，折解各省備辦顔料、藥材之京師所有者。又逾年，撤各省蘆課監督司餉部員。十四年飭户、工兩部歲終會計，勿使入不敷出，命户部侍郎王宏祚重訂《賦役全書》，諭之曰：錢糧則例，悉照明萬曆年間。其天啓、崇禎

時加增，盡行蠲免。地丁開原額若干，除荒若干，次開實徵，又次開起運存留細目。至九釐銀舊書未載，今增之。宗禄銀昔存留者，今爲起運。漕白二糧運丁行月胖襖盔甲，折色南糧，本折官員經費裁冗。有昔未解，今宜增；昔太冗，今宜裁者，俱細加酌核，彙成一編，爲一代之良法。終世祖之世，歲支常浮於入。康熙二年給事中吴國龍疏言直省解京各項錢糧，自順治元年歸併户部，七年復令各部、寺分管，紛繁滋弊，請將一應雜項，俱稱地丁。錢糧作十分攷成，除扣撥兵餉，餘通解户部。每省造具簡明賦役册，送查。至各部、寺應用錢糧，於户部支給題銷。於是收解之制定於一。十七年定各省擅動錢糧處分，惟用兵刻不可緩之時，一面具題，一面動用。軍需浮冒，照貪官論。二十三年以督撫侵欺庫帑，命廷臣詳議條例以聞。先是，户、工二部咨取錢糧二三十萬兩者，止以咨文取之，竝不奏聞。四十五年始定將咨取大小款項，於月終彙奏。其時疏節闊目如此。四十八年以光禄寺歲用二十餘萬兩，工部自四五十萬至百萬兩，委官未估先領，以至浮支，令十五日具奏一次。又工竣銷算有至十年二十年者，稽延作弊，定嗣後銷算，不得踰年。先是，部庫存積不過一二千萬，至是，户部銀庫收貯五千餘萬。諭以時當承平，無用兵之費，又無土木工程，存庫銀兩竝無別用。去年蠲免錢糧八百餘萬，而所存尚多。天下財賦，止有此數。以部庫一二千萬分貯各省，似亦有濟。四十八年。五十九年詳定虧空錢糧條例。世宗即位，即嚴查虧空。尋諭以下虧空已成積習，姑從寬限，三年補足。不完，從重治罪。再有侵欺入己，即行正法。又諭以山東藩庫虧空數十萬，雖以俸工補足爲名，實不能不額外加派，此朕斷斷不能容者。至署印之官，更須簡择。諺云：署印如行劫，蓋始而百計鑽營，既而視如傳舍，貽害尤非淺鮮。於是并嚴委署上司處分。雍正元年以各省奏銷以部費爲准，駁内外通同欺冒，詔嗣後一應奏銷，著怡親王、隆科多、大學士白潢、左都御史朱軾，會同辦理。於是設會考府，三年罷之。六年以江蘇歷年未完地丁八百餘萬，派員同尹繼善清查。八年以解部平餘。減半留貯本省。乾隆三年乃全數停解，留充各省公用。十二年定州縣侵盗庫帑，身故將其子監追。十八年河南河員虧空未完，數踰鉅萬，諭以虧帑之員，輒先期寄頓，此番不必抄查家產，惟勒限一年，限滿先期請旨，即於該處正法。二十六年平定新疆，廷臣較核葉爾羌、喀什噶爾等城應需經費，合之陝西節省諸費，視未用兵以前減用三之二，諭曰：用兵之初，無識之徒好生浮議。今武功大定，又或以長駕遠馭，不無多耗内地物力爲疑。將此通諭中外知之。四十六年甘肅折收監糧揑災冒賑，命阿桂、李侍堯查辦。諭以甘肅素稱磽瘠，冒賑之弊，不可不辦，而賑卹之事，仍不可不行。時京外添兵，并賞卹紅白，歲增百萬；武職養廉，歲增二百萬。又案乾隆間經費及本省留備供支之外，凡京外各庫之撥用，有可得其略者，如直隸城工，則十六年撥山東、山西、河南耗羨二十五萬；三十年撥安徽三十萬：四十六年撥廣儲司四十萬。如河工，則十八年豫省工，撥浙江藩庫百萬；二十三年南河工，撥糧道庫二十三萬；三十六年北河工，撥部庫五十萬；四十一年撥部庫貯河道庫三十萬；四十四年豫省黄河漫口，撥部庫及鹽課五百六十萬；四十七八年豫省添築新隄，開挖引河，撥部庫及内庫七百萬。合之司庫所出，蓋千餘萬。見四十八年諭旨。又免民間新舊攤徵加價一千三十餘萬。時又以山東運河隄牐，撥部庫五十萬；又隄埝之工百餘萬。如軍需，則二十二年甘肅軍需，撥鄰省二百萬；次年又撥三百萬，再撥三百萬爲屯田耔種之用；二十四年西北蕩平，兩淮等商捐銀一百五十萬以備屯務；三十二年雲南軍需，淮商捐銀百萬；次年撥廣儲司一百五十萬；又次年撥江寧藩庫二百萬，鄰省一百萬；又撥廣儲司百萬。時四川亦請撥茶鹽耗羨三十萬，以供支放。於是金川用兵。三十九年諭曰：四川軍需，節經部撥及各省協撥、捐解，通計三千四百餘萬。見在將次蕩平，而善後事宜，亦當豫計。著户部於各省存留内撥銀五百萬兩解川。是年九月又於附近省分撥銀四百萬，十一月撥部庫捐款五百萬，次年又撥部庫一千六百萬，通計六千餘萬。嗣是又撥三百萬，蓋七千萬有餘矣。四十六年撥甘肅一百八十萬。其間遇聖駕南巡，輒賞銀三二十萬兩辦理差務。其修葺行宫，每次賞給二三萬。又屢撥貯熱河道庫備，賞賚外藩之用。每事關庫款，輒諭以府藏充實，國用充饒。四十六年諭曰：朕即位之初，部庫不過三千萬，今已增至七千餘萬，復有何不足，而不加惠天下乎！五十四年安南用兵，有帑項現存六千餘萬之諭。

康熙四十五年十月，諭錢糧支用太多，理當節省，否則必致經費不敷。彼時又欲議開捐納乎？每年有正項蠲免，有河工費用、必大加節省，

方有裨益。前光禄寺一年用銀百萬兩，今止用十萬；工部一年用銀二百萬兩，今止用二三十萬。必如此，然後可謂之節省也。

康熙四十九年十月諭曰：朕踐祚五十年矣，除水旱災傷，例應豁免外，其直省錢糧，次第通蠲一年者，屢經舉行。更有一年蠲及數省，一省連蠲數年者，前後蠲除之數，據户部奏稱，通共會計已逾萬萬。朕一無顧惜。百姓足，君孰與不足？朝廷恩澤不施及於百姓，將安施乎？朕每歲供御所需，概從儉约。各項奏銷、浮冒，亦漸次清釐，外無師旅饟饋之煩，内無工役興作之費，因以歷年節省之儲蓄，爲頻歲涣解之恩膏。朕之蠲免屢行，而無國計不足之慮，亦恃此經畫之有素也。

（清）王慶雲《石渠餘紀》卷三《羨耗紀歸公》

《會典》曰凡徵賦有耗羨，則提於公。注：正賦徵銀、徵米，皆有耗羨。糧起漕者，其耗羨即入漕項。耗羨皆有常，浮以豪忽，則罪之。少自浙江仁和、錢塘二縣，每兩加耗四分；多至雲南二錢。惟直隸涿州、良鄉、昌平、順義、懷柔、通州、三河、薊州不徵耗。及讀事例，但載耗羨之分數，而不裁歸公之緣起與起存撥用之款目。臣嘗疑焉。夫今日之耗羨，同於正供。軍國之用取焉，官之養廉取焉，地方公費取焉。非前代進羨餘以充私藏之可比，故亦不可以無紀。謹案：火耗起於前明，國初屢有厲禁。順治元年令曰：官吏徵收錢糧，私加火耗者，以贓論。康熙初有額外科斂許民控告之律。四年。有剋取火耗上司徇隱之律。十七年。禁令非不嚴也。禁之而不能，則微示其意而爲之限，限之而不能，乃明定其額而歸之公。其變法也，以漸要皆宸衷之不得已也。聖祖嘗諭河南巡撫鹿祐曰：所謂廉吏者，亦非一文不取之謂。若纖豪無所資給，則居常日用，及家人胥役，何以爲生？如州縣官止取一分火耗，此外不取，便稱好官。若一概糾摘，則屬吏不勝參矣。四十八年九月諭旨。時各省耗羨每兩多不過一錢，獨湖南加至二三錢，上爲擇廉介大吏，如趙申喬、陳瑸巡撫偏沅令禁约所屬。四十二年諭偏沅巡撫趙申喬。五十四年諭偏沅巡撫陳瑸。六十一年陝西虧空事聞，總督年羹堯、巡撫噶什圖奏：秦省火耗每兩有加至二三錢、四五錢者，請酌留各官用度，其餘俱捐出彌補。上諭斷不可行。又云私派之罪甚重。州縣用度不敷，略加些微，原是私事。朕曾諭陳瑸云：加一火耗，似尚可寬容。陳瑸奏稱：此是聖恩寬大。但不可説出許其如此。其言深爲有理，此舉彼雖密奏，朕若批發，竟視爲奏准之事，加派之名，朕豈受乎？夫責人以公義，而不恤其私情，非聖主之所以使下。經制既定，俸禄有恒，不得已而從權制。顧朝廷以一分者，微示其意，而大吏竟以數倍者昌言之，不特不可禁，而亦不可限矣。此其勢不至於歸公不止。提解歸公之議，倡於雍正二年山西巡撫諾岷、布政使高成齡，世宗令廷臣集議。議上，諭曰：州縣火耗，原非應有。因地方公費，各官養廉，不得不取給於此。且州縣徵收火耗，分送上司，以致有所藉口，肆其貪婪。上司瞻徇容隱，此從來積弊也。與其州縣存火耗以養上司，何如上司撥火耗，以養州縣乎！爾等請將分數酌定。朕思州縣有大小，錢糧有多寡，地廣糧多州縣，火耗已足養廉。若行之地小糧少州縣，則不能矣。惟不定分數，遇差多事繁，酌計可以濟用。或是年差少事簡，即可量減；又或偶遇不肖，有司一時加增，而清廉者自可減除。若酌定分數，竟爲成額，必至有增無減。又奏提解火耗非經常可久之道，凡立法行政，孰可歷久無弊？提解原一時權宜之計，將來虧空清楚，府庫充裕，有司皆知自好，則提解自可不行，火耗亦可漸省。蓋年羹堯之議至是始行，後乃酌定分數，而各省文職養廉二百八十餘萬兩及各項公費，實取諸此。先是，江南每兩加耗五分。雍正六年以後，遞增至一錢。十三年高宗即位，諭曰：向來耗羨，州縣任意徵求。經巡撫諾岷、田文鏡倡爲提解歸公之法，各就本省情形酌定分數，以外不許絲豪濫徵。然未提解以前，尚爲私項；既提解以後，恐不肖官員視同正課，又於耗羨之外，巧取殃民。著各督撫嚴飭有司：耗羨一項可減而决不可增，倘多取絲豪，即題參重治。乾隆四年從孫嘉淦、陳世倌奏，免直隸、江南蠲賦，耗羨仍以河南耗餘撥補。五年以地方無關緊要之事輒動耗羨，令督撫將各省必需公費，分晰款項，報部核奏。自是以後，各省耗羨掌於户部。湖廣司者取之有定數，用之有定款，於世廟諭旨所云：將來府庫充裕，提解不行，火耗漸省者，卒無有議及者矣。他如關税之有盈餘，鹽課之有雜費，昔歸私橐，後充公帑，亦耗羨之類也。臣以爲司榷之吏，以繭絲爲職。當國家豐亨豫大之時，民閒財利充衍流溢，因取其餘以奉公，斯亦不足深責焉耳，獨怪夫當時制國用之臣，耗羨之入既立爲歲額，其出也即定爲歲需。取之惟恐不足，用之不留有餘。取快一時，罔顧後慮，使後之人主欲蠲餘利以予民，而經費已定，不復□

以少減。天沴人事，偶有不齊，則國與民俱受其困。嗟夫！此誰之過與？

（清）王慶雲《石渠餘紀》卷四《紀採辦》　我朝無均輸和買之政，凡宮府所需，一出時價採辦，而不以累民。又時罷不急之物，三織造物料匠食及各省歲解布絹麻苧，皆定價報銷。順治四年總督佟養甲言：雷廉二郡珠池，皆在洪濤巨浸中。蜑户入海採珠，每果鯨鱷之腹。乃詔撤所差官。時以江蘇機織短薄以售奸巧禁之。罷陝西、直隸皮張。直隸狐皮康熙間停。定山西潞綢物價。九年議將各省應交顏料藥材折銀起解。次年以民間辦解物料，解户賠累難堪，定爲官收官解。康熙初定楚蜀三江採辦桐木，閩、廣採辦香料，藉端累民，河南折解布花，亦減照時價。十四年詔買軍需物料禁州縣里攤。如小民願抵正賦，給與印票。從御史郝浴請也。二十五年停四川桐木，諭以：蜀中屢遭兵燹，豈宜重困？今塞外松木材大可用者，多取充殿材，可支數百年，何必桐木？二十六年令估計採買物料，皆依時價。雍正二年令木植依民價。旋准巡撫宋犖請，江西竹木發帑採買，禁科派累民。時庫貯物料有餘者，聞令折色解部。用完時或再令解送，或由京購買。次年以四川白蠟道遠運難，令折色撥充兵餉。三十二年令各省解送物料，停不急之用及腳價比京較貴者四十項。時共解送九十九項。五十九年禁河工採買短價多收。雍正六年大軍進藏，岳鍾琪奏參金縣剋扣軍需價直，諭以承辦軍需剋扣累民者，嗣後一經題參，先動軍需，委賢員傳集百姓補給。該員枷號勒追。十三年諭地方官進獻方物，既以將其誠意，則當厚其價直，俾官民歡欣從事，方爲事君盡禮之實心。向聞有發價減少者，以致民間視爲畏途，如榆次不敢種瓜，肅寧畏植好桃，傳爲話柄。近聞福建採買甘果短價累民，則與君臣聯接之本懷大相違背，或交屬員代辦，令暗中賠補，是又假公濟私之巧術，似此食用微物，朕發價市買，何所不得？豈肯絲毫累及地方，著將貢物之數再減一半，倘仍蹈舊轍，必將各省貢獻之例，全行停止。乾隆三年令懷來縣採辦茭帛長柴，按數報銷。時東豫二省採買黑豆，禁短價。又以寧夏被災，採買糧草令增價。五年工部請改正各省開報物料，諭曰：百貨價直，原屬隨時增減，各省不同，一省郡縣亦不畫一，今預定數目，永遠一例，則價賤之年，必有餘貲，以充官吏之私橐，弊在侵漁錢糧，爲害尚小；若價貴之年，採買不敷，勢必科派閭閻，弊在苦累百姓，爲害更大。惟在各督撫訪查綜覈，既不使浮冒國帑，又不至貽累官民，庶爲公平之道。先是，雍正八年因題銷未有成規，止憑頂案銷算，吏胥高下其手，乃令督撫將市價題明廷議，嗣後時價偶有低昂，必應增減者，據實聲明，部臣碻訪時價，酌中辦理，至是復申其令。其採辦銅、鉛、硝、磺，別爲篇。

紀事

（明）談遷《國榷》卷八《太祖洪武十八年》〔七月〕丙寅，命户部廳事刻天下税糧課程一歲收用之數。

（明）談遷《國榷》卷九《太祖洪武二十一年》〔五月〕戊寅，議軍民對支法。

（明）談遷《國榷》卷六三《世宗嘉靖四十一年》〔十月甲子〕監察御史林潤上言，國初支庶主繁，定例因略，今麟趾螽斯，其麗不億，視昔數百倍矣。嘉靖初，議者言河南惟一周府，今郡王三十九，將軍至五百餘，中尉儀賓不可勝計，舉一府而天下可知也。今距嘉靖初又四十餘年矣，所增可推也。天下歲賦糧供京師四百萬石，各王府禄八百五十二萬石，不啻倍之。如山西存留米一百五十二萬石，而禄米三十二萬石，河南存留米八十四萬三千石，而禄米百九十二萬石，是二省之糧，借令全輸，已不足供禄米之半，况吏禄軍餉皆出其中乎，故自郡王以上，猶得厚享，將軍以下，至不能自存，饑寒困辱，勢所必至，嘗號呼道路，聚而詬有司守臣，不惟懼辱，且懼生變。天下無可增賦之理，而宗室蕃衍不已，可不爲預計哉。今議者或言，當令親王皆如國初遼韓伊岷肅諸王之制，禄皆二千石，或云，郡王而下宜中半折支，亦如朝官例，儀賓而下如外有司例，或云，親王祖免而下，則從庶人之例，月支米三石。或云，不宜遽削于今日，惟定制于方來。或云，定子女之數，以杜詐冒。或云開應舉之途，弛商賈之禁，言人人殊。臣謂宜大臣科道集議，仍頒諭諸王以勢窮弊極不得通之意，令宗藩曉然知賦入有限，共陳善後之策，章下禮部，覆從之。

丁丑，刑科給事中陳瓚言，近日壟斷之徒，多慕嶺南饒富，得肆漁獵，雖卑而縣尉，亦不惜重金求之，膏血日殫，故有張璉嘯聚之禍，蘇松諸郡吏，于糧長之設，始立空役而索其財，已代逋負而償其賦，在坊長則有上官過客之費，在庫役則有宴餽衙吏之需，視富室爲仇，而誅求百出，用重罰爲常典，而科取不貲，即吳粤而天下可知也，乞撫按嚴禁。又閩廣之盗，流突江右，有城則可守，無城即受僇，乞撫按修築。從之。

（明）談遷《國榷》卷七《神宗萬曆七年》 〔萬曆七年六月〕户部題覆，各倉米除正耗支收外，積餘俱籍報，循環作正支收，著爲令。

《明實録》洪武十五年九月 甲戌，詔：天下府州縣，凡公署廨宇頹弊者修葺之，隘陋不可居者更新之。若體制不及而可居者，皆仍其舊，毋重改作勞民。其几榻器皿，凡官所置者，去官之日，毋輒持去，違者以贓論。

《明實録》洪武十六年五月 乙卯，置内府寶鈔廣源庫大使一人，正九品。用流官副使一人，從九品。用内官内府寶鈔廣惠庫大使二人，正九品，副使二人，從九品，俱以流官内官兼之，職掌出納楮幣，入則廣源庫掌之，出則廣惠庫掌之。

《明實録》洪武二十六年夏四月 〔乙亥朔〕湖廣德安府孝感縣言：民饑，官有預備倉糧萬一千石，請以貸民，即命行人乘驛往給之。上諭户部臣曰：朕嘗捐内帑之資付天下耆民，糴粟以儲之，正欲備荒歉以濟饑民也。若歲荒民饑，必俟奏請，道途往返，遠者動經數月，則民之饑死者多矣。爾户部即諭天下有司，自今凡遇歲饑則先發倉廪以貸民，然後奏聞，著爲令。

《明實録》宣德三年三月 壬辰，敕諭北京行部曰：朕惟京畿國家根本所係，興理之道，養民爲先。朕嗣承大統，仰惟祖宗子育之心，夙夜拳拳。爾北京行部實總畿内之郡邑，以宣政化，以共國用。比者所司每緣公務，急於科差，貧富困於買辦，丁中之民服役連年。公家所用十不二三，民間費耗常十數倍。加以郡邑官鮮得人，吏肆爲姦，徵收不時，科歛無度，假公營私，弊不勝紀，以致吾民衣食不給，轉徙逃亡。凡百應輸，年年逋欠，國家倉庾月計不足。爾惟行移文書以應故事，民之休戚，藐不在心，爲臣如此，朕何賴焉？自今應有差科，爾宜審度緩急，無一概逼迫，務以紓民力，裕民生爲心。郡邑官吏有廉能愛民或貪汙不律，爾宜詢察覈實以憑黜陟。或權豪勢要玩視公法，肆爲民患者，爾宜具以實聞以憑處治。朕爲天下主，思與四海同樂雍熙，而況畿甸之内乎？爾惟體朕斯意，謹率乃屬輔予于治，若狃於弊習，瘝官廢事，殃吾民者，國有常憲，朕不食言。

《明實録》宣德八年三月 〔庚辰〕兼掌行在户部事禮部尚書胡濙奏：南北二京文武官折支俸鈔，已嘗奏准填寫勘合，於原藉官司關支。山後人皆無原籍，及順天等八府，官多鈔少之處，於緣河船鈔内支給。且宣德六年放支未盡，七年又當關支，支鈔愈多，鈔法愈滯，請將七年分俸糧，每石減舊數折鈔一十五貫，以十分爲率，七分折與官絹，每疋准鈔四百貫，三分折與官，綿布每疋折鈔二百貫。文武官俸米每石見折鈔二十五貫，旗軍月糧見有折十貫或五貫者，請自今京官每石減作一十五貫，在外文武官、旗軍請同此例。從之。濙初建議私與少師蹇義等謀，義等力言不可，曰：仁宗皇帝在春宫久，深知官員折俸之薄，故即位特增數倍，此仁政也，豈可遵之。濙初欲每減作十貫，聞義等言乃作十五貫白而行之，而小官不足者多矣。

《明實録》正統元年春正月 〔辛丑〕户部奏：舊制民間錢糧親自送納，其有無賴包攬者，處以重刑，籍没其家。今在京官倉軍民中，多有無頼之徒，於直沽、張家灣、良鄉、盧溝橋諸處俟候送納之人經過，邀至酒肆或倡優之家，多方引誘，包攬代納。糧則用土插和，草則用水澆淋，布絹之堅厚者，易以紕薄稀鬆，鈔貫之完好者，抵以破碎軟爛，及至官司選退。納户畏其聲勢，莫敢誰何？遂至出息償官，所負愈重，錢糧不完，職此之故。今邊務方殷，供給爲重。乞敕都察院申明舊章，仍行五城兵馬，并水陸諸路巡檢司嚴加巡視，遇有此等，即擒赴官究治。其送納者，惟糧草送赴倉場交納；其布鈔等物，俱令徑送本部驗中，用該司印信鈐，給類送該庫交納。如有頓放軍民之家，及容留頓放者，一體論罪。從之。

《明實録》泰昌元年十一月 〔壬午〕内承運庫太監王虎以改造歲進叚疋，供應缺乏，開坐各省直拖欠數目，乞嚴敕速催織解。又言金花銀兩

累年拖欠甚多，上俱令該部勒限嚴催。經管徵收各官照例考成，有仍玩違者部科參處。

《明實録》泰昌元年十二月 癸亥，上覽户部請帑之奏曰：遼餉缺乏，屢次請發帑金，朕豈不軫念邊軍勞苦，吝惜不發？朕思前項發過遼餉，并助大工及登極賞賚軍士銀數百萬兩，見今内庫缺乏，况朕大婚在邇，所費不貲。昨内帑發去并該部累年發過遼餉，軍士未霑實惠。皆貪將污吏侵尅肥己，以致不敷應用。尔部便移文彼處撫按官，將發遇該鎮銀兩逐一開造清册奏聞，俟朕别有定奪，其各省直拖欠額泒餉銀，著各該撫按官嚴督有司，上緊催徵解部以濟急需，如有仍前怠玩不遵的，着該部科查參重處。

《明實録》景泰三年九月 丁未，總督邊儲參贊軍務右僉都御史李秉奏：柴溝堡見缺糧料，欲召人上納，給與萬億庫銀兩或綿花，每米豆二石銀一兩綿花四十斤，事下户部覆奏，所擬每二石給銀一兩宜如所請，綿花四十斤不無虧官，止與三十斤，米豆中半量糴三千石暫時給用。從之。

《明實録》景泰五年六月 〔甲戌〕浙江按察司副使羅箎奏：杭州等府荒歉，乞准江兩例，勸民出穀一千六百石以上者給冠帶，千石以上者旌異，六百石者立石免役，已冠帶者八品以下三百石，從七品以上至正六品六百石，俱陞一級，不支俸官事。奏下户部，請如其言，從之。

《明實録》景泰五年九月 壬戌，户部尚書張鳳等奏：浙江杭、嘉、湖、直隸蘇、松、常、楊等府被灾，臣會同少傅兼太子太師吏部尚書王直計議，當行十事以聞：一、被灾等處今年充軍粮一百三十四萬餘石，民運糧八十三萬二千餘石，宜停免。令軍就淮安常盈太軍等倉支運五十萬石，每石加耗二斗五升，徐州倉支運四十六萬石，邳州倉支運四萬石，每石加耗二斗五升，臨清倉支運十萬石，每石加耗六升，德州倉支運二十四萬石，每石加耗五升，以補盤剥之費，俱赴通州倉交納。其民運粮數，并各項起運存留馬草折銀等項，候差官踏勘灾傷至日奏請定奪。一、被傷等處，今年正月以前民間欠夏秋本色、折色、存留、起運粮草、花絨，屯軍未完籽粒，俱暫停徵，俟明年秋成陸續完納。其餘棗株、牛租課永、户口、食鹽、鈔貫、買辦皮張、野味、魚油、翎鰾，除已徵在官者，付粮里人等領解未完之數，盡行蠲免。一、被灾等處應該僉選如軍校尉力士將軍見清句逃故等項軍丁俱暫停止，候明年秋成僉解，如已僉解在官者，不此例。一、被灾等處其該追馬匹，除已追買在官，其餘未曾追買，不分年月久近，俱暫停止，候明年秋成追補。一、被灾等處官吏生員承差人等，有犯該監守及常人盗倉庫錢粮死罪，及受財枉法不枉法等項，流罪以下罪名，例該解京詳審發落者，不必解京，如例納米爲民。一、被灾處所先有犯人命強盗竊及逃軍逃民逃匠人等，并飢寒窘迫逃株山聚，屢年不行復業者，限三個月以裏自首，還職役復業，廣其自新之路。一、被灾等處官員軍民人等除先因有攬納、驅騙係官錢粮顏料見行追納者不免外，其餘一應該徵官之贓，俱免追徵。一、被灾年處但有富豪勢要之家，舉放私債多取利息，官司並不許違例追理，待豐年本利交還。一、被灾等處軍民人等有犯笞杖罪者，如在京軍民事例的决發落。一、被灾府州縣等衙門官皂隸除額設外敢有多取與者，並聽風憲官詢察糾舉具奏，取者與者並黜罷爲民。疏聞。詔允議行。

《明實録》天順三年十一月 〔壬辰〕湖廣都布按三司奏：長沙、辰州、永州、常德、衡州、岳州、銅鼓、五開等府衛，自五月至七月不雨，民之饑殍者不可勝紀。若不撫綏賑濟，誠恐患生不測。謹條陳事宜：一、被災府衛該徵税糧子粒，除京倉并王府禄米外，其該運貴州邊糧，每石折銀三錢，該運南京并存留本處者，乞悉皆蠲免。一、盡出各處官庫銀貨，依時直易米收貯，以備賑濟。其官廩量存一歲之用，其餘悉發賑濟，俟豐年抵斗償官。一、軍民傜役工作悉暫寬免，官料私債俱且停追。一、辰州等處邊儲不足，乞照往者納粟補官例，軍民人等有能赴彼納米者，或授以散官，或給以冠帶，或褒以璽書。一、湖廣所屬府州縣官，該三年、六年考滿者，俱令於邊倉上米，正佐官上米四十石，首領官二十石，將牌册於本布政司繳報，免其赴部給由。一、内外官員有坐法爲民者，能赴邊納米百石，給以冠帶歸榮鄉里。奏聞，上悉從之，仍命户部定軍民納粟則例以聞。户部議，内地納米四百石，近邊納米二百五十石，遠邊納米一百五十石者，授以正七品散官，自從七品而下遞減十石，其授冠帶而無散官，及授璽書而無冠帶者，視從九品又減十石，其立石題名者，視授璽書

者半之。上可其議。

《明實録》成化元年七月 丙寅，巡撫陝西右副都御史項忠奏：各邊軍馬、城堡、□册歲再報，官軍户口文册歲一報，未免煩費，請併省之。上命自後三歲一報，著爲令。

《明實録》成化元年十二月 〔丁酉〕敕南京總督糧儲都察院右副都御史周瑄曰：比聞南京米貴，人民艱食。兹欲發糶平價，以濟民饑。敕至，尔同南京户部尚書陳翌，亟將倉糧四萬石糶賣，價銀收貯在官，或倉糧不足，可將南京文武本色俸米預賣一二年之數。量時定價，銀一兩米三石，或二石五斗，按季如數分給各官。其糶賣之際，務在斟酌得宜。爾其盡心整督，以副朕愛恤下民之意。

《明實録》成化二年春正月 〔丁卯〕令各按察分司官：但有追出囚犯賍罰金銀布絹等物，悉起解總司，轉發布政司官庫收貯、支銷，仍歲造文册奏報，以憑稽考。

《明實録》成化二年三月 〔壬戌〕南京守備成國公朱儀等以江南北被災，饑民流移，欲暫以南京兩法司罪囚納米贖罪，及兩法司應天府賍罰銀貨，暫免解京，查送南京户部，委官收買米麥，以備賑濟。從之。

《明實録》成化二年夏四月 〔庚午〕南京都察院右僉都御史高明言：成化二年三月内，有上元縣民匠高名同妻龐氏將隣家十歲幼女縊死，烹而食之，實由饑餓所逼。守備官雖嘗奏請將法司贓銀糴糧賑濟，然四方米貴，城中又無蓄積之家，雖有銀兩艱於糴買，請發軍儲倉糧數萬石借與貧民，候秋成之時取米還官。上命户部定議以聞。

《明實録》成化二年夏四月 〔甲辰〕巡按河南監察御史婁芳陳言事宜：一、廣儲蓄。乞令河南所屬三年六年考滿官，免其赴部，於缺糧倉分納米，以備賑濟。一、息科徵。近派祭祀牛犢八十隻、黄蠟果品十七萬八千餘斤，乞候秋成日買解。一、薄賦斂。乞敕該部將各王府禄米，行令開封等府官倉收貯，按季關支，免致王府人員將小民抑勒擾害。一、蕃户口。今淮、徐、河南等處人民鬻賣男女者，沿途成群，價直賤甚，甚至夷人番僧亦行收買，乞出内庫銀帛，賫付巡視都御史，設法收贖，及禁約邊關，不許番僧人等夾帶中國人口出境，仍給價贖還原籍，令本處巡撫大臣區畫種子、牛具，給與耕種。一減轉運，查得河南成化元年年充運糧二十五萬石，比之舊數加增十萬，車脚高貴，負累人難，乞量爲存留本處倉廒，庶應用不乏。上可其奏，令户部悉行之。

《明實録》成化二年五月 癸未，少保吏部尚書華蓋殿大學士李賢言：頃因奔喪還家，所經郡縣其間民情利病，臣所目擊者，今具以聞：一河南諸郡頻年水旱，民流移餓死者，不可勝計，其未流者，倉廩空虚，無所仰給。宜將是年起運京倉糧儲存留本處，以備賑濟。一河南新鄉滎澤二縣相去百餘里，中限黄河，使客往來，乘船則風濤險阻，無所歸宿，馳驛則道里遼遠，馬多走死。宜增置中站一，以便其行。一、天津三衛要衝之區，使客往來皆取給於此，軍士困苦，亦宜增置驛站，以供其役。一、河南沿路鋪舍不均，遠者率三四十里，宜量其道里增置之，使傳遞文書不至稽滯。一、通州四衛天津三衛軍餘差役繁冗不得休息，宜暫免其採納柴炭一年，以蘇其困。一、天下衛學軍生俱無糧廩，限以科舉出身，以此不得效用，宜令巡按御史考其才學優等者視縣學例，以次歲貢，不堪者黜之。一、水路馬駕船往來，俱軍衛有司出力送往有因，而多索丁役以圖利者，宜令兵部定其數於關文，使不得爲弊，則官司易於應給，而沿河之人稍安其生矣。一、諸處驛馬俱出南方，糧户應當歲久，多至逋缺，詢其所以，則彼處縣官有賣富差貧之私，此處驛丞有得財放役之利，今宜開除令於本地民户僉補，免其糧差，不惟革去彼此之弊，亦免遠役廢事之患。一、天下守令親民之職，所關不輕，及驛丞遞運傳送之役，亦不可缺，宜令吏部自今遇有缺官，不須常選，即擬除授，令其星馳赴任，則官無曠職，而民恒受惠矣。疏入，上皆從之。

《明實録》成化二年閏三月 〔丁丑〕户部言：在京倉豆數少，宜定擬則例，令各衙門辦事吏，辦事一年以下納豆一百石，二年以下八十石，三年以下六十石，俱免考實擬當，該其辦事一年以下納二百石，二年以下一百五十石，三年以下一百石，俱免京考，遂與冠帶，依資格挨次選用，辦事官該選正從八品者，納一百石，正從九品者八十石，雜職者六十石，即依資格選用。從之。

《明實録》成化三年夏四月 〔己未〕仍命陝西贖罪糧草折銀。初虜

賊犯邊，大軍征勦，所司以糧草缺乏，奏定：雜犯死罪，并笞杖徒流者，俱納糧草折銀收贖，班師而止。至是賊既遠遁，例應停罷。巡撫都御史項忠以延慶平凉僨連疲困，凡雜辦軍需已爲優免，而邊儲不可不預備。請仍行前例，凡所屬問刑衙門，問擬輕重罪囚有應收贖者，俱折時價送布政司於各邊糧草有缺則差官分解糴買，其或價有貴賤不同，則布按二司，因時損益以爲折收之例。庶幾官民兩便。户部覆奏，從之。

《明實録》**成化六年九月**〔己亥〕太子少保，兵部尚書兼文淵閣大學士彭時等奏：京城米價高貴，莫甚此時。實由今年畿甸水荒無收，軍船運數欠少，皆來京城糴買，而商賈米船亦恐河凍少有至者，所以米價日貴一日。軍民所仰者惟官糧而已。近日户部奏，請預支兩月軍糧。是因救急之術，但糧在水次，猝急難至。在京畜積之家，因而閉糴，以要厚利者，自如也。乞命户部再將文武官員。月俸預放三月，如又不足，將東西太倉米平價發糶四五十萬石，收貯價銀。待豐年支與官軍。准折俸糧，亦宜量數發糶，以濟河間之急。此令一下，或者人不閉糴，米價可平。且荒年盜賊數多，近聞房山縣強盜四五十人，潛住金主陵内，不時出没。乞命錦衣衛密察虚實，早加緝捕，庶免貽患於人。奏入，上嘉納之。諭户部臣曰：京城米價踊貴，民艱於食。爾户部即僉京通二倉米五十萬石，平價糶之。每税米一石，收銀六錢，粟米一石五錢。命侍郎陳俊同太監韋焕尚書韓遠總其事，仍差科道官分理之。其文武官吏俸糧，可預給三月，以平米價，於是户部奏差給事中御史并本部官各七員，京城各五員，督同五城兵馬，通州各二員，督同通州委官，於京通二倉支米糶賣，若貧民無錢者，折收銅錢，俱送大倉官庫收貯，不許豪勢及鋪行之家，假托收買私積，以圖市利。違者悉置于法，從之。

《明實録》**成化七年冬十月** 丁丑，户部請以布一匹准支文武官員俸米二十石，舊兩京文武官折色俸糧，上半年給鈔，下半年給蘇木胡椒。至是户部尚書楊鼎奏，京庫椒木不足，甲字庫多積綿布，以時估計之闊白布一匹，可准鈔二百貫。請以布折米，仍視折鈔例，每十貫一石。先是折俸鈔，米一石鈔二十五貫，漸減至十貫。至是鈔法不行，鈔貫值二三錢。已是米一石，僅值錢二三十文，至是又折以布，布一匹，時估不過二三百錢，而折米二十石，則是米一石，僅值十四五錢也。自古百官俸禄之薄未有如此者。有司曚朧奏請，遂爲常例。

《明實録》**成化八年十一月**〔戊戌〕命南京文武官員折俸布暫改折豆。先是，南京户部奏，各倉料豆約計足用十有三年，以次支給，恐多腐爛。已嘗有旨，間作南京文武官吏旗軍俸糧之數。然官軍俸糧，每年兩月兼支小麥四分，一月兼支鹽二分，又兩月折支絹布。兹復間支料豆，則用愈不給。且庫藏收貯賞賜軍士布少，而京官往往糴買馬豆，宜止將料豆准京官折俸布，每年一次，待支豆既盡，折布如舊。其吏典旗軍月糧，俱仍與本色爲便。事下户部覆議，以爲料豆除存留足支五年外，餘改折官員俸布。自成化九年爲始。從之。

《明實録》**成化十一年十一月**〔癸丑〕是日，以册立皇太子禮成，詔告天下，詔曰：【略】一、在京各營、在外各邊及各處軍衛有司，原養騎操孳牧走遞馬騾驢牛并種馬馬駒，自成化十年十二月以前，一應倒失、虧欠、被盜已報在官，并查出埋没等項，盡行蠲免。一、河南、山東、陝西等處流民，多有逃往湖廣荆襄等處深山藏住，詔書到日，悉聽各回原藉，沿途官司量給口糧，所司務加存恤，優免糧差三年，公私債負不許追取。湖廣貴州等處苗蠻，多因所司失於撫字及因貧窮所迫，不得已相聚爲盜，詔書到日，許令改過自新，各歸本土安生樂業，若不改悔，仍前聚集爲非者，並聽總兵等官征勦。一、内外文武官員、總小旗有停罷俸糧者，詔書到日，照舊關支，今後各處倉官及收糧經歷守候二年之上放支不盡者，仍聽全支本等俸給。一、各處該納税糧、馬草、子粒、農桑、人丁、絲絹、户口、食鹽、門攤、商税、魚課、棗株、諸色課程、鈔貫，除已徵在官外，其小民拖欠未徵者，自成化九年十二月以前，悉與蠲免，今歲奏報災傷去處，即行勘實，糧草子粒悉與除豁，各鹽運司、鹽課提舉司，自成化八年以前該辦鹽課拖欠未完者，亦與除豁，其有被水渰没，曾經風憲官勘實者，俱免追陪。山東并順天等八府軍民，先因饑荒闕過賑濟倉糧，悉免還官。【略】一、兩廣等處軍民田土，先年被賊蹂踐占種及各處水衝沙壓不堪耕種田地，曾經官司踏勘明白遞年拖欠税糧，并逃民抛荒地土，遺下糧草累及見在人户陪納者，自成化十年以前，悉與除豁。通州

左等衛軍士採運并京衛該採秋青草束，今歲被水渰没採打不敷，曾經奏告到部者，以十分爲率減免三分。

《明實録》**成化十三年十一月**　丙子，定遼東軍餘給引納草例。先是，遼東所屬軍餘入關商販還家祭掃，俱赴巡按御史給引。引納米〔五〕石，一歲可得糧數千石。近時包攬者引狀索錢既多，而各衛保勘又加詐冒，是以軍餘給引歸者延至四五年不返。至是，都御史陳鉞上言，請以給引者改屬管糧郎中，如商賈則例。每引納草六百束，祭掃減二百束。不願上草者，每二百束納米四石，其有包攬并詐冒之徒，即加重罪。户部請如其奏。從之。

《明實録》**成化十四年十一月**〔癸亥〕户科給事中陳鯉等盤糧兩廣還，以錢穀虧耗數聞。因劾布政使周鐸、王儉，知府高橙、金純以下二十人，俱命巡按御史逮問，惟巡撫副都御史朱英，以歷任未久，特宥之。

《明實録》**成化十七年十二月**〔乙丑〕改在京文官并公侯伯明年俸禄折銀。時巡撫南直隷兵部尚書王恕奏：蘓、松、常三府被水，禾稼不登。請以米一石五斗折徵銀一兩，以給俸禄。從之。

《明實録》**弘治十八年八月**　癸酉，户部覆議南京監察御史沈賚等所言儲蓄事宜。宜令在外司府州縣贖罪贓罰等銀悉折納穀，以備賑濟。仍具册報部稽考。從之。

《明實録》**弘治十八年十二月**〔乙丑〕五府九卿科道等官合奏：各馬牛等房，遞年虚增頭匹不下數十千，濫支粮草不下數十萬。先帝深知其弊，著爲令典，每年一次敕科道官查點，以憑會計，自是歲派料草計省銀二十七萬四千餘兩。今陛下乃因御馬監太監楊俊等奏緣具奏，但令俊等查數會計，科道等官停止勿差。此端一開，百弊復作，徵求益濫，剥害愈甚，且言官交諍拒而不信，户部執奏拂而不從。當紹述之初而忽深遠之計，歛四馬之怨，徇左右之私，其爲新政之累，夫豈小哉？願體先帝圖治之意，仍令巡視草場科道官如原旨查點，寘俊等於法，以爲後戒。上曰：卿等所言良是。查點會計仍逆先帝旨而行，俊等肆焉欺弊，法當逮問，姑宥之。

《明實録》**正德三年春正月**〔壬戌〕科道官查盤各邊糧草，太子太傅兵部尚書劉宇先任大同巡撫，耗費者多，給事中胡玥，御史王鑑爲之掩飭，其接管官下鎮撫司獄。宇懼其連及，自陳：臣在彼巡撫之時，正值虜賊猖獗，地方殘破，募軍市馬，築堡修邊，歲無寧期，出入鋒鏑，萬死一生。至於收放糧草，不過提督大綱，豈能一一周悉。若果事有干臣科道，豈容不劾？况臣已授宫傅之職，委托司馬之任，伏望少垂優禮，將遠年巡撫任内事，聽與開釋。許之。

《明實録》**正德三年四月**　甲戌，先是户部請如年例輸銀，分給諸邊。有旨謂：軍屯民運諸糧草，所以供邊者，皆有常規，乃復輸銀與之，且開中引鹽，恐有盗取浪費之弊。令廷臣議處。於是户部集議，言各邊初皆取給屯糧，後以屯田漸弛，屯軍亦多掣回，守城邊儲，始唯民運是賴矣。而其派運之數，又多逋負，故歲用往往不敷，乃以銀鹽濟之。舍此似無長策。今宜令鎮巡官月覈軍馬見存及故物若干，以杜虚報冒支之弊，如納銀贖罪入監補官諸例，亦聽暫行，民運屯糧，俱責限完納，庶可以少濟邊餉。詔如議。其各邊折糧銀兩有羨餘者，仍責鎮巡官稽覈，奏報有如前任情浪費者，遣邏卒伺察，及許人告訐。

《明實録》**正德四年七月**　庚子，太監劉瑾奏：旗校訪得金華知府萬福，老疾廢事，蘇州知府鮑瓏、同知王昚貪得無耻，并乞罷黜。吏部覆奏：福年老，無他過失，宜令致仕；瓏昚贓貪，宜罷爲民。因言，瓏所理錢穀宜行查筭。巡按御史李廷梧坐視不舉，亦合有罪。上是之，令查盤錢糧。御史王翊逮瓏，查治之。廷梧令自劾。

《明實録》**正德五年正月**〔戊午〕初，孔廟修建牆垣，歲久未完。有旨：查原派銀數，并支用剩餘既，又謂其間宜有浪費，仍查原奏并歷年巡按御史及各官因肆侵欺者以聞，牆垣且止。於是，工部移文山東備查。始奏修廟會計過多，則都御史何鑑覈題續修；則都御史朱欽、王儼增修碑亭顔廟；則都御史徐源，同奏估計；則御史余濂、劉紳，布政王沂、劉聰，參政陳良器，按察使劉宇，僉事馬鸞，都指揮王瑾承行；經該則布政曹元、張泰，參政杜整、倪阜，參議程愈、毛珵，副使邵賢，僉事楊壽、李宗泗、黄繡，知府龔弘、胡璟等歷年巡按刷卷則；御史高崇熙、劉芳、陳璘、陸稱、金洪、曹來旬、胡節、趙縉、盧翊、孫恭日久怠

事，失於舉呈。則布政劉璟、賈錠，參政李祿，參議劉鑑，僉事袁經、毛廣、查煥，知府鄒韶、趙繼爵等具以名上，且言各官於法固宜逮治，然銀數既各查明，剩餘又已解部，而又多陞遷事故，宜量示罰懲。乃罰鑑米千石，濂等八百石，欽等并源六百石，元、崇熙等五百石，璟等三百石，俱輸寧夏倉。其除名謫戍病故者，減半，軍職并州縣佐貳官，俱宥之。是時罰米多至千，少亦數百，人情不堪。惟鑑後陞南京兵部尚書，乃以奏懇獲免。

《明實録》正德九年九月　庚申朔，户部會議巡撫官所上事宜：一、各處兑糧稽緩，宜令司府州縣掌印管糧官十月内開倉徵完，十二月内運送交兑，仍敕監兑官於十一月内至水次督併兑完，赴京復命，次年正月終未完者，監兑官劾治之。一、舊例過江脚米一斗三升，近減其三升，宜復仍舊。一、輕賫銀兩，務令有司隨糧徵足，方許出給通關，庶使脚價有備，運軍免於稱貸；其上運官軍敢有需索有司糧里酒令財物，以致争攘耽誤者，重治其罪。一、舊例運糧官軍有犯除強盜人命重情，餘俱待糧完之日勾問，宜申明遵守。一、天津以北，須用雇船剥淺，近者，船户率高價取贏，而運軍受害，宜行管河郎中副使禁約區處。一、添設淮揚二府巡捕通判一員使管運河道，官各得顓職。一、裁革湖廣巴陵縣税課局，併其税於岳州府税課司。詔皆從之。

《明實録》正德十三年十一月　〔癸亥〕户部議覆整理糧草，兵部右侍郎馮清所奏事宜：一、生員納銀入監，再開五百名，其等第如十二年十二月所定。一、遣官會同河東兩淮巡鹽御史督運司官，將正德十二、十三年在場掣割私餘囚徒，水鄉車户等鹽并移咨兩浙，將十三年開剩額鹽四萬五千九百餘引，并掣割私餘囚徒等鹽，俱變賣解部，以輸各邊。一、文武職官有犯納銀免罪及軍職該立功者，仍如十二年十二月所定事例。一、在外都布按三司知印承差吏典併在京者，各以歷役淺深納銀，免辦免考，並許民間子弟納銀參充。詔皆從之。

《明實録》正德十六年七月　〔甲子〕罷鎮守宣府總兵官署都督同知朱振回衛閒住，以御史吕彝劾其那移借支，浪費軍餉故也。

《明實録》嘉靖十五年正月　〔甲戌〕户科都給事中常序言：捍敵者兵，養兵者食。今日非兵食不足之患，惟在圖難于易預處之耳。臣每見各鎮乞計與該部查覆之奏，所入之額，每縮十僅得其六七，所用之數每贏十常愈其八九。轉輸有限，支費無窮。臣等待罪該科，竊以爲憂，謹條爲興治補弊八事，以俟採擇：一、嚴課科以催逋負。自嘉靖七年至十三年，各省民運所逋，動以數萬計，宜申明嘉靖三年欽定事例，一應違誤，人另住俸，降級參提問，發責各撫按俱從實舉行，若仍前姑息，治罪不貸。一、權查貸以補蠲租。嘉靖十三年以災傷減徵，各鎮運屯額税十分之五，實用不可缺者，未經别項措補迄今遂爲積欠。故各鎮奏討紛紛，執以爲詞，宜令各該撫按官將所屬郡邑一應堪動錢粮抵補。一、時解送以便糴收。凡年例鹽不必俟其遣官奏討，著爲定制，每年于正月以裏，該部径自題發，使得及時召買本色粮料，分發緊要城堡，則緩急有備。一、搭鹽引以通中納。各運司鹽利不同。浙蘆等鹽商不樂就，雖搭淮鹽兼中猶不肯趨。自今開派額鹽，須兼派各運司之鹽分發各鎮，令通融會計，寬擬斗頭，視各鹽品以爲低昂。庶商販樂從，所輸必富。一、籍熟田以裨餉計。宜會各鎮屬分守官督令州縣衛所掌印官，將逃亡屯丁耕菑熟田、及肥沃地土，宜于開墾者，或撥給空閑餘舍，或召佃浮著人户登記在藉，量爲征派，仍蒐侵没、杜影射，治豪猾之占據者。一、增額派以撫新軍。自疆埸多警，各鎮設添游兵，招募土著，抽選家丁，增益守哨，數溢伍籍且倍。而粮額猶昔，無惑乎所在之告匱也。宜令户部籍上增兵之數，討論兵食，兼足經久之方，或即于前項成熟開墾侵没之田，酌筭起科，用糾各鎮之力。一、卹貧乏以覃恩典。守墩出哨軍士，特爲艱苦，宜于額給粮餉外，優加犒賚，著爲定制。庶可得其死力。一、防侵尅以慎國儲。束芻粒粟，咸出民脂膏，爲軍命脉，而本管有侵漁之弊，支放多尅減奸，是致官無羨儲，軍鮮實惠。宜申明律例，峻爲之禁。章下户部覆議，從之。

《明實録》嘉靖二十八年八月　〔己亥〕是時，邊供繁費，加以土木禱祀之役，月無虚日，帑藏匱竭，司農百計生財，甚至變賣寺田，收贖軍罪，猶不能給。乃遣部使者括逋賦，百姓嗸嗸，海内騷動。給事中張秉壺以爲言。户部覆議：天下財賦，每年實徵起存之例，夏税、秋糧、馬草、屯田、地租、食鹽、錢鈔、税課、鹽課、門攤之類，各有定數。成化以

前，各邊寧謐，百費省約；一歲出入，沛然有餘。今則不然，京通倉糧歲入三百七十萬石，嘉靖十年以前，每歲軍匠支米二百八十萬石，廩中常有八九年之積，十年以後，歲支加至五百三下七萬石，抵今所儲僅餘四年。太倉銀庫歲入二百萬兩，先年各邊額用主兵，年例銀四十一萬餘兩各衛所折粮銀二十三萬餘兩，職官布絹銀一十一萬餘兩，軍士布花銀十萬餘兩，京營馬料銀一十二萬餘兩，倉場糧草銀三十五萬餘兩，一年大約所出一百三十三萬，常餘六十七萬。嘉靖八年以前，内庫積有四百餘萬，外庫積有一百餘萬。近歲米除進用、修邊、給賞、賑災謂項外，每年各邊加募軍銀五十九萬餘兩，防秋、擺邊、設伏、客兵銀一百一十餘萬兩，補歲用不敷。鹽銀二十四萬餘兩，馬料銀一十八萬餘兩，商鋪料價銀二十餘萬兩，倉場粮草銀五萬餘兩，一年大約所出三百四十七萬，視之歲入常多一百四十七萬，及今不爲之所，年復一年，將至不可措手矣。且今生財之道既極，計惟節用。請敕中外諸臣，就職論事，專意清理，務求節財助邊，訏謀實事。仍令兩京户部并工部太僕、光禄及直隸各省司府衛所，以及遼薊宣大陝西諸邊，每歲終將一年出納錢穀修成會計録，於内分爲四目：一曰歲徵。如府庫監局倉場，額派錢粮幾何？一曰歲收。如收過本年，先年額徵錢糧完欠幾何？一曰歲支。如本年用過各項錢糧，於歲派額數增減，相當幾何？一曰歲儲。如本年支剩存積錢糧幾何？務令簡明，進呈御覽，以爲通融撙節之計。至於各處積欠，京儲、蘇、松、江浙，多至六百餘萬。本部近遣司屬督徵，業已年餘，完解甚寡而姦頑煽惑，訛謗百端。宜如該科議，取回移文撫按諸目專責，各府縣正官督理勒限完解，仍以催科勤慢爲舉劾殿最，其起解錢糧。悉令當官驗記完足，僉役解發，按季報部，用革攬頭侵冒等弊。得旨允行。

《明實録》嘉靖二十九年七月 庚申，詔以陝西巡撫及巡茶御史三司各道贓銀，并户口鹽鈔商税，收復王府，奏討山場税課河泊花利補給秦韓肅慶四府禄粮，四時府宗室八百餘人，積欠禄粮數十餘萬。撫臣以聞，故有是命。發太倉銀五萬兩，并借寧武等關邊儲銀五萬兩，于大同鎮充明年年例。三萬五千兩于密雲，三萬五千兩于昌平備客餉。

《明實録》嘉靖二十九年十一月 庚戌，從御史楊選言，令有司置富民助邊者，藉有能輸粟至二千石，銀千兩者，官爲建坊以表其宅，若合數人共輸粟數千石，銀千餘兩者，共建一坊以表其里。是時以邊餉不充，户部又開監生遥授各衛所納級事例。監生歷滿注選，未及一二年，願遥授在京七品，如光禄寺署丞等官者，納銀五十兩。在外七品，如布政司都事并州判等官者，納銀三十兩，以上各名送吏部給劄遥授。錦衣衛舍餘小旗校尉軍匠願納冠帶總旗者，銀三百兩；納署百户者，一千兩；署副千户者，千五百兩；署正千户者，千九百兩；署指揮僉事者，三千三百兩。總旗願納署百户者，銀八百兩；署副千户者，銀千二百兩；署正千户者，一千七百兩；署指揮僉事者，二千二百兩。百户并所鎮撫願納署副千户者，銀七百兩；署正千户者，九百兩；署指揮僉事，一千八百兩。副千户願納署指揮僉事者，銀一千三百兩。正千户願納署指揮僉事者，銀一千二百兩。以上送兵部奏請填注。本衛所銜門管事俱照署職關支，月俸仍辭。子承襲一輩，其在京在外納級千、百户、指揮等官，并缺缺引禮、典膳、良醫，及援例監生，願改納錦衣職銜者，除厚納銀兩外，許令照總旗數加納，亦署職。子承襲一輩，添註本衛所管事，中間有弓馬熟閑，才略出衆者，許送軍門，報效有功，一體陞擢，例限三十二年終止。

發太倉銀十五萬兩于宣大二鎮，五萬兩于山西寧武關等處備客餉。户部復給事中姜良翰條陳理財事宜。一、南京户、兵二部銀積多用少，請將户部銀預行借用以續派浙江等處倉粮并收兑，正附米徵折色補之。量發兵部銀一半濟邊。一、各省并兩直隸缺官俸給、柴薪、馬夫銀歲辦内府錢粮餘銀，三河處等積負御馬草場租銀，宜盡行查解。一、請行各運司酌議鹽課，或於正鹽引之外量加浮引一二千引，或於每引量增餘鹽，限季終定議以聞。一、邊復荒蕪田地及京東瀕海淤壤，宜募民開墾。從之。

《明實録》嘉靖三十年正月 丁未，户部言各邊召募兵馬日增，供費不給，宜通融酌處，廣求足用之術。如北直隸、山、陝、河南、廣西、貴州省及淮、揚、廬、鳳、徐、邳諸州郡或已募兵，或各修邊，或有雇募，難以復議。其餘可依坐派京料銀以多寡爲差，應天府三萬，徽州府三萬五千，寧國府二萬五千，池州、太平、安慶各二萬，蘇州府八萬五千，德和

州、滁州共九千，浙江十五萬六千，江西十二萬，湖廣十四萬，四川十五萬，福建十四萬，廣東十五萬，雲南五萬六七千三百四十。歲限十月以裡，解部支用。違限三月者，司府州縣掌印官、粮官住俸。半年以上者，參究降黜，候邊方事寧停止。報可。

《明實録》嘉靖三十年十二月 〔癸未〕户部言：今天下歲入粮草折銀及餘鹽價銀共二百萬，而各邊所費已六百餘萬。皇帝俯從臣等議處增鹽課，徵粮銀，廣開納，查贖鍰，舉天下一切應徵、應取之數而盡括之，僅供終歲用，來歲以後費將安出？請嚴諸衙門所屬官員、儒士、廚役、官校酌議裁革，仍將本部錢粮歲所出入盈縮之數，撮其大綱，籍進仰偹睿覽，亦使百司庶府咸知此數，各爲公家惜財。凡一切泛用，不得任意派取，庶可爲經久計。詔從之。

《明實録》嘉靖三十一年二月 〔丁丑〕河南撫按官以宗室禄糧缺乏，奏乞量留德州倉糧二萬石，每折銀六錢補之。其本年應解京邊粮草餘銀及本省各項事例銀，俱乞暫免。解部報可。

《明實録》嘉靖三十一年五月 〔庚子〕户部議覆給事中李幼滋上蘇鎮軍儲二事。一、該鎮地方極衝，如昌平、密雲，次蘇州、通州，次三河、順義、良鄉、涿州、房山，應備錢粮，當以次增補。其他內也，不得援例多給。一、本鎮粮芻，商人每以二三月間鋪銀，市之地處，道遠費多，公私兼累，今宜以秋冬發銀，倣和糴之法，專責兵備等官經理，巡御史查盤。此外不得多差冗官，以滋民擾。從之。

《明實録》嘉靖三十一年七月 辛丑，户部議覆給事中王國禎條陳節財用六事。一、邊軍給賞，宜視其地之遠近，時之久速爲差，不得令內地官軍援例妄乞。一、各邊官軍有斬捕虜首功，撫臣即請行賞，毋致稽遲。一、各營衛、監局，光禄寺等衙門所造支文册類皆收涂不清，名粮互異，宜查覈。一、內府庫局香品布添等料及各倉場粮草，往往商牙官吏並倚爲姦，輸納已完，必俟價高時始出。通關實收，積以毫釐，動成千萬，亦耗財之一弊也！宜禁革。一、請行各鈔關徵銀解部，接濟邊儲，候邊少寧，仍徵錢鈔本折輪解。一、召買珍珠及紅花、棗饅等物，併入佑簿，隨時酌定價銀，使物價不得勝踴。一、倣《周官》月要歲會，每年終括財賦出入之數，登籍進呈，以稽盈縮。得旨，鈔關本折仍輪解，餘如議。

《明實録》嘉靖三十二年四月 〔丙子〕光禄寺卿賓一桂奏：工部原借本寺銀三十四萬餘兩，今供應不敷，請補還。令工部言：部貯、寺儲，俱朝廷錢粮，邇因大工繁興，通融措用，豈宜責償，第即既稱缺乏，請以節慎庫見銀一千六百餘兩，待追完逋負，共□五萬兩還之。報可。

《明實録》嘉靖三十四年六月 〔乙酉〕上諭户部曰：朕聞宣大二鎮，米價騰貴。其北直隸、山東、河南麥熟之處，或可倣昔人平準法以濟民饑者，當急計行。户部奏：宜差户部主事二員，賫銀收糴，在山東者運至通州以備宣府，在河者運至易州以備大同。再容臣等酌議，轉輸居庸，懷來、紫荆、代朔等地，以濟饑饉。報可。

《明實録》嘉靖三十四年七月 戊申，命查太倉中庫積貯之數，户部奏，先年財賦入多出少，帑藏充盈。續收銀兩，貯於內廡，以便支發。中庫所藏不動，遂有老庫之名。嘉靖十八年後，因邊方多故，支出八十八萬九千兩有奇，今實存一百一十三萬六千兩有奇。上曰：中庫所貯，爲備緩急之需，務足一百二十萬之數。非有旨欽取，不得妄用。

《明實録》嘉靖三十五年正月 〔乙丑〕河南宗藩禄粮缺，户部請以本布政司今年均徭銀內量留五萬九千九百餘兩，并續收事例銀一萬餘兩，共七萬兩給之。因言近者周府輔國將軍湜請定禄米價，石止三錢，冠服府第銀亦減其半，各以其餘貯庫補備邊，本部已行撫按會處未報，夫價既在三錢爲準，其放支又以一季爲度，庶幾處補易辦，出納有方。宜先以見以禄粮及今所議者先放一季，少濟目前之急，俟其積貯少充，復補給一季，無致遲延生怨。巡撫等官查所屬商販，輳集舟車絡繹之所，按季收稅解司，以備補給。它如黄淮二河，新舊退灘，南陽諸衛，新增屯田，各府無粮田地數至十餘萬畝，皆可起科，宜通行撫按司、道、府、州、縣官勘處，以地方之財，周地方之用，甚便。詔可。

《明實録》嘉靖三十五年三月 〔庚午〕户部以國用不足，奏請推廣開納事例。凡內外生、儒、吏、農、軍、匠及文職罷閒官，俱得入財論叙，以濟邊儲。得旨，文官坐事考察爲民者，不准開納。餘如擬。

《明實録》嘉靖三十五年六月 丙午，工部奏：本部舊無額辦錢糧，

遇有營建，旋行泒納。即今工作繁興，查營繕都水二司錢糧，各省累年逋負無慮二百餘萬，乞行各巡按御史勒限徵解，交刑部都察院并各處撫按贓罰總理。河道樁草應天府黄册罰贖。汀漳軍門榷税、廣東橋梁等項銀兩通行借用。報可。

《明實録》嘉靖三十五年六月　乙亥，上諭户部：山東所煎礦銀，俟足一萬兩方進一次，并令雲南布政司以庫貯銀十萬兩進。

《明實録》嘉靖三十五年六月　乙丑，發河南、懷慶、開封三府庫銀六萬五千兩給延綏鎮主兵，真定、保定、順德府銀五萬八千八百五十五兩給山西鎮客兵，以户部奏提編均徭銀徵納不前，請就近給軍故也。

《明實録》嘉靖三十五年六月　壬寅，户部主事任之賢進四川礦石、礦砂、夾石、銀脉夾金礦石并麩金七十九兩。

《明實録》嘉靖三十七年二月　戊申，户部覆南京户部尚書馬坤等議處經費五事。一、改徵積欠南粮。自嘉靖十六年至三十年，各照本省原折加銀一錢，以十分爲率，每月帶徵三分貯庫，候官軍放粮除二月十月照例每石給銀五錢外，但遇米賤時，更許折放一月，酌量時價，以爲增減。若米價過于三錢，仍支本色。一、湖廣、浙江額派絹疋以折武官俸及江西徽州苧布以賞軍士者，近多濫惡，且庫貯可支六七年用，宜暫折徵。絹一疋，徵銀七錢。苧布一疋，徵銀二錢。及折給武官軍士，絹以五錢，布以一錢五分爲則。一、議放屯粮折銀以充官軍月粮。其法亦在米賤之時，每年量放一月，每石折銀二錢五分，與拖欠改折之銀相兼抵補。

上元庫原貯折蓆碎蓆等銀，以備修倉之用，其草價餘銀係本部經費，不得一概寄庫以起那借之端。一、南京四門守衛官軍倉粮見存八年之積，置之無用，請將近年收過一年原額一萬八千九百數存留在倉，以備中衛官軍一年口粮，其餘盡充各衛，月後坐派四門。新粮一萬石留南京。專給門軍，八千九百石折銀解部。上允行之。

《明實録》嘉靖三十七年二月　〔癸巳〕詔減南京光禄寺錢粮穀二百十石，牛料黄荳三百石，麥一百三十石，菉豆二十石。從本寺卿趙貞吉奏也。

《明實録》嘉靖三十七年四月　丁亥，命兵部左侍郎閔照兼都察院右僉都御史督餉右衛，時右衛被圍久，户部前後所發餉銀已三十餘萬兩。既而，因給事中徐浦之奏，乞運紫荆關浮圖峪米豆二萬石。因御史欒尚約之奏，又發主客兵銀十四萬兩。使者相屬于路，事權不一。會照以督餉行給事中趙鏘等因請令户部悉計新舊粮銀已發未發之數，俱委照覈實以聞。報可。

俄山東臨清州解侵尅官銀五千兩至，詔即以其銀付照添布芻餉。

《明實録》嘉靖三十七年四月　〔丙午〕兵部以太僕馬乏，請增損嘉靖三十一年開納例，展限三年。一、京衛武學生有願輸財買馬，入監已應試，納銀二百四十兩。未應試，三百二十兩。在外軍舍餘入京遇例者，如未應試之例，待勘，詐者没入。一、有願乞冠帶榮身，二十兩。詔如議。

《明實録》嘉靖三十七年四月　〔癸未〕初，遼東大飢，已發銀五萬餘兩賑之。上意未慊，詔再發户兵工三部庫銀一萬兩，命御史吉澄往賑。未幾，又以巡按御史周斯盛之奏，復發二萬兩趣澄，疾馳至鎮，給之。

《明實録》嘉靖三十八年八月　〔甲子〕巡撫遼東都御史侯汝諒奏：遼左地方濱海臨夷，水陸艱阻。徃時雖罹災害，或止數城，或僅數月，未有全鎮被災，三歲不登如今日者也。臣被命入境，見其巷無炊煙，野多暴骨，蕭條慘楚，目不忍視。問之則云：去年凶饉，斗米主艱八錢，母棄生兒，父食死子，父老相傳，咸謂百年未有之災，于時布種入土，遺民盼盼方望有秋。乃夏秋之交，霪雨田虫交相爲蠹，今西成在候，斗米猶主七錢。冬春之交，又不知當作何狀？臣憂惶待罪，計無所出，乞如大同右衛例簡命大臣入出内帑金錢以拯此一鎮生靈阽危之命。上聞而憫之，詔户部即發太倉粮六萬兩，選差御史一員，亟徃召糴，設法輸運，務濟百姓之急，歲終仍給發牛具銀五萬兩以備來春佈種。

《明實録》嘉靖三十九年四月　庚申，上諭閣臣曰：昨户部言續支米賑京師飢民者，至四月終止。餘者還倉。朕思所餘無幾，徒勞徃返耳。其悉以賑民。巡青科道官丘岳等上言五事：一、給價值以示優恤。京城内外各倉場粮草銀，仍於每年會計之後，立限追徵。夏不過六月，秋不過十二月。專備給商之用，不得聽有司借支。一、清常賦以足商價。草場子粒與歲派折草銀兩及馬牛頭畜之數，舊額無改，而經費日虧，非清其弊源，申嚴逋欠之罰，恐會派日增，歲入日少，商人終不□□。一、稽實數

以省虚費。請差科道官清查御馬監馬匹實在數，在數目即定爲支給草料則例。一、訪物價以平時估。山東、河南二督粮官及宛、大二縣估計價銀，必虚心体訪，以時低昂，毋令吏胥得高下其手。一、定僉换以均差役。請令五城御史并順天府官與巡青科詳議商人貧富編差，毋爲權勢所阻撓。得旨馬匹免查，餘如議。

《明實録》**嘉靖三十九年四月**〔庚申〕從大同巡撫李文進議，太倉銀二萬六千兩給鎮墩軍召買本色行粮，後不爲例。又以年荒，粮草價高，令再發銀萬九千餘兩濟之，俟六月時估稍平，再行議減。

《明實録》**嘉靖三十九年九月**〔壬申〕預開嘉靖四十年各邊額泒并存積水鄉本工折布等鹽一百八十萬九千四百五十八引有奇。

《明實録》**嘉靖三十九年十二月**〔庚戌〕户部以國用不足，請令各司府州縣將積錢逋粮備造文册，於四十年朝覲之日，送部恭治，改折工北等處，馬匹四十年至四十一年，每匹銀三十兩，以半解太僕寺，以半解户部。其各處税契銀、商税銀及缺官俸薪與吏承納班銀，漕粮加折加耗，席板銀減存料銀，悉行查解濟邊。報可。

《明實録》**嘉靖四十年正月** 乙丑，初，上從兵部議，命歲發帑銀三萬兩充薊鎮撫賞屬夷之用，已，户部復稱錢粮缺乏，議止發銀六千，其餘以該鎮租銀香錢之類補之。至是，諸夷索賞數多，各關提調費無所出，乃私借募軍銀及剋減月粮給之。總督尚書許論以爲此猶剜肉醫瘡，勢必糜爛，乃上疏請户部歲給銀一萬二千兩，兵部更給馬價銀三千兩，餘乃取之本鎮軍租贖鍰及香課諸銀，毋得重累貧軍。下兵部覆可，從之。

《明實録》**嘉靖四十年四月**〔丁未〕初，給事中梁喜龍查理延、寧、甘、固、洮、岷等處錢粮，論列延綏西路管粮道僉事王用賢、寧夏管粮道僉事王三接分巡西寧道副使王繼洛、洮岷邊備道副使孟養性各虧折耗損之罪，工命巡按御史覈實奏聞。至是，御史李秋補籍耗損多寡，第爲四等，三接最多，繼洛次之，養性次之，用賢又次之，吏部覆聞。

上曰：各官專職邊餉，稽察不嚴，以致官攢人等侵牟爲奸，三接姑奪俸半年，繼洛、養性、用賢各遞減一月。

《明實録》**嘉靖四十年五月** 癸亥，禮科右給事中沈淳奏：往年户工二部偶因時詘事繁，暫開乞運納級諸例。本出一時權宜之術，今行之數年，尚不議罷。臣竊謂此法利不償害，宜下二部詳計。如帑臧稍贏，即可盡罷，以塞冒濫。必不得已，宜且暫開王府紀善以下及三司府衛首領等官與入監遥授等例濟用，其京官及有司親民之官不得一概納授。户部覆如其言，報可。

《明實録》**嘉靖四十年閏五月**〔癸巳〕户部奏浙江等省、蘇州等府歲派内庫銀一百餘萬，自嘉靖三十年至三十九年止，積逋至三百四十八萬有奇，請旨行催。有詔令撫按官嚴督有司刻期徵進，如再有逋慢者，參治不貸。

《明實録》**嘉靖四十一年三月** 丙申，詔免山西民兵入衛，人徵銀五兩，輸之薊鎮，以充修理軍器練軍犒賞之費。山西民兵歲以三千人入衛，至是，總督楊選言其老弱不堪濟緩急，乃有是命。

《明實録》**嘉靖四十一年三月**〔甲午〕定改折糧銀違限降黜例，自今年始，各撫按及監兑主事嚴督各司府州縣掌印管糧官依限徵完改折糧銀同本色解部。四月終折銀不完者，同正月無糧例，府州縣官各提問住俸半年。五月終不完者，同二月例，各提問住俸一年。六月終不完者，同三月例，各提問降二級。七月終不完者，同四月例，不分多寡，并布政司掌印管糧官一體提問，各降二級送部別用，俱監兑官同巡按御史查參。

《明實録》**嘉靖四十一年七月** 癸巳，户部奉旨集廷臣議上理財十四事。一、省兵食。國初歲派邊儲足供歲用，原無請發帑銀之例，後緣邊疆多警，或廣招募，或增營堡，額泒錢糧支費不敷，始不得不仰給于京儲矣！然考嘉靖十八等年各邊歲發僅及五十九萬，今且增至二百三十餘萬，計所費已浮於歲入之額矣！而況内府供億，百官折俸京營草料之需胥此取給，司計者將何以應之？今欲建立經久之計，自加賦外惟有選兵而已，宜行各督撫官親詣各城，從實揀選，汰其老弱虚冒以還先年主兵原額。諸新設營堡，查非要害，即當隨宜省併，其京營軍士亦宜會總協戎政官一體清查之。一、慎調遣。近來各邊或無故調遣，或假名按伏，因而乾没軍餉，其費不貲。自今當令審機宜，遠間諜，有仍前弊者，巡按御史參奏。一、先節約。各邊督撫爲衆屬領袖，宜躬行儉約以振風紀。凡自便之私

交，無名之浪費，一切罷之。一、完積逋。各處所欠京邊錢糧，且行各巡按御史遵近奉敕書，嚴加查覈督催，每兩月將徵完逋賦一次起解，仍按季籍其各司府州縣完解銀兩數目，官解職名，及起程日期呈院咨部，以憑稽考。一、清屯糧。國初邊儲惟取之民屯，兩運京運不過濟其一時偶乏而已。近來管屯各官曠廢職守，屯地既多荒穢，催徵又不以時，縱容官軍侵欺拖欠。邊儲窘匱，此其弊源。乞嚴飭所司，將各附近屯田設法開墾，以時追徵，務使各鎮應納屯糧悉復原額，毋得仍前怠緩。一、議收放。京營馬匹舊有下場牧放之例，後因郭勛亂政，乃盡令仰秣太倉，歲費帑銀以二十一萬計，而京營牧地銀兩復充五軍營費，以其餘解太僕寺，殊非所宜。今應備查前銀，自管用額外，每年盡解太倉。其北直隸歲徵牧地銀，南直隸歲徵草場租銀共計三萬二千餘兩，宜斷自明年始，聽户部借支三年以充前項草料之費。一、均修邊。各邊修築銀兩舊例專隸兵部，取之馬價，户部佐之，後因馬價匱乏，乃暫議以十分爲率，户部給七分五，兵部給二分五。今馬價稍充，太倉屢匱，宜調停酌議，行督撫官每遇修邊，除動支該鎮贓罰及無礙銀外，户部給十之七，兵部給十之三，仍禁所司毋得冒破。一、停外例開納事例。户工二部並行，今大工已完，工部事例除在京者另議，其在外監生吏農等一十二條俱應停止，悉依户部推廣事例輸部濟邊。一、處銅價。寶源局鑄錢物料例於丁字庫出辦，後以庫貯缺乏，權行户部借給，遂襲爲常，宜行各司府將會派銅料之數悉輸該庫，勿復借支。一省供應。甲丁等庫每年坐派各項錢糧俱係各司府徵解，近因官司怠玩，徵解愆期，供應不敷，乃移檄户部，召商辦納，歲費大約一二十萬，殊損國計，請自今除香蠟照常召買外，其餘盡責之各該坐派司府。勒限完納。一、杜奏留。嘉靖三十七年，本部會議所取在外各項銀兩專爲濟邊而設，各巡撫乃一概奏留，殊失初意自後宜勿許。一、議補助。各處解額原係正費，近奏留既多，則正費自不能盈，宜查取南京江濟二衛水夫每年工食銀，十分之六仍歲徵，河南庫貯河夫銀五萬兩以補不足。一、議漕銀。河工銀兩原係漕糧耗米折銀，例當同扣省等銀解部。其節年侵欠，仍行嚴法追補。一、定稅法。稅契商稅爲利甚愽，乃□所綜核，致多侵費，宜行各撫按悉心查理稅契，每年類解商稅，每半年一解，有侵匿者令巡按御史叅奏。疏入，上允其議。仍以近年邊餉侵冒多端敕各督撫官正己率屬，釐革積弊，違者聽部臣并該科參治。

《明實録》嘉靖四十一年十月〔辛酉〕户部以邊費不足，條上開納事例。凡郡邑弟子員及俊秀子弟願入監者，監生預納兩京職銜及願授諸王府官者，光禄寺廚役及樂舞生，引禮舍人禮生願補典膳典寶等官者，軍民願納在京七十二衛所試署武職及遥授虚銜者，軍職問發立功願贖罪者，監生欲免歷者，與省祭吏員欲辯復者，陰陽生、醫生、僧道各欲本等官者，吏典參撥者，陞參改參，免外歷、免考試、冠帶者、承差、知印、加納、改納者，各納銀多寡有差。得旨，軍職贖罪及監生、省祭吏員辯復不許行，餘如議。

《明實録》嘉靖四十一年十二月 乙亥，户部覆御史顔鯨言漕運六事。一、議改折。太倉見貯本色米不供二歲之用，請將明年二月分官軍月粮每石給銀五錢。工作班軍每月米四斗，給銀二錢。一、議職掌。每年正二月間令漕運都御史專駐淮安，與總兵官一體經理運事，俟春汛至日方赴揚州。其漕運參將權輕不便彈壓，宜量假錦衣衛職銜。一、議羨餘。各該運官但有漂流粮米，所在官司速爲具奏，務在交粮之前到部，以便收受。仍劄付通倉坐粮郎中，凡運官呈解輕齎銀兩。候粮運畢日即將羨餘二分給軍，以示優卹。但有漂流掛欠，不得一概混給。一、議監兑。各監兑主事與巡按御史嚴查有司過限無粮大户私囤柿和、軍船過期不到，官旗故意刁難等弊，径自逮問，每年俱於四月内類奏。一、議陞遷。凡把總指揮等官必待粮運已完，查無掛欠，曾經保薦者，方准送兵部推陞，其餘不得朦朧咨送。一、參遲悞。浙直應留輕齎銀歲終未至，乞行巡按御史按治如律。報可。

《明實録》嘉靖四十三年閏二月〔壬午〕改南京倉米三十萬石，每石折銀八錢，以五錢留南京，三錢發薊鎮充標兵月粮。

《明實録》嘉靖四十三年四月〔丁丑〕以薊鎮新增軍餉不充，户部奏開穵運事例。凡歲貢監生選期未及，預授光禄寺監事、鴻臚寺署丞俱三百五十兩，序班二百兩，上林苑監署丞四百兩，録事二百兩，京衛經歷二百兩，在外都布按三司，經歷都司正斷事俱五百兩，副斷事四百兩，都事

知事三百兩。布政司副理問四百兩，布政司、都事、按察司、知事俱三百兩，布按二司照庶檢校二百五十兩，各府經歷二百兩，知事照磨一百五十兩，檢校一百二十兩，外衛經歷一百六十兩，行太僕寺苑馬寺主簿二百四十兩，鹽運司經歷三百兩，鹽課副提舉，煎鹽提舉各三百五十兩，鹽運司知事二百五十兩，煎鹽副提舉三百兩。其在部聽選儒士應除鑄印局大使，副使及府檢校，願加納鴻臚寺署丞五百五十兩，序班三百五十兩，上林苑監署丞五百五十兩，録寺三百五十兩，京衛經歷五百兩，願加左外從八品鹽運司知事三百五十兩，從七品外衛經歷四百五十兩，其吏員出身左部聽選欲得搭選者，凡加納考中從七品及上粮并加納上粮從七品聽選半年以下一百六十兩，考中正八品、正九品、上粮正八品、加納考中正九品，聽選半年以下八十兩，每多半年各減銀二十兩，加納考中正八品加納上粮正八品考中并加納考中從八品上粮從八品聽選一年以下一百二十兩，每多一年減銀二十兩，以上減銀至四十兩不許再減。上粮正九品從九品考中并上粮二等雜職聽選一年以下六十兩，每多一年減銀十五兩，減至三十兩不許再減。如遇告納，行吏部查明給文親賫前赴薊州、密雲管粮郎中處查照所納銀數照依該鎮時估上納本色粮科草束，完日取實收到部咨送吏部監生預授職銜暫令冠帶給劄回籍。如有已經給文到部者，照舊收選。儒士挨次選用，吏員聽選者即與見設入選之人每十名搭三名相兼選用。其開納之數，監生、儒士以三年爲止，省察以一年爲止，仍劄付各管粮郎中每月終將上納過粮科草束銀兩數目呈報本部查考。上允行之，仍令講求足國裕邊之要，毋專恃此以爲長策。福建巡撫都御史譚綸以王倉評祭丕嶺捷聞詔先賞綸與總兵戚繼光銀幣，其有功者俟勘至併叙。

《明實録》嘉靖四十四年正月　〔己亥〕户部議覆巡關御史陳省條陳薊鎮粮餉六事。一、永平、燕石二區軍餉，上半年先給以本地屯粮，如本色不足，則量歲豐歉支與折色，又行馬太二區，一體遵行。一、薊鎮軍粮原派民運京運等銀支給，今燕、石二區既分屬永平一路，各省府錢粮亦宜通融均派，不宜偏坐積逋之地。一、燕石二路原有管餉通判一員，今永平既設郎中，宜將通判裁革。一、軍士逃亡者往往以虚名支餉，宜務實清查，不得恣將官乾没。一、各衛縣屯運本色，務派附近倉場上納，即坐派附近營軍以便支領。一、邊鎮錢粮宜敕各巡按御史兼管查盤，如犒賞饋餉等項，務加詳密，以杜侵漁。詔可。總督宣大山西軍務尚書江東言：宣府游擊高卿一營，係議定入衛薊鎮之兵，劉寶、孫獻策二營係新議防守南山之兵，恐勞逸不均，事難經久，請以原設防守南山新舊游兵二枝内簡精兵三千人，今年以劉寶統領入關防守薊鎮，以孫獻策與高卿關外防守南山，明年即以二臣更番守之。詔允行。

《明實録》嘉靖四十四年五月　乙卯，南京户部尚書張舜臣言：織造上用龍衮衣等衣，舊於北新關税銀支給供應，迩奉欽依以前銀濟邊，而各省錢粮又累催不至，時值匱急，請以庫貯折布銀兩查照原欠數目給發舖商領用。其送船行糧，係裝運進貢船隻，勢難遲悞，宜於新增屯田銀内支給。又南京兵部造船料價，該部有水夫等銀數多，宜徑自成造。從之。

《明實録》嘉靖四十四年九月　甲寅，户部議覆總督倉場侍郎張守直條陳四事。運船到處，務照水程嚴限，不許夾帶私貨，沿途貿易以致耽誤。仍將天津衛至通州河道亟爲疏濬，以通粮運。一、各處兑運俱要本色粮米，不許私相折收，以兹侵漁。駕運官軍，責令正身，無得雇替，以致逃脱。其運官欠粮千石以上者，械送法司重治。不及千石者，听所在撫按守巡官追比。一、小患漂流，不許出二百石，如出二百石之外者，即照大患漂流事例具奏，覆勘明實，方與准行。每總名下小患止許二名，大患小患通計亦以千石爲率，過此者提問。如例仍行各監兑主事兑粮完日，將各船編號細開粮米數目，旗軍花名具籍到部查考。一、禄米倉運到官吏俸粮，宜照軍儲倉收受則例，正粮一石，斛用一平尖，耗米七升。至于放支，惟許兩平，務足一石。而正脚米三升，即於耗米七升内通融支給。餘米作正支銷。疏入。允行。

《明實録》嘉靖四十四年十一月　己酉，浙江巡撫都御史劉畿奏：浙省自有倭警以來，以兵餉浩鉅加徵山蕩，税銀五萬五千餘兩。緣山多荒石，蕩多瀦水，比之成熟田畝不同，小民不勝其困。今幸海波不揚，宜從汰省。臣多方訪詢，極力撙節，凡裁革各衙門冗役銀三十七百餘兩，量減各營炊爨火兵銀一萬二千餘兩，扣除湖、台水陸官兵銀二千八百餘兩，發義烏兵番休回縣減糧團操省銀八千七百餘兩，共減去銀二萬七千三百有

奇。可免山蕩税額之半。請四十五年爲始，酌量減派以蘇民困。巡按御史龐尚鵬亦以爲言，部覆報可。

《明實録》嘉靖四十四年十一月 癸卯，户部尚書高燿言：國家歲入財賦有限，而京邊支費無窮，即如四十三年發邊主客軍餉及在内供億之費，共三百六十三萬，而各項正賦及節年逋欠所入，顧止二百四十七萬餘兩。出浮于入，凡一百一十六萬。所賴會議各項銀六十五萬，事例銀五十一萬，僅能支給。乃今各省會議銀兩解納不前，事例之開，三年限滿。前項歲例不足銀數，何從處給？議者率請節省冗費，然在今日甚難。在内則内府供應，百官折俸，軍芻餉馬，既毫無可減，在外則邊鄙多事，年例請討軍餉，虚冒又日以加多，况貧民不可加賦，事例復欲停止，又豈有神運見輸之術以佐軍國之需哉？迩者皇上俯從言官之議，於屯田申嚴清理，於鹽法停止，上本以可爲興利之一幾，然由未知當事者果能祗承德意，而使屯鹽之利即興否也！外此，所恃者各省之民運耳！而有司怠玩曠職，催徵不時，拖欠數多，本部一下催督之檄，即以爲紛擾。一行參降之法，即以爲苛刻。不知國家正賦原非額外加徵于小民，而分外過責於有司者也！夫耗財者未易裁省，生財者未易舉行，以故今日之理財，誠爲甚難。臣等職司邦計，夙夜憂惶，竭慮講求，愧無良策。查得陝西、寧夏鎮年例主兵銀二萬五千兩，客兵銀二萬五千兩，鎮主兵銀十九萬兩，新增募軍料銀三萬兩，客兵銀八萬兩，甘肅鎮主兵銀二萬兩，固原鎮主兵銀七萬兩，歲以爲常，無所加減。其宣大山西三鎮四十二年共發過客兵銀三十三萬兩，四十三年增至三十九萬兩，至今歲則增爲四十五萬兩。至於薊密諸鎮，視昔更爲倍增。推求其故，本部每年運發惟據其會計之數以爲準，而無所裁抑，請之于内者不覺其難，故用之于外者，祇見其易。若不早爲節制，定其規式，使邊費益縻，部發無量非經久計也。宜行各邊督撫及管粮司官將該鎮主客兵錢粮悉心查核，如主兵除逃亡老弱外，實在兵馬幾何，應用本折幾何，在客兵亦如之，仍查果係百里外，方有行粮。非關應援之急，勿輕調遣。本營各自爲守，不必更調偵探，務確防撤以時，與夫上邊應調兵馬，其所支給本折，大約數歲之中，劑量折衷。除民運屯粮鹽引外，每歲應添年例幾何？議爲定額，刻期具奏。俟本部覆有成命，每歲照數給收。仍乞明詔申飭諸臣，大破積習，以實舉行。如鹽引久積，須多方開申。屯田荒蕪，須從長整理。民運并會議各項銀兩逋欠者，須設法徵解。共殫心力，務使利興弊除，公私俱足，然後各項事例以漸議罷。疏入，從之。

《明實録》嘉靖四十五年十二月〔乙卯〕户部奏：明年天下户口，食鹽應徵錢鈔市民男婦減半納鈔，鄉民分泒，缺糧倉分納米，願納鈔者，聽司府州縣。該起運京庫者，如嘉靖十六年例，每鈔一千貫，錢二千文，折銀四兩徵解。其起運宣府等處者，照例折徵存留者，本處貯庫，准折官軍俸糧，仍行大名府，遵嘉靖二十四年例，將應解保定府庫錢鈔内撥錢二十八萬五千七百六十文，鈔一十四萬二千八百四十貫解部，轉發薊州貯庫，以備營州五屯衛并寛河一所官員折俸支用。以後年分如例行。從之。

《明實録》隆慶元年三月〔辛未〕浙江巡按御史王得春言：各省舉人坊牌銀兩，乃國家賓興盛典，至嘉靖三十七年始以邊儲缺乏，權議扣減，似非昔人勸駕續食之義，宜查先例，全給禮部。議覆從之。

《明實録》隆慶元年四月〔丁酉〕户部覆巡按御史周弘祖奏三事，一言文思院官匠，錦衣衛官校各監局匠作、光禄寺廚役額外增設者，宜悉裁省，以復嘉靖初年之舊。一、言官吏優免丁糧各有定數，今貴勢之家多冒名詭籍以幸蠲復。宜定爲審編之法，每甲明載官員，舉監生員等應免數目，送驛傳道印記及府縣收貯，不得違例多免。一言歲稍不登，輒請發内帑，奏留漕糧，甚非久計。宜倣古社倉之法，令貧富出粟有差，推有行誼者一人爲社長，主其斂散。非甚貧者不得貸，貸者稍出倍息。如此數年，村社皆有蓄積，即遇凶饉，不必仰賑于官。詔如議行。

《明實録》隆慶元年五月〔甲子〕户部請以錢粮文册定式頒行天下，自嘉靖三十六年至四十五年，凡起運京邊錢粮完欠起解，追徵數目及貧民不能納完者，備記册中。自州縣以達府，自府達布政司，於來歲入覲，送户部查考，如有隱漏，那移、侵欺及不如式者，參治。得旨，文册如議行，應參官員部臣具以名聞。

《明實録》隆慶元年七月〔庚申〕原任總督浙直江西侍郎劉畿奏言：頃特陛下灵威，海波不揚、浙江布政司所存軍需銀一十八萬六千餘

兩，度可支數歲，宜罷賦勿復徵。各部官兵又可及无事時漸次散遣，以甦民困。兵部覆議報可。

《明實録》**隆慶元年七月**　乙未，先是宣大總督王之誥、宣府撫冀鍊以脩理南山工費爲請，而户兵二部互相推諉，莫任其事，疏白之，乃命户兵二部會同科道定議費所宜出，於是户部左侍郎徐養正、兵部尚書郭乾、户科都給事中李用敬，兵科都給事中歐陽一敬等議言：主客、主軍本折芻餉則隸户部，募兵及本折馬匹隸兵部，賞功則隸禮部，業有專任矣！惟脩邊一節，往歲皆各鎮自辦，後以功大，始開請乞之端。而户兵二部當事之臣，因爲酌量調停之術。馬價有餘，則兵部多發，馬價不足，則户部多發，蓋以二部事本相關，義當共濟云耳。行之既久，在兵部則惟恐馬價之無餘，在户部則惟恐帑藏之不充。持議紛紜，迄無定説。自今以後。凡各鎮以此請者，以十分爲率，户部給十分之七，兵部給十分之三，永爲定例。得旨，如議行，不許推諉誤事。

《明實録》**隆慶元年七月**　辛酉，詔以京庫絹布改折色一年，各關錢鈔改折色三年，從御史譚啓等奏也。

《明實録》**隆慶元年九月**　〔丁卯〕户部尚書馬森奏：太倉銀庫歲入僅二百一萬四千二百有奇，歲支在京俸禄米草一百三十五萬有奇，邊餉二百三十六萬有奇。各省常賦、諸邊民、軍運今年詔蠲其半，以出入較之，共少三百九十六萬一千四百有奇。謂國無三年之蓄，國非其國。今查京通二倉之粟七百餘萬石，以各衛官軍月粮計之，僅支二年之用。歲漕四百萬石，内除撥薊鎮乞運班軍行粮并免湖廣顯陵二衛起兑，實入二倉者三百四十九萬二千六百餘石。逋負漂流，歲更不下二千餘萬。折改湊補，別用不與焉。欲爲三年之蓄不可得，况六年九年乎？且今四方虚耗，百姓困窮，邊餉增多，原無額派，有如運道告阻。臣恐所憂不止各邊而已！因條上目前所急其善後事宜：一、各省坐派南京倉米，近改折色六萬石，每石徵銀八錢。請將五錢解南，三錢解北，可得一萬八千兩。一、南京工部貯庫銀十九萬三千餘兩，先經本部取用十萬兩。新增蘆課一萬九千餘兩，昨行巡江都御史清查，數不止此。宜盡數起解，定爲歲額。一、漕粮奉詔改折十分之三，該免運米九十萬石百九十七石，改免米一十八萬七千九百四十石。宜遵先年額折九錢，八錢之例，計可提二十一萬九千餘兩。一、漕糧既行改折，其減存料銀扣價約計十三萬五千五百餘兩。内將十萬解京，以其餘數留河上。一、南京兩總每年撥運浙江粮二十萬石，旗軍例有行粮，扣除銀各得二千八百九十餘兩。一、南京上元縣庫貯各衙門贖鍰計四萬四千三百三十餘。一、各郡邑額僉防夫，此以爲閒役，宜革去折銀類解。一、各省所編民壯快手、機兵諸役及巡檢司弓兵，本爲防護巡邏而役，今止聽州縣差遣而已，宜於原數每十名中革去二名，折銀解京。一、官馬寄民間而獸醫編銀仍解太僕寺公用，實爲冒濫，以後宜盡納太倉作歲用之數。一、各省契銀有侵没數多未經追納者。一、近蠲四十三年以前宿逋，有已徵在及馬價皇木簰夫銀兩在庫者，請行撫按，悉查解部。以上所陳，乃日前急救之務也。漕粮四百萬，迩來改折、乞運數多，宜復原額。一、湖廣顯陵、承天二衛免運漕糧，宜分派各總代運，不得改折。其江西原議改折者仍復本色。一、薊鎮班軍行粮，因庚戌虜警，奏撥原非舊額，乃改納京通二倉。在密雲、昌平二鎮者亦如之。一、臨德二倉設在運河之北，舊皆有數十萬之積，以防河道有阻，便於轉輸，後因倉攢困於守支，部官遠嫌致虧，仍前積貯爲便。一、在外預備倉舊制甚周，今奉行者視爲虚文，設遇師旅饑饉，輒諱内帑，宜戒飭有司，從實舉行，以備不虞。以上所陳乃將來經久之計也。奏入，上允行之，仍令内外諸司各實心經理，樽節以濟國用。

《明實録》**隆慶元年九月**　辛未，初户部議派内府供應白粮，以弘治及嘉靖初曾許之數折中庭五萬石，會上登極，覃恩例當減半，于是太監翟廷玉奏：見仕内官一萬四千五百餘名，歲用米六萬九千六百餘石。即如原派之數尚少二萬，請爲補給。下户部覆奏：今會計已定，加派不及，請暫借光禄米給之。

《明實録》**隆慶元年十月**　戊子，御史李叔和條陳屯盤二事，謂：遼東屯田半廢，近行營田之法，撥軍耕種，致行伍空虚，且歲收田租，止備修邊工費，而各軍支給粮賞如故，有損無益。臣愚以爲此法止可行於河西人少之處，若河東地方人稠，當廣召種之。今受田徵税，悉抵歲餉，以省内輸。簡回壯勇，以實行伍。仍特敕寺道諸臣董之，一如内地屯田之

制。又遼東中鹽弊叢奸積，公私俱病。蓋吏胥官攢夤緣爲奸，則費多商苦，不得不寬斗頭招採之。斗頭既寬，上納穀少。是在官之弊，宜革去也。鹽商暗賄營私，避遠就近，以至插和虛出賣窩，奸計百出，莫可究詰。是以商之弊，宜革去也。若鎮西諸堡，則應設添設，請令管粮部臣斟酌計處。户部覆奏，從之。

《明實録》隆慶二年正月　丙辰，内官監太監李芳等請停徵近年加增白熟細粳米四千五百石，白青鹽三萬斤。隆慶二年以後歲派止照成化，弘治間事例，米一萬一千五百石，鹽十三萬斤，令所司辦納。上嘉其節費惠民，從之。

《明實録》隆慶二年二月　庚子，詔行開納事例于延、綏、榆、慶四衛，軍民以其銀充芻餉，又發太倉年例銀二十九萬九千餘兩助之。西安、延安、慶陽三府額派延綏鎮民運糧俱復本色如故。從户部覆巡撫李尚智奏也。

《明實録》隆慶二年五月　〔壬午〕詔以刑部贓贖銀送户部濟邊著爲例。

《明實録》隆慶二年五月　〔戊辰〕南京户部言故事鑄錢工費取辦蘆課，令蘆課不足，所費舡料銀亦復不貲。亦行停造。工部請從其議。因請屬巡江御史及管洲主事清覈蘆洲隱占者，徵其課銀解送該部。上從之，令嚴行查勘勢豪阻撓請託者具劾以聞。

《明實録》隆慶二年六月　〔己卯〕工部條上釐革清理錢糧六事。一廠税，一局税，一軍器，一段疋，一麻鐵，一葦地。大畧言杭荆二廠、蘆溝橋等局漏税甚多，有欺隱抵换包攬侵尅等弊。自今廠税責成主事督同該府佐二官親自驗收，互相稽察。局税責巡視御史及各主事查盤估計，如法抽分。軍器、段疋、麻鐵，多薄惡不堪，有經數歲不解省，有司怠緩，解官侵盜，往往有之，宜嚴飭所司，如式製造，及依期督發。順天、河間二府葦地，爲豪右所占，逋課日積，宜令屯田御史及管河郎中清查原額，占者還官，逋者追解。水所衝没，悉蠲除之。上是其議，令所在撫按官及原管御史郎中等嚴行清理以聞。

《明實録》隆慶二年九月　〔丁巳〕都察院覆御史張檟言，近奉明旨，裁革入覲官路費，誠恤民省費盛心。但官有崇卑，恐俸入不足充費，未免取償于民。自今謂酌議定規，通行遵守。如雲南、貴州、廣西、廣東、福建此地之至遠者，二司官百五十兩，府官百兩，州縣官六十兩，首領官三十兩，江西、浙江、湖廣、四川、陝西此地之次遠者，二司官百二十兩，府官八十兩，州縣官四十兩，首領官二十五兩。河南、山東、山西并南北直隸，此地之稍近者，二司官八十兩，府官六十兩，州縣官三十兩，首領官二十五兩。進表官住京月日比之朝覲甚少，宜依省分量給其半。得旨，朝覲進表官既有盤費銀，不許仍前擅用勘合，騷擾驛遞，撫按官亦不得狥情給與，違者听科道官參治。

《明實録》隆慶二年九月　〔丁巳〕兩廣總督張瀚奏留該省解京鹽課、鉄税贓罰等銀五萬七千五百五十兩給軍餉，許之。

《明實録》隆慶二年九月　辛未，户部覆大學士張居正所陳固邦本一事。言財用當經理者有十。其一言兵餉之費依辦，屯鹽廢弛，未可遽復。宜稍倣漢法，民願得爵及贖罪者，皆令入粟於边，酌地理遠近而遞減。其貲使人樂，則塞下之粟必多。其一言貴豪隱占人丁，逋負租税，一切重役，悉苦貧民。而吴中尤甚。宜敕各撫按官申嚴法紀，禁戢豪強，期以賦役均平，毋有偏累。其一言驛遞勘合，詐冒數多，宜加檢察，以杜騷擾。各處坐舡，撫按官不遇得二隻。外官方面以上，京官科、道、部、寺、行人、中書以上，方許乘坐，餘悉禁之。其一言各府州縣送迎上司，不得額外增編皂卒及靡費供張。其一言士民服用僭侈，當痛繩以禮法。其一言勸課農桑，令崇本業。其一言各省錢粮文册，開載欠明，不便稽閲。本部請置格眼號紙，每年畫爲二十格，每月將徵收起解某項錢粮填註格内，歲終類報布政司，布政司類報本部。凡陞迁行取給由朝覲者，各執號紙，赴撫按衙門查明，併公文投部，以此別其才否。又湖蕩等地，爲勢豪侵占者，宜悉查復。河泊魚課，亮徵水税，備賑其魚。課米非派額者，悉除之。其一言京衛軍士及順天府銀食孤老多虚冒者，宜悉查汰。其一言奸猾軍民，有將田宅投獻王府者，宜行有司驗契追奪，募民佃種，收租以補禄養。宗人占恡者，即叩其應得禄米，抵補粮差。有司阿縱不舉者，論罷。其一言各省進解錢粮，多被奸徒攬納，以致侵欠，宜令巡視科道官嚴法禁戢。上

命從實舉行。

《明實録》**隆慶二年九月**〔辛酉〕先是，刑部罪贖納銀，歲輸工部充各項修理及内府灰炭之用，既而户部盡請以濟邊。刑工二部不勝諸監局之擾，乃復議以罪贖送工部，還官入官，銀送户部。得旨。灰炭等項銀，准如舊於工部折納，餘仍遵前旨行。

《明實録》**隆慶二年十月**〔辛卯〕順天府丞何起鳴條奏編審事宜，本府所屬州縣官户丁粮俱照嘉靖二十四年事例，照品優免。其隸籍禁衛者將軍准免二丁，校尉一丁，各取該管衙門印信公文爲據，毋容遠方別族一蓋濫免。一、大興縣既有遞運所，而宛、大二縣復佐以日行車輛銀一千二百五十三兩，嫌于太多，宜減宛平縣二百兩，減大興縣銀一百五十兩。其審編額數，立限追徵，本府仍立印信文簿一扇，凡遇撥過車輛給過價銀備爲登記，以便查考。一、原編廠衛衙門刑杖銀二百八十五兩，出入不明，未免虛冒，宜每年減半，編銀解府，委官收買。凡遇支領取，該衙門印信公文方准給發。一、原編各州縣協濟通州搬運鎰鐔腳夫銀三百一十九兩，先年題解折色已而仍復本色，請于内量減銀一百兩。一、寶坻縣原編北新、西城、明智、安仁等方草場庫役共八十四名，每名編銀三兩六錢，俱係棍徒包攬，求索無饜，宜每名再加銀三兩六錢，共足七兩二錢，解府募役，以絶煩擾。一、原編顯靈宫廟户一十三名，大慈仁寺佃户二十三名，蠟燭寺膳夫四名，真武、迴龍、城隍等廟四名，皆屬冗役，宜裁其半。一、遵化縣喜峯、大安等倉斗庫及各都稅司巡欄俱應裁革。部覆起鳴所言，切中民瘼，獨倉場斗庫，稅司巡欄未可全革，宜下撫按官再議。上是之。

《明實録》**隆慶三年二月** 壬寅，詔留邊府没入銀二萬四千兩，祿米二千石，官旗俸銀三千石，充各宗祿粮及賑濟築堤諸費，餘銀五萬兩解京濟邊，裁革該府原編斗庫柴薪諸役，免征該省原派祿粮一年。發太倉銀六萬兩給大同歲餉。

《明實録》**隆慶三年二月**〔己丑〕户科都給事中魏時亮言，屬者甘肅臣王輸查出該鎮錢粮虛數，粮科二十六萬有奇，銀七萬八千有奇，草三百七十萬有奇。夫以邊餉重計，虧損至此，咎在收掌官之乾没，查盤官之怠玩，宜特敕巡邊御史俟交代之後，仍留本鎮數月通查實數以聞。報可。

《明實録》**隆慶三年四月**〔癸未〕上諭户部取太倉銀三十萬兩進内用。尚書劉体乾言：銀庫見存止三百七十萬，九边年例該發二百七十六萬有奇，在京軍粮，商價不下百萬有奇，薊州、大同各鎮例外奏討不與焉。此皆急需，一毫不可少者。即盡發庫銀，猶不足用！若復取三十萬經費，何支前詔？乞且停止。上不允。体乾復言：今國計缺乏，内外大小臣工所知，陛下試垂博訪，若有一人異同，臣甘伏欺罔之罪。況此存庫之數，乃近差御史搜括所入，明歲則無策矣！萬一有倉卒之變，徵調四集，軍無見粮，馬無見草，患生不測！臣不足言，如國事何？于是給事中李已、楊一魁、龍光，御史劉思問、蘇士潤、賀一桂、傳孟春交章乞從体乾言，大學士李春芳、陳以勤、張居正亦上疏曰：祖宗朝國用边餉，俱有定額，各處庫藏尚有贏餘，自嘉靖二十九年虜犯京師之後，邊費日增，各處添兵添馬，修堡修城，年例犒賞之費，比之先朝，庶幾百倍，奏討求請，殆無虛日，加以連年水旱災傷，百姓徵納不前，庫藏搜括已盡，臣等備查御覽揭帖，計每歲所入折色錢粮及鹽課藏贖事例等銀兩不過二百五十餘萬，而一歲支放之數，乃至四百餘萬，每年尚少銀一百五十餘萬無從借處，生民之膏血已罄，國用之費出無經，臣等日夜憂惶，計無所出，方與該部計議，設處支持。目前尚恐不及，若又將前項銀兩取供上用，則積貯愈虛，用度愈缺，一旦或有飢荒盜賊之事，何以應之？該部所以懇切具奏，誠事勢窮蹙，有萬不得已者。仰惟皇上嗣登大寶，屢下寬恤之詔，恭行節儉，以先天下，海内訢訢。方幸更生。頃者以來，買辦漸多，用度漸廣。當此缺乏之際，臣等實切殷憂，敢不避煩瀆，披瀝上請？伏願皇上俯從該部之言，將前項銀兩免行取進，仍望念國儲之日乏，懷險德之永圖，節賞賚以省財用，停買辦以寬民力。如上供之費有必不可已者，照祖宗舊例，止於内庫取用。至於該部所儲，專以備軍國重大之費。庶國用可以漸裕，而民力可以少甦矣！上曰：卿等所奏已喻，但今内外庫俱告缺乏，且取十萬兩以濟急用。卿等傳示，不必再來奏擾。

《明實録》**隆慶三年九月**〔癸未〕刑科左給事中宋良佐言：今輦轂之下，耗財甚衆。以迩者巡青所見聞言之，蓋有四端。一曰牧軍男士太

濫。自宣德中以牧馬所軍不足用，選勝讓四衛軍補之，今四衛軍隸尺籍者二萬餘人，在營備操者僅五千餘人，壩大等倉養馬者千餘人，其餘皆在御馬監。又其中有稱協助大工，在監食粮者三千餘人，有謂食粮男士小粮勇士者，亦不下五千人，皆空國儲以養無用，充和家之役。臣請以見在馬數定收軍之額，諸非養馬者悉歸之伍，其地助工食粮小粮者一切裁革，歲可省餉數十萬。一曰商人估價過當。夫御馬倉、天師庵、中府三所錢粮甲于他場，而商人以僦費繁重及中人科索，價以倍之。自今宜令商人收買草料於皇城外附近倉場收貯，監督主事會該監官驗收，令養馬軍士赴倉關支。商人無轉盤之煩，科索之患，而常價不必倍給，歲亦可省費數十萬金。一曰草料侵冒太甚。夫御馬三倉草料至數百萬計，可養馬六千餘匹，而本監馬數漫不可考，以虛數而索實費，徒資侵漁。即巡青科道所清查者，止外馬房而已。臣以爲內外一體，宜令私道如弘治間事例，立法清查，以杜侵冒之弊。一曰牧場地租多逋。御馬倉場五十六所自荒蕪䆁占存留修理之外，歲入當五萬餘金，而自嘉靖三十九年至今，逋至三十萬。存留脩理，歲亦萬金。而各馬房頽圮，在在皆然。臣以爲租銀當責郡縣有司，其修理之費，令户部委官參考，爲籍記之，弊鏬庶其可塞。於是，御馬倉太監高相等以良佐言：非累朝舊制，請仍舊爲便。章俱下户部，户部止以牧馬地租不必奏，差主事管理，其他革弊事宜皆如良佐言。又言：相等以御馬舊制，非外所得與，然《會典》云：御馬監芻粮官爲置場收納。是隨地創設，何嘗分內外哉？惟陛下斷然以良佐之奏爲必可行，相等之言爲必不可信。奏上，上命悉如舊行。已而户部覆言：祖宗之制，凡在京大小衙門關領錢粮俱以實支數目造册送部查明。方今支放，獨御馬監不令户部與聞，則紀綱法度安在？旦夕廷大政關機密，外人不宜知，是矣，御用馬匹非幾事，何避外人？即外人不宜知，而芻粟則臣所職掌，亦不令知，可乎？夫天師庵，中府二場草束，皆養馬之軍每日運之內府，未聞有不便者，而獨不便於御馬監？又謂：內監錢粮與外場者合而爲一，鎖鑰啓閉，司之何人？如果屬之外場，則户部主事監收，大使攢典看守，科道官巡視，何患無人？相等言悉謬妄不可用。今中外之財匱竭已極，陛下令大小臣工各以理財之策上聞，而於此耗財之大者置之不問，臣所未解也。願以臣前所覆良佐奏早爲施行，以裕天下大計。上報有旨。

《明實録》隆慶三年十一月〔乙亥〕先是，上覽户部疏有稱開納事例者，因傳諭部臣，令奏元年以來入數。尚書劉體乾等具言：先後開納銀一百七十二萬五千六百有奇，除已給邊餉外，存者僅十萬九千九百有奇，而各鎮年例未完尚欲補給。上曰：開納銀所以濟邊，歲入尚不止此。其十三省户丁、粮草、鹽引税課銀，通計三年支用，見存幾何，其以數奏。體乾等復言：各項銀兩，自元年以來，已給經費凡九百二十九萬有奇，存者二百七十萬有奇。今補給邊餉及官軍折俸、布花當用銀二十餘萬，各邊年例當用銀二百八十萬，計所入不能當所出。上因問九邊年例軍餉，夫倉歲發及各省解納之數。體乾等又言：國家備邊之制，在祖宗朝止遼東、大同、宣府、延綏四鎮，繼以寧夏、甘肅、薊州爲七，又繼以固原、山西爲九，今密雲、昌平、永平、易州俱列戍矣！其防守士馬各鎮原自有主兵，一鎮之兵足以守一鎮之地。後主兵不可守，增以募兵；募兵不已，增以客兵，調禁多於往時，而坐食者愈衆矣！其合用芻餉，各鎮原自有屯田，一軍之田足以贍一軍之用。後屯粮不足，加以民粮；民粮不足，加以鹽粮；鹽粮不足，加以京運。饋餉溢於常額，而橫費者滋甚矣！庫府空而國計日絀，田野耗而民力不支。今日缺乏之故，供邊之費固其大者，固以元年至三年太倉及各省歲發兵餉與本鎮屯粮之數備呈上覽。上曰：歲發銀數甚多，臣下全不爲國體恤，其他弊姑置不問。

《明實録》隆慶四年三月〔戊子〕直隸巡按御史楊家相條上理財未盡事宜。一、清額賦。言國家財計，本自有餘，惟當加意查覈。如漕糧船價之逋負者，輕齎銀兩之乾没者，官軍月糧之虛糜者，屯田馬政利應興者，蘆課房鈔税應榷者，誠一一擇人理之，則國家數十萬之需，可不加賦而足。一、開水田。言京東、河南、山東諸省地可種稻者，宜令有司修治堤堰，以興水田之利。浙直海洋，幅建玉環諸山中多沃壤，亦宜召種徵租，以充國賦。一、通錢法。言凡錢宜以大明通寶爲文，毋紀年號則錢不雜。內自兩京，外及諸者，皆得開局鑄錢，則錢自多。民有罪者，俱令輸銅，則工費省。凡俸禄賦税，一切以錢爲用，則經用周。部覆：錢法已有成議，其清額賦二事，宜如所言。詔允行之。

《明實録》隆慶四年七月〔乙亥〕巡視光禄寺御史張守約疏陳五事。一、肅官常。言光禄四署動關錢粮，其中多怠緩優柔狡僞恣四者宜如五城兵馬例，歲中聽科道官舉劾堂，甄别賢否，開報吏部，仍久任正卿，使得盡心執法。一、清倉厫。言大臣等署倉厫，其支放白粮有重支隱冒那補之弊，自今如放銀例，以年月光後爲次，令堂官執其筦鑰，然票隨銷，坐門報完，備載實數，送科道官查覈。一、蘇行户。請如户、工二部商人例，滿三歲則代，其貧下者皆易以富民，最難辦者許令新户補助，仍預給物價，嚴禁需求。一、酌改折。言菉笋、荔枝之類多朽敗不可用，可令間一歲以折色進。一、均厨役。言舊額厨役三千二百五十人，而大庖執事七百人，役占買閒者甚衆，宜每歲查覈，酌量存留。即大庖人數涉浮冗者亦量與裁減。部覆：多多采用其言，獨署官五年考察仍如故事，大庖厨以太監孟冲等所言，特免查理也。

《明實録》隆慶四年八月〔辛丑〕户部尚書張守直言：國家貢賦自有定額，條目雖繁，揔其大要，惟在量入爲出而已。臣嘗考天下錢穀之數，計一歲所入二百三十萬有奇，而其中多積通災免奏留者。一歲所出，京師百餘萬，而邊餉至二百八十餘萬，其額外請乞者不與焉。隆慶二年，用四百四十餘萬，三百則三百七十九萬，此其最少者，而出已倍于入矣！近者，遣四御史括天下府藏二百所積者而盡歸之大倉，然自老庫百萬之外，止一百一十萬有奇，不足九邊一年之用。國計至此，人人寒心。然其事大而不敢言，或舉其端而不覺其説，或竟其説而亦有未能毅然行之者。如入衛之兵，無不言其當罷，而今數年未決，誠以邊事未寧，虜患叵測，異日者或有以中之也。自嘉靖十八年被虜以來，邊臣日請增兵，本兵日請增餉，蓋自五十九萬而增至一百八十餘萬。士馬豈盡皆實數，芻粮豈盡皆實用耶？臣不敢遠舉，第以近年一二鎮言之。如宣府之至兵，一也。在嘉靖四十二年，發銀一萬。後三年，止一萬。乃今至一十二萬矣！大同之主兵，一也。在嘉靖三十六年，發銀二十二萬。次年，二十三萬。乃今至二十七萬。又以加兵，復費十一萬矣！舉至兵而客兵可知。舉二鎮而九邊可知。天下焉得不同乎！今即不能如國初故額，亦宜考嘉靖十八年以前近規，而裕其浮甚者。且九邊去虜有遠近，兵事有緩急，豈必盡煩内帑，然後足用？宜令廷臣酌議減省，不得過歲入常數之外。臣亦移文督撫俾以歲用實數報部具籍以進，惟陛下留神省覽。其用財約于往昔者必非忠臣也，則有罰。一切出入，許臣執奏上聞，國計幸甚！上然其言，令各邊督撫實議處以聞。

《明實録》隆慶四年十二月〔癸亥〕太僕寺卿王好問言，故事太僕備用馬，歲派本色二萬匹，折色五十匹。若兑軍有餘，則又減派。蓋寄養户籍定以二萬五千，而本色馬匹常以二萬，所以寬民力也。今歲例兑馬，率不滿萬，而見馬幾二萬。備用有餘，請減徵折色解，每馬納銀二十四兩，此可得二十萬之儲餉邊。兵部乃請，如隆慶元年例，派本色三分，折色七分。報可。

《明實録》隆慶五年十月〔壬子〕户部覆巡按直隸御史余希周條上各鎮支粮事例：一、薊永二鎮有一衞之官，分散數營，一官之俸分爲兩處，宜各歸併原衞支粮，其有身在邊方者，依邊衞事例給之。一、各鎮存操募補軍兵，其月粮布花在薊州則于馬蘭等路關支，在永平則于燕臺二路關支，在密雲則于潮河所關支，應役在此，支給在彼，宜令各鎮赴各兵備道覈實坐支，以免詐冒重復之弊。一、各營衞所開粮料籍數多影射不明，宜嚴行兵備道一切釐正以清耗蠹。一、興州等衞支官軍月粮于通倉，而折俸布花則在薊州，營州等衞支月粮布花于通倉而官軍折俸則在薊州，其懷柔軍馬粮料又于密雲鎮坐支，彼此隔遠，積弊非一，宜悉查原在某倉某庫者就近給之，不得仍前紊亂。一、興州等衞所共有代辦錢粮虚名軍一千餘名，歲支粮餉共銀三千四百餘兩，皆私自侵費而稱爲公用，宜概行查革。詔如議行。

《明實録》隆慶五年十二月〔丁巳〕户部覆巡撫應天都御史陳道基條陳民運事宜。一、嚴催儹以稽遲緩；一、省盤驗以免留難；一、除稅課以蘇役苦；一、速車剥以便輸運；一、禁兜攬以剔奸蠹；一、慎監收以革勒增；一、處帶運以裁私費；一、定完限以省守候；一、議改折以寬民用。以上九事，除改折已有明禁，餘皆可行。從之。

《明實録》隆慶六年正月〔乙酉〕兵科給事中宗弘暹以後府柴炭商人採辦輸納備極艱苦，請改屬兵部武庫司令司屬一員掌之。兵部覆用其

議，報可。

《明實録》**隆慶六年二月**〔甲辰〕總督宣大山西尚書王崇古言：三鎮自嘉靖四十五年議定經制以後，雖各因事增兵，較之國初，舊額數亦頓減，則兵未可議銷也。至于歲餉，雖已裁定，而户部多未全發，故有以逃粮扣積充增軍之月餉者。且逃故選汰，無非額兵，召募清補數不容缺，則粮未可議裁也。今雖北虜通貢，邊烽暫息，然虜情叵測，備御當嚴，足兵足食之計，不可不講。臣以爲宣大三鎮減省錢粮，可充節年增添軍馬，其歲額一如嘉靖四十五年經制，三鎮簡汰及逃故軍士仍令照數召募清補，山西河曲、水皇二營主兵郎於該鎮容餉内改撥主兵銀一萬五千兩，歲解支給。以後閏月年分，宣府合用軍餉銀九萬九千四百八十餘兩，大同合用七萬餘兩，并山西應用錢粮聽管粮郎中至期閲視該鎮餘積有無，另行請討，勿□歲額。宣府撫賞屬夷缺銀七百兩餘，則聽于該鎮客餉貢市撫賞銀内支補。大同原募補軍已減五千名，可以省年例主餉五萬五千兩餘銀，照舊解發。户部覆議從之。

《明實録》**萬曆四年五月**〔甲午〕保定撫按孫丕揚、賀一桂等言：府屬驛遞銀兩，先年量衡僻遠近支給，後因牌票勘合繁多，悉從寬裕。自奉例裁革後，舊額每年九萬三千六百餘兩，令議減至五萬一千三百三十五兩。去年九月起扣至今年終止，餘銀五萬六千三百八十三兩，俱貯府庫。于内動支五萬一千三百三十五兩，抵萬曆五年分各驛遞正用，本年免徵，不足即以南馬等銀湊補。以後照舊徵解，每年終查，筭支剩若干，積至幾年，約穀一年支用，再議免派一年。自是率以爲常，用寬民力。其河間等府及南直隸各省一體通行，悉允之。

《明實録》**萬曆六年三月**〔戊午〕減山東編驛傳銀兩。自本年爲始，每年減銀七萬四千二百五十七兩九錢零，止實徵一十三萬六千六百二十五兩五錢三分零，永爲定例。其節年未完站銀，自嘉靖三十一年起，至隆慶六年止，共六萬一千七百七兩八錢六分，盡數蠲免。萬曆元年起至三年，止共銀四萬二千一百六十六兩六錢七分，每年帶徵二分，與前扣存。秋冬二季銀四萬二千一百一十一兩六錢五分，及見徵數内每年支剩餘銀二千一十七兩九錢，解府登庫。如遇地方災荒，即以前銀抵補。

《明實録》**萬曆九年十月**〔庚戌〕户部題稱，贓罰銀兩，追收罪犯爲甚難，濫充私費爲甚易，數官存積爲甚難，一官支銷爲甚易。南直操江都御史自元年起至八年總計咨報二萬一千五百餘兩，今都御史吕藿咨稱，各府、州、縣，在庫僅銀一千六百兩，雖節年修船操賞等費皆在取給，未見支銷細數，不無私餽情弊，合行通查。上命南科差給事中一員，同操江都御史查明具奏，不許隱護。

《明實録》**萬曆九年十一月**〔癸酉〕先是，各省直解部雜項錢粮，該部於元年十月題行巡按御史備查解解。至是，部稱如期解到，十無一二，必有那移別用，及官吏欺隱情弊，乞酌量省直遠近，立限再行巡按御史逐年照款盡數追究，仍載入考成簿，差滿報部查參，奉旨允行。

《明實録》**萬曆十一年六月**〔庚午〕户部言：積穀備荒，乃恤民實政，有司能及原額者甚少，其疲敝災傷詞訟原少者酌量裁減，仍照例查覈限三年爲期，分別蓄積實在之數，照例旌獎降罰。如三年偶遇陞遷事故，撫按官即按年考覈，積穀如數，方許離任，考滿朝覲，俱照例施行。上是之，仍命撫按官崇儉務實，除額解贓罰外，須撙節存貯以佐地方之急，毋得濫支虚費。

《明實録》**萬曆十八年十二月**〔庚午〕户部以各關課税錢糧有司起解稽遲，令各撫按官嚴覈參治，仍著爲例。

《明實録》**萬曆十九年七月**戊辰，户部奏請：十三年以前各省直税銀馬草雜泒銀兩及浙直十四五六年分起運鹽鈔等銀，已經盡行蠲免，其拖欠在民者不追，而已徵在官者宜解。今查浙江册報已徵在庫銀一萬九千零，江西册報一萬六千九百零，宜敕各省直將已徵未解銀限二箇月盡行起解，以佐邊需。從之。

《明實録》**萬曆十九年七月**戊子，閲視寧夏邊務尚寶司司丞兼御史周弘禴題參：巡撫梁問孟取行銀，御史鍾化民致敬，而化民取銀復禮又取銀與總兵官致敬，而總兵官倍致謝禮。査撫臣取銀則票稱紙贖，然紙贖已經報部，則其取即軍儲也。按臣取銀票稱贓罰，然巡茶贓罰絶無分文貯庫，則其所取亦皆軍儲也，又何以繩將領而核冒破哉。章下所司。

《明實録》**萬曆十九年九月**〔戊寅〕户部尚書楊俊民覆南京户部尚

書張孟男條議起運等事：一、議各省督糧參政查漕糧兑完，亟催南糧起運，一、議責成管糧司道及州縣官考滿陞遷，行取等項查南運税糧未完者不許離任。一、議凡起運錢糧，務先將部運官員職名造册咨部，不許順帶及別委□官悮事。一、議解役務僉厰實糧長，不許積棍包攬。一、議查參南糧完欠，歲終例該督儲衙門舉劾。如署印官亦經照例查參。一、議修倉。南京倉厫除大修户工二部四六出辦，如小修聽督儲衙門委官繕修，不得解送工部。一、議差委揚州、淮安、北新三關差頗稱閑，銀庫是非易起，江北倉差勞而且費，今議互更輸委，其參定註選七差差滿回部，一體挨差，以示均勞之意。着如議行。

户部尚書楊俊民覆閲視給事中張貞觀條議。一、稽查市賞銀貨造册，類送閲視衙門查盤。一、各邊閲視京盤二差各互行通，查果有錢糧遺漏，不妨核報以見相成之美。着依議行。

《明實録》萬曆二十年十二月　〔壬辰〕，户部題：南京屯田御史自二十一年爲始，將旗手等四十二衛田畝銀盡革各衛造册，工食聽南京户部于庫貯新增銀支用。從之。

《明實録》萬曆二十二年正月　〔辛丑〕工科給事中桂有根以江北、河南、山東水灾，條上救荒事宜，發帑藏以蘇重困，停徵額以示寬恤，省繁文以專責成，禁流言以安反側。部覆：因帑稱詘，但於本省直起運銀兩，除光禄京邊照舊起解，其見貯庫者，河南留六萬兩，山東、江北各留二萬兩。至如漕粟，河南江北已共留二十餘萬，山東亦盡改折，無從議留而南糧撤運不便，先經借支備倭米豆三萬餘石，本省漕折銀二萬兩。以上三處平糴給賑，較所請更多，餘俱如科臣擬。報可。

《明實録》萬曆二十二年六月　〔丙辰〕通州舊設西南中三倉分貯漕粟，各監督一員。南得其四，中得其六，西倉十有二，合中南收發事務不足當一西倉，於是管理員外楊應中請以南倉歸併中倉兼理，部覆報可。

南京屯田御史陳所問請近屯州縣設立社倉，以本職及前御史贖銀糴穀貯之，贖稻一併寄貯，春給貧軍以爲子種，秋成加二還官，歲爲常。部覆如議，但立倉煩擾，不若分發各印官董其事。可之。

《明實録》萬曆二十二年九月　丙申，户部以各省歲辦承運庫絹疋，近因積猾包侵，濫惡充數，退换滋多，積欠益甚，照湖廣撫按奏，將原絹價值每年三月定委廉幹府佐一員，領銀督造，務在八月盡完，雖遇陞遷必待事完方許離任，著爲定例。仍取原收各處合式絹二疋送部，印鈐一發，照造一發，驗收違式者，罪如該庫作難駁换聽部科參奏。從之

《明實録》萬曆二十四年五月　〔壬午〕户部題：計自東征以來，本部供辦粮餉，動發帑銀，至踰一百餘萬兩。倉穀幾四十萬石，此皆出于歲額之外。臣等焦心殫思，多方計處，僅乃充之。至于遼左蕞爾之區，輸輓芻餉遠出異域，以致軍民老稚竄逃不啻過半，車馬頽斃，千里盡爲丘墟，彼中之人迨今談及，猶疾首蹙額如不欲生。倖籍皇上德威覃被，允渠泥首乞封，乃得解革休兵，人情稍有主氣。不意頃者海外流傳正使驚遁，議者將欲旦夕間提十萬之師爲屬國防守，其詞激烈，豈非爲國忠謀？顧今度勢審時，較量重輕，似有難于遽發者，除先題發帑銀一十二萬兩解送遼鎮，管粮郎中另項收貯，併摘開援納事例題請聽附近鄰省各項員役盡輸本色粮米赴緊要倉口上納，倭果侵犯，方准支用。再查得登策二府，密接遼東，年歲收成米荳饒裕，從海道搬運，旬日可到，行各督撫官協恭計議糴買輸過及劄管粮部申查本鎮軍需暫放折色一月，將存積本色聽候別用一轉移間，事可有濟，至於倭情靡定，經費難量，臣等自當酌察緩急，曲加料理，務使軍興不乏，以紓皇上東顧之憂。上報聞諭以卿職司儲餉，宜悉心經理以濟緩急，亦不得虚糜國用。

《明實録》萬曆二十四年五月　〔戊辰〕户部題：差主事王階往浙江，郭惟寧往江西，越世德往湖廣，魏可簡往蘇松，沈榜往山東，各監兑所屬府州縣，盡數解完本年錢粮，方許離任。若果拖欠，于布政司庫銀借支起解，催徵補完。有未完者照例參治，俱載入監兑。敕從之。

《明實録》萬曆二十八年五月　〔辛亥〕督理山西税粮内臣孫朝參、撫臣魏允貞、按臣趙文炳不與同心。奉旨朝廷遣官税課，原爲不忍加派小民，裕國通商，德意如何？内外各官不思同心共濟，彼此背戾支吾，職任安在？其清查無碍銀着上緊會查明白，一半留彼軍餉賑濟，一半并歲課解進，如有抗違，必罪不宥。

《明實録》萬曆二十八年七月　〔己未〕陝西税監梁永許奏：富平

縣知縣王正志仍請敕書巡歷邊鎮，清查庫藏，令沿途軍馬護送。得旨：知縣王正志藐視法紀，已有旨扭解。内官梁永着正己卒下，安心任事，凡抗違欺隱，的即指名參來重治。真保薊永礦税監王虎疏請徵收宝坻等縣葦地船網税課銀兩及開墾荒地，參百户夏榮作威生事，得旨：漁葦課依擬徵收，及開墾荒田令會同撫按、屯田御史查勘，不許侵越各處税課疆界，夏榮着回衛。

《明實録》萬曆三十年七月〔癸亥〕户部覆密雲粮餉郎中殷盤議：九塞各軍計月授餉，有一閏必有一閏之錢糧，有一項支銷必有一項之補處，先年議以三年積餘還官銀兩抵補一閏極爲良法，後因一時缺乏，還有每年加抵之例，猶有倉場存積米豆可以通融。及今抵過三閏倉場之積尚不足當年之支，夫附餘銀兩既以每年扣之于先，而存積倉粮又以三閏用之于後，匱乏之情誠非獲已。今各鎮紛請煩費反滋，另發之例既不可開，惟有原題事例所當仍舊舉行者也。盖以還官附餘抵爲閏月而絶其請討，則各鎮知京必不可請其自爲閏月計者，勢不得不嚴覈于還官附餘之内矣。是以通融而兼節省之方者也。至所請買米隨時緩急通融，本折深得裕邊遠慮，但欲買補已住三閏用過之數，當缺乏未敢輕擬，宜自今年爲始，如遇年豐價賤，大約每年米一石定價五錢，于額内酌量動支，便宜收買，其所買之米即于每年正四月應放，折銀七錢月分以之給軍，是買補之中寓節省之意，每歲終具揭用運價錢幾何？收買放過米各幾何？節省過銀幾何？積貯尚該幾何？一切文册務明白登報。如遇年儉米貴即行停止，不得以題例爲拘。庶法可經久而疆場永賴。報可。

《明實録》萬曆三十一年四月〔丁酉〕丙辰，户部以銀庫内外解運出納緊關之節條陳四款以聞。一、覈發運以杜弊孔。分兩準於法馬，覺察存于封識。以後各所司發解，俱以原降法馬準足五十兩傾錠，不足之數亦總計以一錠補之，不許滴珠零星以滋弊竇，每錠用紙二三層包裹鈐蓋。解到之時若封印鞘單缺少、錠件分兩參差，責在解官，若封識宛然而色數未足，責在所司。一、覈出納以昭畫一。凡解到錢糧，管庫官會同巡視，督令庫役從公敲兑短少責補，倘指稱原發輕少，及無印封鞘单，与仍復滴珠零星色數不足等項情弊，即將解官羈候，行文原發所司查究弊端。所歸處補明白，其解銀到庫與本部題發邊銀月日相值，管庫官即公同巡視，督令原解官眼同領解員役覿面兑交明白。一、覈邊儲以足兵食。凡解銀到邊，各管糧司亦即照原降法馬公同解官當面驗兑明白，取無短少結狀繳部，更不得假以内發短少出示榜諭以輕減軍需。一、禁囑記以防詐僞。一應收放錢糧如有關説情弊，聽巡視科道指名參奏。疏入，詔曰：錢糧出納姦弊最多，關係國計盈縮，亦官常士簡所係，這所議着實申行。

《明實録》萬曆三十三年六月〔己酉〕總督倉場户部右侍郎游應乾以糧運交納届期，條上六事：一、申催儹之令以免凍阻。一、嚴土宜之禁以省躭延。一、杜截留之議以絶覬望。一、重羈保之責以防脱逃。一、速起納之期以免壓滯。一、懲告訐之習以便約束。得旨，依議着實行。

《明實録》萬曆三十五年三月〔戊子〕工部題稱：本部四司額設料銀存留改借那移已盡，除内府年例及夷賞柴炭外，恭遇徽號册封傳泒并橋梁河道經費動數百萬，而永思王慎嬪隧道感思殿各陵工又動數十萬。四司艱難，無過此時，而各省怠玩，積今十年，逋負愈多，□籍稽查所欠料價踰九十六萬兩，殿門大工約費且盈千萬，若非勒限督催，則庫藏日竭，工程不就，内供必缺。乞嚴敕部臣移文各省直撫按所屬正官，除已蠲免外，自萬曆二十六的起至三十年止焉，舊欠嚴限帶徵限兩年銷繳，自三十一年起至三十四年止焉，見徵催令速解年終類查未完參罰入考成爲例。從之。

《明實録》萬曆三十五年十一月〔己酉〕户科給事中江灝劾福建税監高宷不報自税課之歸有司也，税監坐而解額。諸爪牙無催督之權。然猶以新恩不敢與有司爲難，至是高宷首發之，以課未歸一，恐誤上方爲言。先是丙午七月，范涞爲左布政，以春夏税額彙解宷處，宷受之無以難也，諸爪牙以督催無權，實自涞始，會涞入覲告歸，而閩撫之推未下，宷恐涞復出，遂疏詆涞及舊撫徐學聚。學聚時方候代，以却紅番事失宷心，而宷數以二洋貿易探上意，冀朝夕得他撫可相左右也，遂請自按月解徵，又請上速點閩撫及該諸外國方物事，上心知其姦，命有司類徵如故，方物折價而已，然猶慮彼此推諉，欲一體嚴治之也。江灝乃言：彙解之旨，自范涞時已行之半年，今後一年而屢解拒，夫如期而不解，則該司之罪也，如

期而解，解而不納，則該監之罪也，以類總責之有司，以解進責之税監，法守既明，則何推諉之有乎？吏科左給事中劉道隆又上疏曰：百官賢否，進退係朝政，自卿撫以至藩臬，皆内外重臣，採自公論，斷自宸衷，雖人主不得而私喜怒焉。我朝中官干預朝政自有常刑，皇上臨馭三十餘年，未嘗毫髮假于此輩，近以税使差出與地方有司錢粮相關，遂使二三狂逞者妄有參評，然亦未有借名徵收，而欲遥執朝柄弄威福如高寀今日者也。徐學聚雖去國之臣，而一日尚在地方，非高寀所得詆辱。范涞近推閩撫，廷論及之姓名，尚在御前，高寀何人，而肆弄機權，預撓聖意。且近日事體經恠者，如前户部上供偶缺，亦時絀使然而筦庫内使遂以疎庸怠慢參尚書趙世卿。夫世卿二品大臣，皇上所改容而禮之者，非有大故而供應小臣輒凌誶之，使其引疏杜門，事雖已過，而國體實傷，凡皆以逞臆越幅爲竊權干柄之漸也。今福建地方乃東南門户，非痛癢不關之處，按臣久缺而無代撫臣，久推而不點，姦人抵巇肆志其間，惟聖明留意，速下撫按二臣用塞讒間之門，重保障之計以肅綱紀，貽後世利賴無窮。疏上亦不報。

《明實録》萬曆三十六年正月 〔甲辰〕巡倉御史鄧澄議裕儲計六事。一嚴收放以祛積弊，一、禁改折以救粮本，一、議支運以甦偏累，一、選官旗以重責成，一、嚴覈稽以杜侵冒，一、增房袋以速粮運。

《明實録》萬曆三十六年二月 己巳，户部覆光禄寺寺丞徐必達條議白粮一十一款，一、白粮多係内供，解納宜蚤，以後院道務預期嚴檄各邑，蚤徵速完，定限十二月以裏。二、嘉興工費查酌數年監兑，册開定數，不得多派。比照杭湖事例，將嘉興府屬，凢有漕粮縣分，通融量派于條鞭内起徵。其嘉、秀二縣，白粮、水脚不得分毫扣用。三、嘉湖漕白二粮官户悉兑漕粮，白粮盡派民户，各户既不難催解户，亦不得籍口稽延。四、白粮運船亦造自官司，工費什物，漂損賠修，悉照漕艘行令有司，將水脚銀抽提二年于十年之中，以需官造，均爲十股，于八年之内，以資歲給。五、白粮、水脚定須照其米石，酌費若干，查確派加，著爲畫一，寧使有餘，毋俾不足。聽掌印部運官驗足摽封，付之本户，沿途非廩官不許私拆。六、白粮每船定額量帶土宜四十石，邇來珍巧細輭畢于官粮，甚者包搭客貨。夫軍民一體，事例宜同，漕船報抽，近經題議，自儀真而下，聽巡漕不時盤詰。以後白粮，亦照此例行。七、白粮風波之患，比照漕例，當時陳告督押官處，親查虚實輕重，勘驗的確，即出給執照，一而將所帶土宜變賣補足，有申報原籍。院道有司其自賠、助賠、通縣派賠之數，酌量多寡，查筭補給。八、白粮抵丁字沽，則須舟剥抵張家灣，則須車運，以後船到河西務，司官即查照漕粮事體，速爲撥船起剥，免其久候，仍于所顧船車平其脚價，勿使奸户掯勒。九、白粮到京，舊俱露稽，浥爛損耗，勢有必然，今議創造倉厫，以備貯收。十、白粮起批州縣先期差快手赴各衙門例换掛號，及期付之。解户至到京納粮之日，批文仍聽全完給，發部運總領。其各户先完者，許具狀赴司，查審無欠，即批准用印，以便先回。十一、浙之差解煩多，殷實不足。以後北差除白粮外，其絹解即付總部府佐便帶。南差除糙粮外，其絹布銀等項即付管押縣佐便帶。度其道里，寧加厚水脚。但白粮總部每年輪委嘉湖兩府佐一員，州縣各有統屬，府佐督催，隔屬能無掣肘？且白粮既先漕運，則期限迫速，而于粮絹兩者，能無顧此失彼？是又在彼中上下計議妥確，毋孤此創法之意也。報允。

《明實録》萬曆三十九年五月 〔癸卯〕監兑主事顧四明條陳：蘇松二府，自萬曆十八年起至今，止報完未解錢粮四十萬有奇，至部中所目擊，京儲絹布解到者十無三四，茶臘顔料完者十無六七。有咨報已起解而留滯數年不到者，有續投批而延捱竟年不完者，詢之則曰：臨時差遣，解官徒以空頭文書付之也。墊損在府未領也，所領者半寄庫也。墊損不領雜費焉出，寄庫居半末路何之？種種情弊，及今不爲申飭，恐以前之那扣化爲烏有，以後之齮齕，長此安窮，須着實清查。自赦宥以後拖欠年分京儲等項所完解者幾何，先那借後抵補者幾何，所貯庫辦料未起解者幾何，所扣墊損未發者，俱要清查明白，批繳明白。蘇松二府前項貯庫及見存買截數起解節年那借織造兵粮淺船等銀，非奉部文府縣擅借者，速令追補。以後屬縣解貯庫錢粮逐計季造册，申送撫院按院，以便查盤，仍報監兑衙門以便督催。一項清而項下各註收繳，一年完而年終彙送考成。如有積慣吏役仍踵故智，盡法究遺，以懲將來。署部侍郎孫瑋覆請，詔議依行。

《明實録》萬曆四十年九月〔丙辰〕户部覆巡按徐鑒言：民屯均屬國計，文武參例宜同，議自今始本年銀兩有拖欠不及格者州縣印糧官、管屯官以所欠分數住俸降級，革職有差，各戴罪督催，務完九分以上，方許開俸復職。得旨，依擬嚴行申飭。

《明實録》萬曆四十年十月〔癸亥〕户部覆應天巡撫題言：太倉拆銀以充軍餉，内庫本色以備御供。僅云京邊未明本拆，故此外如絹布、蠟、茶、顔料等項，一概遲緩，請自今本拆通論，並入考成。從之。

《明實録》萬曆四十一年七月〔己未〕初，淮安府安東縣每年額徵漕粮一萬四千七百石，先年題准永折每石七錢，共銀一萬二百九十四兩，内有府税銀二千八百五十九兩五錢助湊。其額後因府税不足議停。歲助□歸該縣徵粮田地。至是因災患頻仍，田地衝闕巡撫鳳陽部御史陳薦、巡按御史王九叙請自萬曆四十一年爲始，每石永折五錢，以蘇疲邑民命。户部覆議從之。

《明實録》天啓元年正月 己卯，諭户部：朕惟遼餉一事。該部屢奉明旨，自當講求良策，不悮軍需。何至外解中斷，動以請帑爲事？況内帑自有經費，近歲給發事多，如内帑亦乏，該部又何所指借？且該部所請前後數日參差，何從憑據？但今彼中告急，餉庫一空，軍士枵腹，深軫朕衷，姑准發帑五十萬作速解發，以救然眉，還著經略各該衙門如法給散，官軍别項不得借用。卿部仍照屢旨，集九卿科道各官作速會議足餉清餉畫一之策具奏，如某處拖欠，某處冒破，即行查參治罪，該部不得仍前因循姑息，致悮軍需，故諭。

《明實録》天啓元年正月〔壬申〕御史謝文錦奏：太倉原額止三百三十三萬二千七百餘兩。而事例缺官無額等項約一百一十餘萬，因查萬曆四十八年額解，至天啓元年九月共解十三鎮事例一百八十九萬九千八百餘兩，尚欠二百五十三萬二千八百餘兩，以正額如此之少，逋欠如此之多，何以應各鎮之求而稍留存積於該庫也？細查其弊，則有司卧批當禁也。考成之法，據完欠以課殿最，憑批文以覈掛銷，有司報政時假借已徵解投卧批於部，部即據虚批爲實數，考成既過而所卧之批不掛不銷，竟成故紙，乞敕户部除真正水旱凶荒，題明量爲分别，餘一切虚批不准抵筭，務經巡視掛號，銀庫完納者，方與報滿，則起解批文當清也。凡解役領錢糧在手，暫那營運，任意花銷，又有積棍探解役到京，代爲包攬，通同乾没，故有經起解而竟未投批者。宜敕各省直司府，每批内細開各縣原額解過及未完各若干，每遇年終，布政司仍類各縣錢糧清册，一投巡視，一投銀庫，一投部司，以備磨勘，而沉匿者無所容矣。至事例開納之旨，原定户七工三，而封簿之庫司奚啻户三工七，臣謂權當一，利當均，莫若各行援例員役總赴順天府上納，另貯一庫每季定爲分數新餉，該若干太倉，該若干工部，該若干酌量緩急多寡，請旨定奪。若行頭繁雜難查乞年多少易詭，業奉有刪訂畫一之旨，惟是供用庫。商人夙稱苦累，往時應役猶十二三，今次僉報新商止餘六人承辦不前，朝廷何曾累商總苦鋪墊，誠嚴飭各監局，凡辦進錢糧毋肆需索，毋苦刁難，違者重加懲治，歲節省可數十萬金，豈不稱便？下部議覆。

《明實録》天啓元年二月〔辛未〕巡視庫藏監局禮科左給事中周希令疏言：京師之最貽害地方者，無如僉商一事。蓋十庫商人與別庫異，別庫商人有預支，十庫商人無預支，皆商自備本買納方行領價。舊規廣西司移文巡視衙門，發五城，行兩縣僉送里甲報名，既挾讎而快私，坊官不肖復賣富而差貧，商人見報如入死地。臣每入署多方研審，重役者豁，讎報者罪，仍行兵馬司覆查，有無產店生理，果係窮乏即與釋放，不敢妄放一名，亦不忍妄僉一名，誠如此京城一大苦業也。顧訪之舊説，參之與情，莫如通查冒免房號，量增錢數以爲鋪商見買之費。夫房號除進内及公費優免外，其餘有一人而五城皆冒免者，有一處而百所皆冒免者，取此有餘如氈上抽毫，救彼不堪如死中得活，是在陛下一舉筆，不知救幾多生靈，甦幾十年困苦矣。又有一項最關軍機利害之重大者無如硝黄，蓋硝黄爲中國御虜火器之最長技，收買之夾雜躁濕之不時，故或有成火藥而自焚者，有置器中而迸裂者，東事歷有明鑒，此豈盡造鐵研製之不工，亦由收蓄此物之不精也。臣去歲入庫，見庫門外兩牆巷中堆積舊硝黄如山，蓋藏俱爛砂土雜露，詢之該監則曰商人已逃，及拏商人則曰鋪墊闕少以致暴露。臣多方比追，幾轉限而始得一日收四十收四十餘萬。願今後申飭此項務必精必净，隨到隨收，凡寄庫一月以外不請收者，庫官該商并究，此其

有關於軍國要務不淺也。然此必不可已者，亦一端耳。臣會查各庫實報總册，每每開年久不堪之數多於實在新收，夫與其積之朽蠹，孰若致之有用。除程工造器給軍及日用内供等項外，乞特敕後來巡視逐庫盤查，足二年用者折一年，足一年用者折半年，不急用而有餘者全折之，其年久不堪等項内，亦揀選淘煉約得三分之一，所裕糧餉亦復不少，即使外解折色内仍帶本等鋪墊，而所省脚力盤纏守候使用與夫棍歇需索之弊多矣，此公務無缺，上下兩利，即恩詔原有改折一二年之旨，已頒示天下，何宜行而久不行也。得旨：該部作速議覆。

《明實録》天啓元年八月〔甲午〕户科給事中周希令以新兵愈倍，新餉愈減，謹條實覈乘除之法，以備佐計。一、覈兵。就舊額查添募就添募查實到就實到，查有用無用就有用，查上中下三等則覈兵即可以省餉。一、覈餉。有新餉有舊餉，新餉事近權一，猶易清覈。舊餉有各收各發，有此收彼發。即收發中有前後掛銷不相爲用，而外解内解，倒批换批，移多作少，飾緩爲急，諸如此類徹底清查，則覈餉亦可以精兵。一、覈器械。器械宜多備火攻戰車，勿徒恃弓矢、短刃盔甲，宜重購倭甲皮弁，勿仍用整舊之甲，製造宜選委各邊知兵將官，勿輕試浪擲，則器械便利，即可以助兵餉。仍乞皇上立發帑金千萬兩，别貯一庫，以給軍需，必期滅賊而後已，不濟則治諸臣之罪。部覆：行經撫各鎮覈實舉行。

《明實録》天啓元年九月〔庚申〕甘肅巡撫右僉都御史徐養量題：查萬曆四十七年本鎮馬三萬五百四十匹，椿朋屯田銀十八萬五百三十九兩。四十八年正月起泰昌元年十二月止，買收併中給茶馬七千八百八十三匹，倒死拜變賣轉發援遼等項馬六千九百四十九匹，實在馬三萬一千四百七十四匹，比上年多馬九百三十四匹。新收椿朋屯田等銀除支放買馬等項外，實在甘州屯馬廳併衛所倉庫銀十八萬八千四百二十二兩，比上年多積銀七千八百八十二兩，尚未完見徵銀四千七百五十二兩，仍將馬死數逾二分，追椿又不及數，各將官住俸買補追徵，下部。

《明實録》天啓二年十月 己巳，上傳户、工二部，解到本折錢粮經管衙門鋪墊需索等弊，已有旨内外一體禁革。見今浙江等處解到絹疋等項，守候幾月尚未收進，顯是吏役勒索，著該部便行經營衙門嚴查奏處。以後錢糧備查，解到及收進日期一併開明知會，以防留難需索等弊，不得仍前違玩。

《明實録》天啓三年四月〔甲申〕巡視廠庫給事中揚所修等言：中國長技惟火藥一種，近且有轉輸之夷者，欲防姦弊須嚴道解，敬陳四議：一曰分運有程。往日委解硝黄軍器等項，每一時盡發，以致堆積布散莫可究詰。宜令該部司官酌量多寡，分爲幾運，鱗次追隨，庶道途不至壅滯。一曰驗運有單。往日委解。止給一批，至沿路有沉匿逗遛等弊，何憑稽攷，宜每運各給單，所經過州縣驛遞照數點驗，即于單内明註某月日時，運到某處，庶情弊便于稽覈。一曰押運之差役宜多。往時所解物料，多少止委一人，以致顧前失後，今議一運即委一人，管領庶有專責。一曰酌運之車贏宜定。軍器之重大者必須大裝載，小且輕者則以贏馱之，該部宜分别酌定，不許隨便權宜。而車户又必須本人親往，無得雇借，庶身家念重，不致以法紀爲嘗。上命如議嚴行，違玩者參奏處治，仍着撫按官一體遵行。

《明實録》天啓三年五月 乙巳，上視朝。山西道御史吴甡奏：今日逆奴驁伏於關外，安酋跳梁於黔南，皇上宵衣旰食，再三敕諭者，惟此兵餉一事，乃主兵者不籌餉，主餉者不籌兵，不知兵與餉原非二事，主兵主餉當同一心。今既互相推諉，如某處請兵，兵部不問有餉無餉而增兵矣，某處請餉，户部不問有兵無兵而增餉矣，故有財已匱竭而兵部益兵不已，民已困窮而户部加賦不已，一歲出入之額未見清查，各邊增減之數未經銷算，負國家而悮封疆，莫此爲甚。嘗考宋臣范鎮之説，以爲度支與樞密，兵民財用當互關通。臣謂今户兵二部，宜倣而行之，總計各邊鎮兵若干，原額幾何？今增若干減若干，應用餉幾何，舊餉若干，新餉若干，一歲清數，觸目瞭然，有無通融，互相商確。至于贅員冗食作何澄汰，逃兵盗餉作何追究，占籍通賦作何查覈，每季清筭，逐年結銷，計兵定餉，籌餉養兵，亦宜關會輔臣，使知兵餉之數，孰急宜增，孰緩宜減，量入爲出，以制國用。即有意外之虞，額外之費，時加劑量，協力籌筭，如此而後，精神貫徹，庶幾有濟於國。因舉今日糜餉者三事：一謂鑄錢一節，歲留淮課十萬，計自開鑄至今四年于兹矣，姦商猾胥，弊蠹萬狀，所進大

内銅錢，每年萬緡皆非出之羨餘，司鑄者以萬緡爲口實，而以四十萬金爲漏卮。一謂太倉金錢出入無數，至有不由堂劄，不經科道掛號，徒供吏胥積棍之乾没。一謂内外各倉之餘米，司庾者加意節省，歲可得二三十萬石，乃借之市惠，半以供衙門各役之賞賚，其不肖者同於市販，或以償舖户之包辦，飽一己之囊槖。乞自今以後著爲令，凡司財賦者，不論在外在内，以節存多寡分别才品，賢者不次優擢，與禮兵二部一例陞遷，其貪庸不賦者，重加降斥。天下之士曉然，知陛下奬廉懲貪，則賢者有以自見，必不紛紛求調，其有補於餉也大矣。得旨：兵食係軍國大計，户兵二部當會同計筭，務濟時艱，豈得彼此推諉，漫不加意。這本説的是，著該部作速看議具奏。

《明實録》天啓三年七月　〔辛卯〕户部覆山西道御史楊芳盛議：滇遠在天末，逼鄰虜穴，滇以黔爲咽喉，存滇即以存黔也。然用兵必先措餉，屢奉明旨議處，即匱乏已極。臣部敢不仰抒皇上西顧之憂，但道路阻絶梗塞爲虞，即前發帑六萬尚未知抵滇接濟否。臣部即計能措處，而轉輸不前，是邀西江以蘇涸轍，能有濟乎？頃明旨著撫按官權宜計處，則又無出臺臣之條議者，其一、清貢賦之孔。查雲南一省，除夏税秋粮及差發等項，原係存留。其應入太倉者，商税贓罰事例税契、鹽課等項，共五萬四千二百餘兩，自萬曆十一年留用至今。又遼餉加派一萬六千一百餘兩，貢金五千兩，俱近題准免。數十年來，國家未得滇錙銖之用，而此數項，豈無有十數年之羨積爲盈餘者乎？又豈無有司已徵在官而未解報者乎？至各場礦課所出不貲，倘委賢能任事，潔己奉公之憲臣，力爲綜覈，不至乾没，盡可佐軍興之萬一也。其一、開自然之利。夫鑄山煮海國家富彊之術，即在無事之時，無妨于民，有益于國尤多，方生殖□在匱乏已極之秋乎。滇南唯礦鹽二課爲利滋大，伏龍井既經前臣開煮，滇人稱便，而今何不議開以佐懸釜之用？臺臣桑梓關切，耳目既真，據所條議，可以佐滇者，亦無以先此。至于遐方險遠，法網久踈，貪墨暴横階之爲禍，如多贖鍰加火耗積爲苛政所□致。尤宜申飭以安地方。得旨：如議申飭行。

《明實録》天啓三年八月　丁丑，禮部尚書林堯俞言：帶管會同館主客司主事畢自肅呈稱頒賞三衛夷人近五百人，户工兩部銀數千兩，衣段堆積亦各數千，其賞有正有補，有正補加添，總計萬有餘金，宜其歡欣領受，感恩不暇，乃躊躇進退，必再三開諭始至賞所，銀積低昂，輒欲闌退，段疋顔色稍暗，即行挑揀，衣服入手盡皆抛棄，若不知爲朝廷之賜者。臣取而視之，多朽蠹破壞，隨風披裂，手不可觸，始嘆夷人驕悍，固其天性，抑誰實藉之口也。織造自有額價，顧脆惡若此，又琉球等國梯山航海而來朝廷，嘉勞特賜其正使紅袍金帶，從人靴襪等物，侈爲異數，乃更不堪一寓目，豈所以宣皇恩而懷遠夷也哉？朶顔諸衛歲歲入貢，皆積□熟夷，名爲納貢，實則要挾。開此項錢粮，每歲給發常衆鉅萬，□恃侵盗莫可窮詰，又有奸商知此等段絹，除賞夷之外無人衣著，即于開市之後減價收買，寄□燕市，迨其納期，經取交收，如此則姦弊何特可清？夷釁何時可弭也。乞敕工部嚴加稽覈，務求精好，一切陋規，盡行革除，庶四夷戴德，朝廷益尊。得旨：這賞段濫惡，咨該管官縱容奸弊所致，著嚴行申飭。及成造衣服，都要堅完，違的查明究治，各夷陞賞亦不得濫加。

《明實録》天啓三年八月　〔丁卯〕巡視布花禮科給事中郭興言奏：祖宗朝優恤戍卒，念其卧甲枕戈，賞賜布花以衛寒禦風，各省直依期解進，以備臨期給散。無奈近來有司視爲故事，以致賞給愆期，至正月纔報竣焉。布花而名曰冬衣，是何取義？春温而始給之，將焉用乎？以後省直起解，令本年九月中全完，十月初給散，如有未完解省分，責令撫按官行查拖欠州縣職名造册送科，許臣等指名參處，此外解之期當嚴也。又如該部疏云，每歲賞過軍丁二十餘萬，夫此二十餘萬之數，果皆現在而無虚冒者乎？臣巡視皇城，總計守衛官軍約八千餘名，苟求其實，大半終歸烏有。臣請户部宜專委司官一員，會同兵部責令各營衛掌印官，預造年貌疤記，清册送部，逐隊逐軍細加點查，某軍係某營操練，某軍在某地方防守，必真正現役軍丁方許給費，若實放影射納班投閑等弊，一概禁革。仍查炤《大明會典》，凡衛所軍士臨賞離伍逃故，犯罪革役，在臨賞二月以前已有户丁補役者，俱炤舊例扣留，茶許照給，此軍丁之實額當清也。其各掌印等官，許臣等分别舉刺，以昭勸懲。得旨：軍士冬衣布花，乃朝廷優恤德意，所奉起解給散期限，該地方官考成參罰，併在内專官清查，

印官舉劾等事，俱嚴加申飭實行。該部科巡視各官，仍不時查催參奏，毋致稽誤。

《明實録》天啓三年九月〔己酉〕是日，上傳錦衣衛，食粮女户着清查名數年分，或有久違已故詭冒支領者，查名開除，併在京各衛所該衛一體傳諭。查明開奏。

《明實録》天啓三年十月〔丙寅〕四川道御史張應辰言：慨自廣寧陷失，鬻官盜餉者紛紛接踵，皇上赫然震怒，遣科臣勘問，業已清釐無遺，獨太僕寺少卿何棟如一案，奉旨得問迄今未結，可聽其漏網於清明之世哉。棟如招募浙兵，冒破餉銀八萬二千餘兩，巡關按臣梁之棟逐一查覈，不啻指掌列眉。前計臣狃於鄉情，故游移其詞，曲爲解脱，遂成不了之局，豈關臣之論列盡係風影，而棟如之開銷字字皆實録耶？豈關臣身親點驗偏不足信，而棟如紙上兵馬一一皆可憑耶？臣向爲山東司李，聞棟如自知南兵甚少，招募清源以充之，一時應募紛紛。嗣因議安家行糧太薄，遂鬨然解散，致羣不逞之徒三五團聚劫掠行人，守土者人人切齒恨其貽害地方。是清源原未招有多兵，安得費有多金乎？此棟如冒餉之一徵也。臣頃巡視城務，有陸時龍與棟如腹心，梁才相關臣訊之，才曉曉以奉差買木爲解，因移文職方司，查得梁才原領棟如銀五百餘兩買木料修蓋營房，就中侵銀百餘兩，經年未完。臣重懲其人，仍發還職方囚而追之，未幾月餘，不知才有何神通，舊遼撫向職方竟將才提去矣，今未知才安歸銀何在也。此棟如冒餉之又一徵也。以臣耳目之所覩聞，合於關臣之所臚列棟如冒破情形，千真萬真更無可疑。如不憑關臣之勘册，止憑棟如之私册，駕無爲有，揑少成多，即百萬金錢何難一紙銷除？錢糧有此算法，國家有此綱紀否？臣誠痛朝廷三尺之法明明，不行於百足之姦，而公家有用軍儲，竟填貪人谿壑而莫返也。得旨：何棟如奉旨已久，著作速提究，併梁才木料價銀，查明議處。

《明實録》天啓四年五月 甲戌，工科都給事中楊維新請發帑助慶陵，并嚴那借考成之法。言外解虧百六十餘萬，非盡在民也，或州縣解府府解司各移而用之。上下相蒙，撫按不核，安得不愈久愈多耶？今限州縣解銀，係某項即鑿某項字於上，及年月册上之府，册上之司，並府州縣册上之部，則那借之弊可祛矣。至考成之法，應解錢糧越一季作何罰治，越二季罰倍之，越一歲則漸加焉。以十分爲率，完及八分亡罰，虧二三分作何罰治，四五分罰倍之，六七分則漸加焉。府不責之州縣則罰府，司不嚴之府則罰司，撫按不嚴之司則並及撫按，斷以必行，如此而猶虧額，臣不信也。上以金花銀不許，餘如故。

《明實録》天啓五年三月〔壬申〕户科給事中周汝謨疏言：東西缺餉，不得已于雜項中稍可取贏者有八：曰鼓鑄、曰鹽政、曰屯種、曰税契、曰典鋪、曰散官、曰冗役、曰郵傳。夫鼓鑄之利，子母相侔，鑄百萬銅則得百萬之息。近雖四行開鑄。而既苦乏本又艱市銅，然未有本具而銅不湊者，其經惟在於得人。如淮揚議鑄借本，鹽課同官郭興治條兩淮補庫折割没等項，清查得百萬，於中量借更爲便易，而所差部臣宜廉幹積敏，日夕督治，及約束爐頭諸役，毋使姦商市□窟穴其中，而泉府之歲入從可知也。鹽課軍國所需，今逐歲清查已無餘利，而稍爲通融寧無良法？宜咨行鹽臣召商集議，於新舊中銷之規，推廣諸商增課之説，務求至當。别開遼餉一項，俟事平而停止可也。所謂屯種者未開之新畝，非就買之舊畬也。今海内舊屯清應清理，而豪強兼併經界混淆。籍猶未去可按而稽，惟是關外荒土、沿海汙□，悉聽附近軍民隨地開墾，而姑少徵其子粒，將畝有畝利，頃有頃利，日計不足，歲計有餘矣。税契者，筭緡也。往時不過數釐而未見縮，今加以三分而不見贏，蓋輕則輸重則匿耳。或於三分内再爲酌量，督縣官逐里示諭，隨買隨税隨收，而匿税不准管業，民未有不樂從者矣，此以減而得增之法也。典鋪之分徵有難易，蓋衝大邑鋪多而本饒，即百十亦不爲屬，僻壤下縣徽商裏足數金，猶難取盈，故不獨酌其輕重而且定其有無，庶輸者無難而徵者自易，此不平而平之法也。散官之秩富厚者，動以衣冠爲榮，敬粗宗以來，每有軍興加拜散官名色。今宜頒行郡縣，凡富民輸粟若干，給以官號，量免差徭，計州縣之大者可得數十人，小亦可得數人。外如儒士之衣巾、武弁之加銜、僧道之擾秩，惟而行之，各府所入，此不亦予以虚名而收其實利乎！衙門冗役，通止行抽扣之令而不及裁革，使彼失之於官而償之於民，非法也。合無將應用胥役之外，令司府州且等衙門逐一減去？扣下工食以資軍需，則役者無不得食，

而無食者不至於空役矣。郵傳之費，處處不貲。今議非公差不得借用一勘合，非公幹不得輕用一牌票。撫按逐月弔查應付冒濫者參奏，必使著實行之。以上八款，或已行而見效，或將行而未決，乞嚴行申飭，有仍前怠玩不遵奉條格習爲故事者，必罪之無貸，則□□而人知遵守，措于不涸之倉，固其所也。得旨：這條陳各款有裨國計，著該部確議具覆。

《明實録》天啓五年三月　己未，遣太常寺少卿張守道前往江南五府，太僕寺少卿傅淑訓前往江北三府，督催馬價銀兩，行人司行人柴挺然前往浙江等處，守催站銀，各照所屬州縣，立刻起解到部，以資各邊年例等項急用。如復遷延悞事，即會該撫按指名參處。

《明實録》天啓五年四月　〔丙午〕户部申嚴參罰之令，請旨加敕頒行各省直守巡二道就其駐扎地方，催儹任内管轄府州縣額餉按季解完，必以到部爲准，如或分數不足，臣部徑將守巡職名開送吏部。停其陞轉。其欠額太多，遇限不至者，臣部徑照司府州縣例參處。大約本年錢糧定限，春夏兑完五分，不完者即於本年冬季查參，秋季十分全完，不完者於明年夏初查參，毫不寬假。乞敕下臣部移咨吏部，一體遵奉施行。報可。

《明實録》天啓五年七月　〔癸亥〕户部參送南京龍江左衛指揮王業等掛欠京糧、通糧、運糧總計將近一萬七千石，刑部覆奏，乞先拘各弁到官，立限追比全完銷欠，有貪頑捱久自干法紀者，按律治罪。從之。

《明實録》天啓五年十一月　〔甲戌〕先是以大工告匱，遣兵部郎中張爾嘉督催班軍銀十一萬餘兩以濟急需，至是兵部覆攄爾嘉回報言：鳳陽等衛各處報有者止五萬四千六百餘兩，内報解者止四萬一百餘兩，而實解到部者止一萬六千三百餘兩，乃松常所欠至三萬二千餘兩，直若全數三分之一。各衛既諉於各府，各府又諉於災荒。展轉愆期，豈臣子急公之誼？乞行應天鳳陽撫按勒限嚴催。得旨：班價銀原係額編，有司何得泄泄從事？你部便行與該撫道官作速催解，限次年正月内通完，以助大工。有仍前違玩者，聽張爾嘉指名參處。

《明實録》天啓六年四月　〔辛丑〕太子太保户部尚書李起元言：先是二月寧遠告急，突有□官張奇賞等，齎經略咨文一角調東兖援兵爲名到部，討領路費銀六千七十兩。臣隨咨行經略稽查是□，臣即題請徧行嚴緝未獲。今准漕撫咨稱指揮楊紹先、馬棟齎經略巡撫咨文到彼中，動支新餉六千三百兩買辦撫夷叚疋。及查撫夷叚疋，户兵兩部解銀山海，聽督撫衙門自行買辦，從來無經撫行文省直，新餉錢糧不由臣部起解之事。況袁崇煥加銜奉旨在三月初十日，咨僉三月初一，其爲假鷳抑無可疑，矧印文欠端，稀密不均，漕撫辦勘已的，此與前番張奇賞等假鷳如出一手，伏乞敕下法司，速行總督部院將楊紹先、馬棟嚴押解京，并臣部原題張奇賞等假咨情節一併嚴審，依律重治。從之。

《明實録》天啓六年四月　丁亥，户部尚書李起元覆御史温國奇疏：一、催餉之年分宜清。一、徵收之官甲宜立。臣等看得錢糧，有見徵有壓徵，官難一概徵收；民難一概兼輸，催難一概求完。前經題准省直錢糧，自五年爲始，限春夏先完五分，不完者冬季查參，秋冬十分全完，不完者次年夏季查參。至於以官爲甲，尤爲卓見縉紳好義。自是不後齊民，但族姓子弟叢於一户，交相影射，勢難稽查，而姦胥猾里又多借以支吾。宜令各處官紳另立一甲，通課輸之，窮爲催解一助，容臣移咨撫按，一體申飭。報可。

《明實録》天啓六年七月　〔己卯〕承運庫掌庫事太監齊昇言：内供需用甚急，外解積欠愈多，計直隸江西、湖廣、浙江等府，共欠絹六十七萬三千六百一十七疋二丈四尺，乞敕户部差官守催。得旨：絹疋係内供急需，如何拖欠至六十七萬三千六百有奇？屢奉嚴旨催督，撫按官通不遵行，豈成法紀？今殿工將完，需用更急，著即差官守催，務以刻期解進，有仍前違悞，指名參奏重處。

《明實録》天啓六年八月　〔辛亥〕兵部尚書馮嘉會言：鳳陽等十六衛所應解春班大糧銀二萬九千兩，分文未解，壽州東平濟寧等衛所領班官於天啓二四年借庫銀一萬二百餘兩，屢催不到，乞嚴敕各該地方官，限本年十月内將新舊應解錢糧盡數解部，以給軍糈。得旨：班糧係做工軍糈，如何久不解到？以致那借紛紛，措處不敷。著該地方官即將新舊錢糧，限十月内盡數解部，以濟急需，再有遲悞，道府等官參來處治。

《明實録》天啓六年九月　〔辛未〕舊制，南直、河南、山東各衛班軍大糧，皆徵解南户部分司鳳陽倉，班軍臨行時先給四月安家，餘八月隨

軍起解。天啓三年改解兵部，有司籍口災傷，徵解不時，班軍嗷嗷，乞復祖制。兵部尚書馮嘉會疏言：班糧玩愒之因與今日整頓之法，無如遵復祖制，歸併鳳陽監倉主事，軍從南來糧從南解，痛養相關，呼吸俱應。至於蘇松等府拖欠不完，則惟有考覈一法，請將南糧載入條鞭，有稽遲者參罰如法。得旨：班軍月糧，著遵祖制歸復南户部鳳陽倉分司，四月安家徑給外，八月大糧隨軍起解，不得稽遲，永爲遵守，各府拖欠，該部載入考成，分别查參，以憑嚴處。

《明實録》天啓六年九月〔丁丑〕工科給事中王夢尹參登州管餉都司毛應時韓文翼侵尅餉銀，陳奇聖、李大珊冒領船價。得旨：毛應時、韓文翼著行撫按衙門嚴究，追贓充餉。其陳奇聖、李大珊冒領造船銀兩，久不完銷，并行追究。

《明實録》天啓六年九月〔己亥〕巡關御史梁夢環奉嚴旨查覈關門共餉虛冒情實，至是上言：帑金之破冒，莫如招兵買馬，城工營房、硝黄鉛鐵、盔甲車輛、花布船隻等項，以帑金言之，查關門發帑一百九十萬，據同知王應豫呈稱，各督撫經略交代查算奏繳，而熊廷弼於數内取發一十七萬二千兩未見著落，廣寧陷後無册可查，臣逐人逐事反覆查駁，大抵將無作有，將少作多。以招兵言之，總兵孫諫、趙天禄等招串營食糧猾兵一半本官明欺其有罪，或扣安家五六兩不等冒帑。若攫以買馬言之，密雲參將孟兆等往宣府市買馬駝，止用銀數兩販買老病瘤馬粧俵遂冒多價，無何倒死苦累。以城工言之，參將李承先、都司金嶠等冒開工價，城工每百大工須二萬多開三萬，敵臺每座須銀一千二百萬冒開二千兩。以營房言之，南部總兵王世欽、中軍倪承業冒開帑金三千五百二十二兩，神武右營中軍李遇春冒開二千一百一十四兩，其硝黄鉛鐵、車輛、船隻及各項軍器，俱任其自開自算，無有稽覈，今總計清查出冒破應追銀一十七萬三百二十五兩，需所宜逐項行追者也。得旨：奴酋犯順以來發去帑金二十餘萬，如何止查一百九十萬？據稱熊廷弼於數内關外軍前銀一十七萬二十兩，如何不見著落？且經撫道鎮諸臣都不查覈，止將么麼武弁塞責，顯是徇私，仍著梁夢環再回話。夢環具疏認罪言：向來帑金皆發廣寧，廣寧失陷，册籍俱無憑查造。天啓二年始發山海，故山海帑金止一百九十餘萬，至熊廷弼失悞封疆，侵盗金錢，亂臣賊子，人人切齒，臣豈肯復爲隱諱？據册開具於數内取用一十七萬二十兩。臣詰同知王應豫，當日作何支銷，應豫謂經略票取則取，下官安敢問其開銷？今廷弼雖正典刑，家貲巨萬，前銀應否行追，一聽上裁。得旨：梁夢環既認罪，始免究還，須徹底清查，具奉其見查各冒破銀兩，著督師衙門照數追究完充餉。熊廷弼取用一十七萬二十兩竝無開銷，著行彼處撫按嚴提家屬追贓變産，勒限解部以助大工，不得徇情隱漏。

《明實録》天啓六年十月〔己酉〕户部尚書郭允厚言：臣部司計一切徵解完欠，全憑文册稽查。舊全置歲會册，乃每歲會計之册，越五年方一類造，三年内會計向憑循環册，取一去一來相循如環之義，越五年方一題造，是十年始循環一周也。虛文相蒙，逋欠侵欺之弊種種多端。合無將歲會文册，行各省直司府，每年一造，依期送部查對如該司府已報發解，而銀未到部或解數收數參差，即使行查追究。在外仍置季會小册，司府按季報部，在内仍置月會小册，司庫按月互相查對，批發掛銷皆出印官之手，不假吏書，一切侵欺稽遲，假印批收等弊皆莫能遁矣，乞敕中外矢心遵行。得旨：這本説預造歲會册，以杜吏書侵漁之弊，有裨國計法，可久行你部，印移咨各省直轉行所屬一體遵行。其中外諸臣有報册違限的，指名參來處治。

《明實録》天啓六年十一月〔壬甲〕上覽内監奏，以各省直拖欠金花銀兩至二百餘萬，該見參罰。何官考成，功令何在，著一面立行查參，一面專委明幹主事前往省直，坐催如期起解，不得借差自便。該地方官有怠緩、那移、壓解者，守催官報部不時罰處，不許朦朧陞轉。如差官狥情曲庇，一併究處。

《明實録》天啓七年二月〔戊戌〕工科都給事中郭興言題：殿工需用甚急，據各省直奏過搜括捐助銀兩，拖欠不下五十餘萬，非地方延緩，必解役侵欺。乞敕該撫按逐項嚴覈，已解者查驗批迴，未解者作速催督，仍限於三月内造册分送部料查對，如有延緩侵欺，指實參究。從之。

《明實録》天啓七年七月丁亥，巡視屯馬御史李時馨奏：今日馬價盧鳳、淮陽、欠至二十萬有餘，鎮江應太欠至三萬四千九百有餘，今日

屯糧南京四十二衛所麥米欠至二十三萬有奇。在軍也，或諉于荒歉之數，在官也，實明犯自盜之條，皆繇查參之法不行故至此。今後當檄各該地方管糧官接比嚴催完解，仍按季報。該道分別參處屯馬二政，庶有裨乎。得旨：屯馬二政俱係軍國重務，乃馬政既多，逋負屯政，亦多侵欠，總緣查參不嚴，廢閣已甚。這本説慎舉利，嚴考成以責實効，最得裕國計肅官嘗之法，俱如議，着實申飭行。

《明太祖寶訓》卷三《理財》 洪武十二年十一月甲午朔，太祖觀《漢武帝紀》，顧謂翰林待制吴沈曰：人君理財之道，視國如家可也。一家之內，父子不異貲，其父經營儲積未有不爲子計者。父子而異貲，家必隳矣。君民猶父子也。若惟損民以益君，民衣食不給，而君獨富，豈有是理哉。

《明太祖寶訓》卷三《理財》 洪武十九年三月戊午，太祖諭户部臣曰：善理財者，不病民以利官，必生財以阜民。前代理財，竊名之臣皆罔知此道，謂生財裕國，惟事剥削蠹餌，窮錙銖之利，生事要功，如桑弘羊之商販，楊炎之兩税，自謂能盡理財之術，殊不知得財有限，而傷民無窮。我國家賦税已有定制，樽節用度自有餘饒。減省徭役，使農不廢耕，女不廢織，厚本抑末，使游惰皆盡。不力田畝，則爲者疾而食者寡。自然家給人足，積蓄富盛。爾户部政當究心，毋爲聚斂以傷國體。

《明宣宗寶訓》卷二《惇信》 宣德三年四月丙辰，行在户部奏：去年十一月頒降詔書，宣德三年税粮鹽粮以十分爲率，蠲免三分。而今年郡縣實徵粮數未報，擬差官催促，并督粮税之當徵者。上曰：免粮以寬恤百姓。比聞有司多違詔書，但用舊額徵粮，不顧失信於民。今徵粮必依詔書，使民受惠。遣官催辦亦當選擇，庶不擾民。

《明宣宗寶訓》卷二《謹財用》 宣德六年三月丙寅，上視朝罷御便殿，命翰林儒臣進講《大學·平天下章》竟。上曰：治天下，國家不可無財用。即如生之者衆，四語行之，固不必暴徵横斂，而國用有餘矣。

《明宣宗寶訓》卷三《寬賦》 〔宣德五年〕閏十二月丁未，上御奉天門，諭行在户部臣曰：䘏民必有實惠。若惠民無實，非䘏下之誠。比者郡縣間有水旱，税粮多欠，積歲既久，未能輸官。有司催徵逼迫而民愈困，四方奏逃亡，逋賦者皆以此故。朕聞之惻然。其宣德三年以前民欠粮税，悉令折收鈔與布絹爾。户部定議務得其中，無虧于民。户部議以十分爲率，三分折闊布，三分折闊絹，四分折鈔。

上曰：如此雖然，但布絹闊幅者亦難得，宜只隨民間所常用者依時價收之，則民易辦。庶幾民受實惠。

《明宣宗寶訓》卷四《武備》 〔宣德元年〕二月甲戌，陽武侯薛禄言：宣府懷安永寧諸衛俱邊境，將士嚴守備，又令採辦，致多逋逃，乞罷其役。

上諭尚書吴中曰：邊方軍士專務守備，何以他役勞之柴雖山谷有，然運送甚艱。宜有逃避者，其即免之。自今凡差軍民必須計議得當而行，不可輕率。

《明憲宗寶訓》卷三《革奸弊》 成化十四年正月丁亥，上諭都察院臣曰：京通二倉并各場粮草俱國用所係。近各衛監支官多不守法度，私立大小把總名色，不肯依期收放，故爲刁蹬遷延，以致軍士到倉日久不得關支。其貪婪委官通同官攢人等，以斛面高低爲名，就中扣除者有之。軍吏人等指以答應爲由，於內尅減者有之。及關糧到倉十不得七，以致軍士多飢窘失所。及有官旗舍餘人等倚勢用強，攪擾倉場，需索財物者，似此姦弊非止一端。事覺之日，從重處治。巡視御史及管粮委官坐視不理者，一體治罪。其出榜禁約之。

《明憲宗寶訓》卷三《禁非為》 成化十六年五月庚子，户部言攬納税粮之弊，請移文天下有司。嚴行禁約。

上曰：税粮，國用所急，小民竭力以供上用。乃爲無藉之徒包攬遲延，逋負之數重數十萬計。有司食朝廷之禄，任民社這寄，漫不加意，其罪甚矣。爾户部其嚴行禁約，逋負者責限追完，治罪如例。有司受囑怠事者，悉停俸以俟完報。

《明孝宗寶訓》卷三《荒政》 弘治三年二月甲午，户部以水旱灾請免直隸淮安府弘治二年分秋粮米九萬六千七百餘石、草二十六萬七千三百四十餘包，楊州府米豆共四萬八千五百四十餘石、草八萬七千四百八十餘包，鳳陽府米七萬四千九百三十餘石、草一十五萬四千一百餘包，湖廣鄖

陽府夏税麥三千二百八十餘石，襄陽府麥二萬二千七百七十餘石，荆州府麥七千八百五十石，鄖陽及襄陽二衛麥共三千六百六十二石，河南南陽府麥四萬三千一百二十餘石，絲二萬五千三百五十餘兩，南陽衛所屬三千户所并守禦鄧州唐縣二千户所麥八千六百一十餘石。

上曰：國賦固有定法。然歲有豐凶，凶歲義當損上益下。若必欲一概取盈，倉廩則實矣，如病民何？奏中所擬甚當朕意，悉從之。仍諭有司，使貧民各沾實惠。

《明武宗寶訓》卷一《聽納》〔正德元年二月癸酉〕户部覆議都給事中鄒軒等所言裕民止盜事。其一謂貴戚藉所賜莊田，侵奪民産。蓋長寧伯周彧賜田之在景州東光境内者，實係民人高崇等世業。往年爲奸民讐害，投獻中貴，遂以賜彧，而崇愬焉。逮至錦衣衛鞫問已明，宜令踏勘官從公斷理，勿畏勢以虐民。仍通行諸貴近或嘗受獻者，俱遵詔旨亟以還民。其一謂内府各監局各庫各倉場及各門内官内使人等，每緣收納錢粮，刻削無厭。

先帝晚年洞察民隱，嘗特降明旨，嚴加戒諭。今復玩愒，恬不知畏，故諸所解納百方巧取，粟米布絹之價往往倍於時估，民甚苦之。宜重刻戒諭之旨，於諸司懸布，永示遵守。其一謂，莊田子粒貪暴者，違例自收。蓋公侯田土及牧馬草場，畝征銀三分，令佃户自赴有司上納，而後聽業主領用，實慮管莊之人貪暴自恣，逼民逃竄也。今宜令撫按官重加榜諭，或違例致民失業者，業主有司，一體究問。其一謂，征税不經，甚至屠宰皆納官錢。蓋京城各門宣課司近聞日時進供用庫猪肉、丁字庫羊皮、又歲時一再進送瓜果，俱非舊制，宜盡行革罷。若張家灣蘆溝橋二司經過客貨非在彼發賣者，宜令徑赴宣課司報税，毋得重征。其崇文門分司五百貫以上例該起條者，宜如原税之數，勿令加倍。各門大小車輛及驢騾負載諸貨，宜悉聽巡高御史等官照例收取正税，不許守門内官仍前干與，分外過取。其一謂，珍寶應禁而不之禁。蓋近内承運庫太監龍綬等奏，謂寶藏庫寶石西珠無可用者欲本部區處進納。臣等嘗集府部羣臣詳議，時方凋敝，未能致此難得之物，况皇上新服厥命，正宜屏絶奇玩以培養儉德。宜敕所司，選諸内庫所藏，取足成冠婚之禮而上，不必過求侈用。敢有寅緣舉奏，熒惑上聽者，查照先年處置梁方例重加究治。奏入，上是之，曰先帝所頒戒諭之旨，其令諸司翻刊縣布遵行。有故違者，罪無赦。時廷臣集議覆綬等所奏，留中將一月矣，至是亦得旨不必買辦。

《明武宗寶訓》卷二《戒宗室》〔正德元年〕七月戊子，德王奏莊田在兖州等處者，畝徵子粒二斗。惟清河縣子粒成化七年用少卿宋旻議，以爲畿内役重民貧，畝止五斗。近又奉詔，例凡莊田畝止徵銀三分，臣將無以自給。乞如舊徵二斗。有旨遽從之。户部復言税重民不堪，故多逋負。今山東境内水旱相仍，百姓凋敝，意外之虞不可不慮，宜如詔旨起科便。

上曰：朕不知也。且王何患貧，其勿許。

《明世宗寶訓》卷三八《理財》嘉靖二十五年十月己亥，漕運總兵官萬表言：漕運粮斛除年例准折及漂流豁免，實交正粮一百九十五萬三千餘石。

上以粮額四百萬石准折過半，令户部對狀。尚書王果等伏罪。

上曰：漕運粮米歲有常數，係祖宗成法。即遇災傷，自有蠲省常例。近來内外各官奏免任意紛更，該部題覆不聞執奏，以致歲減過半，坐損國儲。本當重究，但今干係人衆，姑從寬免，王果等既認罪，且不究一應事體，仍申明具奏。已，果等議覆，自後遵奉明旨，照依舊規全運。

上曰：漕運粮斛，自明年始務遵舊規，無虧原額。仍先行撫按管粮官知悉。再有奏減折銀者，參奏重治。

《明史》卷二《成祖紀》〔永樂二十一年〕冬十月癸巳，分遣中官及朝臣八十人覈天下倉糧出納之數。

《明史》卷一四《郁新傳》郁新，字敦本，臨淮人。洪武中，以人才徵，授户部度支主事。遷郎中。踰年，擢本部右侍郎。嘗問天下户口田賦，地理險易，應答無遺，帝稱其才。尋進尚書。時親王歲禄米五萬石，新定議減五之四，並定郡王以下禄有差。又以邊餉不繼，定召商開中法，令商輸粟塞下，按引支鹽，邊儲以足。夏原吉爲户部主事，新重之，諸曹事悉委任焉。建文二年引疾歸。

成祖即位，召掌户部事，以古朴爲侍郎佐之。永樂元年，河南蝗，有

司不以聞，新刻治之。初，轉漕北京，新言：自淮抵河，多淺灘跌坡，運舟艱阻。請別用淺船載三百石者，自淮河、沙河運至陳州潁溪口跌坡下，復用淺船載二百石者運至跌坡上，別用大船運入黄河。至八柳樹諸處，令河南車夫陸運入衛河，轉輸北京。從之。又言：湖廣屯田所產不一，請皆得輸官。粟穀、穈黍、大麥、蕎穄二石，准米一石。稻穀、薥秫二石五斗，穇稗三石，各准米一石。豆、麥、芝蔴與米等。著爲令。二年議公、侯、伯、駙馬、儀賓禄，二百石以上者，請如文武官例，米鈔兼給。三年以士卒勞困，義減屯田歲收不如額者十之四五，又議改納米北京贖罪者於南京倉。皆允行。是年八月卒於官。帝歎曰：新理邦賦十三年，量計出入，今誰可代者？輟朝一日，賜葬祭，而召夏原吉還理部事。

《明史》卷一六《劉大夏傳》〔成化十二年〕六月再陳兵政十害，且乞歸。帝不許，令弊端宜革者更詳具以聞。於是，大夏舉南北軍轉漕番上之苦，及邊軍困敝、邊將侵剋之狀，極言之。帝乃召見大夏於便殿，問曰：卿前言天下窮財盡。祖宗以來徵斂有常，何今日至此？對曰：正謂不盡有常耳。如廣西歲取鐸木，廣東取香藥，費固以萬計，他可知矣。又問軍，對曰：窮與民等。帝曰：居有月糧，出有行糧，何故窮？對曰：其帥侵剋過半，安得不窮。帝太息曰：朕臨御久，乃不知天下軍民困，何以爲人主！遂下詔嚴禁。當是時，帝方鋭意太平，而劉健爲首輔，馬文升以師臣長六卿，一時正人充布列位。帝察知大夏方嚴，且練事，尤親信。數召決事，大夏亦隨事納忠。

《明史》卷二二二《張學顔傳》時張居正當國，以學顔精心計，深倚任之。學顔撰《會計録》以勾稽出納。又奏列《清丈條例》，釐兩京、山東、陝西勳戚莊田，清溢額、脱漏、詭借諸弊。又通行天下，得官民屯牧湖陂八十餘萬頃。民困賠累者，以其賦抵之。自正、嘉虛耗之後，至萬曆十年間，最稱富庶，學顔有力焉。然是時宮闈用度汰侈，多所徵索。學顔隨事納諫，得停發太倉銀十萬兩，減雲南黄金課一千兩，餘多弗能執爭。而金花銀歲增二十萬兩，遂爲定額。人亦以是少之。

《明史》卷二五六《畢自嚴傳》崇禎元年召拜户部尚書。自嚴以度支大絀，請覈逋賦，督屯田，嚴考成，汰冗卒，停薊、密、昌、永四鎮新增鹽菜銀二十二萬，俱報可。二年三月疏言：諸邊年例，自遼餉外，爲銀三百二十七萬八千有奇。今薊、密諸鎮節省三十三萬，尚應二百九十四萬八千。統計京邊歲入之數，田賦百六十九萬二千，鹽課百一十萬三千，關税十六萬一千，雜税十萬三千，事例約二十萬，凡三百二十六萬五千有奇。而逋負相沿，所入不滿二百萬，即盡充邊餉，尚無贏餘。乃京支雜項八十四萬，遼東提塘三十餘萬，薊、遼撫賞十四萬，遼東舊餉改新餉二十萬，出浮於入，已一百十三萬六千。況內供召買，宣、大撫賞，及一切不時之需，又有出常額外者。乞敕下廷臣，各陳所見。於是廷臣爭效計畫。自嚴擇其可者，先列上十二事，曰增鹽引，議鼓鑄，括雜税，覈隱田，税寺產，核牙行，停修倉厫，止葺公署，南馬協濟，崇文鋪税，京運撥兑，板木折價。已，復列上十二事，曰增關税，捐公費，鬻生祠，酌市税，汰冗役，核虛冒，加抵贖，班軍折銀，吏胥納班，河濱灘蕩，京東水田，殿工冠帶。帝悉允行。

《明史》卷二六三《劉之勃傳》劉之勃，字安侯，鳳翔人。崇禎七年進士。授行人，擢御史。上節財六議，言：先朝馬萬計，草場止五六所。今馬漸少，場反增二倍，可節省者一。水衡工役費，歲幾百萬。近奉明旨，朝廷不事興作，而節慎庫額數襲爲常，可節省者二。諸鎮兵馬時敗潰而餉額不減，虛伍必多，可節省者三。光禄宴享賜賚，大抵從簡，而監局廚役多冗濫，可節省者四。三吴織造，澤、潞機杼，以及香蠟、藥材、陶器，無歲不貢，積之內爲廢物，輸之下皆金錢，可節省者五。軍前監紀、監軍、贊畫之官，不可勝紀。平時則以一人而糜千百人之餉，臨敵又以千百人而衛一人之身，耗食兼耗兵，可節省者六。

（清）查繼佐《罪惟録》志卷一〇《貢賦志》弘治二年，天下歲徵税糧，凡三千六百三十二萬一千餘石。內三百二十萬九千石，折銀八十一萬四千餘兩。户田商税，除折米外，并船鈔料，折銀四十三萬九千餘兩。各鑛銀課，歲辦一十五萬一千餘兩，折鹽銀又數萬兩。又各處糧税折徵一百三萬兩，雲南閘辦三萬餘兩，各鈔關船料四萬餘兩，馬草折徵二十三萬餘兩，鹽課折徵二十餘萬兩。每年出數，送內庫預備成造等項銀十萬兩，或益至二十萬兩，給散軍官俸銀三十三萬餘兩，各邊年例四十餘萬兩。奏

納加添在外，聖誕千秋等節用三十九萬兩，親王王妃公主及上用銀盆水□儀仗等，或至十三萬七千餘兩。正德以後，天下夏秋税糧，大約二千六百六十八萬四千石，凡給禄親王三十、郡王二百十五、鎮國將軍至中尉二千七百零、主君五等、疎庶人、罪庶人五萬。文職二萬四百零，武職十萬零，衛所七百七十二旗、軍八十九萬六千餘，廩膳生員三萬五千八百二十名，吏五萬五千餘，各項俸糧，約數千萬。

府庫倉儲法制部

先秦分部

綜述

《春秋左傳·昭公十八年》 使府人、庫人各儆其事。儆，備火也。儆音景。

疏：使府人庫人各儆其事。正義曰：《曲禮》云：在府言府，在庫言庫，皆是藏財賄之處，故使其人各自儆守以防火也。《周官》有大府、內府、外府、天府、玉府、泉府，而無掌庫之官，蓋府庫通言，庫亦謂之府也。諸侯國異政殊，故府庫竝言也。

《周禮注疏》卷六《天官冢宰·大府》 凡邦國之貢以待弔用。此九貢之財所給也。給弔用，給凶禮之五事。凡萬民之貢以充府庫，此九職之財。充猶足。

疏：凡邦至府庫。釋曰：上文大府掌九貢、九賦、九功，受得三者之財，各各用之。上文九式已用九賦之財訖，故此云邦國之九貢以待給於弔用，下文萬民之貢以充府庫，即上九功也。註此九貢至五事。釋曰：云給凶禮之五事者，案《大宗伯》云：凶禮，哀邦國之事。下云有喪禮、荒禮、弔禮、襘禮、恤禮，五禮皆須以財貨哀之，故云給凶禮之五事。註此九職至猶足。釋曰：知此萬民之貢是九職者，案《大宰》云九職任萬民，此上文又云九功，此貢即是九職之功所稅，故知此是九職之財也。案《大行人》，六服諸侯因朝所貢之物，與《大宰》九貢歲之常貢，雖曰時節不同，貢物有異，要六服之貢與九貢多同，亦入弔用之數。又且九貢言入弔用，九賦言入九式，有餘財亦入府庫，是以上文掌九貢九賦，受其貨賄，頒於受藏受用之府也。

（宋）王應麟《玉海》卷一八三《食貨·府庫》 周官有太府、內、外、天、玉、泉府而無掌庫之官，蓋府庫通言。《曲禮》在府言府，在庫言庫，天有天庫，藏府之星。

商六府

《曲禮》天子之六府曰司土、司木、司水、司草、司器、司貨，典司六職。注，此殷時制也，周則皆屬司徒。司土，土均也；司木，山虞也；司水，川衡也；司草，稻人也；司器，角人也；司貨，卝人也。

湯武五庫

《月令》季春之月，命工師令百工審五庫之量，金鐵、皮革、筋角、齒羽、箭幹、脂膠、丹漆，毋或不良。

秦漢分部

綜述

（漢）賈誼《新書·俗激》　今世以侈靡相競，而上無制度，棄禮義，捐廉醜日甚，可謂月異而歲不同矣。逐利乎否耳，慮非顧行也。今其甚者，到大父矣，賊大母矣，踝嫗矣，刺兄矣。盜者慮探柱下之金，掇寢户之簾，搴兩廟之器，白晝大都之中，剽吏而奪之金。矯僞者出幾拾萬石粟，賦六百余萬錢，乘傳而行諸侯，此其無行義之尤至者已。

《史記》卷九七《酈生陸賈列傳》　漢三年秋，項羽擊漢，拔滎陽，漢兵遁保鞏、洛。楚人聞淮陰侯破趙，彭越數反梁地，則分兵救之。淮陰方東擊齊，漢王數困滎陽、成皋，計欲捐成皋以東，屯鞏、洛以拒楚。酈生因曰：臣聞知天之天者，王事可成；不知天之天者，王事不可成。王者以民人爲天，而民人以食爲天。夫敖倉，天下轉輸久矣，臣聞其下迺有藏粟甚多，楚人拔滎陽，不堅守敖倉，迺引而東，令適卒分守成皋，此乃天所以資漢也。

《史記》卷一二〇《汲鄭列傳》　汲黯字長孺，濮陽人也。【略】河内失火，延燒千餘家，上使黯往視之。還報曰：家人失火，屋比延燒，不足憂也。臣過河南，河南貧人傷水旱萬餘家，或父子相食，臣謹以便宜，持節發河南倉粟以振貧民。臣請歸節，伏矯制之罪。上賢而釋之，遷爲滎陽令。

《漢書》卷二《惠帝紀》　〔六年六月〕起長安西市，修敖倉。

《漢書》卷八《宣帝紀》　〔五鳳四年春正月〕大司農中丞耿壽昌奏設常平倉，以給北邊，顔師古注引應劭曰：壽昌奏令邊郡穀賤時增賈而糴，穀貴時減賈而糶，名曰常平倉。見《食貨志》。省轉漕。賜爵關内侯。

《漢書》卷二四上《食貨志》　時大司農中丞耿壽昌以善爲算能商功利得幸於上，五鳳中奏言：故事，歲漕關東穀四百萬斛以給京師，用卒六萬人。宜糴三輔、弘農、河東、上黨、太原郡穀足供京師，可以省關東漕卒過半。又白增海租三倍，天子皆從其計。御史大夫蕭望之奏言：故御史屬徐宫家在東萊，言往年加海租，魚不出。長老皆言武帝時縣官嘗自漁，海魚不出，後復予民，魚乃出。夫陰陽之感，物類相應，萬事盡然。今壽昌欲近糴漕關内之穀，築倉治船，費直二萬萬餘，有動衆之功，恐生旱氣，民被其災。壽昌習於商功分銖之事，其深計遠慮，誠未足任，宜且如故。上不聽。漕事果便，壽昌遂白令邊郡皆築倉，以穀賤時增其賈而糴，以利農，穀貴時減賈而糶，名曰常平倉。

《漢書》卷七八《蕭望之傳》　是時大司農中丞耿壽昌奏設常平倉，上善之，望之非壽昌。

《漢書》卷七四《魏相傳》　後遷河南太守，禁止姦邪，豪彊畏服。會丞相車千秋死，先是千秋子爲雒陽武庫令，自見失父，而相治郡嚴，恐久獲罪，乃自免去。相使掾追呼之，遂不肯還。相獨恨曰：大將軍聞此令去官，必以爲我用丞相死不能遇其子。使當世貴人非我，殆矣。武庫令西至長安，大將軍霍光果以責過相曰：幼主新立，以爲函谷京師之固，武庫精兵所聚，故以丞相弟爲關都尉，子爲武庫令。今河南太守不深惟國家大策，苟見丞相不在而斥逐其子，何淺薄也。後人有告相賊殺不辜，事下有司。河南卒戍中都官者二三千人，師古曰：來京師諸官府爲戍卒，若今衛士上番分守諸司。遮大將軍，自言願復留作一年以贖太守罪。河南老弱萬餘人守關欲入上書，關吏以聞。大將軍用武庫令事，遂下相廷尉獄。久繫踰冬，會會赦出。

《漢書》卷九〇《酷吏傳·嚴延年》　時黄霸在潁川以寬恕爲治，郡中亦平，婁蒙豐年，鳳皇下，上賢焉，下詔稱揚其行，加金爵之賞。延年素輕霸爲人，及比郡爲守，褒賞反在己前，心内不服。河南界中又有蝗蟲，府丞義出行蝗，還見延年，延年曰：此蝗豈鳳皇食邪。義又道司農中丞耿壽昌爲常平倉，利百姓，延年曰：丞相御史不知爲也，當避位去。壽昌安得權此。

《後漢書》卷一三《公孫述傳》　〔建武〕八年，帝使諸將攻隗囂，

述遣李育將萬餘人救囂。囂敗，并没其軍，蜀地聞之恐動。述懼，欲安衆心。成都郭外有秦時舊倉，述改名白帝倉，自王莽以來常空。

《後漢書》卷三三《朱浮傳》　朱浮字叔元，沛國蕭人也。初從光武爲大司馬主簿，遷偏將軍，從破邯鄲。光武遣吴漢誅更始幽州牧苗曾，乃拜浮爲大將軍幽州牧，守薊城，遂討定北邊。建武二年，封舞陽侯，食三縣。

浮年少有才能，頗欲厲風迹，收士心，辟召州中名宿涿郡王岑之屬，以爲從事，及王莽時故吏二千石，皆引置幕府，乃多發諸郡倉穀，禀贍其妻子。漁陽太守彭寵以爲天下未定，師旅方起，不宜多置官屬，以損軍實，李賢注：謂甲兵糧儲也。《左傳》曰隳軍實也。不從其令。

《後漢書》卷三九《劉般傳》　帝曾欲置常平倉，李賢注：宣帝時，大司農耿壽昌請令邊郡皆築倉，以穀賤時增其價而糴之以利農，穀貴時減價而糶之，名曰常平倉。公卿議者多以爲便。般對以常平倉外有利民之名，而內實侵刻百姓，豪右因緣爲姦，小民不能得其平，置之不便。帝乃止。

《後漢書》卷六二《韓韶傳》　韓韶字仲黄，潁川舞陽人也。少仕郡，辟司徒府。時太山賊公孫舉僞號歷年，守令不能破散，多爲坐法。尚書選三府掾能理劇者，乃以韶爲嬴長。李賢注：嬴，縣，故城在今兖州博城縣東北。賊聞其賢，相戒不入嬴境。餘縣多被寇盜，廢耕桑，其流入縣界求索衣糧者甚衆。韶愍其飢困，乃開倉賑之，所禀贍萬餘户。主者争謂不可。韶曰：長活溝壑之人，而以此伏罪，含笑入地矣。太守素知韶名德，竟無所坐。

《後漢書》卷七一《朱儁傳》　朱儁字公偉，會稽上虞人也。少孤，母嘗販繒爲業。儁以孝養致名，爲縣門下書佐，好義輕財，鄉閭敬之。時同郡周規辟公府，當行，假郡庫錢百萬，以爲冠幘費，而後倉卒督責，規家貧無以備，儁乃竊母繒帛，爲規解對。規被録占對，儁爲備錢以解其事。

《後漢書》卷七六《循吏傳・第五訪》　遷張掖太守。歲飢，粟石數千，訪乃開倉賑給以救其敝。吏懼譴，争欲上言。訪曰：若上須報，是弃民也。太守樂以一身救百姓。遂出穀賦人。順帝璽書嘉之。由是一郡得全。

（宋）吕祖謙《歷代制度詳説》卷八《荒政・制度》　古者國有凶荒則殺禮而多昏，會男女之無夫家者，所以育人民也。《衛詩・有狐》王莽末年，民愈貧困，常苦枯旱，穀價翔貴，北邊及青徐地人相食，雒陽以東米石二千。莽遣三公將軍開東方諸倉賑貸窮乏，分遣大夫謁者教民煮木爲酪，酪不可食，流民入關者數十萬人，置養贍官以廪之，吏盜其廪，饑死者十七八。

（宋）王應麟《玉海》卷一八三《食貨・府庫・漢委府》　《後・百官志》餘均輸等皆省注。《鹽鐵論》大夫曰：往者郡國各以物貢輸，往來煩雜，物多苦惡，故郡置輸官曰均輸，開委府于京師，以籠貨物，賤則買，貴則賣，是以縣官不失實，商賈無所利，曰平準。

魏晋南北朝分部

綜　述

《晉書》卷三《武帝紀》〔咸寧元年九月〕丁未，起太倉於城東，常平倉於東西市。

《晉書》卷三《武帝紀》〔咸寧三年〕六月，益、梁八郡水，殺三百餘人，没邸閣别倉。

《晉書》卷四《惠帝紀》〔元康五年〕冬十月，武庫火，焚累代之寶。十二月丙戌，新作武庫，大調兵器。

《晉書》卷二七《五行志》惠帝元康五年閏月庚寅，武庫火。張華疑有亂，先命固守，然後救火。是以累代異寶，王莽頭，孔子屐，漢高祖斷白蛇劍及二百萬人器械，一時蕩盡。

《晉書》卷二七《五行志》海西公太和中，郗愔爲會稽太守。六月大旱災，火燒數千家，延及山陰倉米數百萬斛，炎煙蔽天，不可撲滅。

《晉書》卷四二《王渾傳》武帝受禪，加揚烈將軍，遷徐州刺史。時年荒歲饑，渾開倉振贍，百姓賴之。

《晉書》卷四四《鄭默傳》出爲東郡太守，值歲荒人饑，默輒開倉振給，乃舍都亭，自表待罪。朝廷嘉默憂國，詔書褒歎，比之汲黯。班告天下，若郡縣有此比者，皆聽出給。

《晉書》卷六二《劉琨傳》永嘉元年，爲并州刺史，加振威將軍，領匈奴中郎將。琨在路上表曰：【略】臣自涉州疆，目覩困乏，流移四散，十不存二，攜老扶弱，不絶於路。及其在者，鬻賣妻子，生相捐棄，死亡委危，白骨横野，哀呼之聲，感傷和氣。羣胡數萬，周帀四山，動足遇掠，開目覩寇。唯有壺關，可得告糴。而此二道，九州之險，數人當路，則百夫不敢進，公私往反，没喪者多。婴守窮城，不得薪采，耕牛既盡，又乏田器。以臣愚短，當此至難，憂如循環，不遑寢食。臣伏思此州雖云邊朔，實邇皇畿，南通河内，東連司冀，北捍殊俗，西禦強虜，是勁弓良馬勇士精鋭之所出也。當須委輸，乃全其命。今上尚書，請此州穀五百萬斛，絹五百萬匹，緜五百萬斤。願陛下時出臣表，速見聽處。朝廷許之。

《晉書》卷六六《陶侃傳》及疾篤，將歸長沙，軍資器仗牛馬舟船皆有定簿，封印倉庫，自加管鑰，以付王愆期，然後登舟，朝野以爲美談。

《晉書》卷七三《庾翼傳》至夏口，復上表曰：臣近以胡寇有弊亡之勢，暫率所統，致討山北，並分見衆，略復江夏數城。臣等以九月十九日發武昌，以二十四日達夏口，輒簡卒搜乘停當上道。而所調借牛馬，來處皆遠，百姓所稸，穀草不充，並多羸瘠，難以涉路。加以向冬，野草漸枯，往反二千，或容躓頓，輒便隨事籌量，權停此舉。又山南諸城，每至秋冬，水多燥涸，運漕用功，實爲艱阻。

《晉書》卷九三《王藴傳》補吴興太守，甚有德政。屬郡荒人飢，輒開倉贍卹。主簿執諫，請先列表上待報，藴曰：今百姓嗷然，路有饑饉，若表上須報，何以救將死之命乎。專輒之愆，罪在太守，且行仁義而敗，無所恨也。於是大振貸之，賴藴全者十七八焉。朝廷以違科免藴官，士庶詣闕訟之，詔特左降晉陵太守。

《宋書》卷五四《沈曇慶傳》出爲餘杭令，遷司徒主簿，江夏王義恭太尉録事參軍，尚書右丞。時歲有水旱，曇慶議立常平倉以救民急，太祖納其言，而事不行。

《宋書》卷八一《顧琛傳》少帝景平中，太皇太后崩，除大匠丞。彭城王義康右軍驃騎參軍，晉陵令，司徒參軍，尚書庫部郎，本邑中正。元嘉七年，太祖遣到彦之經略河南大敗，悉委棄兵甲，武庫爲之空虚。後太祖宴會，有荒外歸化人在坐，上問琛：庫中仗猶有幾許。琛詭答：有十萬人仗。舊武庫仗祕不言多少，上既發問，追悔失言，及琛詭對，上甚喜。

《北齊書》卷二〇《厙狄伏連傳》又有代人厙狄伏連，字仲山，少

以武幹事尒朱榮，至直閤將軍。後從高祖建義，賜爵蛇丘男。世宗輔政，遷武衛將軍。天保初，儀同三司。四年，除鄭州刺史，尋加開府。伏連質朴，勤於公事，直衛官闕，曉夕不離帝所，以此見知。鄙吝愚狠，無治民政術。及居州任，專事聚斂。性又嚴酷，不識士流。開府參軍多是衣冠士族，伏連加以捶撻，逼遣築牆。武平中，封宜都郡王，除領軍大將軍。尋與瑯琊王儼殺和士開，伏誅。伏連家口有百數，盛夏之日，料以倉米二升，不給鹽菜，常有饑色。冬至之日，親表稱賀，其妻爲設豆餅。伏連問此豆因何而得，妻對向於食馬豆中分減充用。伏連大怒，典馬、掌食之人並加杖罰。積年賜物，藏在別庫，遣侍婢一人專掌管籥。每入庫檢閱，必語妻子云：此是官物，不得輒用。至是簿録，並歸天府。

（宋）王應麟《玉海》卷一八三《食貨·府庫·魏御府》　《魏志·王觀傳》少府統三尚方御府内藏玩弄之寶。

（宋）王應麟《玉海》卷一八三《食貨·府庫·魏白藏庫》　左思《魏都賦》：白藏之藏，富有無隄，同賑大内，控引世資。賨幏積璜琛幣充牣，關石之所和鈞，財賦之所底慎。注，張載曰：白藏庫在西城下有屋一百七十四間，秋爲白藏，因以爲名，大内京邑都内寶藏也。漢淮南王曰：越人貢財之奉，不輸大内。

隋唐五代分部

論説

（唐）吴兢《貞觀政要》卷八《賦役》　貞觀二年，太宗謂黄門侍郎王珪曰：隋開皇十四年大旱，人多飢乏，是時倉庫盈溢，竟不許賑給，乃令平聲。百姓遂粮，隋文不憐百姓而惜倉庫，比至末年比，音鼻。計天下儲積，得供五六十年，供，平聲。煬帝恃此富饒，所以奢華無道，遂致滅亡。煬帝失國，亦此之由。凡理國者，務積於人，不在盈其倉庫。古人云，百姓不足，君孰與足？《論語》有若對魯哀公之辭。但使倉庫可備凶年，此外何煩儲蓄。後嗣若賢，自能保其天下，如其不肖，多積倉庫，徒益其奢侈，危亡之本也。舊本此章重出《奢縱篇》，今去彼存此。

（唐）吴兢《貞觀政要》卷八《賦役》　貞觀九年，太宗謂魏徵曰，頃讀周齊史，末代亡國之主，爲惡多相類也。齊主齊後主也，名緯，世祖之子。深好奢侈，好，去聲。所有府庫，用之略盡，乃至關市無不税斂，去聲。朕常謂此猶如饞人自食其肉，肉盡必死，人君賦斂不已，百姓既弊，其君亦亡。齊主即是也。然天元後周宣帝，名贇，自稱天元皇帝。齊主，若爲優劣。徵對曰，二主亡國雖同，其行則别。行，去聲。齊主愞弱，與懦同。政出多門，國無綱紀，遂至亡滅，天元性兇而強，威福在己，亡國之事，皆在其身。以此論之，齊主爲劣。舊本此章重出《奢縱篇》，今去彼存此。

（唐）韓愈《韓昌黎文集》卷八《御史臺上論天旱人饑狀》　右臣伏以今年已來，京畿諸縣夏逢亢旱，秋又早霜，田種所收，十不存一。陛下恩踰慈母，仁過春陽，租賦之間，例皆蠲免；所徵至少，所放至多。上恩雖弘，下困猶甚。至聞有棄子逐妻以求口食，坼屋伐樹以納税錢，寒餒道塗，斃踣溝壑。有者皆已輸納，無者徒被追徵。臣愚以爲此皆羣臣之所未言，陛下之所未知者也！

臣竊見陛下憐念黎元，同於赤子；至或犯法當戮，猶且寛而宥之，況此無辜之人，豈有知而不救？又京師者，四方之腹心，國家之根本，其百姓實宜倍加憂恤。今瑞雪頻降，來年必豐，急之則得少而人傷，緩之則事存而利遠。伏乞特敕京兆府：應今年税錢及草粟等在百姓腹内徵未得者，並且停徵：容至來年，蠶麥庶得少有存立。

臣至陋至愚，無所知識；受恩思效，有見輒言，無任懇款，慚懼之至，謹録奏聞。謹奏。

綜述

（唐）長孫無忌等《唐律疏議》卷一五《厩庫・損敗倉庫積聚物》

諸倉庫及積聚財物，安置不如法，若暴凉不以時，致有損敗者，計所損敗坐贓論。州、縣以長官爲首，監、署等亦準此。

疏議曰：倉，謂貯粟、麥之屬。庫，謂貯器仗、綿絹之類。積聚，謂貯柴草、雜物之所。皆須高燥之處安置；其應暴凉之物，又須暴凉以時。若安置不如法，暴凉不以時，而致損敗者，計所損敗多少，坐贓論。州、縣以長官爲首，以下節級爲從。監、署等，有所損壞，亦長官爲首，以次爲從，故云亦準此。

（唐）長孫無忌等《唐律疏議》卷二七《雜律・官廨倉庫失火》　諸於官府廨院及倉庫内失火者，徒二年；在宫内，加二等。廟、社内亦同。損害贓重者，坐贓論；殺傷人者，減鬬殺傷一等。延燒廟及宫闕者，絞；社，減一等。

疏議曰：若有人於内外官府、公廨院宇之中及倉庫内失火者，徒二年。宫内，加二等，宫内，謂殿門外有禁門，其内並是。若失火者，徒三年。注云廟社内同，謂於宗廟及太社院内失火，亦徒三年。損害贓重者，謂因失火延燒，有所損害財物，計贓重於徒二年者，即準坐贓科之，謂燒官府廨内財物，計贓五十疋，合徒三年。若因失火有殺傷人者，減鬬殺傷罪一等，謂殺傷人者，流三千里；傷人折二支，徒三年。若殺傷畜産，不合從上條稱減鬬殺傷一等，償減價，自從水火損敗，誤失不不償。延燒

廟及宮闕者，絞；社減一等，流三千里。

（唐）李林甫等《唐六典》卷三《尚書户部·金部郎中》 凡庫藏出納皆行文傍，季終而會之。若承命出給，則於中書省覆而行之。【略】百司應請月俸，則符、牒到，所由皆遞覆而行之。乃置木契，與應出物之司相合，以次行用，隨符、牒而合之以明出納之吝。金部置木契一百一十隻：二十隻與太府寺合，十隻與東都合，十隻與九成宮合，十隻與行從太府寺合，十隻行從金部與京金部合，十隻行從金部與東都合，二十隻與東都太府寺合，二十隻東都金部與京金部合。【略】

凡遣使覆囚，則給以時服一具，隨四時而與之。若諸使經二季不還，則給以時服一副，每歲再給而止。諸□人出使覆囚者，並典各給時服一具，春、夏遣者給春衣，秋、冬去者給冬衣。其出使外蕃及傔人並隨身雜使、雜色人有職掌者，量經一府已上，亦准此。其雜色人邊州差者，不在給限。其尋常出使過二季不還者，當處斟量，並典各給時服一副。去本任五百里內充使者，不在給限。凡時服稱一具者，全給之；一副者，減給之。一具者，春、秋給袍一、絹汗衫一、頭巾一、白練袴一、絹褌一、鞾一量並氈；夏則以衫代袍，以單袴代袷袴，餘依春、秋；冬則袍加綿一十兩，襖子八兩，袴六兩。一副者，除襖子、汗衫、褌、頭巾、袴，餘同上。

（唐）李林甫等《唐六典》卷三《尚書户部·倉部郎中》 倉部郎中一人，從五品上；《周官》有倉人主藏九穀，又有廩人主藏九穀之數，賙賜稍食，以知足否，蓋倉部之任也。自魏、晉、宋、齊、後魏、北齊並有倉部郎中；梁、陳爲侍郎。後周地官府有司倉下大夫一人。隋初置倉部侍郎，煬帝但曰郎。宋、齊、梁、陳、後魏、北齊並以度支尚書領倉部；開皇三年，改度支爲民部，領之。皇朝因隋，曰倉部郎，武德三年加中字。龍朔二年改曰司庾大夫，咸亨元年復故。員外郎一人，從六品上；後周地官府有小司倉上士一人，則其任也。隋開皇六年置，煬帝曰承務郎，皇朝復曰倉部員外郎。龍朔、咸亨並隨曹改復。主事三人，從九品上。倉部郎中、員外郎掌國之倉庾，受納租稅，出給禄廩之事。凡京官每年禄：正一品七百石，從一品六百石，正二品五百石，從二品四百六十石，正三品四百石，從三品三百六十石，正四品三百石，從四品二百六十石，正五品二百石，從五品一百六十石，正六品一百石，下以十石爲差，至從七品七十石，正八品六十七石，下以五石爲差，至從九品五十二石。外官降一等。應降等者，正、從一品各以五十石爲一等，二品、三品皆以三十石爲一等，四品、五品皆以二十石爲一等，六品、七品皆以五石爲一等，八品、九品皆以二石五斗爲一等。春、夏二季則春給之，秋冬二季則秋給之。有閏者不別給。乃置木契一百枚以與出給之司相合，以次行用，隨符、牒而給之。

（唐）李林甫等《唐六典》卷三《尚書户部·倉部郎中》 凡義倉之粟唯荒年給糧，不得雜用。若有不熟之處隨須給貸及種子，皆申尚書省奏聞。凡常平倉所以均貴賤。今太府寺屬官有常平署。開元二十四年敕：常平之法，其來自久。比者，州縣雖存，所利非廣；京師輻湊，浮食者多。今于京城內大置常平，賤則加價收糴，使遠近奔委；貴則終年出雜，而永無匱乏也。

（唐）李林甫等《唐六典》卷三《尚書户部·倉部郎中》 凡常平倉所以均貴賤。今太府寺司屬官有常平署。開元二十四年敕：常平之法，其來自久。比者，州縣雖存，所利非廣；京師輻湊，浮食者多。今於京城內大置常平，賤則加價收糴，使遠近奔委；貴則終年出糶，而永無匱乏也。

（唐）李林甫等《唐六典》卷一九《司農寺·卿　少卿》 司農寺：卿一人，從三品；少卿二人，從四品上。

司農卿之職，掌邦國倉儲委積之政令，總上林、太倉、鉤盾、導官四署與諸監之官屬，謹其出納而修其職務；少卿爲之貳。凡京、都百司官禄廩，皆仰給焉。每年支諸司雜物，各有定額。開元二十三年，敕以爲費用過多，遂停減光禄寺、左右羽林、左右萬騎、左右三衛、閑厩使、五坊使、洛城西門、東宮、南衙諸廚及總監、司農、鴻臚等司年支雜物，并括少府監庫內舊物四百餘萬。凡朝會、祭祀、供御所須，及百官常料，則率署、監所貯之物以供其事。凡孟春吉亥，皇帝親籍田之禮，有事於先農，則奉進耒耜。

季冬藏冰，祭司寒以黑牡秬黍。仲春啓冰亦如之。

丞六人，從六品上；

主簿二人，從七品上；晉太康中置主簿二人。宋、齊無聞。梁置一人，七班之中第三；陳因之。後魏不見。北齊司農寺有功曹、五官、主簿。隋司農寺主簿二人，皇朝因之。録事二人，從九品上。丞掌判寺事。凡天下租稅及折造轉運于京、都，皆閲而納之。每歲自都轉米一百萬石以禄百官及供諸司；若駕幸東都，則減或罷之。凡受租皆於輸場對倉官、租綱吏人執籌數函，其函大五斛，次三斛，小一斛。其諸州稾秸應輸京、都者，閲而納之，以供

祥麟、鳳苑之馬。凡朝會、祭祀米物薪芻，皆應時而給。若應供御進內，則據本司移牒而供之。其中書、門下、尚書省、御史臺、史館、集賢院別敕定名使，并吏部、兵部入宿令史，中書、門下令史，諸楷書手寫書課，皆有炭料。凡官户、奴婢男女成人，先以本色媲偶；若給賜，許其妻、子相隨。若犯籍没，以其所能各配諸司，婦人巧者入掖庭。主簿掌印，省署抄目，勾檢稽失。凡置木契二十隻，應須出給，與署合之。十隻與太倉署合，十隻與導官署合，皆九雄、一雌。雄，主簿掌；雌，留署，勘然後出給。録事掌受事發辰。

（唐）李林甫等《唐六典》卷一九《司農寺·太倉署》 太倉署：令三人，從七品下；【略】

丞六人，從八品下；秦、漢、魏、晉、宋、齊、梁、陳、北齊皆有丞一人，隋太倉丞六人，皇朝因之。監事十人，從九品下。太倉署令掌九穀廩藏之事；丞爲之貳。凡鑿窖、置屋，皆銘甎爲瘐斛之數，與其年月日，受領粟官吏姓名。又立牌如其銘焉。【略】

粟支九年，米及雜種三年。貯經三年，斛聽耗一升；五年已上，二升。凡京官之禄，發京倉以給。中書、門下、御史臺、尚書省、殿中省、內侍省、九寺、三監、左右春坊、詹事府、京兆、河南府並第一般，上旬給；十八衛、諸王府、率更、家令、僕寺、京都總監、內坊並第二般，中旬給；諸公主府邑司、東宮十率府、九成宮總監、兩京畿府官並第三般，下旬給。餘司無額，準下旬。給公糧者，皆承尚書省符。丁男日給米二升、鹽二勺五撮，妻、妾、老男、小則減之。若老、中、小男無官及見驅使，兼國子監學生、鍼醫生，雖未成丁，亦依丁例。

（唐）李林甫等《唐六典》卷一九《司農寺·導官署》 導官署：令二人，正八品下：丞四人，正九品下；秦、漢、魏皆有丞，晉氏不置，宋、齊又置，梁、陳復省。隋有五丞，皇朝置四人。監事十人，從九品下。晉導官令置主簿、録事、酒吏、豉吏等。北齊導官有御細部、麴麪部、典庫部等倉督。隋導官署有御細倉督、麴麪等倉督。導官署令掌供御導擇米麥之事；丞爲之貳。凡九穀之用，有爲粺糒，有爲麴蘖，有爲粉脂，皆隨其精麤，差其耗損，而供給之。

太原、永豐、龍門等諸倉，每倉監一人，正七品下；丞二人，從八品上。諸倉監各掌其倉窖儲積之事；丞爲之貳。凡粟出給者，每一屋、一窖盡，賸者附計，欠者隨事科徵；非理欠損者，坐其所由，令徵陪之。凡出納帳，歲終上于寺焉。

（唐）李林甫等《唐六典》卷一九《司農寺·諸倉》 太原、永豐、龍門（監）等諸倉，每倉監一人，正七品下【略】諸倉監各掌其倉窖儲積之事；丞爲之貳。凡粟出給者，每一屋、一窖盡，賸者附計，欠者隨事科徵；非理欠損者，坐其所由，令徵陪之。凡出納帳，歲終上于寺焉。

（唐）李林甫等《唐六典》卷二〇《太府寺·卿》 太府卿之職，掌邦國財貨之政令，總京、都四市，平准，左、右藏，常平八署之官屬，舉其綱目，修其職務；少卿爲之貳。諸州庸、調及折租等物應送京者，並貯左藏；其雜送物並貯右藏。庸、調初至京日，録狀奏聞。每旬一奏納數。【略】太府寺管木契七十隻：十隻與左藏東庫合，十隻與左藏西庫合，十隻與右藏內庫合，十隻與右藏外庫合，又十隻與東都左藏庫合，十隻與東都右藏庫合，各九雄、一雌。九雄，太府主簿掌；一雌，庫官掌。又五隻與左藏朝堂庫合，五隻與東都左藏朝堂庫合，各四雄、一雌。其契以次行用。録事二人，從九品上。丞掌判寺事。凡左、右藏庫帳禁人之有見者。若請受、輸納，人名、物數皆著於簿書。每月以大摹印紙四張爲之簿，而丞、衆官同署。月終，留一本於署。每季録奏，兼申所司。凡元正、冬至所貢方物應陳於殿庭者，受而進之。凡會賜及別敕錫賚六品已下，即於朝堂給之。主簿掌印，省署抄目，勾檢稽失。凡置木契九十五隻：二十五隻與少府、將作、苑總監合，七十隻與庫官合。十五隻刻少府監字，十四隻雄，付少府監；五隻刻將作監字，四隻雄，付將作監；五隻刻苑總監字，四隻雄，付苑總監，皆應索物。雌留太府寺。

（唐）李林甫等《唐六典》卷二〇《太府寺·左藏署》 左藏署：令三人，從七品下；丞五人，從八品下；隋有四人，皇朝加一人。監事八人，從九品下。左藏令掌邦國庫藏之事；丞爲之貳。凡天下賦調，先於輸場簡其合尺度斤兩者，卿及御史監閱，然後納于庫藏，皆題以州縣、年月，所以別麄良，辨新舊也。凡出給，先勘木契，然後録其名數及請人姓名，署印送監門，乃聽出。若外給者，以墨印印之。凡官物應入私，已出庫而未給付；若私物當供官之物，或雖不供官，而皆掌在其官，並同官物之例也。凡藏院之內禁人然火及無故而入者。院內常四面持仗爲之防守，夜則擊柝分更以巡警焉。

（唐）李林甫等《唐六典》卷二〇《太府寺·右藏署》　右藏署：令二人，正八品上；丞三人，正九品上監事四人，從九品下。右藏署令掌邦國寶貨之事；丞爲之貳。

凡四方所獻金玉、珠貝、玩好之物皆藏之；出納、禁令；如左藏之職。

（唐）李林甫等《唐六典》卷二〇《太府寺·常平署》　常平令掌平糴倉儲之事；丞爲之貳。凡歲豐穰，穀賤，人有餘，則糴之，歲饑饉，穀貴，人不足，則糶之，與正、義倉帳具其本利同申。凡出納、禁令如左藏之職焉。

（唐）李林甫等《唐六典》卷二七《太子家令寺·典倉署》　典倉署：令一人，從八品下；後漢太子少傅屬官有太子倉令一人，秩六百石，主倉穀。魏、晉已下無聞。後魏有太子倉令，第五品中。北齊家令寺領典倉署令、丞，典倉署又別領園丞。隋家令寺統典倉令、丞，皇朝因之。丞二人，從九品下。隋典倉丞二人，皇朝因之。　典倉署令掌九穀入藏之數，及醯醢、庶羞、器皿、燈燭之事，舉其名數，而司其出納；丞爲之貳。凡諸園圃樹藝者，皆受令焉。每月籍其出納之數，以上于寺，歲終則申詹事府。凡戶奴婢及番戶、雜戶皆給其資糧及春、冬衣服等，數如司農給付之法；若本司用不足者，則官給。丞判署事。

（唐）李林甫等《唐六典》卷二七《太子家令寺·司藏署》　司藏署：令一人，從八品下；晉家令有主物吏四人。梁庶子屬官有錫庫局丞；又有東宮衛庫丞，爲三品勳位。北齊家令寺領司藏署令、丞，司藏又別領仗庫、典作二局丞。隋家令寺統司藏署令、丞，皇朝因之。丞二人，從九品下。隋有司藏丞二人，皇朝因之。司藏令掌庫藏財貨出納、營繕之法式。凡諸司應納財物者，皆受而藏之；應出給者，則監而付之。其財物之出於庫藏，無衆寡，皆具其給賜之名數，每月上寺，歲終則以貨幣出入之數會之。丞判署事。

（唐）李林甫等《唐六典》卷二八《太子左右卫率府》　太子左、右監門率府，率各一人，正四品上。【略】凡東宮內、外門之守者，並司其出入。凡財物、器用之出入于宮禁者，皆以籍傍爲據，左、右監門以出入之。

（唐）李林甫等《唐六典》卷三〇《三府督護州縣官吏》　〔州〕倉曹、司倉參軍掌公廨、度量、庖廚、倉庫、租賦、徵收、田園、市肆之事。每歲據青苗徵稅，畝別二升，以爲義倉，以備凶年；將爲賑貸，先申尚書，待報，然後分給。又歲豐，則出錢加時價而糴之；不熟，則出粟減時價而糶之，謂之常平倉，常與正、義倉帳具本利申尚書省。【略】若籍帳、傳驛、倉庫、盜賊、河堤、道路，雖有專當官，皆縣令兼綜焉。縣丞爲之貳。

（唐）杜佑《通典》卷一二《食貨·輕重》　天寶八年，凡天下諸色米都九千六百六萬二千二百二十石。

和糴一百一十三萬九千五百三十石：

關內五十萬九千三百四十七石。

河東十一萬二百二十九石。

河西三十七萬一千七百五十石。

隴右十四萬八千二百四石。

諸色倉糧總千二百六十五萬六千六百二十石：

北倉六百六十一萬六千八百四十石。

太倉七萬一千二百七十石。

含嘉倉五百八十三萬三千四百石。

太原倉二萬八千一百四十石。

永豐倉八萬三千七百二十石。

龍門倉二萬三千二百五十石。

正倉總四千二百一十二萬六千一百八十四石：

關內道百八十二萬一千五百一十六石。

河北道百八十二萬一千五百一十六石。

河東道三（百）〔千〕五十八萬九千百八十石。

河西道七十萬二千六十五石。

隴右道三十七萬二千七百八十石。

劍南道二十二萬三千九百四十石。

河南道五百八十二萬五千四百一十四石。

淮南道六十八萬八千二百五十二石。
江南道九十七萬八千八百二十五石。
山南道十四萬三千八百八十二石。
義倉總六千三百一十七萬七千六百六十石：
關內道五百九十四萬六千二百一十二石。
河北道千七百五十四萬四千六百石。
河東道七百三十萬九千六百一十石。
河西道三十八萬八千四百三石。
隴右道三十萬三十四石。
劍南道百七十九萬七千二百二十八石。
河南道千五百四十二萬九千七百六十三石。
淮南道四百八十四萬八百七十二石。
劍南道七萬七百四十石。
河南道一百二十一萬二千四百六十四石。
淮南道八萬一千一百五十二石。
山南道四萬九千一百九十石。
江南道闕。

（唐）杜佑《通典》卷一二《食貨・輕重》　大唐武德五年，廢常平監。八年敕，諸州斗秤，京太府校。

貞觀初，尚書左丞戴冑上言曰：水旱凶災，前聖之所不免。國無九年儲蓄，《禮經》之所明誡。今喪亂之後，户口凋殘，每歲租米，未實倉廩，隨即出給，纔供當年。若遇凶災，將何振恤？故隋開皇立制，天下之人，節級輸粟，名爲社倉。終於文皇，得無饑饉。及大業中，國用不足，並取社倉，以充官費，故至末塗，無以支給。今請自王公以下，爰及衆庶，計所墾田稼穡頃畝，每至秋熟，準其見苗，以理勸課，盡令出粟。稻麥之鄉，亦同此税。各納所在，爲立義倉。年穀不登，百姓饑饉，當所州縣，隨便取給。太宗曰：既爲百姓，先作儲貯，官爲舉掌，以備凶年。非朕所須，横生賦斂，利人之事，深是可嘉。宜下有司，議立條制。户部尚書韓仲良奏：王公以下墾田，畝納二升。其粟麥粳稻之屬，各依土地。貯之州縣，以備凶年。制從之。自是天下州縣始置義倉，每有饑饉，則開倉振給。

高宗永徽二年九月，頒新格：義倉據地取税，實是勞煩，宜令率户出粟，上上户五石，餘各有差。六年，京東西市置常平倉。高宗、武太后數十年間，義倉不許雜用。其後公私窘迫，貸義倉支用。自中宗神龍之後，天下義倉，費用向盡。

開元二十五年定式：王公以下，每年户別據所種田，畝別税粟二升，以爲義倉。其商賈户若無田及不足者，上上户税五石，上中以下遞減各有差。諸出給雜種準粟者，稻穀一斗五升當粟一斗。其折納糙米者，稻三石折納糙米一石四斗。

（唐）杜佑《通典》卷二六《職官・諸卿・太府卿》　常平署：漢宣帝時，耿壽昌請於邊郡皆築倉，穀賤時增價而糴，貴時減價而糶，名曰常平倉。常平之名，起於此也。後漢明帝置常滿倉。晉又曰常平倉，自後無聞。梁亦曰常平倉，而不糴糶。陳因之。後魏太和中，雖不名曰常平，亦各令官司糴貯，儉則出糶。隋曰常平倉。大唐武德中，置常平監官，以均天下之貨。市肆騰踊則減價而出，田嗇豐羨則增糴而收，觸類長之。後省監，置常平署令一人，掌倉糧管鑰，出納糶糴。凡天下倉廩，和糴者爲常平倉，正租爲正倉，地子爲義倉。

（唐）杜佑《通典》卷二六《職官・諸卿・太府卿》　天寶八年，通計天下倉糧屯收并和糴等見數，凡一億九千六百六萬二千二百二十石。

《舊唐書》卷四九《食貨志》　武德元年九月四日，置社倉。其月二十二日詔曰：特建農圃，本督耕耘，思俾齊民，既康且富。鍾庾之量，冀同水火。宜置常平監官，以均天下之貨。市肆騰踊，則減價而出；田穡豐羨，則增糴而收。庶使公私俱濟，家給人足，抑止兼并，宣通壅滯。至五年十二月，廢常平監官。

《舊唐書》卷四四《職官志》　常平署：漢宣帝時，始置常平倉，以平歲之凶穰。後漢改爲常滿倉，晉曰常平，後魏曰邸閣倉。隋於衛州置黎陽倉，洛州置河陽倉，陝州置常平倉，華州置廣運倉，轉相委輸，漕關東之粟，以給京師。國家垂拱初，兩京置常平署，天下州府亦置之。

《舊唐書》卷四四《職官志》 平準令，掌供官市易之事。丞爲之貳。凡百司不任用之物，則以時出貨。其没官物，亦如之。

左藏署：左右藏令，晋始有之，後代因之。皇家左藏，有東庫、西庫、朝堂庫，又有東都庫。各木契一，與太府主簿合也。令三人，從七品下。丞五人，從八品下。府九人，史十八人，監事九人，從九品下。典事一人，掌固八人。左藏令掌邦國庫藏。丞爲之貳。凡天下賦調，先於輸場簡其合尺度觔兩者，卿及御史監閲，然後納于庫藏，皆題以州縣年月，所以别粗良，辨新舊。凡出給，先勘木契，然後録其名數，請人姓名，署印送監門，乃聽出。若外給者，以墨印印之。

右藏署：令二人，正八品上。丞三人，正九品上。府五人，史十人，監事四人，從九品下。典事七人，掌固十人。右藏令掌國寶貨。丞爲之貳。凡四方所獻金玉、珠貝、玩好之物，皆藏之。出納禁令，如左藏。

常平署：令一人，從七品下。丞二人，從八品下。府四人，史八人，監事五人，從九品下。典事五人，掌固六人。常平令掌倉儲之事。丞爲之貳也。

《舊唐書》卷四九《食貨志》 貞觀二年四月，尚書左丞戴冑上言曰：水旱凶災，前聖之所不免。國無九年儲畜，《禮經》之所明誡。今喪亂之後，户口凋殘，每歲納租，未實倉廪。隨時出給，纔供當年，若有凶災，將何賑卹？故隋開皇立制，天下之人，節級輸粟，多爲社倉，終於文皇，得無饑饉。及大業中年，國用不足，並貸社倉之物，以充官費，故至末塗，無以支給。今請自王公已下，爰及衆庶，計所墾田稼穡頃畝，至秋熟，準其見在苗以理勸課，盡令出粟。稻麥之鄉，亦同此税。各納所在，爲立義倉。若年穀不登，百姓飢饉，當所州縣，隨便取給。太宗曰：既爲百姓預作儲貯，官爲舉掌，以備凶年，非朕所須，横生賦斂。利人之事，深是可嘉。宜下所司，議立條制。户部尚書韓仲良奏：王公已下墾田，畝納二升。其粟麥粳稻之屬，各依土地。貯之州縣，以備凶年。可之。自是天下州縣，始置義倉，每有飢饉，則開倉賑給。以至高宗、則天，數十年間，義倉不許雜用。其後公私窘迫，漸貸義倉支用。自中宗神龍之後，天下義倉費用向盡。

高宗永徽二年六月，敕：義倉據地收税，實是勞煩。宜令率户出粟，上上户五石，餘各有差。

六年，京東西二市置常平倉。明慶二年十二月，京常平倉置常平署官員。

開元二年九月，敕：天下諸州，今年稍熟，穀價全賤，或慮傷農。常平之法，行之自古，宜令諸州加時價三兩錢糴，不得抑斂。仍交相付領，勿許懸欠。蠶麥時熟，穀米必貴，即令減價出糶。豆穀等堪貯者，熟亦準此。以時出入，務在利人。其常平所須錢物，宜令所司支料奏聞。

（宋）王溥《唐會要》卷五九《延資庫使》 會昌五年九月，敕置備邊庫，收納度支户部鹽鐵三司錢物。至大中三年十月，敕改延資庫。初以度支郎中判，至四年八月，敕以宰相判。右僕射平章事白敏中、崔鉉相繼判，其錢三司率送。初年，户部每年二十萬貫疋，度支鹽鐵每年三十萬貫疋。次年以軍用足，三分減其一。諸道進奉助軍錢物，則收納焉。

（宋）王溥《唐會要》卷五九《尚書省諸司下》 永貞元年八月，度支使奏，當司别貯庫，往年裴延齡領使務，始奏置之。只將正庫物，減充别貯。唯是虚言，更無實益。又創置官典守等，不免加彼料糧。伏請併入正庫，庶事且費省。從之。

（宋）王溥《唐會要》卷五九《尚書省諸司下》 八年九月，延資庫使曹確奏：户部每年合送當使三月九月兩限絹二十一萬四千一百疋，錢五萬貫。

（宋）王溥《唐會要》卷八七《轉運鹽鐵總叙》 皇朝自武德永徽以後，姜行本、薛大鼎、褚朗，皆以漕運上言，然未能通濟，其後監察御史王師順，運晋絳之粟，於河渭之間。增置渭橋倉，自師順始也。

開元二年，河南尹李傑爲水運使，大興漕事。

十八年，宣州刺史裴耀卿上言，請依舊法，敕倉於河口立輸場以受米，置河陰縣，及河陰、柏崖、集津三門倉，鑿崖開山，以車運數十里，積於太原倉，以利漕運。上從之，拜耀卿江淮轉運使，仍以鄭州刺史崔希逸，河南少尹蕭炅爲之副，轉運鹽鐵之有副使，自此始也。耀卿主之三年，凡運六七百石，省陸運之傭三千萬。舊制，東都含嘉倉，積江淮之

米，載以大輿，運而西至於陝，三百里率兩斛計傭錢千，此耀卿所省之數也。明年，耀卿拜侍中，而蕭炅代焉。二十五年，運米一百萬石。二十九年，陝郡太守李齊物，鑿三門山以通運，闢三門巔，踰巖險之地，俾負索引艦，升於安流，自齊物始也。

天寶二載，韋堅代蕭炅，以滻水作廣運潭於望春之東，而藏舟焉。是年，楊釗以殿中侍御史爲水陸運使，以代韋堅。先是，米至京師，或砂礫糠秕，雜乎其間，開元初，詔使揚擲而較其虛實，揚擲之名，自此始也。

十四載八月詔，水陸運宜停一年，天寶以來，楊國忠王鉷皆兼重使，以權天下，故轉運之事，自耀卿以降，罕有聞者。

肅宗初，第五琦始以錢穀得見，請於江淮分置租庸使，市輕貨以濟軍食，遂拜監察御史，爲之使。乾元元年，加度支郎中，尋兼中丞，爲鹽鐵使，於是始立鹽鐵法，就山海井竈，收榷其鹽，立監院官吏，其舊業户洎浮人，欲以鹽爲業者，免其雜徭，隸鹽鐵使，盜煮私鹽，罪有差，亭户自租庸以外，無得横賦，人不益税，而國用以饒。明年，琦以户部侍郎同平章事，詔兵部侍郎吕諲代之。寶應元年五月，元載以中書侍郎代吕諲。是時，淮河阻兵，飛輓路絶，鹽鐵租賦，皆泝漢而上，以侍御史穆寧爲河南道轉運租庸鹽鐵使，尋加户部員外，遷鄂州刺權，以總東南貢賦。是時，朝議以寇盜未戢，關東漕運，宜有倚辦，遂以通州刺史劉晏爲户部侍郎京兆尹度支鹽鐵轉運使，鹽鐵兼漕運，自晏始也。二年，拜吏部尚書同平章事，依前充使，晏始以鹽利爲漕傭，自江淮至渭橋，率十萬斛傭七千緡，補綱吏督之，不發丁男，不勞郡縣，蓋自古未之有也，至今爲法。晏既至江淮，以書遺元載曰，浮於淮泗，達於汴，入於河，西經底柱硤石少華，楚帆越客，直抵建章長樂，此安社稷之奇業也。晏賓於東朝，猶有官謗，公終始故舊，不信流言，則賈誼復召宣室，宏羊重興功利，敢不悉力以答所知，驅馬陝郊，見三門渠津遺跡，到河陰鞏洛，見宇文愷立梁公堰，分河入渠，及李傑新堤故事，飾像河廟，凜然如生，步步探討，知昔人用心，則潭衡桂陽，必多積穀，可以淪波挂席，西指長安。三秦之人，待此而飽。六軍之衆，待此而強。天子無憂，都人胥悦。四方旅拒者，可以破膽，三河流離者，於茲請命。公輔明主，爲富民侯，此今之切務，不可失也。僕願湔洗瑕穢，一罄愚誠，以副公之心。且晏勤於官，不辭水火，然運之利與運之病，各有四五焉。晏自尹京，入爲計相，共五年矣，京師三輔百姓，唯苦税畝傷多，若使每年得江湖二三十萬石，即徭賦頓減，歌舞皇澤，其利一也。東都殘毁，百無一存，若米運流通，則饑民皆附，村落邑廛，從此滋多，受命之日，引海陵之倉，衣食鞏洛，是計之得者，其利二也。諸侯有在邊者，諸戎有侵敗王略者，或聞三江五湖，陳陳紅粒，雲帆桂檝，輸納帝鄉，可以震耀夷夏，其利三也。自古帝王之盛，皆雲書同文，車同軌，日月所照，莫不率俾。今舟車既通，商賈來往，百貨雜集，航海梯山，聖神光耀，漸及貞觀永徽之盛，其利四也。所可疑者，函陝凋殘，東周尤甚，過宜陽熊耳，至武牢成皋，五百里中，編户千餘而已，人煙蕭條，獸游鬼哭，輿必脱輻，牛必羸角，棧車輓輅，亦不易求。今於無人之境，興勞人之運，故難就矣，其病一也。汴流渾渾，不脩則澱，頃因寇難，曾未疏決，澤滅水岸石墮，役夫需於沙津，吏旋於淤濘，千里洄上，罔水行舟，其病二也。東垣底柱，澠池二陵，北河運處，五六百里，戍卒久絶，奪攘奸宄，窟穴囊橐，夾河爲藪，豺狼狺狺，舟行所經，寇亦能往，其病三也。東自淮陰，西臨蒲阪，亙三千里，屯戍相望，中軍皆鼎司元侯，賤卒亦儀同青紫，每云食半菽，又云無挾纊，輓漕所至，船到便留，即非單車使，折簡書，所能制矣，其病四也。是願畢其思慮，奔走之，惟中書詳其利病，裁成之。晏見一水不通，願荷鍤先往，見一粒不運，願負米先趨，焦心苦形，期報明主，丹誠未剋，漕引多虞，屏營中流，掩泣獻狀，自此每歲運米數十萬石，自江淮北，列置巡院，搜擇能吏以主之，廣牢盆以來商賈，凡所制置，皆自晏始。廣德二年正月，復以第五琦專判度支鑄錢鹽鐵事，而晏以檢校户部尚書，爲河南及江淮以來轉運使，及與河南副元帥計會開決汴河水。永泰二年，晏爲東道轉運常平鑄錢鹽鐵使，琦爲關内河東劍南三川轉運常平鑄錢鹽鐵使。大歷五年，詔停關内河東三川轉運常平鹽鐵使，自此晏與户部侍郎韓滉，分領關内河東山南劍南租庸青苗使。至十四年，天下財賦，皆以晏掌之。建中元年，詔曰：朕以征税多門，郡邑凋耗，聽於群議，思有變更，將致時雍，宜遵古訓，其江淮米，準旨轉運入京者，及諸軍糧儲，宜令庫部郎中崔河圖權領之。

今年夏税以前，諸道財賦多輸京師者，及鹽鐵財貨，委江州刺史包佶權領之。天下錢穀，皆歸金部倉部，委中書門下簡兩司郎官，準格式條理，尋貶晏爲忠州刺史，晏既罷黜，天下錢穀，歸尚書省，既而出納無所統，乃復置使領之。是年三月，以韓洄爲户部侍郎，判度支，金部郎中杜佑，權勾當江淮水陸運使，行劉晏韓滉舊制。先是，晏爲宰臣楊炎所惡，貶忠州刺史，尋殺於忠州。兵興以來，凶荒相屬，京師斗斛萬錢，官廚無兼時之食，百姓在畿甸者，拔穀挼穗，以供禁軍。洎晏既遺元載書，陳轉税米利病，歲入米數十萬斛，以濟關中，代第五琦鹽務，法益精密，初年入錢六十萬，季年則十倍其初，大歷末，通天下之財，而計其所入，總一千二百萬貫，而鹽利過半。李靈耀之亂，河南節度使據土不奉法，賦税不上供，州縣益減，晏以羨餘相補，人不加賦，所入仍舊，議者稱之，其商確商榷財用之術者，必一時之選。故晏没後二十餘年，韓洄、元琇、裴腆、包佶、盧貞、李衡，相繼分掌財賦，皆晏門下，晏部吏在千里外，奉教如目前，四方水旱，及軍府纖芥，莫不先知焉。其年詔曰：天下山澤之利，當歸王者，宜總隸鹽鐵使。三年，以包佶爲左庶子，汴東水陸運鹽鐵租庸使，崔縱爲右庶子，汴西水陸運鹽鐵租庸使。四年，度支侍郎趙贊議常平事，竹木茶漆盡税，茶之有税，肇於此矣。

貞元元年，元琇以御史大夫爲鹽鐵水陸運使，其年七月，以尚書右僕射韓滉統之，滉没，宰相竇參代之。

五年十二月，度支轉運鹽鐵奏，比年自揚子運米，皆分配緣路觀察使，差長綱發遣，運路既遠，實爲勞民，今請當使諸院，自差綱節級搬運，以救邊食，從之。

八年詔，東南兩税財賦，自河南江淮嶺南山南東道至渭橋，以户部侍郎張滂主之，河東劍南山南西道，以户部尚書度支使班宏主之，今户部所領三川鹽鐵轉運，自此始也。其後宏滂互有短長，宰相趙憬陸贄，以其事上聞，由是遵大歷故事，如劉晏韓滉所分焉。

九年，張滂奏立税茶法，郡國有茶山，及商賈以茶爲利者，委院司分置諸場，立三等時估爲價，爲什一之税。是歲得緡四十一萬，茶之有税，自滂始也。自後裴延齡專判度支，與鹽鐵益殊塗而理矣。十年，潤州刺史王緯代之，理于朱方，數年而李錡代之，鹽院津堰，供張侵剥，不知紀極，私路小堰，厚斂行人，多是錡始，時鹽鐵轉運有上都留後，以副使潘孟陽主之，王叔文權傾朝野，亦以鹽鐵副使兼學士爲留後，故鹽鐵副使之俸，至今獨優。順宗即位，有司重奏鹽法，以杜佑判度支鹽鐵轉運使，治於揚州。

元和二年三月，以李巽代之。先是，李錡判使，天下榷酤漕運，由其操割，專事貢獻，牢其寵渥，中朝秉事者，悉以利交，鹽鐵之利，積於私室，而國用日耗，巽既爲鹽鐵使，大正其事，其堰埭先隸浙西觀察使者，悉歸之，因循權置者，盡罷之，增置河陰敖倉，置桂陽監，鑄平陽銅山爲錢，又奏江淮河南峽内兖鄆嶺南鹽法監院，去年收鹽價緡錢七百二十七萬，比舊法張其估二千七百八十餘萬，非實數也，今請以其數除爲煮鹽之外，付度支收其數，鹽鐵使煮鹽，利繫度支，自此始也。又以程异爲揚子留後，四年四月五日，巽卒，自榷筦之興，唯劉晏得其術，而巽次之，然初年之利，類晏之季年，季年之利，則三倍於晏矣。舊制，每歲運江淮米五十萬斛，至河陰留十萬，四十萬送渭倉，晏殁，久不登其數，惟巽掌使三載，無升斗之缺焉。六月，以河東節度使李鄘代之。五年，鄘爲淮南節度使，以宣州觀察使盧坦代之。六年，坦奏，每年江淮運糙米四十萬石到渭橋，近日欠闕大半，詳旋收糴，遞年貯備，從之，坦改户部侍郎，以京兆尹王播代之，播遂奏。

元和五年，江淮河南嶺南峽中兖鄆等鹽利錢六百九十八萬貫，比量改法已前舊鹽利時價，四倍虚估，即此錢當爲千七百四十餘萬貫矣，請付度支收管，從之。其年詔曰：兩税法悉委郡國，初極便人，但緣約法之時，不定物估，今度支鹽鐵，泉貨是司，各有分巡，置於都會，爰命帖職，周視四方，簡而易從，庶協權便，政有所弊，事有所宜，皆得舉聞，副我憂寄，以揚子鹽鐵留後爲江淮已南兩税使，江陵留後爲荆衡漢沔東界彭蠡南及日南兩税使度支，山南西道分巡院官充三川兩税使，峽内煎鹽五監，先屬鹽鐵使，今宜割屬度支，便委山南西道兩税使兼知糶賣，峽内鹽屬度支，自此始也。

七年，王播奏：去年鹽利，除割峽内井鹽，收錢六百八十五萬，從

實估也。又奏：商人於户部度支鹽鐵三司飛錢，謂之便換。

八年，以崔倰爲揚子留後，淮嶺已東兩税使，崔柷爲江陵留後，荆南已東南兩税使。

十三年，播又奏：以軍興之時，財用是切。頃者，劉晏領使，皆自案租庸，至於州縣否臧，錢穀利病之物，虛實皆得而知。今臣守務在城，不得自往，請令臣副使程异出巡江淮，具州府上供錢穀，一切勘問，從之。閏五月，异至江淮，得錢一百八十五萬貫以進，其年，以播守禮部尚書，以衛尉卿程异代之。明年，异以本官兼御史大夫平章事。

十四年，异卒，以刑部侍郎柳公綽代之。長慶初，王播復代公綽。四年，王涯以户部侍郎代播，復以鹽鐵使爲揚州節度使。文宗即位入覲，以宰相判使，其後王涯復判二使，表請使茶山之人，移樹官場，舊有貯積，皆使焚棄，天下怨之。九年，以事誅，而令狐楚以户部尚書右僕射主之，以是年茶法大壞，奏請付州縣，而入其租於户部，人人悦焉。

開成元年，李石以中書侍郎判收茶法，復貞元之制也。

三年，以户部尚書同平章事楊嗣復主之，多革錢穀監院之陳事，至大中壬申，凡十五年，多任元臣，以集其務，崔珙自刑部尚書拜，杜悰以淮南節度使領之，既而皆踐公台，薛元賞、李執方、盧宏正、馬植、敬暉五人，於九年之中，相踵理之，植亦自是居相位。

大中五年二月，以户部侍郎裴休爲鹽鐵轉運使。明年八月，以本官平章事，依前判使，始者，漕米歲四十萬斛，其能至渭倉者，十不三四，漕吏狡蠹，敗溺百端，官舟之沈，多者歲至七十餘隻，緣河奸犯，大紊晏法，休使寮屬按之，委河次縣令董之，自江津達渭，以四十萬斛之傭，計緡二十八萬，悉使歸諸漕吏，巡院胥吏，無得侵牟，與之爲法，凡十事奏之。六年五月，又立税茶之法，凡十二條，陳奏，上大悦，詔曰：裴休興利除害，深見奉公，盡可其奏，由是三歲漕米至渭濱，積一百二十萬斛，無升合沈棄焉。

十年，裴休出鎮澤潞，尋以柳仲郢、夏侯孜、杜悰叠判之。至咸通五年，南蠻攻安南府，連歲用兵，饋輓不集，詔江淮鹽鐵巡院和僱舟船，運淮南浙西道米至安南。乾符中，又以崔彦昭王凝判之。二年，凝以所補吏生賦改官，復命裴坦判之，高駢爲潤州節度，移鎮淮南，亦就判使務。

中和元年，黄巢犯闕，車駕出狩興元府，又以蕭遘韋昭度判之。及命侍中王鐸爲行營都統，率諸道之兵，收復京城，慮調發不時，乃以昭度兼供運使。至光啓中，所在征鎮，自擅兵賦，皆不上供，歲時但貢奉而已。由是江淮轉運路絶，國命所能制者，唯河西山南劍南嶺南西道。洎宦官田令孜自蜀中扈從，召募新軍，號左右神策，共四十四部，並南衙官屬僅萬餘，三司轉無調發之所，舊日兩池榷鹽税課鹽鐵使，特置鹽官，以總其事。自亂離之後，河東節度使王重榮兼領榷務，歲出課鹽三千車以進，至是令孜以軍食闕供，乃舉廣明故事，請以兩池榷務歸之鹽鐵。詔下，重榮上章論訴，竟不能奪。天復中，朱全忠兼鎮河中，兩池鹽課，始加至五十車。自大順年後，又以孔緯、杜讓能、崔昭緯、嗣薛王知柔、徐彦若、韓建、崔允、裴樞、柳璨，相次判之。

（宋）王溥《唐會要》卷八八《鹽鐵》 開元元年十二月，河中尹姜師度以安邑鹽池漸涸，開拓疏決水道，置爲鹽屯，公私大收其利。其年十一月五日，左拾遺劉彤論鹽鐵上表曰：臣聞漢孝武爲政，厩馬三十萬，後宫數萬人，外討戎夷，内興宫室，殫費之甚什百當今，然而古費多而貨有餘，今用少而財不足者，何也？豈非古取山澤，而今取貧民哉。取山澤，則公利厚而人歸於農，取貧民，則公利薄而人去其業。故先王之作法也，山海有官，虞衡有職，輕重有術，禁發有時，一則專農，二則饒國，濟民盛事也，臣實爲當今宜之。夫煮海爲鹽，採山鑄錢，伐木爲室，豐餘之輩也。寒而無衣，飢而無食，傭賃自資者，窮苦之流也。若能收山海厚利，奪豐餘之人，蠲調斂重徭，免窮苦之子，所謂損有餘而益不足，帝王之道，可不謂然乎。然臣願陛下詔鹽鐵木等官，各收其利，貿遷於人，則不及數年，府有餘儲矣，然後下寬大之令，蠲窮獨之徭，可以惠群生，可以柔荒服，雖戎狄降服，堯湯水旱，無足虞也，奉天適變，惟在陛下行之，上令宰臣議其可否，咸以鹽鐵之利，甚益國用。遂令將作大匠姜師度，户部侍郎强循，俱攝御史中丞，與諸道按察使，檢校海内鹽鐵之課，至十年八月十日敕，諸州所造鹽鐵，每年合有官課，比令使人勾當，除此更無别求，在外不細委知，如聞稍有侵尅，宜令本州刺史上佐一人檢校，

依令式收税。如有落帳欺没，仍委按察糾覺奏聞。其姜師度除蒲州鹽池以外，自餘處更不須巡檢。

貞元十六年十二月，史牟奏：澤潞鄭等州，多食末鹽，請一切禁斷，從之。

二十一年二月，停鹽鐵使月進舊錢，總悉入正庫，以助經費，而主此務者，稍以時市珍玩時新物充進獻以求恩澤，其後益甚，歲進錢物，謂之羡餘，而經入益少，及貞元末，遂月獻焉，謂之月進，及是而罷。

元和二年九月，給事中穆質，請州府鹽鐵巡院應決私鹽死囚，請州縣同監，免有冤濫，從之。

四年十二月，御史中丞李夷簡奏：諸州使有兩税外，雜榷率及違敕不法事，請諸道鹽鐵轉運度支，巡院察訪，狀報臺司，以憑聞奏，從之。

五年五月，度支奏：鄜坊邠寧涇原諸軍將士，請同當處百姓例，食烏白兩池鹽，從之。

六年閏十二月，户部侍郎判度支盧坦奏：河中兩池顆鹽，敕文祇許於京畿鳳翔、陝虢、河中澤潞、河南許汝等十五州界内糶貨。比來因循，兼越興元府及洋州興鳳文成等六州，臣移牒勘責，得山南西道觀察使報，其果閬兩州鹽，本土户人及巴南諸郡市糴，又供當軍士馬，尚有懸欠，若兼數州，自然闕絶，又得興元府諸耆老狀申訴，臣今商量，河中鹽請放入六州界糶貨。從之。

十年七月，度支皇甫鎛奏：加陝西内四監，劍南東西兩川山南西道鹽估，以利供軍，從之。

十三年，鹽鐵使程异奏：應諸州府先請置茶鹽店收税，伏準今年正月一日赦文，其諸道州府，因用兵以來，或慮有權置職名，及擅加科配，事非常制，一切禁斷者，伏以榷税茶鹽，本資財賦，贍濟軍鎮，蓋是從權，兵罷自合便停，事久實爲重斂，其諸道先所置店及收諸色錢物等，雖非擅加，且異常制，伏請准赦文勒停，從之。

十四年三月，鄆青兗三州各置榷鹽院。

十五年閏正月，鹽鐵使柳公綽奏，當使諸鹽院場官，及專知納給，並吏人等有罪犯合給罪者，比來推問，祇罪本犯所由，其監臨主守，都無科處，伏請從今後，舉名例律，每有官吏犯贓，監臨主守同罪，及不能覺察者，並請准條科處，所冀貪吏革心，從之。

其年九月，改河北税鹽使爲榷鹽使。

長慶元年三月敕：河朔初平，人希德澤，且務寬泰，使之獲安，其河北榷鹽法宜權停，仍令度支與鎮冀魏博等道節度審察商量，如能約計課利錢數都收管，每年據數付榷鹽院，亦任穩便，自天寶末，兵興以來，河北鹽法，羈縻而已。暨元和中，用皇甫鎛奏，置税鹽院，同江淮兩池榷利，人苦犯禁，戎鎮亦頻上訴，故有是命。

其月，鹽鐵使王播奏，揚州白沙兩處納榷場，請依舊爲院，又奏請諸鹽院糶鹽，付商人，請每斗加五十文，通舊二百文價，諸道處煎鹽場，停置小鋪糶鹽，每斗加二十文，通舊一百九十文價。又奏，應管煎鹽户及鹽商，並諸鹽院停場官吏所由等，前後制敕，除兩税外，不許差役追擾，今請更有違越者，縣令奏聞貶黜，刺史罰一季俸錢，再犯者，奏聽進止，並從之。

二年三月，王播爲淮南節度使，兼領鹽鐵轉運，播請攜鹽鐵印赴鎮，上都院請別給賜，從之。

其年五月敕，兵革初寧，實資榷筦，閭閻重困，則可蠲除，如聞淄青兗鄆三道，往年糶鹽價錢，近收七十萬貫，軍資給費，優贍有餘，自鹽鐵使收管已來，軍府頓絶其利，遂使經行陳者，有停糧之怨，服隴畝者，興加税之嗟，雖縣官受利，而郡府益空，俾人獲安寧，我能節用，其鹽鐵使先於淄青兗鄆等道管内置小鋪糶鹽，及巡院納榷，起長慶二年五月一日以後，一切並停，仍委薛平馬總曹華約校比年節度使自收管，充軍府，州縣逐急用度，及均減管内貧下百姓兩税錢數，兼委節度觀察使。至年終，各具糶鹽所得錢，並減放貧下税數聞奏。

四年五月敕：東都江陵鹽鐵轉運留後，並改爲知院者，從鹽鐵使王涯請也。

太和二年七月敕：潼關以東度支分巡院，宜併入鹽鐵江淮河陰留後院。

開成元年閏五月七日，鹽鐵使奏：應犯鹽人，準貞元十九年太和四

年已前敕條，一石已上者，止於決脊杖二十，徵納罰錢足，於太和四年八月二十日後，前鹽鐵使奏，二石以上者，所犯人處死，其居停並將舡容載受故擔鹽等人，並準犯鹽條問處分。近日決殺人轉多，榷課不加舊，今請卻依貞元舊條，其犯鹽一石以上至二石者，請決脊杖二十，補充當據捉鹽所由待捉得犯鹽人日放，如犯三石已上者，即是囊橐奸人，背違法禁，請決訖待瘡損錮身，牒送西北邊諸州府效力，仍每季多具人數及所配去處申奏，挾持軍器，與所由捍敵，方就擒者，即請準舊條，同光火賊例處分，從之。

二年十月敕：鹽鐵户部度支三使下監院官，皆郎官，御史爲之，使雖更改官，不得移替，如顯有曠敗，即具事以聞。

五年九月敕：税茶法，起來年，卻付鹽鐵使收管。

（宋）王溥《唐會要》卷八八《倉及常平倉》 武德元年九月四日，置社倉，其月二十二日，詔曰：特建農圃，用督耕耘，思俾齊民，既庶且富，鍾庾之量，冀同水火，宜置常平監官，以均天下之貨，市肆騰踴，則減價而出，田嗇豐羨，則增價而收，庶使公私俱濟，家給人足，抑止兼併，宣通擁滯。至五年十二月，廢常平監官。

貞觀二年四月三日，尚書左丞戴胄上言曰：水旱凶災，前聖之所不免，國無九年儲蓄，禮經之所明誡，今喪亂之後，户口凋殘，每歲納租，未實倉廩，隨時出給，纔供常年，若有凶災，將何賑恤，故隋開皇立制，天下之人，節級輸粟，多爲社倉，終於文皇，一代得無飢饉，及大業中年，國用不足，並貸社倉之物，以充官費，故至末塗，無以支給。今請自王公已下，爰及衆庶，計所墾田，稼穡頃畝，每至秋熟，準其見苗，以理勸課，盡令出粟，麥稻之鄉，亦同此税，各納所在，立爲義倉，若年穀不登，百姓飢饉，當所州縣，隨便取給，則有無均平，常免匱竭。上曰：既爲百姓先作儲貯，官爲舉掌，以備凶年，非朕所須，横生賦斂，利人之事，深是可嘉，宜下有司，議立條制。户部尚書韓仲良奏：王公已下，墾田畝納二升，其粟麥粳稻之屬，各依土地，貯之州縣，以備凶年。制可之，令窖苦宜以葛蔓爲之。

十三年十二月十四日，詔於洛、相、幽、徐、齊、并、秦、蒲等州，置常平倉。

永徽二年閏九月六日敕：義倉據地收税，實是勞煩，宜令率户出粟，上上户五石餘各有差。

六年，京東二市置常平倉，以大雨道路不通，京師米貴。

顯慶二年十二月三日，京常平倉，置常平署官員。

咸亨元年閏九月六日，置河陽倉，隸司農寺。

三年六月十七日，于洛州柏崖置敖倉，容二十萬石，至開元十年九月十一日廢。

開元二年九月二十五日敕：天下諸州，今年稍熟，穀價全賤，或慮傷農。常平之法，行之自古，宜令諸州，加時價三兩錢糴，不得抑斂，仍交相付領，勿許懸久，蠶麥時熟，穀米必貴，即令減價出糶，豆等堪貯者熟，亦宜準此，以時出入，務在利人，其常平所須錢物，宜令所司支料奏聞。

四年五月二十一日詔：州縣義倉，本備飢年賑給，近年以來，每三年一度，以百姓義倉糙米，遠送京納，仍勒百姓私出腳錢。自今以後，更不得以義倉變造。

七年六月敕：關内、隴右、河南、河北五道，及荆、揚、襄、夔、綿、益、彭、蜀、漢、劍、茂等州，並置常平倉，其本上州三千貫，中州二千貫，下州一千貫，每糴具本利與正倉帳同申。

十年九月十五日，廢河陽、柏崖、坦縣等倉。

十六年十月二日敕：自今歲普熟，穀價至賤，必恐傷農，加錢收糴，以實倉廩，縱逢水旱，不慮阻飢，公私之間，或亦爲便，宜令所在以常平本錢，及當處物，各於時價上量加三錢，百姓有糶易者，爲收糴，事須兩和，不得限數，配糴訖，具所用錢物，及所收糴物數，具申所司，仍令上佐一人專勾當。

二十二年八月九日敕：應給貸糧，本州録奏，敕到，三口以下，給米一石，六口以下，給兩石，七口以下，給三石，如給粟，準米計折。

二十八年正月敕：諸州水旱，皆待奏報然後賑給，道路悠遠，往復淹遲，宜令給訖奏聞。

天寶六載三月二十二日，太府少卿張瑄奏：準四年五月八日，並五載三月十六日敕節文，至貴時賤價出糶，賤時加價收糴，若百姓未辦錢物者，任準開元二十八年七月九日敕：量事賒糶，至粟麥熟時，徵納，臣使司商量，且糶舊糴新，不同別用，其賒糶者，至納錢日，若粟麥雜種等時價甚賤，恐更迴易艱辛，諸加價便與折納。

廣德二年正月二十五日，第五琦奏：每州置常平倉及庫使，自商量置本錢，隨當處米物時價，賤則加價收糴，貴則減價糶賣。

建中元年七月敕：夫常平者，常使穀價如一，大豐不爲之減，大儉不爲之加，雖遇災荒，民無菜色，自今已後，忽米價貴時，宜量出官米十萬石，麥十萬石，每日量付市行人，下價糶貨。

三年九月，户部侍郎趙贊上言曰，伏以舊制，置倉儲粟，名曰常平，軍興已來，此事寖廢，因循未齊，垂三十年，其間或因凶荒流散，餧死相食者，不可勝紀。古者，平準之法，使萬室之邑，必有萬鍾之藏，春以奉耕，夏以奉耘，雖有大賈富家，不得豪奪吾民者，蓋謂能行轉重之法也。自陛下登極以來，許京城兩市置常平，官糴鹽米，雖經頻年少雨，米價未騰貴，此乃即日明驗，實要推而廣之，當軍興之時，與承平或異，事須兼儲布帛，以備時須。臣今商量，請于兩都並江陵東都揚汴蘇洪等州府，各置常平輕重本錢，上至百萬貫，下至數十萬貫，隨其所宜，量定多少，唯置斛斗疋段絲麻等，候物貴則減價出賣，物賤則加價收糴，權其輕重，以利疲民，從之。贊於是條奏諸道津要都會之所，皆置吏閱商人財貨，計錢每貫税二十文，天下所出竹木茶漆，皆十一税之，以充常平本，時國用稍廣，常賦不足，所税亦隨得而盡，終不能爲常平本。

貞元八年十月敕：諸軍鎮和糴貯備，共三十三萬石，米價之外，更量與優饒，其粟及麥，據米數準折虛價，直委度支，以停減江淮運腳錢充，並支綾絹絁綿，勿令折估，其所糴粟等，委本道節度使監軍同勾當，別貯，非承特詔，不得給用。

十四年六月詔：以米價稍貴，令度支出官米十萬石，於兩街賤糶，其月，以久旱穀貴人流，出太倉粟分給京畿諸縣。其年七月，詔賑給京畿麥種三萬石。其年九月，以歲飢，出太倉粟三十萬出糶。其年十二月，以河南府穀貴人流，令以含嘉倉七萬石出糶。

十五年二月，以久旱歲飢，出太倉粟十八萬石，於諸縣賤糶。

十九年十月，太倉奏：請依《六典》，置太倉令兩員，丞六員，監事十員，支計官驅使官三人，典六人，府史六人。從之。

元和元年正月制：歲時有豐歉，穀價有重輕，將備水旱之虞，在權聚斂之術，應天下州府每年所税地子數內，宜十分取二分，均充常平倉及義倉，仍各逐穩便收貯，以時糶糴，務在救乏賑貸所宜速須聞奏。

三年八月，司農少卿崔鄤奏：停太倉丞二員，監事二員，從之。

六年二月制：如聞京畿之內，舊穀已盡，宿麥未登，宜以常平義倉粟二十四萬石，貸借百姓，諸道州府有乏少糧種處，亦委所在官長，用常平義倉米借貸，淮南浙西宣歙等道，準元和二年四月賑貸，並宜停徵，容至豐年，然後徵納。

九年四月，詔出太倉粟七十萬石，開六場糶之，並賑貸外縣百姓，至秋熟徵納，便於外縣收貯，以防水旱。

十二年四月，詔出粟二十五萬石，分兩街降估出糶。九月，詔諸道應遭水州府，河中、澤潞、河東、幽州、江陵府等管內，及鄭、滑、滄、景、易、定、陳、許、晉、隰、蘇、襄、復、台、越、唐、隨、鄧等州人户，宜令本州厚加優卹，仍各以當處義倉斛斗，據所損多少，量事賑給訖，具數聞奏。其人户中有漂溺致死者，仍委所在收瘞，其屋宇摧倒，亦委長吏量事勸課修葺，使得安存。

十三年正月，户部侍郎孟簡奏：天下州府常平義倉等斗斛，請準舊例，減估出糶，但以石數奏申有司，更不收管州縣，得專以利百姓，從之。

長慶二年十月詔：江淮諸州，旱損頗多，所在米價，不免踴貴，委淮南浙西浙東、宣歙、江西、福建等道觀察使，各于本道有水旱處，取常平義倉斛斗，據時估減半價出糶，以惠貧民。四年二月敕：出太倉陳米三十萬石，於兩街出糶。

其年三月，制曰：義倉之制，其來日久，近歲所在盜用没入，致使小有水旱，生民坐委溝壑，推言其弊，職此之由，宜令諸州録事參軍，專

主勾當，苟爲長吏迫制，即許驛表上聞，考滿之日，户部差官交割，如無欠負，與減一選，如欠少者，量加一選，欠數過多，户部奏聞，節級科處。

太和四年八月敕：今年秋稼似熟，宜于關内七州府，及鳳翔府，和糴一百萬石。

開成元年八月，户部奏：應諸州府所置常平義倉，伏請起今後，通公私田畝，别納粟一升，逐年添置義倉，斂之至輕，事必通濟，歲月稍久，自致充盈，縱逢水旱之災，永絶流亡之慮。敕從之。

其年十一月，忠武軍節度使杜悰，天平軍節度使王源申奏：當道常平義倉斛斗，除元額外，請别置十萬石，以備凶年。從之。

大中六年四月，户部奏：請道州府收管常平義倉斛斗，今後如有災荒水旱外，請委所在長吏，差清强官勘審，如實，便任開倉，先從貧下不濟户給貸訖，具數分析申奏，並報户部，不得妄有給與富豪人户，其斛斗仍仰本州録事參軍至當年秋熟專勾當，據數追收。如州府妄有給使，其録事參軍本判官，請重加殿罰，長吏具名申奏。敕旨：宜依。

其年十一月敕：應畿内諸縣百姓軍户，合送納諸倉及諸使兩税，送納斛斗，舊例，每斗函頭耗物遽除，皆有數限，訪聞近日諸倉所由，分外邀額利，索耗物，致使京畿諸縣，轉更凋弊，農桑無利，職此之由，自今以後，祇令依官額，餘並禁斷。

（宋）王溥《唐會要》卷九〇《閉糴》 開元二年閏二月十八日敕：年歲不稔，有無須通，所在州縣，不得閉糴，各令當處長吏檢校。

上元元年九月敕：先緣諸道閉糴，頻有處分，如聞所在米粟，尚未流通，宜令諸節度觀察使，各將管内捉搦，不得輒令閉糴。

大曆十一年六月十三日敕：自今以後，所在一切不得閉糴，及隔絶榷税。

貞元九年正月詔：諸州府不得輒有閉糴。

太和三年九月敕：河南河北諸道，頻年水患，重加兵役，農耕多廢，粒食未豐，比令使臣分路賑恤，冀其有濟，得接秋成。今諸道穀尚未減賤，而徐泗管内，又遭水潦，如聞江淮諸郡，所在豐稔，困於甚賤，不但傷農，州縣長吏，苟思自便，潛設條約，不令出界，雖無明榜，以避詔條，而商旅不通，米價懸異，致令水旱之處，種植無資，宜令御史臺揀擇御史一人，於河南巡察，但每道每州界首，物價不等，米商不行，即是潛有約勒，不必更待文榜爲驗，便具事狀。及本界刺史縣令觀察判官名銜聞奏，河南通商之後，淮南諸郡，米價漸起，展轉連接之處，直至江西湖南荆襄以東，並須約勒，依此舉勘聞奏，仍各委觀察使審詳前後敕條，與御史相知，切加訪察，不得稍有容隱。

咸通七年十月二十三日，御史臺奏：今後如有所在閉糴者，長吏必加貶降，本判官録事參軍並停見任，書下考，仍勒州縣各以版榜寫録此條，懸示百姓，每道委觀察判官，每州委録事參軍勾當，逐月具申閉糴事由申臺。從之。

（宋）王溥《唐會要》卷九〇《和糴》 證聖元年三月二十一日敕：州縣軍司府官等，不得輒取和糴物，亦不得遣人替名代取。

興元元年閏十月詔：江淮之間，連歲豐稔，迫於供賦，頗亦傷農，收其有餘，濟彼不足，宜令度支於淮南浙江東西道加價和糴三五十萬石，差官般運，於諸處減價出糴，貴從權便，以利於民。

貞元二年九月，度支奏：京兆、河南、河中、同、華、陝、虢、晉、絳、鄜、坊、丹、延等州府，夏秋兩税青苗等錢物，悉折糴粟麥，所在儲積，以備軍食，京兆府兼給錢收糴，每斗於時估外，更加錢納於太倉。詔可之。

其年十一月，度支奏：請於京兆府折明年夏税錢二十二萬四千貫文，又請度支給錢，添成四十萬貫，令京兆府今年内收糴粟麥五十萬石，以備軍倉。詔從之。

四年八月詔：京兆府於時價外，加估和糴，差清强官先給價直，然後貯納，續令所司，自般運，載至太倉，並差御史分路訪察，有違敕文，令長以下，當重科貶。先是，京畿和糴，多被抑配，或物估踰於時價，或先斂而後給直，追集停擁，百姓苦之，及聞是詔，莫不歡忻樂輸焉。

元和七年七月，户部侍郎判度支盧坦奏：今冬諸州和糴貯粟，澤潞四十萬石，鄭滑易定各一十五萬石，夏州八萬石，河陽一十萬石，太原二

十萬石，以今秋豐稔，必資蓄備，其澤潞易定鄭滑河陽，委本道差判官和糴，各於時價每斗加十文，所冀民知勸農，國有常備。從之。

長慶元年二月敕：春農方興，種植是切，其京北京西和糴使宜勒停。先是，度支以邊儲無備，請置和糴使，經年無效，徒擾邊民，故罷之。

四年八月，詔於關内及關外，折糴和糴粟一百五十萬石，用備飢歉，其和糴價，以户部錢充，收貯，尋常不得支用。

寶歷元年八月，敕以兩京河西大稔，委度支和糴二百萬斛，以備災沴。

大中六年五月敕：自收關隴，便討黨項，邊境生民，皆失活業，連屬艱食，遂不寧居，兼軍儲未得殷豐，切在多方贍助，今年京畿及西北邊，稍似時熟，即京畿人家，競搬運斛斗入城，收爲蓄積，致使邊塞粟麥，依前踴貴，兼省司和糴，亦頗艱難，其弊至深，須有釐革，其京西北今年夏秋斛斗，一切禁斷，不得令入京畿兩界。

其年六月敕：近斷京兆斛斗入京，如聞百姓多端以麥造麪入城貨易，所費亦多，切宜所在嚴加覺察，不得容許。

（宋）王溥《唐會要》卷九二《内外官職田》 二十九年二月敕：外官職田，委所司準例倉中受納。納畢一時分付。縣官亦準此。

（宋）高承《事物紀原》卷一《義倉》 《通典》曰：隋文帝開皇五年，長孫平奏令諸州百姓，勸課當社，共立義倉。唐太宗貞觀中，戴胄言：隋天下之人節級輸粟，名爲社倉。又韓仲良奏王公已下墾田者，畝納二升，貯之州縣，以備凶年，賑給百姓，始爲義倉。蓋其事自隋始也。《宋朝會要》曰：建隆四年三月，詔諸州所屬縣各置義倉，官所收二税，每石別輸一斗貯之，以備凶儉，給與民人。

（宋）高承《事物紀原》卷一《倉名》 倉所以貯國儲也。商有鉅橋，漢有成皋敖倉及常平，隋有黎陽，自古亦無名額。《通典·食貨篇》：隋文開皇三年，華州置廣通倉。則倉有名額，此其始也。《六帖》乃云吴倉春申君所造，名均輸。武王發鉅橋之粟，孔安國以爲紂所積之倉也。

（清）董誥《全唐文》卷三四《玄宗·行常平法敕》 天下諸州，今年稍熟，穀價全賤，或慮傷農。常平之法，行之自古。宜令諸州加時價三兩錢糴，不得抑斂。仍交相付領，勿許懸欠。蠶麥時熟，穀米必貴，即令減價出糶。豆穀等堪貯者熟，亦準此以時出入，務在利人。其常平所須錢物，宜令所司支料奏聞。

（清）董誥《全唐文》卷五六《李純·儲穀制》 歲時有豐歉，穀價有重輕。將備水旱之虞，在權聚散之術。應天下州府每年所税地丁數内，宜十分取二分，均充常平倉及義倉。仍各逐穩便收貯，以時出糶，務在救人，賑貸所宜速奏。

（清）董誥《全唐文》卷六一五《王播·請换貯東渭橋米石奏》 東渭橋每年北倉收貯漕運糙米一十萬石，以備水旱，今累年計貯三十萬石，請以今年所運者换之。自是三歲一换，率以爲常，則所貯不陳，而耗蠹不作。

（宋）王溥《五代會要》卷二七《倉》 梁開平四年五月，敕補開封府及河南、河北倉吏，非舊典也。

後唐天成二年六月二十九日，户部奏：先准天成元年五月十五日敕，檢納夏秋苗子斛斗，每斗祇納一斗，官中納不收耗。人户送納之時，如有使官布袋者，每一布袋，使百姓納錢八文。内五文與擎布袋人，餘三文即與倉司充吃食、鋪襯、紙筆、盤纏。若是人户出布袋，令祇納三文與倉司。

長興二年閏五月三日敕：諸道州府所納兩税斛斗，今後每斗上納加耗二合，准備倉司耗折，其收到布袋錢，仰官典同共繫署，一一分明，上歷支緡。

晋天福八年五月十五日，三司奏：天下今後諸倉，請據人户元納耗二升，内一升依舊送納本色，充備鼠雀耗折；一升即令人户送納價錢兩文足，與元納錢八文足，共一十文足，充備倉司斗袋人夫及諸色吃食、紙筆、鋪襯、盤纏支費。從之。

周廣順元年正月敕節文：其諸道州府倉場庫務，宜令節度使、刺史專切鈐轄，掌納官吏，一依省條指揮，不得別納斗餘、秤耗。舊來所進羡餘物，今後一切停罷。

紀事

《隋書》卷一《高祖紀》〔開皇五年〕五月甲申，詔置義倉。

《隋書》卷二四《食貨志》 後周太祖作相，創制六官。【略】司倉，掌辨九穀之物，以量國用。國用足，即蓄其餘，以待凶荒，不足則止。餘用足，則以粟貸人。春頒之，秋斂之。

《隋書》卷二四《食貨志》 開皇三年，朝廷以京師倉廩尚虛，議爲水旱之備，於是詔於蒲、陝、虢、熊、伊、洛、鄭、懷、邵、衛、汴、許、汝等水次十三州，置募運米丁。又於衛州置黎陽倉，洛州置河陽倉，陝州置常平倉，華州置廣通倉，轉相灌注。

《隋書》卷二四《食貨志》〔開皇〕五年五月，工部尚書、襄陽縣公長孫平奏曰：古者三年耕而餘一年之積，九年作而有三年之儲，雖水旱爲災，而人無菜色，皆由勸導有方，蓄積先備故也。去年亢陽，關內不熟，陛下哀愍黎元，甚於赤子。運山東之粟，置常平之官，開發倉廩，普加賑賜。少食之人，莫不豐足。鴻恩大德，前古未比。其強宗富室，家道有餘者，皆競出私財，遞相賙贍。此乃風行草偃，從化而然。但經國之理，須存定式。於是奏令諸州百姓及軍人，勸課當社，共立義倉。收穫之日，隨其所得，勸課出粟及麥，於當社造倉窖貯之。即委社司，執帳檢校，每年收積，勿使損敗。若時或不熟，當社有饑饉者，即以此穀賑給。自是諸州儲峙委積。其後關中連年大旱，而青、兗、汴、許、曹、亳、陳、仁、譙、豫、鄭、洛、伊、潁、邳等州大水，百姓饑饉。高祖乃命蘇威等，分道開倉賑給。又命司農丞王亶，發廣通之粟三百餘萬石，以拯關中。又發故城中周代舊粟，賤糶與人。買牛驢六千餘頭，分給尤貧者，令往關東就食。其遭水旱之州，皆免其年租賦。

是時義倉貯在人間，多有費損。十五年二月，詔曰：本置義倉，止防水旱，百姓之徒，不思久計，輕爾費損，於後乏絕。又北境諸州，異於餘處，雲、夏、長、靈、鹽、蘭、豐、鄯、涼、甘、瓜等州，所有義倉雜種，並納本州。若人有旱儉少糧，先給雜種及遠年粟。

十六年正月，又詔秦、疊、成、康、武、文、芳、宕、旭、洮、岷、渭、紀、河、廓、豳、隴、涇、寧、原、敷、丹、延、綏、銀、扶等州社倉，並於當縣安置。二月，又詔社倉，准上中下三等稅，上户不過一石，中户不過七斗，下户不過四斗。其後山東頻年霖雨，杞、宋、陳、亳、曹、戴、譙、潁等諸州，達于滄海，皆困水災，所在沉溺。十八年，天子遣使，將水工，巡行川源，相視高下，發隨近丁以疏導之。困乏者，開倉賑給，前後用穀五百餘〔萬〕石。遭水之處，租調皆免。自是頻有年矣。【略】

是時百姓廢業，屯集城堡，無以自給。然所在倉庫，猶大充牣，吏皆懼法，莫肯賑救，由是益困。初皆剥樹皮以食之，漸及於葉，皮葉皆盡，乃煮土或擣藁爲末而食之。其後人乃相食。十二年，帝幸江都。是時李密據洛口倉，聚衆百萬。越王侗與段達等守東都。東都城內糧盡，布帛山積，乃以絹爲汲綆，然布以爨。代王侑與衛玄守京師，百姓饑饉，亦不能救。義師入長安，發永豐倉以賑之，百姓方蘇息矣。

《隋書》卷四五《長孫平傳》 開皇三年，徵拜度支尚書。平見天下州縣多罹水旱，百姓不給，奏令民間每秋家出粟麥一石已下，貧富差等，儲之閭巷，以備凶年，名曰義倉。因上書曰：臣聞國以民爲本，民以食爲命，勸農重穀，先王令軌。古者三年耕而餘一年之積，九年作而有三年之儲，雖水旱爲災，而民無菜色，皆由勸導有方，蓄積先備者也。去年亢陽，關右饑餒，陛下運山東之粟，置常平之官，開發倉廩，普加賑賜，大德鴻恩，可謂至矣。然經國之道，義資遠算，請勅諸州刺史、縣令，以勸農積穀爲務。上深嘉納。自是州里豐衍，民多賴焉。

《隋書》卷七〇《趙元淑傳》 以功進位柱國，拜德州刺史，尋轉潁川太守，並有威惠。因入朝，會司農不時納諸郡租穀，元淑奏之。帝謂元淑曰：如卿意者，幾日當了。元淑曰：如臣意不過十日。帝即日拜元淑爲司農卿，納天下租，如言而了。

《隋書》卷七一《張須陁傳》 大業中，爲齊郡丞。會興遼東之役，百姓失業，又屬歲饑，穀米踊貴，須陁將開倉賑給，官屬咸曰：須待詔敕，不可擅與。須陁曰：今帝在遠，遣使往來，必淹歲序。百姓有倒懸

之急，如待報至，當委溝壑矣。吾若以此獲罪，死無所恨。先開倉而後上狀，帝知之而不責也。

（唐）李吉甫《元和郡縣圖志》卷五《河南道》 河陰縣，畿。西南至府二百三十里。本漢滎陽縣地，開元二十二年以地當汴河口，分汜水、滎澤、武陟三縣地於輸場東置，以便運漕，即侍中裴耀卿所立。初，耀卿爲宣州刺史，開元十八年，因朝集上便宜曰：竊見江、淮諸州所送租庸等，本州正月、二月上道，至揚州入斗門，即逢水淺，停留一月已上，四月已後始渡淮入汴，多屬乾淺，又般運停留，至六月、七月方至河口。即遇黄河漲溢，不得入河，又須停一兩月，待河水較小，始得上河入洛。即又漕洛乾淺，船艘不通。計從江南至東都，停滯日多，得行日少，艱辛欠折，因此而生。伏見國家舊法，河口元置武牢倉，江南船不入黄河，即於倉内便貯也。鞏縣置洛口倉，從黄河不入漕洛，即於倉内安置。爰及河陽倉、柏崖倉、太原倉、永豐倉、渭南倉，節級取便，例皆如此。水通利則隨近運轉，不通利則且納在倉，不滯遠船，不生隱盜，每年剩得一二百萬石，即數年之外，倉廩轉加。至二十二年，以耀卿爲相，兼轉運都使，於是遂分置河陰縣及河陰倉，又河清縣置柏崖倉，三門東置集津倉，三門西置鹽倉，三門北鑿山十八里，陸行以避湍險，自江、淮來者悉納河陰倉，自河陰候水調浮漕送含嘉倉，又取曉習河水者遞送太原倉，所謂北運也自太原倉浮渭以實關中。凡三年，運七百萬石，省腳三十萬貫。及耀卿罷相後，緣北路險澀，頗爲隱欺，議者言其不便，事又停。

（唐）李吉甫《元和郡縣圖志》卷二《關内道》 永豐倉，在縣東北三十五里渭河口，隋置。義寧元年因倉又置監。天寶三年，左常侍兼陝州刺史韋堅開漕河，自苑西引渭水，因古渠至華陰入渭，運永豐倉及三門倉米，以給京師，名曰廣運潭，以堅爲天下轉運使。灞、滻二水會於漕渠，每夏大雨輒皆漲，大曆之後，漸不通舟。天寶中，每歲水陸運米二百五十萬石入關；大曆後，每歲水陸運米四十萬石入關。

《舊唐書》卷一七下《文宗紀》 〔開成元年〕十一月，甲申，忠武帥杜悰、天平帥王源中奏：當道常平義倉斛斗，除元額外，請別置十萬石。

《舊唐書》卷一八下《宣宗紀》 〔大中六年〕四月丁酉，敕：常平義倉斛斗，每年檢勘，實水旱災處，録事參軍先勘人户多少，支給先貧下户，富户不在支給之限。

《舊唐書》卷一九《懿宗紀》 〔咸通五年〕秋七月壬子，延資庫使夏侯孜奏：

鹽鐵户部先積欠當使咸通四年已前延資庫錢絹三百六十九萬餘貫匹。内户部每年合送錢二十六萬四千一百八十貫匹，從大中十二年至咸通四年九月已前，除納外，欠一百五十萬五千七百一十四萬貫匹。當使緣户部積欠數多，先具申奏，請於諸道州府場監院合納户部所收八十文除陌錢内，割一十五文，屬當使自收管。敕命雖行，送納稽緩。今得户部牒稱，所收管除陌錢絹外，更有諸雜物貨，延資庫徵收不便，請起今年合納延資庫錢絹一時便足。其已前積欠，候物力稍充，積漸填納。其所割一十五文錢，即當司仍舊收管。又緣累歲以來，嶺南用兵，多支户部錢物。當使不欲堅論舊欠，請依户部商量，合納今年一年額色錢絹須足，明年即依舊制，三月、九月兩限送納畢。其以前積欠，仍令户部自立填納期限者。

敕旨依之。

《舊唐書》卷三七《五行志》 〔天寶十載〕其年八月六日，武庫災，燒二十八間十九架，兵器四十七萬件。

《舊唐書》卷四三《職官志》 倉部郎中一員，從五品上。龍朔爲司度大夫，咸亨復也。員外郎一員，從六品上。主事三人，從九品上。令史九人，書令史二十人，計史一人，掌固四人。郎中、員外郎之職，掌判天下倉儲，受納租稅，出給禄廩之事。凡中外文武官，品秩有差，歲再給之。乃置木契一百枚，以與出給之司合。諸司官人及諸色人應給食者，皆給米。凡致仕之官，五品已上及解官充侍者，各給半禄。即遷官者，通計前禄，以充後數。凡都已東租納含嘉倉，自含嘉轉運以實京太倉。自洛至陝爲陸運，自陝至京爲水運，置使，以監充之。凡王公已下，每歲田苗，皆有簿書。

凡義倉所以備歲不足，常平倉所以均貴賤也。

《舊唐書》卷四九《食貨志》 〔開元〕四年五月二十一日，詔：諸州縣義倉，本備飢年賑給。近年已來，每三年一度，以百姓義倉糙米，

遠赴京納，仍勒百姓私出脚錢。自今已後，更不得義倉變造。

七年六月，敕：關内、隴右、河南、河北五道，及荆、揚、襄、夔、綿、益、彭、蜀、漢、劍、茂等州，並置常平倉。其本上州三千貫，中州二千貫，下州一千貫。

《舊唐書》卷四九《食貨志》〔元和〕九年四月，詔出太倉粟七十萬石，開六場糶之，并賑貸外縣百姓。至秋熟徵納，便於外縣收貯，以防水旱。

《舊唐書》卷六七《李勣傳》初，李密亡命在雍丘，浚儀人王伯當匿於野，伯當共勣説翟讓奉密爲主。隋令王世充討密，勣以奇計敗世充於洛水之上，密拜勣爲東海郡公。時河南、山東大水，死者將半，隋帝令飢人就食黎陽，開倉賑給。時政教已紊，倉司不時賑給，死者日數萬人。勣言於密曰：天下大亂，本是爲飢，今若得黎陽一倉，大事濟矣。密乃遣勣領麾下五千人自原武濟河掩襲，即日克之，開倉恣食，一旬之間，勝兵二十萬餘。

《舊唐書》卷一〇〇《裴寬傳》開元二十一年冬，裴耀卿以黄門侍郎知政事，扈從出關，知江、淮轉運，於河陰置倉，奏寬爲户部侍郎，爲其副。

《舊唐書》卷一一八《楊炎傳》初，國家舊制，天下財賦皆納於左藏庫，而太府四時以數聞，尚書比部覆其出入，上下相轄，無失遺。及第五琦爲度支、鹽鐵使，京師多豪將，求取無節，琦不能禁，乃悉以租賦進入大盈内庫，以中人主之意，天子以取給爲便，故不復出。是以天下公賦，爲人君私藏，有司不得窺其多少，國用不能計其贏縮，殆二十年矣。中官以冗名持簿書，領其事者三百人，皆奉給其間，連結根固不可動。及炎作相，頓首於上前，論之曰：夫財賦，邦國之大本，生人之喉命，天下理亂輕重皆由焉。是以前代歷選重臣主之，猶懼不集，往往覆敗，大計一失，則天下動搖。先朝權制，中人領其職，以五尺宦豎操邦之本，豐儉盈虚，雖大臣不得知，則無以計天下利害。臣愚待罪宰輔，陛下至德，惟人是恤，參校蠹弊，無斯之甚。請出之以歸有司，度宫中經費一歲幾何，量數奉入，不敢虧用。如此，然後可以議政。惟陛下察焉。詔曰：凡財賦皆歸左藏庫，一用舊式，每歲於數中量進三五十萬入大盈，而度支先以其全數聞。炎以片言移人主意，議者以爲難，中外稱之。

《舊唐書》卷一二八《顔真卿傳》禄山既陷洛陽，殺留守李憕、御史中丞盧奕、判官蔣清，以三首遣段子光來徇河北。【略】清河客李萼，年二十餘，與郡人來乞師，謂真卿曰：聞公義烈，首唱大順，河朔諸郡恃公爲長城。今清河，實公之西鄰也，僕幸寓家，得其虚實，知可爲長者用。今計其蓄積，足以三平原之富，士卒可以二平原之強。公因而撫之，腹心輔車之郡，其他小城，運之如臂使指耳。唯公所意，誰敢不從。

《舊唐書》卷一三一《李皐傳》上元初，京師旱，米斗直數千，死者甚多。皐度俸不足養，亟請外官，不允，乃故抵微法，貶温州長史。無幾，攝行州事。歲儉，州有官粟數十萬斛，皐欲行賑救，掾吏叩頭乞候上旨，皐曰：夫人日不再食，當死，安暇稟命！若殺我一身，活數千人命，利莫大焉。於是開倉盡散之。以擅貸之罪，飛章自劾。天子聞而嘉之，答以優詔，就加少府監。

《舊唐書》卷一三五《裴延齡傳》貞元八年，班宏卒，以延齡守本官，權領度支。自揣不通殖貨之務，乃多設鉤距，召度支老吏與謀，以求恩顧，乃奏云：天下每年出入錢物，新陳相因，常不減六七千萬貫，唯有一庫，差舛散失，莫可知之。請於左藏庫中分置别庫：欠、負、耗、賸等庫及季庫、月庫，納諸色錢物。上皆從之。且欲多張名目以惑上聽，其實於錢物更無增加，唯虚費簿書、人吏耳。

《舊唐書》卷一三八《韋倫傳》以年踰七十，表請休官，改太子少師致仕，封郢國公。【略】又表請置義倉以防水旱。

《舊唐書》卷一九〇中《員半千傳》上元初，應八科舉，授武陟尉。屬頻歲旱饑，勸縣令殷子良開倉以賑貧餒，子良不從。會子良赴州，半千便發倉粟以給饑人。懷州刺史郭齊宗大驚，因而按之。時黄門侍郎薛元超爲河北道存撫使，謂齊宗曰：公百姓不能救之，而使惠歸一尉，豈不愧也！遽令釋之。

（南唐）劉崇遠《金華子雜編》宣宗嘗私行，經延資庫，見廣厦連綿，錢帛山積。問左右曰：誰爲此庫。侍臣對曰：宰相李德裕執政，以

天下每歲備用之餘盡貯於此。自是以來，邊庭有急，支用不乏者，茲實有賴。

《新唐書》卷二六《外戚傳·楊國忠》 天寶七載，擢給事中、兼御史中丞，專判度支。會三妹封國夫人，兄銛擢鴻臚卿，與國忠皆列棨戟，而第舍華僭，彌跨都邑。時海内豐熾，州縣粟帛舉巨萬，國忠因言：古者二十七年耕，餘九年食，今天置太平，請在所出滯積，變輕齎，内富京師。又悉天下義倉及丁租、地課易布帛，以充天子禁藏。明年，帝詔百官觀庫物，積如丘山，賜羣臣各有差，錫國忠紫衣、金魚，知太府卿事。

《新唐書》卷五一《食貨志》 故事，天下財賦歸左藏，而太府以時上其數，尚書比部覆其出入。時，京師豪將假取不能禁，第五琦爲度支鹽鐵使，請皆歸大盈庫，供天子給賜，主以中官。自是天下之財爲人君私藏，有司不得程其多少。

《新唐書》卷五一《食貨志》 其凶荒則有社倉賑給，不足則徙民就食諸州。尚書左丞戴胄建議：自王公以下，計墾田，秋熟所在爲義倉，歲凶以給民。太宗善之，乃詔：畝税二升，粟、麥、秔、稻，隨土地所宜。寬鄉斂以所種，狹鄉據青苗簿而督之。田耗十四者免其半，耗十七者皆免之。商賈無田者，以其户爲九等，出粟自五石至於五斗爲差。下下户及夷獠不取焉。歲不登，則以賑民；或貸爲種子，則至秋而償。其後洛、相、幽、徐、齊、并、秦、蒲州又置常平倉，粟藏九年，米藏五年，下濕之地，粟藏五年，米藏三年，皆著於令。

《新唐書》卷五二《食貨志》 自太宗時置義倉及常平倉以備凶荒，高宗以後，稍假義倉以給他費，至神龍中略盡。玄宗即位，復置之。其後第五琦請天下常平倉皆置庫，以畜本錢。至是趙贊又言：自軍興，常平倉廢垂三十年，凶荒潰散，餧死相食，不可勝紀。陛下即位，京城兩市置常平官，雖頻年少雨，米不騰貴，可推而廣之，宜兼儲布帛。請於兩都、江陵、成都、揚、汴、蘇、洪置常平輕重本錢，上至百萬緡，下至十萬，積米、粟、布、帛、絲、麻，貴則下價而出之，賤則加估而收之。諸道津會置吏，閱商賈錢，每緡税二十，竹、木、茶、漆税十之一，以贍常平本錢。德宗納其策。屬軍用迫蹙，亦隨而耗竭，不能備常平之積。

是時，諸道討賊，兵在外者，度支給出界糧。每軍以臺省官一人爲糧料使，主供億。士卒出境，則給酒肉。一卒出境，兼三人之費。將士利之，逾境而屯。

趙贊復請税間架，算除陌。其法：屋二架爲間，上間錢二千，中間一千，下間五百；匿一間，杖六十，告者賞錢五萬。除陌法：公私貿易，千錢舊算二十，加爲五十；物兩相易者，約直爲率。而民益愁怨。及涇原兵反，大譟長安市中曰：不奪爾商户僦質，不税爾間架、除陌矣。於是間架、除陌、竹、木、茶、漆、鐵之税皆罷。

《新唐書》卷五二《食貨志》 文宗大和九年，以天下回殘錢置常平義倉本錢，歲增市之。非遇水旱不增者，判官罰俸，書下考；州縣假借，以枉法論。

文宗嘗召監倉御史崔虞問太倉粟數，對曰：有粟二百五十萬石。帝曰：今歲費廣而所畜寡，奈何。乃詔出使郎官、御史督察州縣壅遏錢穀者。

《新唐書》卷五二《食貨志》 自會昌末，置備邊庫，收度支、户部、鹽鐵錢物。宣宗更號延資庫。初以度支郎中判之，至是以屬宰相，其任益重。户部歲送錢帛二十萬，度支鹽鐵送者三十萬，諸道進奉助軍錢皆輸焉。

《新唐書》卷八六《李軌傳》 初，軌以梁碩爲謀主，授吏部尚書。碩有算略，衆憚之，嘗見故西域胡種族盛，勸軌備之，因與户部尚書安脩仁交怨；又軌子仲琰嘗候碩，碩不爲起，仲琰憾之。乃相與譖碩。軌不察，賫鴆其家殺之，繇是故人稍疑懼，不爲用。有胡巫妄曰：上帝將遣玉女從天來。遂召兵築臺以候女，多所縻損。屬荐飢，人相食，軌毀家貲賑之，不能給，議發倉粟，曹珍亦勸之。謝統師等故隋官，内不附，每引結羣胡排其用事臣，因是欲離沮其衆，乃廷詰珍曰：百姓餓死皆弱不足事者，壯勇士終不肯困。且儲廩以備不虞，豈宜妄散惠孱小乎。僕射苟附下，非國計。軌曰：善。乃閉粟。下益怨，多欲叛去。

《新唐書》卷八六《劉武周傳》 募征遼，有功，補建節校尉。還馬邑，爲鷹揚府校尉。太守王仁恭以其州里雄，頗愛遇之，令總虞候，直閤

下。久之，盜仁恭侍兒，懼覺誅，又見天下已亂，陰有異計，因宣言于衆曰：今歲饑，死者骨相枕於野，府君閉倉不卹，豈憂百姓意乎。以市怒其軍，皆憤怨。武周知人已搖，因稱疾卧家，豪桀往候謁，遂椎牛縱酒大言曰：盜賊方起，衆又飢，壯士守分，死溝壑。今官粟紅腐于倉，誰能與我共取之。諸惡少年皆願從。隋大業十三年，與其徒張萬歲等十餘人候仁恭視事，武周上謁，萬歲自後入斬仁恭，持首出徇，郡中無敢動者。遂開倉賑窮絶，馳檄屬城，皆下，得兵萬餘，自稱太守，遣使附突厥。

《新唐書》卷一一一《薛訥傳》 起家城門郎，遷藍田令。富人倪氏訟息錢於肅政臺，中丞來俊臣受賕，發義倉粟數千斛償之。訥曰：義倉本備水旱，安可絶衆人之仰私一家。報上不與。會俊臣得罪，亦止。

《新唐書》卷一二七《裴耀卿傳》 遷京兆尹。明年秋，雨害稼，京師飢。帝將幸東都，召問所以救人者。耀卿曰：陛下既東巡，百司畢從，則太倉、三輔可遣重臣分道賑給，自東都益廣漕運，以實關輔，關輔既實，則乘輿西還，事蔑不濟。且國家大本在京師，但秦地狹，水旱易匱。往貞觀、永徽時，禄稟者少，歲漕粟二十萬略足；今用度寖廣，運數倍且不支，故數東幸，以就敖粟。爲國大計，臣願廣陜運道，使京師常有三年食，雖水旱不足憂。今天下輸丁約四百萬，使丁出百錢爲陜、洛運費，又益半爲營窖用，分納司農、河南、陜州。又令租米悉輸東都。從都至陜，河益湍沮，若廣漕路，變陸爲水，所支尚贏萬計。且江南租船候水始進，吴工不便河漕，處處停留，易生隱盜。請置倉河口，以納東租，然後官自顧載，分入河、洛。度三門東西各築敖倉，自東至者，東倉受之；三門迫險，則旁河鑿山，以開車道，運十數里，西倉受之。度宜徐運抵太原倉，趨河入渭，更無留阻，可減費鉅萬。天子然其計，拜黄門侍郎、同中書門下平章事，充轉運使。

於是置河陰、集津、三門倉，引天下租繇盟津泝河而西。三年積七百萬石，省運費三十萬緡。或曰：以此緡納於上，足以明功。答曰：是謂以國財求寵，其可乎？敕吏爲和市費。遷侍中。

《新唐書》卷一四五《楊炎傳》 舊制，天下財賦皆入左藏庫，而太府四時以數聞，尚書比部覆出納，舉無干欺。及第五琦爲度支、鹽鐵使，京師豪將求取無節，琦不能禁，乃悉租賦進大盈内庫。天子以給取爲便，故不復出。自是天下公賦爲人君私藏，有司不得計贏少。而宦官以冗名持簿者三百人，奉給其間，根柢連結不可動。及炎爲相，言於帝曰：財賦者，邦國大本，而生人之喉命，天下治亂重輕繫焉。先朝權制，以中人領其職，五尺宦豎操邦之柄，豐儉盈虚，雖大臣不得知，則無以計天下利害。陛下至德，惟人是恤，參計敝蠹，莫與斯甚。臣請出之，以歸有司。度宫中經費一歲幾何，量數奉入，不敢以闕。如此，然後可以議政，惟陛下審察。帝從之。乃詔歲中裁取以入大盈，度支具數先聞。

《新唐書》卷一四九《王紹傳》 遷倉部員外郎。是時，兵旱無年，詔户部收闕官俸、税茶及無名錢，以脩荒政。紹由員外郎判務，遷户部、兵部郎中，皆專領。

《新唐書》卷一五三《顔真卿傳》 俄加河北招討採訪使。清河太守使郡人李崿來乞師，崿曰：聞公首奮裾唱大順，河朔恃公爲金城。清河，西鄰也，有江淮租布備北軍，號天下北庫，計其積，足以三平原之有，士卒可以二平原之衆。公因而撫有，以爲腹心，它城運之如臂之指耳。

《新唐書》卷一六七《裴延齡傳》 德宗用〔竇〕參輔政，即擢延齡司農少卿。會班宏卒，假領度支。延齡素不善財計，乃廣鉤距，取宿姦老吏與謀，以固帝幸。因建言：左藏，天下歲入不貲，耗登不可校，請列別舍，以檢盈虚。於是以天下宿負八百萬緡析爲負庫，抽貫三百萬緡爲賸庫，樣物三十萬緡爲季庫，帛以素出，以色入者爲月庫。帝皆可之。然天下負皆窮人，償入無期，抽貫與給皆盡；樣物與帛固有籍，延齡但多其簿最吏員以詭帝，於財用無所加也。

《新唐書》卷一六七《裴延齡傳》 永貞初，度支建言：延齡囊列別庫分藏正物，無實益而有吏文之煩。乃詔復以還左藏。

（宋）司馬光《資治通鑑》卷一九二《唐紀·太宗貞觀元年—二年》 上謂黄門侍郎王珪曰：開皇十四年大旱，隋文帝不許賑給，而令百姓就食山東，比至末年，賑，津忍翻。比，必利翻，及也。天下儲積可供五十年。煬帝恃其富饒，侈心無厭，厭，於鹽翻。卒亡天下。卒，子恤翻；下同。但使倉廩之積足以備凶年，其餘何用哉！

（宋）司馬光《資治通鑑》卷一九四《唐紀・太宗貞觀八年》　中書舍人高季輔上言：《考異》曰：《貞觀政要》，季輔疏在三年；《會要》在八年。按《舊傳》：季輔貞觀初拜御史，累轉中書舍人。故從《會要》置此。外官卑品，猶未得禄，飢寒切身，難保清白。今倉廩浸實，宜量加優給，然後可責以不貪，嚴設科禁。

（宋）司馬光《資治通鑑》卷一九六《唐紀・太宗貞觀十六年》　甲辰，詔自今皇太子出用庫物，所司勿爲限制。於是太子發取無度，左庶子張玄素上書，以爲：周武帝平定山東，隋文帝混一江南，勤儉愛民，皆爲令主；有子不肖，卒亡宗祀。謂天元及煬帝也。卒，子恤翻。聖上以殿下親則父子，事兼家國，所應用物不爲節限，恩旨未踰六旬，用物已過七萬，驕奢之極，孰云過此！況宮臣正士，未嘗在側；羣邪淫巧，昵近深宮。在外瞻仰，已有此失；居中隱密，寧可勝計！昵，尼質翻。近，其靳翻。勝，音升。苦藥利病，苦言利行，因張良之言而品節之。伏惟居安思危，日慎一日。太子惡其書，惡，烏路翻。令户奴伺玄素早朝，户奴、官奴，掌守門户。伺，相吏翻。朝，直遥翻。密以大馬箠擊之，幾斃。箠，止蘂翻。幾，居希翻，又音祁。

（宋）司馬光《資治通鑑》卷二〇八《唐紀・中宗景龍元年》　〔十二月〕是歲，上遣使者分道詣江、淮贖生。帝以江、淮之人採捕魚鼈爲傷生，分道遣使以錢物贖之。使，疏吏翻。中書舍人房子李乂房子縣，漢屬常山郡，晋、後魏屬趙郡，隋、唐屬趙州。上疏諫曰：江南鄉人鄉人，猶言鄉民，避太宗諱，改民曰人。上，時掌翻。疏，所去翻。采捕爲業，魚鼈之利，黎元所資。雖雲雨之私有霑於末利；章：十二行本利作類；乙十一行本同；孔本同。而生成之惠未洽於平人。何則？江湖之饒，生育無限；府庫之用，支供易殫。易，以豉翻。費之若少，則所濟何成！少，詩沼翻。用之儻多，則常支有闕。在其拯物，豈若憂人！且鬻生之徒，惟利是視，錢刀日至，古有金刀錢布，故曰錢刀。網罟年滋，施之一朝，營之百倍。施，式豉翻。未若迴救贖之錢物，減貧無之傜賦，活國愛人，其福勝彼。

（宋）司馬光《資治通鑑》卷二一一《唐紀・玄宗開元二年》　敕以歲稔傷農，令諸州脩常平倉法；太宗時置義倉及常平倉，以備凶荒。高宗以後，稍假以給他費，至神龍中略盡，至是復置之。江、嶺、淮、浙、劍南地下濕，不堪貯積，不在此例。貯，丁呂翻。

（宋）司馬光《資治通鑑》卷二一一《唐紀・玄宗開元二年》　上以風俗奢靡，秋，七月，乙未，制：乘輿服御、金銀器玩，宜令有司銷毁，以供軍國之用；其珠玉、錦繡，焚於殿前；乘，繩證翻。后妃以下，皆毋得服珠玉錦繡。戊戌，敕：百官所服帶及酒器、馬銜、鐙，鐙，都鄧翻，鞍鐙也。三品以上，聽飾以玉，四品以金，五品以銀，自餘皆禁之；婦人服飾從其夫、子。夫、子者，夫若子也。其舊成錦繡，聽染爲皁。自今天下更毋得采珠玉，織錦繡等物，違者杖一百，工人減一等。唐法：杖一百，決臀杖二十；減一等則杖八十。罷兩京織錦坊。

（宋）司馬光《資治通鑑》卷二一五《唐紀・玄宗天寶四載》　上以户部郎中王鉷爲户口色役使，敕賜百姓復除。鉷，户公翻。使，疏吏翻。復，方目翻。鉷奏徵其輦運之費，廣張錢數，又使市本郡輕貨，百姓所輸乃甚於不復除。舊制，戍邊者免其租庸，六歲而更。更，工衡翻。時邊將耻敗，士卒死者皆不申牒，貫籍不除。貫籍，本貫之籍也。王鉷志在聚斂，斂，力贍翻。以有籍無人者皆爲避課，按籍戍邊六歲之外，悉徵其租庸，有併徵三十年者，民無所訴。上在位久，用度日侈，後宮賞賜無節，不欲數於左、右藏取之。唐有左藏、右藏。藏，徂浪翻。鉷探知上指，歲貢額外錢章：十二行本錢下有帛字；乙十一行本同；張校同，云無註本亦無。百億萬，貯於内庫，以供宮中宴賜，曰：此皆不出於租庸調，無預經費。貯，丁呂翻。調，徒弔翻。上以鉷爲能富國，益厚遇之。鉷務爲割剥以求媚，中外嗟怨。丙子，以鉷爲御史中丞、京畿采訪使。

（宋）司馬光《資治通鑑》卷二一六《唐紀・玄宗天寶十載》　八月，丙辰，武庫火，燒兵器三十七萬。《考異》曰：《唐曆》云四十七年事，今從《實録》。

（宋）司馬光《資治通鑑》卷二一七《唐紀・肅宗至德元載》　先是清河客李萼，先，悉薦翻。《考異》曰：《顔氏行狀》作李華，今從《舊傳》。年二十餘，爲郡人乞師於真卿爲，于僞翻。曰：公首唱大義，河北諸郡恃公以爲長城。今清河，公之西鄰，清河郡，貝州。《九域志》：德州，西南至貝州

二百三十里。國家平日聚江、淮、河南錢帛於彼以贍北軍，贍，時豔翻。謂之天下北庫；今有布三百餘萬匹，帛八十餘萬匹，錢三十餘萬緡，糧三十餘萬斛。昔討默啜，甲兵皆貯清河庫，謂武后時也。啜，陟劣翻。貯，丁呂翻。今有五十餘萬事。一物可以給一事，因謂之事。户七萬，口十餘萬。竊計財足以三平原之富，兵足以倍平原之強。公誠資以士卒，撫而有之，以二郡爲腹心，則餘郡如四支，無不隨所使矣。真卿曰：平原兵新集，尚未訓練，自保恐不足，何暇及鄰！雖然，借若諾子之請，則將何爲乎？萼曰：清河遣僕銜命於公者，非力不足而借公之師以嘗寇也，亦欲觀大賢之明張。明作名。義耳。今仰瞻高意，未有決辭定色，僕何敢遽言所爲哉！真卿奇之，欲與之兵。衆以爲萼年少輕虜，少，詩照翻。徒分兵力，必無所成，真卿不得已辭之。萼就館，復爲書説真卿，復，扶又翻。説，式芮翻。以爲：清河去逆効順，奉粟帛器械以資軍，公乃不納而疑之。僕回轅之後，清河不能孤立，必有所繫託，將爲公西面之強敵，公能無悔乎？真卿大驚，遽詣其館，以兵六千借之；送至境，執手別。真卿問曰：兵已行矣，可以言子之所爲乎？萼曰：聞朝廷遣程千里將精兵十萬出崞口討賊，崞口，在洛州邯鄲縣西，蓋即壺關之險也。又按《舊唐書》：崞口，在相州西山。崞，音郭。賊據險拒之，不得前。今當引兵先擊魏郡，執禄山所署太守袁知泰，納舊太守司馬垂，使爲西南主人；分兵開崞口，出千里之師，因討汲、鄴以北至於幽陵郡縣之未下者；幽陵，即謂幽州。平原、清河帥諸同盟，帥，讀曰率。合兵十萬，南臨孟津，分兵循河，據守要害，制其北走之路。計官軍東討者不下二十萬，河南義兵西向者亦不減十萬。公但當表朝廷堅壁勿戰，不過月餘，賊必有内潰相圖之變矣。真卿曰：善！命録事參軍李擇交及平原令范冬馥將其兵，平原縣，屬平原郡，古平原郡治焉。故城在今縣西南二十五里。今縣治，北齊所築城。時平原郡治安德縣。會清河兵四千及博平兵千人軍於堂邑西南。宋白曰：堂邑縣，屬博平郡，本漢清縣、發干二縣地；隋開皇十六年於此置堂邑縣，因縣西北有堂邑故城爲名。袁知泰遣其將白嗣恭等將二萬餘人來逆戰，三郡兵力戰盡日，魏兵大敗，斬首萬餘級，捕虜千餘人，得馬千匹，軍資甚衆。知泰奔汲郡，遂克魏郡，軍聲大振。

（宋）司馬光《資治通鑑》卷二三四《唐紀・德宗貞元九年》〔七月〕癸卯，户部侍郎裴延齡奏：自判度支以來，檢責諸州欠負錢八百餘萬緡，收諸州抽貫錢三百萬緡，呈様物三十餘萬緡，請別置欠負耗賸季庫以掌之，胡三省注：耗，虧減也。賸，贏餘也。三月爲一季，凡三月終則入物于庫，故謂之季庫。染練物則別置月庫以掌之。胡三省注：每月入物，故謂之月庫。詔從之。欠負皆貧人無可償，徒存其數者。抽貫錢給用隨盡，呈様、染練皆左藏正物。延齡徒置別庫，虚張名數以惑上。上信之，以爲能富國而寵之，於實無所增也，虚費吏人簿書而已。

（宋）司馬光《資治通鑑》卷二三六《唐紀・順宗永貞元年》〔八月〕乙巳，憲宗即位於宣政殿。【略】〔己未〕度支奏裴延齡所置別庫，皆減正庫之物別貯之，請併歸正庫。從之。

（宋）司馬光《資治通鑑》卷二四六《唐紀・武宗會昌五年》李德裕請置備邊庫，令户部歲入錢帛十二萬緡匹，度支鹽鐵歲入錢帛十二萬緡匹，明年減其三之一，凡諸道所進助軍財貨皆入焉，以度支郎中判之。

（宋）司馬光《資治通鑑》卷二四八《唐紀・武宗會昌五年》〔九月〕李德裕請置備邊庫，令户部歲入錢帛十二萬緡匹，度支、鹽鐵歲入錢帛十三萬緡匹，明年減其三之一，凡諸道所進助軍財貨皆入焉，以度支郎中判之。

（宋）司馬光《資治通鑑》卷二五〇《唐紀・懿宗咸通元年》式命諸縣開倉廩以賑貧乏，或曰：賊未滅，軍食方急，不可散也。式曰：非汝所知。

（宋）王欽若等《册府元龜》卷五〇二《邦計部・常平》唐高祖武德元年九月四日，令州縣始置社倉。是年九月二十二日詔曰：朕祗膺靈命，撫字氓黎，方緝隆平，躋之仁壽。田畝之賦，一切蠲除；錙銖之律，悉皆停斷。是以特建農圃，用督耕耘，思俾齊民，既庶且富，鍾庾之量，異同水火。宜置常平監官，以均天下之貨。市肆騰踊，則減價而出；田穡豐羨，則增糴而收。觸類長之，去其泰甚，庶使公私俱濟，家給人足，抑止并兼，宣通壅滯。

五年十二月，廢常平監官。

（宋）王欽若等《册府元龜》卷五〇二《邦計部・常平》唐明宗天

成二年六月，中書舍人張文寶請復常平倉。

四年九月，左補闕張昭遠奏：國朝已來，備凶年之法，州府置常平倉，饑歲以賑貧民。請於天下最豐熟處，折納斛斗，以倉貯之，依常平法出納，則國家常有粟，而民不匱也。疏奏不報。

長興元年五月，右司郎中盧導奏，請置常平義倉，以備凶年。

漢隱帝乾祐二年，太子詹事曹允昇上言：國以民爲本，民以食爲天時。或水旱爲災，蟲蝗害稼，既無九年之蓄，寧救萬姓之饑。天災流行。古今代有。而前代縱逢災歉。免至流亡。蓋以分災恤民。素有儲備。臣請依古法置常平倉。請於天下京都、州府，租賦五斛斗上，每斗別納一升，別倉貯積。若凶災之處，出貸貧民；豐年即納本數，庶幾生聚，永洽綏懷。

（宋）王欽若等《册府元龜》卷一〇五《帝王部・惠民》〔開元〕二十年二月辛卯制曰：【略】如聞貧下之人，農桑之際，多闕糧種，咸求倍息，致令貧者日削，富者歲滋，非所謂益寡裒多，務穡敦本之方也。思宏惠恤，以拯貧窶。且義倉元置，與衆共之，將以克濟斯人，豈徒蓄我王府。自今已後，天下諸州，每置農桑，令諸縣審責貧户應糧及種子，據其口糧貸義倉，至秋熟後，照數徵納，庶耕者成業，嗇人知勸。生厚而德正，時順而物成，國富家肥，於是乎在。凡厥主守，稱朕意焉。

（宋）王欽若等《册府元龜》卷四八四《邦計部・經費》〔唐文宗大和〕九年，春，正月，甲戌，中書門下奏：太倉見在粟二百六十萬八百五十四石，並請留充貯備，不承別敕，不在給用之限。如有特敕支用，亦須覆奏。從之。

（宋）王欽若等《册府元龜》卷四八四《邦計部・經費》〔後唐閔帝應順元年正月，洋州節度使孫漢韶上言：於洛谷路造倉舍。

（宋）王欽若等《册府元龜》卷六七五《牧守部・仁惠》蕭復，建中初爲同州刺史。時州人阻饑，有京畿觀察使儲廩在境內，復輒以賙貧人，爲有司所劾，詔下削階受代。親友唁之，復恬然曰：苟利於人，敢憚薄責。

（宋）王溥《五代會要》卷一六《宗正寺》周顯德五年閏七月，宗正寺奏：准敕節文，删集見行公事，送中書門下者。謹具如後：見管齋郎室長，逐季候大饗，捧饌行禮，及出給每年行事歷子，見管禮料庫收貯。諸司納到諸郊壇廟祠祭禮料，逐月給付。逐季太廟並別廟祠祭祝版，當寺於少府監請領，送祕書省書寫畢，卻將應奉祠祭，候年滿則將齋郎室長，於每年八月印發文字，解送赴南曹。

（宋）王溥《五代會要》卷一六《光禄寺》周顯德五年閏七月，光禄寺奏：准敕節文，删集見行公事，送中書門下者。謹具如後：逐年四季諸壇郊廟祠祭，大祠、中祠、小祠並朔望告廟等，逐季所請禮料，並牒省於諸庫務請領，送納入禮料庫，逐月旋具祭數請領，於本庫寺封記，赴祠部造饌供應。四般肉醬並鹿脯，諸司元指揮在禦廚年久製造，合使升合斤兩，請領供應。皇帝親拜南郊，自太廟朝饗至郊壇供備，並鑾駕巡幸，准例，城門外軷祭，告天地、社稷、太廟，各合申請禮料供應。

《舊五代史》卷四四《唐書・明宗紀》明宗之在位也，一日幸倉場觀納，時主者以車駕親臨，懼得罪，其較量甚輕。明宗因謂之曰：且朕自省事以來，倉場給散，動經一二十年未畢，今輕量如此，其後銷折將何以償之。對曰：竭盡家產，不足則繼之以身命。明宗愴然曰：只聞百姓養一家，未聞一家養百姓。今後每石加二斗耗，以備鼠雀侵蠹，謂之鼠雀耗。倉糧加耗，自此始也。

（宋）司馬光《資治通鑑》卷二七四《後唐紀・後唐莊宗同光三年》

〔閏十一月〕壬子，知祥發洛陽。帝尋復遣衣甲庫使馬彦珪胡三省注：衣甲庫使，盛唐無之。蓋帝所置，亦內諸司使之一也。馳詣成都觀崇韜去就。

（宋）司馬光《資治通鑑》卷二七七《後唐紀・後唐明宗長興二年》

〔五月〕己卯，以孟漢瓊知內侍省事，充宣徽北院使。漢瓊，本趙王鎔奴也。時范延光、趙延壽雖爲樞密使，懲安重誨以剛愎得罪，每於政事不敢可否，獨漢瓊與王淑妃居中用事，人皆憚之。先是，宮中須索稍踰常度，重誨輒執奏，由是非分之求殆絕。至是，漢瓊直以中宮之命取府庫物，不復關由樞密院及三司，亦無文書，所取不可勝紀。

（宋）司馬光《資治通鑑》卷二八二《後晉紀・後晉高祖天福五年》

〔九月〕辛未，李崧奏：諸州倉糧，于計帳之外，所餘頗多。胡三省

注：計帳，謂歲計其數造帳以申三司者。倉吏于受納之時斛面取羸，俟出給之時而私其利。此皆官吏相與爲弊，至今然也。必般量而後知其所餘，而般量之際，爲弊又多。竊意李崧亦因時人既言而奏之耳。上曰：法外税民，罪同枉法。倉吏特貸其死，各痛懲之。胡三省注：不知當時所謂痛懲者爲何，畢竟言之而不能行。

（宋）司馬光《資治通鑑》卷二八八《後漢紀·後漢高祖乾祐元年》

〔七月〕蜀主欲以普豐庫使高延昭、茶酒庫使王昭遠爲樞密使，胡三省注：普豐、茶酒二庫使，皆蜀所置。以其名位素輕。乃授通奏使，知樞密院事。

（宋）司馬光《資治通鑑》卷二九〇《後周紀·後周太祖廣順元年》

春正月，丁卯，改元，大赦。【略】凡倉場、庫務掌納官吏，無得收斗餘、稱耗；胡三省注：斗餘，概量之外，又取其餘也。稱耗，稱計斤鈞石之外，又多取之以備耗折。今悉除之，矯王章苛斂之弊也。舊所進羨餘物，悉罷之。胡三省注：羨余，唐之流弊也，至五季而愈甚。

（宋）司馬光《資治通鑑》卷二九二《後周紀·後周世宗顯德三年》

〔二月〕上遣翰林學士竇儀籍滁州帑藏，太祖皇帝遣親吏取藏中絹。儀曰：公初克城時，雖傾藏取之，無傷也。今既籍爲官物，非有詔書，不可得也。太祖皇帝由是重儀。

宋遼金元分部

論說

（宋）司馬光《司馬温公文集》卷三五《言蓄積劄子》 臣聞國以民爲本，民以食爲天。國家近歲以來，官中及民間，皆不務蓄積。官中倉廪，大率無三年之儲。鄉村農民，少有半年之食。是以小有水旱，則公私窮匱無以相救，流移轉徙，盗賊並興。當是之時，朝廷非不以爲憂。及年穀稍豐，則上下之人皆忘之矣，此最當今之深弊也。先帝時臣曾上言，乞將諸路轉運使及諸州軍長吏，官滿之日，倉庫之實，比於始至。增減多少，以爲黜陟。又令民能力田積穀者，皆不以爲家貲之數，欲爲國家力救此弊。自後不聞朝廷施行。今歲開封府界南京宿亳陳蔡曹濮濟軍等州，霖雨爲災，稼穡之田，悉爲洪流。百姓羸弱者流轉他方，饑死溝壑；强壯者起爲盗賊，吏不能禁。朝廷欲開倉賑貸，則軍儲尚猶不足，何以贍民？欲括取於蓄積之家，則貧者未能賑濟，富者亦將乏食。又使今後民間不敢蓄積，不幸復有凶年，則國家更於何處取之。此所以朝廷雖寒心銷志，亦坐而視之，無如之何者也。臣竊思之，蓋非今日有司之罪，乃曏時有司之罪也。往者不可及，來者猶可追。陛下儻不於今日特留聖心，速救此弊。豐凶之期，不可豫保。若向去復有水旱螟蝗之災，饑饉相仍，甚於今年。則國家之憂，何所不至乎！臣又聞平糴之法，必謹視年之上下。故大熟則糴三而舍一；中熟則糴二；下熟則糴一，使民適足價平則止。小饑則發小熟之所斂；中饑則發中熟之所斂；大饑則發大熟之所斂而糶之，所以取有餘補不足也。今開封府及京東京西水災之處，放税多及十分，是大饑之歲也，官吏往往更行收糴。所給官錢既少，百姓不肯自來，中糴則遣人編攔搜括，無以異於寇盗之鈔劫。是使有穀之家，愈更閉匿，不敢入市，穀價益貴，人不聊生。如此非獨天災，亦由吏治顛錯之所致也。臣愚欲望朝廷檢會臣前次及今來所奏事理，更加詳酌。擇其可者，少賜施行，指揮開封府界及京東京西災傷州軍，見今官中收糴者，一切止住。其有常平廣惠倉斛斗之處，按籍置歷，出糶賑貸，先救農民。告諭蓄積之家，許行出利借貸與人。候豐熟之日，官中特爲理索，不令逋欠。其河北陝西河東及諸路應豐稔之處，委轉運司相度穀價賤者，廣謀收糴，價平即止。如本路闕少錢物，即委三司於他處擘畫那移應副。仍自今以後，乞朝廷每年謹察諸路豐凶之處，依此施行。臣竊料有司必言官無閑錢，可以趁時收糴。臣伏見國家每遇凶荒之歲，緣邊屯軍多處，常用數百錢糴米一斗。若用此於豐稔之歲，可糴一石，不知有司何故於凶荒之歲則有錢供億，至豐稔之歲則無錢也。此無他故，患在有司偷安目前，以俟遷移進用，不爲國家思久遠之計而已。故臣惟願陛下深留聖意。取進止。

（宋）司馬光《司馬温公文集》卷三七《奏為乞不將米折青苗錢狀熙寧四年正月上》 準提舉陝西常平廣惠倉司牒

右謹具如前本司勘會朝廷元散青苗錢，指揮取利不得過二分。今來提舉常平廣惠倉司，乃依見今饑饉之歲，在市貴價。將本倉陳次斛斗，紐作見錢，支散與人。又豫定將來粟麥之價，粟每斗二十五文足，小麥每斗四十文足。本司看詳，向去夏秋五穀有豐有儉，其穀麥之價，固難預定。今將陳色白米每斗紐作見錢七十五文。若折計作小麥價錢，支俵每斗四十文，共折計得小麥一斗八升七合半。則是貧民於正二月間請得陳色白米一石，卻將來納著新好小麥一石八斗七升五合。若折計作粟錢支俵每斗二十五文足，計支，則一斗白米價錢七十五文足。共折得粟三斗，則是貧民闕乏之時。只請得陳色白米一石，卻將來共納著新粟三石。若只送納見錢，即又須賤糶斛斗以償官中本利，使貧下之民寒耕熱耘，竭盡心力。所收斛斗，於正税之外，更以巧法取之至盡，不問歲豐歲儉，常受饑寒。顯見所散青苗錢，大爲民害。竊惟朝廷從初散青苗錢之意，本以兼并之家，放債取利，侵漁細民。故設此法，抑其豪奪，官自借貸，薄收其利。今以一斗陳米，散與饑民，卻令納小麥一斗八升七合五勺，或納粟三斗，所取利約近一倍。向去物價轉貴，則取利轉多。雖兼并之家，乘此饑饉取民利息，亦不至如此之重。國家爲民父母，置此二倉，名爲常平廣惠，豈當如此。

今邊鄙用兵，軍糧闕乏，既無餘剩可以賑貸。伏望朝廷憫此農民，遭值凶饑，困窮憔悴，瀕於死亡。直將上件常平廣惠倉斛斗，依先降朝旨，借貸與第四等以下人户，更不取利。若不能如此，須依作青苗錢俵散之時，即乞不以元糶價貴賤，更不紐作見錢，只據所散與人户石斗，至將來成熟令出息二分。每散得一斗米者，納一斗二升，細色或依倉式例折作麤色。如此細民猶不至窮困，官中取利雖薄，亦不減二分元數。如允所請，伏乞早降指揮，謹具狀奏聞，伏候敕旨。

（宋）司馬光《司馬温公文集》卷三八《論賑濟劄子元祐元年》 臣竊惟鄉村人户，播殖百穀，種藝桑麻，乃天下衣食之原。比於餘民，尤宜存恤。凡人情戀土，各願安居，苟非無以自存，豈願流移他境。國家若於未流移之前，早行賑濟，使糧食相接，不至失業，則比屋安堵。官中所費少，而民間實受賜。若於既流移之後，方散米賁粥，以有限之儲蓄，待無窮之流民，徒更聚而餓死。官中所費多，而民實無所濟。伏覩近降朝旨，令户部指揮府界諸路提點刑獄司，體量州縣人户。如委是闕食，據見在義倉及常平米穀，速行賑濟。仍丁寧指揮州縣，多方存恤，無致流移失所，此誠得安民之要道。然所以能使民不流移者，全在本縣令佐得人。欲乞更令提點刑獄司指揮逐縣令佐。專切體量鄉村人户。有闕食者，一面申知上司及本州，更不候回報，即將本縣義倉及常平倉米穀，直行賑代。仍據鄉村五等人户，逐户計口出給歷頭，大人日給二升，小兒日給一升。令各從民便，或五日，或十日，或半月一次齊歷頭詣縣請領，縣司亦置簿照會。若本縣米穀數少，則先從下户出給歷頭，有餘則并給上户，其不願請領者亦聽。候將來夏秋成熟，糧食相接日，即據簿歷上所代過糧，令隨税送納。一斗只納一斗，更無利息。其令佐若别有良法，簡易便民，勝於此法者，亦聽從便。要在民不乏食，不至流移而已。仍令提點刑獄司常切體量逐縣令佐，有能用心存恤，闕食人户，雖係災傷，并不流移者，保明聞奏，優與酬獎。其全不用心賑貸。致户口多流移者，取勘聞奏，乞行停替，庶使官吏有所勸沮，百姓實霑聖澤。取進止。

（宋）李燾《續資治通鑑長編》神宗熙寧七年八月 參知政事呂惠卿言常平錢糧並據願請成貫、石給，納日，收息二分；如願以糧、銀、絹、絲、紬、綢、布折納者聽，元請糧納本色者，每石息毋過二斗。給、納並約中價，物少不盡其錢，貼錢以納；錢少不盡其物，餘錢聽給。其第三等以下户，免役錢願折納者，準此。從之。

（宋）李燾《續資治通鑑長編》神宗熙寧七年九月 上以諸路旱災，常平司未能賑濟，諭輔臣曰：天下常平倉，若以一半散錢取息，一半減價給糶，使二者權衡相依，不得偏重，如此民必受賜。今有司務行新法，惟欲散錢，至於常平舊規，無人督責者。大凡前世法度有可行者，宜謹守之，今不問利害如何，一一變更，豈近理耶？ 此墨本所書，朱本因之。神宗聖慮，即此可見。二十六日上批可考。

（宋）李燾《續資治通鑑長編》神宗熙寧九年正月 司農寺言：熙寧七年九月詔，民兩經倚閣常平錢者罷支。十一月詔改兩經爲已經。畿内去年災傷已經倚閣，於法當罷矣，然今春雨雪應時，宿麥皆茂，乏困之民，若不賑貸，則殆將失所。請依前詔再倚閣者乃罷支。上批：今天下常平錢穀十常七八散在民間。又連歲災傷，倚閣迨半。若止務多給計息爲功，不計督索艱難，豈惟官物虧失，兼百姓被鞭撻必衆。可且依後詔行之。七年九月二十六日云云，又此年正月二十三日云云，合並參考。

（宋）李燾《續資治通鑑長編》神宗元豐元年閏正月 詔中書立給散常平錢穀賞罰法以聞。

又詔：常平錢穀當輸錢而願輸穀若金帛者，官立中價示民。物不盡其錢者，足以錢；錢不盡其物者，還其餘直。常平倉錢穀，其在民者有常錢，春散之，斂從夏秋税。有所謂緩急闕乏而貸者，皆定輸息二分，穀則歲豐量增價以糴，歲饑減時價糶之以賑饑。又聽民以金帛易穀，而有司少加金帛之直。凡錢穀當給若糶，皆用九年詔書通取，留一半之餘。此據《食貨志》第一卷，係之元豐元年，檢尋日月未見，今附此立給散常平錢官賞罰後。《實録》稱賞法恐字誤，當作罰也。七年九月二十六日並九年正月九日、又二十二日，並合參照。五月十七日，《實録》有：詔常平錢穀，願以穀及金帛準市直中價，計二分息折納者聽。即此件事也，或移此附彼。

（宋）李心傳《建炎以來繫年要録》紹興五年三月 詔福州因緣軍期借用常平錢，特與除破。時本路提刑司以朝旨責償甚峻，帥臣張請于朝。乃命限二年。後省奏：竊詳福州所奏事理，若朝廷察知其不涉欺罔，如

委實逐急應副軍須用過，雖盡免放可也。今徒分限責還，要之終取於民而已。當時移用官吏，必無備償之理，彼民何辜，而重困之。若來年又於科率之外，別敷常平積欠。臣恐愈見難辦，徒掛簿書資吏姦耳。區區愚慮，陛下儻以爲然，乞降指揮，近日所遣閩、廣之使與逐路提刑，只令檢察欺弊與非理移用，其緣軍須支費過常平錢物，往者不問，來者如律。如此則四方皆知朝廷初非利其數多而欲取之也，不亦善乎？上乃寢前命。既而漕臣薛昌宗又請其餘七州軍借過常平司錢物，並特與除破。從之。昌宗建請在七月癸丑。

（宋）李心傳《建炎以來繫年要録》紹興六年二月　乙巳，右諫議大夫趙霈言：去秋旱傷，連接東南。今春饑饉，特異常歲。湖南爲最，江南次之。浙東、福建又次之。然今日賑救之術，不過二説。惟兼行之。斯可以活饑貧而消盜賊。一則發廩粟減價以濟之，一則誘民户賑糴以給之。諸路固嘗有旨許借常平義倉矣，又嘗令州縣措置賑糴矣，然艱難之際，兵食方闕，義倉之粟，諒亦無幾。州縣往往逐急移用，無可賑給。惟勸誘民户賑糴，尤爲實惠。然豪右閉糴，蓋其常態。況當饑歲，彼孰知恤？全在州責之守，縣責之令，多方勸諭上户，估定中價，俾以所食之餘，各行出糶。稍濟貧乏，務在均平。然自來官中賑濟，多在城郭。遂致鄉村細民，不能徧及。臣願以上户所認米數，統計城郭鄉村之户多寡，分擘米數，縣差丞簿於在城及逐鄉要鬧處，監視出糶。計口給歷照支。或支五日，或併十日。其交籌收錢，並令人户親自掌管。官不得干預。既無所擾，人亦願從。此惠而不費之道，損有餘補不足之術也。從之。

（宋）李心傳《建炎以來繫年要録》紹興七年八月　給事中兼直學士院胡世將言：舊制，常平錢、義倉米皆有專法，不許支撥。近年以來，州郡急於軍期，侵借殆盡。朝廷雖有立限撥還指揮，緣在窘乏，終無可還之理。今既張官置吏，自合舉行舊制，務興實利。截止將見在錢穀，及以後所收之數，專一樁管。仍委主管官逐季巡察。如有借兑之數，即剗刷本處係省錢物撥還，申提舉官將撫支官吏按劾。除義倉合備水旱外，其常平錢專充糴本。朝廷亦宜權住支取，並令趁此豐歲，盡數糴米，別倉收貯，不得與漕司米相雜。遇春夏之交。民間貴糴之時，比市價量減錢出糶。如此積三五年，官本既豐，糶糴增廣，則可以低昂百貨。劉晏所謂常操天下贏資以佐軍興者，可復見矣！然後寬留糴本，而取其贏餘，以濟緩急之用。如此雖無目前之近利，而有無窮之實效。所謂富國而民受其利者，實在於此。詔户部看詳申省。

（宋）李心傳《建炎以來繫年要録》紹興九年七月　辛丑，言者論恤民備災儲蓄之政，莫如常平、義倉。此二法者，雖始於漢，建於隋、唐，其意則唐虞三代不易之美。國朝循其制，於其盛時，應府界諸路所積，幾十五百萬斛。天災代有，民無流離，由有備也。艱難以來，用度不足。或取以給軍須。至於州縣他費，因以侵用。比年往往銷費殆盡，甚乖祖宗憫人之意。今日經制，議者止謂盡行經畫，以應支遣而已。至於察其豐凶，以謹散斂；勸其貯納以待賑給，未之聞也！大抵有司務舒目前之責，不思久遠之計。遂致言者無事預言，指爲迂緩。不幸一有二三千里水旱蟲蝗之憂，言又何？及謂宜準舊制，更加修明侵移擅用格奏之令，使祖宗恤民備災之政，不變於聖代。詔户部申嚴行下。是日御史中丞廖剛上殿。

（宋）李心傳《建炎以來繫年要録》紹興十一年三月　直徽猷閣知邵武軍王洋言：宣和二年，布衣吕堂乞生子之家，量給義倉米。朝廷不曾施行。近蒙恩詔：貧乏之家、生男女而不能養贍者，人於免役寬剩錢内支四千。可謂仁德甚厚矣！然免役寬剩，州縣所收甚微，勢不可久。乞鄉村之人，無問貧富，凡孕婦五月，即經保申縣專委縣丞注籍。其夫免雜色差役一年。候生子日，無問男女，第三等已下，給義倉米一斛。縣丞月給食錢十千，專掌附籍。所掌萬户已上，歲及千人，便與改官。蓋義倉米本不出糶，今州郡尚有紅腐去處。二郡歲發萬斛，可活萬人。通數路計之，不知所活其幾何也！又、縣尉終任獲強盜七人，便許改官；今使縣丞終任活一二千人，俾之改官，亦豈爲過。又義倉之米若有不繼，逐年隨苗量添升斗，積以活民，民自樂從。再三審度，實可經久。上覽奏曰：愚民無知，迫於貧困不能育，故生子而殺之。官給錢物，使之有以育，則不忍殺矣！朕爲民父母，但欲民蕃衍，豈惜小費也。乃詔户部措置。十五年五月戊午，改給義倉米。

（宋）李心傳《建炎以來繫年要録》紹興十一年八月　甲申上曰：

水旱有數；雖堯湯不能免。艱難以來，十餘年間，未嘗無歲，此天佑也。然不可恃此不爲之備。祖宗置義倉以待水旱，最爲良法。而州縣奉行不虔，妄有支用，寖失本意。或遇水旱，何以賑之？可令監司視其實數。或有侵失，嚴責補還；義倉充實，則雖遇水旱，民無饑病矣。

（宋）李心傳《建炎以來繫年要録》紹興十五年八月　己亥，權户部侍郎王鐵言：常平之法，本以抑兼并，備水旱。科條實繁，其利不一。有義倉和糴之儲，坊場河渡之入。以産制役，欲使平均，以陳易新，俾無紅腐。一有饑饉，則開發倉廩，濟以艱食，豈一主管官能勝其任哉？建言者將欲省官，而主管已復；將欲省吏，而胥徒如故。獨罷一提舉官，而姦弊百出，州縣苟且，無所畏憚。封樁錢物貸移，易多致陷失，凶年饑歲，賑濟之法，漫不加省。今雖隸於憲司，而獄訟繁夥，不能究心。望復置提舉官，庶良法美意，不爲虛文。乃命諸路茶鹽官改充提舉常平茶鹽公事。惟四川、廣西以憲臣，淮西京以漕臣兼領。仍令檢察所部州有擅用常平錢物者，按劾以聞。四川等處兼領指揮，在九月辛亥。點檢錢物指揮，在八月壬寅。今併書之。

（宋）李心傳《建炎以來繫年要録》紹興十八年閏八月　癸未，執政進呈監察御史陳夔論州郡歲以常平米廩給給貧民，今多移用，乞令監司覺察。上曰：此誠仁政所先，此年州縣奉法不虔。或侵支盜用，而監司失於檢察；或賑濟無術，而僻遠窮困之民。不得均被其惠，非所以稱朕矜卹元元之意，宜令户部措置。

（宋）李心傳《建炎以來繫年要録》紹興二十四年九月　甲寅，監登聞鼓院曹紱面對。論常平之法，賤斂貴散，農末皆利。今者時和政協，歲已告豐，其價益平。能因天之所與以利於下，實甚盛之舉。望俾州縣及時廣糴，使倉廩充實，異時用以賑貸。詔户部措置。其後户部乞下諸路常平司，依見行法。如違，令監司案劾。從之。紱，輔子也。

（宋）李心傳《建炎以來繫年要録》紹興二十八年九月　乙酉，權户部侍郎趙令詪言：州縣義倉米，積久陳腐，欲出糶，及水旱災傷檢放不及七分去處，亦許賑濟。左僕射沈該等言：義倉米在法不應出糶，糶之恐失預備。上曰：義倉歲以三之一出陳易新，何至侵損？上田自有高下，必俟通及七分；則當賑濟處絶少矣，飢民何由得食。卿等可別行措置。

（宋）李心傳《建炎以來繫年要録》紹興二十九年六月　初，左朝請郎提舉兩浙西路常平茶鹽公事呂廣問入對。言：常平義倉之法，廣儲蓄以待不時之需，祖宗長慮遠計也。事久廢弛，名存實亡。縱有見存，類多陳腐。主藏之吏，不過指廩固扃，執虛券以相授受而已！蓋緣法禁至重，干連猥多，上下含糊，莫敢輕發。望每路遣官一員，同提舉官徧行檢察；若干係積久欠折，驗實除豁；若干係近新借兑，責限補還。自餘實在若干，嚴切樁管。今後依條對兑，先交新米入倉，方得支撥陳米。雖目前不免有除豁之數，然虛掛文歷，有名無實，決不可得之物，存之無益。庶幾日後見在皆是的實，不與虛數相參，衮同失陷。臣契勘常平錢物，兵火以來，前後因循全失稽考。今若付所司，盡須起獄。其間歲月浸久，逃亡貧户，無可理償。若止令申嚴，即恐依前但爲文具。詔户部看詳。至是遣司農寺丞韓元龍往浙西，通判平江府任盡言往江東。餘路委漕臣覈實。仍將浸支借兑失陷數目報提舉常平官措置。七月乙亥元龍奏請可考。

（宋）李心傳《建炎以來繫年要録》紹興三十一年九月　丙子，知資州王堡言：蜀中地狹民稠，衣食不給。在去歲，以仲冬朔日給貧民常平義倉米豆，日一升十歲以下半之，至三月終止。緣蜀中常平窠名，自軍興皆以移用，而義倉非水旱不可擅支，乞以義倉米豆通融支散。又請民户所輸畸零物帛，依舊法合零就整，同旁納送。皆從之。

（宋）李心傳《建炎以來繫年要録》紹興三十二年十一月　丙午，臣僚言：近日於淮東西總領司各樁苗米一百萬石，備宣撫司移屯之用。內撥浙西常平米一十三萬二千餘石，往淮東；江東常平米三十七萬四千餘石，往淮西。切惟常平一司，蓋備水旱盜賊緩急之用。積年陳腐，及移易借兑，殆居其半。一旦三分取一，兩路所積幾無餘矣。閒遇水旱盜賊之變，將何以爲備乎。詔户部看詳。户部乞於兩浙漕司和糴米撥一十三萬二千餘石，赴淮東；江東西漕司和糴米并江西上供米建康中納米九千石，共三十七萬四千萬四千餘石，往淮西。其浙江常平米，更不取撥。從之。

綜　述

（宋）謝深甫等《慶元條法事類》卷三六《財務門·場務敕令格式申明》敕

廐庫敕

諸課利場務，應立新額而申及奏違限者，各杖一百，增虧數不實致誤立額者，徒一年。

諸歲額坊場錢應以所樁州及錢數報榷貨務並起發入便不盡錢而違限者，各杖一百。

諸衙前被差充場務專知輒兑賣與人承代管幹者，計所受坐贓論，許人告。

諸糟酵積留過二年致損敗者，減安置不如法罪五等。

諸酒麴雖損敗不虧正數者，不坐。

諸官物安置不如法，暴凉不以時致損敗者，以專副爲首，監官爲第二從，簽書官爲第三從，通判、知州爲第四從，事有所由，以所由爲首，積草不如法者，積匠與專副同等。庫敖場子之類專防守者減專副三等，罪止杖一百。即鹽因滷瀝及糧草三年外因陳浥焦稍致耗折者，償而不坐。

諸場務監官虧欠課利，已請添支應剋除而不剋除者，所屬並請人各以違制論。

諸倉庫監專應早入晚出而違者，受納官遇開場同。一時杖一百，一時加一等，罪止徒二年。酒務監專應宿不宿者，杖一百。

諸提點刑獄司，遇諸州倉庫場務每歲前繳到簿曆不即印押，及不依限給下者，以違制論，公吏乞取以枉法論。

擅興敕

諸曾充吏役犯贓配隸，而官司輒差充軍典掌持券曆或主管庫務官物者，抄轉官物文書同。杖一百。

雜敕

諸人户吉凶聚會、修造之類，州縣及坊務輒抑勒令買酒及麴引者，徒一年，當職官不覺察與同罪，許被抑人經監司越訴。

場務令

諸茶鹽酒税場務，州都監、縣有都監同，並謂非緣邊州縣都監者。縣令佐、鎮監鎮同監，真都監兩員者，日輪一員入務。

諸場務課利次日納軍資庫，少者五日一納，承買在州官監酒務同。並當日給鈔。下文併納給鈔准此。外縣鎮寨次月上旬併納，先具起離月日報納處拘催。

諸課利場務比祖額閏月以祖額所附月爲准，無月額處，比五年内本月分酌中者。併增虧各五年，並初置官監及五年者，本場務限次年正月上旬申州，增者取酌中，虧者取最高，初置者取次高。各以一年數立爲新額，限二月内保奏，仍申轉運司及尚書户部。

諸官監場務無要便官舍者，許以本處頭子錢賃充。

諸買官酒、礬、銅、鉛、錫，許以金錢或匹帛絲綿之類充抵當，鋪户買鹽同。不得過所直六分，經一年不贖，勒元當人典賣償納，過二年不贖者，没官。

諸官物零沽賣者，印曆内具注逐會都數。沽賣不盡，據數回納。

諸酒務聽加料造細酒，增價沽賣准常料，不得虧官。其祠祭旬設及致仕官應請者給之。

諸官監酒務，監專同立界主管若遇欠折，監官均備一分，餘欠，依干繫人專副均備法。

諸酒務監官、同監官、專匠親戚，不得拍酒沽賣。

諸造麴酒務官，日輪一員同專匠、麴院官監造，獨員者，兼監官在務，正官赴，無兼監官者，止輪專副。

諸酒務、麴院並館驛無倉場者，預約歲計就近科撥税租，不足即糴買並別差官，仍以本驛院務專副主管，糴買若無官可差，聽差本驛院務監官。盤量訖交受，不得別曆收支。

諸酒醋務、麴院應支轉運司錢而有文案及踏麴應僱人者，並以轉運司錢充。

諸官監酒務糟酵，若公使庫及人户不承買者，官自造醋賣。

諸糟醶多者，許添料造醋，增價沽賣。

諸糟醇依年次賣，一年破耗五釐，過二年應地卑濕處一年，下文稱二年准此。賣不行者，其價聽減。若見在數約二年未盡者，雖未及二年，價亦聽減。因積留致損敗者，除之，並申轉運司差官驗實，減除訖申尚書户部。即專副所交前界糟醶除堪好外，實有不堪者，勒前界管認，依數陪填。

諸酒務事有未便，聽轉運司議定利害聞奏。酒、麯損敗少欠，計所虧功料之價，干繫人均償。麯，願償本物者，於造時備功料就院造。損敗係剩數者免償。其損敗物，差官同監官定驗，毁棄訖保明申轉運司。

諸酒務兵士專充踏麯醞造役使，依格本州選刺廂軍充請酒務指揮，本營寄收。專招刺人數及有營房差役依舊。遇酒匠闕，聽選試充。其有過犯不可存留者，專招刺人准此。改刺本城。若踏麯蒸炊雜役須添差兵匠者，差係役兵級，通計不得過舊例之數，酒務每年一替，酒匠得力者聽留。闕或須傭人者，聽和傭。

諸場務受告捕匿税及榷貨，並送所屬，不得擅行及取責文狀。

諸賣官鹽，不得以所收耗隨正數支，止於帳内銷破，支盡而有剩者，附帳。

諸銅、鍮石物損壞不堪者，赴鹽酒税務中折賣。非損壞而願賣者，聽，官司不得邀阻。

諸出産金銀置場買者，本州旋發上京。

諸税務團條印，知州面勒雕造，歲一易之，舊印送州毁。

關市令

諸穀米遇災傷，聽從便般販，州縣輒阻遏及税務揀截留滯者，並許越訴。

倉庫令

諸倉庫日有收支，監專早入晚出，早，謂日出；晚，謂申時。受納官遇開場同。遇給納擁併者，須盡日，課利場務虧祖額者，若監官兩員，輪一員盡日。公私有急故，聽暫離，仍申所屬。監官獨員者，候權官到乃出。其酒務兩員，互宿。酒庫獨員處，遇醞造時與專庫互宿。餘輪專副。

諸州草場遇納，差禁軍將校部領兵級分鋪巡守，無禁軍差廂軍。日輪都監職官一員監積，通判提舉。

諸受納糴買糧草並錢穀場務，不得差指使及軍班、下班祗應監掌。

諸官監場務及縣鎮寨應赴州送納錢物，並州給印曆，隨錢物庫務監官往來通簽用印，縣鎮寨遠或錢物多處，置二曆互用。歲終繳赴州磨勘。

諸軍資庫受納場務課利，即時給鈔，其每月所給附帳，監官用印。

諸歲起坊場錢，提舉常平司前期於冬首抛樁數足，限三日具所樁州及錢數報榷貨務，限半月召人入便。若承本務牒報入便不盡錢作急切綱，限五日起發，赴内藏庫。

諸酒務醡袋經用損壞，歲除二分，及什物不堪者，並充折支。

諸鹽税務頭子錢，每五百文收一文，舊收數多者，依舊例。隨正錢納庫。

諸倉庫場務應收到錢物，每處止置都曆一道，抄轉分隸上供及州用之數，各立項目樁發，仍從轉運司每半年一次差官取索點檢。

諸州倉庫場務簿曆並歲前兩月繳申提點刑獄司印押，限歲前一月給下，歲終開具已印給過名件申尚書户部帳司。若州郡巧作名色增置，令本司覺察按劾。

文書令

諸州縣場務收支曆，如遇官司取索推究者，先申所屬，別置簿，謄入見在數目，印押訖行使，方得發送。

雜令

諸人户吉凶聚會、修造之類，若用酒者，聽隨力沽買，州縣及坊務不得抑勒。

格

賞格

諸色人

告獲銜前被差充場務專知輒兑賣與人承代管幹者，錢三百貫。

軍防格

酒務兵士：三萬貫以上，二十人；二萬貫以上，一十五人；一萬貫以上，七人。

式

場務式

州縣場務收支曆起置曆頭依常式

某州

某月初一日，本州税務收若干，經制錢若干，係省錢若干，封樁錢若干，應窠名依此開；支若干，經制錢若干，發赴甚處，係省錢若干，發赴甚處，應窠名依此開；酒務等處依前開。應窠名，某縣依此開。

某月一日至初十日終通計，收若干，支若干，見在若干依此開。

某月一日至月終通計，依旬結開。

税務印

團印徑四寸，條印闊一寸，長六寸，皆具某年某州縣鎮寨商税務某印，當職官書字。

申明

隨敕申明

厩庫

紹興七年二月十五日敕：諸州軍添置贍軍酒務所收息錢，如侵移擅用，並依經制錢法科罪。

乾道元年十月十二日敕：州縣出納錢物，每貫收頭子錢四十三文省，自今降指揮到日，每貫添收錢一十三文省，充經總制錢，委通判拘收入帳，通舊錢七文，共二十文，仍將今來所添錢數令作一項，每季發納左藏西庫。

乾道八年十月九日敕：户部狀，竊詳州縣酒税場務所收錢數，並係解納本州，分隸諸司上供經總制窠名起發，其場務即無行在交納朱鈔。今欲下諸路轉運司，行下所部州軍，今後應起解場務課息朱鈔，内須管開具若干係甚場務、甚監官，在任收到錢數，發納赴是何去處。奉聖旨：依。

旁照法

厩庫敕

諸州縣鎮場務，收到經總制錢物輒侵借者，各徒二年。

理欠令

諸欠應干繫人備償者，庫、稱、揀、掏斗子之類同。三人以下，均備二分；四人，二分五釐，每二人加五釐，過四分釐，每十人加五釐，至八分止。餘並專副均備。

（宋）謝深甫等《慶元條法事類》卷三六《財務門·承買場務敕令格》

敕

厩庫敕

諸承買場務課利，送納違限者，杖六十。

諸承買場務課利，官司輒增者，杖八十。

諸承買場務課利，輒以非土産物折變者，徒一年。

諸承買場務，計會候界滿作無人承買投狀，避免折變者，杖一百，許人告。

諸承買税場，擅印典賣田宅契書及發客引者，杖一百。

令

倉庫令

諸官監酒務虧本者，召人承買，其所收課額除撥充漕計外，餘五分，令提點刑獄司拘收封樁，每季具帳申尚書省，仍每上下半年團併起發上供。上限八月，下限次年二月起發盡絶。地里遠及不係沿流處，即變易輕賫物。不係沿流處，即報諸司兑上沿流處團併。

場務令

諸承買官監酒務量添錢，以熙寧四年爲額。隨買價納，其見在物並估錢給，酒麯、醋估功料價，糟及柴薪什物之類估實直，仍别供抵當。分三年隨課利納，屋宇聽承買人賃。不願者，别召人賃。本界内有私酒麯，官司不爲止絶及敗獲而推斷不盡理者，聽陳訴。

諸承買場務，計價每貫收税錢五十文，課利過月净利錢，免税。以開場日爲始，限一季納足。違限者，據所欠數倍之，别曆收附，主管置籍拘催，申提舉常平司。本司每季具都數牒轉運司，仍申尚書户部。

諸承買場務課利，均爲月納，遇閏依所附月數别納，並限次月足。其應支移在三百里外者，季一納，限次季足。即元係官監場務及界滿無人承買者，課利不得支移折變。

諸官監場務已爲人承買而界未滿者，不得拘收。即無力幹辦願退免而

召賣不行者，申轉運司相度，復爲官監。

諸承買官監酒務，願退免而應復爲官監者，糟酵納官，餘並給價錢。酒麯、醋計功料，造酒器用計所置。

諸承買場務應停廢者，其年額課利錢，本州差官相度，如可併入鄰近場務，即令分認。

諸承買稅場，止依祖額收土産市稅。

諸酒務拍户事故或無力逃亡而輒抑勒家屬子孫充拍户者，許越訴。

格

賞格

諸色人

告獲承買場務計會作無人承買，避免折變，錢一百貫。（宋）謝深甫等《慶元條法事類》卷三六《財務門・商稅敕令格申明》

敕

厩庫敕

諸商稅不即時並船筏不於當日内檢納，船筏擁併限次日畢。及去申帶或攔無稅人入務，若巡欄人離城五里外巡察者，各杖八十。其婦女在舟車兜檐内，輒入檢視及於緣身搜索若攔入務，或拆剥棱裹成器之物者，加一等，留難邀阻，一日以上又加一等。

諸稅物入門應批引赴務而公人、兵級邀阻留難，過一時及於物數有所增減若故爲透漏者，各杖一百，因而乞取，贓輕者准此。留難一日以上致損敗者，鄰州編管，並許人告。

諸商舶興販已經抽解與免兩州商稅外，其餘合收稅，場務不即檢稅若收納力勝錢過數，各杖一百，留滯三日加一等，罪止徒二年，因而乞取財物，贓輕者徒一年。

諸州縣官於稅務請托過稅及爲過之者，各徒一年半。若因請托過稅及虧價買商稅人物致饒減稅錢，各計所虧，准盗論。即州公使庫輒委稅務收買物色者，徒一年。

諸私置稅場，團兒同。邀阻商旅者，徒一年，所收稅錢，坐贓論，仍許越訴。

諸綱運所至檢納稅錢違限，或限内無故稽留及搜檢非理並約喝無名稅錢者，各徒二年，新錢及糧綱緣路輒令住岸點檢者，減五等。若有透漏榷貨經歷處，不坐。

諸空船及綱運並攬載官物而收草堡力勝錢者，杖一百，許人告。

諸寄物於品官或蕃客及押伴通事人應幹辦並隨行人同。以匿稅者，杖八十，受寄者，加一等，受財又加三等。蕃客並不坐。

諸客販茶貨經由稅場，監官不躬親檢察者，杖一百。

諸客販解鹽往通商州縣，經過稅務不將引狀批鑿者，杖六十，許人告。

諸客販解鹽經過稅務，將到引狀不爲批鑿者，杖六十。若批鑿而無故留滯經日，罪亦如之，每一日加一等，罪止杖一百。

諸客販穀米麵麥及柴，輒收稅並收船力勝者，徒二年，乞取贓重者，自從重。仍許客人經監司越訴。

諸稅務應創置，不申尚書户部待報，及雖申而不應置者，並陳請人各杖一百。

諸匿稅者，笞四十。稅錢滿十貫，杖八十，監臨官、專典、攔頭自匿，論如詐匿不輸律。家人有犯，應主管本家稅物人皆是。知情者減二等，並許人告。

諸以客人物貨詐稱己物攬納商稅者，徒二年，客人減三等，許人告。其物雖赴務並依匿稅法。當職官知而不舉與同罪，受請求者，加二等。即雖非詐稱己物而爲管押影庇，計會請求，減落稅錢，罪輕者杖一百，受財贓重者，詐稱己物攬納商稅受財同。准盗論。

諸結集五人以上持杖匿稅，不以財本同異，杖八十，許人捕。拒捍者，杖一百；傷人者，下手重及爲首結集人徒一年半，並配本州。稅物並所負載舟車畜産没官。

雜敕

諸稅務監官兼監同。買商稅人物者，徒一年。謂未納稅或已納稅未經日者。若爲人買及托買者，各杖一百。諸客人買抽解物貨於市舶司，諸公憑引目，聽往他州賣。若小出引目匿物數者，依匿稅法。

詐僞敕

諸掌他人應税物而故匿使人告以規賞者，依詐欺法，贓輕者，杖一百。

名例敕

諸匿商税，如被盜詐恐喝及因水火，或以禁兵器捕格應捕罪人致彰露者，並同首原。

令

場務令

諸税務以收税法並所收物名税錢則例大書版榜，揭務門外，仍委轉運司每半年一次再行體度市價，增損適中行下。應創立者，審定申尚書户部。仍並多給文榜，於要鬧處曉示客旅通知。

諸商税，監官躬親檢視，收納即時附曆，令客人垂脚書字。州委職官，縣委令、佐，常切點檢，轉運司覺察。

諸州城門守把兵級同税務公人檢察商税，應税物入門批引赴務，仍注時辰及次第。其引，每月約數赴州印烙給。

諸商販物，具數給税引，沿路貨用者，於所至税務驗引批銷。

諸物應税而不赴務及雖赴而欺隱者，皆爲匿。已離務者不得再檢。雖有失漏之數，不爲匿，止納正税錢。

諸請給若恩賜雖改造而未易他物者同。並蕃官所買物免税。其品官供家服用之物非興販者，准此。

諸宗室宅炭船，所經場務注曆，驗尚書户部公憑，歲聽免抽賞買及税錢一次。

諸以物赴官抵常及賣納入官錢物，若買造吉凶所須或織造布帛絲綿供家，出州界者非。婦人隨身服飾，軍營賣自造鞋，若於官船筏自置屋子、篙棹之類，並免税。官船筏兵梢和雇人隨行物，税錢一百文足者准此。其收錢税者，若請官便錢而不出城，或賣物入官而官所給價錢，雖出城亦免。

諸以錢或金銀入京畿及京城門者，並免税。雖曾匿税而已入免税地分者，不許告。其因事發露者，止收倍税。

諸蠶織農具若布帛不成端匹，或以穀麪、柴草賣買若舊材置植，及捕魚而非貨易，並災傷流民隨行物，歸鄉者同。其税勿收。

諸客販穀米麪麥及柴者，其税並船力勝錢並免，即以炭及草木博糴糧食者准此。仍不得於牙人名下收錢。

諸命官將校，副尉、下班祇應充指使、押隊、部將，醫人充隨行並駐泊之類同。川、陝路替移罷任，以職田俸餘錢買物，所過場務，驗給到公憑，免應納税錢之半，至所詣繳納，毀抹報元給官司。

諸川、陝路押綱人接送公人同。至銅錢界，隨行物計税錢一貫足，兵級押馬，每人税錢三百文足。並本路厢軍差出，若因招揀發往他處，充路費物貨自起發並免税。瓊州、吉陽、昌化、萬安軍人押綱上京，有物貨者，初買處給公憑，計直，十貫足准此。

諸軍在川、陝路屯駐，其子弟往來隨行物應税，每人計收銅錢一百文足者，聽免。

諸外蕃進奉人賣物應税者，買人認納。

諸商税務，非官印田宅契書，不得輒印。

諸以茶於通商路匿税者，謂除許有之數者，蠟茶一斤折草茶十斤。計所匿，依通商茶法。品官聽免税。

諸賣買耕牛者，牙税印契及過税、住税並免。

諸州縣輒令税務收買公私物色，及請托饒減過税之類，許人經監司陳告。

諸税錢未納，聽以物充當，別注曆，收經一年不贖者，没官。其物准錢不足，干繫人備償。即布帛應税者，用團印於兩頭，勿致損污。

諸太中、右武大夫以上買竹木之類修宅者，許自給文憑，逐處審驗，免和買。

諸州抽税竹木，於十分中留三分備用，餘附綱上京，非沿流處，依實直中價賣錢起發。

諸竹木應抽税而願以七分依實直納價錢者，聽。

諸應以經撫錢回易者，唯廣西安撫司，其税聽免。

諸承買税場止依祖額收土產市税。

諸場冶收買炭坯者，所經税務，驗引點檢，量收税錢。

諸告匿税者，須指定物名及所在，不得一概搜檢，雖搜檢得而非所告

者，不爲匿。若本物不在或在而未貨易，過三十日；或已貨易，過五日者，不許告。以匿及貨易日爲始。緣他事發露，及監臨官、專典、攔頭犯者，但物在，雖限外，聽受理。

諸匿税者，雖會恩並全收税，曾匿別務者，止於事發處倍收。仍三分以一分没官，田宅准原價理錢。即寄物於品官、蕃客、押伴通事及應幹辦隨行人者，全没。能自首者，並免没官。其掌他人物而規賞或規隱税錢入已故匿，謂出物人不知情者。估所匿物價，應没官及倍税錢，於犯人處理納元物給出物人，其所没金銀及真珠非細碎者，並附綱上京。

疾醫令

諸州買太平惠民局藥錢，將下納到買藥錢同。許計置輕細，將物附綱上京，免税。

關市令

諸錫非出產界而官賣者，聽商販及造器用貨易，仍並免税。

諸產錫界內民間所用錫器物，聽於通商處收買，詣當處税務驗實，具數給公憑，賫詣所居州縣税務覆驗，亦聽貨易。貨易者，仍於奉務換憑貨訖，限次日納毀。

賞令

諸獲結集五人以上持杖匿税者，以没官税物給賞。

格

賞格

諸色人

告獲綱船於應破力勝外應私載匿税物者，以所告匿税物，給三分之一。

告獲寄物於品官、蕃客、押伴通事及應幹辦隨行人匿税，以没官物賞應重者，自從重。給一年。

告獲客販解鹽不將引狀於經過税務批鑿者，每席錢一貫。五十貫止。

告獲匿税以没官物，不及一貫全給；二貫以下給一貫；二貫以上給五分。

申明

随敕申明

詐僞

乾道四年五月五日敕：客旅與諸色人將帶會子經過場務，不得收納税錢，亦不得別作名目騷擾，如違，許客旅越訴。

厩庫

淳熙五年四月二十六日敕：勘會諸州軍收税分數，自有成法，約束非不嚴備，訪聞州縣多有違戾，今具下項：

一池州雁汊謂之大法場，黄州謂之小法場，鄂州謂之新法場。

一舟船實無之物，却撰説名件抑令納税，謂之虚喝。

一客販本是低賤或些小物貨，却因其名色抬作貴細，仍以一爲百，以十爲千，謂之花數。

一過往空船明無税物，並過數喝税，謂之力勝。

一或用舟船絞縛棚屋，謂之排停，令官員家屬不以老稚、病人、產婦，並立時驅逼般騰在上，然後入船恣意搜撿。

一官員客旅船隻若有家屬同行，即令攔頭妻女直入船内搜撿，謂之女攔頭。

一所收商税專責見錢，緣督逼緊急，商旅無所從得，苟留日久，即以物貨低當價准折，或元直十文，止折作三兩文之類，謂之折納。

一税務違法多於額外增置攔頭，每一攔頭名下各置家人五、七人。至於一務却有一、二百人，及巧作名色，容留私名貼司在務，更不計數，皆是蠶食客旅。

一客舟各有脚船來往使用，税場欲多方艱阻，即將脚船扛舁上岸，以絶其經由所屬陳訴。

一舟船起發全藉篙梢，其税場以税錢未厭所欲，輒追篙梢，以漏税爲名送禁所屬。以致客人不免依應重税。

一攔頭例以鐵爲錐，長七、八尺，謂之法錐，輒將經過舟船所有箱籠並行錐插，其衣服物帛之屬多被損壞。

一巡攔之人各持弓箭、槍刀之屬，將客船攔截彈射，或至格鬬殺傷。

一州郡多差職官或寄居待闕官及使臣前去監視，謂之檢察，將帶人從

騷擾乞覓。

一舟船無貨物却稱有貨物，或已納税錢，却稱不曾收税，及有入船騷擾，却稱不曾上舡，各令客人供責伏狀，遇有客人陳訴，以此逃罪。

一税務依條有纂節攔頭，各有小船，離税務十餘里外邀截客旅，搜檢税物，小商物貨爲之一空。税錢並不入官，掩爲己有。

四月二十六日奉聖旨，劄下江東、湖北、淮兩路轉運司，將今來條具到畫一事件，各嚴切措置，於税務前大字板榜，曉諭須管，盡革前弊。如州軍場務奉行不虔，仰將當職官按劾以聞。或本司不覺察，許被擾人徑詣尚書省越訴，即先將漕臣重置典憲。餘路沿流州軍税場依此施行。

淳熙五年十一月二十一日敕：税場發别去處，如在五里内，許行置立，止令發引，不得就本處收税。

淳熙十一年六月二十一日敕：沿江税務，每處止留專知、攢司各一名，攔頭四名，監官每員破廂軍六名，其外不許存留。仍自今後不得差兵、職官機察及檢覆爲名留滯舟船。曉諭客旅，不得倚恃官員士人挾帶貨物，抹過場務，違者，從條斷罪，貨物没官給賞。知、通鈐束税官，客船到岸，即時檢視，從省則收納税錢，不得妄有花喝留滯。

本所看詳前項指揮，沿江税務，每處攔頭四名，若非沿江税務或舊來不及四名處，止合依舊。今聲説照用。

淳熙十一年十月十五日敕：諸路州軍，將應管税務合趁課息如實及祖額之數，即不得抑令增收。敢有違戾，在内委御史臺彈奏，在外委監司覺察按劾，仍許被擾之人越訴。

淳熙二年五月五日尚書省批狀：今後諸軍收買軍器物料，若户部所給免税文曆内不該載物色及影帶數目，即仰依條抽解收税施行。

淳熙八年七月二十日尚書省批狀：諸州如遇諸軍收買簰筏軍須等物過往，即仰取索户部所給文曆點數，照驗通放。如無所給文曆，照數依則例收納税錢施行。

（宋）謝深甫等《慶元條法事類》卷三六《財務門・倉庫約束敕令格申明》 敕

厩庫敕

諸倉庫監專應早入晚出而違者，受納官遇開場同。一時杖一百，一時加一等，罪止徒二年。酒務監專應宿不宿者，杖一百。

諸擅將官斛、斗、升、合出倉若私輒修治，及將别斛、斗、升、合入者，杖一百，有增減者，各加二等。

諸停場户買旁人輒入倉者，杖八十。

諸聽探倉庫見在及綱運錢物名數傳報，致他司截攔佔取者，各杖一百，許人告。

諸官物安置不如法，暴凉不以時致損敗者，以專副爲首，監官爲第二從，簽書官爲第三從，通判、知州爲第四從，事有所由，以所由爲首。積草不如法者，積匠與專副同等。庫敖場子之類專防守者減專副三等，罪止杖一百。即鹽因滷瀝及糧草三年外因陳浥焦稍致耗折者，償而不坐。

斷獄敕

諸倉庫兵級犯笞罪，謂於本倉庫有犯者，仍須無監官處，其酒務雖有鹽官同。聽專副行決，過十下者，論如前人不合捶考律，以故致死或因公事毆至折傷以上者，並奏裁。

令

倉庫令

諸倉植木爲陰，不得近屋，仍置磚場以備量覆，其敖内地皆布磚。

諸鹽倉於敖板下以瓮承滷，不得别設水器。

諸倉庫常嚴水火之備，地分公人除治草穢，疏導溝渠。連接别地分者，申所屬指揮。如違致損敗官物者，勒主守及地分公人均備。

諸倉庫水火防虞有備，非人力所及致損敗官物者，監專具所損所收實數申州，外縣者，仍本縣保明申。保明奏裁。

諸倉庫，監專同開閉，並押記鎖封。掌鑰以長官，門鑰以監門。無監門處，長官兼掌。

諸倉置板牌於敖門，書其色數、年月、監專姓名。

諸穀不得近倉門糶糴。

諸倉官斛、斗、升、合各刻倉分、監官押字，置庫封鎖，應修者，當官較量。

諸給納米料，並用五斗省斛交量，其一石斛專充監官抽製斛面，畸零方許用斗、升、合。每五年申所屬换給。

諸倉庫日有收支，監專早入晚出，早，謂日出；晚，謂申時。受納官遇開場同。遇給納擁併者須盡日。課利場務虧祖額者，若監官兩員，輪一員盡日。公私有急故，聽暫離，仍申所屬。監官獨員者，候權官到乃出。其酒務兩員，並互宿。酒庫獨員處，遇醞造時，與專庫互宿。餘輪專副。

諸受納苗米，輒將帶人從入倉，許人户越訴。

諸官物無支用者，申轉運司相度轉易，不堪支用，估賣訖申，又不堪，差官覆驗棄毁。

諸收貯連毛皮，歲計所直，破蛀耗五釐。

諸經用瓷器破損者，除歲一分，瓦器二分。

諸倉庫監專應替，並差官監交，仍置交曆四本，分新舊官及本州轉運司爲照。物多難交者，具事因申本州審度，聽新界抽摘點檢。

諸買納官物，其約束條制，州縣以板具録，榜倉庫門。

舊令

諸倉庫空地不得種蒔。

理欠令

諸官物損敗應除破者，保明申尚書本部，不應除破而擅除破者，干繫人均備。

格

賞格

諸色人

告獲聽探倉庫見在及綱運錢物名數傳報，致他司截攔佔取者，錢五十貫。

申明

隨敕申明

厩庫

淳熙十一年八月二十八日敕：户部措置州縣所收隨苗水脚錢等，州委倅，縣委丞，專一拘樁，分明置曆，令項安頓，漕司常切覺察，不得借兑妄用。如有奉行不虔去處，將當職官申取朝廷指揮施行。奉聖旨依。

旁照法

理欠令

諸欠應干繫人備償者，庫、稱、揀、掏斗子之類同。三人以下，均備二分；四人，二分五釐；每二人加五釐，過四分者，每十人加五釐，至八分止，餘並專副均備。

（宋）謝深甫等《慶元條法事類》卷三六《財務門・給還寄庫錢物申明》

申明

隨敕申明

厩庫

紹熙元年九月二十九日敕：民間或有紛争未決之財，或有取贖未定之訟，孤幼檢校未該年格，或盜賊贓物未辨主名，或亡商失貨未有所歸，或理逋督責未及元數，如是之類，則其財皆寄於官，謂之寄庫錢。今之州縣幸其在官，不復給還。又其甚者，不應檢校輒檢校，不應追罰輒追罰。本非盜贓，指爲盜贓；本非户絶，指爲户絶，强入之官，洎至翻訴明白，其財已不復存矣。可戒郡縣應民間寄庫錢，皆令刷具，別置簿曆，專作庫眼，俟其陳請，即時給還。或非理没入，既經翻訴給還者，亦仰依限支給。如或循習弊，並許人户越訴。委自省部、御史臺取其違慢悖理尤甚者，具職位姓名取旨責罰。

（宋）謝深甫等《慶元條法事類》卷三六《財務門・受納違法敕令格》

敕

厩庫敕

諸倉庫受納鄉村人户錢物，監專無故留滯納入經宿者，徒二年。

諸裝發及受納官物，稱量不如法，論如用斛斗稱度不平律，仍許人告。

諸受納税草，輒於耗外令人户輸納者，杖八十，許人告。

諸受納官物有揀退而不即給還，若布帛之類輒損污或用油墨印者，杖八十，許人户越訴。

諸倉庫受納私鑄輕薄毛錢，夾雜支遣者，杖一百。

令

倉庫令

諸受納税租蒿草，十束加一束爲耗。

諸正税絲綿收官耗及稱耗共一分，舊不收者仍舊。

賞令

諸備償應以犯人財產充而無或不足者，裝發及受納官物稱量不如法，責知情干繫人均備。

格

賞格

諸色人

告獲受納税草於耗外輸納者，一束，錢五貫；五束，錢一十貫。每五束加五貫，至五十貫止。

告獲裝發及受納官物稱量不如法，准所虧價給二分。二百貫止。

（宋）謝深甫等《慶元條法事類》卷三六《財務門・倉庫受乞敕令格》

敕

廄庫敕

諸倉庫公人因折納折博糴受乞財物，依重禄公人法，謂應給頭子錢者。與者，非求曲法不坐。

諸給納賣買官物，干繫公人減剋受乞財物者，雖非主司，論如監臨主司受財法。無故留難者，杖一百，即職官下公人、兵級受乞，以監臨官受乞財物論，並許人告。

諸衙前賣買給納官物，有情弊致虧官及因而受贓者，並勒停，永不收叙，本犯徒因首告減至杖者，准此。

諸攔頭、庫、稱、檢、揀、掏、斗子於本倉庫受贓及盜詐官物，或用情給納虧官者，並勒停。擅將人入倉庫幹辦而犯者，正身雖不知情亦准此。

諸給軍糧而斗面不足，計贓輕者，杖一百。謂每石少一升以上者。監給官容縱與同罪，許請人越訴。

諸受納苗米官容縱公吏巧作名色乞取者，減犯人一等，罪止徒二年，仍許人户經監司越訴。州縣長吏不覺察與同罪。

令

倉庫令

諸受納官物公吏於鈔内輒置私記，謂入門私勘同之類。阻節受乞錢物者，許人户越訴。

格

賞格

諸色人

告獲給納賣買干繫公人減剋受乞財物，笞罪，錢五貫；杖罪，錢一十貫；徒罪，錢二十貫；流罪，錢三十貫；死罪，錢五十貫。

告獲給納賣買官下公人、兵級受乞財物，笞罪，錢二貫；杖罪，錢三貫；徒罪，錢五貫；流罪，錢一十貫。

旁照法

職制敕

諸重禄公人因職事受乞財物，酒食亦是。徒一年，一百文徒一年半，一百文加一等，一貫流二千里，一貫加一等。共犯者並贓論，酒食共費者，止計己分。徒罪皆配鄰州，流罪配五百里，十貫配廣南，不以赦降原減。其引領過度者，各減罪人罪二等。即罪人已受應配而罪至徒者，皆配鄰州；與者依別條罪，輕者杖八十。

諸監臨主司受財枉法二十匹，無禄者二十五匹，絞。若罪至流，不枉法贓五十匹，受及乞取所監臨贓百匹，配本城。

諸請求曲法，杖八十，爲人請者與自請同。主司許者與同罪。主司不許，止坐請求者。已施行者，各徒一年，緦麻以上親請者，減一等。

諸監臨主司受財枉法，其引領過度過人，各減主司罪三等，因而受財贓重者，坐贓論加二等，主司罪至死者，配本州。

（宋）謝深甫等《慶元條法事類》卷三七《庫務門・糴買糧草敕令格式申明》敕

廄庫敕

諸給降糴本錢物輒他用者，依擅支借封樁錢物法。

諸歲計糧草約度計置失時致不充數者，杖一百，命官衝替，吏人

勒停。

諸中賣糧草巧僞濕惡，計贓輕者，杖一百，監官干繫人知情與同罪。雖該去官赦降原減，仍奏裁，許人告。

諸買納官物有巧僞濕惡或正數有虧，元買納公人理欠限滿償不足者，勒停，永不收叙。

諸在任官親戚同。及公使庫中賣糧草入官者，以違制論。爲人請囑或令人中賣者，准此。以上監官知情減二等，專副又減一等，並許人告，物没官。

諸穀及絲綿買納畢應稱量而被差官吏違元給日限者，各杖八十。即被差官不躬親監視，或指數約貌量收出剩，或將支用過數目爲已稱量之數者，各杖一百，赴本處筵會加一等。

諸糧草不依糴納先後給者，杖一百。

諸軍月糧口食，馬遞鋪請給、招軍例物同。不許坐倉坐庫糴買，違者以違制論。

職制敕

諸糴買糧草官，非職事相干輒見賓客以邂逅爲名相見者同。及見之者，各徒二年。

户婚敕

諸和買歲計而不以見錢當日給者，杖六十，一日加一等，罪止徒二年。

諸監司糴買糧草，抑令遠處輸納，若巧作名目額外誅求者，並以違制論。守令奉行及監司不互察者，與同罪，許被科抑人户越訴。

令

職制令

諸州刑獄官，不得糴買糧草。

諸被差糴買糧草官，不得差出。

倉庫令

諸糧草，以本處見在數及歲入税租約度，若州支不及三年，縣鎮寨不及二年者，具所闕數磨審訖計置糴買，尚闕者，申轉運司支撥。其約計狀，夏税限正月，秋税限六月，申到轉運司、尚書户部。

諸糴買糧草，以抛降數意應用價錢預申所屬監司封樁，附糧草帳内收支，夏以二月差官，專典同。五月中旬開場，九月終畢；秋以七月差官，九月上旬開場，次年正月終畢。續抛數限内糴到者，聽通理。知州、通判每旬體訪，估實價曉示。前期約度若數不能足，聽量展積價，仍以所展價即時報所屬，不候監司指揮，限滿不足，聽至次年開場日畢。限外監官食錢不支。

諸糴買糧草，以開場日縣申州，不屬縣處，本場申州。州申轉運司點檢。

諸糴買糧草，每月具價申尚書户部。

諸官司糴買糧草，不得過轉運糴便司糴買價。若高下不當，移文改正，所見不同者，各以所見奏。

諸受納糴買糧草，不得差指使及軍班、下班祗應監掌。

諸糧草各依糴納先後給。轉般至者，理元糴納年次。即有濕惡，差官定驗，堪給者，與合支界分品配先給。大、小麥雖非濕惡，准此。

諸州應糴軍糧並於春首預度歲用之數，計本州糴外不足者，聽量均沿流屬縣。

諸路每歲夏秋物斛收成之時，令轉運司據歲計，少數，前期報提舉常平司，以本司錢置場收糴樁管，以備兑易。

諸糴買官物價錢，監官即得時盡數親給，仍預作料次申請。如有冒請、受乞、減剋，聽人户經監司越訴。

諸應糴買米者，不得以分數收糴，謂米七分、穀三分之類。若依田例分數者，即將米穀各敖盛貯支遣，轉運司歲終委官點檢。

諸穀應糴而鄰路災傷若額數足者，住糴。

諸應和糴而轉運司不量豐歉抛降，若和糴而輒行科糴，及不用見錢收糴，或抑令人户重增加耗，及預納物斛不即支錢，雖支錢而不依實價，縱容公吏邀阻減剋，許人户越訴，並攬納入取人户錢物，計會糴場受納濕惡物者，並委提點刑獄司覺察。

諸和糴穀而按察官簽判職名及帥司、監司屬官之類同。輒遣使臣或親故親，謂親屬；故，謂故舊。干預其事者，州密奏以聞。

諸州縣，非安撫、發運、監司所屬而差糴穀者，止受先到一處。

諸縣便於裝發綱運處，其糴買之物應起發者，止就本縣受納裝發。

諸穀及絲綿買納畢，申所屬監司，選本州官稱量，穀十萬石以上，選鄰州官，監司量物數多寡給限。各具正剩數申本司訖，乃得支給，無故不得冉稱量。

諸糴納穀，雖稍低次，非巧僞濕惡堪依本色斗數及年次給遣者，免剥納。即三年外有敖蓋蛀蚛色變之類及轉般至他處雖不堪上供，但可充軍糧者，並准此。

諸糴納穀支外不及一分，並十萬石以上，不滿萬石者，交併入次界，無次界者，先次支。

諸糴納穀有出剩者，附曆別收。若支畢有欠租税，一年聽除五釐，二年除一分，每一年加一分，至七分止。糴及填欠若回納借請之類，一年除一分，每一年加一分五釐，即交受別界，支畢正數，有欠，除耗一釐，轉般者二年除一釐半，三年以上除二釐，其不滿全年者，計月除之。

諸買納係省穀，計價每貫收頭子錢五文足。每及二百文，收錢一文，每二百文准此遞增。

諸監糴官所糴數應被賞者，並申監司，於他州别選官。

諸監糴官專副干繫官吏同。管兩司以上者，其賞罰並通理。

諸監糴買糧草官，有巧僞濕惡雖經賞亦行追改，請過食錢仍理納。

關市令

諸和買歲計者，其價以轉運司錢充。謂無專條者。

給賜令

諸監糴官不請添支食錢驛券者，給食錢，若過萬石而有零數，或不及萬石者，住糴日紐給。

格

給賜格

監糴官每及一萬石，給食錢三貫。

賞格

命官

監糴穀官限内糴續抛數亦通理。一十萬石，陞一季名次；二十萬石，陞半年名次。

諸色人

告獲以巧僞濕惡糧草中賣，計所虧全給。二百貫止。

告獲在任官親戚同。及公使庫中賣糧草入官，爲人請囑及令人中賣者准此。並准價，以官錢全給。三百貫止。

式

賞式

保明糴買糧草官酬賞狀

某州

據某處或某官姓名狀，准某處差糴買某色糧草，自到至罷，糴買到下項：

一某官，准某處、某年月日差監某處糴買某名目糧草，如係夏秋糴買，即具夏糴或秋糴。元抛若干，某年月日開場，至某年月日住糴買。或准某年月日條制，不理開場、住糴，只理任内或年内糴買數，各詳具。限内糴買到若干，限外若干。限内有元在假，差權官並同職官糴買到數，其限外糴買到數。如通理酬賞，即具係准某年月日條制；若不合通理，即除豁或有續抛數，亦開説。

一差不干礙官姓名，盤量到有欠剩若干，無，即云無。即無巧僞濕惡之數。仍具堪與不堪久遠收貯充軍糧或上供支遣，並裝綱後有無剥納，元糴時巧僞濕惡虧官錢數，各詳具。

一本官糴買到數内有無兑糴兑買到别官司數如有，即具合與不合除豁、理與不理酬賞之數。如合理酬賞，即備坐係准某年月日條計。

一本官糴買糧草都計若干，開具轉運或餘司物數，逐司各若干。附某處某年季、某專副姓名、某色文帳收附。仍連審磨附帳。

一某年月日已係起發充本路上供年額上京，卸納畢。或别作支遣亦具言之。

一檢准令格云云。

右件狀如前，勘會某官姓名糴買上項糧草若干萬，准令格該某酬賞，保明並是詣實。謹具申尚書户部。謹狀

年月　日依常式

諸州申轉運羅便司及逐司應保奏者，各仿此，仍於申户部狀具保奏月日。

申明

隨敕申明

户婚

淳熙十一年六月二十二日三省同奉聖旨，令諸路轉運司行下所部州軍，每歲約度措置羅買逐色稻種椿管，准備人户欠闕支借。

詐僞

紹興六年十月二十一日敕：應給降過羅本關子，聽民間從便使用，即不得輒有減落。如有妄説事端，賤價兑買之人，立賞錢五百貫，許諸色人陳告。其犯人取旨從重斷罪。

旁照法

厩庫敕

諸擅支借封椿錢物，徒二年。

倉庫令

諸買納官物畢，委官定驗，穀委稱量官。如巧僞濕惡，巧僞，謂穀有砂土、糠秕之類；濕惡，謂浥潤腐爛，穀陳次粗弱細碎之類。餘條稱巧僞濕惡准此。及正數不足，估剩所虧錢，勒元買納人依理欠分數，限六十日盡估賣財産備償。不足，勒保人，亦限六十日填納，又不足，關理欠司。

理欠令

諸欠應干繫人備償者，庫、稱、揀、掏斗子之類同。三人以下，均備二分；四人，二分五釐；每二人加五釐，過四分者，每十人加五釐，至八分止。餘並專副均備。

厩庫申明

乾道元年十月十二日敕：州縣出納錢物，每貫收頭子錢四十三文省，自今降指揮到日，每貫添收錢一十三文省，充經總制錢，委通判拘收入帳，通舊錢七文，共二十文。仍將今來所添錢數令作一項，每季發納左藏西庫。

（宋）謝深甫等《慶元條法事類》卷三七《庫務門・給納敕令格式申明》

敕

厩庫敕

諸給納官物，不正行支收及敞庫不封鎖者，杖八十。

諸倉庫收支曆輒不封鎖交受，若收留私家經宿者，各徒二年，許人告，不驅磨架閣者，減三等。

諸收支官物，不即書曆及别置私曆者，各徒二年。應所屬用印給付而輒自用本處印者亦是。若無專置文曆而以名色相類附入别曆者，不坐。繳申舊曆違限，杖一百。

諸收支官物文書有空缺處及剩紙而不勾抹，若赤曆内預先虚收者，各杖一百，本行吏人仍降一資。已支官物旁、帖之類，不勾抹者，准此。

諸提點刑獄司過諸州，倉庫場務每歲前繳到簿曆不即印押及不依限給下者，以違制論。公吏乞取，以枉法論。

諸係官錢物私輒隱占及不入本庫椿收，若别作名色置庫者，以違制論。

諸穀及絲綿買納畢，應稱量而被差官吏違元給日限，並倉庫不候稱量而給者，各杖八十。即被差官不躬親監視或指數約貌量收出剩，或將支用過數目爲已稱量之數者，各杖一百。赴本處筵會，加一等。

諸錢物支移他處送納而徑於倉庫取收附並給之者，各杖一百。雖不因取而受納處不申州徑送者，罪亦如之。

令

倉庫令

諸倉庫内無廨舍者，監官不得住家，收支文書，監官應封鎖，遇替移，交受都簿赤曆足，批上印紙離任。

諸收支官物曆，州於印應用前十五日印給，計定紙數。諸倉每界，餘處每季給納，稀少及津渡館驛，半年一給。遇有收支，即時注曆，每日轉計都數，監官書押。在州者，旬赴知州，以次簽書。舊曆限十日繳申州磨勘。

諸倉庫，監專同開閉，並押記鎖封。掌鑰以長官，門鑰以監門。無監門處，長官兼掌。

諸買納官物畢，委官定驗。穀及絲綿委稱量官。如巧僞濕惡，巧僞，謂帛有粉藥，穀有砂土、糠秕，鹽有硝，金有銀，銀有銅、鉛之類；濕惡，謂浥潤腐爛，帛紕疏、輕怯短狹、漬污，穀隙次粗弱細碎之類。餘條稱巧僞濕惡准此。及正數不足，估剥所虧錢，勒元買納人依理欠分數，限六十日盡估賣財產備償，不足，勒保人，亦限六十日填納，又不足，關理欠司。

諸穀及絲綿買納畢，申所屬監司，選本州官稱量，穀十萬石以上，選鄰州官，監司量物數多寡給限。各具正剩數申本司訖，乃得支給，無故不得再稱量。

諸倉庫見在錢物，諸司封樁者非。所屬監司委通判歲首躬詣倉庫點檢前一年實在數，令審計院置簿抄上，比照帳狀。

諸倉庫月終以錢帛糧草見在逐色總數次月五日以前申州，州限十日磨審訖繳申轉運司，本司類聚申尚書户部。

諸州倉庫場務簿曆，並歲前兩月繳申提點刑獄司印押，限歲前一月給下，歲終開具已印過給名件申尚書户部帳司。若州郡巧作名色增置，令本司覺察按劾。

諸穀不得於寺觀、祠廟、亭驛内寄納，即倉敖闕及損者，州縣支本倉係省頭子錢增修訖，申所屬點檢。

諸州軍資庫，差録事參軍監，通判提舉，文曆簿帳同書，仍別置門曆，録官物出入。

諸受納官物，以開場日縣申州，不屬縣處，本場申州。州申轉運司點檢。

諸買納金、銀、銅、鉛、錫，皆鑄爲鋌，各鐫斤重、專典姓名、監官押字，銅、鉛、錫仍鐫爐户姓名。麩金不用此令。

諸官物添零就整而納，及剋零就整而不支者，其曆内收支各具整數。

諸贓罰户絶物庫、軍資庫，其金銀銀雜者，官號烹煉，有耗折者除破。寶貨、綾羅、錦綺等成匹者附綱上京，餘附帳支用。其理納到別州贓罰及賞錢附帳報本處，應給者，以官錢兑給。

諸寄納贓物，滿三年無人識認者，没官。

諸應給雜物，先盡遠年，即故弊及不任久貯者，申請回易。

諸倉庫所收頭子錢，以五分屬轉運司，五分充州縣支用。縣應用者，申州。

諸縣鎮寨所支官錢，聽於應赴州送納錢内截留，具公文券旁赴軍資庫，正行收支。

諸穀應兑支者，所兑官司以兑時市價先樁見錢撥還。

諸應官司申請及朝廷直降指揮許用諸司錢物者，其發運司糴本不許支用。

諸官物應上京請者，以磨審狀實封申尚書本部。造作物料，仍具見在及所請數各約支若干年月申。縣赴州請者，准此申州。

諸轉運司，因添屯軍馬及非泛費用致歲計不足者，申尚書户部。

諸借兑錢物應支地里脚錢者，借兑官司出備。

給賜令

諸倉給穀闕本色者，許依倉例准折。以粳米折小麥處，命官月料亦支粳米。人糧馬料，不得互給及以粟折口食。

雜令

諸官物不常收支者，謂舍屋地基、園林什物、法物之類。置簿用州印。非正納官寄庫錢物准此。應有開收，即日除附，當職官随通簽，每季點訖，簿後書月日、季點官姓名。監司所至，點檢其簿，五年一易，物不在倉庫者，易簿時差官點檢。本州對磨訖架閣。

格

給賜格

支地里脚錢者，依圖經，每一百里一百斤，陸路一百文；水路泝流，三一十文，順流一十文。

賞格

諸色人

告獲倉庫收支文曆輒不封鎖交受，若收留私家經宿者，錢五十貫。

式

倉庫式

諸州申錢帛帳

某州

今供某年錢帛帳：

軍資庫，三京，即云左藏庫。餘式稱軍資庫准此。

一前帳應在見管數，已在今帳應在項内作舊管聲説。

一前帳見在，只撮計都數。某色若干，餘色依此。

一新收，每色撮計都數，支破應在、見在項准此。所收錢物，每現各開請納米處名數，内係入使者，更具客人姓名。錢若干，餘色若干。

實收，謂税租，酒、麴、商税，房園諸色課利。欠負、贓罰、户絶、雜納之類，應正收者，入此項。本州錢若干，若干某名色，正錢若干，頭子錢若干，釐零錢若干。若干餘名色。餘色依此。別州縣支移到二税，錢若干，餘色若干。自京般到，絹若干。餘色若干。別州般到，絹若干。若干某處般到。若干餘處般到。餘色依此。

轉收，謂支錢買物及回納之類。買到絹若干，餘色若干。回納錢若干，餘色若干。

一支破，如係支前帳見在數，亦依式開破。錢若干。餘色若干。

實支，請給，命官若干員，計若干旁，錢若干，絹若干，餘色若干。諸軍若干指揮，計若干旁，錢若干，絹若干，餘色若干，過軍計若干旁，錢若干，絹若干，餘色若干。綱運計若干旁，錢若干，絹若干，餘色若干。諸色人計若干旁，錢若干，絹若干，餘色若干。賞給請某年分，計若干旁，禁軍若干指揮，計若干旁，錢若干，絹若干，折錢若干，餘色依此。廂軍依此。綱運若干旁，錢若干，絹若干，折錢若干，餘色依此。還客人鈔錢若干，具某人等人納公據若干道，帳頭連粘。如以別物折還，具所折物數價例。賣物各開色件價例，其所收錢，共計若干，已在新收項内。絹若干。餘色若干。

雜支，以名色一般者爲一項，每色計數，仍隨項聲説准某處指揮及所支事因，謂如支般官物地里脚錢，開水路或陸路、所般官物名件、地里、斤重。内水路仍説泝流、順流之類。轉支准此。錢若干，若干某名色，若干餘名色。餘色依此。

轉支，赴別庫務，應係本處有帳拘管者，入此項。錢若干，支赴某處，附某年某色帳。餘色依此。糴買錢，所支錢如有帳管係，具所附帳名、年分。如無帳管係，即開所買物並價例名數，使用去處。買本帳内收支物色，開買到名數已在新收項内。若干，支赴某處，買某物附某年分某色帳。若干，買某物若干並價直、使用名目、色數。多者立項開具。上供，錢若干，某人押，附某庫某年某色帳收。餘色依此。應副別州，錢若干，某人押赴某處，附某年分某色帳收。餘色依此。

一應在，

舊管。謂前帳見管名數，撮計逐色都數，如今帳開破不盡，即併入見管項内收。

新收，各具名數、未破事因。錢若干。餘色若干。錢若干，付某人某名色支使。餘色依此。

開破，並前帳見管。如今帳開破，亦入此項。錢若干。餘色若干。錢若干，聲説開破事因、附某處某年某色帳或憑由除破，買物，仍具價例。餘色依此。

見管，每三年一次，全供窠名。錢若干。餘色若干。

一見在，内朝廷及尚書户部封樁錢物，別項樁坐，並前帳見在，如今帳開破不盡，並併入此項。金若干。銀若干。餘色若干。錢、帛、絲、綿、布、珠玉、寶貨、朱砂、水銀、香、礬、銅、鉛、錫、鐵之類併入此項。

諸縣鎮寨錢庫。如合係錢帛帳内開坐者，即依前項軍資庫式開具。

以上逐項内事無，即不具，餘式准此。

右件狀如前，今攢造到某年錢帛帳一道，謹具申轉運司。謹狀

年月　日依常式

轉運司申錢帛計帳

某路轉運司

今具某年諸州錢帛計帳：

某州，管下金銀錢帛之類併入本州項。餘帳管下物色准此。

一前帳應在見管數，已在今帳應在項内作舊管聲説。

一前帳見在，只撮計都數。某色若干。餘色依此。

一收，錢若干，若干本州收到，若干自京支到，若干別路州般到。

金、銀、珠玉、寶貨、布帛、絲、綿、朱砂、水銀、香、礬、銅、鉛、錫、鐵之類依此。

一支，如係支前帳見在數，亦依式開破。錢若干，若干本州支用，若干上

供，若干支與別路州。

金、銀、珠玉、寶貨、布帛、絲、綿、朱砂、水銀、香、礬、銅、鉛、錫、鐵之類依此。

一應在，每項各具名色都數見在並餘帳准此。

舊管。謂前帳見管名數，撮計逐色都數，如今帳開破不盡，即併入見管項内收。

新收。

開破。並前帳見管，如今帳開破，亦入此項。

見管。

一見在。内朝廷及尚書户部封樁錢物、别項樁坐糧草准此，並前帳見在、如今帳開破不盡，並併入此項。

餘州依此。

右件狀如前，今攢造到某年諸州錢帛計帳一道，謹具申尚書某部。

謹狀

年月　日依常式

雜物帳應錢帛帳内官物除正收金銀錢帛絲綿布珠玉寶貨朱砂水銀香礬銅鉛錫鐵之類在錢帛帳管係外餘名色併入此帳

某州

今供軍資庫某年雜物帳：

正管，

一前帳應在見管數，已在今帳應在項内作舊管聲説。

一前帳見在，只撮計都數。某色若干，餘色依此。

一新收，每色撮計都數。支破應在、見在項准此。所收各開請納來處名數。某色若干，若干某名色，若干餘名色。餘色依此。

一支破，各具支使名色、事因。有帳管係者，具附帳名目、年分，内賞過物，具價例。如係支前帳見在數，亦依式開破。某色若干，若干某名色，若干餘名色。餘色依此。

一應在，

舊管。謂前帳見管名數撮計逐色都數。如今帳開破不盡，即併入見管項内收。

新收。具所支名數、未破事因。

開破。具名數、附帳歸著或憑由除破並前帳見管，如今帳開破，亦入此項。

見管。每色撮計都數。

一見在。所支衣物、積尺物帛、裁截剜子，各開撮計丈尺、片段、件數，都估析錢數，内合充大禮賞給並料錢折支者，各依條例估定，餘依市價，並前帳見在，如今帳開破不盡，並併入此項。

一下項堪支用，積尺物帛若干丈尺，共計錢若干，剜子衣物應充賞給、料錢隨衣錢折支者，並依此開。賞給折支計錢若干，料錢折支計錢若干。剜子若干片段，共計錢若干。衣物若干件，共估錢若干。餘色若干。

一下項係估賣，旁紙若干，餘色若干。

寄管依正管具，内衣物開名件，更不計都數及錢數。

右件狀如前，今攢造到某年雜物帳一道，謹具申轉運司。謹狀

年月　日依常式

收支見在錢物狀

某路轉運司

今具某年終錢物收支見在狀：

一收，

錢納到若干。租税、酒、麴、商税，房園諸色課利交鈔，納到欠負、贓罰、户絶、雜納或自京支到，或他處般到，皆謂之納，並入此項。即閑冗畸零應管、應在、理欠之物並不計。比遞年增若干，以數通計，增虧不併開，餘項准此。虧若干。

鑄到若干。無錢監路即不開。及金銀之類無場冶，茶鹽之類無賣買，寶貨之類無榷舶，並准此。比遞年增若干，於年額外添鑄到及攢剩錢數。虧若干。

金銀、銅、錫、鉛、鐵依此開。若買撲者，止計錢數，入錢項内。餘項通計錢者准此。支項依此開。納到若干。謂贓罰、户絶，抵常没官及折納到之類，餘物准此。比遞年增若干，虧若干。抽買若干。比遞年增若干，虧若干。

帛錦、綾、羅、綢、絹、紗、綿、布之類依下項開，支項依此開。納到若干。謂租税所輸及應入官者。比遞年增若干，虧若干。買到若干。謂如預買，若以見錢應起發上京而變買者同。比遞年增若干，虧若干。

乳香納到若干。謂没綱之類。無，即云無。抽買起發項准此。比遞年增若干，虧若干。抽買若干。比遞年增若干，虧若干。

鹽茶、礬同。支項依此開。買納若干。謂外路般到及私販没官並有場併處。比遞年增若干，虧若干。出賣若干。比遞年增若干，虧若干。

寶貨謂犀、象、珠玉、朱砂、水銀之類，榷場、市舶、博易没納之物。支項依此開。抽納到若干。比遞年增若干，虧若干。博易若干。比遞年增若干，虧若干。

一支，

錢實支若干。謂應副本路諸色請給、綱運、水陸脚剩之類。比遞年增若干，虧若干。起發若干。謂上供及移往別路之類。比遞年增若干，虧若干。金實支若干。若本路無支用者，止具起發之數。鉛、錫、鐵之類出賣者同。比遞年增若干，虧若干。起發若干。比遞年增若干，虧若干。

帛謂充衣賜及於本路別有支用之類。實支若干。比遞年增若干，虧若干。起發若干。比遞年增若干，虧若干。

乳香起發若干。謂每及三百斤附綱上京者。比遞年增若干，虧若干。

鹽實支若干。謂出賣及以折價錢者。比遞年增若干，虧若干。起發若干。謂於本路買納到及移赴別路出賣。比遞年增若干，虧若干。

寶貨實支若干。謂以榷易及香藥充折支出賣之類。比遞年增若干，虧若干。起發若干。謂上京及起發赴他路者。比遞年增若干，虧若干。

一見在，户部封樁錢物併別項開。錢若干。金若干。除色若干。謂銀、銅、錫、鉛、穀、鐵，香、茶、鹽、礬、布帛、絲、綿、珠玉、寶貨之類，並依此開。

右件狀如前，謹具申尚書户部。謹狀

年月　日依常式

諸州申轉運司仿此。

諸州申糧草帳

某州

今供某年糧草帳：

在州倉，

一前帳應在見管數，已在今帳應在項内作舊管聲説。前帳見在，只撥計都數。某年色若干。餘色依此。

一新收，每色撮計都數。支破應在、見在並准此。所收穀及餘物每項各開請納來處名數。某色若干。餘色依此。

某人界，受納謂税租及諸色課利、折納、欠負、雜納之類。某年夏税，某色若干，正若干，耗若干，出剩若干。餘色依此。頭子若干，麼零若干。餘名色依此。糴買客人入便應給鈔者，具姓名。某色若干，正若干，出剩若干。餘色依此。糴賣到錢若干，正錢若干。餘色依此。本州請撥到某色若干。餘色依此。別州般到如有自京般到者，仍別立項。錢若干，若干某處般到。若干餘名色。餘色依此。

餘界分依此。

一支破，如係支前帳見在數，亦依式開破。某色若干。餘色依此。

請給，命官若干員，計若干旁，某色若干。餘色依此。諸軍若干指揮，計若干旁，某色若干，餘色依此。過軍計若干旁，某色若干，餘色依此。綱運計若干旁，某色若干，餘色依此。

諸色人計若干旁，某色若干，餘色依此。頭口料計若干旁，某色若干，餘色依此。

雜支，以名色一般者爲一項，每色計數，仍隨項聲説准某處指揮及所支事因。某色若干，若干支某名色。若干餘名色。餘色依此。

支赴別場務及別州，某色若干，某人赴某處附某年某色帳。餘色依此。

糴買錢若干，糴買到穀正剩已在新收項管係，某色若干，每斗價錢若干，共計若干，若干某人界收，若干餘人界收。餘色依此。

糴賣收到價錢若干，並頭子、麼零已在新收項管係，某色若干，各斗價錢若干，共計若干，若干某人界收，若干餘人界收。餘色依此。

一應在，

舊管。謂前帳見管名數，撮計逐色都數。如今帳開破不盡，即併入見管項内收。

新收，各具名數、未破事因。某色若干，餘色依此。某色若干，附某人名色支使。餘色依此。

開破，並前帳見管，如今帳開破亦入此項。某色若干，餘色依此。某色若干，聲説開破事因、附某處某年某色帳或憑由除破，買物仍具價例。餘色依此。

見管，每三年一次全供名色。某色若干，各具名數。餘色依此。

一見在，內朝廷及尚書户部封樁錢物，別項樁坐，並前帳見在，如今帳開破不盡，即併入此項。某色若干，餘色依此。

某人界，某色若干，餘色依此。

餘界分依此。

草場依倉界。

諸縣鎮寨倉場依在州。

右件狀如前，今攢造到某年糧草帳一道，謹具申轉運司。謹狀

年月　日依常式

轉運司申糧草計帳

某路轉運司

今具某年諸州糧草計帳：

某州，

一前帳應在見管數，已在今帳應在項內作舊管聲説。

一前帳見在，只撮計都數。某色若干，餘色依此。

一收，穀某色若干，餘色依此。錢草各若干。

一支，如係支前帳見在數，亦依式開破。穀某色若干，餘色依此。錢草各若干。

一應在，

舊管。謂前帳見管名數，撮計逐色都數。如今帳開破不盡，即併入見管項內收。

新收。

開破。並前帳見管，如今帳開破，亦入此項。

見管。

一見在。並前帳見在，如今帳開破不盡，併入此項。

餘州依此。

右件狀如前，今攢造到某年諸州糧草計帳一道，謹具申尚書某部。

謹狀

年月　日依常式

比較糧草收支狀

某州

今具某年分糧草收支比較及糴糶、轉般、寄納、兑撥、借便、封樁、交併、出剩、雜收總數如後：

在州，

一都收，穀若干，比某年收若干較增或虧若干；米，某色若干；麥，某色若干；乾糧草，某色若干；粟穀，某色若干；稻，某色若干；豆若干；青稞，某色若干；糜，某色若干；油麻，某色若干；黍，某色若干；麵若干；麩若干。餘色依此。以上無，即不具，草准此。草若干，比某年收若干較增或虧若干；秆草若干；茭草若干；稻草若干；蒿草若干；餘色依此。

一糴糶，穀若干，某色若干，餘色依此。草若干，某色若干，餘色依此。

一轉般，穀若干，某色若干，餘色依此。草若干，某色若干，餘色依此。

一寄納，穀若干，某色若干，餘色依此。草若干，某色若干，餘色依此。

一兑撥，穀若干，某色若干，餘色依此。草若干，某色若干，餘色依此。

一他司借用，穀若干，某色若干，餘色依此。草若干，某色若干，餘色依此。

一商賈入便，穀若干，某色若干，餘色依此。草若干，某色若干，餘色依此。

一封樁，穀若干，某色若干，餘色依此。草若干，某色若干，餘色依此。

一交還，穀若干，某色若干，餘色依此。草若干，某色若干，餘色依此。

一交併，穀若干，某色若干，餘色依此。草若干，某色若干，餘色依此。

一雜收，穀若干，某色若干，餘色依此。草若干，某色若干，餘色

依此。
一出剩，穀若干，某色若干，餘色依此。草若干，某色若干，餘色若干。
一都支。並依前開具。
一見在都數若干。
外縣鎮寨依在州開。無，即不具。
右件狀如前，謹具申尚書户部。謹狀
年月　日依常式
申轉運司仿此。
文書式
刺帳
某州
今供某年某色刺帳：
一前帳應在見管或應管數，已在今帳應在或應管項内作舊管聲説。
一前帳見在或實催。依全帳式開具。如無，即説無。新收、支破並應在舊管收破並准此。
一新收。
一支破。開閣准此。
一應在。應管准此。
一見在更不開具。
右件狀如前，今攢造到某年某色刺帳一道，謹具申某司。謹狀
年月　日依常式
單狀
某州
今供某年某色單狀，其舊管並在某年租帳内開坐。今帳並無收破併應在官物。
右謹具申某司。謹狀
年月　日依常式
申明

隨敕申明
厩庫
紹興五年四月十六日敕節文：總制司狀，諸路州縣出納係省錢物所收頭子錢，依節次所降指揮條法，每貫共許收錢二十三文省，内一十文省作經制起發上供，餘一十三文並充本路州縣並漕司支用。今稽考得州郡見各收納不一，今相度欲令諸路州縣雜税出納錢物，於每貫見收頭子錢上量行增添，共作二十三文足。物以實價紐計，一體收納。其所收錢除漕司並州軍舊來合得一十三文省外，餘數盡行併入合起經制窠名帳内，依限計置起赴行在，補助軍須支用。如州縣舊例所收多處，自從多收，奉聖旨：依總制司所申。

紹興十年七月二十四日，敕：户部勘當，欲下諸路轉運、常平司，行下所管州縣，於見出納錢物每貫添收錢一十文足。物以實價紐計貫百，一體收納。別置赤曆收係，州委通判，縣委縣丞，無丞處委主簿，拘收作經制，每季起發赴行在左藏庫送納，專充激賞支用。奉聖旨：依户部勘當到事理施行。

紹興十一年十月十五日敕：户部措置諸路雜税出納錢物，每貫所收頭子錢内，漕司、州軍合得支使錢一十三文省。内一十一文五釐，漕司拘收，一文九分五釐，州軍支使。除節次增添量行拘收，諸路轉運司將應收到頭子錢，每貫合得錢一十三文，分撥六文省充轉運司起綱縻費等用，一文九分五釐省充州軍支使，餘五文五釐省委通判點檢拘收，通作經制錢起發。如輒敢隱漏侵欺不實，或別置曆巧作名目分撥，並依經制法斷罪。奉聖旨：依户部措置到事理施行。

紹興十二年十二月七日敕：州縣出納錢物及官員請給衣賜、米麥，並行紐計，每貫尅納頭子錢四十三文省，所有職田錢物一體收納。頭子錢分隸諸司拘收，起發施行。

紹興十五年十二月十六日尚書省批下户部申：浙西提刑司申，契勘本司每歲合用行遣紙劄筆墨朱紅、官吏冬炭之類，費用不一，不敢申告朝廷支降。契勘經總制錢，元降指揮專委本司兼領，督責所屬，依限起發，其罪賞並依本司，官任責非輕。乞將轉運司見拘收前項續添經總制窠名，

合得頭子錢六文，盡數歸提刑司應副支遣。本部契勘上件窠名錢，係漕司應副起綱縻費，即難以全行分撥。今相度欲將上件頭子錢内除五文五分，令轉運司拘收，應副起綱縻費用外，餘五分撥付提刑司拘收，應副支用。後批送户部，依所申施行。

乾道元年十月十二日敕：州縣出納錢物，每貫收頭子錢四十三文省，自今降指揮到日，每貫添收錢一十三文省，充經總制錢，委通判拘收入帳，通舊錢七文，共二十文。仍將今來所添錢數令作一項，每季發納左藏西庫。

旁照法

職制敕

諸監臨主司受財枉法，二十匹，無禄者，二十五匹，絞。若罪至流，配本城。

（宋）謝深甫等《慶元條法事類》卷三七《庫務門・勘給敕令格式申明》敕

廄庫敕

諸應給命官券曆而不具所請則例，及則例應改而不批改者，杖一百，官司勘給有違，與同罪。

諸提舉、提點司謂非監司者。屬官請給於令有違者，以違制論。

諸發運、監司若提舉茶馬、弓箭手、茶鹽、市舶、輦運、撥發司及朝廷差出官，謂計置剗刷之類。及屬官下公人請給旁曆，本轄官應書印而不書印，及官司輒勘給者，各杖一百。剋納違令者，准此。

諸應用他司錢物而擅支借轉運司錢物者，杖一百。

諸轉運司應支用錢物，不經糧、審院勘審者，杖八十。

諸受分移請受而又移他處不報元分移官司，若受報不批及不報者，各杖一百。即收併不候追到所分曆而勘給者，加三等。

諸請受非本貫而於三路勘請，若分移料錢於三路、京西而每路過三貫，在京及京東路過五貫者，各杖一百，已請者，於元給處回納。分移批勘官司與同罪。

諸臣僚進馬以價錢納軍資庫，其官吏不爲畫時出給朱鈔、批鑿文曆，及未經批鑿而勘給官司輒擅放行請受者，各杖一百。

諸因事添給券於令過數者，計所請以盜論。若不應給券而妄作名色請托出給者，加二等，並許人告。給券及批勘官吏知情，各與同罪，不知情，杖一百。

諸内侍官授外官修武郎以上，而輒帶舊請見錢、衣糧，已請者，徒二年。

諸場務監官虧欠課利，已請添支應剋除而不剋除者，所屬並請人各以違制論。

諸公人請給、借請、借兑違法，若當職官故縱並勘給官司各徒一年，所借贓重准盜論，許人告。即官司判狀或令違法借兑，以違制論。發運、監司，提舉茶馬、弓箭手、茶鹽、市舶、輦運、撥發司及朝廷差出官，謂計置剗刷之類。及屬官不覺察者，杖一百。

諸請給已住支，應取券曆驅磨、批書申繳而違者，杖八十。

諸不應銷破請給並欠負合剋納而糧料院漏上簿或失剋者，吏人杖一百，即雖上簿剋納而不銷注及審計司點檢不實，各減二等。以上職級杖六十。其受贓不應編管及會赦者，並勒停。即漏上或失剋，赦後三十日外不改正者，笞五十，三貫以上杖六十，職級遞減一等。

諸請給，糧、審院失點檢致誤支錢物者，各杖八十，累及五百貫，杖一百，命官降半年名次，吏人勒停；一千貫以上，命官降一年名次，吏人仍永不收叙。不許諸處收係。

名例敕

諸稱請受者，謂衣糧料錢，厨料、醬菜錢，傔人衣糧，隨衣錢，馬草料及不言糧止言米麥者同。餘並爲添給；稱請給者，謂請受添給。

令

給賜令

諸勘請官物，勘給送審計院審訖封旁，付給處糧料院，每月具已勘旁及物數開，磨勘司對帳申轉運司。

諸勘給官物，旁、帖皆書應支倉庫、專副姓名、界分，若本界有故不給者，批注事因，送元批勘處，換其舊旁、帖對毁。即改旁、帖或就給

者，干繫人均備。

諸勘給官司，於旁曆背縫横用墨長印。

諸以憑由、旁、帖給官物，限百日内請，無見在或界分衮者，半年内繳换，無故過限勿給。因戰鬬死傷賜物者，不拘此令。即充官用而過限，其事因報所屬别出。

諸縣官在縣鎮寨者，其請給本州勘審，各限一日批付近便倉庫給。

諸外任請給遇替移者，本州限五日驅磨有無分移或應剋納不該銷破錢物數及住給月日，各批書，以身分曆給付。有欠物，仍具本處實直價。不經批者，所至勿勘給。承直郎以下，仍批印紙，有欠者，到任剋納如法。

諸身分請給合支券者，並於料錢曆内批勘，不得因事添給，唯從軍許更文一道。通舊不得過兩道。事畢或任滿日繳納所在糧、審院驅磨。

諸命官分移請受者，米麥非。餘條稱分移請受准此。具數及住請月，召保官三員，申州，報分移處給。承直郎以下任川、陝路，移於内地者，每一貫二百文支銅錢一貫。遇移替，申所屬，關報分移處批曆。復收併者，候追到所分曆，入正曆訖方得勘給。

諸受分移請受，只得於指定處勘給若干，又移他處，即申所屬，於曆内批住支月，仍所移處仍報原分移官司，批曆訖，徑報見移處，再批所分曆勘給。其元分移官司，除程六十日，未報者，許召保官一員批勘，仍即時催促報到批曆。

諸命官不得分移請受於京畿勘請，已請者於元給處回納。即本貫係在京，許分割與在京同居及大功以上親。衣賜不得分移過半。

諸分移請受在京者，所給錢物令提點刑獄司催督，轉運司限兩季撥還。未赴任而於外路待闕者，待闕州撥還准此。

諸命官分割請受者，不得過三年，如限滿願再分割者，即依條别行分割。

諸寒食、冬至節在二十五日以後並遇元日，其次目料錢並節前三日給。

諸請給應住支者，事故者，經歷官司報：身亡者，廂耆申，各限三日。所在官司取券曆限五日批抹繳申轉運司。承直郎以下丁憂者同。即在京所給並兼請他路錢物者，申尚書刑部。有分移者，勾收繳申，各給公憑。其差出而曆不隨身，即報所屬。仍每季終具已繳月日及未繳數申尚書刑部。

諸命官已請官物應回納而丁憂者，聽至服除納。

諸轉運司錢物本司應支用者，旁、帖並經所在州縣糧、審院勘審。

諸轉運司帳司、審計院吏人、軍典請受，以減到造帳工食紙筆錢給，不足，支係省頭子錢。

諸公人請給，雖差出而非法令聽借者，不得借請、借兑錢物，令監司互相按舉。

諸監糴官不請添支食錢、驛券者，給食錢。若過萬石而有零數或不及萬石者，住糴日紐給。

諸發運、監司若提舉茶馬、弓箭手、茶鹽、市舶，輦運、撥發、坑冶司並屬官下公人應支請給及差出隨行於法合借請者，並於置司州軍勘給，内借請，約度所至地里預行依條勘支。其旁曆，轄官書印送勘給官司，緣路州縣不得輒借請，提點刑獄司所至取索檢察。

諸提舉、提點司謂非監司者。屬官請給，依合入資序。

諸承直郎以下借料錢者，州承尚書户部符置籍録數，每月剋納五分，候足批書印紙。如不到任或未足離任，具數申尚書户部。移任者，報所移州，仍批書印紙。

諸分司、致仕及散官折支物無見在者，申轉運司於本路劃刷，又闕，本司批曆，上京請，仍依添饒錢例給。

諸折支物以官錢運到者，於應折價外增入脚直，仍依計地里法。

諸已支請給而在應得前三十日内身亡者，免追。應追不該銷破請給而亡，非侵冒者，免一月。應給官馬本月内草料，有不盡者准此。

諸請給有故權閣者，每月請帳内立項開説。

諸請給券曆被盗若毁失者，申所在官司，報鄰近州縣緝認及勘驗，經請處案檢，責干繫人保明别給，仍於券曆開坐。

理欠令

諸請給不該銷破者，寄禄官若大小使臣以請給每月通剋五分，未有添給者，剋料錢三分。

諸請給應剋納者，糧科院置籍，即時録數隨納銷注。

諸承直郎以下預借料錢而身亡者，未納之數勿理。

諸官物誤支失收者，干繫人均備五分，餘追理請納入。即誤支與命官或監司下諸軍公人者，請人全納；亡歿及不可追究，無可納，並干繫人均備。誤支請給，經赦不除放。折支物，每貫備錢七分。

進貢令

諸臣僚進馬，以價錢納軍資庫，以表附遞，以朱鈔繳申尚書禮部。

格

賞格

諸色人

告獲因事添給券過數或不應給券而妄作名色請托出給者，錢三百貫。

告獲公人違法借請、借兑、請給，徒罪，錢五十貫；流罪，錢八十貫。

給賜格

監糴官每及一萬石，給食錢三貫。

式

給賜式

勘給旁曆背縫木印

闊二寸，長一尺，具某州縣某所長印，監官書字。

申明

隨敕申明

職制

淳熙四年九月二日敕：監司巡曆，依條計日支給人吏券食，仍令諸州常平主管官歲終將諸司公吏借請批券支過常平等錢別帳申繳户部，委官驅磨。其有過數取予及違戾者，並重置典憲。

淳熙九年正月二十四日敕：監司、知、通接送人從往往巧作名色，違法借請，重困民力，委是蠹耗財用，今集議如後，奉聖旨：依。

一人從借請，除兵卒所請合依格外，書表、客司等人多是妄作名色，增添借請，撟設至多，合行禁止。

一公人遇節，並經由州縣借請，及非時妄作名色撟設之類，亦合禁止。

乾道六年十月二十日尚書省批狀：户部勘當，州縣人吏合給重禄者，不以兼、權，並於行案日即便幫支，縱未經請，有犯依已請法。

厩庫

建炎三年三月二十一日都省劄子：商守拙劄子，乞權宜措置，官員願將料錢米麥於所寄住州軍請領，不以路分錢數爲限，隨其所願分割之數。奉聖旨：依。

本所看詳，分割料錢，緣已有成法，今來權行申請，難以立爲永法，合存留依舊遵用施行。

紹興二年三月二十二日敕：請給有詐作文曆，或詭名增數，或合納曆不行繳納，或職事合罷尚有勘請，止憑一狀，出一旁，便支官物。應州縣除見任及久來寄居外，如過往官員初到州府，申乞請給，並委職官一員先行檢察訖，然後過糧料院放行請受。

慶元二年三月二十三日敕：州縣凡在職任者，每月請俸，先自小官始，已遍，然後長官幫支。

旁照法

賊盗敕

諸竊盗得財杖六十，四百文杖七十，四百文加一等，二貫徒一年，二貫加一等，過徒三年三貫加一等。二十貫配本州。

給賜格

支地里脚錢者，依圖經，每一百里一百斤，陸路一百文；水路泝流三十文，順流一十文。

（宋）王林《燕翼詒謀録》卷四《州縣立義倉》　今州縣義倉米，始於仁宗時。始集賢校理王琪，嘗於景祐中陳請，乞每正税二斗，别輸一升，領於轉運使，遇水旱振給。有司會議不同而止。慶曆無年九月，琪申前議，上特詔行之。至新法行，又增作每一斗收一升，然水旱振給，所賴爲多。行之日久，官吏視爲公家之物，遇振給靳惜特甚，殊失元立法之意。

（宋）李心傳《建炎以來朝野雜記甲集》卷一五《財賦・義倉》

義倉創始于慶曆元年，其法令民上三等，每税米二斗，輸一升，以備水旱，後亦廢，熙寧初，神宗嘗欲復之，會王介甫主青苗，因爲上言，人有餘粟，藏之于家何害，而顧乃使之輸官，非良法也，乃止。二年七月。熙寧末，王尚書古爲司農簿，奏復行之，仍令就縣倉輸，自是義倉入縣倉矣。熙寧十年九月。元豐八年，又罷之。紹聖初，復立，然議者謂義倉當留諸鄉，以備水旱可也，今併入縣倉，悉爲官吏移用，後又命上三等户，輸郡倉，轉充軍倉，或資他用，故凶年無以救民之死，失古人立法之意矣。紹興末，趙郡王令詪在户部，言州縣義倉多陳腐，請歲以三之一，出陳易新，又請水旱傷災，檢放不及七分，即許賑濟，沈守約丞相持不可，上獨許之。二十八年九月乙酉。明年，浙西提舉吕廣問言諸道常平義倉，名存實無，請遣使覈實，除其虚數，禁其移用。二十九年六月壬寅。遂命司農寺丞韓元龍往浙西覈實，得糴米錢六十餘萬緡，詔别行收糴，今成都一路義倉，歲額二萬七百斛有奇，除賑給貧丐人外，所餘無幾。紹熙五年，高平續耆爲提舉，遂刷本道義倉錢及金銀，總爲七萬五千餘緡，别儲米于彭、漢、蜀三州，以備糴濟。慶元六年，宣城孟綸爲提舉，又欲取本道抵當本錢六十餘萬緡，以市義倉米，朝廷不從。近歲制置司，又有廣惠倉，乃邱宗卿所創，凡爲米三十餘萬石，制司自掌之，凶歲頗賴其用。惟閩中魏元履、處士朱元晦先生，嘗置于里社，每歲以貸鄉民，至冬而取，有司不與焉。今若以義倉米，置倉于鄉社，命鄉人之有行誼者掌之，則合先生之遺意矣。

（宋）李心傳《建炎以來朝野雜記甲集》卷一七《財賦・公使庫》

公使庫者，諸道監帥司，及州軍邊縣與戎帥皆有之。蓋祖宗時，以前代牧伯，皆斂於民，以佐廚傳，是以制公使錢，以給其費，懼及民也，然正賜錢不多，而著令許收遺利，以此州郡得以自恣。若帥憲等司，則又有撫養、備邊等庫，開抵當、賣熟藥，無所不爲，其實以助公使耳，公使苞苴、在東南而爲尤甚，揚州一郡，每歲饋遺見於帳籍者，至十二萬緡，江浙諸郡，每以酒遺中都官，歲五六至，必數千瓶。淳熙中，王仲行尚書爲平江守，與祠官范致能、胡長文厚，一飲之費，率至千餘緡。時蜀人有守潭者，又有以總計攝潤者，視事不半歲，過例饋送，皆至四五萬緡，供宅酒至二百斛，孝宗怒而絀之。九年正月戊子三月乙未。然其風蓋未殄也。東南帥臣、監司、到署，號爲上下馬，鄰路皆有饋，計其所得，動輒萬緡。近歲蜀中亦然，其會聚之閒，折俎率以三百五十千爲準，有一身而適兼數職者，則併受數人之饋，獻酬之際，一日而得二千餘緡，其無藝如此。頃歲陳給事峴爲蜀帥，馮少卿憲爲成都漕，就以所遺元物報之，陳怒，奏其容覆贓本，朝廷移之，逮陳敗乃得直。時芮國器侍郎、趙子直丞相，相繼爲江西漕，凡四方之聘幣，皆不入於家，斥其資，置養濟院於南昌，以養貧者。朱少卿時敏爲潼川守，受四方之饋，每以其物報之。趙德老鎮成都，受而别儲之，臨行以散宗室之貧者，此皆廉節之可紀者也。惟總領所公使錢，以料次取于大軍庫，故斂不及民。然正賜不多，而歲用率十數萬，每歲終，上其數于户部，輒以勞軍、除戎器爲名，版曹知而不詰也。小邑一歲亦不下千緡，人尤以爲怨，謂宜罷互送而捐遺利，使上下一體，而害不及民，則合祖宗制公使之意矣。

（宋）李心傳《建炎以來朝野雜記甲集》卷一七《財賦・諸州軍資庫》

諸州軍資庫者，歲用省計也，舊制每道有計度轉運司，歲終則會諸郡邑之出入，餘者取之，虧者補之，故郡邑無不足之患，自軍興，計司常患不給，凡郡邑皆以定額窠名予之，加賦增員，悉所不問，由是州縣始困。近歲離軍添差，大爲州郡之患。紹興十一年四月己未，初用張循王奏離軍將佐並與添差，州郡患無以給。二十七年六月丙辰，兵部奏大郡毋過百人，次郡半之，小郡三十人爲額，從之。而宗室、戚里、歸明、歸正，甚至於樂藝賤工、胥吏雜流，亦皆添差，慶元一郡而添差四十員，盡本府七場務所入，不足以給四員總管之俸，其閒有十五年不徙任者，計其俸入，錢二十餘萬緡，米十餘萬斛。揚州會府也，歲輸朝廷錢不滿七八萬，而本州支費，乃至百二十萬緡，民力安得不困。紹熙初，議者請裁定朝廷經費，然後使版曹盡會一歲之入，正其舊籍，削去虚額，擇諸路監司之愛民而知財計者，俾之稽考調度，蠲其煩重，以寬民力，朝廷未克行。今之爲郡者，但能撙節用度，譏察滲漏，使歲計無乏，已號令人無復及民之政矣。

（宋）李心傳《建炎以來朝野雜記甲集》卷一七《財賦・豐儲倉外路》

積糧》 豐儲倉者，紹興二十六年夏始置，先是王公明爲司農寺丞，請令諸路以見管錢，糴米赴行在，鍾侍郎世明，因奏令諸路歲發常平陳米十五萬斛，赴省倉贍軍，言者以其壞常平法，奏詘之。韓尚書仲通在版曹，乃請別儲粟百萬斛於行都，以備水旱，號豐儲。四月戊戌。其後又儲二百萬斛於鎮江及建康，然頗有借兑者。三十年夏，詔補還之。四月乙丑。今關外亦積糧一百萬斛有奇，然行在歲費糧四百五十萬斛餘，四川一百五十萬斛餘，建康、鎮江皆七十萬斛餘。今中都但積三月之糧，關外積糧亦不能支一歲。古者三十年必有九年之蓄，自乙酉休兵至今，近四十年矣，謂宜益儲羨糧，以爲饑荒軍旅之備，不則增糴如歲用之數，以陳易新，使常有一年之蓄，庶乎其可也。

（宋）李心傳《建炎以來朝野雜記甲集》卷一七《財賦・左藏封椿庫》 左藏封椿庫者，孝宗所創也，其法非奉親非軍需不支。至淳熙末年，往往以犒軍或造軍器爲名，撥入内庫，或睿思殿，或御前庫，或修内司，有司不敢執，鄭溥之爲敕令所删定官，因轉對爲上力言之，時十三年矣，庫中所儲，金至八十萬兩，銀一百八十六萬餘兩，又有糴米錢、度牒錢，而下庫復儲見緡常五六百萬。十六年夏，溥之爲秘書郎，因轉對又爲光宗言之，疏入，命户部稽考以聞，十六年六月。然卒不竟也。慶元後，每封椿庫取撥，錢輒數十萬緡，銀亦數萬兩，黄金亦數千兩，蓋以爲奉神事親之費云。

（宋）李心傳《建炎以來朝野雜記甲集》卷一七《財賦・内藏庫激賞庫》 内藏庫者，始因藝祖削平諸國，收其帑藏，貯於講武殿廊，太宗太平興國三年，因分左藏北庫爲内藏庫，亦謂之景福内庫，然歲入不過錢百餘萬緡，銀十餘萬兩。真宗咸平中，嘗謂宰相曰，祖宗置内藏，所貯金帛，以備軍國之用，非自奉也。二聖削平諸國，親祀郊丘，所費不貲，皆出於是，三司所假，凡六千萬，自淳化迄景德，每歲多至三百萬，少亦不下百萬，三年不能償，即蠲除之，此庫乃爲計司備經費耳。故仁宗後，西北事起，大率多取給於内藏。神宗用王荆公計，凡摘山、煑海、坑冶、榷貨、户絶没納之財，此舊三司窠名屬左藏庫。與常平、免役、坊場、河渡、禁軍、闕額、地利之資，悉歸朝廷。元豐元年，更内藏庫名，凡三十二庫，每庫以詩一字目之，五年，又取苗役羨財，爲元豐庫，直隸朝廷，在内藏之外。《長編》載元豐庫殿即崇政殿庫，按崇政殿庫乃内藏庫也，本在講武殿後，講武後改爲崇政，元豐庫在太府寺内。元祐初，宣仁共政，吕正愍公、又建元祐庫，以備封椿，皆號朝廷庫務。徽宗崇觀後，則大觀東西等庫，西城無所慮，皆天子私藏，而版曹告竭矣。高宗渡江，但有内藏及激賞二庫，秦丞相用事，每三宫生辰，及春秋内教每年寒食節，與諸局所進書，皆獻金幣，由是内帑山積。紹興末，有詔除太後生辰及内教外，餘並減半。二十九年八月丁巳。孝宗初政，又併進書禮物罷之，紹熙中始數取封椿錢入内藏，上受禪，又取淮東總領所羨財五十萬緡入禁帑，議者嘗以爲言，激賞庫即所謂左藏南庫。

（宋）李心傳《建炎以來朝野雜記甲集》卷一七《財賦・御前甲庫》 御前甲庫者，紹興中置，凡乘輿所須圖畫什物，有司不能供者，悉於甲庫取之，故百工技藝之巧者，皆聚於其間，日費亡慮數百千，禁中既有内酒庫，而甲庫所釀尤勝，以其餘酤賣，頗侵户部課額，以此軍儲常不足。二十九年冬，張子公再爲吏部尚書，因見上言，王者以天下爲家，不當私置甲庫，以侵國用，上從其請，盡罷之。人由是知甲庫之設，非上本意也。

（宋）李心傳《建炎以來朝野雜記甲集》卷一七《財賦・三省樞密院激賞庫》 三省樞密院激賞庫者，渡江後所創也，自建炎隆興，堂膳始減，至維揚又減，至臨安又減，紹興四年秋，趙元鎮爲川陝荆襄都督，既而不行，遂以督府金錢，入三省樞密院激賞庫。十年，秦會之當國，以烏珠畔盟用兵，須犒賜之物，乃計畝率錢，偏天下五等，貧民無得免者，然兵未嘗舉，而所斂錢，盡歸激賞庫。其後歲支至三十八萬緡，堂廚萬五千，東廚萬二千，玉牒所二萬四千，日曆敕令所、國史院各二萬，尚書省犒賞萬三千，中書門下七千，密院九千，議者指爲冗費。二十九年冬，上命御史舍人議之，朱漢章、洪景嚴，奏歲減二十萬緡，十二月癸亥。詔可。孝宗受禪，復減歲用錢爲十萬緡，二十二年七月壬戌。迄今不改。

（宋）李心傳《建炎以來朝野雜記甲集》卷一七《財賦・左藏庫會計録》 左藏庫者，國家經賦所貯也。淳熙中，左藏庫幫過三衙百官，請給

成歲爲錢一千五百五十八萬餘緡，銀二百九十三萬餘兩，金八千四百餘兩，絲緜一百十八萬餘兩，絹帛一百二十六萬餘匹，以直之金銀錢帛，共約計三千萬緡，而宗廟宮禁，與非泛之費不與焉。紹興初，鄭溥之湜以秘書郎轉對，爲上言，今黄老之宮，衛卒動以百數，外戚家廟防護之兵，多于太廟，額外將校之俸錢，半於正額，外庭百執之費，不足當閤門醫職近侍之半，請明詔大臣，裁定經費，上自乘輿，下至庶府，除奉宗廟事兩宮、給兵費之外，一切量事裁酌，罷其不急，損其太過，趙德老爲户部侍郎，因請稽考内外財賦，置紹熙會計録，俟見大概之後，命户部宰屬同共議詳，而一二大臣公心叶意爲之斟酌，以其所减損以予民，遂命版書葉叔羽、中執法何自然、檢正林和叔、左右司沈信叔、楊濟甫，與德老同爲之，二年正月辛未丁丑兩次降旨。未幾，自然丁内艱去官，後亦未聞有所减也。

（宋）李心傳《建炎以來朝野雜記甲集》卷一七《財賦·左藏南庫》

左藏南庫者，本御前樁管激賞庫也，孝宗即位之始年改之。先是，紹興休兵後，秦檜取户部窠名之可必者，盡入此庫，户部告乏則予之。檜將死，屬之御前，由是金幣山積，士大夫至指爲瓊林大盈之比。二十九年夏，河流淺澀，綱運不通，高宗嘗出内帑錢五百萬緡，以佐調度，五月己未。已而謂輔臣曰，朕息兵二十年，所積豈以自奉，蓋以備不時之須，免臨時科取，重擾民爾。及軍興，又出九百萬緡，爲出師勞功之用。明年夏，詔從臣條具足食之策，三十二年四月己亥。黄通老爲禮部侍郎，即以建言足食之計，在於量入爲出，今天下財賦，半入内帑，有司莫能計其盈虚，請用唐德宗楊炎之策，歸之左藏，及上受禪，袁伯誠孚在諫院，復以爲言，上納之，遂改内藏激賞庫爲左藏南庫焉。七月癸丑。然南庫移用，皆自朝廷，非若左帑，直録版曹爲經費也。淳熙末，始併歸户部，十年六月二十八日。且諭大臣曰，此庫併歸版曹，朕亦省事，既而都省令户部管認南庫錢二百九萬餘緡。版書王宣子奏，皆奉親及内教所須，不可欠闕，計歲終應支，凡十五萬，而見在止三十五萬，其應入者又三十九萬有奇，既闕二十一萬緡，而南庫例還户部沙田錢二十三萬緡，又在其外，合之爲欠四十四萬緡，是南庫歸版曹，無益而有損也，乞就撥歸封樁庫，其朝廷年例合還户部錢，却於封樁庫支，不從。已而蔣世修正言，又奏南庫撥歸户部，于今二年，而庫名尚存，官吏如故，乞併罷。上曰，若盡廢庫名，出入必殽亂，可以左藏西上庫爲名，十二年正月三日。於是諸路歲發南庫窠名錢一百九十八萬餘緡，改隸本庫，後又改稱封樁下庫，仍隸户部焉。紹興元年十月二日。

（宋）李心傳《建炎以來朝野雜記乙集》卷一六《財賦·四川樁管錢物》

祖宗時，蜀中上供，正賦之外，惟有三路絹綱三十萬匹，布綱七十萬匹，每匹爲直三百文，而茶鹽酒皆未有管榷。是上供之外，一歲供於地方，僅三十萬緡也。絹直九萬，布直二十一萬。自元豐榷茶，歲爲百萬市馬以赴中都，而所出已三倍於祖宗之世矣。炎興以後，關陝之兵，轉而入蜀，歲用率二千萬緡，則民力大屈，然猶有可諉者，曰兵以衛民，亦率用也，而養兵之外，又有竭澤者焉，樓仲耀宣諭陝西，於四川無預也，乃取蜀中金四千兩，銀二十一萬五千兩，絹八千匹，錢九千緡，錢引一百萬，其歸也遂以爲激賞庫之獻，此其一也。紹興九年八月丁卯，行府歸朿。鄭亨仲之罷宣撫也，諸庫之儲近五千萬，制置司僅留二十萬緡，餘分撥赴行在者，不知其數，此其二也。十八年五月甲申指揮。王瞻叔之括白契也，得錢凡四百餘萬緡，而蜀中大擾，沈德和言於朝，初命總領所樁管，既而吴挺乞撥其若干買進馬，隆興二年十二月丙申指揮。又撥五十萬緡併赴湖廣，乾道元年十月己丑指揮。乾道元年，五月辛亥指揮。又撥一百五十萬緡赴南庫。最後曾欽道，又乞撥所餘二百六十五萬餘緡赴西庫，乾道二年三月壬寅指揮。而蜀中不復得一錢矣，此其三也。《實録》，初書四川總領所，所拘收白契税錢四百餘萬，於内支撥，令吴挺買馬，次書於見管三百八十餘萬貫内，撥一百五十道赴南庫，次書海廣總領司馬紳奏，已承指揮取撥四川白契錢一百五十萬貫，乞更撥五十萬，從之，最後乃書曾懷言白契錢已支使起發，外有二百六十五萬餘貫，乞盡數起發，以此計之，前後總爲六百五十萬緡，而買馬錢不預，與元樁管數不合。今細攷湖廣一百五十萬恐即是南庫改撥窠名，而司馬綽續乞五十萬疑雖得旨而未曾起發，蓋二次實起過四百一十五萬餘緡耳。所謂三百餘萬緡者，疑是初令吴挺取撥二十萬買馬，先豁此數，後來不曾取撥，故猶餘二百六十五萬也。虞雍公之薨也，宣撫司樁積，及拘到總所歲用外錢，共爲一千六百二十萬，八百二十餘萬樁積，七百九十餘萬拘到。淳熙元年庚午指揮。初遣户部郎官，丹稜李珪叔玠，奉使起發，叔玠持

不可，上頗難之，會復置宣撫司，事得暫止。十二月辛巳。既而宣撫司再罷，乃命總領所椿管。二年六月辛酉指揮。淳熙初，龔實之行丞相事，始奏損四川緡錢之贍湖廣者四十七萬緡，以減酒課，三年六月。既又暫損其餘一百十九萬緡者，凡九年，以爲邊備，四年二月。自是計所椿積稍充。光宗登極，又因劉德修少監有請，再損三年之出，凡四百六萬八千緡，每年一百三十五萬，又與淳熙四年之數不同，當攷。對減鹽酒重額錢，即此錢也。淳熙十六年四月己巳指揮。然四路常歲實發，止六十萬緡而已，又以買發物價計之，折閱中半，僅爲三十萬緡，楊嗣勛時總蜀計，又撙節三十萬緡以益之，自紹熙癸丑以後，對減九十萬緡之數，遂以爲常，迄開禧丙寅，凡十有四年，蜀人霑減放之恩，無慮一千二百六十餘萬，光宗之施博矣。

（宋）王應麟《玉海》卷一八六《食貨·理財·紹興復常平法》 常平之政，有提舉官自熙寧始。建炎元年六月，併歸提刑司。常平之財，所存一二，猶以億萬計。二年八月癸丑朔復諸路常平官。十月壬戌，詔翰學葉夢得等討論常平法，條具。取旨：青苗斂散，永不施行。又命户書呂頤浩。十二月戊午，頤浩等言此法不宜廢。如免役，坊場亦可行。惟青苗、市易當罷。三年正月庚寅，追還糴本。紹興八年冬，李光言常平法本於耿壽昌，豈可以安石而廢？九年，復提舉官，使掌其政。十五年八月己未，復命提舉茶鹽官兼領常平。先是三年正月己未，命憲臣兼提舉常平。

《宋史》卷一七六《食貨志·常平》 常平、義倉，漢、隋利民之良法，常平以平穀價，義倉以備凶災。周顯德中，又置惠民倉，以雜配錢分數折粟貯之，歲歉，減價出以惠民。宋兼存其法焉。

太祖承五季之亂，海内多事，義倉寖廢。乾德初，詔諸州於各縣置義倉，歲輸二稅，石別收一斗。民饑欲貸充種食者，縣具籍申州，州長吏即計口貸訖，然後奏聞。其後以輸送煩勞，罷之。淳化三年，京畿大穰，分遣使臣於四城門置場，增價以糴，虛近倉貯之，命曰常平，歲饑即下其直予民。

咸平中，庫部員外郎成肅請福建增置惠民倉，因詔諸路申淳化惠民之制。景德三年，言事者請於京東西、河北、河東、陝西、江南、淮南、兩浙皆立常平倉，計户口多寡，量留上供錢自二三千貫至一二萬貫，令轉運使每州擇清幹官主之，領於司農寺，三司無輒移用。歲夏秋視市價量增以糴，糶減價亦如之，所減不得過本錢。而沿邊州郡不置。詔三司集議，請如所奏。於是增置司農官吏，創廨舍，藏籍帳，度支別置常平案。大率萬户歲糴萬石，户雖多，止五萬石。三年以上不糶，即回充糧廩，易以新粟。災傷州郡糶粟，斗毋過百錢。後又詔當職官於元約數外增糴及一倍已上者，並與理爲勞績。天禧四年，荆湖、川峽、廣南皆增置常平倉。五年，諸路總糴數十八萬三千餘斛，糶二十四萬三千餘斛。

景祐中，淮南轉運副使吴遵路言：本路丁口百五十萬，而常平錢粟纔四十餘萬，歲饑不足以救恤。願自經畫增爲二百萬，他毋得移用。許之。後又詔：天下常平錢粟，三司轉運司皆毋得移用。不數年間，常平積有餘而兵食不足，乃命司農寺出常平錢百萬緡助三司給軍費。久之，移用數多，而蓄藏無幾矣。

自景祐初畿内饑，詔出常平粟貸中下户，户一斛。慶曆中，發京西常平粟振貧民，而聚斂者或增舊價糶粟，欲以市恩；皇祐三年，詔誡之。淮南、兩浙體量安撫陳升之等言：災傷州軍乞糶常平倉粟，令於元價上量添十文、十五文，殊非恤民之意。乃詔止於元糴價出糶。五年，詔曰：比者湖北歲儉，發常平以濟饑者，如聞司農寺復督取，豈朝廷振恤意哉？其悉除之。

明道二年，詔議復義倉，不果。景祐中，集賢校理王琪請復置：令五等已上户，隨夏秋二稅，二斗別輸一升，水旱減稅則免輸。州縣擇便地置倉貯之，領於轉運使。計以一中郡正稅歲入十萬石，則義倉可得五千石，推而廣之，則利博矣。明道中，饑歉，國家欲盡貸饑民則軍食不足，故民有流轉之患。是時，兼并之家出粟數千石則補吏，是豈以官爵爲輕歟？特愛民濟物，不獲已爲之爾。且兼并之家占田常廣，則義倉所入常多；中下之家占田常狹，則義倉所入常少。及水旱振濟，則兼并之家未必待此而濟，中下之民實先受其賜矣。事下有司會議，議者異同而止。慶曆初，琪復上其議，仁宗納之，命天下立義倉，詔上三等户輸粟，已而復罷。

其後賈黯又言：今天下無事，年穀豐熟，民人安樂，父子相保。一

遇水旱，則流離死亡，捐棄道路，發倉廩振之則粮不給，課粟富人則力不贍，轉輸千里則不及事，移民就粟則遠近交困。朝廷之臣，郡縣之吏，倉卒不知所出，則民饑而死者過半矣。願放隋制立民社義倉，詔天下州軍遇年穀豐登，立法勸課蓄積，以備凶災。此所謂樂歲粒米狼戾，多取之而不爲虐者也，況取之以爲民耶？下其説諸路以度可否，以爲可行纔四路，餘或謂賦税之外兩重供輸，或謂恐招盗賊，或謂已有常平足以振給，或謂置倉煩擾。

於是黯復上奏曰：臣嘗判尚書刑部，見天下歲斷死刑多至四千餘人，其間盗賊率十六七，蓋愚民迫於饑寒，因之水旱，枉陷重辟。故臣請復民社義倉，以備凶歲。今諸路所陳，類皆妄議。若謂賦税之外兩重供輸，則義倉之意，乃教民儲積以備水旱，官爲立法，非以自利，行之既久，民必樂輸。若謂恐招盗賊，盗賊利在輕貨，不在粟麥，今鄉村富室有貯粟數萬石者，不聞有劫掠之虞。且盗賊之起，本由貧困。臣建此議，欲使民有貯積，雖遇水旱，不憂乏食，則人人自愛而重犯法，此正消除盗賊之原也。若謂有常平足以振給，則常平之設，蓋以準平穀價，使無甚貴甚賤之傷。或遇凶饑，發以振捄，既已失其本意，而費又出公帑，今國用頗乏，所蓄不厚。近歲非無常平，小有水旱，輒流離餓莩，起爲盗賊，則是常平果不足仰以振給也。若謂置倉廩，斂材木，恐有煩擾，則今州縣修治郵傳驛舍，皆斂於民，豈於義倉獨畏煩擾？人情可與樂成，不可與謀始，願自朝廷斷而行之。然當時牽於衆論，終不果行。

嘉祐二年，詔天下置廣惠倉。初，天下没入户絶田，官自鬻之。樞密使韓琦請留勿鬻，募人耕，收其租别爲倉貯之，以給州縣郭内之老幼貧疾不能自存者，領以提點刑獄，歲終具出内之數上之三司。户不滿萬，留田租千石，萬户倍之，户二萬留三千石，三萬留四千石，四萬留五千石，五萬留六千石，七萬留八千石，十萬留萬石。田有餘，則鬻如舊。四年，詔改隸司農寺，州選官二人主出納，歲十月遣官驗視，應受米者書名于籍。自十一月始，三日一給，人米一升，幼者半之，次年二月止。有餘乃及諸縣，量大小均給之。其大略如此。治平三年，常平入五十萬一千四十八石，出四十七萬一千一百五十七石。

熙寧二年，制置三司條例司言：諸路常平、廣惠倉錢穀，略計貫石可及千五百萬以上，斂散未得其宜，故爲利未博。今欲以見在斛斗，遇貴量減市價糶，遇賤量增市價糴，可通融轉運司苗税及錢斛就便轉易者，亦許兑换。仍以見錢，依陝西青苗錢例，願預借者給之。隨税輸納斛斗，半爲夏料，半爲秋料，内有請本色或納時價貴願納錢者，皆從其便。如遇災傷，許展至次料豐熟日納。非惟足以待凶荒之患，民既受貸，則兼并之家不得乘新陳不接以邀倍息。又常平、廣惠之物，收藏積滯，必待年儉物貴然後出糶，所及者不過城市游手之人。今通一路有無，貴發賤斂，以廣蓄積，平物價，使農人有以赴時趨事，而兼并不得乘其急。凡此皆以爲民，而公家無所利其入，是亦先王散惠興利，以爲耕斂補助之意也。欲量諸路錢穀多寡，分遣官提舉，每州選通判幕職官一員，典幹轉移出納，仍先自河北、京東、淮南三路施行，俟有緒推之諸路。其廣惠倉除量留給老疾貧窮人外，餘並用常平倉轉移法。詔可。

既而條例司又言：常平、廣惠倉條約，先行於河北、京東、淮南三路，訪問民間多願支貸，乞遍下諸路轉運司施行，當議置提舉官。時天下常平錢穀見在一千四百萬貫石。詔諸路各置提舉官二員，以朝官爲之，管當一員，京官爲之，或共置二員，開封府界一員，凡四十一人。

初，神宗既用王安石爲參知政事，安石爲帝言天下財利所當開闔斂散者，帝然其説，遂創立制置三司條例司。安石因請以著作佐郎編校集賢書籍吕惠卿爲制置司檢詳文字，自是專一講求立爲新制，欲行青苗之法。蘇轍自大名推官上書，召對，亦除條例司檢詳文字。安石出青苗法示之，轍曰：以錢貸民，使出息二分，本非爲利。然出納之際，吏緣爲奸，雖有法不能禁；錢入民手，雖良民不免非理費用；及其納錢，雖富民不免違限。如此則鞭笞必用，州縣多事矣。唐劉晏掌國計，未嘗有所假貸。有尤之者，晏曰：使民僥倖得錢，非國之福；使吏倚法督責，非民之便。吾雖未嘗假貸，而四方豐凶貴賤，知之未嘗逾時。有賤必糴，有貴必糶，以此四方無甚貴甚賤之病，安用貸爲？晏之言，漢常平法耳，公誠能行之，晏之功可立竢也。安石自此逾月不言青苗。

會河北轉運司幹當公事王廣廉召議事，廣廉嘗奏乞度僧牒數千道爲本

錢，於陝西轉運司私行青苗法，春散秋斂，與安石意合。至是，請施行之河北，於是安石決意行之，而常平、廣惠倉之法遂變而爲青苗矣。蘇轍以議不合罷。而諸路提舉官往往迎合安石之意，務以多散爲功。富民不願取，貧者乃欲得之，即令隨户等高下品配，又令貧富相兼，十人爲保，以富者爲保首。王廣廉在河北，一等户給十五千，等而下之，至五等猶給一千，民間喧然不以爲便。廣廉入奏謂民皆懽呼感德，然言不便者甚衆。右正言李常、孫覺乞詔有司毋以彊民。時提舉府界常平事侯叔獻屢督提點府界縣鎮吕景散錢，景以畿縣各有屯兵，歲入課利僅能贍給；又民户嘗貸糧五十餘萬石，尚悉以閣；今條例司又以買陝西鹽鈔錢五十萬緡爲青苗錢給散，恐民力不堪。詔送條例司，召提舉司官至中書戒諭之。王安石言：若此，諸路必顧望，不敢推行新法，第令條例司指揮。從之。

三年，判大名府韓琦言：

臣準散青苗詔書，務在惠小民，不使兼并乘急以要倍息，而公家無所利其入。今所立條約，乃自鄉户一等而下皆立借錢貫陌，三等以上更許增借，坊郭户有物業勝質當者，亦依鄉户例支借。且鄉村上等户并坊郭有物業者，乃從來兼并之家，今令多借之錢，一千令納一千三百，則是官自放錢取息，與初詔絶相違戾。又條約雖禁抑勒，然須得上户爲甲頭以任之，民愚不慮久遠，請時甚易，納時甚難。故自制下以來，上下惶惑，皆謂若不抑散，則上户必不願請；近下等第與無業客户雖或願請，必難催納。將來必有行刑督索，及勒干係書手、典押、耆户長同保均陪之患。

去歲河朔豐稔，米斗不過七八十錢，若乘時多斂，俟貴而糶，不唯合古制，無失陷，兼民被實惠，亦足收其羨贏。今諸倉方糴而提舉司已亟止之，意在移此糴本盡爲青苗錢，則三分之息可爲己功，豈暇更恤斯民久遠之患？若謂陝西嘗行其法，官有所得而民以爲便，此乃轉運司因軍儲有闕，適自冬及春雨雪及時，麥苗滋盛，定見成熟，行於一時可也。今乃建官置司，以爲每歲常行之法，而取利三分，豈陝西權宜之比哉？兼初詔且於京東、淮南、河北三路試行，竢有緒方推之他路。今三路未集，而遽盡於諸路置使，非陛下憂民，祖宗惠下之意。乞盡罷提舉官，第委提點刑獄官依常平舊法施行。

帝袖出琦奏示執政曰：琦真忠臣，朕始謂可以利民，不意乃害民如此。且坊郭安得青苗，而使者亦彊與之？安石勃然進曰：苟從其所欲，雖坊郭何害？因難琦奏，曰：陛下修常平法以助民，至於收息，亦周公遺法也。如桑弘羊籠天下貨財以奉人主私用，乃可謂興利之臣；今抑兼并，振貧弱，置官理財，非所以佐私欲，安可謂興利之臣乎？曾公亮、陳升之皆言坊郭不當俵錢，與安石論難久之而罷。帝終以琦説爲疑，安石遂稱疾不出。

帝諭執政罷青苗法，公亮、升之欲即奉詔，趙抃獨欲俟安石出自罷之，連日不決。帝更以爲疑，因令吕惠卿諭旨起安石，安石入謝。既視事，志氣愈悍，面責公亮等，由是持新法益堅。詔以琦奏付制置條例司，條例司疏列琦奏而辨析其不然。琦復上疏曰：

制置司多删去臣元奏要語，唯舉大概，用偏辭曲難，及引《周禮》國服爲息之説，文其謬妄，上以欺罔聖聽，下以愚弄天下。臣竊以爲周公立太平之法，必無剥民取利之理，但漢儒解釋或有異同。《周禮》園廛二十而税一，唯漆林之征二十而五，鄭康成乃約此法，謂：從官貸錢若受園廛之地，貸萬錢者出息五百。賈公彦廣其説，謂：如此則近郊十一者，萬錢期出息一千；遠郊二十而三者，萬錢期出息一千五百，甸、稍、縣、都之民，萬錢期出息二千。如此，則須漆林之户取貸，方出息二千五百，當時未必如此。今放青苗錢，凡春貸十千，半年之内便令納利二千，秋再放十千，至歲終又令納利二千，則是貸萬錢者，不問遠近，歲令出息四千。《周禮》至遠之地止出息二千，今青苗取息過《周禮》一倍，制置司言比《周禮》取息已不爲多，是欺罔聖聽，且謂天下之人不能辨也。

且古今異宜，《周禮》所載有不可施于今者，其事非一。若謂泉府一職今可施行，則制置司何獨舉注疏貸錢取息一事，以誑天下之公言哉？康成又注云：王莽時貸以治產業者，但計所贏受息，無過歲什一。公彦疏云：莽時雖計本多少爲定，及其催科，唯所贏多少。假令萬錢歲贏萬錢催一千，贏五千催五百，餘皆據利催什一。若贏錢更少，則納息更薄，比今青苗取利尤爲寬少。而王莽之外，上自兩漢，下及有唐，更不聞有貸錢取利之法。今制置司遇堯、舜之主，不以二帝、三王之道上裨聖政，而

貸錢取利更過莽時，此天下不得不指以爲非，而老臣不可以不辨也。

況今天下田税已重，固非《周禮》什一之法，更有農具、牛皮、鹽麴、鞵錢之類，凡十餘目，謂之雜錢。每夏秋起納，官中更以紬絹斛斗低估，令民以此雜錢折納。又歲散官鹽與民，謂之蠶鹽，折納絹帛。更有預買、和買紬絹，如此之類，不可悉舉，皆《周禮》田税什一之外加斂之物，取利已厚，傷農已深，奈何又引《周禮》國服爲息之説，謂放青苗錢取利乃周公太平已試之法？此則誣汙聖典，蔽惑睿明，老臣得不太息而慟哭也！

制置司又謂常平舊法亦糴與坊郭之人。坊郭有物力户未嘗零糴常平倉斛斗，此蓋欲多借錢與坊郭有業之人，以望收利之多，妄稱《周禮》以爲無都邑鄙野之限，以文其曲説，唯陛下詳之。

樞密使文彦博亦數言不便，帝曰：吾遣二中使親問民間，皆云甚便。彦博曰：韓琦三朝宰相，不信，而信二宦者乎？先是，王安石陰結入內副都知張若水、押班藍元震，帝因使二人潛察府界俵錢事，還言民皆情願，無抑配者，故帝益信之。初，羣臣進讀邇英畢，帝問：朝廷每更一事，舉朝洶洶，何也？司馬光曰：青苗出息，平民爲之，尚能以蠶食下户至饑寒流離，況縣官法度之威乎？吕惠卿曰：青苗法願則取之，不願不彊也。光曰：愚民知取債之利，不知還債之害，非獨縣官不彊，富民亦不彊也。帝曰：陝西行之久，民不以爲病。光曰：臣陝西人也，見其病不見其利。朝廷初不許，有司尚能以病民，況法許之乎！及拜官樞密副使，光上章力辭至六七，曰：帝誠能罷制置條例司，追還提舉官，不行青苗、助役等法，雖不用臣，臣受賜多矣。不然，終不敢受命。竟出知永興軍。

當是時，爭青苗錢者甚衆，翰林學士范鎮言：陛下初詔云公家無所利其入，今提舉司以户等給錢，皆令出三分之息，物議紛紜，皆云自古未有天子開課場者。民雖至愚，不可不畏。後以言不行致仕。臺諫官吕公著、孫覺、李常、張戩、程顥等皆以論青苗罷黜。知亳州富弼、知青州歐陽脩繼韓琦論青苗之害，且持之不行，亦坐移鎮。知陳留縣姜潛之官才數月，青苗令下，潛即榜於縣門，又移之鄉村，各三日無人至，遂撤榜付吏曰：民不願矣！府、寺疑潛壅令，使其屬按驗，無違令者。潛知不免，即移疾去。

知山陰縣陳舜俞不肯奉行，移狀自劾曰：方今小民匱乏，願貸之人往往有之。譬如孺子見飴蜜，孰不染指爭食？然父母疾止之，恐其積甘足以生病。故耆老戒其鄉黨，父兄誨其子弟，未嘗不以貸貰爲不善治生。今乃官自出舉，誘以便利，督以威刑，非王道之舉也。況正月放夏料，五月放秋料，而所斂亦在當月，百姓得錢便出息輸納，實無所利。是使民一取青苗錢，終身以及世世一歲嘗兩輸息錢，乃別爲一賦以弊生民也。坐謫監南康軍鹽酒税。陝西轉運副使陳繹止環、慶等六州毋散青苗錢，且留常平倉物以備用，條例司劾其罪，詔釋之。五月，制置三司條例司罷歸中書，以常平新法付司農寺，命集賢校理吕惠卿同判寺，兼領田役水利。七年，帝患俵常平官吏多違法，王安石請縣專置一主簿，主給納役錢及常平，不過五百員，費錢三十萬貫耳。從之。

帝以久旱爲憂，翰林學士承旨韓維言：畿縣近督青苗甚急，往往鞭撻取足，民至伐桑爲薪以易錢。旱災之際，重罹此苦。帝頗感悟。太皇太后亦嘗爲帝言：聞民間甚苦青苗、助役錢，盍罷之！會百姓流離，帝憂見顔色，益疑新法不便，欲罷之。安石不悦，屢求去，四月，出知江寧府。然安石薦韓絳代相，仍以吕惠卿佐之，於安石所爲遵守不變。既而詔諸路常平錢穀常留一半外，方得給散。兩經倚閣常平錢人户，不得支借。民間非時闕乏，許以物產爲抵，依常平限輸納。當輸錢而願輸穀若金帛者，官立中價示民。物不盡其錢，足以錢；錢不盡其物者，還其餘直。又聽民以金帛易穀，而有司少加金帛之直。

六年，户部言：準詔諸路常平可酌三年斂散中數，取一年爲格，歲終較其增虧。今以錢銀穀帛貫、石、匹、兩定年額：散一千一百三萬七千七百七十二，斂一千三百九十六萬五千四百五十九。比元豐三年散增二百一十四萬八千三百四十二，斂增一百三萬四千九百六十三；四年散增二百七十九萬九千九百六十四，斂虧一百九十八萬六千五百一十五。詔三年四年散多斂少及散斂俱少之處，户部下提舉司具析以聞。

十年，詔開封府界先自豐稔畿縣立義倉法。明年，提點府界諸縣鎮公

事蔡承禧言：義倉之法，以二石而輸一斗，至爲輕矣，乞今年夏税之始，悉令舉行。詔可，仍以義倉隸提舉司。京東西、淮南、河東、陝西路義倉以今年秋料爲始，民輸税不及斗免輸，頒其法於川峽四路。元豐二年，詔威、茂、黎三州罷行義倉法，以夷夏雜居，歲賦不多故也。八年，并罷諸路義倉。

元祐元年，詔：提舉官累年積蓄錢穀財物，盡樁作常平錢物，委提點刑獄交管，依舊常平倉法行之。罷各縣專置主簿。四月，再立常平錢穀給斂出息之法，限二月或正月以散及一半爲額，民間絲麥豐熟，隨夏税先納所輸之半，願伴納者止出息一分。左司諫王巖叟、監察御史上官均、右正言王覿、右司諫蘇轍、御史中丞劉摯交章論復行青苗之非。八月，司馬光奏：先朝散青苗，本爲利民，並取情願。後提舉官速要見功，務求多散，或舉縣追呼，或排門抄劄；亦有無賴子弟謾昧尊長，錢不入家；亦有他人冒名詐請，莫知爲誰，及至追催，皆歸本户。今朝廷深知其弊，故悉罷提舉官，不復立額考校，訪聞人情安便。欲下諸路提點刑獄，申嚴州縣抑配之禁。詔從之。

中書舍人蘇軾不書録黄，奏曰：熙寧之法，未嘗不禁抑配，而其害至此。民家量入爲出，雖貧亦足，若令分外得錢，則費用自廣。況子弟欺謾父兄，人户冒名詐請，似此本非抑配。臣謂以散及一半爲額，與熙寧無異。今許人願請，未免設法罔民，使快一時非理之用，而不慮後日催納之患。二者皆非良法，相去無幾。今已行常平糶糴之法，惠民之外，官亦稍利，何用二分之息，以賈無窮之怨？於是王巖叟、蘇轍、朱光庭、王覿等復言：臣等屢有封事，乞罷青苗，皆不蒙付外。願盡付三省，公議得失。初，同知樞密院范純仁以國用不足，建請復散青苗錢，四月之詔，蓋純仁意也。時司馬光以疾在告，已而臺諫皆言其非，不報。光尋奏乞約束州縣抑配，蘇軾又繳奏，乞盡罷之。光始大悟，遂力疾入對。尋詔：常平錢穀，止令州縣依舊法趁時糴糶，青苗錢更不支俵。除舊欠二分之息，元支本錢驗見欠多少，分料次隨二税輸納。

紹聖元年，詔除廣南東、西路外，並復置義倉，自來歲始，放税二分已上免輸，所貯專充振濟，輒移用者論如法。二年，户部尚書蔡京首言：承詔措置財利，乞檢會熙、豐青苗條約，參酌增損，立爲定制。淮南轉運司副使莊公岳謂：自元祐罷提舉官後，錢穀爲他司侵借，所存無幾。欲乞追還給散，隨夏秋税償納，勿立定額，自無抑民失財之患。奉議郎鄭僅、朝奉郎郭時亮、承議郎許幾董遵等皆言：青苗最爲便民，願戒抑配，止收一分之息。詔並送詳定重修敕令所。三年，舊欠常平錢斛人户，仍許請給。

宣和五年，令州縣歲散常平錢穀畢，即揭示請人名數，逾月斂之，庶革僞冒之弊。先是，諸路災傷，截撥上供年額米斛數多，致闕中都歲計，令京東、江南、兩浙、荆湖路義倉穀各留三分，餘並起發赴京，補還截撥之數。六年，詔罷之。

高宗紹興元年，併提舉常平司於提刑司。明年，以臣僚言復常平官，講補助之政以廣儲蓄。九年，用宗正丞鄭鬲言，以常平錢於民輸賦未畢之時，悉數和糴。二十八年，以趙令詪請，糴州縣義倉米之陳腐者。

孝宗隆興二年，遣司農少卿陳良弼點檢浙東常平等倉。乾道六年，知衢州胡堅奏廣糴常平。福建轉運副使沈樞奏，水旱州郡請留轉運司和糴米以續常平，上即爲之施行。八年，户部侍郎楊倓奏：義倉在法夏秋正税斗輸五合，不及斗者免輸，凡豐熟縣九分以上即輸一升。今諸路州縣歲收苗米六百餘萬石，其合收義倉米數不少，間有災傷，支給不多。訪聞諸州軍皆擅用，請稽之。

寧宗慶元元年，詔户部右曹專領義倉。十一年，臣僚言：紹興初，臺臣嘗請通一縣之數，截留下户苗米，輸之於縣，別儲以備振濟，使窮民不至於艱食；惟負郭義倉，則就州輸送。至於屬縣之義倉，則令、丞同主之，每歲終，令、丞合諸鄉所入之數上之守、貳，守、貳合諸縣所入之數上之提舉常平，提舉常平合一道之數上之朝廷，考其盈虧，以議殿最。從之。

寶慶三年，侍御史李知孝言：郡縣素無蓄積，緩急止仰朝廷，非立法本意。曩淮東總領岳珂任江東轉運判官，以所積經常錢糴米五萬石，樁留江東九郡，以時濟、糶，諸郡皆蒙其利。其後史彌忠知饒州，趙彥悈知廣德軍，皆自積錢糴米五千石。以是推之，監司、州郡苟能節用愛民，即

有贏羨。若立之規繩，加以黜陟，所糴至萬石者旌擢，其不收糴與擾民及不實者鐫罰，庶幾郡縣趨事，蓄積歲增，實爲經久之利。有旨從之。

景定元年九月，赦曰：諸路已糴義米價錢，州郡以低價抑令上户補糴，正税逃閣，義米用虧，常平司責縣道陪納，縣道遂敷吏貼、保正、長攬户等人均納。自今視時收糴，見繫吏貼等人陪納之錢並與除放。五年，監察御史程元岳奏：隨秔帶義，法也。今秔糯帶義之外，又有所謂外義焉者，絹、紬、豆也，豈有絹、紬、豆而可加之義乎？縱使違法加義，則絹加絹，紬加紬，豆加豆，猶可言也；州縣一意椎剥，一切理苗而加一分之義，甚者赦恩已蠲二税，義米依舊追索。貧民下户所欠不過升合，星火追呼，費用不知幾百倍。破家蕩產，鬻妻子，怨嗟之聲，有不忍聞。望嚴督監司。止許以秔帶義，其餘盡罷。其有循習病民者重其罰。從之。咸淳二年，以諸路景定三年以前常平義倉米二百餘萬石，減時直糴之。

《宋史》卷一七八《食貨志·振恤》 水旱、蝗螟、饑疫之災，治世所不能免，然必有以待之，《周官》以荒政十有二聚萬民是也。宋之爲治，一本於仁厚，凡振貧恤患之意，視前代尤爲切至。諸州歲歉，必發常平、惠民諸倉粟，或平價以糶，或貸以種食，或直以振給之，無分於主客户。不足，則遣使馳傳發省倉，或轉漕粟於他路；或募富民出錢粟，酬以官爵，勸諭官吏，許書曆爲課；若舉放以濟貧乏者，秋成，官爲理償。又不足，則出内藏或奉宸庫金帛，鬻祠部度僧牒；東南則留發運司歲漕米，或數十萬石，或百萬石濟之。賦租之未入、入未備者，或縱不取，或寡取之，或倚閣以須豐年。寬逋負，休力役，賦入之有支移、折變者省之，應給蠶鹽若和糴及科率追呼不急、妨農者罷之。薄關市之征，鬻牛者免算，運米舟車除沿路力勝錢。利有可與民共者不禁，水鄉則蠲蒲、魚、果、蓏之税。選官分路巡撫，緩囚繫，省刑罰。飢民劫囷窖者，薄其罪；民之流亡者，關津毋責渡錢；道京師者，諸城門振以米，所至舍以官第或寺觀，爲淖糜食之，或人日給糧。可歸業者，計日併給遣歸；無可歸者，或賦以閑田，或聽隸軍籍，或募少壯興修工役。老疾幼弱不能存者，聽官司收養。水災州縣具船栰拯民，置之水不到之地，運薪糧給之。因饑疫若厭溺死者，官爲埋祭，厭溺死者加賜其家錢粟。京師苦寒，或物價翔踊，置場出米及薪炭，裁其價予民。前後率以爲常。蝗爲害，又募民撲捕，易以錢粟，蝗子一升至易菽粟三升或五升。詔州郡長吏優恤其民，間遣内侍存問，戒監司俾察官吏之老疾、罷懦不任職者。

初，建隆三年，户部郎中沈義倫使吴越還，言：揚、泗飢民多死，郡中軍儲尚百餘萬斛，宜以貸民。有司沮之曰：若來歲不稔，誰任其咎？義倫曰：國家以廩粟濟民，自當召和氣，致豐年，寧憂水旱耶？太祖悦而從之。四年，詔州縣興復義倉，歲收二税，石别收一斗，貯以備凶歉。平廣南、江南，輒詔振其饑，其勤恤遠人，德意深厚。

太宗恭儉仁愛，諄諄勸民務農重穀，毋或妄費。是時惠民所積，不爲無備，又置常平倉，乘時增糴，唯恐其不足。真宗繼之，益務行養民之政，於是推廣淳化之制，而常平、惠民倉殆遍天下矣。

仁宗、英宗一遇災變，則避朝變服，損膳徹樂。恐懼修省，見於顔色；惻怛哀矜，形於詔旨。慶曆初，詔天下復立義倉。嘉祐二年，又詔天下置廣惠倉，使老幼貧疾者皆有所養。累朝相承，其慮於民也既周，其施於民也益厚。而又一時牧守，亦多得人，如張詠之治蜀，歲糶米六萬石，著之皇祐甲令。富弼之移青州，擇公私廬舍十餘萬區，散處流民以廩之，凡活五十餘萬人，募而爲兵者又萬餘人，天下傳以爲法。知鄆州劉夔發廩振飢，民賴全活者甚衆，盗賊衰止，賜詔褒美。知越州趙抃揭榜於通衢，令民有米增價以糶，於是米商輻湊，越之米價頓減，民無飢死。若是之政，不可悉書，故於先王救荒之法爲略具焉。

神宗即位以來，河北諸路水旱荐臻，兼發糴便司、廣惠倉粟以振民。熙寧二年，賜判北京韓琦詔曰：河北歲比不登，水溢地震。方春東作，民攜老幼，棄田廬，日流徙于道。中夜以興，慘怛不安。其經制之方，聽便宜從事，有可以左右吾民者，宜爲朕撫輯而振全之，毋使後時，以重民困。而王安石秉政，改貸糧法而爲借助，移常平、廣惠倉錢斛而爲青苗，皆令民出息，言不便者輒得罪，而民遂不聊生。又詔賣天下廣惠倉田。自是先朝良法美意，所存無幾。哲宗雖詔復廣惠倉，既而章惇用事，又罷之，賣其田如熙寧法。常平量留錢斛，不足以供振給，義倉不足，又令通一路兑撥。於是紹聖、大觀之間，直給空名告敕、補牒賜諸路，政日以

瘵，民日以困，而宋業遂衰。

先是，仁宗在位，哀病者乏方藥，爲頒《慶曆善救方》。知雲安軍王端請官爲給錢和藥予民，遂行於天下。嘗因京師大疫，命太醫和藥，内出犀角二本，析而視之。其一通天犀，内侍李舜舉請留供帝服御。帝曰：吾豈貴異物而賤百姓？竟碎之。又蠲公私僦舍錢十日。令太醫擇善察脈者，即縣官授藥，審處其疾狀予之，無使貧民爲庸醫所誤，夭閼其生。天禧中，於京畿近郊佛寺買地，以瘞死之無主者。瘞尸，一棺給錢六百，幼者半之；後不復給，死者暴露於道。嘉祐末，復詔給焉。

京師舊置東、西福田院，以廩老疾孤窮丐者，其後給錢粟者纔二十四人。英宗命增置南、北福田院，并東、西各廣官舍，日廩三百人。歲出内藏錢五百萬給其費，後易以泗州施利錢，增爲八百萬。又詔：州縣長吏遇大雨雪，蠲僦舍錢三日，歲毋過九日，著爲令。熙寧二年，京師雪寒，詔：老幼貧疾無依丐者，聽於四福田院額外給錢收養，至春稍暖則止。九年，知太原韓絳言：在法，諸老疾自十一月一日州給米豆，至次年三月終。河東地寒，乞自十月一日起支，至次年二月終止；如有餘，即至三月終。從之。凡鰥、寡、孤、獨、癃老、疾廢、貧乏不能自存應居養者，以户絶屋居之；無，則居以官屋，以户絶財產充其費，不限月。依乞丐法給米豆；不足，則給以常平息錢。崇寧初，蔡京當國，置居養院、安濟坊。給常平米，厚至數倍。差官卒充使令，置火頭，具飲膳，給以衲衣絮被。州縣奉行過當，或具帷帳，雇乳母、女使，糜費無藝，不免率斂，貧者樂而富者擾矣。

三年，又置漏澤園。初，神宗詔：開封府界僧寺旅寄棺柩，貧不能葬，令畿縣各度官不毛地三五頃，聽人安厝，命僧主之。葬及三千人以上，度僧一人，三年與紫衣；有紫衣，與師號，更使領事三年，願復領者聽之。至是，蔡京推廣爲園，置籍，瘞人並深三尺，毋令暴露，監司巡歷檢察。安濟坊亦募僧主之，三年醫愈千人，賜紫衣、祠部牒各一道。醫者人給手曆，以書所治痊失，歲終考其數爲殿最。諸城、砦、鎮、市户及千以上有知監者，依各縣增置居養院、安濟坊、漏澤園。道路遇寒僵仆之人及無衣丐者，許送近便居養院，給錢米救濟。孤貧小兒可教者，令入小學聽讀，其衣襴於常平頭子錢内給造，仍免入齋之用。遺棄小兒，雇人乳養，仍聽宮觀、寺院養爲童行。宣和二年，詔：居養、安濟、漏澤可參考元豐舊法，裁立中制。應居養人日給秔米或粟米一升，錢十文省，十一月至正月加柴炭，五文省，小兒減半。安濟坊錢米依居養法，醫藥如舊制。漏澤園除葬埋依見行條法外，應資給若齋醮等事悉罷。

高宗南渡，民之從者如歸市。既爲之衣食以振其飢寒，又爲之醫藥以救其疾病；其有隕於戈甲、斃於道路者，則給度牒瘞埋之。若丐者育之於居養院；其病也，療之於安濟坊；其死也，葬之於漏澤園，歲以爲常。紹興以來，歲有水旱，發常平義倉，或濟或糶或貸，如恐不及。然當艱難之際，兵食方急，儲蓄有限，而振給無窮，復以爵賞誘富人相與補助，亦權宜不得已之策也。

元年，詔出粟濟糶者賞各有差。糶及三千石以上，與守闕進義副尉；一萬五千石以上，與進武校尉；二萬石以上，取旨優賞；已有官廕不願補授者，比類施行。六年，湖、廣、江西旱，詔撥上供米振之。婺民有遏糴致盜者，詔閉糴者斷遣。殿中侍御史周祕言：發廩勸分，古之道也，許以斷遣，恐貪吏懷私，善良被害。望戒守令多方勸諭，務令樂從，或有擾害，提舉司劾奏。從之。是歲，潼川守臣景興宗、廣安軍守臣李瞻、果州守臣王騭、漢州守臣王梅活飢民甚衆，前吏部郎中馮檝亦出米以助振給，興宗升一職，瞻、騭、梅、檝各轉一官。十年，通判婺州陳正同振濟有方，窮谷深山之民，無不霑惠，以其法下諸路。

二十八年夏，浙東、西田損於風水。在法，水旱及七分以上者振濟，詔自今及五分處亦振之。二十九年，詔諸處守臣撥常平義倉米二分振糶，臨安府撥樁積之米。三十一年正月，雪寒，民多艱食。詔臨安府并屬縣以常平米減時價之半，振糶十日；臨安府城内外貧乏之家，人給錢二百、米一斗及柴炭錢，並於内藏給之；凡遇寒、遇暑、遇雨、遇火、遇赦及祈禱，即位、生辰、上尊號、生皇子、晏駕、大祥之類，臨安之民暨三衙諸軍時有振恤，及放商稅、公私房賃。輔郡之民，令諸州以常平錢依臨安府振之。

孝宗隆興二年秋，霖雨害稼，出内帑銀四十萬兩，變糴以濟民。乾道六年夏，振浙西被水貧民。七年八月，湖南、江西旱，立賞格以勸積粟之

家。無官人：一千五百石補進義校尉，願補不理選限將仕郎者聽；二千石補進武校尉，進士與免文解一次；四千石補承信郎，進士與補上州文學；五千石補承節郎，進士補迪功郎。文臣：一千石減二年磨勘，選人轉一官；二千石減三年磨勘，選人循一資，各與占射差遣一次；三千石轉一官，選人循兩資，各與占射差遣一次。武臣：一千石減二年磨勘，選人轉一資；二千石減三年磨勘，選人循一資，各與占射差遣一次；三千石轉一官，選人循兩資，各與占射差遣一次。五千石以上，文武臣並取旨優與推恩。九月，臣僚言：諸路旱傷，請以檢放展閣責之運司，糶給借貸責之常平，覺察妄濫責之提刑，體量措置責之安撫。上諭宰執曰：轉運司止令檢放，恐他日振濟不肯任責。虞允文奏曰：轉運司主一路財賦，謂之省計。凡州郡有餘、不足，通融相補，正其責也。淳熙八年，詔：去歲江、浙、湖北、淮西旱傷處已行振糶，其鰥寡孤獨貧不自存、無錢收糴者，濟以義米。寧宗慶元元年，以兩浙轉運副使沈詵言米價翔踴，凡商販之家盡令出糶，而告藏之令設矣。嘉定十六年，詔於楚州所儲米撥二萬石濟山東、西。

淳熙八年，浙東提舉朱熹言：乾道四年民艱食，熹請於府，得常平米六百石振貸，夏受粟於倉，冬則加息計米以償。自後隨年斂散，歉，蠲其息之半；大饑，即盡蠲之。凡十有四年，得息米造倉三間，及以元數六百石還府。見儲米三千一百石，以爲社倉，不復收息，每石只收耗米三升。以故一鄉四五十里間，雖遇凶年，人不闕食。請以是行於倉司。時陸九淵在敕令局，見之歎曰：社倉幾年矣，有司不復舉行，所以遠方無知者。遂編入振恤。凡借貸者，十家爲甲，甲推其人爲之首；五十家則擇一通曉者爲社首。每年正月，告示社首，下都結甲。其有逃軍及無行之人，與有稅錢衣食不闕者，並不得入甲。其應入甲者，又問其願與不願。願者，開具一家大小口若干，大口一石，小口減半，五歲以下不預請。甲首加請一倍。社首審訂虛實，取人人手書持赴本倉，再審無弊，然後排定。甲首附都簿載某人借若干石，依正簿分兩時給：初當下田時，次當耘耨時。秋成還穀不過八月三十日足，濕惡不實者罰。嘉定末，真德秀帥長沙行之，凶年饑歲，人多賴之。然事久而弊，或移用而無可給，或拘催無異正賦，良法美意，胥此焉失。

寶慶三年，監察御史汪剛中言：豐穰之地，穀賤傷農，凶歉之地，濟糴無策，惟以其所有餘濟其所不足，則飢者不至於貴糴，而農民亦可以得利。乞申嚴遏糴之禁，凡兩浙、江東西、湖南北州縣有米處，並聽販鬻流通；違，許被害者越訴，官按劾，吏決配，庶幾令出惟行，不致文具，從之。端平元年六月，臣僚奏：建陽、邵武羣盜嘯聚，變起於上户閉糴。若專倚兵威以圖殄滅，固無不可；然振救之政一切不講，饑饉所迫，恐人懷等死之心，附之者日衆。欲望朝廷厲兵選士，盪定已竊發之寇；發粟振饑，懷來未從賊者之心，庶人知避害，賊勢自孤，可一舉而滅矣。此成周荒政散利除盜之説也。八月，以河南州軍新復，令江、淮制置大使司科降米麥一百萬石振濟。淳熙十一年，福建諸郡旱，錫米二十五萬石振糶，一萬石振貧乏細民。

景定元年，臨安府平糴倉舊貯米數十萬石，糶補循環，其後用而不補，所存無幾。有旨令臨安府收糴米四十萬石，用平糴倉錢三百四萬七千八百五十九貫，封樁庫十七界會子一千九十五萬二千一百餘貫，共湊十七界一千四百萬貫，充糴本錢。二年，以都城全仰浙西米斛，誘人入京販糶，賞格比乾道七年加優。

咸淳元年，有旨豐儲倉撥公田米五十萬石付平糴倉，遇米貴平價出糶。二年，監察御史趙順孫言：今日急務，莫過於平糴。乾道間，郡有米斗直五六百錢者，孝宗聞之，即罷其守，更用賢守，此今日所當法者。今粒食翔踴，未知所届，市井之間見楮而不見米。推原其由，實富家大姓所至閉廩，所以糴價愈高而楮價陰減。陛下念小民之艱食，爲之發常平義倉，然爲數有限，安得人人而濟之？願陛下課官吏，使之任牛羊芻牧之責；勸富民，使之無秦、越肥瘠之視。糴價一平，則楮價不因之而輕，物價不因之而重矣。七年，以咸淳三年以前諸路義米一百一十二萬九千餘石減價發糶，薄收郡縣聽民不拘關、會、見錢收糴。

《通制條格》卷七《軍防·看守倉庫》 至元二十三年三月，中書省。契勘在都倉庫，掌管國用錢糧，出入浩大，恐被侵盜，周迴各置軍鋪，并委官色目人等，親臨門首，專一看守。軍官、軍人等，須管晝夜常切用心巡綽關防，遞相覺察，毋致官典、勾當諸色人等侵盜官物。仍禁約不干礙閑雜之人，毋得輒去門首。如遇收支錢糧，倉庫達魯花赤、官攢庫子、斗脚人等，照依省部印押文字，坐去數目，對衆明白收管、支發。如

是庫司勾當并支納人員出庫，仰沿身子細搜尋，但有隱藏官物，即便捉拿，解赴省部，照依扎撒處斷。如是把門人員并看守庫官人等，不爲用心看守巡綽搜尋，致有違犯，亦行痛斷。

《通制條格》卷一四《倉庫・糧耗》 至元二十二年十月，中書省户部呈：江南民田税石，擬合依例每石帶收鼠耗分例七升，内除養贍倉官斗脚一升外，六升與正糧一體收貯。如有短折數目，擬依腹裏折耗例，以五年爲則准除四升，初年一升二合，次年二升，三年二升七合，四年三升四合，五年共報四升，餘上不盡數目追徵還官。若有不及所破折耗，從實准算，無得因而作弊，多破官糧。外據官田帶收鼠耗分例，若比民田減半，每石止收三升五合，却緣前項所破正糧，擬合每石帶收鼠耗分例五升。都省議得，除民田税石依准部擬外，官田減半收受。

至元二十九年八月十八日，完澤丞相等奏：通州河西務的倉官每俺根底告説有，倉裏收來的糧内，前省官人每定的鼠耗分例少的上頭，賣了媳婦孩兒家緣陪納不起，至今生受行有，麼道告有。俺商量得：前省官定到的鼠耗分例不均有。如今南糧北糧的鼠耗分例，比在先的添與，各年的耗糧分例，依體例斟酌定也，麼道。奏呵，依着您的言語者。雖那般呵，怎合得心雀鼠待喫的多少，因着那的，休教歹人每作弊做賊説謊。麼道聖旨了也。欽此。

依舊聽耗：

唐村等處般運至河西務北糧每石破柒合。

直沽般運至河西務南糧每石破壹升貳合。

河西務般運至通州李二寺南糧每石壹升伍合，北糧每石伍合。

壩河站車運至大都省倉南糧每碩壹升伍合，北糧每碩壹升。

今議擬耗例：

大都省倉

元定破耗

南糧每碩肆升

北糧每碩叁升

今擬限年聽耗

初年聽耗

南糧每碩貳升

北糧每碩壹升伍合

次年聽耗

南糧每碩叁升

北糧每碩貳升叁合

貯經叁年已上依元定聽耗

南糧每碩肆升

北糧每碩叁升

河西務、通州、李二寺

元定破耗

南糧每碩貳升

北糧每碩壹升伍合

今擬限年聽耗

初年依元定破耗

南糧每碩貳升

北糧每碩壹升伍合

次年聽耗

南糧每碩叁升

北糧每碩貳升叁合

貯經叁年以上聽耗

南糧每碩肆升

北糧每碩叁升

直沽倉除對船交裝不須破耗外，今擬壹年須要支運盡絶。

南糧每碩聽耗貳升

元定破耗壹升叁合

今擬添柒合

《通制條格》卷一四《倉庫・關防》 至元二十八年，中書省奏准

《至元新格》：

諸出納之法，須倉庫官面視稱量檢數，（目）〔自〕提舉、監支納以下，攢典、合干人以上，皆得互相覺察。有盜詐違法者，陳首到官，量事理賞。其有侵盜錢糧并濫僞之物，若犯人逃亡，及雖在無財可追者，並勒同界官、典、司庫、司倉人等一體均陪。

諸支納錢糧一切官物，勘合已到倉庫，應納者，經拾日不納，應支者，經壹月不支，並須申報元發勘合官司，隨即理會。其物已到倉庫未得勘合者，亦如之。

諸官物出給，先儘遠年。其見在數多，用處數少，不堪久貯者，速申當該上司，作急支發，毋致損敗。違者究治。

諸行用庫，凡遇諸人以昏鈔易换料鈔，皆須庫官監視司庫對倒鈔人眼同辨驗檢數。如不係接補、挑剜僞鈔，當面用訖退印，昏鈔入庫，料鈔付主。當該上司，委官時至檢校。違者究治。

諸路收受差發，自開庫日爲始，本路正官壹員，輪番檢察，並要兩平收受，隨時出給官户朱鈔，無使刁蹬停留人難。諸州置庫去處並同。

諸倉收受米糧，並要乾圓、潔凈。當該上司各取其樣，驗同封記，壹付本倉收掌，壹爲當司存留。仍須正官時至檢校，其收支但與元樣不同，隨即究治。應攢運者，比驗樣料相同裝發，其至下卸，亦驗樣料相同交收。

諸庫藏并八作司所收物内，其有名數而無用者，開申合幹部分，勘驗是實，委官檢估出賣，無人買者，量宜支遣，不致損敗。

諸倉庫錢物，監臨官吏取借侵使者，以盜論，與者其罪同。若物不到官，而虚給朱鈔者，亦如之。仍於倉庫門首出榜，常川禁治。

諸倉庫赤曆單狀，當該上司月一查照。但（鬧）〔開〕附不明，收支有差，隨事究問。

諸倉庫局院疎漏，速申修理，霖雨不止，常須檢視，隨宜備禦，不致官物損壞。若收貯不如法，防備不盡心，曝曬不以時，致有損敗者，各以其事輕重論罪。所壞之物，仍勒陪償。

諸倉庫局院，凡關防、搜檢、巡宿、禁治事理，其當該上司正官，每月分輪點視，常須謹嚴，毋致弛廢。

諸倉庫官新舊交代，在都，本管上司委官監視，在外，各路正官監視，直屬省部州府亦同。沿河倉分，漕運司官監視。凡應干支收文憑，合有見在官物，皆須照算交點明白，别無短少濫僞之數。舊官具數關發，新官驗數收管，仍須同署申報合屬上司照會。既給交關之後，若有短少、濫僞之物，並於新官名下追理。

中統五年八月，欽奉聖旨條畫：

一、諸官府非奉朝省明文，不得動支係官錢穀。若有諸王或軍馬經過，應合支飲食等，别無存留見在錢物，應給官物内支遣，隨即申行中書省照會，仍不得用官物以充進獻，酒食同。及貿易借貸，交鈔同。亦不得指稱官用，私借債負。

一、諸路官府凡有保明官吏，推問刑獄，科徵差税，應支錢穀，必須圓僉文字。有故者非。諸官司及各投下管軍人匠諸色人等，達魯花赤、官吏不得擅科差役。管奥魯同。

一、各路諸差發、税糧、宣課應係財物，並赴見設倉庫送納，不得另行收貯；及倉庫院務合設人員，各處官司公選保明有抵業廉慎行止信實人充，並不得用官吏私己之人。如有失陷，庫官陪償，其保官標寫過名，以憑通行考校。庫司大者不過叁員。其餘小處量設壹貳員。

至元二十四年六月，尚書省。户部呈：議擬到萬億庫出入錢物各項事理。都省准呈：

一、庫子人等，今後毋得遞相用白帖子出入侵借官錢，如違痛行追斷。

一、隨處解到錢物，照依臨庫坐到數目，畫便收受，出給朱鈔申部。若有短少不足之數，即將納物人監押申解。並不得將到庫未收錢數，於内混雜對支作弊。如違痛行追斷。

一、庫子、攢典并封門民員人等，擬合每日書畫卯酉文曆從朝抵暮，專一在庫守候收支，無得輒離。如有收支錢物，須要本庫色目、漢兒庫子、攢典眼同開庫，比對勘合，明白銷附，書押收支，如違痛行治罪外，據書畫卯酉文曆不到者，攢典、庫子仰庫官就便斷決。若庫官、封門官員違犯，許令達魯花赤赴省呈説。如達魯花赤不到，却令封門官員呈説，及

推稱病患，不行赴庫，躭誤收支勾當人等，亦仰依上究問。如是各官看徇不行究治，體察得知，痛行治罪。

一、應行收支錢物合押收管申解一切文憑，今後須管一同圓押，如違痛行治罪。

一、應係收支錢物文帖、憑驗文曆，今後須令正官、首領官，在官收掌，毋得似前縱令庫子人等自行執把，將往私家頓放。如遇打勘文字，仰庫官督責首領官、攢典、庫子人等，眼同打勘了畢，却行依舊在庫收掌。仍令把門人等，與搜捉鈔兩一體搜尋。如違痛行治罪。

一、本庫每月合押赤曆，今後須要依式應限攢寫。仍令當該庫官壹員，輪番提調，照依寫定收支名件，一項項仔細牽照，别無重錯争差，於月申解內明白稱説，行移某官牽照，收支憑驗相同，保結申部。

一、本庫官員、庫子、攢典，今後並不得將引弟男、親戚、驅口人等入庫，及關物人亦不得引領人衆赴庫，如違痛行治罪。

一、今後（令）〔合〕用物件，仰合干部分，用印信文憑關撥出庫，事過隨即依數還官，却行追毁元行印信文憑收附。

一、諸衙門見行追收及有支發錢物，差占庫子人等守等收支，實是妨礙在庫勾當。今後遇有各衙門合支錢物，擬合依例關支出庫，自行支發。若有合收錢物，發下本庫，驗數收受。

至元二十九年正月，中書省。户部呈：各省隨路凡有起納係官錢物、疋帛，燒毁昏鈔，預期勾唤差定押運正官，與本處正官壹員，親臨監視差來庫官、庫子人等，令不干礙庫子行人，若是絲綿等物，兩平秤盤；如是實鈔，仔細檢數；或是疋帛，托量長闊兩頭，俱用條印關防訖。别無短少不堪之數，復閘相同，眼同隨印打角完備，封記裝發了畢，責付庫官、庫子明白收管，令長押官管押，趁限赴都交納。仍於文解內，開寫所納名項備細數目，監視起發正官職名，起程日期具解貳本，內壹本分付差來官，壹本入遞咨申省部。如到來交點得，於內但有水濕、浥變、損壞、短少數目，着落庫官人等追陪，仍將長押官并監視起運官斷罪。庶望肯爲用心關防，不致侵盗，損壞官物。都省准呈。

《通制條格》卷一四《倉庫・計點》　至元二十九年七月初三日，御史臺奏：從去年各路裏官人每，官錢借與了人每的，他每自己要了的，庫裏錢本無，却説道有。麼道，説謊來的，這般的每根底察知，追了錢，要了他每罪過，合放了的放了也，勾當裏合罷了的罷了也。如今俺商量，教省官人每委付着人，這裏有的倉庫、局院常川教點者，監察每也常川體察行者。如倉庫、局院裏短少的有呵，省官人每根底逐旋説了，疾忙教追陪者。損壞了的有呵，省官人每整理者。外頭行省官、宣慰司官、各道廉訪司官并路官每，依這體例教點覷整理者。官錢偷了呵，一定教追兩定者。這般追呵，做賊説謊的没也者。麼道，奏呵，那裏無得？較少也者，哏是有。那般者。麼道，聖旨了也。欽此。

元貞元年七月，欽奉詔書條畫内一款：所在倉庫親臨上司提調正官，每季分輪計點，但有短少，隨即究問追理。違期不點或計點不實者，（重）〔量〕事輕重斷罪。任滿之日，凡錢穀交割不完，照依已降聖旨事意施行。

延祐二年十月，中書省。照得至元二十八年五月十七日奏准：户部、工部的勾當多的上頭，去年桑哥等辦集勾當上頭，十二箇舍人委付來。俺商量得，部裏舍人行的體例無有。員外郎之下教做正七品司計、司程委付呵，怎生？麼道，奏呵，恁的勾當有。那般者。聖旨了也。欽此。又一款：諸倉庫凡合關防、照勘、催舉事理，從户部於見設司計内選差廉幹二名，每月分臨倉庫，置簿專一檢校，合就催者就催，合申部者申部。其八作司簿斂庫應催舉照勘、關防者，工部差司程一員依上理合。欽此。照得近年以來多不遵守，司程、司計，多因别事差故，妨奪應管事務。爲此，都省議擬到合行事理：

司計、司程官，從户、工部選差，分臨倉庫，專一檢校，合就催者就催，合申部者申部，須要完備，不許别事差占。部官每月照刷，若司計、司程官，有失關防催舉，致有敗悞不完，隨事舉呈理罪。

勘合已到倉庫。

應納者不納，應支者不支。

物到庫，勘合不到。

已收已支錢物不即申報。

合押赤曆單狀違期。

收頓不如法。

倉庫給受有違。

部官每月摘差一員，將引令史二名，親詣倉庫計點，照例了畢，開具收支已未完備細各各名件，及照刷出差違等事呈省。

收支勘合赤曆單狀，有無失收、濫支、差錯、不完。

頓放官物有無如法。

倉庫有無疎漏，垣牆有無損壞。

看守倉庫軍人有無闕役。

點看見在錢物糧斛，於内若有陳舊、損浥之數，隨即議擬先支，或別行發落。

《通制條格》卷一四《倉庫·司庫》　至大四年六月，中書省。户部呈：萬億寶源庫申：本庫設官叁員，司吏壹拾玖名，司庫叁拾陸名，專收行省、腹裏一切合納鈔定。其司庫押送和買、和粂鈔定，前去甘肅、和林、遼陽、大同、上都等處交割，時常差占，常無一二。司吏除年銷局照算窟點，旬申揭貼，省部呼喚照勘一切文字，亦無一二在庫掌管勾當。照得凡收支錢物，必須半印勘合。工、刑、兵、（檀）〔禮〕肆部、中書省斷事官並無半印勘合，差人呼喚司庫人等，就彼收受合納鈔定。本庫參詳，萬億肆庫并富寧庫，掌管收支一切錢帛，各處合納諸名項金銀等物，合依舊例，本衙門先用半印權符收訖，開坐實收數目、年月、給鈔字號、納物人姓名，移關本部勘合，各庫正行作收，勿令似前徑自呼喚司庫、司吏人等，赴本衙門交收錢物，似爲便益。都省准呈。

《通制條格》卷一四《倉庫·務官欺課》　至大四年十一月初四日，中書省奏：臺官人每俺根底與文書，真定路姓部的務官侵使了課程有，俺待問呵，院務官每比及年終未審，合無取問，説將來有。俺商量得，院務官每辦着課程有，既欺隱了課程，不教問呵，課程也不能盡實到官，做賊説謊的多了去也。今後但是務裏委付着的務官，端的偷了課程呵，依職官取受例交監察御史、廉訪司官問呵，怎生？商量來。奏呵，那般者，麼道聖旨了也。欽此。

《通制條格》卷一五《厩牧·鷹食分例》　至元六年正月十七日，欽奉聖旨：如今鵝過來放海青時分，省會中都路地面城裏村裏人每，若是海青拏住鵝呵，恐怕人不識，將海青打傷。若拏住海青的人，送與本處官人每，教好人送將來者。如海青拏不住鵝呵，坐落的田地裏或是拏着雞兒，休打者。人見呵，拏住送將來者，拏不得呵，教人看着報知本處官司，轉送與鷹房子每者。

至元十年正月，中書省會驗：近爲順天路劉五十收住兔鶻不送官司，用牛肉喂死，量決肆拾柒下，奏奉聖旨：既是那般呵，打也不合打。咱已前爲這拏着鷹不送官司的人教死者，麼道行了文字來，那的忒重有。若已後海青鷹鶻等拏着呵，理會的人於就近官司便送納者，不理會的人於暗房子裏坐下海青鷹鶻等，教人看着，休教猫入去，即便於附近官司説了，官司取去，差會養鷹的好人送來者，那般行文書者。欽此。今約量擬定下（頃）〔項〕鷹食數目，仍令食用新肉，如無新肉，殺與雞猪者。

鷹食分例

海青兔鶻早晨二兩　後晌叁兩

鷹並鴉鶻早晨一兩　後晌二兩

皂鷹北海青等斟酌稍多應付

至大四年閏七月，完澤平章特奉聖旨節該：海青並豹子食，諸王駙馬每的並官人每，不揀是誰的呵，休與者。麼道聖旨了也。欽此。

《通制條格》卷一五《厩牧·擅支馬駝草料》　延祐元年八月，中書省奏准事理：

一件。去年昔寶赤每教拾月裏入大都來者，麼道聖旨有呵，預先將鷹入來教外頭拴的，又將入來了的也多有來。今年教拾月初壹日入來者，麼道聖旨有來。如今昔寶赤每根底差人去大都的入來的，拾月初一日合裏頭拴的鷹教將入來者，外頭拴的鷹教外頭拴者。那裏拴呵，教昔寶赤官人每、度支監官每根底説將來。憑度支監文字，教各州城准備草料呵，怎生？奏呵，那般者。麼道聖旨了也。欽此。

一件。分撥城子裏的老奴婢每根脚，他每的馬疋依着怯薛歹的例與了草料，和他每一處怯薛裏行的伴當，也依例支與有，倚着他每根脚分撥到

底城子，麼道。他每餘剩梯己馬匹並他每哥哥弟兄每的馬疋，教喂養去呵，百姓每生受有。路官人每根與將文書去，那般的每根底，無度支監並部家文書的，不教與草料呵，怎生？奏呵，那般者。麼道聖旨了也。欽此。

《元典章》卷六《臺綱・體察・察司合察事理》〔至元二十五年三月〕巡按官所到，凡倉庫收貯官物及造作役使官匠去處，須管遍歷巡視，用心體察。有收貯不如法，并侵盜、移易、損壞官物，及諸造作役人不應者，隨即糾治，申臺呈省。

《元典章》卷九《吏部・倉庫官・雜職依前考第品級遷陞例》 流官内選用者，任回，理流官月日。

元擬雜職人員，任回，雜職遷陞。

平准行用庫官，任回，減一資歷。

鹽場司令、丞、管勾，任回，減一資。

通州等倉官，陞一等，減一資。

通州七倉，李二寺、直沽二倉，河西務七倉，京畿等十五倉陞一等。

豐潤等三倉，減一資。

各衙門選用人員，任回，本衙門所轄叙用。

匠官、院長至從五品，止於匠官遷陞。

《元典章》卷九《吏部・倉庫官・管辦錢穀官諸雜職人員例》 至元二十一年九月定：

一、辦課分爲三等。

上等充提領，中等充務使，下等充都監。

二、辦課官陞轉，一周歲爲滿。

都監三界陞務使，務使三界陞〔提領〕，提領三界陞受省劄錢穀官，又歷三界，於從九錢穀官内任用。

諸雜職人員，比附院務官一體陞遷。

鹽鐵副管勾，相副、裝查、批引等官，諸衙門倉庫鹽敖等監支納、大使。

《元典章》卷九《吏部・倉庫官・資品錢穀人員例》 五千定之上，提領正七，大使正八，副使正九。

二千定之上，提領從七，大使從八，副使從九。

一千定之上，提領正八，大使正九，省劄副使。

五百定之上，提領從八，大使從九，部劄副使。

一百定之上，係中等錢穀官，設提領、大使、副使。

五十定之上，設大使、副使。

五十定之下，設都監。

《元典章》卷九《吏部・倉庫官・倉官窠闕監納正七 大使從七 副使正八》 京倉一十七處：

千斯、相因、豐潤、通濟、廣貯、永平、永濟、惟億、盈衍、豐實、大積、廣衍、既盈、既積、順濟、萬斯南、萬斯北。

都倉一十七處：

有年、樂歲、富有、廣儲、足食、大盈、盈止、及秭、充溢、崇墉、廼積、永備南、永備北、廣盈南、廣盈北、李二寺、直沽。

《元典章》卷九《吏部・倉庫官・倉官前後陞等例》 至元二十六年十一月，呈准：陞一等，通理月日。

至元二十九年五月呈准：在都〔并〕通州、河西務、直沽、李二寺等倉應得資品上陞一等。如本倉別無侵欺短少，再陞一等。歷過倉官月日，例不准算。

元貞二年六月十一日呈准：周歲爲滿，内通州、河西務、李二寺、直沽倉陞一等除授，任回減一資。在都并城外倉，五萬石之上陞一等除授，一萬石之上任回，減一資。

大德二年三月，令史揭禧承奉省判，本部所呈，擬到京畿都漕運司申各倉官依例交界于後。

三月一日立界交代倉一十一處：

既盈、相因、惟億、豐〔閏〕〔潤〕、永平、通濟、廣貯、豐實、既積、萬斯南、萬斯北。

七月一日立界交代六處：

永濟、千斯、盈衍、大積、廣衍、順濟。

《元典章》卷九《吏部・倉庫官・倉官陞轉減資》　元貞二年六月十一日，中書省：

來呈：奉省劄判〔送〕御史臺呈：各處倉官人等，有收糧多者，四十餘萬，少者不過二萬，例陞二等。看詳：收糧多者，倘有照略不及、失陷短少，利害非輕，任滿別無侵欺，理宜陞用。其餘收糧數少倉官，一例陞等，中間優苦不倫。本部斟酌各處優劣，擬到陞加等第。緣係爲例之事，恐擬未當，具呈照詳。都省議得：今後倉官有缺，於到選相應職官（於）〔并〕諸衙門有出身令譯史、通事、知印、宣使、奏差兩考之上人內選用，依驗難易，收糧多少，任回〔於〕應去地方遷敘，依上施行。

通州、河西務、李二寺、直沽等倉，於應得資品上陞一等，任回交割，別無短少，減一資通理。

通州七倉：足食、有年、及秭、富有、盈止、樂歲、廣儲；〔河西務七倉：大盈、崇墉、永備南、永備北、充溢、廣盈南；〕李二寺；直沽。

在城并城外倉分：收糧五萬石之上倉官，於應得資品上升一等，任滿交割，別無短少，依例遷敘通理。

永平、既積、廣衍、惟億、順濟、永濟、既盈、盈衍、豐實、萬斯南、萬斯北。

收糧一萬石之上倉官，止依例應得品級除（受）〔授〕，任滿交割，別無短少，減一資通理。

豐潤、大積、通濟、千斯、廣貯、相因、廣濟。

《元典章》卷九《吏部・倉庫官・平准行用庫窠闕從七品》　腹裏：

大都在城計六處：

順承、文明、光熙、和義、（建）〔健〕德、崇仁。

外任計一十三處：

上都路、遼陽路、大寧路、大同路、太原路、平陽路、保定路、真定路、大名路、東平路、濟南路、益都路、長蘆。

江南四十六處：

揚州、淮安州、廬州、真州、泰州、杭州、（加）〔嘉〕興、湖州、常州、平江、鎮江、紹興、慶元、台州、温州、處州、衢州、婺州、建康、寧國、太平、龍興、江州、吉安、贛州、撫州、臨江、袁州、瑞州、潭州、江陵、武昌、福州、廣州、惠州、潮州、静江、雷州、重慶、安西、成都、寧夏、甘州、英德、饒州、泉州。

《元典章》卷九《吏部・倉庫官・行用庫窠闕從八品》　腹裏四十二處副使受部札：

懷孟、順德、廣平、彰德、河間、般陽、衛輝、濟寧、南陽、襄陽、河南府、平灤、隆興、宣德府、河中府、歸德、萊州、鄧州、曹州、恩州、（太）〔泰〕安州、濟州、棣州、冀州、陵州、沂州、許州、汝寧州、陝州、汾州、單州、奉聖州、豐州、懿州、夏津縣、鄆城縣、潞州、解州路村、濮州、南昌、河西務、滹州。

江南三十六處副使受行省劄付：

揚州、杭州北關門、建德、信州、廣德、徽州、高郵、松江府、鉛山州、南康、建昌、南豐、南安、安慶、池州、興國、安豐、常德、辰州、沅州、蘄州、澧州、峽州、岳州、寶慶、郴州、泉州、道州、桂陽、武岡、衡州、永州、沔陽、安陸、荆門、茶陵。

陝西一十二處：

延安、鳳翔、興元、鞏昌、平涼、秦州、潼川、慶元、夔路、順慶（加）〔嘉〕定、敘州。

《元典章》卷九《吏部・倉庫官・鈔庫官陞等例》　至元二十六年十一月呈准：選充鈔庫，應得資品陞一等，通理月日。

至元三十一年正月二十二日，呈准：鈔庫官，若流官內選充者，任回減一資歷。雜職人員，止理本等月日。

在都平准行用庫，以一周歲爲滿。

諸路平准行用庫，以二周歲爲滿。

《元典章》卷九《吏部・倉庫官・平准庫官資品》　至元二十四年，尚書省：欽奉聖旨節該：造至元寶鈔，頒行天下，中統寶鈔通行如故。欽此。奏准立平准行用庫倒换金銀、昏鈔，及奏，如今，外路裏入來的金銀有。麼道，說有。那金銀根底交來呵，太府監裏不納，萬億庫裏另放

着，交那金銀裏開平准庫呵，怎生？奏呵，那般者。麼道，聖旨了也。欽此。又奏，在先行來的舊倉赤内不曾做賊説謊的根底，則依舊就便交行。又管錢物底好人内委付呵，怎生？奏呵，那般者。麼道，聖旨了也。欽此。先將緊關去處合用至元鈔本，交付已差平准行用庫官，及另差官一同管押前去，從本省斟酌所轄路分緊慢，分俵立庫倒换。外，所據平准行用庫合關金銀官本，不見本省即無見在并至元鈔本。除前項已發外，亦不續合關撥數目。爲此，今差同知劉承直馳驛前去，合行移咨，依上照勘本省見在金銀、所轄路分合俵官本，及所用至元鈔本。除已發外，斟酌續合關撥數目擬定，差能幹官員，將引庫子，馳驛賫咨，星夜前來大都關撥。外據庫官，除都省已差外，其餘去處，從本省於見任并得替無粘帶過犯職官，遴選相應提領、大使，即令開庫勾當，開具脚色，保結咨來，給降敕牒施行。

一、都省擬注平准行用庫并行用庫官，提領作從七，大使作從八，選相應人員從優銓注。應得八品之人擬充提領，九品擬充大使。如元係民官，任回，亦照見定資品，於民官内任用。

平准行用庫設：

提領一員從七品、大使一員從八品、副使一員從本路官司於有抵業不作過犯上户内選充。

行用庫設：

大使一員從八品、副使二員。一員有省選差受行省劄付。一員本路官司於有抵業不作過犯相應人内選充。

《元典章》卷九《吏部·倉庫官·選差倉庫人員》　至元三十一年，御史臺咨：奉中書省劄付：

准江西行省咨該：先爲各處官司差税户充倉庫官、攢典、庫子人等，放富差貧，本省與行臺監察等一同完議得：南方税家，子孫相承，率皆不曉事務，唯以酒色是娛，家事一委幹人。歸附之後，捉充倉庫官，並不諳練錢穀，又不通曉書算，失陷官錢，追陪之後，破家蕩產。虧官損民，深爲未便。如蒙照依本省移准中書省咨文事理，今後各路倉庫官、大使、副使，擬於見役府州司縣吏、典史内，驗物力高者，指名點取。如有不敷，本省立格差取。倉官已後告閑司吏、典史内有物力之家，仰一體選差，似革官吏貪饕之弊，亦絶百姓破家之患。今將吏部議擬到倉庫官出身定例開坐前去，請定奪回示。除已依准江西行省所擬另行外，仰行移合屬，嚴加體察施行。

一、本省於至元二十九年二月十六日，議擬到廣濟庫提領、大使、副使，并各路倉庫大使、副使，及平准行用庫副各各出身定例，開坐移咨。去後，於至元二十九年閏六月初六日回准中書省咨該，送吏部，逐一議擬到下項事理：

本省廣濟庫：

提領、大使各一員，於本省到選人員，選取慎行止、不作過犯、有抵業人員，另行移咨都省。

前件，照得，本庫行使從九品印信，提領、大使宜從本省選差相應。

副使二員，各路總管府請俸司吏内，驗物力高者選取，驗實歷請俸月日。十個月之上，三十個月之下，充庫副一界，(月)〔滿〕日别無侵借粘帶，充吏目。四十個月之上，六十個月之下，充庫副一界，滿日充都目。七十個月之上，九十個月之下，充庫副一界，滿，於各路提控案牘或巡檢内任用，似爲相應。

前件，照得循行例：腹裏各路總管府司吏，年及四十五以上，請俸六十個月，方許保申擬吏目，兩考轉都目，一考陞提控案牘，兩考與正九品。如請俸及九十個月，擬吏目，減一考陞轉。又行省所轄各路提控案牘，三考與正九品；巡檢，九十月與從九品。今本省既於各路總管府請俸司吏内選取廣濟庫副使，即係出(給)〔納〕錢穀之職。以此參詳：如司吏請俸二十個月之上及一考者，選充一界，滿日别無粘帶，年四十五以上與吏目，年未及者於務使内任用。如四十個月之上，六十個月之下選充者，一界滿日，年四十五以上與都目，年未及者院務提領内任用。七十個月之上至九十個月選充者，一界滿日，年(五十)〔四十五〕之上，與提控案牘，四十五之下，於巡檢内任用相應。

攢典、庫子，於州縣請俸司吏内，驗物力高者指名勾充，滿日，别無

侵借粘帶，於院務都監、大使或總管府司吏、縣典史內定奪相應。

前件，照得呈准：萬億庫司庫，如曾受宣慰司、總管府、轉運司等衙門付身院務相副等官，一周歲，於院務提領內任用，一周歲，於務使內用。州司吏充司庫，勾當二周歲，於吏目內用，願充務使者聽。司縣司吏充司庫，勾當二周歲，於吏目內任用，添一考陞轉。今本省既於州縣司吏內勾充廣濟庫攢典、庫子，即與萬億等庫事體不同。今咨本省更爲照勘講議彼中事體，比准前例，量擬三十個月之下，二十個月之上，州吏內選充者，滿日，轉補各路總管府司吏，縣吏內充者，轉補各州司吏相應。

合干人、秤子：合干人於有物力、曾官中勾當相應户內點充。秤子於有物力，金銀匠户內點差。滿日，別無侵借粘帶，行下各路，於本院務官、副使內定奪，或免本户三年雜泛差役。前件，照得呈准：萬億四庫秤子，擬大都人户內選差，二周歲滿日，解由到部，擬於近下錢穀官內任用。今本省既於金銀匠户內點充廣濟庫秤子，既係白身人，勾當其間，依例合免本户雜役，滿日，別無粘帶，許移轉再充秤子一界，於近下錢穀官內敘用相應。其合干人，即係祇備役使之人，別無定奪。

各路平准行用庫，除提領、大使外，副使並倉庫大使、副使等：

倉庫大使、副使并平准行用庫副使，於總管府請俸司吏內，驗物力高者點取。倉庫官滿日，別無侵借粘帶，歷過倉庫官月日，加倍准算。司吏月日，比附廣濟倉副使，例降一等定奪，似爲相應。

前件，議得：既於各路總管府司吏內選充，滿日別無粘帶，止合驗實歷司吏月日。諸倉大使，比附廣濟庫副使一體敘用。其餘副使人員，降等定奪。如（充）〔元〕歷司吏月日淺短，許轉移再充副使一界，依上選敘相應。

攢司、庫子，於州縣請俸司吏內，驗物力高者指名勾充，得替，別無粘帶，擬於總管府司吏或各路院務副使內定奪相應。

前件，照得先承奉尚書省劄付：呈准：大都順承平准庫攢典，轉都提舉萬億四庫司吏、庫子，一周歲，於務司內任用。其餘各路庫子攢典，別無州縣司吏內選取定例，亦無定奪出身。以此參詳：似難定奪。

《元典章》卷九《吏部·倉庫官·合設倉官員數》　大德元年七月，御史臺承奉中書省劄付：户部呈：照勘到大德元年實有合科差户數，議擬到逐項事理內一款，合設庫官，色目、漢人相參，大者三員，小者二員。攢典、庫子，大處三名，小處二名。除都省差設監納、使各一員，餘從各路選差近上有抵業、信實人充。自開庫日爲始，本路正官輪番檢察，須要官降秤尺，兩平收受。毋得大收加耗，取要分例。仍禁約官豪勢要人等，不得結攬。如有違犯之人，依條治罪。先具保定庫官人等姓名申部。其收到差發數目，上下半月入遞飛申。

《元典章》卷九《吏部·倉庫官·平准行用庫副例》　大德元年九月，湖廣行省准中書省咨：

吏部呈：各路平准行用庫官，提領從七品，大使從八品，副使於有抵業、廉慎行止、不作過犯人內，從本處官司選保。照得大都平准行用庫見設副使從九品。本部參詳：外路平准行用庫既與大都庫所掌事務、品職皆同，副使擬合比依大都一體爲從九品，於到選流品官內銓注相應。得此。於大德元年五月二十九日奏過事內一件，外路倒換金銀、鈔立着平准行用庫，倒換鈔立着行用庫有。庫裏行的人每，上頭的兩員，受敕的人每裏頭委用，第三個的，路官每委付者。爲那般上，選揀貧富，多騷擾百姓每有。俺商量得，平准行用庫裏行的，這裏於九品人內與敕委用，行用庫裏的，與吏部劄付委用，行省管的地面裏，教行省官每委付呵，怎生？奏呵，奉聖旨：那般者。欽此。都省咨請，於曾受本省劄付錢穀官並相應人內，欽依委付施行。

《元典章》卷九《吏部·倉庫官·行用庫副例》　大德三年，湖廣行省准中書省咨：

來咨：行用庫副，依例於近上錢穀官內委付。外，看詳：行用庫掌管鈔法，責任非輕，量擬二周歲爲滿，交換相應。咨請照驗。准此。照得奏過〔事內一件〕：管鹽茶課程等運司、管押鈔提舉司、管糧的漕運司官每，在先三年替換來。後頭桑哥等奏了，錢穀的勾當裏行多時呵，做賊說謊。麼道，交二年替換奏來。如今俺商量的，二年替換呵，行勾當卒急的一般。依在先體例裏三年替呵，怎生？奏呵，奉聖旨：那般者。欽此。

《元典章》卷九《吏部・倉庫官・倉庫官例》大德八年七月，江浙行省：

准中書省咨，〔來咨：〕吏部呈：腹裏至元二十五年呈准，各路司吏實歷請俸六十月吏目，歷兩考陞都目，一考陞提控，兩考陞正九。若路司吏九十月，歷吏目一考與都目，餘皆依上陞轉。議得：江南提控案牘，除各路司吏比依腹裏路分至元二十五年呈准定例遷除，其餘已行直補、并自行踏逐根脚淺（深）〔短〕之人，自呈准月日立格。實歷案牘兩考者，止依至元二十一年定例，九、十月人流；未及兩考者，再添一資遷除。例後違例創補之人，雖有役過月日，別無定奪。本（部）〔省〕參詳：各路及考并滿考司吏，員多缺少，於內亦有選充倉庫大使、副使人等，若便照依先例，擬陞提控案牘、都吏目內定奪，恐與新例差池。咨請定奪回示。准此。照得至元廿九年吏部呈：議得：各省既於各路總管府請俸司吏內選取廣濟庫副使，即係出納錢穀之職。參詳：如司吏請俸二十月之上及一考者，選充一界，滿日別無粘帶，年四十五之上與吏目，年未及者院務使內任用。如四十月之上至六十月選充者，一界滿日，年四十五之上與都目，年未及者院務提領內任用。七十月之上至九十月選用者，一界滿日，年四十五之上與提控案牘，四十五之下於巡檢內任用。又各路倉庫大使、副使與平准行用庫副使，既於各路總管府司吏內選充，滿日別無粘帶，止令驗實歷司吏月日，諸倉大使比附廣濟庫副使一體叙用，其餘副使人員降等定奪。如元歷司吏月日淺短，許移轉又充副使一界，依上遷除。已經移咨本省依上施行。咨請照驗。准此。照得各處錢糧造作，責在有司管領，各俱有正官提調，每歲取勒認狀。設有虧欠，着落追陪。其倉庫官員，在前俱係各路自行選差，近年以來本省銓注，中間恐無抵業，設若侵欺錢糧，追究無可折剉，有累官府，深爲未便。省府仰照驗，今後照驗都省咨文内事理，於各路見役司吏，或曾受三品此上衙門文憑，歷過錢穀官三界相應人內，從公選用有抵業、無過之人充倉庫官。滿日，依例陞遷施行。

《元典章》卷九《吏部・倉庫官・倉官貼補倉官對補》至大二年九月，袁州路奉江西行省劄付：

撫州路申，准總管王嘉議關該，近奉省劄：臨江路總管萬少中言：司吏先充倉庫官重役，滿替給由到路，不行從優先行定奪，却與創補人數一例挨次守缺，停閑數年，不能還役。倉官已有養廉分例，尚蒙省部定立出身，惟有庫官另無俸給養廉，又無優陞定例。莫若今後庫官對缺收補事。省府依准所言，對補相應。仰照驗施行。奉此。除遵依外，切照倉官交取糧米，庫官收支錢帛，各任重責，利害頗同。倉官雖有分例，往往因而消折正糧，將分例陪納還官，少有得爲養廉之資者。雖蒙省部定立出身，及庫官對補，却緣多有在前歷過倉官重役，月日未及，不該陞轉，例應貼補，及庫官得代在通例之先者，創補司吏，一體挨次守缺，久不得補，停閑生受。若擬令先儘收補相應。申乞照詳。照得至大元年十二月十二日臨江路申前事，已經劄付本（部）〔路〕依上施行。外，今據見申，省府議得：今後各路（例年）〔倉庫官〕例於見役司吏內差充。庫官歇下名缺，須候得替庫官給由到路，對缺填補還役。外，但遇路吏有缺，須要先儘歷過倉官重役，月日未及、不該陞轉之人，及庫官得替在通例之先者，亦須挨次貼補。餘有名缺，方及創補人員，無得攙越。合下，仰照驗施行。

《元典章》卷九《吏部・倉庫官・倉庫官陞轉》延祐四年十月，行省准中書省咨：

來咨：撫州路備大盈庫申，庫使張京另無俸給。如蒙定俸給祿，唯復依湖廣省元擬，庫官周歲滿替，准理路吏月日，考滿，依例陞轉。官吏俸給，已有定例，外據倉庫官陞轉一節，本省未奉前因，咨請照驗。准此。送據吏部呈：奉中書省劄付，本部呈：江浙省咨：各路司吏歷俸已及兩考，在（役）〔後〕選充五萬石之上倉官一界，如無侵欺粘帶，合無將歷過倉官月日比路吏一倍折算，歷五（百）〔萬〕石之下倉官月日以二折三，與元役路吏俸月，通九十月，照依見奉遞降通例，歷典史一考陞轉。唯復五萬石之上者，比同考滿路吏出身充典史，一考陞吏目。五萬石之下者，於典史内添一考，依例遷叙。本部議得：江浙行省各路見役司吏，已及兩考，選充倉官。如無侵欺粘帶，比同考滿出身充典史，一考陞吏目，依例遷叙相應。都省仰依上施行。奉此。已下主事廳標附格例去

訖。今奉前因，本部議得：江西省咨：倉庫官役滿，未奉陞轉定例。以此參詳：合依呈准江浙行省元擬，如係路吏歷俸已及兩考，選充倉官一界，另無侵欺粘帶，比同考滿出身充典史，一考陞吏目遷叙。庫官周歲，如無粘帶，准理本等月日，考滿依例陞轉。如蒙准呈，移咨行省照會，劄付本部，爲例遵守。具呈照詳。都省咨請依上施行。

《元典章》卷二一《户部・倉庫・至元新格》 諸出納之法，須倉庫官面視稱量檢數，自提舉、監支納以下，攢典、合干人以上，皆得互相覺察。有盜詐違法者，陳首到官，量事理賞。其有侵盜錢糧并濫僞之物，若犯人逃亡，及雖在，無財可追者，並勒同界官典、司庫、司倉人等一體均陪。

諸支納錢糧一切官物，勘合已到倉庫，應納者經十日不納，應支者經一月不支，並須申報元發勘合官司，隨即理會。其物已到倉庫，未得勘合者，亦如之。

諸官物出給，先儘遠年。其見在數多，用處數少，不堪久貯者，速申當該上司，作急支發，毋致損敗，違者究治。

諸路收受差發，自開庫日爲始，本路正官一員輪番檢察，並要兩平收受，隨時出給官户朱鈔，無使刁蹬，停留人難。諸州置庫去處並同。

諸倉收受米糧，並要乾圓潔浄。當該上司各取其樣，驗同封記，一付本倉收掌，一於當司存留，仍須正官時至檢校，其收支但與元樣不同，隨即究治。應儹運者，比驗樣料相同裝發。其至下卸，亦驗樣料相同交收。

諸庫藏并八作司所收物内，其有名數而無用者，開申合干部分，勘驗是實，委官檢估出賣。無人買者，量宜支遣，不致損敗。

諸倉庫錢物，監臨官吏取借侵使者，以盜論。與者，其罪同。若物不到官而虚給朱鈔者，亦如之。仍於倉庫門首出榜，常川禁治。

諸倉庫赤曆單状，當該上司月一查照。但開附不明，收支有差，隨事究問。

諸倉庫局院疎漏，速申修理。霖雨不止，常須檢視，隨宜備禦，不致官物損壞。若收貯不如法，防備不盡心，曝曬不以時，致有損敗者，各以其事輕重論罪。所壞之物，仍勒陪償。

諸倉庫局院，凡關防、搜檢、巡宿、禁治事理，其當該上司正官每月分輪點視，常須謹嚴，無致弛廢。

諸倉庫官新舊交代，在都，本管上司委官監視。在外，各路正官監視直屬省部州府亦同。沿河倉分，漕運司官監視。凡應干收支文憑，合有見在官物，皆須照算交點明白，别無短少濫僞之數。舊官具數開發，新官驗數收管，仍須同署申報合屬上司照會。既給交關之後，若有短少濫僞之物，並於新官名下追理。

《元典章》卷二一《户部・倉庫・關防錢糧事理》 元貞二年七月，湖廣等處行中書省：

准中書省咨：先據御史臺呈：至元三十年九月二十一日，奏准：錢糧欠少底人每，根脚裏錢糧裏提調來底官人每，錢物追不足呵，解由休與者，别個勾當裏休交遷轉。錢糧幾時追足了呵，他每底解由文字，那時節交與者，遷轉委付等事。欽此。照得，元貞元年五月内，欽奉聖旨節該：今後不揀那個大小提調錢糧的，别個不揀誰，休借要係官者。這般道了呵，借要的人每年月滿呵，算計，全交了呵，與解由文字者。不全交割呵，休與解由文字者，勾當裏也休委付者。道來。欽此。又於元貞元年七月二十五日，欽奉聖旨條畫内一款：所在倉庫，親臨上司，提調正官，每季分輪計點。但有短少，隨即究問追理。違期不點或計點不實者，量事輕重，斷罪。任滿之日，凡錢穀交割不完，照依已降聖旨事意施行。欽此。擬定提調官姓名，移咨各省欽依施行，及劄付户部，遍行合屬所設倉庫去處，委自達魯花赤、長官，不妨本職，專一提調，所收錢糧，如法收頓，不致損壞失陷。仍令正官收掌倉庫鑰匙，凡有收支，逐物旋關納。仍令提調官輪番赴庫，牽照一切，勘合文憑，比對赤曆單状，計點實有見在，但有侵欺、短少，即將當該庫官、庫子人等監鎖追陪。若提調官不爲用心，有失關防，計點不實，但有短少損壞，取問明白招伏，欽依所奉聖旨事意施行。去後，切恐各處提調正官因循，有失關防。都省除已差官前去，咨請取各處提調正官即目如何設法關防，開具咨來。准此。

《元典章》卷二一《户部・倉庫・行用圓斛》 至元二十九年，御史臺咨：

照得至元二十年四月十六日，准御史中丞牒：官司所用斛檻，底狹面闊。吏卒收受，概量之際，輕重其手，弊倖多端。亡宋行用文思院斛，腹大口狹，難於作弊，今可比附式樣，成造新斛，頒行天下，此不可但施於官，至於民間市肆，亦合准官斛制造，庶使奸僞不行，實爲公私兩利。准此。五月二十五日，御前看過新斛樣製，欽奉聖旨，是有，說的有體例，交這般行者。欽此。呈奉中書省劄付，令工部造到圓斛一十隻，較勘相同，每處擬發斛樣一隻，咨發各處行省、宣慰司依樣成造，較勘印烙，發下合屬行用。咨請各道察院嚴加糾察施行。

《元典章》卷二一《户部・倉庫・收糧鼠耗分例》 至元（三）〔二〕十三年三月，中書省：

爲江浙行省咨，擬到租稅帶收鼠耗糧米事，送户部照擬得：江南民田稅石，合依例每石帶收鼠耗、分例七升。內除養贍倉官、斗脚一升（內）〔外〕，六升與正糧一體收貯。如有短折數目，擬依腹裏折耗例，以五年爲則，准除四升。初年一升二合。次年二升。三年二升七合。四年三升四合。五年共破四升，餘上不盡數目追徵還官。若有不及所破折耗，從實准算，無得多破官糧。外，官田帶取鼠耗、分例，若依行省所擬，比民田減半，每石止收三升五合，却緣所破折耗糧米如五年之上，已是支破五升，切恐侵破正糧，擬合每石帶收鼠耗、分例五升相應。得此。議得，除民田稅石依准部擬外，據官田，擬依行省所擬，減半收受。咨請依上施行。

《元典章》卷二一《户部・倉庫・倉糧對色准算》 元貞元年二月，行御史臺：

准御史臺咨：來咨：江南浙西道廉訪司申，計點出嘉興、松江等處倉短少附餘糧數，乞議擬。本臺照得近據淮西江北道肅政廉訪司申：開坐到點出廬州路軍諸倉庫短少付餘各色糧數。看詳，一倉各敖，互有增短，合行通行准算。呈奉中書省劄付：送户部照擬得：上項短少附餘糧斛，除小麥外，據粳米，雖然各敖收貯，終是一倉，互相增短，（各）〔合〕依御史臺所擬，對色准算。餘有短少粳米、小麥數目，移咨着落本界倉官人等追徵還官相應。都省准擬，除有失短少粳米等行下追理外，仰照驗。承此。除外，今准前因，咨請依上施行。仍將准算不盡對色附餘糧數，行移有司，別項作數支發。准此。

《元典章》卷二一《户部・倉庫・餘糧許糶接濟》 大德三年八月，行臺准御史臺咨：先奉中書省劄付：

江浙省咨，大德二年九月十一日，准中書省咨，奏過事內一件節該，腹裏百姓每，幾處缺食，更蝗虫生發，百姓饑荒，商量預備糧米。如今，休教納錢，稅糧全教納米來者。行了文書也。奏知，麼道，說將來有。俺商量來，伴當每的言語是的一般有。奏呵，奉聖旨：那般者。欽此。本省照得，見在糧斛，除支持外，餘上糧數，即目正是青黄不接之際，各處物斛湧貴，百姓艱糴，合無斟酌出糶，接濟貧民，不致失所。都省除已移咨江浙行省，除支持糧斛外，餘有糧數，照依各處目今實直市□，挨陳出糶，接濟貧民。仰行下合屬，體察施行。

《元典章》卷二一《户部・倉庫・毋擅開收稅糧》 江西行省劄付：

准中書省咨：自今已後，但有開收田土租稅，須要咨稟都省明降，然後收除，請常切照勘事。今後，除水旱災傷，已有定例，有必合續收田糧，依例申省，仍於官倉收貯，取無欠通關，別具備細緣由，繳申下年作收。及有合除糧數，亦於下年除豁，非奉省府許准明文，毋得擅自開收，亦不得開立續收續除名項。如違，斷罪追陪。

《元典章》卷二一《户部・倉庫・庫院不設揀子》 大德二年七月，行御史臺：

據監察呈：據建康路永興庫收受各州司縣人户大德三年夏稅，除合設庫官、庫子、秤子、攢司外，多設揀絲一名高大、揀棉一名秦成。取問得本路照勘卷內，行下録事司，於織染局差到上項絲、棉揀子作頭二名，下庫勾當。看詳，腹裏路分設立收差庫子，如遇取受差發，總府封記棉絹樣製，下本庫依樣收受。今建康路永興庫別設揀子，揀選人户絲綿色樣，中間刁蹬情弊不無。若依腹裏路分，令建康路選定絲綿色樣，用印封記，發下官庫，令依樣收受，將濫設揀絲綿高大、秦成革去，相應。即目正是收夏稅時月，其餘路分切恐亦有似此濫設之人，宜遍行禁革。憲臺除外，合下，仰依上禁革。

《元典章》卷二一《户部・倉庫・把壇庫子》　大德八年七月，江浙行省准中書省咨：

户部呈：諸路寶鈔都提舉司備光熙行用庫申：依奉上司文字，於本庫兼設平准之法，別無存設辨驗金銀成色把壇司庫。合無照依舊例，存設把壇司庫二名。本部參詳，既將平准庫革去，權令行用庫兼設把壇司庫，准除存留一名，與昏鈔庫子相兼倒換。外，餘者盡行革去。如蒙〔准〕呈，其餘各處行省亦合一體施行。具呈照詳。得此，施行間，湖廣行省咨：欽奉詔書内一款節該：金銀開禁，聽從民便買賣。欽此。除欽依外，將所轄各處平准行用庫見設把壇庫子革去。看詳，今後若有百姓自願赴官庫貨賣金銀，照依元定價直，差撥銀匠辨驗收買。中間慮恐未便，緣係通例，咨請定奪。都省相度，凡赴官庫賣買金銀者，兼用見設司庫，照依已定價直元降對牌收買。咨請依上施行。

《元典章》卷二一《户部・倉庫・短少糧斛提調官罪名》　大德七年八月十九日，江西行省准中書省咨：

御史臺呈：河東廉訪司申：近爲太原路去歲災傷，貧民闕食，賑糶大備倉大德三年、大德四年米二萬二千八百石三斗八升，令人監視，點數得大德三年倉官郭世忠元報見在米數，除已賑糶外，短少米四千八百五十一石八斗七升三合六勺二抄二撮二圭。大德四年倉官郭楫元報見在米，除賑糶外，短少米七百一十五石四斗七升八勺八抄五撮五圭。取到本路提調官達魯花赤塔海、總管木撒、同知六斤等不合不行親臨仔細計點，以致今次出糶短少上項米數招伏。除另催督追徵外，本臺看詳，達魯花赤塔海等所招，合令合干部分定擬。外據總管木撒，回回人氏，不識漢兒文字，使任掌判正官，專一提調錢糧，累次短少失陷，取招罰俸，習以爲常，恬然不顧，難任牧民長官，擬令依例斷罪，選官奏代。具呈照詳。送刑部議得：達魯花赤塔海、總管木撒、同知六斤所招，俱係提調正官親臨本府倉庫，不行依例每季計點，以致短少官糧五千餘石情罪，擬合依例各決三十七下，標注過名。外據總管木撒，回回人，不識漢字，提調錢糧，累次短少罰俸，難任牧民長官一節，合從御史臺所擬，相應。都省准擬，除已差官詣彼，與本道廉訪司一同斷決外，咨請遍行照會施行。

《元典章》卷二一《户部・倉庫・義倉・設立常平倉事》　至元十九年，御史臺咨：奉中書省劄付：

至元八年奏准：隨路常平倉收糴糧斛。欽此。劄付户部，行下合屬，驗每月時估，以十分爲率，添荅二分，常川收糴，委各處正官不妨本職提點，並不得椿配百姓。近年以來，有司滅裂，加之勢要人等，把柄行市，積塌收糴，侵公害私。除別行禁約外，都省今擬依舊設立，用官降一樣斛檻升斗，驗各處按月時估，依上添荅價直，常川收糴，畫便支價，並無減剋。貧家闕食者，仰令依例出糶，委自本處正官，不妨本職提調。據合設倉官、攢典、斗脚，就於近上不作過犯内公同選差，除免各户雜役，仍按月將先發價鈔、已未收糴支納見在數目開坐，申部呈省。除劄付户部、各路、宣慰司依上施行外，慮中間作弊，仰行移各道按察司體察施行。

《元典章》卷二一《户部・倉庫・義倉・義倉驗口數留粟》　延祐元年五月，江西行省准中書省咨：

大司農司呈：皇慶二年七月二十一日奏：世祖皇帝時分，每一社立義倉。好收呵，各家每口留粟一斗，無粟納雜色。不收呵，却與他每食。交廉訪司、管民〔官〕提調整治着行呵，遇着凶年，百姓每得濟的一般。奏呵，奉聖旨：那般者。欽此。具呈照詳。送據户部呈，檢會到至元七年二月内，欽奉聖旨條畫内一款節該：每社立義倉，社長主之。如遇豐年收成去處，各家驗口數，每口留粟一斗。若無粟，抵斗存留雜色〔物〕料，以備儉歲，就給各人自行食用。官司並不得拘檢、借貸、動支，經過軍馬亦不得強行取要。社長明置文曆，如欲聚集收頓，或各家頓放，聽從民便，社長與社户從長商議，如法收貯，須要不致損壞。如遇天災凶歲不收去處，或本社内有不收之家，不在存留之限。欽此。除遵依外，今奉前因，本部議得，大司農司呈，每社設立義倉，豐年蓄積，儉年食用，擬合欽依遍行相應。都省咨請欽依施行。

《元典章》卷二一《户部・錢糧・收・贓罰開寫名件》　至大元年閏十一月，袁州路承准江西廉訪〔分〕司牒：

准總司牒：近據書吏王祚呈：總房專一掌管贓罰錢物數目，不爲不重。責付龍興府庫收貯，少失鈐束，誠恐作弊，埋没係官錢物。呈乞施

行。得此，委奏差郭天錫鈐束各房管行貼書，經手庫子、攢典，將贓罰文卷查勘到自前至大元年十月十五日終應收贓罰鈔物數目。除已起解數目相同外，照到合行事件，呈乞照驗。得此。除逐一照勘施行外，於内查照出爭差鈔數。切詳分司出巡各路，公事繁冗，收鈔別無定規，止是責付隨路庫子、州縣人吏附簿，不過摽附厶人納鈔若干，分司但見數目相同而已，致使名項不同。今後，莫若行移各處分司，遍行各路相應，收錢物須要明白開寫路分、官吏人等備細年月、事頭、鈔兩數目，仍將段疋等物，照依續降事跡依式供報，庶使將來易於查照。當司牒請依上施行。准此。今將體式開坐前去，牒可照驗。今後應收贓罰錢物，依上明白開寫牒呈。

一、段疋、布帛等項：須要見幾疋，零者幾段，每疋長若干，每段長若干。

一、鹽貨：見幾件、幾袋，計斤重若干。

一、絲絹麻：須要見斤兩。

一、金銀：若有帶物者，須要是帶何物，共帶若干，其金銀是何名色。

一、珠子：須要見大小顆數、分兩，或帶他物者，計幾顆，帶何物，共重若干。

一、糧斛：須要見石斗升合。

一、屋宇、田地、山林、池塘：須要見間座條段頃畝。

一、孳畜：馬稱疋，牛稱隻，驢稱頭，豬、羊稱口，鷄鵝皆稱隻。

《元典章》卷二一《户部·錢糧·收·官錢不收軟鈔》 延祐三年二月，行省准中書省咨：

江西福建道奉使宣撫呈：會集江西省官、廉訪司官一同講議事内一件，官錢不收軟鈔事。累奉上司行下，鈔法務在流通，毋致澀滯。今來，酒税務、賑糶官糧、折收輕齎、官府一應贓罰錢物，及鹽場、茶局，並要交收好鈔。其通使市鈔中間，但有分毫損軟，刁蹬不與收受，於民甚不便當。合無令酒税務、鹽場、茶局、賑糶官糧、折收輕齎、官府一應贓罰等項，鈔兩雖是損軟，但有貫伯分明，邊欄可驗者，與民一體行用，商賈市民俱各利益。議得，鈔法頒行，乃國之大計，務要流通，以便民用。但有軟爛，官不收受，民間何以流轉，以致鈔法澀滯，交易不便。除咨行省，合令各處應收諸色課程，如係可以行使者，即與受納。具呈照詳。得此，送據户部呈，參詳，上項課程等鈔，如是堪中支持，依例收受，相應。具呈照詳。都省咨請依上施行。

《元典章》卷二一《户部·錢糧·收·科徵包銀》 延祐七年 月 日，江西行省准中書省咨文内一款：

腹裏漢兒百姓無田地的，每一丁納兩石糧，更納包艮、絲綿有。江南無田地人户，是甚差發不當，各投下合得的阿哈探馬兒官司代支，也不曾百姓身上科要，好生偏負一般。俺衆人商量來，便待依着大體例，丁糧、包銀、絲綿全科呵，莫不陡峻麼？如今，除與人作佃傭作，賃房居住，日趁生理單丁，貧下小户不科外，但是開解庫鋪席、行船做買賣、有營運殷實户計，依腹裏百姓在前科差、包艮例，每一户額納包艮二兩，折至元鈔一十貫。本處官司驗各家物力高下，品荅均科呵，怎生？奏呵，奉聖旨：依着恁衆人商量來的行着。欽此。每五月十五日爲頭開庫收受，納足通行起解，將科撥、包艮數目，令當該掾史馳驛齎咨，發來呈報。

《元典章》卷二一《户部·錢糧·支·職役人關錢物》 至元二十年，御史臺咨：奉中書省劄付：

據户部呈：照得樞密院、御史臺、宣徽院等支用錢物浩大，其差到人員，多係無職役、不知義理之人，或令關錢人自來關支，誠恐中間詐冒。本部看詳，今後應支錢物，擬合差委有職役信實人員，齎印信文憑，於本部總關前去，於各衙門官員當面給散。乞明降事。得此。都省准呈施行。

《元典章》卷二一《户部·錢糧·支·考計收支錢物》 至元二十二年，湖廣等處行省：

契勘考計財賦，自有常制，催（辨）〔辦〕給授，各有等務。近爲湖南等處收支體例不一，已下各處改正，多支數目，追徵還官。外，今准中書省咨：照勘到本省所轄去處，攢造到至元十九年錢糧文册，體例不一。請依腹裏一體照勘，通行造册咨來。省府擬議，區處前去，仰依坐去事理。若各官任内給授有法，無損官物，委有廉能實跡，於解由内開寫，備

咨都省，量加優用。如不以官物爲念，但有侵損失陷，追陪，依上移咨黜降施行，無得違錯。

一、應收課程、出産、茶鹽引價、贓罰等名項係官錢物，本管官司依例科徵，發下合屬，明置文簿，編立號數，出給憑照，開寫是何年分、甚名項錢物。若收金銀，須見成色。疋帛，須要各色端疋托數。如法收貯，趁時暴曬，不致損害，聽候起運。

一、應支官物，當該官吏照勘常例，委有奉到上司許准明文，開寫始末，備細料例，體覆相應。先儘官有見在，然後圓押勘合，行下合屬，擬定於是何錢内責領給付，無致互相動支別項錢物。如無許准文字，毋得擅自放支分文錢物。

一、仰各處置立文簿，編寫收支體例，常切檢舉，另置收辦鄉貢、出産、官房、田土、牛馬、租課等係官之物文簿，仍呈行省照驗。

一、各設倉庫，照勘舊管、新收、已支、見在名項數目，每旬一次申覆本管上司，每月一次備申宣慰司，每上下半年開呈省府。仍仰各倉庫每季依上結附赤曆，申解上司印押。

一、收支官錢，各處專委首領官一員，并選通書算廉潔人吏，掌管置定簿籍，以備年終照用。委定首領官、人吏，毋得擅自差故。

一、申除懸在錢物，仰依已行，照勘元奉許支各項料例，體覆相應，依例除破。若有不應支，或有侵欺、移易、借貸，立限追徵還官，合得罪犯，量情究治。

一、另項寄收錢物，每季開寫舊管、收、支、見在各項，開呈省府。

一、今後應起運錢糧諸物，合用打角木櫃、繩索須要牢壯，一就開申，另項收貯就用，無致重冒支破。

《元典章》卷二一《户部・錢糧・支・至元新格》　諸應支錢糧，腹裏路分皆憑省部勘合理算，其有申准諸支明文，例應倒除者，每季照勘所支數目，抄連合用文憑，檢校一切完備，須要不過次季仲月中旬，開申合干部分照勘相應，隨即除破。各處行省所轄路分應申倒除者，准此。

又，諸錢糧等物，户部立式，其使諸處每季一報到部。委官檢較。但有不應，隨即追理，年終通行照算。務要實行，毋爲文具。行省准上咨省。

《元典章》卷二一《户部・錢糧・支・歲終季報錢糧》　至元三十年，行臺准御史臺咨：淮安廉訪司：檢會到《至元新格》内一款：諸照算須勾人吏者，皆當官置局。自入局爲始，各以文字大小，斟酌立限。每五日考其次第，了則隨即發還。其攢報有常，收支有例，可以立式取勘者，不須勾攝人吏赴都。諸司於所屬亦准此。近准淮安路行卷内：照得每季蒙宣慰司勾攝本路司吏送報錢糧文字，宣慰司令史乘坐站船，支取飲食分例，就將本路司吏赴省。比及回還，次季文字須要差人依限供報，并年終通行考較，計往復四次。則是上下應管錢糧令史，一歲之間，殆無寧日，所掌事務，何由辦集？況府吏赴司，概管州縣，當該司吏必須津貼盤費，未免椿配里正、主首，科斂及民。又往來勾追之人，需索搔擾，爲害非一。當司參詳，錢糧文字，既有定式，若令各路每季人遞申報，宣慰司類呈省府，年終各道首領官將引令史赴省通行考較，庶幾公事各不相妨，吏民稍得安帖。准此。看詳，若准分司所言便益。呈奉中書省，准擬施行。

《元典章》卷二一《户部・錢糧・支・買物先支七分》　大德元年六月，江西行省：

爲修葺官舍、和買諸物放支錢糧等事，省府議擬，自今後本路但有造作合用物料、并和買諸物，本路估體價錢相應，先支價錢七分，申省照會。餘上價錢，造作、和買完備，令不干礙官司覆實，別無虧官損民，抄録勘准文憑，保結申省貼支，同先支價錢通行申除。據此。

《元典章》卷二一《户部・錢糧・支・准除錢糧事理》　大德元年七月，湖廣行省：

照得近准中書省咨：户部呈：考較課程，照算收支錢帛，定奪科差户額，行下各處，摘委提調正官、首領官，照勘一切文憑，捧照完備。比及年終，須要倒除了畢。若違限，或限内到來，但有文憑不完，將差來人吏痛行斷罪，局散別議。及將元委首領官擬決二十七下，任滿降等任用。正官取招議決，標注過名，解由内開寫。劄付本部，依上施行。咨請照依年例，摘委正官、首領官各一員，監督當該令史置局照算，捧憑查勘一切

完備，依式攢造備細文册，令知首尾令史管限次年八月終赴都。准此。續准中書省咨：御史臺呈行省年例照勘錢糧。送户部照擬得：合與腹裏一體。將本省所轄去處，但奉上司文字，及各路關文，應副軍人行糧、工匠口糧及造作、遞運、和雇和買錢帛等名項，年終差撥人吏，齎所支數，抄連許支，并下倉庫勘合關錢糧人收管一切文憑，於上使訖關防條印，令照算人吏齎回，就分付各倉庫收貯照勘相應。劄付各處，依上施行。

《元典章》卷二一《户部・錢糧・支・錢糧數目以零就整》 大德十一年正月，江浙行省：

據本省檢校官呈：會驗近奉省府劄付，准中書省咨：户部呈：中統寳鈔以貫爲兩，以十文爲分，已下別無釐鈔。至元寳鈔，貫至五貫爲止，子母相權，通行流轉。今照得各道宣慰司、隨路官府各衙門申關，遇有收支，多係中統寳鈔，往往照依物價分例扣算，至有分以下釐、毛、系、忽、微、塵。不惟繁紊，實是虛文而已。擬自今後，凡有收支物折中統寳鈔，積算到總數。若至五釐，收作一分，五釐以下，削去。如至元寳鈔，若至五毛，收作一釐，五毛以下，亦以去除。都省准呈，請依上施行。除外，今檢校各處申呈一應收除錢糧卷宗内，往往紐折物價，於釐、毫之下，復有系、忽、微、塵、抄、撮、圭、粒等數，不惟虛繁數目，抑且文繁。宜從省府，再行合屬，照依元行事理，去零就整，庶望事體歸一，不致虛繁。今據見呈，仰照驗施行。

《元典章》卷二一《户部・錢糧・支・數目去零》 至大三年三月，江西行省准尚書省咨：

照得數目去零，前省累嘗遍行照會。今次報到錢糧文字，往往不行去其零數，致使文繁，妨礙類總，又且虛懸簿書，不得實用爲失。議得，今後至元鈔並以釐爲止，五毫以上，收作一厘，五毛以下，削而不用。至大銀鈔並以毫爲止，五（系）〔絲〕以上，收作一毛，五（系）〔絲〕以下削去。糧斛並以合爲正，五勺以上收作一合，五勺以下削而不用。斤兩並以分爲止，五釐以上收作一分，五釐以下亦行削去。丈尺並以寸爲止，五分以上收作一寸，五分以下削而不用。但凡收支數目文字，當該首領官並要依上照勘無差應報，如是似前不行去零，妨礙類總，定是取招究治。都省咨請依上施行。

《元典章》卷二一《户部・錢糧・支・擬支年銷錢數》 至元五年四月二十三日，中書省左三部：

據隨路中統四年八月、至元二年七月終二周歲年銷祇應，除將勘當定奪錢物行下各路勘當圓備，別行呈覆外，擬到定例名項并應支、不應支錢物，若便行下各路追徵，誠恐未應。爲此，呈奉到中書省劄付，坐到本路年銷定例，擬到每年實合銷用數目該，除自中統四年八月爲頭，至至元二年七月終，本路已支過數目准算外，截自至元五年爲頭已後，依准所擬見定數目，行下本路照勘驗數支用，却不得因而多破官錢違錯。

聖節：擬支不過貳定。

乙亥日：支破香錢等鈔六兩。

祭丁：每歲祭，擬支不過破鈔二十兩。

祭社稷神：擬支一周歲内不過破鈔二十兩。

立春：擬支不過破鈔二十五兩。

祀風雨雷神：一年内不過破鈔一十兩。

重午、重九拜天節：擬支不過破鈔一十兩。其餘定不盡名項，有須合致祭者，令本路預爲申覆，即聽明降。

又，至元五年八月，中書省左三部：據隨路申中統四年八月至至元二年七月終年銷祇應錢物，省部委官分揀到所支名項，類攢總計數目，呈奉到中書省劄付該，逐一區處前去，仰依上施行。

一項，成造信牌、彩畫圖本、淹藏菜蔬、印色心紅并諸色名項雜支，今後年銷錢内遇有似此名項，少者就支，隨即申覆。多者預爲申禀，明文動支，亦不得冒濫支用違錯。

一項，各路當館鋪陳什物、修補館房廨宇酒庫敖房、成造儀從置買諸物用訖錢物，擬將成造到諸物，本路點覷見數，明附文曆，責領當該人員相沿交割，無令損壞散失。今後遇有成造修補，須合動支錢物，少者就便支遣，多者申覆上司點覷，預爲申覆，許支明文，方令支遣，無得冒濫支破違錯。

一項，囚糧，今後年銷錢内無得支破。仰行下合屬，申覆制國用使

司，於鼠耗內關支。

一項，撥還上年祗應不敷借過錢物，今後非奉省部照算准除文面，無得擅自撥還。

又，中書省户部：

近爲隨路年銷錢內擅支破官錢，公議到下項事理。呈奉中書省劄付，逐一區處如後，就便行移右三部照驗施行。

一、修造館驛廨宇。本部參詳，行下各路，若須修補添造，計料備細合該相應實直價鈔，保結申奉合干上司許支明文，然後支遣。若有緊急須合動支，不過五兩，就便支遣，隨即申覆等事。前件，仰備坐，行移右三部，行下各部，照會依上施行。

一、各路總管府并所轄州縣當館鋪陳什物。今來參詳，合令總管府并經歷司官、州縣官吏典史人等常切鈐束，無得去失損壞。如委年深，不堪用度，申覆上司聽候明降修造等事。前件，仰備坐，行下各路，照會施行。

一、起蓋橋樑、造船，於內有祗應，支訖錢物，本部別無奉到省府許令修造明文，合令左三部預爲定奪施行。

一、制國用使司行下各路，起運絲料、包銀等，并成造軍器等打夾，及熟皮柴草價直、人匠工糧。欽奉聖旨，宣喚法師人等起發衣裝，并諸王位下年例，取要皮囊，漢軍鷹帽，伍指等物，合該錢數，亦應支錢糧內應副。本部參詳，於差發錢糧內支破，似爲不致重冒等事。前件，除已劄付制國用使司，依准本部所呈，今後並於差發、官倉糧內放支外，仰照會施行。

一、制國用使司、右三部勾喚隨路司吏，并差人監押罪囚人等，及押運係官諸物赴都人，俱於年銷錢內支破盤纏。本部參詳，行下各管官司，遇有須合勾喚，定立人數，斟酌實住月日，擬定合支鈔數呈省。許令於是何錢內放支，似爲相應。前件，據押囚人盤纏，於差銷錢內支破。其勾隨路司吏并押運諸物人員盤纏，合於差發錢內應副。除劄付制國用使司照勘體例，就便施行，仰行移右三部，如遇勾喚，擬定呈省定奪施行。

《元典章》卷二一《户部・錢糧・支・各路週歲紙劄》 大德六年十一月，福建宣慰司：

近爲福州、汀州路申，乞放支週歲合用紙劄價錢公事。呈奉到江浙行省劄付：近據本道呈：各路公用紙劄，移准中書省咨：福建道宣慰司呈：汀州路申：江浙路分每年俱各放支公用紙劄價錢，福建各路自來不曾放支，止是各該人吏自備。今本道併入江浙行省管領，理合與浙東道宣慰司并各路一體放支，請希咨回示。送户部照擬得：江浙省大德三年錢帛冊內已支項下，照到池州路公用紙到價錢，於本路課程錢內放支中統鈔一十定，即與汀州路所擬相同。本部參詳，隨路年銷公用紙劄，即係通例，合咨本省，就便照勘定擬，相應。都省咨請依上施行。使司帥府相度，上項紙價即係通例，合下，仰照驗，更爲照勘本路合得紙劄價錢，比照汀州路，別無争懸，從大德七年爲始，於年銷錢內依數放支施行。

《元典章》卷二一《户部・錢糧・支・軍人鹽錢》 延祐四年正月，行省准中書省咨：

户部呈：禮部關，奉省判，奉使宣撫呈：會集省官、廉訪司官，講議軍人鹽錢事。廣東宣慰司申：照得元貞三年，奉江西行省劄付：爲軍人鹽食，都省與各處行省官議得：鎮守去處離鹽場三百里之內，令軍人自行關取。三百里之外，依官定價鈔支付，願關鹽者聽。比照得元貞二年議支軍人食鹽時分，每鹽一引官價中統鈔一定二十五兩，叩算每鹽一斤該價鈔一錢六分二釐五毫，以此各處依例支給。在後，至大三年，每鹽一引添作中統鈔二定。延祐元年，每鹽一引又添作中統鈔三定。其合支軍鹽，除近場三百里之內關取食鹽外，三百里之外軍人只依元定價鈔，每月支給中統鈔一錢六分二釐五毫。參詳，鹽價累次增添，合支軍人食鹽價鈔止依舊價支給。今叩算即目官定鹽價，每一引四百斤，價鈔三定，每鹽一斤該中統鈔三錢六分九釐二毫。如蒙照依即今官價支給，如或不避路途，願關鹽者，聽從軍便相應。議得：軍人月支鹽一斤，元貞二年照依時價支中統鈔一錢六分二釐五毫。今一引增價三定，每斤已該三錢六分九釐二毫。若依舊例支鈔一錢六分二釐五毫，實爲不敷，況兼都省元議該，願關鹽者聽。擬合照依即目官價支給價錢，唯復照依都省元擬事理，聽從軍人關領本色，相應。前件，照得先奉中書省判送江浙行省咨：饒州萬户府軍人

食鹽不敷，添支鹽價。本部擬依河南行省鎮守軍人已添鹽價例，每斤折支中統鈔二錢五分，已呈都省，移咨本省放支去訖。今准前因，本部議得：江西、廣東道軍人食鹽添索價鈔，與江浙、河南行省鎮守軍人一體。以此參詳，合依先擬，每斤折支鹽價中統鈔二錢五分，相應。具呈照詳。得此。都省咨請依上施行。

《元典章》卷二一《户部・錢糧・不應支・免追去官不應支錢》 至元八年五月，尚書户部：

近奉尚書省劄付，追徵游按察擅支與平山縣捕盜官李世能羊酒錢鈔三兩五錢，仍取違錯招伏事。行據河北河南道按察司申，游按察改受水軍副總管萬户軍前去訖。省府議得，上項錢數，既爲捉獲盜賊，於停罰俸錢內別職，見於軍前，不須追徵。仰照驗施行。

《元典章》卷二一《户部・錢糧・不應支・多支官錢體覆不實斷罰》

至元二十一年七月，行臺：

據監察御史申屠承事呈：承奉行臺劄付該：爲來呈，察知建康路和買造船鐵貨，多支價錢。仰照依行省第一次坐下真州價錢每斤一錢八分。爪鐵餘上每斤多支九分。荒鐵每斤多支四分，依上追徵數足還官施行。仍取本道按察司官當元體覆不實招伏，呈臺。承此。移准江東建康道按察司牒：移准副使高承直牒該：爲省記得節次建康路總管府牒請體覆章太等中過鐵價，當該書吏覆説，依例判送奏差周濟、冀元去後，回申保結體覆相同，請就問元委奏差周濟等，便見不實情由。然此終是有失覺察罪犯，招伏是實。又准簽事馬奉訓牒該：省記得當職自至元二十年十月内差出，今年四月内纔方還司。有當該書吏羅士安覆説，准建康路總管府牒，爲體覆章太等中過鐵價，有副使高承直掌管司事，依例判押過奏差周濟、冀元體覆，當職亦行簽押，回據逐人狀申，體覆相同，保結是實，備牒了當。然此終是有失覺察，招伏是實。牒請照驗。准此。照得元體覆鐵貨奏差，除冀元告閑去訖外，責得奏差周濟狀稱，於至元二十一年三月内，蒙使司判送建康路總管府牒文：章太等中訖成造鼓兒船隻、打造釘線爪鐵每斤價鈔二錢七分，仰濟等從實體覆是否相應呈司事。承此。濟依奉體問得，牙人吳惠稱，正月分、二月分爪鐵每斤時直價鈔二錢七分。以此就取訖吳文惠重甘執結文狀，粘連呈司上當。至五月内，蒙監察御史將體覆過前項鐵貨，止合於不干礙行人體問，却不合元估計牙人吳文惠處體覆，招伏是實。憲臺議得：副使高承直體覆鐵貨價錢有失覺察罪犯，若便擬罰，却緣先爲本官因病告閑。今據所招，權且擬免。外，據簽事馬奉訓所招，有失覺察，以致中鐵人等多支官錢，量罰俸鈔半月。奏差周濟體察不實情罪，量情擬決二十七下，省會罷役。除已行下江東道按察司依上斷罰。

《元典章》卷二一《户部・錢糧・押運・糾察運糧擾民》 至元二十四年六月，行御史臺咨：據監察御史呈：

察知饒州路差常治中并司縣官一員，裝運米二萬石，前去鄂州支持。本路遍勾各縣官吏赴府裝發，又別發印批，令各縣每米伍伯石差上户一名充押運頭目，勒要訖鈔三百五十餘定，才方放還。又爲起運淮西軍糧，援此爲例，搔擾百姓。除已取訖各縣官典招伏，別呈行御史臺，照詳追問外，卑職切詳，江南税户，自歸附以來，日益凋瘵，除水旱站赤、牧馬、淘金、打捕、醫、儒諸項占破等户外，其餘户計應當里正主首、和買和雇、一切雜泛差役，已是靠損，其各路并司縣牧民之官，不爲用心存恤，因緣爲奸，比比受害，若不遍行禁治，切恐其餘去處，亦有此弊，深爲未便。呈乞遍行禁治，仍令各道按察司糾察施行。

《元典章》卷二一《户部・錢糧・押運・請俸人解錢物》 至元二十四年，湖廣行省准中書省咨：

照得先爲各處行省并隨路解納金銀、疋帛、寶鈔諸物到來大都，檢覷得多有水濕浥變損壞短少數目，蓋是各處押運人員選委不常，以致如此。都省除外，移咨：今後起運一切錢物，公選能幹請俸人員，同當該庫官人等如法打角管押，前來大都交納，毋致上漏下濕。如是到來，但有浥變損壞短少數目，着落差來人員追陪，再行斷罪施行。

《元典章》卷二一《户部・錢糧・押運・押運錢糧官例》 大德元年十月，湖廣行省准中書省咨：

御史臺呈：河東道廉訪司申：照得中書吏部奉中書省劄付節該：契勘國家庶務，全藉各路府州司縣辦集。今知各路官司，每遇差遣，正官常是闕員，其府州司縣官員，因而亦懷苟且，致有失誤公事。都省議得，

今後府州司縣長官專一署事，永不差遣等事。承此。切詳府州司縣掌管軍民差役一切事務，責任非輕，累蒙省部約束，長官不得差遣，捕盜官亦不得差占。今各路官司滅裂元行，每遇押運官物，不分長次差遣，遠者一年，近者半年之上，不得回還。有終任三年，計其在職月日不及期年者。以致妨奪治理民訟，催辦錢糧，政事廢弛，實由於此，欲望責成，斯以難矣。且造作局院務、平准庫官俱有受敕員數，差發庫官亦受省部文憑，各人前程、家産，敢不愛重？今後合無令局院庫務官自行押送，州縣差撥弓兵防送，亦不疏虞，唯復止令州縣官接各防送，庶幾兩不相妨，官民便益。具呈照詳。得此。都省議得：今後赴都送納官物，除各路府州司縣達魯花赤、長官、捕盜官、辦課官不得差占外，其餘應合差使官員，明置印押文簿，通行標附。遇有差使，自下而上輪差，務要均平。若但有看循不均，正官取招，首領官嚴行治罪。

《元典章》卷二一《户部・錢糧・押運・州縣官伴送例》 大德四年，湖廣行省劄付：准中書省咨：

户部呈，奉省判，刑部侍郎呈：欽齎詔書，前去福建等路開讀問民疾苦等事。欽此。據衢州路備常山縣申：福建等處起運海外諸番進呈寶物，諸色綱運，自有長押官，將引庫官、庫子人等親行管押。經過州縣，又有鎮守軍官頭目將引軍人、弓兵，相沿交割，接各護送。其長押官到縣，勒要正官伴送。本縣路當驛程，迎接祗待上位官員，支持忙併。長押官多方刁蹬，將官典司吏取招打駡，圖求賄賂。若稍不從，便行拖扯凌辱，以致本縣常時闕官，妨廢公務。得此，照得，常山縣路當驛程，南連閩廣海外諸蕃，北接京都衝要去處。本縣官三員，專一往來遞送不敷。卑職參詳，既有長押官員，經過縣分，止合應副防送弓兵。伴送正官，擬合革去，相應。批奉都堂鈞旨，送户部議擬施行。奉此。本部議得，江南起運錢物，既有元差長押官員，各處又有防護軍官人等。其州縣正官，合依所擬，革去相應。具呈照詳。得此。都省准呈，咨請依上施行。

《元典章》卷二一《户部・錢糧・押運・正官押運事理》 大德四年十月，湖廣行省劄付：准中書省咨：

御史臺呈：准行臺咨：據監察御史呈：爲在職官員提調錢糧造作雜泛差使，又有押運物貨前去大都，往回萬里，動輒一年，縻費盤纏。使廉者典錢做債，貪婪者百端擾民，未便。行省自有宣使，宣慰司自有奏差，可任諸雜泛差使之責。呈乞照詳。又據浙東道廉訪司申，亦爲前事。咨請照詳。准此。本臺具呈照詳施行。得此。都省議得，行省今後應合起運赴都諸物，當該提調正官與所委押運官眼同點檢足備，如法打角。除金銀寶鈔、精細物貨、絲綿匹帛，依例輪流差遣州縣以次官、宣使管押。其餘木綿、土布、造作等項麁重物件，止差宣使，將引元經手并庫子人等解納。外，據諸項軍器，須差色目官員與局官押運。其常課段疋，亦差宣使與局官起納，却不得因而別差無俸及求仕人等押運。咨請依上施行。

餘條見驛站押運類。

《元典章》卷二一《户部・錢糧・追徵・格前克落錢糧禀例》 至大元年，行臺准御史臺咨：

承奉中書省劄付：來呈禀議内一款，都省仰照驗施行。

一、已關出倉庫，合給散軍匠口糧、物料、衣裝、賞錢、窮暴錢，竈户工本，和買物價，和雇脚力，外降官錢，百姓出過首思、馬疋草料等錢，其有侵借、克落、（除）冒名支請，除事發到官已承伏者，罪遇原免，錢物合無徵給。未承伏者，合無追理。刑部照得，大德五年五月十二日、大德六年六月二十九日，承奉中書省劄付：御史臺呈，定奪上項事理。蒙都省議得：人匠口糧、軍人口糧、窮暴賞錢，如已關出倉庫，官吏人等侵欺，全未給散者，罪經釋免，依例追給散。中間克落之數，即係彼此通知，比同取受。格前已有承伏，追徵給主。未經承伏，欽依革撥。今來本部再行議得：已關出倉庫，合給散軍匠口糧、物料錢、衣裝、賞錢、窮暴錢，竈户工本，和買物價，和雇脚錢，外官降百姓出過首思、馬疋草料等錢，俱係各主合得錢物，難作比同取受。其有侵欺、借貸、克除、冒名支請，事發到官，已、未承伏者，罪遇原免，錢物擬合徵給各主，今後合無各依前例施行？本部議得：凡已關出庫，應合給散諸人錢物，監臨主守官吏人等侵欺、克除者，若已承伏，罪經原免，依例追給。未承伏者，革撥相應。前件，議得：已關出倉庫，合給散軍匠等口糧、物料、衣裝等錢，官吏人等侵欺，全未給散者，罪經釋免，依例追給

散。中間克除之數，已有承伏，追徵給主。未承伏者，欽依革撥。

《元典章》卷二一《户部・錢糧・追徵・格後追徵錢糧禀例》　至大元年，行臺准御史臺咨：承奉中書省劄付：

來呈禀議内一款，都省仰照驗施行。

一、侵欺、盜用、移易、借貸、失陷、短少、冒支係官錢糧，已、未發覺，合無追徵。刑部照得，大德五年五月十二日、大德六年六月二十九日，承奉中書省劄付：御史臺呈，俱爲此事。送本部照擬得：侵欺、盜用、移易、借貸、冒支係官錢糧，欽遇詔赦，做好事疏放，即係官物，已、未承伏者，例俱合追理。又短少係官錢糧，本部議得：倉庫人等所管錢糧，其金銀錢帛，如不係侵使移借，何以短少？中間謂有不足之數，擬合着當該人等，依數陪納。外據糧斛，若有短少數目，合行取問短少緣故明白，臨事定奪。若欽遇疏放，罪經原免，應合依上追理。都省議得，侵欺、移易、借貸、冒支錢糧，謂已到倉庫并係官正數，餘准部擬。奉此，今呈見奉，亦合依上施行。外據失陷之數，擬合臨事照勘區處。今次，若有侵欺、盜用、移易、借貸并冒支係官錢糧，除無可徵，准折不敷之數，欽依詔條施行外，如可徵者，合無依上例追理。失陷、短少，雖經體覆，若無明白顯跡，合無依例追徵。本部議得：應監臨主守人等，侵欺、盜用、移易、借貸外，冒支係官錢糧者，罪免，其已、未承伏之數，俱合欽依追理。外據失陷、短少者，若無明白顯跡，合准御史臺所擬，追徵相應。前件，議得：應監臨主守人等，侵欺、盜用、移易、借貸并冒支係官錢糧，謂已到官倉庫并係官正數，其罪雖經原免，已、未承伏之數，俱合追理。無可徵者，依例准折不敷之數，欽依釋免。失陷、短少，如無明白顯跡，臨事照勘區處。

《元典章》卷二一《户部・錢糧・免徵・百姓拖欠錢糧聽候》　御史臺：承尚書省劄付：至元二十四年五月十二日，奏過事内一件，前界伴當每管着時分，積年官吏百姓拖欠的錢糧多有，侵欺了的也有。俺商量來，百姓拖欠的，這其間裏且不追徵聽候，官吏拖欠、侵欺錢物，教追徵呵，怎生？奏呵，那般者。麼道，聖旨了也。欽此。已經遍行照會，欽依施行。外，都省議得：百姓拖欠錢糧，欽依聖恩聽候，切恐各處官吏勾當人等，因而作弊，將自己拖欠、侵欺錢物，詭名妄作百姓欠少住徵，深爲未便。若有百姓拖欠錢物已徵在主典手者，依數納官。承此。

《元典章》卷二一《户部・錢糧・免徵・免徵錢糧體例》　元貞二年四月，行省准中書省咨：據所委官等呈：近欽奉聖旨節文：元貞元年五月初八日已前係官錢糧，侵使來的、短少的、拖欠的、取受的，但有合追陪的舊錢糧，住罷者，休尋者。欽此。近奉差委大同，取問宣慰司各倉五月初八日已後短少糧斛，因事追問出大同前和糴倉監納劉希祖等五月初八日已前侵使盜少糧一萬八千餘石，事發未曾追徵，欽遇釋免。於劉希祖名下追到諸人轉借米帖子，該米五千餘石。及平地縣舊界倉官火者等供報，諸人借訖本倉已免官糧四千七百餘石，俱有各人元借文帖，却將所盜官錢轉爲私債，暗行取索。甚者，及有倒換作二月初八日已後新借文契，俱填權要豪勢之家，計構有司追徵。具呈照詳。得此。送户部議得，倉庫官侵盜、失陷、短少錢糧，既已欽遇聖恩釋免，其見收諸人借欠錢糧文帖，如委係已免係官錢糧數内，依准省委官所擬，一體革撥，相應。具呈照詳。都省准呈。

《元典章》卷二一《户部・錢糧・免徵・舊錢糧休追》　中書省劄付：至大三年十二月二十二日奏，在先，世祖皇帝登寶位時分，將蒙哥皇帝時分拖下的錢糧不交追徵，住罷了來，後頭完澤禿皇帝登寶位呵，將世祖皇帝時分拖下的錢糧追徵呵，爲百姓生受的上頭，完澤丞相爲頭省官人每奏了，不交追徵，都住罷了來。如今將在先舊拖欠下的錢糧，交中書省官人每提調着，奉聖旨追徵有。可憐見呵，依在先體例，自完澤篤皇帝以來中書省裏應合追的舊錢糧，交住罷了，百姓也不生受，皇帝根底也得福的一般有。麼道，奏呵，是也。依在先體例，中書省裏提調着，應合追徵的舊錢糧等，都休交追徵者。以及斯年，交行文書，都交免放了者。麼道，聖旨了也。欽此。

《元典章》卷二一《户部・錢糧・雜例・察出米糧支與軍食》　至元十八年七月，御史臺：

准行臺咨：各道按察司追到官見在糧斛，誠恐浥變，請定奪事。准此。至元十八年六月初七日，皇太子根的，本臺官每當面啓：相威奏將

來，按察司察出來的糧有四萬八千餘石，那裏田地下濕，經夏爛了的一般，就支與那裏軍每喫了呵，怎生？啓呵，奉令旨，上頭奏者。敬此。六月十二日，本臺官奏，相威奏將來，按察司察出來的糧有四萬八千餘石，那裏田地下濕，經夏爛了的一般，就支與那裏軍每喫了呵，怎生？奏呵，那般者。麽道，聖旨了也。欽此。

《元典章》卷二一《户部・錢糧・雜例・察出來馬牛米糧教賣做鈔》

至元二十三年六月，行御史臺咨該：至元二十三年五月初八日奏過一件：這裏察出來的馬牛，上位奏過，禿禿哈根前分付有。外頭有的按察司察出來的馬牛米糧，怕動着呵，頭口每死了有，米也絶爛了有，麽道，如今對着管民官，教做證見，賣做鈔送將這裏來，怎生？奏呵，奉聖旨：那般者。欽此。

《元典章》卷二一《户部・錢糧・雜例・禁約下鄉銷糧鈔》　至元二十四年五月，福建行省准本省參知政事魏奉國咨該：

近體知得，各處州縣司吏鄉司人等，遞年以來，每遇節朔，科斂追節錢物不少。無由而行，以徵糧爲名。各分都保，給引催徵。或户名争差，或升合懸欠，或自鈔在佃客之家，未及取回或元無苗額，妄行飛射，一勾到官，便即枷禁決撻，恣意騙脅，以供餽節之費。民户驚怕，不得安居。緣各處人户送納苗糧，將所納糧數獲到官鈔，已赴合屬州縣銷照，自有明白數目，合行下各路，禁約司縣官吏人等，今後毋得假此名色差人下鄉。如中間委有合欠米數，釐勒司縣，承催鄉司驗數填納，並不許妄説，就人户名下亂行勾徵騙擾。似望徵官糧有歸，庶革前弊，人户亦得安心住坐。咨請照驗施行。

《元典章》卷二一《户部・錢糧・雜例・禁取要納事錢》　至元二十九年，江西行省：

據龍興路申：准廉訪司牒該：副使牒：江西行省所轄一十二路内，江州係下路。上年商税、酒務恢辨課程，其各務多收用錢，供指江州大盈庫官因解課程，收要納事鈔兩。其經官轉打江西行省典吏并省庫及江西運司庫子人等取要鈔數別行外，其餘路分，即係一體，省庫取受一分，各路取至十倍，上行下效，舊弊未除。照得官司起解錢物，自有應副脚力分例，若不行移改正，誠恐擾民，牒請施行。准此。申乞施行。除外，仰禁治施行。

《元典章》卷二一《户部・錢糧・雜例・變賣官物》　至大三年四月，行省准中書省咨：御史臺備監察御史呈：照刷出河南行省文卷一宗内一件，大德十一年七月十七日，安寧府申解到賊人棄下馬七疋，發下汴梁路，變賣作鈔解省。回據本府申：馬七疋賣到鈔一十八定三十八兩，内高平章宅買馬四疋，崔參政宅買馬三疋。照得馬價多者每疋不過三定，少者一定之上，校之市價，至甚虧官，其有司佑體不實，本省官不應收買，事在革前。似此虧官，若不禁革，深爲未便。參詳，今後凡賣官物，須令有司估體時直，別無高擡少估，再令不干礙官司重行覆實相應，方許貨賣。聽從百姓交易，其見任官吏不得收買，違者究治，庶望少革奸弊。具呈照詳。送據刑部呈：參詳，今後諸衙門凡有變賣官物，合准監察御史所擬，從實估價，聽從百姓交易，見任官吏不得收買，誠爲允當。具呈照詳。都省准擬。

《元典章》卷二一《户部・錢糧・雜例・別里哥索錢糧》　至大三年八月，江西行省准尚書省咨：

至大三年四月初二日奏：中都留守司官人每説有：支請錢糧是大勾當有。如今，諸衙門應索錢物諸物，無奏奉聖旨，又無尚書省文字，口傳言語，白文字別里哥行着要有。俺不與呵，怕有。與呵，干礙着錢糧大體例，俺也怕有。奏呵，奉聖旨：今後諸衙門但要索錢糧，没明白印信文書呵，休與者。麽道，聖旨了也。欽此。

《元典章》卷二三《户部・農桑・立社・勸農立社事理》〔至元二十八年〕每社立義倉，社長主之，如遇豐年收成去處，各家驗口數每口留粟一斗，若無粟，抵斗存留雜色物料，以備歉歲就給各人自行食用，官司並不得拘檢、借貸、動支，經過軍馬亦不得强行取要。社長明置文歷，如欲聚集收頓，或各家頓放，聽從民便，社長與社户從長商議，如法收貯，須要不致損害，如遇天灾凶歲不收去處，或本社内有不收之家，不在存留之限。

《元典章》卷四七《刑部・諸贓・侵盗・倉官侵糧飛鈔》　至元十九

年九月，中書省：

欽奉聖旨條畫內一款節該，管糧官吏人等偷盗糧斛及飛鈔者，十石以下，追糧入官，杖斷除名，永不叙用。過十石者，處死。通同結攬，以輕賫與倉官者，同罪。御史臺、按察司糾彈之官，知而不舉者，與犯人同罪。欽此。

《元典章》卷四七《刑部·諸贓·侵盗·侵盗錢糧從先發官司徵理》

御史臺承奉中書省劄付：

准江西行省咨：照得先於至元二十年十二月初五日，據本省所委官楊治中呈：體覆得袁州路倉官吴程叔等，收受十七年税糧一萬四千八百六十九石，飛鈔三千七百石價錢，與本路官吏人等侵用。得此。改委前撫州宣課都提舉徒單朝列追問，回呈：問得倉官吴程叔、攢司郭宏狀稱：至元二十年八月内，蒙楊治中問出十七年飛訖糧數不科，攢司卞鑑因事，於當年十二月内却赴按察司出首，是實。呈乞照詳。爲此，劄付隆興路，移牒按察司：照勘吴程叔等飛糧價錢，分送本路官吏人等使用了當。本司將各官分受錢數，已徵申臺作數，未徵見行追徵。乞照驗事。本省參詳：前項飛糧鈔數，若倉攢卞鑑亦赴按察司告首，緣所委官治中問出月日在前，其錢理合徵解本省，合無止今按察司作數？今後若有似此事發，追徵錢數從先發官司徵理，似爲相應。咨請定奪回咨。都省除已移咨本省，照勘袁州路倉官吴程叔元收官糧，除飛訖前項糧鈔，將實收數目回咨外，仰照驗。今後似此事發，追徵錢數，從元發官司徵理，知已追徵鈔糧，若依正數，就便發付合屬官司收管施行。

《元典章》卷四七《刑部·諸贓·侵盗·侵盗錢糧限内出首免罪》

至元二十二年六月，御史臺承奉中書省劄付：

奏：萬億庫、交鈔庫、内外諸倉局院官吏，在前官司不肯用心拘鈐，賞罰不明的上頭，歹人每多有偷盗侵使係官錢糧行來。如今俺商量來：舊委付的人每根底，未曾交刈了有。在前偷盗侵使了錢糧底人每，怕官司要罪過，逃走了多有。皇帝可憐見呵，與一個月日限，教他每盡實出首者。首出來呵，止徵係官錢糧，與免本罪。如限外不首，却有别人首告出來，依着見定條格要罪過呵，怎生？奉聖旨：那般者。欽此。

《元典章》卷四七《刑部·諸贓·侵盗·侵盗官錢配役》　至元二十三年四月二十三日中書省：

奏過事内一件：係官的庫裏、倉裏錢物，偷了來的少了來的，拏着底人多有。錢陪不起呵，他底田産、人口、頭疋底，不揀甚麽，准折屬官。（地）〔他〕不勾呵，保人根底交陪者。更不勾呵，本人根底交配役，他每工錢筭着，那錢數到呵，放呵，怎生？道來。麽道，奏呵，交保人每陪底，知它怎生有？然那般依着您底言語者。偷了錢物來的賊每根底，不合放。麽道，聖旨有呵，回奏：爲去年行了來的詔書，聖旨已前偷了官錢的、侵使了來的根底，那般道來。麽道，奏呵，索甚麽那般者道有？赦放，麽道，賊每哏多了也。錢陪不起呵，他每根底交擔着糧食，步行的，交種田去者。麽道，聖旨了也。欽此。

《元典章》卷四七《刑部·諸贓·侵盗·去官侵欺給由官代納》　福建行省劄付：至元二十三年四月承奉江西行省劄付：

爲撫州路官吏侵欺積年錢糧，於内有任滿得替迤北還家人員，照勘得各人籍貫，移准都省咨該：議得：各處行省所轄地面，以遠就近，設立宣慰司，親臨各路府州司縣勾當。遇有官吏滿替，例從本處官司照勘完備，方許給由求仕。即今各處行省往往移咨都省，追理還家官員任滿侵欺貨物等，不唯遷調文弊，其人苟生僥倖，百端推遞，所追之物不能到官。蓋因任所官司放縱如此，耽誤官錢。擬自今後，應去任人員，必須從實照勘，如有侵欺盗借官物，隨即依數追納還官，然後方許給由。若是給由之後，却有照出侵借係官錢糧等物，止勒當該給由官員代納，庶革前弊，仰依上施行。

《元典章》卷四七《刑部·諸贓·侵盗·攬飛盗糧等例》　至元二十五年十月，尚書省奏奉皇帝聖旨，諭省院臺部内外百司大小官吏、軍民諸色人等：

據尚書省奏：百姓合納税糧，各處官吏、坊里正、主首、權豪勢要人等，結攬輕賫錢物，與倉官、攢典、斗脚通同飛鈔，及管糧官吏運糧車船人户侵盗官糧，似此奸弊多端，蓋是各道宣慰司、按察司、總管府、漕運司不爲用心禁治，以致糧斛不能盡實到官。擬到禁治條畫，乞降聖旨宣

諭事。准奏。今後若有違犯，照依定例條畫追斷施行。

一，諸倉官吏與府州司縣官吏人等，百姓合納税糧，通同攬納接受，輕賫飛鈔者：十石以上，名刺面，各杖一百七下；十石之下，杖九十七下。官吏除名，永不叙用。退〔闕〕〔閑〕官吏、豪勢富户、行鋪人等違犯者，十石以上，決九十七下，十石以下杖八十七下。其部糧官吏知情受分，與結攬官吏同罪，不曾受分，杖五十七下，除名，永不叙用。有失覺察者，親民部糧官吏決二十七下，府州總部糧官吏決一十七下。若能捕獲犯人者，與免本罪。宣慰司摘委正官一員，專一提調禁治。如是違慢，從尚書省量情治罪。按察司官糾察不嚴，亦行究治。倉官人等，盜糶官糧，結攬納飛鈔者，一體刺斷。知情糴買者，十石以上杖一百七下，十石之下，杖九十七下。其漕運司官吏有失覺察者，驗糧多寡究治。所據盜糶糧價，飛鈔輕賫，盡數追没外，正糧於倉官并結攬糴糶買人處依價均徵還官。

一，江淮河海運糧官吏、船户、梢工、水手人等，妄稱風水渰没船隻，及車船人户，用水攪拌，插和糠塵，因而盜用官糧者：十石以上，刺面，杖一百七下；十石之下，杖九十七下。若知情糴買者，十石以上，杖一百七下；十石之下，杖九十七下。所據元盜糧價并正糧，照依前項體例追徵。其本管官吏知情受分者，與盜糧人同罪，不曾受分者，杖五十七下，除名，永不叙用。失覺察者，驗糧多寡究治。

一、運糧船户，冒支糧斛，十石以上杖九十七下，十石之下杖八十七下，追徵糧斛還官。本管官吏，知情受分，或因而尅落者，依上斷罪，除名，永不叙用。有失覺察者，驗糧多寡究治。

一、漕運司官吏影占運糧人户并車船頭口者，量事輕重杖斷，除名永不叙用。

一、停閑運糧車船户計，仰宣慰司、各路府州司縣官司盡數勾追到官，發付合屬，收管運糧。避役在逃者，聖旨到限一百日，許令出首免罪，給付元抛事産，依舊當役。限外不行出首，勒令本處官司緝捉得獲，痛行斷罪，發還元役。

一、漕運司并各路官司，常切鼇勒倉官人等，並不得收管不堪支持糧斛。及在倉糧數，時常點視挑倒，無致發变損壞。違者，勒令倉官陪糧斷罪，漕運司并各路官司亦行究治。

《元典章》卷四七《刑部・諸贓・侵盜・軍官攬納飛糧》 大德六年月，行臺准御史臺咨：

龍興路大濟倉使藉用狀告：軍官王達，攢納黄桂等税糧，及倉副王文瑞等求免告官，與訖鈔伍定等事。取訖王達所招，攬大濟倉糧米三百三十餘石，將中統鈔四十一定三十五兩交與倉官王文瑞，准納正耗糧二百石，分受鈔三定三十兩入己，罪經釋免，本人職役，例合刺面，除名不叙。緣係管軍人員，請照驗。呈奉中書省劄付，送刑部擬得，王達等所犯，於人户處，攬納税糧，得到輕賫鈔内，與訖倉官王文瑞中統鈔四十一定三十五兩，准納正耗糧二百石四合四勺，唐世榮分訖鈔三定一十兩九錢，各人在逃。王達入己鈔三定三十兩，於王文瑞與世榮家屬處并王達名下追徵到官。各人罪經釋免。據倉官王文瑞事發在逃，雖無取到招伏，合同獄成，以枉法論罪，罷職不叙。王達即係軍官之職，難同州府司縣部糧官吏接攬税糧、取要輕賫一體料斷黜。罪經欽遇詔恩，擬合通行標附過名。其餘有招無緣人等，革撥相應。都省准擬施行。

《元典章》卷四七《刑部・諸贓・侵盜・偷糧驗時價追》 至元二十六年六月，尚書省准中書省咨：

奏奉聖旨節該：管倉的官人每，在先偷了糧的、失陷了的，那時分偷來，依着那年分價錢交陪償者。欽此。差官盤點得各路至元二十四年收到糧内，短少米一萬八千二百餘石。除已行下各處，照依開倉時估折收價錢追徵外，請照驗。都省議得：失陷短少糧斛，擬合追徵本色。如無糧斛，照依犯事月日，比附元收年分，從價高者，依數追徵。咨請依上施行。

《元典章》卷四七《刑部・諸贓・侵盜・侵盜官錢庫官均陪》 至元二十八年二月，行御史臺：

切見國家内外庫藏，俱設請俸庫使、庫副、提舉、提點，而庫中錢帛，止由庫子出入。但有侵盜，動是千定萬定，而爲庫使、庫副、提舉、提點者，並不知覺，事發亦不連坐。所以官錢雖設庫官管領，即與無官何

異？方今此弊甚矣。天下一體，合立法度，不以大小庫分，其中錢帛，並要提點、提舉、庫使、庫副親臨，知數掌管，不許委之庫子。若有侵盜，庫官雖不知情，有失鈐束，亦勒均陪，仍行斷罪。如是督責，庶幾稍革前弊。移准御史臺咨：呈奉尚書省劄付：倉庫但有侵欺盜用錢糧諸物，已令錢庫官均陪斷罪。仰照驗施行。

《元典章》卷四七《刑部・諸贓・侵盜・侵盜錢糧罪例》　元貞元年七月，欽奉聖旨條畫：

一、倉庫官吏人等盜所主守錢糧，一貫以下，決五十七，至十貫，杖六十七。每二十貫加一等，一百二十貫徒一年。每三十貫加半年，二百四十貫徒三年。三百貫，處死。計贓以至元鈔爲則，諸物依當時估價。應犯徒一年，杖六十七，每半年加杖一十，三年杖一百七，皆決訖居役。

一、諸倉庫官知庫子、攢典、斗脚人等侵盜移易官物，匿不舉發者，與犯人同罪；失覺察者，減犯人罪四等。

一、諸倉庫大小官吏人等，皆得互相覺察。其有侵盜錢糧，即將犯人財産拘檢見數，准折追理。若犯人逃亡，及無可追者，並勒同界官典人等立限均陪。

《元典章》卷四七《刑部・諸贓・侵盜・侵盜官錢有失提調》　大德七年閏五月二十日，江西行省准中書省咨：

河南省咨：汴梁路行用庫替名庫子程世英等，侵盜官錢中統鈔三百五十四定二十八兩九錢三分，取到提調官達魯花赤阿台等有失關防招伏。咨請照詳。送刑部議得：達魯花赤阿台所招，大德六年輪該提調平准行用庫，違期不行計點，以致替名庫子程世英等侵盜訖中統鈔三百五十四定二十八兩九錢三分罪犯，量情合決三十七下，却緣年已七十，依例追罰中統鈔三十七兩没官。總管完顔德安三十七下，治中李公惠二十七下，通行標附。推官宋守廉，既無招涉，別無定奪。具呈照詳。都省議得：阿台年既七十，犯罪不任科決，合令致仕，贖罪鈔數不須追徵，餘准部擬。除外，咨請遍行照會施行。

《元典章》卷四七《刑部・諸贓・侵盜・處斷飛盜糧例》　元貞〔三〕〔二〕年，行省准中書省咨：

照得元貞元年七月十九日奏奉聖旨，定到倉庫官吏人等偷盜所守錢糧罪名，已經遍行欽依去訖。今據刑部呈：大都豐實倉官監支納箄褆等飛鈔偷盜官糧，取訖招伏。擬到各人罪名，都省欽依已降條例。議得：箄褆爲首，合行處死。倉使李德，決杖一百七下，徒役三年。倉副趙彬，杖八十七下，徒役二年。攢典，各斷八十七下。斗脚，各斷七十七下。元盜糧價，拘收各人財産、人口、頭疋等物，（哲）〔折〕准還官。於十一月十四日奏准，已將各人聚衆號令，依上施行了當。咨請遍行曉諭施行。

《元典章》卷四七《刑部・諸贓・侵使・庫官侵使昏鈔》　至元二十九年九月，中書省：

據御史臺：備燕南河北道廉訪司所委東光縣主簿兼尉耿熙呈：計點出長蘆行用庫官、庫子，將倒下中統昏鈔侵使。得此。委密蘭與本道廉訪司官一同追問得：副使于仲、庫子朱雲震等，通同侵盜訖鈔一萬五百七十八定。有後界庫官黄慶、劉諒到任，要訖銀鈔，不行交割，及兩次轉差計點官滄州同知的斤、無棣縣主簿兼尉李原到庫，取受錢物，不行計點。又滄州親臨提調官吏，經年不點，亦不起解，本州司吏周尚文於倒下昏鈔内侵借使用。河間路總管府提調正官、首領官吏，將昏鈔不爲催督依期起納。取到犯人并提調官吏各各招伏詞因。都省議得：通行寶鈔，國民所賴。今河間路滄州官吏并庫官庫子人等不遵元行，如此作弊。若不明示懲勸，深爲未便。爲此，於八月初四日聞奏過，擬斷下項罪名。除別行外，咨請遍行合屬，出榜於平准行用庫門首曉諭禁治。

庫副于仲處死，籍没家業、人口。

庫子（元），各杖斷一百七下，配役一年。除親口外，斷没驅口財産。

受財不行交點見在錢物新庫官二名：

提領受銀三定、至元鈔四定，杖斷一百七下，配役一年。

大使受銀二定、至元鈔四定，杖斷八十七下，配役一年。

受錢不行計點見在錢物元差官二名，各杖斷八十七下，解見任，期年之後，降先職三等。

侵借官錢司吏，杖斷一百七下，罷役，永不叙用。

本處親臨提調官吏，經年不點解昏鈔：

知州，五十七下，解見任，期年之後，降先職一等。

都目，五十七下，罷役，永不叙用。

司史，六十七下，罷役，永不叙用。

本路總管提點官吏，不爲依期起納昏鈔：

總管爲已得替，量決二十七下，别求仕。

經歷、知事，各決三十七下，解任，别求仕。

提領案牘，四十七下，解任，别求仕。

司吏，五十七下，罷役，永不叙用。

縣不應保庫子于仲就陞充平准庫使：

典史權縣事，三十七下，罷役，永不叙用。

寫發人，一十七下，罷去。

看庫弓手四名，受要庫子中統鈔四定三十兩，令拆墻搬入侵盗鈔數庫内，作不曾盗使，各斷八十七下，發遣還家。

過錢與元計點官人，斷四十七下。

計點官，别行陞用。

《元典章》卷五一《刑部·諸盗·獲盗·拿庫裏賊賞例》 至元二十三年，行中書省准中書省咨：

至元二十三年正月二十二日，准伯顔、阿束蒙古文字譯該：爲庫裏拿住賊人每來的上頭，奏呵，今後一兩或一錢偷了來的，拿住呵，他每的媳婦、孩兒，不揀甚麽諸物，拿住來的人要者。那般呵，拿的也多拿着，賊每也改去也者。麽道，旨了也。欽此。

《元典章》卷五九《工部·造作·公廨·置庫收係官物》 至元二十一年十一月二十二日行御史臺劄付監察御史呈：體知得亡宋歸附之後，所在府州司縣係官廨宇館驛、園圃、亭閣各有什物不移，而具近年以來遷轉官員禮任之初因而借用，及去任之日私載而歸，以致十去其八九闕用不敷，或因公宴及使過往安歇一床一桌，未免假動四隅，科擾百姓，乞照詳憲臺仰體覆在前遷轉官員使臣人等，將各處府州司縣係官廨宇館、驛、園圃、亭閣應頓物件，若有借使以及私載還家就便追理施行，仍行移合屬官司，將應有係官房舍元有什物查照舊來數目，委自正官提調置立文簿拘籍别立什物庫分，於上刊寫字號，令人專一掌管，依理公用，相沿交割，不得以前搬移時有損壞。奉此合下仰照驗施行。

《元典章》卷五九《工部·造作·公廨·體察公廨》 大德七年十二月二十一日，行臺准史臺咨：

來咨：監察御史呈：切見各路州縣亡宋公廨年深，雖有損壞，不行申准上司，公然勾集人户，敷派蓋造，一切費用皆取於民。百姓無可伸雪，廉訪司略不體察，嚴加察治。乞賜遍行禁止，誠爲便益。得此。本臺看詳：今後各處廨舍年深損壞，依例修理，非奉上司明文，無得似前科取於民，創行添蓋起造。擬合禁治，令監察御史、廉訪司常加體察。准此。照得各處修理公廨，已有定例，擅取於民，合行究問。咨請照驗施行。

《元典章新集至治條例·户部·倉庫·倉庫巡防盗賊火燭》 延祐六年二月□日，江西行省准中書省咨：

延祐六年正月二十五日，亦列赤平章、買奴郎中根底，野里牙國公傳奉聖旨：但有的倉庫裏，好生計較火燭者！裏頭、外頭好生着緊巡捕盗賊者！麽道，傳聖旨來。欽此。都省咨請欽依施行。

《元典章新集至治條例·户部·倉庫·義倉·點視義倉有無物斛》

至治元年二月□日，江西廉訪司奉江南行臺劄付：

監察御史呈：會驗元欽奉條畫内一款，云義倉驗口數留粟。欽此。欽詳每社設立義倉，驗口數留粟，以備儉歲，寔欲黎元樂養生之福。各處農事官不體朝廷恤民之意，將義倉視爲泛常。今溧水州申報延祐四年五年六年三周物斛數目，稻三千八百五十三石六斗，米七千五百九十石七斗。卑職親詣附郭上元等鄉撞點得：里正劉文富不曾設置倉所，見在稻米又不如法收貯，及里正宋翊侵食舊管稻穀，旋將今歲新收物斛抵搪。官司取訖里正劉文富、宋翊并提調官達魯花赤、知州招伏斷罰。外，其餘鄉分不無一體。今本州提調農事官親詣各鄉，逐一從實點視前項米稻，如有短少，就便着落主典之人追徵還倉，仍於各鄉依例設義倉一所，於門首竪立綽屑，大書雕刊義倉二字，以表眉目。更置粉壁，開寫某年厶鄉厶人糧米若干，官司另置文簿二扇，依上開寫，用印關防。官司收掌一扇，里正收掌一

扇，里正每季將見在稻米開申本州。如里正役滿，將文簿當官明白交割，倉門并米稻令提調官并里正、社長眼同關防封記。如此，少革侵漁之弊。除令本州行移提調官依上施行，具點訖糧數、義倉處所并里正姓名保結開申外，又慮各路州縣官司提調正官不爲用心點檢，亦有似此不立義倉去處，或有義倉，却無收到物斛。切詳：義倉誠爲拯荒之要。今主典之人多有侵食借用，虛申數目，其當該提點正官置之不問。又今歲南北俱有水旱灾傷，即目秋成猶可過遣，來年春首必有饑貧。其饑貧之家，比及申明賑濟以來，先賴義倉稻米以療其餒。若各處義倉罄然虛空，百姓必致流移。呈乞照詳。得此。憲臺仰行移有司，欽依施行。仍常加點視，務在必行。

（元）蘇天爵《元文類》卷四二《工典·倉庫》 國之有倉廩府庫，所以爲民也。我朝倉庫之制，以北則有上都宣德諸處，自都而南，則通州河西務。御河及外郡常平諸倉，以至甘州有倉，鹽茶有局、所，供億京師，賑恤黎庶者，其措置之方，可謂至矣。

紀事

（宋）江少虞《宋朝事實類苑》卷二一《官政治績·陳從信》 太宗居晋邸，知客押衙陳從信者，心計精敏，掌宫帑，輪指節以代運籌，絲忽無差。開寶初，有司秋奏倉儲止盡明年二月，太宗因語《玉壺》作詰。之，從信曰：但令起程，即計往復日數，以糧券併支，可以責其必歸之限。運至陳留，即預關主司，戒運徒先候於倉，無淹留之弊，每運可減二十日。楚泗至京，舊限八十日，一歲止三運。每運出，淹留虛程二十日，歲自可漕《玉壺》作增。一運。太宗以白太祖，遂立爲永制。一歲，晋邸歲終籌攢年費，何啻數百萬計，惟失五百金，屢籌不出。一蒼頭偶記之，晋王一日登府樓，遥觀尋種者，賞歎精捷，令某府庫取金五百庫取金《玉壺》作取庫金，無五百二字。與之。時從信不在，後失告之。此條今見《玉壺清話》卷八。

（宋）莊季裕《雞肋編》卷下 王琪爲三司判官，景祐中，上言乞立義倉曰：謹按隋開皇五年，工部尚書長孫平，建言諸州共立義倉於當社。唐貞觀初，尚書左丞戴胄議立條制，王公已下墾田，畝税二升。至天寶八年，天下義倉共六千三百八十七萬七千六百餘石。臣上此議，今十七年矣。若於夏秋正税外，每二升别納一升，計一中郡，歲可得五千石，豈减天寶之多乎？於是詔天下皆立義倉。惟廣南以納身丁米故，獨不輸。

（宋）李燾《續資治通鑑長編》太祖乾德三年三月 國初，貢賦悉入左藏庫，及取荆、湖，下西蜀，儲積充羨。上顧左右曰：軍旅饑饉，當預爲之備，不可臨事厚斂於民。乃於講武殿後别爲内庫，以貯金帛，號曰封椿庫，凡歲終用度贏餘之數皆入焉。别置庫，《本志》及他書皆云在乾德初，未審何年，計必是平西川後也。因命諸州不得占留金帛，附見其事。

（宋）李燾《續資治通鑑長編》太宗太平興國二年七月 諸州吏護送官物上供，守藏者率硾鉤爲姦，故外州吏負官物，或至破産不能償。上聞之，曰：此豈爲天下守財之道耶！庚午，令左藏庫及諸庫所受諸州上供均輸金、銀、絲、緜及他物，監臨官謹視主秤，無令欺而多取，犯者，主秤及守藏吏皆斬，監臨官亦重寘其罪。《實録》及《食貨志》載詔語與乾德四年張光操論芻粟餘羨詔語略同，蓋史筆潤色，今不復重見，止著其事。

（宋）李燾《續資治通鑑長編》太宗淳化三年六月 辛卯，分遣使臣于京城四門置場，增價以糴，令有司虛近倉以貯之，命曰常平，以常參官領之，俟歲饑，即減價糶與貧民，遂爲永制。

（宋）李燾《續資治通鑑長編》仁宗景祐元年七月 天下常平倉置已久，領於司農寺。壬子，始詔諸路轉運使與州長吏舉所部官專主常平錢粟。既而淮南轉運副使吴遵路言：本路丁口百五十萬，而常平錢粟才四十餘萬，歲饑不足以救卹。願自經畫，增爲二百萬，他毋得移用。許之。吴遵路上言，乃景祐三年四月，今從《本志》聯書之。

（宋）李燾《續資治通鑑長編》仁宗慶曆元年九月 乙亥，詔天下立義倉。自乾德初置義倉，未久而罷。明道二年，詔議復之，不果。景祐中，集賢校理王琪上疏，引隋、唐故事，請復置，曰：唐貞觀中，自王公以下，墾田畝税二升，其實太重。至永徽之後，自上户以降，計户出粟，亦復不均。今宜令五等以上户，計夏秋二㪷，别輸一升，隨税以入，

水旱税減則免輸。州縣擇便地別置倉貯之，領於轉運使。今以一中郡計之，正税歲入十萬碩，則義倉歲得五千碩，推而廣之，其利博矣。因言：明道中，最爲饑歉，國家欲貸饑民則兵食不足，故民有流轉之患。是時，兼并之家出粟數千碩即補官，是豈以爵爲輕歟？特愛民濟物，不獲已而爲之爾。孰與夫乘歲之豐收，羡餘之入，於天下之廣，爲無窮之利，豈不大哉！且兼并之家占田常廣，則義倉所入常多；中下之家占田常狹，則義倉所入常少。及水旱賑給，則兼并之家未必待此而濟，中下之民實先受其賜矣。損有餘補不足，天下之利也。事下有司，會議者異同而止。於是，琪復上其議，上納之。已而衆論紛然，以爲不便，遂詔第令上三等户輸粟，尋復罷。止令上三等户輸義倉，乃明年正月戊午日事。

是月，以虢州朱陽縣鑄錢監爲朱陽監，又以商州洛南縣鑄錢監爲阜民監。朱陽監，《實録》見是月壬申，獨無阜民監，今附此。

（宋）李燾《續資治通鑑長編》仁宗嘉祐四年二月　乙亥，詔三司：以天下廣惠倉隸司農寺，逐州選募職、曹官各一人專監。每歲十月，別差官檢視老弱疾病不能自給之人，籍定姓名，自次月一日給米一升，幼者半升，每三日一給，至明年二月止；有餘，即量諸縣大小而均給之。

（宋）李燾《續資治通鑑長編》神宗熙寧三年八月　知唐州、光禄卿高賦提點陝西路刑獄。上批：近令司農寺專主天下常平廣惠倉、農田、水利、差役事。今後每歲終，具下項事節聞奏，如有未盡事理，更增損指揮：天下常平、廣惠倉見在錢斛若干數目，夏、秋青苗錢散過若干數目，合收若干斛斗、已納若干、未納若干、倚閣若干、糴到諸色斛斗若干、斗直若干、出糶過若干、都收息錢若干、賑代過若干，天下水利興修過若干處，所役過若干人功、若干兵功、若干民功，淤溉到田若干頃畝，增到税賦若干數目，農田開闢到若於生荒地土，增到若干税賦，天下差役更改過若干事件，寬減得若干民力。此據《會要》、《實録》删修，云上批司農寺專主天下常平廣惠倉、農田、水利、差役事，自今歲終，可具常平、廣惠倉錢穀見在，夏秋青苗錢斂散、納欠、倚閣、糴糶、本息、賑貸、水利興修所役兵民，淤溉田畝及開閣生荒所增税賦，差役更改數以聞。

（宋）李燾《續資治通鑑長編》神宗元豐元年八月　詔河東、陝西路依京東、西等路指揮推行義倉法，自今年秋料爲始。

（宋）李燾《續資治通鑑長編》神宗元豐六年正月　壬寅，户部言：準期旨，諸路提舉官散斂常平物，可自行法至今，酌三年之中數，取一年立爲額，歲終比較增虧。今以錢銀穀帛貫、石、匹、兩定年額：散一千一百三萬七千七百七十二，斂一千三百九十六萬五千四百五十九。元豐三年，散一千三百一十八萬六千一百十四，斂一千五百萬四百二十二，比較散增二百一十四萬八千三百四十二，斂增一百三萬四千九百六十三。元豐四年，散一千三百八十三萬七千七百三十六，斂一千一百九十七萬八千九百九十四，比較散增二百七十九萬九千九百六十四，斂虧一百九十八萬六千四百六十五。詔：三年、四年，散多斂少及散斂俱少處，户部下提舉司分析以聞。《食貨志》同，但增自熙寧立法之初至元豐末，凡水旱賑恤饑饉之財用取具，至今賴焉。今不取。

（宋）李燾《續資治通鑑長編》神宗元豐七年六月　癸未，權發遣京西轉運判官沈希顔言：前官任内，爲財用不給，借過南、北路提舉司坊場錢三十萬緡，立限以四年撥還。乞自元豐八年歲償五萬緡。從之。

（宋）李燾《續資治通鑑長編》神宗元豐七年十一月　癸亥，詔：太原府封樁二十將器甲什物，未有官專提舉，致經略司時有假借出入。宜差提點刑獄官提舉，即非奉朝命支借者，依擅支封樁錢物法。

（宋）李燾《續資治通鑑長編》哲宗元祐元年四月　又言：提舉官累年積貯錢物，委提點刑獄司主之，依舊常平倉法。其常平倉春秋斂散，及歲成收糴，歲饑出糶，以陳易新，與省穀交兑，及饑饉賑貸，主司並合依法推行。元降貸常平錢、穀，絲、麥豐熟，許隨夏税先納所輸之半，願併納者止出息一分。從之。劉摯七月二十一日奏云：四月二十八日中書省指執依舊常平法爲青苗法。恐即二十六日，誤以六爲八也。按四月己丑韓縝已罷右相，吕公著以右相兼侍中，實在五月丁巳朔，此時中書省止張璪一人爲侍郎，豈璪嘗別有申明乎？又據四年五月劉安世劾范純仁章，則復散青苗乃純仁建議，此但云三省，不及密院，不知何故。又元年八月四日，司馬光《乞約束抑配劄子》，載四月二十六日敕文，此亦無之。並當考詳。

（宋）李燾《續資治通鑑長編》哲宗元祐七年十二月　癸酉，三省訪聞緣邊欲兑封樁錢物，多虚稱止於別路樁定，及至過兑，卻未有的實錢物

撥還。不唯指望去官，赦降免罪，兼日漸侵使封樁錢物數多，深爲不便。今立法：擅支借朝廷及户部封樁錢物、并常平等錢物、及他司借常平錢糴買物料，應副對行交撥，未樁撥價錢而輒支用者，徒二年。內封樁錢物若係應副軍興，小可那調者，并所須急闕，委實不可待報者，方許支借。仍具數并急闕因依，申所屬點檢給限撥還。若兑緣邊要切支用，而已於別州樁定錢物，或召人入便，省得運送之費而無妨闕者，申稟尚書及本部。以上如違，並不以覺舉、去官、赦降原減，未斷而還足者，奏裁。從之。

（宋）留正《皇宋中興兩朝聖政》卷一《高宗皇帝·大赦天下》〔建炎元年五月〕大赦天下。應中外有文武才略出倫，或淹布衣，或沈下僚禁從，監司、郡守廣行搜訪；應誤國害民之人見流竄者，更不收叙；應民户借貸常平錢穀，並與除放；常平散斂青苗錢穀，亦令住罷。祖宗以來，上供皆有常數。後因奏請增加。當裁損以紓民力。州縣受納税賦務加概量以規出剩，可並行禁止；應臨難死節出使軍前及没於王事，優與褒賞；應干民間疾苦，並許中外臣庶詳具利害陳述。

（宋）留正《皇宋中興兩朝聖政》卷五二《孝宗皇帝·賑江東西水災》〔乾道九年五月〕洪、吉、饒、信等五郡水災，命賑之。

（宋）熊克《中興小紀》卷一八 先有詔發常平倉米賑糶。己未，宰執奏，欲每日糶一千石。上曰：陰霖不止，細民艱食。官爲發廩，則穀價自平。趙鼎等曰：陛下憂民如此，臣等期有以副聖意。官既賑濟，則富家不至閉糴。上曰：富家惟務厚藏而不知散。鼎曰：厚藏而不知散，所以致富。及子孫驕奢妄用，則家道往往不振。上曰：立國亦然。子孫不知祖宗創業艱難，習成驕奢，馴致禍亂，亦可以爲戒也。

（宋）熊克《中興小紀》卷二四 以兩浙都轉運使徽猷閣待制向子諲爲户部侍郎。子諲言：安邊固圉，必資儲蓄。江西宜於洪州置糴，於江州置轉般倉，以給淮西。湖南於潭州置糴，於鄂州置轉般倉，以給襄陽。湖北於鼎州，淮西於廬州，淮東於真州。仍多造船。則遣戍出兵，往無不利。

（宋）熊克《中興小紀》卷二五 參知政事李光請罷常平主管官。辛未，上謂宰執曰：常平法本漢耿壽昌。今豈可以王安石而廢之？其提舉官自可復置，庶幾不陷失一司錢穀。秦檜因奏：光言諸路月樁錢，漕司不以上供及移用等錢樁辦。又一路諸郡輕重不均，致不免斂之百姓。上曰：朕屢諭趙鼎，更不肯行。若悉將上供等錢樁辦，自不必科斂。兼江東既闕，劉光世一軍，其錢糧亦通用。蓋上哀憫元元之意，其切如此。

（宋）熊克《中興小紀》卷三三 自紹興改元以後，每歲户部降本下江浙湖南和糴以助軍儲。至是以兩國通和，户部財賦自足。閏八月庚申，宰執奏乞與蠲免。上喜曰：朕向在河朔，見民以爲苦。朝廷所降本錢，往往州縣移用，不即時給。縱有給處，又爲吏多端乞取，十不得一二。今幸時和歲豐，軍儲粗足。朕豈得而不已也。甲子，户部言：今淮東、西、湖北三總領所收糴軍儲，省般運之費，民無科派之患，實爲久利。浙西産米浩瀚，欲令轉運司於臨安、平江府處蓋倉，以行在省倉場爲名，歲各糴二十萬石。又行在省倉三界亦立定，歲額上界六萬石、中界五萬石、下界二十五萬石。三總領所各糴十五萬石。淮西加一萬五千石。從之。

（宋）熊克《中興小紀》卷三三 先是紹興府旱傷。詔本府依實檢放民税。仍發義倉米賑之。他郡有被災處，亦令户部多方措置。此事在十一月丁未。十二月，乙卯朔。上復諭宰執曰：紹舉流民有過江者，命臨安府給費遣還。并令紹興依已得旨賑濟，無致失所。乙丑。又詔昨命提舉常平官：躬詣旱傷賑濟。上慮闊遠稽遲，許委屬官分行。將來春耕，當借之種糧。俾得及時，則公私兩濟。

（宋）熊克《中興小紀》卷三三 御史臺主簿陳夔言：常平著令，歲給窮民。起十月止三月。送來所給之米，或移他用，請令監司察之。癸未。上謂宰執曰：義倉所以備水旱而救民之艱食，比年州縣奉法不虔。窮民不被其惠，非所以稱朕矜恤之意。令户部行下。夔，永嘉人也。

（宋）熊克《中興小紀》卷三六 大府寺主簿李文中言：比歲州縣多侵用常平義倉米，既失經常之制，亦乖惠恤之方，望詔有司申嚴其禁。從之。庚子，宰執言：言者所論諸路州縣受民輸絹，官吏作弊。雖中程好物，抑而不受，至用柿油退印以壞之。卻縱攬子，多取民錢，輸以薄絹。上察其爲民害，命申嚴其法令，監司御史臺劾之，聽民越訴。

（宋）熊克《中興小紀》卷三八 五月，己未。上與宰執論及內外儲

蓄事。上曰：比緣河流淺澀，綱運稽緩，已支内帑錢五百萬緡，以佐調度。朕自息兵講好二十年，所積豈以自奉哉。蓋欲備不時之須，免臨時科取，重擾民爾。可令户部會計每歲經常之費，量入爲出，而善藏其餘。自非饑饉師旅，勿得妄支。湯思退曰：昔漢文帝常言，朕爲天下守財爾，今陛下聖德過漢文帝遠矣。

（宋）熊克《中興小紀》卷三八 户部侍郎趙令詪，請將州縣義倉陳米出糶，及水旱不須檢放，及七分使許賑濟。乙酉，右僕射沈該等言：義倉米在法不應糶。糶之恐失豫備。上曰：逐郡米自有數。若量糶十之三槫，其價次年復糴，亦何所損？又高下必須檢放。七分方賑濟，則賑濟處絶少矣。饑民何繇得食，卿等可别爲措置。

（宋）熊克《中興小紀》卷三八 先是御前置甲庫。凡乘輿所需圖畫計物，有司不能供者，悉於甲庫取之。故百工技藝之精巧者，萃於其間。日費無慮數百千。禁中既有内酒庫，而甲庫所釀尤勝。以其餘酤賣，頗侵户部贍軍諸庫課額，以此軍儲常不給。於是吏部尚書張燾言：王者以天下爲家，不當私置甲庫以侵國用。上從其請。盡罷之，人由是知甲庫之設，非上本意也。

（宋）熊克《中興小紀》卷三九 丁巳，州縣經總制錢。或委守臣，亦委知通，或又令知通同掌，其法屢更。後因户部侍郎李朝正建言，始屬通判。既而復命知通同掌。至是言者以爲通判專行，因得盡力，往歲所入，至一千七百二十餘萬緡。昨自改法，通判壓於長官之勢，恐其侵用，迄今無歲不虧。請復委通判。己未，詔從之。

（宋）李心傳《建炎以來繫年要録》建炎元年二月 丙子，金人遣曹少監、郭少傅同開封尹徐秉哲治事。先是京師事務皆取稟軍前故也。敵又索内藏元豐、大觀庫簿籍，悉取寶貨及大内諸庫、龍德兩宫珍寶奇物如西海夜珠，王中正、陳摶燒金之類。其他真珠、美玉、珊瑚、瑪瑙、琉璃、花犀、玳瑁之屬，各以千計。上皇平時好玩有司所不能知者，内侍王仍輩曲奉金帥，指其所在而取之。真珠水晶繡簾、珠翠步障、紅牙火櫃、龍麝沈香樂器、犀玉雕鏤屏榻、古書珍畫絡繹於路。此據《宣和録》及夏少曾《朝野僉言》。《宣和録》又云：金人入内，徑取諸庫珍珠四百二十三斤，玉六百二十三斤，珊瑚六百斤，瑪瑙一千二百斤，北珠四十斤，西海夜珠一百三十箇，硃砂二萬九千斤，水晶一萬五千斤，花犀二萬一千八百四十斤，象牙一千四百六十座，龍腦一百二十斤，金磚一百四一葉，王先生燒金，陳摶燒金，高麗進奉生金、甲金頭盔各六副，金鞍、金馬杓、金杵刀、金作子四百二十五副，玉作子六百副，花犀帶、金帶、金束帶、玉束帶、鍍金帶、金魚袋等，上皇閤分金錢四十貫、銀錢八十貫，皇帝閤分金錢二十貫、銀錢四十貫，皇后閤分金錢十一貫、銀錢二十二貫；銀火爐一百二十隻、金火爐四隻、金棹子一百二十隻、銀交椅二十隻，金合大小四十隻，金水桶四隻，金盤盞八百副，金注碗二十副，金銀匙筯不計數，金湯瓶二十隻，琉璃盞一千二百隻，琉璃托子一千二百隻。珊瑚托子四百隻，瑪瑙托子一千二百隻，真珠扇子四百合，紅扇一百合，藍扇一百合，行鑾扇三百五十合，大扇六十合，車一百量。二帥左右姬侍各數百，皆秀曼光麗，紫幘金束帶爲飾。他將亦不下數十人，壁中珍寶山積。

（宋）李心傳《建炎以來繫年要録》建炎二年八月 戊午，詔行在左藏庫湫隘，自今綱運令户部於江寧平江府置庫樁管，逐府通判監視，憲臣檢點。擅用者依支封樁法加等科罪。時户部所餘金帛尚數百萬。上以北方未寧爲慮，數諭黄潛善、汪伯彦輩致江寧。潛善等方以恐搖人心爲對。尚書右丞朱勝非獨論致揚州駐蹕地，上深納之。令户部納計郊祀之費，餘財皆運金陵。祀事後當移蹕。而潛善力沮之，其言不行。至是尚書吕頤浩、侍郎葉夢得乃以府庫充牣爲辭，請命江湖、二廣綱赴江寧；閩浙綱赴平江。惟川、陝、京東、西、淮南綱赴行在，從之。

（宋）李心傳《建炎以來繫年要録》建炎二年十月 壬戌，詔翰林學士葉夢得、給事中孫覿、中書舍人張澂討論常平法，條具取旨，始用覿奏也。時夢得屢爲黄潛善言常平之利，及是進呈。青苗斂散，永不施行。其他條法令，從官討論來上。上指八字曰：此事宜先報行，令遠近知之。潛善言澂詳練民事，遂命同討論，尋又命户部尚書吕頤浩。

（宋）李心傳《建炎以來繫年要録》建炎二年十二月 戊午，執政進呈從官吕熙浩、葉夢得、孫覿、張澂討論常平法事。頤浩等言：此法不宜廢。如免役坊場亦可行，惟青苗市易當罷。上曰：青苗斂散，永勿施行。夢得請選歷州縣通世務者爲提舉官，已而頤浩請追還常平司糴本，皆從之。會戎馬南牧，未克行。還糴本在三年正月庚寅，今併書之。熊克《小曆》，

載此事在十一月壬辰，今從《日曆》繫此。但《日曆》於去年十一月癸亥亦書此事，蓋重疊差誤。

（宋）李心傳《建炎以來繫年要録》紹興五年三月　詔福州因緣軍期借用常平錢，特與除破。時本路提刑司以朝旨責償甚峻，帥臣張請于朝，乃命限二年。後省奏：竊詳福州所奏事理，若朝廷察知其不涉欺罔，如委實逐急應副軍須用過，雖盡免放可也。今徒分限責還，要之終取於民而已！當時移用官吏，必無備償之理，彼民何辜，而重困之。若來年又於科率之外，別敷常平積欠。臣恐愈見難辦，徒掛簿書資吏姦耳。區區愚慮，陛下儻以爲然，乞降指揮，近日所遣閩、廣之使與逐路提刑，只令檢察欺弊與非理移用，其緣軍須支費過常平錢物，往者不問，來者如律。如此則四方皆知朝廷初非利其數多而欲取之也，不亦善乎？上乃寢前命。既而漕臣薛昌宗又請其餘七州軍借過常平司錢物，並特與除破。從之。昌宗建請，在七月癸丑。

（宋）李心傳《建炎以來繫年要録》紹興五年七月　癸酉，詔諸路提舉常平官將常平事務，恪意奉行，無得苟簡，致有失陷錢物。如敢少有滅裂，仰户部案劾申尚書省，取旨重行典憲。以都省言自令刑獄茶鹽司兼領常平職事，訪聞逐司並不逐一講究。致他司妄用，失陷財物，有誤朝廷緩急支用故也。

（宋）李心傳《建炎以來繫年要録》紹興五年十月　戊申，殿中侍御史王縉請嚴義倉之法。應州縣納到米數，並別厫樁管，不得擅有支動。其有支移折變，及就便輸納去處，並通計一縣合收之數截留。下户苗米於本縣送納，上户折變數多，願就納本色者聽從便。庶幾有以備水旱之變。趙鼎進呈。因言：湖南、江西歲旱，田畝災傷。今秋成之際，民間已闕食。恐至來春大饑。欲令常平司多方廣糴，以備賑濟。上曰：朕聞江湖歲歉，夙夜爲憂。常平法自漢以來行之，乃是救荒之政。祖宗專用義倉賑濟，最爲良法。比年多有失陷。可降指揮申飭有司稽考之。乃以縉所奏付户部。後不行。

（宋）李心傳《建炎以來繫年要録》紹興六年五月　湖南制置大使呂頤浩乞本路州縣已注未上官，盡八月不至者，許奏辟一次。又請催廣西運所糴賑濟米。皆許之。先是去歲旱傷，湖南尤甚。頤浩既入境，即奏截撥上供米三萬石，及令廣西帥漕兩司備五萬石，水運至本路，以充賑濟。又乞降助教敕度僧牒誘上户糴米，民不能耕，則借之糧種，夏稅亦俟秋成併輸，全活甚衆。廣西米事先見正月丁亥。

（宋）李心傳《建炎以來繫年要録》紹興七年二月　權户部侍郎王俁申明常平廢弛事件，乞令諸路主管官檢舉約束。一、拘籍户絶投納抵當財產，及所收租課。二、封樁義倉斛斗。三、出賣坊場河渡。四、樁收免役寬剩錢。五、立限召人陳首侵欺冒佃常平田產。六、根括贍學田租課。已上窠名錢物，自去年正月已後，州縣侵支之數，並立限撥還，自今毋得擅用。從之。

（宋）李心傳《建炎以來繫年要録》紹興七年二月　丙申夜，太平州火。丁酉，鎮江府火。《日曆》太平州申，二月初五日在城火起。而李致虛家陳狀稱二月四日城内遺火。所云不同。按本州所申又云，上丁釋奠，知通致齋。則是初四夜火也。先是，僞齊劉豫遣姦細縱火於淮甸及沿江諸州。於是山陽、儀真、廣陵、京口、當塗皆被其害。淮西宣撫使劉光世軍於當塗郡治，其府被焚。軍須帑藏一夕而盡。太平州録事參軍呂應中、當塗丞李致虛悉以焚死。致虛時攝縣事。後求得其屍，尚握縣印。事聞，詔鎮江府、太平州各給米二千石賑民之貧乏者。應中、致虛皆官其家一人焉。二郡賜米，在是月甲辰。應中與恩澤，在己酉。致虛與恩澤，在三月丙寅。

（宋）李心傳《建炎以來繫年要録》紹興十五年五月　戊午，詔貧民產子者，予義倉米一斛。以大理寺丞周懋轉對有請也。始命給錢四千。至是懋言，免役寬剩，所收至微，豈能周給。今所在義倉，未嘗移用。若歲令一路發千斛以活千人，以諸路計之，不知所活幾何。皇天親饗，本支有衍於百世矣。乃命户部措置行之。懋、東陽人也。事已見紹興八年五月庚子。十一年三月乙巳。

（宋）李心傳《建炎以來繫年要録》紹興十七年十月　丙申，户部侍郎李椿年言：州縣多侵用封樁錢物，至有倉庫寓於民舍僧寺者。欲望特下明詔，遣御史巡察州縣，按其所不如法者，重加黜責。仍令監司先期整頓所部，修飭倉庫，舉行詔令，取見封樁錢詣實保奏。將來遣使按察，稍

有違例，亦當一例作罪，不以去官赦原減。詔如所奏，令户部差官。

（宋）李心傳《建炎以來繫年要録》紹興二十六年四月　户部尚書韓仲通言：今斗米爲錢不滿二百，正宜積穀之時，如輦轂之下，諸軍雲屯，仰哺太倉。終歲之用，亦有餘數。若歲取所餘之數，别置倉廩貯積。以一百萬石爲額，常以新易陳，闕即補之。遇有水旱，助給軍食，減價出糶，以資民用，實爲經久之利。從之。仍以豐濟爲名。

（宋）李心傳《建炎以來繫年要録》紹興二十七年九月　殿中侍御史王珪言：常平賑糶，所以抑兼并，濟貧弱。每歲禾稼未登，或小有水旱，民力艱食，富人閉糴以規厚利。若官糴少損其直，則閉糴之家，不能乘人之急，而價自平。其利爲不小也。臣竊見諸州郡，每歲輸納秋租，自裝發綱運之後，倉廩一空。所存止有常平義倉斛斗。軍糧吏俸，及捧發上供不足之數，皆取給於此，所在成例。是名爲常平，而專以備州郡急闕。至飢民艱食，則坐視而無以賑之，殊非立法之意。前日州軍委官盤量，所欠動以數萬計。其間如借兑耗折，雖責之分限補填，終不可得，亦恐見存之數，未必皆得其實也。近聞福建有貴糴之處，父老訴之州郡，冀欲賑濟，而郡官占吝不發，米價頓增，人多困斃。此其意以欲留爲州郡急闕之情而已。願委諸路提舉官，徧巡諸州，躬親閲眎，以知其實。有遇合賑濟而州郡占吝不發者，許人户越訴，監司互察，臺諫案劾以聞。如中下之州，所積不多，賑贍不足，則令提舉司以一路有餘之處，通融取撥，以應其乏，免致流離轉徙。此亦古者以粟就民之意。從之。

（宋）李心傳《建炎以來繫年要録》紹興二十七年十月　辛酉，詔四川制置司總領所轉運常平司，各具所部州縣有無旱傷聞奏。如有旱傷，即行減放，仍以舊宣撫司樁積錢米賑濟之。既而潼川府路提點刑獄公事王之望言：被受御寶封省劄指揮，已在陳訴限外，但令州縣賑給旱傷去處孤老殘疾闕食饑民而已。據之望所申，以十一月十三日被受。

（宋）李心傳《建炎以來朝野雜記甲集》卷六《朝事·監司郡守至官交割庫金》　孝宗淳熙中，有詔守臣任滿，以見管錢物交後政。或次官收訖，申户部置籍代者，限一月核實以聞，著爲令。九年正月乙亥。時蜀人有爲總計及典方面者，坐過例，饋送各數萬緡，皆停官。九年正月戊子，三月乙未。

（宋）李心傳《建炎以來朝野雜記乙集》卷三《上德·孝宗恭儉至貫朽》　孝宗恭儉寡欲，在位近三十年，内帑與南庫之人，專以奉兩宫、備水旱，其費不貲，然所積尚夥也。淳熙己亥夏，中提領封樁庫所言抵四月中旬，共管見錢五百三十萬貫，年深有斷爛之數，乞給王索之費，穿排之用。是時江上之積亦多，而内府之金至於貫朽，而不可校，然未聞四方有横賦也。紹興以後，用度浸廣，權姦秉國，横啓兵端，南北騷然，耗矣。

（宋）李心傳《建炎以來朝野雜記乙集》卷一三《官制·提領拘催安邊錢物所》　拘催安邊錢物所者，嘉定元年置，時甫廢國用司，而侂胄及諸閹省吏之家，貨財皆已簿録。黄伯庸疇若爲殿中侍御史，請創此名，遂命與户部侍郎沈信叔詵同領其事，即御史臺置局，又以宰屬一員同領，仍許伯庸不拘常制到堂。伯庸等請卿監一員提領安邊庫，朝士二員爲拘催官，乃揭榜募人言拘催事。許之。其後會其入，歲得七十萬緡，專充北朝所增歲幣。其田宅契券，皆藏之御史臺庫，命臺官一員典領。局罷，伯庸以下，皆進官有差。

（宋）李心傳《建炎以來朝野雜記乙集》卷一六《財賦·嘉泰補糴關外樁積糧斛》　關上積糧八百餘萬斛，然陳陳相因，庾吏率全其扃鑰，以相授受，至可食者則無幾。嘉泰甲子正月，有言北境增戍積糧者。朝廷下制置司，遣官盤量，且令除其腐敗折閲之數。所有累界官吏失檢點之罪，並概豁免。時陳日華總賦，遂降度牒三萬五千道，下總所收糴補填焉。

（宋）李心傳《建炎以來朝野雜記乙集》卷一六《財賦·紹興至淳熙四川宣撫司錢帛數》　鄭亨仲爲四川宣撫副使時，本有司隨軍、激賞、撫養、降賜四庫，其數頗夥。趙德夫不棄來總計，欲盡取之，亨仲不與，由是有隙。及亨仲得罪，本司樁造錢至五千萬。詔分撥付行在，餘命總領所拘收。乾道三年五月，吴信王薨。六月，復除宣撫使。九月，虞丞相入蜀，宣撫司隨軍撫養二庫，見在錢引八十九萬緡，金五千三百兩，銀一萬一千兩，帛八千五百匹皆有奇。此紹興末，吴信王爲使時所儲數也。五年三月，虞丞相召。七月己巳，王公明爲樞使入蜀，兩庫見在錢一百二十四萬緡，隨軍庫一百五萬，撫養庫十九萬。金八千一百兩，隨軍庫七千八百八十餘

兩，撫養庫二百五十餘兩。銀五萬一千兩，隨軍庫四萬九千餘兩，撫養庫二千六百餘兩。帛四千三百匹，並隨軍庫。亦有奇。八年九月，王公明召。十月癸亥，離司兩庫見在錢六百八十九萬緡，隨軍庫六百七十七萬緡，撫養庫十二萬。金一萬兩，隨軍庫九千六百六十兩，撫養庫三百四十兩。銀五萬一千兩，隨軍庫四萬九千七百兩，撫養庫一千三百兩。絹八千一百匹，並隨軍庫。亦有奇。然隨軍庫管朝廷封椿度牒錢四百四十萬緡，又有未償茶馬司買馬錢四十七萬餘緡，則兩庫實二百一萬緡也。是歲宣撫司逆虞丞相，支遣及造器物，共用金三百兩，銀六千五百兩，而錢帛不與焉。十二月晦，虞丞相至興元，兩庫見在錢六百八十二萬緡，隨軍庫六百七十二萬四千緡，撫養庫九萬七千緡。金八千二百兩，隨軍庫七千八百四十兩，撫養庫三百六十兩。銀四萬六千兩，隨軍庫四萬四千五百兩，撫養庫一千五百兩。帛四千六百匹，亦有奇。淳熙元年二月癸酉，虞丞相薨，兩庫見在錢七百四十三萬緡，隨軍庫七百三十七萬二千緡，撫養庫六萬三千緡。金八千二百兩，銀四萬六千兩，細數同乾道九年十二月。綵帛二萬三千四百匹，隨軍庫二萬四千四百二十匹，撫養庫九百八十匹。亦有奇，蓋增虞公所攜度牒直一百五萬，視王公明時減五十萬，而無負茶司錢，宣撫司可用之錢大率二百萬緡爾。是年三月内申，鄭仲一出使。七月丁亥，仲一復爲參知政事，應本司見在銀錢物帛，令總領官趙和仲公説盡數拘收，今項椿管，令湖廣總領所遣屬官一員，同本所官紐計除措。八月庚午，又命宗正丞李珪叔价兼、權户部郎官，往興元拘催宣撫司錢物赴行在。虞公之將没也，奏言拘籍到總領所積年歲用外金錢七百九十餘萬緡，合本司所積，爲一千六百二十餘萬緡，故命取焉。十二月壬子復置宣撫司，以樞密沈德之爲使，見拘收本司，但於錢物軍器等依舊歸還。尋又詔，應於舊屬軍中場務並還諸軍，宣司毋得取。命下，沈樞大不樂。時湯朝美爲右司諫，復奏罷宣撫司。二年六月庚戌，從之。於是吴挺已爲興州都統置司利源多爲所擅，前後二十年財帛不勝計矣。

《宋史》卷五《太宗紀》〔雍熙四年〕八月庚子，免諸州吏所逋京倉米二十六萬七千石。

《宋史》卷一七《哲宗紀》〔元祐元年〕八月辛卯，詔常平依舊法，罷青苗錢。

《宋史》卷二三《欽宗紀》〔靖康元年春正月〕甲申，省廉訪使者官，罷鈔旁定貼錢及諸州免行錢，以諸路贍學户絶田產歸常平司。

《宋史》卷二八《高宗紀》〔紹興五年八月癸丑〕蠲福建州軍借撥常平錢米。

《宋史》卷二八《高宗紀》〔紹興七年閏月〕乙丑，蠲江東路月椿錢萬緡。發米二萬石振京西、湖北饑民。

《宋史》卷三〇《高宗紀》〔紹興十五年七月〕己巳，蠲四川轉運司積貸常平錢十三萬緡。

《宋史》卷三〇《高宗紀》〔紹興十八年閏月〕甲子，命臨安平江二府、淮東西、湖北三總領所，歲糴米百二十萬石，以廣儲蓄。

《宋史》卷三一《高宗紀》〔紹興二十六年八月〕己丑，蠲建康府積欠内帑錢帛。

《宋史》卷三一《高宗紀》〔紹興三十年三月辛巳〕免湖北、京西宣撫司諸庫未輸錢八十九萬緡。

《宋史》卷四六《度宗紀》〔咸淳七年三月〕戊子，發米一萬石，往建德府濟糴。

《宋史》卷二九七《鞠詠傳》河北、京師旱饑，奏請出太倉米十萬石振饑民。

《宋史》卷三一七《錢易傳》景德中，舉賢良方正科，策入等，除秘書丞、通判信州。東封泰山，獻《殊祥録》，改太常博士、直集賢院。祀汾陰，幸亳州，命修《車駕所過圖經》，獻《宋雅》一篇，遷尚書祠部員外郎。坐發國子監諸科非其人，降監潁州税。數月，召還。久之，判三司磨勘司。上言：官物在籍，而三司移文釐正，或其數細微，輒歷年不得報，徒擾州縣。自今官錢百、穀斗、帛二尺以下，非欺給者除之。

（明）陳邦瞻《宋史紀事本末》卷七《太祖建隆以來諸政》乾德三年八月，置封椿庫。帝平荆、湖、西蜀，收其金帛，别爲内庫儲之，號封椿，凡歲終用度之餘，皆入之，以爲軍旅、饑饉之備。嘗諭近臣曰：石晋割幽、燕以賂契丹，使一方獨限外境，朕甚憫之。欲俟斯庫所蓄滿四五百萬，遣使謀於彼，儻肯以地歸於我，則以此酬之。不然，我以二十匹絹

購一胡人首，彼精兵不過十萬，止費我二百萬匹絹，則虜盡矣！

（明）陳邦瞻《宋史紀事本末》卷一七《太宗致治》〔雍熙〕二年秋七月，詔諸道轉運使及長吏，乘豐儲廪，以防水旱。

（明）陳邦瞻《宋史紀事本末》卷四六《紹述》〔紹聖元年〕八月，罷廣惠倉，復免行錢。

（明）陳邦瞻《宋史紀事本末》卷四八《建中初政》〔建中靖國元年〕秋七月丙戌，安燾罷。時燾密奏：紹聖、元符以來用事者，假紹述之虚名以誑惑君父，上則欲固位而挾私讐，下則欲希進而肆朋附，并爲一談，牢不可破。彼自爲謀則善矣，未嘗有毫髪爲朝廷計也。當熙寧、元豐間，内外府庫無不充衍，自紹聖、元符以來，傾府庫，竭倉廪，以供開邊之費。願陛下罷無益之人，厚公私之積，早計而預圖之，則天下幸甚。又言：東京黨禍已萌，願戒履霜之漸。語尤激切。上不悦，遂自樞密院出知河陽府。

（明）陳邦瞻《宋史紀事本末》卷四九《蔡京擅國》〔崇寧三年〕時四方承平，府庫盈溢，京倡爲《豐》亨《豫》大之説，視官爵如糞土，屢朝所儲，大都掃地矣。

（明）陳邦瞻《宋史紀事本末》卷四九《蔡京擅國》〔崇寧三年九月〕以胡師文爲户部侍郎。初，東南六路糧斛自江、浙起綱，至於淮甸，以及真、揚、楚、泗，爲倉七，以聚蓄軍儲；復自楚、泗置汴綱，搬運上京，以江淮發運使董之，故常有六百萬石以供京師，而諸倉常有數年之積。州郡告歉則折收上價，謂之額斛；計本州歲額，以倉儲代輸京師，謂之代發；復於豐熟以中價收糴。穀賤則官糴，不至傷農；饑歉則令民納錢，民以爲便。本錢歲增，兵食有餘，其法良善。及蔡京當國，始求羨財以供侈費，於是以其姻家胡師文爲發運使，以糴本數百萬緡充貢。入爲户部侍郎。自是繼者效尤，時有進獻，而本錢竭矣。本竭則不能增糴，儲積空而輸搬之法壞矣。

（明）陳邦瞻《宋史紀事本末》卷七八《孝宗朝廷議》〔淳熙八年十一月〕熹因條陳救荒之策，畫爲七事以進，上皆納之。又下熹社倉法於諸路。社倉法者，先是乾道中，熹里居，值饑民艱食，請於府，得常平米六百石，賑貸，夏受粟於倉，冬則加息計米以償。自後隨年斂散，歉蠲其息之半，大饑則盡蠲之。凡十有四年，以元數六百石還官，見儲米三千一百石以爲社倉，不復收息，每石止收耗米三升。以故一鄉四五十里間，雖遇歉年，民不缺食。其法以十家爲甲，甲推一人爲首，五十家則推一人通曉者爲社首。其逃軍及無行之士與有税糧衣食不缺者，並不得入甲。其應入甲者，又問其願與不願，願者開具一家大小口若干，大口一石，小口五斗，五歲以下者不預，置籍以貸之。其以溼惡不實還者有罰。

（明）陳邦瞻《宋史紀事本末》卷七八《孝宗朝廷議》〔淳熙十二年五月〕庚寅，地震。尚書左郎官楊萬里應詔上書曰：【略】自頻年以來，兩浙最近則先旱，江、淮則又旱，湖廣則又旱。流徙相續，道殣相枕，而常平之積，名存而實亡，入粟之令，上行而下慢。静而無事，未知所以賑救之，動而有事，將何所仰以爲資耶？臣所謂言有事於無事之時者八也。古者足國裕民，惟食與貨。今之所謂錢者，富商巨賈，閹宦權貴，皆盈室以藏之，至於百姓、三軍之用，惟破楮券爾。萬一如唐涇原之師，因怒糲食，蹴而覆之，出不遜語，遂起朱泚之亂，可不爲寒心哉！臣所謂言有事於無事之時者九也。

（明）陳邦瞻《宋史紀事本末》卷一〇二《蒙古南侵》〔開慶元年〕詔諸路出師以禦蒙古，大出内府銀幣犒師，前後出緡錢七千七百萬，銀、帛各一百六萬兩、匹。

（清）阮元《續資治通鑑》卷一二《宋紀・太宗雍熙二年》庚申，詔：諸路轉運使及諸州長吏，專切督察知會官吏等，依時省視倉粟，勿致毀敗。其有計度支用外，設法變易，或出糶借貸與民及轉輸京師。如不省視而致損官粟者，雖去官，猶論如律。

（清）阮元《續資治通鑑》卷一七《宋紀・太宗淳化五年》夏，四月，壬午朔，詔：應天下主吏，先逋欠官物，令元差官典及旁親人均酌填納者，凡四十五萬貫、匹、斤、石，勿復理。自今守藏、掌庾、筦榷等虧欠官物，止令主吏及監臨官均償之。

（清）阮元《續資治通鑑》卷二〇《宋紀・宋真宗咸豐元年》甲

戌，詔：諸路場務逋欠官物，令主典備償者，監臨官非同爲欺隱，勿令填納。

（清）徐松《宋會要輯稿・食貨四・青苗》　神宗熙寧二年二月二十七日，知樞密院陳升之、參知政事王安石同制置三司條例。九月四日制置三司條例司言：累有臣寮上言，糴常平、廣惠倉及賑貸事，今詳，比年災傷，賑貸多出省倉。竊以爲省倉以待稟賜尚苦不足，而又資以賑貸。此朝廷所以難於施惠，而凶年百姓或不被上之德澤也。今諸路常平廣惠倉略計千五百萬以上貫石，斂散之法未得其宜，故爲人利未博，以致更出省倉賑貸。今欲以常平、廣惠倉見在斛斗，遇貴量減市價糶，遇賤量增市價糴。其可以計會轉運司用苗税及錢斛就便轉易者，亦許兑換。仍以見錢依陝西青苗錢例，取民情願預給，令隨税納斛斗内有願給本色，或納時價貴願納錢，皆許從便。如遇災傷，亦許於次料收熟日納錢，非惟足以待凶荒之患，又民既受貸，則於田作之時不患厥食。因可選官勸誘，令興水土之利。則四方田事自加修益。人之困乏，常在新陳不授之際。兼并之家乘其急以邀倍息，而貸者常苦於不得常平廣惠之物。收藏積滯必待年歉物貴，然後出糶，而所及者大抵城市游手之人而已。今通一路之有無貴賤，發斂以廣蓄積，平物價，使農人有以赴時趨事，而兼并不得乘其急。凡此皆以爲民而公家無所利其入，亦先王散惠興利以爲耕斂補助，裒多補寡而抑民豪奪之意也。舊制常平、廣惠倉隸提刑司，緣今來創立新法，合有兑换錢斛糴轉運司應副，乃克濟辦。乞委轉運司提舉，仍令提點刑獄司依舊管轉，不得别支用。兼事初措置非一，欲量諸路錢穀多寡，分遣官提舉。仍先行於河北、京東、淮南三路，俟成，次第即推之諸路，其制置條約别具以聞。又言且乞令河北、京東、淮南路轉運司施行。常平、廣惠倉轉移出納及預散之法，欲委轉運司及提舉官。每州於通判幕職官中選差一員主管，令通點檢在州及諸縣穀。其廣惠倉除量留給老幼貧窮人外，餘並用常平倉轉移法。其給常平廣惠倉錢。依陝西青苗錢法，於夏秋未熟已前，約遂處收成時酌中約價，比定預支每斗價名。民願請，仍常以半爲夏料半爲秋料，詔常平、廣惠倉等見錢依陝西出俵青苗錢例，取當年以前十年内遂色斛斗，一年豐熟時最抵實直價例立定預支。召人户情願請領。五户以上爲一保，約錢數多少，量人户物力，令佐躬親勒耆户長識認。每户須俵及一貫以上。不願請者不得抑配。其願請斗斛者，即以時價估作錢數支給。即不得虧損官本，却依見錢例紐斛斗送納。客户願請，即與主户合保。量所保主户物力多少支借。如支與鄉村人户有剩，即亦准上法支俵與坊郭有抵當人户。初，王安石既執政，爲上言天下財利開闔斂散之法。上然之。故置條例司以講求財利之術。以吕惠卿爲之謀主。命謝鄉材等八人求遺利於四方。而青苗免役之法行。遣使詳見《免役門》。

（清）徐松《宋會要輯稿・食貨六二・京諸倉》　〔端拱〕二年九月，詔開封府特許於在京折中粳米、粟、豆、大小麥。國家之務，儲蓄爲先。自前省倉折中斛㪷，蓋以濟人利物，通商惠農。既積歲時，頗生欺弊；久從停罷，復議施行，將永便於公私，宜别行於條貫。其折中斛㪷，自今只許客旅將斛㪷依時價折中，準船般倉例每百萬石爲一界。所有食禄之家，并形勢人并不得入中斛㪷，及與人請求折納。違者許人陳告。主吏處死，本官除名貶配。仍委御史臺糾察，其所中斛㪷，不許多少並支與告事人充賞。主吏自能陳告並免罪，亦依告事人例施行。其監納朝臣使臣不得受人屬託納斛㪷。違者並除名貶配。【略】

先是，募民及聽商賈入粟給券，於江淮以茶鹽償之，謂之折中。【略】

真宗咸平元年七月，詔裏外河折中倉所由㪷子隨專副，一界一替。八月，詔監倉京朝官，無得以羨餘爲課。五年二月，真宗曰：倉廩府庫多收出羨以爲勞績。若非常納之際重斂，即是支給之時減尅。諸道轉送官物，償其逋責，公人頗甚不易。況舊有條貫，可嚴行誡約，但以持平爲務，不得收其羨餘，叙爲勞績。景德二年，詔三班勿以廕補未歷事使臣監諸倉。三年三月，詔在京倉草場監門使臣，自今後逐日常須各在本處，監門不得容庇專副公人等輒作弊倖，亦不得妄託事故非時拋離本處。如違，當行嚴斷。所有監門司天臺主簿保章正等，若是須要勾集議事，即仰司天監奏取指揮并仰提點倉場所常切覺察。如有違犯，即具名聞。

（清）徐松《宋會要輯稿・食貨六二・京諸倉》　〔景德四年〕十一月，詔申太倉給軍食概量刻少之禁。先是，軍士所得，斛裁八九㪷，頗以爲言。帝以問三司使丁謂，謂曰：前詔條制太倉納諸州運粮，無得增受。

諸軍月給，無得減刻。違者至死。今此減刻誠合嚴誅。但運粮米常有耗。舟卒盜食其中。若太倉輸納稍難，則恐綱運不繼。帝曰：然月廩不可虧少。故復約束之。【略】

〔大中祥符〕五年三月。詔在京諸倉，自今每遇支散諸軍班諸色人月粮口食。仰子細驗認。如是興販人收接買籌支請，却上好斛㪷及有搭帶出外，即收捉赴三司勘逐坐法施行。六年二月，詔諸倉等處監門使臣及監官，當給粮受納綱運時，不得與官員及諸色人、閑雜人同坐。如違應犯人並當嚴斷。仍委三司提點倉場所常切覺察，兼許人陳告。

（清）徐松《宋會要輯稿・食貨六二・京諸倉》〔大中祥符六年七月〕詔：自今每差京朝官使臣監納秋夏税，不得令公人等供給喫食。監官並須躬親巡覷敖門，不得於監門使臣處吏私取曆，往本家或隣倉抄出，稱無損動。其監門使臣亦不得顏情私吏，將文歷與監官書押。如違，許人陳告。各以違制論。十月詔：京城諸倉所納秋賦，宜令均平，不得稽滯侵攪。仍委開封府廉察之。七年二月詔：倉草場神衛剩員，以三千人爲額。六月詔：如聞在京諸倉場人户送納官物多有留滞，乞索錢物。宜令開封府察訪收捉以聞。

（清）徐松《宋會要輯稿・食貨六二・京諸倉》〔天聖〕七年閏二月，詔在京監百萬倉使臣：今後須是揀曾經監押巡檢，別無贜私違犯者充。即不得差未經差使使臣勾當。三月，詔：訪聞在京諸倉，多是大量綱運斛㪷及支散時，減尅軍粮。令下三司指揮提點倉場所并提點㪷面使臣，常切躬親提點受納。不得信憑逐倉監專㪷子大量綱運內斛㪷；亦不得取受押綱軍大將殿侍錢物，七八㪷布袋入倉却稱數足。如或別差人抽拔點檢㪷面及因事彰露被人陳告，其監專㪷子仰勘逐情罪以聞。仍指揮提點倉場使臣，自今後每遇支粮時仰不住來往提點，須是兩平量與請人及不得別作情弊帶出官物。如稍有違，其干繫人仰勘逐情罪取旨。所有在京諸倉監官，今後但得吏遺物了足，並依前後條制施行。其收到出剩，更不理爲勞績。

（清）徐松《宋會要輯稿・食貨六二・京諸倉》〔紹興〕二十三年六月十八日，詔應倉庫交卸綱運折欠，並即時具名色數目申解所屬，見得有侵盜貿易之弊，即送大理寺推治。其過誤損失，並押下元起綱處，依法施行。先是，止送排岸司監繫，故有是命。

（清）徐松《宋會要輯稿・食貨六二・京諸倉》〔乾道六年〕十二月十九日，詔應干倉場庫務等處官，自今須管照條依時出入，如違，許所屬按治。仍令户部長貳專一覺察。如有違戾，按治施行。先是，上封事者言，行在倉場庫務監官公吏終日在外，多不坐局。錢穀出納，委之羣小。若不措置，切慮如向來左帑之弊故也。以上乾道《會要》。

明清分部

論說

（明）呂坤《實政録》卷二《民務·收放倉穀》 爲慎出納以均恩惠事。往年放借倉穀，賢者事事留心，人人沾惠。不肖者聽任左右苟且含糊，或主守私扣以肥家；或奸民販糴而專利，吏書、皂、快、門子皆多討而重量，遠鄉貧民老弱致久候而多費；或里長名下總領回家，升合不分；或有力囑託報名，極貧餓死不得。至於量穀之人以厚薄爲升合之高下，攔門之卒以需索爲出入之速遲，有乘機盗穀而不知者，有分名重領而不覺者，有趙甲頂錢乙者，有一家父子兄弟領幾分者。有司厭繁惡勞，一聽衙門作弊，甚者出倉一千而册報一千二三百石，多開之數有作爲自積者，有扣入私囊者。每里之造四五人，每花户名下多造一二斗，比至追穀，懇告緩徵停徵，捱過一年又該陞任調任。後官繼之，無所稽憑，又以前官市恩，後官不肯任怨。歲復一歲，倉廪空虚，簿改人忘，莫可考核。往事可鑒，姑不指名。爲此設立出放之法，使民均得實惠，合行通示。

一、二三四五月，此正青黄不接之時，五穀俱貴之日。但借糴太早，不能接新；借糴太晚，民困已久。大率不出三四月，每當此時行糴賒一次。存底簿原票，以備查驗。但有借賒而難還者，除嚴追外，再次不准借賒。

一、各約先遞手本，某人極貧應借、人次貧應放、某人中貧應糴、某人次中貧應賒，分爲四等，各開手本。掌印官將各約手本共算可賒若干人，用穀若干石；可放若干人，用穀若干石；可借若干人，用穀若干石；可糴若干人，用穀若干石。如數不足而人有餘者，量減斗數，人不足而穀有餘者，寧糴勿賒，寧賒勿借。每異姓十人用一連名保結。如不應與而與者，甲長約正及連名人代保；拖欠者，甲長約正及連名人包賠。

一、學校生員貧者自是有數，皆從廩生查舉。如果真正艱難，申呈量行賑濟，決不可聽從賒借以累本生行止，又致同保包賠。若大饑之年，放賑視小民加倍可也。

一、名數已定，先印小票，發各鄉約。人給一張，某人賒放借糴若干，數上圖書印盖。各約正領散訖，次出榜文，挨約順序，某約某人、某人以上俱限某日到倉，某約某人、某人以上俱限某日到倉，其序一賒二放三借四糴。一日只限五百人。賒者完，挨序候放。放者完，挨序候借；借者完，挨序候糴。將榜張掛訖，仍做籤一百枝，上寫照支二字，仍用二簿一扇，佐貳官坐於頭門，照約次序點名散籤，一起二十人一扇。選委公正官一員親坐倉中點名，照籤給穀。其斗數照票驗給，領穀人得穀銷票於委官。二十人出倉，又點二十人進穀。不足數者許花户口稟；亂進争入者，責二十，不給穀。各色人等俱要東進西出，出倉之人仍將籤至頭門交與佐貳官，以便後番人領。四等領穀人數俱照此行。五百人盡，雖有餘時，不可接放，恐人難伺候。

一、領穀出倉，有債主指欠本利、店家指欠酒飯、里長指欠糧差名色侵奪一合者，許巡視拏獲。每一升罰穀一石，仍枷號十日。

一、掌印官雖有十分忙迫，不係疾病，不許輕委佐貳，致令領穀之人在城久住。務使如歸市然，本日到倉，本日回家。若召號多人擁擠城市，十數日不得領穀；衙門人百計刁難，致所領之穀不足盤費，本官之才短虐民即此可見矣。定行參提罷斥。

一、斗行人等開倉之日，每日報價，價長則糴增，價退則糴減。斗行如有扶同虚捏，重則枷號革役。

一、收放之日掌印官偶不得下倉，選委富家省察義官或公直百姓，每日四人，一人監看斗斛，一人掌管簿籍，二人收看銀錢，每日每人給銀四分。仍與寫字二人登名收票，每日每人給銀二分。俱於收櫃羨餘銀兩支給。撥與皂隸二人，以禁諠譁，但有違犯者許其禀堂懲治。

一、在倉量斗不須另外雇人，致費工食，只以在官空閑清白。夫皂快人等充量半日一换，帶飯在倉，不許往來，仍出入搜檢，以防夾帶。或用下班斗行輪流在倉伺候，每日給燒餅十箇亦可。

一、入倉領穀之人，但有大門二門，倉門索要分文者，倉中量斗人等故減升合及越籤亂支刁難一刻者，重責枷號。

一、還穀與放穀一般斛斗一樣平量。不許分毫多收，分毫低放。倉門置鼓一面，州縣二門置鼓一面，違者許花户擊鼓聲冤，以憑拏問。

一、借穀之人身死，妻孤無子孫或子不滿十五而無地者，其穀免追。若以生作死、以有子爲無子、以有地爲無地者，許甲長及連名訐舉到官，除重責外每一斗罰穀一石。

一、倉穀不及三千石者，不許糶賒，以防急用。其三千石以上者，存五出五，以爲定規。所存五分，明年再出，不可狥人無厭之求，致有無及之悔。

一、糶穀比市價每石減銀一分，放者每石加二出息。若稍紅浥者，不許糶放牽搭，但令出借，抵斗還倉。

一、有餘之家三二月放穀加二出息，秋八月始還者，二十石以上准紀善一次，五十石以上准大善一次，百石以上掌印官獎賞。借百石者，該州縣送扁書好義二字；借百五十石以上者，本道送扁書施仁二字；借五百石或施二百石以上者，准給冠帶，本道送扁書樂善二字；施五百石以上者，兩院送扁書積德二字，有司以禮相待，犯罪不許加刑。

一、糶賒二法，惟有遠鄉之民來往艱難，不得霑恩。以後穀多，每集鎮一處積穀三五百石設立殷實富家，倉正倉副各一人；五百石以上者，一年准本色大户一名；三百石以下者，二年准本色大户一名。擇於大寺廟中，或有司設處一房，或義民願施一房者，於内盛放，掌印官發簿二扇，一紀見在數，一紀收放數。每年正二月州縣官呈詳院道，每年三四月糶賒一次。務要年年增益，不及十年可增二倍，而一鎮之民生命有賴矣。

一、各處販糶之人入本州縣城市集鎮，任其自行糶賣。近有店户斗行專利，奸民強行抑勒，短值收存，却以小升增價零糶賺錢。以後遠方販糶到於本處者，果係剩餘難賣願留店家方准收留外，敢有仍前強勒者，許鄉約及本販禀官，以憑重究。

一、九月初一開倉收穀，仍選前役坐收，給與工食。放者加二還倉，借者抵斗還倉，賒者照賒日價值還倉。俱要乾净，不許濕秕。違者管收之人坐贓重究，仍令補數。

一、花户納穀，亦照前挨約順甲之法以次還倉。即遲不許過十月三十，亦不許零星三斗五斗上倉，致難勾銷出簿。違者重責，不許再行賒借。

一、遇年前冬三月無雪麥根不得深入，過年春三月無雨麥苗不見發旺，又秋末土乾不得下種者，止於饑民借十分之一，糶十分之二，留七分在倉以防凶荒。其三分賒價慎勿輕行。蓋饑民無以爲生，不得不借糶賣，有銀在庫尚可賑民，若賒多而秋禾不收，雖明年民亦不能還。而今秋何以救急，蓋三法併行，爲豐年計也。良有司每歲斟酌行之。

一、遇歲凶穀貴，但有本地出賣遠方來糴者，任其增長價銀。有司不許作大斗減價錢，斗小價高則四方之來者如雲矣，雖欲貴，得乎？

一、社倉查盤不免問罪之擾，不查盤不免侵冒之奸。以後社倉老人一年一换，一换一交。須舊役收完之時，方可交代，其不完者還責成舊役，則人不敢作弊矣。縣官每年只驗出入增損之數，或巡行鄉社，視倉房之完破乾濕間開一看，以驗糠粃，惟是朝覲陞遷。

一、與署官見斗交盤，一次明白方許離任。其餘查盤官止取册結，不許與預備倉一例盤量問罪。

放賑十禁：

一禁衙役請支，　二禁通學借支，

三禁里老總支，　四禁不貧冒支，

五禁久待遲支，　六禁欠家奪支，

七禁斗級弊支，　八禁不明亂支，

九禁收不查支，　十禁不還又支。

（明）吕坤《實政録》卷二《民務・積貯倉庾糴穀條約附》　宇内之重，無重於民生矣；王政之急，無急於積貯矣。乃掌印官視爲末務，或積而不視，遂致紅陳，或放而不收，卒成耗散。此有司第一大罪過，所當首斥者也。夫民命之輕，於何不輕？本院入仕以來極重倉庾，今紀其畧於後。

一、穀積在倉，第一怕地濕房漏，第二怕雀入鼠穿。此其防禦不在人

力乎？大凡建倉擇於城中最高處所，院中地基務須鋤背，院牆水道務須多留。凡隣倉庾居民不許挑坑聚水，違者罰修倉厫。

一、倉屋根基須掘地實築。有石者，石爲根脚；無石者，用熟透大磚磨邊對縫，務極嚴匝，厚須三尺，丁横俱用交磚做成一家，以防地震。房須寬，寬則積不蒸；須高，高則氣得洩。仰覆瓦須用白礬水浸，雖連陰彌月亦不滲漏。梁棟椽柱務極粗大，應費十金者費十五二十金。一時無處，固利於苟完，數年即更，實貽之倍費。故善事者一勞永遠一費永省。究竟較多寡一費之所省爲多也。以室家視倉厫者當細思之。

一、風窓本爲積熱□穀，而不知雀之爲害也，既耗我穀，而又遺之糞，食者甚不宜。人今擬風窓之内障以竹篾，編孔僅可容指，則雀不能入。倉牆成後洞開門窓，過秋始得乾透。其地先鋪煤灰五寸，加之鋪麥糠五寸，上墁大磚一重，糯米雜信浸和石灰稠粘，對合磚縫。如木有餘，再加木板一週，缺木處所，釘席一週可也。市斗大於倉斛，凡發銀糴穀，市斗作價，官斛報數，不知長餘之穀安在也？有司以此蒙蔽上官久矣。今擬贖穀罰穀出倉穀、還倉穀俱以倉斛作數，糴買穀以市斗折算，如有長餘，報作正數。

一、假如倉厫五間，東西稍間各用木隔斷，與門楣齊，穀止積於四間。留板隔東一間，如常閒空。值六七月久陰氣濕，或新收穀石生性未除，倘不發洩，必生内熱。州縣官責令管倉人役將穀自東第二間起倒入東一間，閒空之處一間倒一間，是滿倉翻轉一遍。熱氣盡洩，本味自全，何紅腐之有？

一、太倉禁用燈火，今各倉積柴安竈全無禁約。萬一火起，何以救之？以後不許仍用。官吏以下飯食外面喫來，不得已者送飯。冬月但用湯壺，如違重治。

一、倉斛有洪武年間鐵樣，口底寬窄高下擬有定式。今後倉斛照樣用木邊角以鐵葉固之防開縫。仍用印烙其四裏，以防剜空。但有不係官烙，自作矮身闊口及小出大入者，坐贓重究。

一、州縣積穀，城中至少不減萬石；四鄉各鎮，每鎮至少不減五百石。黄黑等豆既備，軍行抵料，又可炒濟貧難。但不能久積，二年須出陳一遍，數千石足矣。

一、民間息穀，春入秋還，有加五者，有加倍者。未嘗分毫負欠，而官穀常欠者。民間係自家之財，討要自切；倉厫係概縣之積，與官何干？設使官之催穀如民之討債，豈有不完之理哉？

新例：追穀不完，不准離任。不肖有司縱不爲民，獨不爲己乎？

積穀有四：贖、罰、糴、勸。勸借之法，非凶年决不可行。蓋民之好義，由感不由刼；官之借民，可一不可再。故留富者之力與情，用之凶年，最爲喫緊。至於律雖禁罰，蓋罪外加罰耳。果不問罪而罰穀，不折銀而納穀，懲罪人，寬重法，以備萬民救死之資，誰以科罰罪之哉？倘折銀及罪外加罰，當以守議。

一、民間奢縱自恣。散懶成性，其自積以待凶荒者百一耳。今屯糧每頃納米麥六石，軍納軍支，不減升合。增收放之勞，多奔走之苦而法終不罷者何？寄之外倉，以備緩急也。倘不測調遣，安家無資，内顧爲憂，勢必逃潰。

祖宗之慮遠矣。緣民間不肯自積，故本院欲立會倉，各量貧富家口爲多寡，每月二次，積之本約。擇以寬大處所貯之，粟不便者納錢候糴。大率每歲二十四會，富者每歲積粟二十四石，貧者亦不減二石四斗。百石以上編一露囷，覆以重茅，不許斂散，恐難催收。直至大歉之年，各照原積之數分領救生。蓋粟在家便於花銷，粟在會難於支用。自非凶荒之年大分之際，即有十分緊急不許輒討先支，違者稟官責治。其穀數每歲報官，分時稟官。其倉屬之民社，與州縣原不相干。有司但查積多者獎賞，不積者督責。如此則家家有救命之資，人人有備荒之策。時值大祲，官社兩倉雖少而待命於官者不多，可必其無流亡之患矣。事極可行而民未必行，在有司勸諭鼓舞之耳。

一、會倉於本約之内，擇殷實好義者一人爲司貯，能通書算者一人爲司記。如果公勤慷慨，衆所推服，積穀三百石以上衆無怨言者，公稟於官，驗實旌奬。

附救命會勸語

天地間有第一件要緊事，我説與百姓們知道。且如今百姓們過日子，

有地土的人家一年收三二百石糧，喫穿使用，潑手大脚也，只夠過了一年。明年收百五十石或百石，喫穿使用，那上攢下，也少不得過了一年。試想那上攢下時，也不曾少了喫穿，也不曾缺了使用，只是不得風光寬綽耳。肯將那收三二百石時留下一半入倉下窖，防備凶年，只當作今年少收了百石百五十石，有何不可？那窮漢就要積攢，那裏得來？果以性命爲重，自有箇窮算計。你就窮時也，少不得一日喫兩頓飯，有一時也買一壺酒、一斤肉喫；或有人帶累到官，也有費二三百錢時；或隨會進香盖廟，也有費三五百錢時。我勸你一日應喫十文錢，只喫九文便餓不死。每日攢得一文，一年可攢三百六十文。遇着穀賤時可糴兩石，忍上三年可攢五六石穀。再養雞猪，或攢糠菜，或與人家做工，喫了飽飯又得幾文工錢，多少隨時積攢，不消十年永無忍饑受凍之理。想那萬曆九年、十年，連年天旱。説起那箇光景，人人流淚。平涼、固原城外掘萬人大坑三五十處，處處都滿。有一富家女子，父母都餓死了，頭插草標上街自賣，被一箇外來男子調戲一言却又羞慚，兩頭撞死。有一大家少婦，見他丈夫饑餓將死，將渾身衣服賣盡，只留摭身小衣，又將頭髮剪了沿街叫賣，通没人買。其夫餓死，官差人拉在萬人坑中，這少婦叫呼一聲，投入坑裏。時當六月，滿坑臭爛，韓王念他節義，將粧花紗衣一套要抹他出來，他説：我夫身已餓死，我何忍在世間喫飽飯？晝夜哭三日而死。同州朝邑一帶，拖男領女幾萬人，半是不慣辛苦婦人，又兼兒女連累困餓無力，宿在一箇廟中，哄得兒女睡着，五更裏抛撇偷去。有醒了趕着啼哭的，都着帶子綑在樹上，也有將毒藥藥死了的，慟哭流淚，豈是狠心也？是没奈何如此。又有一男子將他妻賣錢一百文，離别時夫妻回頭相看，慟哭難分，一齊投在河中淤死。萬曆十四年，邯鄲路上有一婦人帶三箇小兒女，路上帶累，走步難前。其夫勸妻捨棄孩兒，婦人慟哭不忍。其夫賭氣兒先走了數十里，又心上不忍，回來一看，這婦人與三箇孩兒吊死在樹上。其夫慟哭幾聲也自吊死。又有一男子，同一無目老母與一婦人，抱箇十數月孩兒同行。老母饑餓不堪，這男子先到前村乞食供母，這婦人口中還喫着沙土，仰面而死。老母叫呼不應，摸著兒婦，知是死了，也就吊死道傍。這男子回來，見他母親吊死，又見那孩兒看看將死，還斜靠着死孃身上唆妳，也就撞頭身死。西安府城外有大村，千餘家居住，一時都要逃走，那知府荒忙親來勸留，説道：我就放賑濟。這百姓滿街跪下訴説：多費爺爺好心，念我饑寒。就是每家與了三二斗穀子，能喫幾日，怎麽捱到熟頭？趂我走的動時，還鬧挣到那豐收地面，且救性命。大家叩頭，哭聲動天。那知府也慟哭，放他散了。走到北直、河南，處處都是饑荒。那大家少婦那受的這饑餓奔走，都穿着紗段衣服死在路上。當此之時，慈母顧不得嬌兒，孝子捄不得親父，眼睜睜餓死溝中路上，狗喫狼殘，没人收屍。

朝廷也差官將四五十萬銀子放賑濟。一箇人分得一錢半錢，怎救得一家饑？官府也開倉散穀子。一箇人得一斗半斗，能喫得幾日飽？想你平日空盖了許多寺廟，塑畫了許多神像，打了許多醮事，燒了許多金銀，那箇神靈救得你？想那好年時，胡使亂費只嫌窄，紬衣布裳只嫌醜，吹笛打鼓還嫌不中聽，好酒好肉只嫌不中喫，卻將那平日吊下的留在這時用，怎到的喫榆皮草根還餓死了？俗語説爺有不如孃有，孃有不如在手。只望百姓們口那肚攢，隨貧隨富，除了納糧當差外，寧好少使儉用，寧好淡飯粗衣，好歹多積些救命穀，多攢些救命錢。寧爲樂歲忍饑人，休做凶年餓死鬼。且如老鼠盜雜糧，積在穴中，没時備用；鳥鵲啣楝子，藏在樹裏，冬月防饑。你曾見荒年餓死了多少鳥鼠？人生過日到不如鳥鼠見識？可嘆，可嘆！昔時有箇唐修脚，他兩腿雙瘸，家有老母，没人挣錢養活。他學了箇修脚生藝，每日喫了人家飯食，還落的幾文工錢養他母親。又將瓶子一箇埋在地中，用竹筒一箇通入瓶口，每日投錢一文，年終取出來與他母親買件衣服。你這窮百姓眼明手快，一日那攢一文錢也不打緊。鄉約中發箇願，心隨箇窮漢會兒，窮漢攢錢多的，我查出來分外賞你。假如凶荒之年家有積穀一石者，官加賑三斗；有積錢三百者，官加賑一百；家無分文升合者，不准賑濟。百姓自家有得一半，官再助些，可以接濟熟頭，捱出性命。若赤手空拳，與他三五斗穀、一二錢銀，終來也要餓死，不如那將來救那一半的性命。我和你先説明白，到那時候百姓們休後悔。

（明）海瑞《海瑞集》上編《方宗争穀參語》　淳安縣民方宗與方希正等借何孟敦稻穀三十六石，權貯伊倉西首。方天禹等各亦缺食，借何孟

敦倉穀二百一十石。因運穀相遇，言辯扯扭，致穀漏撒在地。方淙告府准批究明招報，招詳未示間，淙又赴按察司告，蒙准批縣查實究招詳報行間。隨蒙本府批招參詳，阻穀扯袋，方天禹等似有搶情，姑依擬各贖決發落，實收領狀繳。參審得時值凶荒，方天禹、方淙等借穀濟饑，其情皆切，而天禹諸人係淙甲首，其貧尤甚。天禹等穀數不足，自合與何孟敦理取爲當，乃阻奪方淙之穀，致使袋破漏失。惟知利己，事似用強。非良民也。然借主孟敦稱天禹等第二次搬穀，與方淙搬穀時適相值可證，有借契得穀與原數尚欠一百一拾五石五斗可憑。銅鑼器械，衆證皆稱荒歲護送食穀防他盜，各處多是如此。在天禹初次搬穀則然，非第三次運穀與方淙相值而後然也，不得謂之白晝搶奪。方淙借穀，防借者之多，即運回本家，運至別處，天禹可無疑矣。乃即孟敦倉廒自東而貯之西。方淙億料天禹執批滿取，急來搬運，與天禹再來搬穀時適相值，跡似方淙臨時奪借，是天禹之情有可原也。淙告府縣狀并在縣對理，并無一言及天禹素爲盜警府縣，天禹等亦無素爲盜警府縣案卷。天禹等素不爲盜，方淙非不知之也。阻奪漏失，由於得穀不滿借批之數。億度之差，方淙又非不知之也。方河、方卸老打傷幾死，有何傷證？府狀只稱打倒，其詞輕；司狀稱搶殺幾死，其詞重。先後不同，顯是誣捏。但方淙之情亦有可原者。飢者求食，其情均切，而天禹等貧户小民，尤汲汲然。一不得穀，怒言相加，扯扭不歇，比平日甲首禮下里長，貧户遜讓富户，事體大有不同。且袋破遺失之穀，方淙執稱不怕天禹不賠，天禹自謂被淙奪去三十六石。漏損幾何，一家忿歸，兩不檢取，一半得之路人，一半混之草土。方淙無處取賠，是以致有訐告。方淙二十九日在縣對理，已自輸服，初三又有司狀，淙稱二處併告，併是假手他人，情詞過當，不過希圖准理，或亦是也。方淙明有借契，而因阻奪致漏失穀不滿數，情不能已，是曲不盡在方淙。天禹明有借契而穀不滿數，二家運穀時候相值，曲亦不盡在天禹。孟敦原説倉穀日久，或有消耗，不曾盡執契上數目與天禹，曲亦不在孟敦。各犯之情均有可原者。

（明）清波逸叟《折獄明珠》卷三《判語摘釋・私借官物》　名器不可假人，傳垂聖訓。私情必至壞法，律著明條。故宝鼎在周，楚子徒勞于致問。繁纓繫馬，素王甚恤其非宜。凡事守掌在官，于人豈可擅借？今厶職掌監臨，任專主守。服色衣裘，不牢藏于倉庫。金銀器皿，輒移用于他人。視若泥沙，輕如草芥。策匪子房，輕借沛公之著，求如顔路，擅專孔子之車。貪心一起，象床終不歸齊。久假不歸，和璧豈能入趙。典者當科那移之罪，受者宜加侵盗之刑。

（明）李清《折獄新語》卷七《一件蠹飽事》　審得百户張鳳翔，乃攫貨則多多益善，而借題則轉轉生枝者也。今據夏三思單款内，固有半屬莫須有者。然米可預借，油燭可多派，上司差役夫馬可聚斂。而鳳翔言及，猶飾辯甚力。謂首請有各軍之作俑，樂助有諸人之好義，於我何與？噫，此其非不近似。試問伊父母兄弟之死，於各軍曷與？而每名三斗之扣，且以一百三十兩助。噫，鳳翔豈家無立錐，翹首麥舟之捐貲者乎？親死而風木悼，兄喪而鶺鴒感。乃鳳翔值此三變，而盈笥黄白，忽憑空入其掌握。恐當日之悲悲喜喜相半也。尤可笑者，以廣積二倉爲外庫，而大使焦守德亦聽其那移，不敢發聲，曰奉府帖故耳。吏書一紙，奉若神明，何本官膽若鼷鼠也？張鳳翔應罰谷示懲，悖而入者，亦悖而出，曰戒之在得耳。今解審之際，屢以病請。真乎？贋乎？望憲台之嚴威則知懼，聞憲台之冰清則知愧。愧懼交集，足縮縮如有循，或者有悔心乎？姑免。

（明）陳子龍《明經世文編》卷二七《楊文定公奏疏・預備倉疏楊溥》　況聞今南方官倉儲穀，十處九空，甚者穀既全無，倉亦無存，皆鄉之土豪大户，侵盗私用，却妄捏作死絶及逃亡人户借用。虚立簿籍，欺瞞官府，其原開陂塘，亦多被土豪大户侵占。以爲私己池塘養魚者，有湮塞爲私田耕種者。葢今此弊南方爲甚。雖聞間有完處亦是十中之一。其實廢弛者多，其濱江近河圩田隄岸，歲久塌坍。一遇水漲，渰没田禾。及閘垻蓄泄水利去處或有損壞，皆爲農患。大抵親民之官得人則百廢舉，不得其人則百弊興，此固守令之責。若養民之務，風憲之臣，皆所當問。年來因循，亦不及此。事雖若緩其實關係甚切。伏望聖人特命該部，移行各布政司、按察司及直隸府州縣除近有災傷厺處，暫且停止，候後來豐熟舉行。其見今豐熟去處，悉令有司遵依洪武年間舊制。凡倉穀陂塘隄岸，並要如舊整理。倉有損壞者，即於農閒時月，用人修理。設有虧欠者，除赦前

外，赦後有侵盜者，根究明白，悉令賠償完足，亦免其罪。不許妄指無干之人搪塞。若有侵盜証佐明白而不服賠償者，准土豪及盜用官粮論罪。有司仍將舊有賠償實數開奏，其陂塘隄岸亦令郡縣凡損壞悉於農閒用人修理。有强占陂塘私用者。犯在赦前亦免其罪。即令退還，不退還者，亦准土豪及盜官物論罪。其退陂塘及圩岸閘埧應修去處，亦令有司開奏。應修築者，以次用工，完日具實奏聞。仍乞令户部行各布政司府州縣，除災傷附近去處外，凡秋成豐稔之處，府州縣官於見有官鈔官物。照依時價。兩平支糴，穀粟儲以備荒，免致臨急，倉惶失措。年終將所糴實數奏聞，郡縣官考滿給由。令開報境内四倉儲穀及任内修築陂塘隄岸實數，吏部查理，計其治績以定殿最。各按察司分巡官及直隸巡按御史所歷州縣並要取看四倉實儲穀數，及陂塘隄岸。有無損壞修理實蹟歲終奏聞，以憑查考。如有仍前欺弊怠事者，亦具奏罪之。若所巡歷之處，仍前不問不理，或所奏扶同不實，從本衙門堂上官糾劾奏聞。庶幾官有實蹟荒歲人民不致狼狽，耕種無旱潦之虞，祖宗恤民良法，不爲小人所壞。

（明）陳子龍《明經世文編》卷八七《林貞肅公集・題私開倉廒擅收料荳侵欺錢粮事林俊》 嘉靖元年十月管牛房尚膳監左少監賈全、奉御王太安、郭文、王川，長隨叚仲張仲堂、姜輔、閻川，内使任信等，侵盜喂養牛隻料荳三十九石，倉官徐鈞減等杖罪，具奏送審。奉聖旨是，賈全送司禮監奏請發落，徐鈞等送大理寺審了來説，欽此。看得刑部、大理寺，皆古刑官，虞謂之士師，周謂之司寇。我太祖慎重刑獄，鞫於刑部，而讞於大理寺。然後告成於天子而聽之。此成法也。近者内侍有犯，多付司禮監，似無刑部也。今付刑部，又即付司禮監，又似無大理也。竊意終非祖宗成法。伏望聖明將賈全等仍同徐鈞等送大理寺審録，然後付之司禮監。庶幾成法具存，爲聖子神孫萬世不易之定守，臣等不勝願幸。

（明）陳子龍《明經世文編》卷一九〇《毛給諫文集・言庫藏積弊疏毛憲》 一、嚴督輸運。竊照各處錢糧，輸運有期，違限有法，固至密也。但近來官民視爲泛常。往往過期，動經數年。葢由狡猾之徒，謀充解户或支價銀而侵尅肥家，或將物料而貿易生利。催科竭力於小民，欺匿利歸于私室。及該部勘合，督併上解。又多輕齋至京。買辦不敷，復謀寄庫，潛行逃回，積歲累月，竟不完結。上司文移拘促，至有花費已盡而復累及貧民賠納者。上妨經費，下蠹困窮，其罪可勝言哉。臣愚以爲，宜令該部申明法例，轉行各司府縣，今後務僉殷實大户，點解之日，依期嚴促。仍差在官有職人員押解完納，毋得縱容延捱，利己害人。其或過期年遠，悉照律例送問。併罪原經官吏，及有原批本色而復賫價聽憑攬頭包辦者，罪亦如之。寄庫錢糧，亦必單物相隨，方許照進。庶無欺延之弊。

（明）陳子龍《明經世文編》卷三九一《余文敏公文集・新建巡倉察院記余有丁》 萬曆九年，御史言：臣幸奉上任使令，得察倉廥事，所領天下郡國計至繁。顧獨無官寺，發戒令，棲從史，僦民閒居，與所蒞相閡。簡書無所庋貯，人得伺隙，因緣爲奸。臣請治之，臣仰體上意，母敢別賦更徭。即上所釐省河南領儲藩使分部，京師者所廢寺俾臣。庶上不費縣官，下令臣得聽治其所便。上報可，御史乃更發贖鍰在帑者。爲庀材鳩工，戒版築。損舊十之一，益舊十之九。中爲堂，後疏户以居。又其後爲憩所，左右爲房二間，簿掾史居之。其外爲門旁爲楹，十有一，以僦居民其直以需吏役。凡爲屋以楹計若干，爲工以口計若干，肇始六月望日，越五十日告成，以告余子。某曰：今國家之計，其莫重漕粟哉。漕轉東南粟以給中都軍，又轉粟於邊以給食。當食者四陲重鎮，帶甲百萬。番休班直，操守之卒，五校七萃，不可勝計，莫不仰給于漕。凡漕卒百萬漕士十千，海漕之總一，河漕之總十三。文督一，武督二。牽輓數千百里，行者賫，居者送。致四百萬石以達于都。令甲有日要，有月成，有歲會。邑會上之郡，郡會上之省，省會上之部，以入于太倉。倉以禁門名者四，新舊二，以南北西名新者三。餘爲濟陽禄米海運大軍。太平太興左衛六衛十一，督其事者，大農一，分理於下。曹屬郎官七，天子以爲漕事重，會廥之寄，至艱且劇。世降網疏，吏民或抗弊而巧法，則特簡一御史持節往。凡庾廩廒楹之飭壞振毁，綜核之。凡邑都省會之遄慢贏縮多寡，得角斠之。凡漕士漕卒，海漕河漕之勤呰臧否，職不職，得譏察而彈壓之。凡事涉漕計，大者按章，小者立斷，其尊不得視内外督臣，而權有加焉。乃至無按治之所，觀褻而防潰，謂法紀何？君子謂是役也，烏可已也。抑又聞之，粟之入也於吴通渠於江，於楚引河東下。與淮泗合通于齊，于齊則

通蓾濟之間，道回遠。漕卒重繭歲月率十餘鍾致一石。故法嚴則殘民，弛則粟不得入病國，職是者艱哉。茲夏漕舟鱗至，曝滯數十里外，相望不得前。御史曰以炎天累月，滯咫尺之地，獨奈何蒿工諸傭爲。則别倩舟傭以達東南，歲侵粟不中程，輳輓或不滿額。御史爲從便宜稍寬之，莫不方輸爭上，母何全漕報竣度六月而罷。即所輸内府者，舊多辜榷取民多。御史悉力調停，一時稱省費十餘萬云。御史風采懔懔，立朝按部有才名。茲既舉漕職，復以其餘蒐摭闕遺，修所未備之典，使法紀有所寄。尤有足嘉者，余故因取節，得并論著之。

（清）錢澄之《田間文集》卷七《常平倉議》 愚嘗讀《甫田》之詩，曰：倬彼甫田，歲取十千。我取其陳，食我農人。自古有年。鄭康成云：倉廩有餘，民得賒貸取食之，所以紓官之蓄滯，亦使民愛存新穀。自古豐年之法如此。宋謝枋得曰：從古以來，豈無水旱霜蝗？吾民常如有年者，上之人斂散得其道者耳。言歲有荒而民無荒也。觀其末章云：乃求千斯倉，乃求萬斯箱。黍稷稻粱，農夫之慶。夫公卿、大夫、士，以及庶人在官者，業已分田賦禄，則此倉、箱者，皆爲農夫以備春秋補助之用，雖無年猶有年也，寧不足慶乎？然在當時，謂之補助，明是有出而無入，未嘗責其償也。鄭氏賒貸取息之説疏矣。

《左傳》稱：齊陳氏施舍已責，家量貸而公量收之，以收人心。則春秋時，業有賒貸而取贏之事。後世言利之臣，遂專以此法取息於民，以資國用，而民乃大困。青苗錢之害所由來也。

漢唐以來，聞有發倉廩以賑荒者矣，未聞有春補而秋助者。周時兵民不分，未有無事坐食之兵。後世兵民既分，兵餼於官，凡此倉廩大半皆軍儲也，而有出無入，補助寧可繼乎？至若賑恤之政，所及無幾，每遇凶饑，有司不肖者不以上聞；既聞之矣，比及報可，文移往復動需時月，民之轉死溝壑久矣。而且，監臨胥吏相與侵漁。少有沾惠者，大抵近郭力能自達之人耳，鄉村老弱，豈能匍伏數百里，以就乞龠合之米哉？

三代之後，莫善於耿壽昌常平倉法也，無損於上，而有益於下，饑年百姓陰受其濟，而不必有賑恤之名。其法祖於魏之李悝。李悝之言曰：糴甚貴傷人，甚賤傷農。善爲國者，使人無傷而農益勸。謹視歲有上中下三熟，大熟則糴三而舍一，中熟則糴二，下熟則糴一，使人適足，價平而止。小饑則發小熟之所斂，中饑發中熟之所斂，大饑發大熟之所斂而糶之。故雖遇饑饉水旱，糴不貴而人不散，取有餘以補不足也。漢宣帝時，歲屢豐，穀大賤，壽昌乃本其義，奏諸邊郡皆築倉，以穀賤時增其價而糴，以利農，穀貴時減價而糶，常平倉所由名也。

然至東漢明帝時，纔百餘年，劉般極言常平之弊，由豪右因緣爲姦，而小民不得其平。隋文帝時，長孫平請令諸州百姓，當社共立義倉，隨其所得貯之，委社司檢校收積，饑歲出此穀賑給。唐目爲社倉。畝税二升，商賈無田者分爲九等，户出粟自五石至五斗爲差。隋唐之制，官無糴本，使民自輸積。隋猶勸民爲之，唐則以爲功令，而猶假給以他費，是於常税外，又增一税矣，便民云乎哉？宋神宗嘗發諸路封樁，以爲常平倉本。王安石變常平倉本爲青苗錢，制給斂出息之法。司馬光力言其害，言：常平之法，公私兩利，此三代之良法也。而後至於弊者，因州縣缺常平糴本，遇豐歲無錢收糴。亦有官吏厭糶糴之煩，雖遇豐歲，不肯收糴。又有官吏不能察知實價，信憑牙人與蓄積之家通同作弊，收成之時，農人情需速糶，故意小估價例，令官中收糴不得，盡入蓄積之家，比糴既盈，方始添價中糴入官，是以農糶秖得賤價，官糴常用貴價。又有官吏欲趁時收糴，縣申州，州申各司，取候指揮，比至回報，動涉累月，已至失時。此乃法由人壞，非法之不善也。司馬公之説，較劉般詳矣。而《金華社倉記》云：王氏青苗立法之意，未嘗不善也，但其給之也以金而不以穀，其處之也以縣而不以鄉，其職之也以官吏，而不以鄉人士君子，是以終不能行。故朱子於其鄉建立社倉，請本鄉土居朝奉郎某共任收放，其法簡易，大便於民，可遵行也。

愚觀，今日欲救百姓之困，莫急於復常平。而復常平之法使無弊者，有三議焉。其一，察本地富實鄉紳，素爲鄉民信服者，有司以名申於上，敦請委任。召集約保，隨其鄉田地之廣狹、人户之多寡，公同量給糴本若干，登記在册，增糴減糶。一依時價爲準，糴足糶盡，皆以報紳。其中委曲收放，紳任其事，官不與聞。歲終，會計出入贏詘之數，籍諸官，胥吏不得闌預，經費不得那移。如是，則糴本可常存也。其一，仿隋當社立倉

之法，於鄉而不於城，約保酌其羅糶之近便而人煙輳集者爲之，不但一倉，亦不必在一處也。其一，則因以行補助之政，穀價既平，人不乏食，當春耕時不許假貸。蓋倉粟必須久儲，以防夏季之踊貴也。至於禾苗盈野，青黄未接，時有空乏之憂，則又如朱子法：夏受粟於倉，冬則加二計息以償；遇少歉即蠲其息之半，大饑即盡蠲之。不數年，倉粟五倍於前，以後不復收息，止每石收耗米三升，粟倍之。夫貴羅賤糶，減增不過一二分之間，即有損折，此亦足以補之矣。此在約保能信其人之不負，察其田之足償，斯不至虧糴也。

而愚又謂，義倉亦可相輔以行。愚所謂義倉，非若隋之勸民立社，而爲官賑饑也，非若唐之計畝輸倉，而後假他費也。當豐稔之年，勸諭富户，各自置倉，鄉保驗實，一如常平之法，貴糶賤糴，聽自出納，官吏不問，亦不借以賑饑，但取其能平穀價而已。其貸農取息，亦憑約保，如常平例，計各倉出入多寡，報聞有司，有司分别旌獎。在彼人無所損，而有義名，亦足勸也。

説者以：國用空虚，糴本不貲，何從取辦？愚觀漢世有入粟授爵、以貲爲郎之令，國初亦有納粟入監之例。暫一行之，事罷即已，官取章服以榮其身，士惟優免以異於民，不混清流仕進之途，未爲不可。又觀：唐宋每有興作，經費不足，有司每請度牒告身，以濟工費。夫告身，名器而賤用之，有以高品告身易一醉而不得者，誠可笑也。本朝士大夫誥命須考滿甫給，或有現任守令，期届考滿，而父母老病，恐有不逮，先期請給，樂輸常平，以速榮其親，一以助國施，一以慰孝思也，不亦可乎？

自佛入中國，游惰奸宄盡逃於僧，合天下僧尼幾百餘萬，户口爲之稀少，誠宜一切禁止。唐宋及國制，皆須給牒，方許剃頭，故度牒可以利用。今則人自剃頭，千僧未有一牒也。倘嚴敕僧綱司，遍行查勘，凡無牒者，除五十以上年老有道者量免，此外概令納價給牒，不納者悉令爲民當差。至於婦女出家爲尼，尤傷風俗，不論老少，皆須有牒，輸價倍增以困之，使自速歸反俗。此後，凡僧尼有不請牒而私自剃度者，本人及師皆以重罪罪之。此固國家政化之所關，非欲借此搜括以濟國用。然國用之濟，莫有大於此者矣。夫以此輩不耕而食，逃避差徭，爲四民之蠹久矣。以絶無修行，坐受吾民之供養，出其纖毫，爲救濟吾民之良法，準以因果之説，亦兩利也。

綜　述

《大誥・刑餘攢典盜糧》　龍江衛倉官攢人等，爲通同户部官郭桓等盜賣倉糧，其官攢人等已行墨面文身，挑筋去膝蓋，仍留本倉守支。不逾半年，進士到倉放糧，朝發籌二百根，至晚乃收二百三根。進士詰焉，乃是已刑之吏康名遠仍肆奸頑，偷出官籌，轉賣與一般刑餘攢典費祐，盜支倉糧。嗚呼！當是官、是吏受刑之時，朕謂斯刑酷矣，聞見者將以爲戒。豈意攢典康名遠等肢殘體壞，形非命存，惡猶不已，仍賣官糧。此等凶頑之徒，果將何法以治之乎？

《大誥續編・鈔庫作弊》　寳鈔提舉司官吏馮良、孫安等二十名，通同户部官栗恕、郭桓，户科給事中屈伸等，並鈔匠五百八十名在局抄鈔。其鈔匠日工可辦十分，諸匠等止認辦七分。朕明知力尚有餘，從其認辦，所以得存三分，不欲竭盡心力。後三處結黨，諸匠盡力爲之，洪武十八年二月二十五日造鈔起，至十二月天寒止，盡力所造鈔六百九十四萬六千五百九十九錠。臨奏鈔數，已匿一百四十三萬七千五百四十錠，於廣源庫雜諸處所進商税鈔堆積。所奏進者五百五十萬九千五十九錠，將混同商税鈔堆積，以代外來商税課程。且如太平府進納折收秋糧鈔，並江西承差李民憲等解課程鈔一十萬至，其進鈔人先謀通户部及鈔庫官，内將十萬就庫檢沓，如數貼作折收秋糧鈔並課程鈔名色，虚出實收，來人執憑。外十萬鈔，與解來人四處共分。事甚昭然。嗚呼！當計此之謀，爲利所迷，自將以爲終身不犯，豈知不終年而遭刑。古先哲王諭之曰：毋作聰明。觀今此之徒，先王之諭良哉，今不循者隳命矣。

《大誥三編・庫官收金》　承運庫官李庭珪係通政司吏，考滿得除承運庫官，掌管金帛。前庫官范潮宗等偷盜庫藏財物，身被刑責，非止一端。吾見不才者貪心不已，施五刑而不拘常憲，法外不忍見聞者猶若干刑。死者已死，刑餘不死在庫以示再任者三人，想必見者寒心，必無犯

者。其李庭珪收輕賫金銀，設計偷盜金二十四兩，意在深謀，以愚朕心。將納金者每十兩多稱五錢，以百兩計之，已出五兩；以千兩算之，金出一錠。其所折之金，何下數千百兩。若終收不犯，其所貪者正該幾何？糧長包賢等金已行收足，内多稱三十五兩，卻與糧長丁遵等設計，故作刁蹬，云糧長包賢少金一釐五毫。糧長徑入狀以奏，朕赦之，一釐五毫不能容民之欠，果何道哉？明日按問李庭珪，將所收本糧長金逐一稱驗，每十兩餘五錢。將五錢較之，一釐五毫果欠之乎！况糧長包賢等所納金七百兩，共餘三十五兩，豈有欠邪！其李庭珪特通糧長，以此一釐五毫來奏，料此一釐五毫尚爲欠數，豈有收受不精而有弊者乎！其李庭珪之計，豈不深謀者也。何犯之亦速，此作聰明至極而有此耶。當在通政司時，公座之官，潔己奉公，李庭珪爲吏，官既公論。其李庭珪無所作爲，終一考吏役，並無贓私，得陞承運庫官。此果李庭珪能守而至此耶？正官能守而保全耶？此實通政司官成其考也。今一得位而即喪，可見小人非君子不能全其命行者歟。

（明）吕坤《實政録》卷二《民務・糴穀條約》　爲年豐積貯爲急，穀賤糶賣爲難，聽民納穀抵銀以省煩費事。照得今年秋稔，糴買當先，况開倉之後差糧正急，小民糶賣不免奔忙。不如聽其納穀，扣留官銀代解，似爲兩便，果納者無人將官銀糴買。如有司過期不糴、虚文搪塞者，不肖可知，另行議處。爲此，合立款項偏行，曉諭施行。

一、前院登報贖銀已經報部充邊餉之用者，難以動支，盡數存留，陸續解邊外，其前院允詳未繳實收，及本院允詳不分已未繳實收，一切徒杖贓贖，盡數扣留該府州縣，糴穀銀免還庫。

一、除按鹽兩院詳允紙贖難以動支，其司道府州縣自理贓贖。除公用工食扣留外，其餘不分已未登報，盡數扣留糴穀。其有司之操尚潔汗、贓贖之肯報與否我不可知。但本院毫無私用，其不忍相負者必衆也。

一、在庫各項銀兩除見在起運者難以動支外，其餘本色解剩及一切無碍及待支緩解官銀，不分已未報部，盡數糴穀收貯在倉。待明春出糶，以其餘利作倉積，以其原銀還庫藏。以後每遇穀賤之年再借以糴，再糶以還。總之，有穀在倉即有銀在庫，要在轉移以廣儲蓄耳。

一、在官應差人役豈能吞銀嚼錢？亦須買穀糴米。各州縣官除給帖打討者任從其便外，其餘工食徵銀州縣先要仔細計算，如皁隸、門禁、快手、轎扛夫，在家之人，三分支銀七分支穀，起邊民壯及在外當差人役，七分支銀三分支穀。共計該穀若干石、折銀若干兩，納穀完日各役照數以時關領穀石。既係十分乾潔，又不欠少升合，似非虧損應差之人，而在彼亦省一番糴買矣。

一、小民糶穀納官，不免火耗添搭，銀匠傾銷起解，不免折耗補賠；官派人夫糴穀，不免街市騷煩。今行簡易便民之法。凡貧民糶賣不便者，儘本身差糧銀數照價納穀，務要極乾極净。納九斗者准一石。其情願納銀不領穀票者，聽從民便。

一、收穀之法，州縣倉用佐貳官一員、大户二名一同監收。務照市斗臥量取平，不許重收一合；價照市價，不許少算一釐；穀到即收，不許延遲半日；登記須明，不許錯上一人。該州縣務照發去簿票格式，掌印官先將簿票填註花户銀數，簿送與收官，票給花户。花户納穀到倉，倉中照穀算銀，於納户票上印納訖二字，納户執票到櫃，該櫃收頭即與勾銷赤曆，票仍花户收照。其穀濕而多糠粃者，徑不准收；穀果乾潔而經收人故爲刁難及重收遲收者，許鳴鑼聲冤。當堂驗實，經收人重責究罪。

一、遠鄉之民赴州縣納穀不便。各鎮店城堡有乾净寺廟處所，即於該年大户擇選公正能幹者二名，領官銀置買席草，將附近願納穀石之人照依本州縣時估，收受亦照州縣倉收之法。如價隨時貴賤者，務要記日明白，與縣對日驗價，其納户票上亦印納訖二字。納户將票總付里長到櫃勾銷赤曆。里長將票帶回，隨便給與納户存照。穀收完日用心積貯，不許雨地濕浥，鳥鼠作踐。待明年糶穀石，仍用原買之人。分毫不差者，經收人役重加獎賞，即准本邑大户一次。如有狥情濫收濕粃，及揑數妄報虚出完票者，坐贓問罪。

一、完穀之法全爲便於貧民。其上中人户仍令盡數納銀，以備緩急起解。尤不許富勢人家及衙門積役囑託濫惡短少。違者一體重究。

一、收穀以黄色爲上，能耐久放故也。如黄穀少處亦收白穀，但黄白不可混雜，須各另分收。混雜者坐罪經收之人。

一、倉中量斗用斗級，各鎮店量斗用斗行。不許打討牙用。蓋斗行應是給帖納穀之人。果省其納穀，即令收穀之時各鎮量斗一時亦不爲累。如不肯伺候者重責革役。使納户自量，收者監之尤好。

一、各州縣算就在庫官銀及在官工食本色及待支遲解等銀共該准納穀若干。假如該穀一千石，便納至一千二三百不妨，寧收有餘，查有司府庫銀另行抵補。其斗斛，官與印烙，不許大小兩樣。各鎮報數之後，掌印與佐貳或省察義官分投從公量驗明白，方准扣銀抵解。仍造粗册，要見某鎮收穀每斗幾分幾釐若干石，每斗幾分幾釐若干石，俱係乾潔，取委量官結狀。如或濫惡短數，受賄朦朧，及數足穀好分外刁難、需索酒食賄賂者，委量官拏問。係職官者罷斥，係義官者究革，決不輕貸。

一、民果不願納穀者，官選大户給與官銀，務收乾潔，價值隨時，糴買隨便。亦九斗算一石，其一斗算脚價雇覓之費，不許刁難小民。諸凡禁約悉如上法。

《明會典》卷二一《户部・倉庾・京倉》 宣德五年，令在京各衛倉每廒置牌一面，開所收糧數，并部運官吏、旗軍、糧長、納户及收糧官攢、斗級姓名於上，掛廒門以便點閘。

又令各處軍民運糧到京、赴户部告判，該司徑送本部委官處定廒收受，轉行該衛用印信下帖，發該倉收納。

六年，令南京及淮安、徐州、臨清各倉實收通關户，部刊印，仍置號簿編寫内外字號，用半印空填年月。每年量印幾千道，并外號簿發監收官執掌。眼同該倉官攢查明填寫實收米數，給付納户原籍官司告繳，比對查考。

正統三年，令各衛倉糧放支盡絶。盤有糠粃米塵給與屯軍糞田。

景泰五年，令京倉納糧部運官遞串納户領籌，其揚米摯斛行概擡斛折蓆等項止許正設軍斗。如納户自願雇人者，聽。

七年，令京通二倉各處該納糙粳米未完者，准以陳米補納。仍令該倉應時放支，不許存留。

又令兩京東安等四門倉收剩餘糧并篩揚不堪米數，照光禄寺事例。批寫數目，即令納户領出。該倉官攢刁難掯留者，治罪。

正德元年，令内府各監局各庫及各處倉場收受錢糧，除舊例該用鋪墊蓆稭等項，該部查議定以數目取用外，不許似前指以各項使用爲由，勒要納户財物。違者重治。

六年，令查京通二倉見在木斛取先年鑄降鐵斛較勘合勺不差。原有印烙者存留，無印烙者補印，分送各倉用使。每年二月内較勘一次。官攢斗級人等，如有仍舊通同增減收放斛面者，從重究治。

十二年，令京通二倉監督員外郎每月弔取各倉收卷簿，查筭放支未盡糧米倉廒，盡數造册送部，并内外總督衙門查照。户部將册劄委坐糧員外郎，挨次坐撥放支，坐盡倉廒。官攢起送，軍斗回衛。

十六年議准，京倉收受糧斛，照舊止令原委主事督收，不許提督太監違例攙收，納賄作弊。

嘉靖八年議准，各處運糧官旗，納糧完日交納楞木板片鋪墊倉廒。止令員外郎照樣收受。如糧米在某倉板木亦在某倉，務使京通二倉事體歸一，收完具數呈遞總督衙門查考。如有留難索要使用者，聽外總督及巡倉御史參究拏問。

九年題准，嘉靖八年取到兩淮餘鹽銀十萬兩。候秋成米價頗平，分投委官召買，運赴徐淮二倉交收。其嘉靖九年、十年，該銀二十萬兩候前銀糴足，再行支取，相時買納，以便支運。如南北地方時歲豐歉不一，通融本折斟酌奏請。

十一年題准，京倉各廒盤出附餘陳腐黑豆、豌豆等項雜糧内頗堪食用者，量給兩縣孤老，不堪食用者，送西苑水田培壅。

二十七年議准，壩上鄭家莊等處各倉場子粒銀以後不許内臣收掌，俱著巡青科道驗發附近州縣收貯，聽候倉場修牆支用。若有餘積，亦聽科道具數題發户部，湊作馬匹草料。萬曆七年，定車户車脚，在京東倉每石給銀一分六釐，西倉每石給銀二分一釐，通州西倉西門、南倉北門每石銀一分一釐，西倉南北二門、南倉東門每石銀一分，中倉三門每石銀七釐。

《明會典》卷二一《户部・倉庾・京倉》 宣德四年榜諭各倉，凡收支糧草，官吏人等有折收金銀并攬納偷盜者，許諸人首告或拏送法司。正犯處斬，仍追原物入官，家屬發邊遠充軍。首告者賞鈔五十貫。

七年，令法司犯贓徒流雜犯死罪官吏人等，有力者編充通州各衛倉斗級。如官攢軍斗人等有偷盜虛出等弊。許首告得實放免，仍賞鈔一千貫。若通同偷盜作弊者，加以重罪。逃走者，發口外充軍。

正統七年榜諭各衛差委監支官軍月糧頭目，不許擅立大小把總名色及官攢人等通同作弊。違者，令巡倉御史并户部管糧官挐問。

景泰三年，令各倉官攢斗級人等，不許勒要納户分例曬米地鋪及闌糧人擡斛等項錢物。

四年，令各倉收糧官攢軍斗不許小脚人等奪攬挑擔，如納户自願雇倩者，每米一百石止許小脚二十名。

天順元年，令在京各倉場凡把持誆騙包攬坑陷納户、攪擾倉場之人，許人指實首告，連當房家小發邊遠充軍。

弘治十二年奏准，凡京倉小脚歇家營求，在官指稱公用爲由，索取囤基等項錢物及别項求索，許被害之人赴總督及巡倉官處陳告，就於本倉門首枷號一箇月。軍發邊衛充軍，民發口外爲民，干礙内外官員奏請定奪。

嘉靖七年議准，内外總督及京通巡倉御史，坐糧監收官員通行曉諭禁革，凡遇有指稱太監名目勒要茶果等錢，各官攢斗級人等索取常例銀物、生事刁難，聽各該官員并緝事衙門訪挐送問枷號，照例發遣。干礙職官奏請處治。

八年議准，各處運糧官旗俱有欽定限期。江北到早，江南來遲。今後内總督及内監督衙門但遇運官違限，不許指稱修理公廨鋪砌甬路，擅自科罰一甎一銀。違者，聽總督尚書及巡倉御史參奏。

二十四年題准，今後倉場事務緝事人役俱要遵奉詔旨，不許擅自干預如有機密重情，亦要指有明証顯跡。毋得輒以空言刑逼招承。違者，聽巡倉御史及科道舉劾究治。

《明會典》卷二一《户部·倉庾·京倉》 正統十四年，革大軍倉官攢軍斗多餘之數，止留大使一員，副使一員，攢典二名，軍斗二十名。

景泰三年，革各倉場致仕武官守把門禁，止令辦事官一員管理。

又令在京并通州倉軍斗收糧不及三萬石者，每十名内摘撥五名回衛。

又令各倉斗級庫子開寫年甲鄉貫住址，編造文册。候巡視官員點閘。

天順七年奏准，直隸淮安府常盈倉、徐州廣運倉，各存留大使一員、副使二員、攢典二名、斗級一百名、修倉夫匠二百名。山東東昌府臨清倉存留大使一員，副使一員，攢典一名、斗級二十名；臨清廣積倉存留大使一員、副使二員、攢典二名、斗級三十名，二倉共存留修倉夫匠二百名。各倉原設官攢等項多餘之數裁減。

成化二十三年，令京通二倉，并淮安徐州、臨清水次各倉場内官原設者存留，添設者取回。

正德十六年，令京通二倉，水次倉、皇城各門、京城九門、各馬場、倉場、各皇莊等處，但係正德年間額外多添内臣，司禮監照弘治初年查參取回。

又令臨清倉監督内臣，止留見在二員，著廉静行事。不許縱容下人生事害人。以後不必添補。

嘉靖元年奏准，德州原設修倉夫止僉五十名，與臨清修倉夫每名各徵銀二兩。臨清、廣積二倉額設斗級五十名，與德州倉四十八名每名各徵一十二兩，俱解臨德二州庫收。斗級就審該州有業人户應當。按季給與工食銀，每年共一十二兩。修倉人夫候户部委官修理明文至日，陸續雇用。

三年議准，今後京通兩倉太監不許添設。

八年議准，裁革通倉把門各衛致仕千百户等官，門軍送回原衛當差。查選該倉守支官攢軍斗老成精壯之人分班把守，按季更换。

二十五年議准，羽林前等五十一衛倉，每年該衛原僉軍斗六名，共二千四百八十名。除見軍收糧外，其守支年分止選精壯軍斗四名，同頂廒小甲一名，在倉看守錢糧。餘二名退回原衛當差，俱停支月糧。候挨陳坐放之時行取回倉。眼同放支不許投充影射占役，違者查究。其各倉但查有剩糧二千石以下者，即令盤併别廒，或即令支盡。攢典遣歸省祭，軍斗發回該衛。

二十七年議准，各倉場監局商人照清理鋪行事例，奏差給事中，御史各一員，會同順天府堂上官督同宛大二縣掌印官、五城兵馬，從公查審，分爲上、中、下三等，造册二本。一存本府備照，一送户部分發各司，遇有各倉場上納糧草等料，挨名順序派撥應役，以後仍十年一次審編貧乏者

除豁，富厚者增補。

萬曆七年題准，裁革京倉經歷五員、通倉經歷一員。

九年題准，臨德天津等倉委官三年一次盤驗明白，即將官攢照例起送，免其守支。

《明會典》卷二一《户部・倉庾・京倉》 洪武十八年，令凡攬納户攬到人户諸色物料糧米等項，不行赴各該倉庫納足，隱匿入己、虚買實收者，追物還官，然後處以重刑，籍没家產。

二十六年定，凡天下設置倉廒，其在各該衛所常存二年糧斛，分爲二十四廒收貯以備支用。其在各司府州縣各有倉廒，收貯糧米以給歲用。且如在京衛所倉糧，必須查勘見數，分豁某字廒原收某年分秋糧米若干，户部攢造印信文册一本，進赴内府該科收貯。凡各衛支過月糧，本衛具手本奏進，與同户部委官於原進册内注銷，仍呈報本部知數。其在外倉廒，凡有勘合下倉放支亦必稟請提調正官眼同支給，比候年終將支過數目同實在糧斛通行開報，以憑稽考。

永樂十五年，令各倉庫收納錢糧務要納户親身上納，如有兜攬作弊之人，納户通同。不行首告者，一體治以重罪。

十六年奏准，凡納户送糧到倉辯驗堪中隨即收受，不許刁蹬留難、勒措財物，及通同盗賣、虚出實收。

宣德三年奏准，凡設内外衛所倉，每倉置一門，榜曰某衛倉。三間爲一廒，廒置一門，榜曰某衛某字號廒，凡收支，非納户及關糧之人不許入，每季差監察御史、户部屬官錦衣衛千百户各一員往來巡察。各倉門以致仕武官各二員，率老幼軍丁十名看守，半年更代。倉外置冷鋪，以軍丁三名巡警。在外倉都布按三司設法關防，巡按御史點視。凡軍民偷盗、官吏斗級通同者，正犯處斬，仍追所盗糧入官，全家發邊遠充軍。給家產一半賞首告者。同盗能首者，免本罪，亦給被首告者家產之半充賞。其攬納虚收及虚出通關者，罪同偷盗。

正統元年，令各司府州縣無軍衛去處，倉廒收糧不及一千石者，官攢斗級裁革。

又令各處倉收糧不及五千石者，管糧官裁革。

二年，令各府倉收糧四十萬石以上者，添設管糧同知或通判一員。

景泰三年，令兜攬錢糧，誆騙納户財物之人拏問，仍盡本法。將所攬錢糧納完，再於本犯名下追罰一半入官。監臨官縱容者，一體治罪。

又令禁約各處倉無藉之徒更改姓名營充斗級并牌子，積年在倉通同官攢作弊，江南者發廣西都司，江北者發萬全都司充軍。

七年，令各布政司并直隸府州倉每歲印給廒經各該官攢執掌收放，不許擅委軍職。

天順八年，令考退倉場經歷大使副使等官仍支俸守支盡絶放回。

弘治三年，令各邊倉庫有盗糧四百石，草八千束，錢帛值銀二百兩以上者，不分文武官員吏典斗庫人等，斬首示衆。不及前數者，本身并子孫永遠充軍。

十三年奏准，凡倉庫錢糧若宣府、大同、甘肅、寧夏、榆林、遼東、四川、建昌、松潘、廣西、貴州并各沿邊沿海去處，有監守盗糧二十石、草四百束、銀四十兩、錢帛等物值銀一十兩以上，常人盗糧一十石、草八百束、銀二十兩、錢帛等物值銀二十兩以上，俱問發邊衛永遠充軍。兩京各衙門漕運及京、通、臨、淮、徐、德六倉，并腹裏節差給事中御史查盤去處，若有監守盗糧四十石、草八百束、銀二十兩、錢帛等物值銀二十兩以上，常人盗糧八十石、草一千六百束、銀四十兩，錢帛等物值銀四十兩以上，亦照前擬充軍。其餘腹裏節差守巡等官查盤去處若有監守盗糧八十石、草一千六百束、銀四十兩、錢帛等物值銀四十兩以上，常人盗糧一百六十石，草三千二百束、銀八十兩、錢帛等物值銀八十兩以上，亦照前擬充軍。若盗沿邊沿海糧四百石，草八千束、銀二百兩、錢帛等物值銀二百兩以上，不分監守常人，俱照弘治三年事例斬首示衆。其四等人犯俱依律併贓論罪，仍各計入己之贓數滿方照前擬斷。不及數者，照常發落。若正犯逃故者，於同爨家屬名下追陪，不許濫及各居親屬。其各處徵收在官軍需物料，應該起解料價銀兩，即係腹裏去處錢糧。如有侵盗者，追贓完日，亦照前例擬斷發落。

又奏准，在京在外并各邊但係一應收放糧草去處，若職官子弟積年光棍、跟子、買頭、小脚、跟官伴當人等，三五成羣搶奪籌斛、占堆行概等

項，打攬倉場及欺凌官攢，或挾詐運納軍民財物者，杖罪以下於本處倉場門首枷號一箇月發落，徒罪以上與再犯杖罪以下免其枷號。屬軍衛者發邊衛，屬有司者發附近，俱永遠充軍。

凡内外倉場等處糧草并各處軍需等項，不拘起運存留，但有包攬誆騙，不行完納，事發問罪。責限三箇月以裏完納者照常發落；過期不完者，儘其財産陪納，發邊衛充軍；經年不完者，仍枷號一箇月，照前發遣各邊武職。主使家人伴當跟隨交納人員，挾勢攬納作弊者，參問降二級，聽使之人仍照前例問發。

嘉靖十八年詔，各處倉官及收糧經歷，守候二年之上放支不盡者，仍聽全支本等俸給。

二十年詔，内外倉場官攢斗級及糧户人等有虧折糧草監追年久者，除侵盗虚出等項照舊監追外，其有浥爛損折、失火延燒者，悉免追。

萬曆十二年議准，内府錢糧及内外倉場糧草并各處軍需等項，不拘起存，但有包攬誆騙銀一百兩、糧二百石以上、不行完納者，照弘治十三年例問發。

《明會典》卷二二《户部·倉庾·預備倉》 弘治三年定，有司每十里以下務要積糧一萬五千石，軍衛每一千户所，積糧一萬五千石，每一百户所三百石。每三年一次查盤。有司少三分者，罰俸半年，少五分者，罰俸一年，少六分以上者，九年考滿降用。軍衛不及三百之數者，一體住俸。

十年奏准，凡三年一次查盤預備倉糧。除義民情願納粟、囚犯贖罪納米外，但有空閑官地，佃收租米及贓罰紙價引錢不係起解，支剩無礙官錢，盡數糴米，三年之内不足原數，别無設法者，俱免住俸參究。

十七年議准，遼東預備倉米穀陳腐。查勘堪用者，抵石放支各該衛所官軍月糧；其米色頗陳、尚堪食用者，酌量折添斗頭與新糧間月支給；浥爛不堪者，著令經收人員領出照依律例追陪，耗糧照例遞減，支放盡絶，將廒座修理，照例召買上納。

十八年議准，在外司府州縣問刑應該贖罪等項贓罰等物，盡行折納，糴買稻穀上倉以備賑濟。並不許折收銀兩及指稱别項花銷。

《明會典》卷二三《户部·倉庾·馬房倉場通例》 宣德九年，令監察御史并户部主事，於象馬牛羊等房倉場監督收受草料，仍令内官一員、通政使司通政一員往來提督。

十年，令壩上等馬房馬不必散俵，馬與黄牛、水牛交與兵部，著民人領養耕種；偏牛、野牛、野馬交與内官，南海子撒放；峪口原設官莊等二房馬及馬房地方，著御馬監撥官軍牧養；黄土牛房孳生擠乳黄牛并犢六百五十隻，冷泉、德勝門裏二處羊房見在羊二千餘隻，連牛羊房田地，俱交與良牧署掌管；東直門裏吴家駝牛房牛揀好乳牛并犢留一千四百隻，牯牛留一百隻，其供用庫拽磨牛驢只留二百隻，其餘都退出兵部，與軍民耕種。養牛官軍各留四百名，餘俱還原衛所差操。清河豬房見養花豬、黑豬，照舊聽光禄寺取用。

又令在京花園并象房草場，各設辦事官二員、千百户二員，率領軍餘人等看守。

正統元年，令都察院榜示壩上大馬房草場内外官員人等，不許私役官軍占種。交通擅借及縱容官豪建立窯座創蓋寺廟等項。每歲秋後，遣給事中御史等官巡視，其有仍前不悛者，處以重刑。

十四年，以防虜移馬房草於城裏收積。設明智坊草場、北新草場并舊臺基廠草場，每場銓撥大使、副使各一員，攢典二名，辦事官二員。順天府每處撥脚夫十名，兵部撥致仕武官一員，軍餘四名，守支草束，巡視把門。

又題准各場地勢窄狹，積草不多，將舊吏、户二部改爲安仁坊草場，行吏部選大使，副使各一員，撥攢典二名。順天府僉庫秤十名，製造大秤四連。兵部撥致仕軍官并老軍守門。

景泰三年，令御史一員巡視草場，禁約附近軍民之家并管馬内外官家人，不許兜攬納户草料，通同作弊【略】。

成化十六年，令户部收草主事等官提督御馬倉草場，各該官旗人等築立封堆，開挑壕塹，栽種榆柳爲界，仍令給事中御史等官不時巡察。

正德十六年，令各該管馬房倉主事各查勘牧馬草場地土頃畝四至明白。每處量留數頃曬晾馬匹其餘俱令軍民佃種，每畝徵銀三分。就令主事

收管，遇秋成照依時估，召商買草豆木馬房支用。【略】

〔嘉靖〕七年奏准，科道等官，清查過壩上等二十六處馬牛羊房等倉場。揀退不堪馬驢牛羊俱發順天府變賣，實在馬駝驢贏牛羊并駒犢共三千九百七十七匹頭隻。通計一年，該用料三萬九千三百石有零、草九十萬一千五百餘束。每年十一月科道官并户部委官親詣各倉場，會同提督太監將實在馬牛羊駝通行查點。有瘦損矮小不堪者，發各衙門變賣，將實在的數，造册送部，以憑會計錢糧。凡未印二歲駒，每匹日給料二升，草十斤；未二歲者，不准支給。其吴家駝牛房二處草場地土召民佃種，徵收子粒銀兩，自本年爲始，俱令蕃牧千户所徵解本部。如有倒失牛隻，呈報給領價銀買補。今後有貢賀及新收孳生等項馬匹，隨即印烙發場。每年通行點視，内官查照永樂年間事例。每房止留四員，一員管理錢糧，三員專管馬匹，其餘取回别用。及將司牧局衙門官吏裁革，令司牧司官吏帶管。

又題准，各馬牛羊房添設内官數多。每馬房止留四員，一員管理錢糧，三員專管馬匹。其養馬指揮千百户一體裁減，止留一員，督率旗軍喂養。

八年奏准，差科道官會同户部委官，將各倉場馬牛羊駝等，查驗矮小多餘者，送户部及兵部給發操備。或爲變賣、倒死等項，盡行開除。額外養馬軍餘發回原衛所差操。如有冒濫侵欺情弊，徑自參奏。

又令各馬房馬匹照舊規牧放三箇月。若有賣放買閒等弊，聽巡青科道官及委官參究。

九年議准，御馬監内外馬房各項馬匹俱要操練調習，以便控御。内有孳生馬駒從實報官，三年一次，具數奏下兵部轉行巡青科道點視。上中二等，發監收養，下品不堪者，照題准事例變賣。都指揮以下勤惰公私，俱臨時聽點，視科道官從公舉劾。

十年題准，各馬房錢糧俱由户部票撥，不許内外管馬官自出無印小票支領。該倉官攢，將票内數目增改以圖侵費者，本部該司及委官并巡視科道官從重參究。【略】

十四年題准，司禮監轉行御馬監，將各馬房管事内官逐一從公選擇，有衰老昏懦者革退，另行選補。如或蹈襲故弊，廢墜馬政，聽巡青科道官指實舉劾。

十六年題准，户部委官及監督科道官將外牛房吴家駝三倉牛隻，揀選老瘦不堪者，行順天府變賣，銀兩解部以備買補應用。以後每季各官會同揀選一次。

三十一年題准，通州新舊二城分築兩草場，共設大使一員、攢典二名，隸該州管轄，合用印記鑄給。庫秤五名，該州審僉應役。防守甲夫，州衛通融僉撥。

萬曆七年題准，明智等草場委官收放草束，差滿一體考覈。公勤廉慎者優録，平常無過者復職叙遷，怠玩貪縱者照罷軟不及不謹等例分别降黜。

又令象房倉官攢必將經收草料守支盡絶，方准起送。其守支月分仍給俸糧。

《明會典》卷二三《户部・倉庾・盤撥糧斛》 洪武二十六年定，凡内外衛所軍糧不敷，於有糧倉分照糧盤撥。如是在倉糧儲正數支銷盡絶，積出附餘或蓄積預備腐爛虧折，必須委官盤點見數。仍將盤過數目分豁某字號廒若干開報合干上司，以憑稽考追究。【略】

成化十二年議定，三年一次，差科道及户部官查盤各邊糧草。如有虧折短少浥爛等項，將總理盤督等官一體究問參奏。【略】

弘治三年奏准，凡查盤倉糧，正糧、彀數，積有附餘，照數作正支銷。若耗糧不足，計其守支久近准除折耗。守支三年以上者每石追耗糧一升，三年以下者升半，全無耗糧者，查究問罪。

八年奏准，盤折草束務提商人納户，追出攬頭姓名，令均陪還官。攬頭照例全家發邊遠充軍。

令各場收草官攢有守支八九年、例該起送及周歲考滿官，其收受草束、著令部官；無部官處，著落分巡分守官。查盤見數，若有塌爛虧折，連坐以罪。

又令大同、宣府及陝西、遼東各邊收草，大垜五萬束，小垜三萬束。每三年一次，差給事中御史查盤。於内量折一垜見數，就以虛報之數問擬侵欺罪名，其餘草垜據此折筭。

十一年奏准，凡科道官查盤邊方馬草，但有塌陷狼籍無人管顧者，即將該管守備掌印等官參奏拏問，革去管軍管事。

又奏准，各邊盤糧除正耗斛數外，耗糧不必作正。責令經手人員看守，候一年以上放盡者，每石開折耗糧一升。如有耗糧不及年久者，照例問罪追陪。其查盤草束正數已彀，亦候放支盡絶，方以守支遠近扣筭耗草多寡。

十四年奏准，各邊查盤糧料照例每石一年開折一升。各以守支年分扣筭遞減。其餘已經查盤正糧放支盡絶者，積有耗糧附餘，就令經手人員即便作正放支。如有虧欠，一并究治。若正耗之外，又有積出附餘，一體作正支銷。

正德七年，令將各該衛所預備倉收貯年久贖罪米穀，通行查盤見數，遇放官軍用糧。不分新舊與軍儲倉糧相兼搭放。今後各該衛所將贖罪米穀議定石數，開的管糧郎中，轉發附近各衛軍儲倉分交納，或折放銀錢照前搭放。

嘉靖元年議准，浙江、南直隸、山東、河南、江西、并湖廣、四川等處錢糧，三年一次差官刷卷之時，就於各該敕内添入不妨原委兼理清查一應錢糧，糾察姦弊。

二十九年題准，鳳陽管倉主事凡遇各處解到鳳陽倉糧，本色發倉上納，折色批府收完貯庫。及遇放支，送赴分司給散。歲終聽巡倉御史查盤奏報。中間如有附餘銀兩，亦要造册送部查考，及行該府一體遵依。如該府同知通判，不遵體統，亦許參呈處治。

三十六年議准，請敕各處巡按，除廣西、貴州依奏免查外，先查各該司府，嘉靖二十一年起至三十五年止，不問起存，但係户部題行勘合，坐派各邊税糧、馬草、顔料，一應年例各總數。查筭彼處徵派撒數，有無與原派相同。次將各府州縣完解完解過各數目，查對各司府每年收除各數目，有無與各解相同。各該司府州縣如有別項情弊，逐一審究，追補完足，參論治罪。仍令巡撫每季終，將各州縣完解過各司府銀兩數目類咨兩京户部知會。如咨内報完錢糧應轉解京者半年以上不發解，及解到數目短少，本部查覈各該循環文簿，將司府承行官吏照例參究。巡按復命之日，備將一年内查解過錢糧分別年分款數，并追問過侵欠官解人等罪名贓罰，造册奏繳。仍開報已未完數目交付接管巡按查照施行。

四十年題准，將鎮邊城龍慶等倉錢糧止聽直隸巡按巡關御史查盤。宣府巡按不得重復差官，以滋多事。

四十五年題准，紫荆諸關倉場劄行管糧主事，不待五年科道查盤之期，督同兵備親詣各處倉場逐一清查盤驗。如有浥爛，追究年月久近，有無姦弊，即便設法區處。

隆慶元年題准，大同沿邊倉場一應錢糧，巡按御史逐年查盤。仍令郎中主事，不時弔取查覈。如有姦弊，即行究治。

五年議准，薊密等處查盤御史將各鎮錢糧照依原議查理奏報，仍行巡按御史將倒盤事務停止。如有姦惡侵欺冒領蠹弊，不妨原務，重爲摘發參究。其餘已經差有查盤御史地方，合通照前例。

萬曆二年題准，查盤邊儲著各該巡按御史帶查，不必另差。

七年題准，通行南直隸并浙江、江西、湖廣、福建、廣東、廣西、四川、雲南、貴州、山東、河南督撫查將軍餉，照各邊事例定爲多寡經制。每歲御史照數查盤。年終督撫開具原額，收除實在及省存數目奏報。

八年題准，通行撫按，凡查盤錢糧選委府佐貳等官，親赴地方盤驗。以後各邊監收監放盡責通判，不許復委經歷。如倉攢侵盗事發，通判即不知情，亦以不職論黜。

《明會典》卷二九《户部·會計·徵收草料》〔洪武〕二十六年定，凡各處倉場收積草料，以備軍馬往來支用。草於本處官司照田糧徵收，料於秋糧内折納。務要常存預備。果係調撥軍馬及有户部印信文憑，方許支給，仍仰所在官司將支過數目申達合干上司作數。

又令凡在京徵收芻草，俱於田畝内照例科徵。當徵收之時，户部先行定擬具奏，行移該徵有司，限定月日。先取部運官吏姓名開報。候起運至日，照數填定，撥各該衛所并典牧千户所等衙門交納，以備支用。其在外衙門亦各照依已定則例徵收施行。

〔正統〕九年，令各場該用草束止許殷實軍民中納。如有内外該管官員令子弟家人伴當假託軍民出名承納，又行囑託規避從輕省者，聽監收御

史舉劾。【略】

成化六年，令巡倉御史，凡遇收草，督令該場官攢草一束務近十五斤之上，方許秤收。不許將水濕小草一概充數，亦不許聽從兜攬之徒及勢豪囑託，違例收受。如違拏問。【略】

弘治十三年奏准，京通并馬房倉場等處收受草束，若兜攬之徒恃強將不堪水濕小草充數，囑託監收官員收受者，拏送問罪，枷在本處倉場門首三個月發落。【略】

十七年，令巡視科道官備查馬房馬匹實在數目造册奏繳。仍行養馬官員每月造册，送户部下糧廳并委官處查照，以憑會計草料，仍行巡視科道官出巡時吊卷查考。

又令遼東并各邊采辦草束，俱令上納本色。

十八年議准，各馬牛駝羊等房倉今後收受草料，每草一萬束，料一千石，薊稭二百束，不許私折價銀。各倉鋪墊餘剩薊稭與秋後采打蒿草，遇該賷料時月，量將薊稭蒿草并謄出席柴爛草簽橛等項相兼給散燒用，不許將薊稭私收價銀，蒿草等項不行收積。燒用草束，違者究治。

〔嘉靖〕十年題准，安仁坊等五場及各象馬牛羊等房倉草料，務要挨陳坐放。先儘節年附餘，以後挨年放支。正數盡絶，即放附餘。其各倉場經收草束，每年各爲一垛，料豆各色分爲一倉，官攢守支正數放盡，即盤附餘。九年三年滿者，任内放盡一年正數。即盤一年附餘接放，附餘放盡，方放次年正數。周歲滿者，一體交盤。違者從重治罪。【略】

二十七年議准，安仁、西城臺基五草場收草，每草一束於正數十五斤外，加耗三斤，共爲一束秤收。所給價值務照時估增減。其該場官攢役滿。照加耗之數量算附餘多寡。不許官校人等在場勒要多支，及姦商草束不敷通同官攢人等作弊。違者聽委官呈部參究，從重議處。

三十八年題准，各草場委官以後遇有收受草束，呈部添差隔別倉場主事一員公同秤驗，事完連名呈報。如有收支不明，事發連坐。

三十九年題准通行山東河南北直隸各府將原派應納各税糧馬草銀兩，作速徵解。每年夏税不過六月，秋糧不過十二月赴部交納。如遇商人納完，領價照數支給，不得遲留及那移别用。

隆慶三年，令御馬等倉料草等項錢糧酌量田丁編派，明開某倉場某項錢糧若干、某里某户若干，分給由帖責令依期完納。如有拖欠致壓商人原價者，聽各該撫按覈實參治。其壩上等馬房馬匹瘦弱者，儘數發出各馬房倉，責令内臣旗軍如法餧養，每年終聽巡青科道官查點。如有剋減料草賣放軍士、致有瘦損倒死等弊，悉聽參究。其各馬房監督委官查將發到馬數呈部添坐料草，仍將該監原派料草照數減除。

《明會典》卷三〇《户部・庫藏・解納》 洪武二十六年定，凡府州縣税課司局河泊所歲辦商税魚課并引由契本等項課程已有定額，其辦課衙門所辦錢鈔金銀布絹等物不動原封，年終具印信文解，明白分豁存留起解數目，解赴所管州縣。其州縣轉解於府，府解布政司，布政司通類委官起解，於次年三月以裏到京。户部將解到金銀錢鈔布絹等物不動原封，照依來文分豁明白，劄付該庫交收，出給印信長單及具手本關領勘合回部照數填寫，責付原解官收執；將所解物件同原領長單并勘合於内府各門照進。且如銅錢布疋，赴甲字庫交納，鈔錠廣惠庫交納，金銀絹疋承運庫交納，其勘合既於各門照進，該庫收訖，就於長單後批寫實收數目，用印鈐蓋。仍付原解官賫赴户部告繳立案，附卷備照。仍令該部主事廳於原解官差批内將實收過數目批迴。候進課畢日，將已解并存用課數，通行比對原額。如有虧兑，照依所虧數目具本奏聞，類行各司府州縣著落辦課衙門，經該官吏人等追理足備，差人解赴京庫交納。凡十三布政司并直隸府州遇有起解税糧折收金銀錢鈔并贓罰物件應進内府收納者其行移次第皆倣此。

又令揀各處解納布絹，如泥污水跡堪染顔色及稍破壞者，皆不必陪；糜爛破損不堪用者，准陪補，亦不治罪。

又定各處折納布絹則例，每絲二十兩及十八兩折絹一疋，長三丈二尺，闊二尺，白綿布每疋長三丈二尺、闊一尺八寸、重三斤。

永樂十年，令在京在外起解一應錢糧，務委官看驗堪中實數起解合干上司。解部，户部委官看驗相同，關填勘合進納，仍於勘合内開各委官職名。如解物與勘合不同者，許門吏指實具奏。【略】

宣德五年，令納官布絹不如法者加倍追陪，原解人送問。

七年，差户部主事一員同揀鈔御史、給事中巡視甲字等庫。凡各處解

到布絹絲綿，即督官攢人等照洪武年間所定長闊丈尺收受。若有兜攬作弊者，具奏拏問。

十年，令各處歲造叚疋委御史同該司官辯驗堪中，送該庫交納。

正統元年，令各處解納折糧布絹，選退不堪中者，該庫出給印信票帖，退還解人，户部差人押追納完，仍送問罪。不許再科百姓補納。

四年，令各處解到内府庫物料，俱於六科領給堪合填數照進交納。

景泰元年奏准，各處解京布鈔等項，先從户部看驗堪中，方許送庫交納，取長單付繳。

令各處解納絹疋，若驗不中度，百疋以上者侵尅解人，發口外充軍，絹疋責各犯家下追陪，承行官吏行巡按御史提問。【略】

成化十六年奏准，各處額徵絲綿折絹，户口食鹽鈔錢，司府掌印官務嚴加督責，各該州縣官監收本處織造絹疋堪中錢鈔，責令大户領解，委官管押。仍先於内混取絹一疋、鈔五十貫、錢五十文，包封印記，順附公差人役送部收候比驗，仍作正數送納。其解到錢鈔絹疋比驗以十分爲率，如一分不堪者，罪坐州縣，三分不堪者，罪坐本府，五分以上不堪者，罪坐布政司各經該官吏。若委官大户抵换者，依律問罪。不堪錢鈔絹疋，盡數没官。

二十三年奏准，各處解到錢鈔絹疋户部該司揀驗堪中之數，該庫不許重復看驗，刁蹬留難。其餘闊布皮張物料等項，但係十庫錢糧，俱會同科部官辨驗。果係地道真正本色物件，即與收完，出給批單通關，不許推調延挨。及供用庫所收糧，如有多收，盜賣、虚出及包攬作弊者，拏送法司問罪。

弘治三年，令各處納絹，驗出稀紕、刷漿、絲經、麻緯及單經等項低絹，布政司以驗退十州縣及千疋以上者，住俸三個月，府以驗退三州縣及二千四百疋以上者，住俸半年；州縣驗退八百疋以上者，住俸一年。

八年，令各處解納布絹，該府掌印官用印兩頭鈐記。每色取式樣一疋，印封交所委官吏解部看驗送部，仍於起解批文内開驗中數目，用印鈐記。若不如法者，先將領解官吏送問，司府州縣提調掌印官及吏行巡按御史提問，揀退布絹，加倍追陪。解户攬頭通同侵欺盜賣者，發邊遠充軍。

十四年題准，各司府州縣今後起解錢鈔絹布等項赴部交納，其中揀退者聽解户從便買補；不能自買者當官估價，責令鋪户變賣銀兩，收買補納；若鋪户刁蹬不行買補者，照依在京坑陷納户事例問罪；其有無籍光棍打攬者，照依在京打攬倉場事例拏送法司，問發充軍。【略】

又令各處起解兩京絹疋，不及五十疋者送赴該府類解户部，驗退五十疋以上者該府經管官參究治罪。

十七年，令各處百姓輸納錢糧到京，凡遇收放内府各監局，各庫及各衙門管事内使家人有掯勒巧取財物及縱容下人通同作弊、致使揭債經年累月不得完結者，許緝事衙門體訪并被害之人指實陳奏，治以重罪。【略】

十五年議准，今後長安等門守門人員，敢有故違明禁、仍前科索解户財物、准折軍士直米者，訪出或告發，照例參問。

十七年題准，今後十庫内官不許增添。

四十二年題准，凡差官起解供用等庫錢糧到京，即同歇家赴部領單上納。若濟住十日不赴部者，參送法司，歇家問以包攬，解官治以重罪。

〔四十三年〕又題准，驗糧廳驗進錢糧定以三六九日爲期，先開驗中數目，知會科道官。公同親收，一切内收之弊盡行杜絶。其實收完單隨即給發。

四十四年題准，凡起解内庫錢糧、黄白蠟、香料之類，係州縣出產者多派本色，原非出產者准派别項起解。仍通行各該衙門，嚴禁監門、直門、巡河、巡街員役，毋得攔阻商解，索詐財物。

隆慶元年，令内府各衙門供應錢糧，查照弘治年間及嘉靖初年舊額，酌量徵派。其以後年分加添者，盡行革除。將革過數目奏知，仍造册送部備照。如各衙門假以缺少爲由，行文加派，及該部阿奉准行科道即時參奏，治以重罪。

二年令各門門吏，凡遇各解上納内府錢糧，先將勘合赴該門比對底簿號印相同，隨將該納數目填入底簿，即於户部送納公文内另打照進字樣，方赴上納。完日，將完過數目填記勘合，并完狀原單通發該門驗過，另給小票連單赴部銷繳，以憑驗給批迴。該門吏務查一月錢糧果完，方得送科銷繳。其勘合踰季不繳，該科查對明白即類行本部，以憑查究。

萬曆二年題准，鑄給驗糧關防一顆，付委官收掌。凡遇解到內府錢糧驗中，會同科道覆驗鈐記關防，以防抵换。

《明會典》卷三〇《户部·庫藏·在外諸司庫》 洪武間，凡天下衙門收用錢糧，一年一報。務將當年已支見在及天下放支該用數目開報户部稽考。

正統四年，令各布政司并直隸府州會計每歲該用鈔數，年終具報户部，存留支用，餘鈔解京。

景泰二年，令在外諸司倉庫錢糧，非奉户部明文不許擅支。

成化十二年奏准，分巡官各處寄留贓罰，所在有司申達總司查考。

十七年，令各處司府衛所大小衙門，如遇修理等項，止許設法措置，其在官錢糧必須軍器重務、賑濟饑民，及奉勘合應該支給者，方許會官照卷，挨次支給。年終查算明白，造册繳部。若不應支給并那移出納者，經該官員降黜邊遠叙用，侵欺者從重歸結。【略】

〔弘治〕十二年，令各處巡按御史三年一次，查盤在外諸司庫藏收貯金銀錢鈔等物及一應贓罰。

十七年議准，運司官庫銀兩今後每年終巡鹽御史隔別委官查盤，分别舊管收除實在數目造册繳部。應解者就便起解，應存者存留在司。不許别衙門那移借用。

正德十四年議准，福建布按二司每年各置贓罰循環簿，送巡按衙門印鈐，將日逐問過囚犯贓罰紙米挨日逐起開寫硃語附簿，空立前件，發去監追衙門。填註已未追收、或某人承攬、或自上納、或監追日久，改發擺站。未完者有無縱放。每遇照刷之年弔查，或有虧弊，聽刷卷御史追究。

嘉靖二十八年奏准，各處撫按官於布政司每歲額解錢糧立法頒示，不許以火耗公用爲名扣留侵除。每遇收放，左右布政協同幹理，巡按御史不時巡察，親自查盤；其南北直隸巡按御史并各處巡撫都御史一體嚴加查理。有弊，從實論治。

《明會典》卷三〇《户部·庫藏·贓罰》 宣德十年奏准，各處司府州縣衛所衙門，凡在庫贓罰除金銀珠翠起解京庫，其餘銅鐵油麻羅段布疋衣服之類及寄養贓罰馬贏驢牛等畜。俱易米麥穀豆上倉。

正統三年奏准，凡在外府州縣并軍衛等衙門贓罰俱解布政司并直隸府州官庫。候年終，直隸府州會巡按御史各布政司會按察司盤點見數，其金銀及堪中段疋起解京庫，仍具起解存留數目，造册送部查考。按察司所追贓罰及不堪段疋亦送布政司官庫。金銀并堪中段疋每歲類解都察院轉送京庫。

四年，差給事中并户部主事於各布政司會同按察司，直隸會同巡按御史盤驗各庫贓罰。凡金銀珠翠及紵絲羅段成疋堪中者起解京庫，如不成疋及衣服器皿之類准折本處官員俸給，其餘銅錢硫黄解工部，軍器發附近衛所領用。

嘉靖三十四年議准，行各處撫按巡鹽巡茶及南京巡倉屯田巡江等御史，各於任滿交代之日將應解贓罰銀兩盡數解部濟邊，户部仍於年終將各撫按解到贓罰銀兩多寡數目另行奏覽。

四十三年題准，以後撫按并各差御史贓罰，每十分著解户工二部各四分濟用外，其二分并司府者存留備賑，不許私饋妄費及因而科擾。該部年終將收過銀數具奏。

隆慶三年，令南京刑部通行各該問刑衙門，以後如遇抄没贓物，内除違禁細軟等件遵例解京，并歲額錢鈔仍照舊外，其餘一應麤重贓物并贖罪銅錢，徑解南京户部貯庫。會官估計酌量支放，明立文卷照刷。其見在貯庫贓物盡數查出，會估酌處支銷。

萬曆八年，令各撫按贓罰銀兩互相稽查，原額應解八分之外，明開有無多寡，其二分備賑者要詳收貯何處，曾否動支。另酌地方大小，量紙贖多寡各議加增，登入考成查比。

《明會典》卷三〇《户部·庫藏·支給》 正統二年，令各庫所收布，有長三丈以上者，俱准一疋，放支官軍。若該管官截去餘尺入己者，以監守自盗論。

九年，令各項造作物料，止於官庫支用，有不敷者奏給官價派買，不許損民。

十四年，令各處解到物料送該庫交收，方許支用。

《明會典》卷三〇《户部·庫藏·太倉庫》 〔嘉靖〕十六年題准，

今後户部委官解運各邊銀兩，置立印信號簿，一樣四本。一存太倉，一收本部，一付委官，一發該鎮，互相檢驗。

二十二年題准，今後凡抄没犯人家財及變賣地土房屋，追收店錢等項銀兩，俱照舊送本庫收貯。二宫子粒及各處京運錢糧不拘金花折糧等項，應解内府者一併催解貯庫，悉備各邊應用，不許別項那借。又議准，今後各運司餘鹽銀兩，解送太倉另貯一庫，專備各邊客兵糧草，不許分毫别用。

二十四年題准，太倉銀庫每日輪差管倉主事一員，公同管庫員外收放。若有姦弊，許其糾舉。本部仍不時訪察以驗勤惰。凡銀兩，管倉員外郎務要兩平收放，逐日逐項開注明白，一年滿日，與同接管員外郎會同巡倉御史將經手銀兩逐一秤盤。若有附餘，照依舊規作正支銷。

《明會典》卷三〇《户部・庫藏・内府庫》 景泰元年奏准，庫夫在逃，該庫止移文勾取，不得擅差吏庫人等逼勒擾人。其有交盤曬晾，許於各庫庫夫内互相借撥暫用。

成化五年奏准，各庫夫俱照原額著役，盤運錢糧，遇夜輪宿看守。如有隱占及令解户雇倩小腳價頂替者，俱治罪。

七年奏准，各庫查盤曬晾原起取人夫，甲字庫六十名，乙字庫曬晾三十名，盤庫六十名，丙子庫四十名，丁字庫六十名，戊字庫七十名，承運庫六十名，贓罰庫擡鈔四十名，檢鈔鋪户一百名，盤庫二十名，廣積庫四十名，廣惠庫三十名，廣盈庫十五名，俱各減三分之一，用畢放回。如不足用，許以各庫夫互相借用，不許於兩縣擅自起派。

十四年，令内府各庫鋪户三月役滿，即令僉補，不許容留在庫及妄罰銀兩。

弘治五年，令兩京甲字等庫庫夫交盤進納曬晾，止照舊例於各庫借用。不許行順天等府僉派擾民。

嘉靖十一年題准，今後甲字等庫解到庫夫，每年一次更换。但有稱大管事名色，交通商人内臣，聚斂過付者，巡視科道及户部委官拏送法司，照積年事例問擬發遣。以後逐年查審，永爲定規。内臣縱容占執者，一體參究。其各庫收到商税等項錢鈔，行内外委官盤收。合用人役，該户科給事中面奏於順天府起撥。

《明會典》卷四一《户部・經費・勘合》 洪武四年令外倉庫放支錢糧，内則中書，外則行省。第其字號爲符券。然後放出。

十四年，令置半印勘合下諸司收掌。六部都察院應有行移，即便比對勘合。硃墨相同，火速奉行。諸司亦置六部都察院册七扇，如勘合至日，即便附寫緣由，本衙門收貯，仍將原文繳回内府。其勘合附寫緣由明白，滿日差人赴内府奏繳。

十九年，奏革各衙門出納官物勘合。令該部行文書下庫，用印信手本於各門關防出入。

二十六年，令凡一應錢糧等事行移各布政司及直隸十八府州，户部預爲編置勘合并底簿二扇，一扇本部收貯，一扇發下各司府州。如有行移，將各該事件移付通類科通行，於原編底簿内附寫置立前件，書填勘合内云，洪武某年某月某日書填某字幾號勘合，照會某布政司或劄付某府州，仰比對硃墨字號相同，行下所屬，照依坐去勘合内事件施行。候事完呈報到部，於前件下注寫回銷緣由，以憑稽考。其内外倉庫司局等衙門官員任滿，須從本部查考任内錢糧等項，如是收支明白，別無虧欠，然後咨發吏部聽用。若有虧少及收支不明，必須究問。至若本部官員考覈及皂隸更替，公用印色紙劄等事，悉皆理之。

又石刻職掌，凡没官房租錢印造茶鹽引由錢法契本勘合通關等事，時估除授給由吏役照刷文卷紀録屯種夫役漕運差批，通類遲錯勘合等事，吏役各庫文簿改革考較編置通類勘合等事，斛斗秤尺通類勘合税糧通關市舶等事，並皆掌之。

二十八年，令内外衙門關支物料，户部編置勘合送内府收掌，其該衙門奏領勘合赴該庫比號相同，照數放支。

又令司禮監編置内官衙門勘合底簿，户部編置在外衙門勘合與底簿，内將一扇送内府收貯，本衙門與該庫各收一扇。凡各衙門關領物件自行開數具奏，關出勘合，填寫物數齎赴本部比號謄寫底簿，僉押用印仍與該衙門齎去該庫比號，照數支領。本庫將勘合送司禮監收銷，或有差錯等項該衙門即便具奏改正，用印鈐蓋。

宣德五年奏准，編置勘合付各衙門填寫實徵總數，遣該吏親齎赴部查理。近者限本年十月，違者限十二月到部，自後俱循此例。其各年開豁之數，一體編發勘合令填繳以憑查勘。

（清）傅維鱗《明書》卷八二《食貨志・內府庫》 制：在皇城內各庫皆有所司，而大者曰金花銀，即國初所謂折糧銀也。正統以前解南京，每歲武臣赴彼關領爲常禄，各邊或有緩急，亦取足於中。正統元年，始改解內庫，歲以百萬爲額。嗣後除折放武俸之外，悉爲御用矣。隆慶中，工尚書朱衡目擊內府監局一切糜費，乃言朝廷供應，皆民脂膏，宮中府中當爲一體，宜親發訓辭，俾諸臣隨事執奏，爲撙節地，上嘉納之，乃凡錢糧解進，皆以科道官監收，用意良亦遠也。其各庫貯收物料，各有攸屬，曰內府供用庫，以大內官掌之，凡皇城各衙門及山陵諸處內官食米月四斗，及上用諸香皆取於此，宮中長街路燈油燭皆給之。曰司鑰庫，以內官掌之，凡寶源等局交進制錢及古錢，與前朝制錢，貯之。此亦待上爲賞賜之用。天啓初，曾於此得天啓錢大小數枚，而色甚古朴，命儒臣查得梁蕭莊、魏元法僧幷南詔皆有天啓年號，諸凡乾清門、午門、東西華等門鑰，每晚貯於此，故名亦謂之天財庫。曰內承運庫，以內官掌之，以宮內者謂之內東裕庫，謂之寶藏庫，在寶善門東者謂之外庫，內庫貯金花錢及珍寶錦綺，外庫貯磁漆器皿。曰承運庫，掌絲絹。曰供用庫，掌白熟糙粳糯粟米及茶豆之屬。曰甲字庫，掌布苧顔料黑鉛之屬。曰乙字庫，掌紙劄胖襖。曰丙字庫，掌花絨絲緜之屬。曰丁字庫，掌皮角麻藤漆油之屬。曰戊字庫，掌軍器及銅鐵。曰廣盈庫，掌絲羅緜布之屬。曰廣惠庫，掌帕帶梳具錢貫之屬。曰廣積庫，掌造作火藥之料。曰贓罰庫，掌籍没官物或作價，抵俸給百官，若羨餘，若乾折，若鋪墊，若孝順，若繳璧，皆收入內庫。以明之盛時計，不下數千萬，而國事不支，竟不知所以充軍賞，致脱巾掉臂也，嗚呼。

（清）傅維鱗《明書》卷八二《食貨志・倉庾》 制，設倉庾儲粟，以贍軍賑民，兩京各布政司府州縣各都司衛所及王府，莫不具焉，其收貯有時，支給有數，註銷有册，各有成法。至於預備倉，則常存二年之蓄，以爲緩急需也。曰京倉，則列於長安門、東安門、西安門、北安門，凡四。曰舊太倉，曰新太倉，曰海運倉，曰南新倉，曰北新倉，曰大軍倉，曰濟陽倉，曰禄米倉，曰西太新倉，曰太平倉，曰大興倉，曰通倉，則有大運東西南北中凡四。曰順天倉，水次倉，則有天津、德州、臨清、徐州、淮安凡五，而南京諸倉，則不過備南京軍衛之需，無復國初之積矣。尚有馬房諸倉，設之壩上焉。

（清）龍文彬《明會要》卷三一《職官・總督倉場》 崇禎中，倉場侍郎南居益疏：漕糧每年以四百萬爲額。除永折邊糧計七十八萬二千四百四十餘石外，實入京、通者，額該三百二十一萬七千五百五十餘石。即地方被災折免，祖制，仍當令於附近郡邑撥補足數，原不容折銀虧額。祖宗朝，鄭重倉糈如虎。查神祖初年，京、通之貯，尚計米一千五百二十餘萬。於時，每年支放止該一百九十餘萬。今自開、解借留，地方截折，每年實入京、通者不過二百餘萬石。而軍兵增設，各役冒破，每年實支米反該三百二十餘萬石，方足歲額。今計京、通二倉實在米止二百餘萬，不過兩年配搭，便罄盡而無餘。根本重地，萬一有意外之變，何以禦之？此時惟有嚴覈虚冒。而各衙門或剏設，或增添，但就萬曆間迄今，每年已多支米五十萬二千六百餘石。今後各衙門當嚴加稽察，自行清汰一切。追還錢糧仍當還太倉，以湊本折支放之用。庶糜耗漸清，而倉庾自充矣。

（清）龍文彬《明會要》卷五六《食貨・豫備倉》 洪武三年，令州縣東西南北設豫備倉四，以振凶荒，即前代常平之制。選耆民運鈔糴米，即令掌之。

永樂中，令天下府縣多設倉儲。豫備倉之在四鄉者，移置城內。已上《通典》。

元年三月，直隸、北京、山東、河南饑。編修楊溥上疏言：洪武間定制，每縣四境設倉，官鈔糴穀，儲貯以備荒歉。振貸斂散有定規。自有司雜務日繁，便民之事，率不暇及。一遇荒歲，莫知所措。聞南方官倉貯穀，十處九空，甚至倉亦無存。伏乞命部行移各布政司，令有司遵依舊制整理。除近被災傷外，凡豐稔之處，於見有官鈔支糴穀粟，儲以備荒。郡縣考滿，吏部計績以定殿最。《通紀》。

二十年十月癸巳，分遣中官及朝臣八十人覈天下倉糧出納之數。《本

紀》。

宣德七年六月，巡按湖廣御史朱鑑言：洪武年間府州縣四鄉皆置倉積穀，多者百萬餘石，少者四五千石。倉遣老人監之，富民守之。遇水旱，以貸貧民。今皆廢毁。宜遵舊制，俾旱澇有資。從之。《三編》。

八月，南畿巡撫周忱置蘇州府濟農倉。同上。

正統四年，大學士楊士奇上言：太祖篤意養民，備荒有制。天下郡縣悉出官鈔糴穀貯倉，以時斂散。歷久弊滋，豪猾侵漁，穀盡倉毁。風憲官不行舉正，守令漫不究心。事雖若緩，所繫甚切。請擇遣京官廉幹者，往督有司。凡豐稔州縣各出庫銀平糴，儲以備荒，具實奏聞。郡縣官以此舉廢爲殿最。風憲巡檢各務稽考。有欺蔽怠廢者，具奏罰之。《通紀》。

六年，巡撫于謙疏言：今河南、山西積穀各數百萬。請以每歲三月，令府州縣報缺食下户，隨分支給。俟秋成償官，而免其老疾及貧不能償者。州縣吏秩滿當遷，豫備糧有未足，不聽離任。仍令風憲官以時稽察。詔行之。《于謙傳》。

八年，給事中姚夔上言：豫備倉本振貧民。而里甲慮貧者不能償，轉隱不報。致轉貸富室，倍稱還之，收穫甫畢，遽至乏絶。是貧民遇凶年饑、豐年亦饑也。乞敕天下有司，歲再發廩，必躬勘察，先給其最貧者。帝立命行之。《姚夔傳》。

成化初，廣東布政司周瑄按行所部，督建豫備倉六十二。《周瑄傳》。

三年，大學士商輅疏：各處豫備倉所儲米穀，本以賑濟饑民。每歲官司取勘里老，將中等人户開報，其鰥寡孤疾無所依倚饑民，一概不報。蓋慮其無力還官，負累賠納。臣思宋時朱子社倉之法，豐年取息二分，中年取息一分，凶年無息，止收其本。數年之後，息米不可勝計，此誠良法也。今後各處豫備倉，饑民關過米穀，不拘豐年、中年，歲通取息一分。有係鰥寡廢疾，户内别無人丁，無所依倚之人，倶照數關給，不必追徵。將所取之息，抵補其數。抵補之後，或有餘賸，自作正數入倉。非惟饑民得濟，而數年之後，倉廪亦漸充實矣。《明臣奏議》。

二十三年十一月，令各省覈實豫備倉。《明政統宗》。

弘治三年三月，限州縣十里以下積萬五千石，二十里積二萬石，其上以是爲差；至八百里以下，限積十九萬石。衛千户所萬五千石，百户所三百石。考滿之日，稽其多寡以爲殿最。不及三分者奪俸，六分以上者謫官。初，豫備倉皆設倉官，至是革之，令州縣官及管糧倉官領其事。《食貨志》，《三編》。

御批覽曰：豫備倉之設，固欲廣爲備蓄，以濟凶荒。但良法善意，亦當措置有方，期於通行無阻。若必十里而積粟萬石，則窮鄉僻壤何所取資？勢必購糴繹騷，欲興利而反以滋弊。況令州縣軍官皆以及數者爲旌擢，則有司惟志在取盈，必至横徵苛派，累及閭閻，尚何實惠之足言乎？

潘璜議：查得户部奏行天下府州縣官，各照里社積穀備荒。立格勸懲，不爲不密。但如每一小縣十里之地，三年之間，不問貧富豐凶，概令積穀萬五千石。限數既多，責效太速。以致中才剥削取盈，貪夫因緣爲利。往往歲未及饑，民已坐斃。及遇凶荒，公私倶竭，爲困愈甚。臣聞縣鄙者財之本也，倉廪者財之末也。與其聚民脂膏以實倉儲，孰與盡力溝洫以興水利。《春明夢餘録》。

嘉靖初，諭德顧鼎臣言：成、弘時，每年以存留餘米入豫備倉，緩急有備。今秋糧僅足兑運，豫備無粒米。一遇災傷，輒奏留他糧，及勸富民借穀，以應故事。乞急復豫備倉糧以裕民。帝乃令有司設法多積米穀，仍倣古常平法，春振貧民，秋成還官，不取其息。府積萬石，州四、五千石，縣二、三千石，爲率。既又定十里以下萬五千石，累而上之，八百里以下至十九萬石。其後積粟盡平糶以濟民，儲積漸減。隆慶時，劇郡無過六千石，小邑止千石。久之數益減，科罰亦益輕。萬曆中，上州郡至三千石止，而小邑或僅百石。有司沿爲具文。屢下詔申飭，率以虚數欺罔而已。《食貨志》。

三十六年三月，山東御史毛鵬請修復豫備倉。從之。《明政統宗》。

（清）龍文彬《明會要》卷五六《食貨·社倉》　嘉靖八年三月，從兵部侍郎王廷相言，令各府按設社倉，令民二、三十家爲一社。擇家殷實而有行義者一人爲社首，處事公平者一人爲社正，能書算者一人爲社副，每朔望會集。别户上中下，出米四斗至一斗有差，斗加耗五合，上户主其事。年饑，上户不足者，量貸，稔歲還倉，中下户酌量振給，不還倉。有

司造册，送撫按歲一察覈，倉虛，罰社首出一歲之米，其法甚善，然其後無力行者。《明政統宗》。

二十年十二月，御史沈越請申飭社倉法，令有司亟行整理，撫按以此爲考成，吏部據此行黜陟，以備荒政。從之。同上。

（清）龍文彬《明會要》卷五六《食貨・軍儲倉》 明初，京衛有軍儲倉。洪武三年，增置至二十所，且建臨濠、臨清二倉，以供轉運。各行省有倉，官吏俸取給焉。邊境有倉，收屯田所入以給軍。《食貨志》。

二十八年，置皇城四門倉，儲糧給守禦軍。增京師諸衛倉凡四十一。又設北平、密雲諸縣倉，儲糧以資北征。同上。

永樂中，置天津及通州左衛倉，且設北京三十七衛倉。迨會通河成，始設倉於徐州、淮安、德州、臨清，並天津凡五倉，以資轉運。既又移德州倉於臨清之永清壩，設武清衛倉於河西務，設通州衛倉於張家灣。《會典》。

宣德中，增造臨清倉，容三百萬石。增置北京及通州倉。

英宗初，命廷臣集議，天下司府州縣有倉者，以衛所倉屬之；無倉者，以衛所倉改隸。

正統中，增置京衛倉凡七。自兑運法行，諸倉支運者少，而京、通倉益不能容。乃毁臨清、德州、河西務倉三分之一，改爲京、通倉。已上《食貨志》。

正統三年，設倉場公署，糧儲抵通，分貯京、通二處。在京者曰：舊大倉、百萬倉、南新倉、北新倉、海運倉、禄米倉、新大倉、廣備庫倉。在通者曰：大運西倉、大運南倉、中倉、東倉。春明夢餘録。

景泰初，移武清衛諸倉於通州。

成化初，廢臨、德豫備倉在城外者，而以城内空廒儲豫備米，名臨清者曰常盈，德州者曰常豐。已上《食貨志》。

天順以來，通州各倉設總督太監、監督内官。弘治中，言者極言内官剥削之害，請量裁罷之。不聽。至正德中，冗食冒支益甚，監督内官賄賂公行。世宗詔罷革。

隆慶初，御史蔣機言：漕儲通倉者三百二十餘萬石，而京倉僅二百餘萬石。根本之地出多入少，非所以備緩急。請無拘三七、四六之例，凡兑運者，悉入京倉，改兑者入通倉。詔可。

御史楊家相言：通倉多放一月，則京倉省一月之積。京倉多折銀一月，則京糧餘一月之儲。非必減通倉而後可實京倉也。户部請：除改兑盡入通倉以省脚價，其兑運入京倉者，仍於中撥六十萬石足通倉如額。詔如議行。已上《夢餘録》。

（清）龍文彬《明會要》卷五六《食貨・庫藏》 承運庫，貯緞匹、金、銀、寶玉、齒、角、羽、毛，而金花銀最大。

廣積庫，貯琉黄、硝石。

甲字庫，貯布匹、顔料。

乙字庫，貯胖襖、戰鞋、軍士裘、帽。

丙字庫，貯棉花、絲纊。

丁字庫，貯銅、鐵、獸皮、蘇木。

戊字庫，貯軍器、胡椒。

贓罰庫，貯没官物。

廣惠庫，貯錢鈔。

廣盈庫，貯紵、絲、紗、羅、綾、錦、紬、絹。

已上乙字庫屬兵部，戊字、廣積、廣盈庫屬工部，餘六庫皆屬户部。

天財庫，亦名司鑰庫，貯各衙門管鑰，亦貯錢鈔。

供用庫，貯秔稻熟米及上供物。

已上十二庫，通謂之内庫。

内東裕庫，寶藏庫。

已上謂之裏庫，其會歸門、寶善門迆東，及南城磁器諸庫，則謂之外庫。

行用庫，洪武十三年，置於京師及諸府州縣，以收易昏爛之鈔。仁宗時罷。

户部太倉庫，亦謂之銀庫，正統七年設。

節慎庫。嘉靖八年三月，修工部舊庫，以貯礦銀。

其在外諸布政司、都司、直省、府、州、縣、衛所皆有庫，以貯金、銀、錢、鈔、絲、帛、贓罰諸物。

永樂十九年十一月，遣使覈天下庫藏出納之數。《三編》。

正統元年八月，始徵金花銀入內承運庫。《三編》。初，歲賦不徵金銀，惟坑冶税有金銀入內承運庫。其歲賦偶折金銀者，俱送南京供武臣禄，而各邊有緩急亦取足其中。至是改折漕糧，歲以百萬爲額，盡解內承運庫，不復送南京。自給武臣禄十餘萬兩外，皆爲御用。所謂金花銀也。

七年九月，始置太倉庫，各直省派賸麥米，十庫中綿、絲、絹、布，及馬草、鹽課、關税，凡折銀者俱入太倉。籍没家財，變賣田產，追收店錢，援例上納者，俱入焉。專以貯銀，故又謂之銀庫。已上《食貨志》。

成化十七年十一月戊子，取太倉銀三分之一入內庫。自正統設太倉庫後，積至數百萬兩，續收者又分老庫、中庫之目。至是以內府供應繁多，仍取中庫三分之一以供內庫之用。《實録》。

弘治時，內府供應繁多，每收太倉銀入內庫，又置南京銀庫。《食貨志》。

給事中曾昂請以諸布政司公帑積貯、征徭羨銀，盡輸太倉。尚書周經力爭之，以爲用不足者，以織造、賞賚、齋醮、土木之故。必欲盡括天下之財，非藏富於民也。至劉瑾用事，遂令各省庫藏盡輸京師。《食貨志》。按《周經傳》，曾昂作魯昂。證之《明史稿》，亦兩歧。

正德五年十二月，詔發太倉庫銀三十萬兩入寶藏庫應用。户部尚書楊一清言：太倉銀專備三邊軍餉。弘治間，各邊皆有積餉。自劉瑾括天下之財斂之京師，半入公帑，半歸私橐，故太倉雖稍有蓄積，而四方庫藏爲之一空。即今大同邊警，各省災傷，乞省無益之費，爲天下惜財。詔以十萬兩送庫。《實録》。

時內承運庫中官數言內府財用不充，請支太倉銀。户中執奏不能沮。

嘉靖二十二年，特令：金花子粒銀應解內庫者，並送太倉備邊用。然其後復入內庫。

三十七年，令歲進內庫銀百萬兩外，加豫備欽取銀。後又取没官銀四十萬兩入內庫。

隆慶中，數取太倉銀入內庫。承運庫中官至以空劄下户部取之。廷臣疏諫，皆不聽。已上《食貨志》。

萬曆二十七年閏四月，以諸皇子婚，詔取太倉銀二千四百萬兩。户部告匱，命嚴覈天下積儲。《本紀》。

天啓三年，括天下庫藏盡輸京師。葉向高言：郡邑庫藏已竭，藩庫稍餘，倘盡括之，有如山東白蓮教之亂，將何以應？帝不納。《葉向高傳》。

《户部則例》卷一〇《庫藏・內庫撥銀》　一、廣儲司造辦處等庫應行撥發銀兩。即著內務府蘇拉匠役抬運。

一、圓明園庫撥發銀兩，著苑户抬運，概不准僱用民夫，以昭慎重。

《户部則例》卷一一《庫藏・藩庫出納》　一、藩庫收發錢糧設立款薄三份，鈐蓋司印。一份存內署，一份交庫官，一份存科房。如應領應解銀兩，歲有定額者，統于歲首一律分款立薄，俟領解時覈對登記。其無定額款項，一經准銷、准領、准抵，即行照式注册。

一、藩庫出納款項，每年令各州縣造具應支應解清册二份。一份存藩署，遇有收支各款，隨時填注；一發州縣，年終將已、未完支解數目，分款登載，鈐印送司磨對。如有不符，立即究辦。

一、各州縣起解正雜錢糧，先期三日將現解款項、銀數、起解日期及管解書役姓名、覈計到省月日，通稟該管各上司。該藩司即飭庫大使登記檔册，届期不到，稟明查究。

一、各州縣解省銀兩，酌派兵役并知會前途，按站撥兵護送。用連環大批二張，由督撫衙門掛號，發交藩司鈐蓋印信。一申督撫存查，一發州縣備案。仍於起解時另備隨文小批，載明銀數，投批後該藩司覈與原稟數目相符，示期兑收。仍出具庫收蓋用司印，一并給領。

一、各州縣赴司領銀，備具印領二張，鈐用騎縫印信。一張隨文申送，一張交書役携帶請領。該司覈對相符，按款給發。如有以解抵領及該司飭令以領抵解者，一面扣抵，一面行知該州縣，仍立限補具解文備案。

一、各州縣領解各款，將銀兩數目并領銀掣批各日期及扣抵各款，將何時奉文飭知，何時補送解文，按季彙造清册，申送藩司。該司查對庫簿，款册相符，鈐印發回備案。如有不符，立即查究。

一、各州縣偶遇災歉，緩徵所收地丁正耗銀兩，不敷坐支俸廉、役食

及驛站工料，必須借領者，令其備具印文，聲明不敷銀款數目，申詳藩司。該司覈明實無本款，方准借給。一俟帶收本款銀糧，勒限解還。歸款逾限不解，嚴參著賠。至橋道要工及一切急需例得報銷之款，詳司確覈原估銀數，酌給數成，注明庫簿。如有銷不足數，立即追繳。其例不准銷及非實在緊要者，概不准擅行借動。仍令將准借銀款數目隨時造册，報部查覈。

一、各州縣書役解銀到省之日，一面赴藩司衙門投批，一面禀明庫官暫收外庫。毋許寄存銀號。間有未經傾熔及成色不足者，次日即傳銀匠眼同解銀書役領出傾熔，并取具銀匠收管限狀。至收銀日，該司親身督同管庫官吏，兑足儲庫。如有短平，即飭解書隨時補足，不准掛欠。

一、各州縣經徵各項正雜錢糧已、未完數目，按月造册，申報上司查覈。仍飭該管道府廳州不時抽查。徵有成數，即行起解。如有以完作欠，以多報少及遲延不解者，查明參處。

一、直省藩司衙門每月開庫日期，將收過每州縣何款，銀兩若干，收入何款項下，并支放銀兩係在某款存銀若干內動支，逐一開造細册，次日詳報督撫稽覈。如有朦混，立即查究。督撫內有兼管鹽務者，鹽道庫收入鹽課銀兩亦一律辦理。

《户部則例》卷一一《庫藏・藏庫餘銀》　一、西藏所屬察木多、拉里、前藏三處糧庫銀兩，除一年支放外，多餘銀兩俱解交前藏備儲。庫中收存交夷情司員管理。庫鑰令駐藏大臣按年輪流執掌。如有應用，該糧員呈報駐藏大臣覈明放給。

《户部則例》卷一一《庫藏・庫儲備用》　一、熱河都統庫儲銀貳千伍百兩，每年於赴部請領俸餉時，將用過銀兩補領足額。以備迎送聖駕官兵路費，及新升官員撥補兵丁應添俸餉，暨支給孀婦半俸半餉等項之用。按季報部查覈，統俟年終造册請銷。

一、密雲副都統庫儲銀叁千兩，按春秋兩季赴部支領。如有支存，即於下次領銀數內扣除。以備新升官員挑補兵丁應添俸餉及支給孀婦半俸半餉等項之用。年終報部覈銷。

一、烏魯木齊道庫備用銀拾伍萬余兩，內提撥銀拾萬兩分儲伊犁，永遠存庫，不准濫行動用。該管官隨時稽察。

《户部則例》卷一一《庫藏・司庫封儲》　一、各直省酌留布政司庫銀兩，該督撫公同封儲，每年造册附同撥册送部聽覈。如有急需，題明動支，于撥餉時請部，照數撥補。違者將該督、撫、布政使照擅動錢糧例治罪。貴州封儲銀兩遇有急需，准一面動支，一面題請撥補。

一、盛京銀庫由京撥給備儲銀壹千萬兩。

一、直隸布政司庫封儲銀叁萬壹千肆百兩。

一、山東布政司庫封儲銀貳拾伍萬兩。

一、山西布政司庫封儲銀叁拾玖萬兩。

一、河南布政司庫封儲銀叁拾伍萬兩。

一、江寧布政司庫封儲銀肆拾捌萬兩。

一、蘇州布政司庫封儲銀肆拾捌萬兩。

一、安徽布政司庫封儲銀肆拾萬兩。

一、江西布政司庫封儲銀叁拾柒萬兩。

一、浙江布政司庫封儲銀叁拾萬陸千兩。

一、福建布政司庫封儲銀肆拾萬兩。

一、湖北布政司庫封儲銀肆拾萬兩。

一、湖南布政司庫封儲銀叁拾貳萬叁千兩。

一、陝西布政司庫封儲銀叁拾壹萬兩。

一、甘肅布政司庫封儲銀叁拾捌萬兩。

一、四川布政司庫封儲銀壹百伍萬兩。

一、廣東布政司庫封儲銀貳拾萬兩。

一、廣西布政司庫封儲銀叁拾捌萬肆千兩。

一、雲南布政司庫封儲銀肆拾捌伍千叁百肆拾貳兩有奇。

一、貴州布政司庫封儲銀肆拾伍萬玖千兩。

一、福建布政司庫每年於閩海關徵收夷稅內劃出銀一萬兩，同畸零尾數一并另款封儲作爲預籌兵餉。年終將收存銀數造册送部。如有急需，奏明支用，不准擅動。

《户部則例》卷一二《庫藏・平色》　一、銀庫兑收關稅、鹽課銀

兩，每兩加庫平銀一分五釐。兑收漕項銀兩，每兩加庫平銀五釐。均於正項銀鞘之外，另裝加平銀鞘，并於解批上注明加平若干，隨解交納。仍將加平銀數報入盈餘項下。兑收一切捐款銀兩，每兩加庫平銀肆分。其地丁元寶照收照發，不計盈餘。

一、銀庫兑收外省解到關税、鹽課，漕項錢糧，如每千兩加平之外偶有短少，在十兩以内者，准解員即時補足，免其查參。若每千兩加平以外短少數多，將解員查參議處，所短銀兩飭行該省補解。仍令將因何短少之處明白覆奏。若本無短少而庫員故爲輕重，任意勒索者，查實嚴參。

一、銀庫兑收外解錢糧，或有成色青潮，甚至底面迥異有意朦混者，將該省督撫查參。仍令將承辦官員如何朦混之處據實參究。所解銀兩著落原解官自行看守，由該省改委妥員赴庫領出另傾，如數交納。

一、銀庫經收雜項市平銀兩，俱按庫平折實兑收。市平每千兩較庫平短銀參拾陸兩。該承辦司分將所交市平銀若干，折實庫平銀若干，覈明分晰，付庫查收。

一、銀庫經放買賣人辦買物料銀、直隸歲修河工銀、顔料、緞疋二庫折價銀暨凡應以市平扣發等銀兩，每庫平千兩扣平銀參拾陸兩，作市平支放，該承辦司分於札内聲明扣除，以折實應領庫平銀數札發。

一、銀庫經放兵部鹽菜銀、刑部醫藥銀、光禄寺備用銀、買辦草豆銀、買賣人辦買物料銀、各役米折月銀詳見廩禄門、各寺廟喇嘛口食等銀，每千兩搭配成色銀參拾兩。該承辦司分於札内聲明札發。

一、直省布政使司經放一切銀兩，務須足平足色。元寶小錠准其通融搭放。若扣易平色，將該官吏參究。

一、直省撥協餉銀若或成色青潮，責成受協省份據實題參，著落原解省份之督撫藩司分賠。

一、直省減半平餘銀兩，雍正元年議定，於各省解京餉銀内每千兩收平餘銀貳拾伍兩，彌補部庫虧空，八年補足。奉旨減去一半。乾隆三年奉旨停解。停其解部，存儲本省司庫，遇有地方荒歉及有裨民生要務確應賑恤辦理者，奏明動用，報部查覈。

一、直省採辦物料，價值按市平色折實庫平紋銀給發。其作何折給及原編協貼各數目，於報銷案内逐一分晰登注，以憑查覈。

一、直省遇有應辦各項工程動用錢糧，應扣平色，如例有定數者仍照舊覈扣外，其餘未經定有章程，每庫平百兩均扣銀貳兩，作爲市平給發，除隨案聲明外，仍於年終報部查覈。

一、直隸省恭遇巡幸修墊橋道及各屬修理倉廒、監獄、墩臺、營房、兵房、船隻等項工程，需用銀兩，按庫平照數給發。

《户部則例》卷一二《庫藏·驗收》　一、凡餉鞘到部，不論遲早，庫大使照數點明，督令原解官役投批，將鞘運入銀庫大門堆儲。至夜，責成在庫人役加謹巡邏。其搬運銀鞘令原送人夫經手，不准濫僱應役。若門役包攬需索，當月司員及大使廳官嚴拿究治。

一、銀庫經收一切銀兩，由承辦各司分別出具印札、印付、札付内，監收官簽押投庫。各省批解各項已有印批投庫，由司出具印付；在京各衙門移交暨赴部呈交之項，并無印批，由司出具印札。俟銀庫知照驗收日期，親身赴庫。管理三庫大臣督同庫官及交銀員役，三面眼同劈鞘拆封兑收，并詢明該解員、銀庫吏役實無勒索解費，出具畫押甘結，粘連批後，鈐印賫回。其銀庫批回，由管理三庫大臣於收銀之日面給該解員。如銀庫不先期知照驗收日期，竟自兑收，或監收官與交銀員役并不親身到庫，任聽書役領催人等包攬代交，均分別參處。其代交之人拿送刑部究辦。

一、銀庫經收地丁項下銀兩，以元寶驗收。其關税、鹽課、漕項等銀及一切雜項銀兩悉以散碎驗收。若外省解交違式，庫官不得濫行收兑。

一、銀庫驗收各省解到銀兩，於餉鞘投批後，承辦司分印付到庫，定限五日内劈兑。倘有遲逾，管理三庫大臣參奏。如遇放俸、放餉不能監收餉鞘，日期准其扣展。至彈收銀兩，如有短平不能即時補交者，量其道路遠近定予限期，令該省即速補交完項，并按解員人數多寡酌留一二員候給批回，其餘概令回省。道光元年奏准。

一、餉鞘到庫及劈鞘兑收起止日期，并平兑收發現行緊要不能兼收餉鞘日期，俱逐日登記，按月造册一本，由三庫檔房移送户部承辦司分，轉送江南道查覈。

一、銀庫驗收散碎銀兩，責成管解員役自行拆封。拆封後，庫員、解

員將拆封人役眼同搜檢。倘有偷竊，立行拿究。

一、緞疋庫驗收各織造解到緞疋，其分兩輕重須合總秤驗，若合秤而分兩不足，方准駁换，不准逐件秤計。

一、顔料緞疋庫驗收各省解到物料，限二十日覈收給批。如不可收，呈堂方准駁回。若無故遲延逾限將該管官議處。

一、盛京將軍兼管銀庫，一切收放盤查俱會同盛京户部侍郎辦理。

一、盛京銀庫每年委員赴部請領三省俸餉銀壹百貳參拾萬兩，令協領同副關防携帶該處平砝，同在京户部專派司員一人眼同彈兑足數，裝釘入箱。該協領及副關防協同管解，毋許自行開箱。運到時，盛京將軍會同户部侍郎，督率該庫關防等同領餉各員拆箱，秉公平兑入庫。倘有侵用虧短情弊，即行據實參奏。其每年請領俸餉并緞布花紅等物，所需車脚均由部庫發給，作正開銷。

一、各省餉鞘到京、所有進城及入店、出店日期，俱令該解官結報巡捕營，由營轉稟步軍統領衙門，該衙門據稟，即日知照户部及三庫總檔房。户部接到知照後，如解官投文遲延，即由該司回堂參處。步軍統領衙門每届月底彙奏一次。

一、各項銀款入庫，每袋鈐用年月庫官戳記，以便交代時按款查對。其旋收、旋放者，亦憑銀袋戳記庶免混淆。每届三年，欽派大臣盤查時，亦易於稽覈。

一、銀庫兑收各項銀兩，責成庫官帶領匠役等先將銀兩在庫門外逐袋驗看，按照批文札付對明數目，方准進庫彈兑。倘不足平色，令其即時補足，再行給發批回。至兑收捐項每月向有卯期交捐人等，預日掛號，次日挨次兑收，以免擁擠牽混。

一、庫内收兑各項銀兩，按款盛桶封存，不准散裝作垛。存至壹千萬兩，奏明撥存内庫。需用時，再行奏請撥出，以期易於勾稽。

一、庫官接任及交代之員，按照庫存印册逐款彈兑後，出具盤交無虧甘結，呈堂存案。

一、銀庫一切收項俱用比子彈兑，務令平均。

一、各省餉鞘到部，該解員役自行搭蓋席棚看守，不准濫僱夫役。

一、委員投具文批領有津貼、投文掛號一切規費，奏准革除收庫，彌補庫款。解餉員役未必周知，出示曉諭。

一、銀庫收官生捐項及各省京餉暫由銀號交庫者，均收足色銀兩，錠面鏨明年月并某號字樣。該庫司員督飭驗匠以樣銀比兑，當堂抽覈，查驗無弊，方准交收。如有短平，亦須驗明銀色後方准補交。倘驗出低潮假銀，并各衙門領銀時當堂驗出者，均按所鏨鋪號，按照本錠數目加十倍罰賠。其各衙門領銀時當堂驗出者，并將驗匠革退，交刑部嚴訊有無串通情弊，分别懲辦。或驗匠驗銀故意挑駁，即行斥革。至各衙門一切零星交項，一律驗明兑收，毋許攙雜。

一、各省解員赴庫交銀，部庫書吏勒索添平及官生報捐，銀號多索加平，或銀庫吏役串通浮收，均准解官與上兑官生據實首告，嚴行究辦。如銀號與庫吏匠役人等私相往來，查出嚴懲。至姦猾棍徒包攬捐項、解項，勾串書役、庫丁從中分肥，應令步軍統領衙門、順天府五城嚴拿治罪。

一、銀庫收發銀兩之期，管庫兵役人等嚴守庫外大門并垂花門等處，如有已革丁役及咨回庫兵、驗匠人等出入窺探，即拿稟庫官，回堂究辦。其值班兵役擅放出入，一并懲辦。再，現充庫兵、驗匠與咨回庫兵、驗匠往來交結公事，即無通同舞弊重情，亦即拿交刑部治罪。

道光二十三年閏七月二十二日奉上諭：給事中扎克丹等奏，現在拿獲僞造假銀之劉二供稱，曾在傾銷爐房伙做假銀，并聞已革庫丁等有密僱匠人僞造銀兩等語。上庫銀兩向由傾銷爐房傾熔成錠，蓋用該銀號戳記。原以防詐僞之弊，乃該爐房竟敢勾串匪徒，通同伙做假銀，并有已革庫丁僱令匠人僞造之事，實屬不法已極。現當清釐庫款之時，必應嚴密稽查，庶不爲其朦混。著管庫大臣飭令司員於銀兩上庫時率同能辨銀色之匠役，認真查察。如遇有假銀，即從嚴根究來路，不得僅令其更换了事，稍存寬縱，并著步軍統領衙門、順天府五城一體嚴密訪拿，以净根株。欽此。

一、各省解交緞疋、颜料二庫各項物料，抵通後，令該州并該管員弁一體飭催。該委員赴崇文門查驗，限三日内將物料運至該庫，該庫於司付到庫，限五日内驗收。如有應放各工緊要物件，准照銀庫一體扣展。

一、各省解到銀兩、顔料、緞疋等項，該解官將文批徑赴户部司務廳

當堂投遞。該廳即日簽到。一面令承發科掛號填注時刻，發交承辦司分付庫兑收，倘該廳吏等需索措延，一經查出或被解官首告，即將該吏等送交刑部，從重治罪。該廳員徇庇積壓發司遲誤，一并參處。其承辦司分胥吏有串通需索等弊，一律究懲。

《户部則例》卷一二《庫藏·批回》 一、凡解部銀兩、緞疋、顔料文批，徑投司務廳簽到掛號後，一面付知大使廳，一面將文批轉發承辦司分，并填注發交時刻。該司即日照批出具印付二張，并原批付庫。該庫覈對收足即於批付内均填照數收訖字樣，蓋用庫印。其付一份存庫，一份發司。該司憑付具文呈堂行知各該省。其批由庫交三庫總檔房填寫批回字樣，呈堂鈐印，會同大使給發解員具領。

一、順天府委解旗租銀兩，由府尹給督解委員批文一張，赴部呈驗。俟銀庫收訖後，將所收數目於原批内注明，鈐蓋户部堂印，并各州縣原詳統交該委員領回，呈繳備案。

一、銀庫於錢糧收足後三日將解批鈐蓋庫印，移付總檔房。總檔房無論批數多少，即呈堂鈐印，轉傳該解員役赴領，不得以銀庫付到批少留待彙發致滋需索。

一、三庫驗收錢糧物料之後，將該管吏役有無需索之處面詢原解官役，如無需索，責令出具甘結粘連批後，鈐印并發。

一、三庫總檔房驗發批回，凡在京各部院衙門無庸責取領狀。其直省解部錢糧、緞疋、顔料，俱令於起解之初隨批填具承領批回印領，於事畢後持領掣批。領式附後：

某省某衙門差官役管解某項緞疋、銀兩、顔料所有批回幾紙理合出具領批印領交該解官役持赴三庫總檔房查照换給批回所領是實。

年　月　日

一、凡應發批回，三庫總檔房於將發前一日移付該司，轉傳管解員役依期赴領，或別有事故不能赴領者，該司將情由移明總檔房，存案稽覈。

一、八旗批交并各項赴部零交銀兩，承辦各司於文到二日内付庫即聲明投文具呈日期。銀庫於五日内驗收，二日内付回，該司處即將批回呈堂鈐印給發，并用印文知照。

一、刑部現審案内追出入官贓罰銀錢飭發各坊，該坊詳報各本城察院由城移部赴庫交納，毋庸再給司印實收。至大、宛二縣追交一切贓罰銀錢，俱令詳報順天府咨呈轉解，以昭慎重。

《户部則例》卷一二《庫藏·驗放》 一、同治四年奉上諭：管理户部三庫事務周祖培等奏，入旗承領兵餉等款，請申明舊例嚴定章程一摺。前據鑲黄旗滿洲以該旗承領米折銀兩内有低潮虧短，奏請查辦。兹據奏稱，該旗解回低潮元寶四錠，令匠人等當堂燒煉，委係高銀，仍如原數。當經該旗章京領回内二錠旁翅，係該旗自行熔化，致虧銀十五兩三錢，即按奏定章程辦理。至該旗所稱實虧銀一百一兩零，查各項銀兩承領時，均係督率司員眼同該章京逐平彈兑，各旗砝碼亦與部庫覈對相符，不致虧短，請飭該旗自行查辦等語。著即照所議辦理。此次該旗自行溶化虧欠銀兩，業經照章補足，若不嚴定章程，各該旗難保無藉口庫虧，暗圖侵蝕情事。嗣後各該旗都統、副都統每遇本固山應領餉銀等款，日期酌定，一員親身赴庫，并帶同章京暨認識銀色人役，會同管庫大臣等監放監領。如該旗都統、副都統是日不到，即將兵餉暫行停放，俟各旗放竣，再由銀庫定期補放。其承領時如有短少，照例由庫補足，出具并無短少低潮甘結承領。仍由該庫逐袋散給印花，由承領官自行封口運回。未領以前，責成在庫，既領之後，責成在旗。不准互相推諉。至各旗營領銀後，如經看有成色，應即呈堂辦理，不得自行熔化，以杜流弊。經此次嚴定章程之後，各該旗如有籍口庫虧，暗中侵蝕等弊，即由該管大臣將承領章京并承辦人等嚴究參辦。至各旗分起領餉日期并是日應領款目，即著照所請行。此旨著纂入《則例》，永遠遵行等因。欽此。

一、凡各衙門及八旗彙總承領俸餉等項銀兩，文領内均注明承領官銜名，由户部承辦司分據咨具稿辦札，呈堂僉畫，并設立支發總檔，令承領官親身赴部畫押，監放官驗明印領，列銜畫押。隨帶承領官赴庫眼同支領其雜項恩賞及例給盤費等款，該大臣官員實有不能親身赴領者，由户部承辦司分派員赴庫支領付給。俱不得任聽部吏領催代領滋弊。倘有混冒，責在監放官。若吏役等故違禁令，嚴拿究治。仍令各衙門將一應支發銀兩分年按月造册，查覈報銷。

一、銀庫撥解賑濟軍需，支放在京五大臣、外藩蒙古俸項銀兩，專以元寶驗放。支發八旗兵餉，月選官請借養廉，各處工程并一切零星款項，專以散碎銀兩驗放。若零星支款爲數較多，准以元寶散碎通融搭放。

一、銀庫准到放銀堂札與印領覈封相符，方准給發。若一札數領或數拾領，如八旗月支錢糧，一時平兑不及者，該承辦司分一面出札，一面將原領冊檔付庫磨對，由庫預平，臨期驗領挨發。其八旗俸餉處札發八旗俸餉。陝西司札發外藩蒙古俸銀及各衙門人役米折銀，俱按札發款項數目，挨次造送平單，由庫預平驗放。八旗俸餉平單於札發前三日送庫。其餘平單均於札發前一日送庫預平。

一、銀庫每年開放八旗米折銀正、四、七、十等月，初十日鑲黄旗，十一日正黄旗。二、五、八、十一等月，初十日正白，鑲白二旗，十一日正紅旗。三、六、九、十二等月。初十日鑲紅，正藍二旗；十一日鑲藍旗。每遇閏月，初十日左翼四旗，十一日右翼四旗。每月開放八旗餉銀庫銀二成錢折銀初一日鑲黄、正白二旗；初二日鑲白、正藍二旗，初三日正黄、正紅二旗。初四日鑲紅、鑲藍二旗。開放八旗月餉，三月至八月卯刻開庫，九月至二月辰刻開庫。

一、工部修造工程，數在壹千兩以上者，奏請欽派大臣承修。派出之日，工部及辦工大臣各備文知照户部。該工程處出具本衙門印領，兑換工部印領。其文領内均注明承修官銜名，親身赴户部承辦司分，在於支發總檔内畫押，會同監放官執持文領赴庫關支。户部及銀庫并工程處均於領銀後三日内將給發日期、銀兩數目知照工部，工部仍覈明移覆户部。

一、顔料、緞疋二庫經放物料，各衙門支領印文由户部承發科呈堂僉到後，發庫查覈辦理。

一、盛京銀庫每逢開庫收放銀兩，將輪班上庫樓軍逐一查點姓名，其餘不准到庫。入庫出庫時穿換衣服，責令協領、正副關防等按名嚴行搜檢。如有夾帶，即將該樓軍等從重治罪。倘該庫官等虚應故事，不行實力稽查，以致滋弊，將軍侍郎等即將該庫官嚴行參處。

一、盛京銀庫二、八月開支俸餉。令該庫官先將應放數目報明將軍、户部侍郎。其應放銀兩先期平妥，分別旗部定擬日期，出示曉諭，至期挨次領銀。毋許入庫攙雜擁擠。尋常開庫亦將人數點明，挨次給放。至放俸後，該庫官出具四柱清册，聯名印結報明將軍、户部各衙門查覈。每年於放完俸餉之後，將該庫一年原存銀若干、放出銀若干、實在應存銀若干，該將軍侍郎等會同親身到庫徹底盤查，報部查覈。

一、盛京銀庫每年支放俸餉及各處陵寢工程并雜項需用共銀壹百壹貳拾萬兩不等。每千兩扣存平餘銀貳兩陸錢，共應扣存平餘銀叁千餘兩。所有應用經費及庫内各員養廉等項，共銀捌百伍拾貳兩，并交京户部飯食銀壹百貳拾兩，俱在平餘銀内按年開銷。餘剩平餘銀兩該將軍每年具奏歸入正項，搭放俸餉。銀庫正關防等每年酌給跟數詳見稟禄門。

一、銀庫開放八旗餉銀等項，各該旗都統、副都統每遇領銀日期，酌定一員親身赴庫，帶同掌關防參領及佐領章京、驍騎校等官暨認識銀色人役，携帶印花，會同户部管庫大臣監放司員向派郎中二員監視放領。如該旗都統，副都統臨期并無一員到庫，即將此旗兵餉暫行停放，再由銀庫訂期補放。其領銀時，銀庫司員親赴印庫取出部頒平法，分置銀庫南，北門内，各按旗分，佐領將應領銀兩當堂兑平，驗明給領。該旗再行出具并無短少低潮假銀甘結存案，庫官按袋散給印花，由各旗承領官自行封口運回。各旗領回後，倘看有成色，回堂辦理，不得自行熔化。其餉銀等項在庫短少，管庫大臣及監放官眼同較兑，責令補足，將庫官照例參處。如領回後藉口庫虧，暗中侵蝕，以致短少者，即由該管大臣將承領旗員并承辦人等嚴究參辦。若旗員領銀後携入銀鋪及飯館酒肆，即由步軍統領衙門拿究。所有平法用畢，黏貼印花，同監放官送存印庫，以憑下月驗明取用。道光十五年工部鑄造一千兩大平一架，四百兩小平二架。

一、銀庫凡遇開庫收放銀兩之期，務令兵役嚴守庫外大門。所有解官捐生及各衙門承領員弁暨該管官員隨從人等，均由庫官按名點入。如有濫行出入者，即時拘責。其擅放閑人之兵役亦一并究治。

一、銀庫每遇平做放項銀兩，須按照户部送到平單覈准數目，應需銀若干兩，計需若干袋，令匠役由桶内抗銀一袋，庫官付給籌一根，俟抗完時，仍將比桶封儲再行平做。至發放時，與户部送到札付印領覈封後，方准放給。

一、銀庫開放八旗、内務府三旗及五旗包衣兵餉、隨甲養育兵孤寡錢

糧庫銀、趕領餉銀，及前鋒、護軍、火器等營應領餉，隨甲錢糧，各按旗分改爲總數支領。開放之日，一律逐袋覆較，驗明印領後，取具該旗營所領銀兩并無短少低潮假銀甘結存案。

一、銀庫開放五營錢糧，會同一切零星放項，俱在庫抽查過平，驗明給領，取結存案。

一、銀庫開放八旗、滿洲、蒙古、漢軍、五旗包衣、内務府三旗、外三營官員俸銀，各按旗營總數於二、八月初一日，盡一日開放後，取具各旗營所領銀兩并無短少低潮假銀甘結存案。户部、都察院及各部院衙門漢堂司各官俸銀亦按各總數開放。

一、户部支領一切銀錢數目，司印平單内均須大寫，平單後注明幾札，共應領銀錢若干，銀庫收到平單覈封相符，編號預期平做，開放日將平單呈視開放。

一、銀庫放銀之期，派司員一員在庫内按平單令庫兵盤運，一員在庫門内監視過平計數，一員在庫門外覈對札後黏單數目相符發放。并派筆帖式庫使二員在庫樓門外彈壓。承領各員役依次進庫領取，毋許攙越。

一、各旗營及各衙門領銀時，祇准帶二三人隨同進庫，不准多帶跟人。銀庫照平單挨次發放。

《户部則例》卷一一《庫藏・解餉》　一、直省批解錢糧，數在拾萬兩以上者，委同知、通判管解；數在伍萬兩以上者，委州同、州判管解，數在伍萬兩以下者，委縣佐貳雜職等官管解。如同知、通判、州同、州判不敷差遣，准委知州、知縣等官管解。

一、凡起解京協餉銀，該布政司親同解員兑封封面聽解員押字，令庫官鈐印，當堂裝鞘，填給兵牌，掛號起解。

一、直省解部地丁，將足色紋銀照部頒砝碼傾熔。元寶每個按伍拾兩實足彈兑，不許絲毫輕短，亦不許另加滴珠。倘解到元寶有輕小者，即將該督撫及承辦官參奏議處。

一、各直省解司銀兩，無論元寶及拾兩小錠，均令於錠面上鏨鑿年、月、州、縣及銀匠姓名，以憑稽覈。

一、凡起解錢糧、顏料、物件，其解員按批更换，不准長年遞委，違者將委解之上司官議處。

一、凡辦解顏料，將所解包簍錠件數目及觔兩各重若干、共重若干於批内注明鈐印，并於咨報起程文内先行報明。咨報起程條例詳見本卷撥解定限條。

一、各省解餉委員中途有事故報明，所在省份地方官詳請，督撫一面咨部，係協餉并咨受協省份。一面遴委妥員代解，知照前途。該代解委員會同地方官，當堂劈鞘兑驗，銀數相符，改貼印花，入鞘裝釘，即日起程，徑行赴部。及受協省份交納原解委員餘存水腳等項銀兩，代解委員盡數動用。倘有不敷，由所在省份墊給，行文原省歸還清款，咨部覈銷。代解委員所掣批回賫繳本省督撫，封發原省銷案。

一、盛京請領俸餉委員如在京有患病稽延事故，即由户部另派司員解往，以免遲誤。

一、各省起解糧餉、關税等項内除向有勘合兵牌着解員按站粘貼印花，并零星雜款銀兩隨正附解者，仍照舊辦理外，其餘起解一切官物銀兩，向無兵牌勘合者，詳掛批回之時，另給護牌一紙，同批一并給發委員領執，預行咨明。沿途經過各關及各州縣，俟解官到日逐一驗明，於所給護牌上填明到境出境日期，各蓋印信，仍給委員收執，回日交本省巡撫衙門查銷，以備稽考。

一、直隸省起解京餉協餉俱由陸程。自省至京計五站，自省至陝西省計三十九站，自陝西省西安府至甘肅省蘭州府計二十三站，自蘭州府至肅州計二十四站。所解餉銀數在伍萬兩以下者，每萬兩每站給水腳銀伍錢；數在拾萬兩以下者，每萬兩每站給水腳銀肆錢；數在拾萬兩以上者，每萬兩每站給水腳銀叁錢。凡解餉時值冬春，不論所解多少，各按每萬兩每站增給水腳銀伍分。每解餉銀千兩給傾熔鞘箍銀陸錢。

一、山東省起解京餉、協餉俱由陸程。自省至京計一十五站，至陝西省西安府計三十站，至甘肅省蘭州府計五十二站，至甘肅省肅州計八十六站。凡解京餉，不論春夏秋冬每萬兩每站給水腳銀肆錢。凡解協餉，係解赴西安府者，不論春夏秋冬每萬兩每站給水腳銀叁錢捌分；係解赴蘭州府者，不論春夏秋冬，每萬兩每站給水腳銀叁錢伍分；係解赴肅州者，夏秋每萬兩每站

給水腳銀叁錢，春冬每萬兩每站給水腳銀叁錢伍分。每解餉銀千兩給鞘箍銀壹錢叁分。不另給傾熔之費。

一、山西省起解京餉、協餉俱由陸程。自省至京計一十九站，至陝西省西安府計二十二站，至甘肅省蘭州府計四十四站，至甘肅省寧夏府計四十四站，至甘肅省西寧府計五十七站，至甘肅省凉州府計五十八站，至甘肅省甘州府計六十八站，至甘肅省肅州計七十八站。所解餉銀數在伍萬兩以下者，每萬兩每站給水腳銀伍錢；數在伍萬兩以上者，每萬兩每站給水腳銀肆錢，數在拾萬兩以上者，每萬兩每站給水腳銀叁錢。凡解餉時值冬春，不論所解多少，各按每萬兩每站增給水腳銀伍分。每解餉銀千兩，用舊鞘一隻。給釘箍銀壹錢，不另給傾熔之費。

一、河南省起解京餉、協餉俱由陸程。自省至京計二十三站，至陝西省西安府計一十九站，至甘肅省蘭州府計三十九站，至甘肅省肅州計七十四站。每萬兩每站給水腳銀叁錢。時值春冬，每萬兩每站增給水腳銀伍分。每解餉銀千兩給鞘箍銀叁錢，不另給傾熔之費。

一、江蘇省起解京餉、協餉不論水陸程站，自蘇州由陸路至良鄉縣計四十一站，自蘇州由水路至通州計三十九站，自蘇州至山東省計三十站，至山西省計四十三站，至河南省計二十四站，至江西省計一十七站，至福建省計二十六站，至浙江省計五站，至湖北省計一十八站，至湖南省計二十五站，至陝西省潼關縣界計三十九站，至甘肅省蘭州府計六十五站，至廣東省計三十七站，至廣西省計四十四站，至四川省計四十七站，至貴州省計五十四站，至雲南省計七十四站。勾下自江寧至京計三十三站，至山東省計二十四站，至山西省計三十九站，至河南省計二十站，至江西省計一十二站，至福建省計三十四站，至浙江省計九站，至湖北省計二十一站，至湖南省計三十五站，至陝西省計四十站，至甘肅省計九十五站，至廣東省計三十二站，至廣西省計四十八站，至四川省計七十八站，至貴州省計五十九站。至雲南省計八十三站。所解餉銀數在伍萬兩以下者，每萬兩每站給水腳銀伍錢；數在拾萬兩以下者，每萬兩每站給水腳銀肆錢；數在拾萬兩以上者，每萬兩每站給水腳銀叁錢。凡解餉時值春冬，不論所解多少，按每萬兩每站增給水腳銀伍分。每解餉銀千兩給傾熔。鞘箍銀陸錢。如不需傾熔，祇給鞘箍銀三錢。

一、安徽省起解京餉、協餉不論水陸程站，自省至京計四十五站，至直隸省計四十一站，至山東省計三十站，至山西省計四十五站，至河南省計二十六站，至江蘇江寧府計一十五站，至江蘇蘇州府計二十站，至江西省計一十二站，至福建省計五十站，至浙江省計二十五站，至湖北省計一十七站，至湖南省計二十一站，至陝西省計四十五站，至甘肅省肅州計九十九站，至廣東省計三十二站，至廣西省計四十四站，至四川省計八十六站，至貴州省計五十四站，至雲南省計七十四站。所解餉銀數在伍萬兩以下者，每萬兩每站給水腳銀伍錢，數在拾萬兩以下者，每萬兩每站給水腳銀肆錢，數在拾萬兩以上至貳拾萬兩者，每萬兩每站給水腳銀叁錢。凡解餉時值春冬，不論所解多少，按每萬兩每站增給水腳銀伍分。每解餉銀千兩給傾熔鞘箍銀陸錢，如不需傾熔，祇給鞘箍銀叁錢。協解本省江寧餉銀，祇給鞘箍銀南。不給水腳。

一、江西省起解京餉、協餉，不論水陸程站，自省至京計五十四站，至福建省計一十四站，至廣東省計二十站。至四川省計七十三站，至貴州省計五十三站，至雲南省計七十七站。所解餉銀不論春夏秋冬，數在拾萬兩以下者，每萬兩每站給水腳銀伍錢伍分；數在拾萬兩以上者，每萬兩每站給水腳銀肆錢伍分。每解餉銀千兩，給傾熔鞘箍銀陸錢。如不需傾熔，祇給鞘箍銀三錢。

一、浙江省起解京餉、協餉，不論水陸程站，自省至京計四十七站，至福建省計二十三站，至四川省計九十站，至貴州省計六十六站。所解餉銀數在伍萬兩以下者，每萬兩每站給水腳銀伍錢，數在拾萬兩以下者，每萬兩每站給水腳銀肆錢，數在拾萬兩以上至貳拾萬兩者，每萬兩每站給水腳銀叁錢。凡解餉時值春冬，不論所解多少，各按每萬兩每站增給水腳銀五分。每解餉銀千兩給傾熔鞘箍銀陸錢。如不需傾熔，祇給鞘箍銀叁錢。

一、福建省起解京、協，俱由陸程。自省至京計七十一站。每萬兩每站給水腳銀肆錢，時值春冬，每萬兩每站增給水腳銀伍分。每解餉銀千兩給傾熔，鞘箍銀陸錢。

一、湖北省起解京餉、協餉，俱由陸程。自省至京計四十五站。至湖南省計一十五站。至陝西省計四十一站，至甘肅省計六十二站，至廣西省計二十八站，至四川省計三十站，至貴州省計三十七站，至雲南省計五十五站。所解餉銀在肆萬兩以下者，每萬兩每站給水腳銀肆錢，數在肆萬兩以上者，每萬兩每站給水腳銀叁錢。凡解餉時值冬春，不論所解多少，各按每萬兩每站增給水腳銀伍分。每解餉數及千兩亦按萬兩之數酌給水腳，所解不及千數，不准支

給。每解餉銀千兩，給傾熔鞘箍銀陸錢。如不需傾熔，祇給鞘箍銀叁錢。

一、湖南省起解京餉、協餉，俱由陸程。自省至京計六十站，至四川省計三十八站，至貴州省計三十一站，至雲南省計五十三站。所解餉銀按每萬兩每站給水腳銀叁錢。時值冬春，按每萬兩每站增給水腳銀伍分。每解餉銀千兩，給鞘箍銀貳錢叁分，不另給傾熔之費。

一、陝西省起解京餉、協餉，俱由陸程。自省至京計三十七站，至甘肅省城計二十一站，至甘肅省肅州計五十五站。所解餉銀按每萬兩每站給水腳銀叁錢。數在萬兩以下，亦按壹萬兩之數支給水腳。時值冬春，按每萬兩每站增給水腳銀伍分。數在萬以下亦按壹萬兩之數增給水腳。每解餉銀千兩，給傾熔鞘箍銀陸錢。如不需傾熔，祇給鞘箍銀叁錢。

一、廣東省起解京餉、協餉，分由水陸程。自省至京計五十六站零五里，至福建省計二十一站零三十六里，至廣西省計一十四站零七十里，至貴州省計四十六站，至雲南省計五十六站零六十五里。所解餉銀按每萬兩每站給水腳銀叁錢。經由英德縣至始興縣水程按每萬兩每站增給水腳銀伍分。凡解餉時值冬春，按每萬兩每站增給水腳銀伍分。每解餉銀千兩，給傾熔鞘箍銀陸錢。如不需傾熔，祇給鞘箍銀叁錢。

一、廣西省起解京餉、協餉，俱由陸程。自省至京計七十二站，至廣東省計一十四站零七十里，至雲南省計六十二站。每解餉銀萬兩給水腳銀叁錢，時值冬春，每萬兩每站增給水腳銀伍分。每解餉千兩，給傾熔鞘箍銀陸錢，如不需傾熔，祇給鞘箍銀叁錢。

一、貴州省如有應解部庫錢糧，每至二三年，積有貳叁萬兩，專員起解一次，沿途備夫遞送。解員往返盤費，官給銀壹百陸拾兩。准帶跟役二名。

一、各省督撫、鹽政及各關監督解交部庫餉銀。未經起解之先，將批差員役某人於某日起程、限某日到部，預行備文知會。庫大使接到比文，於次日呈堂僉到後將原文移付銀庫，登記查覈。

一、粵海關解交內務府等處款項，兵牌勘合由該督臬司填給。

一、盛京委員請領東三省俸餉等銀，由該將軍等覈計。吉林、黑龍江應領銀數即在該二省派出領員內酌撥數員支給行糧，隨同奉天委員赴部請領，公同防護。其餘未經酌撥之員，仍在奉天守候，俟銀兩解到會同解回。

一、各省解部顏料、物件，派委正解丞倅副解佐貳各一員，運京交納。

一、順天府屬州縣每年詳解旗租銀兩，令解銀書役賫詳先赴府尹衙門請咨。該管額租若干除現解數外，有無尾存民欠歷年災緩幾成、本年帶徵幾成，詳內分晰聲叙。府尹派員督解，赴部庫交納，并出具咨文二件，一件并原詳咨送户部，一件知照三庫衙門。所解各項旗租款目，咨内分晰聲明，毋庸另用黏單，并不得添注、涂改、挖補，以防弊竇。其報解銀數若干數目均用大寫。及起程日期，由各州縣先期報部查覈。

一、太平、粵海等關季飯考覈等銀，令該關委員一并附解。所解銀兩及一切文批自行當堂投遞并親身赴庫交納，倘有包攬、勒索情事，一經查出或別經發覺，即行照例分別嚴懲。同治六年奏准。

《户部則例》卷一三《庫藏·支發庫項》　一、各司札庫收發錢糧，各設日記總册。於銀庫收發後按款登記，鈐蓋堂司印信，每月月底以稿校册，逐款查覈。仍送三庫檔房與原掛號册校對，俟查明相符。繳司存案。

一、各司處札庫支領之項，該司處專設總檔，鈐用騎縫司印，令主稿司員畫押封儲，俟各衙門咨領到日，將案由、銀數、物料分晰登記。支領時，主稿司員覈對相符，於總檔內畫押，方准給發。若主稿司員更換，亦即隨時明白交代。至每年所領款項數目，於封印後開單呈堂查覈。

一、各衙門應領銀兩等項咨文到部，承辦司分不得無故稽遲。該司員不時嚴查，如有承發吏捺擱舞弊，按律懲處。

一、三庫月支銀兩、顏料、緞疋，每月月底繕摺具奏。奏後，將原摺咨送都察院，轉交江南道查覈。其承辦札發各司，各將一月內札發過銀、緞、物料細數造册，連稿於下月初十日內移送江南道，聽候磨對、彙題。

一、三庫每歲出入錢糧、物料，於歲底造册具奏。其各處支領錢糧月摺及大出散數，移送江南道查覈。

一、凡宮內并各園庭及內務府所屬各處工程需用銀兩，在於廣儲司造辦處圓明園支領。其壇廟、衙署、城垣、倉廒、庫坐、貢院、營房等項工

部承辦各工需用銀，數在千兩以上者，在户部銀庫支領；數在千兩以下者，在工部節慎庫支領。

一、凡緊要工程，經欽派大臣查估工料、錢糧數目，未及造册送工部復覈者，該大臣將必須自行覈算緣由於摺内詳細聲叙，照工部定例覈明銀數，交承修大臣出具本衙門印文印領，令承辦司員親赴户部銀庫開支。

一、請領各項工程銀兩，承領衙門於領銀文内填注銀數，開列堂銜，標寫日期，給發承辦司員畫押，親賫赴部開支。

一、凡支領緞疋，有八庹六庹名目者，改寫大卷；四庹者，改寫小卷。

一、盛京銀庫備存雜項各款銀兩，分别款項編號，别箱粘貼將軍、户部侍郎印信封條。所編各號及存儲銀數詳記號簿，以備稽查。仍將動撥細數報部查覈。

一、直省每歲出入錢糧，歲底奏銷到齊之後，由部彙覈各款，將出入大數，新舊比較，聲明彼此先後，多寡緣由，繕單具奏候旨。

《户部則例》卷一三《庫藏・收放錢文》 一、每月局鑄卯錢，局文到部，廣西司限五日内辦具印付付庫。銀庫以付庫到日起，限十日内盡數收完。

一、卯錢按月解庫，由局派大使一員帶同爐頭數人運送到庫每錢拾串繫一木牌，填寫爐頭姓名，以備稽考。如無爐頭姓名，即行駁回。庫員照官定觔兩由工部製造庫秤一杆與局存官秤較准用秤驗收。如有短少，惟局員是問。既收之後，每月搭放兵餉由庫員會同江南道御史及户部監放官發放。如有短少，惟庫員是問。倘積存卯錢過多，庫内不敷堆儲，即隨時奏明，於兵餉及各項工程一并增加搭放。

一、收放錢文，令庫員率同筆帖式庫使等小心查察，并飭令看守銀庫旗員兵丁兼攝管理，如有疏失，分别懲處。

一、每月支放八旗兵丁錢糧，照舊例按該旗册造各佐領應支之數放給。搭放餉錢，按照該旗甲喇放給。内務府三旗，按旗放給。該旗及内務府領回後，即時全行放給兵丁，不許延挨滋弊。

一、銀庫每月應收寶泉局額解卯錢陸萬陸千餘串，除工局額解卯錢叁萬串外，其應需寶泉局卯錢，仍循舊章辦理。惟下餘尾數不下貳叁千串，全數解庫收存，由銀庫司員眼同局大使點查抽數。如有短少，查明所繫木牌係某爐所鑄，責令該爐頭逐串賠補，以杜弊混。

《户部則例》卷一三《庫藏・撥解定限》 一、八旗批交部庫銀兩，文批到部後，限五日内賫銀投交。如短平，即令隨時添補；如成色低潮必須更换者，再限五日换交，逾限查參。

一、五城批交糶賣成色土米麥石錢文，限每月逢一、逢六投批，逢五、逢十交錢。統以糶竣後限二個月内全數交清，逾限不交及投批後不於五日内交納者。將司坊官查參。如交納錢文有攙雜短數等弊亦即參處。該司坊官赴部投文，三庫檔房胥吏人等藉端勒掯，不即僉到發司，承辦司分收到批文延壓不即付庫交收，及既經發司付庫而銀庫書吏不即禀請查收，以致遲逾二個月例限，亦即查明究辦。

一、直省每年應造撥餉清册，春季限二月二十日以前到部，秋季限八月二十日以前到部，冬季限十月内到部。逾限題參議處。

一、凡解部錢糧，該起解衙門當堂簽定批限。若假手吏胥，空懸小日，任意違限，以及捏補年月扶同作弊者，經部察出，交刑部審究。

一、凡應行解部各項銀兩，均自奉到部文之日起勒限六個月具批。交便員搭解。如逾限不行批解，將該藩司照解餉遲延例查議。

一、凡領解各色錢糧物料，違原省批限一月以外，及由崇文門掛號後不即交納者，將領解官役參究。若有蠹役包攬交納及有崇文門人役抑勒等弊，拿送刑部究擬。

一、解員事竣，由部給領回任限照，正印解員於引見後填給，佐雜解員於發實收後填給。順天府所屬限十日。直隸省所屬限二十日。奉天、山東、山西、河南等四省限三十日。江蘇、湖北、陝西等三省限五十日。安徽、浙江、甘肅等三省限五十五日。江西省限六十日。湖南省限七十日。福建、四川等二省限八十日。廣東省限九十日。廣西、貴州等二省限一百日。雲南省限一百一十日。解銅官回任期見錢法門。所領限照於回任後交部查銷。若解員中途患病，報明所在地方官查驗結報，咨部扣算。無故逾限者，該督撫查明月日咨部，轉行吏部，照赴任違限例議處。

一、各直省應行解司銀兩均自奉到部文之日起勒限一個月完解報部。如逾限不行完解，該督撫即行查參。倘上司因循不即催提清款，以致承辦官事故離任輾轉咨追者，該督撫即將該上司參處，并將所欠銀兩著落該上司照數賠補。

一、各省起解京餉以咨報起程之日爲始，直隸限二十日，山東限三十日，奉天、山西、河南限三十五日，以上五省作爲近者。江蘇、陝西、湖北、安徽限六十日，浙江限七十日，甘肅、江西限七十五日，湖南限八十日，福建、四川限一百日，廣東、廣西限一百十日，貴州限一百十五日，雲南限一百二十五日以上十四省作爲遠省。到部。仍先將起解日期及解員姓名預行咨報。如各該省委員按限解到交庫後，由户部注明銀數多寡、官階大小、程途遠近知照吏部，分别給予議叙。倘委員所交餉銀尚有尾欠，除一面飛咨該省補交外，仍知照吏部給予議叙。以昭激勸。

一、各省解餉委員限於領批之日起程，其臨差托故不行者，照規避例治罪。起程以後如係繞道行走，准由經過地方官據實結報，按日扣除。倘有無故遲逾，覈計月日，遠省在二十日以內，近省在十日以內，毋庸議叙，免其議處。如遠省遲逾在四十日以外、近省遲逾在二十日以外者，知照吏部，分别議處。

一、解餉委員沿途經過地方實有阻風、患病或繞道行走，報明地方官加結，將何日到境、何日起程詳報吏户兩部查覈。如委員無故延挨，除覈計遲逾月日照例議處外，其催趲不力之地方官，由吏部覈計在境日期多寡，將該地方官分别議處。隨時申報者免議。

一、山東省額解黄丹、牛筋，限十月内起程，十一月内到部。山西省額解平好鐵，限十一月内起程，半個月到部。毛頭紙限十月内起程，半個月到部。呈文紙，限九月内起程，十月内到部。河南省額解牛筋、黄蠟，限九月内起程十月内到部。安徽省額解桐油、銀硃、黄熟銅，限六月内起程，八月内到部。江蘇省額解銀硃、桐油、黄熟銅、明礬、燈草、飛金，限十月内起程，十二月内到部。江西省額解銀硃、桐油、五倍子、紫草，限八月内起程，十月内到部。抬連紙，限三月内起程，五月内到部。浙江省額解桐油、黄熟銅、芽茶、黄蠟，定元子，限八月内起程，十一月内到部。黄茶，年終解到。福建省額解黑鉛、黄熟銅、錫觔、抬連紙，限四月内起程。十月内到部。廣東省額解白蠟、廣膠、沉香、沉速香、降香、檀香、高錫，限五月内起程，十二月内到部。湖北省額解白蠟，每年附漕解部。湖南省額解白蠟、硃砂，每年附漕解部。雲南省額解天大青、天二青、石磧，限七月内起程，十月内到部。如逾限一月以外者，領解官罰俸一年，督催不力之上司罰俸六個月。

一、各省應解各項飯食銀兩，務須年清年款。一面委員搭解，令其親赴各衙門交納；一面將銀兩數目，解員姓名，起解日期先行報部。仍於年終彙報查覈。如逾限不接批回，該省即具文咨查，以昭慎重。

道光三十年四月二十六日奉上諭：户部奏請飭各省於應解應支各款不得率請改撥協濟等語。近來各省於向有本款可支無待協濟者，率請協濟，於常年例用之項不應改撥者，率請改撥，而於該省積欠未完之款，反延不催解。支絀日形，實原於比。嗣後，著各直省督撫、鹽政、監督等，於户部指撥各款務須覈實籌解，不得恃有成案率請改撥。其本省應支之項即偶有不敷，亦當自行籌畫，不得率請協濟。其積欠未完之款，必應破除情面，上緊嚴催。該督撫等如果視國事如家事，斷無催徵罔效者。至各省造送春秋二季撥册每逾例限，向由户部隨摺附參。嗣後，著該部於每年二月、八月到限之時，查明撥册未到省份，專案奏參，以重帑項而肅功令。欽此。

《户部則例》卷一三《庫藏・隨時解款》 一、五城應解房租及各項變價分賠銀兩，隨時具批交部，餘銀飯銀概免交納。

一、八旗應解部庫銀兩，隨時具批出咨，差官賚交。其銀照部砝兑准，印封送部。

一、在京衙門交納現審贓罰銀錢，數在拾兩以上者，隨時交户部查收，數在拾兩以下，隨案先交刑部收儲，歲底由刑部彙交户部。

一、外省隨時帶解贓罰銀兩，除原文投送刑部外，其銀隨批經投户部，俟收足後，知會刑部查案完結。餘銀、飯銀隨正另具印批，交庫查收。

一、直省解部顏料歲有定額。詳見本卷年額解款條。其或應添解或應減解，由部視庫存多寡隨時飭辦，該承辦省份遵照解交。

一、蘇州、江寧、杭州三織造交部緞疋，奉硃批：永著司庫代運。欽此。道光十九年奏准。

一、江寧、蘇州、杭州三織造製辦解往新疆綢緞，如有質地澆薄，顔色黯舊，經該處駁回者，除照數賠製搭解外，再著加十倍罰出充公，以示懲儆。

一、凡繳回銀印，由庫查收，俟銀數積至壹千兩，交部銷毁。熔出銀兩仍行交庫，澄出銅觔交寶泉局配鑄。繳回銅印由禮部經交寶泉局。

一、在京衙門交納現審贓罰銀兩，如原贓費用無存，追徵足色，交户部查收。

一、現審有關贓罰銀錢，什物變價等項，定案時鈔録全案并贓罰銀錢，立即咨送户部。如勒追未交者，隨案聲明，户部查催交納後，知照刑部完結。交部章程詳本門另條及批回末條。

一、現審入官贓銀成色低潮，傳經紀當堂熔化。足色成錠，折實分兩，送部交納，不准折變錢文。入官房間隨時知照户部估變召買，入官人口變價數在十兩以上者，隨時送部交納，亦不准折交錢文。

一、一切贓罰銀錢，年終彙册，開列案由，分晰數目。已交者，注明銀庫兑收日期；未交者，聲明何年月日追出，造册送部綜覈。

一、五城批交銀錢，於刑部定案後限五日内投批，五日内交納。逾限不交，將該司坊官查參。

《户部則例》卷一四《庫藏·盤查》　一、凡盤查屬庫錢糧，責成該督撫於歲底具摺彙奏。

一、直省布政司庫錢糧，每值奏銷交代，均責成巡撫及同城之總督親赴盤查。具結保題。督撫新任受事，亦一律盤查。所盤錢糧無論正項，雜項，已入奏銷、未入奏銷統行察覈。倘有虧挪而扶同徇隱者，事發議處分賠。其非同城之總督，於題明巡查地方之便，會同巡撫盤查。凡巡撫及同城之總督升調離任，將舊屬藩司庫項無虧之處，乘奏謝之便，附摺以聞。新任巡撫及同城之總督亦具摺附奏，仍照例盤查具題。

一、布政司鹽道庫儲錢糧，該司道倘有侵挪，許庫官徑行揭報，該督撫鹽政盤查得實，將庫官題請議叙。若庫官通同徇隱，事發一體治罪。庫官已經揭報，而督撫、鹽政不行題參者，照徇庇例議處。

一、巡撫兼管鹽政，凡運司交代及奏銷之時，并現在接管到任，先委道員代盤結報。每年不拘何時，親赴運庫盤驗一二次，其餘再委道員盤驗。不得每年全委道員，以免滋弊。

一、直省布政使、鹽運使司庫錢糧，責成督撫、鹽政，直省河庫錢糧，責成河道總督，於每年封印後，親身赴庫將一年舊管新收開除實在正雜各款逐一詳查，造册登記。仍取具藩司、運司、河道并無虚收冒抵印結、加結送部備查。倘有款項不清，察出將加結之督撫、鹽政、河道總督一并懲治。

一、直省按察司庫驛站錢糧，每遇交代造具册結，會同藩司查覈、詳請題報。糧鹽道庫錢糧，每值奏銷交代，照盤查布政司庫之例，責成同城督撫及鹽政盤查出結，具疏題報。督撫鹽政新任受事亦一例盤查，其糧道庫錢糧收放款目，仍由藩司於盤查之先覈明具結，詳送督撫。如詳内聲明并無虧空，督撫親盤發覺者，將布政使查參議處，責令分賠。凡督撫新任盤查道庫，照奏報藩庫錢糧之例另摺奏聞。兩廣總督所轄廣西鹽道錢糧，届盤查之期，就近交廣西巡撫盤查結報。

一、府州縣庫儲錢糧，每年奏銷時責成該管道員、知府盤查結報，其已徵待支未入奏銷各款亦一體盤查。凡届盤查，若該管官不行親盤委查取結，或雖係親盤而預示日期，縱令掩飾者，別經查出，將該管官照不應公罪律處分。如更查有虧空，將該管官照通同徇隱例參革，不得以何時揭報免參，亦不得僅以盤查不實從輕請議。

一、道府盤查倉庫，不得因督撫藩司曾經具奏倉庫無虧，稍存瞻顧。如遇別經查出虧短，除照例治罪外，仍著落督、撫、藩司、道府各官按照分賠。

一、各屬倉庫錢糧，如清查後乾隆四十九年九月通飭清查再有虧缺，除本員照例治罪賠補外，將盤查出結之督撫等從重議處，并將虧缺錢糧按數分賠一倍。

一、各府倉庫錢糧，於每年奏銷時，責成各該道盤查，直隸州錢糧，責成分巡道盤查；糧驛道錢糧，責成布政司盤查；藩庫錢糧，該省有總

督者，督撫會同盤查，無總督者，巡撫盤查，無巡撫者，總督盤查。其總督有管轄兩三省者，或隔二三年，或隔三四年，於題明巡查地方事情之便，會同盤查，出具印結，於奏銷本内一并保題。倘有扶同徇隱及盤查不實，不行揭報，俱照州縣倉庫例行。如有抑勒、挪借、濫動以致虧空者，許具實通詳揭送各部院奏聞，嚴加議處，責令賠補。

一、州縣等倉庫錢糧實存數目，每三月申報一次，由該管道府查覈加結，彙送藩司轉呈督撫。該督撫隨時抽查，如有虧缺，嚴參治罪。

一、州縣倉庫錢糧，責成知府嚴行盤查。於每年奏銷時，出具所管州縣倉庫實儲無虧印結，造册申詳保題。仍令不時盤查。一有虧空，立即列揭請參，免其治罪分賠。如知府通同徇隱别經發覺，將知府革職離任，先於本犯名下著追，勒限三年。如果家產全無，無力完交，將未完銀米等項，無論侵挪，俱著落知府獨賠。如止盤查不實不行揭報，審係州縣侵欺，將知府照失察侵盗本例議處，免其分賠。審係州縣挪移，亦先於本犯名下著追，勒限三年。如果家產全無，無力完交，將未完銀米等項責令知府分賠一半。如知府查出虧空揭報司道，司道不即轉揭及司道已經轉揭，督撫不即題參，許知府徑揭部院，將不轉不參之督撫，司道議處，著令分賠。如督撫、司道明知州縣虧空，不即報參，反爲設法彌補，於本犯勒追限滿之日著落督撫、司道分賠。仍照例交部議處。

一、州縣挪移虧空，審明係知府不行揭報，應著落分賠之項，將知府革職。其虧空銀米仍依挪移虧空年限，先於本犯名下盡數著落嚴追，一年限内全完。將本犯及不行揭報之知府，俱照例准其開復二限三限補完，本犯照例分别發落。若三年限滿不能完足，本犯仍照原擬治罪，查明實係家產全無，無力完繳，將未完銀米等項著落不行揭報之知府分賠一半，其餘一半入於無著落項下完結，其知府分賠一半銀兩勒限一年完補。限内全完，准其開復，不完再限一年完補，若能於二限内全完者准其開復，於補官日罰俸一年，如二限内完不足數，再限一年完補。若能於三限内全完者，照依原職降一級調用，如三次限滿不完，不准開復，未完銀兩仍著落追賠。

一、各省屬官虧空，上司明知故縱者。令徇隱之上司各賠一分。

一、典守倉庫錢糧官物，於接收交代後有霉變、失少者，即著落接收交代官及徇庇之上司按數分賠。不得因霉失數多，攤派舊任官賠還。

一、粵東省倉庫錢糧，令各州縣開具四柱清册，每月報明本府，查覈無虧，按月出具印結報明本道。該管道員按季出具無虧印結，移司加結，轉送督撫存覈。如州縣有私行挪動倉庫之事，立即親往盤查，將侵虧之員與出結之知府、直隸州一體嚴參治罪。如督撫查出弊竇，而司道未經舉發，并將司道以瞻徇參議。

一、鎮迪道所屬各府廳州縣，縣丞一切領存動支銀兩，按季開造、管收。除在四柱清册，責成該道確覈，彙造清册，加結呈送總督衙門查覈。該督每歲密委道府大員隨帶册籍前往抽查結報，如有虧挪，嚴參治罪。

一、烏魯木齊提督、巴里坤總兵新舊接任，各將庫存分儲銀兩覈實題報。平日統聽提督隨時查察，該督於巡查營伍之便，一體稽覈。

一、西藏糧務官所管餉銀，責令駐藏大臣每年盤查，造具册結，咨送總督查覈。

一、熱河道庫每年所收地糧當雜税等銀收支存儲各款，按半年造册一次，呈送都統，分咨户部暨直隸總督飭發藩司備查。

一、承德府屬捕盗等營官兵俸餉歸于直隸冬季預估案内題撥。每年按兩次由熱河道委員赴司領回支放，仍歸直隸省彙案題銷。其每年應領武職養廉公費，紅白賞馬價，并扣解建曠及留半養廉、節省馬乾等銀，亦由藩司收支，總督題咨。

一、承德府并所屬州縣修墊橋道經費，歸直隸藩司籌撥。其報銷册結由熱河道具詳，都統轉咨總督覆覈後，徑行咨部覈銷。

一、承德府并所屬州縣徵解熱河道庫一切正雜錢糧，均照數留存道庫備用，每年春秋兩季并册報部。凡應支俸工工料各官養廉一切銀兩，毋庸拘定動款，即於解收銀内隨時支放。仍於年前先行估計，不敷銀數由熱河道具詳，都統轉咨總督飭發藩司籌撥。每年亦分兩次由熱河道委員赴省領回存儲。仍由藩司將撥過銀數咨部查覈，并于奏銷撥册造報開除，彙呈總督題咨。其道庫領儲銀兩，亦于春秋二季送部册内造報新收，俟次年奏銷時即將收支各款彙造一册，徑詳都統，隨同奏册送部備查。

一、承德府并所屬州縣地糧耗羡、旗租，并當雜税、斗税經費、囚糧、囚衣，遞馬工料，俸工養廉以及内結各項錢糧，由熱河道分項覈造奏銷，徑呈都統具題。其解存旗租銀兩，年終由熱河道委員解交。大興、宛平二縣隨同直隸租銀解部兑收。凡無關總督、藩司考覈一切錢穀案件，均歸熱河道具詳，由都統徑行題奏覈咨。

一、熱河每年一切工程，除挑挖旱河，豐寧縣波洛河屯、魚鱗壩等工由道庫生息銀款動支外，其餘各工覈明銀數奏請，由司庫撥領，報部備查。如有提回溢領覈減之項，歸入道庫雜項錢糧内報部支銷。

一、銀庫隔一年奏請欽派王大臣會同管庫及兼管庫務大臣盤查一次。内庫及緞疋、顔料二庫隔二年盤查一次。如有交項，盤查期内暫行緩收，如有放項，應由未經查過銀内動用。

一、銀庫用剩殘廢口袋於每屆盤查時，由派出王大臣查驗，抖運出庫。

《户部則例》卷一五《倉庾・各倉收儲事宜》　一、内倉歲儲漕白二糧，由倉場侍郎撥運。其真隸省歲解芝麻、屯豆，由部札收。

一、凡歲漕抵通，不論正兑、改兑，分儲京通倉，白糧專儲通倉，麰麥、黑豆、專儲京倉。儲濟、萬安、舊太、海運四倉，專儲黑豆、禄米；南新、舊太、海運、北新、富新、興平、萬安、裕豐、儲濟十倉，專儲麥石。凡粳、稷、粟三色，倉場侍郎均匀派撥。儲豆、麥，倉廒減配米數。每廒儲米不論正兑、改兑，各以紅斛米一萬石正兑紅斛米一萬石。起運係二五加耗，計平斛米一萬二千五百石；改兑紅斛米一萬石，起運係以一七加耗，計平斛米一萬一千七百石爲額，不許盈縮。如有零數，別儲一廒，以便稽覈。

一、通州西、中二倉，每年派儲粳稷二項米石。新陳接算，不得逾一萬石之數。

一、每年新漕進倉時，倉場酌量舊存各色米石，均匀派儲，并將某倉存儲某年份各色米石若干造册，先期咨部存案。

一、新漕進倉儲足封固之廒，于廒門上檐空板四五尺，宣通蒸氣。俟入深秋全行封閉，仍報明查倉御史稽覈。

一、各倉驗收漕糧，以坐糧廳紅單到日爲始。京倉限十日收完通倉限七日收完。内倉、通倉驗收白糧，于幫丁一經轉運抵倉投文後，均即查驗收儲，限十日給發回照。如有逾限，倉場衙門查明參辦。其各倉印結倉收俱轉移坐糧廳，令運弁投遞完呈。完呈内注明漕、白糧石于某日收完。

一、凡正兑米石每石計收耗米壹斗肆升肆合玖勺肆抄，改兑米石每石計收耗米捌升叁合陸勺捌抄。耗米細款另詳專條。

一、起運漕糧内原給旗丁餘米，每石三升八合。每正米交完後，該監督覈明實餘數目報明，倉場侍郎加結咨部，給價收買，顆粒不許出倉。粳米每石給價銀七錢，稷米六錢，粟米五錢。

一、凡成倉起運白糧，經坐糧廳稱盤，包内觔數不足，鈐印知照到倉者，白糧每包壹百陸拾觔合壹石，過壩稱盤詳《漕運門》。倉場侍郎親詣過斛，覈明短數，責令旗丁補足。正交有餘，照漕運例顆粒不許出倉，該監督覈報，倉場侍郎加結咨部，給價收買。不論粳糯糙色，概照漕糧粳米價值給發。價見前條。

一、凡歲運小麥到倉，不論麥色黄白、顆粒大小，一律驗收，扎囤收儲。所需繩蓆銀兩于通濟庫支銷。

一、起運京倉糧石，由大通橋抽掣外，到倉仍加抽掣。起運通倉糧石，直由該倉抽掣，每五袋抽掣一袋。如一袋短少，餘照數均賠。抽掣准欠定數，詳漕運門。

一、坐糧廳大通橋掃收每運零撒土米，由太平倉驗收，與該倉成色米一例待糶。

一、各倉進米，由倉場侍郎指廒飭收，并將陳廒封固，俟收竣，該侍郎會同查倉御史親丈覈足收儲，將驗米數、收儲月日、經管監督、吏攢姓名標置，廒門封固，注册報部。

一、各倉收受漕糧既竣，開具揭帖呈報倉場侍郎，并于十日内分填連三編號印單，一呈倉場侍郎，一移坐糧廳，一留倉備案。所具揭帖亦挨次編號填注。經承姓名揭内字迹不得洗補。該倉場衙門收到揭帖，按號粘連，鈐印備覈。

二、各倉收放米豆，遇有狼撒，均令隨時掃收篩揚潔净，作正支放。其篩出霉黑，不成顆粒米豆，該倉監督覈明成色呈報，倉場侍郎派員查驗

相符，報部，發五城糶賣。五城糶賣土米詳見專條。

一、内倉收受漕白糧石，由倉場侍郎飭令坐糧廳于給發紅單時，即催幫丁迅將文册、蓆片、米樣、一并交納，遵照十日例限，查驗收儲。倉役人等有需索使費，無故遲延，由户部從嚴懲辦，仍將該倉監督參處。

《户部則例》卷一五《倉庾·直省各倉脚費》　一、奉天省採買撥運倉糧，陸路每石每里給銀壹釐貳毫，水路每石每里給銀壹毫四絲。由海運至直隸天津内河，每石給銀壹錢四分。

一、直隸省挽運倉糧，無論米麥豆石雜糧，陸路每石每里給脚價銀壹釐，水運每石每里給銀壹毫伍絲。凡採買糧石在本境買回者，不給。如賑糶撥運，有赴鄰近採買，自外運至本境，又自本境運至倉廒及設廠處所者，准給脚價。其自通至津出口各屬領運糧石有因内河不能行走及運至北倉米石，又自奉天等省由海運回米石，内河運脚概照水程給發。

一、山東省採買撥運米穀，陸路每石每里給銀壹釐，水路每石每里給銀貳毫。

一、山西省採買撥運米穀，陸路每米壹石，每里給銀壹釐，每穀壹石，每里給銀陸毫。如遇急需，臨期酌勘情形，覈給脚價。

一、河南省採買撥運倉糧，凡米麥豆石，陸路每石每里給銀壹釐肆毫，水路每石每里給銀壹毫，穀稻、黍、稷、高粱，陸路每石每里給銀捌毫，水路每石每里給銀捌絲。

一、江蘇省採買撥運米穀，陸路每石每里給銀壹釐伍毫，水路官塘大河及内河寬暢處所，每石每里給銀八絲，内河小港淺窄處，每石每里給銀壹毫。

一、安徽省撥運糧石，陸路無爲州、壽州、宿州、亳州、泗州、滁州、和州、懷寧、望江、宣城、南陵、涇縣、貴池、銅陵、建德、東流、當涂、蕪湖、繁昌、合肥、舒城、廬江、巢縣、鳳陽、懷遠、定遠、靈壁、鳳臺、阜陽、潁上、霍邱、蒙城、太和、盱眙、天長、五河、全椒、來安、含山、廣德、建平等四十一州縣，每石每里給銀壹釐。六安、桐城、潛山、太湖、宿松、祁門、旌德、太平、青陽、石埭、英山、霍山等十二州縣，每石每里給銀壹釐伍毫。歙縣、休寧、婺源、黟縣、績溪等五縣，每石每里給銀貳釐。寧國縣山嶺險峻難行處，每石每里給銀叁釐，平坦處所，每石每里給銀壹釐伍毫。水路無爲、壽州、泗州、和州、懷寧、桐城、望江、宣城、涇縣、貴池、銅陵、東流、當涂、蕪湖、巢縣、鳳陽、懷遠、鳳臺、潁上、太和、盱眙、五河、含山等二十三州縣濱江大河，每石每站給銀陸釐伍毫壹絲，内河小港每石每里給銀壹毫。宿州、亳州、滁州、廣德、婺源、南陵、青陽、建德、繁昌、合肥、廬江、定遠、靈壁、阜陽、霍邱、蒙城、天長、全椒、來安、建平等二十州縣，每石每里給銀壹毫。六安、潛山、太湖、宿松、歙縣、休寧、祁門、黟縣、太平、石埭、舒城、霍山十二州縣，每石每站給銀壹分捌釐，績溪、寧國、旌德三縣，每石每站給銀貳分

一、江西省採買撥運米石，陸路過山過嶺每百觔每里給銀壹釐。如一時急需撥運，水遠陸近者，亦准陸路給發脚價。又上倉下船每石每里給銀貳釐，照里數加減。水路凡大江、大海、大湖上水、下水，俱以一百里爲一站，其灘河下水亦以百里爲站。若泝流而上灘險難行，以六十里爲一站。内河下水，每石每站給銀壹分；上水每石每站給銀壹分貳釐。鄱湖大江下水，每石每站給銀伍釐捌毫；上水，每石每站給銀陸釐玖毫陸絲。小河阻淺盤剥，無論上水、下水，每石每站俱照正運水脚算里數給發。大河阻淺盤剥亦無論上水、下水，每石每站給銀叁釐，照里數給發。

一、福建省採買撥運米穀，陸路車運，每石每里給銀柒毫。平坦挑運，每石每里給銀壹釐。峻險，每石每里給銀壹釐伍毫。過壩盤塘，給銀伍毫。水路内河小港、淺窄溪灘順流，每米壹石每里給銀壹毫，每穀壹石每里給銀捌絲；逆流每米壹石每里給銀壹毫伍絲，每穀壹石每里給銀壹毫。通深寬暢河道每米壹石，每里給銀捌絲；每穀壹石每里給銀陸絲。海運自江南上海至閘，每米壹石給銀玖分，每穀壹石給銀陸分。自浙江乍浦至閩海，每米壹石給銀柒分肆釐捌毫，每穀壹石給銀伍分壹釐。

一、浙江省採買撥運米穀，陸路車運，每石每里給銀柒毫，平坦挑運，每石每里給銀壹釐。險峻，每石每里給銀壹釐伍毫。過壩盤塘，每石給銀伍毫。水路如係外江撥運，每石每里給銀伍絲，遇有剥淺按時酌給。本省官塘大河，每石每里給銀壹毫，百里之外仍照外省撥運例給發。内河

小港，每石每里給銀壹毫伍絲。山溪簰運，每石每里給銀壹毫伍絲。

一、湖北省採買撥運米穀，陸路易運者，每石每里給銀壹釐；難運者，每石每里給銀壹釐伍毫。水路易運者，每石每里給銀柒絲；難運者，每擔每里給銀壹毫貳絲。

一、湖南省採買撥運米穀，陸路平坦，每米肆斗或穀陸斗，每六十里給銀伍分；山路稍險，每米肆斗或穀陸斗，每六十里給銀陸分，山路最險，每米叁斗或穀伍斗，每六十里給銀柒分；上倉下船，每石每里給銀貳釐。水路大河順水，每米穀壹石，每里給銀伍絲；逆水每米穀壹石，每里給銀柒絲。小河順水，每米穀壹石，每六十里給銀柒釐；逆水，每米穀壹石，每六十里給銀壹分。險灘順水，每米穀壹石，每六十里給銀壹分，逆水，每米穀壹石，每六十里給銀壹分貳釐。

一、陝西省撥運鄰境糧石，陸路，西安、鳳翔、同州、邠州、乾州等五府州，每石海里給銀壹釐。延安、榆林、漢中、綏德、鄜州、興安、商州等七府州，每石每里給銀壹釐陸毫。靖邊、定邊、榆林、懷遠四縣挽運軍糧，除照例給脚價外，每石每里加給銀伍毫。本境採買，每石每里給銀壹釐，水路，每石每里給銀肆毫。

一、甘肅省採買撥運糧石，每石每里給銀壹釐叁毫。

一、廣東省採買撥運倉穀，陸路平坦，每石每里給銀叁釐，險峻，每石每里給銀肆釐。車運，每石每里給銀壹釐。水運下水，每石每里給銀柒絲，上水，每石每里給銀壹毫。自省海運至高州、雷州、潮州、瓊州四府，每石給銀柒分。

一、廣西省採買撥運米穀，陸路平坦，每石每里給銀壹釐；險峻，每石每里給銀貳釐。上倉下船每石每里給銀貳釐。水路大河，每石每站給銀壹分伍釐，小港，每石每站給銀貳分。

一、四川省採買撥運米穀，陸路平坦，每石每里給銀壹釐伍毫；□平坦，每石每里給銀貳釐貳毫；險峻，每石每里給銀叁釐。大江凡三、四、九、十等月順水，每石每里給銀柒絲；逆水，每石每里給銀壹毫肆絲。正、二、十一、十二等月順水，每石每里給銀玖絲；逆水，每石每里給銀壹毫捌絲。其五月至八月水勢汛濫，脚價隨時酌給。內河小港順水，每石每里給銀壹毫陸絲；逆水，每石每里給銀叁毫貳絲。

一、雲南省採買撥運米穀，穀以一米二穀算。陸路通衢大道，夫運，每石每站給銀壹錢叁分伍釐；馬運，每石每站給銀壹錢捌分。僻處山陬，夫運，每石每站給銀壹錢陸分伍釐；馬運，每石每站給銀貳錢。水路寬處，每石每里給銀肆毫；溪河淺窄，每石每里給銀伍毫。貴州省採買常平米穀，俱在本境採買，向不請銷運費。

一、奉天省海運豆石至天津，押運官員，每員日給飯食銀壹錢，每兵役一名，日給飯食銀伍分。陸路回省，日給車脚銀壹兩，又每豆一百石，准銷蓆片六領，秫秸二十束，以作裝船鋪墊。

一、直隸省由口外採買糧石至省，准給口袋每條賃價銀肆釐。

一、山東省撥運鄰省糧石，押運官每員日給盤費銀壹錢，跟役每員四名每名日給飯銀伍分。

一、江西省撥運外省米石，押運宮役盤費、飯食，分別水陸，隨時酌給。凡走長江者，船户水手放水守空每名按日給米壹升以僱定之日起，開幫之日止。其本省零星採買撥運，隨僱隨裝者，不給。若于本省鄰省僻地遇有急需應用，數多者，小船溯流盤灘而上，准給脚價。如撥運數多，小船難僱，需用原船循環裝用，凡回空行走之日。全給食米。

一、浙江省城永濟倉，無額設笆斛等夫。凡遇運米出倉，每石給笆夫銀壹釐，斛夫銀壹釐，張繚夫銀壹毫伍絲，挽肩夫銀壹毫伍絲，駄夫銀貳釐捌毫，口袋賃價銀伍釐捌毫，以庫平紋銀玖叁折給。其餘各省俱不請銷運費。

一、直隸承德府及平泉、豐寧、灤平等州縣運送古北口倉米石，應支運脚詳見專條。每石賃用口袋一條賃價銀兩，承德府豐寧縣每條每百里結銀壹釐貳毫，平泉州每條給銀捌釐，灤平縣每條給銀肆釐。在于司庫節年地糧銀內動支，按年造册報銷。

一、直隸遵化州、薊州、豐潤縣運送供支東陵官役米豆，每石每百里給脚價銀壹錢肆分，草每柒拾束用車一輛，每輛每百里給脚價銀捌錢肆分，在于司庫地糧銀內動支，按年造册報銷。

一、山海關領運奉天省協撥駐防兵米，每石每百里給脚價銀壹錢壹分伍釐陸毫捌絲，每石賃用口袋一條，每條給脚價銀捌釐，在于司庫屯耗糶

價銀内動支，按年造册報銷。

一、直隸省委員自奉天領運黑豆至天津，海運，每石給水腳價銀壹錢肆分。自天津至通州内河，每石每百里給水腳銀壹分伍釐。所需運腳無論海道内河，均于司庫地區糧銀内動給，事竣，覈實題銷。

《户部則例》卷一五《倉庾・京通各倉平糶》 一、京畿奉旨平糶，由户部奏撥各倉米麥，按市價酌減定價，令五城分廠設立正副十廠，各赴倉領運。應給車運腳價見本門《五城赴倉領米運腳》條。出糶每人每日以二斗爲率，不得逾額多糶。如市價遞平官價，亦奏明酌減，并請欽點監糶滿漢大臣十員，分派各司一廠，會同該城御史逐日嚴查妥辦。都察院堂官亦隨時前往各廠稽查，并令步軍統領衙門選派妥幹員弁，督率兵役嚴密訪查。如有姦商影射偷糶及胥役藉端需索等弊，查出，從重究治。夜間并由步軍統領衙門專派營弁會同司坊官員分廠常川住宿，以防偷漏。至糶賣錢文，各該城陸續解部，解部期限見《庫藏門》解定限條。以備搭放兵餉、工程等項之用。

一、五城設廠平糶，監糶各員由城内前往者，限寅正到廠。在圓明園該班者，限卯正到廠。令先到之員，趁鄉民未到以前，妥爲料理，隨到隨放，毋涉擁擠。如監糶大員等到廠遲延，在廠御史據實參奏；御史到廠遲延，監糶大臣查參。

一、京通倉氣頭廒底成色米石、京倉米石，就近發五城，通倉米石，發通州各廠減價糶賣。每倉正支一廒既畢，盤出成色米覈數估色，聲明原收年份，由倉場侍郎委勘咨部，檄行發糶。若浮開牽混，勘實題參。凡京倉夏秋兩季，通倉春季支剩成色米，均于十月後發糶；京倉冬春兩季，通倉秋季支剩成色米，均于三四月間發糶。其京倉應糶米數，責令該監督移會五城轉飭赴領。本裕、豐益二倉米，專派北城領糶。通倉應糶米石，由倉場衙門檄行通州赴領。

一、五城領糶土米，應令司坊官親身赴倉承領。如遇有别項公務不及親往，准選妥役赴領并呈報查倉御史查照驗放。凡土米出倉時，責成查倉御史督同監督確實驗明成色給發。如花户人等有需索使費、攙和米色等弊，立即嚴行究辦。各城領到土米之後，將樣米封送巡城御史暨監糶司員，于開糶時比驗，并責成巡城御史、監糶司員親赴米廠，一體覈查。

一、五城起解糶米錢文，限月之一日六日投批，月之五日、十日交錢，不拘糶錢多少，盡數交納。通州糶米錢文，隨糶隨解。凡五城糶價報銷，按月截數兩月彙報，由巡城御史加結咨部覈銷。通倉糶價報銷，由通州知州出具册結，報部覈銷。

一、内倉支剩芝麻已過三年者，交招買象草商人承變，按照年份以實價遞減，限四個月交足價銀。逾限不完，于應領象草銀内，坐扣歸款。

一、各倉盈餘土米及車道等處掃收米石，在七成以上者，篩揚潔浄，實數歸倉作正關支。六成以下者，發城糶賣，價值照雍正八年以十成覈計，粳米每石壹兩，稷米捌錢，粟米陸錢，按成作價，原例每銀壹兩交制錢壹千文。每石減銀伍分；道光二年奏准每成照例價減錢貳拾文；每成減錢貳拾文合銀貳分每石又減錢貳錢。咸豐十一年奏改，均以實銀交納，除減價銀錢外，仍按成作價，粳米每石交實銀柒錢伍分，稷米伍錢伍分、粟米叁錢伍分，所糶銀兩解部充餉。統限年清年款，逾限不交，除嚴追外，以侵挪公項論，查取職名，分別議處。解銀限期、銀庫稽查，另詳專條。

一、應發各倉成色米石，倉場侍郎于部文到日限十日内知照都察院，扎知五城各該司坊官，限一月内領竣。倘該司坊官遲延不領，即由查倉御史參奏議處。如倉監督勒措不行開放，由該巡城御史參奏議處。

一、京通倉放完俸甲米之後，將放完一廒，即專案隨時報部，并將通廒字號及何月日放空，于咨報氣頭廒底文内，隨案聲明。盤出氣頭廒底成色米石，即行呈報倉場于五日内派員勘估。該委員再于五日内估定成色，結報倉場，仍照舊于十日内出咨報部。如有違限，查取職名送部議處。

一、京通各倉開報氣頭廒底成色米石，分别存儲年份，不及二年，概不准揭除氣頭廒底，二年以外，揭除氣頭毋過一百石，廒底毋過二十石；三年以外，揭除氣頭毋過一百五十石，廒底毋過三十石；四年以外，雖歷年多者，氣頭仍不得過二百石，廒底不得過五十石，仍責成查倉御史于闔廒開放時，據實查驗，率同該監督眼同領米旗員，照例揭去氣頭，移儲空廒，每俟放竣一廒，將廒底一并另廒移儲。令該御史即時標封，俟出糶時查驗開封，以防偷換。

一、五城司坊各官承賣米麥豆石，在部交錢後本官親身赴部領取實收，附卷存案。不得私自收存，并令該員于離任時，將所領實收與現存米麥豆石數目列入交代文册，暨有無已解未交之項，分晰具文詳城，轉呈都察院，咨部查覈。如有不符，即行參辦。

一、大興、宛平二縣由京倉領運平糶米麥，每石准銷折一升。自倉運送米麥至廠，每石每里准給運脚制錢伍文。糶賣完竣，運錢回署解部車脚以及錢串等項，每制錢壹千每里准銷制錢壹文。又設廠處所每廠需人役二十八名，每名每日給飯食制錢肆拾文，事竣，覈實報銷。

一、平糶米麥價值錢文，一俟出糶完竣，限兩個月照數解部完全，并將報銷清册咨部具題，查有逾限，即行參辦。

一、五城十廠領糶土豆，應繳價銀壹兩，折制錢壹千壹百文，交納部庫。

《户部則例》卷一五《倉庾·各官支領俸米》　一、宗室王公及公侯伯世職并文職三品以上、武職二品以上俸米暨通倉看倉兵餉米，均在通州中倉、西倉支領。其文職自四品以下、武職自三品以下，世職自子男以下及筆帖式、驍騎校、護軍校、親軍校，前鋒校俸米暨兵丁餉米，于在京禄米、南新、舊太、海運、北新、富新、興平、太平、萬安、裕豐、儲濟等十一倉，分季輪流，就近關支。令查倉御史稽查辦理。春季俸米自二月起，秋季俸米自八月起。旗員限兩個月，漢員限四十日。按限放完。逾限不完，監督并監放官一并議處。如領米官員無故違限不領，將應領米石停給，仍分別議處。

一、八旗滿洲、蒙古、漢軍并内務府官員應領俸米，該旗都統出給本旗總領，交押旗參領等先赴該倉换票。該倉于該旗總領到時，即按照各佐領官員數目，每員各换給米票一張，仍交該參領等領回，發交各該佐領，散給應領俸米官員，令其遵照定限，自行赴倉關支，不得擅交鋪户領賣。步軍統領衙門及順天府嚴密稽察，以杜米局并票之弊。户部于開斛時，行催各旗源源支領，并令各倉按五日一次報部，以備查覈。

一、提督衙門副將，春秋二季應支俸米，照參、游以下等官，一體于在京禄米等十一倉輪流關支。嗣後如有銜大米少之員，一例辦理。

一、各倉應放俸米，該監督先將應領各員造册，送查倉御史。事竣即將所收領票于三五日内照册注銷，俟覈對清楚，將領票呈送倉場衙門，以備查覈。

一、王公大員每年應領粟米三萬二千餘石，以通州中西二倉支剩白米二萬七千餘石中西二倉每年收白米八萬八千餘石，除運交内務府九千餘石、支放王公大員俸米五萬二千餘石，應餘存二萬七千餘石盡敷抵給，不敷粟米仍以本色找足。其餘粟米，概行運儲京倉，以備支放甲米圈粟之用。

一、各旗零檔補領俸甲米石，應行補領條款，詳載廪禄、兵餉二門。按照例價折銀支領。江米每石壹兩捌錢，白米壹兩陸錢，次白米壹兩五錢，粳米壹兩肆錢，稷米壹兩叁錢，粟米壹兩貳錢。滿漢各員應領俸米，分給各員米票，赴倉支領。其每石例給個兒錢及票錢共制錢貳拾文，令各該員封交領米家人持赴該倉，取具收票。所領米石，亦同甲米之例，揭去氣頭，移儲空廒，一律支領純潔米石。

一、各倉開放滿漢俸米，責成各倉監督于開斛五日之先報部，行文八旗及領俸各衙門换票支領，并令各倉于五日一次報部，以備查覈。倘不遵照辦理，至有逾限未能領清者，户部即行查參，將監督交部議處。道光五年奏准。

一、世職人員新放盛京官員，業已携眷赴任，顧將應領世職俸米留京，作爲祭掃之用者，由旗查明，取結送部，准其留京關支。無世職者，職任俸米由任所關支，不准留京支領。

一、王公以下及八旗世職，并滿漢文職三品以上，武職二品以上，應領江、白、次粟四色俸米，文職四品以下，六品以上應領粳、稷二色俸米，均于每員名下各覈減一成支領。凡支江、白、次、粟四色俸米者，統于次白米項下扣除，支粳、稷二色俸米者，統于稷米項下扣除。其餘應領各色米石，仍令照舊定數目開造，并將覈減次白米及粳米及稷米若干，實領若干，在于俸檔内分晰注明。其武職三品以下、文職七品以下官員，及支領半俸之孀婦，毋庸減放。

一、漢世職在京當差文武各員，有職任者，其世職俸米准其支食；若改外任，即行停支。

《户部則例》卷一五《食庚·各營支領甲米》　一、八旗甲米，按季派定月份輪放。鑲黄、正黄二旗，正月、四月、七月、十月。正紅、正白、鑲白三旗，二月、五月、八月、十一月。鑲紅、正藍、鑲藍三旗，三月、六月、九月、十二月。上三旗包衣應放米石，各隨本旗放米月份開放，由户部按照城内禄米、南新、舊太、海運、北新、富新、興平等七倉分派二旗，城外太平、萬安、裕豐、儲濟等四倉分派一旗，挨定倉口次序，于每月初一日預定三倉挨陳鬮定廒座，令該三旗分往鬮支。一旗甲米，統在一倉承領。或三色米内間有一色不敷，即將别色按成抵給，不赴别倉找補。仍令倉場于每月應放之倉現存各色米數，查明進倉年份月份，于開放五日前，造册報部。

一、每月部定倉口後，即行知查倉御史，將該倉儲米廒座查驗標封，至放米之日，責成該御史率同該監督等，眼同領米旗員，揭去氣頭，移儲空倉，再將應放之米一律放給，仍令該倉監督，將各該旗所領米樣封送户部。各該旗領米完竣，將米樣送部覈對。倘有不符，據實查參。氣頭米石，查倉御史標封存儲，俟出糶廒底時，查驗開封。

一、每月開放甲米，定于初三日放起。倘各旗滿蒙漢各都統及副都統并管理三旗包衣，健鋭等三營各大臣等，或因公務另行定期，統由各該旗先期知照各倉監督預備。領米之日，該都統等親自赴倉，眼同御史、監督及領米參領等鬮定廒座，登時開放，毋庸先期鬮廒。如一廒不敷開放，應俟一廒放竣，再行另鬮。不得兩廒并放，致滋弊混，仍令將領米日期當即報部。如鬮廒開放時，米色果係低潮攙和，即由該都統、御史公同驗明後，從嚴參辦。如米質本好，而旗弁故意挑剔者，亦一律參辦。

一、各都統、副都統將該旗應領米石全數領出，督同參、佐領等押赴都統衙門暫卸，即行傳集各兵丁，按名散給，并取具參、佐領委無私賣私折切結存案。如有旗弁包攬，勾串鋪户囤集售賣，或徑由倉役、斗級等冒領，將該旗弁、倉役等分别送交刑部，嚴行治罪。

一、各旗應領甲米，令本旗都統、副都統先期覈明所屬各佐領、管領下應領米數、人數，造册咨送户部，劄倉轉行倉場，俟開倉之日，令每月所放三旗之都統，將該旗應領米石無論滿洲、蒙古、漢軍、包衣，共分作

十五起，陸續鬮支。每起約領十餘個。佐領、管領之米仍每起更番派撥賢能章京一員，領催四名，并于應食米兵丁内挑派三四名，令其眼同起倉領米，限一月内放完。限外不完，將監放之都統及查倉御史并該倉監督均于議處。

一、稷、粟抵通，按照禄米等十一倉均匀分儲，并令各倉另留粟米壹千貳百石，以備上駟院圈粟之用，按倉分劄。其支領豆石，每年以兩倉并劄。

一、開放八旗養育兵稷米，仿照甲米之例，三倉并劄。兩黄旗共劄一倉，兩紅旗并正藍旗共劄一倉，兩白旗并鑲藍旗共劄一倉。每年按定倉口次序輪轉，周而復始，不得挽越。并稷米抵通時，于應放倉口各留稷米壹萬五千石，以備劄放。

一、八旗甲米，應領稷米三成半項下，減半折給銀兩，每石按庫平銀壹兩叁錢給發。該旗于每季大檔内每佐領稷米總數下注明，一半折銀若干、實領一半稷米若干，又另造領銀總册一本分晰總散各數，隨米檔關部，定于每月十二日由庫開放。每佐領一袋，由各該參領出具印領，彙總領出分放。如趕裁不及，米石歸下季，銀米檔内聽明抵扣。其養育兵每年二月内應領稷米，仍按本色支領。

《户部則例》卷一五《食庚·各倉開放事宜》　一、閏月甲米，向係查明年份最陳之米，覈扎三倉，近年倉儲之米，年份相等，并無陳米可扎，議將下月輪放甲米，三倉作爲閏月開放。以後每月，旗份倉口挨次遞推。嘉慶八年。

一、支放米石令該監督每月放米全完，即將零廒、空廒字號申報，并將存儲米石若干造册報部。仍將零廒内所存米樣包封送部，以便與下次接放時所送米樣較對覈辦。

一、廒座次序，以所儲之米新陳爲定。每月應放三色米石，應令倉場預爲覈明派定，挨陳廒座字號，飭令該監督將應放米數分晰年份，詳注廒名，造具清册，于上月二十五日以前送部。仍令該監督將每月放過米數若干，出具并無花户人等攙和情弊切實印結，送部查覈。

一、京倉放米，如遇六七兩月雨水較大，報部酌量展限。仍不得過十

曰。若尋常雨澤適均，不准藉詞請展。

一、山東、河南運到漕麥，如遇麥價昂貴之年，發交各城照市價出糶，糶獲價銀解交部庫，如無須平糶年份，麥賤于米，抵作俸米支放；麥貴于米，抵作甲米支放。

一、河南省歲運白麥，除内務府、光禄寺等處支用外，餘剩麥石，次年仍加謹存倉，留備蠲緩年份應用。至又次年新運到通，即將最先餘剩之麥與漕麥一律搭放。

一、圓明園三旗營房人員每季米石，就近在豐益、本裕二倉支領。

一、萬安東西兩倉開放米石，先儘年份最陳之米鬮放。如此倉陳米足敷開放，不許再開彼倉，致滋弊竇。如一倉陳米不敷，必須在彼倉找放，仍照挨陳之例辦理，不得越次支放。

一、圓明園暨外火器營、健鋭營官兵鬮領俸甲米石，向在本裕、豐益二倉支領。除圓明園照舊辦理外，分左右翼坐派兩倉。其外火器營坐落藍靛廠，健鋭營坐落香山，均距本裕倉較遠，夏秋多雨，脚價倍增，殊不足以示體恤。所有外火器營并健鋭營官俸無分兩翼，春季在本裕倉支領，秋季在豐益倉就近支領。至外火器營兵米，無分兩翼，夏秋雨季在豐益倉就近支領，春冬兩季在本裕倉支領。健鋭營兵米無分兩翼，夏秋二季按月在豐益倉就近支領。春冬二季按月在本裕倉支領，遇閏均准隨季開支。

一、八旗官馬并各項官兵拴養馬匹及五營差馬等項，每年共應領豆拾陸萬餘石。照支放甲米之例，令承領豆石之人眼同該監督一律匀放，倘有任意攙雜等弊，准領豆拴馬之人回明，該管衙門查參究辦。

一、江浙等省如遇風雨失調，間有奏報青腰白臍之米。抵通後，由倉場侍郎驗明，奏請另廒存儲，先行開放。俟青腰白臍之米放竣，仍按定本倉，先儘年份最陳之米鬮放。如有不敷，再將次陳之米添開鬮掣，并令各該旗内務府將各倉廒圖，繪畫一份收存，以便隨時覈對。

一、内倉遇有積存米石，由户部查明具奏。改放八旗滿州、蒙古、漢軍文武職任暨世職官員俸米，并將所存米色量爲配搭。

一、内倉應放各項米石，除各國貢使及年班蒙古應領口糧毋庸定限外，其在京衙門及各該處應領俸米口糧，按季支領者，予限六個月，按月支領者，予限三個月。如逾定限不領，將米豆存倉，歸入正項支用。

一、各倉開放豆石以兩倉并扎，俟一倉放竣再按次接放一倉。令該倉監督出具并無顆粒陳豆印結送部，由倉場侍郎派委妥員查驗屬實，再儲新豆，并令各倉滿漢監督一員在廒口監察，一員在官廳檢查册檔。如僅委胥役收放者，責令該查倉御史指名參奏。儻有患病等事，毋得私相兼攝，即申報倉場派員署理，以昭慎重。

一、各倉存儲各色米麥豆石，統令該倉監督按月將管收除、在數目及存儲廒座詳細開具清單，分呈户部倉場，均限每月二十日報到。其開除數内，尤須將某日奉扎開放某項逐一聲明，另由倉場衙門憑各倉報單，再行開具總單，咨部查覈。其并無收放之倉，亦于單内聲明，均限每月二十五日送到。如有遲逾，將該監督照例議處。

一、各衙門應領米石，除向由坐派倉口鬮領者，仍照舊辦理外，其向無派定倉口者，由户部堂官臨時親自派扎，毋庸由承辦司分按次擬派。

《户部則例》卷一五《倉庾·盤驗州縣交代》 一、州縣交代倉穀，正限兩個月。伍萬石以上者，展限一月，貳萬伍千石以上者，展限十五日。一官而有兩任交代，一面卸任，一面到任，兩處離任、到任同時者。及委署别任後經更調别缺者，准例展之外，再展限一個月，逾者參處。司道府等官交代限期，詳見庫藏門。若倉糧過多，不能依限結報，于交代案内聲明，量加展限報部。

一、凡州縣升任本府及本府升任本道，接任之員遵照定限交代清楚，具結詳報。該督撫仍飭委鄰封廉幹道府，前往確查，加結送部。若有通同弊混揑結者，并予題參究處。

一、交代倉穀，每穀一石驗舂米五斗者，新任按數接受，不准篩揚。其以穀價交代者，覈明舊任原係奉文出糶，糶價無虧，遲買有案者，准令新任詳明接受，俟價平採買，毋得勒揹推諉。外其係舊任私糶短價及雖係奉文出糶，而于應買時因循不買，價值存庫者，新任即據實揭報，舊任照例參處，仍留任所勒限買還報部。

一、交代倉穀虧缺，新任即時揭報，仍一面詳請動項，照數買補，一面在舊任名下，勒限一年照追歸項。限滿無完，即移查該員家產，按數

變抵。

一、儲糧廒座令州縣造入交代項內報部。若有木植毁爛、傾圮，滲漏者，許接任官揭報，將前任官議處賠修，霉爛米穀勒限賠補。如接任官徇情濫受，别經查出，將接任官照例議處賠修，霉爛米穀亦即勒限賠補。限內不完，均照例治罪。或故爲勒掯及交代遲延，借詞飾報者，該督撫據實題參。

一、直省州縣倉穀，歲由該管道府州盤查結報督撫，督撫覈實加結，于歲底造册保題。至督撫適值離任，即將册籍交代新任督撫，限三個月盤查造册題報。如有徇隱，照例議處分。

一、藩司到任，委員盤查倉穀，定限三個月清盤結報，督撫具題。內除廣東、甘肅二省，福建臺灣一府，准其扣除程限，餘皆定限三月，不准扣除。惟奉天一省未經設有藩司，責令該管官按照倉儲多寡、程途遠近，或一個月或兩月覈查結報，府尹具題。

一、藩司到任，若與督撫同時，或值督撫年例盤查之期，均歸督撫委員并案查辦。

一、督撫、藩司到任盤查甫畢，即奉升調，計與新任相隔在三月以內者，毋庸再盤，新任如係藩司取結詳報督撫具咨報部。

《户部則例》卷一五《倉庾·京通各倉驗耗附搭運免耗》　一、凡漕糧收耗，正兑米每石收倉耗柒升，尖米肆升貳合，尖上加尖耗米貳合玖勺肆抄，節閘耗米叁升。改兑米每石收倉耗肆升，尖米肆升貳合，尖上加尖耗米壹合陸勺捌抄。內尖米一項，作三十六個月減耗外，三年之外不准遞減。其餘各數均作正待支。

一、正兑漕糧每石原備曬揚耗米肆升柒合陸抄。嘉慶四年奏准：除安徽省另有漕耗米石津貼旗丁，其曬揚耗米仍全數交倉外。江蘇、浙江、江西、湖北、湖南五省曬揚耗米內，劃出貳升柒合陸抄給丁，餘剩貳升交倉。山東、河南二省劃出壹升柒合陸抄給丁，餘剩叁升交倉。　改兑漕糧每石原備曬揚耗米肆升捌合叁勺貳抄。嘉慶四年奏准：江蘇省照正兑之例，劃出曬揚耗米貳升柒合陸抄給丁，餘剩耗米貳升壹合貳勺陸抄交倉。其餘各省仍照舊交倉。　該監督于漕糧進倉時，抽驗一二袋據實結報。如微有潮濕，統計除耗，餘作正待支。嘉慶五年奏准：江蘇、浙江、江西、湖南、湖北五省粳、稷米，及江寧等五府州屬粟米，山東、河南二省麥石，如遇曬揚不敷准予價買叁升捌合餘米內，撥出捌合通融抵補，不得再逾此數。如無須撥補，仍將捌合之米歸入餘米原款內報銷。餘詳漕運倉驗耗條內。

一、搭運各省耗米以及原運德州倉改兑到通粟米，均係平米，概不加耗。節省耗米原係耗米。故稱無耗平米。又德州倉改兑粟米亦係無耗。　經坐糧廳折算紅斛運倉者，每石或二五加耗或一七加耗，詳見《漕運門》。　該倉仍以平斛計數驗收。

一、凡漕糧減耗，新收儲倉不及一月者，不准減耗。一月以外，每石每月于原收尖米內，遞減折耗米一合一勺六抄。正兑、改兑原收尖米各四升二合。　內倉白、粳、糯米，如原收耗米四升九合四勺七抄八撮八圭者，每石每月准遞減米一合三勺八抄八撮三圭。如原收耗米二升九合九勺九抄八撮八圭者，每石每月准遞減米八勺三抄三撮三圭通州倉白、粳、糯米每石每月准遞減米八勺三抄三撮三圭，均以三十六個月爲止。倉儲黑豆，不准減耗。

一、五城各廠領糶成色米石，每石准報銷折耗米壹升。

《户部則例》卷一五《倉庾·收較斗斛事宜》　一、各倉應用木斛，照部頒鐵斛式製造，面口包裹鐵葉，呈明倉場侍郎較准烙印。若不請烙火印，私製行用者，監督題參，倉役究治。

一、各倉木斛，每三年一製，所需木料于隨漕解通板內應用。每張工匠、鐵葉價銀柒錢，于通濟庫支銷。

一、各倉凡值收放所用斗斛，每晚隨廒封儲，次早驗封給發。通倉由倉場侍郎查驗，京倉由查倉史查驗，監放旗員一體覈較。如與部頒鐵斛稍有盈縮，飭令隨時修整。

一、户部印庫附儲鐵斛一張，詳《漕運門》。　鐵斗鐵升各一個，嘉慶十二年由工部照倉場鐵斗、鐵升鑄造。鐵火印一柄，道光十五年由工部鑄造。共四件。　凡遇工部新製，各處應需木斛、斗、升，派員赴部會較；户部亦派司員同當月官于印庫內取出鐵斛、斗、升，三面較對。如無參差，將新製木斛、斗、升，包裹鐵葉，眼同烙用火印，給發領用。該司員仍將鐵斛、斗、升、火印一并封妥，附儲印庫。

一、易州運送西陵八旗、禮部、工部兵役餉米及内務府家口米石，需用斛斗，由倉場衙門如式製就，較准烙印行知。工部亦如式製備一套，一并送交户部，與部存祖斛三面較准，分頒易州及承辦事務衙門各一套，以備需用。

《户部則例》卷一七《倉庾・各省社倉章程》 一、凡民間每歲收穫時，聽紳衿士庶隨其所赢，捐輸穀麥雜糧，存儲社倉。每年由社長將出入儲次數目造册結報，地方官轉報上司，仍造册送部。毋庸官爲經理，致滋弊竇。

一、凡紳衿士庶捐輸社穀各色雜糧，覈計數目，與穀石價值相同拾石以上者，地方官奬以花紅，叁拾石以上者，奬以匾額，伍拾石以上者，申報上司遞加奬勵。若有好善不倦，年久數多，捐至叁肆百石者，該督撫奏給八品頂戴。

一、各直省社長，由各鄉公舉品行端方、家道殷實正副社長二人，呈官存案。令其經營出納，一年無過，給以花紅；三年無過，奬以匾額；五年免一身差役；十年免及一家，該督撫等題請給以八品頂戴。如有經理不善滋弊者，即行革懲；侵蝕者，以監寺自盗例治罪，所少穀石著令賠還。其有經理不善，仍聽同社自擇妥人請换，毋許官吏指名勒充及借端爲難。違者參辦。

一、各省社倉存儲息穀，如有應需修理倉廒，由同社鄉民報明社長，公同勘估修理，在于息穀項下糶變，具結報官存案，毋庸官爲經理，以免書役從中滋弊。俟修竣之日，仍將用過工料銀兩并糶變穀數造册，呈明地方官，歲底申詳督撫存案，毋庸報部覈銷。如社長辦理不善，或有侵蝕之處，許同社之人公同報官究辦。

一、凡出借社穀，徵還時每石收息穀拾升，歉年隻徵本穀，免其收息。

一、儲倉穀石每年盤糧折耗及看倉夫役工食各費，除直隸，奉天等省向不開銷外，安徽每收息穀壹石，准開銷壹斗。河南、山東、福建、浙江于每石所收拾升息穀内，准開銷貳升。江蘇、湖北開銷叁升。湖南開銷肆升。江西開銷伍升。廣東每年每石准銷耗穀壹升。其鋪墊造册紙筆之費以及看倉人夫工食，均于息穀内酌量動支，歲底由社長將動存各款覈實結報，地方官轉報上司，覈明造册，送部備查。

一、廣西省社穀，原係常平倉穀出借收息作爲社本，與他省出自社民捐輸者有别。該省潯州、慶遠、鎮安、思恩等四府社倉，均照常平之例，令桂平、宜山、天保、武緣等四縣經營。其每年出借還倉一切，仍令各府就近稽查。

一、陝西省社倉穀石係耗羡銀兩買儲，與他省不同。如社長有侵蝕虧空，該州縣知情故縱者，將州縣官題參，其虧空穀石先于社長名下勒追。如一年内不能全完，社長治罪發落，未完穀石著該州縣賠補。

十、陝西、廣西二省社倉穀石，每歲出入數目造報督撫，年終具題。如實欠在民，力不能完及逃亡無着，准督撫查明取結，于題報案内請豁。内州縣交代，彙同常平倉一律盤查，造册結報。至各直省社倉項下民欠未完穀石，實係力不能完及逃亡無著者，亦一律取結題豁。

一、社倉息穀每年動用外，如積存過多，陝西、廣西二省穀，本原出正項，其息穀積至伍萬石或拾萬石以上，遇有地方農田水利等事，准督撫奏明糶變動用外，其各省社倉原係民捐、自行經理者，積存息穀如本社有應辦之事，許同社之人及社長公同報官糶變動用，年終造册送部備查。毋庸覈銷，如不糶變者，聽從其便。

《户部則例》卷一七《倉庾・直省出納倉糧》 一、直隸天津、順天、永平、易州、遵化等地府州所屬各州縣徵存屯豆内，除滄州、萬全等州縣撥供駐防馬匹料豆，玉田縣撥供東陵餧飽牛羊黑豆查滄州駐防及東陵需用豆石，係採買供支。乾隆五十三年酌定由滄州萬全、玉田等州縣撥供，其採買原價銀兩解司報撥。外，其餘存倉豆石，衹准留備一年，即照各該處十成時價全數糶賣，毋致霉變。

一、直隸、宣化府屬留備屯糧陸萬石，遞年去陳留新。其每歲額徵米豆，陸萬壹千餘石。除動支兵糧暨應放喇嘛并孤貧口糧，約需叁萬石外，餘剩米豆准令出糶，糶價銀兩限三個月解司充餉。道光六年准。

一、直隸豐寧縣歲徵郭家屯米壹百柒拾捌石玖斗貳升玖合肆勺，運送宮倉收儲，以備搭放熱河駐防兵糈之用。

一、直隸張家口協兵米，由萬全縣廒倉供支，獨石口協兵米，由獨石口廒倉供支。如有不敷，在于宣化府附近州縣屯米内酌撥，按年造册報銷。

一、直隸順德府屬額徵芝麻貳拾石貳斗貳升貳合柒勺，大名府屬額徵芝麻叁拾石柒斗壹升，正定府屬額徵芝麻貳拾壹石玖斗玖升柒合捌勺，廣平府屬額徵芝麻拾捌石陸升玖合伍勺，由藩司委員解赴户部内倉交納。

一、直隸省保定府屬額徵黑豆壹百伍拾柒石玖斗柒升叁合貳勺，滄州額徵黑豆叁石壹斗壹升貳合肆勺，青縣彭城衛額徵黑豆拾石伍斗捌升玖合陸勺，該藩司差派員役解送户部内倉交納。如遇緩徵年份，依限徵收批解。

一、直隸承德府灤平縣等倉每收米肆拾石給夫一名，每米貳拾石用席一領，放米伍拾石給夫一名，每夫一名給工食銀玖分伍釐，每席一領，准銷銀壹錢叁分。箕、帚、木鍁等項二季更换，鐵觔、繩觔按季置備，所需銀兩在于司庫地糧銀内動支，按年造册報銷。

一、安徽省鳳陽、潁州二府屬之鳳陽、壽州、鳳臺、亳州、阜陽、霍邱、蒙城、太和、潁上等州縣建設裕備倉廒，共儲麥石雜糧貳拾萬石，以備鳳陽，泗州二屬災賑之用。如無需動用年份及儲戹年久，准其照常平倉之例一律糶易，并于糧價昂貴時存七糶三，減價平糶，仍將有無動用之處，于每年歲底盤查，專案奏銷結報。

一、江蘇按察司司獄原置獄田額收租米，每年餘存米石，三年出糶一次，届應出糶之年，覈明餘米確數，照依時價糶賣。其所糶價銀，批解藩庫酌撥。

一、福建省額徵秋屯糧米，每石加一收耗，又并餘貳升，共壹斗貳升，内壹升爲支放折耗，餘俱行令各府廳州縣丞易穀收倉，另廒存儲。其奏銷考成，每年同糧米册籍并案具題，新舊交代，另册結報，歲底造册，責令道府盤查，不許擅自借碾。倘官吏有浮收勒折情弊，即行嚴參究辦。如遇因公動撥，該督撫隨時奏明辦理。

一、福建省大田等十州縣歲徵寺田租穀柒千伍百伍拾石，内除完糧及應給僧人各項動支外，餘穀肆千伍百捌石零，留備抵補各州縣因公動缺倉穀之用。

一、福建延平、建寧、邵武等府屬運送福州駐防兵米到省，福州府于收倉後，一面出給實收，即一面早報藩司。其所需運脚銀兩，應支數目詳見《雜支門》耗羨章程條令該委員徑赴藩庫請領，按年造册報銷。

一、福建省隨徵耗米壹萬伍千壹百叁拾柒石零，額徵糧米拾貳萬陸千壹百肆拾壹石零，每擔隨徵耗米壹斗貳升。每耗米壹石，令民自完折色銀貳兩。嘉慶二十年奏准。届期該管道府實力稽查，倘有藉端浮收情事，即行參辦。所交銀兩除支給文職養廉外，餘銀解司報撥。

一、湖北省因災撥借鄰邑穀石，准其就近劃抵，該撫隨時籌辦，于奏銷册内分晰造報查覈。

一、湖南鳳凰、乾州、永綏、古丈坪、保靖五廳縣添建倉廒一百間，採買穀肆萬石，添建倉廒工料在于餘田租穀項下動支，穀價銀兩由文職各官養廉内攤捐採買。分儲鳳凰廳穀貳萬伍千石，乾州廳穀叁千石，永綏廳穀壹萬擔，古丈坪廳穀伍百石，保靖縣穀壹千伍百石。如遇歲歉及青黄不接之時，詳明借濟，屯丁、練勇秋後免息還倉。仍令各廳縣將分儲穀石年終造册，送部備查。

一、湖南晃州廳倉儲穀壹萬石，歲需兵米分别動支，秋成領價買補，照例造報。

一、江西產米地方每歲自七八月至十二月，該督撫將本地附近水次各屬糧價，按月咨報。江蘇、安徽、福建、浙江、廣東、廣西等省，如有應需買補者據咨籌辦。其各州縣于未經接准咨會之先，有確知該省糧價平減詳請赴買者，同採賑穀石一體任聽糴買。若該省實係因赴買過多、時價昂貴，除災賑穀石于所屬倉儲酌量撥運，仍將採買價銀留儲買補外，其餘當年平糴應行買補穀石，如有詳請停緩者，概令停止。湖廣省届期亦咨報各省照辦。

一、陝西延安府暨宜川、鄜州、洛川、中部、宜君等州縣徵存倉糧，除運供兵糈外，餘剩糧石作爲撥補常平項下乎糶缺額，及借給兵丁口糧之用。如再有餘存准其于糧價較貴時按照市價出糶，所糶銀兩并折扣兵借糧銀，均令申解藩司，如撥補常平倉糧，即將常平項下平糶糧價解司。造入季册，報部酌撥。

一、甘肅省毛目縣丞歲收屯田各色糧捌百叁拾餘石，運送金塔寺倉，交收所需運脚銀兩，每石每百里脚價銀壹錢伍分。在于司庫存儲侯撥兵餉銀内動支，按處造册題銷。

一、甘肅省徵儲糧石，不准以上色抵交下色。倘有濫接、濫抵者，查明嚴參，所短糧石，仍著落各半分賠。

一、四川省各廳州縣原額儲常平穀共貳百捌萬餘石，現經兩次奏明，附近水次各廳州縣共加儲穀捌拾萬石，以備本省平糶及接濟鄰封之用。

一、四川巴塘、里塘二臺採買備儲糧共貳千石，内巴塘壹千捌百石，里塘壹千貳百石，每年照存七糶三之例源源糶易，毋致霉變。責成該管道員隨時查察，并年底委員據實盤查，儻有虧缺，即行嚴參辦理。

一、四川察木多臺採買備儲糧壹千貳百石，拉里臺採買備儲糧壹千貳百石，責令該糧員每年存七糶三，按年派委。辦理夷糧之員，前往盤查。

一、粤東省採買缺額穀石，令該管知府、直隸州確查地方産穀豐嗇及市價低昂，詳明督撫，出具印結領價。遴委妥員監視採買，隨買隨收，立限交倉，不許轉發該州縣自行買運。買竣之日，該府州驗明確數，具結通報，仍由該管道員覆驗加結，移司彙送督撫衙門查覈。倘有虚捏未買，混報已收，將該州縣照虧空例揭參治罪，該管府州縣一并嚴參。

一、粤東省各營借碾兵米，責成該管府州就近嚴查。如該州縣存價不買及秋冬仍在常平借碾，即照私挪倉穀例嚴參究辦。該管府州徇隱不揭，一并參處。

一、粤東省凡遇交代，如有缺穀，係前任官私行盗賣者，立即揭參治罪、追賠。即或盤量折耗，亦必于交盤限内，令前任官買交清楚，方許結報。倘值青黄不接，難以驟買，令接收之員覈明確數，按照時價缴存府州庫内。并一面通報，毋許彼此通融，一俟秋成，立即發買補額，由該管府州驗明結報。倘逾期不買或扶同接受，即將新舊官一并參辦。該管府州知而徇隱，一體從嚴參處：

一、廣東省各屬出糶額徵耗米，于每石定價伍錢柒分外，將贏餘銀分别提解。廣州、潮州、嘉應等三府州屬，每石銀叁錢。韶州、惠州、肇慶、瓊州等四府屬，每石銀貳錢柒分。南雄、高州、雷州、廉州、羅定、連州等六府州屬，每石銀貳錢伍分。其各屬出糶餘剩囚糧及官租額羨米穀統照十二月份中米時價出糶，即糧價至賤亦不得減于原提出糶耗米贏餘之數。仍按年份晰造册，報部查覈。

一、廣西舊州州判倉儲穀貳千石，遇有借碾兵糧動支應用，并于青黄不接之時，循例出糶，秋後買補還倉。新舊交代，照例結報。如有侵虧情弊，嚴參辦理。

一、滇省各屬常平倉穀借放囚犯口糧，令原有存儲損監穀苃之各州縣按例支放。其州縣内有不敷支放，借動常平穀苃放給者，應需買補價銀，准其在于糧道庫存平糶溢額兵米價銀内，按數動支。仍將買補穀石并動支銀兩于倉穀奏銷案内，題報查覈。

一、雲南普洱府嘉慶十一年奏准動支司庫銀兩，採買穀叁萬石合米壹萬伍千石存倉備用，在于年額應放兵米内出陳易新，毋致霉變。

一、滇省各州縣出借加買常平倉穀石，取息徵還。如係動借正額買補歸款者，免其取息。

一、滇省平糶米石，照市價每石減銀伍分，青稞減銀壹分陸釐陸毫陸絲。每青稞叁石，抵米壹石。一、貴州威寧州倉儲備穀壹萬石，責令該州照常平倉穀之例，每年糶易，以備緩急。

一、貴州省各屬支剩秋糧餘米，按市集中米減價平糶。每石減銀伍分，另詳專條。所糶銀兩，批解道庫，作爲各營不足兵糧折價等項之用，按年報部覈銷。

一、貴州省古州各衛常平倉廒鎖鑰，歸廳員掌管，仍責令衛弁督同百户等看守。遇青黄不接，仍由衛弁報廳，轉詳出借，秋後免息催還。每值開倉，廳員眼同收放。如有虧缺、霉變，著落廳員、衛弁，照數分賠。

一、貴州興義府暨興義縣額徵苗田，每年支剩租穀，興義府柒百肆拾零與義縣貳百柒拾壹石零均毋庸變價解司，留存實穀作爲積儲。如遇歲歉糧貴，酌定穀數減價平糶，秋收買補還倉。俟府倉積至貳萬石、縣倉積至壹萬石，毋庸再積。仍令變價解司備支。凡遇新舊交代，照正項常平倉穀依限盤量。儻有虧缺，照例揭參。督、撫、藩司莅任，飭委鄰封，與常平倉穀一律盤查結報。

一、古州各衛社倉穀石，交衛弁督同百户總旗經營。遇有水旱之年，詳准方許借動，仍以時催還具報。

一、古州各衛酌留穀石，屯軍每年春借秋還。責成廳員、衛弁隨時查催，務歸實儲，均按年造册，報部查覈。

一、河南省買補動缺囚糧穀石，每石價銀以柒錢爲率，原定價銀伍錢，仍動支地丁正項採買。加增價銀貳錢，在于平糶盈餘項下撥給。道光十八年七月奏准。

一、廣西省城額存穀叁萬伍千捌百伍拾陸石，遇青黄不接時，詳請出糶。價照市值，減去十分之二；穀照倉存，糶十分之三，至秋收買補。責成鹽法道專司出納，按年造册，附入常平奏銷案内。報部查覈。

《户部則例》卷一七《倉庾·京通各倉禁令》 一、各倉收受新糧，不得攙入舊米之内。其在廒支剩氣頭廒底之米，另貯備糶，不得存留攙和，違者該監督嚴加議處。

一、各倉開放米石，先舊後新，俟年順支。若越陳廒發新廒，或抑勒攙和及斛面輕重者，將該監督題參，倉役究治。

一、凡應放陳廒，監督掣籤開放。倘不將陳廒掣籤，致家人賣新廒者，照州縣失察家人犯贓例議處。若失察書攢溷領倉米，希圖賣價者，照州縣書役侵欺錢糧不行察出例，以徇情處分。

一、滿漢監督放米，一員在官廳檢閱米檔，一員赴廒口監察。若同赴官廳，但委家人倉役支發者，查倉御史糾參。

一、監督有指稱鋪設供給，派累倉役，及監放旗員不自備食用，串通需索領米之人者，各計贓科罪。監督失察，倉役需索，照州縣失察衙役犯贓例議處。

一、王公官員差人領米并兵丁自行領米，倘倉監督與花户等以低潮之米任意攙和，或短少米數，以人勒索錢文等弊，許領米之人首告。查實，將查倉御史并該監督一并嚴參，花户從重治罪。儻領米之人有揀佔廒座越次請支，并所領米石較對樣米本無高下，而妄執米色爭競，及在倉生事者，許倉監督呈明查倉御史嚴參。官交吏兵二部嚴加議處，兵役從重治罪。

一、各倉每日應放米數，該倉即日放完并責領米人即日領出。其實緣陰雨車少，不能悉數領出者，令將米票交倉，俟該倉次日驗放，不准領米人持回。

一、官役承領米石，如于領出後攙和售賣，或即在倉轉賣者，買主賣主俱交刑部治罪，在京在通一體查禁。

一、旗員私售米票，致串通冒領滋弊者，指名題參，該管參領、領催從重查究。倉役及買票人照偷盜例治罪，所買票内之米，全數扣留。

一、姦商囤户于通州及近京地面私立米局收買俸米者，該管官嚴拿究治。其市集賣米行店，不係私局者，仍禁書役藉端滋擾。

一、凡漕糧進倉時有糾夥攔路戳袋及挖倉越牆肆盜者，按數計贓，分別首從，照律治罪。其細袋及隨身衣服私行偷帶者，分別枷責。凡拿獲盜首，審係食錢糧之人，該管都統以下官各予議處，該管領催鞭責；審係閑散旗民，或家奴伊父兄家主，係官交部議處，係平人分別責懲。

一、各倉凡有應詢旗丁事件，許該監督備移坐糧廳，轉詢移覆。擅行差提者查參。

一、各倉内空地，凡遇積有灰堆，即行僱夫搬運出倉，以杜胥役攙和弊賣。其僱役工價准于茶果銀内動給。

一、八旗支領甲米，如有不肖領催等將兵丁米石擅行強賣者，將約束不嚴之領米參領參奏議處，抑勒賣米之領催等嚴厅懲辦。其賣出米石，責令該領催加倍賠償，給還受抑之人。

《工部則例》卷九七《節慎庫·奏撥銀兩》 一、節慎庫存儲銀兩如支發已多，庫中僅存叁肆萬兩不敷給各處工程，每次照例奏撥户部庫平銀拾萬兩，以備各工支領。

《工部則例》卷九七《節慎庫·支領銀兩》 一、節慎庫支領一切銀兩，其銀數在千兩以下工程，由工部督率辦理者，及銀數雖過千兩，向由工部派員辦理事件并例由工部關支之項，始准由節慎庫給發。其奏派大臣承辦一切工程所需錢糧，俱由户部支領。

《工部則例》卷九七《節慎庫·收發銀錢》 一、節慎庫一應收發銀錢，每月繕寫月摺奏聞。至收發各工銀錢，於每年八月内彙造總册送河南

道刷卷，又於每年年底彙造總册付屯田司題銷。如庫儲錢文不敷給發，奏請暫行通融折給銀兩。俟庫儲錢文稍有積蓄再行奏明，仍照向例發給錢文。

《工部則例》卷九七《節慎庫·山東鹽務生息銀兩》 一、山東省鹽務生息銀兩一款，每年應收息叁萬貳千叁拾陸兩有零，無論解到多少，概與内務府各半分收。其解交工部之項存節慎庫，以備一切要工支用，歸入月摺新收項下作正開銷。此款原係籌備修理八旗營房，嗣因旗蕾久未興修。改爲各項要工之用。

《工部則例》卷九七《節慎庫·節慎庫平餘》 一、節慎庫支發各項工程銀兩，每兩扣平餘銀叁分捌釐。每年撥給飯銀處壹千兩，以爲書吏飯食、紙張之費，其餘俱歸入正項應用。郎中任滿，將任内經手所有平餘及前任内開除平餘各銀數，分款造册，一并據實呈報，付屯田司題銷。咸豐十一年奏定，節慎庫平餘一款除每年撥給壹千兩外，餘銀亦盡數撥借辦公，俟水利解到時歸款。

《理藩院則例》卷一一《倉儲·倉貯穀石分別動撥》 一、各旗倉貯穀石，每年年終該扎薩克聲明倉貯數目，及有無霉變之處，分晰報院查覈。

一、各旗如遇災歉收之年，該扎薩克查驗情形，將倉貯之穀酌量出陳易新，借給衆人，立限完繳入倉，聲明報院。俟復准到日，再行遵辦，不得先支後報。

一、各旗偶遇災年，本旗倉儲之穀如不敷用，准其暫由鄰旗借用，依限完繳入倉，報院查覈。

一、各旗借出之倉穀，遵依院示限期完繳入倉，按限報院查覈。其借用鄰旗者，依限完繳不得推故展限。其借出本旗者，如至限無力償還，聲明報院，酌量展限，仍依限完繳入倉，報院查覈。

《理藩院則例》卷一一《倉儲·官倉改寫公倉》 一、凡蒙古部落建立倉廒，係令該王等養贍本旗貧乏無業者而設，不得繕寫官倉字様，均改書本處公倉。

《理藩院則例》卷一一《倉儲·倉糧定額》 一、哲哩木盟十旗、科爾沁固山貝子旗額存穀一萬八千四百六十五石，科爾沁圖什業圖親王旗額存穀一萬二千四百八石四斗，科爾沁斌圖郡王旗額存穀二千三百六石二斗，科爾沁郡王旗額存穀一萬八千三百七十二石七斗，科爾沁扎薩克圖郡王旗額存穀三千八百四石四斗，扎賚特貝勒旗額存穀一萬七百八十六石五斗，杜爾伯特貝子旗額存穀一萬三千九十五石四斗，科爾沁鎮國公旗額存穀一千四石三斗，郭爾羅斯鎮國公旗額存穀一萬八千一百八十八石九斗，郭爾羅斯輔國公旗額存穀九千一百七十一石。

一、卓索圖盟五旗、喀喇沁都楞郡王旗額存穀四萬四千八百二十一石四斗，土默特達爾漢貝勒旗額存穀六萬三千九百十二石三斗，土默特貝子旗額存穀七萬四千五百十六石六斗，喀喇沁扎薩克固山貝子旗額存穀二萬二千二百二十九石二斗，喀喇沁頭等塔布囊旗額存穀四萬九千六百五十七石三斗。

一、昭烏達盟十一旗、巴林郡王旗額存穀四千四百四十三石六斗，翁牛特都楞郡王旗額存穀一萬三百八十五石八斗，敖汗郡王旗額存穀二萬一千三百四十四石二斗，柰曼達爾汗郡王旗額存穀一萬八千三百七十石一斗，翁牛特岱清貝勒旗額存穀一萬九千七百十九石六斗，扎魯特貝勒旗額存穀一萬一百五十三石，扎魯特達爾汗貝勒旗額存穀九千三百三十五石六斗，阿魯科爾沁貝勒旗額存穀一萬七千五百四十二石一斗，喀爾喀貝勒旗額存穀三百七十四石八斗，巴林貝子旗額存穀二千八百十五石七斗，克什克騰頭等臺吉旗額存穀一千三十六石七斗。

《理藩院則例》卷一二《徵賦·八溝等處兼管税務理事司員解交户部銀兩賫解家丁人役一體赴都察院投遞咨文守領迴照》 一、八溝、塔子溝、烏蘭哈達、三座塔四處，兼管税務理事司員應交户部銀庫銀兩，每届一年由該司員備文造册、僉派家丁人役管解，分呈户部、理藩院，由理藩院奏銷。奏下行文户部覈銷，札庫交納，守領回批，仍由該司員一體備文呈報都察院。交該家丁人役親身投遞，守領都察院堂印迴照，再迴該處銷差。

（清）王慶雲《石渠餘紀》卷四《紀常平倉額》 國初常平貯穀，未有定額，第令州縣以自理贖鍰，積穀入倉，鼓勵富民捐穀者。康熙初定地方官勸捐常平議叙例，而免不力者處分，恐其畏罪科派也。二十九年山東

有秋，令畝捐三合，得二十五萬以備荒。二十一年又令畝捐四合。次年令直隸所收捐米，大縣存五千石，中小縣以千石遞減。尋令倍貯，於是一縣多者至萬石。四十二年陜西稔，令糧一斗者捐三合。又動正項十萬，採買四萬建倉。州縣所貯以三千石至千石爲差。四十三年令奉天穀多州縣，改徵折色，交穀少州縣買貯。始頒各省州縣貯穀之數。山東、山西二萬石至萬二千石，江西大縣萬二千石，江蘇、四川率不過五六千石，而福建捐穀二十七萬，常平五十六萬，臺灣捐穀及常平八十餘萬石，爲最多。乃令酌留三年兵需，餘變價充餉。先後令江、浙開例捐監定額貯倉銀一兩，收米一石。六十年以各省積貯雖報稱數千百萬，州縣侵蝕，存倉無幾，令平糶北五省常平，直隸一百六十萬，山東四百七十餘萬，河南百三十餘萬，山西四十餘萬，並陜西散賑。而北方積貯頗虛，及雍正三年，以南方潮溼，米易霉爛，乃改爲貯穀之制，一米改換二穀，以倉儲多寡爲易穀歲限。時安徽但貯稻穀。閩、浙米少，毋庸改易。江西、四川、湖廣皆不過數萬至十萬。惟雲南五十七萬，限四年。貴州四十萬，限三年。定嗣後各省除兵米外，餘悉改徵稻穀，並行其法於山西、河南。自定易穀之制，又嚴那移侵蝕處分，而福建、江西、湖廣、直隸虧空之案迭出，四年直隸總督李紱請借糶各屬倉，上察其欺，遣翰林御史各官往監糶。比至，散給已停，乃悉將散借各官解任勒催。是年福建小不登；運江西米十萬、浙江穀二十萬往濟，猶不足。上聞其額貯雖一百七八十萬，實貯者十無三四，次年遣官清查。又以湖廣常平止五十餘萬，令照江、浙捐納貢監例，收捐本色貯倉。又增浙江常平捐穀之額爲一百四十萬。時申嚴山東州縣貯穀，令如舊額；而增定各衛所倉額穀。九年令江蘇州縣貯米自一萬五千石至八千石，並建江蘇常鎮四府府倉，又增四川四十萬爲百萬石，添貯江蘇六十餘萬石。自是以後；各省奏請籌備買補者相繼。乾隆九年陜西報西安所屬積穀至二百七十餘萬，分撥各屬以爲額貯。十一年令臺灣別貯四十萬以備內地之需。十三年諭曰：常平積貯，以備不虞，故准臣工奏請，以捐監穀石，增入常平。而衆論頗以採買過多有妨民食，今直省積穀應悉準康熙、雍正閒舊額，其加貯者以次出糶，或撥補鄰省，至原額而止。令各省奏報廷臣集議。尋議上常平倉穀康熙閒册檔不全，難以稽考。應請照雍正年閒舊額。內惟雲南不近水次，陜、甘兼備軍糈，向無定額，請以現額爲準。雲南七十萬，西安二百七十萬，甘肅三百二十萬，各有奇。又福建環山帶海，商販不通；廣東嶺海交錯，產穀無幾；貴州不通舟楫，積貯均宜充裕，即以現額爲定，福建二百五十餘萬石，廣東二百九十餘萬石，貴州五十萬石，其餘照雍正閒舊額。直隸二百一十萬，奉天百二十萬，山東二百九十萬，山西百三十萬，河南二百三十萬，江蘇百五十萬，安徽百八十萬，江西百三十萬，浙江二百八十萬，湖北五十萬，湖南七十萬，四川百萬，廣西百二十萬，各有奇。通計十九省貯穀三千三百七十餘萬石，較現額應減貯一千四百餘萬石。現額四千八百餘萬。其閒有轉運難、出產少、地方緊要並彼此可以協濟者，均應加貯，餘賸糶價解司。此乾隆十三年各省常平定額也。是年户部奏常平倉穀之外，別有貯穀，如河南河漕穀倉，七十七萬。江寧省倉，萬二千。福建臺灣倉，三十九萬。浙江永濟倉，米八萬。玉環同知倉，六千。廣東糧運通判倉，九萬。江南崇明倉，二萬。皆不在常平額內，令照舊存貯。事例。自是以後，湖北採買加貯四十萬石，爲鄰省協撥之用。十八年。甘肅收捐監糧七十萬石，設立府倉，又添建鄉倉分貯。山西亦增貯至一百八十萬石。並二十六年。盛京加貯二十萬石。二十七年。然自十三年以後，各省變通撥貸，定額不無減少。至三十一年各省奏報實存穀數，惟江西、河南、廣東與十三年定額相同。其視舊額增多者，湖南一百四十三萬，山西二百三十萬，四川一百八十五萬，廣西一百三十八萬，雲南、貴州皆八十餘萬，而浙江視舊額減少二百二十萬；奉天本百二十四萬，而減百萬；甘肅並府倉減少一百四十萬。其直隸、江蘇、安徽、福建、湖北、山東、陜西或減二十萬，或減五六十萬，蓋聚之難而耗之易如此！嘉慶四年以各省常平或僅存穀價，緩急不足恃。且有日久挪移，並穀價亦屬虛懸者，飭各督撫稽查。又屢下買補之令。

嘉慶十七年户部浙江司穀數三千三百五十八萬八千五百七十五石有奇，今案嘉慶戊寅會典，常平額貯以穀計者，直隸二百十萬，山東二百九十萬，山西二百二十萬，河南二百七十萬，江蘇一百五十萬，江西一百三十萬，福建、浙江皆二百九十萬，湖北一百九十萬，湖南一百四十萬，陜西三百萬，甘肅六十萬，四川、廣東皆二百八十萬，廣西一百一十萬，貴

州二百萬。以米計者，奉天五十萬，安徽九十萬，雲南八十萬，各有奇。其裕備倉河南百萬，安徽二十萬，四川及西藏八十餘萬，貴州一萬，蓋又在常平之外者。

（清）王慶雲《石渠餘紀》卷四《紀官倉以不盡繫常平謂之官倉，以別於義社》　康熙六、七年始令陝、甘兩省出陳易新。後議定江南倉貯存七糶三，舊穀輪年出易。自是各省出易皆有定額，三十年以江寧、京口、杭州、荆州大兵駐防，各截漕十萬石，存倉以備用。四十一年奏河北五省及江北旱時尚未成災，特詔各督撫稽查倉儲，先時預備。四十九年以陝、甘貯米已久，變糶三爲糶半。五十二年江西年穀順成，巡撫佟國勷請開倉發糶，下部議駁。五十六年以京倉陳積甚多，年久徒致浥爛，以四百三十餘萬陳米，格外賞官兵。雍正三年山西稔，學政劉于義請豫籌積貯於太、平、潞、大四府，買穀建倉，以備州縣需用。按例小歉平糶，中歉出借，大歉賑濟。又發陝、甘帑十三萬，買貯各府倉。於是有府倉之設。四年定州縣倉廒不修以致米石霉爛者，照侵蝕科斷，遇赦不宥。時以閩、粵邊地宜加貯，廷議閩省於臺灣歲運平糶穀五萬石之外，加運十萬貯邊海諸倉。遇臺灣豐年，酌量加運粵省勻撥。穀多州縣糶價於穀少州縣買貯，又以粵西糶三之價採買運交。七年，總督李衛請將浙江捐納，補漕米四十四萬，買穀八十八萬，按州縣大小水陸衝僻分貯。十年，大學士鄂爾泰奏：甘、涼、肅三府軍需緊要，將捐納改收本色。又定外省捐納者，不得買本地之穀。十一年直隸買補穀二百餘萬，酌大中小治勻貯動項添倉。時貴州古州、都江新闢，撥粵西穀五萬分貯。十三年以奉天錦縣、寧遠沿海，可以接濟鄰省，分貯米十萬餘，各貯四五萬，以爲定額。乾隆元年議定常平存糶，因地制宜。湖南地分燥溼，列爲糶三、糶半、糶七三等。四川邊土雜糧難以久貯者，廣東沿海卑溼者，皆糶半，餘仍糶三。又分安徽各屬糶半糶三之例，三年變通買補之例，若秋成穀價仍昂，則就鄰近價平之處於春月買補。或次年麥稔，則買麥出糶，易穀還倉。或竟俟次歲秋成。惟穀少之處不便虛懸，速赴鄰省採買。原價不敷，於通省糶價及公項撥補。五年朱定元奏：山東動過倉穀百餘萬，急須買補。今年雖號豐收，穀價未平，惟黄黑二豆價較上年減半，豆性堅實耐久，漕糧尚許改徵，若豆穀分買，補貯還倉，不惟倉儲易實，帑項節省，而穀價亦不至昂，於災後民食甚爲有益。其出借之穀，並准民間以豆還倉。俟來年平價糶豆易穀，公私並利。從之。六年諭：倉儲穀石，有司往往慮及霉變，以多積爲憂。飭部議定，有地本潮溼而積穀又多者，督撫查照倉廒新舊，年分遠近，照京倉氣頭廒底數目估成酌糶。二十三年禁倉穀捏欠作還。二十七年甘肅連年有秋，添建鄉倉，並前千有餘所，以收捐監糧分貯。其地土堡高厚，蓋藏易謹。二十八年户部奏籌補京倉積貯言：乾隆十八年至二十七年，統計截漕五百四十餘萬，平糶四十餘萬，煮賑尚不在此數。請令江、浙四省捐監皆收本色，遇有截漕，即於次年補運。京倉事方議行，安徽巡撫託庸倡議先碾常平一百六十餘萬，分附漕艘運京，再積捐穀，以補常平。諭曰：朕念切民依，偶值偏災，截漕動以億萬計。年來太倉之粟可支二三年，此亦足矣。計臣鰓鰓較量，朕皆不以爲然。內府外府，均爲一體。歲支之數，豈缺於供？若以補漕而議捐穀，又以捐穀而先運常平，不獨輸輓徒勞，且他省聞風踵事，地方因緣壟斷，米價踊騰，閭閻滋累，更何待言！揆之經常不易之道，惟爲民食留其有餘，國用自無不足。今承平日久，户口增而產米祇有此數。民間或資接濟，亦不過隨時補偏救弊，無他一勞永逸之策也。至執三十年制國用之説，譬之封建井田，豈可復議於今日哉！於是並罷前議，煌煌聖訓，誠藏富於民之要道也。又凡各倉出貸種食，多所蠲除。三十八年免直隸七十五州縣節年災借倉糧二十餘萬石。四十九年諭：本年運通漕糧二百四十三萬，又北倉截留三十二萬，較上年收多二十二萬，即存北倉爲直省買補倉糧之用。蓋是時漕運之數亦未嘗不足云。嘉慶初定州縣以借糶爲名，掩飾虧空，照侵挪錢糧題參。

（清）王慶雲《石渠餘紀》卷四《附記旗倉邊倉營倉竈倉》　國家常平義社之外，又立旗倉，以固根本。東三省貯米約皆二十萬石，乾隆二十七年加貯盛京二十萬石。立邊倉，以待委積。立營倉，以待兵糈。立竈倉，以恤丁户。案康熙二十四年，自山海關各口建倉達於黑龍江墨爾根。三十六年令榆林沿邊衛堡貯穀。雍正三年歸化城土拉庫，十一年喜峯口，皆設倉貯穀。凡此皆邊儲也。康熙三十年令江寧京口建倉，各截漕十萬貯之。四十九年令湖南鎮筸積貯，以備平糶。時改衛爲鎮。雍正四年立廣東各營倉，每

一兵貯穀一石，春貸秋還，免其息。又分貯穀萬餘石於外海各營，九年。温州又立四川潘州等營倉。十一年。乾隆初立浙江、福建、四川各營倉。温州又動支公糧買貯，每一兵備穀二石，而福建海壇、金門沿海六營協，四川成都駐防，亦皆建倉貯穀。湖北武昌三營，每一兵貯米九斗，以待借給。先是，元年設河標四營倉。至五年總督白鍾山又請立河倉，爲河兵堡夫接濟。十一年山東亦立河標營倉。凡此皆爲兵糧計也。其兩淮竈倉六所，立於雍正五年。旋以山東竈穀歸併州縣倉貯。比所聞竈倉之大略也。嘉慶十年添貯湖南鳳凰五廳縣穀四萬石。又以土民均出田一萬八千畝，歲收租穀畝一石，爲練勇口糧，兵丁鹽菜。及各苗寨繳出佔田三萬餘畝，逆產五千餘畝，歲收租穀二萬二千餘石，以給苗兵口量。

（清）王慶雲《石渠餘紀》卷四《紀社倉義倉》　民間立義社各倉，下以勸閭里之任卹，上以佐國家之儲偫，法至善也，然必有忠信樂善之良民，方可以主社倉之出入。必有清廉愛民之良吏，方可以任社倉之稽查。誠有如憲廟諭旨所云者。案康熙十八年詔鄉村立社倉，市鎮立義倉，皆留本村鎮備賑，免其協濟外郡。四十二年詔直隸立社倉，上歲加謹收貯，中歲糶借易新，下歲量口發賑。五十四年令輸粟社倉，分別免役。六十年左都御史朱軾奉差山西，請立社倉。諭之曰：李光地任巡撫時，試行數年，並無成效，民有怨言。張伯行亦行於永平。朕留心採訪社倉董率之人，並非官吏無權無役，借出之米遣何人催納？社倉始於朱子，此法僅可行於小邑鄉村，若奏爲定例，屬官吏施行，於民無益。然猶令鼓勵試行。雍正二年詳定社倉事例。先是，上以常平遇災動撥，詳報需時。古人云：救荒莫便於近民。而近民莫便於社倉。令疆臣勸諭設立。並諭以勸捐須俟年豐，輸將宜隨民力。利息從輕，取償從緩。遇歉收即展至豐歲完納。一切條約，有司無預。至積穀漸多，亦衹可具摺奏聞，不造册題報，使社倉頓成官倉，貽後日官民之累。時湖廣大吏令民應輸正賦一兩加納社穀一石，且以貯穀之多寡定州縣之殿最。而湖廣穀石四五錢。諭以何異於正賦之外，加收四五錢火耗邪！至是部議輸納社倉，地方官開誠勸諭，不得科派米石。暫於公所收存，俟息多建廒收貯。捐數人册，不拘升斗。多者分別給以花紅匾額，至三四百石，給八品頂戴。每社立正副長，擇端方殷實者爲之。出納有法，按年給獎。十年給以八品頂戴，徇私侵蝕者懲治。又議斗斛照部頒每石收息二斗。小歉半息，大歉免息。十年後息倍於本，衹以加一行息。乾隆三年議息穀以七分歸倉，三分給社長，作修倉折耗。給貸受納，社長先期申報。臨時願借者，先報社長，計口給發。受納時社長示期，依限完納。設用印官簿二本，一社長收執，一繳州縣存查。每次事畢，州縣社長申報上司。州縣挪借，許社長首告，蓋雖州不許干預出納，而稽查之法亦綦密矣。三年又以各省豐稔，令舉社倉。江蘇亦請預造排門細册，凡游手不許借給。四年淮商公捐銀三十萬，買穀建倉，賜名鹽義，仍交商人經理。浙商亦輸銀買貯，照兩淮鹽義例，隨時平糶。先是，總督楊宗仁奏報捐輸社穀最多。五年福敏奏參湖廣社倉虧空，諭以湖廣社倉見貯無幾，想州縣侵蝕挪移，或迎合虛報亦未可定。總之，舉行社倉，實有甚難者。聖祖深知其難，是以李光地奏請而未允，張伯行暫行而即罷。以民間積貯言之，富饒之家無藉倉穀，則輸納往往退縮不前；貧乏仰給社倉，又無餘粟可納，此責諸民之難也。至州縣之視百姓爲一體者，豈可多得！常平關繫考成，尚侵挪虧空，況民間社倉，安望盡心經理乎！乃交福敏清查，並諭之曰：倘穀已如數交倉而州縣侵挪，即嚴追賠補。或民間交倉之數與原報不符，若令照數完納，小民未免竭蹷。蓋憲廟綜覈爲治，終不以惠民之政，轉而厲民如此。初，陝西總督岳鍾琪撥秏羨買穀十四萬，分貯各社，每千石以資借放。七年奏言：陝西大僚皆不知臣奉諭之由，每州縣請領穀價，過於慎重。州縣亦恐賠累，不肯交與。倉長仍勒令里甲押運，胥役家人收放。始而勒買，繼而勒借。百姓竟呼此項爲皇糧。請頒諭鐫石，並刊鍾琪條約十六事，發挂各倉。於是特頒諭旨，有曰：從前岳鍾琪請於通省加二火秏，内應裁每兩五分之數，暫行徵收，發民買穀分貯社倉。俟數足，即行裁減。是於暫收火秏之中，隱寓勸輸之法。實則應酌減之秏羨，即小民切己之貲財。而代民買貯之倉糧，即小民自捐之積貯，此藏富於民之法，最爲切實易行。又諭以地方官或指稱公項預爲侵挪之地者，以擾撓國政，貽誤民生治罪。十一年以借領社穀咨部往返，著報部存案。十三年以雲南所捐社穀僅七萬，撥常平官莊等穀，每社五百石或八百石，以充社本，令社長一併經管出借。初，四川以常平餘銀買社穀爲

民倡。乾隆三年民閒捐至四萬餘石，令四百石建倉一間，工料於公項動支。四年西安巡撫張楷條奏：一，社長三年更換，以杜欺弊。一，春借酌留一半，以防秋歉。一，還穀兼收麥石。一，曉示借數，以除捏冒。時甘肅社倉有二，一爲百姓公捐自立，正副經理報官存案，不入官之交代。一爲加二秏糧内留五分爲社糧，責成地方官經理。蓋即鍾琪所奏請設立者。是年定息穀視收成之豐歉，八分以上石加息一斗，七分以下免息，五六分緩至次年還倉。七年山東商人請按票輸穀，以二斗、一斗五升、一斗爲三等，計十三萬七千餘票，通輸穀二十萬，照社倉辦理。十一年定山西義倉照社倉例，所收雜糧，依穀折價。奬賞州縣倡捐，分别記功議叙。義穀分鄉收貯，春借秋還。加息一斗。倉費於息穀動支。士民捐資建倉，地基木料，亦准折算奬賞。惟游惰禁其濫借。十八年直隸義倉告成，總督方觀承以各州縣村莊里數繪圖呈覽。二十四年巡撫劉藻以雲南社穀過多，不能盡行出借，不免折耗。或無籍勒借拖欠，社長賠補傾家。查滇省社倉已行三十餘載，子母相生，數逾十倍。請比照常平七分爲率，其足額者，按年斂散，永不收息。祇收秏穀三升，餘俟額足，一體免息收秏。二十五年總督李侍堯言：粤東社穀，乾隆二年奏請停息，每石收秏穀三升，遇歉免交。但未分别收成分數，借户藉口歉薄，概無秏穀。社長出入虧折，鋪墊册報倉廒黏補。經費無資，請仍加息一斗。收成不及七分者，免息。蓋免息固惠民之舉，而爲積貯計，久長亦不可不防其消耗。至三十一年各省義社之額見於通考者，别爲表以附常平之後。厥後有可考者，安徽四十萬，山西本穀四十八萬，息穀四十五萬，福建三十五萬，江西本穀四十一萬，息穀三十二萬，皆見歷年奏牘。詳見事例一百六十二。詔息穀至十萬以上，其餘俟價昂出糶，爲地方農田水利之需。嘉慶初以社倉經官經理，大半挪移，令仍聽本地富户自行辦理，申舉報社長之令。於是義倉亦一律歸民。定直隸七分以下免息，五分以下緩至次年秋後還倉。借雜糧者按價易穀。又定湖北、江西不收息，餘則收息一斗，歉年免收。

紀事

（明）卜世昌《皇明通紀述遺》卷二 〔癸酉洪武二十六年〕三月，上諭户部曰：朕捐内帑之資付天下，耆民糴粟以儲之，正欲備荒歉濟饑民也。若歲荒民饑必候奏請，道途往返，動經數月，則民之饑死者多矣。爾户部即諭天下有司，自今凡遇歲饑，則先發倉廩以貸民，然後奏聞。著爲令。

（明）卜世昌《皇明通紀述遺》卷一一 〔嘉靖四十一年〕八月，户部集廷臣議，上理財十四事。一曰省兵食。國初，邊儲無請發帑銀之例，後緣邊疆多警，或廣召募，或增營堡，始不得不仰給於京儲。然嘉靖十八年以前，僅至五十九萬，今且增至二百三十餘萬。宜令汰其老弱虚冒，以還先年主客原額。諸所親設營堡，查將要害，即當隨宜併省。其京營軍士亦宜會戎政官，一體清查。二慎調遣，三先節約，四完積逋，五清屯糧，六議收放，七均修邊，八停外例，九處銅價，十省供應，十一杜奏留，十二議補助，十三議漕銀，十四定税法。上允其議。

（明）陳仁錫《皇明世法録》卷六七《邊防・陝西》 九月，詔發陝西預備倉糧以賑民饑。時甘肅總兵定西侯蔣琬奏甘涼之地形勢孤懸，密邇朔漠，其爲控制，自古稱難。今見在倉糧止有二十萬石，僅足一年支用。自春夏以來，風勁砂飛，所種田苗，秋成無望，米價騰踊，人心憂怖。矧陝西腹裡，亦遭饑饉。百姓流移，平涼以西，赤地千里，況有土達之變，産業一空。虜酋毛里孩控弦數萬，遠與兀良哈朶顔等處諸種夷人誘結，勢既增大，其心可知。以臣愚見，不如及今積糧，務足五年之數，以備不測之需。仍敕陝西巡撫巡按等官親詣各屬，踏勘被災之民，速爲賑濟，務使得沾實惠。則儲積既廣，而兵有所恃，區區醜虜，不足憂矣。事下户部以爲糧儲缺少，本部已將江南折糧之銀陸續運赴陝西備用。其言饑民缺食，宜行巡撫陝西都御史馬文升等賑濟，仍行巡撫甘肅僉都御史徐廷章查勘見在倉儲實數，區畫以聞。從之。

（明）談遷《國榷》卷八《太祖洪武二十年》 〔五月〕諭户部，各處積貯滿二年者，聽折收。

（明）談遷《國榷》卷一〇《太祖洪武二十六年》 四月乙亥，孝感人言民饑，乞貸預備倉糧萬一千石，即命行人驛給。因諭天下有司，自今歲饑，先貸後聞。

（明）談遷《國榷》卷一三《成祖永樂二年》〔十一月〕己未，設天津衛，屯守直沽，海運商舶，建百萬倉。

（明）談遷《國榷》卷七一《神宗萬曆八年》〔五月〕定江北積穀數，廬州千四百石，淮安千五百石，鳳陽揚州二千八百石，著爲令。

（明）談遷《國榷》卷七一《神宗萬曆八年》〔六月〕定浙江積穀額，嘉興三千石，紹興二千五百石，金華千八百石，杭温寧波各千五百石，處州千二百石，湖台衢嚴各千石，著爲令。

《明實録》洪武三年八月 乙酉，中書省臣言：在京軍儲倉二十處，收糧六百餘萬石，每倉設官三員，請增設京畿漕運司官，專督其事。從之。

《明實録》洪武六年八月 〔壬辰〕分天下府爲三等，糧及二十萬石以上者爲上府，秩從三品；二十萬石以下者爲中府，秩正四品；十萬石以下者爲下府，秩從四品。

《明實録》洪武九年三月 〔丙戌〕定諸王、公主歲供之數。親王歲支米五萬石，鈔二萬五千貫，錦四十疋，紵絲三百疋，紗羅各一百疋，絹五百疋，冬夏布各一千疋，綿二千兩，鹽二百引，茶一千斤，馬匹草料月支五十匹，其段疋歲給匠料，付王府自造。靖江王歲賜米二萬石，鈔一萬貫，餘物比親王減半，馬匹草料月支二十匹。公主未受封，每歲支紵絲一十疋，紗一十疋，羅一十疋，絹三十疋，夏布三十疋，木綿布三十疋，綿二百兩。已受封賜田莊一所，歲收糧一千五百石，鈔二千貫。親王子男未受封，每歲支撥紵絲一十疋，紗一十疋，羅一十疋，絹三十疋，夏布三十疋，木綿布三十疋，綿二百兩。女未受封比男未受封減半給賜。男已受封郡王者，每歲支撥米六千石，鈔二千八百貫，錦一十疋，紵絲五十疋，羅二十五疋，紗二十疋，絹一百疋，夏布一百疋，木綿布一百疋，綿五百兩。鹽五十引，茶三百斤，馬匹草料每月支一十匹。女已受封及已嫁者，每歲支撥米一千石，鈔一千四百貫，其段疋於所在親王國帶造給付。皇太子次嫡子并庶子，既封郡王之後，必俟出閣每歲撥賜與親王子已封郡王者同。女俟及嫁，每歲撥賜與親王女已嫁者同。凡親王世子，歲賜與已封郡王同。郡王嫡長子襲封郡王者，其歲賜比始封郡王減半支給。郡王女已封縣主及已嫁者，歲支米五百石，鈔五百貫，其餘段疋等物，比親王女已受封者并減半支給。郡王諸子年及十五，每位撥賜田六十頃以爲永業，并除租税。諸子所生之子，唯世守永業。

《明實録》永樂七年三月 辛未，皇太子謂户部侍郎古朴曰：今夏氣將至，農事正急，聞輸賦之人緊於京師信不得歸，此必所司貪賄，故生事阻滯。其速傍諭；凡運賦所遇官司不即放行，所至倉官不即收受，皆罪不貸。

《明實録》宣德二年十一月 〔癸巳〕巡撫陝西隆平侯張信等言：陝西西安、鳳翔諸府，歲輸糧草於寧夏、甘肅、洮河、岷州諸衛，道路險阻，運致爲艱，民往往賫金帛就彼市納狡黠之徒，包攬費用，通同官吏虛出實收，倉無儲積，皆由於此。蓋以各衛僻遠，更無官司與之論校。得以恣意妄爲，無所忌憚。乞於布政司按察司各增置堂上官二員，專令於彼監視有作姦者，不限職之大小，擒治如律。其諸有司亦請增官一員，專理糧草，如此則姦邪斂迹，事亦易集。上命行在户部計議，尚書夏原吉等言：有司各增官一員濫矣，布政司按察司皆增二員監視宜允。所言至於擒治不限職之大小，於 祖宗之法有違，若事干軍職及大資五品以上官，必先奏請。上從之，因諭吏部尚書蹇義等曰：方面增官，蓋出權宜，若用非其才，反能害事，宜選清廉直幹之人，庶克有濟。

《明實録》宣德三年夏四月 〔辛未〕行在户科給事中宋徵言：洪武中，所羅郡縣預備倉穀，歲歉則散，秋熟則還，數年來有司官吏與守倉之民，或假爲己有，或私借與人，俱不還官，倉厫頹廢，宜令户部下郡縣修倉徵收，以備荒歉。上謂行在户部臣曰：此太祖皇帝備荒良策，當百世行之。今廢弛如此，皆有司之過，宜即遣官巡視整理，有慢令反欺弊者皆罪之。

《明實録》宣德六年三月 〔丁丑〕廣東碣石衛遣總旗李善，運官庫降香四百斤，納京庫虧四十餘斤，行在禮部奏：香當追陪，并治其罪。上曰：此蓋出納之際，權衡低昂之過，當恤其遠來，免陪，亦不罪之。

《明實録》宣德六年五月 〔丁卯〕行在工部尚書吳中奏：蘇州太倉開廢已久，嘗奏請移置淮安，而所司官吏奉行稽緩。比者主守吏言其

倉屋舊爲風雨損壞，木植磚瓦爲附近官軍盜取殆盡。其官吏及盜取者，皆宜究問。上命行在都察院遣監察御史一員往按其事，稽緩官吏姑宥之。

《明實録》景泰三年九月〔癸卯〕户部奏：密雲遵化倉糧少儲原送糴糧銀殆盡，欲摘撥銀一萬兩，差官分運二處，移文右僉都御史鄒來學督同軍衛有司掌印官定立則例，榜諭有糧軍民之家運赴缺糧倉，分交納完日給還銀兩。從之。

《明實録》景泰六年正月〔甲戌〕浙江衢州府廣盈倉奏：本倉積糧十四萬有奇，而每歲官軍俸約支五千，恐年久腐蛀。事下户部議，請移文浙江鎮守巡按等官，將前米量留備用外，多餘之數委官依時糶銀運赴京庫收貯，其别府縣倉粮有多餘者，亦如此例。從之。

《明實録》景泰七年春正月甲午，巡撫湖廣太子太保兼後部尚書石璞言：襄陽等府州縣連年水旱民艱，加以遠運軍儲，尤爲狼狽，乞行三事：一、開中鹽粮，每引米三斗，送軍前交納。一、令湖廣軍民有能納米一百石者，給官帶；五百石者，授百户；八百石者，授千户，俱終其身。一、湖廣文職官三年六年考滿者，免赴京。布政司、按察司、府州縣官出米四十石，各司首領官，馹丞閘霸等官出米二十石，俱送赴軍前，即與文憑回任。俱從之。

《明實録》成化十一年十一月〔癸丑〕先年有因失火延燒糧草等項經該官攢斗庫人等已經問發追陪未完者，悉免追陪。若故燒者，不在此例。

一、給由考稱滿該陞及冠帶未任，聽選官員有家貧親老疾病等項願告致仕者，授以應該陞除職名，以榮終身。監生有不願出仕聽選者，授以從七品有司職名，依親坐監者，授以正八品有司職名，俱令冠帶閒住。原籍官司以禮相待，免其雜泛差徭。吏典遇例告願納草、納米，未曾上納，例該重歷者，免其重歷，已發重歷者，悉還原衙門辦事。其南京各衙門三考役滿者，免其赴京，宜從南京吏部照例考試，中式就彼冠帶辦事，不中者，徑發爲民。【略】

一、易州等處山場，自成化十一年十一月以前，一應坐派柴炭除見有有領運外，若廠無收積徵價買價辦果原領價少陪補不敷及分派在廠採燒年久拖欠不曾徵有官價者，所司通勘明白，即與分豁，有被人包攬誆騙跟捉不獲曾經具奏者，仍令原解陪納，該部另項收貯，其成化十二年内外，各衙門坐派柴炭，以十分爲率，量減二分，照數減徵脚價，以甦民困，在京各衛拖欠柴炭，自成化八年十二月以前，盡行蠲免。

一、成化十年十二月以前，各處軍衛有司歲造軍器、古箭、絃條、歲辦皮翎、野味及内外衙門買辦採辦葛稭、荆條、蒲草、蘆葦、蘆柴、黄穰苗、馬繭根等項，拖欠未完者，悉與寬免，已徵物料在官者，准作下半年該辦之數，其起解麻、鐵、竹、木堆垛，椿草遭風、漂流、被火燒毁曾經奏告查勘是實者，免其追陪。

一、凡民年八十以上者，免一丁差役，有司每歲給與綿二斤、布二疋，九十以上者，給與冠帶，鰥寡孤獨無所依倚者，有司量加存恤。

一、公侯駙馬伯子孫，務要讀書習禮，許各訪保通經儒士一人，送吏部考試，取中者，准令教書，三年滿日，照例除授職事，仍舊教書。

一、天下軍民利病，許諸人直言無隱。於戲，正元良之位，式副輿情；推曠蕩之恩，用敦愽愛。詔告天下，咸使聞知。

《明實録》成化十三年九月〔丙子〕詔：自今邊儲三年一查盤，著爲例。舊制差官盤糧率六七歲一舉，時工科給事中和遜等盤糧陝西，還言虧耗數多，都御史秦紅等，俱論罪奪俸三月，遂有是命。

《明實録》成化十四年三月〔癸未〕禮科給事中黄麟等奏：甘肅洮、岷、河州諸衛所，糧料布匹粃爛者多，欲各照分數加給，稀紕布以匹計折三爲二，短小破壞者各計丈尺足之。且言：前此巡撫都御史婁良、朱英馬文升并司府管糧官，俱合坐罪。户部覆奏，得旨，糧料布匹皆如所擬，馬文升免問，朱英、宋有文罰俸三月，餘問如律。

《明實録》成化十四年十一月〔壬申〕太倉米麥積蓄歲久，蒸浥自焚至百餘石，命典守者皆執送鎮撫司問罪。以太監高通并户部尚書翁世資等提督不嚴，防範不周，亦當究治，姑宥之。

《明實録》弘治二年十月〔丁未〕禮科給事中王綸等，查盤大同等處倉庫草場多浥爛虧折，請治等管糧等官罪。命先任總理糧儲户部郎中戈孜，山西參政金純、陳清，參議徐莊、王盛，副使熊翀、劉璋，僉事王

璿、王存禮、蕭謙，下巡按御史逮問，見任管糧郎中原潔去任，參政張鼎各停俸兩月。

《明實録》**弘治二年十一月**〔卯朔〕給事中胡金，監察御史劉翔按宣府邊儲得粮草浥爛之數，劾巡撫右副都御史張錦、左僉都御史李介，及管粮郎中趙潤，鄭炯等罪。時錦以丁憂去任，炯陞布政司參政，潤亦以他事下錦衣衛獄，上命罰介俸兩月，記錦罪候起役以聞，潤革職爲民，炯降一級爲廣東廉州府知府。

《明實録》**弘治五年六月**　辛亥，户科給事中叢蘭奏：臣奉命光禄寺監收，近者本寺支給官錢造辦皇壇器皿，皇壇之説臣不知其何爲者，或謂爲禁中建齋醮設，是乃成化末年妖僧繼曉姦吏李孜省以邪術誤我先帝者，賴陛下之明已寘二人於法，而凡僧道之流齋醮之事一皆罷斥，何近日又有此舉，恐釁端一開，末流無所不至，乞仍舊停止。時上未有造辦皇壇器皿之命，得旨：令光禄寺查奏，并具支給工價之數以聞。光禄寺卿胡恭等上其數，且言本寺器皿近以欽安殿修齋急用，盡數湊補，恐後有齋事無以供應，故造辦以備。上曰：既爲預備供應，别無皇壇之説，蘭何因而起？令自陳狀。蘭優奏光禄寺支給官錢時，印信領狀及白鞠手本俱開預備内府皇壇之用，是以臣言及之，再以領狀手本進。上曰：領狀手本已明白，不當又加内府字，姑宥之。時胡恭及大官署署正張慶等，亦各具疏請罪，謂成化中有旨乾清宫建黄壇修齋，令誤以黄爲皇。上曰：胡恭等假以認罪，妄引遠年黄壇之説，分解皇壇字樣，與前奏不同，展轉支吾，法當執問，姑宥其罪。胡恭等罰俸一月，張慶等三月。

《明實録》**弘治五年六月**　丁巳，禮科都給事中林元甫等言：近有旨令光禄寺查皇壇器皿數目，本寺卿胡恭等皆知領狀手本明白，故將皇壇字樣隱匿，惟以造辦事情覆奏，意在嫁禍監收，户科給事中叢蘭，以圖免罪。及叢蘭奉旨陳狀，方知真情終當敗露，却又擅用印信具奏伏罪。數日之間，二次陳奏，其皇壇字樣，前則隱而不言，後則以爲失於查對，展轉蒙蔽於時若皇上就置叢蘭於罪，不令陳狀，則領狀手本叢蘭不敢自進，胡恭等晏然爲無事之人，其情狀何由而敗露哉！况胡恭竊禄日久，清譽無聞，先被言官糾劾，後又夤緣復職，最爲士論所鄙。乞下恭等於理，并署正張慶等，俱論之以法，以爲臣下欺罔之戒！監察御史陳璧等亦以爲言。上曰：胡恭等欺罔，法當逮問，但前已處分，堂上官通前罰俸各三月，四署官各半提。璧等奏内有先帝字不標出，亦當究治，姑宥之。仍各罰俸一月。

《明實録》**弘治五年十一月**〔癸酉〕詔罰陜西布政司參政王哲，按察司僉事郝文傑、謝顯、馬中錫俸各三月，都御史劉忠、黄紱各兩月，以給事中王質等查盤延綏等處粮儲，劾其管理欠嚴，粮草浥爛虧折故也。

《明實録》**弘治六年閏五月**〔癸丑〕萬全都司都指揮同知高鉞，以查盤倉糧不實，下巡按御史逮問，贖罪遠職。

《明實録》**弘治九年八月**〔己卯〕巡按江西監察御史張縉，以南昌等府縣及撫州建昌二千户所自弘治三年至五年倉儲多虧折者，請逮問分守分巡等官，右布政使張琳，副使洪鐘等十八人，及知府指揮等官閻琮等十四人罪。上命免逮問，在任者罰俸兩月，遷官者一月，去官及爲民者置之。

《明實録》**弘治十二年二月**〔己未〕巡撫南直隸都御史彭禮言南直隸各府州縣預備倉糧，凡遇查盤，每石准開耗一升，三年准三升，三年之外不准。開耗若虧折不及百石者，從常論罪，責償其侵盜等項。虧折百石之上者，從重論罪。從之

《明實録》**正德三年十月**〔丙子〕户部奏差主事李緋至淮安府常盈倉渋收糧斛請批馳驛以往，詔以妄引馳驛事例。令陳狀尚書劉璣等具奏伏罪。且查其例，昉於成化七年既宥璣等，復令查其時理部事者尚書爲楊鼎，侍郎爲陳後，郎中爲盧茂皆已死矣。詔：各官既死，已之。仍諭諸司有妄引事例，并恣意增添者，俱令改正，再蹈前轍，必重治不宥。

《明實録》**正德三年十一月**〔辛丑〕給事中白思誠，監察御史儲珊查奏：遼東倉庫自弘治十五年迄於正德三年，各年濫費那移等項銀兩，併劾都御史王宗彝、陳琺、張鼎、馬中錫、韓重，原任兵部尚書馬文升，侍郎熊繡，原任户部尚書侶鍾，顧佐、韓文，侍郎王儼、李孟暘、王佐、張縉，郎中陳大章、劉鑑、王濟、王藎、劉繹、羅榮、居達、楊志學，參政繆昌寧舉冒政，參議方矩，僉事王中，巡按御史王獻臣，胡瓚，盤糧給

事中吳蕣，去任太監孫振，總兵官定西侯蔣驥，俱合提問。户部議覆：李孟暘，陳琺，劉鑑，王中俱病故，其各官統乞裁處。上以宗彝等不以錢糧爲重，巧取浪費，有負重託，各罰米贖罪，宗彝、重濟、昌舉、繹各罰米一千石；獻臣、蕣瓚、縉棨、文升、鏞、大章、鍾、佐、佐、文達、志學五百石，俱輸宣大倉。還令御史督限完足回奏。中錫、鼎、蓋、繹、政、矩見緣事追陪糧草，待事完以聞。驥、振非監管人員，不必究問。思誠、珊查盤允當，各陞俸一級。時劉瑾用事，權傾中外，思誠、珊，承望風旨，以參官過當陞級，士論鄙之。

《明實録》正德四年二月　〔戊寅〕總督南京糧儲左僉都御史儲巏奏：南京官軍俸糧，歲該一百五十萬石，見在倉糧止一百七十萬石，恐支放不敷。户部議：南京倉糧，原有二百萬石，其餘糧斛并湖廣、江西、浙江、南直隸府分災，免不盡之數，仍該徵五六十萬，儘足支用。宜行各巡按御史督併。并行南京户部，差官催納。詔如議。

《明實録》正德十六年六月　〔壬午〕户部覆巡視京倉御史陸翱節冗費疏。其一、總督京倉等官牧養牛、羊、鹿、豕、雞、鵝等畜，千百爲羣，借言歲貢，寔乃率獸食人。上方玉食，何藉于此？宜悉從停革。

其二、每倉除經歷倉官外，有攢典五六人月糧人一石，軍斗六七十人月糧人八斗，每歲通計支糧六百餘石，而所守不過千石。宜將各倉餘糧一一查明，挨年坐放盡絶，攢典送部，軍斗發回該衛。以後如有仍前故留剩餘，遷延日月者，罪之。

其三、各倉軍斗，設有定數；各廳給役，亦有定額。近乃差占十九，巡警盡廢。宜申飭令典，自欽定給役名數外，悉收回各倉防守。

其四、運糧抵京，舊規户部委主事監收。後監督太監違例，攙收納賄，通姦減放，斛面比支放虧數，則以泥土亂草入之，傷軍甚矣。宜遵舊規，專委主事監收。

其五、先年漕規：每糧萬石入銀百兩，謂之籌銀。蓋以守支官攢軍斗，歲久貧乏，以十年爲率，每年每廒給籌銀十二兩，以蘇其困耳。今守支不過六年，而鑄銀仍如舊數，又病民矣。定量減其半。又運船到京，每起進果子銀十八兩，贄叚二疋，皆總督廳攢典羅志恃勢爲姦，運官患之請一切禁革，羅志下法司逮問。

其六、各倉經歷等官，宜聽巡按御史考察，歲終，具賢否送吏部。議上，俱從之。

《明實録》正德十六年六月　辛卯，户部覆巡視庫藏御史鄭維新疏：稱甲字等庫，自正德五年起，遞年寄庫各項錢糧，日久未收。各該原解在逃，行提未到，皆由該庫重索分例，積年攬頭誆騙，致累管解人員。況經年久。本人存亡未知，亦無文册可據。宜通融議處，將前項寄庫錢糧，會官盡類盤驗。堪用者，秤量入庫。不堪者，封識在官，查照本部原發劄單數目，分别已未完足，行各該撫按究理歸結。仍敕内庫官奉公守法，以後但遇各處解到錢糧，不拘多寡，務要三日内會收，不許仍前縱容攬頭庫役刁難需索。如違，聽巡視科道官參治。得旨，俱如議行。

《明實録》嘉靖元年七月　〔己酉〕御史韓奕請修復西安門驗糧廳。四方所進上供物，聽户部遣官於此驗中，然後進收如故事。詔止毋信。第令上供盡輸本色，毋得輕齎，臨時買抵，以滋弊端。該庫與科道部屬官公同驗收攬并起解官。有違犯者，參奏重究。

《明實録》嘉靖三十四年閏十一月　己卯，以徽寧蘇杭等處解到叚疋粗紕及封識不署撫按職名，詔奪巡按御史張雲路及先任御史胡宗憲、布政使潘恩等俸有差，監造看驗等官行巡按御史逮問，仍令以後該庫會同工部侍郎一員驗看。織造如法者，方許交收。狥情濫收者，并坐之。

《明實録》嘉靖三十四年閏十一月　癸未，吏科給事中楊巍奏：在京各倉場納草商人給價不敷，虧累爲甚，乞將每歲各司府民運折草價銀委官專收給商，不得移借别用。户部議覆，從之。

《明實録》嘉靖三十八年七月　〔庚午〕給事中龔情言：臣于本年正月奉命巡視太倉銀庫，于時稽覆庫貯銀兩，凡七十四萬有奇。及後每月按閲收支之數，所出動踰所入。于今未及半年，庫貯銀僅餘八千餘兩，而各邊之年例，商鋪之貨價，折俸之絹布，軍營之芻豆，鹽米所稽遲而未給者不與焉。國儲至此，可爲寒心。日者，皇上一問光禄經費俾月致報，而該司錢糧歲省不啻三分之一，又太倉之財歲以千萬計，中間請乞之頻仍，給予之汎濫，當不止如光禄所侵冒者。臣願皇上責令提督倉場侍郎月具銀

庫内外出入之數，務在簡易明白，一覽可見贏縮，各司自當畏懼撙節，而所省且不貲矣。疏下户部，請令倉場侍郎每兩月一具揭，進呈御覽。詔可。太倉銀庫之月報出納，自此始也。

《明實録》嘉靖三十九年二月〔甲辰〕户部覆南京總督南京糧儲户部右侍郎黄懋官言四事。一、差南京户部屬官於江西、湖廣等處守催南糧之逋負者。一、各省令布政司官一員，南直隸府官一員，總部南糧，事完還任，有規避不行，及夤緣改委，罪之。一、各省各府管糧官，總督官得以糧之完負舉劾。一、南京召選餘丁并水夫妻糧暫行停革，候倉糧徵解全完酌量收幫。俱從之。

《明實録》嘉靖四十年十一月〔甲寅〕總理薊鎮宣大糧餉户部右侍郎霍冀條上邊儲事宜。一、專責成。謂邊糧屬部官專理軍衛，有司素非統轄，人情玩愒，宜通行督撫發銀各兵備道督衛所州縣正官給商收買爲便。一、審官商。謂召買錢糧無得竄名冒領，以致侵逃，宜令有司擇土著富户并有名舊商互相連保，然後給銀上納。一、酌時估。謂召商糴買必須預擬實價斟酌其地里之遠近，收成之豐歉，令品之衝緩，時價之低昂而與之，使人皆樂從。一、校斛秤。謂各倉官吏潛换斛秤出納，宜較量印烙，以杜姦僞。一、嚴限期。謂商人領銀之後，多展轉營運，乘進射利，宜限日期完納。一、嚴收受。謂上納米豆必須乾潔，無得雜和糠土草束，必論斤數，無得止據包垜，仍俱令於管粮官處呈樣方准收入。一、重監督。謂各鎮管糧通判專爲監視收放，必責其親詣倉場稽查奸弊。奏入允議。

《明實録》嘉靖四十一年五月〔乙酉〕乙酉御史顔鯨言：各倉場草料原係派征大户上納，已而變爲召商之法，流爲四者之弊，一、官吏索常例，二輪納即畢，本價不及時領，三領價多有力者得之，四報商多不實。今商既重困，不若官自召商，以額設主事一員領之。其御馬三倉錢糧冒濫不必清查，但如先年事例，減去料二萬九百二十六石，革四十二萬四千八十束，即所省不貲矣！疏下户部覆言：商人之設，舊于大户稱便，而商人亦未至大用。近乃告病者，則以先年財用充足，價得時領，而近年供費浩繁，優恤難周故也。鯨所言四弊，似是而非。各倉場多係内官錦衣衛管理，縱有常例，外廷不知。太倉歲用浮于歲入之半，商價可時給乎？給價不齎，視辦納之多寡；報商不實，由編審之紛更，而皆非臣等所得爲也。夫國有大體，政有常經，今官自爲市，樂應者寡，且于體貌甚褻。御馬三倉既奉旨免查，而又欲懸減草料，亦屬無據。但當查復審編舊規，痛革倉場奸弊，申敕該監官自行清查，以憑裁減，則公私不擾，而商困亦少蘇矣！

《明實録》嘉靖四十一年十月〔壬戌〕工科左給事中李瑜言：近聞太倉出納，其收也常加法于正法之外，其放也復加法于本銀之中。朝廷之上，當示人以公，不宜如此。且解銀進士，紛然四出，亦屬擾民，當併省。户部覆言：銀庫出納，原有公平定規，惟運司鹽銀解至者舊多溢于常數之外，故其收之也偶一加法。蓋因其重而加之，未嘗鑿其餘還之也。其放商價也偶一加法，蓋欲其平而加之，無併其餘而盡給之理也。今宜于鹽銀仍舊稱兑，其餘折糧草事例等銀兩平收受。正數之外，不得妄自增减，以圖羨餘，至各鎮軍需防秋最急欲盡數輸之，則若于銀庫之缺乏，欲待足而後輸之，則又恐其緩不及事，故不得已多有差遣耳。自後當權其緩急，可併者併之。得旨。出納不平，本非善政，況所積贏餘未必皆充公用，其嚴行禁革，解銀進士，儘本部差畢方許借差，以杜爭競。

《明實録》嘉靖四十三年十一月 戊午，户部覆刑科給事中張岳議處清查庫藏事宜。一、各庫錢糧專委驗中交收，該庫監守官不許再行發視。一、凡錢糧解庫及扣送太倉，先赴巡視科道官役文查對，以明出納。一、申明積年包攬之禁，榜示通衢，再犯者坐以重罪。一、酌量各庫貨物，如係在京通用者，徵銀解部，召商購買，不必令解官守候。其他土産方物仍徵本色。一、各府所屬錢粮歲委賢能佐貳一人類解，不得更僉大户累民。一、錢糧到日部司自行差官送庫，不得令無籍保家指稱嚇財。一、每歲春秋二季委官會估物價以便官民，如有稽遲違誤者罪之。一、内庫收粮定以三六九日爲期，會同科道官從公驗發實收，以防群小抑勒。詔從之。

《明實録》嘉靖四十四年五月〔庚戌〕户部商人楊茂陳賄通太倉銀庫吏書冒領漆價，事覺，查盤科道官因劾前後監督部臣羅田、王宫用，張烈文、孫應元、王嘉言失察之罪。詔：奪田俸兩月，宫用等一月，烈文以外補宥之。

《明實録》**嘉靖四十五年十二月**〔丙申〕總督倉場户部左侍郎劉体朝乹條上四事。一、在京十一倉，共五十二衛，止監督主事五員，倉多官少，攝理難周。請添設主事一員以資辦理，其各倉經歷係冗員當革。一、監兑，部臣宜重其事權，毋令阻撓。南直隷道里濶遠，宜增一員，以管蘇松常鎮四府。一、管上江江北一議单内漂糧一萬石者，總兵官聽科道糾劾，至掛欠寄囤，則未有議。夫卦欠寄囤，乃虧損遲誤之別名，于總民參將，邈不相涉，謂法紀何？今後請北漂流事例，一體參究。户部覆奏，得旨。管糧主事既有專職，不許別委。監兑官各照地方鑄給關防，新舊接管，餘俱如議。

《明實録》**隆慶元年五月**　壬申，户部言：本部專理財賦，内供國用，外給軍需，必用知天下倉庫盈虚之數，然後可以通融節縮，調停經費。祖宗時令天下所司歲以文册報部，立法明倫，爲慮深遠。而邇者有司以爲虚文，漫不加意，或久而不報，或報而不詳，欺慢混淆，弊難枚舉。聖明臨御之始，百度維新，雖是舊典，相應振飭。請遣御史四人，分行天下，奉敕行事，查盤各倉庫所積多寡有無，登記文册，一進御覽，一備户部稽考。其冒破營私，一切弊政，勿論官之大小，歲之遠近，從實劾治。從之。

《明實録》**隆慶三年正月**〔癸亥〕工科左給事中管大勳條陳查盤節慎庫五事。一、該部各工廠必有司官一人，督察工程，驗收物料，凡所據以綜核而出納者，惟印信實收也。今司官往往專委衛所等官代收物料，聽其納賄作奸，遂使實收爲一弊孔。宜增立循環文簿，將工廠每日夫匠物料實數管工官自行填註，遞換呈堂，以爲會佑磨筭之計，且革衛官之承委者。一、該庫每歲收銀七八十萬兩，外加積羨銀一千二百餘兩，以備該部公堂支用，故解者每苦稱頭之重，而給者又病支領之輕，夙弊踵襲，卒難釐正。宜罷遺貼庫主事，而以科道官之監盔甲廠者兼之，使之稽查出入，嚴革羨餘。該部工用，即於正銀數内取給。以往年召買柁散等木率取之灣河，價值騰起。糜費不貲，且仍令在京收買，量材定價，不得浮於舊估之額。一、載運南板舊例，見方稱斤，以二千二百斤爲一車，給之運價。後以車户侒乞准照楠木長折筭侵冒者多，宜悉遵前詔以爲定則。一、各庫積貯先年籍没金珠銀錢等項，庋閣歲久，吏緣爲奸，宜令隨時變易，以其值供庫藏之需。工部覆奏，上從之。

《明實録》**隆慶三年閏六月**〔丁未〕巡視庫倉禮科左給事中劉繼文條議八事。一、豁民解。言各處起解布絹軍器等錢粮，宜委司府州縣首領官総批類解以復國初之舊。二、嚴起運，言上供諸物，宜申明弘治三年例，辦納不中度者，司府州縣正官住俸責償。三、處鋪墊。言内府收放錢糧，創立鋪墊之名，額外多索，令勢不能盡革，則當如近議内官監白粮事例，通查各庫局當費幾何，立爲定例。各行省增入正額。四、專辦驗。言辦驗官物本部，自有專官而該庫仍如覆驗決美惡于鋪户之口，徒滋姦弊。宜令委官督同鋪户從公驗入，驗後止聽科道官間一抽揀，如有不堪，治原揀鋪户罪，該庫無有所與。五、查拖欠。言解户領解錢粮有侵費拖欠，指以变産告回者，有擅收輕賫至京營利不即投批者，宜嚴法查究。六、明職掌。言内府庫藏令内臣主守，而設庫官庫吏以司收驗記籍之事，今乃招納亡賴，名爲司房書手者，恣其科索，而官吏反坐擁虚名，宜盡驅此輩，毋使侵撓職掌。七、疏積滯。言各庫舊貯各皮張，率多腐蝕，而監臣利于鋪墊，不肯以擁積爲言，宜盡數發出，以充年例靴鞋之用。八、嚴法禁。言錢粮之蠹，莫大于包攬。姦徒射利，無所不爲。比其事覺，或牽連解户，或註誤平民，或詭籍而逃，或行賄而脱，法紀蕩然，人心滋玩。今宜查照原案，先追贓而後發遣，即有逃亡，亦必窮治家屬以盡其辜。議上，户工二部覆言：繼文諸議皆善，惟鋪墊一節，當別行計處。上是之。

《明實録》**隆慶三年閏六月**〔丁未〕巡倉御史楊家相言：國家漕粮四百萬石，原定爲京七通三之制，分貯京通二倉，近因京倉空虚，議將通倉原額正兑三分全改京倉。臣切以爲非便，請將通倉遞年支放之數，多增一二月，或將折放銀兩月分在京倉月粮内折之，無所不可。蓋通倉多放一月，則京倉省一月之給。折銀一月，則京倉餘一月之儲，非必減通粮而後可以充京倉也。部覆以家相所言爲是，但兑運改兑分撥二倉，則粮數錯襍，且省轉貼脚之煩。宜遵嘉靖八年以後事例，將改兑盡入通倉，以省脚價，仍將兑運糧内撥六十六萬二千石以補通倉原額。其餘粮米，俱發京倉，毋拘三七四六之例。其折支月分，已有成規，不必更議，從之。

《明實録》隆慶六年二月〔丙午〕詔取太倉庫銀十萬兩。户部言：比歲詔旨徵發内庫銀，多取至一百一十萬兩，視祖宗百萬舊額既已增加，茲又復取十萬，非制也。夫祖宗帑藏充積，然猶未嘗輕舉一事，輕費一錢，今視祖宗之時何如哉？百費日增，先臣丘濬所計已十倍往旨。嘉靖十八九年以後，復被當事奸貪之臣開邊，方冒濫之請。財竭民窮，誅求無策，今又迫而取之，或以啓弄潢脱巾之釁，諫之何及？願皇上咨詢往跡，收回成命。果用有不足，即以將到金花銀八萬餘兩進用，爲今年夏季正數。仍乞加意撙節，務使經費不濫，成法不渝。疏入，上雖是其言，猶命遵旨以十萬進。於是户科都給事中張書等、浙江道監察御史侯居良等、巡視太倉科道官蔡汝賢等皆上疏諫，俱報有旨。

《明實録》萬曆二年八月〔乙卯〕巡按山西御史賀一桂條陳稽考錢糧五事。一、謹支收。三關雖設管糧同知通判三員，衙門皆無庫藏，發到錢糧，東路寄貯代州，中西二路皆典守于倉攢，任其侵盗，合建三庫，每庫撥吏二名看守。一、嚴卷册。各倉收放類憑倉攢積棍增減文案，查盤官到止是開報虚數。合無印置四薄，該道及管糧監收倉官各給一簿，分立項款，互相查驗。一、編號票。各倉俱係白頭實支，官攢易于改補。合無刊刷花欄格眼數百張，申送撫按，發該道收候至期，將軍馬數目開送該道查實填寫格内，印發該放官員支給。一、限召買。姦商交通官攢，先期領銀爲生息營家之資，或乘賤糴買，延至騰踴，方纔上納該遣酌量數之多寡，地之遠近，立限追完，踰期者罪之。一、齊法馬。户部原降發法馬，或言解邊儲，不能依者，殊不可解。以後解官解銀，令該司府給發，即將稱銀法馬付解官同赴管糧衙門比驗交納。户部覆如議。但謹支收一款，本部原題一應錢糧主兵支放，客兵召買，皆部司臨時分發，其相去遠者照數預發，自有州縣庫貯收臧，不必令官攢看守。據稱東路寄代州庫，中西豈無附近州縣？其議建庫，有無穩便，及動支何項銀兩，合行撫按再議。具奏報可。

《明實録》萬曆四年五月〔辛亥〕巡視太倉銀庫給事中李盛春等，因河南布政使鮑承廕侵尅解銀，議將各省直解銀俱五十兩一錠，用鞘裝以免侵尅剽剋，并宗室禄粮悉令依期懲給，足色足數，不許延緩扣除。上然之。

《明實録》萬曆四年十二月〔壬午〕禮科給事中武尚耕言：内府甲乙等庫所以貯四海任土之貢，待朝廷不時之需，徵解出納，關係至重。其間利弊，不嫌指陳。各庫急缺例得題請召買，權也。乃射利之徒，見估價倍于時值，低價可以冒充。鑽求召買，比至上納，精細真僞不復辨。今後遇有急缺，應召商買辦者，所買物料責令呈樣，一封發驗廳試，一封送巡視衙門驗。不如樣者，揀退更換，仍送法司重究。此奸商射利之巧所當杜也。各庫解到錢糧，久逋不完，惟承運庫絹疋爲最，皆因積棍包攬尅扣，及到京驗退，又托故告回，重復科擾。害愈不可言矣！今後有司造辦，務選正身大户起解，擇委賢慎職官簡驗印識，以防抵換。仍于批文數目下明開，每疋俱有印鈐員役姓名等字，赴該衙門折驗。有司故縱，炤例參究。至于甲字庫布疋，乙字胖襖，併宜炤此攬解侵抵之源所當塞也。錢粮解到即納，原無告回之例，乃有員役偶因揀退物料，輒假别故赴部告回，去後高坐于私家動逾數載，該部亦無從比併司官併若罔聞，則以責成疎

《明實録》萬曆五年三月〔庚子〕南京户部尚書畢鏘奏：鳳陽倉儲收放必經本部，以遠在江北，不便勾稽，收則完欠莫辨，支則侵冒難清。困循耗廢，空虚已極。今條議六事。一、清坐泒。該倉原泒各府衛所民屯三十四萬三千五百三十餘石，計每歲支費本折尚餘八萬餘石，宜查核存貯，以備緩急。一嚴徵解。該倉原派河南直隸各府二十七萬一千五百五十五石，鳳陽中等各衛所屯粮七萬二千三十石，設法查催，不完者各官降罰如例。一、裁預支。查各衛運軍班軍有支糧至二年者，貧軍易于花費，將領利于扣除，甚有在操脱工，在運欠粮者，紛紛告行抵補。那移日增，後交何極，宜照例止支半年，餘俱按月關支。一、禁各官不得預各扣月粮，以滋冗費。一、將支給米麥本折酌量品搭，定爲畫一之法，以示均平。一、責成該倉主事以慎官守。部覆允行。

《明實録》萬曆六年二月〔丁酉〕先是，南京盗斬成盗内庫銀一千一百二十七兩，奉欽依監追完日發遣，所經二年未完，所司題請有旨奸犯盗庫銀兩數多，監追二年分文不納，却只年年改限，豈成法紀？令限姑

准再改，着依限嚴併完貽發遣，不許仍前寬縱。

《明實録》萬曆十二年二月〔己酉〕工科左給事中姚德重等題查盤廠庫四事：一、歸併廠庫查盤。一、稽查逃亡匠糧。一、閱視通州倉厫。一、嚴禁外解濫惡。部覆，從之。

辛亥，吏部覆蕭廩疏請遵例考核有司。奉旨：有司侵肆苛刻，深爲民害，姜克昌褫職爲民，以後撫按官考核務嚴甄別，毋濫保市恩。

《明實録》萬曆十四年五月〔丙午〕户部覆長蘆巡鹽御史譚耀題：自萬曆十五年爲始，將運司比炤殘鹽事例。每年添開二萬引，每年派足額課一十四萬兩之數。遇開派鹽粮，查土著有名實納商人，以資本之厚薄爲開中之多寡，不許無籍棍徒，請托勢要，挾求引目，專利病商。上俱依擬。户部覆户科都給事中姚學閔等條議三事：一、議起解錢粮當嚴加查覈不許違限滋弊。一、議銀庫收放不許另置天平，以滋多事。一、議蠲免查參銀粮除金花漕糧炤舊催徵外，其餘拖欠盡行蠲免，被參各官似應併宥。俱依議行。

《明實録》萬曆十八年四月〔戊寅〕巡按直隸御史喬璧星奏言：安慶府各倉庫銀米先任典守各官或擅行侵欺，或通行侵欠，叢姦積弊，所當嚴查。乞敕該撫按官一切錢糧，從寧邸事變查起，其干礙各官請旨重治。部議以年月久遠，勢難盡查，轉滋耽延，宜止自隆慶初年查起。得旨：依擬。

《明實録》萬曆十八年五月〔甲子〕工部覆巡視廠庫科道官條議四事：一、裁庫役。一、覆鞘單。一、清預支。一、覈事例。並乞將巡視道臣以一年爲滿。如謂增差不便巡視，蘆溝橋差務稍簡可以兼管。都察院議覆從之。

《明實録》萬曆二十三年四月〔戊午〕户部覆巡倉御史柳佐條議鳳陽倉糧六事：一、議改折。往歲猾胥借災折色，重剋貪軍，宜嚴行地方覈實分數以定全半改折，無令朘削者得行其私。一議折放。軍士月糧除照例折色，每石三錢，其本色米麥偶遇支盡，即以各州縣原解米六錢，麥四錢盡數給發，永爲定例。一、半給散。每月給散班軍糧銀，議委賢能首領公平給散。無得仍前短少，衛所有侵剋者盡法參治。一、明職掌。所屬府州縣已完軍糧，不許別項那借，有朦申別衙門完銷者，聽御史查參。一、專責成。嚴責各府管糧官，將所屬應徵本色折色備文送巡倉御史酌量完欠，分別舉刺以示勸懲。一、戢衙役。積年姦蠹刁難，解户莫可誰何，須聽巡倉御史廉訪得實，屬有司者徑自拏問，屬分司者會同管倉司官拏究正罪。詔從之。

《明實録》萬曆二十七年十二月〔壬辰〕山東税監陳增進追罰吴時奉等銀一萬二千五百兩，仍爲吴宗堯乞貸。上命銀兩查收隱匿未完者嚴提追究，吴宗堯始褫職爲民，不許推用。

《明實録》萬曆二十七年三月〔甲申〕徽州歙縣人吴養晦投揭税監魯得保，稱其祖守禮爲兩淮巨商累貲百餘萬，伯叔時修等吞併無分，且守禮在日曾逋鹽課二十五萬，勝寢不追。乞斷追匿課並并追給養晦應分家財，于内願獻五萬兩以助夫工。魯保爲請，上命追課給産如深議。户部上言：與禮在追所需金珠寶石名香等項，乞分派各省。上命俱於在京召商買辦，惟龍涎香行該省辦進。

《明實録》萬曆三十年六月〔己亥〕户部覆議右給事中白瑜條陳巡視銀庫六款，一、久正庫陪庫主事之差以明協恭。一、覈原解外單鞘單色數以杜弊孔。一、嚴進城解官報單以防傾换。一、清庫役以禁盜竊，盡革夾帶賄買關節之弊。一、正餘羨以公出納。銀庫主事收放不得任意多寡。一、平物價以蘇商困。會估務依時價，外解不堪者正官以不職論。詔依擬行。

工部尚書姚繼可言：屯田司錢糧有二：其一柴夫柴價銀兩所以供柴炭之用，每年額解二十六萬兩。先年額支十八萬兩，至二十六年加支二萬餘千兩，然各省直之派未加也，而近來歲欠三四萬矣。其一、科價銀兩所以供監局之用，每年額解十二萬兩。先年額支八萬兩，至二十九年增解巾帽局二萬兩，然各省直之派未增也，而近來歲欠二萬餘兩矣。查二十二年内本司庫貯尚有四十八萬兩。一、費於棚工銀錢，山香山等工者已去其半。一、都水司因年例借用二十八萬兩而庫貯一空，在繕司將本司川廣料銀題留採辦木植，計有七萬餘兩，水司將本司西南料銀題留織造治河。總至有六十八萬，此山陵各工之費，毫無貯積，不得不取給於柴炭銀兩年

例，巾帽之解僅有四萬，不得不那足於柴價數內，故三四年間四廠之額派未敷，該監之催促甚緊，每至年終巾帽無解，必假貸於別司，加以各工應給之銀尚多三四萬兩，每日該領賞五七十輩，本司之窮也忙也極矣！爲今之計：一、禁題留，除二十年無及已自三十一年後，請諭繕、水二司不得將本司料銀輒自題留。一、酌補還。繕、水二司有事例額解等銀，如繕司留過本司七萬餘兩，每年議還二萬兩，水司留過借過本司九十六萬餘兩，每年議還六萬兩，雖難卒償，一時尚可救巾帽價銀之急。一、嚴拖欠，請申飭參罰。每年冬夏二季，各該撫院將所屬拖欠職名咨部，以便酌量參處，庶人心知惕，稍免逋負之多，乞將條議三事俯賜允行。詔嘉納之。

《明實録》萬曆三十三年正月（丁酉）先是，巡漕御史孔貞一，以運軍行月二糧及安家銀兩，多爲運官截留，以充各衙門委官書辦倉攢門皂，及經紀、腳夫、囤頭、歇家等費，剝軍惠奸，甚非法紀，特疏奏聞，仍列款送部查訪汰革。隨經總督倉場侍郎激應乾通行各監督司官議稱，倉役之徵，賄于運軍，以能挾其短長，運軍之納賄于倉役，以能覆共瑕釁。使在運官旗果無盜賣插和浥濕等弊，何畏何求而俛首輸貲，皇皇恐後也。而運官假借名色，取以自潤者，蓋亦有之，謂宜嚴杜痛懲，與之便始即明諭各軍，以諸倉已禁絶，便費矣。但須照依原兑如法上倉，無復聽信運官巧行科派，仍豎榜刻册，永久遵行。該户部覆看如議，從之。

《明實録》萬曆三十四年正月（辛巳）鳳陽巡倉御史蕭如松條上倉儲八議：一、明職掌。二、專責成。三、查積逋。四、覈屯糧。五、嚴查參。六、議改折。非年遇重灾不得輒改。七、議糴米，每歲秋成放豐稔地方收買粮米，出陳易新。八、革奸役。下户部，尚書趙世卿等集議稱便，從之。

《明實録》萬曆四十六年五月（庚寅）巡倉御史王象恒條上倉漕八要。上命該部議之。一、嚴責旗總以杜掛欠。于選官僉甲之時，詳爲查核，賢能殷實者充之。漕務參政陞遷亦如是方事例交代，庶掛欠可杜。一、專選庫官以便責成。凡省直輕齎解到淮庫逐一驗兑，釘封鈐固，擇廉幹正途并法馬解通州坐糧廳較量，仍設通濟庫官一員以復舊例。一、革船户幫貼以省煩苦。河西務剝船八百隻，派正户八百家，又僉幫户二千四百

家。差遣追呼！不勝騷擾。不如盡行裁革，而出官銀幫貼之。雖減二千金濟邊之額，而所利實衆。一、議革攬頭以禁侵漁。凡解白糧，務要親自上納。既可省包攬之費又免比解之苦。犯者包攬解户俱應嚴懲。一、多留通糧以省煩費。改兑分貯通倉，立法自有深意，後因改兑不足，暫撥正兑湊補。又因京倉匱乏，遂將正兑盡入京倉。災減過多，通儲既竭，而京倉亦縮。今宜每歲于凡幫正兑糧內臨時改撥通倉三四十萬，俾是一歲支放，則內外不至偏枯。一收餘米以實倉庾。凡各衛所納剩餘米，該倉即具數呈報，督部酌量時價，動支官銀收買，另入空廒，俟有掛欠，呈請撥補，即令支價還官。若收買過多，仍將用過官銀徑自開銷不作在庶官軍得霑實惠，又便速回。一、嚴稽查以杜虛冒，每月放糧，除錦衣衛向係題准休廒及巡捕各軍勞苦另行坐派外，其餘有衛之軍，即坐本倉之糧。其無倉之軍，聽下糧廳查會計文簿俟陳照數□搭湊足。一、倉廒放額數既可辦年貌于相習，又可寓點兵于授餉，又禁改折以重銀本。凡省直因災改折銀兩，解入太倉，另爲收貯。照例于每年四月、十月以每石五錢折色，折六年即可餘一年之糧。或遇近京災侵，不妨多放本色一二月，以寓賑濟。從之。

《明實録》天啓元年十一月（壬戌）户部尚書汪應蛟覆甲丁庫錢糧四款：一免税，謂丁字庫油漆銅錫等項，既派商辦納，復照單比税，各商何堪？宜移宣課司知會，凡召辦俱免納税，以滋重困。一革鋪墊，謂外解錢糧，鋪墊已屬陋規，此外復有茶果見面科斂名色，宜嚴諭庫璫盡行裁革。至召買商役原係苦累，應令止完本色，勿概索鋪墊。一截支，謂商價不給，輒以揭借傾家，今後召買必先給價，如恐領銀虛冒，應照截支之議。錢糧收到即給價銀，未完之數另行追比，續完之價再爲截支，庶貧商有所接濟而在官稽查亦易。一平估，謂京師物價騰貴，較之出產地方價輒數倍。先年會估較今價不啻星淵，容臣部移巡視諸臣，及劄九門鹽法部司等官會同估值，照時價通融增減，仍責商人召辦，務要真正物料依期進納。從之。

《明實録》天啓三年六月（甲戌）巡視廠庫工科給事中楊所修以實盤本庫銀錢短少低假，其疏奏聞，乞嚴究經手之人，使罪有所歸。上命經管員役挨查完處，以後實盤交代，著申飭嚴行。

《明實録》天啓五年正月〔癸亥〕户部署部事左侍郎陳所學題覆總督倉場畢懋良疏言：督臣疏云加放折色，月分議定四季之首，一季中本色二月，折色一月，節倉儲而恤軍士，誠兩得之至。於兩月折銀，統在京軍匠而言，須三十萬金始是。查原無此項額設，今督臣議欲於餉遼之漕粟，照所截數動新餉銀兩以償漕本，以濟兩月之放，斯固向來原議。如今年截過三十五萬石，每石該銀五錢，共該銀一十七萬餘兩，抵還第查新餉一項，既以楚、蜀、黔、滇闕額，加之災荒地方蠲免，而年來闕門增餉又踰二十餘萬，若欲要截數全抵，恐亦不能應行。令新庫查酌量還，其餘不足容臣部於别項堪動内再爲設處通融，湊發惟期，不失應放之額數而已。乃若通糧額貯七十萬石，原係歲收歲放，京軍應赴通關支四個月，每月領米一十四萬石，今既議新兩月判此餘粟應運至京，其二月十二月仍赴通州支領，若盡取給京倉，則於軍士雖省往返而本部反多費三萬餘金之脚價矣。至於截津之費，止可抵運二十餘萬石，但津部目今咨取出倉入倉運價約二萬餘金，亦費區處。凡此皆督臣所謂權宜之術，暫一行之，誠見夫庾匱帑空，苦心區畫，以竭誠於軍國計安於長久者也，命依議行。

《明實録》天啓五年十二月〔丙子〕督理遼餉巡撫天津户部左侍郎黄運泰奏請申明帶運糧額，略曰：頃倉臣薛貞上疏謂，倉廩匱乏已極，漕粮勢難截留，奉旨各守原派額數催納，臣不勝歡忭。夫帶運供遼餉者也，原有帶運之額數，漕粮供京倉者也，原有漕粮之額數，各有項款，兩不相蒙。今倉臣以漕粮爲不可截是矣，不知帶邊附於漕粮之内，乃爲津門應運之物。曾經前餉督臣李長庚條議，題准截漕三十萬之數，責成浙直江廣每運漕糧十石帶買一石，此帶運之原委也。臣竊謂帶運初議三十萬專爲遼設，宜與遼事相始終，而每年額派粮料亦當以此爲主，自今以後每歲額派帶運務足三十萬之數，不必截漕，永著爲令。從之。

《明實録》天啓六年十二月〔乙丑〕巡視庫藏監局兵科右給事中薛國觀以庫藏空虚，鋪商困敝，陳補救之法。一、該部考成宜嚴，臣約查省直負欠之數不啻數十萬，非設法以振勵之，則情窳成風逋負將何所底止？請著爲令，以後有額解不完者，撫按不許考滿，銓部不許陞轉，該部仍查所欠多寡，年終參處，毫不寬假，將催徵其惟勤乎。一、巡視舉劾當舉。督餉巡青年終皆舉劾奏繳，況庫藏之錢糧關係上用，更宜鄭重分别。舉劾當自天啓七年爲始，將能者蒙其獎借，不逮者被其參罰。夫誰不鼓舞冀得一當，甘自淪落於彈射耶？一、驗視印鈐宜設。省直各有方物辦貢本色，乃姦解輕賫敗貨納官，串同官保欺隱侵漁，莫可殫究，以後到京上納掛銷，必驗視廳逐項驗過，批單之上填註驗視字跡印鈐，巡視科道始公同會收，則弊竇其一清矣。一、物料估價宜平。今昔時勢不同，物料貴賤互異，即近價稍議增加，終難其堪用。宜檄各省直撫按如所解本色時價騰貴，不妨照時議價，俾委解無陪累之艱，其有姦解侵欺低假抵塞者，驗時立置之法，彼將安所籍口？一、柴炭銀兩宜嚴司廠。柴炭例係報商置買，價銀出自節慎庫。邇來價值拖欠，追商陪累，不勝艱苦。宜著爲令，各省直起解柴炭銀兩，俱赴巡視科道投批掛銷，公同收放，其銀兩另貯該庫，止許交給鋪商，不許别項那借，年終分别完欠，併行舉劾，庶幾外解免完，價值有賴，亦蘇息商困之一法也。得旨：這條陳庫藏事，宜深得催積通覈解弊，蘇困商之法，著即與覆行。

《明實録》天啓七年正月〔丙戌〕户部又題：餓軍待哺已極，乞速催折色銀兩。得旨：漕粮軍國急需，歲額原無可減。這各省直永折災折俱係徵完，貯庫銀兩從本年以前，着各該撫按官徹底清查。這兩差官勒限盡數起解，限春季内到部。如有侵欺那移等弊，即將書吏追贓治罪。有司報部參處，以後凡遇災傷改折，著與本色同時解到，違者嚴行罰治。孟春既放折色，該部還設法區處，勿悞軍務。

《明實録》天啓七年正月〔己丑〕工部尚書薛鳳翔覆巡視庫藏監局工科右給事中薛國觀等疏言：該庫柴炭銀兩，該部那借，全由外解，愆期參罰不用。凡一應解來柴炭銀兩，宜先于科道掛號，而後于本部投批，另存貯以絶那移，行知會以明收放。至從前積逋續解除給各商之外，其餘應扣還該庫以補從前之借給，以佐陵工之急用。本年錢粮限春間起解，積欠錢粮限二月解完，倘有不遵，便當參罰。得旨：這柴炭銀兩係上供急需，如何外解衍期，致該部那借數？多著嚴行地方官守催官一體住俸督催，本年限春間起解，積欠限二月終完解，有延緩不遵的，參來重處。其解到另貯，知會給商補庫自七年清楚始，俱如議行。

《明實録》天啓七年正月〔乙亥〕上遣文書官郝隱儒齎捧聖諭到閣，于是大學士黄立極等奏：臣等莊誦皇上切責出納諸臣奉職無狀，以致財用匱詘，欲于京通倉庫漕運河道諸錢粮緊要處分遣三内臣總理覈稽實數，杜塞弊端，令臣等擬諭，下部施行。仰見皇上□情國儲，軫念邊需，不勝悚服。而又致慨于盗臣之蠹國，貪吏之敗類，不勝扼腕痛恨也。此後在事諸臣所不洗心條慮，冀回皇上之疑以爲信，其何以視息人間耶？謹擬聖諭一道呈進。御覽諭曰：蓋聞裕國計者度支之出納宜明，足軍需者司庾之綜覈貴，審苟不酌，盈以佐詘，徒任此侵。而彼年將儲時之立空，何軍國之足倚？朕承祖宗鴻業七載于兹，鋭意安攘，留心撙莭，期爾有位共懷，體國之忱，各效涓埃之報。乃每披覽各官奏報，太倉銀庫節慎庫及京通等倉漕運粮儲之疏開列，徒有虚名，節畜了無，實事，陰懷潤索，顯用扶同，争差委而垂涎，視錢穀爲奇貨，如前歲盗賣官粮，則李柱明之罪案昭然，近日賄行軍餉，則丘志充之賍証暴著，從内覈外，舉一例餘，鼠竊狼食，本能盡見。況太倉等庫銀兩錙銖疇非國課，乃未納而任入旁蹊，將出而寄頓小庫，有如天啓三年七月内，河南解到折色銀兩，被歇家人等假造實收，通關竟不入庫，又外管庫主事何其義、萬時俊將老庫銀兩不行交盤，私相埋没，爲部發參處。至于京通等倉粮顆粒盡屬民膏，彼不念辦納之苦，跋涉之艱，而貪官汚吏串通漕運官軍，或插和沙秕，或晴加水潤，又經營官員巧立飯米等項名色，私自盗賣。實繫有徒如此者，貪黷成風，法紀凌蕩，不一而足。倘不亟加釐剔，雖滄海豈足實漏巵，嚴刑豈足懲巨蠹乎？今特命司禮監秉筆太監兼掌御馬監印務，總督勇士四衛營軍，務涂大輔。著總督太倉銀庫節慎庫原任司禮監秉筆太監崔文昇，著總督漕運疏通河道，查覈京通等倉。原任司禮監提督太監李明道，著提督漕運，疏通河道，查覈京通等倉，各前去會同該部科道及漕臣河臣等官，將天下地畝等項額數銀兩，及漕運歲到粮儲數目，于出納之際本折若干，存發若干，各按册籍細加查覈，必盡翻窠臼，撤底澄清，朕既各委親近，内臣亦必重其事權，專其職任，而後可以責其成功。其合用敕諭關防，所司各行擬給，使振刷夙弊，丕變新猷，以復我祖宗設立太倉節慎等庫，京通漕運等倉之初意，以昭連□撙節慎重軍餉之至懷，庶庾計無虞，緩急有賴，故諭。

《明仁宗寶訓》卷一《重農》永樂八年五月辛卯，上爲皇太子監國，南京刑科右給事中耿通言：驍騎等衛倉壞，運粮至者，露積久而虧折多。工部侍郎陳壽等不預修理，宜正其罪。上曰：豈獨虧粮又妨農務。令壽等亟修倉收納，遣民歸治農。

《明宣宗寶訓》卷四《備荒》洪熙元年六月乙卯，無爲州奏：州民艱食，已給預備倉粮濟之。上諭行在户部尚書夏原吉等曰：預備食儲正爲百姓。比之前代，常平最爲良法。若處處收積完備，雖有水旱灾傷，百姓可無饑窘。此太祖皇帝良法美意，卿宜編行天下，申明舊典，務存實惠，勿事虚文。

《明史》卷七九《食貨志·倉庫》其在外諸布政司、都司、直省府州縣衛所，皆有庫，以貯金銀、錢鈔、絲帛、贓罰諸物。巡按御史三歲一盤查。各運司皆有庫貯銀，歲終，巡鹽御史委官察之。凡府州縣税課司局、河泊所，歲課、商税、魚課、引由、契本諸課程，太祖令所司解州縣府司，以至於部，部劄之庫，其元封識，不擅發也。至永樂時，始委驗勘，中，方起解；至部復驗，同，乃進納。嘉靖時，建驗試廳，驗中，給進狀寄庫。月逢九，會巡視庫藏科道官，進庫驗收，不堪者駁易。

《明史》卷七九《食貨志·倉庫》弘治中，江西巡撫林俊嘗請建常平及社倉。嘉靖八年乃令各撫、按設社倉。令民二三十家爲一社，擇家殷實而有行義者一人爲社首，處事公平者一人爲社正，能書算者一人爲社副，每朔望會集，别户上中下，出米四斗至一斗有差，斗加耗五合，上户主其事。年饑，上户不足者量貸，稔歲還倉。中下户酌量振給，不還倉。有司造册送撫、按，歲一察覈。倉虚，罰社首出一歲之米。其法頗善，然其後無力行者。

（清）查繼佐《罪惟録》紀卷九《憲宗紀》〔成化二十年十一月〕令考滿官員納粟備賑，令天下覈實預備倉，不足補之。

（清）查繼佐《罪惟録》紀卷一四《神宗紀》〔萬曆三十八年十一月〕丁卯，以軍乏餉，諭廷臣陳足國長策，不得請發内帑。**【略】**〔三十九年四月〕丙申，設邊鎮常平倉。

《清實録》**康熙五十三年十一月**〔丙戌〕户部議覆陝西道御史周祚顯疏言：直隸各省起解各項錢糧物料到部，司務廳將批文存案，呈堂之後即委之庫官，任其勒索，延及數月，尚不兑收，庫官與胥吏通同作弊，解員熟識者竟以銀兩輸入庫官之家，虚給回批，此盜取之實情。請自今凡解錢糧物料到部，批文呈堂驗明，即示兑收日期，不得延逾五日。届期滿漢堂官當面收兑，交與典庫官員即發批回，如有淹留時日包攬勒索等弊，即指名糾參。應如所請。從之。

《清實録》**雍正二年二月** 總理户部三庫怡親王允祥條奏三庫事宜四款：一、除加平之弊。嗣後各處錢糧，務令照庫法解送，不得如前故爲短少，與庫官講明輕兑，在外加平。違者治罪。一、除加色之弊。從前各省解送銀兩外，有加色一項，解官與庫官侵蝕分肥，便將潮銀入庫。嗣後若解潮色銀兩，將直省經辦及解送官員提參治罪。一、三庫請設主事一員，辦理檔案，登記一應數目，至年終復將各處册檔詳加查對，以杜欺隱之弊。一、請設庫大使一員，各省解送錢糧物料，將限定日期，銀兩物件數目，及官役姓名，預行知會大使，回堂登簿，俟解到之日，令大使公同該司官查驗，庶無那移偷盜遺漏等弊。從之。

《清實録》**乾隆五十九年五月** 户部議奏：酌定各倉鬮米章程。一、每月三旗輪放甲米，無庸倉場坐派廒口，徑由户部按禄米等倉次序於每月朔日挨定三倉，令該三旗分往鬮領。或三色米内，間有一色不敷，即按成抵給，不得赴别倉找補。

一、每年新漕進倉時，倉場侍郎酌量舊存各色米石均匀派貯，並豫期造册咨部，以便分别新陳搭放。

一、每月部定倉口後，行知都察院簽派滿漢科道各一員，驗封該倉貯米廒座，届放米時，科道率監督等眼同領米旗員，揭去氣頭，將應收米石一律放給。仍令該監督將所領米樣封送户部。各該旗亦於領米竣日，將米樣送部，以憑覈對。其舊設查倉御史向係一年更换，嗣後應停奏派。惟所派監放甲米之科道本衙門别項差使應令扣除，俾專責成。

一、八旗領出米石，本旗都統或副都統會同查旗御史赴倉驗明米色、米數，籤掣佐領次序，即分給各兵，押同原車交卸。

一、各該旗都統先期覈明所屬各佐領下應領米數若干、人數若干，造册咨部，轉行倉場。俟開倉日令三旗都統於一月限内，無論滿洲、蒙古、漢軍、包衣分作十五起，並於每起派章京一員、領催二名及應食米之兵丁三四名，眼同赴領以防攙雜、尅扣等弊。如限内不放竣，監放之都統、副都統及該科道並監督均罰俸一年。

一、各該旗赴倉領米，倘監督與花户人等，有攙和潮米及短米索費等弊，許兵丁等首告領米旗員等及稟明各該都統，將監放之科道及監督一併嚴參，花户等從重究治。

一、各倉既派科道稽查，向派都統，副都統查倉之例，應請停止。

一、外火器營官兵，坐落藍靛廠，其米石向在海運、北新二倉支領，殊屬窵遠，應與圓明園暨健鋭營一併歸本裕、豐益二倉就近鬮支。車脚錢文即照圓明園官兵領米例，一律妥辦。

一、文職四品以下、武職三品以下、世職子男以下，春秋二俸即於禄米等十一倉，分季輪鬮。届期行知都察院，派滿漢科道各二員，輪赴各倉，率同該監督等照支放甲米之例辦理。

一、内務府每年約需白麥四千七百餘石，令倉場新麥抵通時，徑運交内務府恩豐倉存貯備用。

一、八旗官兵并各項官兵拴養馬匹及五營差馬等項，每年共應領豆十六萬餘石，請照支放甲米例，令領豆石之人眼同該監督一律匀放。

一、米商鋪户囤積居奇，應飭步軍統領順天府及五城出示嚴禁。如鋪户人等違禁豫買兵米，除將兵丁責處，仍飭自行赴倉鬮支用過鋪户銀錢不准償還。奸商等仍敢索討，許兵丁等首告，將索債人從重治罪。從之。

田賦法制部

先秦分部

論說

《尚書注疏》卷六《禹貢》 九州攸同，四隩既宅，孔安國傳：四方之宅已可居。九州刊旅，九川滌源，九澤既陂，孔安國傳：九州名山與槎木通道而旅祭矣，九州之川已滌除泉源無壅塞矣，九州之澤已陂障無決溢矣。四海會同，六府孔修。孔安國傳：四海之內會同京師，九州同風，萬國共貫，水、火、金、木、土、穀甚修治。言政化和。庶土交正，厎慎財賦，孔安國傳：交，俱也。衆土俱得其正，謂壤、墳、壚。致所慎者，財貨貢賦。言取之有節，不過度。咸則三壤，成賦中邦。孔安國傳：皆法壤田上中下大較三品，成九州之賦，明水害除。

疏：正義曰：昔堯遭洪水，道路阻絶，今水土既治，天下大同，故摠叙之。今九州所共同矣，所同者，四方之宅已盡可居矣，九州之山刊槎其木旅祭之矣，九州之川滌除泉源無壅塞矣，九州之澤已皆陂障無決溢矣，四海之內皆得會同京師無乖異矣，六材之府甚修治矣。言海內之人皆豐足矣。水災已除，天下衆土墳壤之屬俱得其正，復本性故也。民既豐足，取之有藝，致所重慎者惟財貨賦税也。慎之者，皆法則其三品土壤，準其地之肥瘠，爲上中下三等，以成其貢賦之法於中國。美禹能治水土，安海內，於此總結之。【略】

致所慎者，財貨貢賦，謹慎其事，不使害人，言取民有節，什一而税，不過度也。【略】

正義曰：土壤各有肥瘠，貢賦從地而出，故分其土壤爲上中下，計其肥瘠等級甚多，但舉其大較，定爲三品，法則地之善惡，以爲貢賦之差。雖細分三品，以爲九等，人功修少，當時小異，要民之常税必準其土，故皆法三壤成九州之賦。言得施賦法，以明水害除也。九州即是中邦，故傳以九州言之。

五百里甸服。孔安國傳：規方千里之內謂之甸服。爲天子服治田，去王城面五百里。

疏：五百里甸服。正義曰：既言九州同風，法壤成賦，而四海之內路有遠近，更叙弼成五服之事。甸、侯、綏、要、荒五服之名，堯之舊制。洪水既平之後，禹乃爲之節文，使賦役有恒，職掌分定。甸服去京師最近，賦税尤多，故每於百里即爲一節。侯服稍遠，近者供役，故二百里內各爲一節，三百里外共爲一節。綏、要、荒三服，去京師益遠，每服分而爲二，內三百里爲一節，外二百里爲一節。以遠近有較，故其任不等。甸服入穀，故發首言賦税也。賦令自送入官，故三百里內每皆言納。四百里、五百里不言納者，從上省文也。於三百里言服者，舉中以明上下，皆是服王事也。侯服以外貢不入穀，侯主爲斥候。二百里內徭役差多，故各爲一名。三百里外同是斥候，故共爲一名。自下皆先言三百里，而後二百里，舉大率爲差等也。【略】

正義曰：先王規方千里，以爲甸服，《周語》文。《王制》亦云：千里之內曰甸。鄭玄云：服治田，出穀税也。言甸者，主治田，故服名甸也。

百里賦納總，孔安國傳：甸服內之百里近王城者。禾稾曰總，入之供飼國馬。

疏：正義曰：去王城五百里摠名甸服，就其甸服內又細分之。從內而出，此爲其首，故云甸服之內近王城者，總者，總下銍、秸，禾穗與稾，總皆送之，故云禾稾曰總，入之供飼國馬。《周禮》掌客待諸侯之禮有芻，有禾，此總是也。

二百里納銍，孔安國傳：銍，刈，謂禾穗。

疏：正義曰：劉熙《釋名》云：銍，穫禾鐵也。《說文》云：銍，穫禾短鐮也。《詩》云奄觀銍刈，用銍刈者，謂禾穗也。禾穗用銍以刈，故以銍表禾穗也。

三百里納秸服，孔安國傳：秸，稾也，服稾役。

疏：正義曰：《郊特牲》云：莞簟之安，而稾秸之設。秸亦稾也，

雙言之耳。去穗送稾，易於送穗，故爲遠彌輕也。然計什一而得，稾粟皆送，則秸服重於納銍，則乖近重遠輕之義。蓋納粟之外，斟酌納稾。服稾役者，解經服字，於此言服，明上下服皆並有所納之役也。四百里猶尚納粟，此當稾、粟別納，非是徒納稾也。

四百里粟，五百里米。孔安國傳：所納精者少，麤者多。

疏：正義曰：直納粟米爲少，禾稾俱送爲多。其於稅也，皆當什一，但所納有精麤，遠輕而近重耳。

《周禮注疏》卷二《天官冢宰·大宰》　以九賦斂財賄：一曰邦中之賦，二曰四郊之賦，三曰邦甸之賦，四曰家削之賦，五曰邦縣之賦，六曰邦都之賦，七曰關市之賦，八曰山澤之賦，九曰弊餘之賦。財，泉穀也。鄭司農云邦中之賦，二十而稅一，各有差也。弊餘。百工之餘。玄謂賦，口率出泉也。今之筭泉，民或謂之賦，此其舊名與？鄉大夫以歲時登其夫家之衆寡，辨其可任者，國中自七尺以及六十，野自六尺以及六十有五，皆征之。《遂師》之職亦云以徵其財征，皆謂此賦也。邦中，在城郭者。四郊去國百里，邦甸二百里，家削三百里，邦縣四百里，邦都五百里。此平民也。關市、山澤謂占會百物，弊餘謂占賣國中之斥弊，皆末作當增賦者，若今賈人倍筭矣。自邦中以至幣餘，各入其所有穀物，以當賦泉之數。每處爲一書，所待異也。削，本亦作稍，又作䣊，所教反。徐所召反。弊，鄭婢世反，干必世反。名與，音餘。鄉大夫，劉音香。處，昌慮反，後可以意求。

疏：以九至之賦釋曰：云以九賦斂財賄者，此賦謂口率出泉，其處有九，故云九也。既云賦得口率出泉，則財賄非泉。而云斂財賄者，計口出泉，無泉者取財賄，以當筭泉之賦，故云斂財賄也。一曰邦中之賦者，謂國中之民出泉也。二曰四郊之賦者，計遠郊百里之內，民所用出泉也。三曰邦甸之賦者，謂郊外曰甸，百里之外、二百里之內，民所出泉也。四曰家削之賦者，謂二百里之內地名削，其中有大夫采地，謂之家，故名家削。大夫采地中，賦税入大夫家。但大夫家采地外，其地爲公邑，公邑之內，其民出泉，入王家，故舉家稍以表公邑之民也。五曰邦縣之賦者，四百里地名縣，有小都，賦入采地之主。其中公邑之民出泉，入王家也。六曰邦都之賦者，其五百里中有大都。大都采地，其賦入主。外爲公邑，其中民所出泉，入王家也。七曰關市之賦者，王畿四面，皆有關門，及王之市廛二處，其民之賦口税，所得之泉也。八曰山澤之賦者，謂山澤之中財物，山澤之民以時入而取之，出税以當邦賦，所税得之物，貯之而官未用，有人占會取之，爲官出息。此人口税出泉，謂之山澤之賦也。九曰弊餘之賦者，謂爲國營造，用物有餘，並歸之於職幣，得之不入府藏，則有人取之，爲官出泉，此人亦口税出泉，謂之幣餘之賦。然關市、山澤、幣餘不出上六處，而特言者，以其末作，當增賦故也。注財泉至異也。釋曰：知財得爲泉者，見《外府》云掌邦布之出入，賜予之財用，以此知財中有泉也。又知財中有穀者，案《禮記·喪大記》云：納財，朝一溢米，米即是穀，故知財中有穀也。云鄭司農云，邦中之賦，二十而税一，各有差也者，先鄭約《載師》圜廛二十而一，近郊十一，遠郊二十而三，故云各有差。後鄭不從者，以關市、山澤、幣餘之賦，皆無地税，即上云邦中四郊之等，亦非地税，故不從也。云幣餘，百工之餘，後鄭不從者，若是百工之餘，當歸之職幣，何有税乎？云玄謂賦，口率出泉也者，案《大府》云九貢、九賦、九功各别。又見《司會》云以九貢致邦國之財用，以九賦令田野之財用，以九功令民職之財用，貢、賦及功各别，賦爲口泉也。是以鄭君引漢法：民年二十五已上至六十，出口賦錢，人百二十以爲筭。故鄭於此注亦云：今之筭泉，民或謂之賦，此其舊名與？又引《鄉大夫》以歲時登其夫家已下及《遂師職》者，欲見征賦爲一，皆是口率出泉，破司農爲地税也。云邦中，在城郭已下，至五百里，此皆約《載師》所云遠郊甸地、削地、縣地、畺地之等，遠近之差。云此平民也者，謂六曰已上，皆是平善之民，先王以農爲本，故謂之平民也。對七曰已下非農民者爲末作也。云關市山澤謂占會百物者，謂關上以貨出入，有税物；市若泉府廛布總布之等，亦有税物；山澤，民人入山澤取財，亦有税物。此人占會百物，爲官出息。幣餘，謂占賣國中斥幣，斥幣，謂此物不入大府，指斥出而賣之，故名斥幣。云當增賦者，謂口率出泉增於上農民，故云若今賈人倍筭矣。云自邦中以至幣餘，各入其所有穀物，以當賦泉之數者，以經云斂財賄，財賄即是穀物，取之以當賦泉之數，若漢法人百二十。云每處爲一書，所待異也者，此九賦所得財物，給下九式之用，九式用處不同，故此九賦分爲九處，是以每一處爲一書，以待其出，式謂用財之節度，是所待異也。

《周禮注疏》卷二《天官冢宰·大宰》 以九式均節財用：一曰祭祀之式，二曰賓客之式，三曰喪荒之式，四曰羞服之式，五曰工事之式，六曰幣帛之式，七曰芻秣之式，八曰匪頒之式，九曰好用之式。式謂用財之節度。荒，凶年也。羞，飲食之物也。工，作器物者。幣帛，所以贈勞賓客者。芻秣，養牛馬禾穀也。鄭司農云：匪，分也。頒讀爲班布之班，謂班賜也。玄謂王所分賜羣臣也。好用，燕好所賜予。羞服，干云羞，飲食也。服，車服也。服或作膳。芻，初俱反。頒，鄭音班，徐音墳。好，呼報反，注同。勞，力報反。

疏：以九至之式。釋曰：云以九式均節財用者，式謂依常多少，用財法式也。一曰祭祀之式者，謂若大祭、次祭用大牢，小祭用特牲之類。二曰賓客之式者，謂若上公饔餼九牢、飧五牢、五積之類。三曰喪荒之式者，喪謂若諸侯諸臣之喪，含襚贈奠賻賵之類。王家之喪，所用大，非此所共也。荒謂凶年穀不孰，有所施與也。四曰羞服之式者，謂王之膳羞衣服所用也。五曰工事之式者，謂百工巧作器物之法。六曰幣帛之式者，謂若贈勞賓客也。七曰芻秣之式者，謂牛馬禾穀也。八曰匪頒之式者，謂若分賜羣臣也。九曰好用之式者，燕好所施予也。此九者，亦依尊卑緩急爲先後之次也。注式謂至賜予。釋曰：云荒，凶年也者，《曲禮》云歲凶，年穀不登，是凶年也。云羞，飲食之物也者，謂若《膳夫》飲用六清、食用六穀、醬用百有二十等之類。云工，作器物者，若《考工》所作器物也。云幣帛，所以贈勞賓客者，謂若《司儀職》上公三問、三勞之等，皆有束帛。《聘禮》賄用束紡。云芻秣，養牛馬禾穀者，謂若《聘禮》致饔餼芻禾之等也。云玄謂王所分賜羣臣者，就足司農班賜之義也。云好用，燕好所賜予者，以其言好，則知是燕飲有所愛好，自因歡樂，則有賜予也。

《周禮注疏》卷二《天官冢宰·大宰》 以九貢致邦國之用：一曰祀貢，二曰嬪貢，三曰器貢，四曰幣貢，五曰材貢，六曰貨貢，七曰服貢，八曰斿貢，九曰物貢。嬪，故書作賓。鄭司農云祀貢，犧牲包茅之屬。賓貢，皮帛之屬。器貢，宗廟之器。幣貢，繡帛。材貢，木材也。貨貢，珠貝自然之物也。服貢，祭服。斿貢，羽毛。物貢，九州之外，各以其所貴爲摯。肅慎氏貢楛矢之屬是也。玄謂嬪貢，絲枲。器貢，銀鐵石磬丹漆也。幣貢，玉馬皮帛也。材貢，櫄幹栝柏篠簜也。貨貢，金玉龜貝也。服貢，絺紵也。游，讀如囿游之游。斿貢，燕好珠璣琅玕也。物貢，雜物魚鹽橘柚。嬪，鄭音頻。司農音賓。贄，音至，本亦作贄。楛，音戶。櫄，敕倫反。幹，古旦反。篠，西了反。簜，火黨反。絺，敕其反。紵，直呂反。璣，徐音譏，劉音其既反，一音機。琅，音郎。玕音干。柚，羊救反，一音羊受反，或音喻。

疏：以九貢至物貢。釋曰：云致邦國之用者，謂此貢，諸侯邦國歲之常貢，則《小行人》云今春入貢是也。《大行人》云侯服歲一見，其貢祀物。彼謂因朝而貢，與此別也。但諸侯國內得民稅，大國貢半，次國三之一，小國四之一。所貢者，市取當國所出美物，則《禹貢》所云厥篚、厥貢之類是也。注嬪故至橘柚。釋曰：言故書者，鄭注《周禮》時有數本。劉向未校之前，或在山巖石室有古文，考校後爲今文。古今不同，鄭據今文注，故云故書作賓。此九貢，皆是諸侯賓之所貢，不得特以一事爲賓貢，賓貢者非也。若言嬪貢謂絲枲，堪爲婦人所作是也。鄭司農云祀貢，犧牲包茅之屬者，按《禮記·禮器》云：三牲、魚腊，九州之美物，故知祀貢有犧牲也。案僖公四年，齊責楚包茅不入，王祭不共，無以縮酒，故知祀貢中有包茅。云賓貢皮帛之屬，後鄭從嬪不從賓，如上釋也。云器貢，宗廟之器者，大行人因朝而貢者，得有成器，此歲之常貢，不得有成器，故後鄭不從也。云幣貢，繡帛者，《禹貢》有厥篚織貝及玄纖縞之等，故知幣貢中有繡帛也。云材貢，木材也者，案《禹貢》中有惟木，故知材貢中有木材也。云貨貢，珠貝自然之物也者，亦据《食貨志》爲說。云服貢，祭服者，後鄭亦不從，以大行人因朝而貢，有祭服，此歲之常貢，不得有成服。云游貢，羽毛者，亦不從者，以其游據人宴好，不得據物上生稱，故不從也。云物貢，九州之外，各以其所貴爲摯，又引肅慎氏貢楛矢之屬，後鄭不從者，以其九州之外世一見，無此歲之常貢之法也。云玄謂嬪貢，絲枲者，絲枲，青州所貢，此破先鄭爲賓貢。云器貢，銀鐵石磬丹漆也者，銀鐵，梁州所貢；漆，兖州所貢；石即礪砥，荆州所貢；磬即泗濱浮磬，徐州所貢。云幣貢，玉馬皮帛也者，《禹貢》堯時無貢馬法，《覲禮》諸侯享禮云匹馬卓上，九馬隨之，周則有之。玉，即球琳。皮，即熊羆狐狸，並雍州所貢。帛，即織貝之類，楊州所貢。此增成先鄭之義。云材貢，櫄幹栝柏篠簜也者，並荆州所貢。此亦

增成先鄭之義。云貨貢，金玉龜貝也者，亦增成先鄭之義。龜出九江，荆州所貢。玉，即球琳，亦雍州所貢。金，即金三品及貝，楊州所貢。云服貢絺紵也者，豫州所貢。云斿讀爲囿游之游。游貢，燕好珠璣琅玕也者，此破先鄭物上生名爲羽毛也。珠，即蠙珠，徐州所貢。璣，即璣組，荆州所貢。琅玕，雍州所貢。云物貢，雜物魚鹽橘柚者，此亦破先鄭之義。魚，即暨魚，徐州所貢。鹽，青州所貢。橘柚，荆楊所貢。已上所貢之物，皆據《禹貢》而言。

《周禮注疏》卷一〇《地官司徒・大司徒》 以土會之灋辨五地之物生：一曰山林，其動物宜毛物，其植物宜早物，其民毛而方。二曰川澤，其動物宜鱗物，其植物宜膏物，其民黑而津。三曰丘陵，其動物宜羽物，其植物宜覈物，其民專而長。四曰墳衍，其動物宜介物，其植物宜莢物，其民皙而瘠。五曰原隰，其動物宜贏物，其植物宜叢物，其民豐肉而庳。

會，計也。以土計貢稅之法，因別此五者也。毛物，貂狐貒貉之屬，縟毛者也。鱗物，魚龍之屬。津，潤也。羽物，翟雉之屬。核物，李梅之屬。專，圜也。介物，龜鼈之屬，水居陸生者。莢物，薺莢王棘之屬。皙，白也。瘠，臞也。贏物，虎豹貔𧳮之屬，淺毛者。叢物，萑葦之屬。豐猶厚也。庳猶短也。杜子春讀生爲牲。鄭司農云：植物，根生之屬。早物，柞栗之屬，今世間謂柞實爲早斗。膏物謂楊柳之屬，理致且白如膏。玄謂膏當爲櫜字之誤也。蓮芡之實有櫜韜。會，古外反，注同。早，音皁，本或作皁，注同。鱗，劉本作鱗，音鱗。津，如字，一本作濜，音同。覈，音核。專，徒丸反，注同。長，如字，下注長於土圭同。介，音界。莢，古協反。皙，音錫，白色也。贏，力果反。叢，才東反。肉，如字，劉而樹反。庳，音婢。貂，音彫。貒，吐官反。貉，胡洛反，依字作貈。縟，音辱，一音如勇反。圜，音圓，又徒丸反。臞，其俱反，又作臒，音稍與《考工記》燿後音同。貔，音毗，一音房私反。𧳮，敕宜反。萑，音丸。葦，于鬼反。柞，于洛反。致，直記反。櫜，古毛反，劉古到反。芡，音儉。韜，吐刀反。

疏：以土至而庳。釋曰：云會，計也，以土地計會所出貢稅之法。云辨五地之物生者，但天之所覆，地之所載，地有五等，所生無過動植及民耳，故云辨五地之物生。上經云十等，此云五地，不同者，上經細別而言則十等，以類相并而言故五等，其實一也。一曰山林者，此五地以高下相對，故一曰山林，山林高之極者。二曰川澤，川澤下之極者，故以爲對也。又五地之内，以民之資生取於動植之物，故先言動植，後言民也。山林之中，其動物宜毛物，其植物宜阜物，其民毛而方，此五地人物之等，皆方以類聚，物以羣分。及民之所生，皆因地氣所感不同，故使形類有異也。注會計至櫜韜。釋曰：案《宰夫職》云歲計曰會，故云會，計也。鄭知以土計貢稅之法者，以五地中而云會計者唯有貢稅之法，故鄭云以土計貢稅之法，因別此五者也。云毛物貂狐貒貉之屬者，依《爾雅》而言耳。案《爾雅》云貍狐貒貉同文，此云貉狐，不言貍者，鄭君所讀《爾雅》者爲貂，不爲貍也。言之屬者，山林之中毛者甚衆，故以之屬摠之也。言縟毛者，謂毛之細縟者也。云鱗物，魚龍之屬者，案《月令》春云其蟲鱗，鄭云蛇不言魚者，有足曰蟲，無足曰豸，經云其蟲鱗，魚無足，故不言魚。其實魚入鱗内可知也。此經云川澤宜鱗物，鱗物以魚爲主，有魚龍有蛇可知，故不言蛇也。云津，潤也者，以其民居澤近水，故有津潤。但入水見曰則黑，故民黑津也。云羽物翟雉之屬者，案：《禹貢》徐州貢羽畎夏翟，則翟，雉也。以雉乃羽中之貴物，故丘陵所宜羽物者是翟雉也。云核物李梅之屬者，鄭以丘陵阪險宜棗杏及李梅等，目驗可知，故云李梅之屬，中有棗杏也。云專，圜也者，此丘陵地氣使之然也。云介物龜鼈之屬水居陸生者，此陸生謂陸地生子。及生訖，即入水而居，故云水居陸生也。《五行傳》云貌之不恭，則有龜孽，注云：龜，蟲之生於水者。亦謂生居在水中，非謂初生在水。彼生與此鄭云陸生之生義異也。又云莢物薺莢王棘之屬者，薺莢即今人謂之皁莢。蓋誤云皁，當言薺也。王棘即《士喪禮》云王棘若檡棘者是也。棘雖無莢，蓋樹之枝葉與薺莢相類，故并言之也。云皙白也者，此民居於墳衍，地氣宜白。又見《詩》云楊且之皙，皙爲白可知也。云瘠臞也者，案《爾雅・釋言》云臞、脙，瘠也，注云：齊人謂瘠瘦爲脙。則臞爲瘦小之貌，故鄭云瘠也。云贏物虎豹貔𧳮之屬者，《考工記・梓人職》說大獸而云厚脣，弇口，出目，短耳，大胷，燿後，若是者謂之贏屬，又《爾雅》有虎有豹，故知贏物有虎豹也。但《爾雅》及諸經不見有𧳮，《曲禮》云載貔貅，此鄭云貔𧳮，𧳮即貅也。云淺毛者，若以淺毛言之，則入贏蟲中，故《月令》中央土，其蟲

贏。鄭云虎豹之屬恒淺毛。若據有毛言之，即爲毛蟲，故白虎入西方，毛蟲之長也。云叢物萑葦之屬者，《詩》云萑葦淠淠，是二者各以類聚也。杜子春讀生爲牲，牲亦訓爲生。義既不殊，故後鄭不破之也。鄭司農云植物，根生之屬，先鄭對動非植生爲號也。皁物柞栗之屬者，柞實之皮得染皁，故引今世猶謂柞實爲皁斗爲證，其栗雖不得染皁，其皮亦皁斗之類，故與柞同爲皁物也。云膏物謂楊柳之屬，理致且白如膏者，先鄭以物色上解之。後鄭不從者，以其上下云動植者皆不以色上爲名，先鄭獨此一者取義於色，故後鄭易之。玄謂膏當爲櫜者，經云膏是脂膏之膏，於植物義無所取，直是字誤，故破從櫜也。云蓮芡之實有櫜韜者，以其是川澤所生，故知是蓮芡之實皆有外皮，櫜韜其實者也。案《大司樂》一變而致川澤之示，先言川澤後云山林者，彼取神之易致爲先，故先言川澤。此取尊卑高下相對，故先言山林也。又彼云五變而致土示，注云：土祇原隰及平地。此中不見平地者，亦原隰中可以兼之也。

《周禮注疏》卷一〇《地官司徒·大司徒》 以土均之灋辨五物九等，制天下之地征，以作民職，以令地貢，以斂財賦，以均齊天下之政。均，平也。五物，五地之物也。九等，騂剛、赤緹之屬。征，稅也。民職，民九職也。地貢，貢地所生，謂九穀。財謂泉穀。賦謂九賦及軍賦。騂，雖營反。緹，音低。

疏：以土至之政。釋曰：以土均之法辨五物者，即上山林川澤之等是也。云九等者，據五地之内分爲九等之地，騂剛、赤緹之屬，其種所宜不同也。云制天下之地征者，言天下則并畿外邦國所稅入天子而言也。此地征與下爲目也。以作民職者，民有職業，乃可稅之。云以令地貢者，地貢即九職之稅也。云以斂財賦者，斂財即大宰九賦斂財賄，一也。既言財又別言賦者，欲見財既爲九賦斂財，賦中又兼有軍賦，故財賦殊言之。云以均齊天下之政者，大司徒以法均齊之，天下皆使依法，故云均齊天下之政也。注均平至軍賦。釋曰：九等知是騂剛之屬者，但地或云十等，或云五地，或云十二土，皆無云九等者，案《草人職》云，騂剛、赤緹之屬有九等，皆是地勢所宜糞種之法，故鄭以騂剛、赤緹之屬解之。云地貢，貢地所生，謂九穀者，案：大宰以九職任萬民，即云一曰三農生九穀，此經云以作民職，爲九職，即云令地貢，明貢是九穀可知。云財謂泉穀者，案《大宰》云以九賦斂財賄，彼注亦云：財，泉穀，則以泉穀當賦泉之數也。云賦謂九賦及軍賦者，以經云財賦不得爲一事解之。今鄭以賦爲軍賦者，則賦中兼軍賦，謂甲士三人、步卒七十二人之等。

《周禮注疏》卷一二《地官司徒·鄉大夫》 以歲時登其夫家之衆寡，辨其可任者。國中自七尺以及六十，野自六尺以及六十有五，皆征之。其舍者，國中貴者、賢者、能者、服公事者、老者、疾者皆舍。以歲時入其書。登，成也，定也。國中，城郭中也。晚賦稅而早免之，以其所居復多役少。野早賦稅而晚免之，以其復少役多。鄭司農云：征之者，給公上事也。舍者，謂有復除舍不收役事也。貴者，謂若今宗室及關内侯皆復也。服公事者，謂若今吏有復除也。老者，謂若今八十、九十復羨卒也。疾者，謂若今癃不可事者復之。玄謂入其書者，言於大司徒。復，音福，下同。

疏：以歲至其書。釋曰：云以歲時者，謂歲之四時。登猶成也，定也。夫家謂男女。謂四時成定其男女多少。云辨其可任者，謂分辨其可任使者。云國中自七尺以及六十者，七尺謂年二十，知者，案《韓詩外傳》二十行役，與此國中七尺同，則知七尺謂年二十。云野自六尺以及六十有五者，六尺謂年十五，故《論語》云可以託六尺之孤，鄭注云：六尺之孤，年十五已下。彼六尺亦謂十五，鄭言已下者，正謂十四已下亦可以寄託，非謂六尺可通十四已下。鄭必知六尺年十五者，以其國中七尺爲二十對六十，野云六尺對六十五，晚校五年，明知六尺與七尺早校五年，故以六尺爲十五也。云皆征之者，所征稅者，謂築作、挽引、道渠之役及口率出錢。若田獵，五十則免，是以《祭義》云五十不爲甸徒。若征伐，六十乃免，是以《王制》云六十不與服戎。彼二者並不辨國中及野外之別。云其舍者，謂不給繇役，則國中貴者已下是也。云以歲時入其書者，此上所云皆歲之四時，具作文書入於大司徒，故云歲時入其書也。注登成也至司徒。釋曰：云登，成也，定也者，以其夫家衆寡若不作文書，則多少齒歲不定，若作文書，多少成定，故云登，成也，定也。云國中，城郭中也者，以其對野，故知國中是城郭中也。云晚賦稅而早免之者，以其經云七尺及六十，對野中六尺至六十五，是其晚賦稅而早免之。云以其所居復

多役少者，以此經云國中貴者至疾者皆舍，據國中而言，是其國中復多役少也。鄭司農云四事皆若今者，並舉漢法況之。玄謂入其書者，言於大司徒，知者，以其上云受法於司徒，故知入其書者言於大司徒。

《周禮注疏》卷一三《地官司徒·載師》　凡任地，國宅無征，園廛二十而一，近郊十一，遠郊二十而三，甸稍縣都皆無過十二，唯其漆林之征二十而五。征，稅也。言征者，以共國政也。鄭司農云：任地，謂任土地以起稅賦也。國宅，城中宅也。無征，無稅也。故書漆林爲桼林，杜子春云：當爲桼林。玄謂國宅，凡官所有宮室，吏所治者也。周稅輕近而重遠，近者多役也。園廛亦輕之者，廛無穀，園少利也。古之宅必樹，而畺場有瓜。桼，本又作漆，音七。

疏：凡任地至十而五。釋曰：上經言任地所在，此經言出稅多少不同之事。云國宅無征者，征，稅也。謂城内官府治處無稅也。云園廛二十而一者，園即上經場圃任園地，廛即上經廛里任國中之地。并言之者，以其出稅同故也。云近郊十一者，即上經宅田、士田、賈田任在近郊者，同十一而稅也。云遠郊二十而三，即上經官田、牛田、賞田、牧田任遠郊之地，同二十而稅三也。云甸、稍、縣、都皆無過十二者，即上經公邑之田任甸地已下，至任畺地，四處皆無過十而稅二。但此四處出稅不同。據上文直言公邑之田任甸地，則甸地之中兼有六遂矣。其稍縣都，上文推言家邑、小都、大都三等采地爲井田助法，不見公邑，則三者之中皆有公邑，故上注云自此已外皆然。若然，則此云十二者，除三等采地而言，以其鄉遂公邑皆爲夏之貢法故也。云漆林之征二十而五者，上之三等爲輕近重遠法。此漆林之稅特重，以其漆林，自然所生，非人力所作故也。注征稅至有瓜。釋曰：司農云國宅，城中宅也，無征，無稅也者，先鄭意，廛既爲空地，非民宅，則此國宅城中宅謂民宅也。後鄭不從者，後鄭意，以廛里既爲民宅，則此國宅非民宅，是以爲官府治事處解之。玄謂國宅，凡官所有宮室，吏所治者也者，吏即卿大夫等，則《匠人》云外有九室，九卿治之是也，故無征也。云周稅輕近而重遠，近者多役也者，以其城内及城外近城者，給公吏使役多，於稅上輕而優之；遠城者役少，故於稅上重而苦之，故不依十一而稅。唯近郊之内當十一耳。云園廛亦輕之者，廛無穀，園少利也者，以其廛則五畝之宅在國中，則《孟子》云五畮之宅，樹之以桑麻，是廛無穀也。園少利者，此園則百畮田畔，家各二畮半，以爲井竈，種怱韭及瓜，是園少利，故亦輕之。云古之宅必樹者，即《孟子》桑麻是也。云畺場有瓜者，是《信南山》詩云中田有廬，畺場有瓜。鄭云：中田，田中。作廬以便其事。於其畔種瓜，瓜成又入其稅，天子剥削淹漬以爲菹，獻之皇祖。是其園廛皆有稅之事也。《異義》第五《田稅》：今《春秋公羊》説，十一而稅，過於十一，大桀小桀；減於十一，大貉小貉。十一稅，天子之正，十一行而頌聲作。故《周禮》國中園廛之賦，二十而稅一，近郊十二稅一，遠郊二十而稅三。有軍旅之歲，一井九夫百畮之賦，出禾二百四十斛，芻秉二百四十六，釜米十六斗。案公羊十一稅，遠近無差。漢制收租田有上中下，與《周禮》同義。玄之聞也，《周禮》制稅法，輕近而重遠者，爲民城道溝渠之役，近者勞遠者逸故也。其授民田，家所養者多，與之美田；所養者少，則與之薄田。其調均之而是，故可以爲常法。漢無授田之法，富者貴美且多，貧者賤薄者少，美薄之收不通相倍，從而上中下也與《周禮》同義，未之思也。又《周禮》六篇，無云軍旅之歲，一井九夫百畮之稅，出禾芻秉釜米之事，何以得此言乎？若然，《周禮》稅法據王畿，《公羊》稅法據諸侯邦國。諸侯邦國無遠近之差者，以其國地狹少，役賦事暇，故無遠近之差也。

《周禮注疏》卷一三《地官司徒·載師》　凡宅不毛者，有里布；凡田不耕者，出屋粟；凡民無職事者，出夫家之征。鄭司農云：宅不毛者，謂不樹桑麻也。里布者，布參印書，廣二寸，長二尺。以爲幣，貿易物。《詩》云抱布貿絲，抱此布也。或曰：布，泉也。《春秋傳》曰：買之百兩一布。又《廛人職》：掌斂市之次布、儳布、質布、罰布、廛布。《孟子》曰：廛無夫里之布，則天下之民皆説而願爲其民矣。故曰宅不毛者有里布，民無職事出夫家之征。欲令宅樹桑麻，民就四業，則無稅賦以勸之也。故《孟子》曰：五畝之宅，樹之以桑，則五十者可以衣帛。不知言布參印書者何？見舊時説也。玄謂宅不毛者，罰以一里二十五家之泉，空田者罰以三家之稅粟，以共吉凶二服及喪器也。民雖有閒無職事者，猶出夫稅、家稅也。夫稅者，百畝之稅。家稅者，出士徒車輦，給繇役。儳，劉音讒，徐才鑑反。皆説，音悦。令，力呈反。以衣，於既反，下同。閒，音閑。

疏：凡宅至之征。釋曰：以草木爲地毛。民有五畝之宅，廬舍之外

不樹桑麻之毛者，罰以二十五家之稅。布謂口率出泉。漢法口百二十也。云凡田不耕者出屋粟者，夫三爲屋。民有百畝之田，不耕墾種作者，罰以三家之稅粟。云凡民無職事者出夫家之征者，此則《大宰》閒民無常職，轉移執事之人，雖不事當家田宅，無可賦稅，仍使出夫稅、家稅之征，以勸之使樂業也。注鄭司至繇役。釋曰：先鄭云不毛者謂不樹桑麻，據《孟子》爲説也。云里布至抱此布，此説非，故先鄭自破之也。云或曰布泉以下至廛布，此説合義也。云《春秋傳》曰買之百兩一布，此昭公二十六年《左氏傳》文。案彼文，齊侯以師欲納昭公，申豐從女賈，以幣錦二端以適齊師，謂子猶之人高齮：能貨子猶，爲高氏後。高齮以錦示子猶，子猶欲之。齮曰：魯人買之，百兩一布。杜注云：言魯人買此甚多，布陳之，以百兩爲數。杜以爲布爲陳，不爲布泉。此先鄭以彼布與此布及外府邦布皆爲泉，與杜義異也。云《廛人職》掌斂市之次布已下，彼注先鄭云次布，列肆之稅布。總布，後鄭云總謂如租穗之穗。穗布謂守斗斛銓衡之布。質布，謂質人所罰犯質劑者之布。罰布者，謂犯市令者之泉。廛布者，貨賄諸物邸舍之稅。彼諸布皆是泉，故引以爲證也。引《孟子》廛無夫里之布，亦謂口率出泉。宅不毛，無一里之罰布，天下民願爲之民矣。云欲令民就四業，則無稅賦以勸之者，案《閭師》，四業，畜也、耕也、樹也、蠶也。或説以四時之業也。玄謂宅不毛者，罰以一里二十五家之泉者，此就足司農之義。空田者，罰以三家之稅粟者，以夫三爲屋，以三夫解屋也。云以共吉凶二服及喪器也者，案《鄉師職》云：比共吉凶二服，閭共祭器，族共喪器，黨共射器，州共賓器。但射器、賓器等爲國行禮，故出官物爲之。惟吉凶二服及喪器是民自共用，不可出官物，故比族主集此罰物爲之。故鄭唯據此二事而言也。云夫稅者，百畝之稅，知者，以家稅爲士徒，故知是一夫之田所稅粟也。云家稅者，出士徒車輦給繇役，知者，案《縣師》云：若將有軍旅、會同，作其衆庶及馬牛車輦，故知家稅是士徒車輦也。趙商問：《載師職》凡宅不毛乃罰以一里布，田不耕者罰屋粟。商以田不耕其罪莫重，宅不毛其罰當輕。宅不毛乃罰以二十五家之布，田不耕則罰之三家之稅粟。未達罰之云爲之旨，輕重之差。鄭荅：此法各當罰其事於當其有故，何以假他輕重乎。

《周禮注疏》卷一四《地官司徒·均人》 均人，掌均地政，均地守，均地職，均人民、牛馬、車輦之力政。政讀爲征。地征謂地守、地職之稅也。地守，衡虞之屬。地職，農圃之屬。力征，人民則治城郭、涂巷、溝渠，牛馬、車輦則轉委積之屬。政，音征，出注下同。

疏：均人至力政。釋曰：均人所均地政已下，揔均畿內鄉遂及公邑。云均地政者，謂均地守、地職二者之稅，使皆十一而出稅，又均人民已下力征之事。注政讀至之屬。釋曰：鄭破政爲征者，以經政是政教之政，非征稅之征，故破之也。鄭又知地征是地守、地職之稅者，以其出稅無過地守、地職二者，故知之也。云地守，衡虞之屬者，亦謂畿內川衡、林衡、山虞、澤虞，皆遣其地之民守護之。及其入山林川澤取之者，使出稅以當邦賦。云地職農圃之屬者，此即《大宰》九職云一曰三農、二曰園圃之屬，以九職任之，因使出稅也。云力征已下并車輦，並是力之征稅。若然，《土均》云掌平地之政，以均地守，以均地事，以均地貢。注云：所平之稅，邦國都鄙也。與此鄉遂及公邑別。彼又云地貢，鄭云謂諸侯之九貢，與此九職之貢又不同也。

《周禮注疏》卷一四《地官司徒·均人》 凡均力政，以歲上下。豐年則公旬用三日焉，中年則公旬用二日焉，無年則公旬用一日焉。豐年，人食四鬴之歲也。人食三鬴爲中歲。人食二鬴爲無歲，歲無贏儲也。公，事也。旬，均也。讀如畇畇原隰之畇。《易》坤爲均，今書亦有作旬者。上，時掌反。鬴，房甫反。畇，音均，又舒均反，又音旬，聶氏常純反。

疏：凡均至日焉。釋曰：此所均力政者，即上人民之力征，不通牛馬車輦，故《禮記·王制》云用民之力歲不過三日，是此亦據人而言也。云以歲上下者，上即豐年，下即儉年也。豐年則公旬用三日者，公，事也。旬，均也。謂爲事均用三日也。注豐年至旬者。釋曰：鄭知豐年人食四鬴已下者，案《廩人》云人四鬴上也，人三鬴中也，人二鬴下也而知之。彼又云不能人二鬴，則令邦移民就穀，此時則無力征矣。若然，此食二鬴而言無年。無年者，鄭云無贏儲，仍未移民就賤。此無年與彼不能人二鬴之歲不同，彼不能人二鬴，自然無贏儲也。云公，事也者，此天子之法，非諸侯之禮，不得爲公君解之，故從公事而釋也。云旬，均也者，《王制》既云用民歲不過三日，明不得爲旬十日解之，故破從均。恐不

平，故云均也。云讀如畬畬原隰之畬者，彼《詩》畬畬是均田之意，故讀從之。云《易》坤爲均，今書亦有作旬者，彼《易》坤爲地，地德均平，是以均爲義。今書，今《易》書有作旬字者。旬與均，旬與均俱有均平之意，故引爲證也。

《周禮注疏》卷一六《地官司徒·司稼》 巡野觀稼，以年之上下出斂灋。斂法者，豐年從正，凶荒則損。若今十傷二三，實除減半。斂，力驗反，注同。

疏：巡野至斂法。釋曰：此觀稼，亦謂秋熟時觀稼善惡，則知年上下豐凶，以此豐凶而出稅斂之法。注斂法至減半。釋曰：鄭云豐年從正者，年雖豐，與中平一，皆從正法十一而稅之也。云凶荒則損者，凶荒，謂年穀不熟，則減於十一而稅之。云若今十傷二三實除減半者，鄭舉漢法以況義。十傷二三者，謂漢時十分之內，傷二分三分，餘有七分八分在。實除減半者，謂就七分八分中爲實在，仍減去半不稅，於半內稅之，以凶荒所優饒民可也。

《禮記正義》卷一二《王制》 古者公田藉而不稅，藉之言借也。借民力治公田，美惡取於此，不稅民之所自治也。《孟子》曰：夏后氏五十而貢，殷人七十而助，周人百畝而徹。則所云古者，謂殷時。燕，伊見反。藉，在亦反。稅，式贅反。借，子夜反。市廛而不稅，廛，市物邸舍，稅其舍，不稅其物。廛，直連反。邸，丁禮反。關譏而不征，譏，譏異服，識異言。征亦稅也。《周禮》：國凶札，則無門關之征，猶譏也。譏，居宜反。征，本又作正，音同，注下皆同。札，側八反，又音截。林麓川澤，以時入而不禁。麓，山足也。麓音鹿。夫圭田無征。夫猶治也。征，稅也。《孟子》曰：卿以下必有圭田。治圭田者不稅，所以厚賢也。此則《周禮》之士田，以任近郊之地，稅什一。圭音珪。

疏：古者至無征。正義曰：此一節論古者公田不稅，及關市圭田無征之事，各隨文解之。自古者以下，至夫圭田無征，並非周法，故云古者。其藉而不稅，正謂殷時市廛而不稅。以下或兼虞夏殷以言之。公田藉而不稅者，謂民田之外，別作公田。一井之中，凡有九夫，中央一夫，以爲公田。藉之言借也。惟借八家之力，以治此公田，美惡取於此，而不稅民之私田。市廛而不稅者，廛謂公家邸舍，使商人停物於中，直稅其所舍之處價，不稅其在市所賣之物。市內空地曰廛，城內空地曰肆。關譏而不征者，征，稅也。關，竟上門也。譏，謂呵察。公家但呵察非違，不稅行人之物。此夏殷法，周則有關門之征，但不知稅之輕重。若凶年則無稅也，猶須譏禁，禁謂防遏。林麓川澤，以時入而不禁者，以時入者，獺祭魚，然後虞人入澤梁謂民庶須有采取隨時而入官不限禁之。夫圭田無征者，夫猶治也。畿內無公田，故有圭田，卿大夫士皆以治此圭田，公家不稅其物，故云無征。必云圭者，圭，絜白也。言卿大夫德行絜白，乃與之田，此殷禮也。殷政寬緩，厚重賢人，故不稅之。周則兼通士稅之，故注云《周官》之士田，以任近郊之地，稅什一。注藉之至殷時。正義曰：治公田，美惡取於此，不稅民之所自治也者，按宣十五年初稅畝，傳云非禮，謂稅民所自治爲非禮，明依禮，惟取公田之物，故云美惡取於此。引《孟子》者，證三代稅法不同。按《孟子》滕文公問爲國於《孟子》，《孟子》對曰：夏后氏五十而貢，殷人七十而助，周人百畝而徹，其實皆什一。劉氏及皇氏皆云：夏時民多，家得五十畝而貢五畝。殷時民稍稀，家得七十畝而助七畝。周時其民至稀，家得百畝而徹十畝。故云其實皆什一。而云夏時人衆，殷世人稀。又十口之家，惟得五十畝之地，皆不近人情，未知可否。熊氏一說以爲夏政寬簡，一夫之地，惟稅五十畝。殷政稍急，一夫之地，稅七十畝。周政極煩，一夫之地，稅皆通稅。所稅之中，皆十而稅一，故云其實皆什一。此則計田雖不得什一，理稍可通。既古意難知，故彼此俱載。又鄭注《匠人》云：貢者，自治其所受田，貢其稅穀。助者，借民之力以治公田，又使收斂焉。夏則有貢無助，殷則有助無貢。鄭注《匠人》又云：以《載師職》及《司馬法》論之，周制畿內，用夏之貢法，稅夫無公田；以《詩》、《春秋》、《論語》、《孟子》論之，周制邦國用殷之助法，制公田不稅夫，此三代所以別也。云古者謂殷時者，以《春秋》宣十五年云穀出不過藉，藉謂借民力也。此經亦云藉，皆謂借民力也。助官治田，與殷七十而助相當，故云古謂殷時。鄭知周之畿內用夏貢法者，按《載師》云：以廛里任國中之地，以場圃任園地，以宅田、士田、賈田任近郊之地，以官田、牛田、賞田、牧田任遠郊之地，以公邑之田任甸地，以家邑之田任稍地，以小都之田任縣地，以大都之田任畺地。鄭注云廛里，邑居里矣。廛民，居之區域也，宅田，致仕者之家所受田也，仕田，自卿以下所受圭田也，賈田，在市賈人其家所受田

也。官田，庶人在官者其家所受田也。牛田、牧田，畜牧者之家所受田，賞田者，賞賜之田，公邑，謂六遂餘地，天子使大夫治之，家邑、大夫之采地。小都，卿之采地。大都，公之采地。《載師》又云：園廛二十而一，近郊十一，遠郊二十而三，甸、稍、縣、都皆無過十二。又《司馬法》云：井十爲通，通爲匹馬。三十家士一人，徒二人，通十爲成，成百井。三百家革車一乘，士十人，徒二十人，計一成百井。井有九家，百井即九百家。而云一成三百家者，以此田上中下除宮室塗巷三分之一，自餘通率一家受二夫，故一成爲三百家。是一井九家爲定，無公田也，故鄭云以《載師職》及《司馬法》論之，周制畿内用夏之貢法。不税夫者，謂鄉遂及公邑若采地，即爲井田，税夫與畿外同。知畿外用助法者，按《詩・小雅》：雨我公田，遂及我私。《春秋》宣十五年云初税畝，傳云：穀出不過藉。《論語》云：盍徹乎？《孟子》云：方里而井，井九百畝，其中爲公田，八家皆私百畝。是皆論公田之事，故鄭云以《詩》、《春秋》、《論語》、《孟子》論之，周制邦國用殷之助法，制公田不税夫。然畿外諸侯雖立公田，其實諸侯郊外亦用貢法，故《孟子》云野，九夫之田而税一，即九一而助，國中什一使自賦，故鄭云邦國亦異外内耳。但郊内地少，郊外地多，從多言之，故云畿外制公田，不税夫也。凡賦法無過十一，故《孟子》云輕於十一，大貉小貉；重於十一，大桀小桀。十一而税，堯舜之道。但周之畿内有參差，皆不同，而言之十一，若畿外，先儒約《孟子》、《樂緯》，皆九夫爲井，八家共治公田八十畝，已外二十畝以爲八家井竈廬舍，是百畝之外别助，是十外税一。郊外既十外税一，郊内亦十外税一。假令治一夫之田，得百一十碩粟，而貢十碩，是亦十外税一也。劉氏以爲《匠人》注引《孟子》野九夫而税一，國中什一，諸侯謂之徹者，通其率以十一爲正，則謂野九夫之田而税一，國中十一夫之田而税一，是二十夫之田中而税二。計地言之，是十中税一。若計夫實税，猶十外税一，與先儒同也。但不知諸侯郊内十夫受十一夫之地，若爲周制耳。或畿外地寬也，一夫受百一十畝之地，與畿内異也。注周禮至譏也。正義曰：引《周禮》者，證凶荒之時，雖無征税，猶須譏禁，禁謂防遏爲重。其殷則雖無凶荒，縱不賦税，猶須譏禁，與周凶荒時同，則門關有税，但不知税之輕重。注麓山足。正義曰：按僖十四年沙鹿崩，《穀梁傳》云林屬於山爲鹿。鹿，山足也。按鄭注《大司徒》云：竹木曰林，注瀆曰川，水鍾曰澤。林麓山澤之異也。注征税至什一。正義曰：《載師》云漆林之征，二十而五，又云凡任地，國宅無征，是正謂税也。引《孟子》書者，證卿以下有圭田。謂之圭者，圭，絜也，言德行絜白也。而與之田，殷所不税者，殷政寬厚，重賢人，周則税之。故鄭云此即《周禮》之士田，以任近郊之地，税什一者，《載師》文也。

《禮記正義》卷一七《月令》 合諸侯制，百縣爲來歲受朔日，與諸侯所税於民，輕重之法，貢職之數，以遠近土地所宜爲度，以給郊廟之事，無有所私。秦以建亥之月爲歲首，於是歲終，使諸侯及鄉遂之官受此法焉。合諸侯制者，定其國家、宮室、車旗、衣服、禮儀也。諸侯言合制，百縣言受朔日，互文也。貢職所入天子。凡周之法，以正月和之，正歲而縣於象魏。合諸侯制，絶句。縣音玄。

疏：合諸至所私。正義曰：合諸侯制者，秦十月爲歲首，此月歲之終也，當入新歲，故合此諸侯之法制，又命百縣爲來歲受朔日之政令，并授諸侯所税於民輕重之法、貢職之數。天子有朔日政令，諸侯所税民輕重之法，貢職之數，皆天子制之。百縣此來受處分，故云受朔。與諸侯所税於民，輕重之法，貢職之數，皆天子之制，言與者，兼事之辭。以遠近土地所宜爲度者，言定税輕重，入貢多少，皆以去京遠近之差，土地所宜之物爲節度。無有所私者，言既給郊廟重事，事百縣等物，無得有所偏私，不如法制也。注秦以至象魏。正義曰：按《史記》秦文公獲黑龍，自爲水瑞，命河爲德水，以十月爲歲首。云定其國家宮室車旗衣服禮儀者，此皆《周禮・典命》文也。彼注云國家，國之所居，謂成方也。云互文者，諸侯言合制，則百縣亦合制，百縣言來歲受朔日，則諸侯亦來歲受朔日也，故云互文。諸侯謂畿外國，百縣謂鄉遂。云貢職謂所入天子者，以經云税於民，輕重之法，又云貢職之數，其文既重，故知税於民者是積貯本國，貢職之數者是輸納天子。云周之法，以正月和之者，按《大宰職》正月之吉始和，布治于邦國都鄙。云正歲而縣於象魏者，《小宰職》云正歲縣治象之法于象魏是也。

《春秋左傳正義·隱公四年》

宋殤公之即位也，公子馮出奔鄭，鄭人欲納之。及衛州吁立，將脩先君之怨於鄭，謂二年鄭人伐衛之怨。

疏：注謂二至之怨。正義曰：二年伐衛見經，故以屬之，未必往前更無怨也。《衛世家》稱，桓公十六年，乃爲州吁所弒。則隱之二年，當桓之世。服虔以先君爲莊公，非也。何則？宣公烝夷姜生急子，公納急子之妻生壽及朔，朔能構兄，壽能代死，則是年皆長矣。宣公以此年即位，桓十二年卒，終始二十矣。雖壽之死，未知何歲。急子之娶，當在宣初。若隱之二年，莊公猶在，豈於父在之時已得烝父妾生急子也？《史記》雖多謬誤，此當信然。

而求寵於諸侯，以和其民。諸篡立者，諸侯既與之會，則不復討，故欲求此寵。篡，初患反。復，扶又反，下文復伐同。使告於宋曰：君若伐鄭以除君害，害謂宋公子馮。君爲主，敝邑以賦與陳、蔡從，則衛國之願也。言舉國之賦調。從，才用反。調，徒弔反。宋人許之。於是陳、蔡方睦於衛。蔡，今汝南上蔡縣。

《春秋左傳正義·宣公十五年》

初税畝。公田之法，十取其一。今又履其餘畝，復十收其一。故哀公曰：二，吾猶不足。遂以爲常，故曰初。税，始鋭反。復，扶又反。

疏：注公田至曰初。正義曰：《公羊傳》曰：古者什一而藉。古者曷爲什一而藉？什一者，天下之中正也。多乎什一，大桀小桀。寡乎什一，大貉小貉。什一者，天下之中正也。什一行而頌聲作矣。何休云：多取於民比於桀。蠻貉無百官制度之費，税薄。《穀梁傳》亦云：古什一而藉。《孟子》云：夏后氏五十而貢，殷人七十而助，周人百畝而徹，其實皆什一也。趙岐注云：民耕五十畝者貢上五畝，耕七十畝者以七畝助公家，耕百畝者徹取十畝以爲賦，雖異名而多少同，故云皆什一也。書傳言十一者多矣，故杜言古者公田之法，十取其一，謂十畝内取一。舊法既已十畝取一矣，今又履其餘畝，更復十收其一，乃是十取其二。故《論語》云哀公曰：二，吾猶不足，謂十内税二，猶尚不足。則從此之後，遂以十二爲常，故曰初。言初税十二，自此始也。諸書皆言十一，而《周禮·載師》云凡任地近郊十一，遠郊二十而三，甸稍縣都皆無過十二，漆林之征二十而五者，彼謂王畿之内所共多，故賦税重。諸書所言十一，皆謂畿外之國。故鄭玄云：十一而税謂之徹。徹，通也，爲天下之通法。言天下皆十一耳，不言畿内亦十一也。《孟子》又曰：方里爲井，井九百畝。其中爲公田。八家皆私百畝，同養公田。公事畢，然後敢治私事。《漢書·食貨志》取彼意而爲之文，云：井田方一里，是爲九夫。八家共之，各受私田百畝，公田十畝，是爲八百八十畝，餘二十畝爲廬舍。諸儒多用彼爲義。如彼所言，則家别一百一十畝，是爲十外税一也。鄭玄《詩》箋云：井税一夫，其田百畝。則九而税一，其意異於《漢書》，不以《志》爲説也。又孟子對滕文公云：請野，九一而助。國中，什一使自賦。鄭玄《周禮·匠人》注引孟子此言，乃云是邦國亦異外内之法。則鄭玄以爲諸侯郊外、郊内其法不同。郊内，十一使自賦其一。郊外，九而助一。是爲二十而税二。故鄭玄又云：諸侯謂之徹者，通其率以十一爲正。言郊内郊外相通其率爲十税一也。杜今直云十取其一，則又異於鄭。唯謂一夫百畝，以十畝歸公，今又履其餘畝税之，更十取一耳。履畝，《穀梁傳》文也。趙岐不解夏五十、殷七十之意。蓋古者人多田少，一夫唯得五十、七十畝耳。五十而貢，貢五畝。七十而助，助七畝。好惡於此。鄭注《考工記》云：周人畿内用夏之貢法，邦國用殷之助法。

《春秋左傳正義·成公元年》

三月，作丘甲。《周禮》：九夫爲井，四井爲邑，四邑爲丘。丘十六井，出戎馬一匹，牛三頭。四丘爲甸，甸六十四井，出長轂一乘，戎馬四匹，牛十二頭，甲士三人，步卒七十二人。此甸所賦，今魯使丘出之，譏重斂，故書。甸，徒練反，一音繩證反，乘，繩證反。卒，尊忽反。斂，力驗反。

疏：周禮至故書。正義曰：《周禮》九夫爲井，四井爲邑，四邑爲丘，四丘爲甸，《小司徒職》文也。《司馬法》：六尺爲步，步百爲畝，畝百爲夫，夫三爲屋，屋三爲井，四井爲邑，四邑爲丘。丘有戎馬一匹，牛三頭，是曰匹馬丘牛。四丘爲甸，甸六十四井，出長轂一乘，馬四匹，牛十二頭，甲士三人，步卒七十二人。戈楯具謂之乘馬。然則杜之此注多是《司馬法》文。而獨以《周禮》冠之者，以《司馬法》祖述《周禮》，其所陳者即是周法。言此是周之禮法耳，不言《周禮》有此文也。鄭注《論語》云《司馬法》成方十里，出革車一乘，與此不同者，鄭注《小司

徒》云：方十里爲成。緣邊一里治溝洫，實出税者方八里，六十四井，案鄭注《小司徒》又引《司馬法》云成出革車一乘，甲士十人，徒二十人。十成爲終，千井，革車十乘，甲士百人，徒二百人。十終爲同，萬井，革車百乘，甲士千人，徒二千人，與此車一乘，甲士三人，步卒七十二人不同者，《小司徒》辨畿内都鄙之地域，鄭所引士十人，徒二十人者，謂公卿大夫畿内采地之制，此之所謂諸侯邦國出軍之法，故不同也。古者用兵，天子先用六鄉，六鄉不足取六遂，六遂不足取公卿采邑及諸侯邦國。若諸侯出兵，先盡三鄉、三遂，鄉、遂不足，然後揔徵竟内之兵。案此一車，甲士、步卒揔七十五人。《周禮・大司馬》：五人爲伍，五伍爲兩，四兩爲卒，五卒爲旅，五旅爲師，五師爲軍。大敗不同者，《大司馬》所云，謂鄉遂出軍及臨時對敵布陳用兵之法。此甲士三人，步卒七十二人，謂徵課邦國出兵之時所徵之兵。既至臨陳，還同鄉遂之法。必知臨敵用鄉、遂法者，以桓五年戰于繻葛，先偏後伍，又宣十二年廣有一卒，卒偏之兩，及《尚書・牧誓》云千夫長，百夫長，是臨時對敵皆用卒兩師旅也。長轂，馬牛、甲兵，戈楯，皆一甸之民同共此物。若鄉遂所用，車馬、甲兵之屬，皆國家所共。知者，以一鄉出一軍，則是家出一人，其物不可私備故也。此言四丘爲甸，並據上地言之。若以上、中、下地相通，則二甸共出長轂一乘耳。甸即乘也。六十四井出車一乘，是故以甸爲名。此一乘甲兵，甸之所賦。今魯使丘出甸賦，乃四倍於常。譏其重斂，故書之也。《穀梁傳》曰：作，爲也。丘爲甲也。丘甲，國之事也。丘作甲，非正也。古者立國家，百官具，農工皆有職以事上。古者有四民，有士民，有商民，有農民，有工民。丘作甲，非正也。其意以爲四邑爲丘，使一丘農民皆作甲，以農爲工，失其本業，故譏之。今《左氏》經、傳並言作丘甲耳，重斂之事，傳無明文。而知必異《穀梁》，以爲丘作甸甲者，以傳云爲齊難故，作丘甲。以慮有齊難而多作甲兵，知使丘爲甸甲而倍作之也。士卒牛馬悉倍於常，而獨言甲者，甲是新作之物。其餘斂充之耳，非作之也。譏其新作，故舉甲言之。初税畝言初，此不言初者，此備齊難，暫爲之耳，非是終用，故不言初。然則築城備難，非時不譏。此亦備難，而譏之者，魯是大國，甲兵先多，僖公之世《頌》云公車千乘，昭公之蒐傳稱革車千乘，此時不應然也。其甲足以拒敵，而又加之重斂，故譏之。

《春秋左傳正義・襄公二十五年》 楚蔿掩爲司馬。蔿子馮之子。子木使庀賦，庀，治。庀，匹婢反。

疏：注庀治。正義曰：庀訓爲具，而言治者，以下説治賦之事，治之使具，故以庀爲治也。

數甲兵。閱數之。甲午，蔿掩書土、田，書土地之所宜。度山林，度量山林之材，以共國用。度，待洛反，注及下注同。共音恭。鳩藪澤，鳩，聚也。聚成藪澤，使民不得焚燎壞之，欲以備田獵之處。藪，素口反。燎，力召反。處，昌慮反。

疏：注鳩聚至之處。正義曰：鳩，聚，《釋詁》文也。《釋地》有十藪李巡曰：藪，澤之別名也。《周禮》澤虞有大澤大藪，小澤小藪，鄭玄云：澤，水所鍾也。水希曰藪。其職云若大田獵，則萊澤野。是藪爲田獵之處，或焚其草，則散失澤藪之用，故聚成，使不得焚燎之也。

辨京陵，辨，別也。絶高曰京。大阜曰陵。別之以爲冢墓之地。別，彼列反，下同。

疏：注辨別至之地。正義曰：《釋丘》云：絶高爲之京，非人爲之丘。李巡曰：丘高大者爲京也。孫炎曰：爲之人所作也。則京爲丘類，人力所作也。《釋地》云：大陸曰阜，大阜曰陵。李巡曰：大陸，謂土地高大，名曰阜，阜最大爲陵也。《檀弓》稱趙文子與叔譽觀于九原。觀晋諸大夫之墓也。僖三十二年傳云：殽有二陵焉，其南陵，夏后臯之墓也。故知別丘陵以爲葬墓之地。

表淳鹵，淳鹵，埆薄之地。表異，輕其賦税。淳音純。鹵音魯。《説文》：鹵，西方鹹也。埆音學云。

疏：注淳鹵至賦税。正義曰：賈逵云：淳，鹹也。《説文》云：鹵，西方鹹地也。從西省，象鹽形，安定有鹵縣，東方謂之斥，西方謂之鹵。《呂氏春秋》稱魏文侯時，吴起爲鄴令，引漳水以灌田。民歌之曰：決漳水以灌鄴旁，終古斥鹵生稻粱。是鹹薄之地名爲斥鹵。《禹貢》云海濱廣斥，是也。淳鹵，地薄，收穫常少，故表之輕其賦税。

數疆潦，疆界有流潦者，計數減其租入。疆，居良反，注同。賈又其兩反。潦

音老。

疏：　注疆界至租入。正義曰：　賈逵以疆爲疆檃，墝埆之地。鄭衆以爲疆界内有水潦者。案《周禮・草人》：凡糞種，疆檃用蕡。鄭玄云：彊檃，彊堅者。則疆地猶堪種植，非水潦之類，故從鄭衆之説，數其疆界有水潦者，計數減其租税也。孫毓讀爲疆潦，注云：砂礫之田也。

規偃豬，偃豬，下濕之地。規度其受水多少。偃，於建反，又一音如字。豬，陟魚反。《尚書傳》云：停水曰豬。

疏：　注偃豬至多少。正義曰：　《禹貢》：徐州，大野既豬。孔安國云：水所停曰豬。《檀弓》云：有弑其父者，其宫而豬焉。是豬者，停水之名。偃豬，謂偃水爲豬，故爲下溼之地。規度其地受水多少，得使田中之水注之。

町原防，廣平曰原。防，隄也。隄防間地，不得方正如井田，别爲小頃町。町，徒頂反。隄，丁兮反。頃，苦穎反。

疏：　注廣平至頃町。正義曰：　廣平曰原，《釋地》文。李巡曰：謂土地寬博而平正名曰原。《釋丘》云：墳，大防。孫炎曰：謂隄也。隄防之間，或有平地，不得平正以爲井田，取其可耕之處，别爲小頃町也。《説文》云：町，田踐處曰町。史游《急就篇》云：頃町界畝。是町亦頃類，故連言之也。謂廣平爲原者，因《爾雅》之文，其實此原謂隄防之間也。劉炫云：廣平曰原，土地寬平當與隰相配，非是不得爲井田也。《釋地》於陸阜陵阿之下云可食者曰原。孫炎曰：可食，謂有井田也。陸阿，山田可種穀者，亦曰原也。謂彼陵阿之間可食之地，非廣平也。

牧隰皋，隰皋，水岸下濕，爲芻牧之地。牧，州牧之牧。

疏：　注隰皋至之地。正義曰：　《釋地》云：下溼曰隰。李巡曰：下溼，謂土地窊下名爲隰也。《詩》云：鶴鳴于九皋。毛、鄭皆以皋爲澤之坎。是皋爲水岸也。下溼與水岸不任耕作，故使牧牛馬於中，以爲芻牧之地。

井衍沃，衍沃，平美之地。則如《周禮》制以爲井田。六尺爲步，步百爲畝，畝百爲夫，九夫爲井。衍，以善反。賈云，下平曰衍，有流曰沃。

疏：　注衍沃至爲井。正義曰：　《周禮・大司徒》：以土會之法，辨五地之物生。四曰墳衍，五曰原隰。衍地高於原。傳稱郇瑕氏之地，沃饒。《魯語》云：沃土之民，逸。則衍沃俱是平美之地，衍是高平而美者，沃是下平而美者，二者並是良田。故如《周禮》之法制之，以爲井田。賈逵云：下平曰衍，有溉曰沃。所指雖異，俱謂良美之田也。六尺爲步以下皆《司馬法》之文。自度山林以下至此有九事，賈逵以爲賦税差品，其注云：山林之地，九夫爲度，九度而當一井也。藪澤之地，九夫爲鳩，八鳩而當一井也。京陵之地，九夫爲辨，七辨而當一井也。淳鹵之地，九夫爲表，六表而當一井也。疆潦之地，九夫爲數，五數而當一井也。偃豬之地，九夫爲規，四規而當一井也。原防之地，九夫爲町，三町而當一井也。隰皋之地，九夫爲牧，二牧而當一井也。衍沃之地，畝百爲夫，九夫爲井。《周禮・小司徒》云乃經土地，而井牧其田野。鄭玄云：隰皋之地，九夫爲牧，二牧而當一井，今造都鄙授民田，有不易，有一易，有再易，通率二而當一，是之謂井牧。是鄭、賈同此説也。案《周禮》所授民田，不過再易，唯有三當一耳，不得以九當一也。山林、藪澤、京陵、偃豬，本非可食之地，不在授民之限，雖九倍與之，何以充税？而使之當一井也。且以度、鳩之等皆爲九夫之名，經、傳未有此目，故杜不云其説。

量入脩賦。量九土之所入，而治理其賦税。量音良，又音亮，注同。

疏：　量入脩賦。正義曰：　量其九土所宜，觀其收入多少，乃準其所入，脩其賦税。其九土之内，偃豬、京陵、無物可入，而言九土之所入者，摠言之。

賦車籍馬，籍，疏其毛色歲齒，以備軍用。

疏：　賦車籍馬。正義曰：　賦與籍，俱是税也。税民之財，使備車馬，因車馬之異，故别爲其文。

賦車兵、車兵，甲士。徒卒、步卒。卒，子忽反。

疏：　賦車兵徒卒。正義曰：　車兵者，甲士也。徒兵者，步卒也。知非兵器者，上云數甲兵，下云甲楯之數，故知此兵謂人也。劉炫云：兵者，戰器。車上甲士與步卒所執兵各異也。《司兵》掌五兵，鄭衆云：

五兵者，戈、殳、戟、酋矛、夷矛。又曰軍事，建車之五兵，鄭玄云：車之五兵，鄭司農所云者是也。步卒之五兵，無夷矛，而有弓矢。事或當然。

甲楯之數。使器杖有常數。楯，食準反，又音尹。杖，直亮反。既成，以授子木，禮也。得治國之禮。傳言楚之所以興。

《春秋左傳正義・昭公四年》 鄭子產作丘賦。丘，十六井，當出馬一匹，牛三頭。今子產別賦其田，如魯之田賦。田賦在哀十一年。

疏：注丘十至一年。正義曰：丘，之十六井，當出馬一匹，牛三頭。《司馬法》之文也。服虔以爲子產作丘賦者，賦此一丘之田，使之出一馬三牛，復古法耳。丘賦之法，不行久矣。今子產復脩古法，民以爲貪，故謗之。案：春秋之世，兵革數興，鄭在晉、楚之間，尤當其劇，正當重於古，不應廢古法也。若往前不脩此法，豈得全無賦乎？故杜以爲今子產於牛馬之外，別賦其田，如魯之田賦。田賦在哀十一年。彼注云：丘賦之法，因其田財，通出馬一匹，牛三頭。今欲別其田及家財，各爲一賦，故言田賦。然則，此與彼同賦斂家資，使出牛馬，又別賦其田，使之出粟，若今輸租，更出馬一疋、牛三頭。是一丘出兩丘之税。案：《周禮》有夫征、家征。夫征，謂出税；家征，謂出車徒、給傜役。此牛馬之屬，則《周禮》之家征也。其夫征，十一而税，是與家征別也。

《春秋左傳正義・哀公十一年》 季孫欲以田賦，丘賦之法，因其田財，通出馬一疋，牛三頭。今欲別其田及家財，各爲一賦，故言田賦。疏：別如字，一音彼列反。

疏：注丘賦至田賦。疏：正義曰：《司馬法》方里爲井，四井爲邑，四邑爲丘。丘出馬一匹，牛三頭。四丘爲甸，甸乃有馬四匹，牛十二頭，是爲革車一乘。今用田賦，必改其舊，但不知若爲用之。賈逵以爲欲令一井之間出一丘之税，井別出馬一匹，牛三頭。若其如此，則一丘之內有一十六井，其出馬牛乃多於常一十六倍。且直云用田賦，何知使并爲丘也？杜以如此，則賦税大多，非民所能給，故改之。舊制丘賦之法，田之所收及家內資財，井共一馬三牛。今欲別其田及家資各爲一賦，計一丘民之家資令出一馬三牛，又計田之所收，更出一馬三牛，是爲所出倍於常也。舊田與家資官賦，今欲別賦其田，故言欲以田賦也。

《春秋左傳正義・哀公十二年》 經十有二年，春，用田賦。直書之者，以示改法重賦。

疏：注直書至重賦。正義曰：用田賦者，用田之所收以爲賦，令之出牛馬也。依實直書之，以示改常法重賦斂。成元年作丘甲，甲是造作之物，故言作。馬牛，賦税以充之，非造作之物，且譏其賦，不譏其作，故書用，言舊不用，而今用之。

《春秋公羊傳注疏・宣公十五年》 初税畝。初者何？始也。税畝者何？履畝而税也。時宣公無恩信於民，民不肯盡力於公田，故履踐案行，擇其善畝穀最好者，税取之。

疏：初者何。解云：賦税之式，國之常經，今而言初，故執不知問。税畝者何。解云：什一而行，明王舊典，今而變文謂之税畝，故執不知問。

初税畝，何以書？譏。何譏爾？譏始履畝而税也。何譏乎始履畝而税？據用田賦不言初，亦不言税畝。

疏：注據用田至税畝。解云：即哀十二年春，用田賦是也。然則用田賦亦是改古易常，而不言初，又不言税畝，今此特言初税畝以譏之，故難之也。

古者什一而藉。什一以借民力，以什與民，自取其一爲公田。古者曷爲什一而藉？據數非一。什一者，天下之中正也。多乎什一，大桀小桀；奢泰多取於民，比於桀也。

疏：多乎什一，大桀小桀。解云：夏桀無道，重賦於人，今過什一，與之相似。若十取四五，則爲桀之大貪；若取二三，則爲桀之小貪，故曰多乎什一，大桀小桀。所以不言紂者，略舉以爲説耳。舊説云不言紂者，近事不嫌不知。

寡乎什一，大貉小貉。蠻貉無社稷宗廟百官制度之費，税薄。大貊，亡百反。費，芳味反。

疏：寡乎至小貉。注蠻貉至税薄。解云：若十四五乃取其一，則爲

大貉行；若十二十三乃取一，則爲小貉行，故曰寡於十一則大貉小貉也。然則多於什一則有爲桀之譏，寡於十一則有蠻貉之耻，是以什一而税，三王所不易，故傳比于中正之言。

什一者，天下之中正也。什一行而頌聲作矣。頌聲者，大平歌頌之聲，帝王之高致也。《春秋》經傳數萬，指意無窮，狀相須而舉，相待而成，至此獨言頌聲作者，民以食爲本也。夫飢寒並至，雖堯、舜躬化，不能使野無寇盜；貧富兼并，雖皋陶制法，不能使彊不陵弱，是故聖人制井田之法而口分之：一夫一婦受田百畝，以養父母妻子，五口爲一家，公田十畝，即所謂十一而税也。廬舍二畝半，凡爲田一頃十二畝半，八家而九頃，共爲一井，故曰井田。廬舍在内，貴人也。公田次之，重公也。私田在外，賤私也。井田之義：一曰無泄地氣，二曰無費一家，三曰同風俗，四曰合巧拙，五曰通財貨。因井田以爲市，故俗語曰市井。種穀不得種一穀，以備災害。田中不得有樹，以妨五穀。還廬舍種桑荻雜菜，畜五母雞兩母豕，瓜果種疆畔，女上蠶織，老者得衣帛焉，得食肉焉，死者得葬焉。多於五口名曰餘夫，餘夫以率受田二十五畝。十井共出兵車一乘。司空謹别田之高下善惡，分爲三品：上田一歲一墾，中田二歲一墾，下田三歲一墾；肥饒不得獨樂，墝埆不得獨苦，故三年一换主易居，財均力平，兵車素定，是謂均民力，彊國家。在田曰廬，在邑曰里。一里八十户，八家共一巷。中里爲校室，選其耆老有高德者名曰父老，其有辯護伉健者爲里正，皆受倍田，得乘馬。父老比三老孝弟官屬，里正比庶人在官吏。民春夏出田，秋冬入保城郭。田作之時，春，父老及里正旦開門坐塾上，晏出後時者不得出，莫不持樵者不得入。五穀畢入，民皆居宅，里正趨緝績，男女同巷，相從夜績，至於夜中，故女功一月得四十五日作，從十月盡正月止。男女有所怨恨，相從而歌，飢者歌其食，勞者歌其事。男年六十，女年五十無子者，官衣食之，使之民間求詩，鄉移於邑，邑移於國，國以聞於天子，故王者不出牖户盡知天下所苦，不下堂而知四方。十月事訖，父老教於校室，八歲者學小學，十五者學大學，其有秀者移於鄉學，鄉學之秀者移於庠，庠之秀者移於國學。學於小學，諸侯歲貢小學之秀者於天子，學於大學，其有秀者命曰進士，行同而能偶，别之以射，然後爵之。士以才能進取，君以考功授官。三年耕餘一年之畜，九年耕餘三年之積，三十年耕有十年之儲，雖遇唐堯之水，殷湯之旱，民無近憂，四海之内莫不樂其業，故曰頌聲作矣。數，所主反。以食，音嗣。伉，苦浪反，一音苦杏反。塾，音淑。莫，音暮。

疏：什一行而頌聲作矣。解云：頌者，大平之歌。案文、宣之時，乃升平之世也，而言頌聲作者，因事而言之故也，何者？案文、宣之時，乃升平之世，言但能均其衆寡，等其功力，平正而行，必時和而年豐，什一而税之，則四海不失業，歌頌功德而歸鄉之，故曰頌聲作矣。不謂宣公之時，實致頌聲。注帝王之高致也。解云：謂帝王之行清高，乃致頌聲，故曰高致也。注春秋經傳至作矣。解云：言《春秋》經與傳數萬之字，論其科指意義實無窮，然其上下經例相須而舉，其上下意義相待而成。以此言之，則非一言可盡，至此獨言頌聲作者，正以此處論税畝之事，若税畝得所，以致太平，故云民以食爲本也。云夫飢寒並至，雖堯、舜躬化，不能使野無寇盜云云者，是謂假設之辭耳。云是故聖人制井田之法而口分之，一夫一婦受田百畝云云以下，皆是時王之制。云井田之義：一曰無泄地氣者，謂其冬前相助犂。云二曰無費一家者，謂其田器相通。云三曰同風俗者，謂其同耕而相習。云四曰合巧拙者，謂共治耒耜。云五曰通財貨者，謂井地相交，遂生恩義，貨財有無，可以相通。云因井田以爲市，故俗語曰市井者，古者邑居，秋冬之時入保城郭，春夏之時出居田野，既作田野，遂相交易，井田之處而爲此市，故謂之市井。云里正旦開門坐塾上者，即鄭注《學記》曰古者仕焉而已者，歸教於閭里，朝夕坐於門，門側之堂謂之塾是也。

《春秋公羊傳注疏・成公元年》

三月，作丘甲。何以書？譏。何譏爾？譏始丘使也。四井爲邑，四邑爲丘。甲，鎧也。譏始使丘民作鎧也。古者有四民：一曰德能居位曰士，二曰辟土殖穀曰農，三曰巧心勞手以成器物曰工，四曰通財粥貨曰商。四民不相兼，然後財用足。月者，重録之。鎧，苦代反。辟，婢亦反。粥，羊六反。

疏：譏始丘使也。解云：謂不辨能否以丘貴甲，故譏之矣。注四井至爲丘。解云：《司馬法》文。《周禮》經亦然。注古者至録之。解云：四民之言，出《齊語》也。德能居位曰士者，即彼云處士就閒宴是也。辟土殖穀曰農者，即彼云處農就田野是也。巧心勞手以成器物曰工者，即彼云處工就官府是也。通財粥貨曰商者，即彼云處商就市井是也。云月者，重録之者，欲道宣十五年秋初税畝，哀十二年春，用田賦皆書時，今書月，故如此解。

《春秋公羊傳注疏・哀公十二年》

十有二年，春，用田賦。何以書？據當賦税，爲何書。爲何，于僞反，下爲同宗同。譏，何譏爾？譏始用田賦也。

田，謂一井之田。賦者，斂取其財物也。言用田賦者，若今漢家斂民錢，以田爲率矣。不言井者，城郭里若亦有井，嫌悉賦之。禮，税民公田，不過什一，軍賦十井不過一乘。哀公外慕彊吳，空盡國儲，故復用田賦，過什一。爲率，音律，又音類。乘，繩證反。復，扶又反。

疏：注田，謂一井之田。解云：知如此者，正以《家語·政論》篇云季康子欲以一井田出賦法焉，又《魯語下》篇云孔子謂冉求曰：田一井，出稯禾秉芻，正米不是過也。案彼二文，皆論此經用田賦之事，而言一井，故知然也。注不言井至賦之。解云：凡言田者，指墾土之處，言井者，但是方里之名。若言用井賦，則嫌城郭里巷之內，但有一井之處，悉皆賦之，故云不言井者，城郭里巷亦有井，嫌悉賦之。注禮税至什一。解云：即宣十五年傳云什一者，天下之中正也。什一行而頌聲作矣是也。云軍賦十井不過一乘者，何氏以爲公侯方百里，案諸典籍，每有千乘之義，若不十井爲一乘，則不合，鄭氏云公侯方百里，井十則賦出革車一乘者，義亦通于此。云哀公外慕彊吳者，即上十年春，公會吳伐齊；十一年夏，公會吳伐齊；此年夏公會吳于橐皋之屬是也。云故復用田賦，過什一者，對常賦以爲復矣。

《春秋穀梁傳注疏·宣公十五年》 初税畂，非正也。古者三百步爲里，名曰井田。井田者，九百畂，公田居一。出除公田八十畝，餘八百二十畝。故井田之法，八家共一井，八百畝餘二十畝，家各二畝半爲廬舍。廬，力魚反。私田稼不善，則非吏；非，責也。吏，田畯也。言吏急民，使不得營私田。畯音俊，田大夫也。公田稼不善，則非民。民勤私也。初税畝者，非公之去公田而履畝，十取一也，以公之與民爲已悉矣。悉謂盡其力。去，如字，又起呂反。

疏：履畝十取一也。釋曰：何休云：宣公無恩信於民，民不肯盡力治公田，故公家履踐案行，擇其善畝穀最好者税取之，故曰履畝。徐邈以爲除去公田之外，又税私田之十一也。傳稱以公之與民爲已悉矣，則徐言是也。

古者公田爲居，八家共居。井竈葱韭盡取焉。損其廬舍，家作一園，以種五菜，外種楸桑，以備養生送死。音九，楸音秋。

疏：注損其至送死。釋曰：損爲減損也。五菜者，世所謂五辛之菜也。何休又云：古者井田之法，一夫一婦受田百畝，身與父母妻子五口以爲一户，公田十畝，又廬舍二畝半，凡爲田一頃一十二畝半也。八家而有九頃，故曰井田廬舍在内，貴人也；公田次之，重公也；私田在外，賤私也。若五口之外，名曰餘夫，餘夫率受田二十五畂半。記異聞耳，於范氏注亦無所取。

冬，蝝生。蝝非災也。其曰蝝，非税畝之災也。凡《春秋》記災，未有言生者。蝝之言緣也，緣宣公税畝，故生此災以責之。非，責也。蝝，以全反。劉歆云：此蚍蜉子。董仲舒云：蝗子。《字林》尹絹反。

《春秋穀梁傳注疏·哀公十二年》 十有二年，春，用田賦。古者九夫爲井，十六井爲丘。丘賦之法，因其田財，通共出馬一匹，牛三頭。今別其田及家財，各出此賦。言用者，非所宜用。別，如字，又彼列反。

疏：用田賦。釋曰：古者一丘之田，方十六井，一百四十四夫。軍賦之法，因其田財，通出馬一匹，牛三頭。今乃分別其田及家財，各令出此賦，則一丘之田，出馬二匹，牛六頭，故曰用田賦，言非所宜用也。謂之田賦者，古者但賦其家財，今又計田貢，故曰田賦也。注古者九夫至爲丘。釋曰：案《周禮·小司徒職》九夫爲井，四井爲邑，四邑爲丘，四丘爲甸。然則井方一里，九夫；邑方二里，四井，三十六夫；丘方四里，十六井，百四十四夫；甸方八里，六十四井，五百七十六夫。軍賦之法，丘出馬一匹，牛三頭；甸出長轂一乘，馬四匹，牛十二頭，甲士三人，步卒七十二人。此甸八里，據實出賦者言之，其畔各加一里，治溝洫者。《司馬法》城方十里，出革車一乘者，通計治溝洫者言之，其實一也。今指解經云用田賦者，是丘之賦，故云九夫爲井，十六井爲丘也。然經即云用田賦，而使丘民，以成元年作丘甲，民盡作甲，則知此用田賦，亦令一丘之民用田賦也。宣十五年初税畝，則計畝以税。所税畝，十畝税其一，此則通公田什一，而不畝計，故彼言税，而此言賦也。注丘賦至三頭。釋曰：凡丘賦之法，因其民之所受，公田什一，及私家之財，通融共出馬一匹，牛三頭。以一丘之民，共出此賦，以家財爲主，故曰丘賦。今又分別其所受公田，各令出此馬牛之賦，故曰用田賦也。《論語》曰：哀公云：二吾猶不足，如之何其徹也？即此田財並賦之驗也。

《論語注疏》卷一一《先進》 季氏富於周公，何晏註引孔曰：周公，

天子之宰、卿士。而求也爲之聚斂而附益之。何晏註引孔曰：冉求爲季氏宰，爲之急賦税。子曰：非吾徒也。小子鳴鼓而攻之，可也。何晏註引鄭曰：小子，門人也。鳴鼓聲其罪以責之。

疏：正義曰：此章夫子責冉求重賦税也。季氏富於周公者，季氏，魯臣，諸侯之卿也。周公，天子之宰、卿士，魯其後也。孔子之時，季氏專執魯政，盡征其民。其君蠶食深宫，賦税皆非己有，故季氏富於周公也。而求也爲之聚斂而附益之者，時冉求爲季氏家宰，又爲之急賦税，聚斂財物而陪附助益季氏也。子曰：非吾徒也，小子鳴鼓而攻之可也者，小子，門人也。冉求亦夫子門徒，當尚仁義。今爲季氏聚斂，害於仁義，故夫子責之曰：非我門徒也。使其門人鳴鼓以聲其罪而攻責之，可也。

《論語注疏》卷一二《顔淵》 哀公問於有若曰：年饑，用不足，如之何？有若對曰：盍徹乎？鄭曰：盍，何不也。周法什一而税謂之徹，徹，通也，爲天下之通法。曰：二，吾猶不足，如之何其徹也？孔曰：二謂什二而税。對曰：百姓足，君孰與不足？百姓不足，君孰與足？孔曰：孰，誰也。疏：哀公至舉足。正義曰：此章明税法也。哀公問於有若曰：年饑，用不足，如之何者，魯君哀公問於孔子弟子有若曰：年穀不熟，國用不足，如之何使國用得足也？有若對曰：盍徹乎者，盍猶何不也。周法什一而税謂之徹，徹，通也，爲天下之通法。有若意譏哀公重斂，故對曰：既國用不足，何不依通法而税取乎？曰：二，吾猶不足，如之何其徹也者，二謂什二而税。哀公不覺其譏，故又曰：什而税二，吾之國用猶尚不足，如之何其依徹法什而税一乎？對曰：百姓足，君孰與不足？百姓不足，君孰與足者，孰，誰也。哀公既言重斂之實，故有若又對以盍徹足用之理。言若依通法而税，則百姓家給人足。百姓既足，上命有求則供，故曰：君孰與不足也。今君重斂，民則困窮，上命所須，無以供給，故曰：百姓不足，君孰與足也。注鄭曰至通法。正義曰：云周法什一而税謂之徹者，《公羊傳》曰：古者什一而藉。古者曷爲什一而藉？什一者，天下之中正也。多乎什一，大桀小桀。寡乎什一，大貉小貉。什一者，天下之中正也。什一行而頌聲作矣。何休云：多取於民，比於桀。蠻貉無百官制度之費，税薄。《穀梁傳》亦云：古者什一而藉。《孟子》云：夏后氏五十而貢，殷人七十而助，周人百畝而徹，其實皆什一也。趙岐注云：民耕五十畝者貢上五畝，耕七十畝者以七畝助公家，耕百畝者徹取十畝以爲賦，雖異名二，多少同，故云皆什一也。書傳云十一者多矣，故杜預云：古者公田之法，十取其一，謂十畝内取一。舊法既已十畝取一矣，《春秋》魯宣公十五年初税畝，又履其餘畝，更復十收其一，乃是十取其二，故此哀公曰：二，吾猶不足。謂十内税二，猶尚不足，則從宣公之後，遂以十二爲常，故曰初。言初税十二自宣公始也。諸書皆言十一而税，而《周禮·載師》云凡任地，近郊十一，遠郊二十而三，甸稍縣都皆無過十二，漆林之征二十而五者，彼謂王畿之内所共多，故賦税重；諸書所言什一，皆謂畿外之國，故此鄭玄云：什一而税謂之徹，徹，通也。爲天下之通法。言天下皆什一耳，不言畿内亦什一也。《孟子》又曰：方里爲井，井九百畝。其中爲公田，八家皆私百畝，同養公田。公事畢，然後敢治私事。《漢書·食貨志》取彼意而爲之文云：井田方一里，是爲九夫。八家共之，各受私田百畝，公田十畝，是爲八百八十畝，餘二十畝爲廬舍。諸儒多用彼爲義。如彼所言，則家别一百一十畝，是爲十外税一也。鄭玄《詩箋》云：井税一夫，其田百畝。則九而税一，其意異於《漢書》，不以《志》爲説也。又孟子對滕文公云：請野九一而助，國中什一使自賦。鄭玄《周禮·匠人注》引《孟子》此言乃云：是邦國亦異外内之法。則鄭玄以爲，諸侯郊外郊内其法不同，郊内十一使自賦其一；郊外九而助一，是爲二十而税二。故鄭玄又云：諸侯謂之徹者，通其率以十一爲正。言郊内郊外相通其率爲十税一也。杜預直云十取其一，則又異於鄭，唯謂一夫百畝，以十畝歸公。趙岐不解夏五十、殷七十之意，蓋古者人多田少，一夫唯得五十、七十畝耳。五十而貢，貢五畝；七十而助，助七畝，好惡取於此。鄭注《考工記》云：周人畿内用夏之貢法，邦國用殷之助法也。

《孟子注疏》卷三《公孫丑章句上》 耕者助而不税，則天下之農皆悦而願耕於其野矣。趙岐註：助者，井田什一，助佐公家治公田，不横税賦，若履畝之類。廛無夫里之布，則天下之民皆悦而願爲之氓矣。趙岐註：里，居也。布，錢也。夫，一夫也。《周禮·載師》曰：宅不毛者有里布，田不耕者有屋粟。

凡民無職事者，出夫家之征。孟子欲使寬獨夫去里布，則人皆樂爲之氓矣。氓者謂其民也。

疏：耕者助而不税，則天下之農皆悦而願耕於其野矣者，言耕田者但以井田制之，使助佐公田而治，不以横税取之，則天下爲之農者，皆悦而願耕作其郊野矣。廛無夫里之布，則天下之民皆悦而願爲之氓矣者，言一夫所受之宅，而不出夫家之征，一廛所居之地，而不取其里布，則天下之民，皆悦樂而願爲之氓矣。信能行此五者於天下，則鄰國之民仰之若父母矣。【略】

鄭司農云：宅不毛者，謂不樹桑麻也。里布者，布參印書，廣二寸，長二尺，以爲幣貿易物。《詩》云抱布貿絲，此布也，或曰布，泉也。《春秋傳》曰之百兩一布。又《廛人》職掌斂市之次布、儳布、質布、罰布、廛布。不知言布參印書者何，見舊時説也。玄謂宅不毛者罰以一里二十五家之泉，空田者罰以三家之税粟，以共吉凶二服及喪器也。民雖有閒無職事者，猶出夫税、家税也。夫税者，百畝之税。家税者，出士徒車輦給繇役。

《孟子注疏》卷五《滕文公章句上》　是故賢君必恭儉、禮下，取於民有制。古之賢君，身行恭儉，禮下大臣，賦取於民不過十一之制也。陽虎曰：爲富不仁矣，爲仁不富矣。陽虎，魯季氏家臣也。富者好聚，仁者好施，施不得聚，道相反也。陽虎非賢者也，言有可采，不以人廢言也。夏后氏五十而貢，殷人七十而助，周人百畝而徹，其實皆什一也。徹者，徹也。助者，藉也。夏禹之世，號夏后氏。后，君也。禹受禪於君，故夏稱后。殷，周順人心而征伐，故言人也。民耕五十畝，貢上五畝；耕七十畝者，以七畝助公家；耕百畝者，徹取十畝以爲賦：雖異名而多少同，故曰皆什一也。徹猶取人徹取物也。藉者借也，猶人相借力助之也。龍子曰：治地莫善於助，莫不善於貢。貢者，挍數歲之中以爲常。龍子，古賢人也，言治土地之賦，無善於助者也。貢者，校數歲以爲常類而上之，民供奉之，有易有不易，故謂之莫不善於貢也。樂歲粒米狼戾，多取之而不爲虐，則寡取之。凶年糞其田而不足，則必取盈焉。樂歲，豐年。狼戾，猶狼藉也。粒米，粟米之粒也。饒多狼藉，棄捐於地，是時多取於民，不爲暴虐也，而反以常數少取之。至於凶年饑歲，民人糞治其田，尚無所得，不足以食，而公家取其税必滿其常數焉。不若從歲饑、穰以爲多少，與民同之也。爲民父母，使民盻盻然，將終歲勤動不得以養其父母，又稱貸而益之，使老稚轉乎溝壑，惡在其爲民父母也！盻盻，勤苦不休息之貌。動，作。稱，舉也。言民勤身動作終歲，不得以養食其父母。公賦當畢，有不足者，又當舉貸子倍而益滿之。至使老少轉尸溝壑，安可以爲民之父母也？夫世禄，滕固行之矣。古者諸侯、卿、大夫、士有功德，則世禄賜族者也。官有世功也，其子雖未任居官，得世食其父禄。賢者子孫必有土之義也，滕固知行是矣。言亦當恤民之子弟，閔其勤勞者也。《詩》云：雨我公田，遂及我私。惟助爲有公田，由此觀之，雖周亦助也。《詩·小雅·大田》之篇。言太平時民悦其上，願欲天之先雨公田，遂以次及我私田也，猶殷人助者，爲有公田耳。此周《詩》也，而云雨公田，知雖周家之時亦有助之之制也。

《孟子注疏》卷七《離婁章句上》　孟子曰：求也爲季氏宰，無能改於其德，而賦粟倍他日。孔子曰：求非我徒也，小子鳴鼓而攻之可也。趙岐註：求，孔子弟子冉求。季氏，魯卿季康子。宰，家臣。小子，弟子也。孔子以冉求不能改季氏使從善，爲之多斂賦粟，故欲使弟子鳴鼓以聲其罪，而攻伐責讓之。曰求非我徒，疾之也。由此觀之，君不行仁政而富之，皆棄於孔子者也，況于爲之強戰。

疏：正義曰：此章指言聚斂富民，棄于孔子，冉求行之，同聞鳴鼓。以戰殺人，土食人肉，罪不容死，以爲大戮，重人命之至也。孟子曰求也爲季氏宰至攻之可也者，孟子言冉求爲季氏之家臣，不能佐君改於其德，以爲治國，而乃聚斂其粟，倍過於他日。孔子責之曰：求非我之徒弟也。乃令弟子鳴鼓，以聲其罪而攻之可也。由此觀之，君不行仁政至罪不容於死者，孟子言由此冉求賦斂觀之以孔子所攻，則今之國君不行仁政而富之，是皆棄之於孔子者也。又況爲之強戰。

《孟子注疏》卷一〇《萬章章句下》　曰：今之諸侯取之於民也，猶禦也。苟善其禮際矣，斯君子受之，敢問何説也。趙岐註：萬章曰：今之諸侯賦税於民，不由其道，履畝強求，猶禦人也。欲善其禮以接君子，君子欲受之何説也。君子謂孟子也。曰：子以爲有王者作，將比今之諸侯而誅之乎。其教之不改而後誅之乎。夫謂非其有而取之者，盜也，充類至，義之盡也。孔子之仕於魯也，魯人獵較，孔子亦獵較。獵較猶可，而況受其賜乎。

疏：萬章又曰：今之諸侯賦税於民，不以其道，亦如禦人而奪貨者也，苟善其禮以交接之，斯君子且受之，敢問何謂也。曰子以爲有王者作

至而況受其賜乎，孟子又謂萬章曰：子今以爲後如有王者興作，將比今之諸侯無道而盡誅之乎。其待教之，其不改者乃誅之乎。言必待教之不改者也，夫所謂非其所有而取之者，是爲盗也。如充取民賦税之類至大過者，但義之盡耳，亦未爲盗者也。故曰：夫所謂非其有而取之者，是爲盗也，充類至，義之盡也。然孟子必以此言者，其意蓋謂今之諸侯雖取於民不以義，然而受教之，猶庶幾能省刑罰，薄税斂，爲善政也，此固在所教而不誅，今萬章乃曰今之諸侯猶禦也，殊不知與禦人之元惡、不待教而誅者異矣。然則萬章之所問，乃云此者，是其繆也，宜孟子答之此耳。

《孟子注疏》卷一二《告子章句下》

白圭曰：吾欲二十而取一，何如？白圭，周人也。節以貨殖，欲省賦利民，使二十而税一。孟子曰：子之道，貉道也。萬室之國，一人陶，則可乎？貉，夷貉之人，在荒服者也。貉之説，二十而取一。萬家之國，使一人陶瓦器，則可乎？以此喻白圭之所言而已矣。曰：不可，器不足用也。白圭曰：一人陶，則瓦器不足以供萬室之用也。曰：夫貉，五穀不生，惟黍生之。無城郭宫室、宗廟祭祀之禮，無諸侯幣帛饔飧，無百官有司，故二十而取一而足也。貉在北方，其氣寒，不生五穀。黍早熟，故獨生之。無中國之禮，如此之用，故可二十而取一而足也。今居中國，去人倫，無君子，如之何其可也，皋陶以寡，且不可以爲國，況無君子乎！欲輕之於堯、舜之道者，大貉小貉也。欲重之於堯、舜之道者，大桀小桀也。今之居中國，當行禮義，而欲効夷貉無人倫之叙、無君子之道，豈可哉，陶器者少，尚不可以爲國，況無君子之道乎？堯、舜以來，什一而税，足以行禮，故以此爲道。今欲輕之，二十而税一者，夷貉爲大貉，子爲小貉也。欲重之，過什一，則是夏桀爲大桀，而子爲之小桀也。疏：白圭至小桀也。正義曰：此章指言先王典禮，萬世可遵，什一供貢，下富上尊。裔土簡惰，二十而税，夷狄有君，不足爲貴。圭欲法之，孟子斥之以王制者也。白圭曰：吾欲二十而取一，何如，白圭，周人也，白圭言於孟子曰：我今欲省賦利民，但二十中而税一，如之何？孟子曰：子之道，貉道也。萬室之國，一人陶，則可乎，孟子欲闢之，故與之曰：子以二十而税一之道，乃荒服北裔貉之道也。故託喻以問之，曰萬家之國，但以一人陶瓦器而供使用，則可乎，否乎？曰不可，器不足用也，白圭答之，曰一人陶器而供萬家之國，則器不足用也，是爲不可也。曰夫貉，五穀不生至大桀小桀也，孟子又與之言曰：夫貉居於北方，其地寒燥，而五穀不生長，惟黍爲熟於寒燥，故生之。又以其無中國之城郭宫室，又無宗廟祭祀之禮，又無幣帛饔飧之費，又無百官之衆供贍。朝食曰饔，夕食曰飧。如此，無有費用供贍，故於貉但二十而税一亦足給也。今居中國之地，如去人倫之叙，使無君子之道，如何爲可乎！然而陶器之少，且尚不可以爲供國之用，況於國而無君子之道乎！且自堯、舜二帝以來，皆以什一而税也，今欲輕於堯、舜什一之道，而欲二十而取一，則夷貉爲大貉，而子爲小貉也；如欲重於堯、舜什一之道，而過於什一，則夏桀爲大桀，而子爲小桀也，以其桀暴於賦斂者也。此孟子所闢之白圭也。注曰圭，周人也。正案班固志貨殖傳云白圭，周人也。當魏文侯時，李克務盡地力，而白圭樂觀時變，故人弃我取，人取我與。能薄飲食，忍嗜慾，節衣服。曰吾治生，與伊尹、吕尚之謀，孫吴用兵，商鞅行法是也。又《公羊傳》曰古者什一而籍；古者曷爲什一而籍，什一者，天下之中正也；多乎什一，大桀小桀，寡乎什一，大貉小貉；什一者，天下之中正也，什一行而天下頌聲作矣。何休云多取於民，比於桀，蠻貉無百官制度之費，税薄。《穀梁》云古者什一而籍；孟子曰夏氏五十而貢，殷人七十而助，周人百畝而徹。凡書傳云什一者衆矣。杜預曰古者公田之法，十取其一，謂十畝内取一。舊法既以十畝取一矣，《春秋》魯宣公十五年，初税畝，又履其餘畝，更復十取其一，乃是什取其二。故魯哀公問有若曰：二吾猶不足，如之何其徹也。《周禮·載師》云凡任地近郊十一，遠郊二十而三，甸、稍、縣、都皆取過十二，漆林之征二十而五。彼謂王畿之内所共多，故賦税重，諸書所言什一，皆謂畿外之國。故鄭玄曰：云什一而税謂之徹。徹，通也。爲天下之通法，言天下皆什一耳。不言畿内亦什一也。孟子云：方百里爲井，井九百畝，其中爲公田，八家皆私百畝，同養公田，公事畢，然後敢治私事。鄭玄云：《詩箋》云：井税一夫，其田百畝。則九而税一，其意又異於《漢·食貨志》。云井田方百里，是爲八九家共之，各受私田百畝，公田十畝，是爲八百八十畝，餘二十畝爲廬舍。然而諸儒多用孟子爲義，如孟子所言，則家別一百一十里，是爲十外税一也，是爲鄭玄有異於此

也。又孟子對滕公，請野九一而助，國中什一使自賦。鄭玄《周禮・匠人》注，孟子此言，乃云是邦國，亦異外內之法。則鄭玄以爲諸侯郊外郊內，郊其法不同，郊內十一，使自賦其一，郊外九而助一，是爲二十而稅一。故鄭玄又云，諸侯謂之徹者，通其率以十一爲正，郊內郊外相通，其率爲十稅一也。杜預直云十取其一，則又異於鄭。惟謂一夫百畝，以十畝歸公。趙注不解夏五十，殷七十而助助七畝。好惡取於此。鄭注《考工記》云：周人畿內用夏之貢法，邦國用殷之助法也。

《孟子注疏》卷一四《盡心章句下》　孟子曰：有布縷之征，粟米之征，力役之征。趙岐註：征，賦也。國有軍旅之事，則橫興此三賦也。布，軍卒以爲衣也，縷，紩鎧甲之縷也。粟米，軍糧也。力役，民負荷廝養之役也。君子用其一，緩其二。用其二而民有殍，用其三而父子離。趙岐註：君子爲政，雖遭軍旅，量其民力，不並此三役，更發異時。急一緩二，民不苦之。若並用二，則路有餓殍。若並用三，則分崩不振，父子離析，忘禮義矣。

疏：正義曰：此章指言原心量力，政之善者；繇役並興，以致離殍；養民輕斂，君之道也。孟子曰有布縷之征至用其三而父子離者，此所以薄稅斂之言，而有以救時之弊者矣。孟子言有布縷之征，有粟米之征，有力役之征，布所以爲衣，縷所以紩鎧甲，粟米所以爲糧，力征所以荷負廝養之役。然而君子爲政，其於此三者之賦未嘗並行也，用其一則緩其二，今夫三者之賦，皆取民以類也，如用其二，則有傷財而民至於餓死，用其三則有害民而至於父子離散，是豈君子之爲政然歟。蓋征之者義也，緩之者仁也，惟君子以仁是守，以義是行，然而充類之至而義之盡者，君子所不爲也。此孟子不得不權時而救時之弊也。

《商君書・徠民》　臣竊以王吏之明爲過見，此其所以弱。不奪三晉民者，愛爵而重復也。其說曰：三晉之所以弱者，其民務樂而復爵輕也。秦之所以強者，其民務苦而復爵重也。今多爵而久復，是釋秦之所以強，而爲三晉之所以弱也。此王吏重爵愛復之說也，而臣竊以爲不然。夫所以爲苦民而強兵者，將以攻敵而成所欲也。兵法曰：敵弱而兵強。此言不失吾所以攻，而敵失其所守也。今三晉不勝秦四世矣，自魏襄以來，野戰不勝，守城必拔，小大之戰，三晉之所亡于秦者，不可勝數也。若此而不服，秦能取其地，而不能奪其民也。

今王發明惠，諸侯之士來歸義者，今使復之三世，無知軍事。秦四境之內，陵阪丘隰不起十年征，著於律也，足以食作夫百萬。曩者臣言曰：意民之情，其所欲者，田宅也；晉之無有也信，秦之有餘也必，若此而民不西者，秦士戚而民苦也。今利其田宅，復之三世。此必與其所欲，而不使行其所惡也。然則山東之民無不西者矣。且直言之謂也；不然，夫實曠虛，出天寶，而百萬事本，其所益多也，豈徒不失其所以攻乎。

《國語・魯語下》　季康子欲以田賦，韋昭注：田賦，以田出賦也。賈侍中云：田，一井也。周制：十六井賦戎馬一匹、牛三頭。一井之田，而欲出十六井之賦也。昭謂：此數甚多，似非也。下雖云收田一井，凡數從夫井起，故云井耳。使冉有訪諸仲尼。韋昭注：冉有，孔子弟子冉求也，爲季氏宰。康子欲加賦，使訪之。仲尼不對，韋昭注：以其非制也。私于冉有曰：求來。女不聞乎，先王制土，籍田以力，而砥其遠邇；韋昭注：制土，制其肥磽以爲差也。籍田，謂稅也。以力，謂三十者受田百畝，二十者五十畝，六十還田也。砥，平也，平遠邇所差也。《周禮》：近郊十一，遠郊二十而三，甸、稍、縣、都皆無過十二也。賦里以入，而量其有無；韋昭注：里，壥也，謂商賈所居之區域也。以入，計其利入多少，而量其財業有無以爲差也。《周禮》：國宅無征，園□二十而一，漆林之征二十而五也。任力以夫，而議其老幼。韋昭注：力，謂繇役。以夫，以夫家爲數。議其老幼，老幼則有復除也。於是乎有鰥、寡、孤、疾，韋昭注：又議其鰥、寡、孤、疾而不役也。疾，廢疾也。有軍旅之出則徵之，無則已。韋昭注：徵鰥、寡、孤、疾之賦也。已，止也。無軍旅之出，則止不賦也。其歲，收田一井，出稯禾、秉芻、缶米，不是過也。韋昭注：其歲，有軍旅之歲也。缶，庾也。《聘禮》曰：十六斗曰庾，十庾曰秉。秉，二百四十斗也。四秉曰筥，十筥曰稯。稯，六百四十斛也。先王以爲足。韋昭注：足供用也。若子季孫欲其法也，則有周公之籍矣；韋昭注：籍田之法，周公所制也。若欲犯法，則苟而賦，又何訪焉。韋昭注：苟，苟且也。時康子不聽，魯哀十二年春，卒用田賦。

《國語・齊語》　桓公曰：伍鄙若何。韋昭注：管子上言參其國而伍其鄙，內政既備，故復問伍鄙之事。管子對曰：相地而衰征，則民不移；韋昭注：相，視也。衰，差也。視土地之美惡及所生出，以差征賦之輕重也。移，徙也。政不旅舊，則民不偷；韋昭注：舊，君之故舊也。偷，苟且也。不以故人爲師

旅，則民之相與不苟且也。孔子曰：故舊不遺，則民不偷。山澤各致其時，則民不苟；韋昭注：時，謂衡虞之官禁令各順其時，則民之心不苟得也。陸、阜、陵、墐、井、田、疇均，則民不憾；韋昭注：高平曰陸，大陸曰阜，大阜曰陵。墐，溝上之道也。九夫爲井，井間有溝。穀地曰田，麻地曰疇。均，平也。憾，恨也。無奪民時，則百姓富；犧牲不略，則牛羊遂。韋昭注：略，奪也。遂，長也。

《國語·晉語九》 趙簡子使尹鐸爲晉陽。請曰：以爲繭絲乎。抑爲保鄣乎。韋昭注：繭絲，賦税。保鄣，蔽捍也。小城曰保。《禮記》曰：遇入保者。簡子曰：保鄣哉。尹鐸損其户數。韋昭注：損其户，則民優而税少。簡子誡襄子曰：晉國有難，而無以尹鐸爲少，無以晉陽爲遠，必以爲歸。

《國語·楚語上》 靈王城陳、蔡、不羹，使仆夫子晳問于范無宇，曰：吾不服諸夏而獨事晉何也，唯晉近我遠也。今吾城三國，賦皆千乘，亦當晉矣。韋昭注：禮，地方十里爲成，出長轂一乘，馬四匹，牛十二頭，步卒七十二人，甲士三人。三國各千乘，其地三千成。又加之以楚，諸侯其來乎。

《國語·楚語下》 王曰：其小大何如。對曰：郊禘不過繭栗，烝嘗不過把握。王曰：何其小也。對曰：夫神以精明臨民者也，故求備物，不求豐大。是以先王之祀也，以一純、二精、三牲、四時、五色、六律、七事、八種、九祭、十日、十二辰以致之，百姓、千品、萬官、億丑，兆民經入⿰虫會數以奉之，韋昭注：百姓，百官受氏姓也。千品，姓有徹品，十爲千品。五物之官，陪屬萬爲萬官。官有十丑，爲億丑。天子之田九⿰虫會〔畡〕，以養兆民，王取經入，以食萬官。明德以昭之，和聲以聽之，以告遍至，則無不受休。毛以示物，血以告殺，接誠拔取以獻具，爲齊敬也。敬不可久，民力不堪，故齊肅以承之。【略】王曰：所謂百姓、千品、萬官、億丑、兆民經入⿰虫會數者，何也。對曰：民之徹官百。王公之子弟之質能言能聽徹其官者，而物賜之姓，以監其官，是爲百姓。姓有徹品，十于王謂之千品。五物之官，陪屬萬爲萬官。官有十丑，爲億丑。天子之田九⿰虫會，以食兆民，韋昭注：九⿰虫會〔畡〕，九州之內有⿰虫會〔畡〕數也。食兆民，民稱耕而食其中也。天子曰兆民。王取經入焉，以食萬官。韋昭注：經，常也。常入，徵税也。

《史記》卷二《夏本紀》 令益予衆庶稻，可種卑溼。命后稷予衆庶難得之食。食少，調有餘相給，以均諸侯。禹乃行相地宜所有以貢，及山川之便利。

禹行自冀州始。冀州：既載壺口，治梁及岐。既脩太原，至于嶽陽。覃懷致功，至於衡漳。其土白壤。賦上上錯，田中中，常、衛既從，大陸既爲。鳥夷皮服。夾右碣石，入于海。

濟、河維沇州：九河既道，雷夏既澤，雍、沮會同，桑土既蠶，於是民得下丘居土。其土黑墳，草繇木條。田中下，賦貞，作十有三年乃同。其貢漆絲，其篚織文。浮於濟、漯，通於河。

海岱維青州：堣夷既略，濰、淄其道。其土白墳，海濱廣潟，厥田斥鹵。田上下，賦中上。厥貢鹽絺，海物維錯，岱畎絲、枲、鉛、松、怪石，萊夷爲牧，其篚酓絲。浮於汶，通於濟。

海岱及淮維徐州：淮、沂其治，蒙、羽其蓺。大野既都，東原底平。其土赤埴墳，草木漸包。其田上中，賦中中。貢維土五色，羽畎夏狄，嶧陽孤桐，泗濱浮磬，淮夷蠙珠臮魚，其篚玄纖縞。浮于淮、泗，通于河。

淮海維揚州：彭蠡既都，陽鳥所居。三江既入，震澤致定。竹箭既布。其草惟夭，其木惟喬，其土塗泥。田下下，賦下上上雜。貢金三品，瑤、琨、竹箭，齒、革、羽、旄，島夷卉服，其篚織貝，其包橘、柚錫貢。均江海，通淮、泗。

荆及衡陽維荆州：江、漢朝宗于海。九江甚中，沱、涔已道，雲土、夢爲治。其土塗泥。田下中，賦上下。貢羽、旄、齒、革，金三品，杶、榦、栝、柏，礪、砥、砮、丹，維箘簵、楛，三國致貢其名，包匭菁茅，其篚玄纁璣組，九江入賜大龜。浮于江、沱、涔、（于）漢，踰于雒，至于南河。

荆河惟豫州：伊、雒、瀍、澗既入于河，滎播既都，道荷澤，被明都。其土壤，下土墳壚。田中上，賦雜上中。貢漆、絲、絺、紵，其篚纖絮，錫貢磬錯。浮於雒，達於河。

華陽黑水惟梁州：汶、嶓既蓺，沱、涔既道，蔡、蒙旅平，和夷底績。其土青驪。田下上，賦下中三錯。貢璆、鐵、銀、鏤、砮、磬，熊、羆、狐、貍、織皮。西傾因桓是來，浮于潛，踰于沔，入于渭，亂于河。

黑水西河惟雍州：弱水既西，涇屬渭汭。漆、沮既從，灃水所同。荆、岐已旅，終南、敦物至于鳥鼠。原隰厎績，至于都野。三危既度，三苗大序。其土黄壤。田上上，賦中下。貢璆、琳、琅玕。浮于積石，至于龍門西河，會于渭汭。織皮昆侖、析支、渠搜，西戎即序。

道九山：汧及岐至于荆山，踰于河；壺口、雷首至于太嶽；砥柱、析城至于王屋；太行、常山至于碣石，入于海；西傾、朱圉、鳥鼠至于太華；熊耳、外方、桐柏至于負尾；道嶓冢，至于荆山；內方至于大别；汶山之陽至衡山，過九江，至于敷淺原。

道九川：弱水至於合黎，餘波入于流沙。道黑水，至于三危，入于南海。道河積石，至于龍門，南至華陰，東至砥柱，又東至于盟津，東過雒汭，至于大邳，北過降水，至于大陸，北播爲九河，同爲逆河，入于海。嶓冢道瀁，東流爲漢，又東爲蒼浪之水，過三澨，入于大别，南入于江，東匯澤爲彭蠡，東爲北江，入于海。汶山道江，東别爲沱，又東至于醴，過九江，至于東陵，東迆北會于匯，東爲中江，入于梅。道沇水，東爲濟，入于河，泆爲滎，東出陶丘北，又東至于荷，又東北會于汶，又東北入于海。道淮自桐柏，東會于泗、沂，東入于海。道渭自鳥鼠同穴，東會于灃，又東北至于涇，東過漆、沮，入于河。道雒自熊耳，東北會于澗、瀍，又東會于伊，東北入于河。

於是九州攸同，四奥既居，九山栞旅，九川滌原，九澤既陂，四海會同。六府甚脩，衆土交正，致慎財賦，咸則三壤成賦。中國賜土姓：祗台德先，不距朕行。

（唐）徐堅《初學記》卷二一《政理部・貢獻》 叙事：《廣雅》曰：貢稅也，上也。鄭玄曰獻，進也，致也，屬也，奉也。皆物於人，尊之義也。《周禮》：獻賢能之書于王。鄭玄注：獻，進也。又曰：獻禽以祭社。鄭玄注，獻，致也，屬也。又曰：古者致物於人，尊之曰獻，通行曰饋。《毛詩箋》云獻，奉也。按《尚書》禹别九州，任土作貢。其物可以特進奉者曰貢。盛之於筐而進者曰篚；若不常歲貢，須賜命乃貢者曰錫貢。故兖州厥貢漆絲。青州厥貢鹽絺，海物惟錯，岱畎絲枲，鉛松怪石。徐州厥貢惟土五色，羽畎夏翟，嶧陽孤桐，泗濱浮磬，淮夷蠙珠暨魚。揚州厥貢惟金三品，瑶琨篠簜，齒革羽毛惟木。荆州厥貢羽毛齒革，惟金三品，杶榦栝柏，礪砥砮丹，惟箘簵楛。豫州厥貢漆枲絺紵。梁州厥貢璆鐵銀鏤砮磬，熊羆狐狸織皮。雍州厥貢球琳琅玕。兖州厥篚織文，青州厥篚檿絲，徐州厥篚玄纖縞，揚州厥篚織貝，荆州厥篚玄纁璣組，豫州厥篚纖纊。揚州錫貢厥包橘柚，豫州錫貢磬錯。荆州納錫大龜，是也。《周禮》以九貢致邦國之用。一曰祀貢；二曰嬪貢；三曰器貢；四曰幣貢；五曰財貢；六曰貨貢；七曰服貢；八曰斿貢；九曰物貢，是也。獻者，謂貢篚錫貢之外所進奉者也。《禮記》曰獻車馬者執靮，獻人虜者操右袂，執琴瑟者上左手，獻几者拂之。獻杖者執其末，此其制也。

事對：紈牛　文馬《周書》：成王時，西夷貢獻卜盧紈牛。紈牛，牛之小者。孔晁注曰卜盧，盧之西北戎，今盧水是也。《東觀漢記》曰：建武二十六年，南單于遣使獻駱駝二頭，文馬十疋。江龜　海貝《尚書》曰；九江納錫大龜。孔傳云：尺二寸曰大龜，出九江水中。《尚書大傳》曰：夏成五服外薄西海。南海魚革珠珍大貝。鄭注所貢物也。貝，古以爲貨。

（唐）杜佑《通典》卷四《食貨・賦税》 古之有天下者，未嘗直取之於人。其所以制賦税者，謂公田什之一及工商衡虞之入，税以供郊廟社稷、天子奉養、百官禄食也，賦以給車馬甲兵士徒賜予也。言人君唯於田及山澤可以制財賄耳。其工商雖有技巧之作，行販之利，是皆浮食不敦其本，蓋欲抑損之義也。古者，宅不毛有里布，地不耕有屋粟，人無職事出夫家之征。言宅不毛者出一里二十五家之泉，田不耕者出三家之税粟，人雖有閒無職事，猶出夫税家税。夫税者謂田畝之税，家税者謂出士徒車輦給繇役也。蓋皆罰其惰，務令歸農。是故歷代至今，猶計田取租税。古者人君上歲役不過三日，是故歷代至今，雖加至二十日，數倍多古制，猶以庸爲名。既免其役，日收庸絹三尺，共當六丈，更調二丈，則每丁壯當兩匹矣。夫調者，猶存古井田調發兵車名耳，此豈直斂人之財者乎！什一者，天下之正中，多乎則大桀小桀，寡乎則大貊小貊。故什一行而頌聲作，二不足而碩鼠興。古之聖王以義爲利，不以利爲利，寧積於人，無藏府庫，百姓不足，君孰與足。是故鉅橋盈而殷喪，成皋溢而秦亡。記曰：人散則財聚，財散則人聚。此之謂也。漢武攘四夷，平百越，邊用益廣，

杼軸其空。於是置平糴，立均輸，起漕運，興鹽鐵，開鬻爵，設榷酤，收算緡，納雜稅，更造錢幣，蓄貨長財。雖經費獲濟，而下無聊矣。夫文繁則質衰，末盈則本虧，反散淳朴之風，導成貪叨之行，是以惡其啓端也。賢良文學，辯論甚詳，然處昇平之代，是古則理高；居多務之時，非今則事闕。一臧一否，故悉存焉。

陶唐制：冀州，厥賦唯上上錯。孔安國曰：賦謂土地所生，以供天子。上上，第一。錯，雜。雜出第二之賦。兗州，厥賦貞，貞，正也。州第九，賦正與九相當。厥貢漆、絲，厥篚織文。地宜漆林，又宜桑蠶。織文，錦綺之屬，盛之筐篚而貢。青州，厥賦中上，第四。厥貢鹽、絺，海物惟錯，絺，細葛。錯，雜，非一種。岱畎絲、枲、鉛、松、怪石，畎，谷也。怪異好石似玉者。岱山之谷出此五物，皆貢之。厥篚檿絲。檿桑蠶絲中琴瑟絃。檿，於斂反。徐州，厥賦中中，第五。厥貢惟土五色，王者封五色土爲社，建諸侯，則各割其方色土與之，使立社。燾以黄土，苴以白茅。茅取其絜，黄取王者覆四方。泗濱浮磬，淮夷蠙珠暨魚，泗水涯水中見石，可以爲磬。蠙珠，珠名，淮夷二水出蠙珠及美魚。厥篚玄纖縞。玄，黑繒。縞，白繒。纖，細也。纖在中，明二物皆細。揚州，厥賦下上上錯，賦第七，雜出第六。厥貢惟金三品，金、銀、銅。瑶琨篠簜，瑶琨皆美玉。篠，竹箭。簜，大竹。齒革羽毛惟木，齒，象牙。革，犀皮。羽，鳥羽。毛，旄牛尾。木，楩梓豫章。厥篚織貝，織，細紵。貝，水物。厥包橘柚錫貢。小曰橘，大曰柚，其所包裹而致者。錫命乃貢，言不常。荆州，厥賦上下，第三。厥貢羽、毛、齒、革，惟金三品，杶、榦、栝、柏，榦，柘也。柏葉松身曰栝。礪、砥、砮、丹，砥細於礪，皆磨石也。砮，石中矢鏃。丹，硃類。惟箘、簵、楛，三邦底貢厥名，箘，簵，美竹。楛，中矢榦。三物皆出雲夢之澤。近澤三國常致貢之，其名天下稱善。包橘柚。匭菁、茅，匭，匣也。菁以爲菹，茅以縮酒。厥篚玄纁、璣、組，此州染玄纁色善，故貢之。璣，珠類。組，綬類。九江納錫大龜。尺二寸曰大龜，出九江水中。龜不常用，錫命而納之。豫州，厥賦錯上中，賦第二，又雜出第一。厥貢漆、枲、絺、紵，厥篚纖纊，纊，細綿。錫貢磬錯。治玉石曰錯，治磬錯。梁州，厥賦下中三錯，賦第八，雜出第七第九，三等也。厥貢璆、鐵、銀、鏤、砮、磬，璆，玉名。鏤，剛鐵也。熊、羆、狐、狸織皮。貢四獸之皮，織金罽。雍州，厥賦中下，第六。厥貢惟球、琳、琅玕。球、琳皆玉名。琅玕，石似珠。禹定九州，量遠近制五服，任土作貢，分田定稅，十一而賦，萬國以康。故天子之國内五百里甸服：爲天子服理田。百里賦納總，禾稾曰總，供飼馬。二百里納銍，所銍刈謂禾穗。三百里納秸服，秸，稾也。服稾役。四百里粟，五百里米。所納精者少，麤者多。其外五百里曰侯服：侯，候也。斥候而服事。百里采，供王事，不主一。二百里男邦，男，任也。三百里諸侯。同爲王者斥候。又其外五百里曰綏服：服王者政教。三百里揆文教，度王者文教而行之。二百里奮武衛。奮武衛，天子所以安也。又其外五百里曰要服：要束以文教。三百里夷，守平常之教。二百里蔡。蔡，法也。法三百里而差簡。又其外五百里曰荒服：言荒，又簡略。三百里蠻，以文德蠻來之，不制以法。二百里流。流，移也，言政教隨其俗。堯命禹理水，因别九州，遂定貢賦。虞舜之化，及夏禹革命，不聞改作，蓋因也。

殷以天子之地，百里之内以供官。千里之内曰甸，以爲御。千里之外曰流，設方伯以爲屬。公田藉而不稅，稅，均取也。七十而助。助者，藉也，借力理公田也。是以其求也寡，其供也易。降及辛紂，暴虐，厚賦以實鹿臺，大斂以積巨橋。

周武王既誅紂，發其財，散其粟，反其失而人安。於是分九畿，方千里曰王畿。其外曰侯畿，亦曰服。其貢祀物。又外曰甸畿，其貢嬪物。任嬪以女事，貢布帛。又外曰男畿，其貢器物。任土以飭材事。又外曰采畿，其貢服物。絺纊也。又外曰衛畿，其貢財物。龜貝之具。又外曰蠻畿，又外曰夷畿，要服也，其貢貨物。絲枲。又外曰鎮畿，又外曰藩畿，藩，限也。自侯、甸、男、采、衛、蠻、夷、鎮、藩，各相去五百里爲限。其來朝之歲，具《禮・朝覲篇》也。此荒服也，具《職官・封建篇》。謂之蕃國，世一見，各以其所貴寶爲贄。司徒職，以歲時登其夫家之衆寡，辨其可任者。國中自七尺以及六十，野自六尺以及六十有五皆征之。其捨者：國中貴者、賢者、能者、服公事者、老者、疾者皆捨。以歲時入其書。鄭玄曰：登，成也，定也。國中，城郭中也。鄭司農云：征之者，給公上事也。捨者，謂有復除捨不收役事也。貴者，謂若今宗室及關内侯皆復也。服公事者，謂若今吏有復除也。老者，謂若今八十、九十復羨卒也。疾者，謂若今癃不可事者，復之。玄謂入其書者，言於大司徒。凡任地，國宅無征，園廛二十而一，近郊十一，遠郊二十而三，甸、稍、縣、都皆無過十二。唯其漆林之征二十而五。征，稅也，言征者以供國政也。

任地，謂任土地以起稅賦也。國宅，凡官所有宮室吏所治者也。周稅輕近而重遠，近者多役也。園廛亦輕之者，廛無穀，園少利也。凡宅不毛者有里布，凡田不耕者出屋粟，凡民無職事者出夫家之征。宅不毛者，謂不樹桑麻也，罰以一里二十五家之泉。空田者，罰以三家之稅粟，以供吉凶二服及喪器也。民雖有閒無職事者，猶出夫稅、家稅也。夫稅者，百畝之稅。家稅者，出士徒車輦給繇役。掌國中及四郊之人民六畜之數，以任其力，待其政令，以時徵其賦。自廛里至遠郊也，掌六畜數者，農事之本也。賦謂九賦及九貢。凡任民，任農以耕事，貢九穀。任圃以樹事，貢草木。任工以飭材事，貢器物。任商以市事，貢貨賄。任牧以畜事，貢鳥獸。任嬪以女事，貢布帛。任衡以山事，貢其物。任虞以澤事，貢其物。貢草木，謂葵、韭、果、蓏之屬。凡庶民不畜者祭無牲，不耕者祭無盛，不樹者無槨，不蠶者不帛，不績者不縗。掌罰其家事也。盛，黍稷也。槨，周棺也。不帛，不得衣帛也。不縗，喪不得衣縗也。皆所以耻不勉也。又因其比鄰，以五人爲伍，五伍爲兩，四兩爲卒，五卒爲旅，五旅爲師，五師爲軍，以起軍旅，以作田役。夫役人歲不過三日。任其土，所以紀地宜也。分五服，設九畿，所以別遠近也。五人爲伍，所以知衆寡也。因井廬以定賦稅，稅謂公田什一及工商衡虞之入也。賦謂計口發財，稅謂收其田入也。什一，謂什取其一也。工商衡虞雖不墾殖，亦取其稅者，工有伎巧之作，商有行販之利，衡虞取山澤之財產。賦謂供車馬甲兵士徒之役，充實府庫賜予之用。稅給郊社宗廟百神之祀，天子奉養百官祿食庶事之費。皆因其所工，不求其所拙。農人納其穫，工女效其織，是以黔首安本而易贍，下足而上有餘也。

魯宣公十五年，初稅畝。《公羊傳》曰：初者何？始也。稅畝者何？履畝而稅也。宣公無恩信於民，民不肯盡力於公田，故履踐按行，擇其善畝穀最好者稅取之。初稅畝何以書？譏。何譏爾？譏始履畝而稅也。何譏乎始履畝而稅？據用田賦，不言初亦不言稅畝。古者什一而藉。什一以借民力，以什與民，自取其一爲公田。古者曷爲什一而藉？據數非一。什一者，天下之中正也，什一行而頌聲作矣。頌聲者，太平歌頌之聲，帝王之高致也。《春秋》經傳數萬，指意無窮，至此獨言頌聲作者，民以食爲本也。是故聖人制井田之法而口分之，一夫一婦受田百畝，以養父母妻子。五口爲一家，公田十畝，即所謂什一而稅也。廬舍二畝半。凡爲田一頃十二畝半。八家而九頃，共爲一井，故曰井田也。《穀梁傳》曰：私田稼不善則非吏，非，責也。吏，田畯也。言吏急民，使不得營私田。公田稼不善則非民。民勤私也。初稅畝者，非公之去公田而履畝十取一也，以公之與民爲已悉矣。悉謂盡其力。

《左傳》成公元年三月，作丘甲。《周禮》：九夫爲井，四井爲邑，四邑爲丘。丘十六井，出戎馬一匹，牛三頭。四丘爲甸，甸六十四井，出長轂一乘，戎馬四匹，牛十二頭，甲士三人，步卒七十二人。此甸所賦。今魯使丘出之，譏重斂，故書。

哀公十二年春，用田賦。《公羊傳》曰：何以書？據當賦稅，爲何書。譏。何譏爾？譏始用田賦也。田，謂一井之田。賦者，斂取其財物也。言用田賦者，若今漢家斂民錢以田爲率矣。不言井者，城郭里巷亦有井，嫌悉賦之。禮，稅民公田，不過什一。軍賦十井，不過一乘。哀公外慕彊吳，空盡國儲，故復用田賦過什一。公問於有若：年饑，用不足，如之何？對曰：盍徹乎。公曰：二，吾猶不足，如之何其徹也？有若曰：百姓足，君孰與不足；百姓不足，君孰與足。古什取一，時什取二。又問孔子，孔子曰：薄賦斂則人富。公曰：若是，寡人貧矣。對曰：愷悌君子，人之父母。未見子富而父貧也。

管子曰：地之生財有時，人之用力有倦，而人君之欲無窮。以有時與有倦，養無窮之君，而度量不生於其間，度量不生，則賦役無限也。則下上相疾也。

孟獻子曰：畜馬乘不察於雞豚，伐冰之家不畜牛羊，百乘之家不畜聚斂之臣。與其有聚斂之臣，寧有盜臣。此謂國不以利爲利，以義爲利也。

孟子曰：夏后氏五十而貢，殷人七十而助，周人百畝而徹。其實皆什一也。徹者，徹也。助者，藉也。《詩》曰：雨我公田，遂及我私。唯助爲有公田，由此觀之，雖周亦助也。又曰：尊賢使能，則天下之士皆悦，而願立於其朝矣。市廛而不征，法而不廛，則天下之商皆悦，而願藏於其市矣。廛，市宅也。古者無征，衰世征之。《王制》曰：市廛而不稅。《周禮》曰：國宅無征。法而不廛者，當以什一之法征其地耳，不當征其廛宅也。關譏而不征，則天下之行旅皆悦，而願出於其路矣。言關禁異服異語耳，不征稅也。《周禮》曰關市之賦，司關門之征，猶譏。《王制》不譏，謂文王以前也。文王亦不征也。耕者助而不稅，則天下之農皆悦，而願耕於其野矣。助者，井田什一助佐公

家理公田，不横税賦若履畝之類也。廛無夫里之布，則天下之人皆悦，而願爲之氓矣。里，居也。布，錢也。夫，一夫也。《周禮》曰，宅不毛者有里布，田不耕者有屋粟，凡人無職事者出夫家之征。衰代緣是賦之重。故孟子欲使反古，寬廛夫，去里布，則人皆樂爲之也。

白圭問孟子曰：吾欲二十而税一，何如？孟子曰：子之道，貉道也。萬室之國而一人陶，則可乎？曰：不可。器不足用也。夫貉，五穀不生，唯黍生之。無城郭宫室宗廟祭祀之禮，無諸侯幣帛饔飧，無百官有司，故二十取一而足也。今居中國，去人倫，無君子，如之何其可也？

孫武曰：夫帝王處四海之內，居五千里之中，焉能盡專其利，是以分建諸侯，以其利而利之，使食其土毛之實，役其民氓之故。賦税無轉徙之勞，徭役無怨曠之歎。

魏文侯時，租賦曾倍於常，或有賀者。文侯曰：今户口不加，而租賦歲倍，此由課多也。譬如彼治治，令大則薄，令小則厚，治人亦如之。夫貪其賦税不愛人，是虞人反裘而負薪也。徒惜其毛，而不知皮盡而毛無所附。

秦孝公十二年，初爲賦。納商鞅説，開阡陌，制貢賦之法。

（宋）陳祥道《禮書》卷二八《周徹》

《詩》曰徹田爲糧，又曰徹申伯土疆，有若謂魯哀公曰：盍徹乎》曰：二，吾猶不足。《王制》曰：古者公田藉而不税。《左傳》曰：穀不過藉以豐財也。《穀梁》曰：古者什一，藉而不税。《公羊》曰：古者什一而藉，多乎什一，大桀小桀；寡乎什一，大貉小貉。《孟子》曰：夏后氏五十而貢，商人七十而助，周人百畮而徹，其實皆什一也。徹者，徹也。助者，藉也。龍子曰：治地莫善於助，莫不善於貢。《詩》曰：雨我公田，遂及我私。惟助爲有公田。由此觀之，雖周亦助也。又曰：請野九一而助，國中什一，使自賦校數歲之中以爲常者，夏后氏之貢也。借民力以治公田者，商人之助也。兼貢助而通行之者，周人之徹也。

《周官・載師》園廛二十而一，近郊十一，遠郊二十而三，甸稍縣都皆無過十二。閭師任農以耕事貢九穀，司稼巡野觀稼以年之上下出斂法，此周之貢法也。《詩》曰雨我公田，遂及我私。《旅師》有耡粟。許慎釋耡爲助，孟子曰九一而助，穀梁曰什一藉而不税，此周之助法。藉而不税則同乎商。《王制》言，古者公田藉而不税。鄭氏以爲商制。其貢法以年上下則異乎夏，然夏之民耕五十畮而以五畮貢，商之民耕七十畮而以七畮助，皆什內之一。周之民耕百畮以公田十畮徹，什外之一。孟子言其實皆什一者，以其法雖少異而其實不離什一也。孟子曰：請野九一而助，國中什一使自賦。九一自地言之也，什一自物言之也。鄭氏釋《匠人》謂通其率以什一爲正。孔穎達之徒申之謂助則九而貢一，貢則什一而貢一，通率爲什一，是助之所取者重，貢之所取者輕，非孟子之意也。夏商周之授田，其畆數不同，何也？《禹貢》於九州之地或言土或言作或言又，蓋禹平水土之後，有土焉而未作，有作焉而未乂，則於是時人功未足以盡地力，故家五十畆而已。沿歷商周，則田浸闢而法備矣。故商七十而助，周百畆而徹。《詩》曰信彼南山，維禹甸之。畇畇原隰，曾孫田之。我疆我理，南東其畆。則法略於夏、備於周可知。劉氏、皇氏謂夏之民多，家五十畆而貢，商之民稀，家七十畆而助，周之民尤稀，家百畆而徹。熊氏謂夏政寬簡，一夫之地税五十畆。商政稍急，一夫之地税七十畆。周政極煩，一夫之地盡税焉，而所税皆什一。賈公彦謂夏五十而貢，據一易之地家二百畆而税百畆也。商七十而助，據六遂上地百畆，萊五十畆，而税七十五畆也。周百畆而徹，據不易之地百畆，全税之。如四子之言，則古之民常多，而後世之民愈少。古之税常輕，而後世之税愈重。古之地皆一易，而後世之地皆不易。其果然哉。

（宋）陳祥道《禮書》卷三三《力政》

《小宰》以官府之八成經邦治。一曰聽政役以比居。大司徒、大軍旅、大田役以旗，致萬民而治其徒庶之政令。小司徒上地家七人可任也者家三人，中地家六人，可任也者二家五人，下地家五人可任也者家二人。凡起徒役毋過家一人，以其餘爲羡，唯田與追胥竭作。凡國之大事，致民大故，致餘子大軍旅帥其衆庶，小軍旅巡役治其政令，大喪帥邦役治其政教，鄉師大役則帥民徒而至，治其政令。既役則受州里之役要，以考司空之辟，以逆其役事。鄉大夫之職，以歲時登其夫家之衆寡，辨其可任者。國中自七尺以及六十，野自六尺以及六十有五，皆征之。其舍者國中貴者賢者能者服公事老者疾者

皆舍，以歲時入其書。鄉師、大役則帥民徒而至治其政令。州長若國作民而師田行役之事，則帥而致之，掌其戒令，與其賞罰。黨正凡作民而師田行役，則以其法治其政事。族師若作民而師田行役，則合其卒伍，簡其兵器，以鼓鐸旗物帥而至，掌其治令戒禁刑罰。縣師若將有軍旅會同田役之戒，則受法于司馬，以作其衆庶及馬牛車輦，會其車人之卒伍，使皆備旗鼓兵器以帥而至。遂人若起野役則令各帥其所治之民而以遂之大旗致之。凡事致野役而師田作野民帥而至，掌其政治禁令遂師作役事則聽其治訟。鄙師凡作民則掌其戒令，以時數其衆庶，察其媺惡而誅賞。縣正若將用野民師田行役移執事則帥而至，治其政令。稍人若有會同師田行役之事，則以縣師之法作其司徒輂輦，帥而以至，治其政令以聽於司馬，鄰長若作其民而用之，則以旗鼓兵革帥而至。大司馬簡稽鄉民以用邦國，凡令賦以地與民制之。上地食者三之二，其民可用者家三人；中地食者半，其民可用者二家五人；下地食者三之一，其民可用者家二人。大役與慮事，屬其植，受其要，以待考而誅賞。均人，凡均力政以歲上下，豐年則公旬用三日焉，中年則公旬用二日焉，無年則公旬用一日焉，凶札則無力政。《王制》曰：用民之力，歲不過三日。司空興事，任力凡使民任老者之事，食壯者之食，五十不從力政，六十不與服戎，八十者一子不從政，九十者其家不從政，廢疾非人不養者一人不從政。《祭義》曰五十不爲甸徒。《論語》曰使民如承大祭。《孟子》曰有布縷之征，有粟米之征，有力役之征，君子用其一緩其二，用其二而民有殍，用其三而父子離。《詩·大東》曰：東國困於役。北山曰：役使不均。

古者府史胥徒有常職而民不與焉，其所與者軍旅田役而已，故任之以地之媺惡，辨之以國野之遠近，均之以歲之上下。小司徒上地家七人，可任也者家三人；中地家六人，可任也者二家五人；下地家五人，可任也者家二人，此任之以地也。鄉大夫國中自七尺以及六十，野自六尺以及六十有五皆征之，此辨之以國野也。均人凡均力政，以歲上下豐年則公旬用三日，中年則公旬用二日，無年則公旬用一日，凶札則無力役，此均之以歲也。上地食七人，中地食六人，下地食五人，而任之者僅半而已。蓋以下養上則不足，以上養下則有餘，故凡起徒役又無過家一人，所謂施從其厚，事舉其中，與食壯者之食，任老者之事同意，七尺、六尺征之以其才，六十、六十有五舍之以其齒。國中近而役多，故晚征而早舍，野遠而役少，故早征而晚舍，欲使勞逸輕重均而已。與近郊什一，遠郊二十而三，甸稍縣都無過十二同意。力政有征於鄉，有征於司徒，征於司徒則公用之也，故豐年公旬用三日，則是歲用二十七日，中年公旬用二日，則是歲用十有八日，無年公旬用一日，則是歲用九日而已。以均力政在歲成之後，惟用於冬之一時故也。其作之也，在鄉則族師以鼓鐸旗物帥而至，大司徒以鄉之大旗致之，在遂則鄰長以旗鼓兵革帥而至，遂人以遂之大旗致之，蓋鄉百家爲族，遂百家爲鄰，百家然後致之以旗鼓，則下於百家者非必旗鼓也。司徒之於六鄉，遂人之於六遂，以鄉遂之大旗致之，則族師、鄰長之旗非大旗也。鄉有鄉官致之，遂有遂官致之，至於邦國都鄙甸稍郊里之地，縣師又備旗鼓兵器致之，則所統有其人，所會有其地，所治有其法，此所以如臂使指而無不率從也。其不役者國中貴者、賢者、能者、服公事者、老者、疾者皆舍，又八十者一子不從政，九十者其家不從政，廢疾非人不養者一人不從政，父母之喪三年不從政，齊衰大功之喪三月不從政，將徙於諸侯者三月不從政。自諸侯徙家期不從政。然則役之義也，舍之仁也。義故民忘其勞，仁故民悅其德，此所以北山不均之刺，不作於下而餘力之頌，日聞於上也。後世踐更之法，雖丞相之子不免戍邊，非所謂舍貴者也。絳之老人辱在泥塗，非所謂舍老者也。豈可與議先王之法哉。《周禮》均人無年之力政，猶至九日《王制》用民之力歲不過三日，非周禮也，卿大夫國野之役至於六十、六十有五。《王制》曰：五十不從力政。《祭義》曰：五十不爲甸徒，亦非周制也。然六十不與服戎，恐周亦然。《班超傳》曰：古者十五授兵，六十還之。《韓詩》說三十受兵，六十還兵，其受兵早晚雖殊，其六十還兵一也。

（宋）陳祥道《禮書》卷三四《五地所宜》　大司徒以土會之法辨五地之物生，以土宜之法辨十有二土之名物以相民宅，而知其利害，辨十有二壤之物而知其種，以教稼穡樹藝。鄭氏曰：以萬物自生焉則言土，土猶吐也。以人所耕而種藝焉，則言壤。壤，和緩之貌也。孔安國曰：無塊曰壤。蓋無塊其質也，和緩其性也。《禹貢》冀州白而壤，雍州黃而

壤，豫州厥土惟壤，則壤色非一而已，壤與墳埴塗泥雖殊，而墳埴塗泥亦壤中之小別耳。此所以《禹貢》總言三壤而《周官》總言十二壤也。墳，其起者也。埴，其黏者也。壚，其疏者也。《禹貢》有墳壚。孔安國、鄭康成皆以壚爲疏。蓋有傳，然也。《禹貢》墳壤塗泥青黎各繫一州，此言其大致而已。然則草人土化之法，凡地預有之也。凡地高者宜黍稷，下者宜稻麥，山氣多男，澤氣多女，東南多絲纊，西北多織皮。先王之於民，因其地以施教，順其俗以行政，山者不使居川，澤者不使居中原，居山者不以魚鼈爲禮，居澤者不以豕鹿爲禮。騂剛之地，糞種不以羊。赤緹之地，糞種不以牛。然後五方之民，各安其性，樂其業，而無偏弊之患。此大司徒、土均、載師、土方氏、草人所以有功於天下也。

（宋）鄭樵《通志》卷六一《食貨略・賦税》 古之有天下者必有賦税之用，計口而入謂之賦，公田什一及工商衡虞之入謂之税。税以供郊廟、社稷、天子、奉養百官禄食，賦以給車馬兵甲士徒之役、充實府庫賜予之用。禹定九州，量其貢賦。三代因之，而什一之法未嘗廢。

（宋）鄭樵《六經奥論》卷六《貢助徹法》 夏之貢，使之自貢其所有以當賦謂之貢。商之助，藉民力而不税謂之助。周之徹，使民透徹而耕謂之徹。孟子曰：助者，藉也。徹者，徹也。徹直列反。呼爲車轍之轍，則無義。注家又謂通用夏商之制，則當爲通徹之徹。敕列切。如《漢書》避武帝諱改徹侯爲通侯是也。橫渠曰：百畝而徹，是透徹之徹。一井而田九百畝，公田百畝，八家皆私百畝，盡一井九百畝之田，合八家通徹而耕，則功力均且相驅率無一家得惰者，及已收穫則計畝衰分，以衰分之數先取什之一歸之公，上其餘八家共分之，此之謂徹。年有上下，則司稼行野觀稼以出斂法。公劉居邠，徹田爲糧。宣王之時，召申伯徹土田。春秋之時，有若對哀公以盍徹之語，皆徹也。如此則井田易制不必如棊局然也。王畿千里，東西長南北短，相覆爲千里亦猶是也。鄭氏謂，周制畿內用貢法，税夫無公田。邦國用助法，制公田而不税。如此則公卿采地及九服之內盡是助法，惟六鄉六遂公邑二百里地用貢法，與商制亦何異。豈有天子自税民田而令諸侯俱爲公田而不税哉。予謂周之畿內以及天下諸侯一用徹法，田皆爲井，井中爲公田，外爲八家之田，透徹而耕，及其出税，依公田之法而税之。凡言公田商法也，文王爲商諸侯，武王初得天下，純是商制，到得周公攝政作禮樂方變助而爲徹。凡言周爲公田，皆在文武之時，不知周公時後已變之矣。孟子曰惟助爲有公田。又曰雖周亦助也。蓋疑之之辭耳。至滕文公問井地，孟子對以圭田餘夫公田之説謂今可行也，非實謂周有公田也。夫圭田，商制也，周則土田矣。餘夫二十五畝，商制也，周則皆有百畝矣。人徒見《大田》之詩引雨我公田，遂及我私，復疑是商制，不知幽王政煩賦重，君子傷今思古，故引古公田以諷，上章雖有曾孫是若之文，安知非武王而以爲成王乎？傳稱穀出不過藉數，正如孟子所謂其實皆什一也，非謂周有公田而借民力以耕也。《毛詩》、《春秋》、《論語》、《孟子》皆不謂周有公田，後儒改之，非也。康成惑之，亦非也。然周公必變助法，何也？商末民頑吏猾，公田之耕或不盡力，版籍之入或有隱欺，不如一委之民，制其賦税而已，此所以用徹法。

（宋）鄭樵《六經奥論》卷六《田税辨》 什一，天下之中正。孟子所謂多則桀，寡則貊。《周禮》載師之職曰：凡任地，國宅無征，園廛二十而一，近郊十一，遠郊二十而三，甸稍縣都皆無過十二，惟其漆林之征二十而五。康成注匠人，亦引此謂田税輕近重遠之失。周公制法，不當於十一之外又有二十而税三、二十而税五者。今按《載師》文曰凡任地，謂之地，則非田矣；又曰園廛，謂之園廛，則亦非田矣；又曰漆林，則漆林又非田之所植矣。豈得謂之田税，蓋園者不種五穀，其種雜物所出不貲，廛者工商雜處，百貨所聚，其得必厚，聖人抑末之意，以爲在國之園廛可輕之而爲二十而一。如自郊以往每增之不過十二，若以其地植漆林則非二十而五不可也。據此，上文謂任地、謂園廛，則知近郊、遠郊、甸稍縣都之征，皆承上園廛之文耳。所謂惟其者，特漆林之征二十而五。觀上文無征二字，下文又曰漆林之征，則非田税明矣。使周公之制田税果有十二之法，何怪魯宣之税畝、哀公用田賦之過哉。

（宋）羅泌《路史》卷二二《後紀・疏仡紀・夏后氏》 各以土産任土作貢貢者，夏賦之總名。別九州，賦九等。貢九等。聖人叙之云任土作貢，不云賦者，九州之物，惟貢入于王，賦歸諸侯也。任土者，隨土所出，不以所無若所難得者也。《鄭志》云：凡所貢，匪皆以税物隨時價市之，其地之所有以當邦賦。蓋圻外侯

不以致遠故也。龍子曰：莫不善於貢。然則貢非禹之法乎。此禹之後世，禹之時法已有助，安有不善，後乃知其有不善爾。

故先王制，爲之貢，此仁政也。是則貢者在九等田賦之内，以其多寡爲賦之常，非九等賦之外有貢也。經文納銍而上，特加一賦字，則貢賦也，於田可知矣。侯服以下，不及所輸物，惟可見也。

（宋）羅泌《路史》卷二二《後紀・疏仡紀・夏后氏》 九州之土有常而物有次。五沃之土，五粟爲長，五臭所毓。凡彼草木有十二襄。此以襄邑辨。蓋如周施草人糞種之法。劉氏以大司徒十二土，爲十二州之土。如職方所掌職方，從時王大司徒因土古如十二壤，每土有十二之别。若草人辭剛之九土而益以青黎塗泥，其説非是。上土廣舄黄壤赤埴，中土黑墳白壤墳壚，下土青驪，塗泥品居。庶彙而正九賦。隨食志云：禹制九等而康歌興。九州以土色定田，皆有定賦。惟冀豫梁揚錯出，冀豫荆青徐雍兖揚梁爲次，然雍兖皆六，六而無九。一夫履地，五十而貢。井里古法，孫毓以謂井邑丘甸爲周制，禹治水未暇及丘甸。妄也，《語》云盡力溝洫，《書》云濬畎澮，此井制也。《詩》亦有云惟禹甸之，何云未暇。乃復定其九貢。

（宋）羅泌《路史》卷二二《後紀・疏仡紀・夏后氏》 畿不貢穀米兵車，是之取百里賦納總。二百里，納銍。三百里，秸服。四百里，粟。五百里，米。邇重而遠輕。凡五里爲甸服【略】

甸外率五百而爲侯綏要荒，侯服之内，采男諸侯隸焉。卿大夫采在六百里内，男小國七百里内，侯大國在千里内。不言四五百里，皆侯也。以大庇小，故在外。懼大陵小，故在内。綏服之内，以揆文教，以奮武衛。此外諸侯綏之而已。千三百里之内，使揆文以教，千五百内，使奮武以衛。武衛如今邊地，右軍武略文藝。要服之内，夷蔡屬焉。荒服之内，蠻流屬焉。示其遠爲之紀。【略】視數歲之豐約酌以爲常，上下足以相輔，然後禮成而教行。取之有制，而其所以垂法也。九州攸同，九墺咸宅，四海會同，六府孔修。庶土交正，致重財賦咸則三壤，成賦中邦。

（宋）羅泌《路史》卷三七《發揮・貢法非不善》 使禹别九州定貢賦，孟子所謂五十而貢矣。考《夏小正》三農服於公田，繇此觀之，雖夏亦助也。井田，黄帝良法，不應至禹發之。或洪水方割，未遑復舊，姑從民宜。如《禹貢》所陳，有天下之後，又重定其制，衍沃則井之，皋隰則牧之，未可知也。如《禹貢》，揚州之賦下下，其地窪，洪水尤甚，固其宜也。及鑄鼎象物之日，則楊州爲第一，梁州爲第二，而雍在後。此非詳考深思，何所知之？總而論之，自黄帝至周，井牧兼用，貢助通行。井也，助也，於平地。牧也，貢也，於山陵。所謂因地之利。《周禮》三農生九穀，有山農、澤農、平地是也。

（宋）羅泌《路史》卷三七《發揮・貢法非不善》 孟子曰：夏后氏五十而貢，商人七十而助，周人百畝而徹。貢者自治其田而貢其税。畝五十而以其五貢。助者借民之力以治公田，畝七十而以其七助。而徹則公私合併，百畝而取其十畝矣。貢者，獻也。助者，藉也。至於徹則徹之而已。先王之制名，斯可見矣。

（宋）吕祖謙《歷代制度詳説》卷三《賦役・詳説》 賦役之制，自《禹貢》始可見，《禹貢》既定九州之田賦，以九州之土地爲九州之土貢，説者以謂有九州之土貢，然後田賦之所當供者，市易所貢之物，考之於經，蓋自有證。何者？甸服百里賦納總至於五百里米，自五百里之外，其餘四服，米不運之京師，必以所當輸者上貢於天子，此知當時貢賦一事。所以冀州在王畿甸服之内，全不叙土貢，正緣已輸粟米，以此相參考，亦自有證。蓋當時寓兵於農，所謂貢賦不過郊廟賓客之奉，都無養兵之費，故取之於畿甸而足。自大略而言之，三代皆沿此制，夏后氏五十而貢，商人七十而助，周人百畝而徹。三代之賦，畧相當《周官》所載九畿之貢而已。九州之貢所謂出者半，或三之一，或四之一，或以半輸王府，或以三之一輸王府，或以四之一輸王府。所謂土貢未必能當貢賦之半留之於諸侯之國，以待王室之用。皆是三代經常之法。所謂弼成五服至於五千，州有十二師，説者以爲二千五百人爲師，亦是一時權時之役。所謂經常之役，用民之力，歲不過三日。《豳》詩所謂我稼既同上入執公功，皆是經常之役法如此，用兵軍役寓之井賦乘馬之法，無事則爲農，有事則徵役。孟子所謂有力役之征，有布縷之征，有粟米之征，當時賦役之征，三句該盡。且以三代以前布縷之征考之，在《周官》九職所謂嬪婦化治絲枲布之征亦畧可見，自周至唐兩税未變之前，取於民者不過三事。至漢所謂材官、踐更、過更、卒更三等之制，當時有干戈之征，便是孟子所謂

之役之征。及至魏晋有户調之名，凡有户者出布帛，有田者出租賦，當時有户調之名，役法尚存古制，但日新漸增。至南北朝增三代之三日至於四十五日。自漢至南北朝，賦役經常之法如此。至唐高祖，總括歷代之政，立租庸之法。租者乃孟子所謂粟米之征，調者乃孟子所謂布縷之征。由漢以來，所謂户調有家則有調。後魏亦謂之户調，在後魏以一夫一婦出帛一匹，在北齊則有一床半床之制。已娶者則一床，未娶者則半床，此是租庸也。庸者乃孟子所謂力役之征，前代有事則用民力，無事則休息，至唐則算無事不役之時減一歲作一十五日，計日輸而所謂有身則有役。唐高祖庸調之法承習三代漢魏南北之制，雖或輕或重，要之規摹尚不失舊。德宗時楊炎爲相，以户籍隱漏徵求煩多，變而爲兩税之法。兩税之法既立，三代之制皆不復見，然而兩税在德宗一時之間雖號爲整辦，然取大曆中科徭最多以爲數，雖曰自所税之外，並不取之於民，其後如間架如借商如除陌，取於民者不一，楊炎所以爲千古之罪人。何以言之？兩税未立之前，非無暴君汚吏，所謂汚吏尚有經常、有權時，然而分外不過一時横斂，斂之重者無如王莽，計本取息十分之一，役之多者，無如隋煬帝，開汴河民八百萬。不過權時如此，經常正法元不曾動，有王者作經常之制，自吾復古。楊炎併兩税之後，經常權時混爲一區，有王者作無所取證，而經常權時者皆在其中，民力安得不重。因楊炎之變古亂常，所以爲千古之罪人。大抵田制雖商鞅亂之於戰國而租税由有歷代之典制。惟兩税之法立，古制然後掃地。賦役之畧如此。大抵賦役之法其根本一見於户籍丁數，若户丁産不定。雖有良法美意，亦無自而行。三代之時，所謂田皆在官之田，所謂民年三十受田，六十歸田，所謂人户始生，閭吏書之，是時賦役之法，無縁進退。得自井田變而爲阡陌，占田無限户之高下田之多少得以爲奸，雖一時爲治者如高熲之在隋，盡括隱丁，隋之富强自漢以來莫及。宇文融之括隱户賸田阡陌之害，流弊於無窮。大抵租庸調之法，自漢以來固是或輕或重，然而先王之制尚有存而可見者。唐高祖於四十五日之役減其大半，然自是又添一個庸。至安禄山暴賦横斂，一時所取，大曆之間，租庸調之法雖行法者非其人，似若有弊，然而法元不曾改。自楊炎相德宗，考之當時，固當通變之可惜趣辦一時，非久經之制。今所編備具，須先識以萬民惟正之供，經常之制，王者所當用，一時之權，蓋出於不得已之制。然而賦役之制，要得復古，田制不定，縱節用薄斂如漢文帝之復田租，苟悦論豪民收民之資，惟能惠有田之民，不能惠無田之民。田制不定，雖欲復古，其道無由，兵制不復古，民既出税賦，又出養兵之費。上之人雖欲權減，兵又不可不養，兵制不定，此意亦無由而成。要之寓兵於農，賦役方始定。若論井田乘馬之法，固難卒行。如限民名田之制，府兵之制，有意於爲政者，皆可以漸復，何故？限民名田，使其上下受田各有數，亦可自此復井田之法。府兵之制出於農，有事則征役，無事則散歸田野，如此則兵乘之法，亦須簡易，然後可行。且如唐制口分世業，其法煩碎，雖非民田之制，自永業之外，人於其間有二十畝使之賣買，合參井田之制，未幾人得以賣，以此知法須求簡易。

（宋）朱熹《四書章句集注・論語集注》卷六《先進第十一》 季氏富於周公，而求也爲之聚斂而附益之。周公以王室至親，有大功，位冢宰，其富宜矣。季氏以諸侯之卿，而富過之，非攘奪其君、刻剥其民，何以得此？冉有爲季氏宰，又爲之急賦税以益其富。

非吾徒也。小子鳴鼓而攻之，可也。非吾徒，絶之也。小子鳴鼓而攻之，使門人聲其罪以責之也。聖人之惡黨惡而害民也如此。然師嚴而友親，故已絶之，而猶使門人正之，又見其愛人之無已也。范氏曰：冉有以政事之才，施於季氏，故爲不善至於如此。由其心術不明，不能反求諸身，而以仕爲急故也。

（宋）朱熹《四書章句集注・論語集注》卷六《顔淵第十二》 哀公問於有若曰：年饑，用不足，如之何？稱有若者，君臣之辭。用，謂國用。公意蓋欲加賦以足用也。有若對曰：盍徹乎？徹，通也，均也。周制一夫受田百畝，而與同溝共井之人通力合作，計畝均收。大率民得其九，公取其一，故謂之徹。魯自宣公税畝，又逐畝什取其一，則爲什而取二矣。故有若請但專行徹法，欲公節用以厚民也。曰：二，吾猶不足，如之何其徹也？二，即所謂什二也。公以有若不喻其旨，故言此以示加賦之意。對曰：百姓足，君孰與不足？百姓不足，君孰與足？民富，則君不至獨貧；民貧，則君不能獨富。有若深言君民一體之意，以止公之厚斂，爲人上者所宜深念也。

（宋）朱熹《四書章句集注・孟子集注》卷五《滕文公章句上》 夏后氏五十而貢，殷人七十而助，周人百畝而徹，其實皆什一也。徹者，徹

也；助者，藉也。徹，敕列反。藉，子夜反。此以下，乃言制民常產，與其取之之制也。夏時一夫授田五十畝，而每夫計其五畝之入以爲貢。商人始爲井田之制，以六百三十畝之地，畫爲九區，區七十畝。中爲公田，其外八家各授一區，但借其力以助耕公田，而不復稅其私田。周時一夫授田百畝。鄉遂用貢法，十夫不溝；都鄙用助法，八家同井。耕則通力而作，收則計畝而分，故謂之徹。其實皆什一者，貢法固以十分之一爲常數，惟助法乃是九一，而商制不可考。周制則公田百畝，中以二十畝爲廬舍，一夫所耕公田實計十畝。通私田百畝，爲十一分而取其一，蓋又輕於什一矣。竊料商制亦當此，而以十四畝爲廬舍，一夫實耕公田七畝，是亦不過什一也。徹，通也，均也。藉，借也。

（宋）朱熹《四書章句集注·孟子集注》卷五《滕文公章句上》

《詩》云：雨我公田，遂及我私。惟助爲有公田。由此觀之，雖周亦助也。雨，于付反。《詩·小雅》、《大田》之篇。雨，降雨也。言願天雨於公田，而遂及私田，先公而後私也。當時助法盡廢，典籍不存，惟有此詩，可見周亦用助，故引之也。

（宋）王應麟《玉海》卷一七六《食貨·田制·周土會灋　土宜灋　土均灋》

《地官·大司徒》以土會之法辨五地之物生：山林，動物宜毛，植物宜皁，民毛而方；川澤，動物宜鱗，植物宜膏，民黑而津；丘陵，動物宜羽，植物宜覈，民專而長；墳衍，動物宜介，植物宜莢，民皙而瘠；原隰，動物宜贏，植物宜叢，其民豐肉而痺。注：會，計也。以土計貢稅之法。計五地之所宜。以土宜之灋土方氏注九穀值穉所宜。辨十有二土之名物，十有二州也。以相民宅而知其利害，以阜人民以蕃鳥獸，以毓草木，以任土事。注：分野十二邦，上繫十二次，各有所宜。辨十有二壤之物，而知其種，以教稼穡樹藝。注：以萬物自生則言土，以人所耕藝則言壤。以土均之灋辨五物九等。疏：五地分爲九等。制天下之地征，以作民職，以令地貢，以斂財賦，以均齊天下之政。注：五物五地之物也。九等，騂剛赤緹之屬。疏：地或云五地或云十等，或云五地，或云十二土，草人有九等，皆地勢所宜。《小司徒》乃均土地，注：均，平也。自二人以至十爲九等。上地家七人可任家三人，中地家六人，可任二家五人；下地家五人，可任家二人。謂任力役之事。疏：自二、三、四人，是下地之三等。五、六、七人是中地之二等，八、九、十人是上地之三等。惟言七、六、五者，據中地之三等。《王制》言自九以至五，不言九等。分地域而辨其守。《注》謂建邦國、造都鄙、制鄉遂也。守虞衡之屬。疏：案大宰九賦一曰邦中二曰四郊。二者之賦任六鄉之內。《遂人》：中大夫二人。凡治野，以土宜教甿稼穡以土均平政。《土均》上士二人，中士四人，下士八人。掌平土地之政，以均地守地事地貢。注：地守，虞衡之屬。地事，農圃之職。地貢，諸侯九貢。《草人》下士四人。掌土化之灋，以物地相宜而爲之種。地之輕重所宜用。司稼：辨穜稑之種，周知其名與所宜地，以爲法而縣于邑閭。《夏官·土方氏》上士五人、下士十人。辨土宜化之法，而授任地者。任地者，載師之屬。《左傳》：先物土之宜而布其利，故《詩》曰：我疆我理，南東其畝。《晉·李重傳》：奏《周官》土均之法，經其土地，井田之制，辨五物九等，貢賦之序。劉氏曰：十有二土者，即十二州也。州各有宜，如職方氏所掌周雖合十二州爲九州然本堯所分十二，異宜，故職方氏從時王之制以正其名，而大司徒因上古之法以教民言十二壤者，率一土，復有此十二之別，當知其種之所入，即《草人》騂剛、赤緹、墳壤、渴澤、鹹潟、勃壤、植壚、彊檃輕爂，凡九也。又有青黎塗泥墳壚土均之法，九等者，即《禹貢》定天下之土田，有上上至下下也。

詩正義曰：雨我公田，民意之先公也。駿發爾私，上意之逮下也。

（宋）王應麟《玉海》卷一七九《食貨·貢賦·周籍田法　周徹　井地大畧》

《魯語》季康子欲以田賦，訪諸仲尼。仲尼曰：先王制土籍田以力而砥其遠邇；注：籍田謂稅也。以力謂三十者受田百畝，二十者五十畝，六十還田也。賦里以入而量其有無，里，廛也。計財業以爲差。胡氏曰：商賈所居。任力以夫而議其老幼。力謂徭役，以夫家爲數也。於是乎有鰥寡孤疾，有軍旅之出則徵之，無則已。其歲收田一井，出稯禾、秉、芻、缶米，不是過也。先王以爲足。若子孫欲其法，則有周公之籍矣。籍田之法，周公所制也。《左傳·哀十一年》仲尼曰：欲行而法，則周公之典在。《論語·學而篇道》千乘之國。注：馬曰《司馬法》：六尺爲步，步百爲畝，畝百爲夫，夫三爲屋，屋三爲井，井十爲通，通十爲成。成出革車一乘。千乘之賦，其地千成，居地方三百一十六里有畸。唯公侯之封，乃能容之。包曰：古者井田方里爲井，十井爲乘，百里之國適千乘也。融依《周禮》，包依《王制》、《孟子》。《顏淵篇》有若曰：盍徹乎？鄭注周法什一而

稅謂之徹，天下之通法。《詩・公劉》度其隰，原徹田爲糧。《箋》云：什一而稅謂之徹。《正義》：孟子言周曰徹，徹乃周之稅法。公劉，夏時諸侯，而言徹者，召公以周之世上論公劉，以其俱是什一，其名可以相通。《崧高》徹申伯土田。《箋》云正其井牧，定其賦稅。《孟子・滕文公》問爲國。孟子曰：周人百畝而徹。徹者，徹也。《詩》云：雨我公田，遂及我私。惟助爲有公田，雖周亦助也。使畢戰。問井地。古井田之法。孟子曰：仁政必自經界始。經界不正，井地不均，穀祿不平。經界既正，分田制祿可坐而定也。請野九一而助。國中什一使自賦。卿以下必有圭田。圭田五十畝，餘夫二十五畝。方里而井，井九百畝，其中爲公田八家皆私百畝同養公田。此其大略也。注：九一者，井田以九頃爲數，而供。什一郊野之賦也。助，殷家稅名，周亦用之。龍子所謂莫善於助也。時諸侯不行助法，國中什一者，《周禮》園廛二十而稅一，時行重賦，責之什一也。孟子欲使野人如助法，什一而稅之。國中從其本賦，二十而稅一，以寬之。集注曰：野郊，外都鄙之地也。九一而助，爲公田而行助法也。國中，郊門之內，鄉遂之地也。田不井授但爲溝洫，使什而自賦其一。蓋用貢法也。周之所謂徹法者，蓋如此。世祿常制之外，又有圭田以厚君子。百畝，常制之外，又有餘夫之田，以厚野人。公田以爲君子之祿，而私田野人之所受。先公後私以別君子野人之分。上言野及國中二法，此獨詳於治野者，國中貢法當世已行，但取之過於什一爾。井地之法，諸侯皆去其籍，此特其大略而已。徹，通也，均也。周制：一夫受田百畝而與同溝共井之人通力合作，計畝均收，大率民得其九，公取其一，故謂之徹。

（宋）王應麟《玉海》卷一七九《食貨・貢賦・周九貢　九賦　九均　九稅　九比　九正　賦貢　九畡經入》

《禮・天官大宰》八則，五曰：賦貢以馭其用。注：貢九職之功所稅。干寶云：賦上所以求下，貢下所以納上。以九職任萬民，曰三農生九穀，園圃毓草木，虞衡作山澤之材，藪牧養蕃鳥獸，百工飭化八材，商賈阜通貨賄，嬪婦化治絲枲，臣妾聚斂疏材，閒民無常職，轉移執事。以九賦斂財賄，注：財，泉穀也。元謂賦口率出泉，今之筭泉，民或謂之賦，此其舊名。一邦中，在城郭。二四郊，去國百里。三邦甸，二百里。四家稍，三百里。五邦縣，四百里。六邦都，五百里，皆平民。七關市，八山澤，九幣餘。皆末作九賦，斂於大宰，貳於大府。小宰執其貳，內府外府掌其入，司會總其會計，司書敘其財幣，職內辨其物，職歲攷其數，職幣斂其餘。以九貢至邦國之用，九貢，參之《禹貢》可凡。一祀貢，司農云：犧牲包茅之屬，即浮磬菁茅。二嬪貢，皮帛類。玄曰：絲枲即絲枲絺紵。三器貢，宗廟之器。玄謂銀鐵石磬丹漆，即銀鏤砮丹。四幣貢，繡帛。玄謂玉馬皮帛即織高織皮。五材貢，木材。謂杶榦栝柏篠簜。六貨貢，珠貝，自然之物。玄謂金玉龜貝，即金玉蠙珠。七服貢，祭服。玄謂絺紵。即玄纁織纊。八斿貢，羽毛。玄謂燕好珠璣琅玕，即羽毛璣組。九物貢。九州之外，各以所貴爲贄。玄謂雜物魚鹽橘柚。《小宰》執邦之九貢、九賦、九式之貳，以均財節邦用。八成，一曰聽政役以比居。注：政賦。《太府》掌九貢、九賦、九功之貳，以受其貨賄之入。九功，謂九職也。關市之賦，以待王之膳服，邦中之賦，以待賓客。四郊之賦以待稍秣。家削之賦，以待匪頒。邦甸之賦，以待工事。邦縣之賦，以待幣帛。邦都之賦，以待祭祀。山澤之賦，以待喪紀。幣餘之賦，以待賜予。凡邦國之貢，以待弔用。凡萬民之貢，以充府庫。式貢之餘財，以充玩好之用。《內府》掌受九貢、九賦、九功之貨賄。疏：地之所出，惟貢而已。口率出錢及軍法仍名賦。民有地貢，即有錢賦、軍賦。九賦任地，九職任民，皆行於王畿千里之間。而王畿之外，則隨其地之遠近小大立爲九等之貢。《司會》以九貢之法致邦國之財用，以九賦之法令田野之財用，以九貢之法令民職之財用，以九式之法均節邦之財用。《司書》掌邦之九賦、九正、九事。注：九正，謂九賦、九貢正稅。九事謂九式。變言者，重其賦。凡稅斂，掌事者受法。《職內》掌邦之賦入，辨其財用之物而執其總。《典絲》掌絲入而辨其物。注，絲入謂九職之嬪婦所貢之絲。《地官・大司徒》，以土會之法辨五地之物生，以土宜之法辨十有二土之名物，以土均法辨五物九等，制天下之地征，以作民職。民九職。以令地貢，斂財賦。賦謂九賦及軍賦。乃分地職。九職所宜。制地貢、九職所稅。頒職事以爲地法而待政令。頒職事十有二于邦國都鄙，使以登萬民。登之於籍。一曰稼穡，二曰樹藝，三曰作材，四曰阜蕃，五曰飭材，六曰通財，七曰化材，八曰斂材，九曰生材，十曰學藝，十有一曰世事，十有二曰服事。疏：八曰斂材，已上與大宰同。大宰有九，

此唯八。轉移執事闕。生材已下四事，是民之事業學問。鄭司農云：自稼穡至生材，即九職。以問民解生材。後鄭易之。《小司徒》稽國中及四郊都鄙之夫家九比之數。注：九比，家宰職出九賦之入數。《閭師》以時徵其賦。注：九賦、九貢。凡任民，任農以耕事，貢九穀；任之以貢大宰任之以職。任圃以樹事，貢草木；任工以飭材事，貢器物；任商以市事，貢貨賄；任牧以蓄事，貢鳥獸；任嬪以女事，貢布帛；任衡以山事，貢其物；任虞以澤事，貢其物。九職以虞衡爲一，此以爲二，唯有八者。但九職有臣妾及閒民，於此不言之。凡無職者，即閒民。出夫布。獨言無職者，掌其九賦。《載師》：任地。見上。《縣師》：以歲時徵野之賦貢。甸稍縣都。疏：郊内賦貢閭師征斂，郊外賦貢，縣師征之，遂師旅斂之。《均人》：均地政。注：地征謂地守地職之稅。凶札無力政財賦。九賦也。《遂人》：以土均平政頒職作事，令貢賦。《遂師》入野職，野賦于玉府。《里宰》斂其財賦。《委人》：斂野之賦。《土均》：均地貢。諸侯之九貢。《角人》、《羽人》、《掌葛》：斂于山澤之農，當邦賦之政令。《司稼》：以年上下出斂法。《春官·大宗伯》：大均之禮恤衆。注：均地政、地守、地職。《夏官·大司馬》：施貢分職以任邦國。注：職謂職稅。以九畿之籍，施邦國之政職。凡令賦以地與民制之。《司勳》惟加田，無國正。注：正稅也。禄田亦有給公家之賦貢，若今時侯國有司農少府錢穀。《職方氏》制其貢，各以其所有。《懷方氏》致方貢致遠物達之以節。注：遠物九州之外，無貢法而至者，達貢物以璽節。《秋官·大行人》邦畿方千里，其外方五百里，謂之侯服。歲一見其貢祀物。甸服二歲一見，其貢嬪物。男服三歲一見，其貢器物。采服四歲一見，其貢服物。衛服五歲一見，其貢財物。要服六歲一見，其貢貨物。《小行人》春入貢。注：六服所貢。易氏曰：因朝而貢，則行人之六貢也。歲之常貢，則大宰之九貢也。《小行人》又有所謂今諸侯春入貢，其九貢歟？《掌交》掌邦國之通事而結其交好，以諭九稅之利。注：九稅民九職。正義唯臣妾聚斂疏材者無稅。《左傳·昭十三年》：子産曰天子班貢輕重以列。列尊貢重，周之制也。卑而貢重者，甸服也。注：謂天子畿内共職貢者。楚貢包茅，晉歸職貢于王。《國語》周史伯曰：王者居九畡之田，收經入，以食兆民。注：九畡，九州之極數也。《楚語》曰：天子之田九畡，以食兆民。王取經入馬，以食萬官。《漢·婁敬傳》敬曰：周公營雒，以四方諸侯納貢，職道里均。《晉志》一夫之土，十畝之宅，三日之徭，九均之賦。《揚子》七賦之所養。注：五穀桑麻。

易氏曰：九賦與九職不同。鄭氏皆以爲民賦，且援漢口率出泉之制。《王制》不明，不容不辨。邦中之賦，即《載師》廛里場圃，葢王城内外之地。四郊之賦，即《載師》宅田、士田、賈田、官田、牛田、賞田、牧田，葢六鄉百里之内，而外距六遂之地也。邦甸，即公邑之田，任甸地，葢距國中二百里，六遂之餘地，天子使吏治之也。家削，除即家邑之田，任稍地，葢距國中三百里，大夫所食之采地也。邦縣，即小都之田，任縣地，葢距國中四百里，卿及王子弟之疏者所食之采地也。邦都，即大都之田，任畺地，葢距國中五百里，公及王子弟之親者所食之采地也。關市若與九職商賈同。此則如《司市》所言之征。《司關》所言關門之征也。山澤若與九職虞衡同。此則如《卝人》取金錫玉石、《角人》取齒角之類也。幣餘如《職幣》所言斂官府都鄙用邦財者之幣振，掌事者之餘財也。前六者皆任地之賦，以其田賦之十一者取於民，又於一分之中復以十一、十二、二十而三輸之於王。後三者雖非任地，然有司所掌，利歸公上，故亦謂之賦，而繼於任地之後。太府一職既有九賦之式，又別有邦國及萬民之貢，則九賦非任民之賦可知矣。

（宋）王應麟《玉海》卷一七九《食貨·貢賦·周禮稅法》

《載師》注：周稅輕近而重遠，近者多役也。疏：《異義》第五：田稅，今《春秋公羊》説十一而稅。《周禮》：國中園廛之賦二十而稅一，近郊十而稅一，遠郊二十而稅三。有軍旅之歲，一井九夫，百晦之賦，出禾二百四十斛，芻秉二百四十六釜，米十六斗。案：《公羊》十一稅遠近無差，漢制收租田有上中下，與《周禮》同義。鄭玄之聞也，《周禮》制稅法輕近而重遠者，近者勞遠者逸故也。漢無授田之法，與《周禮》同義，未之思也。又《周禮》無云出禾、芻秉、釜米之事，若然，《周禮》稅法據王畿，《公羊》稅法據諸侯邦國。諸侯邦國無遠近之差者，以其國地狹少役賦事暇。《左傳注》宣十五年。周法：民耕百畝，公田十畝借民力而治之，稅不過此。《三禮義宗》：《周禮》天子畿内稅民之法有二，一曰貢，二曰賦。貢謂有職任而收其稅。賦者計其可任而口率出

錢。諸侯貢税雖俱什一而郊内外收籍不同。《甫田》正義：《食貨志》云：井方一里，是九夫八家共之，各受私田百畝，公田十畝，是爲八百八十畝，餘二十畝爲廬舍。其言取《孟子》爲説而失其本旨。班固既有此言。由是羣儒遂謬。何休之注《公羊》、范寧之解《穀梁》、趙岐之注《孟子》、宋均之説《樂緯》，咸以爲然。皆義異於鄭，理不可通，何則？言井九百畝其中爲公田，則中央百畝共爲公田，不得家取十畝也。八家皆私百畝，則百畝皆屬公矣，何得復以二十畝爲廬舍也。言同養公田是八家共理公事，何得家分十畝自治之也。爲廬舍則家别二畝半，亦入私矣，則家别私有百二畝半，何得爲八家皆私百畝也。此皆諸儒之謬。鄭於《匠人》注云：野九夫而税一。此《箋》云井税一夫，其田百畝，歲取爲税斂之。言十千即期限之數。參之於司馬之書，校之於一成之税，其數正允。《箋》云歲取十千於井田之法，則一成之數也。通十爲成，成方十里。成税百夫，其田萬畝。

（宋）王應麟《玉海》卷一七六《食貨・田制・禹丘甸法　九州賦法》

《詩》：信彼南山，維禹甸之。甸，訓曰乘。《稍人》注曰：維禹敶之。疏曰：《韓詩》。《箋》禹治而丘甸之。六十四井爲甸，甸方八里，居一成之中。成方十里，出兵車一乘，以爲賦法。《周語》：先王規方千里以爲甸服。《王制》：千里之内爲甸。正義韓奕箋云禹甸之者，決除其災，使成平田定貢賦於天子。是以治爲義也。《地官・小司徒》：四丘爲甸。《稍人》掌令丘乘之政令。《郊特牲》云：丘乘共粢盛。丘十六井，甸六十四井，邑方二里，丘方四里，甸方八里。《匠人》注云：方十里爲成，成中容一甸。甸方八里，出田税，緣邊一里治洫。《論語》注引《司馬法》云：井十爲通，通十爲成，成出革車一乘。若然一乘爲七十五人，而《左傳》説夏少康有田一成，有衆一旅，十里有五百人者，計成方十里，其地有九百夫之田。授田有不易、一易、再易，通率二而當一，有四百五十人，其中上地差多，則容五百人也。其出兵夫則衆不盡行。故一車士卒唯七十五人。少康盡舉大衆，故與出賦異也。孫毓云：禹除洪水之災，未及丘甸其田也。且井邑丘甸出於周法，虞夏之制未有聞焉。今以周法爲虞夏之説非其義也。然《禮運》説大道既隱，而曰以立田里，則三王之初有井甸田里之法。《論語》説，禹盡力乎溝洫，與《匠人》井間有洫同也。《皋陶謨》畎澮距川，與《匠人》同間有澮，專達於川同也。是則丘甸之法，禹之所爲，少康之地虞，思有田一成，有衆一旅於是。則十里爲成，非周之賦法也。《襄四年傳》曰：茫茫禹跡畫爲九州。九州尚畫其界，是田之經界須畫之也。《詩》：倬彼甫田，歲取十千。《箋》：於井田之法，則一成之數也。正義曰：《司馬法》計之。《甫田》正義：史傳説助貢之法，唯《孟子》爲明。《食貨志》云：九夫八家共之，各受私田百畝，公田十畝，是爲八百八十畝，餘二十畝爲廬舍。其言取《孟子》而失其本旨。何休注《公羊》、范寧解《穀梁》、趙岐注《孟子》、宋均説《樂緯》，咸以爲然。理不可通，何則？言其中爲公田，其中央百畝共爲公田，不得家取十畝也。言八家皆私百畝。則百畝屬公，何得復以二十畝爲廬舍也，言同養公田是百家共理公事。何得家分十畝自治之也。《禹貢》注：上上出九夫税，下下出一夫税。通率九州一井，税五夫。以《禹貢》九州之賦法，凡有九等。鄭欲品其多少，遂以九井擬之，非其實税之也。《禹貢》正義：鄭玄云服，治田出穀税也。甸主治田，故名甸下去納總銍秸粟米。

（宋）王應麟《玉海》卷一七六《食貨・田制・殷公田》

《王制》：古者公田藉而不税。注：藉，借也。借民力治公田，美惡取於此。不税民之所自治。孟子曰云云。則所云古者謂殷時。正義：劉氏、皇氏曰：夏時民多，家得五十畝而貢。殷時民稍稀，家得七十畆而助。周時民至稀，家得百畝而徹。熊氏説夏政寬簡，一夫之税惟税五十畝，殷政稍急税七十畝，周政極煩皆通税。《孟子》殷人七十而助，惟助爲有公田。注：惟殷人之助爲有公田。朱氏注：夏時一夫受田五十畝，而每夫計其五畝之入以爲貢。商人始爲井田之制。以六百三十畝之地畫爲九區，區七十畝中爲公田，其外八家各授一區，但借其力以助耕公田而不復税其私田。周時一夫授田百畝，鄉遂用貢法。十夫有溝。都鄙用助法，八家同井耕，則通力而作，收則計畝而分，故謂之徹。貢法固以十分之一爲常數，惟助法乃是九一，而商制不可考。周制公田百畝，中以二十畝爲廬舍，一夫所耕，公田實十畝，通私田百畝，爲十一分而取其一，蓋又輕於十一矣，竊料商制亦當似此，而以十四畝爲廬舍，一夫實耕公田七畝，是亦不

過什一也。《夏小正》：初服於公田。注：先服公田而後服其田也。《公羊·宣十五年》：古者什一而藉。什一者，天下之中正也。多乎什一，大桀、小桀；寡乎什一，大貉、小貉。什一行而頌聲作矣。

（宋）王應麟《玉海》卷一八五《食貨·會計·周役要》　《地官·鄉師》以國比之法，時稽其夫家之衆寡，辨其可任與施舍者。大役則師民徒而至，治其政令。既役則受州里之役要，以攷司空之辟，以逆其役事。注：役要，所遣民徒之數。辟，功則章程。《小司徒》：凡起徒役，毋過家一人，以其餘爲羨，唯田與追胥竭作。《大宰》八則，八曰：田役以馭其衆。《小宰》六聯，五曰：田役之聯事。八成一曰：聽政役以比居。注：鄭司農云：比居謂伍籍比地爲伍。因内政寄軍令，以伍籍發軍起數。《職方氏》辨數要。《司徒》正要會。《司書》：及事成則入要貳。《大司馬》大役與慮事。築城邑也。屬其植，受其要。《司農》云：要者，簿書也。《士師》歲終令正要會。《左傳》昭三十二年：士彌牟營成周，屬役賦文書，以授帥。

（元）馬端臨《文獻通考》卷二三《國用考·歷代國用》　《周官》：太宰以九賦斂財賄，一曰邦中之賦，二曰四郊之賦，三曰邦甸之賦，四曰家削之賦，五曰邦縣之賦，六曰邦都之賦，七曰關市之賦，八曰山澤之賦，九曰幣餘之賦財，泉穀也。鄭司農云：邦中之賦，二十之稅一，各有差也。幣餘，百工之餘。玄謂：賦，口率出泉。卿大夫歲時登其夫家之衆寡，辨其可任者征之，遂師征其財，皆此賦也。邦中，在城郭者。四郊，去國百里。邦甸，二百里；家削，三百里；邦縣，四百里；邦都，五百里。此平民也。關市、山澤，謂占會百物。幣餘，謂占賣國中之斥幣。蓋百官所用官物不盡者歸之職幣，職幣得之，不入本府，恐久藏朽蠹，則有人占賣，依國服出息，謂之斥幣，謂指斥與人也。此三者皆末作當增賦者，若今賈人倍算矣。自邦中至幣餘，各入其所有穀物，以當賦泉之數。

按：此九賦，先鄭以爲地賦，後鄭以爲口賦。然關市即邦中之地也，山澤即四郊以下之地也，一地而再税之可乎？關市即邦中之人也，山澤即四郊以下之人也，一人而再税之可乎？後鄭雖有末作增賦之説，然於幣餘一項尚覺牽强，且居關市及山澤之民，未必皆能占會百物以取利者也，盡從而倍征之可乎？愚以爲自邦中至邦都，皆取之於民者，其或爲地賦，或爲口賦，不可知也；關市以下，則非地賦，亦非口賦，乃貨物之税也。關市者，貨之所聚，故有賦，如後世商税是也；山澤者，貨之所出，故有賦，如後世榷鹽、榷茶之類是也。幣餘則如後世領官物營運之類，故取其息。息即賦也，故名之曰九賦，而太宰總其綱焉。【略】

太府掌九貢、九賦、九功之貳，以受其貨賄之入，頒其貨於受藏之府，若内府也。頒其賄於受用之府，若職内也。凡官府都鄙之吏及執事者受財用焉。凡頒財，以式法授之：關市之賦以待王之膳服，邦中之賦以待賓客，四郊之賦以待稍秣，家削之賦以待匪頒，邦甸之賦以待工事，邦縣之賦以待幣帛，邦都之賦以待祭祀，山澤之賦以待喪紀，幣餘之賦以待賜予。凡邦國之貢以待弔用，此九貢之財。凡萬民之賦以充府庫此九職之財。凡式貢之餘財以供玩好之用，謂先給九式及弔用，足府庫而有餘財，乃可以供玩好，明玩好非治國之用。凡邦之賦用取具焉，歲終則以貨賄之入出會之。

先公曰：《周官》，天下之財只有三項：九貢是邦國之貢，據經以待弔用；九賦是畿内之賦，以給九式之用；九職萬民之貢，以充府庫。三者餘財，以供玩好。雖然，邦國之貢多矣，弔用之費幾何，愚恐其有餘；畿内之賦有限矣，九式之費何廣也？愚恐其不足。

（清）顧炎武《日知録》卷七《其實皆什一也》　古來田賦之制，實始於禹。水土既平，咸則三壤。後之王者，不過因其成迹而已。故《詩》曰：信彼南山，維禹甸之。畇畇原隰，曾孫田之。我疆我理，南東其畝。然則周之疆理，猶禹之遺法也。《孟子》乃曰：夏后氏五十而貢，殷人七十而助，周人百畝而徹。夫井田之制，一井之地劃爲九區，故蘇洵謂萬夫之地蓋三十二里有半，而其間爲川爲路者一，爲澮爲道者九，爲洫爲涂者百，爲溝爲畛者千，爲遂爲徑者萬。使夏必五十，殷必七十，周必百，則是一王之興，必將改畛涂，變溝洫，移道路以就之，爲此煩擾而無益於民之事也，豈其然乎？蓋三代取民之异，在乎貢、助、徹，而不在乎五十、七十、百畝。其五十、七十、百畝，特丈尺之不同，而田未嘗易也。故曰：其實皆什一也。古之王者，必改正朔，易服色，异度數。故《史記·秦始皇本紀》於改年十月朔上黑之下即曰：數以六爲紀，符、法冠皆六寸，而輿六尺，六尺爲步，乘六馬。三代之王，其更制改物亦大抵如此。故《王制》曰：古者以周尺八尺爲步，今以周尺六尺四寸爲步。而

當日因時制宜之法，亦有可言。夏時士曠人稀，故其畝特大。殷、周土易人多，故其畝漸小。以夏之一畝爲二畝，其名殊而實一矣。國佐之對晋人曰：先王疆理天下，物土之宜，而布其利。豈有三代之王而爲是紛紛無益於民之事哉！

（清）顧炎武《日知録》卷一一《以錢為賦》 《周官》太宰以九賦斂財賄。注：財，泉、谷也。又曰：賦口率出泉也。《荀子》言：厚刀布之斂以奪之財。而漢律有口算。此則以錢爲賦，自古有之，而不出於田畝也。唐初租出谷，庸出絹，調出繒布，未嘗用錢。自兩税法行，遂以錢爲惟正之供矣。

（清）孫希旦《禮記集解》卷一三《王制》 古者公田藉而不税。

鄭氏曰：藉之言借也。借民力治田，美惡取於此，不税民之所自治也。孔氏曰：一井之中，凡有九夫，中央一以爲公田，借八家之力以治公田，美惡取於此，而不税民之私田。愚謂此約《公羊傳》之文。《公羊傳》曰：初税畝，何以書？譏。何譏爾？譏始履畝而税也。古者什一而藉。蓋自税畝之法行則藉而復税矣。自此以下至墓地不請，皆陳古者之制也。

（清）孫希旦《禮記集解》卷一三《王制》 林、麓、川澤以時入而不禁。

鄭氏曰：麓，山足也。孔氏曰：《穀梁傳》：林屬於山爲麓。鄭注《大司徒》云：竹木曰林，注瀆曰川，水鍾曰澤。愚謂以時入者，草木零落，然後入山林；獺祭魚，然後虞人入澤梁是也。不禁者，與民共財，不障禁也。《孟子》曰：市，廛而不征，法而不廛。關，譏而不征。又曰：文王之治岐也，關市譏而不征，澤梁無禁。然考之《周禮·司市》云：凶、荒、札、喪，則市無征而作布。《司關》云司貨賄之出入者，掌其治禁，與其征廛，凡貨不出於關者，舉其貨，罰其人，則關市有征。《山虞》物爲之厲，而爲之守禁，《澤虞》掌國澤之政令，爲之厲禁，則林麓川澤有禁。《大宰》九賦：七曰關市之賦，八曰山澤之賦。《大府》關市之賦以待王之膳服，山澤之賦以待喪紀。與《孟子》不同。蓋《周禮》所言者，常法也；文王治岐之政，行於商紂苛虐之時，所以救一時之急也。朱子云：關市譏而不征，乃文王治岐時事，《周禮》乃成周大備之時，隨時制宜，所以不同也。戰國民困已甚，故孟子亦欲以此法行之。作《記》者本未見《周禮》，其所言即本之《孟子》，而鄭氏以爲殷法，非也。

（清）孫希旦《禮記集解》卷一三《王制》 夫圭田無征。

百畝爲夫。圭，潔也。《士虞記》云：孝子某圭爲而哀薦之。圭田在田禄之外，所以奉祭祀也。《孟子》曰：卿以下必有圭田，圭田五十畝。井田之法，九夫爲井，以中一夫爲公田，八家耕之，而君取其一夫之人。若圭田，則九夫之中，其一夫爲圭田者，入於有圭田者之家，而國家不復征之也。蓋自周末税畝之法行，圭田之所收既入於卿大夫之家，而國家又履而使八家出什一之税，故陳古制如此。

（清）孫希旦《禮記集解》卷一三《王制》 用民之力，歲不過三日。

孔氏曰：用民之力，謂使民治城郭道渠。《周禮·均人》云：豐年，旬用三日；中年，旬用二日；無年，旬用一日。年歲不同，雖豐不得過三日也。

（清）王聘珍《大戴禮記集詁》卷一《主言》 昔者明主關譏而不征，市鄽而不税，税十取一，使民之力歲不過三日，入山澤以時，有禁而無征：此六者取財之路也。明主捨其四者而節其二者，明主焉取其費也！關者，界上之門。譏，呵察也。征，賦也。市，買賣所之也。鄽，市物邸舍。鄽而不税者，税其舍不税其物。税十取一，謂田税也。《孟子》曰：夏后氏五十而貢，殷人七十而助，周人百畝而徹，其實皆什一也。歲三日者，《均人職》曰：凡均力政以歲上下。豐年則公旬用三日焉。入山澤以時者，《王制》曰：獺祭魚，然後虞人入澤梁。草木黄落，然後入山林。《山虞職》曰：物爲之厲，而爲之守禁。令萬民時斬材，有期日。《澤虞職》曰：掌國澤之政令，爲之厲禁。四者謂關、市、山、澤，二者謂田税、民力。

（清）孫星衍《尚書今古文注疏·書序》 禹别九州，隨山濬川，任土作貢。

注：鄭康成曰：任土，謂定其肥磽之所生。疏：《釋文》云：貢字或作贛。鄭注見《書》疏。云任土謂定其肥磽之所生者，鄭以經厥田上上等爲地形高

下。下即肥，高即磽也。肥磽者。《孟子・告子篇》云：則地有肥磽。趙注云：磽，薄也。注：《周禮・載師》云：任土者，任其力，勢所能生育，且以制貢賦。段氏玉裁云：當有作《禹貢》三字。

（清）孫星衍《尚書今古文注疏・禹貢》 厥賦惟上上錯。

馬融曰：地有上下相錯，通率第一。鄭康成曰：此州入谷不貢賦之差，一井上上出九夫税，上中出八夫税，上下出七夫税，中上出六夫税，中中出五夫税，中下出四夫税，下上出三夫税，下中出二夫税，下下出一夫税，通率九州一井税五夫。疏：賦者，《廣雅・釋詁》云，税也。錯者，詩傳云，雜也。馬注見《釋文》，云通率第一者，九州之中爲第一也。僞傳云：雜出第二，非馬義。鄭注見《書》疏，及《王制》疏。云此州入穀不貢者。《王制》云：天子百里之内以共官，千里之内以爲御。注云，謂此州之田税所給也。官謂其文書財用也，御謂衣食。《周禮》閭師疏引鄭志云。田税，如今租矣。《王制》又云：千里之内曰甸。注云：服治田出穀税。千里之外曰采，注云：九州之内地取其美物以當穀税。据此知冀州畿内，惟入穀税也。《詩甫田》疏引鄭志云：凡所貢篚之物，皆以税物市之，隨時物價以當邦賦。《周禮》太宰以九貢致邦國之用。疏云：諸侯國内得民税。大國貢半，次國三之一，小國四之一，所貢者市取當國所出美物，則《禹貢》所云厥篚厥貢之類是也。据此知餘州雖有厥貢之文，不入穀，凖其賦之額，買土物以貢。此州不言厥貢，以帝都所需，今有司市買，不煩諸侯貢篚，故入穀不貢也。云賦之差，一井，上上出九夫税者。江氏聲云：《孟子》云：夏后氏五十而貢，殷人七十而助，周人百畝而徹，其實皆什一也。又云井九百畝，其中爲公田。又云惟助爲有公田。是則夏制什一税夫田，不畫井。鄭注《周禮・匠人》備引《孟子》文，而云周制畿内用夏之貢法，税夫無公田。是鄭氏亦謂夏時無井田也。此以井計者。以夫爲九井，差爲九等甚便。故假以言之爾。《王制》疏云以《禹貢》九州，有上中下三等。故以井田計之是也。云一井，上上出九夫税者，一井之中九夫。各以所收之什一爲税，上中出八夫税者。謂通九夫，共出八夫所收之什一爲税。以下至出一夫税，皆謂九夫通出其什一也。《詩・甫田》疏節引此注，而以爲鄭欲品其多少，無所比況，遂以九井擬之以示税之多少，非其實税之也。是以其賦之輕重懸殊，而疑其非實税。案：《左氏・襄二十五年》傳云：度山林，鳩藪澤，辨京陵，表淳鹵，數疆潦，規偃豬，町原防，牧隰皋，井衍沃。疏引賈逵注以爲賦税差品，云山林之地，九夫爲度，九度而當一井也。藪澤之地，九夫爲鳩，八鳩而當一井也。京陵之地，九夫爲辨，七辨而當一井也。淳鹵之地，九夫爲表，六表而當一井也。疆潦之地，九夫爲數，五數而當一井也。偃豬之地，九夫爲規，四規而當一井也。原防之地，九夫爲町，三町而當一井也。隰皋之地，九夫爲牧，二牧而當一井也。衍沃之地，畝百爲夫，九夫爲井。夫曰九度而當一井，非即一井出一夫税乎。其九等之差，正與此九等之税同，何見而疑此非實税耶。雖此是田賦，與《左傳》通計山林出等九者不同，然《周禮》授民田，有不易一易再易，則田之肥磽，固有相懸數倍者。且如《左傳》所云，九等之地。九州皆有。苟是州沃衍之地多則統一州而計通率，一井可得八九夫税。設是州山林藪澤之地多，則統一州而計通率，出一二夫税。況其田有不易一易再易之殊，則一井税五夫者，有九夫税，有一夫税，合之共十夫，均分之則各五夫。其八夫通二夫，七夫通三夫，六夫通四夫，均之則皆然，率一井税五夫也。《周禮》授民田不易者百畝，一易者倍之，再易者三之，通率三家而受六夫，其野則六家而受十三夫，其賦則惟計見耕之田而税之，通而計之則一夫之地，惟税五十畝。故《管子・幼官篇》云，田租百取五，即此制也。地力肥磽，古今如一。推之夏制田賦之法，當亦一夫惟税五十畝。故《孟子》曰夏后氏五十而貢其實什一也。熊安生《禮疏》云：夏政寬簡，一夫之地，惟税五十是也。

（清）孫星衍《尚書今古文注疏・多方》 王曰：嗚呼！猷告爾有方多士，暨殷多士，今爾奔走臣我監五祀，越惟有胥伯小大多正。

注：大傳説古者十税一，多於十税一，謂之大桀小桀。少于十税一，謂之大貉小貉。王者十一而税，而頌聲作矣。故《書》曰：越維有胥賦小大多政。疏：猷與繇同，《釋言》云道也。猷告猶言告道。監，謂三監。五祀，五年也。《釋天》云：商曰祀，周曰年，告殷民故稱祀。江氏聲云：武王命三叔監殷，殷民皆臣服於兹十年矣。言五祀者，本其未叛時言也。鄭注《大射禮》云：胥，宰官之胥。伯者，州伯。《内則》云州史獻諸州伯，州伯命藏諸州府。《詩・伯兮》疏云：彼州伯對閭史閭府，亦謂州里之伯，是伯爲州里之伯也。鄭注《周禮・地官序官》云：正師胥，皆長也。越惟有胥伯小大多正。言于惟有宰官之吏，及州伯小大多正長，俱謂監已下官長。言告道汝有方多士與殷多士。今計汝奔走臣服我三監。曾歷五祀，于惟有史胥州伯小大多正長。汝無不能奉法也。《大傳》惟作維，伯作賦，正作政者，今文也。胥者《周禮・天官叙官》云：胥十有二人，徒百有二十人。注云：此民給繇役者，是給繇役者有胥名。賦者，《周禮・大司馬》云：凡令賦，以地與民制之，上地食者三之二，其民可用者家三人，中地食者半其民，可用者二家五人。下地食者三之一，其民可用者家二人，是繇役亦賦也。故《漢書・景帝紀》詔曰：省繇賦。《後漢書・第五倫傳》云：倫後爲鄉嗇夫，平繇賦。皆繇賦連言。即此胥賦也。今文言於惟有繇賦之事，小大多得中之政令也。云什一而税者，《公羊・宣十五年傳》云：古者什一而税藉。古者曷爲什一而藉，什一者天下之中正也，多乎什一，大桀小桀。寡乎什一，大貉小貉。什一者，天下之中正也。什一行而頌聲作矣。與《大傳》

說同。

（清）焦循《孟子正義》卷一《滕文公上》 夏后氏五十而貢，殷人七十而助，周人百畝而徹，其實皆什一也。徹者，徹也。助者，藉也。注：夏禹之世，號夏后氏。后，君也。禹受禪於君，故夏稱后。殷周順人心而征伐，故言人也。民耕五十畝，貢上五畝；耕七十畝者，以七畝助公家；耕百畝者，徹取十畝以爲賦：雖異名而多少同，故曰皆什一也。徹，猶人徹骨取物也。藉者，借也。猶人可借力助之也。疏：注夏禹至人也。正義曰：《禮記·檀弓》正義引《白虎通》云：夏稱后者，以揖讓受於君，故稱后。殷周稱人者，以行仁義，人所歸往，故稱人。此趙氏所本也。皇侃《論語義疏》謂：夏以揖讓受禪爲君，故褒之稱后。后，君也。又重其世，故氏係之也。殷周以干戈取天下，故貶稱人也。以稱人爲貶，非趙氏義矣。注民耕至一也。正義曰：顧氏炎武《日知録》云：古來田賦之制，實始於禹，水土既平，咸則三壤，後之王者，不過因其成蹟而已。故《詩》曰：信彼南山，維禹甸之。畇畇原隰，曾孫田之。我疆我理，南東其畝。然則周之疆理，猶禹之遺法也。孟子乃曰：夏后氏五十而貢，殷人七十而助，周人百畝而徹。夫井田之制，一井之地，畫爲九區，故蘇洵謂萬夫之地，蓋三十二里有半；而其間爲川爲路者一，爲澮爲道者九，爲洫爲涂者百，爲溝爲畛者千，爲遂爲經者萬。使夏必五十，殷必七十，周必百，則是一王之興，必將改畛涂，變溝洫，移道路以就之，爲此煩擾無益於民之事也，豈其然乎？蓋三代取民之異，在乎貢、助、徹，不在乎五十、七十、百畝；其五十、七十、百畝，特丈尺不同，而田未嘗易也，故曰其實皆什一也。《王制》曰：古者以周尺八尺爲步，今以周尺六尺四寸爲步。而當日因時制宜之法。亦有可言，夏時土曠人稀，故其畝特大；殷周土易人多，故其畝漸小。以夏之一畝爲二畝，其名殊而實一矣。錢氏塘《溉亭述古録·三代田制考》云：三代田制，曷以異？曰：無異也。無異則孟子何以言五十畝七十與百畝？曰：名異而實不異，非不欲異其制，固不能異也。其不能異奈何？曰：井田始於黄帝，洪水之後，禹修而復之，孔子所謂盡力乎溝洫也。溝洫既定，不可復變，殷周遵而用之耳。《考工記》匠人爲溝洫，始於廣尺深尺之甽，田首倍之爲遂，爲井間之溝，倍其溝爲成間之洫，倍其洫爲同間之澮。賈公彦繪一成之圖，謂甽縱遂横，溝縱洫横，澮縱自然川横。然則見甽知畝，見遂知夫，見溝知井，見洫知成，見澮知同也。一同之田，川與澮爲方；一成之田，洫與溝爲方；一井之田，溝與遂爲方；一夫之田，遂與甽爲方。甽，伐也。不爲夫田限，故夫三爲屋，遂與溝遇也。至溝與洫遇，則爲通矣。洫與澮遇，則爲終矣。屋者，三分夫之一；通者，十分成之一；終者，十分同之一：皆不爲方，水道有縱横故也。禹自言濬甽澮距川，明甽澮縱而川則横，周制本乎夏制矣。使周異於殷，殷異於夏，必盡更夏后氏之制。更其甽遂固易也，溝洫則難矣，川澮又難矣。我因川澮溝洫之不能更，而知周用夏制也。我因周用夏制，而知殷與周之未嘗各異也。然則畝數之不同，何歟？曰：所謂異其名也。其名何以異？曰：以度法之各異也。蔡邕謂夏以十寸爲尺，殷以九寸爲尺，周以八寸爲尺。夫殷之尺，非遂得夏之九寸也，蓋九寸則不足。周之尺，非止得夏之八寸也，蓋八寸而有餘。何則？夏之百分，殷以爲百一十二分，周以爲百二十分，通其率，則五十之爲五十六與六十也，而夫田之廣長與其步法俱得矣。是故同此一夫之田：夏以廣十尺長五百尺爲畝，殷以廣八尺長五百六十尺爲畝，周以廣六尺長六百尺爲畝；如其畝法，而五十、七十與百畝之數立矣。步則夏以五尺，殷以五尺六寸，周以六尺；一畝同長百步。而夏廣二步，殷廣一步五十六分步之二十四，周廣一步。推之一里，則廣長皆三百步，其積皆九萬步也。夫如是，則自遂以上，殷周不必更，而獨更其甽，豈不甚易也哉？夫三代步法，與其夫田之廣長，皆與率數相應，故夫有異畝，畝無異步，是之謂名異而實同。少康有田一成，即《考工》之十里，其明證也。曰：井與夫皆方，畝何以不方？曰：畝之水，注於遂；遂在田首，故不能方。猶溝之不，注於洫；洫在通首，亦不能方。即《詩》所謂南東其畝，而韓嬰謂之長一步，廣一步者也。南畝存之長，即東畝之廣；分言之，則皆一步。而或者疑之，則畝必廣長皆十步邪？曷爲晋欲令齊盡東其畝也。孟子又謂什一，奈何？曰：此殷周侯國之制也。康成所謂公田不税夫，故其名曰助與徹；夏則税夫，無公田而名爲貢；貢爲什一，助與徹爲九一，九一之與什一，盈朒異名耳，故曰皆什一。《禹貢》賦有九等，果什一歟？曰：禹以九州爲等，非一井也。烏得言非百什一。錢氏大昕《潛研堂答問》云：鄭康成注《周禮》，嘗引《孟子》野九夫而税一，國中什一之文，孔穎達《詩正義》申其旨云：周制有貢有助：助者，九夫而税一夫之田；貢者，什一而貢一夫之穀。通之二十夫而税二夫，是爲什中税一也。九一而助，爲九中一。知什一自賦，非什中一者，以言九一，即云而助，明九中一助也。國中言什一，乃云使自賦，是什一之中使自賦之，明非什中一爲賦也。《孟子》又云：方里而井，井九百畝，其中爲公田，八家皆私百畝，同養公田；公事畢，然後敢治私事，所以别野人也。言别野人者，别野人之法，使與國中不同也。《爾雅》云：郊外曰野。則野人爲郊外也。野人爲郊外，則國中爲郊内也。郊内謂之國中者，以近國，故繫國言之亦可。地在郊内，居在國中故也。郊外國中人，各受田百畝，或九而取一，或什一而取一，通内外之率，則爲什而取一，故曰徹。徹之爲言通也，康成之義，得孔氏而益明。若分公田爲廬舍，八家各二畝半，其説始於班固，而何休注《公羊》、趙岐注《孟子》、范寧注《穀梁》、宋均《樂緯》，皆因之，非鄭義也。段氏玉裁《説文解字注》云：耡，殷人七十而耡。耡，耤税也。從耒，助聲。《周禮》曰：吕興耡利

萌。今《孟子》作助，《周禮》注引作莇。耡即以耤釋之。耕税者借民力以食税也。《遂人》注云：鄭大夫讀耡爲藉。杜子春讀耡爲助，謂起民人令相佐助。按鄭意，耡者，合耦相助，以歲時合耦於耡，謂於里宰治處合耦，因謂里宰治處爲耡也。許意以《周禮》證七十而耡，謂其意同。王氏念孫《廣雅疏證》云：《大雅·韓奕篇》實畝實藉，鄭箋云：藉，税也。宣十六年《左傳》穀出不過藉，杜預注云：周法，民耕百畝，公田十畝，借民力而治之，税不過此。《王制》古者公田藉而不税，鄭注云：藉之言借也，借民力治公田，美惡取於此，不税民之所自治也。《説文》：殷人七十而耡。耡，耤税也。耡字亦作莇，又作助，助與藉古同聲，《孟子·公孫丑篇》耕者助而不税，即藉而不税也。《論語·顔淵篇》盍徹乎，鄭注云：周法什一而税謂之徹。徹，通也。爲天下之通法。《孟子·滕文公篇》：夏后氏五十而貢，殷人七十而助，周人百畝而徹，其實皆什一也。徹者，徹也。助者，藉也。趙氏注云云。鄭氏注《匠人》云：貢者，自治其所受田，貢其税穀。莇者，借民力以治公田，又使收斂焉。徹者，通其率以什一爲正也。按趙氏注徹彼桑土，釋徹爲取，此注同之。《孝經正義》引劉熙《孟子注》云：家耕百畝，徹取十畝以爲賦也。亦以徹爲取，與鄭氏義異。姚氏文田《求是齋自訂稿》云：徹之名義，嘗屢求其説而不得，因考《公劉》、《崧高》兩詩，毛傳皆訓徹爲治。鄭氏《公劉》箋云：什一而税謂之徹。又於《匠人》注云：周之畿内，税有輕重，諸侯謂之徹者，通其率以什一爲正。《論語》注云：徹，通也。爲天下之通法。趙氏《孟子》注：耕百計者，徹取十畝以爲賦。徹猶人取物也。賈氏《匠人》疏引之。孔氏《公劉》疏亦云：徹取此隰原所收之粟，以爲軍國之糧。是又以徹爲取。以他處徹俎徹樂之類証之，皆是收取之義。《孟子》亦言徹者徹也，不煩更增一解，似徹取之義，尤爲了當。然其制度何若，終不能明。惟《周官·司稼》云：巡野觀稼，以年之上下出斂法。是知徹無常額，惟視年之凶豐，此其與貢異處。助法正是八年家合作，而上收其公田之入，無煩更出斂法，然其弊，必有如何休所云不盡力於公田者，故周直以公田分授八夫，至斂時則巡野觀稼，合百一十畝通計之，而取其什一，其法亦不異於助，故《左傳》云穀出不過藉。然民自無公私緩急之異，此其與助異處。至魯宣公因其舊法而倍收之，是爲什而税二矣。謂之徹者，直是通盤核算，猶徹上徹下之謂，並非通融之義，於此求之，則徹法亦可想見。故孟子既分釋徹、助之義，而又據《大田》之詩，以證其與助同法。先儒以貢、助兼用爲詞，殆未然矣。倪氏思寬《讀書記》：徹者徹也二句，承上文言之。不及貢法者，有龍子云云在也。商助周徹，乃先説徹後説助者，孟子意在行助，徹爲賓，助爲主。謂徹之爲徹，其法固良；而助之爲藉，其法尤美也。

（清）焦循《孟子正義》卷一《滕文公上》　《詩》云：雨我公田，遂及我私。惟助爲有公。由此觀之，雖周亦助也。注：詩，《小雅·大田》之篇。言太平時民悦其上。願欲天之先雨公田，遂以次及我私田也。猶殷人助者，爲有公田耳。此周詩也。而云雨公田，知雖周家時亦助也。疏：注詩小至助也。正義曰：詩在《小雅·大田》第三章。箋云古者陰陽和，風雨時，其來祈祈然而不暴疾，其民之心先公後私，今天主雨於公田，因及私田爾。此言民怙君德，蒙其餘惠。趙氏言太平時，本上興雨祈祈言也。萬氏斯大《學春秋隨筆》云：孟子言三代田制莫善於助，言助法之形體曰：方里而非，井九百畝，其中爲公田，八家皆私百畝，同養公田。非謂成周之徹法如此也。《漢書·食貨志》直本此言周制，後儒多相因不變，若是，則周人乃百畝而助矣，何名爲徹哉？惟趙岐《孟子》注云：周人耕百畝者，徹取十畝以爲賦。斯言得之矣。《司馬法》云：畝百爲夫，夫三爲屋，屋三爲井。《小司徒》亦云：夫九爲井。據此二文，是周人井九百畝，分之九夫，每夫百畝，中以十畝爲公田，君取其入，而不收餘畝之税。宣公於公田之外，更税餘畝之十一，故曰税畝也。周氏柄中《辨正》云：充宗之説，良不誣也。徹本無公田，故《孟子》云惟助爲有公田，言惟助有則徹無，以明其制之異。言雖周亦助，見助豐凶相通，徹亦豐凶相通，明其意之同。若徹原是助，則人人共知，孟子何用辭費。徹無公田，《詩》曰雨我公田者，商家同井，公田地私田外；周九夫爲井，公田在私田中。《夏小正》云：三農服於公田。公田之稱，可施於貢，獨不可施於徹乎？然則周何以變八家爲九夫，此則任釣臺嘗言之矣。蓋自商至周，歷六百餘年，生齒必日繁，無田可給，不得不舉公田授之民。及列國兵争，殺戮過甚，民數反小於周初，而徹法之壞已甚，故孟子欲改行助法，所謂與時宜之者，此真通人之論也。鍾氏懷《葭厓考古録》云：孟子論井田之制，以夏爲貢，殷爲助，周爲徹，顯分其制。及引《大田》之詩，又謂雖周亦助，可知助、徹乃通名也。夏后氏五十而貢，其實亦是什一，獨不得通助、徹之名者，蓋因諸侯去籍，孟子末由考之耳。《夏小正》：正月，農及雪澤，初服于公田。傳云：古有公田焉者，古言先服公田，而後服其田也。可知公田之制，自夏已然，公劉雖由夏居戎，亦循有部之舊而不改也。然則貢即助即徹，皆不離乎什一而税，誤以公劉創什一之税，可乎？大抵周家一切典禮，多夏殷之制，特其斟酌損益，少有不同耳。

（清）焦循《孟子正義》卷一《滕文公上》　請野九一而助，國中什一使自賦，九一者，井田以九頃爲數而供什一，郊野之賦也。助者，殷家税名也，周亦用之，龍子所謂莫善於助也。時諸侯不行助法。國中什一者，《周禮》：園廛二十而税一。時行重賦，責之什一也。而，如也。自，從也。孟子欲請使野人如助法，什一而税之；國中從其本賦，二十而税一以寬之也。疏：注九一至之也。正義曰：宣公十五年《公羊傳》云：古者什一而籍，什一者，天下之中正也。注云：夫饑寒並至，

雖堯舜躬化，不能使野無寇盜；貧富兼并，雖皋陶制法，不能使彊不凌弱。是故聖人制井田之法而口分之，一夫一婦，受田百畝，以養父母妻子，五口爲一家，公田十畝，即所謂什一而稅也。廬舍二畝半，凡爲田一頃十二畝半，八家而九頃，共爲一井。蓋百畝爲一頃，九頃者，九百畝也。郊野在郊外，自百里至五百里，通都鄙言之也。《地官・載師》：園廛二十而一。又云：以廛里任國中之地，以場圃任園地。是園廛在國中，故以此國中爲園廛二十有一也。而與汝通，故亦與如通，《詩・小雅》垂帶而厲，箋云：而，如也。是也。鄭康成箋《毛詩》、高誘注《呂氏春秋》、《淮南子》，皆以自爲從。趙氏當時郊野之稅不止什一，孟子欲其什一而藉，如殷人之行助。其國中園廛之稅，本二十取一，當時則十取一，是爲行重賦。民不能什一，而以什一誅求之，故云責之什一也。野宜什一，則不止什一，國中不宜什一，乃重賦而責其什一，是國中什一也，非郊野什一也。國中不可什一而什一，孟子則欲其仍從舊賦二十取一，故云寬之也。趙氏義如此。程氏瑶田《通藝録・周官畿内經地考》云：王畿千里，自王城居中視之，四面皆五百里。五十里爲近郊，百里爲遠郊，二百里爲甸地，三百里爲稍地，四百里爲縣地，五百里爲畺地。《大司徒》之職：令五家爲比，五比爲閭，四閭爲族，五族爲黨，五黨爲州，五州爲鄉。鄉凡萬二千五百家。如此者六，綜計之，受地者凡七萬五千家也。六鄉之地在郊。《遂人》：掌邦之野，造都鄙形體之法：五家爲鄰，五鄰爲里，四里爲酇，五酇爲鄙，五鄙爲縣，五縣爲遂。六遂亦受地者凡七萬五千家，數如六鄉，但異其名耳。其地在甸。六遂之授地也，亦遂人掌之。其職云：辨其野之土，上地中地下地，以頒田里：上地夫一廛，田百畮，萊五十畮；餘夫亦如之。中地夫一廛，田百畮，萊百畮，餘夫亦如之。下地夫一廛，田百畮，萊二百畮；餘夫亦如之。其治溝洫以制地也，亦遂人掌之。其職云：凡治野，夫間有遂，遂上有徑；十夫有溝，溝上有畛；百夫有洫，洫上有涂；千夫有澮，澮上有道；萬夫有川，川上有路，以達於畿。此六遂之田制也。而六鄉田制，不見於經。經獨見鄉之軍法，故鄭氏注云：鄉之田制與遂同，遂之軍法如六鄉。六鄉軍法，在《小司徒》之職：五人爲伍，五伍爲兩，四兩爲卒，五卒爲旅，五旅爲師，五師爲軍。軍萬二千五百人，出於鄉，家一人也。六鄉六軍，《夏官・大司馬》之職所謂王六軍也。此郊甸經地之法，在二百里内者也。其外則稍地、縣地、畺地，謂之都鄙。都鄙者，王子弟及公卿大夫之采地，其界曰都，而鄙則其所居者也。《大司徒》之職：凡造都鄙，制其地域而封溝之，以其室數制之。不易之地家百畮，一易之地家二百畮，再易之地家三百畮。其造都鄙也。則小司徒經之。其職云：乃經土地而井牧其田野：九夫爲井，四井爲邑，四邑爲丘，四丘爲甸，四甸爲縣，四縣爲郡。鄭氏注云：隰皋之地，九夫爲牧，二牧而當一井。今造都鄙，授民田，有不易，有一易，有再易，通率二而當一，是之謂井牧。據此，是鄭氏以都鄙授井田，爲不易一易再易之地，與經所謂以室數制之者，無異義矣。乃其注《載師職》之任地，則又以易不易之田歸之六鄉，以上中下有萊之田歸之甸稍縣都，且云：郊内謂之易，郊外謂之萊，善言近。六遂之民奇受廛，上地有萊，爲所以饒遠也。不但與經相戾，即與其自注亦不相蒙。豈謂遂人所掌之野得包甸、稍、縣、都，授以有萊之地爲從其類，而易不易之田在大司徒，司徒主六鄉，因以所制田授之與？井田溝洫之制，在《考工記》：匠人爲溝洫，耜廣五寸，二耜爲耦。一耦之伐，廣尺深尺謂甽。田首倍之，廣二尺深二尺謂之遂。九夫爲井，井間廣四尺深四尺謂之溝。方十里爲成，成間廣八尺深八尺謂之洫。方百里爲同，同間廣二尋深二仞謂之澮。專達於川。鄭氏所謂井牧之制，小司徒經之，匠人爲之，溝洫相包乃成者，是也。此都鄙經地之法也。《載師職》云：以廛里任國中之地，以場圃任園地，以宅田、士田、賈田任近郊之地，以官田、牛田、賞田、牧田任遠郊之地，以公邑之田任甸地，以家邑之田任稍地，以小都之田任縣地，以大都之田任畺地。按六鄉之田在郊，宅田、士田、賈田、官田、牛田、賞田、牧田則六鄉之餘地也。六遂之田在甸，公邑則六遂之餘地也。家邑之田在稍，小都之田在縣，大都之田地畺，稍、縣、畺皆有餘地，亦謂之公邑。今於甸言餘地，於稍、縣、畺言其正田，既互相足，亦以鄉遂形體詳《司徒》、《遂人職》中，不煩復言其正田也。家邑方二十五里，凡四甸，大夫之采地也。小都方五十里，凡四縣，卿之采地也。大都方百里，凡四都公之采地也。王母弟，王之庶子，與公同食百里地於畺。王子弟稍疏者，與卿同食五十里地於縣。其又疏者，與大夫同食二十五里地於稍。其入稅於王也，皆四之一。四甸入一甸，四縣入一縣，四都入一都。四都者，一同之地，故曰大都。四縣者，一都之地，故曰小都。四甸者，一縣之地，故曰家邑。王氏鳴盛《周禮軍賦說》云：鄭康成以《遂人》所言爲溝洫之法，即夏之貢法，鄉遂公邑用之。《匠人》所言爲井田之法，即殷之助法，都鄙用之。其溝洫與井田之異，則正義：《遂人》云：夫間有遂，十夫有溝，百夫有洫，千夫有澮，萬夫有川，方三十三里少半里。九而方一同，九澮而川周其外，則百里之内，九九八十一澮。井田則一同惟一澮。一溝澮稠多，一溝澮稀少，其異一。《匠人》井田之法。畎縱遂横，溝縱洫横，澮縱川横。其夫間縱者，分夫間之界耳，無遂；其遂注入溝，溝注入洫，洫注入澮，澮注入川，略舉一成，以三隅反之，一同可見矣。《遂人》云夫間有遂，以南畝圖之，則遂縱而溝横。《匠人》不云夫間有遂，云田首倍之謂之遂，遂則横，溝縱也。自餘洫澮川依此遂溝縱横參之可知。其異二。《遂人》云九澮而川周其外，川是人造之。《匠人》百里有澮，澮水注入川，相去逆，宜爲自然大川，非人所造。其異三。溝洫之法，祇就夫稅之十一而貢；井田之法，九夫爲井，井稅一夫，美惡取於此，不稅民之所自治。其異四。倪氏思寬《讀

書記》云：鄭氏《匠人》注云：野九夫而稅一。《甫田》箋云：井稅一夫，其田百畝。竊嘗據鄭旨核分數，八家九百畝而公田百畝，通公私之率，無異家別一百一十二畝半。於一百一十二畝半，抽其一十二畝半，則於九分之中而稅其一分，正合九一之旨。其數甚明，不待持籌而知也。馬端臨謂《遂人》之十夫，特姑舉成數言之，不必拘以十數。此言殊謬。十夫有溝，明係古人成法。蓋國中行鄉遂之法，皆五五相連屬，而五倍之則十也。如五家爲比，二比則十夫。五家爲鄰，二鄰則十夫。十夫有溝，當起義於此，豈得謂姑舉成數言之。至謂行貢之地，無問高原下隰，截長補短，所爲溝洫者，不過隨地高下而爲之蓄洩，異日井田之溝洫，有一定之尺寸。此言也，適足以啓慢其經界之弊矣。古人於高原下隰，別有通融之法，如楚蔿掩所書者，既言鄉遂用貢法，十夫有溝，則經界森列，有條不紊，庸詎得如馬說也。其實皆什一也，聖賢立言，文無虛設。假令貢助果皆什一，則其實一語爲贅文矣。唯立法九一什一不同，而論其實，則於中正之準，初無不合。鄭注《載師》云：周稅輕近而重遠，近者多役也。則是國中什一而役多，野九一而役少，會而通之，總皆什一，其理易明。孟子特立此文，以明助法九一之善。若鄭氏又謂孟子言其實皆什一，據通率而言耳。則經文九一什一，文聯義對，鄭說雖巧，而近於鑿，不得從之。按趙氏以國中爲城中，野爲鄉遂都鄙通稱，則九一之制，自國門外皆然。依鄭氏則以國中當鄉遂用貢，野當都鄙用助，乃鄭氏又以周制畿內用夏之貢法，稅夫無公田；邦國用殷之助法，制公田不稅夫。既以都鄙井田異於鄉遂，《遂人》注又謂野爲甸、稍、縣、都，甸是六遂，則遂亦通爲野，與都鄙異於鄉遂之說異。蓋又以郊內六鄉爲國中，遂以外皆野矣。一人之說已參差不一，其與趙氏之異，又何若矣。備載之以俟考。

（清）焦循《孟子正義》卷二五《告子下》 欲輕於堯舜之道者，大貉小貉也；欲重之於堯舜之道者，大桀小桀也。注：堯舜以來，什一而稅，足以行禮，故以此爲道。今欲輕之二十稅一者，夷貉爲大貉，子爲小貉也。欲重之過什一，則夏桀爲大桀，子爲小桀也。【略】

正義曰：宣公十五年《公羊傳》云：古者什一而籍。古者曷爲什一而籍？什一者，天下之中正也。多乎什一，大桀小桀；寡乎什一，大貉小貉。注云：蠻貉無社稷宗廟百官制度之費，稅薄。何氏本《孟子》注《公羊傳》，趙氏即本《公羊傳》注《孟子》。徐氏疏云：夏桀無道，重賦於人。今過什一，與之相似。若十取四五，則爲桀之大貪；若取二三，則爲桀之小貪。若十四五乃取其一，則爲大貉行；若十二三乃取一，則爲小貉行。徐氏解大小，不取趙氏。《尚書大傳》說《多方》云：古者十稅一。多於十稅一，謂之大桀小桀；少於十稅一，謂之大貊小貊。王者十一而稅，而頌聲作矣。故《書》曰：越惟有胥賦，小大多政。貊與貉字通。伏氏以小桀大桀、小貊小貊明多方小大二字。政者，正也。尚書今作正。江氏聲《尚書集注音疏》云：胥謂繇役。繇役亦賦也，故曰胥賦。蓋胥賦即稅，正即謂什一中正，謂胥賦之輕重一本於中正，小之不至爲小桀小貉，大之不至爲大桀大貉。徐氏解《公羊傳》，義與此同。

（清）焦循《孟子正義》卷二七《盡心下》 孟子曰：易其田疇，薄其稅斂，民可使富也。食之以時，用之以禮，財不可勝用也。注：易，治也。疇，一井也。教民治其田疇，薄其稅斂，不踰什一，則民富矣。食取其征賦以時，用之以常禮，不踰以費財也。故畜積有餘，財不可勝用也。【略】

正義曰：《一切經音義》引《國語》賈氏注云：一井爲疇。九夫爲一井。趙氏所本也。《說苑・辨物篇》云：疇也者何也？所以爲麻也。《史記・天官書》視封疆田疇之正治，如淳引蔡邕云：麻田曰疇。韋昭注《國語・周語》、《齊語》皆云：麻地曰疇。《說文》田部則云：疇，耕治之田也。按《易・否》九四疇離祉，九家注云：疇者，類也。《荀子・勸學篇》言草木疇生，《書・洪範》言洪範九疇，《國語・齊語》云：人與人相疇，家與家相疇，皆以儔類言。一井八家所共，相與爲疇，故名爲疇。《呂氏春秋・慎大篇》云農不去疇，即農不去井也。麻田之說，趙氏所不取。

（清）劉寶楠《論語正義》卷一四《先進》 季氏富於周公，而求也爲之聚斂而附益之。注：孔曰：周公，天子之宰，卿士。冉求爲季氏宰，爲之急賦稅。子曰：非吾徒也。小子鳴鼓而攻之，可也。正義曰：案：《左・哀十一年傳》：季氏欲以田賦，使冉有訪諸仲尼。曰：丘不識也。三發，卒曰：子爲國老，待子而行，若之何子之不言也？仲尼不對，而私於冉有曰：君子之行也，度於禮，施取其厚，事舉其中，斂從其薄。如是，則以丘亦足矣。若不度於禮，而貪冒無厭，則雖以田賦，將又不足。且子季孫若欲行而法，則周公之典在。若欲苟而行，又何訪焉？弗聽。十二年春王正月，用田賦。《魯語》載此事：仲尼私於冉有曰：汝不聞乎？先王制土，藉田以力而砥其遠邇，賦里以入而量其有無，任力以夫而議其老幼。於是乎有鰥寡孤疾，有軍旅之出則徵之，無則已。其歲，收田一井，出稯禾、秉芻、缶米，不是過也。先王以爲足。若子季孫欲其法也，則有周公之藉矣。苟欲犯

法，則苟而賦，又何訪焉？何休《公羊注》解用田賦云：田謂一井之田。賦者，斂取其財物也。言用田賦者，若今漢家斂民錢以田爲率矣。何解賦爲財物，而孟子以爲賦粟倍他日，粟即財物也。倍他日者，倍乎税畝之制也。倍之爲言大略之辭。賈逵、杜預解左傳，以賦爲軍制，誤矣。用田賦，自是季氏之謀，特冉子不能救止其事，故夫子深責之。見凡爲人臣，當以道事君，不可則止，亦冀季孫聞善言能改悟也。

（清）劉寶楠《論語正義》卷一五《顔淵》　哀公問於有若曰：年饑，用不足，如之何？有若對曰：盍徹乎？曰：二，吾猶不足，如之何其徹也？對曰：百姓足，君孰與不足？百姓不足，君孰與足？正義曰：俞氏正燮《癸巳類稿》：哀公言年饑，用不足。用者，布縷之征，力役之征。民有食而後能輸賦役，有若請留民食以裕國用。蓋徹者，米粟之征。言徹，則年饑之民庶足食，郡孰與不足用也。宣公十五年：初税畝。《左傳》云：非禮也。穀出不過藉，以豐財也。亦言民足食則賦役之用供，故爲豐財之禮。荒政務在使民得食，君卿從無年饑不足食之事，惟必欲取二，則民散賦缺，不足用耳。《大司徒》荒政十二：二曰薄征。故有若於饑年言徹足用，此籌國老謀至計，蓋用非米粟也，徹非賦役也。百姓者，《説文》云：姓，人所生也。民不一姓，故稱百焉。百姓足，君孰與不足者，言貨財皆出於民，百姓足用，君亦足用也。百姓不足，君孰與足者，言百姓不足用，君亦不足也。與，如取與之與。《漢書·谷永傳》與作予，通用字。《荀子·富國篇》：下貧則上貧，下富則上富。故田野縣鄙者，財之本也；垣窌倉廩者，財之末也；百姓時和，事業提叙者，貨之源也；等賦府庫者，貨之流也。故明王必謹養其和，節其流，開其源，而時斟酌焉。潢然使天下必有餘，而上不憂不足。如是，則上下俱富，交無所藏之，是知國計之極也。故禹十年水，湯七年旱，而天下無菜色者，十年之後，年穀復孰，而陳積有餘，是無它故焉，知本末源流之謂也。《淮南子·主術訓》：夫民之爲生也，一人蹠耒而耕，不過十畝。中田之獲，卒歲之收，不過畝四石。妻子老弱，仰而食之。時有涔旱災害之患，無以給上之徵賦、車馬、兵革之費，由此觀之，則人之生憫矣。夫天地之大計：三年耕而餘一年之食，率九年而有三年之畜，十八年有六年之積，二十七年而有九年之儲，雖涔旱災害之殃，民莫困窮流亡也。故國無九年之畜謂不足，無六年之積謂之憫急，無三年之畜謂之窮乏。故有仁君明王，其取下有節，自養有度，則得承受於天地，而不離饑寒之患矣。若貪主暴君撓於其下，侵漁其民，以適無窮之欲，則百姓無以被天和而履地德矣。二文並足發明此文之旨。《説苑·政理篇》：魯公問政於孔子。對曰：政有使民富。哀公曰：何謂也？孔子曰：薄賦斂，則民富矣。公曰：若是，則寡人貧。孔子曰：《詩》云：凱悌君子，民之父母。未見其子富而父母貧者也。與此章問答正同。

（清）戴望《管子校正》卷七《大匡》　桓公踐位十九年，弛關市之征。征，賦也。五十而取一。取其貨賄五十之一。賦禄以粟，案田而税。案知其壤墝而税之。二歲而税一。率二歲而一税之。上年什取三，中年什取二，下年什取一，歲飢不税。歲飢，謂時歲總飢，故不税。歲飢弛而税。此歲飢謂有飢者有不飢者，故弛飢而税不飢。

二歲而税一，上年什取三，中年什取二，下年什取一。俞云：此即什一之法而變通之，仍是什而取一也。蓋雖有取三、取二、取一之不同，然二歲一税，假令六年之中，上年二，中年二，下年二，則通三二一之數而適得六，是即歲取其一也。

（清）皮錫瑞《今文尚書考證》卷三《禹貢》　〔冀州〕厥土惟白壤，《史記》無惟字，《漢志》有之。《白虎通》曰：土主吐含萬物，土之爲言吐也。《釋名·釋地》曰：土，吐也，吐生萬物也。已耕者曰田。田，填也，五稼填滿其中也。壤，瀼也，瀼瀼，肥濡意也。厥賦惟上上錯，厥田惟中中。今文作賦上上錯，田中中。《史記》無厥惟字，《漢志》有厥無惟。師古曰：賦者，發斂土地所生之物以供天子也。上上，第一也。錯，雜也。言賦第一，又雜出諸品也。又曰：言其高下形總於九州中爲第五也。一曰，謂其肥瘠之等差也。它皆類此。錫瑞謹案：《漢書·叙傳》曰：《坤》作墜勢，高下九則。劉德曰：九則，九州土田上中下九等也。班氏以高下九則屬墜勢，當以師古前説爲正。《尚書正義》引鄭云：地當陰陽之中。能吐生萬物者曰土：據人功作力競得而田之，則謂之田。田著高下之等，當爲水害備也。鄭説與《漢書叙傳》合，蓋用今文説也。孫星衍説：田之九等，以地形高下分之，不與賦同。《溝洫志》賈讓奏言：若有渠溉，則鹽鹵下溼，填於加肥；故種禾麥，更爲秔稻，高田五倍，下田十倍。《孝經注》云：高田宜黍稷，下田宜稻麥。江聲説：昆侖高一千里，九州地昆侖東南，故西北高，東南下。雍州在西北，田上上。揚州在東南，田下下。推之餘州，知以高爲上，卑爲下也。

（清）皮錫瑞《今文尚書考證》卷三《禹貢》　〔兗州〕厥土黑墳，厥草惟繇，厥木惟條。今文作草繇木條，亦作屮繇木條。《史記》作草繇木條，《漢志》作屮繇木條，無厥，惟字。師古曰：屮，古草字也。繇，悦茂也。條，脩暢也。案：《説文》：屮，艸木初生也，象丨出形，有枝莖也。讀若徹。古文或以爲艸字。《荀子·富國》：刺屮殖穀。《漢外黄令高彪碑》：規獄生屮。《漢書·禮樂志》、《五行志》、《鼂錯》、《蘇武》、《董仲舒》、《司馬相如》、《公孫弘》、《趙充國》、《貢禹》、《魏相》、《谷永》、《揚雄》、《貨殖》、《王莽傳》及《叙傳》皆作屮，此夏侯《尚書》與古文合者。段玉裁説：《夏本紀》草繇木條二句皆無其維字，而揚州有之。《地理

志》則二州皆無厥、惟字。疑今文《尚書》本皆無厥、維字，《史記》揚州有之者，後人增之。厥田惟中下，厥賦貞作，十有三載乃同。今文作田中下，賦貞作，十有三年乃同。《史記》曰：田中下，賦貞作，十有三年乃同。《集解》：鄭玄曰：貞，正也。治此州正作不休，十三年乃有賦，與八州同，言功難也。其賦中下。錫瑞謹案：《史記·河渠書引夏書》曰：禹抑鴻水十三年，過家不入門。鄭說與《史記》合。馬注曰：禹治水三年，八州平，故堯以爲功而禪舜。是十二年而入州平，十三年而兗州平。十三年，并鯀九年數之，與《史記》說不同，蓋古文異說。《三國志·高堂隆傳》曰：昔在伊唐，世值陽九厄運之會，洪水滔天，使鯀治之，績用不成，乃舉文命，隨出刊木，前後歷年二十二載。亦合禹之十三年與鯀九年計之，同《史記》說。一作厥田中下，賦貞作，十有三年迺同。《漢志》作厥田中下，賦貞作，十有三年迺同。師古曰：貞，正也。州第九，賦亦正當也。陳喬樅說：九州之賦唯缺下下，兗賦至少，固當第九。《集解》引鄭注其賦中下，中下當爲下下之誤。厥貢漆絲，厥篚織文。今文一作厥棐織文。《史記》作篚，《漢志》作棐，師古曰：棐與篚同。《食貨志》：禹平洪水，定九州，制土田，各因所生遠近，賦入貢棐。《詩·甫田》正義引《鄭志》云：凡所貢篚之物，皆以税物市之，隨時物價以當邦賦。陳喬樅說：鄭以冀州入穀不貢，他州有貢，皆即穀税市所貢篚之物，以當邦賦也。

（清）皮錫瑞《今文尚書考證》卷三《禹貢》　〔青州〕厥田惟土下，厥賦中上。厥貢鹽、絺，海物惟錯，今文作田上下，賦中上。厥貢鹽、絺，海物維錯。《史記》作田上下，賦中上，厥貢鹽、絺，海物維錯。《集解》：鄭玄曰：海物，海魚也。魚種類尤雜。又《貨殖傳》曰：太公望封于齊，其地舄鹵，通魚鹽。一作貢鹽、絺，海物惟錯。《漢志》作惟，貢上無厥字。案：《史記》厥字皆以其字代之。此云厥，疑後人所增。岱畎絲、枲、鉛、松、怪石。《史記》、《漢志》同。《釋名·釋山》曰：山下根之受霤處曰畎。畎，吮也。吮得山之肥潤也。萊夷作牧，厥篚檿絲。今文作厥篚酓絲。《史記》作萊夷爲牧，其篚酓絲。段玉裁説：《夏本紀》檿作酓，二字古音同，讀如音，猶《毛詩》懕懕，《韓詩》愔愔，古同音也。蓋今文《尚書》作酓而太史公仍之，其義則當爲六書之假借。《班志》不作酓，或班用正體，或後人改易之。案：此亦三家《尚書》之異。一作厥棐檿絲。《漢志》作厥棐檿絲，師古曰：檿，檿桑也。食檿之蠶絲，可以弦琴瑟。

（清）皮錫瑞《今文尚書考證》卷三《禹貢》　〔徐州〕厥田惟上中，厥賦中中。厥貢惟土五色，羽畎夏翟，今文作田上中，賦中中。貢維土五色，羽畎夏翟。《史記》作其田上中，賦中中。貢維土五色，羽畎夏翟。《集解》：鄭玄曰：土五色者，所以爲太社之封。《正義》曰：《韓詩外傳》云：天子社廣五丈，東方青，南方赤，西方白，北方黑，上冒以黄土。將封諸侯，各取方土，苴以白茅，以爲社也。《漢書》武帝賜齊王閎策曰：受茲青社。燕王旦曰玄社，廣陵王胥曰赤社。蔡邕《獨斷》曰：天子大社以五色土爲壇。皇子封爲王者，授之大社之土，以所封之方色，苴以白茅，使之立社，謂之茅社。《釋名·釋地》曰：徐州貢土五色，有青黄赤白黑也。《郊祀志》元始五年令徐州牧歲貢五色土各一斗。一作貢土五色，羽畎夏狄。《漢志》：貢土五色，羽畎夏狄。師古曰：夏狄，狄雉之羽可爲旌旄者也。《周禮·染人》鄭注引《禹貢》作狄，與《志》同，而注序官夏采作翟。案：《詩·衛風》右手秉翟，《毛詩》作翟，《韓詩》作狄，翟、狄古通用。

（清）皮錫瑞《今文尚書考證》卷三《禹貢》　〔揚州〕厥土惟塗泥。厥田惟下下，厥賦下上上錯。今文作厥土塗泥。田下下，賦下上上錯。《史記》作其土塗泥。田下下，賦下上上雜。錯作雜，故訓字。《集解》：馬融曰：塗泥，漸洳也。一作賦下上錯。《漢志》作賦下上錯，師古曰：塗泥，濕洳濕也。田第九，賦第七。又雜出諸品。厥貢惟金三品，瑶、琨、篠簜，今文作貢金三品，瑶、琨、竹箭。《史記》云：貢金三品，瑶、琨、竹乘箭。《集解》：鄭玄曰：銅三色也。孫星衍説：史公篠簜作竹箭者與上竹箭既布同，非詁字，蓋今文也。陳喬樅説：鄭以金三品爲銅三色，當是今文家説。三色者，蓋青白赤也。王肅以爲金銀銅，非也。瑶琨一作瑶環。《漢志》作瑶、環、篠簜。段玉裁説：《釋文》曰：琨音昆，馬本作環，韋昭音貫。按：此謂馬本作環，與《漢書》同，韋注《漢書》音貫也。《説文》環字下曰：琨，或从貫。此蓋今文《尚書》作環，古文《尚書》作琨，故并列之，如玭、蠙之比，馬本則同今文者也。錫瑞謹案：《史記》作琨，揚雄《揚州箴》曰：瑶、琨、篠簜。琨、環聲近，故古通用。其或從昆，或從貫者，三家之文不同。段玉裁謂古文《尚書》作琨，似猶未盡。齒、革、羽、毛、惟木。今文作齒、革、羽、旄，無惟木字。《史記》、《漢志》皆作齒、革、羽、毛，無惟木二字。段玉裁説：《夏本紀》揚州，字作毛，而《正義》云：按：西南夷堂貢旄牛尾，《書》、《詩》通謂之旄。按：《紀》荆州羽、旄、齒、革字正作旄，則揚州作毛，淺人所改也。《漢書》汲古本亦揚作毛，荆作旄，而揚州《注》内仍作旄，則正文亦淺人所改。惟木二字，《紀》、《志》皆無此，今文《尚書》也。錫瑞案：《大傳》曰：禹成五服，齒、革、羽、毛器備。毛字亦後人改之。師古注：羽旄，謂衆鳥之羽可爲旄者也。解雖未當，然可證顔本《漢志》正作旄。

（清）皮錫瑞《今文尚書考證》卷三《禹貢》　〔荆州〕厥土惟塗泥。厥田惟下中，厥賦上下。厥貢羽、毛、齒、革，惟金三品，今文作厥土

塗泥。田下中，賦上下。貢羽、旄、齒、革，金三品。《史》、《漢》文同，《史》厥作其。杶、榦、栝、柏，礪、砥、砮、丹，《史記》作杶、榦、栝、柏，礪、砥、砮、丹。今文榦作幹，礪一作厲。《漢志》作杶、幹、栝、柏，厲、砥、砮、丹。陳喬樅説：《史記》礪字當從《漢書》作厲爲正。《詩·公劉》取厲取鍛，《禮記·儒行》砥厲廉隅，《左傳》哀十六年，勝自厲劍，皆不從石作礪。杶一作萅。《漢無極山碑》作萅。《釋文》又作櫄。《説文》杶重文櫄，云：或從熏。然則櫄爲古文，《史》、《漢》皆從今文明矣。

（清）皮錫瑞《今文尚書考證》卷三《禹貢》〔豫州〕厥土惟壤，下土墳壚。厥田惟中上，厥賦錯上中。今文作厥土惟壤，下土墳壚。田中上，賦錯上中。亦作厥土壤。《漢志》作厥土惟壤。《史記》作其土壤，無惟字。錯作雜，用故訓。《集解》：馬融曰：豫州地有三等，下者墳壚也。《釋名·釋地》曰：土黑曰盧，盧然解散也。鄭注：壚，疏也。義亦相近。厥貢漆、枲、絺、紵，厥篚纖纊，錫貢磬錯。今文作貢漆、絲、絺、紵，厥篚纖纊，錫貢磬錯。《史記》作貢漆、絲、絺、紵，其篚纖絮，錫貢磬錯。段玉裁説：枲，《夏本紀》作絲，蓋今文《尚書》也。二字同在古音弟一部。纊，《紀》作絮，故訓字也。案：《史記》錫字不用賜，或亦當如鄭《注》貢錫之義。一作貢漆、枲、絺、紵，棐纖纊，錫貢磬錯。《漢志》作貢漆、枲、絺、紵，棐纖纊，錫貢磬錯。揚雄《豫州箴》作枲，與《志》合。

（清）皮錫瑞《今文尚書考證》卷三《禹貢》〔梁州〕厥土青黎。厥田惟下上，厥賦下中三錯。今文作厥土青黎。田下上，賦下中三錯。《漢志》作厥土青黎。田下上，賦下中三錯。《釋名·釋地》曰：土青曰黎，似藜艸色也。陳喬樅説：此據今文家説。知其然者，《史記》青黎作青驪，此據歐陽今文。黎可訓小疏，驪不可訓小疏也。馬云：黎，小疏也。王云：青，黑色。黎，小疏也。此古文《尚書》説，以青爲其色，以黎爲其質，與今文家説不同。《正義》引鄭《注》云：錯者，此州之地有當出下下之賦者，少耳。又有當出下上、中下者，蓋復益少。今文黎一作驪。《史記》作其土青驪。田下上，賦下中三錯。《御覽》三十七引《尚書·禹貢》梁州土驪，與《史記》合。厥貢璆、鐵、銀、鏤、砮磬，《史》、《漢》皆作璆，《集解》鄭玄曰：黄金之美者謂之璆。鏤剛鐵，可以刻鏤也。《釋文》作璆，云：馬同。韋昭、郭璞云紫磨金。案：郭注《爾雅》璆即紫磨金。段玉裁説：此條最不可通，蓋美玉之字從玉作璆，紫磨金之字從金作鏐，不能混一。馬本作璆，孔同。鄭本作鏐，韋昭《漢書》同。韋昭《漢書》作鏐，疑《史記》亦本作鏐，皆本今文《尚書》，而古文《尚書》則作璆。馬不改字，鄭則依今文讀璆爲鏐也。案：段説似是。

熊、羆、狐、貍。

（清）皮錫瑞《今文尚書考證》卷三《禹貢》〔雍州〕厥土惟黄壤。厥田惟上上，厥賦中下。厥貢惟球、琳、琅玕。今文作厥土黄壤。田上上，賦中下。貢璆、琳、琅玕，《史記》作其土黄壤。田上上，賦中下。貢璆、琳、琅玕。《後漢書·杜篤傳》曰：夫廱州本皇帝所以育業，《禹貢》所載，厥田惟上。張衡《西京賦》曰：爾乃廣衍沃土，厥田上上。《論衡·率性篇》云：《禹貢》曰：璆、琳、琅玕。此則土地所生，真玉珠也。段玉裁説：真玉謂璆琳，真珠謂琅玕。今文《尚書》作琳，與《爾雅》合。案：《史記》、《論衡》用今文作璆，亦與《爾雅》合。《爾雅》曰：西北之美者，有琳琳之璆、琳、琅玕焉。郭璞注曰：璆、琳，美玉名。琅玕，狀似珠也。一作貢球、琳、琅玕。《漢志》作球，蓋夏侯《尚書》異字。師古曰：球、琳，皆玉名。琅玕，石似珠者也。

（清）皮錫瑞《今文尚書考證》卷三《禹貢》六府孔修，庶土交正，底慎財賦，咸則三壤，成賦中邦。今文邦作國。《史》、《漢》同。《史記》曰：衆土交正，致慎財賦，咸則三壤成賦。庶作衆，厎作致，皆故訓字。於成賦絶句。《集解》：鄭玄曰：衆土美惡及高下得其正矣。亦致其貢篚，慎奉其財物之税，皆法定制而入也。三壤，上、中、下各三等也。《漢志》於成賦中國絶句。師古曰：言衆土各以其所出，交易有無，而不失正。致慎貨財，以供貢賦。皆隨其土田上、中、下三品，而成其賦於中國也。中國，京師也。案：師古注與鄭不同，疑亦襲用漢人舊説。王褒《四子講德論》云：咸則三壤。與《漢志》句讀同。

《孟子·滕文公上》夏后氏五十而貢，殷人七十而助，周人百畝而徹，其實皆什一也。徹者，徹也；助者，藉也。龍子曰：治地莫善於助，莫不善於貢。貢者，挍數歲之中以爲常。樂歲，粒米狼戾，多取之而不爲虐，則寡取之；凶年，糞其田而不足，則必取盈焉。爲民父母，使民盻盻然，將終歲勤動，不得以養其父母，又稱貸而益之，使老稚轉乎溝壑，惡在其爲民父母也？夫世禄，滕固行之矣。《詩》云：雨公我田，遂及我私。惟助爲有公田。由此觀之，雖周亦助也。

《孟子·公孫丑上》孟子曰：尊賢使能，俊傑在位，則天下之士皆悦，而願立於其朝矣；市，廛而不征，法而不廛，則天下之商皆悦，而願藏於其市矣；關，譏而不征，則天下之旅皆悦，而願出於其路矣；耕者，助而不税，則天下之農皆悦，而願耕於其野矣；廛，無夫里之布，

則天下之民皆悅，而願爲之氓矣。信能行此五者，則鄰國之民仰之若父母矣。率其子弟，攻其父母，自生民以來不有能濟者也。如此，則無敵於天下。無敵於天下者，天吏也。然而不王者，未之有也。

（漢）韓嬰《韓詩外傳》卷三 王者之法，等賦正事，田野什一，關市譏而不征，山林澤梁，以時入而不禁。相地而衰正，理道而致貢，萬物羣來，無有流滯，以相通移，近者不隱其能，遠者不疾其勞，雖幽閒僻陋之國，莫不趨使而安樂之。夫是之謂王者之法，等賦正事，《詩》曰：敷政優優，百禄是遒。

紀事

《商君書·墾令》 訾粟而稅，則上壹而民平。上壹則信，信則臣不敢爲邪。民平則慎，慎則難變。上信而官不敢爲邪，民慎而難變，則下不非上，中不苦官。下不非上，中不苦官。則壯民疾農不變，壯民疾農不變，則少民學之不休。少民學之不休，則草必墾矣。

《商君書·墾令》 禄厚而稅多，食口衆者，敗農者也。則以其食口之數賤而重使之。則辟淫游惰之民無所於食。民無所於食則必農，農則草必墾矣。

《史記》卷八一《廉頗藺相如列傳》 趙奢者，趙之田部吏也。收租稅而平原君家不肯出租，奢以法治之，殺平原君用事者九人。平原君怒，將殺奢。奢因説曰：君於趙爲貴公子，今縱君家而不奉公則法削，法削則國弱，國弱則諸侯加兵，諸侯加兵是無趙也，君安得有此富乎。以君之貴，奉公如法則上下平，上下平則國彊，國彊則趙固，而君爲貴戚，豈輕於天下邪。平原君以爲賢，言之於王。王用之治國賦，國賦大平，民富而府庫實。

秦漢分部

綜　述

（唐）杜佑《通典》卷四《食貨・賦税》　始皇建守，罷侯，貴以自奉。提封之内，撮粟尺布，一夫之役，盡專於己。徂春歷秋，往還萬里，是所得者至寡，所苦者至大。人用無聊，海内咸怨。夫夏之貢，殷之助，周之藉，皆十而取一，蓋因地而税。秦則不然，舍地而税人，故地數未盈，其税必備。是以貧者避賦役而逃逸，富者務兼并而自若。加之以内興工作，外攘夷狄，收泰半之賦，發閭左之戍，竭天下之資財以奉其政，猶未足以贍其欲也。二世承之，不變其失，反更益之。海内愁怨，遂用潰畔。

（宋）鄭樵《通志》卷六一《食貨略・賦税》　秦孝公十二年，初爲賦。蓋納商鞅之説而易其制也。自時厥後，内興功作，外攘夷狄收大半之賦而猶爲不足。

（元）馬端臨《文獻通考》卷一《田賦考・歷代田賦之制》　始皇三十一年，使黔首自實田。

《通典》曰：夏之貢，殷之助，周之徹，皆十而取一，蓋因地而税。秦則不然，舍地而税人，故地數未盈，其税必備。是以貧者避賦役而逃逸，富者務兼併而自若。加以内興工作，外攘夷狄，收大半之賦，發閭左之戍，竭天下之資財以奉其政，猶未足以贍其欲也。二世承之不變，海内潰叛。

按：秦壞井田之後，任民所耕，不計多少，已無所稽考，以爲賦斂之厚薄。其後遂舍地而税人，則其繆尤甚矣。是年，始令黔首自實田以定賦，《通典》所言，其是年以前所行歟？

秦田租、口賦、鹽鐵之利二十倍於古，或耕豪民之田，見税十五。言貧人無田，而耕墾豪富家之田，十分之中以五輸田主也。漢興，循而未改。

漢興，天下既定，高祖約法省禁，輕田租，十五而税一，量吏禄，度官用，以賦於民。

惠帝即位，減田租，復十五税一。漢初十五税一，中間廢，今復之也。

文帝十二年，詔賜天下民租之半。

鼂錯説上曰：堯、禹有九年之水，湯有七年之旱，而國無捐瘠者，以蓄積多而備先具也。今海内爲一，土地人民之衆不避湯、禹，加以亡天災水旱，而蓄積未及者，何也？地有遺利，民有餘力，生穀之土未盡墾，山澤之利未盡出也，游食之民未盡歸農也。民貧則奸邪生，貧生於不足，不足生於不農，不農則不地著，不地著則離鄉輕家不能禁也。今農夫五口之家，其服役者不下二人，能耕者不過百畝，百畝之收不過百石，春耕夏耘，秋獲冬藏，伐薪樵，治官府，給徭役，四時之間無日休息；又私自送往迎來，弔死問疾，養孤長幼在其中。勤苦如此，尚復被水旱之災，急政暴賦，賦斂不時，朝令而暮改，於是有賣田宅、鬻子孫以償責者矣。方今之道，欲民務農，在於貴粟；貴粟之道，在於使民以粟爲賞罰。今募天下入粟縣官，得以拜爵除罪。如此，則富人有爵，農民有財，粟有所渫。夫能入粟以受爵，皆有餘者也。取有餘以供君上，則貧民之賦可損。上從其言，令民入粟邊拜爵各有差。錯復言邊食足支五歲，可令入粟郡縣；郡縣足支一歲以上，可時赦勿收農民租。上從之，詔賜民田租之半。

十三年，除民之田租。

詔曰：農，天下之本，務莫大焉。今勤身從事，而有租税之賦，是謂本末無以異也，其於勸農之道未備。其除田之租税。

致堂胡氏曰：漢至文帝時，封國漸衆，諸侯王自食其地，王府所入寡矣。又與匈奴和親，歲致金繒；復數爲邊患，天子親將出擊；復因河決，有築塞勞費，大司農財用宜不致充溢。而文帝在位十二年，即賜民歲半租，次年遂除之。然則何以足用乎？蓋文帝恭儉，百金之費亦不苟用，宫闈是效，流傳國都，莫有奢侈之習，如之何不富？其財蓋不可勝用矣。然後知導諛逢惡者，納君於荒淫，取之盡錙銖，用之如泥沙，至於財竭，下畔而上亡，其罪可勝誅哉！

按：文帝時，賈誼、鼂錯皆以積貯未備爲可痛惜，説帝募民入粟拜爵。曾未幾而邊食可支五歲，郡縣可支一歲，遂能盡蠲田之税租者，蓋當時務末者多，農賤賈貴，一以爵誘之，則盡驅而之南畝。所謂爲之者衆則財常足，雖帝恭儉所致，亦勸勵之有方也。

景帝元年，詔曰：間者歲比不登，民多乏食，夭絶天年，朕甚痛之。郡國或磽狹，無所農桑繫畜；或地饒廣，薦草莽，水泉利，而不得徙。其議民欲徙寬大地者，聽之。

二年，令民半出田租，三十而税一。

先公曰：文帝除民田租税，後十三年至景帝二年，始令民再出田租，三十而税一。文帝恭儉節用，而民租不收者至十餘年，此豈後世可及！

武帝元狩元年，遣謁者勸種宿麥。

董仲舒説上曰：《春秋》他穀不書，至於麥禾不成則書之，以此見聖人於五穀最重麥禾。今關中俗不好種麥，是歲失《春秋》之所重，而損生民之具也。願陛下詔大司農，使關中民益種宿麥，毋令後時。上從之。

仲舒又説上曰：秦用商鞅之法，改帝王之制，除井田，民得賣買。富者田連阡陌，貧者無立錐之地。漢興，循而未改。古井田法雖難猝行，宜少近古，限民名田，以贍不足名田，占田也。名爲立限，不使富者過制，則貧弱之家可足也。塞并兼之路，然後可善治也。竟不能用。

元鼎六年，上曰：左、右内史地，名山川源甚衆，内史地，謂京兆、扶風。細民未知其利。今内史稻田租挈重，挈，苦計反，收田租之約令也。不與郡同，郡，謂四方諸郡。其議減。令吏民勉盡地利，平繇行水，勿失其時。

元封四年，祠后土，賜二縣及楊氏無出今年租賦。

五年，修封禪，所幸縣無出今年租賦。

天漢三年，修封泰山，行所過無出田租。

帝末年悔征伐之事，乃封丞相田千秋爲富民侯，下詔曰：方今之務，在於力農。以趙過爲搜粟都尉。過能爲代田，田一畝三甽，甽，壟也，或作畎。歲代處，故曰代田，代，易也。古法也。后稷始甽田，以二耜爲耦，併兩耜而耕。廣尺深尺曰甽，長終畝。一畝三甽，一夫三百甽，而播種於甽中，苗生葉以上，稍耨隴草，因隤其土，以附苗根。故其《詩》曰：或耘或耔，黍稷儗儗。耘，除草也。耔，附根也。言苗稍壯，每耨輒附根，比盛暑，隴盡而根深，能風與旱，能作耐。故儗儗而盛也。其耕耘下種田器，皆有便巧。率十二夫爲田，一井一屋。故畝五頃，九夫爲井，三夫爲屋。夫百畝，於古爲十二頃。古百步爲畝，漢時二百四十步爲畝。古千二百畝，則得今五頃也。用耦犁，二牛三人，一歲之收，常過縵田畝一斛以上，縵田，謂不甽者。音莫幹反。善者倍之。善爲甽者，又過縵田一斛以上。過使教田太常、三輔，太常主諸陵，有民，故亦課田種。大農置工巧奴與從事，爲作田器。二千石遣令長、三老、力田及里父老善田者受田器，學耕種養苗狀。民或苦少牛，無以趨澤，趨，讀曰趣，及也。澤，雨之潤澤。故平都令光教過以人輓犁。過奏光以爲丞，光，史失其姓。教民相與傭輓犁。率多人者田日三十畝，少者十二畝，以故田多墾闢。過試以離宮卒田其宮壖而緣反。地，離宮，别處之宮，非天子所常居也。壖，餘也。宮壖地，謂外垣之内，内垣之外。守離宮卒閑而無事，因令於壖地爲田。課得穀皆多其旁田畝一斛以上。令命家田三輔公田。令離宮卒教其家田公田也。又教邊郡及居延城。居延，張掖縣。是後邊城、河東、弘農、三輔、太常民皆便代田，用力少而得穀多。至孝昭時，流民稍還，田野墾闢，頗有蓄積。

石林葉氏曰：世多言耕用牛始漢趙過，以爲《易》服牛乘馬，引重致遠，牛馬之用蓋同，初不以耕也。故華山、桃林之事，武王以休兵並言，而《周官》，凡農政無有及牛者。此理未必然。孔子弟子冉伯牛、司馬牛皆名耕，若非用於耕，則何取於牛乎？《漢書 趙過傳》但云：畝五頃用耦耕，二牛三人。其後民或苦少牛，平都令光乃教過以人輓犁。由是言之，蓋古耕而不犁，後世變爲犁法。耦用人，犁用牛，過特爲之增損其數耳，非用牛自過始也。耦與犁皆耕事，故通言之。孔子言犁牛之子騂且角，則孔子時固已用犁，此二氏所以爲字也。

昭帝始元元年，詔毋令民出今年田租。

始元六年，令民得以律占租。武帝時，賦斂煩多，律外而取之，今始復舊。

元鳳六年，令三輔、太常、郡得以菽粟當賦。謂聽以菽粟當錢物也。

宣帝本始元年，鳳凰集膠東、千乘，赦天下租税勿收。

三年，詔郡國傷旱甚者，民毋出租賦。

四年，詔被地震傷壞甚者，勿收租賦。

元康二年，詔郡國被災甚者，毋出今年租賦。

神爵元年，上行幸甘泉、河東，行所過毋出田租。

甘露二年，鳳凰集新蔡，毋出今年租。

元帝初元元年，令郡國被災害甚者，毋出租賦。

二年，郡國被地動災甚者，毋出租賦。

永光元年，幸甘泉，所過毋出租賦。

成帝建始元年，郡國被災什四以上，毋收田租。

鴻嘉四年，郡國被災害什四以上，民貲不滿三萬，勿收租賦。

孝成帝時，張禹占鄭、白之渠四百餘頃，他人兼并者類此，而人彌困。孝哀即位，師丹建言：古之聖王莫不設井田，然後治乃可平。孝文皇帝承周、秦兵革之後，天下空虛，故務勸農桑，帥以節儉，民始充實，未有兼并之害，故不爲民田及奴婢爲限。今累世承平，豪富吏民貲數鉅萬，而貧弱逾困。蓋君子爲政，貴因循而重改作，所以可改者，將以救急也，亦未可詳，宜略爲限。天子下其議，丞相孔光、大司空何武奏請：諸侯王、列侯皆得名田國中。列侯在長安，公主名田縣道，及關内侯、吏民名田皆無過三十頃。諸侯王奴婢二百人，列侯、公主百人，關内侯、吏民三十人，期盡三年，犯者没入官。時田宅、奴婢賈爲減賤，丁、傅用事，董賢隆貴，皆不便也。詔書且須後，遂寢不行。

哀帝即位，令水所傷縣邑，及他國郡災害什四以上，民貲不滿十萬，皆無出今年租賦。

平帝元始二年，天下民貲不滿二萬，及被災之郡不滿十萬，勿收租税。

漢提封田一萬萬四千五百一十三萬六千四百五頃，提封者，大舉其封疆也。其一萬萬二百五十二萬八千八百八十九頃，邑居、道路、山川、陵澤群不可墾，其三千二百二十九萬九百四十七頃可墾不可墾，定墾田八百二十七萬五百三十六頃，漢極盛矣。據元始二年户千二百二十三萬三千，每户合得田六十七畝百四十六步有奇。

王莽篡位，下令曰：古者設井田，則國給人富而頌聲作。秦爲無道，壞聖制，廢井田，是以兼并起，貪鄙生，强者規田以千數，弱者曾無立錐之居。漢氏減輕田租，三十而税一，而豪民侵凌，分田劫假。分田，謂貧者無田而取富人田耕種，共分其所收。假，如貧人賃富人之田。劫者，富人劫奪其税，欺凌之也。厥名三十，實什税五也。富者驕而爲邪，貧者窮而爲奸，俱陷於辜，刑用不錯。今更名天下田曰王田，奴婢曰私屬，皆不得買賣。其男口不過八而田滿一井者，分餘田與九族、鄉黨。犯令，法至死，制度又不定，吏緣爲奸，天下謷謷然，陷刑者衆。後三歲，莽知民愁，下詔諸食王田及私屬皆得賣買，勿拘以法。然刑罰深刻，他政誖亂，用度不足，數賦横斂，民愈貧困。

荀悦論曰：古者什一而税，以爲天下之中正也。今漢氏或百一而税，可謂鮮矣，然豪强人占田逾侈，輸其賦大半。官家之惠，優於三代；豪强之暴，酷於亡秦。是上惠不通，威福分於豪强也。文帝不正其本，而務除租税，適足以資豪强也。且夫井田之制不宜於人衆之時，田廣人寡，苟爲可也。然欲廢之於寡，立之於衆，土地布列在豪强，卒而革之，並有怨心，則生紛亂，制度難行。由是觀之，若高祖初定天下、光武中興之後，人衆稀少，立之易矣。既未悉備井田之法，宜以口數占田，爲之立限，人得耕種，不得賣買，以贍貧弱，以防兼并，且爲制度張本，不亦善乎！

老泉蘇氏曰：周之時用井田。井田廢，田非耕者之所有，而有田者不耕也。耕者之田資於富民，富民之家，地大業廣，阡陌連接，募召浮客，分耕其中，鞭笞驅役，視以奴僕。安坐四顧，指麾於其間。而役屬之民，夏爲之耨，秋爲之獲，無有一人違其節度以嬉，而田之所入，己得其半，耕者得其半。有田者一人，而耕者十人，是以田主日累其半以至於富强，耕者日食其半以至於窮餓而無告。夫使耕者至於窮餓，而不耕不獲者坐而食富强之利，猶且不可，而況富强之民輸租於縣官，而不免於怨歎嗟憤！何則？彼以其半而供縣官之税，不若周之民以其全力而供上之税也。周之什一，以其全力而供什一之税也。使其半供什一之税，猶用十二之税然也。況今之税，又非特止於什一而已，則宜乎其怨嘆嗟憤之不免也。噫！貧民耕而不免於飢，富民坐而飽且嬉又不免於怨，其弊皆起於

廢井田井田復，則貧民有田以耕，穀食粟米不分於富民，可以無饑；富民不得多占田以錮貧民，其勢不耕則無所得食，以地之全力供縣官之税，又可以無怨。是以天下之士争言復井田。既又有言者曰：奪富民之田以與無田之民，則富民不服，此必生亂。如乘大亂之後，土曠而人稀，可以一舉而就。高祖之滅秦，光武之承漢，可爲而不爲，以是爲恨。吾又以爲不然。今雖使富民奉其田而歸諸公，乞爲井田，其勢亦不可得。何則？井田之制，九夫爲井，井間有溝；四井爲邑，四邑爲丘，四丘爲甸；甸方八里，旁加一里爲一成；成間有洫，其地百井而方十里；四甸爲縣，四縣爲都，四都方八十里，旁加十里爲一同；同間有澮，其地萬井而方百里。百里之間，爲澮者一，爲洫者百，爲溝者萬，既爲井田，又必兼備溝洫。溝洫之制，夫間有遂，遂上有徑；十夫有溝，溝上有畛；百夫有洫，洫上有塗；千夫有澮，澮上有道；萬夫有川，川上有路。萬夫之地，蓋三十二里有半，而其間爲川、爲路者一，爲澮、爲道者九，爲洫、爲塗者百，爲溝、爲畛者千，爲遂、爲徑者萬。此二者非塞溪壑、平澗谷、夷丘陵、破墳墓、壞廬舍、徙城郭、易疆隴不可爲也。縱使盡能得平原曠野，而遂規畫於其中，亦當驅天下之人，竭天下之糧，窮數百年專力於此，不治他事，而後可以望天下之地盡爲井田，盡爲溝洫，已而又爲民作屋廬於其中，以安其居而後可。吁，亦已迂矣！井田成，而民之死其骨已朽矣。古者井田之興，其必始於唐、虞之世乎！井田之法起於黄帝，事見《鄉黨門》。非唐、虞之世，則周之世無以成井田。唐、虞啓之，至於夏、商，稍稍葺治，至周而大備。周公承之，因遂申定其制度，疏整其疆界，非一日而遽能如此也，其所由來者漸矣。夫井田雖不可爲，而其實便於今。今誠有能爲近井田者而用之，則亦可以蘇民矣乎！聞之董生曰：井田雖難卒行，宜少近古，限民名田，以贍不足。名田之説蓋出於此。而後世未有行者，非以不便民也，懼民不肯損其田以入吾法，而遂因此以爲變也。孔光、何武曰：吏民名田，毋過三十頃，期盡三年，而犯者没入官。夫三十頃之田，周民三十夫之田也。縱不能盡如周制，一人而兼三十夫之田，亦已過矣。而期之三年，是又迫蹙平民，使自壞其業，非人情，難用。吾欲少爲之限而不奪其田，嘗已過吾限者，但使後之人不敢多占田以過吾限耳。要之數世，富者之子孫或不能保其地以復於貧，而彼嘗已過吾限者散而入於他人矣。或者子孫出而分之，已無幾矣。如此，則富民所占者少，而餘地多，則貧民易取以爲業，不爲人所役屬，各食其地之全利，利不分於人，而樂輸官。夫端坐於朝廷，下令於天下，不驚民，不動衆，不用井田之制，而獲井田之利，雖周之井田，何以遠過於此哉！

水心葉氏進卷曰：今之言愛民者，臣知其説矣。俗吏見近事，儒者好遠謀。故小者欲抑奪兼并之家，以寬細民，而大者則欲復古井田之制，使其民皆得其利。夫抑兼并之術，吏之强敏，有必行之於州縣者矣。而井田之制，百年之間，士方且相與按圖而畫之，轉以相授，而自嫌其迂，未敢有以告於上者，雖告亦莫之聽也。夫二説者，其爲論雖可通，而皆非有益於當世。爲治之道，終不在此。且不得天下之田盡在官，則不可以爲井，而臣以爲雖得天下之田盡在官，文、武、周公復出而治天下，亦不必爲井。何者？其爲法瑣細煩密，非今天下之所能爲。昔者，自黄帝至於成周，天子所自治者皆是一國之地，是以尺寸步畝可曆見於鄉遂之中，而置官帥，役民夫，正疆界，治溝洫，終歲辛苦以井田爲事；而諸侯亦各自治其國，百世不移。故井田之法可頒於天下。然江、漢以南，濰、淄以東，其不能爲者不强使也。今天下爲一國，雖有郡縣吏，皆總於上，率二三歲一代，其間大吏有不能一歲半歲而代去者，是將使誰爲之乎？就使爲之，非少假十數歲不能定也。此十數歲之内，天下將不暇耕乎？井田之制雖先廢於商鞅，而後諸侯封建絶，然封建既絶，井田雖在亦不可獨存矣，故井田、封建相待而行者也。夫畎、遂、溝、洫，環田而爲之，間田而疏之，要以爲人力備盡，望之而可觀，而得粟之多寡，則無異於後世。且大陂長堰因山爲源，鍾固流潦視時決之，法簡而易周，力少而用博。使後世之治無愧於三代，則爲田之利，使民自養於中，亦獨何異於古！故後世之所以爲不如三代者，罪在於不能使天下無貧民耳，不在於田之必爲井、不爲井也。夫已遠者不追，已廢者難因。今故堰遺陂，在百年之外，瀦防衆流，即之渺然，瀰漫千頃者，如其湮淤絶滅尚不可求，而況井田，遠在數千載之上，今其阡陌連亘，墟聚遷改，蓋欲求商鞅之所變且不可得矣。孔孟生衰周之時，井田雖不治，而其大略具在，勤勤以經界爲意，歎

息先王之良法廢壞於暴君汙吏之手。後之儒者乃欲以耳目之所不聞不見之遺言，顧從而效之，亦咨嗟嘆息以爲不可廢，豈不難乎！井田既然矣，今俗吏欲抑兼并，破富人以扶貧弱者，意則善矣，此可隨時施之於其所治耳，非上之所恃以爲治也。夫州縣獄訟繁多，終日之力不能勝，大半爲富人役耳。是以吏不勝忿，常欲起而誅之。縣官不幸而失養民之權，轉歸於富人，其積非一世也。小民之無田者，假田於富人；得田而無以爲耕，借貲於富人；歲時有急，求於富人；其甚者傭作奴婢，歸於富人；游手末作，俳優技藝，傳食於富人；而又上當官輸，雜出無數；吏常有非時之責，無以應上命，常取具於富人。然則富人者，州縣之本，上下之所賴也。富人爲天子養小民，又供上用，雖厚取贏以自封殖，計其勤勞，亦略相當矣。廼其豪暴過甚，兼取無已者，吏當教戒之；不可教戒，隨事而治之，使之自改則止矣。不宜豫置疾惡於其心，苟欲以立威取名也。夫人主既未能自養小民，而吏先以破壞富人爲事，徒使其客主相怨，有不安之心，此非善爲治者也。故臣以爲儒者復井田之學可罷，而俗吏抑兼并富人之意可損。因時施智，觀世立法。誠使制度定於上，十年之後無甚富甚貧之民，兼并不抑而自已，使天下速得生養之利，此天子與其群臣當汲汲爲之。不然，古井田終不可行，今之制度又不復立，虛談相眩，上下乖忤，俗吏以卑爲實，儒者以高爲名，天下何從而治哉！

按：自秦廢井田之後，後之君子每慨嘆世主不能復三代之法，以利其民，而使豪强坐擅兼并之利，其説固正矣。至於斟酌古今，究竟利病，則莫如老泉、水心二公之論最爲確實。愚又因水心之論而廣之曰：井田未易言也。周制：凡授田，不易之地家百畝，一易之地二百畝，再易之地三百畝，則田土之肥瘠所當周知也。上地家七人，中地家六人，下地家五人，則民口之衆寡所當周知也。上農夫食九人，其次食八人，其次食七人，則其民務農之勤怠又所當周知也。農民每户授田百畝，其家衆男爲餘夫，年十六則别受二十五畝，士工商受田，五口乃當農夫一人，每口受二十畝，則其民之或長，或少，或爲士，或爲商，或爲工又所當周知也。爲人上者必能備知閭裡之利病，詳悉如此，然後授受之際可以無弊。蓋古之帝王分土而治，外而公、侯、伯、子、男，内而孤卿、大夫，所治不過百里之地，皆世其土，子其人。於是取其田疇而伍之，經界正，井地均，穀禄平，貪夫豪民不能肆力以違法制，汙吏黠胥不能舞文以亂簿書。至春秋之世，諸侯用兵争强，以相侵奪，列國不過數十，土地寖廣。然又皆爲世卿、强大夫所裂，如魯則季氏之費、孟氏之成，晋則欒氏之曲沃、趙氏之晋陽，亦皆世有其地。又如邾、莒、滕、薛之類，亦皆數百年之國，而土地不過五七十里，小國寡民，法制易立。竊意當時有國者授其民以百畝之田，壯而畀，老而歸，不過如後世大富之家，以其祖父所世有之田授之佃客。程其勤惰以爲予奪，較其豐凶以爲收貸，其東阡西陌之利病，皆其少壯之所習聞，雖無俟乎考核，而姦弊自無所容矣。降及戰國，大邦凡七，而么麼之能自存者無幾。諸侯之地愈廣，人愈衆。雖時君所尚者用兵争强，未嘗以百姓爲念，然井田之法未全廢也。而其弊已不可勝言，故孟子有今也制民之産，仰不足以事父母，俯不足以畜妻子之説，又有暴君汙吏慢其經界之説。可以見當時未嘗不授田，而諸侯之地廣人衆，考覈難施，故法制隳弛，而奸弊滋多也。至秦人盡廢井田，任民所耕，不計多少，而隨其所占之田以制賦。蔡澤言商君決裂井田，廢壞阡陌，以静百姓之業，而一其志。夫曰静，曰一，則可見周授田之制，至秦時必是擾亂無章，輕重不均矣。晦庵《語録》亦謂：因蔡澤此語，可見周制至秦不能無弊。漢既承秦，而卒不能復三代井田之法，何也？蓋守令之遷除，其歲月有限；而田土之還授，其姦弊無窮。雖慈祥如龔、黄、召、杜，精明如趙、張、三王，既不久於其政，則豈能悉知其土地民俗之所宜，如周人授田之法乎？則不過受成於吏手，安保其無弊？後世蓋有争田之訟，歷數十年而不决者矣。況官授人以田，而欲其均平乎！杜君卿曰：降秦以後，阡陌既敝，又爲隱覈。隱覈在乎權宜，權宜憑乎簿書，簿書既廣，必藉衆功，藉衆功則政由群吏，由群吏則人無所信矣。夫行不信之法，委政於衆多之胥，欲紀人事之衆寡，明地利之多少，雖申、商督刑，撓首總算，不可得而詳矣。其説可謂切中秦漢以後之病。然揆其本原，皆由乎地廣人衆，罷侯置守，不私其土、世其官之所致也。是以晋太康時，雖有男子一人占田七十畝之制，而史不詳言其還受之法。未幾，五胡雲擾，則已無所究詰。直至魏孝文始行均田，然其立法之大概，亦不過因田之在民者而均之，不能盡

如三代之制。一傳而後，政己圮亂。齊、周、隋因之，得失無以大相遠。唐太宗口分、世業之制，亦多踵後魏之法，且聽其買賣而爲之限。至永徽而後，則兼并如故矣。蓋自秦至今，千四百餘年，其間能行授田、均田之法者，自元魏孝文至唐初纔二百年，而其制盡隳矣。何三代貢、助、徹之法千餘年而不變也？蓋有封建足以維持井田故也。三代而上，天下非天子之所得私也；秦廢封建，而始以天下奉一人矣。三代而上，田產非庶人所得私也；秦廢井田，而始捐田產以與百姓矣。秦於其所當予者取之，所當取才予之，然沿襲既久，反古實難。欲復封建，是自割裂其土宇，以啓紛爭；欲復井田，是强奪民之田產以召怨讟，書生之論所以不可行也。

（唐）杜佑《通典》卷四《食貨·賦稅》 漢高帝接秦之敝，諸侯並起，民失作業而大饑饉，凡米石五千。上於是約法省禁，輕田租，什五而稅一，量吏禄，度官用，以賦於民。纔取足。而山川園池市肆租稅之入，自天子以至封君湯沐邑，皆各爲私奉養，不領於天下之經費。言各收其所賦稅以自供，不入國朝之倉廩府庫也。經，常也。又令賈人不得衣絲乘車，重租稅以困辱之。四年八月，初爲算賦。《漢儀注》：人年十五以上至五十六出賦錢，人百二十爲一算，爲治庫兵車馬。

孝惠元年，減田租，復十五稅一。漢家初十五稅一，儉於周，中閒廢，今復之。六年，令女子年十五以上至三十不嫁，五算。《國語》：越王句踐令國中女子年十七不嫁者，父母有罪，欲人民繁息也。《漢律》：人出一算，算百二十錢，唯賈人與奴婢倍算。今使五算，罪讁之也。

孝文人賦四十，丁男三年而一事。如淳曰：常賦歲百二十，歲一事。時天下之人多，故出賦四十，三歲而一事。晁錯說上，令人入粟得以拜爵，邊食足支五歲，可令入粟郡縣，足支一歲以上，可時赦，勿收農人租。如此德澤加於萬人。帝從其言。後天下充實，乃下詔賜人十二年租稅之半。十三年，詔曰：農，天下之本，務莫大焉。今勤身從事，而有租稅之賦，是謂本末者無以異也。本，農也。末，賈也。言農與賈俱出租，無異也，故除田租。其於勸農之道未備。其除田之租稅。其時亦以倉廩豐實之故也。

孝景帝二年，令人半出田租，三十而稅一。時上溢而下有餘。又禮高年，九十者一子不事，八十者二算不事。一子不事，蠲其賦役。二算不事，免二口之算賦。令天下男子年二十始傅。舊法二十三，此二十，更爲異制。

孝武即位，董仲舒說上曰：古者稅民不過什一，其求易供；使民不過三日，其力易足。至秦則不然，用商鞅之法，又加月爲更卒，已復爲正。一歲屯戍，一歲力役，三十倍於古。更卒，謂給郡縣一月而更者也。正卒，謂給中都官也。率計今人一歲之中，屯戍及力役之事，三十倍多於古也。田租、口賦、鹽鐵之利，二十倍於古。秦賣鹽鐵貴，故下民受其困也。既收田租，又出口賦，而官更奪鹽鐵之利。率計令人一歲之中，失其資產，二十倍多於古。或耕豪民之田，見稅什五。言貧人自無田而耕墾豪富貴家田，十分之中以五輸本田主也。故貧民常衣牛馬之衣，而食犬彘之食矣。建元元年，制：八十復二算，九十復甲卒。二算，二口之算也。復甲卒，不在革車之賦。

孝昭始元六年秋七月，罷榷酤官，令民得以律占租。律，諸當占租者，家長身各以其物占，占不以實，家長不身自書，皆罰金二斤，没入所不自占物及賈錢縣官也。顔師古曰：占謂自隱度其實，定其辭也。占音章贍反。蓋武帝時賦斂繁多，律外而取，今始復舊。元鳳二年，三輔、太常郡得以菽粟當賦。太常主諸陵，別治其縣，爵秩如三輔郡矣。元帝永光五年，令各屬所在郡也。諸應出賦算租稅者，皆聽以菽粟當錢物也。四年，三年以前逋更賦未入者，皆勿收；更有三品：有卒更，有踐更，有過更。古者正卒無常人，皆當迭爲之。一月一更，是爲卒更也。貧者欲得顧更錢者，次直者出錢顧之，月二千，是爲踐更也。天下人皆直戍邊三日，亦名爲更，律所謂繇戍也。雖丞相子亦在戍邊之調。不可人人自行三日戍，又行者當自戍三日，不可往便還，因便住一歲一更。諸不行者，出錢三百入官，官以給戍者，是謂過更也。此漢初因秦法而行之也。後遂改易，有讁乃戍邊一歲耳。毋收四年、五年口賦。《漢儀注》：民年七歲至十四出口賦錢，人二十三。二十錢以食天子，其三錢者，武帝加口錢以補車騎馬。六年，詔曰：夫穀賤傷農，今三輔減賤，減，少。其令以菽粟當今年賦。元平元年，詔曰：天下以農桑爲本。日者省用，罷不急官，減外徭，耕桑者益衆，而百姓未能家給，朕甚愍焉。其減口賦錢。有司奏請減什三，上許之。

孝宣帝甘露二年，減民算三十。

孝成建始二年，減天下賦錢算四十。本算百二十，今減四十爲八十。

孝平元始元年，詔天下女徒已論歸家，顧出錢月三百。謂女徒論罪已定，並放歸家，不親役之，但令一月出錢三百以顧人也。

王莽篡位，下令曰：漢氏減輕田租，三十而税一，常有更賦，罷音皮。癃咸出，雖老病者皆復出口算也。而豪民侵陵，分田劫假。分田，謂貧者無田而取富人田耕種，共分其所收也。假亦謂貧人賃富人之田也。劫者，富人劫奪其税，侵欺之也。厥名三十，實什税五也。富者驕而爲邪，貧者窮而爲姦，俱陷於辜，刑用不措。今更名天下之田曰王田。又以《周官》税人，凡田不耕爲不殖，出三夫之税。城郭中宅不樹藝者爲不毛，出三夫之布。樹藝謂種果木及蔬菜也。人浮游無事，出夫布一匹，其不能出者，宂作縣官，衣食之。宂，散。又分裂州郡，改職作官。邊兵二十餘萬，仰縣官衣食，用度不足，數横斂賦。又一切調上公以下諸有奴婢者，率一口出錢三千六百，天下愈愁。

後漢光武建武中，田租三十税一。有産子者復以三年之算也。明帝即位，人無横徭，天下安寧。時穀貴，尚書張林上言：穀所以貴，由錢賤故也。可盡封錢，一取布帛爲租，以通天下之用。從之。

（元）馬端臨《文獻通考》卷一《田賦考·歷代田賦之制》 西漢《食貨志》：聖王量能授事，四民陳力受職。民受田，上田夫百畝，中田夫二百畝，下田夫三百畝。歲耕種者爲不易，上田；休一歲者爲一易，中田；休二歲者爲再易，下田。三歲更耕之，自爰其處。爰，於也。更，謂三歲即改與别家佃，以均厚薄。農民户人已受田，其家衆男爲餘夫，亦以口授田如比。比，同也。士、工、商家受田，五口當農夫一人，口二十畝。此謂平土可以爲法者也。若山林、藪澤、原陵、淳鹵之地，淳，盡也。澤鹵之田不生。各以肥磽多少爲差。民年二十受田，六十歸田。七十以上，上所養也；十歲以下，上所長也；十一以上，上所强也。勉强勸之以集事。

按：此言受田之法，與《大司徒》、《遂人》所言略同，但言餘夫受田如此。孟子言餘夫二十五畝。《集注》：年十六别受田二十五畝，俟其壯有室，然後更受百畝之田。則此二十五畝者，十六以後、十九以前所受也。

（元）馬端臨《文獻通考》卷二《田賦考·歷代田賦之制》 王莽末，天下旱蝗，黄金一斤易粟一斛。至光武建武二年，野穀旅生，麻菽尤盛，野蠶成繭，被於山阜，人收其利。至五年，野穀漸少，田畝益廣焉。

建武六年十二月，詔曰：頃者師旅未解，用度不足，故行什一之税。今軍士屯田，糧儲差積，其令郡國收見田租，三十而税一如舊制。

建武十五年，詔州郡檢覆墾田。

帝以天下墾田多不以實自占，又户口年紀互相增減，乃下詔州郡檢覆。於是刺史、太守多爲詐巧，苟以度田爲名，聚民田中，并度廬屋里落，民遮道啼呼，或優饒豪右，侵刻羸弱。時諸郡各遣使奏事，帝見陳留吏牘上有書，視之云：潁川、弘農可問，河南、南陽不可問。帝詰吏由趣，吏不肯伏，抵言於長壽街得之。帝怒。時東海公陽年十二，侍側，曰：吏受郡敕，當欲以墾田相方耳。河南帝城多近臣，南陽帝鄉多近親，田宅逾制，不可爲准。帝令虎賁將詰問吏，吏乃首服。十六年，河南尹張伋及諸郡守十餘人坐度田不實，下獄死。

章帝建初三年，詔度田爲三品。

秦彭爲山陽太守，興起稻田數千頃，每於農月親度頃畝，分别肥瘠，差爲三品，各立文簿，藏之鄉縣。於是姦吏跼蹐，無所容詐。乃上言：宜令天下齊同其制。詔書以其所立條式頒令三府，並下州縣。

詔以布帛爲租。

時穀貴，縣官給用不足。尚書張林上言：穀所以貴，由錢賤故也。可盡封錢，一取布帛爲租，以通天下之用。從之。

和帝永興元年，墾田七百三十二萬一百七十頃八十畝百四十步。

安帝延光四年，墾田六百九十四萬二千八百九十二頃三十三畝八十五步。

元初元年，詔除三輔三歲田租、更賦、口算。

順帝建康元年，墾田六百八十九萬六千二百七十一頃五十六畝一百九十四步。據建康元年户九百九十四萬六千九百九十，每户合得田七十畝有奇。

沖帝永嘉元年，墾田六百九十五萬七千六百七十六頃二十畝百有八步。

質帝本初元年，墾田六百九十三萬一百二十三頃三十八畝。

桓帝延熹八年，初令郡國有田者，畝税斂錢。畝十錢也。

按：章帝時，以穀貴，乃封錢以布帛爲租，則錢帛蓋嘗迭用矣。此

所謂畝稅斂錢，乃出於常賦三十取一之外，今所謂稅錢始此。

靈帝中平二年，稅天下田，畝十錢，又名修宮錢。

帝欲鑄銅人，而國用不足，乃詔調民田，畝稅十錢。陸康上疏曰：哀公增賦而孔子非之，豈有取奪民物以營無用之銅人，捐舍聖戒，自蹈亡國之法哉！

仲長統《昌言》曰：今欲張太平之紀綱，立至化之基址，齊民財之豐寡，正風俗之奢儉，非井田實莫由也。今當限夫田以斷兼并，去末作以一本業。通肥饒之率，計稼穡之入。令畝收三斛，斛取一斗，未爲甚多。一歲之間則有數年之儲，雖興非法之役，恣奢侈之欲，廣愛幸之賜，猶未能盡也。不循古法，規爲輕稅，及至一方有警，一面被災，未逮三年，校計蹇短，坐視戰士之蔬食，立望餓殍之滿道，如之何爲君行此政也！二十稅一，名之曰貊，況三十稅一乎！夫薄吏祿以豐軍用，緣於秦征諸侯，續以四夷，漢承其業，遂不改更，危國亂家，此之由也。今田無常主，民無常居，吏食日稟，班祿未定，可爲法制：畫一定科，租稅什一，更賦如舊。今者，土廣人稀，中地未墾；雖然，猶當限以大家，勿令過制。其地有草者，盡曰官田，力堪農事，乃聽受之。若聽其自取，後必爲姦也。

崔寔《政論》曰：昔聖人分口耕耦，地各相副。今青、徐、兖、冀，人稠土狹，不足相供；而三輔左右及凉、幽州，內附近郡，皆土曠人稀，厥田宜稼，悉不墾發。今宜遵故事，徙貧人不能自業者於寬地，此亦開草闢土，振人之術也。

紀　事

《史記》卷五《秦本紀》〔秦始皇二十八年〕乃徙黔首三萬户琅邪臺下，復十二歲。

《史記》卷五《秦本紀》〔三十五年〕於是立石東海上朐界中，以爲秦東門。因徙三萬家麗邑，五萬家雲陽，皆復不事十歲。

《史記》卷八《高祖本紀》〔漢五年〕五月，兵皆罷歸家。諸侯子在關中者復之十二歲，其歸者復之六歲，食之一歲。

《史記》卷八《高祖本紀》〔十二年十月〕高祖還歸，過沛，留。【略】謂沛父兄曰：游子悲故鄉。吾雖都關中，萬歲後吾魂魄猶樂思沛。且朕自沛公以誅暴逆，遂有天下，其以沛爲朕湯沐邑，復其民，世世無有所與。

《史記》卷一〇《孝文本紀》〔三年五月〕帝初幸甘泉。裴駰集解引蔡邕曰：天子車駕所至，民臣以爲僥倖，故曰幸。至見令長三老官屬，親臨軒，作樂，賜食帛越巾刀佩帶，民爵有級數，或賜田租之半，故因是謂之幸。

《史記》卷一〇《孝文本紀》〔六月〕辛卯，帝自甘泉之高奴，因幸太原，見故羣臣，皆賜之。舉功行賞，諸民里賜牛酒。復晋陽中都民三歲。

《史記》卷一一《孝景本紀》〔元年〕五月，除田半租。

《史記》卷一二《孝武本紀》天子從封禪還，坐明堂，羣臣更上壽。於是制詔御史：【略】朕賜民百户牛一酒十石，加年八十孤寡布帛二匹。復博、奉高、蛇丘、歷城，毋出今年租稅。其赦天下，如乙卯赦令。行所過毋有復作。事在二年前，皆勿聽治。

（漢）陸賈《新語·辨惑》昔哀公問於有若曰：年饑，用不足，如之何？有若對曰：盍徹乎？蓋損上而歸之於下，則忤於耳而不合於意，遂逆而不用也。此所謂正其行而不苟合於世也。朋若豈不知阿哀公之意，爲益國之義哉？夫君子直道而行，知必屈辱而不避也。故行不敢苟合，言不爲苟容，雖無功於世，而名足稱也；雖言不用於國家，而舉措之言可法也。

（漢）陸賈《新語·本行》夫懷璧玉，要環佩，服名寶，藏珍怪，玉斗酌酒，金疊刻鏤，所以夸小人之目者也；高臺百仞，金城文畫，所以疲百姓之力者也。故聖人卑宮室而高道德，惡衣服而勤仁義，不損其行，以好其容，不虧其德，以飾其身，國不興不事之功，家不藏不用之器，所以稀力役而省貢獻也。璧玉珠璣，不御於上，則翫好之物棄於下；琱琢刻畫之類，不納於君，則淫伎曲巧絶於下。夫釋農桑之事，入山海，采珠璣，捕豹翠，消筋力，散布泉，以極耳目之好，快淫侈之心，豈不

謬哉？

（漢）楊雄《法言》卷一二　什一，天下之中正也。多則桀，寡則貉。

（漢）桓寬《鹽鐵論》卷三《未通》　御史曰：内郡人衆，水泉薦草，不能相贍，地勢温濕，不宜牛馬；民蹠耒而耕，負擔而行，勞罷而寡功。是以百姓貧苦，而衣食不足，老弱負輅於路，而列卿大夫，或乘牛車。孝武皇帝平百越以爲園圃，卻羌、胡以爲苑囿，是以珍怪異物，充於後宫，騊駼駃騠，實於外厩，匹夫莫不乘堅良，而民間厭橘柚。由此觀之，邊郡之利亦饒矣！而曰何福之有？未通於計也。

文學曰：禹平水土，定九州，四方各以土地所生貢獻，足以充宫室，供人主之欲，膏壤萬里，山川之利，足以富百姓，不待蠻、貊之地，遠方之物而用足。聞往者未伐胡、越之時，繇賦省而民富足，温衣飽食，藏新食陳，布帛充用，牛馬成羣。農夫以馬耕載，而民莫不騎乘；當此之時，卻走馬以糞。其後，師旅數發，戎馬不足，牸牝入陣故駒犢生於戰地。六畜不育於家，五穀不殖於野，民不足於糟糠，何橘柚之所厭？傳曰：大軍之後，累世不復。方今郡國，田野有隴而不墾，城郭有宇而不實，邊郡何饒之有乎？

御史曰：古者，制田百步爲畝，民井田而耕，什而籍一。義先公而後己，民臣之職也。先帝哀憐百姓之愁苦，衣食不足，制田二百四十步而一畝，率三十而税一。墮民不務田作，饑寒及己，固其理也。其不耕而欲播，不種而欲穫，鹽、鐵又何過乎？

文學曰：什一而籍，民之力也。豐耗美惡，與民共之。民勤，己不獨衍；民衍，己不獨勤。故曰：什一者，天下之中正也。田雖三十，而以頃畝出税，樂歲粒米狼戾而寡取之，凶年饑饉而必求足。加之以口賦更繇之役，率一人之作，中分其功。農夫悉其所得，或假貸而益之。是以百姓疾耕力作，而饑寒遂及己也。築城者先厚其基而後求其高，畜民者先厚其業而後求其贍。《論語》曰：百姓足，君孰與不足乎？

御史曰：古者，諸侯争强，戰國並起，甲兵不休，民曠於田疇，什一而籍，不違其職。今賴陛下神靈，甲兵不動久矣，然則民不齊出於南畝，以口率被墾田而不足，空倉廩而賑貧乏，侵益日甚，是以愈惰而仰利縣官也。爲斯君者亦病矣。反以身勞民；民猶背恩棄義而遠流亡，避匿上公之事。民相倣傚田地日蕪，租賦不入，抵扞縣官。君雖欲足，誰與之足乎？

《漢書》卷一上《高帝紀》　〔漢二年二月癸未〕蜀漢民給軍事勞苦，復勿租税二歲。師古曰：復者，除其賦役也，音方目反。其下並同。關中卒從軍者，復家一歲。舉民年五十以上，有脩行，能帥衆爲善，置以爲三老，鄉一人。擇鄉三老一人爲縣三老，與縣令丞尉以事相教，復勿繇戍。師古曰：繇讀曰傜。以十月賜酒肉。

《漢書》卷一上《高帝紀》　〔高帝漢四年〕八月，初爲算賦。颜師古注引如淳曰：《漢儀注》：民年十五以上至五十六出賦錢，人百二十爲一算，爲治庫兵車馬。

《漢書》卷一下《高帝紀》　〔五年〕夏五月，兵皆罷歸家。詔曰：諸侯子在關中者，復之十二歲，其歸者半之。師古曰：各已還其本土者，復六歲也。民前或相聚保山澤，不書名數，今天下已定，令各歸其縣，復故爵田宅，吏以文法教訓辨告，勿笞辱。民以飢餓自賣爲人奴婢者，皆免爲庶人。軍吏卒會赦，其亡罪而亡爵及不滿大夫者，皆賜爵爲大夫。故大夫以上賜爵各一級，其七大夫以上，皆令食邑，颜師古注引臣瓚曰：秦制，列侯乃得食邑，今七大夫以上皆食邑，所以寵之也。師古曰：七大夫，公大夫也，爵第七，故謂之七大夫。非七大夫以下，皆復其身及户，勿事。颜師古注引應劭曰：不輸户賦也。如淳曰：事謂役使也。師古曰：復其身及一户之内皆不徭賦也。

《漢書》卷一下《高帝紀》　〔七年春〕民産子，復勿事二歲。師古曰：勿事，不役使也。

《漢書》卷一下《高帝紀》　〔八年春三月〕令吏卒從軍至平城及守城邑者，師古注引如淳曰：平城左右諸城能堅守者。皆復終身勿事。

《漢書》卷一上《高帝紀》　〔漢十一年〕二月，詔曰：欲省賦甚。今獻未有程，吏或多賦以爲獻，而諸侯王尤多，民疾之。令諸侯王、通侯常以十月朝獻，及郡各以其口數率，人歲六十三錢，以給獻費。

《漢書》卷一下《高帝紀》　〔十一年冬〕諸縣堅守不降反寇者，復租賦三歲。【略】〔四月，〕令豐人徙關中者，皆復終身。師古注引應劭曰：

太上皇思土，欲歸豐。高祖乃更築城寺市里如豐縣，號曰新豐，徙豐民以充實之。

【略】六月，令士卒從入蜀、漢、關中者皆復終身。

《漢書》卷一下《高帝紀》〔十二年冬十月〕沛父兄皆頓首曰：沛幸得復，豐未得，唯陛下哀矜。上曰：豐者，吾所生長，極不忘耳。吾特以其爲雍齒故反我爲魏。沛父兄固請之，乃并復豐，比沛。

《漢書》卷二《惠帝紀》十二年四月，高祖崩。五月丙寅，太子即皇帝位。【略】減田租，復十五税一。顔師古注引鄧展曰：漢家初十五税一，儉於周十税一也。中間廢，今復之也。如淳曰：秦作阿房之宮，收太半之賦，遂行，至此乃復十五而税一。師古曰：鄧説是也。【略】又曰：吏所以治民也，能盡其治則民賴之，故重其禄，所以爲民也。今吏六百石以上父母妻子與同居，及故吏嘗佩將軍都尉印將兵及佩二千石官印者，家唯給軍賦，他無有所與。師古曰：同居，謂父母妻子之外若兄弟及兄弟之子等見與同居業者，若今言同籍及同財也。

《漢書》卷二《惠帝紀》〔四年〕春正月，舉民孝弟力田者復其身。師古曰：弟者，言能以順道事其兄也。

《漢書》卷二《惠帝紀》〔六年十月〕女子年十五以上至三十不嫁，五算。顔師古注引應劭曰：《國語》越王勾踐令國中女子年十七不嫁者父母有罪，欲人民繁息也。漢律人出一算，算百二十錢，唯賈人與奴婢倍算。今使五算，罪謫之也。孟康曰：或云復之也。師古曰：應説是。

《漢書》卷四《文帝紀》〔二年九月〕詔曰：農，天下之大本也，民所恃以生也，而民或不務本而事末，故生不遂。師古曰：衣食之絶，致有夭喪，故不遂其生。朕憂其然，故今茲親率羣臣農以勸之。其賜天下民今年田租之半。師古曰：免不收之。

《漢書》卷四《文帝紀》〔文帝三年五月〕上自甘泉之高奴，因幸太原，見故羣臣，皆賜之。舉功行賞，諸民里賜牛酒。復晋陽、中都民三歲租。留游太原十餘日。

《漢書》卷四《文帝紀》〔四年〕夏五月，復諸劉有屬籍，家無所與。

《漢書》卷四《文帝紀》〔十二年三月〕詔曰：道民之路，在於務本。朕親率天下農，十年于今，而野不加辟，歲一不登，民有飢色，師古曰：登，成也。言五穀一歲不成則衆庶飢餒，是無蓄積故也。是從事焉尚寡，而吏未加務也。師古曰：從事，從農事也。吾詔書數下，歲勸民種樹，師古曰：樹，謂藝殖也。而功未興，是吏奉吾詔不勤，而勸民不明也。且吾農民甚苦，而吏莫之省，師古曰：省，視也。將何以勸焉。其賜農民今年租税之半。

《漢書》卷四《文帝紀》〔十三年〕六月，詔曰：農，天下之本，務莫大焉。今廑身從事，而有租税之賦，是謂本末者無以異也，顔師古注引李奇曰：本，農也。末，賈也。言農與賈俱出租，無異也，故除田租。其於勸農之道未備。其除田之租税。賜天下孤寡布帛絮各有數。

《漢書》卷五《景帝紀》〔景帝元年〕五月，令田半租。

《漢書》卷六《武帝紀》〔建元元年〕春二月，赦天下，賜民爵一級。年八十復二算，九十復甲卒。顔師古注引張晏曰：二算，復二口之算也。復甲卒，不豫革車之賦也。

《漢書》卷六《武帝紀》夏四月己巳，詔曰：古之立教，鄉里以齒，朝廷以爵，扶世導民，莫善於德。然則於鄉里先耆艾，奉高年，古之道也。師古曰：六十曰耆，五十曰艾。今天下孝子順孫願自竭盡以承其親，外迫公事，内乏資財，是以孝心闕焉。朕甚哀之。民年九十以上，已有受鬻法，師古曰：給米粟以爲糜鬻。鬻音之六反。爲復子若孫，令得身帥妻妾遂其供養之事。

《漢書》卷六《武帝紀》〔元封元年〕春正月，行幸緱氏。詔曰：朕用事華山，至於中嶽，獲駮麃，見夏后啓母石。翌日親登嵩高，御史乘屬，在廟旁吏卒咸聞呼萬歲者三。登禮罔不答。其令祠官加增太室祠，禁無伐其草木。以山下户三百爲之奉邑，名曰崇高，獨給祠，復亡所與。

《漢書》卷六《武帝紀》〔元封元年〕夏四月癸卯，上還，登封泰山，降坐明堂。詔曰：【略】其以十月爲元封元年。行所巡至，博、奉高、蛇丘、歷城、梁父，民田租逋賦貸，已除。師古曰：逋賦，未出賦者也。逋貸，官以物貸之，而未還也。貸音吐戴反。加年七十以上孤寡帛，人二匹。四縣無出今年算。師古曰：自博至梁父凡五縣，今云四縣毋出算者，奉高一縣素以供神，非算限也。賜天下民爵一級，女子百户牛酒。

《漢書》卷六《武帝紀》〔元封四年〕春三月，祠后土。詔曰：朕躬祭后土地祇，見光集于靈壇，一夜三燭。幸中都宫，殿上見光。其赦汾陰、夏陽、中都死罪以下，賜三縣及楊氏皆無出今年租賦。師古曰：楊氏，河東聚邑名。

《漢書》卷六《武帝紀》〔元封五年〕夏四月，詔曰：朕巡荊揚，輯江淮物，會大海氣，以合泰山。上天見象，增修封禪。其赦天下。所幸縣毋出今年租賦，賜鰥寡孤獨帛，貧窮者粟。

《漢書》卷六《武帝紀》〔天漢三年〕夏四月，赦天下。行所過毋出田租。

《漢書》卷七《昭帝紀》〔元鳳〕四年春正月丁亥，帝加元服，見于高廟。賜諸侯王、丞相、大將軍、列侯、宗室下至吏民金帛牛酒各有差。賜中二千石以下及天下民爵。毋收四年、五年口賦。颜師古注引如淳曰：《漢儀注》：民年七歲至十四出口賦錢，人二十三。二十錢以食天子，其三錢者，武帝加口錢以補車騎馬。三年以前逋更賦未入者，皆勿收。颜師古注引如淳曰：更有三品，有卒更，有踐更，有過更。古者正卒無常人，皆當迭爲之，一月一更，是謂卒更也。貧者欲得顧更錢者，次直者出錢顧之，月二千，是謂踐更也。天下人皆直戍邊三日，亦名爲更，律所謂繇戍也。雖丞相子亦在戍邊之調。不可人人自行三日戍，又行者當自戍三日，不可往便還，因便住一歲一更。諸不行者，出錢三百入官，官以給戍者，是謂過更也。律説，卒踐更者，居也，居更縣中五月乃更也。後從尉律，卒踐更一月，休十一月也。《食貨志》曰：月爲更卒，已復爲正，一歲屯戍，一歲力役，三十倍於古。此漢初因秦法而行之也。後遂改易，有讁乃戍邊一歲耳。逋，未出更錢者也。令天下酺五日。

《漢書》卷七《昭帝紀》〔元鳳六年〕夏，赦天下。詔曰：夫穀賤傷農，師古曰：糴多而錢少，是爲傷也。今三輔、太常穀減賤，其令以叔粟當今年賦。颜師古注引應劭曰：太常掌諸陵園，皆徙天下豪富民以充實之，後悉爲縣，故與三輔同賦。

《漢書》卷七《昭帝紀》元平元年春二月，詔曰：天下以農桑爲本。日者省用，罷不急官，減外繇，耕桑者益衆，而百姓未能家給，朕甚愍焉。其減口賦錢。有司奏請減什三，上許之。

《漢書》卷七《昭帝紀》〔始元二年〕三月，遣使者振貸貧民毋種、食者。秋八月，詔曰：往年災害多，今年蠶麥傷，所振貸種、食勿收責，毋令民出今年田租。

《漢書》卷七《昭帝紀》〔始元六年顔師古注引〕如淳曰：律，諸當占租者家長身各以其物占，占不以實，家長不身自書，皆罰金二斤，没入所不自占物及賈錢縣官也。師古曰：占謂自隱度其實，定其辭也。占音章贍反。下又言占名數，其義並同。今猶謂獄訟之辨曰占，皆其意也。蓋武帝時賦斂繁多，律外而取，今始復舊。

《漢書》卷八《宣帝紀》〔本始元年〕五月，鳳皇集膠東、千乘。赦天下。【略】賜天下人爵各一級，孝者二級，女子百户牛酒。租税勿收。《漢書》卷八《宣帝紀》〔宣帝本始三年〕大旱。郡國傷旱甚者，民毋出租賦。三輔民就賤者，且毋收事，盡四年。

《漢書》卷八《宣帝紀》〔宣帝〕神爵元年春正月，行幸甘泉，郊泰畤三月，行幸河東，祠后土。詔曰：朕承宗廟，戰戰栗栗，惟萬事統，未燭厥理。乃元康四年嘉穀玄稷降于郡國，神爵仍集，金芝九莖產于函德殿銅池中，九真獻奇獸，南郡獲白虎威鳳爲寶。朕之不明，震于珍物，飭躬齋精，祈爲百姓。東濟大河，天氣清静，神魚舞河。幸萬歲宫，神爵翔集。朕之不德，懼不能任。其以五年爲神爵元年。賜天下勤事吏爵二級，民一級，女子百户牛酒，鰥寡孤獨高年帛。所振貸物勿收。行所過毋出田租。

《漢書》卷八《宣帝紀》〔地節〕二年春三月庚午，大司馬大將軍光薨。詔曰：大司馬大將軍博陸侯宿衛孝武皇帝三十餘年，輔孝昭皇帝十有餘年，遭大難，躬秉義，率三公、諸侯、九卿、大夫定萬世策，以安宗廟。天下蒸庶，咸以康寧，功德茂盛，朕甚嘉之。復其後世，疇其爵邑，世世毋有所與。功如蕭相國。

《漢書》卷八《宣帝紀》〔五鳳三年〕三月，行幸河東，祠后土。詔曰：【略】減天下口錢。赦殊死以下。賜民爵一級，女子百户牛酒。大酺五日。加賜鰥寡孤獨高年帛。

《漢書》卷八《宣帝紀》〔甘露二年春正月〕詔曰：乃者鳳皇甘露降集，黄龍登興，醴泉滂流，枯槁榮茂，神光並見，咸受禎祥。其赦天

下。減民算三十。師古曰：一算減錢三十也。

《漢書》卷八《宣帝紀》〔甘露三年春正月〕詔曰：乃者鳳皇集新蔡，羣鳥四面行列，皆鄉鳳皇立，以萬數。其賜汝南太守帛百匹，新蔡長吏、三老、孝弟力田、鰥寡孤獨各有差。賜民爵二級。毋出今年租。

《漢書》卷九《元帝紀》〔初元四年〕三月，行幸河東，祠后土。赦汾陰徒。賜民爵一級，女子百户牛酒，鰥寡高年帛。行所過無出租賦。

《漢書》卷九《元帝紀》永光元年春正月，行幸甘泉，郊泰畤。赦雲陽徒。賜民爵一級，女子百户牛酒，高年帛。行所過毋出租賦。

《漢書》卷一〇《成帝紀》〔成帝建始元年〕十二月，作長安南北郊，罷甘泉、汾陰祠。是日大風，拔甘泉畤中大木十韋以上。國被災什四以上，毋收田租。

《漢書》卷一〇《成帝紀》〔建始二年春正月〕辛巳，上始郊祀長安南郊。詔曰：【略】減天下賦錢，算四十。顔師古注引孟康曰：本算百二十，今減四十，爲八十。

《漢書》卷一〇《成帝紀》〔河平四年春三月〕赦天下徒，賜孝弟力田爵二級，諸逋租賦所振貸勿收。

《漢書》卷一〇《成帝紀》〔永始二年〕二月癸未夜，星隕如雨。乙酉晦，日有蝕之。詔曰：乃者，龍見于東萊，日有蝕之。天著變異，以顯朕郵，朕甚懼焉。公卿申敕百寮，深思天誡，有可省減便安百姓者，條奏。所振貸貧民，勿收。又曰：關東比歲不登，吏民以義收食貧民，入穀物助縣官振贍者，已賜直，其百萬以上，加賜爵右更，欲爲吏補三百石，其吏也遷二等。三十萬以上，賜爵五大夫，吏亦遷二等，民補郎。十萬以上，家無出租賦三歲。萬錢以上，一年。

《漢書》卷一〇《成帝紀》〔永始四年〕三月，行幸河東，祠后土，賜吏民如雲陽，行所過無出田租。

《漢書》卷一〇《成帝紀》〔建始二年春正月，詔曰：〕減天下賦錢，算四十。

《漢書》卷一一《哀帝紀》〔綏和二年秋〕詔曰：朕承宗廟之重，戰戰兢兢，懼失天心。間者日月亡光，五星失行，郡國比比地動。乃者河南、潁川郡水出，流殺人民，壞敗廬舍。朕之不德，民反蒙辜，朕甚懼焉。已遣光禄大夫循行舉籍，賜死者棺錢，人三千。其令水所傷縣邑及他郡國災害什四以上，民貲不滿十萬，皆無出今年租賦。

《漢書》卷一二《平帝紀》〔元始元年春正月〕舉籍吏民，顔師古注引張晏曰：舉録賦斂之籍而（賞）〔償〕之。以元壽二年倉卒時横賦斂者，償其直。

《漢書》卷一二《平帝紀》〔六月〕復貞婦鄉一人。師古曰：鄉一人，取其尤最者。

《漢書》卷一二《平帝紀》〔元始二年九月〕遣執金吾候陳茂假以鉦鼓，募汝南、南陽勇敢吏士三百人，諭説江湖賊成重等二百餘人皆自出，送家在所收事。顔師古注引如淳曰：賊雖自出，得還其家而已，不得復除，尚當役作之也。師古曰：如説非也。言身既自出，又各送其家人詣本屬縣邑從賦役耳。重徙雲陽，賜公田宅。

《漢書》卷一二《平帝紀》〔元始二年〕郡國大旱，蝗，青州尤甚，民流亡。安漢公、四輔、三公、卿大夫、吏民爲百〔姓〕困乏獻其田宅者二百三十人，以口賦貧民。遣使者捕蝗，民捕蝗詣吏，以石㪷受錢。天下民貲不滿二萬，及被災之郡不滿十萬，勿租税。民疾疫者，舍空邸第，爲置醫藥。賜死者一家六尸以上葬錢五千，四尸以上三千，二尸以上二千。罷安定呼池苑，以爲安民縣，起官寺市里，募徙貧民，縣次給食。至徙所，賜田宅什器，假與犂、牛、種、食。又起五里於長安城中，宅二百區，以居貧民。

《漢書》卷二三《刑法志》自黄帝有涿鹿之戰以定火災，顓頊有共工之陳以定水害。唐虞之際，至治之極，猶流共工，放讙兜，竄三苗，殛鯀，然後天下服。夏有甘扈之誓，殷、周以兵定天下矣。天下既定，戢臧干戈，教以文德，而猶立司馬之官，設六軍之衆，因井田而制軍賦。地方一里爲井，井十爲通，通十爲成，成方十里；成十爲終，終十爲同，同方百里；同十爲封，封十爲畿，畿方千里。有税有（租）〔賦〕。師古曰：税者，田租也。賦謂發斂財也。税以足食，賦以足兵。故四井爲邑，四邑爲丘。丘，十六井也，有戎馬一匹，牛三頭。四丘爲甸。甸，六十四井也，

有戎馬四匹，兵車一乘，牛十二頭，甲士三人，卒七十二人，干戈備具，是謂乘馬之法。一同百里，提封萬井，除山川沈斥，城池邑居，園囿術路，三千六百井，定出賦六千四百井，戎馬四百匹，兵車百乘，此卿大夫采地之大者也，是謂百乘之家。一封三百一十六里，提封十萬井，定出賦六萬四千井，戎馬四千匹，兵車千乘，此諸侯之大者也，是謂千乘之國。天子畿方千里，提封百萬井，定出賦六十四萬井，戎馬四萬匹，兵車萬乘，故稱萬乘之主。

《漢書》卷二四上《食貨志》　鼂錯復説上曰：【略】今農夫五口之家，其服役者不下二人，師古曰：服，事也，給公事之役也。其能耕者不過百畮，百畮之收不過百石。春耕夏耘，秋穫冬臧，伐薪樵，治官府，給繇役；春不得避風塵，夏不得避暑熱，秋不得避陰雨，冬不得避寒凍，四時之間亡日休息；又私自送往迎來，弔死問疾，養孤長幼在其中。勤苦如此，尚復被水旱之災，急政暴虐，賦斂不時，朝令而暮改。當具有者半賈而賣，師古曰：本直千錢者，止得五百也。賈讀曰價。亡者取倍稱之息，顔師古注引如淳曰：取一償二爲倍稱。師古曰：稱，舉也，今俗所謂舉錢者也。於是有賣田宅鬻子孫以償責者矣。【略】

錯復奏言：陛下幸使天下入粟塞下以拜爵，甚大惠也。竊恐塞卒之食不足用大渫天下粟。邊食足以支五歲，可令入粟郡縣矣；師古曰：入諸郡縣，以備凶災也。足支一歲以上，可時赦，勿收農民租。如此，德澤加於萬民，民俞勤農。時有軍役，若遭水旱，民不困乏，天下安寧；歲孰且美，則民大富樂矣。上復從其言，乃下詔賜民十二年租税之半。明年，遂除民田之租税。後十三歲，孝景二年，令民半出田租，三十而税一也。【略】

〔王莽〕下令曰：漢氏減輕田租，三十而税一，常有更賦，罷癃咸出，顔師古注引晉灼曰：雖老病者，皆復出口算。而豪民侵陵，分田劫假，師古曰：分田，謂貧者無田而取富人田耕種，共分其所收也。假亦謂貧人賃富人之田也。劫者，富人劫奪其税，侵欺之也。厥名三十，實什税五也。

《漢書》卷二四下《食貨志》　莽乃下詔曰：【略】又以周官税民：凡田不耕爲不殖，出三夫之税；城郭中宅不樹藝者爲不毛，師古曰：樹藝，謂種樹果木及菜蔬。出三夫之布；民浮游無事，出夫布一匹。其不能出布者，宂作，縣官衣食之。

《漢書》卷二八上《地理志》　九州逌同，四奥既宅，九山栞旅，九川滌原，九澤既陂，四海會同。六府孔修，庶土交正，厎慎財賦，師古曰：言衆土各以其所出，交易有無，而不失正，致慎貨財，以供貢賦。咸則三壤，成賦中國。師古曰：言皆隨其土田上中下三品，而成其賦於中國也。中國，京師也。錫土姓：祗台德先，不距朕行。

五百里甸服：師古曰：規方千里，最近王城者爲甸服，則四面五百里也。甸之爲言田也，主爲王者治田。百里賦內總，師古曰：自此以下，説甸服之內，以差言之也。總，禾稾摠入也。內讀曰納。下皆類此。二百里（納）〔內〕銍，師古曰：銍謂所刈，即禾穗也。三百里內戛服，師古曰：戛，稾也。言服者，謂有役則服之耳。四百里粟，五百里米。師古曰：精者納少，麤者納多。

《漢書》卷二九《溝恤志》　自鄭國渠起，至元鼎六年，百三十六歲，而兒寬爲左內史，奏請穿鑿六輔渠，以益溉鄭國傍高卬之田。上曰：農，天下之本也。泉流灌寖，所以育五穀也。左、右內史地，名山川原甚衆，細民未知其利，故爲通溝瀆，畜陂澤，所以備旱也。今內史稻田租挈重，不與郡同，師古曰：租挈，收田租之約令也。郡謂四方諸郡也。其議減。令吏民勉農，盡地利，平繇行水，勿使失時。師古曰：平繇者，均齊渠堰之力役，謂俱得水利也。

《漢書》卷四九《鼂錯傳》　後詔有司舉賢良文學士，錯在選中。上親策詔之，【略】錯對曰：【略】今陛下配天象地，覆露萬民，絶秦之迹，除其亂法；躬親本事，廢去淫末；除苛解嬈，寬大愛人；肉刑不用，辠人亡帑；非謗不治，鑄錢者除；通關去塞，不孽諸侯；賓禮長老，愛卹少孤；辠人有期，後宮出嫁；尊賜孝悌，農民不租。顔師古注引張晏曰：足用則除租也。

《漢書》卷五八《兒寬傳》　擢爲中大夫，遷左內史。寬既治民，勸農業，緩刑罰，理獄訟，卑體下士，務在於得人心；擇用仁厚士，推情與下，不求名聲，吏民大信愛之。寬表奏開六輔渠，定水令以廣溉田。收租税，時裁闊狹，與民相假貸，師古曰：謂有貧弱及農要之時不即徵收也。以

故租多不入。後有軍發，左内史以負租課殿，當免。民聞當免，皆恐失之，大家牛車，小家擔負，輸租繈屬不絕，師古曰：繈，索也，言輸者接連，不絕於道，若繩索之相屬也，猶今言續索矣。課更以最。

《漢書》卷七二《貢禹傳》禹以爲古民亡賦算口錢，起武帝征伐四夷，重賦於民，民產子三歲則出口錢，故民重困，至於生子輒殺，甚可悲痛。宜令兒七歲去齒乃出口錢，年二十乃算。

又言：古者不以金錢爲幣，專意於農，故一夫不耕，必有受其飢者。今漢家鑄錢，及諸鐵官皆置吏卒徒，攻山取銅鐵，一歲功十萬人已上，中農食七人，是七十萬人常受其飢也。鑿地數百丈，銷陰氣之精，地臧空虛，不能含氣出雲，斬伐林木亡有時禁，水旱之災未必不繇此也。自五銖錢起已來七十餘年，民坐盜鑄錢被刑者衆，富人積錢滿室，猶亡厭足。民心搖動，商賈求利，東西南北各用智巧，好衣美食，歲有十二之利，師古曰：若有萬錢爲賈，則獲二千之利。而不出租稅。農夫父子暴露中野，不避寒暑，捽中杷土，手足胼胝，已奉穀租，又出稾稅，師古曰：稾，禾稈也。鄉部私求，不可勝供。師古曰：言鄉部之吏又私有所求，不能供之。故民棄本逐末，耕者不能半。貧民雖賜之田，猶賤賣以賈，師古曰：賣田與人而更爲商賈之業。窮則起爲盜賊。何者。末利深而惑於錢也。是以姦邪不可禁，其原皆起於錢也。疾其末者絕其本，宜罷採珠玉金銀鑄錢之官，亡復以爲幣。市井勿得販賣，除其租銖之律，師古曰：租稅之法皆依田畝，不得雜計百物之銖兩。租稅祿賜皆以布帛及穀。使百姓壹歸於農，復古道便。【略】天子下其議，令民產子七歲乃出口錢，自此始。

《漢書》卷九九中《王莽傳中》〔始建國元年四月〕莽曰：古者，設廬井八家，一夫一婦田百畝，什一而稅，則國給民富而頌聲作。此唐虞之道，三代所遵行也。秦爲無道，厚賦稅以自供奉，罷民力以極欲，壞聖制，廢井田，是以兼并起，貪鄙生，強者規田以千數，弱者曾無立錐之居。又置奴婢之市，與牛馬同蘭，師古曰：蘭謂遮蘭之，若牛馬蘭圈也。制於民臣，顓斷其命。姦虐之人因緣爲利，至略賣人妻子，逆天心，誖人倫，繆於天地之性人爲貴之義。《書》曰予則奴戮女，唯不用命者，然後被此辜矣。漢氏減輕田租，三十而稅一，常有更賦，罷癃咸出，而豪民侵陵，分田劫假。厥名三十稅一，實什稅五也。父子夫婦終年耕芸，所得不足以自存。故富者犬馬餘菽粟，驕而爲邪；貧者不厭糟糠，窮而爲姦。

（漢）荀悅《前漢紀》卷一六《漢昭帝》元平元年春二月，詔減口賦錢什三。

《後漢書》卷一下《光武帝紀》〔建武六年十二月〕癸巳，詔曰：頃者師旅未解，用度不足，故行什一之稅。李賢注：謂十分而稅其一也。孟子曰：夏五十而貢，殷七十而助，周百畝而徹，其實皆什一也。今軍士屯田，糧儲差積。李賢注：武帝初通西域，始置校尉屯田。其令郡國收見田租三十稅一，如舊制。李賢注：景帝二年，令人田租三十而稅一，今依景帝，故云舊制。

《後漢書》卷一下《光武帝紀》〔建武十九年〕秋，九月，南巡狩。壬申，幸南陽，進幸汝南南頓縣舍，置酒會，賜吏人，復南頓田租歲。父老前叩頭言：皇考居此日久，陛下識知寺舍，每來輒加厚恩，願賜復十年。帝曰：天下重器，常恐不任，日復一日，安敢遠期十歲乎。吏人又言：陛下實惜之，何言謙也。帝大笑，復增一歲。

《後漢書》卷一下《光武帝紀》〔中元元年夏四月〕己卯，大赦天下。復嬴、博、梁父、奉高，勿出今年田租、芻稾。

《後漢書》卷一下《光武帝紀》〔建武二十年〕復濟陽縣徭役六歲。

《後漢書》卷二《孝明帝紀》〔中元二年〕秋，九月，燒當羌寇隴西，敗郡兵於允街。赦隴西囚徒，減罪一等，勿收今年租調。又所發天水三千人，亦復是歲更賦。李賢注：更謂戍卒更相代也。賦謂雇更之錢也。《前書音義》曰：更有三品，有卒更，有踐更，有過更。古正卒無常，人皆當迭爲之。（有）一月一更，是爲卒更。貧者欲得雇更錢，次直者出錢雇之，月二千，是爲踐更。古者天下人皆當戍邊三日，亦名爲更。不可人人自行三日戍，當行者不可往即還，因住一歲，次直者出錢三百雇之，謂之過更。

《後漢書》卷二《孝明帝紀》〔永平五年〕冬十月，行幸鄴。與趙王栩會鄴。常山三老言於帝曰：上生於元氏，願蒙優復。詔曰：豐、沛、濟陽，受命所由，加恩報德，適其宜也。今永平之政，百姓怨結，而吏人求復，令人愧笑。重逆此縣之拳拳，其復元氏縣田租更賦六歲，勞賜

縣掾史，及門闌走卒。至自鄴。

《後漢書》卷二《孝明帝紀》〔永平〕九年，春三月，辛丑，詔：郡國死罪囚減罪，與妻子詣五原、朔方占著，所在死者，皆賜妻父若男同産一人復終身，其妻無父兄獨有母者，賜其母錢六萬，又復其口算。

《後漢書》卷三《孝章帝紀》〔永平十八年〕是歲，牛疫。京師及三州大旱，詔勿收兗、豫、徐州田租、芻藳，其以見穀賑給貧人。

《後漢書》卷三《孝章帝紀》〔元和元年〕二月甲戌，詔曰：王者八政，以食爲本，故古者急耕稼之業，致耒耜之勤，節用儲蓄，以備凶災，是以歲雖不登而人無飢色。自牛疫已來，穀食連少，良由吏教未至，刺史、二千石不以爲負。其令郡國募人無田欲徙它界就肥饒者，恣聽之。到在所，賜給公田，爲雇耕傭，賃種餉，貰與田器，勿收租五歲，除筭三年。其後欲還本鄉者，勿禁。

《後漢書》卷三《孝章帝紀》〔元和二年二月〕丙子，詔曰：【略】復博、奉高、嬴，無出今年田租、芻藁。

《後漢書》卷三《孝章帝紀》〔元和二年〕九月壬辰，詔：鳳皇、黄龍所見亭部無出二年租賦。加賜男子爵，人二級；先見者帛二十匹，近者三匹，太守三十匹，令、長十五匹，丞、尉半之。《詩》云：雖無德與汝，式歌且舞。它如賜爵故事。

《後漢書》卷三《孝章帝紀》〔元和三年〕二月壬寅，告常山、魏郡、清河、鉅鹿、平原、東平郡太守、相曰：朕惟巡狩之制，以宣聲教，考同遐迩，解釋怨結也。今四國無政，不用其良，駕言出游，欲親知其劇易。前祠園陵，遂望祀華、霍，東紫岱宗，爲人祈福。今將禮常山，遂徂北土，歷魏郡，經平原，升踐隄防，詢訪耆老，咸曰往者汴門未作，深者成淵，淺則泥塗。追惟先帝勤人之德，底績遠圖，復禹弘業，聖跡滂流，至于海表。不克堂（桓）〔構〕，朕甚慙焉。《月令》，孟春善相丘陵土地所宜。今肥田尚多，未有墾闢。其悉以賦貧民，給與糧種，務盡地力，勿令游手。所過縣邑，聽半入今年田租，以勸農夫之勞。

《後漢書》卷四《孝和帝紀》〔永元四年〕十二月壬辰，詔：今年郡國秋稼爲旱蝗所傷，其什四以上勿收田租、芻藁；有不滿者，以實除之。

《後漢書》卷四《孝和帝紀》〔永元六年〕三月庚寅，詔流民所過郡國皆實稟之，其有販賣者勿出租税漢循周法，商賈有税，流人販賣，故矜免之。又欲就賤還歸者，復一歲田租、更賦。

《後漢書》卷四《孝和帝紀》〔永元九年〕六月，蝗、旱。戊辰，詔：今年秋稼爲蝗蟲所傷，皆勿收租、更、芻藳；若有所損失，以實除之，餘當收租者亦半入。其山林饒利，陂池漁採，以贍元元，勿收假税。秋七月，蝗蟲飛過京師。

《後漢書》卷四《孝和帝紀》〔永元十三年〕荆州雨水。九月壬子，詔曰：荆州比歲不節，今茲淫水爲害，餘雖頗登，而多不均浹，深惟四民農食之本，慘然懷矜。其令天下半入今年田租、芻藳；有宜以實除者，如故事。貧民假種食，皆勿收責。

《後漢書》卷四《孝和帝紀》〔永元十四年〕秋七月甲寅，詔復象林縣更賦、田租、芻藁二歲。

《後漢書》卷四《孝和帝紀》〔永元十四年〕是秋，三州雨水。冬十月甲申，詔：兗、豫、荆州今年水雨淫過，多傷農功。其令被害什四以上皆半入田租、芻藁；其不滿者，以實除之。

《後漢書》卷四《孝和帝紀》〔永元十五年〕六月，詔令百姓鰥寡漁采陂池，勿收假税二歲。

《後漢書》卷四《孝和帝紀》〔永元十六年秋七月〕辛巳，詔令天下皆半入今年田租、芻藁；其被災害者，以實除之。貧民受貸種糧及田租、芻藁，皆勿收責。

《後漢書》卷五《孝安帝紀》〔永初四年春正月〕辛卯，詔以三輔比遭寇亂，人庶流冗，除三年逋租、過更、口筭、芻藁；稟上郡貧民各式各有差。

《後漢書》卷五《孝安帝紀》〔永初七年〕八月丙寅，京師大風，蝗蟲飛過洛陽。詔賜民爵。郡國被蝗傷稼十五以上，勿收今年田租；不滿者，以實除之。

《後漢書》卷五《孝安帝紀》〔元初元年冬十月〕乙卯，詔除三輔

三歲田租、更賦、口筭。

《後漢書》卷五《孝安帝紀》〔元初六年〕夏四月，會稽大疫，遣光禄大夫將太醫循行疾病，賜棺木，除田租、口賦。

《後漢書》卷五《孝安帝紀》〔建光元年冬十一月〕丙午，詔京師及郡國被水雨傷稼者，隨頃畝減田租。

《後漢書》卷五《孝安帝紀》〔建光元年冬十一月己丑〕遣光禄大夫案行，賜死者錢，人二千。除今年田租。其被災甚者，勿收口賦。

《後漢書》卷五《孝安帝紀》〔延光〕三年，春二月，丙子，東巡狩。丁丑，告陳留太守，祠南頓君、光武皇帝于濟陽，復濟陽今年田租、芻稾。

《後漢書》卷五《孝安帝紀》〔延光三年春二月〕戊子，濟南上言，鳳皇集臺縣丞霍收舍樹上。賜臺長帛五十匹，丞二十匹，尉半之，吏卒人三匹。鳳皇所過亭部，無出今年田租。賜男子爵，人二級。辛卯，幸太山，柴告岱宗。齊王無忌、北海王（普）〔翼〕、樂安王延來朝。壬辰，宗祀五帝于汶上明堂。癸巳，告祀二祖、六宗，勞賜郡縣，作樂。

《後漢書》卷五《孝安帝紀》〔延光四年六月乙巳〕詔先帝巡狩所幸，皆半入今年田租。

《後漢書》卷六《孝順帝紀》〔永建元年十月〕甲辰，詔以疫癘水潦，令人半輸今年田租；傷害什四以上，勿收責；不滿者，以實除之。

《後漢書》卷六《孝順帝紀》〔永建〕三年春正月丙子，京師地震，漢陽地陷裂。甲午，詔實覈傷害者，賜年七歲以上錢，人二千；一家被害，郡縣爲收斂。乙未，詔勿收漢陽今年田租、口賦。

《後漢書》卷六《孝順帝紀》〔永建五年〕夏四月，京師旱，辛巳，詔郡國貧人被灾者，勿收責今年過更。

《後漢書》卷六《孝順帝紀》〔永建五年〕冬十一月辛亥，詔曰：連年灾潦，冀部尤甚。比蠲除實傷，贍恤窮匱，而百姓猶有弃業，流亡不絶。疑郡縣用心怠惰，恩澤不宣。《易》美損上益下，《書》稱安民則惠。其令冀部勿收今年田租、芻稾。

《後漢書》卷六《孝順帝紀》〔永和三年夏四月〕戊戌，遣光禄大夫案行金城、隴西，賜壓死者年七歲以上錢，人二千；一家皆被害，爲收斂之。除今年田租，尤甚者勿收口賦。

《後漢書》卷六《孝順帝紀》〔永和四年〕秋八月，太原郡旱，民庶流冗。癸丑，遣光禄大夫案行稟貸，除更賦。

《後漢書》卷七《孝桓帝紀》〔元嘉元年六月〕詔太山、琅邪遇賊者，勿收租、賦，復更、筭三年。又詔被水死流失屍骸者，令郡縣鉤求收葬，及所唐突壓溺物故，七歲以上賜錢，人二千。壞敗廬舍，亡失穀食，尤貧者稟，人二斛。

《後漢書》卷七《孝桓帝紀》〔延熹八年〕八月戊辰，初令郡國有田者畝斂税錢。

《後漢書》卷七《孝桓帝紀》〔延熹九年正月〕己酉，詔曰：比歲不登，民多飢窮，又有水旱疾疫之困。盜賊徵發，南州尤甚。灾異日食，譴告累至。政亂在予，仍獲咎徵。其令大司農絶今歲調度徵求，及前年所調未畢者，勿復收責。其灾旱盜賊之郡，勿收租，餘郡悉半入。

《後漢書》卷七《孝桓帝紀》〔永康元年〕是歲，復博陵、河閒二郡，比豐、沛。

《後漢書》卷八《孝靈帝紀》〔熹平四年六月〕令郡國遇災者，減田租之半；其傷害十四以上，勿收責。

《後漢書》卷八《孝靈帝紀》〔光和六年〕二月，復長陵縣，比豐、沛。

《後漢書》卷八《孝靈帝紀》〔中平二年二月〕税天下田，畝十錢。李賢注：以修宫室。

《後漢書》卷一〇《皇后紀》漢法常因八月筭人，李賢注引《漢儀注》曰：八月初爲筭賦，故曰筭人。遣中大夫與掖庭丞及相工，於洛陽鄉中閲視良家童女，年十三以上，二十已下，姿色端麗，合法相者，載還後宫，擇視可否，乃用登御。

《後漢書》卷二六《韋彪傳》彪以世承二帝吏化之後，多以苛刻爲能，又置官選職，不必以才，因盛夏多寒，上疏諫曰：臣聞政化之本，必順陰陽。伏見立夏以來，當暑而寒，殆以刑罰刻急，郡國不奉時令之所

致也。農人急於務而苛吏奪其時，賦發充常調而貪吏割其財，此其巨患也。

《後漢書》卷三一《陸康傳》 時靈帝欲鑄銅人，而國用不足，乃詔調民田，畝斂十錢。而比水旱傷稼，百姓貧苦。康上疏諫曰：臣聞先王治世，貴在愛民。省傜輕賦，以寧天下，除煩就約，以崇簡易，故萬姓從化，靈物應德。末世衰主，窮奢極侈，造作無端，興制非一，勞割自下，以從苟欲，李賢注：勞苦割剥於下人也。故黎民吁嗟，陰陽感動。陛下聖德承天，當隆盛化，而卒被詔書，畝斂田錢，鑄作銅人，伏讀惆悵，悼心失圖。夫十一而稅，周謂之徹。李賢注引孟子曰：夏后氏五十而貢，殷人七十而助，周人百畝而徹，其實皆十一也。徹者通也，言其法度可通萬世而行也。故魯宣稅畝，而蝝災自生；李賢注：《公羊傳》曰：初稅畝者何。履畝而稅也。何休注云：宣公無恩信於人，人不肯盡力於公田，起履踐案行，擇其畝穀好者稅取之。蝝，螽子也。《公羊傳》：冬蝝生。此言蝝生何。上變古易常也。注云：上謂宣公，變易公田舊制而稅畝。哀公增賦，而孔子非之。李賢注引《左傳》曰：季孫欲以田賦，使冉有訪諸仲尼。仲尼私於冉有曰：子季孫若欲行而法，則周公之典在；若欲苟而行之，又何訪焉。豈有聚奪民物，以營無用之銅人；捐捨聖戒，自蹈亡王之法哉。李賢注：謂秦始皇鑄銅人十二，卒致滅亡也。《傳》曰：君舉必書，書而不法，後世何述焉。陛下宜留神省察，改敝從善，以塞兆民怨恨之望。

《後漢書》卷三九《劉平傳》 後舉孝廉，拜濟陰郡丞，太守劉育甚重之，任以郡職，上書薦平。會平遭父喪去官。服闋，拜全椒長，政有恩惠，百姓懷感，人或增貲就賦，或減年從役。

《後漢書》卷四九《仲長統傳》 《損益篇》曰：【略】盗賊凶荒，九州代作，飢饉暴至，軍旅卒發，横稅弱人，割奪吏禄，所恃者寡，所取者猥，李賢注：猥猶多也。萬里懸乏，首尾不救，徭役並起，農桑失業，兆民呼嗟於昊天，貧窮轉死於溝壑矣。今通肥饒之率，計稼穡之入，令畝收三斛，斛取一斗，未爲甚多。一歲之間，則有數年之儲，雖興非法之役，恣奢侈之欲，廣愛幸之賜，猶未能盡也。不循古法，規爲輕稅，及至一方有警，一面被災，未逮三年，校計騫短，坐視戰士之蔬食，立望餓殍之滿道，李賢注：孟子曰：塗有餓莩而不知發。趙岐注云：餓死者曰莩。如之何爲君行此政也。二十稅一，名之曰貊，況三十稅一乎。李賢注：《孟子》載白圭曰：吾欲二十而取一何如。孟子曰：子之道貊〔道〕也。趙岐注云：貊，夷貊之人在荒者也。貊在北方，其氣寒，不生五穀，無中國之禮，故可二十取一而足也。此言欲輕稅也。夫薄吏禄以豐軍用，緣於秦征諸侯，續以四夷，漢承其業，遂不改更，危國亂家，此之由也。今田無常主，民無常居，吏食日稟，（禄）班〔禄〕未定。可爲法制，畫一定科，租稅十一，更賦如舊。

《後漢書》卷五一《陳龜傳》 會羌胡寇邊，殺長吏，驅略百姓。桓帝以龜世諳邊俗，拜爲度遼將軍。龜臨行，上疏曰：【略】今西州邊鄙，土地塉埆，鞍馬爲居，射獵爲業，男寡耕稼之利，女乏機杼之饒，守塞候望，懸命鋒鏑，聞急長驅，去不圖反。自頃年以來，匈奴數攻營郡，殘殺長吏，侮略良細。戰夫身膏沙漠，居人首係馬鞍。或舉國掩户，盡種灰滅，孤兒寡婦，號哭空城，野無青草，室如懸磬。雖含生氣，實同枯朽。往歲并州水雨，災螟互生，稼穡荒耗，租更空闕。李賢注：更謂卒更錢也。老者慮不終年，少壯懼於困戹。【略】宜更選匈奴烏桓護羌中郎將校尉，簡練文武，授之法令，除并涼二州今年租更，寬赦罪隸，埽除更始。則善吏知奉公之祐，惡者覺營私之禍，胡馬可不窺長城，塞下無候望之患矣。帝覺悟，乃更選幽、并刺史，自營郡太守都尉以下，多所革易，下詔爲陳將軍除并、涼一年租賦，以賜吏民。龜既到職，州郡重足震慄，鮮卑不敢近塞，省息經用，歲以億計。

《後漢書》卷七六《循吏傳·秦彭》 建初元年，遷山陽太守。【略】興起稻田數千頃，每於農月，親度頃畝，分別肥塉，差爲三品，各立文簿，藏之鄉縣。於是姦吏跼蹐，無所容詐。彭乃上言，宜令天下齊同其制。詔書以其所立條式，班令三府，並下州郡。

《後漢書》卷八六《南蠻西南夷傳》 漢興，改爲武陵。歲令大人輸布一匹，小口二丈，是謂賨布。李賢注引《說文》曰：南蠻賦也。

《後漢書》卷八六《南蠻西南夷傳》 及秦惠王并巴中，以巴氏爲蠻夷君長，世尚秦女，其民爵比不更，有罪得以爵除。其君長歲出賦二千一十六錢，三歲一出義賦千八百錢。其民户出幏布八丈二尺，雞羽三十鍭。

李賢注：《説文》：幏，南郡蠻夷布也。《毛詩》：四鍭既均。儀禮：矢鍭一乘。鄭玄曰：鍭猶候也，候物而射之也。三十鍭，一百四十九。俗本幏作蒙，鍭作鏃者，並誤也。漢興，南郡太守靳彊請一依秦時故事。

《後漢書》卷八六《南蠻西南夷傳》 板楯蠻夷者，秦昭襄王時有一白虎，常從羣虎數游秦、蜀、巴、漢之境，傷害千餘人。昭王乃重募國中有能殺虎者，賞邑萬家，金百鎰。時有巴郡閬中夷人，能作白竹之弩，乃登樓射殺白虎。昭王嘉之，而以其夷人，不欲加封，乃刻石盟要，復夷人頃田不租，十妻不筭，李賢注：優寵之，故一户免其一頃田之税，雖有十妻，不輸口筭之錢。傷人者論，殺人者得以倓錢贖死。李賢注引何承天《纂文》曰：倓，蠻夷贖罪貨也。盟曰：秦犯夷，輸黄龍一雙；夷犯秦，輸清酒一鍾。夷人安之。

至高祖爲漢王，發夷人還伐三秦。秦地既定，乃遣還巴中，復其渠帥羅、朴、督、鄂、度、夕、龔七姓，不輸租賦，餘户乃歲入賨錢，口四十。世號爲板楯蠻夷。

魏晉南北朝分部

綜述

（唐）歐陽詢《藝文類聚》卷六五《産業部・農》　晉束晳《勸農賦》曰：惟百里之置吏，各區别而異曹。考治民之賤職，美莫當乎勸農。專一里之權，擅百家之勢。及至青幡禁乎游惰，田賦度乎頃畝，與奪在己，良薄浹口。受饒在於肥脯，得力在於美酒。若場功畢，租輸至，録社長，召閭師。條牒所領，注列名諱。則雞豚争下，壺榼横至。遂乃定一以爲十，拘五以爲二。蓋由熱啖紆其腹，而杜康咥其胃。

《晉書》卷二六《食貨志》　又制户調之式：丁男之户，歲輸絹三匹，緜三斤，女及次丁男爲户者半輸。其諸邊郡或三分之二，遠者三分之一。夷人輸賨布，户一匹，遠者或一丈。男子一人占田七十畝，女子三十畝。其外丁男課田五十畝，丁女二十畝，次丁男半之，女則不課。男女年十六已上至六十爲正丁，十五已下至十三、六十一已上至六十五爲次丁，十二已下六十六已上爲老小，不事。遠夷不課田者輸義米，户三斛，遠者五斗，極遠者輸算錢，人二十八文。其官品第一至于第九，各以貴賤占田，品第一者占五十頃，第二品四十五頃，八品十五頃，第九品十頃。而又各以品之高卑蔭其親屬，多者及九族，少者三世。宗室、國賓、先賢之後及士人子孫亦如之。而又得蔭人以爲衣食客及佃客，品第六已上得衣食客三人，第七第八品二人，第九品及舉輦、跡禽、前驅、由基、強弩、司馬、羽林郎、殿中冗從武賁、殿中武賁、持椎斧武騎武賁、持鈒冗從武賁、命中武賁武騎一人。其應有佃客者，官品第一第二者佃客無過五十户，第三品十户，第四品七户，第五品五户，第六品三户，第七品二户，第八品第九品一户。

（唐）杜佑《通典》卷四《食貨・賦税》　宋文帝元嘉中，始興太守徐豁上表曰：武吏年滿十六，便課米六十斛，十五以下至十三，皆課三十斛，一户内隨丁多少，悉皆輸米。且十三歲兒，未堪田作，或是單迥，便自逃匿，户口歲減，實此之由。宜更量課限，使得存立。今若減其米課，雖有交損，考之將來，理有深益。詔善之也。

孝武帝大明五年，制天下人户歲輸布四匹。

（唐）杜佑《通典》卷五《食貨・賦税》　齊高帝初，竟陵王子良上表曰：宋文帝元嘉中，皆責成郡縣，孝武徵求急速，以郡縣遲緩，始遣臺使，自此公役勞擾。凡此輩使人，既非詳慎，貪險崎嶇，以求此役。朝辭禁門，情態即異，暮宿村縣，威福便行，驅迫郵傳，侮折守宰。瞻郭睹境，飛下嚴符，但稱行臺，未明所督，攝總曹署，震驚郡邑。深村遠里，俄刻十催。或尺布之逋，曲以當匹；百錢餘税，且增爲千。誑云質作尚方，寄繫東冶。百姓駭迫，不堪其命。恣意贓賄，無人敢言。貧薄禮輕，即生謗讟。愚謂凡諸檢課，宜停遣使，明下符旨，審定期限，如有違越，隨事糾坐，則政有恒典，人無怨咨。子良又啓曰：今所在穀價雖和，室家飢嗛，苦簟反。縑纊雖賤，駢門躶質。而守宰務在裒刻，圍桑品屋，以准貲課。致令斬樹發瓦，以充重賦，破人敗産，要利一時。東郡使人，年無常限，郡縣相承，准令上直。每至州臺使命，切求縣急，乃有畏失嚴期，自殘軀命，亦有斬絶手足，以避徭役。守長不務先富人，而唯言益國，豈有人貧於下而國富於上耶？又泉鑄歲遠，類多翦鑿，江東大錢，十不一在。公家所受，必須輪郭。遂買本一千，加子七百，猶求請無地。且錢布相半，爲制永久，或聞長宰須令輸錢，進違舊科，退容姦利，欲人康泰，豈可得乎！又啓曰：諸賦税所應納錢，不限大小，但令所在兼折布帛，若雜物是軍國所須者，聽隨價准直，不必盡令送錢。於公不虧其用，在私實荷其渥。昔晉氏初遷，江左草刱，絹布所直，十倍於今。賦調多少，因時增減。永初中，官布一匹，直錢一千，而人所輸，聽爲九百。漸及元嘉，物價轉賤，私貨則匹直六百，官受則匹准五百。所以每欲優人，必爲降落。今入官好布，匹下百餘，其四人所送者，猶依舊制。昔爲刻上，今爲刻下，甿庶空儉，豈不由之。救人拯弊，莫過減賦。略其目前小利，取其長久大益，無患人貲不殷，國用不阜也。

武帝時，豫章王嶷上表曰：宋氏以來，州郡秩俸及雜供給，多隨土所出，無有定准。夫理在夙均，政由一典。伏尋郡縣長尉俸禄之制，雖有定科，而其餘資給，復由風俗，東北異源，西南各序，習以爲常，因而弗變。順之則固匪通規，澄之則靡不入罪。豈約法明章，先令後刑之謂也。臣謂宜使所在，各條件公田秩俸迎送舊典之外，守宰相承，有何供課。尚書精加勘覆，務存優衷，事在可通，隨宜頒下，四方永爲恒制。帝從之。

自東晋寓居江左，百姓南奔者，並謂之僑人，往往散居，無有土著。而江南之俗，火耕水耨，土地卑濕，無有蓄積之資。諸蠻陬俚洞，霑沐王化者，各隨輕重收財物，以裨國用。又嶺外酋帥，因生口、翡翠、明珠、犀象之饒，雄於鄉曲者，朝廷多因而署之，以收其利。歷宋齊梁陳，皆因而不改。其軍國所須雜物，隨土所出，臨時折課市取，乃無恒法定令。列州郡縣，制其任土所出，以爲徵賦。其無貫之人，不樂州縣編户者，謂之浮浪人，樂輸亦無定數任量，惟所輸終優於正課焉。都下人多爲諸王公貴人左右、佃客、典計、衣食客之類，皆無課役。官品第一第二佃客無過四十户，每品減五户，至第九品五户。其佃穀皆與大家量分。其典計，官品第一第二置三人，第三第四置二人，第五第六及公府參軍、殿中監、監軍、長史、司馬、部曲督、關外侯、材官、議郎以上，一人，皆通在佃客數中。官品第六以上，并得衣食客三人，第七第八二人，第九品及轝輦、跡禽、前驅、强弩司馬、羽林郎、殿中冗從武賁、殿中虎賁、持椎斧武騎虎賁、持鈒色立反。冗從虎賁、命中武賁武騎，一人。其客皆注家籍。其課，丁男調布絹各二丈，絲三兩，綿八兩，禄絹八尺，禄綿三兩二分，租米五石，禄米二石。丁女並半之。男年十六亦半課，年十八正課，六十六免課。其男丁，每歲役不過二十日。其田，畝税米二升。蓋大率如此。其度量三升當今一升，秤則三兩當今一兩，尺則一尺二寸當今一尺。今謂即時。

自梁武帝末侯景之亂，國用常褊，京官文武，月别唯得廩食，多遥帶一郡縣官而取其禄秩焉。揚、徐等大州，比令僕班。揚州督王畿，理在建康，徐州督重鎮，理在京口，並外官刺史最重者。尚書令、僕射，官品第三也。寧、桂等小州，比參軍班。寧州理建寧，今雲南郡。桂州理始安，今郡。並外官刺史最輕者。府參軍，官品第六也。丹陽郡、吴郡、會稽等郡，並同太子詹事、尚書班。丹陽郡理建康，吴郡、會稽即今郡，並列郡最重者。詹事、尚書，官品第三也。高涼、晋康等小郡，三班而已。高涼、晋康即今郡，並列郡最輕者。梁武帝定九品後，其内官更爲十八班，以班多者爲貴。同班者則以居下爲劣，則與品第高下不倫。當是其時更以清濁爲差耳。本史既略，不可詳也。大縣六班，小縣兩轉方至一班，品第既殊，不可委載。其州郡縣禄米絹布絲綿，當處輸臺傳倉庫。若給刺史守令等，先准其所部文武人物多少，由敕而裁。凡如此禄秩，既通所部兵士給之，其家得蓋少。諸王諸主出閤就第，婚冠所須及衣裳服飾并酒米魚鮭香油紙燭等，並官給之。王及主壻外禄者不給。解任還京，仍亦公給。

後魏道武帝天興中，詔採諸漏户，令輸綸綿。自後諸逃户占爲紬繭羅縠者甚衆，於是雜營户帥遍於天下，不隸守宰，賦役不同，户口錯亂。景穆帝即位，一切罷之，以屬郡縣。

魏令：每調一夫一婦帛一匹，粟二石。人年十五以上未娶者，四人出一夫一婦之調；奴任耕、婢任績者，八口當未娶者四；耕牛二十頭當奴婢八。其麻布之鄉，一夫一婦布一匹，下至牛，以此爲降。大率十匹中五匹爲公調，二匹爲調外費，三匹爲内外百官俸。人年八十以上，聽一子不從役。孤獨病老篤貧不能自存者，三長内迭養食之。

舊制，人間所織絹布，皆幅廣二尺二寸，長四十尺爲一匹，六十尺爲一端。後乃漸至濫惡，不依尺度。

孝文帝延興三年秋，更立嚴制，令一准前式，違者罪各有差。冬十月，詔州郡人十丁取一以充行，户收租五十石，以備軍糧。

太和八年，始准古班百官之禄，以品第各有差。先是，天下户以九品混通，户調帛二匹，絮二斤，絲一斤，粟二十石。又入帛一匹二丈，委之州庫，以供調外之費。至是，户增帛三匹，粟二石九斗，以爲官司之禄。復增調外帛滿二匹，所調各隨其土所出。其司、冀、雍、華、定、相、泰、洛、荆河、懷、兖、陝、徐、青、齊、濟、南河、東兖、東徐等州，貢綿絹及絲，其餘郡縣少桑蠶處，皆以麻布充。

孝明帝時，張普惠上疏曰：伏聞尚書奏復綿麻之調，遵先皇之令軌，

復高祖之舊典。仰惟高祖廢大斗，去長尺，改重秤，所以愛百姓，從薄賦。知軍國須綿麻之用，故立幅度之規，億兆荷輕賦之饒，不憚於綿麻而已，故歌舞以供其賦，奔走以役其勤，天子信於上，億兆樂於下。自茲以降，漸漸長闊，百姓怨嗟，聞於朝野。宰輔不尋其本，知天下之怨綿麻，不察其幅廣、度長、秤重、斗大，革其所弊，存其可存，而特放綿麻之調，以悦天下之心。此所謂悦之不以道，愚臣所以未悦者也。尚書既知國少綿麻，不惟法度之翻易，人言之可畏，便欲去天下之大信，弃已行之成詔，遵前之非，遂後之失，奏求還復綿麻，以充國用。不思庫中大有綿麻，而群官共竊利之。愚臣以爲於理未盡。何者？今官人請調度造衣物，必度量，絹布匹有尺丈之盈，猶不計其廣，絲綿斤兩兼百銖之賸，未聞依律罪州郡者。若一匹之濫，一斤之惡，則鞭户主，連及三長。此所謂教人以貪也。今百官請俸，只樂其長闊，并欲厚重，無復准極。得長闊厚重者，便云其州能調，絹布精闊且長，横發美稱，以亂視聽。此百司所以仰負聖明者也。今若必復綿麻，謂宜先令四海知其所由，明立嚴禁，復本幅度，新綿麻之典，依太和之税。其在庫絹布并及絲綿不依典制者，請遣一尚書與太府卿、左右藏令，依今官度官秤，計其斤兩廣長，折給請俸之人。總常俸之數，年俸所出，以布綿麻，亦應周其一歲之用。使天下知二聖之心，愛人惜法，如此則高祖之軌中興於神龜，明明慈信昭布於無窮，孰不幸甚。

正光後，國用不足，乃先折天下六年租調而徵之，百姓怨苦。有司奏斷百官常給之酒，計一歲所省米五萬三千五十四斛九斗，糵穀六千九百六十斛，麪三十萬五百九十九斤。其四時郊廟、百神羣祀，依式供營。遠蕃客使，不在斷限。爾後寇賊轉衆，諸將出征，相繼奔敗，所亡器械資糧，不可勝數，而關西喪失尤甚，帑藏空竭。有司又奏，内外百官及諸蕃客廩食及肉悉三分減一，計歲終省肉百五十九萬九千八百五十六斤、米五萬三千九百三十二石。孝昌二年冬，税京師田租畝五升，借賃公田者畝一斗。

莊帝即位，因人貧富，爲租輸三等九品之制，千里内納粟，千里外納米，上三品户入京師，中三品入他州要倉，下三品入本州。

靖帝天平初，諸州調絹不依舊式。興和三年，各班海内，悉以四十尺爲度，天下利焉。元象、興和之中，頻歲大穰，穀斛至九錢。法綱寬弛，百姓多離舊居，闕於徭賦矣。齊神武秉政，乃命孫騰、高崇之分責無籍之户，得六十餘萬，於是僑居者各勒還本屬，是後租調之入有加焉。及侯景背叛，河南之地，困於兵革。尋而侯景亂梁，乃命行臺辛術略有淮南之地。其新附州郡，羈縻輕税而已。

北齊文宣受禪，多所草刱。六坊内從者，更加簡練，每一人必當百人，任其臨陣必死，然後取之，謂之百保鮮卑。又簡華人之勇力絶倫者，謂之勇士，以備邊要。始立九等之户，富者税其錢，貧者役其力。後南征，頻歲陷没，士馬死者以數十萬計。重以修創臺殿，所役甚廣，兼并户口，益多隱漏。舊制，未娶者輸半牀租調。有妻者輸一牀，無者半牀。陽翟一郡，户至數萬，籍多無妻。有司劾之，帝以爲生事，不許。由是姦欺尤甚，户口租調，十亡六七。是時用度轉廣，賜予無節，府藏之積，不足以供，乃減百官之禄，徹軍人常廩，併省州郡縣鎮戍之職。又制刺史守宰行兼者，並不給幹，南齊以有僮幹，若今驅使門僕之類。以節國用之費焉。

河清三年，定令：乃率以十八受田，輸租調，二十充兵，六十免力役，六十六退田，免租調。率人一牀，調絹一匹，綿八兩，凡十斤綿中折一斤作絲，墾租二石，義租五斗。奴婢各准良人之半。牛調二尺，墾租一斗，義租五升。墾租送臺，義租納郡，以備水旱。墾租皆依貧富爲三梟。其賦税常調，則少者直出上户，中者及中户，多者及下户。上梟輸遠處，中梟輸次遠，下梟輸當州倉。三年一校。租入臺者，五百里内輸粟，五百里外輸米。入州鎮者，輸粟。人欲輸錢者，准上絹收錢。是時頻歲大水，州郡多遇沈溺，穀價騰踴，朝廷遣使開倉以糶之，而百姓無益，飢饉尤甚矣。

後主天統中，勞役鉅萬，財用不給，乃減朝士禄料，斷諸曹糧膳及九州軍人常賜以供之。武平之後，權幸並進，賜予無限，乃料境内六等富人，調令出錢。

後周文帝霸府初開，制：司賦掌賦均之政令。凡人自十八至六十四，與輕疾者，皆賦之。其賦之法：有室者，歲不過絹一匹，綿八兩，粟五斛；丁者半之。其非桑土，有室者，布一匹，麻十斤；丁者又半之。豐

年則全賦，中年半之，下年一之，皆以時徵焉。若艱凶札，則不徵其賦。

司役掌力役之政令。凡人自十八至五十九，皆任於役。豐年不過三旬，中年則二旬，下年則一旬。起徒役，無過家一人。有年八十者，一子不從役；百年者，家不從役；廢疾非人不養者，一人不從役。若凶札，又無力征。

武帝保定元年，改八丁兵爲十二丁兵，率歲一月役。建德二年，改軍士爲侍官，募百姓充之，除其縣籍，是後夏人半爲兵矣。

宣帝時，發山東諸州兵，增一月功爲四十五日役，以起洛陽宮。并移相州六府於洛陽，稱東京六府。

（清）朱銘盤《南朝齊會要·民政》 丁役　建武二年五月，寢廟成，詔役身遣假一年，非役者蠲租同假限。本《紀》。

水旱災

建元元年，九月辛丑，詔：二吴、義興三郡遭水，減今年田租。本《紀》。

建元四年六月戊戌，詔：吴興、義興遭水縣，蠲除租調。本《紀》。

永明五年八月乙亥，詔：今夏雨水，吴興、義興二郡田農多傷，詳蠲租調。九月丙午，詔：凡下貧之家，可蠲三調二年。本《紀》。

八年七月癸亥，詔：司、雍二州，比歲不稔，雍州八年以前司州七年以前逋租悉原。汝南一郡復限更申五年。十月，詔吴興水淹過度。癸巳，原建元以前逋租。本《紀》。

九年八月，吴興義興大水。乙卯，蠲二郡租。《南史》本《紀》。

十一年五月戊辰，詔曰：水旱成災，穀稼傷弊，凡三調衆逋，可同申至秋登。七月丁巳，詔：以水旱爲災，南兗、兗、豫、司、徐五州，南豫州之歷陽、譙、臨江、廬江四郡三調，衆逋宿債，並同原除。其緣淮及青、冀新附僑民，復除已訖，更申五年。《本紀》。下同。

建武二年十二月丁酉，詔：吴、晋陵二郡，失稔之鄉，蠲三調有差。

永元元年八月乙巳，蠲京邑遇水資財漂蕩者今年調稅。

流民還本

建元二年二月甲午，詔：江西北民避難流徙者，制遣還本，蠲今年租稅。《本紀》。

新婚

建武四年正月壬寅，詔：民新婚者，蠲夫役一年。本《紀》。【略】

產子

永明七年正月辛亥，申明不舉子之科，若有產子者，復其父。《南史》本《紀》。

建武四年正月壬寅，詔：民產子者，蠲其父母調役一年。本《紀》。

（清）朱銘盤《南朝齊會要·民政》 單丁孤獨　永明三年五月乙未，詔凡單丁之身及煢獨而秩養孤者，竝蠲今年田租。本《紀》。

特蠲

建元四年三月癸酉，詔免逋城錢。《南史》本《紀》。

永明十年正月戊午，詔諸責負衆逋七年以前，悉原除。高貲不在例。本《紀》。

蕃國蠲除

建元元年，赦詔未至，荆州刺史、永安縣公嶷先下令蠲除部内昇明二年以前逋負。《豫章王嶷傳》。

（清）朱銘盤《南朝梁會要·食貨》 賦稅課調　梁臺建，仍下寬大之書，昏時雜調，咸悉除省。元年，始去人貲，計丁爲布。《良吏傳序》。

天監元年四月丙寅，詔逋賦、口錢，勿復收。《武紀》。

十三年，安成王秀爲郢州刺史。郢州地居衝要，賦斂殷煩，人力不堪。《南史》本傳。【略】

十七年正月丁巳，詔：天下之民，有流移他境不樂還者，即使著土籍爲民，準舊課輸。本《傳》。

（清）朱銘盤《南朝梁會要·民政》 即位改元　武帝天監元年四月丙寅，即位，改元。詔逋布、口錢、宿債勿復收。《武紀》。下同。

普通元年正月乙亥，改元，尤貧之家，勿收常調。

元帝承聖元年十一月丙子，即位，改元。詔逋租宿責，並許弘貸。《元紀》。

修陵居民

武帝天監七年五月，都下大水。戊子，詔蘭陵縣建修二陵周回五里内居人賜復終身。《南史・武紀》。

饑

武帝天監二年六月丁亥，詔以東陽、信安、豐安三縣水潦，漂損居民資業，遣使周履，量蠲課調。本《紀》。

大同四年八月甲辰，詔南兗、北徐、西徐、東徐、青、冀、南北青、武、仁、潼、睢等十二州，既經饑饉，曲赦逋租宿責，勿收今年三調。本《紀》。

特恩

武帝大同七年十一月丁丑，詔凡厥僁耗逋負，起今七年十一月九日昧爽以前，在民間無問多少，言上尚書督所未入者，皆赦除之。《武紀》。

十年九月己丑，詔田者荒廢、水旱不作、無當時文列，應追税者，並作田不登公格者，並停。本《紀》。

謁陵

武帝大同十年三月甲午，輿駕幸蘭陵，謁建陵。辛丑，至修陵。壬寅，詔所經縣邑，無出今年租賦。監所責民，蠲復二年。《武紀》。

兵役

武帝天監十四年，愍役人淹久，加蠲復。《康絢傳》。

新附

武帝普通六年三月丙午，賜新附人長復除。《南史・武紀》。

大同元年十一月癸亥，賜梁州歸附者復除有差。本《紀》。

流民還本

武帝天監十七年正月丁巳，詔天下之民，有流移他境，在天監十七年正月一日以前，可開恩半歲，悉聽還本，蠲課三年。《武紀》。

大通元年正月辛未，詔：凡因事流移他境者，並聽復宅業，蠲役五年。尤貧之家，勿收三調。本《紀》。

大同七年正月辛巳，祠南郊，其有流移及失桑梓者，各還田宅，蠲課五年。《本紀》。

十年九月己丑，詔因饑逐食，離鄉去土，悉聽復業，蠲課五年。本《紀》。

中大同元年三月乙巳，大赦，其或爲事逃叛流移，因饑以後亡鄉失土，可聽復業，蠲課五年，停其徭役；其被拘之身，各還本郡，舊業若在，皆悉還之。本《紀》。

帝里舊鎮

武帝天監元年四月辛未，復南蘭陵武進縣，依前代之科。《武紀》。

祠南郊

武帝天監十六年正月辛未，祠南郊，詔尤貧家，勿收今年三調。《南史・武紀》。

普通二年正月辛巳，祠南郊，詔：尤窮之家，勿收租賦。本《紀》。

大通元年正月辛未，祠南郊，詔：流亡者，聽復宅業，蠲役五年。尤貧家，勿收今年三調。本《紀》。

大同七年正月辛巳，祠南郊，其有流移及失桑梓者，各還田宅，蠲課五年。本《紀》。

太清元年正月辛酉，祠南郊，尤窮者無出即年租調；流移他鄉，聽復宅業，蠲課五年。本《紀》。

孤獨

武帝普通二年正月辛巳，詔於京師置孤獨園，孤幼有歸，華髮不匱。若終年命，厚加料理。尤窮之家，勿收租賦。《武紀》。

力田

元帝承聖二年三月庚午，詔力田之身，在所蠲免。本《紀》。

旌孝

簡文在鎮，下詔教褒美廣平張景仁，下屬長蠲其一户調，以旌孝行。《南史・本傳》。

（清）朱銘盤《南朝梁會要・民政》 徭役　天監元年，荆州刺史始興王憺，加安西將軍。時軍旅之後，公私空乏，憺減省力役，民甚安之。本《傳》。

天監四年，大舉北伐，訂民丁，吴興太守柳惲以沈顗從役，揚州別駕陸任以書責之，惲大慚，厚禮而遣之。《顗傳》。《南史》本《傳》作即悉停之。

十三年，堰淮水以灌壽陽。發徐、揚人，率二十户取五丁以築之，及戰士有衆二十萬。

十四年，冬寒甚，淮、泗盡凍，士卒凍死者十七八。《康絢傳》。

十七年正月丁巳，詔逋叛之身，罪無輕重，並許首出，還復民伍；若有拘限，自還本役。本《紀》。

吴興郡屢以水災失收，有上言當漕大瀆以瀉浙江。中大通二年春，詔遣前交州刺史王弁假節，發吴郡、吴興、義興三郡民丁就役。太子上疏曰：伏聞當發王弁等上東三郡民丁，開漕溝渠，導泄震澤，使吴興一境，無復水災，誠矜恤之至仁，經略之遠旨。暫勞永逸，必獲後利。未萌難覩，竊有愚懷。所聞吴興累年失收，民頗流移。吴郡十城，亦不全熟。唯義興去秋有稔，復非常役之民。即日東境穀稼猶貴，劫盗屢起，在所有司，不皆聞奏。今征戍未歸，彊丁疏少，此雖小舉，竊恐難合，吏一呼門，動爲民蠹。又出丁之處，遠近不一，比得齊集，已妨蠶農。去年稱爲豐歲，公私未能足食；如復今兹失業，慮恐爲弊更深。且草竊多伺候民間虚實，若善人從役，則抄盗彌增，吴興未受其益，内地已罹其弊。不審可得權停此功，待優實以不？聖心垂矜黎庶，神量久已有在。臣意見庸淺，不識事宜，苟有愚心，願得上啓。武帝優詔以喻焉。《昭明太子傳》。

大同七年十一月丙子，詔停在所役使女子。《武紀》。

九年，張纘改湘州刺史。至州，解放老疾吏役，及關市戍邏先所防人，一皆省併。本《傳》。

《魏書》卷一一《食貨志》 魏初不立三長，故民多蔭附。蔭附者皆無官役，豪强徵斂，倍於公賦。十年，給事中李沖上言：宜準古，五家立一鄰長，五鄰立一里長，五里立一黨長，長取鄉人强謹者。鄰長復一夫，里長二，黨長三。所復復征戍，餘若民。三載亡愆則陟用，陟之一等。其民調，一夫一婦帛一匹，粟二石。民年十五以上未娶者，四人出一夫一婦之調；奴任耕，婢任績者，八口當未娶者四；耕牛二十頭當奴婢八。其麻布之鄉，一夫一婦布一匹，下至牛，以此爲降。大率十匹爲公調，二匹爲調外費，三匹爲内外百官俸，此外雜調。民年八十已上，聽一子不從役。孤獨癃老篤疾貧窮不能自存者，三長内迭養食之。

書奏，諸官通議，稱善者衆。高祖從之，於是遣使者行其事。乃詔曰：夫任土錯貢，所以通有無；井乘定賦，所以均勞逸。有無通則民財不匱，勞逸均則人樂其業。此自古之常道也。又鄰里鄉黨之制，所由來久。欲使風教易周，家至日見，以大督小，從近及遠，如身之使手，幹之總條，然後口算平均，義興訟息。是以三典所同，隨世汚隆；貳監之行，從時損益。故鄭僑復丘賦之術，鄒人獻盍徹之規。雖輕重不同，而當時俱適。自昔以來，諸州户口，籍貫不實，包藏隱漏，廢公罔私。富强者并兼有餘，貧弱者餬口不足。賦税齊等，無輕重之殊；力役同科，無衆寡之别。雖建九品之格，而豐埆之土未融；雖立均輸之楷，而蠶績之鄉無異。致使淳化未樹，民情偷薄。朕每思之，良懷深慨。今革舊從新，爲里黨之法，在所牧守，宜以喻民，使知去煩即簡之要。初，百姓咸以爲不若循常，豪富并兼者尤弗願也。事施行後，計省昔十有餘倍。於是海内安之。

《魏書》卷一一《食貨志》 正光後，四方多事，加以水旱，國用不足，預折天下六年租調而徵之。百姓怨苦，民不堪命。有司奏斷百官常給之酒，計一歲所省合米五萬三千五十四斛九升，孽穀六千九百六十斛，麪三十萬五百九十九斤。其四時郊廟、百神羣祀依式供營，遠蕃使客不在斷限。爾後寇賊轉衆，諸將出征，相繼奔敗，所亡器械資糧不可勝數，而關西喪失尤甚，帑藏益以空竭。有司又奏内外百官及諸蕃客稟食及肉悉二分減一，計終歲省肉百五十九萬九千八百五十六斤，米五萬三千九百三十二石。

孝昌二年冬，税京師田租畝五升，借賃公田者畝一斗。又税市，入者人一錢，其店舍又爲五等，收税有差。

莊帝初，承喪亂之後，倉廩虚罄，遂班入粟之制。輸粟八千石，賞散侯；六千石，散伯；四千石，散子；三千石，散男。職人輸七百石，賞一大階，授以實官。白民輸五百石，聽依第出身，一千石，加一大階；無第者輸五百石，聽正九品出身，一千石，加一大階。諸沙門有輸粟四千石入京倉者，授本州統，若無本州者，授大州都；若不入京倉，入外州郡倉者，三千石，畿郡都統，依州格；若輸五百石入京倉者，授本郡維那，其無本郡者，授以外郡；粟入外州郡倉七百石者，京倉三百石者，

授縣維那。

孝静天平初，以遷民草創，資產未立，詔出粟一百三十萬石以賑之。三年夏，又賑遷民稟各四十日。其年秋，并、肆、汾、建、晉、泰、陝、東雍、南汾九州霜旱，民飢流散。四年春，詔所在開倉賑恤之，而死者甚衆。時諸州調絹不依舊式，齊獻武王以其害民，興和三年冬，請班海內，悉以四十尺爲度。天下利焉。

紀事

《三國志》卷一《魏志·武帝紀》〔建安九年〕九月，令曰：河北罹袁氏之難，其令無出今年租賦！重豪强兼併之法，百姓喜悦。《魏書》載公令曰：有國有家者，不患寡而患不均，不患貧而患不安。袁氏之治也，使豪彊擅恣，親戚兼并；下民貧弱，代出租賦，衒鬻家財，不足應命；審配宗族，至乃藏匿罪人，爲逋逃主。欲望百姓親附，甲兵彊盛，豈可得邪！其收田租畝四升，户出絹二匹，綿二斤而已，他不得擅興發。郡國守相明檢察之，無令彊民有所隱藏，而弱民兼賦也。天子以公領冀州牧，公讓還兗州。

《三國志》卷二《魏志·文帝紀》 甲午，軍次於譙，大饗六軍及譙父老百姓於邑東。《魏書》曰：設伎樂百戲，令曰：先王皆樂其所生，禮不忘其本。譙，霸王之邦，真人本出，其復譙租税二年。三老吏民上壽，日夕而罷。

《三國志》卷三《魏志·明帝紀》〔青龍元年〕二月，丁酉，幸摩陂觀龍，於是改年。改摩陂爲龍陂，賜男子爵人二級，鰥寡孤獨無出今年租賦。

《三國志》卷四《魏志·高貴鄉公傳》〔正元二年〕冬，十月，詔曰：朕以寡德，不能式遏寇虐，乃令蜀賊陸梁邊陲。洮西之戰，至取負敗，將士死亡，計以千數，或没命戰場，寃魂不反，或牽掣虜手，流離異域，吾深痛愍，爲之悼心。其令所在郡典農及安撫夷二護軍各部大吏慰卹其門户，無差賦役一年；其力戰死事者，皆如舊科，勿有所漏。

《三國志》卷四《魏志·陳留王傳》〔景元元年〕十一月，大赦。自鄧艾、鍾會率衆伐蜀，所至輒克。是月，蜀主劉禪詣艾降，巴、蜀皆平。**【略】**〔十二月〕癸丑，特赦益州士民，復除租賦之半。

《三國志》卷四《魏志·陳留王傳》〔景元四年十一月〕是月，蜀主劉禪詣艾降，巴蜀皆平。十二月，庚戌，以司徒鄭沖爲太保。壬子，分益州爲梁州。癸丑，特赦益州士民，復除租賦之半五年。

《三國志》卷四《魏志·陳留王傳》〔咸熙元年〕勸募蜀人能內移者，給廪二年，復除二十歲。

《三國志》卷四六《吴志·孫策傳》 策時年少，雖有位號，而士民皆呼爲孫郎。百姓聞孫郎至，皆失魂魄；長吏委城郭，竄伏山草。及至，軍士奉令，不敢虜略，雞犬菜茹，一無所犯，民乃大悦，競以牛酒詣軍。劉繇既走，策入曲阿勞賜將士，遣將陳寶詣阜陵迎母及弟。發恩布令，告諸縣：其劉繇、笮融等故鄉部曲來降首者，一無所問；樂從軍者，一身行，復除門户；不樂者，勿强也。旬日之間，四面雲集，得見兵二萬餘人，馬千餘匹，威震江東，形勢轉盛。

《三國志》卷四七《吴志·吴主傳》〔建安二十四年〕是歲大疫，盡除荆州民租税。

（唐）杜佑《通典》卷四《食貨·賦税》 魏武初平袁紹鄴都，令收田租畝粟四升，户絹二匹，綿二斤，餘不得擅興。

《晉書》卷三《武帝紀》〔泰始六年〕秋七月丁酉，復隴右五郡遇寇害者租賦，不能自存者廪貸之。

《晉書》卷三《武帝紀》〔泰始七年五月〕閏月，大雪，太官減膳。詔交阯三郡、南中諸郡，無出今年户調。

《晉書》卷三《武帝紀》〔太康三年〕冬十二月丙申，詔四方水旱甚者無出田租。**【略】**〔太康四年〕秋七月丙寅，兗州大水，復其田租。

《晉書》卷三《武帝紀》〔太康五年〕秋七月戊申，**【略】**任城、梁國、中山雨雹，傷秋稼。減天下户課三分之一。

《晉書》卷三《武帝紀》〔太康〕六年春正月甲申朔，以比歲不登，免租貸宿負。

《晉書》卷三《武帝紀》〔太康六年〕八月丙戌朔，日有蝕之。減百姓綿絹三分之一。

《晉書》卷四《惠帝紀》〔永興元年〕十二月丁亥，詔曰：天禍

晋邦，冢嗣莫繼。成都王穎自在儲貳，政績虧損，四海失望，不可承重，其以王還第。豫章王熾先帝愛子，令問日新，四海注意，今以爲皇太弟，以隆我晋邦。以司空越爲太傅，與太宰顒夾輔朕躬。司徒王戎參録朝政，光禄大夫王衍爲尚書左仆射。安南將軍虓、安北將軍浚、平北將軍騰各守本鎮。高密王簡爲鎮南將軍，領司隸校尉，權鎮洛陽；東中郎將模爲寧北將軍、都督冀州，鎮于鄴；鎮南大將軍劉弘領荆州，以鎮南土。周馥、繆胤各還本部，百官皆復職。齊王冏前應還第，長沙王乂輕陷重刑，封其子紹爲樂平縣王，以奉其嗣。自頃戎車屢征，勞費人力，供御之物皆減三分之二，户調田租三分減一。蠲除苛政，愛人務本。清通之後，當還東京。大赦，改元。

《晋書》卷四《惠帝紀》〔永平元年五月〕壬午，除天下户調綿絹，賜孝悌、高年、鰥寡、力田者帛，人三匹。

《晋書》卷七《成帝紀》〔咸和五年〕六月癸巳，初税田，畝三升。

《晋書》卷八《穆帝紀》〔永和元年〕九月丙申，皇太后詔曰：今百姓勞弊，其共思詳所以振卹之宜。及歲常調非軍國要急者，並宜停之。

《晋書》卷八《哀帝紀》。隆和元年春正月甲寅，減田税，畝收二升。

《晋書》卷九《孝武帝紀》〔寧康二年〕夏四月壬戌，皇太后詔曰：頃玄象或愆，上天表異，仰觀斯變，震懼于懷。夫因變致休，自古之道，朕敢不克意復心，以思厥中？又三吴奧壤，股肱望郡，而水旱併臻，百姓失業，夙夜惟憂，不能忘懷，宜時拯卹，救其彫困。三吴義興、晋陵及會稽遭水之縣尤甚者，全除一年租布，其次聽除半年，受振貸者即以賜之。

《晋書》卷九《孝武帝紀》〔太元元年秋七月〕乙巳，除度田收租之制，公王以下口税米三斛，蠲在役之身。

《晋書》卷九《孝武帝紀》〔太元〕四年春正月辛酉，大赦，郡縣遭水旱者減租税。

《晋書》卷九《孝武帝紀》〔太元〕八年十二月庚午，開酒禁。始增百姓税米，口五石。

《晋書》卷二六《食貨志》又制户調之式：丁男之户，歲輸絹三匹，綿三斤，女及次丁男爲户者半輸。其諸邊郡或三分之二，遠者三分之一。夷人輸賨布，户一匹，遠者或一丈。

《晋書》卷二六《食貨志》咸和五年，成帝始度百姓田，取十分之一，率畝税米三升。六年，以海賊寇抄，運漕不繼，發王公以下餘丁，各運米六斛。是後頻年水災旱蝗，田收不至。咸康初，算度田税米，空懸五十餘萬斛，尚書褚裒以下免官。穆帝之世，頻有大軍，糧運不繼，制王公以下十三户共借一人，助度支運。升平初，荀羡爲北府都督，鎮下邳，起田于東陽之石鼈，公私利之。哀帝即位，乃減田租，畝收二升。孝武太元二年，除度田收租之制，王公以下口税三斛，唯蠲在役之身。八年，又增税米，口五石。至於末年，天下無事，時和年豐，百姓樂業，穀帛殷阜，幾乎家給人足矣。

《晋書》卷一二一《李雄載記》加范長生爲天地太師，封西山侯，復其部曲不豫軍征，租税一入其家。

（宋）鄭樵《通志》卷六一《食貨略·賦税》孝武帝大元二年，除度定田收租之制，公王以下口税三斛，唯蠲在役之身。八年，又增税米口五石。

《宋書》卷二《武帝紀》〔晋安帝義熙七年十一月乙卯〕公主至江陵，下書曰：【略】

近因戎役，來涉二州，踐境親民，愈見其瘼，思欲振其所急，卹其所苦。凡租税調役，悉宜以見户爲正。州郡縣屯田池塞，諸非軍國所資，利入守宰者，今一切除之。州郡縣吏，皆依尚書定制實户置。臺調癸卯梓材，庚子皮毛，可悉停省，别量所出。

《宋書》卷二《武帝紀》〔晋安帝義熙十一年三月〕將拜，值四廢日，佐史鄭鮮之、褚叔度、王弘、傅亮白遷日，不許。下書曰：此州積弊，事故相仍，民疲田蕪，杼軸空匱。加以舊章乖昧，事役頻苦，童耄奪養，老稚服戎，空户從役，或越紼應召。每永懷民瘼，宵分忘寢，誠宜蠲除苛政，弘兹簡惠。庶令凋風弊政，與事而新，寧一之化，成於朞月。

荆、雍二州，西局、蠻府吏及軍人年十二以還，六十以上，及扶養孤幼，單丁大艱，悉仰遣之。窮獨不能存者，給其長賑。府州久勤將吏，依勞銓序。並除今年租税。

《宋書》卷二《武帝紀》〔永初元年〕秋七月丁亥，原放劫賊餘口没在臺府者，諸流徙家並聽還本土。又運舟材及運船，不復下諸郡輸出，悉委都水別量。臺府所須，皆別遣主帥與民和市，即時裨直，不復責租民求辦。又停廢虜車牛，不得以官威假借。又以市税繁苦，優量減降。從征關、洛，殞身戰場，幽没不反者，贍賜其家。

《宋書》卷五《文帝紀》〔元嘉十七年十一月〕丁亥，詔曰：前所給揚、南徐二州百姓田糧種子，兗、兩豫、青、徐諸州比年所寬租穀應督入者，悉除半。今年有不收處，都原之。凡諸逋債，優量申減。又州郡估税。所在市調，多有煩刻。山澤之利，猶或禁斷；役召之品，遂及稚弱。諸如此比，傷治害民。自今咸依法令，務盡優允。如有不便，即依事別言，不得苟趣一時，以乖隱卹之旨。主者明加宣下，稱朕意焉。

《宋書》卷六《孝武帝紀》〔孝建元年十一月癸卯〕是歲，始課南徐州僑民租。

《宋書》卷六《孝武帝紀》〔大明二年〕閏月庚子，詔曰：夫山處巖居，不以魚鼈爲禮。頃歲多虞，軍調繁切，違方設賦，本濟一時，而主者玩習，遂爲常典。杶榦瑶琨，任土作貢，積羽羣輕，終致深弊。永言弘革，無替朕心。凡寰衛貢職，山淵採捕，皆當詳辨産殖，考順歲時，勿使牽課虚懸，睽忤氣序。庶簡約之風，有孚於品性，惠敏之訓，無漏於幽仄。

《宋書》卷六《孝武帝紀》〔大明五年四月〕戊戌，詔曰：南徐、兗二州去歲水潦傷年，民多困窶。逋租未入者，可申至秋登。

《宋書》卷六《孝武帝紀》〔大明五年十二月〕甲戌，制天下民户歲輸布四疋。

《宋書》卷六《孝武帝紀》〔大明六年〕八月癸亥，原除雍州大明四年以前逋租。

《宋書》卷七《前廢帝紀》〔永光元年八月〕丙戌，原除吴、吴興、義興、晋陵、琅邪五郡大明八年以前逋租。

《宋書》卷九《後廢帝紀》〔元徽元年〕九月壬午，詔曰：國賦氓税，蓋有恒品，往屬戎難，務先軍實，徵課之宜，或乖昔准。湘、江二州，糧運偏積，調役既繁，庶徒彌擾。因循權政，容有未革，民單力弊，歲月愈甚。永言矜歎，情兼宵寐。可遣使到所，明加詳察。其輸違舊令，役非公限者，並即蠲改，具條以聞。

《宋書》卷四二《王弘傳》弘又上言：舊制，民年十三半役，十六全役。當以十三以上，能自營私及公，故以充役。而考之見事，猶或未盡。體有强弱，不皆稱年。且在家自隨，力所能堪，不容過苦。移之公役，動有定科，循吏隱恤，可無其患，庸宰守常，已有勤劇，況值苛政，豈可稱言。乃有務在豐役，增進年齒，孤遠貧弱，其敝尤深。至令依寄無所，生死靡告，一身之切，逃竄求免，家人遠討，胎孕不育，巧避羅憲，實亦由之。今皇化惟新，四方無事，役召之宜，應存乎消息。十五至十六，宜爲半丁，十七爲全丁。從之。

《宋書》卷八二《周朗傳》〔周朗報書曰：〕又取税之法，宜計人爲輸，不應以貲。云何使富者不盡，貧者不蠲。乃令桑長一尺，圍以爲價，田進一畝，度以爲錢，屋不得瓦，皆責貲實。民以此，樹不敢種，土畏妄墾，棟焚榱露，不敢加泥。豈有剥善害民，禁衣惡食，若此苦者。方今若重斯農，則宜務削兹法。

《宋書》卷九二《良吏傳·徐豁》元嘉初，爲始興太守。三年，遣大使巡行四方，并使郡縣各言損益，豁因此表陳三事，其一曰：郡大田，武吏年滿十六，便課米六十斛，十五以下至十三，皆課米三十斛，一户内隨丁多少，悉皆輸米。且十三歲兒，未堪田作，或是單迥，無相兼通，年及應輸，便自逃逸，既遏接蠻、俚，去就益易。或乃斷截支體，産子不養，户口歲減，實此之由。謂宜更量課限，使得存立。今若減其米課，雖有交損，考之將來，理有深益。其二曰：郡領銀民三百餘户，鑿坑採砂，皆二三丈，功役既苦，不顧崩壓，一歲之中，每有死者。官司檢切，猶致逋違，老少相隨，永絶農業，千有餘口，皆資他食，豈唯一夫不耕，或受其饑而已。所以歲有不稔，便致甚困。尋臺邸用米，不異於銀，謂宜准銀

課米，即事爲便。其三曰：中宿縣俚民課銀，一子丁輸南稱半兩。尋此縣自不出銀，又俚民皆巢居鳥語，不閑貨易之宜，每至買銀，爲損已甚。又稱兩受入，易生姦巧，山俚愚怯，不辨自申，官所課甚輕，民以所輸爲劇。今若聽計丁課米，公私兼利。

《南齊書》卷二一《竟陵王蕭子良傳》 子良又啓曰：臣一月入朝，六登文陛，廣殿稠人，裁奉顔色，縱有所懷，豈敢自達。比天旹亟見，地孽亟臻，民下妖訛，好生噂喈。穀價雖和，比室飢嗛；縑纊雖賤，駢門躶質。臣一念此，每入心骨。三吴奥區，地惟河、輔，百度所資，罕不自出，宜在蠲優，使其全富。而守宰相繼，務在裒剋，圍桑品屋，以准貲課。致令斬樹發瓦，以充重賦，破民財產，要利一時。東郡使民，年無常限，在所相承，准令上直。每至州臺使命，切求懸急，應充猥役，必由窮困。乃有畏失嚴期，自殘軀命，亦有斬絶手足，以避傜役。生育弗起，殆爲恒事。守長不務先富民，而唯言益國，豈有民貧於下，而國富於上邪？又泉鑄歲遠，類多翦鑿，江東大錢，十不一在。公家所受，必須輪郭〔完全〕，遂買本一千，加子七百，猶求請無地，棰革相繼。尋完者爲用，既不兼兩，回復遷貿，會非委積，（縱）〔徒〕令小民每嬰困苦。且錢帛相半，爲制永久，或聞長宰須令輸直，進違舊科，退容姦利。

八屬近縣，既在京畿，發借徵調，寔煩他邑，民特尤貧，連年失稔，草衣藿食，稍有流亡。今農政就興，宜蒙賑給，若逋課未上，許以申原。

兖豫二藩，雖曰舊鎮，往屬兵虞，累棄鄉土。密邇寇庭，下無安志。編草結菴，不違凉暑；扶淮聚落，靡有生向。倶廩人靈，獨絶温飽，而賦斂多少，向均失實。謂凡在荒民，應加蠲減。

又司市之要，自昔所難。頃來此役，不由才舉，並條其重貲，許以賈衒。前人增估求俠，後人加税請代，如此輪回，終何紀極？兼復交關津要，其相脣齒，愚野未閑，必加陵誑，罪無大小，横没貲載。凡求試穀帛，類非廉謹，未解在事所以開容？

夫獄訟惟平，畫一在制，雖恩家得罪，必宜申憲，鼎姓貽釁，最合從綱。若罰典惟加賤下，辟書必蠲世族，懼非先王立理之本。

尚書列曹，上應乾象。如聞命議所出，先諮於都，都既下意，然後付郎，謹寫關行。愚謂郎官尤宜推擇。

宋運告終，戎車屢駕，寄名軍牒，動竊數等。故非分充朝，資奉殷積。廣、越邦宰，梁、都郡邑，參差調補，寔允事機。且此徒宂雜，罕遵王憲，嚴加廉視，隨違彈斥，一二年間，可減太半。

《南齊書》卷二六《王敬則傳》 會土邊帶湖海，民丁無士庶皆保塘役，敬則以功力有餘，悉評斂爲錢，送臺庫以爲便宜，上許之。竟陵王子良啓曰：

伏尋三吴内地，國之關輔，百度所資。民庶彫流，日有困殆，蠶農罕獲，饑寒尤甚，富者稍增其饒，貧者轉鍾其弊，可爲痛心，難以辭盡。頃錢貴物賤，殆欲兼倍，凡在觸類，莫不如兹。稼穡難劬，斛直數倍（今）機杼勤苦，匹裁三百。所以然者，實亦有由。年常歲調，既有定期，僮卹所上，咸是見直。東間錢多剪鑿，鮮復完者，公家所受，必須員大，以兩代一，困於所貿，鞭捶質繫，益致無聊。

臣昔忝會稽，粗閑物俗，塘丁所上，本不入官。良由陂湖宜壅，橋路須通，均夫訂直，民自爲用。若甲分毁壞，則年一脩改；若乙限堅完，則終歲無役。今郡通課此直，悉以還臺，租賦之外，更生一調。致令塘路崩蕪，湖源泄散，害民損政，實此爲劇。

建元初，狡虜游魂，軍用殷廣。浙東五郡，丁税一千，乃有質賣妻兒，以充此限，道路愁窮，不可聞見。所逋尚多，收上事絶，臣登具啓聞，即蒙蠲原。而此年租課，三分逋一，明知徒足擾民，實自弊國。愚謂塘丁一條，宜還復舊，在所逋卹，優量原除。凡應受錢，不限大小，仍令在所，折市布帛。若民有雜物，是軍國所須者，聽隨價准直，不必一（其）應送錢，於公不虧其用，在私實荷其渥。

昔晉氏初遷，江左草創，絹布所直，十倍於今，賦調多少，因時增減。永初中，官布一匹，直錢一千，而民間所輸，聽爲九百。漸及元嘉，物價轉賤，私貨則東直六千，官受則匹准五百，所以每欲優民，必爲降落。今入官好布，匹堪百餘，其四民所送，猶依舊制。昔爲刻上，今爲刻下，氓庶空儉，豈不由之。

救民拯弊，莫過減賦。時和歲稔，尚爾虚乏，儻值水旱，寧可熟念。

且西京熾强，實基三輔，東都全固，寔賴三河，歷代所同，古今一揆。石頭以外，裁足自供府州，方山以東，深關朝廷根本。夫股肱要重，不可不卹。宜蒙寬政，少加優養。略其目前小利，取其長久大益，無患民貲不殷，國財不阜也。宗臣重寄，咸云利國，竊如愚管，未見可安。

上不納。

《陳書》卷六《後主紀》　冬十月己酉，詔曰：耕鑿自足，乃曰淳風，貢賦之興，其來尚矣。蓋由庚極務，不獲已而行焉。但法令滋章，姦盗多有，俗尚澆詐，政鮮惟良。朕日旰夜分，矜一物之失所，泣辜罪己，愧三千之未措。望訂初下，使彊蔭兼出，如聞貧富均起，單弱重弊，斯豈振窮扇暍之意歟？是乃下吏箕斂之苛也。故云百姓不足，君孰與足。自太建十四年望訂租調逋未入者，並悉原除。在事百僚，辯斷庶務，必去取平允，無得便公害民，爲己聲績，妨紊政道。

《南史》卷二《宋紀》　〔元嘉元年秋八月〕己酉，減荆、湘二州今年税布之半。

《南史》卷二《宋紀》　〔元嘉二十六年〕三月丁巳，宴于丹徒宫，大赦；復丹徒縣僑舊今歲租布之半，行所經過，蠲田租之半。

《南史》卷二《宋紀》　〔大明七年二月壬戌〕大赦，行幸所經，無出今年租布，賜人爵一級，女子百户牛酒，郡守邑宰及人夫從蒐者，普加霑賚。又詔蠲歷陽郡租輸三年，遣使巡慰，問人疾苦。

十一月丙子，曲赦南豫州殊死以下。巡幸所經，詳減今歲田租。乙酉，詔祭晉大司馬桓温、征西將軍毛璩墓。上於行所訊溧陽、永世、丹陽縣囚。癸巳，祀梁山，大閲水師。於中江，有白雀二集華蓋，有司奏改元爲神雀，詔不許。乙未，原放行獄徒繫。浙江東諸郡大旱。

十二月壬寅，遣使開倉賑卹，聽受雜物當租。丙午，行幸歷陽。甲寅，大赦，賜歷陽郡女子百户牛酒，蠲郡租十年。己未，加太宰江夏王義恭尚書令。於博望梁山立雙闕。癸亥，至自歷陽。

《南史》卷五《齊紀》　〔南朝齊永元元年〕八月乙巳，蠲遇水資財漂蕩者今年調税。

《南史》卷六《梁紀》　〔南朝梁天監四年〕冬十月，使中軍將軍、楊州刺史臨川王宏都督北討諸軍事侵魏。以興師費用，王公以下各上國租及田穀以助軍資。

是歲大穰，米斛三十。

《南史》卷六《梁紀》　〔南朝梁天監〕十六年春正月辛未，祀南郊。詔尤貧家勿收今年三調，無田業者，所在量宜賦給，及優蠲産子之家，恤理冤獄，并賑孤老鰥寡不能自存者。

《南史》卷七《梁紀》　〔梁大同四年〕八月甲辰，詔南兖等十二州，既經饑饉，曲赦逋租宿責，勿收今年三調。

（宋）司馬光《資治通鑑》卷一三三《宋紀・明帝元徽元年》　魏上皇將入寇，詔州郡之民十丁取一以充行，以充征行也。户收租五十石以備軍糧。

（宋）司馬光《資治通鑑》卷一三八《齊紀・武帝永明十一年》　〔南朝齊永明十一年〕壬午，稱遺詔，以武陵王曄爲衛將軍，與征南大將軍陳顯達並開府儀同三司；尚書左僕射、西昌侯鸞爲尚書令，太孫詹事沈文季爲護軍。史言遺詔本無此段除授，當時稱遺詔行之。癸未，以竟陵王子良爲太傅；蠲除三調及衆逋，三調，謂調粟、調帛及雜調也。逋，欠負也。省御府及無用池田、邸治，治，據蕭子顯《齊書》當作冶，謂冶鑄之所也。減關市征税。先是，蠲原之詔，多無事實，督責如故。所謂黄放白催也。先，悉薦翻。是時西昌侯鸞知政，恩信兩行，衆皆悦之。史爲西昌侯鸞篡國張本。

（宋）司馬光《資治通鑑》卷一四六《梁紀・武帝天監二年》　〔南朝梁天監四年〕冬，十月，丙午，上大舉伐魏，以揚州刺史臨川王宏都督北討諸軍事，尚書右僕射柳惔爲副，王公以下各上國租及田穀以助軍。國租者，封國所入之租。田穀者，職田所入之穀。宏軍于洛口。

（宋）司馬光《資治通鑑》卷一四八《梁紀・武帝天監十七年》　尚書奏復徵民綿麻之税，張普惠上疏，以爲：高祖廢大斗，去長尺，改重稱，以愛民薄賦。知軍國須綿麻之用，故於絹增税綿八兩，於布增税麻十五斤，民以稱尺所減，不啻綿麻，故鼓舞供調。自兹以降，所税絹布，浸復長闊，百姓嗟怨，聞於朝野。宰輔不尋其本在於幅廣度長，遽罷綿麻。于忠罷綿麻，見上十四年。既而尚書以國用不足，復欲徵歛。去天下之大信，

棄已行之成詔，追前之非，遂後之失。不思庫中大有綿麻，而羣臣共竊之也。何則？所輸之物，或斤羨百銖，未聞有司依律以罪州郡；或小有濫惡，則坐户主，連及三長。户主者，一家之長，則爲一户之主。三長見一百三十六卷齊世祖永明四年。是以在庫絹布，踰制者多，羣臣受俸，人求長闊厚重，無復準極，未聞以端幅有餘還求輸官者也。布帛六丈爲端。《爾雅》：倍丈謂之端，倍端謂之兩，倍兩謂之匹。杜預曰：二丈爲端，二端爲兩，所謂疋也。《説文》：幅，布帛廣也。俸，扶用翻。今欲復調綿麻，當先正稱、尺，明立嚴禁，無得放溢，使天下知二聖之心愛民惜法如此，則太和之政復見於神龜矣。

《北齊書》卷四《文宣帝紀》 秋七月辛丑，給京畿老人劉奴等九百四十三人版職及杖帽各有差。戊申，詔趙、燕、瀛、定、南營五州及司州廣平、清河二郡去年螽澇損田，兼春夏少雨，苗稼薄者，免今年租賦。

《北齊書》卷五《廢帝紀》 乾明元年庚辰，春正月癸丑朔，改元。己未，詔寬徭賦。

《周書》卷五《武帝紀》 詔曰：民亦勞止，則星動於天；作事不時，則石言於國。故知爲政欲静，静在寧民；爲治欲安，安在息役。頃興造無度，徵發不已，加以頻歲師旅，農畝廢業。去秋灾蝗，年穀不登，民有散亡，家空杼軸。朕每旦恭己，夕惕兢懷。自今正調以外，無妄徵發。庶時殷俗阜，稱朕意焉。

《北史》卷六三《蘇綽傳》 其六，均賦役，曰：

聖人之大寶曰位。何以守位，曰仁。何以聚人，曰財。明先王必以財聚人，以仁守位。國而無財，位不可守。是故三五以來，皆有征税之法。雖輕重不同，而濟用一也。今寇逆未平，軍國費廣，雖未遑減省，以恤人瘼，然宜令平均，使下無怨。平均者，不舍豪强而徵貧弱，不縱姦巧而困愚拙，此之謂均也。故聖人曰：蓋均無貧。

《北史》卷二《魏紀》〔北朝魏太武帝延和三年〕二月戊寅，詔以頻年屢征，有事西北，運輸之役，百姓勤勞，令郡縣括貧富以爲三級，富者租賦如常，中者復二年，下窮者復三年。

《北史》卷三《魏紀》〔魏太和八年〕六月丁卯，詔曰：置官班禄，行之尚矣，自中原喪亂，茲制中絶。先朝因循，未遑釐改。朕顧憲章舊典，始班俸禄，罷諸商人，以簡人事。户增調三匹、穀二斛九斗，以爲官司之禄。均預調爲二匹之賦，即兼商用。雖有一時之煩，終克永逸之益。禄行之後，贓滿一匹者死。變法改度，宜爲更始，其大赦天下，與之惟新。

《北史》卷五《魏紀》〔魏永熙元年六月〕丙戌，詔曰：問者，凶權誕恣，法令變常，遂立夷貊輕賦，冀收天下之意。隨以箕斂之重，終納十倍之征，掩目捕雀，何能過此！今歲租調，且兩收一丐，明年復舊。

（宋）司馬光《資治通鑑》卷一二〇《宋紀·文帝元嘉三年》 魏初得中原，民多逃隱。天興中，詔采諸漏户，令輸繒帛；魏皇始二年克中山，始得中原，晉安帝之隆安元年也；明年，改元天興。於是自古爲紬繭羅穀户者甚衆，不隸郡縣；賦役不均。是歲，始詔一切罷之，以屬郡縣。

（宋）司馬光《資治通鑑》卷一三二《宋紀·明帝泰始五年》〔北魏皇興三年〕魏自天安以來，泰始二年，魏改元天安。比歲旱饑，重以青、徐用兵，山東之民疲於賦役。比，毗至翻。重，直用翻。師之所聚，荆棘生焉，大兵之後，必有凶年，豈謂是邪！顯祖命因民貧富爲三等輸租之法，等爲三品：上三品輸平城，中輸他州，下輸本州。又，魏舊制：常賦之外，有雜調十五；至是番罷之，由是民稍贍給。調，徒釣翻，史言魏能紓民力。

（宋）司馬光《資治通鑑》卷一三三《宋紀·明帝元徽元年》〔北魏延興三年〕秋，七月，魏詔河南六州之民，河南六州，青、徐、兗、豫、齊、東徐也。户收絹一匹，綿一斤，租三十石。

（宋）司馬光《資治通鑑》卷一三六《齊紀·武帝永明四年》〔南朝齊永明四年　北魏太和十年〕魏無鄉黨之法，唯立宗主督護；民多隱冒，三五十家始爲一户。内秘書令李沖上言：秘書省在禁中，故謂之内秘書令，亦謂之中秘。宜準古法：五家立鄰長，五鄰立里長，五里立黨長，取鄉人强謹者爲之。鄰長復一夫，里長二夫，黨長三夫，三載無過，則升一等。其民調，一夫一婦，帛一匹，粟二石。大率十匹爲公調，二匹爲調外費，三匹爲百官俸。此外復有雜調。民年八十已上，聽一子不從役。孤獨、癃老、篤疾、貧窮不能自存者，三長内迭養食之。食，讀曰飤。書奏，

詔百官通議。中書令鄭羲等皆以爲不可。太尉丕曰：臣謂此法若行，於公私有益。但方有事之月，校比户口，民必勞怨。請過今秋，至冬乃遣使者，於事爲宜。沖曰：民可使由之，不可使知之。《論語》孔子之言。若不因調時，調時，所謂調課之月。民徒知立長校户之勤，未見均徭省賦之益，心必生怨。宜及調課之月，令知賦税之均，既識其事，又得其利，行之差易。羣臣多言：九品差調，爲日已久，九品，上中下各分爲三品，事見一百三十二卷宋明帝泰始五年。一旦改法，恐成擾亂。文明太後曰：立三長則課調有常準，苞蔭之户可出，僥倖之人可止，何爲不可！

甲戌，初立黨、里、鄰三長，定民户籍。民始皆愁苦，豪强者尤不願。既而課調省費十餘倍，上下安之。

（宋）司馬光《資治通鑑》卷一三六《齊紀·武帝永明五年》〔南朝齊永明五年　北魏太和十一年〕甲午，魏主還平城。詔復七廟子孫及外戚緦麻服已上，賦役無所與。也，自太祖已下。緦麻，三月服。五服至緦麻而服盡。

隋唐五代分部

論說

（唐）吴兢《貞觀政要》卷二《論直諫》　貞觀三年，詔關中免二年租税，關東給復一年。尋有敕：已役已納，並遣輸納，明年總爲準折。給事中魏徵上書曰：伏見八月九日詔書，率土皆給復一年。老幼相歡，或歌且舞。又聞有敕，丁已配役，即令役滿折造，餘物亦遣輸了，待明年總爲準折。道路之人，咸失所望。此誠平分百姓，均同七子。但下民難與圖始，日用不足，皆以國家追悔前言，二三其德。臣竊聞之，天之所輔者仁，人之所助者信。今陛下初膺大寶，億兆觀德，始發大號，便有二言。生八表之疑心，失四時之大信。縱國家有倒懸之急，猶必不可。況以泰山之安，而輒行此事！爲陛下爲此計者，於財利小益，於德義大損。臣誠智識淺短，竊爲陛下惜之。伏願少覽臣言，詳擇利益，冒昧之罪，臣所甘心。

簡點使右僕射封德彝等，並欲中男十八已上，簡點入軍。敕三四出，徵執奏以爲不可。德彝重奏：今見簡點者云，次男内大有壯者。太宗怒，乃出敕：中男已上，雖未十八，身形壯大，亦取。徵又不從，不肯署敕。太宗召徵及王珪，作色而待之，曰：中男若實小，自不點入軍。若實大，亦可簡取。於君何嫌？過作如此固執，朕不解公意！徵正色曰：臣聞竭澤取魚，非不得魚，明年無魚。焚林而畋，非不獲獸，明年無獸。若次男已上，盡點入軍，租賦雜徭，將何取給？且比年國家衛士，不堪攻戰。豈爲其少，但爲禮遇失所，遂使人無鬭心。若多點取人，還充雜使，其數雖衆，終是無用。若精簡壯健，遇之以禮，人百其勇，何必在多？陛下每云，我之爲君，以誠信待物，欲使官人百姓，並無矯僞之心。自登極已來，大事三數件，皆是不信，復何以取信於人？太宗愕然曰：所云不信，是何等也？徵曰：陛下初即位，詔書曰：逋私宿債，欠負官物，並悉原免。即令所司，列爲事條，秦府國司，亦非官物，陛下自秦王爲天子，國司不爲官物，其餘物復何所有？又關中免二年租調，關外給復一年。百姓蒙恩，無不歡悦。更有敕旨：今年白丁多已役訖，若彼此放免，並是虚荷國恩，若已折已輸，令總納取了，所免者，皆以來年爲始。散還之後，方更徵收，百姓之心，不能無怪。已徵得物，便點入軍，來年爲始，何以取信？又共理所寄，在於刺史、縣令，常年貌税，並悉委之。至於簡點，即疑其詐僞。望下誠信，不亦難乎？太宗曰：我見君固執不已，疑君蔽此事。今論國家不信，乃人情不通。我不尋思，過亦深矣。行事往往如此錯失，若爲致理？乃停中男，賜金甕一口，賜珪絹五十匹。

（唐）吴兢《貞觀政要》卷二《論直諫》　貞觀五年，治書侍御史權萬紀、侍御史李仁發，俱以告訐譖毁，數蒙引見，任心彈射，肆其欺罔，令在上震怒，臣下無以自安。内外知其不可，而莫能論諍。給事中魏徵正色而奏之曰：權萬紀、李仁發並是小人，不識大體，以譖毁爲是，告訐爲直，凡所彈射，皆非有罪。陛下掩其所短，收其一切。乃騁其姦計，附下罔上，多行無禮，以取强直之名。誣房玄齡，斥退張亮。無所肅厲，徒損聖明。道路之人，皆興謗議。臣伏度聖心，必不以爲謀慮深長。可委以棟梁之任，將以其無所避忌，欲以警厲群臣。若信狎回邪，猶不可以小謀大，羣臣素無矯僞，空使臣下離心。以玄齡、亮之徒，猶不可得伸其枉直，其餘疏賤，孰能免其欺罔？伏願陛下留意再思。自驅使二人以來，有一弘益，臣即甘心斧鉞，受不忠之罪。陛下縱未能舉善以崇德，豈可進姦而自損乎？太宗欣然納之，賜徵絹五百匹。其萬紀又姦狀漸露，仁發亦解黜，萬紀貶連州司馬。朝廷咸相慶賀焉。

（唐）張鷟《龍筋鳳髓判》卷一《倉部後一條》　滄、瀛等州申稱：神龍元年，百姓遭水，奉旨貸半租供漁陽軍，許折明年。又遭澇，免，無租可折。至三年，百姓訴州，以去年合折不許，百姓不伏事。滄、瀛等州，頻遭水澇。泥牛轉盛，滂沛成河；《廣州記》鬱林郡有石牛。歲旱，泥背即雨。洗背，泥盡即晴。石燕争飛，霖霪變浦。《湘中記》零陵山有石燕，得風雨則飛，如真燕。當時奉旨令貸半租，此日蠲科仍聞訴款。准旨有明年之語，

據條無三年之文。以此狐疑，《楚詞》心猶豫而狐疑兮。注：狐多疑而善聽。河冰始合，聽其下不聞水聲，乃敢過。莫能龜決。《史記》：決定諸疑，斷以蓍龜。明年復滂，乃是折空，後歲總徵，元無折處。菖蒲去蚤虱，而蚰蜒竟來；《淮南子》昌羊去蚤虱而來令窮，除小害而致大賊。（注）昌羊，菖蒲也。令窮，蚰蜒，入耳之蟲也。樊石止齲痛，而牙根遽折。《陶宏景本草注》：樊石以療牙痛，多即裂齒，是傷骨之證。而云堅骨齒，誠爲疑也。《釋名》齲，齒朽也。元年許折，明年無租可折，乃是折空。至三年，乃合前二年總徵，是謂元無折處。夫許折若小便，而總徵乃大害，故以菖蒲、礬石事喻之。所益全少，所損愈多，徵一丁之半租，招百姓之深怨。是則國家之信，不及於豚魚；《易》：中孚，豚魚吉。《正義》：信發於中，謂之中孚。魚者，蟲之隱。豚者，獸之微。人主內有誠信，雖微隱之物，信皆及矣，莫不得其所而獲吉。王者之仁，不流於行葦。《詩序》：行葦，忠厚也。周家忠厚，仁及草木。《瑞應圖》：騶虞，仁獸。王者恩及，行葦則見。得原失信，文公之所不爲；《左傳》晋侯圍原，命三日之糧。不降，命去之。諜出，曰：將降矣。軍吏請待之。公曰：信，民之所庇也。得原失信，何以庇吾民。獻鼎棄言，展季由其未許。《新序》：齊攻魯，求岑鼎。鼎往，齊侯不信，使人告魯君：柳下惠以爲是，請受之。柳下惠難之，魯乃以真岑鼎往，柳下惠可謂守信矣。按：柳下惠，姓展，名獲，字禽季，則伯仲字也。有家有國，《論語》：有國有家者。乍可去食而去兵，見《論語》。大車小車不可無輗而無軏。見《論語》。譬如洞庭之嶼，彭蠡之湖，添隻雁不爲之多，去雙鳧不爲之少。楊雄《解嘲》：江湖之崖，渤澥之島，乘雁集，不爲之多；雙鳧飛，不爲之少。貨藏天下，何必前徵而後徵，《韓詩外傳》：晋平公藏貨之臺燬。公子晏賀曰：臣聞王者藏於天下，諸侯藏於百姓。今天降災於藏臺，是君之福也。物寄人閒，終是楚弓而楚得。《家語》：楚共王出游，亡其烏號之弓。左右請求之，王曰：楚人失弓，楚人得之，又何求焉。元貸未折，許折還徵，涣汗發而卻收，《易》：涣汗其大號。《漢書》：劉向云：號令如汗，汗出而不反。今出令而反，是反汗也。絲綸抽而復返。注見《門下省》篇。四方取，則百姓何憑？政在養民，《書·大禹謨》文。理從矜折。

（唐）獨孤及《毗陵集》卷一八《答楊賁處士書》 上德無爲，其次爲而不擾。及爲邦歲朞而人疲如初，終日以貢賦不入獲譴於上官，遂以州比不調之琴，思解弦更張之義，筭口徵賦，以代他征，意欲因有爲以成無爲。爲未著而人已告怨，跡其所以然，無德故也。夫導政齊刑，民猶免而無恥，况權道以反經爲用，去德逾遠，使無怨謗，末由也。已所喜幸，苟有過，吾子知之，貽書見讓，以直諒，相益商也。起予孟孫，愛我吾子，兼之矣。愧辱嘉貺，顧無以當之，三復白圭，欲罷而不能。然來書所陳，富人出萬，今易以千，貧人出百，今亦數倍，富倍優，貧倍苦。竊詳雅旨，事或未然。昨者據保簿數，百姓并浮寄户共有三萬三千，比来應差科者唯有三千五百，其餘二萬九千五百户，蠶而衣，耕而食，不持一錢以助王賦，《詩》不云乎，或燕燕居息，或盡瘁事國。在於是矣。每歲三十萬貫之税，悉鍾於三千五百人之家，謂之高户者，歲出千貫，其次九百八百，其次七百六百貫，以是爲差九等，最下兼本丁租庸，猶輸四五十貫，以此人焉得不日困，事焉得不日蹙。其中尤不勝其任者，焉得不襁負而逃。若以已困之人，已竭之力，杼軸不已，恐州將不存。苟以是爲念，安敢不夙興夕惕，思有以拯之之方。今爲口賦，誠非彝典，意欲以五萬一千人之力，分三千五百家之税，愚謂之可。復使多者用此以爲哀，少者用此以爲益，損有餘補不足之道，實存乎其中。富人貧人，悉令均減，倍優倍苦，何從而生。竊料動摇不安，以遁逃相扇者，不過以規避之户與寄客耳。此輩浮食偷安，久漏差科，惡同均賦税之名，秖思苟免。若編户地著者，雖驅之使逃，亦固不從。今已擇吏分官，以辨其等差，量賦以分其數，懸牓以示之信。若信之不明，分之或過，等差之不均，官吏之不仁，困而後去，誰曰不可。乃未及知歛之薄厚，辨之濟否，望風聆聲，遽告勞而逃，斯豈爲政者之過乎。顧禮義之不愆，孰能恤叛者之言耶。天下無不食王土之臣，寧有不輸王賦之民。此輩飲國之澤，食地之利，將薄歛以助逋賦，則曰挈妻子而去之，是與鳥獸蠻貊，無以異矣。其來既不可以奉征税，其去亦何足以病州縣。違之一邦，亦猶是也。等不爲用，又焉能資隣。然計斯人之徒，亦未必悉然，固或有不去者焉，庶幾其所濟猶大。但不防之於?，拙誠有之，奉教三省躬，敢不知罪。子産鑄刑，書作丘賦，以救鄭國，而獲譏於叔向。及才不如子産，口算不如兵賦，而吾子之言過於叔向之直，中心藏之，何日忘之。簿領拘限，莫由詣展，未見君子馳誠，無極不宣。舒州刺史獨孤及頓首。

（唐）李翱《李文公集》卷三《進士策問》 問：初定兩税時，錢直卑而粟帛貴，粟一斗價盈百，帛一匹價盈二千。税户之歲供千百者，不過粟五十石，帛二十有餘匹而充矣。故國用皆足，而百姓未以爲病。其法弗更，及茲三十年，百姓土田爲有力者所併，三分踰一其初矣，其輸錢數如故。錢直日高，粟帛日卑，粟一斗價不出二十，帛一匹價不出八百。税户之歲供千百者，粟至二百石，帛至八十匹然後可。爲錢數不加，而其税以一爲四，百姓日蹙而散爲商以游，十三四矣。四年春，天子哀之，詔天下守土臣定留州使額錢，其正料米如故，其餘估高下如上供，百姓賴之。以比兩税之初，輕重猶未相似。有何術可使國用富而百姓不虛，游人盡歸於農而皆樂，有力所併者税之如户，而士兵不怨。夫豈無策而臻於是耶，吾子盍悉懷之來告。

（唐）李翱《李文公集》卷九《疏改税法》 臣以爲自建中元年初定兩税，至今四十年矣。當時絹一匹爲錢四千，米一斗爲錢二百，税户之輸十千者，爲絹二匹半而足矣。今税額如故，而粟帛日賤，錢益加重，絹一匹價不過八百，米一斗不過五十，税户之輸十千者，爲絹十有二匹然後可。況又督其錢使之賤賣者耶。假令官雜虛估以受之，尚猶爲絹八匹，乃僅可滿十千之數，是爲比建中之初，爲税加三倍矣。雖明詔屢下，哀恤元元，不改其法，終無所救。然物極宜變，正當斯時，推本弊，乃錢重而督之於百姓之所生也。錢者官司所鑄，粟帛者農之所出，今乃使農人賤賣粟帛，易錢入官，是豈非顛倒而取其無者耶。由是豪家大商，皆多積錢以逐輕重，故農人日困，末業日增，一年水旱，若詔天下，不問遠近，一切令不督見錢，皆納布帛，凡官司出納，以布帛爲准，幅廣不得過一尺九寸，長不過四十尺，比兩税之初，猶爲重加一尺，然百姓自重得輕，必樂而易輸，不敢復望如建中之初矣。行之三五年，臣必知農人漸有蓄積，雖遇一年水旱，未有菜色，父母夫婦，能相保矣。若税法如舊，不速更改，雖神農后稷復生，教人耕織，勤不失時，亦不能躋於充足矣。故臣曰：改税法，不督錢而納布帛，則百姓足。

（唐）白居易《白居易集》卷四《諷諭・杜陵叟》 杜陵叟，杜陵居，歲種薄田一頃餘。三月無雨旱風起，麥苗不秀多黄死。九月降霜秋早寒，禾穗未熟皆青乾。長吏明知不申破，急斂暴徵求考課。典桑賣地納官租，明年衣食將何如？剥我身上帛，奪我口中粟；虐人害物即豺狼，何必鉤爪鋸牙食人肉！不知何人奏皇帝，帝心惻隱知人弊；白麻紙上書德音，京畿盡放今年税。昨日里胥方到門，手持敕牒榜鄉村。十家租税九家畢，虛受吾君蠲免恩。

（唐）白居易《白居易集》卷四三《記序・許昌縣令新廳壁記》 民非政不乂，政非官不舉，官非署不立：是三者相爲用。故古君子有雖一日必葺其牆屋者，以是哉！許昌縣居梁、鄭、陳、蔡間，要路由於斯。當建中、貞元之際，大軍聚於斯：兵殘其民，火焚其邑；大田生荆棘，官舍爲煨燼。乘其弊而爲政作事者其難乎！去年春，叔父自徐州士曹掾選署厥邑令。於是約己以清白，納人以簡直，立事以强毅。以清白，故官吏不敢侵于民；以簡直，故獄訟不得留于庭；以强毅，故軍鎮不能干于縣。由是居二年，民用康，政用暇。乃曰：儲蓄，邦之本，命先營囷倉。又曰：公署，吏所寧，命次圖廳事。取材於土物，取工於子來，取時於農隙；然後豐約量其力，廣狹稱其位；儉不至陋，壯不至驕；庇身無燥濕之憂，視事有朝夕之利。官由是而立，政由是而舉，民由是而乂。建一物而三事成，其孰不韙之哉？嗚呼！吾家世以清簡垂爲貽燕之訓，叔父奉而行之，不敢失墜；小子舉而書之亦無愧辭。若其官邑之省置，風物之有亡，田賦之上下，蓋存乎圖諜，此略而不書。今但記斯廳之時制，與叔父作爲之所由也。先是，邑居不修，屋壁無紀，前賢姓字，湮泯無聞。而今而後，請居厥位者，編其年月名氏，自叔父始。時貞元十九年冬，十月一日記。

（唐）白居易《白居易集》卷六六《判・得江南諸州送庸調，四月至上都。户部科其違限。訴云：冬月運路水淺，故不及春至》 賦納過時，必先問罪；淹恤有故，亦可徵辭。月既及於正陽，事宜歸於宰旅。展如澤國，蓋納地征。歲有入貢之程，敢忘慎守？川無負舟之力，寧免稽遲？苟利涉之惟艱，雖愆期而必宥。地官致詰，虛月其憂；江郡執言，後時可愍。然恐事非靡鹽，辭或憑虛；請驗所届公文，而後可遵令典。

（唐）白居易《白居易集》卷六六《判・得鄉老不輸本户租税。所司

詰之，辭云：年八十餘，歲有頒賜；請預折輸納。所由以無例，不許》

丹制既登，誠宜加惠；歲賦不入，何以奉公？苟布常而是違，雖移用而不可。鄉老年參耆耋，名繫版圖；天賜未頒，且有躁求之請；地征合納，非無苟免之心。曾是徇私，固難違例。況時逢恤老，節合勤王；尚齒肆筵，我歲敦於善養；食毛入賦，爾奚忘於樂輸？受賜任待於時頒，量入難虧於歲杪。不從妄請，誠謂職司。

（唐）元稹《元稹集》卷三六《狀・中書省議賦税及鑄錢等狀》　中書門下奏：據楊於陵等議狀，請天下兩税、榷酒、鹽利等悉以布帛絲綿等物充税，一切徵見錢者。

右，據中書門下狀稱，應徵兩税，起元和十六年已後，並配端匹斤兩之物，以爲税額，不用計錢，令其折納，仍約元和十五年徵納布帛等估回計者。伏以兩税不納見錢，百姓誠爲穩便，或慮土宜不等，恐須更有商量。請令天下州縣，有山野溪洞無布帛絲綿之處，得以九穀百貨，一物已上，但堪本處交易用度者，並許折納。便充留州留使錢數，仍令依當處堪納兩税匹段及雜貨，估價計折輸納。給用之時，並不得令有加擡。臣等又見比來州縣，緣不納見錢，抑令小户數人，並合共成端匹，期會來往，費擾倍多。今請天下州縣有貧下户兩税數少，情願輸納見錢者，亦任穩便。若此，則上無抑配之名，下有樂輸之利，以茲析中，實謂得宜。

又據中書門下狀稱：鹽利酒利，本以榷率計錢，有殊兩税之名，不可除去錢額。但合納見錢者，亦請令折納時估匹段者。伏以糶鹽價錢，自有本使收管，不要州縣條流。至於榷酒利錢，雖則名目不同，其實出於百姓。今天下十分州府，九分是隨兩税均配，其中一分置店沽酒，蓋是分外誅求。一則厚取疲人，二則嚴刑檢下。上供既有定數，餘利並入使司。事實煩苛，法非畫一。今請天下州府榷酒錢，一切據貫配入兩税，仍取兩貫已上户均配，兩貫已下户，不在配限。先有置店沽酒處，並請勒停。若此，則賦斂無名額之煩，貧富有等差之異，人知定准，吏絶因緣，臣等商量，以此爲便。

右，據中書門下狀，欲令諸道公私銅器，各納節度團練等使，令本處軍人鎔鑄。其鑄本請以留州留使錢，年支未用物充，待一年後，鑄銅器盡勒停。其州府有出銅鉛可以廣鑄處，每年與本充鑄者。臣等約計天下百姓有銅器用度者，分數無多，散納諸使，斤兩蓋寡。創置鑪冶，器具頗繁，一年勒停，並是廢物。軍人既未素習，鎔鑄亦恐甚難。又每年留州留使錢額，本約一年用度支留。若待鑄得新錢，然遣當州給用，必恐百事又闕，不應時須。臣等商量，請令諸使諸州一切在所，許百姓以銅器折納税錢，并度支給價收市。每年每季，隨便近有監冶處，據數送納。所冀鑪冶無創置之勞，工匠有素習之便，不煩鑄本，自有利宜。其州府出銅鉛可廣鑄處，請委諸道有銅鉛處長吏，各言利害，具狀申陳，參酌衆情，然議可否。以前據中書門下奏，請令中書門下兩省重議可否聞者。臣等謹議如前，謹録奏聞，伏候敕旨。

（唐）元稹《元稹集》卷三九《狀・論當州朝邑等三縣代納夏陽韓城兩縣率錢狀》　右，准元和十年敕。緣夏陽、韓城兩縣殘破，量減逃户率税，每年攤配朝邑、澄城、郃陽三縣代納錢六百七十九貫九百二十一文，斛斗三千一百五十二碩一斗三升三，草九千九束，零並不計。臣今因令百姓自通田地。落下兩縣蒿荒之外，並據見定頃畝一例徵率。臣然兩縣已減元額税地，請更不令三縣代納差科。

（唐）元稹《元稹集》卷三九《狀・當州税麻》　右，當州從前税麻地七十五頃六十七畝四壟，每年計麻一萬一千八百七十四兩，充州司諸色公用。臣昨因均配地税，尋檢三數十年兩税文案，只見逐年配率，麻地並不言兩税數内爲復數外，既無條敕可憑，臣今一切放免不税。

（唐）元稹《元稹集》卷三九《狀・當州所徵斛斗草及地頭等錢畸零分數》　右，從前所徵斛斗升合之外，又有抄勺圭撮，錢草即有分釐毫銖。案牘交加，不可勘算，人户輸納，元無畸零，麼數所成，盡是姦吏欺没。臣今所徵斛斗並請成合，草並請成分，錢並請成文。在百姓納數，元無所加，於官司簿書，永絶姦詐。其麼數粟、麥、草等，便充填所欠職田等數。其錢當州每畝元税二十文三分六釐。人户元納二十一文整數。臣今只收納二十一文，内分釐零數，將充職田脚錢，二千六百餘貫便足，更不分外攤徵。回姦吏隱欺之贓，除百姓重斂之困，如此處置，庶有利宜。以前件謹具利宜如前。逐縣兩税元額頃畝，并攤配職田分數，及麼成文分合

等錢草斛斗數，謹具分析在前件狀如前。伏以當州田地，鹹鹵瘠薄，兼帶山原，通計十畝，不敵京畿一二。加以檢責年深，貧富偏併，税額已定，徵率轉難。臣昨所奏累年逋懸，其敝實由於此。臣今並已均融抽税，又免配佃職田，閭里之間，稍合蘇息。伏緣請配職田地充百姓永業，事須奉敕處分。然冀永有遵憑，伏望聖慈允臣所奏。謹録奏聞，伏聽敕旨。

（唐）柳宗元《柳宗元集》卷一《捕蛇者説》　韓曰：公謫永州時作。謂當時賦斂毒民，其烈如是。黃曰：苛政猛於虎，孔子過泰山之言也。泰山屬於魯，是時魯之政可謂苛矣。毒賦甚於蛇，柳子在零陵之言也。唐都長安，零陵相去三千五百里，見唐賦所及者遠也。是時，唐之賦可謂毒矣。

永州之野產異蛇，黑質而白章，孫曰：白章，謂白文也。觸草木盡死，以齧人，無禦之者。然得而腊之孫曰：腊，謂乾也。以爲餌，可以已大風、攣踠、瘻、癘，童曰：踠，曲脚也，足疾也。瘻，頸腫也。一曰久創。癘，疫癘也。攣，閭緣切。踠，音宛，又於遠切。瘻，音漏。癘，音癘。去死肌，殺三蟲。其始，太醫以王命聚之，歲賦其二，募有能捕之者，當其租入，永之人爭奔走焉。

有蔣氏者，專其利三世矣。問之，則曰：吾祖死於是，吾父死於是，今吾嗣爲之十二年，幾死者數矣。言之，貌若甚慼者。余悲之，且曰：若毒之乎？若，汝也。余將告於涖事者，更若役，復若賦，則何如？

蔣氏大戚，汪然出涕孫曰：汪然，涕貌。曰：君將哀而生之乎？則吾斯役之不幸，未若復吾賦不幸之甚也。嚮吾不爲斯役，則久已病矣。自吾氏三世居是鄉，積於今六十歲矣，而鄉鄰之生日蹙。殫其地之出，殫，盡也。音單。竭其廬之入，號呼而轉徙，飢渴而頓踣，僵也。音匐。觸風雨，犯寒暑，呼噓毒癘，往往而死者相藉也。藉，徂夜切。曩與吾祖居者，今其室十無一焉；與吾父居者，今其室十無二三焉；與吾居十二年者，今其室十無四五焉，非死而徙爾。而吾以捕蛇獨存。悍吏之來吾鄉，悍，音旱。叫囂呼東西，囂，虚嬌切。一音敖。隳突乎南北，突，他没切。譁而駭者，譁，音華。駭，下揩切。雖雞狗不得寧焉。吾恂恂而起，恂，音荀。視其缶，而吾蛇尚存，則弛然而卧。弛，施氏切。謹食之，食，音飤。時而獻焉。退而甘食其土之有，以盡吾齒。蓋一歲之犯死者二焉，其餘則熙熙而樂，豈若吾鄉鄰之旦旦有是哉！今雖死乎此，比吾鄉鄰之死則已後矣，又安敢毒耶？

余聞而愈悲。孔子曰：苛政猛於虎也。韓曰：孔子過泰山側，有婦人哭於墓而哀。夫子式而聽之，使子路問之，曰：子之哭也，一似重有憂者。而曰：然。昔者吾舅死於虎，吾夫又死焉，今吾子又死焉。夫子曰：何爲不去也？曰：無苛政。夫子曰：小子識之，苛政猛於虎也。文曰：公此篇放《檀弓》苛政之説，以刺當時橫斂之弊，誠爲治者所宜知也。吾嘗疑乎是，今以蔣氏觀之，猶信。嗚呼！孰知賦斂之毒，有甚是蛇者乎！故爲之説，以俟夫觀人風者得焉。

（唐）柳宗元《柳宗元集》卷三一《答元饒州論政理書》　〔韓曰〕考《新》、《舊史》，元姓不見其爲饒州者。《新史·年表》有元洪者，嘗爲饒州刺史，而時不可考。元和間，惟有元積，而傳不載其爲饒州。公此書所與元饒州，未詳其人。《劉禹錫》集中亦有《答元饒州論政理書》，大率其意與公此書同。

奉書，辱示以政理之説及劉夢得書，往復甚善。類非今之長人者之志。長，殿兩切。不唯充賦税養禄秩足己而已，獨以富庶且教爲大任，〔孫曰〕《論語》：子適衛，冉有僕。子曰：庶矣哉！冉有曰：既庶矣，又何加焉？曰：富之。冉有曰：既富矣，又何加焉？曰：教之。甚盛甚盛！孔子曰：吾與回言終日，不違如愚。然則蒙者固難曉，必勞申諭，乃得悦服。用是尚有疑焉。兄所言免貧病者，一無貧字。而不益富者税，此誠當也。乘理政之後，固非若此不可，不幸乘弊政之後，其可爾邪？夫弊政之大，莫若賄賂行而征賦亂。苟然，則貧者無貲以求於吏，貲，即移切。所謂有貧之實〔謂〕下有則字。而不得貧之名；富者操其贏以市於吏，贏，音盈。則無富之名而有富之實。貧者愈困餓死亡而莫之省，富者愈恣橫去聲。侈泰而無所忌。兄若所遇如是，則將信其故乎？是不可懼撓人而終不問也，固必問其實。問其實，則貧者固免而富者固增賦矣，安得持一定之論哉？若曰止免貧者而富者不問，則僥倖者衆，皆挾重利以邀，貧者猶若不免焉。若曰檢富者懼不得實，而不可增焉，則貧者亦不得實，不可免矣。若皆得實，而故縱以爲不均，何哉？孔子曰：不患寡而患不均，不患貧而患不安。今富者税益少，貧者不免於捃拾捃，俱運切。以輸

縣官，其爲不均大矣。然非唯此而已，必將服役而奴使之，多與之田而取其半，或乃出其一而收其二三。主上思人之勞苦，或減除其稅，則富者以户獨免，而貧者以受役，卒輸其二三與半焉。是澤不下流，而人無所告訴，其爲不安亦大矣。夫如是，不定經界、覈名實，而姑重改作，其可理乎？

夫富室，貧之母也，誠不可破壞。然使其大倖而役於下，則又不可。兄云者懼富人流爲工商浮窳，〔孫曰〕窳，墮也。以主切。又音庾。蓋甚急而不均，則有此爾。若富者雖益賦，而其實輸當其十一，猶足安其堵，雖驅之不肯易也。檢之逾精，則下逾巧。誠如兄之言。管子亦不欲以民產爲征，故有殺畜伐木之說。今若非市井之征，則捨其產而唯丁田之間，推以誠質，示以恩惠，嚴責吏以法，如所陳一社一村之制，遞以信相考，安有不得其實？不得其實，則一社一村之制亦不可行矣。是故乘弊政必須一定制，而後兄之說乃得行焉。蒙之所見，及此而已。永州以僻隅，少知人事。兄之所代者誰耶？理歟，弊歟？理，則其說行矣；若其弊也，蒙之說其在可用之數乎？

因南人來，重曉之。其他皆善，愚不足以議，願同夢得之云者兄通《春秋》，取聖人大中之法以爲理。饒之理，小也，不足費其慮。無所論刺，故獨舉均賦之事，以求往復而除其惑焉。不習吏職而强言之，宜爲長者所笑弄。然不如是，則無以來至當之言，蓋明而教之，君子所以開後學也。

又聞兄之涖政三日，舉韓宣英以代己。〔劉曰〕永貞元年十一月，貶韓曄爲饒州司馬，亦坐王叔文之黨也。曄，字宣英。宣英達識多聞而習於事，宜當賢者類舉。今負罪屏棄，凡人不敢稱道其善，又況聞之於大君以二千石薦之哉！是乃希世拔俗，果於直道，斯古人之所難，而兄行之。宗元與宣英同罪，皆世所背馳者也，兄一舉而德皆及焉。祁大夫不見叔向，〔孫曰〕襄二十一年《左氏》：晋囚叔向。祁大夫以言諸公而免之，不見叔向而歸。叔向亦不告免焉而朝。而預知斯舉，下走之大過矣。一本作過大矣。書雖多，言不足導意，故止於此。不宣。宗元再拜。

（唐）沈亞之《沈下賢集》卷一〇《省試策三道》 問：瞻軍國，給公上，出於物力，其賦税之謂耶。煩則擾罷黎，省則乏經用。縉紳多士之論及此也，莫不曰擾農困商，敦本抑末，知倚市者爲弊，樹稼者誠勞。必在乎慎擇臨長之官，加重耕織之出。今牧宰非不選也，而富庶未至；衆貨非不制也，而粟帛猶輕。用何方可以致龔黄蒲密之理，以惠康吾人；用何術可以均衣食緡錢之饒，以利澤南畝。斯上心所注，亟以延問。觀光之士，期爲指刖。

對：百姓之貢輸賦，患不在重，而在於勞逸不均也。今自諜叛以來，農勞而兵逸。其租税所出之名不一，猾吏撓之，後期而輸者，則鞭體出血。若聲仍終不得，蒙不忍欺。故豪農得，以蠹奸賈倍之，而美地農產，盡歸豪奸。益其地，資其利，而賦歲以薄。失其產者，吏督其不奉，而賦歲以重。是以割姻愛，棄墳井，亡之他郡而不顧。亡者之賦又均焉。故農夫蠶婦，蓬徙塵走於天下，而道死者多矣。由是商益豪而農益敗，錢益貴而粟益輕也。

綜述

（唐）李林甫等《唐六典》卷三《尚書户部・户部尚書》 凡賦役之制有四：一曰租，二曰調，三曰役，四曰雜徭。開元二十三年，敕以爲天下無事，百姓徭役務從減省，遂減諸司色役一十二萬二百九十四。課户每丁租粟二石；其調隨鄉土所產綾、絹、絁各二丈；布加五分之一，輸綾、絹、絁者綿三兩，輸布者麻三斤，皆書印焉。若當户不成匹、端、屯、綟者，皆隨近合成。其調麻每年支料有餘，折一斤納粟一斗。凡丁歲役二旬，有閏之年加二日。無事則收其庸，每日三尺；布加五分之一。有事而加役者，旬有五日免其調，三旬則租、調俱免。通正役並不得過五十日。凡庸、調之物，仲秋而斂之，季秋發於州。租則准州土收獲早晚，量事而斂之，仲冬起輸，孟春而納畢；江南諸州從水路運送之處，若冬月水淺上埭難者，四月已後運送。本州納者，季冬而畢。凡諸國蕃胡内附者，亦定爲九等，四等已上爲上户，七等已上爲次户，八等已下爲下户；上户丁税銀錢十文，次户五文，下户免之。附貫經年已上者，上户丁輸羊二口，次户一口，下户三户共一口。無

羊之處，準白羊估折納輕貨。若有征行，令自備鞍馬，過三十日已上者，免當年輸羊。凡内附後所生子，即同百姓，不得爲蕃户也。凡嶺南諸州税米者，上户一石二斗，次户八斗，下户六斗；若夷、獠之户，皆從半輸。輕税諸州、高麗、百濟應差征鎮者，並令免課、役。凡天下諸州税錢各有準常，三年一大税，其率一百五十萬貫；每年一小税，其率四十萬貫，以供軍國傳驛及郵遞之用。每年又别税八十萬貫，以供外官之月料及公廨之用。凡水、旱、蟲、霜爲災害，則有分數：十分損四已上，免租；損六已上，免租、調；損七已收，課、役俱免。若桑、麻損盡者，各免調。若已役、已輸者，聽免其來年。凡丁新附於籍帳者，春附則課、役並徵，夏附則免課從役，秋附則課、役俱免。其詐冒、隱避以免課、役，不限附之早晚，皆徵之。凡丁户皆有優復蠲免之制。諸皇宗籍屬宗正者及諸親，五品已上父祖、兄弟、子孫，及諸色雜有職掌人。若孝子、順孫、義夫、節婦志行聞於鄉閭者，州縣申省奏聞，表其門閭，同籍悉免課役；有精誠致應者，則加優賞焉。

（唐）杜佑《通典》卷六《食貨・賦税》 大唐武德元年，詔曰：宗緒之情，義越常品，宜加惠澤，以明等級。諸宗姓有官者，宜在同列之上；未有職任者，不在徭役之限。二年制：每一丁租二石。若嶺南諸州則税米：上户一石二斗，次户八斗，下户六斗；若夷獠之户，皆從半輸。蕃人内附者，上户丁税錢十文，次户五文，下户免之；附經二年者，上户丁輸羊二口，次户一口，下户三户共一口，凡水旱蟲霜爲災，十分損四分以上免租，損六以上免租調，損七以上課役俱免。六年三月令：天下户量其資產，定爲三等。至九年三月，詔：天下户立三等，未盡升降，宜爲九等。

貞觀二年四月，户部尚書韓仲良奏：王公以下墾田，畝納二升，其粟麥粳稻之屬，各依土地，貯之州縣，以備凶年。

永徽五年二月敕：二年一定户。

龍朔三年秋七月制：衛士八等以下，每年五十八放令出軍，仍免庸調。

武太后長安元年十月詔：天下諸州，王公以下，宜准往例税户。至大曆四年正月制，一例加税。其見任官一品至九品，同上上至下下户等級之數，并寄田、寄莊及前資勳蔭寄住家，一切並税。蓋近如晋宋土斷之類也。上上户四千，每等減五百，至下中七百，下下户至於五百。

開元八年二月，制曰：頃者以庸調無憑，好惡須准，故遣作樣，以頒諸州，令其好不得過精，惡不得至濫。任土作貢，防源斯在。而諸州送物，作巧生端，苟欲副於斤兩，遂則加其丈尺，有至五丈爲疋者，理甚不然。闊尺八寸，長四丈，同文共軌，其事久行。立樣之時，已載此數。若求兩而加尺，甚暮四而朝三。宜令所司簡閲，有踰於比年常例，尺丈過多者，奏聞。二十二年五月敕：定户之時，百姓非商户郭外居宅及每丁一牛，不得將入貨財數。其雜匠及幕士并諸色同類有番役合免征行者，一户之内，四丁以上，任此色役不得過兩人；三丁以上，不得過一人。二十五年定令：諸課户一丁租調，准武德二年之制。其調絹絁布，並隨鄉土所出。絹絁各二丈，布則二丈五尺。輸絹絁者綿三兩，輸布者麻三斤。其絹絁爲疋，布爲端，綿爲屯，麻爲綟。若當户不成疋端屯綟者，皆隨近合成。其調麻每年支料有餘，折一斤輸粟一斗，與租同受。其江南諸州租，並迴造納布。准令，布帛皆闊尺八寸、長四丈爲疋，布五丈爲端，綿六兩爲屯，絲五兩爲絇，麻三斤爲綟。諸丁匠不役者收庸，無絹之鄉，絁布參尺。絁、絹各三尺，布則三尺七寸五分。三月敕：關内諸州庸調資課，並宜准時價變粟取米，送至京，逐要支用。其路遠處不可運送者，宜所在收貯，便充隨近軍糧。其河南、河北有不通水利，宜折租造絹，以代關中調課。

天寶元年正月赦文：如聞百姓之内，有户高丁多，苟爲規避，父母見在，乃别籍異居，宜令州縣勘會。一家之中，有十丁以上者，放兩丁征行賦役；五丁以上者，放一丁。即令同籍共居，以敦風教。其侍丁、孝假者，免差科。

建中元年制：百姓及客等，約丁產，定等第，均率作，年支兩税。其應税斛斗，據大曆十四年見佃青苗地額均税。夏税六月内納畢，秋税十一月内納畢。其舊租庸及諸色名目，一切並停。【略】

諸課役，每年計帳至尚書省，度支配來年事，限十月三十日以前奏訖。若須折受餘物，亦先支料，同時處分。若是軍國所須、庫藏見無者，録狀奏聞，不得便即科下。諸庸調物，每年八月上旬起輸，三十日内畢。

九月上旬各發本州，庸調車舟未發間有身死者，其物卻還。其運腳出庸調之家，任和雇送達。所須裹束調度，折庸調充，隨物輸納。諸租，准州土收穫早晚，斟量路程嶮易遠近，次第分配。本州收穫訖發遣，十一月起輸，正月三十日内納畢。若江南諸州從水路運送，冬月水淺，上埭艱難者，四月以後運送，五月三十日内納了。其輸本州者，十二月三十日内納畢。若無粟之鄉，輸稻麥，隨熟即輸，不拘此限。即納當州未入倉窖及外配未上道有身死者，并卻還。應貯米處，折粟一斛，輸米六斗。其雜折皆隨土毛，准當鄉時價。諸邊遠州有夷獠雜類之所，應輸課役者，隨事斟量，不必同之華夏。諸任官應免課役者，皆待蠲符至，然後注免。符雖未至，驗告身灼然實者，亦免。其雜任被解應附者，皆依本司解時日月據徵。諸春季附者課役並徵，夏季附者免課從役，秋季附者俱免。其詐冒隱避以免課役，不限附之早晚，皆徵發當年課役。逃亡者附亦同之。諸人居狹鄉樂遷就寬鄉者，去本居千里外復三年，五百里外復二年，三百里外復一年。一遷之後，不得更移。諸沒落外蕃得還者，一年以上復三年，二年以上復四年，三年以上復五年。外蕃之人投化者復十年。諸部曲、奴婢放附户貫復三年。諸孝子、順孫、義夫、節婦志行聞於鄉閭者，申尚書省奏聞，表其門閭，同籍悉免課役。諸丁匠歲役工二十日，有閏之年加二日。須留役者，滿十五日免調，三十日租調俱免，從日少者見役日折免。通正役並不過五十日。正役謂二十日庸也。

天寶三年制：每歲庸調徵收，延至九月三十日。五年制：天下百姓單貧交不存濟者租庸，每鄉通放三十丁。其年五月，停郡縣官白直課錢，但計數多少，同料錢加税充用。即應差丁充白直并停。

按天寶中天下計帳，户約有八百九十餘萬，其税錢約得二百餘萬貫。大約高等少，下等多，今一例爲八等以下户計之。其八等户所税四百五十二，九等户則二百二十二。今通以二百五十爲率。自七載至十四載六七年間，與此大數，或多少加減不同，所以言約，他皆類此。其地税約得千二百四十餘萬石。兩漢每户所墾田不過七十畝，今亦准此約計數。課丁八百二十餘萬，其庸調租等約出絲綿郡縣計三百七十餘萬丁，庸調輸絹約七百四十餘萬疋，每丁計兩疋。綿則百八十五萬餘屯，每丁三兩，六兩爲屯，則兩丁合成一屯。租粟則七百四十餘萬石。每丁兩石。約出布郡縣計四百五十餘萬丁，庸調輸布約千三十五萬餘端。每丁兩端一丈五尺，十丁則二十三端也。其租：約百九十餘萬丁江南郡縣，折納布約五百七十餘萬端。大約八等以下户計之，八等折租，每丁三端一丈，九等則二端二丈，今通以三端爲率。二百六十餘萬丁江北郡縣，納粟約五百二十餘萬石。大凡都計租税庸調，每歲錢粟絹綿布約得五千二百三十餘萬端疋屯貫石，諸色資課及句剥所獲不在其中。據天寶中度支每歲所入端屯疋貫石都五千七百餘萬，計税錢地税庸調折租得五千三百四十餘萬端疋屯，其資課及句剥等當合得四百七十餘萬。其度支歲計，粟則二千五百餘萬石，三百萬折充絹布，添入兩京庫。三百萬迴充米豆，供尚食及諸司官廚等料，並入京倉。四百萬江淮迴造米轉入京，充官禄及諸司糧料。五百萬留當州官禄及遞糧。一千萬諸道節度軍糧及貯備當州倉。布絹綿則二千七百餘萬端屯疋，千三百萬入西京，一百萬入東京，千三百萬諸道兵賜及和糴，并遠小州使充官料郵驛等費。錢則二百餘萬貫。百四十萬諸道州官課料及市驛馬，六十餘萬添充諸軍州和糴軍糧。

自開元中及於天寶，開拓邊境，多立功勳，每歲軍用日增。其費糴米粟則三百六十萬疋段，朔方、河西各八十萬，隴右百萬，伊西、北庭八萬，安西十二萬，河東節度及羣牧使各四十萬。給衣則五百二十萬，朔方百二十萬，隴右百五十萬，河西百萬，伊西、北庭四十萬，安西五十萬，河東節度四十萬，羣牧二十萬。別支計則二百一十萬，河東五十萬，幽州、劍南各八十萬。餽軍食則百九十萬石。河東五十萬，幽州、劍南各七十萬。大凡一千二百六十萬，開元以前每歲邊夷戎所用不過二百萬貫，自後經費日廣，以至於此。而錫賚之費此不與焉。其時錢穀之司，唯務割剥，迴殘賸利，名目萬端，府藏雖豐，閭閻困矣。尚書省度支，總天下經費。自安禄山反，至德、乾元之際，置度支使。永泰之後，度支罷使，置轉運使以掌其外。度支以掌於内。建中初，又罷轉運使，復歸度支。分命黜陟使往諸道收户口及錢穀名數，每歲天下共斂三千餘萬貫，其二千五十餘萬貫以供外費，九百五十餘萬貫供京師；税米麥共千六百餘萬石，其二百餘萬石供京師，千四百萬石給充外費。

《舊唐書》卷四三《職官志》　〔户部〕郎中、員外郎之職，掌分理户口、井田之事。凡天下十道，任土所出，爲貢賦之差。凡天下之州府，三百一十有五，而羈縻之州，迨八百焉。四萬户已上爲上州，二萬户以上爲中州，不滿爲下州。凡三都之縣，在内曰京縣，城外曰畿，又望縣有八

十五焉。其餘則六千户以上爲上縣，二千户已上爲中縣，一千户已上爲中下縣，不滿一千户皆爲下縣。凡天下之户，八百一萬八千七百一十，口四千六百二十八萬五千一百六十一。百户爲里，五里爲鄉。兩京及州縣之郭內，分爲坊，郊外爲村。里及坊村皆有正，以司督察。四家爲鄰，五鄰爲保。保有長，以相禁約。凡男女，始生爲黄，四歲爲小，十六爲中，二十有一爲丁，六十爲老。每一歲一造計帳，三年一造户籍。縣以籍成于州，州成于省，户部總而領焉。凡天下之户，量其資定爲九等，每定户以仲年，造籍以季年。州縣之籍，恒留五比，省籍留九比。凡户之兩貫者，先從邊州爲定，次從關內，次從軍府州。若俱者，各從其先貫焉。樂住之制：居狹鄉者，聽其從寬。居遠者，聽其從近。居輕役之地者，聽其從重。辨天下之四人，使各專其業。凡習學文武者爲士，肆力耕桑者爲農，巧作器用者爲工，屠沽興販者爲商。工商之家，不得預於士。食禄之人，不得奪下人之利。凡天下之田，五尺爲步，步二百有四十爲畝，畝百爲頃。度其肥瘠寬狹，以居其人。凡給田之制有差，園宅之地亦如之。凡給口分田，皆從便近。居城之人，本縣無田者，則隔縣給授。凡應收授之田，皆起十月，畢十二月。凡授田，先課後不課，先貧後富，先多後少。凡州縣界內所部，受田悉足者，爲寬鄉，不足者爲狹鄉。凡官人及勳，授永業田。凡天下諸州有公廨田，凡諸州及都護府官人有職分田。凡賦役之制有四：一曰租，二曰調，三曰役，四曰雜徭。課户每丁租粟二石。其調，隨鄉土所産綾絹絁各二丈，布加五分之一。輸綾絹絁者，綿三兩。輸布者，麻三斤。皆書印焉。凡丁，歲役二旬。無事則收其庸，每日三尺。有事而加役者，旬有五日免調，三旬則租調俱免。凡庸調之物，仲秋斂之，季秋發於州。租則準州土收穫早晚，量事而斂之。仲冬起輸，孟春而納畢。本州納者，季冬而畢。凡諸國蕃胡內附者，亦定爲九等。凡嶺南諸州税米，及天下諸州税錢，各有準常。凡丁户皆有優復蠲免之制。若孝子順孫、義夫節婦志行聞於鄉閭者，州縣申省奏聞，而表其門閭，同籍悉免課役。有精誠致應者，則加優賞焉。

《舊唐書》卷四八《食貨志》

二十二年五月，敕：定户口之時，百姓非商户郭外居宅及每丁一牛，不得將入貨財數。其雜匠及幕士幷諸色同類，有蕃役合免征行者，一户之內，四丁已上，任此色役不得過兩人，三丁已上，不得過一人。其年七月十八日，敕：自今已後，京兆府關內諸州，應徵庸調及資課，並限十月三十日畢。至天寶三載二月二十五日赦文：每載庸調八月徵，以農功未畢，恐難濟辦。自今已後，延至九月三十日爲限。

二十五年三月，敕：關輔庸調，所税非少，既寡蠶桑，皆資菽粟，常賤糶貴買，損費逾深。又江淮等苦變造之勞，河路增轉輸之弊，每計其運脚，數倍加錢。今歲屬和平，庶物穰賤，南畝有十千之獲，京師同水火之饒，均其餘以減遠費，順其便使農無傷。自今已後，關內諸州庸調資課，並宜準時價變粟取米，送至京逐要支用。其路遠處不可運送者，宜所在收貯，便充隨近軍糧。其河南、河北有不通水利，宜折租造絹，以代關中調課。所司仍明爲條件，稱朕意焉。

天寶元年正月一日赦文：如聞百姓之內，有户高丁多，苟爲規避，父母見在，乃别籍異居。宜令州縣勘會。其一家之中，有十丁已上者，放兩丁征行賦役；五丁已上，放一丁。即令同籍共居，以敦風教。其侍丁孝假，免差科。

廣德元年七月，詔：一户之中，三丁放一丁。庸調地税，依舊每畝税二升。天下男子，宜二十三成丁，五十八爲老。

永泰元年五月，京兆麥大稔，京兆尹第五琦奏請每十畝官税一畝，效古什一之税。從之。

二年五月，諸道税地錢使、殿中侍御史韋光裔等自諸道使還，得錢四百九十萬貫。乾元以來，屬天下用兵，京師百僚俸錢減耗。上即位，推恩庶僚，下議公卿。或以税畝有苗者，公私咸濟。乃分遣憲官，税天下地青苗錢，以充百司課料。至是，仍以御史大夫爲税地錢物使，歲以爲常，均給百官。

大曆四年正月十八日，敕有司：定天下百姓及王公已下每年税錢，分爲九等：上上户四千文，上中户三千五百文，上下户三千文；中上户二千五百文，中中户二千文，中下户一千五百文；下上户一千文，下中户七百文，下下户五百文。其見官，一品準上上户，九品準下下户，餘品

並準依此户等税。若一户數處任官，亦每處依品納税。其內外官，仍據正員及占額內闕者税。其試及同正員文武官，不在税限。其百姓有邸店行鋪及鑪冶，應準式合加本户二等税者，依此税數勘責徵納。其寄莊户，準舊例從八等户税，寄住户從九等户税，比類百姓，事恐不均，宜各遞加一等税。其諸色浮客及權時寄住户等，無問有官無官，各所在爲兩等收税。稍殷有者準八等户，餘準九等户。如數處有莊田，亦每處税。諸道將士莊田，既緣防禦勤勞，不可同百姓例，並一切從九等輸税。

其年十二月，敕：今關輔墾田漸廣，江淮轉漕常加，計一年之儲，有太半之助，其於税地，固可從輕。其京兆來秋税，宜分作兩等，上下各半，上等每畝税一斗，下等每畝税六升。其荒田如能佃者，宜準今年十月二十九日敕，一切每畝税二升。仍委京兆尹及令長一一存撫，令知朕意。

五年三月，優詔定京兆府百姓税。夏税，上田畝税六升，下田畝税四升。秋税，上田畝税五升，下田畝税三升。荒田開佃者，畝率二升。

八年正月二十五日，敕：青苗地頭錢，天下每畝率十五文。以京師煩劇，先加至三十文，自今已後，宜準諸州，每畝十五文。

建中元年二月，遣黜陟使分行天下，其詔略曰：户無主客，以見居爲簿。人無丁中，以貧富爲差。行商者，在郡縣税三十之一。居人之税，秋夏兩徵之。各有不便者，三之。餘征賦悉罷，而丁額不廢。其田畝之税，率以大曆十四年墾數爲準。徵夏税無過六月，秋税無過十一月。違者進退長吏。令黜陟使各量風土所宜、人户多少均之，定其賦，尚書度支總統焉。

三年五月，淮南節度使陳少游請於本道兩税錢每千增二百，因詔他州悉如之。

八年四月，劍南西川觀察使韋皋奏請加税什二，以增給官吏，從之。

《舊唐書》卷六八《楊炎傳》 初定令式，國家有租賦庸調之法。開元中，玄宗修道德，以寬仁爲理本，故不爲版籍之書，人户寖溢，隄防不禁。丁口轉死，非舊名矣；田畝移换，非舊額矣；貧富升降，非舊第矣。户部徒以空文總其故書，蓋得非當時之實。舊制，人丁戍邊者，蠲其租庸，六歲免歸。玄宗方事夷狄，戍者多死不返，邊將怙寵而諱，不以死申，故其貫籍之名不除。至天寶中，王鉷爲户口使，方務聚斂，以丁籍且存，則丁身焉往，是隱課而不出耳。遂案舊籍，計除六年之外，積徵其家三十年租庸。天下之人苦而無告，則租庸之法弊久矣。迨至德之後，天下兵起，始以兵役，因之饑癘，徵求運輸，百役並作，人户凋耗，版圖空虛。軍國之用，仰給於度支、轉運二使；四方征鎮，又自給於節度、都團練使。賦斂之司數四，而莫相統攝，於是綱目大壞，朝廷不能覆諸使，諸使不能覆諸州，四方貢獻，悉入內庫。權臣猾吏，因緣爲姦，或公託進獻，私爲贓盜者動萬萬計。河南、山東、荆襄、劍南有重兵處，皆厚自奉養，王賦所入無幾。吏職之名，隨人署置；俸給厚薄，由其增損。故科斂之名凡數百，廢者不削，重者不去，新舊仍積，不知其涯。百姓受命而供之，瀝膏血，鬻親愛，旬輸月送無休息。吏因其苛，蠶食于人。凡富人多丁者，率爲官僧，以色役免；貧人無所入則丁存。故課免於上，而賦增於下。是以天下殘瘁，蕩爲浮人，鄉居地著者百不四五，如是者殆三十年。

炎因奏對，懇言其弊，乃請作兩税法，以一其名，曰：凡百役之費，一錢之斂，先度其數而賦於人，量出以制入。户無主客，以見居爲簿；人無丁中，以貧富爲差。不居處而行商者，在所郡縣税三十之一，度所與居者均，使無僥利。居人之税，秋夏兩徵之，俗有不便者正之。其租庸雜徭悉省，而丁額不廢，申報出入如舊式。其田畝之税，率以大曆十四年墾田之數爲準而均徵之。夏税無過六月，秋税無過十一月。逾歲之後，有户增而税減輕，及人散而失均者，進退長吏，而以尚書度支總統焉。德宗善而行之，詔諭中外。而掌賦者沮其非利，言租庸之令四百餘年，舊制不可輕改。上行之不疑，天下便之。人不土斷而地著，賦不加斂而增入，版籍不造而得其虛實，貪吏不誡而姦無所取。自是輕重之權，始歸於朝廷。

（宋）王溥《唐會要》卷八三《租税上》 舊制，凡賦役之制有四：一曰租，二曰調，三曰役，四曰雜徭。開元二十三年敕，以爲今天下無事，百姓徭役，務從減省，遂減諸司色役一十二萬二百九十四人。

武德二年二月十四日制，每丁租二石，絹二丈，綿三兩，自茲以外，不得橫有調斂。

七年三月二十九日，始定均田賦税，凡天下丁男，給田一頃；篤疾廢疾，給四十畝；寡妻妾，三十畝；若爲户者，加二十畝。所授之田，十分之二分爲世業，餘以爲口分。世業之田，身死則承户者授之，口分則收入官，更以給人。每丁歲入粟二石，調則隨鄉土所産，綾絹絁各二丈，布加五分之一，輸綾絹絁者，兼調綿三兩，輸布者，麻三觔。凡丁，歲役二旬，若不役，則收其傭，每日三尺，有事而加役者，旬有五日，免其調，三旬則租調俱免，通正役不過五十日。若夷獠之户，皆從半税。凡水旱蟲傷爲災，十分損四已上，免租；損六已上，免調；損七已上，課役俱免。

貞觀十一年，侍御史馬周上疏曰：自古明王聖主，雖因人設教，寬猛隨時，而大要惟以節儉于身，恩加於人，二者是務。今百姓承喪亂之後，比于隋時，纔十分之一，而供官徭役，道路相繼，兄去弟還，首尾不絶，春秋冬夏，略無休時。陛下雖每有恩詔，令其減省，而有司作既不廢，自然須人徒，行文書役之如故，臣每訪問，四五年來，百姓頗有嗟怨之言，以爲陛下不存養之。今京師及益州諸處，營造供奉器物，并諸王之服飾，議者皆不以心儉，陛下少處人間，知百姓辛苦，前代成敗，目所親見，而猶如此，而皇太于生長深宫，不更外事，萬歲之後，固聖心所當憂也。凡修政教，當修之於可修之時，若事變一起，而後悔之，則無益也。故人主每見前代之亡，則知其政教之所由喪，而皆不知其身之失。是以殷紂笑夏桀之亡，而幽厲亦笑殷紂之滅。京房云：後之視今，亦猶今之視古。此言不可不誡也。往者，貞觀之初，率土荒儉，一匹絹纔得一斗粟，而天下帖然，百姓知陛下憂憐之，故人人自安，曾無怨讟。自五六年來，頻歲豐稔，一匹絹得粟十餘石，百姓皆以爲陛下不憂憐之，咸有怨言，以今所營爲者，頗多不急之務故也。自古已來，國之興亡，不由蓄積多少，唯在百姓苦樂。且以近事驗之，隋室貯洛口倉，而李密因之；東都積布帛，而王世充據之；西京府庫，亦爲國家之用，至今未盡。向使洛口東都無粟帛，則王世充、李密，未必能聚大衆。但積貯者，固是有國之常事，要當人有餘力，而後收之，豈人勞而强斂之，更以資寇，積之無益也。然儉以息人，貞觀之初，陛下以躬爲之，故今行之不難也。若人既勞矣，而用之不息，倘中國被水旱之災，邊方有風塵之警，狂狡因之以竊發，則有不可測之事矣。以陛下之明誠，欲勵精爲政，不煩遠求上古之術，但返貞觀之初，則天下幸甚。

永淳元年，太常博士裴守真上表曰：夫穀帛者，非造化不育，非人力不成，一夫之耕，纔兼數口，一婦之織，不贍一家，賦調所資，軍國之急，煩徭細役，並出其中，黠吏因公以貪求，豪强恃私而逼掠，以此取濟，民無以堪。又以征戍闊遠，土木興作，丁匠疲于往來，餉饋勞于轉運，微有水旱，道路遑遑，豈不以課税殷繁，素無儲積故也。夫大府積天下之財，而國用有缺，少府聚天下之伎，而造作不息，司農治天下之粟，而倉庾不充，太僕掌天下之馬，而中厩不足，此數司者，役人有萬數，費損無限極，調廣人竭，用多獻少，奸僞由此而生，黎庶緣斯而苦，此有國之大患也。

開元八年正月二十日敕：頃者，以庸調無憑，好惡須準，故遣作樣，以頒諸州，令其好不得過精，惡不得至濫，任土作貢，防源斯在，而諸州送物，作巧生端，苟欲副于斤兩，遂則加其丈尺，至有五丈爲匹者，理甚不然，闊一尺八寸，長四丈，同文共軌，其事久行，立樣之時，亦載此數，若求兩而加尺，甚暮四而朝三，宜令所司簡閲，有踰于比年常例，丈尺過多，奏聞。

十六年七月敕：諸州租及地税等，宜令州縣長吏專勾當，依限徵納訖，具所納數，及徵官名品申省，如徵納違限，及檢覆不實，所由官並先與替，仍准法科懲。

二十二年五月十三日敕：定户之時，百姓非商户，郭外居宅，及每丁一牛，不得將入貨財數，其雜匠及幕士，并諸色同類有番役，合免征行者，一户之内，四丁已上，任此色役，不得過兩人，三丁已上，不得過一人。

其年七月十八日敕：自今已後，京兆府關内諸州，應徵庸調及資課，并限十月三日畢至。天寶三載三月二十五日赦文，每載庸調，八月徵收，農功未畢，恐難濟辦，自今已後，延至九月三十日爲限。

二十五年三月三日敕：關輔庸調，所税非少，既寡蠶桑，皆資菽粟，

常賤糴貴買，損費逾深，又江淮苦變造之勞，河路增轉輸之弊，每計其運腳，數倍加錢。今歲屬和平，庶物穰賤，南畝有十千之獲，京師同水火之饒，均其餘以減遠費，順其便使農無傷。自今已後，關内諸州庸調資課，並宜准時價變粟取米，送至京，逐要支用，其路遠處，不可運送者，宜所在收貯，便充隨近軍糧，其河南河北，有不通水利，宜折租造絹，以代關中調課，所司仍明爲條件，稱朕意焉。

二十九年二月十二日敕：自今已後，應緣納物，或有濫惡者，更不徵折估，但明爲殿最，責在所由者，請准二十七年二月七日敕，起請條析處分。

天寶元年正月一日赦文，如聞百姓之内，有户高丁多，苟爲規避，父母現在，乃别籍異居，宜令州縣勘會，其一家之中，有十丁已上者，放兩丁征行賦役，五丁已上者放一丁，即令同籍共居，以敦風教，其侍丁孝假，與免差科。

九載十二月敕：自今已後，天下兩稅，其諸色輸納官典，受一錢已上，並同枉法贓論，官人先解見任，典正等先決四十，委採訪使巡察，若不能舉按者，採訪使别有處分。

廣德元年七月十一日制，一户之中，有三丁，放一丁，庸調地稅依舊。

大歷四年正月十八日敕：天下及王公已下，自今已後，宜准度支長行旨條，每年稅錢，上上户四千文，上中户三千五百文，上下户三千文，中上户二千五百文，中中户二千文，中下户一千五百文，下上户一千文，下中户七百文，下下户五百文。其現任官一品，准上上户稅，九品准下下户稅，餘品並准依此户等稅。若一户數處任官，亦每處依品納稅，其内外官，仍據正員及占額内闕者稅，其試及同正員文武官，不在稅限，其百姓有邸店行鋪及爐冶，應准式合加本户二等稅者，依此稅數勘責徵納，其寄莊户，准舊例從八等户稅，寄住户從九等户稅，比類百姓，事恐不均，宜各遞加一等稅，其諸色浮客及權時寄住户等，無問有官無官，亦所在爲兩等收稅，稍殷有者，准八等户稅，餘准九等户稅，如數處有莊田，亦每處納稅，諸道將士莊田，既緣防禦勤勞，不可同百姓例，並一切從九等輸稅。

八年正月二十五日敕：青苗地額錢，天下每畝率十五文，以京師煩劇，先加至三十文，自今已後，宜准諸州每畝十五文。

十四年五月，内莊宅使奏：州府没入之田，有租萬四千餘斛，官中主之爲冗費，上令分給所在，以爲軍儲。

建中元年正月五日赦文：宜委黜陟使與觀察使及刺史轉運所由，計百姓及客户，約丁産，定等第，均率作，年支兩稅，如當處土風不便，更立一限，其比來徵科色目，一切停罷，至二月十一日起請條請，令黜陟觀察使及州縣長官，據舊徵稅數，及人户土客定等第錢數多少，爲夏秋兩稅，其鰥寡惸獨不支濟者，准制放免，其丁租庸調，並入兩稅，州縣常存丁額，准式申報。其應科斛斗，請據大歷十四年見佃青苗地額均稅，夏稅六月内納畢，秋稅十一月内納畢，其黜陟使每道定稅訖，具當州府應稅都數，及徵納期限，并支留合送等錢物斛斗，分析聞奏，并報度支、金部、倉部、比部。其月，大赦天下，遣黜陟使觀風俗，仍與觀察使刺史計人産等級爲兩稅法，此外斂者，以枉法論。

其年八月，宰相楊炎上疏奏曰：國家初定令式，有租賦庸調之法。至開元中，元宗修道德，以寛仁爲治本，故不爲版籍之書，人户寖溢，隄防不禁，丁口轉死，非舊名矣，田畝移换，非舊額矣，貧富升降，非舊第矣，户部徒以空文，總其故書，蓋非得當時之實。舊制，人丁戍邊者，蠲其租庸，六歲免歸，元宗方事夷狄，戍者多死不返，邊將怙寵而諱敗，不以死申，故其貫籍之名不除。至天寶中，王鉷爲户口使，方務聚斂，以丁籍且存，則丁身焉往，是隱課而不出耳，遂按舊籍，計除六年之外，積徵其家三十年租庸。天下之人，苦而無告，則租庸之法，弊久矣。迨至德之後，天下兵起，始以兵役，因之飢癘，徵求運輸，百役並作，人户凋耗，版圖空虚，軍國之用，仰給于度支轉運二使，四方大鎮，又自給於節度團練，使賦斂之司，增數而莫相統攝，於是綱目大壞，朝廷不能覆諸使，諸使不能覆諸州，四方貢獻，悉入内庫，權臣猾吏，緣以爲奸，或公託進獻，私爲贓盗者，動以萬計，有重兵處，皆厚自奉養，正賦所入無幾，吏之職名，隨人署置，俸給厚薄，由其增損，故科斂之名凡數百，廢者不

削，重者不去，新舊仍積，不知其涯，百姓受命而供之，旬輪月送，無有休息，吏因其苛，蠶食於人。凡富人多丁，率爲官爲僧，以色役免，貧人無所入，則丁存，故課免於上，而賦增於下，是以天下殘瘁，蕩爲浮人，鄉居地著者，百不四五。如是者迨三十年，炎遂請作兩税法，以一其名，曰，凡百役之費，一錢之斂，先度其數，而賦於人，量出以制入，户無土客，以見居爲簿，人無丁中，以貧富爲差，不居處而行商者，在所州縣税三十之一，度所取與居者均，使無僥倖，居人之税，秋夏兩徵之，俗有不便者，正之，其租庸雜徭，悉省而丁額不廢，申報出入，如舊式，其田畝之税，率以大歷十四年墾田之數爲准，而均徵之，夏税無過六月，秋税無過十一月，逾歲之後，有户增而税減輕，及人散而失均者，進退長吏，而以度支總統之。德宗善而行之。

三年五月，初加税，時淮南節度使陳少游，請于當道兩税錢，每一千加税二百，度支因請諸道悉如之。

貞元二年正月詔：天下兩税錢，委本州揀擇官典送上都，其應定色目程限腳價錢物，委度支條流聞奏。

四年正月一日赦文：其京兆府今年已後，准當府每年敕額，應合給用錢物斛斗及草者，宜便於兩税内比諸州府例剋留，免其重疊請受，餘送納度支，其河南府亦宜准此。

八年四月，劍南西川觀察使韋皋奏，請加税什二，以增給官吏，從之。

十二年十月，虢州刺史崔衍奏，所部多是山田，且當郵傳衝要，屬歲不稔，頗有流離，舊額賦租，特乞蠲減，臣伏見比來諸州，諭百姓間事，患在長吏因循，不爲申請，不患陛下不優恤，患在申請不指實，不患朝廷不矜放，有以不言受譴者，未有以言得罪者，陛下授臣以疲民，臣用不敢迴顧，苟求自安，敢罄狂聲，上瀆聰聽，辭理切直，爲時所稱。

元和四年十二月，度支奏，諸州府應供上都兩税匹段，及留使留州錢物等，自元和四年已後，據州縣官正料錢，數内一半，任依省估例徵納見錢支給，仍先以都下兩税户合納見錢充，如不足，即於當州兩税錢内，據貫均配支給，其餘留使留州雜給用錢，即合委本州府並依送省輕貨中，估折納匹段充。如本户税錢校少，不成端匹者，任折納絲綿充數，如舊例徵納雜物斛斗支用者，即任准舊例處分，應帶節度觀察使州府，合送上都兩税錢，既須差綱發遣，其留使錢，又配管内諸州供送，事頗重疊。其諸道留使錢，各委節度觀察使，先以本州舊額留使及送上都兩税錢充，如不足，即於管内諸州兩税錢内，據貫均配，其諸州舊額供使錢，即隨夏税日限收，送上都度支收入，次年旨符，便爲定制，伏以諸道兩税，徵斂不常。閭井之間，頗聞困弊，臣今類會如前。敕旨：自今已後，送省及留使匹段，不得剝徵折估錢，其供軍醬菜等價直，合以留州使錢充者，亦令見錢匹段均納，仍具每州每使合納見錢數，及州縣官俸料内一半見錢數，同分析聞奏，仍使編入今年旨條，以爲常制，餘依。先是，方鎮皆以實估斂于人，虚估聞於上，宰相裴垍俾有司奏請釐革，今受其賜。

五年正月，度支奏：諸州府見錢，准敕宜於管内州據都徵錢數，逐貫均配，其先不徵見錢州郡，不在分配限，都配定一州見錢數，任刺史看百姓穩便處置，其敕文不加減者，即准州府所申爲定額，如於敕額見錢外，輒擅配一錢，及納物不依送省中估，刺史縣令録事參軍，請與節級科貶。

六年二月制：編户之征，既有藝極，字甿之要，當恤有無，苟徵斂之不時，則困弊之無日，近緣諸州送使錢物，迴充上供，合送使司，又立程限，所以每至歲首，給用無資，不免量抽夏税，新陳未接，營辦尤難，委觀察使且以供軍錢，方圓借使，輒不得量抽百姓，夏貢有差，先乎任土，周幣殊等，實在便民，近日所徵布帛，並先定物樣，一例作中估受納，精粗不等，退換者多，轉將貨賣，皆致損折，其諸道留使留州錢數内絹帛等，但得有用處，隨其高下約中估物價優饒與納，則私無棄物，官靡逋財，其所納見錢，仍許五分之中，量徵二分，餘三分兼納實估匹段。先是，天下百姓輸賦于府，一曰上供，二曰送使，三曰留州，自建中初定税，時貨重錢輕，是後貨輕錢重，齊人所出，固已倍其初征矣，其留州送使，所在長吏，又降省估使就實估，以自封殖，而重賦於人。及裴垍爲相，奏請天下留州送使物，一切令依省估，其所在觀察使，仍以其蒞之郡租賦自給，若不足，然後許徵于支郡，其諸州送使額，悉變爲上供，故疲

民稍息肩。

其年六月，令京兆府，其兩稅宜以粟麥絲絹等折納。

十一年六月，京兆府奏：今年諸縣夏稅，折納綾絹絁紬絲綿等，並請依本縣時價，祇定上中二等，每匹加饒二百文，綿每兩加饒二十文，其下等物，不在納限，小户本錢不足，任納絲綿斛㪷，須是本户，如非本户，輒合集錢買成匹段代納者，所由決十五，枷項令衆。敕旨：依奏。

十四年二月敕，如聞諸道州府長吏等，或有本任得替後，遂於當處買百姓莊園舍宅，或因替代情弊，便破定正額兩稅，不出差科，今後有此色，并勒依元額爲定。

（宋）王溥《唐會要》卷八四《租稅下》 元和十五年八月，中書門下奏，伏準今年閏正月十七日敕，令百僚議錢貨輕重者，今據羣官户部尚書楊於陵等，伏請天下兩稅榷鹽酒利等，悉以布帛絲綿，任土所産物充稅，並不徵見錢，則物漸重，錢漸輕，農人見免賤賣匹帛者，伏以群官所議，事皆至當，深利公私，請商量付度支，據諸州府應徵兩稅，供上都及留州留使舊額，起元和十年以後，並改配端匹觔兩之物爲稅額，如大歷以前租庸課調，不計錢，令其折納，使人知定制，供辦有常，仍約元和十五年徵納布帛等估價，其有舊納虛估物，與依虛估物迴計。如舊納實估物，並見錢，即于端匹斤兩上，量加估價迴計，變法在長其物價，價長則永利公私，初雖微有加饒，法行即當就實，比舊給用，固利而不害，仍作條件處置，編入旨符，其鹽利酒利，本以榷率計錢，有殊兩稅之名，不可除去錢額，但舊額中有令納見錢者，亦請令折納時估匹段，官既不專以錢爲稅，人得以所産用輸，則錢貨必均其輕重，隴畝自廣於蠶織，便時惠下，庶得其宜，其土乏絲麻，或地連邊塞，風俗既異，賦入不同，請商量委所司裁酌，隨便宜處置。敕旨：宜依。

太和二年二月，興元尹王涯奏，興元府南鄭兩稅錢額素高，每年徵科，例多懸欠，今請於管内四州均攤，代納二千五百貫文，配蓬州七百五十貫，集州七百五十貫，通州五百貫，巴州五百貫。敕旨：宜付所司。

四年五月敕：劍南西川宣撫使諫議大夫崔戎奏：准詔旨制置西川事條，今與郭釗商量，兩稅錢數内三分，二分納見錢，一分折納匹段，每二貫加饒百姓五百文，計一十三萬四千二百四十三貫文，依此曉諭百姓訖，經賊州縣，准詔三分減放一分，計減錢六萬七千六百二十貫文，不經賊處，先徵見錢令三分，一分折納雜物，計優饒百姓一十三萬，舊有稅薑芋之類，每畝至七八百，徵斂不時，今併省稅名，盡依諸處爲四限等第，先給户帖，餘一切名目敕停。敕旨：宜依。

六年，天平軍奏，請起元和七年，歲供兩稅榷酒等錢十五萬貫，粟五萬石。自元和末，收復李師道十二州，朝廷不安反側，征賦所入，盡留贍軍，至是方歸王府。

開成二年二月敕節文，諸州府或遇水旱，有欠稅額，合供錢物斛㪷，伏請委州縣長官，設法招攜，及召户承佃，其錢陸續填納。年終後，具歸復填補錢物數聞奏，并報度支。其刺史縣令得替，須代替人交割，仍須分明具見在土客户，交付後人，不得遞相推注，申破稅錢。其所招之口，不得將當處大户，劈爲小户，別有配率。

四年十月，中書門下奏：准開成元年三月十日敕：宜令兩稅州府，各於見任官中，揀擇清强長定綱，往來送，五萬至十萬爲一綱，綱官考滿，本州便與依資奏改，通計十年往來，優成與依資選，遷當處令録長馬。如本州官資望無相當者，許優成奏他處官者。伏以諸道有上供兩稅錢物者，大小計百餘處，舊例差州縣官充綱，亦不聞過有敗闕，若依敕以長定綱爲名，則命官不以才能，賦禄難憑儻運，況江淮財賦大州，每年差綱十餘輩，若令長定，則官員長占於此流，若祇取數人，綱運當虧其大半。臣等商量，長定綱起來年已後勒停，臣又准開成元年已前旨條，州縣官充綱送輕貨四萬已上，無欠少，不逾程限者，書上考，十萬減選一，其餘優獎，猶以稍輕，送二萬至五萬，依舊書上考，五萬至七萬，與減一選，七萬至十萬，減兩選，十萬至十五萬，減三選，如一度充綱，優勞未足，考秩之内，情願再差者，旨條先有約絕，此後望令開許，如年少及材質不當，但令准舊例，以課料資陪，不必一例依次差遣，其餘並望准前旨條處分。敕旨：宜依。

其年十二月，邕管經略使唐宏實，當管上供兩稅錢一千四百七十三貫文，其見錢每年附廣州綱送納。敕：邕管兩稅錢八百餘千，自令輸納，

頗甚艱弊，宜委嶺南西道觀察使，每年與受領過易輕貨，附綱送省，其蹴運脚錢，仍令于放數内抽折。

會昌元年正月制：租斂有常，王制斯具，徵率無藝，齊民何依，内外諸州府百姓，所種田苗，率税斛㪷，素有定額，如聞近年長吏，不守法制，分外徵求，致使力農之夫，轉加困弊，亦有每年差官巡檢，勞擾頗深，自今已後，州縣每縣所徵科斛㪷，一切依額爲定，不得隨年檢責，數外如有荒閑陂澤山原，百姓有人力，能墾闢耕種，州縣不得輒問所收苗子，五年不在税限，五年之外，依例收税。於一鄉之中，先填貧户欠闕，如無欠闕，即均減衆户合徵斛㪷，但令不失元額，不得隨田加税，仍委本道觀察使每年秋成之時，具管内墾闢田地頃畝，及合徵上供留州若使斛㪷數，分析聞奏。如所奏數外，有賸納人户斛㪷，刺史已下，并節級重加懲貶，觀察使奏聽進止，仍令出使郎官御史，及度支鹽鐵知院官，訪察聞奏。

大中二年正月制：諸州府縣等納税，祇合先差優長户車牛，近者多是權要及富豪之家，悉請留縣輸納，致使單貧之人，卻須僱脚搬載，從今已後，其留縣並須先饒貧下，不支濟户，如有違越，節級官吏，量加科殿。

四年正月制：其天下諸州府百姓，兩税之外，輒不許分外更有差率，已頻申飭，尚恐因循，宜委御史臺切加糾察，其諸道州府應所徵兩税匹段等物，并留州使錢物，納匹段虛實估價，及見錢，從前皆有定制，如聞近日或有於虛估匹段數内，徵實估物，及其間分數，亦不盡依敕條，宜委長吏，切加遵守，如有違越，必議科繩。本判官專知官當重懲責，又青苗兩税，本繫田土，地既屬人，税合隨去，從前赦令，累有申明，豪富之家，尚不恭守，皆是承其急切，私勒契書，自今已後，勒州縣切加覺察，如有此色，須議痛懲，其地仍便勒還本主，更不在論理價值之限。

六年三月敕：先賜鄭光鄠縣及雲陽縣莊各一所，府縣所有兩税及差科色役，並特宜放者。中書門下奏：伏以鄭光是陛下元舅，寵待固合異等，然而據地出税，天下皆同，隨户雜徭，久已成例，將務致治，實爲本根。近日陛下屢發德音，欲使中外畫一，凡在士庶，無不仰戴聖慈，今獨忽免鄭光莊田，則似稍乖前意。況征賦所入，經費有常，差使不均，怨嗟斯起，事雖至微，繫體則大。臣等備位台司，每承誡勵，苟有管見，合具啓陳，謹録奏聞，伏聽敕旨。奉批答：省所奏具悉，朕以鄭光元舅之尊，貴欲優異，令免征税，初不細思，卿等列位股肱，每存匡益，事無大小，必竭公忠，況親戚之閒，人所難議，苟非愛我，豈進嘉言，庶事能盡如斯，天下何憂不治，有始有卒，當共守之。省覽再三，良增慰悦，所奏宜體朕懷。

（宋）王溥《唐會要》卷八五《逃户》 證聖元年，鳳閣舍人李嶠上表曰：臣聞黎庶之數，户口之衆，而條貫不失，按比可知者，在於各有管統，明其簿籍而已。今天下之人，流散非一，或違背軍鎮，或因緣逐糧，苟免歲時，偷避徭役，此等浮衣寓食，積歲淹年，王役不供，簿籍不挂，或出入關防，或往來山澤，非直課調虛蠲，闕於恒賦，亦自誘動愚俗，堪爲禍患，不可不深慮也。或逃亡之户，或有檢察，即轉入他境，還行自容，所司雖具設科條，頒其法禁，而相看爲例，莫肯遵承，縱欲糾其僁違，加之刑罰，則百州千郡，庸可盡科。前既依違，後仍積習，檢獲者無賞，停止者獲免，浮逃不悛，亦由於此。今縱更搜檢，而委之州縣，則還襲舊蹤，卒於無益。臣以爲宜令御史督察檢校，設禁令以防之，垂恩德以撫之，施權衡以御之，爲制限以一之，然後逃亡可還，浮寓可絶。所謂禁令者，使閭閻爲保，遞相覺察，前後乖避，皆許自新，仍有不出，輒聽相告，每糾一人，隨事加賞，明爲科目，使知勸沮，所謂恩德者，逃亡之徒，久離桑梓，糧儲空闕，田地荒廢，即當賑於乏少，助其修營，雖有闕賦懸徭，背軍離鎮，亦皆捨而不問，寬而勿徵，其應還家，而貧乏不能致者，乃給程糧，使達本貫。所謂權衡者，逃人有絶家去鄉，離失本業，心樂所在，情不願還，聽於所在隸名，即編爲户。夫顧小利者失大計，存近務者忘遠圖。今之議者，或不達於變通，以爲軍府之地，户不可移，關輔之民，貫不可改，而越關繼踵，背府相尋，是開其逃亡，而禁其割隸也。就令逃亡者多不能歸，總計割隸，猶當計其户等，量爲節文，殷富者令還，貧弱者令住，檢責已定，計料已明，户無失編，民無廢業，然後案前躅，申舊章，嚴爲防禁，與人更始。所謂限制者，逃亡之民，應自首者，

以符到百日爲限，限滿不出，依法科罪，遷之邊州，如此則户無所遺，民無所匿矣。

景雲二年，監察御史韓琬上疏曰：往年，人樂其業，而安其土。頃年，人多失業，流離道路。若此者，臣粗言之，不可勝數。然流離之人，豈愛羇旅而忘桑梓，顧不得已也，然以軍機屢興，賦斂重數，上下逼促，因爲游民，游惰既多，窮詐乃作，既窮而詐，犯禁相仍，又以嚴法束之，法嚴而犯者愈衆。古人譬之亂繩，則已結矣，而不務解結，乃急牽引之，則結逾固矣。今刻薄之吏，是能爲結者，强舉之吏，是能牽引者，解結者，未見其人。

開元九年正月二十八日，監察御史宇文融請急察色役僞濫，并逃户及籍田，因令充使，於是奏勸農判官數人，華州録事參軍慕容琦，長安縣尉王冰，太原司録張均，太原兵曹宋希玉，大理評事宋珣，長安主簿韋利涉，汾州録事參軍韋洽，氾水縣尉薛侃，三原縣尉喬夢松，大理寺丞王誘，右拾遺徐楚璧，告成縣尉徐鍔，長安縣尉裴寬，萬年縣尉岑希逸，同州司法邊仲寂，大理評事班景倩，榆次縣尉郭庭倩，河南府法曹元將茂，洛陽縣尉劉日貞。至十二年，又加長安縣尉王燾，河南縣尉于孺卿，左拾遺王忠翼，奉天縣尉何千里，伊闕縣尉梁勛，富平縣尉盧怡，咸陽縣尉庫狄履温，渭南縣尉賈晋，長安縣尉李登，前大理評事盛廙等，皆當時名士，判官得人，於此爲獨盛，分往天下，安輯户口，檢責賸田，議者深以爲擾民不便。陽翟縣尉皇甫憬上疏曰：太上務德，以静爲本，其次務化，以安爲上，但責其疆界，嚴立隄防，山水之餘，即爲見地，何必聚人阡陌，親遣檢量，故奪農時，遂令受弊，又應出使之輩，未識大體所由，殊不知陛下愛人至深，務以勾剥爲計，州縣懼罪，據牒即徵，逃户之家，鄰保不濟，又使更輸，急之則都不謀生，緩之則憲法交及，臣恐逃逸從此更甚，至於澄流在源，止沸由火，不可不慎。今之具寮，向逾萬數，蠶食府庫，侵害黎民，户口逃亡，莫不由此。縱使伊皋申術，管晏陳謀，豈息茲弊，若以此給，將何以堪，雖東海南山，盡爲粟帛，亦恐不足，豈括田税客，能周給也。上方委任融，侍中源乾曜，及中書舍人陸堅，贊成其計，貶憬爲盈川尉，于是諸道括得客户凡八十餘萬，田亦稱是，州縣希旨，務於多獲，皆虚張其數，亦有以實户爲客者，歲終，得客户錢百萬，一時進入宫中，由是擢拜御史中丞。言事者卻稱檢客損居民，上令集百寮於尚書省議，公卿以下，懼融恩勢，皆雷同不敢有異詞，惟户部侍郎楊瑒，獨建議以爲括客不利居民，徵籍外田税，使百姓困敝，所得不如所失。無幾，瑒又出爲外職。

二月二十八日敕：檢獲招誘得户口應合酬者，其有課户，皆須待納租庸，然後論功。

十八年，宣州刺史裴耀卿論時政上疏曰：竊見天下所檢客户，除兩州計會歸本貫已外，便令所在編附，年限向滿，須準居人，更有優矜，即此輩僥倖，若全徵課税，目擊未堪，竊料天下諸州，不可一例處置，且望從寬鄉有賸田州作法，竊計有賸田者，減三四十州，取其賸田，通融支給，其賸地者，三分請取一分已下，其浮户，請任其親戚鄉里相就，每十户已上，共作一坊，每户給五畝充宅，并爲造一兩口屋宇，開巷陌，立閭伍，種桑棗，築園蔬，使緩急相助，親鄰不失，丁別量給五十畝已上爲私田，任其自營種，率其户於近坊，更供給一頃，以爲公田，共令營種，每丁一月，役功三日，計十丁一年，共得三百六十日，營公田一頃，不啻得計，早收一年，不減一百石，使納隨近州縣，除役功三百六十日外，更無租税，既是營田户，日免征徭，安樂有餘，必不流散，官司每丁收納十石，其粟更不別支用，每至不熟年，斗判三十價，然後支用。計一丁一年，還出兩年已上，亦與正課不殊，則官收其役，不爲矜縱，人緩其税，又得安舒，倉廩日殷，久遠爲便。其狹鄉無賸地客户多者，雖此法未該，準式許移窄就寬，不必要須留住，若寬鄉安置得所，人皆悦慕，則三兩年後，皆可改塗，棄地盡作公田，狹鄉總移寬處，倉儲既實，水旱無憂矣。

二十六年七月敕：諸州應歸首復業者，比來每至年終，皆當州録奏。自今已後，宜令牒報本道採訪使同勘，當道歸首人，每州略單數同一狀奏，仍挾名報所由。

天寶八載正月敕：朕永念黎元，務宏愛育，所以惠政頻及，善貸相仍，亦將克致和平，登于仁壽，如聞流庸之輩，漸亦歸復，浮食未還，其數非廣，静言此色，並見其由，蓋爲牧宰等，授任親民，職在安輯，稍有

逃逸，耻言減耗，籍帳之間，虛存户口，調賦之際，旁及親鄰，此弊因循，其事自久，寤寐興念，良用憮然，不有釐革，孰致殷阜，其承前所有虛掛丁户，應賦租庸課税，令近親鄰保代輸者，宜一切並停，應令除削，各委本道採訪使，與外州相知審細檢覆，申牒所由處分。其有逃還復業者，務令優恤，使得安存，縱先爲代輸租庸，不在酬還之限。

十四載八月制，天下諸郡逃户，有田宅產業，妄被人破除，并緣欠負租庸，先已親鄰買賣，及其歸復，無所依投，永言此流，須加安輯，應有復業者，宜並卻還，縱已代出租税，亦不在徵賠之限。國之役力，合均有無，比來應定門夫，殊非得所，每縣中男多者，累歲方始一差，中男少者，一周遂役數遍，既緣偏併，豈可因循。自今已後，諸郡所差門夫，宜于當郡諸縣通率，準式納課分配，分得均平。

至德二載二月敕：諸州百姓，多有流亡，或官吏侵漁，或盜賊驅逼，或賦斂不一，或徵發過多，俾其怨咨，何以輯睦。自今已後，所有科役，須使均平，本户逃亡，不得輒徵近親，其鄰保務從減省，要在安存。

乾元三年四月敕：逃户租庸，據帳徵納，或貨賣田宅，或攤出鄰人，展轉誅求，爲弊亦甚。自今已後，應有逃户田宅，並須官爲租賃，取其價直，以充課税，逃人歸復，宜並卻還，所由亦不得稱負欠租賦，别有徵索。

寶應元年四月敕：近日已來，百姓逃散，至於户口，十不半存，今色役殷繁，不減舊數，既無正身可送，又遣鄰保祗承，轉加流亡，日益艱弊，其實流亡者且量蠲減，見在者節級差科，必冀安存，庶爲均濟。

其月敕：百姓田地，比者多被殷富之家官吏吞併，所以逃散，莫不由兹，宜委縣令，切加禁止。若界内自有違犯，當倍科責。

其年五月十九日敕：逃户不歸者，當户租賦停徵，不得率攤鄰親高户。

廣德二年四月敕：如有浮客，情願編附，請射逃人物業者，便準式據丁口給授。如二年以上，種植家業成者，雖本主到，不在卻還限，任别給授。

大歷元年制：逃亡失業，萍泛無依，時宜招綏，使安鄉井。其逃户復業者，宜給復二年，無得輒有差遣。如有百姓先貨賣田宅盡者，宜委本州縣取逃死户田宅，量丁口充給。

貞元十二年六月，越州刺史皇甫政奏：貞元十年，進綾穀一千七百匹，至汴州，值兵逆叛，物皆散失，請新來客户續補前數。上使謂宰臣曰：百姓有業則懷土，失業則去鄉，彼客户者，咸以遭罹苛暴，變成瘡痍之人，豈可重傷哉，可罷其率，特免所失物。

長慶元年正月赦文：應諸道管内百姓，或因水旱兵荒，流離死絶，見在桑產，如無近親承佃，委本道觀察使於官健中取無莊田有人丁者，據多少給付，便與公驗，任充永業，不得令有力職掌人，妄爲請射，其官健仍借種糧，放三年租税。

會昌元年正月制：安土重遷，黎民之性，苟非艱窘，豈至逃亡，將欲招綏，必在貲產，諸道頻遭災沴，州縣不爲申奏，百姓輸納不辦，多有逃亡，長吏懼在官之時，破失人户，或恐務免正税，減剋料錢，祗於見在户中，分外攤配，亦有破除逃户桑地，以充税錢，逃户產業已無，歸還不得，見在户每年加配，流亡轉多。自今已後，應州縣開成五年已前，觀察使刺史差强明官就村鄉，指實檢會桑田屋宇等，仍勒令長加檢校，租佃與人，勿令荒廢。據所得與納户内征税，有餘即官爲收貯，待歸還給付，如欠少，即與收貯，至歸還日，不須徵理。自今已後，二年不歸復者，即仰縣司，召人給付承佃，仍給公驗，任爲永業，其逃户錢草斛㪷等，計留使錢物，合十分中三分已上者，並仰於當州當使雜給用錢内，方圓權落下，不得剋正員官吏料錢，及館驛使料，遞乘作民課等錢，仍任本户歸還日，漸復元額。

大中二年正月制：所在逃户，見在桑田屋宇等，多是暫時東西，便被鄰人與所由等計會，雖云代納税錢，悉將斫伐毁折，及願歸復，多已蕩盡，因致荒廢，遂成閑田。從今已後，如有此色，勒鄉村老人與所由并鄰近等同檢勘分明，分析作狀，送縣入案，任鄰人及無田產人，且爲佃事，與納税糧。如五年内不來復業者，便任佃人爲主，逃户不在論理之限，其屋宇桑田樹木等，權佃人，逃户未歸五年内，不得輒有毁除斫伐，如有違犯者，據限日量情以科責，并科所由等不檢校之罪。

咸通十一年七月十九日敕：諸道州府百姓，承佃逃亡田地，如已經五年，須准承前赦文，便爲佃主，不在論理之限，仍令所司，准此處分。

（宋）王溥《唐會要》卷九〇《緣封雜記》 貞觀二十三年九月八日敕，諸王並宜食一千户封。霍王元軌常使國令徵封，令自請依諸國賦，貿易取利。元軌曰：汝爲國令，當正吾失，反説吾以利耶。

神龍二年七月十四日制：功臣段志元、屈突通、蕭瑀、李靖、秦叔寶、長孫順德、劉宏基、宇文士及、錢九隴、程知節、龐卿惲、竇悰、苑君璋、李子和、張平高、張公謹、梁恪仁、安修仁、秦行師、獨孤卿雲、蘇定方、李安遠、鄭仁泰、杜君綽、李孟嘗等二十五家，所食實封，並依舊給。

其年十一月一日敕：皇太子在藩府日，所食衛府封物，每年便納東宮。給事中盧粲駁奏曰：伏以皇太子處繼明之重，當主鬯之尊，歲時限用，自可有司供擬。又據《周禮》，諸司應財器，歲終則會，唯王及太子不會，此則儲蓄之費，咸與王同。今與列國諸侯齊衡食封，豈所謂憲章古昔，垂法將來者也。上納其言，十一月五日敕停。

景龍二年九月敕：諸色應食實封，一定以後，不得輒有移改。三年敕：應食封邑者，一百四十餘家，應出封户凡五十四州，皆天下膏腴物産。其安樂太平公主封，又取富户，不在損免限，百姓著封户者，甚於征行。十一月，河南巡院監察御史宋務光上疏曰：臣聞分珪列土，各有方位，通邑大都，不以封錫，前猷未遠，古義亦深。自頃命侯，稍殊舊式，莫居墝瘠，專擇雄奥。徐州貢土，方色已乖，寢邱辭封，讓德不嗣，且滑州者，國之近甸，密邇帝畿，地出縑紈，人多趨附，所以列縣惟七，分封有五，王賦少於侯租，入家倍於輸國，求諸既往，實所未聞，每科封丁，有甚征繇，因而失業，莫返其居，此土風俗，逃者舊少，頃日波散，良緣封多。伏願稍減封户，散配餘州，下息疲甿，上尊古制，則公侯不失於采地，流民得還於故鄉。諸州封户，亦望準此。又徵封使者，往來相繼，既勞傳驛，甚擾公私，請附租庸，每年送納，望停封使，以静下人，仍編入新格，庶爲永例。又聞五等崇榮，百王盛典，自非荊茅懿戚，寇鄧鴻勳，無以誓彼山河，酬其爵土。近者封建，頗緣恩澤，功無横草，人已分茅，遂使沃壤名藩，多入侯國，邑收家税，半於天府，經費不足，蓋亦有由。竊見武德之初，建侯故事，於時天室新定，王業開創，佐命如雲，謀臣如雨，然而封者，不過十數人。今禮樂承平，邦家繼世，有象賢舊德之裔，無野戰攻城之勤，至於命封，不合全廣，論功謝於前業，食邑多於往時，既減邊儲，實虧國用。伏惟酌宗周之前訓，咨武德之舊章，地匪宗盟，勳殊社稷，不宜加於實邑，自可寵以虚名，如此則庶績其凝，彝倫攸叙，臣忝當廉問，備採風謡，見此不安，豈敢自默，知必被封家所疾，願嘗以報國爲心，乞擇愚言，訪諸朝宰，秋毫有益，夕死無憂。兵部尚書韋嗣立上疏曰：臣竊見食封之家，其數甚衆，昨聞户部云：用六十餘萬丁，一丁兩疋，計一百二十萬疋以上。臣頃在太府，知每年庸調，絹數多不過百萬，少則七八十萬以來，比諸封家，所入全少。臣聞自古封茅土，列山河，皆須業著經綸，功申草昧，然後配宗廟之享，承帶礪之恩。往者皇運之初，功臣共定天下，當食封纔祇三二十家，今以恩澤受封，至百十四家以上，國家租賦，大半私門，私門資用有餘，國家支計不足，有餘則或致奢僭，不足則坐致憂危，制國之方，豈謂爲得，封户之物，諸家是徵，或是官典，或是奴僕，多挾勢騁威，凌蔑州縣。凡是封户，不勝侵漁，若户不滿丁，物送太府，封家但於右藏請受，不得輒自徵催，則不免侵漁，人冀蘇息。

唐隆元年六月十三日敕：安國相王，鎮國太平公主，宜各食一州全封，其州公主自簡。

太極元年正月制：皇太子妃王氏，預聞祕策，潛圖義舉，父仁皎食實封三百户。

開元三年五月敕：封家總合送入京，其中有別敕許人就領者，待州徵足，然後一時分付，徵未足間，封家人不得輒到出封州，亦不得因有舉放，違者禁身聞奏。

四年三月十八日，宰臣奏對，諸國請自始封至曾孫者，其封户三分減一，制可之。

十年十一月敕：中書門下，宜共食實封三百户，自我禮賢，爲百世法。其年，加永穆公主封一千户。初，永穆等各分五百户，左右以爲太

薄。上曰：百姓租賦者，非吾有也，斯皆宗廟社稷，蒼生是爲爾，邊隅戰士，出萬死不顧一生，所賞賜纔不過一二十疋，此輩何功於人，頓食厚封，約之使知儉嗇，不亦可乎，左右以長公主皆二千户，請與比。上曰：吾嘗讀《後漢書》，見明帝曰：朕子不敢望先帝，車服皆下之，未嘗不廢卷歎息，汝柰何欲令此輩望長公主乎！左右不敢復言。至是，公主等車服殆不給，故加焉。自後公主皆封一千户，遂成其例。至乾元元年三月一日，諸公主宜各給五百户，郡主縣主據元賜户數三分各給二分，並以宣越明衢婺等州給。

十一年五月十日敕：請諸食實封，並以丁爲限，不須一分入官，其物仍令出封州隨庸調送入京，其脚以租脚錢充，並於太府寺納，然後準給封家。

其年九月十二日敕：親王公主等封物，宜隨官庸調，隨駕所在，送至京都賜坊，令封家就坊請受，餘食封家，不在此限，仍令御史一人，及太府寺官檢校分付，使給了牒。

二十二年九月敕：諸王公以下食封薨，子孫應承襲者，除喪後十分減二，仍具所食户數奏聞，無後者，百日後除，諸名山大川及畿内縣，並不封。

天寶六載三月六日，户部奏：諸道請食封人，準長行旨，三百户已下，户部給符就州請受，三百户已上，附庸使送兩京太府寺賜坊給付者，今緣就州請受，有損於人，今三百户以下，尚許彼請，公私之間，未免侵擾，望一切送至兩京，就此給付，即公私省便，侵損無由，又準户部式節文，諸食封人身殁以後，所得封物，隨其男數爲分，承嫡者加一分，至元孫即不在分限，其封總入承嫡房，一依上法爲分者，若如此，則元孫諸物，比于嫡男，計數之間，多校數倍，舉輕明重，理實未通，望請至元孫以下，準元孫直下一房，許依令式，餘並請停，唯享祭一分，百世不易，自然爭競永息，動庸無替。

永泰二年正月十六日敕：自今已後，子孫襲實封，宜減半，永爲常式，至三月十八日敕，應請封家，三分給二分，待兵革稍寧，即當全給。

大歷十一年九月二十四日敕，諸公主封物，公主薨後，三年不須停。

興元元年正月敕：諸軍諸道諸使應付奉天及進收京城將士等，或百戰摧敵，或萬里勤王，扞國全城，驅除大憝，濟危難者其節著，復社稷者其業榮，我圖爾功，特加彝典，錫名酬賦，永世無窮，宜並賜名奉天定難功臣，其有食實封者，子孫相繼，世世不絶。

貞元二年五月，故尚父汾陽王子儀，實封二千户，宜準式減半，餘以分襲，曖可襲代國公，通前襲三百户，晞可襲二百五十户，曙可襲二百五十户，暎可襲二百二十五户。

七年三月，户部奏：伏以周漢故事，有功即加地，有罪即奪國，即明賞罰，方申沮勸，其犯除名以上罪，有實封，準法合除，比來因循，兼不申舉，自今以後，應實封人，或人緣罪犯，其尚書省及本軍本使本貫奏狀，請令並標實封户數，本配州名同奏，敕下户部，以爲憑據。其犯徒罪，三分望奪一分，流罪奪一半，除名以上罪，即準法悉除，並以本犯條論，不在減贖之限，其奉特敕貶謫，驗制詞内所犯無正條者，伏請準流罪奪一半。敕旨：依奏。

其年十一月敕：諸公主每年各給封物七百端疋屯，依舊例，春秋兩限支給。諸郡主每季各賜錢一百貫文，縣主每季各賜錢七十貫文。

八年八月，户部奏：準貞元七年三月二十日敕節文，比來食實封人，多不依令式，皆身殁之後，子孫自申請傳襲。伏請自今以後，并今日以前，應食實封人，并一年内，準式具合襲子孫官品年名，并母氏嫡庶，於本貫陳牒，如無本貫，即於食封人本任本使申牒。如合襲人有罪疾及身死者，亦限一周年内申牒，請立以次合襲人，仍具家口陳牒，請附籍帳，本貫勘責當家及親近，如實是嫡長，即與責保，準式附貫，然後申省，到後即取文武職事三品正員一人充保。敕旨：宜依。

二十一年七月六日敕：應食實封，其節度使宜令百户給八百端疋，若是絹，兼給綿六百兩。伏以食封本因賞功，封之多少，視功之厚薄，不以官位散要，別置等差，其節度使兼宰相，準貞元二十年以前舊例處分。從之。

元和五年六月，户部侍郎判度支李夷簡奏：應給食實封官，自貞元十三年以後，節度使宰相，每百户給八百端疋。若是絹，更給綿六百兩，

節度使不兼宰相，每百户給四百端疋。軍使及金吾諸衛將軍大將軍，每百户給三百五十端疋。

（宋）王溥《唐會要》卷九二《内外官職田》 武德元年十二月制：内外官各給職分田，京官一品十二頃，二品十頃，三品九頃，四品七頃，五品六頃，六品四頃，七品三頃五十畝，八品二頃五十畝，九品二頃。雍州及外州官，二品十二頃，三品十頃，四品八頃，五品七頃，六品五頃，七品四頃，八品三頃，九品二頃五十畝。

貞觀十一年三月敕：内外官職田，恐侵百姓，先令官收，慮其禄薄家貧，所以别給地子。去歲緣有水旱，遂令總停。兹聞卑官頗難支濟，事須優恤，使得自資，宜準元敕，給其地子。

景龍四年三月，敕旨頒行天下，凡屬文武官員五品以下，各加田五畝，五品以上，各加田四畝。

開元十年正月，命有司收内外官職田，以給逃還貧民户，其職田以正倉粟畝二升給之。

其年六月敕：所置職田，本非古法，爰自近制，是以因循，事有變通，應須删改。其内外官所給職田地子，從今年九月以後，並宜停給。

十八年三月敕：京官職田，將令準令給受，復用舊制。

十九年四月敕：天下諸州縣，并府鎮戍官等職田頃畝籍帳，仍依允租價對定，無過六斗。地不毛者，畝給二斗。

二十九年二月敕：外官職田，委所司準例倉中受納，納畢一時分付。縣官亦準此。

其年三月敕：京畿地狹，民户殷繁，計丁給田，尚猶不足，兼充百官苗子，固難周濟。其諸司官令分在都者，宜令所司，具作定額，計應受職田，並於都畿給付。其應退地，委採訪使與本州長官給貧下百姓。其應給職田，亦委採訪使與所由長官勘會同給，仍永爲常式。

天寶元年六月敕：如聞河東河北官人職田，既納地租，仍收桑課，田樹兼税，民何以堪。自今以後，官人及公廨職田有桑，一切不得更徵絲課。

十二載十月敕：兩京百官職田，承前佃民自送，道路或遠，勞費頗多。自今已後，其職田去城五十里内者，依舊令佃民自送入城，自餘限十月内便於所管州縣並腳價貯納，其腳價五十里外，每斗各徵二文。一百里外不過三文，並令百官差本司請受。

上元元年十月敕：京官職田，準式並令佃民輸送至京。

廣德二年十月，宰臣等奏：減百司職田租之半，以助軍糧。從之。

大曆二年正月詔：京兆府及畿縣官職田，宜令準外州府縣官例，三分取一分。至十月，減京官職田，一分充軍糧，二分給本官。

十四年八月敕：内外文武官職田，及公廨田，準式，州縣每年六月三十日勘造白簿申省，與諸司文解勘會。至十月三十日徵收，給付本官。近來不守常規，多不申報，給付之際，先付清望要官，其閒慢卑官，即被延引不付。自今以後，準式各令送付本官。又準式，職田黄籍，每三年一造。自天寶九載以後，更不造籍。宜各委州縣，每年差專知官巡覆，仍造簿依限申交所司，不得隱漏，及妄破蒿荒。如有違犯，專知官及本典，準法科罰。

貞元四年八月敕：準田令：永業田，職事官從一品，郡王，各五十頃；國公若職事官正二品，各四十頃；郡公若職事官從二品，各三十五頃；縣公若職事官從三品，各二十頃；侯若職事官正四品，各十四頃；伯若職事官從四品，各十一頃。

十四年六月，判度支于頔請收百官闕職田，以贍軍須。從之。

元和六年八月詔，百官職田，其數甚廣。今緣水潦，諸處道路不通，宜令所在貯錢，充度支支用，百官卻令據數於太倉請受。

十三年三月詔：百司職田，多少不均，爲弊日久。宜令每司各收職田草粟等數，自長官以下，據多少人作等差，除留闕官外分給。

長慶元年七月敕：百司職田，在京畿諸縣者，訪聞本地多被所由侵隱，抑令貧户佃食蒿荒，百姓流亡，半在於此。宜委京兆府勘會均配，務使公平。

其年十月敕：司兼中書令合屬内官，各依舊外，再加田五畝，七品以下仍舊。

寶歷元年四月制，京百司田散在畿内諸縣，舊制配地出子，歲月已

深，佃户至有流亡，官曹多領虛數，今欲據額均入，地盤萬户，供輸百司，盡得隨税出子，逐畝平攤，比量舊制，孰爲允便。宜委京兆府與屯田審勘計會，條流聞奏。

開成二年五月，判國子祭酒事門下侍郎平章事鄭覃奏：太學新置五經博士各一人，屯田素無職田，請依王府官品秩例，賜以禄粟。從之。

會昌六年十月，京兆府奏：諸縣徵納京百司官秩職田斛斗等，伏請從今已後，卻準會昌元年已前舊例，上司官斛斗，勒民户使自送納，所冀輸納簡便，百官各得本分職田，縣司所由，無因隱欺者。並從之。

大中元年十月，屯田奏：應内外官請職田，陸田限三月三十日，水田限四月三十日，麥田限九月三十日，已前上者，入後人。已後上者，入前人。伏以令式之中，並不該閏月。每遇閏月，交替者即公牒紛紜，有司即無定條，莫知所守。伏以公田給使，須準期程。時限未明，實恐遺闕。今請至前件月，遇閏即以十五日爲定式。十五日以前上者，入後人。已後上者，入前人。據今條，其元闕職田，並限六月三十日，春麥限三月三十日，宿麥限十二月三十日，已前上者入新人。已後上者，並入舊人。今亦請至前件月，遇閏即以十五日爲定式。所冀給受有制，永無訴論。敕曰：五歲再閏，固在不刊。二稔職田，須有定制。自此已後，宜依屯田所奏，永爲常式。

（宋）宋敏求《唐大詔令集》卷七〇《典禮·南郊·貞元九年南郊大赦天下》 門下、朕以寡德，屬承大統，皇天眷祐，俾主兆人。懼不克承，夙夜祗畏。緬懷前烈，致於升平。予心浩然，罔知攸濟。大小之務，曷嘗不勤。芻蕘之人，亦莫不敬。慮每存於致理，志恒在於恤人。中宵屢興，終食累歎，一事乖當，愍焉疚懷，一夫罹殃，惻若傷體。思與海内，同臻太和，息其戰争，保其生業。降心從衆。實靡有辭。克己利人，誠無所恡。然以視聽有極，思慮難周。況乎長自深宫，安於近習，損益之理，未免過差。幽遠之情，固多未達。由是兢兢砥礪。悔往修來，燭理所患於不明，推心庶幾於無負。日慎一日，於今十有五年矣。上靈降鑒，多士叶誠，五稼屢豐，四鄙不擾。方鎮輯睦，干戈底寧。邊壘繕完，殊方款附。協天地會昌之運。實宗社無疆之休。慶既荷於玄功。禮有昭於大報，矧惟霜露之感。永切孝思。禋燎之儀，每勤精意。將申誠敬，其在躬親。是與公卿大夫。虔奉犧牲。恭奠珪璧，陳其文物。薦其馨香，類秩於泰壇，朝享於清廟。率職來助，萬邦攸同，備物致嚴，百禮具舉。誠慕獲展，神人允諧。明發永懷，慶感斯集。純嘏所錫，豈唯朕躬。思俾普天，均承惠澤。可大赦天下，自貞元九年十一月十日昧爽，云云。其見於官司辨對者，亦並放免。官人犯入己贓，不可令其却上已後勿以爲累，左降官及流人，並量移。云云。竄謫遐裔，冀速霑恩。比者准制量移，所司皆待申牒。屢加般覆，累涉歲年。既病淹遲，且不均一。宜令吏部刑部審檢、勘本流貶及量移、敕旨、比類元犯事狀輕重，月内處分。内外文武云云。從我巡狩，涉於艱難，録其忠勞，宜有優異。應從奉天扈從至興元府文武官將士等，普恩之外，三品以上賜爵。云云。兵興已來，垂四十載，税既繁重，人多困窮。因之以流離，加之以凍餒。爲人父母，實切哀傷。誠由德化未敷，耗斁猶廣。每欲蠲復，與之小休。迫於軍儲，有意未就。姑爾勤恤，減其田租。惠貸非多，深自憫愧。天下百姓貞元十年地租、斛斗應令度支收管者，宜並三分放一分。於當管無屬度支斛斗，即減放合送上都十分之一。其所放斛斗錢物並委巡院官與觀察經略等使，計會審勘，定數分明，牓示百姓，仍具申奏。去年以來，所有貸糧種子在百姓腹内者，一切放免。富俗安人，在於薄斂。必不得已，簡則易從。自頃削去煩苛，制爲兩税，既無他擾，頗便於時，朕推誠御人，所貴存信。保此成法，期於不踰。凡百有司，所宜遵守。倘求取無節，則因緣起奸。獲利失人，殊乖朕意。諸司使及諸州府，除兩税外，別有科配，悉宜禁絶。近年以來，因和市和糴久負百姓錢物，並即填還。已後官司應有市糴者，各須先付價直，不得賒取抑配，因兹斂怨擾人。水旱爲災，古今不免。苟有豐蓄，何患凶年，屬此多虞，里閭凋耗，姑務求於日給，不遑慮於歲儲。一穀不成人則艱食。害至方救，其傷已多。俾無餒殍之憂，將在備之而已。宜委諸州府長官，每年以當管迴殘餘羡物，穀賤時收糴。各隨便近貯納，年終具有無多少中書門下，兼申考功，以爲考課升降，如有替代，各分明交領，准前申報，若遇災害不稔，則量事給百姓，輒有將充諸色用者，以枉準贓罪之，其勸課百姓自置義倉，仍准貞元元年十一月十一日制處分，立人之道，唯孝與

忠，孝莫大於勞親，忠必先於竭節。唯爾師長卿校，洎乎方岳列藩，保乂皇家，交修庶績，竭節之効，既照乃誠，榮親之恩，宜合國典。應内外文武清望職事官、並節度觀察都防禦團練等使，父在未有官者，量授五品官。母在未有邑號者，各授邑號。云云。佐運之臣，納忠之輔，功既存於社稷，慶宜及於子孫，故周錫土田，漢傳帶礪疇其爵號，與國始終，固以明報德之恩，勸爲臣之義，其或時代未遠，利澤猶存，祠宇已變於荒墟，胤嗣不編於仕籍，思其人猶愛其樹，況奠享之主，而不加省録者乎。興滅國，繼絶代，所以禮先賢也。修宗廟，敬祀事，所以教追孝也。化俗歸原，此其大端，應九廟配享功臣，及武德以來將相名節特高，有封爵廢絶，祀廟無主者，宜許子孫紹封，以時享祀。自今以後，應有家廟，子孫但傳襲爵者，並許享祔於廟。其有毁賣私廟，及買之者，各以犯教義論。自古聖帝明王，忠臣烈士，各令長吏以禮致祭。《書》叙明四目，達四聰，垂拱而理。《詩》稱濟濟多士，文王以寧，捨己從人，故能通天下之志，棄瑕録用，故能盡天下之才。昔在太宗，勤求理道，納諫如響，任賢勿疑，致俗於太平，垂範於永代。朕獲承鴻緒，追纂往猷，書之座隅，恒自儆勵，朝夕翹想，庶聞嘉言，夢寐勞懷，思得良士。凡厥在位，所宜共成。諸司官有陳便宜者，各盡所見，條疏封進，事有冤滯，政有闕遺，悉當極言，無或隱避，詔敕不便於時，所司執奏以聞。天下有藴德懷才，隱居不仕，委所在觀察使表薦，當以禮邀致。諸色人中，有賢良方正，能直言極諫，或博通墳典，達於教化，或詳練故事，長於箸述，或精於律令，曉暢法理，或詳明吏術，可委理人，或識洞韜略，堪任將帥，委所在州長吏及臺省常參官，詳録行能舉奏，仍牒報吏部，其所舉人並限來年七月内到京，朕當親試，緣大禮職掌行事。云云。

（宋）宋敏求《唐大詔令集》卷七〇《典禮・南郊・元和二年南郊赦》 朕聞王者大業，孝莫盛於配天，國之大事，禮莫尊乎享帝。故二儀合祭，知上天所子之仁，萬國駿奔，覩聖人嚴父之道，教之所設，禮極於斯。我國家祖武宗文，繼天撫運，聲名所被，車書必同，承祧而御極，業光十聖，體元而紀號，年將二百。朕以微眇，纘奉昌圖，畏此洪業，若臨深谷，而大事所屬，仙寢繼營，凶德相挺，兩隅皆阻，淮湖奥懷，水旱愆期，怒然疚懷，懼不克濟。既而上天降祐，烈祖垂休，祅氛盡殄，逆節咸伏，精祲有以相蕩，善惡有以相資，五兵纔試而復藏，四氣應序而咸理，物皆滋茂，歲亦豐登，百姓之心，驩然相與，是用致齋三日，款謁上玄，明發不寐，祗見烈祖，周旋在位，陟降是依，克配之禮既展，如在之誠增慕，嘉此福祐，與物惟新，式敷顯若之化，俾洽沛然之澤，可大赦天下。罪無輕重，常赦所不原者，咸赦除之。左降官與量移，及資復仍聽累叙。流移配隸並放還。天下應有逋欠在百姓腹内者，及京畿今年夏青苗錢税，並放免。官酤酒及雜榷率，並同禁斷。淮南江南，去年已來，水旱疾疫，其税租節級蠲放。天下兩税，貞元四年制書已及三年一定，委有司舉舊敕商量處置。諸道年終勾當宜停。刺史録事參軍，並不得擅離州。其事類已後制敕，速令有司删定。江淮大縣，每歲據闕，委御史臺三省諸司長官節度觀察使各舉堪任縣令不限選數，並許赴集臺省官及刺史，赤令有闕，先於縣令中揀擇。如有能否，與元舉人同賞罰。復置具員簿以序内外庶官。禁郵驛假托乘勢。京兆府諸司色役人，各令條流簡省。天下官吏應行鞭捶責情致死者，切令察訪。王府六品已下官，及諸州縣，有可並省處分。諸官諸使有要停減者，委有司商量廢省。天下百姓，不得冒爲僧尼道士，以避徭役。其創造寺觀，廣興土木者，舉前敕處分之。内外文武見任及致仕官，諸軍將士等，以品秩節級賜勳爵。文宣王及二王三恪公主諸王與一子官及賜物有差。宗子中有才用者，委中書門下量才叙用。故尚父子儀、太師晟、太尉秀實、顔真卿、張巡、許遠、南齊雲、及配饗功臣，與一子官及出身有差。至德已來功臣，未配饗者，速令詳定。文武常參官，及諸節度使觀察使，並諸軍使，並與父母封，及追賜，並一子官出身，有差。諸軍立仗，及在本營節級賜物。應緣大禮職事官，並賜階爵。天下諸色人中，有賢良方正，能直言極諫，博通墳典，達於教化，軍謀宏遠，堪任將帥，詳明政術，可以理人，委内外官各舉所知。朕親策試。天下百姓高年者，賜米帛羊酒及版授官封。名山大川，及古聖帝明王，忠臣烈士，各令以禮致祭。

（宋）宋敏求《唐大詔令集》卷七〇《典禮・南郊・長慶元年正月南郊改元赦》 朕聞自昔盛王之所以合天地，諧神人，莫過乎誠敬。致其

誠，展其敬，莫重於祭。祭之大者，莫大於郊廟。故必躬行而心奉之。然後百靈助慶。萬國蒙福，此帝王之孝也。我國家祖功宗德，立極配天，日月所照，雨露咸被。孝思善繼，聖敬允升。郊丘歲奉於嚴禋，宗廟時修其明薦。朕以沖昧，自獲纘承，仰荷睠命，懼不克享。幸天多祐，俾歲大穰。河朔底寧，邊封靖謐。及此元日，至於上辛。式遵典禮，有事郊廟。當祗見之夕，感慕增懷。洎大報之辰，誠敬彌勵。因體元而紀號，用敷化以覃恩。可大赦天下，改元和十六年爲長慶元年，自正月三日昧爽以前，大辟罪已下，罪無輕重，咸赦除之。唯故殺人，在十惡内者，及官典犯贓，不在免限。左降官，量移近處。如復資者，便任赴選。亡官失爵不齒者，量加收叙。左降官，及流人先有官者，如已亡殁，各還本官。天下百姓，今年夏税，每貫放一百五十文。州縣應徵科兩税，榷酒錢内舊額，須納見錢者，並任百姓隨所有疋段及斛斗，依當處時價，送納，不得邀索見錢。度支鹽鐵户部應納茶税，兼糴鹽價中，須納見錢者，亦與時估疋段及斛斗。如情願納見錢，亦任穩便。永爲常式。其公私便換錢物，先已禁斷。宜委京兆府切加覺察。應度支鹽鐵户部三司官吏，所有欠負元和十三年已前諸色錢物斛斗，各委本司盡理勘責。如是人已隱欺，即準條處分。如緣欠折攤徵，元保外無可納者，宜並與疏理。諸軍使亦準此處分。兩税不得別有差科，刺史如違越觀察使舉奏。觀察使事乖格敕，刺史不得輒受。中使及郎官御史，奉使所在，並不得與人事物。諸道諸州縣，宜委中書門下及觀察使刺史，酌量閑劇，便可併省者，具事宜聞奏。河北諸道管内，宜委本道團定兩税，務令均濟。河北州縣凋殘，户口未復，其官各據郡邑大小，量公事留置。餘並權停。應諸道管内百姓，或因水旱兵荒，流離死絶，見在業產，如無近親承佃，委本道觀察使，於官健中取無莊園有人丁者，據多少給付，便與公驗任充永業。不得令有掌職人妄爲請射。其官健仍借種糧，放三年租税。榷酒錢已有分配百姓處，又置酒店官酤，並諸色榷率，切宜禁斷。亡官失爵，放還流人，有莊田先經没官，被人請射，本主及子孫到，並委却還。天下諸色人中，有能精通一經，堪爲師法者，委國子祭酒訪擇，具以名聞。其大理寺官，宜令精擇有志行詞學詳明法律者，注擬其有課績特殊，堪在朝獎者，臺省官有闕，宜先驅者選擇自今郡守，恪奉詔條，清廉可紀四考，與轉。諸道或閉糴禁錢，自爲條約，切宜禁斷。其内外文武及致仕官，三品已上賜爵一級，四品已下各加一階。陪位自身人，賜勳兩轉，故尚父汾陽王，贈太師晟，贈太尉秀實，各與一子八品官。顔真卿、杲卿、張巡、許遠、南霽雲各與一子出身。武德已來功臣子孫量加獎用。中書門下及節度使帶平章事，各與一子八品正員官。祖父母父母並與贈官封。父殁母存者，與邑號已贈已封者更與追贈及邑號。禮儀使、大禮使、度使、鹽鐵使、京兆尹各與一子出身。文武常參官、並致仕官、及諸道節度觀察經略等使、及神策等諸軍使、父見存者，量與致仕。母存者與邑號。父母亡殁，與贈官及邑號。東都留守，及諸道節度觀察經略等使，神策金吾六軍將軍，威遠鎮國軍等使，各與一子出身。陝州奉天興元功臣，更賜勳爵有差身殁未經追贈者，並與追贈應緣大禮移仗宿衛御樓立仗將士，普恩之外，贈勳爵有差，仍準舊例賜錢物二十萬四千九百六十端疋貫。大禮職掌行事官，及留守等，更賜勳及加階。壇殿行事官，更特加一階。應在城内蕃客等，賜物有差。常參官及刺史，有停替及病假解官，及終制未授官者，委中書門下量才進擬。其情願授致仕官者，亦聽。天下諸色人中，有賢良方正，能直言極諫，博通墳典，達於教化，軍謀宏遠堪任將帥，政術詳明，可以理人者，委有司各舉所知。限今年十月到上都。天下百姓高年者，賜米及絹帛有差。

（宋）宋敏求《唐大詔令集》卷一一《政事·賦斂·制置諸道兩税使敕》

兩税法悉總諸税，初極便人，但緣約法之時，不定物估，粟帛轉賤，賦税自加，人力不堪，國用斯切，須務通濟，令其便安，欲遣使臣，巡行國邑，郵驛所届，豈免煩勞，軺軍遽馳，曾未周悉，度支鹽鐵，泉貨是司，各有分巡，置於都會，爰命帖職，周視四方，簡而易從，庶叶權便，政有所弊，事有所宜，皆得舉聞，副我憂寄，其鹽鐵使揚州留後，宜兼充淮南浙西浙東宣歙福建等道兩税使，度支山南西道分巡院官，宜兼充劍南東川及山南西道兩使税，其峽内五鹽舊屬鹽鐵使，宜割屬度支使，便委山南西道兩税使兼知泉貨，各奉所職，期於悉心。元和。

（宋）宋敏求《唐大詔令集》卷一一七《政事·慰撫·宣撫東都官吏敕》

敕東都留守王渢、河南尹劉允章、及分司御史官僚、皇城將吏、府

縣官、僧道耆壽百姓等。朕端居上京，默念東洛，常恐宗廟不得嚴肅，宮闕或至蕭條。省寺荒涼，井廛凋耗，府縣有疲羸之苦，郊原貽蝗旱之災。雖鑾輅翠華，未期巡幸，而臨軒負扆，常注憂勤。昨者草寇憑陵，王師討伐，勤勞車甲，綿歷星霜，巡環於十二郡間，塗炭於數千里內。方聞翦滅，又致猖狂。王仙芝等縱脅生靈，聯攻縣邑，纔收陽翟，又破郡城，不日復陷汝州。兼擄郡守監軍使。兇黨既盛，人心易搖。尋聞洛吧震驚，都城紛擾。舊相護几延迴避，羣官挈妻子奔逃。工商失業以無依，黎庶捨家而竟出。朕每聞奏報，彌切驚憂，心如納隍，手若馭索。便罷重陽內宴，以示焦怛之懷。而宗社降靈，神祇助順，尋聞寇盜，不敢侵踰。吹燎火以南旋，却洪波於北注。今則官兵漸集，王室頓安。公卿可以還舊居，閭恭足得復生業。況聞秋田大稔，物價稍低。雖墮履於艱危，必終成於康濟。今差左諫議大夫楊授、工部員外郎李巢，專往宣慰。凡屬長吏官僚等，切在條理安存，必令減節征徭，均平賦稅，無使虐吏，重困疲人。諸道師徒，多已屯集。累敕有司官吏，不令供餽闕遺。亦委使臣，勞諭將卒。專俟凱旋之日，當行慶賜之恩。乾符三年九月。

（宋）宋敏求《唐大詔令集》卷一一七《政事・慰撫・令李踐方充西川宣撫使敕》　蓋天人之際，相應如響，祥祲之來，各惟厥事。乃者兵革始罷，黎庶甫寧，而蜀土載罹震驚，方務綏緝，今又水潦爲沴，沉溺實多。載省奏章，益深軫慮。諒以朕澤不逮下，誠無感通，五事致咎，此方何罪，夙夜兢愧，憫歎良深。宜令户部郎中李踐方，充西川宣撫使，應遭水人户，委與本道觀察使計會，各量税額，所漂損多少等第分數，蠲放今年夏秋税錢及租子等，如上常平義倉有斛斗處，亦委德裕、遵古，開倉賑恤，更量加優賞，使得生聚，禁察苛暴，存安老疾，以副憂屬，稱朕意焉。

《新唐書》卷五一《食貨志》　古之善治其國而愛養斯民者，必立經常簡易之法，使上愛物以養其下，下勉力以事其上，上足而下不困。故量人之力而授之田，量地之產而取以給公上，量其入而出之以爲用度之數。是三者常相須以濟而不可失，失其一則不能守其二。及暴君庸主，縱其佚欲，而苟且之吏從之，變制合時以取寵於其上。故用於上者無節，而取於下者無限，民竭其力而不能供，由是上愈不足而下愈困，則財利之説興，而聚斂之臣用。《記》曰：寧畜盜臣。盜臣誠可惡，然一人之害爾。聚斂之臣用，則經常之法壞，而下不勝其弊焉。

唐之始時，授人以口分、世業田，而取之以租、庸、調之法，其用之也有節。蓋其畜兵以府衛之制，故兵雖多而無所損；設官有常員之數，故官不濫而易禄。雖不及三代之盛時，然亦可以爲經常之法也。及其弊也，兵冗官濫，爲之大蠹。自天寶以來，大盜屢起，方鎮數叛，兵革之興，累世不息，而用度之數，不能節矣。加以驕君昏主，姦吏邪臣，取濟一時，屢更其制，而經常之法，蕩然盡矣。由是財利之説興，聚斂之臣進。蓋口分、世業之田壞而爲兼并，租、庸、調之法壞而爲兩税。至於鹽鐵、轉運、屯田、和糴、鑄錢、括苗、榷利、借商、進奉、獻助，無所不爲矣。蓋愈煩而愈弊，以至於亡焉。

唐制：度田以步，其闊一步，其長二百四十步爲畝，百畝爲頃。凡民始生爲黄，四歲爲小，十六爲中，二十一爲丁，六十爲老。授田之制，丁及男年十八以上者，人一頃，其八十畝爲口分，二十畝爲永業；老及篤疾、廢疾者，人四十畝，寡妻妾三十畝，當户者增二十畝，皆以二十畝爲永業，其餘爲口分。永業之田，樹以榆、棗、桑及所宜之木，皆有數。田多可以足其人者爲寬鄉，少者爲狹鄉。狹鄉授田，減寬鄉之半。其地有薄厚，歲一易者，倍授之。寬鄉三易者，不倍授。工商者，寬鄉減半，狹鄉不給。凡庶人徙鄉及貧無以葬者，得賣世業田。自狹鄉而徙寬鄉者，得并賣口分田。已賣者，不復授。死者收之，以授無田者。凡收授皆以歲十月。授田先貧及有課役者。凡田，鄉有餘以給比鄉，縣有餘以給比縣，州有餘以給近州。

凡授田者，丁歲輸粟二斛，稻三斛，謂之租。丁隨鄉所出，歲輸絹二匹，綾、絁二丈，布加五之一，綿三兩，麻三斤，非蠶鄉則輸銀十四兩，謂之調。用人之力，歲二十日，閏加二日，不役者日爲絹三尺，謂之庸。有事而加役二十五日者免調，三十日者租、調皆免。通正役不過五十日。

自王公以下，皆有永業田。太皇太后、皇太后、皇后緦麻以上親，內命婦一品以上親，郡王及五品以上祖父兄弟，職事、勳官三品以上有封者

若縣男父子，國子、太學、四門學生、俊士，孝子、順孫、義夫、節婦同籍者，皆免課役。凡主户内有課口者爲課户。若老及男廢疾、篤疾、寡妻妾、部曲、客女、奴婢及視九品以上官，不課。

凡里有手實，歲終具民之年與地之闊陿，爲鄉帳。鄉成於縣，縣成於州，州成於户部。又有計帳，具來歲課役以報度支。國有所須，先奏而斂。凡税斂之數，書于縣門、村坊，與衆知之。水、旱、霜、蝗耗十四者，免其租；桑麻盡者，免其調；田耗十之六者，免租調；耗七者，課役皆免。凡新附之户，春以三月免役，夏以六月免課，秋以九月課役皆免。徙寬鄉者，縣覆於州，出境則覆于户部，官以閒月達之。自畿内徙畿外，自京縣徙餘縣，皆有禁。四夷降户，附以寬鄉，給復十年。奴婢縱爲良人，給復三年。没外蕃人，一年還者給復三年，二年者給復四年，三年者給復五年。浮民、部曲、客女、奴婢縱爲良者附寬鄉。

貞觀中，初税草以給諸閑，而驛馬有牧田。

太宗方鋭意於治，官吏考課，以鰥寡少者進考，如增户法；失勸導者以減户論。配租以斂穫早晚、險易、遠近爲差。庸、調輸以八月，發以九月。同時輸者先遠民。皆自概量。州府歲市土所出爲貢，其價視絹之上下，無過五十匹。異物、滋味、口馬、鷹犬，非有詔不獻。有加配，則以代租賦。

其凶荒則有社倉賑給，不足則徙民就食諸州。尚書左丞戴胄建議：自王公以下，計墾田，秋熟所在爲義倉，歲凶以給民。太宗善之，乃詔：畝税二升，粟、麥、秔、稻，隨土地所宜。寬鄉斂以所種，狹鄉據青苗簿而督之。田耗十四者免其半，耗十七者皆免之。商賈無田者，以其户爲九等，出粟自五石至于五斗爲差。下下户及夷獠不取焉。歲不登，則以賑民；或貸爲種子，則至秋而償。其後洛、相、幽、徐、齊、并、秦、蒲州又置常平倉，粟藏九年，米藏五年，下濕之地，粟藏五年，米藏三年，皆著于令。

貞觀初，户不及三百萬，絹一匹易米一斗。至四年，米斗四五錢，外户不閉者數月，馬牛被野，人行數千里不賫糧，民物蕃息，四夷降附者百二十萬人。是歲，天下斷獄，死罪者二十九人，號稱太平。此高祖、太宗致治之大略，及其成効如此。

高宗承之，海内艾安。太尉長孫无忌等輔政，天下未見失德。數引刺史入閣，問民疾苦。即位之歲，增户十五萬。及中書令李義府、侍中許敬宗既用事，役費並起。永淳以後，給用益不足。加以武后之亂，紀綱大壞，民不勝其毒。

玄宗初立求治，蠲徭役者給蠲符，以流外及九品京官爲蠲使，歲再遣之。開元八年，頒庸調法于天下，好不過精，惡不至濫，闊者一尺八寸，長者四丈。然是時天下户未嘗升降。監察御史宇文融獻策：括籍外羨田、逃户，自占者給復五年，每丁税錢千五百，以攝御史分行括實。陽翟尉皇甫憬上書言其不可。玄宗方任用融，乃貶憬爲盈川尉。諸道所括得客户八十餘萬，田亦稱是。州縣希旨張虚數，以正田爲羨，編户爲客，歲終，籍錢數百萬緡。

十六年，乃詔每三歲以九等定籍。而庸調折租所取華好，州縣長官勸織，中書門下察濫惡以貶官吏，精者褒賞之。二十二年，詔男十五女十三以上得嫁娶。州縣歲上户口登耗，採訪使覆實之，刺史、縣令以爲課最。

初，永徽中禁買賣世業、口分田。其後豪富兼并，貧者失業，於是詔買者還地而罰之。

先是楊州租、調以錢，嶺南以米，安南以絲，益州以羅、紬、綾、絹供春綵。因詔江南亦以布代租。

中書令李林甫以租庸、丁防、和糴、春綵、税草無定法，歲爲旨符，遣使一告，費紙五十餘萬。條目既多，覆問踰年，乃與採訪朝集使議革之，爲長行旨，以授朝集使及送旨符使，歲有所支，進畫附驛以達，每州不過二紙。

凡庸、調、租、資課，皆任土所宜，州縣長官涖定粗良，具上中下三物之様輸京都。有濫惡，督中物之直。二十五年，以江、淮輸運有河、洛之艱，而關中蠶桑少，菽粟常賤，乃命庸、調、資課皆以米，凶年樂輸布絹者亦從之。河南、北不通運州，租皆爲絹，代關中庸、課，詔度支減轉運。

明年，又詔民三歲以下爲黄，十五以下爲小，二十以下爲中。又以民

間户高丁多者，率與父母别籍異居，以避征戍，乃詔十丁以上免二丁，五丁以上免一丁，侍丁孝者免傜役。天寶三載，更民十八以上爲中男，二十三以上成丁。五載，詔貧不能自濟者，每鄉免三十丁租庸。男子七十五以上、婦人七十以上，中男一人爲侍；八十以上以令式從事。

是時，海内富實，米斗之價錢十三，青、齊間斗纔三錢，絹一匹錢二百。道路列肆，具酒食以待行人，店有驛驢，行千里不持尺兵。天下歲入之物，租錢二百餘萬緡，粟千九百八十餘萬斛，庸、調絹七百四十萬匹，綿百八十餘萬屯，布千三十五萬餘端。天子驕於佚樂而用不知節，大抵用物之數，常過其所入。於是錢穀之臣，始事朘刻。太府卿楊崇禮句剥分銖，有欠折漬損者，州縣督送，歷年不止。其子慎矜專知太府，次子慎名知京倉，亦以苛刻結主恩。王鉷爲户口色役使，歲進錢百億萬緡，非租庸正額者，積百寶大盈庫，以供天子燕私。及安禄山反，司空楊國忠以爲正庫物不可以給士，遣侍御史崔衆至太原納錢度僧尼道士，旬日得百萬緡而已。自兩京陷没，民物耗弊，天下蕭然。

肅宗即位，遣御史鄭叔清等籍江淮、蜀漢富商右族訾畜，十收其二，謂之率貸。諸道亦税商賈以贍軍，錢一千者有税。於是北海郡録事參軍第五琦以錢穀得見，請於江淮置租庸使，吴鹽、蜀麻、銅冶皆有税，市輕貨繇江陵、襄陽、上津路，轉至鳳翔。明年，鄭叔清與宰相裴冕建議，以天下用度不充，諸道得召人納錢，給空名告身，授官勳邑號；度道士僧尼不可勝計；納錢百千，賜明經出身；商賈助軍者，給復。及兩京平，又於關輔諸州，納錢度道士僧尼萬人。而百姓殘於兵盜，米斗至錢七千，鬻籺爲糧，民行乞食者屬路。乃詔能賑貧乏者，寵以爵秩。

故事，天下財賦歸左藏，而太府以時上其數，尚書比部覆其出入。是時，京師豪將假取不能禁，第五琦爲度支鹽鐵使，請皆歸大盈庫，供天子給賜，主以中官。自是天子之財爲人君私藏，有司不得程其多少。

廣德元年，詔一户三丁者免一丁，凡畝税二升，男子二十五爲成丁，五十五爲老，以優民。而彊寇未夷，民耗斂重。及吐蕃逼京師，近甸屯兵數萬，百官進俸錢，又率户以給軍糧。至大曆元年，詔流民還者，給復二年，田園盡，則授以逃田。天下苗一畝税錢十五，市輕貨給百官手力課。以國用急，不及秋，方苗青即征之，號青苗錢。又有地頭錢，每畝二十，通名爲青苗錢。又詔上都秋税分二等，上等畝税一斗，下等六升，荒田畝税二升。五年，始定法：夏，上田畝税六升，下田畝四升；秋，上田畝税五升，下田畝三升；荒田如故；青苗錢畝加一倍，而地頭錢不在焉。

初，轉運使掌外，度支使掌内。永泰二年，分天下財賦、鑄錢、常平、轉運、鹽鐵，置二使。東都畿内、河南、淮南、江東西、湖南、荆南、山南東道，以轉運使劉晏領之；京畿、關内、河東、劍南、山南西道，以京兆尹、判度支第五琦領之。及琦貶，以户部侍郎、判度支韓滉與晏分治。

時回紇有助收西京功，代宗厚遇之，與中國婚姻，歲送馬十萬匹，酬以縑帛百餘萬匹。而中國財力屈竭，歲負馬價。河、湟六鎮既陷，歲發防秋兵三萬戍京西，資糧百五十餘萬緡。而中官魚朝恩方恃恩擅權，代宗與宰相元載日夜圖之。及朝恩誅，帝復與載貳，君臣猜間不協，邊計兵食，置而不議者幾十年。而諸鎮擅地，結爲表裏，日治兵繕壘，天子不能繩以法，顓留意祠禱，焚幣玉、寫浮屠書，度支稟賜僧巫，歲以鉅萬計。然帝性儉約，身所御衣，必浣染至再三，欲以先天下。然生日、端午，四方貢獻至數千萬者，加以恩澤，而諸道尚侈麗以自媚。朝多留事，經歲不能遣，置客省以居，上封事不足采者、蕃夷貢獻未報及失職未叙者，食度支數千百人。德宗即位，用宰相崔祐甫，拘客省者出之，食度支者遣之，歲省費萬計。

《新唐書》卷五二《食貨志》 租庸調之法，以人丁爲本。自開元以後，天下户籍久不更造，丁口轉死，田畝賣易，貧富升降不實。其後國家侈費無節，而大盜起，兵興，財用益屈，而租庸調法弊壞。

自代宗時，始以畝定税，而斂以夏秋。至德宗相楊炎，遂作兩税法，夏輸無過六月，秋輸無過十一月。置兩税使以總之，量出制入。户無主、客，以居者爲簿；人無丁、中，以貧富爲差。商賈税三十之一，與居者均役。田税視大曆十四年墾田之數爲定。遣黜陟使按比諸道丁産等級，免鰥寡惸獨不濟者。敢有加斂，以枉法論。議者以租、庸、調，高祖、太宗之法也，不可輕改。而德宗方信用炎，不疑也。舊户三百八十萬五千，使

者按比得主户三百八十萬，客户三十萬。天下之民，不土斷而地著，不更版籍而得其虛實。歲斂錢二千五十餘萬緡，米四百萬斛，以供外；錢九百五十餘萬緡，米千六百餘萬斛，以供京師。

税法既行，民力未及寬，而朱泚、王武俊、田悦合從而叛，用益不給，而借商之令出。初，太常博士韋都賓、陳京請借富商錢，德宗以問度支杜佑，以爲軍費裁支數月，幸得商錢五百萬緡，可支半歲。乃以户部侍郎趙贊判度支，代佑行借錢令，約罷兵乃償之。京兆少尹韋楨、長安丞薛萃，搜督甚峻，民有不勝其冤自經者，家若被盜。然總京師豪人田宅、奴婢之估，裁得八十萬緡。又取僦櫃納質錢及粟麥糶於市者，四取其一，長安爲罷市，市民相率遮邀宰相哭訴，盧杞疾驅而過。韋楨懼，乃請錢不及百緡、粟麥不及五十斛者免，而所獲裁二百萬緡。淮南節度使陳少游增其本道税錢，每緡二百，因詔天下皆增之。

自太宗時置義倉及常平倉以備凶荒，高宗以後，稍假義倉以給他費，至神龍中略盡。玄宗即位，復置之。其後第五琦請天下常平倉皆置庫，以畜本錢。至是趙贊又言：自軍興，常平倉廢垂三十年，凶荒潰散，餧死相食，不可勝紀。陛下即位，京城兩市置常平官，雖頻年少雨，米不騰貴，可推而廣之，宜兼儲布帛。請於兩都、江陵、成都、揚、汴、蘇、洪置常平輕重本錢，上至百萬緡，下至十萬，積米、粟、布、帛、絲、麻，貴則下價而出之，賤則加估而收之。諸道津會置吏，閲商賈錢，每緡税二十，竹、木、茶、漆税十之一，以贍常平本錢。德宗納其策。屬軍用迫蹙，亦隨而耗竭，不能備常平之積。

是時，諸道討賊，兵在外者，度支給出界糧。每軍以臺省官一人爲糧料使，主供億。士卒出境，則給酒肉。一卒出境，兼三人之費。將士利之，逾境而屯。

趙贊復請税間架，算除陌。其法：屋二架爲間，上間錢二千，中間一千，下間五百；匿一間，杖六十，告者賞錢五萬。除陌法：公私貿易，千錢舊算二十，加爲五十；物兩相易者，約直爲率。而民益愁怨。及涇原兵反，大譟長安市中曰：不奪爾商户僦質，不税爾間架、除陌矣。於是間架、除陌、竹、木、茶、漆、鐵之税皆罷。

朱泚平，天下户口三耗其二。貞元四年，詔天下兩税審等第高下，三年一定户。自初定兩税，貨重錢輕，乃計錢而輸綾絹。既而物價愈下，所納愈多，絹匹爲錢三千二百，其後一匹爲錢一千六百，輸一者過二，雖賦不增舊，而民愈困矣。度支以税物頒諸司，皆增本價爲虛估給之，而繆以濫惡督州縣剥價，謂之折納。復有進奉、宣索之名，改科役曰召雇，率配曰和市，以巧避微文，比大曆之數再倍。又癘疫水旱，户口減耗，刺史析户，張虛數以寬責。逃死闕税，取於居者，一室空而四鄰亦盡。户版不緝，無浮游之禁，州縣行小惠以傾誘鄰境，新收者優假之，唯安居不遷之民，賦役日重。帝以問宰相陸贄，贄上疏請釐革其甚害者，大略有六：

其一曰：

國家賦役之法，曰租、曰調、曰庸。其取法遠，其斂財均，其域人固。有田則有租，有家則有調，有身則有庸，天下法制均壹，雖轉徙莫容其姦，故人無搖心。天寶之季，海内波蕩，版圖墮於避地，賦法壞於奉軍。賦役舊法，行之百年，人以爲便。兵興，供億不常，誅求隳制，此時弊，非法弊也。時有弊而未理，法無弊而已更。兩税新制，竭耗編甿，日日滋甚。陛下初即位，宜損上益下，嗇用節財，而摘郡邑，驗簿書，州取大曆中一年科率多者爲兩税定法，此總無名之暴賦而立常規也。夫財之所生，必因人力。兩税以資產爲宗，不以丁身爲本，資產少者税輕，多者税重。不知有藏於襟懷囊篋，物貴而人莫窺者；有場圃、囷倉，直輕而衆以爲富者；有流通蕃息之貨，數寡而日收其贏者；有廬舍器用，價高而終歲利寡者。計估算緡，失平長僞，挾輕費轉徙者脱傜税，敦本業者困斂求。此誘之爲姦，敺之避役也。今傜賦輕重相百，而以舊爲準，重處流亡益多，輕處歸附益衆。有流亡則攤出，已重者愈重；有歸附則散出，已輕者愈輕。人嬰其弊。願詔有司與宰相量年支，有不急者罷之，廣費者節之。軍興加税，諸道權宜所增，皆可停。税物估價，宜視月平，至京與色樣符者，不得虛稱折估。有濫惡，罪官吏，勿督百姓。每道以知兩税判官一人與度支參計户數，量土地沃瘠、物產多少爲二等，州等下者配錢少，高者配錢多。不變法而逋逃漸息矣。

其二曰：

播殖非力不成，故先王定賦以布、麻、繒、纊、百穀，勉人功也。又懼物失貴賤之平，交易難準，乃定貨泉以節輕重。蓋爲國之利權，守之在官，不以任下。然則穀帛，人所爲也；錢貨，官所爲也。人所爲者，租税取焉；官所爲者，賦斂捨焉。國朝著令，租出穀，庸出絹，調出繒、纊、布、麻，曷嘗禁人鑄錢而以錢爲賦？今兩税效算緡之末法，估資産爲差，以錢穀定税，折供雜物，歲目頗殊。所供非所業，所業非所供，增價以市所無，減價以貿所有，耕織之力有限，而物價貴錢無常。初定兩税，萬錢爲絹三匹，價貴而數不多。及給軍裝，計數不計價，此税少國用不充也。近者萬錢爲絹六匹，價賤而數加。計口蠶織不殊，而所輸倍，此供税多人力不給也。宜令有司覆初定兩税之歲絹、布定估，爲布帛之數，復庸、調舊制，隨土所宜，各脩家技。物甚賤，所出不加；物甚貴，所入不減。且經費所資，在錢者獨月俸、資課，以錢數多少給布，廣鑄而禁用銅器，則錢不乏。有糴鹽以入直，榷酒以納資，何慮無所給哉！其三曰：

廉使奏吏之能者有四科，一曰户口增加，二曰田野墾闢，三曰税錢長數，四曰率辦先期。夫貴户口增加，詭情以誘姦浮，苛法以析親族，所誘者將議薄征則遽散，所析者不勝重税而亡，有州縣破傷之病。貴田野墾闢，率民殖荒田，限年免租，新畝雖闢，舊畬蕪矣。人以免租年滿，復爲污萊，有稼穡不增之病。貴税錢長數，重困疲羸，捶骨瀝髓，苟媚聚斂之司，有不恤人之病。貴率辦先期，作威殘人，絲不容織，粟不暇舂，貧者奔迸，有不恕物之病。四病繇考覈不切事情之過。驗之以實，則租賦所加，固有受其損者，此州若增客户，彼郡必減居人。增處邀賞而税數加，減處懼罪而税數不降。國家設考課之法，非欲崇聚斂也。宜命有司詳考課績，州税有定，傜役有等，覆實然後報户部。若人益阜實，税額有餘，據户均減十三爲上課，減二次之，減一又次之。若流亡多，加税見户者，殿亦如之。民納租以去歲輸數爲常，罷據額所率者。增闢勿益租，廢耕不降數。定户之際，視雜産以校之。田既有常租，則不宜復入兩税。如此，不督課而人人樂耕矣。

其四曰：

明君不厚所資而害所養，故先人事而借其暇力，家給然後斂餘財。今督收迫促，蠶事方興而輸縑，農功未艾而斂穀。有者急賣而耗半直，無者求假費倍。定兩税之初，期約未詳，屬征役多故，率先限以收。宜定税期，隨風俗時候，務於紓人。

其五曰：

頃師旅亟興，官司所儲，唯給軍食，凶荒不遑賑救。人小乏則取息利，大乏則鬻田廬。斂穫始畢，執契行貸，饑歲室家相棄，乞爲奴僕，猶莫之售，或縊死道途。天災流行，四方代有。税茶錢積户部者，宜計諸道户口均之。穀麥熟則平糴，亦以義倉爲名，主以巡院。時稔傷農，則優價廣糴，穀貴而止；小歉則借貸。循環斂散，使聚穀幸災者無以牟大利。

其六曰：

古者百畝地號一夫，蓋一夫授田不得過百畝，欲使人不廢業，田無曠耕。今富者萬畝，貧者無容足之居，依託彊家，爲其私屬，終歲服勞，常患不充。有田之家坐食租税，京畿田畝税五升，而私家收租畝一石，官取一，私取十，稼者安得足食？宜爲占田條限，裁租價，損有餘，優不足，此安富恤窮之善經，不可捨也。

贄言雖切，以讒逐，事無施行者。

十二年，河南尹齊抗復論其弊，以爲：軍興，國用稍廣，隨要而税，吏擾人勞。陛下變爲兩税，督納有時，貪暴無容其姦。二十年間，府庫充牣。但定税之初，錢輕貨重，故陛下以錢爲税。今錢重貨輕，若更爲税名，以就其輕，其利有六：吏絶其姦，一也；人用不擾，二也；静而獲利，三也；用不乏錢，四也；不勞而易知，五也；農桑自勸，六也。百姓本出布帛，而税反配錢，至輸時復取布帛，更爲三估計折，州縣升降成姦。若直定布帛，無估可折。蓋以錢爲税，則人力竭而有司不之覺。今兩税出於農人，農人所有，唯布帛而已。用布帛處多，用錢處少，又有鼓鑄以助國計，何必取於農人哉？疏入，亦不報。

初，德宗居奉天，儲畜空窘，嘗遣卒視賊，以苦寒乞襦絝，帝不能致，剔親王帶金而鬻之。朱泚既平，於是帝屬意聚斂，常賦之外，進奉不息。劍南西川節度使韋臯有日進，江西觀察使李兼有月進，淮南節度使杜

亞、宣歙觀察使劉贊、鎮海節度使王緯李錡皆徼射恩澤，以常賦入貢，名爲羨餘。至代易又有進奉。當是時，户部錢物，所在州府及巡院皆得擅留，或矯密旨加斂，謫官吏，刻禄稟，增税通津、死人及蔬果。凡代易進奉，取於税入，十獻二三，無敢問者。常州刺史裴肅鬻薪炭案紙爲進奉，得遷浙東觀察使。刺史進奉，自肅始也。劉贊卒于宣州，其判官嚴綬傾軍府爲進奉，召爲刑部員外郎。判官進奉，自綬始也。自裴延齡用事，益爲天子積私財，而生民重困。延齡死，而人相賀。

是時，宫中取物於市，以中官爲宫市使。兩市置白望數十百人，以鹽估敝衣、絹帛，尺寸分裂酬其直。又索進奉門户及脚價錢，有賫物入市而空歸者。每中官出，沽漿賣餅之家皆徹肆塞門。諫官御史數上疏諫，不聽，人不堪其弊。户部侍郎蘇弁言：京師游手數千萬家，無生業者仰宫市以活，奈何罷？帝悦，以爲然。京兆尹韋湊奏：小人因宫市爲姦，真僞難辨，宜下府縣供送。帝許之。中官言百姓賴宫市以養者也，湊反得罪。

順宗即位，乃罷宫市使及鹽鐵使月進。憲宗又罷除官受代進奉及諸道兩税外榷率；分天下之賦以爲三，一曰上供，二曰送使，三曰留州。宰相裴垍又令諸道節度、觀察調費取於所治州，不足則取於屬州，而屬州送使之餘與其上供者，皆輸度支。

是時，因德宗府庫之積，頗約費用，天子身服澣濯。及劉闢、李錡既平，訾藏皆入内庫。山南東道節度使于頔、河東節度使王鍔進獻甚厚，翰林學士李絳嘗諫曰：方鎮進獻，因緣爲姦，以侵百姓，非聖政所宜。帝喟然曰：誠知非至德事，然兩河中夏貢賦之地，朝覲久廢，河、湟陷没，烽候列於郊甸。方刷祖宗之耻，不忍重斂於人也。然獨不知進獻之取於人者重矣。

及討淮西，判度支楊於陵坐饋餫不繼貶，以司農卿皇甫鎛代之，由是益爲刻剥。司農卿王遂、京兆尹李鄘號能聚斂，乃以爲宣歙、浙西觀察使，予之富饒之地，以辦財賦。鹽鐵使王播言：劉晏領使時，自按租庸，然後知州縣錢穀利病虚實。乃以副使程异巡江、淮，覈州府上供錢穀。异至江、淮，得錢百八十五萬貫。其年，遂代播爲鹽鐵使。是時，河北兵討王承宗，於是募人入粟河北、淮西者，自千斛以上皆授以官。度支鹽鐵與諸道貢獻尤甚，號助軍錢。及賊平，則有賀禮及助賞設物。羣臣上尊號，又有獻賀物。

穆宗即位，一切罷之，兩税外加率一錢者，以枉法贓論。然自在藩邸時，習見用兵之弊，以謂戎臣武卒，法當姑息。及即位，自神策諸軍，非時賞賜，不可勝紀。已而幽州兵囚張弘靖，鎮州殺田弘正，兩鎮用兵，置南北供軍院。而行營軍十五萬，不能亢兩鎮萬餘之衆。而饋運不能給，帛粟未至而諸軍或彊奪於道。

蓋自建中定兩税，而物輕錢重，民以爲患，至是四十年。當時爲絹二匹半者爲八匹，大率加三倍。豪家大商，積錢以逐輕重，故農人日困，末業日增。帝亦以貨輕錢重，民困而用不充，詔百官議革其弊。而議者多請重挾銅之律。户部尚書楊於陵曰：王者制錢以權百貨，貿遷有無，通變不倦，使物無甚貴甚賤，其術非它，在上而已。何則？上之所重，人必從之。古者權之於上，今索之於下；昔散之四方，今藏之公府；昔廣鑄以資用，今減鑪以廢功；昔行之於中原，今洩之於邊裔。又有閭井送終之唅，商賈貸舉之積，江湖壓覆之耗，則錢焉得不重，貨焉得不輕？開元中，天下鑄錢七十餘鑪，歲盈百萬，今纔十數鑪，歲入十五萬而已。大曆以前，淄青、太原、魏博雜鉛鐵以通時用，嶺南雜以金、銀、丹砂、象齒，今一用泉貨，故錢不足。今宜使天下兩税、榷酒、鹽利、上供及留州、送使錢，悉輸以布帛穀粟，則人寬於所求，然後出内府之積，收市廛之滯，廣山鑄之數，限邊裔之出，禁私家之積，則貨日重而錢日輕矣。宰相善其議。由是兩税、上供、留州，皆易以布帛、絲纊，租、庸、課、調不計錢而納布帛，唯鹽酒本以榷率計錢，與兩税異，不可去錢。

文宗大和九年，以天下回殘錢置常平義倉本錢，歲增市之。非遇水旱不增者，判官罰俸，書下考；州縣假借，以枉法論。

文宗嘗召監倉御史崔虞問太倉粟數，對曰：有粟二百五十萬石。帝曰：今歲費廣而所畜寡，奈何？乃詔出使郎官、御史督察州縣壅遏錢穀者。時豪民侵噬産業不移户，州縣不敢傜役，而征税皆出下貧。至於依富室爲奴客，役罰峻於州縣。長吏歲輒遣吏巡覆田税，民苦其擾。

武宗即位，廢浮圖法，天下毀寺四千六百，招提蘭若四萬，籍僧尼爲民二十六萬五千人，奴婢十五萬人，田數千萬頃，大秦穆護、祆二千餘人。上都、東都每街留寺二，每寺僧三十人，諸道留僧以三等，不過二十人。腴田鬻錢送户部，中下田給寺家奴婢丁壯者爲兩税户，人十畝。以僧尼既盡，兩京悲田養病坊，給寺田十頃，諸州七頃，主以耆壽。

自會昌末，置備邊庫，收度支、户部、鹽鐵錢物。宣宗更號延資庫。初以度支郎中判之，至是以屬宰相，其任益重。户部歲送錢帛二十萬，度支鹽鐵送者三十萬，諸道進奉助軍錢皆輸焉。

懿宗時，雲南蠻數内寇，徙兵戍嶺南。淮北大水，征賦不能辦，人人思亂。及龐勛反，附者六七萬。自關東至海大旱，冬蔬皆盡，貧者以蓬子爲麵，槐葉爲齏。乾符初，大水，山東饑。中官田令孜爲神策中尉，怙權用事，督賦益急。王仙芝、黄巢等起，天下遂亂，公私困竭。昭宗在鳳翔，爲梁兵所圍，城中人相食，父食其子，而天子食粥，六宫及宗室多餓死。其窮至於如此，遂以亡。

初，乾元末，天下上計百六十九州，户百九十三萬三千一百二十四，不課者百一十七萬四千五百九十二；口千六百九十九萬三百八十六，不課者千四百六十一萬九千五百八十七。減天寶户五百九十八萬二千五百八十四，口三千五百九十二萬八千七百二十三。

元和中，供歲賦者，浙西、浙東、宣歙、淮南、江西、鄂岳、福建、湖南八道，户百四十四萬，比天寶纔四之一。兵食於官者八十三萬，加天寶三之一，通以二户養一兵。京西北、河北以屯兵廣，無上供。至長慶，户三百三十五萬，而兵九十九萬，率三户以奉一兵。至武宗即位，户二百一十一萬四千九百六十。會昌末，户增至四百九十五萬五千一百五十一。宣宗既復河、湟，天下兩税、榷酒茶鹽錢，歲入九百二十二萬緡，歲之常費率少三百餘萬，有司遠取後年乃濟。及羣盗起，諸鎮不復上計云。

《新唐書》卷一四五《楊炎傳》 初，定令有租賦庸調法，自開元承平久，不爲版籍，法度抏敝。而丁口轉死，田畝换易，貧富升降，悉非向時，而户部歲以空文上之。又戍邊者，蠲其租、庸，六歲免歸。玄宗事夷狄，戍者多死，邊將諱不以聞，故貫籍不除。天寶中，王鉷爲户口使，方務聚斂，以其籍存而丁不在，是隱課不出，乃按舊籍，除當免者，積三十年，責其租、庸，人苦無告，故法遂大敝。至德後，天下兵起，因以饑癘，百役並作，人户凋耗，版圖空虚。軍國之用，仰給於度支、轉運使；四方征鎮，又自給於節度、都團練使。賦斂之司數四，莫相統攝，綱目大壞。朝廷不能覆諸使，諸使不能覆諸州。四方貢獻，悉入内庫，權臣巧吏，因得旁緣，公託進獻，私爲贓盗者，動萬萬計。河南、山東、荆襄、劍南重兵處，皆厚自奉養，王賦所入無幾。科斂凡數百名，廢者不削，重者不去，新舊仍積，不知其涯。百姓竭膏血，鬻親愛，旬輸月送，無有休息。吏因其苛，蠶食于人。富人多丁者，以宦、學、釋、老得免，貧人無所入則丁存。故課免於上，而賦增於下。是以天下殘瘁，蕩爲浮人，鄉居地著者百不四五。

炎疾其敝，乃請爲兩税法以一其制。凡百役之費，一錢之斂，先度其數而賦於人，量出制入。户無主客，以見居爲簿；人無丁中，以貧富爲差。不居處而行商者，在所州縣税三十之一，度所取與居者均，使無僥利。居人之税，秋夏兩入之，俗有不便者三之。其租、庸、雜徭悉省，而丁額不廢。其田畝之税，率以大曆十四年墾田之數爲準，而均收之。夏税盡六月，秋税盡十一月，歲終以户賦增失進退長吏，而尚書度支總焉。帝善之，使諭中外。議者沮詰，以爲租庸令行數百年，不可輕改。帝不聽。天下果利之。自是人不土斷而地著，賦不加斂而增入，版籍不造而得其虚實，吏不誡而姦無所取，輕重之權始歸朝廷矣。

（元）馬端臨《文獻通考》卷二《田賦考・歷代田賦之制》 隋文帝令，自諸王以下至都督，皆給永業田，各有差。其丁男、中男永業露田，皆遵後齊之制。並課樹以桑榆及棗。其田宅，率三口給一畝。京官又給職分田。詳見《職田門》。

開皇九年，任墾田千九百四十萬四千二百六十七頃。開皇中，户總八百九十萬七千五百三十六，按定墾之數，每户合墾田二頃餘也。開皇十二年，文帝以天下户口歲增，京、輔及三河地少而人衆，衣食不給，議者咸欲徙就寬鄉。帝乃發使四出，均天下之田。其狹鄉，每丁才至二十畝，老少又少焉。至大業中，天下墾田五千五百八十五萬四千四十頃。按其時有户八百九

十萬七千五百三十六，則每户合得墾田五頃餘，恐本史之非實。

水心葉氏曰：齊自河清始有受田之制，其君驕讟甚矣，然尚如此；周亦有司均掌田里之政，以其時田皆在官故也。今田不在官久矣，往事無復論，然遂以爲皆不當在官，必以其民自買者爲正，雖官偶有者亦效民賣之，此又偏也。

淳熙間，有賣官田之令，故水心云然。

隋文帝依周制，役丁爲十二番，匠則六番。丁男一牀，租粟三石，桑土調以絹絁，麻土調以布。絹絁以疋，加綿三兩；布以端，加麻三斤。單丁及僕隸各半之。有品爵及孝子、順孫、義夫、節婦，並免課役。開皇三年，減十二番每歲爲三十日役，減調絹一疋爲二丈。

初，蘇威父綽在西魏，世以國用不足，爲征税之法，頗稱爲重，既而嘆曰：今所爲正如張弓，非平世也。後之君子，誰能弛乎？威聞其言，每以爲己任。至是，威爲納言，奏減賦役，務從輕典。帝悉從之。

開皇九年，帝以江表初平，給復十年，自餘諸州並免當年租賦。

十年五月，以宇内無事，益寬徭賦。百姓年五十者，輸庸停役。《通鑑》作免役收庸。

十二年，詔河北、河東今年田租，三分減一，兵減半，功調全免。

煬帝即位，户口益多，府庫盈溢，乃除婦人及奴婢、部曲之課。其後將事遼、碣，增置軍府，掃地爲兵，租賦之入益減，征伐巡幸，無時休息，天下怨叛，以至於亡。

唐武德二年制，每丁租二石，絹二疋，綿三兩，自兹之外，不得横有調斂。

武德六年，令天下户量其貲産，定爲三等。至九年，詔天下户三等未盡升降，宜爲九等。餘見《鄉役門》。

七年，始定均田賦税。凡天下丁男十八以上者給田一頃，篤疾、廢疾給田十畝，寡妻、妾三十畝，若爲户者加二十畝，皆以二十畝爲永業，其餘爲口分。永業之田，樹以榆、桑、棗及所宜之木。田多可以足其人者爲寬鄉，少者爲狹鄉，狹鄉授田減寬鄉之半，其地有薄厚，歲一易者倍授之，寬鄉三易者不倍授。工商者，寬鄉減半，狹鄉不給。凡庶人徙鄉及貧無以葬者，得賣世業田。自狹鄉而徙寬鄉者，得并賣口分田，已賣者不復授。死者收之，以授無田者。凡收授皆以歲十月，授田先貧及有課役者。凡田，鄉有餘以給比鄉，縣有餘以給比縣，州有餘以給比州。凡授田者，丁歲輸粟二石謂之租。丁隨鄉所出，歲輸絹綾絁各二丈，布加五之一；輸綾絹絁者，兼調綿三兩，輸布者，麻三斤，謂之調。用人之力，歲二十日，閏加二日，不役者日爲絹三尺，謂之庸。有事而加役二十五日者免調，三十日租、調皆免，通正役並不過五十日。免課役及課户見《復除門》。若嶺南諸州則税米，上户一石二斗，次户八斗，下户六斗。夷獠之户皆從半輸。蕃人内附者，上户丁税錢十文，次户五文，下户免之。附經二年者，上户丁輸羊二口，次户一口，下户三户共一口。凡水旱蟲蝗爲災十分損四分以上免租，損六以上免租調，損七以上課役俱免。

右此租、庸、調徵科之數，依杜佑《通典》及王溥《唐會要》所載。《陸宣公奏議》及《資治通鑑》所言，皆同《新唐書·食貨志》，以爲每丁輸粟二斛，稻三斛，調則歲輸絹二疋，綾絁各二丈，布加五之一，綿三兩，麻三斤。非蠶鄉則輸銀十四兩。疑太重，今不取。

諸買地者不得過本制，雖居狹鄉，亦聽依寬制，其賣者不得更請。凡賣買，皆須經官，年終彼此除附。若無文牒輒賣買，財没不追，地還本主。諸工商，永業、口分田各減半給之，在狹鄉者並不給。因王事落外蕃不還，有親屬同居，其身分之地，六年乃追，還日仍給。身死王事者，子孫雖未成丁，勿追身分田。戰傷廢疾，不追減，終身。諸田不得貼賃及質。若從遠役外任，無人守業者，聽貼賃及質。官人守業田、賜田欲賣及貼賃者，不在禁限。諸給口分田，務從便近，不得隔越。若州縣改易，及他境犬牙相接者，聽依舊受。其城居之人，本縣無田，聽隔縣受。

《通典》曰：雖有此制，開元、天寶以來，法令弛壞，并兼之弊有逾漢成哀之間。

致堂胡氏曰：古者制民之産，是度其丁户之衆寡而授之田也。無世而無在官之田，不特唐初也，係上之人肯給與不肯給耳。苟有制民常産抑富恤貧之意，則必括民之無田者而給之田，其富而逾制者，必有限之之法，收之之漸也。若無此意，則以民之犯法而没田爲公家之利，與百姓爲

市而貿之，甚則以爲價不售而復奪之，又甚則强其親屬鄰里高價而買之，而民之貧、之富、之利、之病皆不概於心，惟鬻田得直、重斂得税斯已矣。自後魏、齊、周以來，莫如唐之租庸調法最善，然不能百年，爲苟簡者所變，可勝惜哉！食禄之家毋得與民争利，此以廉耻待士大夫之美政也。古之時，用人稱其官，則久而不徙，或終其身及其子孫，禄有常賜，故仕則不稼，有馬乘則不察雞豚，家伐冰則不畜牛羊，當是時而與民争利，斯可責矣。後世用人不慎，升黜無常，朝饗大倉，暮而家食。苟非固窮之君子甘於菽水，彼仰有事，俯有育，若不經營生理，又何以能存？盧懷慎爲丞相，及其死也，惟有一奴，自鬻以辦喪事，况其餘哉！以理論之，凡士而既仕者，即當視其品而給之田；進而任使，則有禄以酬其品；置而不用，則有田以資其生。惟大譴大呵，不在原宥之例，然後收其田里。如此，則不得與民争利之法可行，而廉耻之風益勸矣。

水心葉氏曰：自古天下之田無不在官，民未嘗得私有之。但强者力多，却能兼并衆人之利以爲富，弱者無力，不能自耕其所有之田，以至轉徙流蕩。故先王之政，設田官以授天下之田，貧富强弱無以相過，使各有其田得以自耕，故天下無甚貧甚富之民。至成周時，其法極備，雖《周禮地官》所載，其間不能無牽合抵捂處，要其大略亦可見。周公治周，授田之制，先治天下之田以爲井，井爲疆界，歲歲用人力修治之，溝洫畎澮皆有定數。疆界既定，人無緣得占田。其間田有弱者，游手者不耕，却無强民貪并之害。後來井田不修，堤防浸失，毁壞絶滅。至商鞅用秦，已不復有井田之舊，於是開阡陌。《漢志》曰：東西曰阡，南北曰陌。阡陌既開，天下之田却簡直易見，看耕得多少，惟恐人無力以耕之。故秦漢之際有豪强兼并之患，富者田連阡陌，而貧者無立錐之地。雖然如此，猶不明説在民，但官不得治，故民得自侵佔，而貧者插手不得，不得不去而爲游手，轉而爲末業。終漢之世，以文景之恭儉愛民，武帝之修立法度，宣帝之勵精爲治，却不知其本不如此，但能下勸農之詔，輕減田租，以來天下之民。如董仲舒、師丹雖建議欲限天下之田，其制度又却與三代不合。當時但問墾田幾畝，全不知是誰田，又不知天下之民皆可以得田而耕之。光武中興，亦只是問天下度田多少，當時以度田不實，長吏坐死者無數。至於漢亡，三國並立，民既死於兵革之餘，未至繁息，天下皆爲曠土，未及富盛，而天下大亂。雖當時天下之田既不在官，然亦終不在民。以爲在官，則官無人收管；以爲在民，則又無簿籍契券，但隨其力之所能至而耕之。元魏稍立田制，至於北齊、後周皆相承授民田，其初亦未嘗無法度，但末年推行不到頭，其法度亦是空立。唐興，只因元魏、北齊制度而損益之，其度田之法，闊一步、長二百四十步爲畝，百畝爲頃，一夫受田一頃。周制乃是百步爲畝，唐却是二倍有餘，此一項制度與成周不合。八十畝爲口分，二十畝爲世業。是一家之田，口分須據下來人數占田多少。周制八家皆私百畝，唐制若子弟多，則占田愈多，此又一項與成周不合。所謂田多可以足其人者爲寬鄉，少者爲狹鄉，狹鄉之田減寬鄉之半，其他有厚薄，歲一易者倍授之，寬鄉三易者不倍授，工商者寬鄉減半，狹鄉不給，亦與周制不同。先王建國，只是有分土。孟子曰：公、侯皆方百里，伯七十里，子、男五十里。無分民，但付人以百里之地，任其自治。蓋治之有倫，則地雖不足，民有餘。孟子所謂天下之農皆悦而願耕於王之野者是也。苟不能治，或德不足以懷柔，民不心悦而至，則地雖多，而民反少。《孟子》載梁惠王所謂寡人之民不加多者是也。唐既止用守令爲治，則分田之時不當先論寬鄉狹鄉，當以土論，不當以人論。今却寬鄉自得多，狹鄉自得少，自狹鄉徙寬鄉者又得并賣口分、永業而去。成周之制，雖是授田與民，其間水旱之不時，凶荒之不常，上又振貸救恤，使之可以相補助，而不至匱乏。若唐但知授田而已，而無補助之法，縱立義倉振給之名，而既令自賣其田，便自無恤民之實矣。周之制最不容民遷徙，惟有罪則徙之《記·王制》：命國之右鄉，簡不帥教者移之左；命國之左鄉，簡不帥教者移之右；不變，移之郊；不變，移之遂；不變，屏之遠方，終身不齒。唐却容他自遷徙，并得自賣所分之田。方授田之初，其制已自不可久，又許之自賣，民始有契約文書，而得以私自賣易。故唐之比前世，其法雖爲粗立，然先王之法亦自此大壞矣。後世但知貞觀之法，執之以爲據，故公田始變爲私田，而田終不可改。蓋緣他立賣田之法，所以必至此。田制既壞，至於今，官私遂各自立境界，民有没入官者，則封固之，時或召賣，不容民自籍。所謂私田，官執其契券，以各征其直。要知田制所以壞，乃是唐世使民得自賣其田始。前世雖不立

法，其田不在官，亦不在民。唐世雖有公田之名，而有私田之實。其後兵革既起，征斂煩重，遂雜取於民。遠近異法，内外異制。民得自有其田而公賣之，天下紛紛，遂相兼并，故不得不變而爲兩稅，要知其弊實出於此。

水心言唐方使民得立券自賣其田，而田遂爲私田，此説恐亦未深考。如蕭何買民田自汙；貢禹有田一百五十畝，被召之日，賣其百畝以供車馬。則自漢以來，民得以自買賣田土矣。蓋自秦開阡陌之後，田即爲庶人所擅，然亦惟富者貴者可得之。富者有貲可以買田，貴者有力可以占田，而耕田之夫率屬役於富貴者也。王翦爲大將，請美田宅甚衆，又請善田者五人。可以見其時田雖在民，官未嘗有授田之法，而權貴之人亦可以勢取之，所謂善田則屬役者也。蘇秦曰：使我洛陽有田二頃，安能復佩六國相印？蓋秦既不能躬耕，又無貲可以買田，又無權勢可以得田，宜其貧困無賴也。

（元）馬端臨《文獻通考》卷三《田賦考・歷代田賦之制》　玄宗開元八年，頒庸調法於天下。

是時天下户未嘗升降，監察御史宇文融獻策，括籍外羨田、逃户，自占者給復五年，每丁稅錢千五百。以攝御史分行括實。陽翟尉皇甫憬上書，言其不可。帝方任融，乃貶憬爲盈川尉。諸道所括得客户八十餘萬，田亦稱是。州縣希旨，張虚數，以正田爲羨，編户爲客，歲終籍錢數百萬緡。

沙隨程氏曰：按唐令文，授田每年十月一日，里正預造簿，縣令總集應退應授之人，對共給授。謂如里正管百丁，田萬畝。立法之意，欲百家仰事俯育，不致困乏耳。因制租、調以禄君子，而養民之意爲多。律文脱户者有禁，漏口者有禁，浮浪者有禁，占田違限者有禁，官司應授田而不授、應課農桑而不課者有禁，但使後世謹守高祖、太宗之法，其爲治豈易量哉！中間法度廢弛，凡史臣所記時弊，皆州縣不舉行法度耳。時天下有户八百萬，而浮客乃至八十萬，此融之論所以立也。使融檢括剩田以授客户，責成守令不收限外之賦，雖古之賢臣何以加諸？雖有不善，其振業小民，審修舊法，所得多矣。故杜佑作《理道要訣》，稱融之功。當是時，姚崇、宋璟、張九齡輩皆在，豈雷同默默者邪！故唐人後亦思之。然陸贄稱租調法曰：不校閱而衆寡可知，是故一丁之授田，決不可令輸兩丁之賦。非若兩稅，鄉司能開闔走弄於其間也。史臣曰：州縣希旨，空張其數，務多其獲。蓋與陸贄之説背馳，豈史臣未稽其實邪？

開元十六年，詔每三歲以九等定籍。

先是，揚州租、調以錢，嶺南以米，安南以絲，益州以羅、紬、綾、絹供春綵。因詔江南以布代租，凡庸、調、租、資課皆任土所宜。以江淮轉輸有河洛之艱，而關中蠶桑少，菽麥常賤，乃命庸、調、資課皆以米，凶年樂輸布絹者從之。河南、北不通運州，租皆以絹，代關中調、課，詔度支減轉運。

天寶五載，詔貧不能自濟者，每鄉免三十丁租、庸。

天寶中，應受田一千四百三十萬三千八百六十二頃十三畝。

按：十四年有户八百九十萬餘，計定墾之數，每户合得一頃六十餘畝。至建中初，分遣黜陟使按比墾田田數，都得百十餘萬畝。

代宗寶應元年，租庸使元載以江、淮雖經兵荒，其民比諸道猶有貲產，乃按籍舉八年租調之違負及逋逃者，計其大數而徵之，擇豪吏爲縣令而督之。不問負之有無，貲之高下，察民有粟帛者發徒圍之，籍其所有而中分之，甚者十取八九，謂之白著。有不服者，嚴刑以威之。民有蓄穀十斛者，則重足以待命，或相聚山林爲群盜，縣不能制。（盗袁晁起浙東，攻陷諸郡，衆近二十萬，經二年，李光弼討平之。）

廣德元年，詔一户三丁者免一丁，庸、稅、地稅依舊。凡畝稅二升，男子二十五爲成丁，五十五爲老，以優民。

大曆元年，詔天下苗一畝稅錢十五，市輕貨給百官手力課。以國用急，不及秋，苗方青則徵之，號青苗錢。又有地頭錢，畝二十，通名青苗錢。又詔上都秋稅分二等，上等畝稅一斗，下等六升，荒田畝稅二升。五年，始定法：夏，上田畝稅六升，下田畝四升；秋，上田畝稅五升，下田畝三升，荒田如故，青苗錢畝加一倍，而地頭錢不在焉。

大曆四年，敕：天下及王公以下，今後宜準度支長行旨條，每年稅錢：上上户四千文，上中户三千五百，上下户三千，中上户二千五百，

中中户二千，中下户千五百，下上户一千，下中户七百，下下户五百文。其見任官，一品準上上户税，九品準下下户税，餘品並準此依户等税。若一户數處任官，亦每處依品納税。其内外官，仍據正員及占額内闕者税，其試及同正員文武官，不在税限。百姓有邸店、行鋪及爐冶，應准式合加本户二等税者，依此税數勘責徵納。其寄莊户，准舊例從八等户税，寄住户從九等户税，比類百姓，事恐不均，宜遞加一等税。其諸色浮客及權時寄住户等，無問有官無官，亦在所爲兩等收税，稍殷有者准八等户税，餘准九等户税。如數處有莊田，亦每處税。諸道將士莊田，既緣防禦勤勞，不可同百姓例，並一切從九等輸税。

按：以錢輸税而不以穀帛，以資力定税而不問身丁，人皆以爲行兩税以後之弊，今觀此，則由來久矣。

德宗時，楊炎爲相，遂作兩税法。夏輸無過六月，秋輸無過十一月，置兩税使以總之。凡百役之費，先度其數，而賦於人，量出制入。户無主、客，以見居爲簿；人無丁、中，以貧富爲差。不居處而行商者，在所州縣税三十之一，度所取與居者均，使無僥利，其租庸雜徭悉省，而丁額不廢。其田畝之税，以大曆十四年墾田之數爲定，而均收之。遣黜陟使按諸道丁產等級，免鰥寡惸獨不濟者，敢加斂以枉法論。舊户三百八十萬五千，使者按得主户三百八十萬，客户三十萬。天下之民，不土斷而地著，不更版籍而得其虛實。歲斂錢二千五十餘萬緡、米四百萬斛以供外，錢九百五十餘萬緡、米千六百餘萬斛以供京師。天下便之。

租庸調法以人丁爲本，開元後久不爲版籍，法度廢弊。丁口轉死，田畝换易，貧富升降，悉非向時，而户部歲以空文上之。又戍邊者蠲其租庸，六歲免歸。玄宗事夷狄，戍者多死，邊將諱不以聞，故貫籍不除。天寶中，王鉷爲户口使，務聚斂，以其籍存而丁不在，是隱課不出，乃按舊籍，除當免者，積三十年，責其租庸，人苦無告，法遂大弊。至德後，天下兵起，人口凋耗，版圖空虛，賦斂之司莫相統攝，紀綱大壞，王賦所入無幾。科斂凡數百名，廢者不削，重者不去，吏因其苛，蠶食於人。富人多丁者以宦、學、釋、老得免，貧人無所入則丁存，故課免於上，而賦增於下。是以天下殘瘁，蕩爲浮人，鄉居土著者，百不四五。炎疾其弊，乃請爲兩税法，以一其制。議者以爲租、庸、調，高祖、太宗之法，不可輕改，而帝方任炎，乃行之。自是吏奸無所容，輕重之權始歸朝廷矣。

沙隨程氏曰：開元中，豪弱相併，宇文融修舊法，收羨田以招徠浮户，而分業之。今炎創以新意，而兼并者不復追正，貧弱者不復田業，姑定額取税而已，始與孟子之論悖。而史臣詆融而稱炎，可謂淺近矣。贄稱融取隱户剩田以中主欲，夫隱户而不出，剩田而不取，則高祖、太宗之法廢矣，流亡浮寄者，何以振業之乎？使賢者當炎之地，宜用融之善，以修舊法，以革時弊；去融之不善，務爲簡易，責成守令，而不收籍外之税，俾高祖、太宗之法弊而復新。户口既增，租調自廣，此陸贄之論諄復而發者，如斯而已也。且天寶盛時，户八百餘萬，兵亂之後，至是三百餘萬，既曰土著者百無四五，是主户十五餘萬，浮客二百八十餘萬也，宜無是理。既不復授田，雖以見居爲簿，何益乎？

按：宇文融、楊炎皆以革弊自任，融則守高祖、太宗之法，炎則變高祖、太宗之法。然融守法而人病之，則以其逼脅州縣，妄增逃羨以爲功也。炎變法而人安之，則以其隨順人情，姑視貧富以制賦也。融當承平之時，簿書尚可稽考，乃不能爲熟議緩行之規；炎當離亂之後，版籍既已隳廢，故不容不爲權時施宜之舉。今必優融而劣炎，則爲不當於事情矣。

建中三年，詔增天下税錢，每緡二百。朱滔、王武俊、田悦合縱而叛，國用不給。淮南節度使陳少游增其本道税錢，因詔天下皆增之。

貞元八年，劍南節度使韋皋又增税十二，以增給官吏。

貞元四年，詔天下兩税審等第高下，三年一定户。

自初定兩税，貨重錢輕，乃計錢而輸綾絹。既而物價愈下，所納愈多，絹疋爲錢三千二百，其後一疋爲錢一千六百，輸一者過二。雖賦不增舊，而民愈困矣。度支以税物頒諸司，皆增本價爲虛估給之，而繆以濫惡督州縣剥價，謂之折納。復有進奉、宣索之名，改科役曰召雇，率配曰和市，以巧避微文，比大曆之數再倍。又癘疫水旱，户口減耗，刺史析户，張虛數以寬責。逃死闕税，取於居者，一室空而四鄰亦盡。户版不緝，無浮游之禁。州縣行小惠以傾誘鄰境，新收者優假之，唯安居不遷之民賦役日重。

帝以問宰相陸贄，贄上疏請釐革其甚害者，大略有六。其一曰：國家賦役之法，曰租、曰調、曰庸。其取法遠，其斂財均，其域人固。有田則有租，有家則有調，有身則有庸。天下法制均一，雖轉徙莫容其奸，故人無搖心。天寶之季，海内波蕩，版圖墮於避地，賦法壞於奉軍。賦役舊法，行之百年，人以爲便。兵興，供億不常，誅求隳制，此時弊，非法弊也。時有弊而未理，法無弊而已更。兩税新制，竭耗編甿，日日滋甚。陛下初即位，宜損上益下，嗇用節財，而摘郡邑，驗簿書，州取大曆中一年科率多者爲兩税定法，此總無名之暴賦而立常規也。夫財之所生，必因人力。兩税以資產爲宗，不以丁身爲本，資產少者税輕，多者税重。不知有藏於襟懷囊篋，物貴而人莫窺者；有場圃、囷倉，直輕而衆以爲富者；有流通蕃息之貨，數寡而日收其贏者；有廬舍器用，價高而終歲利寡者。計估算緡，失平長僞，挾輕費轉徙者脱徭税，敦本業者困斂求。此誘之爲姦，驅之避役也。今徭賦輕重相百，而以舊爲準，重處流亡益多，輕處歸附益衆。有流亡則攤出，已重者愈重；有歸附則散出，已輕者愈輕。人嬰其弊。願詔有司與宰相量年支，有不急者罷之，廣費者節之。軍興加税，諸道權宜所增，皆可停。税物估賈，宜視月平，至京與色樣符者，不得虚稱折估。有濫惡，罪官吏，勿督百姓。每道以知兩税判官一人與度支參計户數，量土地沃瘠、物產多少爲二等，州等下者配錢少，高者配錢多，不變法而逋逃漸息矣。其二曰：播殖非力不成，故先王定賦以布、麻、繒、纊、百穀，勉人功也。又懼物失貴賤之平，交易難準，乃定貨泉以節輕重。蓋爲國之利權，守之在官，不以任下。然則穀帛，人所爲也；錢貨，官所爲也。人所爲者，租税取焉；官所爲者，賦斂捨焉。國朝著令，租出穀，庸出絹，調出繒、纊、布、麻，曷嘗禁人鑄錢而以錢爲賦？今兩税效算緡之末法，估資產爲差，以錢穀定税，折供雜物，歲目頗殊。所供非所業，所業非所供，增價以市所無，減價以貨所有。耕織之力有限，而物價貴賤無常。初定兩税，萬錢爲絹三疋，價貴而數不多，及給軍裝，計數不計價，此税少國用不充也。近者萬錢爲絹六疋，價賤而數加，計口蠶織不殊，而所輸倍，此供税多而人力不給也。宜令有司，復初定兩税之歲絹、布疋估爲布帛之數，復庸、調舊制，隨土所宜，各修家技。物甚賤，所出不加；物甚貴，所入不減。且經費所資，在錢者獨月俸、資課，以錢數多少給布，廣鑄而禁用銅器，則錢不乏。有糴鹽以入直，榷酒以納資，何慮無所給哉！其三曰：廉使奏吏之能者有四科：一曰户口增加，二曰田野墾辟，三曰税錢長數，四曰率辦先期。夫貴户口增加，詭情以誘姦浮，苛法以析親族，所誘者將議薄征則遽散，所析者不勝重税則又亡，有州縣破傷之病。貴田野墾闢，然農夫不增而墾田欲廣，誘以墾殖荒田，限年免租，新畝雖闢，舊畬蕪矣，及至免租年滿，復爲汙萊，有稼穡不增之病。貴税錢長數，重困疲羸，捶骨瀝髓，苟媚聚斂之司，有不恤人之病。貴率辦先期，作威殘人，絲不容織，粟不暇舂，貧者奔逃，有不恕物之病。四病繇考覈不切事情之過。驗之以實，則租賦所加，固有受其損者，此州若增客户，彼郡必減居人。增處邀賞而税數加，減處懼罪而税數不降。國家設考課之法，非欲崇聚斂也。宜命有司詳考課績，州税有定，徭役有等，覆實然後報户部。若人益阜實，税額有餘，據户均減十三爲上課，減二次之，減一又次之。若流亡多，加税見户者，殿亦如之。民納税以去歲輸數爲常，罷據額所率者。增辟勿益租，廢耕不降數。定户之際，視雜產以校之。田既有常租，則不宜復入兩税。如此，不督課而人人樂耕矣。其四曰：明君不厚所資而害所養，故先人事而借其暇力，家給然後斂餘財。今督敢促迫，蠶事方興而輸縑，農功未艾而斂穀，有者急賣而耗半直，無者求假費倍。定兩税之初，期約未詳，屬征役多故，率先限以收。宜定税期，隨風俗時候，務於紓人。其五曰：頃師旅亟興，官司所儲，唯給軍食，凶荒不暇振救。人小乏則取息利，大乏則鬻田廬。斂獲始畢，執契行貸，饑歲室家相棄，乞爲奴僕，猶莫之售，或縊死道途。天災流行，四方代有。税茶錢積户部者，宜計諸道户口均之。穀麥熟則平糴，亦以義倉爲名，主以巡院。時稔傷農，則優價廣糴，穀貴而止；小歉則借貸。循環斂散，使聚穀幸災者無以牟大利。其六曰：古者，百畝地號一夫，蓋一夫授田不得過百畝，欲使人不廢業，田無曠耕。今富者萬畝，貧者無容足之居，依託强家，爲其私屬，終歲服勞，常患不充。有田之家坐食租税，京畿田畝税五升，而私家收租畝一石，官取一，私取十，穡者安得足食？宜爲定條限，裁租價，損有餘，優不足，此安富恤窮之

善經，不可捨也。贄言雖切，以讒逐，事無施行者。

河南尹齊抗復論其弊，以爲：陛下行兩税，課納有時，貪暴無所容奸，二十年間，府庫充牣。但定税之初，錢輕貨重，故陛下以錢爲税。今錢重貨輕，若更有税名，以就其輕，其利有六：吏絶其奸，一也；人用不擾，二也；静而獲利，三也；用不乏錢，四也；不勞而易知，五也；農桑自勸，六也。百姓本出布帛，而税反配錢，至輸時復取布帛，更爲三估計折，州縣升降成姦。若直定布帛，無估可折。蓋以錢爲税，則人力竭而有司不之覺，今兩税出於農人，農人所有，唯布帛而已。用布帛處多，用錢處少，又有鼓鑄以助國計，何必取於農人哉！疏入，亦不報。

東萊吕氏曰賦：賦役之制自《禹貢》始可見，《禹貢》既定九州之田賦，以九州之土地，爲九州之土貢。説者以謂有九州之土貢，然後以田賦之當供者，市易所貢之物。考之於經，蓋自有證。何者？甸服百里賦納總，至於五百里米，自五百里之外，其餘四服米不運之京師，必以所當輸者土貢於天子。以此知當時貢、賦一事，所以冀州在王畿甸服之内，全不叙土貢，正緣已輸粟米。以此相參考，亦自有證。蓋當時寓兵於農，所謂貢賦，不過郊廟賓客之奉，都無養兵之費，故取之於畿甸而足。自大略而言之，三代皆沿此制，夏后氏五十而貢，商人七十而助，周人百畝而徹。三代之賦略相當，《周官》所載，九畿之貢而已。九州之貢所謂出者半，或三之一，或四之一，或以半輸王府，或以二之一輸王府，或以四之一輸王府。所謂土貢未必能當貢賦之半，留之於諸侯之國，以待王室之用，皆是三代經常之法。所謂弼成五服，至於五千州十有二師，説者以爲二千五百人爲師，亦是一時權時之役。所謂經常之役，用民之力，歲不過三日，《豳》詩所謂我稼既同，上入執宫功，皆是，經常之役法如此。用兵軍役寓之井賦乘馬之法，無事則爲農，有事則征役。至漢有所謂材官，踐更、過更、卒更三等之制，當時有干戈之征。及至魏晉，有户調之名，凡有户者出布帛，有田者出租賦。後魏亦謂之户調，在後魏以一夫一婦出帛一疋，在北齊則有一牀半牀之制，已娶者則一牀，未娶者則半牀。當時有户調之名，然役法尚存古制。但至南北朝，增三代之三日至於四十五日。自漢至南北朝，其賦役之法如此。至唐高祖立租庸調之法，承襲三代、漢、魏、南北之制，雖或重或輕，要之規摹尚不失舊。德宗時，楊炎爲相，以户籍隱漏，徵求煩多，變而爲兩税之法。兩税之法既立，三代之制皆不復見。然而兩税在德宗一時之間雖號爲整辦，然取大曆中科徭最多以爲數，雖曰自所税之外並不取之於民，其後如間架，如借商，如除陌，取於民者不一，楊炎所以爲千古之罪人。大抵田制雖商鞅亂之於戰國，而租税猶有歷代之典制，惟兩税之法立，古制然後掃地。要得復古，田制不定，縱得薄斂如漢文帝之復田租，荀悦論豪民收民之資，惟能惠有田之民，不能惠無田之民。田制不定，雖欲復古，其道無由。兵制不復古，民既出税賦，又出養兵之費，上之人雖欲權減，兵又不可不養。兵制不定，此意亦無由而成。要之寓兵於農，賦役方始定。

按：自秦廢井田之制，隳什一之法，任民所耕，不計多少，於是始舍地而税人，征賦二十倍於古。漢高祖始理田租，十五而税一，其後遂至三十而税一，皆是度田而税之。然漢時亦有税人之法。按漢高祖四年，初爲算賦，注：民十五以上至六十五出賦錢，人百二十爲一算，七歲至十五出口賦，人錢二十，此每歲所出也。然至文帝時，即令丁男三歲而一事，賦四十，則是算賦減其三之二，且三歲方徵一次，則成丁者一歲所賦不過十三錢有奇，其賦甚輕。至昭、宣帝以後，又時有減免。蓋漢時官未嘗有授田、限田之法，是以豪强田連阡陌，而貧弱無置錐之地，故田税隨占田多寡爲之厚薄，而人税則無分貧富。然所税每歲不過十三錢有奇耳。至魏武初平袁紹，乃令田每畝輸粟四升，又每户輸絹二疋、綿二斤，則户口之賦始重矣。晉武帝又增而爲絹三疋、綿三斤，其賦益重。然晉制男子一人占田七十畝，女子及丁男丁女占田皆有差，則出此户賦者亦皆有田之人，非鑿空而税之，宜其重於漢也。自是相承，户税皆重。然至元魏而均田之法大行，齊、周、隋、唐因之。賦税沿革微有不同，史文簡略，不能詳知，然大概計畝而税之令少，計户而税之令多。然其時户户授田，則雖不必履畝論税，只逐户賦之，則田税在其中矣。至唐始分爲租、庸、調，田則出粟稻爲租，身與户則出絹布綾錦諸物爲庸、調。然口分、世業，每人爲田一頃，則亦不殊元魏以來之法，而所謂租、庸、調者，皆此受田一頃之人所出也。中葉以後，法制隳弛。田畝之在人者，不能禁其賣易，官

授田之法盡廢，則向之所謂輸庸、調者，多無田之人矣。乃欲按籍而徵之，令其與豪富兼并者一例出賦可乎？又況遭安、史之亂，丁口流離轉徙，版籍徒有空文，豈堪按以爲額？蓋當大亂之後，人口死徙虚耗，豈復承平之舊？其不可轉移失陷者，獨田畝耳。然則視大曆十四年墾田之數以定兩税之法，雖非經國之遠圖，乃救弊之良法也。但立法之初，不任土所宜，輸其所有，乃計綾帛而輸錢。既而物價愈下，所納愈多，遂至輸一者過二，重爲民困。此乃掊刻之吏所爲，非法之不善也。陸宣公與齊抗所言固爲切當，然必欲復租、庸、調之法，必先復口分、世業之法，均天下之田，使貧富等而後可，若不能均田，則兩税乃不可易之法矣。又歷代口賦，皆視丁、中以爲厚薄。然人之貧富不齊，由來久矣。今有幼未成丁，而承襲世資，家累千金者，乃薄賦之；又有年齒已壯，而身居窮約，家無置錐者，乃厚賦之，豈不背繆？今兩税之法，人無丁、中，以貧富爲差，尤爲的當。宣公所謂：計估算緡，失平長僞，挾輕費轉徙者脱徭税，敦本業不遷者困斂求，乃誘之爲姦，敺之避役。此亦是有司奉行者不明不公之過，非法之弊。蓋力田務本與商量逐末，皆足以致富。雖曰逐末者易於脱免，務本者困於徵求，然所困猶富人也，不猶愈於庸調之法不變，不問貧富，而一概按元籍徵之乎？蓋賦税必視田畝，乃古今不可易之法，三代之貢、助、徹，亦只視田而賦之，未嘗别有户口之賦。蓋雖授人以田，而未嘗别有户賦者，三代也；不授人以田，而輕其户賦者，兩漢也。因授田之名，而重其户賦，田之授否不常，而賦之重者已不可復輕，遂至重爲民病，則自魏至唐之中葉是也。自兩税之法行，而此弊革矣，豈可以其出於楊炎而少之乎？

又按：古今户口之數，三代以前姑勿論。史所載西漢極盛之數，爲孝平元始二年，人户千一百二十三萬三千。東漢極盛之時，爲桓帝永壽三年，户千六十七萬七千九百六十。此《通典》所載之數，據《東漢書・郡國志》，計户一千六百七萬九百六則多《通典》五百八十三萬有奇，是又盛於前漢矣。三國鼎峙之時，合其户數不能滿百二十萬，昔人以爲才及盛漢時南陽、汝南兩郡之數。蓋戰争分裂，户口虚耗，十不存一，固宜其然。然晉太康時，九州攸同，不可謂非承平時矣，而爲户只二百四十五萬九千八百。自是而南北分裂，運祚短促者，固難稽據，姑指其極盛者計之，則宋文帝元嘉以後，户九十萬六千八百有奇；魏孝文遷洛之後，只五百餘萬，則混南北言之，才六百萬。隋混一之後，至大業二年，户八百九十萬七千有奇；唐天寶之初，户八百三十四萬八千有奇。隋唐土地不殊兩漢，而户口極盛之時，纔及其三之二，何也？蓋兩漢時，户賦輕，故當時郡國所上户口版籍，其數必實；自魏晉以來，户口之賦頓重，則版籍容有隱漏不實，固其勢也。南北分裂之時，版籍尤爲不明，或稱僑寄，或冒勳閥，或以三五十户爲一户，苟避科役，是以户數彌少。隋唐混一之後，生齒宜日富，休養生息莫如開皇、貞觀之間，考覈之詳莫如天寶，而户數終不能大盛。且天寶十四載所上户，總八百九十一萬四千七百九，而不課户至有三百五十六萬五千五百。夫不課者鰥寡、廢疾、奴婢及品官有蔭者皆是也，然天下户口，豈容鰥寡、廢疾、品官居其三之一有奇乎？是必有説矣。然則以户口定賦，非特不能均貧富，而適以長姦僞矣。又按漢元始時，定墾田八百二十七萬五千三十六頃，計每户合得田六十七畝百四十六步有奇；隋開皇時墾田千九百四十萬四千二百六十七頃，計每户合得田二頃有餘。夫均此宇宙也，田日加於前，户日削於舊，何也？蓋一定而不可易者田也，是以亂離之後容有荒蕪，而頃畝猶在。可損可益者户也，是以虚耗之餘，並緣爲弊，而版籍難憑。杜氏《通典》以爲我國家自武德初至天寶末，凡百三十八年，可以比崇漢室，而人户纔比於隋氏，蓋有司不以經國馭遠爲意，法令不行，所在隱漏之甚。其説是矣，然不知庸、調之征愈增，則户口之數愈減，乃魏晉以來之通病，不特唐爲然也。漢之時，户口之賦本輕，至孝宣時又行蠲減，且令流徙者復其賦，故膠東相王成遂僞上流民自占者八萬餘口以徼顯賞。若如魏、晉以後之户賦，則一郡豈敢僞占八萬口，以貽無窮之逋負乎？陸宣公又言：先王制賦入，必以丁夫爲本，無求於力分之外，無貸於力分之内。故不以務穡增其税，不以輟稼減其租，則播種多；不以殖産厚其征，不以流寓免其調，則地著固；不以飾勵重其役，不以窳怠蠲其庸，則功力勤。如是，故人安其居，盡其力。此雖名言，然物之不齊，物之情也。均是人也，而才藝有智愚之不同；均營生也，而時運有屯亨之或異。蓋有起窮約而能自致千金，其

餘力且足以及他人者；亦有蒙故業而不能保一簪，一身猶以爲累者，雖聖人不能比而同之也。然則以田定賦，以家之厚薄爲科斂之輕重，雖非盛世事，而救時之策不容不然，未宜遽非也。

貞元三年，時歲事豐稔，上因畋入民趙光奇家，問：百姓樂乎？對曰：不樂。上曰：時豐，何故不樂？對曰：詔令不信，前云兩税之外悉無他徭，今非税而誅求者殆過於税，詔書優恤，徒空文耳。憲宗末年，度支、鹽鐵與諸道貢獻尤甚，有助軍及平賊賀禮、上尊號賀物。穆宗即位，一切罷之，兩税外加率一錢以枉法贓論。然務姑息，賞賜諸軍不可勝紀，用不能節。

自建中定兩税而物輕錢重，民以爲患，至穆宗時四十年。當時爲絹二疋半者爲八疋，大率加三倍。豪家大商積錢以逐輕重，故農人日困，末業日增。帝亦以貨輕錢重，民困而用不充，詔百官議革其弊。議者多請重挾銅之律，户部尚書楊於陵言：大曆以前，淄青、太原、魏博雜鉛鐵以通時用，嶺南雜以金、銀、丹砂、象齒，今一用泉貨，故錢不足。今宜使天下兩税、榷酒、鹽利、上供及留州、送使錢，悉輸以布帛穀粟，則人寬於所求，然後出内府之積，收市廛之滯，廣山鑄之數，限邊裔之出，禁私家之積，則貨日重而錢日輕矣。宰相善其議。由是兩税、上供、留州皆易以布帛、絲纊，租、庸、課、調不計錢而納布帛，惟鹽酒本以榷率計錢，與兩税異，不可去錢。

時貨輕錢重，與留州、送使，所在長吏又降省估使就實估，以自封殖，而重賦於人。裴垍爲相，奏請天下留州、送使物，一切令就省估，其所在觀察使仍以其所涖之郡租賦自給，若不足，方許徵於支郡、其諸州送使額變爲上供，故疲人稍息肩。

會昌元年，敕：今後州縣所徵科斛斗，一切依額爲定，不得隨年檢責。數外加有荒閑陂澤山原，百姓有人力能墾辟耕種，州縣不得輒問所收苗子，五年不在税限，五年之外依例納税。於一鄉之中，先填貧户欠闕，如無欠闕，則均減衆户合徵斛斗，但令不失元額，不得隨田加率。仍委本道觀察使每年收成之時，具管内墾田頃畝及合徵科斗數，分析聞奏。數外有剩納人户斛斗，刺史以下重加徵貶。

大中二年，制：諸州府縣等納税，祇合先差優長户車牛，近者多是權要富豪悉請留縣輸納，致使貧單之人却須雇脚搬載。今後其留縣並須先饒貧下不支濟户，如有違越，官吏重加科殿。

四年，制：百姓兩税之外，不許分外更有差率，委御史臺糾察。其所徵兩税疋段等物，並留州、留使錢物，納疋段虚實估價及見錢，從前皆有定制。如聞近日或有於虚估疋段數内實徵，估物及其間分數，亦不盡依敕條，宜委長吏切守，如有違越，必議科懲。又青苗兩税本繫田土，地既屬人，税合隨去。從前赦令，累有申明，豪富之家尚不恭守。以後州縣覺察，如有此比，須議痛懲，地勒還主，不理價直。

按：兩税不徵粟帛而徵錢，吏得爲奸以病民。穆宗時嘗復舊制徵粟帛矣，今復有此令，豈又嘗變易邪？計貨徵錢，必有估直，而估乃有虚實之異。舞文如此，今禁其於定制外多科，固不若仍復粟帛之徵，則自不能多求於定數之外也。

昭宗末，諸道多不上供，惟山南東道節度使趙匡凝與其弟荆南留後匡明委輸不絶。詳見《國用門》。

光啓三年，張全義爲河南尹。初，東都經黄巢之亂，遺民聚爲三城以相保，繼以秦宗權、孫儒殘暴，僅存壞垣而已。全義初至，白骨蔽地，荆棘彌望，居民不滿百户。全義麾下纔百餘人，乃於麾下選可使者十八人，命曰屯將，人給一旗一榜，於舊十八縣中令招農户自耕種，流民漸歸。又選可使者十八人，命曰屯副，民之來者綏撫之，除殺人者死，餘但加杖，無重刑，無租税，歸者漸衆。又選諳書計者十八人，命曰屯判官。不一二年，每屯户至數千，於農隙選壯者教之戰陣，以禦寇盜。闕市之賦，迨於無籍。刑寬事簡，遠近趨之如市。五年之後，諸縣户口率皆歸復，桑麻蔚然，野無曠土，其勝兵大縣至七千人，小縣不減二千人，乃奏置令佐以治之。全義明察，人不能欺，爲政寬簡，出見田疇美者，輒下馬與僚佐共觀之，召田主勞以酒食。有蠶麥善收者，或親至其家，悉呼出老幼，賜以茶綵衣物。民間言張公不喜聲伎，見之未嘗笑，獨見佳麥良繭則笑耳。有田荒穢者，則集衆杖之。或訴以乏人牛，則召鄰里責之曰：彼誠乏人牛，何不助之？由是鄰里有無相助，比户有積蓄，在洛四十年，遂成富庶。

按：唐末盜賊之亂，振古所未有，洛陽四戰之地，受禍尤酷。全義本出群盜，乃能勸農力本，生聚教誨，使荒墟爲富實。觀其規畫，雖五季之君號爲有志於民者所不如也。賢哉！

（元）馬端臨《文獻通考》卷六《田賦考・水利田》　唐武德七年，同州治中雲得臣開渠，自龍門引黄河溉田六十餘頃。

貞觀十一年，揚州大都督府長史李襲稱以江都俗好商賈，不事農業，乃引雷陂水，又築勾城塘，溉田八百餘頃，百姓獲其利。

永徽六年，雍州長史長孫祥奏言：往日鄭、白渠溉田四萬餘頃，今爲富商大賈競造碾磑，堰遏費水。太尉長孫無忌曰：白渠水帶泥淤，灌田益其肥美。又渠水發源本高，向下支分極衆，若使流至同州，則水饒足。比爲碾磑用水，洩渠水隨入滑，加以壅遏耗竭，所以得利遂少。於是遣祥等分檢渠上碾磑，皆毁之。至大曆中，水田纔得六千二百餘頃。

開元九年，京兆少尹李元紘奏疏：三輔諸渠，王公之家緣渠立磑，以害水田。一切毁之，百姓蒙利。

廣德二年，户部侍郎李栖筠等奏拆京城北白渠上王公、寺觀碾磑七十餘所，以廣水田之利，計歲收粳稻三百萬石。

大曆十二年，京兆尹黎幹開決鄭、白二水支渠，毁碾磑，以便水利，復秦、漢水道。

建中元年，宰相楊炎請於豐州置屯田，發關輔人開陵陽渠詳見《屯田門》。

貞元八年，嗣曹王皋爲荆南節度觀察使。先是，江陵東北七十里有廢田旁漢古堤，壞決凡二處，每夏則爲浸溢。皋始命塞之，廣良田五千頃，畝收一鍾。楚俗佻薄，舊不鑿井，悉飲陂澤。皋乃令合錢鑿井，人以爲便。

元和八年，孟簡爲常州刺史，開漕古孟瀆，長四十里，得沃壤四千餘頃。十二月，魏博觀察使田弘正奏准詔開衛州黎陽縣古黄河故道，從鄭滑節使薛平之請也。先是，滑州多水災，其城西去黄河止二里，每夏雨漲溢，則浸壞城郭，水及羊馬城之半。薛平詢諸將吏，得古黄河道於衛州黎陽縣界，遣從事裴弘泰以水患告於田弘正，請開古河，用分水力。弘正遂與平皆以上聞，詔許之。乃於鄭、滑兩郡徵促萬人，鑿古河，南北長十四里，東西闊六十步，深一丈七尺，決舊河以注新河，遂無水患焉。

十三年，湖州刺史于頔復長城縣方山之西湖溉田三十頃。

長慶二年，温造爲朗州刺史，奏開復鄉渠九十七里，溉田二千頃，郡人利之，名爲右史渠。至太和五年，造爲河陽節度使，奏浚懷州古渠枋口堰，役功四萬，溉濟源、河内、温、武陟四縣田五千頃。

長慶中，白居易爲杭州刺史，浚錢塘湖，周迴三十里，北有石涵，南有筧，凡放水溉田，每減一寸可溉十五頃，每一伏時可溉五十餘頃。作《湖石記》，言若堤防如法，蓄洩及時，則瀕湖千餘頃田無凶年矣。

（元）馬端臨《文獻通考》卷二七《國用考・蠲貸》　隋文帝開皇九年，以江表初平，給復十年；自餘諸州並免當年租賦。

十二年，詔河北、河東今年田租三分減一，兵減半，功調全免。

唐高祖武德元年，即位。詔義師所過給復三年，其餘給復二年。

四年，平王世充、竇建德，大赦。百姓給復一年，陝、鼎、函、虢、虞、芮、邠七州轉輸勞費，幽州管内久隔寇戎，並給復二年。

太宗即位，免民逋租宿負。又免關内及蒲、芮、虞、秦、陝、鼎六州二歲租，給復天下一年。

貞觀元年，以山東旱，免今年租。

中宗復位，免民一年租賦。

睿宗即位，免天下歲租之半。

玄宗開元五年，免河南、北蝗水州今歲租。

八年，免水旱州逋負。

九年，免天下七年以前逋負。

十七年，免今歲租之半。

二十七年，免今年租。

天寶十四載，免今年租、庸半。

肅宗乾元二年，免天下租、庸，來歲三之一；陷賊州，免三歲租。

代宗即位，免民逋負租宿負。次年，又詔免之。

憲宗元和四年，免山南東道、淮南、江西、浙東、湖南、荆南今

歲稅。

十四年，大赦。免元和二年以前逋負。

武宗會昌六年，以旱，免今年夏稅。

宣宗大中四年，蠲度支、鹽鐵、户部逋負。

九年，以旱，遣使巡撫淮南，减上供饋運，蠲逋租。又罷淮南、宣歙、浙西冬至、元日常貢，以代下户租稅。

懿宗咸通七年，大赦。免咸通三年以前逋負。

後唐莊宗天成二年，詔免三司逋負近二百萬緡。

潞王即位，以劉昫判三司，鈎考舊逋，必無可償者請蠲之。詔長興以前，户部及諸道逋租三百三十萬石咸免之。貧民大悦，三司吏怨之。

致堂胡氏論見《田賦考》。

（清）董誥《全唐文》卷一三《高宗·减貢獻並蠲貸諸州詔》 朕聞受上天之命者，其道在乎愛人；處皇王之位者，其功先於濟物。然則所修在德，池籞可以假貧人；所寶惟賢，珍玩不足奉諸己。自朕臨御天下，三十餘年，永念黎元，情深撫育，頻頒制命，猶未遵行。所有差科，尚多勞擾。關中地狹，衣食難周；山東遭澇，糧儲或少。刺史縣令，寄以字人；長史司馬，職惟毗贊。若能恤隱求瘼，清直無私，則囹圄於是空虛，鰥寡自然蘇息。而在外官司，罕能奉法，志存苟且，不舉綱維。欲使訟息刑清，家給人足，無爲而化，其路何繇？今當勵精求政，先身理物，救乏賙無，自邇及遠，凡在寮庶，宜識至懷。其殿中太僕寺馬，並令減送羣牧，諸方貢獻物，及供進口味，百司支料，並宜量事減省。雍、岐、華、同四州六等已下户，宜免兩年地稅。河北澇損户，常式蠲放之外，特免一年調。其有屋宇遭水破壞，及糧乏絶者，令州縣勸課助修，并加給貸。

（清）董誥《全唐文》卷一九《唐睿宗·勞畢構璽書》 我國家創開天地，再造黎元，四夷來王，萬邦會至，置州立郡，分職設官。貞觀永徽之前，皇猷惟穆；咸亨垂拱之後，淳風漸替。征賦將急，調役頗繁，選吏舉人，涉於浮濫。省閣臺寺，罕有公直，苟貪禄秩，以度歲時。中外因循，紀綱弛紊，且無懲革，弊乃滋深。爲官既不擇人，非親即賄；爲法又不按罪，作孽寧逃。貪殘放手者相仍，清白潔己者斯絶。蓋由賞罰不舉，生殺莫行，更以水旱時乖，邊隅未謐。日損一日，徵斂不休，大東小東，杼軸爲怨。就更割剥，何以克堪？昔聞當官，以留犢還珠爲上；今之從職，以充車聯駟爲能。或交結富豪，抑棄貧弱；或矜假典正，樹立腹心。邑屋之閒，囊篋俱委；或地有椿榦梓漆，或家有畜産資財；即被暗通，並從取奪。若有固恡，即因事以繩。羸杖大枷，動傾性命，懷冤抱痛，無所告陳。比差御史，委令巡察，或有貴要所囑，未能不避權豪；或有親故在官，又罕絶於顔面。載馳原隰，徒煩出使之名；安問狐狸，未見埋車之節。揚清激濁，涇渭不分，嫉惡好善，蕭蘭莫别。官守既且若此，下人豈以聊生。數年已來，凋殘更甚。卿孤潔獨行，有古人之風。自臨蜀川，弊化頓易。覽卿前後執奏，何異破柱求姦，諸使之中，在卿爲最。並能盡節似卿，如此百郡何憂乎不理，萬人何慮乎不安。卿當益堅，勿後顧。嘉卿直道，今賜袍帶并衣一副。

（清）董誥《全唐文》卷二二《玄宗·令户口復業及均役制》 天下諸郡逃户，有田宅産業，妄被人破除，并緣欠負税庸，先以親鄰買賣，及其歸復，無所依投。永言至此，須加安輯。應有復業者，宜並卻還。縱已代出租稅，亦不在徵陪之限。國之役力，合均有無，比來應定門夫，殊非得所。每縣中男多者，累載方始一差，中男少者，一周遂役數過，既緣偏併，豈可因循。自今已後，諸郡所載門夫，宜於當郡縣通率準式納課分配，令得均平。

（清）董誥《全唐文》卷二九《玄宗·放免十二年以前積欠詔》 元率地稅，以置義倉，本防儉年，賑給百姓。頻年不稔，逋租頗多，言念貧人，將何以濟？今獻春布澤，務叶時和，自開元十二年閏十二月以前，所有未納懸欠地稅宜放免。

（清）董誥《全唐文》卷二九《玄宗·緩逋賦詔》 河南河北諸州，去年緣遭水澇，雖頻加賑貸，而恐未小康，言念于茲，無忘鑒寐。爰自春夏，雨澤以時，兼聞夏苗，非常茂好。既即收穫，不慮少糧。然以産業初營，儲積未贍，若非寬惠，不免艱辛。其貸糧麥種穀子，迴轉變造，諸色欠負等並放，候豐年以漸徵納。蠶麥事畢，及至秋收後，並委刺史縣令專勾當，各令貯積，勿使妄有費用。明加曉諭，知朕意焉。

（清）董誥《全唐文》卷三〇《玄宗·緩逋賦詔》　如聞關輔蠶麥，雖稍勝常年，百姓所收，纔得自給，若無優假，還慮艱弊。其先欠百司職田，及諸色應合至蠶麥時徵，已有處分訖。其公私舊債，亦宜停徵，貧下百姓，有傭力買賣與富兒及王公已下者，任依常式。

（清）董誥《全唐文》卷三一《玄宗·給復徐泗等州詔》　如聞徐泗之閒，絲蠶不熟，雖庸課已納，慮百姓艱辛，今年地税，特宜放免。

（清）董誥《全唐文》卷三一《玄宗·命諸道節度使募取丁壯詔》　自天下一統，方隅底平，交趾西界於庸岷，流沙東泊於遼碣，烽亭既廣，徭戍轉增，朕永念征夫，無忘旰食，是用懷柔悍俗，賓禮戎臣，降子女以適其氈裘，捐繒玉以申其惠好。二十五年於茲矣，而情周萬寓，信結羣蠻，羌狄爲父子之邦，甌貊成冠帶之國。海内無事，邊方底寧，加以志道而一理得，清心而庶務簡，和氣來應，穰歲以臻，羣生樂業而自怡，有司措刑而不用。今欲小康戎旅，大致昇平，減停征徭，與人休息，諸方將相，三事公卿，宜協朕心，勉成良算。宜令中書門下與諸道節度使，各量軍鎮閒劇，審利害，計兵防健兒等作定額，委節度使放諸色征人内及客户中召募，取丁壯情願充健兒長任邊軍者，每歲加於常例，給田地屋宅，務加優恤，便得存濟，每年逐季，本使具數報中書門下，至年終一時録奏，長駕遠馭，事藉經久，無害始慮之謀，以規苟且之利。

（清）董誥《全唐文》卷三四《玄宗·禁重徵租庸敕》　如聞天下諸州送租庸，行綱發州之日，依數收領，至京都不合有欠。或自爲停滯，因此耗損；兼擅將貨易，交折遂多。妄稱舉債陪填，至州重徵百姓。或假託貴要，肆行逼迫。江淮之閒，此事尤甚。所由既下文牒，州縣遞相稟承，户口艱辛，莫不由此。自今以後，所有損欠，應須陪填。一事已上，並勒行綱及元受領所由人知。其受納司不須爲行下文牒，州縣亦不得徵打。仍委按察使採訪。如有此色，所由官停卻，具狀奏。

（清）董誥《全唐文》卷三四《玄宗·幸新豐蠲復敕》　惟此新豐，湯泉是出，古之順豫，義兼巡省。頃者觀風，數臨茲地，以察冤滯，詢於故老。閭里觀康，田疇墾闢。況冬降積雪，春期有年，且諺王游，果符時邁。雖千乘萬騎，咸給於主司，而累月再來，頗勤於除婦。宜下復蠲之令，慰其望幸之心。新豐縣百姓，免其一年雜差科；縣官及温泉監官，經兩度祇承者，與一中上考。

（清）董誥《全唐文》卷三四《玄宗·賜京畿縣令敕》　親百姓之官，莫先於邑宰。成一年之事，特要於春時。卿等列在三畿，各知人務，宜用心處置，以副朕懷。農功不可奪，蠶事須勿擾，市獄在簡，典正宜肅，徭賦須平，豪强勿恣。凡著賢能，必無曠職，即宜好去。

（清）董誥《全唐文》卷三五《玄宗·令州郡勾當諸税敕》　諸州税及地税等，宜令州郡長吏專勾當，依限徵納訖。具所納數，及徵官名品申省。如徵納違限，及簡覆不實，所由官並先與替，仍準法科徵。

（清）董誥《全唐文》卷三五《玄宗·禁資課税户徵納見錢敕》　天下百姓，正丁課輕，徭役所入，惟納租庸，人以安之，國用嘗足。比緣户口殷衆，色役繁多，每歲分番，計勞入任，因納資課，取便公私。兼租腳税户，權宜輕率，約錢定數，不得不然。如聞州縣官僚，不能處置。凡如此色，邀納見錢，或非時徵納，賤賣布帛。既輕蠶織，争務貨泉，農桑之閒，頗亦爲弊。朕每思敦本，將以便人，期於省約，使致通濟。自今以後，凡是資課税户租腳營窖折里等應納官者，並不須令出見錢。抑遺徵備，任以當土所司均融支料，嘗令折衷。十道使明加簡察，勿使乖宜。

（清）董誥《全唐文》卷三五《玄宗·定關輔庸調敕》　關輔庸調，所税非少，既寡蠶桑，皆資菽粟。常賤糴貴買，損費逾深。又江淮苦變造之勞，河路增轉輸之弊，每計其運腳，數倍加錢。今歲屬和平，庶物穰賤。南畝有十千之穫，京師同水火之饒。均其餘以減遠費，順其便使農無傷。自今已後，關内諸州庸調資課，並宜準時價變粟取米，送至京，逐要支用。其路遠處不可運送者，宜所在收貯，便充隨近軍糧。其河南、河北有不通水利，宜折租造絹以代關中調課。所司仍明爲條件，稱朕意焉。

（清）董誥《全唐文》卷三六《玄宗·停親鄰代輸租庸敕》　朕永念黎元，務宏愛育，所以惠政頻及，善貸相仍，亦將克致和平，登於仁壽。如聞流庸之輩，漸亦歸復，浮食未還，其數非廣。静言此色，並見其繇，蓋爲宰牧等授任親人，職在安戢，稍有逃逸，恥言減耗，籍帳之閒，虚存户口，調賦之際，旁見親鄰。此弊因循，其事遂久，寤寐興念，良用憮

然，不有釐革，孰致殷阜。其承前所有虛掛丁户，應徵租庸課税，令近親鄰保代輸者，宜一切並停，應令除削。各委本道採訪使與外州相知，審細簡覆，申牒所繇，分其逃還復業者，務令優恤，使得安存。縱先爲代輸租庸，不在酬還之限。

（清）董誥《全唐文》卷四二《肅宗·推恩祈澤詔》 古之哲王，臨御區夏，莫不好生慎罰，以理人命。故《易》稱緩死，《書》貴恤刑，所以樂時布和，奉天育物者也。朕恭守丕緒，祗膺皇極。順時調氣，庶欽若於元樞；旰食宵衣，每憂勤於黄屋。頃自獻春之後，膏液稍愆。言念人時，或稽政本，雖離畢之應，未獲滂沱，而滋萌之漸，亦頻霑沐。是用申兹渥澤，助彼發生，宜崇寬大之典，俾達陽和之氣。其天下應合死罪，特降從流，流已下罪放免。其事緣反逆造僞頭首情狀難容者，所司詳議聞奏。其流移左降該恩合量移者，宜令所司即類例處分。

朕爲人父母，義當亭育，時有或愆於令，物有不遂其生，敢懷自逸之志，實受在予之責。但以凶徒尚阻，戎旅多虞，致使黎庶不堪，徭役未息。雖國家之事，休戚當同，而君父之誠，寧忘愧惻，況春農在候，田事方興，百姓之閒，固須優恤。天下州縣應欠租庸課税傳馬粟貸糧種子糴糶税，及營田少作諸色勾徵納未足者，一切放免。其正義等倉及諸色攤徵，亦宜準此。其至德二載十二月三十日已前，和糴和市并負欠官物，及諸色官錢欠利常平義倉欠負五色，一切放免。

州縣百姓，頃屬軍興，户口之間，不無流散。宜令州縣長官審加勘責，且立簿書，據見在户徵課税。其逃亡者，別立文案，設法招輯，終年類例，以爲褒貶，如勘責虛望，所繇官長並節級科貶。其所繇典正等，先決六十，仍罰效力。其百姓先逃散即能還者，並每季申省，給復三年。其逃户有田宅邸店堪充課税者，宜令所繇即爲租賃，不得因兹妄有欺隱，主到即卻令分付。

比者不急之務，尋已詔停。如聞所司未全減省，載求人瘼，實切朕懷，固當革弊息人，勵精爲理。自今已後，内外不得別有徵求，妄爲進奉。諸色人力役造作，非軍國灼然要急及諸色率税，亦一切並停。太常寺音聲，除禮用雅樂外，並教坊音聲人等，並仰所司疏理，使敦生業。非祠祭大祀及宴蕃客，更不得輒有追呼。其内將作少監及諸供司丁匠等，各仰長官逐要量留，餘者並委御史臺專加糾察，如有違犯，具録奏彈。宣示中外，令知朕意。

（清）董誥《全唐文》卷四七《代宗·減來年夏税詔》 比屬秋霖，頗傷苗稼，百姓種麥，其數非多。如聞村閭不免流散，其大歷五年夏麥所税，特宜與減常年税。

（清）董誥《全唐文》卷四八《代宗·減次年秋税敕》 頃以蕃寇猶虞，王師未戢，所資軍費，皆出邦畿，征調薦興，日加煩重。念流亡之役，減歲入之租。務於惠養，冀有蘇息。尚聞告病，終未安居，深用愧悼，更思愛卹。今關輔諸州，墾田漸廣，江淮轉漕，常數又加。計一年之儲，有大半之助，其餘他税，固可從輕。其京兆來年秋税，宜分作兩等，上下各半，上等每畝税一斗，下等每畝税六升。其荒田如能佃者，宜準今年十月二十九日敕，一切每畝税二升。仍委京兆尹及令長，一一存撫，令知朕意。

（清）董誥《全唐文》卷四八《代宗·減次年麥税敕》 比屬秋霖，頗傷苗稼，百姓種麥，其數非多。如聞村閭不免流散，來年税麥，須有優矜。其大歷五年夏麥所税，特宜與減常年税。其地總分爲兩等，上等每畝税一斗，下等每畝税五升。其荒田如能開佃者，一切每畝税二升。令在必行，用明大信。仍委令長宣示百姓，并録敕牓示村坊要路，令知朕意。

（清）董誥《全唐文》卷五〇《德宗·定兩税詔》 户無主客，以見居爲簿；人無丁中，以貧富爲差。行商者在郡縣税三十之一，居人之税，秋夏兩徵之。各有不便者三之，餘征賦悉罷，而丁額不廢。其田畝之税率，以大歷十四年墾數爲準。徵夏税無過六月，秋税無過十一月。違者進退長吏。令黜陟使各量風土所宜，人户多少，均定其賦。尚書度支總統焉。

（清）董誥《全唐文》卷五三《德宗·聽納青苗錢詔》 京畿諸縣百姓，應今歲青苗錢，其中有便於納粟者，計約時估價納之。如便於納錢，不便於納粟者，宜聽。委京兆府專督其務。如縣令及主吏壅命者，懲罰有差。國家經計，當有儲蓄；百姓徵賦，深可優矜。所期便人，亦冀均濟。

咨爾長吏，宜悉朕懷。

（清）董誥《全唐文》卷五四《德宗・放免諸道先停放將士資糧德音》　敕：興理化者，務積於人；長國家者，以義爲利。故斂之欲薄，而使之以時，然後億兆歡心，遠邇欣戴。政平俗阜，必本於茲。朕承天命，撫臨區夏，憂矜在慮，宵旰忘勞。苟可以助化寧人，便時益下，事無大小，皆盡其心。比以中夏甫寧，頗勤經費，遂收諸道停減將士糧斛，用叶權宜。言念疲甿，重茲供億，頃雖疏理，轉送猶勞，睠彼東南，良深矜歎。夫崇儉可以足用，節事可以豐財，所當約已非躬，量宜濟務，豈資厚取，方給軍須，思息遺黎，俾蠲徭賦。其貞元二年三年以前所收諸道停減放歸營農將士軍資糧斛錢米等，緣送納向畢，任依前敕收管。其貞元四年已徵到及在路者，即依前送。其在百姓腹内者，並宜令放免。其貞元五年已畢，每年合收一百七萬八百八十八貫石，宜並放免。仍委每道觀察使具當管每州都放錢數聞奏，並各下本州，曉示百姓，令知其悉。於戲！人惟邦本，本固邦寧。百姓苟豐，君孰不足。式敷簡惠，俾革煩擾，庶其安逸，各務農桑。布告遐邇，明知朕意。

（清）董誥《全唐文》卷五五《順宗・放免積欠詔》　朕君臨寰海，子育兆人，思欲阜其財求，俾遂生殖，然後導之以禮樂，齊之以政刑，興廉讓之風，洽和平之理。而比聞官司之内，尚有逋懸，每念黎蒸，用深憂軫。永言勤恤，宜有蠲除。其莊宅使從興元元年至貞元二十年十月三十日已前，畿内及諸州府莊宅店鋪車坊園磑零地等，所有百姓及諸色人，應欠租課斛豆見錢絁絲草等，共五十二萬餘，並放免。朕方與人休息，致之富壽，物有不得其所，事有可利於人，寤寐求思，予無所愛。宜加曉示，令悉朕懷。

（清）董誥《全唐文》卷六〇《憲宗・置兩税使詔》　兩税之法，悉委郡國，初極便人，但緣約法之時，不定物估。今度支鹽鐵，泉貨是司，各有分巡，置於都會。爰命帖職，周視四方，簡而易從，庶叶權便。政有所弊，事有所宜，皆得舉聞，副我憂寄。

（清）董誥《全唐文》卷六二《憲宗・亢旱撫恤百姓德音》　承天理物，莫尚於愛人；謝譴弭災，必先於咎己。朕臨御萬國，逮今五年，亦常勵精，罔敢暇逸。誠雖勤而未妥於事，澤雖布而未浹於人，吳蜀建功，關輔屢稔，羣生咸若，荒服會同。將何以答昊穹之顧懷，承宗神之眷祐？固宜示以災眚，警予增修。自去冬以來，時雪微降，及此春暮，積爲愆陽。宿麥不滋，首種未入，東作慮違於農候，西成何望於歲儲？爲人父母，甚可憂憫。況江淮之間，歉饉相屬，物力疲耗，人心無聊。雖存救之術已行，而凋傷之弊猶切，是用輟食而嘆，中夜以興。得非刑獄之冤滯未申，貨財之聚斂未息，忠鯁之言未盡達，不急之務未盡除？有一於茲，即傷和氣，居高莫喻，愧悼是懷。爰命禱祠，豈答神祇之望，空勤惕厲，豈爲恤隱之方。莫若側身推誠，循政務實。法乾坤易簡之理，贊天地茂育之仁，將以塞違，庶乎於道。

屬陽和之序，品彙敷榮，俯念繫紲，俾從寬減。其京城内見禁囚徒，犯死罪非殺人降從流，流已下罪遞減一等。鹽鐵使下諸鹽院，舊招商所由欠貞元二年四月已前鹽税錢，及永貞元年變法後新鹽利經貨折估錢，共二十八萬七千七百五十六貫文，並宜放免。除此錢外，諸色所由人户及保人，有積欠錢物，或資產蕩盡，未免禁身，或身已死亡，繫其妻子，雖始於冒没，而終可哀矜。宜委鹽鐵轉運使即據狀事踈理，具可徵可放免數聞奏。度支京西京北諸院榷鹽使，并畿内在城諸色所由人户欠負，從貞元十一年以後至貞元十五年終，主保逃亡，攤徵保人，并保人又逃亡，及身在貧窮，非家業見存姦滑延引者，所欠錢物斛斗柴草等項，亦宜放免，亦委度支續具合放數聞奏。諸道兩税外據榷率，比來創制敕處分，非不丁寧。如聞或未遵行，尚有此弊。永言奉法，事豈當然。申敕長吏，明加禁斷。如刺史承使牒擅於界内榷率者，先加懲責，仍委御史臺及出使郎官御史察訪聞奏。

夫制事立程，必根源本，未有上敦節儉，而下有困窮，上好豐盈，而下獲安輯。顧財用之所出，念耕織之爲勞。自中原宿兵，調賦尤廣，更修無名之貢獻，必有無藝之徵求。或稱出於羨餘，或稱不破正税，相因慕效，寖以成風。革弊立防，何切於此？其諸道進獻，除降誕、端午、冬至、元正，任以土貢修其慶賀，其餘雜進，除旨條所供，及犬馬鷹隼時新滋味之外，一切勒停。如違越者，所進物送納藏庫，仍委御史臺具名聞

奏。如諸道停進奉後，尚務因循，或有聚斂，亦委出使郎官御史察訪聞奏。政理之本，在於簡約，由内及外，以示率先。昨者六官内人，量已放出，猶慮内厩之馬，其數稍多，委飛龍使等詔令作郎。條流減省，結具聞奏。嶺南、黔中、福建等道百姓，雖處遐俗，莫非吾人，多罹掠奪之虞，豈無親愛之戀，以兹興念，良用憫然。應緣公私買賣奴婢，宜令所在長吏切加捉搦，并審細勘責，委知非良人百姓，然許交關，有違犯者，準法條處分。

朕理國濟人，以義爲利，務於當者必舉，詢其弊者必除。其在卿士叶心，方岳宣力，勉修爾職，以惠黎元，慎守彝章，咸悉朕意。

（清）董誥《全唐文》卷六五《穆宗・免江州逋賦詔》 江州所奏，實爲懇誠，若更抑爲，必難務濟，所訴逋欠，宜令特放。

（清）董誥《全唐文》卷六六《穆宗・命諸道留使錢減貫敕》 諸道州府，每所徵納兩税，除送上都外，留州留使錢。緣草賊未殄，費用滋廣，兩税之外，難議加徵，然其饋運之間，又須得濟。諸道留使錢，宜令長吏於諸色給用中，每貫量減二百文，以資軍用。事平之後，即任仍舊。

（清）董誥《全唐文》卷六八《敬宗・減奉先縣租役敕》 奉先一縣，獨奉八陵，供辦支持，實爲繁併，眷言物力，須議優矜，宜委京兆府減一半租，並雜色役等，令諸縣均出。

（清）董誥《全唐文》卷七二《文宗・令王彦威定鄆曹等州税務詔》 鄆、曹、濮、淄、青、登、齊、萊、兖、海、沂、密等十二州，自頃年收復已來，屬中外多故，徵賦輕重，或未均平。今三道守臣，無非循吏，百姓安逸，流亡盡歸，須於此時，立一經制。宜令諫議大夫王彦威充勘定兩税使，仍與令孤楚等審商量。其兩税榷酒，及徵物匹數，虚實估價，並留州留使上供等錢物斛斗，比類諸道，一一開項分折，平均攤配，立一定額，使人知常數，不可加減。迴日具件聞奏。

（清）董誥《全唐文》卷七二《文宗・放免安南秋税詔》 遠人征賦，每歲徵輸，言念辛苦，暫爲蠲免。其安南今年秋税，悉宜放免，委都護田旱集百姓曉示。恐軍用闕絶，宜賜錢二萬貫，以嶺南觀察使合送兩税供錢充。

（清）董誥《全唐文》卷七六《武宗・禁額外徵税制》 租斂有常，王制斯在，徵率無藝，齊人何依？内外諸州府百姓所種田苗，率税斛斗，素有定額。如聞近年長吏不遵條法，分外徵求，致使力農之夫，轉加困弊。亦有每年差官巡檢，勞擾頗深。自今已後，州縣每年所徵斛斗，一切依元額爲定，不得隨年檢責。數外如有荒閑陂澤山原，百姓或力能墾闢耕種，州縣不得輒問。所收苗子，五年不在收税限，五年之外，依例收税。於一鄉之中，先填貧户欠闕，如無欠闕，即均減衆户合徵斛斗，但令不失元額，不得隨田地頃畝加税。仍委本道觀察使，每年秋成之時，具管内墾闢田地頃畝，及合徵上供留州使斛斗數，分析聞奏。數外有剩納人户斛斗，刺史以下，並節級重加懲貶，觀察使奏聽進止。仍令出使郎官御史及度支鹽鐵知院官訪察聞奏。

（清）董誥《全唐文》卷七七《武宗・雨災減放税錢德音》 門下：朕恭臨寶位，祇嗣丕圖，勤卹憂兢，夙夜匪怠。懼天下之目，專專然以觀予動；懼天下之耳，喁喁然以聽予言。何嘗發一言不遵祖宗之法制，動一事不副卿士之羣心。雖克己甚勞，誠心無逸，驅時風於樸素，絶進取於爭馳，便於人者無不爲，厚於身者無不去，然而惠化猶闕，徵勸未行。殘虜在邊，尚煩饋餉；狂童叛潞，猶擾干戈。蓋不得已而用之，事有違其志者，顧惟寡昧，慙歎方深。今朝野叶心，忠良同志，共除氛祲，日冀清平。而秋雨經旬，有妨收積，雖云苗稼未害，亦恐陰沴爲災。慮生人之疾苦未蠲，刑獄之滯冤未理，勵堯舜敬天之志，當夕興嗟；虔禹湯罪己之心，詰朝下詔。衆貧國何云富？人瘠君安得肥？況畿甸差科，終年無已，百司取給，供億實多。其京兆府秋税及青苗錢，共放八百萬，便委張賈與諸縣令同商量，各據所損多少，作等第減放，更不用檢苗覆損，煩於中奏。其合徵納物，仍量與寬限，容待路通後輸納。如聞貧人未及種麥，仍委每縣量人户所要，貸與種子，寬限至麥熟日填納。如京兆府自無種子，即據數聞奏，太倉給付。其御史臺京兆府所有囚徒，委宰臣一人與左僕射王起、御史中丞李回，就都省疏理。如情狀可矜者，便與決遣。其諸州府囚徒，亦委長吏親自疏理，勿令冤滯。於戲！水旱之災，陰陽定數，適當菲德，合恤疲人。施令布恩，期於蘇息，凡厥臣庶，宜體朕懷。

（清）董誥《全唐文》卷七七《武宗・減放太原及沿邊州郡税錢德音》　門下：朕思三五已降，誰能去兵？文武之道，參用爲理。況以寡昧，獲承丕構，環四海九州之大，子圓首方足之多。一夫之疾痛，必軫其憂；一士之忠勞，必思其報。一風一雨之愆候，必申其析祝；一事一役之横費，必念其所來。業業兢兢，如即深薄，雖興兵動衆，非予素懷，而伐罪弔人，有國常憲。干戈一舉，飛輓是勞，緣路徵輸，指期調發，耕夫不遑於壠畔，織婦有輟於機中，予之疚懷，豈忘終食。頃以虜騎犯塞，王師戒邊；今以潞寇阻兵，靈旗指晉。始無虞於塞北，復有征於山東，勞者未安，居者寧逸，蓋不獲已，且多懼焉。念其徵發師徒，道路供饋，地素貧褊，物力已窮。今欲及徵秋税之時，宜有蠲免，用布慈仁之澤，冀爲疲瘵之醫，勉副曲恩，永安生業。其太原管内忻、雲、汾、代、蔚、朔六州，振武、天德及河中、晉、絳、陝沿路州縣，今年秋税及地頭錢宜放免。河南府亦是供頓往來道路，比晉、絳、太原，即免編併。其沿路畿縣及河陽汜水縣秋税地頭錢，量放上供一色。其合留使留州錢物，各委本道觀察使具放欠額數奏聞，當與商量。於戲！朕君臨萬方，子育兆庶，務將去害，豈謂佳兵。上天鑒予，元功福善，停聞掃殄，共樂清平。未聞之心，憂愧而已，凡百多士，宜體朕懷。

（清）董誥《全唐文》卷八〇《宣宗・兩税外不許更徵詔》　食力之徒，須令自濟。天下倉場所納斛斗，如聞廣索耗物，別置一倉斛斗，又隨斗納耗物，率以爲常。致疲人轉困，職此之由。自今委長吏切加提舉，一切依倉部格。如有違犯，專知官停見任，仍殿兩選，所由決脊杖二十，準法處分。所貴利歸農畝，耕者不饑。其天下諸州府百姓，兩税之外，輒不許更有差率，已頻申飭。尚恐因循，宜委御史臺切加糾察。如有違犯，縣令録事參軍判官節級科責。長吏不存勾當，亦委臺司察訪聞奏。其諸道州府應所征兩税匹段等物，並留州留使錢物納匹段等虚實估價及見錢，從來皆有定額。如聞近日或有於虚估匹段數内，實徵估物，及其分數，亦不盡依敕條。宜委長吏切加遵守，苟有違越，必議科繩，本判及專知官當重懲責。又青苗兩税，本繫田土，地既屬人，税合隨去。從前赦令，累有申明，膏富之家，尚不恭守。以後州縣覺察，如有此比，須議痛懲，地勒還主，不理價直。

（清）董誥《全唐文》卷八三《懿宗・勾并年終賦租委御史郎官論奏制》　舊以天下賦租，年終勾并，或刺史入府，或縣令上州，所科羣胥，盡出百姓。且官有理所，安可擅離，物犯贓條，何須枉法。從今委知彈御史出使郎官，凡繫抵違，明具論奏。仍委預爲條目，各遣聞知。

（清）董誥《全唐文》卷一四〇《魏徵・諫詔免租賦又令輸納疏》　臣伏見八月九日詔書，率土皆給復一年。老幼相歡，式歌且舞。在路又聞有敕，丁已配役，即令役滿，折造餘物，亦遣輸了，待至明年，總爲準折。道路之人，咸失所望。此誠平分萬姓，均同七子，然下民難與圖始，日用不知，皆謂以國家追悔前言，二三其德。臣竊聞之，天之所輔者仁，人之所助者信。今陛下初膺大寶，億兆觀德，始發大號，便有二言，生八表之疑心，失四時之大信。縱國家有倒懸之急，猶必不可爲，況以泰山之安，而輒行此事。爲陛下此計者，於財利則小益，於德義則大損。臣誠智識淺短，竊爲陛下惜之。伏願少覽臣言，詳擇利益，冒昧之罪，臣所甘心。

（清）董誥《全唐文》卷一六九《狄仁傑・乞免民租疏》　彭澤九縣，百姓齊營水田。臣方到縣，已是秋月，百姓囂囂，羣然若歉。詢其所自，皆云春夏以來，並無霖雨，救死不蘇，營佃失時。今已不可改種，見在黄老草萊度日，旦暮之間，全無米粒。竊見彭澤地狹，山峻無田，百姓所營之田，一户不過十畝五畝。準例常年縱得全熟，納官之外，半載無糧。今總不收，將何活路？自春徂夏，多莩亡者，檢有籍歷，大半除名，里里鄉鄉，班班户絶。如此深弊，官吏不敢自裁，謹以奏聞，伏候敕旨。

（清）董誥《全唐文》卷二六九《張廷珪・請河北遭旱澇州準式折免表》　臣廷珪言：伏見景龍二年三月十一日敕，河南北桑蠶倍多，風土異宜，租庸須別，自今以後，河南、河北蠶熟，依限即輸庸調，秋苗若損，唯令折租，乃爲常式者。臣聞皇天無私覆，后土無私載，日月無私鑒，陰陽無私毓。是以明王聖帝，則而像之，慶洽萬邦，政敷一德。故《書》曰：無偏無黨，王道蕩蕩；無反無側，王道正直。伏惟聖朝御歷，皇極在人，正朔所覃，率土奉若，百年於茲矣。頃於災歲，重賦饑

人，頓革彝典，特開變例，雖施蠻貊之邦，臣愚猶知不可。況此兩道，枕倚大河，南接神州，北通天邑，郡縣雄劇，人物昌阜，既類股肱之地，允宜得其欣心，豈可殊其土風，異其徭賦，不恤災患，而殫其財力者？即以桑蠶，别加徵税。至如隴右百姓，羊、馬是資；山南諸州，椒、漆爲利。其或銅、錫、鉛、錯，貨自巖通；蜃、蛤、魚、鹽，財自海殖。土物惟性錯貢，方隅咸有，澇年並無他税，旱歲各準常規，豈獨斯人，外之王度？且天災所降，年穀莫登，在於貧弱，或至殍殣。生理既甚難恃，人心固未易安，就其憂危，載空杼軸，窮斯濫矣，將無不至。臣效官潁服，實在河南，每見部人，衆稱冤苦。伏思景龍之際，時多賊臣，有若宗楚客、紀處訥、武延秀、韋温等，蔽虧日月，專擅威權，各食實封，遍河南、河北。屬當水旱，屢致蠲除，因而遂矯制命，固非先朝之本意也。伏願陛下廣天成之德，均子育之愛，式崇大體，追復舊章，許河南、河北有水旱處，依貞觀、永徽故事，一準令式折免，則在蒼生，不勝幸甚！謹因所部司法參軍鄭元亮奏澇損謹附表以聞。

（清）董誥《全唐文》卷二八二《李喬年·對不受征判》 甲有賜田，不受征税。

王者之制，加田無征，蓋欲崇德厚賢，安人薄賦。眷言彼甲，王室作藩，既褒德而受圭，亦班朝而錫壤。且什一而税，周之通法；緡筭是資，漢之舊典：萬姓殷阜，中外康寧。有大夫之家，尚苦於征税，法令爰著，不稽舊章，片言可折，斯之謂矣。

（清）董誥《全唐文》卷二八二《李夷吾·對受田兼種五菜判》 丁受田兼種五菜，吏税之，丁云：在外田稼不善。詣郡科吏，吏固執合税，久莫能決。廉察使按郡守，令不行。

五土異宜，三農是務，井田肇啓，税畝斯均，非無沃堉之差，寔爲封疆之異。顧惟田畯，職在主農，徵收雖合以時，役使宜遵常典，安得不供所職，有紊彝章，將奪三時之功，用此八家之力？俾務農之士，東作愆期；使擊壤之夫，西成何望？必公田不善，即過在夫人，私稼靡登，乃罪招於吏。眷言丁訢，理或有憑；審聽吏詞，義將未可。今者百城滯訟，八使舉繩，曠官之責自貽，不法之名斯在。

（清）董誥《全唐文》卷二八七《張九齡·藉田赦書》 門下：昔者受命爲君，體元立極，未有不謹於禮而能見教於人，朕其庶乎有慙作者。方册存而可舉，舊章絶而復尋，自古所行，無一而廢，將以上乞靈於宗社，下蒙福於黎元，朕茲精誠，天實降鑒。今嗣歲初吉，農事將起，禮有先於耕藉，義緣奉於粢盛，是所嚴祗，敢不敬事？故躬載耒耜，親率公卿。以先萬姓，遂終千畝，謂敦本之爲小，何布澤之更深？宜有順於發生，俾無偏於行惠。可大赦天下：自開元二十三年正月十八日昧爽已前，大辟罪無輕重，已發覺未發覺，已結正未結正，繫囚見徒，咸赦除之。其犯十惡死罪，不在赦限，自餘死罪，特宜配流嶺南遠惡處。官典犯贓本犯，至死貶與嶺南遠惡，左降官至流者亦量貶與遠。官典配諸軍效力，計贓至徒，仍不得重令却上。天下諸州，損免處地税先矜放，其非損免處，有貧乏未納者，並一切放免。京兆河南府秦州百姓，有諸色勾徵，及逋懸欠負，亦宜放免，其在官典及倉督等腹内者，不在免限。天下色役，爰及支用，務令節減，並諸州貢賦，先令中書門下均融減省，宜準前敕，速即條奏。損免州税户錢未納，並七等已上户租先未處分，及五色資錢課未納，灼然不辨者，並放至蠶夾秋收已來贖納。損免州逃兵健兒，承前訪捉不獲，合取籍人充替，自資裝送軍，程期逼迫，頗亦辛苦，並放至蠶麥已後發遣，仍令所司預與軍州計會。諸軍征行人，並令州縣存恤，其行人有父母年七十已上者，委本道採訪使檢責取實，牒報本軍，即放還本貫，軍司據闕數，募取健兒充替。行人及防丁有身亡者，爲造棺櫬，遞還本處。諸州應發遣防丁，去本貫一千里已上，比來除正課之外，給一丁充資，多不濟辦，宜更量與資助。兩京城内今年所有諸雜夫役，並宜免放，應須使役，以諸色錢和僱取充。農桑是時，不得妨奪，州縣長官，倍加勸課。孝子順孫，義夫節婦，旌表門閭。鰥寡惸獨，不能自存，量加優恤。天下侍老，百歲已上版授上州刺史，九十中州刺史，七十已上上州司馬。其九十以上，所由仍量給酒肉，各令存問。亞獻皇太子鴻賜物二千匹，終獻慶王潭賜物一千匹，邠王守禮等各賜物一千匹，忠王浚已下各賜物三百匹，夾侍正衣進珪捧珪汝陽郡王淳等各賜物二百匹，皇太子夾侍正衣等各賜物一百匹。裴耀卿、張九齡、李林甫，自其翊贊，誠有忠益，頒賞以

序，等數須優，宜與一子官，仍各賜物三百匹。二王後各賜物一百匹，長公主公主各與一子官，仍各賜物二百匹，嗣王郡主縣主各賜物一百五十匹。在京文武官見任及致仕，並諸色陪位官，一品賜物八十匹，二品七十匹，三品六十匹，四品五十匹，五品四十匹，七品六品三十段，八品九品二十段。節度使副大使三都留守京兆尹各一百匹，四大都督府長史諸道採訪使各八十匹。諸賜物應兩給者，從一處給。其耕官及侍耕官，各賜勳兩轉。丞相蕭嵩與一子官，仍賜物二百匹。攝九卿諸侯等各與一子出身，仍各賜物一百五十匹。侍耕執牛官各賜物一百二十匹。昇壇行事官修禮儀這及刺史判官等，更賜一階，應入三品及五品官階相當，減四考聽入。攝司徒信安郡王禕，禮儀官韋縚，既不敘階，禕與一子官，賜物二百匹，縚與一子出身，賜物一百五十匹。其昇壇及修禮儀兩兼者，從一加階，應與一子官及出身者，若無子，聽迴與周親。供奉及押階不昇壇，並壇下行事，及助耕勸牛官，別敕差中書門下差定人等，泛階合入三品五品官階至考未定者，待考定日聽敘，非待考者賜勳四轉。未承別賜者各賜一等。知頓使賜物一百匹，修壇場長官、屯官、撰玉册文官各賜物八十匹，書玉册官賜物五十匹，管藉田縣令賜物六十匹。在東京文武官朝集使外官充十道採訪使，並判官諸道節度副大使，並諸方通表使諸敕使判官，新除五品已上官未赴任都城畿縣令見陪位者，三品以上轉爵一級，四品已下進一階。皇親諸親及九廟子孫不入等陪位者，並外文武官九品已上，各賜勳一轉。諸蕃入朝及賀正蕃客應陪位者，共賜物五十匹，節級分付。南北衙行從宿衛齋宫者，及文武官押當有職掌，並諸色雜職掌，並應耕公卿從官等，各賜勳一轉。萬騎及飛騎見當上者，各賜勳一轉，其宿衛齋宫者，加賜物三段。仗内坊侍諸色行從人，各賜物三段。彍騎番兵、角弓手、弩手、官馬主、見當番，及留帖人，掌閑，幕士，駕士、供膳、習馭、工人、樂人、見當上有職掌，並庶人應耕者，各賜物三段。齋郎禮生贊者行事者，並減兩年勞，無勞可減者，齋郎放出身，禮生贊者選口稍優與處分。三衛七色見當番，並流外行署及蕃官見上有職掌者，各轉一勳。河南洛陽縣陪位父老，各賜物五段，近壇百姓，各免今年雜差科。宗廟致享，務在豐潔，禮經沿革，必本人情。籩豆之薦，或未能備物；服制之紀，或有所未通，宜令禮官學士詳議具奏。朕自臨天下，二紀於茲，不敢荒寧，日加兢業，而災眚未弭，黎人未康，若有由而然，則在予之責，有能直言極諫者，具以狀聞。每渴賢良，無忘鑒寐，頃雖虚佇，未副旁求。其才有王霸之略，學究天人之際，智勇堪將帥之選，政能當牧宰之舉者，五品已上清官將軍都督刺史各舉一人。孝悌力田，鄉閭推挹者，本州長官勘實，有才堪應務者，各以名聞。致仕官久歷清資，始終稱著，年漸衰邁，情有可矜，量與改職，依前致仕。宗子中有才行著聞，比尚沈屈者，委宗正勘實奏聞。唐此處隆字避玄宗諱。元年兩營立功官任，折衝並改與郎將，郎將改與中郎，其亡官失爵，量加收叙。五岳四瀆，名山大川，及自古聖帝明王，忠臣良相，並令所在長官以禮致祭。赦書有所未該者，所司比類奏聞。亡命山澤，挾藏軍器，百日不首，復罪如初，敢以赦前事相告言者，以其罪罪之。都城内賜酺三日。赦書日行五百里，布告遐邇，咸使知聞，主者施行。

（清）董誥《全唐文》卷三五六《莊若訥·對徵什一稅判》 長安縣徵什一稅，百姓訴云：取已過半，人將不農。縣官云：恐國用不足。

秦雍皇居，田疇爲上，若年豐耗，稅則等差。相披老農，聿求多稼，勤其四體，庶彼千倉。必也如京如坻，無廢周公之典；然而不足與足，何耻魯侯之問？縣司雖守文不替，訴者亦舉直難違。豆區之量必均，過半之詞自息。

（清）董誥《全唐文》卷三九八《李黄中·對受田兼種五菜判》 丁受田，兼種五菜，吏稅之。丁云在外，田稼不善，詣郡。科吏，吏固執合稅，久莫能決。廉察使按郡守，令不行。

王者域人，是制籚井，丁之受地，用給公私。以耕以耘，窮筋力於歲月；是藨是蓘，慘容鬢於風霜。猶旨蓄以禦冬，慮艱食而爲饉。漢陰抱甕，殆欲忘懷；於陵灌園，庶乎自適。雖屋粟興稅，園廛有征。而田畯急民，已闕三時之務；誠邦家有賦，焉取五菜之供？恐非民之未宜，將責吏之爲當。還同履畝，郡令誰可封行？請效埋輪，廉使即當隼擊。

（清）董誥《全唐文》卷三九八《熊季成·對受田兼種五菜判》 丁受田，兼種五菜，吏稅之。丁云在外，田稼不善，詣郡。科吏，吏固執合

稅，久莫能决，廉察使按郡守，令不行。

度土居民，使有寧宇，省徭薄賦，期於利物。政之善者，《傳》不云首？惟丁計畝受田，奉時供上，周公之典斯在，穀梁之志可徵。且同居八家，並種五菜。取其葱韭，既云救乏賙無；樹以楸桑，誠得養生送死。人苟利矣，吾無間然。此夫伊何，多求是務？不遵有若之盍徹，徒事冉求之聚斂。况廬舍自損，田園將蕪。勤私自可以非人，率禮無聞於稅畝。迷而不復，過也必文，以虧郡守之明，宜允使司之舉。

（清）董誥《全唐文》卷三九八《平超然・對受田兼種五菜判》 丁受田，兼種五菜，吏稅之。丁云在外，田稼不善，諸郡。科吏，吏固執合稅，久莫能决，廉察使按郡守，令不行。

擇土制邑，度地居民，是分公私，爰制內外。食九食五，制稱上下之農；近郊遠郊，師有異同之賦。彼丁何者？實曰田夫。四體初勤，五菜云樹，既緑葵而白薤，亦秋韭而冬菁。但類潘仁，用供朝夕之費；同夫楊惲，取給公上之求。公田爲居，履畝非古。考龔遂之政，計口而畦；讀穀梁之書，損廬以種。稼則不善，吏固應科，既匪大猷，爰彰薄訴。籍而不稅，雖固執而奚爲？久而無成，於從政乎何有？廉使所按，誰曰不然？

（清）董誥《全唐文》卷三九八《平伾・對受田兼種五菜判》 丁受田，兼種五菜，吏稅之。丁云在外，田稼不善，詣郡。科吏，吏固執合稅，久莫能决，廉察使按郡守，令不行。

度土有衆，務農理國。人力是借，公田爲居，既八家而共資，亦五菜而云取。惟丁率常由已，不遷見異。守質抱甕，將類漢陰之夫；閑居鬻蔬，未減河陽之令。相維彼吏，而乃弗經，既忘過籍之非，將爲履畝之稅。是同大桀，宜刺小東，且私田於人，餘力豈讓？吏之不恤，稼乃無成，失官之譴已彰，稅人之理徒執。季孫苟賦，周典聞仲尼之言；宣公不仁，魯史有穀梁之議。吏而多僻，守可論刑，不能蒞官，何逃使按？

（清）董誥《全唐文》卷三九八《楚冕・對萊田不應稅判》 勸農使稱萊田舊不應稅，州縣令有徵納，爲例各自不同，或據畝數均收，或隨上下加減。百姓紛訴，使司科均收以不應爲從重，科加減以非法均賦斂。州訴恐年饑無以給貸，且使司法例不平。不伏處斷。

夏闢山川，周疆井邑，四人得業，萬國作孚。欲令應陽和以蕆事，候秋霜而畢力。故除彼公田，人耕百畝；用資國賦，家茂九農。是知居墝即勞，處沃便逸，必耕奧壤，以易萊田。祈南畝之有年，望西成而必獲。誰謂田其蕪矣，似陶令之歸來。稅輒均收，疑魯卿之厚斂。使司以愛人活國，人富則國殷；州縣以反裘負薪，裘敗則毛落。既未閑於大體，徒輕擬於小東。縱訴將備年饑，終合請裁天旨，使科非法，未失清通。

（清）董誥《全唐文》卷三九九《樊光期・法均賦斂州訴恐年饑無以給貸且使司法例不平不伏處斷》 因鳫爲農，俾人作畝。是刈是穫，必在有苗；不菑不畲，何以望歲？故剡耒斲耜，自春徂秋；雨公及私，既庭且碩。然後論彼薄稅，取於豐年，仍聞寡婦之歌，寧有匹夫之怨？若斯土靡藝，大田其荒。稼穡之功，不加於此；寢訛之地，或在其中。而欲徵諸我箱，問彼嘉穀，非苗取實，慙於老農。棄本求華，違此通論。州縣以廣地爲務，入粟是功，用藏於人，何必改舊？使司以惠言及物，準度從人，誚彼均收，黜於加減。罪雖一致，法欲重科。然不伐有詞，且稱從責，隨時之義，庶叶論刑。

（清）董誥《全唐文》卷四〇〇《任璆・對萊田不應稅判》 勸農使稱萊田舊不應稅，州縣令有徵納，爲例各自不同，或據畝數均收，或隨上下加減。百姓紛訴，使司科均收以不應爲從重，科加減以非法均賦斂。州訴恐年飢無以給貸，且使司法例不平，不伏處斷。

宇宙爲家，實惟天府；疆理爲畝，成賦中邦。而九州同風，萬國共貫，莫不開廬井而平賦稅，準沃墝以明勞逸。則人狎於野，穡而成功。是以晋置爰田，既易種於差美；周任稍地，復出布於不毛。相彼萊田，是稱餘地，舊不應稅，今則有徵。事將利國，法焉循古？雖紛若人訟，而畧陳地宜。何者彼田？若焚薙草，溝塍相錯，稼穡屢登。亦可據畝數以均收，隨上下而加減。必孟春月，陳新未即，事不應而可坐，處非法而奚疑？况州阻饑饉，薄言給貸。做均地之法，事舉其中；軫憂人之道，斂從其薄。勸農便國，待子而行，即寘徽纆，未爲允當。

（清）董誥《全唐文》卷四〇四《孔齊參・對初稅畝判》 所司初稅

畝，怨者實多，僉議罪其變法。中尉云：匪躬之故，兩執不同。

賦政任人，取之有節，體天立制，惟變能通。猗歟主司，厥初税畝，稽諸魯策，用採漢章。雖怨咨之談，實多横議，而損益之政，或在權宜。然則擇利而行，何常之有，舉以非法，斯其病諸？較其短長，於是乎在。

（清）董誥《全唐文》卷四〇五《杜挺・對初税畝判》　所司初税畝，怨者實多，僉議罪其變法。中尉云：匪躬之故，兩執不同。

郊賦有籍，邦政是敷，制乎上地，無越三人之倫；居彼中田，常許兩家之共。始成薄賦，乃曰恤人，周末無年，魯初有制。憂税畝者，作自哀公，對盍徹乎，聞諸有若。所以人多怨讟，國起侵伐，動干戈而税繁，供軍旅而儲廣。抑爲末也，寧是本歟？當今薰風阜財，協氣登穀，兵則不動，人其以寧。斯足解愠之時，奚爲變法之税？中尉推過，罔失臣儀，輿人頌康，當歸帝美。兩執斷矣，一言在兹。

（清）董誥《全唐文》卷四〇六《高果・對徵什一税判》　長安縣徵什一税。百姓訴云：取已過半，人將不農。縣官云：恐國用不足。

眷彼長安，是稱輦轂，詢於百姓，賦彼三農。儻儲廩之未供，在畎畝而攸給，稽諸魯史，什一税而可徵；詠彼魏風，三百廛而斯取。是爲盍徹，未抵彝倫，雖過半有詞，且悲杼軸；而官惟恤隱，宜室盈庭。如或水旱不時，藨蓘無取，歲莫資於稼穡，人必慮其流亡。則徹田爲糧，盡輸王府；而賑廩同食，猶飧疲人。將循古而知方，亦從權而未爽。

（清）董誥《全唐文》卷四二一《楊炎・請行兩税法奏》　凡百役之費，一錢之斂，先度其數，而賦於人，量出以制入。户無主客，以見居爲簿；人無丁中，以貧富爲差。不居處而行商者，在所州縣税三十之一，度所取與居者均，使無僥利。居人之税，秋夏兩徵之，俗有不便者正之。其租庸雜徭悉省，而丁額不廢，申報出入如舊式。其田畝之税率，以大歷十四年墾田之數爲準，而均徵之。夏税無過六月，秋税無過十一月，逾歲之後，有户增而税減輕，及人散而失均者，進退長吏，而以尚書度支總統焉。

（清）董誥《全唐文》卷四三〇《尹深源・對初税畝判》　所司初税畝，怨者實多，僉議罪其變法。中尉云：匪躬之故，兩執不同。

先王制禮，將使田賦有經；中古從權，亦由國用不足。履畝而税，侵農實多，小東作詩，見刺於譚后；大桀爲論，甫聞於魯臣。既繁杪歲之征，同起祁寒之怨，徒欲附上，焉能服人？且已效忠，未爲干典，當採議於中尉，諒無嫌於所司。

（清）董誥《全唐文》卷四三六《盧藻・對公廨供給判》　丁以公廨供給親屬，郡科之。云：亦是賓。

禄以馭賢，矧兹賓客；將不速是敬，豈乾餱而以愆。眷彼丁也，給兹親屬。未聞輟己之仁，且有害公之負，於焉獲譴，何以爲辭？然獄貴原情，事資愜衆。必若行高曾史，才茂鄒枚。簞食屢空，未改顔生之樂；樵蘇不爨，能師范子之廉。乃謂國賢，豈惟家食？以之恤乏，何必正名。

（清）董誥《全唐文》卷四五七《張調・對萊田不應税判》　勸農使稱萊田舊不應税，州縣令有徵納爲例。各自不同，或據畝數均收，或隨上下加減，百姓紛訴。使司科均收以不應爲從重，科加減以非法均賦斂。州訴恐年饑無以給貸，且使司法例不平，不伏處斷。

贊王理，制國用；稽諸縣籍，抑有彝典。故命敷土，聿興五員之規；用師頒田，式均三易之賦。歷選列辟，率由舊章。國家大責四瀛，咸則三壤。穀出不過籍，所以豐財；萊田不致徵，實惟饒衍。麟書是紀，象魏攸懸。浹日使觀，先庚以令。何彼咨嶽，猶大禁之因循？孰謂法雷，亦小東而杼軸？既徵求之無藝，翻給貸之是憂。皮之不存，毛將焉傅？百姓不足，九式何施？外臺則驅雞善嚴，使司則害馬已去。雅符中典，無勞簿言。

（清）董誥《全唐文》卷四六三《陸贄・重優復興元府及洋鳳州百姓等詔》　朕巡狩山南，自春涉夏，師旅殷會，日費既廣，州閭杼軸，歲計其空，東作妨時，西成罕望。雖黽勉從事，人不告勞，而憫悼積衷，予實知愧。昨者減其租税，優以復除，庶乎有瘳，汔用小息。洎駕言旋軫，躬履畏途，絶澗縈迴，危棧綿亙，時經霖雨，道阻且長。工徒造舟，縣人葺路，靡幼靡耋，莫獲寧居。而又齎負糗糧，供備頓舍，涉于千里，飫我六師。居人露處以罔依，宿麥過時而不穫，睹兹妨奪，彌增感傷。前所復除，未足酬卹，式敷惠澤，以紓大勞。其興元府除先優復外，宜更給復二

年。鳳州全放今年税。其興元府鳳州界内知頓及修道路閣橋州縣官將士等，並委嚴震類例功效，具名聞奏，量與甄獎。嗟乎！古先哲王，東征西怨，顧予不德，重以勞人。補費録勤，是有申命，長吏明加優諭，稱朕意焉。

（清）董誥《全唐文》卷四六三《陸贄·奉天遣使宣慰諸道詔》　古者天子巡狩之義，以考國典，以觀人風。在時多虞，或所不暇，乃命卿士，使于四方。問人疾苦，廉吏善惡，苟副所任，則如親臨。在理平之時，尚資勤恤；當喪亂之際，得無省憂。朕以不敏，肆于人上，撫馭失道，誠感未孚。寇盜繁興，阻兵拒命，哀哉臣庶，陷于匪人。顧茲田疇，鞠爲茂草，不念柔復，遽命徂征。徵發兵甲，萬里必至，暴露營壘，連年不息。冒于鋒刃，繼以死傷，煢嫠無依，父母廢食。存者積思家之怨，歿者倍異鄉之痛。又以軍費滋廣，公儲不充，厚取於人，罔率厥典。科條互設，誅斂無常，農工廢棄其生業，商賈咨嗟於道路。軍營日益，閭井日空，凋瘵日窮，徭役日甚。以財力之有限，供求取之無涯。暴吏肆威，鞭笞督責。嗷嗷黔首，控告何依，怨氣上騰，咎徵斯應。疫癘薦至，水旱相乘，罪非朕躬，誰任其責？朕自嗣位，迨今六年，連兵不解，已踰四稔。雖本非獲已，義在濟人，而事乃重勞，取忘咎己。皆以朕之寡昧，居安忘危，致寇之由，實在於此。予則不德，人亦何辜，愧恨積中，痛心疾首。昨者改元施令，悔往布新，將反側獲安，則干戈日弭；賦役差減，則衆庶就康。還定流亡，與之休息，猶懼思慮未周于庶務，誠感未達于遐方。一理失中，一夫不獲，則何以謝天譴，致人和？俾代予言，其在良弼。宜令門下侍郎同中書門下平章事蕭復充山南東西鄂岳荆南江西淮南浙江東西嶺南福建等道宣慰安撫使。嗚呼！往率乃職，敬敷朕命，慰勉征戍，勞徠困窮。訪其所安，察其所弊，淹滯必達，寃濫必申。無憚幽遠而不被，無略細微而不恤，洎乎編甿比屋，咸若朕之躬親。股肱惟良，予則有賴。其諸道將士，並準今年正月一日制，嚴備疆界，勿使侵擾。仍各令本使本將，速具名銜等聞奏，悉與甄叙。其殊功勁節，超越常倫，別條狀績，當特優獎。百姓除每年兩税定額外，自餘徵率，一切並停，課勸農桑，各令安業。寇難既定，漸息干戈，朕當躬先簡約，庶務節省。兩税之内，亦更減除。其諸道事緣急切須處分者，即與所在節度觀察使商議裁度，務合便宜。其餘利害，還日條奏，朕當詳省，以擇厥中。宣布遠邇，咸使聞知。

（清）董誥《全唐文》卷四六三《陸贄·優恤畿内百姓并除十縣令詔》　朕以薄德，託於人上，勵精思理，期致雍熙。鑒之不明，事或乖當，百度多闕，四方靡寧。傷夷未瘳，而征役荐起；流亡既甚，而賦斂彌繁。人怨聞上，天災降下，連歲蝗旱，蕩無農收。惟茲近郊，遭害尤甚，豈非昊穹作沴，深儆予衷。跼蹐憂慚，罔知攸措。今穀價騰踊，人情震驚，鄉閭不居，骨肉相棄，流離殞斃，所不忍聞。公私之間，廩食俱竭，既無賑恤，猶復徵求。財殫力疲，繼以鞭箠，弛征則軍莫之贍，厚斂則人何以堪。念茲困窮，痛切心骨，思所以濟，浩無津涯。補過實在於增修，救患莫如於息費，致咎之本，既由朕躬，謝譴之誠，當自朕始。宜令尚食每日所進膳各減一半，宮人等每月惟供給糧米一千五百碩，其餘悉皆停省。年食支酒料宜減五百碩，飛龍厩馬，從今已後至四月三十日已前，並減半料。京兆府百姓應差科徵配。及和市和糴等諸色名目，事無大小，一切並停。公私債負，容待蠶麥熟後徵收。百司非至切之務，如追擾百姓及追勘徵收等色，府縣並不須承受。其尋常訴訟，非交相侵奪者，亦不得爲理。百姓及諸色人等，如能力行仁義，均減有無，賙貸貧人，全活數衆者，府司具事跡聞奏，朕當授以官秩，蠲其征徭。如縣令勸導有方，流庸克濟。至夏初已來，類例勘會，但户口無減，田疇不荒，亦以狀聞，量加優獎。百姓有迫於荒饉，全家逐食者，其田宅家具樹木麥苗等，縣司並明立簿書印記，令所由及近鄰人同檢校，勿容輒有毀損。及典賣填納差科，本户卻歸，使令復業。夫致理之本，必在於親人，親人之任，莫切於令長。導王者之澤，以被於下；求庶人之瘼，以聞於朝。得失之間，所係甚大。且一夫不獲，辜實在予，況百里之安危，萬人之性命，付以長吏，豈容易哉！今甸内凋殘，亦已太甚，每一興想，衋然傷懷。非慈惠不能卹疲甿，非才術無以賑艱食，臺郎御史，選重當時，得不分朕之憂，救人之弊？昨者詳延羣彦，親訪嘉猷。尚書司勳員外郎竇申等十人，咸以器能，理道精心，究烝黎之疾苦，知教化之宗源，輟於周行，往涖通

邑。申可長安縣令。鄭珣瑜可檢校吏部員外郎兼奉先縣令。韋武可檢校禮部員外郎兼昭應縣令。賈全可咸陽縣令兼監察御史。霍琮可華原縣令兼監察御史。王倉可檢校禮部員外郎兼昭應縣令。李曾可盩厔縣令兼監察御史。荀曾可三原縣令兼侍御史。李緄可富平縣令兼殿中侍御史。其有散官封賜者並如故。應畿内縣令俸料，宜準常參官例均融加給。涇陽縣令韋滌，潔己貞明，處事通敏，有禦災之術，有字物之方，人不流亡，事皆辦集。惟是一邑之内，獨無愁怨之聲，古之循良，何以過此。就加寵秩，允叶前規，可檢校工部員外郎兼本官，仍賜緋魚袋，并賜衣一襲，絹百匹，馬一匹。嗚呼！積行在躬，雖微必著，咨乃庶尹，其惟欽哉。朕聞爲君者必擇人而官，爲臣者罔擇官而處。弛張繫於理，不繫於時；升降在乎人，不在乎位。朕方抑浮華以敦教，稽言行以進人。非次之恩，以待能者。彰善黜惡，期於必行。凡百君子，各宜自勉。

（清）董誥《全唐文》卷四六五《陸贄・均節賦稅恤百姓六條》 其一論兩稅之弊須有釐革。

國朝著令，賦役之法有三：一曰租，二曰調，三曰庸。古者一井之地，九夫共之，公田在中，藉而不稅。私田不善則非吏，公田不善則非民。事頗纖微，難於防檢，春秋之際，已不能行。故國家襲其要而去其煩，丁男一人，授田百畝，但歲納租稅二石而已。言以公田假人，而收其租入，故謂之租。古者任土之宜，以奠賦法。國家就因往制，簡而一之，每丁各隨鄉土所出，歲輸若絹若綾若絁，共二丈，綿三兩。其無蠶桑之處，則輸布二丈五尺，麻三斤，以其據丁户，調而取之，故謂之調。古者用人之力，歲不過三日，後代多事，其增十之。國家斟酌物宜，立爲中制，每丁一歲定役二旬，若不役則收其庸，日準三尺，以其出絹而當庸直，故謂之庸。此三道者，皆宗本前哲之規模，參考歷代之利害，其取法也遠，其立意也深，其斂財也均，其域人也固，其裁規也簡，其備慮也周。有田則有租，有家則有調，有身則有庸。天下爲家，法制均一，雖欲轉徙，莫容其姦。故人無搖心，而事有定制。以之厚生，則不隄防而家業可久；以之成務，則不較閱而衆寡可知；以之爲理，則法不煩而教化行；以之成賦，則下不困而上用足。三代創制，百王是程，雖維御損益之術小殊，而其義則一也。天寶季歲，羯胡亂華，海内波搖，兆庶雲擾，版圖墮於避地，賦法壞於奉軍。建中之初，再造百度，執事者知弊之宜革，而所作兼失其源，知簡之可從，而所操不得其要。舊患雖減，新沴復滋，救跛成痿，展轉增劇。凡欲拯其積弊，須窮致弊之由，時弊則但理其時，法弊則全革其法，而又揆新校舊，慮遠圖難。規略未詳悉，固不果行；利害非相懸，固不苟變。所爲必當，其悔乃亡。若好革而不知原始要終，斯皆以弊易弊者也。至如賦役舊法，乃是聖祖典章，行之百年，人以爲便。兵興之後，供億不恒，乘急誅求，漸隳經制，此所謂時之弊，非法弊也。時有弊而未理，法無弊而已更，埽庸調之成規，創兩稅之新制，立意且爽，彌綸又疏，竭耗編甿，日日滋甚。

夫作法裕於人，未有不得人者也；作法裕於財，未有不失人者也。陛下初膺寶位，思致理平，誕發德音，哀痛流弊，念徵役之煩重，憫烝黎之困窮，分命使臣，敷揚惠化。誠宜損上益下，嗇用節財，窒侈欲以盪其貪風，息冗費以紓其厚斂。而乃搜摘郡邑，劾驗簿書，每州各取大歷中一年科率錢穀數最多者，便爲兩稅定額。此乃採非法之權令，以爲經制；總無名之暴賦，以立恒規。是務取財，豈去恤隱？作法而不以裕人拯病爲本，得非立意且爽者乎！夫財之所生，必因人力，工而能勤則豐富，拙而兼惰則窶空。是以先王之制賦入也，必以丁夫爲本，無求於力分之外，無貸於力分之内。故不以務穡增其稅，不以輟稼減其租，則播種多；不以殖產厚其征，不以流寓免其調，則地著固；不以飭勵重其役，不以窳怠蠲其庸，則功力勤。如是，然後能使人安其居，盡其力，相觀而化，時靡遁心，雖有惰游不率之人，亦已懲矣。兩稅之立，則異於斯，唯以資產爲宗，不以丁身爲本。資產少者則其稅少，資產多者則其稅多，曾不悟資產之中，事情不一：有藏於襟懷囊篋，物雖貴而人莫能窺；有積於場圃囤倉，直中輕而衆以爲富；有流通蕃息之貨，數雖寡而計日收贏；有廬舍器用之資，價雖高而終歲無利。如此之比，其流實繁，一概計估算緡，宜其失平長僞。由是務輕費而樂轉徙者，恒脱於徭稅，敦本業而樹居產者，每困於徵求。此乃誘之爲姦，敺之避役，力用不得不弛，風俗不得不訛，閭井不得不殘，賦入不得不闕。復以創制之首，不務齊平。但令本

道本州。各依舊額徵税。軍興已久，事例不常，供應有煩簡之殊，牧守有能否之異，所在徭賦，輕重相懸。既成新規，須懲積弊，化之所在，足使無偏，減重分輕，是將均濟。而乃急於聚斂，懼或蠲除，不量物力所堪，唯以舊額爲準。舊重之處，流亡益多；舊輕之鄉，歸附益衆。有流亡，則已重者攤徵轉重；有歸附，則已輕者散出轉輕。高下相傾，勢何能止。又以謀始之際，不立科條，分遣使臣，凡十餘輩，專行其意，各制一隅。遂使人殊見，道異法，低昂不類，緩急不倫。逮至復命于朝，竟無類會裁處，其於踳駁，胡可勝言。利害相形，事尤非便，作法而不以究微防患爲慮，得非彌綸又踈者乎！

立意且爽，彌綸又疏，凡厥疲人，已嬰其弊。就加保育，猶懼不支，況復亟繚棼絲，重傷宿痏，其爲擾病，抑又甚焉。請爲陛下舉其尤者六七端，則人之困窮。固可知矣。大歷中，紀綱廢弛，百事從權，至於率税少多，皆在牧守裁制。邦賦既無定限，官私懼有闕供，每至徵配之初，例必廣張名數，以備不時之命。且爲施惠之資。應用有餘，則遂減放。增損既由郡邑，消息易協物宜，故法雖久刓，而人未甚瘁。及總雜徵虛數，以爲兩税恒規，悉登地官，咸繫經費，計奏一定，有加無除，此則人益困窮，其事一也。本懲賦斂繁重，所以變舊從新，新法既行，已重於舊。旋屬征討，國用不充，復以供軍爲名，每貫加徵二百，當道或增戎旅，又許量事取資，癰赦皆謂權宜，悉令事畢停罷。息兵已久，加税如初。此則人益困窮，其事二也。定税之數，皆計緡錢，納税之時，多配綾絹。往者納絹一疋，當錢三千二三百文，今者納絹一疋，當錢一千五六百文，往輸其一者，今過於二矣。雖官非增賦，而私已倍輸，此則人益困窮，其事三也。諸州税務，送至上都，度支頒給羣司，例皆增長本價，而又繆稱折估。抑使剥徵，姦吏因緣，得行侵奪，所獲殊寡，所擾殊多。此則人益困窮，其事四也。税法之重若是，既於已極之中，而復有奉進宣索之繁，尚在其外。方岳頗拘於成例，莫敢闕供；朝典又束以彝章，不許别税。綺麗之飾，紈素之饒，非從地生，非自天降，若不出編户之筋力膏髓，將安所取哉。於是有巧避微文，曲承睿旨，變徵役以召雇之目，換科配以和市之名，廣其課而狹償其庸，精其入而麤計其直。以召雇爲目而捕之，不得不來；以和市爲名而迫之，不得不出。其爲妨抑，特甚常徭。此則人益困窮，其事五也。大歷中，非法賦斂，急備供軍，折估宣索進奉之類者，既並收入兩税矣。今於兩税之外，非法之事，復又並存。此則人益困窮，其事六也。建中定税之始，諸道已不均齊，其後或吏理失宜，或兵賦偏重，或癘疾鍾害，或水旱薦災，田里荒蕪，户口減耗。牧守苟避於殿責，罕盡申聞，所司姑務於取求，莫肯矜恤。遂於逃死闕之税額，累加見在疲甿。一室已空，四鄰繼盡，漸行增廣，何由自存。此則人益困窮，其事七也。

自至德訖於大歷，二十年餘，兵亂相乘，海内罷弊。幸遇陛下紹膺寶運，憂濟生靈，誕敷聖謨，痛矯前弊，重愛人節用之旨，宣輕徭薄賦之名。率土烝黎，感涕相賀，延頸企踵，咸以爲太平可期。既而制失其中，斂從其重，頗乖始望，已沮羣心。因之以兵甲，而煩暴之取轉加；繼之以獻求，而静約之風浸靡。臣所知者，纔梗概耳，而人益困窮之事，已有七焉，臣所不知，何啻於此。陛下倘追思大歷中所聞人間疾苦，而又有此七事，重增於前，則人之無聊，不問可悉。昔魯哀公問於有若曰：年饑，用不足。如之何？有若對曰：盍徹乎！哀公曰：二吾猶不足，如之何其徹也？有若曰：百姓足，君孰與不足；百姓不足，君孰與足？孔子曰：有國有家者，不患寡而患不均，不患貧而患不安。蓋均而無怨，節而無貧，和而無寡，安而無傾。漢文恤患救災，則命郡國無來獻。是以人爲本，以財爲末，人安則財贍，本固則邦寧。今百姓艱窮，非止不足；税額類例，非止不均；求取繁多，非止來獻；誠可哀憫，亦可憂危。此而不圖，何者爲急？聖情重慎，每戒作爲，伏知貴欲因循，不敢盡求釐革，且去其太甚，亦足小休。望令所司與宰臣參量，據每年支用色目中，有不急者、無益者罷廢之；有過制者、廣費者減節之。遂以罷減之資，迴給要切之用。其百姓税錢，因軍興每貫加徵二百者，下詔停之，用復其言。俾人知信，下之化上，不令而行。諸道權宜加徵，亦當自請蠲放，如是，則困窮之中，十緩其二三矣。供御之物，各有典司，任土之宜，各有常貢。過此以往，復何所須？假欲崇飾燕居，儲備賜與，天子之貴，寧憂乏財。但敕有司，何求不給，豈必旁延進獻，别徇營求。減德市私，傷風敗法，因依縱擾，爲害最深。陛下臨御之初，已宏清净之化，下無曲

獻，上絶私求。近歲以來，稍渝前旨，令但滌除流誤，振起聖猷，則淳風再興，賄道中寢。雖有貪饕之輩，曷由復肆侵漁，州郡羨財，亦將焉往？若不上輸王府，理須下紓疲人，如是，則困窮之中，十又緩其四五矣。所定稅物估價，合依當處月平。百姓輸納之時，累經州縣簡閲，事或涉於姦冒，過則不在户人，重重剥徵，理甚無謂。望令所司，應諸州府送稅物到京，但與色樣相符，不得虚稱折估。如濫惡尤甚，給用不充，惟罪元納官司，亦勿更徵百姓。根本既自端静，枝葉無因動摇，如是，則困窮之中，十又緩其二三矣。然後據每年見供賦稅之處，詳諭詔旨，咸俾均平。每道各令知兩稅判官一人赴京，與度支類會參定，通計户數，以配稅錢，輕重之間，大約可準。而又量土地之沃瘠，計物產之少多，倫比諸州，定爲兩等。州等下者，其每户配錢之數少；州等高者，其每户配錢之數多。多少已差，悉令折衷。仍委觀察使更於當管所配錢數之內，均融處置，務盡事宜。就於一管之中，輕重不得偏併，雖或未盡齊一，決當不甚低昂。既免擾人，且不變法。粗均勞逸，足救凋殘。非但徵賦易供，亦冀逋逃漸息。俟稍寧阜，更擇所宜。

其二請兩稅以布帛爲額不計錢數。

夫國家之制賦稅也，必先導以厚生之業，而後取其什一焉。其所取也，量人之力，任土之宜，非力之所出則不徵，非土之所有則不貢，謂之通法，歷代常行。大凡生於天地之間，而五材之用爲急。五材者，金木水火土也。水火不資於作爲，金木自產於山澤，唯土爰播植，非力不成，衣食之源，皆出於此。故可以勉人功定賦入者，惟布麻繒纊與百穀焉。先王懼物之貴賤失平而人之交易難準，又立貨泉之法，以節輕重之宜，斂散弛張，必由於是。蓋御財之大柄，爲國之利權，守之在官，不以任下。然則穀帛者，人之所爲也；錢貨者，官之所爲也。人之所爲者，故租稅取焉；官之所爲者，故賦斂捨焉。此又事理著明者也，是以國朝著令，稽古作程，所取於人，不踰其分。租出穀，庸出絹，調雜出繒纊布麻，非此族也，不在賦法。列聖遺典，粲然可徵，曷常有禁人鑄錢，而以錢爲賦者也。

今之兩稅，獨異舊章，違任土之通方，效算緡之末法，不稽事理，不揆人功，但估資產爲差，便以錢穀定稅，臨時折徵雜物，每歲色目頗殊。唯計求得之利宜，靡論供辦之難易，所徵非所業，所業非所徵。遂或增價以買其所無，減價以賣其所有，一增一減，耗損已多。且百姓所營，唯在耕織，人力之作爲有限，物價之貴賤無恒。而乃定稅計錢，折錢納物，是將有限之產，以奉無恒之輸。納物賤則供稅之所出漸多，多則人力不給；納物貴則收稅之所入漸少，少則國用不充。公私二途，常不兼濟，以此爲法，未之前聞。往者初定兩稅之時，百姓納絹一疋，折錢三千二三百文，大率萬錢，爲絹三疋。價計稍貴，數則不多。及乎頒給軍裝，計數而不計價，此所謂稅入少而國用不充者也。近者百姓納絹一疋，折錢一千五六百文，大率萬錢，爲絹六疋。價既轉賤，數則漸加，向之蠶織不殊，而所輸尚欲過倍，此所謂供稅多而人力不給者也。今欲不甚改法，而粗救災害者，在乎約循典制，而以時變損益之。臣謂宜令所司，勘會諸州府初納兩稅年絹布定估，比類當今時價，如賤減貴，酌取其中，總計合稅之錢，折爲布帛之數，仍依庸調舊制，各隨鄉土所宜。某州某年定出稅布若干端，某州某年定出稅絹若干疋，其有絁綿雜貨，亦隨所出定名，勿更計錢，以爲稅數。如此，則土有常制，人有常輸，衆皆知上令之不遷，於是一其心而專其業。應出布麻者，則務於紡績；供綿絹者，則事於蠶桑。日作月營，自然便習，各修家技，皆足供官。無求人假手之勞，無賤鬻貴買之費，無暴徵急辦之弊，無易常改作之煩。物甚賤而人之所出不加，物甚貴而官之所入不減，是以家給而國足，事均而法行，此直稍循令典之舊規，固非創制之可疑者也。然蚩蚩之俗，罕究事情，好騁異端，妄行沮議。

臣請假爲問答，以備討論，陛下誠有意乎憐愍蒼生，將務救恤，但垂聽覽，必有可行。議者若曰：每歲經費所資，大抵皆約錢數，若令以布帛爲額，是令支計無憑。答曰：國初約法已來，常賦率由布帛輸，二甲子制用不愆，何獨當今則難支計。且經費之大，其流有三：軍食一也，軍衣二也，內外官月俸及諸色資課三也。軍衣固在於布帛，軍食又取於地租。其計錢爲數者，獨月俸資課而已。制祿唯不計錢，故三代以食人衆寡爲差，兩漢以石數多少爲秩。蓋以錢者官府之權貨，祿者吏屬之常資，以常徇權，則豐約之度不得恒於家；以權爲常，則輕重之柄不得專於國。

故先王制禄以食，而平貨以錢，然後國有權而家有節矣。況今餽餉方廣，倉儲未豐，盡復古規，或慮不足。若但據羣官月俸之等，隨百役資課之差，各依錢數少多，折爲布帛定數。某官月給俸絹若干疋，某役月給資布若干端。所給色目精麤，有司明立條例，便爲恒制，更不計錢。物甚賤而官之所給不加，物甚貴而私之所稟不減，官私有準，何利如之。生人大端，衣食爲切，有職田以供食，有俸絹以供衣，從事之家，固足自給，以茲制事，誰曰不然。夫然，則國之用財，多是布帛，定以爲賦，復何所傷。

議者曰：吏禄軍裝，雖頒布粟，至於以時斂糴，用權物價重輕，是必須錢，於何取給？荅曰：古之聖人，所以取山澤之藴材，作泉布之寶貨，國專其利，而不與人共之者，蓋爲此也。物賤由乎錢少，少則重，重則加鑄而散之使輕；物貴由乎錢多，多則輕，輕則作法而斂之使重。是乃物之貴賤，繫於錢之多少；錢之多少，在於官之盈縮。官失其守，反求於人，人不得鑄錢，而限令供税，是使貧者破産，而假資於富有之室，富者蓄貨，而竊行於輕重之權。下困齊人，上虧利柄，今之所病，諒在於斯。誠宜廣即山殖貨之功，峻用銅爲器之禁，苟制持得所，則錢不乏矣。有糴鹽以入其直，有榷酒以納其資，苟消息合宜，則錢可收矣。錢可收，固可以斂輕爲重；錢不乏，固可以散重爲輕。弛張在官，何所不可，慮無所給，是未知方。

議者若曰：自定兩税以來，恒使計錢納物，物價漸賤，所納漸多，出給之時，又增虚估。廣求羨利，以贍庫錢。歲計月支，猶患不足，今若定供布帛，出納以平，軍國之資，無乃有闕？荅曰：自天寶以後，師旅數起，法度消亡。肅宗撥滔天之災，而急於功賞；先帝邁含垢之德，而緩於糾繩。由是用頗殷繁，俗亦靡弊，公賦已重，别獻繼興；别獻既行，私賂競長。誅求刻剥，日長月滋，積累以至於大歷之間，所謂取之極甚者也。今既總收極甚之數，定爲兩税矣；所定别獻之類，復在數外矣；間緣軍用不給，已嘗加徵矣；近屬折納價錢，則又多獲矣。比於大歷極甚之數，殆將再益其倍焉。復幸年穀屢豐，兵車少息，而用常不足，其故何哉？蓋以事逐情生，費從事廣，物有劑而用無節，夫安得不乏乎！苟能黜其情，約其用，非但可以布帛爲税，雖更減其税亦可也；苟務逞其情，侈其用，非但行今重税之不足，雖更加其税亦不足也。夫地力之生物有大數，人力之成物有大限，取之有度，用之有節，則常足；取之無度，用之無節，則常不足。生物之豐敗由天，用物之多少由人，是以聖王立程，量入爲出，雖遇災難，下無困窮。理化既衰，則乃反是，量出爲入，不恤所無。故魯哀公問，年饑，用不足，如之何？有若對以盍徹。桀用天下而不足，湯用七十里而有餘，是乃用之盈虚，在節與不節耳。不節則雖盈必竭，能節則雖虚必盈。衛文公承滅國之餘，建新徙之業，革車不過三十乘，豈不甚殆哉！而能衣大布，冠大帛，約己率下，通商務農，卒以富强，見稱載籍。漢文帝接秦項積久傷夷之弊，繼高吕革創多事之時，家國虚殘，日不暇給，而能恭儉節用，静事息人。服弋綈，履革舄，却駿馬而不御，罷露臺而不修，屢賜田租。以厚烝庶，遂使户口蕃息，百物阜殷。乃至鄉曲宴游，乘牝特牸者不得赴會；子孫生長，或有積數十歲不識市廛；御府之錢，貫朽而不可校；太倉之粟，紅腐而不可食。國富於上，人安於下，生享遐福，没垂令名，人到於今稱其仁賢，可謂盛矣。太宗文皇帝收合板蕩，再造寰區，武德年中，革車屢動，繼以災歉，人多流離。貞觀之初，薦屬霜旱，自關輔綿及三河之地，米價騰貴，斗易一縑，道路之間，餒殍相藉。太宗敦行儉約，撫養困窮，視人如傷，勞徠不倦。百姓有鬻男女者，出御府金帛，贖還其家。嚴禁貪殘，慎節徭賦，弛不急之用，省無事之官，黜損乘輿，斥出宫女。太宗嘗有氣疾，百官以大内卑濕，請營一閣以居，尚憚煩勞，竟不之許。是以至誠上感，淳化下敷，四方大和，百穀連稔。貞觀八年以後，米斗至四五錢，俗阜化行，人知義讓，行旅萬里，或不齎糧。故人到於今，談帝王之盛，則必先太宗之聖功；論理道之崇，則必慕貞觀之故事。此三君者，其經始豈不艱窘哉？皆以嗇用愛人，竟獲豐福，是所謂能節雖虚必盈之效也。秦始皇據崤函之固，藉雄富之業，專力農戰，廣收材豪，故能芟滅暴强，宰制天下。功成志滿，自謂有泰山之安，貪欲熾然，以爲六合莫予違也。於是發閭左之戍，徵太半之賦，進諫者謂之宣謗，恤隱者謂之收恩，故徵發未終，而宗社已泯。漢武帝遇時運理平之會，承文景勤儉之積，内廣興作，外張甲

兵，侈汰無窮，遂致殫竭。大搜財貨，算及舟車，遠近騷然，幾至顛覆。賴武帝英姿大度，付任以能，納諫無疑，改過不吝，下哀痛之詔，罷征伐之勢，封丞相爲富民侯，以示休息，邦本搖而復定，帝祚危而再安。隋氏因周室平齊之資，府庫充實，開皇之際，理尚清廉，是時公私豐饒，議者以比漢之文景。煬帝嗣位，肆行驕奢，竭耗生靈，不知止息，海内怨叛，以至於亡。此三君者，其所憑藉，豈不豐厚哉！此皆以縱欲殘人，竟致蹙喪，是所謂不節則雖盈必竭之效也。秦隋不悟而遂滅，漢武中悔而獲存，乃知懲與不懲，覺與不覺，其於得失相遠，復有存滅之殊，安可不思，安可不懼。今人窮日甚，國用歲加，不時節量，其勢必蹙，而議者但憂財利之不足，罔慮安危之不持。若然者，則太宗漢文之德曷見稱？秦皇隋煬之敗靡足戒，唯欲是逞，復何規哉。幸屬休明，將期致理，急聚斂而忽於勤恤，固非聖代之所宜言也。

其三論長吏以增户加税闢田爲課績。

夫欲施教化，立度程，必先域人，使之地著。古之王者，設井田之法，以安其業；立五宗之制，以綴其恩。猶懼其未也，又教之族墳墓，敬桑梓，將以固人之志，定人之居，俾皆重遷，然可爲理。厥後又督之以出鄉游惰之禁，糾之以版圖比閲之方，雖訓導漸微，而檢制猶密，歷代因襲，以爲彝章，其理也必謹於隄防，其亂也必慢於經界。斯道崇替，與時興衰。人主失之，則不可御寰區；守長失之，則不可釐郡邑。理人之要，莫急於兹。頃因兵興，典制弛廢，户版之紀綱罔緝，土繼之條約不明，恣人浮流，莫克禁止。縱之則湊集，整之則驚離，恒懷倖心，靡固本業。是以賦税不一，教令不行，長人者又罕能推忠恕易地之情，體至公徇國之意。迭行小惠，競誘姦甿，以傾奪鄰境爲智能，以招萃逋逃爲理化。捨彼適此者，既爲新收而獲宥；倏忽往來者，又以復業而見優。唯懷土安居，首末不遷者，則使之日重，斂之日加，是令地著之人，恒代惰游服役，則何異驅轉徙，教之澆訛。此由牧宰不克宏通，各私所部之過也。及夫廉使奏課，會府考功，但守常規，不稽時變。其所以爲長吏之能者，大約在於四科：一曰户口增加，二曰田野墾闢，三曰税錢長數，四曰徵辦先期。此四者，誠吏職之所崇，然立法齊人，久無不弊。法之所沮，則人飾巧而苟避其網；法之所勸，則人興僞以曲附其文。理之者若不知維御損益之宜，則巧僞萌生，恒因沮勸而滋矣。

夫課吏之法，所貴户口增加者，豈不以撫字得所，人益阜蕃乎？今或詭情以誘其姦浮，苛法以析其親族，苟益户數，務登賞條。所誘者將議薄征，已遽驚散；所析者不勝重税，又漸流亡。州縣破傷，多起於此。長吏相效以爲績，安忍莫懲；齊人相扇以成風，規避轉甚。不究實而務增户口，有如是之病焉。所貴田野墾闢者，豈不以訓導有術，人皆樂業乎？今或牽率黎烝，播植荒廢，約以年限，免其地租。苟農夫不增，而墾田欲廣，新畝雖闢，舊畬反蕪。人利免租，頗亦從令，年限纔滿，復爲汙萊，有益煩勞，無增稼穡。不度力而務闢田野，有如是之病焉。所貴税錢長數者，豈不以既庶而富，人可加賦乎？今或重困疲羸，力求附益，捶骨瀝髓，隳家取財，苟媚聚斂之司，以爲仕進之路，不恤人而務長税數，有如是之病焉。所貴徵辦先期者，豈不以物力優贍，人皆樂輸乎？今或肆毒作威，殘人逞欲，事有常限，因而促之，不量時宜，唯尚强濟，絲不容織，粟不暇舂，矧伊貧虚，能不奔迸，不恕物而務先徵辦，有如是之病焉。然則引人逋逃，蹙人艱窘，唯兹四病，亦有助焉。此由考覈不切事情，而泛循舊轍之遇也。

且夫户口增加，田野墾闢，税錢長數，徵辦先期，若不以實事驗之，則真僞莫得而辨，將驗之以實，則租賦須加。所加既出於人，固有受其損者，此州若增客户，彼郡必減居人，增處邀賞，而税數有加，減處懼罪，而税數不降。倘國家所設考課之法，必欲崇於聚斂，則如斯可矣，將有意乎富俗而務理，豈不剌謬歟？當今之要，在於厚人而薄財，損上以益下。下苟利矣，上必安焉，則少損者，所以招大益也。人既厚矣，財必贍焉，則暫薄者，所以成永厚也。臣愚謂宜申命有司，詳定考績，往貴於加者，今務於減焉。假如一州之中，所税舊有定額，凡管幾許百姓，復作幾等差科，每等有若干户人，每户出若干税物，各令條舉，都數年別一申使司，使司詳覆有憑，然後録報户部。若當管之内，人益阜殷，所定税額有餘，任其據户均減，率計減數多少，以爲考課等差。其當管税物通比較，每户十分減三分者爲上課，十分減二分者次焉，十分減一分者又次焉。如或人

多流亡，加税見户，比校殿罰，法亦如之。其百姓所出田租，則各以去年應輸之數，便爲定額，每歲據徵，更不勘責檢巡。增闢者勿益其租，廢耕者不降其數，足以誘導墾植，且免妨奪農功，事簡體宏，人必悦勸。每至定户之際，但據雜產較量，田既自有恒租，不宜更入兩税。如此，則吏無苟且，俗變澆浮，不督課而人自樂耕，不防閑而衆皆安土。斯亦當今富人固本之要術，在陛下舉而行之。

其四論税期限迫促。

建官立國，所以養人也；賦人取財，所以資國也。明君不厚其所資，而害其所養，故必先人事而借其暇力，先家給而斂其餘財。遂人所營，恤人所乏，借必以度，斂必以時。有度則忘勞，得時則易給。是以官事無闕，人力不殫，公私相全，上下交愛。古之得衆者，其率用此歟。法制或虧，本末倒置，但務取人以資國，不思立國以養人，非獨徭賦繁多，夐無蠲貸，至於徵收迫促，亦不矜量。蠶事方興，已輸縑税；農功未艾，遽斂穀租。上司之繩責既嚴，下吏之威暴愈促，有者急賣而耗其半直，無者求假而費其倍酬。所繫遲速之間，不過月旬之異，一寬税限，歲歲相承，遲無所妨，速不爲益，何急敦逼，重傷疲人。頃緣定税之初，期約未甚詳悉，旋屬征役多故，復令先限量徵，近雖優延，尚未均濟。望委轉運使與諸道觀察使商議，更詳定徵税期限聞奏。各隨當土風俗所便，時候所宜，務於紓人，俾得辦集。所謂惠而不費者，則此類也。

其五請以税茶錢置義倉以備水旱。

臣聞仁君在上，則海内無餒殍之人，豈必耕而餉之，爨而食之哉。蓋以慮得其宜，制得其道，致人於歉乏之外，設備於災沴之前，是以年雖大殺，衆不恇懼。夫水旱爲敗，堯湯被之矣，陰陽相寇，聖何禦哉！所貴堯湯之盛者，在於遭患能濟耳。凡厥哲后，皆謹循之。故《王制》記虞夏殷周四代之法，乃云：國無九年之蓄曰不足，無六年之蓄曰急，無三年之蓄曰國非其國也。《周官》司徒之屬亦云：掌鄉里之委積，以恤艱阨；縣鄙之委積，以待凶荒。王制既衰，雜以權術。魏用平糴之法，漢置常平之食，利兼公私，頗亦爲便。隋氏立制，始創社倉，終於開皇，人不饑饉。貞觀初，戴胄建積穀備災之議，太宗悦焉，因命有司，詳立條制，所在貯粟，號爲義倉。豐則斂藏，儉則散給，歷高宗之代，五六十載，人賴其資。國步中艱，其制亦弛。開元之際，漸復修崇。是知儲積備災，聖王之急務也。《語》曰：百姓足，君孰與不足；百姓不足，君孰與足。此言君養人以成國，人戴君以成生，上下相成，事如一體。然則古稱九年六年之蓄者，蓋率土臣庶，通爲之計耳，固非獨豐公庾，不及編甿。《記》所謂雖有凶旱水溢，人無菜色，良以此也。後代失典籍備慮之旨，忘先王子愛之心，所蓄糧儲，唯計廩庾。犬彘厭人之食，而不知檢；溝壑委人之骨，而不能卹。亂興於下，禍延於上，雖有公粟，豈得而食諸！

故立國而不先養人，國固不立矣；養人而不先足食，人固不養矣；足食而不先備災，食固不足矣。爲官而備者，人必不贍；爲人而備者，官必不窮。是故論德昏明，在乎所務本末。務本則其末自遂，務末則其本兼亡，國本於人，安得不務。頃以寇戎爲梗，師旅亟興，惠恤之方，多所未暇，每遇陰陽愆候，年不順成，官司所儲，祗給軍食。支計苟有所闕，猶須更取於人，人之凶荒，豈遑賑救。人小乏則求取息利，人大乏則賣鬻田廬。幸逢有年，纔償逋債，斂穫始畢，餱糧已空，執契擔囊，行復貸假，重重計息，食每不充。倘遇薦饑，遂至顛沛，室家相棄，骨肉分離，乞爲奴僕，猶莫之售，或行丐鄽里，或縊死道途。天災流行，四方代有，率計被其害者，每歲常不下一二十州。以陛下爲人父母之心，若垂省憂，固足傷惻，幸有可救之道，焉可捨而不念哉？今賦役已繁，人力已竭，窮歲汲汲，永無贏餘，課之聚糧，終不能致，將樹儲蓄根本，必藉官司助成。陛下誠能爲人備災，過聽愚計，不害經費，可垂永圖。近者有司奏請税茶，歲約得五十萬貫，元敕令貯户部，用救百姓凶饑，今以蓄糧，適副前旨。望令轉運使總計諸道户口多少，每年所得税茶錢，使均融分配。各令當道巡院主掌。每至穀麥熟時，即與觀察使計會，散就管内州縣和糴，便於當處置倉收納，每州令録事參軍專知。仍定觀察判官一人與和糴巡院官同勾當，亦以義倉爲名，除賑給百姓已外，一切不得貸便支用。如時當大稔，事至傷農，則優與價錢，廣其糴數，穀若稍貴，糴亦便停，所糴少多，與年上下，準平穀價，恒使得中。每遇災荒，即以賑給，小歉則隨事

借貸，大饑則録奏分頒，許從便宜，務使周濟，循環斂散，遂以爲常。如此，則蓄財息債者，不能耗吾人；聚穀幸災者，無以牟大利。富不至侈，貧不至饑，農不至傷，糴不至貴，一舉事而衆美具，可不務乎。俟人小休，漸勸私積，平糴之法斯在，社倉之制兼行，不出十年之中，必盈三歲之蓄，宏長不已，升平可期。使一代黎人，永無餒乏，此堯湯所以見稱於千古也。願陛下遵之慕之，繼之齊之。苟能存誠，蔑有不至。

其六論兼并之家私斂重於公税。

國之紀綱，在於制度，商農工賈，各有所專，凡在食禄之家，不得與人争利。此王者所以節財力，礪廉隅，是古今之所同，不可得而變革者也。代理則其道存而不犯，代亂則其制委而不行。其道存，則貴賤有章，豐殺有度，車服田宅，莫敢僭踰，雖積貨財，無所施設。是以咸安其分，罕徇貪求。藏不偏多，故物不偏罄，用不偏厚，故人不偏窮。聖王能使禮讓與行，而財用均足，則此道也。其制委，則法度不守，教化不從，唯貨是崇，唯力是騁，貨力苟備，無欲不成。租販兼并，下錮齊人之業；奉養豐麗，上侔王者之尊。户蓄羣黎，隸役同輩，既濟嗜欲，不虞憲章，肆其貪惏，曷有紀極。天下之物有限，富室之積無涯。養一人而費百人之資，則百人之食不得不乏；富一家而傾千家之產，則千家之業不得不空。舉類推之，則海内空乏之流，亦已多矣。故前代致有風俗訛靡，氓庶困窮，由此弊也。

今兹之弊，則又甚焉。夫物之不可掩藏，而易以閲視者，莫著乎田宅。臣請又措其宅而勿議，且舉占田一事以言之。古先哲王，疆理天下，百畝之地，號曰一夫，蓋以一夫授田，不得過於百畝也。欲使人無廢業，田無曠耕，人力田疇，二者適足，是以貧弱不至竭涸，富厚不至奢淫，法立事均，斯謂制度。今制度弛紊，疆理隳壞，恣人相吞，無復畔限。富者兼地數萬畝，貧者無容足之居，依託强豪，以爲私屬，貸其種食，賃其田廬，終年服勞，無日休息，罄輸所假，常患不充。有田之家，坐食租税，貧富懸絶，乃至於斯，厚斂促徵，皆甚公賦。今京畿之内，每田一畝，官税五升，而私家收租，殆有畝至一石者，是二十倍於官税也。降及中等，租猶半之，是十倍於官税也。夫以土地王者之所有，耕稼農夫之所爲，而兼并之徒，居然受利。官取其一，私取其十，穡之安得足食，公廩安得廣儲。風俗安得不貪，財貨安得不壅。昔之爲理者，所以明制度而謹經界，豈虚設哉！斯道浸亡，爲日已及，頓欲修整，行之實難，革弊化人，事當有漸。望令百官集議，參酌古今之宜，凡所占田，約爲條限，裁減租價，務利貧人。法貴必行，不在深刻。裕其制以便俗，嚴其令以懲違，微損有餘，稍優不足，損不失富，優可賑窮，此乃古者安富恤窮之善經，不可捨也。

右，臣前月十一日延英奏對，因叙賦税煩重，百姓困窮，伏奉恩旨，令具條疏聞奏。今且舉其甚者，謹件如前。臣聞於《書》曰：無輕人事惟難，無安厥位惟危。此理之所以興也。又曰：厥後嗣王生則逸，不知稼穡之艱難。此亂之所由始也。以陛下天縱聖哲，事更憂危，夙夜孜孜，志求致理。往年論及百姓，必爲悽然動容，每言朕於蒼生，支體亦無所惜。臣久叨近侍，亟奉德音，竊謂一代黔黎，必躋富壽之域。昨奏人間疾苦，十分纔及二三，聖情已甚驚疑，皆謂臣言過當。然則愁怨之事，何由上聞，煦育之恩，何由下布？典籍所戒，信而有徵，一虧聖猷，實可深惜。臣又聞於《書》曰：非知之艱，行之唯艱。竊惟陛下所以驚疑於微臣之言者，但聞之未熟耳。此乃股肱耳目之任，仰負於陛下，誠所謂知之非艱，尚未足深累聖德也。今則既知之矣，願陛下勿復艱於所行，居安思危，億兆幸甚。謹奏。

（清）董誥《全唐文》卷四六六《陸贄·論裴延齡姦蠹書》 十一月三日，具官臣某，惶恐頓首獻書皇帝陛下：臣聞君子小人，用捨不並，國家否泰，恒必由之。君子道長，小人道消，於是上下交而萬物通，此所以爲泰也。小人道長，君子道消，於是上下不交而萬物不通，此所以爲否也。夫小人於蔽明害理，如目之有眯，耳之有充，嘉穀之有蟊，梁木之有蠹也。眯離婁之目，則天地四方之位不分矣；充子野之耳，則雷霆蠅黽之聲莫辨矣；雖后稷之穡，禾易長畝，而蟊傷其本，則零瘁而不植矣。雖公輸之巧，臺成九層，而蠹空其中，則圮折而不支矣。是以古先聖哲之立言垂訓，必殷勤切至，以小人爲戒者，豈將有意讎而沮之哉。誠以其蔽主之明，害時之理，致禍之源博，傷善之釁深，所以有國有家者，不得不

去耳。其在《周易》則曰：大君有命，開國承家，小人勿用，必亂邦也。在《尚書》則曰：除惡務本，去邪勿疑。在《毛詩》則曰：無縱詭隨，以謹無良；曾是掊克，斂怨以爲德；盜言孔甘，亂是用餤。讒人罔極，交亂四國。在《論語》則曰：惡利口之覆邦家者。在《春秋》則曰：聚斂積實，不知紀極。毁信廢忠，崇飾惡言，靖譖庸回，服讒蒐慝。天下之人，謂之四凶。在《禮記》則曰：小人行險以徼幸，長國家而務財用者，必自小人矣。小人使爲國家，而災害並至，雖有善人，無如之何。臣頃因讀書，常憤此類，不圖聖代，目睹斯人。

户部侍郎裴延齡者，其性邪，其行險，其口利，其志凶，其矯妄不疑。其敢亂無耻，以聚斂爲長策，以詭妄爲嘉謀，以掊克斂怨爲匪躬，以靖譖服讒爲盡節，總典籍之所惡，以爲智術，冒聖哲之所戒，以爲行能，可謂堯代之共工，魯邦之少卯。伏惟陛下協放勛文思之德，而鑒其方鳩僝功；體仲尼天縱之明，而辨其順非堅僞。則天討斯德，聖化允孚，小往大來，孰不欣幸。跡其姦蠹，日長月滋，陰秘者固未盡彰，敗露者猶難悉數。今請粗舉數事，用明欺罔大端，悉非隱微，皆可覆驗。陛下若意其負謗，則誠宜亟爲辨明；陛下若知其無良，又安可曲加容掩。願擇左右親信，兼與舉朝公卿，據臣所言，閲實其事。儻延齡罪惡無狀，即臣之奏議是誣，宜申典刑，以制虚妄，俾四海法朝廷之理，兆人戴陛下之明。得失之間，其體甚大，不當復有疑慮，使辨之不早，以竞失天下之望也。

前歲秋首，班宏喪亡，特詔延齡，繼司邦賦。數月之内，遽衒功能，奏稱：勾獲隱欺，計錢二十萬貫，請貯别庫，以爲羨財，供御所須，永無匱乏。陛下欣然信納，因謂委任得人，既賴贏餘之資，稍宏心意之欲，興作浸廣，宣索漸多。延齡務實前言，且希睿旨，不敢告闕，不敢辭難。勾獲既是虚言，無以應命；供辦皆承嚴約，苟在及期。遂乃搜求市鄽，豪奪入獻，追捕夫匠，迫脅就功。以敕索爲名，而不酬其直；以和雇爲稱，而不償其傭。都城之中，列肆爲之晝閉；興役之所，百工比於幽囚。聚詛連羣，庶訴盈路，持綱者莫敢致詰，巡察者莫敢爲言。時有致詰爲言，翻謂黨邪醜直。天子轂下，囂聲沸騰，四方觀瞻，何所取則？蕩心於上，斂怨於人，欺天陷君，遠邇危懼，此其罪之大者也。

總制邦用，度支是司，出納貨財，太府攸職。凡是太府出納，皆稟度支文符，太府依符以奉行，度支憑按以勘覆，互相關鍵，用絶姦欺。其出納之數，則每旬申聞；其見在之數，則每月計奏。皆經度支勾覆，又有御史監臨，旬旬相承，月月相繼，明若指掌，端如貫珠，財貨少多，無容隱漏。延齡務行邪諂，公肆誣欺，遂奏云：左藏庫司，多有失落，近因檢閲，使置簿書，乃於糞土之中，收得銀十三萬兩，其疋段雜貨，百萬有餘，皆是文帳脱遺，並同已棄之物。今所收獲，即是羨餘，悉合移入雜庫，以供别敕支用者。其時特宣進止，悉依所奏施行。太府少卿韋少華抗表上陳，殊不引伏，確稱每月申奏，皆是見在數中，請令推尋，足驗姦計兩司既相論執，理須辨鞫是非，臣等具以奏聞，請定三司詳覆。若左藏庫遺漏不謬，隱匿固合抵刑；如度支舉奏是虚，誣誑亦宜得罪。陛下既不許差三司按問，又不令檢奏辨明。度支言太府隱漏至多，而少華所任如舊；太府論度支姦欺頗甚，而延齡見信不渝。枉直兩存，法度都弛。以在庫之物，爲收獲之功；以常賦之財，爲羨餘之費。罔上無畏，示人不慚，此又罪之大者也。

國之府庫，用寘貨財。物合入官，則納於其内；事合給用，則出乎其中。所納無非法之財，所出無不道之用，坦然明白，何曲何私？而延齡險猾售姦，詭譎求媚，遂於左藏之内，分建六庫之名，意在别貯贏餘，以奉人主私欲。曾不知王者之體，天下爲家，國不足則取之於人，人不足乃資之於國，在國爲官物，在人爲私財，何謂贏餘，復須别貯？是必巧詐以變移官物，暴法以刻斂私財，捨此二途，其將焉取？陛下方務崇信，不加檢裁，延齡既怙寵私，益復放肆，遂録積久逋欠，妄云察獲姦贓，總計緡錢八百餘萬。聽其言則利益雖大，考其事則虚誕自彰：或是水火漂焚，或緣旱澇傷敗；或因兵亂散失，或遭寇賊敓斆；或準法免徵，或經恩合放；或人户逃逸，無處追尋；或綱典拘囚，不克填納；或没入店宅，歲久摧殘；或收獲舟船，年深破壞。類皆如此，難以殫論。在人者並無可科徵，屬官者悉不任貨賣，但存名額，虚掛簿書。大抵錢穀之司，皆耻財物減少，所以相承積累，不肯滌除，每當計奏之時，常充應在之數。延齡苟稱察獲，遂請徵收，恢張利門，誘動天聽。貽誚侮於方岳，賈

愁怨於烝黎，于茲累年，一無所得，其爲疏妄，亦曰殆哉。陛下姑欲保持，曾無詰問；延齡謂能蔽惑，不復懼思。姦威既沮於四方，險態復行於內府。由是蹂躪官屬，傾倒貨財，移東就西，便爲課績，取此適彼，遂號羨餘，愚弄朝廷，有同兒戲。諸州輸送布帛，度支不務準平，抑制市人，賤通估價，計其所折，即更下徵，重困疲甿，展轉流弊，既彰忍害，且示不誠。及其支送邊州，用充和糴，則於本價之外，例增一倍有餘。布帛不殊，貴賤有異。剝徵罔下，既以折估爲名；抑配傷人，又以出估爲利。事多矛盾，交駭物情。窮邊穡夫，痛憤切於骨髓；下土編户，冤叫徹於蒼旻。而延齡以冒取折估爲公忠，苟得出估爲贍利，所謂失人心而聚財賄，亦何異割支體以徇口腹哉。殊不寤支體分披，口安能食；人心離折，財豈能存。此又罪之大者也。

平原遠鎮，扼制蕃戎，五原要衝，控帶靈夏。芟夷榛薉，翦逐豺狼，崎嶇繕完，功力纔畢。地猶夐絶，勢頗孤危，新集之兵，志猶未固。尤資贍恤，俾漸安居，頻敕度支，令貯軍糧。常使平原有一年之蓄，鹽州積半年之儲。循環轉輸，不得闕數。近者二鎮告急，俱稱絶糧。陛下召延齡令赴中書，遣希顏宣旨質問，延齡確言饋餉不絶，儲蓄殊多，歲內以來，必無闕乏。希顏懼其推互，邀令草狀自陳，狀亦如言，略無疑畏。陛下覽其所奏，翻謂軍吏不誠，遂遣中官馳往檢覆，道路無轉運之跡，軍城無旬日之儲。將卒嗷嗷，幾將不守。有如是之顛沛，有如是之欺謾，按驗既明，恩勞靡替，其爲蠱媚，曠代罕聞。此又罪之大者也。

國之憲度，會府是司，位列諸郎，猶應辰象，任居六事，實代天工，內總轄於庶官，外敷化於列郡，舉措繫生靈之命，得失關理亂之源，爲人軌儀，安可容易。未有大官弛縱，而能使羣吏服從；朝典陵遲，而欲禁天下暴慢。是以天寶將季，楊國忠爲吏部尚書，亟於私庭銓集選士，果令逆豎得以爲詞。史册書之，足爲國耻。而延齡放情亂紀，又甚國忠。懈於夙興，多闕會朝之禮；徇其鄙欲，大隳省署之儀。徙郎曹於里閭，視公事於私第，盡室飫官廚之膳，填街持簿領之書。復有諸部參辭，四方申請，决遣資其判署，去就俟其指撝。延齡或聚客大誇，不令白事；或縱酒憑怒，莫敢入言。至有迫切而來，逾旬未省，輸納之後，累月不歸。資糧罄於滯淹，筋力困於朝集。晨趨夕散，十百爲羣；里中喧闐，常若闤闠，衢巷列屠沽之肆，邑居成逆旅之津，離次慢官，虐人斁法，求之今古，鮮有其倫。此又罪之大者也。

總領財賦，號爲殷繁。自必識究變通，智權輕重，大不失體，細能析微，濟之以均平，莅之以勤肅，近無滯事，遠無壅情，綱條之下無亂繩，鑒照之內無隱匿，然後人不困而公用足，威不厲而姦吏懲。苟或未然，則非稱職。況延齡以素本僻戾之質，而加之以狂躁滿盈，既懵且驕，事何由理。遂以國家大計，委於胥吏末流，當給者無賄而不支，應徵者受賕而縱免。紀綱大壞，貨賂公行，苟操利權，實竊邦柄。近者度支小吏，屢爲府縣所繩，鞫其姦贓，無不狼籍。通結動連於節將，交私匪止於苞苴。威福潛移，乃至於是，職司失序，固亦可知。此又罪之大者也。

風教之大，禮讓爲先，禮讓之行，朝廷爲首。朝廷者，萬方之所宗仰，羣士之所楷模，觀而效焉，必有甚者。是以朝廷好禮，則俗尚敬恭；朝廷尊讓，則時耻貪競。朝廷有失容之慢，則凌暴之弊播於人；朝廷有動色之争，則攻鬭之禍流於下。聖王知其然也，故選建賢德，以爲公卿，使人具瞻，不諭而化。昔周之方盛，多士盈朝，時靡有争，用能俾乂。故其《詩》曰：慎爾出話，敬爾威儀，無不柔嘉。又曰：有來雍雍，至止肅肅。相維辟公，天子穆穆。言羣臣相與事上，敬而能和，言語動作，靡有不善也。周德既衰，小人在位，務相侵侮，以至危亡。故其《詩》曰：方茂爾惡，相爾矛矣。又曰：既之陰汝，反予來赫。又曰：涼曰不可，覆背善詈。言小人得志，惡怒是憑。肆其褊心，以相訴病也。陛下勤修儀式，以靖四方，慎選庶官，以貞百度，內選則股肱耳目，外選則垣翰藩維。濟濟師師，咸欽至化，庶相感率，馴致大和。而度支憑寵作威，恃權縱暴，侵刻軍鎮，匱闕資糧。將帥每使申論，延齡率加毀訾，或指誣隱盗，或謗訐陰私，或數其出處賤微，或億其心志邪悖，詞皆醜媟，事悉加誣。匹夫見凌，猶或生患，況將帥素加委遇，多著勳庸，縱有踰分取求，但宜執理裁處，苟當其所，孰敢不從？豈可對彼偏裨，恣行侵辱，使其慚靦於麾下，憤耻於朝廷。惟口起羞，諒非細故，爲國聚釁，實由斯人。而又虐害羣司，幸其闕敗，蔑彼彝典，逞於兇懷，氣吞等夷，隸蓄郎

吏。時有履道而不爲屈撓，守官而莫肯由從，遭其詆訶，事則尤劇，或辱兼祖父，或毀及家門，皆名教所不忍聞，叙述所不堪紀。其爲構陷，抑復多端，故示兇威，使人懾憚。人之狂險，乃至於斯。上虧大猷，下扇流俗，烏烋禮義之府，巘汙清明之朝。此又罪之大者也。

度支舊管牛驢三千餘頭，車八百餘乘，循環載負，共饋邊軍，既有番遞之倫，永無科配之擾。延齡苟逞近效，不務遠圖，廢其葺修，減其芻秣，車破畜耗，略無孑遺。每須載運軍資，則令府縣差雇，或有卒承別旨，須赴促期，遂於街市之間，虜奪公私雜畜，披猖頗甚，費損尤多。吏因生姦，人不堪命，所減者則奏以爲利，所費者則隱而不論，破實徇虛，多如此類。度支應給宫内及諸司使芻藁薪炭等，除税草之外，餘並市供，所用既多，恒須貯備。舊例每至秋穫之後，冬收之時，散開諸場，逐便和市，免費高價，復資貧人，公私之間，頗謂兼濟。延齡悉隳舊制，但飾姦情，旋計莝薪價錢，以爲節減剩利。及乎春夏之際，藁秸已殫，霖潦之中，樵蘇不繼，軍厩輟莝，官廚待然，告闕頻煩於聖聰，徵催絡繹於省署，崎嶇求買，何暇計量，縻損官錢，不啻累倍，聯蹇狼狽，率以爲常。此則睿鑒之所明知，物情之所深駭，事之舛繆，觸緒皆然。臣愚以謂若斯之流，不過歲費國家百萬緡錢，及事體非宜耳。其爲罪惡，未足傾危，事之可憂，不在於此。是以不復詳舉，以煩聽覽也。至如矯詭之態，誣罔之辭，遇事輒行，應口便發，靡日不有，靡時不爲，自非狀迹尤彰，足致其禍者，又難以備陳也。延齡有詐僞亂邦之罪七，而重之以耗斁闕遺，愚智共知，士庶同憤。以陛下英明鑒照，物無遁情，固非延齡所能蔽虧而莫之辨也。或者聖旨以其招嫉怨，而謂之孤貞，可託腹心；以其好進讒諛，而謂之盡誠，可寄耳目；以其縱暴無畏，而謂之强直，可肅姦欺；以其大言不疑，而謂之智能，可富財用。將欲排衆議而收其獨行，假殊寵而冀其大成。倘陛下誠有意乎在茲，臣竊以爲過矣。夫君天下者，必以天下之心爲心，而不私其心；以天下之耳目爲耳目，而不私其耳目。故能通天下之志，盡天下之情。夫以天下之心爲心，則我之好惡，乃天下之好惡也。是以惡者無謬。好者不邪，安在私託腹心，以售其側媚也。以天下之耳目爲耳目，則天下之聰明，皆我之聰明也。是以明無不鑒，聰無不聞，安在偏寄耳目，以招其蔽惑也。夫布腹心，而用耳目，舜與紂俱用之矣。舜之意務求己之過，以與天下同欲，而無所偏私。由是天下臣庶，莫不歸心，忠讜既聞，元德逾邁。故《虞書》云：臣作朕股肱耳目。又云：明四目，達四聰。言廣大也。紂之意務求人之過，以與天下違欲，而溺於偏私。由是天下臣庶，莫不離心，險詖既行，昏德彌熾。故《商書》云：崇信姦回。《大雅》云：流言以對，寇攘式内。言邪僻也，與天下同欲者，謂之聖帝；與天下違欲者，謂之獨夫。其所以布腹心而任耳目之意不殊，然於美惡盛敗，若此相遠，豈非求過之情有異，任人之道不同哉。太宗嘗問侍臣：何者爲明君？何者爲暗主？魏徵對曰：君之所以明者，兼聽也；其所以暗者，偏信也。又曰：秦之胡亥偏信，趙高肆其姦欺，卒至顛覆。徵之此説，理致甚明，簡册備書，足爲鑒戒。趙高指鹿爲馬，愚弄厥君，歷代流傳，莫不痛憤。陛下每覽前史，詳考興亡，固亦切齒於斯人，傷心於其主。臣謂鹿之於馬，物類猶同，豈若延齡掩有而爲無，指無而爲有。陛下若不以時省察，得無使後代嗟誚，又甚趙高者乎！斯愚臣所焦慮疚懷，以陛下爲過者，良有所以也。

夫理天下者，以義爲本，以利爲末，以人爲本，以財爲末。本盛則其末自舉，末大則其本必傾。自古及今，德義立而利用不豐，人庶安而財貨不給，因以喪邦失位者，未之有也。故曰：不患寡而患不均，不患貧而患不安。有德必有人，有人必有土，有土必有財。百姓足，君孰與不足？蓋謂此也。自古及今，德義不立，而利用克宣，人庶不安，而財貨可保，因以興邦固位者，亦未之有焉。故曰：財散則人聚，財聚則人散。與其有聚斂之臣，寧有盗臣。無令侵削兆庶，以爲天子取怨於下。其有若此者，行罰無赦。蓋爲此也，殷紂以貪冒失人而亡，周武以散發得人而昌，則紂之多藏，適所以爲害己者之資耳。尚何賴於財賄哉！太宗亦云：務蓄積而不恤人，甚非國家之計。隋氏不道，聚斂無厭，所實洛口諸倉，卒爲李密所利。此則前代已行之明效，聖祖垂裕之格言，是而不懲，何以爲理。陛下初膺寶歷，志翦羣兇，師旅繁興，徵求寖廣，榷算侵剥，下無聊生。是以涇原叛徒，乘人怨咨，白晝犯闕，都邑甿庶，恬然不驚，反與賊衆相從，比肩而入宫殿。雖蚩蚩之性，靡所不爲，然亦由德澤未浹於人，

而暴令驅迫，以至於是也。于時內府之積，尚如邱山，竟資兇渠。以餌貪卒，此時陛下躬睹之矣。是乃失人而聚貨，夫何利之有焉。車駕既幸奉天，逆泚旋肆圍逼，一壘之內，萬衆所屯，窘如涸流，庶物空匱。嘗欲發一健步，出視賊軍，其人懇以苦寒爲辭，跪奏乞一襦袴，陛下爲之求覓不致，竟憫默而遣之。又嘗宫壺之中，服用有闕，聖旨方以戎事之急，不忍重煩於人，乃剥親王飾帶之金，賣以給直。是時行從將吏，赴難師徒，倉黄奔馳，咸未冬服，漸屬凝沍，且無薪蒸，饑凍內攻，矢石外迫，晝則荷戈奮迅，夜則映堞呻吟，凌風颷，冒霜霰，踰旬而衆無攜貳，卒能走强賊，全危城者，陛下豈有嚴刑重賞，使之然耶？唯以不厚其身，不藏其資，與衆庶同其憂患，與士伍共其有無，乃能使捐軀命而扞寇讎，餒之不離，凍之不憾，臨危而不易其守，見死而不去其君。所謂聖人感人心。而天下和平，此其效也。及乎重圍既解，諸道稍通，賦税漸臻，貢獻繼至，乃於行宫外廡之下，復列瓊林、大盈之司，未賞功勞，遽私賄玩，甚沮惟新之望，頗攜死義之心。於是興誦興譏，而軍士始怨矣。財聚人散，不其然歟！旋屬蠡賊內攻，翠華南狩，奉天所積財貨，悉復殲於亂軍。既遷岷梁，日不暇給，獨憑大順，遂復皇都。是知天子者以得人爲資，以蓄義爲富。人苟歸附，何患蔑資；義苟修崇，何憂不富。豈在貯之內府，方爲己有哉！故藏於天下者，天子之富也；藏於境內者，諸侯之富也；藏於囷倉篋匱者，農夫商賈之富也。奈何以天子之貴，海內之富，而猥行諸侯之棄德，蹙守農商之鄙業哉。陛下若謂厚取可以恢武功，則建中之取，既無成矣；若謂多積可以爲已有，則建中之積，又不在矣；若謂徇欲不足傷理化，則建中之失，傷已甚矣；若謂斂怨不足致危亡，則建中之亂，危亦至矣。然而遽能靖滔天之禍，成中興之功者，良以陛下有側身修勵之志，有罪己悔懼之詞，罷息誅求，敦尚節儉，渙發大號，與人更新。故靈祇嘉陛下之誠，臣庶感陛下之意，釋憾迴慮，化危爲安。陛下亦當爲宗廟社稷建不傾不拔之永圖，爲子孫黎元垂可久可大之休業，懲前事徇欲之失，復日新成德之言。豈宜更縱憸邪，復行刻暴，事之追悔，其可再乎！

臣又竊慮陛下納彼盜言，墮其姦計，以爲搏噬拏攫，怨集有司，積聚豐盈，利歸君上。是又大繆，所宜慎思。夫人主昏明，繫於所任。咎繇、夔、契之道長，而虞舜享濬哲之名；皇甫、聚、楀之孽行，而周厲嬰顛覆之禍。自古何嘗有小人柄用，而災禍不及邦國者乎！譬猶操兵以刃人，天下不委罪於兵，而委罪於所操之主；蓄蠱以殃物，天下不歸咎於蠱，而歸咎於所蓄之家。理有必然，不可不察。臣竊慮陛下以延齡之進，獨出聖衷，延齡之言，多順宸旨，今若以罪實辟，則似爲衆所擠，故欲保持，用彰堅斷。若然者，陛下與人終始之意則善矣，其於改過不吝去邪勿疑之道，或未盡善焉。夫人之難知，著自淳古；試可乃已，載於典謨。陛下意其賢而任之，知其惡而棄之，此理之常，於何不可？倘陛下猶未知惡，但疑見擠，固有象恭挾詐之人，亦有黨邪害直之士，所資考覈，兩絶欺誣。陛下以延齡爲能，愚臣以延齡爲罪，能必有跡，罪必有端。陛下胡不指明其所效之能，以表忠賢，按驗其所論之罪，以考虛實，與衆同辨，示人不私。若能跡可稱，而罪端無據，則是黨邪害直之驗也。陛下當繩其傷善，以勵事君。罪端有徵，而能跡無實，則是象恭挾詐之驗也。陛下當糾其包禍，以戒亂邦。如此。則上之於下，釋嫌構之疑；下之於上，絶偏惑之議。何必忠邪無辨，枉直莫分，薰蕕同藏，其臭終勝，此則小人道長之象也。實時運否泰安危之所繫，豈但有虧聖德，不利善人而已乎。陛下若必以與己同者爲忠良，自我作者無改變，如此，則上之所欲莫不諂，上之所失莫不從，水火相濟不爲非，金礪相須不爲是，恥過作非不足戒，捨己從人不足稱。惟意是行，則匡輔或幾乎息矣；匡輔息，則理不可致。仲尼所謂一言喪邦者，在於予之言而莫予違也。事關興亡，固不可忽，希旨順默，浸已成風，獎之使言，猶懼不既，若又阻抑，誰當貢誠。伏恐未亮斯言，請以一事爲證：只如延齡凶妄，流布寰區，上自公卿近臣，下逮輿臺賤品，諠諠談議，儀萬爲徒，能以上言，其人有幾？陛下試令親信，博採輿詞，參校比來所聞，足鑒人間情僞。臣以卑鄙，任當台衡，既極崇高，又承渥澤，豈不知觀時附會，足保舊恩；隨衆沉浮，免貽厚責；謝病黜退，獲知幾之名；黨姦苟容，無見嫉之患。何急自苦，獨當豺狼，上違懽情，下餌讒口。良由內顧庸昧，一無所堪，夙蒙眷知，唯在誠直，綢繆帳扆，一紀于兹。聖慈既以此見容，愚臣亦以此自負，從陛下

歷播遷之臲卼，睹陛下致興復之艱難，至今追思，猶爲心悸，所以畏覆車而駭懼，慮燬室而悲鳴，蓋情激於中，雖欲罷而不能自默也。因事陳執，雖已頻繁，天聽尚高，未垂諒察，輒申悃款，以極愚誠。憂深故語煩，懇迫故詞切，以微臣自固之謀則過，爲陛下慮患之計則忠。糜軀奉君，非所敢避，沽名衒直，亦不忍爲。願迴睿聽，爲國熟慮，社稷是賴，豈唯微臣。不勝荷恩報德之誠，謹昧死奉書以聞。臣誠惶誠恐頓首再拜。

（清）董誥《全唐文》卷四七五《陸贄・論度支令京兆府折税市草事狀》 度支奏：緣當年税草支用不充，諸場和市所得又少，所以每至秋夏，常有欠闕。請令京兆府折今年秋税和市草一千萬束，便令人户送入城輸納，每束兼車脚與折錢二十五文，既利貧人，兼濟公用。希顔奉宣進止：宜依者。

伏以制事之體，所貴有常，順人之情，尤重改作。革而能當，尚恐未孚，動且非宜，曷由無擾？臣等每承睿旨，常以百姓爲憂，審知事不可行，安敢默而無述。每年蓄聚芻藁，所司素有恒規，計料税草不充，即便開場和市，既優價直，復及農收，人皆樂輸，事不勞擾。陛下追想往年之事，豈嘗有緣草不足，上闕宸慮者乎？延齡欲衒己能，頗隳舊制，苟收經費之用，以資贏羨之功。遂使儲備空虛，支計寥落，厩圉告闕，頻煩聖聽。去歲已然，今夏尤甚，此乃不遵舊制之過也。舊制何害？而變之哉？臣等謹檢京兆府應徵地税草數，每年不過三百萬束，其中除留供諸縣館驛及鎮軍之外，應合入城輸納，唯二百三十萬而已。百姓般運，已甚艱辛。常迫春農，僅能得畢。今若更徵一千萬束，仍令並送入城，即是一年之間，併徵三年税草，計其所加車脚，則又四倍常時。物力有窮，求取無藝，其爲騷怨，理在不疑。甸服且然，四方安仰？假使時當豐稔，家悉阜殷，有草可輸，有車可載，然於途程往復，理須淹歷歲時。牛廢耕犂，人妨播植，東作既闕，西成曷期？況烝黎之間，貧富不等，收穫之際，豐耗靡均，今忽併役車牛，雇車傭必騰貴；併徵税草，買草價必倍高。是使豪富之徒，乘急令以邀其利；窮乏之輩，因暴斂以毁其家。非所謂均節財物，準平賦法之術也。臣等又勘度支京兆比來雇車估價，及所載多少，大率每一車載一百二束，每一里給傭錢三十五文，百束應輸二束充耗。今京畿諸縣，去城近者七八十里，遠者向二百里，設令遠近相補，通以百里爲程，同雇車載草百束，悉依官司常估。猶用錢三千五百文。即是一束之草，唯計般運，已當三十有五文。買草本價，又更半之。而度支曾不計量，自我作古，徑以胸臆斟酌，限爲二十五文。謂之加徵，則法度廢隳，謂之和市，則名實乖反。儻可其奏，人何以觀？豈如官自置場，要便收市，欲少市則平其估以節費，欲多市則優其價以招人。買賣既和，貧富俱便。有餘者趨加饒易售之利；不足者免轉求貴賃之資。比之抑徵，固不同等。幸有舊制，足可遵行，何必捨易而即難，棄利而從害？臣誠暗滯，未見其宜，伏望戒敕度支，令依舊例和市，承前既有恒用，以後不得闕供，稍峻隄防，使知懷懼，妄作但不施用，歲計必免愆違。陛下若以軍厩之中，馬畜漸衆，度支所營芻藁，纔可供給當年，或慮水旱不虞，別須蓄積爲備，今屬歲稔，亦是其時。但要收斂有方，不宜科配致擾。若度支併市，延齡必復辭難，須有區分，使之均濟，望委京兆尹勾當，別和市草五百萬束，以充貯備。其所和市，並隨要便，官自置場，每場貯錢，旋付價直，時估之外，仍稍優饒，交易往來，一依市利。易令官吏催遣，道路遮邀，但不抑人，自當趨利。其市草價直，並於年支留府錢數内以給用不盡者充，每市滿十萬束，一度聞奏，便以府司郵遞車牛，并更雇脚，相添轉徙場所般載，送付茸中輸納。如蒙聖恩允許，臣即依此宣行，既免擾人，又不增費，以資儲蓄，足禦兇災。度支謹守恒規，亦自不闕常用。臣等商度，將爲合宜。謹録奏聞，伏聽進止。

（清）董誥《全唐文》卷四七九《許孟容・夏旱上疏》 臣伏聞陛下數月已來，齋居損膳，爲兆庶心疲，又敕有司，走於羣望，牲於百神，而密雲不兩，首種未入，豈觴醪有闕？祈祀非誠？爲陰陽適然，豐歉前定，何聖意精至，甘澤未答也？臣歷觀自古天人交感事，未有不由百姓利病之急者切者，邦家教令之大者遠者。京師是萬國所會，强幹弱枝，自古通規，其一年税錢及地租出入一百萬貫，臣伏冀陛下即日下令，全放免之，其次三分放二，且使旱涸之際，免更流亡。若播種無望，徵斂如舊，則必愁怨遷徙，不顧墳墓矣。臣愚以爲德音一發，膏澤立應，變災爲福，期在斯須。户部所收掌錢，非度支歲計，本防緩急別用。今此炎旱，直支一百

餘萬貫，代京兆百姓一年差科，實陛下巍巍睿謀，天下鼓舞歌揚者也。復更省察庶政之中，有流移征防，當還而未還者；徒役禁錮，當釋而未釋者；逋懸饋送，當免而未免者；沉滯鬱抑，當伸而未伸者。有一於此，則特降明命，令有司條列，三日内聞奏，其當還當釋當免當伸者，下詔之日，所在即時施行。臣愚以爲如此而神不監，歲不稔，古未之有。

（清）董誥《全唐文》卷六一八《房説·對徵什一税判》　長安縣徵什一税，百姓訴云：取已過半，人將不農。縣官云：恐國用不足。

務農重穀，徹田爲糧；布教頒常，示人以信。不足於二，且異魯侯；拾而羅三，非如漢吏。況決渠降雨，神皋奥區，既稱百二之雄，何辭什一之税？殊大桀而小桀，且如茨而如梁。杼軸其空，則我豈敢？膏腴兼倍，於爾何傷？徒辭語以無稽，須甘心而受諜。抵欺赤縣，曾是迷愚，家財若不助邊，軍實如何取給？訴云過半，誠爲罔上之人；又曰不農，恐涉要君之責。載翕其舌，無厚爾顔。

（清）董誥《全唐文》卷六三四《李翺·疏改税法》　臣以爲自建中元年初定兩税，至今四十年矣。當時絹一匹爲錢四千，米一斗爲錢二百，税户之輸十千者，爲絹二匹半而足矣。今税額如故，而粟帛日賤，錢益加重，絹一匹價不過八百，米一斗不過五十，税户之輸十千者，爲絹十有二匹然後可。況又督其錢使之賤賣者耶？假令官雜虚估以受之，尚猶爲絹八匹，乃僅可滿十千之數，是爲比建中之初，爲税加三倍矣。雖明詔屢下，哀恤元元，不改其法，終無所救。然物極宜變，正當斯時，推本弊，乃錢重而督之於百姓之所生也。錢者官司所鑄，粟帛者農之所出，今乃使農人賤賣粟帛，易錢入官，是豈非顛倒而取其無者耶？由是豪家大商，皆多積錢以逐輕重，故農人日困，末業日增，一年水旱，百姓菜色，家無滿歲之食，況有三年之蓄乎？百姓無三年之積，而望太平之興，亦未可也。今若詔天下，不問遠近，一切令不督見錢，皆納布帛，凡官司出納，以布帛爲准，幅廣不得過一尺九寸，長不過四十尺，比兩税之初，猶爲重加一尺，然百姓自重得輕，必樂而易輸，不敢復望如建中之初矣。行之三五年，臣必知農人漸有蓄積，雖遇一年水旱，未有菜色，父母夫婦，能相保矣。若税法如舊，不速更改，雖神農后稷復生，教人耕織，勤不失時，亦不能躋於充足矣。故臣曰：改税法，不督錢而納布帛，則百姓足。

（清）董誥《全唐文》卷六四五《李絳·論量放旱損百姓租税疏》

伏以聖慈憂旱，務在恤人，將欲赦其流亡，無如減其租税，則下懷感悦，上動陰陽。昨正月中所降德音，量放江淮去年錢米。臣聞所放數内，已有徵納，縱未納者，又多流亡。旱損州縣，至今務放錢未甚少，百姓未經豐熟，復納今年差科，疲羸之中，徵迫不及，人力困苦，却在今年。伏望天慈，更賜優恤，其江淮先旱損處，作分數更量放今年租税。當餒饉之際，承雨露之恩，感動人心，無甚於此。輒極愚疑，上瀆宸嚴。

（清）董誥《全唐文》卷六四六《李絳·請以李錡財産代浙西百姓租税狀》　李錡兇狡叛戾，僭侈誅求，刻剥六州之人，積成一道之苦。陛下哀憫無告，爲之弔伐，變愁怨之氣，爲發生之和，歌舞聖時，負戴恩德。其李錡家所積錢帛，皆斂於人，或有酷發冤濫之徒，斃其身，取其貨，或有枉法徵剥之吏，加其罪，納其財，前後事狀，布聞遠邇。聖恩本以叛亂誅討，蘇息一方，今輦運錢帛，播聞四海，非所以式遏亂略，惠綏困窮也。伏望天慈下痛哀之詔，降雨露之澤，將逆人財物，並以賜本道，代浙西百姓今年租賦，則萬姓忻戴，四海歌詠矣。

（清）董誥《全唐文》卷六五一《元稹·當州税麻》　右，當州從前税麻地七十五頃六十七畝四壟，每年計麻一萬一千八百七十四兩，充州司諸色公用。臣昨因均配地税，尋檢三數十年兩税文案，只見逐年配率麻地，並不言兩税數内爲復數外。既無條敕可憑，臣今一切放免不税。

（清）董誥《全唐文》卷六五一《元稹·當州所徵斛斗草及地頭等錢畸零分數》　右，從前所徵斛斗升合之外，又有抄勺圭撮，錢、草即有分釐毫銖。案牘交加，不可勘筭。人户輸納，元無畸零，躄數所成，盡是姦吏欺没。臣今所徵斛斗並請成合，草並請成分，錢並請成文。在百姓納數，元無所加；於官司簿書，永絶姦詐。其躄數粟、麥、草等，便充填所欠職田等數。其錢當州每畝元税二十文三分六釐，人户元納二十一文整數，臣今只收納二十一文，内分釐零數，將充職田脚錢，二千六百餘貫便足，更不分外攤徵。回姦吏隱欺之贓，除百姓重斂之困，如此處置，庶有利宜。

以前件謹具利宜如前。逐縣兩税元額頃畝，并攤配職田分數，及蹙成文、分、合等錢、草、斛斗數，謹具分析在前件，狀如前。伏以當州田地，鹹鹵瘠薄，兼帶山原。通計十畝，不敵京畿一二。加以檢責年深，貧富偏并，税額已定，徵率轉難。臣昨所奏累年逋縣，其弊實由於此。臣今並已均融抽税，又免配佃職田，閭里之間，稍合蘇息。伏緣請配職田地充百姓永業，事須奉敕處分，然冀永有遵憑，伏望聖慈允臣所奏。謹録奏聞，伏聽敕旨。

（清）董誥《全唐文》卷六五一《元稹·彈奏劍南東川節度使狀》

劍南東川詳覆使言：

故劍南東川節度、觀察、處置等使嚴礪，在任日擅没管内將士、官吏、百姓及前資、寄住等莊宅、奴婢，今於兩税外加徵。錢、米及草等。謹件如後。

嚴礪擅籍没管内將士、官吏、百姓及前資、寄住塗山甫等八十八户莊宅共一百二十二所，奴婢共二十七人，並在諸州項内分析。

右，臣伏准前後制敕，令出使御史，所在訪察不法，具狀奏聞。臣昨奉三月一日敕，令往劍南東川，詳覆瀘州監官任敬仲贓犯。於彼訪聞嚴礪在任日，擅没前件莊宅、奴婢等。至今月十七日詳覆事畢，追得所没莊宅、奴婢文案，及執行案典耿琚、馬元亮等檢勘得實。據嚴礪元和二年正月十八日舉牒云：管内諸州，應經逆賊劉闢重圍内並賊兵到處所有應接，及投事西川軍將、州縣官，所由典正、前資、寄住等，所犯雖該霈澤，莊田須有所歸，其有莊宅、奴婢、桑柘錢物、斛斗、邸店、碾磑等，悉皆搜檢。勘得塗山甫等八十八户，案内並不經驗問虚實，亦不具事職名，便收家産没官。其時都不聞奏，所收資財、奴婢。悉皆貨賣破用，及配充作坊驅使，其莊宅、桑田，元和二年三年租課，嚴礪並已徵收支用訖。臣伏准元和元年十月五日制，西川諸軍、諸鎮、刺史、大將及參佐、官吏、將健、百姓等，應被脅從補署職官，一切不問，又准元和二年正月三日赦文，自今日已前，大逆緣坐，並與洗滌況前件人等，悉是東川將吏、百姓，及寄住衣冠，與賊黨素無管屬。賊軍奄至，暫被脅從，狂寇既平，再蒙恩蕩。嚴礪公違詔命，苟利資財，擅破八十餘家，曾無一字聞奏。豈惟剥下，實謂欺天。其莊宅等至今被使司收管，臣訪聞本主並在側近，控告無路，漸至流亡。伏乞聖慈勒本道長吏及諸州刺史，招緝疲人，一切却還産業。庶使孤窮有托，編户再安。其本判官及所管刺史，仍乞重加貶責，以懲姦欺。

嚴礪又於管内諸州元和二年兩税錢外，加配百姓草，共四十一萬四千八百六十七束，每束重一十一斤。

右，臣伏准前後制敕及每歲旨條，兩税留州、使錢外，加率一錢一物，州府長吏並同枉法計贓，仍令出使御史訪察聞奏，又准元和三年赦文，大辟罪已下，蒙恩滌蕩，惟官典犯贓，不在此限。臣訪聞嚴礪加配前件草，准前月日追得文案，及執行案典姚孚檢勘得實。據嚴礪元和二年七月二十一日舉牒稱：管内郵驛要草，於諸州秋税錢上，每貫加配一束。至三年秋税，又准前加配，計當上件草。臣伏准每年旨條，館驛自有正科，不合於兩税錢外擅有加徵。況嚴礪元和三年舉牒，已云准二年舊例徵收，必恐自此相承，永爲疲人重困。伏乞勒本道長吏，嚴加禁斷，本判官及刺史等，伏乞准前科責，以息誅求。

嚴礪又於梓、遂兩州，元和二年兩税外，加徵錢共七千貫文，米共五千石。

右，臣伏准前月日追得文案，及執行案典趙明志檢勘得實。據嚴礪元和二年六月舉牒稱：綿、劍兩州供元和元年北軍頓遞，費用倍多，量於梓、遂兩州秋税外，加配上件錢米，添填綿、劍兩州頓遞費用者。臣又牒勘綿州，得報稱：元和二年軍資錢米，悉准舊額徵收，盡送使訖，並不曾交領得梓遂等州錢米添填頓遞，亦無尅折當州錢米處者。臣又牒勘劍州，得報稱：元和元年所供頓遞，侵用百姓腹内兩年夏税錢四千二十三貫三文，使司令於其年軍資錢内尅下訖，其米即用元和元年米充，並不侵用二年軍資米數，使司亦不曾支梓州、遂州錢米充填者。臣伏念綿、劍兩州供頓，自合准敕優矜；梓、遂百姓何辜，擅令倍出租賦？況所徵錢米數内，惟尅下劍州軍資錢四千二十三貫三文，其餘錢米，並是嚴礪加徵，別有支用。其本判官及梓州、遂州刺史，悉合科處，以例將來。擅收没塗山甫等莊宅、奴婢，及於兩税外加配錢、米、草等本判官及諸州刺史名銜，

并所收色目，謹具如後。

擅收没奴婢、莊宅等。元舉牒判官度支副使檢校尚書刑部員外郎兼侍御史賜緋魚袋崔廷：

都計諸州擅没莊共六十三所，宅四十八所，奴一十人，婢一十七人。

於管内諸州元和二年、三年秋税錢外隨貫加配草，元舉牒判官觀察判官殿中侍御史内供奉盧詡：

都計諸州共加配草四十一萬四千八百六十七束。

加徵梓、遂兩州元和二年秋税外錢及米，元舉牒判官攝節度判官監察御史裏行裴誗：

計兩州加徵錢共七千貫文，米共五千石。

梓州刺史檢校尚書左僕射兼御史大夫嚴礪，元和四年三月八日身亡：

擅收塗山甫等莊一十九所，宅四十一所，奴九人，婢一十七人；加徵三千貫文，米二千石，草七萬五千九百五十三束。元和二年三萬一千七百九十三束，元和三年四萬四千一百六十束。

遂州刺史柳蒙：

擅收没李簡等莊八所，宅四所，奴一人；加徵錢四千貫文，米三千石，草四萬九千九百八十五束。元和二年二萬四千五百三束，元和三年二萬五千四百八十二束。

綿州刺史陶鍠：

擅收没文懷進等莊一十所，宅十三所，加徵草八萬八千六百八十八束。元和二年三萬八千九十三束，元和三年五萬五百九十五束。

劍州刺史崔實成：

擅收没鄧琮等莊六所，加徵草二萬一千八百一十七束。元和二年九千三十九束，元和三年一萬二千七百七十八束。

普州刺史李怤：

元和二年加徵錢草六千束，三年加徵草九千四百五十束。

合州刺史張平：

元和二年加配草三千四百六十二束，三年加徵草五千六百五束。

榮州刺史陳當：

元和二年加徵草九千四百三束，三年加徵草五千六百二十七束。

渝州刺史邵賡：

元和二年加徵草二千六百一十四束，三年加徵草三千七百二十七束。

瀘州刺史兼御史劉文翼：

元和二年加徵草三千八百五十三束，三年加徵草三千八百五十一束。

資州元和二年加徵草一萬五千七百九十八束，三年一萬六千二百二十五束。

簡州元和二年加徵草二萬四千一百四束，三年二萬三千一百一十八束。

陵州元和二年加徵草二萬四千六百六束，三年二萬三千八百六十一束。

龍州元和二年加徵草八百九十一束，三年八百一十一束。

右，已上本判官及刺史等名銜，并所徵收色目，謹具如前。其資州等四州刺史，或緣割屬西川，或緣停替遷授，伏乞委本道長吏，各據徵收年月，具勘名銜聞奏。

以前件狀如前。伏以聖慈軫念，切在蒼生。臨御五年，三布赦令，殷勤曉諭，優惠困窮，事涉擾人，頻加禁斷。況嚴礪本是梓州百姓，素無才行可稱，久在兵間，過蒙獎拔。陛下録其末效，移鎮東川，仗節還鄉，寵光無比。固合撫綏黎庶，上副天心，蠲減征徭，内榮鄉里。而乃橫征暴賦，不奉典常，擅破人家，自豐私室。訪聞管内産業，阡陌相連，童僕資財，動以萬計。雖即没身謝咎，而猶遺患在人。謂宜謚以醜名，削其褒贈，用懲不法，以警將來。其本判官及諸州刺史等，或苟務容軀，競謀侵削；或分憂列郡，莫顧詔條。但受節將指揮，不懼朝廷典憲，共爲蒙蔽，皆合痛繩。臣職在觸邪，不勝其憤。謹録奏聞，伏候敕旨。

中書、門下牒御史臺

牒：奉敕：籍没資財，不明罪犯；税外科配，豈顧章程？致使銜寃，無由仰訴，不有察視，孰當舉明。所没莊宅、奴婢，一物已上，并委觀察使據元没數，一一分付本主。縱有已貨賣破除者，亦收贖却還。其加徵錢、米、草等，亦委觀察使嚴加禁斷，仍榜示村鄉，使百姓知委。判官

崔廷等，名叨參佐，非道容身；刺史柳蒙等，任竊藩條，無心守職。成此弊政，害及平人，撫事論情，豈宜免戾？但以罪非首坐，法合會恩，亦以恩後加徵，又已去官停職，俾從寬宥，重此典常。其恩後加徵草，及柳蒙、陶鍠、李怤、張平、邵膺、陳當、劉文翼等，宜各罰兩月俸料，仍書下考。餘並釋放。牒至，准敕故牒。

（清）董誥《全唐文》卷六五一《元稹・彈奏山南西道兩稅外草狀》

山南西道管内州府，每年兩稅外，配率供驛禾草共四萬六千四百七十七圍，每圍重二十斤。

興元府二萬圍。内五千圍每年折徵價錢充使司雜用，每圍一百二十文，據元和三年使牒減免不徵，餘一萬五圍見徵率。

洋州一萬五千圍。

利州一萬一千四百七十七圍。

右，訪聞前件州府每年兩稅外，加配驛草，遂於路次州縣檢勘文案。據諭後使牒，並稱准舊例於兩稅外科配。又牒山南西道觀察、處置等使裴玢勘得報稱：自建中元年已後，每年隨稅據貫配率前件禾草，將供驛用者。伏准元和元年已後，三度赦文，每年旨條，兩稅留州、留使錢外，加率一錢一物，州府長吏，並以枉法贓論，又准今年二月三日制節文，諸道兩稅外榷率，比來制敕處分，非不丁寧。如聞或未遵行，尚有欺弊，永言奉法，事理當然，申敕長吏，明加禁斷；如刺史承使牒於界内榷率，闕一字。加懲責，仍委御史臺及出使郎、中官、御史訪察聞奏闕一字。伏以前件草並是兩稅外徵率，准制合勒本道明闕四字。州府長吏，仍令節級科處分。勘擇得實以前。劍南東川詳覆使監察御史元稹奏，謹具如前。

中書、門下牒御史臺

牒：奉敕：積習多成，成此乖越，然在長吏，合尋根由。循失政之規，置無名之稅，雖原情可恕，而在法宜懲。觀察使宜罰一月俸，刺史各罰一季俸。仍令自元和四年已後禁斷。牒至，准敕故牒。

（清）董誥《全唐文》卷六六七《白居易・奏請加德音中節目二件》

緣今時旱請更減放江淮旱損州縣百姓今年租稅。

右，伏以聖心憂軫，重降德音，欲令實惠及人，無如減放租稅，昨正月中所降德音，量放去年錢米。伏聞所放數内，已有納者，縱未納者，多是逃亡，假令不放，亦徵不得。況旱損州縣至多，所放錢米至少，百姓未經豐熟，又納今年租稅，疲乏之中，重此徵迫，人力困苦，莫甚於斯，却是今年。伏望聖恩更與宰臣及有司商量，江淮先旱損州，作分數更量放今年租稅。當疲困之際，降惻隱之恩，感動人情，無出於此。敢竭愚見，以副聖心。

（清）董誥《全唐文》卷七一二《李渤・請免渭南攤征逃户賦稅疏》

臣自出使，力求利病。竊知渭南縣長源鄉本有四百户，今纔四十餘户。閿鄉縣本有三千户，今纔有一千餘户。其他州縣，大畧相似。其弊所自，起于攤逃。約十家内有一家逃亡，即攤賦稅使九家共出。稅額長定，有逃即攤，似投石井中，不到底不止，攤逃之弊，户不盡不休。此皆聚斂之臣，競剥下以奉上，惟思竭澤，不慮無魚。伏乞詔書絶其攤逃，以見在户家產錢數爲定。其餘有欠，且特恩免之。計不數年，人必歸於長矣。夫農者國之本，本立然後可以議太平，若不由此而云太平者，是佞邪之臣也。伏乞陛下察而逐之。

（清）董誥《全唐文》卷七一七《崔元略・論免課役奏》 伏准賤役令，内外六品已下官，及京司諸色職掌人，合免課役。伏以設官之際，大開隄防，給蠲之時，不免踰濫。至有因緣假冒，多非本身。臣自受此官已來，無日而不見論請蠲牒，必恐從茲不已，天下無復有應役之人。伏請自今以後，應諸司見在官，及准式合蠲免職掌人等，竝先於本司陳牒責保，待本司牒到，然後給符。其前資官，即請於都省陳狀，准前勘責，事若不實，竝准詐僞律論。其孝子順孫，義夫節婦，及割股奉親，比來州府懸免課役，不繇所司覆請。從今已後，應有此色。敕下後亦須先牒臣當司，如不承户部文符，其課役不在免限。

（清）董誥《全唐文》卷七九二《盧攜・乞蠲租賑給疏》 陛下初臨大寶，宜深念黎元。國家之有百姓，如草木之有根柢。若秋冬培溉，則春夏滋榮。臣竊見關東去年旱災，自虢至海，麥纔半收，秋稼幾無，冬菜至少。貧者磑蓬實爲麵，蓄槐葉爲虀。或更衰羸，亦難收拾。常年不稔，則散之鄉境，今所在皆饑，無所依投，坐守鄉閭，待盡溝壑。其蠲免餘稅，

實無可徵，而州縣以有上供及三司錢，督趣甚急，動加捶撻。雖撤屋伐木，雇妻鬻子，止可供所由酒食之費，未得至於府庫也。或租税之外，更有他徭。朝廷儻不撫存，百姓實無生計。乞敕州縣，應所欠錢税，並一切停徵，以俟蠶麥。仍發所在義倉，亟加賑給。至春深之後，有菜葉木牙，繼以桑椹，漸有可食。在今數月之間，尢爲窘急，行之不可稽緩。

（清）董誥《全唐文》卷八三〇《徐寅·均田賦》　嗟阡陌之開兮，肆兼并之不仁。古制不可以卒復兮，迺議田之是均。鬱林林之黎元兮，資稼穡以爲生。既教養之無法兮，宜貧富之不平。繄口分而畫野兮，允經國之大式。必邑地之相參兮，限田萊而有極。土不遺利兮人無闕，力派頃田於單陋兮，制强宗之侵陵。獲資生之大利兮，免豪右之倍徵。此均田之大略兮，見寫圖之詳悉。將損多而益寡兮，齊民之歸一。相爾疇之紛紛兮，畝爲數其秩秩。露田之四十兮，配桑田之二十。定盈縮於還與受兮，各分牛以自給。强不敢於占奪兮，弱猶得以播殖。圖雖卷之不盈兮，備輿地之所有。桀良策於指掌兮，念生靈其獨厚。懿元魏之文辟兮，獨有志於古制也。苓用夏以變易兮，昭大和之康乂也。唐有臣曰元稹兮，圖均田於德宗。幸皇覽之見收兮，路逶迤而不通。迄柴周之顯德兮，迺留心於務農。頒稹圖於諸鎮兮，均境内之租庸。雖不能伯仲於魏之君兮，亦拔萃於五季也。視貞元之聚斂兮，誠何足與議也。慨圖遠而名存兮，異索駿之丹青。儻按圖以取則兮，吾固知其有誠。伊李泌之震書兮，與斯圖其表裏。當中和而進獻兮，務本之深意。彼輿地非元圖兮，徒經營乎版籍。豳風之亦有圖兮，欲勤勞夫稼穡。豈若名田之與限兮，猶總總其可行也。實醇儒之良計兮，均井田之一平也。亂曰：均田有圖，稹所作兮。厥制初行，魏之度兮。桑井既復，孰諗其故兮。索空圖於實效兮，庶幾太平之助兮。

（清）董誥《全唐文》卷八三九《于嶠·請令河朔從常調疏》　有國有家，既定君臨之位。無偏無黨，方明王者之心。苟少虧於同軌同文，則微損於盡美盡善。竊知河朔令録，須俟本道薦揚，朝廷就加其命。況今萬國諸侯，猶請行而貢職。豈使一方令長，獨端坐以邀官。未敦革故之風，深缺維新之化。睹茲闕政，敢貢直言。乞宣付中書，委於銓管。此後並從常調。

（清）董誥《全唐文》卷八三九《于嶠·請蠲減租税疏》　協和萬邦，明主所以安社稷。平章百姓，哲后所以懷黎民。將延七百載之洪基，須安億兆衆之黔首。臣幸遇聖明之代，敢傾遇直之誠。伏以朝廷先有指揮，今年不更通括苗畝。宣從特旨，頒作溥恩。且屬夏秋已來，霜雨頻降。在山川高土，則必有豐年。想藪澤下田，非無水沴。脱或已作潢汙行潦，猶徵青苗地頭。不惟損邦國風化，兼恐傷天地和氣。儻或皇帝陛下念茲狂直，哀彼災祥，特於淹浸之田，別示優隆之澤。重委鄉村父老通括，不令州縣節級下鄉。如或檢驗不虚，即日蠲減租税。或有司以軍糧未濟，兵食是虞，即請卻於山川之田，豐熟之地。或於麻畦稈草蠶鹽地頭，據其本分價錢，折納諸色斛㪷。所謂公私俱濟，苦樂皆均。捨其短以從其長，將有餘而補不足。臣每因急務，方敢上言。前後所奏十件，有司未行一件。伏乞陛下念臣苦思，察臣盡心。或可施行。不令停滯。

（清）董誥《全唐文》卷八四六《牛希濟·小功不税論》　小功不税，制於古，行於今。然古儒今儒，終以爲不可。何也？由不爲辯，後所以惑也。古人不可者曾子。曾子曰：小功不税，則是遠兄弟終無服也。而可乎？説者云：以爲依《禮》。小功之喪，日月已過，不更税而追服，則是遠處之親。聞喪恒晚，終無追服，言不可也。今之不可者韓文公。以爲小功之親，多而未疏，又不比古圖，國分境狹。今之遠者，或數千里之外，是愈無追小功者矣。亦不可也。夫《禮》始於文、武，制於周公，定於孔子。此聖人貫萬行，極人情，其爲五服之説，宜已謹矣。彼曾子仁厚純篤之行，以《神》爲薄，而私怪之爾。禮所以文制云定者，正爲此也。恐厚者過焉而止之謂也，恐薄者不及焉而限之謂也。昔子路有姊之喪，可以除之，弗除也，曰弗忍。孔子曰：先王制禮，行道之人皆弗忍也。子路聞之，遂除之。子路弗忍，獲正於聖人，而後無惑。曾子欲税小功，亦弗忍，不幸不獲正於聖人，使惑者至於今弗解也。韓文公可謂與曾子同志，而未思於周公、孔子者。

（清）董誥《全唐文》卷八五三《盧詹·請罷論奏復稽課最表》　一同分土，五等命官。所以字彼黎民，司其輿賦。至於田徂桑税，夏斂秋徵，或旨限不愆，或簡量增羨。殊非異政，乃是常程。竊見諸州頻奏縣

令，多以税輸辦集，便作功勞。諸道纔有表章，朝廷已行恩命。且徵科是縣令之職分，不過合望於甄酬。若一年兩度轉遷，則三載六升階級，并加寵渥，慮失規程。伏乞止絶薦論，但稽課最，即銓司黜陟，自有等差。貴塞倖門，以循舊制。

（清）董誥《全唐文》卷八五三《劉昫・請令朝臣巡視均田奏》　天下州郡，於天成二年括定税率，迨今八年。近有民於本道及詣闕訴田不均，乞簡視。

（清）董誥《全唐文》卷九四七《盧士瞻・對什一税功臣判》　得京兆府行什一税，功臣不伏。云：賞地無國徵。

禹貢三壤，周官九賦，此爲古制，實曰有經。且四方無虞，法宜仍舊；三邊有備，政可隨時。瞻彼咸京，是爲上國。擁山川之固護，百二稱雄；開井邑之菑畲，什一編税。將期倉庾流衍，斯箱發詠於詩人；軍國豐盈，盍徹見遵於有若。功臣何者，曾不是思。忘雨露之鴻恩，有違上命；矜爪牙以怙寵，無入國徵。同彼宋人，不修職貢；類茲楚子，闕薦苞茅。罰可寘於刑書，訟何聽於詭説！

（清）董誥《全唐文》卷九五三《成震・對税畝多於什一判》　得縣官税畝，多於什一。御史糾其擅賦斂。訴稱：盡供軍旅，二猶不足。

當官而行，必議徵斂，賦里以入，宜均有無。政或違於小康，税乃行於大桀。是以我疆我理，分上下之田；有國有家，建中正之術。不是過也，皆將取焉。伊惟縣官，昧爾爲政。誠合酌於古訓，量其經入；使穀不過藉，人斯樂輸。今乃將多徵於前，復重斂其後，所謂莫益或擊，徒聞浚我以生。雖億兆是謀，用給如貔之士；而徵求失道，寧忘《碩鼠》之詩？且九年之儲，常聞富國；二猶不足，匪曰能言請從避馬之繩，庶叶《公羊》之訓。

（清）董誥《全唐文》卷九五四《凌正・對履畝税公田判》　渭南縣履畝税，而御史劾之曰：公田不善，恐乏軍儲。

兵惟静難，食以聚兵，儻歲計之無虞，必軍須之不繼。縣司以職其日給，科彼倉儲。蕘蕘公田，嗟不登於晚歲；嗷嗷士卒，慮縣罄於糗糧。厚斂之旨，豈坐於冉求？盍徹之税，已聞於有若，情非徇已，事或從權。請霽霜簡之威，庶獲雨田之稔。

（清）董誥《全唐文》卷九六四《闕名・請令浙東西依税限納當錢奏貞元三年閏五月度支》　浙江東西節度使韓滉，自建中年已後，供軍資費賞設等。每年續加當錢六十一萬六千貫，准今年五月五日敕，近日甲兵止息，無別徵求，此是常税，先有成例。宜令浙西觀察使白志貞、浙東觀察使皇甫政，各據道本元額，依舊每年兩税徵收發遣，其錢物到別庫收貯。每有給用，皆先奏取進止，其錢舊例。每年六月舉徵，如秋限送納。今京西師旅頗衆，經用尤多，望令依税限納，市輕貨送上都。

（清）董誥《全唐文》卷九六五《闕名・酌定放免兩税奏元和十年三月京兆府》　恩敕蠲放百姓兩税及諸色逋懸等。伏以聖慈憂軫疲氓，屢蠲逋賦，將行久遠，實在均平。有依倚權豪，因循覬望；忽逢恩貸，全免征繇。至於孤弱貧人，里胥敦迫，及期輸納，不敢稽違。曠蕩之恩，翻不霑及。亦有奸猾之輩，僥倖爲心。時雨稍愆，已生覬望，競相誘扇，因致逋懸。若無綱條，實恐滋弊。自今後忽，逢不稔，或有恩蕩，伏請每貫每石内分數放免。輸納已畢者准數折免來年租税。則恩澤所加，强弱普及。人知分限，自絶奸欺。

（清）董誥《全唐文》卷九六五《闕名・禁代納匹段奏元和十一年六月京兆府》　今年諸縣夏税折納綾絹絁細絲綿等，並請依本縣時價，只定上中下等，每匹加饒二百文，緜每加饒十五文，絲每兩加饒二十文。其下等物不在納限。小户本錢不足，任納絲緜斛斗，須是本户。如非本户，輒合集買成匹段代納者，所由決十五，枷項令衆。

（清）董誥《全唐文》卷九六八《闕名・議免攤配逃亡户口賦税差科奏咸通十三年六月中書門下》　今月十七日延英面奉聖旨：令誡約天下州府，應有逃亡户口，其賦税差科，不得攤配見在人户上者。伏以諸道州府，或兵戈之後，災沴之餘，户口逃亡，田疇荒廢，天不敷佑，人多艱危。鄉閭屢困於征徭，帑藏因茲而耗竭。遂使從來經費色額，大半空系簿書。緩征斂則闕於供須，促期限則迫於貧苦。言念凋弊，勞乃憂勤，不降明文，孰知聖念？其逃亡户口賦税及雜差科等，須有承佃户人，方可依前應役。如將闕税課額，攤於見在人户，則轉成逋債，重困黎元。或富者

有連阡之田，貧者無立錐之地，欲令均一，固在公平。若令狡猾之徒，得以升降由己，望其完葺，不亦難乎！全由長吏竭誠，方使疲甿漸泰。

臣等商量，令諸道州府準此條流，應有逃亡户口税賦并雜色差科等，並不得輒更攤配於見存人户之上。務設法招攜，多方撫御，乘茲豐稔，重獲昭蘇。苟致安寧，自當遷陟；不遵詔令，必舉典刑！

（清）董誥《全唐文》卷九八一《闕名・對税商判》　乙爲吏，請税商以勸農。或云税重，時物倍貴，則商不失利，人受其弊。

食哉人時，農乃國本，受利班爵，必資敦勸，苟昧茲道，其惟謬官。乙隨牒下車，彈冠莅職，蠢茲商賈，嗟彼耕桑。苟征税之匪差，則黎甿之獲乂。況鬻良雜苦，豈販夫之可矜？霑體塗足，實農人之是愍。故可經其壟畝，重以邪廛，將趨本而棄末，杜惟利而是視。所以時入芻藁，歲課田租。人必樂康，俗寧凋瘵。類信臣之仕漢，姑正溝塍；殊晏嬰之相齊，爰知屨踊。必若誅求無度，杼軸其空，乃利晋以闕秦，是瘠魯而肥杞。或云之訟，今則未詳，停其摭實，式將丕蔽。

（清）董誥《全唐文》卷九八五《闕名・對萊田徵税閒人執事判》

萊田舊不應税，縣令有徵納。又客户閒人，請移執事。

國家分出輔車，董諸田户，斂我唐典，藝夫周舊。別農郊於沃堉，貫流傭於版圖，何疑於萊田之征，而失於閒人之職。豈徘徊中曲，候周郎之顧；將疑後素，招子夏之誚。然乃疆名，既訓畲業，須分上下，宜繫井邱。有菑而畬，均其易歲；自門及野，化以同人。若未給於棠陰，或恐隨於蓬轉。惡夫外臺徵税，尚起異門；客户請移，方徇常職。且禮有恒斂，豈宜據於故；人改執事，何必越於鄉？寘加於刑，便以愛羊廢禮；立案爲限，知其爲蛇畫足。必也政宏通變，人急遷移，税錢或致於所收，州縣難辭於爲擾。事未重詰，愚或痛諸，而執簡書，刑使不若。凶年人散，省其謂何？現在甄詳，方可鑒定。

（宋）王溥《五代會要》卷二五《租税》　後唐同光三年二月敕：魏府小菉豆税，每畝減放三升。城内店宅園囿，比來無税，頃因僞命，遂有配徵，後來以所徵物色，添助軍裝衣賜，將令通濟，宜示矜蠲。今據緊慢去處於見輸税絲上，每兩作三等，酌量納錢。貴與充本逈圖收市軍裝衣賜。其絲仍與除放。其年閏十二月，吏部尚書李琪上疏曰：

臣聞古人有言：穀者人之司命，地者穀之所生。人者君之所理。有其穀則國力備，定其地則人食足，察其人則徭役均。知此三者爲國之急務也。軒、黄已前，不可詳記。自堯堙洪水，禹作司空，于是辨九等之田，收仁一之税。其時户口一千三百餘萬，定墾田約九百二十萬頃，最爲太平之盛。及殷革夏命，重立田制，每私田十畝種公田一畝，水旱同之亦什一之義也。

洎周室立井田法，大約百里之國，提封萬井，出車千乘，戎馬四千匹，畿内兵車萬乘，馬四萬匹。以田法論之，亦什一之制也。故當成、康之世，比堯、舜之朝，户口更增二十餘萬，非他術也。蓋三代之前，皆量入以爲出，計農以爲軍，雖逢水旱之災，而有凶荒之備。

降及秦、漢，重税工商，急關市之征，倍舟車之算，人口既以減耗，古制猶復兼行。按此時户口，尚有千二百餘萬，墾田亦八百餘萬頃。至乎三國並興，兩晋之後，則農夫少於軍衆，戰馬多於耕牛，供軍須奪於農糧，秣馬必侵於牛草。于是天下户口，止有二百四十餘萬。洎隋文之代，與漢比崇，及煬帝之年，又三分去二。

唐太宗皇帝以四夷初定，百姓未豐，延訪羣臣，各陳所見。唯魏徵獨勸文皇帝力行王道，由是輕徭薄賦，不奪農時，進賢良，悦忠直，天下斗粟值兩錢。自貞觀至於開元，將及九百萬户，五千三百萬口，墾田一千四百萬頃。比之近古，又多增加。是知救人瘼者以重斂爲病源，料兵食者以惠農爲軍政。仲尼云：百姓足，君孰與不足。臣之此言，是魏徵所以勸文皇也。伏惟深留宸鑒。如以六軍方闕，未可輕徭，兩税之餘，猶須重斂，則但不折以納爲事，一切以本色輸官，又不以紐括爲名，止以正税加納，天下幸甚。

敕：本朝徵科，唯配有兩税，至于折納，所不施爲。宜李琪所論，應逐税合納錢物、斛斗、鹽錢等，宜令租庸使指揮，並準元徵本色輸納，不得改更。若合有移改，即須具事由聞奏。

天成元年四月赦節文：應納夏秋税子，先有省耗，每斗一升，今後止納正税數，不量省耗。

四年五月五日，户部奏：三京、鄴都、諸道州府，逐年所徵夏秋税租，兼鹽麴折徵、諸般錢穀等起徵，條流如後：四十七處節候常早，大小麥，穬麥、豌豆五月十五日起徵，八月一日納足；正税匹帛、錢鞋，地頭榷麴、蠶鹽及諸色折科，六月五日起徵，至八月二十日納足。河南府、華州、耀、陝、絳、鄭、孟、懷、陳、齊、棣、延、兖、沂、徐、宿、汝、申、安、滑、漢、澶、襄、均、房、雍、許、邢、洛、磁、庸、隨、郢、蔡、同、鄆、魏、汴、潁、復、鄜、宋、亳、蒲等州，二十三處節候差晚，隨本處與立兩等期限。二十三處州郡未見。一十六處節候較晚，大小麥，穬麥、豌豆六月十日起徵，至八月十五日納足；正税匹帛、錢鞋，地頭榷麴、蠶鹽及諸色折科，六月十一日起徵，至八月二十五日納足。幽定、鎮滄、晋隰、慈密、青鄧、淄萊、邠寧慶衍，七處節候尤晚，大小麥，穬麥、豌豆六月十日起徵，至九月納足；正税匹帛、錢鞋，榷麴錢等六月二十日起徵，至九月納足。并潞澤應威塞軍大同軍振武軍。其月敕：百姓今年夏苗，委人户自通供手狀，具頃畝多少，五家爲保，委無隱漏，攢連狀本州具狀送省，州縣不得迭差人檢括。如人户隱欺，許令陳告，其田倍令并徵。

長興二年六月敕：委諸道觀察使屬縣，于每村定有力人户充村長，與村人議，有力人户出剩田苗，補貧下不迨頃苗者。肯者即具狀徵收，有詞者即排段檢括。自今年起爲定額。有經災沴及逐年逋處，不在此限。

三年十二月三司奏請：諸道上供税物，充兵士衣賜不足，其天下所納斛斗及錢，除支贍外，請依時折納綾羅絹帛。從之。

晋天福四年正月敕：應諸道節度、刺史，不得擅加賦役，及於縣邑别立監徵，所納田租，委人户自量自概。

周顯德三年十月，宣三司指揮諸道州府，今後夏税以六月一日起徵，秋税至十月一日起徵永爲定制。

五年七月，詔曰：朕以寰宇雖安，烝民未泰，當乙夜觀書之際，棱前賢阜俗之方，近覽元積《長慶集》，見在同州時所上《均田表》，較當時之利病，曲盡其情，俾一境之生靈，咸受其賜。傅於方册，可得披尋。因令製素成圖，直書其事，庶公王觀覽，觸目警心，利國便民，無亂條制，背經合道，盡繫變通。但要適宜，所冀濟務，緊乃勛舊，共庇黎元。今賜元積所奏《均田圖》一面，至可領也。是時，上將均定天下民租，故先以《均田圖》遍賜諸侯。其年十月，賜諸道均田詔曰：朕以干戈既弭，寰海漸寧，言念地征，罕臻藝極，須議並行均定，所冀永適重輕。卿受任方隅，深窮治本，必能副寡昧平分之意，察鄉閭致弊之源，明示條章，用分寄任，竚令集事，允屬推公。今差使臣往彼檢括，餘從別敕。乃命左散騎常侍艾穎等三十四人于諸州檢定民租。

《舊五代史》卷一《梁書·末帝紀》

〔貞明六年〕夏四月己亥，制曰：王者愛育萬方，慈養百姓，恨不驅之仁壽，撫以淳和。而炎、黄有戰伐之師，堯、舜有干戈之用，諒不獲已，其猶病諸。然則去害除妖，興兵動衆，殺黑龍而濟中土，刑白馬而誓諸侯。終能永逸暫勞，以至同文共軌，古今無異，方册具存。朕以眇末之身，託億兆之上，四海未乂，八年于兹，業業兢兢，日慎一日。雖踰山越海，肅慎方來；而召雨徵風，蚩尤尚在。蚩字下原本脱尤字，今據文增入。影庫本粘籤。顧兹殘孽，勞我大邦，將士久於戰征，黎庶疲於力役。木牛暫息，則師人有乏爨之憂；流馬盡行，則丁壯有無聊之苦。況青春告謝，朱夏已臨，妨我農時，迫我戎事。永言大計，思致小康，宜覃在宥之恩，稍示殷憂之旨。用兵之地，賦役實煩，不有蠲除，何使存濟。除兩京已放免外，應宋、亳、輝、潁、鄆、齊、魏、案：原本脱魏字，今據《册府元龜》增入。《舊五代史考異》。滑、鄭、濮、沂、密、青、登、萊、淄、陳、許、均、房、襄、鄧、泌、隨、陝、華、雍、晋、絳、懷、汝、商等三十二州，應欠貞明四年終已前夏秋兩税，并鄆、齊、滑、濮、襄、晋、輝等七州，兼欠貞明四年已前營田課利物色等，並委租庸使逐州據其名額數目矜放。所在官吏，不停淹停制命，徵督下民，致恩澤不及於鄉閭，租税虚捐於賬籍。其有私放遠年債負，生利過倍，自違格條，所在州縣，不在更與徵理之限。兖州城内，自張守進違背朝廷，結連蕃寇，久勞攻討，頗困生靈，言念傷殘，尋加給復。應天下見禁罪人，如犯大辟合抵極刑者，宜示好生，特令減死。除準格律常赦不原外，徒流已下，遞減一等。除降官未經量移者與量移，已量移者便與復資云。

《舊五代史》卷二九《唐書·莊宗紀》〔同光元年〕夏四月己巳，帝升壇，祭告昊天上帝，遂即皇帝位，文武臣僚稱賀。禮畢，御應天門宣制：改天祐二十年爲同光元年。大赦天下，自四月二十五日昧爽以前，除十惡五逆、放火行劫、持杖殺人、官典犯贓、屠牛鑄錢、合造毒藥外，罪無輕重，咸赦除之。應蕃漢馬步將校並賜功臣名號，超授檢校官，已高者與一子六品正員官，兵士並賜等第優給。其戰殁功臣各加追贈，仍定謚號。民年八十已上，與免一子役。内外文武職官，並可直言極諫，無有隱諱。貢、選二司宜令有司速商量施行。雲、應、蔚、朔、易、定、幽、燕及山後八軍，易、定，原本作易宜，今據文改正。影庫本粘籤。秋夏税率量與蠲減。民有三世已上不分居者，與免雜徭。諸道應有祥瑞，不用聞奏。赦書有所未該，委所司條奏以聞云。是歲自正月不雨，人心憂恐，宣赦之日，澍雨溥降。初，唐咸通中，金、水、土、火四星聚于畢、昴，太史奏：畢、昴，趙、魏之分，其下將有王者。懿宗乃詔令鎮州王景崇被衮冕攝朝三日，遣臣下備儀注、軍府稱臣以厭之。其後四十九年，帝破梁軍於柏鄉，平定趙、魏，至是即位於鄴宮。

《舊五代史》卷三五《唐書·明宗紀》〔同光四年四月〕丙申，下敕：今年夏苗，委人户自供，通頃畝五家爲保，本州具帳送省，州縣不得差人檢括。如人户隱欺，許人陳告，其田倍徵。【略】

中書門下上言：請停廢諸道監軍使、内勾司、租庸院大程官，出放豬羊柴炭户。括田竿尺，一依朱梁制度，仍委節度、刺史通申三司，不得差使量檢。州使公廨錢物，先被租庸院管繫，今據數卻還州府，州府不得科率百姓。百姓合散蠶鹽，每年祇二月内一度俵散，依夏税限納錢。夏秋苗税子，除元徵石斗及地頭錢，餘外不得紐配。先遇赦所放逋税，租庸違制徵收，並與除放。今欲曉告河南府信諸道準此施行。從之。

《舊五代史》卷三六《唐書·明宗紀》〔天成元年夏四月甲寅〕秋夏税子，税子，原本作悦于，今從《五代會要》及《文獻通考》改正。影庫本粘籤。每斗先有省耗。

《舊五代史》卷三八《唐書·明宗紀》〔天成二年冬十月〕戊戌，詔曰：諸道州府，自同光三年已前所欠秋夏税租，并主持務局敗闕課利，并沿河舟船折欠，天成元年殘欠夏税，並特與除放。時重誨既搆任圜之禍，恐人非之，思沛恩於衆以掩己過，乃奏曰：三司積欠約二百萬貫，虚繫帳額，請並蠲放。帝重違其意，故有是詔。時議者以蠲隔年之賦，猶或惠民，場院課利一概除之，得不啓奸倖之門乎！

《舊五代史》卷四四《周書·明宗紀》〔長興四年二月癸亥〕三司奏：當省有諸道鹽鐵轉運使衙員都押衙、正押衙、通引、衙前虞候、子弟，今欲列爲三司職名。從之。【略】

〔三月己亥〕詔除放京兆、秦、岐、邠、涇、延、慶、同、華、興元十州長興元年、二年係欠夏秋税物，及營田莊宅務課利，以其曾輦運供軍糧料也。

《舊五代史》卷七七《晉書·高祖紀》〔天福三年八月〕壬午，魏府軍前奏，前澶州刺史馮暉自逆城來歸。定州奏，境内旱，民多流散。詔曰：朕自臨寰宇，每念生民，務切撫綏，期於富庶，屬干戈之未戢，慮徭役之或煩。惟彼中山，偶經夏旱，因茲疾苦，遽至流移，達我聽聞，深懷惻惻。應定州所差軍前夫役逃户夏秋税並放。【略】

詔：河府、同州、絳州等三處災旱，逃移人户下所欠累年殘税，并今年夏税差科，及麥苗子沿徵諸色錢物等並放。其逃户下秋苗，據見檢到數不計是元額及出剩頃畝，並放一半。委觀察使散行曉諭，專切招攜，應歸業户人，仍指揮逐縣切加安撫。

《舊五代史》卷八〇《晉書·高祖紀》〔天福六年八月壬寅，制：〕天福五年終，已前殘税並放。【略】

自東京至鄴都緣路，昨因行幸，有損踐田苗處，據頃畝與放今年租税。鄴都管内，有潛龍時在職者，並與加恩。耆年八十已上者，版授上佐官。天下農器，並許百姓自鑄造。亡命山澤者，招喚歸業；百日不出者，復罪如初。【略】應天福三年已前，敗闕場院官無家業者，並與除放，其人免罪，永不任使。私下債負徵利及一倍者並放，主持者不在此限。

《舊五代史》卷一〇〇《漢書·高祖紀》〔天福十二年六月戊辰〕諸州去年殘税並放。東、西京一百里外，放今年夏税；一百里内及京城，今年屋税並放一半。契丹所授職任，不議改更。諸貶降官，未量移者與量

移；已量移者與叙録。【略】應係欠省錢，家業抵當外並放。宜以國號爲大漢，年號依舊稱天福云。案《歐陽史》：六月戊辰，改國號漢，是戊辰以前猶未改國號也。《遼史・太宗紀》：二月辛未，河東節度使、北平王劉知遠自立爲帝，國號爲漢。蓋因其自立而牽連書之，疑未詳考。

《舊五代史》卷一一八《周書・世宗紀》〔顯德五年秋七月〕丁亥，賜諸道節度使、刺史《均田圖》各一面。均田，原本作匀田，今從《通鑑》改正。影庫本粘籤。唐同州刺史元稹，在郡日奏均户民租賦，帝因覽其文集而善之，乃寫其辭爲圖，以賜藩郡。時帝將均定天下賦税，故先以此圖徧賜之。案《五代會要》載原詔云：朕以寰宇雖安，蒸民未泰，當乙夜觀書之際，較前賢阜俗之方。近覽元稹《長慶集》，見在同州時所上《均田表》，較當時之利病，曲盡其情，俾一境之生靈，咸受其賜，傳于方册，可得披尋。因令製素成圖，直書其事，庶王公親覽，觸目驚心，利國便民，無亂條制，背經合道，盡繫變通，但要適宜，所冀濟務，繄乃勛舊，共庇黎元。今賜元稹所奏《均田圖》一面，至可領也。《舊五代史考異》。【略】

〔冬十月〕丁酉，遣左散騎常侍艾穎等均定河南六十州税賦。案《五代會要》載賜諸道均田詔曰：朕以干戈既弭，寰海漸寧，言念地征，罕臻藝極，須並行均定，所冀永適重輕。卿受任方隅，深窮治本，必須副寡昧平分之意，察鄉閭治弊之原，明示條章，用分寄任，佇令集事，允屬推公。今差使臣往彼檢括，餘從別敕。《舊五代史考異》。【略】

〔十二月〕丙戌，詔重定諸道州府幕職令録佐官料錢，其州縣官俸户宜停。

《舊五代史》卷一四一《五行志》〔唐同光二年〕十一月，中書門下奏：今年秋，天下州府多有水災，百姓所納秋税，請特放加耗。從之。【略】

四年正月，敕：自京以來，案：此句有疑有脱誤。幅圓千里，水潦爲沴，流亡漸多。宜自今月三日後，避正殿，減常膳，徹樂省費，以答天譴。應去年經水災處鄉村，有不給及逃移人户，夏秋兩税及諸折科，委諸處長吏切加點檢，並與放免，仍一年内不得雜差遣。應在京及諸縣，有停貯斛斗，並令減價出糶，以濟公私，如不遵守，仰具聞奏。

《舊五代史》卷一四六《食貨志》梁祖之開國也，屬黄巢大亂之後，以夷門一鎮，外嚴烽候，内辟汙萊，厲以耕桑，薄以租賦，士雖苦戰，民則樂輸，二紀之間，俄成霸業。及末帝與莊宗對壘於河上，河南之民，雖困於輦運，亦未至流亡，其義無他，蓋賦斂輕而丘園可戀故也。及莊宗平定梁室，任吏人孔謙爲租庸使，峻法以剥下，厚斂以奉上，民産雖竭，軍食尚虧。加之以兵革，因之以饑饉，不三四年，以致顛隕，其義無他，蓋賦役重而寰區失望故也。按：以上見容齋三筆所引薛史，繹其文義，當係食貨志序，今録於卷首。

唐同光三年二月，敕：魏府小菉豆税，每畝減放三升。城内店宅園囿，比來無税，頃因僞命，遂有配徵。後來以所徵物色，添助軍裝衣賜，將令通濟，宜示矜蠲。今據緊慢去處，於見輸税絲上，每兩作三等，酌量納錢，收市軍裝衣賜，其絲仍與除放。其年閏十二月，吏部尚書李琪上言：請賦税不以折納爲事，一切以本色輸官，又不以紐配爲名，止以正税加納。敕曰：本朝徵科，唯配有兩税，至於折納，折納，原本作折約，今據文改正。影庫本粘籤。當不施爲。宜依李琪所論，應逐税合納錢物斛斗鹽錢等，宜令租庸司指揮，並准元徵本色輸納，不得改更，若合有移改，即須具事由奏聞。

天成元年四月，敕：應納夏秋税，先有省耗，每斗一升，今後止納正税數，不量省耗。

四年五月，户部奏：三京、鄴都、諸道州府，逐年所徵夏秋税租，兼鹽麴折徵，諸般錢穀起徵，各視其地節候早晚，分立期限。其月敕：百姓今年夏苗，委人户自通供手狀，具頃畝多少，五家爲保，委無隱漏，攢連手狀送於本州，本州具狀送省，州縣不得迭差人檢括，如人户隱欺，許令陳告，其田倍令并徵。

長興二年六月，敕：委諸道觀察使，屬縣于每村定有力人户充村長。與村人議，有力人户出剩田苗，補貧下不迨，肯者即具狀徵收，有辭者即排段檢括。自今年起爲定額。有經災沴及逐年逋處，不在此限。

三年十二月，三司奏請：諸道上供税物，充兵士衣賜不足。其天下所納斛斗及錢，除支贍外，請依時折納綾羅絹帛。從之。

晉天福四年正月，敕：應諸道節度刺史，不得擅加賦役及於縣邑別

立監徵。所納田租，委人户自量自概。自量，原本作自涼，今從五代會要改正。影庫本粘籤：概，原本訛架，今據《五代會要》改正。殿本。

周顯德三年十月，宣三司指揮諸道州府，今後夏税，以六月一日起徵，秋税至十月一日起徵，永爲定制。

五年七月，賜諸道均田圖。十月，命左散騎常侍艾穎等三十四人，下諸州檢定民租。

（宋）王欽若等《册府元龜》卷九二《帝王部·赦宥》 應同光三年經水灾處，有不迨及逃移人户，差科夏秋兩税及諸折配色委長吏切加點檢，竝與放免，一年内不得雜差遣。見在者加意撫恤，流徙者設法招携其田宅，無信有力人户占射及鄰近毁拆，務令歸復，以惠傷殘。且念給養兵戎，撫綏疲瘵，冀連營而粗濟，思此屋以乂安。危困生靈，倍懷憂切。近者爰頒御札，務切濟時，有所便宜，朕無不聽。近歲賦税尚恐懸闕，遠年逋欠豈可督征。不惟虚係於簿書，兼亦轉困于生聚，致其流散，職此之繇，應壬午年已前，百姓所欠秋夏殘税及諸色課利錢物，先有敕文悉已放免。近聞或不遵守，依前却有徵收，仰下租庸司及諸道州府切准前敕處分。如或更有違越，任百姓詣闕論訴。當議勘窮，以定贓罪。其同光元年，當戰伐之後，是平蕩之初。人户流離，多未復業。固於租賦須議矜蠲，其諸色殘欠差税及不迨係官課利，竝與放免，分明曉告，各遣聞知。又輦轂之中，郊甸之内，時物踊貴，人户饑窮，訪聞自陝以西，遐及郊鳳，積年時熟，百穀價和，縱未能別備於貢輸，亦宜廣通於糶糴。近聞輒有税率，已曾降敕指揮，尚慮關鎮阻滯行人，增長物價，仰所在長吏切加檢勘，以濟往來。推救灾卹患之心，明奉國憂人之道。又京圻之内，自全義制置已數十年，每聞開墾荒蕪，勸課稼穡，曾無歉歲，甚有餘糧，公私貯蓄極多，收藏未肯出糶，欲俟厚價，頗失衆情。宜令中書門下條流應在京及諸縣有停貯斛㪷竝宜減價出糶，以濟公私。如不遵行，即仰聞奏，別具撿括，仍委河南府切詳敕命處分。伐罪弔人，既叶前王之令；推恩布澤，敢忘當代之憂。應三川管内王衍父子僞署將相文武官及諸色職吏等除罪名顯著已從刑憲外，脅從者固是無辜，同惡者亦以歸命一切釋放，更不勘尋，仍不得將今日已前事干有告論，貴宣曠蕩之澤，以安反側之心。我國家奄有四海，垂三百年西之日入罔不來實。凡有遐方，皆我赤子，久陷僭僞，寧無惘嗟。應三蜀管内百姓，除秋夏兩税及三司舊額錢物斛㪷并繼岌崇韜申奏減落徵收外，所有無名配率急徵横斂，毒害生靈者，更委本道新除節度使上後於館内一一檢勘細具聞奏，當與放免，俾惠傷殘。應在京及天下州府，凡有繫囚，除十惡五逆、官典犯贓、屠牛鑄錢、光火劫舍、持刀殺人，准律常赦不原外，合抵極刑者，遞減一等，竝貸餘生。其次罪等悉與減降，疎理釋放，不得久有禁繫。自同光元年後或有犯罪流人情非巨蠹者，竝許歸還。應行營及在京諸軍皆役管健偶因過犯便至奔逃，懷憂懼以離家，忍饑寒而在外，事非在己，情亦可矜。委所在如有此色人，切加招撫。或要却歸都幕，或願遂便營生，盡捨僁尤，悉皆聽許。

（宋）王欽若等《册府元龜》卷四九五《邦計部·田制》 後唐明宗天成四年夏詔曰：今年夏苗委人户自供手狀，具頃畝多少，仍以五家爲保，委無隱漏，攢連手狀，送於本州。本州具帳送省，州縣不得差人簡括。如或人户隱欺，許令保内陳告其田並令倍。

長興二年六月詔：諸道觀察使均補苗税，將有力人户出剩田苗補貧下不迨頃畝，有司者排段簡括，自今年起爲定額。

九月戊子，午前鄜州縣令竇延岡上利見營田務，有元屬田户一任管係如是後來投務乞行止絶。敕旨：凡致營田，比召浮客，若取編户，實紊常規。如有係税之人，宜令却還本縣。應諸州府營田務，只許耕無主荒田，及召浮客。此後若敢違越，官吏并投名税户重加懲斷。

三年二月，樞密使奏：城南稻田務每年破錢二千七百貫，獲地利纔及一千六百貫，所得不如所亡，請改種雜田三司使亦請罷稻田，欲其水利併於諸碾，以資變造。從之。

愍帝應順元年正月，諸處籍没田宅並屬户部，除賜功臣外，禁請射。

（宋）馬端臨《文獻通考》卷四《田賦考·歷代田賦之制》 晉天福四年，敕：應諸道節度使、刺史，不得擅加賦役及於縣邑別立監徵。所納田租，委人户自量自概。

吳越王錢弘佐年十四即位，問倉吏：今畜積幾何？對曰：十年。王曰：然則軍食足矣，可以寬吾民。乃令復其境内税三年。

致堂胡氏曰：錢氏當五代時，不廢中國貢獻，又有四鄰之交，史氏乃謂：自武穆王鏐常重斂以事奢侈，下至魚雞卵轂，必家至而日取。每笞一人以責其負，則諸案吏各持簿立於庭，凡一簿所負，唱其多少，量爲笞數，已，則以次唱而笞之，少者猶積數十，多至百餘，人不堪其苦。信斯言也，是取之盡錙銖，用之如泥沙，安得倉廩有十年之積，而又復境内三年之税，則其養民亦厚矣。故以史所載，則錢氏宜先亡，而享國最久，何也？是故司馬氏記弘佐復税之事，而《五代史》不載；歐陽公記錢氏重斂之虐，而《通鑑》不取，其虚實有證矣。

吴徐知誥用歙人汪台符之策，括定田賦，每正苗一斛，别輸三斗，官授鹽二斤，謂之鹽米。入倉則有蘼米。

吴氏《能改齋漫録》曰：今所在輸秋苗，一斛之外，則别納鹽米三斗，亦始於《五代史》南唐耳。《江南野史》：李先主世括定田產，自正斛上别輸三斗，於官廩受鹽二斤，謂之鹽米，百姓便之。及周世宗克淮南，鹽貨遂艱，官無可支，至今輸之，猶有定制，此事與太宗朝和買絹無異。余考《東齋記事》載夏秋沿納之物，如鹽鈔之類，名件頗碎，慶曆中有司建議併合歸一名，以省帙鈔。程文簡公爲三司使，獨以爲仍舊爲便，若没其舊名，異日不知，或再敷鹽麴，則致重復。此亦善慮者也。

宋咸淳六年，江東饒州樂平縣士民白劄子陳：恭惟公朝勤恤民隱，比年以來，寬恩屢下，有如郊禋則預放明年之租，秋苗則痛除斛面之取，快活條貫，誠前所無，惠至渥也。今有五代以來所未蠲之苛政，四海之内所未有之暴賦，而獨於小邑不得免焉。倘不引首一鳴，是疲民永無蘇醒之期矣。竊見五季暴政所興，江東、西釀酒則有麴引錢，食鹽則輸鹽米，供軍須則有鞋錢，入倉庫則有蘼錢。宋有天下，承平百年，除苛解嬈，麴、鹽、鞋、蘼之征，一切削去。獨鹽、蘼米一項，諸路皆無，而江東獨有之；江東諸郡皆無，而饒州獨有之；饒州六邑皆無，而樂平獨有之。照得本州元起催苗額十有八萬，此正數也。樂平正苗二萬七千五百餘石，每石加鹽米四斗、蘼米二斗八升二合，於是一石正苗，非三石不可了納。夫所謂正苗者，隸之上供，籍之綱解，顆粒不敢言蠲減者也。加鹽、蘼米者，上供綱解未嘗取諸此，徒以利郡縣而已。夫均爲王土，而使此邑獨受横斂，豈理也哉！士民懷此，欲陳久矣。徒以前此版籍不明，苗額失陷，政復哀籲，必遭沮格。今推排成矣，租額登矣，正賦之毫髮不遺者，民既不敢虧官，則加賦之苦樂不均者，官稍捐以予民，宜無不可。且此項重斂，利歸州郡，害在閭閻，其於朝廷綱解，曾無損益。用敢合詞控告，欲望特賜指揮，行下本州，契勘樂平每年輸納鹽、蘼米一項，詣實供申，從朝廷斟酌蠲減施行。

右鹽、蘼米爲南唐横賦，藝祖平南唐，首命樊知古將漕江南，訪求民瘼，而樊非其人，訖不能建明蠲除。繼而運使陳靖言之於祥符間，提舉劉誼言之於元豐間，蓋南唐正賦之外，所取不一，宋因之，名曰沿納，鹽、蘼米其一也。在後沿納之賦多從蠲減，至中興後，内翰洪公、敷文魏公又嘗言之，則專指鹽、蘼米而言。而此米獨饒州有之，而饒州所徵，則樂平獨重。洪、魏以鄉寓公知之爲詳，言之亦懇切，而未有中主其事者，遂抑不復行。先公丁卯居憂，時與郡士李君士會討究本末，戊辰入覲，繼登揆席，諷李拉邑之士友請於郡，俾郡上其事，而久之未有發喙者。先公乃自草白劄子，作士民所陳，逕自朝省下本州契勘。而郡守回申，止欲少作豁除，具文塞責。蓋此米雖不係上供綱解，而州縣經費所仰，故郡難其事。先公却回元奏，俾從實再申。守知不可拒，乃再詣實申上，即進呈，奉旨蠲除。蓋自晋天福時創例，至是凡三百一十四年而始除云。據吴虎臣《能改齋漫録》稱，今所在有之。虎臣此書，作於紹興間，則知南渡後此賦之未減者，非獨饒州而已。而洪、魏二公則謂獨饒有此，當考。此宋咸淳年間事，《通考》所載，本不及咸淳，但欲見此項蠲除之難，故述其本末，附創法之後。

漢隱帝時，三司使王章聚斂刻急。舊制，田税每斛更輸二升，謂之雀鼠耗，章始令更輸二斗，謂之省耗。舊錢出入皆以八十爲陌，章始令入者八十，出者七十七，謂之省陌。

致堂胡氏曰：百姓輸税足，雀鼠耗蠹倉廩，乃有司之責，而亦使百姓償之，斂税重矣。然稱之曰雀鼠耗，尚爲有名，章乃使十倍而償。十、百、千、萬，有定數矣。以八十爲百，既非定數，然出入皆然，尚爲均一，章乃於出者特收其三。省耗不已，於是有一斛之税，又取其三斛者。省陌不已，於是有一千之省，又取其頭子者。故曰作法於貪，敝將若何！

章以此佐國用於一時，信號爲能臣，然國所以興而遂亡，身所以貴而遂殺者，乃自於此。故言利之臣，自以謂時之不可少我，而不知人之不多我也，可不戒哉！

周廣順二年，敕：約每歲民間所輸牛皮，三分減二，計田十頃，税取一皮，餘聽民自用及買賣，惟禁賣於鄰國。先是，兵興以來，禁民私賣牛皮，悉令輸國受直。唐明宗之世，有司止償以鹽。晉天福中，并鹽不給。漢法，犯牛皮一寸抵死。然民間日用，實不可無，帝素知其弊，至是，李穀建議均於田畝，公私便之。

顯德二年，敕：應自前及今後，有逃户莊田，許人請射承佃，供納租税。如三周年内本户來歸業者，其桑土不以荒熟，並莊園交還一半；五周年後歸業者，三分交還一分；其承佃户自出力蓋造到屋舍，及栽種樹木園圃，並不在交還之限。如五周年後歸業者，莊田除本户墳塋外，不在交付，如有荒廢桑土，承佃户自來無力佃蒔，衹仰交割與歸業户佃蒔。其近北諸州陷番人户來歸業者：五周年内，三分交還二分；十周年内，還一半；十五周年内，三分還一分；此外不在交還之限。應有冒佃逃户物業不納租税者，其本户歸業之時，不計年限，並許總認。

洪氏《容齋隨筆》曰：國朝當五季衰亂之後，隨宜損益，然一時設施，固亦有可采取。今觀周世宗顯德二年射佃逃田詔敕，其旨明白，人人可曉，非若今之令式文書盈几閣，爲猾吏舞文之具，故有捨去物業三五十年，妄人詐稱逃户子孫，以錢買吏而奪見佃者，爲可嘆也。

三年，宣三司指揮諸道州府，今後夏税以六月一日起徵，秋税以十月一日起徵，永爲定例。又敕：舊制，織造絁、紬、絹、布、綾、羅、錦、綺、紗、縠等，幅闊二尺。起來年後，並須及二尺五分，不得夾帶粉藥。宜令諸道州府，來年所納官絹，每匹須及十二兩；其絁、紬只要夾密停勻，不定斤兩；其納官紬、絹，依舊長四十二尺。

洪氏《容齋隨筆》曰：今之税絹，尺度長短闊狹、斤兩輕重，頗本於此。

顯德四年，敕節文：諸道州府所管屬縣，每年夏税徵科了畢，多是却追縣典上州會末文鈔，因茲科配斂掠。宜令今後科徵了足日，仰本州但取倉場庫務納欠文鈔，如無異同，不在更追官典。諸道州官管内縣鎮，每有追催公事，自前多差衙前、使院職員及散從、步奏官。今後如是常程追催公事，衹令府望知後承受遞送，不得更差專人，若要切公事及軍期，不在此限。

按：五季離亂之時，世主所尚者，用兵争强而已。其間唐明宗、周世宗粗爲有志於愛民重農者。有如農務未開而受理詞訟，徵科既足而追會科斂，皆官吏姦貪之情，爲閭里隱微之害。而天成、顯德之詔敕，丁寧禁切之，於倥偬日不暇給之時，而能及此，可謂仁矣。

顯德五年，賜諸道均田詔，曰：朕以干戈既弭，寰海漸寧，言念地征，罕臻藝極，須議並行均定，所冀求適輕重。卿受任方隅，深窮治本，必能副寡昧平分之意，察鄉閭致弊之源，明示條章，用分寄任。佇聆集事，允屬惟公。乃命左散騎常侍艾穎等三十四人使諸州檢定民租。

先時，上因覽元稹《長慶集》，見在同州時所上《均田表》，因令製素成圖，直考其事，以便觀覽，遍賜諸道，議均定民租。至是，乃詔行之。

（清）董誥《全唐文》卷一〇三《後唐莊宗・減東京賦税詔》 閒者以皇綱中墜，國步多艱，率兵甲於兩河，漲烟塵於千里。憂勤二紀，勞役萬端。矧乃東京國號，大名雄稱，全魏昔惟廣晉，今實興唐。自朕南北舉兵，高低叶力，總六州之疆土，供萬乘之征租。有飛芻輓粟之勞，有浚壘深溝之役，賦重而民無嗟怨，務繁而士竭眠勤。致於掃盪氛霾，平除僞逆，九廟復然嘗之薦，兆人息塗炭之災。静想夤緣，深所嘉歎。昨者因追曩素，載洽歌謡，俱懸望幸之誠，遂舉省方之典。爰臨管界，洎至都城。對父老之歡呼，睠懷斯契；睹井田之凋廢，臨馭增慚。得不特降優恩，俾蘇舊地，冀表寵綏之道，免渝敦激之風。應東京隨絲鹽錢，每兩俱減放五文。逐年俵賣蠶鹽食鹽大鹽甜次冷鹽，每斗與減五十文。欒鹽與減三十文。其小菉豆税，每畝長與減放三升。都城内店宅園圃，比來無税，頃因僞命，遂有配徵。後來原將所徵物色，添助軍人衣賜。將令通濟，宜示矜蠲。今據緊慢去處，於見輸税絲上，每兩作三等酌量納錢，貴與充本迴圖收市軍人衣賜，其絲永與除放。所有六街内空閒田地，並許新歸業人户逐

便蓋舍居止，與免差徭。如是本主未來，一任坊鄰收佃。庶令康泰，俾表優恩。

（清）董誥《全唐文》卷一〇四《後唐莊宗・令京西諸道收糴不得徵納税錢敕》 今歲自春以來，水潦爲患，物價騰湧，人户多於西京收糴斛斗。近聞京西諸道州府，逐道皆有税錢，遂不通行，乃同閉糴。宜令宣下京西諸道州府，凡收糴斛斗，不得輒有税錢，及經過水陸關防鎮縣，妄有邀難。

（清）董誥《全唐文》卷一〇四《後唐莊宗・放免四京秋税敕》 治國之由，安民是本。如聞今歲麥田雖繁，而結實不廣，其四京諸道百姓，於麥地内察種得秋苗，並不徵税。

（清）董誥《全唐文》卷一〇四《後唐莊宗・停折納等税敕》 本朝徵科，唯有兩税。至於折紐，比不施爲。宜依李珙所論，應逐税合納錢物斛斗及鹽錢等，宜令租庸司指揮，並準元徵本色輸納，不得改更。若合有移改。須具事由聞奏，請下中書門下商量，別候敕旨。

（清）董誥《全唐文》卷一〇六《後唐明宗・以災旱蠲貸制》 朕自恭臨萬國，惠撫兆民，遵上古清净之規，削近代繁苛之政。兩税之外，別無徵歛之名。八年之閒，繼有豐穰之瑞。睹流亡之漸復，謂富庶之可期。爰自今秋，偶愆時雨，郡縣累陳於災沴，關梁亦奏於逃移。良由朕刑政或差，感通不至，責躬罪己，靡忘於懷，特議優矜，庶令安集。據河中同華耀陝青齊淄絳萊等州各申災旱損田處，已令本道判官檢行，不取額定頃畝。如保内人户逃移，不得均攤抵納本户租税。其税子如闕本色，許納諸雜斛斗菊黍充，每斗折粟八升。今許納本色稗子，特與克税。前件遭旱州府，據檢到見苗，仍恐輸官不迨，今衹徵一半税物，仍許於便近州府送納，其餘一半，放至來年。其逃移户田産，仰村鄰看守，不得殘毁。必在方岳羣后，州縣庶官，各體憂勤，共相勉勵，明詳獄訟，恭守詔條，上答天災，必思於戒懼，下除民瘼，必務於撫綏。當共卹於疲羸，勿自安於逸樂。

（清）董誥《全唐文》卷一〇七《後唐明宗・令有力人户均攤貧户税額詔》 務穡勸耕，前賢之令範；裒多益寡，往聖之格言。比者諸道賦税，一定數額。廣種不編於帳案，頻通恐撓於鄉村。如聞不逮之家，困於輸納，爰議有餘之户，共與均攤。貴表一時之恩，不作常年之例。宜委諸道觀察使，於屬縣每村，定有力户一人充村長，於村人議有力人户出剩田苗，補下貧不逮頃畝，自肯者即具狀徵收，有詞者即排段檢括，便自今年起爲定額。

（清）董誥《全唐文》卷一〇七《後唐明宗・除放積欠詔》 諸道州府自同光三年已前所欠秋夏税租，并主持務局敗闕課利，并沿河舟船折欠，天成元年殘欠夏税租，並特與除放。

（清）董誥《全唐文》卷一〇九《後唐明宗・放免元年秋税敕》 會計之司，租賦爲本，州縣之職，徵科是常。儻不切整齊，必漸滋僥倖。今陰舉奏，果有逋懸，非朝廷之立法不嚴，蓋官吏之慢公頗甚。緣當獻歲，未欲加刑，宜顯示於新條，貴永除於積弊。其天成元年應欠秋税，特與據數放免。

（清）董誥《全唐文》卷一一二《後唐明宗・放免岐延等州税錢敕》 叛黨未平，難輟轉輸之役；流民既復，必資安集之謀。朕應天順人，端居静治。若涉大水，如履薄冰，翼翼乾乾，懼不克荷。所賴文武宣力，天地降祥，雨順風調，政寬事簡。雖四夷一主，遠殊貞觀之朝；而斗粟十錢，近比開元之代。無何，董璋搆亂，蜀郡纏災，萬主共樂於太平，一境獨嗟於多事，遂致數年動衆，千里勞民，奔馳秦鳳之郊，委頓岷峨之路。蓋彼樂禍，非我願爲。今則逆順分明，車書混一，陸梁之黨，已歸葅醢之刑；渙汗之恩，宜及瘡痍之俗。示以歸還之路，慰其懷戀之誠。應秦岐延涇寧慶邠同興元京兆等州府所欠長興元年二年夏秋税賦諸色錢物及營田户部莊宅務課利等物並放。如聞州使廉察，自前每降敕書，稍關除放，頗淹行遣，轉急徵催，物已輸官，人方見牓，厚利實歸於州縣，鴻恩虚及於生靈。而況一户逃移，一村騷擾，殘欠之物，蓋藏於形氣腹中；披訴之詞，指注於逃亡腳下。朝廷比哀貧户，州縣轉啓倖門，欲峻條流，宜先曉諭。今後敕到，晝時曉諭所管，仍勒要路粉壁曉示。如敕未到時，已徵到物色，據數附帳，不得隱落。如有人陳告，以枉法贓論。敕到並須半月内施行，除放訖奏聞。

（清）董誥《全唐文》卷一一三《後唐末帝・免放被兵諸州兩税詔》　朕猥將寡昧，虔嗣宗祧，草木蟲魚，思宏於覆育；蠻夷戎狄，固切於綏懷。睠彼契丹，孤我恩信，忽驅族類，擾亂邊陲，殺害生靈，窺窬保障，惟貨財是視，殘疾是行，逞虐肆凶，莫甚於此。人神之所共怒，天地之所不容。今則上將臨邊，衆軍大集，尅日必成於盪定，望風已報於奔逃。雖料彼戎夷，他日終期於葅醢；而顧予生聚，此時方抱於瘡痍。或骨肉分離，或邱園荒廢，凝旒載想，過在朕躬，將卻復於阜繁，宜特行於卹隱。應振武新州河東西北邊經蕃戎蹂踐處，百姓兩税差配。今日後並衣三年。宜令逐處長吏分明曉諭。其人户陷蕃者，宜令設法招尋，各令歸復，歸朕意焉。

（清）董誥《全唐文》卷一一四《晉高祖・禁擅加賦税詔》　朕自臨區夏，每念蒸黎，嘗夜思而晝行，冀時康而俗阜。其如干戈乍息，瘡痏猶多，由是疚懷，不能安席。復又車徒甚衆，廩藏方虚，雖賦租未暇於矜蠲，而煩擾當行於禁止。俾除暴斂，式洽羣心。應郡守藩侯，不得擅加賦役，及縣邑別立監徵，所納田租。委人户自量自概。

（清）董誥《全唐文》卷一一五《晉高祖・除放積久詔》　朕自臨天下，每念民閒，御一衣思蠶績之勞，對一食想耕耘之苦。而況職官俸禄，師旅資糧，凡所贍供，悉因黔庶。得不救其疾苦，憫彼災傷？徵宿欠，慮流離者不歸；均殘租，恐貧饑者漸困。今春膏雨繼降，農作方興，宜示渥恩，俾蘇疲瘵。天福二年至四年夏秋租税，一切除放。

（清）董誥《全唐文》卷一一八《晉高祖・禁兩税加耗敕》　朕自居藩邸，每務躬親，稟先帝之聖謨，見萬方之庶政。洎登宸極，思致時康。屬蝗旱爲災，耕桑失業，顧惟寡昧，深軫焦勞。舉一食思稼穡之艱難，行一事期黎民之蘇息。爲先清朝名士，朱邸舊寮，深窮蠹政之源，備得養民之本。況藩侯郡牧，察俗觀風，必能副沖人委仗之心，駐疲俗逋逃之足。明行條制，俾絶侵漁，使税額無虧，户口獲濟，斯爲急務，要在頒行。便可散下諸州，嚴誡主者，盡令遵守，無致因循，偏緊惠養之功，共致昇平之運。仍付所司。

（清）董誥《全唐文》卷一二三《周太祖・放散諸州抽差敕》　前朝於諸州府差散從新事官等，前朝創置，蓋出權宜，苟便一時，本非舊貫。近者徧詢羣議，兼採封章，具言前件抽差，於理不甚允當。一則礙州縣之色役，一則妨春夏之耕耘。貧乏者困於供須，豪富者幸於影庇。既爲煩擾，須至改更。況當東作之時，宜罷不急之務。其諸州所在差散從親事官，並宜放散，自逐田農。自去年四月已前，州縣元管係人數，一切如舊。其遞鋪如已前招到者，且仰仍舊。今後更不得招召。其諸處場院，並不得影庇兩税人户。所有河北諸州及澤潞晉絳慈隰解等州，於先差散從親事官内，選到弓箭手，只且留在本州管係，其餘放散。

（清）董誥《全唐文》卷一二五《周世宗・頒賜諸道元稹均田圖詔》　朕以寰宇雖安，蒸民未泰，當乙夜觀書之際，較前賢阜俗之方。近覽元稹《長慶集》見在同州時所上《均田表》較當時之利病，曲盡其情，俾一境之生靈，咸受其賜。傳於方册，可得披尋。因令裂素成圖，直書其事，庶王公觀覽，觸事經心。利於國而便於民，無亂條理；背於經而合於道，盡繫變通。但要適宜，所務濟世，緊乃勳舊，共庇黎元。今賜元稹所奏《均田圖》一面，至可領也。

紀事

（唐）韓愈《韓昌黎文集》卷一〇《順宗實録》　比年旱歉，先聖憂人，特詔逋租悉皆蠲免；而實敢肆誣罔，復令徵剥。頗紊朝廷之法，實惟聚斂之臣。自國哀已來，增毒彌甚；無辜斃踣，深所興嗟。朕嗣守洪業，敷弘理道，寧容蠹政以害齊人！宜加貶黜，用申邦憲。尚從優貸，俾佐遠藩。實諂事李齊運，驟遷至京兆尹，恃寵强愎，不顧文法。是時，春夏旱，京畿乏食。實一不以介意，方務聚斂徵求，以給進奉。每奏對，輒曰：今年雖旱，而穀甚好。由是租税皆不免，人窮至壞屋賣瓦木貸麥苗以應官。優人成輔端爲謠嘲之，實聞之，奏輔端誹謗朝政，杖殺之。實遇侍御史王播於道，故事：尹與御史相遇，尹下道避；實不肯避，導騎如故。播詰讓導騎者，實怒。遂奏播爲三原令，廷詬之。陵轢公卿已下，隨喜怒誣奏遷黜，朝廷畏忌之。嘗有詔免畿内逋租，實不行用詔書，徵之

如初。勇於殺害，人吏不聊生。至譴，市里讓呼，皆袖瓦礫遮道伺之。實由間道獲免。

《舊唐書》卷九《玄宗紀》　百姓十八已上爲中男，二十三已上成丁、每歲庸調，八月起徵，可延至九月。

《舊唐書》卷一一《代宗紀》〔永泰二年十一月〕丙辰，詔：古者量其國用，而立税典，必於經費，由之重輕。公田之籍，可謂通制；履畝而税，斯誠弊法。所期折中，以便於時。億兆不康，君孰與足？故愛人之體，先以博施；富國之源，必均節用。朕自臨宸極，比屬艱難，嘗欲闡淳朴之風，守冲儉之道，每念黎庶，思致和平。而邊事猶殷，戎車屢駕，軍興取給，皆出邦畿。九伐之師，尚勤王略；千金之費，重困吾人。乃者遵冉有之言，守周公之制，什而税一，務於行古。今則編户流亡，而墾減税，計量入之數，甚倍征之法，納隍之懼，當宁軫懷。慮失三農，憂深萬姓，務從省約，稍冀蠲除，用申勤卹之懷，以救惸嫠之弊。京兆府今年合徵八十二萬五千石數内，宜減放一十七萬五千石，青苗地頭錢宜三分取一。在京諸司官員久不請俸，頗聞艱辛。其諸州府縣官，及折衝府官職田，據苗子多少，三分取一，隨處糶貨，市輕貨以送上都，納青苗錢庫，以助均給百官。

《舊唐書》卷一二《德宗紀》〔唐中元年春正月辛末〕自艱難以來，徵賦名目頗多，今後除兩税外，輒率一錢，以枉法論。

《舊唐書》卷一三《德宗紀》〔貞元十四年春正月〕庚寅，詔諸道州府應貞元八年至十一年兩税及榷酒錢，在百姓腹内者，總五百六十萬七千貫，並除放。

《舊唐書》卷一八下《宣宗紀》〔大中六年〕二月，右衛大將軍鄭光以賜田請免租税。宰相魏謩奏曰：鄭光以國舅之親，賜田可也，免税無以勸蒸民。敕曰：一依人户例供税。【略】

四月丁酉，敕：常平義倉斛斗，每年檢勘，實水旱災處，録事參軍先勘人户多少，支給先貧下户，富户不在支給之限。

《舊唐書》卷一九《懿宗紀》〔咸通四年〕七月朔，制：安南寇陷之初，流人多寄溪洞。其安南將吏健走至海門者人數不少，宜令宋戎、李良瑍察訪人數，量事救卹。安南管内被蠻賊驅劫處，本户兩税、丁錢等量放二年，候收復後别有指揮。其安南溪洞首領，素推誠節，雖蠻寇竊據城壁，而酋豪各守土疆。如聞溪洞之間，悉藉嶺北茶藥，宜令諸道一任商人興販，不得禁止往來。廉州珠池，與人共利。近聞本道禁斷，遂絶通商，宜令本州任百姓採取，不得止約。其徐州銀刀官健，其中先有逃竄者，累降敕旨，不令捕逐。其今年四月十八日，草賊頭首已抵極法，其餘徒黨各自奔逃，所在更勿捕逐。

《舊唐書》卷四八《食貨志》　開元中，有御史宇文融獻策，括籍外剩田、色役僞濫，及逃户許歸首，免五年征賦。每丁量税一千五百錢，置攝御史，分路檢括隱審。得户八十餘萬，田亦稱是，得錢數百萬貫。玄宗以爲能，數年間拔爲御史中丞、户部侍郎。融又畫策開河北王莽河，溉田數千頃，以營稻田。事未果而融敗。

《舊唐書》卷九八《韓休傳》　出爲虢州刺史。時虢州以地在兩京之間，駕在京及東都，並爲近州，常被支税草以納閑厩。休奏請均配餘州，中書令張説駁之曰：若獨免虢州，即當移向他郡，牧守欲爲私惠，國體固不可依。又下符不許之。休復將執奏，僚吏曰：更奏必忤執政之意。休曰：爲刺史不能救百姓之弊，何以爲政。必以忤上得罪，所甘心也。竟執奏獲免。

《舊唐書》卷一〇一《韓思復傳》　開元初，爲諫議大夫。時山東蝗蟲大起，姚崇爲中書令，奏遣使分往河南、河北諸道殺蝗蟲而埋之。思復以爲蝗蟲是天災，當修德以禳之，恐非人力所能翦滅。【略】上深然之，出思復疏以付崇。崇乃請遣思復往山東檢蝗蟲所損之處，及還，具以實奏。崇又請令監察御史劉沼重加詳覆，沼希崇旨意，遂箠撻百姓，迴改舊狀以奏之。由是河南數州，竟不得免。

《舊唐書》卷一二三《第五琦傳》　第五琦，京兆長安人。少孤，事兄華，敬順過人。及長，有吏才，以富國强兵之術自任。天寶初，事韋堅，堅敗貶官。累至須江丞，時太守賀蘭進明甚重之。會安禄山反，進明遷北海郡太守，奏琦爲録事參軍。禄山已陷河間、信都等五郡，進明未有戰功，玄宗大怒，遣中使封刀促之，曰：收地不得，即斬進明之首。進

明惶懼，莫知所出，琦乃勸令厚以財帛募勇敢士，出奇力戰，遂收所陷之郡。令琦奏事，至蜀中，琦得謁見，奏言：方今之急在兵，兵之强弱在賦，賦之所出，江淮居多。若假臣職任，使濟軍須，臣能使賞給之資，不勞聖慮。玄宗大喜，即日拜監察御史，勾當江淮租庸使。尋拜殿中侍御史。尋加山南等五道度支使，促辦應卒，事無違闕。遷司金郎中、兼御史中丞，使如故。於是創立鹽法，就山海井竈收榷其鹽，官置吏出糶。其舊業户并浮人願爲業者，免其雜徭，隸鹽鐵使，盜煑私市罪有差。百姓除租庸外，無得橫賦，人不益税而上用以饒。遷户部侍郎、兼御史中丞，專判度支，領河南等道支度都勾當轉運租庸鹽鐵鑄錢、司農太府出納、山南東西江西淮南館驛等使。

《舊唐書》卷一二九《韓臯傳》　遷中書舍人、御史中丞、尚書右丞、兵部侍郎，皆稱職。改京兆尹，奏鄭鋒爲倉曹，轉掌錢穀。鋒苛刻剥下爲事，人皆咨怨。又勸臯搜索府中雜錢，折糴百姓粟麥等三十萬石進奉，以圖恩寵。臯納其計，尋奏鋒爲興平縣令。及貞元十四年，春夏大旱，粟麥枯槁，畿内百姓，累經臯陳訴，以府中倉庫虚竭，憂迫惶惑，不敢實奏。會唐安公主女出適右庶子李愬，内官中使於愬家往來，百姓遮道投狀，内官繼以事上聞。德宗下詔曰：京邑爲四方之則，長吏受親人之寄，實繫邦本，以分朕憂，苟非其才，是紊於理。正議大夫、守京兆尹、賜紫金魚袋韓臯，比踐清貫，頗聞謹恪，委之尹正，冀効公忠。乃者邦畿之間，粟麥不稔，朕念兹黎庶，方議蠲除，自宜悉心，以副勤恤。臯奏報失實，處理無方，致令閭井不安，囂然上訴。及令覆視，皆涉虚詞，壅蔽頗深，罔惑斯甚。宜加懲誡，以勵守官。可撫州司馬，員外置同正員，馳驛發遣。

《舊唐書》卷一五四《許孟容傳》　〔貞元〕十七年，夏，好畤縣風雹傷麥，上命品官覆視，不實，詔罰京兆尹顧少連已下。敕出，孟容執奏曰：府縣上事不實，罪止奪俸停官，其於弘宥，已是殊澤。但陛下使品官覆視後，更擇憲官一人，再令驗察，覆視轉審，隱欺益明。事宜觀聽，法歸綱紀。臣受官中謝日，伏請詔敕有須詳議者，則乞停留晷刻，得以奏陳。此敕既非急宣，可以少駐。詔雖不許，公議是之。

《舊唐書》卷一五四《許孟容傳》　〔貞元〕十九年，夏，旱，孟容上疏曰：【略】京師是萬國所會，强幹弱枝，自古通規。其一年税錢及地租，出入一百萬貫。臣伏冀陛下即日下令，全放免之；其次，三分放二。且使旱涸之際，免更流亡。若播種無望，徵斂如舊，則必愁怨遷徙，不顧墳墓矣。臣愚以爲德音一發，膏澤立應，變災爲福，期在斯須。户部所收掌錢，非度支歲計，本防緩急別用。今此炎旱，直支一百餘萬貫，代京兆百姓一年差科，實陛下巍巍睿謀，天下鼓舞歌揚者也。事雖不行，物議嘉之。

《舊唐書》卷一八五下《良吏傳・楊瑒》　楊瑒，華陰人。高祖縉，陳中書舍人，以辭學知名。陳亡，始自江左徙關中。祖琮，絳州刺史。瑒初爲麟游令，時御史大夫竇懷貞檢校造金仙、玉真二觀，移牒近縣，徵百姓所隱逆人資財，以充觀用。瑒拒而不受，懷貞怒曰：焉有縣令卑微，敢拒大夫之命乎？瑒曰：所論爲人冤抑，不知計位高卑。懷貞壯其對。又中宗時，韋庶人上表請以年二十二爲丁限。及韋氏敗，省司舉徵租調，瑒執曰：韋庶人臨朝當國，制書非一，或進階卿士，或赦宥罪人，何獨於已役中男，重徵丁課，恐非保人之術。省司遂依瑒所執，一切免之。瑒由是知名，擢拜殿中侍御史。

開元初，遷侍御史。時崔日知爲京兆尹，貪暴犯法，瑒與御史大夫李傑將糾劾之。傑反爲日知所構，瑒廷奏曰：糾彈之司，若遭恐脅，以成姦人之謀，御史臺固可廢矣。上以其言切直，遽令傑依舊視事，貶日知爲歙縣丞。瑒歷遷御史中丞、户部侍郎。上曾於延英殿召中書門下與諸司尚書及瑒議户口之事，瑒因奏人間損益，甚見嗟賞。時御史中丞宇文融奏括户口，議者或以爲不便，敕百僚省中集議，時融方在權要，公卿已下，多雷同融議，瑒獨與盡理争之。尋出爲華州刺史。

《新唐書》卷一《高祖紀》　二月乙酉，初定租、庸、調法。令文武官終喪。

《新唐書》卷七《德宗紀》　〔建中元年〕二月丙申，初定兩税。

《新唐書》卷五二《食貨志》　十二年，河南尹齊抗復論其弊，以爲：軍興，國用稍廣，隨要而税，吏擾人勞。陛下變爲兩税，督納有時，

貪暴無容其姦。二十年間，府庫充牣。但定税之初，錢輕貨重，故陛下以錢爲税。今錢重貨輕，若更爲税名，以就其輕，其利有六：吏絶其姦，一也；人用不擾，二也；静而獲利，三也；用不乏錢，四也；不勞而易知，五也；農桑自勸，六也。百姓本出布帛，而税反配錢，至輸時復取布帛，更爲三估計折，州縣升降成姦。若直定布帛，無估可折。蓋以錢爲税，則人力竭而有司不之覺。今兩税出於農人，農人所有，唯布帛而已。用布帛處多，用錢處少，又有鼓鑄以助國計，何必取於農人哉？疏入，亦不報。

（宋）王讜《唐語林》卷二《政事》　鄭光，宣宗之舅，别墅吏頗恣横，爲里中患。積歲徵租不入。户部侍郎韋澳爲京兆尹，擒而械繫之。及延英對，上曰：卿禁鄭光莊吏，何罪？澳具奏之。上曰：卿擬如何處置？澳曰：臣欲寘于法。上曰：鄭光甚惜，如何？澳曰：陛下自内庭用臣爲京兆，是使臣理畿甸積弊。若鄭光莊吏積年爲蠹，得寬重典，則是朝廷之法獨行於貧下，臣未敢奉詔。上曰：誠如此。但鄭光再三干朕，卿與貸法，得否？不然，重决貸死，可否？澳曰：臣不敢不奉詔，但許臣且繫之，俟徵積年税物畢放出，亦可爲懲戒。上曰：可也。爲鄭光所税擾鄉，行法自近。澳自延英出，徑入府杖之，徵欠租數百斛，乃縱去。

（宋）高承《事物紀原》卷一《兩税》　《唐・食貨志》曰：自開元已後，租庸調法弊，代宗時始以畝定税，至德宗相楊炎，遂作兩税法，夏輸無過六月，秋無過十一月。是兩税之始，肇於開元、天寶兵興之後也。按《春秋》宣公十五年秋，初税畝；《公羊傳》云税畝者何？履畝而税也。則今之税以畝計，此其初也。其事雖出於唐代宗，亦緣春秋税畝之事爾；其輸以夏秋，乃自德宗始也。

（宋）高承《事物紀原》卷一《税草》　《唐書・食貨志》曰：貞觀中，始税草以給諸閑。則税草起自唐太宗也。

（宋）王欽若等《册府元龜》卷六七三《牧守部・褒寵》　趙在禮，天成初爲天雄軍節度使。度支奏：大名府管内，今年夏苗頃畝比去年出六千八百頃，宜降詔奬飾。從之。

樂勳，天成中，爲果州團練使，奏南充等五縣除舊管户帳外，招得四千二百五十八户，税錢七千五百九十八貫。敕旨：宜加光禄大夫，封南陽縣開國男，食邑三百户。奬能政也。

（宋）王欽若等《册府元龜》卷六七五《牧守部・仁惠》　琦爲兖州節度使，言：四縣逃户租税，臣自以粟帛代納。詔褒之。

（宋）司馬光《資治通鑑》卷一九〇《唐紀・高祖武德七年》　初定均田租、庸、調法：調，徒釣翻。丁、中之民，給田一頃，篤疾減什之六，寡妻妾減七，皆以什之二爲世業，八爲口分。分，扶問翻。每丁歲入租，粟二石。調隨土地所宜，綾、絹、絁、布。歲役二旬；不役則收其傭，日三尺；《新志》：凡授田，丁歲輸粟二斛，謂之租，丁，隨鄉所出，歲輸絹二匹，綾絁二丈，布加五之一，綿三兩，麻三斤，非蠶鄉則輸銀十四兩，謂之調。用人之力歲二十日，閏加三日；不役，收其庸，日三尺。絁，式支翻。繒，似布。有事而加役者，旬有五日，免其調；三旬，租、調俱免。水旱蟲霜爲災，什損四以上免租，損六以上免調，損七已上課役俱免。凡民貲業分九等。上、中、下各有三等也。百户爲里，五里爲鄉，四家爲鄰，四鄰爲保。《考異》曰：《唐曆》云：四家爲鄰，五家爲保。按《通典》，四鄰爲保。《唐曆》誤也。在城邑者爲坊，田野者爲村。食禄之家，無得與民争利；工商雜類，無預士伍。男女始生爲黄，四歲爲小，十六爲中，二十爲丁，六十爲老。歲造計帳，三年造户籍。

（宋）司馬光《資治通鑑》卷一九一《唐紀・高祖武德九年》　癸亥，制傳位於太子；太子固辭，不許。甲子，太宗即皇帝位於東宫顯德殿，赦天下；關内及蒲、芮、虞、泰、陜、鼎六州免二年租調，自餘給復一年。陜，失冉翻。調，徒吊翻。復，方目翻。

（宋）司馬光《資治通鑑》卷一九二《唐紀・高祖武德九年》　上厲精求治，數引魏徵入卧内，訪以得失；治，直吏翻。數，所角翻；下者數同。徵知無不言，上皆欣然嘉納。上遣使點兵，使，疏吏翻。封德彝奏：中男雖未十八，其軀幹壯大者，亦可並點。唐制：民年十六爲中男，十八始成丁，二十一爲丁，充力役。上從之。敕出，魏徵固執以爲不可，不肯署敕，按唐制，中書舍人則署敕。魏徵時爲諫議大夫，抑太宗亦使之連署邪？至于數四。上

怒，召而讓之曰：中男壯大者，乃姦民詐妄以避征役，取之何害，而卿固執至此！對曰：夫兵在御之得其道，不在衆多。陛下取其壯健，以道御之，足以無敵於天下，何必多取細弱以增虛數乎！且陛下每云：吾以誠信御天下，欲使臣民皆無欺詐。今即位未幾，失信者數矣！幾，居豈翻。數，所角翻。上愕然曰：朕何爲失信？對曰：陛下初即位，下詔云：逋負官物，悉令蠲免。蠲，圭淵翻。有司以爲負秦府國司者，非官物，徵督如故。陛下以秦王升爲天子，國司之物，非官物而何！又曰：關中免二年租調，關外給復一年。既而繼有敕云：已役已輸者，以來年爲始。散還之後，方復更有甚者徵，調，徒弔翻。給復，方目翻。方復，扶又翻；下復點同。言既散還其已輸之物而復徵之。百姓固已不能無怪。今既徵得物，復點爲兵，何謂以來年爲始乎！又陛下所與共治天下者在於守宰，治，直吏翻；下同。守，式又翻。居常簡閱，咸以委之，至於點兵，獨疑其詐，豈所謂以誠信爲治乎！治，直吏翻，下同。上悦曰：曏者朕以卿固執，疑卿不達政事，今卿論國家大體，誠盡其精要。夫號令不信，則民不知所從，天下何由而治乎！夫，音扶。治，直吏翻；下同。朕過深矣！乃不點中男，賜徵金甕一。

（宋）司馬光《資治通鑑》卷一九二《唐紀・太宗貞觀元年》 山東大旱，詔所在賑恤，無出今年租賦。賑，忍津翻。

（宋）司馬光《資治通鑑》卷一九三《唐紀・太宗貞觀五年》 初，上令羣臣議封建，魏徵議以爲：若封建諸侯，則卿大夫咸資俸禄，必致厚斂。斂，力贍翻。又，京畿賦税不多，所資畿外，若盡以封國邑，經費頓闕。又，燕、秦、趙、代俱帶外夷，燕，因肩翻。若有警急，追兵内地，難以奔赴。禮部侍郎李百藥以爲：運祚脩短，定命自天，堯、舜大聖，守之而不能固；漢、魏微賤，拒之而不能御。今使勳戚子孫皆有民有社，易世之後，將驕淫自恣，攻戰相殘，害民尤深，不若守令之迭居也。守，式又翻。中書侍郎顔師古以爲：不若分王諸章：十二行本諸作宗；乙十一行本同；張校同，云無注本亦作諸。子，勿令過大，間以州縣，王，于況翻。間，古莧翻。雜錯而居，互相維持，使各守其境，協力同心，足扶京室；爲置官寮，皆省司選用，爲，于僞悉。省司，謂尚書省主者。法令之外，不得擅作威刑，朝貢禮儀，具爲條式。一定此制，萬世無虞。朝，直遥翻。十一月，章：十二行本月下有丙辰二字；乙十一行本同；孔本同；張校同；退齋校同。詔：皇家宗室及勳賢之臣，宜令作鎮藩部，貽厥子孫，非有大故，毋或黜免，所司明爲條例，定等級以聞。

（宋）司馬光《資治通鑑》卷二〇四《唐紀・則天垂拱三年》 嶺南俚户舊輸半課，交趾都護劉延祐使之全輸，俚户不從，延祐誅其魁首。其黨李思慎等作亂，攻破安南府城，高宗調露元年，改交州都督府爲安南都護府。俚，音里。殺延祐。桂州司馬曹玄静將兵討思慎等，斬之。將，即亮翻。《考異》曰：《舊書・馮元常傳》云：元常自眉州刺史轉廣州都督。屬安南首領李嗣仙殺都督劉延祐，剽陷州縣，敕元常誅之，帥士卒濟南海，先馳檄示以威恩，喻以禍福，嗣仙徒黨多相帥歸降，因縱兵誅其魁首，安慰吾人而旋。今從《實録》。

（宋）司馬光《資治通鑑》卷二〇七《唐紀・則天后長安三年》 丁未，毁三陽宫，以其材作興泰宫於萬安山。萬安山在洛州壽安縣西南四十里。二宫皆武三思建議爲之，請太后每歲臨幸，功費甚廣，百姓苦之。左拾遺盧藏用上疏，以爲：左右近臣多以順意爲忠，朝廷具僚皆以犯忤爲戒，上，時掌翻。疏，所去翻。朝，直遥翻。忤，五故翻。致陛下不知百姓失業，傷陛下之仁。陛下誠能以勞人爲辭，發制罷之，則天下皆知陛下苦己而愛人也。不從。藏用，承慶之弟孫也。盧承慶見二百卷顯慶二年。

（宋）司馬光《資治通鑑》卷二〇七《唐紀・則天后長安三年》 朱敬則抗疏理之曰：元忠素稱忠正，張説所坐無名，若令抵罪，失天下望。蘇安恒亦上疏，恒，户登翻。上，時掌翻。疏，所去翻。以爲：陛下革命之初，人以爲納諫之主；暮年以來，人以爲受佞之主。自元忠下獄，里巷恟恟。下，遐稼翻。恟，許勇翻。皆以爲陛下委信姦宄，斥逐賢良，忠臣烈士，皆撫髀於私室而箝口於公朝，畏迕易之等意，箝，其廉翻。朝，直遥翻。迕，五故翻。徒取死而無益。方今賦役煩重，百姓凋弊，重以讒慝專恣，刑賞失中，重，直用翻。竊恐人心不安，别生他變，争鋒於朱雀門内，問鼎於大明殿前，朱雀門，謂宫城南門。大明殿，即含元殿。陛下將何以謝之，何以禦之？易之等見其疏，大怒，欲殺之，賴朱敬則及鳳閣舍人桓彦範、著作郎陸澤魏知古保救得免。先天元年，方復置深州，又分饒陽、鹿城於古鄚城置陸澤縣。史因魏知古貴顯於開元之時，遂以後來土斷書之。鄚，苦么翻。《考異》曰：

《舊傳》云：易之欲遣刺客殺之。若遣刺客，必不遣人知，敬則等安能保護！蓋欲自太后殺之耳。

（宋）司馬光《資治通鑑》卷二〇七《唐紀·則天后長安四年》 太后復税天下僧尼，作大像於白司馬阪，復，扶又翻。洛城北邙山有白司馬阪。今春官尚書武攸寧檢校，糜費巨億。李嶠上疏，以爲：天下編户，貧弱者衆。造像錢見有一十七萬餘緡，若將散施，見，賢遍翻；下見在同。散，如字。施，式豉翻。人與一千，濟得一十七萬餘户。拯飢寒之弊，省勞役之勤，順諸佛慈悲之心，霑聖君亭育之意，人神胥悦，功德無窮。方作過後因緣，豈如見在果報！監察御史張廷珪上疏諫曰：臣以時政論之，則宜先邊境，蓄府庫，養人力；以釋教論之，則宜救苦厄，滅諸相，先，悉薦翻。相，息亮翻。崇無爲。伏願陛下察臣之愚，行佛之意，務以理爲上，不以人廢言。太后爲之罷役，爲，于僞翻。仍召見廷珪，見，賢遍翻。深賞慰之。

（宋）司馬光《資治通鑑》卷二〇九《唐紀·中宗景龍三年》 時政出多門，濫官充溢，人以爲三無坐處，謂宰相、御史及員外官也。韋嗣立上疏，以爲：比者造寺極多，比，毗至翻。務取崇麗，大則用錢百數十萬，小則三五萬，無慮所費千萬以上，人力勞弊，怨嗟盈路。佛之爲教，要在降伏身心，降，户江翻。豈彫畫土木，相誇壯麗！萬一水旱爲災，戎狄構患，雖龍象如雲，將何救哉！又，食封之家，其數甚衆，昨問户部，云用六十餘萬丁；一丁絹兩匹，凡百二十餘萬匹。唐初之制，一丁歲輸絹二匹。臣頃在太府，每歲庸絹，多不過百萬，少則六七十萬匹，少，詩沼翻；下同。比之封家，所入殊少。夫有佐命之勳，始可分茅胙土。國初，功臣食封者不過三二十家，今以恩澤食封者乃踰百數；國家租賦，太半私門，私門有餘，徒益奢侈，公家不足，坐致憂危，制國之方，豈謂爲得！封户之物，諸家自徵，僮僕依勢，陵轢州縣，多索裹頭，轢，郎狄翻。裹頭，謂行橐齎裹以自資者，今謂答頭。裹，古卧翻。轉行貿易，煩擾驅迫，不勝其苦。不若悉計丁輸之太府，使封家於左藏受之，勝，音升。藏，徂浪翻。於事爲愈。謂猶勝於封家自徵也。又，員外置官，數倍正闕，曹署典吏，困於祇承，府庫倉儲，竭於資奉。又，刺史、縣令，近年以來，不存簡擇，京官有犯及聲望下者方遣刺州，吏部選人，衰耄無手筆者方補縣令，選，須絹翻；下選法同。以此理人，何望率化！望自今應除三省、兩臺及五品以上清望官，兩臺，謂左、右御史臺。皆先於刺史、縣令中選用，則天下理矣。上弗聽。

（宋）司馬光《資治通鑑》卷二一二《唐紀·玄宗開元十一年》 六月，壬辰，制聽逃户自首，首，式又翻。闢所在閒田，隨宜收税，毋得差科征役，租庸一皆蠲免。仍以兵部員外郎兼侍御史宇文融爲勸農使，巡行州縣，行，下孟翻。與吏民議定賦役。

（宋）司馬光《資治通鑑》卷二一二《唐紀·玄宗開元十二年》 融乘驛周流天下，事無大小，諸州先牒上勸農使，上，時掌翻。後申中書；省司亦待融指僞，然後處決。省司，謂尚書都省左、右司主者也。處，昌呂翻。時上將大攘四夷，急於用度，州縣畏融，多張虚數，凡得客户八十餘萬，田亦稱是。融獻策括籍外羨田逃户，自占者給復五年，每丁税錢千五百，州縣希旨，以正田爲羨，編户爲客。稱，尺證翻。歲終，增緡錢數百萬，緡，眉巾翻。悉進入宫；由是有寵。議者多言煩擾，不利百姓，上亦令集百寮於尚書省議之。公卿已下，畏融恩勢，不敢立異。惟户部侍郎楊瑒獨抗議，以爲：括客免税，不利居人；徵籍外田税，使百姓困弊，所得不補所失。未幾，瑒出爲華州刺史。瑒，雉杏翻，又音暢。幾，居豈翻。

（宋）司馬光《資治通鑑》卷二一三《唐紀·玄宗開元十七年》 十一月，辛卯，上行謁橋、定、獻、昭、乾五陵；行謁五陵，以車駕經行近遠先後爲次。戊申，還宫；赦天下，百姓今年地税悉蠲其半。蠲，吉玄翻。

（宋）司馬光《資治通鑑》卷二一四《唐紀·玄宗開元二十五年》 初令租庸調、租資課，調，徒弔翻。皆以土物輸京都。西京、東都租庸調，高祖、太宗之法；租資課必開元以來之法。

（宋）司馬光《資治通鑑》卷二一五《唐紀·玄宗天寶二年》 江、淮南租庸等使韋堅引滻水抵苑東望春樓下爲潭，苑，禁苑也。潭在長安城東九里。滻，音産。以聚江、淮運船，役夫匠通漕渠，發人丘壟，自江、淮至京城，民間蕭然愁怨。二年而成。丙寅，上幸望春樓觀新潭。堅以新船數百艘，扁榜郡名，各陳郡中珍貨於船背；陝尉崔成甫著錦半臂，缺胯緑衫

以裼之，艘，蘇遭翻。扁，補典翻。陜，失冉翻。著，陟略翻。膀，苦瓦翻。裼，先擊翻，袒衣也。紅袹首，袹，莫白翻。袹首，今人謂之抹額。居前船唱《得寶歌》，先是，民間唱俚歌曰：得體紇那邪。其後得寶符於桃林，成甫乃更《紇體歌》爲《得寶弘農野》，歌曰：得寶弘農野，弘農得寶耶？潭裏舟船鬧，揚州銅器多。三郎當殿坐，聽唱《得寶歌》。其俚又甚焉。使美婦百人盛飾而和之，和，户卧翻。連檣數里；堅跪進諸郡輕貨，仍上百牙盤食。程大昌《演繁露》曰：唐少府監，御饌器用九飣食，以牙盤九枚裝食味於上，置上前，亦謂之看食。仍上，時掌翻。上置宴，竟日而罷，觀者山積。夏，四月，加堅左散騎常侍，散，悉亶翻。騎，奇寄翻。其僚屬吏卒褒賞有差，名其潭曰廣運。時京兆尹韓朝宗亦引渭水置潭於西街，以貯材木。朝，直遥翻。貯，丁吕翻。

（宋）司馬光《資治通鑑》卷二一六《唐紀·玄宗天寶七載》 春，二月，戊申，引百官觀左藏，《唐六典》曰：《周禮》有外府中士，主泉藏之在外者，掌邦布之入出，以供百物而待邦用者也。又有職幣上士、中士，主貨幣之入者也。並今左藏之職。至秦、漢，則分在司農、少府。後漢，少府屬官有中藏府令、丞，掌中藏幣帛金銀貨物；魏氏因之。晉少府屬官有左、右藏令。東晉御史九人，各掌一曹，有庫曹御史，後復分庫曹，置外左庫、内左庫。宋文帝省外左庫，而内左庫直曰左庫。齊、梁、陳有右藏庫而無左藏。北齊太府寺統左、右藏令、丞。後周有外府上士、中士。隋有左、右藏署令、丞。唐左藏有東庫、西庫、朝堂庫，又有東都庫。餘按《雍録》：太極宫中東左藏庫，西左藏庫；東庫在恭禮門之東，西庫在安仁門之西。大明宫中有左藏庫，在麟德殿之左。又有右藏署令，掌邦國實貨雜物；而天下賦調之正數錢物，則皆歸左藏也。藏，徂浪翻；下帑藏同。賜帛有差。是時州縣殷富，倉庫積粟帛，動以萬計。楊釗奏請所在糶變爲輕貨，及徵丁租地税皆變布帛輸京師；屢奏帑藏充牣，古今罕儔，故上帥羣臣觀之，釗，音昭。帥，讀曰率。賜釗紫衣金魚以賞之。上以國用豐衍，故視金帛如糞壤，賞賜貴寵之家，無有限極。

（宋）司馬光《資治通鑑》卷二二二《唐紀·肅宗寶應元年》 絳州素無儲蓄，民間饑，不可賦斂，斂，力贍翻。將士糧賜不充，朔方等諸道行營都統李國貞屢以狀聞；朝廷未報，軍中咨怨。咨嗟憂愁而怨上也。突將王元振將作亂，突將，以領驍勇馳突之士。突將，即亮翻。矯令於衆曰：來日脩都統宅，各具畚鍤，畚，布袞翻，織竹爲器。鍤，測洽翻。鍫也。待命于門。士卒皆怒，曰：朔方健兒豈脩宅夫邪！乙丑，元振帥其徒作亂，燒牙城門。帥，讀曰率。國貞逃于獄，元振執之，置卒食於前，曰：食此而役其力，可乎！國貞曰：脩宅則無之，軍食則屢奏而未報，諸君所知也。衆欲退。元振曰：今日之事，何必更問！都統不死，則我輩死矣。遂拔刃殺之。鎮西、北庭行營兵屯於翼城，翼城縣，屬絳州，本漢絳縣，後魏曰北絳縣。隋開皇十八年，改曰冀城，以春秋翼侯邑於此也。亦殺節度使荔非元禮，推裨將白孝德爲節度使，朝廷因而授之。

（宋）司馬光《資治通鑑》卷二二三《唐紀·肅宗上元二年》 租庸使元載以江、淮雖經兵荒，其民比諸道猶有貲產，乃按籍舉八年租調之違負及逋逃者，計其大數而徵之；八年，自天寶十三載止上元二年。天寶十三載，天下未亂，租、調之入爲盛。十四載，而禄山反，租、調始有違負逋逃。自是迄于去年，大難未平，戰兵不止，違負逋逃，年甚一年。今不問有無，計其大數而徵之。調，徒釣翻。擇豪吏爲縣令而督之，不問負之有無，貲之高下，察民有粟帛者發徒圍之，籍其所有而中分之，甚者什取八九，謂之白著。著，直略翻。今人猶謂無故而費放財物者爲白著。勃海高雲有《白著歌》曰：上元官吏務剥削，江、淮之人多白著。有不服者，嚴刑以威之。民有蓄穀十斛者，則重足以待命。重，直龍翻。或相聚山澤爲羣盗，州縣不能制。

（宋）司馬光《資治通鑑》卷二二三《唐紀·代宗永泰元年》 三月，壬辰朔，命左僕射裴冕、右僕射郭英乂等文武之臣十三人於集賢殿待制。永徽中，命弘文館學士二人日待制於武德殿西門。文明元年，詔京官五品以上清官日一人待制於章善、明福門。先天末，又命朝集使六品以上二人隨仗待制。時勳臣罷節制，無職事，令待制於集賢殿門。宋白曰：是年，詔左僕射裴冕、右僕射郭英義、太子少傅裴遵慶、檢校太子少保兼御史大夫元志直、太子詹事兼御史大夫臧希讓、左散騎常侍暢璀、檢校刑部尚書王昂、高昇、檢校工部尚書知省事崔渙、吏部侍郎李季卿、王延昌、禮部侍郎賈至、涇王傅吴令瑶集賢待制。以勳臣罷節制，無職事，乃於禁門書院待制，間以文儒，寵之也。左拾遺洛陽獨孤及上疏曰：陛下召冕待制以備詢問，此五帝盛德也。上，時掌翻。疏，所句翻。頃者陛下雖容其直而不録其言，有容下之名，無聽諫之實，遂使諫者稍稍鉗口飽食，相招爲禄仕，此忠鯁之人所以竊歎，而臣亦耻之。今師興不息十年矣，鉗，其廉翻。玄宗天寶十四載，安禄山反，至是十年。人之生產，空於杼軸。擁兵者第館

互街陌，奴婢厭酒肉，而貧人羸餓就役，剥膚及髓，長安城中白晝椎剽，羸，倫爲翻。椎，直追翻。剽，匹妙翻。吏不敢詰，官亂職廢，將墮卒暴，百揆隳刺，如沸粥紛麻，唐、虞有百揆之官。孔安國曰：揆，度也。度百事，總百官。此所謂百揆，蓋言百官之事也。詰，去吉翻。將，即亮翻。刺，來達翻。民不敢訴於有司，有司不敢聞於陛下，茹毒飲痛，窮而無告。陛下不以此時思所以救之之術，臣實懼焉。今天下惟朔方、隴西有吐蕃、僕固之虞，邠、涇、鳳翔之兵足以當之矣。自此而往，東洎海，南至番禺，吐，從暾入聲。邠，卑巾翻。洎，其計翻。番禺，音潘愚。西盡巴、蜀，無鼠竊之盜而兵不爲解。爲，于僞翻。傾天下之貨，竭天下之穀，以給不用之軍，臣不知其故。假令居安思危，自可阨要害之地，俾置屯禦，令，力丁翻。阨，與扼同。悉休其餘，以糧儲扉屨之資，扉，扶沸翻，草屬也，黄帝臣於則所造。充疲人貢賦，歲可減國租之半。陛下豈可持疑於改作，使率土之患日甚一日乎！上不能用。

（宋）司馬光《資治通鑑》卷二二四《唐紀·代宗大曆元年》 京兆尹第五琦什一税法，民苦其重，多流亡。十一月，甲子，日南至，赦，改元改元大曆。悉停什一税法。行什一税，見上卷上年。

（宋）司馬光《資治通鑑》卷二二四《唐紀·代宗大曆三年》 郭子儀還河中。自奉天入朝，回還河中。還，從宣翻。又音如字。元載以吐蕃連歲入寇，馬璘以四鎮兵屯邠寧，力不能拒，載，祖亥翻，又如字。吐，從暾入聲。璘，離珍翻。邠，音卑旻翻。而郭子儀以朔方重兵鎮河中，深居腹中無事這地，乃與子儀及諸將議，徙璘鎮涇州，而使子儀以朔方兵鎮邠州，曰：若以邊土荒殘，軍費不給，則以内地租税及運金帛以助之。諸將皆以爲然。十二月，己酉，徙馬璘爲涇原節度使，以邠、寧、慶三州隸朔方。將，即亮翻。朔方兵分屯邠、蒲始此。《考異》曰：《實録》：己酉，以吐蕃歲犯西疆，增修鎮守，用以邠寧節度馬璘鎮涇州，仍爲涇原節度使，以邠、寧、慶等州隸朔方。《汾陽家傳》：四年五月，詔集兵於邠郊。六月，公自河中遣一萬兵。二十八日，公如邠州。《舊·子儀傳》：時以西蕃侵寇，京師不安，馬璘雖在邠州，力不能拒，乃以子儀兼邠、寧、慶節度，自河中移鎮邠州，徙馬璘涇原節度使。《邠志》：初，吐蕃既退，諸侯入覲。是時馬鎮西以四鎮兼邠寧，李公軍澤潞以防秋軍盩厔。丞相元公載使人諷諸使責己曰：今四郊多壘，中外未寧，公執國柄有年矣，安危大計，一無所聞，如之何？載曰：非所及也。他日又言，且曰：得非曠職乎？載莞然曰：安危繫於大臣，非獨宰臣也。先王作兵，置之四境，所以禦戎狄也。今内地無虞，朔方軍在河中，澤潞軍在盩厔，游軍伺寇，不遠京室，王畿之内，豈假是邪！必令損益，須自此始。故曰非所及也。郭、李曰：宰臣但圖之。載曰：今若徙四鎮于涇，朔方于邠，澤潞于岐，則内地無虞，三邊有備，三賢之意何如？三公曰：惟所指揮。既而相謂曰：我曹既爲所册，得無行乎？十二月，詔馬公兼領涇原，尋以鄭潁資之；李公兼領山南，猶以澤潞資之；郭公兼領邠寧，亦以河中資之。三將皆如詔。朔方軍自此大徙于邠。郭公雖連統數道，軍之精甲，悉聚邠府，其他子弟，分居蒲、靈，各置守將以專其令。蒲之餘卒，稍遷于邠。十年之間，無遺甲矣。《段公别傳》曰：馬公朝于京師，以公掌留事。馬公懇奏，請以邠、寧、慶三州讓副院長元帥子儀，令以朔方、河中之軍鎮之，自帥四鎮、北庭之衆，遷赴涇州，將以拓西境。代宗壯而許之。十二月二日，朝廷以馬公爲涇原節度使。蓋三年立此議，至四年，子儀始遷邠。今參取諸書。璘先往城涇州，以都虞候段秀實知邠州留後。璘，離珍翻。邠，卑旻翻。

（宋）司馬光《資治通鑑》卷二二六《唐紀·代宗大曆十四年》 春，正月，丁卯朔，改元。羣臣上尊號曰聖神文武皇帝；上，時掌翻。赦天下。始用楊炎議，命黜陟使與觀察、刺史約百姓丁産，定等級，改作兩税法。楊炎作兩税法，夏輸無過六月，秋輸無過十一月，視大曆十四年墾田數爲定。比來新舊徵科色目，一切罷之；比，毗至翻。比來，猶云近來也。二税外輒率一錢者，以枉法論。

（宋）司馬光《資治通鑑》卷二二六《唐紀·德宗建中元年》 唐初，賦斂之法曰租、庸、調，有田則有租，有身則有庸，有户則有調。玄宗之末，版籍浸壞，多非其實。及至德兵起，所在賦斂，迫趣取辦，斂，力贍翻。調，徒弔翻。趣，讀曰促。無復常準。復，扶又翻，又音如字。賦斂之司增數而莫相統攝，統，他綜翻，俗從上聲。各隨意增科，自立色目，新故相仍，不知紀極。民富者丁多，率爲官、爲僧以免課役，而貧者丁多，無所伏匿，故上户優而下户勞。吏因緣蠶食，旬章：十二行本旬上有民字；乙十一行本同；張校同，云無注本亦無。輸月送，不勝困弊，勝，音升。率皆逃徙爲浮户，其土著百無四五。著，直略翻。至是，炎建議作兩税法：先計州縣每歲所應費用及上供之數而賦於人，量出以制入。户無主、客，以見居

爲簿；人無丁、中，以貧富爲差；州、縣有主户、客户。天寶三載，令民十八以上爲中男，二十三以上成丁。量，音良。見，賢遍翻。爲行商者，在所州縣税三十之一，使與居者均，無僥利。言居行皆無僥幸之利也。僥，堅堯翻。居人之税，秋、夏兩徵之。其租、庸、調雜徭悉省，皆總統於度支。上用其言，因赦令行之。

（宋）司馬光《資治通鑑》卷二二六《唐紀·德宗建中元年》 天下税户三百八萬五千七十六，籍兵七十六萬八千餘人。籍兵，兵之著籍者也。税錢一千八十九萬八千餘緡，穀二百一十五萬七千餘斛。緡，眉巾翻。

（宋）司馬光《資治通鑑》卷二二六《唐紀·德宗建中元年》 代宗之世，每元日、冬至、端午、生日，州府於常賦之外競爲貢獻，貢獻多者則悦之。武將、姦吏，緣此侵漁下民。自代宗迄於五代，正、至、端午、降誕，州府皆有貢獻，謂之四節進奉。將，即亮翻。癸丑，上生日，上生於天寶元年四月十九日，不置節名。四方貢獻皆不受。李正己、田悦各獻縑三萬匹，縑，并絲繒也。上悉歸之度支以代租賦。度，徒洛翻。

（宋）司馬光《資治通鑑》卷二二七《唐紀·德宗建中三年》 淮南節度陳少游奏，本道税錢每千請增二百。使，疏吏翻。少，始照翻。《舊志》：淮南道督揚、滁、常、潤、和、宣、歙七州。此貞觀中之制也。以今觀之，唐中世以後，當統揚、楚、滁、和、濠、廬、壽、光、蘄、黄、申、安、舒等州。税錢，謂田税及商税錢也。五月，丙戌，詔增他道税錢皆如淮南；又鹽每斗價皆增百錢。鹽每斗價幾何，而頓增百錢，人誰堪之。

（宋）司馬光《資治通鑑》卷二三二《唐紀·德宗貞元三年》 時關東防秋兵大集，國用不充，李泌奏：自變兩税法以來，兩税事始見二百二十六卷建中元年。藩鎮、州、縣多違法聚斂。繼以朱泚之亂，争権率、徵罰以爲軍資，點募自防；斂，力贍翻。泚，且禮翻，又音此。権率者，拘権而斂率。徵罰者，吏民有罪，罰使納錢穀以免罪而如數徵之也。凡此皆州鎮以軍資，點募强壯以自防衛。権，古岳翻。泚既平，自懼違法，匿不敢言。請遣使以詔旨赦其罪，但令革正，自非於法應留使、留州之外，悉輸京師。令，力丁翻。留使者，留以應本道節度、觀察使徵調。留州者，留以給本州經用。其官典逋負，中徵者徵之，難徵者釋之，以示寬大；敢有隱没者，重設告賞之科而罪之。

重設賞格，告者依格給賞而罪其隱没者。上喜曰：卿策甚長，然立法太寬，恐所得無幾！對曰：兹事臣固熟思之，寬則獲多而速，急則獲少而遲。蓋以寬則人喜於免罪而樂輸，少，始紹翻。樂，音洛。急則競爲蔽匿，非推鞫不能得其實，財不足濟今日之急而皆入於姦吏矣。上曰：善！以度支員外郎元友直爲河南、江、淮南句勘兩税錢帛使。度，徒洛翻。句，音勾。使，疏吏翻。

（宋）司馬光《資治通鑑》卷二三二《唐紀·德宗貞元三年》 泌又言：邊地官多闕，請募人入粟以補之，可足今歲之糧。上亦從之，因問曰：卿言府兵亦集，如何？對曰：戍卒因屯田致富，則安於其土，不復思歸。復，扶又翻。舊制，戍卒三年而代，及其將滿，下令有願留者，即以所開田爲永業。家人願來者，本貫給長牒續食而遣之。戍兵家口，發赴邊鎮者，本貫爲給長牒，所過郡縣續食，以至戍所。據應募之數，移報本道，雖河朔諸帥得免更代之煩，帥，所類翻。更，工衡翻。亦喜聞矣。喜，許記翻。不過數番，則戍卒章：乙十六行本卒下有皆字；乙十一行本同；孔本同；張校同。土著，著，直略翻。乃悉以府兵之法理之，理，治也。是變關中之疲弊爲富强也。上喜曰：如此，天下無復事矣。泌所謂復府兵之策，當以積漸而成。帝遽謂之天下無復事，是但喜其言之可聽而不察其事非旦暮之可集也。泌曰：未也。臣能不用中國之兵使吐蕃自困。上曰：計將安出？對曰：臣未敢言之，俟麥禾有效，然後可議也。上固問，不對。泌意欲結回紇、大食、雲南與共圖吐蕃，令吐蕃所備者多；知上素恨回紇，恐聞之不悦，并屯田之議不行，故不肯言。既而戍卒應募，願耕屯田者什五六。自李泌爲相，觀其處置天下事，姚崇以來未之有也。史臣謂其出入中禁，事四君，數爲權倖所疾，常以智免。好縱横大言，時時讜議，能寤移人主意。然常持黄、老、鬼神説，故爲人所譏。餘謂泌以智免，信如史臣言矣。然其縱横大言，持黄、老、鬼神説，亦智也。泌處肅、代父子之間，其論興復形勢，言無不效。及張、李之間，所以保右代宗者，言無不行。元載之讒疾，卒能自免，可謂智矣。至其與德宗論天下事，若指諸掌。以肅、代之信泌而泌不肯爲相，以德宗之猜忌而泌夷然當之，亦智也。嗚呼！仕而得君，諫行言聽，則致身宰輔宜也。歷事三世，潔身遠害，筋力向衰，乃方入政事堂與新貴人伍。所謂經濟之略，鼏未能爲肅、代吐者，盡爲德宗吐之。豈德宗之度弘於祖父邪！泌蓋量而後入耳。彼德宗之猜忌刻薄，直如蕭、姜，謂之輕己賣直；功如李、馬，忌而置

之散地；而泌也恣言無憚。彼其心以泌爲祖父舊人，智略無方，弘濟中興，其敬信之也久矣，泌之所以敢當相位者，其自量亦審矣，庸非智乎！其持黄、老、鬼神説，則子房欲從赤松游之故智也。但子房功成後爲之，泌終始篤好之耳。

（宋）司馬光《資治通鑑》卷二三三《唐紀·德宗貞元四年》 元友直句檢諸道税外物，事始見上卷上年。句，古侯翻。悉輸户部，遂爲定制，歲於税外輸百餘萬緡、斛，民不堪命。諸道多自訴於上，上意寤，詔：今年已入在官者輸京師，未入者悉以與民；明年以後，悉免之。於是東南之民復安其業。

（宋）司馬光《資治通鑑》卷二三三《唐紀·德宗貞元四年》 春，正月，庚戌朔，赦天下；詔兩税等第，自今三年一定。《考異》曰：《實録》：赦云：天下兩税，更審定等第，仍加三年一定，以爲常式。按陸贄《論兩税狀》云：兩税之立，惟以資產爲宗，不以丁身爲本。資產少者則其税少，資產多者則其税多。然則當時税賦但以貧富爲等第，若今時坊郭十等户、鄉村五等户臨時科配也。又云：額内官勿更注擬，見任者三考勒停。此蓋用李泌之策也。按《鄴侯家傳》：泌請罷天下額外官。又云：陛下許復所減官員，臣因請停額外官，許其得資後停。額外官員當正官三分之一，則今年計已停一半。據此，則似有額内官，又有額外官，皆在正員之外。不則内皆應作外，字之誤也。

（宋）司馬光《資治通鑑》卷二三四《唐紀·德宗貞元八年》 又曰：舊制以關中用度之多，歲運東方租米，至有斗錢運斗米之言。習聞見而不達時宜者，則曰：國之大事，不計費損，雖知勞煩，不可廢也。習近利而不防遠患者，則曰：每至秋成之時，但令畿内和糴，既易集事，令，力丁翻。糴，亭歷翻。易，以豉翻。又足勸農。臣以兩家之論，互有長短，將制國用，須權重輕。食不足而財有餘，則弛於積財而務實倉廩；廩，力錦翻。毛晃曰：倉有屋曰廩。食有餘而財不足，則緩於積食而嗇用貨泉。近歲關輔屢豐，公儲委積，屢，力注翻。委，於僞翻。積，子智翻。足給數年；今夏江、淮水潦，米貴加倍，人多流庸。流，謂流徙。庸，謂庸雇。關輔以穀賤傷農，宜加價以糴而無錢；江、淮以穀貴人困，宜減價以糶而無米。糶，他弔翻。而又運彼所乏，益此所餘，斯所謂習見聞而不達時宜者也。今江、淮斗米直百五十錢，運至東渭橋，僦直又約二百，米糙且陳，僦，子就翻。糙，七到翻。米僅剥穀爲糙。尤爲京邑所賤。據市司月估，今之市令司，亦月具物價低昂之數以聞於上。斗糶三十七錢。耗其九而存其一，以江、淮之米，合運漕之僦直，率一斗爲錢三百五十，而京師米價斗止三十七錢，是耗其九而存其一也。餒彼人而傷此農，制事若斯，可謂深失矣！頃者每年自江、湖、淮、浙運米百一十萬斛，至河陰留四十萬斛，貯河陰倉，至陝州又留三十萬斛，貯太原倉，貯，丁吕翻。餘四十萬斛輸東渭橋。今河陰、太原倉見米猶有三百二十餘萬斛，見，賢遍翻。京兆諸縣斗米不過直錢七十，請令來年江、淮止運三十萬斛至河陰，河陰、陝州以次運至東渭橋，其江、淮所停運米八十萬斛，委轉運使每斗取八十錢於水災州縣糶之，以救貧乏，糶，他弔翻。計得錢六十四萬緡，減僦直六十九萬緡。請令户部先以二十萬緡付京兆，令糴米以補渭橋倉之缺數，渭橋倉，即東渭橋倉。斗用百錢以利農人；增價以糴則利農。以一百二萬六千緡付邊鎮，使糴十萬人一年之糧，餘十萬四千緡以充來年和糴之價。糴，徒歷翻。其江、淮米錢、僦直並委轉運使折市綾、絹、絁、綿以輸上都，折，之舌翻。絁，式支翻。繒之似布者，今謂之紬。唐都長安，謂之上都。償先貸户部錢。

（宋）司馬光《資治通鑑》卷二三四《唐紀·德宗貞元十年》 陸贄上言：郊禮赦下已近半年，而竄謫者尚未霑恩。乃爲三狀擬進。上使謂之曰：故事，左降官準赦量移，史炤曰：移，徙也，謂得罪遠謫者，遇赦則量徙近地。不過三五百里，今所擬稍似超越，又多近兵馬及當路州縣，當路州縣，謂其地當入京之路者。近，其靳翻。事恐非便。贄復上言，復，扶又翻；下同。以爲：王者待人以誠，有責怒而無猜嫌，有懲沮而無怨忌。斥遠以儆其不恪，遠，于願翻。甄恕以勉其自新；甄，稽延翻，察也，免也。不儆則浸及威刑，不勉而復加黜削，雖屢進退，俱非愛憎。行法乃暫使左遷，念材而漸加進叙，又知復用，誰不增脩！何憂乎亂常，何患乎蓄憾！如或以其貶黜，便謂姦凶，恒處防閑之中，處，昌吕翻。長從擯棄之例，則是悔過者無由自補，蘊才者終不見伸。凡人之情，窮則思變，含悽貪亂，或起于茲。悽，悲也，痛也。今若所移不過三五百，則有疆域不離於本道，風土反惡於舊州，離，力智翻。風土之同道而獨甚惡者，如廣府統廣、韶、端、康、封、岡、新、樂、瀧、竇、義、雷、春、高、循、潮等州，而春、循、新瘴氣特重於諸州是也。徒有徙家之勞，實增移配之擾。又，當今郡府，多有軍兵，所在封

疆，少無館驛，示人疑慮，體又非弘。乞更賜裁審。

上性猜忌，不委任臣下，官無大小，必自選而用之，宰相進擬，少所稱可；稱，尺證翻。稱，愜也；下同。少，詩沼翻。及羣臣一有譴責，往往終身不復收用；好以辯給取人，好，呼到翻；下同。不得敦實之士；艱於進用，羣材滯淹。贄上奏諫，其略曰：夫登進以懋庸，懋，勉也。庸，功也。黜退以懲過，二者迭用，理如循環。進而有過則示懲，懲而改脩則復進，既不廢法，亦無棄人，雖纖介必懲而用材不匱；故能使黜退者克勵以求復，登進者警飭而恪居，恪居，謂恪居官次也。上無滯疑，下無蓄怨。又曰：明主不以辭盡人，不以意選士，如或好善而不擇所用，悦言而不驗所行，進退隨愛憎之情，離合繫異同之趣，是由捨繩墨而意裁曲直，棄權衡而手揣重輕，雖甚精微，不能無謬。由，與猶同。揣，初委翻。又曰：中人以上，迭有所長，苟區別得宜，別，彼列翻。付授當器，當，丁浪翻；下過當同。各適其性，各宣其能，及乎合以成功，亦與全才無異。但在明鑒大度，御之有道而已。又曰：以一言稱愜爲能，愜，苦叶翻。而不核虛實，以一事違忤爲咎而不考忠邪，忤，五故翻。其稱愜則付任逾涯，不思其所不及，其違忤則罪責過當，不恕其所不能，是以職司之內無成功，君臣之際無定分。上不聽。分，扶問翻。

贄又請均節財賦，凡六條：

其一，論兩稅之弊，其略曰：舊制賦役之法，曰租、調、庸。調，徒弔翻。丁男一人受田百畝，歲輸粟二石，謂之租。每户各隨土宜出絹若綾若絁共二丈，絁，式支翻。綿三兩，不蠶之土輸布二丈五尺，麻三斤，謂之調。每丁歲役，則收其庸，日準絹三尺，謂之庸。天下爲家，法制均一，雖欲轉徙，莫容其姦，故人無搖心而事有定制。及羯胡亂華，謂安禄山、史思明。黎庶雲擾，版圖墮於避地，墮，讀曰隳。賦法壞於奉軍。建中之初，再造百度，執事者知弊之宜革而所作兼失其原，知簡之可從而所操不得其要。操，七刀翻。執事者，謂楊炎。凡欲拯其弊，須窮致弊之由，時弊則但理其時，法弊則全革其法，所爲必當，其悔乃亡。《易》曰：革而當，其悔乃亡。當，丁浪翻。兵興以來，供億無度，此乃時弊，非法弊也。而遽更租、庸、調法，更，工衡翻。分遣使者，搜擿郡邑，擿，他狄翻。校驗簿書，每州取大曆中一年科率最多者以爲兩稅定額。事見二百二十六卷建中元年。夫財之所生，必因人力，故先王之制賦入，必以丁夫爲本。不以務穡增其稅，不以輟稼減其租，則播種多；不以殖產厚其征，不以流寓免其調，則地著固；著，直略翻。不以飭勵重其役，不以窳怠蠲其庸，則功力勤。窳，勇主翻。惰也。如是，故人安其居，盡其力矣。兩稅之立，惟以資產爲宗，不以丁身爲本；曾不寤資產之中，有藏於襟懷囊篋，物雖貴而人莫能窺；謂商賈居寶貨，待時而取利者。其積於場圃囷倉，直雖輕而衆以爲富。謂力田而蓄穀粟者。有流通蕃息之貨，數雖寡而計日收贏；蕃，讀如繁，謂貸子錢而收利者。有廬舍器用之資，價雖高而終歲無利。謂美居室，侈服用而夸一時者。如此之比，其流實繁，一概計估算緡，宜其失平長僞。長，知兩翻。由是務輕資而樂轉徙者，恒脫於傜稅；樂，音洛。敦本業而樹居產者，每困於徵求。此乃誘之爲姦，驅之避役，誘，音酉。力用不得不弛，賦入不得不闕。復以創制之首，創制之首，猶言立法之初。復，扶又翻。不務齊平，供應有煩簡之殊，牧守有能否之異，所在傜賦，輕重相懸，所遣使臣，意見各異，計奏一定，有加無除。又大曆中供軍、進奉之類，既收入兩稅，今於兩稅之外，復又並存，望稍行均減，以救凋殘。

其二，請二稅以布帛爲額，不計錢數，其略曰：凡國之賦稅，必量人之力，量，音良。任土之宜，故所入者惟布、麻、繒、纊，繒，疾陵翻。纊，苦謗翻。與百穀而已。先王懼物之貴賤失平，而人之交易難準，又定泉布之法以節輕重之宜，班固曰：太公爲周立九府圜法，貨寶於金，利於刀，流於泉，布於布，束於帛。又鄭氏《周禮注》曰：其藏曰泉，其行曰布。取名於水泉，其流行無不徧。斂散弛張，必田於是。蓋御財之大柄，爲國之利權，守之在官，不以任下。然則穀帛者，人之所爲也；錢貨者，官之所爲也。是以國朝著令，租出穀，庸出絹，調出繒、纊、布，曷嘗有禁人鑄錢而以錢爲賦者也！今之兩稅，獨異舊章，但估資產爲差，便以錢穀定稅，臨時折徵雜物，謂折錢穀之價以徵他雜物也。折，之舌翻。每歲色目頗殊，唯計求得之利宜，靡論供辦之難易。易，以豉翻。所徵非所業，所業非所徵，遂或增價以買其所無，減價以賣其所有，一增一減，耗損已多。望勘會諸州初納兩稅年絹布，定估比類當今時價，加賤減貴，酌取其中，總計合稅之錢，折爲

布帛之數。又曰：夫地力之生物有大限，取之有度，用之有節，則常足。取之無度，用之無節，則常不足。生物之豐敗由天，用物之多少由人，是以聖王立程，量入爲出，雖遇災難，難，乃旦翻。下無困窮。理化既衰，則乃反是，理化，猶言治化也。量出爲入，不恤所無。桀用天下而不足，湯用七十里而有餘，是乃用之盈虛在節與不節耳。

其三，論長吏以增户、加税、闢田爲課績，其略曰：長人者罕能推忠恕易地之情，體至公徇國之意，迭行小惠，競誘姦甿，長，知丈翻。甿，謨耕翻。以傾奪鄰境爲智能，以招萃逋逃爲理化，捨彼適此者既爲新收而有復，萃，聚也。復，方目翻。復，除也。倏往忽來者又以復業而見優。唯懷土安居，首末不遷者，則使之日重。斂之日加。斂，力贍翻；下同。是令地著之人恒代惰游賦役，何異驅之轉徙，教之澆訛。恒，户登翻。澆，古堯翻。此由牧宰不克弘通，各私所部之過也。又曰：立法齊人，久無不弊，理之者若不知維御損益之宜，則巧僞萌生，恒因沮勸而滋矣。請申命有司，詳定考績。若當管之内，人益阜殷，所定税額有餘，任其據户口均減，以減數多少爲考課等差。其當管税物通比，每户十分減三者爲上課，減二者次焉，減一者又次焉。此不以增户爲課最，而以户額增之税能減地著户之税額爲課最也。如或人多流亡，加税見户，見，賢遍翻。比校殿罰亦如之。殿，丁練翻。

其四，論税限迫促，其略曰：建官立國，所以養人也；賦人取財，所以資國也。明君不厚其所資而害其所養，故必先人事而借其暇力，先家給而斂其餘財。先，悉薦翻。又曰：蠶事方興，已輸縑税，農功未艾，遽斂穀租。上司之繩責既嚴，下吏之威暴愈促，有者急賣而耗其半直，無者求假而費其倍酬。望更詳定徵税期限。

其五，請以税茶錢置義倉以備水旱，税茶，見上九年。其略曰：古稱九年、六年之蓄者，《記·王制》曰：三年耕必有一年之食，九年耕必有三年之食。以三十年之通制國用，量入以爲出。國無九年之蓄曰不足；無六年之蓄曰急；無三年之蓄曰國非其國也。率土臣庶通爲之計耳，固非獨豐公庾，不及編甿也。近者有司奏請税茶，歲約得五十萬貫，元敕令貯户部，用救百姓凶饑。今以蓄糧，適副前旨。

其六，論兼并之家，私斂重於公税，其略曰：今京畿之内，每田一畝，官税五升，而私家收租殆有畝至一石者，是二十倍於官税也。降及中等，租猶半之。夫土地王者之所有，耕稼農夫之所爲，而兼并之徒，居然受利。又曰：望凡所占田，占，之贍翻。約所條限，裁減租價，務利貧人。法貴必行，慎在深刻，裕其制以便俗，嚴其令以懲違，微損有餘，稍優不足。失不損富，章：乙十六行本作損不失富；乙十一行本同；張校同；退齋校同。優可賑窮。此乃安章：乙十六行本安上有古者二字；乙十一行本同；張校同。富恤窮之善經，不可捨也。《周禮·地官》，以保息六養萬民：一曰慈幼，二曰養老，三曰振窮，四曰恤貧，五曰寬疾，六曰安富。

（宋）司馬光《資治通鑑》卷二三七《唐紀·憲宗元和三年》

初，德宗不任宰相，天下細務皆自決之，由是裴延齡輩得用事。上在藩邸，心固非之；及即位，選擢宰相，推心委之，嘗謂垍等曰：以太宗、玄宗之明，猶藉輔佐以成其理，謂藉房、杜、姚、宋以成貞觀、開元之治也。理，治也。況如朕不及先聖萬倍者乎！垍亦竭誠輔佐。上嘗問垍：爲理之要何先？對曰：先正其心。舊制，民輸税有三：一曰上供，二曰送使，三曰留州。建中初定兩税，貨重錢輕；是後貨輕錢重，民所出已倍其初；其留州、送使者，所在又降省估就實估，以重斂於民。省估者，都省所立價也。斂，力贍翻。及垍爲相，奏：天下留州、送使物，請一切用省估；其觀察使，先税所理之州以自給，不足，然後許税於所屬之州。由是江、淮之民稍蘇息。先是，執政多惡諫官言時政得失，先，悉薦翻。惡，烏路翻。垍獨賞之。垍器局峻整，人不敢干以私。嘗有故人自遠詣之，垍資給優厚，從容款狎。其人乘間求京兆判司，從，千容翻。間，古莧翻。凡州府諸曹參軍，皆謂之判司。垍曰：公不稱此官，稱，尺證翻。不敢以故人之私傷朝廷至公。他日有盲宰相憐公者，不妨得之，垍則必不可。

（宋）司馬光《資治通鑑》卷二四二《唐紀·穆宗長慶元年》

自定兩税以來，定兩税見二百二十六卷德宗建中元年。錢日重，物日輕，民所輸三倍其初，詔百官議革其弊。户部尚書楊於陵以爲：錢者所以權百貨，貿遷有無，所宜流散，貿，音茂，流散，謂錢流布於天下。不應蓄聚。今税百姓錢藏之公府；又，開元中天下鑄錢七十餘爐，歲入百萬，《新志》云：天

寶末，天下爐九十九；絳州三十，揚、潤、宣、鄂、蔚皆十，益、郴皆五，洋州三，定州一。蓋天寶末又加多於開元矣。今纔十餘爐，歲入十五萬，又積於商賈之室賈，音古。及流入四夷。又，大曆以前淄青、太原、魏博貿易雜用鉛鐵，嶺南雜用金、銀、丹砂、象齒，今一用錢。如此，則錢焉得不重，物焉得不輕！焉，於虔翻。今宜使天下輸稅課者皆用穀、帛，廣鑄錢而禁滯積積，子賜翻。及出塞者，錢出邊關，則流入於夷狄。則錢日滋矣。朝廷從之，始令兩稅皆輸布、絲、纊；獨鹽、酒課用錢。

（宋）司馬光《資治通鑑》卷二四二《唐紀·穆宗長慶二年》　平叔又奏徵遠年逋欠，江州刺史李渤上言：度支徵當州貞元二年逃户所欠錢四千餘緡，當州今歲旱災，田損什九。刺史自以所守州爲當州。陛下柰何於大旱中徵三十六年前逋負！詔悉免之。

（宋）司馬光《資治通鑑》卷二四九《唐紀·宣宗大中元年》　三月，敕先賜石衛大將軍鄭光鄠縣及雲陽莊並免役。中書門下奏，以爲：稅役之法，天下皆同。陛下屢發德音，欲使中外畫一，《漢書》：蕭何爲法，講若畫一。師古注曰：畫一，言整齊也。今獨免鄭光，似稍乖前意。事雖至細，繫體則多。敕曰：朕以鄭光元舅之尊貴，欲優異令免征稅，初不細思。況親戚之間，人所難議，卿等苟非愛我，豈進嘉言！庶事能盡如斯，天下何憂不理！有始有卒，卒，子恤翻。當共守之。並依所奏。

（宋）司馬光《資治通鑑》卷二四九《唐紀·宣宗大中元年》　度支奏：自河、湟平，每歲天下所納錢九百二十五萬餘緡，内五百五十萬餘緡租稅，八十二萬餘緡榷酤，二百七十八萬餘緡鹽利。榷，古岳翻。酤，工護翻。《考異》曰：《續皇王寶運録》具載是歲度支支收之數，舛錯不可曉，今特存其可曉者。温公拳拳於史之闕文，蓋其所重者，制國用也。

（宋）司馬光《資治通鑑》卷二四九《唐紀·宣宗大中九年》　夏，閏四月，詔以州縣差役不均，自今每縣據人貧富及役輕重作差科簿，送刺史檢署訖，鏁於令聽，鏁，蘇果翻。令聽，縣令聽事也。每有役事委令，據簿定章：十二行本定作輪；乙十一行本同；孔本同；張校同。差。今之差役簿始此。

（宋）司馬光《資治通鑑》卷二五〇《唐紀·懿宗咸通元年》　壬申，右拾遺内供奉薛調上言，以爲：兵興以來，賦斂庶度，上，時掌翻。斂，力贍翻。所在羣盜，半是逃户，固須翦滅，亦可閔傷。望敕州縣稅外毋得科率，仍敕長吏嚴加糾察。從之。

（宋）司馬光《資治通鑑》卷二五九《唐紀·昭宗乾寧元年》　是歲，黄連洞蠻二萬圍汀州，黄連洞，在汀州寧化縣南，今潭飛磜即其地。福建觀察使王潮遣其將李承勳將萬人擊之；蠻解去，承勳追擊之，至漿水口，破之。閩地略定。潮遣僚佐巡州縣，勸農桑，定租稅，交好鄰道，好，呼到翻。保境息民，閩人安之。

（宋）范祖禹《唐鑑》卷一　初定均田租庸調法，丁中之民，給田一頃，篤疾減十之六，寡妻妾減七，皆以什之二爲世業，八爲口分。每丁歲入租粟二碩，調隨土地所宜，綾絹絁布歲役二旬。不役則收其庸，日三尺。有事而加役者，旬有五日免其調，三旬租調俱免。水旱霜蟲爲災，什損四以上免租，六以上免調，七以上課役俱免。凡民貲業分爲九等，百户爲里，五里爲鄉。四家爲鄰，四鄰爲保。在城邑者爲坊。在田野者爲村。食禄之家毋得與民争利。工商雜類，毋預仕伍。男女始生爲黄，四歲爲小，十六爲中，二十爲丁，六十爲老。歲造計帳三歲造户籍。

（宋）范祖禹《唐鑑》卷六　建中元年正月，始用楊炎議，約百姓丁產定等級，作兩稅法。比來新舊徵科色目，一切罷之。二稅外輒率一錢者，以枉法論。

（宋）范祖禹《唐鑑》卷八　贄又奏請均節財賦，凡六條。其二，請兩稅以布帛爲額，不許錢數。其略曰：穀帛者，人之所爲也，錢貨者，官之所爲也。是以國朝著令：租出粟，庸出絹，調出繒纊布。曷常有禁人鑄錢而以錢爲賦者也？今之兩稅，獨異舊章。但估資產爲差，便以錢穀定稅。臨時折徵雜物。每歲色目頗殊。惟計求得之利宜，靡論供辦之難易。所徵非所業，所業非所徵。遂或增價以買其所無，減價以賣其所有。一增一減，耗損已多。望勘會諸州初納兩稅年絹布定估，比類當今時價，加賤減貴，酌取其中。惣計合稅之錢，折爲布帛之數。

《舊五代史》卷一《梁書·末帝紀》　〔龍德元年〕敕開封府太康、襄邑、雍丘三縣。遭陳州賊軍奔衝，其夏稅只據見苗輸納。

《舊五代史》卷四《唐書·明宗紀》〔天成元年春正月〕戊子，放元年應欠秋税。

《舊五代史》卷四六《唐書·末帝紀》〔清泰元年〕八月庚午，詔蠲放長興四年十二月以前天下所欠錢税。【略】

〔十一月〕丁未，詔振武、新州、河東西北邊經契丹蹂踐處，放免三年兩税差配，時契丹初退故也。

《舊五代史》卷一二《漢書·隱帝紀》〔乾祐二年〕二月丙子，詔：諸道州府，所征乾祐元年夏秋苗畝上紐征白米稈草已納外，並放。

《舊五代史》卷一一二《周書·太祖紀》〔廣順二年五月〕今年所徵夏秋税及沿徵錢物並放；十里内，只放夏税；一州管界，今夏苗子三分放一分。城内百姓遭毀拆舍屋及遭燒焚者，給賜材木。諸處差到人夫内，有遭矢石死者，各給絹三匹，仍放户下三年徭役云。

《舊五代史》卷一一四《周書·世宗紀》〔顯德元年三月〕辛巳，制：【略】諸道州府所欠去年夏秋租税並放。

《新五代史》卷九《晋紀·出帝》〔天福八年〕辛亥，檢民青苗。【略】〔冬十月〕庚午，括籍民粟。

《新五代史》卷一二《周紀·世宗》〔顯德三年〕八月乙丑，課民種木及韭。【略】〔五年〕冬十月丁酉，括民租。【略】十二月丙戌，罷州縣課户、俸户。

《新五代史》卷四八《雜傳·劉審交》晋高祖即位，楊光遠討范延光於魏州，審交復爲供軍使。是時，晋高祖分户部、度支、鹽鐵爲三使，歲餘，三司益煩弊，乃復合爲一，拜審交三司使。議者請檢天下民田，宜得益租，審交曰：租有定額，而天下比年無閑田，民之苦樂，不可等也。遂止不檢，而民賴以不擾。

（清）吴任臣《十國春秋》卷二《吴·高祖世家》〔天祐十五年秋七月戊戌〕以王命蠲天祐十三年以前逋税，餘俟豐年乃輸之。

（清）吴任臣《十國春秋》卷三《吴·睿帝紀》順義二年□月，命官興版簿，定租税，厥田上上者每頃税錢二貫一百文，中田一頃税錢一貫八百文，下田一頃税錢一貫五百文，皆輸足陌見錢，若見錢不足，許依市價折以金銀，並計丁口課調，亦科錢以爲率守。員外郎宋齊丘上策曰：江、淮之地，自唐季以來，爲戰争之所。今兵革乍息，甿黎招安，而必率以見錢，折以金銀，斯非民耕桑可得也，將興販以求之，是教民棄本而逐末耳。乞虚升時價，悉收谷帛本色爲便。

是時絹每匹市價五百文，紬六百文，綿每兩十五文；請匹絹升爲一貫七百文，紬爲二貫四百文，綿爲四十文，皆足錢。又請蠲丁口錢。朝議喧然沮之，以爲如此則縣官歲失錢億萬計。齊丘曰：安有民富而國家貧者邪？乃致書於徐知誥，謂：明公總百官，理大國，督民見錢與金銀，求國富庶，所謂擁篲救火，撓水求清，欲火滅水清，可得乎？知誥得書曰：此勸農上策也。即行之。自是不十年間，野無閒田，桑無隙地。

（清）吴任臣《十國春秋》卷一五《南唐·烈祖紀》〔昇元五年〕冬十一月，定民田税。

（清）吴任臣《十國春秋》卷一六《南唐·元宗紀》〔保大四年〕九月，淮南蟲食稼，除民田税。

（清）吴任臣《十國春秋》卷一六《南唐·元宗紀》〔中興元年十二月〕昇元初，括定民賦，每正苗一斛，别輸三斗於官廩，授鹽二斤，謂之鹽米。至是淮甸鹽坊皆入于周，遂不支鹽，而輸米如初，以爲定式。

（清）吴任臣《十國春秋》卷一七《南唐·後主紀》〔建隆二年六月〕罷諸路屯田使，委所屬令佐與常賦俱征，隨年租入十不錫一，謂之率分，以爲禄廩，諸朱膠牙税視是。

（清）吴任臣《十國春秋》卷二九《南唐·李元清傳》先是，夏賦準貢見緡，民以變直折閲爲苦，元凟奏請納帛一疋，折錢一貫，爲定制，又常隨宜科卒，民甚便之。歲總諸科物十餘萬數，轉運入金陵，國用賴以少濟。

（清）吴任臣《十國春秋》卷四九《後蜀·後主紀》〔廣政十九年正月〕免今年夏租，以周師出境也。

（清）吴任臣《十國春秋》卷六八《楚·衡陽王世家》〔天福八年〕用度不足，因加賦國中。王每遣使者行田，以增頃畝爲功，民不勝租賦而逃。王曰：但令田在，何憂無穀！已命營田使鄧懿文籍逃田，募民

耕藝，民捨故從新，僅能自存，自西徂東，各失其業。又聽人入財拜官，以財多少爲官高卑之差，富商大賈布列在位。外官遷者，必責以貢獻爲殿最。民有罪，富者輸財，强者爲兵，受刑惟貧弱者而已。又置函於府門，使人投匿名書互相告訐。復用孔目官周陟議，令常税外，大縣貢米三千斛，中縣千斛，小縣七百斛，無米者輸布帛以抵之。

（清）吴任臣《十國春秋》卷七三《楚·拓跋恒傳》 天福八年，文昭王用孔目官周陟議，令常税外，大縣貢米二千斛，中千斛，小七百斛。恒上書曰：殿下長深宫中，籍已成之業，身不知稼穡之勞，耳不聞鼓鼙之音。馳騁遨游，雕牆玉食。府庫盡矣，而浮費益甚；百姓困矣，而厚歛不息。今淮南爲仇讎之國，番禺懷吞噬之志；荆渚日圖窺伺，溪洞待我姑息。諺曰：是寒傷心，民怨傷國。願罷輸米之令，誅周陟以謝郡縣。去不急之務，减興作之役。無令一旦禍敗，爲四方所笑。王大怒。

（清）吴任臣《十國春秋》卷七九《吴越·文穆王世家》〔天福二年夏四月〕丙申，仍赦境内今年租税之半。

（清）吴任臣《十國春秋》卷八一《吴越·忠懿王世家》〔乾祐元年〕冬十一月，下令每歲租賦逋者悉蠲之，仍歲著爲令。

（清）吴任臣《十國春秋》卷八七《吴越·江景防傳》 當五代時，吴越以一隅捍四方，費用無藝，其田賦市租山林川澤之税，悉加故額數信。宋既平諸國，賦税恒仍舊籍以爲斷。忠懿王入朝，景防以侍從，當上國籍，歎曰：民苦苛歛久矣，使有司仍其籍，民困無已時也。吾寧以身任之！遂沉圖籍於河。詣闕，自劾所以亡失狀，宋太宗大怒，欲誅之，已而謫沁水尉，遂屏居田里以卒。未幾，太宗命右補闕王永均吴越田税，舊率畝税五斗，永更定爲一斗。其减税之由，人以謂實兆端於景防沉籍云。

（清）吴任臣《十國春秋》卷九一《閩·嗣王世家》〔天成三年〕冬十二月，度民二萬爲僧，由是閩地多僧。王弓量田土第爲三等，膏腴上等以給僧道，其次以給土著，又其次以給流寓。科取之法，大率倣唐兩税而加重焉。